Differenzierung unterschiedlicher Wortarten
дифференцирование разных частей речи

Differenzierung von Bedeutungsebenen
дифференцирование значений

Heraushebung der Komposita und Redewendungen
сложные слова и обороты речи

Abkürzungen und Akronyme
сокращения и сложносокращённые слова

Schreibvarianten
варианты написания

Femininum
форма женского рода

Querverweise auf die neue Schreibweise
ссылки на новую орфографию

Homographe unter verschiedenen Einträgen
омографы в отдельных словарных статьях

Angaben zur Sprachebene
стилистические пометы

temporale Formen
временные формы

ab I. *präp dat* ① (*zeitlich, von ... an*) с; ◇ ~ **Juli** с июля ② (*räumlich, von ... an*) от, из, с; ◇ ~ **München** от Мюнхена **II.** *adv* ① (*räumlich*) ◇ **auf und ~ gehen** ходить взад и вперёд, ходить вверх и вниз ② (*zeitlich*) ◇ ~ **und zu** иногда, время от времени ③ (*weg, fort*) ◇ ~ **mit dir!** уходи прочь!

Achse *f* ‹-, -n› ① TECH ось ж ② GEOL (*Erd*~) земная ось ж ③ FAM (*unterwegs*) ◇ **auf ~ sein** находиться в пути

acht *nr* восемь; *s. a.* **fünf**

AG *f* ‹-, -s› *Akr. v.* **Aktiengesellschaft** АО (акционерное общество *c*)

Charme, Charm *m* ‹-s› очарование *c*, обаяние *c*, шарм *м*

ins = **in das**

Insasse *m*, **Insassin** *f* (*von Auto*) пассажир(ка *ж*) *м*; (*von Gefängnis*) заключённый(-ая *ж*) *м*

Intelligenz *f* ① (*Klugheit*) ум *м*, интеллект *м* ② (*Gruppierung von Personen*) интеллигенция *ж*

Rauhreif = Raureif

räumen *vt* ① (*ausziehen, Wohnung*) освобождать ‹-дить› ② (*Saal*) очищать ‹очистить› ③ (*aufräumen*) убирать

Rost¹ *m* ‹-[e]s, -e› ① (*Brat*~) рашпер *м*; (*Feuer*~) колосники *мн*; (*Latten*~) деревянная решётка *ж*

Rost² *m* ‹-[e]s› ① (*Oxidation*) ржавчина *ж* ② FIG ◇ ~ **ansetzen** ослабеть *несов*, сдать *несов*

Volk *n* ‹-[e]s, Völker› народ *м*; **Volkshochschule** *f* народный университет, общеобразовательные курсы для взрослых

Vorbild *n* пример *м*; ◇ **sich** *dat* **jd-n zum** ~ **nehmen** брать с кого-л пример

wissen ‹weiß, wusste, gewusst› *vt* знать; ◇ **Bescheid** ~ быть в курсе; ◇ **man kann nie** ~ ! как знать!; ◇ **was weiß ich!** а мне откуда знать!

weitere Informationen in einem anderen Artikel
развёрнутая информация в другой словарной статье

russische Übersetzung mit Betonung
русский перевод с ударением

Synonyme und typische Objekte
синонимы и типичные дополнения

Angabe der Pluralform
множественное число

Erläuterungen, falls es keine genaue Übersetzung gibt
толкование при отсутствии точного перевода

Kasusangaben
падеж

W0075367

Предисловие

Этот новый словарь был задуман как надёжный и удобный спутник во всех языковых ситуациях — при обучении в школе и повышении квалификации, при написании писем и в зарубежных поездках. Словарь даёт новейшие сведения об актуальной лексике русского и немецкого языков в её письменном и устном вариантах.

55 000 слов и выражений и 80 000 переводов открывают доступ к любому тексту на русском языке. Чтобы сделать это справочное пособие наиболее полным, в него были включены важнейшие имена собственные и сокращения, а также наиболее употребительные термины из области компьютерной техники, экономики и политики.

Словарь строго следует новым правилам орфографии немецкого языка. Для облегчения пользования словарём в его немецко-русской части приведены как старые, так и новые формы правописания.

Составленные с большой тщательностью словарные статьи этого словаря и его наглядность помогут Вам быстро найти нужный перевод слова или словосочетания. Многочисленные примеры употребления слов (от основных грамматических конструкций и устойчивых сочетаний слов до идиоматических оборотов речи) дают ясную картину применения данного слова в соответствующем контексте.

В качестве дополнительной помощи в этот словарь были включены многочисленные интегрированные в текст информационные вставки, содержащие сведения страноведческого характера и разнообразные указания по словоупотреблению.

Vorbemerkung

Dieses neue Wörterbuch wurde als zuverlässiger und benutzerfreundlicher Begleiter für Schule und Weiterbildung, für Korrespondenz und Auslandsreisen entwickelt. Es gibt schnell und präzise Auskunft über den aktuellen Wortschatz des Russischen und des Deutschen in seiner geschriebenen und gesprochenen Form.

55 000 Wörter und Wendungen mit ihren 80 000 Übersetzungen eröffnen den Zugang zu russischen Texten aller Art. Um dieses Nachschlagewerk so umfassend wie möglich zu gestalten, wurden zudem viele Abkürzungen sowie die wichtigsten Eigennamen und eine Auswahl der gebräuchlichsten Begriffe aus den Bereichen EDV/Internet, Wirtschaft und Tagespolitik aufgenommen.

Die Schreibung des Deutschen folgt konsequent den neuen amtlichen Rechtschreibregeln, im deutsch-russischen Teil werden zur besseren Auffindbarkeit alte und neue Formen nebeneinander angegeben.

Mit großer Sorgfalt gestaltete Einträge und eine übersichtliche Seitengestaltung helfen dem Benutzer, die gesuchte Übersetzung schnell zu finden. Zusätzlich veranschaulichen zahlreiche Anwendungsbeispiele (von grammatischen Basiskonstruktionen und gebräuchlichen Kollokationen bis zu idiomatischen Wendungen) die Benutzung des betreffenden Wortes im jeweiligen Kontext.

Als Hilfestellung für den deutsch- wie auch für den russischsprachigen Benutzer enthält das Wörterbuch zahlreiche in den Text integrierte Informationskästen mit landeskundlichen Erläuterungen und vielfältigen Hinweisen zum Sprachgebrauch.

Inhalt

Hinweise zur Benutzung

Im Hinblick auf den umfangreichen Wortschatz einer Sprache kann ein Wörterbuch dieser Größenordnung lediglich einen Ausschnitt anbieten. Dieses Wörterbuch bietet jedoch nicht nur eine Wortliste mit ihren Übersetzungen, sondern darüber hinaus eine Vielzahl an Informationen zu unregelmäßigen Formen, zur Konstruktion eines Satzes, zur Bedeutung eines Wortes und zu vielen typischen Wortverbindungen.

Darüber hinaus ist das Buch nicht nur Wörterbuch, sondern es ist in hohem Maße auch anwendungsbezogen. Dies ist einerseits durch die zahlreichen blau umrandeten Informationskästen gewährleistet, welche die wichtigsten Anwendungssituationen berücksichtigen, andererseits durch den integrierten Illustrationsteil, in dem sich gesuchte Wörter schnell und anschaulich erschließen lassen. Eine Kurz-Grammatik führt in den korrekten Umgang mit der Sprache ein.

Der Wörterbuchteil enthält rund 200 000 Informationseinheiten zu unterschiedlichsten Phänomenen. Mit Hilfe der folgenden Angaben lassen sich alle Informationen leicht erschließen.

Die Ordnung der Stichwörter

Die Wörter sind rein alphabetisch angeordnet. Im deutsch-russischen Teil sind die deutschen Umlaute wie die nicht umgelauteten Formen behandelt; das 'ß' wird wie 'ss' behandelt. Sind Wortteile in Klammern, so können sie wahlweise verwendet werden: z.B. wack[e]lig = wackelig oder wacklig.

Eigennamen und Abkürzungen findet man ebenfalls in der entsprechenden alphabetischen Reihe.

Ableitungen und zusammengesetzte Wörter sind, wenn dies alphabetisch möglich war, unter dem Hauptstichwort zusammengefasst.

Homographe, d.h. Wörter mit gleichem Schriftbild, sind mit einem Exponenten gekennzeichnet: Bank[1].

Tiefgestellte Zahlen hinter Verben und Substantiven verweisen auf Konjugations- und Deklinationstabellen in der Kurzgrammatik: V_{1a} oder $ж_3$.

Die Stichwörter sind fett ausgezeichnet. Kurzformen von diesen Stichwörtern stehen in runden Klammern, kursiv und mit Tilde, z.B. Bahn → (Eisen~).

Die Struktur des Eintrags

Die Angaben, die umfassende Informationen über Formen zur Deklination/ Konjugation, zur Satzkonstruktion, zur Bedeutung eines Stichwortes usw. geben, sind von Stichworteinheit zu Stichworteinheit unterschiedlich. Trotzdem findet sich eine durchgehende Systematik beim Aufbau eines Stichwortartikels:

Zunächst erscheint das Stichwort mit seinen Varianten (z.B. unterschiedliche Schreibmöglichkeiten), dann folgen die Angaben zur Morphologie (z.B. Angaben zur Konjugation, die grammatikalische Einordnung), danach die Angaben zur Bedeutung (z.B. typische Subjekte, Objekte, Synonyme), dann die Übersetzung[en] und schließlich Angaben zur Satzkonstruktion (d.h. Angaben zu Kasus und Rektion); nachfolgend ein Beispiel zur Grob-Struktur:

– Stichwort ⸻ **Lache**^{1} *f* ⟨-, -n⟩ *(Wasser~)* лу́жа ж
Lache^2 *f* ⟨-⟩ *FAM (das Lachen)* смех м

– Angaben zur Grammatik **nachreichen** *vt* ① *(zeitlich später abgeben)* сда⟨ва́⟩ть поздне́е ② *(Essen)* под|кла́дывать ⟨ложи́ть⟩; ◇ **darf ich Ihnen noch ~?** разреши́те подложи́ть Вам доба́вку?

– Angaben zur Bedeutung
(Synonym, typisches Objekt etc.)

– Angaben zur Satzkonstruktion **вдоль** I. *нареч (по длине)* der Länge nach II. *предлог с род (в направлении длины чего-л)* entlang *akk*, längs *gen*; *разг (во всех направлениях)* ◇ **~ и поперёк** kreuz und quer; *(хорошо знать)*
– Übertragung ◇ **знать что-л ~ и поперёк** etw in- und auswendig kennen

Angaben zu Form und Syntax

Je nach Wortart sind dem Stichwort unterschiedliche grammatische Informationen beigegeben. – Die Informationen lassen sich dabei in zwei größere Einheiten unterteilen. Auf der einen Seite ist dies die grammatische Kategorisierung, d.h. die Zuordnung zu einer Wortart, auf der anderen Seite sind dies unregelmäßige Formen zur Deklination und zur Konjugation, zur Steigerung bei den Adjektiven usw.

Beispiel: Die Zuordnung zu einer unterschiedlichen Wortart erfolgt mit römischen Ziffern.

– unterschiedliche Wortarten

> **за́втра I.** *нареч* morgen; ◇ ~ у́тром morgen früh; ◇ отложи́ть дела́ на ~ Geschäfte auf morgen verschieben; ◇ до ~! bis morgen! **II.** *с ⟨нескл⟩* (*недалёкое будущее*) Morgen *n;* ◇ на́ше ~ unsere Zukunft

Ferner finden sich z.B. Ergänzungen, die auf die Satzkonstruktion abzielen. Dies gilt insbesondere für die Rektionsangaben der russischen Verben:

– Angaben zur Satzkonstruktion

> **греши́ть** V$_{4a}$ *несов* ⟨-шу́ -ши́шь⟩ [**по~**, **со~** *сов*] *без доп (1), против чего род или чем тв (2), на кого вин (3)* 1 (*у верующих*) sündigen 2 (*нарушать правила*) gegen etw verstoßen; ◇ ~ про́тив ло́гики unlogisch handeln 3 (*напрасно обвинять*) zu Unrecht beschuldigen

Die in Klammern gesetzten Ziffern beziehen sich auf die entsprechend nummerierte Bedeutungseinheit und geben Aufschluss über den geforderten Kasus.
Unregelmäßig konjugierte Verben sind mit einem Verweis (z.B. дать*) auf die Konjugationstabellen versehen.

Angaben zur Bedeutung und Übersetzung

Ein Wort steht meist nicht für sich allein; es ist stets eingebunden in sein Sprachsystem und in den jeweiligen Kontext. Dies zeigt folgender Beispielsatz:

Er drehte | ihn/es/sie | ab.

Dieser Satz wird erst durch seinen Kontext klar. Man vergleiche hierzu folgende Sätze:

Er drehte

den Film/das Video	ab. Synonyme:	- zu Ende drehen
den Hahn		- zudrehen
das Wasser		- zudrehen
die Schraube usw.		- herunterdrehen

Die Bedeutung des Wortes 'abdrehen' ist, wie das Beispiel und die Synonyme zeigen, von dem Wort abhängig, das als typisches Objekt zum Verb hinzutritt und mit diesem eine enge Bedeutungsbeziehung eingeht.

Beim Übersetzungsprozess muss gerade auf diese Kollokationen bzw. Wortverbindungen geachtet werden. Je nach Verbindung muss das gesuchte Wort unterschiedlich übersetzt werden.

Das vorliegende Wörterbuch ist reich an solchen Bedeutungsdifferenzierungen und ist nicht nur beim Verstehen des fremdsprachlichen Wortes eine wertvolle Hilfe, sondern auch bei der Bildung und Konstruktion eines fremdsprachigen Textes.

Der Schlüssel zur richtigen Übersetzung ist also vielfach die Bedeutungsdifferenzierung. Diese bestimmt den Bedeutungsgehalt eines Stichworts mit, der in einem Synonym zusammengefasst werden kann (vgl. abdrehen).

Größere Bedeutungseinheiten sind unter arabischen Ziffern zusammengefasst.

Die Bedeutungsdifferenzierung steht entweder in runden Klammern und ist von der Schriftart her *kursiv* oder sie wird durch Sachgebietsangaben gekennzeichnet.

– Bedeutungsdifferenzierungen

– Sachgebietsangaben

schalten I. *vt* (*ein~*) включ|ча́ть ‹-чи́ть›; (*aus~*) выключа́ть ‹вы́ключить›; (*um~*) переклю|ча́ть ‹-чи́ть› II. *vi* **1** AUTO (*Gang wechseln*) ◇ **in den dritten Gang** ~ переключи́ть на тре́тью ско́рость **2** MEDIA (*Verbindung*); нала́живать ‹-дить› связь (*in/nach* с кем-чем-л) **3** *FAM* (*reagieren*) сообра|жа́ть ‹-зи́ть›

Weitere Angaben zum Bedeutungsrahmen sind rhetorische und stilistische sowie regionale Angaben.

Synonyme Übersetzungen sind mit einem Komma abgetrennt und untereinander austauschbar. Nicht austauschbare Übersetzungen eines Stichworts sind mit einem Semikolon abgetrennt.

Nach der Übersetzung folgen die Angaben zur regionalen Verwendungsweise oder Angaben zur Satzkonstruktion (d. h. Kasusangaben, präpositionale Anschlüsse).

Anwendungsbeispiele und Wendungen

Anwendungsbeispiele und Wendungen dienen vor allem dazu, komplexe Einträge verständlicher zu machen. Sie sind, wenn möglich, den jeweiligen Bedeutungseinheiten zugeordnet.

– Anwendungsbeispiele und Wendungen

Geschmack *m* ⟨-[e]s, -schmäcke⟩ **1** (*von Speisen*) вкус *м* **2** (*Gefallen, Vorliebe*) пристрáстие *с*, одолжéние *с*; ◇ **auf den ~ kommen** войти́ во вкус; ◇ ~ **an jd-m finden** ⟨по-⟩чýвствовать симпáтию [расположéние] к комý-л; ◇ **nach jd-s ~** на чей-л вкус **3** (*ästhetisches Urteil*) вкус *м*

Die Übersetzung [расположéние] ist eine Variante zu симпáтию. Angaben in runden Klammern dagegen sind fakultative Ergänzungen (◇ **danke gleichfalls** спаси́бо, и вам тогó же (желáю)).

Информационные вставки

 ### Страноведение

алфавит	**икона**	**Сибирь**
Большой театр	**кремль**	**тайга**
водка	**мавзолей**	**транспорт**
Волга	**магистраль**	общественный
галерея	Транссибирская	транспорт
Третьяковская	магистраль	**тундра**
галерея	**Новый год**	**флаг**
гласность	**озеро Байкал**	**цветы**
гостеприимство	**перестройка**	**чай**
Дума	**полуостров Камчатка**	**школа**
душа	**полярная ночь**	**Эрмитаж**
еда	**Рождество**	

 ### Обиходные фразы

безразличие	**неуверенность**	**радость**
выражение	выражение	выражение радости
безразличия	неуверенности	**разочарование**
благодарность	**обещание**	**разрешение**
выражение	**облегчение**	спрашивать
благодарности	выражение	разрешения
желание	облегчения	**сожаление**
выражение	**подтверждение**	выражение
желания	просьба о	сожаления
завязывание	подтверждении	**сравнение**
завязывание	**предложение**	**удивление**
разговора	предложение	**успокаивание**
мнение	чего-либо	успокаивание
выражение	**прощание**	кого-либо
своего мнения		**утешение**

 ### Ложные друзья

абитуриент	**кекс**	**спекулировать**
бестия	**котлета**	**таблетка**
бравый	**лексикон**	**термин**
ваза	**национальность**	**фамилия**
гвалт	**русский**	**фельетон**

Informationskästen

 Landeskunde

Abitur	Einheit	Sankt Martin
Advent	Tag der Deutschen	Schule
Autobahn	Einheit	Schulferien
Beamte	Fußball	Schützenfest
Berliner Mauer	Grundgesetz	Silvester
Bier	Kanzler	Sommerschluss-
Brief	Karneval	verkauf
blauer Brief	Krankenkasse	Stiftung Warentest
Bundesland	Lufthansa	TÜV
Bundespräsident	Maibaum	Verein
Bundesrat	Nikolaus	Volkshochschule
Bundestag	Oktoberfest	Weihnachten
Dialekt	Osterhase	Wiedervereinigung
	Pension	Zivildienst
	Reichstag	

 Wortschatz für den Alltag

bitten	**Thema**	**Vorschlag**
egal	Thema wechseln	Vorschläge machen
egal sein	**verabreden**	**wundern**
einladen	sich verabreden	sich wundern
Erlaubnis	**verabschieden**	**wünschen**
um Erlaubnis bitten	sich verabschieden	**weigern**
gratulieren	**verbieten**	sich weigern
Mitgefühl	**Vorlieben**	**widersprechen**
Mitgefühl zeigen	Vorlieben haben	**zusammenfassen**
		zustimmen

 Falsche Freunde

Abiturient	**Russe**	**Termin**
Nationalität	**spekulieren**	

Abkürzungen und Symbole

Symbole

Tilde ersetzt das Stichwort (ganz oder bis zum Trennstrich)	~ |
Römische Ziffern (grammatische Kategorien)	I, II etc.
Arabische Ziffern (größere Bedeutungsebenen)	①, ② etc.
Runde Klammern (mögliche Ergänzung)	( )
Eckige Klammern (mögliche Variante)	[ ]

Abkürzungen (Sachgebietsangaben)

AERO/ав	Luftfahrt	авиа́ция
AGR/с.-х.	Landwirtschaft	се́льское хозя́йство
ANAT/анат	Anatomie	анато́мия
ARCHIT/архит	Architektur	архитекту́ра
ASTROL	Astrologie	астроло́гия
ASTRON/астр	Astronomie	астроно́мия
AUTO/авто	Automobil-Verkehr	автотра́нспорт
BAHN/ж.-д.	Eisenbahn	железнодоро́жный тра́нспорт
BIOL/биол	Biologie	биоло́гия
BOT/бот	Botanik	бота́ника
CHEM/хим	Chemie	хи́мия
COMM/ком	Handel	комме́рция
ELECTR/эл	Elektrizität	электри́чество
FILM/кино	Film, Kino	кинематогра́фия
FIN/фин	Finanzen	фина́нсовый те́рмин
FOTO/фото	Fotografie	фотогра́фия
GASTRON	Gastronomie	рестора́нное де́ло
GEOL/геол	Geologie	геоло́гия
GEO/геогр	Geographie	геогра́фия
GEOM	Geometrie	геоме́трия
GRAM/грам	Grammatik	грамма́тика
HIST/ист	Geschichte	исто́рия
JURA/юр	Jura	юриди́ческий те́рмин
KARTEN/карт	Kartenspiel	те́рмин ка́рточной игры́
KUNST/иск	Kunst	иску́сство
LIT/лит	Literatur	литерату́ра
MATH/мат	Mathematik	матема́тика
MED/мед	Medizin	медици́на
MEDIA/радио, теле	Radio, Fernsehen	ра́дио, телеви́дение
METEO/метео	Meteorologie	метеороло́гия
MIL/воен	Militär	вое́нное де́ло
MIN/горн	Bergbau	го́рное де́ло
MUS/муз	Musik	му́зыка

MYTH	Mythologie	мифоло́гия
NAUT/мор	Seefahrt	морско́й те́рмин
PC	Computer	компью́тер
PHIL/филос	Philosophie	филосо́фия
PHYS/физ	Physik	фи́зика
POL/полит	Politik	поли́тика
PSYCH/психол	Psychologie	психоло́гия
REL/рел	Religion	рели́гия
SCH	Schule	шко́льное де́ло
SCHACH/шахм	Schach	ша́хматы
SPORT/спорт	Sport	спорт
SPRACHW/лингв	Sprachwissenschaft	лингви́стика
TECH/тех	Technik	те́хника
TELEC	Fernmeldewesen	телекоммуника́ция
THEAT/театр	Theater	театра́льный те́рмин
TYP/полигр	Buchdruck	полигра́фия
UNI	Universität	университе́т
ZOOL/зоол	Zoologie	зооло́гия

Abkürzungen (deutsch – russisch)

a.	auch	то́же
Abk.	Abkürzung	сокраще́ние
adj	Adjektiv	и́мя прилага́тельное
adv	Adverb	наре́чие
akk	Akkusativ	вини́тельный паде́ж
Akr.	Akronym	акро́ним
Akt.	Aktiv	действи́тельный зало́г
allg.	allgemein	о́бщий
attr	attributiv	определи́тельный
bes.	besonders	осо́бенно
CH	Schweiz	Швейца́рия
cj	Konjunktion	сою́з
dat	Dativ	да́тельный паде́ж
etc.	et cetera	и так да́лее
etw	etwas	что́-либо
f	Femininum	же́нский род
FAM	umgangssprachlich	разгово́рный
FIG	übertragen	перено́сно
gen	Genitiv	роди́тельный паде́ж
Ggs.	Gegensatz	контра́ст
Imp.	Imperativ	императи́в
impf	Imperfekt	имперфе́кт
inf	Infinitiv	инфинити́в
Instr	Instrumental	твори́тельный паде́ж
intj	Interjektion	междоме́тие
inv	unveränderlich	несклоня́емый
jd	jemand	кто́-либо

jd-m	jemandem	кому́-либо
jd-n	jemanden	кого́-либо
jd-s	jemandes	че́й-либо, кого́-либо
kompar	Komparativ	сравни́тельная сте́пень
m	Maskulinum	мужско́й род
n	Neutrum	сре́дний род
NORDDT	Norddeutschland	Се́верная Герма́ния
nr	Numerale	и́мя числи́тельное
o.	oder	и́ли
ÖST	Österreich	А́встрия
Part.	Partizip	прича́стие
Pass.	Passiv	страда́тельный зало́г
PEJ	abwertend	пренебрежи́тельно
pers	persönlich	ли́чный
pl	Plural	мно́жественное число́
poss	besitzanzeigend	притяжа́тельный
präd	prädikativ	предикати́вный
präp	Präposition	предло́г
Präp	Präpositiv	предло́жный паде́ж
Präs.	Präsens	настоя́щее вре́мя
Prät.	Präteritum	прете́рит
pron	Pronomen	местоиме́ние
refl	reflexiv	возвра́тный
rel	Relativ-	относи́тельный
sg	Singular	еди́нственное число́
SÜDDT	Süddeutschland	Ю́жная Герма́ния
superl	Superlativ	превосхо́дная сте́пень
u.	und	и
u. Ä.	und Ähnliches	и тому́ подо́бное
unpers	unpersönlich	безли́чный
unreg	unregelmäßig	непра́вильный
vi	intransitives Verb	непереxо́дный глаго́л
vr	reflexives Verb	возвра́тный глаго́л
vt	transitives Verb	перехо́дный глаго́л
VULG	vulgär	вульга́рный

Abkürzungen (russisch – deutsch)

безл	безли́чный	unpersönlich
вин	вини́тельный паде́ж	Akkusativ
вопр	вопроси́тельное местоиме́ние	Interrogativpronomen
г.	год	Jahr
груб	гру́бый	derb
дат	да́тельный паде́ж	Dativ
доп	дополне́ние	Objekt
ед	еди́нственное число́	Singular
ж	же́нский род	Femininum
инф	инфинити́в	Infinitiv

и т. п.	и тому́ подо́бное	und dergleichen mehr
кто-л	кто́-либо	jemand
кул	кулина́рия	Kochkunst
л.	лицо́	Person
личн	ли́чный	persönlich
м	мужско́й род	Maskulinum
межд	междоме́тие	Interjektion
мест	местоиме́ние	Pronomen
мн	мно́жественное число́	Plural
нареч	наре́чие	Adverb
неодобр	неодобри́тельно	missbilligend
неопр	неопределённое местоиме́ние	Indefinitpronomen
неопред	неопределённый глаго́л	unbestimmtes Verb
нескл	несклоня́емый	unveränderlich
несов	несоверше́нный вид	unvollendeter Aspekt
не употр	не употребля́ется	ungebräuchlich
опред	определённо	bestimmt
относ	относи́тельное местоиме́ние	Relativpronomen
перен	перено́сно	übertragen
погов	погово́рка	sprichwörtliche Redensart
предик	предикати́вный	prädikativ
предл	предло́жный паде́ж	Präpositiv
пренебр	пренебрежи́тельно	geringschätzig
прил	и́мя прилага́тельное	Adjektiv
притяж	притяжа́тельный	besitzanzeigend
прич	прича́стие	Partizip
разг	разгово́рный	umgangssprachlich
род	роди́тельный паде́ж	Genitiv
с	сре́дний род	Neutrum
см.	смотри́	siehe
сов	соверше́нный вид	vollendeter Aspekt
сравн	сравни́тельная сте́пень	Komparativ
стр	строи́тельное де́ло	Bauwesen
сущ	и́мя существи́тельное	Substantiv
тв	твори́тельный паде́ж	Instrumental
тж	то́же	auch
тк	то́лько	nur
уст	устаре́вшее сло́во	veraltet
фольк	фолькло́р	Folklore
ч	число́	Numerus
числ	и́мя числи́тельное	Numerale
что-л	что́-либо	etwas
шутл	шутли́вое сло́во	scherzhaft
эк	эконо́мика	Ökonomie

Das russische Alphabet

Buchstabe		Aussprache	Russische Benennung
А а	*А а*	a	а
Б б	*Б б*	b	бэ
В в	*В в*	w	вэ
Г г	*Г г*	g	гэ
Д д	*Д д*	d	дэ
Е е	*Е е*	e, je	е
Ё ё	*Ё ё*	o, jo	ё
Ж ж	*Ж ж*	wie g in Orange	жэ
З з	*З з*	s (stimmhaft wie in See)	зэ
И и	*И и*	i	и
Й й	*Й й*	i, j	и крáткое
К к	*К к*	k	ка
Л л	*Л л*	l	эль
М м	*М м*	m	эм
Н н	*Н н*	n	эн
О о	*О о*	wie o in **o**ffen	о
П п	*П п*	p	пэ
Р р	*Р р*	r	эр
С с	*С с*	s (stimmlos wie in wa**s**)	эс
Т т	*Т т*	t	тэ
У у	*У у*	u	у
Ф ф	*Ф ф*	f	эф
Х х	*Х х*	ch	ха
Ц ц	*Ц ц*	z	цэ
Ч ч	*Ч ч*	tsch	чэ
Ш ш	*Ш ш*	sch	ша
Щ щ	*Щ щ*	schtsch	ща
Ъ ъ	*Ъ ъ*	wird nicht wiedergegeben	твёрдый знак[1]
Ы ы	*Ы ы*	y	ы
Ь ь	*Ь ь*	wird nicht wiedergegeben	мя́гкий знак[2]
Э э	*Э э*	e	э оборóтное
Ю ю	*Ю ю*	ju	ю
Я я	*Я я*	ja	я

[1] hartes Zeichen
[2] weiches Zeichen

Немецкий алфавит

буква	произношение	немецкое название
A a	а	a
B b	б	be
C c	ц (в Celsius), к (в Café), с (в City), ч (в Cello)	ce
D d	д	de
E e	е (в nehmen), э (в besser)	e
F f	ф	ef
G g	г	ge
H h	как выдох последующего гласного	ha
I i	и	i
J j	й	jot
K k	к	ka
L l	ль	el
M m	м	em
N n	н	en
O o	о	o
P p	п	pe
Q q	кв (в quer)	ku
R r	как французское р	er
S s	с (в Klasse), з (перед всеми гласными)	es
T t	т	te
U u	у	u
V v	ф (в Vogel), в (в Vase)	vau
W w	в	we
X x	кс	ix
Y y	как ю в меню	ypsilon
Z z	ц	zet
Ä ä	как э	a-Umlaut
Ö ö	как ё в шофёр	o-Umlaut
Ü ü	как ю в меню	u-Umlaut
ß	с	eszet
Ch ch	как твёрдое х в хата (в machen), как мягкое х в химия (в ich), к (в Charta), ч (в chatten)	
Sch sch	ш	
Tsch tsch	ч	

RUSSISCH-DEUTSCH
РУССКО-НЕМЕЦКИЙ

a

а I. *союз* ① (*противительный*) und, aber, dagegen, jedoch; ◇ **сади́сь на сту́л, ~ не на дива́н** setz dich auf den Stuhl, und nicht auf das Sofa; (*после отрица́ния*) sondern; ◇ **я прие́ду к Вам не сего́дня, ~ за́втра** ich komme nicht heute zu Ihnen, sondern morgen; (*после уступи́тельного предложе́ния*) (je)doch, allein, aber, dennoch; ◇ **хотя́ я и о́чень уста́л, ~ всё же пойду́ гуля́ть** ich bin zwar sehr müde, aber ich gehe trotzdem spazieren ② (*присоедини́тельный*) und (dann), dann aber; ◇ **он позвони́л по телефо́ну, ~ зате́м уе́хал** er telefonierte und fuhr dann weg; (*а потому́, а сле́довательно*) darum, deshalb, auch, also, folglich; ◇ **Вы о́чень больны́, ~ потому́ Вам ну́жно пойти́ к врачу́** Sie sind sehr krank, deshalb sollten Sie zum Arzt gehen; ◇ **~ и́менно** und zwar, nämlich; ◇ **~ то, ~ не то́** sonst, anderenfalls II. (*вопроси́тельная части́ца*) ~? wie?, was?, wie bitte? III. *межд* ~! ha!, ach!, ah!

абажу́р *м₁* ‹-а› Lampenschirm *m*

абза́ц *м₅* ‹-зца› (*в те́ксте*) Absatz *m*

абитурие́нт *м₁* ‹-а› Studienbewerber *m*

абитуриент

Die dem Sinn des deutschen Wortes entsprechende Bedeutung von абиту-рие́нт, „jemand, der die Reifeprüfung abgelegt hat", ist im Russischen veraltet. Das Wort wird heute ausschließlich als „Studienbewerber" verstanden, bezeichnet also jemanden, der sich um einen Studienplatz bemüht und sich zu diesem Zweck einer Aufnahmeprüfung unterzieht.

або́рт *м₁* ‹-а› (*прерыва́ние бере́менности*) Abtreibung *f*

абрико́с *м₁* ‹-а› (*плод*) Aprikose *f*; (*де́рево*) Aprikosenbaum *m*

абсолю́тно *нареч* ① (*безусло́вно*) absolut ② (*соверше́нно*) durchaus;

абсолю́тн|ый *прил* ‹-ая, -ое, -ые› ① (*соверше́нный*) absolut; ◇ **~ое большинство́** absolute Mehrheit ② (*безусло́вный*) unbedingt

абсу́рд *м₁* ‹-а› (*неле́пость*) Unsinn *m*; ◇ **довести́ до ~а** ad absurdum führen; **абсу́рдность** *ж₅* ‹-и› Unsinnigkeit *f*, Absurdität *f*; **абсу́рдный** *прил* ‹-ая, -ое, -ые› unsinnig, absurd, ungereimt

абха́зец *м₅* ‹-зца› Abchase *m*; **абха́зка** *ж₁* ‹-и, *род мн*: -зок› Abchasin *f*; **абха́зский** *прил* ‹-ая, -ое, -ые› abchasisch

ава́нс *м₁* ‹-а› Vorschuss *m*; ◇ **~ом** im Voraus, vorschussweise

авантю́ра *ж₄* ‹-ы› Abenteuer *n*; **авантюри́ст** *м₁* ‹-а› Abenteurer *m*; (*афери́ст*) Hochstapler *m*

ава́ри|я *ж₄* ‹-и› ① (*су́дна, самолёта*) Störung *f*, Panne *f*, Havarie *f*; ◇ **потерпе́ть ~ю** eine Panne haben ② (*несча́стный слу́чай*) Unfall *m*, Unglück *n*

а́вгуст *м₁* ‹-а› August *m*; ◇ **в нача́ле (в середи́не, в конце́) ~а** Anfang (Mitte, Ende) August

авиакомпа́ния *ж₄* ‹-и› Fluggesellschaft *f*; **авиано́сец** *м₅* ‹-сца› Flugzeugträger *m*; **авиапо́чта** *ж₁* ‹-ы› Luftpost *f*; **авиа́ция** *ж₄* ‹-и› Flugwesen *n*, Luftfahrt *f*

австри́ец *м₅* ‹-и́йца› Österreicher *m*; **австри́йка** *ж₁* ‹-и, *род мн*: -ри́ек› Österreicherin *f*; **австри́йский** *прил* ‹-ая, -ое, -ие› österreichisch

авто́бус *м₁* ‹-а› (Omni-)Bus *m*

авто́граф *м₁* ‹-а› Autogramm *n*; ◇ **охо́тник за ~ами** Autogrammjäger

автозаво́д *м₁* ‹-а› Autofabrik *f*

автома́т *м₁* ‹-а› ① (*автомати́ческий аппара́т*) Automat *m* ② (*ору́жие*) Maschinenpistole *f*; **автомати́ческий** *прил* ‹-ая, -ое, -ие› ① automatisch, selbsttätig ② (*непроизво́льный*) unwillkürlich, unbewusst

автомоби́ль *м₂* ‹-я› Auto *n*, Kraftfahrzeug *n*; *разг* Wagen *m*, PKW *m*; ◇ **малолитра́жный ~** Kleinwagen

автопортре́т *м₁* ‹-а› Selbstporträt *n*

а́втор *м₁* ‹-а› Autor *m*, Verfasser *m*

авторита́рный прил ⟨-ая, -ое, -ые⟩ autoritär; ◇ **режи́м** autoritäres Regime
авторите́т м₁ ⟨-а⟩ ❶ (престиж, значение) Autorität f, Ansehen n; ◇ **по́льзоваться ~ом** Autorität genießen ❷ (лицо) Autorität f, Kapazität f; ◇ **он для меня́** ~ er ist für mich maßgebend; **авторите́тный** прил ⟨-ая, -ое, -ые⟩ ❶ (пользующийся авторитетом) Autorität besitzend; (заслуживающий доверия) maßgebend, maßgeblich ❷ (не допускающий возражений) autoritär; ◇ ~ **тон** autoritärer Ton
авторучка ж₁ ⟨-и, род мн: -чек⟩ Füllfederhalter m, Füller m
автостра́да ж₁ ⟨-ы⟩ Autobahn f
аге́нт м₁ ⟨-а⟩ ❶ (шпион) Spion m ❷ (уполномоченное лицо) Vertreter m, Agent m; ◇ **страхово́й** ~ Versicherungsvertreter m (посредник) Vermittler m; **аге́нтство** с₂ ⟨-а⟩ Agentur f; (представительство) Vertretung f; ◇ **информацио́нное** ~ Nachrichtenagentur; **тра́нспортное** ~ Spedition f
агра́рный прил ⟨-ая, -ое, -ые⟩ Agrar-, landwirtschaftlich
агресси́вный прил ⟨-ая, -ое, -ые⟩ ❶ (захватнический) Angriffs-, aggressiv; ~**ые це́ли** Angriffsziele n pl ❷ перен aggressiv, ausfällig; **агре́ссия** ж₄ ⟨-и⟩ Überfall m, Angriff m, Aggression f; ◇ **развяза́ть** ~**ю** jd-n überfallen; **агре́ссор** м₁ ⟨-а⟩ Aggressor m
адвока́т м₁ ⟨-а⟩ Rechtsanwalt m
администрати́вный прил ⟨-ая, -ое, -ые⟩ administrativ, Verwaltungs-; ◇ **в ~ом поря́дке** auf dem Verwaltungsweg; **администра́тор** м ⟨-а⟩ Verwalter m; **администра́ция** ж₄ ⟨-и⟩ ❶ (должностные лица) Verwaltung f, Administration f ❷ (в гостинице) Rezeption f
а́дрес м₁ ⟨-а, мн: -а́⟩ ❶ (надпись на конверте) Adresse f; ◇ **обрати́ться не по** ~**у** an die falsche Adresse geraten; **э́то в мой** ~ das ist an meine Adresse gerichtet ❷ (письменное приветствие) Begrüßungsschreiben n; **адреса́т** м₁ ⟨-а⟩ Adressat m, Empfänger m; ◇ ~ **вы́был** Empfänger verzogen
а́дский прил ⟨-ая, -ое, -ие⟩ höllisch, Höllen-; (коварный) fürchterlich; (ужасный) entsetzlich; (невыносимый) unerträglich; ◇ **я а́дски уста́л** ich bin hundemüde; ~ **хо́лод** grimmige Kälte; ~ **шум** Höllenlärm
аза́рт м₁ ⟨-а⟩ ❶ (страстность) Leidenschaftlichkeit f ❷ (увлечение) Eifer m, Begeisterung f; ◇ **войти́ в** ~ sich ereifern; **аза́ртный** прил ⟨-ая, -ое, -ые⟩ ❶ (страстный) leidenschaftlich; ◇ ~**ая игра́** Glücksspiel n ❷ (горячий) hitzig
а́збука ж₁ ⟨-и⟩ ❶ (алфавит) Alphabet n, Abc n; ◇ ~ **Мо́рзе** Morsealphabet

❷ (букварь) Fibel f ❸ перен (основа) Abc n, Basis f
азербайджа́нец м₅ ⟨-нца⟩ Aserbaidschaner m; **азербайджа́нка** ж₁ ⟨-и, род мн: -нок⟩ Aserbaidschanerin f; **азербайджа́нский** прил ⟨-ая, -ое, -ие⟩ aserbaidschanisch
азиа́тский прил ⟨-ая, -ое, -ие⟩ asiatisch; **А́зия** ж₄ ⟨-и⟩ Asien n
ай! межд ❶ (выражает испуг, боль, упрёк) ach!, au!, o weh! ❷ (выражает восхищение, похвалу, удивление) ◇ ~ **да!** sieh da!
айва́ ж₂ ⟨-ы́⟩ (плод) Quitte f; (дерево) Quittenbaum m
акаде́мик м₁ ⟨-а⟩ Akademiemitglied n; **акаде́мия** ж₄ ⟨-и⟩ Akademie f; ◇ ~ **худо́жеств** Kunstakademie
акваре́ль ж₅ ⟨-и⟩ ❶ (краска) Wasserfarbe f, Aquarellfarbe f ❷ (картина) Aquarell n, Aquarellbild n
аккомпанеме́нт м₁ ⟨-а⟩ муз Begleitung f; ◇ **под** ~ **роя́ля** mit Klavierbegleitung; **аккомпаниа́тор** м₁ ⟨-а⟩ Begleiter m; **аккомпани́ровать** V₃ₐ несов ⟨-рую, -руешь⟩ кому-чему дат на чём предл муз begleiten
аккордео́н м₁ ⟨-а⟩ Akkordeon n; **аккордеони́ст** м₁ ⟨-а⟩ Akkordeonspieler m
аккура́тность ж₅ ⟨-и⟩ ❶ (тщательность) Sorgfalt f ❷ (точность) Genauigkeit f, Pünktlichkeit f; **аккура́тный** прил ⟨-ая, -ое, -ые⟩ ❶ (тщательный) sorgfältig, genau ❷ (точный) pünktlich, genau
акроба́т м₁ ⟨-а⟩ Akrobat m
акт м₁ ⟨-а⟩ ❶ (действие) Akt m, Handlung f, Tat f; ◇ **террористи́ческий** ~ Terrorakt ❷ (документ) Akte f, Urkunde f; ◇ **обвини́тельный** ~ Anklageschrift f ❸ театр Akt m ❹ (торжественное собрание) Feierlichkeit f, Festakt m
актёр м₁ ⟨-а⟩ Schauspieler m; ◇ **веду́щий** ~ Hauptdarsteller m
акти́вность ж₅ ⟨-и⟩ ❶ Aktivität f; (деловитость) Geschäftigkeit f; ◇ **проявля́ть** ~ Aktivität an den Tag legen
акти́вный прил ⟨-ая, -ое, -ые⟩ (деятельный) aktiv; (деловитый) geschäftig; ◇ ~**ый член о́бщества** aktives Vereinsmitglied; ~**ое избира́тельное пра́во** aktives Wahlrecht
актри́са ж₁ ⟨-ы⟩ Schauspielerin f
актуа́льность ж₅ ⟨-и⟩ Aktualität f; ◇ **де́ло потеря́ло свою́** ~ die Sache ist nicht mehr aktuell; **актуа́льный** прил ⟨-ая, -ое, -ые⟩ aktuell, zeitgemäß
аку́ла ж₁ ⟨-ы⟩ Hai-(fisch) m
аку́стика ж₁ ⟨-и⟩ Akustik f
акуше́р м₁ ⟨-а⟩ Geburtshelfer m; **акуше́рка** ж₁ ⟨-и, род мн: -рок⟩ Hebamme f
акце́нт м₁ ⟨-а⟩ ❶ (ударение) Akzent m, Betonung f ❷ (произношение) Akzent m, Aussprache f; ◇ **говори́ть без** ~**а** akzent-

frei sprechen **3** (*интонация*) Intonation *f,* Tonfall *m* **4** *перен* Betonung *f,* Nachdruck *m;* ◇ сде́лать ~ на чём-л einen besonderen Akzent auf etw legen; **акционе́р** *М₁* <-а> Aktionär *f;* **акционе́рный** *прил* <-ая, -ое, -ые> Aktien-; ~ое о́бщество Aktiengesellschaft *f*

а́кци|я¹ *ж₄* <-и> (*ценная бумага*) Aktie *f;* ◇ -и подня́ли́сь/упа́ли die Aktien sind gestiegen/gefallen

а́кци|я² *ж₄* <-и> (*действие*) Aktion *f;* ◇ провести́ ~ю eine Aktion durchführen

алба́нец *М₅* <-нца> Albaner *m;* **алба́нка** *ж₁* <-и, *род мн:* -нок> Albanerin *f;* **алба́нский** *прил* <-ая, -ое, -ие> albanisch

алжи́рец *М₅* <-рца> Algerier *m;* **алжи́рка** *ж₁* <-и, *род мн:* -рок> Algerierin *f;* **алжи́рский** *прил* <-ая, -ое, ие> algerisch

алиме́нт|ы *мн₁* <-ов> Alimente *pl,* Unterhaltsbeitrag *m;* ◇ уклоня́ться от упла́ты ~ов Unterhaltszahlungen verweigern

алкоголи́зм *М₁* <-а> Alkoholismus *m;* ◇ лече́ние от ~a Entziehungskur für Alkoholiker; **алкого́лик** *М₁* <-а> Alkoholiker *m;* **алкого́льный** *прил* <-ая, -ое, -ые> alkoholisch; ◇ ~ое опьяне́ние (Be-)Trunkenheit *f,* Rausch *m;* ◇ ~ое отравле́ние Alkoholvergiftung *f*

аллерги́я *ж₄* <-и> *мед* Allergie *f*

алле́я *ж₃* <-и> Allee *f*

алма́з *М₁* <-а> Diamant *m*

алта́рь *М₂* <-я́, *мн:* -й> Altar *m*

алфави́т

Das kyrillische Alphabet, das vor mehr als 1000 Jahren in Verbindung mit der Christianisierung slawischer Völker entwickelt und nach dem griechischen Mönch und Slawenbekehrer Kyrill benannt wurde, ist (abgesehen von einigen Veränderungen im 18. und 20. Jh.) in Russland bis heute Gebrauchsschrift.

алфави́т *М₁* <-а> Alphabet *n;* ◇ расста́вить по ~у alphabetisch ordnen

а́лчность *ж₅* <-и> Gier *f,* Habsucht *f*

а́лый *прил* <-ая, -ое, -ые> purpurrot

альбо́м *М₁* <-а> **1** (*тетрадь*) Album *n;* ◇ ~ для ма́рок Briefmarkenalbum; ◇ ~ для рисова́ния Zeichenblock *m* **2** (*собрание репродукций*) Bildband *m*

альпи́йский *прил* <-ая, -ое, -ие> Alpen-, alpin; **альпини́зм** *М₁* <-а> спорт Alpinistik *f,* Bergsteigen *n;* **альпини́ст(ка** *ж₁)* *М* <-а> Bergsteiger(in *f*) *m,* Alpinist(in *f*)

альт *М₁* <-а́, *мн:* -ы́> **1** (*инструмент*) Bratsche *f,* Altgeige *f* **2** (*голос*) Alt *m,* Altstimme *f*

альтернати́в|а *ж₁* <-ы> Alternative *f;*

предлага́ть ~у einen Alternativvorschlag machen

амби́ци|я *ж₄* <-и> (*самолюбие*) Ehrgeiz *m;* (*претензии*) Ambitionen *f pl;* ◇ уда́риться в ~ю den Beleidigten spielen

амбразу́ра *ж₁* <-ы> **1** (*узкий оконный проём*) Fensternische *f* **2** (*бойница*) Schießscharte *f*

амбулато́рия *ж₄* <-и> Ambulanz *f;* **амбулато́рный** *прил* <-ая, -ое, -ые> ambulant

америка́нец *М₅* <-нца> Amerikaner *m;* **америка́нка** *ж₁* <-и, *род мн:* -нок> Amerikanerin *f;* **америка́нский** *прил* <-ая, -ое, -ие> amerikanisch; ◇ ~ие го́рки Achterbahn *f*

амнисти́ровать V₃ₐ *несов и сов* <-рую, -руешь> *кого-что вин* amnestieren, begnadigen; **амни́сти|я** *ж₄* <-и> Amnestie *f;* ◇ объяви́ть ~ю eine Amnestie erlassen

амортиза́ция *ж₄* <-и> **1** эк (*снижение ценности*) Wertverlust *m;* (*погашение*) Schuldentilgung *f* **2** тех (*Stoß-*) Dämpfung *f* **3** (*изнашивание*) Abnutzung *f,* Verschleiß *m*

амплуа́ *с* <нескл> театр Rollenfach *n;* ◇ э́то не его́ ~ das ist nicht sein Fach

ампути́рова|ть V₃ₐ *несов и сов* <-рую, -руешь> *что вин* amputieren, abnehmen; ◇ ему́ ~ли но́гу ihm wurde das Bein abgenommen

ана́лиз *М₁* <-а> **1** (*метод*) Analyse *f;* ~ кро́ви Blutprobe *f* **2** (*рассмотрение*) Untersuchung *f;* **анализи́ровать** V₃ₐ *несов и сов* <-рую, -руешь> *что вин* analysieren, auswerten

аналоги́чный *прил* <-ая, -ое, -ые> analog, gleichartig; (*подобный*) ähnlich; **аналоги́я** *ж₄* <-и> Analogie *f;* (*сходство*) Ähnlichkeit *f;* ◇ провести́ ~ю ме́жду чем-л einen Vergleich anstellen

анана́с *М₁* <-а> Ananas *f*

анархи́ст(ка *ж₁)* *М₁* <-а> Anarchist(in *f*) *m;* **ана́рхия** *ж₄* <-и> Anarchie *f*

анато́мия *ж₄* <-и> Anatomie *f*

а́нгел *М₁* <-а> Engel *m;* ◇ ~-храни́тель Schutzengel; ◇ день ~a Namenstag; **а́нгельск|ий** *прил* <-ая, -ое,-ие> engelhaft, Engels-; *разг* ◇ ~ое терпе́ние Engelsgeduld *f*

анги́на *ж₁* <-ы> Mandelentzündung *f,* Angina *f*

англи́йск|ий *прил* <-ая, -ое, -ие> englisch; ◇ ~ая була́вка Sicherheitsnadel *f;* ◇ ~ий замо́к Sicherheitsschloss *n;* **англича́нин** *М₁* <-а, *мн:* -а́не, *род:* -а́н> Engländer *m;* **англича́нка** *ж₁* <-и, *род мн:* -нок> Engländerin *f*

анекдо́т *М₁* <-а> **1** (*шутка*) Witz *m,* Anekdote *f* **2** *перен* (*происшествие*) lustiger Vorfall; ◇ с ним случи́лся ~ ihm ist etwas Witziges passiert

анке́т|а *ж₁* <-ы> **1** (*сбор сведений*) Umfrage *f* **2** (*опросный лист*)

Fragebogen *m;* ◇ **запо́лнить** ~y einen Fragebogen ausfüllen

аннули́ровать V_{3a} *несов и сов* ‹-рую, -руешь› *что вин* annullieren, für ungültig erklären; ◇ ~ **догово́р** einen Vertrag annullieren; ◇ ~ **зака́з** einen Auftrag stornieren

анса́мбль M_2 ‹-я› **1** *(единое целое)* Ensemble *n,* Gesamtheit *f;* ◇ **архитекту́рный** ~ Gebäudekomplex *m* **2** *(согласованность)* Zusammenspiel *n* **3** *(коллектив)* Ensemble *n*

Анта́рктика $ж_1$ ‹-и› Antarktis *f*

анте́нна $ж_1$ ‹-ы› радио, теле Antenne *f*

анти- *(в словосочетаниях)* Anti-, -feindlich; ◇ ~**прави́тельственный** regierungsfeindlich

антиква́р M_1 ‹-а› Antiquitätenhändler *m;* *(букинист)* Antiquar *m;* **антиква́рный** *прил* ‹-ая, -ое, -ые› Antiquitäten-, antiquarisch; ◇ ~**ая ва́за** antike Vase; ◇ **кни́жный ~ый магази́н** Antiquariat *n*

антило́па $ж_1$ ‹-ы› Antilope *f*

антипа́тия $ж_4$ ‹-и› Antipathie *f,* Abneigung *f;* ◇ **испы́тывать ~ю к кому́-л** eine Abneigung gegen jd-n haben; **антипо́д** M_1 ‹-а› **1** *(по убеждениям, вкусам и т. п.)* Antipode *m* **2** *перен (противник)* Widersacher *m,* Gegner *m;* **антисанита́рный** *прил* ‹-ая, -ое, -ые› unhygienisch

антисеми́т M_1 ‹-а› Antisemit *m;* **антисемити́зм** M_1 ‹-а› Antisemitismus *m;* **антисеми́тский** *прил* ‹-ая, -ое, -ые› antisemitisch

антициклон M_1 ‹-а› Hoch(-druckgebiet) *n*

анти́чность $ж_5$ ‹-и› Antike *f; (древность)* Altertum *n;* **анти́чный** *прил* ‹-ая, -ое, -ые› antik; ◇ ~ **мир** Antike *f*

антра́кт M_1 ‹-а› **1** театр Pause *f* **2** муз Zwischenaktmusik *f*

аншла́г M_1 ‹-а› театр Kassenerfolg *m;* ◇ **спекта́кль прошёл с ~ом** das Theaterstück war ein Kassenknüller

апарте́йд M_1 ‹-а› Apartheid *f*

апа́тия $ж_4$ ‹-и› **1** *(безразличие)* Apathie *f;* ◇ **впасть в ~ю** in Apathie versinken **2** *(равнодушие)* Gleichgültigkeit *f* **3** *(безучастие)* Teilnahmslosigkeit *f* **4** *(вялость)* Trägheit *f*

апелли́ровать V_{3a} *несов и сов* ‹-рую, -руешь› *без доп (1), к кому-чему дат (2)* **1** юр Berufung einlegen **2** *перен (взывать)* appellieren (an) **апелля́ция** $ж_4$ ‹-и› **1** юр Berufung *f;* ◇ **пода́ть ~ю** Berufung einlegen **2** *(обращение)* Appell *m*

апельси́н M_1 ‹-а› *(плод)* Apfelsine *f; (дерево)* Apfelsinenbaum *m*

аплоди́ровать V_{3a} *несов* ‹-рую, -руешь› *кому-чему дат* applaudieren; **аплодисме́нты** $мн_1$ ‹-ов› Applaus *m,* Beifall *m;* ◇ **пу́блика не скупи́лась на** ~ die Zuschauer sparten nicht mit Beifall

апоге́й M_3 ‹-я› **1** астр Apogäum *n,*

Erdferne *f* **2** *перен (расцвет)* Höhepunkt *m,* Glanzpunkt *m*

апо́стол M_1 ‹-а› рел Apostel *m,* Jünger *m*

аппара́т M_1 ‹-а› **1** *(прибор)* Apparat *m,* Gerät *n;* ◇ **слухово́й** ~ Hörgerät *n* **2** *(совокупность учреждений)* Apparat *m;* ◇ **госуда́рственный** ~ Staatsapparat; ◇ **сократи́ть администрати́вный** ~ den Verwaltungsapparat abbauen **3** *(персонал)* Belegschaft *f* **4** анат Organe *n pl,* Apparat *m;* ◇ **пищевари́тельный** ~ Verdauungsapparat

аппарату́ра $ж_1$ ‹-ы› тех Apparatur *f,* Geräte *n pl,* Anlage *f;* ◇ **измери́тельная** ~ Messgeräte

аппендици́т M_1 ‹-а› мед Blinddarmentzündung *f*

аппети́т M_1 ‹-а› Appetit *m;* ◇ **отсу́тствие ~а** Appetitlosigkeit *f;* ◇ **она́ лиши́лась ~а** der Appetit ist ihr vergangen; ◇ **э́то отби́ло у него́** ~ das hat ihm den Appetit verdorben; ◇ **прия́тного ~а!** guten Appetit!; **аппети́тный** *прил* ‹-ая, -ое, -ые› appetitlich; *(возбуждающий аппетит)* appetitanregend

апре́ль M_2 ‹-я› April *m;* ◇ **в нача́ле ~я** Anfang April; ◇ **подшути́ть над кем-л пе́рвого ~я** jd-n in den April schicken

апте́ка $ж_1$ ‹-и› Apotheke *f;* ◇ **доро́жная ~а** Reiseapotheke; шутл ◇ **как в ~е** peinlich genau, exakt; **апте́чка** $ж_1$ ‹-и› *(домашняя)* Hausapotheke *f; (для оказания первой помощи)* Verbandskasten *m*

ара́б M_1 ‹-а› Araber *m;* **ара́бский** *прил* ‹-ая, -ое, -ие› arabisch; ◇ ~**ие ци́фры** arabische Ziffern

ара́хис M_1 ‹-а› Erdnuss *f*

арби́тр M_1 ‹-а› **1** *(третейский судья)* Schiedsrichter *m,* Schiedsmann *m* **2** спорт *(судья)* Kampfrichter *m,* Schiedsrichter *m;* **арбитра́ж** M_1 ‹-а› **1** *(решение)* Schiedsspruch *m* **2** *(суд)* Schiedsgericht *n;* **арбитра́жный** *прил* ‹-ая, -ое, -ые› Schieds-; ◇ ~**ая коми́ссия** Schiedskommission *f*

арбу́з M_1 ‹-а› Wassermelone *f*

аргенти́нец M_5 ‹-нца› Argentinier *m;* **аргенти́нка** $ж_1$ ‹-и, *род мн:* -нок› Argentinierin *f;* **аргенти́нский** *прил* ‹-ая, -ое, -ие› argentinisch

аргуме́нт M_1 ‹-а› Argument *n,* Beweis *m;* ◇ **неопровержи́мый** ~ unwiderlegbarer Beweis; ◇ **выдвига́ть убеди́тельные ~ы** überzeugende Argumente vorbringen

аре́на $ж_1$ ‹-ы› **1** Arena *f;* ◇ ~ **ци́рка** Zirkusarena **2** *перен (поприще)* Schauplatz *m* **3** *(спортивная)* Kampfbahn *f,* Sportplatz *m;* полит ◇ ~ **полити́ческой жи́зни** politische Bühne

аре́нд|а $ж_1$ ‹-ы› **1** *(наём)* Pacht *f;* ◇ **брать в ~у** pachten **2** *(плата)* Pachtzins *m;* **аренда́тор** M_1 ‹-а› *(помещения)* Mieter *m; (земли)* Pächter *m;* **аре́ндный** *прил*

‹-ая, -ое, -ые› Pacht-; ◇ ~ догово́р Pachtvertrag m; арендова́ть V_{3a} несов и сов ‹-дую, -ду́ешь› что вин (помеще́ние) mieten; ◇ ~ дом ein Haus mieten; (зе́млю) pachten; ◇ ~ земе́льный уча́сток ein Grundstück pachten

аре́ст M_1 ‹-а› 1 (заключе́ние под стра́жу) Verhaftung f; ◇ о́рдер на ~ Haftbefehl m; ◇ освободи́ть из-под ~а aus der Haft entlassen 2 (на иму́щество) Beschlagnahme f; арестова́ть V_{3a} несов и сов ‹-ту́ю, -ту́ешь› кого́-что вин 1 (задержа́ть) verhaften 2 (иму́щество) beschlagnahmen

а́рия $ж_4$ ‹-и› муз Arie f

а́рка $ж_1$ ‹-и› Bogen m; ◇ триумфа́льная ~ Triumphbogen, Siegestor n

А́рктика $ж_1$ ‹-и› Arktis f; аркти́ческий прил ‹-ая, -ое, -ие› Polar-, arktisch

а́рми|я $ж_4$ ‹-и› 1 (вооружённые си́лы) Armee f; ◇ призыва́ться в ~ю einberufen werden; ◇ служи́ть в ~и den Militärdienst leisten 2 перен (ма́сса) Heer n, Menge f

армяни́н M_1 ‹-а, мн: -я́не, род: -я́н› Armenier m; армя́нка $ж_1$ ‹-и, род мн: -нок› Armenierin f

арсена́л M_1 ‹-а› 1 (склад) Arsenal n, Zeughaus n; ◇ замора́живание ~ов я́дерного ору́жия Einfrieren der Atomwaffenarsenale 2 (предприя́тие) Waffenschmiede f 3 перен ◇ ~ зна́ний Quelle des Wissens

арте́рия $ж_4$ ‹-и› 1 анат Arterie f; ◇ со́нная ~ Halsschlagader f 2 перен (путь) Verkehrsader f

артилле́ри|я $ж_4$ ‹-и› Artillerie f; перен ◇ пусти́ть в ход тяжёлую ~ю ein schweres Geschütz auffahren

арти́ст M_1 ‹-а› 1 (исполни́тель) Künstler m, Schauspieler m; ◇ о́перный ~ Opernsänger 2 (лёгкого жа́нра и ци́рка) Artist m 3 разг (ма́стер) Könner m; ◇ ~ в своём де́ле ein Meister seines Faches; арти́стка $ж_1$ ‹-и, род мн: -ток› 1 (исполни́тельница) Künstlerin f 2 (актри́са) Schauspielerin f

а́рфа $ж_1$ ‹-ы› Harfe f

архи́в M_1 ‹-а› Archiv n; ◇ сдать в ~ zu den Akten legen; перен (о челове́ке) zum alten Eisen zählen; архива́риус M_1 ‹-а› Archivar m; архи́вный прил ‹-ая, -ое, -ые› Archiv-; ◇ ~ые дела́ Archivakten f pl, Archivalien pl

архиепи́скоп M_1 ‹-а› Erzbischof m

архите́ктор M_1 ‹-а› Architekt m; ◇ же́нщина-~ Architektin f; архитекту́ра $ж_1$ ‹-ы› 1 (зо́дчество) Architektur f, Baukunst f 2 (стиль) Architekturstil m; ◇ готи́ческая ~ gotischer Stil; архитекту́рный прил ‹-ая, -ое, -ые› architektonisch, Architektur-; ◇ ~ анса́мбль Gebäudekomplex m

ас M_1 ‹-а› Ass n, Spitzenkönner m

аспе́кт M_1 ‹-а› Aspekt m, Gesichtspunkt m; ◇ в ино́м ~е unter einem anderen Aspekt

ассамбле́я $ж_3$ ‹-и› (Voll-)Versammlung f; ◇ Генера́льная Ассамбле́я ООН Generalversammlung der Vereinten Nationen, UNO-Vollversammlung

ассигнова́ни|е c_4 ‹-я› 1 (де́йствие) Bewilligung f 2 (су́мма) bewilligte Summe f; ◇ ~я на социа́льные ну́жды Aufwendungen für soziale Zwecke; ассигнова́ть V_{3a} несов и сов ‹-ну́ю, -ну́ешь› что вин Geldmittel bewilligen, bereitstellen

ассортиме́нт M_1 ‹-а› (подбо́р) Sortiment n; (вы́бор) Auswahl f; (предложе́ние) Angebot n; ◇ основно́й ~ Grundsortiment; ◇ бога́тый ~ това́ров breites Warenangebot

ассоциа́ци|я $ж_4$ ‹-и› 1 (объедине́ние) Assoziation f, Verband m; ◇ торго́вая ~я Handelsverband; ◇ ~я предпринима́телей Unternehmerverband 2 психол Assoziation f; ◇ вызыва́ть ~и Assoziationen erwecken; ассоции́ровать V_{3a} несов и сов ‹-рую, -руешь› что вин или что с чем тв assoziieren, verknüpfen, verbinden; ассоции́роваться несов и сов ‹-руюсь, -руешься› с кем-чем тв sich assoziieren, sich verbinden

а́стма $ж_1$ ‹-ы› Asthma n; астма́тик M_1 ‹-а› Asthmatiker m

а́стра $ж_1$ ‹-ы› бот Aster f

астро́лог M_1 ‹-а› Astrologe m, Sterndeuter m

астрона́вт M_1 ‹-а› Astronaut m

астрона́втика $ж_1$ ‹-и› Raumfahrt f

астроно́м M_1 ‹-а› Astronom m

астроно́мия $ж_4$ ‹-и› Astronomie f

асфа́льт M_1 ‹-а› Asphalt m; асфальти́ровать V_{3a} несов и сов ‹-рую, -руешь› что вин asphaltieren

ата́к|а $ж_1$ ‹-и› 1 (нападе́ние) Angriff m; (наступле́ние) Vorstoß m; ◇ отрази́ть ~у einen Angriff abwehren; ◇ перейти́ в ~у zum Angriff übergehen 2 (штурм) Ansturm m; ◇ бро́ситься в ~у Sturm laufen 3 перен (в спо́рте, игре́) Angriff m, Attacke f; атакова́ть V_{3a} несов и сов ‹-ку́ю, -ку́ешь› кого́-что вин 1 (напа́дать) angreifen; (наступа́ть) vorstoßen; 2 (штурмова́ть) stürmen

атама́н M_1 ‹-а› 1 ист (в каза́цких во́йсках) Ataman m 2 перен (предводи́тель) Anführer m, Rädelsführer m; (разбо́йничий) Bandenführer m

атеи́зм M_1 ‹-а› Atheismus m; атеи́ст M_1 ‹-а› Atheist m

ателье́ с ‹нескл› (сту́дия) Atelier n; ◇ ~ худо́жника Künstleratelier

атланти́ческий прил ‹-ая, -ое, -ие› Atlantik-, atlantisch; ◇ А~ океа́н Atlantischer Ozean; ◇ А~ пакт Nordatlantikpakt m, Nato f

а́тлас M_1 ‹-а› Atlas m; ◇ ~ ми́ра Weltatlas; ◇ ~ автомоби́льных доро́г Straßenatlas

атле́т M_1 ‹-а› 1 (спортсме́н) Athlet m,

Sportler m ② (*человек крепкого телосложения*) Athlet m, Kraftmensch m; **атле́тика** $ж_1$ ‹-и› Athletik f; ◇ **лёгкая ~** Leichtathletik f
атмосфе́р|а $ж_1$ ‹-ы› ① астр Atmosphäre f ② *перен* Atmosphäre f, Klima n, Umgebung f; ◇ **напряжённая ~a** gespanntes Klima; ◇ **произво́дственная ~a** Betriebsklima ③ (*единица давления*) Atmosphäre f; **атмосфе́рный** *прил* ‹-ая, -ое, -ые› atmosphärisch, Atmosphären-; ◇ **~ое давле́ние** Luftdruck m; ◇ **~ые оса́дки** Niederschläge m pl
а́том m_1 ‹-a› Atom n; ◇ **расщепле́ние ~a** Atomspaltung f; **а́томник** m_1 ‹-a› *разг* Atomwissenschaftler m, Atomforscher m; **а́томный** *прил* ‹-ая, -ое, -ые› Atom-, atomar; ◇ **~ая бо́мба** Atombombe f; ◇ **~ое вооруже́ние** atomare Aufrüstung f; ◇ **~ое ору́жие** Atomwaffe f; ◇ **~ая электроста́нция** Atomkraftwerk n; ◇ **~ая эне́ргия** Atomenergie f; **атомохо́д** m_1 ‹-a› Atomschiff f
атташе́ $м$ ‹нескл› Attaché m; ◇ **~ по вопро́сам культу́ры/печа́ти** Kulturattaché/Presseattaché
аттеста́т m_1 ‹-a› Zeugnis n; ◇ **шко́льный ~** Schulzeugnis n; ◇ **~ зре́лости** Abiturzeugnis n; **аттеста́ция** $ж_4$ ‹-и› ① (*проверка*) Eignungsprüfung f ② (*отзыв, документ*) Attestierung f, Bescheinigung f
аттестова́ть V_{3a} *несов и сов* ‹-тую, -туешь› *кого-что вин* ① (*дать отзыв*) attestieren, bescheinigen ② (*присвоить звание*) ernennen; ◇ **~ кого́-л профе́ссором** jd-n zum Professor ernennen ③ (*оценить знания*) beurteilen
аттракцио́н m_1 ‹-a› ① (*карусель и т. п.*) Rummelplatzvergnügen n ② (*цирковой или эстрадный номер*) Attraktion f, Zugnummer f
аудито́ри|я $ж_4$ ‹-и› ① (*помещение*) Hörsaal m ② (*слушатели*) Hörerschaft f, Publikum n; ◇ **собра́ть большу́ю ~ю** großen Zuspruch haben
аукцио́н m_1 ‹-a› Auktion f; ◇ **прода́ть с ~a** versteigern; ◇ **купи́ть на ~e** ersteigern
ау́л m_1 ‹-a› (*селение*) Aul m (*kaukasisches Bergdorf*)
афга́нец m_5 ‹-нца› Afghane m; **афга́нка** $ж_1$ ‹-и, *род мн*: -нок› Afghanin f; **афга́нский** *прил* ‹-ая, -ое, -ие› afghanisch
афе́р|а $ж_1$ ‹-ы› unsauberes Geschäft, Schwindel m; ◇ **пуска́ться в ~ы** sich auf unsaubere Geschäfte einlassen; **афери́ст** (**ка** $ж_1$) m_1 ‹-a› Schwindler(in f) m, Hochstapler(in f) m; ◇ **бра́чный ~** Heiratsschwindler
афи́ша $ж_1$ ‹-и› Aushang m, Anschlag m; **афиши́ровать** V_{3a} *несов и сов* ‹-рую, -руешь› *что вин* ① (*выставить напоказ*) zur Schau tragen, an die große Glocke hängen ② (*хвастаться*) prahlen

афори́зм $м_1$ ‹-a› Aphorismus m
африка́нец $м_5$ ‹-нца› Afrikaner m; **африка́нка** $ж_1$ ‹-и, *род мн*: -нок› Afrikanerin f
ах! *межд* ach!, ah!; ◇ **~ да!** ach ja!
а́хать V_{1a} kein Part. Präs. Pass. *несов от* **а́хнуть**
ахине́|я $ж_3$ ‹-и› *разг* Ungereimtheit f, Unsinn m, Quatsch m; ◇ **нести́ ~ю** Blödsinn reden
а́хнуть V_2 *сов* ‹-ну, -нешь› [**а́хать** *несов*] *разг* ① (*ударить*) einen Hieb, Stoß versetzen ② (*громыхнуть*) donnern, krachen
аэродро́м $м_1$ ‹-a› Flugplatz m; **аэропо́рт** $м_1$ ‹-a› Flughafen m; **аэроста́т** $м_1$ ‹-a› Ballon m; ◇ **привязно́й ~** Fesselballon; **аэрофло́т** $м_1$ ‹-a› *russische Fluggesellschaft* "Aeroflot"

б

ба! *межд разг* ach! sieh mal an!; ◇ **~! кого́ я ви́жу!** ja, wen sehe ich denn da!
ба́ба $ж_1$ ‹-ы› ① (*о женщине*) Weib n, Frauenzimmer n ② (*жена*) Ehefrau f ③ *пренебр* (*о слабохарактерном мужчине*) Feigling m
ба́ба-яга́ $ж_1$ ‹-и› Hexe f
ба́бник m_1 ‹-a› Schürzenjäger m
ба́бочка $ж_1$ ‹-и, *род мн*: -чек› ① зоол Schmetterling m ② *перен* (*галстук*) Fliege f
ба́бушка $ж_1$ ‹-и, *род мн*: -шек› Großmutter f, Oma f; ◇ **э́то ещё ~ на́двое сказа́ла** das steht noch nicht fest, das werden wir noch sehen; *погов* ◇ **вот тебе́, ~ и Ю́рьев день!** da haben wir die Bescherung!
бава́рец m_5 ‹-рца› Bayer m; **бава́рка** $ж_1$ ‹-и, *род мн*: -рок› Bayerin f; **бава́рский** *прил* ‹-ая, -ое, -ие› bayrisch
бага́ж $м_1$ ‹-á› ① (*вещи, груз*) Gepäck n; ◇ **ручно́й ~** Handgepäck; ◇ **сдава́ть ве́щи в ~** Gepäck aufgeben ② *перен* (*запас знаний*) Kenntnisse f pl, Wissen n; ◇ **у́мственный ~** Wissensschatz m; **бага́жник** $м_1$ ‹-a› (*в автомобиле*) Kofferraum m; (*на велосипеде*) Gepäckträger m
багрове́ть V_5 *несов* ‹-éю, -éешь› [**посо́в**] *без доп* rot anlaufen, glutrot werden; **багро́вый** *прил* ‹-ая, -ое, -ые› feuerrot, glutrot
бадминто́н $м_1$ ‹-a› Badminton n, Federball m
ба́з|а $ж_1$ ‹-ы› ① (*основа*) Basis f, Grundlage f; ◇ **на ~е чего́-л** auf der

Grundlage von etw **2** воен Stützpunkt *m* **3** (*учреждение*) Station *f;* ◇ **тури́стская ~а** Touristenzentrum *n* **4** (*склад*) Lager *n;* ◇ **овощна́я ~а** Gemüselager

база́р *м₁* ‹-а› **1** (*торг*) (Wochen-)Markt *m;* ◇ **пра́здничный ~** Jahrmarkt *m;* (*базарная площадь*) Marktplatz *m* **2** *разг* (*шум, гам*) Gejohle *n,* Rummel *m*

байда́рка *ж₁* ‹-и, *род мн:* -рок› Paddelboot *n,* Kajak *m*

бак *м₁* ‹-а› Tank *m;* (*для воды*) Wassertank *m;* ◇ **~ для ма́сла** Öltank *m;* (*для горючего*) Benzintank *m*

баклажа́н *м₁* ‹-а› бот Aubergine *f*

бакте́рия *ж₄* ‹-и› Bakterie *f*

балала́йка *ж₁* ‹-и, *род мн:* -ла́ек› Balalaika *f*

бала́нс *м₁* ‹-а› **1** (*равновесие*) Gleichgewicht *n* **2** фин, эк Bilanz *f;* ◇ **подводи́ть ~** Bilanz ziehen

баланси́ровать¹ V₃ₐ *несов на чём или чем* (*сохранять равновесие*) balancieren, das Gleichgewicht halten; ◇ **на кана́те** auf einem Seil balancieren; *перен* ◇ **~ на гра́ни конфли́кта** am Rande eines Konflikts stehen

баланси́ровать² *несов* ‹-рую, -руешь› [~ *сов*] *что вин* **1** фин Bilanz ziehen **2** (*уравновешивать*) ausgleichen **3** тех auswuchten

балери́на *ж₁* ‹-ы› Ballerina *f*

бале́т *м₁* ‹-а› Ballett *n*

балко́н *м₁* ‹-а› **1** (*здания*) Balkon *m* **2** театр Rang *m*

балл *м₁* ‹-а› **1** (*единица шкалы*) Grad *m,* Stärke *f;* ◇ **землетрясе́ние в шесть ~ов** ein Erdbeben der Stärke sechs **2** (*очко*) Punkt *m;* ◇ **о́бщее коли́чество ~ов** Gesamtpunktzahl *f* **3** (*отметка*) Note *f,* Punkt *m;* ◇ **проходно́й ~ при поступле́нии в вуз** Mindestpunktzahl für die Zulassung zu einem Studium

балла́да *ж₁* ‹-ы› Ballade *f*

балло́н *м₁* ‹-а› **1** Ballon *m* **2** (*шина*) Schlauch *m,* Reifen *m*

баллоти́роваться V₃ₐ *несов* ‹-руюсь, -руешься› *без доп* **1** (*выставлять свою кандидатуру*) kandidieren **2** (*быть поставленным на голосование*) zur Abstimmung gebracht werden

балова́ть V₃ₐ *несов* ‹-лую, -луешь› [из~ *сов*] *кого-что вин* verwöhnen; (*изнеживать*) verhätscheln; **балова́ться** V₃ₐ *несов* ‹-луюсь, -луешься› *без доп (1),* чем тв *(2)* **1** (*шалить*) unartig sein, Unfug treiben **2** (*обращать в забаву*) sich vergnügen; **бало́венъ** *м₂* ‹-вня, *мн:* -вни› (*любимец*) Liebling *m;* (*человек, которого балуют*) verwöhntes Kind; ◇ **э́тот ребёнок — о́бщий ~** dieses Kind wird von allen verhätschelt; ◇ **~ судьбы́** Glückspilz *m*

балы́к *м₁* ‹-а́, *мн:* -и́› gedörrter Störrücken *m*

ба́мпер *м₁* ‹-а› авто Stoßstange *f*

бана́льный *прил* ‹-ая, -ое, -ые› (*тривиальный*) banal; (*избитый*) abgedroschen

бана́н *м₁* ‹-а› (*плод*) Banane *f;* (*дерево*) Bananenbaum *m*

ба́нда *ж₁* ‹-ы› (Verbrecher-)Bande *f*

бандеро́ль *ж₅* ‹-и› **1** (*почтовое отправление*) Päckchen *n;* ◇ **отпра́вить кни́гу ~ю** ein Buch als Päckchen verschicken

банди́т *м₁* ‹-а› Bandit *m*

банк *м₁* ‹-а› **1** (*учреждение*) Bank *f;* **Междунаро́дный ~ реконстру́ции и разви́тия** Weltbank *f;* ◇ **закры́ть/откры́ть счёт в ~e** ein Bankkonto eröffnen/ auflösen **2** (*центр, где сосредоточены какие-л предметы, сведения*) Bank *f;* ◇ **~ да́нных** Datenbank

ба́нк|а *ж₁* ‹-и, *род мн:*-нок› **1** (*жестяная*) (Konserven-)Büchse *f,* Dose *f* **2** мед ◇ **~и мн** Schröpfköpfe *m pl*

банке́т *м₁* ‹-а› Bankett *n*

банки́р *м₁* ‹-а› Bankier *m*

ба́нковск|ий *прил* ‹-ая, -ое, -ие› Bank-; ◇ **~ое де́ло** Bankwesen *n;* ◇ **~ий перево́д** Banküberweisung *f;* ◇ **~ий счёт** Bankkonto *n*

банкро́т *м₁* ‹-а› Bankrotteur *m;* ◇ **объяви́ть себя́ ~ом** den Bankrott erklären, Konkurs anmelden; **банкро́тств|о** *c₂* ‹-а› **1** (*разорение*) Bankrott *m;* ◇ **находи́ться на гра́ни ~а** am Rande des Bankrotts stehen **2** *перен* (*провал*) Zusammenbruch *m;* ◇ **мора́льное ~о** moralischer Verfall

бант *м₁* ‹-а› Schleife *f;* ◇ **завяза́ть ~ом** eine Schleife binden

ба́н|я *ж₂* ‹-и› **1** (*мытьё*) Bad *n;* ◇ **устро́ить де́тям ~ю** die Kinder baden **2** (*помещение*) Dampfbad *n;* ◇ **фи́нская ~я** Sauna *f* **3** *разг* (*жара*) Schwitzbad *n,* (Affen-) Hitze *f; перен разг* ◇ **зада́ть ~ю кому́-л** jd-m ordentlich den Kopf waschen

бар *м₁* ‹-а-› **1** Bar *f,* Stehausschank *m;* ◇ **ночно́й ~** Nachtbar *f;* ◇ **пивно́й ~** Kneipe *f* **2** (*в шкафу*) Minibar *f*

бараба́н *м₁* ‹-а› **1** муз Trommel *f;* ◇ **бить в ~** trommeln **2** тех Trommel *f,* Zylinder *m;* **бараба́нщик** *м₁* ‹-а› Trommler *m*

бара́к *м₁* ‹-а› Baracke *f*

бара́н *м₁* ‹-а› Hammel *m;* ◇ **смотре́ть как ~ на но́вые воро́та** wie die Kuh vorm neuen Tor stehen; **бара́нина** *ж₁* ‹-ы› Hammelfleisch *n*

барахло́ *c₂* ‹-á› Plunder *m,* Kram *m;* **барахо́лка** *ж₁* ‹-и, *род мн:*-лок› *разг* Trödelmarkt *m,* Flohmarkt *m*

бара́хтаться V₁ₐ *несов, kein Part. Präs. Pass.* ‹-аюсь, -аешься› *без доп* zappeln, strampeln

барито́н *м₁* ‹-а› **1** (*голос*) Bariton *m* **2** (*певец*) Bariton *m* **3** (*инструмент*) Baryton *n*

барс m_1 ‹-а› зоол Schneeleopard m

ба́рство c_2 ‹-а› **1** (высокомерие) arrogantes Gebaren n, Hochmut m **2** (паразитизм) Schmarotzertum n

барсу́к m_1 ‹-а́, мн: -и́› зоол Dachs m

ба́рхат m_1 ‹-а› Samt m; **ба́рхатный** прил ‹-ая, -ое, -ые› (относящийся к бархату) Samt-; ◇ **~ое пла́тье** Samtkleid **2** перен (мягкий) samtweich; ◇ **~ый го́лос** weiche Stimme

барье́р m_1 ‹-а› **1** (преграда) Barriere f, Schranke f **2** перен Barriere f, Schranke f; ◇ **ве́домственные ~ы** bürokratische Hindernisse; ◇ **звуково́й ~** Schallmauer; ◇ **ра́совые ~** Rassenschranken; ◇ **языково́й ~** Sprachbarriere **3** спорт Hürde f; тж перен **взять ~** eine Hürde nehmen

бас m_1 ‹-а, мн: -ы́› **1** (голос) Bass m; **говори́ть ~ом** eine tiefe Stimme haben **2** (певец) Bass(-ist) m **3** (инструмент) Bass m

баскетбо́л m_1 ‹-а› Basketball m

баснесло́вный прил ‹-ая, -ое, -ые› (неимоверный) unwahrscheinlich; ◇ **~ые це́ны** unglaublich hohe Preise; ◇ **~о** дёшево spottbillig

ба́сня ж₂ ‹-и, род мн: -сен› **1** (рассказ) Fabel f **2** (вымысел) Erfindung f, Lügengeschichte f

бассе́йн m_1 ‹-а› **1** (водоём) Becken n; ◇ **~ для пла́вания** Schwimmbad n **2** (~ реки) Flussbecken n

ба́ста! межд разг basta! Schluss jetzt!

бастова́ть V₃g несов, kein Part. Präs. Pass. ‹-ту́ю, -ту́ешь› без доп streiken

батаре́йка ж₁ ‹-и, род мн: -ре́ек› эл Batterie f

бато́н m_1 ‹-а› längliches Weißbrot n

бачо́к m_1 ‹-чка́, мн: -и́› Behälter m

башма́к m_1 ‹-а́, мн: -и́› Schuh m; ◇ **быть под ~о́м у кого́-л** unter jd-s Pantoffel stehen

ба́шня ж₂ ‹-и, род мн: -шен› Turm m; ◇ **смотрова́я ~** Aussichtssturm; ◇ **телевизио́нная ~** Fernsehturm

бая́н m_1 ‹-а› муз Bandoneon n, Knopfakkordeon n

бди́тельность ж₅ ‹-и› Wachsamkeit f; ◇ **проявля́ть ~** ein wachsames Auge haben

бег m_1 ‹-а› Lauf m; ◇ **эстафе́тный ~** Staffellauf; ◇ **~ с препя́тствиями** Hindernislauf; **бега́** мн₁ ‹-о́в› Pferderennen n, Trabrennen n; ◇ **она́ всё вре́мя в ~х** sie ist immer unterwegs

бе́гать V₁ₐ несов, неопред, см. бежа́ть, kein Part. Präs. Pass. ‹-аю, -аешь› без доп (1, 4), за кем тв (2), от кого-чего род (3) **1** (бежать) laufen; (стремительно) rennen **2** разг (ухаживать) jd-m nachlaufen, hinter jd-m herlaufen **3** (глаза) umherschweifen

бегемо́т m_1 ‹-а› Nilpferd n

бегле́ц m_1 ‹-а́, мн: -ы́› Flüchtling m; (из заключения) Entlaufener m

бе́гло нареч **1** (свободно) fließend; ◇ **говори́ть по-ру́сски** fließend russisch sprechen **2** (поверхностно) flüchtig, oberflächlich; **бе́глый** прил ‹-ая, -ое, -ые› **1** (быстрый) flüchtig; ◇ **броса́ть взгляд на кого́/что-л** auf jd-n/etw einen flüchtigen Blick werfen **2** (поверхностный) oberflächlich; ◇ **бе́глое замеча́ние** oberflächliche Bemerkung **3** (убежавший из заключения) flüchtig, entlaufen; ◇ **~заключённый** entflohener Häftling;

бего́м нареч laufend, im Laufschritt;

бе́гство c_2 ‹-а› (побег) Flucht f; ◇ **спаса́ться ~** entfliehen; ◇ **обрати́ться в ~** die Flucht ergreifen

бегу́н m_1 ‹-а́, мн: -ы́› спорт Läufer m; ◇ **~ на дли́нные диста́нции** Langstreckenläufer

беда́ ж₁ ‹-ы́, мн: бе́ды› Unglück n, Not f; ◇ **попа́сть в ~у́** in die Klemme geraten; ◇ **вы́ручить кого́-л из ~ы́** jd-m aus der Not helfen; ◇ **в то́м-то и ~á** das ist ja gerade das Unglück **II.** предик schlimm; ◇ **не ~á** nicht schlimm

бе́дность ж₅ ‹-и› (нужда) Armut f; (скудость) Dürftigkeit f; **бе́дный** прил ‹-ая, -ое, -ые› **1** (неимущий) arm **2** (несчастный, жалкий) arm, unglücklich **3** (скудный) kümmerlich, dürftig; ◇ **~ая приро́да** karge Natur; **бедня́к** m_1 ‹-а́, мн: -и́› (неимущий человек) armer Mensch, Arme m

бедро́ c_2 ‹-а́, мн: бёдра, род: -дер, дат: -драм› Hüfte f

бе́дствие c_4 ‹-я› (несчастье) Unglück n; (катастрофа) Katastrophe f; ◇ **стихи́йное ~** Naturkatastrophe; мор ◇ **терпе́ть ~** in Seenot geraten

бежа́ть* несов, опред, см. бе́гать ‹бегу́, бежи́шь› без доп **1** laufen; (стремительно) rennen; ◇ **~ ры́сью** traben **2** (спасаться бегством) fliehen **3** перен (о времени) verfliegen, vergehen **4** (о жидкости) überkochen

бе́женец m_5 ‹-нца› Flüchtling m; ◇ **пото́к ~цев** Flüchtlingsstrom m

без предлог с род **1** (указывает на отсутствие чего-л) ohne; ◇ **~ сомне́ния** ohne Zweifel, zweifellos; ◇ **~ не причи́ны** nicht ohne Grund; ◇ **~ его́ ве́дома** ohne sein Wissen; ◇ **~ огово́рок** ohne Vorbehalt; ◇ **~ внима́ния к чему́-л** ohne Rücksicht auf etw; ◇ **оста́вить ~ внима́ния** außer Acht lassen; ◇ **~ исключе́ния** ohne Ausnahme **2** (в отсутствие кого-л) in Abwesenheit von; ◇ **э́то произошло́ ~ меня́** das geschah in meiner Abwesenheit **3** (о времени) ◇ **~ двадцати́ мину́т пять** zwanzig Minuten vor fünf

безала́берный прил ‹-ая, -ое, -ые› **1** (бестолковый) chaotisch **2** (беспорядочный) unordentlich, schlampig

безалкого́льный прил ‹-ая, -ое, -ые› alkoholfrei

безбе́дн|ый прил ⟨-ая, -ое, -ые⟩ sorgenfrei; ◇ **~ое существова́ние** gesicherte Existenz

безболе́зненный прил ⟨-ая, -ое, -ые⟩ ① (не вызывающий боли) schmerzlos ② перен reibungslos, problemlos

безвку́сный прил ⟨-ая, -ое, -ые⟩ ① (еда) geschmacklos, fad ② перен geschmacklos, abgeschmackt

безвозду́шн|ый прил ⟨-ая, -ое, -ые⟩ luftleer; ◇ **~ое простра́нство** Vakuum n

безвозме́здный прил ⟨-ая, -ое, -ые⟩ unentgeltlich, kostenlos

безво́льный прил ⟨-ая, -ое, -ые⟩ willensschwach, willenlos

безвре́дный прил ⟨-ая, -ое, -ые⟩ (не причиняющий вреда) unschädlich; (безобидный) harmlos

безвре́менн|ый прил ⟨-ая, -ое, -ые⟩ vorzeitig, verfrüht; ◇ **~о уше́дший** zu früh Verstorbener

безвы́ходность ж₅ ⟨-и⟩ Ausweglosigkeit f; (безнадёжность) Hoffnungslosigkeit f; **безвы́ходный** прил ⟨-ая, -ое, -ые⟩ ① (безотлучный) ständig ② (безнадёжный) aussichtslos, hoffnungslos

безгра́мотность ж₅ ⟨-и⟩ (неграмотность) Analphabetentum n ② (невежество) Unwissenheit f; **безгра́мотный** прил ⟨-ая, -ое, -ые⟩ ① (неграмотный) des Lesens und Schreibens nicht mächtig; ◇ **~ челове́к** Analphabet m ② (невежественный) unwissend, ungebildet ③ (содержащий много ошибок) fehlerhaft, voller Fehler

безграни́чный прил ⟨-ая, -ое, -ые⟩ тж перен grenzenlos

безда́рность ж₅ ⟨-и⟩ (лишённый таланта человек) untalentierter Mensch; (халтурщик) Stümper m; ◇ **э́тот певе́ц — соверше́нная ~** dieser Sänger ist absolut untalentiert

безде́йствие с₄ ⟨-я⟩ Untätigkeit f; (безделье) Müßiggang m; **безде́йствовать** V₃ₐ несов, kein Part. Präs. Pass. ⟨-вую, -вуешь⟩ без доп ① (о человеке) untätig sein, nichts tun ② (о машине) stillstehen, außer Betrieb sein

безде́льник м₁ ⟨-а⟩ Faulenzer m, Nichtstuer m

бездоро́жье с₄ ⟨-я⟩ ① (непроходимость) Unwegsamkeit f ② (плохое состояние дорог) Unbefahrbarkeit f

безду́шный прил ⟨-ая, -ое, -ые⟩ ① (бессердечный) herzlos, hartherzig ② (лишённый живого чувства) leblos, tot

безжа́лостный прил ⟨-ая, -ое, -ые⟩ (немилосердный) unbarmherzig; (беспощадный) erbarmungslos

беззако́ни|е с₄ ⟨-я⟩ ① (отсутствие законности) Gesetzlosigkeit f ② (произвол) Willkür f; ◇ **соверша́ть ~я** gesetzwidrig handeln; **беззако́нный** прил ⟨-ая, -ое, -ые⟩ ① (противозакон-

ный) gesetzwidrig ② (произвольный) willkürlich

беззащи́тный прил ⟨-ая, -ое, -ые⟩ (незащищённый) ungeschützt, schutzlos; (беспомощный) wehrlos, hilflos

безлю́дный прил ⟨-ая, -ое, -ые⟩ ① (где совсем нет людей) menschenleer ② (малонаселённый) dünn besiedelt ③ (малопосещаемый) schwach besucht

безнадёжный прил ⟨-ая, -ое, -ые⟩ ① (не дающий надежд) hoffnungslos; ◇ **~ слу́чай** ein hoffnungsloser Fall ② (неисправимый) ausgesprochen, ausgemacht, unverbesserlich

безнака́занный прил ⟨-ая, -ое, -ые⟩ unbestraft, straffrei

безнра́вственность ж₅ ⟨-и⟩ Unmoral f, Unsittlichkeit f; **безнра́вственный** прил ⟨-ая, -ое, -ые⟩ unmoralisch, sittenlos

безоби́дный прил ⟨-ая, -ое, -ые⟩ harmlos, ungefährlich

безобра́зие с₄ ⟨-я⟩ ① (уродство) Hässlichkeit f ② (беспорядок) Unordnung f ③ (неприличие) Unanständigkeit f, Unfug m; **безобра́зничать** V₁ₐ несов ⟨-аю, -аешь⟩ [на~ сов] без доп Unfug treiben

безопа́сность ж₅ ⟨-и⟩ Sicherheit f; ◇ **быть в ~и** sich in Sicherheit befinden

безотве́тственность ж₅ ⟨-и⟩ Verantwortungslosigkeit f; **безотве́тственн|ый** прил ⟨-ая, -ое, -ые⟩ verantwortungslos; ◇ **~ое реше́ние** unverantwortliche Entscheidung

безотка́зный прил ① (не отказывающийся от просьбы) hilfsbereit, gefällig ② (бесперебойный) störungsfrei, einwandfrei

безотлага́тельно нареч (спешно) unverzüglich, dringend

безоши́бочн|ый прил ⟨-ая, -ое, -ые⟩ (не содержащий ошибок) fehlerlos; (несомненный) untrüglich; (совершенно правильный) richtig

безрабо́тиц|а ж₅ ⟨-ы⟩ Arbeitslosigkeit f; ◇ **дли́тельная ~а** Langzeitarbeitslosigkeit; ◇ **посо́бие по ~е** Arbeitslosengeld n; **безрабо́тн|ый I.** прил ⟨-ая, -ое, -ые⟩ arbeitslos, erwerbslos **II.** м (A₁) ⟨-ого⟩ Arbeitsloser m

безразли́чие с₄ ⟨-я⟩ Gleichgültigkeit f;

выражение безразличия

Das ist mir vollkommen egal.
Мне это абсолю́тно безразли́чно.
Das geht mich doch nichts an.
Меня́ э́то не каса́ется.
Meinetwegen.
Пожа́луйста, я не возража́ю.
Das ist deine/Ihre Sache.
Это твоё/Ва́ше де́ло.
Wenn du meinst.
Как хо́чешь.

безразли́чный I. *прил* ‹-ая, -ое, -ые› ① gleichgültig **II.** *нареч* gleich; ◇ **э́то мне ~о** das ist mir gleich

безрука́вка *ж₁* ‹-и, *род мн:* -вок› ärmellose Jacke *f,* Weste *f*

безу́мие *с₄* ‹-я› ① (*сумасше́ствие*) Wahnsinn *m,* Verrücktheit *f* ② (*безрассу́дство*) Unbesonnenheit *f,* Unvernunft *f;* **безу́мн|ый** *прил* ‹-ая, -ое, -ые› ① (*сумасше́дший*) verrückt ② (*безрассу́дный*) unsinnig, unbesonnen, töricht; **~ое наме́рение** unsinniges Vorhaben ③ *перен разг* (*чрезвыча́йный*) wahnsinnig; ◇ **~о дорого́й** irrsinnig teuer

безупре́чн|ый *прил* ‹-ая, -ое, -ые› einwandfrei, tadellos; ◇ **~ая репута́ция** tadelloser Ruf

безусло́вно *нареч* ① (*безогово́рочно*) unbedingt, völlig ② (*несомне́нно*) zweifellos; **безусло́вн|ый** *прил* ‹-ая, -ое, -ые› ① (*безогово́рочный*) unbedingt, absolut, völlig; ◇ **~ое подчине́ние** bedingungslose Unterwerfung; ◇ **~ая уда́ча** ein voller Erfolg ② (*несомне́нный*) zweifellos, sicher

бели́ть V₄ₐ *несов* ‹белю́, бе́лишь› [**вы́-** (1), **на-** (2), **по-** (3) *сов*] *что вин* ① (*кра́сить потоло́к, сте́ны*) weißen, tünchen, weiß anstreichen ② (*отбели́вать тка́ни*) bleichen

бе́лка *ж₁* ‹-и, *род мн:* -лок› Eichhörnchen *n;* ◇ **верте́ться как ~ в колесе́** ohne Rast und Ruh arbeiten

бело́к *м₁* ‹-лка́› ① хим, биол Eiweiß *n* ② (*оболо́чка глаза*) das Weiße des Auges ③ (*часть яйца́*) Eiweiß *n*

белору́с *м₁* ‹-а› Weißrusse *m;* **белору́ска** *ж₁* ‹-и, *род мн:* -сок› Weißrussin *f;* **белору́сский** *прил* ‹-ая, -ое, -ие› weißrussisch

бе́л|ый *прил* ‹-ая, -ое, -ые› Weiß-, weiß; мед ◇ **~ая горя́чка** Säuferwahn *m,* Delirium *n;* ◇ **~ый гриб** Steinpilz *m;* ◇ **средь бе́ла дня** am helllichten Tag(e); ◇ **на ~ом све́те** in der weiten Welt

бельё *с₅* ‹-ья́› Wäsche *f;* ◇ **ни́жнее ~** Unterwäsche

бензи́н *м₁* ‹-а› Benzin *n*

бензоколо́нка *ж₁* ‹-и, *род мн:* -нок› Zapfsäule *f*

бе́рег *м₁* ‹-а, *предл:* на берегу́, *мн:* -á› ① (*побере́жье*) Ufer *n,* Küste *f;* (*морско́й*) Strand *m;* ◇ **вы́йти из ~о́в** über die Ufer treten ② (*су́ша*) Land *n;* ◇ **сойти́ на ~** an Land gehen

бережли́вость *ж₅* ‹-и› Sparsamkeit *f;* **бережли́вый** *прил* ‹-ая, -ое, -ые› ① (*бере́жный*) sorgsam ② (*эконо́мный*) wirtschaftlich, sparsam

берёза *ж₁* ‹-ы› Birke *f*

бере́менная *прил* ‹-ые› schwanger

берёт *м₁* ‹-а› Baskenmütze *f*

бере́чь* *несов* ‹-егу́, -ежёшь› *кого-что вин* ① (*охраня́ть*) hüten, bewachen ② (*сохраня́ть*) (auf-)bewahren, verwahren ③ (*копи́ть*) sparen ④ (*щади́ть*) schonen; **бере́чься** *несов* ‹-егу́сь, -ежёшься› *кого-чего род* ① (*быть осторо́жным*) sich schonen, sich vorsehen; ◇ **береги́сь!** Vorsicht! ② (*остерега́ться*) sich hüten, sich in Acht nehmen

берли́нец *м₅* ‹-нца› Berliner *m*

берло́га *ж₁* ‹-и› Bärenhöhle *f*

бесе́да *ж₁* ‹-ы› ① (*разгово́р*) Gespräch *n,* Unterhaltung *f;* ◇ **~ с гла́зу на глаз** Aussprache unter vier Augen ② (*интервью́*) Interview *n* ③ (*собесе́дование*) Besprechung *f*

бесе́дка *ж₁* ‹-и, *род мн:* -док› Laube *f*

бесе́довать V₃ₐ *несов* ‹-дую, -дуешь› *с кем-чем тв* sich unterhalten

бескоры́стие *с₄* ‹-я› Uneigennützigkeit *f;* **бескоры́стный** *прил* ‹-ая, -ое, -ые› uneigennützig, selbstlos

беснова́ться V₃ₐ *несов* ‹-ну́юсь, -ну́ешься› *без доп* rasen, toben

беспе́чность *ж₅* ‹-и› ① (*беззабо́тность*) Sorglosigkeit *f;* (*легкомы́слие*) Leichtsinn *m* ② (*хала́тность*) Fahrlässigkeit *f;* **~ступна́я** ~ grobe Fahrlässigkeit; **беспе́чн|ый** *прил* ‹-ая, -ое, -ые› ① (*беззабо́тный*) unbekümmert, sorglos; (*легкомы́сленный*) leichtsinnig ② (*хала́тный*) fahrlässig; ◇ **быть ~ым** alles auf die leichte Schulter nehmen

беспла́тный *прил* ‹-ая, -ое, -ые› kostenlos, unentgeltlich; ◇ **~биле́т** Freikarte *f*

беспло́дный *прил* ‹-ая, -ое, -ые› ① (*о живы́х суще́ствах*) unfruchtbar, steril ② (*о по́чве*) unergiebig ③ *перен* (*безрезульта́тный*) fruchtlos, nutzlos, vergeblich

беспово́ротн|ый *прил* ‹-ая, -ое, -ые› ① unabänderlich, unwiderruflich; ◇ **~ое реше́ние** endgültige Entscheidung

беспоко́ить V₄ᵦ *несов* ‹-о́ю, -о́ишь› [**о~, по~** *сов*] *кого-что вин* ① (*волнова́ть*) beunruhigen, jd-m Sorgen machen ② (*меша́ть*) stören ③ (*обременя́ть*) belästigen; **беспоко́иться** *несов* ‹-о́юсь, -о́ишься› [**о~, по~** *сов*] *о ком-чём предл* (1), *без доп* (2) ① (*трево́житься*) sich Sorgen machen, besorgt sein; ◇ **не ~о́йся о нём** mach dir keine Sorgen um ihn ② (*утружда́ть себя́*) sich bemühen; ◇ **не ~о́йтесь, я сам сде́лаю** machen Sie sich keine Mühe, ich erledige das selbst; **беспоко́йный** *прил* ‹-ая, -ое, -ые› ① (*испы́тывающий волне́ние*) unruhig, ruhelos ② *перен* bewegt; **беспоко́йство** *с₂* ‹-а› ① (*волне́ние*) Aufregung *f;* (*озабо́ченность*) Besorgnis *f,* Unruhe *f* ② (*хло́поты*) Störung *f;* ◇ **прости́те за ~** entschuldigen Sie die Störung

бесполе́зно *нареч* nutzlos, zwecklos

беспо́мощность *ж₅* ‹-и› ① (*несамостоя́тельность*) Hilflosigkeit *f* ② (*нело́вкость*) Unbeholfenheit *f* ③ (*бес-*

силие) Ohnmacht f ④ перен (слабость) Schwäche f; **беспо́мощный** прил ‹-ая, -ое, -ые› ① (несамостоятельный) hilflos ② (слабый) schwach ③ (неловкий) unbeholfen ④ (бессильный) ohnmächtig
беспоря́|док м₁ ‹-дка› ① Unordnung f ② ◇ ~дки мн (волнения) Unruhen f pl; ◇ **зачи́нщик ~дков** Unruhestifter m
беспо́шлинный прил ‹-ая, -ое, -ые› zollfrei, unverzollt
беспоща́дный прил ‹-ая, -ое, -ые› ① (непримиримый) schonungslos; (неумолимый) unerbittlich ② (жестокий) erbarmungslos, grausam
беспра́вие с₄ ‹-я› ① (беззаконие) Gesetzlosigkeit f ② (бесправность) Rechtlosigkeit f; **беспра́вный** прил ‹-ая, -ое, -ые› ① (лишённый прав) rechtlos ② (неравноправный) nicht gleichberechtigt
беспрепя́тственный прил ‹-ая, -ое, -ые› frei, ungehindert; ◇ ~ **въезд в страну́** ungehinderte Einreise in ein Land
беспреры́вный прил ‹-ая, -ое, -ые› ununterbrochen, kontinuierlich
беспри́ме́рный прил ‹-ая, -ое, -ые› (исключительный) einmalig; (несравненный) unvergleichlich, beispiellos
беспричи́нный прил ‹-ая, -ое, -ые› grundlos; ◇ ~ **смех** grundloses Gelächter
бессерде́чный прил ‹-ая, -ое, -ые› herzlos, hartherzig, gefühllos
бесси́льный прил ‹-ая, -ое, -ые› ① (слабый) schwach; (обессиленный) kraftlos ② перен (о чувствах) machtlos, hilflos; ◇ ~ **гнев** ohnmächtige Wut
бессме́ртный прил ‹-ая, -ое, -ые› ① (живущий вечно) unsterblich ② (незабываемый) unvergesslich
бессмы́сленный прил ‹-ая, -ое, -ые› sinnlos
бессо́вестный прил ‹-ая, -ое, -ые› ① (нечестный) gewissenlos ② (наглый) unverschämt, frech
бессозна́тельн|ый прил ‹-ая, -ое, -ые› ① (с потерей сознания) bewusstlos, besinnungslos; ◇ ~ **ое состоя́ние** Bewusstlosigkeit f ② (неосознанный) unbewusst; (непроизвольный) unbeabsichtigt
бессо́нница ж₁ ‹-ы› Schlaflosigkeit f; ◇ **сре́дство от ~ы** Schlafmittel n
беспо́рный прил ‹-ая, -ое, -ые› (несомненный) unbestreitbar; (неопровержимый) unumstößlich
бессро́чный прил ‹-ая, -ое, -ые› unbefristet
бе́стия ж₄ ‹-и› Spitzbube m, Betrüger m, durchtriebener Kerl m
бесстра́шный прил ‹-ая, -ое, -ые› furchtlos; (отважный) kühn
бессты́дный прил ‹-ая, -ое, -ые› ① (непристойный) schamlos ② (наглый) unverschämt
бестолко́вый прил ‹-ая, -ое, -ые› ① (непонятливый) verständnislos; (тупой)

бестия

Das Wort бе́стия sollte nicht mit „Bestie" verwechselt werden, denn wenn es sich auf Personen bezieht, bedeutet es nicht „roher grausamer Mensch", sondern „durchtriebener, schlauer Mensch" oder „geschickter Betrüger". „Её брат - продувна́я бе́стия" heißt übersetzt so viel wie „Ihr Bruder ist ein durchtriebener Kerl".

begriffsstutzig ② (неразумительный) unverständlich
бесхозя́йственность ж₅ ‹-и› Misswirtschaft f; **бесхозя́йственный** прил ‹-ая, -ое, -ые› unwirtschaftlich; (непрактичный) unpraktisch
бесце́нный прил ‹-ая, -ое, -ые› ① (очень ценный) unschätzbar ② (дорогой, любимый) kostbar, wertvoll
бесчелове́чность ж₅ ‹-и› Unmenschlichkeit f, Grausamkeit f
бесчи́нствовать V₃ₐ несов ‹-твую, -твуешь› без доп randalieren; (безобразничать) Unfug treiben
бесчу́вственный прил ‹-ая, -ое, -ые› ① (лишённый чувства сострадания) teilnahmslos, gefühllos ② (беспощадный) erbarmungslos, mitleidslos
бечёвка ж₁ ‹-и, род мн: -вок› Schnur f, Bindfaden m
бе́шенство с₂ ‹-а› ① (болезнь) Tollwut f ② (неистовство) Raserei f, Wut f; ◇ **прийти́ в ~** in Wut geraten; **бе́шен|ый** прил ‹-ая, -ое, -ые› ① (больной) tollwütig ② (необузданный) wütend, rasend; ◇ ~**ый хара́ктер** aufbrausender Charakter ③ перен (чрезмерный) rasend; ◇ ~**ая ско́рость** rasende Geschwindigkeit; ◇ ~**ые це́ны** horrende Preise
библиоте́ка ж₁ ‹-и› Bibliothek f
би́блия ж₄ ‹-и› Bibel f
бидо́н м₁ ‹-а› (Blech-)Kanne f; ◇ ~ **для молока́** Milchkanne
би́знес м₁ ‹-а› Geschäft n; ◇ **де́лать большо́й ~ на чём-л** ein großes Geschäft mit etw machen
бики́ни с ‹нескл› Bikini m
биле́т м₁ ‹-а› ① (на проезд) Fahrkarte f; Ticket n; ◇ **проездно́й ~** Monatskarte f; **обра́тный ~** Rückfahrkarte f; ◇ **ра́зовый ~** Einzelkarte; ◇ ~ **на самолёт** Flugticket n ② (входной) Eintrittskarte f; ◇ **предъявля́ть ~** die Eintrittskarte vorzeigen ③ (лотерейный) Lotterieschein m ④ (членский) Karte f; (удостоверение) Ausweis m; ◇ **парти́йный ~** Parteibuch n; ◇ **студе́нческий ~** Studentenausweis; ◇ **чле́нский ~** Mitgliederausweis
билья́рд м₁ ‹-а› Billard n

бино́кль M_2 ‹-я› Fernglas n; ◇ **театра́льный** ~ Opernglas n
бинт M_1 ‹-á, мн.: -ы́› ① мед Binde f ② спорт Bandage f
би́ржа $ж_1$ ‹-и› Börse f; ◇ ~ **труда́** Arbeitsamt n; **биржево́й** прил ‹-áя, -óe, -ы́е› Börsen-; ◇ **~áя сде́лка** Börsengeschäft n
бис! межд (вторично) Zugabe!; ◇ **испо́лнить что-л на ~** eine Zugabe geben
би́тва $ж_1$ ‹-ы› Schlacht f; ◇ ~ **под... die Schlacht bei...
бить* несов ‹бью, бьёшь› [по~ (3), про~ (2), раз~ (8) сов] по чему дат или во что вин (1), без доп (7), кого-что вин ① (ударять) schlagen; ◇ ~ **в бараба́н** trommeln; ◇ ~ **в ладо́ши** in die Hände klatschen; перен ◇ ~ **по недоста́ткам** Mängel bekämpfen ② (давать сигнал) schlagen, läuten; ◇ ~ **в ко́локол** die Glocken läuten; ◇ **часы́ бьют** die Uhr schlägt; тж перен ◇ ~ **отбо́й** zum Rückzug blasen ③ (избивать) (ver-)prügeln ④ (побеждать) schlagen, besiegen ⑤ (резать скот) schlachten ⑥ (убивать) schießen, erlegen ⑦ (о воде, нефти) sprudeln, quellen; ◇ ~ **ключо́м** hervorsprudeln; ◇ ~ **в глаза́** in die Augen springen ⑧ (разбивать) zerschlagen, zerbrechen; ◇ ~ **по чьим-л интере́сам** jd-s Interessen verletzen
бич M_2 ‹-á, мн.: -и́› ① (кнут) Peitsche f; ◇ **хло́пать ~о́м** mit der Peitsche knallen ② перен (бедствие) Geißel f, Plage f
бла́го c_2 ‹-а› ① (благополучие) Wohl n; (польза) Nutzen m; ◇ **обще́ственное ~o** Gemeinwohl n ◇ **~а мн** (ценности) Güter pl; ◇ **всех благ!** alles Gute!
благодари́ть V_{4a} несов ‹-рю́, -ри́шь› [по~ сов] кого-что вин за что вин danken, sich bedanken; **благода́рность** $ж_5$ ‹-и› ① (чувство признательности) Dankbarkeit f ② (слова благодарности) Dank m; ◇ **не сто́ит ~и!** keine Ursache!, gern geschehen!; **благодаря́** предлог с дат dank, durch, infolge; ◇ **~ случа́йности** durch einen Zufall, zufällig; ◇ **~ тому́, что...** dadurch, dass...

выраже́ние благода́рности

Danke sehr! Vielen Dank!
Большо́е спаси́бо!
Vielen Dank für deine/Ihre Hilfe!
Большо́е спаси́бо за твою́/Ва́шу по́мощь!
Ich bin dir/Ihnen dafür dankbar.
Я благода́рен/благода́рна тебе́/Вам за э́то.
Ich bin dir/Ihnen sehr verbunden.
Я тебе́/Вам о́чень призна́телен/призна́тельна.

благоде́тель M_2 ‹-я› Wohltäter m
благоду́шный прил ‹-ая, -ое, -ые› ① (добродушный) gut, gutmütig ② (беспечный) sorglos
благополу́чие c_4 ‹-я› ① (спокойствие) Wohlergehen n; (процветание) Gedeihen n; ◇ **семе́йное ~** Familienglück n ② (обеспеченность) Wohlstand m; **благополу́чный** прил ‹-ая, -ое, -ые› ① (удачный) erfolgreich, glatt; ◇ **опера́ция прошла́ ~o** die Operation verlief erfolgreich; (счастливый) glücklich ② (благоприятный) günstig
благоприя́тный прил ‹-ая, -ое, -ые› (способствующий) günstig; ◇ **~ая возмо́жность** günstige Gelegenheit
благоразу́мие c_4 ‹-я› ① (рассудительность) Vernunft f; ◇ **прояви́ть ~** vernünftig handeln ② (осторожность) Umsicht f; **благоразу́мный** прил ‹-ая, -ое, -ые› vernünftig, einsichtig, besonnen
благосостоя́ние c_4 ‹-я› Wohlstand m
благотвори́тельный прил ‹-ая, -ое, -ые› wohltätig, Wohltätigkeits-, Wohlfahrts-; ◇ **~ый конце́рт** Benefizkonzert n; ◇ **~ое учрежде́ние** Wohlfahrtsamt n; ◇ **~ый фонд** Wohltätigkeitsfonds m
благоустро́енный прил ‹-ая, -ое, -ые› gut ausgestattet, bequem, wohl geordnet, komfortabel
бланк M_1 ‹-а› Formular n, Vordruck m; ◇ **~ зака́за** Bestellschein m
бледне́|**ть** V_5 несов ‹-е́ю, -е́ешь› [по~ сов] без доп (1), перед чем тв (2) ① (становиться бледным) erblassen, blass werden ② перен (казаться незначительным) verblassen; ◇ **её успе́х ~ет пе́ред твои́м** ihr Erfolg ist nichts gegen deinen
блеск M_1 ‹-а› ① (сверкание) Glanz m, Blitzen n, Funkeln n ② перен (великолепие) Glanz m, Pracht f, Prunk m; ◇ **показа́ть себя́ во всём ~е** sich von der besten Seite zeigen
блесте́ть* несов ‹блещу́, блести́шь› [блесну́ть сов] без доп ① (ярко светиться) strahlen, blitzen, funkeln ② (сверкать) schimmern; (светиться) leuchten; ◇ **глаза́ блестя́т ра́достью** die Augen leuchten vor Freude ③ перен (выделяться) glänzen; ◇ **он не бле́щет умо́м** er ist nicht der Hellste; **блестя́щий** прил ‹-ая, -ее, -ие› ① (сверкающий) glänzend ② (великолепный) prächtig ③ (выдающийся) glänzend; ◇ **она́ ~ая актри́са** sie ist eine brillante Schauspielerin
бли́зкий прил ‹-ая, -ое, -ие› (сравн: бли́же) ① (недалёкий) nah ② (сходный) nah, ähnlich ③ (о родстве) nah, nahe stehend; ~ **ро́дственник** ein naher Verwandter; ◇ ~ **друг** ein enger Freund
близнецы́ $мн_1$ ‹-о́в› ① (двойня) Zwillinge pl ② астр Zwillinge pl

близору́кий *прил* ‹-ая, -ое, -ие› *тж перен* kurzsichtig

блин *м₁* ‹-á, *мн:* -ы́› **1** Pfannkuchen *m;* ◇ **пе́рвый ~ ко́мом** aller Anfang ist schwer; ◇ **печь что-л как ~ы́** flink bei der Hand sein **2** *разг* ◇ **~!** Mist!, Scheiße!

блок¹ *м₁* ‹-а› **1** тех Block *m*, Rolle *f*, Flaschenzug *m* **2** стр Block *m;* ◇ **~ домо́в** Häuserblock

блок² *м* ‹-а› полит Block *m*

блока́д|а *жₑ* ‹-ы› Blockade *f;* ◇ **подве́ргнуть экономи́ческой ~е каку́ю-л страну́** eine Wirtschaftsblockade über ein Land verhängen

блокно́т *м₁* ‹-а› Notizblock *m*

блоха́ *жₑ* ‹-й, *мн:* бло́хи, *род:* блох, *дат:* блоха́м› Floh *m*

блу́зка *жₑ* ‹-и› Bluse *f*

блю́до *с₂* ‹-а› **1** *(тарелка)* flache Schüssel *f*, Schale *f* **2** *(кушанье)* Gericht *n*, Gang *m;* ◇ **обе́д из двух блюд** aus zwei Gängen bestehendes Mittagessen

блю́дце *с₃* ‹-а, *род мн:* -дец› Untertasse *f*

бобр *м₁* ‹-á, *мн:* -ы́› зоол Biber *m; перен* **уби́ть ~á** einen Bock schießen

бог *м₁* ‹-а, *мн:* -и, *род:* -о́в, *дат:* -áм, *тв:* -áми, *предл:* -áх› Gott *m;* ◇ **~ зна́ет** weiß der Himmel; ◇ **сла́ва ~у** Gott sei Dank; ◇ **не дай ~!** Gott bewahre!; ◇ **ра́ди ~а!** um Gottes willen; ◇ **с ним!** meinetwegen

бога́тство *с₂* ‹-а› **1** *(ценности)* Reichtum *m*, Vermögen *n* **2** *(роскошь)* Pracht *f;* **бога́т|ый I.** *прил* ‹-ая, -ое, -ые› *(сравн:* бога́че› **1** *(зажиточный)* reich **2** *(обильный)* reich, reichhaltig **3** *перен (великолепный)* großartig, herrlich **II.** *мн (А₁)* die Reichen *pl*

богаты́рь *м₂* ‹-я́, *мн:* -и́› **1** *(герой русских былин)* Recke *m*, Held *m* **2** *перен* Kraftpaket *n*

бога́че *сравн от* **бога́тый**

богослуже́ние *с₄* ‹-я› Gottesdienst *m*

бодри́ться V₄ₐ *несов* ‹-рю́сь, -йшься› [о~ *сов, Adv. Part. Prät.* ободри́вшись] *без доп* Mut fassen, sich Mut machen

бо́дрость *жₑ* ‹-и› *(энергичность)* Munterkeit *f; (свежесть)* Frische *f;* ◇ **~ ду́ха** Lebensmut; ◇ **э́то придаёт мне ~** das hebt meine Stimmung; **бо́дрствовать** V₃ₐ *несов* ‹-твую, -твуешь› *без доп* wach bleiben, wachen; **бо́дрый** *прил* ‹-ая, -ое, -ые› *(полный сил)* munter; *(свежий)* frisch; *(живой)* quicklebendig; *(о старике)* rüstig

боев|о́й *прил* ‹-áя, -о́е, -ы́е› **1** *(относящийся к ведению боя)* Gefechts-, Kampf-; ◇ **~áя гото́вность** Kampfbereitschaft *f* **2** *(воинственный)* kämpferisch **3** *(бойкий)* flink, schneidig; *разг* ◇ **~о́й па́рень** schneidiger Bursche; *перен* ◇ **~о́е креще́ние** Feuertaufe *f*

боеголо́вка *жₑ* ‹-и, *род мн:* -вок› ◇ **я́дерная ~** atomarer Sprengkopf *m*

Gottes-; *разг* ◇ **ка́ждый ~ий день** tagtäglich; *разг* ◇ **я́сно как ~ий день** sonnenklar; ◇ **~ья коро́вка** Marienkäfer *m*

бой *м₃* ‹-а, *мн:* бои́› **1** *(сражение войск)* Gefecht *n;* ◇ **взять с бо́ю** erstürmen **2** *(единоборство)* Kampf *m;* ◇ **~ быко́в** Stierkampf

бо́йкий *прил* ‹-ая, -ое, -ие› *(сравн:* бойче› **1** *(расторопный)* behend; *(быстрый)* flink, *(живой)* lebhaft, *(находчивый)* findig, schlagfertig; ◇ **у неё ~ язы́к** sie ist schlagfertig **2** *(оживлённый)* belebt, rege

бо́йче *сравн от* **бо́йкий**

бок *м₁* ‹-а/-у, *мн:* бока́, *род:* -о́в› **1** *(сторона)* Seite *f;* ◇ **по ~áм** von beiden Seiten **2** *(тела)* Seite *f; (у животных)* Flanke *f* **3** *мн (бёдра)* Hüften *f pl;* ◇ **у меня́ ко́лет в ~ý** ich habe Seitenstechen; ◇ **с ~у на ~** von einer Seite auf die andere; ◇ **~ о́ ~** Seite an Seite; ◇ **под ~ом** in der Nähe; *перен* ◇ **лежа́ть на ~ý** auf der faulen Haut liegen

бока́л *м₁* ‹-а› *(для вина)* Weinglas *n; (для шампанского)* Sektglas *n; (для пива)* Bierkrug *m*

бокс *м₁* ‹-а› **1** спорт Boxen *n* **2** *(состязание)* Boxkampf *m*

боксёр *м₁* ‹-а› **1** спорт Boxer *m* **2** *(собака)* Boxer *m*

болва́н *м₁* ‹-а› Tölpel *m*, Dummkopf *m*

бо́лее *нареч* **1** *(больше)* mehr; ◇ **~ чем** mehr als; ◇ **~ чем когда́-л** mehr denn je; ◇ **~ йли ме́нее** mehr oder weniger; ◇ **~ того́** noch mehr; ◇ **всё ~ и ~** immer mehr und mehr; ◇ **тем ~** um so mehr *(для образования сравнительной степени прилагательного)* ◇ **~ ва́жная зада́ча** eine wichtige Aufgabe

боле́зненн|ый *прил* ‹-ая, -ое, -ые› **1** *(склонный к болезни)* kränklich *перен (неестественный)* krankhaft; ◇ **~о воспринима́ть кри́тику** keine Kritik ertragen können **2** *(вызывающий боль)* schmerzhaft; **боле́знь** *жₑ* ‹-и› Krankheit *f*, Leiden *n;* ◇ **зара́зная ~** ansteckende Krankheit; ◇ **профессиона́льная ~** Berufskrankheit

боле́льщик *м₁* ‹-а› спорт Fan *m*

боле́|ть¹ V₅ *несов* ‹-ю, -ешь› *чем тв (1), о чём предл или за кого-что вин (2), за кого-что вин (3)* **1** *(быть больным)* krank sein; *(прихварывать)* kränkeln; *(хронически)* leiden an; ◇ **~ть ревмати́змом** an Rheuma leiden **2** *(заботиться)* sich sorgen, bangen (um); ◇ **~ть душо́й за что-л** sein Herz zu Herzen nehmen; ◇ спорт jd-m die Daumen halten, Fan sein; ◇ **он ~ет за "Спарта́к"** "Spartak" ist seine Lieblingsmannschaft

боле́ть² V₅ *несов* ‹-ли́т, -ля́т, 1 и 2 л. не употр, *Imp.* не боли́› *(испытывать боль)* schmerzen, weh tun; ◇ **у меня́ боли́т живо́т** ich habe Bauchschmerzen

боло́то c_2 ‹-а› Sumpf m
болта́ть[1] V_{1a} несов ‹-а́ю, -а́ешь› что вин (1), чем тв (2) [1] (размешивать) рühren, schütteln [2] (покачивать) baumeln, schlenkern
болта́ть² несов ‹-а́ю, -а́ешь› без доп или о чём предл, разг plaudern, schwatzen, plappern; ◇ ~ без у́молку reden wie ein Wasserfall; ◇ ~ вздор Blödsinn daherreden
болтовня́ $ж_5$ ‹-и́› Geschwätz n; ◇ пуста́я ~я leeres Geschwätz; ◇ занима́ться ~ёй tratschen
боль $ж_5$ ‹-и› Schmerz m
больни́ца $ж_1$ ‹-ы› Krankenhaus n
бо́льно нареч [1] (чувствуется боль) schmerzhaft, empfindlich [2] безл ~ мне ~ es tut mir weh, ich habe Schmerzen; ◇ де́лать кому́-л ~ jd-m weh tun; ◇ мне ~ за него́ es tut mir Leid um ihn
больн[о́й I. прил ‹-а́я, -о́е, -ы́е› [1] (нездоровый) krank; ◇ он тяжело́ бо́лен er ist schwer krank [2] перен empfindlich, wund; ◇ ~о́й вопро́с heikle Frage; ◇ ~о́е ме́сто wunder Punkt II. м (A_1) ‹-о́го› Kranker m, Patient m
бо́льше [1] прил (сравн от прил большо́й) größer (als) [2] нареч (сравн от нареч мно́го) mehr; ◇ ~ того́ noch mehr; ◇ как мо́жно ~ möglichst viel; ◇ немно́го ~ etwas mehr; ◇ я ждал ~ двух часо́в ich habe über zwei Stunden gewartet; ◇ ~ ничего́ sonst nichts; ◇ чтоб э́того не́ было! dass das nie wieder vorkommt!; ◇ всё ~ и ~ immer mehr und mehr
большинств[о́ c_2 ‹-а́› Mehrheit f, Mehrzahl f; ◇ подавля́ющее ~о́ überwiegende Mehrheit; ◇ ~о́м в пять голосо́в mit einer Mehrheit von fünf Stimmen; ◇ в ~é слу́чаев meistens

 Большо́й теа́тр

Das Большо́й ist zum Markenzeichen sowjetischer Kunst und vor allem des in der ganzen Welt gefeierten russischen Balletts geworden. Auf den Brettern des Bolschoi traten viele der weltbesten Opernsänger und Balletttänzer auf. Obwohl auch experimentelle Inszenierungen auf dem Programm zu finden sind, wird das Большо́й am meisten für das weiterhin tonangebende klassische Ballett geliebt.

больш[о́й прил ‹-а́я, -о́е, -и́е› (сравн: бо́льше) [1] (по величине, силе) groß [2] (значительный) groß, bedeutend [3] (взрослый) groß; ◇ ~а́я дочь eine erwachsene Tochter [4] (многочисленный) groß, viel; ◇ ~а́я родня́ große Verwandtschaft; ◇ ~и́е друзья́ dicke Freunde
бо́мба $ж_1$ ‹-ы› Bombe f; ◇ неразорва́вшаяся ~ Blindgänger m

боре́ц $м_1$ ‹-рца́, мн: -рцы́› [1] Kämpfer m, Verfechter m [2] спорт Ringer m
борови́к $м_1$ ‹-а́, мн: -и́› бот Steinpilz m
борода́ $ж_5$ ‹-ы́, вин: бо́роду, мн: бо́роды, род: боро́д, дат: борода́м› Bart m; ◇ окла́дистая ~á Vollbart; ◇ отпусти́ть ~у sich einen Bart wachsen lassen
борозда́ $ж_5$ ‹-ы́, мн: бо́розды, род: боро́зд, дат: борозда́м› Furche f
боро́ться* несов ‹борю́сь, бо́решься› с кем тв за что вин (1), с кем-чем тв или против кого́-чего род (2), с чем тв (3) [1] (в единоборстве) kämpfen, ringen; ◇ ~ за зва́ние чемпио́на um den Meistertitel ringen [2] (стремиться уничтожить) bekämpfen; ◇ ~ с престу́пностью die Kriminalität bekämpfen [3] (о чувствах, стремлениях) mit sich kämpfen; ◇ ~ с сомне́ниями gegen seine Zweifel ankämpfen
борт $м_1$ ‹-а, на борту́, мн: -á, род: -о́в› [1] мор Bord m; ◇ взять на ~ an Bord nehmen; перен оста́ться за ~о́м übergangen werden, leer ausgehen [2] авто (стенка кузова) Seitenwand f
борщ $м_1$ ‹-а́› Borschtsch m
борьб[а́ $ж_5$ ‹-ы́› [1] Kampf m; ◇ ~ за существова́ние Existenzkampf; ◇ ~ не на жизнь, а на́ смерть Kampf um Leben und Tod [2] спорт Ringen n, Ringkampf m; ◇ во́льная ~ Freistilringen n
боти́нок $м_1$ ‹-нка, род мн: -нок› Schuh m
бо́чка $ж_1$ ‹-и, род мн: -чек› Fass n, Tonne f
боязли́вый прил ‹-ая, -ое, -ые› ängstlich; (робкий) scheu
боя́ться* несов ‹бою́сь, бои́шься (2) 1 и 2 л. не употр› [по~ сов] кого-чего род или с инф [1] (испытывать страх) Angst haben, (sich) fürchten; ◇ не бо́йтесь! keine Bange! [2] (не переносить) nicht vertragen; ◇ цветы́ боя́тся моро́за die Blumen vertragen keinen Frost
бра́вый прил ‹-ая, -ое, -ые› flott, schneidig, wacker

 бра́вый

Das russische бра́вый bedeutet nicht „artig, gehorsam, ordentlich" wie das deutsche „brav", sondern „schneidig, wacker, flott, tapfer". Бра́вый солда́т hieße also „ein tapferer, wackerer Soldat" und бра́вый молоде́ц „ein wackerer Bursche".
„Brav" entspricht seinerseits dem russischen хоро́ший, послу́шный, до́брый, сла́вный, усе́рдный. „Er ist ein braves Kind" lautet demnach im Russischen „Он послу́шный ребёнок", und „Arbeite brav weiter!" entspricht dem Satz „Продолжа́й усе́рдно труди́ться!"

брак¹ m_1 ⟨-а⟩ Ehe f; ◇ **незарегистри́рованный** ~ wilde Ehe; ◇ **вступи́ть в** ~ eine Ehe schließen; ◇ **расто́ргнуть** ~ sich scheiden lassen; ◇ **состоя́ть в** ~е verheiratet sein

брак² m ⟨-а⟩ Ausschussware f

брасле́т m_1 ⟨-а⟩ Armband n

брат m_1 ⟨-а, мн.: -тья, род: -тьев, дат: -тьям, тв: -тьями, предл: -тьях⟩ **1** Bruder m; ◇ **сво́дный** ~ Stiefbruder; ◇ **двою́родный** ~ Cousin m **2** (дружеское обраще́ние) mein Lieber, mein Bester; ◇ **наш** ~ unsereiner; ◇ **на** ~**а** pro Person

брать* несов ⟨беру́, берёшь, (7) 1 и 2 л. не употр⟩ [**взять** сов] кого-что вин **1** (схвати́ть) nehmen, greifen **2** (~ с собо́й) mitnehmen **3** (одолжи́ть) borgen, leihen **4** (приня́ть на рабо́ту) einstellen; воен ~ **в солда́ты** (zum Militär) einziehen **5** übernehmen; ◇ ~ **на себя́ отве́тственность** Verantwortung übernehmen **6** (купи́ть) kaufen; ◇ ~ **входно́й биле́т** eine Eintrittskarte besorgen [kaufen] **7** (о чу́вствах) ergreifen; ◇ ~ **на учёт** registrieren; ◇ ~ **приме́р с кого́-л** sich an jd-m ein Beispiel nehmen; ◇ ~ **себя́ в ру́ки** sich beherrschen; ◇ (о реке́) ◇ ~ **нача́ло** entspringen

бревно́ c_2 ⟨-а́, мн: брёвна, род: -вен, дат: -внам⟩ **1** (ствол де́рева) Baumstamm m **2** перен (о челове́ке) ungehobelter Kerl **3** спорт Schwebebalken m

брезгли́вый прил ⟨-ая, ое, -ые⟩ **1** (привере́дливый) Ekel empfindend; ◇ ~ое **чу́вство** Ekelgefühl **2** (выража́ющий отвраще́ние) angewidert

бре́мя c_6 ⟨-мени⟩ тж перен Last f, Bürde f; ◇ **взять на себя́ непоси́льное** ~ eine schwere Bürde auf sich nehmen

брести́* несов, опред, см. **броди́ть** ⟨бреду́, бредёшь⟩ без доп **1** (идти́ с трудо́м) sich schleppen **2** schlendern, langsam gehen

брига́да $ж_1$ ⟨-ы⟩ **1** (произво́дственная) Mannschaft f, Brigade f, Team n

бри́тва $ж_1$ ⟨-ы⟩ (ле́звие) Rasierklinge f; ◇ **безопа́сная** ~ Rasierapparat m; ◇ **име́ть язы́к как** ~ Haare auf den Zähnen haben; **бри́ться*** несов ⟨бре́юсь, бре́ешься⟩ [**по**~ сов] без доп sich rasieren; (у парикма́хера) sich rasieren lassen

бровь $ж_5$ ⟨-и, род мн: -ве́й⟩ (Augen-) Braue f; ◇ **хму́рить** ~и die Stirn runzeln; ◇ **она́ и** ~**ью не повела́** sie hat mit keiner Wimper gezuckt

броди́ть* несов, неопред, см. **брести́** ⟨брожу́, бро́дишь⟩ без доп (брести́) wandern; (бесце́льно) umherstreichen; (слоня́ться) umherschlendern; ◇ **по́ лесу** im Wald spazieren gehen

бродя́га $м$, как $ж$; ⟨-и⟩ Landstreicher m

брони́ровать V_{3a} несов ⟨-рую, -руешь⟩ [**за**~ сов] что вин reservieren, sichern

бро́сить* сов ⟨бро́шу, бро́сишь⟩

[**броса́ть** V_{1a} несов] кого-что вин или чем тв (1), кого-что или с инф (2, 3), кого-что вин (4) **1** (ки́нуть) werfen **2** (поки́нуть) verlassen **3** (переста́ть) aufhören, aufgeben; ◇ ~ **кури́ть** aufhören zu rauchen; ◇ **брось!** lass das! **4** перен (сро́чно напра́вить) werfen; ◇ **кому́-л упрёк** jd-m einen Vorwurf machen; ◇ **меня́ бро́сило в жар** mir wurde ganz anders; **бро́ситься** сов ⟨-о́шусь, -о́сишься⟩ [**броса́ться** несов] без доп или с инф (1), без доп (2) **1** (устреми́ться) sich stürzen; ◇ ~ **на ше́ю кому́-л** sich jd-m an den Hals werfen; ◇ ~ **в сто́рону** zur Seite springen; ◇ ~ **в глаза́** ins Auge springen, auffallen **2** (пры́гнуть с высоты́) sich stürzen

бро́шка $ж_1$ ⟨-и, род мн: -шек⟩, **брошь** $ж_5$ ⟨-и⟩ Brosche f

брусни́ка $ж_1$ ⟨-и⟩ Preiselbeere f

бры́нза $ж_1$ ⟨-ы⟩ Schafskäse m

брю́ки $мн_1$ ⟨-⟩ (брюк) Hose f

бу́блик m_1 ⟨-а⟩ Kringel m

буди́льник m_1 ⟨-а⟩ Wecker m; **буди́ть** V_{4a} несов ⟨бужу́, бу́дишь⟩ [**раз**~ (1), **про**~ (2) кого-что вин **1** (заста́вить просну́ться) (auf-)wecken **2** перен erwecken, hervorrufen; ◇ ~ **до́брые чу́вства** angenehme Gefühle (er-)wecken

бу́дни $мн_2$ ⟨-ей⟩ **1** (рабо́чие дни) Werktag m, Wochentag m; ◇ **по** ~**ям** an Wochentagen **2** перен Alltag m

бу́дто I. союз **1** (сло́вно, как е́сли бы) als, als ob, als wenn; ◇ ~ **ты сам э́того не зна́ешь** als ob du das nicht wüsstest **2** (что - выража́ет неуве́ренность) dass; ◇ **говоря́т,** ~ **она́ укра́ла** man sagt, dass sie gestohlen habe **II.** части́ца разг (ка́жется) es scheint; ◇ **мне ка́жется,** ~ **кто́-то идёт** mir scheint, da kommt jemand

бу́дущ|ее с (A_2) ⟨-его⟩ Zukunft f; ◇ **в ближа́йшем** ~ем in absehbarer Zeit; ◇ **неуве́ренность в** ~ем Zukunftsangst f

бу́йвол m_1 ⟨-а⟩ Büffel m

бу́йн|ый прил ⟨-ая, -ое, -ые⟩ **1** (поры́вистый) stürmisch, wild **2** (своенра́вный) unbändig, ungestüm; ◇ ~**ый нрав** unbändiges Wesen; ◇ ~**ый рост** üppiges Wachstum; ◇ ~**ое помеша́тельство** Tobsucht f

бук m_1 ⟨-а⟩ Buche f

бу́ква $ж_1$ ⟨-ы⟩ (печа́тная) Buchstabe m; ◇ **прописна́я** ~а Großbuchstabe; ◇ **а в** ~**у** buchstäblich; **буква́льн|ый** прил ⟨-ая, -ое, -ые⟩ **1** (досло́вный) buchstäblich; ◇ ~**ый перево́д** wörtliche Übersetzung **2** (то́чный, прямо́й) buchstäblich, tatsächlich; ◇ **в** ~**ом смы́сле сло́ва** im wahrsten Sinne des Wortes

буква́рь $м_2$ ⟨-я́, мн.: -и́⟩ Fibel f

буке́т m_1 ⟨-а⟩ Blumenstrauß m

була́вка $ж_1$ ⟨-и, род мн: -вок⟩ Stecknadel f

бу́лка ж₁ ‹-и, *род мн:* -лок› (*булочка*) Brötchen n; ◇ **сдо́бная ~** Milchbrötchen

бу́лочная ж (A₁) ‹-ой› Bäckerei f

бульдо́зер м₁ ‹-а› Bulldozer m

бума́г|а ж₁ ‹-и› **1** (*материал*) Papier n **2** (*письменный документ*) Schriftstück n, Schreiben n **3** ◇ **~и** *мн* (*документы*) Papiere n pl, Dokumente n pl; ◇ **це́нные ~и** Wertpapiere

бума́жник м₁ ‹-а› Brieftasche f

бунт м₁ ‹-а› (*восстание*) Aufstand m, Rebellion f, Revolte f; (*мятеж*) Meuterei f

бура́н м₁ ‹-а› Schneesturm m, Schneegestöber n

буржуази́я ж₃ ‹-и› Bourgeoisie f

бу́рный *прил* ‹-ая, -ое, -ые› **1** (*стреми́тельный*) heftig, stürmisch; ◇ **~ый океа́н** stürmische See; ◇ **~ый поры́в ве́тра** heftiger Windstoß **2** (*неистовый*) ungestüm, leidenschaftlich; ◇ **~ый восто́рг** stürmische Begeisterung **3** *перен* (*полный событий*) stürmisch; ◇ **~ая жизнь** bewegtes Leben

бу́ря ж₂ ‹-и› Sturm m, Unwetter n

бу́сы мн₁ ‹бус› Halskette f

бутербро́д м₁ ‹-а› belegtes Brot n

буты́лка ж₁ ‹-и, *род мн:* -лок› Flasche f

буфе́т м₁ ‹-а› **1** (*шкаф*) Geschirrschrank m **2** (*стойка*) Theke f **3** (*закусочная*) Imbissstube f

бухгалте́рия ж₄ ‹-и› Buchhaltung f, Buchführung f

бу́хта ж₁ ‹-ы› Bucht f

бушева́ть V₃ᵦ *несов* ‹-шу́ю, -шу́ешь, (1) 1 и 2 л. не употр› *без доп* **1** (*о стихии*) tosen, wüten, brausen; (*о волнах, море*) branden, hochgehen **2** *разг перен* (*скандалить*) toben, randalieren

бы *частица* **1** (*при выражении пожелания*) ◇ **я ~ охо́тно посети́л э́ту вы́ставку** ich würde gern diese Ausstellung besuchen; ◇ **побо́льше ~ вре́мени** wenn man mehr Zeit hätte **2** (*при выражении вежливого предложения*) ◇ **ты ~ пое́л немно́го** iss doch ein wenig; ◇ **Вы ~ присе́ли** nehmen Sie doch Platz **3** (*для выражения сослагательного наклонения*) ◇ **е́сли ~ он был в го́роде, он пришёл ~ к нам** wenn er in der Stadt wäre, würde er zu uns kommen

быва́ть V₁ₐ *несов* ‹-а́ю, -а́ешь, (2, 4) 1 и 2 л. не употр› *без доп* **1** (*находи́ться*) sich befinden, sein; ◇ **по суббо́там он ~ет до́ма** samstags ist er zu Hause **2** (*случаться*) vorkommen, geschehen; ◇ **ча́сто ~ет, что...** es kommt oft vor, dass...; ◇ **не ~ть э́тому никогда́!** niemals! **3** (*посещать*) zu sein pflegen, besuchen; ◇ **~ть у друзе́й** Freunde (regelmäßig) besuchen **4** (*происходить*) stattfinden; ◇ **экску́рсии ~ют по воскресе́ньям** Führungen finden sonntags statt; ◇ **как ни в чём не ~ло** als ob nichts gewesen wäre

бы́вший *прил* ‹-ая, -ее, -ие› ehemalig,

früher, einstig; ◇ **~ чемпио́н ми́ра** der Exweltmeister

бык м₁ ‹-а́, *мн:* -и́› Stier m; ◇ **он здоро́в как ~** er ist kerngesund

бы́ло *частица* (*чуть было не...*) fast, beinahe; ◇ **чуть ~ не забы́л** fast hätte ich es vergessen

бы́стрый *прил* ‹-ая, -ое, -ые› (*скорый*) schnell; (*проворный*) flink, fix

быт м₁ ‹-а› **1** (*уклад жизни*) Lebensweise f (*нравы и обычаи*) Sitten und Bräuche pl **3** (*повседневность*) Alltag m; ◇ **слу́жба ~а** Dienstleistungen f pl; ◇ **э́то про́чно вошло́ в ~** das hat sich fest eingebürgert

бытие́ с₄ ‹-я́› (Da-)Sein n

бытово́й *прил* ‹-а́я, -о́е, -ы́е› **1** (*повседневный*) Lebens-, Umgangs-; ◇ **~ые усло́вия** Lebensumstände m pl **2** (*используемый в дома́шнем хозя́йстве*) Haushalts-; ◇ **~ые прибо́ры** Haushaltsgeräte

быть* *несов* ‹тк 3 л. *ед:* есть› *без доп* **1** (*существовать*) sein, werden; ◇ **кем ты хо́чешь ~?** was willst du mal werden? **2** (*присутствовать, имѣться*) anwesend sein, beiwohnen; ◇ **~ в отсу́тствии** abwesend sein, fehlen; **3** (*иметь место*) stattfinden; ◇ **за́втра ве́чером бу́дет интере́сный конце́рт** morgen Abend wird ein interessantes Konzert stattfinden; ◇ **бу́дьте так добры́** seien Sie so gut [liebenswürdig]; ◇ **как ~?** was tun?; ◇ **мо́жет ~** vielleicht, kann sein; ◇ **~ в си́лах** imstande sein; ◇ **бу́дет тебе́!** genug davon!; ◇ **~ в тя́гость кому́-л** jd-m zur Last fallen

бюдже́т м₁ ‹-а› Budget n, Haushalt m, Etat m; ◇ **госуда́рственный ~** Staatshaushalt; ◇ **утвержда́ть ~** den Haushaltsentwurf verabschieden

бюллете́нить V₄ᵦ *несов* ‹-ню, -нишь› *без доп разг* (*болеть*) krankgeschrieben sein

бюллете́нь м₂ ‹-я› **1** (*сообщение*) Bekanntmachung f, Bericht m; ◇ **метеорологи́ческий ~** Wetterbericht **2** (*для голосования*) Schein m; ◇ **избира́тельный ~** Stimmzettel m **3** *разг* (*листок нетрудоспособности*) Krankenschein m **4** (*периодическое издание*) Bulletin n

бюро́ с ‹нескл› **1** (*учреждение*) Büro n; ◇ **посре́дническое ~** Vermittlungsbüro; ◇ **похоро́нное ~** Bestattungsunternehmen n; ◇ **спра́вочное ~** Auskunftsbüro; ◇ **~ нахо́док** Fundbüro n; ◇ **~ путеше́ствий** Reisebüro **2** (*мебель*) Sekretär m

бюрокра́т м₁ ‹-а› Bürokrat m

бюст м₁ ‹-а› **1** (*скульптура*) Büste f **2** (*женская грудь*) Brust f, Busen m;

бюстга́льтер м₁ ‹-а› BH m, Büstenalter m

ваза

Dieses Wort ist insofern trügerisch, als es nicht nur ein „kunstvoll gearbeitetes Gefäß für Schnittblumen oder zur Dekoration" bezeichnet, sondern auch eine „Schale für Obst, Gebäck oder Süßigkeiten". Bekommt man also bei Tisch plötzlich Lust auf Obst, so bittet man „пода́йте мне, пожа́луйста, ва́зу с фру́ктами", was „reichen Sie mir bitte die Obstschale" heißt.

в I. *предлог с вин или предл* ①(*для обозначения места, направления куда-л, нахождения где-л*) in, nach; ◇ **он живёт ~ Сиби́ри** er lebt in Sibirien; ◇ **он е́дет ~ Петербу́рг** er fährt nach St. Petersburg ②(*при обозначения сферы деятельности*) zu, bei, in; ◇ **она́ весь день ~ рабо́те** sie ist den ganzen Tag bei der Arbeit ③(*для обозначения состояния*) in, zu; ◇ **растере́ть ~ порошо́к** zu Pulver verreiben; ◇ **все па́льцы ~ черни́лах** alle Finger sind mit Tinte verschmiert ④(*для обозначения количества*) von, in; ◇ **ко́мната ~ два́дцать ме́тров** ein zwanzig Meter langes Zimmer; ◇ **траге́дия ~ трёх а́ктах** eine Tragödie in drei Akten ⑤(*для обозначения качества, свойства*) in; ◇ **~ хоро́шем настрое́нии** in guter Stimmung ⑥(*при обозначении времени*) in, an, um; ◇ **~ ночь на пя́тницу** in der Nacht auf Freitag; ◇ **~ про́шлом году́** im letzten Jahr; ◇ **~ пя́том часу́** kurz nach vier Uhr II. *предлог с вин* ①(*при обозначении соотношений чисел*) ◇ **~ три ра́за ме́ньше** dreimal weniger ②(*ради, для, в качестве чего-л*) zu, um; ◇ **сде́лать что-л ~ насме́шку** etw zum Spott tun; ◇ **не ~ оби́ду будь ска́зано** nichts für ungut ③(*для указания на сходство с кем-л*) ◇ **весь ~ мать** ganz die Mutter III. *предлог с предл* ①(*при обозначении расстояния от чего-л*) ◇ **в двух шага́х от до́ма** ein paar Schritte vorm Haus; ◇ **она́ живёт ~ пяти́ мину́тах езды́ от го́рода** sie wohnt fünf Minuten mit dem Auto von der Stadt entfernt ②(*при обозначении состояния*) ◇ **~ дождь** bei Regenwetter; ◇ **~ знак дру́жбы** als Zeichen der Freundschaft; ◇ **сло́во ~ сло́во** Wort für Wort; ◇ **~ откры́том мо́ре** auf offener See; ◇ **игра́ть ~ футбо́л** Fußball spielen

ваго́н *м₁* ‹-а› Waggon *m;* ◇ **спа́льный ~** Schlafwagen; ◇ **това́рный ~** Güterwagen; *перен* ◇ **вре́мени у нас ~** wir haben noch massig Zeit

ва́жность *ж₅* ‹-и› ①(*значительность*) Wichtigkeit *f,* Bedeutung *f* ②(*надменность*) Wichtigtuerei *f;* **ва́жн|ый** *прил* ‹-ая, -ое, -ые› ①(*значительный*) wichtig, bedeutend; ◇ **-ое сообще́ние** wichtige Mitteilung ②(*серьёзный*) gewichtig, maßgebend; (*высокий по должности*) einflussreich; *разг* ◇ **~ая пти́ца** hohes Tier ③(*надменный*) hochmütig, aufgeblasen

ва́за *ж₁* ‹-ы› ①Vase *f* ②Schale *f*

вака́нсия *ж₄* ‹-и› offene, unbesetzte Stelle *f;* **вака́нтный** *прил* ‹-ая, -ое, -ые› unbesetzt, frei

вал¹ *м₁* ‹-а, мн: -ы́, род: -о́в› ①(*земляная насыпь*) Wall *m* ②(*очень большая волна*) Woge

вал² *м₁* ‹-а› *тех* Welle *f;* ◇ **коле́нчатый ~** Kurbelwelle

ва́ленки *мн₁* ‹-нок› Filzstiefel *m pl*

вальс *м₁* ‹-а› Walzer *m*

валю́т|а *ж₁* ‹-ы› *эк* ①(*денежная система страны*) Währung *f* ②(*платёжные средства*) Devisen *f pl;* ◇ **обме́н ~ы** Geldumtausch *m* **валю́тный** *прил* ‹-ая, -ое, -ые› Währungs-, Devisen-; ◇ **~ курс** Wechselkurs *m;* ◇ **Междунаро́дный ~ фонд** Internationaler Währungsfonds

вам *см.* **вы**

ва́ми *см.* **вы**

ва́нн|а *ж₁* ‹-ы› ①(*для купания*) (Bade-)Wanne *f* ②(*процедура*) Bad *n;* ◇ **со́лнечная ~а** Sonnenbad; ◇ **приня́ть ~у** ein Bad nehmen; **ва́нная** *ж* (*A₁*) ‹-ой› Badezimmer *n*

ва́рварство *с₂* ‹-а› ①(*дикость*) Barbarei *f* ②(*жестокость*) Grausamkeit *f*

варе́нье *с₅* ‹-я› Konfitüre *f*

вари́ть V₄ₐ *несов* ‹варю́, ва́ришь› [**с~сов**] *что вин* kochen

ва́хта *ж₁* ‹-ы› *мор* Wache *f*

вахтёр *м₁* ‹-а› Wächter *m,* Pförtner *m*

ваш(а, е, и) *притяж мест* ①(*принадлежащий вам*) euer; (*форма вежливости*) Ihr; (*без сущ*) der (die, das) eure, der (die, das) eurige; (*форма вежливости*) der (die, das) Ihrige; ◇ **э́та кни́га ~а** das ist Ihr/euer Buch; ◇ **да́йте мне мою́ кни́гу, а я дам вам ~у** gebt mir mein Buch, und ich gebe euch eures ②(*в значении сущ*) (*собственность*) das eure, das Ihre ③*мн* (*в значении сущ*) (*родные*) die euren, die eurigen, die Ihrigen; ◇ **э́то ~е де́ло** das ist eure Sache

вбить *сов* ‹вобью́, вобьёшь› [**вбива́ть** *несов*] *что вин во что вин* (1), *что вин кому дат* (2) ①(*вколотить*) (hin-) einschlagen ②*перен* (*убедить*) eintrichtern;

◇ ~ э́тому не́учу ничего́ в го́лову не вобьёшь diesem Trottel ist nichts beizubringen; ◇ ~ себе́ в го́лову sich etw in den Kopf setzen

вблизи́ *нареч* in der Nähe, nahe bei

введе́ние c_4 ⟨-я⟩ **1** (*действие*) Einführung *f*; ◇ ~ в до́лжность Amtseinführung **2** (*вступление*) Einleitung *f*

ввезти́* *сов* ⟨-зу, -зёшь⟩ [**ввози́ть** *несов*] кого́-что́ во что́ вин **1** (*доставить куда́-л*) bringen, hineinfahren **2** эк einführen, importieren

вверх *нареч* **1** (*по высоту*) nach oben, hinauf; ◇ ~ по реке́ flussaufwärts; ◇ ру́ки ~! Hände hoch!; ◇ стоя́ть ~ нога́ми auf dem Kopf stehen

ввести́* *сов* ⟨введу́, введёшь⟩ [**вводи́ть** *несов*] кого́-что́ вин во что́ вин, что́ вин (*б*) **1** (*привести*) hin(ein)führen **2** (*поместить*) eingeben; ◇ ~ да́нные в ЭВМ Daten in den Computer eingeben **3** (*сделать действующим*) in Betrieb nehmen **4** (*вовлечь*) hineinziehen; ◇ ~ в заблужде́ние irreführen; ◇ ~ в расхо́д Kosten verursachen **5** (*ознакомить*) einführen **6** (*положить начало*) einführen, einsetzen; ◇ ~ но́вую мето́дику преподава́ния eine neue Lehrmethode einführen

ввиду́ *предлог* с *род* angesichts *gen*, wegen *gen*; ◇ ~ того́, что angesichts dessen, dass

ввод $м_1$ **1** (*действие*) Einführung *f*; ◇ ~ в эксплуата́цию Inbetriebnahme *f* **2** тех Anschluss *m*; ◇ электри́ческий ~ Stromanschluss

вводи́ть* *несов от* ввести́

ввоз $м_1$ ⟨-а⟩ Einfuhr *f*, Import *m*

ввози́ть* *несов от* ввезти́

вдалеке́, вдали́ *нареч* in der Ferne; ◇ ~ от ро́дины fern der Heimat

вдво́е *нареч* (*в два раза*) zweimal, zweifach, doppelt; ◇ увели́чивать ~ um das Zweifache erhöhen; (*по количеству*) ◇ ~ бо́льше zweimal [doppelt] so viel; (*по размеру*) ◇ ~ бо́льше zweimal so groß; (*по количеству*) ◇ ~ ме́ньше halb so viel; (*по размеру*) ◇ ~ ме́ньше halb so groß

вдеть* *сов* ⟨-е́ну, -е́нешь⟩ [**вдева́ть** V_{1a} *несов*] что́ вин во что́ вин (*вдёрнуть*) durchziehen, einfädeln

вдоба́вок *нареч* zusätzlich, außerdem, obendrein

вдова́ $ж_5$ ⟨-ы́, мн: вдо́вы, дат: вдо́вам⟩ Witwe *f*; ◇ соло́менная ~ Strohwitwe

вдоль I. *нареч* (*по длине*) der Länge nach II. *предлог* с *род* (*в направлении длины чего́-л*) entlang *akk*, längs *gen*; *разг* (*во всех направлениях*) ◇ ~ и попере́к kreuz und quer; (*хорошо знать*) ◇ знать что́-л ~ и попере́к etw in- und auswendig kennen

вдох $м_1$ ⟨-а⟩ Atemzug *m*; ◇ сде́лать глубо́кий ~ tief Luft holen

вдохнове́ние c_4 ⟨-я⟩ **1** (*творческий*

подъём) Inspiration *f* **2** (*воодушевление*) Begeisterung *f*, Elan *m*

вдохнови́ть V_{4a} *сов* ⟨-влю́, -ви́шь, Part. Prät. Pass. -влённый⟩ [**вдохновля́ть** V_{1b} *несов*] кого́-что́ вин (1), кого́-что́ вин на что́ вин (2) **1** (*воодушевить*) begeistern **2** (*побудить*) inspirieren, anregen

вдохну́ть V_2 *сов, kein Part. Prät. Pass.* ⟨-ну́, -нёшь⟩ [**вдыха́ть** V_{1a} *несов*] что́ вин (1), что́ вин в кого́-что́ вин (2) **1** (*сделать вдох*) einatmen **2** (*возбудить*) einhauchen, einflößen; ◇ ~ в кого́-л уве́ренность jd-n zuversichtlich stimmen

вдруг *нареч* **1** (*внезапно*) plötzlich **2** (*разом*) auf einmal; ◇ а ~? und wenn doch?

ве́домость $ж_5$ ⟨-и⟩ Verzeichnis *n*, Liste *f*

ве́домственный *прил* ⟨-ая, -ое, -ые⟩ **1** (*официальный*) amtlich, behördlich **2** bürokratisch; **ве́домство** c_2 ⟨-а⟩ Amt *n*

ведро́ c_2 ⟨-а́, мн: вёдра, род: вёдер, дат: вёдрам⟩ Eimer *m*; ◇ (дождь) льёт как из ~а́ es gießt wie aus Kübeln, es regnet in Strömen

ведь I. *усилительная частица* wirklich, ja, doch; ◇ но я ~ э́того не говори́л aber das habe ich doch gar nicht gesagt; ◇ ~ я не ребёнок ich bin doch kein Kind II. *союз* (*дело в том, что*) ja, doch; ◇ ~ э́то ску́чно das ist doch langweilig

ве́ер $м_1$ ⟨-а, мн: -а́, род: -ов⟩ Fächer *m*

ве́жливость $ж_5$ ⟨-и⟩ (*воспитанность*) Höflichkeit *f*; (*учтивость*) Zuvorkommenheit *f*; **ве́жливый** *прил* ⟨-ая, -ое, -ые⟩ (*воспитанный*) höflich; (*учтивый*) zuvorkommend

везде́ *нареч* überall; ◇ он уже́ ~ побыва́л er war schon überall

везти́* *несов, опред, см.* вози́ть ⟨-зу́, -зёшь⟩ кого́-что́ вин (1, 2), кому́-чему́ дат в чём предл (3) **1** (*доставлять куда́-л*) transportieren, befördern **2** (*перемещать*) hinbringen, hin-[fahren]; ◇ он везёт меня́ домо́й er fährt mich nach Hause **3** безл (*об удаче*) Glück haben; ◇ ему́ во всём везёт er hat immer Glück

век $м_1$ ⟨-а, мн: -а́, род: -о́в, предл: на веку́⟩ **1** (*столетие*) Jahrhundert *n* **2** (*эпоха*) Zeitalter *n* **3** (*жизнь*) Leben *n*, Lebenszeit *f*; ◇ на моём ~у́ in meinem Leben **4** *перен разг* (*длительное время*) Ewigkeit *f*; ◇ мы це́лый ~ не ви́делись wir haben uns eine Ewigkeit nicht gesehen

ве́ко c_2 ⟨-а, мн: ве́ки⟩ (Augen-)Lid *n*

веково́й *прил* ⟨-ая, -ое, -ые⟩ (*древний*) uralt; (*многовековой*) jahrhundertealt

велика́н $м_1$ ⟨-а⟩ Riese *m*

вели́к|ий *прил* ⟨-ая, -ое, -ие⟩ **1** (*очень большой*) sehr groß, gewaltig; ◇ боти́нки ~и́ die Schuhe sind zu groß **2** (*выдаю́щийся*) groß, bedeutend; ◇ ~ие лю́ди Größen *f pl*; ◇ Пётр Вели́кий Peter der Große; ◇ от ма́ла до ~а Jung und Alt

великоду́шие c_4 ⟨-я⟩ Großherzigkeit f, Edelmut m; **великоду́шный** прил ⟨-ая, -ое, -ые⟩ großherzig, edelmütig
вели́чественн|ый прил ⟨-ая, -ое, -ые⟩ **1** (исполненный величия) majestätisch **2** (внушительный) imposant; **вели́чество** c_2 ⟨-а⟩ Majestät f
величин|а́ $ж_1$ ⟨-ы́, мн: -чи́ны, род: -чи́н⟩ **1** (размер, объём) Größe f; ◇ **второ́й по ~е́** der Zweitgrößte; ◇ **в натура́льную ~у́** in Lebensgröße **2** мат, тех Wert m, Größe f; ◇ **исхо́дная ~а́** Bezugsgröße; ◇ **номина́льная ~а́** Nominalwert; ◇ **сре́дняя ~а́** Mittelwert **3** перен Größe f; ◇ **э́тот учёный — мирова́я ~а́** dieser Wissenschaftler ist eine internationale Größe
велого́нка $ж_1$ ⟨-и, род мн: -нок⟩ спорт Radrennen n; **велого́нщик** $м_1$ ⟨-а⟩ Radrennfahrer m; **велосипе́д** $м_1$ ⟨-а⟩ Fahrrad n; ◇ **го́ночный ~** Rennrad n; **е́хать на ~е** mit dem Fahrrad fahren; **велосипеди́ст** $м_1$ ⟨-а⟩ Radfahrer m
венери́ческ|ий прил ⟨-ая, -ое, -ие⟩ мед Geschlechts-; ◇ **~ая боле́знь** Geschlechtskrankheit f
вен|о́к $м_1$ ⟨-нка́, мн: -нки́, род: -нко́в⟩ Kranz m; ◇ **возлага́ть ~ к моги́ле** einen Kranz am Grab niederlegen
венча́ние c_4 ⟨-я⟩ (церковный обряд бракосочетания) (kirchliche) Trauung f **2** (коронование) Krönung f; **венча́ться** V_{1a} несов ⟨-а́юсь, -а́ешься, Part. Prät. Pass. ве́нчанный [об~, по~ сов] с кем тв sich kirchlich trauen lassen
ве́ра $ж_1$ ⟨-ы⟩ **1** (убеждённость) Glaube m, Zuversicht f **2** (доверие) Vertrauen n **3** рел Glaube m
верёвка $ж$ ⟨-и, род мн: -вок, дат: -вкам⟩ Seil n, Strick m
ве́рить V_{4b} несов ⟨-рю, -ришь [по~ сов] во кого-что вин (1, 3), кому-чему дат (2) **1** (быть уверенным в ком-чём–л) an etw akk glauben; (веровать) ◇ **в Бо́га** an Gott glauben **2** (доверять) glauben, vertrauen; ◇ **~ ка́ждому сло́ву** jedes Wort glauben
ве́рность $ж_5$ ⟨-и⟩ **1** (правильность) Richtigkeit f; (точность) Genauigkeit f **2** (преданность) Treue f, Zuverlässigkeit f
верну́ть V_2 сов, кем Part. Prät. Pass. ⟨-ну́, -нёшь⟩ кого-что вин **1** (отдать взятое) zurückgeben, abgeben **2** (получить обратно) wiedererlangen, zurückholen; **верну́ться** сов ⟨-ну́сь, -нёшься⟩ без доп **1** (прийти обратно) zurückkommen, zurückkehren **2** (обратиться к чему-л вновь) zurückkommen (auf)
ве́рн|ый прил ⟨-ая, -ое, -ые⟩ **1** (правильный) richtig, wahr **2** (надёжный) zuverlässig, sicher; ◇ **~ое сре́дство** ein wirksames Mittel **3** (преданный) treu; ◇ **быть ~ым своему́ сло́ву** zu seinem Wort stehen **4** (неизбежный) sicher, untrüg-

lich; ◇ **~ый вы́игрыш** sicherer Gewinn **5** (точный) genau, getreu
вероиспове́дание c_4 ⟨-я⟩ Konfession f
вероло́мный прил ⟨-ая, -ое, -ые⟩ (коварный) treulos; (предательский) verräterisch
вероя́тн|ый прил ⟨-ая, -ое, -ые⟩ **1** (допустимый) wahrscheinlich; (предположительный) vermutlich; ◇ **о́чень ~о** mit hoher Wahrscheinlichkeit **2** (правдоподобный) mutmaßlich
вертолёт $м_1$ ⟨-а⟩ Hubschrauber m
верфь $ж_5$ ⟨-и⟩ Werft f
верх $м_1$ ⟨-а/-у, мн: -и́, род: -о́в⟩ **1** (верхняя часть) Oberteil n o. m; ◇ **на са́мом ~у́** im obersten Teil; (крыша экипажа, автомашины) Verdeck n **2** (лицевая сторона одежды) Vorderseite f **3** (высшая степень) Gipfel m, Spitze f **4** ◇ **~й мн** (правящие круги) die Oberen m pl, die führenden Kreise m pl, Chefetage f; ◇ **встре́ча в ~а́х** Gipfeltreffen **5** перен Oberhand f; ◇ **взять ~** die Oberhand gewinnen; **ве́рхн|ий** прил ⟨-яя, -ее, -ие⟩ (выше прочих) ober-, Ober-; ◇ **~ее пла́тье** Oberbekleidung f; ◇ **~ее тече́ние Дуна́я** Oberlauf der Donau; ◇ **~яя пала́та (парла́мента)** Oberhaus n; **верхо́вн|ый** прил ⟨-ая, -ое, -ые⟩ oberst, Ober-; ист ◇ **В~ Сове́т** Oberster Sowjet m; ◇ **В~ Суд** Oberster Gerichtshof m
вес $м_1$ ⟨-а⟩ **1** (масса) Gewicht n; ◇ **чи́стый ~** Reingewicht; ◇ **~ом в пять кило́** fünf Kilo schwer **2** перен (влияние) Gewicht n; Einfluss m; (значение) Bedeutung f; ◇ **она́ по́льзуется больши́м ~ом** sie ist sehr einflussreich **3** спорт ◇ **наилегча́йший ~** Fliegengewicht
весёлый прил ⟨-ая, -ое, -ые⟩ heiter, lustig
весн|а́ $ж_1$ ⟨-ы́, мн: вёсны, род: вёсен, дат: вёснам⟩ Frühling m; ◇ **наступа́ет ~** es wird Frühling; ◇ **весно́й** im Frühling
весну́шка $ж_1$ ⟨-и, род мн: -шек, дат: -шкам⟩ Sommersprosse f
вести́* несов, опред, см. **води́ть** ⟨веду́, ведёшь⟩ кого-что вин, к чему дат (5) **1** (сопровождать) führen, geleiten; ◇ **больно́го под руку** den Kranken am Arm führen **2** (о дороге) führen, gehen; ◇ **доро́га ведёт че́рез лес** der Weg führt durch den Wald **3** (руководить) leiten, verwalten **4** (управлять) steuern, lenken **5** перен (иметь следствием) führen, zur Folge haben **6** (осуществлять) führen; ◇ **~ перегово́ры** Verhandlungen führen; ◇ **~ сле́дствие** Ermittlungen durchführen; ◇ **~ себя́** sich benehmen
вестибю́ль $м_2$ ⟨-я⟩ Eingangshalle f
весть $ж_5$ ⟨-и, род мн: -те́й⟩ Nachricht f; ◇ **пода́ть ~ о себе́** von sich hören lassen; ◇ **он пропа́л без ве́сти** er ist verschollen [vermisst]
весы́ $мн_1$ ⟨-о́в⟩ Waage f

весь (вся, всё, все) *мест* I. ① alle ② *(полный)* ganz, all; ◇ **со всей энергией** mit aller Energie ③ *(целиком)* ◇ **все туристы здесь** alle Touristen sind hier; ◇ **~ дом освещён** das ganze Haus ist beleuchtet; ◇ **во ~ голос** lauthals, aus vollem Hals; ◇ **я ~ промок** ich bin ganz nass geworden II. *(в значении сущ) (всё, все)* alles, alle; ◇ **он всё забыл** er hat alles vergessen; ◇ **прежде всего** vor allem III. *(при сравн степени) (всего)* **лучше всего** am besten; ◇ **всего хорошего!** alles Gute!; ◇ **всё равно** egal; ◇ **все и вся** alle ohne Ausnahme

ветер *m₁* ⟨-тра, *мн:* ветры, *род:* -тров, *дат:* -трам⟩ Wind *m;* ◇ **попутный ~** Rückenwind; ◇ **встречный ~** Gegenwind; ◇ **бросать слова на ~** in den Wind reden; ◇ **держать нос по ветру** den Mantel nach dem Wind hängen

ветеринар *m₁* ⟨-а⟩ Tierarzt *m*

ветка *ж₁* ⟨-и, *род мн:* -ток⟩ Zweig *m*

ветчина *ж₁* ⟨-ы, *мн:* -чины, *род:* -чин⟩ Schinken *m*

вечер *m₁* ⟨-а, *мн:* -á, *род:* -óв⟩ ① *(часть суток)* Abend *m;* ◇ **к ~у** gegen Abend; ◇ **по ~ам** abends ② *(мероприятие)* Abendveranstaltung *f;* ◇ **~ по поводу дня рождения** Geburtstagsfeier *f;* **вечерн|ий** *прил* ⟨-ая,-ее, -ие⟩ Abend-; ◇ **~яя школа** Abendschule *f;* **вечером** *нареч* am Abend; ◇ **сегодня ~** heute Abend

вечный *прил* ⟨-ая, -ое, -ые⟩ ① *(не перестающий существовать)* ewig ② *(повторяющийся)* dauernd, fortwährend

вешалка *ж₁* ⟨-и, *род мн:* -лок⟩ ① *(крючок)* Kleiderhaken *m;* ◇ *(стойка)* Kleiderständer *m;* *(плечики)* Kleiderbügel *m* ② *раз (гардероб)* Garderobe *f* ③ *(петля)* Aufhänger *m*

вешать¹ V₁ₐ *несов* ⟨-аю, -аешь⟩ [**повесить*** *сов] кого-что вин* ① *(поместить в висячем положении)* (auf-)hängen ② *(казнить)* (er-)hängen; *(унывать)* ◇ **~ голову** den Kopf hängen lassen

вешать² V₁ₐ *несов* ⟨-аю, -аешь⟩ [**с~** *сов] кого-что вин (взвешивая)* (ab-) wiegen

вещь *ж₅* ⟨-и, *род мн:* -щéй⟩ ① *(предмет)* Sache *f*, Ding *n* ② *(место багажа)* Gepäckstück *n;* ◇ **сдать ~и в багаж** das Gepäck aufgeben

взаимный *прил* ⟨-ая, -ое, -ые⟩ gegenseitig, beiderseitig

взаимопонимани|e *c₄* ⟨-я⟩ gegenseitiges (Ein-)Verständnis; ◇ **достигнуть ~я** zu einem Einvernehmen kommen

взбить* *сов* ⟨взобью, взобьёшь⟩ [**взбивать** V₁ₐ *несов] что вин* ① *(яйца)* rühren; *(сливки)* schlagen ② *(подушки)* aufschütteln

взваливать V₁ₐ *несов* ⟨-аю, -аешь⟩ [**взвалить** V₄ₐ *сов] что вин на кого-что вин* ① *(подняв, навалить)* aufladen,

aufpacken ② *(обременить)* abwälzen; ◇ **~ вину на кого-л** die Schuld auf jd-n abwälzen

взвод *m₁* ⟨-а⟩ Zug *m;* ◇ **командир ~а** Zugführer *m*

взгляд *m₁* ⟨-а⟩ ① *(взор)* Blick *m;* ◇ **с первого ~** auf den ersten Blick; ◇ **бросить ~ на кого/что-л** einen Blick auf jd-n/etw werfen ② *(точка зрения)* Ansicht *f*, Meinung *f*

вздор *m₁* ⟨-а⟩ dummes Zeug *n*, Unsinn *m*

вздрогнуть V₂ *сов, kein Part. Prät. Pass.* ⟨-ну,-нешь⟩ [**вздрагивать** *несов без доп]* zusammenzucken

взлёт *m₁* ⟨-а⟩ *(птиц)* Auffliegen *n;* *(самолёта)* Start *m* ② *перен* Aufschwung *m;*

взлететь* *сов* ⟨взлечу, взлетишь⟩ [**взлетать** V₁ₐ *несов, kein Part. Präs. Pass.] без доп (о птицах)* (hin-)auffliegen; *(о самолётах)* starten; ◇ **~ на воздух** in die Luft fliegen, explodieren

взморье *c₅* ⟨-я⟩ Strand *m*, Küste *f*

взнос *m₁* ⟨-а⟩ ① *(внесение платы)* Zahlung *f* ② *(уплаченные деньги)* Beitrag *m;* ◇ **членский ~** Mitgliedsbeitrag *m*

взойти* *сов* ⟨-йду, -йдёшь⟩ [**всходить** *несов] на что вин (1), без доп (2, 3)* ① *(подняться наверх)* heraufsteigen, hinaufsteigen; ◇ **~ на гору** einen Berg besteigen ② *(о небесных светилах)* aufgehen ③ *(о семенах)* aufgehen

взорва|ться* *сов* ⟨-вусь, -вёшься, (1) 1 и 2 л. не употр⟩ [**взрываться** V₁ₐ *несов] без доп* ① *(разрушиться от взрыва)* explodieren; *(о бомбе)* detonieren; *(о мине)* hochgehen ② *перен раз (возмутиться)* explodieren, platzen; ◇ **услышав ложь, он ~лся** als er die Lüge hörte, ging er in die Luft

взрыв *m₁* ⟨-а⟩ ① *(разрыв снаряда и т. п.)* Explosion *f*, Detonation *f* ② *(взрывание)* Sprengung *f* ③ *перен (сильное проявление)* Ausbruch *m;* ◇ **~ аплодисментов** Beifallssturm *m;* ◇ **~ ярости** Wutanfall *m;* ◇ **~ смеха** Lachanfall *m;* **демографический ~** Bevölkerungsexplosion *f*

взрываться V₁ₐ *несов от* **взорваться**

взывать V₁ₐ *несов* ⟨-а́ю, -а́ешь⟩ [**воззвать** *сов] к кому-чему дат о чём предл* anrufen, anflehen

взыскание *c₄* ⟨-я⟩ ① *(наказание)* Strafe *f;* ◇ **наложить на кого-л ~** gegen jd-n eine Strafe verhängen ② *(принудительное взимание)* Eintreibung *f;* ◇ **~ налогов** Steuereintreibung

взыскать* *сов* ⟨взыщу, взыщешь⟩ [**взыскивать** V₁ₐ *несов] что вин с кого-чего род (1), с кого-чего род (2)* ① *(потребовать)* einziehen, erheben, einfordern ② *(подвергнуть наказанию)* (be-)strafen; ◇ **не взыщи(те)** ich bitte um Nachsicht

взя́тк|а ж₁ ⟨-и, *род мн:* -ток⟩ **1** (*подкуп*) Bestechung *f*, Bestechungsgeld *n;* ◇ **дава́ть кому́-л ~у** jd-n bestechen; ◇ **он осуждён за ~у** er wurde wegen Bestechung verurteilt **2** *карт* Stich *m*

взять* *сов* ⟨возьму́, возьмёшь⟩ [**брать** *несов*] *кого-что вин* **1** *см.* **брать 2** *разг* (*арестовать*) ergreifen, festnehmen; ◇ **~ сло́во** das Wort ergreifen

взя́ться* *сов* ⟨возьму́сь, возьмёшься⟩ [**бра́ться** *несов*] *за кого-что вин* (1, 3), *за кого-что вин или с инф* (2) **1** ◇ **~ за ру́ки** sich an den Händen fassen **2** (*обяза́ться*) sich verpflichten, auf sich nehmen; ◇ **он взя́лся написа́ть статью́** er verpflichtete sich, einen Artikel zu schreiben **2** (*приступить*) sich an etw heranmachen, in Angriff nehmen; ◇ **~ за ум** zur Besinnung kommen; ◇ **отку́да ни возьми́сь** völlig unerwartet

вид¹ м₁ ⟨-а⟩ **1** (*внешность*) Aussehen *n;* ◇ **у него́ здоро́вый ~** er sieht gesund aus; ◇ **ему́ на ~ лет со́рок** seinem Aussehen nach ist er ungefähr vierzig **2** (*пейзаж, зрелище*) Landschaft *f*, Aussicht *f;* ◇ **с ~ом на мо́ре** mit Meeresblick **3** (*состояние*) Zustand *m;* ◇ **в нетре́звом ~е** in betrunkenem Zustand **4** (*поле зрения*) Sicht *f;* ◇ **на ~у́ у всех** für jedermann sichtbar; ◇ **скры́ться из ~у** von der Bildfläche verschwinden **5** (*видимость*) Schein *m*, Anschein *m;* ◇ **для ~а** zum Schein; ◇ **не пока́за́ть ~а** sich nichts anmerken lassen **6** ◇ **~ы** *мн перен* (*намерения*) Aussichten *f pl*, Absichten *f pl;* ◇ **~ы на бу́дущее** Zukunftsperspektiven; ◇ **ни под каки́м ~ом** auf keinen Fall; ◇ **в ~е доказа́тельства** als Beweis; ◇ **име́ть в ~у́** berücksichtigen; meinen

вид² м ⟨-а⟩ **1** (*вид, род*) Art *f;* ◇ **~ы расте́ний, живо́тных** Pflanzenart, Tierart *f* **2** (*разновидность, тип*) Art *f;* ◇ **~ы спо́рта** Sportarten **3** *грам* Aspekt *m;* ◇ **(не)соверше́нный ~** (un)vollendeter Aspekt

видеомагнитофо́н м₁ ⟨-а⟩ Videorekorder *m;* **видеоте́хника** ж₁ ⟨-и⟩ Videotechnik *f*

ви́деть* *несов* ⟨ви́жу, ви́дишь⟩ [**ви́дывать** V₁ₐ *сов*] *кого-что вин* **1** (*воспринимать зрением*) sehen; ◇ **во сне** träumen **2** (*встречать*) sehen, treffen, begegnen; ◇ **рад Вас ~** ich freue mich, Sie zu sehen **3** (*сознавать, усматривать*) einsehen; ◇ **свою́ оши́бку** seine Fehler einsehen **4** (*пережить*) mitmachen, erleben; ◇ **он мно́гое ви́дел на своём веку́** er hat in seinem Leben viel durchgemacht; ◇ **~ кого́-л наскво́зь** jd-n durchschauen;

ви́дный *прил* ⟨-ая, -ое, -ые⟩ **1** (*заметный*) sichtbar; ◇ **дом ви́ден издалека́** das Haus ist von weitem zu sehen **2** (*известный*) angesehen, bedeutend **3** (*статный*) stattlich, ansehnlich

ви́з|а ж₁ ⟨-ы⟩ (*разрешение на въезд*) Visum *n;* ◇ **въездна́я ~а** Einreisevisum; **постоя́нная ~а** unbefristete Aufenthaltserlaubnis; ◇ **запра́шивать ~у** ein Visum beantragen; ◇ **срок ~ы истёк** das Visum ist abgelaufen

визи́т м₁ ⟨-а⟩ Besuch *m;* ◇ **нанести́ ~** einen Besuch abstatten; ◇ **прибы́ть с ~ом** zu Besuch kommen

ви́лка ж₁ ⟨-и, *род мн:* -лок⟩ **1** (*столовый прибор*) Gabel *f* **2** *тех* Stecker *m;* ◇ **ште́псельная ~** Stöpsel *m*

вина́ ж₁ ⟨-ы́⟩ **1** (*проступок*) Schuld *f;* (*преступление*) Vergehen *n;* ◇ **загла́дить свою́ вину́** seine Schuld wieder gutmachen **2** (*причина*) Ursache *f*

винегре́т м₁ ⟨-а⟩ **1** (*кушанье*) Salat *m* (*aus fein geschnittenem gekochtem Gemüse und Fleisch*) **2** *перен* Mischmasch *m*, Durcheinander *n*

вини́тельный *прил* ⟨-ая, -ое, -ые⟩ *грам* ◇ **~ паде́ж** Akkusativ *m*

вин|и́ть V₄ₐ *несов* ⟨-ню́, -ни́шь⟩ *кого-что вин в чём предл или кого-что вин за что вин* (*считать виноватым*) jd-m die Schuld geben, jd-n beschuldigen; (*упрекать*) vorwerfen

вино́ с₂ ⟨-а́, *мн:* -а⟩ Wein *m*

винова́тый *прил* ⟨-ая, -ое, -ые⟩ **1** (*виновный в чём-л*) schuldig; ◇ **я во всём винова́т** ich bin an allem schuld **2** (*выражающий сознание виновности в чём-л*) schuldbewusst

виногра́д м₁ ⟨-а⟩ **1** (*растение*) Weinrebe *f* **2** (*плоды*) Weintrauben *f pl;* ◇ **сбор ~а** Weinlese *f*

винт м₁ ⟨-а́, *мн:* -ы́⟩ Schraube *f;* ◇ **затяну́ть ~** die Schraube anziehen

винто́вка ж₁ ⟨-и, *род мн:* -вок⟩ Gewehr *n*

ви́селица ж₁ ⟨-ы⟩ Galgen *m*

висе́ть* *несов* ⟨вишу́, виси́шь⟩ *без доп* hängen; ◇ **~ на волоске́** am seidenen Faden hängen; ◇ **~ в во́здухе** in der Luft hängen

висо́к м₁ ⟨-ска́⟩ Schläfe *f*

вито́к м₁ ⟨-тка́, *мн:* -тки́⟩ Windung *f*

витри́на ж₁ ⟨-ы⟩ (*магазина*) Schaufenster *n;* (*шкаф под стеклом*) Vitrine *f*, Schaukasten *m*

ви́ться* *несов* ⟨вью́сь, вьёшься⟩ *без доп* **1** (*о растениях*) sich ranken; ◇ **плющ вьётся вокру́г де́рева** Efeu rankt sich um den Baum **2** (*о волосах*) sich locken **3** (*кружиться*) kreisen; ◇ **пти́цы вью́тся над го́родом** die Vögel kreisen über der Stadt **4** (*о пыли*) (auf-)wirbeln **5** (*о дороге*) sich winden, sich schlängeln

вихр|ь м₂ ⟨-я⟩ **1** (*о ветре*) Wirbelsturm *m;* ◇ **сне́жный ~ь** Schneegestöber *n* **2** *перен* (*водоворот*) Wirbel *m*, Strudel *m;* ◇ **в ~е собы́тий** im Sog der Ereignisse

ви́шня ж₂ ⟨-и, *род мн:* -шен⟩ (*плод*) Kirsche *f;* (*дерево*) Kirschbaum *m*

вклад m_1 <-а> **1** (в банк) Einlage f **2** перен (участие) Beitrag m; ◇ **внести свой** ~ **в реше́ние како́й-л пробле́мы** seinen Beitrag zur Lösung eines Problems leisten

включи́ть V$_{4a}$ сов <-чу́, -чи́шь, Part. Prät. Pass. -чённый, -чён, -чена́> [**включа́ть** несов] кого-что вин во что вин **1** (ввести в состав) einfügen, einbeziehen, eingliedern; ~ **в спи́сок уча́щихся** in die Teilnehmerliste aufnehmen **2** тех anschließen; ◇ ~ **аппара́т в сеть** den Apparat an das Stromnetz anschließen; авто ◇ ~ **да́льный/бли́жний свет** auf-/abblenden

вкра́тце нареч kurz, in Kürze; ◇ **изложи́ть де́ло** ~ etw kurz darlegen

вкус m_1 <-а> **1** Geschmack(ssinn) m; ◇ **плоды́, прия́тные на** ~ gut schmeckende Früchte **2** (понимание изящного) Geschmack m, Stil m; ◇ **входи́ть во** ~ auf den Geschmack von etw kommen; **име́ть** ~ **к чему́-л** an etw Geschmack finden; ◇ **э́то де́ло** ~**а** das ist Geschmacksache; **вку́сный** прил <-ая, -ое, -ые> wohlschmeckend, lecker

владе́лец m_5 <-льца, мн: -льцы> Besitzer m, Inhaber m; **владе́ть** V$_5$ несов <-е́ю, -е́ешь> кем-чем тв **1** (иметь своей собственностью) besitzen; ◇ ~ **иму́ществом** ein Vermögen besitzen **2** (уметь обращаться) beherrschen; ◇ ~ **собо́й** sich beherrschen

власт|ь $ж_5$ <-и, род мн: -те́й> (Staats-) Macht f, Gewalt f; ◇ **законода́тельная** ~**ь** gesetzgebende Gewalt, Legislative f; **исполни́тельная** ~**ь** vollziehende Gewalt, Exekutive f; ◇ **прийти́ к** ~ **и** an die Macht kommen **2** (право распоряжаться) Macht f, Befugnis f; ◇ **превыше́ние** ~**и** Überschreitung der Machtbefugnisse; ◇ **находи́ться под** ~**ью кого́-чего́-л** sich in jd-s Macht befinden; ◇ **не в мое́й** ~**и реша́ть э́тот вопро́с** es steht nicht in meiner Macht, über diese Frage zu entscheiden **3** ◇ ~**и** мн (администрация) Behörden f pl

влезть* сов <-зу, -зешь> [**влеза́ть** V$_{1a}$ несов] на/во что вин **1** (взобраться) hinaufklettern; ◇ ~ **на де́рево** auf einen Baum klettern **2** (войти) sich hineindrängen, einsteigen; ◇ ~ **в авто́бус** sich in einen Bus drängen **3** разг (уместиться внутри) hineinpassen, Platz finden; ◇ **все кни́ги вле́зли в портфе́ль** alle Bücher passten in die Tasche **4** разг (вмешаться) sich einmischen; ◇ ~ **не в своё де́ло** sich in fremde Angelegenheiten einmischen; ◇ ~ **в долги́** sich in Schulden stürzen; ◇ ~ **кому́-л в ду́шу** sich jd-m aufdrängen

влече́ние c_4 <-я> (склонность) Neigung f, Hang m; (страсть) Leidenschaft f

влить* сов <волью́, вольёшь> [**влива́ть** V$_{1a}$ несов] кого-что во что вин **1** (налить внутрь) eingießen; ◇ **но́вые си́лы в кого́-л** jd-m neue Kräfte verleihen **2** перен (внушить) einflößen; ◇ ~ **в кого́-л бо́дрость** jd-m Mut einflößen

влия́ние c_4 <-я> **1** (воздействие) Einfluss m, Auswirkung f; ◇ **ока́зывать** ~ **на ход дел** Einfluss auf den Verlauf der Dinge nehmen **2** (авторитет) Einfluss m; (вес) Gewicht n; ◇ **челове́к с больши́м** ~**м** einflussreiche Person; ◇ **по́льзоваться** ~**м** Ansehen haben; **влия́ть** V$_{1b}$ несов [**по**~ сов] <-я́ю, -я́ешь> на кого-что вин jd-n beeinflussen, Einfluss nehmen auf

вложи́ть V$_{4a}$ сов <-ожу́, вло́жишь, Part. Prät. Pass. вло́женный> [**вкла́дывать** V$_{1a}$ несов] что вин во что вин **1** (поместить внутрь) hineinstecken, hineinlegen; ◇ ~ **письмо́ в конве́рт** den Brief ins Kuvert stecken **2** (делать вклад в банке) anlegen, investieren; ◇ ~ **все си́лы** alle Kräfte aufbieten

влюби́ться* сов <влюблю́сь, влю́бишься> [**влюбля́ться** V$_{1b}$ несов] в кого-что вин sich verlieben; ◇ ~ **с пе́рвого взгля́да** sich auf den ersten Blick verlieben

вме́сте нареч **1** (в соединении) zusammen **2** (сообща) gemeinsam **3** (одновременно) zusammen, gleichzeitig; ◇ ~ **с телегра́ммой принесли́ письмо́** mit dem Telegramm kam ein Brief; ◇ **всё** ~ **взя́тое** alles in allem

вме́сто предлог с род anstelle gen, anstatt gen; ◇ **иди́** ~ **меня́** geh für mich

вмеша́тельство c_2 <-а> **1** (вторжение в чьи-л дела) Einmischung f **2** (медицинское воздействие) Eingriff m

вмеша́ться V$_{1a}$ сов <-а́юсь, -а́ешься> [**вме́шиваться** V$_{1a}$ несов] во что вин **1** (вязаться) sich einmischen, einschalten **2** (затеряться) sich untermischen; ◇ ~ **в толпу́** sich unter die Menge mischen

вмиг нареч (сразу) im Nu; (с быстротой молнии) blitzschnell

вне предлог с род außerhalb, außer; ◇ ~ **опа́сности** außer Gefahr; ◇ ~ **вся́ких пра́вил** entgegen allen Regeln; ◇ ~ **вся́ких сомне́ний** außer Zweifel; ◇ **быть** ~ **подозре́ний** außer Verdacht sein; ◇ ~ **зако́на** vogelfrei; **внебра́чный** прил <-ая, -ое, -ые> unehelich

внедре́ние c_4 <-я> (использование) Einführung f; (укоренение) Einbürgerung f

внеза́пный прил <-ая, -ое, -ые> plötzlich; unerwartet

внеочередно́й прил <-ая, -ое, -ые> außerordentlich, außer der Reihe

внепла́новый прил <-ая, -ое, -ые> außerplanmäßig

внести́* сов <-су́, -сёшь> [**вноси́ть** несов] кого-что вин во что вин (1, 3), что вин (2, 4, 5) **1** (принести внутрь) (hinein-)bringen, hineintragen **2** (сделать взнос) entrichten, einzahlen; ◇ ~ **пла́ту**

обуче́ние eine Studiengebühr entrichten ③ (*добавить*) aufnehmen, eintragen; ◇ ~ в спи́сок но́вых уча́стников neue Teilnehmer in die Liste eintragen ④ *перен* (*вызвать*) hineinbringen, beisteuern; ◇ ~ оживле́ние во что-л Leben in etw bringen

вне́шн|ий *прил* ‹-яя, -ее, -ие› ① (*наружный*) Außen-; ◇ ~яя среда́ Außenwelt *f* ② (*поверхностный*) äußerer ③ (*иностранный*) Außen-, Auslands-; ◇ ~яя поли́тика Außenpolitik *f*; вне́шность *ж₅* ‹-и› Äußere *n*

вниз *нареч* ① (*по направлению к низу*) nach unten, abwärts, hinunter, hinab; ◇ плыть ~ по Во́лге die Wolga stromabwärts fahren; ◇ све́рху ~ von oben nach unten

внима́ни|е *c₄* ‹-я› Aufmerksamkeit *f*; ◇ обрати́ть ~е на кого́/что-л seine Aufmerksamkeit auf jd-n/etw richten; ◇ он весь ~е er ist ganz Ohr; ◇ ~е! Achtung!; ◇ окружи́ть кого́-л ~ем jd-m gegenüber rücksichtsvoll sein; ◇ приня́ть во ~е beachten; ◇ оставля́ть без ~я unbeachtet lassen

вноси́ть V₄ₐ *несов от* внести́

внук *м₁* ‹-а› ① Enkel *m*; ◇ у неё уже́ вну́ки подраста́ют sie hat schon große Enkelkinder ② ~и *мн* (*потомки*) Nachkommen *m pl*

вну́тренн|ий *прил* ‹-яя, -ее, -ие› ① (*находящийся внутри*) inner, innerlich; ◇ ~ие боле́зни innere Krankheiten; (*о лекарстве*) ◇ для ~его употребле́ния innerlich anzuwenden ② (*в пределах одного государства*) Innen-, intern; ◇ ~ее мо́ре Binnenmeer *n*; ◇ ~яя поли́тика Innenpolitik *f*; ◇ ~ий ры́нок Binnenmarkt *m*; ◇ пра́вила ~его распоря́дка Hausordnung *f*; ◇ ~ий смысл eigentlicher Sinn

вну́чка *ж₁* ‹-и, *род мн:* -чек› Enkelin *f*

внуши́ть V₄ₐ *сов* ‹-шу́, -ши́шь› [внуша́ть V₁ₐ *несов*] что вин кому-чему *дат* ① (*побудить*) einreden, einflößen; ◇ ~ страх Angst einflößen; (*наставлять*) einschärfen ② (*подсказать*) suggerieren, eingeben

вовле́чь* *сов* ‹-еку́, -ечёшь› [вовлека́ть V₁ₐ *несов*] кого-что вин во что вин ① (*привлечь к участию в чём-л*) heranziehen, hinzuziehen; ◇ ~ дете́й в дома́шнюю рабо́ту die Kinder zur Hausarbeit heranziehen ② (*склонить*) verleiten; ◇ ~ в преступле́ние zu einem Verbrechen verleiten

во́время *нареч* (*своевременно*) rechtzeitig; (*кстати*) zu geeigneter Zeit; ◇ не ~ ungelegen

вовсю́ *нареч разг* (*изо всех сил*) aus aller Kraft; ◇ крича́ть ~ aus Leibeskräften schreien

вогна́ть* *сов* ‹вгоню́, вго́нишь› [вгоня́ть V₁ᵦ *несов*] кого-что вин во что вин ① (*загнать внутрь*) hineinjagen, hineintreiben ② (*вставить, вбить*) hineinschlagen; ◇ ~ гвоздь в до́ску einen Nagel in ein Brett schlagen ③ *перен* (*привести в неприятное состояние*) ◇ ~ в кра́ску кого́-л jd-m die Schamröte ins Gesicht treiben; ◇ он меня́ в гроб вго́нит der bringt mich noch ins Grab

вода́ *ж₁* ‹-ы́, *мн:* -ы› Wasser *n*; ◇ водопрово́дная ~а́ Leitungswasser; ◇ сто́чные во́ды Abwässer *n pl*; ◇ как в во́ду ка́нуть spurlos verschwinden; ◇ вы́вести кого́-л на чи́стую во́ду jd-n entlarven; ◇ вы́йти сухи́м из ~ы noch einmal mit heiler Haut davonkommen

води́тель *м₂* ‹-я› Fahrer *m*

води́ть V₄ₐ *несов, неопред* ‹вожу́, во́дишь, *Part. Präs. Pass.* води́мый› *см.* вести́

во́дка *ж₁* ‹-и› Wodka *m*

 во́дка

Wodka (wörtlich „Wässerchen") ist ein wasserklarer Branntwein aus Kartoffeln bzw. Roggen oder Gerste mit mindestens 40% Alkoholgehalt. Hochprozentiges wird in Russland seit jeher geschätzt, was wohl mit dem winterlichen Frost zusammenhängt. Es gilt als höflich, ein meist 100 ml (сто грамм, d.h. wörtlich „100 Gramm") fassendes Wodkaglas restlos, also „bis zum Boden" (до дна), zu leeren. Wodka ist im Russischen nicht männlich, sondern weiblich, was oft mit „Frau" oder „Verführung" assoziiert wird.

водопа́д *м₁* ‹-а› Wasserfall *m*; водопрово́д *м₁* ‹-а› Wasserleitung *f*; водоро́д *м₁* ‹-а› Wasserstoff *m*; водоснабже́ние *c₄* ‹-я› Wasserversorgung *f*

водрузи́ть V₄ₐ *сов* ‹-ужу́, -узи́шь, *Prät. Pass.* водружённый› [водружа́ть V₁ₐ *несов*] что вин (*поставить на высоте*) aufstellen; (*памятник*) errichten; (*укрепить*) befestigen

воева́ть* *несов* ‹вою́ю, вою́ешь› с кем-чем тв против кого-чего *род* ① (*сражаться*) kämpfen, Krieg führen ② (*ссориться*) streiten; военкома́т *м₁* ‹-а› (= *военный комиссариат*) Wehrersatzamt *n*; военнообя́занный *м* (*А₁*) ‹-ого› Wehrpflichtige *m*; военнопле́нный *м* (*А₁*) ‹-ого› Kriegsgefangener *m*; военнослу́жащий *м* (*А₂*) ‹-его› Militärangehöriger *m*; вое́нн|ый *прил* ‹-ая, -ое, -ые› Militär-, Kriegs-

вожа́к *м₁* ‹-а́› ① (*руководитель*) Anführer *m* ② (*поводырь*) Führer *m*, Begleiter *m*; ◇ ~ слепо́го Blindenführer

вождь $м_2$ ⟨-я́, мн.: -и́⟩ Führer *m*
возбуди́ть V_{4a} сов ⟨-ужу́, -уди́шь, *Part. Prät. Pass.* возбуждённый⟩ [**возбужда́ть** V_{1a} несов] кого́-что вин ① (*вызвать*) erwecken, anregen; ◇ ∼ **аппети́т** Appetit anregen; ◇ ∼ **волне́ние** Aufregung hervorrufen ② (*привести в возбуждённое состояние*) aufreizen, aufbringen; (*настроить*) aufstacheln; ◇ ∼ **всех про́тив себя́** alle gegen sich aufbringen ③ (*предложить для обсуждения*) ◇ ∼ **вопро́с** eine Frage aufwerfen; ◇ ∼ **иск** einen Prozess anstrengen; ◇ ∼ **хода́тайство** ein Gesuch einreichen

возбужде́ние $с_4$ ⟨-я⟩ ① (*действие*) Aufwiegelung *f*, Reizung *f*, Anregung *f* ② (*состояние*) Erregung *f* ③ (*волнение*) Aufregung *f*

возвести́* сов ⟨-еду́, -едёшь⟩ [**возводи́ть** V_{4a} несов ⟨-ожу́, -óдишь⟩] кого́-что вин ① (1, 2), кого́-что вин во что вин (3), на кого́-что вин (4) ① (*соорудить*) errichten, bauen ② (*возвысить*) erheben; ◇ ∼ **что-л в зако́н** etw legalisieren; ◇ ∼ **что-л в при́нцип** etw zum Prinzip erheben ③ мат potenzieren; ◇ ∼ **в сте́пень** in eine Potenz erheben ④ ◇ ∼ **обвине́ние на кого́-л** jd-n beschuldigen; ◇ ∼ **клевету́ на кого́-л** jd-n verleumden

возвра́т $м_1$ ⟨-а⟩ ① (*имущества*) Rückgabe *f*; (*денег*) Rückzahlung *f* ② Rückkehr *f*; мед Rückfall *m*

возврати́ть V_{4a} сов ⟨-ащу́, -ати́шь, *Part. Prät. Pass.* возвращённый⟩ [**возвраща́ть** V_{1a} несов] кого́-что вин (*вернуть*) zurückgeben; (*деньги*) zurückzahlen; (*что-л посылкой*) zurückschicken; ◇ ∼ **к жи́зни кого́-что-л** jd-n ins Leben zurückholen; **возврати́ться** сов ⟨-ащу́сь, -ати́шься⟩ [**возвраща́ться** V_{1a} несов] без доп (*вернуться*) zurückkehren, zurückkommen; ◇ ∼ **из путеше́ствия** von einer Reise zurückkommen; ◇ ∼ **к вопро́су** auf eine Frage zurückkommen

возвраще́ние $с_4$ ⟨-я⟩ Rückkehr *f*

во́зглас $м_1$ ⟨-а⟩ Ausruf *m;* ◇ ∼ **ра́дости** Freudenschrei *m*

воздви́гнуть V_2 сов ⟨-ну, -нешь, *Part. Prät. Pass.* воздви́гнутый⟩ [**воздвига́ть** V_{1a} несов] что вин (*соорудить*) errichten, erbauen

возде́йствие $с_4$ ⟨-я⟩ Einwirkung *f;* (*влияние*) Einfluss *m;* ◇ **ока́зывать** ∼ Einfluss ausüben

воздержа́ться* сов ⟨-жу́сь, -жишься⟩ [**возде́рживаться** V_{1a} несов] от чего род (*отказаться*) sich enthalten, verzichten; ◇ ∼ **от голосова́ния** sich der Stimme enthalten

во́здух $м_1$ ⟨-а⟩ Luft *f;* ◇ **загрязне́ние** ∼а Luftverschmutzung *f;* ◇ **быва́ть на** ∼е an der frischen Luft sein; ◇ **на откры́том** ∼е im Freien; **возду́шн‖ый** *прил* ⟨-ая, -ое,

-ые⟩ Luft-; ◇ ∼**ое сообще́ние** Flugverkehr *m;* ◇ ∼**ый поцелу́й** Kusshand *f*

воззва́ние $с_4$ ⟨-я⟩ Aufruf *m*, Appell *m*
воззва́ть V_{1a} *kein Part. Präs. Pass.,* см. **взыва́ть**

вози́ть* *неопред,* см. **везти́**
вози́ться* *несов* ⟨вожу́сь, во́зишься⟩ с кем-чем тв (1, 3), без доп (2) ① (*заниматься чем-л кропотливым*) sich abmühen; ◇ **ско́лько вози́лись с э́тим ученико́м** wie lange haben wir uns nur mit diesem Schüler abgemüht ② (*медлить*) trödeln, zaudern ③ (*резвиться*) sich balgen, toben; ◇ **ребя́та во́зятся в углу́** die Kinder toben in der Ecke

во́зле I. *предлог с род* (*вблизи*) neben, an; ◇ **дом стои́т** ∼ **ле́са** das Haus steht am Waldrand II. *нареч* (*рядом*) daneben, nebenan

возложи́ть V_{4a} сов ⟨-жу́, -óжишь, *Prät.* -жи́л, *Imp.* -жи́, *Part. Prät. Pass.* -ло́женный⟩ [**возлага́ть** V_{1a} несов] что вин на кого́-что вин ① (*торжественно положить*) niederlegen; ◇ ∼ **вено́к на моги́лу** einen Kranz am Grab niederlegen ② *перен* (*поручить*) übertragen; ◇ ∼ **вину́ на кого́-л** jd-m die Schuld zuschreiben

возме́здие $с_4$ ⟨-я⟩ Vergeltung *f*, Strafe *f*
возмо́жност‖ь $ж_5$ ⟨-и⟩ ① (*допустимость*) Möglichkeit *f;* ◇ **предоста́вить** ∼ь eine Gelegenheit bieten; ◇ **по** ∼**и** nach Möglichkeit ② ∼**и** мн (*перспективы*) Aussichten *f pl;* ◇ **материа́льные** ∼**и** Geldmittel; **возмо́жн‖ый** *прил* ⟨-ая, -ое, -ые⟩ (*допустимый*) möglich; (*мыслимый*) denkbar; ◇ **вполне́** ∼**ый слу́чай** durchaus möglicher Fall; ◇ **сде́лать что-л** ∼**ым** etw möglich machen; ◇ **сде́лать всё** ∼**ое** alles Mögliche tun; ◇ **в преде́лах** ∼**ого** im Rahmen des Möglichen

вознагражде́ние $с_4$ ⟨-я⟩ ① (*награда*) Belohnung *f* ② (*оплата*) Entlohnung *f;* (*гонорар*) Honorar *n;* ◇ **за** ∼ gegen Bezahlung

возобнови́ть V_{4a} сов ⟨-влю́, -ви́шь, *Part. Prät. Pass.* -влённый⟩ [**возобновля́ть** V_{1b} несов] что вин ① (*начать снова*) erneuern; wieder aufnehmen ② (*обновить*) restaurieren

возража́ть V_{1a} *kein Part. Präs. Pass.,* несов от **возрази́ть**

возраже́ние $с_4$ ⟨-я⟩ ① (*довод*) Einwand *m;* (*замечание*) Einspruch *m* ② (*противоречие*) Widerspruch *m;* ◇ **без** ∼**й** widerspruchslos; ◇ **он не те́рпит** ∼**й** er duldet keine Widerrede; **возрази́ть** V_{4a} сов, *kein Part. Prät. Pass.* ⟨-ажу́, -ази́шь⟩ [**возража́ть** несов] на что вин (1), кому́ дат (2) ① (*ответить несогласием*) erwidern, einwenden ② (*противоречить*) jd-m widersprechen

во́зраст $м_1$ ⟨-а⟩ Alter *n;* ◇ **младе́нческий** ∼ Kindesalter; ◇ **сре́дний** ∼

Durchschnittsalter; ◇ **ребёнок в ~е семи́ лет** ein Kind im Alter von sieben Jahren, ein siebenjähriges Kind

возрожде́ние c_4 ‹-я› **1** (восстановле́ние) Wiedergeburt f **2** (разрушенного) Wiederbelebung f **3** (возобновле́ние) Erneuerung f **4** иск ◇ **эпо́ха Возрожде́ния** Renaissance f

во́инственный прил ‹-ая, -ое, -ые› перен (реши́тельный) kampflustig; ◇ **хара́ктер** Kämpfernatur f; **война́|а** ж₁ ‹-ы, мн: во́йны› Krieg m; ◇ **Вели́кая Оте́чественная ~а́** Zweiter Weltkrieg; ◇ **холо́дная ~а́** Kalter Krieg; **во́йско** c_2 ‹-а, мн: войска́, род: войск, дат: -кам› **1** (вооружённые си́лы) Streitkräfte f pl **2** (подразделе́ние а́рмии) Truppen f pl

войти́* сов ‹-йду́, -йдёшь› [**входи́ть** несов] во что вин **1** (внутрь) hineingehen; (в ваго́н) einsteigen; (в ко́мнату) eintreten; ◇ **войди́те!** herein! **2** (умести́ться) hineinpassen, hineingehen; ◇ **в шкаф мо́жет ~ мно́го книг** in den Schrank passen viele Bücher **3** (ста́ть чле́ном чего-л) beitreten; ◇ **~ в исто́рию** in die Geschichte eingehen; ◇ **в мо́ду** in Mode kommen; ◇ **~ в чьё-л положе́ние** sich in jd-s Lage versetzen; ◇ **~ в привы́чку** zur Gewohnheit werden

вокза́л m_1 ‹-а› Bahnhof m; ◇ **центра́льный ~** Hauptbahnhof

вокру́г I. предлог с род (о́коло, круго́м) um... herum, um; ◇ **ходи́ть ~ до́ма** um das Haus herum gehen; ◇ **~ нас** um uns herum II. нареч (в окру́жности) ringsherum; ◇ **~ ни души́** weit und breit ist keine Menschenseele

 Во́лга

Der längste (3700 km) und wasserreichste Fluss Europas entspringt 300 km westlich von Moskau am Fuße der Waldaihöhe und mündet bei Astrachan in das Kaspische Meer. Die Во́лга fließt durch zahlreiche Städte im Zentrum Russlands und wird daher auch „Mütterchen Wolga" genannt – ма́тушка Во́лга. Seit dem 9. Jahrhundert nutzen die Menschen die wichtigste russische Binnenwasserstraße zum Warentransport zwischen Nordeuropa und Zentralasien und besingen den ruhig dahinfließenden Strom in zahlreichen Liedern und Gedichten.

волк m_1 ‹-а› Wolf m; ◇ **смотре́ть ~ом** finster blicken

волна́|а ж₁ ‹-ы́, мн: во́лны› **1** (водяно́й вал) Welle f **2** физ Welle f; ◇ **коро́ткие ~ы** Kurzwellen **3** перен (проявле́ние) Welle f; ◇ **~а́ проте́ста** Protestwelle

волне́ние c_4 ‹-я› перен Aufregung f ;

волнова́ться V_{1a} несов ‹-ну́юсь, ну́ешься› [**вз~** сов] без доп **1** (беспоко́иться) sich aufregen, sich beunruhigen **2** (протестова́ть) rebellieren

волокно́ c_2 ‹-а́, мн: воло́кна, род: воло́кон› Faser f; ◇ **иску́сственное ~** Kunstfaser

во́лос m_1 ‹-а, род мн: воло́с, дат: воло́сам› Haar n

во́льн|ый прил ‹-ая, -ое, -ые› **1** (незави́симый) frei, unabhängig **2** (свобо́дный) frei, ungezwungen, ungebunden; ◇ **~ое обраще́ние** ungezwungener Umgang; ◇ **~ые шу́тки** lockere Späße; спорт ◇ **~ый стиль** Freistil m; ◇ **~ый перево́д** freie Übersetzung

во́л|я ж₂ ‹-и› **1** (сво́йство пси́хики) Wille m; ◇ **си́ла ~и** Willenskraft f **2** (жела́ние) Wille m, Wunsch m; ◇ **по до́брой ~е** aus freien Stücken; ◇ **не по свое́й ~е** entgegen seinem Willen **3** (власть) Ermessen n, Belieben n; ◇ **э́то в твое́й ~е** das liegt in deinem Ermessen **4** (свобо́да) Freiheit f; ◇ **отпусти́ть на ~ю** freilassen; ◇ **дать ~ю свои́м чу́вствам** seinen Gefühlen freien Lauf lassen

воня́ть V_{1b} несов ‹-я́ю, я́ешь› без доп stinken

вообрази́|ть V_{4a} сов ‹-жу́, -зи́шь, Part. Prät. Pass. воображённый› [**вообража́ть** V_{1a} несов] кого-что вин (1), кем-чем тв или с сою́зом "что" (2) **1** (предста́вить себе́) sich vorstellen, sich vergegenwärtigen **2** (предположи́ть) sich einbilden; ◇ **он ~л, что без него́ не обойти́сь** er bildete sich ein, dass es ohne ihn nicht geht

вообще́ нареч **1** (всегда́) überhaupt; ◇ **э́тот челове́к ~ необщи́телен** dieser Mensch ist überhaupt nicht kontaktfreudig **2** (в о́бщем) im Allgemeinen, im Großen und Ganzen; ◇ **~ говоря́** allgemein gesagt

вооруже́ние c_4 ‹-я› **1** (де́йствие) (Auf-) Rüstung f; ◇ **го́нка ~й** Wettrüsten n **2** (сре́дства веде́ния бо́я) Waffen f pl;

вооружённ|ый прил ‹-ая, -ое, -ые› **1** (име́ющий ору́жие) bewaffnet; ◇ **~ое нападе́ние** bewaffneter Überfall **2** перен gewappnet, ausgerüstet; ◇ **~ый зна́ниями** mit Wissen gewappnet

вооружи́ться V_{4a} сов ‹-жу́сь, -жи́шься› [**вооружа́ться** V_{1a} несов] чем тв **1** (обеспе́чить себя́ ору́жием) sich bewaffnen **2** перен sich wappnen, sich versorgen

во-пе́рвых нареч erstens

вопию́щ|ий прил ‹-ая, -ее, -ие› **1** (недопусти́мый) (himmel-)schreiend; ◇ **~ая несправедли́вость** himmelschreiende Ungerechtigkeit **2** (возмути́тельный) empörend

вопреки́ предлог с дат entgegen, gegen; ◇ **~ всему́** trotz allem

вопро́с M_1 ⟨-а⟩ **1** Frage *f;* ◇ **зада́ть ~** eine Frage stellen **2** *(обстоя́тельство)* Frage *f,* Angelegenheit *f;* ◇ **по ли́чному ~у** in einer persönlichen Angelegenheit; ◇ **оста́вить ~ откры́тым** eine Frage offenlassen **3** *(пробле́ма)* Problem *n,* Frage *f;* ◇ **нерешённый ~** ungelöstes Problem; ◇ **поста́вить под ~** in Frage stellen; ◇ **быть под ~ом** fraglich sein

вор M_1 ⟨-а, *род мн:* -о́в⟩ Dieb *m;* ◇ **карма́нный ~** Taschendieb

воробе́й M_4 ⟨-бья́⟩ зоол Spatz *m;* ◇ **стре́ляный ~** gerissener Bursche

воро́на $Ж_1$ ⟨-ы⟩ **1** *(пти́ца)* Krähe *f* **2** *перен (ротозе́й)* Gaffer *m;* ◇ **воро́н счита́ть** Löcher in die Luft gucken; ◇ **бе́лая ~** schwarzes Schaf

воро́та $Мн_1$ ⟨воро́т⟩ Tor *n;* ◇ **триумфа́льные ~** Triumphbogen *m;* ◇ **э́то не ле́зет ни в каки́е ~** das geht auf keine Kuhhaut

воротни́к M_1 ⟨-а́⟩ Kragen *m*

вороча́ть V_{1a} *несов* ⟨-а́ю, -аешь⟩ *кого́-что вин (1), чем тв (2)* **1** *(передвига́ть)* schieben, wenden, wälzen **2** *перен разг (распоряжа́ться)* schalten und walten, leiten, verfügen; ◇ **~ миллио́нами** Millionengeschäfte machen

ворча́ть V_{1a} *несов* ⟨-чу́, -чи́шь⟩ *без доп* **1** *(брюзжа́ть)* mürrisch brummen

во́семь *числ* acht

воскресе́нье c_5 ⟨-я⟩ Sonntag *m;* ◇ **по ~ям** sonntags

воспале́ние c_4 ⟨-я⟩ мед Entzündung *f;* ◇ **~ лёгких** Lungenentzündung

воспита́ние c_4 ⟨-я⟩ **1** *(де́ятельность)* Erziehung *f;* ◇ **отда́ть ребёнка на ~** ein Kind in Pflege geben **2** *(воспи́танность)* (gute) Erziehung *f;* ◇ **он получи́л хоро́шее ~** er hat eine gute Erziehung genossen;

воспита́тель M_2 ⟨-я⟩ Erzieher *m;*

воспита́ть V_{1a} *сов* ⟨-а́ю, -а́ешь⟩ [**воспи́тывать** V_{1a} *несов*] *кого́-что вин (1), что в ком предл (2)* **1** *(вы́растить и обучи́ть)* erziehen **2** *(приви́ть)* anerziehen; ◇ **~ в ма́льчиках любо́вь к дома́шней рабо́те** den Jungen die Liebe zur Hausarbeit anerziehen

воспо́льзоваться *см.* **по́льзоваться**

воспомина́ни|е c_4 ⟨-я⟩ **1** *(мы́сли)* Erinnerung *f;* ◇ **~е де́тства** Kindheitserinnerung **2** ⟨**~я** *мн* лит Erinnerungen *pl,* Memoiren *pl*

восприи́мчив|ый *прил* ⟨-ая, -ое, -ые⟩ **1** мед empfänglich, anfällig; ◇ **он ~ый к боле́зням** er ist sehr anfällig für Krankheiten **2** *(впечатли́тельный)* empfänglich; ◇ **~ый ум** Auffassungsgabe *f*

восприня́ть *сов* ⟨-иму́, -и́мешь⟩ [**воспринима́ть** V_{1a} *несов*] *что вин* **1** *(ощути́ть)* wahrnehmen **2** *(усвои́ть)* auffassen, verstehen **3** *(приня́ть)* aufnehmen; ◇ **выступле́ние те́нора все вос-** приня́ли с восто́ргом der Auftritt des Tenors begeisterte alle

воссоедине́ние c_4 ⟨-я⟩ Wiedervereinigung *f*

восста́ние c_4 ⟨-я⟩ Aufstand *m;* ист ◇ **~ декабри́стов** Dekabristenaufstand

восстанови́ть V_{4a} *сов* ⟨-влю́, -о́вишь, *Part. Prät. Pass.* восстано́вленный⟩ [**восстана́вливать** V_{1a} *несов*] *кого́-что вин* **1** *(возроди́ть)* wieder aufbauen; ◇ **~ разру́шенный го́род** die zerstörte Stadt wieder aufbauen **2** *(почини́ть)* ausbessern; ◇ **~ доро́гу** eine Straße ausbessern **3** *перен (воспроизвести́)* wachrufen; ◇ **~ в па́мяти** sich etw ins Gedächtnis zurückrufen **4** *(вражде́бно настро́ить)* aufbringen; ◇ **~ окружа́ющих про́тив себя́** seine Umgebung gegen sich aufbringen

восстановле́ние c_4 ⟨-я⟩ **1** *(поря́дка, здоро́вья)* Wiederherstellung *f;* (хозя́йства, эконо́мики) Wiederaufbau *m;* (зда́ния) Renovierung *f;* (почи́нка) Ausbesserung *f* **2** *(в па́мяти)* Wachrufen *n,* Auffrischung *f* **3** хим Reduktion *f*

восто́к M_1 ⟨-а⟩ **1** *(направле́ние)* Osten *m;* ◇ **на ~е от чего́-л** östlich von etw **2** *(восто́чные стра́ны)* Osten *m,* Orient *m;* ◇ **Бли́жний/Да́льний Восто́к** der Nahe/ Ferne Osten

восто́рг M_1 ⟨-а⟩ Begeisterung *f;* ◇ **быть в ~е от чего́-л** von etw begeistert sein

восто́чный *прил* ⟨-ая, -ое, -ые⟩ **1** *(в восто́чном направле́нии)* östlich **2** *(восто́чные стра́ны)* Ost-; ◇ **Восто́чная Евро́па** Osteuropa

восхище́ни|е c_4 ⟨-я⟩ Bewunderung *f;* Entzücken *n;* Begeisterung *f* ◇ **быть в ~и** begeistert sein; ◇ **привести́ кого́-л в ~е** jd-n begeistern

восхо́д M_1 ⟨-а⟩ Aufgang *m;* ◇ **перед ~ом со́лнца** vor Sonnenaufgang

восьмёрк|а $Ж_1$ ⟨-и, *род мн:* -рок⟩ **1** *(ци́фра 8)* Acht *f* **2** карт Acht *f* **3** *(обозначе́ние ци́фрой 8)* ◇ **е́хать ~е** mit Linie acht fahren **4** спорт Achter *m*

во́тум M_1 ⟨-а⟩ Votum *n;* ◇ **~ недове́рия прави́тельству** Misstrauensvotum gegen die Regierung

вошь $Ж_5$ ⟨вши, *тв:* во́шью, *мн:* вши, *род:* вшей⟩ Laus *f*

впасть* *сов* ⟨впаду́, впадёшь, (2) 1 и 2 л. не употр⟩ [**впада́ть** V_{1a} *несов, kein Part. Präs. Pass.*] *во что вин (1), куда́ доп (2)* **1** *(в како́е-л состоя́ние)* geraten; ◇ **~ в де́тство** kindisch werden; ◇ **~ в отча́яние** in Verzweiflung geraten **2** *(стать впа́лым)* einfallen

вперёд *нареч* **1** *(в направле́нии пе́ред собо́й)* vorwärts **2** *(ава́нсом)* voraus; ◇ **заплати́ть ~** vorausbezahlen **3** *(снача́ла, сперва́)* zuerst; ◇ **~ поду́май, а пото́м говори́** denke zuerst nach, bevor du etw sagst

впечатле́ние c_4 ⟨-я⟩ Eindruck m; ◇ **находи́ться под** ~**м чего́-л** unter dem Eindruck von etw stehen; ◇ **производи́ть** ~ beeindrucken

вписа́ть* *сов* ⟨-ишу́, -и́шешь⟩ [**впи́сывать** V$_{1a}$ *несов*] *кого́-что вин во что вин* (включи́ть куда́-л) hineinschreiben, einfügen; ◇ ~ **фами́лию в спи́сок** einen Namen in die Liste eintragen; *перен* ◇ ~ **сла́вную страни́цу в исто́рию** ruhmreich in die Geschichte eingehen

вплавь *нареч* schwimmend

вплоть *предлог кого́-чего́ род* bis; ◇ ~ **до ве́чера** bis zu; ◇ **ждать** ~ **до са́мого ве́чера** bis zum Abend warten

впопыха́х *нареч* **1** (в спе́шке) in der Eile; ◇ ~ **забы́ть ключи́** in der Eile den Schlüssel vergessen **2** (торопли́во) eilig, hastig

впосле́дствии *нареч* später, nachher

впредь *нареч* **1** (в дальне́йшем) in Zukunft **2** (на бу́дущее вре́мя) bis zu; ◇ ~ **до дальне́йшего распоряже́ния** bis auf weiteres

впро́голодь *нареч* (пита́ясь не досы́та) hungernd; (жить бе́дно) ärmlich; ◇ **они́ жи́ли** ~ sie führten ein ärmliches Dasein

впрок *нареч* (про запа́с) auf Vorrat; ◇ **загото́вить о́вощи** ~ einen Gemüsevorrat anlegen

впро́чем *союз* **1** (одна́ко, но, хотя и) aber, jedoch **2** (выража́ет нереши́тельность) im Übrigen

впусту́ю *нареч разг* (зря) vergebens; ◇ **стара́ться** ~ vergebens versuchen

впятеро́м *нареч* zu fünft

враг m_1 ⟨-а́⟩ **1** (недруг) Feind m; ◇ **закля́тый** ~ Erzfeind; ◇ **нажива́ть себе́** ~**о́в** sich Feinde machen **2** (проти́вник) Gegner m

вражда́ $ж_1$ ⟨-ы́⟩ **1** (неприя́знь) Feindseligkeit f **2** (не́нависть) Feindschaft f; ◇ **пита́ть** ~**у́ к кому́-л** jd-m feindlich gesinnt sein; **вражде́бный** *прил* ⟨-ая, -ое, -ые⟩ **1** (неприя́тельский) feindlich **2** (неприя́зненный) feindselig

вразбро́д *нареч* getrennt, ungeordnet

вразре́з *нареч* (про́тив) zuwider; ◇ **он де́йствовал** ~ **с инстру́кцией** er handelte den Vorschriften zuwider

вразуми́ть V$_{4a}$ *сов* ⟨-млю́, -ми́шь, *Part. Prät. Pass.* -млённый⟩ [**вразумля́ть** V$_{1b}$ *несов*] *кого́-что вин* **1** (наста́вить) belehren, zur Vernunft bringen **2** (убеди́ть) überzeugen, auf jd-n einreden **3** (угова́ривать) überreden; ◇ **его́ не** ~ er lässt sich nicht überreden

враспло́х *нареч* unerwartet, plötzlich; ◇ **заста́ть кого́-л** ~ jd-n überrumpeln

врата́рь m_2 ⟨-я́⟩ *спорт* Torwart m

врать V$_{1a}$ *несов, kein Part. Präs. Pass.* ⟨вру, врёшь, *Imp.* ври, *Part. Präs. Akt.*

вру́щий⟩ [**со**~ *сов*] *без доп* lügen; ◇ **часы́ врут** die Uhr geht falsch

врач m_2 ⟨-а́, *мн:* -и́⟩ Arzt m; (о же́нщине) Ärztin f; ◇ **де́тский** ~ Kinderarzt

враща́ться V$_{1a}$ *несов* ⟨-а́юсь, -а́ешься⟩ *вокру́г чего́ род (1), без доп (2), в ком-чём предл* **1** (верте́ться) sich drehen **2** *тех* rotieren **3** (в о́бществе) verkehren; ◇ ~ **в учёных круга́х** in Wissenschaftlerkreisen verkehren

вред m_1 ⟨-а́⟩ **1** (уще́рб) Schaden m; ◇ **во** ~ zum Nachteil; ◇ **причини́ть кому́-л** ~ jd-m Schaden zufügen **2** (по́рча) Beschädigung f

вреди́ть V$_{4a}$ *несов* ⟨-ежу́, -еди́шь⟩ [**на**~ *сов*] *кому́-чему́ дат* jd-m schaden, jd-n schädigen; ◇ **куре́ние** ~ **здоро́вью** Rauchen gefährdet die Gesundheit; **вре́дный** *прил* ⟨-ая, -ое, -ые⟩ **1** (опа́сный) schädlich; ◇ ~**ая тео́рия** eine gefährliche Theorie; ◇ ~**ый для здоро́вья** gesundheitsschädlich **2** (недоброжела́тельный) boshaft, gemein

времена́ми *нареч* (иногда́) manchmal, von Zeit zu Zeit; ◇ ~ **шёл дождь** manchmal regnete es; **вре́менный** *прил* ⟨-ая, -ое, -ые⟩ **1** (непостоя́нный) provisorisch, vorläufig; (преходя́щий) vorübergehend, zeitweilig; ◇ ~**ая нетрудоспосо́бность** vorübergehende Arbeitsunfähigkeit **2** (о должностны́х ли́цах) Aushilfs-, temporär; ◇ **он** — ~**ый рабо́тник** er ist als Aushilfe angestellt

вре́мя c_6 ⟨-мени, *мн:* -мена́, *дат:* -мена́м, *тв:* -мена́ми, *предл:* -мена́х⟩ **1** (продолжи́тельность) Zeit f, Zeitraum m; ◇ **во вся́кое** ~ zu jeder Zeit; ◇ **за коро́ткое** ~ innerhalb kurzer Zeit **2** (моме́нт) Zeit f, Zeitpunkt m; ◇ **в назна́ченное** ~ zum verabredeten Zeitpunkt **3** (пора́ дня, го́да) Zeit f; ◇ **послеобе́денное** ~ Nachmittag m; ◇ **времена́ го́да** Jahreszeiten **4** (эпо́ха) Zeit f; ◇ **во времена́ Петра́ I** zur Zeit Peters des Großen; ◇ **с незапа́мятных времён** aus uralten Zeiten; ◇ **в на́ше** ~ heutzutage **5** *грам* Tempus n; ◇ **настоя́щее, проше́дшее, бу́дущее** ~ Präsens n, Präteritum n, Futur n; ◇ ~ **от вре́мени** von Zeit zu Zeit; ◇ **тем вре́менем** unterdessen; ◇ **че́рез не́которое** ~ in einiger Zeit; ◇ **на не́которое** ~ für einige Zeit; ◇ ~ **не ждёт** die Zeit drängt; ◇ **ско́лько вре́мени?** wieviel Uhr ist es?

вручи́ть V$_{4a}$ *сов* ⟨-чу́, -чи́шь⟩ [**вруча́ть** V$_{1a}$ *несов*] *кого́-что вин кому́ дат* **1** (отда́ть в ру́ки) aushändigen, überreichen **2** (поручи́ть) anvertrauen; ◇ ~ **свою́ судьбу́ кому́-л** sich jd-m anvertrauen

вручну́ю *нареч* (ручны́м спо́собом) von Hand, mit der Hand, manuell **2** (о подсчётах без по́мощи маши́ны) im Kopf; ◇ **пересчита́ть** ~ im Kopf nachrechnen

вряд ли *нареч* kaum; ◇ **~ он ещё позвонит** er wird kaum noch anrufen
всё *нареч* ① (*всё время, постоянно*) immer; ◇ **~ ещё** immer noch ② (*только*) nur; ◇ **и ~ из-за тебя** alles nur deinetwegen; ◇ **~ ты виноват** das ist ganz allein deine Schuld ③ (*перед формой сравнительной степени и союзом "чем"*) immer; ◇ **~ больше** immer mehr; ◇ **~ же** dennoch; ◇ **~ равно** egal, sowieso
всегда *нареч* immer; ◇ **~ как** ~ wie immer
всего *см.* **весь**
вселенная *ж* <-ой> Weltall *n*
вселить V_{4a} *сов* <-лю, -лишь> [**вселять** V_{1b} *несов*] кого-что вин во что (1), что вин в кого-что вин (2) ① (*поселить*) einquartieren ② *перен* (*внушить*) einflößen; ◇ **~ беспокойство в кого-л** jd-n in Unruhe versetzen; ◇ **~ уверенность в кого-л** jd-n zuversichtlich stimmen
всемирн|ый *прил* <-ая, -ое, -ые> weltweit, Welt-; ◇ **~ая ярмарка** Weltausstellung *f*; **всенародный** *прил* <-ая, -ое, -ые> Volks-; ◇ **~ опрос** Volksumfrage *f*; ◇ **~ праздник** Feiertag *m*; **всеобщий** *прил* <-ая, -ое, -ие> allgemein; ◇ **~ее избирательное право** allgemeines Wahlrecht; ◇ **~ая забастовка** Generalstreik
всерьёз *нареч* ernsthaft; ◇ **принимать чьи-л слова ~** jd-s Worte ernst nehmen
всесторонний *прил* <-яя, -ее, -ие> ① (*многосторонний*) allseitig, vielseitig ② (*подробный*) ausführlich; (*основательный*) gründlich
всё-таки *частица* (*скрытое противопоставление*) doch, trotzdem; (*несмотря на это*) trotz alledem; (*тем не менее*) nichtsdestoweniger; (*несмотря на то, что....*) ungeachtet dessen, dass...; (*всё же*) immerhin
всецело *нареч* (*полностью, целиком*) ganz, gänzlich; (*совершенно*) vollständig; (*исключительно*) ausschließlich; ◇ **он ~ предан науке** er hat sich ganz der Wissenschaft verschrieben
вскоре *нареч* bald, in Kürze; ◇ **~ всё узнаем** bald werden wir alles erfahren
вскочить V_{4a} *сов, kein Part. Prät. Pass.* <-чу, -очишь, (3) 1 и 2 л. не употр> [**вскакивать** V_{1a} *несов, kein Part. Präs. Pass.*] на кого-что вин (1), без доп (2) ① (*вспрыгнуть*) aufspringen; ◇ **~ на коня** auf ein Pferd aufspringen ② (*быстро подняться*) aufspringen; ◇ **~ от испуга** vor Schreck hochfahren
вскрыть* *сов* <-рою, -роешь> [**вскрывать** V_{1a} *несов*] что вин ① (*распечатать*) öffnen; ◇ **~ посылку ein** Päckchen aufmachen ② (*анатомировать*) öffnen; ◇ **~ труп** eine Leiche obduzieren ③ (*обнаружить*) entdecken, bloßlegen; ◇ **при реставрации была вскрыта** старая роспись bei der Restaurierung wurde eine alte Wandmalerei entdeckt
вследствие *предлог с род* infolge *gen*; ◇ **он отстал в учёбе ~ болезни** infolge seiner Krankheit blieb er im Studium zurück; ◇ **~этого** infolgedessen
всплы|ть *сов* <-ыву, -ывёшь, (2) 1 и 2 л. не употр> [**всплывать** V_{1a} *несов, kein Part. Präs. Pass.*] без доп ① (*вынырнуть*) auftauchen, an der Oberfläche erscheinen; ◇ **~ла затонувшая лодка** ein versunkenes Boot tauchte auf ② *перен* (*обнаружиться*) auftauchen, zum Vorschein kommen; ◇ **при разборе ~ли неожиданные подробности** bei der Untersuchung kamen unerwartete Details zum Vorschein
вспомнить V_{4b} *сов, kein Part. Prät. Pass.* <-ню, -нишь, *Imp.* вспомни, ~те> [**вспоминать** V_{1a} *несов*] кого-что вин или о ком-чём *предл* sich an etw *akk* erinnern, sich etw ins Gedächtnis rufen
вспыльчивый *прил* <-ая, -ое, -ые> jähzornig, hitzig
вспыхну|ть V_2 *сов* <-ну, -нешь> [**вспыхивать** V_{1a} *несов, kein Part. Präs. Pass.*] без доп ① (*разгореться*) aufflammen; ◇ **~л пожар** ein Brand brach aus ② *перен* (*возникнуть*) ausbrechen; ◇ **~ла паника** Panik brach aus; ◇ **~ла страсть** Leidenschaft entbrannte ③ *перен* (*прийти в возбуждение*) (zornig) aufbrausen ④ *перен* (*покраснеть*) erröten; ◇ **~ть от стыда** vor Scham erröten
вставать* *несов см* **встать**
вставить V_{4b} *сов* <-влю, -вишь, *Part. Prät. Pass.* вставленный> [**вставлять** V_{1b} *несов*] кого-что вин во что вин einsetzen; ◇ **~ картину в раму** ein Bild rahmen; ◇ **~ себе зубы** sich eine Zahnbrücke machen lassen
вста|ть V_{1a} *сов, kein Part. Prät. Pass.* <-ану, -анешь, *Imp.* встань, ~те> [**вставать** *несов*] без доп (1, 2, 5, 6), на/за что-л вин (3, 4) ① (*подняться на ноги*) aufstehen; ◇ **больной ~л** der Kranke ist wieder auf den Beinen ② (*стать*) sich hinstellen; ◇ **~ть за станок** sich an die Maschine stellen ③ *перен* (*для совершения чего-л*) eintreten für; ◇ **~ть на защиту чьих-л интересов** für jd-s Interessen eintreten ④ (*возникнуть*) auftauchen, erscheinen; ◇ **на окраинах ~ли новые дома** am Ortsrand tauchten neue Häuser auf ⑤ *перен* (*о воспоминаниях*) erscheinen; ◇ **перед его глазами ~ли картины прошлого** Bilder aus der Vergangenheit erschienen vor seinen Augen
встре|тить V_{4b} *сов* <-чу, -тишь, *Part. Prät. Pass.* встреченный> [**встречать** V_{1a} *несов*] кого-что вин ① (*увидеть*) auf jd-n treffen, jd-m begegnen ② (*испытать*) erfahren, finden, auf etw *akk* stoßen;

◇ ~ ра́душный приём einen freudigen
Empfang bekommen; ◇ ~ отпо́р auf
Widerstand stoßen ③ (пойти́ навстре́чу)
entgegenkommen ④ (забра́ть отку́да-л)
abholen; ◇ ~ прие́зжих на вокза́ле die
Ankommenden am Bahnhof abholen ⑤
(приня́ть) empfangen; ◇ хорошо́ ~
новичка́ einen Neuling gut aufnehmen;
встре́титься сов ⟨-чусь, -ти́шься⟩
[встреча́ться несов] с кем- чем тв ①
(сойти́сь) jd-n treffen, sich mit jd-m tref-
fen; ◇ на у́лице я ~лся со знако́мым
auf der Straße habe ich einen Bekannten
getroffen ② (наткну́ться) auf etw/jd-n
stoßen; ◇ ~ться с препя́тствиями auf
Hindernisse stoßen ③ (срази́ться) zusam-
menkommen, sich messen; ◇ ~лись
лу́чшие шахмати́сты es haben sich die
besten Schachspieler gemessen
встре́ча ж ⟨-и⟩ ① Treffen n; ◇ ме́сто
встре́чи Treffpunkt m ② (приём) emp-
fang m; пол ◇ ~ на вы́сшем у́ровне
Gipfeltreffen ③ спорт ◇ това́рищеская
~ Freundschaftsspiel n ④ (пра́здника)
Feier n; ◇ ~ Но́вого го́да Neujahrsfeier
вступи́ть V₄ₐ сов, kein Part. Prät. Pass.
⟨-плю́, -у́пишь⟩ [вступа́ть V₁ₐ несов,
kein Part. Präs. Pass.] во что вин ①
(войти́ куда́-л) einmarschieren, einrü-
cken, einziehen ② (стать чле́ном чего́-л)
eintreten ③ (нача́ть де́лать что-л) begin-
nen, aufnehmen; ◇ ~ в конта́кт in Kontakt
treten; ◇ ~ в сою́з с кем-л mit jd-m ein
Bündnis eingehen; ◇ ~ в строй in Betrieb
genommen werden; ◇ ~ в си́лу in Kraft
treten; вступле́ние c₄ ⟨-я⟩ ① (вход)
Einmarsch m; (в чле́ны) Eintreten n ②
(в кни́ге) Einleitung f ③ муз Vorspiel n
всходи́ть V несов от взойти́
всю́ду нареч мест überall; ◇ ~ побы-
ва́л ich war überall; ◇ везде́ и ~ überall
вся́к|ий опред мест ⟨-ая, -ое, -ие⟩ ①
(ка́ждый любо́й) jeder, jeder Beliebige;
◇ ~ий раз одно́ и то́ же es ist jedes Mal
dasselbe; ◇ на ~ий слу́чай für alle Fälle
② (всевозмо́жный) verschieden; ◇ ~ие
кни́ги alle möglichen Bücher ③ (како́й
бы то ни́ было) jeglicher; ◇ отсу́тствие
~их жела́ний Wunschlosigkeit f ④
(любо́й) jeder, irgendein ⑤ (в сочета́нии
с "без") ◇ без вся́кого сомне́ния ohne den
geringsten Zweifel ⑥ (в значе́нии сущ)
(A₁) jedermann; ◇ хо́дят тут ~ие hier trei-
ben sich alle möglichen Typen herum
втере́ться* сов ⟨вотру́сь, вотрёшься⟩
[втира́ться V₁ₐ несов] во что вин ①
разг (протисну́ться) sich in/unter etw
mischen ② перен (прони́кнуть) sich ein-
schleichen; ◇ ~ в дове́рие к кому́-л sich
bei jd-m einschmeicheln
втихомо́лку нареч разг (мо́лча) still-
schweigend; (ти́хо) im Stillen; (тайко́м)
insgeheim
вторга́ться V₁ₐ несов, kein Part. Präs.

Pass. ⟨-а́юсь, -а́ешься⟩ [вто́ргнуться V₂
сов] во что вин ① (врыва́ться) gewalt-
sam eindringen, einfallen ② перен
(вме́шиваться) sich einmischen; ◇ ~ в
чужу́ю жизнь sich in das Leben eines
anderen einmischen
вторже́ние c₄ ⟨-я⟩ Invasion f
втори́чный прил ⟨-ая, -ое, -ые⟩ ①
(повто́рный) wiederholt ② (побо́чный)
Neben-, sekundär; ◇ ~ проду́кт
Nebenprodukt n
вто́рник m₁ ⟨-а⟩ Dienstag m; ◇ по ~ам
dienstags
второ́е c (A₁) ⟨-о́го⟩ (блю́до) Hauptge-
richt n; ◇ что сего́дня на ~? was gibt es
heute als Hauptgericht?
второпя́х нареч überstürzt, Hals über
Kopf
второстепе́нн|ый прил ⟨-ая, -ое, -ые⟩
① (не гла́вный) nebensächlich, zweitran-
gig ② (побо́чный) Neben-; ◇ ~ая роль
Nebenrolle f ③ (зауря́дный) zweitklassig;
◇ ~ый писа́тель zweitklassiger
Schriftsteller
втроём нареч zu dritt; ◇ жить в кварти́-
ре ~ zu dritt in einer Wohnung wohnen
втяну́ть V₂ сов ⟨-ну́, -я́нешь, Part.
Prät. Pass. втя́нутый⟩ [втя́гивать V₁ₐ
несов] кого́-что во что вин ①
(вта́щить) zu sich ziehen; ◇ ~ внутрь hin-
einziehen; ◇ ~ наве́рх hinaufziehen ②
перен (вовле́чь) hineinzerren, verstricken;
◇ ~ в беду́ ins Unglück stürzen ③ (при-
вле́чь) heranziehen; ◇ ~ в рабо́ту zur
Arbeit heranziehen ④ (собра́ть в себя́)
einziehen, einsaugen; втяну́ться сов
⟨-ну́сь, -я́нешься, (1) 1 и 2 л. не употр⟩
[втя́гиваться несов] кем доп (1), во
что вин (2, 3) ① (вобра́ться внутрь)
einfallen ② перен (осво́ить) sich einge-
wöhnen; ◇ ~ в рабо́ту sich einarbeiten ③
перен (включи́ться) sich einschalten; ◇ ~
в бесе́ду sich in ein Gespräch einschalten
вуз m₁ ⟨-а⟩ (= вы́сшее уче́бное заведе́-
ние) Hochschule f, Universität f
вход m₁ ⟨-а⟩ ① (ме́сто) Eingang m ②
(вступле́ние) Eintritt m
входи́ть V₄ₐ несов от войти́*
вчера́ нареч gestern; ◇ ~ ве́чером
gestern Abend; ◇ ~ днём gestern tagsüber
въезд m₁ ⟨-а⟩ ① (ме́сто) Einfahrt f ②
(де́йствие) Einfahrt f ③ (вступле́ние
во́йск) Einzug m
въе́хать V сов, kein Imp., kein Part.
Prät. Pass. ⟨въе́ду, въе́дешь⟩ [въез-
жа́ть V₁ₐ несов, kein Part. Präs. Pass.]
во/на что вин (1), во что вин (2, 4),
на что вин (3) ① (прони́кнуть внутрь)
einfahren; ◇ ~ в го́род in die Stadt hinein-
fahren ② (всели́ться куда́-л) einziehen;
◇ ~ в но́вую кварти́ру in eine neue
Wohnung einziehen ③ (подня́ться)
hinauffahren; ◇ ~ на́ гору den Berg hin-
auffahren ④ (в страну́) einreisen

вы (вас, вам, вас, ва́ми, о вас) *личн мест (2 л. мн ч)* ihr (euer, euch, euch); *(вежливая форма)* Sie (Ihrer, Ihnen, Sie); ◇ **мы с ним на "Вы"** wir siezen uns

вы́бить* *сов* ‹-бью, -бьешь› [**выбива́ть** V_{1a} *несов*] *кого-что вин* ① *(ударом удалить)* herausschlagen; ◇ ~ **стекло́ из ра́мы** das Glas aus dem Rahmen schlagen ② *(очистить)* ausklopfen; ◇ ~ **ковёр** den Teppich ausklopfen ③ *(отчеканить)* prägen; ◇ ~ **меда́ль** eine Münze prägen ④ *разг (добиться)* herausschlagen; ◇ ~ **дополни́тельные сре́дства** zusätzliche Mittel herausschlagen; ◇ ~ **из колеи́** aus der Bahn werfen

вы́бор $м_1$ ‹-а› ① *(отбор)* Auswahl *f* ② *(о человеке, предмете)* Wahl *f*; ◇ **сде́лать** ~ eine Wahl treffen; ◇ ~ **пал на него́** die Wahl fiel auf ihn; **вы́боры** *мн* ‹-ов› Wahlen *f pl*; ◇ ~ **парла́ментские** ~ Parlamentswahlen; ◇ ~ **в ме́стные о́рганы** Kommunalwahlen

вы́брать *сов* ‹-беру, -берешь› [**выбира́ть** V_{1a} *несов*] *кого-что вин* ① *(извлечь)* wählen, auswählen ② *(отобрать нужное)* aussuchen, wählen; ◇ ~ **профе́ссию** einen Beruf wählen ③ *(избрать голосованием)* wählen; ◇ ~ **председа́теля** den Vorsitzenden wählen ④ *разг (о времени)* finden; ◇ ~ **свобо́дную мину́тку** eine freie Minute finden

вы́бросить* *сов* ‹-шу, -осишь› [**выбра́сывать** V_{1a} *несов*] *кого-что вин* ① *(освободиться)* wegwerfen, hinauswerfen; ◇ ~ **му́сор** Müll wegwerfen ② *перен (уволить)* hinauswerfen, entlassen; ◇ ~ **на у́лицу** auf die Straße setzen ③ *(травить)* vergeuden; ◇ ~ **зря де́ньги** Geld zum Fenster hinauswerfen; ◇ ~ **что-л из головы́** sich etw aus dem Kopf schlagen

вы́везти* *сов* ‹-зу, -зешь, (3) 1 и 2 л. не употр› [**вывози́ть** V_{4a} *несов* ‹-ожу́, -о́зишь›] *кого-что вин* ① *(увозить)* wegbringen, abtransportieren ② *(привезти с собой)* mitbringen; ◇ ~ **из экспеди́ции образцы́ минера́лов** Mineralproben von einer Expedition mitbringen ③ *разг (выручить)* aus der Patsche helfen

вы́веск|а $ж_1$ ‹-и, *род мн:* -сок› ① *(надпись)* Aushängeschild *n*; ◇ ~ **фи́рмы** Firmenschild *n* ② *перен (показная сторона)* Fassade *f*; ◇ **под** ~**ой чего́-л** unter dem Deckmäntelchen von etw

вы́вести* *сов* ‹-еду, -едешь› [**выводи́ть** V_{4b} *несов* ‹-ожу́, -о́дишь, *Imp.* -оди́, ~те›] *кого-что вин* ① *(направить куда-л)* herausführen, hinausführen, wegbringen; ◇ ~ **маши́ну из гаража́** das Auto aus der Garage fahren; ◇ ~ **ребёнка на прогу́лку** mit dem Kind spazieren gehen; ◇ ~ **из равнове́сия** aus dem Gleichgewicht bringen ② *(исключить)* ausschließen ③ *(уничтожить)* vernich-

ten, ausrotten, entfernen; ◇ ~ **пятно́** einen Fleck entfernen ④ *(умозаключить)* ableiten, schlussfolgern; ◇ ~ **из ска́занного мо́жно** ~, **что** daraus kann man schließen, dass ⑤ *(произвести на свет)* zur Welt bringen, ausbrüten; ◇ **насе́дка вы́весла цыпля́т** die Glucke brütete Küken aus ⑥ *(вырастить)* züchten; ◇ ~ **но́вый сорт расте́ний** eine neue Pflanzensorte züchten ⑦ *(старательно изобрази́ть)* sorgfältig ausführen; ◇ ~ **на чи́стую во́ду** entlarven

вы́вих $м_1$ ‹-а› ① *(смещение суставов)* Verrenkung *f*; *(пальца, кисти)* Verstauchung *f* ② *(растяжение)* Zerrung *f*; **вы́вихнуть** V_2 *сов* ‹-ну, -нешь, *Prät. Pass.* -нутый› [**выви́хивать** V_{1a} *несов*] *что вин (растянуть)* verrenken, verstauchen, zerren

вы́вод $м_1$ ‹-а› ① *(удаление)* Abzug *m*, Entfernung *f* ② *(заключение)* Schlussfolgerung *f*; ◇ **ло́жный** ~ Trugschluss *m*; ◇ **прийти́ к** ~**у** zu dem Schluss kommen; ◇ **сде́лать необходи́мые** ~**ы** die notwendigen Konsequenzen ziehen ③ *тех* Anschluss *m*

выводи́ть V_{4b} *несов от* **вы́вести***

вы́воз $м_1$ ‹-а› ① *(отправка)* Abtransport *m*; ◇ ~ **ле́са** Holztransport *m* ② *эк* Ausfuhr *f*

вывози́ть V_{4a} *несов от* **вы́везти**

вы́гляд|еть* *несов* ‹-яжу, -ядишь› *без доп* aussehen; ◇ ~**еть больны́м** krank aussehen; ◇ **она́** ~**ит значи́тельно моло́же** sie sieht bedeutend jünger aus

вы́гнать* *сов* ‹-гоню, -гонишь› [**выгоня́ть** V_{1b} *несов*] *кого-что вин (прогнать)* hinausjagen, hinauswerfen; *(уволить)* ◇ ~ **с рабо́ты** feuern; ◇ ~ **прочь** wegjagen

вы́говор $м_1$ ‹-а› ① *(произношение)* Aussprache *f*; ◇ **чи́стый** ~ saubere Aussprache; *(акцент)* Akzent *m* ② *(взыскание)* Verweis *m*, Rüge *f*; ◇ **сде́лать кому́-л** ~ jd-m einen Verweis erteilen

вы́год|а $ж_1$ ‹-ы› ① *(польза)* Nutzen *m*; ◇ **извле́чь** ~**у из чего́-л** Nutzen aus etw ziehen; ◇ **кака́я мне от э́того** ~**а?** was bringt mir das? ② *(прибыль)* Profit *m*; ◇ **ду́мать о свое́й** ~**е** an seinen Profit denken ③ *(преимущество)* Vorteil *m*, **вы́годн|ый** *прил* ‹-ая, -ое, -ые› ① *(приносящий выгоду)* vorteilhaft ② *(прибыльный)* Gewinn bringend, einträglich; ◇ ~**ое де́ло** Gewinn bringendes Geschäft ③ *(полезный)* nützlich, lohnend; ◇ ~**ое знако́мство** nützliche Bekanntschaft; ◇ **предста́вить что-л в** ~**ом све́те** etw in ein vorteilhaftes Licht rücken

вы́дать* *сов* ‹-дам, -дашь› [**выдава́ть** V_{1a} *несов* ‹-даю, -даёшь, *Part. Präs. Akt.* -даю́щий›] *кого-что вин* (1, 2, 3, 5) *за кого-что вин* (4) ① *(предоста́вить)* ausstellen, aushändigen; *(изгото-*

вить) ausgeben; ◇ ~ зарпла́ту das Gehalt auszahlen ② (*предать*) verraten; ◇ ~ секре́т ein Geheimnis preisgeben ③ (*передать преступника*) ausliefern ④ (*объявить*) ausgeben; ◇ ~ себя́ за киноактёра sich als Schauspieler ausgeben ⑤ (*высказаться*) mit etw herausplatzen; ◇ ~ всю пра́вду в глаза́ jd-m die Wahrheit ins Gesicht schleudern; **вы́дача** *ж₂* <-и, *род мн.*-дач> ① (*предоставление*) Erteilung *f* ② (*вручение*) Aushändigung *f* ③ (*передача*) Übergabe *f* ④ (*документа*) Ausgabe *f* ⑤ (*преступника другому государству*) Auslieferung *f* ⑥ (*выплата*) Auszahlung *f*

вы́двинуть V_2 *сов* <-ну, -нешь, *Part. Prät. Pass.* -нутый> [**выдвига́ть** V_{1a} *несов*] *кого-что вин* ① (*переместить*) (vor-)rücken; *перен* ~ на пе́рвый план in den Vordergrund rücken ② *перен* (*представить на обсуждение*) vorbringen; ◇ ~ обвине́ние про́тив кого́-л eine Beschuldigung gegen jd-n vorbringen ③ *перен* (*повысить*) befördern; ◇ ~ на руководя́щую до́лжность in eine führende Position befördern

вы́делить V_{4b} *сов* <-лю, -лишь, (5) 1 и 2 л. не употр> [**выделя́ть** V_{1b} *несов*] *кого-что вин* ① (*предоставить*) zuweisen, zur Verfügung stellen; ◇ ~ кварти́ру пенсионе́рам Rentnern eine Wohnung zuweisen ② (*отметить*) hervorheben ③ (*отличить*) auszeichnen ④ (*назначить*) einteilen; ◇ ~ люде́й для по́мощи бе́женцам Hilfspersonal für die Flüchtlinge einteilen ⑤ (*назначать*) bestimmen ⑥ хим ausscheiden, abgeben

вы́держанный *прил* <-ая, -ое, -ые> ① (*последовательный*) konsequent, folgerichtig ② (*обладающий выдержкой*) ausdauernd ③ (*дисциплинированный*) diszipliniert, beherrscht ④ (*о продуктах*) abgelagert; ◇ ~ сыр gereifter Käse

вы́держать V_{1a} *сов* <-жу, -жишь, (4) 1 и 2 л. не употр, *Imp.* -жи, -те> [**выде́рживать** V_{1a} *несов*] *что вин* ① (*устоять*) standhalten ② (*вытерпеть*) aushalten, ertragen ③ (*оказаться годным*) bestehen; ◇ ~ экза́мен das Examen bestehen; ◇ ~ не́сколько изда́ний in mehreren Auflagen erschienen ④ (*о продуктах*) ablagern; ◇ ~ вино́ Wein ablagern

вы́держк|а *ж₁* <-и> ① (*цитата*) Zitat *n*, Auszug *m*; ◇ ~и из докла́да Auszug aus dem Vortrag ② (*самообладание*) Selbstbeherrschung *f* ③ (*постоянство*) Ausdauer *f* ④ фото Belichtungszeit *f*; ◇ снять с большо́й ~ой das Bild lange belichten

вы́думать V_{1a} *сов* <-аю, -аешь> [**выду́мывать** V_{1a} *несов*] *что вин* (*придумать*) sich ausdenken; (*изобрести*) erfinden; (*сфантазировать*) erdichten

вы́езд *м₁* <-а> ① (*место*) Ausfahrt ② (*отъезд*) Abreise *f*, Ausreise *f*; ◇ ~

назна́чен на коне́ц ме́сяца die Abreise ist für Ende des Monats geplant

вы́ехать V_{1a} *сов, kein Imp., kein Part. Prät. Pass.* <-еду, -едешь> [**выезжа́ть** V_{1a} *несов, kein Part. Präs. Pass.*] *без доп* ① (*уехать*) abreisen ② (*из дома*) wegziehen, ausziehen, umziehen; ◇ жильцы́ вы́ехали die Bewohner sind weggezogen ③ (*из страны*) emigrieren ④ (*в путешествие*) verreisen, wegfahren; ◇ ~ в кругосве́тное путеше́ствие sich auf eine Weltreise begeben ⑤ (*переселиться*) übersiedeln; ◇ ~ в друго́й го́род in eine andere Stadt übersiedeln

вы́жать V_{1a} *сов* <-жму, -жмешь, *Imp.* -жми, *Part. Prät. Pass.* -жатый> [**выжима́ть** V_{1a} *несов*] *что вин* ① (*сжать*) ausdrücken; auspressen; ◇ ~ сок из лимо́на eine Zitrone auspressen; *перен* ◇ ~ все со́ки из кого́-л jd-n ausbeuten ② (*отжать*) auswringen ③ спорт (*штангу, гирю*) stemmen, heben

вы́жи|ть¹ *сов* <-ву, -вешь> [**выжива́ть** V_{1a} *несов, kein Part. Präs. Pass.*] *без доп* ① *что вин* (2) ① (*остаться в живых*) überleben, am Leben bleiben; ◇ ~ть из ума́ den Verstand verlieren ② (*переносить*) ertragen

вы́жить²* *сов* <-ву, -вешь, *Part. Prät. Pass.* -житый> [**выжива́ть** V_{1a} *несов*] *кого-что вин* (*вытеснить*) hinausekeln, verdrängen; (*отделаться*) sich jd-n vom Halse schaffen

вы́звать V_{1a} *сов* <-зову, -зовешь, *Imp.* -зови> [**вызыва́ть** V_{1a} *несов*] *кого-что вин* ① (*позвать, пригласить*) herbeirufen, kommen lassen, bestellen, vorladen; ◇ ~ кого́-л к себе́ jd-n zu sich kommen lassen ② (*побудить*) auffordern ③ (*породить*) hervorrufen, erregen; ◇ ~ чей-л гнев jd-s Zorn heraufbeschwören; ◇ ~ воспомина́ния Erinnerungen wachrufen

вы́здороветь V_5 *сов* <-ею, -еешь> [**выздора́вливать** V_{1a} *несов, kein Part. Präs. Pass.*] *без доп* gesund werden, genesen

вы́зов *м₁* <-а> ① (*приглашение*) Aufforderung *f*, Einladung *f*, Vorladung *f*; ◇ напра́вить ~ кому́-л jd-m eine Einladung schicken; ◇ в суд Vorladung vor Gericht ② (*призыв к борьбе, спору*) Herausforderung *f*; ◇ бро́сить ~ кому́-л jd-n (zum Kampf) herausfordern; ◇ в его́ слова́х прозвуча́л ~ seine Worte klangen provozierend; ◇ ~ по телефо́ну Notruf *m*

вызыва́ть V_{1a} *несов от* **вы́звать**

вы́играть V_{1a} *сов* <-аю, -аешь> [**вы́игрывать** V_{1a} *несов*] *что вин (1), от чего род (2)* ① (*победить*) gewinnen; ◇ ~ де́ло в суде́ einen Gerichtsprozess gewinnen ② (*приобрести*) gewinnen; ◇ ~ мно́го де́нег viel Geld gewinnen; ◇ ~ вре́мя Zeit gewinnen ③ (*выгадать*) einen

Gewinn haben; ◇ ~ **от сниже́ния цен** von der Preissenkung profitieren **вы́игрыш** m_2 ⟨-а⟩ ① (*в лотере́е*) Gewinn m; (*в игре*) Sieg m ② (*вы́года*) Vorteil m; (*польза*) Nutzen m; ◇ **ты бу́дешь в ~е** du wirst davon profitieren **вы́йти*** *сов* ⟨-йду, -йдёшь, (6) 1 и 2 л. не употр⟩ [**выходи́ть*** *несов без доп* (1, 3, 4, 5), из чего род (2, 7, 8), кем-чем тв (6) ① (*покинуть*) verlassen, hinausgehen; ◇ ~ **из-за стола́** vom Tisch aufstehen; ◇ ~ **из соста́ва коми́ссии** aus der Kommission ausscheiden ② (*быть изданным*) verlegt werden; ◇ **кни́га вы́шла из печа́ти** das Buch erschien im Druck; ◇ **фильм вы́шел на экра́ны** der Film kam in die Kinos ③ (*кончиться*) zu Ende gehen, ausgehen; ◇ **запа́сы все вы́шли** die Vorräte sind alle; ◇ **срок вы́шел** die Frist ist abgelaufen ④ (*получиться*) gelingen, werden; ◇ **из него́ вы́шел хоро́ший инжене́р** er wurde ein guter Ingenieur; ⑤ (*произойти́*) folgen; ◇ **из э́той зате́и ничего́ не вы́шло** aus dieser Idee wurde nichts; ◇ **вы́шла неприя́тность** es kam zu einer Unannehmlichkeit ⑥ (*стать кем-л*) hervorgehen als; ◇ ~ **победи́телем в состяза́нии** als Sieger aus dem Wettbewerb hervorgehen ⑦ (*произойти́ от кого-л*) abstammen (von) ⑧ (*нарушить что-л*) sprengen; ◇ ~ **из берего́в** über die Ufer treten; ◇ ~ **в отста́вку** in den Ruhestand treten; ◇ ~ **из стро́я** ausfallen; ◇ ~ **из положе́ния** einen Ausweg finden; *перен* ◇ ~ **из мо́ды** aus der Mode kommen; ◇ ~ **из терпе́ния** die Geduld verlieren; ◇ ~ **из употребле́ния** aus dem Gebrauch kommen; ◇ **из него́ ничего́ не вы́шло** aus ihm wurde nichts; ◇ ~ **из себя́** ausrasten **вы́кидыш** m_2 ⟨-а⟩ ① (*естественный*) Fehlgeburt f ② (*искусственный*) Abtreibung f
вы́кинуть V_2 *сов* ⟨-ну, -нешь⟩ [**выки́дывать** V_{1a} *несов*] что вин (*выбросить*) wegwerfen, hinauswerfen
выкла́дывать V_{1a} *несов от* **вы́ложить**
выключа́тель m_2 ⟨-я⟩ эл Schalter m;
вы́ключить V_{4b} *сов* ⟨-чу, -чишь, *Imp.* -ключи⟩ [**выключа́ть** V_{1a} *несов*] кого-что вин ① тех, эл ausschalten; ◇ ~ **ток** den Strom abstellen ② (*исключить*) ausschließen; ◇ ~ **из клу́ба** aus dem Klub ausschließen
вы́копа|ть V_{1a} *сов* ⟨-аю, -аешь⟩ [**выка́пывать** V_{1a} *несов*] кого-что вин ① (*рыть*) graben ② *перен разг* (*отыскать*) auftreiben
вы́кормить V_{4b} *сов* ⟨-млю, -мишь, *Imp.* -корми, *Part. Prät. Pass.* -кормленный⟩ [**выка́рмливать** V_{1a} *несов*] кого-что вин ① (*вырастить*) großziehen ② (*скот*) mästen
вы́куп m_1 ⟨-а⟩ Lösegeld n

вы́лезть* *сов* ⟨-зу, -зешь, (4) 1 и 2 л. не употр⟩ [**вылеза́ть** V_{1a} *несов, kein Part. Präs. Pass.*] без доп ① (*выползти*) herauskriechen, heraussteigen; ◇ ~ **из норы́** aus der Höhle kriechen ② *разг* (*выйти*) aussteigen; ◇ ~ **из-за стола́** vom Tisch aufstehen ③ *разг* (*о шерсти, волосах*) zum Vorschein kommen; ◇ **во́лосы вы́лезут из-под ша́пки** die Haare schauen unter der Mütze hervor ④ (*волосы*) ausfallen
вы́лет m_1 ⟨-а⟩ Abflug m; **вы́лет|еть** V_5 *сов* ⟨-лечу, -летишь, *Imp.* -лети⟩ [**вылета́ть** V_{1a} *несов, kein Part. Präs. Pass.*] без доп ① (*отправиться куда-л*) abfliegen; ◇ **самолёт ~ел по расписа́нию** das Flugzeug flog planmäßig ab ② *перен* (*стремительно выйти*) losgehen, losfahren; ◇ **я че́рез пять мину́т ~а́ю** in fünf Minuten gehe ich los ③ *разг* (*быть уволенным*) fliegen; ◇ **неда́вно он ~ел с рабо́ты** vor kurzem ist er gefeuert worden; ◇ **э́то у меня́ ~ело из головы́** das war mir völlig entfallen
вы́лить V_{4b} *сов* ⟨-лью, -льешь, *Imp.* -лей, *Part. Prät. Pass.* -литый⟩ [**выли-ва́ть** V_{1a} *несов*] что вин из чего род (1), что вин (2) ① (*жидкость*) ausgießen; (*пролить*) vergießen ② (*изготовить литьём*) gießen; **вы́литься** V_5 ⟨-льется, -льются, 1 и 2 л. не употр⟩ [**выли-ва́ться** *несов*] из чего род (1), во что вин (2) ① (*о жидкости*) ausfließen; (*через край*) überfließen ② *перен* (*принять какой-л вид*) in etw *akk* übergehen, eine Form annehmen
вы́ложить V_{4b} *сов* ⟨-жу, -жишь, *Imp.*-ложи⟩ [**выкла́дывать** V_{1a} *несов*] что вин ① (*разложить*) herauslegen; (*развернуть*) auspacken; (*выставить*) auslegen ② (*покрыть*) belegen; ◇ ~ **сте́ну пли́ткой** die Wand fliesen; ◇ ~ **дёрном уча́сток во́зле до́ма** auf dem Grundstück am Haus einen Rasen anlegen ③ *перен* (*высказать*) offen sagen; ◇ ~ **всю пра́вду** die ganze Wahrheit aussprechen
вымира́ть *несов* ⟨-а́ет, -а́ют, 1 и 2 л. не употр⟩ [**вы́мереть*** *сов*] без доп aussterben
вымога́ть V_{1a} *несов* ⟨-а́ю, -а́ешь⟩ что вин erpressen
вы́мокнуть V_2 *сов* ⟨-ну, -нешь, *Prät.* -мок, -кла, -кло, -кли, *Part. Prät. Akt.* -мокший⟩ [**вымока́ть** V_{1a} *несов*] без доп ① (*с водой*) wässern ② (*промокнуть*) durchnässen; ◇ ~ **до ни́тки** bis auf die Haut nass werden
вы́мысел m_1 ⟨-сла, *мн:* -слы⟩ ① (*воображе́ние*) Erfindung f; ◇ **поэти́ческий** ~ Dichtung f; (*фантазия*) Fantasie f ② (*ложь*) Lüge f; **вы́мышленный** *перен* ⟨-ая, -ое, -ые⟩ ① (*не существующий*) erfunden; (*выдуманный*) ausgedacht ② (*чужой*) fiktiv; ◇ ~ **слу́чай** ein fiktiver Fall ③ (*ложный*) falsch

вы́нести* *сов* ⟨-су, -сешь⟩ [**выноси́ть** V_{4a} *несов* ⟨-ношу́, -но́сишь, -но́сят, *Part. Präs. Pass.* -носи́мый⟩ *кого́-что вин* 1 (*вы́ставить*) hinaustragen; ◇ ~ **ве́щи из ваго́на** die Sachen aus dem Zug tragen 2 (*перемести́ть*) wegtragen; ◇ ~ **столы́ в другу́ю ко́мнату** die Tische in ein anderes Zimmer tragen; мат ◇ ~ **за ско́бки** ausklammern 3 (*извле́чь*) erhalten, gewinnen; ◇ ~ **впечатле́ние** Eindruck gewinnen 4 (*объяви́ть*) verkünden, fällen; ◇ ~ **пригово́р** ein Urteil fällen; ◇ ~ **реше́ние** eine Entscheidung treffen 5 (*вы́держать*) ertragen; ◇ **он не мог ~ оскорбле́ния** er konnte die Beleidigungen nicht ertragen; ◇ ~ **вопро́с на обсужде́ние** ein Problem zur Diskussion stellen
выно́сливый *прил* ⟨-ая, -ое, -ые⟩ 1 (*си́льный*) widerstandsfähig, zäh, ausdauernd 2 (*упо́рный*) hartnäckig
вы́нудить V_{4b} *сов* ⟨-ужу, -удишь, *Imp.* -нуди, ~те, *Part. Prät. Pass.* -нужденный⟩ [**вынужда́ть** V_{1a} *несов*] *кого́-что вин к чему дат* или *с инф* (1), *что вин* (2) 1 (*заста́вить*) zwingen, nötigen 2 (*доби́ться*) erzwingen; ◇ ~ **призна́ние у кого́-л** von jd-m ein Geständnis erzwingen
вы́нуть V_2 *сов* ⟨-ну, -нешь, *Imp.* вынь, ~те, *Part. Prät. Pass.* -нутый⟩ [**вынима́ть** V_{1a} *несов*] *что вин* herausnehmen; ◇ ~ **ру́ки из карма́нов** die Hände aus den Taschen nehmen; (*зано́зу*) herausziehen; ◇ **вынь да поло́жь!** *abwertender Kommentar auf den Befehl eines Dritten, etwas sofort zu erfüllen*
вы́пасть* *сов* ⟨-аду, -адешь, (2, 3) 1 и 2 л. не употр⟩ [**выпада́ть** V_{1a} *несов, kein Part. Präs. Pass.*] *без доп* 1 (*вывалиться*) herausfallen; ◇ **плато́к вы́пал из карма́на** das Tuch fiel aus der Tasche (*об оса́дках*) fallen 2 (*случи́ться*) auf jd-n entfallen, jd-n zuteil werden; ◇ **ей вы́пало сча́стье** sie hatte Glück
вы́писать V_{1a} *сов* ⟨-ишу, -ишешь, *Imp.* -иши, ~те⟩ [**выпи́сывать** V_{1a} *несов*] *кого́-что вин* 1 (*вы́брать из те́кста*) herausschreiben 2 (*заказа́ть доста́вку*) abonnieren; (*по катало́гу*) bestellen 3 (*исключи́ть*) entlassen, streichen;
вы́писка *ж₁* ⟨-и, *род мн:* -сок⟩ 1 (*из те́кста*) Auszug *m* 2 (*зака́з*) Bestellung *f* 3 (*из клу́ба и т. п.*) Abmeldung *f*
вы́пить V_{4b} *сов* ⟨-пью, -пьешь, *Imp.* -пей, ~те, *Part. Prät. Pass.* -питый⟩ [**выпива́ть** V_{1a} *несов*] *что вин* или *чего́ род* (2) *разг* 1 (*пить*) trinken 2 (*напива́ться*) sich betrinken
вы́плата *ж₁* ⟨-ы⟩ Zahlung *f*; ◇ ~ **зарпла́ты** Gehaltszahlung; ◇ ~ **в рассро́чку** Ratenzahlung; **вы́платить** V_{4b} *сов* ⟨-ачу, -атишь, *Imp.* -плати, ~те, *Part. Prät. Pass.* -плаченный⟩ [**выпла́чивать** V_{1a}

несов] *что вин* zahlen; ◇ ~ **до́лги** Schulden abtragen
выполне́ние *с₄* ⟨-я⟩ 1 (*осуществле́ние*) Ausführung *f*, Verwirklichung *f* 2 (*зака́за и т. п.*) Erfüllung *f*; **вы́полнить** V_{4b} *сов* ⟨-ню, -нишь, *Imp.* -ни, ~те⟩ [**выполня́ть** V_{1b} *несов*] *что вин* (*осуществи́ть*) ausführen; (*испо́лнить*) erfüllen; ◇ ~ **зака́з** einen Auftrag ausführen; ◇ ~ **рабо́ту** eine Arbeit erledigen; ◇ ~ **своё обеща́ние** sein Versprechen erfüllen
вы́править V_{4b} *сов* ⟨-влю, -вишь⟩ [**выправля́ть** V_{1b} *несов*] *что вин* 1 (*вы́прямить*) gerade biegen 2 (*внести́ исправле́ния*) berichtigen, korrigieren 3 (*перен* (*улу́чшить*) verbessern; ◇ ~ **положе́ние** die Lage verbessern
вы́правка *ж₁* ⟨-и⟩ (*оса́нка*) Haltung *f*; (*мане́ра держа́ться*) Auftreten *n*
вы́просить V_{4b} *сов* ⟨-шу, -сишь, *Imp.* -проси, ~те, *Part. Prät. Pass.* -прошенный⟩ [**выпра́шивать** V_{1a} *несов*] *что вин* erbitten; ◇ ~ **ми́лостыню** um Almosen bitten
вы́пукл|ый *прил* ⟨-ая, -ое, -ые⟩ 1 (*вы́гнутый нару́жу*) konvex; ◇ ~**ая ли́нза** Konvexlinse 2 (*рельефный*) gewölbt; ◇ ~**ый лоб** gewölbte Stirn 3 (*перен* (*отчётливый*) deutlich
вы́пуск *м₁* ⟨-а⟩ 1 (*де́йствие*) Ausgabe *f*; (*де́нег, за́ймов*) Ausgabe *f*, Emission *f*; (*из печа́ти*) Herausgabe *f*; (*това́ров на ры́нок*) Freigabe *f*; (*ученико́в из шко́лы*) Entlassung *f* 2 (*проду́кция*) Produktion *f* 3 (*гру́ппа око́нчивших шко́лу в оди́н срок*) Jahrgang *m* 4 (*про́пуск в те́ксте*) Auslassung *f* 5 (*но́мер журна́ла*) Ausgabe *f*, Heft *n*
выпускни́к *м₁* ⟨-а́, *мн:* -и́⟩ (*ву́за*) Hochschulabsolvent *m*; (*гимна́зии*) Abiturient *m*
вы́пустить V_{4b} *сов* ⟨-ущу, -устишь, *Imp.* -пусти, ~те, *Part. Prät. Pass.* -пущенный⟩ [**выпуска́ть** V_{1a} *несов*] *кого́-что вин* 1 (*дать вы́йти*) hinauslassen; ◇ ~ **во́ду из ва́нны** das Wasser aus der Wanne lassen; (*урони́ть*) fallen lassen; ◇ ~ **из рук** aus den Händen lassen 2 (*из уче́бного заведе́ния*) entlassen; ◇ ~ **молоды́х специали́стов** junge Fachkräfte entlassen 3 (*пусти́ть в обраще́ние*) in Umlauf bringen; ◇ ~ **изде́лие в прода́жу** ein Produkt in den Handel bringen 4 (*исключи́ть*) auslassen, streichen; ◇ ~ **одну́ главу́ из ру́кописи** ein Kapitel aus dem Manuskript streichen 5 (*изда́ть*) herausgeben; ◇ ~ **но́вый рома́н** einen neuen Roman herausgeben 6 (*при шитье*) auslassen; ◇ ~ **шов** den Saum auslassen
вы́работать V_{1a} *сов* ⟨-аю, -аешь⟩ [**выраба́тывать** V_{1a} *несов*] *что вин* 1 (*произвести́*) produzieren, erzeugen, herstellen 2 (*отрабо́тать*) ausarbeiten 3 (*зарабо́тать*) erarbeiten, verdienen;

вы́работка ж₁ ⟨-и, мн: -ток⟩ **1** (действие) Herstellung f **2** (составление) Ausarbeitung f **3** (выработанное) Ausstoß m; ⟨> дневна́я ~ Tagesleistung f **4** (качество) Qualität f **5** горн (Ab-)Bau m

выраже́ние c₄ ⟨-я⟩ **1** (проявление) Ausdruck m **2** (внешний вид) Miene f; ⟨> недово́льное ~ лица́ unzufriedener Gesichtsausdruck **3** (оборот речи) Redensart f, Ausdruck m; ⟨> идиомати́ческое ~ idiomatische Wendung **4** мат Formel f; **вырази́тельный** прил ⟨-ая, -ое, -ые⟩ **1** (ясный) ausdrucksvoll **2** (многозначительный) bedeutsam

вы́разить V₄ₑ сов ⟨-жу, -зишь, Imp. -рази, ~те, Part. Prät. Pass. -раженный⟩ **выража́ть** V₁ₐ несов что вин **1** (высказать) ausdrücken; ⟨> ~ мысль слова́ми einen Gedanken in Worte fassen **2** (проявить) aussprechen, äußern; **вы́разиться** сов ⟨-жусь, -зишься, (1) 1 и 2 л. не употр⟩ **выража́ться** несов без доп **1** (проявиться) zum Ausdruck kommen, sich äußern; ⟨> на его́ лице́ ~лся у́жас der Schrecken stand ihm im Gesicht geschrieben **2** (высказаться) sich ausdrücken, darstellen; ⟨> ~ ться то́чно и кра́тко sich kurz und präzise ausdrücken

вы́расти* сов ⟨-сту, -стешь [**выраста́ть** V₁ₐ несов, kein Part. Präs. Pass.] из чего род (1), без доп (2, 4), в кого-что вин (3) **1** (стать выше) groß werden; ⟨> ма́льчик вы́рос из пальто́ der Junge ist aus dem Mantel herausgewachsen **2** (увеличиться) sich erhöhen, steigen; ⟨> проиво́дство вы́росло на 10 проце́нтов die Produktion ist um 10 Prozent gestiegen **3** (достигнуть) werden; ⟨> в кру́пного учёного ein großer Gelehrter werden **4** (обнаружиться) aufwachsen; ⟨> вдали́ вы́росли очерта́ния гор in der Ferne wuchsen die Umrisse der Berge auf; ⟨> он вы́рос в мои́х глаза́х er stieg in meinem Ansehen

вы́рвать V₁ₐ сов ⟨-ву, -вешь, Imp. -ви, ~те⟩ **вырыва́ть** V₁ₐ несов кого-что вин **1** (удалить) herausreißen; ⟨> больно́й зуб einen kranken Zahn ziehen; ⟨> ~ де́рево с ко́рнем einen Baum mit seinen Wurzeln ausreißen **2** перен (принудить) erzwingen, abzwingen **3** безл (о рвоте) (sich) erbrechen; ⟨> его́ ~ло er hat sich erbrochen

вы́резать V₁ₐ сов ⟨-ежу, -ежешь, Imp. -ежи, ~те⟩ [**выреза́ть** V₁ₐ несов кого-что вин **1** (удалить) herausschneiden; ⟨> ~ о́пухоль eine Geschwulst entfernen **2** (начертить чем-л острым) einritzen; (гравировать на металле, камне) gravieren **3** (из дерева) schnitzen; (из камня) meißeln **4** (истребить) niedermetzeln; **вы́резка** ж₁ ⟨-и, род мн: -зок⟩ **1** (вырезанное место) Ausschnitt m; ⟨>

газе́тная ~ Zeitungsausschnitt **2** (о мясе) Lendenstück n

вырожде́ние c₄ ⟨-я⟩ **1** (ухудшение) Entartung f **2** (дегенерация) Degeneration f **3** (упадок) Verfall m

вы́рубить V₄ₑ сов ⟨-блю, -бишь, Imp. -би, ~те, Part. Prät. Pass. -бленный⟩ [**выруба́ть** V₁ₐ несов что вин (1, 2, 4), что вин из чего род (3) **1** (уничтожить) abholzen **2** (срубить) fällen; ⟨> хоро́шую ёлку eine schöne Tanne fällen **3** (изготовить) heraushacken **4** (выключить) ausschalten; ⟨> ~ сигнализа́цию die Alarmanlage ausschalten

вы́ручить V₄ₑ сов ⟨-чу, -чишь, Imp. -чи, ~те⟩ [**выруча́ть** V₁ₐ несов] кого-что вин **1** (помочь) (aus der Patsche) helfen; ⟨> кого́-л из беды́ jd-m in der Not helfen **2** (получить за проданное) verdienen; ⟨> ~ де́ньги за това́р an einer Ware Geld verdienen

вы́ручка ж₁ ⟨-и⟩ **1** (вырученные деньги) Erlös m; ⟨> дневна́я ~ Tagesertrag m **2** разг (помощь) Hilfe f; ⟨> приходи́ть на ~у кому́-л jd-m zu Hilfe kommen

вы́рыть см. **рыть**

вы́садить V₄ₑ сов ⟨-жу, -дишь, Imp. -ди, ~те, Part. Prät. Pass. -женный⟩ [**выса́живать** V₁ₐ несов] кого-что вин **1** (заставить выйти) absetzen, aussteigen lassen **2** (посадить) verpflanzen; ⟨> ~ помидо́ры из парнико́в Treibhaustomaten verpflanzen **3** разг (выломать) einstoßen; ⟨> ~ дверь die Tür einschlagen

выселе́ние c₄ ⟨-я⟩ **1** (переселение) Aussiedelung f **2** (принудительное из квартиры) (Zwangs-)Räumung f **3** (из города или страны) Ausweisung f;

вы́селить V₄ₑ сов ⟨-лю, -лишь, Imp. -ли, ~те⟩ [**выселя́ть** V₁ᵦ несов] кого-что вин **1** (переселить) umsiedeln **2** (из квартиры) räumen **3** (выслать) ausweisen

вы́сечь* сов ⟨-еку, -ечешь⟩ [**высека́ть** V₁ₐ несов] кого-что вин meißeln; ⟨> ~ и́скру Funken schlagen

вы́сказать V₁ₐ сов ⟨-жу, -жешь, Imp. -жи, ~те⟩ [**выска́зывать** V₁₉ несов] что вин ausdrücken, äußern; **вы́сказаться** сов ⟨-жусь, -жешься⟩ [**выска́зываться** несов] без доп sich äußern, die Meinung sagen; ⟨> ~ про́тив внесённого предложе́ния sich gegen einen Vorschlag aussprechen; **выска́зывание** c₄ ⟨-я⟩ **1** (суждение) Äußerung f **2** (заявление) Erklärung f **3** (изречение) Ausspruch m

вы́скочить V₄ᵦ сов, kein Part. Prät. Pass. ⟨-чу, -чишь, Imp. -чи, ~те⟩ [**выска́кивать** V₁ₐ несов, kein Part. Präs. Pass.] без доп **1** (выпрыгнуть) hinausspringen, hervorspringen **2** разг (вылез-ти) herausrutschen; ⟨> ~ть с неуме́стным вопро́сом mit einer unpassenden Frage herausplatzen **3** (выпасть) ausfallen, herausfallen; ◇ э́то ~ло у меня́ из головы́ das ist mir entfallen

вы́скочка *м/ж₁* ‹-и, *род мн:* -чек› *разг (карьерист)* Emporkömmling *m*

вы́слать V₁ₐ *сов* ‹вы́шлю, вы́шлешь, *Imp.* вы́шли, ~те› [**высыла́ть** V₁ₐ *несов*] *кого-что вин* ① *(послать отку́да-л)* abschicken ② *(сосла́ть)* verbannen; *(администрати́вно удали́ть)* ausweisen

вы́смеять V₁ь *сов* ‹-ею, -еешь, *Imp.* -ей, ~те› [**высме́ивать** V₁ₐ *несов*] *кого-что вин* auslachen, lächerlich machen

высо́к|ий *прил* ‹-ая, -ое, -ие› *(сравн:* вы́ше) ① *(не ни́зкий)* hoch, groß; ◇ ~ого ро́ста groß ② *(вы́ше сре́днего у́ровня)* hoch; ◇ ~ое кровяно́е давле́ние hoher Blutdruck; ◇ ~ий проце́нт hoher Prozentsatz; ◇ ~ая температу́ра hohes Fieber; ◇ ~ие те́мпы hohe Geschwindigkeit ③ *(выдаю́щийся)* hoch, groß; ◇ ~ий гость hoher Gast; ◇ ~ая награ́да hohe Auszeichnung; ◇ ~ая честь große Ehre ④ *(о́чень хоро́ший)* hoch; ◇ ~ое ка́чество това́ров hohe Warenqualität; ◇ быть ~ого мне́ния о ком-л von jd-m eine hohe Meinung haben ⑤ *(о зву́ке, го́лосе)* hoch; ◇ ~ий го́лос hohe Stimme ⑥ эл hoch; ◇ ~ое напряже́ние Hochspannung *f* ⑦ *(возвы́шенный)* erhaben; ◇ ~ие иде́и große Ideen; ◇ ~ий стиль gehobener Stil; **высокока́чественный** *прил* ‹-ая, -ое, -ые› *(qualitativ)* hochwertig; **высококвалифици́рованный** *прил* ‹-ая, -ое, -ые› hoch qualifiziert; **высокопроизводи́тельный** *прил* ‹-ая, -ое, -ые› hochproduktiv, sehr leistungsfähig **высокора́звитый** *прил* ‹-ая, -ое, -ые› hoch entwickelt; **высокоурожа́йный** *прил* ‹-ая, -ое, -ые› ertragreich

высота́ *ж₁* ‹-ы́, *мн:* -со́ты› ① *(величина́ по вертика́ли)* Höhe *f*; ◇ ~а́ над у́ровнем мо́ря Höhe über dem Meeresspiegel ② *(расстоя́ние от земли́ вверх)* Höhe *f*; ◇ самолёт набира́ет ~у́ das Flugzeug gewinnt an Höhe ③ *(возвы́шение)* Anhöhe *f* ④ *(у́ровень разви́тия)* hohes Niveau; *перен* ◇ быть на ~е́ положе́ния einer Situation gewachsen sein

вы́спаться V₁ₐ *сов, kein Part. Prät. Pass.* ‹-плюсь, -пишься, *Imp.* -пись, -питесь› [**высыпа́ться** V₁ₐ *несов, kein Part. Präs. Pass.*] *без доп* ausschlafen

вы́ставить V₄ь *сов* ‹-влю, -вишь, *Part. Prät. Pass.* -вленный› [**выставля́ть** V₁ь *несов*] *кого-что вин, кого-что вин кем-чем тв (3)* ① *(поста́вить, вы́двинув вперёд или нару́жу)* nach vorne stellen ② *(вы́двинуть)* aufstellen; ◇ ~ тре́бование eine Forderung stellen ③ *перен (показа́ть)* sich ausgeben als; ◇ ~ себя́ знатоко́м дре́вней исто́рии sich als Kenner der Antike ausgeben; ◇ ~ кого́-л в дурно́м све́те jd-n in ein schlechtes Licht rücken ④ *(написа́ть)* geben; ◇

ученику́ годовы́е отме́тки dem Schüler Zensuren geben ⑤ *(поста́вить)* aufstellen; ◇ ~ охра́ну eine Wache aufstellen ⑥ *разг (вы́гнать)* hinauswerfen; ◇ ~ кого́-л за дверь jd-n vor die Tür setzen; **вы́ставка** *ж₁* ‹-и, *род мн:* -вок› Ausstellung *f*

вы́стрел *м₁* ‹-а› Schuss *m*

вы́ступить V₄ь *сов, kein Part. Prät. Pass.* ‹-плю, -пишь, *Imp.* -пи, ~те› [**выступа́ть** V₁ₐ *несов, kein Part. Präs. Pass.*] *без доп* ① *(вы́йти за преде́лы)* hervortreten; ◇ ~ из берего́в über die Ufer treten ② *(отпра́виться)* aufbrechen ③ *(испо́лнить публи́чно)* auftreten; ◇ ~ на сце́не auf der Bühne auftreten; ◇ ~ с докла́дом einen Vortrag halten; ◇ ~ в газе́те einen Artikel in der Zeitung veröffentlichen ④ *(просочи́ться)* hervortreten; ◇ у него́ вы́ступил пот er schwitzte; **выступле́ние** *с₄* ‹-я› ① *(исполне́ние)* Auftritt *m* ② *(речь)* Rede *f* ③ *(а́кция)* Kundgebung *f*

высыла́ть V₁ₐ *несов от* вы́слать

вы́сылка *ж₁* ‹-и, *род мн:* -лок› ① *(отпра́вка)* Versenden *n* ② *(ссы́лка)* Ausweisung *f*

высыпа́ть V₁ₐ *сов* ‹-плю, -плешь, (2, 3) 1 и 2 л. не употр, *Imp.* -сыпь, ~те› [**высыпа́ть** V₁ₐ *несов* ‹-а́ю, -а́ешь, (1), *без доп (2, 3)*] ① *(удали́ть)* ausschütten, ausstreuen ② *разг (появи́ться)* hinausströmen; ◇ на у́лицу ~л наро́д Menschenmengen strömten auf die Straße ③ *(о сы́пи)* einen Ausschlag bekommen

высыпа́ться V₁ₐ *несов от* вы́спаться

вытека́ть V₁ₐ *несов, kein Part. Präs. Pass.* ‹-ает, -ают, 1 и 2 л. не употр› [**вы́течь*** V₃ *сов, без доп*] ① *(брать нача́ло)* entspringen, entströmen ② *(ли́ться)* herausfließen, ausfließen ③ *перен (явля́ться сле́дствием)* folgen, sich ergeben aus; ◇ из э́того ~ет, что... daraus folgt, dass...

вы́тереть* *сов* ‹-тру, -трешь› [**вытира́ть** V₁ₐ *несов*] *кого-что вин* ① *(сде́лать сухи́м)* abtrocknen; *(сде́лать чи́стым)* abwischen; ◇ ~ посу́ду das Geschirr abtrocknen; ◇ ~ пыль со стола́ den Staub vom Tisch wischen; ◇ ~ ру́ки die Hände abtrocknen ② *(износи́ть)* abtragen, abnutzen; ◇ ~ рукава́ на локтя́х die Ärmel am Ellbogen abscheuern

вытрезви́тель *м₂* ‹-я› Ausnüchterungszelle *f*

вы́тянуть V₂ *сов* ‹-ну, -нешь, *Part. Prät. Pass.* -нутый› [**вытя́гивать** V₁ₐ *несов*] *кого-что вин* ① *(удали́ть)* abziehen ② *(вы́тащить)* herausziehen ③ *(увели́чить в длину́)* dehnen ④ *перен разг (вы́терпеть)* aushalten; ◇ больно́й до́лго не вы́тянет der Kranke wird es nicht mehr lange machen; **вы́тяну|ться** *сов* ‹-нусь, -нешься, (1) 1 и 2 л. не употр› [**вытя́гиваться** *несов*] *без доп*

1 (*стать длиннее*) lang werden, sich ausdehnen; ◇ лицо́ ~лось ein langes Gesicht machen; ◇ сви́тер ~лся по́сле сти́рки der Pullover verzog sich nach dem Waschen **2** (*вырасти*) wachsen ⬜ *разг* (*растянуться*) sich ausstrecken; ◇ ~ться на дива́не sich auf dem Sofa ausstrecken

вы́учить *см.* учи́ть

вы́ход m_1 ‹-а› **1** (*место*) Ausgang *m*; ◇ запа́сный ~ Notausgang **2** (*действие*) Austritt *m*; Verlassen *n*; ◇ знать все ~ы alle Schliche kennen **3** *перен* (*способ*) Ausweg *m*; ◇ ~ из положе́ния Ausweg aus einer Lage; ◇ дать ~ чу́вствам [эмо́циям] seinen Gefühlen freien Lauf lassen **4** (*произведённый продукт*) Ertrag *m* **5** *театр* Auftritt *m* **6** (*прекращение деятельности*) Pensionierung *f*; *пол* Rücktritt *m* **7** (*опубликование*) Erscheinen *n*

вы́ходец m_5 ‹-дца› **1** (*переселенец*) Zugewanderte *m/f*; ◇ её оте́ц ~ из Аргенти́ны ihr Vater ist gebürtiger Argentinier **2** (*о социальном происхождении*) он ~ из рабо́чих er stammt aus einer Arbeiterfamilie

выходи́ть¹ V_{4a} *несов от* вы́йти
выходи́ть² V_{4b} *сов* ‹-жу, -дишь, *Imp.* -ди, ~те, *Part. Prät. Pass.* -женный› [выха́живать *несов*] кого-что вин **1** (*вернуть в здоровое состояние*) gesund pflegen **2** (*вырастить*) großziehen

вы́ходка $ж_1$ ‹-и, *род мн:* -док› **1** (*шалость*) Streich *m* **2** (*бесчинство*) Ausschreitung *f*

выходн|о́й I. *прил* ‹-а́я, -о́е, -ы́е› **1** (*ведущий к выходу*) Ausgangs-; ◇ ~а́я дверь Ausgangstür *f* **2** (*нарядный*) Ausgeh-; ◇ ~о́й костю́м Ausgehanzug *m* **II. м** (A_1) ‹-о́го› **1** (*выходной день*) freier Tag; ◇ у меня́ сего́дня ~о́й ich habe meinen frei **2** *м/ж разг* Person, die frei hat

вы́хухоль $ж_5$ ‹-и› **1** *зоол* Bisamratte *f* **2** (*мех*) Bisam *m*

вы́черкнуть V_2 *сов* ‹-ну, -нешь, *Part. Prät. Pass.* -нутый› [вычёркивать V_{1a} *несов*] кого-что вин (durch-)streichen; ◇ ~ две стро́чки zwei Zeilen streichen; *перен* ◇ ~ из па́мяти кого́/что-л jd-n/etw aus dem Gedächtnis streichen

вы́числить V_{4b} *сов* ‹-лю, -лишь, *Imp.* -ли, ~те› [вычисля́ть V_{1b} *несов*] кого-что вин *тж перен* berechnen, ausrechnen

вы́ше *нареч* **1** *сравн от* высо́кий höher; ◇ ~ ро́стом größer; ◇ семь гра́дусов ~ нуля́ plus sieben Grad **2** (*сверх чего-л, вне чего-л*) über, mehr; ◇ э́то ~ моего́ понима́ния das geht über meinen Verstand; ◇ быть ~ предрассу́дков über Vorurteile erhaben sein **3** (*вверх по течению реки от какого-л места*) stromaufwärts **4** (*раньше в тексте*) oben; ◇ об э́том уже́ говори́лось dies

wurde oben bereits erwähnt; ◇ смотри́ ~ siehe oben; вышеизло́женный *прил* ‹-ая, -ое, -ые› oben erwähnt, weiter vorne im Text genannt; вышена́званный *прил* ‹-ая, -ое, -ые› oben genannt, oben erwähnt; ◇ ~ые уча́стники конгре́сса oben genannte Kongressteilnehmer; вышестоя́щий *прил* ‹-ая, -ее, -ие› übergeordnet; вышеупомя́нутый *прил* ‹-ая, -ое, -ые› oben erwähnt; ◇ ~ые произведе́ния писа́теля die oben erwähnten Werke des Schriftstellers

вы́шивка $ж_1$ ‹-и, *род мн:* -вок› Stickerei *f*; вы́шить V_{4b} *сов* ‹-шью, -шьешь, *Imp.* -шей, ~те, *Part. Prät. Pass.* -шитый› [вышива́ть V_{1a} *несов*] что вин на чём предл (1), что вин чем тв (2) **1** (*изобразить шитьём*) sticken **2** (*украсить шитьём*) besticken; ◇ ~ поду́шку шёлком das Kopfkissen mit Seide besticken

вы́шка $ж_1$ ‹-и, *род мн:* -шек› Turm *m*; ◇ бурова́я ~ Bohrturm; ◇ сторожева́я ~ Wachturm

вы́явить V_{4b} *сов* ‹-влю, -вишь, *Imp.* -ви, ~те, *Part. Prät. Pass.* -вленный› [выявля́ть V_{1b} *несов*] кого-что вин **1** (*обнаружить*) zeigen, herausstellen; ◇ ~ недоста́тки Mängel offenbaren **2** (*разоблачить*) aufdecken, ausfindig machen, enthüllen

выясне́ние c_4 ‹-я› Klärung *f*; вы́яснить V_{4b} *сов* ‹-ню, -нишь, *Imp.* -ни, ~те› [выясня́ть V_{1b} *несов*] что вин klären, klarstellen

вьетна́мец m_5 ‹-мца› Vietnamese *m*; вьетна́мка $ж_1$ ‹-и, *род мн:* -мок› Vietnamesin *f*

вью́га $ж_1$ ‹-и› Schneesturm *m*

вяз m_1 ‹-а› (*лиственное дерево*) Ulme *f*

вяза́ние c_4 ‹-я› **1** (*на спицах*) Stricken *n*; (*крючком*) Häkeln *n* **2** (*изделие*) Strickzeug *n*; вяза́ть V_{1a} *несов, kein Part. Präs. Pass.* ‹вяжу́, вя́жешь, *Imp.* вяжи́, ~те, *Part. Präs. Akt.* вя́жущий, *Part. Prät. Pass.* вя́занный› [с~ *сов*] кого-что вин, без доп (4) **1** (*закручивать*) binden; ◇ ~ сно́пы́ Garben binden **2** (*спицами*) stricken; (*крючком*) häkeln **3** (*лишать свободы движений*) fesseln; ◇ ~ ру́ки кому́-л jd-n an den Händen fesseln **4** (*быть терпким*) zusammenziehen; ◇ от э́тих фру́ктов вя́жет во рту́ von diesem Obst zieht sich mir der Mund zusammen; вяза́ться *несов* ‹вяжу́сь, вя́жешься, 1 и 2 л. не употр› с чем тв (1), во что вин (2) **1** (*соответствовать чему-л*) zusammenpassen; ◇ одно́ с други́м не вя́жется das eine passt nicht zum anderen; ◇ де́ло не вя́жется die Sache klappt nicht **2** (*вмешиваться, связываться*) sich einmischen

вя́зка $ж_1$ ‹-и, *род мн:* -зок› Stricken *n*, Häkeln *n*

вя́зк|ий *прил* ‹-ая, -ое, -ие› ① (*тягучий*) zähflüssig ② (*густой – о жидкости*) dickflüssig ③ (*липкий*) klebrig ④ (*илистый*) schlammig; ◇ **~ое дно** schlammiger Grund ⑤ (*тонкий*) sumpfig; ◇ **~ое боло́то** Sumpf *m*

вя́лость *ж₅* ‹-и› ① (*мышц, кожи*) Schlaffheit *f* ② (*усталость*) Trägheit *f*;

вя́л|ый *прил* ‹-ая, -ое, -ые› ① welk; ~ые ли́стья welke Blätter; ◇ **~ая ко́жа** welke Haut ② *перен* träge, schlaff

вя́нуть* *несов* ‹-ну, -нешь› [**за~** *сов*] *без доп* (*увядать*) (ver-)welken; *перен* ◇ **вя́нет чья-л красота́** jd-s Schönheit verwelkt; ◇ **у́ши вя́нут** das kann man sich nicht anhören

Γ

га *см.* **гекта́р**

га́ван|ь *ж₅* ‹-и› Hafen *m*; ◇ **вы́йти из ~и** auslaufen

гада́|ть V₁ₐ *несов, kein Part. Präs. Pass.* ‹-а́ю, -а́ешь› *без доп* (1), *о чём предл* (2) ① (*у гадалки*) wahrsagen, vorhersagen; ◇ **~ть на ка́ртах** aus den Karten lesen ② *разг* (*строить догадки*) vermuten, mutmaßen; ◇ **не ду́мал не ~л** das hätte ich nie gedacht

га́дить V₄ᵦ *несов* ‹га́жу, га́дишь› [**на~** *сов*] *без доп* (1), *кому дат* (2) ① *разг* (*испражняться – о животных*) etw besudeln, etw beschmutzen ② (*вредить*) schaden, (ver-)pfuschen, verderben

га́дкий *прил* ‹-ая, -ое, -ие› (*мерзкий*) abscheulich, widerlich; (*вызывающий отвращение*) abstoßend

га́дость *ж₅* ‹-и› ① *разг* (*нечто отвратительное*) Schmutz *m*, Schweinerei *f*; ◇ **вы́брось э́ту ~!** wirf dieses ekelhafte Zeug weg! ② (*поступок, слова*) Niederträchtigkeit *f*, Gemeinheit *f*

гадю́ка *ж₁* ‹-и› (*змея*) Otter *f*, Viper *f* ② *перен разг* (*о злом человеке*) Schlange *f*, Giftkröte *f*, Scheusal *n*

газ *м₁* ‹-а› Gas *n*; ◇ **приро́дный ~** Erdgas; ◇ **ядови́тый ~** Giftgas; ◇ **отрабо́танный ~** Abgas

газе́т|а *ж₁* ‹-ы› Zeitung *f*; ◇ **ежедне́вная ~а** Tageszeitung; ◇ **приложе́ние к ~е** Zeitungsbeilage *f*; ◇ **выпи́сывать ~у** eine Zeitung abonnieren; **газе́тн|ый** *прил* ‹-ая, -ое, -ые› Zeitungs-; ◇ **~ая статья́** Zeitungsartikel *m*; ◇ **~ые заголо́вки** Schlagzeilen *f pl*

газопрово́д *м₁* ‹-а› Gasleitung *f*

га́йка *ж₁* ‹-и, *род мн:* га́ек› (Schrauben-) Mutter *f*

гала́ктика *ж₁* ‹-и› Galaxis *f*

галере́|я *ж₃* ‹-и› ① (*узкое крытое помещение*) Galerie *f*, Gang *m*; ◇ **карти́нная ~** Gemäldegalerie; ◇ **национа́льная ~** Nationalgalerie ② *геол* Stollen *m*

 Третьяко́вская галере́я

Das größte Museum der russischen bildenden Kunst, die Tretjakow-Galerie, ist das erste Museum des Landes, in dem vor allem russische Maler gezeigt wurden und gewährt einen tiefen Einblick in die wechselvolle Geschichte Russlands und die „russische Seele".
Die Galerie trägt den Namen ihres Begründers, des Moskauer Kaufmanns und Kunstförderers Pawel Tretjakow. 1856 legte er mit den ersten Erwerbungen für seine Privatsammlung den Grundstein für diese seit 1872 öffentliche Sammlung russischer Kunstwerke, die er 1892 der Stadt Moskau schenkte und deren Bestände er zeit seines Lebens auffüllte. Die Galerie ist zum „Volksmuseum" geworden und wird liebevoll „Tretjakowka" genannt.

галёрка *ж₁* ‹-и, *род мн:* -рок› *разг* теа́тр (*верхний ярус*) Galerie *f*

га́лка *ж₁* ‹-и, *род мн:* -лок› Dohle *f*

га́лстук *м₁* ‹-а› Krawatte *f*, Schlips *m*; ◇ **завяза́ть ~** die Krawatte binden

га́лька *ж₁* ‹-и› ① (*мелкая*) Kiesel *m* ② (*крупная*) Geröll *n*

гама́к *м₁* ‹-а́, *мн:* -и́› Hängematte *f*

га́мбургер *м* ‹-а› *кул* Hamburger *m*

гара́ж *м₁* ‹-а́› Garage *f*; ◇ **подзе́мный ~** Tiefgarage; ◇ **многоэта́жный ~** Parkhaus *n*

гаранти́ровать V₃ₐ *несов и сов* ‹-рую, -руешь› *что вин кому дат* (1), *кого-что вин от чего род* (2) ① (*давать гарантию*) garantieren ② (*защищать*) schützen, sichern; ◇ **никто́ не мо́жет быть гаранти́рован от оши́бок** niemand ist vor Fehlern gefeit; **гара́нти|я** *ж₄* ‹-и› (*порука*) Garantie *f*; (*ручательство*) Bürgschaft *f*; ◇ **без ~и** ohne Gewähr

гардеро́б *м₁* ‹-а› ① (*шкаф*) Kleiderschrank *m* ② (*помещение*) Garderobe *f* ③ (*одежда*) Garderobe *f*, Kleidung *f*; ◇ **обнови́ть ~** sich neu einkleiden

гарди́на *ж₁* ‹-ы› Gardine *f*

гармони́ровать V₃ₐ *несов* ‹-рую, -руешь› *с чем тв* harmonieren, zusammenpassen; **гармо́ни|я** *ж₄* ‹-и› ① (*благозвучие*) Harmonie *f*, Wohlklang *m*; ◇ **~ зву́ков** Klangharmonie ② *перен* Harmonie *f*, Übereinstimmung *f*

гарни́р *м₁* ‹-а› *кул* Beilage *f*

гарниту́р m_1 ⟨-а⟩ Garnitur f, Satz m; ◇ ~ **ме́бели** Möbelgarnitur
гаси́ть V$_{4a}$ несов ⟨гашу́, га́сишь, Part. Präs. Pass. -си́мый, Part. Prät. Pass. га́шенный⟩ [за~, по~ сов] что вин ① (туши́ть) löschen ② перен (заглуша́ть) auslöschen, ersticken; ◇ ~ чьи-л поры́вы гне́ва jd-s Zornausbruch im Keim ersticken ③ (ослабля́ть, прекраща́ть) dämpfen; ◇ ~ ско́рость die Geschwindigkeit drosseln
га́с|нуть V$_2$ несов ⟨-ну, -нешь, (1) 1 и 2 л. не употр, Prät. -нул/гас, Part. Präs. Pass. -нущий⟩ [за~, по~ сов] без доп ① (переста́ть горе́ть) erlöschen; ◇ звёзды ~ут die Sterne gehen unter; ~ ого́нь ~ет das Feuer erlischt ② перен (ослабева́ть) versiegen, schwinden; ◇ наде́жды ~ут die Hoffnungen schwinden
гастри́т m_1 ⟨-а⟩ мед Gastritis f
гастро́ли mn_5 ⟨-ей⟩ Gastspiel n; ◇ пригласи́ть теа́тр на ~ das Theater zu einem Gastspiel einladen; **гастроли́ровать** V$_{3a}$ несов, kein Part. Präs. Pass. ⟨-рую, -руешь⟩ без доп ein Gastspiel geben
гастроно́м m_1 ⟨-а⟩ ① (гурма́н) Feinschmecker m ② (магази́н) Lebensmittelgeschäft n, Feinkostladen m
гашён|ый прил ⟨-ая, -ое, -ые⟩ gelöscht, entwertet; ◇ ~ые почто́вые ма́рки gestempelte Briefmarken
гаши́ш m_1 ⟨-а⟩ Haschisch n
гвалт m_1 ⟨-а⟩ разг (Höllen-)Lärm m

гвалт

Die beiden Wörter гвалт und „Gewalt" sind zwar sprachgeschichtlich verwandt, гвалт bedeutet aber „Geschrei, (Höllen-)Lärm". „Де́ти подня́ли гвалт" heißt im Deutschen „die Kinder machten einen Höllenlärm". „Gewalt" als „Macht, Befugnis zu herrschen" heißt im Russischen власть, daher übersetzt man „das steht nicht in meiner Gewalt" am besten mit „это не в мое́й вла́сти". In der Bedeutung „Zwang" hingegen wird „Gewalt" als наси́лие übersetzt, so dass „Kindern darf man keine Gewalt antun" auf Russisch „к де́тям нельзя́ применя́ть наси́лия" lautet. „Gewalt" als Synonym für „Kraft" oder „Stärke" übersetzt man ins Russische als си́ла; си́ла взры́ва bezeichnet „die Gewalt der Explosion".

гва́рдия $ж_4$ ⟨-и⟩ тж перен Garde f
гвозди́ка $ж_1$ ⟨-и⟩ ① (садо́вое расте́ние) Nelke f ② (пря́ность) Gewürznelke f
гвоздь m_2 ⟨-я́, мн: гво́зди, род: -де́й⟩ ① (желе́зный) Nagel m; ◇ заби́ть ~ einen Nagel einschlagen ② перен (са́мое

интере́сное) Clou m; ◇ ~ сезо́на Star m [Zugpferd n] der Saison
где нареч wo; ◇ ~ Вы рабо́таете? wo arbeiten Sie?; ◇ ~ он ни появля́ется, везде́ ему́ ра́ды wo auch immer er erscheint, ist er willkommen; ◇ ~бы то ни́ бы́ло wo auch immer das sein mag
гекта́р m_1 ⟨-а⟩ Hektar m
генера́л m_1 ⟨-а⟩ General m
генера́льн|ый прил ⟨-ая, -ое, -ые⟩ Haupt-, General-; ◇ ~ая убо́рка Großreinigung f; ◇ ~ая репети́ция Generalprobe f
гене́тика $ж_1$ ⟨-и⟩ Genetik f
гениа́льный прил ⟨-ая, -ое, -ые⟩ genial;
ге́ний m_3 ⟨-я⟩ ① (вы́сшая тво́рческая спосо́бность) Genius m, Genie n ② (о челове́ке) Genie n
геогра́фия $ж_4$ ⟨-и⟩ Geographie f
геоло́гия $ж_4$ ⟨-и⟩ Geologie f
геоме́трия $ж_4$ ⟨-и⟩ Geometrie f
георги́н m_1 ⟨-а⟩ бот Dahlie f
герб m_1 ⟨-а́⟩ Wappen n
геркуле́с m_1 ⟨-а⟩ ① (челове́к) Herkules m, kräftiger Mensch m ② (сорт овся́ной крупы́) Haferflocken f pl
герма́нск|ий прил ⟨-ая, -ое, -ие⟩ ① ист, лингв germanisch ② (неме́цкий) deutsch
геро́изм m_1 ⟨-а⟩ Heldentum n, Heroismus m; **герои́ческий** ⟨-ая, -ое, -ие⟩ heldenhaft, heroisch; **геро́й** m_3 ⟨-я⟩ Held m; ◇ ~ рома́на Romanheld, Hauptfigur f
ге́тто c ⟨нескл⟩ Ghetto n
ги́бель $ж_5$ ⟨-и⟩ ① (смерть) Tod m; (паде́ние) Fall m; (упа́док) Verfall m; (разруше́ние) Verderben n; (о челове́ке) Untergang m; ◇ траги́ческая ~ tragischer Tod; ◇ обречённый на ~ dem Untergang geweiht ② разг (мно́жество) Unmenge f; ◇ в лесу́ ~ комаро́в im Wald sind Unmengen von Mücken
ги́бк|ий прил ⟨-ая, -ое, -ие⟩ ① (гну́щийся) biegsam, elastisch ② (легко́ перестра́ивающийся) flexibel, anpassungsfähig; ◇ ~ое рабо́чее вре́мя flexible Arbeitszeit
ги́бнуть V$_2$ несов ⟨-ну, -нешь, Part. Präs. Pass. -нущий⟩ [по~ сов] без доп (умира́ть) sterben, ums Leben kommen, umkommen; ◇ ~ от моро́за erfrieren; бот eingehen
гига́нт m_1 ⟨-а⟩ ① (велика́н) Riese m, Gigant m ② ◇ заво́д~ Riesenbetrieb m
гид m_1 ⟨-а⟩ Reiseführer m, Fremdenführer m
гидроста́нция $ж_4$ ⟨-и⟩ Wasserkraftwerk n
гимн m_1 ⟨-а⟩ Hymne f; ◇ госуда́рственный ~ Nationalhymne
гимна́зия $ж_4$ ⟨-и⟩ Gymnasium n
гимна́ст m_1 ⟨-а⟩ Turner m; ◇ ~ на трапе́ции Trapezkünstler m; **гимна́стика** $ж_1$ ⟨-и⟩ Gymnastik f

гипертони́я $ж_4$ ⟨-и⟩ Bluthochdruck *m*
гипно́з M_1 ⟨-а⟩ Hypnose *f;* ◇ **находи́ться в состоя́нии** ~**а** unter Hypnose stehen
гипо́тез|**а** $ж_1$ ⟨-ы⟩ Hypothese *f;* ◇ **вы́двинуть** ~**у** eine Hypothese aufstellen
ги́ря $ж_2$ ⟨-и⟩ Gewicht *n*
гита́ра $ж_1$ ⟨-ы⟩ Gitarre *f*
глав|**а́¹** M_1 ⟨-ы́, мн: гла́вы⟩ ① *(руководи́тель, нача́льник)* Oberhaupt *n*, Leiter *m;* ◇ ~**á госуда́рства** Staatsoberhaupt; ◇ ~**á прави́тельства** Regierungschef *m;* *(счита́ть са́мым ва́жным)* ◇ **ста́вить что-л во** ~**у́ угла́** etw an erste Stelle setzen; ◇ **во** ~**é** an die Spitze ② *(ку́пол це́ркви)* Kuppel *f*
глава́² $ж_1$ ⟨-ы⟩ *(разде́л кни́ги)* Kapitel *n*
глава́рь M_2 ⟨-я́, мн:-и́⟩ Anführer *m*
главнокома́ндующий *м* (A_2) ⟨-его⟩ Oberbefehlshaber *m*
гла́вн|**ый** *прил* ⟨-ая, -ое, -ые⟩ ① *(основно́й)* Haupt-, Ober-; ◇ ~**ая у́лица** Hauptstraße *f;* ◇ ~**ый врач** Oberarzt *m* ② *(наибо́лее суще́ственный)* wesentlich, hauptsächlich; ◇ ~**ым о́бразом** hauptsächlich
гла́дить V_{4b} *несов* ⟨гла́жу, гла́дишь, Part. Prät. Pass. гла́женный⟩ [**вы́-** (1), **по-** (2) *сов*] *кого-что вин* ① *(утюго́м)* bügeln, plätten ② *(ласка́ть)* streichen, streicheln; ◇ ~ **по голо́вке кого́-л** jd-n begünstigen; ◇ ~ **про́тив ше́рсти** gegen das Fell streichen
гла́дк|**ий** *прил* ⟨-ая, -ое, -ие⟩ ① *(ро́вный)* glatt, eben ② *перен (пла́вный)* fließend, flüssig; ◇ ~**ая речь** flüssige Rede
глаз *м* ⟨-а, мн:-а́, *род:* глаз, *дат:* а́м, *тв:* -а́ми, *предл:* -а́х⟩ Auge *n;* ◇ **зо́ркие** ~**а́** scharfe Augen; ◇ **с** ~**у на́** ~ unter vier Augen; ◇ **броса́ться в** ~**á** in die Augen springen; ◇ **закрыва́ть** ~**á на что-л** vor etw die Augen verschließen; ◇ **наско́лько хвата́ет** ~ so weit das Auge reicht; **глазни́к** M_1 ⟨-á⟩ *разг* Augenarzt *m*
глазу́нья $ж_4$ ⟨-и⟩ *(яи́чница)* Spiegelei *n*
гла́нды $ж_1$ ⟨мн⟩ *(гланд)* anat Mandeln *f pl*
гла́сность $ж_5$ ⟨-и⟩ Offenheit *f*, Glasnost *f;* ◇ **преда́ть** ~**и** bekannt geben; ◇ **стать достоя́нием** ~**и** an die Öffentlichkeit gelangen
гли́на $ж_1$ ⟨-ы⟩ ① *(го́рная поро́да)* Lehm *m* ② *(сырьё)* Ton *m*
глота́ть V_{1a} *несов* ⟨-а́ю, -а́ешь⟩ [**глотну́ть** *сов*] *кого-что вин* ① *(прогла́тывать)* (hinunter-)schlucken ② *перен (мо́лча принима́ть оби́ду)* schlucken; ◇ ~ **оскорбле́ния** Beleidigungen schlucken ③ *перен (чита́ть за́пом)* verschlingen; ◇ ~ **слёзы** die Tränen unterdrücken; ◇ ~ **слова́** Worte verschlucken
гло́тк|**а** $ж_1$ ⟨-и, *род мн:* -ток⟩ anat Rachen *m;* *разг (крича́ть)* ◇ **драть** ~**у** herumschreien, sich laut streiten; *груб* ◇ **заткну́ть кому́-л** ~**у** jd-m das Maul stopfen; ◇ **схвати́ть за** ~**у кого́-л** jd-m an die Gurgel gehen

гла́сность

Das Wort bedeutet im Russischen „Offenheit" und „Öffentlichkeit" und wird seit 1985 weltweit verwendet. Es wurde populär, als Michail Gorbatschow die Umgestaltung der Innenpolitik des Landes ankündigte und die Formel гла́сность und перестро́йка („Offenheit und Umgestaltung") zum Slogan seines Reformprogramms machte.
Гла́сность bedeutete: keine Zensur, die Möglichkeit offener Kritik an der Regierungsarbeit, die allgemeine Zugänglichkeit von Informationen sowie eine öffentliche Diskussion, bei der – getreu der wörtlichen Herkunft des Wortes, das auf „Stimme" (го́лос) zurückgeht – jeder Bürger mitreden darf.

глотну́ть V_2 *kein Part. Prät. Pass. см.* **глота́ть**
гло́хн|**уть** V_2 *несов* ⟨-ну, -нешь, (2, 3) 1 и 2 л. не употр, *Part. Präs. Pass.* -нущий⟩ [**за-** ~ (2, 3), **о-** (1) *сов*] *без доп* ① *(о челове́ке, живо́тных)* taub werden ② *(о шу́ме)* verhallen, erlöschen ③ *(дича́ть)* verwildern
глубин|**а́** $ж_1$ ⟨-ы́, мн:-би́ны, *род:* -би́н⟩ ① *(расстоя́ние)* Tiefe *f;* ◇ **на** ~**é 300 ме́тров** 300 Meter tief; ◇ **в** ~**é ле́са** tief im Wald ② *перен (си́ла проявле́ния)* Tiefe *f;* ◇ ~**á чу́вства** Gefühlstief; ◇ **в** ~**é веко́в** in grauer Vorzeit; ◇ **он был потрясён до** ~**ы́ души́** er war zutiefst ergriffen; **глубо́к**|**ий** *прил* ⟨-ая, -ое, -ие⟩ ① *(глуби́нный)* tief; ◇ ~**ая река́** tiefer Fluss ② *перен (большо́й и си́льный)* tief; ◇ ~**ий сон** tiefer Schlaf; *(отдалённый)* ◇ ~**ая прови́нция** tiefe Provinz; *(дости́гший преде́ла)* ◇ ~**ая ста́рость** hohes Alter; ◇ **до** ~**ой но́чи** bis tief in die Nacht; ◇ ~**ие зна́ния** profundes Wissen; ◇ ~**ое изуче́ние** gründliche Untersuchung
глубокоуважа́емый *прил* ⟨-ая, -ое, -ые⟩ sehr geehrt, hochverehrt
глу́пость $ж_5$ ⟨-и⟩ Dummheit *f;* ◇ **что за** ~**и!** was für ein Blödsinn!; **глу́пый** *прил* ⟨-ая, -ое, -ые⟩ dumm; ◇ **он глуп как про́бка** er ist strohdoof
глух|**о́й I.** *прил* ⟨-а́я, -о́е, -и́е⟩ ① *(лишённый слу́ха)* taub; ◇ **быть** ~**и́м к чему́-л** sich einer Sache verschließen ② *(незво́нкий)* klanglos, dumpf ③ *(окра́инный)* abgelegen; ◇ ~**а́я дере́вня** abgelegenes Dorf; ◇ ~**а́я ночь** tiefschwarze Nacht **II.** *м* (A_1) ⟨-о́го⟩ Tauber *m*, Gehörloser *m;* ◇ **а́збука для** ~**и́х** Gebärdensprache *f*
глухонемо́й *прил* ⟨-а́я, -о́е, -и́е⟩ taubstumm

глуши́ть V_{4a} несов ⟨-шу́, -ши́шь⟩ [**за**~ (2, 3, 4), **о**~ (1) сов] кого́-что вин **1** (ударом) ersticken, betäuben **2** (делать менее слышным) dämpfen **3** (мешать росту) nicht wachsen lassen; (подавлять) unterdrücken; ◇ **сорняки́ глуша́т сад** vor lauter Unkraut wächst im Garten nichts; перен ◇ ~ **инициати́ву** eine Initiative im Keim ersticken **4** (выключать) abdrosseln, abwürgen; ◇ ~ **мото́р** den Motor abwürgen **5** (напиваться) bechern; ◇ **во́дку** Wodka bechern

глушь $ж_5$ ⟨-и́⟩ **1** (заросшее место) Dickicht n **2** перен (захолустье) Öde f, kleines Nest n; ◇ **жить в** ~**и́** in der Pampa wohnen

гляде́ть V_5 несов ⟨-яжу́, -ди́шь, Imp. -яди́, -те, Part. Präs. Akt. -дя́щий, Adv. Part. Präs. гля́дя⟩ [**по**~ сов] на кого́-что вин (1), за кем-чем тв (2) **1** (смотреть) schauen, blicken; ◇ ~ **на де́ло тре́зво** etw nüchtern betrachten **2** (присматривать) aufpassen, Acht geben; ◇ **того́ и гляди́** дождь пойдёт es kann jeden Augenblick anfangen zu regnen

гнать* несов, опред, см. **гоня́ть** ⟨гоню́, го́нишь⟩ кого́-что вин **1** (направлять) treiben, jagen **2** (прогонять) fortjagen, vertreiben **3** (ускорять движение) antreiben, hetzen; ◇ ~ **маши́ну** mit dem Auto rasen **4** (дистиллировать) destillieren

гнев $м_1$ ⟨-а⟩ (негодование) Zorn m; (ярость) Wut f; ◇ **вспы́шка** ~**а** Wutanfall m; ◇ **быть в** ~**е** zornig sein

гнездо́ c_2 ⟨-а́, мн: гнёзда, род: гнёзд⟩ **1** (птиц) Nest n; (хищных птиц) Horst m; ◇ **вить** ~ ein Nest bauen **2** тех Buchse f

гнёт $м_1$ ⟨-а⟩ **1** (тяжесть, груз) Druck m, Presse f **2** (притеснение) Joch n, Unterdrückung f; ◇ ~ **ра́бства** Sklaverei f

гнило́й прил ⟨-а́я, -о́е, -ы́е⟩ **1** (затхлый) faul, verfault; ◇ **~ые проду́кты** verfaulte [schlechte] Lebensmittel **2** (сырой) feucht; ◇ **~а́я пого́да** nasses Wetter **3** перен (нездоровый) ungesund; ◇ **гни́ть** V_{4a} несов, kein Imp. ⟨гнию́, гниёшь, Part. Präs. Akt. гнию́щий, Adv. Part. Präs. гния́⟩ [**по**~, **с**~ сов] без доп (разрушаться) faulen; (истлевать) vermodern; ◇ **я́блоки ~ю́т** die Äpfel verfaulen

гной $м_3$ ⟨-я⟩ Eiter m

гну́сный прил ⟨-ая, -ое, -ые⟩ abscheulich, widerlich

гнуть V_2 несов ⟨гну, гнёшь, Part. Präs. Akt. гну́щий⟩ [**со**~ (1, 2), **по**~ (2) сов] кого́-что вин (1, 2), к чему дат (3) **1** (изгибать) biegen, krümmen **2** (пригибать) biegen, neigen; ◇ **бу́ря гнёт дере́вья** die Bäume biegen sich im Sturm **3** перен (клонить к чему-л) auf etw akk abzielen; ◇ **к чему́ он гнёт?** worauf

zielt er ab?, worauf will er hinaus?; **гну́ться** несов ⟨гнусь, гнёшься⟩ [**со**~ сов] без доп sich krümmen, sich biegen

говори́ть V_{4a} несов ⟨-рю́, -ри́шь⟩ без доп (1), что вин или о ком-чём предл или с союзом "что" (2), с кем тв о ком-чём предл (3), о чём предл (4) **1** (произносить) sprechen; ◇ **ребёнок ещё не ~и́т** das Kind kann noch nicht sprechen; ◇ **~и́ть по-ру́сски** Russisch sprechen **2** (сообщать) sprechen, reden; ◇ **~и́т, что за́нят** er sagt, er sei beschäftigt **3** (разговаривать) sprechen, sich unterhalten; ◇ **~и́ть по телефо́ну с колле́гами** mit Kollegen telefonieren **4** (свидетельствовать о чём-л) besagen, zeugen von; ◇ **э́то ~и́т само́ за себя́** das spricht für sich; ◇ **открове́нно ~я́** offen gesagt; ◇ **стро́го ~я́** streng genommen; ◇ **что и ~и́ть** was soll man da sagen

говя́дина $ж_1$ ⟨-ы⟩ Rindfleisch n

год $м_1$ ⟨-а в году́, мн: го́ды, род: -о́в⟩ **1** (промежуток времени) Jahr n; ◇ **теку́щий** ~ laufendes Jahr; ◇ **в бу́дущем ~у́** nächstes Jahr; ◇ **високо́сный** ~ Schaltjahr; ◇ **из** ~**а в** ~ von Jahr zu Jahr; ◇ **уче́бный** ~ Schuljahr; ◇ ~ **тому́ наза́д** vor einem Jahr; ◇ **без** ~**у неде́ля** vor kurzem; ◇ **не ви́деться** ~**а́ми** sich eine halbe Ewigkeit nicht sehen **2** ⟨~ы мн (время) Jahre n pl; ◇ **шестидеся́тые** ~**ы** die sechziger Jahre **3** ⟨мн (возраст) Jahre n pl; ◇ **де́тские** ~**ы** Kinderjahre n; ◇ **челове́к в** ~**а́х** betagter Mensch

го́дный прил ⟨-ая, -ое, -ые⟩ **1** (пригодный) geeignet, brauchbar; ◇ **ни на что не** ~ **челове́к** Nichtsnutz m **2** (подходящий) passend **3** (о билете) gültig

годовщи́на $ж_1$ ⟨-ы⟩ Jahrestag m; ◇ ~ **сва́дьбы** Hochzeitstag m; ◇ ~ **сме́рти** Todestag m

гол $м_1$ ⟨-а, мн: -ы́⟩ спорт Tor n; ◇ **заби́ть** ~ ein Tor schießen

го́лень $ж_5$ ⟨-и⟩ анат Unterschenkel m

голова́ $ж_1$ ⟨-ы́, вин: го́лову, мн: го́ловы, род: голо́в, дат: -ва́м⟩ **1** (человека или животного) Kopf m; ◇ **у меня́ боли́т** ~**а́** ich habe Kopfschmerzen; ◇ **забра́ть себе́ в** ~**у** sich etw in den Kopf setzen; ◇ **вы́кинуть из** ~**ы́** sich aus dem Kopf schlagen; ◇ **с** ~**ы́ до ног** von Kopf bis Fuß; ◇ **лома́ть** ~**у над чем-л** sich den Kopf über etw zerbrechen; ◇ **уйти́ с** ~**о́й во что-л** in etw aufgehen; ◇ **рискова́ть** ~**о́й** Kopf und Kragen riskieren **2** (ум) Verstand m; (рассудок) Vernunft f; ◇ **он совсе́м без** ~**ы́** er ist völlig kopflos; ◇ **у неё све́тлая** ~**а́** sie ist ein heller Kopf **3** (первые ряды) Spitze f; ◇ **ваго́н в** ~**é** vorderer Waggon **4** (единица счёта скота) Stück n; ◇ **ста́до в 200 голо́в** Herde von 200 Tieren; **головно́й** прил ⟨-а́я, -о́е, -ы́е⟩ **1** (имеющий отношение к голове) Kopf-; ◇ ~**о́й убо́р**

Kopfbedeckung *f;* ◇ **~о́й мозг** Gehirn *n* **2** (*веду́щий*) Haupt-; ◇ **~о́е предприя́тие** Hauptbetrieb *m;* **головоло́мк|а** *ж₁* <-и, *род мн:* -мок> (*зага́дка*) Denk(sport)aufgabe *f*, Rätsel *n;* *перен* **зада́ть ~у кому́-л** jd-m Kopfzerbrechen bereiten

го́лод *м₁* <-а> **1** (*ощуще́ние*) Hunger *m;* ◇ **почу́вствовать ~** Hunger haben; ◇ **утоли́ть ~** den Hunger stillen; ◇ **умере́ть с ~у** verhungern **2** (*бе́дствие*) Hungersnot *f* **3** *перен* (*недоста́ток чего́-л*) Mangel *m;*

голода́ть V₁ₐ *несов, kein Part. Präs. Pass.* <-áю, -а́ешь> *без доп* **1** (*испы́тывать го́лод*) hungern **2** (*пости́ться*) fasten; **голодо́вк|а** *ж₁* <-и, *род мн:* -вок> Hungerstreik *m;* ◇ **объяви́ть ~у in den Hungerstreik treten**

гололе́дица *ж₁* <-ы> Glatteis *n*

го́лос *м₁* <-а, *мн:* -а́, *род:* -о́в> **1** (*звук*) Stimme *f;* ◇ **во весь ~** aus vollem Halse **2** *перен* (*мне́ние*) Stimme *f* **3** (*голосова́ние*) Stimme *f;* ◇ **недействи́тельный ~** ungültige Stimme; ◇ **подсчита́ть ~á** die Stimmen auszählen; ◇ **в оди́н ~** einstimmig; **голосова́ние** *c₄* <-я> Abstimmung *f;* ◇ **поста́вить вопро́с на ~** über eine Frage abstimmen lassen; **голосова́ть** V₃ₐ *несов, kein Part. Präs. Pass.* <-су́ю, -су́ешь> [**про~** *сов*] **за кого́-что вин** *(1)*, *что вин (2)*, *без доп (3)* **1** (*подава́ть го́лос*) abstimmen, für/gegen jd-n stimmen; ◇ **~ за кандида́та** für den Kandidaten stimmen **2** (*поста́вить на голосова́ние*) über etw *akk* abstimmen **3** (*остана́вливать попу́тную маши́ну*) per Anhalter fahren

голубо́й *прил* <-а́я, -о́е, -ы́е> **1** (*цвет*) blau, hellblau **2** *разг* (*гомосексуа́льный*) schwul

го́луб|ь *м₂* <-я, *род мн:* -бе́й> Taube *f;* ◇ **почто́вые ~и** Brieftauben

го́л|ый *прил* <-ая, -ое, -ые> **1** (*наго́й*) nackt, bloß; ◇ **соверше́нно ~ый** splitter(faser)nackt **2** (*чи́стый*) kahl; ◇ **~ыми рука́ми** mit bloßen Händen; ◇ **~ая пра́вда** die nackte Wahrheit; ◇ **гол как со́кол** arm wie eine Kirchenmaus

гольф *м₁* <-а> *спорт* Golf *n*

гомосексуали́ст *м₁* <-а> Homosexueller *m*

го́нк|а *ж₁* <-и, *род мн:* -нок> **1** (*езда́*) Raserei *f* **2** (*спе́шка*) Eile *f;* ◇ **пе́ред отъе́здом начала́сь ~а** vor der Abreise wurde es hektisch **3** ◇ **~и** *мн спорт* Wettrennen *n*, Rennen *n;* ◇ **велосипе́дные ~и** Radrennen; ◇ **лы́жные ~и** Skirennen; ◇ **па́русные ~и** Segelregatta *f;* ◇ **~а вооруже́ний** Wettrüsten *n*

гонора́р *м₁* <-а> Honorar *n*

го́нщик *м₁* <-а> Rennfahrer *m*

гоня́ть V₁ᵦ *несов, неопред, см.* **гнать**

гор|а́ *ж₁* <-ы́, *вин:* го́ру, *мн:* го́ры, *род:* гор, *дат:* -ра́м > **1** (*возвы́шенность*) Berg *m;* (*го́рная цепь*) Gebirge *n;*

◇ **взбира́ться на́ ~у** einen Berg besteigen **2** *перен* (*ку́ча*, *мно́жество*) Berg *m*, Haufen *m* ◇ **ве́щи сва́лены ~ой** die Sachen liegen auf einem Haufen **3** (*гори́стая ме́стность*) Gebirge *n;* ◇ **ле́то уже́ не за ~а́ми** der Sommer steht schon vor der Tür; ◇ **стоя́ть ~о́й за кого́-л** entschlossen für jd-n einstehen; ◇ **у меня́ как ~á с плеч** mir ist ein Stein vom Herzen gefallen

горб *м₁* <-а́> Buckel *m*

горди́ться V₄ₐ *несов* <-ржу́сь, -рди́шься> **кем-чем тв** *(1)*, *без доп (2)* **1** (*испы́тывать го́рдость*) stolz auf jd-n sein; (*кичи́ться*) sich brüsten mit etw; ◇ **~ успе́хами** stolz auf die Erfolge sein **2** (*ва́жничать*) den Kopf hoch tragen; **го́рдость** *ж₅* <-и> **1** (*досто́инство*, *удовлетворе́ние*) Stolz *m* **2** (*высокоме́рие*) Stolz *m*, Überheblichkeit *f;* **го́рдый** *прил* <-ая, -ое, -ые> **1** (*испо́лненный досто́инства*) stolz; ◇ **он горд успе́хом свое́й до́чери** er ist stolz auf den Erfolg seiner Tochter **2** (*самоуве́ренный*) hochmütig, überheblich

го́р|е *c₁* <-я> **1** (*скорбь*) Kummer *m;* ◇ **заболе́ть с ~я** vor Kummer krank werden; ◇ **причини́ть кому́-л ~е** jd-m Kummer bereiten **2** (*огорче́ние*) Verdruss *m;* ◇ **~е нам с ним** wir haben unsere liebe Not mit ihm **3** (*несча́стье*) Unglück *n;* ◇ **на моё ~е** zu meinem Unglück; **гореват́ь** V₃ᵦ *несов* <-рю́ю, -рю́ешь> *о ком-чём предл* sich grämen, traurig sein, trauern; ◇ **не горю́й, всё пройдёт** sei nicht traurig, das geht alles vorbei

горемы́ка *м, ж₁* <-и> *разг* Pechvogel *m*

гор|е́ть V₅ *несов* <-рю́, -ри́шь, *(2, 4)* 1 и 2 л. не употр, *Imp.* гори́, -те, *Part. Präs. Akt.*-ря́щий, *Adv. Part. Präs.* горя́, [**с~** *сов*] *без доп* **1** (*сгора́ть*) (ver-)brennen **2** (*об исто́чнике све́та*) brennen **3** (*красне́ть*) rot werden, röten; ◇ **лицо́ ~и́т от стыда́** jd wird rot vor Scham; ◇ **щёки ~я́т** die Wangen glühen **4** (*сверка́ть, блесте́ть*) leuchten, funkeln; ◇ **глаза́ ~я́т от ра́дости** die Augen glänzen vor Freude; ◇ **~е́ть на рабо́те** vollen Einsatz bringen; ◇ **~е́ть жела́нием** einen brennenden Wunsch verspüren; ◇ **не ~и́т!** es eilt nicht!

го́рец *м₅* <-рца> Bergbewohner *m*

го́речь *ж₅* <-и> **1** (*вкус*) bitterer Geschmack *m* **2** *перен* (*чу́вство*) Bitterkeit *f*

горизо́нт *м₁* <-а> **1** (*небоскло́н*) Horizont *m;* ◇ **кора́бль скры́лся за ~ом** das Schiff verschwand am Horizont **2** *перен* (*круг зна́ний*) geistiger Horizont *m*, Niveau *n* **3** (*у́ровень*) Wasserstand *m;* ◇ **~ по́чвенных вод** Grundwasserspiegel *m* **4** ◇ **~ы** *мн перен* (*круг возмо́жностей*) Perspektiven *f pl;* ◇ **у неё боль-**

ши́е ~ы sie hat gute Perspektiven für die Zukunft

го́рло c_2 ‹-а› **1** (часть шеи) Kehle f, Gurgel f, Hals m; ◇ **стоя́ть по ~ в воде́** bis zum Hals im Wasser stehen; ◇ **схвати́ть за ~ кого́-л** jd-m an die Gurgel gehen; ◇ **крича́ть во всё ~** lauthals schreien; ◇ **у меня́ боли́т ~** ich habe Halsschmerzen; ◇ **стать кому́-л поперёк го́рла** jd-m zum Halse heraushängen **2** (часть буты́лки) Flaschenhals m

горноста́й m_3 ‹-я› **1** (хищный зверёк) Hermelin n **2** (мех) Hermelinpelz m

го́рный прил ‹-ая, -ое, -ые› **1** (гористый) Berg-, bergig, gebirgig; ◇ ~ **хребе́т** Gebirgskamm m; ◇ ~ **кли́мат** Höhenklima n **2** (рудниковый) Gruben-, Bergbau-

горня́к m_1 ‹-á, мн: -и́, род: -о́в› **1** (шахтёр) Kumpel m, Bergarbeiter m **2** (горный инжене́р) Bergbauingenieur m

го́род m_1 ‹-а, мн: -á, род: -о́в› Stadt f; ◇ ~**-побрати́м** Partnerstadt; ◇ **пое́хать зá ~** aufs Land fahren; ◇ **в черте́ ~а** im Stadtgebiet

горожа́нин m_1 ‹-а, мн: -жа́не, род: -жáн› Städter m

горо́х m_1 ‹-а› Erbse f

горчи́ца $ж_1$ ‹-ы› Senf m; **горчи́чник** m_1 ‹-а› Senfpflaster n

горшо́к m_1 ‹-шка́› Topf m; ◇ **цвето́чный** ~ Blumentopf

го́рький прил ‹-ая, -ое, -ие› **1** (на вкус) bitter **2** перен (горестный) bitter; ◇ ~**ая и́стина** bittere Wahrheit; ◇ ~**ий пья́ница** Trunkenbold m

горю́чее с (A_2) ‹-его› Treibstoff m, Brennstoff m

горя́чий прил ‹-ая, -ее, -ие› **1** (сильно нагре́тый) heiß; ◇ ~**ая пи́ща** warmes Essen; (жгучий) brennend; (раскалённый) glühend; (огненный) feurig **2** перен (страстный) heiß, brennend; ◇ ~**ий приём** herzlicher Empfang; ◇ ~**ая любо́вь** heiße Liebe **3** перен (вспыльчивый) hitzig, heftig; ◇ ~**ая голова́** Hitzkopf m **4** перен (напряжённый) gespannt, stressig; ◇ ~**ее вре́мя** stressige Zeit; ~**ая пора́** Hochsaison f, Hochbetrieb f

госба́нк m_1 ‹-а› (= государственный банк) Staatsbank f

господи́н m_1 ‹-и́на, мн: -дá, род: -по́д, дат: -дáм› **1** (привилегированное лицо) Herr m **2** (повелитель, властелин) Herr m; ◇ ~**ин положе́ния** Herr der Lage; ◇ **он сам себе́ ~и́н** er ist sein eigener Herr **3** (форма обраще́ния) Herr; ◇ **уважа́емые дáмы и ~á!** sehr geehrte Damen und Herren!

госпо́дство c_2 ‹-а› Herrschaft f; ◇ **полити́ческое** ~ politische Macht

госпожа́ $ж_1$ ‹-и́› Frau f

гостеприи́мный прил ‹-ая, -ое, -ые› gastfreundlich, gastlich; **гостеприи́мст-**

во c_2 ‹-а› Gastfreundschaft f, Gastlichkeit f

гости́ница $ж_1$ ‹-ы› Hotel n; ◇ **заказа́ть но́мер в** ~е ein Hotelzimmer buchen

гость m_2 ‹-я, род мн: -е́й› Gast m; ◇ **у нас** ~**и** wir haben Gäste [Besuch]; ◇ **идти́ в** ~**и** jn besuchen; ◇ **быть в** ~**я́х** zu Besuch sein

 гостеприи́мство

Gastfreundschaft ist in Russland Ehrensache. Für diesen Begriff gibt es außer гостеприи́мство zwei weitere Wörter: радушие („herzliches Entgegenkommen") mit der Wurzel душа („Seele") sowie хлебосо́льство („Gastlichkeit"), das die Wörter хлеб („Brot") und соль („Salz") beinhaltet und darauf verweist, dass Ehrengäste traditionell mit Brot und Salz empfangen werden.
Es ist üblich, Gäste nach Hause einzuladen, wo die Gastgeber ihr Bestes tun, alle Vorräte zusammensuchen und auch das Letzte opfern, um den Gästen gerecht zu werden. Essen wird im Überfluss angeboten, und die Gastgeber freuen sich, wenn die Gäste gern und oft zugreifen.

госуда́рственный прил ‹-ая, -ое, -ые› Staats-, staatlich; ◇ ~ **аппара́т** Staatsapparat m; ◇ ~ **бюдже́т** Staatshaushalt m; ◇ ~ **экза́мен** Staatsexamen n; **госуда́рство** c_2 ‹-а› Staat m; ◇ **федерати́вное** ~ Bundesstaat; ◇ **стоя́ть во главе́** ~**а** Staatsoberhaupt sein

готи́ческий прил ‹-ая, -ое, -ие› gotisch

готова́льня $ж$ ‹-и› Reißzeug n

гото́вить V_{4b} несов ‹-влю, -вишь› [сов] кого-что вин **1** (подготавливать) vorbereiten, bereitmachen **2** (разрабатывать) bearbeiten, vorbereiten; ◇ ~ **уро́ки** Hausaufgaben machen **3** (стря́пать) Essen zubereiten, kochen; ◇ **она́ уме́ет хорошо́** ~ sie kann gut kochen; **гото́виться** несов ‹-влюсь, -вишься, (2) 1 и 2 л. не употр› к чему дат или с инф (1), без доп (2) **1** (делать приготовления) sich vorbereiten, sich fertig machen **2** (предстоя́ть) bevorstehen, sich anbahnen; ◇ ~**ятся ва́жные собы́тия** wichtige Ereignisse stehen bevor; **гото́вность** $ж_5$ ‹-и› Bereitschaft f; ◇ **вы́разить** ~ sich bereit erklären; ◇ **но́мер оди́н** Alarmstufe eins; **гото́вый** прил ‹-ая, -ое, -ые› **1** (к чему дат или с инф) bereit, fertig; ◇ ~**ое изде́лие** Fertigprodukt n **2** (согласный) bereit, willig; ◇ **быть** ~**ым на всё** zu allem bereit sein; ◇ ~**ый к компроми́ссам** kompromissbereit

грабёж m_2 ‹-á› **1** (похище́ние) Raub m,

Plünderung f ② *перен разг* (*о непомерно высокой цене*) Wucher m; **грабитель** M_2 ‹-я› Räuber m, Plünderer m; **грабить** V_{4b} *несов* ‹-блю, -бишь› [**о**~ *сов, Part. Prät. Pass.* огра́бленный] *кого-что вин* ① (*отнимать силой*) rauben, plündern ② *перен* (*разорять*) berauben; ◇ **госуда́рство ~т пенсионе́ров** der Staat beutet die Rentner aus

гра́бли *мн₂* ‹гра́бель› Rechen m

гравю́ра *ж₁* ‹-ы› Gravur f; ◇ **~ на ме́ди** Kupferstich m

град M_1 ‹-а› ① (*осадки*) Hagel m; ◇ **вы́пал** ~ es hat gehagelt ② *перен* (*множество*) Menge f; ◇ ~ **упрёков** eine Lawine von Vorwürfen; ◇ **под ~ом пуль** im Kugelhagel

гра́дус M_1 ‹-а› Grad m; ◇ **во́семь ~ов моро́за** minus acht Grad, acht Grad minus; **гра́дусник** M_1 ‹-а› Thermometer n; ◇ **поста́вить больно́му** ~ beim Kranken Fieber messen

граждани́н $м_1$ ‹-а, *мн:* гра́ждане, *род:* гра́ждан› (Staats-)Bürger m; **гражда́нка** *ж₁* ‹-и, *род мн:* -нок› (Staats-)Bürgerin f; **гражда́нский** *прил* ‹-ая, -ое, -ие› bürgerlich, Bürger-, zivil; ◇ **~ое пра́во** Zivilrecht n; ◇ **~ий долг** Bürgerpflicht f; ◇ **~ое му́жество** Zivilcourage f; ◇ **~ая война́** Bürgerkrieg m; **гражда́нство** *с* ‹-а› Staatsbürgerschaft f, Staatsangehörigkeit f; ◇ **двойно́е ~о** doppelte Staatsbürgerschaft; ◇ **приня́ть неме́цкое ~о** die deutsche Staatsbürgerschaft annehmen; ◇ **утра́тить ~о** die Staatsbürgerschaft verlieren; ◇ **получи́ть права́ ~а** sich einbürgern, eingebürgert werden

грамза́пись *ж₅* ‹-и› Plattenaufnahme f; ◇ **сту́дия ~и** Plattenstudio n

грамм $м_1$ ‹-а› Gramm n; (*нет совсем*) ◇ **ни ~а нет** es ist nichts mehr da

гра́мота *ж₁* ‹-ы› ① (*умение читать и писать*) Lesen n und Schreiben n ② (*документ*) Urkunde f, Schreiben n; ◇ **вери́тельная** ~ Beglaubigungsschreiben; **гра́мотность** *ж₅* ‹-и› Kenntnis f des Lesens und Schreibens, Schriftkundigkeit f; **гра́мотный** *прил* ‹-ая, -ое, -ые› ① (*умеющий читать и писать*) des Lesens und Schreibens mächtig; ◇ **быть ~ым** lesen und schreiben können ② (*выполненный без оши́бок*) einwandfrei, fehlerlos ③ (*обладающий знаниями*) sachkundig, geschult

грана́т $м_1$ ‹-а› (*плод*) Granatapfel f; (*дерево*) Granatapfelbaum m

грана́та *ж₁* ‹-ы› Granate f; ◇ **ручна́я ~** Handgranate

грани́ца *ж₁* ‹-ы› ① (*рубеж*) Grenze f; ◇ **закры́ть/откры́ть ~у** die Grenze schließen/öffnen; ◇ **переходи́ть ~у** die Grenze überqueren; ◇ **за ~ей** im Ausland ◇ **из-за ~ы** aus dem Ausland ② *перен* (*предел*) Grenze f; ◇ **его́ самолю́бие не**

зна́ет ~ sein Ehrgeiz kennt keine Grenzen; ◇ **всему́ есть ~а** alles hat seine Grenzen; **грани́чить** V_{4b} *несов, kein Imp.* ‹-чу, -чишь, (2) 1 и 2 л. не употр› *с чем тв* ① (*иметь общую границу*) an etw *akk* angrenzen; ◇ **Казахста́н ~т с Кита́ем** Kasachstan grenzt an China ② (*совпадать*) nahe kommen, grenzen an

гра́фик M_1 ‹-а› ① (*изображение*) Grafik f; (*диаграмма*) Diagramm n ② (*план работы*) Terminplan m, Zeitplan m; ◇ **рабо́тать стро́го по ~у** streng nach Plan arbeiten

графи́н M_1 ‹-а› Karaffe f

гре́бень $М_2$ ‹-бня, *мн:* -бни› ① (*гребёнка*) Kamm m ② (*верх*) Kamm m, Grat m; ◇ ~ **горы́** Berggrat; ◇ ~ **кры́ши** Dachfirst m ③ (*на голове птиц*) Kamm m; ◇ **петуши́ный** ~ Hahnenkamm

гребешо́к M_1 ‹-шка́› Kamm m

гре́бля *ж₂* ‹-и› Rudern n

гре́лка *ж₁* ‹-и, *род мн:* -лок› Wärmflasche f; ◇ **электри́ческая** ~ elektrisches Heizkissen

греме́ть V_5 *несов* ‹-млю, -ми́шь, *Imp.* греми́, -те, *Part. Präs. Akt.* -мя́щий, *Adv. Part. Präs.* -мя́› [**про**~ *сов*] *без доп* ① (*шуметь*) donnern, dröhnen; ◇ **гром ~и́т** es donnert; (*звякать*) klirren, rasseln ② *перен* erschallen, ertönen

греть V_5 *несов* ‹гре́ю, гре́ешь, *Part. Prät. Pass.* гре́тый› [**со**~ *сов*] *без доп (1), кого-что вин (2)* ① (*передавать тепло*) wärmen, warm halten; ◇ **шу́ба хорошо́ гре́ет** der Pelz hält gut warm ② (*разогревать*) aufwärmen, erwärmen; ◇ ~ **во́ду на огне́** Wasser auf dem Feuer erwärmen; **гре́ться** *несов* ‹гре́юсь, гре́ешься, (2) 1 и 2 л. не употр› [**со**~ *сов*] *без доп* ① (*греть себя, своё тело*) sich wärmen; ◇ **~ у костра́** sich am Lagerfeuer aufwärmen ② (*становиться теплым*) warm werden; ◇ **вода́ гре́ется** das Wasser wird warm

грех $м_1$ ‹-а́› ① (*у верующих*) Sünde f ② (*вина*) Schuld f; ◇ **брать ~ на́ душу** Schuld auf sich laden ③ (*проступок*) Sünde f, Vergehen n; ◇ **~и мо́лодости** Jugendsünden; ◇ **с ~о́м попола́м** mit Mühe und Not; ◇ **как на ~** ausgerechnet

гречи́ха *ж₁* ‹-и› Buchweizen m

греши́ть V_{4a} *несов* ‹-шу́, -ши́шь› [**по**~, **со**~ *сов*] *без доп (1), против чего род или чем тв (2), на кого вин (3)* ① (*у верующих*) sündigen ② (*нарушать правила*) gegen etw verstoßen; ◇ **~ про́тив ло́гики** unlogisch handeln ③ (*напрасно обвинять*) zu Unrecht beschuldigen; **гре́шный** *прил* ‹-ая, -ое, -ые› sündig, sündhaft

гриб M_1 ‹-а́› Pilz m; ◇ **ядови́тый ~** Giftpilz; *перен* ◇ **а́томный ~** Atompilz

грим M_1 ‹-а› Schminke f, Maske f; ◇ **снима́ть** ~ abschminken

грима́са *ж₁* ‹-ы› Grimasse *f*

гримирова́ться V₃ₐ *несов* ‹-ру́юсь, -ру́ешься› [за~ *сов*] *без доп* sich schminken

грипп *м₁* ‹-а› Grippe *f*

гроб *м₁* ‹-а, в гробу́, *мн*:-ы́› Sarg *m*; ◇ идти́ за ~ом das letzte Geleit geben; ◇ стоя́ть одно́й ного́й в ~у́ mit einem Bein im Grab stehen

гроза́ *ж₁* ‹-ы, *мн*: гро́зы› 1 (*ненастье*) Gewitter *n*; ◇ разрази́лась ~ ein Gewitter ging nieder 2 *перен* (*ужас*) Schrecken *m*

гроздь *ж₅* ‹-и, *мн*: гро́зди/гро́здья, *род*: гроздей/гро́здьев› Traube *f*: ◇ ~ виногра́да Weintraube

грози́ть V₄ₐ *несов* ‹-ожу́, -зи́шь, (3) 1 и 2 л. не употр› [по~, при~ *сов*] *кому дат чем тв (1), чем тв (2)* 1 (*угрожать*) drohen 2 (*предвещать*) drohen, ankündigen; ◇ ему́ ~т смерть ihm droht der Tod

гро́зный *прил* ‹-ая, -ое, -ые› 1 (*жестокий*) schrecklich, fürchterlich 2 (*строгий*) streng 3 (*угрожающий*) drohend; ◇ ~ая опа́сность drohende Gefahr; ◇ ~ое письмо́ Drohbrief *m*

гром *м₁* ‹-а› 1 (*во время грозы*) Donner *m* 2 *перен* (*грохот*) Donnern *n*, Lärm *m*; ◇ ~ аплодисме́нтов Beifallssturm *m*; ◇ как ~ среди́ я́сного не́ба wie ein Blitz aus heiterem Himmel

грома́дный *прил* ‹-ая, -ое, -ые› 1 (*огромный*) riesig, kolossal, immens 2 (*обширный*) unermesslich, ausgedehnt, riesig

громи́ть V₄ₐ *несов* ‹-млю́, -ми́шь› [раз~ *сов*, *Part. Prät.* разгро́мленный] *кого-что вин* 1 (*разрушать, уничтожать*) zertrümmern, zerstören, demolieren; (*грабить*) plündern 2 *перен* (*обличать*) gegen jd-n wettern

гро́мкий *прил* ‹-ая, -ое, -ие› (*сравн*: гро́мче) 1 (*звучный*) laut; ◇ ~ий хо́хот schallendes Gelächter *n* 2 *перен* (*получивший огласку*) berühmt, glänzend; ◇ ~ий проце́сс Aufsehen erregender Prozess; ◇ ~ий сканда́л großer Skandal; ◇ ~ий успе́х glänzender Erfolg 3 (*напыщенный*) aufgeblasen; ◇ ~ие фра́зы hochtrabende Worte; **гро́мкость** *ж₅* ‹-и› Lautstärke *f*

громоотво́д *м₁* ‹-а› Blitzableiter *m*

гро́мче *сравн от* **гро́мкий**

грош *м₂* ‹-а́, *мн*:-и́› Groschen *m*; ◇ прода́ть что-л за ~ й eine gute einen Spottpreis verkaufen; ◇ у меня́ нет ни ~а́ ich habe keinen Pfennig; ◇ э́тому ~ цена́ das ist nichts wert; ◇ да́ ни на ~ ему́ не ве́рит sie glaubt ihm kein Wort

грубия́н *м₁* ‹-а› Grobian *m*; **гру́бость** *ж₅* ‹-и› Grobheit *f*; **гру́бый** *прил* ‹-ая, -ое, -ые› 1 (*неделикатный*) grob, rau;

спорт ◇ ~ая игра́ Foul *n*; ◇ ~ые мане́ры raue Manieren 2 (*жёсткий*) rau, derb; ◇ ~ые ру́ки raue Hände; ◇ ~ая пи́ща derbe Kost; ◇ ~ая оши́бка grober Fehler

груди́нка *ж₁* ‹-и, *род мн*: -нок› кул Bruststück *n*

грудь *ж₅* ‹-и, *мн*: гру́ди, *род*: груде́й› 1 (*часть туловища*) Brust *f*; ◇ дыша́ть по́лной ~ю tief durchatmen; ◇ стоя́ть ~ю за что-л etw tapfer verteidigen 2 (*молочная железа*) Brust *f*, Busen *m*; ◇ дать ~ь ребёнку dem Kind die Brust geben; ◇ корми́ть ~ю stillen

груз *м₁* ‹-а› 1 (*тяжесть*) Last *f*, Gewicht *n*, Bürde *f* 2 (*товар*) Fracht *f*, Ladung *f*; ◇ ~ большо́й ско́рости Eilgut *n*; ◇ ~ ма́лой ско́рости Frachtgut *n*

грузи́н *м₁* ‹-а› Georgier *m*; **грузи́нка** *ж₁* ‹-и, *род мн*: -нок› Georgierin *f*; **грузи́нский** *прил* ‹-ая, -ое, -ие› georgisch

грузи́ть V₄ₐ *несов* [на~ (1), по~ (2) *сов*] ‹гружу́, гру́зишь, *Part. Präs. Akt.* гру́-, *Part. Prät. Pass.* гру́женный/ гружённый› *кого-что вин* 1 (*наполнять грузом*) beladen 2 (*складывать груз*) (ver-)laden, einladen

грузови́к *м₁* ‹-а́, *мн*: й› Lastwagen *m*; **грузооборо́т** *м₁* ‹-а› Güterverkehr *m*

грунт *м₁* ‹-а› 1 (*почва*) Boden *m*; песча́ный ~ Sandboden; ◇ пересади́ть цветы́ из горшка́ в ~ die Topfblumen in den Boden umpflanzen; ◇ лу́нный ~ Mondgestein *n* 2 (*в живописи*) Grund *m*, Grundfarbe *f*

гру́ппа *ж₁* ‹-ы› 1 (*совокупность предметов или людей*) Gruppe *f*; ◇ ~ учёных Forschungsgruppe 2 (*класс, категория*) Gruppe *f*; ◇ ~ кро́ви Blutgruppe

гру́стный *прил* ‹-ая, -ое, -ые› (*печальный*) traurig, betrübt; **грусть** *ж₅* ‹-и› (*чувство печали, уныния*) Traurigkeit *f*, Wehmut *f*

гру́ша *ж₁* ‹-и› (*плод*) Birne *f*; (*дерево*) Birnbaum *m*

гры́жа *ж₁* ‹-и› мед Bruch *m*

грызть *несов* [раз~ (1) *сов*] ‹-зу́, -зёшь› *кого-что вин* 1 (*кусать*) an etw *dat* nagen, knabbern; ◇ ~ но́гти an den Fingernägeln kauen; ◇ сомне́ние грызёт ду́шу Zweifel nagen an jd-m 2 *перен* (*придираться*) schikanieren, ärgern, reizen

грызу́н *м₁* ‹-а́› зоол Nagetier *n*

гряда́ *ж₁* ‹-ы, *мн*: гря́ды, *дат*:-а́м› 1 (*на огороде*) Beet *n* 2 (*ряд, полоса*) Reihe *f*, Kette *f*

гря́дка *ж₁* ‹-и, *род мн*: -док› Beet *n*

гря́зи *мн₅* ‹-ей› мед (*грязевые ванны*) Heilschlamm *m*; ◇ лечи́ться ~ями Moorbäder nehmen

гря́зный *прил* ‹-ая, -ое, -ые› 1 (*нечистый*) schmutzig, dreckig 2 (*мутный*) trüb, matt; ◇ ~ый цвет matte Farbe 3 *перен* (*аморальный*) schmutzig, hässlich, gemein; ◇ ~ая исто́рия hässliche Geschichte; **гря́з|ь** $ж_5$ ⟨-и⟩ **1** (*уличная*) Schlamm *m;* ◇ **валя́ться в ~й** im Schlamm liegen **2** (*мусор*) Dreck *m;* ◇ **не ударя́ть лицо́м в ~ь** sich nicht blamieren; (*клеветать*) ◇ **втопта́ть в ~ь кого́-л** jd-n mit Schmutz bewerfen **гря́ну|ть** V_2 *сов* ⟨-ну, -нешь, (1, 3) 1 и 2 л. не употр, *Imp.* грянь, ~те⟩ *без доп* (*1, 3*), *что* вин (2) **1** (*загрохотать*) knallen, krachen; ◇ ~л вы́стрел ein Schuss knallte; ◇ ~л гром es donnerte **2** (*запеть, заиграть*) erschallen, ertönen; ◇ **музыка́нты ~ли марш** die Musiker schmetterten einen Marsch **3** *перен* (*разразиться*) ausbrechen; ◇ ~ла война́ Krieg brach aus **губа́|**¹ $ж_1$ ⟨-ы́, мн: гу́бы⟩ Lippe *f;* ◇ **ве́рхняя ~á** Oberlippe; ◇ **ни́жняя ~á** Unterlippe; (*обидеться*) ◇ **наду́ть ~ы** schmollen; *перен* (*расплакаться*) ◇ **распусти́ть ~ы** losweinen; (*быть неопытным*) ◇ **у него́ молоко́ на ~áх не обсо́хло** er ist noch nicht trocken hinter den Ohren **губа́**² $ж$ ⟨-ы́⟩ geogr Bucht *f,* Meerbusen *m* **губерна́тор** $м_1$ ⟨-а⟩ Gouverneur *m* **губи́тельн|ый** *прил* ⟨-ая, -ое, -ые⟩ (*ведущий к гибели, пагубный*) Unheil bringend, verheerend; (*вредный*) schädlich; (*роковой*) verhängnisvoll; ◇ ~ые после́дствия verheerende Folgen; ◇ ~ый шаг verhängnisvoller Schritt; **губи́ть** V_{4a} *несов* ⟨гублю́, гу́бишь, *Part. Präs. Akt.* губя́щий⟩ **по~** *сов, Part. Prät. Pass.* погубленный⟩ *кого́-что вин* (*уничтожать*) vernichten, zugrunde richten; (*разрушать*) zerstören **гу́бка** $ж_1$ ⟨-и, мн:-бок⟩ Schwamm *m;* ◇ ~ **для мытья́** Badeschwamm **гуде́ть** V_5 *несов* ⟨гужу́, гуди́шь, *Imp.* гуди́, ~те, *Part. Präs. Akt.* гудя́щий, *Adv. Part. Präs.* гудя́⟩ **про~** *сов⟩ без доп* (*издавать однотонный звук*) tönen, klingen; (*о колоколе*) läuten; (*о жуке*) summen; (*о самолёте*) brummen; (*о сирене, гудке*) heulen; (*о гудке автомобиля*) hupen; ◇ ~ **одно́ и то́ же** immer mit demselben Leier kommen **гудо́к** $м_1$ ⟨-дка́, мн: дки́⟩ **1** (*свисток*) Hupe *f;* ◇ **автомоби́льный ~** Autohupe **2** (*звук*) Pfeifen *n,* Heulen *n;* ◇ **трево́жный ~** (Alarm-)Signal *n* **гул** $м_1$ ⟨-а⟩ dumpfes Getöse, Grollen *n;* ◇ ~ **голосо́в** Stimmengewirr *n* **гуля́ка** *м,* $ж_1$ ⟨-и⟩ Herumtreiber *m;* **гуля́нье** c_5 ⟨-я⟩ **1** (*прогулка*) Spaziergang *m* **2** (*праздничное*) Straßenfest *n;* ◇ **наро́дное ~** Volksfest *n;* **гуля́|ть** V_{1b}, *несов, kein Part. Präs. Pass.*⟨-яю, -яешь⟩ **по~** (1, 2) *сов, kein Part. Prät. Pass.*] *без доп* **1** (*совершать прогулку*) spazieren gehen; ◇ ~ть с соба́кой den Hund ausführen **2** (*веселиться*) feiern, zechen **3** (*быть

свободным от службы) frei haben; ◇ **на пра́здники мы ~ли три дня** über die Feiertage hatten wir drei Tage frei **гуманита́рн|ый** *прил* ⟨-ая, -ое, -ые⟩ (*о науках*) geisteswissenschaftlich; ◇ ~ые нау́ки Geisteswissenschaften *f pl* **гума́нный** *прил* ⟨-ая, -ое, -ые⟩ menschlich, human **гурма́н** $м_1$ ⟨-а⟩ Gourmet *m,* Feinschmecker *m* **гу́сеница** $ж_1$ ⟨-ы⟩ **1** зоол (*личинка бабочки*) Raupe *f* **2** тех (*гусеница*) Raupe *f* **густ|о́й** *прил* ⟨-á́я, -о́е, -ы́е⟩ **1** (*о жидком*) dick(-flüssig); ◇ ~áя смета́на dicke saure Sahne; (*вязкий*) zäh **2** (*частый*) dicht; ◇ ~ые за́росли dichtes Gestrüpp **3** (*полнозвучный*) tief; ◇ ~о́й бас tiefer Bass **гус|ь** $м_2$ ⟨-я, мн: гу́си, *род:* -се́й⟩ Gans *f;* ◇ **с него́ как с ~я вода́** das berührt ihn nicht; ◇ ~ей дразни́ть jd-n absichtlich ärgern; ◇ **хоро́ш ~!** du bist mir vielleicht einer! **гутали́н** $м_1$ ⟨-а⟩ Schuhcreme *f* **гу́ща** $ж_1$ ⟨-и⟩ **1** (*осадок в жидкости*) Satz *m,* Bodensatz *m;* ◇ **кофе́йная ~а** Kaffeesatz **2** (*чаща*) Dickicht *n* **3** *перен* (*середина*) Menschengewühl *n;* ◇ **находи́ться в ~е собы́тий** mittendrin sein

Д

да I. *частица* **1** (*утвердительная*) ja; ◇ ~ **и́ли нет?** ja oder nein? **2** (*выражает удивление*) oder, ja; ◇ **он уе́хал. — ~?** er ist weggefahren. – ja? **3** (*усилительная*) doch; ◇ ~ **не мо́жет быть!** das kann doch nicht sein! **4** (*модальная*) ◇ ~ **здра́вствует мир!** es lebe der Frieden! **II.** *союз* **1** (*соединительный*) und; ◇ **ты – он** du und er **2** (*противительный*) doch, aber; ◇ **я охо́тно сде́лал бы э́то, ~ у меня́ вре́мени нет** ich würde das gerne tun, doch habe ich keine Zeit **3** (*в начале предложения при повелительном наклонении*) ◇ ~ **оста́вьте ты меня́ в поко́е!** so lass mich endlich in Ruhe! **дава́ть** V_{1a} ⟨даю́, даёшь, *Part. Präs. Akt.* даю́щий⟩ *несов от* **дать** **дави́ть** V_{4a} *несов* ⟨-влю́, да́вишь, (2) 1 и 2 л. не употр, *Part. Präs. Akt.* да́вящий⟩ **за~** (6), **раз~** (5, 6) *сов, Part. Prät. Pass.* -да́вленный⟩ *на кого́-что вин (1), кого́-что вин* **1** drücken (auf), lasten (auf) **2** (*жать*) drücken; ◇ **сапо́г ~ит но́гу** der Stiefel drückt; *перен* ◇ **го́ре

~и́т грудь Kummer bedrückt jd-n ③ *пе́рен* (*угнета́ть*) unterdrücken, bedrücken; ◇ ~и́ть кого́-л свои́м авторите́том jd-n durch seine Autorität unterdrücken ④ (*выжима́ть*) auspressen ⑤ (*раздави́ть*) zerdrücken, zerquetschen ⑥ (*перее́хать*) überfahren

да́вка *ж₁* ⟨-и⟩ Gedränge *n*

давле́ние *с₄* ⟨-я⟩ Druck *m*; мед ◇ **коро́вя́ное** ~ Blutdruck; ◇ **ока́зывать** ~ **на кого́-л** Druck auf jd-n ausüben

да́вн|ий *прил* ⟨-яя, -ее, -ие⟩ ① (*бы́вший*) längst gewesen; ◇ ~их пор seit jeher, seit alters; ◇ ~ий слу́чай lange zurückliegendes Ereignis ② (*существу́ющий издавна́*) alt; ◇ ~яя привя́занность alte Liebe

давно́ *нареч* ① (*мно́го вре́мени тому́ наза́д*) vor langer Zeit, längst; ◇ он ~ возврати́лся er ist längst zurückgekehrt; э́то бы́ло не так ~ das ist noch nicht allzu lange her ② (*в тече́ние до́лгого вре́мени*) lange; ◇ ~ бы так! höchste Zeit!

да́же *частица* sogar, selbst; ◇ ~ он придёт sogar er kommt; ◇ ~ свои́м друзья́м он э́того не сообщи́л nicht einmal seinen Freunden hat er das gesagt

да́лее *нареч* ① (*да́льше*) weiter; ◇ до ста́нции не ~ двух киломе́тров bis zur Haltestelle sind es höchstens zwei Kilometer ② (*зате́м*) im Weiteren; ◇ не ~ как вчера́ erst gestern; ◇ и так ~ und so weiter

далёк|ий *прил* ⟨-ая, -ое, -ие⟩ (*сравн:* да́льше) ① (*отдалённый*) weit, fern, entfernt; ◇ ~ий путь weiter Weg ② (*по вре́мени*) fern; ◇ ~ое бу́дущее ferne Zukunft; ◇ ~ая старина́ uralte Zeiten ③ *перен* (*чужо́й*) fremd; ◇ мы с ним лю́ди ~ие wir sind uns fremd ④ (*не намерева́ющийся*) fern; ◇ я далёк от мы́сли спо́рить с ним es liegt mir fern, mit ihm zu streiten

даль *ж₃* ⟨-и⟩ Ferne *f*, Weite *f*

дальнозо́ркий *прил* ⟨-ая, -ое, -ие⟩ weitsichtig; *перен* weitblickend

да́льше *сравн от* далёкий

да́ма *ж₁* ⟨-ы⟩ Dame *f*

да́мба *ж₁* ⟨-ы⟩ Damm *m*

да́мка *ж₁* ⟨-и, *род мн:* -мок⟩ (*в ша́шках*) Dame *f*; ◇ быть в ~х eine Dame haben

да́нн|ые *мн* (*А₁*) ⟨-ых⟩ ① (*све́дения*) Angaben *f pl*, Daten *pl*; ◇ обрабо́тка ~ых Datenverarbeitung *f*; ◇ по официа́льным ~ым offiziellen Angaben zufolge ② (*обстоя́тельства де́ла*) Sachverhalt *m* ③ (*спосо́бности*) Anlagen *f pl*, Eigenschaften *f pl*, Fähigkeiten *f pl*; (*предпосы́лки*) Voraussetzungen; ◇ для э́того есть все ~ые dafür gibt es allen Grund

да́нн|ый *прич* ⟨-ая, -ое, -ые⟩ (*и́менно э́тот*) gegeben, vorliegend; ◇ ~ый слу́чай der vorliegende Fall; (*соотве́тствующий*)

entsprechend; ◇ в ~ое вре́мя zu gegebener Zeit; ◇ в ~ый моме́нт zurzeit

дар *м₁* ⟨-а, *мн:* -ы́, *род:* -о́в⟩ ① (*пода́рок*) Geschenk *n*; ◇ принести́ что-л в кому́-л jd-m etw zum Geschenk machen ② (*тала́нт*) Talent *n*, Gabe *f*; ◇ он лиши́лся ~а ре́чи es hat ihm die Sprache verschlagen

дари́ть *V₄ₐ несов* ⟨дарю́, да́ришь, *Part. Präs. Pass.* дари́мый⟩ [**по~** *сов*] кого́-что вин кому́ дат (be-)schenken; ◇ что-л ко дню рожде́ния etw zum Geburtstag schenken

дармое́д *м₁* ⟨-а⟩ Schmarotzer *m*, Parasit *m*

да́ром *нареч* ① (*беспла́тно*) umsonst, unentgeltlich ② (*напра́сно, бесполе́зно*) umsonst, vergeblich; ◇ ~ потеря́ть вре́мя umsonst seine Zeit verschwenden; ◇ э́то не ~ доста́лось das hat viel Mühe gekostet; ◇ э́то ему́ ~ не пройдёт das wird noch Folgen für ihn haben

да́та *ж₁* ⟨-ы⟩ Datum *n*

дать* *сов* ⟨дам, дашь⟩ [дава́ть *несов*] кого́-что вин кому́ дат (1, 4), кому́ дат с инф (2), кому́ дат с инф (3) [] (*то же, что вручи́ть*) geben; (*предоста́вить*) gewähren; ◇ ~ о́тпуск Urlaub gewähren; ◇ ~ возмо́жность что-л де́лать die Möglichkeit zu etw geben; ◇ ~ помеще́ние einen Raum zur Verfügung stellen; ◇ ~ конце́рт ein Konzert geben ② (*позво́лить*) lassen; ◇ све́че догоре́ть die Kerze abbrennen lassen; ◇ да́йте мне поду́мать lassen Sie mich nachdenken ③ (*уда́рить*) schlagen; ◇ я тебе́ дам! ich werde es dir zeigen! ④ (*определи́ть во́зраст*) schätzen; ◇ ему́ не даю́т соро́ка́ лет man schätzt ihn nicht auf vierzig; ◇ ~ доро́гу ausweichen; ◇ ~ кля́тву schwören; ◇ ~ по́вод Anlass geben; ◇ ~ телегра́мму ein Telegramm aufgeben; ◇ ~ себе́ труд sich die Mühe machen

да́ча *ж₁* ⟨-и⟩ Wochenendhaus *n*, Datscha *f*; да́чник *м₁* ⟨-а⟩ Besitzer *m*/Bewohner *m* einer Datscha

два *м/с*, две *ж* ⟨двух, двум, двумя́⟩ числ ① (*число́, ци́фра и коли́чество*) zwei; ◇ за ~ дня́ innerhalb von zwei Tagen; ◇ ка́ждые ~ дня́ alle zwei Tage; ◇ в двух слова́х kurz gesagt; ◇ в ~ счёта im Handumdrehen; ◇ на ~ сло́ва auf ein paar Worte ② (*"дво́йка"*) Fünf *f*; ◇ за сочине́ние он получи́л ~ für den Aufsatz hat er eine Fünf bekommen

два́дцать *числ* zwanzig; ◇ ~ раз тебе́ говори́л das habe ich dir hundertmal gesagt

двена́дцать *числ* zwölf

дверь *ж₃* ⟨-и, о две́ри, на двери́, *род мн:* двере́й, *дат:* дверя́м⟩ Tür *f*; ◇ входна́я ~ь Eingangstür; ◇ хло́пнуть ~ью die Tür zuschlagen; ◇ жить ~ь в ~ь Tür an Tür wohnen; *перен* ◇ ломи́ться в от-

кры́тую ~ь offene Türen einrennen; ◇ **при закры́тых ~я́х** hinter verschlossenen Türen, unter Ausschluss der Öffentlichkeit

две́сти ② (*обоюдный*) двумста́, двумя́-ста́ми *числ* zweihundert

дви́гатель M_2 ⟨-я⟩ ① тех (*мотор*) Motor m; ◇ ~ **самолёта** Triebwerk n ② *перен* (*сила*) Triebkraft f, Motor m

дви́гать V_{1a} *несов* ⟨-аю, -аешь, (3) 1 и 2 л. не употр⟩ [**дви́нуть** *сов*] *кого-что вин, чем тв (2)* ① (*толкать или та-щить*) verrücken, schieben ② (*шевелить*) bewegen, rühren, zucken; ◇ ~ **па́льцами** die Finger bewegen ③ (*приводить в движение*) bewegen, in Bewegung setzen ④ *перен* (*быть причиной*) vorantreiben, fördern; ◇ **им дви́жет тщесла́вие** der Ehrgeiz treibt ihn voran ⑤ (*заставлять действовать*) vorrücken lassen

движе́ни|е c_4 ⟨-я⟩ ① (*перемещение*) Bewegung f; ◇ ~**е вперёд** Vorwärts-bewegung; ◇ **привести́ в ~е что-л** etw in Bewegung setzen; ◇ ~**е сопротивле́ния** Widerstandsbewegung ② (*езда, ходьба*) Verkehr m; ◇ **пра́вила доро́жного ~я** Verkehrsregeln f pl ③ (*внутреннее побуждение*) (innere) Bewegung; ◇ ~**е се́рдца** Rührung f

дви́нуть V_2 ⟨*Imp.* двинь, ~те⟩ *см.* **дви́гать**

двоебо́рье c_5 ⟨-я⟩ Zweikampf m; **двое-вла́стие** c_4 ⟨-я⟩ Doppelherrschaft f; **двоето́чие** c_4 ⟨-я⟩ Doppelpunkt m

дво́йка $ж_1$ ⟨-и, *род мн:* -о́ек⟩ ① (*цифра*) Zwei f ② (*отметка "неудовле-творительно"*) mangelhaft

двойни́к M_1 ⟨-а⟩ Doppelgänger m

двойн|о́й *прил* ⟨-а́я, -о́е, -ы́е⟩ ① (*вдвое больший*) doppelt, zweifach; ◇ ~**а́я по́р-ция** doppelte Portion; ◇ **в ~о́м разме́ре** in doppeltem Ausmaß ② (*состоящий из двух частей*) doppelt, Doppel-; ◇ ~**о́е дно** doppelter Boden

дво́йня $ж_2$ ⟨-и, *род мн:* дво́ен⟩ Zwillinge pl, Zwillingspaar n

двор M_1 ⟨-а́, *мн:*-ы́⟩ ① Hof m; ◇ **на ~е́** auf dem Hof ② (*крестьянское хозяй-ство*) Gehöft n; ◇ **дере́вня в сто ~о́в** Dorf mit hundert Gehöften; ◇ **ни кола́ ни ~а́** weder Haus noch Hof

дворе́ц M_5 ⟨-рца́, *тв:*-рцо́м, *род мн:* -рцо́в⟩ Palast m, Schloss n

дво́рник M_1 ⟨-а⟩ Hausmeister m

дворя́нство c_2 ⟨-а⟩ Adel m

двукра́тн|ый *прил* ⟨-ая, -ое, -ые⟩ zwei-malig; (*двойной*) doppelt; ◇ **в ~ом разме́ре** in doppeltem Ausmaß, doppelt

двули́чие c_4 ⟨-я⟩ Heuchelei f; **двули́чный** *прил* ⟨-ая, -ое, -ые⟩ heuchlerisch, falsch; **двусмы́сленный** *прил* ⟨-ая, -ое, -ые⟩ ① zweideutig, doppeldeutig ② (*шутка*) zweideutig, anzüglich; **двусторо́нн|ий** *прил* ⟨-яя, -ее, ие⟩ ① (*с двумя равно-ценными сторонами*) zweiseitig, doppel-

seitig ② (*обоюдный*) gegenseitig; ◇ ~**ее соглаше́ние** bilaterales Abkommen

двухгоди́чный *прил* ⟨-ая, -ое, -ые⟩ zweijährig; ◇ ~ **курс обуче́ния** zwei Jahre dauernder Lehrgang; **двухме́стный** *прил* ⟨-ая, -ое, -ые⟩ zweisitzig; ◇ ~ **но́мер** Doppelzimmer n, Zweibettzimmer n; **двухсотле́тие** c_4 ⟨-я⟩ ① (*срок в двести лет*) zweihundert Jahre ② (*годовщина, юбилей*) zweihundertster Jahrestag

дебати́ровать V_{3a} *несов* ⟨-рую, -руешь⟩ *что вин или без доп* (*обсуж-дать*) debattieren; (*дискутировать*) dis-kutieren; (*спорить*) streiten

дебю́т M_1 ⟨-а⟩ ① *театр* Debüt n ② *шахм* (*начало партии*) Eröffnung f

девальва́ция $ж_4$ ⟨-и⟩ *эк* Geldabwer-tung f

де́верь M_2 ⟨-я, *мн:* -рья́, *род:* -рей⟩ (*брат мужа*) Schwager m

деви́з M_1 ⟨-а⟩ Devise f, Motto n

де́вочка $ж_1$ ⟨-и, *род мн:* -чек⟩ Mädchen n

де́вственный *прил* ⟨-ая, -ое, -ые⟩ ① (*целомудренный*) jungfräulich, keusch ② *перен* (*невозделанный*) jungfräulich, unberührt

де́вушка $ж_1$ ⟨-и, *род мн:*-шек⟩ junges Mädchen n

девяно́сто *числ* neunzig; ◇ **ему́ уже́ за ~** er ist schon über neunzig

де́вять *числ* neun

деграда́ция $ж_4$ ⟨-и⟩ Verfall m; **дегради́ровать** V_{3a} *несов и сов* ⟨-рую, -руешь⟩ *без доп* verfallen

дегуста́ция $ж_4$ ⟨-и⟩ (Kost-)Probe f, Verkosten n; ◇ ~ **вина́** Weinprobe

дед M_1 ⟨-а⟩ Großvater m; ◇ **Дед-Моро́з** Väterchen n Frost, Weihnachtsmann m

де́душка M_1 ⟨-и, *род мн:* -шек⟩ Großvater m

дежу́рить V_{4b} *несов* ⟨-рю, -ришь, *Adv. Part. Prät.* -жу́рив⟩ *без доп* ① Dienst haben; ◇ ~ **по кла́ссу** Klassendienst haben ② (*присутствовать*) wachen, Wache hal-ten; **дежу́рн|ый** I. *прил* ⟨-ая, -ое, -ые⟩ Dienst habend, Bereitschafts-; ◇ ~**ый врач** Bereitschaftsarzt m; ◇ ~**ое блю́до** Tagesgericht n II. M (A_1) ⟨-ого⟩ (*тот, кто дежурит*) Aufseher m; **дежу́рство** c_2 ⟨-а⟩ Wachdienst m; ◇ **ночно́е ~** Nachtwache f

дезерти́р M_1 ⟨-а⟩ Deserteur m, Fahnenflüchtiger m; **дезерти́ровать** V_{3a} *несов и сов* ⟨-рую, -руешь⟩ *без доп* desertieren, fahnenflüchtig werden; **дезерти́рство** c_2 ⟨-а⟩ Fahnenflucht f, Desertion f

де́йственн|ый *прил* ⟨-ая, -ое, -ые⟩ wirk-sam; ◇ ~**ое сре́дство** effektives Mittel

де́йстви|е c_4 ⟨-я⟩ ① (*деятельность*) Handlung f, Aktion f; ◇ **привести́ что-л в ~е** etw in Gang bringen; ◇ **продли́ть ~е догово́ра** einen Vertrag verlängern; ◇

противозако́нные ~я gesetzeswidrige Taten; театр Handlung f; ◇ ~е происходи́ло в шестна́дцатом столе́тии die Handlung spielte im 16. Jahrhundert ② (влия́ние, возде́йствие) Einfluss m, Wirkung f; ◇ предупрежде́ние не возыме́ло ~я die Warnung nützte nichts ③ театр Akt m; ◇ коме́дия в трёх ~ях Komödie in drei Akten ④ (зако́на, догово́ра) Gültigkeit f, Wirkung f

действи́тельность жₛ ⟨-и⟩ ① (реа́льность) Wirklichkeit f; ◇ совреме́нная ~ь Gegenwart f; ◇ в ~и in Wirklichkeit ② (де́йственность) Wirksamkeit f ③ (го́дность) Gültigkeit f; ◇ ~ь па́спорта Gültigkeit des Passes; **де́йствительный** прил ⟨-ая, -ое, -ые⟩ ① (существу́ющий на са́мом де́ле) wirklich; ◇ э́то не вы́думка, а ~ый факт das ist keine Erfindung, sondern eine Tatsache ② (де́йственный) wirksam ③ (сохраня́ющий си́лу) gültig; ◇ удостовере́ние ~о год der Ausweis ist ein Jahr lang gültig; **де́йств|овать** Vₐ₃ несов, kein Part. Präs. Pass. ⟨-твую, -твуешь⟩ [по- сов без доп (1–3), на кого-что вин (4)] ① handeln; ◇ ~овать реши́тельно entschieden vorgehen ② (функциони́ровать) funktionieren ③ (вступи́ть в си́лу) in Kraft treten; (быть в си́ле) gültig sein ④ (влия́ть) wirken; ◇ угово́ры на него́ не ~уют er lässt sich nicht überreden; ◇ э́то мне ~ует на не́рвы das geht mir auf die Nerven

декабри́ст m₁ ⟨-а⟩ (уча́стник восста́ния 14 декабря́ 1825 г.) Dekabrist m
дека́брь m₂ ⟨-я́, мн: -и́⟩ Dezember m
деклара́ция жₐ₄ ⟨-и⟩ Erklärung f, Deklaration f; ◇ прави́тельственная ~ Regierungserklärung; ◇ тамо́женная ~ Zollerklärung

декре́т m₁ ⟨-а⟩ ① (постановле́ние) Verfügung f, Dekret n ② (декре́тный о́тпуск) Schwangerschaftsurlaub m

де́ла|ть V₁ₐ несов ⟨-аю, -аешь⟩ [с- сов] что вин (1, 2), кого-что вин кем тв (3) ① machen, tun; ◇ ~ вы́вод einen Schluss ziehen; ◇ ~ докла́д einen Vortrag halten; ◇ ~ оши́бки Fehler begehen; ◇ ~ попы́тку einen Versuch unternehmen; ◇ ~ вы́бор eine Wahl treffen; ◇ ~ любе́зность einen Gefallen tun; ◇ ~ вы́говор eine Rüge erteilen; ◇ ~ вид, что... so tun, als ob...; ◇ ~ так ~ wennschau, dennschau; ◇ ~ переса́дку umsteigen ② (произво́дить) herstellen ③ (назнача́ть) einsetzen als; ◇ ~ кого́-л насле́дником jd-n als Erben einsetzen; ◇ ~ помо́щником zum Helfer ernennen

делега́т m₁ ⟨-а⟩ Delegierter m; **делега́ция** жₐ₄ ⟨-и⟩ Delegation f
деле́ние cₐ₄ ⟨-я⟩ ① (разделе́ние) Teilung f, Einteilung f; ◇ ~ иму́щества Vermögensteilung ② мат Division f,

Teilen n ③ (на шкале́) Teilstrich m; ◇ ртуть в термо́метре подняла́сь на два ~я das Quecksilber im Thermometer stieg um zwei Striche

делика́тный прил ⟨-ая, -ое, -ые⟩ ① (ве́жливый) rücksichtsvoll, dezent ② (щеко́тливый) heikel

дели́ть V₄ₐ несов ⟨-лю́, де́лишь, Part. Präs. Akt. деля́щий, Part. Präs. Pass. -ли́мый⟩ [по- (1, 2), раз- (1, 2) сов] кого-что вин (1, 2), что вин с кем тв (3) ① (распределя́ть) teilen, einteilen; ◇ ~ на ра́вные по́рции in gleiche Portionen ② мат dividieren; ◇ ~ на два durch zwei teilen ③ (дели́ться) teilen, перен (пережива́ть) ◇ ~ с друзья́ми го́ре das Leid mit den Freunden teilen

де́л|о c₂ ⟨-а, мн: -а́⟩ ① (предме́т) Sache f, Angelegenheit f, Ding n; ◇ привы́чное ~о nichts Ungewöhnliches; ◇ вме́шиваться не в своё ~о sich in fremde Angelegenheiten mischen; ◇ э́то не твоё ~о das ist nicht deine Sache; ◇ по ли́чному ~у in einer persönlichen Angelegenheit ② (рабо́та, де́ятельность) Arbeit f, Tätigkeit f; ◇ быть без ~а nichts zu tun haben; ◇ по ~а́м слу́жбы in dienstlicher Angelegenheit; (предприя́тие) Unternehmen n; ◇ откры́ть своё ~о sich selbständig machen ③ (посту́пок) Tat f; ◇ сде́лать до́брое ~о eine gute Tat vollbringen ④ (на́добность, нужда́) Angelegenheit f, Bitte f; ◇ у меня́ к Вам ~о ich habe eine Bitte an Sie, ich habe ein Anliegen; ◇ прийти́ по ~у in einer geschäftlichen Angelegenheit kommen ⑤ юр Fall m, Verfahren n; ◇ возбуди́ть ~о про́тив кого́-л einen Prozess gegen jd-n anstrengen ⑥ (собра́ние докуме́нтов) Akte f; ◇ ли́чное ~о Personalakte ⑦ (сфе́ра зна́ний) (Fach-)Gebiet n; ◇ го́рное ~о Bergbau m ⑧ (собы́тие) Sache f, Ereignis n; ◇ ~о бы́ло зимо́й es geschah im Winter; ◇ э́то ~о про́шлое das gehört der Vergangenheit an; ◇ в са́мом ~е in Wirklichkeit; ◇ э́то друго́е ~о das ist etw anderes; ◇ ~о в том, что ... es ist so, dass ...

делово́й прил ⟨-а́я, -о́е, -ы́е⟩ ① (свя́занной с де́лом) Geschäfts-, geschäftlich ② (толко́вый, де́льный) sachkundig, geschäftserfahren, sachlich

де́льн|ый прил ⟨-ая, -ое, -ые⟩ ① tüchtig; (разу́мный) gescheit ② (серьёзный) ernsthaft; (толко́вый) vernünftig; ◇ ~ая мысль ein vernünftiger Gedanke

дельфи́н m₁ ⟨-а⟩ Delphin m

демократи́ческий прил ⟨-ая, -ое, -ие⟩ demokratisch; **демокра́тия** жₐ₄ ⟨-и⟩ Demokratie f

демонстрати́вный прил ⟨-ая, -ое, -ые⟩ (вызыва́ющий) demonstrativ; ◇ ~ отка́з от чего́-л demonstrative Verweigerung von etw; **демонстра́ция** жₐ₄ ⟨-и⟩ ① полит (ше́ствие) Demonstration f, Kundgebung f

② (*показ*) Vorführung *f;* ◇ **~ фи́льма** Filmvorführung; **демонстри́ровать** V$_{3a}$ *несов и сов* [**про~** (2) *сов*] ‹-рую, -руешь› *без доп (1), что вин (2)* demonstrieren, (*показывать*) demonstrieren, vorführen; ◇ **~ рабо́ту но́вой маши́ны** die neue Maschine vorführen

демонта́ж *м₂* ‹-а› Abbau *m*, Demontage *f*

де́нежн|ый *прил* ‹-ая, -ое, -ые› **①** Geld-; ◇ **~ый перево́д** Geldanweisung *f;* ◇ **~ая рефо́рма** Währungsreform *f* **②** *разг* (*богатый*) reich

день *м₂* ‹дня, *мн:* дни› Tag *m;* ◇ **бу́дний** ~ Alltag; **выходно́й** ~ freier Tag; ◇ **це́лый** ~ den ganzen Tag; ◇ **че́рез** ~ jeden zweiten Tag; ◇ **на друго́й** ~ am anderen Tag; ◇ **рожде́ния** Geburtstag; ◇ **со дня на́** ~ von einem Tag auf den anderen; ◇ **средь бе́ла дня** am helllichten Tag; *разг* ◇ **на чёрный** ~ für den Notfall

де́ньг|и *мн* ‹де́нег, *дат:* деньга́м› Geld *n;* ◇ **бума́жные ~и** Geldscheine *m pl;* **ме́лкие ~и** Kleingeld; ◇ **нали́чные ~и** Bargeld; ◇ **ни за каки́е ~и** um keinen Preis; ◇ **быть при ~а́х** Geld haben

департа́мент *м₁* ‹-а› Departement *n; (в США)* ◇ **госуда́рственный** ~ Außenministerium *n* der USA

депо́ *с* ‹нескл› Depot *n;* ◇ **пожа́рное** ~ Feuerwache *f*

депре́сси|я *ж₄* ‹-и› эк, мед Depression *f;* ◇ **впасть в ~ю** depressiv werden

депута́т *м₁* ‹-а› Abgeordneter *m;* ◇ **парла́мента** Parlamentarier *m*

дёргать V$_{1a}$ *несов* ‹-аю, -аешь› [**дёрнуть** V₂ *сов*] *кого-что вин* **①** ruckartig ziehen, zupfen; ◇ **~ верёвку** an der Leine ziehen **②** *разг* (*удалять*) ausreißen; ◇ **~ зу́бы** Zähne ziehen **③** *безл (о болевых ощущениях)* zucken; ◇ **у меня́ дёргает па́лец** mir zuckt der Finger

дереве́нский *прил* ‹-ая, -ое, -ие› Land-, ländlich, dörflich; **дере́вн|я** *ж₂* ‹-и, *род мн:* -ве́нь, *дат:* -вня́м› **①** (*селение*) Dorf *n* **②** (*сельская местность*) Land *n;* ◇ **в ~е** auf dem Land; ◇ **е́хать в ~ю** aufs Land fahren

де́рево *с₂* ‹-а, *мн:* дере́вья, *род:* -ре́вьев, *дат:* -ре́вьям› **①** Baum *m;* **плодо́вое** ~ Obstbaum; **ли́ственное** ~ Laubbaum; **хво́йное** ~ Nadelbaum **②** (*древесина*) Holz *n;* ◇ **кра́сное** ~ Mahagoni *n; перен* ◇ **родосло́вное** ~ Stammbaum; ◇ **из-за дере́вьев ле́са не ви́дно** vor lauter Bäumen den Wald nicht sehen

держа́ва *ж₁* ‹-ы› (*государство*) Macht *f;* ◇ **вели́кие** ~ Großmächte; ◇ **~ы-победи́тельницы** Siegermächte

держа́ть V$_{1a}$ *несов* ‹-жу́, де́ржишь, *Imp.* держи́, ~те, *Part. Präs. Akt.* -жащий, *Adv. Part. Präs.* держа́› *кого-что вин* **①** (*удерживать*) (fest)halten; ◇ **~ ребёнка за́ руку** ein Kind an der Hand halten; ◇ **~ речь** eine Rede hal-

ten; ◇ **~ чью-л сто́рону** für jd-n Partei ergreifen; ◇ **~ сло́во** sein Wort halten **②** (*сохранять*) aufbewahren; ◇ **~ де́ньги в ба́нке** Geld auf der Bank haben; ◇ **~ под аре́стом** gefangen halten; ◇ **~ в та́йне** geheim halten **③** (*владеть*) halten; ◇ **~ кур/скоти́ну** Hühner/Vieh halten; **держа́ться** *несов* ‹-жу́сь, де́ржишься, (4) 1 и 2 л. не употр› *за кого-что вин (1, 3), чего род (2), без доп (4, 5, 6)* **①** (*ухватиться*) sich festhalten *(следовать чему-л)* sich halten an; ◇ **~ стро́гих пра́вил** an strenge Regeln halten; ◇ **~ своего́ мне́ния** an seiner Meinung festhalten **③** *перен* (*стараться сохранить*) klammern an, behalten, festhalten an; ◇ **~ за до́лжность** sich an einen Posten klammern **④** (*удерживаться*) hängen, halten; ◇ **лю́стра де́ржится на крюке́** der Leuchter hängt an einem Haken **⑤** (*вести себя*) sich benehmen, sich geben; ◇ **~ уве́ренно** sich überzeugt geben **⑥** (*сопротивляться*) durchhalten, Widerstand leisten; ◇ **то́лько держи́сь!** halte durch!

дерза́ть V$_{1a}$ *несов, kein Part. Präs. Pass.* ‹-а́ю, -а́ешь› *без доп* wagen, riskieren;

де́рзкий *прил* ‹-ая, -ое, -ие› **①** (*смелый*) (toll-)kühn **②** (*непочтительный*) dreist, vermessen; übermäßig **③** (*бессовестный*) frech

десе́рт *м₁* ‹-а› Nachtisch *m;* ◇ **на** ~ — **пиро́жное** zum Nachtisch gibt es Kuchen

десна́ *ж₁* ‹-ы́, *мн:* дёсны, *род:* дёсен, *дат:* дёснам› Zahnfleisch *n*

десятиле́тие *с₄* ‹-я› **①** (*период*) Jahrzehnt *n* **②** (*годовщина*) zehnter Jahrestag

де́сять *числ* zehn

дета́л|ь *ж₅* ‹-и› **①** (*подробность*) Detail *n;* (*частность*) Einzelheit *f;* ◇ **изложи́ть со все́ми ~ями** detailliert darlegen **②** тех Einzelteil *n;* **дета́льный** *прил* ‹-ая, -ое, -ые› (*подробный*) ausführlich, detailliert

де́ти *мн* ‹дете́й, *дат:* де́тям, *тв:* детьми́, *предл:* де́тях› Kinder *n pl*

де́тская *ж (А₁)* ‹-ой› Kinderzimmer *n;*

де́тск|ий *прил* ‹-ая, -ое, -ие› **①** Kinder-; ◇ **~ий дом** Kinderheim *n;* ◇ **~ий сад** Kindergarten *m;* ◇ **~ая площа́дка** Spielplatz *m* **②** *перен* (*незрелый*) kindlich, naiv; **де́тство** *с₂* ‹-а› Kindheit *f;* ◇ **с ~а** von Kindheit an, von klein auf; ◇ **впасть в ~о** senil werden

дефе́кт *м₁* ‹-а› (*недостаток*) Mangel *m*, Defekt *m*

дефици́т *м₁* ‹-а› **①** эк (*убыток*) Defizit *n* **②** (*нехватка*) Mangel *m;* ◇ **э́тот това́р сейча́с в ~е** das ist zurzeit Mangelware

дешёв|ый *прил* ‹-ая, -ое, -ые› (*сравн:* деше́вле) **①** (*недорого*) billig **②** *перен* (*пустой*) billig; ◇ **~ые шу́точки** platte Witze

де́ятель *м₂* ‹-я› ◇ **госуда́рственный** ~ Staatsmann *m;* ◇ **полити́ческий** ~ Politiker *m;* **де́ятельность** *ж₅* ‹-и› (*занятие, труд*) Aktivität f, Tätigkeit f; ◇ **профессиона́льная ~** Berufstätigkeit; ◇ **~ вулка́на** Vulkanaktivität; **де́ятельн|ый** *прил* ‹-ая, -ое, -ые› **1** (*живой, энергичный*) tatkräftig **2** (*активно действующий*) aktiv; ◇ **принима́ть ~ое уча́стие в чём-л** aktiv an etw teilnehmen

джаз m_1 ‹-а› **1** (*оркестр*) Jazzband f **2** (*музыка*) Jazz m

джи́нсы *мн* ‹-ов› (*брюки*) Jeans f (pl)

диабе́т m_1 ‹-а› мед Diabetes m, Zuckerkrankheit f

диа́гноз m_1 ‹-а› Diagnose f; ◇ **поста́вить предвари́тельный ~** eine vorläufige Diagnose stellen

диале́кт m_1 ‹-а› лингв Dialekt m; ◇ **говори́ть на ~е** Dialekt sprechen

диало́г m_1 ‹-а› Dialog m, Zwiegespräch n; ◇ **избега́ть ~а** einem Gespräch aus dem Weg gehen; ◇ **возобнови́ть ~** den Dialog wieder aufnehmen

диа́метр m_1 ‹-а› Durchmesser m; ◇ **~ом в 15 см** mit einem Durchmesser von 15 cm

диапазо́н m_1 ‹-а› **1** тех Bereich m; ◇ **~ измере́ний** Messbereich; ◇ **~ радиочасто́т** Frequenzbereich m **2** *перен* (*объём, размер*) Spektrum n; ◇ **учёный широ́кого ~а** ein Wissenschaftler mit breitem Wissensspektrum

диафра́гма $ж_1$ ‹-ы› **1** анат Zwerchfell n **2** фото Blende f

диве́рсия $ж_4$ ‹-и› **1** Diversion f; (*вредительство*) Sabotage f **2** воен Ablenkungsmanöver n

диви́зия $ж_4$ ‹-и› воен Division f

ди́вный *прил* ‹-ая, -ое, -ые› **1** (*удивительный*) wunderlich, erstaunlich **2** (*прекрасный*) wunderbar; ◇ **~ го́лос** eine herrliche Stimme

дие́т|а $ж_1$ ‹-ы› Diät f; ◇ **стро́гая ~а** strenge Diät; ◇ **больно́й нахо́дится на ~е** der Patient ist auf Diät; ◇ **соблюда́ть ~у** Diät halten

ди́к|ий *прил* ‹-ая, -ое, -ие› **1** (*неприручённый*) wild; ◇ **~ая ме́стность** Wildnis f **2** (*грубый, необузданный*) wild, ungezügelt, grob; ◇ **~ие нра́вы** raue Sitten **3** *перен* (*нелепый*) absurd, unsinnig; ◇ **~ая мысль** ein absurder Gedanke **4** (*робкий*) schüchtern, menschenscheu

дикобра́з m_1 ‹-а› Stachelschwein n

дикта́нт m_1 ‹-а› Diktat n

диктату́ра $ж_1$ ‹-ы› Diktatur f

ди́ктор m_1 ‹-а› Rundfunksprecher m, Nachrichtensprecher m, Ansager m

дина́стия $ж_4$ ‹-и› Dynastie f

дипло́м m_1 ‹-а› Diplom n

диплома́т m_1 ‹-а› Diplomat m; ◇ **вы́дворить ~а из страны́** einen Diplomaten aus einem Land ausweisen; **дипломати́ческий** *прил* ‹-ая, -ое, -ие› diplomatisch; ◇ **~ая неприкоснове́нность** diplomatische Immunität; ◇ **~ое представи́тельство** diplomatische Vertretung;

дипломати́я $ж_4$ ‹-и› Diplomatie f

директи́ва $ж_1$ ‹-ы› Richtlinie f, Direktive f

дире́ктор m_1 ‹-а, мн: -а́, род: -о́в› Direktor m

дирижа́бль m_2 ‹-я› Luftschiff n

дирижёр m_1 ‹-а› Dirigent m

диск m_1 ‹-а› **1** (*пластинка*) Schallplatte f; ◇ **компа́кт-~** Compactdisc (CD) f **2** спорт Diskus m; ◇ **мета́ние ~а** Diskuswerfen n

дискримина́ция $ж_4$ ‹-и› Diskriminierung f; ◇ **ра́совая ~** Rassendiskriminierung

диску́сси|я $ж_4$ ‹-и› Diskussion f, Besprechung f; ◇ **вступи́ть в ~ю** eine Diskussion beginnen; **дискути́ровать** V_{3a} *несов* ‹-рую, -руешь› *что* вин или *о чём предл* diskutieren, erörtern

диссерта́ция $ж_4$ ‹-и› Dissertation f; ◇ **до́кторская ~я** Habilitationsschrift f; ◇ **защища́ть кандида́тскую ~ю** promovieren

диста́нци|я $ж_4$ ‹-и› **1** (*расстояние*) Entfernung f, Distanz f; ◇ **соблюда́ть ~ю** Abstand halten **2** спорт, ж.-д. Strecke f; ◇ **пройти́ ~ю** eine Strecke zurücklegen

дисципли́н|а $ж_1$ ‹-ы› **1** Disziplin f, Ordnung f; ◇ **трудова́я ~а** Arbeitsdisziplin; ◇ **наруша́ть ~у** die Disziplin verstoßen **2** (*отрасль науки*) Disziplin f; ◇ **истори́ческие ~ы** geschichtswissenschaftliche Disziplinen

дифтери́я $ж_4$ ‹-и› мед Diphtherie f

дичь $ж_5$ ‹-и› **1** (*дикие животные*) Wild n **2** (*мясо этих животных*) Wild n **3** *разг* (*вздор*) Unsinn m **4** *разг* (*глухое место*) Wildnis f

длина́ $ж_1$ ‹-ы› Länge f; ◇ **~о́й в два ме́тра** zwei Meter lang; ◇ **ме́ра ~ы** Längenmaß n

дли́нн|ый *прил* ‹-ая, -ое, -ые› **1** lang; ◇ **~ый рука́в** langer Ärmel; радио ◇ **~ые во́лны** Langwellen **2** (*длительный*) lang; ◇ **~ый переры́в** lange Pause; ◇ **~ое путеше́ствие** lange Reise; ◇ **~ый рубль** leicht verdientes Geld

дли́тельный *прил* ‹-ая, -ое, -ые› anhaltend, lange dauernd; ◇ **на ~ пери́од** für eine lange Zeit

для *предлог с род* **1** (*указывает назначение*) für; ◇ **уче́бник ~ шко́льников** Schulbuch n; ◇ **я́щик ~ бума́г** Papierkiste f; ◇ **вре́дно ~ здоро́вья** gesundheitsschädlich **2** (*в отношении кого-чего-л*) für; ◇ **~ ма́тери все де́ти равны́** für eine Mutter sind alle Kinder gleich **3** (*сравнительно с чем-л*) für; ◇ **он о́чень о́пытен ~ свои́х лет** für sein Alter ist er sehr erfahren **4** (*указывает цель*) zu, um … zu; ◇ **~ достиже́ния це́ли** um das Ziel zu erreichen; ◇ **~ ва́шей по́льзы** zu Ihrem Nutzen; ◇ **~ того́, чтобы всё узна́ть** um alles zu erfahren

дневни́к m_1 ‹-а́, мн: -и́› Tagebuch n; ◇

вести́ ~ Tagebuch führen; ◇ **шко́льный ~** Hausaufgabenheft n

дневн|о́й прил ⟨-а́я, -о́е, -ы́е⟩ Tages-; ◇ **~ъ́я сме́на** Tagesschicht f; ◇ **~о́й за́работок** Tageslohn m

дно c_2 ⟨-а́⟩ **1** Grund m, Boden m; ◇ **морско́е ~** Meeresgrund; тж перен ◇ **идти́ ко дну** untergehen **2** перен (среда) Elend n; ◇ **~ о́бщества** unterste Gesellschaftsschichten; ◇ **пить до дна** (auf) ex trinken; ◇ **переверну́ть вверх ~м** etw auf den Kopf stellen

до предлог с род **1** (указывает на расстояние или время) bis; ◇ **от Москвы́ ~ Берли́на** von Moskau bis Berlin; ◇ **от меня́ ~ вокза́ла недалеко́** von mir bis zum Bahnhof ist es nicht weit **2** (указывает на предел чего-л) auf, bis; ◇ **отложи́ть ~ ве́чера** auf den Abend verschieben; ◇ **дойти́ ~ реки́** bis zum Fluss gehen; ◇ **~ сих пор** bis heute **3** (раньше) vor; ◇ **~ но́вого го́да** noch in diesem Jahr; ◇ **~ на́шей э́ры** vor Christus; ◇ **успе́ли всё сде́лать ~ тебя́** wir waren mit allem vor dir fertig **4** (около, приблизительно) bis zu, ungefähr; **зал вмеща́ет ~ 700 челове́к** der Saal fasst an die 700 Personen; ◇ **~ двадцати́ гра́дусов моро́за** ungefähr minus 20 Grad; **от вре́мени ~ вре́мени** von Zeit zu Zeit; ◇ **~ свида́ния** auf Wiedersehen; ◇ **я промо́к ~ косте́й** ich bin bis auf die Haut durchnässt

доба́вить V_{4b} сов ⟨-влю, -вишь, Part. Prät. Pass. доба́вленный⟩ [**добавля́ть** V_{1b} несов] что вин или чего род **1** (дать дополнительно) hinzufügen, dazugeben; ◇ **~ со́ли в суп** Salz in die Suppe geben **2** (сказать или написать в дополнение) ergänzen; ◇ **всё я́сно, ~ не́чего** alles klar, es ist nichts mehr hinzuzufügen

добела́ нареч (чисто) strahlend weiß

доби́ться V_{4g} сов ⟨-бью́сь, -бьёшься, Imp. -бе́йся, -бе́йтесь, Part. Prät. Pass. -би́тый⟩ [**добива́ться** V_{1a} несов] чего род erreichen, erlangen; ◇ **~ успе́ха** Erfolg haben; ◇ **~ це́ли** sein Ziel erreichen; ◇ **~ своего́** sich durchsetzen; ◇ **я ничего́ не доби́лся** ich habe nichts erreicht

до́блесть $ж_5$ ⟨-и⟩ Heldenmut m, Tapferkeit f

добра́ться V_{1a} сов ⟨-беру́сь, -берёшься, Imp. -бери́сь, -те́сь⟩ [**добира́ться** V_{1a} несов] до кого-чего род **1** (достичь) erreichen; ◇ **~ до до́ма** das Haus erreichen; перен ◇ **~ до су́ти де́ла** zum Kern der Sache kommen **2** прост (расправиться) jd-n kriegen; ◇ **я ещё до тебя́ доберу́сь** dich kriege ich noch; ◇ **до него́ не добере́шься** er ist unnahbar

добр|о́ I. c_2 ⟨-а́⟩ **1** (хорошее, полезное) das Gute; ◇ **жела́ть ~а́ кому́-л** jd-m alles Gute wünschen; ◇ **э́то не к ~у́** das hat nichts Gutes zu bedeuten **2** разг

(имущество, вещи) Hab und Gut n; ◇ **чужо́е ~о́** fremdes Eigentum **3** пренебр (о плохом, негодном) Kram m; ◇ **тако́го ~а́ и да́ром не на́до** auf diesen Kram kann ich verzichten **II.** нареч ◇ **~ пожа́ловать!** herzlich willkommen!

доброво́лец $м_5$ ⟨-льца⟩ Freiwilliger m; **доброво́льный** прил ⟨-ая, -ое, -ые⟩ freiwillig; **доброде́тель** $ж_2$ ⟨-и⟩ Tugend f; **доброжела́тельный** прил ⟨-ая, -ое, -ые⟩ wohlmeinend, wohlwollend; **доброка́чественн|ый** прил ⟨-ая, -ое, -ые⟩ **1** qualitativ gut; ◇ **~ый това́р** Qualitätsware **2** мед gutartig; ◇ **~ая о́пухоль** gutartiger Tumor; **добросерде́чный** прил ⟨-ая, -ое, -ые⟩ gutherzig; **добросо́вестный** прил ⟨-ая, -ое, -ые⟩ gewissenhaft; **доброта́** $ж_1$ ⟨-ы́⟩ Güte f, Gutherzigkeit f

добро́тн|ый прил ⟨-ая, -ое, -ые⟩ **1** (прочный) gut, haltbar; ◇ **~ое изде́лие** haltbare Ware **2** (солидный) solide

добр|ый прил ⟨-ая, -ое, -ые⟩ (милый) lieb; (отзывчивый) gut, gütig, gutherzig; ◇ **оста́вить по себе́ ~ую па́мять** in guter Erinnerung bleiben; ◇ **бу́дьте добры́** seien Sie so gut; ◇ **~ый день!** Guten Tag!; ◇ **~ по ~ой во́ле** freiwillig; ◇ **в ~ый час!** viel Glück!

добы́ть* сов ⟨-бу́ду, -бу́дешь⟩ [**добыва́ть** V_{1a} несов] что вин **1** (приобрести) erwerben, beschaffen, besorgen; ◇ **~ де́нег** Geld auftreiben; ◇ **~ све́жую информа́цию** eine neue Information bekommen **2** (извлечь из недр земли) fördern, gewinnen; **добы́ча** $ж_1$ ⟨-и⟩ **1** (добывание) Beute f; ◇ **идти́ на ~у** auf Beutefang gehen **2** (добытое) Ausbeute f, Gewinnung f, Förderung f

дове́ренность $ж_5$ ⟨-и, -и⟩ Vollmacht f; **дове́рие** c_4 ⟨-я⟩ Vertrauen n; **взаи́мное ~** gegenseitiges Vertrauen; ◇ **оказа́ть ~ кому́-л** jd-m Vertrauen entgegenbringen; ◇ **отнести́сь с ~м к чему́-л** zu jd-m Vertrauen haben; ◇ **пита́ть ~ к кому́-л** Vertrauen in/auf jd-n setzen; **дове́рить** V_{4b} сов ⟨-рю, -ришь⟩ [**доверя́ть** V_{1b} несов] кого-что вин кому-чему дат или с инф **1** (вверять) anvertrauen **2** (уполномочивать) bevollmächtigen; **дове́рчивый** прил ⟨-ая, -ое, -ые⟩ (доверяющий) zutraulich; (основанный на доверии) vertrauensvoll

довести́* сов ⟨-еду́, -едёшь⟩ [**доводи́ть** V_{4a} несов ⟨-вожу́, во́дишь, Part. Präs. Pass. -води́мый⟩] кого-что вин до чего род **1** (доставить) bringen, begleiten; ◇ **он довёл старика́ до до́му** er brachte den alten Mann bis nach Hause **2** (продолжить) führen; ◇ **~ де́ло до конца́** eine Sache zu Ende führen **3** перен (до какого состояния) bringen, führen zu; ◇ **~ до кра́йности** bis zum Äußersten treiben; разг (рассердить) **ты реши́л меня́ сего́дня ~?** willst du mich heute ärgern?; ◇ ~ до све́дения zur Kenntnis bringen

до́вод m_1 ‹-а› Argument n, Beweis m; ◇ ве́ский ~ schwer wiegendes Argument; ◇ приводи́ть ~ы Argumente anführen

дово́льно *нареч* ① (*достаточно*) genügend; ◇ с тебя́ и э́того ~ mehr ist von dir nicht zu erwarten ② (*до некоторой степени*) ziemlich; ◇ ~ си́льный ziemlich stark; ◇ ~ хорошо́ recht gut; ◇ прошло́ уже́ ~ вре́мени es ist schon recht viel Zeit vergangen ③ (*восклицание*) genug!; ◇ ~ слов! genug der Worte!

дово́льн|ый *прил* ‹-ая, -ое, -ые› zufrieden; ◇ у него́ ~ый вид er sieht zufrieden aus; ◇ она́ ~а рабо́той sie ist mit der Arbeit zufrieden

дога́дк|а $ж_1$ ‹-и, *род мн:* -док› ① (*предположение*) Vermutung f, Mutmaßung f; ◇ у меня́ мелькну́ла ~а ich hatte einen Gedankenblitz ② *разг* (*догадливость*) Auffassungsgabe f; ◇ ему́ не хвата́ет ~и er ist schwer von Begriff

до́гма $ж_1$ ‹-ы› Dogma n

догна́ть V_{1a} *сов* ‹-гоню́, -го́нишь, *Imp.* -гони́, -те, *Part. Prät. Pass.* по́гнанный› [**догоня́ть** V_{1b} *несов*] кого́-что вин ① (*настигнуть*) einholen ② *перен* (*наверстать*) aufholen

догово́р m_1 ‹-а› ① (*соглашение*) Vertrag m; ◇ ~ о на́йме Mietvertrag; ◇ заключи́ть ~ einen Vertrag abschließen; ◇ соблюда́ть ~ einen Vertrag einhalten; ◇ расто́ргнуть ~ einen Vertrag auflösen/kündigen ② (*пакт*) Pakt m; ◇ ~ о нападе́нии Nichtangriffspakt; ◇ договорённост|ь $ж_5$ ‹-и› Vereinbarung f, Absprache f, Übereinkunft f; ◇ де́йствовать согла́сно ~и vereinbarungsgemäß handeln; ◇ при́нятые ~и die getroffenen Vereinbarungen; **договори́ться** V_{4a} *сов* ‹-рю́сь, -ри́шься› [**догова́риваться** V_{1a} *несов*] с кем тв о чём предл (1), до чего род (2) ① (*прийти к соглашению*) vereinbaren; (*условиться*) verabreden; (*согласиться*) sich einigen, übereinkommen; ◇ ~, как де́йствовать sich über die Vorgehensweise einigen ② (*дойти до*) sich in etw versteigen; ◇ ~ до неле́постей sich etw zusammenspinnen; **догово́рный** *прил* ‹-ая, -ое, -ые› Vertrags-, vertraglich; ◇ ~ые обяза́тельства vertragliche Verbindlichkeiten; ◇ на ~ых нача́лах auf vertraglicher Grundlage

догоня́ть V_{1b} *несов от* **догна́ть**

догоре́|ть V_5 *сов* ‹-рю́, -ри́шь, 1 и 2 л. не употр, *Imp.* -гори́, -те› [**догора́ть** V_{1a} *несов*] *без доп* abbrennen, niederbrennen; ◇ заря́ ~ла das Morgenrot erlosch

доде́лать V_{1a} *сов* ‹-аю, -аешь› [**доде́лывать** V_{1a} *несов*] что вин ① (*закончить работу*) zu Ende bringen, fertig machen; ◇ ~ рабо́ту над прое́ктом die Arbeit an dem Projekt zu Ende bringen

② (*устранить недоделки*) nacharbeiten; ◇ ~ ру́копись кни́ги das Buchmanuskript überarbeiten

дожда́ться* *сов* ‹-ду́сь, -дёшься› [**дожида́ться** V_{1a} *несов*] кого́-чего род (*обрести*) erwarten, warten bis; ◇ ждём, не мо́жем ~ wir können es kaum erwarten; *разг* (*неприятностей*) ◇ э́тот обма́нщик дождётся неприя́тностей dieser Betrüger wird Unannehmlichkeiten bekommen; ◇ ты у меня́ дождёшься! du lernst mich noch kennen!

дождеви́к m_1 ‹-а́, *мн:* -и́› ① (*гриб*) Staubpilz m, Stäubling m ② *разг* (*плащ*) Regenmantel m

дождь m_2 ‹-я́, *мн:* -и́› (*осадки*) Regen m; ◇ проливно́й ~ strömender Regen; ◇ идёт ~ es regnet; ◇ льёт как из ведра́ es schüttet wie aus Kübeln; ◇ стоя́ть под дождём im Regen stehen

дожи́ть* *сов* ‹-иву́, -ивёшь› [**дожива́ть** V_{1a} *несов*] до чего род (1) etw erleben, leben bis; ◇ ~ до глубо́кой ста́рости sehr alt werden; ◇ вот до чего́ он до́жил! so weit hat er es also gebracht!

до́за $ж_1$ ‹-ы› Dosis f; ◇ принима́ть лека́рство небольши́ми ~ми die Arznei in kleinen Dosen einnehmen

дозна́ние c_4 ‹-я› Ermittlung f; ◇ произвести́ ~я Ermittlungen durchführen

доистори́ческий *прил* ‹-ая, -ое, -ие› vorgeschichtlich, prähistorisch

дои́ть V_{4a} *несов* ‹дою́, до́ишь, *Part. Prät. Pass.* до́енный› [**по~** *сов*] кого́-что вин melken; ◇ ~ коро́ву eine Kuh melken

дойти́* *сов* ‹-йду́, -йдёшь› [**доходи́ть** V_{4a} *несов* ‹-хожу́, -хо́дишь›] до чего́ род, без доп (4) ① (*достичь*) gehen bis ② (*достичь какого-л предела, уровня*) erreichen, gelangen; ◇ вода́ дошла́ до краёв das Wasser stieg bis zum Rand; ◇ температу́ра дошла́ до 40 гра́дусов die Temperatur erreichte 40 Grad; ◇ письмо́ дошло́ бы́стро der Brief kam schnell an ③ *перен* (*достичь крайней степени проявления*) in etw geraten, gelangen; ◇ ~ до изнеможе́ния völlig erschöpft sein ④ *разг* (*стать гото́вым*) gar werden, reif werden; ◇ помидо́ры дойду́т на со́лнце die Tomaten reifen in der Sonne nach ⑤ *разг* (*достигнуть понимания*) ankommen; ◇ смысл мои́х слов до него́ не дошёл er hat den Sinn meiner Worte nicht verstanden; ◇ он дошёл до э́того свои́м умо́м er kam selbst darauf; ◇ до моего́ све́дения дошло́, что... mir kam zu Ohren, dass...

доказа́тельств|о c_2 ‹-а› ① (*факт, довод*) Beweis m; ◇ неопроверми́мые ~а unwiderlegbare Beweise; ◇ приводи́ть ~а Beweise erbringen; ◇ в ~о zum Beweis ② (*доказывание*) Beweisführung f; **доказа́ть** V_{1a} *сов* ‹-ажу́, -а́жешь, *Imp.*

-ажи́, ~те, *Part. Prät. Pass.* -а́занный⟩ [**дока́зывать** V_{1a} *несов*] *что вин* (*подтвердить фактами*) beweisen, nachweisen; ◇ **как доказа́но** erwiesenermaßen; **доказу́емый** *прил* ⟨-ая, -ое, -ые⟩ beweisbar

до́кер $м_1$ ⟨-а⟩ Hafenarbeiter *m*

докла́д $м_1$ ⟨-а⟩ ① (*публичное сообщение*) Vortrag *m*, Referat *n;* ◇ **вы́ступить [прочита́ть] с ~ом** einen Vortrag halten ② (*сообщение начальнику о служебном деле*) Bericht *m;* ◇ **яви́ться с ~ом** Bericht erstatten ③ (*сообщение о приходе посетителя*) Voranmeldung *f;* ◇ **без ~а не входи́ть!** kein Zutritt ohne Voranmeldung!; **докла́дчик** $м_1$ ⟨-а⟩ Redner *m*, Referent *m*

до́ктор $м_1$ ⟨-а, *мн:* -а́, *род:* -о́в⟩ ① (*врач*) Arzt *m* ② (*ученая степень*) Doktor habilitatus *m* (Dr. habil.); ◇ **~ филологи́ческих нау́к** Dr. phil. habil.; ◇ **получи́ть сте́пень ~а** sich habilitieren **доктри́на** $ж_1$ ⟨-ы⟩ Doktrin *f*

докуме́нт $м_1$ ⟨-а⟩ ① (*деловая бумага*) Dokument *n* ② (*удостоверение личности*) Ausweis *m*, Urkunde *f;* ◇ **~ проездно́й** Fahrschein *m;* ◇ **об образова́нии** Abschlusszeugnis *n;* ◇ **по́длинный ~** Originalurkunde *f;* **документа́льный** *прил* ⟨-ая, -ое, -ые⟩ dokumentarisch; ◇ **~ фильм** Dokumentarfilm *m*

долби́ть V_{4a} *несов* ⟨-блю́, -би́шь, *Part. Präs. Pass.* -би́мый, *Part. Prät. Pass.* -блённый⟩ *что вин* ① (*инструментом*) meißeln, aushöhlen; (*клювом*) hacken; ◇ **лёд** ein Loch in die Eisdecke schlagen ② *разг* (*ударять, колотить*) klopfen, hämmern ③ *разг* (*повторять*) jd-m einschärfen, ständig wiederholen; ◇ **це́лый день ~ одно́ и то́ же** den ganzen Tag ein und dasselbe wiederholen ④ *разг* (*зубрить*) pauken, sich einträchtern; ◇ **табли́цу умноже́ния** das Einmaleins pauken

долг $м_1$ ⟨-а, *мн:* -и́⟩ ① (*обязанность*) Pflicht *f;* ◇ **вы́полнить свой ~** seine Pflicht erfüllen ② (*взятое взаймы*) Schuld *f;* ◇ **взять в ~** leihen, borgen; ◇ **дать в ~** verleihen; ◇ **влезть в ~и** sich in Schulden stürzen; ◇ **по́ уши в ~а́х** bis über die Ohren verschuldet; ◇ **пе́рвым ~ом** vor allen Dingen; ◇ **отда́ть после́дний ~** die letzte Ehre erweisen; ◇ **не оста́ться в ~у́** nichts schuldig bleiben

до́лгий *прил* ⟨-ая, -ое, -ие⟩ ① (*продолжительный*) lang; ◇ **~ая жизнь** langes Leben; ◇ **~ое молча́ние** lang anhaltendes Schweigen; ◇ **~ий** lange Zeit; ◇ **откла́дывать в ~ий я́щик** auf die lange Bank schieben ② *лингв* lang; ◇ **~ий гла́сный** langer Vokal

долгожда́нный *прил* ⟨-ая, -ое, -ые⟩ lang ersehnt, lang erwartet

долголе́тний *прил* ⟨-ая, -ое, -ие⟩ langjährig

долгосро́чный *прил* ⟨-ая, -ое, -ые⟩ langfristig; ◇ **~ креди́т** langfristiger Kredit **до́лжен** *предик* ⟨-на́ -но́, -ны⟩ ① (*с инф*) müssen, sollen; ◇ **я ~ тебе́ переда́ть э́ту кни́гу** ich soll dir dieses Buch geben ② (*кому-л*) schulden

должни́к $м_1$ ⟨-а, *мн:* -и́⟩ Schuldner *m;* ◇ **счита́йте меня́ свои́м ~о́м** ich bin Ihnen sehr verpflichtet

должностно́й *прил* ⟨-а́я, -о́е, -ы́е⟩ Amts-; ◇ **~о́е лицо́** Amtsperson; **до́лжность** $ж_5$ ⟨-и, *род мн:* -те́й⟩ (*служебная обязанность*) Amt *n*, Funktion *f;* ◇ **отве́тственная ~ь** verantwortungsvolle Funktion; (*пост*) Dienststelle *f*, Posten *m;* ◇ **шта́тная ~ь** Planstelle; ◇ **занима́ть ~ь мини́стра** ein Ministeramt bekleiden; ◇ **освободи́ть кого́-л от ~и** jd-n seines Amtes entheben

до́лжный *прил* ⟨-ая, -ое, -ые⟩ gebührend, gehörig; ◇ **на ~ой высоте́** auf entsprechender Höhe; ◇ **~ым о́бразом** wie es sich gehört;

до́лжное *с* ⟨-ого⟩ (*то, что нужно*) das Gebührende; ◇ **возда́ть ~ кому́-л** jd-m Gerechtigkeit widerfahren lassen

доли́на $ж_1$ ⟨-ы⟩ Tal *n*

доли́ть V_{4a} *сов* ⟨-лью́, -льёшь, *Imp.* -ле́й, ~те, *Part. Prät. Pass.* -ли́тый⟩ [**долива́ть** V_{1a} *несов*] *что вин или чего род* (*добавить*) voll gießen, nachgießen; (*дополна*) nachfüllen

доложи́ть[1] V_{4a} *сов* ⟨-ожу́, -о́жишь, *Part. Prät. Pass.* -о́женный⟩ [**докла́дывать** V_{1a} *несов*] *что вин или чего род* (*добавить*) dazulegen, hinzufügen

доложи́ть[2] *сов* ⟨-ожу́, -о́жишь⟩ [**докла́дывать** *несов*] *что вин или о чём предл* (*сделать сообщение*) berichten, melden

доло́й *нареч* *разг* (*прочь*) nieder!; ◇ **уйди́ с глаз ~!** geh mir aus den Augen!

до́ля $ж_5$ ⟨-и, *род мн:* -ле́й⟩ ① (*часть*) Teil *m;* ◇ **льви́ная ~я** Löwenanteil *m;* ◇ **войти́ в ~ю с кем-л** Teilhaber werden; ◇ **раздели́ть на ра́вные ~и** in gleiche Teile teilen; ◇ **в ~ю секу́нды** im Bruchteil einer Sekunde ② (*судьба*) Schicksal *n*, Los *n;* ◇ **вы́пасть на чью-л ~ю** jd-m zufallen

дом $м_1$ ⟨-а, *мн:* -а́, *род:* -о́в⟩ ① (*здание*) Haus *n;* ◇ **одноквартирный ~** Einfamilienhaus; ◇ **~-новостро́йка** Neubau *m;* ◇ **ба́нковский ~** Bankhaus ② (*жильё, хозяйство*) Heim *n;* ◇ **родно́й ~** trautes Heim ③ (*семья*) Familie; ◇ **он прие́хал со всем ~ом** er kam mit der ganzen Familie ④ (*культурно-бытовое учреждение*) Heim *n;* ◇ **~ о́тдыха** Erholungsheim; ◇ **~ тво́рчества** Kulturzentrum *n*

до́ма *нареч* zu Hause, daheim; ◇ **~ никого́ нет** es ist niemand zu Hause; ◇ **бу́дьте как ~** fühlen Sie sich wie zu

Hause; *разг* ◇ **у него́ не все** ~ er hat sie nicht mehr alle

дома́шн|ий I. *прил* ⟨-яя, -ее, -ие⟩ Haus-, häuslich; ◇ **~ее хозя́йство** Haushalt *m;* ◇ **~яя хозя́йка** Hausfrau *f;* ◇ **~ое живо́тное** Haustier *n* II. ◇ **~ие** *мн* (*A₂*) (*семья*) Angehörige *m pl,* Familie *f*

домини́ровать V₃ₐ *несов* ⟨-рую, -руешь⟩ *без доп или над чем тв* (*преобладать*) dominieren, vorherrschen

домино́ *с* ⟨*нескл*⟩ (*игра*) Domino *n*

домкра́т *m₁* ⟨-а⟩ *авто* Wagenheber *m*

до́мна *ж₁* ⟨-ы, *род мн:* -мен⟩ Hochofen *m*

домовладе́лец *m₅* ⟨-льца⟩ Hausbesitzer *m*

домо́й *нареч* nach Hause; ◇ **мне ну́жно** ~ ich muss nach Hause; ◇ **я до́лжен позвони́ть** ~ ich muss zu Hause anrufen; ◇ **на кани́кулы пое́ду** ~ in den Ferien fahre ich heim

до́мысел *m₁* ⟨-сла, *мн:* -слы⟩ (*предположение*) Vermutung *f,* Mutmaßung *f*

донесе́ние *c₄* ⟨-я⟩ Meldung *f,* Bericht *m*

донести́¹ * *сов* ⟨-су́, -сёшь⟩ [**доноси́ть** V₄ₐ *несов*] *кого-что вин (1), что вин до кого-чего род (2)* (*доставить*) hinbringen, tragen; ◇ ~ **ве́щи до до́ма** die Sachen zum Haus bringen ② (*сделать слышным*) vermitteln; ◇ ~ **смысл ска́занного до слу́шателей** den Zuhörern den Sinn des Gesagten vermitteln

донести́² * *сов* ⟨-су́, -сёшь⟩ [**доноси́ть** *несов*] *о чём предл (1), на кого-что вин (2)* ① (*доложить*) berichten, melden ② (*сделать донос*) jd-n denunzieren

до́нор *m₁* ⟨-а⟩ Spender *m*

доно́с *m₁* ⟨-а⟩ Denunziation *f*

допла́та *ж₁* ⟨-ы⟩ Zuschlag *m;* (*дополнительная плата*) Nachzahlung *f;* **доплати́ть** V₄ₐ *сов* ⟨-ачу́, -а́тишь, *Part. Prät. Pass.* -а́ченный⟩ [**допла́чивать** V₁ₐ *несов*] *что вин* nachzahlen, zuzahlen

дополне́ни|е *c₄* ⟨-я⟩ ① Ergänzung *f;* (*к резолюции*) Zusatz *m;* ◇ **в** ~**е** ergänzend; ◇ ~**я к оде́жде** Accessoires *n pl* ② *грам* Objekt *n;* ◇ **прямо́е/ко́свенное** ~ direktes/indirektes Objekt; **дополни́тельн|ый** *прил* ⟨-ая, -ое, -ые⟩ ① zusätzlich, ergänzend; ◇ ~**ый о́тпуск** Zusatzurlaub *m;* ◇ ~**ый за́работок** Nebenverdienst *m;* ◇ ~**ые расхо́ды** Nebenkosten *pl;* ◇ ~**ые вы́боры** Nachwahlen *f pl* ② *грам* ◇ ~**ое прида́точное предложе́ние** Objektsatz *m;* **дополни́ть** V₄ᵦ *сов* ⟨-ню, -нишь, *Imp.* -ни, -те⟩ [**дополня́ть** V₁ᵦ *несов*] *кого-что вин* ergänzen

допра́шивать V₁ₐ *несов от* **допроси́ть**

допро́с *m₁* ⟨-а⟩ Verhör *n;* ◇ **перекрёстный** ~ Kreuzverhör; **допроси́ть** V₄ₐ *сов* ⟨-ошу́, -о́сишь, *Part. Prät. Pass.* -о́шенный⟩ [**допра́шивать** V₁ₐ *несов*] *кого-что вин* verhören, vernehmen

до́пуск *m₁* ⟨-а⟩ ① Zutritt *m,* Einlass *m;* ◇

~ **к секре́тным докуме́нтам** Zugang zu geheimen Dokumenten ② *тех* Toleranz *f*

допуска́ть V₁ₐ *несов от* **допусти́ть**

допусти́м|ый *прил* ⟨-ая, -ое, -ые⟩ (*возможный, разрешенный*) zulässig; (*позволительный*) gestattet; *авто* ◇ ~**ая преде́льная ско́рость** zulässige Höchstgeschwindigkeit; **допусти́ть** V₄ₐ *сов* ⟨-ущу́, -у́стишь, *Part. Prät. Pass.* -у́щенный⟩ [**допуска́ть** *несов*] *кого-что вин до кого-чего род или к кому-чему дат или с инф* (1), *что вин* (2, 3) ① (*разрешить*) zulassen; ◇ ~ **к ко́нкурсу** zum Wettbewerb zulassen; ◇ **я не допущу́ э́того** das lasse ich nicht zu; ◇ **э́того нельзя́** ~ das darf man nicht zulassen ② (*сделать что-л случайно*) etw versehentlich tun ③ (*предположить*) annehmen; ◇ **допу́стим, он прав** nehmen wir an, dass er Recht hat

дорабо́тать V₁ₐ *сов* ⟨-аю, -аешь⟩ [**дораба́тывать** V₁ₐ *несов*] *что вин* (1), *до чего род* (2) ① (*довести до готовности*) fertig stellen, ausarbeiten, zu Ende bringen ② (*окончить работу*) arbeiten bis; ◇ ~ **до утра́** bis zum Morgen durcharbeiten

доро́г|а *ж₁* ⟨-и⟩ ① Weg *m,* Straße *f;* ◇ **просёлочная** ~**а** Landstraße; ◇ **обо́чина** ~**и** Straßenrand *m;* ◇ **подъездна́я** ~**а** Zufahrtsstraße; ◇ **желе́зная** ~**а** Eisenbahn *f;* ◇ **кана́тная** ~**а** Seilbahn *f;* ◇ **подвесна́я** ~**а** Schwebebahn *f* (*путь следования*) Weg *m;* ◇ **сби́ться с** ~**и** sich verfahren; ◇ **на полови́не** ~**и** auf halbem Wege ② (*путешествие*) Reise *f;* ◇ **отпра́виться в** ~**у** sich auf den Weg machen; ◇ **в** ~**е** unterwegs; ◇ **я уста́л с** ~**и** ich bin müde von der Reise ④ *перен* Weg *m;* ◇ **идти́ свое́й** ~**ой** seinen Weg gehen; ◇ **туда́ ему́ и** ~**а!** das geschieht ihm recht!

дорог|о́й *прил* ⟨-а́я, -о́е, -и́е⟩ ① teuer; (*дорогостоящий*) kostspielig; ◇ **получи́ть что-л ~о́й цено́й** etw teuer erstehen ② *перен* (*драгоценный*) kostbar, teuer; ◇ ~**а́ ка́ждая мину́та** jede Minute ist kostbar; ◇ ~**а́я побе́да** teuer bezahlter Sieg ③ (*милый*) lieb, teuer; ◇ ~**о́й друг** lieber Freund

доро́жк|а *ж₁* ⟨-и, *род мн:* -жек⟩ ① (*тропинка*) Pfad *m,* Fußweg *m* ② (*спорт*) Bahn *f;* ◇ **бегова́я** ~**а** Laufbahn; ◇ **ледяна́я** ~**а** Eisbahn; (*для конного спорта*) Rennbahn ③ (*коврик, скатерть*) Läufer *m;* ◇ **постели́ть** ~**у** den Läufer ausrollen ④ *муз* ◇ **звукова́я** ~**а** Tonspur *f*

доро́жн|ый *прил* ⟨-ая, -ое, -ые⟩ ① (*необходимое для дороги*) Reise-; ◇ ~**ые расхо́ды** Reiseausgaben *pl;* ◇ ~**ый чек** Reisescheck *m* ② (*связанный с дорогами*) Straßen-; ◇ ~**ое строи́тельство** Straßenbau *m;* ◇ ~**ая сеть** Straßennetz *n;* ◇ ~**ое происше́ствие** Verkehrsunfall *m*

доса́да $ж_1$ <-ы> Ärger m, Verdruss m

доск|а́ $ж_1$ <-й, вин: до́ску, мн: до́ски, род: досо́к, дат: -ка́м> Tafel f, Brett n; ◇ **ша́хматная ~а́** Schachbrett; **~а́ распредели́тельная** Schaltbrett; ◇ **вы́звать ученика́ к ~е** den Schüler an die Tafel rufen; ◇ **~а́ объявле́ний** schwarzes Brett; ◇ **от ~й до ~й** von A bis Z; ◇ **ста́вить на одну́ ~у** auf die gleiche Stufe stellen

досмотре́ть V_5 сов <-рю́, -о́тришь, Imp. -ри́, ~те, Part. Prät. Pass. -о́тренный> [**досма́тривать** V_{1a} несов] кого-что вин ① (посмотреть до конца) bis zu Ende sehen; ◇ **кинофи́льм** den Film bis zum Schluss ansehen ② (произвести досмотр) kontrollieren; ◇ **~ бага́ж на грани́це** das Gepäck an der Grenze durchsuchen

досро́чн|ый прил <-ая, -ое, -ые> vorzeitig, vorgezogen; ◇ **~ые вы́боры** vorgezogene Wahlen

доста́в|ить V_{4b} сов <-влю, -вишь, Part. Prät. Pass. -вленный> [**доставля́ть** V_{1b} несов] кого-что вин ① (принести) liefern, zustellen; ◇ **~ть посы́лку в срок** das Päckchen fristgerecht zustellen ② (причинить) bereiten; ◇ **~ть беспоко́йство кому́-л** jd-m Sorgen bereiten; ◇ **э́то ~ло мне большу́ю ра́дость** das hat mir eine große Freude bereitet

доста́вка $ж_1$ <-и, род мн: -вок> Lieferung f; (почты) Zustellung f; ◇ **беспла́тная ~ на́ дом** Lieferung frei Haus

доста́ток $м_1$ <-тка> Wohlstand m; ◇ **в до́ме** die Familie ist gut betucht

доста́точно нареч genug, ausreichend; ◇ **у неё ~ основа́ний** sie hat guten Grund; ◇ **мне э́того ~** das reicht mir; ◇ **э́того бы́ло бы доста́точно, что́бы** das wäre genug, um

доста́ть V_{1a} сов, kein Part. Prät. Pass. <-а́ну,-а́нешь, Imp. -а́нь, ~те> [**достава́ть** V_{1a} несов <стаю́, -аёшь, ~ Part. Präs. Akt. -стаю́щий> что вин (1, 2), до кого-чего род (3) ① (извлечь) nehmen, herausziehen ② (раздобыть) ergattern, auftreiben; ◇ **~ биле́т в теа́тр** eine Theaterkarte ergattern ③ (дотянуться) reichen bis, erreichen (können); ◇ **я не могу́ ~ так далеко́** da komme ich nicht dran

достига́ть V_{1a} несов от **дости́чь**

достиже́ни|е c_4 <-я> ① Erreichen n; ◇ **по ~и 60-ле́тнего во́зраста** nach Vollendung des 60. Lebensjahres ② (успех) Errungenschaft f, Erfolg m

дости́чь, достигну́ть V_2 сов <-и́гну, -и́гнешь, Prät. -и́г, Part. Prät. Akt. -и́гший, Part. Prät. Pass. -и́гнутый> [**достига́ть** несов] чего род ① (добраться) erreichen, gelangen zu ② (дожить) erreichen; ◇ **глубо́кой ста́рости** ein hohes Alter erreichen ③ (добиться)

erreichen, erlangen, erringen; ◇ **~ успе́ха в чём-л** einen Erfolg in etw erzielen

достове́рный прил <-ая, -ое, -ые> ① (правильный) richtig ② (подлинный) echt, Original-; ◇ **~ые докуме́нты** Originaldokumente n pl ③ (надёжный) zuverlässig ④ (правдоподобный) glaubwürdig, wahrheitsgetreu; ◇ **~ые показа́ния** glaubwürdige Aussagen

досто́инство c_2 <-а> ① (качество) Wert m, Qualität f; (преимущество) Vorzug m; ◇ **в спекта́кле мно́го ~** das Stück ist von hoher Qualität ② (моральные качества) Würde f; ◇ **чу́вство со́бственного ~а** Selbstbewusstsein n; ◇ **роня́ть своё ~** eine Würde verlieren; ◇ **э́то ни́же моего́ ~а** das ist unter meiner Würde ③ (стоимость) Wert m; ◇ **банкно́та ~ом в 1000 рубле́й** Tausendrubelschein m; **досто́йн|ый** прил <-ая, -ое, -ые> ① (заслуживающий чего-л) würdig, wert; ◇ **~ый подража́ния** nachahmenswert; ◇ **~ый похвалы́** lobenswert ② (уважаемый) würdig; ◇ **~ая ли́чность** geschätzte Persönlichkeit ③ (заслуженный, справедливый) verdient, gerecht; ◇ **~ое наказа́ние** gerechte Strafe

достопримеча́тельность $ж_5$ <-и> Sehenswürdigkeit f

достоя́ние c_4 <-я> Eigentum n, Vermögen n; перен Gemeingut n

до́ступ $м_1$ <-а> Einlass m, Zutritt m; ◇ **~ посети́телей в больни́цу** Besuchszeit im Krankenhaus; ◇ **дать ~ кому́-л куда́-л** jd-m Zutritt zu etw gestatten; **досту́пн|ый** прил <-ая, -ое, -ые> ① zugänglich, geöffnet; ◇ **~ые места́, ~ые для тури́стов** für Touristen zugängliche Orte ② (доходчивый; подходящий) verständlich; ◇ **кни́га ~а всем** das Buch ist für jedermann verständlich ③ (товары) erschwinglich; ◇ **~ые це́ны** erschwingliche Preise ④ (не высокомерный) aufgeschlossen, zugänglich

досу́г $м_1$ <-а> Freizeit f; ◇ **провести́ свой ~ с по́льзой** seine Freizeit sinnvoll gestalten

дотла́ нареч bis auf den Grund; ◇ **сжечь ~** bis auf die Grundmauern abbrennen

дотро́нуться V_2 сов <-нусь, -нешься, Imp. -тро́нься, ~тесь> [**дотра́гиваться** V_{1a} несов] до кого-чего род etw/jd-n berühren

дотя́ну|ть V_2 сов <-яну́, -я́нешь, Part. Prät. Pass. -я́нутый> [**дотя́гивать** V_{1a} несов] что вин до чего род ① (протянуть) schleppen, bis zu etw ziehen; ◇ **~ть ка́бель до посёлка** eine Leitung zum Dorf legen ② (добраться) etw gerade noch erreichen; ◇ **самолёт ~л до аэродро́ма** das Flugzeug schaffte es gerade noch bis zum Flughafen ③ (замедлить выполнение) in die Länge ziehen; ◇ **~ть**

рабо́ту до ве́чера die Arbeit bis zum Abend hinauszögern ④ *разг* (обойти́сь) mit etw auskommen; ◇ **~ть до зарпла́ты** bis zum Zahltag mit seinem Geld auskommen ⑤ (дожи́ть) erleben; ◇ **больно́й не ~л до весны́** der Kranke erlebte den Frühling nicht mehr

дохо́д M_1 ⟨-а⟩ ① Einkommen *n; (с сборов)* Einnahme *f; (прибыль)* Gewinn *m;* ◇ **побо́чные ~ы** Nebeneinnahmen; **приноси́ть ~** Gewinn bringen; **дохо́д-ный** *прил* ⟨-ая, -ое, -ые⟩ rentabel, Gewinn bringend

до́чиста *нареч* ① *(до чистоты́)* sauber ② *перен разг (полностью, целиком)* vollständig; ◇ **съесть всё** ~ alles aufessen

дочь $ж_5$ ⟨до́чери, *мн:* до́чери, *род:* дочере́й, *тв:* дочерьми́⟩ Tochter *f*

дошко́льник M_1 ⟨-а⟩ ① Kind *n* im Vorschulalter ② *(педагог)* Erzieher(in *f*) *m*

драгоце́нность $ж_5$ ⟨-и⟩ ① *(сокро́-вище)* Schatz *m* ② *(ювели́рное изде́лие)* Juwel *m* ③ *(це́нность)* Kostbarkeit *f;* ◇ **э́то письмо́ — семе́йная ~** dieser Brief ist ein wertvoller Familienbesitz; **драго-це́нный** *прил* ⟨-ая, -ое, -ые⟩ wertvoll; ◇ **~ ка́мень** Edelstein *m*

дразни́ть V_{4a} ⟨-ню́, -а́знишь⟩ *кого́-что вин* ① *(злить)* hänseln, necken, reizen ② *(возбужда́ть)* anregen, erregen; ◇ **за́пахи ~ят аппети́т** die Düfte sind appetitanregend

дра́к|а $ж_5$ ⟨-и⟩ Schlägerei *f,* Rauferei *f; (пота́совка)* Handgemenge *n;* ◇ **затея́ть ~у** eine Schlägerei anzetteln

дра́ма $ж_5$ ⟨-ы⟩ *театр, тж перен* Drama *n;* **драмату́рг** M_1 ⟨-а⟩ Dramatiker *m*

драть* $несов$ ⟨-дерý, дерёшь; [вы́]~ (1) сов⟩ *что вин (1), без доп (2), кого́-что вин чем тв (3), что вин с кого́-чего род (4)* ① *разг (изнашивать)* abtragen, zerfetzen; ◇ **~ о́бувь** Schuhe abtragen ② *разг (раздражать)* kratzen, reizen; ◇ **горчи́ца дерёт рот** Senf brennt im Mund ③ *разг (наказывать по́ркой)* verprügeln ④ *перен разг (обира́ть)* überteuern; ◇ **~ втри́дорога** Wucherpreise verlangen; ◇ **~ шку́ру с кого́-л** jd-n ausnehmen; ◇ **~ го́рло** sich die Kehle aus dem Hals schreien; ◇ **меня́ моро́з дерёт по ко́же** es überläuft mich kalt; **дра́ться** *несов* ⟨деру́сь, дерёшься⟩ [по~ (1) *сов*] *с кем-чем тв (1), за что (2)* ① *(быть друг дру́га)* sich schlagen, sich prügeln ② *перен разг (добива́ться)* um etw ringen, kämpfen um

драчу́н M_1 ⟨-а́, *мн:* -ы́⟩ Raufbold *m*

дре́вн|ий *прил* ⟨-яя, -ее, -ие⟩ ① *(да́вний)* alt, altertümlich; ◇ **~ие преда́ния** altertümliche Überlieferungen; *(анти́ч-ный)* antik ② *(о́чень ста́рый)* uralt; ◇ **~ий дуб** uralte Eiche

дрель $ж_5$ ⟨-и⟩ *тех* (Schlag-)Bohrmaschine *f*

дрема́ть V_{1g} *несов* ⟨-млю́, дре́млешь, *Imp.* дремли́, ~те, *Part. Präs. Akt.* дре́млющий, *Adv. Part. Präs.* дремля́⟩ *без доп* im Halbschlaf sein; ◇ **~ в кре́сле** im Sessel schlummern

дрессиро́вщик M_1 ⟨-а⟩ Dompteur *m*

дроби́ть V_{da} *несов* ⟨-блю́, -би́шь⟩ [раз~ *сов,* ⟨ *Part. Prät. Pass.* дро́блен-ый⟩] *кого́-что вин (разбива́ть)* zerstü-ckeln, zerkleinern; ◇ **~ ка́мни** Steine zer-malmen; **дро́бн|ый** *прил* ⟨-ая, -ое, -ые⟩ ① *(рачленённый)* zerstückelt, aufgeteilt ② *(ча́стый и ме́лкий)* fein; ◇ **~ый дождь** Nieselregen *m* ③ *мат* Bruch-; ◇ **~ое число́** Bruchzahl *f*

дробь $ж_5$ ⟨-би, *род мн:* -бе́й⟩ ① *(для стрельбы́)* Schrot *n o. m* ② *мат (число́)* Bruch *m;* ◇ **деся́тичная ~** Dezimalbruch ③ *(звуки)* ◇ **бараба́нная ~** Trommel-wirbel *m*

дрова́ $мн_1$ ⟨дров⟩ (Brenn-)Holz *n;* ◇ **коло́ть ~** Brennholz hacken; ◇ **налома́ть дров** Dummheiten machen

дро́гнуть¹ $V_2^?$ *несов* ⟨-ну, -нешь⟩ *без доп (мёрзнуть)* frösteln, frieren

дро́гнуть² ⟨-ну, -нешь⟩ *сов без доп (вздро́гнуть)* erzittern, erbeben

дрожа́|ть V_{1a} *несов* ⟨-жу́, -жи́шь, (2) 1 и 2 л. не употр, *Imp.* дрожи́, ~те, *Part. Präs. Akt.* -жа́щий, *Adv. Part. Präs.* дрожа́⟩ *без доп (1, 2), за кого́-что вин или над кем-чем тв (3), перед кем-чем тв (4)* ① *(трясти́сь)* zittern, beben; ◇ **у него́ коле́ни ~т от стра́ха** die Knie zit-tern ihm vor Angst ② *(о све́че)* flackern ③ *перен (опаса́ться)* sich sorgen um, ängstigen; ◇ **~ть за своего́ ребёнка** sich um sein Kind sorgen ④ *перен (трепе-та́ть)* vor jd-m (er-)zittern; ◇ **~ть пе́ред самоду́ром** vor einem Despoten erzittern; ◇ **~ть над копе́йкой** jeden Pfennig umdrehen

дро́жжи $мн_5$ ⟨-же́й⟩ Hefe *f*

дрозд M_1 ⟨-а́, *мн:* -ы́⟩ Drossel *f*

друг¹ M_1 ⟨-а, *мн:* друзья́, *род:* -зе́й, *дат:* -зья́м, *тв:* -зья́ми, *предл:* -зья́х⟩ Freund *m*

друг² ⟨друг дру́га, друг дру́гу, друг дру́гом, друг о дру́ге⟩ einander; ◇ **~ за ~ом** nacheinander; ◇ **~ от ~а** voneinander; ◇ **~ про́тив ~а** gegeneinander

друг|о́й *прил* ⟨-а́я, -о́е, -и́е⟩ anderer; ◇ **он стал совсе́м ~и́м** er wurde ein anderer Mensch; ◇ **э́то ~о́е де́ло** das ist etw ande-res; ◇ **в ~о́й раз поговори́м** wir sprechen ein anderes Mal darüber; ◇ **с ~о́й сто-роны́** andererseits; ◇ **на ~о́й день** am anderen [nächsten] Tag

дру́жб|а $ж_5$ ⟨-ы⟩ Freundschaft *f;* ◇ **быть в ~е с кем-л** mit jd-m befreundet sein; ◇ **не в слу́жбу, а в ~у** (tu das) mir zuliebe; **дру́жеск|ий** *прил* ⟨-ая, -ое, ие⟩ freund-schaftlich; ◇ **быть с кем-л на ~ой ноге́** auf gutem Fuße mit jd-m stehen;

дру́жественный *прил* ⟨-ая, -ое, -ые⟩ freundschaftlich, Freundschafts-

дру́жн|ый *прил* ⟨-ая, -ое, -ые⟩ **1** (*единодушный*) einträchtig, einmütig; ◇ **~ая семья́** harmonische Familie **2** (*бщий*) allgemein, vereint; ◇ **~ыми уси́лиями** mit vereinten Kräften; ◇ **~ый хо́хот** allgemeines Gelächter

дрянь *ж₅* ⟨-и⟩ **1** *разг* (*хлам*) Gerümpel *n*, Plunder *m* **2** (*плохой товар*) Schund *m;* ◇ **купи́л каку́ю-то** ~ da habe ich einen Schund gekauft **3** (*о ничто́жном челове́ке*) Abschaum *m;* ◇ **челове́к он** ~ dieser Mensch ist das Letzte; ◇ **де́ло** ~ es sieht schlecht aus

дуб *m₁* ⟨-а, *мн:* -ы́⟩ **1** (*дерево*) Eiche *f* **2** (*материал*) Eichenholz *n* **3** *перен* (*о челове́ке*) Schwachkopf *m; разг* (*умере́ть*) ◇ **дать ~а** den Löffel abgeben

дуби́нка *ж₁* ⟨-и, *род мн:* -нок⟩ Knüppel *m*

дубли́рова|ть V_{3a} *несов* ⟨-рую, -руешь⟩ *кого-что вин* **1** *кино* synchronisieren; ◇ **фильм ~н на ру́сский язы́к** der Film läuft in russischer Fassung **2** *театр, кино* ◇ **~ть роль** jd-n doubeln

ду́ма *ж₁* ⟨-ы⟩ **1** (*размышление*) Gedanke *m* **2** (*парламент России*) Duma *f;* ◇ **городска́я** ~ Stadtrat *m*

Дума

Die Staatsduma ist das Unterhaus des russischen Parlaments, das legislative Gewalt hat und Gesetze beschließt. In der Ду́ма sitzen 450 Abgeordnete, die nach allgemeinem, gleichem, freiem und geheimem Verhältniswahlrecht gewählt werden. Das Oberhaus des Parlaments (Федера́льное собра́ние) heißt Föderationsrat (Сове́т Федера́ции) und besteht aus 178 Abgeordneten.

ду́ма|ть V_{1a} *несов* ⟨-аю, -аешь⟩ *о ком-чём предл или над чем тв* (1), *без доп* (2), *с инф* (3) **1** (*размышлять*) denken (an), nachdenken; ◇ **~ть о бу́дущем** über die Zukunft nachdenken; ◇ **кто бы мог по́~ть!** wer hätte das gedacht! **2** (*полагать*) meinen, denken; ◇ **~ю, что он не прав** ich meine, dass er Unrecht hat **3** (*иметь намерение*) beabsichtigen, etw vorhaben; ◇ **~ю оста́ться до́ма** ich habe vor, zu Hause zu bleiben

дупло́ *c₂* ⟨-а́, *мн:* ду́пла, *род:* ду́пел⟩ **1** (*в дереве*) (Baum-)Höhlung *f* **2** (*в зубе*) (Zahn-)Loch *n*

дура́к *m₁* ⟨-а́, *мн:* -и́⟩ *разг* Dummkopf *m*, Schwachkopf *m;* ◇ **оста́вить кого́-л в ~а́х** jd-n zum Narren halten; ◇ **оста́ться в ~а́х** der Dumme sein

дурма́н *m₁* ⟨-а⟩ *перен* Betäubungsmittel *n*

дурно́й *прил* ⟨-а́я, -о́е, -ы́е⟩ übel, schlecht

дуршла́г *m₁* ⟨-а⟩ Durchschlag *m*, Sieb *n*

ду́тый *прил* ⟨-ая, -ое, -ые⟩ **1** (*полый*) hohl **2** *перен разг* (*преувеличенный*) übertrieben, aufgebauscht

дуть* *несов* ⟨ду́ю, ду́ешь⟩ **вы́~** (3) *сов без доп* (1), *что вин* (2, 3) **1** (*веять*) blasen, wehen; *безл* ◇ **ду́ет от окна́** durch das Fenster zieht es; ◇ **он в ус себе́ не ду́ет** darüber lässt er sich keine grauen Haare wachsen **2** (*задувать*) blasen; ◇ ~ **на све́чку** die Kerze auspusten **3** *разг* (*пить*) viel trinken, bechern

дух *m₁* ⟨-а⟩ **1** Geist *m;* ◇ **в ~е вре́мени** zeitgemäß; ◇ **в э́том** ~ in diesem Sinne **2** (*состояние*) Stimmung *f;* (*бодрость*) Mut *m;* ◇ **прису́тствие ~а** Geistesgegenwart *f;* ◇ **па́дать ~ом** den Mut verlieren; ◇ **подня́ть** ~ Mut machen; ◇ **быть не в ~е** schlechte Laune haben **3** (*дыхание*) Atem *m;* ◇ **перевести́** ~ Atem holen; ◇ **у меня́ ~ захва́тывает** mir stockt der Atem **4** (*привидение*) Geist *m*, Gespenst *n* **5** *разг* (*запах*) Duft *m;* ◇ **расположе́ние ~а** Verfassung *f*, Stimmung *f;* ◇ **одни́м ~ом** in einem Zug; ◇ **э́то в моём ~е** das ist nach meinem Geschmack

духи́ *мн₁* ⟨-о́в⟩ Parfüm *n*

духове́нство *c₂* ⟨-а⟩ Geistlichkeit *f*, Klerus *m*

духо́вка *ж₁* ⟨-и, *род мн:* -вок⟩ Backofen *m*

духо́вн|ый *прил* ⟨-ая, -ое, -ые⟩ **1** geistig, seelisch; ◇ **~ая бли́зость** geistige Nähe **2** (*церковный*) geistlich, kirchlich; ◇ **~ое лицо́** Geistlicher *m*

душ *m₂* ⟨-а⟩ Dusche *f;* ◇ **принима́ть** ~ duschen

душа

Die Russische Seele ist fast sprichwörtlich geworden. Das Wort душа́ ist Bestandteil unzähliger Wortverbindungen. „Поговори́ть по душа́м" („vertraulich mit jemandem reden") ist ein typisch russischer Begriff, der so viel bedeutet wie „über das Leben reden", d. h. über Privates, Arbeit, Politik oder Philosophie. „Разгово́р по душа́м" („vertrautes Gespräch") ist ein ausgiebiges, bisweilen heftiges und oft bis spät in die Nacht hinein geführtes Gespräch. In der Stadt findet es traditionell während eines abendlichen Treffens unter guten Freunden statt, wobei man meist zusammen in der Küche sitzt.

душ|а́ *ж₁* ⟨-и́, *вин:* ду́шу, *мн:* ду́ши⟩ **1** (*сознание*) Seele *f;* ◇ **~а́ не лежи́т к кому́/чему́-л** jd/etw ist einem nicht sympathisch; ◇ **вложи́ть** ~у в де́ло mit Leib und Seele bei einer Sache sein; ◇ **от всей** ~**й** von ganzem Herzen ② (*характер*) Wesen n, Seele f; ◇ **ни́зкая** ~**á** schlechter Charakter ③ *перен* (*вдохновитель*) Seele f, Triebkraft f; ◇ **на** ~**у населе́ния** pro Kopf der Bevölkerung; ◇ **криви́ть** ~**ой** heucheln; ◇ **э́то мне по** ~**é** das liegt mir; ◇ **взять на́** ~**у что́-л** für etw die Verantwortung übernehmen

ду́шный *прил* ⟨-ая, -ое, -ые⟩ schwül, drückend; ◇ ~ во́здух stickige Luft

дуэ́ль *ж₅* ⟨-и⟩ Duell n; ◇ **слове́сная** ~ Wortgefecht n

дуэ́т *м₁* ⟨-а⟩ Duett n

дым *м₁* ⟨-а, мн:-ы́, род:-о́в⟩ Rauch; ◇ **там стои́т** ~ **коромы́слом** dort geht es hoch her

ды́ня *ж₂* ⟨-и⟩ Melone f

дыр|а́ *ж₂* ⟨-ы́, мн: ды́ры⟩ ① (*отве́рстие*) Loch n ② *разг* (*захолустье*) (Provinz-)Nest n, Loch n, Kaff n; ◇ **заéхал в каку́ю-то** ~**ý** ich kam in ein Provinznest;

дыря́в|ый *прил* ⟨-ая, -ое, -ые⟩ ① löchrig, durchlöchert ② *перен* (*всё забыва́ющий*) vergesslich; ◇ ~**ая голова́** Gedächtnis wie ein Sieb

дыха́ни|е *c₄* ⟨-я⟩ ① Atmung f; ◇ **сде́рживать** ~ den Atem anhalten ② *перен* Hauch m; ◇ ~ **ве́тра** Windhauch; ◇ **второ́е** ~**е** neue Kräfte; ◇ **на одно́м** ~**и** in einem Zug

дыша́ть V₁ₐ *несов* ⟨дышу́, ды́шишь, *Imp.*-ши́⟩, ~те, *Part. Präs. Akt.* ды́шащий, *Adv. Part. Präs.* дыша́ *без доп* (1), чем тв (2)⟩ ① atmen; ◇ **не́чем** ~ man kriegt kaum Luft; *разг* ◇ ~ **не́когда** keine Zeit, um einmal Luft zu holen ② strahlen; ◇ ~ **здоро́вьем** vor Gesundheit strotzen

дышло *c₂* ⟨-а⟩ Deichsel f

дья́вол *м₁* ⟨-а⟩ Teufel m

дю́жина *ж₁* ⟨-ы⟩ Dutzend n; ◇ **чёртова** ~ die Unglückszahl 13

дюйм *м₁* ⟨-а⟩ (*старая мера*) Zoll m

дю́на *ж₁* ⟨-ы⟩ Düne f

дя́дя *м₂* ⟨-и⟩ Onkel m

дя́тел *м* ⟨-тла, мн:-тлы⟩ Specht m

е

ева́нгелие *c₄* ⟨-я⟩ Evangelium n

éвнух *м₁* ⟨-а⟩ Eunuch m

евре́й *м₃* ⟨-я⟩ Jude m; **евре́йка** *ж₁* ⟨-и, род мн:-éек⟩ Jüdin f; **евре́йский** *прил* ⟨-ая, -ое, -ие⟩ jüdisch

éвро *м* ⟨нескл⟩ *фин* Euro m; **европе́ец** *м₅* ⟨-éйца⟩ Europäer m; **европей-**

-ский *прил* ⟨-ая, -ое, -ие⟩ europäisch

европемо́нт *м₁* ⟨-а⟩ *Renovierung unter Verwendung hochwertiger importierter Materialien*

его́ *мест* ① *личн мест* см. **он** ② *притяж мест* (*принадлежащий ему*) sein, seine ③ *притяж мест* (*в значении сущ*) der/die/das seine, seiner/seine/seins; ◇ **э́то моя́ тетра́дь, а э́то** ~ dies ist mein Heft, und das ist seines [das seine]

еда́ *ж₁* ⟨-ы́⟩ ① (*пища*) Essen n; ◇ **пита́тельная** ~ nahrhaftes Essen ② (*кушанье*) Speise f

еда

Russen essen gern und bewirten auch ihre Gäste üppig, meist mit mehreren Gängen. Hat ein Gast seinen Teller geleert, legt ihm die Gastgeberin immer wieder nach. Zum Zeichen der Sättigung parallel auf den Teller platzierte Gabeln und Messer werden im Allgemeinen nicht wahrgenommen.

Ist ein Russe bei Ihnen zu Gast, so rechnen Sie damit, ihn zwei, drei Mal zum Essen auffordern zu müssen, da es als höflich gilt, das Essen zuerst dankend abzulehnen, was aber nicht bedeutet, dass Sie den Tisch abräumen sollten.

едва́ I. *нареч* ① (*с трудом*) kaum; ◇ ~ **дошёл** er hat es kaum bis dorthin geschafft ② (*чуть*) kaum ③ (*только что*) gerade; ◇ **ему́** ~ **испо́лнилось де́сять лет** er ist gerade 10 Jahre alt geworden II. *союз* (*как только*) kaum, sobald; ◇ ~ **вошёл, на́чал расска́зывать** kaum war er hereingekommen, fing er an zu erzählen; ◇ ~ **ли** kaum; (*еле-еле*) ◇ **едва́-едва́** ~ mit Müh und Not

едини́ц|а *ж₅* ⟨-ы⟩ ① (*величина*) Einheit f ② (*цифра, число один*) Eins f ③ ◇ ~**ы** *мн* (*отдельные предметы и люди*) Einzelne *pl*; ◇ **таки́х люде́й** — ~**ы** solche Menschen gibt es nur selten ④ (*отметка*) ungenügend, Sechs f

едини́чный *прил* ⟨-ая, -ое, -ые⟩ (*отдельный*) einzeln, vereinzelt, Einzel-

единовла́стие *c₄* ⟨-я⟩ Alleinherrschaft f;

единовре́менный *прил* ⟨-ая, -ое, -ые⟩ einmalig; **единогла́сн|ый** *прил* ⟨-ая, -ое, -ые⟩ einstimmig; ◇ **при́нято** ~**о** einstimmig angenommen; **единоду́шный** *прил* ⟨-ая, -ое, -ые⟩ einmütig, einhellig;

единомы́шленник *м₁* ⟨-а⟩ ① (*человек, у которого одинаковый с кем-л образ мыслей*) Gleichgesinnter m, Gesinnungsgenosse m ② (*сообщник*) Mitbeteiligter m; ◇ **вы́дать свои́х** ~**ов** seine Komplizen verraten

еди́нствен|ный *прил* ⟨-ая, -ое, -ые⟩

(*только один*) einziger; ◇ ~**ая ули́ка** der einzige Beweis; ◇ ~**ый в своём ро́де** einzigartig; грам ~**ое число́** Singular *m*

еди́нство *c₂* ⟨-а⟩ (*общность*) Einheit *f*, Einigkeit *f;* ◇ ~**о взгля́дов** gleiche Ansichten haben; ◇ **стреми́ться к ~у** eine Einheit anstreben

еди́н|ый *прил* ⟨-ая, -ое, -ые⟩ ① (*объ-единённый, общий*) einheitlich; ◇ ~**ое це́лое** einheitliches Ganzes ② (*только один*) einzig; ◇ **ни ~ого пя́тнышка нет** da ist kein einziger Fleck

е́дк|ий *прил* ⟨-ая, -ое, -ие⟩ ① (*разъ-едающий*) ätzend, beißend; ◇ ~**ий дым** beißender Rauch ② *перен* (*язвительный*) bissig; ◇ ~**ая насме́шка** beißender Spott

её *мест* ① *личн мест см.* **она́** ② *притяж мест* (*принадлежащий ей*) ihre ③ *притяж мест* (*в значении сущ*) der/die/das ihre, ihrer/ihre/ihres; ◇ **э́то моя́ соба́ка, а э́то её** das ist mein Hund, und das ist ihrer [der ihre]

ёж *м₂* ⟨-á, *мн: -и́*⟩ Igel *m;* ◇ **ежу́ поня́тно** das versteht doch jedes kleine Kind

ежеви́ка *ж₁* ⟨-и⟩ (*ягода*) Brombeere *f;* (*куст*) Brombeerstrauch *m*

ежего́дный *прил* ⟨-ая, -ое, -ые⟩ jähr-lich; **ежедне́вн|ый** *прил* ⟨-ая, -ое, -ые⟩ ① (*каждодневный*) täglich; ◇ ~**ая газе́-та** Tageszeitung *f* ② (*повседневный*) Alltags-; ◇ ~**ые забо́ты** Alltagssorgen *f pl;* **ежеме́сячный** *прил* ⟨-ая, -ое, -ые⟩ monatlich; ◇ ~ **взнос** monatlicher Beitrag, Monatsrate *f;* **еженеде́льник** *м₁* ⟨-а⟩ Wochenzeitung *f;* **еженеде́льный** *прил* ⟨-ая, -ое, -ые⟩ wöchentlich

езд|а́ *ж₁* ⟨-ы́⟩ (*поездки*) Reisen *n*, Fahren *n;* ◇ **верхова́я ~á** Reiten *n;* ◇ **в вело-сипе́де** Fahrrad fahren; ◇ **в трёх часа́х ~ы́ от Москвы́** drei Autostunden von Moskau entfernt

е́здить V₄ᵦ *несов, неопред, см.* **е́хать** ⟨е́зжу, е́здишь, *Imp.* е́зди, ~те, *Adv. Part. Prät.* е́здив⟩ *без доп* (1, 2), на ком *предл* (3, 4) ① (*ехать*) fahren; ◇ ~ **на по́езде** mit dem Zug fahren ② (*посе-щать*) ◇ ~ **в го́сти** zu Besuch fahren; ◇ ~ **по стране́** im Land herumfahren ③ (*уметь пользоваться*) fahren; ◇ ~ **верхо́м** reiten; ◇ **хорошо́ ~ на велосипе́де** gut Rad fah-ren können ④ *перен* (*выезжать*) auf jd-m herumreiten

ей *см.* **она́**

е́ле *нареч* (*едва*) kaum; ◇ **е́ле-е́ле** mit Müh und Not; ◇ ~ **дошёл** er hat es kaum bis dorthin geschafft; ◇ ~ **жив** halb tot

ёлка *ж₁* ⟨-и, *род мн:* ёлок⟩ бот Tanne *f*, Fichte *f*

ёмк|ий *прил* ⟨-ая, -ое, -ие⟩ ① (*вмести-тельный*) geräumig ② (*объёмистый*) umfangreich; **ёмкость** *ж₅* ⟨-и⟩ ①

(*сосуд*) Tank *m*, Behälter *m* ② (*вмести-мость*) Fassungsvermögen *n*, Kapazi-tät *f*

ему́ *см.* **он**

ено́т *м₁* ⟨-а⟩ ① (*хищное млекопи-тающее*) Waschbär *m* ② (*мех*) Waschbär-pelz *m*

епи́скоп *м₁* ⟨-а⟩ Bischof *m*

ерунд|а́ *ж₁* ⟨-ы́⟩ ① *разг* (*вздор*) Blödsinn *m*, Quatsch *m;* ◇ **вот -á!** so ein Quatsch!; ◇ **моло́ть вся́кую ~у́** Blödsinn daherreden ② (*о незначительном*) Kleinigkeit *f*

ёрш *м₂* ⟨ерша́, *мн: -ши́*⟩ ① (*рыба*) Kaulbarsch *m* ② (*щётка для чистки бутылок*) Flaschenbürste *f* ③ *разг* (*смесь*) Bier *n* mit Wodka

е́сли *союз* ① (*выражает условие совершения чего-л*) wenn, falls; ◇ ~ **у меня́ бу́дет вре́мя, позвоню́ тебе́** falls ich Zeit habe, rufe ich dich an; ◇ ~ **бы что́--нибудь случи́лось, нас бы извести́-ли?** wenn etw passiert wäre, hätte man uns benachrichtigt ② (*выражает желатель-ность*) wenn; ◇ ~ **бы ты был ря́дом!** wenn du nur hier wärst!

есте́ственный *прил* ⟨-ая, -ое, -ые⟩ ① (*относящийся к природе*) natürlich, Natur-; ◇ ~**ые нау́ки** Naturwissenschaften *f pl;* ② (*натуральный*) natürlich; (*нор-мальный*) normal; ◇ ~**ым о́бразом** auf natürliche Weise; **естествозна́ние** *c₄* ⟨-я⟩ Naturkunde *f*, Naturwissenschaften *f pl*

есть¹* *несов* ⟨ем, ешь, (2, 3) 1 и 2 л. не употр⟩ [**съ-** *сов*] *кого-что* вин ① (*кушать*) essen; ◇ ~ **с удово́льствием** es sich schmecken lassen; (*обедать*) zu Mittag essen; (*о животных*) fressen; ◇ ~ **глаза́ми кого́-л** sich an jd-m nicht satt sehen können ② (*разрушать химичес-ки*) zerfressen ③ (*разъедать*) beißen; ◇ **дым ест глаза́** Rauch beißt in den Augen ④ (*бранить*) jd-m zusetzen, jd-n drangsa-lieren; ◇ **он с утра́ до ве́чера ест до-ма́шних** er quält den ganzen Tag seine Familie

есть² ① *см.* **быть** sein ② *предик* (*имеется*) ◇ **у меня́ ~ что-л** ich habe etw ③ (*существует*) es gibt; ◇ ~ **наде́жда** es besteht Hoffnung

е́хать* *несов, опред, см.* **е́здить** ⟨е́ду, е́дешь⟩ *без доп* reisen, fahren

ещё *нареч* ① (*опять*) noch; ◇ ~ **раз** noch einmal; ◇ ~ **приходи́** komm mal wieder ② (*уже, в прошлом*) schon; ◇ **он уе́хал ~ неде́лю наза́д** er ist schon vor einer Woche weggefahren ③ (*до сих пор*) noch; ◇ ~ **не приходи́ла** sie ist noch nicht gekommen; ◇ ~ **нет** noch nicht (vor-handen); ◇ ~ **успе́ю на по́езд** ich schaffe den Zug noch; ◇ **ты ~ мо́лод** du bist noch jung; ◇ ~ **бы!** und ob!; ◇ **вот ~!** das fehlte noch!

ею́ *см.* **она́**

жа́ба $ж_1$ ‹-ы› зоол Kröte f
жа́воронок $м_1$ ‹-нка, мн: -нки› зоол Lerche f
жа́дничать V_{1a} несов, kein Part. Präs. Pass. ‹-аю, -аешь› [**по**~ сов] без доп **1** (скупиться) geizig sein, geizen **2** (проявлять жадность) gierig sein; **жа́дность** $ж$ ‹-и› **1** (алчность) Habsucht f, Habgier f **2** (к еде) Gefräßigkeit f **3** (скупость) Geiz m; **жа́дный** прил ‹-ая, -ое, -ые› **1** (скупой) geizig; ◇ ~**ый челове́к** Geizkragen m **2** (падкий) gierig; ◇ **он мне ~ый к деньга́м** geldgierig; ◇ ~**ый на еду́** gefräßig; ◇ ~**ый на рабо́ту** arbeitssüchtig **3** перен (желающий познать) wissbegierig; ◇ ~**ое любопы́тство** Wissensdrang m
жа́жда $ж_1$ ‹-ы› **1** (потребность пить) Durst m; ◇ **испы́тывать ~у** Durst haben; ◇ **утоля́ть ~у** den Durst stillen **2** перен (желание) Drang m, Gier f, Begierde f; ◇ ~**а зна́ний** Wissensdurst m
жале́ть V_5 несов ‹-éю, -éешь› [**по**~ сов] кого-что вин (1), о ком-чём предл или чего род или с союзом "что" (2), что вин или чего род (3) **1** (сострадать) bedauern, Mitleid haben **2** (сожалеть) bedauern, beklagen, bereuen **3** (беречь, экономить) sparen, schonen; ◇ **тру де́ньги** Ausgaben scheuen; ◇ **труди́ться, не ~я сил** arbeiten, ohne seine Kräfte zu schonen
жа́лкий прил ‹-ая, -ое, -ие› (сравн: **жа́льче**) **1** (несчастный) bemitleidenswert, bedauernswert, kläglich; ◇ **он мне жа́лок** er tut mir Leid **2** (ничтожный) erbärmlich, jämmerlich
жа́лоба $ж_1$ ‹ы› **1** (выражение неудовольствия) Klage f; ◇ **го́рькая ~а** bittere Klage **2** юр Beschwerde f, Klage f; ◇ **пода́ть ~у** eine Klage einreichen; ◇ **обрати́ться к кому́-л с ~ой на кого́-что-л** sich bei jd-m über jd-n/etw beschweren; **жа́лобный** прил ‹-ая, -ое, -ые› kläglich, jämmerlich; ◇ ~**о пла́кать** jämmerlich weinen
жа́ловаться V_{1a} несов, kein Part. Präs. Pass. ‹-люсь, -луешься› [**по**~ сов] на кого-что вин или с союзом "что" (1), на кого-что вин (2, 3) **1** (высказывать жалобы) sich beklagen, sich beschweren; ◇ **на что Вы жа́луетесь?** was fehlt Ihnen? **2** юр Klage erheben; ◇ ~ **в суд** jd-n verklagen **3** (ябедничать) verpetzen, verleumden, denunzieren; ◇ ~

учи́телю на однокла́ссника einen Klassenkameraden beim Lehrer verpetzen
жа́лость $ж_5$ ‹-и› **1** (сострадание) Mitleid n **2** (сожаление) Bedauern n; ◇ **кака́я ~!** wie schade!
жаль предик, безл **1** (кого-что вин, чего род или с инф) (о чувстве жалости) es tut mir Leid, schade; ◇ **мне бра́та** mein Bruder tut mir Leid; (прискорбно) ◇ **мне ~ слы́шать э́то** es tut mir Leid, das zu hören **2** (кого-чего род или с инф) (о сожалении) schade; ◇ ~ **потра́ченного вре́мени** schade um die verlorene Zeit; ◇ **для тебя́ мне ничего́ не ~** für dich ist mir nichts zu schade **3** (с союзами "что", "если") (приходится пожалеть) schade; ◇ ~, **что он не придёт** schade, dass er nicht kommt
жа́льче сравн от **жа́лкий**
жар $м_1$ ‹-а› **1** (зной) Hitze f; ◇ **меня́ о́бдало ~ом** es überlief mich heiß **2** (горячие уголья) Glut f; ◇ **загреба́ть ~ чужи́ми рука́ми** sich die Kastanien aus dem Feuer holen lassen **3** (температура) Fieber n **4** (рвение) Glut f, Eifer m; ◇ **рабо́тать с ~ом** mit Begeisterung arbeiten
жара́ $ж_1$ ‹-ы́› Hitze f; ◇ **всё ле́то стои́т ~** den ganzen Sommer ist es heiß
жа́реный прил ‹-ая, -ое, -ые› gebraten; Brat-; ◇ ~**ое мя́со** Braten m; ◇ ~**ый карто́фель** Bratkartoffeln f pl
жа́рить V_{4b} несов ‹-рю, -ришь, (3) 1 и 2 л. не употр, Part. Prät. Pass. -реный› [**за**~ (1), **из**~ (1) сов] кого-что вин (1, 2), без доп (3) **1** (на масле и т.п.) braten; ◇ ~**ть котле́ты** Frikadellen braten **2** (прокаливать) rösten; ◇ ~**ть ко́фе** Kaffee rösten **3** (о солнце) brennen; ◇ **ну и ~т со́лнце сего́дня!** ist das eine Hitze heute!
жа́ркий прил ‹-ая, -ое, -ие› **1** (зно́йный) heiß; ◇ ~ **поцелу́й** heißer Kuss **2** перен (страстный) heiß, heftig; ◇ ~ **спор** heftiger Streit
жа́тва $ж_1$ ‹-ы› Ernte f
жать¹* несов ‹жму, жмёшь, (2, 3) 1 и 2 л. не употр› кого-что вин **1** (давить, стискивать) drücken; ◇ ~ **ру́ку** die Hand drücken **2** (быть тесным) drücken; ◇ **сапо́г жмёт но́гу** der Stiefel drückt **3** (выдавливать) (aus-)pressen
жать²* несов ‹жну, жнёшь› [**с**~ сов] что вин (убирать урожай) ernten, mähen
ждать* несов ‹жду, ждёшь› кого-что вин или кого-чего род (1), чего род (2), с чем тв (3) **1** (ожидать) auf jd-n/ etw warten; ◇ ~ **по́езда** auf den Zug warten; ◇ **вре́мя не ждёт** die Zeit drängt **2** (надеяться) etw erwarten; (предполагать) rechnen mit; ◇ ~ **награ́ды** mit einer Belohnung rechnen **3** (медлить) sich Zeit lassen; ◇ **заста́вить себя́ ~** auf sich warten lassen
же союз I. союз **1** (при противопоставлении) und, aber, jedoch; ◇ **я уезжа́ю, он ~**

остаётся ich reise ab, er bleibt aber noch; ◇ **я рабóтаю в университéте, он ~ в срéдней шкóле** ich arbeite an der Universität, er hingegen an einer Mittelschule ② (*в значении "ведь"*) ja, doch; ◇ **я ~ сказáл тебé** das habe ich dir doch gesagt **II.** *частица* ① (*усилительная*) aber, denn, doch; ◇ **говорúте ~** sagen Sie doch mal; ◇ **ну и устáл ~ я** jetzt bin ich aber müde; ◇ **когдá ~ вы придёте к нам?** wann kommt ihr denn zu uns? ② (*для обозначения тождества*) ◇ **тот (та, то) ~** derselbe (dieselbe, dasselbe); ◇ **я приéхал и в тот ~ день заболéл** ich kam an und wurde am gleichen Tag noch krank; ◇ **там ~** ebenda

жевáть* *несов* ⟨жую, жуёшь⟩ *что вин* kauen

 выражéние желáния

Ich würde gerne spazieren gehen.
Я охóтно бы погулял/а.
Am liebsten wäre mir ein heißes Bad.
Охóтнее всегó я прúнял/прúняла бы горячую вáнну.
Ich fände es am schönsten, wenn wir alle zusammen blieben.
Бы́ло бы лýчше всегó, éсли бы мы все остáлись вмéсте.
Ich habe große Lust, ins Theater zu gehen.
У меня большóе желáние сходúть в теáтр.
Ich habe Lust auf eine Tasse Kaffee.
Я бы охóтно вы́пил/а чáшку кóфе.

желáни|е c_4 ⟨-я⟩ (*потребность*) Wunsch *m*, Bitte *f*, Verlangen *n*; (*воля*) Wille *m*; ◇ **~е исполниться** in Erfüllung gehen; ◇ **по ~ю** auf Wunsch; ◇ **прóтив моегó ~я** gegen meinen Willen; ◇ **при всём ~и** beim besten Willen; **желáтельн|ый** *прил* ⟨-ая, -ое, -ые⟩ (*с инф или с союзом "чтобы"*) erwünscht, wünschenswert; ◇ **~о получúть отвéт** man wird eine Antwort wünschen; ◇ **~о, чтóбы всё улáдилось** es wäre gut, wenn alles gelingen würde; **желá|ть** V_{1a} *несов* ⟨-áю, -áешь, *Part. Prät. Pass.* -áнный⟩ [**по~** *сов*, *kein Part. Prät. Pass.*] *чего род или кого-что вин или с инф или с союзом "чтобы"* (1), *кого-что вин* (2) ① (*хотеть*) wünschen, wollen; (*требовать*) verlangen; ◇ **я ~ю Вам хорошó отдохнýть** ich wünsche Ihnen gute Erholung; ◇ **~ю, чтóбы ты вернýлся** ich möchte, dass er zurückkommt; ◇ **когó Вы ~ете вúдеть?** wen möchten Sie sehen? ② (*стремиться*) streben nach; (*страстно ~*) begehren; ◇ **это оставляет ~ть мнóго лýчшего** das lässt viel zu wünschen übrig

железá $ж_1$ ⟨-ы́, *мн*: жéлезы, *род*:

желёз, *дат*: железáм⟩ Drüse *f*; ◇ **щитовúдная ~** Schilddrüse; ◇ **поджелýдочная ~** Bauchspeicheldrüse

железнодорóжник $м_1$ ⟨-а⟩ Eisenbahner *m*; **железнодорóжный** *прил* ⟨-ая, -ое, -ые⟩ Eisenbahn-, Bahn-; ◇ **~ путь** Bahnstrecke *f*

желéзн|ый *прил* ⟨-ая, -ое, -ые⟩ ① (*содержащий железо*) Eisen-; ◇ **~ая рудá** Eisenerz *n* ② *перен* (*непреклонный*) eisern; (*сильный*) stählern; ◇ **~ая дисциплúна** eiserne Disziplin; **желéзо** c_2 ⟨-а⟩ Eisen *n*

жёлоб $м_1$ ⟨-а, *мн*: желобá, *род*: -бóв⟩ Rinne *f*; ◇ **водостóчный ~** Wasserrinne

желтóк $м_1$ ⟨-ткá, *мн*: -ткú⟩ Eigelb *n*, Dotter *m*

желтýха $ж_1$ ⟨-и⟩ мед Gelbsucht *f*

жёлт|ый *прил* ⟨-ая, -ое, -ые⟩ (*цвет*) gelb; *перен* (*низкопробный*) ◇ **~ая прéсса** Regenbogenpresse *f*

желýд|ок $м_1$ ⟨-дка, *мн*: -дки⟩ Magen *m*; ◇ **несварéние ~ка** Verdauungsstörung *f*; ◇ **расстрóйство ~ка** Magenverstimmung *f*

жёлудь $м_2$ ⟨-я, *род мн*: желудéй, *дат*: желудя́м⟩ анат, бот Eichel *f*

жёлчн|ый *прил* ⟨-ая, -ое, -ые⟩ ① (*относящийся к желчи*) Gallen-; ◇ **~ые кáмни** Gallensteine *m pl*; ◇ **~ый пузы́рь** Gallenblase *f* ② *перен* (*раздражительный*) bitter; (*злобный*) gehässig; **жёлчь** $ж_5$ ⟨-и⟩ ① (*жидкость-секрет*) Galle *f* ② *перен* (*раздражение*) Gehässigkeit *f*; ◇ **он пóлон ~и** er spuckt Gift und Galle

жéмчуг $м_1$ ⟨-а, *мн*: -á, *род*: - óв⟩ Perlen *f pl* **жемчýжина** $ж_1$ ⟨-ы⟩ Perle *f*

женá $ж_1$ ⟨-ы́, *мн*: жёны⟩ Frau *f*; (*супруга*) Ehefrau *f*, Gattin *f*

женáтый *прил* ⟨-ая, -ое, -ые⟩ verheiratet; ◇ **онú женáты ужé 10 лет** sie sind schon 10 Jahre verheiratet; **женúтьба** $ж_1$ ⟨-ы⟩ Heirat *f*; **женúться** V_{4a} *несов* ⟨-нюсь, жéнишься, *Part. Präs. Akt.* жéнящийся⟩ [**по~** *сов*] *на ком предл* (*о мужчине*) heiraten, die Ehe schließen; **женúх** $м_1$ ⟨-á, *мн*: -ú⟩ Bräutigam *m*, Verlobter *m*

жéнск|ий *прил* ⟨-ая, -ое, -ие⟩ weiblich, Frauen-; грам ◇ **~ий род** Femininum *n*; ◇ **~ое движéние** Frauenbewegung *f*; **Междунарóдный ~ий день** Internationaler Frauentag; **жéнственный** *прил* ⟨-ая, -ое, -ые⟩ weiblich, feminin; ◇ **~ая интуúция** weibliche Intuition; **жéнщина** $ж_1$ ⟨-ы⟩ Frau *f*; **~-врач** Ärztin *f*

жеребéц $м_5$ ⟨-бцá, *мн*: -бцы́, *род*: -бцóв⟩ Hengst *m*

жеребьёвка $ж_1$ ⟨-и, *род мн*: -вок⟩ Verlosung *f*

жéрло c_2 ⟨-а⟩ ① (*дуло*) Schlund *m* ② (*вулкана*) Krater *m*

жéртв|а $ж_1$ ⟨-ы⟩ ① (*насилия*,

несчастья) Opfer *n;* ◇ **пасть ~ой** zum Opfer fallen; ◇ **стать ~ой чего́-л** Opfer von etw werden **2** *(самопоже́ртво-вание)* Opfer *n;* ◇ **~ прине́сти́ себя́ в семье́** sich für die Familie aufopfern; **же́ртвовать** V_{3a} несов ‹-твую, -тву-ешь› [**по**~ сов] кем-чем тв (1), что вин (2) **1** *(поступаться)* opfern; ◇ **~ собо́й** sich aufopfern **2** *(приносить в дар)* spenden; ◇ **~ де́ньги на что́-л** Geld für etw spenden

жест M_1 ‹-а› **1** *(движение рукой)* Geste *f;* ◇ **язы́к ~ов** Gebärdensprache *f* **2** *перен* Geste *f*

жёстк|ий прил ‹-ая, -ое, -ие› **1** *(твёрдый)* fest, hart, rau; ◇ **~ие во́лосы** struppige Haare; ◇ **~ое мя́со** zähes Fleisch; ◇ **~ие сту́лья** harte Stühle **2** *перен (суровый)* schroff, barsch, hart, streng; ◇ **~ий тон** schroffer Ton; ◇ **~ая черты́ лица́** harte Gesichtszüge; ◇ **~ая эконо́мия** rigorose Sparmaßnahmen

жесто́к|ий прил ‹-ая, -ое, -ие› **1** *(бес-пощадный)* grausam, brutal, hart; ◇ **~ие нра́вы** raue Sitten **2** *перен (очень силь-ный)* hart, heftig; ◇ **~ий моро́з** strenger Frost; ◇ **~ая за́суха** große Dürre; **жесто́-кость** ж_5 ‹-и› **1** *(поступок, обраще-ние)* Grausamkeit *f* **2** *(суровость)* Härte *f*

жесть ж_5 ‹-и› Blech *n*

жето́н M_1 ‹-а› **1** *(значок)* Münze *f* **2** *(фишка)* Jeton *m,* Spielmarke *f*

жечь* несов ‹жгу, жжёшь, (1, 2) и 1 2 л. не употр› [**с**~ сов] кого-что вин (1), без доп (2, 3) **1** *(уничтожать)* verbren-nen, anzünden **2** *(обжигать)* brennen; ◇ **моро́з жжёт щёки** der Frost brennt auf den Wangen **3** *безл (о ране)* brennen; *(болеть)* weh tun, schmerzen

жив|о́й прил ‹-ая, -о́е, -ы́е› **1** *(живу-щий)* lebend; ◇ **~о́е суще́ство** Lebewesen *n;* ◇ **оста́ться в ~ых** am Leben bleiben **2** *(полный энергии)* lebendig, lebhaft; ◇ **~ой темпера́мент** lebhaftes Tempera-ment; ◇ **~о́е воображе́ние** rege Fantasie **3** *(остро переживаемый)* lebendig; ◇ **~о́е воспомина́ние** lebendige Erinnerung **4** *(жизненный)* lebensnah

живопи́сец M_5 ‹-сца› Maler *m;* **живо-пи́сн|ый** прил ‹-ая, -ое, -ые› **1** Male-rei-, Gemälde- **2** *(красивый)* malerisch; ◇ **~ая приро́да** malerische Natur **3** *(выразительный)* bildhaft, ausdrucksvoll; ◇ **~ое сравне́ние** bildhafter Vergleich; **жи́вопись** ж_5 ‹-и› Malerei *f*

живо́т M_1 ‹-а́› Bauch *m;* ◇ **боль в ~е́** Bauchschmerz *m*

животново́д M_1 ‹-а› Viehzüchter *m;* **животново́дств|о** c_2 ‹-а› Tierzucht *f,* Viehzucht *f;* ◇ **~ проду́кты ~а** tierische Erzeugnisse; **живо́тное** c (A_1) ‹-ого› Tier *n;* ◇ **хи́щное ~** Raubtier; ◇ **дома́ш-нее ~** Haustier; **живо́тный** прил ‹-ая, -ое, -ые› **1** *(о живых существах)*

Tier-; ◇ **~ мир** Tierwelt *f* **2** *перен (грубо чувственный)* tierisch, animalisch

живу́ч|ий прил ‹-ая, -ее, -ие› **1** *(вы-носливый)* lebensfähig; ◇ **~ее расте́ние** robuste Pflanze **2** *(устойчивый)* zählebig, beharrlich; ◇ **~ий обы́чай** standhafte Traditionen

жи́дк|ий прил ‹-ая, -ое, -ие› *(сравн: жи́же)* **1** *(текучий)* flüssig; физ ◇ **~ие тела́** flüssige Stoffe **2** *(водянистый)* wässrig; *(редкий)* licht, dünn; ◇ **~ий лес** lichter Wald **3** *перен (неполноценный)* dünn, spärlich; ◇ **~ий аргуме́нты** kraft-lose Argumente; ◇ **~ий го́лос** dünne Stimme; ◇ **~ие во́лосы** schütteres Haar; **жи́дкость** ж_5 ‹-и› Flüssigkeit *f;* ◇ **~ для бритья́** Rasierwasser *n*

жи́же сравн от **жи́дкий**

жизнеде́ятельность ж ‹-и› *(энергич-ность)* Lebenstätigkeit *f; (деятельность организма)* Lebensfunktion *f;* **жи́знен-ный** прил ‹-ая, -ое, -ые› **1** *(реальный)* Lebens-; ◇ **~ путь** Lebensweg *m* **2** *(не-обходимый)* lebenswichtig, wesentlich; ◇ **~ вопро́с** essentielle Frage; **жизне-ра́достный** прил ‹-ая, -ое, -ые› lebens-froh, lebenslustig; **жизнеспосо́бность** ж_5 ‹-и› Lebensfähigkeit *f;* **жизне-утвержда́ющий** прил ‹-ая, -ее, -ие› lebensbejahend

жизн|ь ж ‹-и› Leben *n;* ◇ **о́браз ~и** Lebensweise *f;* ◇ **при ~и кого́-л** zu jds Lebzeiten; ◇ **зараба́тывать себе́ на ~ь** seinen Lebensunterhalt verdienen; ◇ **как ~ь?** wie geht's?; *(осуществить)* ◇ **провес-ти́ в ~ь** in die Tat umsetzen

жи́л|а ж_1 ‹-ы› **1** *(кровеносный сосуд)* Blutgefäß *n,* Ader *f* **2** *(руда)* Ader *f;* ◇ **на-па́сть на золоту́ю ~у** auf eine Goldader stoßen **3** *(в мясе)* Sehne *f*

жиле́т M_1 ‹-а›, **жиле́тка** ж_1 ‹-и, род мн: -ток› Weste *f*

жиле́ц M_5 ‹-льца́, мн: -льцы́, род: -льцо́в› Bewohner *m;* ◇ **он не ~ на бе́лом све́те** er ist ein Todeskandidat

жили́ще c_3 ‹-а› Wohnung *f;* **жили́щ-н|ый** прил ‹-ая, -ое, -ые› Wohnungs-; ◇ **~ое строи́тельство** Wohnungs-bau *m*

жил|о́й прил ‹-ая, -о́е, -ы́е› **1** *(пред-назначенный для жилья)* Wohn-; ◇ **~ая пло́щадь** Wohnfläche *f* **2** *(обитаемый)* bewohnt; ◇ **~а́я ко́мната** bewohntes Zimmer

жир M_1 ‹-а, мн: -ы́› Fett *n;* ◇ **расти́-тельные ~ы** Pflanzenfette; ◇ **ры́бий ~** Lebertran *m*

жира́ф M_1 ‹-а›, **жира́фа** ж ‹-ы› Giraffe *f*

жире́ть V_5 несов ‹-е́ю, -е́ешь› [**о**~, **раз**~ сов] без доп dick [fett] werden, Fett ansetzen; **жи́рн|ый** прил ‹-ая, -ое, -ые› **1** *(обильный жирами)* fett, fettig, fett-haltig; ◇ **~ое мя́со** fettes Fleisch **2** *(тол-стый)* fett, dick **3** *(со следами жира)* fettig, Fett-; ◇ ~ое пятно́ Fettfleck m ④ полигр fett; ~ый шрифт Fettschrift f ⑤ (насы́щенный поле́зными веще́ствами) fruchtbar

жи́тель m₂ <-я> Bewohner m, Einwohner m; ◇ городско́й ~ Stadtbewohner; ◇ коренно́й ~ Ureinwohner; ◇ се́льский ~ Landbewohner

жить* несов <живу́, живёшь> без доп (1, 2), чем тв или на что вин (3), кем-чем тв (4), с кем тв (5) ① (существова́ть) leben; ◇ ~ по́лной жи́знью das Leben genießen ② (прожива́ть) leben, wohnen; ◇ ~ в Москве́ in Moskau leben ③ (рабо́тать) von etw leben; ◇ ~ на литерату́рный за́работок von der Schriftstellerei leben ④ перен (быть поглощённым) für jd-n/etw leben; ◇ ~ детьми́ nur für seine Kinder leben; ◇ ~ нау́кой in der Wissenschaft aufgehen ⑤ (сосуществова́ть) leben, verkehren mit; ◇ ~ дру́жно с сосе́дями ein freundschaftliches Verhältnis zu den Nachbarn haben

жре́бий m₃ <-я> ① (усло́вный значо́к) Los n; ◇ броса́ть ~ das Los entscheiden lassen; ◇ тяну́ть ~ ein Los ziehen; ◇ пал на него́ das Los traf ihn gefallen ② перен (уча́сть) Schicksal n, Los n; ◇ ему́ вы́пал тру́дный ~ er hat ein schweres Schicksal

жук m₁ <-а, мн.:-и́> Käfer m; ◇ ма́йский ~ Maikäfer; ◇ колора́дский ~ Kartoffelkäfer

жу́лик m₁ <-а> (вор) Dieb m; (ме́лкий моше́нник) Gauner m; (озорни́к) Spitzbube m

жу́льничать V₁ₐ несов, kein Part. Präs. Pass.<-аю, -аешь> без доп разг betrügen; ◇ ~ в игре́ im Spiel mogeln

жура́вль m₂ <-я́, мн.:-вли́> зоол Kranich m

журна́л m₁ <-а> ① (периоди́ческое изда́ние) Zeitschrift f; ◇ литерату́рный ~ Literaturzeitschrift ② (кни́га для за́писей) Buch n; ◇ кла́ссный ~ Klassenbuch; ав ◇ путево́й ~ Bordbuch n

журнали́ст m₁ <-а> Journalist m

журча́ть V₁ₐ несов <-чу́, -чи́шь, 1 и 2 л. не употр, Imp. -чи́, -те, Part. Präs. Akt. -ча́щий, Adv. Part. Präs. -ча́> без доп rauschen, leise plätschern

жу́тк|ий прил <-ая, -ое, -ие> ① (тя́гостный) unheimlich, gruselig ② (скве́рный) schrecklich, schlimm; ◇ ~ая пого́да scheußliches Wetter; ◇ ~ое самочу́вствие miserables Befinden; жу́тко I. нареч gruselig, unheimlich II. предик, безл ◇ мне ~ mir gruselt

жуть ж₅ <-и> Grauen n, Schrecken m; ◇ ~ берёт кого́-л jn packt das Grauen; ◇ ~ ско́лько наро́ду! hier ist ein fürchterliches Gedränge

жюри́ с <нескл> Jury f, Preisgericht n

3

за предлог с вин и тв ① (позади́, сза́ди) hinter, jenseits, außerhalb; ◇ ~ забо́ром hinter dem Zaun; ◇ за́ го́родом außerhalb der Stadt ② (за кого́-что-л) für; ◇ голосова́ть ~ кого́-л für jd-n stimmen ③ (на расстоя́нии) entfernt; ◇ ~ 150 киломе́тров от Петербу́рга 150 Kilometer von Petersburg entfernt ④ (ра́ньше на како́е-л вре́мя) vor; ◇ ~ ме́сяц до его́ прие́зда einen Monat vor seiner Ankunft ⑤ (в тече́ние) während, im Laufe; ◇ ~ после́дние пять лет während der letzten fünf Jahre ⑥ (сле́дом) hinter; ◇ поспеши́ть ~ кем-л jd-m nacheilen; ◇ оди́н ~ други́м einer nach dem anderen ⑦ (о́коло, во́зле, вокру́г) an akk (куда́), dat (где); ◇ сиде́ть ~ столо́м am Tisch sitzen ⑧ (вме́сто, взаме́н) für; ◇ рабо́тать ~ двои́х für zwei arbeiten ⑨ (о цене́) für; ◇ я купи́л э́ту карти́ну ~ 2000 рубле́й ich habe dieses Bild für 2000 Rubel gekauft ⑩ (с це́лью получи́ть, привести́) ◇ пойти́ ~ проду́ктами Lebensmittel einkaufen gehen; ◇ пойти́ ~ кем-л jd-n abholen ⑪ (всле́дствие) wegen, infolge gen ⑫ (по причи́не) wegen, für; ◇ её поблагодари́ли ~ хоро́шую рабо́ту sie dankten ihr für die gute Arbeit; ◇ взя́ться ~ рабо́ту sich an die Arbeit machen; ◇ день ~ днём Tag für Tag; ◇ ему́ ~ пятьдеся́т er ist über fünfzig; ◇ за́ по́лночь nach Mitternacht; ◇ ~ и про́тив Pro und Kontra; ◇ ~ счёт чего́-л auf Kosten von etw

забавля́ть V₁ь неюов <-я́ю, -я́ешь> кого́-что вин (развлека́ть) belustigen, erheitern; забавля́ться несов <-я́юсь, -я́ешься> без доп sich amüsieren, sich vergnügen

заба́вный прил <-ая, -ое, -ые> spaßig; (весёлый) lustig; (коми́чный) komisch

забастова́ть V₃ₐ сов <-ту́ю, -ту́ешь> без доп streiken, in den Streik treten; забасто́вк|а ж₁ <-и, род мн:-вок> Streik m; ◇ объяви́ть ~у in den Streik treten; забасто́вочный прил <-ая, -ое, -ые> Streik-; ◇ ~ пике́т Streikposten m

забе́г m₁ <-а> спорт Wettlauf m; ◇ победи́тель в ~е на 200 ме́тров Sieger über 200 Meter

забежа́ть* сов <-егу́, -ежи́шь> [забега́ть V₁ₐ несов] к кому́ (1), без доп (2) ① kurz aufsuchen; ◇ ~ть к знако́мым на часо́к für ein Stündchen bei einem Bekannten vorbeischauen ② (убега́ть *далеко*) sich weit entfernen; ◇ де́ти ~ли далеко́ от до́ма die Kinder liefen weit vom Haus weg; ◇ ~ть вперёд etw vorwegnehmen

забира́ться V_{1a} *несов от* забра́ться
заби́тый *прил* ‹-ая, -ое, -ые› (*запуганный*) eingeschüchtert; (*угнетённый*) unterdrückt

заби́|ть* *сов* ‹-бью, -бьёшь› [забива́ть V_{1a} *несов*] *кого-что вин, без доп* (7) ➀ (*вбить глубоко́*) einschlagen ➁ (*наполнить*) vollstopfen; ◇ трубу́ ~ло песко́м der Sand hat das Rohr verstopft; ◇ ~ть го́лову пустяка́ми den Kopf mit unnötigen Dingen belasten ➂ (*заделать*) vernageln, zunageln ➃ (*загнать*) schießen; ◇ ~ть гол ein Tor schießen; ◇ ~ть шар в лу́зу eine Billardkugel einlochen ➄ (*убить*) schlachten ➅ (*превзойти́*) jd-n übertreffen; ◇ э́тот спортсме́н всех ~л dieser Sportler hat alle übertroffen ➆ (*начать бить*) sprudeln; ◇ из сква́жины ~ла нефть aus dem Bohrloch sprudelte Erdöl; ◇ ~ть трево́гу Alarm schlagen

заблаговре́менный *прил* ‹-ая, -ое, -ые› (*осуществля́емый зара́нее*) frühzeitig; (*своевре́менный*) rechtzeitig; предупреди́ меня́ ~o gib mir rechtzeitig Bescheid

заблуди́ться V_{4a} *сов* ‹-ужу́сь, -у́дишься *без доп* sich verirren, sich verlaufen
заблужда́ться V_{1a} *несов* ‹-а́юсь, -а́ешься *без доп* sich irren, im Irrtum sein; ◇ глубоко́ ~ насчёт кого́-л sich gründlich in jd-m irren; заблужде́ние c_4 ‹-я› *Irrtum m*; ◇ ввести́ в ~ irreführen; впасть в ~ einem Irrtum unterliegen

заболева́ние c_4 ‹-я› *Erkrankung f*
заболе́ть¹ V_5 *сов* ‹-е́ю, -е́ешь› [заболева́ть V_{1a} *несов*] *кем-чем тв* ➀ (*начать болеть*) erkranken (an) ➁ *разг* (*увле́чься*) sich begeistern (für)
заболе́|ть² *сов* ‹-е́ю, -е́ешь, 1 и 2 л. не употр› [заболева́ть V_{1a} *несов без доп* anfangen zu schmerzen; ◇ вдруг ~ла голова́ plötzlich bekam ich Kopfschmerzen

забо́р M_1 ‹-a› *Zaun m, Umzäunung f*; ◇ ~ вокру́г са́да Gartenzaun
забо́т|a *ж₁* ‹-ы› ➀ (*беспоко́йство*) *Sorge f*; ◇ жить без забо́т ein sorgenfreies Leben führen ➁ (*де́ятельность*) (Für-)Sorge f ➂ (*попечение, уход*) Fürsorge f, Betreuung f; ◇ окружи́ть кого́-л ~ой jd-n umsorgen; ◇ э́то уж моя́ ~а lass das meine Sorge sein; забо́титься V_{4b} *несов* ‹-о́чусь, -о́тишься› [по~ *сов*] *о ком-чём предл* ➀ (*проявля́ть забо́ту*) sorgen (für), sich kümmern um; ◇ ~ о здоро́вье auf seine Gesundheit achten ➁ (*трево́житься*) sich sorgen um jd-n/etw; забо́тливый *прил* ‹-ая, -ое, -ые› ➀ (*проявля́ющий забо́ту*) besorgt, fürsorglich ➁ (*добросо́вестный*) gewissenhaft, sorgfältig ➂ (*внима́тельный*) aufmerksam, sorgsam

забра́сывать V_{1a} *несов от* заброса́ть *и* забро́сить
забра́ть V_{1a} *сов* ‹-беру́, -берёшь, *Imp.* -бери́, ~те, *Part. Prät. Pass.* -бранный) [забира́ть V_{1a} *несов*] *кого-что вин* ➀ (*взять*) nehmen; ◇ он забра́л дете́й и уе́хал er nahm die Kinder und fuhr weg; ◇ ~ с собо́й mitnehmen ➁ (*арестова́ть*) festnehmen, verhaften ➂ (*захвати́ть*) ergreifen; ◇ ~ власть в свои́ ру́ки die Macht an sich reißen ➃ (*уши́ть, укороти́ть*) einnähen, kürzer machen, enger machen; забра́ться *сов* ‹-беру́сь, -берёшься› [забира́ться *несов*] *без доп* ➀ (*зале́зть*) hinaufklettern; (*проникнуть*) hineinschlüpfen, unter/in etw kriechen; ◇ ~ под одея́ло unter die Decke kriechen ➁ (*тайко́м*) sich einschleichen; ◇ ~ в чужо́й дом sich in ein fremdes Haus einschleichen ➂ *разг* (*уе́хать далеко́*) wegfahren

заброса́ть V_{1a} *сов* ‹-а́ю, -а́ешь› [забра́сывать V_{1a} *несов*] *кого-что вин чем тв* ➀ (*покры́ть*) zuschütten, überschütten ➁ *перен* (*засы́пать*) überschütten, überhäufen; ◇ ~ певи́цу цвета́ми die Sängerin mit Blumen überhäufen

забро́си|ть V_{4b} *сов* ‹-о́шу, -о́сишь, *Part. Prät. Pass.* -о́шенный› [забра́сывать V_{1a} *несов*] *кого-что вин* ➀ (*бро́сить, метну́ть куда́-л или далеко́*) werfen ➁ *разг* (*напра́вить, доста́вить*) hinschaffen, einschleusen; ◇ ~ть разве́дчика einen Spion einschleusen; ◇ судьба́ ~ла его́ в чужи́е края́ das Schicksal hat ihn in ein fernes Land verschlagen ➂ (*оста́вить без внима́ния*) vernachlässigen ➃ (*засу́нуть*) verlegen; забро́шенный *прил* ‹-ая, -ое, -ые› ➀ (*оста́вленный без внима́ния*) vernachlässigt, ungepflegt ➁ (*поте́рянный*) verloren, verlassen

забы́вчивый *прил* ‹-ая, -ое, -ые› (*легко́ забыва́ющий*) vergesslich; (*рассе́янный*) zerstreut

забы́|ть* *сов* ‹-бу́ду, -бу́дешь› [забыва́ть V_{1a} *несов*] *кого-что вин или о ком-чём предл* vergessen, sich nicht mehr erinnern an; ◇ я э́то совсе́м ~л das habe ich ganz vergessen; ◇ э́того я Вам никогда́ не забу́ду das werde ich Ihnen niemals vergessen; забы́ться *сов* ‹-бу́дусь, -бу́дешься› [забыва́ться *несов*] *без доп* ➀ (*задрема́ть*) einschlafen ➁ (*отле́чься*) sich verlieren; ◇ ~ в мечта́х in Träumereien versinken ➂ (*не сдержа́ть себя́*) die Beherrschung verlieren, sich vergessen

зава́л *M₁* ‹-a› *Verschüttung f*; ◇ сне́жный ~ Schneeverwehung f
завали́|ть V_{4a} *сов* ‹-лю́, -а́лишь, *Part. Prät. Pass.* -а́ленный› [зава́ливать V_{1a} *несов*] *кого-что вин* ➀ (*загромозди́ть*) zuschütten; (*прегради́ть*) versperren; ◇ ~ть доро́гу камня́ми die Straße mit

Steinen versperren; *безл* ◇ доро́гу ~ло
обва́лом der Weg wurde durch einen
Erdrutsch verschüttet **(2)** (*обрушить, на-
кренить*) umwerfen **(3)** *перен раз* (*про-
валить*) verhauen, durchfallen; ◇ **~ть
экза́мен** eine Prüfung in den Sand setzen
завари́ть V_{4a} ‹-рю́, -а́ришь, *Part.
Prät. Pass.* -а́ренный› [**зава́ривать** V_{1a}
несов] *что вин* **(1)** (*кипятко́м*) aufbrühen
(2) *тех* verschweißen; ◇ **~ть шов** eine
Naht verschweißen **(3)** *перен* (*затея́ть*)
sich etw einbrocken; ◇ **ну и ~л же ты
ка́шу!** da hast du dir ja eine Suppe ein-
gebrockt!

заведе́ние c_4 ‹-я› Einrichtung f,
Institution f; ◇ **вы́сшее уче́бное ~**
Hochschule f
заве́дующий *м* (A_2) ‹-его› Leiter m,
Verwalter m; ◇ **~ клу́бом** Klubleiter
завезти́* *сов* ‹-зу́, -зёшь› [**завози́ть**
V_{4a} *несов*] *кого́-что вин* **(1)** (*по пути́*)
vorbeibringen **(2)** (*не туда́, куда́ следу́-
ет*) verschleppen; ◇ **~ кого́-л в глушь**
jd-n an einen abgelegenen Ort verschleppen
завере́ние c_4 ‹-я› **(1)** (*уверение*)
Beteuerung f, Versicherung f; ◇ **в свое́й
правоте́** Wahrheitsbeteuerung f **(2)** (*обе-
щание*) Zusicherung f; **заве́рить** V_{4b} *сов*
‹-рю, -ришь› [**заверя́ть** V_{1b} *несов*]
*кого́-что вин в чём предл (1), что вин
(2)* **(1)** (*обещать*) versichern; ◇ **в свое́й
пре́данности** jd-n seine Treue versichern
(2) (*подписью, печатью*) beglaubigen; ◇
~ ко́пию eine Kopie beglaubigen
заверну́ть V_2 *сов* ‹-ну́, -нёшь, *Part.
Prät. Pass.* -вёрнутый› [**завёртывать**
V_{1a} *несов*] *кого́-что вин (1, 4, 5), без
доп (2, 3)* **(1)** (*упако́вывать*) einwickeln,
einpacken; ◇ **~ ребёнка в одея́ло** das
Kind in eine Decke einwickeln **(2)** (*сде-
лать поворо́т*) einbiegen; ◇ **~ за́ угол** um
die Ecke biegen **(3)** *разг* (*зайти́ куда́-л
мимохо́дом*) vorbeischauen; ◇ **~ к прия́-
телю** einen Abstecher zu einem Bekannten
machen **(4)** (*завинтить*) anziehen, fest-
schrauben **(5)** (*загну́ть, подверну́ть*)
hochkrempeln
заверше́ние c_4 ‹-я› Beendigung f;
(*окончание*) Abschluss m; ◇ **в ~ состо-
я́лся конце́рт** zum Abschluss fand ein
Konzert statt; **заверши́ться** V_{4a} *сов*
‹-шу́сь, -ши́шься, 1 и 2 л. не употр›
[**заверша́ться** V_{1a} *несов*] what *тв*
enden, zu Ende gehen; ◇ **де́ло ~лось
успе́хом** die Sache endete erfolgreich
заверши́ть V_{1b} *несов сов от* **заверши́ть**
заве́с|**а** $ж_1$ ‹-ы› **(1)** (*занавес*) Vorhang
m; *перен* ◇ **приподня́ть ~у над чем-л**
den Schleier über etw lüften **(2)** (*пелена́*)
тж перен Schleier m; **дымова́я ~а**
Rauchwand f
завести́* *сов* ‹-еду́, -едёшь› [**заводи́ть**
V_{4a} ‹-вожу́, -во́дишь› *несов*] *кого́-что
вин* **(1)** (*поместить*) hin(ein)fahren; ◇ **~**

маши́ну в гара́ж das Auto in die Garage
fahren **(2)** (*доставить*) hinbringen; ◇ **~
дете́й к сосе́дке** die Kinder zur Nachbarin
bringen **(3)** (*устроить*) einführen; ◇ **~
но́вые поря́дки** Neuerungen einführen
(4) (*приобрести́*) anschaffen; ◇ **~ хозя́йс-
тво** einen Betrieb gründen **(5)** (*начать*)
anfangen, anknüpfen **(6)** (*пустить в ход*)
◇ **~ мото́р** den Motor anlassen; ◇ **~ часы́**
die Uhr aufziehen; ◇ **~ кого́-л в тупи́к**
jd-n in eine Sackgasse führen; **завести́сь**
сов ‹-дётся, -ду́тся, 1 и 2 л. не употр›
[**заводи́ться** *несов*] *без доп* **(1)** (*по-
яви́ться*) auftauchen, sich einfinden; ◇ **у
него́ завели́сь де́ньги** er ist jetzt gut bei
Kasse; (*о насекомых*) ◇ **в ку́хне заве-
ли́сь тарака́ны** in der Küche haben sich
Kakerlaken eingenistet **(2)** (*начать дейст-
вовать*) anspringen, laufen; ◇ **маши́на
завела́сь** der Motor sprang an **(3)** (*устано-
ви́ться*) sich einbürgern **(4)** *перен* (*горя-
чи́ться*) sich aufregen; ◇ **~ из-за пустя-
ко́в** sich wegen Kleinigkeiten aufregen
заве́т $м_1$ ‹-а› Vermächtnis n; ◇ **Ве́тхий ~**
Altes Testament; ◇ **Но́вый ~** Neues
Testament
завеща́ни|е c_4 ‹-я› Testament n,
Vermächtnis n; ◇ **по ~ю** testamentarisch;
завеща́ть V_{1a} *сов и несов* ‹-а́ю, -а́ешь,
Part. Prät. Pass.* -вещанный› *кого́-что
вин кому-чому дат* vermachen
зави́вка $ж_1$ ‹-и, *род мн:* -вок› **(1)**
(*действие*) das Wellen n **(2)** (*причёска*)
Dauerwelle f
зави́д|овать V_{3a} *несов* ‹-дую, -дуешь›
[**по~** *сов*] *кому-чому дат* jd-n beneiden;
◇ **я Вам не ~ую** Sie sind nicht zu
beneiden
завинти́ть V_{4a} *сов* ‹-нчу́, -ти́шь, *Part.
Prät. Pass.* -винченный› [**зави́нчивать**
V_{1a} *несов*] *что вин* festschrauben, an-
ziehen
зави́сеть* *несов* ‹-и́шу, -и́сишь› *от
кого́-чого дат* abhängen von; ◇ **э́то ~ит
от нас сами́х** das hängt ganz von uns ab;
зави́симост|ь $ж_5$ ‹-и› Abhängigkeit f; ◇
быть в постоя́нной ~ от кого́-л sich in
ständiger Abhängigkeit von jd-m befinden;
◇ **в ~ от обстоя́тельств** je nach den
Umständen
зави́стливый *прил* ‹-ая, -ое, -ые› nei-
disch; **за́висть** $ж_5$ ‹-и› Neid m; ◇
чёрная ~ blasser Neid; ◇ **возбужда́ть ~
в ком-л** Neid bei jd-m erwecken
завладе́ть V_5 *сов* ‹-е́ю, -е́ешь› [**завла-
дева́ть** V_{1a} *несов*] *кем-чем тв* **(1)**
(*захвати́ть*) an sich reißen; ◇ **~ чужи́м
иму́ществом** sich fremden Eigentums
bemächtigen **(2)** *перен* (*подчини́ть*) in
Beschlag nehmen; ◇ **~ чьим-л внима́-
нием** jd-s ganze Aufmerksamkeit bean-
spruchen
завле́чь* *сов* ‹-еку́, -ечёшь› [**завле-
ка́ть** V_{1a} *несов*] *кого́-что вин* **(1)**

(*зама́нить*) verführen, (ver-)locken ② (*склони́ть*) verleiten, hinreißen, fesseln
заво́д¹ m_1 <-а> ① (*предприя́тие*) Fabrik f; ◇ **металлурги́ческий ~** Eisenhütte f ② Zuchtbetrieb m; ◇ **ко́нный ~** Gestüt n
заво́д² m <-а> ① (*приспособле́ние в меха́низме*) Aufzug m; ◇ **игру́шка с ~ом** aufziehbares Spielzeug ② (*де́йствие*) Anlassen n, Andrehen n; (*часо́в*) Aufziehen n
завоева́ние c_4 <-я> ① (*то, что завоёвано*) Eroberung f ② (*достиже́ние*) Errungenschaft f; **завоева́тель** m_2 <-я> Eroberer m; **завоева́ть*** *сов* <-ою́ю, -ою́ешь> [**завоёвывать** V_{1a} *несов*] *кого́-что вин* ① (*овладе́ть*) erobern ② *перен* (*доби́ться*) gewinnen, erwerben; ◇ **~ чьё-л дове́рие** jds-s Vertrauen gewinnen
завсегда́тай m_3 <-я> *разг* Stammgast m
за́втра I. *нареч* morgen; ◇ **~ у́тром** morgen früh; ◇ **отложи́ть дела́ на ~** Geschäfte auf morgen verschieben; ◇ **до ~!** bis morgen! II. *с* <*нескл*> (*недалёкое бу́дущее*) Morgen n; ◇ **на́ше ~** unsere Zukunft
за́втрак m_1 <-а> Frühstück n; ◇ **корми́ть кого́-л ~ами** jd-n auf morgen vertrösten; **за́втракать** V_{1a} *несов* <-аю, -аешь> [**по~** *сов*] *без доп* frühstücken
за́втрашн|ий *прил* <-яя, -ее, -ие> morgig; ◇ **с ~его дня** vom morgigen Tag an, ab morgen; ◇ **неуве́ренность в ~ем дне** Zukunftsangst f
завяза́ть V_{1a} *сов* <-яжу́, -я́жешь, *Imp.* -яжи́, -те, *Part. Prät. Pass.* -я́занный> [**завя́зывать** V_{1a} *несов*] *что вин* ① (*связа́ть*) (zu-)binden, zuschnüren; ◇ **~ га́лстук** die Krawatte (um-)binden; ◇ **~ у́зел** einen Knoten machen ② *перен* (*нача́ть*) anknüpfen, anbahnen; ◇ **~ знако́мство с кем-л** mit jd-m Bekanntschaft schließen; **завя́зка** $ж_1$ <-и, *род мн:* -зок> ① (*ле́нта, верёвка*) Band n ② (*нача́ло*) Auftakt m

завя́зывание разгово́ра

Hätten Sie mal einen Augenblick Zeit?
Мо́жно Вас на мину́ту?
Darf ich Sie kurz unterbrechen?
Мо́жно Вас коро́тко переби́ть?
Entschuldigen Sie, ich hätte da eine Frage.
Прости́те, я хоте́л бы зада́ть оди́н вопро́с.
Hör mal, ...
Послу́шай, ...
Also, die Sache ist folgendermaßen.
Так вот, де́ло заключа́ется в сле́дующем.

загада́ть V_{1a} *сов* <-а́ю, -а́ешь, *Part. Prät. Pass.* -га́данный> [**зага́дывать** V_{1a}

несов] *что вин* ① (*предложи́ть для разга́дки*) zu raten aufgeben; ◇ **~ зага́дку** ein Rätsel aufgeben ② (*заду́мать*) sich etw ausdenken ③ (*предсказа́ть*) ◇ **~ на ка́ртах** aus den Karten lesen ④ *разг* (*предположи́ть*) vorausplanen
зага́дк|а $ж_1$ <-и, *род мн:* -док> Rätsel n; ◇ **разгада́ть ~у** ein Rätsel lösen; (*не́что непоня́тное*) ◇ **куда́ он исче́з - э́то ~а** es bleibt ein Rätsel, wohin er verschwunden ist
зага́р m_1 <-а> Sonnenbräune f
загво́здка $ж_1$ <-и, *род мн:* -док> *разг* (*поме́ха*) Haken m; (*тру́дность*) Schwierigkeit f; ◇ **тут есть одна́ ~** die Sache hat einen Haken
загла́вие c_4 <-я> Titel m, Überschrift f
загла́дить V_{4b} *сов* <-а́жу, -а́дишь, *Part. Prät. Pass.* -а́женный> [**загла́живать** V_{1a} *несов*] *что вин* ① (*сде́лать гла́дким*) glätten, (aus-)bügeln ② *перен* (*смягчи́ть*) ausbügeln, wieder gutmachen
загло́хнуть *см.* **гло́хнуть**
загляну́ть V_2 *сов* <-ну́, -я́нешь> [**загля́дывать** V_{1a} *несов*] *без доп* (1), *к кому́ дат* (2) (*взгляну́ть*) einen Blick werfen (auf), kurz schauen; ◇ **~ в слова́рь** im Wörterbuch nachschlagen ② *разг* (*зайти́*) kurz vorbeischauen
загна́ть* *сов* <-гоню́, -го́нишь> [**загоня́ть** V_{1b} *несов*] *кого́-что вин* ① treiben; ◇ **~ мяч в воро́та** den Ball ins Tor schießen ② (*вби́ть*) (hinein-)schlagen; ◇ **~ гвоздь в до́ску** einen Nagel ins Brett schlagen ③ (*изму́чить*) hetzen, jagen ④ *прост* (*прода́ть*) verscherbeln, verkaufen; ◇ **он реши́л ~ телеви́зор** er beschloss, den Fernseher zu verscherbeln
загни́ть V_{4a} *сов* <-ию́, -иёшь> [**загнива́ть** V_{1a} *несов*] *без доп* verfaulen, anfaulen
загну́|ть V_2 *сов* <-ну́, -нёшь, *Part. Prät. Pass.* за́гнутый> [**загиба́ть** V_{1a} *несов*] *что вин* (1, 3), *без доп* (2) ① (*согну́ть, изогну́ть*) umbiegen; ◇ **~ть рукава́** die Ärmel hochkrempeln; ◇ **~ть страни́цу** Eselsohren in eine Seite machen ② *разг* (*преувели́чить*) frech werden, übertreiben; ◇ **ну э́то уж ты ~л!** da übertreibst du aber!
за́говор m_1 <-а> Verschwörung f
заговори́ть¹ V_{4a} *сов* <-рю́, -ри́шь> [**загова́ривать** V_{1a} *несов*] *без доп* (1), *кого́-что вин* (2) ① *перен* (*пробуди́ться*) erwachen, sich regen; ◇ **в нём ~ла со́весть** in ihm regte sich sein Gewissen ② *разг* (*утоми́ть разгово́ром*) jd-n durch ständiges Reden ermüden
заговори́|ть² *сов* <-рю́, -ри́шь> [**загова́ривать** *несов*] *без доп* (1), *с кем то* (2) ① (*нача́ть говори́ть*) anfangen zu sprechen ② (*вступи́ть в разгово́р*) ansprechen; ◇ **я ~л с ним по-ру́сски** ich sprach ihn auf Russisch an

заголо́вок m_1 ⟨-вка⟩ Überschrift f, Titel m; (газетный) Schlagzeile f

загора́живать V_{1a} несов от **загороди́ть**

загора́ть V_{1a} несов от **загоре́ть**

загоре́лый прил ⟨-ая, -ое, -ые⟩ braun gebrannt, sonnengebräunt; **загоре́ть** V_5 сов ⟨-рю́, -ри́шь, Imp. -ри́, -те⟩ [**загора́ть** V_{1a} несов] без доп sich bräunen, braun werden; ◇ **на со́лнце** sich sonnen;

загоре́|ться сов ⟨-рю́сь, -ри́шься⟩ [**загора́ться** несов] без доп ① (начать гореть) anfangen zu brennen; **склад** ~лся das Lager fing Feuer; перен его́ глаза́ ~ли́сь seine Augen leuchteten auf ② перен (начаться) ausbrechen, entbrennen; ◇ **из-за э́того весь сыр-бо́р** ~лся deshalb ist der ganze Streit entbrannt

загороди́ть V_{4a} сов ⟨-ожу́, -о́дишь, Part. Prät. Pass. -ро́женный⟩ [**загора́живать** V_{1a} несов] кого́-что вин ① (поставить ограду) umzäunen, einzäunen ② (закрыть проход) versperren; ◇ ~ **собо́й свет** jd-m im Licht stehen; ~ **доро́гу кому́-л** jd-m den Weg verstellen;

заго́родка $ж_1$ ⟨-и, род мн: -док⟩ (ограда) Umzäunung f; (забор) Zaun m; (перегородка) Verschlag m

загото́вить V_{4b} сов ⟨-влю, -вишь, Part. Prät. Pass. -товленный⟩ [**заготовля́ть** V_{1b} и **загота́вливать** V_{1a} несов] что вин или чего род ① (заранее приготовить) vorbereiten ② (запасти впрок) Vorräte anlegen; dat etw beschaffen; **загото́вка** $ж_1$ ⟨-и, род мн: -вок⟩ ① (подготовка) Beschaffung f, Bereitstellung f; (закупка продуктов) Besorgung f ② тех Werkstück n

заграни́ца $ж_1$ ⟨-ы, тв: -цей⟩ Ausland n; **заграни́чный** прил ⟨-ая, -ое, -ые⟩ Auslands-, ausländisch; ◇ ~ **па́спорт** Reisepass m

загримирова́ться см. **гримирова́ться**

загрузи́ть V_{4a} сов ⟨-ужу́, -у́зишь, Part. Prät. Pass. -уженный⟩ [**загружа́ть** V_{1a} несов] кого́-что вин ① (грузить) beladen ② перен (работой) beschäftigen, auslasten; ◇ ~ **преподава́телей** die Lehrer mit Arbeit überhäufen

загрязне́ние c_4 ⟨-я⟩ Verschmutzung f, Verunreinigung f; ◇ ~ **окружа́ющей среды́** Umweltschmutzung; **загрязня́ть** V_{1b} несов ⟨-я́ю, -я́ешь⟩ [**загрязни́ть** сов] кого́-что вин ① (пачкать) verschmutzen, verunreinigen; (окружающую среду) Schadstoffe ausstoßen ② перен (обесчестить) beschmutzen, entehren

загс m_1 ⟨-а⟩ (= отдел за́писи актов гражда́нского состоя́ния) Standesamt n

зад m_1 ⟨-а, на зад_у́, мн: -ы́⟩ ① (задняя часть) Hinterseite f; ◇ ~ **автомоби́ля** Heck n; ◇ **наде́ть пла́тье** ~ом **наперёд** das Kleid verkehrt herum anziehen ② (часть туловища) Hintern m; ◇

то́лстый ~ dicker Hintern; груб ◇ **дать кому́-л под** ~ **коле́нкой** jd-m in den Hintern treten

задава́ть V_{1a} несов от **зада́ть**

задави́ть см. **дави́ть**

зада́ние c_4 ⟨-я⟩ Aufgabe f; (поручение) Auftrag m; ◇ **дома́шнее** ~ Hausaufgabe; ◇ **произво́дственное** ~ Soll n, Produktionsvorgabe f

зада́тки $мн_1$ ⟨-ков⟩ Anlagen f pl, Veranlagung f

зада́ток m_1 ⟨-тка⟩ Anzahlung f; (аванс) Vorschuss m; ◇ **внести** ~ anzahlen

зада́ть V_{1a} сов ⟨-а́м, -а́шь, Part. Prät. Pass. за́данный⟩ [**задава́ть** несов] что вин кому́ дат (1), что вин (2, 3) ① (дать задание) aufgeben, auftragen; ◇ ~ **уро́ки** Hausaufgaben aufgeben ② (указать) angeben, vorgeben; ◇ ~ **ну́жный темп** das Tempo vorgeben; ◇ ~ **тон** den Ton angeben ③ разг (устроить) veranstalten; ◇ ~ **пир** ein Gelage veranstalten; (причинить) ◇ ~ **стра́ху** jd-m Angst einjagen; ◇ ~ **трёпку** jd-n verhauen; ◇ **я тебе́ зада́м!** gleich setzt es was; ◇ ~ **вопро́с** eine Frage stellen; **зада́ч|а** $ж_1$ ⟨-и⟩ Aufgabe f; (проблема) Problem n; ◇ **поста́вить** ~у eine Aufgabe stellen

задвига́ть V_{1a} несов от **задви́нуть**

задви́жк|а $ж_1$ ⟨-и, род мн: -жек⟩ Riegel m; ◇ **закры́ть дверь на** ~у die Tür verriegeln

задви́нуть V_2 сов ⟨-ну, -нешь, Imp. -нь, ~те, Part. Prät. Pass. -нутый⟩ [**задвига́ть** V_{1a} несов] что вин ① (закрыть) zuschieben ② (поместить) hineinschieben, unterschieben

задво́рки $мн_1$ ⟨-рок⟩ Hinterhof m

заде́лать V_{1a} сов ⟨-аю, -аешь⟩ [**заде́лывать** V_{1a} несов] что вин (забить) zumachen; (гвоздями) zunageln; (заткнуть) zustopfen; (замуровать) zumauern; (замазать) verkitten; (заклеить) zukleben

задержа́ние c_4 ⟨-я⟩ Festnahme f, Verhaftung f; **заде́ржа|ть** V_{1a} сов ⟨-жу́, -е́ржишь, Imp. -жи́, ~те, Part. Prät. Pass. -е́ржанный⟩ [**заде́рживать** V_{1a} несов] кого́-что вин ① (воспрепятствовать) zurückhalten; ◇ **меня́** ~ли дела́ ich wurde von Geschäften aufgehalten ② (отсрочить) verzögern; ◇ ~ть поса́дку **на самолёт** den Abflug verschieben; ◇ ~ть упла́ту до́лга на ме́сяц einen Monat mit der Schuldentilgung im Verzug sein ③ (арестовать) festnehmen; **заде́ржаться** сов ⟨-жу́сь, -е́ржишься⟩ [**заде́рживаться** несов] без доп ① (остановиться) innehalten; (остаться) sich aufhalten; (замедлиться) stehen bleiben; ◇ **дыха́ние задержа́лось** der Atem stockte ② (не сделать вовремя) verzögern, ins Stocken geraten; ◇ ~ **с рабо́той** mit der Arbeit im Rückstand sein; **заде́ржк|а** $ж_1$ ⟨-и, род мн: -жек⟩ ① (остановка)

Aufenthalt m ② (*препятствие, помеха*) Störung f, Hemmung f; (*промедление*) Verzögerung f, Aufschub m; ◇ **без ~и** unverzüglich

задé|ть V_5 *сов* <-éну, -éнешь, (4) 1 и 2 л. не употр, *Imp.* -éнь, ~те, *Part. Prät. Pass.* -éтый> [**задевáть** V_{1a} *несов*] *кого-что вин* ① (*коснуться*) berühren, streifen, stoßen ② *перен* (*обидеть*) verletzen, treffen, kränken ③ *мед* angreifen; ◇ **болéзнь ~ла верхýшку лёгкого** die Krankheit griff die Lungenspitze an

зáдн|ий *прил* <-яя, -ее, -ие> Hinter-; ~ие нóги Hinterbeine n pl; тех ~ий ход Rückwärtsgang m; ◇ ~яя мысль Hintergedanke m; **помéтить ~им числóм** zurückdatieren

задóлго *нареч* lange; ◇ ~ до óсени lange vor dem Herbst

задóлженность $ж_5$ <-и> Verschuldung f; ◇ **имéть ~ по чемý-л** wegen etw verschuldet sein

зáдом *нареч* rückwärts; ◇ **стоя́ть ~ к комý-л** jdm den Rücken zukehren; ◇ ~ **напéрёд** verkehrt herum

задохнýться V_2 *сов* <-нýсь, -нёшься> [**задыхáться** V_{1a} *несов*] *без доп* ① (*умереть*) ersticken ② (*прервать дыхание*) keuchen, außer Atem sein

задрáть V_{1a} *сов* <-дерý, -дерёшь, *Imp.* -дери́, ~те, *Part. Prät. Pass.* зáдранный> [**задирáть** V_{1a} *несов*] *кого-что вин* ① *разг* (*поднять кверху*) (hoch-) heben ② (*растерзать*) reißen; ◇ **волк задрáл овцý** der Wolf hat ein Schaf gerissen; ◇ ~ **хвост** überheblich sein

задýмать V_{1a} *сов* <-аю, -аешь> [**задýмывать** V_{1a} *несов*] *что вин или с инф (1), что вин (2)* ① (*мысленно решить сделать*) sich etw vornehmen, etw vorhaben; ◇ **он чтó-то ~л** er führte insgeheim im Schilde ② (*загадать*) sich ausdenken;

задýматься *сов* <-аюсь, -аешься> [**задýмываться** V_{1a} *несов*] *без доп (1), с инф (2)* ① (*предаться думам*) nachdenken, in Gedanken versunken sein ② (*колебаться*) zögern, zaudern

задýмчивость $ж_5$ <-и> Nachdenklichkeit f; **задýмчивый** *прил* <-ая, -ое, -ые> nachdenklich

задушéвный *прил* <-ая, -ое, -ые> herzlich, innig

задыхáться V_{1a} *несов от* **задохнýться**

заéзд $м_1$ <-а> ① (*прибытие*) Anreise f ② *спорт* Lauf m; ◇ **победи́тель в пéрвом ~е** Sieger der ersten Runde

заезжáть V_{1a} *несов от* **заéхать**

заём $м_1$ (займá, *мн:* зáймы> Anleihe f, Darlehen n; ◇ **госудáрственный ~** Staatsanleihe

заéхать V_{1a} *сов* <-éду, -éдешь> [**заезжáть** *несов*] *к кому-чему дат (1), за кем-чем (2), без доп (3), во что вин (4)* ① (*побывать*) kurz besuchen, eine

Stippvisite machen ② (*за кем-чем-л*) jd-n abholen ③ (*объехать*) heranfahren; ◇ ~ **слéва** von links heranfahren ④ (*попасть куда-л*) in etw geraten

зажáть V_{1a} *сов* <-жмý, -жмёшь, *Imp.* -жми́, -те, *Part. Prät. Pass.* -жáтый> [**зажимáть** V_{1a} *несов*] *кого-что вин* ① (*сжать*) festklemmen; ◇ ~ **карандáш в рукé** den Stift in der Hand festhalten ② (*закрыть*) zuhalten; ◇ ~ **ýши** sich die Ohren zuhalten ③ *перен разг* (*стеснить, помешать*) unterdrücken; ◇ ~ **рот комý-л** jd-n zum Schweigen bringen

зажéчь* *сов* <-жгý, -жжёшь> [**зажигáть** V_{1a} *несов*] *кого-что вин* ① anzünden; ◇ ~ **свет** das Licht anmachen; ◇ ~ **спи́чку** einen Streichholz anzünden ② *перен* (*вдохновить*) anfeuern, begeistern; ◇ ~ **слýшателей рéчью** die Zuhörer mit einer Rede begeistern; **зажéчься** *сов* <-жгýсь, -жжёшься, (1) 1 и 2 л. не употр> [**зажигáться** *несов*] *без доп* ① (*загореться*) sich entzünden, zu brennen anfangen ② *перен* (*вдохновиться*) entflammen

зáживо *нареч* bei lebendigem Leibe, lebendig; ◇ ~ **погребённый** lebendig begraben

зажигáлка $ж_1$ <-и, *род мн:* -лок> Feuerzeug n

зажигáться V_{1a} *несов от* **зажéчься**

зажи́м $м_1$ <-а> ① (*приспособление*) Halter m, Klemme f ② (*действие*) Einklemmen n ③ *перен* Unterdrückung f

зажимáть V_{1a} *несов от* **зажáть**

зажи́точный *прил* <-ая, -ое, -ые> wohlhabend, vermögend

зажи́ть V_{4a} *сов* <-живёт, -живýт, 1 и 2 л. не употр, *Prät.* зáжил, -á, -о, *Imp.* -живи́, -те> [**зажива́ть** V_{1a} *несов*] (*о ране*) (ab-)heilen; (*зарубцеваться*) vernarben; ◇ **до свáдьбы ~вёт** das geht vorbei

зазнáйство c_2 <-а> Überheblichkeit f, Großtuerei f

зазóр $м_1$ <-а> тех Spielraum m, Spiel n

зáйка $м/ж_1$ <-и> Stotterer m, Stotterin f;

заикáние c_4 <-я> Stottern n; **заикáться** V_{1a} *несов* <-аюсь, -áешься> [**заикнýться** V_2 *сов*] *без доп (1), о ком-чём предл (2)* ① stottern, stammeln; ◇ ~ **от волнéния** vor Aufregung stottern ② *перен разе* (*упоминать вскользь*) eine Andeutung machen; ◇ **о поéздке он и не ~лся** über die Reise hat er kein Wort verlauten lassen

заимообрáзно *нареч* leihweise; ◇ **получи́ть дéньги** ~ Geld geliehen bekommen

заинтересóванность $ж_5$ <-и> Interesse n, Interessiertheit f

заинтриговáть V_{3g} *сов* <-гýю, -гýешь, *Part. Prät. Pass.* -гóванный> [**заинтригóвывать** V_{1a} *несов*] *кого-что вин* neugierig machen

заи́скивать V_{1a} *несов* <-аю, -аешь>

перед кем-чем тв sich bei jd-m ein-schmeicheln

зайти́* *сов* ⟨-йду́, -йдёшь, (5) 1 и 2 л. не употр* [**заходи́ть** V_{4a} *несов*] *к кому-чему* V_{4a} *несов к кому-чему тв (1), за кем-чем тв (2), что вин (3, 4), без доп (5)* **1** *(посетить)* kurz besuchen, vorbeigehen **2** *(прийти за кем-чем-л)* jd-n/etw (ab-)holen **3** *(войти)* hineingehen; ◇ **мы зашли́ далеко́ в лес** wir gingen weit in den Wald hin-ein **4** *(попасть куда-л далеко)* (hin-)geraten, weit in eine bestimmte Richtung gehen; ◇ **куда́ мы зашли́?** wo sind wir gelandet [hingeraten]? **5** *(возникнуть)* auf etw (zu sprechen) kommen; ◇ **наш разгово́р зашёл о его́ рабо́те** in dem Gespräch kamen wir auf seine Arbeit zu sprechen

закаба́лить V_{4a} *сов* ⟨-лю́, -ли́шь⟩ [**закаба́лять** V_{1b} *несов*] *кого-что вин (поработить)* knechten; *(подчинить себе)* unterwerfen

зака́з m_1 ⟨-а⟩ Bestellung *f*, Auftrag *m*; ◇ **по ~у** auftragsgemäß; **заказа́ть** V_{1a} *сов* ⟨-ажу́, -а́жешь, *Imp.* -ажи́, -те, *Part. Prät. Pass.* -а́занный⟩ [**зака́зывать** V_{1a} *несов*] *что вин или с инф* bestellen, in Auftrag geben; **заказно́й** *прил* ⟨-а́я, -о́е, -ы́е⟩ **1** *(сделанный на заказ)* Auftrags-, bestellt **2** *(о письме)* Einschreibe-; ◇ **посла́ть письмо́ ~ы́м** etw per Einschreiben schicken; **зака́зчик** m_1 ⟨-а⟩ Auftraggeber *m*, Kunde *m*

зака́зывать *несов от* **заказа́ть**

зака́лка $ж_1$ ⟨-и⟩ **1** тех Härtung *f* **2** *(выносливость)* Abhärtung *f*, Härte *f*

закапа́ть V_{1a} *сов* ⟨-аю, -аешь⟩ *без доп (начать капать)* anfangen zu tropfen; ◇ **~ли слёзы** die Tränen fingen an zu fließen

закапа́ть² *сов* ⟨-аю, -аешь⟩ [**зака́пывать** V_{1a} *несов*] *кого-что вин* **1** *(забрызгать)* bespritzen **2** *разг (о лекарстве)* einträufeln; ◇ **~ ка́пли в глаза́** Tropfen in die Augen tröpfeln

зака́т m_1 ⟨-а⟩ **1** Untergang *m*; ◇ **~ со́лнца** Sonnenuntergang **2** *перен (упадок)* Niedergang *m*, Untergang *m*; ◇ **~ жи́зни** Lebensabend *m*; ◇ **на ~е дней** am Ende seiner Tage

заката́ть V_{1a} *сов* ⟨-а́ю, -а́ешь, *Part. Prät. Pass.* -ка́танный⟩ [**зака́тывать** V_{1a} *несов*] *кого-что вин во что вин (1), что вин (2, 3)* **1** *(обмотать, обле-пить)* einrollen, einwickeln **2** *разг (засучить)* hochkrempeln; ◇ **~ рукава́** die Ärmel hochkrempeln

зака́шляться V_{1b} *сов* ⟨-я́юсь, -я́ешься⟩ [**зака́шливаться** V_{1a} *несов*] *без доп* loshusten, einen Hustenanfall bekommen

заки́нуть V_2 *сов* ⟨-ну, -нь, *Imp.* -нь, ~те, *Part. Prät. Pass.* -нутый⟩ [**заки́дывать** V_{1a} *несов*] *кого-что вин* **1** *(забросить)* (aus-) werfen, schleudern; *тж перен* ◇ **~ у́дочку** die Angel auswerfen **2**

(придать чему-л другое положение) nach oben/hinten werfen; ◇ **~ го́лову** den Kopf zurückwerfen; ◇ **~ но́гу на́ ногу** die Beine übereinander schlagen; ◇ **~ слове́чко** ein Wort für jd-n einlegen

закла́д m_1 ⟨-а⟩ **1** *(залог)* Pfand *n*; ◇ **отнести́ вещь в ~** etw verpfänden; **принима́ть в ~** in Zahlung nehmen **2** *(спор на какую-л вещь)* Wette *f*

закла́дка $ж_1$ ⟨-и, *род мн:* -док⟩ **1** *(начало строительства)* Baubeginn *m*, Grundsteinlegung *f* **2** *(для книги)* Lesezeichen *n*

закла́дывать V_{1a} *несов от* **заложи́ть**

заклина́ни|е c_4 ⟨-я⟩ Beschwörung *f*; ◇ **произноси́ть ~я** etw beschwören

заключа́ть V_{1a} *несов от* **заключи́ть**

заключе́ни|е c_4 ⟨-я⟩ **1** *(окончание)* Ab-schluss *m*, Schluss *m*, Ende *n*; ◇ **в ~е** zum Abschluss **2** *(соглашения)* Abschluss *m*; ◇ **~е догово́ра** Vertragsunterzeichnung *f* **3** *(утверждение, вывод)* Schluss *m*, Schlussfolgerung *f*; ◇ **~е эксперти́зы** Gutachten *n*; ◇ **предста́вить на ~е** begut-achten lassen; ◇ **прийти́ к ~ю** zu einer Schlussfolgerung kommen **4** *(тюремное)* Haft *f*, Inhaftierung *f*; ◇ **ме́сто ~я** Haftanstalt *f*; ◇ **приговори́ть к пяти́ года́м ~я** zu fünf Jahren Freiheitsentzug verurteilen

заключённый *м* (A_1) ⟨-ого⟩ Gefangener *m*, Häftling *m*

заключи́тельный *прил* ⟨-ая, -ое, -ые⟩ Schluss-; ◇ **~ экза́мен** Abschlussexamen *n*; **заключи́ть** V_{4a} *сов* ⟨-чу́, -чи́шь⟩ [**заключа́ть** *несов*] *что вин чем тв (1), с союзом "что" (3), кого-что вин (2, 4), что вин во что вин (5)* **1** *(закон-чить, завершить)* beenden, abschließen **2** *(подписать)* (ab-)schließen; ◇ **~ догово́р** Vertrag unterzeichnen; ◇ **~ пари́** eine Wette abschließen; ◇ **~ соглаше́ние** eine Vereinbarung treffen **3** *(сделать вывод)* etw aus etw schließen, schlussfolgern; ◇ **отсю́да я заключи́л, что он прав** dar-aus habe ich geschlossen, dass er Recht hat **4** *(поместить в тюрьму)* inhaftieren **5** *(поместить)* einschließen; ◇ **в объя́тия** umarmen; ◇ **~ в ско́бки** in Klammern setzen

закола́чивать V_{1a} *несов от* **заколоти́ть**

зако́лка $ж_1$ ⟨-и, *род мн:* -лок⟩ Haarspange *f*

заколоти́ть V_{4a} *сов* ⟨-очу́, -о́тишь, *Part. Prät. Pass.* -о́ченный⟩ [**закола́чивать** *несов*] *что вин* **1** *(гвоздями)* zunageln **2** *(вбить)* einschlagen

заколо́ть *см.* **коло́ть**

зако́н m_1 ⟨-а⟩ Gesetz *n*; ◇ **основно́й ~** Grundgesetz; ◇ **и́менем ~а** im Namen des Gesetzes; **зако́нность** $ж_5$ ⟨-и⟩ **1** *(со-блюдение законов)* Gesetzlichkeit *f* **2** *(правомерность)* Rechtmäßigkeit *f*;

зако́нн|ый *прил* ⟨-ая, -ое, -ые⟩ **1** (*со-ответствующий закону*) gesetzlich, rechtmäßig; ◇ **~ый докуме́нт** rechtskräftiges Dokument **2** (*правовой*) Rechts-; ◇ **~ое основа́ние** Rechtsgrundlage *f* **3** (*справедливый*) berechtigt; ◇ **~ый упрёк** berechtigter Vorwurf; **законода́тель** *m₂* ⟨-я⟩ Gesetzgeber *m*; **законода́тельн|ый** *прил* ⟨-ая, -ое, -ые⟩ gesetzgeberisch; ◇ **-ая власть** gesetzgebende Gewalt; **закономе́рность** *ж₅* ⟨-и⟩ Gesetzmäßigkeit *f*; **закономе́рный** *прил* ⟨-ая, -ое, -ые⟩ **1** (*причину обусловленный*) gesetzmäßig **2** (*обоснованный*) legitim, berechtigt; **Ваш вопро́с вполне́ закономе́рен** Ihre Frage ist durchaus legitim; **законопрое́кт** *m₁* ⟨-а⟩ Gesetzesentwurf *m*

зако́нченный *прил* ⟨-ая, -ое, -ые⟩ **1** (*цельный*) vollendet, abgeschlossen **2** (*полный, совершенный*) vollendet, völlig; ◇ **~ негодя́й** ein ausgemachter Schurke

зако́нчить V₄ᵦ *сов* ⟨-чу, -чишь, *Imp.* -чи, ~те⟩ [**зака́нчивать** V₁ₐ *несов*] *что* **вин** beenden, abschließen

закоренé́лый *прил* ⟨-ая, -ое, -ые⟩ **1** (*укоренившийся*) eingebürgert, hartnäckig; ◇ **~ предрассу́док** fest verwurzeltes Vorurteil **2** (*неисправимый*) unverbesserlich

закоу́лок *m₁* ⟨-лка, *мн:* -лки⟩ **1** (*переулок*) Seitengasse *f* **2** (*недоступное место в помещении*) Winkel *m*

закоченé́ть *см.* **коченé́ть**

закрепи́ть V₄ₐ *сов* ⟨-плю́, -пи́шь, *Part. Prät. Pass.* -плённый⟩ [**закрепля́ть** V₁ᵦ *несов*] *что* **вин**, *кого́-что* **вин** *за кем-чем* **тв** (4) **1** (*укрепить*) befestigen, festmachen; ◇ **~ до́ску гвоздём** das Brett festnageln **2** *перен* (*упрочить*) festigen; ◇ **~ свои́ зна́ния** sein Wissen festigen **3** *тех, фото* fixieren **4** (*обеспечить право*) reservieren, zuteilen

закро́йщик *m₁* ⟨-а⟩ Zuschneider *m*

закрути́ть *см.* **крути́ть**

закры́тие *c₄* ⟨-я⟩ **1** (*прекращение*) Einstellung *f*, Aufhebung *f*; (*окончание*) Beendigung *f*, Abschluss *m* **2** (*границы*) Schließung *f*; **закры́т|ый** *прил* ⟨-ая, -ое, -ые⟩ **1** (*ограждённый*) geschlossen; **~ая бесе́дка** Gartenlaube *f*; ◇ **~ое простра́нство** geschlossener Raum **2** (*недоступный*) geschlossen, nicht öffentlich; ◇ **~ое заседа́ние** geschlossene Sitzung; ◇ **~ое голосова́ние** geheime Abstimmung **3** (*об одежде*) (hoch-)geschlossen; **~ые ту́фли** geschlossene Schuhe **4** (*внутренний*) unterschwellig; ◇ **боле́знь протека́ет в ~ой фо́рме** die Krankheit schreitet unsichtbar fort **5** (*о границе, пути*) geschlossen, gesperrt; ◇ **~ое мо́ре** Binnenmeer *n*

закры́ть* *сов* ⟨-ро́ю, -ро́ешь⟩ [**закрыва́ть** V₁ₐ *несов*] *кого́-что* **вин** **1** (*опустить крышку, сдвинуть створку*) schlie-

ßen, zumachen; ◇ **~ на ключ** zuschließen; ◇ **~ глаза́** die Augen schließen; ◇ **~ зонт** den Schirm zumachen **2** (*сделать недоступным*) sperren; ◇ **~ грани́цу** die Grenze sperren **3** (*покрыть, накрыть*) bedecken, verdecken; ◇ **~ го́лову платко́м** den Kopf mit einem Tuch bedecken; ◇ **~ лицо́ рука́ми** das Gesicht mit den Händen verdecken **4** (*прекратить действие*) abdrehen; ◇ **~ во́ду/газ** das Wasser/das Gas zudrehen; ◇ **~ кран** den Hahn abdrehen **5** (*положить конец деятельности*) schließen, beenden; ◇ **~ заседа́ние** die Sitzung schließen; ◇ **~ счёт в ба́нке** ein Konto bei der Bank auflösen; ◇ **~ глаза́ на что-л** die Augen vor etw verschließen

закули́сн|ый *прил* ⟨-ая, -ое, -ые⟩ **1** теа́тр hinter den Kulissen **2** *перен* (*тайный*) geheim, hinter den Kulissen; ◇ **~ые перегово́ры** Geheimgespräche *n pl*

закупи́ть V₄ₐ *сов* ⟨-уплю́, -у́пишь, *Part. Prät. Pass.* -у́пленный⟩ [**закупа́ть** V₁ₐ *несов*] *что* **вин** in großen Mengen kaufen; ◇ **~ проду́кты на неде́лю** Lebensmittel für eine Woche einkaufen

закуси́ть¹ V₄ₐ *сов* ⟨-ушу́, -у́сишь, *Part. Prät. Pass.* -у́шенный⟩ [**заку́сывать** V₁ₐ *несов*] *что* **вин** (*захватить зубами*) beißen; ◇ **~ гу́бы** sich auf die Lippen beißen; *перен* ◇ **~ удила́** über die Stränge schlagen

закуси́ть² *сов* ⟨-ушу́, -у́сишь⟩ [**заку́сывать** *несов*] *без доп или чем* **тв** (*поесть*) eine Kleinigkeit essen; ◇ **~ пе́ред доро́гой** vor der Reise einen Imbiss zu sich nehmen

заку́ск|а *ж₁* ⟨-и, *род мн:* -сок⟩ **1** (*после выпитого*) Häppchen *n* (*zu einem alkoholischen Getränk*) **2** (*перед основным блюдом*) Vorspeise *f*; ◇ **на ~у сего́дня икра́** als Vorspeise gibt es heute Kaviar

заку́сочная *ж* ⟨*A₁*⟩ ⟨-ой⟩ Imbiss *m*

заку́сывать V₁ₐ *несов от* **закуси́ть**

зал *m₁* ⟨-а⟩ Saal *m*, Raum *m*; ◇ **~ ожида́ния** Wartesaal; ◇ **спорти́вный ~** Sporthalle *f*

залежа́ться V₁ₐ *сов* ⟨-жу́сь, -жи́шься, (2) 1 и 2 л. не употр, *Imp.* -жи́сь, ~тесь⟩ [**залёживаться** V₁ₐ *несов без доп*] **1** (*о товарах*) einen Absatz finden; **тако́й това́р в магази́не не ~и́тся** so eine Ware wird nicht zum Ladenhüter **2** (*испортиться*) verderben

зале́зть* *сов* ⟨-е́зу, -е́зешь⟩ [**залеза́ть** V₁ₐ *несов*] *на что* **вин** (1), *во что* **вин** (2, 3) **1** (*подняться, взобраться*) hinaufklettern, hinaufkriechen **2** *разг* (*проникнуть*) hineinklettern, eindringen; ◇ **~ в чужо́й дом** in ein fremdes Haus eindringen **3** (*забраться*) hineingreifen; ◇ **~ в карма́н** in die Tasche greifen; ◇ **~ в долги́** in Schulden geraten

зали́в *m₁* ⟨-а⟩ Meerbusen *m*; (*бухта*) Bucht *f*

заливно́е *c* (*A₁*) ⟨-о́го⟩ кул Aspik *m*
зали́|ть V₄ₐ *сов* ⟨-лью́, -льёшь, *Imp.* -лей, ~те, *Part. Prät. Pass.* -ли́тый⟩ [**залива́ть** V₁ₐ *несов*] *что вин* **1** (*разлиться*) überschwemmen; ◇ **река́ ~ла́ луга́** der Fluss überflutete die Wiesen **2** (*испачкать*) verschütten; ◇ **~ть ска́терть черни́лами** Tinte über das Tischtuch verschütten **3** (*потушить*) löschen **4** (*наполнить*) füllen; ◇ **~ть горю́чее в бак** Treibstoff in den Kanister füllen; ◇ **~ть доро́гу асфа́льтом** die Straße asphaltieren
зало́г¹ *m₁* ⟨-а⟩ **1** (*обеспечение ссуды*) Verpfändung *f*, Pfand *n*; ◇ **~ иму́щества** Hypothek *f*; ◇ **отда́ть кольцо́ в ~** einen Ring verpfänden **2** (*денежная гаранти́я*) Kaution *f*; ◇ **освободи́ть под ~** gegen Kaution freilassen **3** *перен* (*доказательство*) Gewähr *f*
зало́г² *м* ⟨-а⟩ грам Genus verbi *n*; ◇ **действи́тельный ~** Aktiv *n*; ◇ **страда́тельный ~** Passiv *n*
заложи́ть V₄ₐ *сов* ⟨-жу́, -о́жишь, *Part. Prät. Pass.* -оженный⟩ [**закла́дывать** V₁ₐ *несов*] *что вин* **1** (*засунуть*) legen, stecken; ◇ **~ поду́шку за го́лову** ein Kopfkissen unter den Kopf legen **2** (*заделать щели*) ausfüllen **3** (*отдать в залог*) verpfänden **4** (*начать постройку*) den Grundstein legen **5** (*запрячь*) einspannen; ◇ **~ тро́йку** eine Troika einspannen **6** (*для хранения*) ein(lagern; ◇ **~ карто́фель на́ зиму** Kartoffeln einkellern
зало́жник *m₁* ⟨-а⟩ Geisel *f*; ◇ **взять ~ов** Geiseln nehmen; **зало́жница** *ж₁* ⟨-ы⟩ Geisel *f*
залп *m₁* ⟨-а⟩ Salve *f*
зама́за|ть V₃ₐ *сов* ⟨-а́жу, -а́жешь, *Imp.* -а́жь, ~те⟩ [**зама́зывать** V₁ₐ *несов*] *что вин* **1** (*закрасить*) übermalen; ◇ **~ на́дпись** eine Aufschrift übermalen **2** (*заделать замазкой*) verkitten **3** *перен разг* (*замаскировать*) verhüllen; ◇ **~ недоста́тки** Mängel vertuschen
зама́лчивать V₁ₐ *несов от* **замолча́ть¹**
зама́нчив|ый *прил* ⟨-ая, -ое, -ые⟩ verlockend; ◇ **~ое предложе́ние** verlockendes Angebot
замедле́ни|е *c₄* ⟨-я⟩ (*действие*) Verlangsamung *f*; (*задержка*) Verzögerung *f*; ◇ **без ~я** unverzüglich; **заме́дленн|ый** *прил* ⟨-ая,-ое, -ые⟩ verlangsamt, verzögert; ◇ **~ая съёмка** Zeitlupenaufnahme *f*; **заме́длить** V₄ᵦ *сов* ⟨-лю, -лишь, *Imp.* -ли, ~те⟩ [**замедля́ть** V₁ᵦ *несов*] *что вин* (*1*), *с чем тв или с инф* (*2*) **1** (*уменьшить скорость*) verlangsamen **2** (*задержать*) zögern, auf sich warten lassen
заме́на *ж₁* ⟨-ы⟩ **1** (*действие*) Ersetzen *n*; (*заменяющее*) Ersatz *m* **2** (*тот, кто заменяет*) Vertretung *f*, Ersatz *m*; ◇ **полноце́нная ~** vollwertiger Ersatz
замени́ть V₄ₐ *сов* ⟨-ню́, -е́нишь⟩ [**заме-ня́ть** V₁ᵦ *несов*] *кого-что вин кем-чем*

тв (*1*), *кого-что вин* (*2, 3*) **1** (*использовать взамен другого*) ersetzen; ◇ **~ть мета́лл пластма́ссой** Metall durch Plastik ersetzen **2** (*стать заместителем*) vertreten, ersetzen; ◇ **кни́га ~ла ему́ все удово́льствия** das Buch ersetzte ihm alle anderen Vergnügungen **3** (*прийти на смену*) ablösen
замере́ть* *сов* ⟨-ру́, -рёшь, (*2*) *1 и 2 л.* *не употр*⟩ [**замира́ть** V₁ₐ *несов*] *без доп* **1** (*затаить дыхание*) stillstehen, stocken; (*оцепенеть*) erstarren; ◇ **~ от стра́ха** vor Angst erstarren; ◇ **у меня́ се́рдце за́мерло** das Herz blieb mir stehen; ◇ **слова́ за́мерли на его́ уста́х** die Worte erstarben auf seinen Lippen **2** *перен* (*прекратиться*) verhallen, aufhören; ◇ **к но́чи движе́ние на у́лицах за́мерло** zur Nacht hin erstarb der Verkehr auf den Straßen
замерза́|ть V₁ₐ *несов* ⟨-а́ю, -а́ешь⟩ [**замёрзнуть** V₂ *сов*] *без доп* gefrieren, einfrieren; ◇ **вода́ ~ет** das Wasser gefriert; ◇ **он совсе́м замёрз** er ist völlig durchgefroren
за́мертво *нареч* leblos, bewusstlos
замести́* *сов* ⟨-ету́, -етёшь, (*2*) *1 и 2 л.* *не употр*⟩ [**замета́ть** V₁ₐ *несов*] *что вин* **1** (*веником*) kehren; ◇ **~ му́сор в одно́ ме́сто** den Dreck zu einem Haufen zusammenfegen **2** *безл* (*засыпать*) zuwehen; ◇ **~ преступле́ния** die Spuren des Verbrechens verwischen
замести́тель *m₂* ⟨-я⟩ Stellvertreter *m*;
замести́ть V₄ₐ *сов* ⟨-ещу́, -ести́шь, *Part. Prät. Pass.* -ещённый⟩ [**замеща́ть** V₁ₐ *несов*] *кого-что вин кем-чем тв* (*1, 3*), *кого-что вин* (*2*) **1** (*заменить*) ersetzen **2** (*кого-л на работе*) jd-n bei der Arbeit vertreten **3** (*занять должность*) besetzen
замета́ть V₁ₐ *несов от* **замести́**
заме́ти|ть V₄ᵦ *сов* ⟨-е́чу, -е́тишь, *Part. Prät. Pass.* -е́ченный⟩ [**замеча́ть** V₁ₐ *несов*] *кого-что вин или с союзом "что"* (*1*), *что вин* (*2, 4*), *без доп* (*3*) **1** (*обнаружить*) bemerken, wahrnehmen; ◇ **я его́ сра́зу ~л** ich habe ihn sofort gesehen; ◇ **не ~ть кого́-л** jd-n übersehen **2** (*запомнить*) sich merken; ◇ **~ть доро́гу** sich den Weg einprägen **3** (*сказать*) bemerken, eine Bemerkung machen **4** (*отметить*) notieren, anmerken; ◇ **заме́ть себе́ э́то** notiere dir das; **заме́тк|а** *ж₁* ⟨-и, *род мн:* -ток⟩ **1** (*знак*) Zeichen *n* **2** (*запись*) Notiz *f*; ◇ **путевы́е ~и** Reiseaufzeichnungen **3** (*сообщение*) Notiz *f*; ◇ **газе́тная ~а** Zeitungsnotiz; **заме́тн|ый** *прил* ⟨-ая, -ое, -ые⟩ **1** (*очевидный*) merklich, bemerkbar; ◇ **на снегу́ ~ы следы́** im Schnee sind Spuren zu sehen **2** (*выдающийся*) bemerkenswert, auffallend; ◇ **~ая ли́чность** herausragende Persönlichkeit

замеча́ние c_4 ⟨-я⟩ ① (*сужде́ние*) Bemerkung f ② (*вы́говор*) Verweis m

замеча́тельный *прил* ⟨-ая, -ое, -ые⟩ (*примеча́тельный*) bemerkenswert; (*превосхо́дный*) hervorragend; (*отли́чный*) ausgezeichnet; ◇ ~ **результа́т** ausgezeichnetes Ergebnis; (*выдаю́щийся*) herausragend

замеча́ть V_{1a} *несов от* **заме́тить**

замеща́ть *см.* **замести́ть**

зам|о́к m_1 ⟨-мка́, *мн:* -мки́⟩ Schloss n; **запере́ть** на ~о́к verschließen; ◇ **под ~ко́м** unter Verschluss; ◇ **за семью́ ~ка́ми** hinter Schloss und Riegel

за́мок m_1 ⟨-мка⟩ Schloss n, Burg f

замолч|а́ть¹ V_{1a} *сов* ⟨-чу́, -чи́шь⟩ *без доп* schweigen, verstummen; ◇ **он постоя́нно писа́л пи́сьма, а тепе́рь что-то ~а́л** er schrieb regelmäßig Briefe, jetzt lässt er nichts mehr von sich hören; ◇ **заста́вить ~а́ть** zum Schweigen bringen; ◇ ~**и́!** sei still!

замолча́ть² V_{1a} *сов* ⟨-чу́, -чи́шь⟩ [**зама́лчивать** V_{1a} *несов*] *что вин* verschweigen; ◇ ~ **неприя́тный инциде́нт** einen unangenehmen Vorfall totschweigen

заморо́зить V_{4b} *сов* ⟨-о́жу, -о́зишь, *Part. Prät. Pass.* -о́женный⟩ [**замора́живать** V_{1a} *несов*] *кого-что вин (1, 2, 4), без доп (3)* ① einfrieren; ◇ ~ **ры́бу/фру́кты** Fisch/Obst einfrieren ② (*си́льно охлади́ть*) kalt stellen ③ *разг* (*обезбо́лить*) vereisen ④ *перен* (*заде́ржать*) einfrieren; ◇ ~ **фо́нды** Geldmittel einfrieren

за́морозки $мн_1$ ⟨-ов⟩ Frost m; ◇ ~ **на по́чве** Bodenfrost

замочи́ть *см.* **мочи́ть**

за́муж *нареч* ◇ **вы́йти ~ за кого́-л** jdn heiraten; ◇ **отда́ть ~ за кого́-л** jdn verheiraten; **за́мужем** *нареч* ◇ **быть ~** verheiratet sein; **заму́жество** c_2 ⟨-а⟩ Heirat f; (*брак*) Ehe f

заму́чить V_{4b} *сов* ⟨-чу, -чишь⟩ [**заму́чивать** V_{1a} *несов*] *кого-что вин* ① (*довести́ до сме́рти*) zu Tode quälen; (*истяза́ть*) foltern ② *перен* (*надое́дать*) quälen, plagen

за́мша $ж_1$ ⟨-и⟩ Wildleder n

замыка́ние c_4 ⟨-я⟩ эл ◇ **коро́ткое ~** Kurzschluss

за́мысел m_1 ⟨-сла, *мн:* -слы⟩ ① (*наме́рение*) Vorhaben n; ◇ **осуществи́ть свой ~** sein Vorhaben verwirklichen ② (*иде́я*) (Grund-) Idee f, Konzept n

замышля́ть V_{1b} *несов* ⟨-я́ю, -я́ешь⟩ [**заму́слить** V_{4b} *сов* ⟨*Itr.* -мы́сли, ~те, *Part. Prät. Pass.* -мы́шленный⟩] *что вин или с инф* planen, vorhaben

за́навес m_1 ⟨-а⟩ *теа́тр* Vorhang m; ◇ ~ **па́дает/поднима́ется** der Vorhang fällt/geht hoch; ◇ **под** ~ gegen Ende

занаве́ска $ж_1$ ⟨-и, *род мн:* -сок⟩ Vorhang m, Gardine f

занес|ти́* *сов* ⟨-су́, -сёшь, (4) 1 и 2 л. не употр⟩ [**заноси́ть** V_{4a} *несов*] *кого-что вин* ① (*доста́вить*) vorbeibringen ② (*забро́сить*) verschlagen; ◇ **судьба́ ~ла его́ на се́вер** das Schicksal verschlug ihn in den Norden ③ (*вписа́ть*) eintragen, einschreiben; ◇ ~**ти́ в спи́сок** in die Liste eintragen ④ *безл* (*замести́*) verwehen; ◇ **доро́гу ~ло сне́гом** der Weg wurde vom Schnee verweht ⑤ (*подня́ть, отвести́ в сто́рону*) (hoch-)heben; ◇ ~**ти́ ру́ку для уда́ра** die Hand zum Schlag erheben ⑥ (*отклони́ть, накрени́ть*) ins Schleudern geraten; *перен* ◇ **докла́дчика ~ло** der Redner geriet ins Schleudern

занима́тельный *прил* ⟨-ая, -ое, -ые⟩ (*интере́сный*) unterhaltsam, interessant; ◇ ~ (*расска́з*) fesselnd; (*увлека́тельный*) spannend; (*заба́вный*) amüsant

занима́ться V_{1a} *несов* ⟨-а́юсь, -а́ешься⟩ [**заня́ться** *сов*] *чем тв (1), с кем-чем тв (2)* ① sich beschäftigen mit, betreiben, sich befassen mit; ◇ ~ **спо́ртом** Sport treiben; ◇ ~ **хозя́йством** den Haushalt führen ② (*о шко́льниках*) lernen; (*о студе́нтах*) studieren

зано́за $ж_1$ ⟨-ы⟩ ① Splitter m ② *разг* (*язви́тельном челове́ке*) Streithammel m, Nörgler m

зано́счивость $ж_5$ ⟨-и⟩ Hochmut m, Arroganz f

заня́ти|е c_4 ⟨-я⟩ ① (*де́ло, труд*) Beschäftigung f; ◇ **люби́мое ~е** Lieblingsbeschäftigung ② (*взя́тие, вступле́ние куда́-л*) Einnahme f; ◇ ~**е кре́пости** Besetzung der Festung ③ ◇ ~**я** *мн* (*уче́бные часы́*) Unterricht m

заня́ть¹ V_{1b} *сов* ⟨займу́, займёшь, *Itr.* займи́, -те, *Prät.* за́нят, -á, -о, *Part. Prät. Pass.* за́нятый⟩ [**занима́ть** *несов*] *что вин* (*взять взаймы́*) sich leihen, sich borgen

заня́ть² *сов* ⟨займу́, займёшь⟩ [**занима́ть** *несов*] *кого-что вин* ① (*запо́лнить простра́нство, вре́мя*) in Anspruch nehmen, beanspruchen; ◇ **кни́ги заня́ли всю по́лку** die Bücher nahmen das ganze Regal in Anspruch ② (*расположи́ться*) besetzen; ◇ ~ **ме́сто в ваго́не** einen Platz im Zug einnehmen; ◇ ~ **вре́мени** Zeit beanspruchen; (*закрепи́ть за кем-л*) Platz freihalten ③ (*вступи́ть в до́лжность*) antreten; ◇ ~ **пост мини́стра** den Ministerposten antreten ④ (*развле́чь*) beschäftigen, unterhalten; ◇ ~ **дете́й игро́й** die Kinder mit Spielen beschäftigen

заодно́ *нареч* ① (*сообща́, единоду́шно*) im gegenseitigen Einvernehmen, einträchtig ② (*попу́тно, кста́ти*) gleichzeitig; ◇ ~ **е́ду по дела́м, ~ навещу́ друзе́й** ich bin geschäftlich unterwegs und besuche bei dieser Gelegenheit meine Freunde

заостри́ть V_{4a} ‹-рю́, -ри́шь› [**заостря́ть** V_{4b} *несов* *что вин* ① (*сделать острым*) spitzen, schärfen ② *перен* (*подчеркнуть*) zuspitzen, verschärfen; ◇ ~ **внима́ние на чём-л** einer Sache besondere Aufmerksamkeit schenken

зао́чник M_1 ‹-а› Fernstudent *m;*
зао́чн|ый *прил* ‹-ая, -ое, -ые› ① юр in Abwesenheit; (*в суде́*) ~**ый пригово́р** Abwesenheitsurteil *n* ② (*об обуче́нии*) Fern-; ◇ ~**ое обуче́ние** Fernstudium *n*

за́пад M_1 ‹-а› ① Westen *m;* **к ~у** westlich; ◇ **на ~** nach Westen; ◇ **на ~е** im Westen ② **З-** (*за́падные стра́ны*) der Westen; ◇ **иску́сство За́пада** die westliche Kunst; **за́падный** *прил* ‹-ая, -ое, -ые› westlich, West-; ◇ ~**ветер** Westwind *m;* (*о культу́ре*) abendländisch; ◇ ~**ая жи́вопись** abendländische Malerei

запа́с M_1 ‹-а› ① Vorrat *m,* Reserve *f;* **име́ть в ~е** auf Vorrat haben; ◇ **у нас ещё два часа́ в ~е** wir haben noch zwei Stunden Zeit; ◇ **про** ~ auf Vorrat ② (*состоя́ние*) Umfang *m,* Bestand *m;* ◇ ~ **слов** Wortschatz *m* ③ (*в шитье, оде́жде*) Einschlag *m,* Saum *m* ④ воен Reserve *f;* ◇ **офице́р ~а** Reserveoffizier *m;* **запасно́й, запа́сный** *прил* ‹-ая, -ое, -ые› ① vorrätig; ◇ ~**ое продово́льствие** Lebensmittelvorrat ② (*резе́рвный*) Reserve-; (*для заме́ны*) Ersatz-; ◇ ~**ый вы́ход** Notausgang *m;* ж.-д. ◇ ~**ый путь** Abstellgleis *n;* спорт ◇ ~**ый игро́к** Ersatzspieler *m;* тех ◇ ~**ые ча́сти** Ersatzteile *n pl*

запасти́сь* *сов* ‹-су́сь, -сёшься› [**запаса́ться** V_{1a} *несов*] *чем тв* sich versorgen (mit); ◇ ~ **тёплой оде́ждой** sich warme Kleidung besorgen; *перен* ◇ ~ **терпе́нием** sich mit Geduld wappnen

за́пах M_1 ‹-а› Geruch *m;* (*аро́мат*) Duft *m*

запека́нка $Ж_1$ ‹-и, *род мн:* -нок› Auflauf *m;* ◇ **карто́фельная** ~ Kartoffelauflauf

запере́ть* *сов* ‹-пру́, -прёшь› [**запира́ть** V_{1a} *несов* *кого-что вин* ① (*закры́ть на замо́к*) abschließen, zuschließen; ◇ **сара́й на задви́жку** die Scheune verriegeln ② (*помести́ть куда́-л*) einschließen, einsperren

запечатле́ть* *сов* ‹-е́ю, -е́ешь, *Part. Прят. Pass.* -ле́нный› [**запечатлева́ть** V_{1a} *несов*] *кого-что вин* ① (*изобрази́ть*) darstellen, verkörpern ② (*сохрани́ть в па́мяти*) sich einprägen; ◇ ~ **что-л в па́мяти пото́мков** der Nachwelt eine bleibende Erinnnerung hinterlassen; ◇ ~ **что-л в се́рдце** etw im Herzen bewahren

записа́ть* *сов* ‹-ишу́, -и́шешь› [**запи́сывать** V_{1a} *несов*] *кого-что вин* ① (*отме́тить, зафикси́ровать*) notieren, aufschreiben; ◇ ~ **ле́кцию** eine Vorlesung mitschreiben ② (*внести́ в спи́сок*) aufnehmen, anmelden; ◇ ~ **на приём к**

врачу́ für die Sprechstunde anmelden ③ (*на плёнку*) aufzeichnen, aufnehmen; ◇ ~ **конце́рт** ein Konzert mitschneiden; **записа́ться** *сов* ‹-ишу́сь, -и́шешься› [**запи́сываться** *несов* *без доп* ① (*вступи́ть*) sich anmelden, einschreiben; ◇ ~ **в спорти́вную се́кцию** sich bei einem Sportverein anmelden ② (*на приём*) sich bei jd-m anmelden; ◇ ~ **на приём к масса́жи́сту** sich einen Termin beim Masseur geben lassen

запи́ска $Ж_1$ ‹-и, *род мн:* -сок› Notizzettel *m;* ◇ **докладна́я** ~ schriftliche Mitteilung

запи́ски *мн* ‹-сок› ① (*мемуа́ры*) Memoiren *pl,* Notizen *f pl,* Aufzeichnungen *f pl;* (*дневни́к*) Tagebuch *n;* ◇ **путевы́е** ~ Reisetagebuch ② (*назва́ние нау́чных журна́лов*) wissenschaftliche Schriften *f pl*

запи́сываться *несов* *от* **записа́ться**

за́пись $Ж_5$ ‹-и› ① (*де́йствие*) Notieren *n;* ◇ ~ **на приём к кому́-л** sich bei jd-m voranmelden ② радио, теле Aufzeichnung *f*

запла́т|а $Ж_1$ ‹-ы› Flicken *m;* ◇ **положи́ть** ~**у** einen Flicken aufnähen

заплати́ть *см.* **плати́ть**

заплы́в M_1 ‹-а› спорт Schwimmen *n;* ◇ ~ **бра́ссом на сто ме́тров** 100-Meter-Brustschwimmen *n*

запове́дник M_1 ‹-а› Naturschutzgebiet *n*

за́поведь $Ж_5$ ‹-и› рел Gebot *n; перен* **пе́рвая** ~ oberstes Gebot

запо́лни|ть V_{4a} *сов* ‹-ню, -нишь, *Imp.* -ни, -те› [**заполня́ть** V_{1a} *несов*] *что вин* ① (*заня́ть целико́м*) füllen; ◇ **зри́тели ~ли зал** die Zuschauer füllten den Saal ② (*вписа́ть све́дения*) ausfüllen; ◇ ~ **анке́ту** ein Formular ausfüllen

заполя́рный *прил* ‹-ая, -ое, -ые› Polar-; ◇ ~ **го́род** nördlich des Polarkreises gelegene Stadt

запо́мни|ть V_{4b} *сов* ‹-ню, -нишь, *Imp.* -ни, -те› [**запомина́ть** V_{1a} *несов*] *кого-что вин* sich etw merken, sich etw einprägen; ◇ **я э́того не могу́** ~**ть** ich kann mir das nicht merken!; ◇ ~ **мои́ слова́!** denk an meine Worte!

за́понка $Ж_1$ ‹-и, *род мн:* -нок› Manschettenknopf *m*

запо́р¹ M_1 ‹-а› Verschluss *m,* Riegel *m*

запо́р² *м* ‹-а› мед Verstopfung *f;* ◇ **страда́ть ~ами** an Verstopfung leiden

запра́вить V_{4b} *сов* ‹-влю, -вишь, *Part. Прят. Pass.* -вленный› [**заправля́ть** V_{1b} *несов*] *что вин* (1, 2), *что вин чем тв* (3) ① (*вста́вить, всуну́ть*) hineinstecken; ◇ ~ **брю́ки в сапоги́** die Hose in die Stiefel stecken ② (*пригото́вить для рабо́ты*) fertig machen; ◇ ~ **маши́ну бензи́ном** das Auto tanken ③ кул anmachen, würzen; ◇ ~ **сала́т майоне́зом** den Salat mit Majonäse anmachen

запра́вка $Ж_1$ ‹-и, *род мн:* -вок› ①

(*маши́ны*) Tanken n **2** кул Zutat f, Gewürz n; ◇ ~ **для сала́та** Salatdressing n

заправля́ть V_{1b} *несов от* **запра́вить**

запра́шивать V_{1a} *несов от* **запроси́ть**

запре́т m_1 ⟨-а⟩ Verbot n; ◇ **наложи́ть ~ на что-л** etw verbieten; ◇ **быть под ~ом** verboten sein; ◇ **без ~а** unbeschränkt; **запрети́ть** V_{4a} *сов* ⟨-ещу́, -ети́шь, *Part. Prät. Pass.* -ещённый⟩ [**запреща́ть** V_{1a} *несов*] *кому́-чему́ дат что вин или с инф* verbieten, untersagen; ◇ ~ **кури́ть** das Rauchen verbieten; ◇ **прое́зд запрещён** Durchfahrt verboten; **запреще́ние** c_4 ⟨-я⟩ Verbot n

запро́с m_1 ⟨-а⟩ Anfrage f; **запроси́ть** V_{4a} *сов* ⟨-ошу́, -о́сишь, *Part. Prät. Pass.* -про́шенный⟩ [**запра́шивать** V_{1a} *несов*] *кого́-что вин о чём предл* (1), *что вин или чего́ род* (2), *что вин* (3) **1** (*обрати́ться*) anfragen; ◇ ~ **в парла́менте** beim Parlament anfragen **2** (*затре́бовать*) anfordern; ◇ ~ **мне́ние специали́стов** eine Expertenmeinung anfordern **3** *разг* (*назна́чить сли́шком высо́кую це́ну*) einen überhöhten Preis verlangen; ◇ ~ **1000 рубле́й** den Wucherpreis von 1000 Rubeln verlangen; **запро́сы** *мн* ⟨-сов⟩ **1** (*потре́бности*) Bedürfnisse n pl; ◇ **удовлетворя́ть ~ люде́й** die Bedürfnisse der Menschen befriedigen **2** (*притяза́ния*) Ansprüche m pl, Forderungen f pl; ◇ **отверга́ть необосно́ванные ~** ungerechtfertigte Ansprüche zurückweisen

запря́чь* *сов* ⟨-ягу́, -яжёшь⟩ [**запряга́ть** V_{1a} *несов*] *кого́-что вин* **1** (*ло́шадь*) einspannen, anspannen **2** *перен разг* (*нагрузи́ть рабо́той*) jd-n einspannen

запуга́ть V_{1a} *сов* ⟨-а́ю, -а́ешь⟩ [**запу́гивать** V_{1a} *несов*] *кого́-что вин* Bange machen, einschüchtern

за́пуск m_1 ⟨-а⟩ (*мото́р*) Anlassen n

запусти́ть* V_{4a} *сов* ⟨-ущу́, -у́стишь, *Part. Prät. Pass.* -у́щенный⟩ [**запуска́ть** V_{1a} *несов*] *что вин или чем тв в кого́-что вин* (1), *что вин* (2, 3) **1** (*бро́сить с разма́ху*) schleudern; ◇ ~ **ка́мнем в окно́** einen Stein gegen das Fenster schleudern **2** (*привести́ в движе́ние*) anwerfen, anlassen; ◇ ~ **бума́жного змея́** einen Drachen steigen lassen; ◇ ~ **мото́р** den Motor anlassen **3** (*засу́нуть*) hineinstecken; ◇ ~ **ру́ку в карма́н** mit der Hand in die Tasche greifen

запусти́ть² *сов* ⟨-ущу́, -у́стишь⟩ [**запуска́ть** V_{1a} *несов*] *что вин* vernachlässigen; ◇ ~ **учёбу** das Studium vernachlässigen

запута́ть *сов* **пу́тать**

запя́стье c_5 ⟨-я⟩ анат Handgelenk n

запята́я *ж* (A_1) ⟨-о́й⟩ Komma n

зарабо́тать¹ V_{1a} *сов* ⟨-аю, -аешь⟩ [**зараба́тывать** V_{1a} *несов*] *что вин* (*приобрести́ трудо́м*) verdienen, erarbei-

ten; ◇ ~ **пра́во на о́тпуск** sich den Urlaub verdienen

зарабо́тать² *сов* ⟨-аю, -аешь⟩ *без доп* (*нача́ть рабо́тать*) in Gang kommen, anfangen zu arbeiten

зарабо́таться V_{1a} *сов* ⟨-аюсь, -аешься⟩ [**зараба́тываться** V_{1a} *несов*] *без доп* **1** (*увле́чься рабо́той*) über der Arbeit die Zeit vergessen; ◇ ~ **до полу́ночи** bis tief in die Nacht hinein arbeiten **2** (*уста́ть от рабо́ты*) sich überarbeiten; ◇ **он совсе́м зарабо́тался** er ist ganz überarbeitet

за́работ|ок m_1 ⟨-тка⟩ **1** (*у рабо́чих*) Lohn m; (*у слу́жащих*) Gehalt n; (*у арти́стов*) Gage f; (*дохо́д*) Einkommen n; ◇ **годово́й ~ок** Jahreseinkommen n **2** (*рабо́та вре́менная*) Saisonarbeit f; ◇ **отпра́виться на ~ки** jobben gehen

заража́ть(ся) V_{1a} *несов от* **зарази́ть(ся)**

зара́за $ж_1$ ⟨-ы⟩ Infektion f; ◇ **исто́чники ~** $м_1$ Ansteckungsherd m;

зарази́ть V_{4a} *сов* ⟨-ажу́, -ази́шь, *Part. Prät. Pass.* -ажённый⟩ [**заража́ть** *несов*] *кого́-что вин чем тв* **1** (*переда́ть зара́зу*) anstecken, infizieren **2** (*отрави́ть*) verseuchen **3** *перен* (*увле́чь*) anstecken, mitreißen; ◇ ~ **кого́-л весе́льем** jd-n mit seiner guten Laune anstecken; ◇ ~ **свои́м приме́ром** mit gutem Beispiel vorangehen; **зарази́ться** V_{4a} *сов* ⟨-ажу́сь, -ази́шься⟩ [**заража́ться** *несов*] *чем тв* **1** (*заболе́ть*) sich anstecken **2** *перен* (*восприня́ть*) sich anstecken lassen; ◇ ~ **чье́й-л эне́ргией** sich von jd-s Energie mitreißen lassen; **зара́зн|ый** *прил* ⟨-ая, -ое, -ые⟩ Infektions-; ◇ ~**ая боле́знь** Infektionskrankheit

зара́нее *нареч* im Voraus, von vornherein; (*заблаговре́менно*) frühzeitig

зарасти́* *сов* ⟨-ту́, -тёшь, (1, 3) 1 и 2 л. не употр⟩ [**зараста́ть** V_{1a} *несов*] *чем тв* (1, 2), *без доп* (3) **1** zuwachsen; (*одича́ть*) verwildern; ◇ **сад заро́с** der Garten ist verwildert **2** (*покры́ться воло́сами, ше́рстью*) (zu-)wachsen lassen; ◇ ~ **бородо́й** sich einen Vollbart wachsen lassen **3** (*зарубцева́ться*) verheilen; ◇ **ра́на заросла́** die Wunde ist verheilt

зарегистри́ровать *см.* **регистри́ровать**

зарисова́ть V_{1a} *сов* ⟨-сую, -суешь, *Imp.* -су́й, ~те, *Part. Prät. Pass.* -со́ванный⟩ [**зарисо́вывать** V_{1a} *несов*] *кого́-что вин* (*запечатле́ть*) (auf-)zeichnen; (*наброса́ть*) skizzieren; **зарисо́вка** $ж_1$ ⟨-и, *род мн:* -вок⟩ **1** (*де́йствие*) Skizzieren n **2** (*рису́нок*) Zeichnung f **3** (*набро́сок*) Skizze f

зарисо́вывать *несов от* **зарисова́ть**

зарни́ца $ж_1$ ⟨-ы⟩ Wetterleuchten n

зароди́ться V_{4a} *сов* ⟨-ди́тся, -дятся, 1 и 2 л. не употр⟩ [**зарожда́ться** V_{1a}

несов] *без доп перен* (*возникнуть*) entstehen, aufkommen

заро́дыш m_2 ⟨-а⟩ **1** (*организм*) Keim *m*, Embryo *m* **2** *перен* (*состояние*) Keim *m*; ◇ **подави́ть дурну́ю привы́чку в ~е** eine schlechte Angewohnheit im Keim ersticken

зарожда́ться *несов от* **зароди́ться**

зарожде́ние c_4 ⟨-я⟩ (*появление*) Erscheinen *n*; (*образование*) Bildung *f*; (*возникновение*) Entstehung *f*

за́росль $ж_5$ ⟨-и⟩ **1** (*частый куста́рник*) Gestrüpp *n* **2** (*ча́ща*) Dickicht *n*

зарпла́т|а $ж_1$ ⟨-ы⟩ (= *за́работная пла́та*) Arbeitslohn *m*; ◇ **основна́я ~а** Grundgehalt *n*; ◇ **повыша́ть ~у** den Lohn erhöhen

зарубе́ж m_1 ⟨-а⟩ *разг* Ausland *n*

зарубе́жн|ый *прил* ⟨-ая, -ое, -ые⟩ ausländisch, Auslands-; ◇ **~ые стра́ны** Ausland *n*

заруб|и́ть V_{4a} *сов* ⟨-блю́, -у́бишь, *Part. Prät. Pass.* -у́бленный⟩ [**заруба́ть** V_{1a} *несов*] *кого-что вин* **1** (*убить*) erschlagen, niedermetzeln **2** (*сделать зарубку*) einkerben; ◇ **~и́ себе́ на носу́!** schreib dir das hinter die Ohren!

зар|я́ $ж_2$ ⟨-и́, *мн:* -зо́ри⟩ **1** ◇ **у́тренняя ~я́** Morgenrot *n*; ◇ **вече́рняя ~я́** Abendrot *n* **2** ◇ **встать с ~ёй** vor Tagesanbruch aufstehen **2** *воен* (*сигнал*) ◇ **вече́рняя ~я́** Zapfenstreich *m*; ◇ **от ~и́ до ~и́** von früh bis spät

заря́дка $ж_1$ ⟨-и⟩ **1** (*действие*) Laden *n*; ◇ **~ ружья́** Laden des Gewehrs **2** *спорт* Gymnastik *f* **3** *перен* (*настрой*) Aufmunterung *f*; ◇ **получи́ть хоро́шую ~у** neue Energie bekommen

засад|и́ть V_{4a} *сов* ⟨-ажу́, -а́дишь, *Part. Prät. Pass.* -а́женный⟩ [**заса́живать** V_{1a} *несов*] *кого-что вин*, *кого-что вин за что вин или с инф* (3) **1** (*растениями*) bepflanzen **2** (*заключить*) (ein)sperren; ◇ **зве́ря в кле́тку** ein Tier in den Käfig sperren **3** *разг* (*заставить занима́ться*) zwingen etw zu tun; ◇ **~ за рабо́ту** jd-n zur Arbeit zwingen **4** *разг* (*воткнуть*) hineinstecken

засвиде́тельствовать *см.* **свиде́тельствовать**

заседа́ние c_4 ⟨-я⟩ Sitzung *f*; ◇ **откры́тое ~** öffentliche Sitzung; **заседа́тель** m_2 ⟨-я⟩ Beisitzer *m*; *юр* ◇ **наро́дный ~** Schöffe *m*; **заседа́ть** V_{1a} *несов* ⟨-а́ю, -а́ешь⟩ *без доп* **1** an einer Sitzung teilnehmen; ◇ **все ~ют уже́ три часа́** die Sitzung läuft schon drei Stunden **2** (*о конфере́нции и т. п.*) tagen

засели́|ть V_{4a} *сов* ⟨-лю́, -ли́шь⟩ [**заселя́ть** V_{1b} *несов*] *что вин* (*местность*) besiedeln, bevölkern; (*дом*) beziehen; ◇ **э́тот дом неда́вно ~ли** das Haus wurde erst vor kurzem bezogen

засе́|сть* *сов* ⟨-ся́ду, -ся́дешь, (4) 1 и 2

л. не употр⟩ [**заседа́ть** V_{1a} *несов*] *без доп* (1, 3), *за что вин или с инф* (2), *в чём предл* (4) **1** (*лентя́йничать*) ◇ **~ до́ма** zu Hause hocken **2** (*сесть надо́лго*) sich an etw heranmachen; ◇ **~сть за кни́ги** sich hinter die Bücher klemmen **3** (*скры́ться*) lauern; ◇ **~сть в заса́ду** sich auf die Lauer legen **4** (*застря́ть*) stecken bleiben; ◇ **пу́ля ~ла в лёгком** die Kugel blieb in der Lunge stecken; *перен* ◇ **э́та мысль ~ла у меня́ в голове́** der Gedanke geht mir nicht mehr aus dem Kopf

заси́лье c_4 ⟨-я⟩ Übermacht *f*, Vorherrschaft *f*

заслу́га $ж_1$ ⟨-и⟩ Verdienst *n*; ◇ **награди́ть по ~м** gebührend belohnen

заслу́женный *прил* ⟨-ая, -ое, -ые⟩ verdienstvoll, verdient; ◇ **уйти́ на ~ о́тдых** in den verdienten Ruhestand gehen; **заслу́ж|и́ть** V_{4a} *сов* ⟨-жу́, -у́жишь, *Part. Prät. Pass.* -у́женный⟩ [**заслу́живать** V_{1a} *несов*] *что вин* verdienen; ◇ **~ почётное зва́ние** einen Ehrentitel erwerben

засну́ть V_2 *сов* ⟨-ну́, -нёшь⟩ [**засыпа́ть** V_{1a} *несов*] *без доп* einschlafen

засо́в m_1 ⟨-а⟩ Riegel *m*; ◇ **запере́ть на ~** verriegeln

засоре́ние c_4 ⟨-я⟩ (*загрязнение*) Verunreinigung *f*; (*закупорка*) Verstopfung *f*; ◇ **мед ~ желу́дка** Magenverstimmung *f*

застава́ть* *несов от* **заста́ть**

заставля́ть V_{1b} *несов* ⟨-я́ю, -я́ешь⟩ *кого-что вин с инф* zwingen, nötigen

застаре́л|ый *прил* ⟨-ая, -ое, -ые⟩ (*укорени́вшийся*) eingebürgert; ◇ **~ый предрассу́док** hartnäckiges Vorurteil; ◇ **~ые представле́ния** tief verwurzelte Vorstellungen; ◇ **~ая боле́знь** verschleppte Krankheit

заста́ть V_{1a} *сов* ⟨-а́ну, -а́нешь, *Imp.* -а́нь⟩ [**застава́ть** *несов*] *кого-что вин* **1** (*найти́, уви́деть*) antreffen, vorfinden; ◇ **я ~л его́ за рабо́той** als ich traf ihn bei der Arbeit an **2** (*засти́чь*) erwischen, ertappen; ◇ **~ кого́-л на ме́сте преступле́ния** jd-n auf frischer Tat ertappen

застегну́ть V_2 *сов* ⟨-ну́, -нёшь, *Part. Prät. Pass.* -стёгнутый⟩ [**застёгивать** V_{1a} *несов*] *что вин* schließen, zumachen; (*на пу́говицы*) zuknöpfen; (*на пря́жку*) zuschnallen

застёжка $ж_1$ ⟨-и, *род мн:* -жек⟩ (*для оде́жды*) Verschluss *m*; (*мо́лния*) Reißverschluss *m*; (*пря́жка*) Schnalle *f*

засте́нчивый *прил* ⟨-ая, -ое, -ые⟩ schüchtern, verlegen

застла́|ть, **застели́ть** V_{4a} *сов* ⟨-телю́, -те́лешь⟩ [**застила́ть** V_{1a} *несов*] *что вин чем тв* (1), *что вин* (2) **1** (*закры́ть*) bedecken, zudecken; ◇ **~ть пол ковро́м** den Boden mit Teppich belegen **2** (*заволо́чь*) überziehen; ◇ **ту́чи ~ли не́бо** Wolken bedeckten den Himmel; (*затума́нить*) verschleiern, verhüllen

засто́й m_3 ⟨-я⟩ (остановка, задержка) Stillstand m ② эк Stagnation f, Flaute f; засто́йный прил ⟨-ая, -ое, -ые⟩ эк stockend, stagnierend

застра́ивать V_{1a} несов от застро́ить

застрахова́ть см. страхова́ть

застрева́ть V_{1a} несов от застря́ть

застре́льщик m_1 ⟨-а⟩ Initiator m, Urheber m

застро́ить V_{4b} сов ⟨-о́ю, -о́ишь, Imp. -о́й, -те⟩ [застра́ивать V_{1a} несов] что вин bebauen; застро́йка $ж_1$ ⟨-и, род мн: -о́ек⟩ Bebauung f

застря́|ть V_{1b} сов ⟨-я́ну, -я́нешь, Imp. -я́нь, -те⟩ [застрева́ть V_{1a} несов] без доп (в грязи) stecken bleiben, festsitzen; ◇ слова́ ~ли у него́ в го́рле die Worte blieben ihm im Hals stecken

заступи́ться V_{4a} сов ⟨-уплю́сь, -у́пишься⟩ [заступа́ться V_{1a} несов] за кого-что вин eintreten (für), sich für jd-n einsetzen, jd-n in Schutz nehmen; засту́пник m_1 ⟨-а⟩ Verteidiger m, Fürsprecher m

за́суха $ж_1$ ⟨-и⟩ Dürre f

засу́шлив|ый прил ⟨-ая, -ое, -ые⟩ dürr, trocken; ◇ -ое ле́то regenarmer Sommer

засыпа́ть V_{1a} сов ⟨-плю, -плешь, Imp. -сыпь, ~те⟩ [засыпа́ть V_{1a} несов] кого-что вин ① (заполнить) zuschütten ② (покрыть слоем) auf etw streuen, bedecken; перен ◇ ~ вопро́сами mit Fragen bestürmen; ◇ ~ пода́рками mit Geschenken überhäufen ③ перен разг (провалить на экзамене) jd-n durchfallen lassen

зата́и|ть V_{4a} сов ⟨-аю́, -аи́шь⟩ [зата́ивать V_{1a} несов] что вин verbergen, verstecken

затво́р m_1 ⟨-а⟩ ① (запор) Schloss n; ◇ дверно́й ~ Türschloss ② (устройство) Absperrvorrichtung f

зате́йливый прил ⟨-ая, -ое, -ые⟩ (причудливый) verschnörkelt; (сложный) kompliziert; (занимательный) unterhaltsam; (забавный) lustig

зате́м нареч ① (после этого, потом) dann, danach; ◇ отдохнём, ~ поговори́м wir ruhen uns aus, dann reden wir ② (с этой целью, для этого) deshalb, dfür; ◇ обсу́дим, ведь я ~ и пришёл lass uns das besprechen, dazu bin ich schließlich gekommen; ◇ ~, что́бы um zu

затемни́ть V_{4a} сов ⟨-ню́, -ни́шь⟩ [затемня́ть V_{1b} несов] что вин ① (замаскировать) verdunkeln, abdecken; ◇ ~ освеще́ние das Licht abdecken ② перен (затуманить) trüben, verschleiern; ◇ ~ созна́ние das Bewusstsein trüben

зате́|чь* сов ⟨-течёт, -теку́т, 1 и 2 л. не употр⟩ [затека́ть V_{1a} несов] без доп ① (проникнуть) hineinfließen; ◇ вода́ ~кла́ в ще́ли das Wasser floss in die Ritzen ② (онеметь) einschlafen; ◇ у неё ~кли́ но́ги ihre Beine sind eingeschlafen ③ (распухнуть) anschwellen; ◇ у неё за-

тёк глаз sie hat ein geschwollenes Auge

зате́|я $ж_3$ ⟨-и⟩ ① (замысел) Einfall m; ◇ неле́пая ~ absurder Einfall ② (забава) Streich m; ◇ ребя́чьи ~и Kinderstreiche ③ (вычурность) Schnörkel m; ◇ у него́ по́черк с ~ями er hat eine verschnörkelte Handschrift

зате́я|ть V_{1b} сов ⟨-ею, -еешь, Imp. -е́й⟩ [затева́ть V_{1a} несов] что вин или с инф (предпринять) arrangieren, organisieren, beginnen; ◇ мы ~ли пое́здку по го́роду wir haben eine Stadtrundfahrt unternommen; (устроить) vorhaben, sich vornehmen; ◇ что э́то вы ~ли? was habt ihr da angestellt?

зати́хну|ть V_2 сов ⟨-ну, -нешь⟩ [затиха́ть V_{1a} несов] без доп ① (прекратиться) still werden, verhallen, nachlassen; (замолчать) verstummen; ◇ зву́ки ~ли die Laute verhallten ② перен (успокоиться) sich legen, aufhören; ◇ дождь зати́х der Regen ließ nach

зати́шье c_4 ⟨-я⟩ ① (тишина) Stille f; ◇ наступи́ло ~ es wurde still ② (безветрие) Windstille f; ◇ ~ пе́ред грозо́й die Ruhe vor dem Sturm ③ воен Feuerpause f ④ перен (застой) Stillstand m, Flaute f

заткну́ть V_2 сов ⟨-ну́, -нёшь, Part. Prät. Pass. за́ткнутый⟩ [затыка́ть V_{1a} несов] что вин чем тв (1), кого-что вин за что вин (2) ① (закрыть) verstopfen, zustopfen; ◇ ~ буты́лку про́бкой eine Flasche verkorken; ◇ ~ у́ши ва́той Watte in die Ohren stopfen; ◇ ~ рот кому́-л jd-m den Mund stopfen ② (засунуть) hineinstecken; ◇ ~ за по́яс кого́-л jd-m überlegen sein

затме́ние c_4 ⟨-я⟩ ① астр Finsternis f; ◇ по́лное со́лнечное ~ totale Sonnenfinsternis ② перен Verwirrung f; ◇ на него́ нашло́ ~ er ist geistig verwirrt

затова́ривание c_4 ⟨-я⟩ Horten n von Waren

затопи́ть¹ V_{4q} сов ⟨-плю́, -о́пишь, Part. Prät. Pass. -о́пленный⟩ [зата́пливать V_{1a} несов] что вин (начать топить) anheizen, einheizen

затопи́|ть² сов ⟨-плю́, -о́пишь⟩ [затопля́ть V_{1b} несов] что вин ① (залить поверхность) überschwemmen, überfluten; безл ◇ ~ло луга́ в по́ймах in den Flussauen wurden die Wiesen überflutet ② (потопить) versenken; ◇ ~ть кора́бль ein Schiff versenken

зато́р m_1 ⟨-а⟩ (задержка в движении) Verkehrsstörung f, (пробка) Stau m; ◇ на перекрёстке образова́лся ~ an der Kreuzung hat sich ein Stau gebildet

затра́гивать V_{1a} несов от затро́нуть

затра́т|а $ж_1$ ⟨-ы⟩ (денежные расходы) Ausgaben f pl; ◇ непроизводи́тельные ~ы Unkosten pl; (силы, энергии) Aufwand m; ◇ с большо́й ~ой сил mit einem hohen Kraftaufwand; **затра́тить** V_{4b} сов ‹-а́чу, -а́тишь, *Part. Prät. Pass.* -а́ченный› [**затра́чивать** V_{1a} несов] что вин на что вин ausgeben, verbrauchen; ◇ ~ больши́е су́ммы große Summen ausgeben; ◇ ~ уси́лия на что-л viel Kraft aufbringen

затре́бовать V_{3a} сов ‹-бую, -буешь› кого-что вин anfordern

затро́ну|ть V_2 сов ‹-ну, -нешь, *Imp.* -нь, -те, *Part. Prät. Pass.* -нутый› [**затра́гивать** V_{1a} несов] кого-что вин ① (коснуться) berühren; ◇ оско́лок ~л лёгкие der Splitter hat die Lunge gestreift ② перен (обидеть) berühren, verletzen; ◇ ~ть чье́-л самолю́бие jd-s Eitelkeit verletzen; перен ◇ ~ть больно́е ме́сто den wunden Punkt treffen ③ перен (касаться) berühren, streifen; ◇ ~ть ва́жный вопро́с eine wichtige Frage berühren

затрудне́ни|е c_4 ‹-я› ① (препятствие, помеха) Schwierigkeit *f;* ◇ встре́тить ~я auf Schwierigkeiten stoßen ② (затруднительное положение) schwierige Lage *f;* ◇ быть в ~и in Schwierigkeiten sein; ◇ вы́вести кого́-л из ~я jd-m aus der Patsche helfen; **затрудни́тельный|ый** прил ‹-ая, -ое, -ые› schwierig, kompliziert, schwer; ◇ поста́вить кого́-л в ~ое положе́ние jd-n in Schwierigkeiten bringen

затрудни́ть V_{4a} сов ‹-ню́, -ни́шь› [**затрудня́ть** V_{1b} несов] кого-что вин ① (обременить) beschwerlich fallen; ◇ не ~ли Вас переда́ть письмо́? macht es Ihnen etwas aus, den Brief zu überbringen? ② (сделать затруднительным) erschweren; ◇ до́ступ куда́-л jd-m den Zugang zu etw erschweren

затыка́ть V_{1a} несов от **заткну́ть**

заты́лок m_1 ‹-лка, мн: -лки, род: -лков› Hinterkopf *m;* ◇ идти́ друг дру́гу в ~ im Gänsemarsch gehen; ◇ в ~ hintereinander

затя́жка $ж_1$ ‹-и, род мн: -жек› ① (проволочка) Verzögerung *f;* (опоздание) Verspätung *f* ② (при курении) Zug *m;* **затяжн|о́й** прил ‹-а́я, -о́е, -ы́е› (продолжительный) schleppend, sich hinziehend; ◇ ~а́я боле́знь langwierige Krankheit; ~ы́е дожди́ Dauerregen *m*

затяну́ть V_2 сов ‹-ну́, -я́нешь, *Part. Prät. Pass.* -я́нутый› [**затя́гивать** V_{1a} несов] что вин (1, 2, 6), что вин чем тв (3), кого-что вин во что вин (4, 5), что вин или с чем тв (7) ① (завязать, закрепить) zubinden, festziehen; тж перен ◇ ~ть по́яс потуже den Gürtel enger schnallen ② (натянуть) straff anziehen; ◇ ~ть пово́дья die Zügel straff anziehen ③ (закрыть) bedecken; ◇ не́бо ~ло ту́чами der Himmel ist wolkenbedeckt; ◇ ра́ну ~ло die Wunde ist vernarbt ④ (засосать) hineinziehen, verwickeln ⑤ безл hineinziehen; ◇ его́ ~ло

в тряси́ну er wurde in den Sumpf gezogen ⑥ (задержать) hinauszögern ⑦ (начать петь) ein Lied anstimmen

заура́дный прил ‹-ая, -ое, -ые› mittelmäßig, gewöhnlich; ◇ ~ челове́к Durchschnittsmensch *m*

зафрахтова́ть см. **фрахтова́ть**

захва́т m_1 ‹-а› ① (завоевание) Ergreifung *f,* Eroberung *f;* ◇ ~ вла́сти Machtergreifung; (отнятие) Wegnahme *f;* (похищение) Bemächtigung *f;* (присвоение) Aneignung *f* ② спорт (борьба, дзюдо) Griff *m;* (бокс) Festhalten *n;*

захвати́|ть V_{4a} сов ‹-ачу́, -а́тишь, (7) 1 и 2 л. не употр, *Part. Prät. Pass.* -а́ченный› [**захва́тывать** V_{1a} несов] кого-что вин ① (схвати́ть, взять) nehmen, greifen; ◇ ~ть го́рсть конфе́т eine Handvoll Bonbons nehmen ② (владеть) an sich reißen, einnehmen; ◇ ~ть чужу́ю терри-то́рию fremdes Territorium einnehmen; перен ◇ ~ть инициати́ву die Initiative ergreifen ③ (взять с собо́й) mitnehmen; ◇ ~ть в го́сти дете́й mit den Kindern zu Besuch kommen; ◇ не забу́дь ~ть зо́нтик vergiss nicht, deinen Schirm mitzunehmen ④ (застигнуть, застать) erwischen, antreffen; ◇ ~ть на ме́сте преступле́ния auf frischer Tat ertappen; ◇ в пути́ нас ~ла гроза́ auf dem Weg wurden wir von einem Gewitter überrascht ⑤ перен (увлечь) jd-n begeistern; ◇ рабо́та ~ла его́ целико́м die Arbeit fesselte ihn ⑥ (распространиться) erfassen ⑦ разг (принять меры против чего-л) einschreiten gegen, vorbeugen; ◇ ~ть боле́знь einer Krankheit vorbeugen

захва́тнический прил ‹-ая, -ое, -ие› Eroberungs-; ◇ ~ие во́йны Eroberungskriege *m pl;* **захва́тчик** m_1 ‹-а› Eroberer *m,* Eindringling *m*

захва́тывать V_{1a} несов от **захвати́ть**

захире́ть см. **хире́ть**

захлебну́ться V_2 сов ‹-ну́сь, -нёшься› [**захлёбываться** V_{1a} несов] без доп ① (поперхнуться) sich verschlucken ② (почувствовать перебои в дыхании) außer sich sein; ◇ ~ от сме́ха vor Lachen fast ersticken; ◇ ~ от слёз schluchzen; ◇ ~ от сча́стья vor Glück ganz außer sich geraten ③ (потерпеть неудачу) scheitern ④ тех (о двигателе) versagen

захо́д m_1 ‹-а› ① (попытка) Anlauf *m;* ◇ со второ́го ~а beim zweiten Anlauf ② (посещение) Besuch *m;* (остановка в пути) Aufenthalt *m* ③ ав Anflug *m;* ◇ ~ на поса́дку Landeanflug *m* ③ (закат) Untergang *m;* ◇ ~ со́лнца Sonnenuntergang *m*

заходи́ть V_{4a} несов от **зайти́**; ◇ ~е к нам на огонёк! kommen Sie/kommt doch mal bei uns vorbei!

зацепи́ть V_{4a} сов ‹-плю́, -е́пишь, *Part. Prät. Pass.* -е́пленный› [**зацепля́ть** V_{1b}

несов] кого-что вин ① *(поддеть)* einhaken; *(схватить)* ergreifen ② *разг (случайно задеть)* hängen bleiben; ◇ ~ **ногóй за ковёр** über den Teppich stolpern ③ *перен (обидеть)* empfindlich treffen, kränken; ◇ ~ **за живóе** am wunden Punkt treffen

зачéм *нареч* wozu, zu welchem Zweck, weswegen; ◇ ~ **ты пришёл?** wozu bist du gekommen?

зачеркнýть V_2 *сов* ‹-нý, -нёшь, *Part. Prät. Pass.* -чёркнутый› [**зачёркивать** V_{1a} *несов*] *кого-что вин* durchstreichen, streichen; ◇ ~ **когó-л в спúске** jd-n aus der Liste streichen

зачёт m_1 ‹-а› ① *(принятие в счёт)* Anrechnung f, Verrechnung f ② *(приём в учéбном заведéнии)* Test m; ◇ **сдать** ~ einen Test machen ③ *спорт* Wertung f; ◇ **выиграть соревновáние в комáндном** ~**е** in der Mannschaftswertung gewinnen

зачинáтель m_2 ‹-я› Wegbereiter m, Bahnbrecher m; *(застрéльщик)* Urheber m; *(инициáтор)* Initiator m

зачúнщик m_1 ‹-а› Anstifter m; *(вожáк)* Anführer m; *(подстрекáтель)* Aufweigler m

зачислéние c_4 ‹-я› ① *(начислéние)* Anrechnung f, Gutschrift f ② *(приём)* Anstellung f, Einstellung f; ◇ ~ **на рабóту** Einstellung f; *(в спúски)* Aufnahme f; **зачúслить** V_{4b} *сов* ‹-лю, -лишь, *Imp.* -ли, ~те› [**зачислять** V_{1b} *несов*] *что вин на что вин (1), кого-что вин (2)* ① *(записáть на чей-л счёт)* anrechnen, gutschreiben; ◇ ~ **на текýщий счёт 10 000 рублéй** 10 000 Rubel auf das Girokonto überweisen ② *(включúть в число)* aufnehmen; ◇ ~ **в штат** fest anstellen; *(принять в университéт)* immatrikulieren

защúта $ж_1$ ‹-ы› ① Schutz m, Verteidigung f; ◇ **взять под своӯ** ~ **y** unter seinen Schutz stellen; ◇ **искáть** ~**ы** Schutz suchen ② *юр* Verteidigung f ③ *спорт* Verteidigung f, Abwehr f ④ *(в университéте)* ◇ ~**а диссертáции** Verteidigung der Dissertation

защитúть V_{4a} *сов* ‹-щищý, -щитúшь, *Part. Prät. Pass.* -щищённый› [**защищáть** V_{1a} *несов*] *кого-что вин* ① *(оградúть от опáсности)* (be-)schützen ② *(предохранúть)* schützen; ◇ ~ **от хóлода** vor Kälte schützen ③ *(отстоять)* verteidigen ④ *(обосновáть)* verteidigen; **защúтник** m_1 ‹-а› ① Beschützer m, Verteidiger m ② *юр* Anwalt m, Verteidiger m ③ *спорт* Verteidiger m

защищáть *несов от* **защитúть**

заявúть V_{4a} *сов* ‹-влю, -явишь, *Part. Prät. Pass.* -явленный› [**заявлять** V_{1b} *несов*] *что вин или о чём предл или с союзом "что" (1, 2), кем-чем тв (3)* ① *(сдéлать заявлéние)* erklären; *(сообщúть)* mitteilen; ◇ ~ **о своём соглá-**

сии sein Einverständnis erklären ② *(засвидéтельствовать)* beantragen, anmelden; ◇ ~ **вид на жúтельство** eine Aufenthaltsbewilligung beantragen; ◇ ~ **свои правá на что-л** seine Rechte auf etw geltend machen ③ *(обнаружúть)* sich erweisen (als)

заявка $ж_1$ ‹-и, *род мн:* -вок› ① *(заявлéние о правах)* Antrag m ② *(заявлéние о потрéбностях)* Anforderung f; ◇ **концéрт по** ~**м** Wunschkonzert n

заявлéние c_4 ‹-я› ① *(сообщéние)* Erklärung f ② *(прóсьба)* Eingabe f, Gesuch n; *(ходáтайство)* Antrag m; ◇ **подáть** ~ beantragen; ◇ **написáть** ~ **об óтпуске** einen Urlaubsantrag stellen

заявлять *несов от* **заявúть**

заяц m_3 ‹зайца, *мн:* зáйцы› ① зоол Hase m; ◇ **однúм вýстрелом двух зáйцев убúть** zwei Fliegen mit einer Klappe schlagen ② *разг (безбилéтный пассажúр)* Schwarzfahrer m, blinder Passagier m

звáние c_4 ‹-я› Titel m; ◇ ~ **почётного дóктора** Ehrendoktortitel

звать* *несов* ‹зовý, зовёшь› [**по~** *сов*] *кого-что вин (1, 2), кого-что вин кем-чем тв (3)* ① (herbei-)rufen; ◇ ~ **когó-л на пóмощь** jd-n zu Hilfe rufen ② *(приглашáть)* einladen; ◇ ~ **в гóсти** zu sich einladen ③ *(именовáть, называть)* nennen, rufen; ◇ **как тебя зовýт?** wie heißt du?; ◇ **мáльчика зовýт Вáней** der Junge heißt Wanja

звездá $ж_1$ ‹-ы, *мн:* звёзды› ① *(небéсное тéло)* Stern m; ◇ **полярная** ~ Polarstern ② *перен (о лúчности)* Star m; ◇ ~ **экрáна** Filmstar; ◇ **он звёзд с нéба не хватáет** er ist Durchschnitt

звёздный *прил* ‹-ая, -ое, -ые› Sternen-; ◇ ~**ое нéбо** Sternenhimmel m

звенéть V_5 *несов* ‹-ню, -нúшь, *Imp.* -нú, ~те, *Part. Präs. Akt.* -нящий, *Adv. Part. Präs.* звеня› [**про~** *сов] без доп (1), чем тв (2)* ① klingen, tönen; *(звучáть)* erklingen; ◇ ~**ят голосá** Stimmen erklingen ② *(дребезжáть)* klirren; ◇ ~**éть монéтами** mit den Münzen klimpern; ◇ **у меня** ~**úт в ушáх** mir klingen die Ohren

звенó c_2 ‹-á, *мн:* звéнья, *род:* -ньев, *дат:* -ньям› ① *(в цéпи)* Kettenglied n; ◇ ~ **соединúтельное** — Verbindungsglied n; ◇ ~ **производства** Betriebsteil m

зверёныш m_2 ‹-а› Jungtier n

звéрство c_2 ‹-а› *(постýпок)* Gräueltat f; *(жестóкость)* Grausamkeit f, Bestialität f

зверь m_2 ‹-я, *мн:* звéри, *род:* зверéй, *дат:* зверям› ① Tier n; ◇ **пушнóй** ~**ь** Pelztier; ◇ **хúщный** ~**ь** Raubtier ② *перен (о человéке)* Bestie f; ◇ **смотрéть** ~**ем** grimmig blicken

звонúть V_{4a} *несов* ‹-ню, -нúшь› [**по~** *сов] без доп (1), кому дат (2), о ком-**

чем *предл (3)* ① klingeln, läuten; ◇ **телефо́н ~т** das Telefon klingelt; ◇ **~ть у двере́й** an der Tür klingeln ② (*вызывать звонком*) anrufen; ◇ **~ мне за́втра** ruf mich morgen an ③ *перен разг* (*разглашать*) ausposaunen; ◇ **не́чего об э́том повсю́ду ~ть** das muss nicht überall ausposaunt werden; ◇ **~ть во все колокола́** etw an die große Glocke hängen

зво́нкий *прил* ⟨-ая, -ое, -ие⟩ (*сравн:* **зво́нче**) ① (*звучный*) klangvoll, klingend ② лингв stimmhaft; **звоно́к** *м₁* ⟨-нка́, *мн:* -нки́⟩ ① (*устройство*) Klingel *f;* **дверно́й ~о́к** Türklingel *f;* (*звуковой сигнал*) Klingeln *n,* Läuten *n;* **разда́лся ~о́к** es klingelte; ◇ **заня́тия начина́ются по ~ку́** der Unterricht beginnt mit dem Klingelzeichen ③ (*телефонный разговор*) Anruf *m*

зво́нче *сравн от* **зво́нкий**

звук *м₁* ⟨-а⟩ ① Ton *m,* Laut *m,* Klang *m;* ◇ **не изда́ть ни ~а** keinen Ton von sich geben ② лингв Laut *m;* ◇ **гла́сные ~и** Vokale *m pl;* ◇ **согла́сные ~и** Konsonanten *m pl;* ◇ **пусто́й ~** leere Worte ③ физ Schall *m;* ◇ **ско́рость ~а** Schallgeschwindigkeit *f;* **звукоза́пись** *ж₅* ⟨-и⟩ Tonaufzeichnung *f*

звуча́ть Vₗₐ *несов* ⟨-чи́т, -ча́т, 1 и 2 л. не употр, *Imp.* -чи́, -те, *Part. Präs. Akt.* -ча́щий, *Adv. Part. Präs.* звуча́⟩ что вин (*раздаваться*) (er-)klingen, (er-)tönen

зда́ние *c₄* ⟨-я⟩ Gebäude *n,* Bau *m*

здесь *нареч* hier

здоро́ваться Vₗₐ *несов* ⟨-аюсь, -аешься⟩ [**по**~ *сов*] с кем тв (be-)grüßen; ◇ **~ за́ руку** jd-n mit Handschlag begrüßen

здоро́во *нареч* ① *разг* (*очень сильно*) ganz schön; ◇ **~ уста́л** ich bin ganz schön müde; ◇ **~ погуля́ли** wir haben tüchtig gefeiert ② (*отлично*) prima, gut ③ (*основательно*) tüchtig, gründlich; ◇ **~ сде́лано!** gute Leistung! ④ (*восклицание*) super, prima, Klasse; ◇ **вот ~!** das ist Klasse!; **здоро́вый** *прил* ⟨-ая, -ое, -ые⟩ ① (*сильный*) kräftig ② *разг* (*о предметах, явлениях*) kräftig, stark; ◇ **~ый го́лос** kräftige Stimme; ◇ **~ый моро́з** starker Frost ③ (*не больной*) gesund; **~ый вид** gesundes Aussehen ④ (*полезный для здоровья*) heilsam, gesund; ◇ **~ая пи́ща** gesundes Essen; (*целебный*) gut; ◇ **~ый во́здух** gute Luft; ◇ **бу́дьте ~ы!** Gesundheit! ⑤ *перен* (*полезный*) nützlich, angebracht; ◇ **~ая иде́я** gute Idee; ◇ **~ая кри́тика** angebrachte Kritik; **здоро́вье** *c₅* ⟨-я⟩ Gesundheit *f;* ◇ **расстро́ить ~** seine Gesundheit ruinieren; **за Ва́ше ~!** auf Ihr Wohl!

здра́вница *ж₁* ⟨-ы⟩ Erholungstätte *f,* Sanatorium *n;* **здравоохране́ние** *c₄* ⟨-я⟩ Gesundheitswesen *n;* **здра́вый** *прил* ⟨-ая, -ое, -ые⟩ (*здравомыслящий*) vernünftig, verständig, gesund; ◇ **~ый смысл**

gesunder Menschenverstand; ◇ **в ~ом уме́** bei vollem Verstand

зе́бра *ж₁* ⟨-ы⟩ Zebra *n*

зева́ть Vₗₐ *несов* ⟨-а́ю, -а́ешь⟩ [**про**~*сов*] *без доп* ① gähnen; ◇ **~ть во весь рот** mit aufgerissenem Mund gähnen ② (*глазеть*) gaffen ③ *разг* (*упускать благоприятный случай*) verschlafen; ◇ **не ~а́й!** pass auf!

зелёный *прил* ⟨-ая, -ое, -ые⟩ ① (*цвет*) grün ② (*поросший растительностью*) Grün-; ◇ **~ые насажде́ния** Grünanlagen *f pl* ③ (*неспелый*) grün, unreif ④ *перен разг* (*неопытный*) unerfahren, grün hinter den Ohren; полит ◇ **Движе́ние ~ых** Bewegung der Grünen

зе́лень *ж₅* ⟨-и⟩ ① (*растительност*) Grün *n* ② (*овощи и травы*) Gemüse *n,* Grünzeug *n;* ◇ **све́жая ~** frisches Gemüse **земе́льный** *прил* ⟨-ая, -ое, -ые⟩ Land-, Boden-, Grund-; ◇ **~ая рефо́рма** Bodenreform *f;* ◇ **~ый уча́сток** Grundstück *n* **земледе́лец** *м₁* ⟨-льца⟩ Grundbesitzer *m;* **земледе́лие** *c₄* ⟨-я⟩ Landwirtschaft *f;* **землетрясе́ние** *c₄* ⟨-я⟩ Erdbeben *n* **земля́** *ж₂* ⟨-и́, *вин:* зе́млю, *мн:* -и, *род:* земе́ль, *дат:* -ям⟩ ① (*планета*) Erde *f,* Erdkugel *f* ② (*почва*) Erde *f,* Boden *m,* Erdoberfläche *f* ◇ **рабо́тать под ~ёй** unter Tage arbeiten; ◇ **добы́ть из-под ~и́** das Unmögliche möglich machen ③ (*суша*) Festland *n,* Land *n;* ◇ **~! Land in Sicht!** ④ (*страна, государство*) Land *n;* ◇ **родна́я ~я** Heimat *f;* ◇ **чужи́е ~и** fremde Länder ⑤ (*собственность*) Grund und Boden *m,* Landbesitz *m;* ◇ **владе́ть ~ёй** Grundbesitz haben; ◇ **сровня́ть с ~ёй** dem Erdboden gleichmachen

земля́к *м₁* ⟨-а́⟩ Landsmann *m;* ◇ **мы с ним ~и́** er ist mein Landsmann **земляни́ка** *ж₁* ⟨-и⟩ Erdbeere *f* **земля́нка** *ж₁* ⟨-и, *род мн:* -нок⟩ Lehmhütte *f*

земно́й *прил* ⟨-а́я, -о́е, -ы́е⟩ ① Erd-; ◇ **~а́я кора́** Erdkruste *f;* ◇ **~а́я ось** Erdachse *f;* ◇ **~о́е притяже́ние** Erdanziehung *f* ② *перен* (*обыденный*) irdisch

зе́ркало *c₂* ⟨-а, *мн:* -а́, *род:* зерка́л, *дат:* -а́м⟩ Spiegel *m;* ◇ **стенно́е ~** Wandspiegel *m;* ◇ **смотре́ться в ~** sich im Spiegel betrachten

зерно́ *c₂* ⟨-а́, *мн:* зёрна, *род:* зёрен, *дат:* зёрнам⟩ ① (*плод, семя*) Korn *n;* ◇ **ржано́е ~** Roggenkorn; ◇ **ко́фе в зёрнах** Bohnenkaffee *m;* (*семена*) Getreide *n* ② *перен* (*зародыш*) Kern *m,* Keim *m;* ◇ **~ и́стины** ein Körnchen Wahrheit; **зернохрани́лище** *c₃* ⟨-а⟩ Kornkammer *f,* Getreidespeicher *m*

зима́ *ж₁* ⟨-ы́⟩ (*мн:* зи́мы) Winter *m;* ◇ **наступа́ет** es wird Winter; ◇ **~ минова́ла** der Winter ist vorüber; **зимова́ть** V₃ₐ *несов* ⟨-мую, -му́ешь⟩ *без доп* überwintern; ◇ **показа́ть, где ра́ки зиму́ют**

jd-m zeigen, wo es langgeht; **зимо́вк**|а *ж₁* ⟨-и, *род мн:* -вок⟩ **1** (*действие*) Überwinterung *f*; ◇ **оста́ться на ~у** über Winter bleiben **2** (*станция*) Überwinterungsstation *f*, Winterlager *n*

злить V_{4a} *несов* ⟨злю, злишь⟩ [**разо**~, **обо**~ *сов*] *кого-что вин* (*сердить*) erzürnen, böse machen; (*раздражать*) ärgern; **зли́ться** V_{4a} *несов* ⟨злюсь, зли́шься⟩ [**разо**~, **обо**~ *сов*] *на кого-что вин* (*auf jd-n*) böse sein, sich ärgern

зло c₂ ⟨-а, *род мн:* зол⟩ **1** Übel *n*, Böse *n*; ◇ **причини́ть ~ кому́-л** jd-m etw Böses zufügen; ◇ **ко́рень зла** die Wurzel des Übels; ◇ **вы́брать из двух зол ме́ньшее** sich für das kleinere Übel entscheiden **2** (*беда, неприятность*) Unheil *n*, Unglück *n* **3** (*злость*) Wut *f*, Zorn *m*; ◇ **име́ть [держа́ть] ~ на кого́-л** auf jd-n wütend sein; ◇ **сде́лать что-л со зла́** etw aus Wut tun; ◇ **меня́ ~ берёт** die Wut packt mich; **зло́б**|а *ж₁* ⟨-ы⟩ (*недоброжелательность*) Bosheit *f*; (*враждебность*) Gehässigkeit *f*; (*ярость*) Wut *f*; (*озлобление*) Erbitterung *f*; ◇ **пита́ть ~у про́тив кого́-л** auf jd-n wütend sein; ◇ **~дня** Tagesgespräch *n*; **зло́бный** *прил* ⟨-ая, -ое, -ые⟩ böse; (*озлобленный*) erbittert; (*враждебный*) gehässig; (*коварный*) boshaft

злободне́вный *прил* ⟨-ая, -ое, -ые⟩ aktuell, Tages-; ◇ **~ вопро́с** aktuelle Frage **зловре́дный** *прил* ⟨-ая, -ое, -ые⟩ (*очень вредный*) äußerst schädlich; (*губительный*) verderblich; (*пагубный*) unheilvoll; (*о человеке*) boshaft

злоде́й *м₃* ⟨-я⟩ Bösewicht *m*; *разг* Halunke *m*; ◇ **что же ты наде́лал, ~ ты э́дакий!** du elender Halunke, was hast du nur angerichtet!; **злодея́ние** c₄ ⟨-я⟩ (*преступление*) Verbrechen *n*; (*зверство*) Gräueltat *f*

зл|**ой** *прил* ⟨-ая, -ое, -ые⟩ **1** (*дурной*) böse, boshaft; ◇ **~ой у́мысел** Boshaftigkeit *f* **2** (*полный злобы*) böse; ◇ **он зол на всех** er ist auf alle böse; ◇ **~ая насме́шка** beißender Spott **3** (*бедственный*) schlimm, erbärmlich, unheilvoll **4** (*жестокий*) grimmig, grausam, schlimm; ◇ **~ая горчи́ца** scharfer Senf; ◇ **~ая тоска́** schlimmes Heimweh *n*; ◇ **~ой моро́з** strenger Frost

злока́чественный *прил* ⟨-ая, -ое, -ые⟩ bösartig; мед ◇ **~ая о́пухоль** bösartiger Tumor; **злопа́мятный** *прил* ⟨-ая, -ое, -ые⟩ nachtragend; (*мстительный*) rachsüchtig

злоупотреби́ть V_{4a} *сов* ⟨-блю́, -би́шь⟩ [**злоупотребля́ть** V_{1b} *несов*] *чем тв* **1** missbrauchen; ◇ **~ вла́стью** Macht missbrauchen **2** (*во вред себе*) Missbrauch treiben; ◇ **~ спиртны́м** in Mengen Alkohol trinken; **злоупотребле́ние** c₄ ⟨-я⟩ Missbrauch *m*, Veruntreuung *f*

зме|**я́** *ж₃* ⟨-и́, *мн:* зме́и⟩ Schlange *f*; ◇ **ядови́тая ~я́** Giftschlange; ◇ **извива́ться ~ёй** sich schlängeln

знак *м₁* ⟨-а⟩ **1** (*пометка, изображение*) Zeichen *n*; ◇ **доро́жный ~** Verkehrsschild *n*; ◇ **това́рный ~** Warenzeichen; ◇ **подава́ть ~ и руко́й** mit der Hand Zeichen geben; ◇ **~ трево́ги** Alarmsignal **2** (*признак*) Zeichen *n*, Merkmal *n*; ◇ **~и разли́чия** Unterscheidungsmerkmale; (*предзнаменование*) Vorzeichen *n*

знако́мить V_{4b} *несов* ⟨-млю, -мишь⟩ [**по**~, *o*~ (2) *сов*] *кого-что вин с кем-чем тв* **1** bekannt machen; ◇ **~ с но́выми сотру́дниками** mit den neuen Mitarbeitern bekannt machen; (*представить*) vorstellen **2** (*давать сведения*) bekannt machen, einführen; ◇ **~ с дела́ми** mit den Geschäften vertraut machen; **знако́миться** *несов* ⟨-млюсь, -мишься⟩ [**по**~, *o*~ *сов*] *с кем-чем тв* **1** sich vorstellen, sich bekannt machen **2** (*получать сведения*) sich vertraut machen; ◇ **~ с обстано́вкой** sich mit der Umgebung vertraut machen; **знако́мств**|о c₂ ⟨-а⟩ **1** Bekanntschaft *f*, Kontakt *m*; ◇ **завяза́ть ~а** Kontakte knüpfen; ◇ **подде́рживать ~о с кем-л** mit jd-m bekannt sein; ◇ **порва́ть ~о с кем-л** den Kontakt zu jd-m abbrechen **2** (*круг знакомых*) Bekanntenkreis *m* **3** (*знания, сведения*) Kenntnis *f*; **знако́м**|**ый** *прил* ⟨-ая, -ое, -ые⟩ **1** bekannt; ◇ **~ая мело́дия** bekannte Melodie; ◇ **быть ~ым с кем-л** mit jd-m bekannt sein; ◇ **мы бли́зко ~ы** wir kennen uns gut **II.** *м* (*A₁*) ⟨-ого⟩ Bekannter *m*; ◇ **мы ста́рые ~ые** wir sind alte Bekannte; ◇ **на у́лице встре́тил ~ого** auf der Straße habe ich einen Bekannten getroffen

знамена́тель *м₂* ⟨-я⟩ мат Nenner *m*; тж *перен* ◇ **привести́ к одному́ ~ю** etw auf einen Nenner bringen

знамена́тельный *прил* ⟨-ая, -ое, -ые⟩ **1** (*значительный*) denkwürdig, bedeutend; ◇ **~ые собы́тия** wichtige Ereignisse **2** (*многозначительный*) bedeutsam; (*характерный*) charakteristisch

знамени́тый *прил* ⟨-ая, -ое, -ые⟩ **1** (*известный*) berühmt **2** (*славный*) ruhmreich, großartig

зна́мя c₆ ⟨-мени⟩ Banner *n*, Fahne *f*; ◇ **водрузи́ть ~** die Fahne hissen

зна́ни|е c₄ ⟨-я⟩ **1** (*познания*) Wissen *n*; ◇ **специали́ст с хоро́шими ~ями** kompetente Fachperson; ◇ **она́ говори́ла со ~ем де́ла** sie hat sachkundig gesprochen **2** (*наука*) Wissenschaft *f* **3** *~я мн* Kenntnis *f pl*; ◇ **приобрести́ ~я** Kenntnisse erwerben

зна́тный *прил* ⟨-ая, -ое, -ые⟩ **1** (*выдающийся*) angesehen, namhaft, ausgezeichnet **2** (*известный*) bekannt, berühmt **3** (*принадлежащий к знати*) Adels-; ◇ **~ род** Adelsgeschlecht *n*

знато́к M_1 ⟨-á, мн:-и́⟩ Kenner m; (специалист) Spezialist m; (эксперт) Experte m; ◇ ~ жи́вописи Kunstkenner m

знать V_{la} несов ⟨-áю, -áешь⟩ о ком-чём предл (1), кого-что вин (2, 3) **1** (иметь сведения) wissen, kennen; ◇ дать о себе́ ~ von sich hören lassen; ◇ не зна́ю! keine Ahnung!; ◇ как ~? wer weiß? **2** (обладать познаниями) kennen, Spezialist auf einem Gebiet sein; ◇ ~ исто́рию Historiker sein; ◇ ~ своё де́ло seine Sache verstehen **3** (быть знакомым) kennen, bekannt sein (mit); ◇ ~ по и́мени dem Namen nach kennen; ◇ ~ кого́-л с де́тства jd-n von Kindheit an kennen; ◇ не ~ уста́лости keine Müdigkeit kennen; ◇ ~ ме́ру Maß halten; ◇ ~ что-л как свои́ пять па́льцев etw wie seine Westentasche kennen

зна́харь M_2 ⟨-я⟩ Scharlatan m, Kurpfuscher m

значе́ни|е c_4 ⟨-я⟩ **1** (смысл) Bedeutung f, Sinn m; ◇ перено́сное ~е übertragene Bedeutung; ◇ прямо́е ~е eigentliche Bedeutung **2** (важность, роль) Bedeutung f, Wichtigkeit f; ◇ придава́ть чему́-л большо́е ~е einer Sache große Bedeutung beimessen; ◇ э́то не име́ет никако́го ~я das hat keinerlei Bedeutung **3** мат Wert m; **значи́тельн|ый** прил ⟨-ая, -ое, -ые⟩ **1** (большой по размерам, силе) bedeutend, groß, wichtig; ◇ ~ая су́мма де́нег eine beträchtliche Summe (Geld); ◇ ~ый успе́х großer Erfolg **2** (выразительный) bedeutungsvoll; ◇ ~ый взгляд vielsagender Blick; **зна́чить** V_{4b} несов ⟨-чу, -чишь⟩ что вин bedeuten, heißen, Bedeutung haben; ◇ что́ э́то ~? was soll das heißen; ◇ э́то что́-нибудь да ~ das hat was zu sagen

значо́к M_1 ⟨-чка́, мн: чки́⟩ Abzeichen n

зола́ $жс_1$ ⟨-ы́, мн: зо́лы⟩ Asche f

золо́вка $жс_1$ ⟨-и, род мн: -вок⟩ Schwägerin f

зо́лот|о c_2 ⟨-а⟩ Gold n; ◇ сли́ток ~а Goldbarren m; ◇ добы́ча ~а Goldgewinnung f; ◇ быть на вес ~а Gold wert sein; **золотоиска́тель** M_2 ⟨-я⟩ Goldsucher m, Goldgräber m; **золото́й** прил ⟨-áя, -о́е, -ы́е⟩ Gold-; ◇ ~ая моне́та Goldmünze f; ◇ ~ая середи́на goldene Mitte; ◇ у него́ ~ые ру́ки er ist handwerklich unglaublich geschickt

зо́лушка $жс_1$ ⟨-и, род мн: -шек⟩ фольк Aschenputtel n, Aschenbrödel n

зо́на $жс_1$ ⟨-ы⟩ Zone f, Gebiet n; ◇ безáтомная ~ atomwaffenfreie Zone; ◇ запре́тная ~ Sperrgebiet; ◇ ~ о́тдыха Erholungsgebiet

зо́нтик M_1 ⟨-а⟩ **1** (от дождя) Regenschirm m; (от солнца) Sonnenschirm m; ◇ раскры́ть ~ den Schirm aufspannen **2** бот Dolde f

зоопа́рк M_1 ⟨-а⟩ Zoo m, Tiergarten m

зрачо́к M_1 ⟨-чка́, мн:-чки́⟩ Pupille f

зре́лост|ь $жс_5$ ⟨-и⟩ Reife f; ◇ сдать экза́мен на аттеста́т ~и Abitur machen; **зре́л|ый** прил ⟨-ая, -ое, -ые⟩ **1** (спелый) reif; ◇ ~ые я́блоки reife Äpfel **2** (сложившийся) gereift; перен ◇ в ~ом во́зрасте im reif(er)en Alter **3** (опытный) reif, reiflich; ◇ ~ое размышле́ние reifliche Überlegung

зре́ни|е c_4 ⟨-я⟩ Sehvermögen n; ◇ острота́ ~я Sehschärfe f; ◇ лиши́ться ~я das Augenlicht verlieren; ◇ то́чка ~я Gesichtspunkt m

зре|ть V_5 несов ⟨зре́ю, зре́ешь, (2) 1 и 2 л. не употр⟩ [со- сов] без доп **1** reifen, reif werden; ◇ я́блоки ~ют die Äpfel werden reif **2** перен (наступать) (heran-)reifen; ◇ у него́ ~ет оби́да langsam ist er beleidigt

зри́тель M_2 ⟨-я⟩ Zuschauer m

зря нареч **1** (напрасно) umsonst, unnütz; ◇ ~ тра́тить вре́мя unnütz die Zeit verschwenden **2** (необдуманно) unüberlegt; ◇ болта́ть ~ dummes Zeug reden

зуб M_1 ⟨-а, мн: зу́бы, -о́в⟩ Zahn m; ◇ коренны́е ~ы Backenzähne; ◇ моло́чные ~ы Milchzähne; ◇ ~ му́дрости Weisheitszahn; ◇ говори́ть сквозь ~ы etw murmeln; ◇ ухо́д за ~а́ми Zahnpflege f; ◇ у меня́ ~ про́тив него́ ich kann ihn nicht leiden; ◇ э́то навя́зло у меня́ в ~а́х das hängt mir zum Halse raus

зуби́ло c_2 ⟨-а⟩ Meißel m

зубочи́стка $жс_1$ ⟨-и, род мн: -ток⟩ Zahnstocher m

зубр M_1 ⟨-а⟩ **1** зоол Wisent m **2** разг (знаток) alter Hase m; ◇ он ~ в э́том де́ле er ist ein alter Hase auf diesem Gebiet

зы́бк|ий прил ⟨-ая, -ое, -ие⟩ **1** schwankend; ◇ ~ое боло́то Sumpfland n **2** перен (непостоянный) wackelig, unzuverlässig; ◇ ~ое положе́ние unsichere Lage

зыбь $жс_5$ ⟨-и⟩ leichter Seegang; (на реке, озере) Kräuseln n; (на море) Dünung f

зя́блик M_1 ⟨-а⟩ зоол Fink m

зять M_2 ⟨-я, мн: -ья́, род: -ьёв⟩ (муж дочери) Schwiegersohn m; (муж сестры) Schwager m

И

и I. союз **1** (обозначает соединение) und; ◇ рабо́тать ~ учи́ться arbeiten und lernen **2** (в смысле "действительно") und...tatsächlich; ◇ он собира́лся уе́хать ~ уе́хал er beabsichtigte abzureisen und ist auch tatsächlich weggefahren **3** (*в смысле "именно"*) gerade, eben; ◇ **об э́том ~ говори́тся в докла́де** gerade darüber wird auch im Vortrag gesprochen **4** (*в смысле "хотя"*) obwohl, zwar; ◇ ~ **ра́д бы вам помо́чь, да не могу́** zwar würde ich euch gerne helfen, aber ich kann nicht **5** (*при повторении и... и...*) sowohl ... als auch; ◇ ~ **так да́лее** und so weiter (usw.); ◇ ~ **тому́ подо́бное** und dergleichen mehr **II.** (*усилительная части́ца*) auch **1** (*в смысле "также"*) auch; ◇ ~ **в э́том слу́чае** auch in diesem Fall **2** (*в смысле "ещё", "даже"*) selbst, nicht einmal, sogar; ◇ **я ~ не поду́маю сде́лать э́то** ich denke nicht daran daran, das zu tun; ◇ **ты ~ э́того не зна́ешь?** selbst das weißt du nicht? **3** (*в смысле "неужели"*) wie, wie ist es möglich?; ◇ ~ **вы могли́ ему́ э́то сказа́ть!** wie konntet ihr ihm das nur sagen!

и́ва *ж₁* ⟨-ы⟩ бот Weide *f;* ◇ **плаку́чая ~** Trauerweide

игла́ *ж₁* ⟨-ы́, мн: и́глы⟩ **1** Nadel *f;* (*для шитья*) ◇ **швейна́я ~** Nähnadel; ◇ **вяза́льная ~** Stricknadel; ◇ **пи́хтовая ~** Tannennadel **2** (*у живо́тных*) Stachel *m*

игра́ *ж₁* ⟨-ы́, мн: и́гры⟩ **1** (*де́ятельность*) Spiel *n;* ◇ **ша́хматная ~á** Schachspiel; ◇ **Олимпи́йские ~ы** Olympische Spiele **2** (*компле́кт предме́тов*) Spiel *n;* ◇ **де́тские насто́льные ~ы** Brettspiele für Kinder **3** *перен* Spiel *n;* ◇ **биржева́я ~á** Börsenspekulation; ◇ **~á воображе́ния** Fantasie *f;* ◇ **~á слов** Wortspiel; ◇ **~á не сто́ит свеч** das ist nicht der Mühe wert; ◇ **~á приро́ды** ein Spiel der Natur; ◇ **вести́ двойну́ю ~у** ein doppeltes Spiel spielen; **игра́|ть** V₁ₐ *несов* ⟨-а́ю, -а́ешь, (5) 1 и 2 л. не употр⟩ [**сыгра́ть** (2, 3) *сов*] *без доп* (1), *на что вин или на чём предл* (2), *кого-что вин или на чём предл* (3), *(с) кем-чем тв* (4), *на/в чём предл* (5) **1** (*развлека́ться*) spielen, tummeln; ◇ **де́ти ~ют в саду́** die Kinder spielen im Garten **2** (*проводи́ть досу́г*) spielen; ◇ **~ть на билья́рде** Billard spielen; ◇ **Вы ~ете в ша́шки?** spielen Sie Dame? **3** (*исполня́ть*) spielen; ◇ **~ть роль Га́млета** den Hamlet spielen; ◇ **что сего́дня ~ют?** was wird heute gespielt?; *тж перен* ◇ **~ть пе́рвую скри́пку** die erste Geige spielen **4** *перен* (*обраща́ться легкомы́сленно*) spielen; ◇ ~ **свое́й жи́знью** mit seinem Leben spielen; ◇ **~ть с огнём** mit dem Feuer spielen; ◇ **~ть с кем-л как ко́шка с мы́шкой** mit jd-m Katz und Maus spielen **5** (*сверка́ть*) glitzern, funkeln; ◇ **со́лнце ~ет на пове́рхности воды́** die Sonne schimmert auf der Wasseroberfläche; *перен* ◇ **~ть кому́-л на́ руку** jd-m nützlich sein;

игро́к *м₁* ⟨-á, мн: -и́⟩ Spieler *m;* ◇ ~ **в футбо́л** Fußball(spiel)er; ◇ **~ сбо́рной**

страны́ Nationalspieler; ◇ **завзя́тый ~** leidenschaftlicher Spieler

игру́шка *ж₁* ⟨-и, *род мн:* -шек⟩ Spielzeug *n*

идеа́л *м₁* ⟨-а⟩ **1** (*цель*) Ideal *n*, Ziel *n* **2** (*воплоще́ние*) Vorbild *n;* **идеа́льный** *прил* ⟨-ая, -ое, -ые⟩ **1** (*возвыше́нный*) vollkommen; (*отли́чный*) ideal **2** (*нематериа́льный*) ideell

идеоло́гия *ж₄* ⟨-и⟩ Ideologie *f*

иде́|я *ж₃* ⟨-и⟩ **1** (*убежде́ние*) Idee *f*, Überzeugung *f;* ◇ **боро́ться за ~ю** für eine Idee kämpfen **2** (*мысль*) Grundgedanke *m* **3** (*наме́рение*) Idee *f*, Einfall *m;* ◇ **навя́зчивая ~я** fixe Idee; ◇ **кто по́дал э́ту ~ю?** wer hatte diese Idee?

идиоти́зм *м₁* ⟨-а⟩ **1** (*слабоу́мие*) Schwachsinn *m* **2** (*глу́пость*) Blödsinn *m* **идти́*** *несов, опред, см.* **ходи́ть** ⟨иду́, идёшь⟩ *без доп* (1-4, 7, 11-16), *за кем-чем тв* (5), *во/на что вин* (6, 8, 17), *из чего род или без доп* (9), *через что вин* (10), *чем тв или с чего род* (18), *против кого-чего род* (19), *в кого-что вин или с инф* (20), *к кому-чему дат* (21) **1** (*дви́гаться*) gehen, laufen; ◇ ~ **домо́й** nach Hause gehen; ◇ **~ пешко́м** zu Fuß gehen **2** (*еха́ть, плыть*) fahren, gehen; ◇ **по́езд идёт в Москву́** der Zug fährt nach Moskau; ◇ ~ **под пару́сами** segeln **2** (*отправля́ться*) gehen, abfahren; ◇ **парохо́д ~ в шесть часо́в** der Dampfer fährt um sechs Uhr ab **4** (*приближа́ться*) kommen, sich nähern; ◇ **идёт гроза́** es kommt ein Gewitter; ◇ **идёт весна́** der Frühling kommt **5** (*сле́довать кому-л в чём-л*) folgen; ◇ ~ **за свои́м учи́телем** seinem Lehrer folgen **6** (*вступи́ть*) eintreten, beitreten; ◇ ~ **в хор** in einen Chor eintreten **7** (*доставля́ться*) eingehen, geliefert werden; ◇ **пи́сьма иду́т бы́стро** die Briefe kommen schnell an **8** (*входи́ть*) hineingehen, passen; ◇ **гвоздь не идёт в сте́ну** der Nagel geht nicht in die Wand **9** (*распространя́ться*) kommen, ausströmen; ◇ **из ра́ны идёт кровь** aus der Wunde tritt Blut **10** (*пролега́ть, тяну́ться*) führen; ◇ **доро́га идёт че́рез лес** der Weg führt durch den Wald **11** (*о механи́змах*) gehen, laufen, funktionieren; ◇ **часы́ иду́т** die Uhr geht **12** (*протека́ть, соверша́ться*) vergehen, zu Ende gehen; ◇ **вре́мя идёт** die Zeit vergeht; ◇ **перегово́ры иду́т к концу́** die Verhandlungen gehen ihrem Ende entgegen **13** (*находи́ть сбыт*) gehen, Absatz finden; ◇ **това́р идёт хорошо́** die Ware geht gut **14** (*об оса́дках*) fallen; ◇ **идёт снег** es schneit; ◇ **дождь идёт** es regnet **15** (*происходи́ть*) stattfinden, im Gange sein **16** (*о спекта́кле, фи́льме*) laufen; ◇ **э́тот фильм бо́льше нигде́ не идёт** dieser Film läuft nirgends mehr; ◇ **в теа́тре**

идёт но́вая о́пера im Theater wird eine neue Oper gespielt **17** (*расходова́ться*) verbraucht werden; ◇ **на сти́рку идёт мно́го порошка́** beim Waschen wird viel Pulver gebraucht; ◇ **я́блоки иду́т на варе́нье** die Äpfel werden für die Konfitüre gebraucht **18** (*де́лать ход в игре́*) ziehen, ausspielen **19** (*поступа́ть каки́м-л о́бразом*) handeln; ◇ **про́тив во́ли роди́телей** gegen den Willen der Eltern handeln; ◇ **напереко́р** zuwiderhandeln **20** (*станови́ться кем-л, ступа́ть куда́-л*) **идти́ в музыка́нты** Musiker werden; **молодёжь идёт в нау́ку** die Jugend geht in die Forschung **21** (*быть к лицу́*) stehen, passen; ◇ **шля́па тебе́ не идёт** der Hut steht dir nicht; ◇ **на всё** aufs Ganze gehen; ◇ **~ в счёт** mitzählen, mitgerechnet werden; ◇ **~ в сравне́нии с кем-л/чем-л** dem Vergleich mit etw/jd-m nicht standhalten; ◇ **как иду́т твои́ дела́?** wie läuft's bei dir?; ◇ **~ к наме́ченной це́ли** das gesteckte Ziel verfolgen; ◇ **иду́т слу́хи** Gerüchte gehen um

иждиве́н|ец m_5 ⟨-нца⟩ Familienmitglied *n* ohne Einkommen; ◇ **у неё тро́е ~цев** sie hat drei Personen zu unterhalten; ◇ **он постоя́нно живёт ~цем** er lässt sich dauernd aushalten; **иждиве́нчество** c_2 ⟨-а⟩ (*несамостоя́тельность*) materielle Abhängigkeit *f;* (*парази́тизм*) Schmarotzertum *n* **из предло́г с род** **1** (*отку́да, из чего́*) aus; ◇ **кварти́ры** aus dem Zimmer; **самолёт при́был ~ заэ́р-жа** das Flugzeug kam aus Paris; ◇ **статья́ ~ журна́ла** Artikel aus der Zeitschrift **2** (*из числа́*) von; ◇ **ка́ждый ~ нас** jeder von uns; **оди́н ~ мои́х друзе́й** einer meiner Freunde **3** (*о материа́ле*) aus; ◇ **~ пластма́ссы** aus Kunststoff **4** (*о происхожде́нии*) aus; ◇ **он ~ крестья́н** er stammt aus einer Bauernfamilie; ◇ **он ро́дом ~ Петербу́рга** er stammt aus St. Petersburg **5** (*по причи́не*) aus; ◇ **~ любопы́тства** aus Neugierde; ◇ **~ го́да в год** von Jahr zu Jahr; ◇ **вы́йти ~ мо́ды** aus der Mode kommen; ◇ **потеря́ть ~ ви́ду** aus den Augen verlieren; ◇ **~ э́того ничего́ не вы́йдет** daraus wird nichts

изба́ $ж_1$ ⟨-ы́, *мн:* и́збы⟩ Hütte *f,* Bauernhaus *n*

изба́вить V$_{4b}$ *сов* ⟨-влю, -вишь, *Part. Prät. Pass.* -ба́вленный⟩ [**избавля́ть** V$_{1b}$ *несов* *кого́-что вин от кого́-чего́ род*] **1** (*освободи́ть*) befreien, erlösen; ◇ **~ от назо́йливого посети́теля** einen aufdringlichen Besucher loswerden **2** (*спасти́*) retten; ◇ **~ от сме́рти** vor dem Tod retten **3** (*не обременя́ть*) jd-n verschonen, jd-m etw abnehmen; **изба́виться** *сов* ⟨-влю́сь, -ви́шься⟩ [**избавля́ться** *несов*] *от кого́-чего́ род* sich befreien, etw loswerden, entgehen; **избавле́ние** c_4 ⟨-я⟩

(*освобожде́ние*) Befreiung *f;* (*спасе́ние*) Rettung *f*

избало́ванный *прил* ⟨-ая, -ое, -ые⟩ verwöhnt, verzogen; ◇ **~ ребёнок** verhätscheltes Kind

избежа́ть* *сов* ⟨-егу́, -ежи́шь⟩ [**избега́ть** V$_{1a}$ *несов* *кого́-чего́ род или с инф* etw/jd-m aus dem Weg gehen, meiden; ◇ **~ опа́сности** einer Gefahr ausweichen

избира́ть V$_{1a}$ *несов от* **избра́ть**

избира́тел|ь m_2 ⟨-я⟩ Wähler *m;* ◇ **~и, голосу́ющие впервы́е** Erstwähler *m pl;* **избира́тельный** *прил* ⟨-ая, -ое, -ые⟩ Wahl-; ◇ **~ый бюллете́нь** Wahlzettel *m;* ◇ **~ая кампа́ния** Wahlkampf *m;* ◇ **~ый о́круг** Wahlkreis *m;* ◇ **~ый уча́сток** Wahlbezirk *m*

изби́ть* *сов* ⟨изобью́, изобьёшь⟩ [**избива́ть** V$_{1a}$ *несов*] *кого́-что вин* **1** (*нанести́ уве́чья*) verprügeln; ◇ **~ до полусме́рти** halb tot prügeln **2** (*испо́ртить*) beschädigen, zurichten

и́збранн|ый *прил* ⟨-ая, -ое, -ые⟩ **1** (*ото́бранный для изда́ния*) ausgewählt; ◇ **~ые сочине́ния Пу́шкина** ausgewählte Werke Puschkins **2** (*лу́чший*) auserwählt, ausgesucht; ◇ **~ый круг люде́й** auserwählter Personenkreis **II.** *мн* (A_1) ⟨-ых⟩ die Auserwählten *pl,* Elite *f;* ◇ **э́то для ~ых** das ist nicht für jedermann

избра́ть* *сов* ⟨-беру́, -берёшь⟩ [**избира́ть** V$_{1a}$ *несов*] *кого́-что вин* (aus-)wählen; ◇ **~ профе́ссию** einen Beruf wählen

избы́т|ок m_1 ⟨-тка⟩ **1** (*изли́шек*) Überschuss *m;* (*остато́к*) Rest *m;* ◇ **~ок тепла́** Restwärme **2** (*изоби́лие*) Übermaß *n,* Überfluss *m;* ◇ **быть в ~ке** im Überschuss vorhanden sein; *перен* ◇ **от ~ка чувств** im Überschwang der Gefühle

изверже́ние c_4 ⟨-я⟩ Ausstoßung *m,* Auswurf *m;* ◇ **~ вулка́на** Vulkanausbruch

изве́стие c_4 ⟨-я⟩ **1** (*сообще́ние*) Nachricht *f;* (*весть*) Kunde *f;* ◇ **сро́чное ~** dringende Nachricht **2** (*назва́ние не́которых изда́ний*) Nachrichten *f pl;* ◇ **газе́та "Изве́стия"** die Zeitung "Izvestija"; **извести́ть** V$_{4a}$ *сов* ⟨-ещу́, -ести́шь, *Part. Prät. Pass.* -ещённый⟩ [**извеща́ть** V$_{1a}$ *несов*] *кого́-что вин о чём предл или с сою́зом "что"* benachrichtigen, jd-m etw mitteilen

изве́стн|ый *прил* ⟨-ая, -ое, -ые⟩ **1** (*знако́мый*) bekannt; *разг* ◇ **э́то ~ое де́ло** das ist geläufig **2** (*популя́рный*) bekannt, berühmt; ◇ **~ый писа́тель** berühmter Schriftsteller **3** (*устано́вленный*) festgesetzt, bestimmt; ◇ **соблюда́ть ~ый режи́м** eine feste Ordnung einhalten

и́звесть $ж_5$ ⟨-и⟩ Kalk *m;* ◇ **бели́ть ~ю** kalken, weißen

извеща́ть *несов от* **извести́ть**

извеще́ние c_4 ⟨-я⟩ Benachrichtigung *f,* Mitteilung *f*

извине́ни|е c_4 ‹-я› Entschuldigung f; ◇ **вы́сказать ~е кому́-л** sich bei jd-m entschuldigen; ◇ **проси́ть ~я** um Entschuldigung bitten; ◇ **тако́му посту́пку нет ~я** für diese Tat gibt es keine Entschuldigung; **извини́т|ь** V_{4a} сов ‹-ню́, -ни́шь› [**извиня́ть** V_{1b} несов] кого́-что вин за что вин (1) (прости́ть) entschuldigen, verzeihen; ◇ **~е!** entschuldigen Sie!, Entschuldigung! (2) (оправда́ть) entschuldigen, rechtfertigen; ◇ **~ь посту́пок мо́лодостью** etw als Jugendsünde entschuldigen; **извини́ться** сов ‹-ню́сь, -ни́шься› [**извиня́ться** несов] за кого́-что вин (1), чем тв (2) (1) (попроси́ть проще́ния) sich entschuldigen; ◇ **~ за опозда́ние** sich für die Verspätung entschuldigen (2) (оправда́ться) sich mit etw rechtfertigen; ◇ **~ неосведомлённостью** etw mit Informationsmangel begründen

извне́ нареч (снару́жи) von außen; ◇ **звук прони́к ~** der Schall drang von außen herein; ◇ **ждать по́мощи ~** fremde Hilfe erwarten

извращённый прил ‹-ая, -ое, -ые› (1) (искажённый) entstellt, verzerrt (2) (уро́дливый) pervers, widernatürlich

изгна́ни|е c_4 ‹-я› (1) (де́йствие) Vertreibung f (2) (состоя́ние) Verbannung f; (ссы́лка) Exil n; ◇ **жить в ~и** im Exil leben; **изгна́ть** сов ‹-гоню́, -го́нишь› [**изгоня́ть** несов] кого́-что вин (вы́гнать) verjagen, vertreiben; ◇ **~ кого́-л из свое́й среды́** jd-n aus seiner Umgebung verjagen; (вы́слать) verbannen; ◇ **~ из страны́** aus dem Land verbannen

изгото́вить V_{4b} сов ‹-влю, -вишь, Part. Prät. Pass. -вленный› [**изготовля́ть** V_{1b} и **изгота́вливать** V_{1a} несов] что вин (1) (вы́работать) herstellen, anfertigen; ◇ **~ маке́т зда́ния** das Modell eines Gebäudes anfertigen (2) (подгото́вить) Essen zubereiten

издава́ть V_{1a} ‹ Part. Präs. Akt. издаю́щий› несов от **изда́ть*

изда́ние c_4 ‹-я› (1) (де́йствие) Herausgabe f, Veröffentlichung f (2) (вы́пуск кни́ги) Auflage f; ◇ **~ вы́шло деся́тое ~ словаря́** das Wörterbuch ist in zehnter Auflage erschienen (3) (произведе́ние печа́ти) Ausgabe; ◇ **испра́вленное и допо́лненное ~** verbesserte und erweiterte Ausgabe; ◇ **периоди́ческое ~** Zeitschrift f; ◇ **стереоти́пное ~** Nachdruck m; **изда́тель** $м_2$ ‹-я› Verleger m, Herausgeber m; **изда́тельство** c_2 ‹-а› Verlag m; ◇ **~ де́тской литерату́ры** Kinderbuchverlag m **изда́ть*1** сов ‹-а́м, -а́шь› [**издава́ть** несов] что вин (1) (вы́пустить в свет) verlegen, auflegen, herausgeben (2) (обнаро́довать) erlassen; ◇ **~ постановле́ние** eine Verfügung erlassen

изда́|ть*2 сов ‹-а́м, -а́шь› [**издава́ть** несов] что вин (произвести́ звук) her-

vorbringen, von sich geben; ◇ **он не ~л ни зву́ка** er gab keinen Ton von sich

издева́тельство c_2 ‹-а› (1) (посту́пок) Verspottung f, Verhöhnung f (2) (изде́вка) Hohn m, Spott m; ◇ **э́то про́сто ~!** das ist der reine Hohn!; **издева́ться** V_{1a} несов ‹-а́юсь, -а́ешься› над кем-чем тв (оскорбля́ть) verhöhnen, verspotten

изде́ли|е c_4 ‹-я› (1) (произво́дство) Herstellung f (2) (проду́кт) Erzeugnis n; (това́р) Ware f; ◇ **конди́терские ~я** Konditoreierzeugnisse, Konfiserie

изде́ржки $мн_1$ ‹-жек› Ausgaben f pl, Kosten pl; ◇ **больши́е ~ на ремо́нт** hohe Reparaturkosten; ◇ **~ произво́дства** Herstellungskosten; ◇ **нести́ ~** die Kosten tragen

изжо́га $жс_2$ ‹-и› Sodbrennen n

из-за предлог с род (1) (обознача́ет направле́ние, движе́ние отку́да-л) aus, von; ◇ **~ ле́са** aus dem Wald; ◇ **встать сто́ла** vom Tisch aufstehen (2) (по причи́не, всле́дствие) wegen, infolge; ◇ **~ дождя́ опозда́л** wegen des Regens kam ich zu spät; ◇ **~ него́ неприя́тности** seinetwegen gibt es Schwierigkeiten; ◇ **э́то произошло́ ~ его́ небре́жности** das geschah infolge seiner Nachlässigkeit; ◇ **ссо́риться ~ пустяко́в** sich wegen Kleinigkeiten streiten

излече́ни|е c_4 ‹-я› (1) (лече́ние) Behandlung f, Kur f; ◇ **находи́ться на ~и в го́спитале** sich zur Behandlung im Krankenhaus befinden (2) (выздоровле́ние) Genesung f, Heilung f

изли́шество c_2 ‹-а› Übermaß n, Übertreibung f; **изли́шний** прил ‹-яя, -ее, -ие› (1) (ли́шний) übermäßig; ◇ **~ вес** Übergewicht n (2) (нену́жный) unnötig, überflüssig

изложе́ние c_4 ‹-я› (1) (де́йствие) Darstellung f, Wiedergabe f (2) (пи́сьменный переска́з) schriftliche Nacherzählung f (3) (стиль изло́женного) Darstellungsweise f; **изложи́ть** V_{4a} сов ‹-жу́, -ло́жишь, Part. Prät. Pass. -ло́женный› [**излага́ть** V_{1a} несов] что вин (переда́ть у́стно и́ли пи́сьменно) darlegen, darstellen; (объясни́ть) jd-m etw auseinander setzen, erläutern; (вы́сказать) vorbringen; ◇ **~ свои́ тре́бования** seine Forderungen darlegen

изме́н|а $жс_1$ ‹-ы› (1) (преда́тельство) Verrat m; ◇ **обвине́ние в ~е** des Verrats beschuldigen (2) (наруше́ние ве́рности) Untreue f; ◇ **супру́жеская ~а** Ehebruch m

измене́ни|е c_4 ‹-я› (1) (попра́вка) (Ver-)Änderung f; ◇ **внести́ ~я в зако́н** Gesetzesänderungen vornehmen; (преобразова́ние) Wandlung f (2) (переме́на) Wechsel m; ◇ **~ пого́ды** Wetterumschwung m

измени́ть1 V_{4a} сов ‹-ню́, -е́нишь› [**изменя́ть** V_{1b} несов] кого́-что вин (1) (сде́лать ины́м) ändern; ◇ **~ покро́й пла́тья** den Schnitt des Kleides abändern;

◇ ~ свою́ жизнь sein Leben ändern ② (преобразова́ть) umwandeln, umgestalten, ändern; ◇ э́то положе́ние необходи́мо ~ diese Verordnung muss geändert werden

измени́ть² сов ⟨-еню́, -е́нишь, (3) 1 и 2 л. не употр⟩ [изменя́ть несов кому́-чему дат ① (преда́ть) etw/jd-n verraten ② (нару́шить ве́рность) untreu sein, brechen (mit); ◇ -ть жене́/му́жу die Ehefrau/den Ehemann betrügen; ◇ -ть своему́ сло́ву sein Wort brechen (о си́лах, спосо́бностях) versagen, im Stich lassen; ◇ па́мять ему́ ~ла sein Gedächtnis versagte; ◇ си́лы ~ли ему́ seine Kräfte verließen ihn; ◇ сча́стье ей ~ло das Glück verließ sien; изме́нник м₁ ⟨-а⟩ Verräter m

изме́нчивый прил ⟨-ая, -ое, -ые⟩ veränderlich, wechselhaft, unbeständig; ◇ ~ кли́мат unbeständiges Klima

изменя́ть несов от измени́ть

измере́ние с₄ ⟨-я⟩ ① (де́йствие) (Ver-)Messung f ② мат (величина́) Dimension f; ◇ в трёх ~ях dreidimensional

изме́рить V₄ь сов ⟨-рю, -ришь⟩ [измеря́ть V₁ь несов⟩ кого́-что вин messen; перен ◇ ~ взгля́дом von oben bis unten mustern

измождённый прил ⟨-ая, -ое, -ые⟩ (изнурённый) erschöpft; (изму́ченный) abgequält; (исхуда́лый) ausgemergelt; ◇ у неё ~ вид sie macht einen erschöpften Eindruck

и́зморозь ж₅ ⟨-и⟩ Raureif m

измышле́ние с₄ ⟨-я⟩ ① (вы́думка) Ersinnen n; (изобрете́ние) Ausdenken n ② (вы́мысел) Erfindung f

изнаси́лование с₄ ⟨-я⟩ Vergewaltigung f; изнаси́ловать V₃а сов ⟨-лую, -луешь⟩ кого́-что вин vergewaltigen

изнемо́чь* сов ⟨-огу́, -о́жешь⟩ [изнемога́ть V₁ь несов⟩ без доп (осла́беть) verschmachten, erschöpft sein; ◇ ~ от уста́лости vor Müdigkeit umfallen; ◇ ~ под тя́жестью чего́-л einer Last erliegen

износи́ть V₄а сов ⟨-ошу́, -о́сишь, Part. Prät. Pass. -о́шенный⟩ [изна́шивать V₁а несов⟩ что вин (сде́лать него́дным) abtragen, abnutzen; ◇ ~ до дыр auftragen; изно́шенный прил ⟨-ая, -ое, -ые⟩ abgenutzt, verschlissen

изнутри́ нареч von innen; ◇ дверь за́перта́ ~ die Tür ist von innen verschlossen

изоби́лие с₄ ⟨-я⟩ Überfluss m, Übermaß n; ◇ в ~и in Hülle und Fülle; перен ◇ рог ~я Füllhorn

изобличи́ть V₄а сов ⟨-чу́, -чи́шь⟩ [изоблича́ть V₁а несов⟩ кого́-что вин в чём предл (уличи́ть) überführen; (разоблачи́ть) entlarven, die Schuld nachweisen; ◇ ~ взя́точника jd-n der Bestechung überführen

изображе́ние с₄ ⟨-я⟩ ① (де́йствие) Darstellung f; (описа́ние) Schilderung f ②

(рису́нок) Bild n, Abbildung f; ◇ уви́деть своё ~ в зе́ркале sein Spiegelbild sehen; изобрази́тельный прил ⟨-ая, -ое, -ые⟩ darstellend; ◇ ~ые иску́сства bildende Künste; изобрази́ть V₄а сов ⟨-ажу́, -зи́шь, Part. Prät. Pass. -ажённый⟩ [изобража́ть V₁а несов⟩ кого́-что вин ① (воспроизвести́ в худо́жественном о́бразе) darstellen, malen, gestalten; (описа́ть) schildern ② (предста́вить) darstellen, spielen; ◇ ~ на сце́не кло́уна einen Clown spielen ③ (вы́разить) zeigen, ausdrücken; ◇ ~ из себя́ sich verstellen

изобрести́* сов ⟨-рету́, -рете́шь⟩ [изобрета́ть V₁а несов⟩ что вин erfinden; ◇ ~ но́вую маши́ну eine neue Maschine erfinden; изобрета́тель м₂ ⟨-я⟩ Erfinder m

изощрённый прил ⟨-ая, -ое, -ые⟩ verfeinert, raffiniert; ◇ ~ вкус verfeinerter Geschmack; ◇ ~ слух scharfes Gehör

израсхо́довать см. расхо́довать

и́зредка нареч (иногда́) bisweilen, hin und wieder; ◇ встреча́ться ~ sich ab und zu treffen

изрече́ние с₄ ⟨-я⟩ Ausspruch m; ◇ ~я вели́ких люде́й Aussprüche berühmter Leute

изуве́рство с₂ ⟨-а⟩ (посту́пок) Brutalität f; (жесто́кость) Grausamkeit f

изуве́чить V₄ь сов ⟨-чу, -чишь⟩ [изуве́чивать V₁а несов⟩ кого́-что вин (нанести́ уве́чья) verstümmeln; (искале́чить) zum Krüppel machen

изуми́тельный прил ⟨-ая, -ое, -ые⟩ (необыкнове́нный) erstaunlich; (чуде́сный) wundervoll

изумру́д м₁ ⟨-а⟩ Smaragd m

изуче́ние с₄ ⟨-я⟩ ① Studium n, Erlernen n ② (обсле́дование) Untersuchung f

изучи́ть V₄а сов ⟨-чу́, -у́чишь, Part. Prät. Pass. -у́ченный⟩ [изуча́ть V₁а несов⟩ кого́-что вин ① (усво́ить) studieren, erlernen; ◇ ~ иностра́нный язы́к eine Fremdsprache lernen; ◇ ~ ремесло́ ein Handwerk erlernen ② (ознако́миться) kennen lernen; ◇ ~ обстано́вку die Umgebung kennen lernen; ◇ ~ чьи-л накло́нности sich mit jd-s Neigungen vertraut machen ③ (иссле́довать) erforschen, untersuchen, studieren

изъяви́ть V₄а сов ⟨-явлю́, -я́вишь, Part. Prät. Pass. -я́вленный⟩ [изъявля́ть V₁ь несов⟩ что вин (вы́разить) äußern, bekunden; ◇ ~ согла́сие sein Einverständnis erklären

изъя́н м₁ ⟨-а⟩ ① (недоста́ток) Mangel m; (оши́бка) Fehler m; ◇ това́р с ~ом fehlerhafte Ware ② (уще́рб) Schaden m, Verlust m; ◇ ввести́ в ~ Schaden zufügen

изъясни́ться V₄а сов ⟨-ню́сь, -ни́шься⟩ [изъясня́ться V₁ь несов⟩ без доп sich ausdrücken, zum Ausdruck bringen; (вы́сказаться) sich verständigen; ◇ ~ по-

-неме́цки sich auf Deutsch verständigen

изъя́ти|е c_4 <-я> ① (устранение) Herausnahme f, Streichung f; (конфискация) Beschlagnahme f ② (исключение) Ausnahme f; ◇ без ~я ohne Ausnahme:

изъя́ть V$_{1b}$ сов <изыму́, изы́мешь, Imp. изыми́, ~те, Part. Prät. Pass. изъя́тый> [изыма́ть V$_{1a}$ несов] кого-что вин ① (устранить) herausnehmen; ◇ ~ банкно́ты из обраще́ния Geldscheine aus dem Umlauf nehmen ② (конфисковать) beschlagnahmen

изыска́ние c_4 <-я> ① (отыскание) (Auf-)Finden n, Ausfindigmachen n ② (исследование) Erforschung f, Untersuchung f

изю́м $м_1$ <-а> Rosinen f pl; ◇ не фунт ~y das ist kein Pappenstiel

изя́щный прил <-ая, -ое, -ые> fein, elegant

ико́на $ж_1$ <-ы> Ikone f

 икона

Eine Ikone (in der griechisch-orthodoxen Kirche ein auf Holz gemaltes oder geschnitztes Tafelbild) ist nicht nur ein Heiligenbild von genau festgelegter Farbe und Form, sondern auch ein Objekt kultischer Verehrung, dem oft wundertätige Kräfte zugeschrieben werden. Die ältesten Ikonen stammen aus dem 6.-7. Jh., ihre Blütezeit erlebte die Ikonenmalerei jedoch im 14.-15. Jh., als Ikonenmaler wie Andrej Rubljow auch hoch geachtete Persönlichkeiten waren.
In der Kirche hängen Ikonen in einer bestimmten Anordnung dicht aneinander, an der Trennwand zwischen Altar- und Gemeinderaum, die ико-но-ста́с (Ikonostase) genannt wird. Aus dem Haus eines Gläubigen ist die Ikone nicht wegzudenken.

ико́та $ж_1$ <-ы> Schluckauf m; ◇ на него́ напа́ла ~ er bekam Schluckauf

икр|а́ $ж_1$ <-ы́> ① зоол (выметанная) Fischlaich m; ◇ мета́ть ~у́ laichen ② кул (продукт) Kaviar m

и́кры мн <икр> Waden f pl

ил $м_1$ <-а> Schlamm m

и́ли союз ① oder; ◇ он ~ я er oder ich; ◇ за́втра ~ послеза́втра morgen oder übermorgen; ◇ и́ли...и́ли entweder...oder; ◇ ~ в понеде́льник, ~ в сре́ду entweder am Montag oder am Mittwoch ② (разве) oder, denn; ◇ ~ вы э́того не слы́шали? oder haben Sie das nicht gehört?

иллю́зи|я $ж_4$ <-и> ① (нечто кажущееся) Täuschung f ② перен (мечта) Illusion f; ◇ разве́ять ~и Illusionen zer-

stören; ◇ стро́ить себе́ ~и sich Illusionen machen

иллюмина́тор $м_1$ <-a> Bullauge n

иллюстри́ровать V$_{3a}$ несов и сов <-рую, -руешь> что вин ① (текст) illustrieren, bebildern; ◇ ~ кни́гу ein Buch illustrieren ② перен veranschaulichen; ◇ ~ свою́ мысль приме́ром seinen Gedanken an einem Beispiel veranschaulichen

им см. он, оно́, они́

име́ние c_4 <-я> (Land-)Gut n

и́менно частица (как раз, действительно) genau, eben; ◇ ~ э́ту кни́гу я ищу́ genau das Buch suche ich; ◇ ~ поэ́тому eben deshalb; ◇ ~ так genauso; ◇ вот ~! jawohl!, eben!

име́ть V$_5$ несов <-е́ю, -е́ешь> кого-что вин haben, besitzen; ◇ ~ при себе́ dabeihaben; ◇ ~ пра́во das Recht haben; ◇ ко́мната име́ет одно́ окно́ das Zimmer hat ein Fenster; ◇ ~ большо́е значе́ние von großer Bedeutung sein; ◇ ~ наме́рение die Absicht haben; ◇ ~ основа́ние einen Grund haben; ◇ ~ си́лу gültig sein; ◇ ~ це́лью zum Ziel haben; ◇ ~ в виду́ beabsichtigen

и́ми см. они́

имита́ция $ж_4$ <-и> ① (воспроизведение) Imitation f; (подражание) Nachahmung f ② (подделка) Nachbildung f, Imitation f ③ (суррогат) Ersatz m

иммигра́ция $ж_4$ <-и> Immigration f

импера́тор $м_1$ <-a> Kaiser m, Imperator m; импе́ри|я $ж_4$ <-и> Reich n; ◇ паде́ние Ри́мской ~и der Untergang des Römischen Reiches

и́мпорт $м_1$ <-a> Import m, Einfuhr f; ◇ статья́ ~a Importartikel m; ◇ ограни́чивать ~ den Import beschränken; и́мпортн|ый прил <-ая, -ое, -ые> Import-, Einfuhr-; ◇ ~ая сде́лка Importgeschäft n; ◇ ~ая кво́та Einfuhrquote f; ◇ ~ые ограниче́ния Einfuhrbeschränkungen f pl; ◇ ~ая по́шлина Einfuhrzoll

иму́щество c_2 <-a> ① (собственность) Vermögen n, Eigentum n, Gut n; ◇ госуда́рственное ~ Staatsvermögen; ◇ неви́жимое ~ Immobilie f ② (вещи) Hab und Gut n, Habseligkeiten f pl; ◇ ча́стное ~ Privatvermögen n; иму́щий прил <-ая, -ее, -ие> (состоятельный) vermögend; (зажиточный) wohlhabend; ◇ власть ~ие herrschende Klasse

и́мя c_6 <и́мени, мн: имена́, род: имён, дат: имена́м> ① (без фамилии) Vorname m; ◇ я зна́ю её то́лько по и́мени ich kenne ihn nur dem Namen nach; ◇ от и́мени [во] ~ im Namen; ◇ музе́й и́мени Пу́шкина Puschkinmuseum n ② (фамилия) (Familien-)Name m ③ (репутация) Ruf m, Name m; ◇ учёный с мирово́м и́менем Wissenschaftler von Weltbedeutung; ◇ приобрести́ ~ sich einen Namen machen ④ грам Nomen n; ◇ ~ существи́тельное Substantiv n

ина́че I. нареч (иным способом) anders; ◇ ~ поступи́ть нельзя́ man darf nicht anders handeln; ◇ как-нибу́дь ~ irgendwie anders II. союз (а то) sonst, andernfalls; ◇ беги́, ~ опозда́ешь lauf, sonst verspätest du dich

инвали́д м₁ ‹-a› Invalide m; инвали́дность ж₅ ‹-и› (состояние) Invalidität f; (нетрудоспособность) Arbeitsunfähigkeit f; ◇ посо́бие по ~и Invalidenrente f

инде́ец м₅ ‹-е́йца› Indianer m

инде́йка ж₁ ‹-и, род мн: -е́ек› Pute f, Truthenne f

и́ндекс м₁ ‹-a› Verzeichnis n Index m; ◇ почто́вый ~ Postleitzahl f

индиа́нка ж₁ ‹-и, род мн: -нок› (в Индии) Inderin f; (в Аме́рике) Indianerin f

индивидуа́льный прил ‹-ая, -ое, -ые› ① (личный) individuell, persönlich; ◇ ~ые осо́бенности individuelle Besonderheiten ② (особенный для каждого) individuell; ◇ ~ый подхо́д individuelle Herangehensweise ③ (единичный) Einzel-; ◇ ~ый слу́чай Einzelfall m

инди́ец м₅ ‹-и́йца› Inder m

инду́стрия ж₄ ‹-и› Industrie f; ◇ тяжёлая ~ Schwerindustrie

индю́к м₁ ‹-á, мн: -и́› Truthahn m

и́ней м₃ ‹-я› (Rau-)Reif m

ине́ртный прил ‹-ая, -ое, -ые› ① физ träge ② (безынициативный) träge, tatenlos; инерция ж₄ ‹-и› Trägheit f; ◇ де́лать что-л по ~и etw mechanisch [aus Gewohnheit] tun

инжене́р м₁ ‹-a› Ingenieur m

инжи́р м₁ ‹-a› (плод) Feige f; (дерево) Feigenbaum m

инициати́ва ж₁ ‹-ы› ① (предприимчивость) Initiative f; ◇ по со́бственной ~е aus eigenem Antrieb; ◇ взять ~у в свои́ ру́ки die Initiative ergreifen ② (руководящая роль) Initiative f

иногда́ нареч (время от времени) manchmal, bisweilen; ◇ ~ так, ~ ина́че mal so, mal so; ◇ ~ ве́сел, ~ гру́стит mal ist er fröhlich, mal traurig

иногоро́дний прил ‹-ая, -ое, -ие› aus einer anderen Stadt, auswärtig

ино́|й I. прил ‹-ая, -ое, -ые› (другой) anderer; ◇ э́то ничто́ ~о́е, как обма́н das ist nichts anderes als Betrug; ◇ не́кто ~ой как kein anderer als II. неопр мест (некоторый, какой-то) mancher; ◇ ~ые лю́ди manche Leute; ~ой раз manchmal

иностра́нец м₅ ‹-нца› Ausländer m; иностра́нка ж₁ ‹-и, род мн: -нок› Ausländerin f; иностра́нн|ый прил ‹-ая, -ое, -ые› ① (заграничный) ausländisch, Auslands-; (не родной) Fremd-; ◇ ~ый язы́к Fremdsprache f ② (относящийся к внешней политике) Außen-; ◇ мини́сте́рство ~ых дел Außenministerium n

инофи́рма ж₁ ‹-и› ausländische Firma f

инста́нци|я ж₄ ‹-и› Instanz f; ◇ вы́сшая ~я höchste Instanz; ◇ соотве́тствующие ~и zuständige Stellen; ◇ де́ло пошло́ по ~ям die Angelegenheit ging ihren behördlichen Gang

институ́т м₁ ‹-a› ① (высшее учебное заведение) Hochschule f; ◇ медици́нский ~ Medizinische Hochschule; ◇ поступи́ть в ~ sich immatrikulieren; ◇ учи́ться в ~е studieren ② (научно-исследовательский) Forschungsinstitut n; ◇ ~ы Акаде́мии нау́к Forschungsinstitute der Akademie der Wissenschaften ③ (нормы права) Institut n, Einrichtung f

инстру́кция ж₄ ‹-и› Anweisung f, Vorschrift f, Instruktion f; ◇ служе́бная ~ Dienstvorschrift

инструме́нт м₁ ‹-a› ① (орудие) Instrument n, Gerät n ② (музыкальный) Instrument n; ◇ стру́нные ~ы Saiteninstrumente; ◇ уда́рный ~ Schlagzeug n ③ перен (средство для достижения) Instrument n, Mittel n

инсцени́ровать V₃ₐ несов и сов ‹-рую, -руешь› что вин ① (в театре, кино) inszenieren ② перен (изобразить) vortäuschen; ◇ ~ о́бморок eine Ohnmacht vortäuschen

интегра́ция ж₄ ‹-и› Integration f

интелле́кт м₁ ‹-a› (умственное начало) Intellekt m; (разум) Verstand m; ◇ высо́кий ~ geistige Größe

интеллиге́нтный прил ‹-ая, -ое, -ые› ① (образованный, культурный) intelligent, gebildet ② (свойственный интеллигенту) intelligent, intellektuell; интеллиге́нция ж₄ ‹-и› ① (люди умственного труда) Intelligenz f ② (интеллигенты) die Intellektuellen

интерва́л м₁ ‹-a› ① (промежуток) Intervall n; ◇ ~ ме́жду стро́чками Zeilenabstand m; (перерыв) Unterbrechung f; ◇ с ~ом в 10 мину́т im Abstand von 10 Minuten ② муз Intervall n

интервью́ с ‹нескл› Interview n; ◇ взять ~ у кого́-л jd-n interviewen

интере́с м₁ ‹-a› ① (внимание) Interesse n, Aufmerksamkeit f; ◇ обострённый ~ ко всему́ но́вому starkes Interesse an allem Neuen; ◇ возбужда́ть ~ das Interesse wecken ② (значительность) Interesse n ③ ◇ ~ы мн (потребности) Interessen n pl, Belange pl; ◇ защища́ть свои́ ~ы seine Interessen verteidigen; ◇ э́то в на́ших ~ах das liegt in unserem Interesse ④ разг (корысть) Nutzen m, Gewinn m; интере́сн|ый прил ‹-ая, -ое, -ые› ① (любопытный) interessant, spannend; (увлекательный) unterhaltsam ② (привлекательный) interessant, attraktiv; ◇ ~ая вне́шность attraktives Äußeres; интересова́ть V₃ₐ несов ‹-сую, -суешь› кого-что вин interessieren; ◇ её

~у́ет те́хника sie ist an Technik interessiert; **интересова́ться** *несов* ‹-сю́сь, -су́ешься› [**по**~ *сов*] кем-чем тв *(1)*, без доп *(2)* **1** (*проявля́ть интере́с*) sich interessieren für etw/jd-n **2** (*осведомля́ться*) sich interessieren, fragen; ◇ **он интересу́ется, как иду́т дела́** er fragt, wie die Dinge stehen

интерпрета́ция *ж₄* ‹-и› Interpretation *f*, Auslegung *f*

интри́г|а *ж₁* ‹-и› **1** (*про́иски*) Intrige *f*; ◇ **вести́ про́тив кого́-л ~у** gegen jd-n intriguieren; ◇ **плести́ ~и** Intrigen spinnen **2** *лит* Knoten *m* der Handlung; ◇ **запу́танная ~а** verwickelte Handlung

инфе́кция *ж₄* ‹-и› Infektion *f*, Ansteckung *f*

инфля́ция *ж₄* ‹-и› *эк* Inflation *f*, Geldentwertung *f*

информацио́нн|ый *прил* ‹-ая, -ое, -ые› Informations-, Nachrichten-; ◇ **~ое аге́нтство** Nachrichtenagentur *f*; **информа́ци|я** *ж₄* ‹-и› **1** (*де́йствие*) Informierung *f*; (*оповеще́ние*) Benachrichtigung *f*; ◇ **сре́дства ма́ссовой ~и (СМИ)** Massenmedien *n pl* **2** (*сообще́ние*) Information *f*, Bericht *m*; (*спра́вка*) Auskunft *f*; ◇ **обрабо́тка ~и** Datenverarbeitung *f*; **информи́ровать** V₃ₐ *несов* и *сов* ‹-рую, -руешь› кого-что *вин* informieren

инциде́нт *м₁* ‹-а› Zwischenfall *m*

инъе́кция *ж₄* ‹-и› *мед* Injektion *f*, Spritze *f*; ◇ **сде́лать ~ю кому́-л** jd-m eine Spritze geben

ипподро́м *м₁* ‹-а› Rennbahn *f*

иро́ни|я *ж₄* ‹-и› Ironie *f*; ◇ **е́дкая ~я** beißende Ironie; ◇ **~я судьбы́** Ironie des Schicksals; ◇ **по злой ~и** wie zum Hohn

иррига́ция *ж₄* ‹-и› Bewässerung *f*

иск *м₁* ‹-а› *юр* Klage *f*; ◇ **гражда́нский ~** Zivilklage; ◇ **предъяви́ть кому́-л ~** Klage gegen jd-n erheben

искаже́ние *с₄* ‹-я› (*оши́бка*) Verdrehung *f*, Entstellung *f*; (*фальсифика́ция*) Verfälschung *f*; **искази́|ть** V₄ₐ *сов* ‹-ажу́, -зи́шь, *Part. Prät. Pass.* -аже́нный› [**искажа́ть** V₁ₐ *несов*] что *вин* **1** (*извра́тить*) entstellen, verzerren; (*фальсифици́ровать*) verfälschen; ◇ **~ть смысл чьих-л слов** den Sinn von jd-s Worten verdrehen **2** (*измени́ть лицо́*) verzerren, entstellen; ◇ **боль ~ла лицо́** das Gesicht war schmerzverzerrt

иска́ть* *несов* ‹ищу́, и́щешь› кого-что *вин (1)*, кого-что *вин* или чего род *(2)* **1** (*стара́ться найти́*) suchen; ◇ **~ ну́жную кни́гу** das benötigte Buch suchen; *перен* ◇ **~ иго́лку в сто́ге се́на** eine Nadel im Heuhaufen suchen **2** (*стара́ться получи́ть*) suchen, zu bekommen versuchen; ◇ **~ рабо́ту** Arbeit suchen; ◇ **~ по́вода** nach einem Vorwand suchen

исключе́ни|е *с₄* ‹-я› **1** (*де́йствие*) Ausschließung *f*, Ausschluss *m*; (*из спи́сков*) Streichung *f* **2** (*из пра́вила*) Ausnahme *f*; ◇ **за ~ем** mit Ausnahme; ◇ **в ви́де ~я** ausnahmsweise; ◇ **нет пра́вила без ~я** Ausnahmen bestätigen die Regel; **исключи́тельно** *нареч* **1** (*лишь, то́лько*) ausschließlich, nur **2** (*осо́бенно*) äußerst, außerordentlich; ◇ **~ тру́дная пробле́ма** äußerst schwieriges Problem; **исключи́тельн|ый** *прил* ‹-ая, -ое, -ые› **1** (*явля́ющийся исключе́нием*) ausschließlich **2** (*осо́бенный*) Ausnahme-; ◇ **~ый слу́чай** Ausnahmefall *m* **3** (*чрезвыча́йный*) außerordentlich; ◇ **де́ло ~ой ва́жности** Sache von außerordentlicher Wichtigkeit; (*выделя́ющийся среди други́х*) außergewöhnlich; **исключи́ть** V₄ₐ *сов* ‹-чу́, -чи́шь› [**исключа́ть** V₁ₐ *несов*] кого-что *вин* из чего *(1)*, что *вин (2)* **1** (*удали́ть из соста́ва*) ausschließen, ausscheiden, entfernen; ◇ **~ из спи́сков** von der Liste streichen **2** (*устрани́ть*) ausschließen

иско́нн|ый *прил* ‹-ая, -ое, -ые› althergebracht, angestammt; ◇ **~ые жи́тели** Ureinwohner *m pl*

искорени́ть V₄ₐ *сов* ‹-ню́, -ни́шь› [**искореня́ть** V₁ᵦ *несов*] что *вин* ausmerzen, ausrotten

и́скр|а *ж₁* ‹-ы, *мн.*: -ы› **1** (*части́ца*) Funke *m*; ◇ **электри́ческая ~а** elektrischer Funke **2** *перен* (*при́знак, зача́ток*) Funke *m*; ◇ **~а наде́жды** ein Fünkchen Hoffnung; ◇ **у него́ ~ы посы́пались из глаз** er sah Sterne

и́скренн|ий *прил* ‹-яя, -ее, -ие› **1** (*подли́нный*) aufrichtig; (*открове́нный*) offen, offenherzig; ◇ **~ее призна́ние** offenes Bekenntnis **2** (*душе́вный*) innig; **и́скренность** *ж₅* ‹-и› **1** (*открове́нность*) Aufrichtigkeit *f* **2** (*душе́вность*) Innigkeit *f*

искри́ться V₄ₐ *несов* ‹-ри́тся, -ря́тся, 1 и 2 л. не употр› без доп (*сверка́ть*) funkeln; (*о вине́*) perlen; (*о глаза́х*) glänzen

искупа́ть *см.* **купа́ть**

искупи́ть V₄ₐ *сов* ‹-плю́, -у́пишь, *Part. Prät. Pass.* -пле́нный› [**искупа́ть** V₁ₐ *несов*] что *вин* чем тв **1** (*заслужи́ть проще́ние*) sühnen; ◇ **~ свою́ вину́ чем-л** seine Schuld sühnen **2** (*возмести́ть*) ersetzen, wettmachen, ausgleichen

иску́сственн|ый *прил* ‹-ая, -ое, -ые› **1** (*не приро́дный*) künstlich, unecht; ◇ **~ый интелле́кт** künstliche Intelligenz; *мед* ◇ **~ое дыха́ние** künstliche Beatmung; ◇ **~ое пита́ние** künstliche Ernährung; ◇ **~ые зу́бы** Gebiss *n* **2** (*неи́скренний*) künstlich, gekünstelt; (*жема́нный*) geziert; **иску́сств|о** *с₂* ‹-а› **1** (*тво́рчество*) Kunst *f*; ◇ **разбира́ться в ~е** Kunstkenner sein **2** (*мастерство́*) Kunst *f*, Fertigkeit *f*; ◇ **с больши́м ~ом**

kunstvoll; **искусствове́д** m_1 ‹-a› Kunsthistoriker m

искуше́ни|е c_4 ‹-я› Versuchung f, Verführung f; ◇ **вводи́ть кого́-л в ~e** jd-n in Versuchung führen; ◇ **подда́ться ~ю** einer Versuchung erliegen

исла́м m_1 ‹-a› Islam m

испаре́ни|е c_4 ‹-я› **①** (nap) Verdunstung f; (горячее) Verdampfung f **②** ◇ **-я мн** (пары) Ausdünstung f, Dünste m pl;

испари́ть|ся V_{4a} сов ‹-ри́тся, -ря́тся, 1 и 2 л. не употр› [**испаря́ться** V_{1b} несов] без доп **①** (обрати́ться в пар) verdunsten, verdampfen **②** перен (исчезнуть) verschwinden, verduften; ◇ **посети́тель незаме́тно ~лся** der Besucher machte sich unbemerkt aus dem Staub

исписа́ть* сов ‹-ишу́, -и́шешь› [**испи́сывать** V_{1a} несов] что вин (заполнить) vollschreiben

испове́довать V_{3a} несов и сов ‹-дую, -дуешь› что вин **(1)**, кого-что вин **(2)**, что вин кому дат **(3)** [] рел sich bekennen (zu); ◇ **~ исла́м** sich zum Islam bekennen **②** (подвергнуть исповеди) beichten, die Beichte abnehmen **③** (доверять) anvertrauen; **испове́доваться** V_{3a} несов и сов ‹-дуюсь, -дуешься› кому-чему дат или у кого-чего род или перед кем-чем тв **(2)** **①** (каяться) beichten; ◇ **~ у свяще́нника** dem Priester beichten **②** перен (признаваться) jd-m sein Herz öffnen, etw eingestehen;

и́спове́дь $ж_5$ ‹-и› **①** (таинство) Beichte f; ◇ **быть на ~ и** beichten **②** перен (признание) Geständnis n

исподтишка́ нареч разг (втихомолку) heimlich; (украдкой) verstohlen

исполко́м m_1 ‹-a› (= исполнительный комитет) Exekutivkomitee n

исполне́ни|е c_4 ‹-я› **①** (выполнение) Ausführung f, Erfüllung f; (осуществление) Verwirklichung f; ◇ **~e до́лга** Pflichterfüllung; ◇ **привести́ в ~e** ausführen, verwirklichen; ◇ **приступи́ть к ~ю свои́х обя́занностей** sein Amt antreten **②** (в кино, театре) Aufführung f, Darstellung f, Darbietung f; ◇ **а́рия в ~и ...** Arie, gesungen von...; ◇ **роль в ~и ...** Rolle, gespielt von...; **исполни́тель** m_2 ‹-я› **①** (исполняющий) ausführende Person, Vollstrecker m; ◇ **суде́бный ~** Gerichtsvollzieher m **②** (артист) Darsteller m; (певец) Sänger m, Interpret m; (музыкант) Musiker m; **исполни́тельный** прил ‹-ая, -ое, -ые› **①** (старательный) sorgfältig; (добросовестный) pflichtbewusst; (аккуратный) verlässlich **②** полит vollziehend, Exekutiv-; ◇ **~ые о́рганы** Exekutivorgane n pl; юр ◇ **~ый лист** Vollstreckungsbefehl m; **испо́лнить** V_{4b} сов ‹-ню, -нишь, Imp. -ни, ~те› [**исполня́ть** V_{1b} несов] что вин **①** (выполнить) erfüllen, in die Tat umsetzen; ◇ **~ жела́-**

-ние einen Wunsch erfüllen; ◇ **~ свой долг** seine Pflicht erfüllen; ◇ **~ своё обеща́ние** sein Versprechen einlösen **②** (осуществить) ausführen; ◇ **~ прика́з** einen Befehl ausführen **③** театр (воспроизвести) vortragen, (vor-)spielen, darbieten; ◇ **~ та́нец** einen Tanz vorführen; **исполня́ться** сов ‹-нится, нятся, 1 и 2 л. не употр› [**исполня́ться** несов] без доп **(1)**, кому-чему дат **(2)** **①** (осуществиться) in Erfüllung gehen, sich erfüllen; ◇ **жела́ние ~лось** der Wunsch ging in Erfüllung **②** (о возрасте) ◇ **ребёнку ~лся год** das Kind wurde ein Jahr alt

испо́льзование c_4 ‹-я› (Aus-)Nutzung f, Verwendung f, Einsatz m; ◇ **~ рабо́чей си́лы** Einsatz von Arbeitskräften; **испо́льзовать** V_{3a} несов и сов ‹-зую, -зуешь› кого-что вин (воспользоваться) ausnutzen, benutzen, einsetzen; ◇ **~ слу́чай** eine Gelegenheit nutzen; (употребить) verwenden; (реализовать) nutzen, einsetzen; ◇ **~ о́пыт други́х** sich die Erfahrung anderer zu Nutze machen; ◇ **~ что-л в свои́х це́лях** etw für seine Zwecke nutzen

испо́ртить(ся) см. **по́ртить(ся)**

испо́рченн|ый прил ‹-ая, -ое, -ые› **①** (гнилой) verdorben; (прогнивший) angefault; ◇ **~ee мя́со** angefaultes Fleisch; (повреждённый) beschädigt, kaputt **②** (развращённый) verdorben; (безнравственный) schlecht, verdorben, verkommen; ◇ **~ый челове́к** schlechter Mensch

испра́вить V_{4b} сов ‹-влю, -вишь, Part. Prät. Pass. -вленный› [**исправля́ть** V_{1b} несов] кого-что вин **①** (устранить) verbessern, ausbessern; (подчинить) reparieren **②** (сделать лучше) bessern; ◇ **~ хара́ктер** sich bessern; ◇ **~ тру́дного подро́стка** den schwierigen Jugendlichen umerziehen; **исправле́ни|е** c_4 ‹-я› **①** (улучшение) Verbesserung f, Besserung f **②** (изменение) Korrektur f; ◇ **внести́ ~я в корректу́ру** Korrekturen eintragen **③** (ремонт) Reparatur f, Ausbesserung f

испра́вн|ый прил ‹-ая, -ое, -ые› **①** (годный) intakt **②** (хорошо сохранившийся) gut erhalten; ◇ **дом в ~ом состоя́нии** das Haus ist in einem guten Zustand **③** (старательный) sorgfältig, zuverlässig

испу́г m_1 ‹-a› Erschrecken n, Schreck m; ◇ **в ~e** erschrocken; ◇ **отде́латься лёгким ~ом** mit einem Schrecken davonkommen; **испу́ганный** прил ‹-ая, -ое, -ые› erschrocken

испуга́ть(ся) см. **пуга́ть(ся)**

испусти́ть V_{4a} сов ‹-ущу́, -у́стишь, Part. Prät. Pass. -ущенный› [**испуска́ть** V_{1a} несов] что вин **①** (издать) ausstoßen; ◇ **~ крик** einen Schrei von sich geben **②** (выделить) abgeben, ausströmen; (умереть) ◇ **~ дух** den Geist aufgeben

испыта́ни|е c_4 ‹-я› **①** (проба, проверка) Versuch m, Probe f; ◇ **производи́ть**

~е einen Versuch durchführen ② (экза́-мен) Test m, Prüfung f; ◇ **приёмные ~я** Aufnahmeprüfung ③ (несча́стье) Heimsuchung f, Prüfung f, Schicksalsschlag m; **испытанный** прил ‹-ая, -ое, -ые› geprüft, erprobt; **испыта́ть** V_{1a} сов ‹-а́ю, -а́ешь, Part. Prät. Pass. -пы́танный› [**испы́тывать** V_{1a} несов› кого́-что вин ① (прове́рить) testen, ausprobieren, auf die Probe stellen ② (пережи́ть) erleiden, erfahren, empfinden; ◇ ~ **го́ре** Leid erfahren; ◇ ~ **страх** Angst ausstehen; ◇ ~ **удовлетворе́ние** Befriedigung empfinden

иссле́дование c_4 ‹-я› ① (де́йствие) Untersuchung f; ◇ **вести́** ~ eine Untersuchung durchführen ② (нау́чная де́ятельность) Forschung f, wissenschaftliche Abhandlung f; ◇ **фундамента́льное** ~ Grundlagenforschung; **иссле́дователь** m_2 ‹-я› Forscher m; ◇ ~ **А́рктики** Polarforscher; **иссле́довать** V_{1a} несов и сов ‹-дую, -дуешь, Imp. -дуй, ~те› кого́-что вин ① (изучи́ть) erforschen, studieren ② (осмотре́ть) untersuchen, betrachten

иссяка́|ть V_{1a} несов ‹-а́ет, -а́ют, 1 и 2 л. не употр› [**исся́кнуть** V_{2a} сов ‹ Prät. исся́к›] без доп ① (истощи́ться) versiegen; ◇ **вода́ в исто́чнике ~ла** das Quellwasser versiegte ② перен (исче́знуть) schwinden; ◇ **си́лы ~ли** die Kräfte schwanden; ◇ **терпе́ние ~ло** die Geduld war zu Ende

истека́ть V_{1a} несов от **исте́чь**

исте́рик|а $ж_1$ ‹-и› hysterischer Anfall m; ◇ **впасть в ~у** hysterisch werden; **истери́чный** прил ‹-ая, -ое, -ые› hysterisch; **истери́|я** $ж_4$ ‹-и› Hysterie f; ◇ **при́ступ** ~**и** Hysterieanfall m

истёрт|ый прил ‹-ая, -ое, -ые› ① (в порошо́к) zerrieben, gerieben; ◇ **~ый сыр** geriebener Käse ② (поно́шенный) abgetragen, abgenutzt; ◇ **~ая подо́шва** abgelaufene Sohle

исте́ц m_1 ‹-тца́, мн. -тцы́› Kläger m

исте́чь* сов ‹-еку́, -чёшь› [**исте́чь** несов] без доп (1, 2), чем тв (3) ① (вы́течь) (her-)ausfließen, hervorsprudeln; ② (око́нчиться) ablaufen; ◇ **срок догово́ра истёк** die Vertragsfrist ist verstrichen ③ ◇ ~ **кро́вью** verbluten

и́стина $ж_1$ ‹-ы› (пра́вда) Wahrheit f; ◇ **в э́том есть до́ля ~ы** da ist etwas Wahres dran; **и́стинн|ый** прил ‹-ая, -ое, -ые› ① (соотве́тствующий и́стине) wahr; ◇ ~**ая пра́вда** reine Wahrheit ② (то́чный) genau, richtig ③ (настоя́щий, по́длинный) wahr, echt; ◇ ~**ое происше́ствие** eine wahre Begebenheit

исто́к m_1 ‹-а› ① (река́, руче́й) Quelle f; ◇ **от ~а до у́стья** von der Quelle bis zur Mündung ② ◇ ~**и** мн (нача́ло) Ursprung m

истолкова́ть V_{3a} сов ‹-ку́ю, -ку́ешь, Part. Prät. Pass. -ко́ванный› [**истолко-**

вывать V_{1a} несов] что вин (раскясни́ть) interpretieren, auslegen, deuten; (объясни́ть) erklären

исто́рик m_1 ‹-а› Historiker m, Geschichtswissenschaftler m; **истори́ческий** прил ‹-ая,-ое, -ие› historisch; **исто́ри|я** $ж_4$ ‹-и› ① (нау́ка) Geschichte f; ◇ **всеми́рная** ~**я** Weltgeschichte f; ◇ **но́вая** ~**я** Geschichte der Neuzeit; ◇ ~**я сре́дних веко́в** Geschichte des Mittelalters ② (ход разви́тия) Geschichte f; ◇ ~**я на́ших отноше́ний** Geschichte unserer Beziehungen ③ разг (происше́ствие) Geschichte f; ◇ **це́лая ~я произошла́ с кем-л** jd hatte ein Erlebnis; ◇ **попа́сть в ~ю** in eine unangenehme Lage geraten; ◇ **ве́чная ~я!** immer die alte Leier!, immer dasselbe!

исто́чник m_1 ‹-а› ① (во́дная струя́) Quelle f; ◇ **целе́бный** ~ Heilquelle; ◇ ~ **минера́льной воды́** Mineralquelle; ◇ ~ **све́та** Lichtquelle f ② перен (нача́ло) Quelle f, Ursprung m; ◇ ~ **всех зол** Quelle allen Übels; ◇ **из досто́верных ~ов** aus zuverlässigen Quellen; (докуме́нт) ◇ ~**и для исто́рии** historische Quellen

истоще́ние c_4 ‹-я› (изнуре́нность) Erschöpfung f, Auszehrung f; ◇ **дойти́ до по́лного** ~**я** völlig erschöpft sein ② (уменьше́ние) Erschöpfung f; **истощи́|ться** V_{4a} сов ‹-щу́сь, -щи́шься, (2) 1 и 2 л. не употр› [**истоща́ться** V_{1a} несов] без доп ① (дойти́ до истоще́ния) erschöpft sein, schwinden; ◇ **си́лы ~лись** die Kräfte schwanden; ◇ **по́чва ~лась** der Boden ist ausgelaugt ② перен (исче́знуть) schwinden, versiegen; ◇ **запа́сы ~лись** die Vorräte waren erschöpft; ◇ **терпе́ние ~лось** die Geduld war zu Ende

истра́тить см. **тра́тить**

истреби́|ть V_{4a} сов ‹-блю́, -би́шь, Part. Prät. Pass. -блённый› [**истребля́ть** V_{1b} несов] кого́-что вин vernichten, ausrotten; ◇ **град ~л посе́вы** der Hagel zerstörte die Saat; **истребле́ние** c_4 ‹-я› (уничтоже́ние) Vernichtung f; (искоре́ние) ◇ ~ **вреди́телей** Schädlingsbekämpfung f; (искоре́ние) Ausrottung f

истребля́ть V_{1a} несов от **истреби́ть**

истяза́ние c_4 ‹-я› Folter f; ◇ **подве́ргнуться** ~**ям** gefoltert werden; **истяза́ть** V_{1a} несов ‹-а́ю, -а́ешь› кого́-что вин (му́чить) misshandeln; (пыта́ть) foltern, quälen

исхо́д m_1 ‹-а› ① (результа́т) Ergebnis n, Ausgang m; ◇ ~ **вы́боров** Ausgang der Wahlen ② (коне́ц) Ausgang m; ◇ **лета́льный** ~ tödlicher Ausgang; ◇ **счастли́вый** ~ **де́ла** glückliches Ende; ◇ **быть на ~е** ausgehen

исходи́|ть¹ V_{4a} сов ‹-жу́, -о́дишь, Part. Prät. Pass. -хо́женный› что вин (обойти́) durchwandern, durchstreifen; ◇ **я ~л всё подмоско́вье** ich durchstreifte die ganze Moskauer Umgebung

исход|и́ть² *сов* ‹-жу́, -о́дишь, (1) 1 и 2 л. не употр› *от кого-чего род или из чего род (1), из чего род (2)* **1** (*происходить*) ausgehen, stammen; ◇ **све́дения ~ят из ве́рных исто́чников** die Nachricht stammt aus zuverlässiger Quelle; ◇ **слух ~ит от сосе́дей** das Gerücht wurde von den Nachbarn in die Welt gesetzt **2** (*основываться*) ausgehen (von), basieren (auf)

исхо́дн|ый *прил* ‹-ая, -ое, -ые› Ausgangs-; ◇ **~ая пози́ция** Ausgangslage *f*

исчеза́ть *см.* **исче́знуть**

исче́з|нуть *сов* ‹-ну, -нешь› [**исчеза́ть** V_{Ia} *несов*] *без доп* **1** (*перестать существовать*) verschwinden; ◇ **страх исчёз** die Angst verging **2** (*скрыться*) verschwinden, abhanden kommen; ◇ **~ в толпе́** in der Menge verschwinden; ◇ **~ бессле́дно** spurlos verschwinden

исчерпа́ть V_{Ia} *сов* ‹-аю, -аешь, *Part. Prät. Pass.* -че́рпанный› [**исче́рпывать** V_{Ia} *несов*] *что вин* **1** (*израсходовать*) ausschöpfen; ◇ **~ все сре́дства** alle Mittel ausschöpfen; *перен* ◇ **~ чьё-л терпе́ние** jd-s Geduld auf eine harte Probe stellen **2** (*уладить*) erledigen, regeln; ◇ **инциде́нт исче́рпан** der Zwischenfall ist geklärt

исчисля́ться V_{Ib} *несов* ‹-я́ется, -я́ются, 1 и 2 л. не употр› *чем тв* betragen, sich belaufen auf; ◇ **дохо́ды ~ются миллио́нами рубле́й** die Einnahmen belaufen sich auf mehrere Millionen Rubel

ита́к *союз* (*таким образом*) also, nun; (*следовательно*) folglich

ито́г M_1 ‹-а› **1** (*общая сумма*) Endergebnis *n;* ◇ **в ~е — 1000 рубле́й** alles in allem sind es 1000 Rubel **2** *перен* (*результат*) Resultat *n*, Ergebnis *n;* ◇ **предвари́тельный ~** vorläufiges Ergebnis; ◇ **~и перегово́ров** Verhandlungsergebnisse; (*вывод*) Fazit *n*, Bilanz *f;* ◇ **подводи́ть ~и** Bilanz ziehen; ◇ **в коне́чном ~е** letzten Endes

итого́ *нареч* (*в общей сумме*) insgesamt; ◇ **~ э́то составля́ет ...** insgesamt macht das...

итого́в|ый *прил* ‹-ая, -ое, -ые› Gesamt-; ◇ **~ая су́мма** Gesamtsumme

их I. *личн мест см.* **они́** II. *притяж мест* ihr (ihre, ihres, ihre), ihnen gehörig; ◇ **э́то моя́ маши́на, а э́то их** das ist mein Auto, und das gehört ihnen

ишак M_1 ‹-а́, *мн:* -и́› **1** (*осёл, мул*) Esel *m* **2** *перен (о человеке)* Arbeitstier *n;* ◇ **сде́лали из па́рня ~а́** man lässt den Burschen malochen; ◇ **что я, ~?** bin ich euer Sklave?

ище́йка $ж_1$ ‹-и, *род мн:* -е́ек› Spürhund *m*

ию́ль M_2 ‹-я› Juli *m*

ию́нь M_2 ‹-я› Juni *m*

Й

йе́менец M_5 ‹-нца› Jemenite *m;* **йе́менка** $ж_1$ ‹-и, *род мн:* -нок› Jemenitin *f*

йог M_1 ‹-а› (*последователь йоги*) Yogi *m*

йо́г|а $ж_1$ ‹-и› Yoga *n;* ◇ **занима́ться ~ой** Yoga machen

йо́гурт M_1 ‹-а› Joghurt *m o. n*

йод M_1 ‹-а› **1** (*химический элемент*) Jod *n;* ◇ **криста́ллы ~а** Jodkristalle *n pl* **2** (*раствор*) Jodtinktur *f*

йо́дистый *прил* ‹-ая, -ое, -ые› jodhaltig

йо́дн|ый *прил* ‹-ая, -ое, -ые› Jod-; ◇ **~ая насто́йка** Jodtinktur *f*

йо́т|а $ж_1$ ‹-ы› Jota *n;* ◇ **ни на ~у** nicht im Geringsten; ◇ **ни на ~у не уступи́ть** nicht nachgeben; ◇ **он ни на ~у не поумне́л** er hat nichts dazugelernt

К

к *предлог с дат* **1** (*обращение*) an; ◇ **ко всем гра́жданам Росси́и** an alle Bürger Russlands **2** (*направление, назначение*) zu; ◇ **доро́га — реке́** der Weg zum Fluss; ◇ **подойти́ к телефо́ну** ans Telefon gehen **3** (*по направлению*) nach; ◇ **~ восто́ку** nach Osten **4** (*вплотную к*) an; ◇ **я подошёл ~ окну́** ich ging ans Fenster; ◇ **плечо́м ~ плечу́** Schulter an Schulter **5** (*присоединение к чему-л*) an; ◇ **прикле́ить ~ стене́** an die Wand kleben **6** (*по отношению к*) gegenüber, gegen; ◇ **внима́тельный ко всем** aufmerksam gegenüber jedermann; ◇ **из любви́ ~ вам** aus Liebe zu euch **7** (*во временном смысле*) gegen; ◇ **он придёт ~ ве́черу** er kommt gegen Abend; ◇ **~ сча́стью** zum Glück; ◇ **~ сожале́нию** leider

-ка *частица* **1** (*при повелительном наклонении*) ◇ **да́й-ка мне твою́ ру́чку!** gib mir mal deinen Füller **2** (*выражает намерение*) ◇ **пойдём-ка поигра́ем!** gehen wir doch spielen!

кабал|а́ $ж_1$ ‹-ы́› Sklaverei *f*, Knechtschaft *f;* ◇ **быть у кого́-л в ~е́** von jd-m geknechtet werden

каба́н M_1 ‹-а́, *мн:* -ы́› **1** (*дикая свинья*) Keiler *m*, Wildschwein *n* **2** (*самец домашней свиньи*) Eber *m;* ◇ **откорми́ть ~а́** ein Schwein mästen

кабачо́к¹ m_1 ‹-ка́, мн: -чки́› бот Melonenkürbis m
кабачо́к² m ‹-чка́› (ресторанчик) Kneipe f
каби́на $ж_1$ ‹-ы› Kabine f; ◊ ~ для та́йного голосова́ния Wahlkabine; ◊ телефо́нная ~ Telefonkabine f; ◊ ~ пило́та Pilotenkanzel f
кабине́т m_1 ‹-а› ① (для заня́тий, рабо́ты) Arbeitszimmer n; (приёмная) Sprechzimmer n; (уче́бный класс) Klassenzimmer n ② (комплект мебели) Arbeitszimmereinrichtung f ③ полит Kabinett n; ◊ сформирова́ть ~ das Kabinett bilden
каблу́к m_1 ‹-а́, мн: -й› Absatz m; ◊ ту́фли на высо́ких ~а́х Schuhe mit hohen Absätzen; ◊ быть под ~о́м unter dem Pantoffel stehen
кавы́чки $мн_1$ ‹-чек› Anführungszeichen n pl, Gänsefüßchen n pl; ◊ взять цита́ту в ~ ein Zitat in Anführungszeichen setzen
кадр m_1 ‹-а› (снимок) (Foto-)Aufnahme f, Foto n; (эпизод) Bild n; ◊ уда́чный ~ eine gelungene Aufnahme
ка́дры $мн_1$ ‹-ов› Kader m; ◊ молоды́е ~ Nachwuchskräfte f pl; ◊ отде́л ~ов Personalabteilung f
ка́ждый I. прил ‹-ая, -ое, -ые› jeder, alle; ◊ ~ые 10 мину́т alle 10 Minuten; ◊ с ~ым ра́зом von Mal zu Mal; ◊ ~ое у́тро jeden Morgen; ◊ на ~ом шагу́ auf Schritt und Tritt II. $м$ (A_1) ‹-ого› jeder; ◊ э́то каса́ется всех и ~ого das betrifft jeden
ка́жется см. каза́ться
каза́к m_1 ‹-а́, мн: -и́› Kosake m; ◊ донско́й ~ Donkosake
каза́рма $ж_1$ ‹-ы› Kaserne f
каза́ться V_{1a}, несов ‹кажу́сь, ка́жешься, $Imp.$ кажи́сь, ~тесь, $Part.$ $Präs.$ $Akt.$ ка́жущийся, $Adv.$ $Part.$ $Prät.$ каза́вшись› [по~ сов] кем-чем тв (1), кому дат (2) ① (er-)scheinen, vorkommen; ◊ ты ка́жешься мне больны́м du scheinst mir krank zu sein, du kommst mir krank vor; ◊ э́то ка́жется мне необы́чным das kommt mir ungewöhnlich vor; ◊ ка́жущийся (выглядеть) aussehen, wirken; ◊ он ка́жется моло́же свои́х лет er wirkt jünger als er ist ② безл (представляться) es scheint; ◊ ка́жется, я пришёл без опозда́ния wie es scheint, bin ich pünktlich
каза́х m_1 ‹-а› Kasache m; **каза́хский** прил ‹-ая, -ое, -ие› kasachisch; **каза́шка** $ж_1$ ‹-и, род мн: -шек› Kasachin f
казни́ть V_{4a} несов ‹-ню́, -ни́шь, $Part.$ $Präs.$ $Pass.$ -ни́мый, $Part.$ $Prät.$ $Pass.$ -нённый, $Adv.$ $Part.$ $Prät.$ -ни́в› кого-что вин ① (убить) hinrichten ② перен (мучить) strafen; ◊ ~ презре́нием кого́-л jd-n mit Verachtung strafen

казнь $ж_5$ ‹-и› Hinrichtung f
как I. нареч ① (каким образом) wie; ◊ ~ Вы пожива́ете? wie geht es Ihnen?; ◊ ~ э́то случи́лось? wie ist das passiert? ② (в какой степени, насколько) wie; ◊ недавно э́то бы́ло? vor wie langer Zeit war das?; ◊ ~ далеко́ ну́жно е́хать? wie weit muss man fahren? ③ (до какой степени, до чего) wie; ◊ ~ хорошо́ здесь wie gut es hier ist!; ◊ ~ я рад! wie ich mich freue! II. частица ① (выражает удивление) wie; ◊ ~, ты опя́ть здесь! wie, du bist schon wieder hier? ② (означает внеза́пность де́йствия) ◊ он ~ закричи́т und da schreit er plötzlich los III. союз ① (выражает сравнение) wie; ◊ бе́лый ~ снег schneeweiß; ◊ он тако́й же, пре́жде er ist wie immer ② (в качестве кого-чего) wie; ◊ сове́тую ~ друг als Freund rate ich dir ③ (в составе вво́дных сочета́ний и предложе́ний) wie; ◊ ~ говоря́т wie es heißt; ◊ ~ наприме́р wie zum Beispiel ④ (выражает временны́е отноше́ния) wenn, seit; ◊ ~ вспо́мнить, стра́шно стано́вится wenn man daran denkt, wird einem ganz anders (zu Mute); ◊ прошёл год, ~ мы ви́делись ein ganzes Jahr ist vergangen, seit wir uns zum letzten Mal gesehen haben ⑤ (кроме, только) ◊ бо́льше не́кому, ~ тебе́ niemandem außer dir; ◊ кто, ~ не мы? wer, wenn nicht wir?; ◊ ~ бы она́ не опозда́ла wenn sie sich nur nicht verspätet; ◊ ~ он ни стара́лся wie sehr er sich auch bemühte; ◊ э́то мне ~ раз das passt mir genau; ◊ ~ бы не так kommt nicht in Frage
как-нибу́дь нареч мест ① (так или иначе) irgendwie; ◊ на́до ~ помо́чь ему́ wir müssen ihm irgendwie helfen ② (когда-нибудь) irgendwann, gelegentlich; ◊ зайди́те ко мне ~ kommen Sie gelegentlich bei mir vorbei ③ (кое-как) nachlässig, schlampig; ◊ он всё де́лает ~ er gibt sich mit nichts Mühe
как|о́й I. мест ‹-а́я, -о́е, -и́е› ① вопр (о качестве, свойстве, признаке) welche(r, s); ◊ ~о́й дом? welches Haus?; ◊ ~а́я сего́дня пого́да? wie ist das Wetter heute?; ◊ забы́л, ~о́й сего́дня день ich habe vergessen, was heute für ein Tag ist ② определит (выражает восхищение, удивление) ◊ ~о́е сча́стье! was für ein Glück! ③ (обозначает отрицание) ◊ ~о́й он знато́к! der hat ja keine Ahnung! ④ неопр (какой-нибудь) irgendwelche; ◊ нет ли ~и́х поруче́ний? haben Sie irgendwelche Aufträge? ⑤ относ усил II. частица (выражает уверенное отрица́ние) von wegen!, so was!; ◊ ты отдохну́л? – како́е там! hast du dich gut erholt? - von wegen!
как-то I. нареч ① (каким-то о́бразом) irgendwie; ◊ он ~ суме́л ула́дить

де́ло irgendwie konnte er die Sache regeln ② (*в некоторой степени*) irgendwie; ◇ здесь — неую́тно irgendwie ist es hier ungemütlich; ◇ он говори́т — непоня́тно er spricht irgendwie unverständlich ③ (*однажды*) einmal, eines Tages; ◇ зашёл к нему́ — вечерко́м ich schaute einmal abends bei ihm vorbei **II.** *союз* (*а именно*) wie zum Beispiel, und zwar

каланча́ ж₃ ⟨-и́, *род мн:* -е́й⟩ ① (*вышка*) Wach(t)turm *m* ② *разг шутл* (*о человеке*) langer Lulatsch, Riese; ◇ ну и —! was für ein Riese!

кале́ка *м₁* ⟨-и⟩ Krüppel *m*

календа́рь *м₂* ⟨-я́, *мн:* -ри́⟩ ① Kalender *m;* ◇ насте́нный — Wandkalender ② (*распределение по времени*) Zeitplan *m;* ◇ — заня́тий Stundenplan *m;* ◇ футбо́льных игр Fußballspielplan

калори́йный *прил* ⟨-ая, -ое, -ые⟩ kalorienreich

ка́льк|а ж₁ ⟨-и, *род мн:* -лек⟩ ① (*бумага*) Pauspapier *n* ② (*копия чертежа*) Pause *f;* ◇ но́вый райо́н ещё в —е das neue Gebiet ist noch im Entwurf ③ лингв Lehnübersetzung *f*

кальсо́ны *мн₁* ⟨-сон⟩ lange Unterhose *f*

ка́мбала ж₁ ⟨-ы⟩ (*рыба*) Flunder *f*

ка́менн|ый *прил* ⟨-ая, -ое, -ые⟩ ① Stein-; ◇ —ый у́голь Steinkohle *f;* ◇ —ый век Steinzeit *f* ② *перен* (*безжизненный*) versteinert; ◇ —ое выраже́ние лица́ versteinerter Gesichtsausdruck; *перен* (*безжалостный*) steinern; ◇ —ое се́рдце ein Herz aus Stein

ка́менщик *м₁* ⟨-и⟩ Maurer *m*

ка́мень *м₂* ⟨-мня, *мн:* -мни, *род:* -мне́й, *дат:* -мня́м⟩ Stein *m;* ◇ — преткнове́ния Stein des Anstoßes; ◇ у меня́ — с души́ свали́лся mir ist ein Stein vom Herzen gefallen; ◇ держа́ть — за па́зухой Groll gegen jd-n hegen

ка́мера ж₁ ⟨-ы⟩ ① (*помещение*) Zelle *f;* ◇ одино́чная — Einzelzelle; ◇ тюре́мная — Gefängniszelle ② тех Kammer *f;* ◇ — хране́ния ручно́го багажа́ Gepäckaufbewahrung *f* ③ авто Schlauch *m;* ◇ велосипе́дная — Fahrradschlauch *m* ④ (*аппарат*) Kamera *f;* ◇ фотографи́ческая — Fotoapparat *m*

кампа́ния ж₄ ⟨-и⟩ Kampagne *f;* ◇ избира́тельная — Wahlkampf *m;* ◇ — по сбо́ру по́дписей Unterschriftenaktion *f*

камы́ш *м₂* ⟨-а́, *мн:* -и́⟩ Schilf *n*

кана́ва ж₁ ⟨-ы⟩ Graben *m*, Abfluss *m*

кана́л *м₁* ⟨-а⟩ ① (*русло*) Kanal *m;* ◇ судохо́дный — Schifffahrtskanal ② (*линия связи*) Kanal *m;* ◇ телевизио́нный — Fernsehkanal ③ ◇ —ы *перен мн* (*пути средства*) Kanäle *m pl;* ◇ по дипломати́ческим —ам über diplomatische Kanäle ④ анат ◇ мочеиспуска́тельный — Harnröhre *f*

канаре́йка ж₁ ⟨-и, *род мн:* -е́ек⟩ Kanarienvogel *m*

кана́т *м₁* ⟨-а⟩ (*верёвка*) Seil *n*, Tau *n;* ◇ про́волочный — Drahtseil; ◇ перетя́гивание —а Tauziehen; ◇ ходи́ть по —у seiltanzen

канатохо́дец *м₅* ⟨-дца⟩ Seiltänzer *m*

канва́ ж₁ ⟨-ы́⟩ (*основа*) Grundstock *m*, Grundlage *f;* ◇ — собы́тий die wesentlichen Ereignisse

канда́лы *мн₁* ⟨-о́в⟩ Fesseln *f pl*, Ketten *f pl;* ◇ закова́ть в — in Ketten legen

кандида́т *м₁* ⟨-а⟩ ① (*к избранию*) Kandidat *m*, Anwärter *m* ② (*учёная степень*) Doktorgrad *m*, Doktor *m;* ◇ медици́нских нау́к Doktor der Medizin;

кандидату́р|а ж₁ ⟨-ы⟩ Kandidatur *f;* ◇ снять —у die Kandidatur zurückziehen

кани́кулы *мн₁* ⟨-кул⟩ Ferien *pl;* ◇ уча́щиеся распу́щены на ле́тние — die Schüler sind in die Sommerferien gefahren

кано́э *с* ⟨нескл⟩ спорт Kanu *n;* ◇ —одино́чка Einerkanadier *m*

канцеля́рия ж₄ ⟨-и⟩ Kanzlei *f*, Büro *n*

ка́нцлер *м₁* ⟨-а⟩ Kanzler *m;* ◇ Федера́льный — Bundeskanzler *m*

ка́пать V₁ₐ несов ⟨-аю, -аешь, (1) 1 и 2 л. не употр [на- (2) сов] без доп (1), что вин (2), на кого-что вин (3)⟩ ① (*падать каплями*) tropfen, tröpfeln; ◇ дождь ка́плет es tröpfelt; ◇ над на́ми не ка́плет das hat keine Eile ② (*наливать каплями*) tropfenweise hineingeben, hineintröpfeln; ◇ не ка́пай на́ пол! schütte nichts auf den Boden! ③ *разг* (*доносить*) denunzieren; ◇ — на сосе́да den Nachbarn denunzieren

капе́лла ж₁ ⟨-ы⟩ ① (*хор*) Chor *m* ② (*часовня*) Kapelle *f*

капе́ль ж₅ ⟨-и⟩ Tauwetter *n*

капита́л *м₁* ⟨-а⟩ ① эк Kapital *n;* ◇ фина́нсовый — Finanzkapital ② (*капитализм*) Kapital *n*, Vermögen *n* ③ (*состояние*) Kapital *n;* ◇ нажи́ть — на чём-л aus etw Kapital schlagen; капиталовложе́ние *с₄* ⟨-я⟩ Investition *f;*

капита́льн|ый *прил* ⟨-ая, -ое, -ые⟩ (*основной*) Kapital-, General-, Haupt-; ◇ —ый ремо́нт Generalüberholung *f;* ◇ —ое строи́тельство Investbau *m*

капита́н *м₁* ⟨-а⟩ ① (*звание*) Hauptmann *m* ② (*судна*) Kapitän *m* ③ спорт (Mannschafts-)Kapitän *m*, Spielführer *m*

капитули́ровать V₃ₐ несов и сов ⟨-рую, -руешь⟩ без доп (1), перед тв (2) ① (*сдаться*) kapitulieren, sich ergeben ② перен (*отступить от цели*) kapitulieren; ◇ — пе́ред тру́дностями vor Schwierigkeiten kapitulieren; капитуля́ция ж₄ ⟨-и⟩ Kapitulation *f*

ка́пл|я ж₂ ⟨-и, *род мн:* ка́пель⟩ ① (*частица*) Tropfen *m;* ◇ —я за —ей nach und nach; ◇ вы́пить всё до —и bis auf den letzten Tropfen austrinken; ◇ серде́чные

~и Herztropfen; ◇ **они́ похо́жи как две ~и воды́** sie gleichen sich wie ein Ei dem anderen; ◇**э́то ~я в мо́ре** das ist ein Tropfen auf den heißen Stein ② *перен (малое количество)* ein bisschen, ein wenig; ◇ **у него́ нет ни ~и благоразу́мия** er hat keinen Funken Verstand

капри́зный *прил* ‹-ая, -ое, -ые› ① (*с причудами*) seltsam, wunderlich ② *перен (изменчивый)* launenhaft, kapriziös, eigensinnig

капу́ста *ж₁* ‹-ы› Kohl *m;* ◇ **ква́шеная ~** Sauerkraut *n;* ◇ **цветна́я ~** Blumenkohl *m*

ка́ра *ж₁* ‹-ы› *(наказание)* Strafe *f; (возмездие)* Abrechnung *f*

карава́н *м₁* ‹-a› Karawane *f*

кара́кули *м₂* ‹-я› *(мех)* Persianer *m*

каранда́ш *м₂* ‹-а́, мн: -и́› Bleistift *m;* ◇ **цветно́й ~** Buntstift

каранти́н *м₁* ‹-a› Quarantäne *f;* ◇ **вы́держать ~** unter Quarantäne stehen

карау́л *м₁* ‹-a› ① *(охрана)* Bewachung *f*, Wache *f;* ◇ **вы́ставить ~** Wachposten aufstellen ② *(крик о помощи)* Hilfe!; ◇ **хоть ~ кричи́** es ist zum Verzweifeln!

карбюра́тор *м₁* ‹-a› *авто* Vergaser *m*

кардина́л *м₁* ‹-a› Kardinal *m*

каре́та *ж₁* ‹-ы› Kutsche *f*, Wagen *m*

ка́рий *прил* ‹-ая, -ое, -ые› *(о глазах)* braun; *(о масти лощади)* kastanienbraun

карикату́ра *ж₁* ‹-ы› Karikatur *f*

карка́с *м₁* ‹-a› Gestell *n*, Gerüst *n;* ◇ **зда́ния** Gebäudegerüst

ка́рлик *м₁* ‹-a› Zwerg *m*

карма́н *м₁* ‹-a› Tasche *f;* ◇ **~ брюк** Hosentasche; *тж перен* ◇ **наби́ть себе́ ~** sich die Tasche vollstopfen; ◇ **э́то мне не по ~у** das kann ich mir nicht leisten; ◇ **он за сло́вом в ~ не поле́зет** er ist nicht auf den Mund gefallen

карнава́л *м₁* ‹-a› *(празднество)* Karneval *m;* *(бал-маскарад)* Maskenball *m*

карни́з *м₁* ‹-a› ① *стр (выступ)* Sims *m* ② *(для штор)* Gardinenstange *f*

карп *м₁* ‹-a› Karpfen *m*

ка́рт|а *ж₁* ‹-ы› ① *(чертёж)* Karte *f;* **географи́ческая ~a** Landkarte ② *(игра)* (Spiel-)Karte *f;* ◇ **игра́ть в ~ы** Karten spielen; ◇ **поста́вить всё на ~у** alles auf eine Karte setzen; *перен* ◇ **раскры́ть свои́ ~ы** seine Karten offen auf den Tisch legen; ◇ **смеша́ть чьи-л ~ы** jd-s Pläne durchkreuzen

ка́ртер *м₁* ‹-a› *тех* Gehäuse *n*

карти́на *ж₁* ‹-ы› ① *(произведение живописи)* Bild *n*, Gemälde *n* ② *(вид чего-л)* Bild *n;* ◇ **~ запусте́ния** Bild der Verwüstung ③ *разг (кинофильм)* (Kino-) Film *m*

карто́фель *м₂* ‹-я› Kartoffel *f;* ◇ **жа́реный ~** Bratkartoffel

ка́рточка *ж₁* ‹-и, *род мн*: -чек› Kärtchen *n*, Zettel *m;* ◇ **катало́жная ~** Karteikarte *f;* ◇ **креди́тная ~** Kreditkarte *f*

карусе́ль *ж₅* ‹-и› Karussell *n;* ◇ **ката́ться на ~и** Karussell fahren

карье́р|а *ж₁* ‹-ы› ① *(деятельность)* Laufbahn *f;* ◇ **артисти́ческая ~a** künstlerische Laufbahn ② *(путь к успеху)* Karriere *f;* ◇ **сде́лать ~у** Karriere machen

каса́ться *V₁ₐ несов* ‹-а́юсь, -а́ешься, (3) 1 и 2 л. не употр› [**косну́ться** *V₂ сов*] *кого-чего* *род* ① *(дотрагиваться)* berühren, streifen ② *перен (в докладе, речи)* streifen, zur Sprache kommen (auf); ◇ **он не ~ется э́того вопро́са** auf dieses Problem kommt er nicht zu sprechen ③ *(иметь отношение к кому-чему-л)* betreffen; ◇ **э́то её не ~ется** das betrifft sie nicht; ◇ **что ~ется меня́, то...** was mich betrifft, so...

ка́ска *ж₁* ‹-и, *род мн*: -сок› Helm *m*

ка́сса *ж₁* ‹-ы› ① *(помещение)* Kasse *f;* ◇ **сберега́тельная ~** Sparkasse *f* ② *(окошечко)* Schalter *m;* ◇ **биле́тная ~** Fahrkartenschalter, Theaterkasse

кастрю́ля *ж₁* ‹-и› Topf *m;* ◇ **~-скорова́рка** Schnellkochtopf

катало́г *м₁* ‹-a› Katalog *m*

ката́ние *с₄* ‹-я› ① *(действие)* Rollen *n* ② *(прогулка)* Spazierfahrt *f;* ◇ **~ на конька́х** Schlittschuhlaufen *n;* ◇ **~ с гор** Rodeln *n;* ◇ **~ в ло́дке** Bootfahren *n*

катара́кта *ж₁* ‹-ы› *мед* grauer Star

катастро́фа *ж₁* ‹-ы› Katastrophe *f*, Unglück *n;* ◇ **авиацио́нная ~** Flugzeugunglück *n;* ◇ **автомоби́льная ~** Unfall *m;* ◇ **семе́йная ~** Familientragödie *f*

ката́ть *V₁ₐ несов, неопред, см.* **кати́ть** ‹-а́ю, -а́ешь, *Part. Prät. Pass.* ка́танный› *кого-что* *вин* ① *(катить)* rollen, schieben ② *(разглаживать)* ausrollen; ◇ **~ те́сто** Teig ausrollen ③ *(возить)* spazieren fahren; ◇ **~ в коля́ске** im Kinderwagen spazieren fahren ④ *тех (обрабатывать)* walzen

ката́ться *V₁ₐ несов* ‹-а́юсь, -а́ешься› *без доп* ① *(катиться)* rollen ② *(прогуливаться)* spazieren fahren; ◇ **~ верхо́м** ausreiten; ◇ **~ на конька́х** Schlittschuh laufen; ◇ **~ с гор** rodeln ③ *разг (переваливаться)* sich wälzen; ◇ **~ от бо́ли** sich krümmen vor Schmerzen; ◇ **~ со́ смеху** sich kugeln vor Lachen; ◇ **~ как сыр в ма́сле** wie die Made im Speck leben

категори́ческий *прил* ‹-ая, -ое, -ие› *(решительный)* entschieden, kategorisch; *(определённый)* bestimmt

ка́тер *м₁* ‹-a, *мн*: -а́› *мор* Kutter *m;* ◇ **сторожево́й ~** Küstenschutzboot *n*

кати́ть *V₄ₐ несов, опред, см.* **ката́ть** ‹качу́, ка́тишь› *кого-что* (1), *без доп* (2) ① *(двигать)* rollen, schieben, anschieben; ◇ **~ коля́ску** den Kinderwagen schieben; ◇ **~ са́нки** den Schlitten ziehen ② *разг (ехать)* (schnell) fahren; **кати́ться** *несов* ‹качу́сь, ка́тишься, (2) 1 и 2 л. не употр› *без доп* ① *(двигаться)* rollen; ◇

мяч ка́тится по площа́дке der Ball rollt über den Platz ② (*о звуках*) grollen, ertönen; ◇ ка́тятся громовы́е раска́ты der Donner grollt ③ *перен* (*струиться*) fließen, strömen; ◇ слёзы ка́тятся из глаз Tränen fließen; *груб* кати́сь отсю́да! mach die Flatter!, verzieh dich!

като́к m_1 <-тка́, *мн:* -тки́> ① (*площадка*) Eisbahn *f;* ◇ иску́сственный ~ Kunsteisbahn ② тех (*машина*) Walze *f;* ◇ доро́жный ~ Straßenwalze ③ (*для глажения тканей*) Mangel *f*

като́лик m_1 <-а> Katholik *m;* католи́чка $ж_1$ <-и, *род мн:* -чек> Katholikin *f*

ка́торга $ж_1$ <-и> Zuchthaus *n,* Zwangsarbeit *f; перен* Schinderei *f,* Plackerei *f;* ка́торжник m_1 <-а> Zwangsarbeiter *m*

кату́шка $ж_1$ <-и, *род мн:* -шек> Rolle *f;* ◇ ~а ни́ток Zwirnrolle; тех ◇ ~а про́волоки Drahtspule *f;* ◇ на всю ~у mit Volldampf

кафе́ *с* <нескл> Café *n;* ◇ ~-моро́женое Eisdiele *f*

ка́федр|а $ж_1$ <-ы> ① (*для лектора*) (Redner-)Pult *n;* ◇ подня́ться на ~у ans Pult treten ② (*в вузе*) Fachbereich *m,* Lehrstuhl *m;* ◇ заве́довать ~ой einen Lehrstuhl haben

ка́фель m_2 <-я> Kachel *f*

кача́лка $ж_1$ <-и, *род мн:* -лок> Schaukelstuhl *m*

кача́|ть V_{1a} *несов* <-а́ю, -а́ешь> *кого-что вин (1, 2), чем тв (3), что вин (4)* ① (*приводить в движение*) schaukeln, wiegen; ◇ ~ть ребёнка на каче́лях das Kind schaukeln ② *разг* (*подбрасывать на руках*) in die Luft werfen (unter Hochrufen); ◇ спортсме́ны ~ют своего́ капита́на die Sportler werfen ihren Kapitän in die Luft ③ (*покачивать*) hin- und herwiegen, schütteln; ◇ ~ть голово́й den Kopf schütteln ④ (*насосом*) pumpen; ◇ ~ть во́ду Wasser pumpen

каче́л|и $мн_2$ <-ей> Schaukel *f;* кача́ться на ~ях schaukeln

ка́чественн|ый *прил* <-ая, -ое, -ые> (*очень хороший*) qualitativ, Qualitäts-; (*высококачественный*) erstklassig; ◇ ~ое изде́лие Qualitätsprodukt *n;* ка́честв|о $с_2$ <-а> ① Qualität *f,* Güte *f* ② (*свойство*) Eigenschaft *f;* ◇ в ~е чего́-л als

ка́ша $ж_1$ <-и> ① (*кушанье*) Brei *m;* ◇ завари́ть ~у кипятко́м Brei kochen ② *перен разг* (*месиво*) Gemisch *n;* ◇ ~а из песка́ и сне́га Gemisch aus Sand und Schnee ③ *перен разг* (*путаница*) Durcheinander *n,* Wirrwarr *m;* ◇ ма́слом ~и не испо́ртишь es ist nie zuviel des Guten; ◇ с ним ~и не сва́ришь mit ihm ist nicht gut Kirschen essen

ка́шель m_2 <-шля> Husten *m*

ка́шлять V_{1b} *несов* <-яю, -яешь> *без доп* husten; ◇ ~ кро́вью Blut spucken

кашта́н m_1 <-а> (*плод*) Kastanie *f;* (*дерево*) Kastanienbaum *m;* ◇ жа́реные ~ы Maronen; ◇ таска́ть ~ы из огня́ для кого́-л für jd-n die Kastanien aus dem Feuer holen

каю́та $ж_1$ <-ы> Kajüte *f*

ка́яться V_{1b} *несов* <ка́юсь, ка́ешься> [по— *сов*] *в чём предл (1), кому дат (2)* ① (*на исповеди*) bereuen ② (*сознаваться в чём-л*) gestehen; ◇ ~ в свои́х оши́бках seine Fehler gestehen; ◇ ка́юсь, винова́т offen gestanden, es ist meine Schuld

квадра́т m_1 <-а> Quadrat *n;* мат ◇ возвести́ в ~ ins Quadrat erheben

квалифика́ци|я $ж_4$ <-и> ① (*оценка*) Qualifikation *f;* ◇ повыше́ние ~и Weiterbildung *f* ② (*специальность*) Beruf *m;* ◇ приобрести́ ~ю сле́саря den Beruf des Schlossers erlernen

кварта́л m_1 <-а> ① (*часть города*) Stadtviertel *n* ② (*часть года*) Quartal *n,* Vierteljahr *n;* ◇ отчёт за ~ Quartalsabschluss *m*

кварти́ра $ж_1$ <-ы> ① (*жилое помещение в доме*) Wohnung *f;* ◇ сдаётся ~а Wohnung zu vermieten; ◇ съе́хать с ~ы ausziehen ② воен Quartier *n;* ◇ гла́вная ~а Hauptquartier

квартпла́т|а $ж_1$ <-ы> Miete *f;* ◇ внести́ ~у Miete zahlen

квас m_1 <-а> Kwass *m* (*leicht alkoholisches Getränk aus gegorenem Brot u. Ä.*)

квита́нция $ж_4$ <-и> Quittung *f;* ◇ бага́жная ~ Gepäckschein *m*

кво́рум m_1 <-а> Quorum *n;* ◇ по́лный ~ Vollversammlung *f*

кедр m_1 <-а> бот Zeder *f*

кекс m_1 <-а> Rührkuchen *m*

кекс

Diesem Wort entsprechen im Deutschen am ehesten die Übersetzungen „Rosinenkuchen", „Rührkuchen mit Rosinen" oder (in kleinerer Form) „Törtchen". Auf keinen Fall bezeichnet кекс im Russischen „trockenes Gebäck" wie im Deutschen. Dies wiederum kann man mit „(сухое) пече́нье" übersetzen, und „пече́нье о́чень вку́сное" bedeutet „die Kekse schmecken sehr gut".

кем *см.* кто

ке́пка $ж_1$ <-и, *род мн:* -пок> Schirmmütze *f*

кероси́н m_1 <-а> Petroleum *n,* Kerosin *n*

кефи́р m_1 <-а> Kefir *m*

кива́ть V_{1a} *несов* <-а́ю, -а́ешь> [кивну́ть V_2 *сов*] *чем тв (1), на кого-что вин (2)* ① (*головой*) nicken; ◇ ~ кому́-л jd-m zunicken ② *перен* jd-m die Schuld in die Schuhe schieben

кида́ть V_{1a} несов <-а́ю, -а́ешь> [**ки́нуть** V_2 сов <Imp. кинь, ~те>] кого-что вин ① (бросать) (weg-)werfen; (швырять) schleudern; (с силой) schmeißen; перен ~ть взгля́ды на кого́-что-л jd-m Blicke zuwerfen; ◇ меня́ ~ет в жар es überläuft mich heiß ② (покинуть) im Stich lassen; **кида́ться** несов <-а́юсь, -а́ешься> [**ки́нуться** сов] на кого-что вин (1), к кому-чему дат (2), чем тв (3) ① (бросаться) sich werfen, sich stürzen (auf); ◇ соба́ка кида́ется на прохо́жих der Hund fällt die Passanten an; ◇ ~ из сторо́ны в сто́рону hin und her rennen ② (устремляться) eilen, sich stürzen (auf); ◇ ~ на по́мощь кому́-л jd-m zu Hilfe eilen; ◇ ~ в объя́тия к кому́-л sich in jd-s Arme werfen ③ (забрасывать) sich bewerfen; ◇ ~ снежка́ми sich mit Schneebällen bewerfen; ◇ ~ деньга́ми mit Geld um sich werfen

килогра́мм M_1 <-а> Kilogramm n

киломе́тр M_1 <-а> Kilometer m

кинжа́л M_1 <-а> Dolch m

кино́ c <нескл> ① (кинематография) ② Filmkunst f; ◇ немо́е ~ Stummfilmzeit ② разг (фильм) Film m; ◇ документа́льное ~ Dokumentarfilm m ③ разг (кинотеатр) Kino n; ◇ постро́ено но́вое ~ ein neues Kino wurde gebaut ④ перен (комичная ситуация) komische Situation f; ◇ с э́тим до́лгим у нас це́лое ~ получи́лось das war vielleicht eine Show;

киноаппара́т M_1 <-а> (съёмочный) Filmkamera f; (проекционный) Projektor m;

кинокарти́на $ж_1$ <-ы> Film m; ◇ сего́дня идёт но́вая ~ heute läuft ein neuer Film; **киносцена́рий** M_3 <-я> Drehbuch n; **кинотеа́тр** M_1 <-а> Kino n; **кинофестива́ль** M_2 <-я> Filmfestival n; **кинофи́льм** M_1 <-а> Film m; ◇ цветно́й ~ Farbfilm m; чёрно-бе́лый ~ Schwarzweißfilm

ки́нуть см. **кида́ть**

кио́ск M_1 <-а> Kiosk m, Verkaufsstand m; ◇ газе́тный ~ Zeitungskiosk

кипе́ть V_5 несов <-плю́, -пи́шь, (1-3) 1 и 2 л. не употр, Imp. -пи́, ~те, Part. Präs. Akt. -пя́щий, Adv. Part. Präs. -пя́ [вс~ (1, 3) сов] без доп ① (бурлить) kochen, sieden; ◇ вода́ ~и́т das Wasser kocht ②(вспениться) schäumen, brausen; ◇ мо́ре ~и́т das Meer schäumt; перен кровь ~и́т в ком-л das Blut kocht jd-m in den Adern ③ (о деятельности) in vollem Gang sein; ◇ жизнь ~и́т das Leben pulsiert; ◇ рабо́та ~и́т die Arbeit läuft auf Hochtouren ④ (о чувстве) toben, kochen; ◇ ~е́ть негодова́нием vor Entrüstung rasen; ◇ стра́сти ~я́т die Emotionen nehmen überhand

кипяти́льник M_1 <-а> Siedekessel m, Boiler m; ◇ погружа́емый ~ Tauchsieder m; **кипято́к** M_1 <-тка́> kochendes Wasser

кири́ллица $ж_1$ <-ы> kyrillische Schrift f

кирпи́ч M_2 <-а́, мн: -и́> ① стр Ziegel m ② (камень) Ziegelstein m

кисе́ль M_2 <-я́, мн: -ли́> süßsaurer eingedickter Fruchtsaft

кислоро́д M_1 <-а> Sauerstoff m

кислота́ $ж_1$ <-ы́, мн: -о́ты> хим Säure f;

ки́слый прил <-ая, -ое, -ые> ① (по вкусу) sauer; ◇ -ое молоко́ saure Milch; ◇ ~ое те́сто Hefeteig m ② перен (недовольный) sauer, säuerlich, verdrießlich; ◇ ~ое выраже́ние лица́ saure Miene; ◇ ~ое настрое́ние schlechte Stimmung

кисть $ж_5$ <-и, мн: ки́сти, род: кистей, дат: кистя́м> ① (для рисования) Pinsel m ② (соцветие) Traube f; ◇ виногра́дная ~ Weintraube ③ (украшение) Quaste f ④ Hand f; (часть руки) Handgelenk n

кит M_1 <-а́, мн: -ы́> Wal m

кита́ец M_5 <-а́йца> Chinese m; **китая́нка** $ж_1$ <-и, род мн: -нок> Chinesin f

кичли́вый прил <-ая, -ое, -ые> hochmütig, eingebildet

кишка́ $ж_1$ <-и́, род мн: -шо́к> ① анат Darm m; ◇ двенадцатипе́рстная ~ Zwölffingerdarm; ◇ то́нкая ~ Dünndarm; ◇ то́лстая ~ Dickdarm; ◇ слепа́я ~ Blinddarm ② разг (труба) Schlauch m; ◇ у него́ ~ тонка́ er hat nicht den Mumm

кла́виша $ж_2$ <-и, род мн: кла́виш> Taste f

клад M_1 <-а> Schatz m; ◇ найти́ ~ einen Schatz finden

кла́дбище c_3 <-а> Friedhof m

кла́дка $ж_1$ <-и, род мн: -док> Mauerwerk n

кладова́я $ж$ (A_1) <-о́й> (помещение для хранения) Vorratsraum m, Speisekammer f

кладь $ж_5$ <-и> Gepäck n; ◇ ручна́я ~ Handgepäck n

кла́няться V_{1b} несов <-я́юсь, -я́ешься> [**поклони́ться** V_{d4a} сов] кому дат (1, 3), с кем тв (2), кому дат или перед кем тв (4) ① (делать поклон) sich vor jd-m verneigen ② (приветствовать) jd-n (be-) grüßen ③ (передавать привет) jd-n grüßen lassen; ◇ кла́няйся от меня́ друзья́м grüß die Freunde von mir ④ перен (униженно просить) untertänigst bitten; ◇ ~ пе́ред нача́льством den Chef demütig um etwas bitten

кла́пан M_1 <-а> ① тех Ventil n; ◇ предохрани́тельный ~ Sicherheitsventil ② мед Herzklappe f

кларне́т M_1 <-а> Klarinette f

класс M_1 <-а> ① (социальная группа) Klasse f; ◇ рабо́чий ~ Arbeiterklasse ② (категория) Gattung f, Kategorie f; биол ◇ ~ расте́ний Pflanzengattung ③ (в школе) Klasse f; ◇ ста́ршие ~ы Oberstufe f ④ (классная комната) Klassenzimmer n ④ (*уровень*) Klasse *f;* ◇ **игра́ выс-о́кого** ~a erstklassiges Spiel

класть* *несов* ⟨кладу́, кладёшь⟩ [**поло́жи́ть** V_{4a} ‹ *Part. Prät. Pass.* **поло́женный**› (1, 2) и **с**~ (1) *сов*] *кого-что вин* ① (*помещать*) legen, stecken; ◇ ~ **плато́к в карма́н** das Tuch in die Tasche stecken; ◇ ~ **больно́го в больни́цу** den Patienten ins Krankenhaus einweisen; ◇ ~ **повя́зку на́ руку** den Arm verbinden; ◇ ~ **коне́ц** чему́-л einer Sache ein Ende bereiten; ◇ ~ **я́йца** Eier legen; ◇ ~ **но́гу на́ ногу** die Beine übereinander schlagen ② (*накладывать*) auf etw legen, auftragen; ◇ ~ **кра́ски на холст** Farbe auf die Leinwand auftragen ③ (*прибавлять*) hinzugeben; ◇ ~ **припра́ву в куша́нье** das Essen würzen ④ (*сооружать*) errichten, erbauen; ◇ ~ **нача́ло** чему́-л den Grundstein für etw legen; ◇ ~ **под сукно́** auf die lange Bank schieben

клева́ть V_{1a} *несов* ⟨клюю́, клюёшь, *Imp.* клюй, ~те, *Part. Präs. Akt.* клюю́щий, *Adv. Part. Präs.* клюя́› [**клю́нуть** V_2 ⟨*Imp.* клюнь› *сов*] *кого-что вин* (1, 2), *без доп* (3, 4) ① (*клювом*) picken; ◇ ~ **зёрна** ein Korn picken ② *перен разг* (*бранить*) auf jd-m herumhacken ③ (*попадаться на удочку*) anbeißen; ◇ **ры́ба хорошо́ клюёт** die Fische beißen gut an ④ (*задремать*) ~ **но́сом** einnicken

кле́вер M_1 ‹-a, *мн:* -á› бот Klee *m*

клевета́ $ж_1$ *kein pl* ‹-ы́› Verleumdung *f;* ◇ **возводи́ть** ~у́ **на кого́-л** jd-n verleumden; **клевета́ть** V_{1a} *несов* ‹-ещу́, -е́щешь, *Imp.* -ещи́, ~те, *Part. Präs. Akt.* -е́щущий, *Adv. Part. Präs.* -ещá› [**на**~ *сов*] *на кого-что вин* verleumden, diffamieren; **клеветни́ческий** *прил* ‹-ая, -ое, -ие› verleumderisch

клей M_3 ‹-я, *на* клею́› Leim *m*, Klebstoff *m*

клейми́ть V_{4a} *несов* ‹-млю́, -ми́шь, *Part. Prät. Pass.* -мённый› [**за**~ *сов*] *кого-что вин* ① (*ста́ вить клеймо́*) markieren, stempeln; ◇ ~ **това́ры** Waren markieren ② *перен* (*осуждать*) brandmarken, anprangern; **клеймо́** c_2 ‹-á, *мн:* -a› ① (*печать*) Zeichen *n;* ◇ **ли́чное** ~ Signatur *f* ② (*знак*) Stempel *m* ③ *перен* (*след*) Mal *n;* ◇ ~ **позо́ра** Schandmal

клён M_1 ‹-a› Ahorn *m*

клепа́ть V_{1a} *несов, kein Pass.* ‹-áю, áешь› *что вин* тех nieten

кле́тк|а $ж_1$ ‹-и, *род мн:* -ток› ① (*из прутьев*) Käfig *m;* ◇ ~a **для птиц** Vogelbauer *m;* ◇ ~a **для звере́й** Zwinger *m* ② (*на бумаге, ткани*) Kästchen *n*, Quadrat *n;* ◇ **бума́га в** ~у kariertes Papier ③ биол (*клетка*) Zelle *f;* ◇ анат **грудна́я** ~a Brustkorb *m;* стр **ле́стничная** ~a Treppenhaus *n*

клетча́тка $ж_1$ ‹-и› ① (*целлюлоза*) Zellulose *f* ② (*в организме*) Zellgewebe *n*

клёцка $ж_1$ ‹-и, *мн:* -цок› кул Kloß *m*, Knödel *m*

клещ M_2 ‹-á, *мн:* -и́› зоол Zecke *f*

клещи́ $мн_2$ ‹-е́й› тех Zange *f*

клие́нт M_1 ‹-a› ① юр Mandant *m*, Klient *m* ② (*посетитель*) Kunde *m*

кли́ка $ж_1$ ‹-и› Bande *f;* ◇ **престу́пная** ~ Verbrecherbande *f*

кли́мат M_1 ‹-a› ① метео Klima *n;* ◇ **уме́ренный** ~ gemäßigtes Klima ② *перен* (*обстановка*) Klima *n*, Atmosphäre *f*

клин M_1 ‹-a, *мн:* кли́нья, *род:* -ьев, *дат:* -ьям, *тв:* -ьями, *предл:* -ьях› ① (*дерева, металла*) Keil *m;* ◇ **вбить** (**загна́ть**) ~ einen Keil in etw treiben ② (*ткани*) Zwickel *m;* ◇ **свет не** ~**ом сошёлся** es gibt noch einen Ausweg

кли́ника $ж_1$ ‹-и› Klinik *f*

клино́к M_1 ‹-нка́, *мн:* -нки́› Klinge *f*

кли́чка $ж_1$ ‹-и, *род мн:* -чек› ① (*животного*) Name *m* ② (*прозвище*) Spitzname *m*, Deckname *m*

клоп M_1 ‹-á, *мн:* -ы́› ① (*насекомое*) Wanze *f* ② *шутл* (*малыш*) kleiner Knirps *m*

клочо́к M_1 ‹-чка́, *мн:* -чки́› ① (*клок*) Fetzen *m;* ◇ ~ **бума́ги** Papierfetzen ② (*участок*) Flecken *m;* ◇ ~ **земли́** ein Flecken Erde, Parzelle *f*

клуб M_1 ‹-a› ① (*объединение*) Klub *m*, Verein *m;* ◇ **спорти́вный** ~ Sportverein ② (*учреждение*) Kulturzentrum *n* (*здание, помещение*) Klubhaus *n*, Vereinslokal *n*

клубы́ *мн* ‹-ов› (*дым*) Schwaden *m;* ◇ ~ **ды́ма** Rauchschwaden; ◇ ~ **пы́ли** Staubwolken; ◇ ~ **тума́на** Nebelschwaden

клубни́ка $ж_1$ ‹-и› Erdbeere *f*

клумб|а $ж_1$ ‹-ы› Beet *n;* ◇ **разби́ть** ~у ein Beet anlegen

клык M_1 ‹-á, *мн:* -и́› ① (*у человека*) Eckzahn *m* ② (*у животных*) Stoßzahn *m;* (*бивень*) Hauer *m*

клюв M_1 ‹-a› Schnabel *m*

клю́ква $ж_1$ ‹-ы› Moosbeere *f*

клю́нуть *см.* **клева́ть**

ключ¹ M_2 ‹-á, *мн:* -и́› ① (*замка*) Schlüssel *m;* ◇ **запере́ть на** ~ zuschließen ② (*для завинчивания*) Schlüssel *m;* ◇ **га́ечный** ~ Schraubenschlüssel; ◇ **консе́рвный** ~ Dosenöffner *m* ③ *перен (для разгадки*) Schlüssel *m* ④ муз Notenschlüssel *m;* ◇ **скрипи́чный** ~ Violinschlüssel

ключ² M ‹-á› (*родник*) Quelle *f;* *перен* ◇ **жизнь в нём бьёт** ~**о́м** er ist voller Lebensfreude

ключи́ца $ж_1$ ‹-ы› анат Schlüsselbein *n*

клю́шка $ж_1$ ‹-и, *род мн:* -шек› спорт (Hockey-)Schläger *m*

кля́сться* *несов* ⟨кляну́сь, кляне́шься⟩ [**по**~ *сов*] *в чём предл или с инф или союзом "что"* (be-)schwören, beteuern; ◇

кляну́сь, что испо́лню обеща́ние ich schwöre, das Versprechen zu halten; **кля́тв|а** $ж_1$ ⟨-ы⟩ (*уверение*) Schwur *m;* (*присяга*) Eid *m;* ◇ **дать ~у** einen Eid leisten; ◇ **нару́шить ~у** den Schwur brechen

клятвопреступле́ние c_4 ⟨-я⟩ Meineid *m*

кля́уз|а $ж_1$ ⟨-ы⟩ *разг* 1 (*интрига*) Intrige *f,* Verleumdung *f;* ◇ **занима́ться ~ами** Intrigen spinnen 2 (*донос*) Denunziation *f;* ◇ **сочини́ть ~у** denunzieren 3 (*сплетни*) Klatsch *m;* ◇ **распространя́ть ~у** Gerüchte verbreiten

кни́г|а $ж_1$ ⟨-и⟩ Buch *n;* ◇ **сесть за ~и** sich hinter seine Bücher klemmen

кно́пка $ж_1$ ⟨-и, *род мн:* -пок⟩ 1 (*канцеля́рская*) Reißzwecke *f* 2 (*застёжка*) Druckknopf *m* 3 *тех* Knopf *m*

кнут $м_1$ ⟨-á, *мн:* -ы́⟩ Peitsche *f*

княги́ня $ж_2$ ⟨-и⟩ Fürstin *f;* **князь** $м_2$ ⟨-я, *мн:* -зья́, *род:* -зе́й, *дат:* -зья́м, *тв:* -зья́ми, *предл:* -зья́х⟩ Fürst *m*

коали́ция $ж_4$ ⟨-и⟩ Koalition *f*

кова́рный *прил* ⟨-ая, -ое, -ые⟩ hinterhältig, heimtückisch; **кова́рство** c_2 ⟨-а⟩ Tücke *f,* Hinterlist *f*

кова́ть* *несов* ⟨кую́, куёшь⟩ [**под~** (2) *сов*] *кого-что вин* 1 (*металл*) schmieden; *перен* ◇ **своё сча́стье** sein Glück schmieden 2 (*набивать подковы*) beschlagen; ◇ **~ коня́** ein Pferd beschlagen

ковёр $м_1$ ⟨-вра́, *мн:* -вры́⟩ Teppich *m;* ◇ **~ ручно́й рабо́ты** handgewebter Teppich; ◇ **расстели́ть ~** einen Teppich verlegen

ковш $м_2$ ⟨-á, *мн:* -и́⟩ 1 (*сосуд*) Kelle *f* 2 *тех* Kübel *m;* ◇ **~ экскава́тора** Baggerlöffel *m*

когда́ I. *нареч* 1 (*в какое время*) wann; ◇ **~ он придёт?** wann kommt er? 2 (*иногда*) mal; ◇ **~ я иду́ пешко́м,** ~ éду тролле́йбусом mal gehe ich zu Fuß, mal fahre ich mit dem Bus II. *союз* wenn, als; ◇ **~ наступит ле́то** wenn der Sommer beginnt; ◇ **~ я находи́лся в Герма́нии** als ich in Deutschland war; ◇ **~ бы то ни́ бы́ло** wann immer es auch sei

когда́-то *нареч* (*в прошлом*) einst, irgendwann; ◇ **~ чита́л э́ту кни́гу** irgendwann habe ich dieses Buch gelesen; (*в будущем*) es fragt sich, wann...

кого́ *см.* **кто**

ко́готь $м_2$ ⟨-гтя, *мн:* -гти, *род:* -гте́й⟩ (*у зверей*) Klaue *f;* (*у птиц*) Kralle *f;* *перен* ◇ **показа́ть ~** die Krallen zeigen

ко́декс $м_1$ ⟨-а⟩ 1 (*свод законов*) Gesetzbuch *n;* ◇ **гражда́нский ~** Bürgerliches Gesetzbuch; ◇ **уголо́вный ~** Strafgesetzbuch 2 *перен* (*совокупность убеждений*) Kodex *m;* ◇ **~ че́сти** Ehrenkodex

ко́е-где *нареч* mancherorts, hier und da

ко́е-как *нареч* 1 (*с большим трудом*) mit Mühe und Not 2 (*небрежно*) nachlässig; (*поверхностно*) oberflächlich

ко́е-как|о́й *неопр мест* ⟨-ая, -ое, -ие⟩

1 (*некоторый*) einige 2 (*немногочисленный*) einige (wenige); ◇ **у него́ есть ~е друзья́** er hat einige Freunde

ко́е-кто *неопр мест* gewisse Leute, einige; ◇ **~ ещё оста́лся** einige sind noch hier geblieben; ◇ **на́до ко́е к кому́ сходи́ть** ich muss bei einigen Leuten vorbeigehen

ко́е-куда́ *нареч* irgendwohin; ◇ **вчера́ я съе́здил ~** gestern habe ich noch einen Abstecher gemacht

ко́е-что *неопр мест* etwas, einiges; ◇ **он ~ уже́ купи́л** er hat schon etwas gekauft

ко́ж|а $ж_1$ ⟨-и⟩ 1 (*человека, животного*) Haut *f;* ◇ **морщи́нистая ~а** faltige Haut; *перен* ◇ **гуси́ная ~а** Gänsehaut 2 (*выделанная шку́ра*) Leder *n;* ◇ **чемода́н из свино́й ~и** Koffer aus Schweinsleder 3 *разг* (*оболочка плодов*) Schale *f;* ◇ **я́блоко с то́лстой ~ей** Apfel mit dicker Schale; ◇ **лезть из ~и (вон)** sich ins Zeug legen

ко́жник $м_1$ ⟨-а⟩ (*дерматолог*) Hautarzt *m*

кожура́ $ж_1$ ⟨-ы́⟩ dicke Schale *f*

коза́ $ж_1$ ⟨-ы́, *мн:* -ы⟩ Ziege *f*

козёл $м_1$ ⟨-зла́, *мн:* -злы⟩ 1 (*животное*) Ziegenbock *m* 2 *спорт* (*снаряд*) Bock *m;* *перен* ◇ **~ёл отпуще́ния** Sündenbock; ◇ **от него́ как от ~ла́ молока́** er taugt zu nichts

ко́злы *мн* ⟨-зел⟩ 1 (*для кучера*) Kutschbock *m* 2 (*подставка*) Gestell *n;* (*для кровати*) Bettgestell; (*для пилки дров*) Sägebock *m*

ко́зни $мн_3$ ⟨-ей⟩ Intrigen *f pl;* ◇ **стро́ить ~** Intrigen spinnen

козу́ля $ж_2$ ⟨-и⟩ Reh *n*

козырёк $м_1$ ⟨-рька́, *мн:* -рьки́⟩ 1 (*головного убора*) Mützenschirm *m;* ◇ **взять под ~** grüßen, salutieren 2 (*навес над входом*) Vordach *n*

ко́зыр|ь $м_2$ ⟨-я, *род мн:* козыре́й⟩ 1 *карт* Trumpf *m;* ◇ **ходи́ть ~ем** einen Trumpf ausspielen 2 *перен* (*преимущество*) Trumpf *m;* ◇ **вы́бить у кого́-л ~ь из рук** jd-m die Trümpfe aus der Hand nehmen

коклю́ш $м_2$ ⟨-а⟩ Keuchhusten *m*

кокс $м_1$ ⟨-а⟩ Koks *m*

колбаса́ $ж_1$ ⟨-ы́, *мн:* -ба́сы⟩ Wurst *f;* ◇ **копчёная ~** geräucherte Wurst; ◇ **ли́верная ~** Leberwurst

колго́тки $мн_1$ ⟨-ток⟩ Strumpfhosen *pl*

колд|ова́ть V_{1a} *несов* ⟨-ду́ю, -ду́ешь, *Imp.* -ду́й, -те, *Part. Präs. Akt.* -ду́ющий, *Adv. Part. Präs.* -ду́я⟩ *без доп* (1), *над чем тв* (2) 1 (*заниматься колдовством*) zaubern 2 *разг* (*углубиться в какое-л дело*) verweilen an; ◇ **весь день ~у́ет над ста́рым приёмником** den ganzen Tag bastelt er an dem alten Radiogerät herum

колеба́ни|е c_4 ⟨-я⟩ 1 *физ* Schwingung *f;* ◇ **электромагни́тные ~я** elektromagnetische Schwingungen 2 (*изменение*)

Schwankung *f;* ◇ **~я температу́ры** Temperaturschwankungen ③ (*сомнение*) Bedenken *n pl;* ◇ **де́йствовать без ~й** entschlossen handeln; **колеба́ться** V_{la} *несов* ‹-ле́блюсь,-ле́блешься, (1, 2) 1 и 2 л. не употр., *Imp.* -ле́блись, *Part. Präs. Akt.* -ле́блющийся, *Adv. Part. Präs.* -ле́блясь› [**по~** (1, 2) *сов*] *без доп* ① (*раскачиваться*) schwingen; ◇ **ве́тки колёблются от ве́тра** die Zweige wiegen sich im Wind; (*о маятнике*) pendeln ② (*терять усто́йчивость*) schwanken; ◇ **це́ны колёблются** die Preise schwanken; ◇ **его́ авторите́т колёблется** seine Autorität gerät ins Wanken ③ (*сомневаться*) unschlüssig sein, zögern

коле́н|о c_2 ‹-а, *мн.* -и, *род:* -ней› ① (*ноги*) Knie *n;* ◇ **сиде́ть у кого́-л на ~ях** bei jd-m auf dem Schoß sitzen; ◇ **стоя́ть на ~ях** knien; (*о маятнике*) **поста́вить на ~и кого́-л** jd-n in die Knie zwingen ② тех Knie *n,* Gelenk *n* ③ (*изгиб*) Biegung *f,* Flusskrümmung *f* ④ (*в танцах*) Tanzfigur *f;* ◇ **выде́лывать ~а** meisterhaft tanzen ⑤ (*в родословной*) Generation *f;* ◇ **родня́ в шесто́м ~е** Verwandtschaft sechsten Grades

колесо́ c_2 ‹-а́, *мн:* колёса› Rad *n;* ◇ **зубча́тое ~** Zahnrad; ◇ **рулево́е ~** Lenkrad; ◇ **но́ги ~м** O-Beine *n pl;* ◇ **пя́тое ~ в теле́ге** fünftes Rad am Wagen; ◇ **ходи́ть ~м** ein Rad schlagen; ◇ **у него́ ~ спусти́ло** er hat einen Platten

коле́|я $ж_3$ ‹-и́› ① (*на дороге*) Fahrrinne *f;* (*след*) Radspur *f* ② (*железнодоро́жный путь*) Gleis *n;* перен **вы́бить из ~и** aus dem Gleis bringen

ко́лики $мн_1$ ‹-ков› мед Kolik *f;* ◇ **по́чечные ~** Nierenkolik

коли́чество c_2 ‹-а› Menge *f*

колле́га $м/ж_1$ ‹-и› Kollege *m,* Kollegin *f*

коллекти́в $м_1$ ‹-а› Team *n,* Arbeitsgemeinschaft *f;* ◇ **нау́чный ~** Forschungsteam; ◇ **~ рабо́чих** Belegschaft *f;* **коллекти́вный** *прил* ‹-ая, -ое, -ые› kollektiv

коллекционе́р $м_1$ ‹-а› Sammler *m;*

колле́кция $ж_4$ ‹-и› Sammlung *f;* ◇ **~ моде́лей оде́жды** Modekollektion *f*

коло́дец $м_5$ ‹-дца› ① (*скважина*) Brunnen *m* ② тех Brunnen *m,* Schacht *m*

ко́локол $м_1$ ‹-а, *мн:* -а́› Glocke *f;* ◇ **бить [звони́ть] в ~** die Glocken läuten; ◇ **звони́ть во все ~а́** etw an die große Glocke hängen

колониали́зм $м_1$ ‹-а› Kolonialismus *m;*

колониза́ция $ж_4$ ‹-и› (*захват*) Kolonisation *f;* (*заселение*) Besiedlung *f,* Ansiedlung *f*

коло́ния $ж_4$ ‹-и› ① (*страна*) Kolonie *f* ② (*поселение*) Ansiedlung *f*

коло́нка $ж_1$ ‹-и, *род мн:* -нок› ① (*устройство*) Säule *f;* ◇ **звукова́я ~** Lautsprecherbox *f* ② (*бензозаправочная*) Zapfsäule *f* ③ (*водопроводная*) Hydrant

m ④ (*столбец*) Spalte *f;* ◇ **газе́тная ~** Zeitungsspalte; ◇ **~ цифр** Kolonne *f*

коло́нна $ж_1$ ‹-ы› ① стр (*столб*) Säule *f;* ◇ **зал с ~ми** Säulenhalle *f* ② (*о людях*) Kolonne *f*

ко́лос $м_1$ ‹-а, *мн:* коло́сья, *род:* -ьев, *дат:* -ьям› Ähre *f*

коло́ть¹* *несов* ‹колю́, ко́лешь› [**рас~** *сов*] *что вин* spalten, hacken; ◇ **~ дрова́** Holz zerhacken; ◇ **~ оре́хи** Nüsse knacken

коло́ть² *несов* ‹колю́, ко́лешь› [**за~** (4) *сов*] *кого́-что вин* (1, 2), *без доп* (3) ① (*чем-то острым*) stechen ② разг (*делать инъекции*) spritzen ③ (*о боли*) stechen; ◇ **у меня́ ко́лет в боку́** ich habe Seitenstechen ④ (*скот*) schlachten, abstechen ⑤ *перен* разг (*упрекать*) sticheln; ◇ **~ насме́шками** spöttische Bemerkungen machen

колпа́к $м_1$ ‹-а́, *мн:* -и́› ① (*головной убор*) Mütze *f,* Kappe *f* ② (*для лампы*) Lampenschirm *m* ③ тех Kappe *f;* авто Radkappe *f*

колыбе́л|ь $ж_5$ ‹-и› Wiege *f;* ◇ **с ~и** von Kindheit an

кольцо́ c_2 ‹-а́, *мн:* ко́льца, *род:* коле́ц, *дат:* ко́льцам› Ring *m;* ◇ **годи́чное ~** Jahresring; ◇ **обруча́льное ~** Ehering

коля́ска $ж_1$ ‹-и, *род мн:* -сок› ① (*для детей*) Kinderwagen *m* ② (*повозка*) Wagen *m;* ◇ **мотоци́кл с ~ой** Motorrad mit Beiwagen; ◇ **~а инвали́да** Rollstuhl *m*

ком¹ $м_1$ ‹-а, *мн:* ко́мья, *род:* -ьев, *дат:* -ьям› Klumpen *m;* ◇ **~ гли́ны** Tonklumpen; ◇ **~ земли́** Erdscholle *f;* ◇ **~ сне́га** Schneeball *m;* ◇ **что-л расте́т как сне́жный ~** etw wächst lawinenartig an; ◇ **у него́ ~ стои́т в го́рле** er hat einen Kloß im Hals

ком² *см.* кто

кома́нд|а $ж_1$ ‹-ы› ① воен Kommando *n;* ◇ **по́да́ть ~у** einen Befehl geben; ◇ **по ~е** auf Befehl ② (*начальствование*) Kommando *n,* Oberbefehl *m;* ◇ **под ~ой кого́-л** unter jd-s Kommando ③ (*воинское подразделение*) Kommando *n,* Trupp *m,* Mannschaft *f;* ◇ **пожа́рная ~а** Löschzug *m* ④ мор (*экипаж*) Besatzung *f* ⑤ спорт Mannschaft *f* ⑥ разг (*окружение*) Kreis von Gleichgesinnten; ◇ **~ президе́нта** Mitarbeiterstab des Präsidenten

командирова́ть V_{la} *несов и сов* ‹-ру́ю, -ру́ешь, *Imp.* -ру́й, *Part. Präs. Akt.* -ру́ющий, *Part. Präs. Pass.* -ру́емый, *Adv. Part. Präs.* -ру́я› *кого́-что вин* (*направить*) (ab-)kommandieren; ◇ **~ на конфере́нцию** jd-n auf eine Konferenz schicken; **командиро́вк|а** $ж_1$ ‹-и, *род мн:* -вок› ① (*поездка*) Dienstreise *f;* ◇ **нау́чная ~а** Studienreise; ◇ **находи́ться в ~е** auf Dienstreise sein; ◇ **уе́хать в ~у** eine Dienstreise machen ② (*удостоверение*) Dienstreisebescheinigung *m*

кома́р m_1 ‹-á, мн:-ы́› Mücke f

комба́йн m_1 ‹-а› с.-х. **зернóвóй** ~ Mähdrescher m

комбина́ция $ж_4$ ‹-и› ① (*сочетание*) Kombination f; (*сопоставление*) Zusammenstellung f; ◇ **цифр** Zahlenkombination ② (*замысел*) System n; ◇ **хи́трая** ~ ausgeklügeltes System ③ (*женское бельё*) (seidenes) Damenunterhemd n

комéди|я $ж_4$ ‹-и› ① театр Komödie f ② *перен* (*притворство*) Komödie f, Heuchelei f; *разг* **лома́ть** ~ю eine Komödie vorspielen; (*умора*) Affentheater n

комéта $ж_4$ ‹-ы› Komet m

кóмик m_1 ‹-а› (*актёр*) Komiker m ② *перен* (*о человеке*) Spaßvogel m, Witzbold m

комисси|я $ж_4$ ‹-и› ① (*орган*) Kommission f, Ausschuss m; ◇ **избира́тельная** ~я Wahlkommission ② (*поручение*) Kommission f; ◇ **брать това́р на** ~ю eine Ware in Kommission nehmen

комитéт m_1 ‹-а› Komitee n, Ausschuss m; ◇ **Олимпи́йский** ~ Olympisches Komitee; ◇ **специа́льный** ~ Sonderkomitee n

комментáри|й m_3 ‹-я› (*примечание*) Kommentar m; (*рассуждения*) Anmerkung f; ◇ **сочинéния Толстóго с** ~ми kommentierte Werke Tolstojs; ◇ ~**и** изли́шни Kommentar überflüssig

коммерса́нт m_1 ‹-а› Kaufmann m

коммуна́льн|ый *прил* ‹-ая, -ое, -ые› Gemeinde-, Kommunal-; ◇ ~**ая кварти́ра** (*Wohnung, in der mehrere Familien zusammenleben*); ◇ ~**ые вы́боры** Gemeindewahlen

коммуника́ци|я $ж_4$ ‹-ии› ① (*путь сообщения*) Verbindung f; ◇ **возду́шные** ~**и** Flugverbindungen ② (*сообщение, общение*) Kommunikation f, Mitteilung f; ◇ **срéдства ма́ссовой** ~**и** (СМИ) Massenmedien n pl

коммунисти́ческ|ий *прил* ‹-ая, -ое, -ие› kommunistisch

коммюникé с ‹нескл› Kommuniqué n

кóмната $ж_1$ ‹-ы› Zimmer n; ◇ **ва́нная** ~ Badezimmer; ◇ **дéтская** ~ Kinderzimmer

компа́ни|я $ж_4$ ‹-и› ① (*группа лиц*) Gesellschaft f; ◇ **соста́вить** ~ю jd-m Gesellschaft leisten ② ком (*предприятие*) Gesellschaft f; ◇ **акционéрная** ~**я** Aktiengesellschaft

компенса́ци|я $ж_4$ ‹-и› Entschädigung f, Kompensation f; ◇ **за причинённый ущéрб** Schaden(s)ersatz m; ◇ **получа́ть** ~ю eine Entschädigung bekommen;

компенси́ровать V_{3a} *несов и сов* ‹-рую, -руешь› *кого-что* вин ausgleichen, kompensieren; ◇ ~ **упу́щенное врéмя** verlorene Zeit wieder aufholen

компетéнтн|ый *прил* ‹-ая, -ое, -ые› ① (*знающий*) kompetent, sachkundig; (*авторитетный*) maßgebend ② (*обладающий компетенцией*) zuständig, befugt;

◇ ~ **ое учреждéние** die zuständige Behörde; **компетéнци|я** $ж_4$ ‹-и› ① (*осведомлённость*) Kompetenz f, Kenntnis f ② (*круг полномочий*) Kompetenz f, Zuständigkeit f; ◇ **э́то не вхóдит в ва́шу** ~ю dafür seid ihr nicht zuständig

комплéкт m_1 ‹-а› (*полный набор*) Satz m; (*белья*) Garnitur f; (*книг*) Reihe f; (*открыток*) Serie f; (*полное число*) ◇ **кома́нда в пóлном** ~**е** die Mannschaft ist vollzählig; ◇ **сверх** ~**а** zusätzlich

комплектова́ние $с_4$ ‹-я› Komplettierung f, Vervollständigung f, Ergänzung f; воен ◇ ~ **отря́да** Truppenaufstockung

комплéкция $ж_4$ ‹-ии› Körperbau m

комплимéнт m_1 ‹-а› Kompliment n; ◇ **сказа́ть** ~ **комý-л** jd-m ein Kompliment machen

композитор m_1 ‹-а› Komponist m

компóт m_1 ‹-а› Kompott n

компрéсс m_1 ‹-а› Umschlag m

компроми́сс m_1 ‹-а› Kompromiss m; ◇ **доби́ться** ~**а** einen Kompromiss erzielen

компью́тер m_1 ‹-а› Computer m; ◇ **персона́льный** ~ Personalcomputer (PC) m

комý см. кто

комфóрт m_1 ‹-а› Komfort m; ◇ **устрóиться с** ~**ом** sich bequem einrichten

конвéйер m_1 ‹-а› тех Fließband n; ◇ **тра́нспортный** ~ Förderband n; ◇ **рабóтать на** ~**е** am Fließband arbeiten; *перен* ◇ **поста́вить что-л на** ~ etw in Gang bringen

конвéнция $ж_4$ ‹-и› (*договор*) Konvention f; (*соглашение*) Abkommen n

конвéрсия $ж_4$ ‹-и› эк Konvertierung f, Konversion f

конвéрт m_1 ‹-а› Kuvert n, Umschlag m; ◇ **почтóвый** ~ Briefumschlag

конвó|й m_3 ‹-я› ① (*охрана*) Eskorte f; ◇ **вести́ под** ~**ем** eskortieren ② мор Konvoi m

конгрéсс m_1 ‹-а› Kongress m

кондиционéр m_1 ‹-а› Klimaanlage f

кондýктор m_1 ‹-а, мн: -á, *род:* -óв› Schaffner m

конéц m_1 ‹-нца́, мн:-нцы́› ① (*предел*) Ende n, Schluss m; ◇ ~ **гóда** Jahresende; ◇ ~ **рабóчего дня** Feierabend m; ◇ **в концé ма́я** Ende Mai; ◇ **положи́ть** ~ **чемý-л** einer Sache ein Ende bereiten; ◇ **без конца́** endlos; (*завершение*) Beendigung f; ◇ **доводи́ть до конца́** etw zu Ende bringen; ◇ **приходи́ть к концý** zu Ende gehen; ◇ **под** ~ gegen Ende; ◇ **из конца́ в** ~ von Anfang bis Ende ② (*у предметов*) Spitze f; ◇ **óстрый/тупóй** ~ scharfe/stumpfe Spitze ③ *разг* (*крах*) Ende n; ◇ **без егó пóмощи мне** ~ ohne seine Hilfe bin ich verloren ④ *разг* (*путь*) Strecke f; ◇ **дéлать больши́е концы́** eine weite Strecke zurücklegen; ◇ **идти́ в óба конца́ пешкóм** hin und zurück zu Fuß gehen ⑤ *перен* (*кончина*) Tod m; ◇

отда́ть концы́ den Löffel abgeben; ◇ **пришёл кому́-л** jd ist gestorben; ◇ **в конце́ концо́в** letzten Endes; ◇ **на худо́й** ~ schlimmstenfalls; *погов* ◇ **— де́лу вене́ц** Ende gut, alles gut

коне́чно *частица (без сомне́ния)* natürlich, selbstverständlich

коне́чн|ый *прил* ⟨-ая, -ое, -ые⟩ **1** *(во времени)* vergänglich **2** *(вершающий)* End-; ◇ **~ый проду́кт** Endprodukt *n* **3** мат endlich; ◇ **~ая величина́** endliche Größe; ◇ **в ~ом ито́ге** letzten Endes

конкуре́нци|я *ж₄* ⟨-ии⟩ Konkurrenz *f;* *(соревнова́ние)* Wettbewerb *m;* **нече́стная ~я** unlauterer Wettbewerb; ◇ **вне ~и** außer Konkurrenz; **конкури́ровать** V₃ₐ *несов* ⟨-рую, -руешь⟩ **с кем-чем тв в чём предл** *(сопернича́ть)* konkurrieren

ко́нкурс *м₁* ⟨-а⟩ **1** *(на приз)* Preisausschreiben *n* **2** *(соревнова́ние)* Wettbewerb *m* **3** *(для поступа́ющих в вуз)* Hochschulaufnahmeprüfung *f* **4** *(на до́лжность)* Stellenausschreibung *f;* ◇ **вне ~а** konkurrenzlos

ко́нн|ый *прил* ⟨-ая, -ое, -ые⟩ **1** Pferde-; ◇ **~ый заво́д** Gestüt *n* **2** *(верхо́м)* beritten

конопля́ *ж₂* ⟨-и́⟩ Hanf *m*

конспе́кт *м₁* ⟨-а⟩ Konzept *n*, Plan *m;* ◇ ~ **ле́кции** Vorlesungskonzept

конспирати́вный *прил* ⟨-ая, -ое, -ые⟩ konspirativ, Geheim-

констати́ровать V₃ₐ *несов и сов* ⟨-рую, -руешь⟩ **что вин** feststellen, konstatieren

конституцио́нный *прил* ⟨-ая, -ое, -ые⟩ verfassungsmäßig, Verfassungs-, konstitutionell; ◇ ~ **суд** Verfassungsgericht *n*

конститу́ция *ж₄* ⟨-ии⟩ **1** *(зако́н)* Verfassung *f*, Grundgesetz *n* **2** мед Konstitution *f*, Körperbau *m*

констру́кция *ж₄* ⟨-и⟩ Konstruktion *f*, Aufbau *m;* *(спо́соб констру́кции)* Bauweise *f;* *(сооруже́ние)* Bau *m;* ◇ ~ **моста́** Brückenkonstruktion

ко́нсул *м₁* ⟨-а⟩ Konsul *m;* **ко́нсульство** *с₂* ⟨-а⟩ Konsulat *n;* ◇ **Генера́льное ~** Generalkonsulat

консульта́ци|я *ж₄* ⟨-и⟩ **1** *(сове́т)* Beratung *f*, Konsultation *f;* ◇ **получи́ть ~ю** sich beraten lassen **2** *(учрежде́ние)* Beratungsstelle *f;* ◇ **юриди́ческая ~я** Rechtsberatung *f* **3** *(по́мощь уча́щимся)* Nachhilfe *f;* **консульти́роваться** V₃ₐ *несов* ⟨-руюсь, -руешься⟩ **про~** *сов* **с кем тв** jd-n konsultieren; ◇ ~ **с врачо́м** den Arzt konsultieren

конта́кт *м₁* ⟨-а⟩ **1** эл Kontakt *m;* **непло́тный ~** Wackelkontakt **2** *перен (делова́я связь)* Kontakt *m*, Verbindung *f;* ◇ **войти́ в ~ с кем-л** mit jd-m Kontakt aufnehmen; ◇ **де́йствовать в ~е с кем-л** mit jd-m in Verbindung stehen **3** *(обще́ние)* Kontakt *m*, Berührung *f*

конте́йнер *м₁* ⟨-а⟩ Container *m*

континге́нт *м₁* ⟨-а⟩ Kontingent *n*

контраба́нда *ж₁* ⟨-ы⟩ **1** *(прово́з)* Schmuggel *m;* ~ **нарко́тиков** Rauschgiftschmuggel **2** *(това́р)* Schmuggelware *f*

контраба́с *м₁* ⟨-а⟩ муз Kontrabass *m*

контра́кт *м₁* ⟨-а⟩ Vertrag *m;* **расто́ргнуть** ~ einen Vertrag auflösen

контра́ст *м₁* ⟨-а⟩ Kontrast *m*, Gegensatz *m;* ◇ **по́лный** ~ krasser Gegensatz; ◇ **по ~у с чем-л** im Gegensatz zu etw

контрата́к|а *ж₁* ⟨-и⟩ Gegenangriff *m;* **перейти́ в ~у** zum Gegenangriff übergehen;

контро́ль *м₂* ⟨-я⟩ Kontrolle *f*, Überwachung *f;* ◇ ~ **ка́чества** Qualitätskontrolle; ◇ **теря́ть ~ над чем-л** die Kontrolle über etw verlieren

конфедера́ция *ж₄* ⟨-и⟩ Konföderation *f*

конферансье́ *м* ⟨нескл⟩ Conférencier *m*

конфере́нция *ж₄* ⟨-ии⟩ Konferenz *f;* ~ **в верха́х** Gipfelkonferenz; ◇ ~ **кру́глого стола́** Konferenz am runden Tisch

конфе́та *ж₁* ⟨-ы⟩ Bonbon *n*, Konfekt *n*

конфиденциа́льный *прил* ⟨-ая, -ое, -ые⟩ *(довери́тельный)* vertraulich

конфиска́ция *ж₄* ⟨-и⟩ Konfiszierung *f*, Beschlagnahmung *f;* **конфискова́ть** V₃ₐ *несов и сов* ⟨-ку́ю, -ку́ешь⟩ **что вин** beschlagnahmen, konfiszieren

конфли́кт *м₁* ⟨-а⟩ Konflikt *m;* **вступи́ть в** ~ in einen Konflikt geraten

концентра́ция *ж₄* ⟨-и⟩ Konzentration *f*

конце́рн *м₁* ⟨-а⟩ Konzern *m*

конце́рт *м₁* ⟨-а⟩ Konzert *n;* ◇ ~ **по зая́вкам** Wunschkonzert; ◇ **вы́ступить с ~ом** ein Konzert geben

конча́ть V₁ₐ *несов от* **ко́нчить**

кончи́н|а *ж₁* ⟨-ы⟩ Ende *n;* ◇ **в час ~ы** auf dem Sterbebett; **ко́нчить** V₄ᵦ *сов* ⟨-чу, -чишь, *Imp.* -ко́нчи, -те⟩ [**конча́ть** *несов*] **что вин или с инф (1), что вин (2), что вин кем-чем тв (3)** **1** *(заверши́ть)* beenden, enden; ◇ ~ **рабо́тать в 8 часо́в** um 8 Uhr aufhören zu arbeiten **2** *(заверши́ть обуче́ние)* absolvieren; ◇ ~ **университе́т** ein Studium absolvieren **3** *(прекрати́ть)* (ab-)schließen, beenden; ◇ ~ **речь приве́тствием** die Rede mit einem Grußwort schließen; ◇ **пло́хо** ~ ein schlimmes Ende nehmen; **ко́нчи|ться** *сов* ⟨-чусь, -чишься, 1 и 2 л. не употр⟩ [**конча́ться** *несов*] *без доп (1, 3), чем тв (2)* **1** *(прекрати́ться)* zu Ende gehen, enden; ◇ **запа́сы ~лись** die Vorräte gingen zur Neige **2** *(заверши́ться)* enden, schließen; ◇ **~ться ниче́м** ergebnislos enden **3** *уст (умере́ть)* sterben; ◇ **э́тим де́ло не ~лось** damit war die Sache noch nicht abgetan

конъюнкту́ра *ж₁* ⟨-ы⟩ Konjunktur *f*

конь *м₂* ⟨-я́, *мн:* ко́ни, *род:* коне́й⟩ **1** *(ло́шадь)* Pferd *n;* ◇ **на ~é** hoch zu Ross;

◇ по ~ям! aufsitzen! ② шахм Springer *m;* ◇ ход ~ём Rösselsprung *m*
конькй *мн₁* ‹-ов› Schlittschuhe *m pl;* ◇ ро́ликовые ~ Rollschuhe *m pl;* конько-бе́жец *м₅* ‹-жца› Schlittschuhläufer *m*
коню́шня *ж₂* ‹-и, род мн: -шен› Pferdestall *m*
кооперати́в *м₁* ‹-а› Kooperative *f,* Genossenschaft *f;* ◇ жилй́щно-строй́тельный ~ Wohnungsbaugenossenschaft
коопера́ция *ж₄* ‹-ии› ① *(сотрудничество)* Kooperation *f,* Zusammenarbeit *f* ② *(объединение)* Genossenschaft *f*
копа́ть V₁ₐ *несов* ‹-а́ю, -а́ешь› [вы- *сов*] *что вин* ① *(разрыхлять)* umgraben; ◇ ~ зе́млю den Boden umgraben ② *(делать углубление)* graben; ◇ ~ кана́ву/я́му einen Graben/eine Grube ausheben;
копа́ться *несов* ‹-а́юсь, -а́ешься› *в чём тв* (1), *с чем тв* (2) [① *разе (раскапывать)* wühlen, herumkramen; ◇ ~ на огоро́де im Garten herumwursteln; ◇ ~ в кни́гах in Büchern stöbern; ◇ ~ в чужо́й душе́ in jd-s Privatleben herumstochern ② *разг (медлить)* (herum-)trödeln
копе́йка *ж₁* ‹-и, *род мн:* -е́ек› Kopeke *f;* ◇ знать счёт ~е sparsam sein; потра́титься до ~и bis auf den letzten Pfennig ausgeben
копй́лка *ж₁* ‹-и, *род мн:* -лок› Sparbüchse *f*
копй́ровать V₃ₐ *несов* ‹-рую, -руешь› [с- *сов*] *что вин* (1), *кого-что вин* (2) ① *(снимать копию)* kopieren; *(переписывать)* abschreiben ② *(подражать)* kopieren, nachahmen
копй́ть V₄ₐ *несов* ‹-плю́, ко́пишь› [на- *сов*] *что вин* sparen, anhäufen; ◇ ~ де́ньги Geld sparen; *перен* ◇ ~ сй́лы Kräfte sparen
ко́пия *ж₄* ‹-ии› ① *(воспроизведение)* Kopie *f;* *(через копирку)* Durchschrift *f;* ◇ снять ~ю с докуме́нта eine Kopie von einem Dokument machen; *(фото)* Abzug *m* ② *перен (о ком-чём похожем)* Kopie *f,* Ebenbild *n;* ◇ сын ~я отца́ der Sohn ist ganz der Vater
ко́поть *ж₅* ‹-и› Ruß *m*
коптй́ть V₄ₐ *несов* ‹-пчу́, -птй́шь, (1) 1 и 2 л. не употр., *Part. Prät. Pass.* -пчённый› [за- (2) *сов*] *без доп* (1), *кого-что вин* (2) ① *(дымить)* rußen, qualmen ② *(провяливать)* räuchern; ◇ ~ о́корок Schinken räuchern
копчёный *прил* ‹-ая, -ое, -ые› geräuchert; ◇ ~ая ры́ба geräucherter Fisch
копы́то *с₂* ‹-а› Huf *m;* ◇ конь бьёт ~м das Pferd schlägt aus
копьё *с₅* ‹-я́, *мн:* ко́пья› Speer *m;* *(пика)* Spieß *m;* спорт ◇ мета́ние ~я́ Speerwerfen *n*
кора́ *ж₁* ‹-ы́› Rinde *f,* Kruste *f;* ◇ древе́сная ~ Baumrinde; ◇ земна́я ~ Erdkruste
кораблекруше́ние *с₄* ‹-я› Schiffbruch

m; ◇ потерпе́ть ~ Schiffbruch erleiden;
кораблестрое́ние *с₄* ‹-я› Schiffbau *m;*
кора́бль *м₂* ‹-я́, *мн:* -бли́› Schiff *n;* ◇ возду́шный ~ Luftschiff; ◇ косми́ческий ~ Raumschiff
корена́стый *прил* ‹-ая, -ое, -ые› stämmig, untersetzt
коренно́й *прил* ‹-а́я, -о́е, -ы́е› ① *(главный, решающий)* Kern-, grundlegend; ◇ ~о́й вопро́с Kernfrage *f* ② *(обстоятельный)* gründlich; ◇ измени́ть ~ы́м о́бразом radikal ändern ③ *(исконный)* ursprünglich, Ur-; ◇ ~о́е населе́ние Urbevölkerung; ◇ ~ы́е зу́бы Backenzähne *m pl;* ко́рень *м₂* ‹-рня, *мн:* ко́рни, *род:* -рне́й› ① *(растения)* Wurzel *f;* ◇ ~ень зу́ба Zahnwurzel; ◇ вы́рвать с ~нем mit der Wurzel ausreißen; *разг* пусти́ть ~ни Wurzeln schlagen; покрасне́ть до ~не́й воло́с bis über beide Ohren erröten ② *перен (источник)* Wurzel *f,* Quelle *f,* Ursprung *m;* ◇ ~ень зла die Wurzel des Übels ① *мат* Wurzel *f;* ◇ извле́чь ~ень die Wurzel ziehen ④ *грам* Wurzel *f;* ◇ в ~не неве́рно völlig falsch; ◇ измени́ть в ~не von Grund auf ändern; ◇ смотре́ть в ~ень einer Sache auf den Grund gehen
корзй́на *ж₁* ‹-ы›, корзй́нка *ж₁* ‹-и, *род мн:* -нок› Korb *m*
коридо́р *м₁* ‹-а› Korridor *m*
корй́ца *ж₁* ‹-ы› Zimt *m;* корй́чневый *прил* ‹-ая, -ое, -ые› braun, zimtfarben
ко́рка *ж₁* ‹-и, *род мн:* -рок› ① *(плодов, фруктов)* Schale *f;* ◇ апельсй́нная ~а Orangenschale ② *(хлеба)* Kruste *f* ③ *(деревьев)* (Baum-)Rinde *f* ④ *(переплёт)* Bucheinband *m;* ◇ прочита́ть кни́гу от ~и до ~и ein Buch von vorne bis hinten durchlesen
корм *м₁* ‹-а, *мн:* -а́› Futter *n;* ◇ задава́ть ~ скоту́ das Vieh füttern
корми́лица *ж₁* ‹-ы› Amme *f*
корми́ть V₄ₐ *несов* ‹-млю́, ко́рмишь› [на- *сов*] *кого-что вин* ① *(животных)* füttern, zu essen geben; ◇ ~ больно́го с ло́жки den Kranken mit dem Löffel füttern; ◇ ~ сы́тно gut verpflegen ② *(грудью)* stillen, säugen ③ *(содержать)* ernähren, unterhalten; ◇ ~ всю семью́ die ganze Familie ernähren; *разг* ◇ ~ обеща́ниями mit Versprechungen abspeisen
корму́шка *ж₁* ‹-и, *род мн:* -шек› ① *(для животных)* Futtertrog *m;* ② *(в птичьей клетке)* Näpfchen *n* ② *перен, разг, неодобр* Bereicherungsquelle *f,* Futterkrippe *f*
коро́бка *ж₁* ‹-и, *род мн:* -бок› ① *(ящичек)* Schachtel *f;* ◇ деревя́нная ~ Holzschachtel; авто ◇ ~ переда́ч Getriebe *n* ② *стр* Gerüst *n* ③ *эл* (Steck-)Dose *f;*
коробо́к *м₁* ‹-бка́, *мн:* -бки́› Schächtelchen *n;* ◇ спи́чечный ~ Streichholzschachtel *f*

коро́в|а *ж₁* ‹-ы› Kuh *f;* ◇ **дои́ть** ~у eine Kuh melken; ◇ **идёт как** ~е седло́ что-л кому́-л etw passt wie die Faust aufs Auge;

коро́вник *м₁* ‹-а› Kuhstall *m*

короле́ва *ж₁* ‹-ы› Königin *f;* **коро́ль** *м₂*‹-ля́, *мн:* -ли́› König *m*

коро́на *ж₁* ‹-ы› **1** (*венец*) Krone *f* **2** астр **со́лнечная** ~ Korona *f;* **корона́ция** *ж₄* ‹-ии› Krönung *f*

коро́тк|ий *прил* ‹-ая, -ое, -ие› (*сравн:* **коро́че**) **1** (*в длину*) kurz; ◇ ~ое пла́тье kurzes Kleid; ◇ ~ое расстоя́ние geringe Entfernung **2** (*по времени*) kurz; ◇ **на** ~ий срок für eine kurze Zeit **3** (*близкий*) nah, eng; ◇ ~ая па́мять kurzes Gedächtnis; ◇ **у него́ ру́ки** ~и das schafft er nicht; эл ◇ ~ое замыка́ние Kurzschluss *m;* **ко́ротко** *нареч* (*вкратце*) kurz; ◇ ~ и я́сно kurz und bündig; ◇ ~ говоря́ kurz gesagt

коро́че *сравн от* **коро́ткий**

ко́рпус *м₁* ‹-а, *мн:* ко́рпусы, *род:* -ов, *дат:* -ам или *мн:* -а́ *род:* -о́в, *дат:* -а́м› **1** (*туловище*) Rumpf *m*, Körper *m* **2** тех (*остов*) Rumpf *m;* ◇ ~ корабля́ Schiffsrumpf; ◇ ~ часо́в Uhrgehäuse *n* воен Korps *n;* ◇ депута́тский ~ Abgeordneten *m pl;* ◇ дипломати́ческий ~ Diplomatisches Korps *m* **4** (*здание*) Gebäude *n;* ◇ боково́й ~ Nebengebäude

корректу́р|а *ж₁* ‹-ы› **1** (*исправление ошибок*) Korrektur *f;* ◇ пра́вить ~у Korrektur lesen **2** (*гранка*) Korrekturfahne *f*

корреспонде́нт *м₁* ‹-а› Korrespondent *m*, Reporter *m;* ◇ специа́льный ~ Sonderberichterstatter *m;* **корреспонде́нци|я** *ж₄* ‹-и› **1** (*переписка*) Korrespondenz *f;* ◇ вести́ ~ю Korrespondenz führen **2** (*сообщения*) Korrespondenz *f*, Berichterstattung *f;* ◇ **с кинофестива́ля** Berichterstattung vom Filmfestival

ко́ршун *м₁* ‹-а› Geier *m;* ◇ налете́ть ~ом на кого́-л über jd-n herfallen

коры́стный *прил* ‹-ая, -ое, -ые›) eigennützig, gewinnsüchtig; **коры́сть** *ж₅* ‹-и› **1** (*корыстолюбие*) Eigennutz *m* **2** (*выгода*) Gewinn *m*, Vorteil *m;* ◇ кака́я ему́ в э́том ~? was hat er davon?

коры́т|о *с₂* ‹-а› (Futter-)Trog *m;* ◇ **он оста́лся у разби́того** ~а ihm sind alle Felle davongeschwommen

корь *ж₅* ‹-и› мед Masern *pl*

кос|а́¹ *ж₁* ‹-ы́, *вин:* ко́су, *мн:* ко́сы› (*волос*) Zopf *m;* ◇ заплести́ ~у einen Zopf flechten

кос|а́² *ж₁* ‹-ы́, *вин:* ко́су, *мн:* ко́сы› Sense *f;* ◇ точи́ть ~у die Sense schleifen; ◇ нашла́ ~а́ на ка́мень da sind zwei Dickschädel aneinander geraten

коса́³ *ж₁* ‹-ы́, *вин:* ко́су, *мн:* ко́сы› геогр Landzunge *f*

коси́ть¹ V₄ₐ *несов* [с~ (1, 2), по~ (1, 2) сов] ‹кошу́, ко́сишь, (2) 1 и 2 л. не употр› что вин (1), что вин или чем тв (2), без доп (3) **1** (*кривить*) schief machen, das Gesicht verziehen **2** (*коситься*) jd-n schief ansehen; ◇ ~ глаза́ на кого́-л jd-n schief anschielen **3** (*быть косоглазым*) schielen; ◇ **на о́ба гла́за** auf beiden Augen schielen

коси́ть² *несов* ‹кошу́, ко́сишь› [с~ сов] кого́-что вин **1** (*срезать косой или косилкой*) mähen **2** *перен* (*губить*) dahinraffen

коси́ться *несов* ‹кошу́сь, ко́сишься, (1) 1 и 2 л. не употр› [по~ *сов*] *без доп (1), на кого-что вин (2)* **1** (*кривиться*) schief werden; ◇ **избу́шка** ~ся на́бок die Hütte steht windschief **2** *разг* (*смотреть искоса*) anschielen, von der Seite ansehen; ◇ ~ся на незнако́мца den Unbekannten scheel ansehen

косми́ческ|ий *прил* ‹-ая, -ое, -ие› **1** (*относящийся к космосу*) Raum-, kosmisch; ◇ ~ий кора́бль Raumschiff *n;* ~ое простра́нство Weltall *n* **2** *перен* (*грандиозный*) gigantisch (groß); **космона́вт** *м₁* ‹-а› Kosmonaut *m*, Raumfahrer *m*; **ко́смос** *м₁* ‹-а› (Welt-)All *n*, Kosmos *m*

косо́й *прил* ‹-а́я, -о́е, -ы́е› (*наклонный*) schräg, schief; ◇ ~а́я черта́ Schrägstrich *m* (*косоглазый*) schielend **3** (*о глазах*) schräg, schräg stehend; ◇ глаза́ с ~ы́м разре́зом Schlitzaugen; *разг* ◇ ~а́я са́жень в плеча́х breitschultrig

костёр *м₁* ‹-тра́, *мн:* -тры́› Lagerfeuer *n;* ◇ гре́ться у ~ра́ sich am Feuer wärmen

косты́л|ь *м₂* ‹-я́, *мн:* -ли́› **1** (*для опоры*) Krücke *f;* ◇ ходи́ть на ~я́х an Krücken gehen **2** тех (*гвоздь*) Haken *m*

кост|ь *ж₅* ‹-и, *мн:* ко́сти, *род:* косте́й› **1** анат (*человека и животного*) Knochen *m;* ◇ грудна́я ~ь Brustbein *n;* ◇ берцо́вая ~ь Schienbein *n;* ◇ промо́кнуть до ~е́й bis auf die Haut durchnässt werden; ◇ ры́бья ~ь Fischgräte *f;* слоно́вая ~ь Elfenbein *n* **2** ‹-и мн (*игральные*) Würfel *m*

костю́м *м₁* ‹-а› **1** (*одежда*) Anzug *m*, Kleidung *f;* ◇ национа́льный ~ Nationaltracht *f;* рабо́чий ~ Arbeitskleidung *f;* ◇ спорти́вный ~ Trainingsanzug *m* **2** (*женский*) Kostüm *n;* (*мужский*) Anzug *m;* ◇ ~ на зака́з Maßanzug

косы́нк|а *ж₁* ‹-и, *род мн:* -нок› (*головная*) Kopftuch *n;* (*шейная*) Halstuch *n*

кот *м₁* ‹-а́, *мн:* -ы́› Kater *m;* ◇ ~ напла́кал jämmerlich wenig; фольк ◇ ~ в сапога́х der Gestiefelte Kater

котёл *м₁* ‹-тла́, *мн:* -тлы́› Kessel *m*

котело́к *м₁* ‹-лка́, *мн:* -лки́› **1** (*для еды*) Kochgeschirr *n* **2** (*мужская шляпа*) Melone *f* **3** *перен разг* (*голова*) Kopf *m;* ◇ у неё ~ ва́рит хорошо́ sie hat ein helles Köpfchen

котиро́вк|а *ж₅* ‹-и, *род мн:* -вок› фин Bewertung *f*, Notierung *f*

котлета

Dieses Wort wird von Nicht-Mutter-sprachlern in der Annahme verwendet, es bezeichne dasselbe wie das deutsche „Kotelett", also „ein in Scheibenform abgeschnittenes Rippenstück von Schwein, Kalb oder Hammel mit Knochen", was im Russischen отбивная котлета oder einfach отбивная heißt.
Котлета bedeutet „Frikadelle", „Bulette" oder „Klops", meint also ein flaches, meist rundes gebratenes Fleischklößchen. Eine котлета kann aber auch aus Fisch (рыбная котлета), Kartoffeln oder Gemüse zubereitet werden.

котле́та $ж_1$ ‹-ы› (рубленая) Frikadelle f; ◇ **карто́фельная ~** Kartoffelpuffer m
котлова́н $м_1$ ‹-а› тех Baugrube f
кото́р|ый *мест* ‹-ая, -ое, -ые› **1** *вопр* (*какой именно?*) welcher, der/die/das wievielte; ◇ **~ый раз** das wievielte Mal?; ◇ **~ый час?** wie spät ist es? **2** *относ* (*связывает придаточное предложение с главным*) der, die, das; ◇ **студе́нты, пе́ред ~ыми я вчера́ выступа́л** die Studenten, vor denen ich gestern gesprochen habe; ◇ **го́род, в ~ом прошло́ моё де́тство** die Stadt, in der ich meine Kindheit verbracht habe
ко́фе *м* ‹нескл› Kaffee m; ◇ **~ в зёрнах** Kaffeebohnen f pl; ◇ **раствори́мый ~** löslicher Kaffee; ◇ **~ с молоко́м** Milchkaffee
ко́фта $ж_1$ ‹-ы›, **ко́фточка** $ж_1$ ‹-и, род мн: -чек› (*женская*) Jacke f
коче́вник $м_1$ ‹-а› Nomade m
кошелёк $м_1$ ‹-лька́, мн: -льки́› Geldbeutel m
ко́шка $ж_1$ ‹-и, род мн: -шек› Katze f; ◇ **перси́дская ~а** Perserkatze; ◇ **жить как ~а с соба́кой** wie Hund und Katze sein; *разг* ◇ **~и скребу́т на се́рдце** sich todunglücklich fühlen
кошма́р $м_1$ ‹-а› **1** (*сновидение*) Alptraum m; ◇ **по ноча́м его́ му́чают ~ы** nachts wird er von Alpträumen geplagt [gequält] **2** (*нечто ужасное*) Grauen n; **кошма́р|ный** *прил* ‹-ая, -ое, -ые› schrecklich; ◇ **~ый сон** Alptraum m; ◇ **~ое зре́лище** grauenhafter Anblick; *разг* (*скверный*) grässlich; ◇ **~ая пого́да** grässliches Wetter
краб $м_1$ ‹-а› Krabbe f
краеве́дение c_4 ‹-я› Heimatkunde f
кра́ж|а $ж_1$ ‹-и› Diebstahl m; ◇ **соверши́ть ~у** einen Diebstahl begehen
кра́й $м_3$ ‹-я, мн: края́, род: краёв› **1** (*предельная линия*) Rand m, Kante f; ◇ **на ~ю́ села́** am Dorfrand; ◇ **по ~я́м** an den Enden; ◇ **хвати́ть че́рез ~й** zu weit

gehen; *разг* ◇ **непоча́тый ~й** unendlich viel **2** (*страна, область*) Land n; ◇ **родно́й ~й** Heimat f; ◇ **в на́ших ~я́х** bei uns in der Gegend **3** (*административно-территориальная единица в России*) Gebiet n, Region f; ◇ **Примо́рский ~й** der Bezirk Primorskij
кра́йне *нареч* äußerst, sehr; ◇ **~ огорчён** unendlich traurig; **кра́йн|ий** *прил* ‹-яя, -ее, -ие› **1** (*находящийся на краю*) äußerst; ◇ **~ий дом на у́лице** das Haus am Ende der Straße; ◇ **на Кра́йнем Се́вере** im hohen Norden; ◇ **в ~ем слу́чае** im äußersten Fall, notfalls; ◇ **по ~ей ме́ре** mindestens **2** (*исключительный*) dringend; ◇ **~ие ме́ры** dringende Maßnahmen;
кра́йность $ж_5$ ‹-и› Extrem n; ◇ **броса́ться от одно́й ~и в другу́ю** sich von einem Extrem ins andere stürzen; ◇ **впада́ть в ~ь** etw auf die Spitze treiben; ◇ **дойти́ до после́дней ~и** bis zum Äußersten gehen; *разг* ◇ **довести́ кого́-л до ~и** jd-n aus der Fassung bringen; ◇ **~и** im schlimmsten Fall
кран¹ $м_1$ ‹-а› Hahn m; ◇ **водопрово́дный ~** Wasserhahn; ◇ **откры́ть ~** den Hahn aufdrehen
кран² $м_1$ ‹-а› (*машина*) Kran m; ◇ **подъёмный ~** Hebekran
крапи́ва $ж_1$ ‹-ы› Brennnessel f; **крапи́вница** $ж_1$ ‹-ы› мед Nesselfieber n
краси́вый *прил* ‹-ая, -ое, -ые› (*сравн:* кра́ше *или* краси́вее) **1** (*прекрасный*) schön, hübsch; ◇ **~ вид** ein netter Anblick **2** (*высоконравственный*) schön, edel; ◇ **~ посту́пок** edle Tat
краси́тель $м_2$ ‹-я› хим Farbstoff m
кра́сить V_{4b} *несов* ‹кра́шу, кра́сишь, Part. Prät. Pass.* кра́шенный› [**вы~**, **по~** *сов*] *кого-что вин* **1** (*покрывать краской*) (an-)streichen, färben; ◇ **~ сте́ны** die Wände streichen **2** хим färben; ◇ **~ гу́бы/ресни́цы** (sich) die Lippen/Wimpern schminken; **кра́ситься** *несов* ‹кра́шусь, кра́сишься, (2, 3) 1 и 2 л. не употр› [**о~** (3), **на~** (1) *сов*] *без доп* **1** (*подкрашиваться*) färben, sich schminken; *разг* ◇ **~иться себе́ лицо́** sich das Gesicht schminken; ◇ **~иться себе́ во́лосы** sich die Haare färben **2** *разг* (*пачкать*) abfärben; ◇ **сте́ны ещё ~ятся** die Wände färben noch ab **3** (*пропитываться краской*) sich färben lassen
кра́ск|а $ж_1$ ‹-и, род мн: -сок› **1** (*вещество*) Farbe f; ◇ **ма́сляные ~и** Ölfarben; ◇ **писа́ть ~ами** malen **2** (*тон, колорит, цвет*) Farbe f, Ton m **3** (*действие*) Färben n **4** (*румянец*) gesunde Gesichtsfarbe; ◇ **вогна́ть в ~у кого́-л** jd-m die Schamröte ins Gesicht treiben
красне́ть V_5 *несов* ‹-е́ю, -е́ешь, (1) 1 и 2 л. не употр› [**по~** (1, 2) *сов*] *без доп* (1, 2), *за кого род* (3) **1** (*становиться красным*) sich röten, rot werden; ◇ **не́бо**

~ет на зарé der Himmel wird rot im Morgengrauen ② (*покрываться румянцем*) rot werden, erröten; ◇ ~ть от стыдá rot werden vor Scham ③ *безл перен* (*стыдиться*) sich schämen; ◇ мне чáсто прихóдится ~ть за негó ich muss mich oft seinetwegen schämen

краснорéчивый *прил* ⟨-ая, -ое, -ые⟩ ① redegewandt ② *перен* aufschlussreich; ◇ ~ взгляд vielsagender Blick

крáсный *прил* ⟨-ая, -ое, -ые⟩ (*цвет*) rot; ◇ ~ое винó Rotwein *m;* ◇ ~ый цвет Rot *n,* rote Farbe; ◇ проходи́ть ~ой ни́тью sich wie ein roter Faden hindurchziehen; (*в Москве́*) ◇ Крáсная плóщадь der Rote Platz; ◇ Крáсное мóре Rotes Meer

красотá *ж₁* ⟨-ы́, *мн:* -сóты⟩ Schönheit *f*

крáсочный *прил* ⟨-ая, -ое, -ые⟩ (*колори́тный*) farbenreich; (*я́ркий*) farbenfroh, farbenprächtig; (*вырази́тельный*) bildhaft; ◇ ~ язы́к bildhafte Sprache

красть* *несов* ⟨краду́, крадёшь⟩ [у~ *сов*] *кого-что вин* stehlen, klauen

крáткий I. *прил* ⟨-ая, -ое, -ие⟩ (*сравн:* крáтче⟩ (*коро́ткий*) kurz, knapp; ◇ в ~их словáх in wenigen Worten; лингв ◇ ~ий глáсный kurzer Vokal II. *нареч* говори́ ~о! fass dich kurz

краткосрóчный *прил* ⟨-ая, -ое, -ые⟩ kurzfristig; ◇ ~ óтпуск Kurzurlaub

крáтче *сравн от* крáткий

крах *м₁* ⟨-а⟩ ① (*банкро́тство*) Zusammenbruch *m,* Bankrott *m* ② *перен* (*прова́л*) Niederlage *f*

крахмáл *м₁* ⟨-а⟩ Stärke *f*

крáше *сравн от* краси́вый

креди́т *м₁* ⟨-а⟩ ① (*ссу́да*) Kredit *m;* ◇ купи́ть что-л ~ etw auf Kredit kaufen; ◇ предостáвить ~ комý-л jdm einen Kredit bewilligen ② *перен* (*дове́рие*) Vertrauen *n;* креди́тный *прил* ⟨-ая, -ое, -ые⟩ Kredit-; ◇ ~ая кáрточка Kreditkarte *f;*

кредитóр *м₁* ⟨-а⟩ Kreditgeber *m,* Gläubiger *m;* кредитоспосóбный *прил* ⟨-ая, -ое, -ые⟩ kreditwürdig

крем *м₁* ⟨-а⟩ ① (*ку́шанье*) Creme *f* ② (*для о́буви*) Schuhcreme *f* ③ (*косме́тический*) Hautcreme *f*

кремль *м₂* ⟨-я́⟩ Kreml *m*

крепи́ть V₄ₐ *несов* ⟨-плю́, -пи́шь, (3) 1 и 2 л. не употр, *Part. Prät. Pass.* -плённый⟩ *что вин* ① (*уси́ливать*) festigen, verstärken; ◇ ~ лесá на пострóйке das Baugerüst stabilisieren ② (*присоедина́ть*) festbinden, befestigen ③ *мед* (*вызыва́ть запо́р*) stopfen

крéпкий *прил* ⟨-ая, -ое, -ие⟩ (*сравн:* крéпче⟩ ① (*про́чный*) fest; ◇ ~ая ткань festes Material ② (*твёрдый*) stark, fest; ◇ ~ая дисципли́на eiserne Disziplin ③ (*си́льный*) stark, kräftig; ◇ ~ий органи́зм gute körperliche Verfassung ④ (*значи́тельный по сте́пени проявле́ния*) hart, fest; ◇ ~ий морóз strenger Frost;

кремль

Das Wort bezeichnet im Allgemeinen den befestigten Stadtkern einer altrussischen Stadt. Der кремль wurde gewöhnlich weithin sichtbar auf einem Hügel errichtet. Innerhalb der Festungsmauern befanden sich Herrscherpaläste, Häuser der Adeligen und des hohen Klerus sowie Kathedralen, Klöster und Verwaltungsgebäude.
Am bekanntesten ist der zwischen 1485 und 1508 erbaute, von vieltürmigen Mauern umgebene Kreml von Moskau mit seinen zahlreichen prächtigen Kirchen und Palästen. Der Moskauer Kreml ist als ehemalige Residenz russischer Herrscher und Patriarchen ein Symbol der Macht im Lande, das den Mittelpunkt des russischen Reiches verkörpert und seit 1918 Regierungssitz ist.

~ сон fester Schlaf ⑤ (*насы́щенный*) stark; ◇ ~ий чай starker Tee; ◇ ~ое словцó Schimpfwort *n;* креплéние *с₄* ⟨-я⟩ ① (*де́йствие*) Festigung *f;* (*закрепле́ние*) Befestigung *f* ② (*лы́жное*) Bindung *f*

крéпость¹ *ж₅* ⟨-и, *мн:* -ти, *род:* -тéй⟩ Festung *f;* (*в Петербу́рге*) ◇ Петропáвловская ~ Peter-Pauls-Festung

крéпость² *ж₅* ⟨-и⟩ ① (*про́чность*) Festigkeit *f* ② (*сто́йкость*) Dauerhaftigkeit *f* ③ (*насы́щенность*) Stärke *f,* Alkoholgehalt *m*

крéпче *сравн от* крéпкий

крéсло *с₂* ⟨-а, *род мн:* -сел⟩ Sessel *m;* ◇ плетёное ~о Korbsessel; ◇ ~о-качáлка Schaukelstuhl *m;* ◇ ~о на колёсах Rollstuhl *m; перен* ◇ лиши́ться своегó ~а seinen Posten verlieren

крест *м₁* ⟨-á, *мн:* -ы́⟩ ① (*си́мвол*) Kreuz *n;* ◇ сложи́ть рýки ~óм die Arme verschränken; ◇ Крáсный ~ Rotes Kreuz; ◇ постáвить ~ на чём-л die Hoffnung aufgeben ② (*о́рден*) Kreuz *n;* ◇ Геóргиевский ~ Georgskreuz

крести́ть V₄ₐ *несов* ⟨крещу́, крести́шь, *Part. Prät. Pass.* крещённый⟩ [о~ (1), пере~ (2) *сов*] *кого-что вин* ① *рел* taufen ② (*осеня́ть кре́стным зна́мением*) bekreuzigen; ◇ ~ себé лоб sich bekreuzigen

крéстный *прил* ⟨-ая, -ое, -ые⟩ ◇ ~ая мать Patentante *f,* Patin *f;* ◇ ~ый отéц Patenonkel *m,* Pate *m;* ◇ ~ая дочь weibliches Patenkind *n*

крестья́нин *м₁* ⟨-а, *мн:* -я́не, *род:* -я́н⟩ Bauer *m;* крестья́нка *ж₁* ⟨-и, *род мн:* -нок⟩ Bäuerin *f;* крестья́нский *прил* ⟨-ая, -ое, -ие⟩ Bauern-, bäuerlich

крещéние *с₄* ⟨-я⟩ ① *рел* Taufe *f;* ◇ при-

нять ~ getauft werden; ◇ **боевое** ~ Feuertaufe f ② (*праздник*) Dreikönigsfest n

криво́й *прил* ‹-а́я, -о́е, -ы́е› ① (*не прямой*) krumm, gebogen; ◇ **~ая ли́ния** Kurve f; *перен* ◇ **~ая душа́** falscher Charakter ② *разг* (*слепой на один глаз*) einäugig

кри́зис *м₁* ‹-а› Krise f; ◇ **экономи́ческий** ~ Wirtschaftskrise; ◇ **быть в тиска́х** ~а in einer Krise stecken; ◇ **пережива́ть** ~ eine Krise durchmachen

крик *м₁* ‹-а› Schrei m; (*призыв*) Ruf m; (*восклицание*) Ausruf m; ◇ **~ра́дости** Freudenschrei; ◇ ~ **о по́мощи** Hilferuf; *перен* ◇ **после́дний** ~ **мо́ды** der letzte Schrei, die neueste Mode

крите́рий *м₃* ‹-я› (*оценка*) Kriterium n; (*признак*) Merkmal n

кри́тика *ж₁* ‹-и› Kritik f; ◇ **навести́** ~у **на что-л** an jd-m Kritik üben; ◇ **ни́же вся́кой** ~и unter aller Kritik; ◇ **э́то не выде́рживает** ~и das spottet jeder Kritik

крича́ть V₁ₐ *несов* ‹-чу́, -чи́шь, *Imp.* -чи́, -те, *Part. Präs. Akt.* -ча́щий, *Adv. Part. Präs.* -ча́› [**кри́кнуть** *сов*] *без доп* (1), **на кого́-что** *вин* (2), **о ком-чём** *предл* (3) ① (*издавать крик*) schreien; ◇ **не** ~и́, **говори́ споко́йно** schrei nicht so, sprich leise ② (*бранить*) anschreien ③ *разг* (*привлекать внимание*) etw verbreiten; ◇ **газе́ты** ~а́т **о сенса́ции** die Zeitungen schlachten die Sensation aus

кров *м₁* ‹-а› (*укрытие*) Schutz m; ◇ **под** ~**ом ветве́й** unter dem Schutz der Zweige ② *перен* (*жилище*) (Ob-)Dach n; ◇ **дать** ~ **кому́-л** jd-m ein Dach über den Kopf geben; ◇ **оста́ться без** ~а obdachlos werden

крова́вый *прил* ‹-ая, -ое, -ые› ① (*яркокрасный*) blutrot ② (*кровопролитный*) blutig ③ (*с кровью*) blutbefleckt

крова́ть *ж₅* ‹-и› Bett n; ◇ **двуспа́льная** ~ Doppelbett; ◇ **раскладна́я** ~ Klappbett

кро́вельщик *м₁* ‹-а› Dachdecker m

кро́вный *прил* ‹-ая, -ое, -ые› ① (*от одних родителей*) Bluts-; ◇ **~ый брат** leiblicher Bruder; ◇ **~ое родство́** Blutsverwandtschaft ② (*породистый*) reinrassig, Rasse- ③ *перен* (*близкий*) eng, innig; ◇ **~ые де́ньги** sauer verdientes Geld; ◇ **~ые интере́сы** ureigene Interessen; ◇ **~ая месть** Blutrache f

кровоизлия́ние *с₄* ‹-я› *мед* Bluterguss m; **кровообраще́ние** *с₄* ‹-я› Kreislauf m; **кровопроли́тие** *с₄* ‹-я› Blutvergießen n; **кровотече́ние** *с₄* ‹-я› Blutung f; ◇ **вну́треннее** ~ innere Blutung; ◇ **из но́са** Nasenbluten n; ◇ **останови́ть** ~ die Blutung stillen

кровь *ж₅* ‹-и, в крови́, о кро́ви, *род мн:* -ве́й› Blut n; ◇ **взять** ~ Blut abnehmen; ◇ **истека́ть** ~ю verbluten; ◇ **по́ртить себе́/кому́-л** ~ sich/jd-m die Laune verderben; ◇ ~ **из но́су** um jeden Preis;

кровян|о́й *прил* ‹-а́я, -о́е, -ы́е› Blut-; ◇ **~ое давле́ние** Blutdruck m; ◇ **~ые ша́рики** Blutkörperchen n pl

крокоди́л *м₁* ‹-а› Krokodil n

кро́лик *м₁* ‹-а› Kaninchen n; *перен* ◇ **подо́пытный** ~ Versuchskaninchen

кро́ме *предлог с род* ① (*за исключением*) außer; ◇ ~ **сосе́да ни с кем не знако́м** außer dem Nachbarn kenne ich niemanden ② (*в добавление*) außer, neben; ◇ ~ **я́блонь на уча́стке мно́го я́годных кусто́в** außer dem Apfelbaum wachsen viele Beerensträucher auf dem Grundstück; ◇ ~ **того́, что...** abgesehen davon, dass.... .

кро́на *ж₁* ‹-ы› (Baum-)Krone f

кропотли́вый *прил* ‹-ая, -ое, -ые› ① (*усердный*) eifrig ② (*требующий такого усердия*) sorgfältig, mühsam; ◇ **~ые разыска́ния** sorgfältige Nachforschungen

кросс *м₁* ‹-а› *спорт* Geländelauf m, Waldlauf m; ◇ **лы́жный** ~ Skilanglauf m

крот *м₁* ‹-а́, *мн:* -ы́› Maulwurf m

круг *м₁* ‹-а, *мн:* -и́› ① (*геометрическая фигура*) Kreis m; ◇ **начерти́ть** ~ einen Kreis ziehen ② (*предмет в форме окружности*) Ring m, Gürtel m; ◇ **спаса́тельный** ~ Rettungsring ③ *перен* (*область, сфера*) Kreis m; ◇ ~ **чьих-л обя́занностей** Aufgabenbereich m ④ (*группа людей*) Kreis m; ◇ **прави́тельственные** ~**и́** Regierungskreise; **широ́кий** ~ **знако́мых** großer Bekanntenkreis; ◇ **в своём** ~**у́** unter sich

круглосу́точный *прил* ‹-ая, -ое, -ые› (*длящийся круглые сутки*) 24 Stunden lang, Tag und Nacht; (*непрерывный*) rund um die Uhr

кру́гл|ый *прил* ‹-ая, -ое, -ые› ① (*в форме круга или шара*) rund, kreisförmig ② (*совершенный*) Voll-, komplett, ganz; ◇ **он ~ый неве́жда** er hat keine Ahnung; ◇ **~ый сирота́** Vollwaise m; ◇ **~ый год** das ganze Jahr hindurch; ◇ **~ые су́тки** rund um die Uhr; ◇ **~ая да́та** rundes Datum; ◇ **~ая су́мма** runde Summe; ◇ **для** ~**ого счёта** machen wir eine runde Summe; ◇ ~ **ый дура́к** totaler Blödmann

кругозо́р *м₁* ‹-а› ① (*пространство, окидываемое взором*) Gesichtskreis m; (*горизонт*) Horizont m ② *перен* (*объём интересов*) Horizont m; ◇ **у неё широ́кий** ~ sie hat einen weiten Horizont

круго́м I. *нареч* ① (*вокруг*) im Kreis (herum); ◇ **поверну́ться** ~ sich im Kreis drehen; ◇ **огляде́ться** ~ herumschauen ② (*со всех сторон*) ringsherum ③ *разг* (*полностью*) völlig; ◇ **он** ~ **винова́т** er trägt die volle Schuld **II.** *предлог с род* (*вокруг кого-чего-л*) um ... herum; ◇ ~ **до́ма** um das Haus herum

кру́жево *с₂* ‹-а, *мн:* -а́, *род:* кру́жев, *дат:* -а́м› Spitze f, Rüsche f

кружи́ть V_{4a} несов ⟨кружу́, кру́жишь⟩ кого-что вин (1), без доп (2, 3) **1** (двигаться кругообразно) im Kreis drehen **2** (кружиться) kreisen; ◇ **ко́ршун кружи́т** der Geier zieht seine Kreise (блуждать) umherirren; ◇ ~ **по ле́су** im Wald umherirren; ◇ **у меня́ кру́жится голова́** mir ist schwindig

кру́жка $ж_1$ ⟨-и, род мн: -жек⟩ **1** (сосуд) Krug m; (небольшая) Glas n; (пивная) Bierkrug m **2** (для сбора денег) Sammelbüchse f

кружо́к $м_1$ ⟨-жка́, мн: -жки́⟩ **1** (диск) Scheibe f **2** (группа) Gruppe f, Kreis m

крупа́ $ж_1$ ⟨-ы́, мн: кру́пы⟩ **1** (зерно) Graupen f pl, Grütze f; **2** (овся́ная ~ Hafergrütze **2** перен (снег) Graupel f

кру́пн|ый прил ⟨-ая, -ое, -ые⟩ **1** (большой) groß; кино ◇ ~**ый план** Großaufnahme f **2** (не мелкий) groß, grob; ◇ ~**ые черты́ лица́** grobe Gesichtszüge **3** перен (значительный) bedeutend; ◇ ~**ый обще́ственный де́ятель** bedeutende Persönlichkeit **4** (серьёзный) ernst; ◇ ~**ый разгово́р** ernstes Gespräch

крути́ть V_{4a} несов ⟨кручу́, кру́тишь, (4) 1 и 2 л. не употр, Part. Prät. Pass. кручёный⟩ [за~ (2), с~ (2) сов] кого-что вин (1, 2), без доп (3, 4) **1** (вращать) drehen; ◇ ~ **кран** den Hahn auf-/zudrehen; ◇ ~ **руль** das Auto lenken **2** (скручивать) winden, drehen; ◇ ~ **жгут** einen Strick drehen **3** перен (обманывать) undeutlich sein; ◇ **не крути́, говори́ пра́вду** sag die Wahrheit, red nicht um den heißen Brei herum **4** перен **весь день кру́тит мете́ль** den ganzen Tag tobt ein Schneesturm

крут|о́й прил ⟨-а́я, -о́е, -ы́е⟩ **1** (отвесный) steil, abschüssig; ◇ ~**о́й обры́в** steiler Abhang **2** (резкий) jäh, plötzlich; ◇ ~**о́й поворо́т** jähe Wendung **3** (суровый, строгий) streng, hart; ◇ ~**ые ме́ры** strenge Maßnahmen; ◇ ~**о́й хара́ктер** schroffer Charakter **4** (загустевший) ◇ ~**а́я ка́ша** dicker Brei; ◇ ~**о́е яйцо́** hart gekochtes Ei **5** разг stark, cool, geil

круше́ние c_4 ⟨-я⟩ **1** (катастрофа) Unfall m, Katastrophe f; ◇ ~ **корабля́** Seenot f; ◇ **потерпе́ть** ~ Schiffbruch erleiden **2** перен (утрата) Zusammenbruch m, Scheitern n

крыжо́вник $м_1$ ⟨-а⟩ (ягода) Stachelbeere f; (куст) Stachelbeerstrauch m

крыло́ c_2 ⟨-а́, мн: кры́лья, род: -ьев, дат: -ьям⟩ **1** (у птиц, насекомых) Flügel m; перен ◇ **опусти́ть кры́лья** den Mut sinken lassen; ◇ **подре́зать кры́лья кому́-л** jd-m die Flügel stutzen **2** (летательного аппарата) Tragfläche f **3** (лопасть колеса) Flügel m; ◇ ~ **ветряно́й ме́льницы** Windmühlenflügel **4** (над колесом) Kotflügel m

крыльцо́ c_2 ⟨-а́, мн: -а, род: -ле́ц, дат: -ца́м⟩ Vorbau m

кры́са $ж_1$ ⟨-ы⟩ Ratte f

кры́ть* несов ⟨кро́ю, кро́ешь⟩ [**по~** сов] кого-что вин **1** (кровлю) decken; ◇ ~ **дом ши́фером** ein Dach mit Schiefer decken; (обтягивать) beziehen **2** (красить) streichen **3** разг (грубо бранить) scharf kritisieren, ausschimpfen **4** (в карточной игре) stechen; ◇ ~ **тузо́м** mit dem Ass stechen; ◇ **ему́ ~ не́чем** dagegen kann er nichts sagen

кры́ш|а $ж_1$ ⟨-и⟩ Dach n; ◇ **черепи́чная** ~**а** Ziegeldach; ◇ **под одно́й** ~**ей с кем-л** mit jd-m unter einem Dach leben

кры́шка $ж_1$ ⟨-и, род мн: -шек⟩ Deckel m

крюк $м_1$ ⟨-а́, мн: -и́⟩ (крючок) Haken m; ◇ **пове́сить карти́ну на** ~ ein Bild an einem Haken aufhängen **2** разг (окольный путь) Umweg m; ◇ **сде́лать** ~ einen Umweg machen; **крючо́к** $м_1$ ⟨-чка́, мн: -чки́⟩ Haken m; ◇ **рыболо́вный** ~ Angelhaken; (об оружии) **спусково́й** ~ Abzug m

кста́ти нареч **1** (вовремя) rechtzeitig; (уместно) wie gerufen, gerade recht; ◇ **посы́лка пришла́** ~ das Päckchen kam rechtzeitig an **2** (пользуясь случаем) bei dieser Gelegenheit; ◇ **зайди́ и в магази́н** geh bei dieser Gelegenheit auch ins Geschäft **3** (в дополнение с сказанному) übrigens, apropos; ◇ **а я** ~ **э́того челове́ка давно́ зна́ю** ich kenne diesen Menschen übrigens schon lange; ◇ ~ **говоря́** nebenbei gesagt

кто ⟨кого́, кому́, кого́, кем, о ком⟩ мест **1** (вопр мест) wer; ◇ ~ **тако́й?** wer ist das?; ◇ ~ **там?** wer ist da?; ◇ **с кем вы говори́ли?** mit wem habt ihr gesprochen; ◇ **кому́ Вы написа́ли?** wem haben Sie geschrieben? **2** (относ мест) wer; ◇ ~ **бы то ни был** wer auch immer es sei; ◇ **не** ~ **ино́й, как моя́ сестра́** niemand anderes als meine Schwester; ◇ ~ **кого́?** wer wird gewinnen?

кто́-либо ⟨кого́-л, кому́-л, кого́-л, кем-л, о ком-л⟩ неопр мест irgendjemand

кто́-нибудь ⟨кого́-н, кому́-н, кого́-н, кем-н, о ком-н⟩ неопр мест irgendjemand; ◇ ~ **зна́ет об э́том?** weiß irgendjemand was davon?; ◇ **позвони́ кому́-нибудь** ruf irgendjemanden

кто́-то ⟨кого́-то, кому́-то, кого́-то, кем-то, о ком-то⟩ неопр мест jemand; ◇ ~ **пря́чется в куста́х** jemand versteckt sich in den Büschen

ку́бик $м_1$ ⟨-а⟩ **1** (игрушка) Würfel m; ◇ **де́тские** ~**и** Bausteine m pl **2** разг (мера объёма) Kubikzentimeter m

ку́бок $м_1$ ⟨-бка, мн: -бки⟩ **1** (бокал) Becher m; ◇ **подня́ть заздра́вный** ~ **за кого́-л** einen Trinkspruch auf jd-n ausbringen **2** (приз) Pokal m; ◇ **переходя́щий** ~ Wanderpokal; ◇ **игра́ на** ~ Pokalspiel n

кувши́н m_1 <-а> Krug m

куда́ нареч I. ① (в какую сторону) wohin; ◇ ~ **идёшь?** wohin gehst du?; ◇ **дом, ~ он перее́хал** das Haus, in das er gezogen ist ② разг (для чего) wofür, wozu; ◇ ~ **тебе́ сто́лько де́нег?** wofür brauchst du soviel Geld? II. частица ① (выражает сомнение, отрицание) разг ◇ ~ **тебе́ равня́ться с ним?** du kannst dich doch nicht mit ihm vergleichen ② (в сочетании со сравнительной степенью – гораздо) viel, bei weitem; разг ◇ ~ **лу́чше** viel besser; разг ◇ ~ **ни пло́!** meinetwegen; ◇ ~ **там!** ach wo! was du nicht sagst!; ◇ **хоть** ~! sehr schön!

ку́дри mn_5 <-е́й> Locken f pl

кузне́ц m_1 <-а́, мн: -а́> Schmied m

кузне́чик m_1 <-а> Grashüpfer m

ку́зов m_1 <-а, мн: -а́> Karosserie f

ку́кла $ж_1$ <-ы, род мн: ку́кол> Puppe f; перен Marionette

кукуру́за $ж_1$ <-ы> Mais m

куку́шка $ж_1$ <-и, род мн: -шек> Kuckuck m

кула́к[1] m_1 <-а́, мн: -и́> (руки) Faust f; ◇ **сжима́ть** ~и́ die Fäuste ballen; ◇ **величино́й с** ~ faustgroß

кула́к[2] m <-а́> ист Kulak m, Großbauer m

кули́са $ж_1$ <-ы> театр Kulisse f; ◇ **за** ~**ми** hinter den Kulissen

культ m_1 <-а> тж перен Kult m; ◇ ~ **ли́чности** Personenkult

культу́р|а $ж_1$ <-ы> ① (духовные достижения) Kultur f; ◇ **исто́рия** ~ы Kulturgeschichte f ② (выращивание) Züchtung f; ◇ ~**а роз** Rosenzüchtung ③ (высокий уровень) Gepflogenheiten f pl; ◇ ~**а ре́чи** Sprachgepflogenheiten; (культурность) Kultiviertheit f; ◇ **челове́к высо́кой** ~ы kultivierter Mensch

культу́рн|ый прил <-ая, -ое, -ые> ① (образованный) gebildet, kultiviert ② (интеллектуальный) Kultur-, kulturell; ◇ ~**ые свя́зи** kulturelle Kontakte ③ (возделанный) Kultur-; ◇ ~**ые расте́ния** Kulturpflanzen f pl

куми́р m_1 <-а> ① (предмет преклонения) Götzenbild n ② перен Abgott m

куни́ца $ж_1$ <-ы> (хищный зверёк) Marder m

купа́льник m_1 <-а> Badeanzug m

купа́ть V_{1a} несов <-а́ю, -а́ешь> [**вы**~, **ис**~ сов] кого-что вин baden; **купа́ться** <-а́юсь, -а́ешься> [**вы**~, **ис**~ сов] без доп sich baden; перен ◇ ~ **в луча́х сла́вы** sich in seinem Ruhm sonnen

купе́ с <нескл> Abteil n; ◇ ~ **для неку́рящих** Nichtraucherabteil

купе́ц m_1 <-пца́, мн: -пцы́> Kaufmann m

купи́ть V_{4a} сов <-плю́, ку́пишь, Part. Präs. Akt. ку́пленный, Adv. Part. Prät. -пи́в> [**покупа́ть** V_{1a} несов] кого-что вин ① (приобрести) kaufen; ◇ ~ **дёшево** billig kaufen ② (подкупить) bestechen;

kaufen; перен ◇ **его́ не ку́пишь** er ist nicht käuflich

ку́пол m_1 <-а, мн: -а́> Kuppel f

купо́н m_1 <-а> ① (отрез ткани) Stück n Stoff m ② (ценная бумага) Kupon m, Zinsschein m; ◇ **стричь** ~ы von Zinsen leben

курга́н m_1 <-а> Hünengrab n; (возвышенность) Hügel m

куре́ние $с_4$ <-я> Rauchen n; ◇ **прекрати́ть [бро́сить]** ~ das Rauchen aufgeben; ◇ **куре́ние запреще́но** Rauchen verboten

кури́льщик m_1 <-а> Raucher m; ◇ **закоре́нелый** ~ starker Raucher; **кури́ть** V_{4a} несов <курю́, ку́ришь> что вин rauchen; ◇ ~ **тру́бку** Pfeife rauchen; ◇ **запреща́ется** Rauchen verboten

ку́рица $ж_1$ <-ы, мн: ку́ры, род мн: кур> Huhn n; ◇ **разводи́ть кур** Hühner züchten; (наседка) Glucke f; ◇ **как мо́края** ~ wie ein begossener Pudel; разг ◇ **ку́рам на́ смех** da lachen ja die Hühner

куропа́тка $ж_1$ <-и, род мн: -ток> Rebhuhn n

куро́рт m_1 <-а> Kurort m; (воды) Kurbad n; ◇ **морско́й** ~ Seebad n; ◇ **пое́хать на** ~ zur Kur fahren

курс m_1 <-а> ① (путь) Kurs m, Richtung f; ◇ **взять** ~ **на что-л** auf etw Kurs nehmen; ◇ **идти́ по за́данному** ~ dem vorgegebenen Kurs folgen ② (цена) Kurs m; ◇ **усто́йчивый** ~ **како́й-л валю́ты** stabiler Kurs einer Währung; (на би́рже) ◇ ~ **понижа́ется/повыша́ется** der Kurs fällt/steigt ③ (цикл) Kurs m; ◇ **ко́нчить** ~ **в университе́те** einen Kurs in der Uni abschließen ④ (год обучения в вузе) Studienjahr n; ◇ **студе́нт тре́тьего** ~**а** Student im dritten Studienjahr ⑤ (дисциплина) Zyklus m; ◇ **прочита́ть** ~ **ле́кций** eine Vorlesungsreihe halten; ◇ **быть в** ~**е де́ла** auf dem Laufenden sein; ◇ ~ **лече́ния** Kur f; **курса́нт** m_1 <-а> ① (учащийся курсов) Kursteilnehmer m ② (военного училища) Offiziersschüler m; **ку́рсы** mn_1 <-ов> Kurse m pl, Lehrgang m; ◇ **зао́чные** ~ Fernstudium n; ◇ ~ **стеногра́фии** Stenografiekurs

ку́ртка $ж_1$ <-и, род мн: -ток> Jacke f; ◇ **ко́жаная** ~ Lederjacke

курье́р m_1 <-а> ① (посыльный) (Eil-) Bote m ② (должностное лицо) Kurier m

куря́тник m_1 <-а> Hühnerstall m

куса́ть V_{1a} несов <-а́ю, -а́ешь> [**кусну́ть** V_2 сов кого-что вин ① (хватать) beißen; ◇ **соба́ка** ~**ла его́ за́ ногу** der Hund biss ihm ins Bein ② (пчела, комар) stechen

куса́чки mn_1 <-чек> тех (Kneif-)Zange f

кусо́к m_1 <-ска́, мн: -ски́> ① (часть) Stück n; ◇ ~ **земли́** ein Stück Land; ◇ **разби́ть на** ~**й** in Stücke zerschlagen; перен разг ◇ **урва́ть** ~ sich etw unter den Nagel reißen; ◇ **име́ть ве́рный** ~ (хле́ба) sein sicheres Auskommen haben ② перен (*отрезок*) Ausschnitt *m;* ◇ це́лый ~ жи́зни ein ganzer Lebensabschnitt

куст *m₁* ⟨-á, *мн:* -ы́⟩ Strauch *m;* ◇ ~ сире́ни Fliederstrauch; *перен* ◇ отси́де́ться в ~áx sich vor etw drücken; кустáрник *m₁* ⟨-а⟩ Gebüsch *n*

кустáрный *прил* ⟨-ая, -ое, -ые⟩ ❶ (*не фабричный*) Heim-, Handwerks-; ◇ ~ая мастерскáя private kleine Werkstatt ❷ *перен* (*несовершенный*) primitiv, einfach

кýтать V₁ₐ *несов* ⟨-аю, -аешь⟩ [за~ *сов*] *кого-что вин во что вин* (1), *кого-что вин* (2) ❶ (*завёртывать*) einhüllen, umwickeln; ◇ ~ ребёнка в шаль dem Kind einen Schal umwickeln ❷ (*одевать слишком тепло*) warm anziehen, einmummen

кухáрка *ж₁* ⟨-и, *род мн:* -рок⟩ Köchin *f*

кýхня *ж₂* ⟨-и, *род мн:* кýхонь⟩ ❶ (*помещение*) Küche *f* ❷ (*мебель*) Küche *f*, Kücheneinrichtung *f* ❸ (*кушанья*) Küche *f* ❹ *перен* (*закулисная сторона*) Machenschaften *f pl*

кýч|а *ж₁* ⟨-и⟩ ❶ (*чего-л сыпучего, мелкого*) Haufen *m;* ◇ сгрести́ сухи́е ли́стья в ~у trockene Blätter auf einen Haufen zusammenharken ❷ *разг* (*нагромождение*) Haufen *m*, Menge *f;* ◇ ~а де́нег ein Haufen Geld; ◇ вали́ть всё в одну́ ~у alles in einen Topf werfen

кýшанье *c₅* ⟨-я⟩ Essen *n;* кýшать V₁ₐ *несов* ⟨-аю, -аешь⟩ [по~ *сов*] *что вин* essen; ◇ кýшайте, пожáлуйста greift zu

кушéтка *ж₁* ⟨-и, *род мн:* -ток⟩ Liege *f*

кювéт *m₁* ⟨-а⟩ Straßengraben *m*

Л

лаборатóрия *ж₄* ⟨-и⟩ Labor *n*

лави́на *ж₁* ⟨-ы⟩ Lawine *f;* ◇ схóдит ~ eine Lawine geht nieder

лáвка¹ *ж₁* ⟨-и, *род мн:* -вок⟩ (*скамья*) (Sitz-)Bank *f*

лáвка² *ж₁* ⟨-и, *род мн:* -вок⟩ (*магазин*) Laden *m;* ◇ передвижнáя ~ Verkaufsstand *m*

лавр *m₁* ⟨-а⟩ ❶ *бот* Lorbeer *m* ❷ ◇ ~ы *перен мн* Lorbeeren *pl; перен* ◇ почи́ть на ~ах sich auf seinen Lorbeeren ausruhen

лáгерь *m₂* ⟨-я, *мн:* -ря́, *род:* -ре́й⟩ ❶ (*стоянка*) Lager *n;* ◇ тури́стский ~ Campingplatz *m;* ◇ разби́ть ~ ein Lager aufschlagen ❷ (*для заключённых*) Lager *n* ❸ *перен полит* Lager *n;* ◇ ~ демокрáтов Lager der Demokraten

лад *m₁* ⟨-а, *мн:* -ы́, *род:* -óв⟩ ❶ (*согласие*) Eintracht *f;* ◇ он с ним не в ~áx er steht mit ihm auf Kriegsfuß; ◇ де́ло не идёт на ~ die Sache klappt nicht ❷ (*спо-*

соб) Weise *f;* ◇ сде́лать что-л на свой ~ etw auf seine Art und Weise machen; ◇ настрóиться на другóй ~ sich umstellen

лáдно I. *частица разг* (*хорошо, да*) einverstanden, gut, meinetwegen; ◇ ~, соглáсен schon gut, ich bin einverstanden II. *нареч* ❶ (*мирно*) einträchtig ❷ (*хватит*) es reicht; ◇ ~ же! jetzt reicht's aber!

ладóн|ь *ж₃* ⟨-и⟩ Handfläche *f;* ◇ хлóпать в ~и in die Hände klatschen; ◇ я́сно как на ~и das liegt klar auf der Hand

ладья́ *ж₃* ⟨-и, *мн:* -ьи́, *род:* ладéй⟩ ❶ шахм Turm *m* ❷ (*лодка*) Kahn *m*

лáзать V₁ₐ *неопред, см.* лезть

лазéйк|а *ж₁* ⟨-и, *род мн:* -зéек⟩ ❶ (*отверстие*) Schlupfloch *n;* ◇ ~а в забóре Schlupfloch im Zaun ❷ *перен* (*уловка*) Hintertürchen *n;* ◇ остáвить себé ~у sich ein Hintertürchen offen lassen

лáзер *m₁* ⟨-а⟩ Laser *m;* ◇ лечéние ~ом Lasertherapie *f*

лáзить V₄ᵦ ⟨лáжу, лáзишь⟩ *неопред, см.* лезть

лай *m₃* ⟨лáя⟩ Gebell *n;* (*тявканье*) Kläffen *n*

лак *m₁* ⟨-а⟩ Lack *m;* ◇ ~ для ногтéй Nagellack; ◇ покры́ть ~ом lackieren

лáкомиться V₄ᵦ *несов* ⟨-млюсь, -мишься⟩ [по~ *сов*] *чем тв* etw naschen; лáкомство *c₂* ⟨-а⟩ (*лакомое блюдо*) leckeres Essen; (*сладости*) Süßigkeiten *f pl;* лáкомка *м/ж₁* ⟨-и, *род мн:* -мок⟩ (*о человеке*) Leckermaul *n;* лáкомый *прил* ⟨-ая, -ое, -ые⟩ ❶ (*вкусный*) lecker; *тж перен* ◇ ~ кусóк Leckerbissen *m* ❷ (*падкий*) lüstern, gierig; ◇ лáком до де́нег geldgierig

лáмпа *ж₁* ⟨-ы⟩ Lampe *f; радио* Röhre *f; фото* ◇ ~-вспы́шка Blitzlicht *n*

лáндыш *m₂* ⟨-а⟩ *бот* Maiglöckchen *n*

лань *ж₅* ⟨-и⟩ Damhirsch *m;* (*самка*) Hirschkuh *f*

лáп|а *ж₁* ⟨-ы⟩ ❶ (*стопа ноги живот-ного*) Pfote *f*, Tatze *f;* ◇ медвéжья ~а Bärentatze; ◇ попáсть к комý-л в ~ы in jd-s Klauen geraten; *перен* ◇ положи́ть на ~у bestechen, schmieren ❷ (*ветвь хвойного дерева*) Ast *m*

лáпоть *m₂* ⟨-птя, *мн:* лáпти, *род:* -тéй⟩ Bastschuh *m*

лаптá *ж₁* ⟨-ы́⟩ ❶ (*русская игра*) Schlagballspiel *n* ❷ (*бита*) Schlagholz *n*

лапшá *ж₁* ⟨-и́⟩ Nudeln *f pl;* (*суп*) Nudelsuppe *f*

ларёк *m₁* ⟨ларькá, *мн:* ларьки́⟩ (*торговая палатка*) Bude *f*, Verkaufsstand *m*, Kiosk *m*

лáска *ж₁* ⟨-и, *род мн:* -сок⟩ (*нежность*) Zärtlichkeit *f*, Liebkosung *f;* (*приветливость*) Güte *f;* лáскать V₁ₐ *несов* ⟨-áю, -áешь⟩ [при~ *сов*] *кого-что вин* liebkosen; (*гладить*) streicheln; лáсковый *прил* ⟨-ая, -ое, -ые⟩ zärtlich; (*приветливый*) freundlich ла́сточка *ж₁* ⟨-и, *род мн:* -чек⟩ Schwalbe *f*

ла́сты *мн₁* ⟨ласт *и* ластов⟩ **1** зоол Flossen *f pl* **2** спорт Schwimmflossen *f pl*

латви́ец *м₁* ⟨-ийца, *мн:* -ийцы⟩ Lette *m;*

латви́йка *ж₁* ⟨-и, *род мн:* -йек⟩ Lettin *f;*

латви́йский *прил* ⟨-ая, -ое, -ие⟩ lettisch

лати́нский *прил* ⟨-ая, -ое, -ие⟩ lateinisch; ◇ ~ язы́к Latein *n*

лату́нь *ж₅* ⟨-и⟩ Messing *n*

лауреа́т *м₁* ⟨-а⟩ Preisträger *m;* ◇ ~ Но́белевской пре́мии Nobelpreisträger

ла́ять V₁ᵦ *несов* ⟨ла́ю, ла́ешь⟩ [про-(1) *сов*] *на кого-что вин (о живот-ных)* (an-)bellen **2** *разг (ругать)* jd-n anschnauzen

лгать V₁ₐ *несов, kein Adv. Part.* ⟨лгу, лжёшь, *Imp.* лги, ~те, *Part. Präs. Akt.* лгу́щий⟩ [со- (1) *сов*] *без доп (1), на кого-что вин (2) 1 (говорить неправду)* lügen; ◇ он лжёт и не красне́ет er lügt, ohne rot zu werden **2** *(клеветать)* jd-n verleumden, Lügen verbreiten

лгун *м₁* ⟨-á, *мн:* -ы́⟩ Lügner *m;* лгу́нья *ж₃* ⟨-и⟩ Lügnerin *f*

лебёдка *ж₃* ⟨-и, *мн:* -док⟩ Schwanenweibchen *n;* ле́бедь *м₂* ⟨-я, *род мн:* -дéй⟩ Schwan *m*

лев *м₁* ⟨льва, *мн:* львы́⟩ Löwe *m;* ◇ он сража́ется как ~ jd kämpft wie ein Löwe

левша́ *м/ж₁* ⟨-и́, *род мн:* -шéй⟩ Linkshänder *m*

ле́вый I. *прил* ⟨-ая, -ое, -ые⟩ **1** linke (-r, -s); ◇ ~ая сторона́ доро́ги linke Straßenseite; ◇ по ~ую сто́рону от кого́-чего́-л links von jd-m/etw; ◇ ты сего́дня встал с ~ой ноги́ du bist heute wohl mit dem linken Bein (zuerst) aufgestanden; ◇ де́лать что-л ~ой ного́й sich mit etw keine Mühe geben **2** полит links stehend, links orientiert; *(радикальный)* linksradikal **3** *(заработок)* schwarz; ◇ ~ые де́ньги Schwarzgeld *n* II. *мн* ⟨-ых⟩ полит die Linke *f;* ◇ демонстра́ция ~ых Kundgebung der Linken

лёгк|ий *прил* ⟨-ая, -ое, -ие⟩ *(сравн:* ле́гче⟩ **1** *(не отягощающий)* leicht, Leicht-; ◇ ~ый за́втрак leichtes Frühstück; *перен* ◇ ~ая атле́тика Leichtathletik *f;* ◇ ~ая рука́ glückliche Hand; ◇ ~им се́рдцем leichten Herzens **2** *(преодолеваемый)* leicht (bezwingbar); ◇ ~ая доро́га leichter Weg; ◇ ~ая побе́да leichter Sieg **3** *(малозаметный)* leicht; ◇ ~ый ветеро́к leichte Brise **4** *(слабый)* leicht; ◇ ~ый сон leichter Schlaf **5** *(не суровый)* mild; ◇ ~ое наказа́ние milde Strafe **6** *(покладистый)* verträglich, umgänglich; ◇ ~ый челове́к ein umgänglicher Mensch **7** *(легкомысленный)* leichtsinnig, leichtfertig

легкоатле́т *м₁* ⟨-а⟩ спорт Leichtathlet *m*

лёгкое *с (A₁)* ⟨-ого⟩ анат Lunge *f*

легкомы́сленный *прил* ⟨-ая, -ое, -ые⟩

1 *(несерьёзный)* leichtfertig, leichtsinnig **2** *(поверхностный)* oberflächlich

ле́гче *сравн от* лёгкий

лёд *м₁* ⟨льда, *мн:* льды́⟩ Eis *n;* ◇ иску́сственный ~ Kunsteis; ◇ холо́дный как ~ eiskalt; *перен* ◇ ~ тро́нулся das Eis ist gebrochen

ледене́ц *м₅* ⟨-нца́, *мн:* -нцы́⟩ Fruchtbonbon *n;* ◇ соса́ть ~ ein Fruchtbonbon lutschen

ледоко́л *м₁* ⟨-а⟩ Eisbrecher *m;* ледяно́й *прил* ⟨-ая, -ое, -ы́е⟩ **1** *(очень холодный)* eisig, eiskalt **2** *перен (окоченевший)* steif **3** *(враждебный)* eisig, frostig

леж|а́ть* *несов* ⟨-жу́, -жи́шь, (2-4) 1 и 2 л. не употр⟩ *без доп (1, 2), на/в ком-чём предл (3, 4)* **1** liegen; ◇ ~áть на боку́ auf der Seite liegen; *перен* faulenzen; *(о предметах)* ◇ кни́га ~ит на столе́ das Buch liegt auf dem Tisch; ◇ ~áть в больни́це im Krankenhaus liegen; ◇ ключ ~и́т в карма́не der Schlüssel ist in der Tasche; ◇ ~áть в осно́ве zugrunde liegen **2** *(быть расположенным)* liegen, sich befinden; ◇ го́род ~и́т в доли́не die Stadt liegt im Tal **3** *(вести)* führen; ◇ э́та доро́га ~и́т на Москву́ diese Straße führt nach Moskau **4** *перен (находиться на чьей-л ответственности)* lasten; ◇ на мне ~и́т отве́тственность ich trage die Verantwortung; ◇ у меня́ душа́ не ~и́т к э́тому das liegt mir nicht;

лежа́ч|ий *прил* ⟨-ая, -ее, -ие⟩ liegend; ◇ он ~ий больно́й er ist bettlägerig; ◇ в ~ем положе́нии liegend

ле́звие *с₄* ⟨-я⟩ **1** *(орудия)* Schneide *f,* Klinge *f* **2** *(бритвы)* Rasierklinge *f*

лезть* *несов, опред, сов* ла́зить и ла́зать ⟨ле́зу, ле́зешь, (5, 7) 1 и 2 л. не употр⟩ *на что вин или во что вин (1), во что вин (2, 3, 4), без доп (5), к кому дат с чем тв или с инф (6), на кого-что вин (7)* **1** *(взбираться, проникать)* klettern, steigen; ◇ ~ на́ гору auf den Berg steigen; ◇ в окно́ durchs Fenster klettern **2** *разг (проникать тайком)* eindringen, sich einschleichen; ◇ ~ без спро́су в ко́мнату ohne zu fragen, ins Zimmer eindringen **3** *(внутрь)* fahren, greifen, langen; ◇ ~ в карма́н за сигаре́тами in die Tasche greifen, um Zigaretten herauszuholen **4** *разг (вмешаться)* sich einmischen; ◇ ~ не в своё де́ло sich in fremde Angelegenheiten einmischen **5** *(о волосах, шерсти)* ausfallen **6** *(приставать)* aufdringlich sein, belästigen; ◇ ~ к сы́ну с сове́тами den Sohn mit Ratschlägen belästigen; ◇ ~ в дра́ку Streit suchen **7** *разг (быть в пору)* passen, hineingehen; ◇ сапо́г с трудо́м ле́зет на́ ногу der Stiefel geht kaum über den Fuß; ◇ ни́тка не ле́зет в иго́лку der Faden geht nicht in die Nadel

ле́йка *ж₃* ⟨-и, *род мн:* -éек⟩ Gießkanne *f*

лейтена́нт *м₁* ⟨-а⟩ Leutnant *m*

лека́рство c_2 ⟨-а⟩ Arznei f, Medizin f; ◊ ~ от ка́шля Hustenmittel n; ◊ приня́ть ~ Arznei einnehmen; перен ◊ ~ от всех бед Allheilmittel n

 лексико́н

Das russische лексико́н ist die Bezeichnung für den „Wortschatz" oder das „Vokabular". „Э́то сло́во бы́ло но́вым в её лексико́не" hieße also: „Das Wort war neu in ihrem Wortschatz."
„Lexikon" dagegen lautet im Russischen энциклопе́дия. „Посмотри́ в энциклопе́дии!" ist die angemessene Übersetzung für: „Schlag mal im Lexikon nach!"

лексико́н m_1 ⟨-а⟩ (запас слов) Wortschatz m; ◊ у него́ бе́дный ~ er hat einen kleinen Wortschatz
ле́кция $ж_4$ ⟨-и⟩ Vorlesung f, Vortrag m; ◊ чита́ть ~и Vorlesungen halten
лён m_1 ⟨льна⟩ Flachs m, Lein m
лени́вый прил ⟨-ая, -ое, -ые⟩ ① (избегающий труда) faul; ◊ ~ый учени́к fauler Schüler ② (вялый) schlapp, träge; ◊ ~ые движе́ния träge Bewegungen;
лени́ться V_{1a} несов ⟨-ню́сь, ле́нишься⟩ [по- сов] без доп или с инф faul sein, faulenzen
ле́нта $ж_1$ ⟨-ы⟩ (полоса) Streifen m, Band n; ◊ бума́жная ~ Papierstreifen; ◊ изоляцио́нная ~ Isolierband
лень $ж_5$ ⟨-и⟩ Faulheit f, Trägheit f; ◊ мне ~ э́то делать dazu bin ich zu faul
леопа́рд m_1 ⟨-а⟩ Leopard m
лепесто́к m_1 ⟨-тка́, мн: -тки́⟩ бот Blütenblatt n
лепи́ть V_{4a} несов ⟨леплю́, ле́пишь, (3) 1 и 2 л. не употр⟩ [вы- (1), на- (2) сов, ⟨ Part. Prät. Pass. -ле́пленный⟩ кого-что вин (1), что вин (2), без доп (3) ① (изображать) formen, modellieren; ◊ ~ снéжную бáбу einen Schneemann bauen ② (приклеивать) ankleben, aufkleben; ◊ ~ мáрки на конвéрты Briefmarken auf Umschläge kleben ③ (забрасывать) peitschen; ◊ снег лéпит в óкна Schnee peitscht gegen die Scheiben
лес m_1 ⟨-а/-у, мн: -á, род: -óв⟩ ① (пространство) Wald m; ◊ идти́ по ~у durch den Wald gehen; перен ◊ э́то для него́ тёмный ~ davon hat er keine Ahnung ② (материал) Holz n; лесни́к m_1 ⟨-á, мн: -и́⟩ Förster m; лесно́й прил ⟨-ая, -ое, -ые⟩ ① (относящийся к лесу) Wald-; ◊ ~óе хозя́йство Forstwirtschaft f ② (относящийся к материалу) Holz-; ◊ ~áя промы́шленность Holzindustrie f; лесонасажде́ние c_4 ⟨-я⟩ Aufforstung f; лесору́б m_1 ⟨-а⟩ Holzfäller m

ле́стница $ж_1$ ⟨-ы⟩ ① Treppe f; ◊ винтова́я ~а Wendeltreppe ② Leiter f; ◊ выдвижна́я ~а ausziehbare Leiter; ◊ поднима́ться/спуска́ться по ~е die Treppe hinaufgehen/hinuntergehen ③ перен ◊ служе́бная ~а Karriereleiter f
лесть $ж_5$ ⟨-и⟩ Schmeichelei f
лете́ть V_5 несов, опред, см. лета́ть ⟨лечу́, лети́шь, (4, 5) 1 и 2 л. не употр, Imp. лети́, ~те, Part. Präs. Akt. летя́щий, Adv. Part. Präs. летя́⟩ без доп ① (передвигаться) fliegen; ◊ ~ над како́й-л террито́рией über ein Territorium fliegen ② (мчаться) fliegen, dahineilen; ◊ ~ стрело́й schnell wie ein Pfeil; ◊ ~ в автомоби́ле mit dem Auto rasen ③ (падать) fallen; ◊ ~ со сту́ла vom Stuhl fallen; кни́ги летя́т с по́лки die Bücher fallen vom Regal herunter ④ перен (о времени) verfliegen, schnell vergehen; ◊ часы́ летя́т die Stunden verfliegen ⑤ перен (изменяться в цене, уровне) (schnell) fallen, steigen; ◊ це́ны летя́т вверх die Preise schnellen nach oben; ◊ а́кции летя́т вниз die Aktien fallen rapide
ле́то c_2 ⟨-а⟩ Sommer m; ◊ середи́на ~а Hochsommer; ◊ ба́бье ~о Altweibersommer; ◊ уе́хать на всё ~о für den ganzen Sommer wegfahren; ◊ про́шлым/бу́дущим ~ом letzten/nächsten Sommer
летосчисле́ние c_4 ⟨-я⟩ Zeitrechnung f
лету́чий прил ⟨-ая, -ее, -ие⟩ ① (способный летать) fliegend, Flug-; ◊ ~ая мышь Fledermaus f; фольк ◊ ~ий голла́ндец fliegender Holländer ② хим flüchtig, leicht verdunstend ③ перен (мимолётный) flüchtig; ◊ ~ая встре́ча flüchtiges Treffen
лётчик m_1 ⟨-а⟩ Pilot m, Flieger m
лече́бница $ж_1$ ⟨-ы⟩ Klinik f, Heilanstalt f; лече́бный прил ⟨-ая, -ое, -ые⟩ Heil-; ◊ ~ые сре́дства Heilmittel n pl; ◊ ~ые тра́вы Heilkräuter n pl
лече́ние c_4 ⟨-я⟩ Behandlung f; ◊ ме́тод ~я Behandlungsmethode f; ◊ пройти́ курс ~я eine Therapie machen
лечи́ть V_{4a} несов ⟨лечу́, ле́чишь, Part. Präs. Akt. ле́чащий, Part. Prät. Pass. ле́ченный⟩ кого-что вин чем тв (1), что вин (2) ① behandeln, kurieren; (излечивать) heilen; ◊ ~ лека́рствами medikamentös behandeln ② behandeln lassen (gegen); лечи́ться V_{4a} несов ⟨лечу́сь, ле́чишься⟩ без доп sich behandeln lassen
лечь* сов ⟨ля́гу, ля́жешь, (3, 4) 1 и 2 л. не употр ⟩ [ложи́ться V_{4a} несов] без доп (1, 2, 3), на кого-что вин (4, 5) ① sich (hin-) legen; ◊ ~ на дива́н sich auf das Sofa legen; ◊ ~ на́ спину/живо́т sich auf den Rücken/den Bauch legen ② (спать) sich schlafen legen, zu Bett gehen; ◊ де́ти уже́ легли́ die Kinder sind schon im Bett ③ (распространиться на по-

верхности) legen, sich ausbreiten; ◇ **снег лёг на поля́** Schnee fiel auf die Felder **(4)** *перен* (*лежать на ком*) lasten, liegen (auf); ◇ **отве́тственность ля́жет на кого́-л** jd wird die Verantwortung tragen (müssen); ◇ **на кого́-л легло́ подозре́ние** auf jd-n fiel der Verdacht **(5)** (*о судах, самолётах*) drehen, Kurs nehmen; ◇ **~ на за́падный курс** Kurs nach Westen nehmen; ◇ **~ в осно́ву чего́-л** zugrunde liegen

лжец m_1 ⟨-á, мн: -цы́⟩ Lügner m

лжи́вый *прил* ⟨-ая, -ое, -ые⟩ **(1)** (*склонный к обману*) lügnerisch **(2)** (*неискренний*) lügnerisch, lügenhaft

ли I. *частица* (*в вопросительных и относительных предложениях*) ◇ **придёшь ~ ты?** kommst du?; ◇ **не зна́ю, прие́ду ~** ich weiß nicht, ob ich komme II. *союз* **(1)** (*при косвенном вопросе*) ob; ◇ **не зна́ю, смогу́ ~ я позвони́ть Вам** ich weiß nicht, ob ich euch anrufen kann **(2)** (*или*) ◇ **идёт ~ дождь, идёт ~ снег — ему́ всё равно́** ob Regen oder Schnee, das ist ihm egal; ◇ **шу́тка ~** das ist nicht so einfach **(3)** (*с оттенком сомнения*) ◇ **едва́ [вряд] ~** kaum, wohl nicht

либера́льничать V_{1a} *несов* ⟨-аю, -аешь⟩ [**с~** *сов*] с кем тв *разг* sich liberal geben; (*попустительствовать*) nachsichtig sein; (*отпускать вожжи*) die Zügel lockerlassen

ли́бо *союз* oder; ◇ **~ ..., ~...** entweder..., oder; ◇ **~ пан, ~ пропа́л** jetzt setze ich alles auf eine Karte

ли́вень m_1 ⟨-ня, мн: -ни⟩ Regenguss m; ◇ **хлы́нул ~** ein Platzregen ging nieder

ли́дер m_1 ⟨-а⟩ **(1)** полит Führer m, führender Funktionär; ◇ **профсою́зный ~** Gewerkschaftsführer m **(2)** спорт (*в состяза́нии*) Spitzenreiter m; (*ведущий гонку*) Spitze; ◇ **быть ~ом турни́ра** beim Turnier führen/an der Spitze liegen;

лиди́ровать V_{1a} *несов* ⟨-рую, -руешь⟩ *без доп* an der Spitze liegen

лиза́ть* *несов* ⟨лижу́, ли́жешь⟩ кого́-что вин (ab-)lecken

ликвида́ция $ж_4$ ⟨-и⟩ **(1)** эк Auflösung f, Liquidation f **(2)** (*уничтожение, устранение*) Abschaffung f, Beseitigung f

ликвиди́ровать V_{1a} *несов и сов* ⟨-рую, -руешь⟩ кого́-что вин **(1)** эк auflösen, abwickeln **(2)** (*устранить*) abschaffen, beseitigen

ликова́ть V_{1a} *несов* ⟨-ку́ю, -ку́ешь⟩ *без доп* jubeln, triumphieren

лимо́н m_1 ⟨-а⟩ (*плод*) Zitrone f; (*дерево*) Zitronenbaum m; ◇ **она́ была́ как вы́жатый ~** sie fühlte sich ausgelaugt

лине́йк|а $ж_3$ ⟨-и, род мн: -не́ек⟩ **(1)** (*черта*) Linie f, Zeile f; ◇ **тетра́дь в ~** liniertes Heft **(2)** (*строй*) Linie f; ◇ **постро́иться в ~у** sich in einer Reihe aufstellen **(3)** (*планка*) Lineal n **(4)** (*сбор*) Appell m; ◇ **торже́ственная ~а** feierlicher Appell

ли́ни|я $ж_4$ ⟨-и⟩ **(1)** (*черта на плоскости*) Linie f; мат ◇ **пряма́я ~я** Gerade f **(2)** (*путь*) Linie f; ◇ **возду́шная ~я** Luftlinie; ◇ **морски́е ~и** Meeresstraßen f pl **(3)** (*предки или потомки*) (Verwandtschafts-) Linie f; ◇ **родня́ по отцо́вской/матери́нской ~и** Verwandtschaft väterlicherseits/mütterlicherseits **(4)** *перен* (*направление, взгляды*) Linie f; ◇ **~я поведе́ния** Handlungsweise f; ◇ **проводи́ть свою́ ~ю** seinen Standpunkt durchsetzen **(5)** эл Leitung f; ◇ **по ~и** im Rahmen

линя́ть V_{1b} *несов* ⟨-я́ет, -я́ют, 1 и 2 л. не употр⟩ [**по~** (1), **с~** (2) *сов*] *без доп* **(1)** (*о ткани*) ausbleichen; (*выцветать*) die Farbe verlieren; (*краситься*) abfärben **(2)** зоол (*менять шерсть*) haaren; (*о птицах*) sich mausern; (*о пресмыкающихся*) sich häuten

ли́па¹ $ж_1$ ⟨-ы⟩ (*дерево*) Linde f

ли́па² $ж_1$ ⟨-ы⟩ *разг* (*подделка*) Fälschung f; (*обман*) Betrug m

ли́п|нуть V_2 *несов* ⟨-ну, -нешь, (1) 1 и 2 л. не употр⟩ к кому́-чему дат **(1)** (*прилипать*) kleben, kleben bleiben; ◇ **те́сто ~ет к рука́м** der Teig setzt an den Händen **(2)** *перен разг* (*приставать*) jd-m nicht von der Seite weichen **(3)** (*слипаться*) zusammenkleben

лиса́ $ж_1$ ⟨-ы́, мн: ли́сы⟩ Fuchs m

лист m_1 ⟨-á, мн: ли́стья, род: -тьев, дат: -тьям, тв: -тьями, предл: -тьях⟩ **(1)** бот Blatt n; ◇ **осе́нние ~ья** Herbstlaub n **(2)** (*материала*) Bogen m, Blatt n; ◇ **~ бума́ги** ein Blatt Papier; ◇ **~ желе́за** Stahlblech n; муз ◇ **игра́ть с ~á** vom Blatt spielen **(3)** (*документ*) Liste f, Urkunde f; ◇ **исполни́тельный ~** Vollstreckungsbefehl m; ◇ **опро́сный ~** Fragebogen m

листа́ть V_{1a} *несов* ⟨-а́ю, -а́ешь⟩ что вин (um-)blättern, durchblättern

листва́ $ж_1$ ⟨-ы́⟩ Laub n

ли́ственница $ж_1$ ⟨-ы⟩ бот Lärche f

листо́вк|а $ж_1$ ⟨-и, род мн: -вок⟩ Flugblatt n; ◇ **распространя́ть ~и** Flugblätter verteilen

лита́вры $мн_1$ ⟨лита́вр⟩ муз Pauke f

литера́тор m_1 ⟨-а⟩ Literat m; **литерату́р|а** $ж_1$ ⟨-ы⟩ Literatur f; ◇ **худо́жественная ~а** Belletristik f; ◇ **указа́тель ~ы** Literaturnachweis m

литр m_1 ⟨-а⟩ Liter m

лить* *несов* ⟨лью, льёшь, (2) 1 и 2 л. не употр (1, 3), *без доп* (2)⟩ что вин **(1)** (*заставлять течь*) gießen; ◇ **во́ду из ле́йки** Wasser aus der Gießkanne gießen; ◇ **~ слёзы** Tränen vergießen; *перен* (*распространять*) verströmen; ◇ **ла́мпа льёт свет** die Lampe verströmt Licht **(2)** *разг* (*литься струёй*) strömen, fließen; ◇ **вода́ льёт из кра́на** Wasser strömt aus dem Hahn; ◇ **дождь льёт как из ведра́** es gießt wie aus Kübeln **(3)** тех gießen; ◇ **~ све́чи** Kerzen gießen

лифт m_1 ⟨-а⟩ Aufzug $m;$ ◇ **подня́ться на** ~**е** mit dem Fahrstuhl nach oben fahren

лихора́дк|а $ж_1$ ⟨-и, род мн: -док⟩ **①** (состояние) Fieber $n,$ Schüttelfrost $m;$ ◇ **трясти́сь в** ~**е** Schüttelfrost haben **②** (на губах) Herpes m o. f **③** перен (волнение) Fieber $n;$ ◇ **биржева́я** ~**а** Börsenfieber; ◇ **золота́я** ~**а** Goldfieber

лицево́й прил ⟨-а́я, -о́е, -ы́е⟩ **①** (относящийся к лицу) Gesichts- **②** (передний) Vorder-; ◇ ~**а́я сторона́** Vorderseite f **③** ◇ ~**о́й счёт** privates Konto

лицеме́рить V_{4b} несов ⟨-рю, -ришь⟩ без доп heucheln; **лицеме́рный** прил ⟨-ая, -ое, -ые⟩ heuchlerisch

лице́нзия $ж_4$ ⟨-и⟩ эк Lizenz $f;$ ◇ **пате́нтная** ~ Patent n

лицо́ c_2 ⟨-а́, мн: ли́ца⟩ **①** (человека) Gesicht $n;$ ◇ **говори́ть пра́вду в** ~**о́** die Wahrheit ins Gesicht sagen; ◇ **знать кого́-л в** ~**о́** jd-n vom Sehen kennen **②** (предмета) Vorderseite $f;$ перен ◇ **показа́ть това́р** ~**о́м** etw von der besten Seite zeigen **③** (личность) Person $f,$ Persönlichkeit $f;$ ◇ **дове́ренное** ~**о́** Vertrauensperson; ◇ **ча́стное** ~**о́** Privatperson **④** грам Person $f;$ ◇ **в тре́тьем** ~**е́** in der dritten Person; ◇ **э́то тебе́ к** ~**у́** das steht dir gut; ◇ ~**о́м к** ~**у́** von Angesicht zu Angesicht; ◇ **от** ~**а́** кого́-л im Namen (von)

ли́чность $ж_5$ ⟨-и⟩ Persönlichkeit $f,$ Person $f;$ ◇ **удостове́рить свою́** ~**ь** sich ausweisen; ◇ **установи́ть чью́-л** ~**ь** jd-s Identität feststellen; ◇ **перейти́ на** ~**и** persönlich werden; **ли́чный** прил ⟨-ая, -ое, -ые⟩ **①** persönlich; ◇ ~**ое прису́тствие** persönliche Anwesenheit; ◇ ~**ое де́ло** Privatangelegenheit; ◇ ~**ый соста́в** Personalbestand $m;$ **②** грам ◇ ~**ое иму́щество** Privatgentum n **②** грам ◇ ~**ое местоиме́ние** Personalpronomen n

лише́ни|е c_4 ⟨-я⟩ **①** (действие) Entzug $m;$ ◇ ~**е свобо́ды** Freiheitsentzug **②** ◇ ~**я** мн (нищета) Entbehrungen f pl, Not $f;$ ◇ **терпе́ть** ~**я** Not leiden

лиши́ть V_{4a} сов ⟨-шу́, -ши́шь⟩ [**лиша́ть** V_{1a} несов] кого́-что вин чего род (отнять) entziehen, wegnehmen; ◇ ~ **жи́зни** töten; ◇ ~ **насле́дства** enterben; ◇ ~ кого́-л **сло́ва** jd-m das Wort entziehen; ◇ **он не лишён чу́вства ю́мора** er hat Humor; ◇ **Ва́ши опасе́ния не лишены́ основа́ний** Ihre Befürchtungen sind berechtigt; **лиши́ться** сов ⟨-шу́сь, -ши́шься⟩ [**лиша́ться** несов] кого́-чего род einbüßen, verlieren; ◇ ~**ться чувств** bewusstlos werden; перен ◇ **он** ~**лся да́ра ре́чи** es hat ihm die Sprache verschlagen

ли́шний прил ⟨-яя, -ее, -ие⟩ **①** (избыточный) überschüssig, übrig; ◇ ~ **вес** Übergewicht n **②** (ненужный) unnötig, nutzlos; ◇ **я здесь** ~ ich bin hier überflüssig; ◇ ~ **раз напо́мнить не меша́ет** es kann

nicht schaden, noch einmal daran zu erinnern

лишь I. частица (только) nur, bloß, erst; ◇ **э́то** ~ **нача́ло** das ist erst der Anfang; ◇ **я ду́маю** ~ **о тебе́** ich denke nur an dich; (о времени) erst; ◇ **мы верну́лись** ~ **к утру́** wir kamen erst gegen Morgen zurück **II.** союз (едва, как только) kaum, sobald; ◇ ~ **вошёл, она́ ему́ навстре́чу** kaum ging er hinein, kam sie ihm entgegen

лоб m_1 ⟨лба, мн: лбы⟩ Stirn $f;$ ◇ **пусти́ть себе́ пу́лю в** ~ sich eine Kugel in den Kopf jagen; разг ◇ **на лбу напи́сано что́-л у кого́-л** etw steht jd-m auf der Stirn geschrieben; ◇ **спроси́ть в** ~ geradeheraus fragen; ◇ **что в** ~**, что по́ лбу** das ist Jacke wie Hose

лови́ть V_{4a} несов ⟨-влю́, ло́вишь⟩ [**пойма́ть** V_{1a} сов ⟨ Part. Prät. Pass. по́йманный⟩ кого́-что вин (1, 2), кого́-что вин на чём предл (3) **①** (подхватить) (auf-)fangen; ◇ ~ **ры́бу** Fische fangen; перен ◇ ~ **ры́бу в му́тной воде́** im Trüben fischen **②** перен (использовать) (aus-)nutzen; ◇ ~ **слу́чай** eine Gelegenheit nutzen **③** перен (застигнуть) erwischen; ◇ ~ **себя́ на како́й-л мы́сли** sich bei einem Gedanken ertappen; ◇ ~ **кого́-л на сло́ве** jd-n beim Wort nehmen

ло́вкий прил ⟨-ая, -ое, -ие⟩ **①** (искусный) gewandt, geschickt **②** (хитрый) pfiffig; (изворотливый) gerissen **③** разг (удобный) bequem

ло́вля $ж_2$ ⟨-и⟩ Fang $m;$ ◇ **ры́бная** ~ Fischfang

лову́шк|а $ж_1$ ⟨-и, род мн: -шек⟩ Falle $f;$ ◇ **подстро́ить** ~**у кому́-л** jd-m eine Falle stellen; ◇ **попа́сть в** ~**у** in die Falle gehen

ло́дк|а $ж_1$ ⟨-и, род мн: -док⟩ Boot $n;$ ◇ **мото́рная** ~**а** Motorboot; ◇ **надувна́я** ~**а** Schlauchboot; ◇ **па́русная** ~**а** Segelboot; ◇ **спаса́тельная** ~**а** Rettungsboot; ◇ **подво́дная** ~**а** U-Boot; ◇ **ката́ться на** ~**е** Boot fahren

ложби́на $ж_1$ ⟨-ы⟩ (овраг) Vertiefung $f;$ (низина) Niederung f

ло́жка $ж_1$ ⟨-и, род мн: -жек⟩ Löffel $m;$ ◇ **десе́ртная** ~ Dessertlöffel; ◇ **столо́вая** ~ Suppenlöffel; ◇ **ча́йная** ~ Teelöffel; ◇ **в час по ча́йной** ~ sehr langsam

ло́жный прил ⟨-ая, -ое, -ые⟩ falsch, unwahr; ◇ **представля́ть что́-л в** ~**ом све́те** etw in einem falschen Licht darstellen; ◇ ~**ый шаг** unüberlegter Schritt; ◇ ~**ая скро́мность** falsche Bescheidenheit; ◇ ~**ый стыд** falsche Scham; ◇ ~ **во́ин** Trugschluss $m;$ ◇ **быть на** ~**ом пути́** auf dem Holzwege sein; ◇ ~ **трево́га** blinder Alarm

ложь $ж_5$ ⟨лжи⟩ Lüge $f;$ ◇ ~ **во спасе́ние** Notlüge

лоза́ $ж_1$ ⟨-ы, мн: ло́зы⟩ **①** (стебель) Rebe f **②** (ива) Weide f

ло́зунг m_1 ⟨-а⟩ **①** (призыв) Losung $f;$

(девиз) Devise f; ◇ **вы́двинуть** ~ eine Losung ausgeben; ◇ **под ~ом** nach der Devise ② *(плакат)* Spruchband n

ло́кон M_1 <-а> Locke f

ло́коть M_2 <-ктя, мн: ло́кти, род: -ктёй, дат: -ктя́м> *(руки)* Ellbogen m; ◇ **согну́ть ру́ку в ~те** den Arm beugen; *разг* ◇ **рабо́тать ~тя́ми** rücksichtslos vorgehen; ◇ **чу́вство ~тя** Tuchfühlung f

лом M_1 <-а> ① *(металлический стержень)* Brecheisen n ② *(ломаные предметы)* Schrott m; *(из металла)* Altmetall n

лома́ть V_{1a} *несов* <-а́ю, -а́ешь, *Part. Prät. Pass.* ло́манный> [**с~** *сов*] *кого-что вин* ① *(разделять)* (zer-)brechen, abbrechen; ◇ ~ **сук** einen Ast abbrechen ② *(сносить)* niederreißen; ◇ ~ **ста́рый дом** ein altes Haus abreißen ③ *перен (уничтожать)* (mit etw) brechen, zunichte machen; ◇ ~ **сопротивле́ние проти́вника** gegnerischen Widerstand brechen ④ *перен (изменять)* ändern, umkrempeln; ◇ ~ **свою́ жизнь** sein Leben umkrempeln; ◇ ~ **себя́** sich von Grund auf ändern; ◇ ~ **ста́рые обы́чаи** alte Gewohnheiten ablegen; ◇ ~ **го́лову над чем-л** sich den Kopf über etw zerbrechen

ломба́рд M_1 <-а> Pfandhaus n; ◇ **заложи́ть ве́щи в** ~ (Wert-)Sachen verpfänden

ломи́ться V_{4a} *несов* <ломлю́сь, ло́мишься, (1) 1 и 2 л. не употр> *от чего род (1), без доп (2)* ① *(прогибаться)* sich biegen; ◇ **ве́тки ло́мятся от я́блок** die Zweige biegen sich unter der Last der Äpfel ② *разг (идти напролом)* stürmen, sich (gewaltsam) Zutritt verschaffen; *перен* ◇ ~ **в откры́тую дверь** offene Türen einrennen

ло́мкий *прил* <-ая, -ое, -ие> zerbrechlich, brüchig; *(хрупкий)* spröde

ломо́ть M_2 <-тя́, мн: -ти́, род: -тёй> Schnitte f, Scheibe f; ◇ ~ **хле́ба** Brotscheibe; ◇ **отре́занный** ~ auf eigenen Füßen stehender Mensch

ло́пасть $ж_5$ <-и> Schaufel f; ◇ ~ **весла́** Ruderblatt n

лопа́т|а $ж_1$ <-ы> Schaufel f, Schippe f; *(заступ)* Spaten m; *разг* ◇ **он гребёт де́ньги ~ой** er scheffelt Geld

ло́па|ться V_{1a} *несов* <-аюсь, -аешься, (2) 1 и 2 л. не употр> *без доп* ① *(разрываться)* platzen, bersten, (zer-)reißen ② *перен разг (терпеть крах)* platzen, scheitern; ◇ **терпе́ние ~ется** der Geduldsfaden reißt

ло́пну|ть V_2 *сов* <-ну, -нешь, (2) 1 и 2 л. не употр> *без доп* ① *(разорваться)* platzen, zerspringen, zerreißen; ◇ **стака́н ~л** das Glas zersprang; ◇ **струна́ ~ла** die Saite riss ② *перен разг (потерпеть крах)* zusammenbrechen, scheitern, platzen; ◇ **карье́ра ~ла** die Karriere scheiterte; ◇ **банк ~л** die Bank ging Pleite

лосо́сь M_2 <-я> зоол Lachs m

лось M_2 <-я, мн: ло́си, род: лосёй> зоол Elch m

лотере́|я $ж_5$ <-и> ① *(розыгрыш)* Lotterie f; *(с немедленной выдачей выигрышей)* Tombola f; ◇ **разы́грывать ~ю** etw verlosen ② *перен (дело)* Lotterie f

лот|о́к M_1 <-тка́, мн: -тки́> ① *(открытый прилавок)* offener Verkaufsstand m; *(переносной)* Bauchladen m; ◇ **торгова́ть с ~ка́** auf der Straße verkaufen ② *(жёлоб для стока)* (Abfluss-) Rinne f

лоха́нка $ж_1$ <-и, мн: -нок> Kübel m; **лоха́нь** $ж_5$ <-и> Kübel m

лохмо́тья $мн_5$ <-ьев> *(одежда)* Lumpen m pl; *(клочья)* Fetzen m pl; ◇ **изорва́ть в ~ что-л** etw zerfetzen

ло́шад|ь $ж_5$ <-и, *род мн*: -де́й> Pferd n; *(конь)* Ross n; ◇ **бе́лая ~ь** Schimmel m; ◇ **сади́ться на ~ь** aufs Pferd steigen; ◇ **верхо́м на ~и** zu Pferde; ◇ **рабо́тать как ~ь** arbeiten wie ein Pferd

луг M_1 <-а, мн: луга́, *род*: луго́в> Wiese f

лу́ж|а $ж_1$ <-и> *(на улице)* Pfütze f, Lache f; *перен* ◇ **сесть в ~у** in der Patsche sitzen

лужа́йка $ж_1$ <-и, *род мн*: -жа́ек> kleine Wiese; *(лесная)* ~ kleine Waldlichtung

лук¹ M_1 <-а/-у> Zwiebel f; ◇ **зелёный** ~ Schnittlauch m; ◇ **~-поре́й** Porree m

лук² M_1 <-а> спорт Bogen m; ◇ **стрельба́ из ~а** Bogenschießen n

лука́вый I. *прил* <-ая, -ое, -ые> ① *(коварный)* arglistig, hinterlistig ② *(игривый)* verschmitzt, schlau II. *м* <-ого> *(дьявол)* Teufel m

луна́ $ж_1$ <-ы́, мн: лу́ны> Mond m; ◇ **по́лная ~** Vollmond; ◇ **лу́нн|ый** *прил* <-ая, -ое, -ые> Mond-; ◇ **~ое затме́ние** Mondfinsternis f; ◇ **~ый свет** Mondschein m

лунохо́д M_1 <-а> Mondfahrzeug n

лу́па; $ж_1$ <-ы> Lupe f; ◇ ~ **вре́мени** Zeitlupe f

луч M_1 <-а́, мн: -и́> Strahl m; ◇ **рентге́новские ~й** Röntgenstrahlen; ◇ **со́лнечные ~й** Sonnenstrahlen; ◇ **испуска́ть ~й** strahlen

лу́чше I. *сравн от прил* хоро́ший *и нареч* хорошо́ besser; ◇ **тем** ~ um so besser; ◇ **всё** ~ **и** ~ immer besser; ◇ **как мо́жно** ~ so gut wie möglich; ◇ **ребёнку сего́дня** ~ dem Kind geht es heute besser II. *сравн от нареч* охотно lieber; ◇ **я** ~ **позвоню́** ich rufe lieber an; ◇ ~ **не ходи́ть** es ist besser, nicht zu gehen; ◇ **дела́ иду́т как нельзя́** ~ besser könnte es nicht laufen

лу́чш|ий см. хоро́ший I. *прил* <-ая, -ее, -ие> *(высшего качества)* bester, beste-; ◇ **~ие спортсме́ны го́да** die besten Sportler des Jahres; ◇ **в ~ем слу́чае** bestenfalls II. *с* (A_2) <-его> beste n; ◇ **са́мое** ~ **-ее** das Allerbeste; ◇ **всё меня́ется к ~ему** alles wendet sich zum Besseren; ◇ **всего́ ~его!** alles Gute!

лы́ж|а $ж_1$ <-и> Ski m; *(полоз)* Kufe f; ◇

ходи́ть на ~ах Ski laufen; ◇ навостри́ть ~и sich auf die Beine [Socken] machen; ◇ во́дные ~и Wasserskier; лы́жник m_1 ⟨-а⟩ Skiläufer m

лы́сина $ж_1$ ⟨-ы⟩ Glatze f; ◇ ~ во всю го́лову Vollglatze f

льви́ца $ж_1$ ⟨-ы⟩ Löwin f

льго́т|а $ж_1$ ⟨-ы⟩ Privileg n, Vergünstigung f; ◇ предоставля́ть ~ы кому́-л jd-m Privilegien einräumen; льго́тный прил ⟨-ая, -ое, -ые⟩ Vorzugs-, ermäßigt; ◇ ~ый биле́т ermäßigte Fahrkarte

льди́на $ж_1$ ⟨-ы⟩ Eisscholle f

льнуть V_2 несов ⟨льну, льнёшь⟩ [при-] (1) сов к кому-чему дат ① (прижима́ться) sich anschmiegen (an) ② разг (пристава́ть) sich bei jd-m einschmeicheln

льнян|о́й прил ⟨-а́я, -о́е, -ы́е⟩ Flachs-, leinen, Lein-; ◇ ~о́е се́мя Leinsamen m; ◇ ~о́е полотно́ Leinwand f

льстец m_5 ⟨-а́⟩ Schmeichler m; льстить V_{4a} несов ⟨льщу, льстишь⟩ [по-] сов кому́-чему дат ① (хвалить из лести) sich einschmeicheln, sich anbiedern ② (доставля́ть удово́льствие) schmeicheln

любе́зност|ь $ж_5$ ⟨-и⟩ ① (обходи́тельность) Liebenswürdigkeit f; (приветли́вость) Freundlichkeit f; (одолже́ние) Gefälligkeit f; ◇ оказа́ть кому́-л ~ь jd-m eine Gefälligkeit erweisen; ◇ не откажи́те в ~и! seien Sie so liebenswürdig! ② (учти́вые слова́) Kompliment n; любе́зн|ый прил ⟨-ая, -ое, -ые⟩ ① (обходи́тельный) freundlich, liebenswürdig; ◇ э́то о́чень ~о с твое́й стороны́ das ist sehr liebenswürdig von dir; ◇ бу́дьте ~ы! seien Sie so gut! ② уст (дорого́й) lieb; ◇ ~ый друг lieber Freund

люби́м|ый прил ⟨-ая, -ое, -ые⟩ geliebt, Lieblings-; ◇ ~ое блю́до Leibgericht n; люби́тель m_2 ⟨-я⟩ ① (чего-л) Liebhaber m; ◇ ~ му́зыки Musikliebhaber ② (не профессиона́л) Amateur m; ◇ садово́д~ Hobbygärtner m; люб|и́ть V_{4a} несов ⟨-блю́, лю́бишь, (4) 1 и 2 л. не употр., Part. Präs. Akt. лю́бящий, Part. Präs. Pass. люби́мый⟩ кого́-что вин (1, 4), что вин или с инф (1), кого́-что вин или с сою́зом "что́бы" (3) ① (испы́тывать любовь) lieben, liebhaben; ◇ ~и́ть друг дру́га sich gegenseitig lieben ② (име́ть скло́нность) mögen, gerne tun; ◇ ~и́ть чита́ть gerne lesen ③ (быть дово́льным) mögen; ◇ он не ~ит, что́бы его́ гла́дили er mag es nicht, gestreichelt zu werden ④ (нужда́ться) nach etw verlangen; ◇ цветы́ ~ят свет Blumen brauchen Licht

любова́ться V_{1q} несов ⟨-бу́юсь, -бу́ешься⟩ [по-] сов кем-чем тв или на кого́-что вин etw bewundern, mit Vergnügen betrachten; ◇ ~ карти́ной sich an einem Bild erfreuen

любо́вник m_1 ⟨-а⟩ Liebhaber m; любо́в-

ница $ж_1$ ⟨-ы⟩ Liebhaberin f; любо́вь $ж_5$ ⟨-бви́, тв: -бо́вью⟩ Liebe f; ◇ взаи́мная ~ gegenseitige Liebe; ◇ ~ с пе́рвого взгля́да Liebe auf den ersten Blick; ◇ из любви́ к иску́сству aus Liebe zur Kunst

любозна́тельный прил ⟨-ая, -ое, -ые⟩ wissbegierig

люб|о́й определит мест ⟨-а́я, -о́е, -ы́е⟩ ① (ка́ждый, вся́кий) beliebige(r, s), jede(r, s); ◇ в ~о́е вре́мя jederzeit; ◇ в ~ы́х усло́виях unter allen Umständen; ◇ добива́ться успе́ха ~о́й цено́й Erfolg um jeden Preis haben wollen ② (пе́рвый попа́вшийся) beliebig, irgendein

любопы́тный прил ⟨-ая, -ое, -ые⟩ ① (выража́ющий любопы́тство) neugierig ② (занятный) interessant; ◇ ~ая то́чка зре́ния ein interessanter Aspekt; любопы́тство c_2 ⟨-а⟩ Neugier f, Neugierde f; ◇ из пусто́го ~а aus reiner Neugier; ◇ возбуди́ть/удовлетвори́ть чьё-л ~ jd-s Neugier wecken/befriedigen

лю́ди $мн_2$ ⟨-е́й, дат мн: лю́дям, тв: лю́дьми, предл: лю́дях⟩ Leute pl, Menschen m pl; ◇ зна́тные ~ angesehene Leute ② (рабо́тники, ка́дры) Personal n, Leute pl; ◇ предприя́тию нужны́ ~ das Unternehmen braucht noch Leute; ◇ вы́йти в ~ etw erreichen im Leben; лю́дн|ый прил ⟨-ая, -ое, -ые⟩ (густонаселённый) dicht bevölkert; (оживлённый) belebt; ◇ ~ое ме́сто belebter Platz

людое́д m_1 ⟨-а⟩ Kannibale m

людск|о́й прил ⟨-а́я, -о́е, -и́е⟩ menschlich, Menschen-; ◇ ~а́я молва́ Gerede n; ◇ ~о́й пото́к Menschenstrom m

лю́стра $ж_1$ ⟨-ы⟩ Kronleuchter m

лютера́нство c_2 ⟨-а⟩ Luthertum n

лю́т|ый прил ⟨-ая, -ое, -ые⟩ ① (беспоща́дный) grausam, grimmig; (хи́щный) wild; ◇ ~ый зверь wildes Tier ② перен (причиня́ющий муче́ния) hart, grausam; ◇ ~ое го́ре quälender Kummer; ◇ ~ый моро́з grimmige Kälte

лягу́шка $ж_1$ ⟨-и, род мн: -шек⟩ Frosch m; ◇ зелёная ~ Laubfrosch

ля́жка $ж_1$ ⟨-и, род мн: -жек⟩ Schenkel m

ля́мк|а $ж_1$ ⟨-и, род мн: -мок⟩ (реме́нь) Tragriemen m; (верёвка) Schleppseil n; ◇ тяну́ть ~у malochen

ля́псус m_1 ⟨-а⟩ Lapsus m, Schnitzer m

мавзоле́й m_3 ⟨-я⟩ Mausoleum n

магази́н m_1 ⟨-а⟩ ① (учрежде́ние торго́вли) Geschäft n, Laden m; ◇ универса́льный ~ Kaufhaus n, Warenhaus n ②

(оружия, машины) Magazin n; ◇ **бара-ба́нный** ~ Trommelmagazin n

мавзолей

Das Lenin-Mausoleum auf dem Roten Platz in Moskau wurde nach dem Tod des sowjetischen Staatsgründers im Jahre 1924 zunächst aus Holz, dann 1929 aus Stein gebaut und war bis Ende der 80er Jahre die für Sowjetbürger wichtigste Sehenswürdigkeit beim Besuch in Moskau. Stundenlang standen die Menschen bei jedem Wetter Schlange, um Lenins Leichnam in absoluter Stille betrachten zu können. Auch heute noch beschäftigt sich ein ganzes wissenschaftliches Institut mit der inzwischen umstrittenen Instandhaltung des Leichnams.

магистра́ль ж₅ ‹-и› ① (главная улица) Hauptverkehrsstraße f, Verkehrsader f; ◇ **во́дная** ~ Hauptwasserweg m ② тех, эл Hauptleitung f; (кабель) Hauptkabel n; (труба) Hauptleitungsrohr n
магистра́т м₁ ‹-а› Stadtverwaltung f
магни́т м₁ ‹-а› Magnet m; **магни́тный** прил ‹-ая, -ое, -ые› magnetisch, Magnet-; ◇ **ая стре́лка** Magnetnadel f
магнитофо́н м₁ ‹-а› Tonbandgerät n; ◇ **кассе́тный** ~ Kassettenrekorder m
ма́зать* несов ‹ма́жу, ма́жешь› [**за**~ (3), **из**~ (2, 4) **со**~ (5) **на**~ (1)] кого-что вин, что вин или без доп (4) ① (смазывать) einölen, schmieren ② (намазывать) bestreichen, auftragen; ◇ ~ **хлеб ма́слом** ein Butterbrot schmieren ③ (пачкать) schmutzig machen, beschmieren ④ разг (плохо рисовать) schmieren, klecksen ⑤ разг (красить лицо, губы) schminken; **мазо́к** м₁ ‹-зка́, мн: -зки́› ① Pinselstrich m ② мед Abstrich m; ◇ **взять** ~ einen Abstrich machen
мазу́т м₁ ‹-а› Heizöl n
мазь ж₅ ‹-и› ① мед Salbe f ② (смазка) Schmiere f, Schmierfett n; ◇ **колёсная** ~ Wagenschmiere f; **лы́жная** ~ Skiwachs n; ◇ ~ **для о́буви** Schuhcreme f; **де́ло на** ~**й** die Sache läuft wie geschmiert

Транссибирская магистраль

Die weltberühmte Transsibirische Eisenbahn wurde unter dem Einsatz von 90.000 Arbeitskräften in den Jahren 1891-1904 erbaut. Die Транссибирская магистраль ist mit 10.000 km Länge die längste Eisenbahnstrecke der Welt und führt von Ural bis zum Pazifischen Ozean quer durch ganz Sibirien.

май м₃ ‹ма́я› Mai m
ма́йка ж₁ ‹-и, род мн: ма́ек, дат: ма́йкам› спорт ärmelloses Turnhemd n, Trikot n; (нижняя рубашка) Herrenunterhemd n
майоне́з м₁ ‹-а› Majonäse f
мак м₁ ‹-а/-у› ① (травянистое растение) Mohn m, Mohnblume f; ◇ **о́пиумный** ~ Schlafmohn m ② (семена) Mohnsamen m; ◇ **бу́лочка с** ~**ом** Mohnbrötchen n
мака́ть V₁ₐ несов ‹-а́ю, -а́ешь› [**макну́ть** V₂ сов] что вин eintauchen, eintunken, stippen; ◇ ~ **кисть в кра́ску** einen Pinsel in Farbe tauchen
маке́т м₁ ‹-а› ① (модель) Modell n; (проект) Entwurf m; ◇ ~ **кни́ги** Blindband m ② (бутафория) Attrappe f, Nachbildung f
ма́клер м₁ ‹-а› Makler m, Geschäftsvermittler m; ◇ **биржево́й** ~ Börsenmakler m
максима́льный прил ‹-ая, -ое, -ые› maximal, Höchst-; ◇ ~**ый за́работок** maximales Einkommen; ◇ ~**ое коли́чество** Maximum n, Höchstmaß n
макулату́р|**а** ж₁ ‹-ы› ① Altpapier n; ◇ **сбор** ~**ы** Altpapiersammlung f ② перен Schundliteratur f
ма́леньк|**ий** прил ‹-ая, -ое, -ие› (сравн: ме́ньше) ① (небольшой по размеру, количеству) klein; ◇ ~**ий рост** kleiner Wuchs; ◇ ~**ий до́мик** kleines Häuschen; (крошечный) winzig ② (незначительный) unbedeutend, geringfügig; ◇ ~**ая неприя́тность** kleines Ärgernis ③ (малолетний) minderjährig, klein; ◇ **он ведёт себя́ как** ~**ий** er führt sich kindisch auf
мали́на ж₁ kein pl ‹-ы› (ягода) Himbeere f; (куст) Himbeerstrauch m
мали́новка ж₁ ‹-и, род мн: -вок› зоол Rotkehlchen n
ма́ло нареч (немного) wenig; (недостаточно) ungenügend; ◇ **у меня́** ~ **свобо́дного вре́мени** ich habe wenig Freizeit; ◇ **сли́шком** ~ zu wenig; ◇ ~ **того́, что...** nicht genug, dass...; ◇ ~ **ли что мо́жет случи́ться** wer weiß, was noch alles passieren kann; ◇ **ни мно́го, ни** ~ nicht mehr und nicht weniger
малогра́мотный прил ‹-ая, -ое, -ые› ① (малообразованный) ungebildet ② (халтурный) fehlerhaft, stümperhaft ③ (плохо владеющий своей специальностью) dilettantisch; ◇ ~ **те́хник** schlechter Techniker; **малоду́шный** прил ‹-ая, -ое, -ые› mutlos; **малозаме́тный** прил ‹-ая, -ое, -ые› ① (едва приметный) kaum bemerkbar ② перен unauffällig, unscheinbar; **малоиму́щий** прил ‹-ая, -ое, -ие› arm, einkommensschwach; **малоле́тний** I. прил ‹-яя, -ее, -ие› im Kindesalter, minderjährig II. м (A₃) ‹-его› Minderjähriger m; **малолитра́жка** ж₁ ‹-и, род мн: -жек› разг Kleinwagen m; **малонаселённый** прил ‹-ая, -ое, -ые› dünn

besiedelt; **малора́звитый** *прил* ‹-ая, -ое, -ые› unterentwickelt; *(умственно)* geistig zurückgeblieben; *(ограниченный)* beschränkt; **малочи́сленный** *прил* ‹-ая, -ое, -ые› klein (an der Zahl), nicht zahl-reich

ма́л|ый *прил* ‹-ая, -ое, -ые› *(сравн: ме́ньше)* **1** *(маленький)* gering, klein; ◇ ~ое предприя́тие Kleinbetrieb *m* **2** *(узкий, тесный)* zu klein, zu eng; ◇ ку́рт-ка ему́ мала́ die Jacke ist ihm zu klein; ◇ с ~ых лет von Kindesbeinen an; **малы́ш** *M₂* ‹-а› kleiner Junge, Knirps *m*; **ма́льчик** *M₁* ‹-а› Junge *m*; *фольк* ◇ ~ с па́льчик Däumling *m*

маля́р *M₁* ‹-а́, мн: -ы́› Maler *m*, Anstrei-cher *m*

маляри́я *ж₄* ‹-и› *мед* Malaria *f*

ма́ма *ж₁* ‹-ы› Mama *f*, Mutti *f*

ма́монт *M₁* ‹-а› *зоол* Mammut *n*

мандари́н *M₁* ‹-а› *(плод)* Mandarine *f*; *(дерево)* Mandarinenbaum *m*

манда́т *M₁* ‹-а› Mandat *n*; *(полномочие)* Vollmacht *f*

мане́вр *M₁* ‹-а› **1** *воен* Manöver *n* **2** *перен (ловкий ход)* Trick *m*, Schachzug *m*; ◇ уда́чный ~ gelungener Schachzug **3** ◇ ~ы *мн ж.-д.* Rangieren *n*; **маневри́ровать** V₃ₐ *несов* ‹-рую, -руешь› [с~ *сов*] *без доп (1, 2, 3), чем тв (4)* **1** *(производить маневр)* manövrieren, ein Manöver abhalten **2** *ж.-д.* rangieren **3** *перен (ловко действовать)* (heraus-) manövrieren; ◇ ~ в сло́жной обста-но́вке sich aus einer schwierigen Lage her-ausmanövrieren **4** *перен (заведовать)* disponieren; ◇ ~ резе́рвами Reserven richtig einsetzen

мане́ж *M₂* ‹-а› **1** *(для верховой езды)* Manege *f* **2** *(крытый)* Reithalle *f* **2** *(дет-ский ~)* Laufgitter *n* **3** *(арена цирка)* (Zirkus-)Manege *f* **4** *(помещение)* Halle *f*; ◇ спорти́вный ~ Sporthalle *f*

мане́р|а *ж₁* ‹-ы› **1** *(образ действия)* Art *f*, Art und Weise *f*; ◇ ~а держа́ть себя́ Verhaltensweise *f* **2** ◇ ~ы *мн (поведе-ние)* Manieren *f pl*, Umgangsformen *f pl*; ◇ учи́ть кого́-л хоро́шим ~ам jd-m gute Manieren beibringen

манипуля́ция *ж₄* ‹-и› **1** Manipulation *f*; *(приём)* Handgriff *m* **2** *перен (махи-нация)* Machenschaft *f*

мани́ть V₄ₐ *несов* ‹маню́, ма́нишь› [по~ *сов*] *кого-что вин* **1** *(звать)* her-beiwinken **2** *перен (привлекать)* an-locken, anziehen; ◇ юг ма́нит тепло́м мно́гих тури́стов der Süden lockt mit sei-ner Wärme viele Touristen an

манифеста́ция *ж₄* ‹-и› Demonstration *f*, Massenkundgebung *f*

ма́ния *ж₄* ‹-и› **1** *психол* Manie *f*, Wahn *m*; ◇ ~ вели́чия Größenwahn *m*; ◇ ~ пре-сле́дования Verfolgungswahn *m* **2** *(пристрастие)* Besessenheit *f*, Sucht *f*; ◇

игра́ть в ка́рты mit Leidenschaft Karten spielen

марафо́н *M₁* ‹-а› *спорт* Marathon *m*

маринова́ть V₃ₐ *несов* ‹-ную, -нуешь, *Part. Pass.* -но́ванный› [за~ *сов*] *что вин* **1** кул einlegen, marinieren; ◇ ~ огурцы́ Gurken einlegen **2** *перен, разг (откладывать)* aufschieben, auf die lange Bank schieben

марионе́т|ка *ж₁* ‹-и, *род мн:* -ток› **1** теа́тр Marionette *f*; ◇ теа́тр ~ок Mario-nettentheater *n* **2** *перен* Marionette *f*

ма́рк|а¹ *ж₁* ‹-и, *род мн:* -рок› **1** Marke *f*; ◇ ге́рбовая ~ Stempelmarke *f* **2** ◇ почто́вая ~ Briefmarke *f* **2** *(клеймо, торговый знак)* Warenzeichen *n*, Marke *f* **3** *(сорт)* Marke *f*, Qualität *f*; ◇ това́р вы́сшей ~и Spitzenerzeugnis *n*; ◇ держа́ть свою́ ~у viel auf seinen Ruf halten

ма́рка² *ж* ‹-и› *(денежная единица)* Mark *f*

ма́рля *ж₂* ‹-и› *(ткань)* Mull *m*

мармела́д *M₁* ‹-а/-у› Geleekonfekt *n*

март *M₁* ‹-а› März *m*

маршру́т *M₁* ‹-а› *(путь следования)* Strecke *f*, Marschroute *f*; *(путешествия)* Reiseroute *f*; *(автобуса)* Buslinie *f*; *(трам-вая)* Straßenbahnlinie *f*; ◇ ~ перелёта Flugstrecke *f*

ма́ск|а *ж₁* ‹-и, *род мн:* -сок› **1** Maske *f*, Schutzmaske *f* **2** *(слепок с лица умер-шего)* Totenmaske *f*; ◇ снять ~у с кого́-л einen Abguss vom Gesicht nehmen **3** *перен* Maske *f*, Deckmantel *m*; ◇ сбро́-сить ~у sein wahres Gesicht zeigen; **маскара́д** *M₁* ‹-а› **1** *(бал)* Kostümfest *n*, Maskenball *m*; ◇ нового́дний ~ Silvester-ball *m* **2** *перен (притворство)* Maskera-de *f*, Täuschung *f*; ◇ всё э́то – оди́н ~ alles nur Heuchelei; **маскирова́ться** V₃ₐ *несов* ‹-ру́юсь, -ру́ешься› [за~ *сов*] *без доп* **1** *(переодеваться)* sich maskieren, sich verkleiden **2** *перен* sich verstellen **3** *воен* sich tarnen

ма́сленица *ж₁* ‹-ы› Fastnachtswoche *f*; ◇ не всё коту́ ~ es ist nicht alle Tage Sonntag

маслёнка *ж₁* ‹-и, *род мн:* -нок› **1** Butterdose *f* **2** *тех* Ölkanne *f*

маслёнок *M₁* ‹-нка, *мн:* -ля́та, *род:* -лят› *(гриб)* Butterröhrling *m*, Butterpilz *m*

масли́на *ж₁* ‹-ы› *(плод)* Olive *f*; *(дере-во)* Ölbaum *m*, Olivenbaum *m*

ма́сл|о *c₂* ‹-а, *мн:* масла́, *род:* ма́сел, *дат:* -ла́м› **1** *(растительное, мине-ральное)* Öl *n*; ◇ маши́нное ~о Maschi-nenöl; ◇ оли́вковое ~о Olivenöl; ◇ рас-ти́тельное ~о Pflanzenöl **2** *(сливочное)* Butter *f*; ◇ жа́рить на ~е in Butter anbra-ten; ◇ де́ло идёт как по ~у die Sache läuft wie geschmiert; ◇ ката́ться как сыр в ~е wie die Made im Speck sitzen **3** *(масляные краски)* Ölfarbe *f*; ◇ писа́ть

~ом mit Ölfarbe malen; **ма́слян|ый** прил ‹-ая, -ое, -ые› Öl-, Fett-; ◇ ~ое пятно́ Fettfleck m

ма́сс|а ж₁ ‹-ы› ① (большое количество) Masse f, Menge f; ◇ у меня́ ~а новостей ich habe eine Menge Neuigkeiten ② (густая смесь) Masse f; ◇ древе́сная ~а Holzschliff m; ◇ сырко́вая ~а (süße Quarkspeise) ③ ◇ ~ы мн (народ) Masse(n) f (pl); ◇ широ́кие ~ы die breiten Massen; ◇ в ~е größtenteils, vorwiegend

масса́ж м₂ ‹-а› Massage f

ма́ссов|ый прил ‹-ая, -ое, -ые› Massen-; ◇ сре́дства ~ой информа́ции (СМИ) Massenmedien n pl

ма́стер м₁ ‹-а, мн:-а́, род:-о́в› ① (на производстве) Meister m; ◇ рабо́тать ~ом als Meister arbeiten ② (специалист) Meister m, Spezialist m; (знаток) Kenner m; ◇ скрипи́чный ~ Geigenbauer m; ◇ часовы́х дел ~ Uhrmacher m; **мастерство́** с₂ ‹-а́› ① (ремесло) Handwerk n, Gewerbe n; ◇ обуча́ться ~у́ ein Handwerk erlernen ② (умение) (meisterhaftes) Können n, Meisterschaft f

масть ж₅ ‹-и, мн: ма́сти, род: масте́й› ① (у животных) Fellfarbe f ② карт Farbe f; ◇ бубно́вая ~ь Karo n; ◇ всех ~е́й aller Arten, aller Schattierungen

масшта́б м₁ ‹-а› ① (соотношение) Maßstab m; (размер) Dimension f ② (размах, значение) Ausmaß n, Maß n; ◇ широ́кий ~ рабо́т großer Arbeitsumfang; ◇ в миро́вом ~е global betrachtet

мат м₁ ‹-а› ① шахм Matt n; ◇ объяви́ть ~ сопе́рнику jd-n matt setzen ② (неприличная брань) unanständiges, obszönes Fluchen

материа́л м₁ ‹-а› ① (вещество) Material n, Werkstoff m; ◇ строи́тельный ~ Baustoff m ② (ткань) Material n, Stoff m, Gewebe n ③ ◇ ~ы мн (собрание документов) Material n; (сведения) Belege m pl, Quellen f pl; ◇ ~ы сле́дствия Ermittlungsunterlagen f pl

матери́к м₁ ‹-а́, мн:-и́, род:-о́в› Kontinent m, Festland n

матери́нств|о с₂ ‹-а› Mutterschaft f; ◇ охра́на ~а Mutterschutz m

мате́рия ж₄ ‹-и› ① филос Materie f, Urstoff m ② физ Materie f, Substanz f ③ (ткань) Stoff m, Gewebe n; ◇ шёлко-вая ~ Seidenstoff m ④ (тема) Thema n; ◇ говори́ть о высо́ких ~х über hochgeistige Dinge sprechen

ма́тка ж₃ ‹-и, род. мн:-ток› ① анат Gebärmutter f ② зоол Weibchen n, Muttertier n; ◇ пчели́ная ~ Bienenkönigin f

матра́ц, матра́|с м₁ ‹-а› Matratze f; ◇ надувно́й ~ Luftmatratze f

матро́с м₁ ‹-а› Matrose m

матч м₂ ‹-а› спорт (игра) Spiel n, Match n; (состязание) Wettkampf m

мать ж₅ ‹ма́тери, дат: ма́тери, тв: ма́терью, предл: ма́тери, мн: ма́тери, род: матере́й› Mutter f; ◇ ~-одино́чка allein erziehende Mutter; ◇ в чём ~ роди-ла́ splitternackt

мах м₁ ‹-а/-у› Schwung m, Schlag m; ◇ одни́м ~ом auf Anhieb; ◇ с ~у Hals über Kopf, blindlings; ◇ дать ~у sich irren

маха́ть V₁ₐ несов ‹машу́, ма́шешь, Imp. маши, ~те› [махну́ть V₂ сов] чем тв winken, ein Handzeichen geben; (о собаке) wedeln; ◇ ~ руко́й jd-m zuwinken

махро́вый прил ‹-ая, -ое, -ые› ① перен (отъявленный) Erz-, ausgesprochen; ◇ ~ реакционе́р Erzreaktionär m ② (ткань) Frottee-, frottiert

ма́чеха ж₃ ‹-и› Stiefmutter f

ма́чта ж₁ ‹-ы› мор Mast m

маши́на ж₁ ‹-ы› ① Maschine f; ◇ вычисли́тельная ~ Computer m; ◇ швейная ~ Nähmaschine f ② разг (автомобиль) Auto n, Wagen m; ◇ грузова́я ~ Lastkraftwagen m; ◇ служе́бная ~ Dienstwagen m; **маши́нк|а** ж₃ ‹-и, род мн:-нок› ① (пишущая) Schreibmaschine f; ◇ печа́тать на ~е tippen ② (швейная) Nähmaschine f; ◇ шить на ~ е nähen;

маши́нн|ый прил ‹-ая, -ое, -ые› ① mechanisch, maschinell; ◇ ~ая обрабо́т-ка mechanische Bearbeitung ② (относящийся к машинам) Maschinen-; ◇ ~ое отделе́ние Maschinenraum m; **машино-строе́ние** с₄ ‹-я› Maschinenbau m

мая́к м₁ ‹-а́, мн:-и́› Leuchtturm m

ма́ятник м₁ ‹-а› Pendel n; ◇ она́ хо́дит как ~ sie geht ständig auf und ab

мгнове́ние с₄ ‹-я› Augenblick m, Moment m; ◇ в одно́ ~ im Nu; ◇ на ~ für einen Augenblick; **мгнове́нный** прил ‹-ая, -ое, -ые› (возникающий сразу) augenblicklich, blitzschnell; (внезапный) plötzlich, jäh

ме́бел|ь ж₅ ‹-и› Möbel n pl; (обстановка) Einrichtung f; ◇ встро́енная ~ь Einbaumöbel; ◇ ку́хонная ~ь Küchenmöbel; ◇ мя́гкая ~ь Polstermöbel; ◇ для ~и nutzlos herumstehen

мёд м₁ ‹-а/-у, в меду́› ① Honig m; ◇ сла́дкий как ~ honigsüß ② (напиток) Met m, Honigwein m

меда́л|ь ж₅ ‹-и› Medaille f; (памятная) Gedenkplakette f; ◇ оборо́тная сторона́ ~и die Kehrseite der Medaille

медве́дица ж₁ ‹-ы› ① зоол Bärin f ② астр Больша́я/Ма́лая М~ der Große/ Kleine Bär; **медве́дь** м₂ ‹-я› ① зоол Bär m; ◇ бе́лый ~ Eisbär m; ◇ бу́рый ~ Braunbär m ② перен (о человеке) Tollpatsch m; ◇ ему́ медве́дь на́ ухо наступи́л er ist absolut unmusikalisch

медици́на ж₁ ‹-ы› Medizin f; ◇ суде́б-ная ~ Gerichtsmedizin f; **медици́нск|ий** прил ‹-ая, -ое, -ие› medizinisch, ärztlich; ◇ ~ая по́мощь ärztliche Behandlung;

◇ **~ий пункт** medizinische Versorgungsstelle

медли́тельн|ый *прил* ‹-ая, -ое, -ые› langsam, zögerlich; ◇ **~ый ум** träger Verstand; ◇ **~ый челове́к** schwerfälliger Mensch; **ме́длить** V*4b* *несов* ‹-лю, -лишь, *Imp.* ме́дли› **с чем** *тв* или **с** *инф* etw hinausschieben, zögern; ◇ **~ с отве́том** zögernd antworten; ◇ **нельзя́ ~ ни мину́ты** man darf keine Sekunde zögern

медсестра́ *ж1* ‹-ы́, *мн:* -сёстры, *род:* -сестёр› (= *медици́нская сестра́*) Krankenschwester *f*

меду́за *ж1* ‹-ы› зоол Qualle *f*

медь *ж5* ‹-и› **1** (*металл*) Kupfer *n;* ◇ **жёлтая ~b** Messing *n;* ◇ **гравю́ра на ~и** Kupferstich *m* **2** *разг* (*ме́дные де́ньги*) Kupfermünzen *f pl;* (*ме́лочь*) Kleingeld *n*

ме́жду *предлог с тв* **1** (*положе́ние предме́та, лица́*) zwischen; ◇ **сядь ~ мной и отцо́м** setz dich zwischen mich und Vater; ◇ **~ четырьмя́ и пятью́ (часа́ми)** zwischen vier und fünf Uhr **2** (*среди́*) unter; ◇ **обсуди́ть ~ собо́й** etw unter sich besprechen; ◇ **~ на́ми говоря́,** unter uns gesagt; ◇ **~ про́чим** übrigens; ◇ **~ тем** in der Zwischenzeit

междугоро́дный *прил* ‹-ая, -ое, -ые› Fern-, Überland-; ◇ **~ разгово́р** Ferngespräch *n;* **междунаро́дный** *прил* ‹-ая, -ое, -ые› international; ◇ **~ое пра́во** Völkerrecht *n*

мел *м1* ‹-а/-у, в мелу́› Kreide *f;* ◇ **бе́лый как ~** kreideblich

ме́лк|ий *прил* ‹-ая, -ое, -ие› (*сравн:* ме́льче) **1** (*небольшо́й*) klein, Klein-; ◇ **~ие де́ньги** Kleingeld *n* **2** (*неглубо́кий*) seicht; ◇ **~ая река́** seichter Fluss; (*о су́дне*) flach; ◇ **~ая таре́лка** flacher Teller **3** (*состоя́щий из ма́лых части́ц*) fein, feinkörnig; ◇ **~ий дождь** Nieselregen **4** *перен* (*ничто́жный*) unbedeutend; (*ме́лочный*) engstirnig, kleinlich; ◇ **~ий чино́вник** kleinlicher Beamter

мелоди́чный *прил* ‹-ая, -ое, -ые› melodisch; (*благозву́чный*) wohlklingend; **мело́дия** *ж4* ‹-и› Melodie *f;* (*напе́в*) Weise *f*

ме́лочь *ж5* ‹-и, *мн:* ме́лочи, *род:* -че́й› **1** (*ме́лкие предме́ты*) kleines Zeug **2** (*ме́лкие моне́ты*) Kleingeld *n;* ◇ **получи́ть сда́чу ~ью** Kleingeld herausbekommen **3** (*пустя́к*) Lappalie *f,* Bagatelle *f,* Belanglosigkeit *f;* ◇ **разме́ниваться на ~и** seine Kraft vergeuden

мель *ж5* ‹-и, на мели́› Sandbank *f;* ◇ **сесть на ~b** auf Grund laufen; *перен* in Schwierigkeiten geraten; ◇ **снять с ~и** ein Schiff flottmachen; ◇ **сиде́ть на ~и** auf dem Trockenen sitzen

ме́льком *нареч* flüchtig; ◇ **~ ознако́миться** sich flüchtig umschauen

ме́льник *м1* ‹-а› Müller *m;* **ме́льница** *ж1* ‹-ы› Mühle *f;* ◇ **ветряна́я ~а** Wind-

mühle *f;* ◇ **лить во́ду на чью-л ~у** Wasser auf jds Mühlen gießen

ме́льче *сравн от* **ме́лкий**

мемуа́ры *мн1* ‹-ов› Memoiren *pl*

ме́нее *нареч, сравн от* **ма́ло** weniger, minder; ◇ **~ чем когда́-л** weniger denn je; ◇ **тем ~** um so weniger; ◇ **~ всего́** am wenigsten; ◇ **тем не ~** dennoch, nichtsdestoweniger; ◇ **не бо́лее, не ~** nicht mehr und nicht weniger; ◇ **бо́лее и́ли ~** mehr oder weniger

мензу́рка *ж1* ‹-и, *род мн:* -рок› (*в лаборато́рии*) Messbecher *m*

менструа́ция *ж4* ‹-и› Menstruation *f*

ме́ньше *сравн от* **ма́ленький** и **ма́лый меньшинств|о́** *с2* ‹-а́, *мн:* -ши́нства› Minderheit *f,* Minorität *f;* ◇ **ничто́жное ~о́** verschwindende Minderheit; ◇ **быть в ~é** in der Minderheit sein

меню́ *с* ‹*нескл*› **1** (*ку́шанье*) Menü *n* **2** (*листо́к*) Speisekarte *f*

меня́ *см.* **я**

меня́ть V*1b* *несов* ‹-я́ю, -я́ешь› [**по~** (1) *сов*] **кого́-что** *вин* **на что** *вин* (1), **кого́-что** *вин* (2, 3) **1** (*обме́нивать*) tauschen, umtauschen, eintauschen; ◇ **~ кварти́ру на да́чу** die Wohnung gegen eine Datscha tauschen **2** (*разме́нивать*) wechseln; ◇ **~ де́ньги** Geld wechseln; (*смени́ть*) ◇ **~ бельё** Wäsche wechseln; ◇ **~ рабо́ту** den Arbeitsplatz wechseln **3** (*изменя́ть*) ändern; ◇ **э́ти обстоя́тельства меня́ют всё де́ло** diese Umstände ändern alles; ◇ **~ мне́ние** die Meinung ändern; **меня́|ться** *несов* ‹-я́юсь, -я́ешься, (1, 3) 1 и 2 л. не употр› [**по~** (2) *сов*] *без доп* (1), **кем-чем** *тв* **с кем** *тв* (2) **1** (*изменя́ться*) sich ändern, sich verändern; ◇ **ве́тер ~ется** der Wind dreht sich; ◇ **привы́чки ~ются** Gewohnheiten ändern sich **2** (*обме́ниваться*) (aus-)tauschen; (*заменя́ть друг дру́га*) miteinander tauschen; ◇ **~ться ма́рками с това́рищем** Briefmarken mit einem Freund tauschen

ме́р|а *ж1* ‹-ы› **1** (*едини́ца измере́ния*) Maßeinheit *f,* Maß *n;* ◇ **~а длины́** Längenmaß *n* **2** Maß *n,* Ausmaß *n;* (*грани́ца, преде́л*) Grenze *f;* ◇ **без ~ы** maßlos; ◇ **знать ~у** seine Grenzen kennen; ◇ **~а наказа́ния** Strafmaß *n;* ◇ **в по́лной ~е** in vollem Umfang; ◇ **сверх ~ы** über die Maßen; ◇ **по ~е того́, как...** je nach...; ◇ **по ~е возмо́жности** nach Möglichkeit; ◇ **име́ть чу́вство ~ы** taktvoll sein, sich angemessen verhalten **3** ◇ **~ы** *мн* (*мероприя́тие*) Maßnahmen *f pl;* ◇ **приня́ть ~ы** Maßnahmen ergreifen; ◇ **сро́чные ~ы** Sofortmaßnahmen *f pl*

мерза́вец *м5* ‹-авца, *мн:* -вцы› Schuft *m*

ме́рить V*4b* *несов* ‹ме́рю, ме́ришь› [**по~** (2) *сов*] **кого́-что** *вин* **1** (aus-)messen; ◇ **~ на глаз** nach dem Augenmaß bestimmen **2** (*приме́рять*) anprobieren

ме́рк|а $ж_1$ ⟨-и, *род мн:* -рок⟩ Maß n; **снять** ~у Maß nehmen; ◇ **подходи́ть ко всем с одно́й** ~**ой** alle(s) über einen Kamm scheren

мероприя́тие c_4 ⟨-я⟩ **1** (*кампания*) Veranstaltung f **2** (*мера*) Maßnahme f

мёртв|ый I. *прил* ⟨-ая, -ое, -ые⟩ tot, leblos; ◇ ~**ая то́чка** toter Punkt; ◇ ~**ая тишина́** Totenstille f; ◇ ~**ый язы́к** tote Sprache; эк ◇ ~**ый сезо́н** Flaute f; ◇ **спать** ~**ым сном** schlafen wie ein Murmeltier II. *м* (A_1) ⟨-ого⟩ Toter m; ◇ **хорони́ть** ~**ых** die Toten begraben

мерца́ть V_{1a} *несов* ⟨-а́ет, -а́ют, 1 и 2 л. не употр⟩ *без доп* flimmern, blinken; (*о свече*) flackern; (*о звёздах*) funkeln

мести́* *несов* ⟨мету́, метёшь, (2) 1 и 2 л. не употр⟩ *что вин* **1** (*подметать*) (zusammen-)kehren, (zusammen-)fegen; ◇ ~ **двор** den Hof fegen **2** (*развевать*) aufwirbeln, stöbern

ме́стность $ж_5$ ⟨-и⟩ **1** (*характер земно́й пове́рхности*) Gelände n; (*ландшафт*) Gegend f; ◇ **гори́стая** ~ Berglandschaft f; ◇ **се́льская** ~ ländliche Gegend **2** (*край, округа*) Kreis m, Gebiet n;

ме́стн|ый *прил* ⟨-ая, -ое, -ые⟩ **1** (*относя́щийся к да́нной ме́стности*) örtlich, Orts-, lokal; ◇ ~**ое вре́мя** Ortszeit f; ◇ ~**ый обы́чай** lokaler Brauch; ◇ ~**ый го́вор** Mundart f, Dialekt m **2** (*здешний*) einheimisch, hiesig; ◇ ~**ый жи́тель** Einheimischer m **3** (*не общегосуда́рственный*) kommunal; **ме́ст|о** c_2 ⟨-а, *мн:* -а́, *дат:* -а́ми⟩ **1** (*пространство*) Ort m, Platz m; (*пункт*) Stelle f; (*для сиде́ния*) Sitzplatz m; ◇ **больно́е** ~**о** wunde Stelle; *перен* der wunde Punkt; ◇ **заня́ть** ~**о** Platz nehmen; ◇ **на** ~**е** vor Ort; ◇ ~**о встре́чи** Treffpunkt m; ◇ ~**о назначе́ния** Zielort m; ◇ ~**о преступле́ния** Tatort m; ◇ ~**о рожде́ния** Geburtsort; **не дви́гаться с** ~**а** sich nicht von der Stelle rühren **2** (*рабо́та*) Stelle f; (*до́лжность*) Position f, Amt n; ◇ **вака́нтное** ~**о** freie Stelle; **занима́ть** ~**о** ein Amt bekleiden; спорт ◇ **заня́ть пе́рвое** ~**о** den ersten Platz belegen **3** (*часть те́кста*) Stelle f, Abschnitt m, Passage f; ◇ **са́мое интере́сное** ~**о в пье́се** die interessanteste Stelle im Stück **4** (*бага́ж*) (Gepäck-)Stück n; ◇ **сдать в бага́ж четы́ре** ~**а** vier Gepäckstücke aufgeben; ◇ **она́ не нахо́дит себе́** ~**а** sie ist außer sich; ◇ **поста́вить кого́-л на** ~**о** jd-n zurechtweisen

местожи́тельство c_2 ⟨-а⟩ Wohnort m; ◇ **постоя́нное** ~ ständiger Wohnsitz

местоиме́ние c_4 ⟨-я⟩ грам Pronomen n; ◇ **ли́чное** ~ Personalpronomen

местопребыва́ние c_4 ⟨-я⟩ Aufenthalt (-sort) m

месторожде́ние c_4 ⟨-я⟩ геол Vorkommen n, Lagerstätte f

месть $ж_5$ ⟨-и⟩ Rache f; ◇ **кро́вная**

~**ь** Blutrache f; ◇ **жа́жда** ~**и** Rachedurst m

ме́сяц $м_3$ ⟨-а⟩ **1** (*календа́рный*) Monat m; ◇ **в теку́щем** ~**е** in diesem Monat; ◇ **в про́шлом** ~**е** letzten Monat; ◇ ~**а́ми** monatelang; ◇ **в конце́** ~**а** Ende des Monats; ◇ **тому́ наза́д** vor einem Monat **2** (*луна́*) Mond m; ◇ **по́лный** ~ Vollmond m; ◇ **медо́вый** ~ Flitterwochen f pl

мета́лл $м_1$ ⟨-а⟩ Metall n; ◇ **благоро́дный** ~ Edelmetall n; **металло́лом** $м_1$ ⟨-а⟩ Schrott m; ◇ **сбор** ~**а** Schrottsammlung f; **металлу́рг** $м_1$ ⟨-а⟩ Hüttenarbeiter m

мета́ние c_4 ⟨-я⟩ **1** спорт Werfen n, Wurf m; ◇ ~ **копья́** Speerwerfen n **2** ◇ ~ **икры́** Laichen n

мета́фора $ж_1$ ⟨-ы⟩ Metapher f

мете́ль $ж_5$ ⟨-и⟩ Schneesturm m

метеоро́лог $м_1$ ⟨-а⟩ Meteorologe m; **метеорологи́ческий** *прил* ⟨-ая, -ое, -ие⟩ meteorologisch; ◇ ~**ая сво́дка** Wetterbericht m; ◇ ~**ие усло́вия** Witterungsverhältnisse n pl

ме́тить¹ V_{4b} *несов* ⟨ме́чу, ме́тишь, *Part. Prät. Pass.* ме́ченный⟩ [**на**-, **по**сов] *что вин* kennzeichnen, markieren

ме́ти|ть² *несов* ⟨ме́чу, ме́тишь⟩ [**на**- **1** *сов*] *в кого́-что вин* **1** (*в цель*) zielen; ◇ **она́** ~**ла пря́мо в центр** sie zielte genau auf die Mitte **2** (*стреми́ться*) anstreben, auf etw hinauswollen; ◇ **он** ~**т в мини́стры** er hat es auf einen Ministerposten abgesehen

ме́тка $ж_1$ ⟨-и, *род мн:* -ток⟩ Markierung f, Zeichen n

ме́ткий *прил* ⟨-ая, -ое, -ие⟩ **1** (*то́чно попада́ющий в цель*) sicher, treffsicher, treffend; ◇ ~ **глаз** scharfes Auge; ◇ **стрело́к** Scharfschütze **2** *перен* (*сравне́ние*) treffend, scharfsinnig

метла́ $ж_1$ ⟨-ы́, *мн:* мётлы, *род:* мётел, *дат:* мётлам⟩ Besen m

ме́тод $м_1$ ⟨-а⟩ (*де́йствие*) Methode f; (*спо́соб*) Verfahren n; **методи́ческий** *прил* ⟨-ая, -ое, -ие⟩ methodisch; (*систематический*) systematisch

метр $м_1$ ⟨-а⟩ **1** (*едини́ца длины́*) Meter m; ◇ **квадра́тный** ~ Quadratmeter m; ◇ **куби́ческий** ~ Kubikmeter m **2** (*измери́тельная лине́йка*) Metermaß n; ◇ **складно́й** ~ Zollstock m

ме́трика $ж_1$ ⟨-и⟩ Geburtsurkunde f

метро́ c ⟨нескл⟩ U-Bahn f; ◇ **е́хать на** ~ mit der U-Bahn fahren

метропо́лия $ж_4$ ⟨-и⟩ Kolonialmacht f

мех $м_1$ ⟨-а, *мн:* -а́, *род:* -о́в⟩ **1** (*шерсть живо́тного*) Fell n; ◇ **ли́сий** ~ Fuchspelz m **2** ◇ ~**а́** *мн* Pelzkleidung f

механиза́ция $ж_4$ ⟨-и⟩ Mechanisierung f

механи́зм $м_1$ ⟨-а⟩ **1** (*устро́йство прибо́ра*) Mechanismus m; (*приспособле́ние*) Vorrichtung f; ◇ **переда́точный** ~ Getriebe n; ◇ **часово́й** ~ Uhrwerk n **2** *перен*

Mechanismus m; ◇ **госуда́рственный** ~ Staatsapparat m; **меха́ника** $ж_1$ ⟨-и⟩ **1** Mechanik f; ◇ **то́чная** ~ Feinmechanik **2** *перен* Sinn m, Zusammenhang m, Aufbau m; ◇ **хи́трая** ~ schlaues Machwerk

меч $м_2$ ⟨-á, мн: -и́⟩ Schwert n; ◇ **обнажи́ть** ~ das Schwert ziehen

мече́ть $ж_5$ ⟨-и⟩ Moschee f

мечта́ $ж_1$ ⟨-ы́, мн: -ы́, род: -áний, дат: -áм⟩ Traum m; *(желание)* Wunschtraum m; ◇ ~ **сбыла́сь** der Traum ging in Erfüllung; *(обманчивая)* Hirngespinst n; *(фантазия)* Phantasie f, Träumerei f;

мечта́ть V_{1a} *несов* ⟨-áю, -áешь⟩ *о ком-чём предл или с инф* träumen (von), sich sehnen (nach)

меша́ть¹ V_{1a} *несов* ⟨-áю, -áешь⟩ [**по**сов] *кому-чему дат или с инф* jd-n stören; *(препятствовать)* im Weg stehen, hindern bei etw; *(стеснять)* belästigen; ◇ **не ~й мне чита́ть** stör mich nicht beim Lesen; ◇ **что ~ет тебе́ вы́сказаться?** was hindert dich deine Meinung zu sagen? ◇ **не ~ло бы** es würde nicht schaden, es wäre gut

меша́ть² *несов* ⟨-áю, -áешь⟩ [**по** (1), **с**~ (2, 3) *сов*] *кого-что вин* **1** *(размешивать)* (um-)rühren; ◇ ~ **чай ло́жкой** den Tee mit einem Löffel umrühren **2** *(смешивать)* (ver-)mischen; ◇ **вино́ с водо́й** Wein mit Wasser mischen **3** *(путать)* verwechseln, durcheinander bringen

мешо́к $м_1$ ⟨-шкá, мн: -шки́⟩ Sack m; ◇ **похо́дный** ~**о́к** Rucksack m; ◇ **спа́льный** ~ Schlafsack m; ◇ ~**ки́ под глаза́ми** Tränensäcke m pl

меща́нск|ий *прил* ⟨-ая, -ое, -ие⟩ **1** ист kleinbürgerlich **2** *перен* spießig, kleinkariert; ◇ ~**ые взгля́ды** spießige Ansichten;

меща́нство c_2 ⟨-а⟩ **1** ист Kleinbürgertum n **2** *перен* Spießbürgertum n

миг $м_1$ ⟨-а⟩ Augenblick m; ◇ **в оди́н** ~ im Nu; ◇ **на** ~ für einen kurzen Augenblick

мига́ть V_{1a} *несов* ⟨-áю, -áешь, (3) 1 и 2 л. не употр⟩ [**мигну́ть** V_2 *сов*] *без доп* **1** *(моргать)* blinzeln, zwinkern **2** *(давать знак)* zuzwinkern, zublinzeln **3** *(звезды)* funkeln, flimmern; *(свеча)* flackern

ми́гом *нареч* im Nu, blitzschnell

мигре́нь $ж_5$ ⟨-и⟩ Migräne f

ми́зерный *прил* ⟨-ая, -ое, -ые⟩ *(ничтожный)* miserabel, nichtig; *(бедный)* kümmerlich, armselig; *(жалкий)* erbärmlich

мизи́н|ец $м_5$ ⟨-нца⟩ *(на руке)* kleiner Finger m; *(на ноге)* kleine Zehe f; ◇ **он не сто́ит твоего́** ~**ца** er ist deiner nicht würdig

микроволно́в|ый *прил* ⟨-ая, -ое, -ые⟩ ◇ ~**ая печь** Mikrowellenherd m

милиционе́р $м_1$ ⟨-а⟩ Milizionär m, Polizist m; **мили́ция** $ж_4$ ⟨-и⟩ Miliz f, Polizei f

миллиа́рд $м_1$ ⟨-а⟩ Milliarde f

миллио́н $м_1$ ⟨-а⟩ Million f; *разг* ◇ **нажи́ть ~ы** Millionen verdienen; **милиионе́р** $м_1$ ⟨-а⟩ Millionär m

милосе́рди|е c_4 ⟨-я⟩ Barmherzigkeit f; ◇ **без ~я** unbarmherzig

ми́лостын|я $ж_2$ ⟨-и⟩ Almosen n; ◇ **проси́ть ~ю** um Almosen betteln

ми́лост|ь $ж_5$ ⟨-и⟩ **1** *(расположение)* Gunst f, Gnade f, Wohlwollen n; ◇ **быть в ~и у кого́-л** in jd-s Gunst stehen **2** *(благодеяние)* Gnadenbezeugung f **3** *(милосердие)* Barmherzigkeit f, Gnade f; ◇ **смени́ть гнев на ~ь** Gnade vor Recht ergehen lassen; ◇ **по ва́шей ~и** dank Ihnen, durch Sie; ◇ ~**и про́сим!** seien Sie willkommen!; ◇ **сде́лайте ~ь** haben Sie die Güte

ми́л|ый I. *прил* ⟨-ая, -ое, -ые⟩ **1** *(приятный)* lieb **2** *(миловидный)* hübsch, nett; ◇ **э́то о́чень ~о с Ва́шей стороны́** das ist sehr nett von Ihnen **3** *(как обращение)* lieb, teuer; ◇ ~**ая Ве́ра** liebe Vera II. *м (A₁)* ⟨-ого⟩ Liebling m, Geliebte m

ми́ля $ж_2$ ⟨-и⟩ Meile f; ◇ **морска́я** ~ Seemeile

ми́мо I. *нареч* vorbei, vorüber; ◇ **прое́хать** ~ vorbeifahren; ◇ **пройти́** ~ vorbeigehen; ◇ ~**!** daneben!; ◇ **пропусти́ть что-л** ~ **уше́й** etw überhören II. *предлог с род (не достигая)* an etw vorbei; ◇ **бить** ~ **це́ли** das Ziel verfehlen

мимохо́дом *нареч* **1** *(по пути)* im Vorübergehen, auf dem Weg; ◇ ~ **зайти́ куда́-л** auf dem Weg irgendwo vorbeischauen **2** *(между прочим)* übrigens, nebenbei; ◇ ~ **сказа́ть** etw nebenbei sagen

ми́на¹ $ж_1$ ⟨-ы⟩ воен Mine f; *(миномётная)* Granate f

ми́н|а² $ж_1$ ⟨-ы⟩ *(выражение лица)* Miene f; ◇ **де́лать хоро́шую ~у при плохо́й игре́** gute Miene zum bösen Spiel machen

минда́лина $ж_1$ ⟨-ы⟩ **1** *(орех миндаля)* Mandelkern m **2** анат Mandel f; ◇ **воспале́ние минда́лин** Mandelentzündung f; **минда́ль** $м_2$ ⟨-я́⟩ *(плоды)* Mandeln f pl; *(дерево)* Mandelbaum m

минера́льный *прил* ⟨-ая, -ое, -ые⟩ mineralisch, Mineral-; ◇ ~**ая вода́** Mineralwasser n

минима́льный *прил* ⟨-ая, -ое, -ые⟩ ◇ **с ~ой затра́той** mit minimalem Aufwand; ◇ ~**ый срок** in kürzester Zeit; **ми́нимум** $м_1$ ⟨-а⟩ Minimum n, Mindestwert m, Tiefstwert m; ◇ **прожи́точный** ~ Existenzminimum n

министе́рство c_2 ⟨-а⟩ Ministerium n; ◇ ~ **вну́тренних дел** Innenministerium n; ◇ ~ **иностра́нных дел** Außenministerium n; (BRD) Auswärtiges Amt; ◇ ~ **оборо́ны** Verteidigungsministerium n; **мини́стр** $м_1$ ⟨-а⟩ Minister m; ◇ **замести́тель** ~ stellvertretender Minister; ◇ **премье́р~** Premierminister m, Ministerpräsident m

ми́нус I. $м_1$ ⟨-а⟩ **1** мат *(знак)* Minus (-zeichen) n **2** *перен* Minus n, Schattenseite f; ◇ **прое́кт име́ет мно́го** ~ов das Projekt hat viele Mängel **II.** *нареч* **①** (*без чего-л, вычтя*) minus, weniger; ◇ **семь ~ три** sieben minus drei **②** (*температура*) minus; ◇ **вчера́ бы́ло ─ 25 гра́дусов** gestern war es 25 Grad unter Null (kalt)

мину́т|а *ж₁* <-ы> **①** (*единица времени*) Minute f; ◇ **пять ~ деся́того** fünf nach neun; ◇ **~а молча́ния** Schweigeminute f **②** (*мгновение*) Augenblick m; ◇ **сию́ ~у!** gleich!, sofort!; ◇ **одну́ ~у!** Sekunde noch!; ◇ **с ~ы на ~у** jeden Augenblick

мир¹ *м₁* <-а/-у, *мн:* -ы́> **①** Welt f; (*земля́*) Erde f; ◇ **во всём ~е** auf der ganzen Welt **②** (*вселенная*) Weltall n, Universum n **③** (*сфера, область*) Welt f, Reich n; ◇ **артисти́ческий ~** Künstlerkreis m; ◇ **живо́тный ~** Tierreich n, Fauna f; ◇ **расти́тельный ~** Pflanzenwelt f, Flora f; ◇ **окружа́ющий ~** Umwelt f; **пусти́ть по́ ~у** jd-n an den Bettelstab bringen

мир² *м* <-а> (*отсутствие войны*) Frieden m; (*согласие*) Eintracht f; ◇ **во всём ~е** Weltfrieden; ◇ **заключи́ть ~** Frieden schließen; ◇ **движе́ние за ~** Friedensbewegung f

мира́ж *м₂* <-а́, *мн:* -и́> Fata Morgana f, Luftspiegelung f; *перен* Trugbild n

мири́ть V₄ₐ *несов* <-рю́, -ри́шь> **[по~, при~,** *сов***]** *кого-что* ван с кем тв versöhnen, aussöhnen; **мири́ться** *несов* <-рю́сь, -ри́шься> **[по~ (1), при~ (2)** *сов***]** с кем-чем тв или без доп (1), с чем тв (2) **①** (*прекращать вражду*) sich versöhnen, Frieden schließen **②** (*терпимо относиться*) sich abfinden (mit), in Kauf nehmen; ◇ **~ с пораже́нием** sich mit der Niederlage abfinden

ми́рный *прил* <-ая, -ое, -ые> **①** Friedens-; ◇ **~ый догово́р** Friedensvertrag m **②** (*миролюбивый*) friedliebend, friedlich; ◇ **~ым путём** auf friedlichem Wege; ◇ **~ое населе́ние** Zivilbevölkerung f

мировоззре́ние *с₄* <-я> Weltanschauung f

мирово́й *прил* <-ая, -о́е, -ы́е> **①** (*всемирный*) Welt-; ◇ **~а́я война́** Weltkrieg m; ◇ **~о́й реко́рд** Weltrekord m; ◇ **~а́я сла́ва** Weltruhm m; **собы́тие ~о́го значе́ния** Ereignis von internationaler Bedeutung; ◇ **в ~о́м масшта́бе** aus globaler Sicht **②** *перен, разг* (*замечательный*) prima, klasse; ◇ **он ─ ~о́й па́рень** er ist ein Mordskerl

миролюби́вый *прил* <-ая, -ое, -ые> friedliebend, friedfertig

ми́ска *ж₁* <-и, *род мн:* -сок> Schüssel f

ми́сси|я *ж₄* <-и> **①** (*поручение*) Mission f, Auftrag m; ◇ **возложи́ть ва́жную ~ю на кого́-л** jd-m eine wichtige Mission übertragen **②** (*постоянное дипломатическое представительство*) Gesandtschaft f, ständige Vertretung f **③** (*дипло-* матическая) Mission f; ◇ **торго́вая ~я** Handelsmission

ми́тинг *м₁* <-а> (Massen-)Kundgebung f, Versammlung f

миф *м₁* <-а> Mythos m; Legende f

мише́н|ь *ж₅* <-и> **①** (*для стрельбы*) Zielscheibe f **②** *перен* Zielscheibe f; ◇ **сде́лать кого́-л ~ю для насме́шек** jd-n zur Zielscheibe des Spotts machen

младе́нец *м₅* <-нца> (*маленький ребёнок*) Kleinkind n; (*грудной*) Säugling m

млекопита́ющее *с* (A₂) <-его> *зоол* Säugetier n

мне *см.* я

мне́ни|е *с₄* <-я> (*суждение, оценка*) Meinung f; (*взгляд*) Ansicht f; (*высказывание*) Äußerung f; ◇ **быть хоро́шего ~я о ком-л** eine gute Meinung von jd-m haben; ◇ **вы́сказать своё ~е** seine Meinung zum Ausdruck bringen; ◇ **по моему́ ~ю** meiner Meinung nach; ◇ **быть одного́ ~я** einer Meinung sein

 выраже́ние своего́ мне́ния

Ich glaube, Sie haben Recht.
Я ду́маю, Вы пра́вы.
Ich finde, man sollte die Gelegenheit nutzen.
Я счита́ю, на́до воспо́льзоваться слу́чаем.
Meiner Meinung/Ansicht nach muss man etwas unternehmen.
По моему́ мне́нию, на́до что́-то предприня́ть.
Was mich angeht, habe ich nichts dagegen.
Что каса́ется меня́, то я не име́ю ничего́ про́тив.
Wenn ihr mich fragt, bin ich dafür.
Если Вас интересу́ет моё мне́ние, то я за.

мни́тельный *прил* <-ая, -ое, -ые> argwöhnisch, misstrauisch

мно́гие (A₁) <-их> **I.** *прил* viele, manche; ◇ **во ~их отноше́ниях** in vielerlei Hinsicht **II.** *м* viele, manche Leute

мно́го *нареч* viel; ◇ **~ лет** viele Jahre; ◇ **~ раз** oft, mehrmals; ◇ **э́то о́чень ~ зна́чит** das hat viel zu bedeuten; ◇ **~ шу́му из ничего́** viel Lärm um nichts; ◇ **ни ~, ни ма́ло** nicht mehr und nicht weniger

многовеково́й *прил* <-ая, -о́е, -ы́е> jahrhundertelang; **многоде́тн|ый** *прил* <-ая, -ое, -ые> kinderreich; ◇ **~ая семья́** kinderreiche Familie; **многоже́нство** *с₂* <-а> Polygamie f; **многозначи́тельный** *прил* <-ая, -ое, -ые> **①** (*важный*) bedeutend, wichtig **②** (*выразительный*) vielsagend; ◇ **~ое молча́ние** vielsagendes Schweigen; **многоле́тний** *прил* <-яя, -ее, -ие> langjährig; (*старый*) alt; **многолю́дный** *прил* <-ая, -ое, -ые>

belebt; (о стране) dicht bevölkert; (о улице) belebt, verkehrsreich; (о концерте) gut besucht; **многонациона́льн|ый** прил ‹-ая, -ое, -ые› multinational, Vielvölker-; ◇ **~ое госуда́рство** Vielvölkerstaat m; **многообеща́ющий** прил ‹-ая, -ее, -ие› vielversprechend; **многострада́льный** прил ‹-ая, -ое, -ые› leidgeprüft, leidvoll; **многото́чие** c_4 ‹-я› Gedankenpunkte m pl; **многоуважа́емый** прил ‹-ая, -ое, -ые› (обращение) sehr geehrt(e, er); **многочи́сленный** прил ‹-ая, -ое, -ые› zahlreich, vielköpfig **многоэта́жный** прил ‹-ая, -ое, -ые› mehrstöckig; **многоязы́чный** прил ‹-ая, -ое, -ые› mehrsprachig, vielsprachig

мно́жество c_2 ‹-а› **1** große Anzahl f, Menge f; (очень большое количество) Vielzahl f, Unmenge f; ◇ ~ **люде́й** eine Menge Leute **2** мат Menge f; ◇ **тео́рия мно́жеств** Mengenlehre f

мной, мно́ю см. **я**

моги́л|а $ж_1$ ‹-ы› Grab n; ◇ **бра́тская ~а** Massengrab; ◇ **возложи́ть вено́к на ~у** einen Kranz am Grab niederlegen; ◇ **свести́ кого́-л в ~у** jd-n ins Grab bringen; ◇ **стоя́ть одно́й ного́й в ~е** mit einem Fuß im Grab stehen

могу́щественный прил ‹-ая, -ое, -ые› mächtig, stark

мо́д|а $ж_1$ ‹-ы› Mode f; ◇ **по после́дней ~е** nach der neuesten Mode; ◇ **войти́ в ~у** in Mode kommen; ◇ **сле́довать за ~ой** die Mode mitmachen

модерниза́ция $ж_4$ ‹-и› Modernisierung f **мо́дн|ый** прил ‹-ая, -ое, -ые› **1** (элегантный) modisch, schick; (быть в моде, актуальный) modern, aktuell, in; ◇ **~ый костю́м** schickes Kostüm n; ◇ **~ая пе́сенка** Schlager m; ◇ **мини-ю́бки вновь ста́ли ~ыми** Miniröcke sind wieder in **2** Mode-; ◇ **~ый журна́л** Modezeitschrift f

можжеве́льник $м_1$ ‹-а› бот Wacholder m

мо́жно предик, безл **1** (возможно) es ist möglich, man kann; ◇ **е́сли ~** wenn möglich **2** (позволительно) man darf, es ist erlaubt; ◇ **~ кури́ть здесь?** darf man hier rauchen?; ◇ **как ~ скоре́е** so schnell wie möglich

мозг $м_1$ ‹-а, мн: -и́› **1** анат Gehirn n, Hirn n; ◇ **воспале́ние ~а** Hirnhautentzündung f; ◇ **сотрясе́ние ~а** Gehirnerschütterung f **2** (костный) Knochenmark n; ◇ **спинно́й ~** Rückenmark n **3** перен Verstand m; ◇ **шевели́ть ~а́ми** seinen Verstand anstrengen; ◇ **до ~а косте́й** bis auf die Knochen

мозо́ль $ж_5$ ‹-и› Schwiele f, Blase f; (на пальцах ног) Hühnerauge n; ◇ **наступи́ть кому́-л на любиму́ю ~** jd-s wunden Punkt treffen

мой м ‹-его́›, **моя́** ж ‹-ей›, **моё** с ‹-его́›, **мои́** мн ‹-их› притяж мест **I.**

mein, meine; ◇ **э́то моя́ кварти́ра** das ist meine Wohnung; ◇ **э́то моё де́ло** das ist meine Sache; ◇ **с мое́й стороны́** meinerseits **II.** (в значении сущ) meiner, der Meine, meine, die Meine, meins, das Meine, die meinen; ◇ **э́то твои́ тетра́ди, а э́то мои́** das sind deine Hefte und das die meinen **III.** ◇ **мои́** мн (родные) die Meinen, meine Angehörigen

мо́йка $ж_1$ ‹-и, род мн: мо́ек› **1** (мытьё) Waschen n **2** (приспособление) Waschstelle f; (на кухне) Spülbecken n; (для машин) Autowaschanlage f

мо́кнуть V_2 несов ‹-ну, -нешь, (2) 1 и 2 л. не употр, Part. Präs. Akt. -нущий› [вы~ (1) соб без доп **1** (становиться мокрым) nass werden, durchweichen **2** (бельё) eingeweicht werden

мо́крый прил ‹-ая, -ое, -ые› nass; (сырой) feucht

молва́ $ж_1$ ‹-ы́› (разговоры) Gerede n; (слухи) Gerücht n; (репутация) Ruf m; ◇ **о ней идёт хоро́шая ~** sie hat einen guten Ruf

моле́кула $ж_1$ ‹-ы› Molekül n

моли́тв|а $ж_1$ ‹-ы› Gebet n; ◇ **чита́ть ~у** ein Gebet sprechen; **моли́ться** несов ‹-лю́сь, мо́лишься› кому́-чему дат (1), на кого-что вин (2) **1** (обраща́ться с моли́твой) beten, jd-n anbeten **2** разг (боготворить) anbeten, vergöttern; ◇ ~ **на актёра** den Schauspieler vergöttern

молниено́сный прил ‹-ая, -ое, -ые› blitzschnell, blitzartig; **мо́лни|я** $ж_4$ ‹-и› **1** (искровой разряд) Blitz m; ◇ **шарова́я ~** Kugelblitz; ◇ **сверка́ет ~я** es blitzt; ◇ **с быстрото́й ~и** blitzschnell **2** (экстренный выпуск газеты) Sonderausgabe f; ◇ **стенгазе́та-~** Anschlag m (einer Blitzmeldung in Form einer Wandzeitung) **3** (телеграмма) Eiltelegramm n **4** разг (застёжка) Reißverschluss m

молодёжь $ж_5$ ‹-и› (молодое поколение) Jugend f; (молодые люди) Jugendliche pl, junge Leute pl; **молоде́ц** $м_5$ ‹-дца́› **1** (молодчина) Prachtkerl m, Prachtmädchen n; ◇ **~е́ц!** gut gemacht! Klasse!; разг ◇ **вести́ себя́ ~цом** sich tapfer schlagen **2** (удалец, храбрец) kräftiger junger Mann m; **молодня́к** $м_1$ ‹-а́› **1** (молодой лес) Jungholz n, junger Waldbestand **2** зоол Jungtiere n pl **3** разг (подрастающее поколение) Nachwuchs m; (молодёжь) Jugend f; **молодожёны** $мн_1$ ‹-ов› Jungverheiratete pl, Jungvermählte pl; **молодо́й** прил ‹-ая, -о́е, -ы́е› (сравн: моло́же) (не старый) jung, neu; ◇ **~ ме́сяц** Neumond m; ◇ **~ специали́ст** Nachwuchsfachkraft f; ◇ **~ карто́фель** neue Kartoffeln; (обращение) ◇ **~ челове́к!** junger Mann!; **мо́лодость** $ж_5$ ‹-и› Jugend f; ◇ **в дни ~и** in den

Jahren; ◇ **быть не пе́рвой ~и** nicht mehr der/die Jüngste sein
моло́же *сравн от* **молодо́й**
молоко́ c_2 ⟨-а́⟩ Milch *f*; ◇ **сгущённое ~** Kondensmilch *f*; ◇ **це́льное ~** Vollmilch *f*; *перен* ◇ **впита́ть что-л с ~м ма́тери** etw mit der Muttermilch einsaugen
молот|о́к $м_1$ ⟨-тка́, *мн:* -тки́⟩ Hammer *m;* ◇ **бури́льный ~о́к** Bohrhammer; ◇ **продава́ться с ~тка́** unter den Hammer kommen, versteigert werden
моло́чн|ый *прил* ⟨-ая, -ое, -ые⟩ Milch-, milchig; ◇ **~ое хозя́йство** Molkerei *f;* ◇ **~ый зуб** Milchzahn *m*
молчали́в|ый *прил* ⟨-ая, -ое, -ые⟩ **(1)** *(немногосло́вный)* schweigsam, still; *(скупо́й на слова́)* wortkarg **(2)** *(понима́емый без слов)* wortlos; ◇ **~ое согла́сие** stillschweigende Übereinkunft;
молча́ние c_4 ⟨-я⟩ Schweigen *n*, Stillschweigen *n;* ◇ **обойти́ ~м** sich über etw ausschweigen; **молча́ть** V_{1a} *несов* ⟨-чу́, -чи́шь, *Imp.* -чи́, -́те, *Part. Präs.* Akt. -ча́щий, *Adv. Part. Präs.* мо́лча⟩ *без доп (1), о ком-чём предл (2)* **(1)** *(не говори́ть)* schweigen; ◇ **~! Ruhe!** **(2)** *перен (соблюда́ть что-л в та́йне)* Stillschweigen bewahren
моль $ж_5$ ⟨-и⟩ Motte *f;* ◇ **пальто́ изъе́дено ~ю** der Mantel ist von Motten zerfressen
мольбе́рт $м_1$ ⟨-а⟩ Staffelei *f*
моме́нт $м_1$ ⟨-а⟩ **(1)** *(пери́од вре́мени)* Moment *m*, Augenblick *m;* ◇ **в настоя́щий ~** im Augenblick; ◇ **в подходя́щий ~** im geeigneten Augenblick **(2)** *(обстоя́тельство)* Moment *n;* ◇ **отрица́тельный ~** negatives Moment **(3)** *физ* Moment *n;* ◇ **~ ине́рции** Trägheitsmoment
монасты́рь $ж_2$ ⟨-я́, *мн:* -ри́⟩ Kloster *n*
мона́х $м_1$ ⟨-а⟩ Mönch *m;* ◇ **постри́чься в ~и** Mönch werden; **мона́хиня** $ж_2$ ⟨-и⟩ Nonne *f*
моне́т|а $ж_1$ ⟨-ы⟩ Münze *f;* ◇ **золота́я ~а** Goldmünze; *перен* ◇ **приня́ть что-л за чи́стую ~у** etw für bare Münze nehmen; ◇ **плати́ть кому́-л той же ~ой** Gleiches mit Gleichem vergelten
монопо́лия $ж_4$ ⟨-и⟩ Monopol *n*
монта́ж $м_2$ ⟨-а́, *мн:* -и́⟩ **(1)** *(сбо́рка)* Montage *f*, Zusammenbau *m* **(2)** кино, фото Schnitt *m;* ◇ **фотографи́ческий ~** Fotomontage *f* **(3)** муз, лит Komposition *f;*
монти́ровать V_{3a} *несов* ⟨-рую, -руешь⟩ [**с~** *сов*] *что вин* installieren, aufbauen, montieren; кино ◇ **~ фильм** einen Film schneiden
монуме́нт $м_1$ ⟨-а⟩ Monument *n*
мора́ль $ж_5$ ⟨-и⟩ **(1)** *(вы́вод)* Moral *f;* ◇ **ба́сни** Moral einer Fabel **(2)** *(но́рмы поведе́ния)* Moral *f*, Sittlichkeit *f;* ◇ **чита́ть ~ кому́-л** jd-m eine Moralpredigt halten
морг $м_1$ ⟨-а⟩ *(зда́ние)* Leichenschauhaus *n; (зал)* Leichenhalle *f*
морга́ть V_{1a} *несов* ⟨-а́ю, -а́ешь⟩ [**морг-**

ну́ть V_2 *сов] без доп* **(1)** *(мига́ть)* blinzeln, zwinkern **(2)** *(подава́ть знак)* jd-m zuzwinkern; ◇ **он ~ет мне, что́бы я замолча́л** er gibt mir ein Zeichen, dass ich schweigen soll
мо́рда $ж_1$ ⟨-ы⟩ **(1)** *(у живо́тного)* Maul *n*, Schnauze *f;* ◇ **соба́чья ~** Hundeschnauze **(2)** *груб (о челове́ке)* Fresse *f*, Fratze *f*
мо́р|е c_1 ⟨-я, *мн:* -я́⟩ **(1)** *(океа́н)* Meer *n*, See *f;* ◇ **Балти́йское ~е** Ostsee *f;* ◇ **в откры́том ~е** auf hoher See; ◇ **пое́хать к ~ю** ans Meer fahren; *перен* ◇ **э́то ка́пля в ~е** das ist ein Tropfen auf den heißen Stein **(2)** *перен (большо́е коли́чество)* Menge *f;* ◇ **~е люде́й** Menschenmenge; ◇ **~е слов** Wortschwall *m*
морж $м_2$ ⟨-а́, *мн:* -и́⟩ **(1)** зоол Walross *n* **(2)** *перен jd, der im Winter im eisigen Wasser schwimmt*
морко́вь $ж_5$ ⟨-и⟩ Karotte *f*, Möhre *f*
моро́женое *c* (A_1) ⟨-ого⟩ Eis *n;* ◇ **шокола́дное ~** Schokoladeneis
моро́з $м_1$ ⟨-а⟩ Frost *m;* ◇ **треску́чий ~** klirrende Kälte; ◇ **меня́ ~ по ко́же продира́ет** es überläuft mich eiskalt;
моро́зить V_{4b} *несов* ⟨-жу, -зишь, *Part. Prät. Pass.* -женный⟩ *кого-что вин (1), без доп (2)* **(1)** *(замора́живать)* einfrieren; ◇ **~ ры́бу** Fische einfrieren **(2)** *безл* es friert; ◇ **к утру́ ста́ло ~** gegen Morgen fing es an zu frieren
морс $м_1$ ⟨-а/-у⟩ Most *m*
морск|о́й *прил* ⟨-а́я, -о́е, -и́е⟩ Meer(es)-, See-; *(фло́тский)* Marine-; ◇ **~о́й зали́в** Meerbusen *m;* ◇ **~а́я ми́ля** Seemeile *f;* ◇ **~о́е путеше́ствие** Seereise *f;* ◇ **страда́ть ~о́й боле́знью** seekrank sein
морщи́на $ж_1$ ⟨-ы⟩ *(о челове́ке)* Falte *f*, Runzel *f;* ◇ **ко́жа в ~х** faltige Haut
мо́рщиться *несов* ⟨-щусь, -щишься, (2) 1 и 2 л. не употр⟩ [**на~** (1), **с~** (2) *сов] без доп* **(1)** *(лицо́)* das Gesicht verziehen, die Stirn runzeln; ◇ **~ от неудово́льствия** ein unzufriedenes Gesicht machen **(2)** *(оде́жда)* sich in Falten legen
моря́к $м_1$ ⟨-а́⟩ Seemann *m; (матро́с)* Matrose *m*
Москва́ $ж_1$ ⟨-ы́⟩ *(го́род)* Moskau; *(река́)* Moskwa; **москви́ч|(ка** $ж_1$) $м_2$ ⟨-а́⟩ Moskauer(in *f*) *m*
мост $м_1$ ⟨-а́⟩ **(1)** *(сооруже́ние)* Brücke *f;* *перен* ◇ **сжечь за собо́й все ~ы́** alle Brücken hinter sich abbrechen **(2)** *(возду́шная связь)* Schaltung *f;* ◇ **косми́ческий телевизио́нный ~** Satellit(en)(konferenz)schaltung *f* ◇ **авто** Achse *f* **(4)** *(зубно́й)* Zahnbrücke *f;* **мо́стик** $м_1$ ⟨-а⟩ **(1)** *(небольшо́й мост)* Steg *m; (пешехо́дный)* Fußgängerüberweg *m* **(2)** *(на су́дне)* Brücke *f;* ◇ **капита́нский ~** Kommandobrücke **(3)** спорт Brücke *f*
мостова́я *ж* (A_1) ⟨-о́й⟩ Pflaster *n;* ◇ **булы́жная ~** Kopfsteinpflaster *n*

мота́ть V_{1a} *несов* ⟨-а́ю, -а́ешь⟩ [**на**-] (1) *сов*] *что вин* (1), *чем тв* (2) **1** (*нави-ва́ть*) (auf-)spulen; (*на клубо́к*) (auf-)wickeln; ◇ ~ **шерсть** Wolle aufwickeln **2** *разг* (*кача́ть*) ~ **голово́й** den Kopf schütteln; ◇ ~ **себе́ на ус** sich etw hinter die Ohren schreiben; **мота́ться** *несов* ⟨-а́юсь, -а́ешься⟩ *без доп* **1** (*носи́ться, хлопота́ть*) umherlaufen; (*слоня́ться*) sich herumtreiben; ◇ **це́лый день ~ по го́роду** sich den ganzen Tag in der Stadt herumtreiben **2** (*скита́ться*) umherwandern

моти́в M_1 ⟨-а⟩ **1** муз Motiv *n*, Weise *f*; ◇ **весёлый** ~ fröhliche Melodie (*по́вод*) Beweggrund *m*, Motiv *n*; ◇ **по ли́чным ~ам** aus persönlichen Gründen **3** лит (*сюже́т*) Motiv *n*; ◇ **занима́тельные ~ы ру́сских ска́зок** spannende Motive russischer Märchen

мото́к M_1 ⟨-тка́, мн: -тки́⟩ Knäuel *m o. n*; ◇ **шерсть в ~ка́х** Wollknäuel

мото́р M_1 ⟨-а⟩ Motor *m;* ◇ **запусти́ть** ~ den Motor anlassen; **мотоци́кл** M_1 ⟨-а⟩ Motorrad *n;* **мотоцикли́ст** M_1 ⟨-а⟩ Motorradfahrer *m*

мотылёк M_1 ⟨-лька́, мн: -льки́⟩ Falter *m*, Schmetterling *m*

мох M_1 ⟨мха, мн: мхи⟩ Moos *n*; ◇ **поро́сший мхом** moosbedeckt; ◇ **обрасти́ мхом** in der Gosse landen

мохна́тый *прил* ⟨-ая, -ое, -ые⟩ **1** (*обро́сший ше́рстью*) zottig **2** (*пуши́стый*) flauschig; ◇ **~ое полоте́нце** Frottierhandtuch *n*

моцио́н M_1 ⟨-а⟩ Spaziergang *m*

моча́ $\textit{ж}_1$ ⟨-и́⟩ Harn *m*, Urin *m;* ◇ **ана́лиз ~и́** Urinprobe *f*

моча́лка $\textit{ж}_1$ ⟨-и, *род мн*: -лок⟩ Schwamm *m*

мочето́чник M_1 ⟨-а⟩ анат Harnleiter *m*

мочи́ть V_{4a} *несов* ⟨мочу́, мо́чишь⟩ [**за**-, **на**- *сов*] *что вин* **1** (*смочи́ть*) nass machen, anfeuchten; ◇ **дождь ~т прохо́жих** der Regen durchnässt die Passanten **2** (*выма́чивать*) einweichen; ◇ **~ть бельё** Wäsche einweichen **3** (*пригото́в-ля́ть*) einmachen; ◇ **~ть я́блоки** Äpfel einmachen

мо́чка $\textit{ж}_1$ ⟨-и, *род мн*: -чек⟩ анат Ohrläppchen *n*

мочь* *несов* ⟨могу́, мо́жешь⟩ [**с**- *сов*] *с инф* **1** (*быть в состоя́нии*) können, vermögen; (*быть спосо́бным*) fähig sein; ◇ **она́ не могла́ прийти́** sie konnte nicht kommen; ◇ **кто бы э́то мог быть?** wer könnte das gewesen sein? **2** (*име́ть пра́во*) dürfen; ◇ **могу́ ли я войти́?** darf ich eintreten?; ◇ **о́чень мо́жет быть** das kann sehr gut sein; ◇ **не мо́жет быть!** das ist unmöglich!

мочь $\textit{ж}_5$ ⟨-и⟩ *разг* Kraft *f*; ◇ **изо всей мо́чи** mit aller Kraft; ◇ **бежа́ть во всю ~** laufen, was das Zeug hält

моше́нник M_1 ⟨-а⟩ Gauner *m*, Betrüger *m*;

моше́нничать V_{1a} *несов* ⟨-аю, -аешь⟩ [**с**- *сов*] *без доп* mogeln, betrügen

мо́щность $\textit{ж}_5$ ⟨-и⟩ **1** (*си́ла, мощь*) Stärke, Macht *f* **2** тех, эк Leistung *f*, Kapazität *f;* ◇ **произво́дственная** ~ Produktionskapazität; ◇ **рабо́тать на по́лную** ~ auf Hochtouren laufen **3** геол Mächtigkeit *f*, Dicke *f;* **мо́щный** *прил* ⟨-ая, -ое, -ые⟩ **1** (*си́льный*) mächtig, stark, gewaltig; ◇ ~ **промы́шленный ко́мплекс** Industriekomplex *m* **2** тех Hochleistungs-; ◇ ~ **дви́гатель** leistungsstarker Motor **3** геол mächtig, massiv; **мощь** $\textit{ж}_5$ ⟨-и⟩ Macht *f*, Stärke *f;* ◇ **вое́нная** ~ militärische Stärke

мрак M_1 ⟨-а⟩ Finsternis *f*, Dunkelheit *f;* *перен* **всё э́то покры́то ~ом неизве́стности** das liegt alles noch im Dunkeln; **мракобе́с** M_1 ⟨-а⟩ obskure Gestalt *f*, Reaktionär *m*

мра́мор M_1 ⟨-а⟩ Marmor *m*

мра́чный *прил* ⟨-ая, -ое, -ые⟩ **1** (*тёмный*) düster, dunkel; (*о пого́де*) trist, trübe **2** *перен* trist; (*о хара́ктере*) schwermütig; ◇ ~**ое настрое́ние** düstere Stimmung; ◇ **ви́деть всё в ~ом све́те** alles schwarz sehen

мсти́тельность $\textit{ж}_5$ ⟨-и⟩ Rachsucht *f*, Rachgier *f;* **мсти́тельный** *прил* ⟨-ая, -ое, -ые⟩ rachgierig, rachsüchtig; **мсти́ть** V_{4a} *несов* ⟨мщу, мсти́шь⟩ [**ото**- *сов*] *кому* дат *за что* вин sich rächen, Rache üben

мудре́ц M_1 ⟨-а́, мн: -цы́⟩ Weise *m;* ◇ **на вся́кого ~а́ дово́льно простоты́** auch die Klügsten machen Fehler; **му́дрость** $\textit{ж}_5$ ⟨-и⟩ Weisheit *f;* ◇ **зуб ~и** Weisheitszahn *m;* **му́дрый** *прил* ⟨-ая, -ое, -ые⟩ (*у́мный*) klug; (*опы́тный*) weise

муж M_2 ⟨-а, мн: -жья́, *род*: -же́й, *дат*: -жья́м⟩ (*супру́г*) (Ehe-)Mann *m*, Gatte *m*

мужа́ться V_{1a} *несов* ⟨-а́юсь, -а́ешься⟩ *без доп* Mut fassen; **му́жественный** *прил* ⟨-ая, -ое, -ые⟩ mutig; (*хра́брый*) tapfer; **му́жество** c_2 ⟨-а⟩ Mut *m*, Tapferkeit *f;* ◇ **прояви́ть** ~ Mut beweisen; ◇ **гражда́нское** ~ Zivilcourage *f*

мужско́й *прил* ⟨-а́я, -о́е, -и́е⟩ männlich, Männer-; спорт ◇ ~**а́я кома́нда** Herrenmannschaft; грам ◇ ~**о́й род** Maskulinum; ◇ ~**а́я мане́рность** männliches Gehabe; **мужчи́на** M_1 ⟨-ы⟩ Mann *m*

музе́й M_3 ⟨-я⟩ Museum *n;* ◇ **краеве́дческий** ~ Heimatmuseum

му́зыка $\textit{ж}_1$ ⟨-и⟩ Musik *f;* ◇ **класси́ческая** ~**а** klassische Musik; ◇ **положи́ть на ~у** vertonen, musikalisch unterlegen; ◇ **надое́ла мне вся э́та ~а** ich habe die Schnauze voll davon; **музыка́льность** $\textit{ж}_5$ ⟨-и⟩ **1** (*одарённость*) Musikalität *f*, musikalische Begabung *f* **2** (*благозву́чие*) Wohlklang *m;* (*гармо́ния*) Harmonie *f;* **музыка́льный** *прил* ⟨-ая, -ое, -ые⟩ **1** Musik-; ◇ ~ **инструме́нт** Musikinstrument *n* **2** (*спосо́бный к му́зыке*) musi-

kalisch, musikbegabt; ◇ ~ **слух** musikalisches Gehör ③ (*мелодичный*) wohlklingend; **музыка́нт** m_1 <-а> Musiker *m;* (*композитор*) Komponist *m;* **музыкове́дение** c_4 <-я> Musikwissenschaft *f*
му́ка *ж₁* <-и> Qual *f,* Tortur *f;* ◇ **хожде́ние по ~м** Leidensweg *m*
мука́ *ж₁* <-й> Mehl *n;* ◇ **пшени́чная ~** Weizenmehl; ◇ **ржана́я ~** Roggenmehl
мул m_1 <-а> Maultier *n*
мультипликáция *ж₄* <-и> (*киносъёмка рисунков*) Trickfilmaufnahme *f;* (*фильм*) Zeichentrickfilm *m*
мунди́р m_1 <-а> Uniform *f,* Dienstkleidung *f;* ◇ **карто́фель в ~е** Pellkartoffel *f*
муниципалите́т m_1 <-а> (*городской*) Stadtverwaltung *f;* (*сельский*) Gemeinderat *m*
мураве́й m_3 <-вья́, *мн:* -вьи́> Ameise *f;* **мураве́йник** m_1 <-а> Ameisenhaufen *m*
муска́т m_1 <-а> (*орех*) Muskatnuss *f*
му́скул m_1 <-а> Muskel *m;* ◇ **развиты́е ~ы** ausgeprägte Muskeln; ◇ **ни оди́н ~ не дро́гнул** keine Regung zeigen
му́сор m_1 <-а> ① (*сор, отбросы*) Müll *m,* Abfall *m;* (*нечистоты*) Dreck *m;* ◇ **корзи́на для ~а** Abfallkorb *m;* ◇ **вы́возка ~a** Müllabfuhr *f* ② (*строительный*) Bauschutt *m;* **му́сорить** V_{4b} *несов* <-рю, -ришь; [**на~** *сов*] *без доп* Dreck machen, Schmutz machen; **мусоропрово́д** m_1 <-а> Müllschlucker *m*
муссо́н m_1 <-а> геогр Monsun *m*
мусульма́нин m_1 <-а, *мн:* -ма́не, *род:* -ма́н> Moslem *m;* **мусульма́нка** *ж₁* <-и, *род мн:* -нок> Muslimin *f*
мути́ть V_{4a} *несов* <мучу́, мути́шь> [**за~** (1), **по~** (2) *сов*] *кого-что вин* ① (*делать мутным*) trüben, trübe machen ◇ *перен* (*делать неясным*) verschleiern, vertuschen; (*затуманивать*) vernebeln; ◇ **боль ~т созна́ние** der Schmerz benebelt das Bewusstsein ③ *разг* (*подстрекать*) aufhetzen (gegen) ◇ *безл* (*подташнивать*) Übelkeit empfinden; **меня́ ~т** mir ist übel; **му́тн|ый** *прил* <-ая, -ое, -ые> ① (*непрозрачный*) trübe; ◇ **~ый раство́р** trübe Lösung ② (*затуманенный*) matt, glanzlos; ◇ **~ое зе́ркало** matter Spiegel ③ *перен* (*неясный*) verschleiert, getrübt; ◇ **у меня́ ~ая голова́** ich bin ganz wirr im Kopf
му́х|а *ж₁* <-и> Fliege *f;* ◇ **кака́я ~а тебя́ укуси́ла?** welche Laus ist dir über die Leber gelaufen?; ◇ **де́лать из ~и слона́** aus einer Mücke einen Elefanten machen; ◇ **быть под ~ой** einen Schwips haben; **мухоло́вка** *ж₁* <-и, *род мн:* -вок> ① (*ловушка*) Fliegenfänger *m* ② бот Venusfliegenfalle *f;* **мухомо́р** m_1 <-а> бот Fliegenpilz *m*
муче́ние c_4 <-я> Qual *f,* Marter *f;* ◇ **э́то и́стинное ~** das ist die reinste Qual; **му́ченик** m_1 <-а> Märtyrer *m;* **мучи́тель**

m_2 <-я> Peiniger *m;* **му́чить** V_{4b} *несов* <-чу, -чишь> [**за~, из~** *сов*] *кого-что вин* quälen, peinigen; (*донимать*) plagen; (*пытать*) foltern; **му́читься** *несов* <-чусь, -чишься [**за~, из~** *сов*] *чем тв* (*1*), *с кем-чем тв или над чем тв* (*2*) ① sich quälen, Qualen erleiden; ◇ **~ться угрызе́ниями со́вести** von Gewissensbissen geplagt werden ② (*испытывать затруднения*) sich abquälen, sich abplagen; ◇ **три дня он ~лся с э́той зада́чей** er hat sich drei Tage mit dieser Aufgabe herumgequält
муштра́ *ж₁* <-ы́> Drill *m*
мча́ться V_{1a} *несов* <мчусь, мчи́шься, *Imp.* мчи́сь, ~тесь, *Part. Präs. Akt.* мча́щийся, *Adv. Part. Präs.* мчась> *без доп* dahineilen, dahinjagen; (*бежать*) rasen; ◇ **~ со всех ног** sich die Beine aus dem Leib rennen; ◇ **вре́мя мчи́тся** die Zeit rast
мы (нас, нам, нас, на́ми, о нас) *личн мест, 1. л. мн* wir; ◇ **у нас нет вре́мени** wir haben keine Zeit; ◇ **нас не́ было до́ма** wir waren nicht zu Hause; ◇ **нам необходи́мо** wir brauchen; ◇ **они́ на́ми дово́льны** sie sind zufrieden mit uns; (*в значении первого лица*) ◇ **~ с тобо́й** du und ich
мы́ло c_2 <-а, *мн:* -á> Seife *f;* ◇ **жи́дкое ~** Schmierseife *f;* ◇ **ядро́вое ~** Kernseife *f* ② (*у лошади*) Schaum *m;* **мы́льница** *ж₁* <-ы> Seifenschale *f*
мыс m_1 <-а> геогр Kap *n;* ◇ **Мыс Горн** Kap Hoorn; ◇ **Мыс До́брой Наде́жды** Kap der Guten Hoffnung
мы́слитель m_2 <-я> Denker *m;* **мы́сли|ть** V_{4b} *несов* <-лю, -лишь, *Imp.* -ли, ~те, *Part. Präs. Pass.* -лимый> ◇ *о ком-чём предл или без доп* (1), *кого-что вин* (2), *о ком-чём предл или с инф* (3) ① (*рассуждать*) denken (an), nachdenken ② (*представлять в мыслях*) sich vorstellen; ◇ **как ты ~шь себе́ э́то?** wie stellst du dir das vor ③ (*предполагать*) denken; ◇ **он и не ~л возража́ть** er dachte nicht daran zu widersprechen; **мысл|ь** *ж₅* <-и> Gedanke *m;* (*идея*) Einfall *m;* (*мышление*) Gedankengang *m;* ◇ **блестя́щая ~ь** glänzende Idee; ◇ **за́дняя ~ь** Hintergedanke; ◇ **основна́я ~** Grundgedanke; ◇ **о́браз ~ей** Denkweise *f,* Gesinnung *f;* ◇ **собра́ться с ~ями** sich sammeln
мыть* *несов* <мо́ю, мо́ешь> [**вы́~, по~** *сов*] *кого-что вин* waschen; (*полы, окна*) putzen; (*посуду*) spülen; ◇ **рука́ ру́ку мо́ет** eine Hand wäscht die andere; ◇ **~ золото́й песо́к** Gold waschen; (*размывать*) ◇ **река́ мо́ет берега́** der Fluss spült das Ufer aus; **мы́ться** *несов* <мо́юсь, мо́ешься> [**вы́~, по~** *сов*] *без доп* sich waschen
мыча́ть V_{1a} *несов* <-чу́, -чи́шь, (1) 1 и 2

л. не употр, *Imp.* чи́, ~те, *Part. Präs. Akt.* -ча́щий, *Adv. Part. Präs.* -ча́ [**мы́кнуть** *сов*] *без доп* ① (*о корове, быке*) muhen, brüllen ② *перен, разг* (*невнятно говори́ть*) unartikuliert sprechen, lallen

мышело́вка *ж₁* ‹-и, *род мн*: -вок› Mausefalle *f*

мышле́ние *с₄* ‹-я› Denken *n; (способ мышления)* Denkweise *f*

мы́шца *ж₅* ‹-ы› Muskel *m*

мышь *ж₅* ‹-и, *род мн*: -ше́й, *дат*: -ша́м› Maus *f; ◇* **полева́я** ~ Feldmaus; *◇* **бе́ден как церко́вная** ~ arm wie eine Kirchenmaus

мышья́к *м₁* ‹-а́› хим Arsen *n*

мэр *м₁* ‹-а› Bürgermeister *m*

мя́гк|ий *прил* ‹-ая, -ое, -ие› (*сравн:* **мя́гче**) ① weich; (*нежный*) zart; (*размягчённый*) mürbe; (*эластичный*) biegsam; *◇* **~ие во́лосы** geschmeidiges Haar; *◇* **~ое кре́сло** weicher Sessel; *◇* **~ий хлеб** frisches Brot ② *перен* (*кроткий*) sanft, mild; (*уступчивый*) nachgiebig; *◇* **~ий кли́мат** mildes Klima; *◇* **~ий свет** gedämpftes Licht; *◇* **~ие движе́ния** seichte Bewegungen; *◇* **~ая поса́дка** weiche Landung; *◇* **~ий пригово́р** mildes Urteil

мягкосерде́чный *прил* ‹-ая, -ое, -ые› gutmütig, weichherzig

мя́гче *сравн от* **мя́гкий**

мя́коть *ж₅* ‹-и› ① (*мясо*) (*weiches Fleisch ohne Knochen*) ② (*мягкая часть плодов*) Fruchtfleisch *n*

мя́млить V₄b *несов* ‹-лю, -лишь, *Imp.* -ли, ~те› [**про**~ *сов*] *без доп* ① *разг* (*говори́ть невнятно и вяло*) murmeln, undeutlich sprechen, nuscheln ② (*тянуть*) unentschlossen sein, zögerlich handeln

мясни́к *м₁* ‹-а́, *мн*: -и́› Fleischer *m*, Metzger *m;* **мясн|о́й** *прил* ‹-а́я, -о́е, -ы́е› Fleisch-; *◇* **~о́е блю́до** Fleischgericht *n; ◇* **~о́й магази́н** Metzgerei *f;* **мя́со** *с₂* ‹-а› Fleisch *n; ◇* **говя́жье** ~ Rindfleisch; *◇* **жа́реное** ~ Braten *m; ◇* **ру́бленое** ~ Hackfleisch; *◇* **свино́е** ~ Schweinefleisch; **мясору́бк|а** *ж₁* ‹-и, *род мн*: -бок› ① (*машинка*) Fleischwolf *m; ◇* **пропусти́ть мя́со че́рез ~у** Fleisch durch den Fleischwolf drehen ② *перен* Gemetzel *n*

мя́та *ж₁* ‹-ы› бот Pfefferminze *f*

мяте́ж *м₁* ‹-а́, *мн*: -и́› Meuterei *f; (восстание)* Aufstand *m; (путч)* Putsch *m; ◇* **подави́ть** ~ einen Aufstand niederschlagen; **мяте́ж|ный** *прил* ‹-ая, -ое, -ые› ① (*поднимающий мятеж*) rebellisch, aufrührerisch ② *перен* (*тревожный*) stürmisch, rastlos, unruhig; *◇* **~ая жизнь** stürmisches Leben

мять* *несов* ‹мну, мнёшь› [**из**~ (1), **раз**~ (2) *сов*] *что вин* ① (*делать мятым*) zerknittern, zerknüllen ② (*месить*) kneten; ~ **гли́ну** Ton kneten; (*давить*) quetschen ③ (*лён, пеньку*) brechen

мя́ться¹ *несов* ‹мнёт, мнут, 1 и 2 л. не

употр› [**из**~, **по**~ *сов*] *без доп* (*о ткани*) knittern; *◇* **пла́тье мнётся** das Kleid ist faltig

мя́ться² *несов* ‹мнусь, мнёшься› *без доп разг* (*колебаться*) unentschlossen sein

мяу́кать V₁ₐ *несов* ‹-ает, 1 и 2 л. не употр› [**мяу́кнуть** V₂ *сов*] *без доп* miauen

мяч *м₂* ‹-а́, *мн*: -и́› Ball *m; ◇* **ручно́й** ~ Handball; *◇* **те́ннисный** ~ Tennisball; *◇* **футбо́льный** ~ Fußball; *◇* **игра́ть в** ~ Ball spielen

Н

на *предлог с вин и предл* ① (*наверх, наверху*) auf; *◇* **я кладу́ тетра́ди на по́лку** ich lege die Hefte auf das Regal ② (*на вопрос "куда?", на вопрос "где?"*) an, in, nach; *◇* **я ве́шаю портре́т ~ сте́ну** ich hänge das Bild an die Wand; *◇* **портре́т виси́т ~ стене́** das Bild hängt an der Wand ③ (*при обозначении направления*) auf, nach; *◇* ~ **у́лицу** auf die Straße; *◇* **по́езд ~ Берли́н** Zug nach Berlin ④ (*при обозначении цели*) zu; *◇* **я иду́ ~ консульта́цию** ich gehe zur Beratung ⑤ (*в определённом месте*) in, auf; *◇* ~ **у́лице Толсто́го** in der Tolstojstraße; *◇* ~ **горе́** auf dem Berg; *◇* ~ **Кавка́зе** im Kaukasus; *◇* ~ **Восто́ке** im Osten ⑥ (*при обозначении времени, срока и т. п.*) an, in, für; *◇* ~ **сле́дующий день** am nächsten Tag; *◇* **он взял кни́гу ~ три дня** er hat das Buch für drei Tage; *◇* ~ **неде́ли ~ две** für ungefähr zwei Wochen ⑦ (*для*) für; *◇* ~ **что тебе́ э́то?** wofür brauchst du das?; *◇* ~ **па́мять** zur Erinnerung ⑧ (*на сумму и т. п.*) für; *◇* **он купи́л проду́ктов ~ сто рубле́й** er kaufte Lebensmittel für hundert Rubel ⑨ (*при сравнении*) um; *◇* **он ~ семь лет моло́же меня́** er ist sieben Jahre jünger als ich; *◇* **произво́дство упа́ло ~ 14 проце́нтов** die Produktion ist um 14 Prozent zurückgegangen ⑩ (*при обозначении множителя или делителя*) durch, mit; *◇* **дели́ть ~ пять** durch fünf teilen; *◇* **мно́жить ~ пять** mit fünf multiplizieren ⑪ (*при распределении*) pro; *◇* ~ **ду́шу населе́ния** pro Kopf der Bevölkerung ⑫ (*ехать*) *◇* **ката́ться ~ ло́дке** Boot fahren; *◇* ~ **на́ших глаза́х** vor unseren Augen

набежа́|ть* V₁ₐ *несов* ‹-, 2, 3) 1 и 2 л. не употр› [**набега́ть** V₁ₐ *несов* на кого-что вин (1), без доп (2, 3) ① (*натолкнуться*) gegen jd-n/etw rennen, gegen jd-n/etw stoßen; *◇* **волна́ ~ла на**

бе́рег die Welle schlug ans Ufer; ◇ ~л **ве́тер** es kam ein Windstoß ② *(ско-питься)* zusammenströmen ③ *разг (уве-личиться в коли́честве)* sich anhäufen, sich ansammeln; ◇ ~ла неде́ля дополни́тельного о́тпуска eine Woche Zusatzurlaub sammelte sich an

на́бережная *ж (A₁)* ‹-ой› Kai *m*, Uferstraße *f*, Strandpromenade *f*

наби́тый *прич* ‹-ая, -ое, -ые› *(наполне́нный)* gefüllt; *(по́лный)* voll, voll gestopft; *(перепо́лненный)* überfüllt; **наби́ть*** *сов* ‹-бью́, -бьёшь› [**набива́ть** V₁ₐ *несов*] **что вин чем тв** (1), **что вин или чего́ род** (2), **что вин** (3), **кого́-чего́ род** (4) ① *(напо́лнить)* füllen, (aus)stopfen; ◇ ~ **до отка́за** voll stopfen ② *(вколоти́ть)* hineinschlagen; ◇ ~ **гвозде́й в сте́нку** Nägel in die Wand schlagen ③ *(причини́ть вред)* schlagen, hauen; ◇ ~ **мо́рду кому́-л** jd-m in die Fresse hauen ④ *(настреля́ть)* schießen, erlegen; ◇ ~ **у́ток** Enten schießen

наблюда́тель *M₂* ‹-я› Beobachter *m*; **наблюда́тельный** *прил* ‹-ая, -ое, -ые› ① *(контроли́рующий)* Beobachtungs-; эк ◇ ~ **сове́т** Aufsichtsrat *m* ② *(внима́тельный)* aufmerksam, scharfsichtig; ◇ ~ **слу́шатель** aufmerksamer Zuhörer; **наблюда́ть** V₁ₐ *несов* ‹-а́ю, -а́ешь› **кого́-что вин или за кем-чем тв** (1), **кого́-что вин** (2), **за кем-чем тв** (3) ① *(следи́ть)* beobachten, betrachten; ◇ ~ **за полётом пти́цы** den Flug eines Vogels verfolgen ② *(иссле́довать)* beobachten, erforschen ③ *(присма́тривать)* etw/jd-n beaufsichtigen, überwachen; ◇ ~ **за детьми́** die Kinder beaufsichtigen; **наблюде́ние** *c₄* ‹-я› ① Beobachtung *f* ② *(надзо́р)* Aufsicht *f*, Überwachung *f*; *(контро́ль)* Kontrolle *f*; ◇ **взять под** ~ überwachen

набо́йка *ж₁* ‹-и, *род мн:* -о́ек› ① *(ткань)* bedruckter Stoff ② *(на каблуке́)* Schuhabsatz *m*

наболе́вший *прич* ‹-ая, -ее, -ие› ① *(боле́зненный)* schmerzlich; *(чувстви́тельный)* empfindlich ② *(актуа́льный)* brennend, dringend

набо́р *M₁* ‹-а› ① *(приём уча́щихся)* Aufnahme *f*; *(слу́жащих)* Einstellung *f* ② *(вербо́вка)* Anwerbung *f* ③ полигр *(де́йствие)* Setzen *n*; *(на́бранный текст)* Satz *m* ④ *(компле́кт)* Satz *m*, Garnitur *f*; ◇ ~ **слов** leere Worte

набо́рщик *M₁* ‹-а› полигр Setzer *m*

набра́ть* *сов* ‹-беру́, -берёшь› [**набира́ть** V₁ₐ *несов*] **что вин или чего́ род** (1), **кого́-что вин** (2), **что вин** (3-5) ① *(взять)* (ein-)sammeln; ◇ ~ **това́ров в магази́не** einen Großeinkauf machen ② *(приня́ть уча́щихся)* aufnehmen; *(приня́ть на рабо́ту)* einstellen ③ полигр setzen ④ ◇ ~ **но́мер (телефо́на)** eine (Telefon-)Nummer wählen ⑤ *(дости́чь)*

erreichen; ◇ ~ **высоту́** an Höhe gewinnen; ◇ ~ **те́мпы в рабо́те** bei der Arbeit in Schwung kommen

наброса́ть V₁ₐ *сов* ‹-а́ю, -а́ешь, *Part.* -бро́санный› [**набра́сывать** V₁ₐ *несов*] **что вин или чего́ род** (1), **что вин** (2) ① *(бро́сить)* werfen; *(повсю́ду)* überall hinwerfen; *(напо́лнить)* voll werfen ② *(изобрази́ть)* entwerfen, skizzieren; ◇ ~ **эски́з** eine Skizze entwerfen; ◇ **пе́ред докла́дом он** ~**а́л не́сколько фраз** vor dem Vortrag machte er sich ein paar Notizen

набро́сить V₄ₐ *сов* ‹-о́шу, -о́сишь, *Imp.* -о́сь, ~те, *Part. Prät. Pass.* -о́шенный› [**набра́сывать** V₁ₐ *несов*] **что вин на кого́-что вин** *(накинуть)* umwerfen, überwerfen, umlegen; ◇ ~ **шаль на пле́чи** einen Schal um die Schultern legen; **набро́ситься** *сов* ‹-о́шусь, -о́сишься› [**набра́сываться** *несов*] **на кого́-что вин** ① *(напа́сть)* sich werfen, sich stürzen; ◇ **хи́щник** ~**лся на свою́ добы́чу** das Raubtier warf sich auf seine Beute ② *разг (приня́ться)* sich stürzen; ◇ ~**ться на еду́** sich auf das Essen stürzen ③ *разг (нача́ть брани́ть)* über jd-n herfallen, jd-n mit etw überschütten; ◇ ~**ться на кого́-л с упрёками** jd-n mit Vorwürfen überschütten

набро́сок *M₁* ‹-ска, *мн:* -ски› Entwurf *m*; *(эски́з)* Skizze *f*

набу́хнуть V₂ *сов* ‹-нет, нут, 1 и 2 л. не употр› [**набуха́ть** V₁ₐ *несов*] *без доп* anschwellen, aufquellen

навали́ть V₄ₐ *сов* ‹-лю́, -а́лишь, *Part. Prät. Pass.* -а́ленный› [**нава́ливать** V₁ₐ *несов*] **кого́-что вин или что вин** (1), **что вин на кого́-что вин** (2), **что вин или чего́ род** (3) ① *(наложи́ть све́рху)* aufhäufen; *(нагромозди́ть)* auftürmen; *(наброса́ть в беспоря́дке)* aufeinander werfen ② *перен разг (обремени́ть)* aufbürden, jd-m etw anhängen; ◇ ~**ть ку́чу поруче́ний на кого́-л** einen Haufen Aufträge auf jd-n abwälzen ③ *безл* fallen; ◇ ~**ло мно́го сне́гу** es ist viel Schnee gefallen; **навали́ться** *сов* ‹-алю́сь, -а́лишься› [**нава́ливаться** *несов*] **на кого́-что вин** ① *(нале́чь, придави́ть)* sich (mit voller Kraft auf etw) stützen; *(напря́чь си́лы)* alle Kräfte anspannen ② *перен (обру́шиться)* über jd-n/etw herfallen; *(наброси́ться)* sich stürzen auf

наве́к, наве́ки *нареч* für immer, auf ewig

наве́рно, наве́рное *нареч* ① *(по всей вероя́тности)* vermutlich, wahrscheinlich ② *(несомне́нно)* sicher, bestimmt, gewiss

наверста́ть V₁ₐ *сов* ‹-а́ю, -а́ешь, *Part. Pass.* -вёрстанный› [**навёрстывать** V₁ₐ *несов*] **что вин** einholen, aufholen, nachholen; ◇ ~ **поте́рянное вре́мя** die verlorene Zeit aufholen

наверху́ *нареч* oben

навéс m_1 ‹-а› (*перед входом*) Vordach n
навестú* *сов* ‹-едý, -едёшь› [**наводúть** V_{4a} *несов*] *кого-что вин на что вин* (*1, 2*), *что вин* (*3*) ① (*направить*) führen ② (*нацелить*) lenken (auf); ◊ ~ **на мысль** auf einen Gedanken bringen ③ (*придать вид*) auftragen, überziehen (mit); ◊ ~ **глянец** polieren; ◊ ~ **красотý** sich schön machen; ◊ ~ **страх** Angst einjagen
нáвзничь *нареч* rücklings, auf dem/den Rücken; ◊ ~ **упáсть** ~ auf den Rücken fallen
навúснуть V_2 *сов* ‹-нет, -нут, 1 и 2 л. не употр*› [**нависáть** V_{1a} *несов*] *над кем-чем* ① (*склониться, опуститься*) vorspringen; (*повиснуть*) (über-)hängen; ◊ **тýчи ~ли над мóрем** die Wolken hingen (tief) über dem Meer ② *перен* (*появиться*) (be-)drohen
наводúть *несов от* **навестú**
наводнéние c_4 ‹-я› Überschwemmung f
навóз m_1 ‹-а› Mist m; (*удобрение*) Dung m
нáволочка $ж_1$ ‹-и, *род мн*: -чек› Kissenbezug m
навсегдá *нареч* für immer; ◊ **раз и ~** ein für allemal
навстрéчу *нареч* entgegen; ◊ **идтú ~ комý-л** jd-m entgegengehen; *перен* jd-m entgegenkommen
нáвык m_1 ‹-а› Fertigkeit f, Geübtheit f; (*привычка*) Gewohnheit f, Routine f; ◊ **приобрестú ~** Übung bekommen
навязáть* *сов* ‹-яжý, -яжешь› [**навязывать** V_{1a} *несов*] *что вин или чего род* (*1*), *кого-что вин кому дат* (*2*), *что вин на что вин* (*3*) ① (*спицами*) (viel) stricken; (*крючком*) (viel) häkeln ② *перен* (*принудить*) aufzwingen, aufdrängen ③ (*привязать*) an-binden, umbinden; ◊ ~ **лéску на ýдочку** die Leine an die Angel binden; **навязчивый** *прил* ‹-ая, -ое, -ые› aufdringlich, zudringlich; ◊ ~ **посетúтель** aufdringlicher Besucher
наглéть V_5 *несов* ‹-éю, -éешь› [**об~** *сов*] *без доп разг* frech, unverschämt werden;
наглéц m_1 ‹-á, *мн*: -ы́› Frechdachs m, unverschämter Mensch; **нáглость** $ж_5$ ‹-и› Frechheit f, (*бесстыдство*) Unverschämtheit f; ◊ **это верх ~и** das ist ein starkes Stück
нáглухо *нареч* dicht, fest (zugemacht); ◊ ~ **закрыть дверь** die Tür hermetisch verriegeln
нáглый *прил* ‹-ая, -ое, -ые› frech, (*бесстыдный*) unverschämt, unverfroren
нагля́дность $ж_5$ ‹-и› Anschaulichkeit f; (*обозримость*) Überschaubarkeit f;
нагля́дный *прил* ‹-ая, -ое, -ые› anschaulich; ◊ ~**ое обучéние** Anschauungsunterricht m
нагнáть* *сов* ‹-гоню́, -гóнишь› [**нагоня́ть** V_{1b} *несов*] *кого-что вин* (*1*), *что вин* (*2*), *что вин или чего род на кого-что вин* (*3*), *что вин или кого-чего род* (*4*) ① (*догнать*) einholen, errei-

chen ② (*наверстать*) aufholen; ◊ ~ **упýщенное** das Versäumte nachholen ③ *перен разг* (*внушить какое-л чувство*) einflößen; ◊ ~ **стрáху** Angst einjagen ④ (*сосредоточить*) zusammenziehen
нагнýться V_2 *сов* ‹-нýсь, -нёшься› [**нагибáться** V_{1a} *несов*] *без доп* ① (*наклониться*) sich beugen, sich neigen ② (*только о человеке*) sich bücken
наговорúть V_{4a} *сов* ‹-рю́, -ри́шь, *Part. Prät. Pass.* -рённый› [**нагова́ривать** V_{1a} *несов*] *что вин или чего род* (*1*), *на кого-что вин* (*2*), *что вин* (*3*) ① (*сообщить*) daherreden; *разг* ◊ ~ **в три кóроба** jd-m die Ohren volllabern ② *разг* (*оклеветать*) verleumden ③ (*для звукозаписи*) besprechen; ◊ ~ **магнитофóнную плёнку** ein Tonband besprechen
нагоня́ть *несов от* **нагнáть**
наготóве *нареч* bereit, in Bereitschaft; ◊ **держáть ~** parat halten
нагрáд|а $ж_1$ ‹-ы› Belohnung f; (*отличие*) Auszeichnung f; ◊ **в ~у** zur Belohnung;
наградúть V_{4a} *сов* ‹-ажý, -ди́шь, (*2*), *и 2 л. не употр*, *Part. Prät. Pass.* -аждённый› [**награждáть** V_{1a} *несов*] *кого-что вин чем* ① (*за усердие*) belohnen, auszeichnen; (*премировать*) prämieren ② *перен* (*наделить*) bescheken, bedenken; ◊ ~ **прирóда ~ла егó талáнтом** die Natur hat ihn mit Talent bedacht; **награждéние** c_4 ‹-я› Ehrung f, Auszeichnung f
нагревáние c_4 ‹-я› Erwärmen n, Erhitzen n; **нагревáтель** m_2 ‹-я› Heizkörper m
нагрýзка $ж_1$ ‹-и, *род мн*: -зок› ① (*действие*) Beladen n ② *тех* (*груз*) Last f, Fracht f ③ (*загруженность работой*) Auslastung f ④ (*Arbeits-*)Pensum n
над *предлог с тв* ① (*указывает на пребывание кого-чего выше чего-чего*) über; ◊ **лáмпу повéсили ~ столóм** sie hingen die Lampe über den Tisch ② (*указывает направленность действия*) über; ◊ **сидéть ~ кнúгой** über einem Buch sitzen; ◊ **смея́ться ~ товáрищем** über einen Mitschüler lachen
надгрóбный *прил* ‹-ая, -ое, -ые› Grab-; ◊ ~ **кáмень** Grabstein m
надевáть *несов от* **надéть**
надéжд|а $ж_1$ ‹-ы› Hoffnung f; ◊ **молодóй шахматúст подаёт большúе ~ы** der junge Schachspieler erweckt große Hoffnungen; ◊ **теря́ть ~у** die Hoffnung verlieren; ◊ **на негó плохáя ~а** auf ihn ist kein Verlass
надёжный *прил* ‹-ая, -ое, -ые› zuverlässig, sicher
надéлать V_{1a} *сов* ‹-аю, -аешь› *что вин или чего род разг* ① (*произвести*) machen, anfertigen ② (*совершить*) machen, verursachen; ◊ ~ **глýпостей** Dummheiten anstellen; ◊ ~ **хлопóт комý-л** jd-m viel Mühe machen

наде́ть* *сов* ⟨-ну, -нешь⟩ [**надева́ть** V_{Ia} *несов*] *что вин* ① (*укрепить*) anstecken, anlegen, aufsetzen; ◇ ~ **кольцо́ на па́лец** einen Ring an den Finger stecken; ◇ ~ **очки́** die Brille aufsetzen ② (*одежду, обувь*) anziehen, umlegen; ◇ ~ **пальто́ на ребёнка** dem Kind einen Mantel anziehen

наде́яться V_{Ib} *несов* ⟨-éюсь, -éешься, *Imp.* -éйся, *Part. Präs. Akt.* -éющийся, *Adv. Part. Präs.* -éясь⟩ [**по-** *сов*] *на что вин или с инф или с союзом "что"* (1), *на кого-что вин* (2) ① (*рассчитывать*) hoffen, Hoffnung haben; ◇ **я хочу́ на э́то** ~ das will ich hoffen ② (*полагаться*) sich auf jd-n verlassen, vertrauen (auf); ◇ **мо́жете на меня́** ~ Sie können auf mich bauen

надзира́тель m_2 ⟨-я⟩ Aufseher *m*

надзо́р m_1 ⟨-а⟩ Aufsicht *f*, Überwachung *f*, Inspektion *f*; ◇ **находи́ться под ~ом** überwacht werden

надлежа́щ|ий *прил* ⟨-ая, -ее, -ие⟩ gehörig, gebührend; (*соответствующий*) entsprechend; ◇ **~ие ме́ры** entsprechende Maßnahmen; ◇ **в ~ий срок** rechtzeitig

надло́м m_1 ⟨-а⟩ Bruchstelle *f*, Bruch *m*

на́до *предик* ① *кого-что вин или чего род* brauchen, benötigen; ◇ **так ему́ и ~** das geschieht ihm ganz recht; ◇ ~ **же?** musste das sein?; ◇ **пода́рок что ~!** das Geschenk ist ein Volltreffer ② *с инф* man muss; ◇ **его́ беспоко́йство ~ поня́ть** man muss seine Unruhe verstehen

на́добность $ж_5$ ⟨-и⟩ Bedürfnis *n*; (*необходимость*) Notwendigkeit *f*; ◇ **в слу́чае ~и** wenn nötig, notfalls; ◇ **по ме́ре ~и** nach Bedarf

надоеда́ть V_{Ia} *несов* ⟨-áю, -áешь⟩ [**надое́сть*** *сов*] *кому-чему дат* ① (*стать скучным*) einer Sache/jd-s überdrüssig werden, etw satt haben ② (*докучать*) auf die Nerven gehen, belästigen; ◇ **я не хочу́ ~ тебе́** ich möchte dir nicht auf die Nerven gehen

надое́дливый *прил* ⟨-ая, -ое, -ые⟩ lästig; (*скучный*) langweilig; (*назойливый*) aufdringlich

надо́лго *нареч* für lange

на́дпись $ж_5$ ⟨-и⟩ ① (*заглавие*) Überschrift *f*; (*под рисунком*) Beschriftung *f* ② (*на камне, медали*) Inschrift *f*

надре́з m_1 ⟨-а⟩ Einschnitt *m*, Kerbe *f*

надруга́тельство c_2 ⟨-а⟩ Verhöhnung *f*, Beschimpfung *f*; (*осквернение*) Schändung *f*

надсмо́трщик m_1 ⟨-а⟩ Aufseher *m*

надстра́ивать V_{Ia} *несов* ⟨-аю, -аешь⟩ [**надстро́ить** V_{4b} *сов*] *что вин* aufstocken, darauf bauen; ◇ ~ **эта́ж** ein Stockwerk aufsetzen; **надстро́йка** $ж_1$ ⟨-и, *род мн:* -оек⟩ ① (*действие*) Aufbau *m*; (*этажа*) Aufstockung *f* ② (*надстроенное*) Aufbau *m*

надува́тельство c_2 ⟨-а⟩ Prellerei *f*, Betrug *m*

надувн|о́й *прил* ⟨-áя, -óе, -ы́е⟩ Luft-; ◇ **~о́й матра́ц** Luftmatratze *f*; ◇ **~а́я ло́дка** Schlauchboot *n*

наду́манный *прич* ⟨-ая, -ое, -ые⟩ erdacht, ersonnen; (*искусственный*) gekünstelt, unnatürlich

наду́|ть* *сов* ⟨-ю, -ешь⟩ [**надува́ть** V_{Ia} *несов*] *что вин* (1), *кого-что вин* (2) ① (*наполнить воздухом*) aufblasen, aufpumpen; ◇ **~ть велосипе́дную ка́меру** das Rad aufpumpen; ◇ **ве́тер ~л паруса́** der Wind blähte die Segel auf ② *разг* (*обмануть*) betrügen; (*подвести*) reinlegen; (*водить за нос*) an der Nase herumführen; *разг* ◇ **~ть гу́бы** schmollen

наедине́ *нареч* (*вдвоём*) zu zweit; (*с глазу на глаз*) unter vier Augen

нае́здник m_1 ⟨-а⟩ Reiter *m*; **нае́здница** $ж_1$ ⟨-ы⟩ Reiterin *f*

наём m_1 ⟨на́йма⟩ ① (*рабочих*) Anwerben *n*; (*матросов*) Anheuern *n*; ◇ **рабо́тать по на́йму** als Tagelöhner arbeiten ② (*квартиры*) Mieten *n*; ◇ **пла́та за ~** Miete *f*; **наёмник** m_1 ⟨-а⟩ *ист* Tagelöhner *m*; (*солдат*) Söldner *m*; **наёмн|ый** *прил* ⟨-ая, -ое, -ые⟩ ① (*о людях, о труде*) Lohn-; ◇ **~ый труд** Lohnarbeit *f*; ◇ *воен* **~ая а́рмия** Söldnerheer *n* ② (*о помещении*) Miet-, gemietet ③ *перен* (*продажный*) käuflich; ◇ **~ый уби́йца** Berufskiller *m*

нае́ха|ть* *сов* ⟨-éду, -éдешь⟩ [**наезжа́ть** V_{Ia} *несов*] *на кого-что вин* (1), *без доп* (2) ① (*натолкнуться*) anfahren, gegen etw fahren; ◇ **~ть на пешехо́да** einen Fußgänger anfahren ② *разг* (*съехаться*) zusammenkommen, ankommen; ◇ **~ло мно́го тури́стов** viele Touristen sind angereist

нажа́рить *см.* **жа́рить**

нажа́ть* *сов* ⟨-жму́, -жмёшь⟩ [**нажима́ть** V_{Ia} *несов*] *что вин или на что вин* (1), *на кого-что вин* (2) ① (*надавить*) drücken; ◇ ~ **кно́пку** auf den Knopf drücken ② *перен разг* (*оказать воздействие*) Druck ausüben (auf); ◇ ~ **на все пружи́ны** alle Register ziehen

нажи́ва $ж_1$ ⟨-ы⟩ Gewinn *m*, Profit *m*; ◇ **лёгкая ~** schnelles Geld

нажи́вка $ж_1$ ⟨-и, *род мн:* -вок⟩ Köder *m*

нажи́м m_1 ⟨-а⟩ *тж перен* Druck *m*

нажи́ть* *сов* ⟨-иву́, -ивёшь⟩ [**нажива́ть** V_{Ia} *несов*] *что вин* (*накопить, получить*) erwerben; (*заработать*) verdienen; ◇ ~ **состоя́ние свои́м трудо́м** durch seine Arbeit ein Vermögen anhäufen ② *перен разг* (*приобрести*) sich zuziehen, sich holen; ◇ ~ **неприя́тность** sich Unannehmlichkeiten einholen

наза́д *нареч* ① (*в обратном направлении*) zurück, rückwärts ② (*обратно*) zurück-; ◇ **верну́ться** ~ zurückkehren ③ (*раньше*) vor; ◇ **не́сколько лет** ~ vor einigen Jahren

назва́ние c_4 ⟨-я⟩ (*географическое*) Name *m*; (*книги*) Titel *m*; (*обозначение*) Bezeichnung *f*

назва́|ть* *сов* ⟨-зову́, -зовёшь⟩ [**называ́ть** V_{1a} *несов*] *кого-что вин кем-чем тв* (1), *кого-что вин* (2, 3) (1) (*дать имя*) nennen, einen Namen geben; ◇ **де́вочку ~ли Ната́шей** das Mädchen bekam den Namen Natascha; ◇ **~ть ве́щи свои́ми имена́ми** die Dinge beim Namen nennen (2) (*объявить*) nennen, aufzählen; ◇ **он ~л лу́чших спортсме́нов го́да** er nannte die besten Sportler des Jahres; ◇ **я ~л себя́** ich stellte mich vor (3) (*охарактеризовать*) nennen, bezeichnen; ◇ **как ~ть тако́й посту́пок?** was soll man zu solch einem Vorgehen sagen?

назло́ *нареч* zum Trotz, zum Ärger; ◇ **как** ~ ausgerechnet

назнача́ть *несов от* **назна́чить**

назначе́ни|е c_4 ⟨-я⟩ (1) (*определение на работу*) Bestimmung *f*, Ernennung *f* (2) (*предписание*) Vorschrift *f*, Verordnung *f*; ◇ **по ~ю врача́** auf ärztliche Verordnung (3) (*установление*) Festsetzung *f*, Bestimmung *f*; ◇ **~е сро́ка** Festlegung eines Termins (4) (*цель, предназначение*) Zweck *m*; ◇ **не по ~ю** zweckentfremdet;

назна́чить V_{4b} *сов* ⟨-чу, -чишь⟩ [**назнача́ть** V_{1a} *несов*] *кого-что вин кем тв* (1), *что вин* (2), *что вин кому дат* (3) (1) (*на должность*) ernennen (zu), einsetzen (als); ◇ **~ мини́стром** zum Minister ernennen (2) (*установить, определить*) festsetzen, festlegen; ◇ **~ заседа́ние на ве́чер** die Sitzung für den Abend anberaumen (3) (*предписать*) vorschreiben, anordnen; (*лекарство*) verschreiben

назо́йливый *прил* ⟨-ая, -ое, -ые⟩ zudringlich, aufdringlich; (*надоедливый*) lästig

назре́|ть V_5 *сов* ⟨-е́ет, е́ют, 1 и 2 л. не употр⟩ [**назрева́ть** V_{1a} *несов*] *без доп* (1) (*созреть*) reifen, reif werden; ◇ **нары́в ~л** das Geschwür ist reif (2) *перен* heranreifen; (*стать неизбежным*) akut werden; ◇ **собы́тия ~ли** die Ereignisse spitzten sich zu

называ́ть *несов от* **назва́ть**

наибо́лее *нареч* höchst-, am meisten; ◇ ~ **развито́й** höchst entwickelt; ◇ ~ **уда́чный спо́соб** die günstigste Methode

наи́вный *прил* ⟨-ая, -ое, -ые⟩ naiv; (*простодушный*) einfältig

наизна́нку *нареч* verkehrt; (*о ткане*) links; ◇ **вы́вернуть** ~ linksherum drehen

наизу́сть *нареч* auswendig; ◇ **вы́учить** ~ auswendig lernen

наиме́ньший *прил* ⟨-ая, -ее, -ие⟩ der Kleinste, der Geringste, der Mindeste; ◇ ~ **риск** das geringste Risiko

наискосо́к *нареч разг* schräg

найти́¹* *сов* ⟨-йду́, -йдёшь⟩ [**находи́ть** V_{4a} *несов*] *кого-что вин* (1-3), *с союзом "что"* (4) (1) (*обнаружить*) finden; ◇ **~ ве́рное реше́ние** zur richtigen Entscheidung kommen; ◇ **я нигде́ не мог их** ~ ich konnte sie nirgends ausfindig machen (2) (*открыть*) entdecken; (*изобрести*) erfinden; ◇ **~ но́вый хими́ческий элеме́нт** ein neues chemisches Element entdecken (3) (*застать*) vorfinden, antreffen; ◇ **~ кого́-л в тяжёлом состоя́нии** jd-n in einer schwierigen Lage vorfinden (4) (*считать*) finden, meinen

найти́²* *сов* ⟨-йду́, -йдёшь, 1 и 2 л. не употр⟩ [**находи́ть** *несов*] *на кого-что вин* (1, 2), *что вин* (3) (1) (*закрыть собой*) sich über/vor etw schieben; ◇ **ту́ча нашла́ на со́лнце** eine Wolke verdeckte die Sonne (2) *разг* (*о чувстве*) überkommen; *безл* **на него́ нашло́** etw ist in ihn gefahren (3) (*скопиться*) zusammenkommen, sich versammeln

нака́з m_1 ⟨-а⟩ (*наставление*) Anweisung *f*; (*поручение*) Auftrag *m*; ◇ ~ **избира́телей** Wählerauftrag

наказа́ние c_4 ⟨-я⟩ Strafe *f*; (*действие*) Bestrafung *f*

наказа́ть¹ V_{1a} *сов* ⟨-ажу́, -а́жешь, *Imp.* -ажи́, ~те, *Part. Prät. Pass.* -а́занный⟩ [**нака́зывать** V_{1a} *несов*] *кого-что вин* (be-)strafen

наказа́ть² V_{1a} *сов* ⟨-ажу́, -а́жешь, *Imp.* -ажи́, ~те⟩ [**нака́зывать** *несов*] *кому дат или с инф разг* (*велеть*) beauftragen, einen Auftrag geben

накалённ|ый *прил* ⟨-ая, -ое, -ые⟩ (1) glühend (2) *перен* (*напряжённый*) gespannt, geladen; ◇ **~ая атмосфе́ра** gespannte Atmosphäre

накали́|ться V_{4a} *сов* [**накаля́ться** V_{1b} и **нака́ливаться** V_{1a} *несов*] *без доп* (1) (*нагреться*) sich erhitzen (2) *перен* sich äußerst zuspannen, sich zuspitzen; ◇ **обстано́вка ~лась** die Lage spitzte sich zu

накану́не I. *нареч* ⟨- *предыдущий день*) am Vortag, tags zuvor II. *предлог с род* (*перед чем-л*) *перен* am Vorabend, kurz vor; ◇ **фи́рма** ~ **банкро́тства** die Firma steht kurz vor dem Bankrott

нака́пать *см.* **ка́пать**

наки́дка $ж_1$ ⟨-и, *род мн:* -док⟩ Umhang *m*

наки́нуть V_2 *сов* ⟨-ну, -нешь, *Imp.* -ки́нь, ~те, *Part. Prät. Pass.* -ки́нутый⟩ [**наки́дывать** V_{1a} *несов*] *что вин на что вин* (1), *что вин* (2) (1) (*набросить*) überwerfen, überhängen (2) *разг* (*увеличить цену*) den Preis erhöhen, aufschlagen

накладна́|я $ж$ (A_1) ⟨-о́й⟩ Frachtbrief *m*, Begleitpapier *n*; ◇ ~ **на това́р** Lieferschein *m*

накла́дывать *несов от* **наложи́ть**

накле́йка $ж_1$ ⟨-и, *род мн:* -ле́ек⟩ (1)

(действие) Aufkleben n ② (ярлык) Aufkleber m; (этикетка Etikett n

наклоне́ние c_4 <-я> ① (действие) Neigung f ② грам Modus m; ◇ изъяви́тельное ~ Indikativ m; ◇ повели́тельное ~ Imperativ m

накло́нность $ж_5$ <-и> Neigung f; (предрасположение) Veranlagung f; ◇ име́ть ~ к чему́-л einen Hang zu etw haben

накова́льня $ж_2$ <-и, род мн: -лен> Amboss m

наколо́ть* сов <-лю́, -о́лешь> [нака́лывать V_{1a} несов] что на что (1, 4), что вин (2), чего-что вин (3) ① (приколоть) anstecken, befestigen; (поранить) (sich) stechen; ◇ ~ па́лец sich in den Finger stechen ③ разг (обмануть) betrügen ④ (пронзать) aufspießen

наконе́ц нареч ① (в конце концов) zu guter Letzt, endlich ② (в заключение) zum Abschluss, zum Schluss; ◇ ~то! na endlich!

наконе́чник m_1 <-a> Endstück n; (у зонтика) Spitze f

накопи́ть см. копи́ть

накопле́ние c_4 <-я> Ansammlung f; (о богатствах) Anhäufung f; (сбережение) Ersparnisse f pl; эк Akkumulation f

накра́пывать V_{1a} несов <-ает, -ают, 1 и 2 л. не употр> без доп tröpfeln

накры́ть* сов <-ро́ю, -ро́ешь> [накрыва́ть V_{1a} несов] кого-что вин ① (покрыть) bedecken, zudecken; ◇ ~ на стол den Tisch decken ② разг (поймать) erwischen, überraschen; ◇ ~ во́ра den Dieb ertappen

нала́дить V_{4b} сов <-а́жу, -а́дишь, Part. Prät. Pass. -а́женный> [нала́живать V_{1a} несов] что вин ① (отрегулировать) reparieren, wieder in Gang setzen ② (организовать) organisieren; ◇ ~ де́ло die Sache in Gang bringen; ◇ ~ конта́кты Kontakte herstellen

нала́дчик m_1 <-a> Monteur m

нале́во нареч (куда) nach links; (где) links, linker Hand; ◇ мы идём ~ wir gehen nach links; ◇ ~ от тебя́ links von dir

налегке́ нареч ① (без ноши) ohne Gepäck ② (в лёгкой одежде) leicht bekleidet; ◇ хо́лодно, а ты ~ es ist kalt, und du bist so dünn angezogen

нале́зть* сов <-зет, -зут, (1, 2) 1 и 2 л. не употр> [налеза́ть V_{1a} несов] на кого-что вин (1, 3), без доп (2) ① (об одежде) passen; ◇ сапоги́ е́ле ~ли на но́ги die Stiefel passen kaum ② (наползти) zusammenkriechen, sich ansammeln ③ (надвинуться) herabfallen, herunterrutschen; ◇ во́лосы ~ли на лицо́ die Haare hängen ins Gesicht

налёт m_1 <-a> ① (грабёж) Überfall m; (вторжение) Einbruch m; ◇ возду́шный ~ Luftangriff m ② (слой) Schicht f; ◇ ~ пы́ли Staubschicht ③ мед Belag m ④

перен (оттенок) Anflug m, Andeutung f; ◇ с ~а ohne lang zu zögern

налете́ть V_5 сов <-лечу́, -лети́шь, (1) 1 и 2 л. не употр, Imp. -лети́, ~те> [налета́ть V_{1a} несов] на кого-что вин ① (напасть) sich stürzen (auf), herfallen (über); ◇ я́стреб ~л на цыпля́т der Habicht stürzte sich auf die Küken ② (наскочить) stoßen; (натолкнуться) zusammenstoßen; ◇ ма́шина ~ла на столб das Auto raste gegen die Pfosten

налётчик m_1 <-a> Einbrecher m, Räuber m

нали́вка $ж_1$ <-и, род мн: -вок> Fruchtlikör m

нали́ть* сов <-лью, -льёшь> [налива́ть V_{1a} несов] что вин или чего род ① (наполнить) eingießen, einschenken, nachgießen; ◇ ~е́й мне ещё со́ку! schenk mir noch Saft ein ② (пролить) verschütten

налицо́ нареч (о людях) anwesend; (о вещах) vorhanden; ◇ факт ~ es liegt auf der Hand

нали́чн|ый прил <-ая, -ое, -ые> ① (имеющийся в наличии) vorhanden; (такой, которым можно располагать) verfügbar ② эк bar; ◇ за ~ый расчёт gegen Barzahlung; ◇ плати́ть ~ыми in bar zahlen ③ (о людях) ◇ ~ый соста́в Personalbestand m

нало́г m_1 <-a> Steuer f; ◇ ~ с оборо́та Umsatzsteuer; ◇ ~ на доба́вленную сто́имость Mehrwertsteuer f (MwSt); ◇ взима́ть ~ Steuern einziehen; ◇ обложи́ть ~ом besteuern; ◇ подохо́дный ~ Lohnsteuer f

наложи́ть V_{4a} сов <-жу́, -о́жишь, Part. Prät. Pass. -о́женный> [накла́дывать (1-3) V_{1a}, налага́ть (4, 5) V_{1a} несов] что вин (1, 2, 3, 5), что вин на кого-что вин (4) ① (положить сверху) auflegen ② мед anlegen; ◇ ~ повя́зку einen Verband anlegen ③ (наполнить) füllen, vollladen ④ перен (предписать) verhängen; ◇ ~ штраф eine Strafe verhängen; юр ◇ ~ аре́ст на иму́щество ein Vermögen beschlagnahmen; ◇ ~ на себя́ ру́ки sich das Leben nehmen; ◇ ~ свой отпеча́ток на что-л einer Sache seinen Stempel aufdrücken ⑤ (пометить) versehen; ◇ ~ ви́зу ein Visum erteilen; ◇ ~ резолю́цию eine Anordnung treffen

нам см. мы

намёк m_1 <-a> Anspielung f, Andeutung f; (совет) Wink m; ◇ гру́бый ~ ein Wink mit dem Zaunpfahl; ◇ и ~а нет nicht einmal andeutungsweise vorhanden

намекну́ть V_2 сов <-а́ю, -а́ешь> [намекну́ть V_2 сов] на кого-что вин (1), без доп (2) ① anspielen auf; (дать совет) einen Wink geben; ◇ на что ты ~ешь? worauf spielst du an? ② (дать понять) zu verstehen geben, andeuten; ◇ прозра́чно ~ть durch die Blume sprechen

намерева́ться V_{1a} несов <-а́юсь,

-áешься⟩ *с инф* beabsichtigen, vorhaben, wollen; **наме́рени**е c_4 ⟨-я⟩ Absicht *f*, Vorhaben *n*, Vorsatz *m*; ◇ **с ~ем** absichtlich; ◇ **без ~я** versehentlich, unabsichtlich

наме́тить V_{4b} *сов* ⟨-éчу, -ме́тишь, *Part. Prät. Pass.* -éченный⟩ [**намеча́ть** V_{1a} *несов*] *что вин* ① (*обозначить*) entwerfen, skizzieren ② (*отметить*) kennzeichnen, markieren

на́ми *см.* **мы**

намо́рдник m_1 ⟨-а⟩ Maulkorb *m*; ◇ **надéть ~** einen Maulkorb anlegen

намочи́ть *см.* **мочи́ть**

нанести́* *сов* ⟨-сý, -сёшь, (5) 1 и 2 л. не употр⟩ [**наноси́ть** V_{4a} *несов* ⟨*Part. Präs. Pass.* -си́мый⟩] *что вин или чего род (1, 3), что вин на что вин (2, 3), что вин (4)* ① (*принести́*) zusammentragen; (*притащить*) anschleppen; ◇ **гóсти ~ли подáрков** die Gäste brachten (viele) Geschenke ② (*отметить*) einzeichnen, eintragen ③ (*покрыть слоем*) auftragen; ◇ **~ти лак** lackieren ④ (*причинить*) zufügen, antun; ◇ **~ти оскорбле́ние комý-л** jd-n beleidigen ⑤ (*водой*) anschwemmen

нанима́тель m_2 ⟨-я⟩ ① (*квартиры*) Mieter *m* ② (*работодатель*) Arbeitgeber *m*

наня́ть* *сов* ⟨наймý, наймёшь⟩ [**нанима́ть** V_{1a} *несов*] *что вин (1), когó-что вин (2)* ① (*арендовать*) mieten, pachten ② (*взять на работу*) einstellen

наоборо́т I. *нареч* ① (*в обратную сторону*) umgekehrt ② (*иначе*) verkehrt, umgekehrt; ◇ **он дéлает всё ~** er macht alles verkehrt; ◇ **как раз ~** genau umgekehrt II. *вводное слово* (*напротив*) dagegen, vielmehr, im Gegenteil

напада́ть *несов см.* **напа́сть**

нападе́ние c_4 ⟨-я⟩ Überfall *m;* (*атака*) Angriff *m*; ◇ **внеза́пное ~** Überraschungsangriff

напа́сть* *сов* ⟨-адý, -адёшь, (3) 1 и 2 л. не употр⟩ [**напада́ть** V_{1a} *несов*] *на когó-что вин* (*наброситься*) herfallen (über), angreifen; ◇ **граби́тель напа́л на прохóжего** der Räuber überfiel den Passanten ② (*натолкнуться*) stoßen (auf), antreffen; (*открыть*) entdecken ③ *перен* (*овладеть*) überkommen, packen; ◇ **на негó напа́л страх** die Angst packte ihn

напа́сть $ж_5$ ⟨-и⟩ *разг* Missgeschick *n;* (*невезение*) Pech *n*

наперебóй *нареч* durcheinander, um die Wette; ◇ **все заговори́ли ~** alle fingen an, durcheinander zu reden

наперекóр *нареч* zum Trotz, zuwider

напёрсток m_1 ⟨-тка, *мн:* -тки⟩ Fingerhut *m*; ◇ **с ~** winzig klein

напива́ться *несов см.* **напи́ться**

напи́льник m_1 ⟨-а⟩ *тех* Feile *f*

напи́ток m_1 ⟨-тка, *мн:* -тки⟩ Getränk *n;* ◇ **спиртны́е ~ки** alkoholische Getränke

напи́ться* *сов* ⟨-пьюсь, -пьёшься⟩

напива́ться V_{1a} *несов*] *чем тв или чего род (1), без доп (2)* ① (*утолить жажду*) den Durst löschen ② *разг* (*опьянеть*) sich betrinken

наплы́в m_1 ⟨-а⟩ ① *перен* (*скопление*) Andrang *m* ② *кино* Überblendung *f*

напóлнить V_{4b} *сов* ⟨-ню, -нишь, *Imp.* -ни, ~те⟩ [**наполня́ть** V_{1b} *несов*] *что вин кем-чем тв* ① (*voll-)füllen ① (*о чувстви*) ganz erfüllen; ◇ **чьё-л сéрдце напóлнено гнéвом** jd ist voller Zorn

наполови́ну *нареч* zur Hälfte, halb

напомина́ние c_4 ⟨-я⟩ Erinnerung *f*, Mahnung *f*; **напóмнить** V_{4b} *сов* ⟨-ню, -нишь, *Imp.* -ни, ~те⟩ [**напомина́ть** V_{1b} *несов*] *комý дат о ком-чём предл (1), когó-что вин (2)* ① (*вызвать воспоминания*) jd-n erinnern (an) ② (*показаться похожим*) an jd-n erinnern; ◇ **твой друг когó-то мне ~л** dein Freund hat mich an jd-n erinnert

напра́вить V_{4b} *сов* ⟨-влю, -вишь, *Part. Prät. Pass.* -вленный⟩ [**направля́ть** V_{1b} *несов*] *когó-что вин* ① (*устремить*) richten, lenken; ◇ **~ взгляд на когó-л** seinen Blick auf jd-n richten ② (*отправить*) schicken, einteilen; ◇ **~ больнóго к врачý** den Kranken zum Arzt schicken

направле́ние c_4 ⟨-я⟩ ① (*линия движения*) Richtung *f*; ◇ **по ~ю к...** in Richtung ...; ◇ **взять ~е на юг** die südliche Richtung einschlagen ② (*документ*) Überweisungsschein *m;* (*в санаторий и т. п.*) Überweisung *f* ④ (*тенденция*) Tendenz *f;* (*течение*) Strömung *f*

напра́во *нареч* (*кудá*) nach rechts; (*где*) rechts, rechter Hand; ◇ **~ от меня́** rechts von mir; ◇ **идти́ ~** nach rechts gehen

напра́сно *нареч* ① (*тщетно*) vergeblich, umsonst ② (*несправедливо*) ohne Grund; ◇ **ты ~ так дýмаешь** du irrst dich

наприме́р *вводное слово* zum Beispiel

напрока́т *нареч* leihweise, mietweise; ◇ **брать ~** ausleihen; (*нанимать*) mieten; ◇ **отдава́ть ~** vermieten

напро́тив I. *нареч* ① (*наоборот*) im Gegenteil ② (*на противоположной стороне*) gegenüber; ◇ **мы живём ~** wir wohnen gegenüber II. *предлог с род* gegenüber; ◇ **~ э́того магази́на** gegenüber von diesem Geschäft

напряже́ние c_4 ⟨-я⟩ ① (*усилие*) Anstrengung *f*, Bemühung *f*; ◇ **с ~м всех сил** unter Aufbringung aller Kräfte ② *физ* Spannung *f* ③ *перен* (An-)Spannung *f;*

напряжённый *прил* ⟨-ая, -ое, -ые⟩ gespannt, angespannt; (*интенсивный*) angestrengt, intensiv; ◇ **~ое внима́ние** gespannte Aufmerksamkeit

напрями́к *нареч* ① geradeaus ② *перен* geradeheraus, offen

напря́чь* *сов* ⟨-ягý, -яжёшь⟩ [**напряга́ть** V_{1a} *несов*] *что вин* anstrengen, anspannen; ◇ **~ все си́лы** alle Kräfte anspannen; ◇ ~ па́мять das Gedächtnis anstrengen

наравне́ *нареч с тв* **1** (*на одной линии*) in gleicher Höhe, auf gleichem Niveau; ◇ лете́ть ~ с облака́ми in Wolkenhöhe fliegen **2** (*одинаково*) gleich, ebenso wie; (*на равных условиях*) auf gleicher Grundlage

нарасхва́т *нареч* rasch; ◇ раскупа́ться ~ reißenden Absatz finden

нарва́ть¹* *сов* ‹-вёт, -ву́т, 1 и 2 л. не употр⟩ [**нарыва́ть** V₁ₐ *несов*] *без доп* (*нагноиться*) eitern, anschwellen

нарва́ть² *сов* ‹-ву́, -вёшь⟩ [**нарыва́ть** *несов*] *что вин или чего род* **1** (*набрать*) pflücken; ◇ ~ грибы́ Pilze sammeln **2** (*разорвать*) zerreißen; ◇ ~ бума́ги Papiere zerreißen

нарека́ние *с₄* ‹-я⟩ (*упрёк*) Vorwurf m; (*порицание*) Tadel m; (*жалоба*) Klage f

нарисова́ть *см.* рисова́ть

нарко́з *м₁* ‹-а⟩ Narkose f, Betäubung f; ◇ о́бщий ~ Vollnarkose; ◇ ме́стный ~ örtliche Betäubung

наркома́н *м₁* ‹-а⟩ Drogensüchtiger m, Rauschgiftsüchtiger m; **наркома́ния** *ж₄* ‹-и⟩ Drogensucht f, Rauschgiftsucht f

нарко́тик *м₁* ‹-а⟩ Droge f, Rauschgift n

наро́д *м₁* ‹-а⟩ **1** (*население, нация*) Volk n; ◇ росси́йский ~ das russische Volk **2** *разг* (*люди*) Leute pl, Menschen m pl; **наро́дность** *ж₅* ‹-и⟩ **1** (*народ*) Volk n **2** (*близость к народу*) Volksverbundenheit f, Volkstümlichkeit f; **наро́дный** *прил* ‹-ая, -ое, -ые⟩ **1** (*принадлежащий народу*) Volks-; ◇ ~ое хозя́йство Volkswirtschaft f; ◇ ~ая пе́сня Volkslied n **2** (*государственный*) volkstümlich; ◇ ~ый худо́жник volkstümlicher Künstler

наро́чно *нареч* **1** (*с намерением*) absichtlich, mit Absicht **2** (*специально*) extra, eigens; ◇ он ~ предупреди́л нас об э́том er hat uns extra davor gewarnt **3** (*в шутку*) zum Spaß; ◇ как ~ ausgerechnet

нару́жность *ж₅* ‹-и⟩ Äußere n, Aussehen n; ◇ ~ обма́нчива der Schein trügt; **нару́жный** *прил* ‹-ая, -ое, -ые⟩ **1** (*внешний*) Außen-; ◇ ~ая стена́ Außenwand f **2** (*показной*) äußerlich, vorgetäuscht; ◇ ~ое споко́йствие äußerliche Ruhe

нару́чники *мн₁* ‹-ов⟩ Handschellen f pl

наруша́ть *несов от* нару́шить

наруше́ние *с₄* ‹-я⟩ Verstoß m, Verletzung f, Übertretung f; ◇ ~ зако́на Gesetzesübertretung; ◇ ~ споко́йствия Ruhestörung f

наруши́тель *м₂* ‹-я⟩ Rechtsbrecher m, Störer m; **нару́шить** V₄ᵦ *сов* ‹-шу, -шишь⟩ [**наруша́ть** V₁ₐ *несов*] *что вин* **1** (*помешать*) unterbrechen, stören **2** (*не соблюсти*) brechen, verstoßen (gegen); (*преступить*) überschreiten; ◇ ~ сло́во sein Wort brechen

нарци́сс *м₁* ‹-а⟩ *бот* Narzisse f

нары́в *м₁* ‹-а⟩ Geschwür n, Abszess m

нарыва́ть *несов от* нарва́ть

наря́д¹ *м₁* ‹-а⟩ Kleidung f, Tracht f; ◇ пра́здничный ~ Festkleid n

наря́д² *м₁* ‹-а⟩ **1** (*поручение*) Anordnung f; (*документ*) Order f **2** (*отряд*) Abteilung f; ◇ пограни́чный ~ Grenzposten m; ◇ полице́йский ~ Polizeistreife f

наря́дный *прил* ‹-ая, -ое, -ые⟩ festlich; (*элегантный*) elegant; ◇ ~о оде́тый elegant gekleidet

наряду́ *нареч с тв* zusammen mit, neben; ◇ ~ с э́тим daneben, zugleich

нас *см.* мы

насажде́ние *с₄* ‹-я⟩ **1** (An-)Pflanzen n **2** Anpflanzung f, Anlage f **3** *перен* Einbürgerung f, Einführung f; Verbreitung f

насе́дка *ж₁* ‹-и, *род мн:* -док⟩ Bruthenne f, Glucke f

насеко́мое *с* (A₁) ‹-ого⟩ Insekt n

населе́ни|е *с₄* ‹-я⟩ (*страны, города*) Bevölkerung f; (*дома*) Bewohner m pl; ◇ пе́репись ~я Volkszählung f; **населён|ный** *прил* ‹-ая, -ое, -ые⟩ **1** (*обитаемый*) bewohnt; ◇ ~ дом bewohntes Haus **2** (*густо населённый*) dicht bevölkert; ◇ ~ пункт Ortschaft f

наси́ли|е *с₄* ‹-я⟩ **1** (*принуждение*) Gewalt f, Zwang m; ◇ акт ~я Gewalttat f; ◇ примени́ть ~е Gewalt anwenden **2** (*изнасилование*) Vergewaltigung f; **наси́ловать** V₃ₐ *несов* ‹-лую, -луешь⟩ [из~ (2) *сов*] *кого-что вин* **1** (*принуждать*) zwingen, jd-m Gewalt antun **2** (*изнасилием*) vergewaltigen; **наси́льник** *м₁* ‹-а⟩ Vergewaltiger m

наскво́зь *нареч* durch und durch; (*совершенно*) völlig; ◇ я ~ промо́к ich bin völlig durchnässt; ◇ ви́деть кого́-л ~ jd-n durchschauen

наско́лько *нареч* **1** (*в вопроси́тельном предложении*) inwieweit?, inwiefern?; ◇ ~ э́то соотве́тствует действи́тельности? inwiefern entspricht das der Realität? **2** (*как союзное слово*) soweit, soviel, sofern; ◇ ~ нам изве́стно soviel wir wissen

наслади́ться V₄ₐ *сов* ‹-ажу́сь, -ди́шься⟩ [**наслажда́ться** V₁ₐ *несов*] *кем-чем тв* genießen, sich ergötzen (an); **наслажде́ние** *с₄* ‹-я⟩ Genuss m; (*блаженство*) Wonne f; (*удовольствие*) Vergnügen n

насле́дие *с₄* ‹-я⟩ (geistiges) Erbe n, Nachlass m; **насле́дник** *м₁* ‹-а⟩ (*собственности*) Erbe m; (*преемник*) Nachfolger m; (*рода*) Stammhalter m; (*престола*) Thronfolger m; **насле́довать** V₃ₐ *несов и сов* ‹-дую, -дуешь⟩ [у~ (1) *сов что вин* (1), *кому дат* (2)] (*получить в наследство*) erben; ◇ ~ иму́щество ein Vermögen erben **2** (*иметь право на наследство*) nachfolgen, das Erbe antreten, beerben; **насле́дственность** *ж₅* ⟨-и⟩ Erblichkeit *f*, Vererbung *f*; ◇ **с дурно́й ~ю** erblich belastet; **насле́дство** *c₂* ⟨-а⟩ Erbe *n*, Erbschaft *f*; ◇ **получи́ть в ~** erben; ◇ **лиши́ть ~а** enterben

на́смерть *нареч* tödlich, zu Tode; ◇ **~ перепуга́ться** sich zu Tode erschrecken

насме́шка *ж₁* ⟨-и, *род мн:* -шек⟩ Spott *m*, Hohn *m*; (*издёвка*) Verhöhung *f*; ◇ **осы́пать кого́-л ~ми** jd-n mit Spott überschütten

на́сморк *м₁* ⟨-а⟩ Schnupfen *m*; ◇ **схвати́ть ~** sich einen Schnupfen holen

насори́ть *см.* **сори́ть**

насо́с *м₁* ⟨-а⟩ Pumpe *f*; ◇ **возду́шный ~** Luftpumpe; ◇ **кача́ть ~ом** pumpen

на́спех *нареч* (*торопливо*) in aller Eile, hastig; ◇ **~ перекуси́ть** schnell eine Kleinigkeit essen; (*кое-как*) flüchtig

наставле́ние *c₄* ⟨-я⟩ **①** (*объясне́ние*) Anweisung *f*, Anordnung *f*, Instruktion *f* **②** (*поуче́ние*) Belehrung *f*; ◇ **чита́ть кому́-л ~** jd-m die Leviten lesen;

наста́вник *м₁* ⟨-а⟩ Lehrer *m*, Mentor *m*

наста́ть* *сов* ⟨-а́нет, -а́нут, 1 и 2 л. не употр⟩ [**настава́ть** V₁ₐ *несов*] *без доп* (*нача́ться*) beginnen, anbrechen, kommen; ◇ **~ла тишина́** Ruhe kehrte ein; ◇ **~ло у́тро** es wurde Morgen

насто́йчивость *ж₅* ⟨-и⟩ Beharrlichkeit *f*; (*вы́держка*) Ausdauer *f*; (*упо́рство*) Hartnäckigkeit *f*; **насто́йчивый** *прил* ⟨-ая, -ое, -ые⟩ beharrlich; (*упря́мый*) eigensinnig, stur; (*упо́рный*) hartnäckig; (*о про́сьбе*) inständig

насто́лько *нареч* soweit, soviel, so; ◇ **~ я и сам понима́ю** soweit verstehe ich das selbst

настоя́тельный *прил* ⟨-ая, -ое, -ые⟩ dringend, inständig; (*упо́рный*) beharrlich

настоя́ть¹ V₁ᵦ *сов* ⟨-ою́, -ои́шь, *Imp.* -сто́й, ~те⟩ [**наста́ивать** V₁ₐ *несов*] **на чём** *предл* (*доби́ться*) auf etw bestehen, beharren; ◇ **~ на своём** bei seiner Meinung bleiben

настоя́ть² V₁ᵦ *сов* ⟨-ою́, -ои́шь, *Part. Prät. Pass.* -о́янный, *Imp.* -сто́й, ~те⟩ [**наста́ивать** *несов*] **что** *вин* **на чём** *предл* ansetzen, ziehen lassen; ◇ **~ вино́ на я́годах** Beerenwein ansetzen

настоя́ться *сов* ⟨-ои́тся, -оя́тся, 1 и 2 л. не употр⟩ [**наста́иваться** *несов*] *без доп* (*образова́ться насто́й*) ziehen; ◇ **на́до дать ча́ю ~** der Tee muss ziehen

настоя́щее *c* (*A₂*) ⟨-его⟩ Gegenwart *f*; **настоя́щий** *прил* ⟨-ая, -ее, -ие⟩ **①** (*тепе́решний*) jetzig, gegenwärtig; ◇ **в ~ее вре́мя** in der jetzigen Zeit, heutzutage; ◇ **в ~ую мину́ту** momentan, im Augenblick ◇ (*по́длинный*) echt, wahr, wahrhaftig; ◇ **э́то ~ее чу́до** das ist ein wahres Wunder; (*не подде́льный*) echt; ◇ **~ий бриллиа́нт** echter Brillant **③** (*да́нный*)

gegeben, vorliegend; ◇ **~ий слу́чай** der vorliegende Fall

настра́ивать *несов от* **настро́ить**

настрое́ние *c₄* ⟨-я⟩ Stimmung *f*, Laune *f*; (*расположе́ние ду́ха*) Verfassung *f*; ◇ **быть в хоро́шем ~и** gut gelaunt sein; ◇ **у него́ нет ~я чита́ть** er hat keine Lust zu lesen; ◇ **испо́ртить кому́-л ~е** jd-m die Laune verderben

настро́ить V₄ᵦ *сов* ⟨-о́ю, -о́ишь, *Imp.* -о́й, ~те⟩ [**настра́ивать** V₁ₐ *несов*] **кого́-что** *вин* **①** (*отрегули́ровать*) einrichten, einstellen; ◇ **~ть телеви́зор** den Fernseher einstellen **②** *перен* (*внуши́ть*) stimmen, beeinflussen; ◇ **~ть на весёлый лад** jd-n fröhlich stimmen; (*расположи́ть*) jd-n für sich einnehmen, gewinnen; ◇ **он ~ен про́тив меня́** er ist gegen mich eingenommen **③** *муз* stimmen

наступа́ть¹ V₁ₐ *несов* ⟨-а́ю, -а́ешь⟩ *без доп (1), с чем тв (2)* **①** *воен* angreifen, vorrücken; (*в похо́дном поря́дке*) vormarschieren **②** *перен* ◇ **с расспро́сами** jd-n mit Fragen bedrängen

наступа́ть² *несов от* **наступи́ть**

наступи́ть¹ V₄ₐ *сов* ⟨-плю́, -у́пишь⟩ [**наступа́ть** *несов*] **на кого́-что** *вин* (*придави́ть ного́й*) treten; ◇ **~ кому́-л на́ ногу** jd-m auf den Fuß treten

наступи́ть² V₄ₐ *сов* ⟨-пит, -пят, 1 и 2 л. не употр⟩ [**наступа́ть** *несов*] *без доп* *тж* *перен* (*нача́ться*) anbrechen, beginnen; ◇ **~ла ночь** es wurde Nacht

наступле́ние *c₄* ⟨-я⟩ **①** (*нача́ло*) Anbruch *m*, Einbruch *m*, Antritt *m*; ◇ **с ~м холодо́в** mit dem Kälteeinbruch **②** *воен* Angriff *m*, Vormarsch *m*, Offensive *f*; ◇ **перейти́ в ~** zum Angriff übergehen

насу́щный *прил* ⟨-ая, -ое, -ые⟩ (*ва́жный*) wichtig; (*неотло́жный*) dringend; (*жи́зненный*) lebensnotwendig; (*суще́ственный*) wesentlich

натере́ть* *сов* ⟨-тру́, -трёшь⟩ [**натира́ть** V₁ₐ *несов*] **кого́-что** *вин* **чем тв** *(1), что вин (2-4)* **①** (*нама́зать*) einreiben; ◇ **~ ру́ки кре́мом** die Hände eincremen **②** (*навести́ лоск*) polieren, bohnern **③** (*измельчи́ть*) reiben **④** (*повреди́ть*) sich wund reiben; ◇ **~ себе́ мозо́ли на нога́х** sich Blasen laufen

на́тиск *м₁* ⟨-а⟩ Andrang *m*, Ansturm *m*

натоща́к *нареч* nüchtern, auf leeren Magen

натрави́ть V₄ₐ *сов* ⟨-влю́, -а́вишь, *Part. Prät. Pass.* -а́вленный⟩ [**натра́вливать** V₁ₐ *несов*] **кого́-что** *вин* **на кого́-что** *вин (1, 2), кого́-чего́ род (3)* **①** (*к нападе́нию*) hetzen; ◇ **~ соба́к на за́йца** den Hund auf den Hasen hetzen **②** *перен* (*подстрекну́ть*) aufhetzen, aufwiegeln; ◇ **~ сосе́дей друг на дру́га** die Nachbarn gegeneinander aufstacheln **③** (*уничто́жить*) vergiften

нату́р|а *ж₁* ⟨-ы⟩ **①** (*хара́ктер, темпе-*

рамент) Natur f, Wesensart f; ◇ **он по ~е ро́бкий ма́льчик** er ist von Natur aus ein schüchterner Junge ② иск Modell n; (*натурщик*) (lebendes) Modell; ◇ **снима́ть ~у** ein Modell fotografieren ③ (*товары, продукты*) Naturalien pl; ◇ **распла́чиваться ~ой** in Naturalien bezahlen;
натура́льн|ый *прил* ⟨-ая, -ое, -ые⟩ natürlich, der Natur entsprechend; ◇ **в ~ую величину́** in Lebensgröße; ◇ **-ый ко́фе** Bohnenkaffee m
натюрмо́рт *м₁* ⟨-а⟩ иск Stillleben n
натя́нутый *прил* ⟨-ая, -ое, -ые⟩ (*неискренний*) gezwungen, gespannt; (*неестественный*) unnatürlich
науга́д *нареч* aufs Geratewohl, auf gut Glück
нау́к|а *ж₁* ⟨-и⟩ ① Wissenschaft f; ◇ **гуманита́рные ~и** Geisteswissenschaften; ◇ **есте́ственные ~и** Naturwissenschaften; ◇ **де́ятель ~и** Wissenschaftler m ② (*поучение*) Lehre f; разг **э́то тебе́ ~а!** lass dir das eine Lehre sein!; **нау́чный** *прил* ⟨-ая, -ое, -ые⟩ wissenschaftlich
нау́шники *мн₁* ⟨-ов⟩ ① (*части шапки*) Ohrenschützer m pl ② (*прибор*) Kopfhörer m
наха́л *м₁* ⟨-а⟩ frecher Kerl m, Flegel m;
наха́льный *прил* ⟨-ая, -ое, -ые⟩ разг frech; (*бессовестный*) unverschämt
находи́ть *несов* от **найти́**
находи́ться *несов* ⟨-ожу́сь, -о́дишься⟩ *без доп* (*быть, пребывать*) sich befinden, sein; (*о человеке*) sich aufhalten; ◇ **~ под подозре́нием** unter Verdacht stehen
нахо́д|ка *ж₁* ⟨-и, *род мн:* -док⟩ ① (*найденная вещь*) Fund m; ◇ **бюро́ ~ок** Fundbüro n; ◇ **для меня́ э́то настоя́щая ~ка** das ist ein gefundenes Fressen für mich ② перен (*идея*) guter Einfall; (*открытие*) Entdeckung f; **нахо́дчив|ый** *прил* ⟨-ая, -ое, -ые⟩ ① (*удачный*) findig, schlagfertig ② (*сообразительный*) einfallsreich; ◇ **быть ~ым** sich zu helfen wissen
нацизм *м₁* ⟨-а⟩ Nazismus m
национали́зм *м₁* ⟨-а⟩ Nationalismus m

 национальность

Dieses Wort sollte man mit Bedacht verwenden, denn es bedeutet „Abstammung" oder „Volkszugehörigkeit" und nicht „Staatsangehörigkeit" (dies wiederum heißt auf Russisch гражда́нство). „Како́й ты/Вы национа́льности?" bedeutet also: „Welcher Abstammung bist du/sind Sie?" Национа́льность versteht man auch als ethnische Gruppe in einem Staat. „В Росси́и живу́т лю́ди ра́зных национа́льностей" heißt auf Deutsch: „In Russland leben unterschiedliche Volksgruppen."

национа́льность *ж₅* ⟨-и⟩ ① Abstammung f ② Volksgruppe f; **национа́льный** *прил* ⟨-ая, -ое, -ые⟩ National-, national; ◇ **~ костю́м** Nationaltracht f; ◇ **~ флаг** Nationalflagge f, Staatsflagge f
на́ция *ж₄* ⟨-и⟩ Nation f
нача́л|о *с₂* ⟨-а⟩ ① Beginn m, Anfang m; (*старт*) Start m; ◇ **в ~е ма́рта** Anfang März; ◇ **с са́мого ~а** von Anfang an; ◇ **с ~а до конца́** von Anfang bis Ende ② ◇ **~а** мн (*основные положения*) Grundlagen f pl, Basis f; ◇ **~а фи́зики** Grundlagen der Physik; ◇ **на обще́ственных ~ах** ehrenamtlich ③ (*первоисточник*) Ursache f, Quelle f; ◇ **брать ~о** seinen Ursprung nehmen; (*о реке*) entspringen
нача́льник *м₁* ⟨-а⟩ Vorgesetzter m, Chef m; (*руководитель*) Leiter m; ◇ **~ ста́нции** Stationsvorsteher m; ◇ **~ отде́ла** Abteilungsleiter
нача́ть* *сов* ⟨-чну́, -чнёшь⟩ [**начина́ть** V₁а *несов*] что вин или с кого (1), что вин чем тв или с кого-чего род (2) ① (*приступить*) beginnen, anfangen; (*стартовать*) starten; ◇ **~ всё снача́ла** alles von vorn anfangen ② (*предварить*) einleiten, eröffnen; ◇ **~ речь приве́тствием** eine Rede mit der Begrüßung einleiten
начина́ние *с₄* ⟨-я⟩ Vorhaben n
начина́ть *несов* от **нача́ть**
начи́н|ка *ж₁* ⟨-и, *род мн:* -нок⟩ кул Füllung f; ◇ **шокола́дные конфе́ты с ~ой** gefüllte Pralinen
начистоту́ *нареч* aufrichtig, freimütig; ◇ **объясни́ться ~** sich offen aussprechen
наш I. *притяж мест* ⟨-а, -е, -и⟩ ① (*перед сущ*) unser; ◇ **с ~ей стороны́** unsererseits ② (*в качестве сказуемого*) unser, der/die/das unsere; ◇ **э́то твои́ тетра́ди, а э́то ~и** das sind deine Hefte und das unsere II. (*в значении сущ*) ◇ **~е** с ⟨-его⟩ das Unsrige III. ◇ **~и** ⟨-их⟩ мн die Unsrigen; ◇ **по ~ему мне́нию** unserer Meinung nach; ◇ **э́то ~е де́ло** das ist unsere Sache
наяву́ *нареч* wachend, im wachem Zustand; ◇ **гре́зить ~** mit offenen Augen träumen
не *частица* nicht, kein; ◇ **я ~ приду́ за́втра** ich komme morgen nicht; ◇ **~ то́лько** nicht nur; ◇ **я бо́льше ~ бу́ду тебе́ меша́ть** ich werde dich nicht mehr stören; ◇ **~ пра́вда ли?** nicht wahr?; ◇ **не́ за что!** keine Ursache!; ◇ **~ без того́** höchstwahrscheinlich
неаккура́тный *прил* ⟨-ая, -ое, -ые⟩ ① (*неточный*) unpünktlich ② (*небрежный*) nachlässig; (*беспорядочный*) unordentlich ③ (*неряшливый*) liederlich, schlampig
неблагода́рный *прил* ⟨-ая, -ое, -ые⟩ undankbar; ◇ **~ труд** undankbare Arbeit
неблагоприя́тный *прил* ⟨-ая, -ое, -ые⟩

ungünstig; ◇ **де́ло при́няло ~ оборо́т** die Sache nahm eine ungünstige Wende
не́б|о c_2 ⟨-а, *мн:* небеса́, *род:* небе́с, *дат:* -беса́м⟩ Himmel *m*; (*небесный свод*) Firmament *n;* ◇ **на ~e** am Himmel; ◇ **под откры́тым ~ом** im Freien; ◇ **как с ~а свали́лся** wie vom Himmel gefallen
небоскрёб $м_1$ ⟨-а⟩ Wolkenkratzer *m*
небре́жность $ж_5$ ⟨-и⟩ Nachlässigkeit *f*, Fahrlässigkeit *f*; (*неряшливость*) Schlamperei *f*; ◇ **по ~и** aus Nachlässigkeit ② (*пренебрежение*) Geringschätzung *f*, Verachtung *f*
небри́тый *прил* ⟨-ая, -ое, -ые⟩ unrasiert
небыва́лый *прил* ⟨-ая, -ое, -ые⟩ nie dagewesen, beispiellos; (*вымышленный*) unvorstellbar, phantastisch
нева́жный *прил* ⟨-ая, -ое, -ые⟩ ① (*посредственный*) nicht besonders, mittelmäßig ② (*несущественный*) unbedeutend, geringfügig
невдалеке́ *нареч* nicht weit von
неве́жа $м$, $ж_1$ ⟨-и⟩ Rüpel *m*, Grobian *m*
неве́жественный *прил* ⟨-ая, -ое, -ые⟩ unwissend; (*необразованный, малокультурный*) ungebildet, unkundig
неве́жливый *прил* ⟨-ая, -ое, -ые⟩ unhöflich; (*грубый*) grob
невезе́ние c_4 ⟨-я⟩ Missgeschick *n*, Pech *n*
неве́рный *прил* ⟨-ая, -ое, -ые⟩ ① (*неправильный*) unwahr; (*ложный*) falsch; (*неточный*) ungenau ② (*вероломный*) untreu, treulos
невероя́тн|ый *прил* ⟨-ая, -ое, -ые⟩ ① (*неправдоподобный*) unwahrscheinlich, (*необычайный*) unglaublich; ◇ **~о, но факт** kaum zu glauben, aber wahr ② (*очень большой, чрезвычайный*) unglaublich; ◇ **-ое уси́лие** unglaubliche Anstrengung
неве́рующий I. *прил* ⟨-ая, -ее, -ие⟩ ungläubig II. *м* (A_2) ⟨-его⟩ Ungläubiger *m*, Atheist *m*
неве́ста $ж_1$ ⟨-ы⟩ Braut *f*
неве́стка $ж_1$ ⟨-и, *род мн:* -ток⟩ (*жена сына*) Schwiegertochter *f*; (*жена брата*) Schwägerin *f*
невзира́я *предлог с вин* (*вопреки*) ungeachtet, trotz, ohne Rücksicht auf; ◇ **кри́тика, ~ на ли́ца** Kritik ohne Ansehen der Person; ◇ **~ ни на что́** trotz alledem
неви́нность $ж_5$ ⟨-и⟩ ① (*невиновность*) Unschuld *f*, Schuldlosigkeit *f* ② (*наивность*) Naivität *f* ③ (*девственность*) Jungfräulichkeit *f*; (*целомудрие*) Keuschheit *f*; **невино́вный** *прил* ⟨-ая, -ое, -ые⟩ unschuldig
невмеша́тельство c_2 ⟨-а⟩ Nichteinmischung *f*
не́вод $м_1$ ⟨-а⟩ Fischernetz *n*
невозмо́жность $ж_5$ ⟨-и⟩ Unmöglichkeit *f*; ◇ **в слу́чае ~и** falls unmöglich; ◇ **до ~и** über alle Maßen; **невозмо́жный**

прил ⟨-ая, -ое, -ые⟩ *разг* (*невыносимый*) unerträglich; (*неосуществимый*) unmöglich; ◇ **примире́ние ~о** eine Versöhnung ist unmöglich
невозмути́м|ый *прил* ⟨-ая, -ое, -ые⟩ ① (*хладнокровный*) unerschütterlich, gelassen, ungerührt; ◇ **оста́ться ~ым** gelassen bleiben ② (*ничем не нарушаемый*) ungestört; ◇ **~ая тишина́** tiefe Stille
нево́ля $ж_2$ ⟨-и⟩ Unfreiheit *f*; (*рабство*) Sklaverei *f*; (*плен, заключение*) Gefangenschaft *f*
невооружённый *прил* ⟨-ая, -ое, -ые⟩ unbewaffnet; ◇ **~ым гла́зом** mit bloßem Auge
невоспи́танный *прил* ⟨-ая, -ое, -ые⟩ ungezogen
невразуми́тельный *прил* ⟨-ая, -ое, -ые⟩ unverständlich, nicht einleuchtend
невреди́мый *прил* ⟨-ая, -ое, -ые⟩ unversehrt; (*целый*) heil
невро́з $м_1$ ⟨-а⟩ *мед* Neurose *f*
невы́годный *прил* ⟨-ая, -ое, -ые⟩ ① (*убыточный*) unvorteilhaft, nachteilig ② (*непривлекательный*) unschön; (*неблагоприятный*) ungünstig; ◇ **показа́ть себя́ с ~ой стороны́** sich von seiner unvorteilhaften Seite zeigen
невыноси́мый *прил* ⟨-ая, -ое, -ые⟩ unerträglich; (*несносный*) unausstehlich; ◇ **бы́ло ~о ску́чно** es war unerträglich langweilig
невы́ход $м_1$ ⟨-а⟩ ① (*неявка*) Fernbleiben *n;* ◇ **~ на рабо́ту** Fernbleiben von der Arbeit ② (*газеты*) Nichterscheinen *n*
не́где *нареч с инф* ① (*нет места*) es ist nirgends Platz; ◇ **нам ~ положи́ть кни́ги** nirgends können wir unsere Bücher hinlegen ② (*неоткуда*) nirgendwoher, nirgends; ◇ **нам ~ э́то узна́ть** wir können das nirgends erfahren
него́ *см.* **он**
него́дный *прил* ⟨-ая, -ое, -ые⟩ ① (*непригодный*) untauglich, unbrauchbar; воен ◇ **~к вое́нной слу́жбе** untauglich; ◇ **~ к употребле́нию** unbenutzbar; (*о пищевых продуктах*) ungenießbar ② (*бессовестный*) nichtswürdig, gemein; ◇ **~ челове́к** Taugenichts *m*
негодова́ние c_4 ⟨-я⟩ Entrüstung *f*, Empörung *f*; ◇ **привести́ в ~** sich entrüsten
негодя́й $м_3$ ⟨-я⟩ Schurke *m*, Halunke *m*
негр $м_1$ ⟨-а⟩ Schwarzer *m*
негра́мотный I. *прил* ⟨-ая, -ое, -ые⟩ ① (*невежественный*) des Lesens und Schreibens unkundig ② (*безграмотный*) mit Rechtschreibfehlern, fehlerhaft II. *м* (A_1) ⟨-ого⟩ Analphabet *m*
неда́вно *нареч* vor kurzem, neulich
недалёк|ий *прил* ⟨-ая, -ое, -ие⟩ ① (*близкий по расстоянию*) nicht weit, unweit; ◇ **~ое путеше́ствие** kleine Reise ② (*близкий по времени*) nah, nicht lange zurückliegend; ◇ **в ~ом про́шлом** in

jüngster Vergangenheit; ◇ **в ~ом бу́дущем** in naher Zukunft ③ (*ограниченный*) beschränkt, borniert

неда́ром *нареч* (*не без причины*) nicht ohne Grund; (*не напрасно*) nicht umsonst; (*неспроста*) nicht von ungefähr

недвижи́мость *ж₅* ⟨-и⟩ Immobilien *f pl*

недействи́тельн|ый *прил* ⟨-ая, -ое, -ые⟩ ① *юр* ungültig; (*потерявший си́лу*) außer Kraft; ◇ **объяви́ть зако́н ~ым** ein Gesetz für ungültig erklären ② (*не действующий*) unwirksam, wirkungslos

неде́л|я *ж₂* ⟨-и⟩ Woche *f;* ◇ **че́рез ~ю** in einer Woche; ◇ **ка́ждые две ~и** alle zwei Wochen; ◇ **на бу́дущей ~e** nächste Woche

недоброжела́тельный *прил* ⟨-ая, -ое, -ые⟩ nicht wohlwollend, missgünstig

недове́ри|e *c₄* ⟨-я⟩ Misstrauen *n;* (*подозри́тельность*) Argwohn *m;* ◇ **во́тум ~я** Misstrauensvotum *n;* ◇ **отнести́сь с ~ем** misstrauisch sein

недово́льство *c₂* ⟨-а⟩ Unzufriedenheit *f,* Missfallen *n*

недоеда́ни|e *c₄* ⟨-я⟩ Unterernährung *f;* ◇ **страда́ть от ~я** an Unterernährung leiden

недомога́ние *c₄* ⟨-я⟩ Unwohlsein *n,* Unpässlichkeit *f*

недопусти́мый *прил* ⟨-ая, -ое, -ые⟩ unzulässig

недора́звитый *прил* ⟨-ая, -ое, -ые⟩ unterentwickelt; ◇ **~ органи́зм** unterentwickelter Organismus

недоразуме́ние *c₄* ⟨-я⟩ Missverständnis *n;* ◇ **здесь како́е-то ~** hier liegt ein Missverständnis vor

недосмо́тр *м₁* ⟨-а⟩ Versehen *n,* Unachtsamkeit *f;* ◇ **по ~y** aus Versehen; ◇ **допусти́ть ~** unachtsam sein

недостава́ть V₁ₐ *несов* ⟨-аёт, *kein Imp., kein Adv. Part. Präs.*⟩ [**недоста́ть** V₁ₐ *сов* ⟨-ста́нет, *Part. Prät. Akt.* -ста́вший, *kein Imp., kein Adv. Part. Prät.*⟩] *чего́ род безл* unzureichend sein, mangeln; ◇ **~ёт о́пыта** es mangelt an Erfahrung; ◇ **кому́-л ~ёт слов** jd hat keine Worte; ◇ **э́того ещё ~ва́ло!** das hat noch gefehlt!; **недоста́т|ок** *м₁* ⟨-тка, *мн:* -тки⟩ ① (*нехва́тка*) Mangel *m;* ◇ **за ~ком до́водов** aus Mangel an Beweisen ② (*дефе́кт*) Fehler *m,* Mangel *m,* Nachteil *m*

недостижи́мый *прил* ⟨-ая, -ое, -ые⟩ unerreichbar

недостове́рный *прил* ⟨-ая, -ое, -ые⟩ unglaubwürdig; (*сомни́тельный*) zweifelhaft; (*ненадёжный*) unzuverlässig

недосту́пн|ый *прил* ⟨-ая, -ое, -ые⟩ (*непристу́пный*) unzugänglich; (*непоня́тный*) unverständlich; ◇ **~ые це́ны** unerschwingliche Preise; ◇ **э́то ~о моему́ понима́нию** das geht über meinen Verstand

недоуме́ни|e *c₄* ⟨-я⟩ Befremden *n;*

(*удивле́ние*) Erstaunen *n;* (*сомне́ние*) Zweifel *m;* ◇ **быть в ~и** im Zweifel sein; ◇ **э́то вы́звало у нас ~e** das befremdet uns

не́дра *мн₂* ⟨недр⟩ *перен* das Innere; ◇ **в ~x души́** im tiefsten Inneren

неду́г *м₁* ⟨-а⟩ Leiden *n;* (*боле́знь*) Krankheit *f*

неё *см.* **она́**

жена́тый *прил* (*о мужчи́не*) unverheiratet, ledig

нежило́й *прил* ⟨-ая, -ое, -ые⟩ ① (*необита́емый*) unbewohnt, leer stehend ② (*непригодный для жилья́*) unbewohnbar

не́жн|ый *прил* ⟨-ая, -ое, -ые⟩ ① (*ласко́вый*) zärtlich, liebevoll ② (*мя́гкий*) sanft ③ (*прия́тный*) fein, zart; ◇ **~ая ко́жа** zarte Haut; ◇ **~ые цвета́** zarte Farben ④ (*хру́пкий*) fein, zerbrechlich, zart

незабу́дка *ж₁* ⟨-и, *род мн:* -док⟩ *бот* Vergissmeinnicht *n*

незави́симость *ж₅* ⟨-и⟩ Unabhängigkeit *f;* (*самостоя́тельность*) Selbständigkeit *f;* ◇ **национа́льная ~** nationale Unabhängigkeit; **незави́сим|ый** *прил* ⟨-ая, -ое, -ые⟩ ① (*самостоя́тельный*) unabhängig; (*свобо́дный*) selbständig; ◇ **быть ~ым от кого́/чего́-л** unabhängig von jd-m/etw sein; ◇ **~о от э́того** unabhängig davon ② (*уве́ренный*) selbstsicher

незако́нный *прил* ⟨-ая, -ое, -ые⟩ illegal, ungesetzlich

незамедли́тельно *нареч* unverzüglich, ohne Verzug

незамени́мый *прил* ⟨-ая, -ое, -ые⟩ unersetzlich; (*необходи́мый*) unentbehrlich

незаме́тный *прил* ⟨-ая, -ое, -ые⟩ ① (*тру́дно различи́мый*) nicht wahrnehmbar, unauffällig, unmerklich ② (*незначи́тельный*) unbedeutend

незаму́жняя *прил* (*о же́нщине*) unverheiratet, ledig

незаслу́женно *нареч* unverdient(erweise)

незауря́дн|ый *прил* ⟨-ая, -ое, -ые⟩ außergewöhnlich; (*выдаю́щийся*) hervorragend; ◇ **~ые спосо́бности** ungewöhnliche Fähigkeiten

незва́ный *прил* ⟨-ая, -ое, -ые⟩ ungerufen, ungeladen; (*непро́шеный*) ◇ **~ гость** ungebetener Gast

незде́шний *прил* ⟨-яя, -ее, -ие⟩ ① (*прие́зжий, чужо́й*) fremd, zugereist, zugezogen ② (*неземно́й*) nicht von dieser Welt

незнако́мец *м₅* ⟨-мца, *мн:* -мцы⟩ Unbekannter *m;* **незнако́мка** *ж₁* ⟨-и, *род мн:* -мок⟩ Unbekannte *f*

незначи́тельн|ый *прил* ⟨-ая, -ое, -ые⟩ (*малова́жный*) unbedeutend; (*несуще́ственный*) unerheblich; (*небольшо́й*) geringfügig; ◇ **~ое большинство́** geringe Mehrheit

незы́блемый *прил* ⟨-ая, -ое, -ые⟩

(*устойчивый*) unerschütterlich; (*неизме-няемый*) unveränderlich

неизбе́жный *прил* ⟨-ая, -ое, -ые⟩ unvermeidlich, unweigerlich; (*неминуемый*) unumgänglich; ◇ ~ **коне́ц** unvermeidliches Ende

неизве́стн|ый I. *прил* ⟨-ая, -ое, -ые⟩ (*незнакомый*) unbekannt, nicht bekannt; (*чужой*) fremd; мат ◇ ~**ая величина́** unbekannte Größe **II.** *м* ⟨-ого⟩ Unbekannter *m*

неизме́нный *прил* ⟨-ая, -ое, -ые⟩ ① (*постоянный*) unveränderlich; (*стабиль-ный*) stabil, beständig ② (*преданный*) treu

неимове́рный *прил* ⟨-ая, -ое, -ые⟩ unglaublich; (*чрезвычайный*) ungeheuerlich; ◇ ~ **хо́лод** unglaubliche Kälte

неиму́щий *прил* ⟨-ая, -ее, -ие⟩ mittellos, besitzlos

нейскренний *прил* ⟨-яя, -ее, -ие⟩ unehrlich, unaufrichtig; (*лицемерный*) heuchlerisch

неисполни́м|ый *прил* ⟨-ая, -ое, -ые⟩ (*о просьбе, желании*) unerfüllbar; (*о при-казании*) unausführbar; ◇ ~**ое тре́бо-вание** unerfüllbare Forderung

неиспра́вность *ж₅* ⟨-и⟩ Störung *f*, Defekt *m*; ◇ **быть в ~и** defekt sein

неистощи́мый *прил* ⟨-ая, -ое, -ые⟩ (*неиссякаемый*) unerschöpflich; ◇ ~ **исто́чник** unversiegliche Quelle

ней *см.* **она́**

нейтралите́т *м₁* ⟨-а⟩ Neutralität *f*;

нейтра́льный *прил* ⟨-ая, -ое, -ые⟩ neutral

нека́чественный *прил* ⟨-ая, -ое, -ые⟩ qualitativ schlecht, von schlechter Qualität

неквалифици́рованный *прил* ⟨-ая, -ое, -ые⟩ unqualifiziert, ungelernt

не́когда *нареч* ① (*когда-то*) einst, ehemals ② *предик* (*нет времени*) ◇ **мне сего́дня ~** ich habe heute keine Zeit

некомпете́нтный *прил* ⟨-ая, -ое, -ые⟩ inkompetent; (*не ведающий*) nicht zuständig

некорре́ктный *прил* ⟨-ая, -ое, -ые⟩ ① (*невежливый*) unhöflich; (*грубый*) grob ② (*неправильный*) unrichtig, inkorrekt; ◇ **соверши́ть ~ посту́пок** sich falsch verhalten

не́котор|ый *мест* ⟨-ая, -ое, -ые⟩ ① ein gewisser ② *мн* einige, manche; ◇ **с ~ых пор** seit einiger Zeit

некроло́г *м₁* ⟨-а⟩ Nachruf *m*

некста́ти *нареч* ungelegen, unangebracht; (*не во время*) im falschen Augenblick; ◇ **э́то замеча́ние бы́ло так ~!** diese Bemerkung war völlig fehl am Platz!

некульту́рный *прил* ⟨-ая, -ое, -ые⟩ unkultiviert; (*необразованный*) ungebildet

некуря́щий *м* ⟨A₂⟩ ⟨-его⟩ Nichtraucher *m*

нелега́льный *прил* ⟨-ая, -ое, -ые⟩ illegal

неле́пост|ь *ж₅* ⟨-и⟩ Unsinn *m*, Ungereimtheit *f*; ◇ **наговори́ть ~ей** dummes Zeug daherreden; **неле́пый** *прил* ⟨-ая, -ое, -ые⟩ unsinnig, sinnlos

нело́вк|ий *прил* ⟨-ая, -ое, -ие⟩ ① (*неуклюжий*) ungeschickt ② (*затрудни-тельный*) peinlich; (*неудобный*) unangenehm; ◇ **попа́сть в ~ое положе́ние** in eine peinliche Lage geraten ③ (*неудачный*) ungeschickt; (*неуместный*) unpassend; **нело́вкость** *ж₅* ⟨-и⟩ ① (*стеснительность*) Peinlichkeit *f* ② (*сму-щение*) Verlegenheit *f*; (*неприятное чувство*) Unannehmlichkeit *f* ③ (*нелов-кий поступок*) Ungeschicklichkeit *f*

нелоги́чный *прил* ⟨-ая, -ое, -ые⟩ unlogisch; (*непоследовательный*) inkonsequent

нельзя́ *нареч, предик с инф* (*нет возможности*) man kann nicht; ◇ **э́то ~ объясни́ть** das kann man nicht erklären; (*не разрешено*) es ist verboten; ◇ **по га-зо́нам ходи́ть ~** Rasen betreten verboten; (*не следует*) man soll nicht; ◇ **мне ~ гро́мко говори́ть** ich soll nicht laut sprechen; ◇ **ника́к ~** ganz ausgeschlossen; ◇ **с э́тим ~ не согласи́ться** dagegen lässt sich nichts einwenden; ◇ ~ **теря́ть ни мину́ты** wir dürfen keine Minute verlieren

нелюби́мый *прил* ⟨-ая, -ое, -ые⟩ (*непопулярный*) unpopulär, unbeliebt; (*ненавистный*) verhasst

нелюбо́вь *ж₅* ⟨-бви, *тв:* -бо́вью⟩ Abneigung *f*, Widerwille *m*; (*отвращение*) Abscheu *m o. f*

нелюди́мый *прил* ⟨-ая, -ое, -ые⟩ menschenscheu, ungesellig

нём *см.* **он** и **оно́**

нема́ло *нареч* ① (*при существитель-ном*) viel, nicht wenig(e); ◇ **у него́ ~ ра-бо́ты** er hat viel Arbeit ② (*при глаголе*) viel, nicht wenig; ◇ **он ~ пережи́л** er hat viel erlebt

немалова́жный *прил* ⟨-ая, -ое, -ые⟩ wesentlich; ◇ ~ **до́вод** ein wichtiges Argument

нема́лый *прил* ⟨-ая, -ое, -ые⟩ nicht gering; (*значительный*) bedeutend, erheblich

неме́дленно *нареч* sofort, unverzüglich, ohne Aufschub; (*тут же, на месте*) auf der Stelle; ◇ **она́ про́сит ~ позвони́ть ей** sie bittet um einen sofortigen Anruf; **неме́дленный** *прил* ⟨-ая, -ое, -ые⟩ unverzüglich, sofortig

неме́|ть *V₅* *несов* ⟨-ею, -еешь, (2) 1 и 2 л. не употр⟩ [**за**- (1), **о**- *сов*] *без доп* ① (*терять дар речи*) stumm werden, verstummen; *перен* ◇ ~**ть пе́ред авто-рите́тами** obrigkeitshörig sein ② (*цепе-неть*) erstarren, starr werden; ◇ **па́льцы ~ют от хо́лода** die Finger sind vor Kälte abgestorben

не́мец *м₅* ⟨-мца, *мн:* -мцы⟩ Deutscher *m*; **неме́цкий** *прил* ⟨-ая, -ое, -ые, deutsch; ◇ ~ язы́к die deutsche Sprache, das Deutsche

немилосе́рдный *прил* ‹-ая, -ое, -ые› unbarmherzig; (*жесто́кий*) grausam

неми́лость *ж₅* ‹-и› Ungnade *f*; ◇ впасть в ~ in Ungnade fallen

не́мка *ж₁* ‹-и, *род мн:* -мок› Deutsche *f*

немно́го *нареч* nicht viel, ein wenig, ein bisschen; ◇ я ~ уста́л ich bin ein wenig müde; ◇ ~ люде́й nicht viele Menschen; ◇ э́то совсе́м ~ das ist überhaupt nicht viel

немногосло́вный *прил* ‹-ая, -ое, -ые› wortkarg; (*неразгово́рчивый*) nicht redselig; **немногочи́сленный** *прил* ‹-ая, -ое, -ые› nicht zahlreich

немо́й I. *прил* ‹-ая, -ое, -ые› stumm; ◇ ~ фильм Stummfilm *m* II. *м* (*A₁*) ‹-о́го› Stummer *m*

не́мощный *прил* ‹-ая, -ое, -ые› kraftlos; (*боле́зненный*) krank; (*сла́бый*) schwach

нему́ *см.* **он**

ненави́деть* *несов, kein Pass.* ‹-и́жу, -и́дишь, *Imp.* -и́дь, -те› *кого́-что или с инф* hassen, verabscheuen; **ненави́стный** *прил* ‹-ая, -ое, -ые› verhasst; ◇ ~ое заня́тие verhasster Unterricht; **не́нависть** *ж₅* ‹-и› Hass *m*; ◇ из ~и aus Hass; ◇ с ~ю hasserfüllt

нена́дёжный *прил* ‹-ая, -ое, -ые› 1 (*непро́чный*) nicht fest; (*о постро́йке*) instabil, unsolide 2 (*о челове́ке*) unzuverlässig

ненадо́лго *нареч* nicht für lange, nicht auf Dauer; (*на коро́ткое вре́мя*) für eine kurze Zeit

ненападе́ни|е *с₄* ‹-я› пакт о ~и Nichtangriffspakt *m*

нена́стный *прил* ‹-ая, -ое, -ые› trübe, regnerisch

ненасы́тный *прил* ‹-ая, -ое, -ые› *тж перен* (*прожо́рливый*) unersättlich; ◇ ~ челове́к Nimmersatt *m*

ненорма́льный *прил* ‹-ая, -ое, -ые› 1 unnormal, (*необы́чный*) ungewöhnlich 2 *разг* (*душевнобольно́й*) geistig nicht normal; (*безу́мный*) verrückt

нену́жный *прил* ‹-ая, -ое, -ые› unnötig; (*беспо́лезный*) unnütz, nutzlos

необлага́емый *прил* ‹-ая, -ое, -ые› unversteuert

необозри́мый *прил* ‹-ая, -ое, -ые› unübersehbar

необу́зданный *прил* ‹-ая, -ое, -ые› schrankenlos, unbändig, zügellos

необходи́мость *ж₅* ‹-и› Notwendigkeit *f*; ◇ в слу́чае ~и falls notwendig, im Notfall; ◇ сде́лать что́-л по ~и etw notgedrungen tun; **необходи́мый** *прил* ‹-ая, -ое, -ые› 1 (*ну́жный*) notwendig, nötig, unentbehrlich; ◇ ему́ ~а подде́ржка er braucht unbedingt Unterstützung 2 (*неизбе́жный*) notwendig, nötig; ◇ сде́лать ~ые вы́воды die notwendigen Schlussfolgerungen ziehen

необщи́тельный *прил* ‹-ая, -ое, -ые› ungesellig; ◇ ~ ребёнок kontaktscheues Kind

необъясни́мый *прил* ‹-ая, -ое, -ые› unerklärbar, unerklärlich

необъя́тный *прил* ‹-ая, -ое, -ые› unermesslich, riesengroß

необыкнове́нный *прил* ‹-ая, -ое, -ые› 1 (*необы́чный*) ungewöhnlich 2 (*чрезвыча́йный*) außergewöhnlich, unglaublich

необы́чный *прил* ‹-ая, -ое, -ые› ungewohnt, ungewöhnlich; (*стра́нный*) seltsam; ◇ в ~ое вре́мя zu ungewohnter Zeit

неограни́ченный *прил* ‹-ая, -ое, -ые› uneingeschränkt, grenzenlos; ◇ ~ые полномо́чия uneingeschränkte Vollmachten

неоднокра́тный *прил* ‹-ая, -ое, -ые› mehrfach, mehrmals; (*повто́рный*) wiederholt

неодноро́дный *прил* ‹-ая, -ое, -ые› ungleich, verschiedenartig, heterogen

неодобре́ние *с₄* ‹-я› Missbilligung *f*; ◇ вы́разить своё ~ seiner Missbilligung Ausdruck verleihen; **неодобри́тельный** *прил* ‹-ая, -ое, -ые› missbilligend

неодоли́мый *прил* ‹-ая, -ое, -ые› unüberwindlich; (*непобеди́мый*) unbezwingbar

неожи́данность *ж₅* ‹-и› Überraschung *f*; ◇ от ~и vor Überraschung; **неожи́данный** *прил* ‹-ая, -ое, -ые› unerwartet; (*внеза́пный*) überraschend, unvermittelt

неоко́нченный *прил* ‹-ая, -ое, -ые› unvollendet, nicht abgeschlossen

неопису́емый *прил* ‹-ая, -ое, -ые› (*непередава́емый*) unbeschreiblich

неопла́тный *прил* ‹-ая, -ое, -ые› unbezahlbar; ◇ я ваш ~ должни́к ich stehe tief in Ihrer Schuld

неопо́знанн|ый *прил* ‹-ая, -ое, -ые› unbekannt; ◇ ~ые лета́ющие объе́кты (НЛО) unbekannte Flugobjekte (UFOs); юр nicht identifiziert; ◇ ~ый труп nicht identifizierte Leiche

неопра́вданный *прил* ‹-ая, -ое, -ые› unberechtigt, ungerechtfertigt, unbegründet

неопределённость *ж₅* ‹-и› Unbestimmtheit *f*; (*неуве́ренность*) Ungewissheit *f*; **неопределённ|ый** *прил* ‹-ая, -ое, -ые› 1 (*то́чно не устано́вленный*) unbestimmt, ungewiss 2 (*нечётливый*) undeutlich; (*нея́сный*) unklar, undefinierbar; (*неуве́ренный, укло́нчивый*) unsicher; *грам* ~ый арти́кль unbestimmter Artikel; *грам* ~ая фо́рма глаго́ла Infinitiv *m*

неопроверж́имый *прил* ‹-ая, -ое, -ые› unumstößlich, unwiderlegbar

неопублико́ванный *прил* ‹-ая, -ое, -ые› unveröffentlicht

нео́пытный *прил* ‹-ая, -ое, -ые› unerfahren

неорганизо́ванность *ж₅* ‹-и› Desorganisation *f*

неосведомлённый *прил* ‹-ая, -ое, -ые› nicht informiert, nicht unterrichtet

неосмотри́тельный *прил* ‹-ая, -ое, -ые› (*необду́манный*) unbedacht; (*неосторо́жный*) unvorsichtig; (*неблагоразу́мный*) unvernünftig

неоспори́мый *прил* ‹-ая, -ое, -ые› unbestreitbar, unanfechtbar; (*неопровержи́мый*) unumstößlich

неосторо́жность *ж₅* ‹-и› ① (*опроме́тчивость*) Unvorsichtigkeit *f*; ◇ **прояви́ть** ~ unvorsichtig sein ② (*неосторо́жный посту́пок*) Fahrlässigkeit *f*;

неосторо́жный *прил* ‹-ая, -ое, -ые› (*опроме́тчивый*) unvorsichtig; (*непроду́манный*) unbedacht

неосуществи́мый *прил* ‹-ая, -ое, -ые› unrealisierbar, nicht durchführbar

неотдели́мый *прил* ‹-ая, -ое, -ые› unteilbar, untrennbar

неотёсанный *прил* ‹-ая, -ое, -ые› ① (*необрабо́танный*) ungehobelt, unbearbeitet; ◇ ~ **ка́мень** unbehauener Stein ② *перен разг* (*некульту́рный*) ungehobelt, grob; ◇ ~ **неве́жда** unkultivierter Banause

неотку́да *нареч с инф* nirgendwoher; ◇ **нам** ~ **взять э́то** wir wissen nicht, woher wir das nehmen sollen

неотло́жный *прил* ‹-ая, -ое, -ые› unaufschiebbar, dringend

неотрази́мый *прил* ‹-ая, -ое, -ые› ① (*убеди́тельный*) unwiderlegbar, unumstößlich ② (*о челове́ке*) unwiderstehlich

неофициа́льный *прил* ‹-ая, -ое, -ые› inoffiziell, nicht amtlich; ◇ ~ **исто́чник** inoffizielle Quelle

неохо́тно *нареч* ungern, lustlos; ◇ **он пошёл на конце́рт** ~ er ging lustlos in das Konzert

неоцени́мый *прил* ‹-ая, -ое, -ые› unschätzbar

непереводи́мый *прил* ‹-ая, -ое, -ые› unübersetzbar

неплатёжеспосо́бность *ж₅* ‹-и› *юр* Zahlungsunfähigkeit *f*; **неплатёжеспосо́бный** *прил* ‹-ая, -ое, -ые› zahlungsunfähig, insolvent

неплате́льщик *м₁* ‹-а› Nichtzahler *m*; (*должни́к*) säumiger Schuldner *m*

неплодоро́дный *прил* ‹-ая, -ое, -ые› unfruchtbar; ◇ ~**ые зе́мли** unfruchtbare Böden; **неплодотво́рный** *прил* ‹-ая, -ое, -ые› fruchtlos; (*безрезульта́тный*) ergebnislos

непло́тный *прил* ‹-ая, -ое, -ые› undicht, nicht fest; ◇ **ты** ~ **закры́л окно́** du hast das Fenster nicht fest geschlossen

неплохо́й *прил* ‹-ая, -ое, -и́е› nicht schlecht, ganz gut; (*удовлетвори́тельный*) zufriedenstellend; (*сно́сный*) passabel

непобеди́мый *прил* ‹-ая, -ое, -ые› unbesiegbar; (*непреодоли́мый*) unüberwindlich

неповоро́тливый *прил* ‹-ая, -ое, -ые›

① (*неуклю́жий*) linkisch, ungeschickt, plump ② *перен* schwerfällig, langsam

непого́да *ж₁* ‹-ы› Unwetter *n*; ◇ **разыгра́лась** ~ ein Unwetter brach los

непогреши́мый *прил* ‹-ая, -ое, -ые› (*безупре́чный*) unfehlbar; hundertprozentig richtig; ◇ **он возомни́л себя́ ~ым** er hielt sich für unfehlbar

неподалёку *нареч разг* unweit, in der Nähe; ◇ **он живёт** ~ er wohnt in der Nähe

неподви́жно *нареч* unbeweglich, regungslos; **неподви́жный** *прил* ‹-ая, -ое, -ые› ① (*не передвига́ющийся*) unbeweglich, regungslos ② (*оцепене́вший*) starr

неподку́пный *прил* ‹-ая, -ое, -ые› unkäuflich, unbestechlich

неподража́емый *прил* ‹-ая, -ое, -ые› unnachahmbar; (*несравне́нный*) unvergleichlich, einzigartig

неподходя́щий *прил* ‹-ая, -ее, -ие› unpassend, ungelegen; ◇ ~ **моме́нт** ungünstiger Moment

неподчине́ние *с₄* ‹-я› Ungehorsam *m*

непозволи́тельный *прил* ‹-ая, -ое, -ые› unerlaubt, unzulässig; ◇ **вести́ себя́ ~ым о́бразом** sich unmöglich benehmen

непоколеби́мый *прил* ‹-ая, -ое, -ые› unerschütterlich; (*сто́йкий*) standhaft; (*надёжный*) zuverlässig

непоко́рный *прил* ‹-ая, -ое, -ые› aufsässig; (*непослу́шный*) ungehorsam; (*стропти́вый*) widerspenstig

непокры́т|ый *прил* ‹-ая, -ое, -ые› unbedeckt; ◇ **с ~ой голово́й** ohne Kopfbedeckung

непола́дки *мн₁* ‹-док› *разг* ① (*дефе́кты*) Störungen *f pl*, Defekte *m pl*; ◇ **организацио́нные** ~ organisatorische Probleme ② (*несогла́сие*) Streitigkeiten *f pl*; (*тре́ния*) Reibereien *f pl*

неполноце́нность *ж₅* ‹-и› Minderwertigkeit *f*; ◇ **ко́мплекс ~и** Minderwertigkeitskomplex *m*; **неполноце́нный** *прил* ‹-ая, -ое, -ые› minderwertig, nicht vollwertig

непо́лный *прил* ‹-ая, -ое, -ые› nicht voll, unvollständig; (*по числу́*) unvollzählig; ◇ **рабо́тать** ~ **рабо́чий день** Kurzarbeit machen

непоме́рн|ый *прил* ‹-ая, -ое, -ые› unmäßig, maßlos; ◇ ~**ые тре́бования** maßlose Forderungen

непонима́ние *с₄* ‹-я› Unverständnis *n*; ◇ **взаи́мное** ~ Missverständnis *n*

непоня́тный *прил* ‹-ая, -ое, -ые› ① (*нея́сный*) unverständlich ② (*недосту́пный понима́нию*) unbegreiflich ③ (*стра́нный*) unerklärlich, merkwürdig

непоправи́мый *прил* ‹-ая, -ое, -ые› unverbesserlich; ◇ ~**ая оши́бка** nicht wieder gutzumachender Fehler

непопуля́рный *прил* ‹-ая, -ое, -ые› unpopulär, unbeliebt

непоря́док $м_1$ ⟨-дка, мн.: -дки⟩ Unordnung f

непосе́дливый прил ⟨-ая, -ое, -ые⟩ unruhig, rastlos

непоси́льный прил ⟨-ая, -ое, -ые⟩ die Kräfte übersteigend, über die Kräfte gehend

непосле́довательность $ж_5$ ⟨-и⟩ Inkonsequenz f; **непосле́довательный** прил ⟨-ая, -ое, -ые⟩ inkonsequent

непослу́шный прил ⟨-ая, -ое, -ые⟩ ungehorsam; (непокорный) aufsässig

непосре́дственный прил ⟨-ая, -ое, -ые⟩ ① (вытекающий из чего-л) unmittelbar; (прямой) direkt; ◇ ~ **нача́льник** direkter Vorgesetzter ② (естественный) unbefangen

непостижи́мый прил ⟨-ая, -ое, -ые⟩ unbegreiflich, unfassbar

непостоя́нный прил ⟨-ая, -ое, -ые⟩ unbeständig; (переменчивый) veränderlich;

непостоя́нство c_2 ⟨-а⟩ Unbeständigkeit f, Veränderlichkeit f

непочти́тельный прил ⟨-ая, -ое, -ые⟩ respektlos

непра́вд|а $ж_1$ ⟨-ы⟩ Unwahrheit f; ◇ **ты сказа́л ~у** du hast nicht die Wahrheit gesagt; ◇ **все́ми пра́вдами и ~ами** mit allen Mitteln

неправдоподо́бный прил ⟨-ая, -ое, -ые⟩ unwahrscheinlich

непра́вильн|ый прил ⟨-ая, -ое, -ые⟩ (неверный) nicht richtig; (ошибочный) falsch, Fehl-; (непропорциональный) unregelmäßig; ◇ **~ые черты́ лица́** unregelmäßige Gesichtszüge; ◇ **поня́ть что-л ~о** etw falsch verstehen

неправи́тельственн|ый прил ⟨-ая, -ое, -ые⟩ nichtstaatlich; ◇ **~ые организа́ции** nichtstaatliche Organisationen

неправомо́чный прил ⟨-ая, -ое, -ые⟩ jur unberechtigt, nicht bevollmächtigt

непревзойдённ|ый прил ⟨-ая, -ое, -ые⟩ ① (совершенный) unübertroffen ② (достигший крайней степени) äußerst; ◇ **~ая жесто́кость** äußerste Grausamkeit

непредви́денный прил ⟨-ая, -ое, -ые⟩ unvorhergesehen, ungeahnt

непредубеждённый прил ⟨-ая, -ое, -ые⟩ unvoreingenommen

непредусмо́тренный прил ⟨-ая, -ое, -ые⟩ unvorhergesehen, nicht vorgesehen

непрекло́нность $ж_5$ ⟨-и⟩ Unbeugsamkeit f; **непрекло́нный** прил ⟨-ая, -ое, -ые⟩ unbeugsam; (непоколебимый) unerschütterlich

непрело́жный прил ⟨-ая, -ое, -ые⟩ (обязательный) unumstößlich, unbestreitbar; (неоспоримый) unanfechtbar

непреме́нно нареч ganz bestimmt, ganz sicher; **непреме́нный** прил ⟨-ая, -ое, -ые⟩ unbedingt, unerlässlich

непреодоли́м|ый прил ⟨-ая, -ое, -ые⟩ unüberwindbar; ◇ **~ое препя́тствие** unüberwindbares Hindernis

непреры́вный прил ⟨-ая, -ое, -ые⟩ ununterbrochen, unablässig

неприве́тливый прил ⟨-ая, -ое, -ые⟩ unfreundlich; (холодный) kühl

непривлека́тельный прил ⟨-ая, -ое, -ые⟩ unattraktiv

непригля́дный прил ⟨-ая, -ое, -ые⟩ unansehnlich, hässlich

неприго́дный прил ⟨-ая, -ое, -ые⟩ untauglich, unbrauchbar

неприе́млемый прил ⟨-ая, -ое, -ые⟩ unannehmbar; (недопустимый) unzulässig

непри́знанный прил ⟨-ая, -ое, -ые⟩ nicht anerkannt; (недооценённый) verkannt; ◇ **~ ге́ний** verkanntes Genie

неприкоснове́нность $ж_5$ ⟨-и⟩ Unantastbarkeit f, Unverletzlichkeit f; ◇ **парла́ментская ~** parlamentarische Immunität;

неприкоснове́нный прил ⟨-ая, -ое, -ые⟩ unantastbar, unverletzlich

неприкра́шенный прил ⟨-ая, -ое, -ые⟩ ungeschminkt, unverblümt

неприли́чие c_4 ⟨-я⟩ Unanständigkeit f; ◇ **допусти́ть ~** sich unanständig benehmen; **неприли́чн|ый** прил ⟨-ая, -ое, -ые⟩ unanständig, ungehörig; ◇ **~ое выраже́ние** unanständiger Ausdruck

неприме́тный прил ⟨-ая, -ое, -ые⟩ unmerklich; (невзрачный) unauffällig, unscheinbar; (непримечательный) nicht bemerkenswert; ◇ **~ая ра́зница** kaum merklicher Unterschied

непримири́мый прил ⟨-ая, -ое, -ые⟩ unversöhnlich, unnachgiebig

непринуждённый прил ⟨-ая, -ое, -ые⟩ ungezwungen, zwanglos, natürlich

неприспосо́бленный прил ⟨-ая, -ое, -ые⟩ ungeeignet, unpraktisch

непристо́йный прил ⟨-ая, -ое, -ые⟩ unanständig, obszön

непристу́пный прил ⟨-ая, -ое, -ые⟩ unbezwingbar, unzugänglich; (о человеке) unnahbar

непритяза́тельный прил ⟨-ая, -ое, -ые⟩ anspruchslos, bescheiden; ◇ **~ костю́м** einfacher Anzug

непричáстность $ж_5$ ⟨-и⟩ Nichtbeteiligung f; ◇ **все зна́ли о её ~и к э́тому слу́чаю** alle wussten, dass sie mit diesem Fall nichts zu tun hatte

неприя́зненный прил ⟨-ая, -ое, -ые⟩ feindselig; **неприя́знь** $ж_5$ ⟨-и⟩ Feindseligkeit f; ◇ **испы́тывать ~ к кому́-л** jd-m feindlich gesinnt sein

неприя́тель $м_2$ ⟨-я⟩ Feind m, Gegner m

неприя́тность $ж_5$ ⟨-и⟩ Unannehmlichkeit f; ◇ **произошла́ ~** es gab Ärger;

неприя́тн|ый прил ⟨-ая, -ое, -ые⟩ ① (противный) unangenehm ② (нарушающий покой) unangenehm, unbehaglich, peinlich; ◇ **попа́сть в ~ое положе́ние** in eine peinliche Lage geraten

непродолжи́тельный прил ⟨-ая, -ое, -ые⟩ kurz, von kurzer Dauer

непроизводи́тельн|ый *прил* ‹-ая, -ое, -ые› unproduktiv, unnütz; ◇ **~ая тра́та вре́мени** sinnlose Zeitverschwendung

непроизво́льн|ый *прил* ‹-ая, -ое, -ые› unwillkürlich; ◇ **~ые движе́ния** unbewusste Bewegungen

непромока́емый *прил* ‹-ая, -ое, -ые› wasserdicht, wasserundurchlässig

непроница́емый *прил* ‹-ая, -ое, ые› undurchdringlich; ◇ **~ для воды́** wasserdicht; ◇ **~ для во́здуха** luftdicht

непрости́тельн|ый *прил* ‹-ая, -ое, -ые› unverzeihlich; ◇ **~ое легкомы́слие** unentschuldbarer Leichtsinn

непроходи́мый *прил* ‹-ая, -ое, -ые› unpassierbar, unbefahrbar; (*о доро́ге*) unwegsam; (*о ле́се*) undurchdringlich; ◇ **дура́к** totaler Idiot

непро́чный *прил* ‹-ая, -ое, -ые› nicht fest; (*ло́мкий*) zerbrechlich, brüchig

нераработоспосо́бный *прил* ‹-ая, ~ -ое, -ые› arbeitsunfähig; ◇ **~ое вре́менно ~ сотру́дник** krankgeschriebener Mitarbeiter

нера́венств|о *с₂* ‹-а› Ungleichheit *f;* мат ◇ **знак ~а** Ungleichheitszeichen *n*

неравноду́ш|ный *прил* ‹-ая, -ое, -ые› ① (*небезуча́стный*) nicht gleichgültig; ◇ **быть ~ным к кому́-л** jd-m gegenüber nicht gleichgültig sein ② (*пита́ющий скло́нность*) etw für jd-n/etw übrig haben, mögen; ◇ **ребёнок ~ен к сла́дкому** das Kind mag Süßigkeiten; ◇ **она́ к нему́ не ~на** er gefällt ihr

неравноме́рный *прил* ‹-ая, -ое, -ые› ungleichmäßig

нера́вн|ый *прил* ‹-ая, -ое, -ые› nicht ebenbürtig, ungleich; ◇ **~ые супру́ги** ungleiche Ehepartner

неради́вость *ж₅* ‹-и› (*небре́жность*) Nachlässigkeit *f;* (*беспе́чность*) Sorglosigkeit *f;* (*хала́тность*) Schlamperei *f;* **неради́вый** *прил* ‹-ая, -ое, -ые› (*небре́жный*) nachlässig; (*беспе́чный*) sorglos; (*хала́тный*) schlampig

неразбери́ха *ж₁* ‹-и› *разг* Durcheinander *n,* Wirrwarr *n;* ◇ **там цари́т ~** dort herrscht ein Tohuwabohu

неразбо́рчивость *ж₅* ‹-и› ① (*нечёткость*) Unleserlichkeit *f* ② (*нетре́бовательность*) Skrupellosigkeit *f;* **неразбо́рчивый** *прил* ‹-ая, -ое, -ые› ① (*нечёткий*) unleserlich ② (*без прете́нзий*) anspruchslos; (*неприхотли́вый*) nicht wählerisch ③ (*беспринци́пный*) skrupellos

неразгово́рчивый *прил* ‹-ая, -ое, -ые› wortkarg; (*молчали́вый*) schweigsam

неразлу́чный *прил* ‹-ая, -ое, -ые› unzertrennlich, untrennbar

неразрешённый *прил* ‹-ая, -ое, -ые› ① (*нерешённый*) ungelöst, ungeklärt ② (*запрещённый*) untersagt, verboten

неразры́вный *прил* ‹-ая, -ое, -ые› unzertrennlich, untrennbar

неразу́мный *прил* ‹-ая, -ое, -ые› unvernünftig

нерасторжи́мый *прил* ‹-ая, -ое, -ые› unauflöslich; (*неразры́вный*) unzerreißbar

нерасторо́пный *прил* ‹-ая, -ое, -ые› (*нело́вкий*) ungeschickt

нерасчётливый *прил* ‹-ая, -ое, -ые› ① (*о хозя́йке*) unwirtschaftlich ② (*непредусмотри́тельный*) nicht vorsorgend

нерациона́льный *прил* ‹-ая, -ое, -ые› irrational; (*нецелесообра́зный*) unzweckmäßig

нерв *м₁* ‹-а› анат Nerv *m;* ◇ **у неё желе́зные ~ы** sie hat Nerven wie Drahtseile; ◇ **э́то де́йствует мне на ~ы** das geht mir auf die Nerven; **не́рвничать** V₁ₐ *несов* ‹-аю, -аешь› [**по**~ *сов*] *без доп* nervös werden; **не́рвн|ый** *прил* ‹-ая, -ое, -ые› ① Nerven-; ◇ **~ое заболева́ние** Nervenkrankheit *f;* ◇ **~ая систе́ма** Nervensystem *n* ② (*легко́ возбуди́мый*) leicht reizbar ③ (*судоро́жный*) nervös, krampfhaft; **нерво́зность** *ж₅* ‹-и› Nervosität *f;* ◇ **в обстано́вке ~и** in gereizter Atmosphäre

нереа́льный *прил* ‹-ая, -ое, -ые› ① (*не существу́ющий*) irreal, unwirklich; ◇ **~ мир** Traumwelt *f* ② (*невыполни́мый*) unerfüllbar; ◇ **~ прое́кт** nicht realisierbares [unrealistisches] Projekt

нерегуля́рный *прил* ‹-ая, -ое, -ые› unregelmäßig; (*от слу́чая к слу́чаю*) von Fall zu Fall

нере́дкий *прил* ‹-ая, -ое,-ие› nicht selten

нерента́бельный *прил* ‹-ая, -ое, -ые› unrentabel

не́рест *м₁* ‹-а› биол Laichen *n*

нерешённый *прил* ‹-ая, -ое, -ые› ungelöst, offen; ◇ **~ вопро́с** offene Frage

нереши́тельно|сть *ж₅* ‹-и› Unentschlossenheit *f,* Unschlüssigkeit *f;* ◇ **быть в ~и** unentschlossen sein; **нереши́тельный** *прил* ‹-ая, -ое, -ые› unentschlossen, unschlüssig, zögernd

нержаве́ющ|ий *прил* ‹-ая, -ее, -ие› rostfrei, nicht rostend; ◇ **~ая сталь** rostfreier Stahl

неро́вный *прил* ‹-ая, -ое, -ые› uneben; (*шерохова́тый*) nicht glatt; (*непрямо́й*) schief, krumm; (*о пу́льсе*) unregelmäßig

неря́ха *м, ж₁* ‹-и› *разг* (*грязну́ля*) Schmutzfink *m;* (*о же́нщине*) Schlampe *f* **неря́шливый** *прил* ‹-ая, -ое, -ые› (*неопря́тный*) unordentlich, schluderig; (*небре́жный*) schlampig

несамостоя́тельность *ж₅* ‹-и› Unselbständigkeit *f*

несвоевре́менный *прил* ‹-ая, -ое, -ые› nicht rechtzeitig, nicht zur richtigen Zeit; (*запозда́лый*) verspätet

несво́йственн|ый *прил* ‹-ая, -ое, -ые› nicht charakteristisch, untypisch; (*чу́ждый*) fremd; ◇ **э́то ей ~о** das ist untypisch für sie

несгиба́емый *прил* ‹-ая, -ое, -ые› nicht biegbar, starr; *перен (непреклонный)* unbeugsam

несде́ржанность *ж₅ ‹-и›* Ungehaltenheit *f; (вспыльчивость)* Hitzigkeit *f;* **несде́ржанный** *прил* ‹-ая, -ое, -ые› ungehalten; *(горячий)* hitzig; *(вспыльчивый)* aufbrausend

несерьёзн|ый *прил* ‹-ая, -ое, -ые› ① *(о человеке)* nicht ernst; *(легкомысленный)* leichtsinnig; ◇ ~о относи́ться к чему́-л etw auf die leichte Schulter nehmen ② *(о вопросе, проблеме)* unwichtig, unbedeutend

нескла́дный *прил* ‹-ая, -ое, -ые› ① *(нестройный)* ungereimt; *(бессвязный)* unzusammenhängend ② *раз (неуклюжий)* ungeschickt, plump

не́сколько I. *числ (небольшое количество)* einige, mehrere; ◇ ~о лет etliche Jahre; ◇ рассказа́ть в ~их слова́х in wenigen Worten erzählen II. *нареч (немного, отчасти)* etwas, ein wenig; ◇ сде́лать ~о бо́льше etwas mehr machen; ◇ ~о отвле́чься от осно́вной те́мы ein wenig vom eigentlichen Thema abweichen

несконча́емый *прил* ‹-ая, -ое, -ые› endlos, unaufhörlich

нескро́мный *прил* ‹-ая, -ое, -ые› ① unbescheiden ② *(неделикатный)* indiskret; ◇ ~ вопро́с taktlose Frage ③ *(бесстыдный)* unanständig; ◇ ~ жест schamlose Geste

нескрыва́емый *прил* ‹-ая, -ое, -ые› unverhüllt, unverhohlen

несло́жный *прил* ‹-ая, -ое, -ые› unkompliziert; *(простой)* einfach

неслы́ханн|ый *прил* ‹-ая, -ое, -ые› unerhört; ◇ ~ая де́рзость unerhörte Frechheit

несмолка́емый *прил* ‹-ая, -ое, -ые› *(о звуках)* andauernd, unaufhörlich; *(продолжительный)* andauernd, anhaltend

несмотря́ *предлог* с вин ungeachtet, trotz; ◇ ~ на запреще́ние ungeachtet des Verbots; ◇ ~ на то, что ungeachtet dessen, dass, obwohl; ◇ ~ ни на что trotz alledem

несоблюде́ние *c₄ ‹-я›* *(правил)* Nichtbeachtung *f; (пренебрежение)* Missachtung *f; (невыполнение)* Nichteinhaltung *f*

несовершенноле́тн|ий I. *прил* ‹-яя, -ее, -ие› minderjährig, unmündig II. *м (A₂) ‹-его›* Minderjähriger *m;* ◇ охра́на прав ~их Jugendschutz *m*

несоверше́нный *прил* ‹-ая, -ое, -ые› unvollendet, unvollkommen; грам ~ вид unvollendeter [imperfektiver] Aspekt

несовмести́м|ый *прил* ‹-ая, -ое, -ые› unvereinbar, unverträglich, inkompatibel; ◇ ~ые систе́мы ЭВМ inkompatible Computersysteme

несовпаде́ние *c₄ ‹-я›* Nichtübereinstimmung *f,* Inkongruenz *f*

несогла́сие *c₄ ‹-я›* ① *(разногласие)* Uneinigkeit *f;* ◇ ~ во мне́ниях Meinungs-

verschiedenheit *f* ② *(разлад)* Zwist *m* ③ *(отказ)* Ablehnung *f,* fehlendes Einverständnis; **несогла́сный** *прил* ‹-ая, -ое, -ые› ① *(имеющий разногласия)* nicht einverstanden ② *(недружный)* uneinig

несогласо́ванность *ж₅ ‹-и›* fehlende Übereinstimmung *f,* mangelnde Koordination *f*

несозна́тельный *прил* ‹-ая, -ое, -ые› *(отсталый)* unbewusst

несомне́нный *прил* ‹-ая, -ое, -ые› zweifellos; *(явный)* offensichtlich

несоотве́тствие *c₄ ‹-я›* Nichtübereinstimmung *f,* Missverhältnis *n*

несостоя́тельный *прил* ‹-ая, -ое, -ые› ① *(неплатежеспособный)* zahlungsunfähig, insolvent ② *(безосновательный)* haltlos; *(слабый)* schwach; ◇ ~ до́вод haltloses Argument

неспоко́йный *прил* ‹-ая, -ое, -ые› unruhig, ruhelos; *(неутомимый)* rastlos

неспосо́бный *прил* ‹-ая, -ое, -ые› *(неодарённый)* unfähig, unbegabt; *(не в состоянии)* nicht fähig

несправедли́вость *ж₅ ‹-и›* Ungerechtigkeit *f; (о поступке)* Unrecht *n;* ◇ допусти́ть ~ ein Unrecht zulassen; **несправедли́вый** *прил* ‹-ая, -ое, -ые› ungerecht

несравне́нн|ый I. *прил* ‹-ая, -ое, -ые› *(превосходный)* unvergleichlich; ◇ ~ый тала́нт einzigartiges Talent II. *нареч (употр со сравн степенью)* ◇ ~о краси́вее bedeutend schöner; ◇ ~о лу́чше unvergleichlich besser

нести́* *несов, опред, см.,* носи́ть ‹-су́, -сёшь, (3, 4, 6) 1 и 2 л. не употр› [с~ (сов) кого-что вин (1, 3), что вин (2, 6), без доп (4), чем тв (5)] ① *(доставлять)* tragen, bringen; ◇ ~ покла́жу Gepäck tragen ② *перен* ◇ ~ отве́тственность Verantwortung tragen; ◇ ~ наказа́ние eine Strafe verbüßen; ◇ ~ поте́ри Verluste erleiden; ◇ ~ расхо́ды die Kosten tragen; ◇ ~ вздор Unsinn reden ③ *(гнать)* treiben, jagen; ◇ ве́тер несёт пыль der Wind trägt Staub mit sich ④ *безл (дуть)* ziehen; ◇ из-под по́лу несёт хо́лодом es zieht kalt vom Boden ⑤ *безл (пахнуть)* riechen, stinken (nach); ◇ от неё несёт табако́м sie riecht nach Tabak ⑥ *(класть яйца)* Eier legen

несча́стный I. *прил* ‹-ая, -ое, -ые› unglücklich, unglückselig; ◇ ~ слу́чай Unfall *m* II. *м (A₁) ‹-ого›* Unglücklicher *m,* Unglücksmensch *m,* Pechvogel *m;* **несча́стье** *c₅ ‹-я›* Unglück *n; (невезение)* Pech *n;* ◇ произошло́ ~ es geschah ein Unglück

несъедо́бный *прил* ‹-ая, -ое, -ые› nicht essbar, ungenießbar

нет *частица* ① nein; ◇ ~ ещё noch nicht; ◇ во́все ~ überhaupt nicht; ◇ да ~ же! aber nein! ② *предик, безл (не* *име́ется*) es gibt nicht, es ist nicht vorhanden; ◇ **для тебя́** ~ **ме́ста** für dich gibt es keinen Platz; ◇ **у меня́** ~ **вре́мени** ich habe keine Zeit; ◇ **у него́ ничего́** ~ er hat nichts; ◇ **све́та** ~ das Licht ist ausgefallen; ◇ **сходи́ть на** ~ null und nichtig werden

нетвёрдый *прил* ⟨-ая, -ое, -ые⟩ (*неуве́ренный*) schwankend, wankelmütig; (*нереши́тельный*) unentschlossen

нетерпели́вый *прил* ⟨-ая, -ое, -ые⟩ ungeduldig; **нетерпе́ние** *c₄* ⟨-я⟩ Ungeduld *f;* ◇ **проявить** ~ ungeduldig sein

нетерпи́мость *ж₅* ⟨-и⟩ Unduldsamkeit *f,* Intoleranz *f;* **нетерпи́мый** *прил* ⟨-ая, -ое, -ые⟩ ① (*непримиримый*) intolerant, unduldsam; ◇ **он нетерпи́м к чужо́му мне́нию** er toleriert keine andere Meinung ② (*недопусти́мый*) unzulässig

нетре́звый *прил* ⟨-ая, -ое, -ые⟩ nicht nüchtern, betrunken; ◇ **в ~ом ви́де** in betrunkenem Zustand

нетрудоспосо́бность *ж₅* ⟨-и⟩ Arbeitsunfähigkeit *f;* ◇ **вре́менная** ~ vorübergehende Arbeitsunfähigkeit

неуваже́ние *c₄* ⟨-я⟩ Nichtachtung *f;* (*непочтительности*) Respektlosigkeit *f;* (*пренебреже́ние*) Missachtung *f*

 выраже́ние неуве́ренности

Meinst du wirklich?
Ты действи́тельно так счита́ешь?
Ich bin mir nicht so sicher.
Я не о́чень уве́рен/а.
Ich weiß nicht so recht.
Я сомнева́юсь.
Ich frage mich, ob das richtig war.
Я не зна́ю, бы́ло ли э́то пра́вильно.
Es könnte doch sein, dass er seine Meinung geändert hat.
Мо́жет быть, он измени́л своё мне́ние.

неуве́ренность *ж₅* ⟨-и⟩ Unsicherheit *f,* Ungewissheit *f;* ◇ **в себе́** Mangel an Selbstbewusstsein; **неуве́ренный** *прил* ⟨-ая, -ое, -ые⟩ unsicher

неуда́ч|а *ж₁* ⟨-и⟩ (*неуспех*) Misserfolg *m;* (*провал*) Fehlschlag *m;* ◇ **око́нчиться ~ей** misslingen; ◇ **меня́ пресле́дуют ~и** ich werde vom Pech verfolgt; **неуда́чник** *м₁* ⟨-а⟩ Pechvogel *m;* **неуда́чный** *прил* ⟨-ая, -ое, -ые⟩ ① (*неудовлетвори́тельный*) missraten; ◇ **~ая фотогра́фия** missglückte Fotografie ② (*несчастливый*) gescheitert, erfolglos, schief gegangen; ◇ **~ый брак** gescheiterte Ehe

неудо́бный *прил* ⟨-ая, -ое, -ые⟩ ① unbequem; ◇ **~ая оде́жда** unbequeme Kleidung ② *перен* (*неприя́тный*) unangenehm, heikel; (*нело́вкий*) peinlich ③ (*неуме́стный*) unpassend, unangebracht; ◇ **он пришёл в ~ое вре́мя** er kam ungele-

gen; **неудо́бств|о** *c₂* ⟨-а⟩ ① (*отсу́тствие удо́бств*) Unbequemlichkeit *f,* Mangel *m;* ◇ **терпе́ть ~а** die Unbequemlichkeiten hinnehmen ② *перен* Peinlichkeit *f*

неудовлетворённость *ж₅* ⟨-и⟩ Unzufriedenheit *f*

неудовлетвори́тельный *прил* ⟨-ая, -ое, -ые⟩ unbefriedigend, nicht zufrieden stellend

неуже́ли *частица* (*употр при вопро́се*) wirklich?, echt?, ist es möglich?; ◇ ~ **ты э́того не понима́ешь?** verstehst du das wirklich nicht?; ◇ **она́ э́то сказа́ла?** hat sie das echt gesagt?; ◇ ~ **всё э́то пра́вда?** kann das denn stimmen?

неуклю́жий *прил* ⟨-ая, -ее, -ие⟩ plump, unbeholfen; (*нело́вкий в движе́ниях*) linkisch, ungeschickt

неулови́мый *прил* ⟨-ая, -ое, -ые⟩ ① unerreichbar, nicht zu erreichen, nicht zu fassen ② (*еле заметный*) kaum merklich; ◇ ~ **для гла́за** unsichtbar; ◇ ~ **для слу́ха** unhörbar

неуме́стн|ый *прил* ⟨-ая, -ое, -ые⟩ unangebracht; (*неподходя́щий*) unpassend, deplaziert; ◇ **~ая шу́тка** unpassender Scherz

неумы́шленный *прил* ⟨-ая, -ое, -ые⟩ unbeabsichtigt, unabsichtlich; *юр* nicht vorsätzlich

неупла́та *ж₁* ⟨-ы⟩ Nichtzahlung *f;* ◇ **зло́стная ~ нало́гов** Steuerhinterziehung *f*

неуравнове́шенный *прил* ⟨-ая, -ое, -ые⟩ unausgeglichen

неурожа́й *м₃* ⟨-а́я⟩ Missernte *f*

неуспе́х *м₁* ⟨-а⟩ Misserfolg *m,* Misslingen *n;* (*провал*) Scheitern *n*

неуста́нный *прил* ⟨-ая, -ое, -ые⟩ unermüdlich; (*постоя́нный*) ständig, unablässig

неусто́йка *ж₁* ⟨-и, *род мн:* -о́ек⟩ *юр* Konventionalstrafe *f*

неусто́йчивый *прил* ⟨-ая, -ое, -ые⟩ ① (*ша́ткий*) instabil; ◇ **~ые подмо́стки** wackeliges Gerüst ② *перен* (*непостоя́нный*) schwankend, veränderlich; ◇ **~ая пого́да** unbeständiges Wetter ③ *перен* (*легко́ поддаю́щийся влия́нию*) nicht standhaft, labil

неусту́пчивый *прил* ⟨-ая, -ое, -ые⟩ unnachgiebig; (*упря́мый*) starrsinnig

неутоми́мый *прил* ⟨-ая, -ое, -ые⟩ unermüdlich, rastlos; (*упо́рный*) beharrlich

неую́тный *прил* ⟨-ая, -ое, -ые⟩ unbequem, unwohnlich, ungemütlich

неуязви́мый *прил* ⟨-ая, -ое, -ые⟩ unverletzlich, unverwundbar; ◇ **~ое доказа́тельство** hieb- und stichfester Beweis

нефтедобыва́ющий *прил* ⟨-ая, -ее, -ие⟩ Erdöl fördernd; **нефтеперераба́тывающий** *прил* ⟨-ая, -ее, -ие⟩ erdölverarbeitend; **нефтепрово́д** *м₁* ⟨-а⟩ Erdölleitung *f,* Pipeline *f;* **нефть** *ж₅* ⟨-и⟩ Erdöl *n;* **нефтян|о́й** *прил* ⟨-а́я, -о́е, -ы́е⟩

Erdöl-; ◇ **~óe месторожде́ние** Erdölvorkommen n

нехорошо́ *нареч* ① *(неважно, плохо)* schlecht, nicht gut; ◇ **он ~ себя́ чу́вствует** er fühlt sich nicht wohl ② *предик* schlecht; ◇ **ей на душе́ ~** sie fühlt sich miserabel

неча́янный *прил* ‹-ая, -ое, -ые› ① *(случайный)* unabsichtlich, versehentlich ② *(неожиданный)* zufällig

не́чего (не́чему, не́чем, не́ о чем) I. *отрицат мест с инф* nichts; ◇ **ему́ ~ чита́ть** er hat nichts zu lesen; ◇ **в за́ле не́чем дыша́ть** in dem Raum kriegt man kaum Luft; ◇ **не́чему удивля́ться, что** es ist nicht verwunderlich, dass; ◇ **~ де́лать!** kein Problem!; ◇ **~ сказа́ть!** da kann man nichts sagen! II. *предик, с инф, безл (не следует)* hat keinen Zweck, es bringt nichts, es lohnt sich nicht

нече́стный *прил* ‹-ая, -ое, -ые› unehrlich

нечётк|ий *прил* ‹-ая, -ое, -ие› ① *(неразборчивый)* unleserlich, schwer zu lesen ② *(неясный)* unklar, undeutlich; ◇ **~ое произноше́ние** undeutliche Aussprache ③ *(неточный)* ungenau; *(расплывчатый)* verschwommen; ◇ **~ие очерта́ния** verschwommene Umrisse

нечётн|ый *прил* ‹-ая, -ое, -ые› ungerade; ◇ **~ое число́** ungerade Zahl

нечистопло́тный *прил* ‹-ая, -ое, -ые› ① *(неопрятный)* unsauber, unreinlich ② *перен (непорядочный)* unehrlich; **нечисто́ты** *мн₁* ‹-то́т› *(мусор)* Müll m, Abfälle m pl; **нечи́ст|ый** I. *прил* ‹-ая, -ое, -ые› ① *(запачканный)* unsauber, schmutzig, unrein ② *(с примесью)* unrein, vermischt; ◇ **~ый цвет** unreine Farbe ③ *(неточный)* unsauber, ungenau; ◇ **~ое произноше́ние** unklare Aussprache ④ *(нечестный)* unsauber, unehrlich; ◇ **~ая игра́** falsches Spiel; ◇ **быть ~ым на́ руку** lange Finger haben II. *м* ⟨A₁⟩ ‹-ого› das Böse, Teufel m; ◇ **его́ сло́вно ~ый попута́л** in ihn ist wohl der Teufel gefahren

не́что *мест* etwas; ◇ **~ стра́нное** etwas Seltsames

не́ю *см.* она

нея́вк|а *ж₁* ‹-и, *род мн*: -вок› Nichterscheinen n, Abwesenheit f; ◇ **за ~ой** wegen Abwesenheit

нея́сност|ь *ж₅* ‹-и› Unklarheit f; ◇ **устрани́ть ~и** Unklarheiten beseitigen; **нея́сный** *прил* ‹-ая, -ое, -ые› *(лишённый ясности)* unklar; *(неопределённый)* unbestimmt; *(неразборчивый)* undeutlich

ни I. *частица (при глаголе с отрицанием)* nicht, kein; ◇ **~ в ко́ем слу́чае** auf keinen Fall; ◇ **он тут ~ при чём** er kann nichts dafür, er hat damit nichts zu tun II. *частица (после мест и нареч перед глаголом)* was, wie auch immer; ◇ **как я ~ стара́лся** wie sehr

ich auch versuchte; ◇ **во что бы то ~ ста́ло** um jeden Preis III. *союз* **~... ~...** weder ... noch; ◇ **~ тот ~ друго́й** keiner von beiden; ◇ **~ бо́льше ~ ме́ньше** nicht mehr und nicht weniger

ни́ва *ж₁* ‹-ы› (Getreide-)Feld n

нигде́ *нареч* nirgends; ◇ **её ~ нельзя́ заста́ть** sie ist nirgends anzutreffen

ни́же I. *сравн от прил* ни́зкий: niedriger; *(меньше ростом)* kleiner; *(глубже)* tiefer II. *нареч* niedriger, tiefer; *(далее)* unten; ◇ **об э́том бу́дет ска́зано ~** dies wird nachstehend behandelt; ◇ **этажо́м ~** eine Etage tiefer; ◇ **смотри́ ~** siehe unten III. *предлог с род (вниз от чего-л)* unter; ◇ **уши́б ~ коле́на** eine Prellung unter dem Knie

нижн|ий *прил* ‹-яя, -ее, -ие› *(расположенный внизу)* unterer, Unter-; ◇ **~яя ступе́нька** untere Stufe; полит ◇ **~яя пала́та** Unterhaus n; ◇ **~ее бельё** Unterwäsche f

ни́зк|ий *прил* ‹-ая, -ое, -ие› *(сравн: ни́же)* ① niedrig, tief; ◇ **~ий у́ровень зна́ний** niedriges Bildungsniveau; ◇ **~ие це́ны** niedrige Preise ② *(неудовлетворительный)* schlecht; ◇ **~ое ка́чество** schlechte Qualität; ◇ **быть ~ого мне́ния о ком-чём-л** keine gute Meinung von jd-m haben ③ *(подлый)* niedrig, niederträchtig, gemein; ◇ **э́то ~о с его́ стороны́** das ist gemein von ihm ④ *(о звуке, голосе)* tief; ◇ **~ий бас** tiefer Bass; ◇ **~ая но́та** tiefe Note

низкопокло́нство *с₂* ‹-а› Kriecherei f, Schleimerei f

ни́зменность *ж₅* ‹-и› геогр Tiefebene f

ника́к I. *нареч (никоим образом)* überhaupt nicht, auf keinen Fall; ◇ **~ не получа́ется** das gelingt auf keinen Fall; ◇ **~ нельзя́** ganz ausgeschlossen II. *частица разг (как будто)* scheinbar, anscheinend; ◇ **~ кто-то пришёл** anscheinend ist jd gekommen

ника́к|ой *мест* ‹-а́я, -о́е, -и́е› kein, keinerlei; ◇ **~и́е угро́зы их не сло́мят** keine Drohung kann ihren Widerstand brechen; ◇ **нет ~о́го сомне́ния, что...** es besteht keinerlei Zweifel, dass...; ◇ **не име́ть ~о́го представле́ния** keinen blassen Schimmer haben

никогда́ *нареч* niemals, nie; ◇ **~ в жи́зни** nie im Leben; ◇ **~ не пове́рю** das glaube ich niemals; ◇ **как ~** wie noch nie

никто́ (никого́, никому́, нике́м, ни о ко́м) *мест* niemand, keiner; ◇ **~ из нас** keiner von uns; ◇ **~ ино́й** niemand anderer; ◇ **~ как она́** keine andere als sie

никуда́ *нареч* nirgendwohin, nirgends; ◇ **я сего́дня у́тром ~ не пое́ду** heute Morgen fahre ich nirgendwohin; ◇ **э́то ~ не годи́тся** das ist zu nichts nütze

ним *см.* он

нипочём I. *предик* ① *разг (просто)*

leicht, einfach; ◇ **ей** ~ **подня́ть боль-
шу́ю тя́жесть** es fällt ihr nicht schwer,
etw Schweres hochzuheben **2** *разг
(ничего не значит)* jd-m nichts aus-
machen, jd-m egal sein; ◇ **ве́тер и хо́лод
ей** ~ Wind und Kälte machen ihr nichts
aus **3** *разг (очень дёшево)* spottbillig
II. *нареч (ни за что)* auf keinen Fall, um
keinen Preis

ниско́лько *нареч* ganz und gar nicht,
nicht im Geringsten, überhaupt nicht

ни́тк|а *ж₁* ⟨-и, *род мн:*-ток⟩ Faden *m;
(для вышивания, вязания)* Zwirn *m*,
Garn *n;* ◇ **промо́кнуть до** ~**и** bis auf die
Haut nass werden; ◇ **ши́то бе́лыми** ~**ами**
leicht durchschaubar

ничего́ *нареч* **1** *см.* **ничто́ 2** *разг
(удовлетворительно)* ganz gut, passabel,
einigermaßen; ◇ **как дела́?** – ~ wie geht's?
– ganz gut **3** *(несущественно)* ◇ ~! das
macht nichts!, keine Ursache; ◇ ~ **подо́б-
ного** keine Spur, nichts dergleichen

ниче́й (ничья́, ничьё) *мест* **1** *(нико-
му не принадлежащий)* niemandem
gehörig; ◇ **ничья́ земля́** Niemandsland *n;*
◇ **э́тот щено́к ниче́й** das Hündchen ist
herrenlos **2** *(чей бы то ни было)* kei-
nerlei; ◇ **ни в чьей по́мощи не
нужда́юсь** ich brauche keinerlei Hilfe

**ничто́ (ничего́, ничему́, ниче́м, ни о
чём)** *мест* nichts; ◇ ~ **как** nichts
anderes als; ◇ **его́** ~ **не волну́ет** nichts
regt ihn auf

ничто́жный *прил* ⟨-ая, -ое, -ые⟩ **1**
(незначительный) winzig, geringfügig,
unbedeutend **2** *(пустячный)* nichtig,
armselig

ничу́ть *нареч* gar nicht, überhaupt nicht,
keineswegs; ◇ ~ **не быва́ло** nicht im
Geringsten, überhaupt nicht

ничь|я́ *ж* ⟨-е́й⟩ *спорт* Unentschieden *n;*
◇ **сопе́рники согласи́лись на** ~**ю́** die
Gegner einigten sich auf ein Unentschieden

ни́щенка *ж₁* ⟨-и, *род мн:*-нок⟩ Bett-
lerin *f;* **ни́щенский** *прил* ⟨-ая, -ое, -ие⟩
1 *(нищий)* bettelarm **2** *перен разг*
armselig, miserabel; **ни́щенствовать** V₃ₐ
несов ⟨-твую, -твуешь⟩ *без доп* **1**
(жить в нищете) bettelarm sein, in Armut
leben **2** *(просить милостыню)* betteln;
нищета́ *ж₁* ⟨-ы́⟩ Elend *n*, große Armut *f;*
◇ **впасть в** ~**ý** bettelarm werden;
ни́щий I. *прил* ⟨-ая, -ее,-ие⟩ bettelarm,
elend **II.** *м (A₁)* ⟨-его⟩ Bettler *m*

но I. *союз (однако)* aber; ◇ **вещь хоро́-
шая,** ~ **дорога́я** die Sache ist gut, aber
teuer; ◇ **не то́лько...,** ~ **и** nicht nur, son-
dern auch **II.** *с ⟨нескл⟩ (возражение)*
Aber *n;* ◇ **никаки́х** ~ – **мы ждём вас в
го́сти** kein Aber, wir erwarten euren
Besuch

нова́тор *м₁* ⟨-а⟩ Erneuerer *m*, Neuerer *m*

новизна́ *ж₁* ⟨-ы⟩ Neuheit *f*

нови́нк|а *ж₁* ⟨-и, *род мн:*-нок⟩ Neuheit

f; (новый спектакль) Neuaufführung *f;* ◇
кни́жная ~**а** Neuerscheinung *f;* ◇ **что-л
кому́-л не в** ~**у** etw ist für jd-n nichts
Neues

новичо́к *м₁* ⟨-чка́, *мн:*-чки́⟩ **1** *(новый
ученик)* Neue *m;* ◇ **в класс пришёл** ~
ein Neuer kam in die Klasse **2** *(в каком-
л деле)* Anfänger *m;* ◇ **он** ~ **в столя́рном
де́ле** er ist ein Anfänger im Tischlerberuf

новобра́нец *м₅* ⟨-нца, *мн:* -нцы⟩
Rekrut *m;* **новобра́чные** *мн (A₁)* ⟨-ых⟩
Jungverheiratete *pl;* **нововведе́ние** *с₄*
⟨-я⟩ Neueinführung *f*, Neuerung *f;*
нового́дн|ий *прил* ⟨-яя, -ее, -ие⟩ Neu-
jahrs-; ◇ ~**ие поздравле́ния** Neujahrs-
wünsche *m pl;* **новолу́ние** *с₄* ⟨-я⟩ астр
Neumond *m;* **новорождённый I.** *прил*
⟨-ая, -ое, -ые⟩ neugeboren **II.** *м (A₁)*
⟨-ого⟩ *(новорождённый)* Neugeborenes
n; neugeborenes Kind; *(празднующий
день рождения)* Geburtstagskind *n;* ◇
поздра́вить ~**ого** dem Geburtstagskind
gratulieren; **новосе́лье** *с₅* ⟨-я⟩ **1** *(новое
место жительства)* neue Wohnung *f* **2**
(празднование) Einweihungsfeier *f;*
новостро́йка *ж₁* ⟨-и, *род мн:* -о́ек⟩
Neubau *m*

но́вость *ж₅* ⟨-и, *род мн:*-те́й⟩ **1** *(из-
вестие)* Neuigkeit *f;* теле ◇ ~**и** Nachrich-
ten **2** *(нечто новое)* Neuheit *f*

новше́ство *с₂* ⟨-а⟩ Neuerung *f;* (ново-
введение)* Neueinführung *f;* ◇ **техни́-
ческие** ~**а** technische Innovationen

но́вый *прил* ⟨-ая, -ое, -ые⟩ neu, Neu-;
соверше́нно ~ ganz neu; ◇ **что но́вого?**
was gibt's Neues?; ◇ **Н~ год** Neujahr *n*

Но́вый год

Das Neujahrsfest (Но́вый год) wird
am 31. Dezember gefeiert und ist
einer der wichtigsten Feiertage, an
dem Väterchen Frost (Дед Моро́з)
und das Schneewittchen (Снегу́-
рочка) zu den Kindern kommen, um
sie zu bescheren. Aber auch Erwach-
sene beschenken einander.
Da das Neujahrsfest nach der Okto-
berrevolution Weihnachten ersetzte,
wurde es zum Brauch, Wohnungen
und zentrale Plätze mit geschmück-
ten Tannenbäumen zu dekorieren.
Essend, trinkend und tanzend verab-
schiedet man gemeinsam „das alte
Jahr" und wünscht einander ein
glückliches Neues Jahr.
Zudem begeht man in Russland in
der Nacht vom 13. auf den 14. Janu-
ar das „alte Neujahrsfest", welches
vor Einführung des Gregorianischen
Kalenders 1918 nach dem alten Juli-
anischen Kalender, d.h. 13 Tage spä-
ter, gefeiert wurde.

нога́ $ж_1$ ⟨-й, *вин:* но́гу, *мн:* -и, *род:* ног, *дат:* -а́м⟩ (*нога выше ступни*) Bein *n;* (*ступня*) Fuß *m;* ◊ **шага́ть в ~у с кем-л** mit jd-m im Gleichschritt gehen; ◊ **сби́ться с ног** sich die Hacken ablaufen; ◊ **подня́ть всё на ~и** alle Hebel in Bewegung setzen; ◊ **стать на́ ~и** wieder auf die Beine kommen; ◊ **жить на широ́кую ~у** auf großem Fuße leben; ◊ **стоя́ть на свои́х ~а́х** auf eigenen Füßen stehen; ◊ **бежа́ть со всех ног** laufen, was das Zeug hält; ◊ **быть без за́дних ~** todmüde sein

ного́ть $м_2$ ⟨-тя, *мн:* но́гти, *род:* -те́й⟩ (*на руке*) Fingernagel *m;* (*на ноге*) Zehennagel *m;* ◊ **до ко́нчиков ~те́й** durch und durch

нож $м_2$ ⟨-а́, *мн:* -и́⟩ Messer *n;* ◊ **пристава́ть к кому́-л с ~о́м к го́рлу** jd-m das Messer an die Kehle setzen; ◊ **быть с кем-л на ~а́х** spinnefeind mit jd-m sein

но́жницы $мн_1$ ⟨-ниц⟩ Schere *f;* **садо́вые ~** Heckenschere

но́жны $мн_1$ ⟨-жен⟩ (*от кинжала*) Scheide *f*

ноздря́ $ж_3$ ⟨-й, *мн:* -и, *род:* -ре́й⟩ Nasenloch *n;* (*у животных*) Nüster *f*

нока́ут $м_1$ ⟨-а⟩ спорт Knockout *m,* K.o.; ◊ **оказа́ться в ~е** k.o. sein

ноль *см.* **нуль**

но́мер $м_1$ ⟨-а, *мн:* -а́⟩ ① Nummer *f;* ◊ **после́дний ~ журна́ла** letzte Ausgabe einer Zeitschrift; (*о трамвае, автобусе*) ◊ **вот идёт мой ~** eben kommt meine Bahn/mein Bus (*в гостинице*) (Hotel-)Zimmer *n;* ◊ **заказа́ть ~** ein Zimmer reservieren ③ (*размер*) Größe *f;* ◊ **~ перча́ток** Handschuhgröße; ◊ **э́тот ~ не пройдёт** das wird nicht durchgehen

нора́ $ж_1$ ⟨-ы́, *мн:* но́ры⟩ ① Höhle *f,* Bau *m,* Loch *n;* ◊ **ли́сья ~а́** Fuchsbau ② *перен* Loch *n;* ◊ **он живёт в како́й-то ~е** er haust in einem Loch

но́рка $ж_1$ ⟨-и, *род мн:* -рок⟩ зоол Nerz *m*

но́рм\|а $ж_1$ ⟨-ы⟩ Norm *f,* Regel *f,* Richtschnur *f;* ◊ **~а поведе́ния** Verhaltensnorm; ◊ **войти́ в ~у** zur Norm werden; **~а выпаде́ния оса́дков** durchschnittliche Niederschlagsmenge; ◊ **~а вы́работки** Soll *n*

нормализа́ция $ж_4$ ⟨-и⟩ Normalisierung *f*

норма́льн\|ый *прил* ⟨-ая, -ое, -ые⟩ ① (*обычный*) normal, Normal-, üblich; **~ый вес** Normalgewicht; **~ые усло́вия** übliche Bedingungen ② (*психически здоровый*) normal; ◊ **он не вполне́ норма́лен** er ist nicht ganz normal

нос $м_1$ ⟨-а, о но́се, в/на носу́, *мн:* -ы́⟩ ① Nase *f;* ◊ **вздёрнутый ~** Stupsnase; **говори́ть в ~** durch die Nase sprechen; ◊ **под ~ом** vor der Nase; ◊ **пове́сить ~** den Kopf hängen lassen; ◊ **не ви́деть да́льше своего́ ~а** beschränkt sein; ◊ **держа́ть**

по́ ветру den Mantel nach dem Wind hängen; ◊ **зима́ на ~у́** der Winter steht vor der Tür ② (*о́кон пти́цы*) Schnabel *m* ③ (*судна, самолёта*) Bug *m;* ◊ **~ ло́дки** Schiffsbug

носи́лки $мн_1$ ⟨-лок⟩ Tragbahre *f;* **санита́рные ~** Krankenbahre; **носи́льщик** $м_1$ ⟨-а⟩ Gepäckträger *m;* **носи́тель** $м_2$ ⟨-я⟩ ① (*представитель*) Vertreter *m* ② (*инфекции*) Krankheitsübertrager *m*

носи́ть V_{4a} *несов, неопред, см.* **нести́** ⟨ношу́, но́сишь, *Part. Präs. Pass.* носи́мый, *Part. Prät. Pass.* но́шенный, *Adv. Part. Prät.* носи́в⟩ кого-что вин ① (*нести*) tragen; ◊ **~ ве́щи в ваго́н** die Sachen in den Zug tragen ② (*об одежде, причёске*) tragen; ◊ **~ све́тлые пла́тья** helle Kleider tragen; ◊ **~ очки́** eine Brille tragen; ◊ **~ кого́-л на рука́х** auf Händen tragen ③ (*характеризоваться*) haben, sein; ◊ **спор но́сит бу́рный хара́ктер** der Streit ist stürmisch ④ (*имя, фами́лию*) tragen; ◊ **она́ но́сит свою́ де́вичью фами́лию** sie trägt ihren Mädchennamen; **носи́ться** *несов* ⟨ношу́сь, но́сишься⟩ *без доп* (1, 2), с кем-чем тв (3) ① (*нестись*) umherlaufen, herumrennen; ◊ **он ~тся как угоре́лый** er rennt herum wie ein Besessener ② (*об одежде*) sich tragen; ◊ **костю́м ~тся хорошо́** der Anzug trägt sich gut ③ (*быть увлечённым*) sich mit etw/jd-m beschäftigen, sich mit einem Gedanken tragen; ◊ **~ться в во́здухе** in der Luft liegen

носо́к $м_1$ ⟨-ска́, *мн:* -ски́⟩ ① (*обуви, чулка*) Spitze *f;* ◊ **~ок боти́нка** Schuhspitze ② (*кончики пальцев ноги*) Fußspitze *f;* ◊ **подня́ться на ~ки́** sich auf die Zehenspitzen stellen ③ (*короткий чулок*) Socke *f*

носоро́г $м_1$ ⟨-а⟩ Nashorn *n*

ностальги́я $ж_4$ ⟨-и⟩ Nostalgie *f*

но́т\|а $ж_1$ ⟨-ы⟩ ① муз Note *f;* ◊ **игра́ть по ~ам** nach Noten spielen; ◊ **положи́ть на ~ы** vertonen; ◊ **как по ~ам** wie am Schnürchen ② *перен* (*тон речи*) Unterton *m;* ◊ **~а неудово́льствия в го́лосе** Unzufriedenheit in der Stimme ③ полит Note *f;* ◊ **дипломати́ческая ~а** diplomatische Note; ◊ **~а проте́ста** Protestnote

нота́риус $м_1$ ⟨-а⟩ Notar *m*

нота́ция $ж_4$ ⟨-и⟩ (*нравоучение*) Strafpredigt *f,* Standpauke *f;* ◊ **чита́ть кому́-л ~ю** jd-m die Leviten lesen

ночева́ть V_{3b} *несов* ⟨-чу́ю, -чу́ешь⟩ [**пере-**] *сов) без доп* übernachten

ночёвк\|а $ж_1$ ⟨-и, *род мн:* -вок⟩ Übernachtung *f;* ◊ **останови́ться на ~у** über Nacht bleiben; **ночле́г** $м_1$ ⟨-а⟩ Nachtlager *n,* Übernachtungsmöglichkeit *f,* Schlafstätte *f;* ◊ **располо́житься на ~** sein Nachtlager aufschlagen; **ночь** $ж_5$ ⟨-и, о но́чи, в ночи́, *мн:* но́чи, *род:* -че́й⟩ Nacht *f;*

за́ ~ь über Nacht; ◇ до по́здней ~и bis spät in die Nacht; ◇ по ~а́м nachts; ◇ споко́йной ~и! gute Nacht!; но́чью *нареч* nachts, in der Nacht, bei Nacht; ◇ ду́мать о чём-л и днём и ~ Tag und Nacht über etw nachdenken; ◇ сего́дня ~ heute Nacht
ноя́брь m_2 ⟨-я́, мн: -ри́⟩ November *m*
нрав m_1 ⟨-a⟩ 1 (*хара́ктер*) Wesen *n*, Gemüt *n*; ◇ до́брый ~ Gutmütigkeit *f*; ◇ круто́й ~ schroffes Wesen; ◇ э́то ему́ не по ~у das geht ihm gegen den Strich 2 ◇ ~ы *мн* (*уклад жизни*) Sitten *f pl*, Bräuche *m pl*
нра́ви|ться V_{4b} *несов* ⟨-влюсь, -вишься⟩ [по~ *сов*] *кому́-чему дат или с инф* gefallen, zusagen; ◇ э́тот арти́ст мне ~тся dieser Schauspieler gefällt mir
нравоуче́ни|е c_4 ⟨-я⟩ Moralpredigt *f*; ◇ чита́ть ~я кому́-л jd-m eine Moralpredigt halten
нра́вственност|ь $ж_5$ ⟨-и⟩ Moral *f*, Sittlichkeit *f*; ◇ челове́к высо́кой ~и hoch moralischer Mensch; нра́вственный *прил* ⟨-ая,-ое, -ые⟩ moralisch
ну I. *межд* 1 (*выража́ет побужде́ние*) los, nun, na; ◇ ~, расска́зывай! na, erzähl schon!; ◇ ~ дава́й же! nun mach schon! 2 (*выража́ет удивле́ние, восхище́ние, возмуще́ние*) na; ◇ сего́дня он уезжа́ет. ~?! er fährt heute weg. was?!; ◇ ~ и денёк! was für ein Tag! II. *частица* also, nun; ◇ ~ хорошо́! also gut; ◇ ~ тебя́! du kannst mir den Buckel herunterrutschen!; ◇ да ~? ist das möglich?; ◇ ~ и что же? ja und?
ну́дный *прил* ⟨-ая, -ое, -ые⟩ langweilig, fade
нужд|а́ $ж_1$ ⟨-ы́, мн: -ы⟩ 1 (*потре́бность*) Bedarf *m*; ◇ испы́тывать ~у́ в деньга́х in finanziellen Schwierigkeiten stecken; ◇ в слу́чае ~ы́ im Notfall 2 (*бедность*) Elend *n*, Armut *f*, Not *f*; ◇ он вы́рос в ~е́ er wuchs in Armut auf; *разг* ◇ справля́ть ~у́ seine Notdurft verrichten;
нужда́|ться V_{1a} *несов* ⟨-а́юсь, -а́ешься⟩ *без доп* (1), в ком-чём *предл* (2) 1 (*жить в бедности*) bedürftig sein, Not leiden 2 (*испы́тывать потре́бность*) brauchen, benötigen; ◇ мы ~а́емся в ва́шей по́мощи wir brauchen ihre Hilfe; нужда́ющийся *м* (A_2) ⟨-егося⟩ Bedürftiger *m*; (*бедняк*) Armer *m*
ну́жно *предик, безл, с инф* 1 (*необходимо, следует*) es ist nötig; ◇ мне ~ торопи́ться ich muss mich beeilen; ◇ бо́льше чем ~ mehr als nötig 2 (*требуется*) brauchen; ◇ сро́чно ~ врача́ 2 braucht dringend einen Arzt; ◇ мне ничего́ не ~ ich brauche nichts; ну́жный *прил* ⟨-ая, -ое, -ые⟩ 1 (*необходи́мый*) notwendig, nötig; ◇ не счита́ю ~ым das halte ich nicht für nötig 2 *разг* (*полезный*) unentbehrlich
нул|ь m_2 ⟨-я́, мн: -ли́⟩ Null *f*; ◇ темпе-

рату́ра ~ь гра́дусов es ist null Grad; ◇ начина́ть с ~я́ bei Null anfangen
ны́нешн|ий *прил* ⟨-яя, -ее, -ие⟩ *разг* 1 (*сего́дняшний*) derzeitig, diesjährig; ◇ ~ем году́ in diesem Jahr 2 (*совре́менный*) heutig; ◇ ~яя молодёжь die heutige Jugend
ны́нче *нареч разг* 1 (*тепе́рь*) jetzt, heutzutage 2 (*сего́дня*) heute; ◇ ~ моро́зно heute friert es
ныря́ть V_{1b} *несов* ⟨-я́ю, -я́ешь⟩ [нырну́ть V_2 *сов*] *без доп* (unter-)tauchen
ны́тик m_1 ⟨-a⟩ *разг* Nörgler *m*;
ныть* *несов* ⟨но́ю, но́ешь, (1) 1 и 2 л. не употр⟩ *без доп* 1 (*боле́ть*) schmerzen, weh tun; ◇ у меня́ но́ет зуб ich habe Zahnschmerzen; *перен* ◇ у кого́-л но́ет се́рдце jd-m ist es schwer ums Herz 2 *разг* (*жа́ловаться*) nörgeln, jammern; ны́тье́ c_5 ⟨-я́⟩ *разг* Jammern *n*, Nörgeln *n*
нюа́нс m_1 ⟨-a⟩ Nuance *f*, Schattierung *f*
ню́хать V_{1a} *несов* ⟨-аю, -аешь⟩ [по~ *сов*] *что вин* 1 (*обоня́ть*) an etw riechen; (*вдыха́ть*) schnupfen; ◇ ~ таба́к Tabak schnupfen 2 *перен* (*испы́тывать*) erfahren, spüren
ня́нчиться V_{4b} *несов* ⟨-чусь, -чишься с кем-чем тв 1 (*ня́нчить*) babysitten, auf jd-n aufpassen; ◇ ~ с малышо́м bei dem Jungen babysitten 2 *перен разг* (*вози́ться*) sich intensiv mit jd-m/etw beschäftigen
ня́ня $ж_2$ ⟨-и⟩ 1 Kindermädchen *n*, Babysitterin *f*; (*в я́слях, де́тском саду́*) Kindergärtnerin *f* 2 (*санита́рка*) Krankenpflegerin *f*

о (об, о́бо) *предлог с вин и предл* 1 (*относи́тельно*) an, über, von, um; ◇ бесе́довать о ком/чём-л über jd-n/etw sprechen; ◇ ду́мать о ком/чём-л an jd-n/etw denken; ◇ забо́титься о ком/чём-л sich um jd-n/etw kümmern; ◇ речь идёт о... es geht um... 2 (*для обозначе́ния соприкоснове́ния, приближе́ния*) an, gegen, über; ◇ споткну́ться о ка́мень über einen Stein stolpern 3 (*во́зле, ря́дом*) an; ◇ бок о́ бок Seite an Seite; ◇ рука́ о́б руку Hand in Hand
◇ о *межд* о!; ◇ ~ да! o ja!; ◇ ~ нет! o nein!
оа́зис m_1 ⟨-a⟩ Oase *f*
о́ба *числ* beide, die beiden; ◇ гляде́ть в ~ auf der Hut sein
обанкро́титься V_{4b} *сов* ⟨-о́чусь, -о́тишься⟩ *без доп* 1 (*стать банкро́том*) Bankrott gehen 2 *перен* (*потер-

петь крах) zunichte werden, zusammen-brechen

обая́ние c_4 ‹-я› Charme *m*, Reiz *m*; (*очарование*) Zauber *m*; **обая́тельный** *прил* ‹-ая, -ое, -ые› charmant, bezaubernd

обва́л m_1 ‹-а› Einsturz *m*, Lawine *f*; ◇ ~ **в гора́х** Erdrutsch *m*

обвести́* *сов* ‹-еду́, -еде́шь› [**обводи́ть*** *несов*] *кого́-что вин (1, 4), что вин чем тв (2, 3)* ① (*провести́ вокру́г чего-л*) um etw herumführen ② (*огради́ть*) umgeben, umzäunen; ◇ ~ **забо́ром** einzäunen ③ (*очерти́ть*) einkreisen, umranden ④ *спорт* umspielen, ausspielen

обве́тренный *прил* ‹-ая, -ое, -ые› verwittert; (*о лице́*) rau

обвине́ние c_4 ‹-я› Beschuldigung *f*; (*перед судо́м*) Anklage *f*; *юр* ◇ **свиде́тель** ~**я** Belastungszeuge *m*; **обвини́тель** m_2 ‹-я› Ankläger *m*, Kläger *m*; **обвини́ть** V_{4a} *сов* ‹-ню́, -ни́шь› [**обвиня́ть** V_{1b} *несов*] *кого́-что вин в чём предл (1), кого́-что вин (2)* ① (*счесть вино́вным*) beschuldigen, bezichtigen ② *юр* anklagen; **обвиня́емый** *м* (A_1) ‹-ого› *юр* Beschuldigter *m*, Angeklagter *m*

обвиня́ть *несов от* **обвини́ть**

обвяза́ть V_{1a} *сов* ‹-яжу́, -я́жешь, *Imp.* -яжи́, ~те, *Part. Prät. Pass.* -я́занный› [**обвя́зывать** V_{1a} *несов*] *что вин чем тв* ① (*обмота́ть*) umbinden, umwickeln; ◇ **он ~л ше́ю платко́м** er band sich ein Halstuch um ② (*кру́жевом*) mit Spitzen besetzen; (*спи́цами*) stricken; (*крючко́м*) umhäkeln

обгоня́ть *несов от* **обогна́ть**

обдели́ть V_{4a} *сов* ‹-лю́, -е́лишь› [**обделя́ть** V_{1b} *несов*] *кого́-что вин чем тв (обойти́)* übervorteilen

о́бе *см.* **о́ба**

обе́д m_1 ‹-а› Mittagessen *n*; (*официа́льный*) Essen *n*; ◇ **звать к** ~**у** zu Tisch bitten; ◇ **пе́ред** ~**ом** (*до обе́да*) vor dem Mittagessen; (*до полу́дня*) vormittags, am Vormittag; ◇ **по́сле** ~**а** nach dem Mittagessen; (*после полу́дня*) nachmittags, am Nachmittag

обе́дать V_{1a} *несов* ‹-аю, -аешь› [**по**~ *сов*] *без доп* zu Mittag essen; ◇ **они́ оста́лись у нас** ~ sie blieben bei uns zum Mittagessen

обедне́ние c_4 ‹-я› Verarmung *f*; (*обнища́ние*) Verelendung *f*

обе́дня $ж_2$ ‹-и, *род мн:* -ден› *рел* Liturgie *f*

обезбо́ливание c_4 ‹-я› *мед* Betäubung *f*, Anästhesie *f*

обезвре́дить V_{4b} *сов* ‹-е́жу, -е́дишь, *Part. Prät. Pass.* -е́женный› [**обезвре́живать** V_{1a} *несов*] *кого́-что вин* unschädlich machen; ◇ ~ **взрывно́е устро́йство** einen Sprengkörper entschärfen

обезу́меть V_5 *сов* ‹-ею, -еешь› *без доп* den Verstand verlieren, wahnsinnig werden

обезья́на $ж_1$ ‹-ы› Affe *m*; (*са́мка*) Äffin *f*

обёртка $ж_1$ ‹-и, *род мн:* -ток› Verpackung *f*, Hülle *f*; (*бума́га*) Einschlagpapier *n*

обеспе́чение c_4 ‹-я› ① (*де́йствие*) Sicherstellung *f*; (*снабже́ние*) Versorgung *f* ② (*гара́нтия*) Gewährleistung *f*, Garantie *f*; (*де́нежное*) Deckung *f* ③ (*сре́дства к жи́зни*) Existenzgrundlage *f*; ◇ **социа́льное** ~ Sozialfürsorge *f*; **обеспе́ченный** *прил* ‹-ая, -ое,-ые› ① (*чем-л*) versorgt ② (*зажи́точный*) wohlhabend, bemittelt ③ (*гарантиро́ванный*) garantiert; **обеспе́чивать** V_{1a} *несов* ‹-аю, -аешь› **обеспе́чить** V_{4b} *сов*] *кого́-что вин чем тв (1, 3), что вин (2)* ① (*снабжа́ть*) versorgen, ausstatten ② (*гаранти́ровать*) garantieren, gewährleisten, sichern ③ (*материа́льно*) versorgen

обесце́нивать V_{1a} *несов* ‹-аю, -аешь› [**обесце́нить** V_{4b} *сов*] *кого́-что вин* entwerten, wertlos machen

обе́т m_1 ‹-а› Gelübde *n*, Gelöbnis *n*

обеща́ние c_4 ‹-я› Versprechen *n*; ◇ **сдержа́ть** ~ ein Versprechen (ein-)halten

обеща́ние

Du kannst dich auf mich verlassen.
Ты мо́жешь на меня́ положи́ться.
Das verspreche ich dir.
Это я тебе́ обеща́ю.
Ich werde mich darum kümmern.
Я позабо́чусь об э́том.
Versprochen!
Обеща́ю!
Das geht in Ordnung.
Всё бу́дет в поря́дке.

обеща́ть V_{1a} *несов и сов* ‹-áю, -áешь, *Part. Prät. Pass.* -е́щанный› [**по~** *сов*] *кому́-чему дат с сою́зом "что" или с инф* versprechen, zusichern

обжа́ловать V_{1a} *сов* ‹-лую, -луешь, *Imp.* -луй› *что вин* *юр* Beschwerde/Berufung einlegen

обже́чь* *сов* ‹обожгу́, обожжёшь› [**обжига́ть** V_{1a} *несов*] *кого́-что вин (1), что вин (2)* ① (*ру́ку и т. п.*) sich etw verbrennen; (*опали́ть*) versengen; (*кипятко́м*) verbrühen ② *тех* (*кирпи́ч*) brennen; (*руду́*) rösten

обжо́ра *м/ж* ‹-ы› *разг* Vielfraß *m*

обзо́р m_1 ‹-а› ① (*осмо́тр*) Besichtigung *f*; (*наблюде́ние*) Inspektion *f* ② (*по́ле зре́ния*) Blickfeld *n*, Sicht *f* ③ (*о́черк и т. п.*) Überblick *m*, Übersicht *f*

обзыва́ть *несов от* **обозва́ть**

оби́вка $ж_1$ ‹-и, *род мн:* -вок› ① (*де́йствие*) Beschlagen *n*, Beziehen *n* ② (*материа́л*) Bezug *m*, Überzug *m*; (*ме́бельная ткань*) Möbelstoff *m*

оби́д|а ж₅ ⟨-ы⟩ Beleidigung f; (оскор-
бление) Kränkung f; (боль) Verletzung f;
◇ нанести́ кому́-л ~у jd-n kränken/beleidigen; ◇ не дать себя́ в ~у sich nichts
gefallen lassen; оби́деть V₅ сов ⟨-жу,
-дишь, Imp. -ди́дь, ~те, Part. Prät. Pass.
-иженный⟩ [обижа́ть V₁ₐ несов] кого́-
что вин ① (оскорби́ть) kränken, beleidigen ② (обману́ть) übervorteilen, benachteiligen; оби́деться V₅ сов ⟨-жусь,
-ди́шься⟩ [обижа́ться V₁ₐ не-сов] на
кого́-что вин за что вин übel nehmen,
beleidigt sein; оби́дный прил ⟨-ая, -ое,
-ые⟩ beleidigend; (оскорби́тельный) kränkend; (доса́дный) ärgerlich; оби́дчивый
прил ⟨-ая, -ое, -ые⟩ empfindlich, reizbar
обижа́ть(ся) несов от оби́деть(ся)
оби́лие c₄ ⟨-я⟩ Überfluss m, Fülle f; (бо-
га́тство) Reichtum m; оби́льный прил
⟨-ая, -ое, -ые⟩ reichlich, üppig
обита́тель M₂ ⟨-я⟩ Bewohner m
обихо́д M₁ ⟨-а⟩ Alltag m, Alltagsdinge n
pl; ◇ предме́ты ~а Gebrauchsgegenstän-
de m pl; ◇ пусти́ть что-л в ~ in Gebrauch
nehmen; обихо́дный прил ⟨-ая, -ое,
-ые⟩ alltäglich, gebräuchlich; (повсе-
дневный) Alltags-; (употреби́тельный)
geläufig; (обычный) gewöhnlich; ◇ ~
язы́к Alltagssprache f
обла́ва ж₅ ⟨-ы⟩ (полицейская) Razzia f
облада́ть V₁ₐ несов ⟨-а́ю, -а́ешь⟩ чем
тв haben; (иметь) besitzen; (располага́ть)
über etw verfügen; ◇ ~ тала́нтом Talent
besitzen
о́блак|о c₂ ⟨-а, мн: -а́, род: -о́в⟩ Wolke f;
◇ грозовы́е ~а Gewitterwolken f pl;
◇ ~о пы́ли Staubwolke
о́бласт|ь ж₅ ⟨-и, род мн: -те́й, дат:
-тя́м⟩ ① геогр Gebiet n ② анат Gegend
f, Bereich m; ◇ в ~и желу́дка in der
Magengegend ③ перен Gebiet n; ◇ в ~и
филоло́гии auf dem Gebiet der Philologie
обла́чность ж₅ ⟨-и⟩ Bewölkung f

 выраже́ние
облегче́ния

Zum Glück ist niemand verletzt worden.
К сча́стью, никто́ не пострада́л.
Gott sei Dank ist er noch da.
Сла́ва бо́гу, он ещё здесь.
Jetzt bin ich aber erleichtert.
Вот тепе́рь у меня́ отлегло́ от се́рдца.
Mir fällt ein Stein vom Herzen.
У меня́ ка́мень с души́ свали́лся.
Na endlich!
Наконе́ц-то!

облегче́ние c₄ ⟨-я⟩ Erleichterung f;
(пригово́ра) Milderung f; (бо́ли) Lin-
derung f; ◇ принести́ ~ Besserung brin-
gen; облегчи́ть V₄ₐ сов ⟨-чу́, -чи́шь⟩
[облегча́ть V₁ₐ не-сов] что вин (уба́-

вить груз) entlasten, verringern; (рабо́ту)
erleichtern; (наказа́ние, усло́вие) mil-
dern; (боль) lindern; (успоко́ить) erleich-
tern; (упрости́ть) vereinfachen
облета́ть V₁ₐ несов ⟨-а́ю, -а́ешь, Part.
Prät. Pass. -блётанный⟩ [облете́ть V₅
сов ⟨-лечу́, -лети́шь, Imp. -лети́, ~те⟩
кого́-что вин (1), без доп (2), что вин
(3) ① (вокру́г чего́-л) umfliegen, einen
Rundflug machen ② (о листья́х) her-
abfallen ③ (распространя́ться) sich
verbreiten, durchlaufen; (о слу́хах) von
Mund zu Mund gehen
облива́ть несов от обли́ть
обли́ть* сов ⟨оболью́, обольёшь⟩
[облива́ть V₁ₐ несов] кого́-что вин ①
übergießen; (обда́ть) überschütten ②
(оклевета́ть) verleumden; ◇ ~ гря́зью
jd-n in den Schmutz ziehen
облицо́вка ж₅ ⟨-и⟩ Verkleidung f;
(штукату́рка) Putz m
обложи́ть V₄ₐ сов ⟨-жу́, -о́жишь, Part.
Prät. Pass. -о́женный⟩ [обкла́дывать
(1-3) облага́ть (2) V₁ₐ несов] кого́-что
вин ① (покры́ть) bedecken, zudecken;
(затяну́ть) bedecken; ◇ кругом ~ло es ist
bedeckt ② (нало́гом) besteuern ③ воен
(осади́ть) belagern; (окружи́ть) einschlie-
ßen, umzingeln
обло́жка ж₅ ⟨-и, род мн: -жек⟩ Um-
schlag m, Hülle f; (переплёт) Einband m
обло́м|ок M₁ ⟨-а, мн: -мки⟩ Bruch-
stück n; ◇ -ки Trümmer m pl; (корабля́)
Wrack n
облуче́ние c₄ ⟨-я⟩ Bestrahlung f
облысе́ть см. лысе́ть
обма́н M₁ ⟨-а⟩ ① (ложь) Betrug m;
(введе́ние в заблужде́ние) Irreführung f
② (ло́жное представле́ние) Täuschung f;
(заблужде́ние) Irrtum m; ◇ ~ зре́ния
optische Täuschung; ◇ ~ чувств Sinnes-
täuschung; обману́ть V₂ сов ⟨-ну́,
-а́нешь, Part. Prät. Pass. -а́нутый⟩
[обма́нывать V₁ₐ несов] кого́-что вин
betrügen; (подве́сти) hereinlegen; (на-
ду́ть) übers Ohr hauen; (ввести́ в за-
блужде́ние) irreführen; (ожида́ния) täu-
schen; обма́нщик M₁ ⟨-а⟩ Betrüger m
обме́н M₁ ⟨-а⟩ Austausch m; (заме́на)
Wechsel m; ◇ ~ де́нег Geldumtausch m;
◇ ~ мне́ниями Meinungsaustausch; мед
◇ ~ веще́ств Stoffwechsel; обменя́ть
V₁ₕ сов ⟨-я́ю, -я́ешь, Part. Prät. Pass.
-меня́нный⟩ [обме́нивать V₁ₐ несов]
что вин на что вин (1), кого́-что вин
(2) ① tauschen; (вы́менять) gegen etw
eintauschen; (замени́ть) austauschen,
ersetzen; (переме́нить) wechseln ② ver-
tauschen, verwechseln; обменя́ться сов
⟨-я́юсь, -я́ешься⟩ [обме́ниваться не-
сов] чем тв с кем-чем тв austauschen,
wechseln; ◇ ~ не́сколькими слова́ми
einige Worte wechseln; ◇ ~ о́пытом
Erfahrungen austauschen

о́бморок m_1 ‹-а› Ohnmacht $f;$ ◇ **упа́сть в ~** in Ohnmacht fallen
обнагле́ть см. **нагле́ть**
обнадёживать V_{1a} несов ‹-аю, -аешь› [**обнадёжить** V_{4b} сов] кого-что вин jd-m Hoffnung machen; (ободрять) ermutigen
обнажи́ть V_{4a} сов ‹-жу́, -жи́шь› [**обнажа́ть** V_{1a} несов] кого-что вин ① (оставить нагим) entblößen; (раздеть) entkleiden ② (меч) ziehen, zücken ③ (раскрыть) aufdecken, bloßlegen; ④ перен (разоблачить) enthüllen, aufdecken;
обнажи́ться сов ‹-жу́сь, -жи́шься› [**обнажа́ться** несов] без доп ① (остаться нагим) sich entblößen; (раздеться) sich entkleiden ② (лишиться листвы) kahl werden, die Blätter verlieren ③ (обнаружиться) zutage treten, zum Vorschein kommen
обнаро́дование c_4 ‹-я› Veröffentlichung f, Bekanntmachung f; **обнаро́довать** V_{1a} сов ‹-дую, -дуешь, Imp. -дуй, ~те› что вин veröffentlichen, publik machen
обнару́жить V_{4b} сов ‹-жу, -жишь› [**обнару́живать** V_{1a} несов] что вин ① (открыть) entdecken; (найти) auffinden; (установить наличие) feststellen, herausfinden ② (раскрыть) aufdecken; (ошибку) erkennen; (разоблачить) enthüllen, entlarven, feststellen ③ (проявить) zeigen, an den Tag legen
обнести́* сов ‹-су́, -сёшь› [**обноси́ть** V_{4a} несов] кого-что вин вокруг чего род (1), что вин чем тв (2), кого-что вин чем тв (3), кого-что вин (4) ① (пронести вокруг) herumtragen (um) ② (окружить) umgeben; ◇ ~ забо́ром umzäunen ③ (кушаньем) herumreichen, bewirten ④ (пропустить при угощении) übergehen
обнища́ние c_4 ‹-я› Verelendung f, Verarmung f
обнови́ть V_{4a} сов ‹-влю́, -ви́шь, Part. Prät. Pass. -влённый› [**обновля́ть** V_{1b} несов] что вин ① (заменить устаревшее) erneuern; (восстановить) wiederherstellen ② (употребить) einweihen; (надеть в первый раз) zum ersten Mal anziehen; **обновле́ние** c_4 ‹-я› Erneuerung f; (восстановление) Wiederherstellung f
обня́ть* сов ‹-ниму́, -ни́мешь› [**обнима́ть** V_{1a} несов] кого-что вин ① umarmen, in die Arme schließen; (за шею) jd-m um den Hals fallen ② перен (охватить) erfassen, ergreifen
обобра́ть* сов ‹оберу́, обербёшь, Part. Prät. Pass. -бо́бранный› [**обира́ть** V_{1a} несов] кого-что вин ① (собрать всё) einsammeln, abpflücken ② (ограбить) ausplündern, ausrauben
обобще́ние c_4 ‹-я› ① (основное значение) Verallgemeinerung f ② (резюме) Zusammenfassung f; **обобщи́ть** V_{4a} сов

‹-щу́, -щи́шь› [**обобща́ть** V_{1a} несов] что вин ① (соединить вместе) verallgemeinern ② zusammenfassen
обогна́ть* сов ‹обгоню́, обго́нишь, Part. Prät. Pass. -бо́гнанный› [**обогня́ть** V_{1b} несов] кого-что вин ① (опередить) überholen ② (превзойти) übertreffen
о́бод m_1 ‹-а› Felge f; ◇ ~ колеса́ Radfelge
ободри́ть V_{4a} сов ‹-рю́, -ри́шь› [**ободря́ть** V_{1b} несов] кого-что вин ermuntern, ermutigen, Mut machen
обожа́|ть V_{1a} несов ‹-а́ю, -а́ешь› кого-что вин или с инф jd-n sehr gern haben; (боготворять) vergöttern; (увлекаться) schwärmen (für); ◇ она́ ~ет своего́ вну́ка sie liebt ihren Enkel über alles; ◇ он ~ет рыба́чить er ist ein begeisterter Angler
обозва́ть* сов ‹обзову́, обзовёшь, Part. Prät. Pass. -о́званный› [**обзыва́ть** V_{1a} несов] кого-что вин кем-чем тв (обругать) beschimpfen
обозна́чить V_{4b} сов ‹-чу, -чишь› [**обозна́ча́ть** V_{1a} несов] что вин bedeuten; (знаками) kennzeichnen, markieren
обозрева́тель m_2 ‹-я› Kommentator m; (корреспондент) Berichterstatter m
обозре́ние c_4 ‹-я› ① Betrachtung f ② (в газете и т. п.) Kommentar m
обо́|и $mн_3$ ‹-ев› Tapete f; ◇ окле́ить ~ями tapezieren
обойти́* сов ‹-йду́, -йдёшь› [**обходи́ть** V_{4a} несов] кого-что вин ① (вокруг чего-л) umgehen, um etw herumgehen ② (избегнуть) umgehen, vermeiden; (уклониться) ausweichen; ◇ э́тот вопро́с ~ нельзя́ dieses Problem können wir nicht umgehen ③ (побывать) einen Rundgang machen, umwandern; ◇ он обошёл всех свои́х друзе́й er ging bei allen seinen Freunden vorbei ④ (пропустить при распределении) übergehen, nicht erwähnen ⑤ (распространиться) sich verbreiten, rundgehen; ◇ э́то сообще́ние обошло́ все газе́ты die Meldung ging durch alle Zeitungen ⑥ (перегнать) überholen ⑦ разг (обмануть) hintergehen, hinters Licht führen; **обойти́сь*** сов ‹-йду́сь, -йдёшься› [**обходи́ться** несов] кому-чему дат (1), с кем-чем тв (2), без кого-чего род (3), кем-чем тв (4), без доп или без чего род (5) ① (стоить) kosten, zu stehen kommen; ◇ э́то обошло́сь нам недо́рого das hat uns nicht viel gekostet ② (обращаться) jd-n behandeln, mit jd-m umgehen; ◇ ве́жливо ~ с посети́телями mit den Besuchern höflich umgehen ③ (без чего-л) entbehren können, auskommen können ④ (удовлетвориться имеющимся) auskommen (mit); ◇ я обойду́сь э́тими деньга́ми ich werde mit diesem Geld auskommen ⑤

(*закончиться благополучно*) glatt ablaufen, gut ausgehen; ◇ **обойдётся!** es wird schon gut gehen

оболо́чка $ж_1$ ‹-и, *род мн:* -чек› ① (*плёнка, кожура*) Hülle f, Schale f ② тех Mantel m ③ анат Haut f

обоня́ние c_4 ‹-я› Geruchssinn m

оборва́нец $м_5$ ‹-нца› Lump m; (*бродяга*) Landstreicher m

оборва́ть V_{4a} сов ‹-ву́, -вёшь, *Imp.* -ви́, -те, *Part. Prät. Pass.* -о́рванный› [**обрыва́ть** V_{1a} *несов*] *что вин* (*1, 2*), *кого-что вин* (*3*) ① (*сорвать*) abreißen; (*ягоды*) abpflücken ② (*разорвать*) zerreißen ③ (*прервать*) abbrechen; ◇ **~ разгово́р** das Gespräch abbrechen; (*перебить*) unterbrechen, ins Wort fallen; **оборва́ться** *сов* ‹-вусь, -вёшься, 1 и 2 л. не употр› [**обрыва́ться** *несов*] *без доп* ① abreißen; (*о струне*) reißen, platzen; ◇ **трос ~лся** das Drahtseil zerriss ② (*обноситься*) zerlumpen ③ (*сорваться*) herunterstürzen, herabfallen ④ (*прерваться*) plötzlich aufhören, verstummen, stocken

оборо́на $ж_1$ ‹-ы› Verteidigung f, Abwehr f; ◇ **перейти́ к ~е** in die Defensive gehen; **обороня́ть** V_{1b} *несов* ‹-я́ю, -я́ешь› [**оборони́ть** V_{4a} *сов*] *кого-что вин* verteidigen; (*защищать*) schützen; **обороня́ться** *несов* ‹-я́юсь, -я́ешься› [**оборони́ться** *сов*] *без доп* sich verteidigen; (*защищаться*) sich schützen

оборо́т $м_1$ ‹-а› ① (*круговой поворот*) Umdrehung f; (*перемена направления*) Wende f; ◇ **соверши́ть ~ вокру́г земли́** die Erde umkreisen ② (*направление*) Wendung f, Verlauf m; ◇ **де́ло при́няло неожи́данный ~** die Entwicklung nahm eine überraschende Wendung ③ эк Umlauf m; ◇ **пусти́ть в ~** in Umlauf bringen; *тж перен* **взять кого́-л в ~** jd-n in die Mangel nehmen ④ (*оборотная сторона*) Rückseite f, Kehrseite f; ◇ **смотри́ на ~е** siehe unten ⑤ (*в языке*) Wendung f; ◇ **~ ре́чи** Redewendung f; **оборо́тный** *прил* ‹-ая, -ое, -ые› umgekehrt; ◇ **~ая сторона́** Rückseite f

обору́дование c_4 ‹-я› Ausstattung f, Einrichtung f, Ausrüstung f

обоснова́ние c_4 ‹-я› (*мотивы*) Begründung f; (*мотивирование*) (Beweg-)Grund m; (*доводы*) Beweis m, Argument n; **обосно́ванный** *прил* ‹-ая, -ое, -ые› begründet, fundiert; (*оправданный*) berechtigt; **обоснова́ть** V_{1a} *сов* ‹-ну́ю, -нуёшь, *Imp.* -снуй, -те, *Part. Prät. Pass.* -но́ванный› [**обосно́вывать** V_{1a} *несов*] *что вин* begründen; (*мотивировать*) motivieren; **обоснова́ться** *сов* ‹-ну́юсь, -нуёшься› [**обосно́вываться** *несов*] *без доп* sich niederlassen; (*поселиться*) sich ansiedeln; (*устроиться*) sich einrichten

обостре́ние c_4 ‹-я› Verschärfung f, Zu-

spitzung f; (*болезни*) Verschlimmerung f; **обостри́ться** V_{4a} *сов* ‹-ри́тся, -ря́тся, 1 и 2 л. не употр› [**обостря́ться** V_{1b} *несов*] *без доп* sich verschärfen, sich zuspitzen; (*ухудшиться*) sich verschlimmern; ◇ **ситуа́ция ~лась** die Lage spitzte sich zu

обою́дный *прил* ‹-ая, -ое, -ые› gegenseitig, wechselseitig; ◇ **по ~ому согла́сию** mit beiderseitigem Einvernehmen

обрабо́тать V_{1a} *сов* ‹-аю, -аешь› [**обраба́тывать** V_{1a} *несов*] *что вин* (*1, 2*), *кого-что вин* (*3*) ① (*отделать*) bearbeiten; (*сырьё*) verarbeiten ② (*землю*) bestellen, bebauen ③ *перен* (*воздействовать*) jd-n bearbeiten; **обрабо́тка** $ж_1$ ‹-и› ① (*отделка*) Bearbeitung f; (*сырья*) Verarbeitung f ② (*земли*) Bestellung f, Bebauung f; ◇ **взять в ~у** jd-n in die Mangel nehmen

обра́доваться *см.* ра́доваться

о́браз $м_1$ ‹-а› ① (*способ*) Art f, Weise f; (*форма*) Form f; ◇ **~ жи́зни** Lebensweise f; ◇ **~ мы́слей** Denkweise f; ◇ **каки́м ~ом?** auf welche Art und Weise?; ◇ **наилу́чшим ~ом** hervorragend; ◇ **нико́им ~ом** auf (gar) keinen Fall ② (*вид, облик*) Gestalt f, Bild n ③ лит Gestalt f, Figur f

образе́ц $м_1$ ‹-зца́, *мн:* -зцы́› ① (*пример*) Muster n, Musterbeispiel n, Vorbild n; ◇ **по ~цу́** nach einem Muster; ◇ **брать за ~е́ц** als Beispiel nehmen ② (*товарный*) Muster n, Probe f ③ тех Muster n, Prototyp m

о́бразный *прил* ‹-ая, -ое, -ые› bildhaft, bildlich; (*наглядный*) anschaulich; ◇ **~ое выраже́ние** bildhafter Ausdruck

образова́ние¹ c_4 ‹-я› ① (*действие*) Bildung f, Schaffung f; (*возникновение*) Entstehung f; (*формирование*) Gestaltung f ② (*то, что образовалось*) Gebilde n, Formation f

образова́ние² c_4 ‹-я› (*просвещение*) Bildung f, Ausbildung f; ◇ **всео́бщее обяза́тельное сре́днее ~** allgemeine Schulpflicht (*in Russland heute: 11 Jahre*); ◇ **вы́сшее ~** Hochschulbildung f; ◇ **нача́льное ~** Grundschulabschluss m; ◇ **профессиона́льное ~** Berufsausbildung f; ◇ **с вы́сшим ~м** mit Hochschulabschluss

образо́ванный *прил* ‹-ая, -ое, -ые› gebildet; **образова́ть** V_{1q} *несов и сов* ‹-зу́ю, -зуёшь, *Imp.* -зуй, -те, *Part. Präs. Akt.* -зу́ющий, *Part. Präs. Pass.* -зуёмый, *Adv. Präs.* -зуя́› [**образо́вывать** V_{1a} *несов*] *что вин* ① (*создать*) bilden, schaffen ② (*основать*) gründen; (*организовать*) bilden

образцо́вый *прил* ‹-ая, -ое, -ые› mustergültig, Muster-; (*примерный*) vorbildlich, beispielhaft

обрати́ть V_{4a} *сов* ‹-ащу́, -ти́шь, *Part. Prät. Pass.* -ащённый› [**обраща́ть** V_{1a}

несов] *что вин (1), кого-что вин в кого-что вин (2)* **1** *(повернуть)* (hin-)wenden; *(направить)* richten; ◇ ~ **внима́ние на кого/что-л** seine Aufmerksamkeit auf jd-n/etw richten **2** *(преврати́ть)* verwandeln; ◇ ~ **в пе́пел** in Schutt und Asche legen; ◇ ~ **в бе́гство** in die Flucht schlagen; ◇ ~ **что-л в шу́тку** etw als Scherz darstellen; **обрати́ться** *сов* ‹-ащу́сь, -ти́шься› [**обраща́ться** *несов*] *к кому-чему дат (1), в кого-что вин (2)* **1** *(адресоваться)* sich an jd-n wenden; *(аппеллировать)* appellieren; ◇ ~ **заговори́ть с кем-л** jd-n ansprechen **2** *(превратиться)* sich verwandeln, sich umwandeln

обра́тный *прил* ‹-ая, -ое, -ые› **1** *(ведущий назад)* rückwärts (gerichtet), Rück-; ◇ ~**ый путь** Rückweg *m*, Rückreise *f*; ◇ ~**ый ход** Rückwärtsgang *m*; ◇ ~**ый биле́т** Rückfahrkarte *f* **2** *(противоположный)* entgegengesetzt, gegensätzlich; ◇ **в ~ом направле́нии** in der entgegengesetzten Richtung, ◇ **име́ть ~ую си́лу** rückwirkend seitere

обраща́ть(ся) *несов от* **обрати́ть(ся)** **обраще́ние** *c₄* ‹-я› **1** *(устное)* Anrede *f*; *(письменное)* Anschreiben *n*; *(воззвание)* Appell *m* **2** *(обхождение)* Umgang *m*, Behandlung *f* **3** *(пользование)* Umgang *m*, Handhabung *f* **4** *(оборот)* Umlauf *m*, Zirkulation *f*; эк ◇ **де́нежное ~е** Geldumlauf *m*; ◇ **изъя́ть из ~я** aus dem Verkehr ziehen **5** *(превращение)* Verwandlung *f*

обре́зать V₁ₐ *сов* ‹-е́жу, -е́жешь, *Imp.* -е́жь, ~те› [**обреза́ть** и **обре́зывать** V₁ₐ *несов] что вин (1), кого-что вин (2)* **1** *(укорачивать)* abschneiden, beschneiden; *(подрезать)* stutzen; *(отрезать)* ◇ ~ **но́гти** sich die Fingernägel schneiden **2** *разг (прервать)* jd-m das Wort abschneiden

обречённость *ж₅* ‹-и› Verdammnis *f*, Hoffnungslosigkeit *f*; **обречённый** *прил* ‹-ая, -ое, -ые› verurteilt; *(на что-л)* verdammt sein zu etw; ◇ ~ **на ги́бель** dem Untergang geweiht

о́бруч *м₂* ‹-а, *род мн*: -е́й› Reif *m*, Reifen *m*

обруче́ние *c₄* ‹-я› Verlobung *f*; **обручи́ться** V₄ₐ *сов* ‹-чу́сь, -чи́шься› [**обруча́ться** V₁ₐ *несов] без доп* sich verloben

обру́шиться V₄ᵦ *сов* ‹-шусь, -шишься› [**обру́шиваться** V₁ₐ *несов] на кого-что вин* **1** *(обвалиться)* herabstürzen, einstürzen, zusammenstürzen **2** *разг (накинуться)* sich stürzen (auf), herfallen *(über)*

обры́в *м₁* ‹-а› Abhang *m*, Steilwand *f* **обры́в|ок** *м₁* ‹-вка› Fetzen *m*, Bruchstück *n*; ◇ ~**ки слов** Wortfetzen

обря́д *м₁* ‹-а› Ritual *n*; *(обычай)* Brauch *m*; *(церемониал)* Zeremonie *f*; *(ритуал)* Ritus *m*

обсле́дование *c₄* ‹-я› Untersuchung *f*; *(расследование)* Erforschung *f*; *(осмотр, ревизия)* Revision *f*, Überprüfung *f* **обсле́довать** V₁ₐ *несов и сов* ‹-дую, -дуешь, *Imp.* -дуй, ~те, *Part. Präs. Akt.* -дующий, *Part. Präs. Pass.* -дуемый, *Adv. Part. Präs.* -дуя› *кого-что вин* untersuchen; *(расследовать)* erforschen, ergründen; *(проверять)* überprüfen

обслу́живание *c₄* ‹-я› Bedienung *f*, Betreuung *f*; ◇ **медици́нское ~** medizinische Versorgung; ◇ **техни́ческое ~** Wartung *f*; **обслу́живать** V₁ₐ *несов* ‹-аю, -аешь› [**обслужи́ть** V₄ₐ *сов Prät. Pass.* -слу́женный] *кого-что вин* bedienen, betreuen

обстано́вка *ж₅* ‹-и› **1** *(мебель)* Einrichtung *f*, Möbel *n pl* **2** *(окружение)* Umgebung *f*; *(среда)* Milieu *n*; *(положение)* Lage *f*

обстоя́тельств|о *c₂* ‹-а› **1** *(событие, факт)* Umstand *m*; ◇ **семе́йные ~а** Familienverhältnisse *n pl*; юр ◇ **смягча́ющие (вину́) ~а** mildernde Umstände; ◇ **при всех ~ах** unter allen Umständen; ◇ **смотря́ по ~ам** je nachdem **2** грам Adverbialbestimmung *f*; ◇ ~**о ме́ста/вре́мени/о́браза де́йствия** adverbiale Bestimmung des Ortes/der Zeit/der Art und Weise

обстре́л *м₁* ‹-а› Beschuss *m* **обсуди́ть** V₄ₐ *сов* ‹-ужу́, -у́дишь, *Part. Prät. Pass.* -уждённый› [**обсужда́ть** V₁ₐ *несов] что вин* besprechen, diskutieren; *(подробно)* erörtern; **обсужде́ние** *c₄* ‹-я› Besprechung *f*; *(подробное)* Erörterung *f*; *(дискуссия)* Diskussion *f*; ◇ **поста́вить на ~е** zur Debatte stellen; ◇ **быть предме́том ~я** Diskussionsgegenstand sein

обтяну́ть V₂ *сов* ‹-ну́, -я́нешь, *Part. Prät. Pass.* -я́нутый› [**обтя́гивать** V₁ₐ *несов] что вин* **1** *(материалом)* beziehen, überziehen **2** *(натянуться)* eng anliegen

о́бувь *ж₅* ‹-и› Schuhe *m pl*, Schuhwerk *n*; ◇ **ко́жаная ~** Lederschuhe

обу́з|а *ж₁* ‹-ы› *(ноша)* Last *f*; *(забота)* Bürde *f*; ◇ **быть ~ой для кого-л** jd-m zur Last fallen

обусло́вить V₄ᵦ *сов* ‹-влю, -вишь, *Part. Prät. Pass.* -вленный› [**обусло́вливать** V₁ₐ *несов] что вин* bedingen, hervorrufen

обуче́ние *c₄* ‹-я› Unterricht *m*; *(в вузе)* Studium *n*; *(приобретение квалификации)* Ausbildung *f*, Lehre *f* **обучи́ть** *см.* **учи́ть**

обхо́д *м₁* ‹-а› **1** *(действие)* Rundgang *m*; *(врача)* Visite *f* **2** *(обходной манёвр)* Umgehungsmanöver *n*, Umgehung *f*; ◇ **в ~ зако́на** unter Umgehung des Gesetzes **обходи́тельный** *прил* ‹-ая, -ое, -ые› umgänglich; (*предупредительный*) zuvorkommend; (*любезный*) liebenswürdig

обчи́стить V_{4b} сов ⟨-и́щу, -ти́шь, *Imp.*-ти, ~те, *Part. Prät. Pass.* -и́щенный⟩ [**обчища́ть** V_{1a} *несов*] *кого-что* вин **1** (*сделать чи-стым*) säubern, reinigen **2** (*снять кожицу*) schälen **3** *разг* (*обокра́сть*) bestehlen, ausplündern

обши́вка *ж₁* ⟨-и⟩ **1** (*отделка*) Besatz *m* **2** стр Verkleidung *f*, Verschalung *f*

обши́рный *прил* ⟨-ая, -ое, -ые⟩ **1** groß, weit; (*просторный*) geräumig **2** *перен* umfangreich, umfassend; (*объёмистый*) großräumig; ◇ ~ые зна́ния umfassendes Wissen

обща́ться V_{1a} *несов* ⟨-а́юсь, -а́ешься⟩ *с кем* тв verkehren, Umgang haben (mit), Kontakt haben (zu)

общедосту́пный *прил* ⟨-ая, -ое, -ые⟩ **1** (*популярный*) allgemein verständlich, allen zugänglich **2** (*о цене*) erschwinglich; (*дешевый*) günstig **3** (*открытый для всех*) für alle offen

общежи́тие *с₄* ⟨-я⟩ **1** (*помещение*) Wohnheim *n*; ◇ студе́нческое ~ Studentenwohnheim *n* **2** (*общественный быт*) Zusammenleben *n* **3** (*повседневность*) Alltag *m*

общенаро́дный *прил* ⟨-ая, -ое, -ые⟩ Gemein-, Volks-; ◇ ~ пра́здник Volksfeiertag *m*

обще́ние *с₄* ⟨-я⟩ Gemeinschaft *f*, Verkehr *m*, Umgang *m*; ◇ подде́рживать ~ с кем-л mit jd-m Umgang pflegen, mit jd-m verkehren

общепри́знанный *прил* ⟨-ая, -ое, -ые⟩ allgemein anerkannt; **общепри́нят\|ый** *прил* ⟨-ая, -ое, -ые⟩ allgemein üblich; (*обычный*) landläufig; (*ходячий*) geläufig; ◇ ~ые взгля́ды gängige Meinung; **обще́ственность** *ж₅* ⟨-и⟩ Öffentlichkeit *f*; **обще́ственн\|ый** *прил* ⟨-ая, -ое, -ые⟩ gesellschaftlich, öffentlich; ◇ ~ые нау́ки Gesellschaftswissenschaften *f pl*; ◇ ~ое положе́ние gesellschaftliche Stellung; ◇ ~ый строй Gesellschaftsordnung *f*; ◇ на ~ых нача́лах ehrenamtlich

о́бщество *с₂* ⟨-а⟩ **1** (*общественный строй*) Gesellschaft *f* **2** (*объединение*) Gesellschaft *f*, Verein *m*; ◇ акционе́рное ~ Aktiengesellschaft; ◇ спорти́вное ~ Sportverein *m* **3** (*компания*) Gesellschaft *f*, Vereinigung *f*; ◇ све́тское ~ vornehme Gesellschaft

общечелове́ческий *прил* ⟨-ая, -ое, -ие⟩ allgemein menschlich, den Menschen eigentümlich

о́бщ\|ий *прил* ⟨-ая, -ее, -ие⟩ **1** (*общий с другими*) gemeinsam, gemein; ◇ ~ими си́лами mit vereinten Kräften **2** (*всеобщий*) allgemein, Allgemein-, Gemein-; ◇ ~ее бла́го Allgemeinwohl *n*; ◇ ~ее образова́ние Allgemeinbildung *f* **3** (*совокупный*) Gesamt-; ◇ ~ее впечатле́ние

Gesamteindruck *m*; ◇ ~ее собра́ние Generalversammlung *f*; ◇ в ~ей сло́жно-сти insgesamt

общи́на *ж₁* ⟨-ы⟩ Gemeinde *f*

общи́тельный *прил* ⟨-ая, -ое, -ые⟩ gesellig, kontaktfreudig

о́бщность *ж₅* ⟨-и⟩ **1** (*совпадение*) Übereinstimmung *f*, Gemeinsamkeit *f* **2** (*единство*) Gesamtheit *f*

объедине́ние *с₄* ⟨-я⟩ **1** (*действие*) Vereinigung *f*, Zusammenschluss *m* **2** (*союз*) Verein *m*, Union *f*; ◇ тво́рческое ~ Künstlerverein; **объедини́ться** V_{4a} *сов* ⟨-ню́сь, -ни́шь-ся⟩ [**объединя́ться** V_{1b} *несов*] *без доп* sich vereinigen, sich zusammenschließen

объе́зд *м₁* ⟨-а⟩ **1** (*основное значение*) Umfahrt *f*, Rundfahrt *f* **2** (*крюк*) Umweg *m*; (*для транспорта*) Umleitung *f*; ◇ пое́хать в ~ einen Umweg machen

объе́кт *м₁* ⟨-а⟩ **1** (*предмет*) Objekt *n*, Gegenstand *m* **2** грам (*дополнение*) Objekt *n*; **объекти́вный** *прил* ⟨-ая, -ое, -ые⟩ **1** objektiv, sachlich **2** (*беспристрастный*) unparteiisch

объём *м₁* ⟨-а⟩ Umfang *m*; мат Rauminhalt *m*; физ Volumen *n*; ◇ о́бщий ~ Gesamtvolumen; ◇ во всём ~е in vollem Umfang

объяви́ть V_{4a} *сов* ⟨-влю́, -я́вишь, *Part. Prät. Pass.* -я́вленный⟩ [**объявля́ть** V_{1b} *несов*] *что* вин *или* о *чём предл* (1), *кого-что* вин кем-чем тв (2) **1** (*заявить*) erklären; (*опубликовать*) bekannt machen, veröffentlichen, verlautbaren; ◇ ~ благода́рность кому́-л jd-m seinen Dank aussprechen; ◇ ~ войну́ den Krieg erklären; ◇ ~ вы́говор die Rüge erteilen; ◇ ~ забасто́вку einen Streik ausrufen; ◇ ~ о своём согла́сии sein Einverständnis erklären; ◇ ~ чрезвыча́йное положе́ние den Ausnahmezustand verhängen **2** (*о предстоящем*) ankündigen; ◇ ~ собра́ние откры́тым die Versammlung für eröffnet erklären; ◇ ~ пригово́р das Urteil verkünden; **объявле́ние** *с₄* ⟨-я⟩ **1** (*заявление*) Erklärung *f*, Bekanntmachung *f*; (*о предстоящем*) Ankündigung *f* **2** (*извещение*) Mitteilung *f*; (*афиша*) Anschlag *m*; (*в газете, журнале*) Anzeige *f*

объясне́ние *с₄* ⟨-я⟩ **1** (*разъяснение*) Erklärung *f*, (*пояснение*) Erläuterung *f*, (*истолкование*) Auslegung *f* **2** (*разговор*) Aussprache *f*; (*выяснение отношений*) Auseinandersetzung *f*; ◇ в любви́ Liebeserklärung; **объясни́ть** V_{4a} *сов* ⟨-ню́, -ни́шь⟩ [**объясня́ть** V_{1b} *несов*] *что* вин erklären; (*пояснить*) erläutern; **объясни́ться** *сов* ⟨-ню́сь, -ни́шься⟩ [**объясня́ться** *несов*] *без доп* **1** (*переговорить*) sich aussprechen; (*выяснить отношения*) sich mit jd-m auseinandersetzen **2** (*стать ясным*) sich aufklären, deutlich werden; (*вы́ясниться*) sich erklären lassen

обыва́тель m_2 ‹-я› Spießer *m*, Philister *m*

обыкнове́нный *прил* ‹-ая, -ое, -ые› ① (*обычный*) gewöhnlich, üblich, gewohnt ② (*зауря́дный*) gewöhnlich; (*просто́й*) einfach; (*посре́дственный*) mittelmäßig; ◇ ~ **челове́к** Durchschnittsmensch

о́быск m_1 ‹-а› (*кварти́ры*) Hausdurchsuchung *f*; (*ли́чный*) Leibesvisitation *f*

обыска́ть V_{1a} *сов* ‹-ыщу́, -ы́щешь, *Imp.* -ыщи́, ~те, *Part. Prät. Pass.* -ы́сканный] [**обы́скивать** V_{1a} *несов*] **кого́-что** *вин* ① (*сде́лать о́быск*) eine Hausdurchsuchung vornehmen ② (*осмотре́ть всё*) absuchen; (*обыска́ть*) durchstöbern; (*ме́стность*) durchkämmen

обы́ча|й m_3 ‹-я› Brauch *m*, Sitte *f*; (*привы́чка*) Gewohnheit *f*; **по ~ю** traditionsgemäß

обы́чный *прил* ‹-ая, -ое, -ые› üblich, ständig

обя́занность $ж_5$ ‹-и› Pflicht *f*; (*обяза́тельство*) Verpflichtung *f*; (*должностна́я*) Aufgabe *f*; **по ~и** pflichtgemäß; ◇ **вре́менно исполня́ющий ~и дире́ктор** amtierender Direktor; ◇ **счита́ть что-л свое́й ~ью** etw für seine Pflicht halten

обяза́тельно *нареч* auf jeden Fall; (*непреме́нно*) unbedingt; ◇ **он ~ бу́дет с на́ми** er wird auf jeden Fall bei uns sein;

обяза́тельн|ый *прил* ‹-ая, -ое, -ые› obligatorisch, bindend; ◇ **~ый предме́т** Pflichtfach *n;* спорт ◇ **~ые упражне́ния** Pflichtübungen *f pl;* **обяза́тельств|о** c_2 ‹-а› Verpflichtung *f*; (*догово́р*) Verbindlichkeit *f;* ◇ **согла́сно ~у** laut Vertrag

ове́с m_1 ‹овса́› Hafer *m*

овладева́ть *несов от* **овладе́ть**

овладе́ть V_5 *сов* ‹-е́ю, -е́ешь› [**овладева́ть** V_{1a} *несов*] **кем-чем** *тв* ① (*захвати́ть*) sich bemächtigen, besetzen, ergreifen ② *перен* (*о чу́вствах*) befallen, erfassen, Besitz ergreifen (von); ◇ **~ мно́й страх** Angst befiel mich; ◇ **~ собо́й** sich beherrschen ③ (*изучи́ть*) beherrschen; (*усво́ить*) sich etw zu Eigen machen, sich aneignen

о́вод m_1 ‹-а› зоол Bremse *f*

о́вощи $mн_2$ ‹-е́й› Gemüse *n*

овра́г m_1 ‹-а› Schlucht *f*

овца́ $ж_1$ ‹-ы́, *мн:* о́вцы, *род:* ове́ц› Schaf *n;* **овцево́д** m_1 ‹-а› Schafzüchter *m*

овча́рка $ж_1$ ‹-и, *род мн:* -рок› Schäferhund *m*

оглавле́ние c_4 ‹-я› Inhaltsverzeichnis *n*

огласи́ть V_{4a} *сов* ‹-ашу́, -си́шь, *Part. Prät. Pass.* -ашённый] [**оглаша́ть** V_{1a} *несов*] **что** *вин* (1), **чем** *тв* (2) ① (*сообщи́ть*) bekannt machen; (*официа́льно*) verlautbaren; (*опубликова́ть*) veröffentlichen; (*зачита́ть*) verlesen ② (*о зву́ках*) erschallen, erfüllen

огло́хнуть *см.* **гло́хнуть**

огляде́ться V_5 *сов* ‹-яжу́сь, -ди́шься, *Imp.* -ди́сь, ~тесь› [**огля́дываться** V_{1a} *несов*] *без доп* ① (*осмотре́ться*) sich umsehen, zurückblicken ② *перен* sich einleben; (*привы́кнуть*) sich eingewöhnen

огнетуши́тель m_2 ‹-я› Feuerlöscher *m*

оговори́ться *сов* ‹-рю́сь, -ри́шься› [**огова́риваться** *несов*] *без доп* ① (*ошиби́ться*) sich versprechen ② (*сде́лать огово́рку*) sich etw vorbehalten

ого́нь m_2 ‹огня́, *мн:* огни́› (*пла́мя*) Feuer *n*, Flamme *f;* ◇ **развести́ ~** Feuer machen ② (*свет*) Licht *n* ③ воен Feuer *n*, Beschuss *m;* ◇ **прекрати́ть ~** das Feuer einstellen ④ *перен* Feuer *n;* (*воодушевле́ние*) Begeisterung *f;* ◇ **~ души́** Leidenschaft; ◇ **пройти́ сквозь ~ и во́ду** mit allen Wassern gewaschen sein

огоро́д m_1 ‹-а› Gemüsegarten *m*

огорче́ни|е c_4 ‹-я› Verdruss *m;* (*раздраже́ние*) Ärger *m;* (*печа́ль*) Betrübnis *f;* ◇ **быть в ~и** verdrossen sein

ограбле́ние c_4 ‹-я› ① Beraubung *f*, Raub *m* ② (*нападе́ние*) Überfall *m*

ограниче́ни|е c_4 ‹-я› ① Begrenzung *f* ② Einschränkung *f*, Restriktion *f;* ◇ **без ~я** ohne Einschränkung; **ограни́ченн|ый** *прил* ‹-ая,-ое, -ые› ① begrenzt, eingeschränkt; (*ску́дный*) knapp; ◇ **~ые возмо́жности** begrenzte Möglichkeiten ② (*о челове́ке*) beschränkt, stumpfsinnig;

ограни́чить V_{4b} *сов* ‹-чу, -чишь› [**ограни́чивать** V_{1a} *несов*] **кого́-что** *вин* beschränken, begrenzen, einschränken; ◇ **~ себя́ в чём-л** sich einschränken;

ограни́читься *сов* ‹-чусь, -чишься› [**ограни́чиваться** *несов*] **чем** *тв* sich beschränken (auf); (*удовлетвори́ться*) sich begnügen mit; (*уме́рить свои́ тре́бования*) es bei etw bewenden lassen

огро́мный *прил* ‹-ая, -ое, -ые› sehr groß, riesig, Riesen-; (*мо́щный*) gewaltig; (*чудо́вищный*) ungeheuer; (*колосса́льный*) kolossal; ◇ **~ прогре́сс** gewaltiger Fortschritt

огры́зок m_1 ‹-зка, *мн:* -зки› (*оста́ток*) Rest *m;* (*карандаша́*) Stummel *m*

огуре́ц m_1 ‹-рца́, *мн:* -рцы́› Gurke *f*

одарённый *прил* ‹-ая, -ое, -ые› (*спосо́бный*) begabt; (*тала́нтливый*) talentiert

одева́ть *несов от* **оде́ть**

оде́жд|а $ж_1$ ‹-ы› Kleidung *f*, Bekleidung *f;* ◇ **ве́рхняя ~а** Oberbekleidung; ◇ **предме́т ~ы** Kleidungsstück *n*

оде́ть V_5 *сов* ‹-е́ну, -е́нешь, *Imp.* -е́нь, ~те, *Part. Prät. Pass.* -е́тый› [**одева́ть** V_{1a} *несов*] **кого́-что** *вин* **во что** или **чем** *тв* (1), **кого́-что** *вин* (2) ① (*обле́чь в оде́жду, наряди́ть*) anziehen; ankleiden, bekleiden ② (*покры́ть*) zudecken, einhüllen

одея́ло c_2 ‹-а› (Bett-)Decke *f*

одея́ние c_4 ‹-я› Gewand *n*

оди́н (*одного́* $m;$ **одна́, одно́й** $ж;$

одно́, одного́ с) I. числ ein; (при счёте) eins; ◇ ~ из мои́х друзе́й einer meiner Freunde; ◇ ~ еди́нственный ein einziger II. мест ① (в одино́честве) allein; ~ я могу́ э́то сде́лать – ich kann das allein tun; ◇ он живёт совсе́м ~ er lebt ganz allein ② (тот же са́мый) derselbe, der Gleiche; ◇ ~ и тот же derselbe; ◇ быть одного́ во́зраста gleichen Alters sein ③ (то́лько) nur, allein, kein anderer; ◇ э́то одни́ разгово́ры das ist nur Gerede; ◇ одного́ э́того ма́ло das allein genügt nicht ④ (како́й-то, не́кий) ein (gewisser); ◇ одно́ вре́мя eine Zeitlang III. м (в значе́нии сущ) einer, der eine; ◇ ~ за други́м einer nach dem anderen; ◇ ни ~ kein einziger; ◇ все до одного́ alle, sämtliche; ◇ ~ в по́ле не во́ин einer allein schafft das nicht; ◇ все как ~ einmütig

одина́ковый прил ⟨-ая, -ое, -ые⟩ gleich; (оди́н и тот же) ein und derselbe; ◇ ~ой высоты́ gleich hoch; ◇ в ~ой ме́ре gleichermaßen

оди́ннадцать числ elf

одино́кий прил ⟨-ая, -ое, -ие⟩ einsam; (бессеме́йный) allein stehend; (нежена́тый) ledig; одино́чество с₂ ⟨-а⟩ Einsamkeit f, Alleinsein n; одино́чк|а м/ж₁ ⟨-и, род мн:-чек⟩ ① einzelner Mensch; (де́йствующий в одино́чку) Einzelgänger(in f) m ② (не име́ющий семьи́) Alleinstehende/r m/f; мать ~а alleinerziehende Mutter ③ разг (ка́мера) Einzelzelle f ④ спорт (ло́дка) Einer m; ◇ в ~у allein, mit eigenen Kräften

одна́ см. оди́н

одна́жды нареч ① (как-то) eines Tages, einst, einmal ② (оди́н раз) (nur) einmal

одна́ко I. союз (но) doch, jedoch, aber; (всё же) dennoch, immerhin II. межд ◇ ~! das ist ja allerhand!

одновре́менно нареч gleichzeitig; однозна́чный прил ⟨-ая, -ое, -ые⟩ ① (име́ющий одно́ значе́ние) eindeutig; (то́ждественный) gleich bedeutend ② мат einstellig; однокла́ссник м₁ ⟨-а⟩ Klassenkamerad m, Mitschüler m; однообра́зный прил ⟨-ая,-ое, -ые⟩ einförmig, eintönig; (моното́нный) monoton; одноро́дный прил ⟨-ая, -ое,-ые⟩ ① (по соста́ву, по ви́ду) gleichartig, homogen ② (схо́дный) verwandt; односторо́нний прил ⟨-яя, -ее, -ие⟩ ① (соверша́емый одно́й стороно́й в одну́ сто́рону) einseitig ② перен (ограни́ченный) einseitig, einspurig; ◇ ~ее движе́ние Einbahnstraße f; однотóмный прил ⟨-ая, -ое, -ые⟩ einbändig; однофами́лец м₅ ⟨-льца, мн:-льцы⟩ Namensvetter m

одобре́ние с₄ ⟨-я⟩ Zustimmung f, Billigung f; одобри́тельн|ый прил ⟨-ая, -ое, -ые⟩ lobend, beifällig, billigend; ◇ ~ая реце́нзия positive Rezension; одо́брить

V₄b сов ⟨-рю, -ришь, Imp. -ри, ~те⟩ [одобря́ть V₁a не-сов] что вин gutheißen, beipflichten, billigen

одолже́ние с₄ ⟨-я⟩ Gefallen m; (любе́зность) Gefälligkeit f; (услу́га) Dienst m

одува́нчик м₁ ⟨-а⟩ бот Löwenzahn m

одума́ться V₁a сов ⟨-аюсь, -аешься⟩ [оду́мываться V₁a несов] без доп ① sich (anders) besinnen ② (образу́миться) zur Vernunft kommen

оды́шка ж₁ ⟨-и⟩ Atemnot f, Kurzatmigkeit f

ожесточённый прил ⟨-ая, -ое, -ые⟩ erbittert, hart

оживле́ние с₄ ⟨-я⟩ ① (де́йствие) Belebung f ② (состоя́ние) Belebtheit f; (на у́лицах и т. п.) Betrieb m; оживлённый прил ⟨-ая, -ое, -ые⟩ ① (испо́лненный жи́зни) belebt ② перен (акти́вный) lebhaft, rege, anregend

ожида́ни|е с₄ ⟨-я⟩ ① (состоя́ние) Warten n, Erwartung f; ◇ в ~и in Erwartung ② Erwartung f, Hoffnung f; ◇ про́тив вся́кого ~я wider Erwarten; ожида́ть V₁a несов ⟨-а́ю, -а́ешь⟩ кого́-что вин или кого́-чего́ род (1), кого́ род или с инф (2) ① erwarten; (дожида́ться) auf jd-n warten; ◇ ~ слу́чая eine Gelegenheit abwarten ② (наде́яться) erhoffen

ожире́ние с₄ ⟨-я⟩ Verfettung f; (боле́зненное) Fettsucht f; ◇ лече́ние от ~я Abmagerungskur f

ожо́г м₁ ⟨-а⟩ Verbrennung f, Brandwunde f

озабо́ченность ж₅ ⟨-и⟩ Besorgnis f, Besorgtheit f; озабо́ченный прил ⟨-ая, -ое, -ые⟩ besorgt, sorgenvoll

озагла́вить V₄b сов ⟨-влю, -вишь, Part. Prät. Pass. -вленный⟩ [озагла́вливать V₁a несов] что вин betiteln

о́зеро Байка́л

Von riesigen Waldgebieten dicht umgeben, liegt der mit 1620 m tiefste See der Welt im südlichen Sibirien nahe der mongolischen Grenze. Der 670 km lange und bis zu 74 km breite Байка́л fasst 25% (23.000 m³) des Süßwassers unseres Planeten und ist reich an Tierarten und Pflanzen, die zu mehr als 50% nirgends sonst auf der Erde anzutreffen sind. Sie sind von der Oberschicht bis in die Tiefe über das gesamte Wasser verteilt, was den Байка́л von allen anderen tiefen Seen der Welt unterscheidet. Allerdings ist das ökologische Gleichgewicht des Baikalsees durch Industrieabwässer stark gefährdet. Noch im Juni treiben an der Nordseite des Sees Eisschollen, obwohl im Baikalgebiet jährlich fast ebenso lange die Sonne scheint wie in Kalifornien.

озву́чить V_{4b} *сов* ‹-чу, -чишь› [**озву́чивать** V_{1a} *несов*] *что вин (фильм)* vertonen

оздоровле́ние c_4 ‹-я› ① Gesundung f ② *перен* Verbesserung f, Erneuerung f

озелене́ние c_4 ‹-я› Begrünung f, Anlegen n von Grünanlagen

о́зеро c_2 ‹-а, *мн:* озёра› See m

ози́мый *прил* ‹-ая, -ое, -ые› с.-х. Winter-; ◇ ~**ые культу́ры** Wintersaat f

озлобле́ние c_4 ‹-я› Erbitterung f, Gereiztheit f; *(гнев)* Grimm m; **озло́бленный** *прил* ‹-ая, -ое, -ые› erbittert, gereizt, grimmig

озно́б m_1 ‹-а› Kälteschauer m, Schüttelfrost m; ◇ **я чу́вствую** ~ mich fröstelt

озорни́к m_1 ‹-á, *мн:* -и́› Strolch m, Schlingel m

озорство́ c_2 ‹-á› Ausgelassenheit f, Ungezogenheit f, Unfug m; *(поступок)* Streich m

оказа́ть V_{1a} *сов* ‹-ажу́, -а́жешь, *Imp.* -ажи́, ~те, *Part. Prät. Pass.* -а́занный› [**ока́зывать** V_{1a} *несов*] *что вин* erweisen, bezeigen, leisten, ausüben; ◇ ~ **по́мощь** Hilfe leisten; ◇ ~ **влия́ние** Einfluss ausüben; **оказа́ться** *сов* ‹-ажу́сь, -а́жешься› [**ока́зываться** *несов*] *кем-чем тв (1), без доп (2)* ① *(обнаружиться)* sich herausstellen, sich erweisen (als) ② *(очутиться)* hingeraten, sich vorfinden; ◇ **он ~лся вы́нужденным** er war gezwungen; ◇ ~**ться в нали́чности** vorhanden sein

ока́нчивать *несов от* **око́нчить**

океа́н m_1 ‹-а› Ozean m

окла́д m_1 ‹-а› Gehalt n; ◇ **основно́й** ~ Grundgehalt

оклевета́ть V_{1a} *сов* ‹-ещу́, -е́щешь, *Imp.* -ещи́, ~те, *Part. Prät. Pass.* -ётанный› *кого-что вин* verleumden

окно́ c_2 ‹-á, *мн:* о́кна, *окон:* о́кон› ① Fenster n; ◇ **вы́бросить за** ~ zum Fenster hinauswerfen; ◇ **смотре́ть в** ~ aus dem Fenster schauen ② *тех (вырез)* Luke f, Öffnung f

око́вы *мн* ‹око́в› Fesseln f pl, Ketten f pl; ◇ **сбро́сить** ~ sich befreien

о́коло I. *предлог с род* ① *(возле)* neben, an ② *(приблизительно)* etwa, ungefähr, gegen; ◇ **бы́ло** ~ **ча́су но́чи** es war gegen ein Uhr nachts; ◇ **ей** ~ **тридцати́ лет** sie ist etwa 30 Jahre alt II. *нареч (вокруг)* um, herum, in der Nähe

оконча́ние c_4 ‹-я› ① *(завершение)* Beendigung f, Abschluss m ② *(учебного заведения)* Absolvierung f ③ *грам* Endung f

оконча́тельный *прил* ‹-ая, -ое, -ые› End-, endgültig

око́нчить V_{4b} *сов* ‹-чу, -чишь› [**ока́нчивать** V_{1a} *несов*] *что вин* ① *(завершить)* beenden, abschließen ② *(учебное заведение)* absolvieren

око́п m_1 ‹-а› Schützengraben m

о́корок m_1 ‹-а› *(ветчины)* Schinken m; *(баранины)* Keule f

окра́ина ж_1 ‹-ы› ① *(пограничная область)* Grenzgebiet n, Randgebiet n ② *(города)* Peripherie f; *(пригород)* Vorstadt f

окрести́ть *см.* **крести́ть**

окре́стность ж_5 ‹-и› Gegend f, Umgebung f

окрова́вленный *прил* ‹-ая, -ое, -ые› blutüberströmt, blutdurchtränkt

о́круг m_1 ‹-а, *мн:* -á› Bezirk m; *(административная единица)* Kreis m; ◇ **избира́тельный** ~ Wahlkreis

окружа́ющий *прил* ‹-ая, -ее, -ие› umgebend, umliegend; ◇ ~**ая среда́** Umwelt f

окруже́ние c_4 ‹-я› ① *(действие)* Einkreisen n, Umringen n; *воен* Umzingelung f; ◇ **попа́сть в** ~ in einen Kessel geraten ② *(обрамление)* Einfassung f, Rahmen m ③ *(среда)* Umgebung f, Milieu n, Umfeld n; **окружи́ть** V_{4a} *сов* ‹-жу́, -жи́шь› [**окружа́ть** V_{1a} *несов*] *кого-что вин (1), чем тв (2)* ① *(расположиться вокруг)* umgeben, einkreisen; *(взять в кольцо)* umringen, umzingeln; *воен* einkesseln; *(зверя на охоте)* umstellen ② *перен (заботой и т. п.)* umhegen, umgeben (mit)

октя́брь m_2 ‹-я́, *мн:* -ри́› Oktober m

окули́ст m_1 ‹-а› Augenarzt m

о́кунь m_2 ‹-я, *род мн:* -не́й› Barsch m; ◇ **морско́й** ~ Rotbarsch

окупи́ться V_{4a} *сов* ‹-у́пится, -у́пятся, 1 и 2 л. *не употр*› [**окупа́ться** V_{1a} *несов] без доп* sich bezahlt machen, sich rentieren; ◇ **расхо́ды ~лись с лихво́й** die Ausgaben haben sich mehr als gelohnt

оку́рок m_1 ‹-рка, *мн:* -рки› Kippe f, Zigarettenstummel m

ола́дья ж_1 ‹-ьи, *род мн:* -дий, *дат:* -дьям› Pfannkuchen m, Fladen m

оленево́д m_1 ‹-а› Rentierzüchter m;

оле́нь m_2 ‹-я› Hirsch m; ◇ **се́верный** ~ Rentier n

оли́ва ж_1 ‹-ы› *(плод)* Olive f; *(дерево)* Ölbaum m, Olivenbaum m

олимпиа́да ж_1 ‹-ы› Olympiade f; **олимпи́йский** *прил* ‹-ая, -ое, -ие› olympisch; ◇ ~**ие и́гры** Olympische Spiele; ◇ ~**ий чемпио́н** Olympiasieger

о́лово c_2 ‹-а› Zinn n

ольха́ ж_1 ‹-и́, *мн:* о́льхи› *бот* Erle f

ома́р m_1 ‹-а› Hummer m

омерзи́тельный *прил* ‹-ая, -ое, -ые› abscheulich, widerlich, ekelhaft

омле́т m_1 ‹-а› Omelett n, Eierkuchen m

омо́н m_1 ‹-а› *(= отряд милиции особого назначения)* Sondereinsatztruppen f pl der Miliz

о́мут m_1 ‹-а› ① *(яма)* Untiefe f ② *(водоворот)* Strudel m, Wasserwirbel m

он (его́, ему́, его́, им, о нём) *личн мест* er; ◇ **его́ на рабо́те нет** er ist nicht auf der Arbeit; ◇ **с ним тру́дно говори́ть** es ist schwierig, mit ihm zu reden; ◇ **э́тот перево́д вы́полнен им** er hat diese Übersetzung gemacht

она́ (её, ей, её, е́ю, о ней) *личн мест* sie; ◇ **расскажи́те ей обо всём** erzählt ihr alles; ◇ **мы восторга́емся е́ю** wir sind begeistert von ihr; ◇ **её никогда́ нет до́ма** sie ist nie zu Hause

они́ (их, им, их, и́ми, о ни́х) *личн мест, мн зис;* ◇ **~ обо всём зна́ют** sie wissen alles; ◇ **с ни́ми на́до сотру́дничать** mit ihnen muss man zusammenarbeiten

оно́ (его́, ему́, его́, им, о нём) **I.** *личн мест, с ед, см. он* **II.** *мест es, das;* ◇ **так вот оно́ что!** so ist das also!

опаса́ться V_{1a} *несов* <-а́юсь, -а́ешься> *чего род ил с инф* befürchten; (*сомнева́ться*) Bedenken haben

опа́сно *нареч* gefährlich; ◇ ~ **для жи́зни** lebensgefährlich; **опа́сность** $ж_5$ <-и> Gefahr *f;* ◇ **быть вне ~и** außer Gefahr sein; ◇ **подверга́ться ~и** sich einer Gefahr aussetzen; ◇ **-ь нави́сла над кем-л** jd schwebt in Gefahr; ◇ **с ~ью для жи́зни** unter Lebensgefahr; **опа́сный** *прил* <-ая, -ое, -ые> gefährlich

опе́ка $ж_1$ <-и> **1** Vormundschaft *f,* Obhut *f* **2** (*попече́ние*) Bevormundung *f*

о́пера $ж_1$ <-ы> **1** (*произведе́ние*) Oper *f* **2** (*теа́тр*) Opernhaus *n,* Oper *f;* ◇ **петь в ~е** in der Oper singen; ◇ **из друго́й ~ы, не из той ~ы** das ist ein anderes Kapitel

опеча́тка $ж_1$ <-и, *род мн:* -ток) Druckfehler *m;* (*при печа́тании*) Tippfehler *m*

опи́лки $мн_1$ <-лок) Sägespäne *pl*

описа́ть* V_{4a} *сов* <-ишу́, -и́шешь> [**опи́сывать** V_{1a} *несов*] *кого-что вин* (*изобра́зить*) beschreiben, schildern; (*охарактеризова́ть*) darlegen, charakterisieren

опла́та $ж_1$ <-ы> Bezahlung *f,* Lohn *m;* (*вознагражде́ние*) Entlohnung *f;* ◇ **дополни́тельная** ~ Zuschlag *m;* ◇ **почасова́я** ~ Stundenlohn *m;* ◇ **сде́льная опла́та труда́** Akkordlohn; **оплати́ть** V_{4a} *сов* <-ачу́, -а́тишь, *Part. Prät. Pass.* -а́ченный> [**опла́чивать** V_{1a} *несов*] *кого-что вин* bezahlen, entlohnen; ◇ ~ **счёт** eine Rechnung begleichen; ◇ ~ **расхо́ды по командиро́вке** die Kosten für die Dienstreise vergüten; ◇ ~ **письмо́** einen Brief frankieren

оплодотворе́ние c_4 <-я> Befruchtung *f;* ◇ **иску́сственное** ~ (*о живо́тных*) künstliche Besamung; (*о челове́ке*) künstliche Befruchtung

опозда́ние c_4 <-я> Verspätung *f;* ◇ **по́езд при́был с ~ем** der Zug kam mit Verspätung [verspätet] an; ◇ **яви́ться без ~я** ohne Verspätung [pünktlich] kommen; **опозда́ть** V_{1a} *сов* <-а́ю, -а́ешь> [**опа́здывать** V_{1a} *несов*] *без доп* (1), *с чем тв или с инф* (2) **1** (*прибы́ть по́зже*)

sich verspäten, zu spät kommen; ◇ ~ **на полчаса́** sich um eine halbe Stunde verspäten **2** (*упусти́ть вре́мя*) versäumen, verpassen

опо́ра $ж_1$ <-ы> **1** (*подпо́рка*) Stütze *f,* Pfeiler *m* **2** *перен* Halt *m,* Rückhalt *m*

оппози́ция $ж_1$ <-ии> Opposition *f*

оппоне́нт $м_1$ <-а> Gegner *m*

опра́в|а $ж_1$ <-ы> (Ein-)Fassung *f,* Rahmen *m;* ◇ **~а очко́в** Brillengestell *n;* ◇ **вста́вить в ~у** einrahmen

оправда́ние c_4 <-я> **1** (*до́вод*) Rechtfertigung *f;* (*извине́ние*) Entschuldigung *f;* ◇ **привести́ что-л в своё** ~ etw zu seiner Entschuldigung vorbringen **2** (*оправда́тельный пригово́р*) Freispruch *m;* **оправда́ть** V_{1a} *сов* <-а́ю, -а́ешь, *Part. Prät. Pass.* -пра́вданный> [**опра́вдывать** V_{1a} *несов*] *что вин чем тв* (1), *кого-что вин* (2, 3) **1** (*посту́пок и т.д.*) rechtfertigen; (*извини́ть*) entschuldigen; *перен* (*о ме́тоде и т. п.*) ◇ ~ **себя́** sich bewähren **2** (*подсуди́мого*) freisprechen **3** (*расхо́ды*) rechtfertigen, lohnen; **оправда́ться** *сов* <-а́юсь, -а́ешься> [**опра́вдываться** *несов*] *без доп* **1** (*оказа́ться не напра́сным*) sich rechtfertigen **2** (*сбы́ться*) in Erfüllung gehen, eintreffen, sich bewahrheiten **3** (*о расхо́дах*) sich bezahlt machen, sich lohnen

опра́виться V_{4b} *сов* <-влюсь, -вишься> [**опра́вливаться** *несов*] *от чего род* (1), *без доп* (2, 3) **1** (*вы́здороветь*) sich erholen, wieder auf die Beine kommen **2** (*прийти́ в себя́*) zu sich kommen, sich fassen **3** (*попра́вить пла́тье*) sich zurechtmachen

определе́ние c_4 <-я> **1** (*установле́ние*) Bestimmung *f,* Festlegung *f* **2** (*нау́чное*) Definition *f* **3** *юр* (*суда́*) Beschluss *m* **4** *грам* Attribut *n;* **определё́нн|ый** *прил* <-ая, -ое, -ые> bestimmt, festgelegt; (*устано́вленный*) festgesetzt; ◇ **к ~ому сро́ку** zu einem bestimmten Zeitpunkt; ◇ **в ~ых слу́чаях** in bestimmten [gewissen] Fällen; **определи́ть** V_{4a} *сов* <-лю́, -ли́шь> [**определя́ть** V_{1b} *несов*] *что вин* (1, 2), *кого-что вин* (3) **1** (*дать определе́ние*) definieren, bestimmen **2** (*устано́вить*) festsetzen, festlegen **3** (*назна́чить*) bestimmen, zuweisen; ◇ ~ **на рабо́ту** jd-m eine Arbeit zuweisen

опроверга́ть V_{1a} *несов* <-а́ю, -а́ешь> [**опрове́ргнуть** V_2 *сов* < *Part. Prät. Pass.* -нутый>] *что вин* widerlegen, dementieren; **опроверже́ние** c_4 <-я> **1** (*де́йствие*) Widerrufen *n* **2** (*заявле́ние*) Widerlegung *f,* Widerruf *m,* Dementi *n*

опроки́нуться V_2 *сов* <-нусь, -нешься, *Imp.* -нься, ~тесь> [**опроки́дываться** V_{1a} *несов*] *без доп* umfallen, umkippen, umstürzen; (*о су́дне*) kentern

опроме́тчивый *прил* <-ая, -ое, -ые> unüberlegt, unbedacht, vorschnell

опро́с M_1 ⟨-а⟩ Umfrage f, Befragung f; юр Vernehmung f; (допрос) Verhör n; ◇ ~ **обще́ственного мне́ния** Meinungsumfrage

опры́скать V_{1a} сов ⟨-аю, -аешь⟩ [**опры́скивать** V_{1a} несов] кого-что вин bespritzen, besprengen

опря́тный прил ⟨-ая, -ое, -ые⟩ sauber, reinlich; (аккуратный) akkurat

оптимисти́ческий прил ⟨-ая, -ое, -ие⟩ optimistisch

о́пто́в|ый прил ⟨-ая, -ое, -ые⟩ Großhandels-; ◇ ~**ая торго́вля** Großhandel

о́птом нареч en gros

опусти́ть V_{4a} сов ⟨-ущу́, -у́стишь, Part. Prät. Pass. -у́щенный⟩ [**опуска́ть** V_{1a} несов] кого-что вин **1** (переместить вниз, погрузить) herunterlassen, herablassen, senken; ◇ ~ **воротни́к** den Kragen umschlagen; ◇ ~ **глаза́** die Augen niederschlagen; ◇ ~ **го́лову** den Kopf senken **2** (письмо) einwerfen, einstecken **3** (пропустить) auslassen, weglassen; (вычеркнуть) streichen; ◇ ~ **ру́ки** den Mut verlieren; **опусти́ться** сов ⟨-ущу́сь, -у́стишься⟩ [**опуска́ться** несов] без доп **1** (в кресло и т. п.) (herab-)sinken **2** (о тумане) fallen, sich herabsenken, (о птице) sich setzen; (в шахту и т. п.) hinuntersteigen, einfahren; (о летательном аппарате) hinunterfliegen; (приземлиться) landen; ◇ ~ **за́навес** ~лся der Vorhang fiel **3** (морально) herunterkommen, verkommen

о́пухоль $ж_5$ ⟨-и⟩ Geschwulst f; мед Tumor m

о́пыт M_1 ⟨-а⟩ **1** Erfahrung f; (практика) Praxis f; (навык) Routine f; ◇ **жите́йский** ~ Lebenserfahrung; ◇ **по** ~у erfahrungsgemäß; ◇ **обме́н** ~**ом** Erfahrungsaustausch m **2** (эксперимент) Versuch m, Experiment n; **о́пытный** прил ⟨-ая, -ое, -ые⟩ **1** (о человеке) erfahren; (бывалый) bewandert **2** (относящийся к опытам) Versuchs-; ◇ ~**ый уча́сток** Versuchsfeld **3** (экспериментальный) experimentell; (эмпирический) empirisch; ◇ **в** ~**ом поря́дке** versuchsweise

опьяне́ние c_4 ⟨-я⟩ **1** (состояние) Trunkenheit f, Rausch m **2** перен (экстаз) Rausch m, Taumel m

опьяне́ть см. **пьяне́ть**

опя́ть нареч wieder, nochmals; (вновь) erneut; ◇ ~**таки** dennoch; ◇ **кро́ме того́** außerdem

ора́тор M_1 ⟨-а⟩ Redner m

ора́ть* несов ⟨ору́, орёшь⟩ без дон (1), на кого-что вин (2) **1** (кричать) schreien, brüllen **2** anschreien

орби́та $ж_1$ ⟨-ы⟩ **1** астр Orbit m, Umlaufbahn f **2** (глазная) Augenhöhle f **3** перен Bereich m; ◇ ~ **влия́ния** Einflusssphäre f

о́рган M_1 ⟨-а⟩ **1** анат Organ n; ◇ ~ **зре́-** ния Sehorgan; ◇ ~**ы ре́чи** Sprechorgane; ◇ **переса́дка** ~**ов** Organtransplantation f **2** (учреждение) Organ n, Gremium n; ◇ **печа́тный** ~ Presseorgan

орга́н M_1 ⟨-а⟩ муз Orgel f

организа́ция $ж_4$ ⟨-ии⟩ **1** (действие) Organisieren n **2** (объединение) Organisation f; ◇ **О**~ **Объединённых На́ций (ООН)** die Vereinten Nationen (UNO) **3** (структура) Struktur f, Aufbau m

органи́зм M_1 ⟨-а⟩ Organismus m

организо́ванный прил ⟨-ая, -ое, -ые⟩ **1** organisiert **2** (дисциплинированный) diszipliniert; **организова́ть** V_{3a} несов и сов ⟨-зу́ю, -зу́ешь⟩ что вин organisieren, gründen; (устроить) einrichten

орда́ $ж_1$ ⟨-ы́, мн: -ы⟩ перен Horde f, Rotte f; (банда) Bande f

о́рден M_1 ⟨-а, мн: -а́⟩ **1** (знак отличия) Orden m; ◇ **награди́ть** ~**ом** кого-л jd-m einen Orden verleihen **2** ист (организация) Orden m; ◇ **ры́царский** ~ Ritterorden

о́рдер M_1 ⟨-а⟩ Order f; (поручение) Anweisung f; ◇ ~ **на аре́ст** Haftbefehl m

орёл M_1 ⟨орла́, мн: орлы́⟩ Adler m

оре́х M_1 ⟨-а⟩ **1** (плод) Nuss f; ◇ **гре́цкий** ~ Walnuss; ◇ **лесно́й** ~ Haselnuss; ◇ **земляно́й** ~ Erdnuss **2** (дерево) Nussbaum m **3** (материал) Nussbaumholz n; ◇ **ему́ доста́лось на** ~**и** er hat seine Strafe bekommen

оре́шник M_1 ⟨-а⟩ Nussstrauch m

оригина́л M_1 ⟨-а⟩ **1** лит Original n, Urfassung f **2** (рукопись) Manuskript n **3** (о человеке) komischer Kauz m, Sonderling m; **оригина́льный** прил ⟨-ая, -ое, -ые⟩ **1** (подлинный) echt, original **2** (своеобразный) originell

ориенти́роваться V_{3a} несов и сов ⟨-руюсь, -руешься⟩ по кого-что вин sich orientieren (an), sich einstellen (auf)

орке́стр M_1 ⟨-а⟩ Orchester n

ороше́ние c_4 ⟨-я⟩ **1** с.-х. Bewässerung f, Berieselung f **2** (увлажнение) Befeuchten n

ору́ди|е c_4 ⟨-я⟩ **1** (инструмент) Werkzeug n, Gerät n; ◇ ~**я труда́** Arbeitsgeräte **2** воен Geschütz n **3** перен Instrument n, Werkzeug n; (средство) Mittel n

ору́жие c_4 ⟨-я⟩ Waffe f; ◇ **бра́ться за** ~ zu den Waffen greifen

орфогра́фия $ж_4$ ⟨-ии⟩ Orthographie f, Rechtschreibung f

оса́ $ж_1$ ⟨-ы́, мн: о́сы⟩ Wespe f

оса́да $ж_1$ ⟨-ы⟩ Belagerung f

оса́д|ок M_1 ⟨-дка, мн: -дки⟩ **1** (на дне) Ablagerung f, Sediment n **2** ◇ ~**ки** мн метеор Niederschläge m pl **3** перен unangenehmer Nachgeschmack m

оса́нка $ж_1$ ⟨-и⟩ (Körper-)Haltung f

осведомлённый прил ⟨-ая, -ое, -ые⟩ **1** (получивший информацию) informiert; ◇ **быть хорошо́** ~**ым** im Bilde sein

② (знающий) beschlagen, bewandert, kundig

освежи́ть V_{4a} сов ‹-жу́, -жи́шь› [освежа́ть V_{1a} несов] что вин ① (охладить) kühlen, erfrischen ② (восстановить) auffrischen; (силы) wiederbeleben, erneuern; ◇ ~ зна́ния Kenntnisse auffrischen

освеще́ние c_4 ‹-я› ① (свет) Beleuchtung f, Licht n ② перен Erklärung f, Auslegung f

освиде́тельствование c_4 ‹-я› (исследование) genaue Untersuchung f; (осмотр) Besichtigung f; (испытание) Prüfung f; воен Musterung f

освободи́тель m_2 ‹-я› Befreier m; (спаситель) Retter m; освободи́ть V_{4a} сов ‹-ожу́, -ди́шь, Part. Prät. Pass. -ождённый› [освобожда́ть V_{1a} несов] кого-что вин (1), кого-что вин от чего род (2, 3), что вин (4) ① (дать свободу) befreien; (отпустить) freilassen ② (избавить) erlösen von; (от тяжести) entlasten; (от слова, обещания) entbinden; ◇ кого́-л от наказа́ния jd-n eine Strafe erlassen ③ (уволить) entlassen; (сместить) absetzen; ◇ ~ от до́лжности администра́тора als Geschäftsführer absetzen ④ (очистить) frei machen; (место и т. п.) räumen; освободи́ться сов ‹-ожу́сь, -ди́шься [освобожда́ться без доп (1, 3), от чего-чего род (2) ① (приобрести свободу) sich befreien, Freiheit erlangen ② (избавиться) etw loswerden, sich etw vom Halse schaffen, sich lossagen ③ (о квартире, должности) frei werden; освобожде́ние c_4 ‹-я› ① (из заключения) Freilassung f, Freisetzung f; (о человеке) Befreiung f ② (избавление) Erlösung f, Befreiung f; (от налогов, наказания) Erlassen n ③ (увольнение) Entlassung f, Enthebung f; (смещение) Absetzung f ④ (помещения) Räumung f

освое́ние c_4 ‹-я› ① Aneignung f; (овладение) Beherrschung f, Meisterung f ② (использование) Erschließung f, Urbarmachung f; осво́ить V_{4b} сов ‹-о́ю, -о́ишь, Imp. -о́й, ~те› [осва́ивать V_{1a} несов] что вин aneignen; (овладеть) meistern; осво́иться сов ‹-о́юсь, -о́ишься [осва́иваться несов] с чем тв (привыкнуть) sich einleben, sich eingewöhnen; (с работой) sich einarbeiten; (ознакомиться) warm werden mit etw; (акклиматизироваться) sich akklimatisieren

освяти́ть V_{4a} сов ‹-ящу́, -яти́шь, Part. Prät. Pass. -ящённый› [освяща́ть V_{1a} несов] что вин рел weihen, heiligen

осе́длость $ж_5$ ‹-и› Sesshaftigkeit f; осе́длый прил ‹-ая, -ое, -ые› sesshaft

осёл m_1 ‹осла́, мн: ослы́› Esel m

о́сень $ж_5$ ‹-и› Herbst m; ◇ глубо́кая ~

Spätherbst; ◇ наступа́ет ~ es wird Herbst; о́сенью нареч im Herbst

осётр m_1 ‹-а́, мн: осетры́› Stör m

осе́чка $ж_3$ ‹-и, род мн: -чек› Versagen n; разг Reinfall m; (промах) Fehlschlag m; ◇ дать ~у versagen

оси́на $ж_5$ ‹-ы› бот Espe f

оскверни́ть V_{4a} сов ‹-ню́, -ни́шь› [оскверня́ть V_{1b} несов] кого-что вин schänden; (запятнать) besudeln

оско́лок m_1 ‹-лка, мн: -лки› Splitter m; (битое стекло) Scherbe f

оскорби́тельный прил ‹-ая, -ое, -ые› beleidigend, kränkend, verletzend; ◇ ~ые слова́ verletzende Worte; оскорби́ть V_{4a} сов ‹-блю́, -би́шь, Part. Prät. Pass. -блённый› [оскорбля́ть V_{1a} несов] кого-что вин beleidigen, kränken; (задеть) verletzen; оскорбле́ние c_4 ‹-я› Beleidigung f, Kränkung f, Verletzung f; ◇ нанести́ ~ кому́-л jd-n beleidigen

ослабле́ние c_4 ‹-я› Schwächung f, Erschlaffung f; (дисциплины) Nachlassen n; (смягчение) Milderung f

осложне́ние c_4 ‹-я› Komplizierung f, Verwicklung f; мед Komplikation f

осмо́тр m_1 ‹-а› Besichtigung f, Prüfung f; (исследование) Untersuchung f; (ревизия) Revision f; осмотре́ть V_5 сов ‹-трю́, -о́тришь, Imp. -три́, ~те, Part. Prät. Pass. -о́тренный› [осма́тривать V_{1a} несов] кого-что вин ① anschauen, betrachten; (внимательно) mustern; (город, музей) besichtigen; (исследовать) untersuchen; (проверить) überprüfen; (обследовать) revidieren ② мед untersuchen

осмотри́тельный прил ‹-ая, -ое, -ые› umsichtig; (осторожный) vorsichtig

осно́ва $ж_5$ ‹-ы› ① (фундамент) Grundlage f, Basis f; ◇ лежа́ть в ~е zugrunde liegen; ◇ положи́ть в ~у чего́-л etw zugrunde legen; ◇ взять за ~у als Basis nehmen ② ◇ ~ы мн Grundlagen pl; (принципы) Grundprinzipien n pl ③ (текстиль) Kette f ④ лингв Stamm m; ◇ ~а сло́ва Wortstamm

основа́ние c_4 ‹-я› ① (действие) Gründung f; (обоснование) Stiftung f ② (фундамент) Grundlage f, Fundament n ③ (причина) Grund m, Begründung f; (мотив) Beweggrund m; (повод) Anlass m; ◇ на ~и чего́-л aufgrund von; ◇ на како́м ~и? aus welchem Grund?; ◇ с по́лным ~ем mit gutem Grund ④ мат Grundlinie f; ◇ ~ треуго́льника Grundlinie eines Dreiecks; основа́тель m_2 ‹-я› Gründer m; (основоположник) Begründer m; основа́тельный прил ‹-ая, -ое, -ые› ① (обоснованный) begründet, stichhaltig; (о причинах и т. п.) triftig ② (серьёзный) gründlich; (солидный) gediegen ③ (прочный) solide, stabil ④ разг (изрядный) tüchtig, ordentlich; основа́ть V_{3a} сов ‹-ную́, -нуёшь, Part. Prät. Pass.

-но́ванный) [осно́вывать V_{la} несов] что вин (1), на чём предл (2) ① (созда́ть) gründen; (учреди́ть) stiften ② (обоснова́ть) begründen, auf etw aufbauen; ◇ на чём э́то осно́вано? worauf beruht das?

основно́|й прил ‹-а́я, -о́е, -ы́е› grundlegend; (гла́вный) Haupt-; (суще́ственный) wesentlich; ◇ ~о́й зако́н Grundgesetz n; ◇ ~о́й вопро́с der springende Punkt; ◇ в ~о́м hauptsächlich, im Wesentlichen

осно́вывать несов от основа́ть

осо́бенност|ь жс ‹-и› Besonderheit f, Eigentümlichkeit f, Eigenheit f; ◇ в ~и insbesondere; осо́бенн|ый прил ‹-ая, -ое, -ые› besonders; (своеобра́зный) eigenartig; (чрезвыча́йный) außergewöhnlich ◇ ничего́ ~ого nichts Besonderes

осо́бо нареч ① (осо́бенно) besonders ② (отде́льно) gesondert, speziell; осо́б|ый прил ‹-ая, -ое, -ые› ① (осо́бенный) besonders, eigen ② (необхо́димый) ungewöhnlich ③ (отде́льный) gesondert, Sonder-, Extra-; (специа́льный) speziell; ◇ ~ого назначе́ния zur besonderen Verwendung; ◇ ~ые полномо́чия Sondervollmachten f pl

осознава́ть V_{la} несов ‹-наю́, -наёшь› [осозна́ть V_{la} сов ‹ Part. Prät. Pass. -со́знанный›] что вин einsehen, sich einer Sache bewusst werden, begreifen

о́спа жс ‹-ы› мед Pocken f pl

оспа́ривать V_{la} несов ‹-аю, -аешь› [оспо́рить V_{4b} сов ‹что вин ① (мне́ние) bestreiten, abstreiten; юр anfechten; ◇ никто́ не собира́лся э́то ~ niemand wollte das bestreiten ② перен (доби́ться) um etw kämpfen, um etw ringen

остава́ться несов от оста́ться

оста́в|ить V_{4b} сов ‹-влю, -вишь, Part. Prät. Pass. -вленный› [оставля́ть V_{lb} несов] кого́-что вин ① lassen; (как оста́ток) zurücklassen; (предоста́вить) überlassen; (по́сле себя́) hinterlassen; (забы́ть) liegen lassen; ◇ ~ить без внима́ния unbeachtet lassen; ◇ ~ить следы́ Spuren hinterlassen; ◇ ~ь меня́ в поко́е! lass mich in Ruhe! ② (поки́нуть) im Stich lassen, verlassen; ◇ си́лы ~или его́ seine Kräfte verließen ihn ③ (сохрани́ть) (bei)behalten; (сбере́чь) aufheben; ◇ ~ить как бы́ло то же so lassen wie es war; ◇ ~ить за собо́й пра́во ein Recht vorbehalten; ◇ ~ить на второ́й год (einen Schüler) nicht versetzen

оста́льн|о́й I. прил ‹-а́я, -о́е, -ы́е› übrig, restlich II. ◇ ~ы́е мн (A₁) ‹-ы́х› (о лю́дях) die anderen, die Übrigen; ◇ в ~о́м im Übrigen, ansonsten

останови́ть V_{4a} сов ‹-влю́, -о́вишь, Part. Prät. Pass. -о́вленный› [остана́вливать V_{la} несов] кого́-что вин (1, 2), что вин на ком-чём предл (3) ①

(прекрати́ть движе́ние) anhalten, stoppen; (заде́ржать) aufhalten, abbremsen; (отключи́ть мото́р) abstellen ② (удержа́ть) zurückhalten; (заде́ржать) aufhalten; (прерва́ть) unterbrechen ③ перен (напра́вить) lenken (auf), richten (auf); (концентри́ровать) konzentrieren (auf); ◇ ~ чьё-л внима́ние на чём-л jd-s Aufmerksamkeit auf etw lenken; ◇ ~ свой вы́бор на чём-л sich für etw entscheiden; останови́ться сов ‹-влю́сь, -о́вишься› [остана́вливаться несов] без доп (1-3), на чём предл (4) ① stehen bleiben; (сде́лать остано́вку) anhalten; ◇ по́езд здесь не остано́вится der Zug hält hier nicht; ◇ на чём мы ~и́лись wo sind wir stehen geblieben? ② (прекрати́ться) aufhören ③ (в гости́нице) ein Zimmer nehmen, sich einquartieren ④ (сосредото́читься на чём-л) sich konzentrieren (auf), eingehen (auf); остано́вка жс ‹-и, род мн: -вок› ① Anhalten n, Halt m; (поме́ха) Stopp m; (заде́ржка) Aufenthalt m; (переры́в) Unterbrechung f; ◇ сде́лать ~у Halt machen ② (пребыва́ние) Aufenthalt m ③ (ста́нция) Haltestelle f; (железнодоро́жная) Station f

оста́т|ок m₁ ‹-тка, мн: -тки› ① Rest m ② ‹-ки мн (Über-)Reste m pl; (изли́шки) Überbleibsel n pl; (отхо́ды) Abfälle m pl ③ мат Restbetrag m; ◇ без ~ка ganz und gar

оста́ться V_{la} сов ‹-а́нусь, -а́нешься, Imp. -а́нься, ~тесь› [остава́ться V_{la} несов] без доп (в шко́ле) ◇ ~ на второ́й год sitzen bleiben; ◇ ~ при своём мне́нии auf seiner Meinung beharren; ◇ до ста́нции оста́лось три киломе́тра bis zur Haltestelle sind es noch drei Kilometer; ◇ всё оста́лось как бы́ло alles blieb beim Alten; ◇ ~ в живы́х mit dem Leben davonkommen; ◇ ~ в дурака́х (immer) der Dumme sein

осторо́жн|ый прил ‹-ая, -ое, -ые› vorsichtig, behutsam; ◇ ~о! Vorsicht!, Achtung!

остриё с₁ ‹-я́, род мн: -ёв› ① (о́стрый коне́ц) Spitze f ② (ножа́) Schneide f ③ перен (сати́ры и т. п.) Schärfe f

остри́ть¹ V_{4a} несов ‹-рю́, -ри́шь› [со́в] без доп witzig sein, geistreich sein

остри́ть² несов ‹-рю́, -ри́шь› (нож) schärfen, schleifen

о́стров m₁ ‹-а, мн: -á› Insel f

остро́т|а жс₁ ‹-ы, мн: -ы› witzige Bemerkung f, Witz m; ◇ отпуска́ть ~ы Witze reißen

острота́ жс₁ ‹-ы́› Schärfe f

остроу́мный прил ‹-ая, -ое, -ые› geistreich, scharfsinnig; (с ю́мором) witzig

о́стр|ый прил ‹-ая, -ое, -ые› ① (о ноже́) scharf; (об игле́) spitz ② (о зре́нии, слу́хе) scharf ③ (о за́пахе) scharf, beißend ④ (крити́ческий) gespannt, heftig, zugespitzt; ◇ ~ое заболева́ние eine akute Krankheit; ◇ ~ый недоста́ток в чём-л akuter Mangel an etw (5) (язви́тельный) bissig, spitz, scharf; (остроумный) geistreich; ◇ ~ый вопро́с eine heikle Frage; ◇ ~ый язы́к eine spitze Zunge

осуди́ть V_{4a} сов <-ужу́, -у́дишь, Part. Prät. Pass. -уждённый) [**осужда́ть** V_{1a} несов] кого-что вин (1, 2), кого-что вин на что вин с инф (3) (1) (порица́ть) tadeln; (не одобря́ть) missbilligen; (отрица́тельно отозва́ться) verurteilen (2) юр (приговори́ть) verurteilen (3) (обре́чь) verurteilen, verdammen (zu); **осужде́ние** c_4 <-я> (1) (порица́ние) Tadel m; (неодобре́ние) Missbilligung f (2) (суде́бное) Verurteilung f; **осуждённый** м (A_1) <-ого> Verurteilter m; ◇ ~ на смерть zum Tode Verurteilten

осуществи́ть V_{4a} сов <-влю́, -ви́шь, Part. Prät. Pass. -влённый) [**осуществля́ть** V_{1b} несов] что вин verwirklichen, in die Tat umsetzen; (вы́полнить) erfüllen, ausführen; (реализова́ть) realisieren; **осуществле́ние** c_4 <-я> Verwirklichung f, Durchführung f; (выполне́ние) Erfüllung f; (реализа́ция) Realisierung f

ось ж_5 <оси́, род мн: осе́й) Achse f; ◇ земна́я ~ Erdachse; за́дняя ~ Hinterachse; ◇ пере́дняя ~ Vorderachse

осяза́ть V_{1a} несов <-а́ю, -а́ешь) кого-что вин (1) (каса́ться) betasten, befühlen (2) перен (ощуща́ть) wahrnehmen; (чу́вствовать) fühlen, spüren

от предлог с род (1) (для указа́ния исто́чника) von; ◇ я узна́л об э́том ~ друзе́й ich erfuhr von Freunden davon (2) (для обозначе́ния исхо́дного пу́нкта или расстоя́ния) von; ◇ одного́ го́рода до друго́го von einer Stadt zur anderen (3) (для обозначе́ния исхо́дного пу́нкта при определе́нии вре́мени) von; ◇ газе́та ~ пя́того декабря́ Zeitung vom fünften Dezember; ◇ ~ пе́рвого до после́днего экза́мена von der ersten bis zur letzten Prüfung (4) (для обозначе́ния удале́ния, отстране́ния) von; ◇ отойти́ ~ наме́ченного пла́на vom vorgegebenen Plan abweichen; ◇ скрыва́ть что-л ~ кого́-л etw von jd-m verbergen (5) (в защи́ту от чего́-л) gegen, vor; ◇ пря́таться ~ дождя́ sich vor dem Regen schützen; ◇ сре́дство ~ на́сморка Mittel gegen Schnupfen (6) (при обозначе́нии причи́ны) vor, aus, von; ◇ ~ ра́дости vor Freude; ◇ ~ любви́ aus Liebe; ◇ ~ бо́ли vor Schmerz (7) (для обозначе́ния принадле́жности) ◇ кры́шка ~ ба́нки Dosendeckel m; ◇ ру́чка ~ две́ри Türklinke f (8) (при противопоставле́нии) von; ◇ отлича́ться ~ кого́-л sich von jd-m unterscheiden

отби́ть* сов <отобью́, отобьёшь) [**отбива́ть** V_{1a} несов] кого-что вин (1)

(отрази́ть) abweisen, zurückweisen; (дать отпо́р) abwehren; (ата́ку) zurückschlagen; спорт (мяч) wegschießen (2) (отломи́ть) abschlagen, abbrechen (3) (отня́ть) entreißen (4) (перемани́ть) abspenstig machen, wegschnappen, ausspannen; ◇ ~ аппети́т den Appetit verderben; ◇ ~ охо́ту к чему́-л die Lust nehmen

отбо́р м_1 <-а> Auslese f, Auswahl f; ◇ сде́лать ~ eine Auswahl treffen

отбро́сить V_{4b} сов <-о́шу, -о́сишь, Part. Prät. Pass. -о́шенный) [**отбра́сывать** V_{1a} несов] кого-что вин (1) (вы́бросить) wegwerfen; (отшвырну́ть) wegschleudern (2) (неприя́теля) zurückschlagen, zurückwerfen; (отте́снить) zurückdrängen (3) перен (отказа́ться) aufgeben, verwerfen, fallen lassen

отбро́сы мн_1 <-ов> Abfälle m pl; ◇ ~ о́бщества Abschaum m der Gesellschaft

отбукси́ровать V_{3a} сов <-рую, -руешь) что вин (маши́ну) abschleppen

отбыва́ть несов от **отбы́ть**

отбы́тие c_4 <-я> (1) (отъе́зд) Abreise f; (по́езда) Abfahrt f (2) (сро́ка наказа́ния) Verbüßen n, Verbüßung f; **отбы́ть*** сов <-бу́ду, -бу́дешь) [**отбыва́ть** V_{1a} несов] без доп (1) (уе́хать) abfahren, abreisen (2) (срок) verbüßen, ableisten; ◇ ~ наказа́ние eine Strafe absitzen

отвали́ть V_{4a} сов <-лю́, -а́лишь, Part. Prät. Pass. -аленный) [**отва́ливать** V_{1a} несов] что вин (1) мор (отча́лить) auslaufen, ablegen (2) разг (дать) verschenken, spendieren (3) (откати́ть в сто́рону) fortwälzen

отва́р м_1 <-а> Brühe f; (лече́бный) Sud m

отве́ргнуть V_2 сов <-ну, -нешь, Part. Prät. Pass. -нутый) [**отверга́ть** V_{1a} несов] кого-что вин zurückweisen, ablehnen; (с пренебреже́нием) verschmähen

отверну́ть V_2 сов <-ну́, -нёшь, Part. Prät. Pass. -вёрнутый) [**отвёртывать** V_{1a} несов] что вин, без доп (1) (отвинти́ть) abdrehen, abschrauben; (кран) aufdrehen (2) (отогну́ть) abbiegen (3) (рукава́) aufkrempeln; (одея́ло и т. п.) zurückschlagen (4) (го́лову, лицо́) abwenden, zur Seite drehen

отве́рстие c_4 <-я> Öffnung f, Loch n, Spalt m

отвёртка ж_1 <-и, род мн: -ток) Schraubenzieher m

отвести́* сов <-еду́, -едёшь) [**отводи́ть** V_{4a} несов <Part. Präs. Pass. -ди́мый)] кого-что вин (1) (куда́-л) (hin-)bringen; (доста́вить) liefern; (провести́) hin-/wegführen; (под конво́ем) geleiten (2) (в сто́рону) entfernen, abwenden; ◇ ~ глаза́ die Augen abwenden; ◇ ~ уда́р einen Schlag parieren (3) (помеще́ние) zuweisen; (предоста́вить) überlassen (4) (отклони́ть) ablehnen, zurückweisen; verwerfen, ausschlagen; ◇ ~ от себя́ подо-

зре́ние eine Verdächtigung zurückweisen; ◇ ~ чью-л кандидату́ру eine Kandidatur ablehnen

отве́т m_1 ‹-а› Antwort f; (возраже́ние) Erwiderung f, Entgegnung f; ◇ призва́ть кого́-л к ~ у jd-n zur Verantwortung ziehen; ◇ быть в ~е за что-л verantwortlich sein für etw; отве́тить V_{4b} сов ‹-ве́чу, -ве́тишь, Part. Prät. Pass. -ве́ченный› отвеча́ть V_{1a} несов] на что вин или чем тв (1), за кого́-что вин (2) ① (на что-л) antworten; (возрази́ть) erwidern, entgegnen; (отреаги́ровать) beantworten; ◇ ~ на чу́вство ein Gefühl erwidern ② (плати́ть) vergelten, büßen

отве́тственность $ж_5$ ‹-и› Verantwortung f, Verantwortlichkeit f; юр Haftung f; ◇ взять [нести́] на себя́ ~ за что-л die Verantwortung für etw übernehmen; ◇ возложи́ть на кого́-л ~ за что-л jd-n für etw verantwortlich machen; ◇ снять с себя́ ~ за что-л sich der Verantwortung für etw entledigen; отве́тственный прил ‹-ая, -ое, -ые› ① (за что-л) verantwortlich ② verantwortungsvoll; (ва́жный) wichtig; (серьёзный) ernst, schwerwiegend; ◇ ~ая зада́ча verantwortungsvolle Aufgabe ◇ (осознаю́щий отве́тственность) verantwortungsbewusst

отвеча́ть несов от отве́тить

отвле́чь* ‹-еку́, -ечёшь› [отвлека́ть V_{1a} несов] кого́-что вин ① (от чего́-л) ablenken (von), abbringen ② филос abstrahieren

отврати́тельный прил ‹-ая, -ое, -ые› abscheulich, scheußlich; (отта́лкивающий) abstoßend, widerlich; отвраще́ние c_4 ‹-я› Abscheu f, Widerwille m, Abneigung f; ◇ пита́ть ~ к кому́/чему́-л Abscheu gegen jd-n/etw empfinden; внуша́ть ~ Ekel erregen

отвыка́ть V_{1a} несов ‹-а́ю, -а́ешь [отвы́кнуть V_2 сов] от чего́ род или с инф ① sich abgewöhnen ② (наме́ренно) sich entwöhnen; ◇ он уже́ отвы́к от э́той рабо́ты er ist diese Arbeit nicht mehr gewöhnt

отгада́ть V_{1a} сов ‹-а́ю, -а́ешь, Part. Prät. Pass. -га́данный› [отга́дывать V_{1a} несов] что вин erraten; (зага́дку) lösen, enträtseln; отга́дка $ж_1$ ‹-и, род мн: -док› Lösung f

отгово́р|ка $ж_1$ ‹-и, род мн: -рок› Ausrede f, Ausflucht f; (предло́г) Vorwand m; ◇ пуста́я ~ка faule Ausrede; ◇ без ~ок ohne Ausflüchte

отгу́л m_1 ‹-а› ◇ пойти́ в ~ы Überstunden f pl abfeiern

отдалённость $ж_5$ ‹-и› Entfernung f; (удалённость) Abgelegenheit f; (расстоя́ние) Abstand m

отда́ть* сов ‹-а́м, -а́шь› [отдава́ть V_{1a} несов] что вин (1, 3), кого́-что вин (2) ① (дать) abgeben, (уступи́ть) weggeben,

abtreten; (возврати́ть) zurückgeben ② (отпра́вить) (weg-)geben, schicken; ◇ ~ ребёнка в де́тский сад das Kind in den Kindergarten schicken; ◇ ~ под суд vor Gericht bringen ③ мор (отвяза́ть) losmachen, loslassen; ◇ ~ я́корь Anker werfen

отде́л m_1 ‹-а› ① (в учрежде́нии) Abteilung f, Bereich m ② (разде́л) Abschnitt m, Rubrik f

отделе́ние c_4 ‹-я› ① (де́йствие) (Ab-)Trennung f, Ausscheidung f, Absonderung f ② (часть) Abteilung f; (филиа́л) Filiale f, Zweigstelle f; (в ваго́не) Abteil m; (в столе́, шкафу́) Fach m ③ (конце́рта, представле́ния) Teil m ④ воен Gruppe f;

отделя́ться V_{4a} сов ‹-лю́сь, -е́лишься [отделя́ться V_{1b} несов] от кого́-чего́ род ① (отпа́сть) sich trennen, sich absondern, sich loslösen ② (отойти́) sich entfernen (von), sich absondern ③ (стать самостоя́тельным) sich selbständig machen

отде́лка $ж_1$ ‹-и, род мн: -лок› ① (де́йствие) Bearbeitung f; (оконча́тельная) Fertigstellung f; стр Putz m; (кварти́ры, помеще́ния) Innenausbau m ② (украше́ние) Verzierung f; (пла́тья) Besatz m

отде́льный прил ‹-ая, -ое, -ые› ① (едини́чный) einzeln; (осо́бый) gesondert; ◇ ~ слу́чай Einzelfall m ② (отделённый от други́х) (ab-)getrennt, besonderer

отдохну́ть V_2 сов ‹-ну́, -нёшь› [отдыха́ть V_{1a} несов] без доп sich erholen, ausspannen, sich ausruhen

о́тдых m_1 ‹-а› Erholung f; (досу́г) Freizeit f; (переды́шка) Rast f; ◇ организа́ция ~а Freizeitgestaltung f; ◇ без ~а ohne Unterlass

отдыха́ть несов от отдохну́ть

отдыша́ться V_{1a} сов ‹-шу́сь, -ы́шишься, Imp. -ши́сь, -тесь› без доп verschnaufen; (прийти́ в себя́) zu sich kommen, sich erholen

оте́ц m_1 ‹отца́, мн: отцы́› Vater m

оте́чественный прил ‹-ая, -ое, -ые› einheimisch, inländisch; оте́чество c ‹-а› Vaterland n

отжи́вший прил ‹-ая, -ое, -ие› ① (устаре́вший) überholt, überlebt; ◇ ~ обы́чай veraltete Sitte ② (о челове́ке) verlebt, das Leben hinter sich habend

о́тзвук m_1 ‹-а› ① (э́хо) Echo n, Widerhall m ② перен Resonanz f; (отголосок) Nachhall m

о́тзыв m_1 ‹-а› ① (выска́зывание) Äußerung f; (заключе́ние) Urteil n; (мне́ние) Meinung f; (реце́нзия) Rezension f; ◇ дать ~ sich zu etw äußern ② (посла и т. n.) Abberufung f

отзы́вчивый прил ‹-ая, -ое, -ые› mitfühlend, verständnisvoll, Anteil nehmend

отка́з m_1 ‹-а› ① (несогла́сие) Absage f; (отклоне́ние) Ablehnung f; ◇ получи́ть ~

eine Absage erhalten; ◇ **до** ~**a** bis zum Äußersten; ◇ **без** ~**a** einwandfrei [2] (*нежелание*) Verzicht *m* [3] тех (*механизма*) Versagen *n*

отказа́ть V_{1a} *сов* ‹-ажу́, -а́жешь, (3) 1 и 2 л. не употр, *Imp.* -ажи́, ~те, *Part. Prät. Pass.* -а́занный› [**отка́зывать** V_{1a} *несов*] *кому-чему дат в чём предл (1, 2), без доп (3)* [1] (*отклонить*) ablehnen, verweigern, absagen; (*ответить отказом*) negativ antworten; (*жениху, невесте*) einen Korb geben [2] (*лишить себя*) absprechen; ◇ **ему́ нельзя́** ~ **в ве́жливости** man kann ihm seine Höflichkeit nicht absprechen [3] (*о механизме*) aussetzen, versagen; **отказа́ться** *сов* ‹-ажу́сь, -а́жешься› [**отка́зываться** *несов*] *от чего или с инф* [1] (*не согласиться*) etw ablehnen; (*сопротивляться*) sich weigern, nicht wollen; ◇ ~ **от предло́женной до́лжности** einen Posten ausschlagen [2] (*оставить мысль*) aufgeben, verzichten (auf); (*отречься*) sich lossagen; ◇ ~ **от со́бственных слов** seine Worte zurücknehmen

откача́ть V_{1a} *сов* ‹-а́ю, -а́ешь, *Part. Prät. Pass.* -а́чанный› [**отка́чивать** V_{1a} *несов*] *что вин (1), кого-что вин (2)* [1] (*воду*) abpumpen (*привести в чувство*) reanimieren; ◇ ~ **уто́пленника** den Ertrunkenen wieder ins Leben zurückholen

отка́шляться V_{1b} *сов* ‹-яюсь, -яешься› [**отка́шливаться** V_{1a} *несов*] *без доп* sich räuspern

откину́ть V_2 *сов* ‹-ну, -нешь, *Imp.* -нь, ~те, *Part. Prät. Pass.* -нутый› [**отки́дывать** V_{1a} *несов*] *кого-что вин* [1] (*отбросить*) wegwerfen; (*в сторону*) beiseite werfen [2] (*отогнуть*) zurückschlagen; (*занавеску*) aufziehen; (*крышку*) aufklappen [3] (*голову*) zurückwerfen [4] *перен разг* (*отбросить*) verwerfen; (*оставить без внимания*) unberücksichtigt lassen

о́тклик *m_1* ‹-a› [1] (*эхо*) Echo *n*, Widerhall *m* [2] (*ответ*) Reaktion *f* [3] *перен* Echo *n*; (*резонанс*) Resonanz *f*; ◇ ~**и в печа́ти** Pressestimmen *f pl*; ◇ **найти́** ~ Resonanz finden

отклони́ть V_{4a} *сов* ‹-ню́, -о́нишь› [**отклоня́ть** V_{1b} *несов*] *что вин* [1] (*отвести в сторону*) abwenden, ablenken [2] (*отвергнуть*) ablehnen; **отклони́ться** *сов* ‹-ню́сь, -о́нишься, (1) 1 и 2 л. не употр› [**отклоня́ться** *несов*] *от чего род* [1] (*переместиться*) abweichen; (*от стрелке*) ausschlagen [2] (*от темы*) abkommen, abweichen

отключи́ть V_{4a} *сов* ‹-чу́, -чи́шь› [**отключа́ть** V_{1a} *несов*] *что вин эл* ausschalten, abschalten; ◇ ~ **телефо́н** das Telefon abstellen

отко́рм *m_1* ‹-a› Mast *f*, Mästung *f*

отко́с *m_1* ‹-a› Abhang *m*, Böschung *f*;

пусти́ть по́езд под ~ einen Zug zum Entgleisen bringen

открове́нный *прил* ‹-ая, -ое, -ые› offen; (*искренний*) aufrichtig; (*прямодушный*) offenherzig; (*нескрываемый*) unverhohlen; ◇ ~**о говоря́** offen gesagt

откры́тие *c_4* ‹-я› [1] (*научное*) Entdeckung *f* [2] (*конференции, заседания*) Eröffnung *f*; (*торжественная церемония*) Beginn *m*; (*памятника*) Enthüllung *f*

откры́тка *ж_1* ‹-и, *род мн:* -ток› Postkarte *f*; (*с видом*) Ansichtskarte *f*

откры́тый *прил* ‹-ая, -ое, -ые› [1] (*не закрытый*) offen, geöffnet [2] (*прямой*) direkt; (*искренний*) aufrichtig; ◇ **с** ~**ой душо́й** offenherzig [3] (*явный*) offenkundig, offensichtlich; (*нескрываемый*) unverhohlen, im Klartext [4] (*непокрытый*) bloß, unbedeckt; ◇ **в** ~**ом мо́ре** auf hoher See; ◇ **на** ~**ом во́здухе** an der frischen Luft; ◇ **под** ~**ым не́бом** im Freien;

откры́ть* *сов* ‹-ро́ю, -ро́ешь› [**открыва́ть** V_{1a} *несов*] *что вин* [1] (*раскрыть*) öffnen, aufmachen; (*распахнуть*) aufschlagen; (*крышку, книгу, глаза*) öffnen [2] (*покрытое*) aufdecken, enthüllen [3] (*о научном открытии*) entdecken, aufdecken [4] (*новое учреждение*) eröffnen, einweihen [5] (*начать*) eröffnen; ◇ ~ **конфере́нцию** die Konferenz eröffnen; ◇ ~ **ду́шу кому́-л** sein Herz ausschütten; **откры́ться** *сов* ‹-ро́юсь, -ро́ешься› [**открыва́ться** *несов*] *без доп* [1] (*раскрыться*) sich öffnen, aufgehen [2] (*начаться*) beginnen, eröffnet werden; (*об эпидемии*) ausbrechen [3] (*представиться*) sich eröffnen, sich zeigen [4] (*открыть свои мысли*) sich öffnen [5] (*обнаружиться*) sich erweisen, sich herausstellen, zutage treten

отку́да *нареч* woher, von wo; ◇ ~ **Вы?** woher kommen Sie?; ◇ ~ **бы ни** woher auch immer; ◇ ~ **бы он ни пришёл** woher auch immer er kommen mag; ◇ ~ **ни возьми́сь** wie vom Himmel gefallen

откупо́ривать V_{1a} *несов* ‹-аю, -аешь› [**откупо́рить** V_{4b} *сов*] *что вин* [1] (*бутылку*) entkorken; (*бочку*) anstechen [2] (*ящик, консервы*) öffnen

откуси́ть V_{4a} *сов* ‹-ушу́, -у́сишь, *Part. Prät. Pass.* -у́шенный› [**отку́сывать** V_{1a} *несов*] *что вин или чего род* [1] (*зубами*) abbeißen [2] (*клещами*) abkneifen, abklipsen

отлёт *m_1* ‹-a› Abflug *m*; ◇ **дом стои́т на** ~**e** das Haus liegt abgelegen

отли́в *m_1* ‹-a› [1] (*моря*) Ebbe *f* [2] *перен* (*спад*) Abebben *n*, Rückgang *m* [3] (*отблеск*) Schillern *n*; (*оттенок*) Schattierung *f*, Farbton *m*

отли́ть* *сов* ‹отолью́, отольёшь› [**отлива́ть** V_{1a} *несов*] *что вин или чего род (1), что вин (2)* [1] (*воду*) abgießen [2] (*статую и т. п.*) gießen

отлича́ть *несов от* **отличи́ть**
отли́чие c_4 <-я> ① (*различие*) Unterschied *m;* ◇ **в ~ от** im Unterschied zu ② (*заслуга*) Auszeichnung *f;* ◇ **с ~м** mit Auszeichnung; **отличи́ть** V_{4a} *сов* <-чу́, -чи́шь> [**отлича́ть** V_{1a} *несов*] *кого-что вин* ① (*различить*) unterscheiden ② (*наградить*) auszeichnen; **отличи́ться** *сов* <-чу́сь, -чи́шься> [**отлича́ться** *несов*] *от кого-чего род (1), чем тв (2)* ① sich unterscheiden (von) ② sich auszeichnen (durch); **отли́чный** *прил* <-ая, -ое, -ые> ① (*различный*) verschieden ② (*превосходный*) hervorragend, ausgezeichnet; (*выдающийся*) herausragend; (*блестящий*) glänzend
отложи́ть V_{4a} *сов* <-ожу́, -о́жишь, Part. Prät. Pass. -оженный> [**откла́дывать**, *отлага́ть* V_{1a} *несов*] *что вин* ① (*в сторону*) beiseite legen, weglegen ② (*скопить*) sparen, zurücklegen, aufbewahren; ◇ **на чёрный день** für den Notfall zurücklegen ③ (*отсрочить*) aufschieben, verschieben; (*перенести*) verlegen; ◇ ~ **встре́чу** das Treffen verschieben; ◇ ~ **в до́лгий я́щик** auf die lange Bank schieben
отломи́ть V_{4a} *сов* <-млю́, -о́мишь, Part. Prät. Pass. -о́мленный> [**отла́мывать** V_{1a} *несов*] *что вин* abbrechen; ◇ ~ **горбу́шку** ein Stück Brot abbrechen
отлучи́ть V_{4a} *сов* <-чу́сь, -чи́шься> [**отлуча́ться** V_{1a} *несов*] *без доп* (*уйти*) weggehen, ausgehen; (*удалиться*) sich entfernen; ◇ ~ **на час** für eine Stunde weggehen
отма́лчиваться V_{1a} *несов* <-аюсь, -аешься> [**отмолча́ться** V_{1a} *сов*] *без доп* sich ausschweigen, sich in Schweigen hüllen
отма́хиваться V_{1a} *несов* <-аюсь, -аешься> [**отмахну́ться** V_{5} *сов*] *от кого-чего род* (1) (*от кого-л*) verjagen, abwehren; ◇ ~ **от комара́** eine Mücke verjagen ② (*от чего-л*) sich drücken (wollen); ◇ ~ **от зада́чи** vor einer Aufgabe kneifen
отмежева́ться V_{1q} *сов* <-жу́юсь, -жу́ешься, Imp. -жу́йся> [**отмежёвываться** V_{1a} *несов*] *от кого-чего род* ① (*отделиться межой*) sich abgrenzen ② *перен* sich absondern, sich distanzieren
о́тмель $ж_5$ <-и> Untiefe *f*, seichte Stelle *f;* ◇ **песча́ная** ~ Sandbank *f*
отме́на $ж_1$ <-ы> Abschaffung *f*, Aufhebung *f;* **отмени́ть** V_{4a} *сов* <-ню́, -е́нишь> [**отменя́ть** V_{1b} *несов*] *что вин* abschaffen, aufheben; (*приказ*) rückgängig machen; (*закон*) außer Kraft setzen; (*заседание и т. п.*) absagen; ◇ ~ **зака́з** einen Auftrag zurückziehen
отме́нный *прил* <-ая, -ое, -ые> ausgezeichnet; (*выдающийся*) hervorragend
отменя́ть *несов от* **отмени́ть**
отмере́ть V_5 *сов* <отомру́, отомрёшь, 1 и 2 л. не употр, Prät. о́тмер, -ла́, Part. Prät. Akt. отме́рший> [**отмира́ть** V_{1a}

несов] *без доп* ① (*омертветь*) absterben ② *перен* (*исчезнуть*) aussterben
отме́рить V_{4b} *сов* <-рю, -ришь> [**отмеря́ть** и **отме́ривать** V_{1a} *несов*] *что вин* ① abmessen; ◇ ~ **два ме́тра тка́ни** zwei Meter Stoff abmessen ② (*пройти*) zurücklegen; ◇ ~ **шага́ми** abschreiten
отме́тить V_{4b} *сов* <-ме́чу, -ме́тишь, Part. Prät. Pass. -ме́ченный> [**отмеча́ть** V_{1a} *несов*] *кого-что вин* ① (*обозначить*) bezeichnen, kennzeichnen, anstreichen ② (*указать*) bemerken; (*упомянуть*) erwähnen, feststellen ③ (*подчеркнуть*) unterstreichen, hervorheben; ◇ **сле́дует ~, что ...** es muss betont werden, dass ... ④ (*записать*) vermerken, notieren; (*внести в список*) eintragen ⑤ (*день рождения*) feiern, begehen; **отме́титься** *сов* <-ме́чусь, -ме́тишься> [**отмеча́ться** *несов*] *без доп разг* (*зарегистрироваться*) sich registrieren lassen, sich anmelden; **отме́тка** $ж_1$ <-и, *род мн:* -ток> ① (*пометка*) Vermerk *m*, Notiz *f* ② (*знак*) Kennzeichen *n*, Zeichen *n* ③ (*балл*) Note *f*, Zensur *f*
отморо́зить V_{4b} *сов* <-о́жу, -о́зишь, Part. Prät. Pass. -о́женный> [**отмора́живать** V_{1a} *несов*] *что вин* erfrieren
отмы́ть* *сов* <-мо́ю, -мо́ешь> [**отмыва́ть** V_{1a} *несов*] *что вин* ① (*смыть*) abspülen; (*смыть*) <-мо́ется, -мо́ются, 1 и 2 л. не употр> [**отмыва́ться** *несов*] *без доп* ① (*о пятне*) beim Waschen herausgehen, sich herauswaschen lassen; ◇ **кра́ска не отмо́ется** die Farbe geht nicht heraus ② (*вымыться*) sauber werden
отмы́чка $ж_1$ <-и, *род мн:* -чек> (*ключ*) Dietrich *m*
отнести́* *сов* <-су́, -сёшь> [**относи́ть** V_{4a} *несов*] *кого-что вин (1, 2), кого-что вин к кому-чему дат (3)* ① (*прочь*) wegbringen, fortbringen, wegtragen; (*доставить*) hinbringen ② (*перенести - о сроке*) verlegen, verschieben ③ (*причислить*) zuordnen, zurechnen, zählen (zu); ◇ ~ **кого́-л к числу́ свои́х единомы́шленников** jd-n zu seinen Gleichsinnten zählen; ◇ **к чему́ ~ э́ту цита́ту?** worauf ist dieses Zitat zurückzuführen; **отнести́сь** *сов* <-су́сь, -сёшься> [**относи́ться** *несов*] *к кому-чему дат* sich verhalten, eine bestimmte Einstellung gegenüber jd-m/etw haben; ◇ ~ **к кому́-л с понима́нием** jd-m gegenüber Verständnis zeigen
относи́тельно I. *нареч* verhältnismäßig, relativ II. *предлог с род* bezüglich, in Bezug auf, hinsichtlich; ◇ ~ **э́того** bezüglich; **относи́тельность** $ж_5$ <-и> Relativität *f* Verhältnismäßigkeit *f;* физ ◇ **тео́рия** ~ Relativitätstheorie *f;* **относи́тельный** *прил* <-ая, -ое, -ые> ① (*связанный с чем-л, сравнительный*)

relativ; грам ◇ **-ое местоиме́ние** Relativpronomen ② (*умеренный*) mäßig; (*ограниченный*) begrenzt
относи́ть(ся) *несов от* **отнести́(сь)**
отноше́ни|е c_4 ‹-я› ① (*к кому-чему-л*) Verhalten *n*, Behandlung *f*; (*позиция*) Haltung *f*; ◇ **небре́жное ~е** Nachlässigkeit *f*; **~е к де́лу** Arbeitseinstellung *f* ② (*связь*) Beziehung *f*, Verhältnis *n*; ◇ **по ~ю ко мне** was mich betrifft; ◇ **в э́том ~и** in dieser Beziehung; ◇ **во всех ~ях** in jeder Hinsicht ③ ◇ **-я** *мн* (*сношения, связи*) Beziehungen *f pl*, Verhältnisse *n pl*; ◇ **быть в дру́жеских ~ях с кем-л** zu jd-m ein freundschaftliches Verhältnis haben
отны́не *нареч* von nun an/ab, ab heute
отню́дь *нареч* keineswegs, mitnichten, auf keinen Fall; ◇ **~ не наме́рен возража́ть** ich will hier keineswegs widersprechen
отня́ть V_{1b} *сов* ‹-ниму́, -ни́мешь, *Prät.* -нял, -á, *Imp.* -ними́, ~те, *Part. Prät. Pass.* -нятый› [**отнима́ть** V_{1a} *несов* *кого-что вин (1), что вин (2), что вин от чего род (3)* ① (*отобрать*) wegnehmen; (*вырвать*) entreißen; ◇ **~ мно́го вре́мени** viel Zeit in Anspruch nehmen; ◇ **~ от груди́** ② (*ампутировать*) amputieren, abnehmen ③ *мат* abziehen, subtrahieren; **отня́ться** *сов* ‹-ни́мется, ни́мутся, 1 и 2 л. не употр› [**отнима́ться** *несов*] *без доп* (*быть парализованным*) gelähmt sein
отобра́ть *сов* ‹отберу́, отберёшь› [**отбира́ть** V_{1a} *несов* *кого-что вин* ① (*отнять*) wegnehmen, sich aneignen ② (*выбрать*) auswählen, aussuchen
отовсю́ду *нареч* von überall(her); (*со всех сторон*) von allen Seiten, von allen Ecken und Enden
отогре́ть V_5 *сов* ‹-е́ю, -е́ешь, *Part. Prät. Pass.* -е́тый› [**отогрева́ть** V_{1a} *несов*] *кого-что вин* aufwärmen; ◇ **~ помеще́ние** einen Raum heizen; *перен* ◇ **~ сироту́** sich eines Waisenkindes annehmen
отодви́нуть V_2 *сов* ‹-ну, -нешь, *Imp.* -нь, ~те, *Part. Prät. Pass.* -нутый› [**отодвига́ть** V_{1a} *несов* *кого-что вин (1), что вин (2)* ① (*переместить*) wegschieben, wegrücken; (*в сторону*) beiseite schieben; (*назад*) zurückschieben; ◇ **~ на за́дний план** in den Hintergrund drängen ② *перен* (*отсрочить*) aufschieben, verschieben, verlegen
отодра́ть* *сов* ‹отдеру́, отдерёшь› [**отдира́ть** V_{1a} *несов* *что вин (1), кого-что вин (2), разг* ① (*оторвать*) abreißen; (*сорвать*) herunterreißen ② (*высечь*) verprügeln, verdreschen; **отодра́ться** *сов* ‹отдерёт, отдерут, 1 и 2 л. не употр› [**отдира́ться** *несов* *без доп разг* (*оторваться*) abreißen, losgehen, abgehen

отождестви́ть V_{4a} *сов* ‹-влю́, -ви́шь, *Part. Prät. Pass.* -влённый› [**отождествля́ть** V_{1b} *несов*] *кого-что вин* gleichsetzen, identifizieren; **отождествле́ние** c_4 ‹-я› Gleichsetzung *f*, Identifikation *f*
отозва́ть* *сов* ‹отзову́, отзовёшь› [**отзыва́ть** V_{1a} *несов*] *кого-что вин* ① (*в сторону*) beiseite nehmen, jd-n zur Seite rufen ② (*посла и т. п.*) abberufen; **отозва́ться** *сов* ‹отзову́сь, отзовёшься› [**отзыва́ться** *несов*] *на что вин (1), о ком-чём предл (2), на ком-чём предл (3)* ① (*ответить*) antworten, erwidern, zurückrufen ② (*дать отзыв*) sich äußern, seine Meinung sagen; ◇ **хорошо́ ~о ком-л** gut von jd-m sprechen ③ (*повлиять*) sich auf etw/jd-n auswirken, jd-n/etw beeinflussen
отойти́* *сов* ‹-йду́, -йдёшь, (5) 1 и 2 л. не употр› [**отходи́ть** V_{4a} *несов* *без доп, от кого-чего род (4, 6)* ① (*уйти*) weggehen; (*удалиться*) sich entfernen; (*в сторону*) zur Seite treten ② *воен* (*отступить*) sich zurückziehen ③ (*о поезде, пароходе*) abfahren ④ (*отклониться*) abweichen von ⑤ (*отпасть, отвалиться*) abgehen, abfallen, sich ablösen ⑥ (*отступиться*) von etw/jd-m abrücken, sich abwenden von ⑦ *разг* (*прийти в себя*) wieder zu sich kommen; (*успокоиться*) sich beruhigen ⑧ (*миновать*) vorübergehen, vorbei sein, enden; ◇ **~ в про́шлое** der Vergangenheit angehören
отомсти́ть *см.* **мстить**
отопле́ние c_4 ‹-я› ① (*действие*) Heizen *n* ② (*система*) Heizung *f*
ото́рванность $ж_5$ ‹-и› Abgeschiedenheit *f*; (*изоляция*) Isoliertheit *f*; (*одиночество*) Einsamkeit *f*; **ото́рванный** *прил* ‹-ая, -ое, -ые› (*утративший связь*) isoliert, getrennt; (*одинокий*) einsam, abgeschieden; ◇ **~ от жи́зни** weltfremd
оторва́ть V_{1a} *сов* ‹-ву́, -вёшь, *Imp.* -ви́, ~те, *Part. Prät. Pass.* -о́рванный› [**отрыва́ть** V_{1a} *несов* *кого-что вин (1), кого-что вин от чего род (2, 3)* ① (*отдёрнуть*) abreißen ② *перен* (*отвлечь*) losreißen; ◇ **~ глаза́ от кни́ги** die Augen vom Buch abwenden ③ (*разлучить*) trennen, loslösen; **оторва́ться** *сов* ‹-ву́сь, -вёшься› [**отрыва́ться** *несов*] *от кого-чего род* ① (*отделиться*) sich losreißen, sich lösen, abbrechen; ◇ **я не мог ~ от интере́сной кни́ги** ich konnte mich von dem interessanten Buch nicht losreißen ② *перен* (*утратить связь*) die Verbindung verlieren, sich trennen; ◇ **~ от жи́зни** weltfremd sein
оторопе́ть V_5 *сов* ‹-е́ю, -е́ешь› [**оторопева́ть** V_{1a} *несов*] *без доп* verdutzt, verblüfft sein
отосла́ть V_{1a} *сов* ‹отошлю́, отошлёшь, *Imp.* отошли́, ~те, *Part. Prät. Pass.* ото́сланный› [**отсыла́ть** V_{1a}

несов⟩ кого-что вин ① abschicken, senden ② (*прочь*) fortschicken; (*удалить*) entfernen

отпа́|сть* *сов* ⟨-адёт, -аду́т, 1 и 2 л. не употр⟩ [**отпада́ть** V_{1a} *несов⟩ без доп* ① (*отвали́ться*) abfallen, sich loslösen; ◇ **штукату́рка ~ла** der Putz hat sich gelöst ② (*утра́тить смысл*) wegfallen; ◇ **обвине́ние ~ло** die Anklage wurde hinfällig; ◇ **у меня́ ~ла охо́та к чему́-л** mir ist die Lust zu etw vergangen

отпеча́таться *сов* ⟨-ает, 1 и 2 л. не употр⟩ [**отпеча́тываться** *несов⟩ без доп* ① (*оста́вить след*) eine Spur, Abdrücke hinterlassen ② *перен* sich einprägen; **отпеча́т|ок** m_1 ⟨-тка, *мн:* -тки⟩ ① (*след*) Abdruck *m,* Spur *f;* ◇ **~ки па́льцев** Fingerabdrücke *m pl* ② *перен* (*осо́бенность*) Stempel *m;* ◇ **наложи́ть свой ~ок** seinen Stempel aufdrücken

отпи́ска $ж_1$ ⟨-и, *род мн:* -сок⟩ Wisch *m*

отпихну́ть V_2 *сов* ⟨-ну́, -нёшь, *Part. Prät. Pass.* -пи́хнутый⟩ [**отпи́хивать** V_{1a} *несов⟩ кого-что вин* wegstoßen; (*ло́дку от бе́рега*) abstoßen; (*отодви́нуть*) wegschieben, zurückstoßen

отпла́та $ж_1$ ⟨-ы⟩ ① Vergeltung *f,* Rache *f* ② Revanche *f,* Gegenleistung *f;* **отплати́ть** V_{4a} *сов* ⟨-ачу́, -а́тишь, *Part. Prät. Pass.* -а́ченный⟩ [**отпла́чивать** V_{1a} *несов⟩ кому-чему́ дат за что вин* ① (*брать рева́нш*) vergelten, danken (für); ◇ **~ неблагода́рностью за добро́** sich undankbar zeigen ② (*рассчита́ться*) abrechnen; ◇ **~ тем же** Gleiches mit Gleichem vergelten

отплыва́ть *несов от* **отплы́ть**

отплы́тие c_4 ⟨-я⟩ Abfahrt *f*

отплы́ть* *сов* ⟨-ыву́, -ывёшь⟩ [**отплыва́ть** V_{1a} *несов⟩ без доп* ① (*удали́ться*) wegschwimmen, fortschwimmen ② (*на су́дне*) abfahren; (*под паруса́ми*) losegeln; ◇ **~ в мо́ре** in See stechen

отпо́ведь $ж_1$ ⟨-и⟩ Abfuhr *f;* (*вы́говор*) Verweis *m*

отпо́р m_1 ⟨-а⟩ Abwehr *f,* Widerstand *m,* Zurückweisung *f;* ◇ **встре́тить ~** auf Widerstand stoßen; *перен* ◇ **дать ~ кому́-л** jd-m eine Abfuhr erteilen

отпоро́ть* *сов* ⟨-рю́, -о́решь⟩ [**отпа́рывать** V_{1a} *несов⟩ что вин* abtrennen, lostrennen

отправи́тель m_2 ⟨-я⟩ Absender *m;* **отпра́вить** V_{4b} *сов* ⟨-влю, -вишь, *Part. Prät. Pass.* -вленный⟩ [**отправля́ть** V_{1b} *несов⟩ кого-что вин* ① (*посла́ть*) versenden, absenden, abschicken; (*письмо́, посы́лку*) (ver-)schicken; ◇ **~ на тот свет** jd-n ins Jenseits befördern ② (*по́езд*) abfertigen; **отпра́виться** *сов* ⟨-влюсь, -вишься⟩ [**отправля́ться** *несов⟩ куда вин* sich begeben; (*пойти́*) aufbrechen; (*о по́езде*) abfahren; ◇ **~ в путеше́ствие** eine Reise antreten; ◇ **~ в путь** sich auf den

Weg machen; **отпра́вка** $ж_1$ ⟨-и, *род мн:* -вок⟩ ① (*пи́сем*) Versendung *f,* Absendung *f;* (*багажа́*) Abfertigung *f* ② (*по́езда*) Abfahrt *f*

отправле́ние c_4 ⟨-я⟩ ① (*отсы́лка*) Absendung *f,* Abfertigung *f* ② (*по́езда*) Abfahrt *f* ③ (*отъе́зд*) Abreise *f,* Abfahrt *f* ④ (*почто́вое*) (Post-)Sendung *f;* ◇ **заказно́е ~** Einschreiben *n*

отправля́ть(ся) *несов от* **отпра́вить(ся)**

отпра́здновать *сов см* **пра́здновать**

отпроси́ться V_{4a} *сов* ⟨-ошу́сь, -о́сишься⟩ [**отпра́шиваться** V_{1a} *несов⟩ без доп разг* sich frei nehmen, sich beurlauben lassen

о́тпрыск m_1 ⟨-а⟩ ① *бот* Spross *m* ② *перен* Sprössling *m*

о́тпуск m_1 ⟨-а, *мн:* -а́⟩ ① (*освобожде́ние*) Urlaub *m,* Beurlaubung *f;* ◇ **дополни́тельный ~** Zusatzurlaub; ◇ **ежего́дный ~** Jahresurlaub; ◇ **быть в ~е** im Urlaub sein ② (*това́ра*) Auslieferung *f,* Ausgabe *f*

отпуска́ть *несов от* **отпусти́ть**

отпускни́к m_1 ⟨-а́, *мн:* -и́⟩ Urlauber *m*

отпусти́ть V_{4a} *сов* ⟨-ущу́, -у́стишь, *Part. Prät. Pass.* -у́щенный⟩ [**отпуска́ть** V_{1a} *несов⟩ кого-что вин* ① (*позво́лить уйти́*) gehen lassen, ziehen lassen; (*вы́пустить*) entlassen ② (*дать о́тпуск*) beurlauben, freigeben ③ (*на свобо́ду*) freilassen, entlassen ④ (*това́р*) verkaufen, ausliefern; (*де́ньги*) bewilligen ⑤ (*во́лосы*) wachsen lassen; (*бо́роду*) stehen lassen ⑥ (*осла́бить*) lockern; (*о бо́ли*) nachlassen; ◇ **~ шу́тку** einen Witz reißen

отрабо́та|ть V_{1a} *сов* ⟨-аю, -аешь⟩ [**отраба́тывать** V_{1a} *несов⟩ что вин* (1–3) *без доп* (4) ① (*срок*) arbeiten; ◇ **он два го́да ~л разнорабо́чим** er hat zwei Jahre als Aushilfe gearbeitet ② (*возмести́ть трудо́м*) abarbeiten; ◇ **~ть долг** seine Schuld abarbeiten ③ (*отде́лать*) durcharbeiten, letzte Hand anlegen ④ (*ко́нчить рабо́тать*) eine Arbeit beenden; ◇ **он ~л своё** er hat genug gearbeitet

отра́ва $ж_1$ ⟨-ы⟩ Gift *n;* ◇ **~ для крыс** Rattengift; **отрави́ть** V_{4a} *сов* ⟨-влю́, -а́вишь, *Part. Prät. Pass.* -а́вленный⟩ [**отравля́ть** V_{1b} *несов⟩ кого-что вин* ① (*причини́ть вред*) vergiften; ◇ **~ органи́зм алкого́лем** eine Alkoholvergiftung bekommen; (*зарази́ть*) verseuchen ② *перен* jd-m etw verderben; (*лиши́ть ра́дости*) jd-m verbittern; ◇ **~ кому́-л пра́здник** jd-m das Fest verderben; **отрави́ться** *сов* ⟨-влю́сь, -а́вишься⟩ [**отравля́ться** *несов⟩ чем тв* sich vergiften, Gift nehmen; **отравле́ние** c_4 ⟨-я⟩ Vergiftung *f;* ◇ **пищево́е ~** Lebensmittelvergiftung; ◇ **~ га́зом** Gasvergiftung; **отравля́ющий** *прил* ⟨-ая, -ее, -ие⟩ Gift-, giftig

отраже́ние c_4 ⟨-я⟩ ① (*воспроизве́-*

дение) Widerspiegelung f, Reflexion f ②
(*изображение*) Abbild n, Spiegelbild n ③
(*нападения*) Abwehr f; (*удара*) Gegenwehr f; **отрази́ть** V_{4a} сов ‹-ажу́, -зи́шь, *Part. Prät. Pass.* -ажённый› [**отража́ть** V_{1a} несов] *кого-что* вин ① (*воспроизвести*) widerspiegeln, reflektieren ② (*передать*) widerspiegeln, darstellen ③ (*отбить*) abwehren; ◇ ~ **уда́р** einen Schlag parieren ④ (*опровергнуть*) widerlegen, zurückweisen; **отрази́|ться** сов ‹-зи́тся, -зя́тся, 1 и 2 л. не употр› [**отража́ться** несов] *без доп (1)*, *что* вин (2), *на чём предл (3)* ① (*о свете, тепле*) reflektieren ② (*появиться*) widerspiegeln, erscheinen; ◇ в глаза́х ~лась трево́га in den Augen spiegelte sich Besorgnis wider ③ (*оказать влияние*) einwirken, sich auswirken (auf); ◇ **переутомле́ние** ~**лось на здоро́вье** die Übermüdung wirkte sich auf seine Gesundheit aus

о́трасль $ж_5$ ‹-и› Zweig m, Branche f; ◇ ~ **наро́дного хозя́йства** Wirtschaftszweig

отрасти́ть V_{4a} сов ‹-ащу́, -асти́шь, *Part. Prät. Pass.* -ащённый› [**отра́щивать** V_{1a} несов] *что* вин wachsen lassen; ◇ ~ **себе́ усы́** sich einen Schnurrbart stehen lassen

отре́зать V_{1a} сов ‹-е́жу, -е́жешь, *Imp.* -режь, ~те› [**отреза́ть** V_{1a} несов] *что* вин *или чего род (1-3)*, *что* вин *или без доп (4)* ① (*отделить*) (ab-)schneiden; ◇ ~ **кусо́к хле́ба** Brot schneiden ② (*ампутировать*) amputieren ③ (*преградить путь*) abschneiden; ◇ ~ **пути́ к отступле́нию** den Rückzug abschneiden ④ *разг* (*резко ответить*) eine scharfe Antwort geben

отрезвле́ние c_4 ‹-я› Ernüchterung f

отре́зок $м_1$ ‹-зка, *мн:* -зки› Abschnitt m; (*пути*) Strecke f; ◇ ~ **вре́мени** Zeitraum m

отрека́ться несов от **отре́чься**

отрече́ние c_4 ‹-я› ① (*от награды, благ*) Verzicht m ② (*от идей, религии*) Verleugnung f, Lossagung f ③ (*от престола*) Abdankung f; **отре́чься** * сов ‹-еку́сь, -ечёшься› [**отрека́ться** V_{1a} несов] *от кого-чего род* ① (*от награды, благ*) auf etw verzichten ② (*от взглядов*) sich lossagen (von); (*от религии*) verleugnen; (*от слова*) etw zurücknehmen; ◇ ~ **от престо́ла** abdanken

отрешённость $ж_5$ ‹-и› Abgeschiedenheit f, Weltfremdheit f

отрица́ние c_4 ‹-я› Verneinung f, Negieren n; (*своих слов*) Leugnung f ② грам Negation f, Verneinungswort n; **отрица́тельн|ый** прил ‹-ая, -ое, -ые› ① (*отвергающий*) negativ; ◇ ~**ый результа́т** negatives Ergebnis ② (*неблагоприятный*) schlecht; ◇ ~**ое влия́ние** schlechter Einfluss; **отрица́ть** V_{1a} несов ‹-а́ю,

-а́ешь› *что* вин ① verneinen, negieren ② (*отвергать*) ablehnen; (*отпираться*) abstreiten; (*оспаривать*) bestreiten; ◇ **нельзя́** ~, **что он спосо́бен** man kann seine Fähigkeit nicht leugnen

отро́сток $м_1$ ‹-тка, *мн:* -тки́› ① бот Spross m, Schössling m ② анат Fortsatz m; (*нарост*) Auswuchs m

о́трочество c_2 ‹-а› Jugendjahre n pl

о́труби $мн_2$ ‹-е́й› Kleie f

отруби́ть V_{4a} сов ‹-блю́, -у́бишь, *Part. Prät. Pass.* -у́бленный› [**отруба́ть** V_{1a} несов] *что* вин *(1)*, *что* вин *или без доп (2)* ① (*отделить*) abhacken, abschlagen, abhauen ② *разг* (*резко ответить*) grob antworten

отры́в $м_1$ ‹-а› ① (*действие*) Abreißen n, Loslösen n ② *перен* (*отчуждение*) Entfremdung f, Loslösung f; ◇ **учи́ться без** ~**а от произво́дства** ein Fern- oder Abendstudium absolvieren (*neben einer beruflichen Tätigkeit*)

отрыва́ть несов от **оторва́ть**

отры́вок $м_1$ ‹-вка, *мн:* -вки› Ausschnitt m, Fragment n; (*выдержка из книги*) Auszug m; **отры́вочный** прил ‹-ая, -ое, -ые› fragmentarisch; (*без связи*) zusammenhangslos; (*в отрывках*) bruchstückhaft; (*с пробелами*) lückenhaft

отры́жка $ж_1$ ‹-и, *род мн:* -жек› ① Rülpser m, Aufstoßen n ② *перен* Überbleibsel n; ◇ ~ **про́шлого** ein Relikt aus der Vergangenheit

отры́ть *см.* рыть

отря́д $м_1$ ‹-а› Abteilung f, Truppe f; ◇ **головно́й** ~ Vorhut f

отряхну́ть V_2 сов ‹-ну́, -нёшь, *Part. Prät. Pass.* -ря́хнутый› [**отря́хивать** V_{1a} несов] *что* вин abschütteln, abstreifen; ◇ ~ **пыль с оде́жды** den Staub von der Kleidung abklopfen

отсе́в $м_1$ ‹-а› (*учащихся*) Ausscheiden n, Aussieben n; ◇ **проце́нт** ~**а** Durchfallquote f

отсе́ять V_{1b} сов ‹-е́ю, -е́ешь, *Imp.* -е́й, ~те› [**отсе́ивать** V_{1a} несов] *что* вин *(1)*, *кого-что* вин *(2)* ① (*просеять*) (aus-)sieben; (*выбрать*) auswählen ② *перен* (*устранить*) absondern; (*исключить*) aussieben

отсиде́ть V_5 сов ‹-ижу́, -ди́шь, *Imp. Part. Prät. Pass.* -и́женный› [**отси́живать** V_{1a} несов] *что* вин ① (*вызвать онемение*) ◇ ~ **себе́ но́гу** der Fuß schläft ein [wird steif] vom Sitzen ② (*отбыть наказание*) absitzen; ◇ ~ **год в тюрьме́** ein Jahr im Gefängnis absitzen

отска́кивать V_{1a} несов ‹-аю, -аешь› [**отскочи́ть** V_{4a} сов] *без доп* ① (*о мяче, пуле*) abprallen, zurückspringen ② (*отпрянуть*) abspringen, zurückspringen; (*в сторону*) zur Seite springen ③ (*отломиться*) abreißen, abgehen

отсове́това|ть V_{1a} сов ‹-тую, -туешь,

Imp. -ту́й, ~те〉 *кому дат с инф* abraten; (*отговорить*) ausreden; ◇ **друзья́ ~ли уезжа́ть** Freunde rieten von der Reise ab
отсро́чить V₄ᵦ *сов* 〈-чу, -чишь〉 [**отсро́чивать** V₁ₐ *несов*] *что вин* **1** aufschieben; (*заседание*) vertagen; ◇ ~ **платежи́** einen Betrag stunden **2** (*продлить срок действия*) verlängern; ◇ ~ **удостовере́ние** den Ausweis verlängern; **отсро́чка** *ж₁* 〈-и, *род мн:* -чек〉 Aufschub *m;* (*уплаты*) Stundung *f;* (*продление срока*) Fristverlängerung *f*
отстава́ние *ж₄* 〈-я〉 Rückstand *m;* (*недовыполнение*) Nichterfüllen *n;* (*о часах*) Nachgehen *n;* ◇ **преодоле́ть** ~ den Rückstand aufholen
отстава́ть *несов от* **отста́ть**
отста́вить V₄ᵦ *сов* 〈-влю, -вишь, *Part. Prät. Pass.* -вленный〉 [**отставля́ть** V₁ᵦ *несов*] *что вин* **1** (*в сторону*) beiseite stellen, wegstellen; (*отодвинуть*) wegrücken **2** *разг* (*отменить*) aufheben, rückgängig machen
отста́вк|а *ж₁* 〈-и, *род мн:* -вок〉 Abschied *m;* (*увольнение*) Entlassung *f;* (*министра, кабинета*) Rücktritt *m;* ◇ **быть в ~е** außer Dienst sein; ◇ **пода́ть в ~у** zurücktreten
отставля́ть *несов от* **отста́вить**
отста́ивать *несов от* **отстоя́ть**
отста́лость *ж₅* 〈-и〉 Rückständigkeit *f*
отста́л|ый *прил* 〈-ая, ое, -ые〉 rückständig, zurückgeblieben; ◇ **у́мственно ~ые** geistig zurückgeblieben; ◇ ~**ые взгля́ды** rückständige Ansichten
отста́|ть V₁ₐ *сов* 〈-а́ну, -а́нешь, (2, 3) 1 и 2 л. не употр, *Imp.* -ста́нь, ~те〉 [**отстава́ть** V₁ₐ *несов*] *от кого-чего род, без доп* (2) **1** (*остаться позади*) zurückbleiben; ◇ ~**ть от вре́мени** hinter seiner Zeit zurückbleiben **2** (*о часах*) nachgehen; ◇ **буди́льник ~л на 20 мину́т** der Wecker geht 20 Minuten nach **3** (*отделиться*) sich abtrennen; (*об обоях*) sich lösen **4** (*отдалиться*) sich trennen, die Verbindung abbrechen **5** *разг* (*оставить в покое*) in Ruhe lassen
отстоя́ть V₁ᵦ, *сов, kein Imp.* 〈-ою́, -ои́шь〉 [**отста́ивать** V₁ₐ *несов*] *кого-что вин* **1** (*защитить*) verteidigen, schützen **2** (*удержать за собой*) behaupten; (*о мнении*) bei etw bleiben; (*добиться*) duchsetzen; ◇ ~ **свои права́** seine Rechte durchsetzen; ◇ ~ **свою то́чку зре́ния** seinen Standpunkt behaupten
отстране́ние *с₄* 〈-я〉 Entfernung *f;* ◇ ~ **от до́лжности** Amtsenthebung *f;* (*увольнение*) Entlassung *f*
отступи́ть V₄ₐ *сов* 〈-плю́, -у́пишь〉 [**отступа́ть** V₁ₐ *несов*] *перед кем-чем тв* (1), *без доп* (2), *от чего род* (3, 4) **1** (*отойти*) zurücktreten, zurückgehen **2** voen sich zurückziehen, zurückweichen **3** (*от правила*) abweichen **4** полигр

absetzen; **отступле́ние** *с₄* 〈-я〉 **1** (*отход*) Rückzug *m,* Rückmarsch *m;* ◇ **нача́ть** ~ den Rückzug antreten **2** (*от правила*) Abweichung *f;* (*исключение*) Ausnahme *f;* (*от темы*) Abschweifung *f;* ◇ **сде́лать** ~ ausschweifen
отсу́тствие *с₄* 〈-я〉 **1** (*людей*) Abwesenheit *f;* ◇ **в моё** ~ in meiner Abwesenheit **2** (*недостаток*) Mangel *m,* Fehlen *n;* ◇ ~ **средств** Geldmangel *m;* ◇ **освобождён за ~м ули́к** mangels Beweisen entlassen;
отсу́тствовать V₃ₐ *несов* 〈-твую, -твуешь〉 *без доп* **1** (*о людях*) abwesend sein; (*на занятиях*) fehlen **2** (*недоставать*) fehlen, mangeln
отсы́лка *ж₁* 〈-и, *род мн:* -лки〉 Versand *m,* Absenden *n* **2** (*ссылка в тексте*) Verweis *m*
отсю́да *нареч* **1** (*из этого или от этого места*) von hier (aus) **2** *перен* hieraus, daraus, infolgedessen; ◇ ~ **сле́дует, что** hieraus folgt, dass
отте́нок *м₁* 〈-нка, *мн:* -нки〉 Schattierung *f,* Nuance *f;* ◇ **цветово́й** ~ Farbton *m;* ◇ ~ **иро́нии в го́лосе** mit einem Anflug von Ironie
о́ттепель *ж₅* 〈-и〉 Tauwetter *n*
оттере́ть* *сов* 〈оттору́, оттрёшь〉 [**оттира́ть** V₁ₐ *несов*] *что вин* (1), *кого-что вин* (2, 3) **1** (*стереть*) abreiben, abwischen **2** (*замёрзшего*) (warm)reiben **3** *разг* (*вытеснить*) wegdrängen; (*оттеснить*) verdrängen
о́ттиск *м₁* 〈-а〉 Abdruck *m;* полигр Abzug *m*
оттолкну́ть V₂ *сов* 〈-ну́, -нёшь, *Part. Prät. Pass.* -то́лкнутый〉 [**отта́лкивать** V₁ₐ *несов*] *кого-что вин* **1** (*отстранить*) wegstoßen; (*назад*) zurückstoßen **2** *перен* (*отдалить от себя*) zurückweisen, abweisen; **оттолкну́ться** *сов* 〈-ну́сь, -нёшься〉 [**отта́лкиваться** *несов*] *от чего род* **1** (*отодвинуться толчком*) abstoßen; ◇ ~ **весло́м от бе́рега** sich mit dem Ruder vom Ufer abstoßen **2** *перен* (*в рассуждениях*) ausgehen (von)
отту́да *нареч* (*из того или от того места*) von dort, von drüben, daher; ◇ **они́** ~ **давно́ уе́хали** sie sind dort schon lange ausgezogen
отта́гивать *несов от* **оттяну́ть**
оттяну́ть V₂ *сов* 〈-ну́, -я́нешь, *Part. Prät. Pass.* -я́нутый〉 [**отта́гивать** V₁ₐ *несов*] *что вин* **1** (*назад*) zurückziehen **2** (*отсрочить*) aufschieben, hinauszögern; ◇ ~ **вре́мя** Zeit gewinnen
отучи́ть V₄ₐ *сов* 〈-чу́, -у́чишь, *Prät. Pass.* -у́ченный〉 [**отуча́ть** V₁ₐ *несов*] *кого-что вин от чего род или с инф* abgewöhnen, anerziehen; ◇ ~ **от куре́ния** jd-m das Rauchen abgewöhnen; ◇ ~ **сы́на опа́здывать** den Sohn Pünktlichkeit beibringen; **отучи́ться** *сов* 〈-чу́сь, -у́чишься〉 [**отуча́ться** **1**

несов] *от чего род или с инф* **1** (*от-выкнуть*) sich etw abgewöhnen; ◇ **~ от дурно́й привы́чки** eine schlechte Gewohnheit ablegen **2** *разг* (*кончить учиться*) das Studium beenden

отхо́д M_1 <-а> **1** (*отправление*) Weggang *m*, Abfahrt *f* **2** воен Rückzug *m* **3** (*разрыв в чём-л*) Abkehr *f*

отхо́ды $мн_1$ <-ов> Abfälle *m pl*, Abfallstoffe *m pl*

отцвести́* *сов* <-ету́, -етёшь> [**отцвета́ть** V_{1a} *несов*] *без доп* (*кончить цвести*) verblühen, verwelken

отцепи́ть V_{4a} *сов* <-плю́, -е́пишь, *Part. Prät. Pass.* -е́пленный> [**отцепля́ть** V_{1b} *несов*] *что вин* loshaken, aushaken; (*вагон*) abkoppeln, abhängen; **отцепи́ться** *сов* <-плю́сь,-е́пишься> [**отцепля́ться** *несов*] *от чего род* (*1*), *без доп* (*2*) **1** (*отделиться*) sich lösen, sich aushaken; (*о вагоне*) sich abkoppeln **2** *перен разг* (*оставить в покое*) in Ruhe, Frieden lassen

отча́иваться *несов от* **отча́яться**

отча́яние c_4 <-я> Verzweiflung *f*; ◇ **приходи́ть в ~** in Verzweiflung geraten;

отча́янный *прил* <-ая, -ое, -ые> **1** (*безвыходный*) verzweifelt **2** (*ужасный*) fürchterlich, hoffnungslos; ◇ **~ое положе́ние** aussichtslose Lage **3** (*смелый*) verwegen, tollkühn **4** (*неисправимый*) unverbesserlich; **отча́яться** V_{1b} *сов* <-а́юсь, -а́ешься> [**отча́иваться** V_{1a} *несов*] *с инф или в чём предл* verzweifeln, die Hoffnung verlieren

отчего́ *нареч и союз* weshalb, warum; ◇ **~ он не пришёл?** weshalb kam er nicht?; ◇ **не зна́ю, ~ э́то случи́лось** ich weiß nicht, warum das passierte

о́тчество c_2 <-а> Vatersname *m*

отчёт M_1 <-а> **1** (*доклад*) Bericht *m*, Rechenschaftsbericht *m* **2** Rechenschaft *f*; ◇ **дать кому́-л ~ в чём-л** vor jd-m Rechenschaft ablegen; ◇ **депута́т дал ~ пе́ред избира́телями** der Abgeordnete stellte sich seinen Wählern vor

отчётливый *прил* <-ая, -ое, -ые> klar umrissen; (*определённый*) bestimmt; (*ясный*) klar, deutlich

отчётность $жс_5$ <-и> **1** Abrechnung *f* **2** (*подотчётность*) Rechenschaftspflicht *f*

отчётный *прил* <-ая, -ое, -ые> Rechnungs-, Rechenschafts-; ◇ **~ год** Rechnungsjahr *n*; ◇ **~ докла́д** Rechenschaftsbericht *m*

отчи́зна $жс_1$ <-ы> Vaterland *n*, Heimat *f*

о́тчим M_1 <-а> Stiefvater *m*

отчисле́ние c_4 <-я> **1** (*вычет*) Abzug *m* **2** (*в бюджет*) Zahlung *f*, Abführung *f* **3** (*увольнение со службы*) Entlassung *f*; (*из учебного заведения*) Exmatrikulation *f*;

отчи́слить V_{4b} *сов* <-лю, -лишь, *Imp.* -ли, ~те> [**отчисля́ть** V_{1b} *несов*] *кого-что вин* **1** (*вычесть*) abziehen, einbehal-

ten **2** (*в бюджет*) abführen **3** (*уволить*) entlassen, ausschließen; (*из учебного заведения*) exmatrikulieren

отчужде́ние c_4 <-я> **1** юр Enteignung *f* **2** (*от общества*) Entfremdung *f*; (*замкнутость*) Isoliertheit *f*

отщипну́ть V_2 *сов* <-ну́, -нёшь, *Part. Prät. Pass.* -щи́пнутый> [**отщи́пывать** V_{1a} *несов*] *что вин* abrupfen; (*оторвать*) abreißen; (*отломить*) abbröckeln

отъе́зд M_1 <-а> Abfahrt *f*, Abreise *f*; ◇ **он в ~е** er ist verreist

отъе́хать V_{1a} *сов*, *kein Imp.* <-е́ду, -е́дешь> [**отъезжа́ть** V_{1a} *несов*] *без доп* abfahren, fortfahren; (*удалиться*) sich entfernen

отыска́ть V_{1a} *сов* <-ыщу́, -ы́щешь, *Imp.* -ыщи́, ~те, *Part. Prät. Pass.* -ы́сканный> [**оты́скивать** V_{1a} *несов*] *кого-что вин* ausfindig machen

офице́р M_1 <-а> Offizier *m*

официа́льный *прил* <-ая, -ое, -ые> offiziell, amtlich; ◇ **~ое распоряже́ние** amtliche Verordnung; ◇ **~ый язы́к** Amtssprache

официа́нт M_1 <-а> Kellner *m*

офо́рмить V_{4a} *сов* <-млю, -мишь, *Part. Prät. Pass.* -мленный> [**оформля́ть** V_{1b} *несов*] *что вин* **1** (*дело*) ausfertigen, regeln, abwickeln; (*узаконить*) rechtskräftig machen; ◇ **~ докуме́нт** ein Dokument ausstellen (lassen) **2** (*придать законченную форму*) ausgestalten; (*украсить*) ausstatten, gestalten; **офо́рмиться** *сов* <-млюсь, -мишься, (1) 1 и 2 л. не употр> [**оформля́ться** *несов без доп* **1** (*принять законченную форму*) endgültige Gestalt annehmen; (*созреть*) sich konstituieren; (*выкристаллизоваться*) sich herausbilden **2** (*зачислиться*) Formalitäten erledigen; **оформле́ние** c_4 <-я> **1** (*выполнение формальностей*) Erledigung *f* (der Formalitäten); (*узаконение*) Registrierung *f* **2** иск Gestaltung *f*, Dekorieren *n*; (*газеты, журнала*) Aufmachung *f*; ◇ **пра́здничное ~ у́лиц** feierliche Straßendekoration

офо́рт M_1 <-а> иск Radierung *f*

охарактеризова́ть *см.* **характеризова́ть**

оха́ять V_{1b} *сов* <-а́ю, -а́ешь> [**оха́ивать** V_{1a} *несов*] *кого-что вин разг* verunglimpfen, schmähen; (*очернить*) anschwärzen

охвати́ть V_{4a} *сов* <-ачу́, -а́тишь, *Part. Prät. Pass.* -а́ченный> [**охва́тывать** V_{1a} *несов*] *кого-что вин* **1** (*обхватить*) umfassen, erfassen; (*умом*) ermessen **2** (*о чувстве*) ergreifen, packen; ◇ **ра́дость ~ла ду́шу** Freude ergriff ihn **3** воен einkreisen, umgeben

охладе́ть V_5 *сов* <-е́ю, -е́ешь> [**охладева́ть** V_{1a} *несов*] *к кому-чему дат перен* gleichgültig werden, das Interesse verlieren

охлади́ть V_{4a} сов ‹-ажу́, -ди́шь, *Part. Prät. Pass.* -ажде́нный› [**охлажда́ть** V_{1a} *несов*] *что вин* ① (*сделать холодным*) kühlen, abkühlen; (*остудить*) kalt werden lassen ② *перен* abkühlen; (*пыл*) schwächen, dämpfen

охо́та¹ $ж_1$ ‹-ы› Jagd *f*; ◇ ~ **на медве́дя** Bärenjagd

охо́т|а² $ж_1$ ‹-ы› Lust *f*; ◇ **име́ть ~у к чему́-л** Lust zu etwas haben

охо́титься V_{4b} *несов* ‹-о́чусь, -тишься› *на кого́-что вин* (1), *за кем-чем тв* (2) ① (*занима́ться охотой*) jagen; **лиси́ца охо́тится на мыше́й** der Fuchs jagt Mäuse ② *перен* jd-n jagen, hinter jd-m/etw her sein; ◇ ~ **за ре́дкой кни́гой** ein seltenes Buch suchen

охо́тник¹ $м_1$ ‹-а› Jäger *m*

охо́тник² $м$ ‹-а› ① (*люби́тель*) Liebhaber *m*; ◇ **он ~ до развлече́ний** er amüsiert sich gern ② (*что-л сде́лать*) Interessent *m*; (*доброво́лец*) Freiwilliger *m*

охо́тно ◇ *нареч* gerne, mit Vergnügen; ◇ ~**ее** eher, lieber

о́хра $ж_1$ ‹-ы› Ocker *m о.п*, Ockerfarbe *f*

охра́н|а $ж_1$ ‹-ы› ① (*де́йствие*) Bewachung *f*, Schutz *m*; (*интере́сов*) Wahrung *f*; ◇ ~ **грани́ц** Grenzschutz; ◇ ~ **окружа́ющей среды́** Umweltschutz; **находи́ться под ~ой** unter Denkmalschutz stehen ② (*стра́жа*) Wache *f*; **берегова́я ~а** Küstenwache; **охраня́ть** V_{1b} *несов* ‹-я́ю, -я́ешь› [**охрани́ть** V_{4a} *сов*] *кого́-что вин* bewachen; (*защища́ть*) (be-)schützen; (*интере́сы*) wahren

оцара́пать *см.* цара́пать

оце́нивать V_{1a} *несов* ‹-аю, -аешь› [**оцени́ть** V_{4a} *сов*] *во/на что вин* (1), *кого́-что вин* (2, 3) ① (*определя́ть це́ну*) bewerten, einschätzen; (*о предпола́гаемых расхо́дах*) veranschlagen; ◇ ~ **в сто рубле́й** auf einhundert Rubel schätzen ② (*определи́ть на глаз*) abschätzen ③ *перен* (*ка́чество*) schätzen, würdigen; (*признава́ть*) anerkennen; **оце́нк|а** *ж* ‹-и› ① (*определе́ние*) Bewertung *f*, Beurteilung *f*, Note *f* ② *перен* (*мне́ние*) Einschätzung *f*, Wertung *f*, Urteil *n*; ◇ **дать ~у чему́-л** etw beurteilen; (*призна́ние*) Anerkennung *f*, Wertschätzung *f*

оцепене́ние c_4 ‹-я› Erstarrung *f*

оцепле́ние c_4 ‹-я› Umzingelung *f*

оча́г $м_1$ ‹-á, *мн:* ги́› ① (*устро́йство*) Feuerstelle *f*, Herd *m* ② *перен* (*средото́чие*) Herd *m*, Zentrum *n*; ◇ ~ **инфе́кции** Infektionsherd

очарова́ние c_4 ‹-я› Zauber *m*, Zauberkraft *f*; (*обая́ние*) Charme *m*; **очарова́тельный** *прил* ‹-ая, -ое, -ые› bezaubernd, entzückend; (*обая́тельный*) charmant; **очарова́ть** V_{1a} *сов* ‹-ру́ю, -ру́ешь, *Imp.* -ру́й, *Part. Prät. Pass.* -ро́ванный› [**очаро́вывать** V_{1a} *несов*] *кого́-что вин* bezaubern, verzücken;

певе́ц ~л слу́шателей der Sänger zog die Zuhörer in seinen Bann

очеви́д|ец $м_5$ ‹-дца, *мн:* -дцы› Augenzeuge *m*; ◇ **быть ~цем происше́ствия** Augenzeuge des Ereignisses sein

очеви́дный *прил* ‹-ая, -ое, -ые› ① offensichtlich, offenkundig ② unbestritten

очередно́й *прил* ‹-а́я, -о́е, -ы́е› ① (*сле́дующий*) nachfolgend, darauf folgend ② (*повторя́ющийся*) turnusmäßig, ordentlich; ◇ ~ **о́тпуск** Jahresurlaub *m*;

очерёдность $ж_5$ ‹-и› Reihenfolge *f*; (*после́довательность*) Aufeinanderfolge *f*

о́черед|ь $ж_5$ ‹-и› ① (*поря́док*) Reihe *f*; ◇ **быть на ~и** an der Reihe sein; ◇ **тепе́рь моя́ ~ь** jetzt bin ich an der Reihe ② (*верени́ца*) Schlange *f*; ◇ **стоя́ть в ~и за биле́тами** am Fahrkartenschalter Schlange stehen; ◇ **в свою́ ~ь** seinerseits; ◇ **по ~и** nacheinander

о́черк $м_1$ ‹-а› ① (*изложе́ние вопро́са*) Abhandlung *f*; ◇ ~ **ру́сской исто́рии** eine Abhandlung über die russische Geschichte ② (*литерату́рный*) Essay *m о.п*, Abriss *m*

очерта́ние c_4 ‹-я› Umriss *m*, Konturen *f pl*

очи́стить V_{4b} *сов* ‹-и́щу, -тишь, *Part. Prät. Pass.* -и́щенный› [**очища́ть** V_{1a} *несов*] *кого́-что вин* ① (*удали́ть грязь*) reinigen, säubern ② (*от приме́сей*) läutern, raffinieren, reinigen ③ (*от ко́жицы, шелухи́*) schälen ④ (*освободи́ть помеще́ние*) räumen, frei machen; (*поки́нуть*) verlassen ⑤ *раз* (*обокра́сть*) ausräumen; *мед* ◇ ~ **желу́док** den Magen auspumpen; **очи́стк|а** $ж_1$ ‹-и, *род мн:* -ток› ① (*чи́стка*) Reinigung *f*, Säuberung *f* ② (*от приме́сей*) Läuterung *f*, Raffination *f* ③ (*от шелухи́ и т. п.*) Schälen *n*; ◇ **для ~и со́вести** zur Gewissensberuhigung

очки́ $мн_1$ ‹-ко́в› Brille *f*; ◇ **солнцезащи́тные ~** Sonnenbrille; ◇ **надева́ть ~** die Brille aufsetzen; ◇ **втира́ть ~ кому́-л** jd-n täuschen, betrügen; ◇ **смотре́ть на всё сквозь ро́зовые ~** alles durch die rosarote Brille sehen

очко́ c_2 ‹-á, *род мн:* -о́в› ① (*в ка́ртах, домино́*) Auge *n* ② (*в игре́*) Punkt *m*; ◇ **дать кому́-л сто ~в вперёд** jd-m einen Vorsprung von hundert Punkten geben

очковтира́тельство c_4 ‹-а› ① Augenwischerei *f*, Schönfärberei *f* ② (*обма́н*) Schwindel *m*; (*введе́ние в заблужде́ние*) Betrug *m*

очну́ться V_2 *сов* ‹-ну́сь, -нёшься› *без доп* (1), *от чего́ род* (2) ① (*пробуди́ться*) aufwachen; ◇ ~ **по́сле сна** wach werden ② (*опо́мниться*) zur Besinnung kommen; ◇ ~ **от испу́га** sich von einem Schreck erholen

очути́ться V_{4a} *сов* ‹1 л. ед не употр, -у́тишься *где предл* (1) (*оказа́ться где-л*) hingeraten; ◇ ~ **в незнако́мом ме́сте** an einem unbekannten Ort landen

② (в каком-л положении) hineinge-
raten; ◇ ~ в нело́вком положе́нии in
eine missliche Lage geraten
оше́йник m_1 ⟨-а⟩ Halsband n
ошиби́ться V_{4a} сов ⟨-бу́сь, -бёшься,
Prät. -бся, ~лась⟩ [ошиба́ться V_{1a}
несов] без доп sich irren, sich täuschen;
(при счёте) sich verrechnen; (оговори́ть-
ся) sich versprechen; (сде́лать оши́бку)
einen Fehler machen; ◇ ~ но́мером теле-
фо́на sich verwählen; ◇ ~ две́рью sich in
der Tür irren; ◇ ~ в челове́ке sich in
einem Menschen irren; оши́бка ж₁ ⟨-и,
род мн:-бок⟩ Fehler m; (недосмо́тр) Ver-
sehen n; (заблужде́ние) Irrtum m; (в
счёте) Rechenfehler m; (в ре́чи) Verspre-
cher m; (непра́вильный посту́пок) Fehl-
verhalten n; ◇ орфографи́ческая ~ка
Rechtschreibfehler; ◇ испра́вить ~ку
einen Fehler korrigieren; ◇ писа́ть без
~ок fehlerfrei schreiben; оши́бочн|ый
прил ⟨-ая, -ое, -ые⟩ falsch; irrig, Fehl-;
~ый вы́вод Trugschluss; ◇ ~ое реше́ние
Fehlentscheidung f
оштрафова́ть см. штрафова́ть
ощу́пать V_{1a} сов ⟨-аю, -аешь⟩ [ощу́-
пывать V_{1a} несов] кого-что вин beta-
sten, befingern, befühlen; ◇ ~ что-л в тем-
ноте́ etw im Dunkeln betasten
о́щупью нареч tastend; ◇ передви-
га́ться в темноте́ ~ sich im Dunkeln vor-
tasten
ощути́м|ый прил ⟨-ая, -ое, -ые⟩ spürbar,
wahrnehmbar; (осяза́емый) fühlbar; (за-
ме́тный) merklich; ◇ ~ая поте́ря spür-
barer Verlust; ощути́ть V_{4a} сов ⟨-ущу́,
-ути́шь, Part. Prät. Pass. -ущённый⟩
[ощуща́ть V_{1a} несов] кого-что вин
spüren, fühlen, wahrnehmen; ◇ ~ прикос-
нове́ние die Berührung spüren; ◇ ~
недомога́ние sich unwohl fühlen;
ощуще́ние c_4 ⟨-я⟩ Empfindung f; ◇ ~
стра́ха Angstgefühl n; ◇ ~ оби́ды Belei-
digung f; (восприя́тие) Wahrnehmung f

павли́н m_1 ⟨-а⟩ Pfau m
па́водок m_1 ⟨-дка, мн:-дки⟩ Hochwas-
ser n
па́губный прил ⟨-ая, -ое, -ые⟩ verderb-
lich, unheilvoll; (роково́й) verhängnisvoll
па́даль ж₅ ⟨-и⟩ Kadaver m
па́дать V_{1a} несов ⟨-аю, -аешь, (2, 3, 4, 5),
1 и 2 л. не употр⟩ [(у)па́сть* сов] без
доп, на кого-что вин (4) ① (вали́ться)
(um-)fallen; (стреми́тельно) stürzen;
(опусти́ться) herunterfallen; ◇ ~ на зе́млю

auf den Boden fallen; ◇ ~ от уста́лости
vor Müdigkeit umfallen ② перен (пони-
жа́ться) fallen, sinken; (уменьша́ться)
zurückgehen; ◇ це́ны па́дают die Preise
sinken ③ (обру́шиться) einfallen, einstür-
zen, verfallen ④ перен (ложи́ться) sich
legen; (приходи́ться на до́лю) entfallen
auf; (об отве́тственности) lasten auf; ◇
вы́бор па́дает на Вас die Wahl fällt auf
Sie ⑤ (до́хнуть) eingehen, verenden
паде́ние c_4 ⟨-я⟩ ① Fallen n, Fall m;
(стреми́тельное) Sturz m ② перен
(сверже́ние) Fallen n, Sinken n; воен
(кре́пости) Fall m ③ (пониже́ние) Rück-
gang m, Sinken n; ◇ бы́строе ~ цен
Preissturz m; (упа́док) Verfall m; ◇ ~
нра́вов Sittenverfall
па́дчерица ж₁ ⟨-ы⟩ Stieftochter f
паёк m_1 ⟨пайка́, мн: пайки́⟩ (по́рция)
Portion f; (дово́льствие) Ration f
паке́т m_1 ⟨-а⟩ ① (свёрток) Paket n; (ку-
лёк) Tragetasche f ② (почто́вый) Paket n
накова́ть V_{3a} несов ⟨-кую, -ку́ешь⟩
[за~, у~ сов] что вин (ein-)packen
пакт m_1 ⟨-а⟩ Pakt m, Vertrag m; ◇ ~ о не-
нападе́нии Nichtangriffspakt
пала́т|а ж₁ ⟨-ы⟩ ① полит Kammer f;
ве́рхняя ~а Oberhaus n; ◇ ни́жняя ~а
Unterhaus n ② (госуда́рственное или об-
ще́ственное учрежде́ние) Kammer f,
Amt n; ◇ торго́во-промы́шленная
~а Industrie- und Handelskammer ③ (в
больни́це) Krankenzimmer n ④ ◇ ~ы мн
(хоро́мы) Gemächer n pl; (в Кремле́) ◇
Оруже́йная ~а Rüstkammer f
пала́тка ж₁ ⟨-и, род мн:-ток⟩ ① Zelt
n; (тури́стская) ~ Reisezelt ② (ларёк,
кио́ск) Bude f, (Verkaufs-)Stand m
пала́ч m_2 ⟨-а́, мн:-и́⟩ Henker m, Scharf-
richter m
па́лец m_5 ⟨-льца, мн:-льцы⟩ (руки́) Fin-
ger m; (ноги́) Zeh m; ◇ большо́й ~ (руки́)
Daumen m; (ноги́) großer Zeh; ◇ счита́ть
по па́льцам an den Fingern abzählen;
перен ◇ па́льцем не пошевели́ть kei-
nen Finger rühren; ◇ смотре́ть сквозь
па́льцы на что-л im Auge zudrücken; ◇
она́ и па́льцем никого́ не тро́нет sie
kann niemandem ein Haar krümmen
палиса́дник m_1 ⟨-а⟩ Vorgarten m
пали́тра ж₁ ⟨-ы⟩ Palette f
па́лк|а ж₁ ⟨-и, род мн:-лок⟩ Stock m,
Stab m; (трость) Spazierstock m; (у ме́т-
лы, щётки) Stiel m; ◇ ходи́ть с ~ой am
Stock gehen; ◇ вставля́ть ~и в колёса
кому́-л jdm Knüppel zwischen die Beine
werfen; ◇ из-под ~и erzwungen; ◇ пере-
гну́ть ~у den Bogen überspannen
пало́мник m_1 ⟨-а⟩ Pilger m
па́луба ж₁ ⟨-ы⟩ Deck n; ◇ ве́рхняя ~
Oberdeck n; ◇ ни́жняя ~ Unterdeck n
па́льма ж₁ ⟨-ы⟩ Palme f
пальто́ с ⟨нескл⟩ Mantel m; ◇ ле́тнее ~
Sommermantel; ◇ ~ на меху́ Pelzmantel

па́мятка ж₁ ⟨-и, род мн: -ток⟩ Notizzettel m, Merkzettel m; (инструкция) Merkblatt n; **па́мятник** м₁ ⟨-а⟩ Denkmal n; (жертвам трагических событий) Gedenkstein m; (мемориал) Mahnmal n; ◇ ~ Го́голю Gogol-Denkmal; ◇ охра́на ~ Denkmalschutz m; ◇ поста́вить ~ кому́-л jd-m ein Denkmal setzen; **па́мятный** прил ⟨-ая, -ое, -ые⟩ denkwürdig; (достойный воспоминаний) Gedenk-; ◇ ~ая меда́ль Gedenkmedaille; ◇~ое собы́тие denkwürdiges Ereignis; ◇~ая запи́ска Denkschrift f, Memorandum n

па́мят|ь ж₅ ⟨-и⟩ **1** Gedächtnis n; ◇ сохрани́ть что-л в ~и im Gedächtnis behalten **2** (воспоминание) Erinnerung f, Andenken n, Gedenken n; ◇ оста́вить по себе́ до́брую ~ь in guter Erinnerung bleiben; ◇ быть без ~и от кого́/чего́-л von jd-m/etw völlig begeistert sein; ◇ по ста́рой ~и aus alter Gewohnheit; ◇ вы́учить на ~ь auswendig lernen; ◇е́сли мне ~ь не изменя́ет wenn ich mich nicht irre [wenn mich mein Gedächtnis nicht täuscht]

панаце́я ж₄ ⟨-и⟩ Allheilmittel n

пане́ль ж₅ ⟨-и⟩ **1** (на улице) Fußweg m **2** (на стенах) Wandtäfelung f **3** стр Platte f

па́ник|а ж₁ ⟨-и⟩ Panik f; ◇ наводи́ть ~у Panik verbreiten

панихи́да ж₁ ⟨-ы⟩ рел Trauergottesdienst m, Totenmesse f; ◇ гражда́нская ~ Trauerfeier f

пани́ческ|ий прил ⟨-ая, -ое, -ие⟩ panisch; ◇~ое настрое́ние Panik f; ◇~ий страх panische Angst

пансио́н м₁ ⟨-а⟩ **1** (учебное заведение) Pensionat n **2** (гостиница) Pension f; ◇на по́лном ~е Vollpension

панте́ра ж₁ ⟨-ы⟩ Panter m

па́па¹ м₁ ⟨-ы⟩ разг (отец) Papa m, Vati m

па́па² м₁ ⟨-ы⟩ (римский) Papst m

папиро́са ж₁ ⟨-ы⟩ (сигарета) Zigarette f

па́пка ж₁ ⟨-и, род мн: па́пок⟩ Hefter m; (для бумаг) (Akten-)Ordner m

па́поротник м₁ ⟨-а⟩ бот Farn(kraut n) m

пар¹ м₁ ⟨-а, о па́ре, в/на пару́, мн: -ы́⟩ Dampf m; ◇ водяно́й ~ Wasserdampf; ◇на всех ~а́х mit Volldampf; (в ба́не) по-дда́ть ~у einen Aufguss machen

пар² м ⟨-а⟩ с.-х. (поле) Brachfeld n; ◇земля́ под ~ом brachliegendes Feld

па́р|а ж₁ ⟨-ы⟩ **1** (два лица, предмета) Paar n; ◇ супру́жеская ~а Ehepaar; ◇~а ту́фель ein Paar Schuhe; ◇ ~ами paarweise **2** (костюм) Herrenanzug m **3** (несколько) ein paar, einige; ◇на ~у мину́т für ein paar Minuten

пара́д м₁ ⟨-а⟩ воен Parade f; ◇пра́здничный ~ Festzug m; **пара́дный** прил ⟨-ая, -ое, -ые⟩ **1** (торжественный) Parade-, Gala-; ◇ ~ зал Festsaal **2** (главный) Haupt-; ◇ ~ подъе́зд Haupteingang m

парализова́|ть V₃ₐ несов и сов ⟨-зу́ю, -зу́ешь, (1) 1 и 2 л. не употр, Part. Prät. Pass. -зо́ванный⟩ кого́-что вин **1** lähmen; ◇ рука́ ~на die Hand ist gelähmt **2** перен lahm legen; ◇~ть си́лы проти́вника den Gegner lahm legen; **парали́ч** м₂ ⟨-а́, мн: -и́⟩ Lähmung f; ◇ де́тский ~ Kinderlähmung; ◇ разби́тый ~ом gelähmt sein

паралле́ль ж₅ ⟨-и⟩ **1** мат Parallele **2** геогр Breitenkreis m **3** перен Entsprechung f; (аналогичное явление) Analogie f; ◇ провести́ ~ einen Vergleich anstellen

парашю́т м₁ ⟨-а⟩ Fallschirm m; ◇ прыжо́к с ~ом Fallschirmsprung; **парашюти́ст** м₁ ⟨-а⟩ Fallschirmspringer m

па́рень м₂ ⟨-рня, мн: -рни, род: -рне́й⟩ junger Mann m, Bursche m; разг Kerl m

пари́ с⟨нескл⟩ Wette f; ◇ держа́ть ~ wetten; ◇(хо́чешь) ~? was gilt die Wette?

пари́к м₁ ⟨-а́, мн: -и́⟩ Perücke f; **парикма́хер** м₁ ⟨-а⟩ Friseur m; (женщина) Friseuse f; **парикма́херская** ж (A₁) ⟨-ой⟩ Friseursalon m

парите́т м₁ ⟨-а⟩ Parität f

па́риться V₄ᵦ несов ⟨-рюсь, -ришься [по~ (1) сов] без доп **1** (в бане) ein Dampfbad nehmen **2** разг (страдать от жары) schwitzen

парк м₁ ⟨-а⟩ Park m, Parkanlage f; ◇ ~ культу́ры и о́тдыха Erholungspark **2** (депо) Depot n; (автопарк) Fahrzeugpark m **3** (совокупность транспортных средств) Fuhrpark m

парке́т м₁ ⟨-а⟩ Parkett n; (пол) Parkettboden m; ◇ настила́ть ~ Parkett legen

парла́мент м₁ ⟨-а⟩ Parlament n; **парла́ментский** прил ⟨-ая, -ое, -ие⟩ parlamentarisch; ◇~ие вы́боры Parlamentswahlen

парни́к м₁ ⟨-а́, мн: -и́⟩ Frühbeet n

па́рн|ый прил ⟨-ая, -ое, -ые⟩ **1** (составляющий пару) paarig **2** (располагающий парами) gepaart **3** (об экипаже) zweispännig **4** спорт Doppel-; ◇ ~ая игра́ Doppel(-spiel) n

парово́з м₁ ⟨-а⟩ Dampflokomotive f

паро́ль м₂ ⟨-я⟩ Parole f, Kennwort n

паро́м м₁ ⟨-а⟩ Fähre f; ◇ морско́й ~ Fährschiff n; **паро́мщик** м₁ ⟨-а⟩ Fährmann m

парохо́д м₁ ⟨-а⟩ Dampfer m; **парохо́дство** с₂ ⟨-а⟩ (предприятие) Reederei f

па́рта ж₁ ⟨-ы⟩ Schulbank f

парте́р м₁ ⟨-а⟩ кино, театр Parkett n

парти́йный прил ⟨-ая, -ое, -ые⟩ Partei-; ◇ ~ съезд Parteitag m; **па́рти|я** ж₄ ⟨-ии⟩ **1** полит Partei f; ◇ исключи́ть из ~и aus der Partei ausschließen **2** (отряд) Gruppe f **3** (товара) Partie f, Posten m **4** спорт Partie f; (в теннисе, волейболе) Satz m; ◇ сыгра́ть ~ю в кроке́т eine Partie Kricket spielen **5** муз Part m, Partie f; ◇ ~я скри́пки Geigenpart

партнёр м₁ ‹-а› Partner m; (в игре) Mitspieler m; (противник) Gegner m

па́рус м₁ ‹а, мн.:-а́› Segel n; ◇ идти́ под ~а́ми segeln; ◇ подня́ть ~а́ die Segel setzen; перен на всех ~а́х mit Volldampf;

па́русник м₁ ‹-а› (лодка) Segelboot n

парфюме́рия ж₄ ‹-ии› Parfümerie f

па́сека ж₁ ‹-и› Imkerei f, Bienenstand m;

па́сечник м₁ ‹-а› Imker m

па́смурный прил ‹-ая-ое, -ые› **1** (о небе) bedeckt **2** (хмурый) trübe, düster

па́спорт м₁ ‹-а, мн.:-а́› **1** Pass m, Personalausweis m; ◇ заграни́чный ~ Reisepass; ◇ вы́дать ~ einen Pass ausstellen **2** (машины и т. п.) Karte f, Schein m; ◇ техни́ческий ~ автомоби́ля Kraftfahrzeugbrief m

пассажи́р м₁ ‹-а› Passagier m; (на самолёте) Fluggast m; ◇ безбиле́тный ~ blinder Passagier

пасси́вный прил ‹-ая, -ое, -ые› passiv; (бездеятельный) untätig

па́ста ж₁ ‹-ы› Pasta f, Paste f; ◇ зубна́я ~ Zahnpasta; ◇ творо́жная ~ Quarkspeise f

па́стбище с₄ ‹-а› Weide f

пасте́ль ж₅ ‹-и› иск **1** (карандаш) Pastellfarbe f **2** (рисунок) Pastellbild n; (живопись) Pastellmalerei f

пасти́* несов ‹-су́, -сёшь› кого-что вин weiden, grasen lassen; (стеречь) hüten

пасту́х м₁ ‹-а́, мн.:-и́› Hirte m

пасть несов от па́дать

пасть ж₅ ‹-и› Rachen m; ◇ раскры́ть ~ das Maul aufreißen

па́сха ж₁ ‹-и› рел Ostern n, Osterfest n

па́сынок м₁ ‹-нка, мн.:-нки› Stiefsohn m

пате́нт м₁ ‹-а› Patent n

патриа́рх м₁ ‹-а› Patriarch m

патрио́т м₁ ‹-а› Patriot m; **патриоти́ческий** прил ‹-ая, -ое, -ие› patriotisch

патру́ль м₂ ‹-я́, мн.:-ли́› воен Patrouille f, Streife f

па́уза ж₁ ‹-ы› Pause f

пау́к м₁ ‹-а́, мн.:-и́› Spinne f

паути́на ж₁ ‹-ы› Spinnwebe f

паха́ть* несов ‹пашу́, па́шешь› [вс~ сов] что вин pflügen, umgraben

па́хнуть V₂ несов ‹-ну, -нешь, Part. Präs. Akt. -нущий› чем тв nach etw riechen; (благоухать) duften; (неприятно) nach etw stinken; **паху́чий** прил ‹-ая, -ее, -ие› stark riechend; (благоухающий) duftend, wohlriechend

пацие́нт м₁ ‹-а› Patient m

па́чка ж₁ ‹-и, род мн.:-чек› Packung f, Päckchen n; (связка) Paket n; ◇ ~ сигаре́т eine Schachtel Zigaretten

па́чкаться V₁ₐ несов ‹-аюсь, -аешься› [вы~ сов] чем тв sich schmutzig machen, sich beschmieren (mit)

па́шня ж₁ ‹-и, род мн.:-шен› Acker m

пая́льник м₁ ‹-а› тех Lötkolben m

пая́ть V₁ᵦ несов ‹-я́ю, -я́ешь, Part. Prät.

Pass. пая́нный› что вин löten; ◇ ~ о́ловом mit Zinn löten

певе́ц м₁ ‹-вца́, мн.:-вцы́› Sänger m;

певи́ца ж₁ ‹-ы, тв:-цей› Sängerin f

педаго́г м₁ ‹-а› Pädagoge m; (о женщине) Pädagogin f; (учитель/ ница) Lehrer(in f) m; **педаго́гика** ж₁ ‹-и› Pädagogik f

педа́л|**ь** ж₅ ‹-и› Pedal n; разг ◇ нажа́ть на все ~и alle Hebel in Bewegung setzen

педанти́чный прил ‹-ая, -ое, -ые› pedantisch; (мелочный) peinlich genau, kleinlich

педиа́тр м₁ ‹-а› мед Kinderarzt m

педикю́р м₁ ‹-а› Pediküre f, Fußpflege f

пейза́ж м₂ ‹-а› Landschaft f

пека́рня ж₂ ‹-и, род мн.: -рен› Bäckerei f; **пе́карь** м₂ ‹-я› Bäcker m

пе́кло с₂ ‹-а› **1** (жар) Glut f; Gluthitze f **2** перен (ад) Hölle f

пелёнк|**а** ж₁ ‹-и, род мн.:-нок› Windel f; ◇ с ~ок von klein auf

пелика́н м₁ ‹-а› зоол Pelikan m

пе́на ж₁ ‹-ы› Schaum m; ◇ мы́льная ~а Seifenschaum; ◇ морска́я ~а Meeresschaum; перен с ~ой у рта mit Schaum vor dem Mund, voller Wut

пена́л м₁ ‹-а› Federmappe f

пенсионе́р м₁ ‹-а› Rentner m, Pensionär m; **пе́нсия** ж₄ ‹-ии› Rente f; ◇ по ста́рости Altersrente; ◇ вы́йти/уйти́ на ~ю in Rente gehen; ◇ получа́ть ~ю Rente bekommen

пень м₂ ‹пня, мн:пни› Baumstumpf m; разг ◇ стоя́ть как ~ dastehen wie ein Klotz

пенька́ ж₁ ‹-и́› Hanf m

пе́пел м₁ ‹-пла› Asche f; ◇ обрати́ть в ~ in Schutt und Asche legen; **пе́пельница** ж₁ ‹-ы› Aschenbecher m

пе́рвенец м₅ ‹-нца, мн.:-нцы› **1** Erstgeborenes n **2** перен Erstlingswerk n

пе́рвенство с₂ ‹-а› **1** (превосходство) Vorrang m, Spitzenstellung f; ◇ сохрани́ть за собо́й ~ seine Spitzenstellung behaupten; ◇ уступи́ть ~ кому́-л jdm den Vorrang geben **2** спорт Meisterschaft f; ◇ ~ ми́ра Weltmeisterschaft

перви́чн|**ый** прил ‹-ая, -ое, -ые› primär; (первоначальный) ursprünglich; ◇ ~ая обрабо́тка Erstbearbeitung f

первобы́тный прил ‹-ая, -ое, -ые› **1** ursprünglich, Ur-; ◇ ~ челове́к Urmensch **2** перен unkultiviert, primitiv; **первоисто́чник** м₁ ‹-а› Urquelle f; (оригинал) Original n; **первокла́ссник** м₁ ‹-а› Schulanfänger m; разг Erstklässler m; **первостепе́нн**|**ый** прил ‹-ая, -ое, -ые› erstrangig, vorrangig; (в высшей степени) höchst; ◇ де́ло ~ой ва́жности eine höchst wichtige Angelegenheit

пе́рв|**ый** прил ‹-ая, -ое, -ые› erste(r, s); ◇ ~ый эта́ж Erdgeschoss n, Parterre n; ◇ в ~ый раз zum ersten Mal; ◇ с ~ого взгля́да auf den ersten Blick; ◇ заня́ть ~ое ме́сто den ersten Platz belegen; ◇ полови́на ~ого halb eins; ◇ на ~ое (блюдо)

Suppe f; ◇ **из ~ых рук** aus erster Hand; ◇ **в ~ую очередь** in erster Linie; мед ◇ **~ая помощь** Erste Hilfe

переби́ть* сов ⟨-бью, -бьёшь⟩ [**переби-ва́ть** V_{1a} несов] кого-что вин (1-4), что вин у кого-чего род (5) 1 (уничто-жить многих) erschlagen, niedermetzeln 2 (разбить) zerschlagen, zerbrechen 3 (мебель) neu beziehen 4 (прервать) un-terbrechen, das Wort abschneiden 5 разг jd-m etw vor der Nase wegschnappen

перебо́й m_3 ⟨-я, мн:-ои⟩ 1 (задержка) Verzug m; (перерыв) Unterbrechung f; (по-меха) Störung f; (неравномерность) Unre-gelmäßigkeit f; ◇ **с доста́вкой мате-риа́лов** Lieferungsverzug 2 мед Ausset-zen n; ◇ **в се́рдце** unregelmäßiger Herz-schlag

перева́л m_1 ⟨-а⟩ Gebirgspass m

перевезти́* сов ⟨-зу́, -зёшь⟩ [**перево-зи́ть** V_{4a} несов] кого-что вин 1 (доставить) hin-bringen, hinfahren; (транспортировать) transportieren, befördern 2 (на другой бе-рег) übersetzen

переверну́ть V_2 сов ⟨-ну́, -нёшь, Part. Prät. Pass. -вёрнутый⟩ [**перевёрты-вать** V_{1a} несов] что вин 1 (повернуть противоположной стороной) umdrehen, umwenden 2 (опрокинуть) umstülpen, umkippen, umwerfen; ◇ **~ всё вверх дном** alles auf den Kopf stellen

переве́с m_1 ⟨-а⟩ 1 Übergewicht n 2 пе-рен (превосходство) Übermacht f; (боль-шинство) Mehrheit f; ◇ **чи́сленный ~** zah-lenmäßige Überlegenheit

перевести́* сов ⟨-еду́, -едёшь⟩ [**перево-ди́ть** V_{4a} несов⟨Part. Präs. Pass. -во-ди́мый⟩] кого-что вин 1 hinüberführen, hinüberbringen 2 (на другой класс) jd-n versetzen 3 (на дру-гой язык) übersetzen, übertragen; (устно) dolmetschen 4 (по почте, через банк) überweisen, an-weisen 5 (стрелку часов и т. п.) umstellen; (вперёд) vorstellen; (на-зад) zurückstellen 6 (одну меру в дру-гую) umrechnen; ◇ **~ разгово́р на другу́ю те́му** das Gespräch zu einem anderen The-ma überleiten; ◇ **~ дух** Luft holen

перево́д m_1 ⟨-а⟩ 1 (учреждения) Ver-legung f; (людей) Versetzung f; (войск) Ver-lagerung f 2 (на другой язык) Übersetz-ung f, Dolmetschen n; (стихов) Übertra-gung f 3 (пересылка) Überweisung f, An-weisung f 4 (стрелки часов и т. п.) Um-stellen n 5 (пересчёт) Umrechnung f 6 (рисунка) Durchpausen n; **переводно́й** прил ⟨-а́я, -о́е, -ы́е⟩ 1 übersetzt; ◇ **-а́я литерату́ра** übersetzte Literatur 2 фин übertragbar, Überweisungs-; ◇ **~о́й рубль** transferabler Rubel; **перево́дчик** m_1 ⟨-а⟩ (письменный) Übersetzer m; (устный) Dolmetscher m

перевози́ть несов от **перевезти́**

перево́зка $ж_1$ ⟨-и, род мн:-зок⟩ Beför-derung f, Transport m; ◇ **~ по желе́зной доро́ге** Schienentransport

переворо́т m_1 ⟨-а⟩ Umwälzung f, Um-schwung m; (ниспровержение) Umsturz m; ◇ **госуда́рственный ~** Staatsstreich m

перевоспита́ние c_4 ⟨-я⟩ Umerziehung f

перевы́боры $мн_1$ ⟨-ов⟩ Neuwahlen f pl

перевыполне́ние c_4 ⟨-я⟩ Übererfüllung f, Überbietung f

перевяза́ть V_{1a} сов ⟨-яжу́, -я́жешь, Imp. -вяжи́, Part. Prät. Pass. -вя́занный⟩ [**перевя́зывать** V_{1a} несов] кого-что вин 1 (рану) verbinden 2 (связать) zubinden; (обвязать) umbinden

переги́б m_1 ⟨-а⟩ 1 (сгиб) Biegung f; (на листе бумаги) Knick m 2 перен Über-treibung f, Überspitzung f

перегна́ть* сов ⟨-гоню́, -го́нишь⟩ [**пе-регоня́ть** V_{1b} несов] кого-что вин 1 (в другое место) hinüberjagen, an einen an-deren Ort treiben 2 (обогнать) überholen, überflügeln 3 хим, тех destillieren

перегова́риваться V_{1a} несов ⟨-аюсь, -аешься⟩ с кем тв sich unterhalten; (беседовать) ein Gespräch führen; (обме-няться фразами) Worte wechseln

перегово́ры $мн_1$ ⟨-ов⟩ 1 (обсуждение) Verhandlungen f pl; ◇ **вступи́ть в ~ы** Ver-handlungen aufnehmen; ◇ **путём ~ов** auf dem Verhandlungswege 2 (разговоры) Gespräche n pl; ◇ **~ы по телефо́ну** Tele-fongespräche

перегороди́ть V_{4a} сов ⟨-ожу́, -о́дишь, Part. Prät. Pass. -горо́женный⟩ [**перего-ра́живать** V_{1a} несов] что вин sper-ren, in den Weg stellen; (разделить) tren-nen; (отделить перегородкой) abtrennen

перегоро́дка $ж_1$ ⟨-и, род мн: -док⟩ Trennwand f, Zwischenwand f

перегре́в m_1 ⟨-а⟩ тех Überhitzung f

перегрузи́ть V_{4a} сов ⟨-ужу́, -у́зишь, Part. Prät. Pass. -гру́женный⟩ [**перегру-жа́ть** V_{1a} несов] кого-что вин 1 (нагрузить) überladen, überlasten; перен überanstrengen 2 (в другое место) umla-den, umschlagen; (на другое судно) um-schiffen; **перегру́зка** $ж_1$ ⟨-и, род мн: -зок⟩ 1 тж перен (на-грузка) Über-lastung f 2 (в другое место) Umladen n

пе́ред предлог с тв 1 (при обозначе-нии места: впереди кого-чего-л) vor; ◇ **сад нахо́дится ~ до́мом** der Garten befin-det sich vor dem Haus; ◇ **стул стои́т ~ столо́м** der Stuhl steht am Tisch 2 (при обозначении времени: до чего-л) vor; ◇ **~ нача́лом конце́рта** vor Beginn des Konzerts; ◇ **~ отъе́здом** vor der Abreise 3 (по сравнению с кем-чем-л) neben; ◇ **~ ней он ничто́** neben ihr ist er ein Nichts; ◇ **извини́ться ~ кем-л** sich bei jd-m entschuldigen

перёд m_1 ⟨пе́реда, мн: переда́⟩ Vorder-teil n, Vorderseite f

переда́тчик M_1 ‹-а› радио Sender m, Sendegerät n
переда́ть* *сов* ‹-а́м, -а́шь› [**передава́ть** V_{1a} *несов* ‹*Part. Präs. Akt.* -даю́щий›] *кого-что вин* **(1)** (*отдать, сообщить*) übergeben, übertragen; (*приглашение и т. п.*) übermitteln; (*вручить*) aushändigen; ◇ ~ **в со́бственность** übereignen; ◇ ~ **да́льше** weitergeben; ◇ ~ **по насле́дству** vererben; ◇ ~ **приве́т** einen Gruß ausrichten **(2)** (*воспроизвести*) wiedergeben, schildern **(3)** (*сообщить*) melden; (*сказать*) mitteilen; (*сообщение, приказ и т. п.*) weitergeben; (*знания, впечатления*) vermitteln; (*данные*) übertragen **(4)** (*по радио*) senden, ausstrahlen **(5)** (*инфекцию и т. п.*) übertragen **(6)** спорт abspielen, zuspielen; **переда́ча** $ж_1$ ‹-и› **(1)** (*действие*) Übergabe f; (*известия*) Übermittlung f **(2)** (*воспроизведение*) Wiedergabe f **(3)** (*в больницу, тюрьму и т. п.*) Mitgebrachtes n **(4)** (*по радио*) Sendung f, Übertragung f; (*по телевидению*) Fernsehsendung f; ◇ **пряма́я** ~ Direktübertragung **(5)** тех Getriebe n, Antrieb m; ◇ ~ **эне́ргии** Kraftübertragung
передвиже́ние c_4 ‹-я› Verschiebung f; (*перестановка*) Umstellung f; (*перемещание*) Verlegung f; **передви́нуть** V_2 *сов* ‹-ну, -нешь, *Imp.* -двинь, ~те, *Part. Prät. Pass.* -дви́нутый› [**передвига́ть** V_{1a} *несов*] *кого-что вин* **(1)** verschieben; (*подвинуть*) verrücken; (*переставить*) umstellen **(2)** (*перенести*) verschieben, verlegen; ◇ ~ **сро́ки экза́менов** die Prüfungstermine verschieben
переде́лать V_{1a} *сов* ‹-аю, -аешь› [**переде́лывать** V_{1a} *несов*] *кого-что вин* **(1)** (*сделать заново*) umgestalten, umformen; (*перестроить*) umbauen; (*изменить*) ändern **(2)** (*сделать многое*) schaffen, leisten; ◇ ~ **мно́го дел за день** sehr viel schaffen an einem Tag; **переде́лк|а** $ж_1$ ‹-и, *род мн:* -лок› (*переработка*) Umarbeitung f; (*изменение*) Änderung f, Umgestaltung f; (*перестройка*) Umbau m; ◇ **отда́ть костю́м в** ~**у** den Anzug zum Ändern weggeben
пере́дн|ий *прил* ‹-яя, -ее, -ие› vordere(r, s), Vorder-; ◇ ~**ий зуб** Schneidezahn m; ◇ ~**ий план** Vordergrund m; ◇ ~**яя часть** Vorderteil n; *перен* ◇ **вы́двинуться на** ~**ий план** in den Vordergrund treten
пере́дник M_1 ‹-а› Schürze f; ◇ **наде́ть** ~ sich eine Schürze umbinden
пере́дняя $ж$ (A_2) ‹-ей› Diele f, Vorzimmer n
передови́ца $ж_1$ ‹-ы› *разг* Leitartikel m
передов|о́й *прил* ‹-а́я, -о́е, -ы́е› **(1)** Vorder-; (*выдвинутый вперёд*) vorgeschoben **(2)** (*прогрессивный*) fortschrittlich, progressiv; ◇ ~**ы́е взгля́ды** fortschrittliche Ansichten **(3)** (*ведущий*) führend, leitend;

◇ ~**о́е предприя́тие** führendes Unternehmen
переду́мать V_{1a} *сов* ‹-аю, -аешь› [**переду́мывать** V_{1a} *несов*] *без доп* **(1)**, *что вин или о чём предл* **(2)** **(1)** (*перерешить*) sich etw anders überlegen **(2)** (*обдумать всё*) nachdenken, überlegen
переды́шк|а $ж_1$ ‹-и, *род мн:* -шек› Ruhepause f; (*отдых*) Erholung f; (*короткая*) Rast f; ◇ **дать** ~**у кому́-л** jdm eine Atempause geben; ◇ **без** ~**и** ununterbrochen
перее́зд M_1 ‹-а› **(1)** (*через что-л*) Überfahrt f, Übergang m; (*на другую квартиру*) Umzug m **(2)** ж.-д. Bahnübergang m
перее́хать* *сов* ‹-е́ду, -е́дешь› [**переезжа́ть** V_{1a} *несов*] *что вин или через что вин* **(1)**, *без доп* **(2)**, *кого-что вин* **(3)** **(1)** (*через что-л*) überqueren, hinüberfahren **(2)** (*куда-л*) umziehen, übersiedeln **(3)** (*раздавить*) überfahren
пережива́ние c_4 ‹-я› Erlebnis n; (*впечатление*) tiefer Eindruck m; (*душевное состояние*) Gemütszustand m
пережи́ть* *сов* ‹-иву́, -ивёшь› [**пережива́ть** V_{1a} *несов*] *что вин* **(1, 2)**, *без доп что вин* **(3)** **(1)** (*испытать*) erleben, durchmachen **(2)** (*перенести*) ertragen **(3)** (*прожить*) überleben; ◇ ~ **всех друзе́й** alle Freunde überleben
перезимова́ть *см.* **зимова́ть**
переигра́ть V_{1a} *сов* ‹-а́ю, -а́ешь, *Part. Prät. Pass.* -и́гранный› [**переи́грывать** V_{1a} *несов*] *что вин* **(1, 2)**, *кого-что вин* **(3, 4)** **(1)** (*сыграть заново*) noch einmal spielen; ◇ ~ **па́ртию** die Partie wiederholen **(2)** (*одно за другим*) durchspielen; ◇ ~ **все пье́сы** alle Stücke durchspielen **(3)** (*превзойти*) übertreffen, im Spiel überlegen sein **(4)** театр überspitzt darstellen
переизбра́ние c_4 ‹-я› Neuwahl f
переиздава́ть *несов от* **переизда́ть**
переизда́ние c_4 ‹-я› Neuausgabe f, Neuauflage f; **переизда́ть*** *сов* ‹-а́м, -а́шь› [**переиздава́ть** V_{1a} *несов*] *что вин* neu herausgeben, neu auflegen
переименова́ние c_4 ‹-я› Umbenennung f
перейти́* *сов* ‹-йду́, -йдёшь› [**переходи́ть** V_{4a} *несов*] *что вин или через что вин* **(1)**, *к чему дат или во что вин* **(2)**, *во что вин* **(3)** **(1)** (*переместиться*) (hin-)übergehen, überwechseln; (*улицу и т. п.*) überqueren; (*перешагнуть*) überschreiten; ◇ ~ **в наступле́ние** zum Angriff übergehen; ◇ ~ **в сле́дующий класс** in die nächste Klasse versetzt werden; ◇ ~ **к но́вому вопро́су** zu einer neuen Frage übergehen **(2)** *перен* (*на чью-л сторону*) übertreten, überlaufen **(3)** ~ **в исла́м** zum Islam übertreten **(2)** (*превратиться*) sich wandeln, in etw übergehen
переквалифика́ция $ж_4$ ‹-ии› Umschulung f; **переквалифици́роваться** V_{3a} *сов* ‹-руюсь, -руешься› *без доп* umschulen; (*переучиться*) umlernen

перекли́чк|а ж₁ ‹-и, *род мн:* -чек› Aufruf *m;* воен Appell *m;* ◇ де́лать ~у aufrufen (nach einer Namensliste)

переключа́тель м₂ ‹-я› эл Umschalter *m;* **переключе́ние** с₄ ‹-я› **1** эл Umschaltung *f* **2** *перен* Umstellung *f;* **переключи́ть** V₄ₐ *сов* ‹-чу́сь, -чи́шься› [**переключа́ться** V₁ₐ *несов*] *на что вин* sich umstellen auf, sich etw anderem übergehen; ◇ ~ на эксперимента́льные иссле́дования zu experimentellen Untersuchungen übergehen

перекрёсток м₁ ‹-тка, *мн:* -тки́› Kreuzung *f;* (*распутье*) Scheideweg *m*

перекры́ть* *сов* ‹-ро́ю, -ро́ешь› [**перекрыва́ть** V₁ₐ *несов*] *что вин* **1** (*покрыть заново*) neu decken **2** (*превзойти́*) überbieten; карт überstechen; ◇ ~ реко́рд den Rekord brechen; ◇ ~ но́рму das Plansoll überschreiten **3** *перен* (*закрыть для движения*) (ab-)sperren; ◇ ~ ре́ку плоти́ной den Fluss abdämmen

перекупи́ть V₄ₐ *сов* ‹-плю́, -у́пишь, *Part. Prät. Pass.* -у́пленный› [**перекупа́ть** V₁ₐ *несов*] *что вин* (*1*) *что вин у кого род* (*2*) **1** (*для продажи*) (für den Weiterverkauf) aufkaufen **2** (*купить ранее купленное*) (vor der Nase) wegschnappen

перекýпщик м₁ ‹-а› Zwischenhändler *m*

перекýр м₁ ‹-а› *разг* Zigarettenpause *f*

перекуси́ть V₄ₐ *сов* ‹-ушý, -ýсишь, *Part. Prät. Pass.* -ýшенный› [**перекýсывать** V₁ₐ *несов*] *что вин* **1** (*зубами*) durchbeißen, zerbeißen **2** *разг* (*закусить*) eine Kleinigkeit essen, einen Imbiss zu sich nehmen

переле́зть* *сов* ‹-зу, -зешь› [**перелеза́ть** V₁ₐ *несов*] *через что вин* über etw klettern, hinüberklettern; ◇ ~ че́рез кана́ву über einen Graben springen

перелёт м₁ ‹-а› **1** (*самолёта*) Flug *m,* Überflug *m;* ◇ беспоса́дочный ~ Nonstopflug *m;* ◇ да́льний ~ Langstreckenflug *m* **2** (*птиц*) (Vogel-)Zug *m*

перелете́ть* *сов* ‹-ечý, -ти́шь› [**перелета́ть** V₁ₐ *несов*] *через что вин* (*1*), *что вин* (*2*) **1** (*через что-л*) fliegen über, (hin-)überfliegen; ◇ мяч ~л че́рез забо́р der Ball flog über den Zaun **2** (*преодолеть какое-л пространство*) (über-)fliegen; ◇ ~ть из Евро́пы в А́зию von Europa nach Asien fliegen

перелива́ние с₄ ‹-я› **1** (*в другой сосуд*) Umschütten *n,* Umgießen *n* **2** мед Transfusion *f;* ◇ ~ кро́ви Bluttransfusion

перели́ть* *сов* ‹-лью́, -льёшь› [**перелива́ть** V₁ₐ *несов*] *что вин* **1** (*в другой сосуд*) umgießen, umschütten **2** (*через край*) zu voll gießen **3** мед (*о крови*) übertragen

перелицева́ть *см.* лицева́ть

переложи́ть V₄ₐ *сов* ‹-жý, -о́жишь, *Part. Prät. Pass.* -о́женный› [**перекла-**

-дыва́ть V₁ₐ *несов*] *что вин* **1** (*в другое место*) woanders hinlegen, umräumen; (*на другой срок*) verlegen **2** (*положить слишком много*) zu viel hineinlegen **3** (*чем-л*) dazwischen legen **4** лит übertragen **5** муз vertonen

перело́м м₁ ‹-а› **1** мед Bruch *m* **2** (*перемена*) Umschwung *m;* (*поворот*) Wende *f;* (*поворотный пункт*) Wendepunkt *m*

переломи́ть V₄ₐ *сов* ‹-млю́, -о́мишь, *Part. Prät. Pass.* -о́мленный› [**перела́мывать** V₁ₐ *несов*] *кого-что вин* **1** (*сломать*) zerbrechen; (*пополам*) durchbrechen **2** *перен* bezwingen; ◇ ~ себя́ sich selbst überwinden

перема́нивать V₁ₐ *несов* ‹-аю, -аешь› [**перемани́ть** V₄ₐ *сов* ‹ *Part. Prät. Pass.* -ма́ненный›] *кого-что вин* weglocken; (*о специалистах*) abwerben; ◇ ~ кого́-л на свою́ сто́рону jd-n auf seine Seite locken

переме́н|а ж₁ ‹-ы› **1** (Ver-)Änderung *f,* Umschwung *m;* (*смена*) Wechsel *m;* (*поворот*) Wende *f,* Wendung *f;* ◇ ~а декора́ций Szenenwechsel; ◇ ~а пого́ды Wetterumschwung; ◇ произвести́ ~ы Veränderungen vornehmen **2** (*в школе*) Pause *f;*

перемени́ться *сов* ‹-ню́сь, -е́нишься› [**переменя́ться** *несов*] *без до-п* sich (ver-)ändern, sich wandeln; (*внезапно*) umschlagen; ◇ пого́да ~лась das Wetter schlug um; ◇ времена́ ~ли́сь die Zeiten haben sich geändert; ◇ ~ться в лице́ от волне́ния vor Aufregung die Gesichtsfarbe wechseln; **переме́нн|ый** *прил* ‹-ая, -ое, -ые› wechselhaft, Wechsel-, veränderlich; мат ◇ ~ая величина́ variable Größen; эл ◇ ~ый ток Wechselstrom

перемеша́ть V₁ₐ *сов* ‹-а́ю, -а́ешь, *Part. Pass.* -ме́шанный› [**переме́шивать** V₁ₐ *несов*] *кого-что вин* **1** (*смешать*) (ver-)mischen, vermengen; ◇ ~ ка́рты в коло́де Karten mischen **2** (*размешать*) -rühren **3** (*спутать*) verwechseln; (*привести в беспорядок*) durcheinander bringen

перемеще́ние с₄ ‹-я› **1** Verlegung *f,* Verlagerung *f,* Verschiebung *f;* (*перестановка*) Umstellung *f* **2** (*перевод*) Versetzung *f* **3** геол Verschiebung *f*

переми́рие с₄ ‹-я› Waffenstillstand *m*

перемота́ть V₁ₐ *сов* ‹-а́ю, -а́ешь, *Part. Pass.* -мо́танный› [**перема́тывать** V₁ₐ *несов*] *что вин* **1** (*намотать*) umwickeln; ◇ ~ ни́тки с клубка́ на кату́шку das Knäuel auf eine Spule wickeln **2** тех umspulen; **перемо́тка** ж₁ ‹-и, *род мн:* -ток› тех Umwicklung *f;* (*плёнки*) Umspulen *n*

перенапряга́ться V₁ₐ *несов* ‹-а́юсь, -а́ешься› [**перенапря́чься*** *сов*] *без доп* sich überanstrengen; (*переутомляться*) sich überarbeiten; **перенапряже́ние** с₄ ‹-я› **1** тех Überspannung *f,* Überbeanspru-

chung f ② (переутомление) Überanstren-
gung f

перенаселённость ж₅ ‹-и› Überbevöl-
kerung f; **перенаселённый** прил ‹-ая,
-ое, -ые› übervölkert; (о квартире) über-
belegt

перенасы́щенный прил ‹-ая, -ое, -ые›
übersättigt

перенести́* сов ‹-су́, -сёшь› [**перено-
си́ть** V₄ₐ несов ‹ Part. Präs. Pass. -но-
си́мый, Adv. Part. Prät. -нося́] кого́-
что вин ① (через что-л) hinüberbringen,
hinübertragen ② (отложить) verlegen,
verschieben; (заседание) vertagen ③ (на
другую строку) trennen ④ (пережить) er-
tragen, erdulden; (вынести) aushalten

перено́с м₁ ‹-а› ① (перенесение) Hin-
übertragen n ② лингв ◇ ~ сло́ва Silben-
trennung

перено́сица ж₁ ‹-ы› анат Nasenwurzel f

переносно́й прил ‹-а́я, -о́е, -ы́е› tragbar,
transportabel; (в виде чемодана) Koffer-;
◇ ~ радиоприёмник Kofferradio

перено́сн|ый   прил ‹ая, -ое, -ые›
лингв übertragen, figurativ; ◇ **в ~ом
смы́сле** im übertragenen Sinne

переночева́ть см. **ночева́ть**

переоборýдование c₄ ‹-я› Umrüstung f;
(перестройка) Umbau m; **переоборýдо-
вать** V₃ₐ сов ‹-дую, -дуешь› что вин
umrüsten, neu ausstatten

переоде́ть V₅ сов ‹-éну, -éнешь, Imp.
-éнь, ~те, Part. Prät. Pass. -éтый›
[**переодева́ть** V₁ₐ несов] кого́-что
вин umziehen, umkleiden, wechseln; ◇
~ рубáшку das Hemd wechseln;
переоде́ться сов ‹-éнусь, -éнешься›
[**переодева́ться** несов] без доп (1),
чем тв (2) ① (переменить одежду) sich
umkleiden, sich umziehen ② (кем-л) sich
verkleiden (als)

переосвиде́тельствование c₄ ‹-я› ①
Nachprüfung f ② мед Nachuntersuchung f

переоце́нивать V₁ₐ несов ‹-аю, -аешь›
[**переоцени́ть** V₄ₐ сов] кого́-что вин
überschätzen, überbewerten; ◇ ~ **свои́
си́лы** seine Kräfte überschätzen; **пере-
оце́нка** ж₁ ‹-и, род мн:-нок› ① Über-
schätzung f, Überbewertung f ② (заново)
Neubewertung f; (имущества) Neuschät-
zung f

пе́репел м₁ ‹-а, мн:-á› Wachtel f

перепелена́ть V₁ₐ сов ‹-áю, -áешь,
Part. Prät. Pass. -пелёнатый› [**пере-
пелёнывать** V₁ₐ несов] кого́-что вин
neue Windeln anziehen, trockenlegen

перепеча́тать V₁ₐ сов ‹-аю, -аешь›
[**перепеча́тывать** V₁ₐ несов] что вин
① (напечатать заново) neu drucken;
(переиздать) nachdrucken ② (на пишу-
щей машинке) abtippen, abschreiben

перепеча́тывать см. **перепеча́тать**

переписа́ть* сов [**перепи́сывать** V₁ₐ
несов] ‹-ишу́, -и́шешь› что вин ①

(вновь) neu schreiben; (на пишущей ма-
шинке) abtippen; ◇ ~ на́чисто ins Reine
schreiben ② (списать) abschreiben ③
(составить список) auflisten, ein Verzeich-
nis erstellen, registrieren; **перепи́ск|а** ж₁
‹-и, род мн:-сок› ① (действие) Abschrei-
ben n; ◇ ~a на маши́нке Abtippen n ②
(корреспонденция) Briefwechsel m; (слу-
жебная) Schriftverkehr m; ◇ состоя́ть в
~e с кем-л korrespondieren, sich schreiben;
перепи́сываться V₁ₐ несов ‹-аюсь,
-аешься› с кем тв korrespondieren; ◇
де́ти хотя́т ~ die Kinder möchten sich
schreiben

пе́репись ж₅ ‹-и› Zählung f; ◇ ~ насе-
ле́ния Volkszählung f

переплести́* сов ‹-лету́, -летёшь, Adv.
Part. Prät. -летя́› [**переплета́ть** V₁ₐ не-
сов] что вин (книгу) einbinden

переплете́ние c₄ ‹-я› ① (сплетение)
Verflechtung f, Geflecht n ② (срастание)
Verwachsung f ③ (в ткани) Bindung f

переплёт м₁ ‹-а› (книги) Einband m;
◇ отда́ть кни́гу в ~ das Buch einbinden las-
sen; ◇ в ~е gebunden

переплыва́ть V₁ₐ несов ‹-áю, -áешь›
[**переплы́ть*** сов] что вин или через
что вин (через что-л) (hinüber-)schwim-
men; (на лодке, пароходе) hinüberfahren

переподгото́вка ж₁ ‹-и, род мн:-вок›
Fortbildung f, Weiterbildung f

перепо́лни|ть V₄b   сов ‹-ню, -нишь›
[**переполня́ть** V₁b несов] что вин (на-
полнить сверх меры) überfüllen, über-
laden; (набить) vollstopfen; ◇ се́рдце
~тся гне́вом vor Wut schäumen

переполо́х м₁ ‹-а› Tumult m; (суто́лока)
Gedränge n

переполоши́ть V₄ₐ сов ‹-шу́, -ши́шь›
кого́-что раз in (helle) Aufregung verset-
zen; (напугать) aufschrecken

перепо́нка ж₁ ‹-и, род мн:-нок› Häut-
chen n; анат ◇ бараба́нная перепо́нка
Trommelfell n

перепра́ва ж₁ ‹-ы› (переход) Übergang
m; (переезд) Überfahrt f; ◇ речна́я ~ Fäh-
re f; **переправ́ить** V₄b сов ‹-влю, -вишь,
Part. Prät. Pass. -вленный› [**переправ-
ля́ть** V₁b несов] кого́-что вин ①
(перевезти) hinüberfahren, übersetzen; ◇
на друго́й бе́рег ans andere Ufer fahren ②
(доставить) befördern; (нелегально)
schleusen; ◇ ~ че́рез грани́цу über die
Grenze schleusen ③ (исправить) aus-
bessern, verbessern; (переделать) umän-
dern

перепро́бовать V₃ₐ сов ‹-бую, -буешь›
кого́-что вин durchprobieren; ◇ мно́-
гих исполни́телей на гла́вную роль
nacheinander mit vielen Darstellern die
Hauptrolle durchspielen; (испытать) aus-
probieren; (на вкус) versuchen, kosten

перепроизво́дство c₂ ‹-а› Überproduk-
tion f

перепу́г m_1 ⟨-а⟩ Schreck m; ◇ **с ~у** vor Schreck

перепу́тье c_5 ⟨-я⟩ (перекрёсток) Kreuzweg m; ◇ **быть на** ~ am Scheidewege stehen

перераба́тывать V_{1a} несов ⟨-аю, -аешь⟩ [**перерабо́тать** V_{1a} сов] что вин ① (переделывать) überarbeiten, umarbeiten ② (сырьё) verarbeiten; ◇ ~ **нефть** Erdöl verarbeiten (сверх нормы) Überstunden machen, Mehrarbeit leisten; **перерабо́тка** $ж_1$ ⟨-и, род мн: -ток⟩ ① (переделка) Umarbeitung f; (текста и т. п.) Überarbeitung f; (новая редакция) Neufassung f ② (сырья) Verarbeitung f ③ (сверх нормы) Mehrarbeit f, Überstunden f pl

перераспределе́ние c_4 ⟨-я⟩ Umverteilung f, Neuverteilung f

перерасти́* сов ⟨-ту́, -тёшь, (3) 1 и 2 л. не употр⟩ [**перераста́ть** V_{1a} несов] кого-что вин (1, 2), во что вин (3) ① (кого-л) größer werden (als); (перегнать) überholen; ◇ **сын переро́с отца́** der Sohn ist größer als der Vater ② перен hinauswachsen (über), überflügeln ③ (во что-л) werden zu; (превратиться) sich verwandeln (in), übergehen (in)

перерасхо́д m_1 ⟨-а⟩ (денег) Mehrausgabe f; (материалов) Mehrverbrauch m

перерасчёт m_1 ⟨-а⟩ Neuberechnung f, Umrechnung f

перерегистра́ция $ж_4$ ⟨-ии⟩ Neuregistrierung f; **перерегистри́роваться** V_{3a} несов и сов ⟨-руюсь, -руешься⟩ без доп sich neu registrieren lassen

перере́зать V_{1a} сов ⟨-е́жу, -е́жешь, Imp. -е́жь, ~те, Part. Prät. Pass. -ре́занный⟩ [**перере́зывать** (1, 2), **перереза́ть** (1, 2) V_{1a} несов] кого-что вин ① (верёвку) durchschneiden, zerschneiden ② (преградить) abschneiden; ◇ ~ **кому́-л доро́гу** jd-m den Weg abschneiden ③ (зарезать) niedermetzeln; (животных) abschlachten

перероди́ться V_{4a} сов ⟨-ожу́сь, -ди́шься⟩ [**перерожда́ться** V_{1a} несов] без доп ① (стать совсем иным) sich völlig verändern, ein neuer Mensch werden ② (выродиться) ausarten, entarten; (дегенерировать) degenerieren; **перерожде́ние** c_4 ⟨-я⟩ ① (изменение) Wiedergeburt f, Neugeburt f ② (вырождение) Entartung f, Ausartung f; (дегенерация) Degeneration f

переры́в m_1 ⟨-а⟩ ① (нарушение) Unterbrechung f ② (в школе и т. п.) Pause f; ◇ **обе́денный** ~ Mittagspause f; **без ~а** ununterbrochen

переры́ть* сов ⟨-ро́ю, -ро́ешь⟩ [**перерыва́ть** V_{1a} несов] что вин ① (землю) umgraben ② (перебрать) durchwühlen, durchsuchen; ◇ ~ **все ве́щи в чемода́не** den ganzen Koffer durchwühlen

переса́дка $ж_1$ ⟨-и, род мн: -док⟩ ① (в пути) Umsteigen n; ◇ **без ~док** ohne um-

zusteigen ② с.-х. Umpflanzen n, Umtopfen n ③ мед (тканей) Transplantation f

пересдава́ть V_{1a} несов ⟨-а́м, -а́шь⟩ [**пересда́ть*** несов] что вин ① (внаём) untervermieten ② (экзамен) noch einmal ablegen, wiederholen ③ (карты) neu verteilen

переселе́нец m_5 ⟨-нца⟩ Umsiedler m; (эмигрант) Auswanderer m; **переселе́ние** c_4 ⟨-я⟩ ① Umsiedlung f; (эмиграция) Auswanderung f ② (на другую квартиру) Umzug m; **пересели́ться** V_{4a} сов ⟨-лю́сь, -ли́шься⟩ [**переселя́ться** V_{1b} несов] без доп ① (на другое место) übersiedeln; (по-селиться) umsiedeln; (эмигрировать) auswandern ② (на другую квартиру) umziehen

пересе́сть* сов ⟨-ся́ду, -ся́дешь⟩ [**переса́живаться** V_{1a} несов] без доп ① (на другое место) sich umsetzen; ◇ ~ **со сту́ла на дива́н** sich vom Stuhl auf das Sofa setzen ② (сделать пересадку) umsteigen; ◇ ~ **на ско́рый по́езд** in den Schnellzug umsteigen

переска́з m_1 ⟨-а⟩ Wiedergabe f; (изложение) Nacherzählung f; **пересказа́ть** V_{1a} сов ⟨-ажу́, -а́жешь⟩ [**переска́зывать** V_{1a} несов] что вин ① (изложить содержание) nacherzählen, wiedergeben ② (сообщить) mitteilen; (изложить) berichten

пересла́ть V_{1a} сов ⟨-шлю́, -шлёшь, Imp. -шли́, ~те, Part. Prät. Pass. пере́сланный⟩ [**пересыла́ть** V_{1a} несов] что вин übersenden, schicken

пересмо́тр m_1 ⟨-а⟩ ① (просмотр) Durchsicht f; (проверка) Überprüfung f ② (дела, приговора) Revision f

пересоли́ть V_{4a} сов ⟨-лю́, -ли́шь, Part. Prät. Pass. -со́ленный⟩ [**переса́ливать** V_{1a} не-сов] что вин ① versalzen ② разг перен (перейти меру) es zu weit treiben, übertreiben

пересо́хнуть* V_2 сов ⟨-нет, -нут, 1 и 2 л. не употр, Prät. -сох, Part. Prät. Pass. -ший⟩ [**пересыха́ть** V_{1a} несов] без доп ① (о ручье) austrocknen; (иссякнуть) versiegen; ◇ **гу́бы ~ли** die Lippen wurden spröde; (засохнуть) ◇ **земля́ ~ла** der Boden trocknete aus

переспра́шивать V_{1a} несов ⟨-аю, -аешь⟩ [**переспроси́ть** V_{4a} сов ⟨ Part. Prät. Pass. -спро́шенный⟩ кого-что вин nachfragen

переста́вить V_{4b} сов ⟨-влю, -вишь, Part. Prät. Pass. -вленный⟩ [**переставля́ть** V_{1b} несов] кого-что вин ① (на другое место) umstellen, verrücken ② (часы) umstellen; (вперёд) vorstellen; (назад) zurückstellen

перестано́вка $ж_1$ ⟨-и, род мн: -вок⟩ (изменение) Umstellung f

переста́ть* сов ⟨-а́ну, -а́нешь⟩ [**переста-ва́ть** V_{1a} несов] с инф (1), без доп (2) ① (прекратить делать) mit etw auf-

hören; ◇ ~ть кури́ть aufhören zu rauchen ② (прекрати́ться) aufhören; ◇ дождь ~л es hörte auf zu regnen
перестро́ить V_{4b} сов ‹-о́ю, -о́ишь› [перестра́ивать V_{1a} несов] что вин ① (дом и т. п.) umbauen ② (реорганизова́ть) reorganisieren, umgestalten; (измени́ть структу́ру) umstrukturieren ③ воен umgruppieren ④ муз umstimmen; перестро́иться сов ‹-о́юсь, -о́ишься› [перестра́иваться несов] без доп ① воен sich umgruppieren ② (измени́ть де́ятельность) sich umstellen; перестро́йка ж₁ ‹-и, род мн:-о́ек› ① (зда́ния) Umbau m ② (реорганиза́ция) Umgestaltung f ③ полит Perestroika f ④ радио Umschaltung f, Neueinstellung f

 перестройка

Das Wort bedeutet „Umgestaltung, Umbau" und ist seit 1985 weltbekannt, als der Staatspräsident der UdSSR, Michail Gorbatschow, die Umgestaltung der sowjetischen Gesellschaft zum höchsten Prinzip seiner Reformpolitik erklärte. Gemeint waren vor allem die Demokratisierung der Gesellschaft und die Ermöglichung freier Marktwirtschaft in einem Land, in dem fast 70 Jahre lang ein Staatsmonopol herrschte.

переступа́ть V_{1a} несов ‹-а́ю, -а́ешь› [переступи́ть V_{4a} сов] что вин или через что вин ① (поро́г) übertreten, überschreiten; ◇ ~ с ноги́ на́ ногу Fuß auf den anderen treten ② перен übertreten; ◇ ~ зако́н ein Gesetz übertreten
пересчита́ть V_{1a} сов ‹-а́ю, -а́ешь, Part. Prät. Pass. -счи́танный› [пересчи́тывать V_{1a} несов] кого́-что вин ① (сосчита́ть за́ново) durchzählen, nachzählen; (путём вычисле́ний) durchrechnen ② (вы́разить в други́х едини́цах) umrechnen
пересы́лка ж₁ ‹-и, род мн:-лок› Übersendung f, Versand m
пересыпа́ть V_{1a} сов ‹-плю, -плешь› [пересыпа́ть V_{1a} несов] что вин (1), что вин или чего́ род (2) ① (в друго́е ме́сто) umschütten ② (насы́пать сли́шком мно́го) zu viel hineinschütten, über den Rand schütten
переубеди́ть V_{4a} сов ‹1 л. ед не употр, -ди́шь, Part. Prät. Pass. -ждённый› [переубежда́ть V_{1a} несов] кого́-что вин überzeugen; (убеди́ть в обра́тном) umstimmen; (угова́ривать) überreden
переу́лок m₁ ‹-лка, мн: -лки› Gasse f, Querstraße f
переустро́йство c₂ ‹-а› Umgestaltung f, Neugestaltung f

переутоми́ться V_{4a} сов ‹-млю́сь, -ми́шься› [переутомля́ться V_{1b} несов] без доп übermüden, sich überanstrengen; (от рабо́ты) sich überarbeiten; переутомле́ние c₄ ‹-я› Übermüdung f, Überanstrengung f
переу́чиваться V_{1a} несов ‹-аюсь, -аешься› [переучи́ться V_{4a} сов] без доп umschulen
перехвати́|ть V_{4a} сов ‹-ачу́, -а́тишь, Part. Prät. Pass. -а́ченный› [перехва́тывать V_{1a} несов] кого́-что вин (1, 2), что вин (3, 5, 6), без доп (4) ① (схвати́ть) abfangen, erwischen ② (пи́сьма, све́дения) abfangen; (подслу́шивать) abhorchen ③ разг (наско́ро пое́сть) einen Bissen zu sich nehmen ④ разг (преувели́чить) übertreiben ⑤ (взять взаймы́) kurz ausleihen ⑥ (что-л чем-л) umschlingen, umspannen; ◇ ~ть чемода́н ремнём einen Gurt um den Koffer spannen; разг ◇ у него́ ~ло го́рло die Kehle war ihm wie zugeschnürt
перехитри́ть V_{4a} сов ‹-рю́, -ри́шь› кого́-что вин überlisten
перехо́д m₁ ‹-а› ① (прохо́д) Übergang m; ◇ подзе́мный ~ Unterführung f; (брод) Furt f ② (на чью-л сто́рону) Übertritt m ③ воен Marsch m; ◇ су́точный ~ Tagesmarsch ④ (чего́-л во что-л) Übergang m; ◇ ~ коли́чества в ка́чество Übergang von Quantität in Qualität
переходи́ть несов от перейти́
перехо́дн|ый прил ‹-ая, -ое, -ые› ① (промежу́точный) Übergangs-; ◇ ~ый пери́од Übergangsphase f; ◇ ~ое прави́тельство Übergangsregierung f ② грам transitiv
пе́рец m₅ ‹-рца› Pfeffer m; ◇ кра́сный ~ Paprika m; ◇ чёрный ~ schwarzer Pfeffer; ◇ зада́ть пе́рцу кому́-л jd-m Zunder geben
пе́речень m₂ ‹-чня, мн:-чни› Verzeichnis n, Register n; (спи́сок) Liste f
перечисле́ние c₄ ‹-я› ① (пере́чень) Aufzählung f, Aufzählen n ② фин Überweisung f, Umbuchung f, Transfer m;
перечи́слить V_{4b} сов ‹-лю, -лишь, Imp. -ли, ~те› [перечисля́ть V_{1b} не сов] кого́-что вин ① (упомяну́ть всех) aufzählen; (соста́вить спи́сок) auflisten; ◇ ~ по па́льцам an den Fingern abzählen ② (в другу́ю катего́рию) versetzen ③ фин überweisen, transferieren
пе́речница ж₁ ‹-ы› Pfefferstreuer m
переше́ек m₁ ‹-ейка, мн:-е́йки› геогр Landenge f
переэкзамено́вка ж₁ ‹-и, род мн: -вок› Nachprüfung f
пери́ла мн₁ ‹пери́л› Geländer n; (балюстра́да) Brüstung f; ◇ опере́ться на ~ sich an die Brüstung lehnen
пери́на ж₁ ‹-ы› Federbett n
пери́од m₁ ‹-а› Periode f, Zeitabschnitt m,

Zeitraum m; ◇ **послевое́нный** ~ Nachkriegszeit f; ◇ ~ **расцве́та** Blütezeit f; спорт **пе́рвый** ~ **игры́** erste Spielhälfte; ◇ ~ **полово́го созрева́ния** Pubertät f; **периоди́ческ|ий** прил ⟨-ая, -ое, -ие⟩ periodisch; ◇ ~**ая печа́ть** Zeitschriften f pl; хим ◇ ~**ая систе́ма элеме́нтов** das Periodensystem

перламу́тр m₁ ⟨-а⟩ Perlmutt n

перо́ c₂ ⟨-а, мн: -пе́рья, род: -ьев, дат: -ьям⟩ ① (птичье) Feder f ② (писчее) Schreibfeder f; ◇ **ве́чное** ~**о́** Füllfederhalter m; ◇ **взя́ться** ~**а** zur Feder greifen; ◇ **ни пу́ха, ну** ~**а́** Hals- und Beinbruch

перро́н m₁ ⟨-а⟩ Bahnsteig m

пе́рсик m₁ ⟨-а⟩ (плод) Pfirsich m; (дерево) Pfirsichbaum m

перспекти́ва ж₁ ⟨-ы⟩ ① (вид) Perspektive f, Aussicht f ② перен (виды на будущее) Zukunftsaussichten f pl;

перспекти́вный прил ⟨-ая, -ое, -ые⟩ ① (с учётом перспективы) Perspektiv-, perspektivisch ② (многообещающий) aussichtsreich

пе́рстень m₂ ⟨-тня, мн: -тни⟩ Fingerring m

пе́рхоть ж₅ ⟨-и⟩ (Kopf-)Schuppen m pl

перча́тк|а ж₁ ⟨-и, род мн: -ток⟩ Handschuh m; ◇ **ко́жаные** ~**и** Lederhandschuhe; ◇ **бро́сить** ~**у кому́-л** jd-n herausfordern

пёс m₁ ⟨пса, мн: псы⟩ Hund m, Köter m

пе́сня ж₂ ⟨-и, род мн: -сен⟩ Lied n; ◇ **ста́рая** ~ immer das alte Lied

песо́к m₁ ⟨-ска́, мн: -ски́⟩ Sand m; ◇ **подви́жный** ~**о́к** Treibsand; перен ◇ **стро́ить на** ~**ке́ что-л** auf Sand bauen

петли́ца ж₁ ⟨-ы⟩ (петля) Knopfloch n

пе́тл|я ж₂ ⟨-и, род мн: -тель⟩ ① Schlinge f, Schlaufe f; ◇ **лезть в** ~**ю** den Hals in die Schlinge stecken ② (в вязании) Masche f; ◇ **подня́ть** ~**ю** eine Masche aufnehmen; ◇ **спу́щенная** ~**я** Laufmasche ③ (в одежде) Knopfloch n; (для крючка) Öse f

петру́шка ж₁ ⟨-и, род мн: -шек⟩ Petersilie f

пету́х m₁ ⟨-а́, мн: -и́⟩ Hahn m; ◇ **встава́ть с** ~**а́ми** mit dem ersten Hahnenschrei aufstehen

петь* несов ⟨пою́, поёшь⟩ [про~ сов] что вин ① singen; ◇ ~ **те́нором/ба́сом** Tenor/Bass singen ② (о соловье) singen; (о петухе) krähen

пехо́та ж₁ ⟨-ы⟩ Infanterie f

печа́ль ж₅ ⟨-и⟩ Kummer m; (скорбь) Trauer f, Traurigkeit f; ◇ **тебе́ что за** ~**?** was geht dich das an?; **печа́льный** прил ⟨-ая, -ое, -ые⟩ ① (проникнутый печалью) traurig, betrübt ② (прискорбный) traurig, betrüblich; ◇ (досто́йный сожале́ния) bedauerlich

печа́тать V₁ₐ несов ⟨-аю, -аешь⟩ [на~ сов] что вин ① (размножать на машинке) tippen ②

(помещать в печати) drucken lassen, veröffentlichen ③ фото abziehen; **печа́таться** несов ⟨-аюсь, -аешься⟩ [на~ сов] без доп ① (быть в печати) im Druck sein ② (издавать свои труды) veröffentlichen;

печа́тник m₁ ⟨-а⟩ Drucker m; **печа́ть** ж₅ ⟨-и⟩ ① (печатка) Stempel m; ◇ **ста́вить** ~**ь** abstempeln ② перен Stempel m, Gepräge n ③ (пресса) Presse f; ◇ **о́тзывы** ~**и** Pressestimmen f pl ④ (печатание) Druck m; ◇ **быть в** ~**и** im Druck sein; ◇ **гото́вый к** ~**и** druckreif sein; ◇ **вы́йти из** ~**и** erscheinen; ◇ **ме́лкая** ~**ь** Kleingedrucktes

пе́чень ж₅ ⟨-и⟩ Leber f

пече́нье c₅ ⟨-я⟩ Gebäck n; (сухое) Biskuit n

печ|ь¹ ж₅ ⟨-и, о пе́чи, в печи́, мн: -чи, род: -че́й⟩ Ofen m; ◇ **до́менная** ~**ь** Hochofen; ◇ **микроволно́вая** ~**ь** Mikrowellenherd m; ◇ **лежа́ть на** ~**и́** auf der faulen Haut liegen

печь²* несов ⟨пеку́, печёшь⟩ [ис~ сов] что вин backen; ◇ ~ **пироги́** Kuchen backen

пешехо́д m₁ ⟨-а⟩ Fußgänger m

пе́шка ж₁ ⟨-и, род мн: -шек⟩ ① шахм Bauer m ② перен (о незначительном человеке) Marionette f

пешко́м нареч zu Fuß

пеще́ра ж₁ ⟨-ы⟩ Höhle f

пиани́но c ⟨нескл⟩ Klavier n; **пиани́ст** m ⟨-а⟩ Klavierspieler m, Pianist m

пиа́р m₁ ⟨-а⟩ (связи с общественностью) Öffentlichkeitsarbeit f, Publicrelations pl, PR f; ◇ **чёрный** ~ schlechte PR

пивна́я ж (A₁) ⟨-о́й⟩ Kneipe f

пиджа́к m₁ ⟨-а́, мн: -и́⟩ Jacke f, Jackett n; ◇ **без** ~**а́** hemdsärmelig, salopp

пижа́ма ж₁ ⟨-ы⟩ Schlafanzug m

пила́ ж₁ ⟨-ы́, мн: -ы⟩ Säge f; ◇ **ди́сковая** ~ Kreissäge; ◇ **ле́нточная** ~ Bandsäge

пили́ть V₄ₐ несов ⟨-лю́, пи́лишь, Part. Präs. Akt. пи́лящий, Part. Prät. Pass. пи́ленный⟩ кого-что вин ① (резать пилой) sägen ② (напильником) feilen ③ разг перен (по-прекать) nörgeln

пило́т m₁ ⟨-а⟩ Pilot m; ◇ **второ́й** ~ Kopilot

пилю́л|я ж₂ ⟨-и, род мн: -ль⟩ Pille f; перен ◇ **проглоти́ть** ~**ю** eine bittere Pille schlucken

пингви́н m₁ ⟨-а⟩ Pinguin m

пино́к m₁ ⟨-нка́, мн: -нки́⟩ Fußtritt m; (толчок) Stoß m

пионе́р m₁ ⟨-а⟩ Pionier m, Wegbereiter m

пипе́тка ж₁ ⟨-и, род мн: -ток⟩ Pipette f

пир m₁ ⟨-а, о пи́ре, в пиру́, мн: -ы́⟩ Gastmahl n, Gelage n; ◇ ~ **на весь мир** fürstliches Mahl

пира́т m₁ ⟨-а⟩ Pirat m, Seeräuber m

пиро́г m₁ ⟨-а́, мн: -и́⟩ Pirogge f; ◇ ~ **с мя́сом** Fleischpastete f; **пиро́жное** c (A₁) ⟨-ого⟩ Törtchen n; **пирожо́к** m₁ ⟨-жка́, мн: -жки́⟩ kleine Pirogge, Teigtasche f

пирс $м_1$ ⟨-а⟩ мор Pier m

писáрь $м_2$ ⟨-я, мн:-ря́, род:-éй⟩ Schreiber m

писáтель $м_2$ ⟨-я⟩ Schriftsteller m; ◇ ~**и-клáссики** Klassiker m pl; ◇ **Сою́з ~ей** Schriftstellerverband m; **писáть*** несов ⟨пишу́, пи́шешь⟩ [на~ сов] что вин без доп **(1)** schreiben; ◇ ~ **разбóрчиво** deutlich schreiben **(2)** (картины) malen; ◇ ~ **мáслом** in Öl malen; ◇ **пиши́ пропáло!** das kannst du abhaken!

пистолéт $м_1$ ⟨-а⟩ Pistole f; ◇ **сигнáль-ный** ~ Leuchtpistole f; ◇ **~-пулемёт** Maschinenpistole f

пи́сьменный прил ⟨-ая, -ое, -ые⟩ Schreib-, schriftlich; **пись мó** c_5 ⟨-á, мн:-а, род:-сем, дат:-ам⟩ **(1)** Brief m, Schreiben n; ◇ **делов óе** ~ Geschäftsbrief; ◇ **зака з нóе** ~ Einschreiben n; ◇ **открытое** ~ Postkarte f **(2)** (манера письма) Schreibweise f **(3)** (письменность) Schrift f **(4)** (искусство письма) Schreiben n; ◇ **научи́ться письму́** schreiben lernen

питáние c_4 ⟨-я⟩ **(1)** (пища) Nahrung f, Speise f **(2)** (действие) Ernährung f, Verpflegung f; ◇ **дéтское** ~ Kindernahrung; ◇ **недостáточное** ~ mangelhafte Ernährung; ◇ **общéственное** ~ Gastronomie f **(3)** тех (энергия) Speisung f; **питáть** V_{1a} несов ⟨-áю, -áешь⟩ [на~ сов] кого-что вин (1), что вин (2, 3) **(1)** (кормить) ernähren, verpflegen **(2)** тех speisen, versorgen **(3)** перен (испытывать) hegen, nähren; (чувствовать) fühlen; ◇ ~ **довéрие к комý-л** zu jd-m Vertrauen haben; ◇ ~ **надéжду** Hoffnung hegen

питóмник $м_1$ ⟨-а⟩ (для разведения растений) Baumschule f; (для разведения животных) Tierzucht f

пить* несов ⟨пью, пьёшь⟩ [вы́~ сов] что вин (1), без доп (2) **(1)** trinken; ◇ ~ (животных) saufen; ◇ ~ **мáленькими глоткáми** in kleinen Schlucken trinken; ◇ **как** ~ **дать** todsicher **(2)** (пьянствовать) trinken; ◇ ~ **запóем** sich besaufen

пи́хта $ж_1$ ⟨-ы⟩ бот (Edel-)Tanne f

пи́ща $ж_1$ ⟨-и⟩ **(1)** (питание) Nahrung f, Kost f; (еда) Speise f; ◇ **здорóвая ~а** gesunde Nahrung **(2)** перен Nahrung f; ◇ **~а для умá** geistige Nahrung; ◇ **давáть ~у подозрéниям** den Verdacht nähren; **давáть ~у слýхам** Gerüchten neue Nahrung geben

пищеварéние c_4 ⟨-я⟩ Verdauung f

пищевóд $м_1$ ⟨-а⟩ анат Speiseröhre f

пия́вка $ж_1$ ⟨-и, род мн:-вок⟩ Blutegel m

плáвание c_4 ⟨-я⟩ **(1)** (действие) Schwimmen n **(2)** (на судах) Schifffahrt f; ◇ **ходи́ть в** ~ zur See fahren

плáвать неопред, см. **плыть**

плáвки $мн_1$ ⟨-вок⟩ спорт Badehose f

плáвный прил ⟨-ая, -ое, -ые⟩ **(1)** (размеренный) fließend; (равномерный)

---

gleichmäßig; (лёгкий) leicht; ◇ **~ая речь** fließende Rede **(2)** тех stufenlos

плакáт $м_1$ ⟨-а⟩ Plakat n; ◇ **реклáмный** ~ Werbeplakat

плáкать* несов ⟨-áчу, -áчешь⟩ без доп (1), по кому дат (2) **(1)** (лить слёзы) weinen **(2)** (по кому) jd-n beweinen, jd-m nachweinen, jd-m nachtrauern; ◇ **пáлка по немý плáчет** er verdient eine Tracht Prügel; ◇ **плáкала нáша прéмия** unsere Prämie ist dahin; ◇ **хоть плачь!** es ist zum Weinen!

плáкса $м/ж_1$ ⟨-ы⟩ Heulpeter m; разг (о девочке, женщине) Heulsuse f

плáмя c_6 ⟨-мени⟩ Flamme f; ◇ **вспы́х-нуть ~менем** auflodern

план $м_1$ ⟨-а⟩ **(1)** (порядок, замысел) Plan m; ◇ **составля́ть/выполнить** ~ einen Plan aufstellen/erfüllen; ◇ **рабóтать по** ~ nach Plan arbeiten **(2)** (чертёж) Plan m, Grundriss m; ◇ ~ **гóрода** Stadtplan; ◇ **зда́ние** Gebäudegrundriss m; ◇ **на пе-рéднем** ~е im Vordergrund; фóто, кино ◇ **крý пным ~ом** Großaufnahme f

планёр $м_1$ ⟨-а⟩ Segelflugzeug n

планéта $ж_1$ ⟨-ы⟩ Planet m

плани́рование¹ c_4 ⟨-я⟩ Planung f

плани́рование² c ⟨-я⟩ ав Gleitflug m

плáнка $ж_1$ ⟨-и, род мн:-нок⟩ Leiste f, Latte f

планомéрный прил ⟨-ая, -ое, -ые⟩ planmäßig

пласт $м_1$ ⟨-á, мн:-ы́⟩ Schicht f; горн Flöz n; ◇ **~áми** schichtweise; ◇ **лежáть ~óм** kraftlos daliegen

пласти́нка $ж_1$ ⟨-и, род мн:-нок⟩ Platte f, Schallplatte f; ◇ **напéть ~у** eine Schallplatte aufnehmen

пластмáсса $ж_1$ ⟨-ы⟩ Kunststoff m, Plastik n; ◇ **издéлия из ~ы** Kunststoffprodukte n pl

плáстырь $м_2$ ⟨-я⟩ Pflaster n

плáта $ж_1$ ⟨-ы⟩ Zahlung f; (уплáта) Bezahlung f; (вознаграждение) Entlohnung f; ◇ **входнáя** ~ Eintrittsgeld n; ◇ **зáработная** ~ Arbeitslohn m; ◇ ~ **за учéние** Schulgeld n

платёж $м_2$ ⟨-á⟩ Zahlung f; ◇ ~ **в рас-срóчку** Ratenzahlung; ◇ **прекрати́ть платежи́** Zahlungen einstellen; ◇ **на-лóженным платежóм** per Nachnahme;

платёжеспосóбный прил ⟨-ая, -ое, -ые⟩ zahlungsfähig, solvent

плáтина $ж_1$ ⟨-ы⟩ Platin n

плати́ть V_{4g} несов ⟨-ачý, -áтишь, Part. Prät. Pass. -áченный⟩ [за~ сов] (за) что вин (1), чем тв за что вин (2) **(1)** zahlen; (за что-л) etw bezahlen; ◇ **долги́** Schulden bezahlen **(2)** перен vergelten; ◇ ~ **услýгой за услýгу** eine Gefälligkeit erwidern; ◇ ~ **комý-л той же монéтой** jd-m etw mit gleicher Münze heimzahlen

платóк $м_1$ ⟨-ткá, мн:-ткú⟩ Tuch n; ◇

головно́й ~ Kopftuch; ◇ носово́й ~ Taschentuch

платфо́рма ж₁ ⟨-ы⟩ ① (перрон) Bahnsteig m ② полит Plattform f

пла́тье c₅ ⟨-ья, род мн:-ьев⟩ ① (одежда вообще) Kleidung f; ◇ ве́рхнее ~ Oberbekleidung f ② (женское) Kleid n

плащ м₂ ⟨-а́, мн:-и́⟩ Regenmantel m

плева́ть* несов ⟨плюю, плюёшь⟩ [на- сов] без доп (1), на кого́-что вин (2) ① (выплёвывать) spucken ② перен раз (презирать) pfeifen (auf), gering schätzen

плед м₁ ⟨-а⟩ Wolldecke f

пле́м|я c₆ ⟨-мени, мн:-мена́, род:-мён, дат:-мена́м⟩ ① (основное значение) Stamm m; ◇ вождь ~ени Stammesführer m ② (поколение) Generation f, Geschlecht n

племя́нник м₁ ⟨-а⟩ Neffe m; племя́нница ж₁ ⟨-ы⟩ Nichte f

плен м₁ ⟨-а⟩ Gefangenschaft f; ◇ быть в ~у́ in Gefangenschaft sein; ◇ взять в ~ gefangennehmen; ◇ сда́ться в ~ sich ergeben; перен ◇ в ~у́ предрассу́дков in Vorurteilen verhaftet sein

плёнк|а ж₁ ⟨-и, род мн:-нок⟩ ① хим, тех (материал) Film m ② биол Haut f ③ кино, фото Film m; ◇ засня́ть на ~у filmen; ◇ прояви́ть ~у einen Film entwickeln

пле́нник м₁ ⟨-а⟩ Gefangener m; пле́нница ж₁ ⟨-ы⟩ Gefangene f

пле́сень ж₅ ⟨-и⟩ (грибок) Schimmelpilz m

пле́сневеть V₅ несов ⟨-неет, -еют, 1 и 2 л. не употр⟩ [за~ сов] без доп schimm(e)lig werden

плести́* несов ⟨плету́, плетёшь⟩ [с- сов] что вин (корзину, косу, венок) flechten; (кружева) häkeln; (сети) knüpfen; ◇ ~ интри́ги Intrigen spinnen

плётка ж₁ ⟨-и, род мн:-ток⟩ Reitpeitsche f

пле́чики мн₁ ⟨-ов⟩ (вешалка) Kleiderbügel m

плеч|о́ c₂ ⟨-а́, мн:-и, род: плеч, дат:- а́м⟩ ① Schulter f, Achsel f; ◇ ~о́м к ~у́ Schulter an Schulter; ◇ э́то ему́ не по ~у́ er ist dem nicht gewachsen; ◇ име́ть го́лову на ~а́х Köpfchen haben; ◇ с плеч доло́й das hätten wir hinter uns; ◇ руби́ть с ~а́ kein Blatt vor den Mund nehmen ② тех, физ Arm m; ◇ ~о́ рычага́ Hebelarm m

плешь ж₅ ⟨-и⟩ Glatze f

плита́ ж₁ ⟨-ы́, мн:-ы́⟩ ① (кусок металла, камня) Kachel f, Platte f; (каменная) Fliese f ② (кухонная) Herd m; ◇ га́зовая ~ Gasherd m

пли́тка ж₁ ⟨-и, род мн:-ток⟩ ① (облицовочная) Fliese f, Kachel f ② (шоколада) Tafel f ③ (для разогревания) Kochplatte f

плове́ц м₄ ⟨-вца́, мн:-вцы⟩ Schwimmer m; пловчи́ха ж₁ ⟨-и⟩ Schwimmerin f

плод м₁ ⟨-а́, мн:-ы́⟩ Frucht f; ◇ прино- си́ть ~ы́ Früchte tragen; плодово́дство c₂ ⟨-а⟩ Obstanbau m; плодоро́дный прил ⟨-ая, -ое, -ые⟩ fruchtbar, ergiebig; плодотво́рный прил ⟨-ая, -ое, -ые⟩ Frucht bringend; (успешный) erfolgreich; (полезный) nützlich, günstig; (продуктивный) produktiv

пло́мб|а ж₁ ⟨-ы⟩ ① (на двери и т. п.) Plombe f; ◇ наложи́ть ~у etw versiegeln ② (в зубе) Zahnfüllung f, Zahnplombe f; ◇ поста́вить ~у plombieren

пло́ск|ий прил ⟨-ая, -ое, -ие⟩ flach, platt, eben; ◇ ~ая стопа́ Plattfuß m ② перен flach, fade; (тривиальный) trivial; ◇ ~ая шу́тка ein platter Witz

плот м₁ ⟨-а́, мн:-ы́⟩ Floß n

плоти́на ж₁ ⟨-ы⟩ Damm m, Deich m; (крупная) Staudamm m

пло́тник м₁ ⟨-а⟩ Zimmermann m

пло́тный прил ⟨-ая, -ое, -ые⟩ ① (густой) dicht ② (крепкий, прочный) fest, dicht ③ раз (о человеке) stämmig, robust ④ раз (о пище) kräftig, reichlich

плох|о́й прил ⟨-ая, -ое, -и́е⟩ (сравн: ху́же) schlecht, schlimm; ◇ ~о́й за́пах übler Geruch; ◇ ~о́е здоро́вье angeschlagene Gesundheit; ◇ ~о́е настрое́ние miese Stimmung; ◇ с э́тим шу́тки пло́хи damit ist nicht zu spaßen

пло́щадь ж₅ ⟨-и, мн:-ди, род:-де́й⟩ ① (пространство) Fläche f; ◇ поле́зная ~ Nutzfläche ② (в городе) Platz m ③ мат Flächeninhalt m

плуг м₃ ⟨-а, мн:-и́⟩ с.-х. Pflug m

плыть* несов, опред, см. пла́вать ⟨плыву́, плывёшь⟩ без доп ① schwimmen; ◇ ~ по мо́рю zur See fahren; ◇ ~ с аквала́нгом tauchen ② (на чём-л) fahren; (под парусами) segeln; ◇ ~ на плоту́ auf dem Floß treiben ③ перен (об облаках) ziehen; ◇ луна́ плывёт по не́бу der Mond steht am Himmel

плюс м₁ ⟨-а⟩ ① (знак) Plus n, Pluszeichen n; ◇ под зна́ком ~ positiv ② (преимущество) Plus n, Vorteil m; ◇ взве́сить все ~ы и ми́нусы alle Vor- und Nachteile abwägen

пляж м₂ ⟨-а⟩ (Bade-)Strand m; ◇ песча́ный ~ Sandstrand

пля́ска ж₁ ⟨-и, род мн:-сок⟩ Volkstanz m

по предлог с дат и вин ① (на поверхности) über, auf; ◇ пти́цы лета́ют ~ во́зду-ху die Vögel kreisen in der Luft; ◇ путеше́ствие ~ мо́рю Fahrt übers Meer; ◇ хло́пнуть ~ плечу́ auf die Schulter klopfen ② (вдоль чего-л) entlang; ◇ идти́ ~ у́ли-це die Straße entlanggehen ③ (где-л) in, durch; ◇ гуля́ть ~ у́лицам durch die Straßen schlendern; ◇ ходи́ть ~ магази́нам die Geschäfte abklappern ④ (в направлении) mit; ◇ плыть ~ тече́нию mit dem Strom schwimmen; ◇ идти́ ~ следа́м звё-ря den Spuren eines Tieres folgen ⑤ (согласно) laut, nach, gemäß; ◇ рабо́тать

~ пла́ну laut Plan arbeiten; ◇ суди́ть ~ вне́шности nach dem Äußeren urteilen; ◇ поступа́ть ~ зако́ну nach dem Gesetz handeln; ◇ одева́ться ~ мо́де sich modebewusst kleiden **6** (*вследствие*) aus, wegen, halber; ◇ ошиби́ться ~ рассе́янности aus Zerstreutheit einen Fehler machen; ◇ не прие́хать ~ боле́зни krankheitshalber nicht kommen **7** (*до*) bis; ◇ ~ настоя́щее вре́мя bis jetzt; ◇ ~ янва́рь включи́тельно bis einschließlich Januar **8** (*при указании на количество*) je, zu; ◇ входи́ть ~ одному́ einzeln eintreten **9** ◇ говори́ть по-ру́сски russisch sprechen **10** (*посредством*) mit, per, über; ◇ переда́ть ~ ра́дио über Funk senden; ◇ посла́ть ~ по́чте mit der [per] Post schicken **11** (*после*) nach; ◇ ~ истече́нии го́да nach Ablauf des Jahres **12** (*при указании родства, близости*) това́рищ ~ рабо́те Arbeitskollege m **13** (*при временных обозначениях*) an; ◇ гуля́ть ~ утра́м morgens spazieren gehen; ◇ приём ~ среда́м Sprechstunde mittwochs **14** (*в области чего–л*) in; ◇ отли́чные зна́ния ~ фи́зике gute Physikkenntnisse; ◇ соревнова́ние ~ ша́хматам Schachturnier n **15** раз (*за чем–л*) nach, um; ◇ идти́ ~ грибы́ Pilze sammeln

побе́г¹ m_1 ⟨-а⟩ (*бегство*) Flucht f

побе́г² м ⟨-а⟩ (*росток*) Trieb m, Sprössling m

побе́д|а ж₁ ⟨-ы⟩ Sieg m; ◇ одержа́ть ~у einen Sieg erringen; **победи́тел|ь** м₂ ⟨-я⟩ Sieger m; ◇ вы́йти ~ем aus etw als Sieger hervorgehen; **победи́ть** V_{4a} сов ⟨1. л. ед не употр, -ди́шь, Part. Prät. Pass. -жде́нный⟩ [**побежда́ть** V_{1a} несов] кого-что вин (1), что вин (2) **1** (*кого-л*) siegen über, besiegen; ◇ на́ши спортсме́ны ~ли unsere Sportler haben gesiegt **2** перен (*о чувстве*) überwinden; ◇ ~ть страх Angst überwinden

побели́ть см. **бели́ть**

побере́жье с₃ ⟨-я⟩ (*морское*) Küste f

поби́ть* сов ⟨-бью, -бьёшь⟩ [**побива́ть** V_{1a} несов] кого-что вин **1** (*избить*) schlagen, prügeln **2** (*победить*) schlagen, besiegen **3** (*разбить*) zerschlagen, zerbrechen; ◇ гра́дом ~ло поля́ der Hagel beschädigte die Felder

поблагодари́ть см. **благодари́ть**

побли́зости нареч in der Nähe

побо́чн|ый прил ⟨-ая, -ое, -ые⟩ Neben-; (*второстепенный*) nebensächlich, zweitrangig; ◇ ~ое де́йствие Nebenwirkung f; ◇ ~ый проду́кт Nebenprodukt n; ◇ в ка́честве ~ой профе́ссии nebenberuflich

побрати́м m₁ ⟨-а⟩ ◇ мы ~ы wir sind dicke Freunde; ◇ города́~~ы Partnerstädte f pl

побуди́ть V_{4a} сов ⟨-ужу́, -ди́шь, Part. Prät. Pass. -ужде́нный⟩ [**побужда́ть** V_{1a} несов] кого-что вин к чему дат или

с инф anspornen, animieren, bewegen (zu)

повали́ть см. **вали́ть**

по́вар м₁ ⟨-а, мн.: -а́⟩ Koch m

поведе́ние с₄ ⟨-я⟩ Verhalten n; ◇ ~ в быту́ Lebensführung f; (*в школе*) Betragen n; психол Verhaltensweise f

повенча́ться см. **венча́ться**

пове́ренный м (A₁) ⟨-ого⟩ Bevollmächtigter m

пове́рить см. **ве́рить**

поверну́ть V_2 сов ⟨-ну́, -нёшь, Part. Prät. Pass. -вёрнутый⟩ [**поверну́ть** и **повора́чивать** V_{1a} несов] кого-что вин (1), без доп (2) **1** (*перевернуть*) umdrehen, wenden; ◇ ~ рыча́г den Hebel umlegen; ◇ ~ больно́го на друго́й бок den Patienten auf die andere Seite drehen **2** (*сделать поворот*) wenden, abbiegen; ◇ ~ де́ло по-сво́ему seinen Willen durchsetzen; ◇ ~ разгово́р в другу́ю сто́рону dem Gespräch eine andere Wendung geben; **поверну́ться** сов ⟨-ну́сь, -нёшься⟩ [**повёртываться** и **повора́чиваться** несов] без доп sich wenden, sich wenden; ◇ ~ кругом kehrtmachen; ◇ ~ на друго́й бок sich umdrehen; ◇ ~ спино́й к кому́-л jd-m den Rücken zukehren

пове́рхностный прил ⟨-ая, -ое, -ые⟩ oberflächlich; (*беглый*) flüchtig; **пове́рхность** ж₅ ⟨-и⟩ Oberfläche f, Fläche f; ◇ ~ь о́зера Wasserspiegel m; перен ◇ держа́ться на ~и sich über Wasser halten; перен ◇ лежа́ть на ~и offensichtlich sein

пове́сить см. **ве́шать**

пове́стк|а ж₁ ⟨-и, род мн: -ток⟩ **1** (*извещение*) Benachrichtigung f; юр Vorladung f **2** ◇ ~ дня Tagesordnung f; ◇ быть на ~е дня auf der Tagesordnung stehen

по́весть ж₅ ⟨-и, мн: -ти, род.: -те́й⟩ Erzählung f

по-ви́димому вводное слово anscheinend; (*вероятно*) voraussichtlich

пови́дло с₂ ⟨-а⟩ Marmelade f

пови́нность ж₅ ⟨-и⟩ Pflicht f; ◇ во́инская ~ Wehrpflicht

повинова́ться V_{3a} несов ⟨-ну́юсь, -ну́ешься⟩ кому-чему дат gehorchen; (*подчиняться*) sich unterwerfen; перен ◇ ~ го́лосу рассу́дка der Stimme der Vernunft folgen; **повинове́ни|е** с₄ ⟨-я⟩ Gehorsam m; ◇ вы́йти из ~я den Gehorsam verweigern; ◇ держа́ть кого́-л в ~и sich jd-n untertan machen

по́вод¹ м₁ ⟨-а⟩ Anlass m, Veranlassung f; ◇ ~ для беспоко́йства Anlass zur Sorge; ◇ по ~у чего́-л anlässlich

по́вод² м ⟨-а, о по́воде, на -ý, мн: пово́дья, род ⟨ у лошади) Zügel m; ◇ быть на -ý у кого́-л sich von jd-m gängeln lassen

поводо́к м₁ ⟨-дка́, мн.: -дки́⟩ Leine f

пово́зка ж₁ ⟨-и, род мн: -зок⟩ Fuhrwerk n, Wagen m

поворо́т $м_1$ ‹-а› ① Wendung f, Drehung f; (колеса́, ключа́) Umdrehung f ② (ме́сто поворо́та) Kurve f, Biegung f ③ перен Wende f, Umschwung m; ◇ ~ к лу́чшему eine Wende zum Besseren

поворо́тный прил ‹-ая, -ое, -ые› Wende-; перен ◇ ~ моме́нт Wende f, Wendepunkt m

повреди́ть V_{4a} сов ‹-ежу́, -еди́шь› [повре́жда́ть V_{1a} несов] что вин (1), кому́-чему дат (2) ① (что-л) beschädigen; (ра́нить) verletzen ② (навреди́ть) schaden, Schaden zufügen

повседне́вн|ый прил ‹-ая, -ое, -ые› alltäglich, Alltags-; (обы́чный) gewöhnlich; ◇ ~ые забо́ты Alltagssorgen

повсю́ду нареч überall; ◇ ~ ра́достное оживле́ние überall herrscht lebhaftes Treiben

повторе́ние c_4 ‹-я› Wiederholung f; ◇ ~ мать уче́нья Übung macht den Meister;

повтори́ть V_5 сов ‹-рю́, -ри́шь› [повторя́ть V_{1b} несов] что вин wiederholen; ◇ ~ за кем-л jd-m nachsprechen

повтори́|ться сов ‹-ри́тся, -ря́тся, 1 и 2 л. не употр› [повторя́ться несов] без доп sich wiederholen, wiederkehren; ◇ ста́рое бо́льше не ~тся was war, wird nie wieder sein

повы́сить V_{4b} сов ‹-ы́шу, -ы́сишь, Part. Prät. Pass. -вы́шенный› [повыша́ть V_{1a} несов] кого́-что вин erhöhen, heben, steigern; ◇ ~ го́лос die Stimme heben; ◇ ~ за́работную пла́ту den Lohn erhöhen; ◇ ~ по слу́жбе jd-n befördern; **повыше́ние** c_4 ‹-я› Erhöhung f, Steigerung f; ◇ ~ жи́зненного у́ровня Steigerung des Lebensstandards; ◇ ~ зарпла́ты Lohnerhöhung; ◇ она́ получи́ла ~ sie wurde befördert; ◇ ~ цен Preiserhöhung

повя́зка $ж_1$ ‹-и, род мн: -зок› Binde f; ◇ нару́кавная ~ Armbinde f; (перевя́зка) Ver-band m; ◇ наложи́ть ~у на ра́ну eine Wunde verbinden

пога́нка $ж_1$ ‹-и, род мн: -нок› Giftpilz m

погаше́ние c_4 ‹-я› Tilgung f, Begleichung f

погиба́ть см. ги́бнуть

погла́дить см. гла́дить

поглоти́ть V_{4a} сов ‹-ощу́, -о́тишь, Part. Prät. Pass. -о́щённый› [поглоща́ть V_{1a} несов] что вин (1, 2), кого́-что вин (3) ① (съесть) verschlingen ② (впита́ть) aufnehmen, aufsaugen; ◇ по́чва ~и́ла вла́гу der Boden saugte die Feuchtigkeit auf ③ перен verschlingen, sich in etw vertiefen; ◇ быть поглощённым чем-л mit Leib und Seele dabei sein

погово́рк|а $ж_1$ ‹-и, род мн: -рок› Redensart f; ◇ наро́дные ~и volkstümliche Redensarten

пого́д|а $ж_1$ ‹-ы› Wetter n; ◇ прогно́з ~ы Wettervorhersage f; ◇ э́то не де́лает ~ы das ist nicht entscheidend

поголо́вье c_5 ‹-я› с.-х. Bestand m

пого́н|я $ж_2$ ‹-и› ① (пресле́дование) Verfolgung f, Verfolgungsjagd f; ◇ в ~е за auf der Jagd nach; ◇ ~я за при́былью Profitstreben n; ◇ ~я за сенса́цией Sensationssucht f ② (пресле́дователи) Verfolger m pl

погоре́|ть V_5 сов ‹-рю́, -ри́шь, (1) 1 и 2 л. не употр› [погора́ть V_{1a} несов] без доп (1, 2, 4), на чём предл (3) ① (о ле́се) brennen ② (пострада́ть) abbrennen; ◇ всё иму́щество ~ло ihr Hab und Gut ist verbrannt ③ разг (потерпе́ть неуда́чу) einen Misserfolg erleiden; ◇ он ~л на махина́циях seine Machenschaften sind aufgeflogen ④ (вы́лететь с рабо́ты) gefeuert werden

пограни́чник $м_1$ ‹-а› Grenzsoldat m; **пограни́чный** прил ‹-ая, -ое, -ые› Grenz-; ◇ ~ инциде́нт Grenzzwischenfall m

по́греб $м_1$ ‹-а, мн: -а́› Keller m; ◇ ви́нный ~ Weinkeller

погро́м $м_1$ ‹-а› Pogrom m o. n

погру́зка $ж_1$ ‹-и, род мн: -зок› Beladung f, Verladung f; (поса́дка на су́дно) Einsteigen n; **погру́зчик** $м_1$ ‹-а› тех Lader m; ◇ ви́лочный ~ Gabelstapler m

погуля́ть см. гуля́ть

под предлог с вин и тв ① (ни́же чего́-л) unter; ◇ поста́вить ~ стол unter den Tisch stellen; ◇ спусти́ться ~ во́ду unter Wasser tauchen ② (в) in, unter; ◇ ~ дождём im Regen; ◇ ~ огнём unter Beschuss ③ (во́зле) bei, vor; ◇ жить ~ Москво́й bei Moskau wohnen ④ (при) unter; ◇ взять ~ свою́ защи́ту unter seinen Schutz nehmen; ◇ рабо́тать ~ руково́дством кого́-л unter jd-s Leitung arbeiten ⑤ (во вре́менном смы́сле) gegen, an, vor; ◇ ~ ве́чер gegen Abend; ◇ ~ Но́вый год kurz vor Neujahr ⑥ (наподо́бие) -artig; ◇ обо́и ~ де́рево Tapeten mit Holzmuster; разг ◇ отде́лать ~ оре́х herunterputzen ⑦ (для) für; ◇ помеще́ние ~ клуб Raum für den Klub ⑧ (в сопровожде́нии) unter, mit; ◇ петь ~ аккомпанеме́нт mit Begleitung singen

подави́ть V_{4a} сов ‹-влю́, -а́вишь, Part. Prät. Pass. -а́вленный› [подавля́ть V_{1b} несов] кого́-что вин ① unterdrücken; ◇ ~ смех sich das Lachen verkneifen ② воен niederschlagen; ◇ ~ восста́ние einen Aufstand niederschlagen; **подавле́ние** c_4 ‹-я› Unterdrückung f; (восста́ния) Niederschlagung f; **пода́вленный** прич ‹-ая, -ое, -ые› niedergeschlagen, deprimiert

подавля́ющ|ий прич ‹-ая, -ее, -ие› überwältigend, erdrückend; ◇ ~ее большинство́ überwältigende Mehrheit

пода́гра $ж_1$ ‹-ы› мед Gicht f

подари́ть см. дари́ть

пода́рок $м_1$ ‹-рка, мн: -рки› Geschenk n; перен ◇ ~ судьбы́ ein Geschenk des Himmels

податливый прил ‹-ая, -ое, -ые› ① (о

предметах) geschmeidig; (*эластичный*) elastisch ② (*о человеке*) nachgiebig

пода́ть* *сов* ‹-а́м, -а́шь› [**подава́ть** V_{1a} *несов*] *что вин* ① (*поднести*) reichen; ◊ ~ **обе́д** das Mittagessen servieren; ◊ ~ **кому́-л пальто́** jd-m den Mantel reichen ② (*заявление*) einreichen; ◊ ~ **зая́вку** einen Antrag stellen; ◊ ~ **на кого́-л в суд** jd-n verklagen; ③ **в отста́вку** zurücktreten ③ спорт (*мяч*) aufschlagen, anstoßen

пода́ча $ж_1$ ‹-и› ① (*заявления*) Einreichung f ② (*голосов*) Abgabe f ③ спорт (*в волейболе*) Aufschlag m, Angabe f; (*в футболе*) Zuspiel n, Pass m; Anstoß m ④ тех Zuführung f, Vorschub m; (*снабжение*) Belieferung f

пода́чка $ж_1$ ‹-и, *род мн:* -чек› *разг* Almosen n; (*милостыня*) milde Gabe f

подбежа́ть* *сов* ‹-егу́, -жи́шь› [**подбега́ть** V_{1a} *несов*] *к кому-чему дат* herbeilaufen

подби́ть* *сов* ‹-добью́, -добьёшь› [**подбива́ть** V_{1a} *несов*] *кого-что вин* ① (*гвоздями снизу*) beschlagen (von unten); ◊ ~ **подмётки** besohlen ② (*подшить подкладку*) füttern; ◊ ~ **ва́той** wattieren ③ (*подстрелить*) anschießen, treffen ④ (*причинить увечье*) schlagen, verletzen; **подби́тый глаз** blaues Auge

подбо́р $м_1$ ‹-а› ① (*отбор*) Auslese f, Auswahl f ② (*набор*) Zusammenstellung f; ◊ ~ **кра́сок** Farbzusammenstellung; ◊ ~ **материа́лов** Materialwahl; ◊ **как на** ~ (wie) ausgesucht

подборо́док $м_1$ ‹-дка, *мн:* -дки› Kinn n; ◊ **двойно́й** ~ Doppelkinn

подбро́сить* *сов* ‹-о́шу, -о́сишь› [**подбра́сывать** V_{1a} *несов*] *кого-что вин, что вин или чего род* (2) ① (*вверх*) hochwerfen ② (*подбавить*) hinzutun, nachlegen; ◊ ~ **дров в печь** Brennholz in den Ofen nachlegen ③ *разг* (*доставить*) hinbringen, schicken ④ *перен* unterschieben, heimlich zustecken

подва́л $м_1$ ‹-а› ① (*помещение*) Keller m ② (*в газете*) untere Hälfte einer Zeitungsseite

подве́домственн|ый *прич* ‹-ая, -ое, -ые› untergeordnet, unterstellt; ◊ **учрежде́ние, -ое министе́рству** dem Ministerium unterstellte Behörde

подвезти́* *сов* ‹-зу́, -зёшь› [**подвози́ть** V_{4a} *несов* ‹Part. Präs. Pass. -вози́мый›] *кого-что вин* ① (*привезти*) heranfahren, heranbefördern ② (*попутчика*) mitnehmen

подве́ргнуть* V_2 *сов* ‹-ну, -нешь, Part. Prät. Pass. -нутый› [**подверга́ть** V_{1a} *несов*] *кого-что вин чему дат* ① (*проверке*) unterziehen; ◊ ~ **испыта́нию** einer Prüfung unterziehen ② (*чему-л неприятному*) aussetzen; ◊ ~ **свою́ жизнь опа́сности** sein Leben einer Gefahr aussetzen

подверну́ть* V_2 *сов* ‹-ну́, -нёшь, Part.*

Prät. Pass. -вёрнутый› [**подвёртывать** V_{1a} *несов*] *что вин* ① (*подвинтить*) anziehen ② (*загнуть*) umschlagen, umkrempeln ③ *разг* (*вывихнуть*) sich das Bein verrenken

подвести́* *сов* ‹-еду́, -едёшь› [**подводи́ть** V_{4a} *несов* ‹ Part. Präs. Pass. -едённый› *кого-что вин* ① (*привести*) zuführen, zuleiten; ◊ ~ **доро́гу к стро́йке** eine Straße bis zur Baustelle bauen ② *разг* (*обмануть*) hereinlegen; (*не помочь*) im Stich lassen

по́двиг $м_1$ ‹-а› große Tat f, Heldentat f

подви́жный *прил* ‹-ая, -ое, -ые› (*о человеке*) rege; (*живой*) lebhaft; ◊ ~ **ребёнок** aufgewecktes Kind

подви́нуть V_2 *сов* ‹-ну, -нешь› [**подвига́ть** V_{1a} *несов*] *кого-что вин* ① (*переместить*) verrücken, verschieben; ◊ ~ **стул в сто́рону** einen Stuhl zur Seite rücken ② *перен* (*продвинуть*) vorwärts bringen, vorantreiben, Fortschritte machen

подво́да $ж_1$ ‹-ы› Fuhrwerk n

подводи́ть *несов от* **подвести́**

подво́д|ный *прил* ‹-ая, -ое, -ые› Unterwasser-, Untersee-; ◊ ~**ая ло́дка** Unterseeboot n; ◊ **су́дно на** ~**ых кры́льях** Tragflügelboot n

подво́х $м_1$ ‹-а› *разг* (*хитрость*) List f; (*ловушка*) Falle f

подгото́вить V_{4b} *сов* ‹-влю, -вишь› [**подготовля́ть** и **подгота́вливать** V_{1b} *несов*] *что вин (1), кого-что вин к чему дат (2)* ① (*приготовить*) vorbereiten; (*заготовить*) fertig machen ② (*обучить*) schulen, ausbilden; ◊ ~ **ученика́ к экза́менам** einen Schüler auf die Prüfung vorbereiten; **подгото́виться** *сов* ‹-влюсь, -вишься› [**подгота́вливаться** и **подготовля́ться** *несов*] *к чему дат* sich vorbereiten; **подгото́вка** $ж_1$ ‹-и, *род мн:* -вок› ① Vorbereitung f ② (*обучение*) Schulung f, Ausbildung f; (*запас знаний*) Vorbildung f

по́дданный $м$ (A_1) ‹-ого› Staatsangehöriger m; **по́дданство** c_2 ‹-а› Staatsangehörigkeit f

подда́ться* *сов* ‹-а́мся, -а́шься› [**поддава́ться** V_{1a} *несов*] *на что вин* ① nachgeben; ◊ **дверь с трудо́м дава́лась** die Tür ließ sich nur schwer öffnen ② (*сдаться*) nachgeben; ◊ ~ **на угово́ры** sich überreden lassen; ◊ **не** ~ **угро́зам** sich nicht einschüchtern lassen; ◊ ~ **чему́-л влия́нию** sich beeinflussen lassen

подде́лать V_{1a} *сов* ‹-аю, -аешь› [**подде́лывать** V_{1a} *несов*] *что вин* fälschen, verfälschen; ◊ ~ **чью-л по́дпись** jd-s Unterschrift fälschen; **подде́лка** $ж_1$ ‹-и, *род мн:* -лок› Fälschung f; (*подражание*) Nachahmung f; (*имитация*) Imitation f

поддержа́ть* V_{1a} *сов* ‹-жу́, -е́ржишь, Imp. -жи́, ~те, Part. Prät. Pass. -е́ржанный› [**подде́рживать** V_{1a} *несов*] *кого-что вин* ① (*подпереть*) halten, stützen ② *перен* (*помочь*) unterstützen, jd-m beistehen **3** (*одобрить*) unterstützen, befürworten **4** (*дружбу, знакомство*) unterhalten; ◇ ~ **отношéния с кем-л** Beziehungen zu jd-m aufrechterhalten; **поддéржка** *ж₁* <-и, *род мн:* -жек> **1** Unterstützung *f;* (*помощь*) Beistand *m* **2** (*опора*) Stütze *f*

подéйствовать *см.* **дéйствовать**

подели́ть(ся) *см.* **дели́ть(ся)**

подéлом *нареч* ◇ ~ **емý!** das geschieht ihm recht!

подéнщик *м₁* <-а> Tagelöhner *m*

подéржанн|**ый** *прич* <-ая, -ое, -ые> gebraucht; (*об одежде*) getragen; ◇ ~**ая маши́на** Gebrauchtwagen *m*

поджа́рист|**ый** *прил* <-ая, -ое, -ые> angebraten, geröstet; (*хрустящий*) knusprig

поджéчь* *сов* <-дожгý, -дожжёшь> [**поджига́ть** V*₁ₐ несов*] *что вин* anzünden, anstecken; (*вызвать пожар*) Feuer legen; ◇ ~ **сара́й** eine Scheune anzünden;

поджóг *м₁* <-а> Brandstiftung *f*

подзаголóвок *м₁* <-вка, *мн:* -вки> Untertitel *m*

подзащи́тный *м* (*A₁*) <-ого> юр Mandant *m*

подземéлье *с₅* <-я> unterirdisches Gewölbe *n*, Verlies *n;* (*подвал*) Kellergeschoss *n;*

подзéмн|**ый** *прил* <-ая, -ое, -ые> unterirdisch, unter Tage; ◇ ~ **ход** Fußgängerunterführung *f*

подкара́уливать V*₁ₐ несов* <-аю, -аешь> [**подкара́улить** V*₄ᵦ сов*] *кого-что вин разг* jd-m auflauern; (*перехватить*) abfangen

подки́дыш *м₂* <-а> Findelkind *n*, ausgesetztes Kind *n*

подкла́дк|**а** *ж₁* <-и, *род мн:* -док> **1** (*одежды*) Futter *n;* ◇ **пальтó на** ~**е** gefütterter Mantel **2** *перен* Hintergrund *m* **3** *тех* Unterlage *f*

подкóва *ж₁* <-ы> Hufeisen *n*

подкóп *м₁* <-а> **1** (*подземный ход*) Mine *f*, unterirdischer Gang *m* **2** *разг перен* Unterminierung *f*, Intrige *f*

подкреплéние *ж₅* <-я> **1** (*едой*) Stärkung *f;* (*питьём*) Erfrischung *f* **2** воен Verstärkung *f* **3** (*подтверждение*) Bekräftigung *f*

подкýп *м₁* <-а> Bestechung *f;* **подкупи́ть** V*₄ₐ сов* <-плю́, -ýпишь, *Part. Prät. Pass.-*ýпленный> [**подкупа́ть** V*₁ₐ несов*] *кого-что вин* (*1, 2*), *чего род* (*3*) **1** (*деньгами и т. п.*) bestechen, Schmiergelder zahlen **2** (*очаровать*) bezaubern, bestechen; ◇ **улы́бкой** mit einem Lächeln bezaubern **3** (*купить дополнительно*) dazukaufen; **подкýпн**|**ый** *прил* <-ая, -ое, -ые> bestechlich, käuflich; ◇ ~**ые чинóвники** bestechliche Beamte

подлеж|**а́ть*** *несов* <-жý, -жи́шь> *чему дат* unterliegen, unterworfen sein; ◇ ~**а́ть обложéнию налóгами** steuerpflichtig

sein; ◇ **э́то не** ~**и́т сомнéнию** das steht außer Zweifel; ◇ **не** ~**и́т оглашéнию!** vertraulich!

подлежáщее *с* (*A₂*) <-его> грам Subjekt *n*

подлéц *м₁* <-á, *мн:* -ы́> Schuft *m*, Schurke *m*

подли́вка *ж₁* <-и, *род мн:* -вок> Soße *f*

подли́за *м, ж₁* <-ы> *разг* Schmeichler *m*, Schleimer *m*

пóдлинник *м₁* <-а> Original *n*, Urtext *m;* ◇ **в** ~**е** im Original; **пóдлинн**|**ый** *прил* <-ая, -ое, -ые> **1** (*оригинальный*) Original-, authentisch **2** (*истинный*) echt; ◇ **он показáл своё** ~**ое лицó** er zeigte sein wahres Gesicht

подли́ть* *сов* <-долью́, -дольёшь> [**подлива́ть** V*₁ₐ несов*] *что вин или чего род* hinzugießen; (*позже*) nachgießen; ◇ ~ **мáсла в огóнь** Öl ins Feuer gießen

подлокóтник *м₁* <-а> Armlehne *f*

пóдлость *ж₅* <-и> Niedertracht *f*, Gemeinheit *f;* ◇ **соверши́ть** ~ eine Gemeinheit begehen; **пóдл**|**ый** *прил* <-ая, -ое, -ые> niederträchtig, gemein

подмастéрье *м₃* <-я> Geselle *m*

подмéна *ж₁* <-ы> Auswechslung *f;* (*тайная замена*) Unterschiebung *f*, Vertauschung *f;* **подмени́ть** *сов* <-ню́, -éнишь> [**подмéнивать** V*₁ₐ* и **подменя́ть** V*₁ᵦ несов*] *кого-что вин* **1** (*заменить*) (heimlich) austauschen; (*неправомерно*) jd-m etw unterschieben **2** *перен* (*брать на себя чьи-л обязанности*) ablösen; ◇ **егó как бýдто** ~**ли** er ist wie ausgewechselt

подмести́* *сов* <-метý, -метёшь> [**подметáть** V*₁ₐ несов*] *что вин* kehren, fegen; ◇ ~ **мýсор под крыльцó** den Müll unter die Treppe kehren

подмéтк|**а** *ж₁* <-и, *род мн:* -ток> Schuhsohle *f;* ◇ **постáвить нóвые** ~**и** die Schuhe neu besohlen; ◇ **он емý в** ~**и не годи́тся** er kann ihm nicht das Wasser reichen

подмóстки *мн₁* <-ков> **1** (*настил*) Gerüst *n*, Gestell *n* **2** (*сцена*) Bühne *f*

подмы́шка *ж₁, м, род мн:* -шек> Achselhöhle *f*, Achsel *f;* ◇ **нести́ что-л под мы́шкой** etw unter dem Arm tragen

подневóльн|**ый** *прил* <-ая, -ое, -ые> **1** (*принудительный*) Zwangs-, erzwungen; ◇ ~ **труд** Zwangsarbeit *f* **2** (*зависимый*) abhängig; (*подчинённый*) untertan

поднести́* *сов* <-сý, -сёшь> [**подноси́ть** V*₄ₐ несов*] *кого-что вин* (*1*), *что вин кому дат* (*2, 3*) **1** (*принести*) heranbringen, herantragen; ◇ ~ **кни́гу к глазáм** das Buch nah an die Augen halten; ◇ ~ **лóжку ко ртý** den Löffel zum Mund führen **2** (*преподнести*) überreichen, bringen **3** (*угостить*) bewirten, anbieten; ◇ ~ **торт** eine Torte servieren

поднóжие *с₄* <-я> **1** (*пьедестал*) Sockel *m* **2** (*горы*) Fuß *m*

подно́жк|а ж₁ ⟨-и, *род мн:* -жек⟩ ① (*автомобиля и т. п.*) Trittbrett n ② ◇ **подста́вить ~у кому́-л** jd-m ein Bein stellen
подно́с м₁ ⟨-а⟩ Tablett n
подноси́ть *несов от* **поднести́**
подня́ть* *сов* ⟨-ниму́, -ни́мешь⟩ [**поднима́ть** V₁ₐ *несов*] *кого́-что вин* (*1, 3, 4*), *что вин* (*2, 5*) ① (*взять*) heben, aufheben; (*кверху*) hochheben; ◇ ~ **пыль** Staub aufwirbeln; ◇ ~ **тя́жесть** Gewicht heben; ◇ ~ **флаг** die Flagge hissen; ◇ ~ **я́корь** den Anker werfen ② *перен* (*повысить*) erhöhen, steigern; ◇ ~ **произво́ди́тельность труда́** die Arbeitsproduktivität steigern; ◇ ~ **у́ровень воды́** den Wasserspiegel erhöhen ③ (*разбудить*) aufwecken; ◇ ~ **с посте́ли** jd-n aus dem Bett holen ④ (*поставить на ноги*) (auf-)stellen ⑤ *перен* (*вопрос и т. п.*) anschneiden; ◇ ~ **вопро́с** eine Frage aufwerfen; ◇ ~ **крик** in Geschrei ausbrechen; ◇ ~ **восста́ние** einen Aufstand machen;
подня́ться *сов* ⟨-ниму́сь, -ни́мешься, (*3, 5*) 1 *и* 2 *л. не употр*⟩ [**поднима́ться** *несов*] *без доп* (*1, 3, 5*), *на что вин* (*2*), *на/против кого́-что вин* (*4*) ① (*встать*) sich erheben, aufstehen; ◇ ~ **ра́но** ~ **с посте́ли** früh aufstehen; ◇ ~ **по́сле боле́зни** nach einer Krankheit wieder auf die Beine kommen ② (*наверх*) steigen, heraufkommen, besteigen ③ (*повыситься*) sich erhöhen, steigen; ◇ **це́ны подняли́сь** die Preise sind gestiegen ④ (*восстать*) sich erheben, einen Aufstand machen; ◇ ~ **на борьбу́** sich zum Kampf erheben ⑤ (*возникнуть*) entstehen, aufkommen, sich erheben; ◇ **подняла́сь бу́ря** ein Sturm kam auf; ◇ **подня́лся шум** es wurde laut
подо́бный *прил* ⟨-ая, -ое, -ые⟩ ① (*сходный*) ähnlich, gleichartig; (*аналогичный*) analog; ◇ ~**ым о́бразом** in gleicher Weise ② (*такой*) solche(r, s); ◇ **в ~ых слу́чаях** in solchen Fällen; ◇ **ничего́ ~ого** nichts dergleichen; ◇ **и тому́ ~ое** (**и т. п.**) und dergleichen mehr
подобра́ть *сов* ⟨-дберу́, -дберёшь⟩ [**подбира́ть** V₁ₐ *несов*] *кого́-что вин* ① (*поднять*) aufsammeln, aufheben, auflesen; ◇ ~ **рассы́павшиеся бума́ги** heruntergefallene Blätter aufheben ② (*выбрать*) auswählen; ◇ ~ **га́лстук к руба́шке** eine Krawatte zum Hemd aussuchen; (*составить*) zusammenstellen; ◇ ~ **му́зыку к слова́м** einen Text musikalisch unterlegen ③ ◇ ~ **пла́тье** das Kleid hochraffen; ◇ ~ **во́лосы** die Haare hochstecken; ◇ ~ **живо́т** den Bauch einziehen
подогна́ть* *сов* ⟨-дгоню́, -дго́нишь⟩ [**подгоня́ть** V₁ᵦ *несов*] *кого́-что вин* ① (*поторопить*) antreiben, anspornen ② (*приспособить*) abstimmen; ◇ ~ **к прие́зду сы́на** den Urlaub auf die Ankunft des Sohnes abstimmen; (*приладить*) anpassen
пододе́яльник м₁ ⟨-а⟩ Bettbezug m

подозрева́ть V₁ₐ *несов* ⟨-а́ю, -а́ешь⟩ *кого́-что вин в чём предл* (*1*), *что вин* (*2*) ① (*иметь подозрение*) verdächtigen, gegen jd-n Verdacht hegen; ◇ ~**ть в обма́не** jd-n des Betrugs verdächtigen ② (*предполагать*) vermuten, ahnen; ◇ **у больно́го ~ют ангину** den Kranken wird eine Angina vermutet; **подозре́ни|е** с₄ ⟨-я⟩ ① (*предположение*) Verdacht m; ◇ **заде́ржан по ~ю в кра́же** wegen des Verdachts auf Diebstahl festgenommen ② (*недоверие, предчувствие*) Misstrauen n, Argwohn m; ◇ **навле́чь на себя́ ~** sich verdächtig machen; **подозри́тельный** *прил* ⟨-ая, -ое, -ые⟩ ① (*вызывающий подозрение*) verdächtig ② (*недоверчивый*) misstrauisch, argwöhnisch
подойти́* *сов* ⟨-ойду́, -ойдёшь⟩ [**подходи́ть** V₄ₐ *несов*] *к кому́-чему дат* (*1, 2*), *на что вин* (*3*) ① herankommen, herantreten; (*приблизиться*) sich nähern; ◇ ~**ти к окну́** an das Fenster treten; (*наступить*) kommen, heranrücken ② (*отнестись*) behandeln, gegenüberstehen; ◇ **крити́чески ~ти** jd-m kritisch gegenüberstehen ③ (*подойти*) taugen; ◇ **он не ~дёт на э́ту до́лжность** er taugt nicht für dieses Amt nicht ④ (*соответствовать*) entsprechen, passen; ◇ **э́то пальто́ мне ~дёт** der Mantel steht mir; ◇ **э́то мне ~дёт** das passt mir nicht, ich bin dagegen
подоко́нник м₁ ⟨-а⟩ Fensterbank f
подопе́чный I. *прил* ⟨-ая, -ое, -ые⟩ ① *юр* (*о лицах*) unter Vormundschaft stehend; (*об имуществе*) Treuhand- **II.** м(A₁)⟨-ого⟩ *перен* Zögling m
подоплёка ж₁ ⟨-и⟩ *разг* (*причина*) Beweggrund m; (*взаимосвязь*) Hintergrund m
подорва́ть V₁ₐ *сов* ⟨-ву́, -вёшь, *Itp.* -ви́, ~те, *Part. Prät. Pass.* -до́рванный⟩ [**подрыва́ть** V₁ₐ *несов*] *что вин* ① (*взорвать*) sprengen ② *перен* (*нанести вред*) untergraben, unterminieren; ◇ ~ **чей-л авторите́т** jd-s Autorität untergraben
подотчётный *прил* ⟨-ая, -ое, -ые⟩ ① (*о человеке*) rechenschaftspflichtig ② *фин* (*требующий отчёта*) abrechnungspflichtig
подписа́ние с₄ ⟨-я⟩ Unterzeichnung f; ◇ ~ **догово́ра** Vertragsunterzeichnung f
подписа́ть* *сов* ⟨-ишу́ -и́шешь⟩ [**подпи́сывать** V₁ₐ *несов*] *что вин* ① (*заверить*) unterschreiben, unterzeichnen ② (*дополнить*) hinzufügen, dazuschreiben;
подписа́ться *сов* ⟨-ишу́сь, -и́шешься⟩ [**подпи́сываться** *несов*] *на что вин* abonnieren; ◇ ~ **на газе́ту** eine Zeitung abonnieren; **подпи́ска** ж₁ ⟨-и, *род мн:* -сок⟩ ① (*договор на доставку*) Abonnement n; (*на издание*) Bestellung f; (*на многотомное издание*) Subskription f ② (*письменное обязательство*) schriftliche Verpflichtung f; **подпи́счик** м₁ ⟨-а⟩ Abonnent m; **по́дпись** ж₅ ⟨-и⟩ Unterschrift f;

поста́вить свою́ ~ seine Unterschrift unter etw setzen; ◇ за ~ю unterzeichnet

подполко́вник m_1 ‹-а› Oberstleutnant m

подпо́лье c_5 ‹-я› **1** (помещение) Keller m; ◇ спусти́ться в ~ in den Keller gehen **2** (организации) Untergrundbewegung f, Illegalität f; ◇ рабо́тать в ~ im Untergrund arbeiten; ◇ уйти́ в ~ untertauchen;

подпо́льщик m_1 ‹-а› Illegaler m

подража́ние c_4 ‹-я› Nachahmung f;

подража́ть V_{1a} несов ‹-а́ю, -а́ешь› кому-чему дат в чём предл nachmachen, nachahmen

подразделе́ни|е c_4 ‹-я› **1** (действие) Unterteilung f, Gliederung f; ◇ глава́ име́ет не́сколько ~й das Kapitel ist in einige Punkte untergliedert **2** (часть раздел) Unterabteilung f **3** воен Einheit f

подразумева́ть V_{1a} несов ‹-а́ю, -а́ешь› кого-что вин (под чем-л) (darunter) verstehen; (иметь в виду) (damit) meinen

подро́бность $ж_5$ ‹-и› Detail n, Einzelheit f; ◇ не вдава́ться в ~и nicht ins Detail gehen; ◇ рассказа́ть со все́ми ~ями in allen Einzelheiten erzählen; подро́бный прил ‹-ая,-ое, -ые› ausführlich, detailliert

подро́сток m_1 ‹-тка, мн: -тки› Jugendlicher m, Teenager m

подру́га $ж_1$ ‹-и› Freundin f

подру́жески нареч freundschaftlich; (потоварищески) kameradschaftlich

подря́д¹ m_1 ‹-а› Auftrag m; (договор) (Werk-)Vertrag m; ◇ ~ на постро́йку Bauauftrag; ◇ по ~у auftragsgemäß

подря́д² нареч der Reihe nach, nacheinander

подря́дчик m_1 ‹-а› Unternehmer m; (предприниматель) Lieferant m

подсади́ть V_{4a} сов ‹-ажу́, -а́дишь, Part. Prät. Pass. -а́женный› [подса́живать V_{1a} несов] кого-что вин (1), кого-что вин к кому-чему дат (2), что вин или чего род (3) **1** (помочь взобраться) hinaufhelfen; ◇ ~ ребёнка в авто́бус dem Kind in den Bus helfen **2** (поместить рядом) sich zu jd-m setzen **3** (растения) nachpflanze

подсве́чник m_1 ‹-а› Kerzenständer m

подсе́сть* сов ‹-ся́ду, -ся́дешь› [подса́живаться V_{1a} несов] без доп sich setzen (neben, zu); (пододвинуться) näher heranrücken

подсказа́ть V_{1a} сов ‹-ажу́, -а́жешь› [подска́зывать V_{1a} несов] что вин кому дат **1** (указать) vorsagen; теа́тр soufflieren **2** (внушить) eingeben, auf den Gedanken bringen; подска́зк|а $ж_1$ ‹-и, род мн: -зок› Vorsagen n; ◇ де́йствовать по чьей-л ~е auf jd-s Rat hin handeln

подскочи́ть V_{4a} сов ‹-очу́, -о́чишь› [подска́кивать V_{1a} несов] без доп **1** (кверху) hochspringen, aufspringen; ◇ ~ть от ра́дости vor Freude hochspringen **2** (о температуре, ценах) hochschnellen, ab-

rupt ansteigen; ◇ давле́ние ~ло der Druck stieg schnell an

подсле́дственный м (А₁) ‹-ого› Untersuchungshäftling m

подсне́жник m_1 ‹-а› бот Schneeglöckchen n

подсо́бн|ый прил ‹-ая, -ое, -ые› Neben-, Hilfs-; ◇ ~ые помеще́ния Nebenräume; ◇ ~ый рабо́чий Hilfsarbeiter

подсо́лнечник m_1 ‹-а› Sonnenblume f

подста́вка $ж_1$ ‹-и, род мн: -вок› Untergestell n; (опора) Ständer m

подста́нция $ж_5$ ‹-ии› ◇ трансформа́торная ~ Umspannwerk n; ◇ телефо́нная ~ Vermittlungsstelle f

подсти́лк|а $ж_1$ ‹-и, род мн: -лок› Unterlage f; ◇ спать на мя́ткой ~е auf einer weichen Unterlage schlafen; (для скота) Streu f

подстрека́тель m_2 ‹-я› Aufwiegler m, Anstifter m; подстрека́тельство c_2 ‹-а› (к бунту) Aufwiegelung f; (к преступлению) Anstiftung f; подстрека́ть V_{1a} несов ‹-а́ю, -а́ешь› [подстрекну́ть V_2 сов] кого-что вин **1** (на что-л) aufhetzen; (к бунту) aufwiegeln, anstiften **2** (возбуждать) reizen, anregen; ◇ ~ чьё-л любопы́тство jd-s Neugier wecken

подстри́чься сов ‹-игу́сь, -ижёшься› [подстрига́ться несов] без доп sich die Haare schneiden lassen

по́дступ m_1 ‹-а› Zugang m, Zufahrtsweg m; (местность) Vorraum m; ◇ к нему́ нет ~а er ist schwer zugänglich

подсуди́мый м (А₁) ‹-ого› Angeklagter m

подсу́нуть V_2 сов ‹-ну, -нешь, Imp. -нь, ~те, Part. Prät. Pass. -нутый› [подсо́вывать V_{1a} несов] что вин **1** (подо что-л) unter etw schieben; ◇ ~ рюкза́к под сиде́ние den Rucksack unter den Sitz schieben **2** (незаметно положить) unterschieben, zustecken **3** (навязать) aufschwätzen, unterjubeln; ◇ ~ плохо́й това́р schlechte Ware aufschwätzen

подсчёт m_1 ‹-а› Zählung f; (вычисление) Berechnung f; ◇ ~ голосо́в Stimmenauszählung

подсчита́ть V_{1a} сов ‹-а́ю, -а́ешь, Part. Prät. Pass. -счи́танный› [подсчи́тывать V_{1a} несов] что вин zusammenzählen; (вычислить) berechnen

подтасова́ть V_{3a} сов ‹-су́ю, -су́ешь, Part. Prät. Pass. -со́ванный› [подтасо́вывать V_{1a} несов] что вин **1** карт mogeln beim Kartenmischen **2** перен entstellen, falsch darstellen; ◇ ~ фа́кты Tatsachen verdrehen

подтверди́ть V_{4a} сов ‹-ржу́, -рди́шь› [подтвержда́ть V_{1a} несов] что вин (удостоверить) bestätigen; ◇ ~ пра́вильность чьих-л слов die Richtigkeit von jd-s Worten bestätigen; (подкрепить) bekräftigen; ◇ ~ докуме́нтами mit Dokumenten untermauern

подточи́|ть V_{4a} сов ‹-очу́, -о́чишь, *Part. Prät. Pass.* -о́ченный› [**подта́чивать** V_{1a} несов] *что вин* **(1)** *(заостри́ть)* (ab-)schleifen, anspitzen **(2)** *(подгры́зть)* annagen **(3)** *(стянуть)* zusammenziehen; *(затяну́ть)* festziehen; *(натяну́ть)* straffen **(2)** *(на́верх)* hochziehen, nach oben ziehen **(3)** *(во́йска)* heranziehen; ◇ **~ резе́рвы** Reservetruppen heranziehen **(4)** *(дисципли-ни́ровать)* zur Disziplin anhalten, sich zu-sammennehmen; ◇ **~ ученика́** den Schüler zurechtweisen **(5)** *(отста́ющих)* nachhel-fen, antreiben **(6)** *(пе́сню)* mitsingen

подтя́жки *мн₁* ‹-жек› Hosenträger *m pl*
подтяну́ть V_2 сов ‹-яну́, -я́нешь, *Part. Prät. Pass.* -я́нутый› [**подтя́гивать** V_{1a} несов] *что вин* (1, 6), *кого́-что вин* (2, 3, 4, 5) **(1)** *(стянуть)* zusammenziehen;

подточи́ть ... *болезнь* ~**ла́ его́** die Krankheit hat ihn (stark) mitgenommen [ge-schwächt]

просьба о подтвержде́нии

Was meinen Sie damit?
Что Вы име́ете в виду́?
Verstehst du (, was ich meine)?
Ты понима́ешь, что я име́ю в виду́)?
Habe ich das richtig verstanden?
Я э́то пра́вильно по́нял/поняла́?
Wie bitte? Könnten Sie das wiederho-len?
Прости́те, Вы могли́ бы э́то повто-ри́ть?
Wollen Sie damit sagen, dass ...?
Вы хоти́те э́тим сказа́ть, что...?

поду́шк|а *ж₁* ‹-и, *род мн:* -шек› (Kopf-)Kissen *n; (дива́нная)* Polster *n*
подхали́м *м₁* ‹-а› *разг* Schleimer *m*, Krie-cher *m;* **подхали́мство** *с₂* ‹-а› unterwür-fige Schmeichelei *f*, Speichelleckerei *f*
подхвати́ть V_{4a} сов ‹-ачу́, -а́тишь, *Part. Pass.* -а́ченный› [**подхва́тывать** V_{1a} несов] *кого́-что вин* (1), *что вин* (2-4) **(1)** *(подня́ть)* von unten packen, auf-fangen; *(схвати́ть)* ergreifen; ◇ **~ больно́-го под мы́шки** den Kranken stützen **(2)** *(боле́знь)* sich holen; ◇ **~ на́сморк** sich einen Schnupfen holen **(3)** *(пе́сню)* mit einstimmen, einfallen **(4)** *(мысль, иде́ю)* aufgreifen, übernehmen; ◇ **~ положи́тель-ный о́пыт** sich positive Erfahrungen zu Nutze machen
подхо́д *м₁* ‹-а› **(1)** *(де́йствие)* Herantre-ten *n*, Herangehen *n;* воен Anmarsch *m* **(2)** *(ме́сто)* Zugang *m* **(3)** *(отноше́ние)* Her-angehensweise *f*, Ansatz *m*, Weg *m;* ◇ **име́ть пра́вильный ~ к де́лу** eine Sache richtig anpacken **(4)** *(то́чка зре́ния)* Stand-punkt *m; (устано́вка)* Einstellung *f*
подходи́ть несов от **подойти́**
подчеркну́ть V_2 сов ‹-ну́, -нёшь, *Part. Prät. Pass.* -чёркнутый› [**подчёрки-**

-вать V_{1a} несов] *что вин* **(1)** *(провести́ черту́)* unterstreichen; ◇ **~ сло́во волни́с-той ли́нией** das Wort mit einer geschlän-gelten Linie unterstreichen **(2)** *перен (вы́делить)* unterstreichen, betonen
подчине́ни|е *с₄* ‹-я› **(1)** *(де́йствие)* Un-terordnung *f; (покоре́ние)* Unterwerfung *f;* ◇ **быть в ~и у кого́-л** jd-m unterstellt sein **(2)** грам Unterordnung *f;* **подчини́ться** V_{4a} сов ‹-ню́сь, -ни́шься› [**подчиня́ть-ся** V_{1b} несов] *кому́-чему дат* sich unter-ordnen; *(примири́ться)* sich fügen, gehor-chen; *(покори́ться)* sich unterwerfen
подше́фный *прил* ‹-ая, -ое, -ые› unter Patenschaft stehend
подши́вк|а *ж₁* ‹-и, *род мн:* -вок› **(1)** *(пла́тья)* Annähen *n; (подкла́дки)* Ein-nähen *n; (о́буви)* Besohlen *n* **(2)** *(бума́г)* Ab-heften *n;* ◇ **прошлого́дняя ~ газе́ты** die abgehefteten Zeitungen vom letzten Jahr **(3)** *(у пла́тья)* Saum *m*
подши́пник *м₁* ‹-а› тех Lager *n*.
подши́ть* сов ‹-дошью́, -дошьёшь› [**подшива́ть** V_{1a} несов] *что вин* **(1)** *(пла́-тье)* annähen, umsäumen **(2)** *(подкла́дку)* einnähen *(ва́ленки ко́жей)* besohlen **(4)** *(бума́ги)* abheften
подъе́зд *м₁* ‹-а› **(1)** *(ме́сто)* Zufahrtsweg *m*, Auffahrt *f*, Rampe *f;* **(2)** *(вход)* Eingang *m; (внутри́ зда́ния)* Aufgang *m*
подъём *м₁* ‹-а› **(1)** *вверх* Aufstieg *m;* ◇ **круто́й** ~ steiler Aufstieg; ◇ **~ на́ го́ру** Bergbesteigung *f;* ◇ **преодоле́ть** ~ den Berg erklimmen **(2)** *(гру́зов)* (Hoch-)Heben *n*, Aufheben *n* **(3)** *(во́ды)* Ansteigen *n* **(4)** *(скло́н горы́)* Steigung *f* **(5)** *(разви́тие)* Aufschwung *m*, Aufwärtsentwicklung *f; (рост)* Steigerung *f;* ◇ **вы́звать ~ эконо́-мики** einen wirtschaftlichen Aufschwung bewirken **(6)** *(воодушевле́ние)* Schwung *m*, Begeisterung *f; (энтузиа́зм)* Enthusiasmus *m;* ◇ **рабо́тать с ~ом** mit Begeisterung arbeiten **(7)** *(ноги́)* Spann *m;* ◇ **ту́фли жмут в ~е** die Schuhe drücken am Spann; ◇ **он тяжёл на ~** schwerfällig, träge sein
подъёмник *м₁* ‹-а› (Lasten-)Aufzug *m*, Fahrstuhl *m*
подъе́хать* сов ‹-е́ду, -е́дешь› [**подъ-езжа́ть** V_{1a} несов] *к кому́-чему дат* **(1)** *(прибли́зиться)* heranfahren, vorfahren; *(ве́рхом)* heranreiten **(2)** *перен (к кому́-л)* sich einschmeicheln
поеди́нок *м₁* ‹-нка, *мн:* -нки› Zwei-kampf *m; (дуэ́ль)* Duell *m*
по́езд *м₁* ‹-а› Zug *m*, Bahn *f;* ◇ **ско́рый** ~ Schnellzug; ◇ **това́рный** ~ Güterzug; ◇ **при́городный** ~ Nahverkehrszug
пое́здк|а *ж₁* ‹-и, *род мн:* -док› Fahrt *f; (путеше́ствие)* Reise *f; (экску́рсия)* Aus-flug *m; (служе́бная)* Geschäftsreise; ◇ **~ за́ го́род** Ausflug ins Grüne
пожа́луйста *части́ца* bitte (sehr), bitte schön; ◇ **принеси́те, ~, кни́гу** zeigen Sie mir bitte das Buch; ◇ **скажи́те, ~,**

кото́рый час sagen Sie mir bitte, wie spät es ist

пожа́р M_1 <-a> Brand m, (Groß-)Feuer n; ◇ лесно́й ~ Waldbrand; ◇ туши́ть ~ einen Brand löschen; ◇ вспы́хнул ~ ein Feuer ist ausgebrochen; ◇ бежа́ть как на ~ rennen wie der Blitz; пожа́рник M_1 <-a> Feuerwehrmann m

пожела́ни|е c_4 <-я> Wunsch m; ◇ нового́дние ~я Neujahrswünsche; ◇ ~е сча́стья Glückwunsch m

поже́ртвовани|е c_4 <-я> Spende f; ◇ сбор ~й Spendensammlung f

пожи́зненн|ый прил <-ая, -ое, -ые> lebenslang, auf Lebenszeit; ◇ ~ое заключе́ние lebenslängliche Haft

пожило́й прил <-ая, -ое, -ые> älter, bejahrt; ◇ ~ во́зраст fortgeschrittenes Alter

пожи́тк|и MH_1 <-ов> разг Habseligkeiten f pl, Hab und Gut n; ◇ со все́ми ~ами mit Sack und Pack

по́з|а $ж_1$ <-ы> Pose f, Stellung f; ◇ встать в ~у sich in Pose rücken

позавчера́ нареч vorgestern

позади́ I. предлог с род hinter; ◇ сад ~ до́ма der Garten ist hinter dem Haus II. нареч vorbei, vorüber; (в прошлом) vergangen; (вслед за кем-л, чем-л) hinter; ◇ он шёл ~ er ging hinten; ◇ са́мое тру́дное ~ das Schlimmste ist vorbei

позва́ть см. звать

позво́л|ить V_{4b} сов <-лю, -лишь> [позволя́ть V_{1b} несов] кому-чему дат что или с инф erlauben, gestatten; (допустить) zulassen; ◇ ~ьте спроси́ть gestatten Sie mir die Frage; ◇ обстоя́тельства не ~или уе́хать die Umstände erlaubten es nicht abzufahren; ◇ ~ить себе́ что-л sich etw herausnehmen

позвоно́чник M_1 <-a> анат Wirbelsäule f, Rückgrat n

по́здн|ий прил <-яя, -ее, -ие> ⓵ spät; ◇ ~ий ве́чер am späten Abend; ◇ ~яя о́сень im Spätherbst; ◇ до ~ей но́чи bis tief in der Nacht ⓶ (запоздалый) verspätet, spät; ◇ ~ее раска́яние späte Reue

поздра́вить V_{4b} сов <-влю, -вишь> [поздравля́ть V_{1b} несов] кого-что вин с чем тв jd-m gratulieren (zu), jd-n zu etw beglückwünschen; ◇ с днём рожде́ния zum Geburtstag gratulieren; поздравле́ние c_4 <-я> Glückwunsch m, Gratulation f

пози́ровать V_{3a} несов <-рую, -руешь> без доп ⓵ (служить моделью) Modell stehen, sitzen ⓶ перен (рисоваться) posieren, sich gekünstelt benehmen

пози́ци|я $ж_4$ <-и> ⓵ (расположение) Position f, Stellung f ⓶ перен Position f; (установка) Einstellung f; (точка зрения) Standpunkt m; ◇ заня́ть ~ю Stellung beziehen ⓷ (поза) Haltung f; ◇ пе́рвая ~я Grundhaltung f

познава́тельный прил <-ая, -ое, -ые> Erkenntnis bringend; (поучительный) lehr-

reich; позна́ни|е c_4 <-я> ⓵ филос Erkenntnis f; ◇ ~е зако́нов приро́ды Begreifen der Naturgesetze ⓶ (сведения) Kenntnisse f pl; ◇ у него́ больши́е ~я в литерату́ре er hat gute Literaturkenntnisse; позна́ть V_{1a} сов <-а́ю, -а́ешь, Part. Prät. Pass. по́знанный [познава́ть V_{1a} несов] что вин ⓵ (постигнуть) erkennen, verstehen; ◇ су́щность веще́й das Wesen der Dinge erkennen ⓶ (испытать) erfahren, kennen lernen, erleben

позо́р M_1 <-a> Schande f, Schmach f; ◇ клейми́ть ~ом кого́-л jd-n in Verruf bringen; ◇ покры́ть себя́ ~ом Schande auf sich laden; позо́рн|ый прил <-ая, -ое, -ые> schändlich, blamabel; ◇ поста́вить к ~ому столбу́ jd-n an den Pranger stellen

позы́в M_1 <-a> Verlangen n, Drang m; ◇ ~ на рво́ту Brechreiz m

позывны́е мн (A_1) <-ы́х> радио Rufzeichen n; (радиовещательные) Pausenzeichen n

поимённый прил <-ая, -ое, -ые> namentlich; ◇ ~ спи́сок Namensliste f

по́иск M_1 <-a> ⓵ Suche f, Nachforschungen f pl; ◇ в ~ах чего́-л auf der Suche nach etw; ◇ отпра́виться на ~и sich auf die Suche nach etw machen; ◇ ночно́й ~ nächtliche Suchaktion ⓶ геол Suche f, Schürfen n

пои́стине нареч (в самом деле) wahrlich, wahrhaftig

пои́ть V_{4a} несов <пою́, пои́шь> [на~ сов] кого-что вин jd-m zu trinken geben; ◇ ~ и корми́ть семью́ die Familie ernähren; (животных) tränken

пойма́ть V_{1a} сов от лови́ть

пойти́* V_1 сов <-йду́, -йдёшь> без доп gehen; ◇ куда́-л irgendwo hingehen; ◇ ребёнок пошёл das Kind hat laufen gelernt; разг ◇ пошёл вон! hau ab!; ◇ ей пошёл пятна́дцатый год sie ist jetzt vierzehn Jahre alt; ◇ сын пошёл в отца́ der Sohn ähnelt dem Vater; ◇ так не пойдёт so geht das nicht

пока́ I. нареч (в течение некоторого времени) vorläufig, einstweilen; (сперва) fürs erste; ◇ ~! bis dann!, tschüss! II. союз (в течение того времени как) während; (до тех пор пока) solange, bis; ◇ ~ он у́чится, на́до ему́ помо́чь solange er studiert, muss man ihm helfen

пока́з M_1 <-a> Show f, Vorführung f

пока́за́ни|е c_4 <-я> ⓵ (свидетельство) Bericht m; (в суде) Aussage f; ◇ ~я очеви́дцев Augenzeugenberichte m pl ⓶ (прибора) Anzeige f, Stand m; ◇ ~е счётчика Zählerstand

пока́за́тел|ь M_2 <-я> ⓵ Kennziffer f, Messwert m; ◇ вы́сший ~ь Höchstwert m; ◇ реко́рдные ~и Rekordwerte m pl; ◇ сре́днне ~и Durchschnittswerte m pl ⓶ мат Index m; показа́тельн|ый прил <-ая, -ое, -ые> ⓵ (образцовый) mustergültig, Vorzeige-; ◇ **~ое хозя́йство** Musterbetrieb **2** (*устроенный для ознакомления*) Schau-, öffentlich; ◇ **~ый проце́сс** Schauprozess **3** (*характерный*) bezeichnend, charakteristisch, kennzeichnend; ◇ **~ый при́знак** charakteristisches Merkmal

показа́ть V_{1a} сов <-ажу́, -а́жешь> [**пока́зывать** V_{1a} *несов* кого-что вин кому дат (1), кому дат на кого-что вин (2), с союзом "что" (3), кого-что вин (4)] **1** (*дать возможность увидеть*) zeigen; (*продемонстрировать*) vorführen **2** (*обратить чьё-л внимание*) auf etw hinweisen, auf etw zeigen; ◇ **~ па́льцем на кого́-что-н** mit dem Finger auf jd-n zeigen **3** (*дать показания*) angeben; (*на допросе и т. п.*) aussagen **4** (*обнаружить знания*) zeigen, aufweisen, zu verstehen geben; ◇ **~ себя́** (*положительно*) sich bewähren; (*отрицательно*) sein wahres Gesicht zeigen; **показа́ться** *сов* <-ажу́сь, -а́жешься> [**пока́зываться** *несов*] *без доп* **1** (*стать видным*) sich zeigen, auftauchen; (*появиться*) sich erweisen, erscheinen; (*обратиться для осмотра*) sich jd-m zeigen **2** *безл* (*почудиться*) scheinen, vorkommen; ◇ **мне ~лось** mir schien (es)

показн|о́й *прил* <-а́я, -о́е, -ы́е> **1** (*внешний*) Muster; ◇ **~о́й това́р** Ausstellungsstück **2** (*мнимый*) Schein-, vorgetäuscht; ◇ **~о́е сочу́вствие** vorgetäuschtes Mitleid

показу́ха *ж₁* <-и> *разг* Schau *f*; (*очковтирательство*) Augenwischerei *f*

покая́ние *с₄* <-я> **1** (*признание вины*) Buße *f*; (*исповедь*) Beichte *f*; ◇ **принести́ ~** Buße tun **2** (*раскаяние*) Reue *f*

поки́нуть V_{2a} *сов* <-ну, -нешь, *Imp.* -нь, ~те, *Part. Prät. Pass.* -нутый> [**покида́ть** *несов*] кого-что вин (*оставить*) verlassen; ◇ **~ родно́й го́род** die Heimatstadt verlassen; (*пренебречь*) ◇ **не ~ семью́ в беде́** die Familie in der Not nicht im Stich lassen

покло́н *м₁* <-а> Verbeugung *f*; (*приветствие*) Gruß *m*; ◇ **переда́ть ~ кому́-л** jd-m einen Gruß ausrichten lassen; **поклоне́ние** *с₄* <-я> Anbetung *f*; (*почитание*) Verehrung *f*; (*культ*) Kult *m*; **покло́нник** *м₁* <-а> (*почитатель*) Verehrer *m*; (*любитель*) Liebhaber *m*; **поклоня́ться** V_{1b} *несов* <-я́юсь, -я́ешься> кому-чему дат **1** (*благоговеть*) verehren, sich vor jd-m verneigen; ◇ **поклони́ться святы́м места́м** sich vor heiligen Stätten verneigen; (*почитать*) anbeten, vergöttern **2** (*веровать как в божество*) jd-n anbeten; ◇ **~ и́долам** Götzen anbeten

покля́сться *см.* **кля́сться**

поко́|й *м₃* <-я> **1** (*спокойствие*) Ruhe *f*; ◇ **не име́ть ни мину́ты ~я** keine Minute Ruhe haben; ◇ **не дава́ть кому́-л ~я** jd-m keine Ruhe lassen **2** *уст* (*комната*) Ge-

mach *n*; (*в больнице*) ◇ **приёмный ~й** Aufnahmeraum *m*, Aufnahme *f*

поко́йник *м₁* <-а> Verstorbener *m*; **поко́йница** *ж₁* <-ы> Verstorbene *f*

поколеба́ть(ся) *см.* **колеба́ть(ся)**

поколе́ни|е *с₄* <-я> Generation *f*; ◇ **из ~в в ~е** von Generation zu Generation

поко́нчить *сов* <-чу, -чишь> кого-что вин или с кем-чем тв **1** (*закончить*) etw beenden, etw erledigen; ◇ **с э́тим челове́ком у меня́ поко́нчено** dieser Mensch ist für mich erledigt **2** (*уничтожить, устранить*) töten, umbringen; ◇ **~ с преда́телем** den Verräter erledigen; ◇ **~ собо́й** sich das Leben nehmen

покоре́ние *с₄* <-я> (*завоевание*) Eroberung *f*; (*подчинение*) Unterwerfung *f*; **покори́тель** *м₂* <-я> Eroberer *m*; *шутл* ◇ **~ серде́ц** Herzensbrecher *m*; **покори́ть** V_{4a} *сов* <-рю́, -ри́шь> [**покоря́ть** V_{1b} *несов*] кого-что вин **1** (*завоевать*) erobern; (*подчинить*) unterwerfen **2** *перен* fesseln, bezwingen; ◇ **~ го́рную верши́ну** einen Berg bezwingen; *перен* ◇ **~ се́рдце** jd-s Herz erobern; **поко́рность** *ж₅* <-и> Ergebenheit *f*, Unterwürfigkeit *f*; (*смирение*) Demut *f*; (*послушание*) Gehorsam *m*; **поко́рный** *прил* <-ая, -ое, -ые> ergeben, unterwürfig; (*смиренный*) demütig; (*послушный*) gehorsam

покро́в *м₁* <-а> **1** (*верхний слой, оболочка*) Decke *f*, Schicht *f*; ◇ **снежный ~** Schneedecke **2** (*покрывало*) Schleier *m*; ◇ **набро́сить ~ на что-л** etw vertuschen, verschleiern

покрови́тельств|о *с₂* <-а> Schirmherrschaft *f*; (*защита*) Schutz *m*; (*протекция*) Protektion *f*; ◇ **взять под своё ~о** jd-n unter seine Fittiche nehmen; ◇ **иска́ть чьего́-л ~а** jd-s Schutz suchen; ◇ **попа́сть под чьё-л ~о** von jd-m begünstigt werden

покрыва́ло *с₂* <-а> Decke *f*; (*вуаль*) Schleier *m*; ◇ **~ на крова́ть** Tagesdecke; ◇ **снять ~ со ста́туи** die Statue enthüllen

покры́ть* *сов* <-ро́ю, -ро́ешь> [**покрыва́ть** V_{1a} *несов*] кого-что вин **1** (*положить сверху*) bedecken, zudecken; ◇ **дом кры́шей** das Dach decken **2** (*намазать*) anstreichen, übertünchen, auftragen; ◇ **~ забо́р кра́ской** den Zaun anstreichen **3** (*расходы*) bestreiten; ◇ **~ задо́лженность** Schulden tilgen; (*счёт*) begleichen **4** (*заглушить*) übertönen; ◇ **~ позо́ром** Schande bereiten; ◇ **~ себя́ сла́вой** Ruhm davontragen

покры́шка *ж₁* <-и, *род мн:* -шек> **1** (*чехол*) Überzug *m*; (*крышка*) Deckel *m* **2** (*шины*) Mantel *m*

покупа́тель *м₂* <-я> Käufer *m*; ◇ **запро́сы ~ей** Kundenwünsche *m pl*

покупа́ть *см.* **купи́ть**

поку́пк|а *ж₁* <-и, *род мн:* -пок> Kauf *m*; ◇ **де́лать ~и** Einkäufe machen; ◇ **отпра́виться за ~ами** einkaufen gehen

покушéние c_4 ‹-я› Anschlag m, Attentat n; ◇ ~ **на уби́йство** Mordanschlag

пол m_1 ‹-а, о по́ле, на полу́, мн.:-ы́› (*настил*) Boden m, Fußboden m; ◇ **паркéтный** ~ Parkettboden; ◇ **мести́** ~ den Boden fegen; ◇ **упáсть нá** ~ auf den Boden fallen

пол[2] м ‹-а, мн.:-ы́, род.:-о́в, дат.:-áм› биол Geschlecht n; ◇ **мужскóй** ~ das männliche Geschlecht; ◇ **обóего** ~а beiderlei Geschlechts; ◇ **жéнский** ~ das weibliche Geschlecht

полагá|**ть** V_{1a} несов ‹-áю, -áешь› с союзом "что" или с инф (*считать, думать*) denken, glauben, meinen; (*допускать*) annehmen; ~ю, что он прав ich meine, dass er recht hat; ◇ **ю целесообрáзным сдéлать что-л** ich halte es für sinnvoll, etw zu tun; ◇ **нáдо** ~**ть** es ist anzunehmen

полагá|**ться**[1] несов ‹-áется, -áются, 1 и 2 л. не употр.› что вин или с инф (1), кому дат (2) ① безл ◇ **э́то не** ~**ется** das gehört sich nicht; ◇ **как** ~**ется** wie es sich gehört ② (*причитаться*) zustehen, gebühren; ◇ **ей** ~ **ется óтпуск** ihr steht Urlaub zu

полагáться[2] несов от **положи́ться**

пóлдень m_2 ‹-я› Mittag m; ◇ **к полýдню** gegen Mittag; ◇ **до полýдня** am Vormittag; ◇ **пóсле полýдня** am Nachmittag

пóл|**е** c_1 ‹-я, мн.:-я́› ① Feld n; (*пашня*) Acker m ② (*поприще*) Feld n, Bereich m; ◇ ~**е дéятельности** Wirkungskreis m; ~**е би́твы** Schlachtfeld; ◇ **находи́ться внé** ~**я зрéния когó-л** sich außerhalb des Blickfeldes befinden; ◇ ~**ем** querfeldein ③ (*фон*) Grund m; ◇ **жёлтые цветы́ по голубóму** ~**ю** gelbe Blumen auf blauem Grund ④ ◇ ~**я мн** (*у книги*) Rand m; ◇ **замéтки на** ~**я́х** Randbemerkungen f pl ⑤ физ Feld n, Körper m; ◇ **силовóе** ~ Kraftfeld ⑥ ◇ ~**я́ мн** (*шляпы*) Hutkrempe f

полев|**óй** прил ‹-áя, -óе, -ы́е› Feld-, Acker-; ◇ ~**ые рабóты** Feldarbeiten f pl; ◇ ~**óй бинóкль** Feldstecher m

полéзн|**ый** прил ‹-ая, -ое, -ые› ① (*приносящий пользу*) nützlich, nutzbringend; ◇ ~**ое насекóмое** nützliches Insekt; ◇ ~**ый для здорóвья** gut für die Gesundheit ② (*пригодный*) Nutz-, nutzbar; ◇ ~**ые ископáемые** Bodenschätze pl

полéно c_2 ‹-а, мн.:-нья, род.:-ньев, дат.:-ньям› Holzscheit n

полёт m_1 ‹-а› Flug m; ◇ **брéющий** ~ Tiefflug; ◇ **счастли́вого** ~**а!** guten Flug!; ◇ **с пти́чьего** ~**а** aus der Vogelperspektive; шутл ◇ **пти́ца высóкого** ~**а** ein hohes Tier

пóлзать несов, неопред, см. **ползти́**

ползти́[*] несов, опред, см. **пóлзать**; ‹-зу́, -зёшь, (1, 3) 1 и 2 л. не употр.› без доп ① (*о пресмыкающихся*) kriechen, krabbeln; ◇ **черепáха** ~**ёт** die Schildkröte kriecht ② разг (*едва передвигаться*) sich mühsam fortbewegen; ◇ **ребёнок** ~**ёт** das

Kind krabbelt; ◇ ~**ти по-пластýнски** robben ③ (*о растениях*) sich ranken, klettern; ◇ **плющ** ~**ёт по стенé** Efeu rankt sich an der Wand hoch ④ перен (*распространяться*) sich verbreiten; ◇ **слýхи** ~**ýт** Gerüchte gehen um

ползунки́ mn_1 ‹-кóв› Strampelanzug m

полигóн m_1 ‹-а› воен Truppenübungsplatz m; тех ◇ **испытáтельный** ~ Versuchsgelände n

поликли́ника $ж_1$ ‹-и› Poliklinik f

поли́тик m_1 ‹-а› Politiker m; **поли́тик**|**а** $ж_1$ ‹-и› Politik f; ◇ **внéшняя** ~**а** Außenpolitik; ◇ **внýтренняя** ~**а** Innenpolitik; ◇ **интересовáться** ~**ой** politisch interessiert sein; **политикáн** m_1 ‹-а› (*беспринципный политик*) Möchtegernpolitiker m, Stammtischpolitiker m; **полити́ческ**|**ий** прил ‹-ая, -ое, -ие› politisch; ◇ ~**ий дéятель** Politiker m; ◇ **в** ~**их кругáх** in Politikerkreisen

поли́ци|**я** $ж_4$ ‹-ии› Polizei f; ◇ **вы́звать** ~**ю** die Polizei rufen

полк m_1 ‹-á, о полкé, в полкý, мн.:-и́› воен Regiment n

пóлка $ж_1$ ‹-и, род мн:-лок› ① (*на стене, в шкафу*) Fach n, Regal n; ◇ **кни́жная** ~ Bücherregal ② ж.-д. (*в вагоне*) Bank f, Liegesitz m

полкóвник m_1 ‹-а› Oberst m; **полковóдец** m_5 ‹-дца› Heerführer m

полнéть V_5 несов ‹-éю, -éешь› [по~ сов] без доп dicker werden, zunehmen; ◇ ~ **к стáрости** mit dem Alter zunehmen

полнолýние c_4 ‹-я› Vollmond m; **полномóчие** c_4 ‹-я› Vollmacht f, Befugnis f; ◇ **дать комý-л неограни́ченные** ~**я** jd-m uneingeschränkte Vollmachten einräumen; ◇ **сложи́ть с себя́** ~**я** sein Mandat niederlegen; **полномóчный** прил ‹-ая, -ое, -ые› bevollmächtigt

полноправный прил ‹-ая, -ое, -ые› gleichberechtigt; **пóлностью** нареч vollständig, ganz, völlig; ◇ ~ **с Вáми согласен** ich stimme voll und ganz mit Ihnen überein

полнотá $ж_5$ ‹-ы́› ① (*наполненность*) Fülle f; ◇ **от** ~**ы чýвств** überwältigt von Gefühlen ② (*толщина*) Beleibtheit f, Korpulenz f; (*тучность*) Körperfülle f, Fettleibigkeit f

полноцéнный прил ‹-ая, -ое, -ые› ① (*о деньгах, валюте*) vollwertig ② перен (*полностью соответствующий*) vollwertig, hochwertig

пóлночь $ж_5$ ‹-и› Mitternacht f; ◇ **часы́ бьют** ~ die Uhr schlägt Mitternacht; ◇ **в** ~ um Mitternacht; ◇ **ужé далекó зá** ~ es ist schon weit nach Mitternacht

пóлн|**ый** прил ‹-ая, -ое, -ые› ① (*наполненный, занятый*) voll, gefüllt; ◇ ~**ая тарéлка** voller Teller; ◇ **нали́ть** ~**ый графи́н воды́** eine Karaffe mit Wasser füllen ② (*целый, весь*) ganz, vollständig; ◇ ~**ое**

собра́ние сочине́ний gesammelte Werke; ◇ в ~ой ме́ре in vollem Maße; ◇ говори́ть ~ым го́лосом mit lauter Stimme sprechen; ◇ в ~ом соста́ве vollzählig 3 (абсолю́тный) absolute, völlig; ◇ ~ая тишина́ absolute Stille; ◇ в ~ом соотве́тствии in völliger Übereinstimmung 4 (о челове́ке) beleibt, korpulent

полови́н|а ж₁ ⟨-ы⟩ Hälfte f; ◇ ~а всех избира́телей die Hälfte aller Wähler; ◇ ~а ле́та прошла́ die Hälfte des Sommers ist vorüber; ◇ три с ~ой dreieinhalb; ◇ ~а пя́того halb Vier

полови́к m₁ ⟨-á⟩ Fußmatte f
полово́дье c₄ ⟨-я⟩ (разли́в) Hochwasser n, hoher Wasserstand
полов|о́й¹ прил ⟨-а́я, -о́е, -ы́е⟩ Boden-; ◇ ~ая тря́пка Aufwischlappen m; ~ая щётка Besen m
полов|о́й² прил ⟨-а́я, -о́е, -ы́е⟩ биол Geschlechts-, geschlechtlich, sexuell; ◇ ~ая жизнь Sexualleben n; ◇ ~ая зре́лость Geschlechtsreife f; ◇ ~ые о́рганы Geschlechtsorgane n pl, Genitalien n pl

положе́ни|е c₄ ⟨-я⟩ 1 (местонахожде́ние) Lage f, Standort m 2 (расположе́ние, по́за) Lage f, Stellung f; ◇ в сидя́чем ~и sitzend 3 перен Sachlage f, Stand m; (ситуа́ция) Situation f; ◇ войти́ в чьё-л ~ sich in jd-s Lage versetzen; ◇ быть на высоте́ ~я auf der Höhe sein 4 (состоя́ние) Zustand m, Lage f; ◇ быть на ~и больно́го krank (geschrieben) sein; ◇ быть в ~и in anderen Umständen sein 5 (те́зис) These f, Leitsatz m 6 (социа́льное, обще́ственное) Lage f, Stellung f; ◇ занима́ть осо́бое ~ eine Sonderstellung einnehmen 7 (свод пра́вил, зако́нов) (Ver-)Ordnung f, Bestimmung f; ◇ ~е о вы́борах Wahlordnung

положи́тельный прил ⟨-ая, -ое, -ые⟩ 1 (утверди́тельный) positiv 2 (определённый) bestimmt; (реши́тельный) entschieden 3 мат positiv
положи́ться Vₐₐ сов ⟨-жу́сь, -о́жишься⟩ [полага́ться V₁ₐ несов] на кого-что вин sich auf jd-n verlassen; ◇ на э́того челове́ка мо́жно ~ auf diesen Menschen kann man sich verlassen; ◇ ~ на обстоя́тельства auf die Umstände vertrauen; ◇ я по́лностью положу́сь на тебя́ ich verlasse mich voll auf dich

полоса́ ж₁ ⟨-ы́, мн: по́лосы, род: поло́с, дат: полоса́м⟩ 1 Streifen m; (лента) Band n 2 (о́бласть) Zone f, Landstrich m; ◇ взлётно-поса́дочная ~ Start- und Landebahn f 3 перен (пери́од) Zeitspanne f; ◇ све́тлая ~ жи́зни glücklicher Lebensabschnitt 4 полигр Kolumne f
полоса́тый прил ⟨-ая, -ое, -ые⟩ gestreift
полоска́ть* несов ⟨-ощу́, -о́щешь⟩ [вы (1) и про-~ сов] что вин 1 (посу́да) spülen 2 (го́рло) gurgeln; ◇ ~ рот по́сле еды́ den Mund nach dem Essen ausspülen

по́лость ж₁ ⟨-и⟩ анат Höhle f; ◇ ~ рта Mundhöhle
полоте́нце c₃ ⟨-а, род мн: -нец⟩ Handtuch n; ◇ ба́нное ~ Badetuch n; ◇ ку́хонное ~ Geschirrtuch n
полотно́ c₂ ⟨-á, мн: -лотна, род: -лотен, дат: -лотам⟩ 1 (ткань) Leinwand f, Leinen n 2 (карти́на) Gemälde n 3 ж.-д. Bahndamm m
поло́ть* несов ⟨-лю́, по́лешь⟩ [вы́-~ сов] что вин jäten
полоу́мный прил ⟨-ая, -ое, -ые⟩ schwachsinnig; (сумасше́дший) verrückt
полтор|а́ числ anderthalb, eineinhalb; ◇ ~á ли́тра anderthalb Liter; ◇ ~ы́ ты́сячи fünfhundert; ◇ в ~á ра́за um das Anderthalbfache; полуго́дие c₄ ⟨-я⟩ Halbjahr n; полуживо́й прил ⟨-а́я, -о́е, -ы́е⟩ halb tot; полузащи́тник m₁ ⟨-а⟩ спорт Mittelfeldspieler m; полукру́г m₁ ⟨-а⟩ Halbkreis m; ◇ расположи́ться ~ом einen Halbkreis bilden; полуме́сяц m₃ ⟨-а⟩ Halbmond m; полуо́стров m₁ ⟨-а, мн: -á⟩ Halbinsel f;

полуостров Камчатка

Die nordasiatische Halbinsel Камча́тка, 1200 km lang und bis zu 450 km breit, birgt ungeheure Vorkommen an Gold, Erdöl und Kohle. Ihre knapp 30 aktiven Vulkane (darunter auch die Kljutschewskaja Sopka, der mit 4750 m höchste aktive Vulkan in Europa und Asien) bieten regelmäßig grandiose Schauspiele, wenn sie die Halbinsel erbeben lassen. In den teils über 4000 m hohen Bergen von Камча́тка kann man auf Spuren von Braunbären und sibirischen Tigern stoßen.

полупроводни́к m₁ ⟨-á, мн: -и́⟩ эл Halbleiter m; полуфабрика́т m₁ ⟨-а⟩ Halbfabrikat n; ◇ пищевы́е ~ы Fertiggerichte; полуфина́л m₁ ⟨-а⟩ спорт Halbfinale n; получа́тель m₁ ⟨-я⟩ Empfänger m, Adressat m; получи́ть Vₐₐ сов ⟨-чу́, -у́чишь, Part. Prät. Pass. -у́ченный⟩ [получа́ть V₁ₐ несов] что вин 1 (приня́ть) erhalten, bekommen, kriegen; (зарпла́ту, пенсию) beziehen; ◇ ~ письмо́ einen Brief bekommen 2 (заболе́ть) kriegen, sich holen; ◇ ~ пре́мию eine Prämie erhalten 2 (заболе́ть) kriegen, sich holen; ◇ на́сморк sich einen Schnupfen holen 3 (о результа́те) finden, bekommen; ◇ ~ призна́ние Anerkennung finden; ◇ ~ распростране́ние Verbreitung finden; ◇ ~ удово́льствие Spaß haben; полу́чка ж₁ ⟨-и, род мн: -чек⟩ 1 разг (зарпла́та рабо́чих) Lohn m; (зарпла́та слу́жащих) Gehalt n; ◇ расплати́ться из ~й von seinem Lohn bezahlen 2 (вы́плата де́нег) Auszahlung f; ◇ день ~и Zahltag m

полуша́рие c_4 ‹-я› Halbkugel f, Hemisphäre f; ◇ **се́верное/ю́жное** ~ nördliche/südliche Halbkugel

полушу́бок m_1 ‹-бка, мн: -бки› Pelzjacke f, kurzer Pelz m

полы́нь $ж_5$ ‹-и› Beifuß m

по́льз|а $ж_1$ ‹-ы› Nutzen m; (преиму́щество) Vorteil m; ◇ **извле́чь** ~у **из чего́-л** aus etw Nutzen ziehen; ◇ **принести́** ~у von Nutzen sein; ◇ **реши́ть де́ло в** ~у **потерпе́вшего** etw zugunsten des Geschädigten entscheiden; ◇ **это говори́т в его́** ~у das spricht für ihn; **по́льзование** c_4 ‹-я› Nutzung f, Gebrauch m; **вре́менное** ~е zeitlich befristete Nutzung; ◇ **пра́вила** ~я Gebrauchsanleitung f; ◇ **переда́ть в ве́чное** ~е zur unbefristeten Nutzung übergeben; **по́льзоваться** V_{3a} несов ‹-зуюсь, -зуешься› [вос~ (2) сов] чем тв ① (употребля́ть) nutzen, benutzen, gebrauchen, von etw Gebrauch machen; ◇ ~ **телефо́ном** das Telefon benutzen; ◇ ~ **нау́чной литерату́рой** wissenschaftliche Literatur benutzen ② (извлека́ть вы́году) ausnutzen; ◇ ~ **удо́бным слу́чаем** eine gute Gelegenheit beim Schopfe packen ③ (облада́ть) besitzen; ◇ ~ **все́ми права́ми** alle Rechte genießen; ◇ ~ **заслу́женной сла́вой** zu Recht einen guten Ruf genießen

по́люс m_1 ‹-а› Pol m; ◇ ~ **хо́лода** Kältepol

поля́на $ж_1$ ‹-ы› Waldwiese f, Lichtung f

поля́рник m_1 ‹-а› Polarforscher m

поля́рн|ый прил ‹-ая, -ое, -ые› Polar-, polar; ◇ ~ая **звезда́** Polarstern; ◇ ~ый **круг** Polarkreis

полярная ночь

Die Polarnacht ist die Zeit, in der die Sonne jenseits des Polarkreises länger als 24 Stunden den Horizont nicht übersteigt. Von November bis März ist es dort nur zwei Stunden am Tage hell. Die Zeit hingegen, während der die Sonne rund um die Uhr scheint (meist im Juni und Juli), heißt Polartag und wird von den Menschen genauso schwer überstanden wie die Polarnacht.

пома́да $ж_1$ ‹-ы› Pomade f; ◇ **губна́я** ~ Lippenstift m

помазо́к m_1 ‹-зка́, мн: -зки́› Pinsel m; (для бритья́) Rasierpinsel m

помале́ньку нареч разг ① (постепенно) allmählich, nach und nach ② (сносно) erträglich

поме́ньше нареч ① (о коли́честве) etwas weniger; (о ро́сте) etwas kleiner ② (ещё ме́ньше) noch kleiner

помести́ть V_{4a} сов ‹-ещу́, -ти́шь, Part. Prät. Pass. -ещённый› [помеща́ть V_{1a}

несов] кого́-что вин (1, 3), что вин (2, 4) ① (найти́ ме́сто) unterbringen, (hin)setzen; (поста́вить) (hin)stellen; (положи́ть) (hin)legen; ◇ ~ **кни́ги на по́лку** Bücher auf das Regal stellen ② (де́ньги) anlegen; ◇ ~ **сбереже́ния в сберба́нк** Ersparnisse bei der Sparkasse anlegen ③ (в институ́т) einliefern, unterbringen; ◇ ~ **ребёнка в де́тский сад** das Kind in den Kindergarten bringen ④ (опублико́вать) veröffentlichen, publizieren

поме́стье c_5 ‹-я› Landgut n, Gutshof m

по́месь $ж_5$ ‹-и› ① (о живо́тном) Mischling m, Bastard m ② перен Gemisch n

помёт m_1 ‹-а› ① (испражне́ния живо́тного) Mist m ② (вы́водок) Wurf m

поме́тка $ж_1$ ‹-и, род мн: -ток› Vermerk m; (заме́тка) Notiz f

поме́х|а $ж_5$ ‹-и› Hindernis n, Störung f; ◇ **не хочу́ быть** ~ой ich will nicht stören; ра́дио ◇ **атмосфе́рные** ~и atmosphärische Störungen; ◇ **без поме́х** störungsfrei

поме́шанный I. прил ‹-ая, -ое, -ые› ① verrückt, geistesgestört ② перен (на чём-л) nach etw verrückt sein II. м (A_1) ‹-ого› Verrückter m, Geisteskranker m; **помеша́ться** V_{1a} сов ‹-а́юсь, -а́ешься› без доп (1), на ком-чём предл (2) ① (сойти́ с ума́) verrückt werden ② перен (увле́чься) in etw vernarrt sein, auf etw versessen sein

помеще́ние c_4 ‹-я› ① Raum m; ◇ **жило́е** ~ Wohnraum; ◇ **обору́довать** ~ **для рабо́ты** ein Arbeitszimmer ausstatten ② (де́йствие) Unterbringung f; ◇ ~ **капита́ла** Kapitalanlage f

поме́щик m_1 ‹-а› Gutsbesitzer m, Gutsherr m

помидо́р m_1 ‹-а› Tomate f

поми́лование c_4 ‹-я› Begnadigung f, Amnestie f

поми́мо предлог с род außer, abgesehen von; (вопреки́ чему́-л) ungeachtet; ◇ ~ **меня́** ohne mein Wissen; ◇ **всё соверши́лось** ~ **меня́** alles wurde ohne mich zu Ende gebracht

по́мнить V_{4b} несов ‹-ню, -нишь, Imp. -ни, -те› кого́-что вин или о ком-чём предл sich erinnern (an); (вспомина́ть) zurückdenken (an); (ду́мать) denken (an); ◇ ~ **о свои́х обя́занностях** an seine Pflichten denken; ◇ **не** ~ **себя́ от ра́дости** außer sich sein vor Freude

помога́ть несов от **помо́чь**

по-мо́ему нареч ① (о мне́нии) meiner Meinung nach, meines Erachtens ② (о жела́нии) nach meinem Willen, wenn es nach mir geht

помо́и $мн_3$ ‹-ев› Spülwasser n

помо́йка $ж_1$ ‹-и, род мн: -мо́ек› (конте́йнер) Mülltonne f; (я́ма) Müllgrube f

помо́лвка $ж_1$ ‹-и, род мн: -вок› Verlobung f

помо́ст m_1 ‹-а› Podium n, Podest n

помо́чь* *сов* ‹-огу́, -о́жешь› [**помога́ть** V_1a *несов*] *кому-чему дат* helfen; (*оказать помощь*) Hilfe leisten; (*прийти на помощь*) zu Hilfe kommen; ◇ **слеза́ми го́рю не помо́жешь** da hilft auch kein Weinen; **помо́щник** *m_1* ‹-а› Helfer *m*; (*подручный*) Gehilfe *m*; (*должностного лица*) Assistent *m*; **по́мощь** *ж_5* ‹-и› Hilfe *f*; (*содействие*) Beistand *m*; ◇ **медици́нская** ~ь ärztliche Hilfe; ◇ ~ь **в разви́тии** Entwicklungshilfe; ◇ **проси́ть о** ~и um Hilfe ersuchen; ◇ **без посторо́нней** ~и ohne fremde Hilfe; ◇ **с** ~ю **чего́-л** mit Hilfe von

по́мысел *m_1* ‹-сла, *мн*: -слы› (*мысль*) Gedanke *m*; (*намерение*) Vorhaben *n*, Absicht *f*

помяну́ть V_2 *сов* ‹-ну́, -я́нешь, *Part. Prät. Pass.* -я́нутый› [**помина́ть** V_1a *несов*] *кого-что вин* sich erinnern (an), e-r Sache/jd-s gedenken; ◇ ~ **кого́-л до́брым сло́вом** gut über jd-n sprechen

помя́ть* *сов* ‹-мну́, -мнёшь› *кого-что вин* ① (*материю, бума́гу*) zerknüllen, zerknittern ② (*повредить*) beschädigen; *разг* ◇ ~ **бока́ кому́-л** jd-n grün und blau schlagen

понаслы́шке *нареч разг* vom Hörensagen

по-настоя́щему *нареч* ① (*должным образом*) wie es sich gehört ② (*на самом деле*) richtig, ordentlich

по-на́шему *нареч* ① (*о мнении*) unserer Meinung nach ② (*как у нас*) auf unsere Art ③ (*о желании*) wenn es nach uns geht

понево́ле *нареч* (*вопреки желанию*) notgedrungen, gezwungenermaßen; (*против воли*) wider Willen; ◇ ~ **пришло́сь согласи́ться** notgedrungen mussten wir zustimmen

понеде́льник *m_1* ‹-а› Montag *m*; ◇ **по** ~**ам** montags

понемно́гу, понемно́жку *нареч* ① (*небольшими долями*) ein bisschen; ◇ **есть** ~ ein wenig essen ② (*постепенно*) allmählich, nach und nach

по́ни *m* ‹нескл› Pony *n*; ◇ **ката́ться на** ~ auf einem Pony reiten

понижа́ть *несов от* **пони́зить**

пониже́ние *c_4* ‹-я› (*уменьшение, ослабление*) Herabsetzung *f*, Verringerung *f*; (*цен*) Senkung *f*; (*уровня воды*) Sinken *n*; (*температуры*) Rückgang *m*; ◇ ~ **ка́чества** Qualitätsrückgang; ◇ ~ **в до́лжности** Degradierung *f*

пони́зить V_4b *сов* ‹-и́жу, -зишь, *Part. Prät. Pass.* -и́женный› [**понижа́ть** V_1a *несов*] *кого-что вин* herabsetzen, reduzieren; (*цены*) senken; ◇ ~ **го́лос** die Stimme senken; ◇ ~ **напряже́ние то́ка** Stromspannung reduzieren

понима́ни|е *c_4* ‹-я› ① (*способность понять*) Verständnis *n*, Begreifen *n*; ◇ **э́то вы́ше моего́** ~**я** das geht über meinen Ver-

stand ② (*толкование*) Auffassung *f*; **пони-ма́|ть** V_1a *несов* ‹-а́ю, -а́ешь› [**поня́ть** *сов*] *кого-что вин* (2), *о ком-чём предл* (3) ① *см.* **поня́ть** ② (*обладать пониманием*) sich auskennen (in), verstehen; ◇ ~ **чужу́ю речь** eine fremde Sprache verstehen; ◇ **я ничего́ в э́том не** ~**а́ю** davon habe ich keine Ahnung ③ (*осмыслять, толковать*) auffassen, verstehen; ◇ **как** ~ **э́то выска́зывание?** wie ist diese Aussage aufzufassen?

поно́с *m_1* ‹-а› мед Durchfall *m*

поно́шенный *прил* ‹-ая-ое, -ые› abgenutzt; (*потёртый*) schäbig

понра́виться *см.* **нра́виться**

по́нчик *m_1* ‹-а› Pfannkuchen *m*

поню́хать *см.* **ню́хать**

поня́ти|е *c_4* ‹-я› ① (*идея*) Begriff *m*; ◇ ~**е вре́мени** Zeitbegriff; ◇ **е ка́чества** Qualitätsbegriff; (*представление*) Vorstellung *f*; ◇ **у дете́й свои́** ~**я** Kinder haben ihre eigenen Vorstellungen; ◇ **получи́ть** ~ **о чём-л** eine Vorstellung von etw bekommen; ◇ **соста́вить себе́** ~**е о чём-л** sich ein Bild von etw machen; ◇ **не име́ть ни мале́йшего** ~**е о чём-л** nicht die geringste Vorstellung von etw haben ② филос Begriff *m*

поня́тно **I.** *нареч* verständlich, begreiflich; (*ясно*) klar; (*объяснимо*) erklärbar; ◇ ~? ist das klar? **II.** *вводное слово* (*конечно, разумеется*) selbstverständlich, das versteht sich von selbst; **поня́тный** *прил* ‹-ая, -ое, -ые› verständlich, begreiflich; (*ясный*) klar; (*вразумительный*) einleuchtend; **поня́ть*** *сов* ‹пойму́, поймёшь› *кого-что вин* (*уяснить*) verstehen; (*постичь*) begreifen; ◇ ~ **чьи-л слова́** jd-s Worte verstehen; ◇ **дать** ~ **кому́-л** jd-m zu verstehen geben; ◇ ~ **свою́ оши́бку** seinen Fehler einsehen

пообе́дать *см.* **обе́дать**

поодино́чке *нареч* einzeln; ◇ **вызыва́ть** ~ nacheinander aufrufen

поочерёдно *нареч* der Reihe nach; (*посменно*) abwechselnd

поощре́ние *c_4* ‹-я› ① (*одобрение*) Aufmunterung *f*, Ermutigung *f*; (*содействие*) Förderung *f*; (*стимул*) Ansporn *m* ② (*благодарность*) Prämie *f*; ◇ **получи́ть** ~ eine Prämie bekommen; (*награда*) Belohnung *f*

поощри́ть V_4a *сов* ‹-рю́, -ри́шь› [**поощря́ть** V_1b *несов*] *кого-что вин* aufmuntern, anspornen, fördern

поп *m_1* ‹-а́, *мн*: -ы́› *разг* Pfaffe *m*; (*в русской православной церкви*) Pope *m*

попада́ние *c_4* ‹-я› Treffer *m*; ◇ **прямо́е** ~ Volltreffer *m*

попа́рно *нареч* paarweise

попа́|сть* *сов* ‹-аду́, -адёшь› [**попада́ть** V_1a *несов*] *кого-что вин* (1, 2), *кому дат* (3) ① (*достигнуть*) geraten, gelangen; (*очутиться*) hingeraten; ◇ ~**сть в плоху́ю**

компа́нию in schlechte Gesellschaft geraten; ◇ **он не ~л в институ́т** er bekam keinen Studienplatz; (*добра́ться*) gelangen; ◇ **письмо́ ~ло по а́дресу** der Brief ist an die richtige Adresse gelangt; ◇ **простите, я не туда́** ~л Entschuldigung, ich habe mich verwählt **(2)** (*при стрельбе́*) treffen; ◇ ~**сть в цель** das Ziel treffen **(3)** *безл* Schläge bekommen; **тебе́ ~дёт** gleich setzt es Hiebe; ◇ **как** ~**ло** wie es gerade kommt, auf gut Glück; ◇ **куда́** ~**ло** wohin auch immer; ◇ ~**сть па́льцем в не́бо** etw zu unpassender Zeit sagen; **попа́сться** *сов* <-аду́сь, -адёшься> [**попада́ться** *несов*] *без доп* **(1)**, *в/на чём предл* **(2)**, *кому́ дат* **(3)** **(1)** (*оказа́ться*) geraten; (*в лову́шку*) hineinfallen **(2)** *перен* (*быть уличённым*) bei etw ertappt werden **(3)** (*встре́титься*) jd-n treffen, jd-m begegnen; (*наткну́ться*) auf etw stoßen; ◇~**сться навстре́чу** jd-m über den Weg laufen; ◇ **ему́** ~**лась хоро́шая кни́га** ein gutes Buch ist ihm in die Hände gefallen; ◇~**сться на глаза́** jd-m unter die Augen kommen

попереме́нно *нареч* abwechselnd
попече́ни|е c_4 <-я> Fürsorge *f*, Sorge *f*; (*покрови́тельство*) Obhut *f*; ◇ **быть на ~и у кого́-л** bei jd-m in Pflege sein; ◇ **име́ть кого́-л на ~и** für jd-n sorgen; ◇ **оста́вить дете́й на ~е ба́бушки** die Kinder in die Obhut der Großmutter geben
попола́м *нареч* **(1)** (*на́двое*) in zwei Hälften, mittendurch; ◇ **раздели́ть хлеб** ~ das Brot halbieren **(2)** (*наполови́не ну с чем-л*) zur Hälfte; ◇ **вино́** ~ **с водо́й** halb Wein und halb Wasser **(3)** (*в ра́вной до́ле*) halbe-halbe, zur Hälfte; ◇ **дели́ть** ~ **с кем-л** mit jd-m halbe-halbe machen
попо́лнить V_{4b} *сов* <-ню, -нишь> [**попо́лнять** V_{1b} *несов*] *что вин тв* ergänzen; ◇ ~ **отря́д све́жими си́лами** Verstärkung für die Abteilung heranziehen; ◇ ~ **свои́ зна́ния** sein Wissen erweitern; (*поте́ри*) auffüllen; **попо́лни|ться** *сов* <-нится, -нятся, 1 и 2 л. не употр> [**пополня́ться** *несов*] *чем тв* sich vervollständigen, ergänzt werden; ◇ **колле́кция ~лась но́выми экземпля́рами** die Sammlung wurde durch neue Exemplare ergänzt
попра́вить V_{4b} *сов* <-влю, -вишь> [**поправля́ть** V_{1b} *несов*] *кого́-что вин* **(1)** (*испра́вить*) verbessern, ausbessern; (*сде́лать пра́вильным*) berichtigen; ◇ ~ **здоро́вье** die Gesundheit wiederherstellen **(2)** (*почини́ть*) reparieren, instandsetzen **(3)** (*указа́ть на оши́бку*) korrigieren; **попра́ви|ться** *сов* <-влюсь, -вишься, (3) 1 и 2 л. не употр> [**поправля́ться** *несов*] *без доп* **(1)** (*вы́здороветь*) genesen, sich erholen, auf dem Wege der Besserung sein **(2)** (*пополне́ть*) zunehmen; ◇ ~**ться на два килогра́мма** zwei Kilogramm zunehmen **(3)** (*о дела́х*) sich bessern, besser gehen **(4)** (*в ре́чи*) sich verbessern; ◇ **оговори́лся и**

тут же ~**лся** er verbesserte seinen Versprecher sofort; **попра́вк|а** $ж_3$ <-и, *род мн:* -вок> **(1)** (*здоро́вья*) Besserung *f*, Wiederherstellung *f*: (*выздоровле́ние*) Genesung *f*; ◇ **у него́ де́ло идёт на ~у** es geht mit ihm bergauf **(2)** (*исправле́ние, дополне́ние*) Korrektur *f*, Verbesserung *f*; ◇ **на́до внести́** ~**у** es muss eine Korrektur vorgenommen werden **(3)** (*к резолю́ции*) Änderungsvorschlag *m*; (*измене́ние*) Änderung *f*
по-пре́жнему *нареч* nach wie vor, wie ehemals; (*как всегда́*) wie immer; ◇ **всё оста́лось** ~ alles blieb beim Alten
попро́бовать *см.* **про́бовать**
попроща́ться V_{1a} *сов* <-а́юсь, -а́ешься> *с кем-чем тв* sich verabschieden (von), von jd-m Abschied nehmen; ◇ **уезжа́ю, пришёл** ~ ich fahre weg und möchte mich verabschieden
попуга́й $м_3$ <-я> Papagei *m*
популя́рность $ж_5$ <-и> **(1)** (*досту́пность*) Zugänglichkeit *f*, allgemeine Verständlichkeit *f* **(2)** (*изве́стность*) Beliebtheit *f*, Popularität *f*; ◇ **по́льзоваться ~ю** sich großer Beliebtheit erfreuen; **популя́рный** *прил* <-ая, -ое, -ые> **(1)** (*изве́стный*) populär, beliebt, bekannt **(2)** (*досту́пный*) allgemein verständlich, gut zugänglich
попусти́тельство c_2 <-а> (*снисходи́тельность*) sträfliche Nachsicht *f*, Fahrlässigkeit *f*
попу́тчик $м_1$ <-а> **(1)** Reisegefährte *m*, Weggefährte *m* **(2)** *перен* Mitläufer *m*
попы́тка $ж_3$ <-и, *род мн:* -ток> Versuch *m*; ◇ ~ **не пы́тка** Probieren geht über Studieren
пор|а́ $ж_1$ <-ы́, вин: -у, мн:-ы, дат:-а́м> **(1)** (*вре́мя, пери́од, срок*) Zeit *f*; ◇ **весе́нняя ~а́** Frühlingszeit; (*в рабо́те*) ◇ **горя́чая ~а́** arbeitsreiche Zeit **(2)** *безл* es wird/ist Zeit; ◇ ~**а́ домо́й** es ist Zeit heimzugehen; ◇ ~**а́ зака́нчивать** es ist Zeit aufzuhören; ◇ **до каки́х пор?** bis wann?; ◇ **до тех пор пока́** so lange, bis; ◇ **на пе́рвых пора́х** in der ersten Zeit; ◇ **до ~ы́, до вре́мени** bis zu einer gewissen Zeit; ◇ **с э́тих пор** seit der Zeit
поража́ть *несов от* **порази́ть**
пораже́ние c_4 <-я> **(1)** (*неуда́ча*) Niederlage *f*; ◇ **нанести́** ~ **врагу́** dem Feind eine Niederlage beifügen; ◇ **потерпе́ть** ~ eine Niederlage einstecken müssen **(2)** *мед* Verletzung *f*; (*тра́вма*) Verwundung *f*
порази́тельный *прил* <-ая, -ое, -ые> auffallend, verblüffend; ◇ ~ **слу́чай** ein ungewöhnlicher Vorfall; (*удиви́тельный*) erstaunlich; (*ошеломля́ющий*) frappierend; ◇ ~ **наха́л** ein unglaublicher Flegel; **порази́ть** V_{4a} *сов* <-ажу́, -зи́шь, *Part. Prät. Pass.* -ражённый> [**поража́ть** V_{1a} *несов*] *кого́-что вин* **(1)** (*нанести́ уда́р*) einen Schlag versetzen; (*попа́сть в цель*) treffen **(2)** (*победи́ть*) schlagen, besiegen; ◇ ~ **врага́** den Feind schlagen **(3)** (*уди-*

вить) erstaunen, verblüffen, überraschen; *(ошеломить)* frappieren; ◇ **неожи́данным изве́стием** mit einer unerwarteten Nachricht überraschen **④** *(о боле́зни)* verletzen, befallen; ◇ **боле́знь порази́ла организм** die Krankheit griff den Organismus an; **порази́ться** *сов* ⟨-ажу́сь, -зи́шься⟩ [**поража́ться** *несов*] чем тв, чему дат *(удиви́ться)* verblüfft sein, erstaunt sein, überrascht sein; ◇ ~ **чьей-л красото́й** von jd-s Schönheit überwältigt sein

порва́ть V_{1a} *сов* ⟨-ву́, -вёшь⟩ [**порыва́ть** V_{1a} *несов*] что вин (1), с кем-чем тв (2) **①** *(разорва́ть)* zerreißen **②** *перен (прекрати́ть)* (ab-)brechen; ◇ ~ **все свя́зи с пре́жними друзья́ми** alle Verbindungen mit ehemaligen Freunden abbrechen

поре́з m_1 ⟨-a⟩ Schnitt m; *(ра́на)* Schnittwunde f; **поре́зать*** *сов* ⟨-е́жу, -е́жешь⟩ что вин (1), кого́-что вин (2) **①** *(наре́зать)* (auf-)schneiden; ◇ ~ **хле́ба** Brot schneiden **②** *(пора́нить)* sich schneiden, sich ritzen

порица́ние c_4 ⟨-я⟩ Tadel m, Rüge f; ◇ **вы́нести** ~ **несо́в** tadeln

поро́г m_1 ⟨-a⟩ **①** *(дверно́й)* (Tür-)Schwelle f; **переступи́ть** ~ die Schwelle überschreiten; ◇ **на** ~ **сме́рти** an der Schwelle des Todes; ◇ **не пуска́ть на** ~ jd-n nicht ins Haus lassen **②** *(речно́й)* Stromschnelle f **③** *(преде́л)* Schwelle f, Grenze f

поро́да ж_1 ⟨-ы⟩ **①** бот Art f; *(живо́тных)* Rasse f **②** геол, горн Gestein n; ◇ **пуста́я** ~a taubes Gestein **③** *перен (о лю́дях)* Schlag m; ◇ **челове́к осо́бой** ~ы ein besonderer Menschenschlag; ◇ **мы из** ~ы **оптими́стов** wir sind von Natur aus optimistisch

поро́й *нареч* manchmal, bisweilen; ◇ ~ **быва́ет нелегко́** manchmal ist es nicht leicht

поро́к m_1 ⟨-a⟩ **①** *(уро́дство)* Laster n, Untugend f **②** *(недоста́ток)* Mangel m, Übel n; ◇ ~ **и ре́чи** Sprachfehler m; мед ◇ ~ **се́рдца** Herzfehler m

поросёнок m_1 ⟨-нка, мн: -ся́та, род: -ся́т⟩ Ferkel n

по́рох m_1 ⟨-a, мн: -а́⟩ Pulver n, Schießpulver n; ◇ **ей не хвати́ло** ~a ihr ging die Puste aus

порошо́к m_1 ⟨-шка́, мн: -шки́⟩ Pulver n; ◇ **зубно́й** ~ Zahnpulver; ◇ **стира́льный** ~ Waschpulver; ◇ **стере́ть кого́-л в** ~ jd-n fertigmachen

порт m_1 ⟨-a, о по́рте, в порту́, мн: -ы, род: -о́в⟩ Hafen m; ◇ **речно́й** ~ Binnenhafen; ◇ **войти́ в** ~ in den Hafen einlaufen

портве́йн m_1 ⟨-a⟩ Portwein m

по́ртить V_{4b} *несов* ⟨-рчу, -тишь, *Imp.* -рти, -те/-рть, -те, *Part. Prät. Pass.* -рченный [**ис—** *сов*] кого́-что вин **①** *(приводи́ть в него́дность)* verderben, ruinieren; *(вреди́ть)* beschädigen; ◇ ~ **настрое́ние** die Stimmung verderben **②** *(кого́-л)* verderben verschlechtern; ~

ребёнка плохи́м воспита́нием das Kind verziehen

портни́ха ж_1 ⟨-и⟩ Schneiderin f

портно́й m (A_1) ⟨-о́го⟩ Schneider m

портре́т m_1 ⟨-a⟩ Porträt n, Bildnis n; *(живопи́сный)* Porträtzeichnung f; ◇ **группово́й** ~ Gruppenbild n

портфе́ль m_2 ⟨-я⟩ **①** *(для книг, бума́г)* Aktentasche f, Aktenmappe f **②** *(до́лжность)* Geschäftsbereich m, Ressort n; ◇ **мини́стр без** ~я Minister ohne Geschäftsbereich

портье́ра ж_1 ⟨-ы⟩ (Tür-)Vorhang m

пору́ка ж_1 ⟨-и⟩ Bürgschaft f; ◇ **взять на** ~и кого́-л für jd-n bürgen; ◇ **отда́ть на** ~и кого́-л in jd-s Obhut geben

поруче́ние c_4 ⟨-я⟩ Auftrag m; ◇ **дать** ~ **кому́-л** jd-m einen Auftrag erteilen; ◇ **испо́лнить чьё-л** ~ einen Auftrag erledigen

поручи́тельство c_2 ⟨-a⟩ Bürgschaft f

поручи́ть V_{4a} *сов* ⟨-чу́, -у́чишь, *Part. Prät. Pass.* -у́ченный⟩ [**поруча́ть** V_{1a} *несов*] кому́-чему дат что вин или о инф (1), кому́-чему дат кого́-что вин (2) **①** *(дать поруче́ние)* beauftragen, Auftrag erteilen **②** *(дове́рить кому́-л)* anvertrauen; ◇ ~ **дете́й кому́-л** jd-m die Kinder anvertrauen

по́ручни мн_2 ⟨-ей⟩ Geländerstange f

по́рция ж_4 ⟨-ии⟩ Portion f

по́ршень m_2 ⟨-шня, мн: -шни⟩ Kolben m

поры́в m_1 ⟨-a⟩ **①** *(ве́тра)* Windstoß m **②** *перен* Ausbruch m, Anwandlung f; *(припа́док)* Anfall m; ◇ **душе́вный** ~ Gefühlsausbruch; ◇ ~ **гне́ва** Wutanfall

поря́док m_1 ⟨-дка, мн: -дки⟩ **①** *(состоя́ние)* Ordnung f; ◇ **навести́** ~ок где-л Ordnung schaffen; ◇ **привести́ в** ~ок in Ordnung bringen; *разг* ◇ **в** ~ке! in Ordnung!, okay! **②** *(ход)* Reihenfolge f; ◇ **рассказа́ть всё по** ~ку alles der Reihe nach erzählen; ◇ **в устано́вленном** ~ке in der festgesetzten Reihenfolge **③** *(спо́соб)* Ordnung f, Weg m, Bestimmungen f pl; *(ме́тод)* Verfahren n; ◇ **в спе́шном** ~ке im Eilverfahren **④** *(режи́м)* Methode f, Verfahren n; ◇ ~ок **вы́боров** Wahlmodus m **⑤** ~ки мн *(обы́чаи)* Sitten f pl, Tradition f; ◇ **ну и** ~ки! hier herrschen seltsame Sitten **⑥** воен Aufstellung f; ◇ **де́ло идёт свои́м** ~ком das nimmt jetzt seinen Lauf; ◇ **э́то в** ~ке веще́й das ist ganz normal

поря́дочный *прил* ⟨-ая, -ое, -ые⟩ **①** *(че́стный)* anständig, ehrenhaft **②** *(дово́льно хоро́ший)* ziemlich gut **③** *(дово́льно большо́й)* gehörig, bedeutend, ziemlich groß

посади́ть см. **сажа́ть**

поса́дка ж_1 ⟨-и, род мн: -док⟩ **①** *(расте́ний)* Pflanzen n, Setzen n **②** *(в по́езд)* Einsteigen n; ◇ ~a **на парохо́д** Einschiffen f **③** *(самолёта, раке́ты)* Landung f, Aufsetzen n; ◇ **вы́нужденная** ~a Notlandung; ◇ **заходи́ть на** ~y zum Landen ansetzen **4** (*при верховой езде*) Haltung *f*, Sitz *m*

по-сво́йски *нареч разг* (*без церемонии, просто*) ohne Umstände

посвяти́ть V_{4a} *сов* ⟨-ящу́, -яти́шь, *Part. Prät. Pass.* -ящённый⟩ [**посвяща́ть** V_{1a} *несов*] что вин кому-чему дат (1), чего-что вин во что вин (2) **1** (*в честь кого-л или в память о ком-л*) weihen, widmen; ◇ ~ кни́гу па́мяти отца́ ein Buch seinem Vater widmen; ◇ ~ свою́ жизнь рабо́те sich der Arbeit verschreiben **2** (*осведомить о тайном*) einweihen; ◇ ~ дру́га в свою́ та́йну einen Freund in seine Geheimnisse einweihen; ◇ ~ в секре́ты мастерства́ jd-n in die Geheimnisse eines Handwerks einweihen

посе́в *м₁* ⟨-а⟩ **1** (*действие*) Säen *n*, Aussaat *f* **2** (*посеянное*) Saat *f*

поселе́ние *c₄* ⟨-я⟩ **1** (*водворение на жительство*) (Zwangs-)Umsiedlung *f*; ◇ сосла́ть на ~ zwangsumsiedeln, deportieren **2** (*посёлок*) Siedlung *f*; (*колония*) Kolonie *f*

посели́ться *см.* **сели́ться**

посёлок *м₁* ⟨-лка, *мн.* -лки́⟩ Siedlung *f*, kleiner Ort *m*; ◇ да́чный ~ Feriensiedlung; ◇ рабо́чий ~ Arbeitersiedlung *m*

посети́тель *м₂* ⟨-я⟩ Besucher *m*; (*гость*) Gast *m*; (*клиент*) Kunde *m*; **посети́ть** V_{4a} *сов* ⟨-ещу́, -ти́шь, *Part. Prät. Pass.* -сещённый⟩ [**посеща́ть** V_{1a} *несов*] кого-что вин besuchen; ◇ ~ знако́мого einen Bekannten aufsuchen

посеща́емость *ж₅* ⟨-и⟩ Zulauf *m*, Zuspruch *m*; (*число посетителей*) Besucherzahl *f*; (*присутствие на занятиях*) Teilnehmerzahl *f*; ◇ хоро́шая ~ gut besucht

поско́льку *союз* **1** (*насколько*) insofern, sofern, insoweit; ◇ ~ э́то каса́ется нас sofern wir davon betroffen sind **2** (*так как*) da; ◇ ~ ты согла́сен, я не возража́ю da du einverstanden bist, habe ich nichts dagegen

посла́нец *м₅* ⟨-нца⟩ Abgesandte *m*, Bote *m*; **посла́ние** *c₄* ⟨-я⟩ Schreiben *n*, Botschaft *f*; ◇ ~ президе́нта конгре́ссу Schreiben des Präsidenten an den Kongress; **посла́нник** *м₁* ⟨-а⟩ Gesandter *m*

посла́ть* *сов* ⟨пошлю́, пошлёшь⟩ [**посыла́ть** V_{1a} *несов*] кого-что вин (1), что вин (2-4) (*направить*) schicken; ◇ ~ за до́ктором den Arzt kommen lassen **2** (*отправить для доставки*) senden, schicken; ◇ ~ письмо́ по по́чте einen Brief mit der Post schicken

по́сле I. *нареч* nachher, später; (*после этого*) danach; ◇ ~ расскажу́ обо всём später werde ich alles erzählen II. *предлог с род* nach; ◇ ~ еды́ nach dem Essen, ~ таки́х слов nach solchen Worten

после́дн|ий *прил* ⟨-яя, -ее, -ие⟩ **1** (*конечный в ряду*) letzter; ◇ са́мый ~ий der allerletzte; (*окончательный*) endgültig; ◇

э́то моё ~ее сло́во das ist mein letztes Wort **2** (*самый новый*) neuste(r, s); ◇ оде́т по ~ей мо́де nach der allerneusten Mode gekleidet **3** (*наихудший*) schlechteste(r, s), schlimmste(r, s); ◇ изруга́ть ~ими слова́ми mit den schlimmsten Worten beschimpfen **4** (*только что упомянутый*) letztere(r, s), eben genannt **5** (*предшествующий*) vorig; ◇ на ~ем заседа́нии auf der letzten Sitzung

после́дователь *м₂* ⟨-я⟩ Anhänger *m*, Nachfolger *m*; **после́довательный** *прил* ⟨-ая, -ое, -ые⟩ **1** (*последующий*) aufeinander folgend, fortlaufend **2** (*логичный*) folgerichtig, konsequent

после́дствие *c₄* ⟨-я⟩ Folge *f*, Konsequenz *f*; (*результат*) Ergebnis *n*; ◇ далеко́ иду́щие ~я weit reichende Konsequenzen; ◇ неожи́данные ~я встре́чи überraschende Folgen einer Begegnung; ◇ нести́ ~я Folgen haben; **после́дующий** *прил* ⟨-ая, -ее, -ие⟩ nachfolgend, darauf folgend; ◇ во всё ~ее вре́мя in der darauf folgenden Zeit; ◇ с ~им обсужде́нием mit anschließender Diskussion

послеза́втра *нареч* übermorgen

послесло́вие *c₄* ⟨-я⟩ Nachwort *n*

посло́виц|а *ж₅* ⟨-ы⟩ Sprichwort *n*; ◇ войти́ в ~у sprichwörtlich werden

послуша́ни|е *c₄* ⟨-я⟩ (*покорность*) Gehorsam *m*; ◇ тре́бовать от дете́й ~я von Kindern Gehorsam verlangen

послу́шать *см.* **слу́шать**

посме́ртный *прил* ⟨-ая, -ое, -ые⟩ postum, nach dem Tod; ◇ ~ое изда́ние сочине́ний postume Ausgabe der Werke

посме́шище *c₃* ⟨-а⟩ Zielscheibe *f* des Spottes; ◇ вы́ставить кого́-л на ~ jd-n dem Spott preisgeben

посмотре́ть *см.* **смотре́ть**

посо́бие *c₄* ⟨-я⟩ **1** (*денежная помощь*) Unterstützung *f*; ◇ выходно́е ~ Abfindung *f*; ◇ по безрабо́тице Arbeitslosengeld *n*; ◇ по боле́зни Krankengeld *n* **2** (*учебник*) Lehrbuch *n*; (*справочник*) Handbuch *n*; ◇ нагля́дное ~ Anschauungsmaterial *n*

посо́бник *м₁* ⟨-а⟩ Mithelfer *m*, Helfershelfer *m*; (*соучастник*) Komplize *m*; ◇ ~ преступле́ния Mittäter *m*; ◇ назва́ть свои́х ~ов seine Komplizen nennen

посо́л *м₁* ⟨-сла́, *мн.* -слы́⟩ Botschafter *m*

посоли́ть *см.* **соли́ть**

посо́льство *c₂* ⟨-а⟩ Botschaft *f*

поспе́шность *ж₅* ⟨-и⟩ Eile *f*, Hast *f*; **поспе́шный** *прил* ⟨-ая, -ое, -ые⟩ **1** (*торопливый*) eilig, hastig **2** (*необдуманный*) überstürzt; (*преждевременный*) voreilig, verfrüht

поспо́рить V_{4b} ⟨-рю, -ришь⟩ с кем-чем тв о чём предл (1), без доп (2), с кем-тв (3) (*о ком-л*) streiten, sich auseinander setzen (mit) **2** (*держать пари*) wetten, eine Wette abschließen; ◇ поспо́рим!

lass uns wetten! ③ перен (соревноваться) wetteifern

посре́дник m_1 ⟨-а⟩ Vermittler m; (арби́тр) Schlichter m; **посре́дничеств**|**о** c_2 ⟨-а⟩ Vermittlung f; ◇ **при** ~е unter Vermittlung; ◇ **предложи́ть своё** ~о seine Dienste als Vermittler anbieten

посре́дственный прил ⟨-ая, -ое, -ые⟩ mittelmäßig; (сре́дний) durchschnittlich

поссо́риться см. **ссо́риться**

пост[1] m_1 ⟨-а́, мн:-ы́⟩ ① (до́лжность) Posten m, Stellung f, Amt n; ◇ **заня́ть** ~ **дире́ктора** das Amt des Direktors bekleiden ② воен Posten m, Wache f; ◇ **сторожево́й** ~ Wachposten; ◇ **быть всегда́ на своём** ~у́ stets auf dem Posten sein

пост[2] m_1 ⟨-а́⟩ рел Fastenzeit f

поста́вить[1] см. **ста́вить**

поста́вить[2] сов ⟨-влю, -вишь⟩ [**поставля́ть** V_{1b} несов] что вин (произвести поста́вки) liefern

поста́вк|**а** das Amt ⟨-и, род мн:-вок⟩ Lieferung f; (доста́вка) Zustellung f; ◇ **срок** ~**и** Lieferfrist f; **поставщи́к** m_1 ⟨-а́, мн:-и́⟩ Lieferant m

постано́вка ж₁ ⟨-и, род мн:-вок⟩ ① (де́йствие) Aufstellung f, Errichtung f ② теа́тр Inszenierung f

постановле́ни|**е** c_4 ⟨-я⟩ ① (реше́ние) Beschluss m; (резолю́ция) Resolution f ② (распоряже́ние) Verordnung f, (ука́з) Erlass m, Bestimmung f; ◇ **вы́нести** ~**е** einen Beschluss fassen; ◇ **по** ~**ю** gemäß Beschluss

по-ста́рому нареч auf hergebrachte Weise; (как пре́жде) wie früher

посте́л|**ь** ж₅ ⟨-и⟩ Bett n; ◇ **встать с** ~**и** aufstehen; ◇ **лежа́ть в** ~ im Bett liegen, das Bett hüten; ◇ **убра́ть** ~**ь** das Bett machen

постепе́нно нареч allmählich, stufenweise; ◇ **де́лать что-л** ~ etw nach und nach tun

по́стн|**ый** прил ⟨-ая, -ое, -ые⟩ ① (о пи́ще) mager; ◇ ~**ое мя́со** mageres Fleisch ② перен (ску́чный) langweilig

посторо́нн|**ий** прил ⟨-яя, -ее, -ие⟩ ① (чужо́й) fremd; ◇ ~**ее влия́ние** fremder Einfluss; (незнако́мый) unbekannt; мед ◇ ~**ее те́ло** Fremdkörper m ② (побо́чный) Neben-, nebensächlich **II.** м ⟨A_2⟩ ⟨-его⟩ Unbefugter m, Fremder m; ◇ ~**им вход воспрещён** Unbefugten ist der Zutritt verboten

постоя́нн|**ый** прил ⟨-ая, -ое, -ые⟩ ständig, fortwährend; (неизме́нный) konstant, stetig; (непреры́вный) kontinuierlich, dauernd; мат ◇ ~**ая величина́** Konstante f; ◇ ~**ое местожи́тельство** ständiger Wohnsitz; ◇ ~**ый посети́тель** Stammgast m; ◇ ~**ая рабо́та** fester Arbeitsplatz;

постоя́нство c_2 ⟨-а⟩ Beständigkeit f; (неизме́нность) Konstanz f; ◇ ~ **в любви́** Treue (in der Liebe) f

пострада́ть см. **страда́ть**

постри́чься сов ⟨-игу́сь, -ижёшься⟩ [**пострига́ться** несов] без доп sich die Haare schneiden lassen

постро́ени|**е** c_4 ⟨-я⟩ Bau m, Aufbau m; (сооруже́ние) Errichtung f ② (строе́ние, констру́кция) Konstruktion f, Bau m ③ воен Aufstellung f, Gliederung f

постро́йка ж₁ ⟨-и, род мн:-оек⟩ ① (де́йствие) Bauen n, Errichtung f ② (зда́ние) Bau m, Gebäude n

поступи́|**ть** V_{4a} сов ⟨-плю́, -у́пишь⟩ [**поступа́ть** V_{1a} несов] ◇ без доп ① (соверши́ть) handeln, verfahren, (де́йствовать каки́м-л о́бразом) vorgehen ② (быть зачи́сленным) etw antreten; ◇ ~**ть на рабо́ту** die Arbeit aufnehmen; ◇ ~**ть в университе́т** sich immatrikulieren (lassen) ③ (дойти́) eingehen; ◇ **в коми́ссию** ~**ло заявле́ние** bei der Kommission ging der Antrag ein; ◇ **де́ло** ~**ло в суд** die Sache kam vor Gericht; ◇ **кни́га** ~**ла в прода́жу** das Buch ist im Handel erhältlich

поступле́ни|**е** c_4 ⟨-я⟩ ① (куда́-л) Eintritt m ② (о су́мме) Eingang m, Zugang m ③ ◇ ~ **я** мн Einkünfte f pl; (сбо́ры) Einnahmen f pl; ◇ **нало́говые** ~**я** Steuereinnahmen

посту́п|**ок** m_1 ⟨-пка, мн:-пки⟩ Tat f, Handlung f; ◇ **отвеча́ть за свои́** ~**ки** für seine Taten verantwortlich sein; ◇ **соверши́ть необду́манный** ~**ок** unüberlegt handeln; (поведе́ние) Verhalten n

посу́да ж₁ ⟨-ы⟩ ① Geschirr n; ◇ **ку́хонная** ~ Küchengeschirr; ◇ **столо́вая** ~ Tafelgeschirr ② (отде́льный предме́т) Flasche f, Gefäß n

посыла́ть несов см. **посла́ть**

посы́лк|**а** ж₁ ⟨-и, род мн:-лок⟩ ① (де́йствие) (Ab-)Sendung f ② (паке́т) Päckchen n, Paket n; ◇ **я привёз тебе́** ~**у из до́му** ich habe dir ein Päckchen von zu Hause mitgebracht

посяга́тельство c_2 ⟨-а⟩ Eingriff m, Anschlag m; ◇ ~ **на чью-л жизнь** Anschlag auf jd-s Leben, Attentat n; ◇ ~ **на чьи-л права́** Eingriff in jd-s Rechte

пот m_1 ⟨-а, о по́те, в поту́, мн:-ы́⟩ Schweiß m; ◇ **вогна́ть кого́-л в** ~ jd-n zum Schwitzen bringen; ◇ **вытира́ть** ~ **с лица́** sich den Schweiß vom Gesicht wischen; ◇ **его́ бро́сило в** ~ er geriet in Schwitzen; ◇ **он прибежа́л весь в** ~**у́** er kam schweißgebadet angelaufen

потасо́вка ж₁ ⟨-и, род мн:-вок⟩ разг Prügelei f, Handgemenge n

по-тво́ему нареч ① (по твоему́ мне́нию) deiner Meinung nach ② (по твоему́ жела́нию) nach deinem Wunsch

потенциа́л m_1 ⟨-а⟩ Potential n

потепле́ние c_4 ⟨-я⟩ Temperaturanstieg m; ◇ **ожида́ется** ~ es soll wärmer werden

потерпе́ть* сов ⟨-плю́, -е́рпишь⟩ [**терпе́ть*** несов] что вин или без доп (1), что вин (2) ① (прояви́ть терпе́ние) sich gedulden, aushalten; ◇ ~**и́те немно́го, боль пройдёт** haben Sie etwas Geduld, der Schmerz vergeht ② (пострада́ть) erleiden;

◇ ~е́ть пораже́ние/убы́тки eine Niederlage/Verluste erleiden ③ sich (nicht) bieten lassen, (nicht) dulden; ◇ не ~лю́ таки́х оскорбле́ний diese Beleidigungen werde ich mir nicht gefallen lassen

поте́р|я ж₅ ‹-и› Verlust m, Einbuße f; ◇ ~я ве́са Gewichtsabnahme f; ◇ ~я вре́мени Zeitverlust m; ◇ ~я кро́ви Blutverlust m; ◇ нести́ больши́е ~я massive Verluste erleiden; поте́рянн|ый прил ‹-ая, -ое, -ые› ① (расстроенный и растерянный) verloren; ◇ ~ое поколе́ние verlorene Generation ② (удручённый) niedergeschlagen; (смущённый) verwirrt ③ (морально опусти́вшийся) heruntergekommen; ◇ ~ая ли́чность heruntergekommener Mensch

поте́ть V₅ несов ‹-е́ю, -е́ешь, (3) 1 и 2 л. не употр› [вс~ (1), за~ (3) сов] без доп (1, 3), над чем тв или без доп (2) ① (о теле) schwitzen ② перен über etw schwitzen; ◇ ~ над зада́чей sich mit einer Aufgabe abplagen ③ (о стекле) beschlagen

потихо́ньку нареч ① (медленно) langsam; ◇ е́хать ~ langsam fahren ② (тихо) leise; ◇ напева́ть ~ leise singen ③ (тайно) heimlich; ◇ ~ уйти́ и́з дому sich heimlich aus dem Haus schleichen ④ (постепенно) allmählich, nach und nach

по́тный прил ‹-ая, -ое, -ые› ① (покрытый потом) schweißbedeckt; (вспотевший) verschwitzt ② (о стёклах) beschlagen, angelaufen

пото́к м₁ ‹-а› ① (река, ручей) Strom m ② перен (множество) Strom m, Masse f; ◇ людско́й ~ Menschenstrom; ◇ тра́нспортный ~ Verkehrsfluss m; ◇ ~ слов Wortschwall m ③ тех (поточное произво́дство) Fließbandherstellung f; (поточная линия) Fließband n; ◇ поста́вить произво́дство на ~ auf Fließbandfertigung umstellen

потоло́к м₁ ‹-лка́, мн: -лки́› ① (в помещении) (Zimmer-)Decke f ② ав maximale Höhe f ③ (предельная степень) Gipfel m, Gipfelpunkt m; ◇ э́тот реко́рд — ещё не ~ mit diesem Rekord ist die Höchstgrenze noch nicht erreicht; ◇ э́ти ци́фры взя́ты с ~лка́ die Zahlen sind aus der Luft gegriffen

пото́м нареч ① (позже) später ② (после) dann, danach, nachher

пото́мок м₁ ‹-мка, мн: -мки› Nachkomme m

пото́мств|о с₂ ‹-а› Nachkomme m; (будущие поколения) Nachkommenschaft f, Nachwelt f; ◇ оста́ться в па́мяти ~а der Nachwelt in Erinnerung bleiben

потому́ союз ~ что weil, da

потону́ть см. тону́ть

пото́п м₁ ‹-а› (наводнение) Sintflut f, Überschwemmung f; ◇ по́сле нас хоть ~! nach mir die Sintflut!

потреби́тель м₂ ‹-я› Verbraucher m, Konsument m; (покупатель) Käufer m; потребле́ни|е с₄ ‹-я› Verbrauch m, Konsum m; ◇ това́ры широ́кого ~я Konsumgüter

потре́бность ж₅ ‹-и› ① (надобность) Bedürfnis n, Bedarf m; ◇ удовлетворя́ть ~и Bedürfnisse befriedigen; ◇ смотря́ по ~и nach Bedarf ② (желание) Bedürfnis n, Wunsch m; ◇ испы́тывать ~ь в чём-л Bedürfnis nach etw verspüren

потре́бовать(ся) см. тре́бовать(ся)

потрёпанн|ый прил ‹-ая, -ое, -ые› ① (поношенный) abgetragen; ◇ ~ый костю́м zerschlissener Anzug; (истрёпанный) abgegriffen; ◇ ~ая кни́га abgegriffenes Buch ② (о человеке) mitgenommen, schwer angeschlagen ③ (о войсках) kampfunfähig

потряса́ющий прил ‹-ая, -ее, -ие› ① (поразительный) erschütternd; (волну́ющий) ergreifend; ◇ ~ успе́х überwältigender Erfolg ② разг riesig, ganz toll; (неслыханный) unerhört; потрясе́ни|е с₄ ‹-я› ① (переживание) Erschütterung f; ◇ не́рвное ~е Nervenzusammenbruch m ② (ломка) Erschütterung f, Zerrüttung f; ◇ социа́льные ~я sozialer Umbruch

поту́ги мн₁ ‹-уг› ① (напряжение мышц) Anstrengungen f pl; ◇ родовы́е ~ Geburtswehen f pl ② перен (усилия) Anstrengungen f pl, Bemühungen f pl

потусторо́нний прил ‹-яя, -ее, -ие› jenseitig; (неземной) überirdisch; ◇ ~ мир Jenseits n

потяну́ть V₂ сов ‹-яну́, -я́нешь, Part. Prät. Pass. -я́нутый› [тяну́ть V₂ несов ‹ Part. Präs. Akt. -тя́нущий›] кого-что вин ① (за что-л) ziehen ② (за собой) mitschleppen ③ безл hinziehen; ◇ его́ ~ло на ро́дину es zog ihn in die Heimat

поуча́ть V₁ₐ несов ‹-а́ю, -а́ешь› кого-что вин чему дат belehren, unterweisen; (муштровать) drillen

поучи́тельный прил ‹-ая, -ое, -ые› ① (назидательный) lehrreich, aufschlussreich ② ирон (наставнический) belehrend, schulmeisterlich

похвал|а́ ж₅ ‹-ы́› Lob n; ◇ отозва́ться с ~о́й о ком-л jd-n lobend erwähnen; ◇ расточа́ть ~ы́ jd-m höchstes Lob spenden

похити́тель м₂ ‹-я› (вор) Dieb m, Räuber m; (кого-л) Entführer m, Kidnapper m; похи́тить V₄ᵦ сов ‹-и́щу, -и́тишь, Part. Prät. Pass. -и́щенный› [похища́ть V₁ₐ несов] кого-что вин (украсть) wegnehmen, stehlen, entwenden; (о гангстерах, похищающих людей) entführen, kidnappen; похище́ни|е с₄ ‹-я› Wegnahme f; (кража) Diebstahl m, Entwendung f; (кого-л) Entführung f, Raub m

похме́ль|е с₄ Kater m, Katzenjammer m; ◇ наступи́ло тяжёлое ~е einen fürchterlichen Kater haben; ◇ голова́ боли́т с

~я einen dicken Kopf haben; ◇ **в чужо́м пиру́** ~**е** für fremde Fehler büßen

похо́д m_1 ⟨-а⟩ ① воен Feldzug m, Marsch m; ◇ **кресто́вый** ~ Kreuzzug m ② (*туристи́ческий*) Wanderung f; ◇ **лы́жный** ~ Skiwanderung; (*экску́рсия*) Ausflug m; ◇ **вы́ступить в** ~ aufbrechen

похо́дка $ж_1$ ⟨-и, *род мн:* -док⟩ Gang m, Gangart f; ◇ **чёткая** ~ fester Schritt

похожде́ние c_4 ⟨-я⟩ Abenteuer n; ◇ **любо́вное** ~ Liebesabenteuer

похо́ж|ий *прил* ⟨-ая, -ее, -ие⟩ ähnlich; ◇ **быть** ~**им на кого́-л** jd-m ähneln; **сын похо́ж на отца́** der Sohn sieht seinem Vater ähnlich; ◇ **э́то на тебя́** ~**е** das sieht dir ähnlich

похолода́ние c_4 ⟨-я⟩ Abkühlung f, Temperaturrückgang m; ◇ **ожида́ется си́льное** ~ es soll sich stark abkühlen

по́хороны $мн_1$ ⟨-рон, *дат:* -рона́м⟩ Beerdigung f, Bestattung f; ◇ **пойти́ на** ~ zu einer Beerdigung gehen

поцелу́й $м_3$ ⟨-я⟩ Kuss m; **осы́пать кого́-л** ~**ями** jd-n mit Küssen überhäufen

поча́ток $м_1$ ⟨-тка, *мн:* -тки⟩ бот Kolben m; ◇ ~ **кукуру́зы** Maiskolben

по́чв|а$ж_1$ ⟨-ы⟩ ① (*земля́*) Boden m, Grund m; ◇ **гли́нистая** ~**а** Lehmboden m; ◇ **черноземна́я** ~**а** Schwarzerde f ② *перен* (*осно́ва*) Grund m, Grundlage f; ◇ **на** ~**е** чего́-л infolge von; ◇ **на** ~**е неоспори́мых фа́ктов** aufgrund unwiderlegbarer Tatsachen; ◇ **име́ть твёрдую** ~**у под нога́ми** festen Boden unter den Füßen haben; **теря́ть** ~**у под нога́ми** den Boden unter den Füßen verlieren

почему́ *нареч* warum, weshalb; ◇ ~ **ты се́рдишься?** weswegen ärgerst du dich?; ◇ **не понима́ю,** ~ **он не пришёл** ich verstehe nicht, aus welchem Grund er nicht gekommen ist

по́черк $м_1$ ⟨-а⟩ ① (*мане́ра писа́ть*) Handschrift f, Schriftzug m ② *перен* (*характе́рные черты́*) Manier f, Eigenart f

почёт $м_1$ ⟨-а⟩ Ehre f, Achtung f, Hochachtung f; ◇ **доска́** ~**а** Ehrentafel f; ◇ **ока́зывать** ~ **кому́-л** jd-m Ehre erweisen; ◇ **быть в** ~**е** ein hohes Ansehen genießen;

почётный *прил* ⟨-ая, -ое, -ые⟩ ehrenvoll, Ehren-; ◇ ~**ый граждани́н го́рода** Ehrenbürger der Stadt; ◇ ~**ое зва́ние** Ehrentitel m

почи́н|ка $ж_1$ ⟨-и, *род мн:* -нок⟩ Ausbesserung f, Reparatur f; (*што́пка*) Ausbessern n, Flicken n; ◇ **отда́ть в** ~**у что-л** etw in Reparatur geben

почита́тель $м_2$ ⟨-я⟩ Verehrer m, Bewunderer m; ◇ **окружён** ~**ями** von Verehrern umschwärmt

по́чк|а$¹$ $ж_1$ ⟨-и, *род мн:* -чек⟩ бот Knospe f; ◇ **распуска́ются** ~**и** die Knospen gehen auf

по́чка$²$ $ж$ ⟨-и⟩ анат Niere f

по́чт|а $ж_1$ ⟨-ы⟩ ① (*учрежде́ние*) Post f,

Postamt n; ◇ **сдать бандеро́ль на** ~**у** ein Päckchen zur Post bringen ② (*пересы́лка*) Zustellung f; ◇ **возду́шная** ~ per Luftpost; **по** ~**е** auf dem Postweg; ◇ **полева́я** ~**а** Feldpost ③ (*корреспонде́нция*) Post f, Korrespondenz f; ◇ **чита́тельская** ~**а** Leserbriefe m pl; ◇ **разноси́ть** ~**у** die Post austragen; **почтальо́н** $м_1$ ⟨-а⟩ Briefträger m, Postbote m; **почта́мт** $м_1$ ⟨-а⟩ Postamt m

почте́ние c_4 ⟨-я⟩ Achtung f, Ehrerbietung f, Respekt m; ◇ **относи́ться с** ~**м к кому́-л** jd-n achten; ◇ **моё** ~! alle Achtung!

почти́ *нареч* fast, nahezu, beinahe; ◇ **истра́тил** ~ **все де́ньги** er hat fast das ganze Geld ausgegeben; ◇ **она́** ~ **вы́здоровела** sie ist fast gesund; ◇ ~ **что** so gut wie; ◇ ~ **что ничего́** so gut wie nichts

почти́ть $сов$ ⟨-чту́, -чти́шь⟩ *кого́-что вин* ehren, jd-m Ehre erweisen

почто́вый *прил* ⟨-ая, -ое, -ые⟩ Post-; ◇ ~**ая бума́га** Briefpapier n; ◇ ~**ый и́ндекс** Postleitzahl f; ◇ ~**ая ма́рка** Briefmarke f; ◇ ~**ый сбор** Postgebühr f; ◇ ~**ое отделе́ние** Postamt n; ◇ ~**ый я́щик** Briefkasten m

почу́вствовать *см.* **чу́вствовать**

пошатну́|ться V_2 $сов$ ⟨-ну́сь, -нёшься⟩ *без доп* ① (*накрени́ться*) wanken, schwanken; (*о строе́нии*) baufällig werden ② *перен* (*поколеба́ться*) ins Wanken geraten; (*прийти́ в расстро́йство*) angeschlagen sein; ◇ **её здоро́вье** ~**лось** ihre Gesundheit war angeschlagen

по́шлин|а $ж_1$ ⟨-ы⟩ Zoll m, Abgabe f; (*сбор*) Gebühr f; ◇ **суде́бные** ~**ы** Gerichtskosten; ◇ **тамо́женные** ~**ы** Zollgebühren; ◇ **обложи́ть** ~**ой** auf etw Zoll erheben

по́шлость $ж_5$ ⟨-и⟩ Gemeinheit f; (*безвку́сица*) Geschmacklosigkeit f; **по́шлый** *прил* ⟨-ая, -ое, -ые⟩ gemein, unanständig, banal; (*безвку́сный*) fade; ◇ ~ **анекдо́т** schmutziger Witz; **пошля́к** $м_1$ ⟨-а́, *мн:* -и́⟩ *разг* Rüpel m, gemeiner Kerl m

поща́д|а $ж_1$ ⟨-ы⟩ Gnade f, Schonung f; ◇ **без** ~**ы** schonungslos; ◇ **проси́ть** ~**ы** um Gnade bitten

поще́чин|а $ж_1$ ⟨-ы⟩ ① (*уда́р*) Ohrfeige f; ◇ **дать** ~**у** ohrfeigen ② (*оскорбле́ние*) Beleidigung f, Affront m; (*вы́зов*) Schlag ins Gesicht

поэ́зия $ж_4$ ⟨-ии⟩ Dichtung f, Poesie f

поэ́ма $ж_1$ ⟨-ы⟩ Poem n, Gedicht n; **поэ́т** $м_1$ ⟨-а⟩ Dichter m, Poet m; **поэте́сса** $ж_1$ ⟨-ы⟩ Dichterin f, Poetin f

поэ́тому *нареч* deshalb, deswegen, darum; ◇ **тебя́ ждут,** ~ **поторопи́сь** du wirst erwartet, beeile dich deshalb

появи́ться V_{4a} $сов$ ⟨-влю́сь, -я́вишься⟩ [**появля́ться** V_{1b} $несов$] *без доп* ① (*показа́ться*) erscheinen, sich zeigen; (*вы́ступить*) auftauchen, zum Vorschein kommen ② (*возни́кнуть*) auftreten, entstehen, aufkommen; ◇ **когда́** ~**лась жизнь на зе-**

млé? wann ist auf der Erde Leben entstanden?; ◇ ~лась надéжда man schöpfte Hoffnung

пóяс m_1 ⟨-а, мн:-á⟩ ① (лéнта, шнур) Gürtel m, Gurt m; (ремéнь) Riemen m; ◇ кóжаный ~ Ledergürtel; перен◇ затянýть потýже ~ den Gürtel enger schnallen; ◇ по ~ bis zur Gürtellinie; ◇ по ~ гóлый mit nacktem Oberkörper ② геогр (часть земнóй повéрхности) Gürtel m; (зóна) Zone f; ◇ тропúческий ~ Tropenzone; ◇ часовóй ~ Zeitzone

пояснéни|е c_4 ⟨-я⟩ Erklärung f, Erläuterung f; ◇ ~я к тéксту Erläuterungen zum Text

поясни́ц|а $ж_1$ ⟨-ы⟩ анат Kreuz n; ◇ боль в ~е Kreuzschmerzen m pl

прабáбка $ж_1$ ⟨-и, род мн:-бок⟩, прабáбушка $ж_1$ ⟨-и, род мн:-шек⟩ Urgroßmutter f

прáвд|а I. $ж_1$ ⟨-ы⟩ ① (истина) Wahrheit f; ◇ сказáть комý-л ~у в глазá jd-m die Wahrheit ins Gesicht sagen; ◇ услышать ~у о случи́вшемся die Wahrheit über den Vorfall erfahren; ◇ в э́том нет ни слóва ~ы das ist nichts Wahres dran; ◇ всéми ~ами и непрáвдами mit allen Mitteln; ◇ смотрéть ~е в глазá der Wahrheit ins Gesicht sehen; ◇ по ~е говоря́ ehrlich gesagt ② (справедли́вость) Recht n, Gerechtigkeit f; ◇ твоя́ ~а du hast Recht ; ◇ стоя́ть за ~у sich für Gerechtigkeit einsetzen II. предик wahr; ◇ э́то ~а? ist das wahr?; ◇ не ~а ли? nicht wahr? III. нареч freilich, tatsächlich; ◇ я, ~а, не знал э́того ich wusste wirklich nichts davon IV. союз obwohl, zwar; ◇ погуля́ли хорошó, ~а óчень устáли zwar sind wir jetzt sehr müde, aber wir haben uns gut amüsiert; прáвди́вый прил ⟨-ая, -ое, -ые⟩ ① (реалисти́ческий) wahr, wahrheitsgetreu ② (искренний) wahrheitsliebend, aufrichtig; ◇ ~ человéк aufrichtiger Mensch; правдоподóбный прил ⟨-ая, -ое, -ые⟩ glaubwürdig, glaubhaft; (вероя́тный) wahrscheinlich

прáвил|о c_2 ⟨-а⟩ ① (предписáние) Regel f, Vorschrift f; ◇ ~а внýтреннего распоря́дка Geschäftsordnung f; ◇ ~а ýличного движéния Verkehrsregeln; ◇ соблюдáть ~а die Regeln befolgen; ◇ по всем ~ам иссýства nach allen Regeln der Kunst ② мат Regel f, Gesetzmäßigkeit f; ◇ ~а арифмéтики Grundrechenarten f pl; грам Regel f; ◇ граммати́ческие ~а grammatische Regeln ③ (поведéние, мысли) Prinzip n, Grundsatz m; ◇ человéк стрóгих ~ prinzipientreuer Mensch; ◇ обмáнывать не в его́ ~ах er betrügt grundsätzlich nicht; ◇ взять себé что-л за ~о sich etw zur Regel machen; ◇ как ~о in der Regel; нет ~а без исключéний Ausnahmen bestätigen die Regel; прáвильный прил ⟨-ая, -ое, -ые⟩ ① (вéрный) richtig; (без оши́бок) korrekt; ◇ ~ отвéт korrekte Antwort ② (ре-

гуля́рный) regelmäßig ③ грам, мат regelmäßig, ohne Ausnahme

прави́тель m_2 ⟨-я⟩ Regent m; (власте́лин) Herrscher m; ◇ единовлáстный ~ Alleinherrscher; прави́тельственный прил ⟨-ая, -ое, -ые⟩ Regierungs-; ◇ ~ые учреждéния Regierungsorgane n pl; ◇ на ~ом ýровне auf Regierungsebene; прави́тельство c_2 ⟨-а⟩ Regierung f; ◇ перехóдное ~ Übergangsregierung; ◇ сформировáть ~ die Regierung bilden

прáвить¹ V_{4b} несов ⟨-влю, -вишь⟩ кем-чем тв ① (управля́ть) regieren; ◇ ~ госудáрством einen Staat regieren ② (управля́ть) lenken, steuern; (рулём) lenken; ◇ ~ лошадьми́ kutschieren; ◇ ~ маши́ной das Auto lenken

прáвить² несов ⟨-влю, -вишь⟩ что вин ① (исправля́ть оши́бки) korrigieren, verbessern; ◇ ~ коррéктуру Korrektur lesen ② (отта́чивать) schärfen; ◇ ~ бри́тву die Klinge schärfen

правлéни|е c_4 ⟨-я⟩ ① (странóй) Regierung f; ◇ óбраз ~я Regierungsform ② (óрган управлéния) Vorstand m, Verwaltung f; ◇ ~е бáнка Bankvorstand; ◇ председáтель ~я Vorstandsvorsitzender m; ◇ член ~я Vorstandsmitglied n; ◇ браздьı ~я die Zügel der Regierung

прáвнук m_1 ⟨-а⟩ Urenkel m; прáвнучка $ж_1$ ⟨-и, род мн:-чек⟩ Urenkelin f

прáв|о c_2 ⟨-а, мн:-á, род: прав, дат:-áм⟩ ① (свобóда) Recht n; ◇ граждáнские ~á Bürgerrechte; ◇ избирáтельное ~о Wahlrecht; ◇ ~о гóлоса Stimmrecht; ◇ ~о на образовáние Recht auf Bildung; ◇ доби́ться ~а sein Recht durchsetzen; ◇ нарýшить чьи-л ~á jd-s Rechte verletzen; ◇ пóльзоваться ~áми Rechte genießen; ◇ предъявля́ть свои́ ~á seine Rechte geltend machen; (основáние) Anspruch m; (полномóчие) Befugnis f ② (закóнность) Recht n; ◇ граждáнское ~о Zivilrecht; ◇ междунарóдное ~о Völkerrecht; ◇ уголóвное ~о Strafrecht; ◇ изучáть ~о Jura studieren ③ (докумéнт) Erlaubnis f; ◇ ~о на рабóту Arbeitserlaubnis; ◇ води́тельские ~á Führerschein; ◇ у шофёра отобрáли ~á dem Fahrer wurde der Führerschein entzogen

правомéрный прил ⟨-ая, -ое, -ые⟩ rechtmäßig, gesetzlich; (опрáвданный) gerechtfertigt; правонарушéние c_4 ⟨-я⟩ Rechtsbruch m, Rechtsverletzung f; ◇ профилáктика ~й vorbeugende Verbrechensbekämpfung; правонаруши́тель m_2 ⟨-я⟩ Rechtsbrecher m; правописáние c_4 ⟨-я⟩ Rechtschreibung f, Orthographie f; правослáвие c_4 ⟨-я⟩ Orthodoxie f; правослáвный прил ⟨-ая, -ое, -ые⟩ рел orthodox; правосýди|е c_4 ⟨-я⟩ Rechtspflege f, Rechtssprechung f, Justiz f; ◇ искáть ~я sein Recht fordern, sich ans Gericht wenden правотá $ж_1$ ⟨-ы́⟩ (прáвильность) Richtigkeit f; (обоснованность) Stichhaltigkeit f; (невиновность) Schuldlosigkeit f; доказа́ть свою́ ~y seine Schuldlosigkeit beweisen

пра́в|ый I. прил ‹-ая, -ое, -ые› ① rechter; ◇ ~ый бе́рег реки́ rechtes Ufer; ◇ по ~ую сто́рону rechts ② полит rechts, rechtsgerichtet; ◇ ~ые па́ртии rechte Parteien ③ (справедливый) gerecht, rechtschaffen ④ (невиновный) schuldlos, unschuldig; ◇ призна́ть кого́-л ~ым jd-n für unschuldig erklären II. м (A₁) ‹-ого› полит Rechter m

пра́дед м₁ ‹-а› Urgroßvater m

пра́здник м₁ ‹-а› Feiertag m, Fest n; ◇ нового́дний ~ Neujahrsfest; ◇ семе́йный ~ Familienfest; ◇ спорти́вный ~ Sportfest; ◇ с ~ом! frohes Fest!; ◇ ~ Рождества́ Weihnachtsfest; пра́здничн|ый прил ‹-ая, -ое, -ые› festlich, feiertäglich; ◇ ~ое настрое́ние Festtagsstimmung f; пра́здновать V₃ₐ несов ‹-ную, -нуешь› [отсов] что вин feiern; (отмечать) begehen; ◇ ~ день рожде́ния Geburtstag feiern

пра́ктик|а ж₁ ‹-и› ① (врача, юриста) Praxis f; ◇ ча́стная ~a Privatpraxis; име́ть ~y eine Praxis haben, praktizieren ② (у студентов) Praktikum n; ◇ произво́дственная ~ Betriebspraktikum; ◇ быть на ~e ein Praktikum machen; практик|ова́ть V₃ₐ несов ‹-ку́ю, -ку́ешь› что вин ① (применять на практике) anwenden, in der Praxis umsetzen; ◇ ~ова́ть но́вый спо́соб eine neue Methode anwenden ② (о враче, юристе) praktizieren, eine Praxis haben ③ ◇ студе́нты ~у́ют в кли́нике die Studenten machen ein klinisches Praktikum; практи́чный прил ‹-ая, -ое, -ые› ① (о человеке) praktisch; (опытный) erfahren ② (о вещи) praktisch, brauchbar, zweckmäßig

пра́чечная ж (A₁) ‹-ой› (предприятие) Wäscherei f; (помещение) Waschküche f

пребыва́ни|e с₄ ‹-я› Aufenthalt m; ◇ страна́ ~я Aufenthaltsland

превзойти́* сов‹-йду́, -йдёшь› [превосходи́ть V₄ₐ несов] кого́-что вин в чём-л предл übertreffen; ◇ ~ пре́жний у́ровень разви́тия über den früheren Entwicklungsstand hinausgehen; ◇ ~ самого́ себя́ sich selbst übertreffen; (обнаружить превосходство) überlegen sein; ◇ ~ всех в остроу́мии geistreicher sein als alle anderen

превосходи́тельство с₂ ‹-а› (титул) Exzellenz f; ◇ Ва́ше ~! Eure Exzellenz!

превосходи́ть несов от превзойти́

превосхо́дство с₂ ‹-а› Überlegenheit f; ◇ чи́сленное ~ zahlenmäßige Überlegenheit; ◇ доказа́ть своё ~ seine Überlegenheit zeigen

преврати́ть V₄ₐ сов ‹-ащу́, -ати́шь, Part. Prät. Pass. -ащённый› [превраща́ть V₁ₐ несов] кого́-что вин в кого́-

что вин verwandeln, umändern; ◇ ~ть де́ло в шу́тку etw ins Lächerliche ziehen; ◇ боле́знь ~ла его́ в старика́ die Krankheit machte einen alten Mann aus ihm; (преобразовать) umgestalten; мат reduzieren; хим umwandeln; превра́тный прил ‹-ая, -ое, -ые› ① (ложный) irrig, falsch; ◇ ~ взгляд на ве́щи falsche Sichtweise der Dinge; (искажённый) verzerrt; ◇ соста́вить ~ое представле́ние о чём-л eine falsche Vorstellung von etw haben ② (изменчивый) veränderlich, wandelbar; (непостоянный) превраще́ние с₄ ‹-я› Verwandlung f; (преобразование) Umgestaltung f; (метаморфоза) Metamorphose f

превы́си|ть V₄ᵦ сов ‹-ышу, -ысишь, Part. Prät. Pass. -ышенный› [превыша́ть V₁ₐ несов] что вин ① (превзойти) übertreffen, überragen, überschreiten; ◇ вес ~ил 150 килогра́мм mehr als 150 kg wiegen; ◇ спрос ~ил предложе́ние die Nachfrage war größer als das Angebot; ◇ ~ть но́рму вы́работки das Produktionssoll überschreiten; ◇ ~ть чьи-л си́лы über jd-s Kräfte hinausgehen ② (выйти за пределы допустимого) überschreiten; ◇ ~ власть Machtbefugnisse überschreiten

прегра́д|а ж₁ ‹-ы› Schranke f, Hindernis n; ◇ быть ~ой кому́-чему́-л jd-m ein Hindernis sein; ◇ преодоле́ть все ~ы alle Hindernisse überwinden

преда́ние с₄ ‹-я› (легенда) Überlieferung f, Legende f

пре́данность ж₅ ‹-и› Ergebenheit f; (верность) Treue f; (самоотверженность) Hingabe f; пре́данный прил ‹-ая, -ое, -ые› ergeben; (верный) treu; ◇ он пре́дан своему́ де́лу er widmet sich voll seiner Arbeit

преда́тель м₂ ‹-я› Verräter m

преда́ть* сов‹-а́м, -а́шь, Prät. пре́дал, -а́, Part. Prät. Pass. пре́данный› [предава́ть V₁ₐ несов] кого́-что вин кому́-чему́ дат ① (подвергнуть действию) übergeben, überliefern; ◇ ~ земле́ beerdigen; ◇ ~ суду́ vor Gericht stellen ② (изменить) verraten; ◇ ~ о́бщее де́ло gemeinsame Sache verraten

предвари́тельн|ый прил ‹-ая, -ое, -ые› ① (предшествующий) Vor-, vorangehend; ◇ ~ая подгото́вка Vorbereitungen im Vorfeld; ◇ ~ые перегово́ры Vorverhandlungen f pl; юр ◇ ~ое сле́дствие Voruntersuchung f; (вводный) einleitend ② (неокончательный) vorläufig; (временный) provisorisch; ◇ ~ое соглаше́ние vorläufiges Abkommen; ◇ по ~ым да́нным vorläufigen Angaben zufolge

предве́стник м₁ ‹-а› Vorbote m; ◇ ~ беды́ Vorbote des Unglücks

предвзя́т|ый прил ‹-ая, -ое, -ые› voreingenommen, vorgefasst; (предубеждённый) befangen; (пристрастный) parteiisch; ◇~ое мне́ние vorgefasste Meinung

предви́дени|е c_4 ⟨-я⟩ Voraussicht f; ◇ **нау́чное ~е** wissenschaftliche Weitsicht; ◇ **дар ~я** seherische Gabe; ◇ **в ~и чего́-л** mit Hinblick auf etw; **предви́деть*** несов ⟨-й:жу, -йдишь⟩ *что вин* vorhersehen, voraussehen; ◇~ **ход собы́тий** den Gang der Dinge vorhersehen

предводи́тель m_2 ⟨-я⟩ Anführer m; ◇~ **пле́мени** Stammesführer m

преде́л m_1 ⟨-а⟩ **1** (*грани́ца*) Grenze f; ◇ **за ~ами страны́** über die Landesgrenzen hinaus; ◇ **в ~ах теку́щего го́да** im Laufe dieses Jahres **2** (*кра́йняя сте́пень*) Höchstgrenze f, Höchstmaß n; ◇~ **соверше́нства** Höchstmaß an Perfektion; ◇**на́~е сил** am Ende seiner Kräfte; ◇**всему́ есть** ~ alles hat seine Grenzen **3** мат Grenzwert m

предзнаменова́ние c_4 ⟨-я⟩ Vorzeichen n

предисло́ви|е c_4 ⟨-я⟩ Vorwort n; ◇ **без ~й** ohne Umschweife, ohne lange Vorreden

предлага́ть *см.* **предложи́ть**

предло́г¹ m_1 ⟨-а⟩ (*по́вод*) Vorwand m; (*отгово́рка*) Ausrede f; ◇ **под ~ом** unter dem Vorwand; ◇**отказа́ться под ~ом за́нятости** unter dem Vorwand absagen, viel zu tun zu haben

предло́г² m_1 ⟨-а⟩ грам Präposition f

предложе́ни|е¹ c_4 ⟨-я⟩ **1** (*то, что предлага́ется*) Angebot n, (*заявле́ние о гото́вности*) Vorschlag m; ◇**внести́ ~е** einen Vorschlag einbringen; ◇**по его́ ~ю** nach seinem Vorschlag **2** (*о вступле́нии в брак*) (Heirats-)Antrag m; ◇ **сде́лать ~е** einen Heiratsantrag machen; ◇**приня́ть ~е** einen Heiratsantrag annehmen **3** эк Angebot n; ◇**спрос и ~е** Angebot und Nachfrage

предложе́ние² c_4 ⟨-я⟩ грам Satz m; ◇ **сло́жное ~** zusammengesetzter Satz

 предложе́ние чего́-либо

Kann ich Ihnen helfen?
Вам нужна́ по́мощь?
Was kann ich für Sie tun?
Чем я могу́ Вам помо́чь?
Wenn Sie möchten, übernehme ich das für Sie.
Е́сли Вы хоти́те, я возьму́ э́то на себя́.
Ich schlage vor, wir gehen alle zusammen ins Kino.
Я предлага́ю всем вме́сте пойти́ в кино́.
Ich hätte da eine Idee.
У меня́ есть иде́я.

предложи́ть V_{4a} сов ⟨-жу́, -о́жишь⟩ [**предлага́ть** V_{1a} несов] *кого́-что вин (1), что вин (2, 3), что или с инф (4)* **1** (*предста́вить на обсужде́ние*) vorschlagen; ◇**но́вый прое́кт** einen neuen Entwurf vorlegen **2** (*спроси́ть*) beantra-

gen; ◇~ **вопро́с** eine Frage stellen; ◇~ **зада́чу** eine Aufgabe stellen **3** (*предоста́вить*) anbieten; ◇~ **интере́сную рабо́ту** eine interessante Arbeit anbieten **4** (*распоряди́ться*) ersuchen, (auf-)fordern; ◇~ **покину́ть помеще́ние** jd-n auffordern, den Raum zu verlassen

предме́т m_1 ⟨-а⟩ **1** (*объе́кт*) Gegenstand m, Sache f; (*вещь*) Ding n; ◇~**ы дома́шнего обихо́да** Haushaltsartikel m pl; ◇~ **неопределённой фо́рмы** Gegenstand von undefinierbarer Form; ◇~ **ро́скоши** Luxusartikel m **2** (*те́ма*) Thema n; ◇~ **перегово́ров** Verhandlungsthema n; ◇~ **спо́ра** Streitobjekt n **3** (*дисципли́на*) Fach n; ◇~ **успе́ва́ть по всем ~ам** in allen Fächern gute Leistungen erbringen **4** (*объе́кт*) Gegenstand m, Objekt n; ◇~ **насме́шек** Gegenstand des Spottes

предназна́чить V_{4b} сов ⟨-чу, -чишь⟩ [**предназнача́ть** V_{1a} несов] *кого́-что вин* im Voraus bestimmen, festsetzen

пре́д|ок m_1 ⟨-дка, *мн.*-дки⟩ Vorfahr m; (*в далёком про́шлом*) Ahn m; ◇**чтить па́мять свои́х ~ков** seiner Vorfahren gedenken

предоста́вить V_{4b} сов ⟨-влю, -вишь⟩ [**предоставля́ть** V_{1b} несов] *кого́-что вин кому́-чему дат (1), кому́-чему дат что вин или с инф (2)* **1** (*дать возмо́жность и т. п.*) überlassen, freistellen; ◇~ **вы́бор** jd-m die Wahl lassen; ◇~ **реши́ть самому́** jd-m die Entscheidung überlassen **2** (*дать в по́льзование*) überlassen, gewähren, zur Verfügung stellen; (*доста́ть*) verschaffen; ◇~ **рабо́ту** jd-m Arbeit verschaffen; ◇~ **кому́-л сло́во** jd-m das Wort erteilen

предостереже́ние c_4 ⟨-я⟩ Warnung f

предотврати́ть V_{4a} сов ⟨-ащу́, -ати́шь, *Part. Prät. Pass.* -ащённый⟩ [**предотвраща́ть** V_{1a} несов] *что вин* vorbeugen, verhüten, (rechtzeitig) abwenden; **предотвраще́ние** c_4 ⟨-я⟩ Vorbeugung f, Verhinderung f

предохрани́ть V_{4a} сов ⟨-ню́, -ни́шь⟩ [**предохраня́ть** V_{1b} несов] *кого́-что вин* schützen, vorbeugen, verhüten; тех sichern; ◇~ **от поврежде́ния** vor Schaden schützen

предписа́ни|е c_4 ⟨-я⟩ Vorschrift f, Verordnung f; (*распоряже́ние*) Anordnung f; ◇ **по ~ю врача́** auf ärztliche Anordnung

предполага́|ть V_{1a} несов ⟨-а́ю, -а́ешь⟩ [**предположи́ть** V_{4a} сов] *что вин* **1** (*ду́мать*) vermuten, annehmen **2** (*допуска́ть*) annehmen; (*в ка́честве предпосы́лки*) voraussetzen **3** (*име́ть наме́рение*) beabsichtigen, vorhaben; ◇~**ю за́втра вы́ехать** ich habe vor, morgen abzureisen

предположе́ние c_4 ⟨-я⟩ **1** (*дога́дка*) Vermutung f, Mutmaßung f **2** (*предпосы́лка*) Voraussetzung f **3** (*наме́рение*) Absicht f

предпосы́лк|**а** $ж_1$ ⟨-и, *род мн.:* -лок⟩ Voraussetzung *f;* (*условие*) Vorbedingung *f;* ◇ **-и успе́ха** Voraussetzungen für den Erfolg

предпоч|е́сть* *сов* ⟨-чту́, -чтёшь⟩ [**предпочита́ть**] V_{1a} *несов* *кого-что вин кому-чему дат или с инф* vorziehen, bevorzugen; ◇ **-е́сть чте́ние посеще́нию кино́** Lesen dem Kino vorziehen; ◇ **он ~ёл промолча́ть** er zog es vor zu schweigen

предприи́мчивый *прил* ⟨-ая, -ое, -ые⟩ unternehmungslustig; (*находчивый*) findig; ◇ **~ дел|е́ц** findiger Geschäftemacher

предпринима́тел|**ь** $м_2$ ⟨-я⟩ Unternehmer *m*, Geschäftsmann *m;* ◇ **ассоциа́ция ~ей** Unternehmerverband *m;* **предпринима́ть** V_{1a} *несов* ⟨-а́ю, -а́ешь⟩ [**предприня́ть*** *сов*] *что вин* unternehmen, vornehmen; ◇ **~ шаги́** Schritte unternehmen

предприя́тие c_4 ⟨-я⟩ **1** (*дело*) Vorhaben *n*, Unternehmen *n;* ◇ **зама́нчивое ~** verlockendes Unternehmen; ◇ **риско́ванное ~** (*учреждение*) Betrieb *m*, Unternehmen *n;* ◇ **сре́днее ~** mittelständischer Betrieb; ◇ **~ бытово́го обслу́живания** Dienstleistungsunternehmen

предрассу́д|ок $м_1$ ⟨-дка, *мн.:* -дки⟩ Vorurteil *n;* ◇ **укорени́вшийся ~ок** althergebrachte Vorurteile; ◇ **без ~ков** vorurteilsfrei

председа́тель $м_2$ ⟨-я⟩ Vorsitzender *m;* ◇ **~ Госуда́рственной Ду́мы** Vorsitzender der Staatsduma; ◇ **~ Сове́та мини́стров** Vorsitzender des Ministerrats

предсказа́ть V_{1a} *сов* ⟨-ажу́, -а́жешь⟩ [**предска́зывать** V_{1a} *несов*] *что вин* **1** (*предположить*) voraussagen, vorhersagen; ◇ **синоптики ~ли дождь** die Meteorologen sagten Regen voraus **2** (*пророчить*) prophezeihen, weissagen; (*гадать*) wahrsagen

представи́тель $м_2$ ⟨-я⟩ **1** (*выразитель*) Vertreter *m*, Repräsentant *m;* ◇ **~ фи́рмы** Firmenrepräsentant **2** (*образец*) Vertreter *m;* ◇ **э́тот цвето́к - ~ се́верной фло́ры** diese Blume ist ein Vertreter der nördlichen Flora

представи́тельств|**о** c_2 ⟨-а⟩ **1** (*учреждение*) Vertretung *f;* ◇ **торго́вое ~о** Handelsvertretung **2** (*наличие представителей*) Vertretung *f*, Repräsentation *f;* ◇ **но́рмы ~а в парла́менте** Schlüssel für die Sitzverteilung im Parlament

предста́вить V_{4b} *сов* ⟨-лю, -вишь⟩ [**представля́ть** V_{1b} *несов*] *кого-что вин (1, 3, 4), кого-что вин кому-чему дат (2, 5)* **1** (*предъявить*) vorlegen, vorweisen, erbringen; (*на обсуждение*) einbringen; ◇ **~ необходи́мые докуме́нты** die erforderlichen Unterlagen vorlegen; ◇ **~ доказа́тельства** Beweise liefern; ◇ **~ удостовере́ние ли́чности** den Personalausweis vorlegen **2** (*познакомить*) vorstellen **3** (*изобра-*

зить) darstellen; ◇ **~ де́ло в смешно́м ви́де** etw ins Lächerliche ziehen **4** (*в театре*) aufführen; ◇ **~ сце́ну из "Фа́уста"** eine Szene aus "Faust" aufführen **5** vorschlagen; ◇ **~ к награ́де** für eine Auszeichnung vorschlagen; ◇ **~ себе́** sich etw vorstellen; ◇ **~ себя́ на ме́сте друго́го** sich in jd-n hineinversetzen

представле́ние c_4 ⟨-я⟩ **1** (*понятие*) Vorstellung *f;* (*понимание чего-л*) Auffassung *f;* ◇ **не име́ть никако́го ~я о чём-л** keine Vorstellung von etw haben; ◇ **соста́вить себе́ ~е о чём-л** sich ein Bild von etw machen; ◇ **кни́га даёт хоро́шее ~е о чём-л** das Buch vermittelt eine gute Vorstellung von etw **2** (*предъявление*) Vorweisung *f;* (*документа*) Vorlage *f;* (*доказательства*) Lieferung *f* **3** театр Aufführung *f*, Vorstellung *f;* ◇ **пе́рвое ~е но́вой пье́сы** die Erstaufführung des neuen Stücks **4** (*изображение*) Darstellung *f* **5** (*при знакомстве*) Vorstellung *f*

предстоя́ть* *несов* ⟨-ои́т, -оя́т,1 и 2 л. не употр, *kein Imp*⟩ *кому-чему дат* bevorstehen

предупреди́тельн|**ый** *прил* ⟨-ая, -ое, -ые⟩ **1** (*о человеке*) zuvorkommend, verbindlich; (*любезный*) entgegenkommend **2** (*о мерах*) vorbeugend, präventiv; ◇ **~ая забасто́вка** Warnstreik *m;* **предупреди́ть** V_{4a} *сов* ⟨-ежу́, -еди́шь, *Part. Prät. Pass.* -еждённый⟩ [**предупрежда́ть** V_{1a} *несов*] *кого-что вин о чём предл (1), кого-что вин (2, 3)* **1** (*осведомить*) vorher informieren, rechtzeitig benachrichtigen **2** (*предостеречь*) warnen, vorwarnen; ◇ **~ об опа́сности** jd-n vor einer Gefahr warnen **3** (*предотвратить*) verhüten, vorbeugen **(4** *(опередить)* zuvorkommen; ◇ **~ собы́тия** den Ereignissen zuvorkommen

предусма́тривать V_{1a} *несов* ⟨-аю, -аешь⟩ [**предусмотре́ть** V_5 *сов*] *что вин* **1** (*предвидеть*) voraussehen, vorhersehen; ◇ **~ возмо́жные тру́дности** mögliche Schwierigkeiten vorhersehen **2** (*наметать*) vorsehen, bestimmen

предусмотри́тельный *прил* ⟨-ая, -ое, -ые⟩ vorsorglich, bedachtsam, umsichtig

предчу́вствие c_4 ⟨-я⟩ Vorahnung *f*, Vorgefühl *n;* ◇ **ра́достное ~е** freudiges Vorgefühl; ◇ **в ~и переме́н** im Vorgefühl der Veränderungen

предше́ственник $м_1$ ⟨-а⟩ Vorgänger *m*

предъяви́ть V_{4a} *сов* ⟨-явлю́, -я́вишь, *Part. Prät. Pass.* -я́вленный⟩ [**предъявля́ть** V_{1b} *несов*] *что вин* **1** (*показать*) vorweisen, vorlegen; ◇ **~е прое́здны́е биле́ты!** die Fahrkarten bitte! **2** (*заявить*) erheben; ◇ **~ь иск** Klage erheben

прее́мник $м_1$ ⟨-а⟩ Nachfolger *m;* ◇ **назна́чить себе́ ~а** seinen Nachfolger bestimmen; ◇ **стать ~ом кого́-л** jd-s Nachfolge antreten; **преёмственность** $ж_1$ ⟨-и⟩ **1**

(*связь*) Nachfolge f; (*наследственность*) Erbe n ② (*последовательность*) Aufeinanderfolge f; (*непрерывность*) Kontinuität f

пре́жде *нареч* ① (*раньше*) früher, ehemals; (*некогда*) ehedem; ◇ **как и ~** wie früher ② (*сначала*) zuerst; ◇ **~ поду́май — пото́м скажи́** erst denken, dann sprechen; ◇ **~ чем уйти́** bevor ich gehe; ◇ **~ всего́** vor allem

пре́жний *прил* ‹-яя, -ее, -ие› vorig, früher; (*прошлый*) ehemalig, vergangen

президе́нт *м₁* ‹-а› Präsident m; ◇ **кандида́т на пост ~а** Präsidentschaftskandidat m; ◇ **вступи́ть на пост ~а** die Präsidentschaft antreten

презира́ть V₁ₐ *несов* ‹-а́ю, -а́ешь› [**презре́ть** V₅ *сов* ‹-зрю́, -зри́шь, *Imp.* -зри́, ~те, *Part. Prät. Pass.* -зре́нный›] *кого-что вин* ① (*относиться с презрением*) verachten ② (*пренебрегать*) missachten, geringschätzen; ◇ **~ опа́сность** eine Gefahr missachten; **презре́ние** *с* ‹-я› Verachtung f, Missachtung f; (*пренебрежение*) Geringschätzung f; ◇ **~ к сме́рти** Todesverachtung

преиму́щественно *нареч* hauptsächlich, vorzugsweise, größtenteils

преиму́щество *с₂* ‹-а› ① (*выгода*) Vorteil m, (*превосходство*) Vorzug m; ◇ **получи́ть ~о** Vorzug genießen; ◇ **име́ть я́вное ~о пе́ред кем-чем-л** jd-m/einer Sache etw voraushaben ② (*исключительное право*) Vorrecht n; (*привилегия*) Privileg n; ◇ **по ~у** vorzugsweise

прейскура́нт *м₁* ‹-а› Preisliste f

преклоне́ние *с₄* ‹-я› Hochachtung f; (*почтение*) Ehrfurcht f; (*поклонение*) Verehrung f

прекра́сный *прил* ‹-ая, -ое, -ые› ① (*красивый*) (wunder-)schön; (*великоле́пный*) herrlich; ◇ **в оди́н ~ день** eines schönen Tages ② (*отличный*) ausgezeichnet, vortrefflich

прекрати́ть V₄ₐ *сов* ‹-ащу́, -ати́шь, *Part. Prät. Pass.* -ащённый› [**прекраща́ть** V₁ₐ *несов*] *что вин или с инф* (*положить конец*) mit etw aufhören, etw ein Ende bereiten; (*приостановить*) einstellen; (*закончить*) beenden; (*пресечь*) unterbinden; (*прервать*) abbrechen; ◇ **~ перегово́ры** Verhandlungen abbrechen

прекраще́ние *с₄* ‹-я› Aufhören n, Einstellung f; (*разрыв*) Abbruch m; (*окончание*) Beendigung f; (*перерыв*) Unterbrechung f; (*пресечение*) Aufhebung f; воен ◇ **~ огня́** Feuereinstellung f; ◇ **~ рабо́ты** Arbeitseinstellung f

пре́лесть *ж₅* ‹-и› Schönheit f, Anmut f; (*привлекательность*) Reiz m; ◇ **в суро́вости се́вера есть своя́ ~** der raue Norden hat seinen Reiz; ◇ **кака́я ~!** wie schön!

прельсти́ть V₄ₐ *сов* ‹-льщу́, -льсти́шь, *Part. Prät. Pass.* -льщённый› [**прельща́ть** V₁ₐ *несов*] *кого-что вин* (ver-)locken, reizen, verführen; ◇ **~ла перспекти́ва путеше́ствия** die Aussicht auf die Reise war verlockend

прелю́дия *ж₄* ‹-ии› *перен* Auftakt m, Vorspiel n; ◇ **~ больши́х собы́тий** Auftakt zu großen Ereignissen

пре́мия *ж₄* ‹-ии› ① (*награда*) Preis m; ◇ **~я и́мени Рахма́нинова** Rachmaninow-Preis; ◇ **получи́ть ~ю на ко́нкурсе** einen Preis im Wettbewerb gewinnen ② эк Prämie f; ◇ **страхова́я ~я** Versicherungsprämie f

премье́р *м₁* ‹-а› ① (*премьер-министр*) Ministerpräsident m ② (*артист*) Hauptdarsteller m

премье́ра *ж₄* ‹-ы› Premiere f, Erstaufführung f

пренебрега́ть *см.* **пренебре́чь**

пренебрежи́тельный *прил* ‹-ая, -ое, -ые› (*небрежный*) nachlässig; (*презри́тельный*) verächtlich, geringschätzig; ◇ **~о относи́ться к кому́-л** jd-n geringschätzig behandeln

пренебре́чь* *сов* ‹-егу́, -ежёшь› [**пренебрега́ть** V₁ₐ *несов*] *кем-чем тв* ① (*проявить высокомерие*) etw verschmähen, gering schätzen, vernachlässigen ② (*не посчитаться*) etw missachten, gering schätzen, sich über etw hinwegsetzen; ◇ **~ опа́сностью** einer Gefahr trotzen

пре́ния *мн₄* ‹-ий› Diskussion f, Aussprache f; (*спор*) Debatte f; ◇ **жа́ркие ~** heiße Debatten; ◇ **выступле́ние в ~х** Diskussionsbeitrag m; ◇ **откры́ть ~ по докла́ду** die Diskussion zu einem Vortrag eröffnen; ◇ **прекрати́ть ~** die Diskussion beenden

преобразова́ние *с₄* ‹-я› Veränderung f, Umgestaltung f; (*реорганизация*) Neugestaltung f; (*реформа*) Reform f

преодоле́ть V₅ *сов* ‹-е́ю, -е́ешь, *Part. Prät. Pass.* -ённый› [**преодолева́ть** V₁ₐ *несов*] *что вин* überwinden, bewältigen; ◇ **~ прегра́ду** ein Hindernis überwinden

преподава́ние *с₄* ‹-я› Unterricht m; ◇ **иностра́нных языко́в** Fremdsprachenunterricht

преподава́тель *м₂* ‹-я› Lehrer m, Lehrkraft f; ◇ **~ вы́сшей шко́лы** Dozent m; **преподава́ть** V₁ₐ *несов* ‹-аю́, -аёшь› *что вин* unterrichten, lehren; ◇ **~ исто́рию** Geschichte unterrichten; ◇ **~ в университе́те** an einer Universität lehren

препя́тствие *с₄* ‹-я› Hindernis n; (*помеха*) Störung f; ◇ **натолкну́ться на ~е** auf ein Hindernis stoßen; ◇ **чини́ть ~я кому́-л** jd-m Hindernisse in den Weg legen; ◇ **преодоле́ть все ~я** alle Hindernisse überwinden

препя́тствовать V₃ₐ *несов* ‹-твую, -твуешь› [**воспрепя́тствовать** *сов*] *кому-чему дат* (be-)hindern, hemmen, jd-m/etw hinderlich sein, im Wege stehen; ◇ **~ чьим-л наме́рениям** jd-s Vorhaben im Wege stehen

прерва́ть* сов<-ву́, -вёшь> [**прерыва́ть** V_{1a} несов] что вин (1), кого-что вин (2) **(1)** (прекратить) unterbrechen, abbrechen; ◇ ~ перегово́ры die Verhandlungen abbrechen **(2)** (перебить) unterbrechen; ◇ ~ докла́дчика вопро́сом den Redner mit einer Frage unterbrechen

пререка́ни|**е** c_4 <-я> Wortwechsel m; (спор) Streit m; (ссора) Streitigkeit f; ◇ вступи́ть в ~я sich auf einen Wortwechsel einlassen

преры́вистый прил <-ая, -ое, -ые> unterbrochen, ruckartig; (о дыхании) stockend

пресле́дование c_4 <-я> **(1)** (погоня) Verfolgung f **(2)** юр Fahndung f; (гонение) Unterdrückung f; **пресле́довать** V_{3a} несов <-дую, -дуешь> кого-что вин **(1)** (знаться) verfolgen, jd-m nachstellen **(2)** юр (гехтлих) verfolgen **(3)** (о мысли) nicht in Ruhe lassen, keine Ruhe lassen; ◇ его́ пресле́дуют воспомина́ния seine Erinnerungen lassen ihm keine Ruhe; (мучить) verfolgen **(4)** (стремиться) verfolgen; ◇ благоро́дные це́ли edle Ziele verfolgen **(5)** (притеснять) unterdrücken; ◇ ~ свои́х полити́ческих проти́вников seine politischen Gegner verfolgen

пресло́вутый прил <-ая, -ое, -ые> berüchtigt

пресмыка́ющееся с (A_2) <-егося> зоол Reptil n, Kriechtier n

пре́сн|**ый** прил <-ая,-ое,-ые> **(1)** (без соли) ungesalzen, gewürzlos; ◇ ~ая вода́ Süßwasser n; ◇ ~ая еда́ ungesalzene Speise; (о хлебе) ungesäuert **(2)** перен (скучный) fade, langweilig, abgeschmackt; ◇ ~ые шу́тки langweilige Witze

пре́сса $ж_1$ <-ы> Presse f; ◇ по о́тзывам ~ы Pressestimmen zufolge

престаре́л|**ый** прил <-ая, -ое, -ые> sehr alt; ◇ дом для ~ых Altersheim n

прести́ж $м_2$ <-а> Prestige n, Ansehen n; ◇ подде́рживать свой ~ sein Prestige wahren

престо́л $м_1$ <-а> Thron m; ◇ взойти́ на ~ den Thron besteigen

преступле́ни|**е** c_4 <-я> Verbrechen n; (проступок) Vergehen n; юр (уголовное) Straftat f; ◇ должностно́е ~е Dienstvergehen; ◇ уголо́вное ~е Straftat; ◇ про́тив челове́чества Verbrechen gegen die Menschheit; ◇ заста́ть кого́-л на ме́сте ~я jd-n auf frischer Tat ertappen; ◇ соверши́ть ~е ein Verbrechen begehen; **престу́пник** $м_1$ <-а> Verbrecher m; ◇ вое́нный ~ Kriegsverbrecher; **престу́пность** $ж_5$ <-и> Kriminalität f; ◇ организо́ванная ~ь organisierte Kriminalität ◇ сокраще́ние ~и Senkung der Kriminalitätsrate; ◇ борьба́ с ~ью Verbrechensbekämpfung f; **престу́пн**|**ый** прил <-ая, -ое, -ые> **(1)** (являющийся преступлением) verbrecherisch; ◇ ~ое дея́ние verbrecherische Tat **(2)** (совершающий преступление) kriminell;

◇ ~ая ба́нда Verbrecherbande f; ◇ ~ая ли́чность Krimineller m **(3)** перен (недопустимый) sträflich; ◇ ~ое легкомы́слие sträflicher Leichtsinn

претенде́нт $м_1$ <-а> Anwärter m, Bewerber m; (кандидат) Kandidat m; ◇ ~ на освободи́вшуюся до́лжность Anwärter auf einen freien Posten

претендова́ть V_{3a} несов<-ду́ю, -ду́ешь> на кого-что вин (предъявлять права) für sich beanspruchen, Anspruch erheben auf; ◇ ~ на остроу́мие sich für besonders klug halten; **прете́нзи**|**я** $ж_5$ <-ии> **(1)** Anspruch m, Forderung f; ◇ заявля́ть ~и на насле́дство Erbansprüche erheben; ◇ отклони́ть чьи-л ~и **(2)** (необоснованная) Anmaßung f; ◇ быть в ~и на кого́-л за что́-л jd-m etw verübeln

преувеличе́ние c_4 <-я> Übertreibung f; **преувели́чить** V_{4b} сов <-чу, -чишь> [**преувели́чивать** V_{1a} несов] что вин (утрировать) übertreiben; (раздуть) aufbauschen; (приврать) aufschneiden, dick auftragen

преуме́ньшить V_{4b} сов <-шу, -шишь> [**преуменьша́ть** V_{1a} несов] что вин verkleinern, verniedlichen; (умалить) schmälern, unterschätzen; ◇ ~ чьи-л заслу́ги jd-s Verdienste schmälern

при предлог с предл **(1)** (вблизи, возле) bei, an; ◇ ~ вхо́де am Eingang **(2)** (в присутствии) im Beisein, in Gegenwart, in der Anwesenheit; ◇ э́то произошло́ ~ свиде́телях dies passierte im Beisein von Zeugen **(3)** (во время, в эпоху) unter, zur Zeit; ◇ ~ Петре́ I (пе́рвом) unter Peter I; ◇ ~ жи́зни кого́-л ~ jd-s Lebzeiten **(4)** (указание на наличие) bei; ◇ держа́ть ~ себе́ etw bei sich haben; ◇ быть ~ ору́жии bewaffnet sein; ◇ университе́те есть общежи́тие die Universität hat ein Wohnheim **(5)** (при обозначении обстоятельств действия) bei; ◇ его́ возмо́жностях bei seinen Möglichkeiten; ◇ ~ всём том bei alledem; ◇ ~ э́том dabei

приба́вить V_{4b} сов <-влю, -вишь, Part. Prät. Pass. -вленный> [**прибавля́ть** V_{1b} несов] что вин или чего род **(1)** (увеличить) vergrößern; (приложить) hinzufügen; ◇ ~ в ве́се zunehmen; ◇ ~ де́нег Geld zugeben; ◇ ша́гу einen Schritt zulegen **(2)** мат addieren; **приба́вка** $ж_1$ <-и, род мн: -вок> Zulage f, Zugabe f; ◇ ~ в ве́се Gewichtszunahme f; ◇ ~ к зарпла́те Gehaltserhöhung f

прибе́гнуть V_2 сов<-ну, -нешь> [**прибега́ть** V_{1a} несов] к кому-чему дат greifen (zu), zu etw Zuflucht nehmen; ◇ ~ к ору́жию zu den Waffen greifen; ◇ ~ к реши́тельным ме́рам entschiedene Maßnahmen ergreifen; ◇ ~ к си́ле Gewalt anwenden; ◇ ~ к чьей-л по́мощи bei jd-m Hilfe suchen

прибе́жище c_3 ⟨-а⟩ Zufluchtsort m, Zuflucht f

приби́|ть* сов ⟨-бью, -бьёшь⟩ [**прибива́ть** V_{1a} несов] кого-что вин (1) (прикрепить) anschlagen, annageln (2) (пригнать) anspülen; ◇ **волно́й ~ло к бе́регу ло́дку** die Welle spülte das Boot ans Ufer (3) (к земле) niederschlagen; ◇ **пыль ~ло дождём** der Staub wurde vom Regen weggewaschen (4) (побить) (ver-)prügeln

приближа́ть несов от **прибли́зить**

приблизи́тельный прил ⟨-ая, -ое, -ые⟩ ungefähr, zirka; ◇ **~ подсчёт** ungefähre Be-rechnung, Überschlag m; **прибли́зить** V_{4b} сов ⟨-и́жу, -и́зишь, Part. Prät. Pass. -бли́женный⟩ [**приближа́ть** V_{1a} несов] кого-что вин (1), что вин (2), кого-что вин к себе или к чему (3) (1) (придвинуть) annähern, näher rücken (2) (ускорить) beschleunigen (3) (привлечь) für sich gewinnen, für sich einnehmen können

прибо́й m_3 ⟨-я⟩ Brandung f

прибо́р m_1 ⟨-а⟩ (приспособление) Gerät n, Instrument n; (устройство) Vorrichtung f; ◇ **измери́тельные ~ы** Messinstrument; ◇ **электри́ческие ~ы** Elektrogeräte (2) (комплект) Garnitur f, Satz m; ◇ **бри́твенный ~** Rasierzeug; ◇ **столо́вый ~** Essbesteck

при́быль $ж_5$ ⟨-и⟩ (1) (доход) Gewinn m, Profit m; ◇ **извлека́ть ~** Profit machen; ◇ **получа́ть ~ от чего-л** aus etw Nutzen ziehen, von etw profitieren; ◇ **приноси́ть ~** Gewinn bringen; ◇ **чи́стая ~** Reingewinn m (2) перен (выгода) Vorteil m; ◇ **кака́я мне в э́том ~?** was bringt mir das? (3) разг (прибавление) Zunahme f, Zuwachs m; ◇ **~ населе́ния** Bevölkerungszuwachs; ◇ **~ воды́ в реке́** Ansteigen des Flusses; **при́быльный** прил ⟨-ая, -ое, -ые⟩ Gewinn bringend, einträglich; (выгодный) vorteilhaft

прибы́тие c_4 ⟨-я⟩ Ankunft f, Eintreffen n; **прибы́ть*** сов ⟨-бу́ду, -бу́дешь⟩ [**прибыва́ть** V_{1a} несов] без доп (1) (прийти, приехать) ankommen, eintreffen; ◇ **~ к ме́сту назначе́ния** am Reiseziel eintreffen (2) (увеличиться) zunehmen, sich vergrößern; (о воде) steigen

прива́л m_1 ⟨-а⟩ (отдых) Rast f, Rastplatz m; ◇ **отдохну́ть на ~е** sich an einem Rastplatz ausruhen

приватиза́ция $ж_4$ ⟨-и⟩ Privatisierung f

приватизи́ровать V_{3a} несов эк privatisieren

привезти́* сов ⟨-зу́, -зёшь⟩ [**привози́ть** V_{4a} несов ⟨Part. Präs. Pass. -вози́мый⟩] кого-что вин (доставить) bringen, (an-)liefern; ◇ **~ гру́зы** Fracht anliefern; ◇ **~ с собо́й** mitbringen

приве́рженец m_5 ⟨-нца⟩ Anhänger m; ◇ **~ но́вого уче́ния** Anhänger einer neuen Lehre

привести́* сов ⟨-еду́, -едёшь⟩ [**приво-**

ди́ть V_{4a} несов ⟨Part. Präs. Pass. -води́мый⟩] кого-что вин (1), что вин (2, 3), кого-что вин во что вин (4) (1) (куда либо) (her-)bringen, (her-)führen, holen; ◇ **~ ребёнка домо́й** das Kind nach Hause bringen (2) (к чему-л) zu etw führen; (вызвать) hervorrufen; ◇ **фа́кты ~ли к но́вому откры́тию** die Fakten führten zu einer Neuentdeckung (3) (напомнить, назвать) anführen nennen; anführen; ◇ **цита́ту** zitieren (4) (в какое-л состояние) bringen, (ver-)setzen; ◇ **~ в де́йствие** in Gang bringen; ◇ **~ в отча́яние** zur Verzweiflung bringen; ◇ **~ в чу́вство** zur Besinnung bringen; ◇ **~ пригово́р в исполне́ние** das Urteil vollstrecken

приве́т m_1 ⟨-а⟩ Gruß m; ◇ **переда́ть кому́-л серде́чный ~** jd-m einen herzlichen Gruß ausrichten; **приве́тливый** прил ⟨-ая, -ое, -ые⟩ freundlich; ◇ **~ приём** ein freundlicher Empfang; **приве́тстви|е** c_4 ⟨-я⟩ (1) (при встрече) (Willkommens-) Gruß m, Begrüßung f; ◇ **обменя́ться ~ями** sich grüßen (2) (приветственная речь) Begrüßungsansprache f, Begrüßungsrede f; (письменное) Begrüßungsschreiben n; (послание) Grußbotschaft f; **приве́тствовать** V_{3a} несов ⟨-твую, -твуешь⟩ [**по- сов**] кого-что вин (1) (обращаться с приветствием) grüßen, begrüßen; (при чьём-л приходе, приезде) jd-n willkommen heißen; ◇ **~ делега́тов конфере́нции** die Konferenzteilnehmer begrüßen (2) перен (одобрять) begrüßen, gutheißen; ◇ **~ но́вое реше́ние** die neue Entscheidung begrüßen

приви́вк|а $ж_1$ ⟨-и, род мн:-вок⟩ (1) бот Veredlung f (2) мед Impfung f; ◇ **профилакти́ческие ~** Schutzimpfung; ◇ **де́лать ~у про́тив чего́-л** sich gegen etw impfen lassen

привиде́ние c_4 ⟨-я⟩ Gespenst n; (дух) Geist m

при́вкус m_1 ⟨-а⟩ (1) (кушанья, питья) Beigeschmack m, Eigengeschmack m (2) перен (оттенок) Nachgeschmack m

привлека́тельный прил ⟨-ая, -ое, -ые⟩ anziehend, attraktiv; ◇ **~ая перспекти́ва** verlockende Perspektive; **привлека́ть** V_{1a} несов ⟨-а́ю, -а́ешь⟩ [**привле́чь*** сов ⟨-го́-что вин (1) (побуждать) heranziehen, hinzuziehen; ◇ **~ к уча́стию в обсужде́нии** in die Diskussion mit einbeziehen; ◇ **~ на свою́ сто́рону** auf seine Seite bringen; ◇ **~ к себе́ внима́ние** die Aufmerksamkeit auf sich ziehen (2) (вызвать интерес) anziehen, herbeilocken; ◇ **~ вы́ставка привлекла́ мно́го посети́телей** die Messe zog viele Besucher an (3) (заставить отвечать за свои действия) gerichtlich belangen; ◇ **~ к отве́тственности** zur Verantwortung ziehen; ◇ **~ к суду́** vor Gericht bringen

привра́тник m_1 ⟨-а⟩ Pförtner m

привы́кнуть V_2 *сов* ‹-ну, -нешь, *Prät.* привы́к, *Part. Prät. Akt.* -ший› [**привыка́ть** V_{1a} *несов*] *с инф* (1), *к кому-чему дат* (2) 1 (*усвоить*) sich angewöhnen, gewöhnt sein; ◇ ~ **ра́но встава́ть** sich angewöhnen, früh aufzustehen 2 (*приучиться*) sich an etw gewöhnen; (*свыкнуться*) sich eingewöhnen; ◇ ~ **к но́вому ме́сту** sich am neuen Ort einleben; **привы́чк|а** *ж;* ‹-и, *род мн:* -чек› (An-) Gewohnheit *f;* ◇ **по ~e** aus Gewohnheit; ◇ **си́ла ~и** die Macht der Gewohnheit; ◇ **войти́ в ~y** zur Gewohnheit werden

привяза́ть V_{1a} *сов* ‹-яжу́, -я́жешь, *Imp.* -яжи́, ~те, *Part. Prät. Pass.* -я́занный› [**привя́зывать** V_{1a} *несов*] *кого-что вин к кому-чему дат* 1 (*завязать*) anbinden, festbinden; (*прикрепить*) befestigen 2 *перен* (*к себе*) an sich binden, an sich ziehen, für sich einnehmen 3 *перен* (*соотнести*) in Verbindung bringen, verknüpfen

пригласи́ть V_{4a} *сов* ‹-ашу́, -аси́шь, *Part. Prät. Pass.* -ашённый› [**приглаша́ть** V_{1a} *несов*] *кого-что вин* 1 (*предложить*) einladen, zum Besuch auffordern; ◇ ~ **в го́сти на пра́здник** Gäste zu einer Feier einladen; (*врача*) den Arzt kommen lassen; (*на танец*) zum Tanzen auffordern 2 (*попросить*) einladen, laden; ◇ ~ **на заседа́ние** zu einer Sitzung laden; ◇ ~ **на рабо́ту** eine Stelle anbieten; **приглаше́ние** c_4 ‹-я› Einladung *f;* ◇ **отмени́ть ~e** jd-n ausladen; ◇ **разосла́ть ~я** Einladungen verschicken; (*на работу*) Stellenangebot *n*

пригово́р $м_1$ ‹-а› (*решение суда*) Urteil *n;* ◇ **обвини́тельный ~** Schuldspruch *m;* ◇ **оправда́тельный ~** Freispruch *m;* ◇ ~ **обжа́лованию не подлежи́т** gegen das Urteil kann keine Berufung eingelegt werden; ◇ **вы́нести ~** ein Urteil fällen; ◇ **привести́ ~ в исполне́ние** ein Urteil vollstrecken

пригоди́ться V_{4a} *сов* ‹-ожу́сь, -ди́шься› *кому дат* (*оказаться полезным*) nützlich sein; ◇ ~ **для де́ла** der Sache nützlich sein; (*пригодный*) прил ‹-ая, -ое, -ые› geeignet, brauchbar; ◇ ~ **для обрабо́тки** verarbeitungsfähig; (*подходящий*) passend; ◇ **ни к чему́ не** ~ zu nichts nütze

при́город $м_1$ ‹-а› Vorstadt *f*, Vorort *m*

при́горшня *ж;* ‹-и, *род мн:* -ей› Handvoll *f;* ◇ **це́лая ~ оре́хов** eine ganze Handvoll Nüsse

пригото́вить V_{4b} *сов* ‹-влю, -вишь› [**пригото́вля́ть** V_{1b} и **пригота́вливать** V_{1a} *несов*] *кого-что вин к кому-чему дат* (1), *что вин* (2) 1 (*сделать годным, освоить*) vorbereiten, fertig machen; ◇ ~ **ру́копись к набо́ру** ein Manuskript druckfertig machen; ◇ ~ **уро́ки** Unterrichtsstunden vorbereiten; ◇ ~ **ученика́ к экза́мену** den Schüler aufs Examen vorbereiten; (*устро-*

ить) ◇ ~ **сюрпри́з** eine Überraschung bereiten 2 (*сготовить*) zubereiten; (*сварить*) kochen; **приготовле́ние** c_4 ‹-я› 1 (*подготовка*) Vorbereitung *f* 2 (*изготовление*) Anfertigung *f;* (*пищи*) Zubereitung *f*

пригу́бить V_{4b} *сов* ‹-блю, -бишь, *Part. Pass.* -бленный› [**пригу́бливать** V_{1a} *несов*] *что вин* nippen (an)

прида́ное *с* (A_1) ‹-ого› Mitgift *f;* (*бельё и т. п.*) Aussteuer *f*

прида́ток $м_1$ ‹-тка, *мн:* -тки› Beiwerk *n;* *перен* Anhängsel *n*

прида́ть* *сов* ‹-а́м, -а́шь› [**придава́ть** V_{1a} *несов*] *кого-что вин* (1), *что вин кого-чего род* (2) 1 (*прибавить*) zulegen, hinzufügen 2 (*качество, особенность*) verleihen, geben, beimessen; ◇ ~ **зако́нную фо́рму докуме́нту** dem Dokument Gesetzescharakter verleihen; ◇ ~ **но́вый о́блик го́роду** der Stadt ein neues Äußeres geben; ◇ ~ **значе́ние чьим-л слова́м** jd-s Worten Bedeutung beimessen; ◇ **не ~ ва́жности сообще́нию** einer Mitteilung keine Wichtigkeit beimessen

придви́нуть V_2 *сов* ‹-ну, -нешь› [**придвига́ть** V_{1a} *несов*] *кого-что вин* heranrücken; ◇ ~ **стул к столу́** den Stuhl an den Tisch rücken; (*ближе*) näher rücken; ◇ ~ **что-л к глаза́м** etw nah vor die Augen halten

приди́рчивый *прил* ‹-ая, -ое, -ые› nörgelig; *перен* anspruchsvoll

придра́ться* *сов* ‹-деру́сь, -дерёшься› [**придира́ться** V_{1a} *несов*] *к кому-чему дат* (1), *к чему дат* (2) 1 (*упрекнуть*) herumkritisieren, herummäkeln; ◇ ~ **по пустяка́м** an Kleinigkeiten herummäkeln; (*критиковать*) nörgeln 2 (*использовать как предлог*) etw zum Vorwand nehmen; ◇ ~ **к слу́чаю** eine Gelegenheit beim Schopfe ergreifen

прие́зд $м_1$ ‹-а› Ankunft *f*

прие́зжий $м$ (A_2) ‹-его› Angereister *m*, Zugereister *m*

приём $м_1$ ‹-а› 1 (*в члены*) Aufnahme *f;* ◇ **заявле́ние о ~e** Aufnahmeantrag *m;* ◇ ~ **на рабо́ту** Einstellung *f* 2 (*посетителей, гостей*) Empfang *m;* ◇ **оказа́ть тёплый ~** einen freundlichen Empfang bereiten; (*приёмные часы*) Sprechzeiten *f pl* 3 (*писем, посылок*) Empfang *m*, Annahme *f* 4 (*лекарства*) Einnahme *f;* (*доза*) Dosis *f* 5 (*действие*) Verfahren *n*, Handgriff *m;* ◇ **гру́бые ~ы** gemeine Tricks; *спорт* ◇ ~**ы борьбы́** Griffe beim Ringen; ◇ **в оди́н ~** mit einem Zug; **прие́млем|ый** *прил* ‹-ая, -ое, -ые› annehmbar; ◇ **вполне́ ~ое предложе́ние** akzeptabler Vorschlag; **прие́мная** *ж* (A_1) ‹-ой› (*комната*) Empfangszimmer *n;* (*для ожидания*) Warteraum *m*, Wartezimmer *n;* **прие́мник** $м_1$ ‹-а› радио (Radio-)Empfänger *m;* ◇ **телевизио́нный ~** Fernsehgerät *n*

прие́хать* *сов* ‹-е́ду, -е́дешь› [**приез-**

жа́ть V_{Ia} несов] без доп (прибыть) ankommen, eintreffen; (подъехать) heranfahren; (из путешествия) anreisen; ◇ ~ **на по́езде** mit dem Zug kommen

прижа́ть* сов ⟨-жму́, -жмёшь⟩ [**прижима́ть** V_{Ia} несов] кого-что вин **(1)** (к чему-л) drücken; ◇ ~ **ру́ки к груди́** die Hände an die Brust drücken **(2)** перен (притеснить) in die Enge treiben

приз m_{1} ⟨-а, мн.: -ы⟩ Preis m; ◇ **присуди́ть** ~ einen Preis zuerkennen

призва́ние c_{4} ⟨-я⟩ **(1)** (склонность) Neigung f, Hang m **(2)** (дело жизни) Berufung f; (предназначение) Bestimmung f; ◇ ~ **— воспи́тывать дете́й** es ist seine Berufung, Kinder zu erziehen; ◇ **чу́вствовать** ~ **к чему́-л** sich zu etw berufen fühlen;

призва́ть* сов ⟨-зову́, -зовёшь⟩ [**призыва́ть** V_{Ia} несов] кого-что вин **(1, 3)**, кого-что вин к чему дат **(2)** **(1)** (позвать, пригласить) (herbei-)rufen, aufrufen; ◇ ~ **на по́мощь** zu Hilfe rufen; ◇ ~ **к борьбе́** zum Kampf aufrufen **(2)** (обратиться) rufen (zu), auffordern; ◇ ~ **к благоразу́мию** zur Vernunft aufrufen; ◇ ~ **к повинове́нию** von jd-m Gehorsam fordern **(3)** (на военную службу) einberufen; ◇ ~ **в а́рмию** in die Armee einberufen

приземле́ние c_{4} ⟨-я⟩ Landung f

приземли́ться V_{4a} сов ⟨-лю́сь, -ли́шься⟩ [**приземля́ться** V_{Ib} несов] без доп landen

призёр m_{1} ⟨-а⟩ спорт Preisträger m; (победитель) Sieger m

признава́ть несов от **призна́ть**

при́знак m_{1} ⟨-а⟩ Merkmal n, Anzeichen n, Kennzeichen n; ◇ ~**и весны́** Frühlingsanzeichen n; (отличительный) Unterscheidungsmerkmal n; (симптом) Symptom n; ◇ **он не подава́л** ~**ов жи́зни** er gab kein Lebenszeichen mehr von sich

призна́ние c_{4} ⟨-я⟩ **(1)** (отношение) Anerkennung f; ◇ **получи́ть всео́бщее** ~ allgemeine Anerkennung finden **(2)** (объяснение в любви) Liebeserklärung f **(3)** (сообщение) Bekenntnis n, Geständnis n; ◇ ~ **вины́** Schuldbekenntnis; **при́знанный** прил ⟨-ая, -ое, -ые⟩ anerkannt; ◇ ~ **знато́к** anerkannter Fachmann

призна́тельный прил ⟨-ая, -ое, -ые⟩ dankbar, verbunden; ◇ **я Вам о́чень призна́телен** ich bin Ihnen sehr verbunden

призна́ть V_{Ia} сов ⟨-аю, -аёшь, Part. Prät. Pass. при́знанный⟩ [**признава́ть** V_{Ia} несов] кого-что вин **(1)** (считать зако́нным) anerkennen **(2)** (осознать) zugeben, eingestehen; (соглаша́ться) jd-m Recht geben; ◇ ~ **свои́ оши́бки** seine Fehler eingestehen; ◇ **чью-л правоту́** jd-m Recht geben **(3)** раз (узнать) erkennen, wiedererkennen; ◇ **в темноте́ не** ~**а́л сосе́да** in der Dunkelheit hat er seinen Nachbarn nicht erkannt

при́зрак m_{1} ⟨-а⟩ Gespenst n; (привидение) Erscheinung f; (обманчивое виде́ние) Trugbild n

призы́в m_{1} ⟨-а⟩ **(1)** (зов) Aufruf m, Appell m **(2)** (лозунг) Losung f; (просьба, мольба́) Bitte f, Flehen n; ◇ **откли́кнуться на чей-л** ~ jds Ruf folgen **(4)** воен Einberufung f; ◇ **очередно́й** ~ Jahrgang m; ◇ **новобра́нцы осе́ннего** ~**а** die im Herbst einberufenen Rekruten

призыва́ть несов от **призва́ть**

прийти́* сов ⟨приду́, придёшь, (2) 1 и 2 л. не употр⟩ [**приходи́ть** V_{4a} несов] без доп (1, 2), во что вин (3), к чему дат (4) **(1)** (дойти́) kommen; (прибыть) ankommen, eintreffen; ◇ **в го́сти** zu Besuch kommen; (за кем-л) jd-n/etw abholen kommen **(2)** (наступить) kommen, heranrücken; (внеза́пно) hereinbrechen; (приблизиться) sich nähern; ◇ **пришло́ вре́мя обе́дать** es wurde Zeit, Mittag zu essen **(3)** (в какое-л состояние) geraten; ◇ ~ **в я́рость** in Wut geraten **(4)** (дости́гнуть) zu etw kommen; ◇ ~ **к соглаше́нию** zu einer Übereinkunft kommen; ◇ ~ **к вы́воду** zu dem Schluss kommen; ◇ ~ **в го́лову** einfallen, in den Sinn kommen; ◇ ~ **в чу́вство** zu sich kommen

прика́з m_{1} ⟨-а⟩ Befehl m, Order f, Anweisung f; ◇ **по** ~**у** auf Befehl; ◇ **испо́лнить** ~ einen Befehl ausführen; **приказа́ть** V_{Ia} сов ⟨-ажу́, -а́жешь, Imp. -ажи́, -те, Part. Prät. Pass. -а́занный⟩ [**прика́зывать** V_{Ia} несов] кому-чему дат или с инф или с сою́зом "что" (повелевать) befehlen, anordnen; (предписать) vorschreiben; ◇ **что** ~**жете?** was kann ich tun?; ◇ **как** ~**жете** wie Sie wünschen

прикла́д m_{1} ⟨-а⟩ **(1)** (у винтовки) (Gewehr-) Kolben m **(2)** (портновский) Schneidereibedarf m

прикладн|о́й прил ⟨-а́я, -о́е, -ы́е⟩ angewandt; ◇ ~**о́е иску́сство** angewandte Kunst

приключе́ние c_{4} ⟨-я⟩ Abenteuer n; ◇ **весёлое** ~**е** lustige Begebenheit; ◇ **любо́вное** ~**е** Liebesaffäre f; ◇ **дое́хать без** ~**й** ohne besondere Vorkommnisse ankommen

прико́л m_{1} ⟨-а⟩ **(1)** (свая) Pfahl m, Pflock m; (для судок) Poller m **(2)** перен раз ◇ **со мной тако́й** ~ **случи́лся** mir ist was Witziges passiert

прикрепи́ть V_{4a} сов ⟨-плю́, -пи́шь, Part. Prät. Pass. -плённый⟩ [**прикрепля́ть** V_{Ib} несов] кого-что вин к кому-чему дат **(1)** (приделать) befestigen, festmachen; (привязать) festbinden **(2)** (зарегистрировать) anmelden, zuweisen; ◇ ~ **к поликли́нике** in eine Poliklinik einweisen

прикры́ть* сов ⟨-ро́ю, -ро́ешь⟩ [**прикрыва́ть** V_{Ia} несов] кого-что вин чем тв (1), что вин (2-5) **(1)** (покрыть, накрыть) bedecken, zudecken; ◇ ~ **во́лосы платко́м** die Haare mit einem Tuch bedecken **2** (*затворить не до конца*) anlehnen, nicht ganz zumachen **3** *перен* (*замаскировать*) verdecken, vertuschen **4** *воен* decken, schützen **5** *разг* (*ликвидировать магазин*) schließen, zumachen

прила́в|ок *m₁* ‹-вка, *mн*:-вки› Ladentisch *m*; (*стойка*) Theke *f*; ◇ **торгова́ть из**-**под ~ка** unter dem Ladentisch verkaufen

прилежа́ние *c₄* ‹-я› Fleiß *m*; (*рвение*) Eifer *m*; (*в учёбе*) Lerneifer; ◇ **отлича́ться ~м** sich durch besonderen Fleiß auszeichnen; **приле́жный** *прил* ‹-ая, -ое, -ые› fleißig, eifrig

прили́в *m₁* ‹-а› **1** (*морской*) Flut *f*; ◇ **и отли́в** Ebbe und Flut **2** *мед* Andrang *m*, Hitzewallung **3** *перен* (*чувств, энергии*) Ausbruch *m*; (*приступ*) Anfall *m*; (*гнева*) Wutanfall *m* **4** (*скопление публики*) Andrang *m*

прили́чи|е *c₄* ‹-я› Anstand *m*; ◇ **соблюда́ть пра́вила ~я** Anstandsregeln beachten; **прили́чный** *прил* ‹-ая, -ое, -ые› **1** (*пристойный*) anständig **2** (*удовлетворительный*) ordentlich, ganz gut, ziemlich gut; ◇ **~ за́работок** ordentliches Gehalt

приложе́ние *c₄* ‹-я› **1** (*к книге, письму*) Beilage *f* **2** (*применение*) Anwendung *f*, Verwendung *f*, Aufbietung *f*; ◇ **~ капита́ла** Investition *f* **3** *грам* Apposition *f*, Beifügung *f*; **приложи́ть** *V₄ₐ* *сов* ‹-жу́, -о́жишь› [**прилага́ть** (1, 3) *и* **прикла́дывать** (2) *V₁ₐ* *несов*] *что вин к чему дат* (*представить*) beifügen, beilegen; ◇ **~ к письму́ ко́пию докуме́нта** dem Brief eine Kopie des Dokuments beifügen **2** (*наложить*) auflegen; ◇ **~ печа́ть** Stempel aufdrücken **3** (*применить*) anwenden; ◇ **~ все си́лы** alle Kräfte aufbieten; ◇ **~ ру́ки к чему́-л** etw anpacken

применéни|е *c₄* ‹-я› Anwendung *f*, Verwendung *f*; (*употребление*) Gebrauch *m*; ◇ **в ~и к** in Bezug auf

примени́ть *V₄ₐ* *сов* ‹-ню́, -е́нишь› [**применя́ть** *V₁ᵦ* *несов*] *что вин к кому-чему дат* anwenden, verwenden; (*употребить*) gebrauchen; ◇ **~ но́вый ме́тод** eine neue Methode anwenden; ◇ **~ стро́гие ме́ры** strenge Maßnahmen ergreifen

приме́р *m₁* ‹-а› **1** Beispiel *n*; (*образец*) Musterbeispiel *n*, Muster *n*; ◇ **показа́ть на ~е** an einem Beispiel demonstrieren; **сле́довать чьему́-л ~у** jds Beispiel folgen **2** *мат* Aufgabe *f*; ◇ **реша́ть ~ы** Aufgaben lösen

приме́рить *V₄ᵦ* *сов* ‹-рю, -ришь› [**примеря́ть** *V₁ᵦ* *несов*] *что вин* anprobieren, anproben; ◇ **~ пиджа́к** eine Jacke anprobieren; **приме́рка** *ж₁* ‹-и, *род мн*:-рок› Anprobe *f*, Anprobieren *n*

приме́рный *прил* ‹-ая, -ое, -ые› **1** (*образцовый*) beispielhaft, vorbildlich **2** (*приблизительный*) ungefähr, etwa; ◇ **подсчёт расхо́дов** Überschlag der Ausgaben

при́месь *ж₅* ‹-и› **1** (*подмесь*) Beimischung *f*; (*добавление*) Zusatz *m*; (*загрязнение*) Fremdstoffe *m pl* **2** *перен* Anflug *m*; ◇ **с ~ю иро́нии** mit einem Anflug von Ironie

приме́т|а *ж₁* ‹-ы› **1** (*признак*) Merkmal *n*, Kennzeichen *n*; (*симптом*) Symptom *n*; ◇ **осо́бые ~ы** besondere Kennzeichen **2** (*предзнаменование*) Omen *n*, Vorbedeutung *f*; ◇ **дурна́я ~а** schlechtes Omen; ◇ **ве́рить в ~ы** abergläubisch sein

примеча́ние *c₄* ‹-я› (*дополнение*) Anmerkung *f*; (*пояснение*) Erläuterung *f*; (*сноска*) Fußnote *f*; ◇ **~ на поля́х** Randbemerkung *f*

примире́ние *c₄* ‹-я› **1** (*врагов*) Versöhnung *f*, Aussöhnung *f* **2** (*противоречий*) Schlichtung *f*

примо́рье *c₅* ‹-я› Küstengebiet *n*

принадлежа́ть* *несов* ‹-жу́, -жи́шь› *кому-чему дат* **1** (*быть чьим-л состоянием*) gehören; ◇ **не́дра земли́ ~а́т госуда́рству** die Bodenschätze gehören dem Staat; *перен* ◇ **кому́-л все́й душо́й** ganz zu jd-m gehören **2** (*входить в состав*) zu etw gehören, angehören; ◇ **~ к числу́ лу́чших** zu den Besten gehören; ◇ **~ к како́й-л па́ртии** einer Partei angehören

принадле́жность *ж₅* ‹-и› **1** (*предмет*) Artikel *m*; (*составная часть*) Zubehör *n*; (*инструменты*) Werkzeug *n*; (*приспособления*) Vorrichtungen *f pl*; ◇ **доро́жные ~и** Reiseartikel *m pl*; ◇ **канцеля́рские ~и** Schreibbedarf *m*; ◇ **спорти́вные ~и** Sportausrüstung *f* **2** (*к организации*) Angehörigkeit *f*, Zugehörigkeit *f*

принести́* *сов* ‹-су́, -сёшь, (2, 4) 1 *и* 2 *л.* *не употр* [**приноси́ть** *V₄ₐ* *несов*] *кого-что вин* **1** (*доставить*) (her-)bringen; (*пойти за чем-л*) holen; (*передать*) überbringen; ◇ **~ с собо́й** mitbringen **2** (*пригнать ветром, течением*) heranwehen, (*о воде*) herantreiben, anschwemmen **3** (*давать*) (ein-)bringen; ◇ **~ дохо́д** Gewinn einbringen; (*осуществить*) bringen; ◇ **~ благода́рность** seine Dankbarkeit erweisen; ◇ **~ извине́ния** sich entschuldigen; ◇ **~ кля́тву** einen Eid leisten **4** (*дать приплод*) werfen **5** *безл* (*появиться*) herkommen; ◇ **отку́да тебя́ принесло́ в таку́ю по́ру?** wo kommst du denn um diese Zeit her?

при́нтер *m* ‹-а› Drucker *m*; ◇ **ла́зерный ~** Laserdrucker *m*; ◇ **ма́тричный ~** Matrixdrucker

принуди́тельный *прил* ‹-ая, -ое, -ые› Zwangs-, gezwungen; ◇ **~ое лече́ние** Zwangstherapie *f*; *юр* ◇ **в ~ом поря́дке** zwangsweise; **прину́дить** *V₄ᵦ* *сов* ‹-ужу, -у́дишь, *Part. Prät. Pass.* -уждённый› [**принужда́ть** *V₁ₐ* *несов*] *кого-что вин к чему дат или с инф* zwingen, nötigen; ◇ **~ к молча́нию** zum Schweigen bringen; ◇ **~ сда́ться** zur Aufgabe zwingen

принц $м_3$ ⟨-а⟩ Prinz m; **принце́сса** $ж_1$ ⟨-ы⟩ Prinzessin f
при́нцип $м_1$ ⟨-а⟩ Prinzip n, Grundsatz m; ◇ **в ~е** im Prinzip; ◇ **держа́ться твёрдых при́нципов** strenge Prinzipien haben; ◇ **из ~а** aus Prinzip; **принципиа́льный** прил ⟨-ая, -ое, -ые⟩ ① (касающийся принципов) prinzipiell, grundsätzlich ② (придерживающийся принципов) prinzipientreu, prinzipienfest
приня́ть* сов ⟨приму́, при́мешь⟩ [**принима́ть** V_{la} несов] кого-что вин (1, 2, 3, 8), что вин (4, 5, 6, 7, 9, 10) ① (взять, получить) annehmen, empfangen, entgegennehmen ② (посетителя) empfangen, aufnehmen; ◇ **врач при́нял больно́го** der Arzt empfing den Patienten ③ (включить в состав) aufnehmen; ◇ **на рабо́ту** einstellen; ◇ **~ в игру́** mitspielen lassen ④ (радио empfangen ⑤ (лекарство) einnehmen ⑥ (закон, постановление) annehmen, akzeptieren ⑦ (взять на себя) auf sich nehmen; ◇ **~ ме́ры** Maßnahmen ergreifen; ◇ **~ обяза́тельство** Verpflichtungen übernehmen; ◇ **~ уча́стие** teilnehmen ⑧ (за кого-л) halten; ◇ **~ за знако́мого** jd-n für einen Bekannten halten; ◇ **~ что-л в шу́тку** etw als Spaß auffassen ⑨ (вид, форму) annehmen, bekommen; ◇ **~ затяжно́й хара́ктер** sich in die Länge ziehen; ◇ **спор при́нял о́струю фо́рму** der Streit nahm heftige Ausmaße an ⑩ эк, тех abnehmen; ◇ **~ чью-л сто́рону** sich auf jd-s Seite schlagen; ◇ **~ прися́гу** einen Eid abnehmen
приобрести́* сов ⟨-ету́, -тёшь⟩ [**приобрета́ть** V_{la} несов] кого-что вин ① (получить) erwerben; ◇ **~ власть** Macht bekommen ② (усвоить) gewinnen, erwerben; ◇ **~ значе́ние** an Bedeutung gewinnen; ◇ **~ о́пыт** Erfahrungen sammeln; **приобрете́ние** c_4 ⟨-я⟩ Erwerbung f ② (покупка) Kauf m, Anschaffung f
приобщи́ться V_{4a} сов ⟨-щу́сь, -щи́шься⟩ [**приобща́ться** V_{la} несов] к чему дат (присоединиться) sich anschließen; (включиться) sich einschalten; (принять участие) teilnehmen (an)
приорите́т $м_1$ ⟨-а⟩ Vorrang m, Priorität f; (преимущество) Vorrecht n
припа́д|ок $м_1$ ⟨-дка, мн:-дки⟩ Anfall m; перен Ausbruch m; ◇ **серде́чный ~ок** Herzanfall; ◇ **~ок сме́ха** Lachanfall; ◇ **в ~ке гне́ва** im Zorn
припа́сы $мн_1$ ⟨-ов⟩ Vorräte m pl; ◇ **боевы́е ~** Munition f; ◇ **съестны́е ~** Nahrungsmittelvorräte
припе́в $м_1$ ⟨-а⟩ Refrain m, Kehrreim m
приписа́ть* сов ⟨-ишу́, -и́шешь⟩ [**припи́сывать** V_{la} несов] что вин (1), что вин кому-чему дат (2) ① (прибавить) hinzuschreiben; ◇ **~ не́сколько строк** einige Zeilen hinzufügen ② (причислить)

zuschreiben; ◇ **~ свои́ неуда́чи чьим-л про́искам** seine Misserfolge jd-s Intrigen zuschreiben
припи́ска $ж_1$ ⟨-и, род мн:-сок⟩ ① (дополнение) Nachschrift f; (вставка) Zusatz m; (в конце письма) Postskriptum n ② (ложные данные) (Ergebnis-)Fälschung f
приплóд $м_1$ ⟨-а⟩ Wurf m, Jungen n pl
припра́ва $ж_1$ ⟨-ы⟩ Würze f; (пряность) Gewürz n
припу́хлость $ж_5$ ⟨-и⟩ Anschwellung f
при́работок $м_1$ ⟨-тка, мн:-тки⟩ Nebenverdienst m; ◇ **~ к зарпла́те** Zusatzeinkommen n
приравня́ть V_{lb} сов ⟨-я́ю, -я́ешь, Part. Prät. Pass. -ра́вненный⟩ [**прира́внивать** V_{la} несов] кого-что вин к кому-чему дат ① gleichstellen, gleichsetzen; ◇ **~ к вы́сшей катего́рии рабо́тников** auf die gleiche Stufe mit den besten Fachkräften stellen ② мат gleichsetzen
приро́да $ж_1$ ⟨-ы⟩ ① (мир) Natur f; ◇ **охра́на ~ы** Naturschutz ② перен (свойство) Natur f, Wesen n, Charakter m; ◇ **от ~ы** von Geburt an; ◇ **по ~е** dem Wesen nach;
приро́дн|ый прил ⟨-ая, -ое, -ые⟩ ① (естественный, натуральный) natürlich; ◇ **~ые бога́тства** Naturschätze, Bodenschätze; ◇ **~ый газ** Erdgas n ② (врождённый) angeboren; ◇ **~ый тала́нт** Naturtalent n
прирождённый прил ⟨-ая, -ое, -ые⟩ ① (врождённый) angeboren ② (настоящий) geboren; ◇ **~ худо́жник** geborener Künstler; (подлинный) echt
приро́ст $м_1$ ⟨-а⟩ Zunahme f, Anwachsen n, Zuwachs m; ◇ **~ населе́ния** Bevölkerungszuwachs; ◇ **~ произво́дства** Produktionssteigerung
прируча́ть V_{4a} несов ⟨-а́ю, -а́ешь⟩ [**приручи́ть** V_{4a} сов] кого-что вин ① (животных) zähmen; (дрессировать) dressieren; (укротить) bändigen ② перен zutraulich machen; ◇ **~ нелюди́мого ребёнка** das schüchterne Kind für sich gewinnen
присвое́ние c_4 ⟨-я⟩ ① (собственности) Aneignung f ② (звания, имени) Verleihung f
присво́ить V_{4b} сов ⟨-о́ю, -о́ишь⟩ [**присва́ивать** V_{la} несов] кого-что вин (1), что вин кому-чему дат (2) ① (выдать за своё) sich aneignen, in Besitz nehmen; (украсть) klauen; (утаить) unterschlagen; ◇ **~ себе́ пра́во** sich ein Recht nehmen; ◇ **~ чужу́ю мысль** sich fremde Gedanken zu Eigen machen ② (дать имя) verleihen, zuerkennen; ◇ **~ зва́ние профе́ссора** jd-m den Professorentitel verleihen
присе́сть* сов ⟨-ся́ду, -ся́дешь⟩ [**приседа́ть** (2) и **приса́живаться** (1) V_{la} несов] без доп ① (сесть) sich ein wenig hinsetzen ② (на корточки) sich nieder-

hocken, in die Hocke gehen ③ (*сделать реверанс*) einen Knicks machen
приско́рби|е c_4 <-я> Trauer f; ◇ **с глубо́ким ~ем** in tiefer Trauer; ◇ **ко всео́бщему ~ю** zum allgemeinen Bedauern
прислони́ться V_{4a} сов <-ню́сь, -ло́нишься> [**прислоня́ться** V_{1b} несов] **к кому́-чему** **дат** sich anlehnen; ◇ **~ться к стене́** sich an die Wand lehnen; ◇ **ребёнок ~лся к ма́тери** das Kind schmiegte sich an die Mutter
прислу́шаться V_{1a} сов <-аюсь, -аешься> [**прислу́шиваться** V_{1a} несов] **к кому́-чему** **дат** ① (*напрячь слух*) horchen, belauschen; ◇ **~ к разгово́ру** einem Gespräch lauschen ② *перен* (*принять к сведению*) hören auf etw; ◇ **~ к мне́нию колле́г** der Meinung der Kollegen Gehör schenken; ◇ **~ к го́лосу ра́зума** der Stimme der Vernunft folgen
присмо́тр m_1 <-а> Aufsicht f, Beaufsichtigung f; ◇ **быть под ~ом** unter Aufsicht stehen; ◇ **хозя́йство тре́бует ~а** der Haushalt muss geführt werden
присоедине́ние c_4 <-я> ① (*чего-л*) Anschluss m; (*к организации, договору*) Beitritt m ② (*областей*) Angliederung f; (*аннексия*) Annexion f; *ист* Anschluss m ③ *эл* Anschluss m; присоедини́ться V_{4a} сов <-ню́сь, -ни́шься> [**присоединя́ться** V_{1b} несов] **к кому́-чему** **дат** sich anschließen (an); (*к организации*) beitreten; ◇ **~ к о́бщему мне́нию** sich der allgemeinen Meinung anschließen; ◇ **к боле́зни ~лось одино́чество** zu der Krankheit kam die Einsamkeit
приспе́шник m_1 <-а> Helfershelfer m
приспосо́биться V_{4b} сов <-блюсь, -бишься> [**приспособля́ться** V_{1b} и **приспоса́бливаться** V_{1a} несов] **к чему́** **дат** sich an etw anpassen; ◇ **~ к но́вым усло́виям** sich an die neuen Bedingungen anpassen; приспособле́ние c_4 <-я> ① (*организма*) Anpassung f ② (*применение*) Anwendung f, Verwendung f; (*использование*) Gebrauch m ③ (*устройство*) Vorrichtung f, Einrichtung f; (*механизм*) Mechanismus m
приста́вка $ж_1$ <-и, *род мн:*-вок> ① *тех* Aufsatz m, Vorsatz m ② *грам* Vorsilbe f, Präfix n
приста́нище c_3 <-а> Bleibe f, Unterkunft f; (*кров*) Obdach n; (*убежище*) Asyl n; ◇ **после́днее ~** letzte Ruhestätte; ◇ **найти́ себе́ ~** Zuflucht finden
при́стань $ж_с$ <-и> Anlegestelle f; (*причал*) Landungsbrücke f; (*гавань*) Hafen m; *перен* ◇ **найти́ ти́хую ~** ein ruhiges Plätzchen finden
приста́ть* сов <-а́ну, -а́нешь, (2, 3) 1 и 2 л. не употр> [**пристава́ть** V_{1a} несов] **к кому́-чему** **дат** ① (*о плавучих средствах*) anlegen, landen; ◇ **~ть к бе́регу** am Ufer anlegen ② (*прилипнуть*) hängen

bleiben, kleben bleiben; ◇ **к оде́жде ~ла грязь** der Schmutz setzte sich in die Kleidung ③ (*о животных*) zulaufen, sich anschließen; ◇ **к нам ~ла чужа́я соба́ка** ein fremder Hund ist uns zugelaufen ④ *разг* (*надоедать*) lästig werden; (*навязаться*) sich aufdrängen; ◇ **~ть кому́-л с расспро́сами** jd-n mit Fragen belästigen ⑤ *безл разг* (*подобает*) passen, sich gehören; ◇ **не ~ло ему́ так говори́ть** es passte nicht zu ihm, so zu sprechen
присто́йный *прил* <-ая, -ое, -ые> anständig, schicklich
пристра́стие c_4 <-я> ① (*склонность*) Hang m, Vorliebe f; ◇ **~ к теа́тру** Leidenschaft fürs Theater ② (*предвзятость*) Voreingenommenheit f, Parteilichkeit f; ◇ **~ в сужде́ниях** Vorurteil n; пристра́стный *прил* <-ая, -ое, -ые> (*предвзятый*) voreingenommen; (*предубеждённый*) befangen; (*несправедливый*) ungerecht; ◇ **~ое отноше́ние** Befangenheit f
постро́ить V_{4b} сов <- о́ю, -о́ишь> [**пристра́ивать** V_{1a} несов] **что вин к чему́ дат** (1), **кого́-что вин** (2) ① (*построить в дополнение*) anbauen ② (*определить*) un-terbringen, verschaffen; ◇ **~ в ученики́** in die Lehre schicken; (*на работу*) jd-m eine Stelle verschaffen; постро́йка $ж_1$ <-и, *род мн:* -оек> ① (*действие*) Anbauen n ② (*помещение*) Anbau m, Nebengebäude n
при́ступ m_1 <-а> ① *мед* Anfall m; ◇ **~ ка́шля** Hustenanfall ② *воен* Attacke f, Sturm m; ◇ **взять ~ом** im Sturm nehmen
приступи́ть V_{4a} сов <-плю́, -у́пишь> [**приступа́ть** V_{1a} несов] **к кому́-чему** **дат** (*начать*) sich heranmachen (an), beginnen (mit), etw in Angriff nehmen; ◇ **~ к де́лу** sich an die Arbeit machen; ◇ **~ к строи́тельству** mit dem Bau beginnen
присуди́ть V_{4a} сов <-ужу́, -у́дишь, *Part. Prät. Pass.* -ужде́нный> [**присужда́ть** V_{1a} несов] **кого́-что вин чему́ дат** (1), **что вин кому́ дат** (2) ① (*приговорить*) verurteilen, ein Urteil ergehen lassen; ◇ **кого́-л к штра́фу** jd-n zu einer Strafe verurteilen ② (*постановить*) zuerkennen, verleihen; ◇ **~ пре́мию** einen Preis verleihen; присужде́ние c_4 <-я> Verleihung f, Zuerkennung f
прису́тстви|е c_4 <-я> Anwesenheit f, Präsenz f; ◇ **в моём ~и** in meiner Gegenwart, in meinem Beisein; ◇ **Ва́ше ~ жела́тельно** Ihre Anwesenheit ist wünschenswert; прису́тствовать V_{3a} несов <-твую, -твуешь> *без доп* anwesend sein, etw beiwohnen; ◇ **~ на заседа́нии** einer Sitzung beiwohnen
присыла́ть *несов от* присла́ть
прися́га $ж_1$ <-и> Eid m; (*клятва*) Schwur m
притвори́ться V_{4a} сов <-рю́сь, -ори́шься> [**притворя́ться** V_{1b} несов] **чем тв**

vortäuschen, sich verstellen, so tun als ob; ◇ ~ больны́м sich krank stellen; ◇ ~ равноду́шным Gleichgültigkeit vortäuschen; притво́рство c_2 ‹-a› Heuchelei f, Verstellung f

притесне́ние c_4 ‹-я› Repressalien f pl; (преследование) Unterdrückung f

притесни́ть V_{4a} сов ‹-ню́, -ни́шь› [притесня́ть V_{1b} несов] кого-что вин verfolgen; (угнетать) Repressalien aussetzen; (преследовать) unterdrücken, verfolgen

прито́к m_1 ‹-a› ① (реки) Nebenfluss m, Zufluss m ② (наплыв) Zufuhr f, Zustrom m; ◇ ~ све́жего во́здуха Luftzufuhr; ◇ ~ посети́телей Besucherandrang m

прито́м союз dabei; (кроме того) außerdem; (к тому же) obendrein

при́торный прил ‹-ая, -ое, -ые› ① (слишком сладкий) zu süß, übersüß ② перен (излишне любезный) überfreundlich, zuckersüß

притро́ну|ться V_2 сов ‹-нусь, -нешься, Imp. -ньcя› [притра́гиваться V_{1a} несов] к кому-чему дат streifen, (leicht) berühren; ◇ не ~ться к руке́ die Hand streifen; ◇ он не ~лся к обе́ду er rührte das Essen nicht an

притяга́тельн|ый прил ‹-ая, -ое, -ые› anziehend, faszinierend; ◇ ~ая си́ла иску́сства die Faszination der Kunst

притяже́ние c_4 ‹-я› физ Anziehung f; (сила притяжения) Anziehungskraft f

притяза́ние c_4 ‹-я› ① (предъявление прав) Anspruch m; ◇ ~ на насле́дство Erbanspruch ② (необоснованное стремление к признанию) Anmaßung f, Dünkel m

приуро́чить V_{4b} сов ‹-чу, -чишь› [приуро́чивать V_{1a} несов] что вин к чему дат anberaumen, (terminlich) abstimmen; ◇ ~ отъе́зд к весне́ die Abreise zum Frühling anberaumen

приучи́ть V_{4a} сов ‹-чу́, -у́чишь, Part. Prät. Pass. -у́ченный› [приуча́ть V_{1a} несов] кого-что вин к кому-чему дат или с инф jdm etw beibringen, anerziehen; ◇ ~ к поря́дку Ordnung beibringen; приучи́ться сов ‹-чу́сь, -у́чишься› [приуча́ться несов] к чему дат или с инф sich etw angewöhnen; (научиться) lernen

при́хвостень m_2 ‹-тня, мн: -тни› пренебр Speichellecker m, Schleimer m

прихлеба́тель m_2 ‹-я› разг Schmarotzer m, Parasit m

прихо́д m_1 ‹-a› ① (прибытие) Eintreffen n, Ankunft f; ◇ ~ к вла́сти Machtantritt m ② (доход) Einnahme f; ◇ ~ превыша́ет расхо́д die Einnahmen übersteigen die Ausgaben; ◇ ~ и расхо́д Soll und Haben; ◇ записа́ть в ~ als Einnahme verbuchen ③ (церковный) Kirchengemeinde f

приходи́ть несов от прийти́

прихо́жая ж (A_2) ‹-ей› Diele f, Flur m

прихотли́вый прил ‹-ая, -ое, -ые› ① (капризный) launisch, kapriziös; (раз-

борчивый) wählerisch ② (причудливый) bizarr, seltsam

при́хоть $ж_5$ ‹-и› Laune f, Grille f; ◇ исполня́ть чьи-л ~и jd-s Launen ertragen

прице́л m_1 ‹-a› ① (прицеливание) Zielen n; ◇ да́льний ~ weit gesteckte Ziele; взять на ~ aufs Korn nehmen ② (приспособление) Visier n; ◇ опти́ческий ~ Zielfernrohr n; прице́литься V_{4b} сов ‹-люсь, -лишься› [прице́ливаться V_{1a} несов] в кого-что вин zielen, anvisieren, anlegen

прице́п m_1 ‹-a› Anhänger m; ◇ жило́й ~ Wohnwagen m

прича́л m_1 ‹-a› ① (у берега) Anlegestelle f, Ankerplatz m; ◇ парохо́д сто́ит у ~a der Dampfer liegt im Hafen ② (канат) Tau n, Seil n

прича́стие c_4 ‹-я› рел Abendmahl n

прича́стность $ж_5$ ‹-и› Mitwirkung f, Beteiligung f

причём союз wobei; ◇ ~ сле́дует уче́сть, что... wobei man berücksichtigen muss, dass...; ◇ непра́в, а ещё спо́рит obwohl er Unrecht hat, besteht er auf seiner Meinung; ◇ ~ я здесь? was kann ich dafür?

причеса́ть* сов ‹-ешу́, -е́шешь› [причёсывать V_{1a} несов] кого-что вин ① (сделать причёску) (гребнем) kämmen ② перен (упорядочить) beschönigen; причеса́ться сов ‹-ешу́сь, -е́шешься› [причёсываться несов] без доп sich kämmen, sich frisieren; причёска $ж_1$ ‹-и, род мн: -сок› Frisur f

причи́на $ж_1$ ‹-ы› ① (обстоятельство) Ursache f; ◇ ~a пожа́ра Brandursache f; ◇ ~a и сле́дствие Ursache und Wirkung ② (основание) Grund m; ◇ уважи́тельная ~a triftiger Grund; ◇ смея́ться без ~ы grundlos lachen; (повод) Anlass m; ◇ без вся́кой ~ы ohne jeglichen Grund; ◇ по ~e боле́зни krankheitshalber; ◇ по ~e того́, что... aus dem Grunde, weil...; причини́ть V_{4a} сов ‹-ню́, -ни́шь› [причиня́ть V_{1b} несов] что вин verursachen, bereiten; ◇ ~ боль Schmerzen verursachen; ◇ ~ огорче́ния Kummer bereiten; ◇ ~ убы́тки finanziellen Schaden zufügen

причи́слить V_{4b} сов ‹-лю, -лишь› [причисля́ть V_{1b} несов] кого-что вин к чему дат ① (прибавить при подсчёте) hinzuzählen, hinzurechnen ② воен beordern, abkommandieren ③ (отнести к числу) zu etw zählen, einreihen

причу́дливый прил ‹-ая, -ое, -ые› (затейливый) verschnörkelt; (запутанный) kompliziert; (странный) merkwürdig, bizarr, wunderlich, seltsam; ◇ ~ наря́д merkwürdige Tracht

прише́лец m_5 ‹-льца› Neuankömmling m; (чужой) Fremdling m; ◇ ~льцы из ко́смоса Außerirdische m pl

прище́пка $ж_1$ ‹-и, род мн: -пок› Wäscheklammer f

прию́т m_1 <-а> ① (учреждение) Heim n; ◇ **сиро́тский** ~ Waisenheim ② (пристанище) Obdach n, Bleibe f; (убежище) Asyl n

прия́тель m_2 <-я> Freund m, Kamerad m; **прия́тельница** $ж_1$ <-ы> Freundin f

прия́тн|ый прил <-ая, -ое, -ые> ① (доставляющий удовольствие) angenehm; ~ая но́вость erfreuliche Neuigkeit; ◇ ~ый на вкус angenehm im Geschmack, lecker; ◇ о́чень ~о sehr erfreut ② (привлекательный) sympathisch

про предлог с вин раз ① (о) über, von; ◇ я слы́шал ~ э́тот фильм ich habe von diesem Film gehört; ◇ он рассказа́л мне ~ всё э́то er hat mir das alles erzählt ② (для, ради) für; ◇ оста́вить что-л ~ запа́с etw auf Vorrat zurücklassen; ◇ чита́ть ~ себя́ für sich lesen

про́б|а $ж_1$ <-ы> ① (проверка) Probe f, Versuch m; ◇ ~а голосо́в Stimmprobe; ◇ на ~у auf Probe ② (образец) Muster n, Probe f; ◇ взять ~у eine Probe (ent-)nehmen ③ (содержание благородного металла) Feingehalt m; ◇ зо́лото высо́кой ~ы Feingold n; (клеймо) Repunze f

пробе́г m_1 <-а> ① (состязание) (Wett-)Rennen n, Lauf m; ◇ лы́жный ~ Skilauf ② ав (при посадке) Ausrollen n ③ (расстояние) zurückgelegter Weg m, Strecke f ④ (время нахождения в пути) Fahrzeit f

пробе́л m_1 <-а> ① (в тексте) Lücke f, unbeschriebene Stelle; ◇ оста́вить ~ Platz freilassen ② полигр (между строками) Durchschuss m ③ (упущение) Lücke f, Mangel m; ◇ ~ в зна́ниях Wissenslücke

пробива́ть несов от **проби́ть**

проби́рка $ж_1$ <-и, род мн: -рок> Reagenzglas n

проби́ть* сов <-бью, -бьёшь, (4) 1 и 2 л. не употр> [**пробива́ть** V_{1a} несов] что вин ① (проломить) durchschlagen, einschlagen; (сделать отверстие) ◇ ~ сте́ну die Wand durchbrechen; ◇ пу́ля проби́ла дверь die Kugel durchschlug die Tür ② (билет) entwerten ③ (добиться продвижения) durchsetzen; ◇ ~ прое́кт чего́-л ein Projekt durchsetzen; ◇ ~ себе́ доро́гу sich einen Weg bahnen ④ безл перен (о часах) schlagen; **проби́ться** сов <-бью́сь, -бьёшься> [**пробива́ться** несов] без доп ① (преодолеть) durchdringen, drängen; ◇ ~ сквозь толпу́ sich durch die Menge drängen; (о свете) durchdringen; (с боем) durchschlagen ② (потратить много усилий) sich abrackern; ◇ ~ це́лый день над зада́чей sich den ganzen Tag mit einer Aufgabe abplagen ③ разг (добиться) sich bahnen, sich drängen; ◇ ~ в лю́ди etw bringen, Erfolg haben ④ (о ростках) aufspießen, aufgehen

про́бк|а $ж_1$ <-и, род мн: -бок> ① (материал) Kork m ② (закупорка) Korken m;

(деревянная) Dübel m; (стеклянная) Stöpsel m ③ (предохранитель) Sicherung f; ◇ вы́вернуть ~у die Sicherung herausdrehen ④ (затор) Stau m, Verstopfung f; ◇ на перекрёстке образова́лась ~ an der Kreuzung ist ein Stau; ◇ глуп как ~ dumm wie Bohnenstroh

пробле́м|а $ж_1$ <-ы> Problem n; ◇ постано́вка ~ы Problemstellung f; ◇ ~ы воспита́ния Erziehungsprobleme; (вопрос) Frage f

про́блеск m_1 <-а> ① (свет) Lichtschimmer m, Schein m; ◇ ~и зарни́цы Wetterleuchten n; (вспышка) Aufblitzen n ② перен (проявление) Schimmer m; ◇ ~ наде́жды Hoffnungsschimmer; ◇ у него́ бы́ли ~и созна́ния er kam mehrmals kurz zu Bewusstsein; ◇ ~ чу́вств Gemütsregung f

про́бовать V_{3a} несов <-бую, -буешь> [**ис~, по~** сов] что вин (1, 3), с инф (2) ① (испытывать) testen, ausprobieren; ◇ ~ арти́ста на каку́ю-л роль einen Schauspieler für eine Rolle testen ② (пытаться) versuchen, probieren ③ (на вкус) kosten, versuchen

пробо́р m_1 <-а> Scheitel m; ◇ прямо́й ~ Mittelscheitel; ◇ косо́й ~ Seitenscheitel

пробра́ться* сов <-беру́сь, -берёшься> [**пробира́ться** V_{1a} несов] без доп ① (с трудом пройти) sich durchdrängen; ◇ ~ сквозь толпу́ sich durch die Menge drängen ② (незаметно проникнуть) eindringen; ◇ ~ че́рез окно́ durch das Fenster einsteigen; (прокрасться) sich einschleichen

прова́л m_1 <-а> ① (провалившееся место) Einsturzstelle f, Senkung f ② (неудача) Misserfolg m, Scheitern n; (на экзамене) Durchfallen n; ◇ потерпе́ть ~ scheitern ③ (сознания) Schwinden n; ◇ ~ па́мяти Gedächtnisschwund m; **прова́ли́ться** V_{4a} сов <-лю́сь, -а́лишься, (1) 1 и 2 л. не употр> [**прова́ливаться** V_{1a} несов] без доп ① (рухнуть) einstürzen, einfallen; ◇ мост ~лся die Brücke ist eingestürzt ② (упасть) hineinstürzen, hinabstürzen, einbrechen; ◇ ~ться в я́му in eine Grube stürzen; ◇ гото́в сквозь зе́млю ~ться am liebsten wäre er im Erdboden versunken ③ перен (потерпеть неудачу) misslingen; ◇ пла́ны ~лись die Pläne sind fehlgeschlagen; (о деле) scheitern; (об экзамене) durchfallen ④ перен (пропасть) verschwinden; ◇ куда́ ты ~лся? wo hast du gesteckt? ⑤ разг (об агенте) verschwinden, untertauchen; ◇ провали́сь э́ти де́ньги! das Geld interessiert mich einen Dreck

прове́рить V_{4b} сов <-рю, -ришь> [**проверя́ть** V_{1b} несов] кого-что вин (удостовериться) kontrollieren, (über-)prüfen; ◇ ~ биле́ты при вхо́де die Eintrittskarten kontrollieren; ◇ ~ зна́ния уча́щихся das Wissen der Schüler überprüfen; ◇ ~ часы́ die Zeit vergleichen; ◇ ~ на пра́ктике in der Praxis erproben; **прове́рка** $ж_1$ <-и, *род мн:* -рок) Prüfung *f;* Überprüfung *f;* (*контроль*) Kontrolle *f;* ◇ ~ **часо́в** das Stellen der Uhr; ◇ ~ **успева́емости** Leistungskontrolle; ◇~ **докуме́нтов** Ausweiskontrolle

проверну́ть V_2 *сов* ‹-ну́, -нёшь, *Part. Prät. Pass.* -вёрнутый) [**проверты́вать** V_{1a} *несов*] *что вин* ① (*сделать отверстие*) (durch-)bohren; ◇~ **ды́рку** ein Loch bohren ② (*измельчить*) (durch-)drehen; ◇ ~ **мя́со че́рез мясору́бку** Fleisch durch den Fleischwolf drehen ③ *перен разг* (*осуществить*) deichseln; ◇~ **де́ло** die Sache deichseln; ◇~ **мы э́то жи́во провернём!** wir werden das Kind schon schaukeln

проверя́ть *несов от* **прове́рить**

провести́ V_{4a} *сов* ‹-еду́, -едёшь› [**проводи́ть** V_{4a} *несов*] *кого-что вин* (1, 7), *кого вин* (2, 3, 5, 6), *что вин чем тв* (4) ① (*помочь пройти*) hindurchführen, geleiten; (*сопровождать*) begleiten; ◇~ **ми́мо до́ма** am Haus vorbeiführen ② (*обозначить*) ziehen; ◇~ **черту́** eine Linie ziehen ③ (*проложить*) (an-)legen, bauen; ◇ ~ **газопрово́д** eine Gasleitung legen ④ (*сделать движение*) über etw streichen, über etw fahren; ◇~ **руко́й по столу́** mit der Hand über den Tisch fahren ⑤ (*осуществить*) durchführen, verwirklichen, realisieren; ◇~ **заседа́ние** eine Sitzung abhalten; ◇~ **кампа́нию** eine Kampagne durchführen; ◇~ **в жизнь** verwirklichen ⑥ (*время*) verbringen, zubringen; ◇~ **ве́село** **пра́здник** gut feiern ⑦ *разг* (*перехитрить*) hinters Licht führen, anführen; ◇~ **ста́рого воробья́ на мяки́не не проведёшь** dem kann man kein X für ein U vormachen

прове́трить V_{4b} *сов* ‹-рю, -ришь› [**прове́тривать** V_{1a} *несов*] *что вин* (durch-)lüften; ◇~ **ко́мнату** das Zimmer lüften

провини́ться V_{4a} *сов* ‹-ню́сь, -ни́шься› *в чём предл или чем тв перед кемчем тв* sich (einer Sache) schuldig machen, sich vergehen (gegen); **прови́нность** *ж_5* ‹-и› Verschulden *n,* Vergehen *n*

прови́нция *ж_4* ‹-и› Provinz *f*

про́вод *м_1* ‹-а, *мн:* -а́› Leitung *f;* (*электрический*) elektrische Leitung; (*кабель, шнур*) Kabel *n;* ◇ **телефо́нный** ~ Telefonleitung

проводи́ть¹ *несов от* **провести́**

проводи́ть² *сов* ‹-ожу́, -о́дишь› [**провожа́ть** V_{1a} *несов*] *кого-что вин* ① (*сопроводить*) begleiten, geleiten, bringen; ◇ ~ **госте́й до ста́нции метро́** die Gäste zur U-Bahn bringen ② (*расстаться*) sich verabschieden; ◇ ~ **в после́дний путь** jd-n das letzte Geleit geben ③ (*проследить*) nachsehen; ◇~ **глаза́ми кого́-л** jd-m mit den Augen folgen

проводни́к¹ *м_1* ‹-á, *мн:* -и́› ① (*провожатый*) Führer *m;* ◇ ~ **по го́рным тро́**

пам Bergführer ② (*железнодорожный служащий*) Zugschaffner *m*

проводни́к² *м_1* ‹-á› ① *физ* Leiter *m;* ◇ ~ **то́ка** Stromleiter ② *перен* (*посредник*) Übermittler *m;* (*распространитель*) Träger *m;* ◇ **кни́га ~ ~ зна́ний** das Buch vermittelt Wissen

про́воды *мн_1* ‹-ов› Verabschiedung *f,* Abschied *m,* Abschiedsfeier *f*

провозгласи́ть V_{4a} *сов* ‹-ашу́, -си́шь, *Part. Prät. Pass.* -ашённый› [**провозглаша́ть** V_{1a} *несов*] *что вин* (1), *кого-что вин кем тв* (2) ① (*произнести*) ausrufen; ◇~ **тост** einen Toast ausbringen; (*возвестить*) verkünden ② (*объявить*) ausrufen; ◇ ~ **победи́телем** jd-n zum Sieger proklamieren

провока́тор *м_1* ‹-а› Provokateur *m;* (*сыщик*) Lockspitzel *m;* **провока́ция** *ж_4* ‹-ии› Provokation *f,* Herausforderung *f;* ◇ **не поддава́ться на ~ю** sich nicht provozieren lassen

про́волока *ж_5* ‹-и› Draht *m;* ◇ **колю́чая** ~ Stacheldraht; ◇ **ме́дная** ~ Kupferdraht

прогада́ть V_{1a} *сов* ‹-áю, -áешь, *Part. Prät. Pass.* -га́данный› [**прога́дывать** V_{1a} *несов*] *без доп разг* (*ошибиться в расчётах*) sich verrechnen; (*остаться в проигрыше*) hereinfallen

прогно́з *м_1* ‹-а› Prognose *f;* ~ **пого́ды** Wettervorhersage *f;* ◇ **де́лать ~ы** Prognosen anstellen; **прогнози́ровать** V_{3a} *несов и сов* ‹-рую, -руешь› *что вин* prognostizieren; ◇ ~ **разви́тие собы́тий** die Entwicklung der Ereignisse voraussagen

проговори́ть V_{4a} *сов* ‹-рю́, -ри́шь› [**прогова́ривать** V_{1a} *несов*] *что вин* ① (*произнести*) sagen, reden; ◇ **ни сло́ва не ~л** er sagte kein Wort ② (*провести время в разговорах*) sich unterhalten

проголода́ться V_{1a} *сов* ‹-áюсь, -áешься› *без доп* hungrig sein

програ́мма *ж_1* ‹-ы› ① (*план*) Plan *m;* ◇ ~ **де́йствий** Handlungsplan ② (*организации*) Programm *n* ③ (*учебная*) Lehrplan *m* ④ (*мероприятий*) Programm *n;* театр ◇ **театра́льная** ~ Spielplan *m;* ◇ **телевизио́нная** ~ Fernsehprogramm

прогре́сс *м_1* ‹-а› Fortschritt *m;* ◇ **идти́ по пути́ ~а** den Weg des Fortschritts beschreiten; **прогресси́вный** *прил* ‹-ая, -ое, -ые› (*передовой*) progressiv, fortschrittlich; ◇ **~ая техноло́гия** fortschrittliche Technologie; ◇ ~ **нало́г** Progressivsteuer

прогу́л *м_1* ‹-а› Fernbleiben *n* vom Arbeitsplatz; ◇ **вы́нужденный** ~ unverschuldeter Arbeitsausfall; (*об уроках*) Schwänzen *n;* ◇ **соверши́ть** ~ blaumachen

прогу́лка *ж_5* ‹-и, *род мн:*-лок› Spaziergang *m;* ◇ **за́городная** ~ Ausflug ins Grüne; (*на машине*) Spazierfahrt *f;* (*экскурсия*) Ausflug *m;* (*поход*) Wanderung *f*

прогу́льщик $м_1$ ⟨-а⟩ Schwänzer *m*, jd, der nicht zur Arbeit erscheint
продава́ть *несов от* **прода́ть**
продаве́ц $м_1$ ⟨-вца́⟩ Verkäufer *m; (торго́вец)* Händler *m;* **продавщи́ца** $ж_1$ ⟨-ы⟩ Verkäuferin *f; (торго́вка)* Händlerin *f*
прода́жа $ж_1$ ⟨-и⟩ Verkauf *m; (торго́вля)* Handel *m;* ◇ **вы́пустить в ~у** auf den Markt bringen; ◇ **име́ться в ~е** im Handel (erhältlich) sein; **прода́жный** *прил* ⟨-ая, -ое, -ые⟩ 1 *(предназна́ченный для прода́жи)* verkäuflich 2 *перен (подку́пный)* käuflich, bestechlich, korrupt
прода́ть* *сов* ⟨-а́м, -а́шь⟩ [**продава́ть** V_{1a} *несов*] *кого́-что вин* 1 *(отда́ть за пла́ту)* verkaufen; ◇ **~ дёшево** ~ billig verkaufen; ◇ **~ о́птом** im Großhandel verkaufen 2 *перен (преда́ть)* verraten; ◇ **~ свои́х друзе́й** seine Freunde verraten
продвиже́ние c_4 ⟨-я⟩ 1 Vorrücken *n*, Vordringen *n; (движе́ние вперёд)* Vorwärtsbewegung *f* 2 *(выдвиже́ние)* Aufstieg *m; (повыше́ние)* Beförderung *f;* ◇ **по слу́жбе** Aufstieg in einen höheren Dienstrang *m*
продви́нуться V_2 *сов* ⟨-нусь, -нешься, *Imp.* -нься⟩ [**продвига́ться** V_{1a} *несов без доп*] 1 *(дви́гаться вперёд)* vorwärts kommen, vorrücken; ◇ **~ в толпе́** sich (durch die Menge) nach vorne drängen 2 *перен (вы́двинуться)* aufrücken, aufsteigen; *(по слу́жбе)* befördert werden; *(де́лать успе́хи)* Erfolg haben 3 *(о де́ле)* Fortschritte machen
проде́ть* *сов* ⟨-е́ну, -е́нешь⟩ [**продева́ть** V_{1a} *несов*] *что* durchstecken, durchziehen; ◇ **~ ни́тку в иго́лку** eine Nadel einfädeln
продле́ние c_4 ⟨-я⟩ Verlängerung *f*
продли́ть V_{4a} *сов* ⟨-лю́, -ли́шь⟩ [**продлева́ть** V_{1a} *несов*] *что вин* verlängern; ◇ **~ о́тпуск** den Urlaub verlängern; ◇ **срок рабо́ты** eine Nachfrist gewähren; *(затяну́ть)* hinauszögern
продово́льствие c_4 ⟨-я⟩ Lebensmittel *n pl*, Nahrungsmittel *n pl*
продолжа́ть *несов от* **продо́лжить**
продолжа́|ться *несов* ⟨-а́ется, -а́ются, 1 и 2 л. не употр⟩ [**продо́лжиться** *сов*] *без доп* dauern, andauern; ◇ **жизнь ~ется** das Leben geht weiter; *(затяну́ться)* sich hinziehen; ◇ **разгово́р ~лся** das Gespräch zog sich in die Länge; **продолже́ние** c_4 ⟨-я⟩ 1 *(де́йствие)* Fortsetzung *f*, Fortführung *f; (ли́нии)* Weiterführung *f; (во вре́мени)* Fortdauer *f* 2 *(часть)* Fortsetzung *f;* ◇ **~ сле́дует** Fortsetzung folgt; ◇ **в ~ всего́ го́да** im Laufe des ganzen Jahres; **продолжи́тельный** *прил* ⟨-ая, -ое, -ые⟩ (an-)dauernd, lang; *(о боле́зни)* langwierig; *(о моро́зе, дожде́)* anhaltend; ◇ **~ые аплодисме́нты** anhaltender Applaus; ◇ **~ое отсу́тствие** dauernde Abwesenheit;

продо́лжит|ь V_{4b} *сов* ⟨-жу, -жишь⟩ [**продолжа́ть** V_{1a} *несов*] *что вин* 1 *(продлева́ть)* verlängern 2 *(де́лать что-л)* fortführen, weiterführen, fortsetzen; ◇ **~ь разгово́р** das Gespräch fortführen; ◇ **~ь рабо́тать** mit der Arbeit fortfahren; ◇ **~е!** fahren Sie fort!
проду́кт $м_1$ ⟨-а⟩ 1 *(предме́т)* Produkt *n*, Erzeugnis *n* 2 *перен (результа́т)* Produkt *n* 3 ◇ **~ы** *мн (пита́ния)* Nahrungsmittel *n pl*, Lebensmittel *n pl*
продукти́вный *прил* ⟨-ая, -ое, -ые⟩ *(производи́тельный)* leistungsfähig, produktiv; *перен (плодотво́рный)* fruchtbar; **проду́кция** $ж_4$ ⟨-ии⟩ Produktion *f*, Erzeugnisse *n pl;* ◇ **гото́вая ~** Fertigprodukte *n pl*
проду́мать V_{1a} *сов* ⟨-аю, -аешь⟩ [**проду́мывать** V_{1a} *несов*] *что вин* 1 *(обду́мать)* durchdenken; *(основа́тельно поду́мать)* überlegen, gründlich nachdenken; ◇ **~ до конца́** sich etw reiflich überlegen 2 *(провести́ вре́мя в ду́мах)* hin und her überlegen, nachdenken
прое́зд $м_1$ ⟨-а⟩ 1 *(де́йствие)* Durchfahrt *f*, Durchreise *f;* ◇ **~а нет!** Durchfahrt verboten! 2 *(ме́сто)* Durchfahrt *f* 3 *(езда́)* Fahrt *f* 4 *(у́лица)* Nebengasse *f*
прое́кт $м_1$ ⟨-а⟩ 1 *(план)* Entwurf *m*, Projekt *n; (дипло́мный)* ~ Diplomarbeit *f;* ◇ **быть в ~е** sich in der Entwicklungsphase befinden 2 *(за́мысел)* Vorhaben *n*, Plan *m*
проже́ктор $м_1$ ⟨-а⟩ Scheinwerfer *m*
прожо́рливый *прил* ⟨-ая, -ое, -ые⟩ gefräßig
про́за $ж_1$ ⟨-ы⟩ 1 *лит* Prosa *f* 2 *перен (обы́денность)* der graue Alltag; ◇ **жите́йская ~** Alltagssorgen
прозва́ть* *сов* ⟨-зову́, -зовёшь⟩ [**прозыва́ть** V_{1a} *несов*] *кого́-что вин кем тв* nennen; einen Spitznamen geben; **про́звище** c_3 ⟨-а⟩ Beiname *m; (оби́дное)* Spitzname *m*
прозева́ть *см.* **зева́ть**
прозорли́вый *прил* ⟨-ая, -ое, -ые⟩ scharfsichtig; *(проница́тельный)* scharfsinnig
прозра́чн|ый *прил* ⟨-ая, -ое, -ые⟩ 1 *(пропуска́ющий свет)* durchsichtig, transparent; ◇ **~ое стекло́** durchsichtiges Glas 2 *перен (я́сный)* klar; *(недвусмы́сленный)* eindeutig; *(очеви́дный)* offensichtlich
прозре́|ть V_5 *сов* ⟨-рю́, -ри́шь, *Imp.* -ри́, ~те⟩ [**прозрева́ть** V_{1a} *несов без доп*] 1 *(стать зря́чим)* sehend werden, das Augenlicht wiedererlangen 2 *перен (нача́ть понима́ть)* zu begreifen beginnen, wie Schuppen von den Augen fallen; ◇ **я заблужда́лся, но тепе́рь я ~ёл** ich habe mich geirrt, doch jetzt geht mir ein Licht auf
прозяба́ть V_{1a} *несов* ⟨-а́ю, -а́ешь⟩ *без доп* ein kümmerliches Dasein führen,

dahinvegetieren; ◇ ~ **в нищете́** in Armut leben

проигра́ть V_{1a} *сов* <-а́ю, -а́ешь, *Part. Prät. Pass.* -и́гранный> [**прои́грывать** V_{1a} *несов*] *что вин* (1) (*потерпеть неуда́чу*) verlieren, verspielen; ◇ ~ **пари́** die Wette verlieren (2) шахм (*лиши́ться*) verlieren; ◇ ~ **пе́шку** den Bauer verlieren (3) муз (*испо́лнить*) spielen; ◇ ~ **вальс на роя́ле** einen Walzer auf dem Flügel vorspielen (4) (*провести́ вре́мя в игре́*) spielen; ◇ **весь ве́чер проигра́л в шашки** er spielte den ganzen Abend Dame; **прои́грыватель** m_2 <-я> Plattenspieler *m*; **про́игрыш** m_1 <-а> (1) (*исхо́д игры́*) Verlieren *n*; ◇ **оста́ться в** ~е Verlierer sein (2) (*су́мма*) Spielverlust *m*

произведе́ние c_4 <-я> (1) (*творе́ние*) Werk *n*; ◇ ~ **иску́сства** Kunstwerk; (*изде́лие*) Erzeugnis *n* (2) мат Ergebnis *n*

произвести́* *сов* <-еду́, -едёшь> [**производи́ть** V_{4a} *несов*] *кого́-что вин* (1) (*сде́лать*) ausführen, durchführen; ◇ ~ **реконстру́кцию** etw umgestalten (2) (*вы́звать*) hervorrufen; (*породи́ть*) erzeugen; ◇ ~ **на свет** *что* Welt bringen; ◇ ~ **впечатле́ние на кого́-л** auf jdn Eindruck machen; ◇ ~ **переполо́х** einen Tumult verursachen (3) (*присво́ить чин, зва́ние*) ernennen; (*повы́сить*) befördern

производи́тельность $ж_5$ <-и> Produktivität *f*; (*мо́щность*) Leistung *f*

производи́ть *несов от* **произвести́**

произво́дств|о c_2 <-а> (1) (*проце́сс*) Produktion *f*, Herstellung *f*; ◇ **спад** ~а Produktionsrückgang *m*; ◇ **рабо́тать на** ~ in der Produktion arbeiten (2) (*созда́ние проду́кции*) Erzeugung *f*, Fertigung *f* (3) (*предприя́тие*) Betrieb *m* (4) (*о́трасль*) Branche *f*; ◇ **сельскохозя́йственное** ~o Landwirtschaft *f* (5) юр ◇ **суде́бное** ~o Gerichtsverfahren *n*

произво́л m_1 <-а> (1) (*самовла́стие*) Willkür *f*; ◇ **твори́ть** ~ Willkür walten lassen (2) (*необосно́ванность*) Haltlosigkeit *f*; ◇ ~ **в рассужде́ниях** unbegründete Überlegungen; ◇ **оста́вить на** ~ **судьбы́** seinem Schicksal überlassen; **произво́льный** *прил* <-ая, -ое, -ые> (1) (*по жела́нию*) willkürlich (2) (*самово́льный*) eigenmächtig; (*необосно́ванный*) unbegründet

произноше́ни|е c_4 <-я> Aussprache *f*; (*артикуля́ция*) Artikulation *f*; ◇ **узна́ть иностра́нца по** ~ю einen Ausländer an seiner Aussprache erkennen

произойти́* *сов* <-ойдёт, -ойду́т, 1 и 2 л. не употр> [**происходи́ть** V_{4a} *несов*] *без доп (1), от кого́-чего́ род (2), от чего́ род (3)* (1) (*случи́ться*) sich ereignen, vorfallen, passieren, stattfinden; ◇ **что** ~шло́? was ist passiert? (2) (*появи́ться*) (ab-)stammen, entstammen; ◇ **от пра́деда** ~шло́ большо́е пото́мство der Urgroßvater hat viele Nachkommen (3) (*из-за чего́-л*) entstehen (durch); herrühren; ◇ **взрыв** ~шёл **из-за небре́жности** zur Explosion kam es aus Nachlässigkeit; ◇ **все** ~шло́ **из-за того́, что** alles geschah dadurch, dass

про́иски $мн_1$ <-ов> Ränke *m pl*, Machenschaften *f pl*; (*интри́ги*) Intrigen *f pl*

происходи́ть *несов от* **произойти́**

происхожде́ни|е c_4 <-я> (1) (*принадле́жность к на́ции, сосло́вию*) Abstammung *f*, Herkunft *f*; ◇ **ру́сский по** ~ю russischer Abstammung (2) (*возникнове́ние*) Entstehung *f*, Ursprung *m*

происше́ствие c_4 <-я> (*собы́тие*) Ereignis *n*; (*слу́чай*) Vorfall *m*, Begebenheit *f*; ◇ **доро́жное** ~ Unfall *m*

пройдо́ха *м, ж*₁ <-и> *разг* durchtriebener Kerl; (*жу́лик*) Ganove *m*

пройти́* *сов* <-йду́, -йдёшь, (4, 5, 7) 1 и 2 л. не употр> [**проходи́ть** V_{4a} *несов*] *без доп, что вин (2, 6, 10)* (1) (*передви́нуться*) durchgehen, vorbeigehen; ◇ ~ **вперёд** nach vorne durchgehen; ◇ ~ **ми́мо** an jd-m vorbeigehen (2) (*соверши́ть путь*) zurücklegen; ◇ ~ **путь** eine Strecke zurücklegen (3) (*о вре́мени*) vergehen, verstreichen; ◇ **прошёл це́лый час** eine ganze Stunde verstrich; ◇ **боль прошла́** der Schmerz verging (4) (*прони́кнуть*) durchdringen, durch etw durchgehen; ◇ **шкаф не прошёл в дверь** der Schrank ging nicht durch die Tür; ◇ **вода́ не прохо́дит** das Wasser fließt nicht ab (5) (*прекрати́ться*) aufhören, vergehen; ◇ **гроза́ прошла́** das Gewitter hörte auf (6) (*изучи́ть*) durchnehmen; ◇ ~ **програ́мму сре́дней шко́лы** den Lehrplan der Mittelschule durchnehmen (7) (*распространи́ться*) sich verbreiten; ◇ **прошёл трево́жный слух** ein beunruhigendes Gerücht ging um (8) (*заверши́ться*) verlaufen; ◇ **докла́д прошёл уда́чно** der Vortrag verlief gut (9) (*получи́ть утвержде́ние*) durchgehen, angenommen werden; ◇ **Ва́ше предложе́ние прошло́** Ihr Vorschlag ging durch (10) (*вы́полнить*) durchlaufen, leisten, absolvieren; ◇ ~ **курс лече́ния** eine Therapie durchlaufen; ◇ ~ **вое́нную слу́жбу** Militärdienst leisten; ◇ **э́то тебе́ да́ром не пройдёт** das wird noch ein Nachspiel haben; ◇ **э́то не пройдёт!** das wird nicht gelingen!

прока́за¹ $ж_1$ <-ы> мед Aussatz *m*, Lepra *f*

прока́за² $ж$ <-ы> (*ша́лость*) Streich *m*

прока́зник m_1 <-а> Schelm *m*, Schalk *m*

прока́т m_1 <-а> (1) (*по́льзование*) Mieten *n*; (*наём*) Verleih *m*; (*де́йствие*) Verleihen *n*; ◇ ~ **фи́льмов** Filmverleih; ◇ **взять в** ~ etw ausleihen, mieten

прокати́ть V_{4a} *сов* <-ачу́, -а́тишь, *Part. Prät. Pass.* -а́ченный> [**прока́тывать** (2, 3) V_{1a} *несов*] *кого́-что вин* (1, 4), *без доп* (2), *что вин* (3) (1) (*провезти́*) spazieren fahren (2) (*прое́хать ми́мо*) vorbeirasen (3) (*о мяче́, ша́ре*) rollen; ◇ ~ **мяч по́ полу** den Ball über den Boden rollen (4)

(*при голосовании*) abwählen, durchfallen lassen; ◇ ~ **на воро́ных** jd-n durchfallen lassen (in einer Abstimmung)
прокла́дка *жₗ* ‹-и, *род мн:* -док› **(1)** (*действие*) Verlegung *f;* ◇ ~ **доро́ги** Straßenbau *m;* ◇ ~ **проводо́в** Kabelverlegung **(2)** (*изоляция*) Dichtung *f*
прокла́дывать *несов* от **проложи́ть**
прокля́сть* *сов* ‹-яну́, -яне́шь, *Prät.* про́клял, -а́, *Part. Prät. Pass.* про́клятый› [**проклина́ть** Vₗₐ *несов*] *кого-что вин* verdammen, verwünschen; ◇ ~ **изме́нника** den Verräter verfluchen; (*ругать про себя*) fluchen; **прокля́тие** *c₄* ‹-я› Fluch *m*, Verwünschung *f;* ◇ ~! verdammt!
прокурату́ра *жₗ* ‹-ы› Staatsanwaltschaft *f;* ◇ **де́ло пе́редано в ~у** die Sache wurde an die Staatsanwaltschaft weitergeleitet;
прокуро́р *mₗ* ‹-а› Staatsanwalt *m*
пролеза́ть *сов* ‹-зу, -зешь› [**пролеза́ть** Vₗₐ *несов*] *через что вин (1), во что вин (2, 3)* **(1)** (*проникнуть с трудом*) durchkriechen, sich durchzwängen **(2)** (*проникнуть тайком*) sich einschleichen; ◇ **во́ры ~ли в сад** die Diebe schlichen sich in den Garten ein **(3)** *перен* (*проникнуть обманом*) sich etw erschleichen, sich einschmuggeln; ◇ ~**ть в чле́ны клу́ба** sich die Klubmitgliedschaft erschleichen
пролёт¹ *mₗ* ‹-а› (*моста*) Spannweite *f*
пролёт² *м* ‹-а› **(1)** (*передвижение*) (Über-)Flug *m* **(2)** Vogelzug *m*
пролете́ть* *сов* ‹-лечу́, -лети́шь› [**пролета́ть** Vₗₐ *несов*] *что вин (1, 2), без доп (3, 4, 5)* **(1)** (*пронестись*) fliegen, hindurchfliegen **(2)** (*какое-л расстояние*) zurücklegen; (*самолётом*) ◇ ~**ть ты́сячу киломе́тров** 1000 km zurücklegen **(3)** (*переместиться*) vorbeifliegen, überfliegen; ◇ ~**ть ми́мо кого́/чего́-л** an jd-m/etw vorbeifliegen **(4)** (*миновать*) vorbeirasen; ◇ ~**л ско́рый по́езд** der Schnellzug raste vorbei **(5)** (*о времени*) verfliegen, wie im Fluge vergehen
проли́в *mₗ* ‹-а› Meerenge *f*, Meeresstraße *f*
проли́ть* *сов* ‹-лью́, -льёшь› [**пр올ива́ть** Vₗₐ *несов*] *что вин* verschütten, vergießen; ◇ ~ **свет на что-л** etw ins rechte Licht rücken
проло́г *mₗ* ‹-а› Vorwort *m*
проложи́ть V₄ₐ *сов* ‹-ожу́, -о́жишь› [**прокла́дывать** и **пролага́ть** Vₗₐ *несов*] *что вин* **(1)** (*протянуть*) legen, bauen; ◇ **нефтепрово́д** eine Pipeline legen **(2)** (*между чем-л*) bahnen; ◇ ~ **себе́ доро́гу** sich einen Weg bahnen
про́мах *mₗ* ‹-а› **(1)** (*непопадание*) Fehlschuss *m;* ◇ **бить без ~а** treffsicher schießen; ◇ **дать** ~ danebenschießen **(2)** *перен* (*неудача*) Fehlgriff *m*, Fehltritt *m;* (*ошибка*) Fehler *m;* **промахну́ться** V₂ *сов* ‹-ну́сь, -нёшься› [**прома́хиваться** Vₗₐ *несов*] *без доп* **(1)** (*не попасть в цель*)

danebenschießen, nicht treffen **(2)** *разг* (*оплошать*) einen Fehler machen
промедле́ни|е *c₄* ‹-ия› Verzögerung *f;* (*отсрочка*) Aufschub *m;* (*затяжка*) Hinziehen *n*
промежу́ток *mₗ* ‹-тка, *мн:* -тки› **(1)** (*времени*) Zwischenzeit *f*, Zeitraum *m;* (*интервал*) Zeitabschnitt *m;* ◇ ~ **в де́сять лет** im Zeitraum von zehn Jahren **(2)** (*пространство*) Zwischenraum *m;* (*расстояние*) Abstand *m*
промо́зглый *прил* ‹-ая, -ое, -ые› (*о погоде*) nasskalt, feucht; (*о воздухе*) moderig
про́мыс|ел *mₗ* ‹-сла, *мн:* -слы› **(1)** (*добывание*) Erwerb *m*, Jagd *f;* ◇ **китобо́йный ~ел** Walfang *m;* ◇ ~**ел тюле́ня** Robbenjagd *f* **(2)** (*занятие*) Gewerbe *n*, Erwerbszweig *m;* ◇ **худо́жественный ~ел** Kunstgewerbe **(3)** (*предприятие*) ◇ **го́рные ~лы** Bergwerk *n;* ◇ **нефтяны́е ~слы** Ölfelder
промы́шленник *mₗ* ‹-а› Industrieller *m;*
промы́шленность *жₗ* ‹-и› Industrie *f;* ◇ **обраба́тывающая** ~ verarbeitende Industrie; ◇ **тяжёлая** ~ Schwerindustrie
пронзи́тельный *прил* ‹-ая, -ое, -ые› durchdringend; (*о взгляде*) bohrend; (*о голосе*) schrill, durchdringend; (*о звуке*) ohrenbetäubend
проник|ну́ть V₂ *сов* ‹-ну, -нешь, *Part. Prät. Pass.* -нутый› [**проника́ть** Vₗₐ *несов*] *во что вин (1, 2, 3), кого-что вин (4)* **(1)** (*пробраться внутрь*) durchdringen, eindringen; (*вперёд*) vordringen; (*просочиться*) durchsickern; ◇ **свет** ~ **в ко́мнату** Licht drang ins Zimmer **(2)** *перен* (*распространиться*) zu jd-m vordringen, erreichen, sich verbreiten; ◇ **све́дения ~ли в печа́ть** die Informationen sind zur Presse durchgedrungen **(3)** (*вникнуть*) ergründen, durchschauen; ◇ ~**нуть в суть де́ла** den Kern einer Sache ergründen; (*отгадать*) erraten **(4)** (*охватить*) ergreifen, befallen
проница́тельный *прил* ‹-ая, -ое, -ые› (*наблюдательный*) scharfsichtig; (*взгляд*) durchdringend
проо́браз *mₗ* ‹-а› Urbild *n;* (*прототип*) Prototyp *m*
про́пас|ть *жₗ* ‹-и› **(1)** (*обрыв*) Abgrund *m*, Kluft *f;* *перен* ◇ **на краю́ ~и** am Rande des Abgrunds **(2)** *перен* (*расхождение*) Kluft *f;* ◇ **по́сле ссо́ры ме́жду ни́ми возни́кла ~ь** nach dem Streit tat sich eine Kluft zwischen ihnen auf
пропа́|сть* *сов* ‹-аду́, -аде́шь› [**пропада́ть** Vₗₐ *несов*] *без доп* **(1)** (*исчезнуть*) verschwinden; ◇ ~**сть на неде́лю** eine Woche lang nichts von sich hören lassen; ◇ **куда́ ты** ~**л?** wo steckst du?; ◇ ~**сть без вести** verschollen sein **(2)** (*потеряться*) verloren gehen, abhanden kommen; ◇ ~**ли ну́жные бума́ги** wichtige Papiere sind abhanden gekommen **(3)** (*утратиться*) zugrunde gehen, kaputtgehen; ◇ **вдруг ~л**

го́лос plötzlich versagte ihm die Stimme; ◇ ~ла охо́та die Lust ist mir vergangen; ◇ все труды́ ~ли да́ром alle Arbeit war umsonst ④ (*пройти́ безрезульта́тно*) für die Katz sein, hin sein; ◇ зря ~ло вре́мя das war Zeitverschwendung; весь день ~л der ganze Tag war dahin; ◇ пиши́ ~ло das kannst du vergessen

прописа́ть* *сов* ⟨-ишу́, -и́шешь⟩ [**прописывать** V_{1a} *несов*] *кого́-что вин (1), что вин кому́ дат (2)* ① (*оформить прожива́ние*) anmelden ② (*назначить лека́рство*) verschreiben; (*предписа́ть*) verordnen; **пропи́ск|а** *ж₁* ⟨-и, *род мн:* -сок⟩ (*регистра́ция места́ жи́тельства*) Anmeldung *f*, Registrierung *f;* ◇ получи́ть ~у (*amtlich*) registriert werden

пропита́ние *с₄* ⟨-я⟩ Lebensunterhalt *m;* ◇ зарабо́тать себе́ на ~ seinen Lebensunterhalt verdienen; ◇ найти́ себе́ ~ ein (sicheres) Auskommen finden

пропове́дник *м₁* ⟨-а⟩ ① (*свяще́ннослужитель*) Prediger *m* ② (*распространи́тель иде́й*) Verkünder *m*, Anhänger *m;* **пропове́довать** V_{3a} *несов* ⟨-дую, -дуешь⟩ *что вин* ① (*произноси́ть про́поведь*) predigen ② *перен* (*распространя́ть иде́и, взгля́ды*) verbreiten; (*отста́ивать*) eintreten (für), verteidigen; **про́поведь** *ж₅* ⟨-и⟩ ① *рел* Predigt *f* ② *перен* Verbreitung *f*

про́пуск *м₁* ⟨-а, *мн:* -á⟩ ① (*докуме́нт*) Passierschein *m;* ◇ предъяви́ть ~ den Passierschein vorzeigen ② (*про́бел*) Auslassung *f*, Lücke *f;* ◇ в конспе́кте мно́го ~ов das Konzept ist sehr lückenhaft ③ *воен* (*паро́ль*) Parole *f*, Kennwort *n* ④ (*заня́тий*) Versäumnis *n* ⑤ (*впуск*) Einlass *m*

пропусти́ть V_{4a} *сов* ⟨-ущу́, -у́стишь, *Part. Prät. Pass.* -у́щенный⟩ [**пропуска́ть** V_{1a} *несов*] *кого́-что вин* ① (*кого́-л куда́-л*) durchlassen; (*впусти́ть*) einlassen; ◇ кого́-л вперёд jd-n den Vortritt lassen; (*дать ме́сто*) Platz machen ② (*не заме́тить*) überspringen, übersehen; ◇ ~ опеча́тку einen Tippfehler übersehen ③ (*че́рез что-л*) durchlassen ④ (*не яви́ться*) versäumen; ◇ ~ уро́к eine Unterrichtsstunde verpassen ⑤ (*упусти́ть*) sich etw entgehen lassen ⑥ (*обслужи́ть*) abfertigen, aufnehmen

прора́б *м₁* ⟨-а⟩ Bauleiter *m*, Bauführer *m*

прорва́ть V_{1a} *сов* ⟨-ву́, -вёшь, *Imp.* ви́, ~те, *Part. Prät. Pass.* про́рванный⟩ [**прорыва́ть** V_{1a} *несов*] *что вин* ① (*разорва́ть*) durchreißen, zerreißen; ◇ ~ карма́н ein Loch in die Hosentasche reißen ② (*проби́ться*) durchbrechen ③ *безл* aufbrausen

проре́ха *ж₁* ⟨-и⟩ ① (*дыра́*) Loch *n*, Riss *m* ② (*у брюк*) Schlitz *m*, Hosenschlitz *m* ③ *перен* Mangel *m*, Fehler *m*, Lücke *f*

проро́к *м₁* ⟨-а⟩ Prophet *m*

про́рубь *ж₅* ⟨-и⟩ Eisloch *n*

проры́в *м₁* ⟨-а⟩ ① (*разры́в*) Durchbruch *m*, Einbruch *m;* ◇ заде́лать ~ в плоти́не den Dammbruch schließen ② *перен* (*срыв*) Rückstand *m;* ◇ вы́йти из ~а den Rückstand aufholen

просве́т *м₁* ⟨-а⟩ ① (*полоса́ све́та*) Lichtstreif *m*, Lichtschimmer *m* ② (*окна́*) Fensteröffnung *f;* (*двери*) Türöffnung *f* ③ *спорт* Abstand *m* ④ *перен* Lichtblick *m;* (*луч наде́жды*) Hoffnungsstrahl *m*

просвети́тель *м₂* ⟨-я⟩ Aufklärer *m;* **просвеще́ни|е** *с₄* ⟨-я⟩ Bildungswesen *n;* (*образова́ние*) Bildung *f;* ◇ забо́титься о ~и населе́ния sich um die Volksbildung kümmern; *ист* ◇ эпо́ха просвеще́ния Zeitalter der Aufklärung; **просвещённый** *прил* ⟨-ая, -ое, -ые⟩ aufgeklärt; (*образо́ванный*) gebildet

про́сек|а *ж₁* ⟨-и⟩ Schneise *f*

проси́тель *м₂* ⟨-я⟩ Bittsteller *m*

проси́ть V_{4a} *несов* ⟨-ошу́, -о́сишь⟩ [**посо́в**] *кого́-что вин* или *кого́-чего род* или *кого́-что вин о ком-чём предл* или *с инф (1)*, *кого́-что вин за кого́-что вин (2)*, *кого́-что вин на что вин (3)*, *что вин (4)* ① (*обраща́ться с про́сьбой*) bitten, ersuchen; ◇ ~ пощады um Gnade bitten; ◇ ~ не кури́ть jd-n bitten, nicht zu rauchen; ◇ ~ ми́лостыню betteln ② (*хло́потать*) für jd-n ein gutes Wort einlegen, für jd-n eintreten ③ (*приглаша́ть*) einladen (zu) ④ (*назнача́ть це́ну*) verlangen; ◇ ско́лько про́сишь? was verlangst du dafür?

просло́йка *ж₁* ⟨-и, *род мн:* -о́ек⟩ ① (*слой*) Zwischenlage *f*, Schicht *f;* ◇ кре́ма в пиро́жном Cremeschicht im Kuchen ② *перен* (*часть о́бщества*) Schicht *f*

прослу́ша|ть V_{1a} *сов* ⟨-аю, -аешь⟩ [**прослу́шивать** V_{1a} *несов*] *кого́-что вин* ① (*слу́шать*) hören ② (*вы́слушать*) anhören ③ (*не услы́шать*) überhören, verpassen; ◇ он отвлёкся и ~л объясне́ния учи́теля er ließ sich ablenken und verpasste die Erklärungen des Lehrers ④ *мед* abhorchen

просма́тривать *несов от* **просмотре́ть просмо́тр** *м₁* ⟨-а⟩ ① (*книг, докуме́нтов*) Durchsicht *f* ② (*фильма*) Vorführung *f;* ◇ закры́тый ~ фи́льма geschlossene Filmvorführung ③ (*недосмо́тр*) Versehen *n*, Fehler *m;* **просмотре́ть** V_5 *сов* ⟨-рю́, -о́тришь⟩ [**просма́тривать** V_{1a} *несов*] *кого́-что вин* ① (*бе́гло прочита́ть*) durchsehen, überfliegen ② (*не заме́тить*) nicht bemerken, auslassen; ◇ не обрати́ть внима́ния) außer Acht lassen; ◇ ~ оши́бку einen Fehler übersehen ③ (*знако́миться*) sich etw ansehen; ◇ ~ но́вую экспози́цию sich eine neue Ausstellung ansehen

просну́|ться V_2 *сов* ⟨-ну́сь, -нёшься⟩ [**просыпа́ться** V_{1a} *несов*] *без доп* ① (*пробуди́ться*) wach werden; ◇ ~ться ра́но früh aufwachen ② (*о чу́вствах*) erwachen ③ *перен (оживиться)* erwachen; ◇ **вулка́н ~лся** der Vulkan wurde aktiv

про́со c_2 ‹-а› Hirse f

проспа́|ть V_{1a} *сов* ‹-плю́, -пи́шь, *Imp.* -пи́, -те› [**просыпа́ть** (2, 3) V_{1a} *несов*] *без доп (1, 2), кого-что вин (3)* ① *(какое-л время)* eine Zeitlang schlafen ② *(проснуться позже, чем нужно)* verschlafen; ◇ **он ~л и опозда́л на по́езд** er verschlief und verpasste den Zug ③ *(пропустить)* etw verschlafen, verpassen; ◇ **~ть свою́ ста́нцию** seine Haltestelle verpassen

просро́чить V_{4b} *сов* ‹-чу, -чишь› [**просро́чивать** V_{1a} *несов*] *что вин* einen Termin versäumen; ◇ **~ платежи́** die Zahlungsfrist überschreiten

проста́ивать *несов от* **простоя́ть**

простира́ться V_{1a} *несов* ‹-а́ется, а́ются, 1 и 2 л. не употр› [**простере́ться*** *сов*] *без доп (о пространстве)* sich erstrecken, sich ausdehnen, reichen

проститу́тка $ж_1$ ‹-и, *род мн:* -ток› Prostituierte f; **проститу́ция** $ж_4$ ‹-ии› Prostitution f

прости́ть V_{4a} *сов* ‹-ощу́, -ти́шь, *Part. Prät. Pass.* -ощённый› [**проща́ть** V_{1a} *несов*] *кого-что вин или что вин кому́ дат* ① *(извинить)* verzeihen, vergeben; ◇ **~ь невольную оши́бку** jd-m einen ungewollten Fehler verzeihen, vergeben; ◇ **-e!** verzeihen Sie!, Verzeihung! ② *(освободить от обязательства)* erlassen; ◇ **~ь долг кому́-л** jd-m seine Schuld erlassen

про́сто I. *нареч (без лишних сложностей)* einfach; ◇ **зови́те меня́ ~ по и́мени** nennen Sie mich einfach beim Vornamen II. *предикат* ① einfach; ◇ **э́то о́чень ~** das ist ganz einfach ② *(попросту)* geradezu; ◇ **зашёл на огонёк** ich kam einfach, weil ich Licht brennen sah; ◇ **та́к einfach** so; ◇ **на́просто** einfach

просто́й¹ *прил* ‹-а́я, -ое, -ы́е› *(сравн:* **про́ще)** ① *(несложный)* einfach, leicht; ◇ **-ое реше́ние** einfache Lösung ② *(обыкновенный)* gewöhnlich, einfach; ◇ **-о́й сме́ртный** ein gewöhnlicher Sterblicher; *(скромный)* bescheiden, schlicht; *(естественный)* natürlich, einfach ③ *(простоватый)* einfältig

просто́й² $м_3$ ‹-о́я› *(бездействие)* Stillstand m, Arbeitsausfall m, Wartezeit f; ◇ **произво́дственный ~** Produktionsausfall m

простоква́ша $ж_1$ ‹-и› Dickmilch f

просто́р $м_1$ ‹-а› ① *(пространство)* Weite f ② *(раздолье)* Freiheit f; ◇ **де́тям на да́че ~** die Kinder haben im Ferienhaus viel Auslauf; **просто́рный** *прил* ‹-ая, -ое, -ые› *(о помещении)* geräumig; *(об одежде)* weit

простота́ $ж_1$ ‹-ы́› ① *(несложность)* Schlichtheit f; *(скромность)* Bescheidenheit f ② *(простодушие)* Treuherzigkeit f;

(прямодушие) Offenherzigkeit f ② *(естественность)* Natürlichkeit f

простоя́|ть V_{1b} *сов* ‹-ою́, -ои́шь, *Imp.* -о́й, -те› [**проста́ивать** V_{1a} *несов*] *без доп* ① *(какое-л время)* eine Zeitlang stehen, stehenbleiben; ◇ **по́езд ~л два часа́** der Zug hatte einen Aufenthalt von zwei Stunden; ◇ **~ть во́семь часо́в у станка́** acht Stunden lang an der Werkzeugmaschine stehen ② *(бездействовать)* untätig sein, stillstehen; ◇ **стано́к ~л из-за неиспра́вности** die Maschine stand wegen eines Defekts still

простра́нство c_2 ‹-а› ① *(место)* Raum m; ◇ **косми́ческое ~о** Weltraum ② *(площадь)* Fläche f

простре́л $м_1$ ‹-а› *разг* Hexenschuss m

просту́д|а $ж_1$ ‹-ы› Erkältung f; ◇ **схвати́ть ~у** sich eine Erkältung holen; ◇ **лечи́ться от ~ы** eine Erkältung kurieren;

простуди́ться V_{4a} *сов* ‹-ужу́сь, -у́дишься, *Part. Prät. Pass.* -у́женный› [**простужа́ться** V_{1a} *несов*] sich erkälten

просту́пок $м_1$ ‹-пка, *мн:* -пки› Vergehen n; *(ложный шаг)* Fehltritt m; *(нарушение правил)* Verstoß m; ◇ **незначи́тельный ~** leichtes Vergehen

простыня́ $ж_2$ ‹-й, *мн:* -стыни, *дат:* -я́м› Laken n, Betttuch n

просчёт $м_1$ ‹-а› ① *(ошибка в подсчёте)* Rechenfehler m, Fehlkalkulation f ② *(промах)* Fehlschlag m; ◇ **допусти́ть ~** sich verrechnen

просчита́ться V_{1a} *сов* ‹-а́юсь, -а́ешься› [**просчи́тываться** V_{1a} *несов*] *без доп* sich verrechnen, sich irren

про́сьб|а $ж_1$ ‹-ы› ① Bitte f; ◇ **невыполни́мая ~а** unerfüllbare Bitte; ◇ **обрати́ться с ~ой к кому́-л** sich mit einer Bitte an jd-n wenden; ◇ **отказа́ть кому́-л в ~е** jd-m eine Bitte abschlagen ② *(прошение)* Gesuch n; ◇ **пода́ть ~у** ein Gesuch einreichen; *(официальная)* Bittschrift f

проте́з $м_1$ ‹-а› Prothese f; ◇ **зубно́й ~** Gebiss n; ◇ **по́чки** künstliche Niere

протека́|ть V_{1a} *сов* ‹-а́ет, -а́ют, 1 и 2 л. не употр› [**проте́чь** *сов*] *без доп* ① *(о реке)* fließen; *(мимо)* vorbeifließen ② *(просачиваться)* durchsickern, durchfließen ③ *(о крыше)* durchlässig, undicht sein; *(о лодке)* leck werden ④ *(о времени)* verfließen, vergehen ⑤ *(о процессе)* verlaufen; ◇ **перегово́ры ~ют успе́шно** die Verhandlungen verlaufen erfolgreich

проте́ст $м_1$ ‹-а› Protest m; ◇ **демонстра́ция ~а** Protestkundgebung f; ◇ **заяви́ть ~** Protest einlegen; *(в письменной форме)* Protestschreiben n; *(заявление)* Einspruch m

протеста́нт $м_1$ ‹-а› *рел* Protestant m

протест|ова́ть V_{3a} *сов* ‹-ту́ю, -ту́ешь› *против чего род* protestieren, Einspruch einlegen; ◇ **-ова́ть про́тив предлага́емого реше́ния** gegen die vorgeschlagene

Lösung protestieren; ◇ **я ~у́ю** ich erhebe Einspruch

проте́чь см. **протека́ть**

про́тив *предлог с род* **(1)** *(напротив)* gegen, gegenüber; ◇ **сиде́ть друг ~ дру́га** sich gegenübersitzen **(2)** *(навстречу)* (ent-)gegen; ◇ **бежа́ть ~ ве́тра** gegen den Wind laufen **(3)** *(наперекор, вопреки)* gegen, wider, zuwider; ◇ **поступи́ть ~ со́вести** gegen das Gewissen handeln **(4)** *(по сравне́нию)* gegen, im Vergleich zu; ◇ **оса́дков бы́ло бо́льше ~ про́шлого го́да** die Niederschlagsmenge war im Vergleich zum Vorjahr größer **(5)** *(для противодействия)* gegen; ◇ **сре́дство ~ насеко́мых** Mittel gegen Insekten; ◇ **ничего́ не име́ть ~** nichts dagegen haben; ◇ **за и ~** Pro und Kontra

про́тивень *м₂* ‹-вня, *мн*: -вни› Backblech *n*

проти́виться V₄ᵦ *несов* ‹-влюсь, -вишь-ся› [**вос-** V₄ᵦ *сов*] *кому-чему дат* sich widersetzen, widerstreben; *(сопротивля́ть-ся)* Widerstand leisten

проти́вник *м₁* ‹-а› Gegner *m*; *(враг)* Feind *m*

проти́вный *прил* ‹-ая, -ое, -ые› *(неприя́тный)* ekelhaft; *(отврати́тельный)* widerlich; ◇ **~ за́пах** widerlicher Geruch

противобо́рство *с₂* ‹-а› Kampf *m*, Widerstand *m*; **противога́з** *м₁* ‹-а› Gasmaske *f*; **противоде́йствие** *с₄* ‹-я› *(сопроти́вление)* Widerstand *m*; *(реа́кция)* Gegenwirkung *f*; ◇ **оказа́ть ~ кому́/чему́-л** gegen jd-n/etw Widerstand leisten; **противозако́нный** *прил* ‹-ая, -ое, -ые› gesetzeswidrig, ungesetzlich; **противопоказа́ние** *с₄* ‹-я› *мед* Gegenindikation *f*; **противополо́жность** *ж₅* ‹-и› **(1)** *(противоре́чие)* Gegensatz *m*, Gegensätzlichkeit *f* **(2)** *(несхо́дство)* Gegenteil *n*; ◇ **преврати́ться в свою́ ~** sich in sein Gegengenteil verwandeln; ◇ **в ~ к чему́/кому́-л** im Gegensatz zu etw/jd-m; **противополо́жный** *прил* ‹-ая, -ое, -ые› **(1)** *(располо́женный напро́тив)* gegenüberliegend **(2)** *(противоре́чащий)* entgegengesetzt, gegensätzlich, gegenteilig; ◇ **~ взгляд** gegenteilige Ansicht; **противопоста́вить** V₄ᵦ *сов* ‹-влю, -вишь› [**противопоставля́ть** V₁ᵦ *несов*] *кого-что вин кому́-чему дат* **(1)** *(напра́вить против кого-чего-л)* entgegensetzen, entgegenhalten; ◇ **~ ра́зум наси́лию** der Ge-walt Verstand entgegensetzen **(2)** *(сравни́ть)* gegenüberstellen, vergleichen; **противоречи́вый** *прил* ‹-ая, -ое, -ые› widersprüchlich; **противоре́чие** *с₄* ‹-я› **(1)** *(исключе́ние одного́ други́м)* Widerspruch *m*; ◇ **по́лный ~й** voller Widersprüche; ◇ **запу́таться в ~ях** sich in Widersprüche verwickeln; ◇ **находи́ться в ~и** im Widerspruch stehen; ◇ **вну́тренние ~я** innerer Zwiespalt **(2)** *(возраже́ние)* Wider-

rede *f*; ◇ **он не те́рпит ~й** er duldet keine Widerrede; ◇ **дух ~я** Trotz *m*; **противоре́чить** V₄ᵦ *несов* ‹-чу, -чишь, (2) 1 и 2 л. не употр› *кому́-чему дат* **(1)** *(возража́ть)* widersprechen **(2)** *(не соотве́тствовать)* nicht übereinstimmen, im Widerspruch stehen, zuwiderlaufen; ◇ **пока-за́ния свиде́телей ~ат друг дру́гу** die Zeugenaussagen stehen im Widerspruch zueinander; **противостоя́ть** V₁ᵦ *несов* ‹-ою́, -ои́шь› *кому́-чему дат* **(1)** *(сопроти́вляться)* widerstehen, sich behaupten (gegen), sich widersetzen; ◇ **~ чему́-л нажи́му** sich gegen jd-s Druck behaupten **(2)** *(противоре́чить друг дру́гу)* gegenüberstehen; **противоя́дие** *с₄* ‹-я› Gegengift *n*

протоко́л *м₁* ‹-а› **(1)** *(докуме́нт, за́пись)* Protokoll *n*; ◇ **~ допро́са** Vernehmungsprotokoll; ◇ **вести́~** Protokoll führen **(2)** *(пра́вила, тради́ции)* Protokoll *n*, Regel *f*; ◇ **соблюда́ть ~** das Protokoll einhalten

протяже́ние *с₄* ‹-я› **(1)** *(о простра́нстве)* Ausdehnung *f*, Strecke *f*; ◇ **на большо́м ~и** auf einer weiten Strecke **(2)** *(о вре́мени)* Zeitspanne *f*

протяже́нность *ж₅* ‹-и› Ausdehnung *f*

протяну́ть V₂ *сов* ‹-ну́, -я́нешь, *Part. Prät. Pass.* -я́нутый› [**протя́гивать** V₁ₐ *несов*] *что вин (1, 3, 5), без доп (4), кого-что вин кому дат (2)* **(1)** *(натяну́ть)* spannen, ziehen; ◇ **~ ли́нию свя́зи** eine Telefonleitung legen **(2)** *(вы́тянуть)* ausstrecken; *(пода́ть)* reichen; ◇ **~ ру́ку по́мощи** jd-m seine Hilfe anbieten **(3)** *(сло́ва)* dehnen; ◇ **что́-то невня́тное** undeutlich herumstammeln **(4)** *разг (просуществова́ть, прожи́ть)* noch eine Zeitlang leben; ◇ **больно́й недо́лго тя́нет** der Kranke macht es nicht mehr lange; ◇ **~ но́ги** den Löffel abgeben **(5)** *(продли́ть)* hinauszögern, in die Länge ziehen

проучи́ть V₄ₐ *сов* ‹-учу́, -у́чишь, *Part. Prät. Pass.* -у́ченный› [**проу́чивать** V₁ₐ *несов*] *кого-что вин (1), что вин (2)* **(1)** *(наказа́ть)* zurechtweisen, jd-m eine Lektion erteilen **(2)** *(учи́ть како́е-л вре́мя)* (eine Zeitlang) unterrichten; ◇ **де́сять лет ~л дете́й в шко́ле** zehn Jahre lang lehrte er an einer Schule

профессиона́льный *прил* ‹-ая, -ое, -ые› Berufs-, beruflich; ◇ **~ая подгото́вка** Berufsausbildung; ◇ **~ сою́з** Gewerkschaft *f*; **профе́сси|я** *ж₄* ‹-ии› Beruf *m*; ◇ **вы́бор ~и** Berufswahl *f*; ◇ **кто она́ по ~и?** was ist sie von Beruf?

профсою́з *м₁* ‹-а› Gewerkschaft *f*; ◇ **член ~а** Gewerkschaftsmitglied *n*; **профсою́зный** *прил* ‹-ая, -ое, -ые› Gewerkschafts-, gewerkschaftlich; ◇ **~ая организа́ция** Gewerkschaftsverband *m*

прохво́ст *м₁* ‹-а› *разг* Schurke *m*, Halunke *m*

прохла́дный *прил* ‹-ая, -ое, -ые› **(1)** *(све́жий)* kühl, frisch **(2)** *(безразли́чный)* kalt, abweisend, kühl; ◇ ~ **приём** kühler Empfang

прохо́д m_1 ⟨-а⟩ Durchgang m, Passage f; (в гора́х) Pass m; ◇ анат за́дний ~ After m; ◇~а нет! kein Durchgang!; ◇ **он не даёт нам** ~**а** er lässt uns nicht durch

проходна́я ж (А₁) ⟨-о́й⟩ Werkstor n, Pforte f

прохо́жий м (А₂) ⟨-его⟩ Passant m

процеду́ра ж₁ ⟨-ы⟩ **1** (поря́док де́йствий) Verfahren n, Prozedur f **2** мед (спо́соб лече́ния) Heilverfahren n

проце́нт m_1 ⟨-а⟩ **1** (со́тая часть) Prozent n; ◇ **исчисле́ние** ~**ов** Prozentrechnung f; (коли́чество в со́тых) Prozentsatz m **2** (дохо́д с капита́ла) Zinsen m pl, Kapitalertrag m; ◇ **разме́р** ~**а** Zinssatz m; ◇ **обеща́ть что-л на все сто** ~**ов** jd-m etw hundertprozentig versprechen; ◇ **сберба́нк выпла́чивает** ~**ы** die Sparkasse zahlt Zinsen

проце́сс m_1 ⟨-а⟩ **1** (ход) Prozess m; ◇ ~ **ро́ста** Wachstumsprozess m; (тече́ние) Verlauf m; (разви́тие) Entwicklung f; ◇ **произво́дственный** ~ Herstellungsprozess m **2** юр Verfahren n, Prozess m; ◇ **уголо́вный** ~ Strafverfahren n; ◇ **вести́** ~ einen Prozess anstrengen

проце́ссия ж₄ ⟨-ии⟩ Prozession f; (ше́ствие) Zug m; ◇ **тра́урная** ~ Trauerzug

про́чность ж₅ ⟨-и⟩ Haltbarkeit f, Strapazierfähigkeit f; ◇ **запа́с** ~ Sicherheitsfaktor m; ◇ **испыта́ние на** ~**ь** Zerreißprobe f; (кре́пость) Festigkeit f; **про́чный** прил ⟨-ая, -ое, -ые⟩ **1** (кре́пкий) haltbar, (reiß-)fest, stabil **2** перен dauerhaft, fest

прошлого́дний прил ⟨-яя, -ее, -ие⟩ vorjährig; ◇ ~ **собы́тия** die Ereignisse des letzten Jahres; ◇ **ну́жен как** ~**ий снег** vollkommen überflüssig

про́шлое с (А₁) ⟨-ого⟩ Vergangenheit f; **про́шлый** прил ⟨-ая, -ое, -ые⟩ vergangen, vorig; ◇ **в** ~**о́м ме́сяце** im vorigen Monat; ◇ **э́то де́ло** ~**ое** das gehört der Vergangenheit an

прощание

Bis bald!
До ско́рого!
Ich bin in Eile.
Я спешу́.
Ich muss jetzt leider gehen.
Мне ну́жно, к сожале́нию, идти́.
Ja, dann bis morgen.
Ла́дно, тогда́ до за́втра.
Es hat sehr gefreut, dich kennen gelernt zu haben.
Я о́чень рад/а, что я познако́мился/ познако́милась с тобо́й.

проща́ние c_4 ⟨-я⟩ Abschied m; ◇ **подари́ть что-л на** ~ ein Abschiedsgeschenk

machen; ◇ **пожа́ть ру́ку на** ~ die Hand zum Abschied drücken

проща́ть несов от **прости́ть**

про́ще сравн от **просто́й**

прояви́ть V_{4a} сов ⟨-влю́, -я́вишь, Part. Prät. Pass. -я́вленный⟩ [**проявля́ть** V_{1b} несов] что вин **1** (обнару́жить) zeigen, bekunden, äußern, an den Tag legen; ◇ ~ **без-разли́чие** sich gleichgültig zeigen **2** фо́то entwickeln; ◇ ~ **плёнку** einen Film entwickeln

пруд m_1 ⟨-а́⟩ Teich m; ◇ **хоть** ~ **пруди́** eine Unmenge

пружи́на ж₁ ⟨-ы⟩ **1** (дета́ль, спира́ль) Feder f, Sprungfeder f; ◇ **часова́я** ~ Uhrwerksfeder **2** перен Triebfeder f, Triebkraft f

пры́гать V_{1a} несов ⟨-аю, -аешь⟩ [**пры́гнуть** V_2 сов] без доп springen, hüpfen; ◇ **вы́ше головы́ не пры́гнешь** jeder Mensch hat seine Grenzen

прыж|о́к m_1 ⟨-жка́, мн:-жки́⟩ Sprung m, Satz m; ◇ **одни́м** ~**ко́м** mit einem Satz; спорт ◇ ~**ки́ с парашю́том** Fallschirmspringen n; ◇ **тройно́й** ~**о́м** Dreisprung; ◇ ~**о́м в высоту́** Hochsprung; ◇ ~**о́м в длину́** Weitsprung; ◇ ~**о́м с шесто́м** Stabhochsprung

прыщ m_1 ⟨-а́, мн:-и́⟩ Pickel m, Mitesser m

пря́жа ж₁ ⟨-и⟩ Garn n

пря́жк|а ж₁ ⟨-и, род мн:-жек⟩ Schnalle f; ◇ ~**а на по́ясе** Gürtelschnalle; ◇ **застегну́ть** ~**у** zuschnallen

пря́лка ж₁ ⟨-и, род мн:-лок⟩ (с колесо́м) Spinnrad n

прям|о́й прил ⟨-а́я, -о́е, -ы́е⟩ **1** (без изги́бов) gerade, geradeaus **2** (вертика́льный) aufrecht **3** (без промежу́точных пу́нктов) durchgehend, direkt; ◇ ~**о́е обще́ние** direkte Verbindung; ◇ **по** ~**о́му про́воду** über eine Direktleitung **4** (непосре́дственный) direkt, unmittelbar; ◇ **в** ~**о́м смы́сле сло́ва** im wahrsten Sinne des Wortes **5** (открове́нный) direkt, offen; (и́скренний) aufrichtig **6** (я́вный) offen; ◇ ~**а́я насме́шка** unverhohlener Spott;

прямот|а́ ж₁ ⟨-ы́⟩ (открове́нность) Offenheit f; ◇ **сказа́ть что-л со всей** ~**о́й** etw in aller Offenheit sagen; (и́скренность) Aufrichtigkeit f

пря́ник m_1 ⟨-а⟩ Pfefferkuchen m

пря́ность ж₅ ⟨-и⟩ **1** (сво́йство) Würze f **2** (вещество́) Gewürz n

прясть* несов ⟨-яду́, -ядёшь⟩ [**с~** сов] что вин spinnen

пря́тать* несов ⟨-я́чу, -я́чешь⟩ [**с~** сов] кого́-что вин **1** (скрыва́ть) verstecken, verbergen; ◇ ~ **свои́ мы́сли** seine Gedanken verbergen; ◇ ~ **улы́бку** verstohlen lächeln **2** (вложи́ть) (ein-)stecken; ◇ ~ **лицо́ в ладо́ни** sein Gesicht in den Händen verbergen; ◇ ~ **глаза́ от стыда́** beschämt wegschauen **3** (сохраня́ть) aufheben, aufbewahren; **пря́тки** мн₁ ⟨-ток⟩ Versteck-

spiel n; _перен_ **игра́ть в ~ с кем-л** mit jd-m Versteck spielen
псевдони́м m_1 ⟨-а⟩ Pseudonym n
пси́хика $ж_1$ ⟨-и⟩ Psyche f, seelische Verfassung f; **психо́з** m_1 ⟨-а⟩ Psychose f
пти́ца $ж_1$ ⟨-ы⟩ **❶** Vogel m; ◇ **пе́вчие ~ы** Singvögel; ◇ **перелётные ~ы** Zugvögel; ◇ **э́то что за ~а?** was ist das für ein seltsamer Vogel?; ◇ **ва́жная ~а** ein hohes Tier **❷** Geflügel n; **птицево́дство** c_2 ⟨-а⟩ Geflügelzucht f
пу́блика $ж_1$ ⟨-и⟩ Publikum n; ◇ **чита́ющая ~** Leserschaft f
публика́ция $ж_4$ ⟨-ии⟩ **❶** (_действие_) Veröffentlichung f, Publikation f **❷** (_объявле́ние_) Bekanntmachung f; **публикова́ть** V_{3a} _несов_ ⟨-ку́ю, -ку́ешь⟩ [**о~** _сов_] _что вин_ veröffentlichen, publizieren; **публи́чный** _прил_ ⟨-ая, -ое, -ые⟩ öffentlich; ◇ **-ое заявле́ние** öffentliche Erklärung; ◇ **~ дом** Bordell n
пуга́ть V_{1a} _несов_ ⟨-а́ю, -а́ешь⟩ [**на~, ис~** _сов_ ‹ _Part. Prät. Pass._ -пу́ганный⟩ _кого-что вин_ **❶** (_вызывать испуг_) erschrecken **❷** (_угрожать_) jd-m drohen, einschüchtern **❸** (_тревожить_) beunruhigen; **меня́ —ет неизве́стность** die Ungewissheit macht mir Angst
пу́говица $ж_1$ ⟨-ы⟩ Knopf m; ◇ **застегну́ться на все ~ы** etw zuknöpfen
пу́дра $ж_1$ ⟨-ы⟩ Puder m; **пу́дриться** V_{4b} _несов_ ⟨-рюсь, -ришься⟩ [**по~, на~** _сов_] _без доп_ sich pudern
пузы́рь m_2 ⟨-я́, _мн._-ри́⟩ **❶** (Luft-)Blase f; ◇ **пуска́ть мы́льные ~и** Seifenblasen machen **❷** _анат_ **жёлчный ~ь** Gallenblase **❸** (_волдырь_) Blase f; ◇ **~ь от ожо́га** Brandblase **❹** _разг_ (_малыш_) Knirps m
пулемёт m_1 ⟨-а⟩ Maschinengewehr (MG) n
пульс m_1 ⟨-а⟩ _мед, тж перен_ Puls(-schlag) m; ◇ **щу́пать ~** den Puls fühlen
пульт m_1 ⟨-а⟩ Pult n; _тех_ ◇ **диспе́тчерский ~** Steuerungszentrale f; ◇ **~ управле́ния** Steuerpult
пу́ля $ж_2$ ⟨-и⟩ Kugel f, Geschoss n
пункт m_1 ⟨-а⟩ **❶** (_место_) Punkt m; ◇ **сбо́рный ~** Treffpunkt; ◇ **коне́чный ~** Endpunkt **❷** (_центр, помещение_) Stelle f, Punkt m, Zentrale f; ◇ **наблюда́тельный ~** Beobachtungszentrale; ◇ **населённый ~** Ortschaft f; ◇ **перегово́рный ~** öffentliche Fernsprechzelle **❸** (_раздел документа_) Punkt m, Paragraph m; ◇ **догово́р из шести́ ~ов** Sechs-Punkte-Vertrag; ◇ **изложи́ть что-л по ~ам** Punkt für Punkt vortragen
пунктуа́льный _прил_ ⟨-ая, -ое, -ые⟩ pünktlich
пупови́на $ж_1$ ⟨-ы⟩ _анат_ Nabelschnur f
пурга́ $ж_1$ ⟨-и́⟩ Schneesturm m, Schneegestöber n; ◇ **подняла́сь ~** ein Schneesturm kam auf
пуск m_1 ⟨-а⟩ **❶** (_завода и т. п._) Inbe-

triebnahme f **❷** (_машины_) Start m, Anfahren n; (_ракеты_) Start m, Abschuss m
пусти́ть V_{4a} _сов_ ⟨пущу́, пу́стишь, _Part. Prät. Pass._ пу́щенный⟩ [**пуска́ть** V_{1a} _несов_] _кого-что вин_ **❶** (_выпустить_) lassen; (_отпустить_) loslassen; (_дать свобо́ду_) freilassen; ◇ **~ пти́цу на во́лю** einen Vogel freilassen **❷** (_впустить_) einlassen; (_пропустить_) durchlassen **❸** (_позволить_) erlauben, lassen **❹** (_привести в движение_) in Gang setzen, anlaufen lassen; ◇ **~ заво́д** eine Fabrik in Betrieb nehmen; ◇ **~ по́езд под отко́с** ein Zug entgleisen lassen; (_при помощи ручки_) ankurbeln ◇ **~** (_бросить_) werfen, schießen; ◇ **~ себе́ пу́лю в лоб** sich die Kugel geben; ◇ **~ слух** ein Gerücht verbreiten; ◇ **~ в ход сре́дства** alle Mittel einsetzen; ◇ **~ в прода́жу** zum Verkauf anbieten
пусто́й _прил_ ⟨-а́я, -о́е, -ы́е⟩ **❶** (_не заполненный_) leer; (_необитаемый_) menschenleer **❷** (_полый_) hohl **❸** (_бессодержательный_) nichtssagend, leer, hohlköpfig; ◇ **~ой челове́к** hohle Nuss; ◇ **с ~ыми рука́ми** mit leeren Händen **❸** (_напрасный_) nutzlos, nichtig; ◇ **~а́я зате́я** nutzloses Vorhaben; ◇ **он — ~о́е ме́сто** er ist eine Null
пусты́ня $ж_2$ ⟨-и⟩ Wüste f
пусты́шка $ж_1$ ⟨-и, _род мн._-шек⟩ **❶** (_о человеке_) Null f, Nichts n **❷** (_соска_) Schnuller m
пусть I. _частица_ soll, möge; ◇ **~ идёт** lass ihn gehen; ◇ **~ она́ де́лает, что хо́чет** soll sie doch machen, was sie will; ◇ **~ бу́дет так!** so mag wir es! II. _союз_ (_положим, допустим, хотя бы, хотя и_) möge, angenommen, obwohl; ◇ **~ он не отли́чник, па́рень ведь хоро́ший** er mag kein Musterschüler sein, aber er ist ein guter Kerl
пустя́к m_1 ⟨-а́, _мн._-и́⟩ Bagatelle f, Lappalie f, Kleinigkeit f; ◇ **ссо́риться из-за ~о́в** sich wegen Kleinigkeiten streiten; ◇ **всё э́то ~и!** das sind alles nur Lappalien!
пу́тать V_{1a} _несов_ ⟨-аю, -аешь⟩ [**в~** (5), **за~** (1, 3, 4) _сов_] _что вин_ (1), _кого-что вин_ _с кем-чем_ _то_ (2), _кого-что вин_ (3), _без доп_ (3), _кого-что вин во что вин_ (5) **❶** (_приводить в беспорядок_) verwirren, in Unordnung bringen **❷** (_смешивать_) verwechseln; ◇ **~ ру́сскую речь с францу́зской** Russisch und Französisch durcheinander bringen **❸** (_сбивать с толку_) verwirren, durcheinander bringen **❹** _разг_ (_говорить сбивчиво_) faseln; ◇ **не пу́тай, говори́ то́лком** rede nicht so ein verworrenes Zeug, sondern sag deutlich, was du willst; (_запутываться_) sich in Widersprüche verwickeln **❺** (_вовлекать_) jd-n in etw (mit) hineinziehen; ◇ **~ в неблагови́дное де́ло** jd-n in eine hässliche Sache verwickeln
путёвка $ж_1$ ⟨-и, _род мн._-вок⟩ **❶** (_удостоверение_) Einweisung f; ◇ **туристи́чес-**

кая ~ gebuchte Reise; ◇ ~ **на куро́рт** Verschreibung einer Kur ② (*у води́теля*) Fahrbefehl *m*

путеводи́тель m_2 ⟨-я⟩ Reiseführer *m*; ж.-д. Kursbuch *m*; **путепрово́д** m_1 ⟨-а⟩ Straßenüberführung *f*; **путеше́ственник** m_1 ⟨-а⟩ Reisender *m*; **путеше́ственница** $ж_1$ ⟨-ы⟩ Reisende *f*; **путеше́ствие** c_4 ⟨-я⟩ Reise *f*; ◇ **соверши́ть кругосве́тное** ~ eine Weltreise machen; **путеше́ствовать** V_{3a} несов ⟨-твую, -твуешь⟩ *без доп* reisen; ◇ **отпра́виться** ~ auf Reisen gehen; ◇ ~ **по стране́** durch das Land reisen

пу́тник m_1 ⟨-а⟩ Wanderer *m*; (*путеше́ственник*) Reisender *m*

путч m_2 ⟨-а⟩ Putsch *m*

путь *м*, склоне́ние как $ж_5$ ⟨-й, о пути́, мн.: -и́⟩ ① (*доро́га*) Weg *m*, Route *f*; ◇ ~**й сообще́ния** Verkehrswege ② ж.-д. Gleis *n*; (*запасно́й* ~) Linie *f* ③ (*путеше́ствие, пое́здка*) Reise *f*; ◇ **счастли́вого** ~**й**! gute Reise!; ◇ **по** ~**й** unterwegs, auf einem Weg; **таки́м** ~**ём** auf diese Weise; ◇ **идти́ свои́м** ~**ём** seine eigenen Wege gehen; ◇ **проложи́ть** ~**ь** einen Weg bahnen; ◇ **стоя́ть на чьём-л** ~**й** jd-m im Wege stehen

пух m_1 ⟨-а, о пу́хе, в пуху́⟩ Daunen *f pl*; (*у птиц*) Flaum *m*; ◇ **лёгкий как** ~ federleicht; ◇ **ни** ~ **ни пера́!** Hals- und Beinbruch!; ◇ **разби́ть в** ~ **и прах** kurz und klein schlagen

пучи́на $ж_1$ ⟨-ы⟩ ① Strudel *m*, Wasserwirbel *m*; ◇ **затяну́ло в** ~**у кого́-л** jd ist in einen Strudel geraten ② *перен* Abgrund *m*

пучо́к m_1 ⟨-чка́, мн.: -чки́⟩ Bündel *n*; (*во́лос*) Büschel *n*; (*причёска*) Knoten *m*; ◇ **уложи́ть ко́су в** ~ das Haar zu einem Knoten hochstecken

пуши́стый *прил* ⟨-ая, -ое, -ые⟩ flaumig, flauschig; (*о мате́рии*) wollig, kuschelig; (*о сне́ге*) weich, flockig

пу́шка $ж_1$ ⟨-и, *род мн.*: -шек⟩ Kanone *f*

пушни́на $ж_1$ *kein pl* ⟨-ы⟩ Pelzware *f*;
пушно́й *прил* ⟨-ая, -о́е, -ые⟩ Pelz-; ◇ ~ **зверь** Pelztier *n*; ◇ ~ **про́мысел** Pelztierjagd *f*

пчела́ $ж_1$ ⟨-ы́, мн.: пчёлы⟩ Biene *f*;
пчелово́д m_1 ⟨-а⟩ Imker *m*; **пчелово́дство** c_2 ⟨-а⟩ Imkerei *f*, Bienenzucht *f*

пшени́ца $ж_1$ ⟨-ы⟩ Weizen *m*

пшено́ c_2 ⟨-а́⟩ Hirse *f*

пы́житься V_{4b} несов ⟨-жусь, -жишься⟩ [**на**~ *сов*] *без доп раз* ① (*ва́жничать*) sich wichtig machen, sich aufblasen ② (*стара́ться*) sich anstrengen

пыл m_1 ⟨-а⟩ ① (*жар*) Hitze *f*; ◇ **пирожки́ с** ~**у** — **с жа́ру** ofenfrische Pioggen ② *перен* (*душе́вный подъём*) Eifer *m*; ◇ **в** ~**у сраже́ния** im Eifer des Gefechts; ◇ **охлади́ть чей-л** ~ jd-s Leidenschaft zügeln

пылесо́с m_1 ⟨-а⟩ Staubsauger *m*; **пыль** $ж_5$ ⟨-и⟩ Staub *m*; ◇ **у́гольная** ~**ь** Kohlen-

staub; ◇ **быть в** ~**й** verstaubt sein; ◇ **смести́** ~ Staub wischen; ◇ **пуска́ть кому́-л** ~**ь в глаза́** jd-m Sand in die Augen streuen;
пы́льный *прил* ⟨-ая, -ое, -ые⟩ verstaubt, Staub-; (*запылённый*) staubig, staubbedeckt; ◇ ~**ая тря́пка** Staubtuch *n*; ◇ **рабо́та не** ~**ая** saubere Arbeit

пыльца́ $ж_1$ ⟨-ы́⟩ *бот* Pollen *m*, Blütenstaub *m*

пыта́ть V_{1a} несов ⟨-а́ю, -а́ешь⟩ *кого́-что вин* ① (*подверга́ть пы́тке*) foltern, martern; (*му́чить*) quälen; *перен* (*му́чить*) auf die Folter spannen ② (*выве́дывать*) ausfragen; ◇ ~**йте, куда́ я ходи́л** ratet mal, wo ich war; **пыта́ться** несов ⟨-а́юсь, -а́ешься⟩ [**по**~ *сов*] *с инф* etw versuchen; ◇ ~ **поня́ть что-л** versuchen, etw zu verstehen; (*стара́ться*) sich bemühen

пы́тка $ж_1$ ⟨-и, *род мн.*: -ток⟩ ① (*при допро́се*) Folter *f*, Marter *f*; ◇ **ору́дия** ~**и** Foltergeräte *n pl*; ◇ **подве́ргнуть** ~**е** foltern ② *перен* (*терза́ние*) Qual *f*

пытли́вый *прил* ⟨-ая, -ое, -ые⟩ ① (*любознательный*) wissbegierig; (*о взгля́де*) forschend; ◇ ~ **ум** Forschergeist *m*

пы́шный *прил* ⟨-ая, -ое, -ые⟩ ① (*мя́гкий, пухны́й*) locker, weich; ◇ ~**ые во́лосы** weiches Haar; (*о расти́тельности*) üppig ② (*роско́шный*) prachtvoll, prunkvoll, üppig; ◇ ~ **дворе́ц** prunkvolles Schloss; ◇ ~ **приём** prachtvoller Empfang

пьедеста́л m_1 ⟨-а⟩ Sockel *m*, Postament *n*; *перен* ◇ **подня́ть на** ~ jd-n ein Denkmal setzen; ◇ **све́ргнуть с** ~**а** jd-s Denkmal stürzen

пье́са $ж_1$ ⟨-ы⟩ Stück *n*, Theaterstück *n*; (*спекта́кль*) Schauspiel *n*; (*музыка́льная*) Musikstück *n*; ◇ ~ **для аккордео́на** ein Musikstück für Akkordeon

пьяне́ть V_5 несов ⟨-е́ю, -е́ешь⟩ [**о**~ *сов*] *без доп* ① betrunken werden; ◇ ~ **от одно́й рю́мки** von einem Glas betrunken werden ② *перен* berauscht werden; ◇ ~ **от сча́стья** betrunken sein vor Freude; **пья́ница** *м/ж₂* ⟨-ы, *род мн.*: -ниц⟩ Trinker *m*; *груб* Säufer *m*; (*о же́нщине*) Trinkerin *f*; *груб* Säuferin *f*; ◇ **го́рький** ~ Gewohnheitstrinker; **пья́нство** c_2 ⟨-а⟩ Trunksucht *f*; **пья́нствовать** V_{3a} несов ⟨-твую, -твуешь⟩ *без доп* trinken; *груб* saufen; **пья́ный** I. *прил* ⟨-ая, -ое, -ые⟩ betrunken; (*навесе́ле*) angeheitert; *груб* besoffen II. *м* (A_1) ⟨-ого⟩ Betrunkener *m*; *груб* Besoffener *m*

пя́та́ $ж_1$ ⟨-ы́, мн.: -ы, дат.: -а́м⟩ ① (*пятка́, ступня́*) Ferse *f*; ◇ **ходи́ть за ке́м-л по** ~**а́м** sich jd-m an die Fersen heften; ◇ **под** ~**о́й** unter jd-s Herrschaft; ◇ **с головы́ до пят** von Kopf bis Fuß ② *тех* Zapfen *m*

пя́так m_1 ⟨-а́, мн.: -и́⟩ *разг* Fünfer *m*, Fünfkopekenstück *n*; ◇ **цена́ кому́/чему́-л** jd/etw ist keinen Pfifferling wert; **пятачо́к** m_1 ⟨-чка́, мн.: -чки́⟩ ① (*пята́к*) Fünfkopekenstück *n* ② (*у свиньи́*) Schweinerüssel *m* ③ *разг (площадка)* kleiner Platz; ◇ **юти́ться на ~é** auf engstem Raum zusammengepfercht sein

пятибо́рье c_4 ⟨-я⟩ спорт Fünfkampf *m;* **пятидне́вный** *прил* ⟨-ая, -ое, -ые⟩ fünftägig, Fünftage-; ◇ **~ая рабо́чая неде́ля** Fünftagewoche *f;* **пятикра́тный** *прил* ⟨-ая, -ое, -ые⟩ fünffach; **пятиле́тка** $ж_1$ ⟨-и, *род мн:* -ток⟩ ист *(пятилетний план)* Fünfjahresplan *m*

пя́титься V_{4b} *несов* ⟨пя́чусь, пя́тишься⟩ [по- *сов*] *без доп* zurückgehen, zurückweichen; ◇ **~ за́дом** rückwärts gehen

пятиэта́жный *прил* ⟨-ая, -ое, -ые⟩ vierstöckig, fünfgeschossig

пя́тка $ж_1$ ⟨-и, *род мн:* -ток⟩ Ferse *f,* Hacke *f;* ◇ **у него́ душа́ ушла́ в ~и** sein Herz rutschte ihm in die Hose; ◇ **наступа́ть на ~и кому́-л** jd-m auf die Hacken treten; *перен* einholen

пятнадцатиле́тний *прил* ⟨-яя, -ее, -ие⟩ Fünfzehnjähriger *m;* **пятна́дцать** *числ* fünfzehn

пятни́стый *прил* ⟨-ая, -ое, -ые⟩ fleckig, gefleckt, gesprenkelt

пя́тница $ж_1$ ⟨-ы⟩ Freitag *m;* ◇ **по ~ам** freitags; ◇ **в ~у ве́чером** Freitag abend; ◇ **у него́ семь пя́тниц на неде́ле** er ändert ständig seine Meinung

пятно́ c_2 ⟨-á, *мн:* -а, *род:* -тен, *дат:* -ам⟩ ① *(запачканное место)* Fleck *m;* ◇ **в ~ах** fleckig; ◇ **и на со́лнце быва́ют ~а** kein Mensch ist vollkommen ② *перен (что-л позорящее)* Fleck *m;* ◇ **позо́рное ~ó** Schandfleck; ◇ **~ó на его́ репута́ции** das ist für seinen guten Ruf schädlich

пя́тый *числ* ⟨-ая, -ое, ые⟩ fünfte(r, s); ◇ **~ая страни́ца** fünfte Seite; ◇ **в ~ом часу́** kurz nach vier; ◇ **~ая часть** ein Fünftel; **с ~ого на деся́тое** vom Hundertsten ins Tausendste kommen

пять *числ* fünf; ◇ **уе́хать на ~ дней** für fünf Tage verreisen; *разг* ◇ **дай ~** gib mir deine Hand; **пятьдеся́т** *числ* fünfzig; **пятьсо́т** *числ* fünfhundert

раб $м_1$ ⟨-á, *мн:* -ы́⟩ ① Sklave *m; перен* ◇ **~ свои́х привы́чек** Sklave seiner Gewohnheiten ② *перен (угнетённый человек)* Unterdrückte *m;* **рабовладе́лец** $м_5$ ⟨-льца⟩ Sklavenhalter *m*

рабо́та $ж_1$ ⟨-ы⟩ ① *(действие)* Arbeit *f; (дело)* Werk *n;* ◇ **у́мственная ~а** geistige Arbeit; ◇ **~а по специа́льности** Berufs-

tätigkeit *f;* ◇ **вре́менная ~а** zeitlich befristete Arbeit; ◇ **войти́ на ~y** die Arbeit antreten; ◇ **поступи́ть на ~у** eingestellt werden; ◇ **снять с ~ы** jd-m kündigen; ◇ **взять кого́-л в ~у** sich jd-n vorknöpfen, jd-n bearbeiten; ◇ **~а нале́во** Schwarzarbeit ② *(продукт труда)* Arbeit *f,* Erzeugnis *n;* ◇ **печа́тные ~ы** Druckerzeugnisse *n pl* ③ тех Arbeit *f: (ход машины)* Betrieb *m,* Lauf *m;* **рабо́та**ть V_{1a} *несов* ⟨-аю, -аешь⟩ *без доп* ① *(трудиться)* arbeiten; ◇ **~ть на заво́де** in der Fabrik arbeiten; *(по специальности)* berufstätig sein; ◇ **~ть врачо́м** Arzt sein ② *(быть открытым)* geöffnet haben; ◇ **музе́й ~ет с 9 часо́в** das Museum öffnet um 9 Uhr ③ *(действовать)* funktionieren, gehen, laufen; ◇ **маши́на ~ет беспереебо́йно** die Maschine läuft störungsfrei; **рабо́тник** $м_1$ ⟨-а⟩ ① Arbeiter *m; (сотрудник)* Mitarbeiter *m;* **высококвалифици́рованный ~** qualifizierte Fachkraft ② *(специалист)* **нау́чный ~** Wissenschaftler *m;* ◇ **~ иску́сства** Künstler *m* ③ *(служащий)* Beschäftigte *m,* Arbeitnehmer *m;* **работода́тель** $м_2$ ⟨-я⟩ Arbeitgeber *m;* **работоспосо́бный** *прил* ⟨-ая, -ое, -ые⟩ ① *(трудоспособный)* erwerbsfähig, arbeitsfähig ② *(производительный)* leistungsfähig; *(прилежный)* fleißig

рабо́чий¹ *м* (A_2) ⟨-его⟩ Arbeiter *m;* **иностра́нный ~** Gastarbeiter

рабо́чий² *прил* ⟨-ая, -ее, -ие⟩ ① Arbeiter-; ◇ **~ее движе́ние** Arbeiterbewegung *f;* ◇ **~ий класс** Arbeiterklasse *f;* ◇ **~ий райо́н** Arbeiterviertel *n;* ◇ **из ~ей среды́** aus Arbeiterkreisen ② Arbeits-; ◇ **~ее вре́мя** Arbeitszeit *f;* ◇ **~ее ме́сто** Arbeitsplatz *m;* ◇ **~ее колесо́** Laufrad *n;* ◇ **~ая пчела́** Arbeitsbiene *f;* ◇ **~ий скот** Lastvieh *n;* ◇ **~ая си́ла** Arbeitskraft *f*

рабы́ня $ж_2$ ⟨-и⟩ Sklavin *f*

равви́н $м_1$ ⟨-а⟩ Rabbiner *m*

ра́венство c_2 ⟨-а⟩ ① *(сходство)* Gleichheit *f;* ◇ **~о голосо́в** Stimmengleichheit ② *(равноправие)* Gleichstellung *f* ③ мат **знак ~а** Gleichheitszeichen *n;* ◇ **ста́вить знак ~а ме́жду кем/чем-л** gleichsetzen mit jd-m/etw

равни́на $ж_1$ ⟨-ы⟩ Ebene *f,* Flachland *n*

равнове́сие c_4 ⟨-я⟩ *(состояние покоя)* Gleichgewicht *n; перен* ◇ **экологи́ческое ~е** ökologisches Gleichgewicht; ◇ **вы́вести из ~я** aus dem Gleichgewicht bringen

равноду́шный *прил* ⟨-ая, -ое, -ые⟩ ① *(безучастный)* gleichgültig, teilnahmslos ② *(без склонности)* gleichgültig; ◇ **быть ~ым к жи́вописи** für Malerei nichts übrig haben; **равнопра́вие** c_4 ⟨-я⟩ Gleichberechtigung *f,* rechtliche Gleichstellung; **равнопра́вный** *прил* ⟨-ая, -ое, -ые⟩ gleichberechtigt

ра́вный *прил* ⟨-ая, -ое, -ые⟩ gleich; ◇ **~ой**

длины́ gleich lang; ◇ **на ~ых нача́лах** gleichberechtigt; ◇ **все равны́ пе́ред зако́ном** vor dem Gesetz sind alle gleich; ◇ **при про́чих ~ых усло́виях** unter gleichen Bedingungen; ◇ **~ым о́бразом** ebenso wie
равня́ть V_{1b} несов ‹-я́ю, -я́ешь› *кого́-что* тех (1), *кого́-что вин с кем-чем тв* (2) (1) (*делать одинаковым*) gleichmachen; ◇ **нельзя́ всех ~ при оце́нке зна́ний** bei der Beurteilung der Kenntnisse kann man nicht alle über einen Kamm scheren (2) (*сопоставлять*) vergleichen, gleichsetzen
рад *предик* froh, erfreut (über); ◇ **~ не ~** wohl oder übel
ра́ди *предлог с род* (1) (*для кого-чего*) um ... willen, wegen (2) (*с целью*) um ... willen, um zu; ◇ **~ нажи́вы** um des Profits willen; ◇ **~ о́тдыха** um sich zu erholen (3) (*по причине*) wegen; ◇ **~ чего́ ему́ не пое́хать в о́тпуск?** weswegen soll er nicht in Urlaub fahren?; ◇ **~ бо́га** um Gottes willen
радиа́тор m_1 ‹-а› тех (1) (*в двигателях*) Kühler *m* (2) (*нагревательный прибор*) Heizkörper *m*
радиа́ция $ж_d$ ‹-и› физ Strahlung *f*
радика́л m_1 ‹-а› полит Radikaler *m*, Extremist *m*
ра́дио *с* ‹нескл› (1) (*приёмник*) Radio *n*, Rundfunkgerät *n* (2) (*радиовещание*) Rundfunk *m*, Radio *n*; ◇ **ме́стное ~** Lokalradio; ◇ **передава́ть по ~** im Radio übertragen; **радиокоммента́тор** m_1 ‹-а› Rundfunkkommentator *m*; **радиолюби́тель** m_2 ‹-я› (*конструктор-любитель*) Radiobastler *m*; (*коротковолновик*) Funkamateur *m*; **радиообозрева́тель** m_2 ‹-я› Rundfunkkommentator *m*; **радиопереда́тчик** m_1 ‹-а› Radiosender *m*; (*для радиовещания*) Funksender *m*; **радиопереда́ча** $ж_5$ ‹-и› Radiosendung *f*, Rundfunksendung *f*; ◇ **~ для шко́льников** Schulfunk *m*; **радиоприёмник** m_1 ‹-а› Radioapparat *m*, Rundfunkgerät *n*; **радиосвя́зь** $ж_5$ ‹-и› Funkverkehr *m*; **радиоце́нтр** m_1 ‹-а› Funkhaus *n*; **ради́ст** m_1 ‹-а› Funker *m*
ра́доваться V_{3a} несов ‹-дуюсь, -дуешься› [**об-, по-** *сов*] *кому-чему дат* sich über etw freuen; ◇ **~ про себя́** sich im Stillen freuen; ◇ **душа́ ~ется** es ist eine wahre Freude; **ра́достный** *прил* ‹-ая, -ое, -ые› froh, freudig; **ра́дост|ь** $ж_5$ ‹-и› Freude *f*; ◇ **быть вне себя́ от ~и** außer sich sein vor Freude; ◇ **доста́вить ~ь** Freude bereiten; **на ~ях** aus lauter Freude; ◇ **с ~ью помогу́ Вам** ich helfe Ihnen gerne
ра́дуга $ж_5$ ‹-и› Regenbogen *m*
раду́шный *прил* ‹-ая, -ое, -ые› freundlich; (*гостеприимный*) gastfreundlich
раз¹ m_1 ‹-а, *мн:* -ы́› (1) Mal *n*; ◇ **три ~а** dreimal; ◇ **в пе́рвый ~** zum ersten Mal; ◇ **вся́кий ~** jedes Mal; ◇ **на э́тот ~** diesmal; ◇ **не ~** mehrmals; ◇ **не́сколько ~** einige

выраже́ние ра́дости

Ich freue mich (sehr), dass wir uns kennen gelernt haben.
Я (о́чень) рад/а, что мы познако́мились.
Freut mich!
Очень прия́тно!
Wie schön, dich zu sehen!
Как прия́тно тебя́ ви́деть!
Was für eine angenehme Überraschung!
Како́й прия́тный сюрпри́з!
Das ist klasse!
Вот здо́рово!/Это здо́рово!
Ich helfe dir/Ihnen gerne.
Я с ра́достью помогу́ тебе́/Вам.

Male; ◇ **и навсегда́** ein für alle Mal; ◇ **как ~** genau; ◇ **с пе́рвого ~а** vom ersten Augenblick an (2) (*при счёте*) eins
раз² I. *союз* (*если*) wenn, da; ◇ **~ обеща́л - сде́лай** wenn du es versprochen hast, dann tu es auch; ◇ **~ так** wenn das so ist II. *нареч* (*однажды*) einmal, einst; ◇ **встре́тил его́ ~ на у́лице и не узна́л** ich habe ihn einmal auf der Straße getroffen und nicht erkannt; ◇ **~ по́здно ве́чером** einmal spät abends
разба́вить V_{4b} сов ‹-влю, -вишь, *Part. Prät. Pass.* -вленный› [**разбавля́ть** V_{1b} несов] *что вин* verdünnen; (*водой*) verwässern; ◇ **~ спирт водо́й** Alkohol mit Wasser verdünnen, *перен* ◇ **~ расска́з подро́бностями** die Erzählung mit Einzelheiten überladen
разбе́г m_1 ‹-а› Anlauf *m*; ◇ **пры́гнуть с ~а** mit Anlauf springen
разби́тый *прил* ‹-ая, -ое, -ые› (1) (*расколотый*) zerschlagen, zerbrochen (2) (*повреждённый*) ◇ **~ый роя́ль** verstimmtes Klavier; **~ая доро́га** ausgefahrener Weg (3) (*побеждённый*) geschlagen, besiegt (4) *перен* (*обессиленный*) zerschlagen, müde; ◇ **чу́вствовать себя́ ~ым** sich gerädert fühlen; **разби́ть*** *сов* ‹-зобью, -зобьёшь› [**разбива́ть** V_{1a} несов] *кого-что вин* (1) (*расколоть, повредить*) (zer-)schlagen, zerbrechen; ◇ **~ нос в кровь** die Nase blutig schlagen; ◇ **~ яйцо́** das Ei aufklopfen (2) (*разделить*) aufteilen; ◇ **~ по́ле на уча́стки** das Feld parzellieren; ◇ **~ тури́стов на гру́ппы** die Touristen in Gruppen aufteilen (3) (*расстроить*) vereiteln, zunichte machen; ◇ **~ чьи-л пла́ны** jd-s Pläne zunichte machen; ◇ **~ чьё-л сча́стье** jd-s Glück zerstören; (*уничтожить*) zerstören; ◇ **бу́рей разби́ло кора́бль** der Sturm zerstörte das Schiff (4) (*нанести поражение*) schlagen; ◇ **~ конкуре́нтов** die Konkurrenz schlagen; *перен* ◇ **~ чьи-л до́воды** jd-s Argumente entkräften (5) (*расположить*) abstecken; ◇ **~ вино-**

гра́дник einen Weinberg abstecken; ◇ ~ **пала́тку** das Zelt aufschlagen

разбо́й M_3 ‹-я› Raub m; ◇ **междунаро́дный** ~ internationaler Terror; **разбо́йник** M_1 ‹-а› Räuber m; ◇ ~ **с большо́й доро́ги** Wegelagerer m

разбо́р M_1 ‹-а› (1) (анализ) Analyse f; (обсуждение) Erörterung f; (оценка) Beurteilung f (2) (расследование) Untersuchung f (3) юр Verhandlung f (4) грам Analyse f (4) (отбор) Wahl f, Auswählen n; ◇ **без ~а** wahllos; ◇ **прийти́ к ша́почному ~у** kurz vor Schluss kommen; **разбо́рчивый прил** ‹-ая, -ое, -ые› (1) (требовательный) wählerisch; ◇ ~ **вкус** anspruchsvoller Geschmack (2) (чёткий) deutlich, leserlich

разброса́|ть V_{1a} сов ‹-а́ю, -а́ешь, Part. Prät. Pass. -бро́санный› [**разбра́сывать** V_{1a} несов] что вин (1) (рассыпать) auseinander werfen, zerstreuen (2) перен (разместить далеко друг от друга) verstreuen; ◇ **жизнь ~ла друзе́й по ра́зным города́м** das Leben hat die Freunde in unterschiedliche Städte verschlagen; ◇ **посёлки разбро́саны по побере́жью** die Dörfer liegen verstreut an der Küste

разбуди́ть см. **буди́ть**

разва́л M_1 ‹-а› (беспорядок) Zusammenbruch m; ◇ **у него́ ~ в дела́х** es geht ihm schlecht; ◇ **в ко́мнате ~** im Zimmer herrscht Chaos; (упадок) Verfall m, Niedergang m; **разва́лин|а** ж$_1$ ‹-ы› (1) (остатки строения) Ruine f; (обломки) Trümmer m pl; ~ **гру́да** ~ Trümmerhaufen m (2) перен (о человеке) Wrack n; ◇ **он преврати́лся в ~у** er ist zu einem Wrack geworden; **развали́ть** V_{4a} сов ‹-лю́, -а́лишь, Part. Prät. Pass. -а́ленный› [**разва́ливать** V_{1a} несов] что вин (1) (повалить, раскидать) zerstören, umstürzen; ◇ ~ **сте́ну** die Mauer abreißen (2) перен zerrütten; ◇ ~ **хозя́йство** die Wirtschaft zerrütten

ра́зве I. частица (1) (правда ли) denn, etwa; ◇ ~ **она́ прие́хала?** ist sie denn gekommen? (2) разг (выражает неуверенность) vielleicht; ◇ ~ **съе́здить туда́?** soll ich vielleicht dahin fahren? II. разг (может быть только) es sei denn, vielleicht; ◇ **приду́т все, кро́ме** ~ **сосе́да** es kommen alle, außer vielleicht dem Nachbarn

разведе́ние c_4 ‹-я› (1) (растений) Anbau m; (животных и растений) Zucht f, Züchtung f (2) (растворов) Verdünnung f

разведённый прил ‹-ая, -ое, -ые› (1) (о мосте) geöffnet (2) (о супругах) geschieden **разве́дка** ж$_1$ ‹-и, род мн: -док› (1) воен Aufklärung f, Erkundung f (2) геол Erforschung f, Schürfen n; ◇ ~ **месторожде́ний не́фти** Schürfen nach Erdölvorkommen (3) (разведслужба) Geheim-

dienst m; (агентурная) Nachrichtendienst m; (шпионская сеть) Spionagenetz n (4) (подразделение) Spähtrupp m

разверну́ть V_2 сов ‹-ну́, -нёшь, Part. Prät. Pass. -вёрнутый› [**развёртывать** V_{1a} несов] что вин (1) (раскрыть) entfalten; ◇ ~ **зна́мя** das Banner aufrollen; ◇ ~ **ка́рту** eine Karte auffalten (2) перен (осуществить) entfalten, entwickeln; ◇ ~ **акти́вную де́ятельность** eine aktive Tätigkeit entfalten; ◇ ~ **свой тала́нт** sein Talent entfalten; ◇ ~ **строи́тельство** den Bau in Gang bringen (3) (организовать) aufbauen, organisieren

развести́ сов ‹-еду́, -еде́шь [**разводи́ть** V_{4a} несов ‹Part. Präs. Pass. -води́мый›] кого-что вин (1) (доставить) hinführen, auseinander führen (in unterschiedliche Richtungen) (2) (разъединить) trennen; ◇ **судьба́ развела́ друзе́й** das Schicksal trennte die Freunde (3) (расторгнуть брак) scheiden (4) (направить в разные стороны) auseinander nehmen, auseinander biegen; ◇ ~ **мост** eine Brücke aufziehen; ◇ ~ **рука́ми** die Arme ausbreiten (5) (размножить) züchten, anbauen; ◇ ~ **кро́ликов** Kaninchen züchten; ◇ ~ **сад** einen Garten anlegen (6) перен разг (делать что-л нудное) etw Langwieriges beginnen; ◇ ~ **каните́ль** sich mit etw abplagen (7) (разжечь) anmachen; ◇ ~ **ого́нь** ein Feuer anmachen (8) (растворить) verdünnen; ◇ ~ **кра́ску водо́й** Farbe mit Wasser anrühren; **развести́сь** сов ‹-еду́сь, -еде́шься› [**разводи́ться** несов ‹-едётся›] с кем тв (1), без доп (2) (1) (о супругах) sich scheiden lassen, sich trennen (2) (размножиться, расплодиться) sich vermehren

разве́я|ть V_{1b} сов ‹-ю, -ешь, (1) 1 и 2 л. не употр, Imp. -ей, ~те› [**разве́ивать** V_{1a} несов] что вин (1) (разбросать) auseinander wehen; **ве́тер ~л облака́** der Wind hat die Wolken vertrieben (2) перен (уничтожить) verjagen, vertreiben, zerstreuen

разви́лка ж$_1$ ‹-и, род мн: -лок› (дорог) Gabelung f, Abzweigung f

разви́тие c_4 ‹-я› Entwicklung f; ◇ ~ **эконо́мики** Wirtschaftsentwicklung; **разви́т|ой прил** ‹-ая, -ое, -ые› (1) entwickelt; ◇ ~ **ая промы́шленность** (hoch)entwickelte Industrie (2) (зрелый, просвещенный) reif, voll entwickelt (3) (образованный) gebildet, kultiviert, beschlagen

разви́ть сов ‹-зовью́, -зовьёшь› [**развива́ть** V_{1a} несов] что вин (1) (раскрутить) abwickeln; ~ **верёвку** die Leine abwickeln (2) (усилить, укрепить) entwickeln, entfalten, trainieren; ◇ ~ **в ребёнке интере́с к му́зыке** das Musikinteresse des Kindes fördern (3) (поднять уровень) ausbauen; ◇ ~ **произво́дство** die Produktion ausbauen (4) (предпринять) etw in Angriff nehmen, entfalten ⑤ (рапространить, углубить) vertiefen, weiterentwickeln

развлече́ние c_4 ‹-я› ① (времяпрепровождение) Unterhaltung f, Zerstreuung f ② (удовольствие) Vergnügen n; **развле́чь*** сов ‹-еку́, -ечёшь› [**развлека́ть** V_{1a} несов] кого-что вин ① (повеселить) unterhalten, amüsieren; (доставить удовольствие) Vergnügen bereiten; ◇ ~ госте́й die Gäste unterhalten ② (отвлечь) zerstreuen, ablenken

разво́д m_1 ‹-а› ① воен ◇ ~ карау́лов Wachablösung f ② (расторжение брака) Scheidung f, Trennung f; ◇ пода́ть на ~ die Scheidung beantragen; ◇ супру́ги давно́ в ~e das Ehepaar ist schon lange geschieden ③ (выращивание) Zucht f

разводи́ть несов от **развести́**

разворо́т m_1 ‹-а› ① авто Wendemanöver n; ав Kurve f ② (раскрытая книга) zwei gegenüberliegende Seiten ③ (развитие) Entwicklung f

развра́т m_1 ‹-а› ① (половая распущенность) Unzucht f ② (моральное разложение) Sittenlosigkeit f; (порок) Laster n; ◇ впасть в ~ einem Laster verfallen ③ (излишества) Ausschweifung f; **развра́тник** m_1 ‹-а› Wüstling m; **развра́тница** $ж_1$ ‹-ы› lasterhafte Frau; **развра́тный** прил ‹-ая, -ое, -ые› verdorben, unzüchtig; (порочный) lasterhaft; **развращённый** прил ‹-ая, -ое, -ые› unzüchtig; (испорченный) verdorben; (аморальный) unmoralisch

развяза́ть V_{1a} сов ‹-яжу́, -я́жешь, Imp. -яжи́, ~те, Part. Prät. Pass. -я́занный› [**развя́зывать** V_{1a} несов] кого-что вин ① (освободить) lösen, aufbinden, losbinden ② перен entfesseln, freie Hand lassen; ◇ ~ язы́к кому-л jd-n zum Reden bringen; **развя́зка** $ж_1$ ‹-и, род мн:-зок› ① (действие) Lösen n, Aufbinden n ② (завершение) Auflösung f (выход) Ausgang m; (решение) Entscheidung f; (романа) Lösung f; ◇ де́ло идёт к ~e die Sache geht einer Lösung entgegen ③ (транспортная) Straßengabelung f

развя́зный прил ‹-ая, -ое, -ые› (непринуждённый) (betont) ungeniert, vorlaut; (нахальный) frech; ◇ ~ ю́ноша frecher Kerl

разгада́ть V_{1a} сов ‹-а́ю, -а́ешь, Part. Prät. Pass. -а́данный› [**разга́дывать** V_{1a} несов] кого-что вин ① (найти ответ) enträtseln, lösen ② (понять смысл) erraten, herausbekommen; ◇ ~ть чьи́-л мы́сли jd-s Gedanken erraten; ◇ э́того челове́ка я ~л diesen Menschen habe ich durchschaut

разгласи́ть V_{4a} сов ‹-ашу́, -си́шь, Part. Prät. Pass. -ашённый› [**разглаша́ть** V_{1a} несов] что вин ausposaunen; ausplaudern; (что-л тайное) ◇ ~ та́йну ein Geheimnis ausplaudern

разгляде́ть V_5 сов ‹-яжу́, -ди́шь, Imp. -ди́, ~те› [**разгля́дывать** V_{1a} несов] кого-что вин ① (заметить) bemerken, erkennen, gut sehen ② перен (распознать) erkennen; ◇ обма́нщика не ~ли der Betrüger wurde nicht erkannt

разгова́ривать V_{1a} несов ‹-аю, -аешь› с кем вз (вести разговор) reden, sprechen, sich unterhalten; ◇ не сто́ит об э́том и ~ es lohnt sich nicht, darüber zu sprechen; ◇ не ~ с кем-л mit jd-m nicht mehr sprechen; **разгово́р** m_1 ‹-а› Gespräch n; (беседа) Unterhaltung f; разг (толки) Aussprache f; ◇ бе́зо вся́ких ~ов ohne viele Worte; ◇ об э́том и ~а нет davon ist gar keine Rede; ◇ без ~ов! ohne Widerrede

разгово́рник m_1 ‹-а› Sprachführer m

разго́н m_1 ‹-а› ① (разбег) Anlauf m, Anfahren n ② (демонстрации) Auflösung f, Auseinanderjagen n ③ (расстояние) Zwischenraum m, Abstand m ④ разг (взбучка) Rüffel m

разгоре́|ться V_5 сов ‹-ри́тся, -ря́тся, 1 и 2 л. не употр, Imp. -гори́сь› [**разгора́ться** V_{1a} несов] без доп ① (начать гореть) entflammen, entbrennen; (пожар) ~лся ein Feuer brach aus ② (покраснеть) glühen, feuerrot werden; ◇ глаза́ ~лись die Augen leuchteten ③ перен (о споре, битве) entflammen, entbrennen; ◇ стра́сти ~лись Leidenschaften entbrannten

разграни́чить V_{4b} сов ‹-чу, -чишь› [**разграни́чивать** V_{1a} несов] что вин (разделить) abgrenzen, die Grenzen ziehen; ◇ ~ земе́льные уча́стки Grundstücke abgrenzen; (определить) ◇ ~ поня́тия Begriffe (voneinander) abgrenzen

разгро́м m_1 ‹-а› ① (уничтожение) Zerschlagung f (поражение) Niederlage f, Niederwerfung f ② разг (беспорядок) Verwüstung f; ◇ учини́ть ~ в кварти́ре eine Wohnung verwüsten

разгрузи́ть V_{4a} сов ‹-ужу́, -у́зишь, Part. Prät. Pass. -у́женный› [**разгружа́ть** V_{1a} несов] кого-что вин ① (освободить от груза) entladen; (судно) löschen; (сгрузить) abladen ② перен (освободить) entlasten, jd-m etw abnehmen; ◇ ~ шко́льную програ́мму den Lehrplan lockerer gestalten

разгу́л m_1 ‹-а› ① (кутёж) Zecherei f, Gelage n; ◇ преда́ться ~у zechen, bechern; (излишества) Ausschweifung f ② (проявление) Maßlosigkeit f

разда́ть* сов ‹-а́м, -а́шь› [**раздава́ть** V_{1a} несов] кого-что вин кому дат austeilen, verteilen; ◇ ~ зарпла́ту den Lohn auszahlen

разда́т|ься¹ сов ‹-а́стся, аду́тся, 1 и 2 л. не употр› [**раздава́ться** несов] без доп (о звуках) ertönen, erschallen; ◇ ~лся гудо́к es hupte jemand; (о выстреле) krachen; (о громе) dröhnen

разда́|ться² сов ‹-а́мся, -а́шься, (1, 2) 1

и 2 л. не употр> [раздава́ться несов] без доп ① (расступиться) auseinander treten; (дать место, проход) Platz machen; ◇ толпа́~ала́сь die Menge trat auseinander ② (расшириться) sich ausweiten ③ (пополнеть) in die Breite gehen, zunehmen

разда́ча ж₁ ‹-и› Austeilung f, Verteilung f
раздви́нуть V₂ сов ‹-ну, -нешь, Imp. -двинь, Part. Prät. Pass. -нутый> [раздвига́ть V₁ₐ несов] что вин ① (расставить) auseinander schieben, auseinander ziehen; ◇ ~ но́ги die Beine spreizen; ◇ ~ стол den Tisch ausziehen ② (расширить границы) ausweiten, erweitern ③ (заставить расступиться) auseinander treiben; ◇ ~ толпу́ eine Gasse bilden

раздева́лка ж₁ ‹-и, род мн: -лок> Kleiderablage f, Garderobe f; (помещение) Umkleidekabine f

раздева́ться несов от разде́ться
разде́л m₁ ‹-а› ① (действие) Aufteilung f; ◇ ~ иму́щества Vermögensaufteilung ② (часть текста) Abschnitt m; ◇ ~ кни́ги Buchabschnitt ③ (область) Disziplin f, Zweig m; ◇ ~ матема́тики mathematische Disziplin

разде́латься V₁ₐ сов ‹-аюсь, -аешься› [разде́лываться V₁ₐ несов] с кем-чем тв ① (покончить) fertig werden, erledigen; ◇ ~ с поруче́ниями die Aufträge erledigen ② (освободиться) sich etw vom Halse schaffen, etw loswerden ③ (рассчитаться) abrechnen; ◇ ~ с долга́ми seine Schulden bezahlen; перен ◇ ~ с обма́нщиком mit dem Betrüger abrechnen

разделе́ние c₄ ‹-я› Teilung f, Verteilung f; (распределение) Einteilung f; ◇ ~ труда́ Arbeitsteilung; раздели́ть V₄ₐ сов ‹-лю́, -е́лишь› [разделя́ть V₁ᵦ несов] кого-что вин ① (делить) teilen; мат dividieren ② (выразить согласие) teilen; ◇ ~ чью-л то́чку зре́ния jds Ansichten teilen ③ (распределить между) verteilen, aufteilen; ◇ ~ по́ровну in gleiche Teile teilen ④ (разъединить) trennen

разде́ться V₅ сов ‹-е́нусь, -е́нешься, Imp. -е́нься> [раздева́ться V₁ₐ несов] без доп ① (снять с себя одежду) sich ausziehen; ◇ ~ догола́ sich ganz entkleiden ② (снять пальто) ablegen

раздо́лье c₂ ‹-я› ① (простор) Weite f; ◇ ~ луго́в die Weite der Wiesen ② перен разг (свобода) Freiheit f; ◇ ле́том ребя́там ~ im Sommer können die Kinder sich austoben

раздо́р m₁ ‹-а› (разногласие) Zwietracht f, Zwist m; ◇ се́ять ~ы böses Blut schaffen
раздраже́ние c₄ ‹-я› ① (действие) Reiz m, Reizung f ② (состояние недовольства) Gereiztheit f; ◇ в го́лосе сквози́т ~е die Stimme klingt gereizt; (возбуждение) Erregtheit f; ◇ в ~и erregt; раздражи́тельный прил ‹-ая, -ое, -ые> reizbar, gereizt; раздражи́ться V₄ₐ сов ‹-жу́сь, -жи́шь-

ся (2) 1 и 2 л. не употр> [раздража́ться V₁ₐ несов] без доп ① (рассердиться) sich aufregen, sich ärgern; ◇ ~ться отка́зом sich über eine Absage ärgern ② (стать воспалённым) sich entzünden; ◇ ве́ки ~и́лись die Augenlider entzündeten sich

разду́мать V₁ₐ сов ‹-аю, -аешь› без доп или с инф (отказаться от задуманного) seine Absicht ändern; ◇ я ~л ich habe es mir anders überlegt; ◇ ~ть е́хать nicht mehr fahren wollen

разду́мывать V₁ₐ несов ‹-аю, -аешь› о чём предл ① (размышлять) grübeln, nachdenken; ◇ о случи́вшемся über den Vorfall nachdenken ② (колебаться) hin und her überlegen, schwanken; (быть в нерешительности) unschlüssig sein; ◇ не разду́мывая ohne viel nachzudenken; разду́мье c₅ ‹-я› (сосредоточенность) Nachdenken n; (задумчивость) Nachdenklichkeit f; ◇ впасть в ~е nachdenklich werden; ◇ вы́вести кого́-л из ~я jd-n aus seinen Träumereien reißen; ◇ в глубо́ком ~е tief in Gedanken versunken

разду́ть* сов ‹-у́ю, -у́ешь, (4) 1 и 2 л. не употр> [раздува́ть V₁ₐ несов] что вин ① (разжечь) entfachen; ◇ ~ ого́нь ein Feuer entfachen ② разг перен (чрезмерно увеличить) aufblähen, aufblasen; ◇ ~ шта́ты den Personalbestand vergrößern ③ (создать шумиху вокруг) aufbauschen; ◇ ~ чью-л оши́бку jd-s Fehler aufbauschen ④ безл (распухнуть) aufblähen; ◇ у него́ щёку разду́ло seine Wange ist geschwollen; (надуть) aufblasen; (о парусах) aufblähen

рази́ня м/ж₂ ‹-и› разг (рассеянный) zerstreuter Mensch; (шляпа) Schlafmütze f
разла́д m₁ ‹-а› ① (отсутствие согласованности) Unstimmigkeit f, Differenzen f pl ② (раздор) Uneinigkeit f, Streit m; ◇ жить в ~е verfeindet sein

разлете́|ться V₅ сов ‹-лечу́сь, -лети́шься, Imp. -лети́сь> [разлета́ться V₁ₐ несов] без доп ① (в разные стороны) auseinander fliegen; (рассеяться) sich zerstreuen ② (рассыпаться) zersplittern; ◇ таре́лка ~лась вдре́безги der Teller ging in die Brüche; (лопнуть) zerspringen, zerplatzen; перен ◇ наде́жды ~лись die Hoffnungen zerplatzten ③ перен (о новости) sich verbreiten ④ разг (при беге) stürzen, sausen

разли́ть* сов ‹-золью́, -зольёшь> [разлива́ть V₁ₐ несов] что вин ① (пролить) verschütten, vergießen; ◇ ~ во́ду по́ полу Wasser auf den Boden verschütten ② (налить) abfüllen; ◇ ~ молоко́ по буты́лкам Milch in Flaschen abfüllen; (чай, вино) ein-/ausschenken ③ перен (разъединить) entzweien; ◇ их водо́й не разольёшь sie halten zusammen wie Pech und Schwefel

различа́ть несов от различи́ть

разли́чи|е c_4 ‹-я› Unterschied m, Verschiedenheit f; ◇ без ~я unterschiedslos; разли́чи́ть V_{4a} сов‹-чу́, -чи́шь› [различа́ть V_{1a} несов] кого-что вин ① (распознать) erkennen; ◇ с трудо́м ~ в темноте́ что-л etw in der Dunkelheit nur schwer erkennen ② (отличить) unterscheiden; ◇ ~ по цве́ту der Farbe nach unterscheiden; разли́чн|ый прил ‹-ая, ое, -ые› ① (разный) verschieden, unterschiedlich; ◇ на́ши мне́ния ~ы wir haben verschiedene Meinungen; ◇ за́нят ~ыми дела́ми mit unterschiedlichen Dingen beschäftigt; ◇ соверше́нно ~ völlig verschieden (несходный) unterschiedlich; (отличный) verschieden; (разнообразный) verschiedenartig

разложе́ние c_4 ‹-я› ① (на части) Zerlegung f ② мат Zerlegung f, Auflösung f ③ (гниение) Verwesung f ④ перен Demoralisierung f; (упадок) Zerfall m; (нравственное) moralischer Verfall; разложи́ть V_{4a} сов‹-жу́, -óжишь, Part. Prät. Pass. -оженный› [раскла́дывать (1-4) V_{1a} разлага́ть (5, 6) V_{1a} несов] что вин (1-5), кого-что вин (6) ① (разместить) ausbreiten, auslegen; ◇ ~ ве́щи Sachen ausbreiten; ◇ ~ ка́рты Karten auslegen ② (расставить, распластать) auslegen, ausbreiten; ◇ ~ ковёр einen Teppich auslegen; ◇ ~ складно́й стул einen Klappstuhl aufstellen ③ (распределить между) aufteilen; ◇ ~ по́ровну zu gleichen Teilen verteilen ④ (зажечь) anzünden; ◇ ~ костёр ein Lagerfeuer anmachen ⑤ (отделить) zersetzen, aufspalten; ◇ ~ во́ду на кислоро́д и водоро́д Wasser in Sauerstoff und Wasserstoff aufspalten ⑥ перен (деморализовать) demoralisieren, zersetzen

разло́м|m_1 ‹-а› ① (разрушение) Bruch m ② (место разлома) Bruchstelle f ③ (надломленность) Zerrissenheit f

разлу́к|а $ж_1$ ‹-и› Trennung f; (расставание) Scheiden n; (прощание) Abschied m; ◇ жить в ~е с кем-л getrennt von jd-m leben; разлучи́ться V_{4a} сов‹-чу́сь, -чи́шься› [разлуча́ться V_{1a} несов] с кем тв sich trennen, scheiden

разма́зать V_{1a} сов‹-а́жу, -а́жешь, Imp. -а́жь, ~те› [разма́зывать V_{1a} несов] что вин ① (распространить) verschmieren; ◇ ~ грязь по лицу́ Dreck im Gesicht verschmieren; ◇ ~ кра́ску Farbe verstreichen ② раз перен (длинно описать) viele Worte machen, weitschweifig erzählen

размазня́ $m/ж_2$ ‹-и, род мн:-ей› разг ① (жидкая каша) flüssiger Brei ② (о человеке) Waschlappen m ③ (о чём-л расплывчатом) Gekritzel n; ◇ написа́л каку́ю-то ~ю er hat irgendeinen Schwachsinn hingeschmiert

разма́х m_1 ‹-а› ① (движение) Ausholen n, Schwung m ② (колебание, оборот)

Schwingungsweite f, Amplitude f ③ (расстояние) Spannweite f; ◇ ~ кры́льев Flügelspannweite ④ перен (объём деятельности) Ausmaß n

разма́шистый прил ‹-ая, -ое, -ые› ① (широкий) ausholend ② (о почерке) schwungvoll

разме́н m_1 ‹-а› Wechseln n; ◇ ~ де́нег Geldwechsel (in Kleingeld) m; разменя́ть ‹-я́ю, -я́ешь, Part. Prät. Pass. -ме́нянный› V_{1b} сов [разме́нивать V_{1a} несов] что вин ① (денег) wechseln ② перен (о возрасте) überschreiten; ◇ ~л шестой деся́ток er hat die sechzig überschritten ③ перен (израсходовать впустую) vergeuden; ◇ ~ тала́нт на ме́лочи sein Talent unnütz vergeuden ④ (о квартире) tauschen; ◇ ~ большу́ю кварти́ру на две ма́ленькие eine große Wohnung gegen zwei kleinere tauschen

разме́р m_1 ‹-а› ① (величина, объём, уровень) Größe f; ◇ ~ за́работной пла́ты Höhe des Gehalts; ◇ ~ о́буви Schuhgröße ② (масштаб) Ausmaß n, Umfang m; ◇ в широ́ких ~ах in großem Ausmaß ③ муз Takt m

размести́ть V_{4a} сов‹-ещу́, -сти́шь, Part. Prät. Pass. -ещённый› [размеща́ть V_{1a} несов] кого-что вин (1), что вин (2) ① (расположить) aufstellen, unterbringen; ◇ ~ пассажи́ров Passagieren Plätze zuweisen; воен ◇ ~ по кварти́рам einquartieren ② (распределить между кем-л) verteilen; размести́ться сов ‹-ещу́сь, -сти́шься› [размеща́ться несов] без доп (поместиться) unterkommen, Platz finden; ◇ библиоте́ка ~лась на второ́м этаже́ die Bibliothek wurde im zweiten Stock untergebracht; (занять места) Platz einnehmen; размеще́ние c_4 ‹-я› ① (вещей, людей) Unterbringung f; воен Stationierung f ② (система) Anordnung f; (распределение) Verteilung f

размини́ровать V_{3a} несов и сов‹-рую, -руешь› что вин entminen, Minen räumen

разми́нка $ж_1$ ‹-и, род мн:-нок› спорт Aufwärmen n

размножа́ться несов от размно́житься

размноже́ние c_4 ‹-я› ① (о животных) Fortpflanzung f, Vermehrung f ② (материалов) Vervielfältigung f

размно́житься V_{4b} сов‹-жится, -жатся, 1 и 2 л. не употр› [размножа́ться V_{1a} несов] без доп sich fortpflanzen, sich vermehren

размо́лвка $ж_1$ ‹-и, род мн:-вок› разг Verstimmung f, Unstimmigkeit f

размышле́ни|е c_4 ‹-я› Nachdenken n, Gedanken m pl; ◇ проси́ть вре́мени на ~е um eine Bedenkzeit bitten; ◇ погрузи́ться в ~я in Gedanken vertieft sein; ◇ э́то наво́дит на ~я das gibt Stoff zum Nachdenken; размышля́ть V_{1b} несов‹-я́ю, -я́ешь› без *доп* (*углубляться мыслью во что-л*) nachdenklich sein, in Gedanken versunken sein; (*задумываться*) über etw nachdenken **размя́ть** V_{1b} *сов* ‹-зомну́, -зомнёшь, *Impr.* -зомни́, ~те, *Part. Prät. Pass.* -мя́тый› [**размина́ть** V_{1a} *несов*] *что вин* ① (*тесто*) durchkneten; (*картофель*) stampfen ② (*физически*) aufwärmen; ◇ ~ **мы́шцы** die Muskeln aufwärmen; ◇ ~ **но́ги** sich die Beine vertreten; **размя́ться** [**размина́ться** *несов* ‹-зомну́сь, -зомнёшься, (1) 1 *и* 2 *л. не употр*] [**размина́ться** *несов без доп*] ① (*стать мягким*) weich werden; ◇ **жёсткая ко́жа** ~**лась** das harte Leder wurde geschmeidig ② спорт sich aufwärmen

разнаря́дка *ж₁* ‹-и, *род мн:* -док› Auftragsverteilung *f*

разнести́* *сов* ‹-су́, -сёшь› [**разноси́ть** V_{4a} *несов* ‹*Part. Präs. Pass.* -носи́мый›] *кого-что вин* ① (*доставить*) austragen, zustellen; ◇ ~ **пи́сьма по адреса́м** Briefe austragen ② (*распространить*) in Umlauf bringen, verbreiten ③ (*разрушить*) zerstören, zertrümmern ④ (*развеять*) auseinander treiben ⑤ (*расположить в каком-л порядке*) anordnen; ◇ ~ **све́дения по гра́фам** die Nachrichten in Spalten eintragen ⑥ *разг* (*разругать*) verreißen, heruntermachen

ра́зница *ж₁* ‹-ы› ① (*несходство*) Unterschied *m* ② (*разность величин*) Differenz *f*; ◇ ~ **в окла́дах** Gehaltsdifferenz; ◇ ~ **в том, что** der Unterschied liegt darin, dass; ◇ **кака́я** ~? macht das einen Unterschied?

разнобо́й *м₃* ‹-я› *разг* (*несогласованность*) Unstimmigkeit *f*; (*расхождение*) Uneinigkeit *f*; (*непоследовательность*) Inkonsequenz *f*

разнови́дность *ж₅* ‹-и› Variante *f*; биол Abart *f*; **разногла́сие** *c₄* ‹-я› ① (*отсутствие согласия*) Meinungsverschiedenheit *f* ② (*противоречие*) Widerspruch *m*; ◇ ~ **в показа́ниях свиде́телей** Widerspruch in den Zeugenaussagen; **разнообра́зие** *c₄* ‹-я› Vielfältigkeit *f*, Verschiedenartigkeit *f*; (*смена*) Abwechslung *f*; **разнообра́зный** *прил* ‹-ая, -ое, -ые› vielfältig, mannigfaltig, verschiedenartig; (*о времяпрепровождении*) abwechslungsreich; **разноро́дный** *прил* ‹-ая, -ое, -ые› verschiedenartig, ungleich, heterogen **ра́зность** *несов от* **разнести́ разносторо́нн|ий** *прил* ‹-яя, -ее, -ие› ① (*многообразный*) vielseitig; ◇ ~**ее образова́ние** vielseitige Bildung ② мат ◇ ~ **треуго́льник** ungleichseitiges Dreieck; **разноцве́тный** *прил* ‹-ая, -ое, -ые› verschiedenfarbig; (*многоцветный*) vielfarbig; (*пёстрый*) bunt

разну́зданность *ж₅* ‹-и› *разг* Zügellosigkeit *f*; **разну́зданный** *прил* ‹-ая, -ое, -ые› hemmungslos, zügellos

ра́зный *прил* ‹-ая, -ое, -ые› ① (*неодинаковый*) verschieden; (*разнообразный*) unterschiedlich; ◇ **жить в** ~**ых кварти́рах** in getrennten Wohnungen wohnen ② (*всякий*) allerlei, verschieden; ◇ ~ **хлам** allerlei Plunder

разоблаче́ние *c₄* ‹-я› (*кого-л*) Entlarvung *f*; (*чего-л*) Aufdeckung *f*, Enthüllung *f*; **разоблачи́ть** V_{4a} *сов* ‹-чу́, -чи́шь› [**разоблача́ть** V_{1a} *несов*] *кого-что вин* ① (*кого-л*) *шутл* (*раздеть*) entkleiden ② (*изобличить*) entlarven; ◇ ~ **обма́нщика** den Betrüger überführen ③ (*раскрыть тайное*) enthüllen, aufdecken; ◇ ~ **злоупотребле́ния** Veruntreuungen aufdecken

разобра́|ть* *сов* ‹разберу́, разберёшь› [**разбира́ть** V_{1a} *несов*] *что вин* ① (*на части*) auseinander nehmen, zerlegen; ◇ ~**ть сара́й** die Scheune abreißen ② (*привести в порядок*) ordnen; ◇ ~**ть бума́ги** die Papiere in Ordnung bringen ③ (*раскупить, расхватать*) aufkaufen; ◇ **това́р ходово́й, бы́стро** ~**ли** die Ware ist gefragt, sie war schnell vergriffen ④ (*рассмотреть*) untersuchen; (*проанализировать*) analysieren ⑤ (*понять*) verstehen, begreifen; ◇ ~**ть по́черк** eine Schrift entziffern; ◇ **тру́дно** ~**ть, что он говори́т** es ist schwer zu verstehen, was er sagt ⑥ *безл* (*овладеть*) ergreifen, packen; ◇ **смех** ~**л её** sie schüttelte sich vor Lachen; ◇ **его́** ~**ла́ за́висть** ihn packte der Neid; ◇ **его́** ~**ло от вина́** er war total betrunken vom Wein; **разобра́ться** *сов* ‹разберу́сь, разберёшься› [**разбира́ться** *несов без доп (1), в ком-чём предл или с кем-чем тв (2)*] ① (*устроиться*) sich einrichten, auspacken ② (*понять*) über etw klar werden, sich in etw auskennen

ра́зов|ый *прил* ‹-ая, -ое, -ые› einmalig; ◇ ~**ый биле́т** Fahrkarte für eine einfache Fahrt; ◇ **шприцы́** ~**ого по́льзования** Einwegspritzen *f pl*

разогна́|ть* *сов* ‹разгоню́, разго́нишь, *Impr.* -гони́, ~те, *Part. Prät. Pass.* -о́гнанный› [**разгоня́ть** V_{1b} *несов*] *кого-что вин* ① (*прогнать*) auseinander jagen; ◇ ~**ть толпу́ зева́к** die Schaulustigen auseinander treiben; *перен* ◇ **ве́тер** ~**л облака́** der Wind vertrieb die Wolken; (*изгнать*) verjagen ② (*уволить*) hinauswerfen, verscheuchen; *разг* ◇ ~**ть печа́ль** Kummer vertreiben ③ (*развить скорость*) beschleunigen

разогре́ть V_5 *сов* ‹-е́ю, -е́ешь, *Part. Prät. Pass.* -е́тый› [**разогрева́ть** V_{1a} *несов*] *что вин* erhitzen, aufwärmen

разойти́сь* *сов* ‹-йду́сь, -йдёшься, (1, 5, 7, 8) 1 *и* 2 *л. не употр*) [**расходи́ться** V_{4a} *несов без доп (1, 5-9), с кем-чем тв (2, 4), с кем-чем тв в чём предл (3)*] ① (*уйти в разные стороны*) auseinander gehen, (*рассеяться*) sich zerstreuen; ◇ **ту́чи**

разошлú́сь die Wolken verzogen sich; ◇~ **по швам** an den Nähten auseinander gehen ② (разминýться) aneinander vorbeigehen, sich verfehlen; ◇ ~ **с кем-л в темнотé** jd-n in der Dunkelheit verfehlen ③ (проявить несоглáсие) geteilter Meinung sein; ◇~ **во взглядах** die Meinungen gehen auseinander ④ (расстáться) sich trennen, scheiden lassen ⑤ (оказáться распрóданным) vergriffen sein, ausverkauft sein; ◇**запáсы разошлú́сь** die Vorräte sind ausgegangen ⑥ раз (усилиться) außer Rand und Band geraten; ◇ **дождь разошёлся** es gießt in Strömen ⑦ (раствориться) sich auflösen ⑧ (распространиться) sich verbreiten, sich ausbreiten; ◇ **весть разошлáсь** mгновéнно die Nachricht verbreitete sich im Nu ⑨ (развить скорость) beschleunigen; ◇ **пóезд разошёлся** der Zug kam in volle Fahrt

рáзом нареч ① (в один приём) auf einmal; (одним удáром) mit einem Schlag; ◇ **сдéлать всё** ◇ ~ alles auf einmal machen ② (срáзу, мгновéнно) plötzlich, augenblicklich; ◇~ **покóнчить с чем-л** plötzlich mit etw aufhören; ◇~ **все замолчáли** mit einem Schlag schwiegen alle

разорвáть* сов ‹-вý, -вёшь, Part. Prät. Pass. -óрванный⟩ [**разрывáть** V_{1a} несов] когó-что вин ① (раздели́ть на чáсти) zerreißen, zerfetzen; ◇~ **письмó** einen Brief in Stücke reißen; перен ◇ ~ **на чáсти когó-л** jd-n verreißen ② перен (прервáть) abbrechen; ◇~ **дипломати́ческие отношéния** diplomatische Beziehungen abbrechen ③ (взорвáть) zerspringen, explodieren; **разорéние** с_{4} ‹-я⟩ ① (опустошéние) Verwüstung f, Zerstörung f ② (потéря состояния) Ruin m; **разори́тельный** прил ‹-ая, -ое, -ые⟩ ① (разруши́тельный) verheerend ② (разоряющий) Verlust bringend; ◇~**ые трáты** horrende Ausgaben; **разори́ть** V_{4a} сов ‹-рю́, -ри́шь⟩ [**разоря́ть** V_{1b} несов] когó-что вин ① (довести до нищеты) ruinieren; (губи́ть) zugrunde richten ② (разрýшить) verwüsten, zerstören

разори́тьсянесов от **разори́ться**
разоружéние с_{4} ‹-я⟩ Abrüstung f; (обезорýживание) Entwaffnung f; ◇ **поэтáпное ядерное** ~ stufenweise Abrüstung der Atomwaffen; **разоружи́ться** сов ‹-жýсь, -жи́шься⟩ [**разоружáться** V_{1a} несов] без доп ① abrüsten ② перен (отказáться от борьбы́) aufgeben; ◇**идéйно** ~ eine Ideologie aufgeben

разочарóватьсянесов от **разори́ться**
разочарóвание с_{4} ‹-я⟩ Enttäuschung f; **разочарóва|ться** V_{1a} сов ‹-рýюсь, -рýешься, Imp. -рýйся, Part. Prät. Pass. -рóванный⟩ [**разочарóвываться** V_{1a} несов] в ком-чём предл enttäuscht sein; ◇ **мы в нём ~лись** wir sind enttäuscht von ihm

разочарование

Das finde ich aber schade.
Это жаль.
Schade, dass das Konzert ausfällt.
Жáлко, что концéрт не состои́тся.
So ein Pech!
Какóе невезéнье!/Вот неудáча!
Das habe ich nicht erwartet.
Этого я не ожидáл.
Alles war umsonst.
Всё бы́ло напрáсно.
Das hätte ich nie gedacht.
Этого я не мог предположи́ть.

разрабóта|ть V_{1a} сов ‹-аю, -аешь⟩ [**разрабáтывать** V_{1a} несов] что вин ① (воздéлывать зéмлю) bearbeiten ② (подготóвить обрабóтать) ausarbeiten, entwickeln ③ мин (исчерпáть) ausbeuten; ◇ **золотóй при́иск ~ан до концá** die Goldmine ist vollständig ausgebeutet; **разрабóтка** ж_{1} ‹-и, род мн: -ток⟩ ① (учáстка) Bearbeitung f ② мин Förderung f, Abbau m; ◇ **подзéмная** ~ Untertagebau m; (добы́ча) Ausbeute f ③ (плáна, тéмы) Ausarbeitung f; (изобретéния) Entwicklung f

разрасти́сь* сов ‹-тётся, тýтся, 1 и 2 л. не употр⟩ [**разрастáться** V_{1a} несов] без доп ① (о растéниях) üppig wachsen, schnell wachsen; (бýйно) wuchern ② (расши́риться) wachsen, umfangreicher werden

разрéз м_{1} ‹-а⟩ ① (порéз) Schnitt m, Einschnitt m ② (плáтья) Ausschnitt m; (ýзкий) Schlitz m; ◇ **ю́бка с ~ом** Rock mit Schlitz ③ (на чертéже) Schnitt m, Durchschnitt; ◇**попéречный** ~ Querschnitt ④ мин Tagebau m; ◇**в э́том** ~e unter diesem Gesichtspunkt; ◇**идти́ в** ~ **с чем-л** im Gegensatz stehen zu

разрешáть несов от **разреши́ть**

спрашивать разрешения

Darf ich das Fenster aufmachen?
Мóжно мне откры́ть окнó?
Kann ich mal kurz telefonieren?
Мóжно мне бы́стро позвони́ть?
Würde es Ihnen etwas ausmachen, wenn ich die Tür schließe?
Вам не помешáет, éсли я закрóю дверь?
Könnte ich bitte mal vorbei?
Разреши́(те), пожáлуйста, пройти́!
Wenn Sie nichts dagegen haben, würde ich jetzt gerne gehen.
Éсли Вы не возражáете, то я пойдý.

разрешéни|е с_{4} ‹-я⟩ ① (позволéние) Erlaubnis f; (официáльное) Bewilligung f, Genehmigung f; ◇ **с вáшего ~я** wenn Sie

gestatten; ◇ ~е на рабо́ту Arbeitserlaubnis
② (пробле́мы) Lösung f; (конфли́кта)
Beilegung f; (заверше́ние) Erledigung f; ◇
~е от бре́мени Entbindung f; разреши́ть
V_{4a} сов ‹-шу́, -ши́шь› [разреша́ть V_{1a}
несов] что вин или с инф (1), что вин
(2, 3) ① (дать согла́сие) erlauben, geneh-
migen, gestatten; (официа́льно одо́брить)
bewilligen ② (найти́ отве́т) lösen, klären
③ (рассуди́ть, устрани́ть) beilegen, behe-
ben; ◇ ~ сомне́ние Zweifel beseitigen;
◇ ~ разногла́сия Differenzen bereinigen
разро́зненный прил ‹-ая, -ое, -ые› ①
(разобщённый) vereinzelt, einzeln ②
(неко́мплектный) unvollständig; ◇ ~ые
тома́ Einzelbände m pl; (разде́льный)
getrennt
разруша́ть несов от разру́шить
разруше́ние c_4 ‹-я› Zerstörung f; (уничто-
же́ние) Vernichtung f; разруши́тель-
ный прил ‹-ая, -ое, -ые› zerstörerisch;
(опустоши́тельный) verheerend; (губи́-
тельный) vernichtend; разру́шить V_{4b}
сов ‹-шу, -шишь› [разруша́ть V_{1a} не-
сов] что вин ① (уничто́жить) zerstören,
vernichten; ◇ ~ до основа́ния dem Erdbo-
den gleichmachen ② (расстро́ить) ruinie-
ren, zugrunde richten; ◇ ~ своё здоро́вье
seine Gesundheit ruinieren
разры́в $м_1$ ‹-а› ① Riss m; (разло́м) Bruch
m; (в электри́ческой цепи́) Unterbrechung
f ② (снаря́да) Explosion f ③ (свя́зей) Ab-
bruch m ④ (несоотве́тствие) Diskrepanz f,
Kluft f; ◇ ~ ме́жду це́нами Preisspanne f
разрыва́ть несов от разорва́ть
разря́д $м$ ‹-а› ① (катего́рия) Kategorie
f; ◇ учени́к отно́сится к ~у лу́чших der
Schüler gehört zu den Klassenbesten ②
(квалифика́ция) (Leistungs-)Klasse f,
Lohngruppe f; ◇ спортсме́н пе́рвого ~а
Spitzensportler
разря́д|ка $ж_1$ ‹-и, род мн: -док› ①
полигр Sperrung f; ◇ набра́ть заголо́вок
~ой die Überschrift gesperrt drucken ②
(ослабле́ние) Entspannung f
разубеди́ть V_{4a} сов ‹-ежу́, -ди́шь›, Part.
Prät. Pass. -еждённый› [разубежда́ть
V_{1a} несов] кого́-что вин в чём предл
abbringen (von), ausreden; ◇ он насто́ль-
ко упря́м, что его́ тру́дно ~ er ist so stur,
dass er kaum von seiner Überzeugung abzu-
bringen ist
ра́зум $м_1$ ‹-а› Vernunft f; (рассу́док) Ver-
stand m; разг ◇ ни ума́, ни ~а у
кого́-л jd hat keinen Funken Verstand;
разу́мный прил ‹-ая, -ое, -ые› ① (об-
лада́ющий ра́зумом) vernünftig ②
(то́лковый) gescheit
разучи́ть V_{4a} сов ‹-чу́, -у́чишь›, Part.
Prät. Pass. -у́ченный› [разу́чивать V_{1a}
несов] что вин einstudieren, einüben; разу-
чи́ться сов ‹-чу́сь, -у́чишься› [разу́-
чиваться несов] с инф verlernen
разъедини́|ть V_{4a} сов ‹-ню́, -ни́шь›

[разъединя́ть V_{1b} несов] кого́-что вин
(прерва́ть связь) trennen, unterbrechen; ◇
нас ~ли по телефо́ну unsere Leitung
wurde unterbrochen; ◇ судьба́ ~ла дру-
зе́й das Schicksal trennte die Freunde
разъе́зд $м_1$ ‹-а› ① (отъе́зд) Abfahrt f;
(госте́й) Aufbruch m ② (пое́здка) Reise f;
◇ провести́ ме́сяц в ~ах einen Monat lang
auf Reisen sein ③ ж.-д. Ausweichschienen
f pl; (ста́нция) Ausweichstelle f
разъе́ха|ться* сов ‹-е́дусь, -е́дешься,
(1, 5) 1 и 2 л. не употр› [разъезжа́ться
V_{1a} несов] без доп (1, 3, 5), с кем тв
(2, 4) ① (уе́хать) wegfahren, auseinander
fahren ② (расста́ться) sich trennen; ◇ она́ ~лась
с му́жем sie hat sich von ihrem Mann
getrennt ③ (не столкну́ться) einander
ausweichen ④ (размину́ться) aneinander
vorbeifahren, sich verfehlen ⑤ (располз-
ти́сь) auseinander gehen; ◇ пиджа́к
~лся по швам die Jacke ist an den Näh-
ten auseinander gegangen
разъясне́ние c_4 ‹-я› Erklärung f; (пояс-
не́ние) Erläuterung f; разъясни́ть V_{4a} сов
‹-ню́, -ни́шь› [разъясня́ть V_{1b} несов]
что вин erklären, klar machen; (поясни́ть)
erläutern
разыгра́ть V_{1a} сов ‹-а́ю, -а́ешь, Part.
Prät. Pass. -ы́гранный› [разы́грывать
V_{1a} несов] кого́-что вин ① (испо́лнить)
vortragen, aufführen ② перен (изобра-
зи́ть собо́й) sich aufführen ③ (подшу-
ти́ть) zum Narren halten, foppen ④ (сы-
гра́ть) austragen, spielen ⑤ (в лотере́е)
verlosen, auslosen; разыгра́ться сов
‹-а́юсь, а́ешься, (3) 1 и 2 л. не употр›
[разы́грываться несов] без доп ① (ув-
лечься игро́й) in Spieleifer geraten; ◇ де́ти
~лись die Kinder wollen nicht aufhören zu
spielen ② (легко́ игра́ть) in Schwung kom-
men ③ (уси́литься) ausbrechen; ◇ бу́ря
~лась ein Sturm tobt; ◇ у него́ ~лись
не́рвы die Nerven gingen mit ihm durch
рай $м_3$ ‹-я› Paradies n; ◇ земно́й ~ das
Paradies auf Erden
райо́н $м_1$ ‹-а› ① (администрати́вная
едини́ца) Bezirk m, Kreis m; (райо́нный
центр) Bezirkszentrum n, Kreisstadt f; (в
го́роде) Stadtbezirk m ② (ме́стность) Ge-
gend f, Gebiet n; ◇ ~ наводне́ния Über-
schwemmungsgebiet ③ воен Gebiet n,
Raum m, Abschnitt m
рак¹ $м_1$ ‹-а› (живо́тное) Krebs m; ◇
кра́сный как ~ krebsrot; ◇ пя́титься как
~ rückwärts gehen; разг ◇ как ~ на мели́
völlig hilflos; разг ◇ когда́ ~ сви́стнет am
Sankt-Nimmerleins-Tag
рак² $м_1$ ‹-а› мед Krebs m; ◇ ~ желу́дка
Magenkrebs; ◇ ~ кро́ви Leukämie f
ра́ка $ж_1$ ‹-и› рел Reliquienschrein m
раке́та $ж_1$ ‹-ы› Rakete f; ◇ сигна́льная
~ Leuchtrakete
раке́тка $ж_1$ ‹-и, род мн: -ток› спорт
(Tennis-)Schläger m

ра́ковина *ж₁* ⟨-ы⟩ **1** Muschel *f;* у́шная ~ Ohrmuschel *f;* ◇ ~ ули́тки Schnecken-haus *n* **2** (*водопрово́дная*) Waschbecken *n,* Spülstein *m* **3** тех Blase *f*

ра́ма *ж₁* ⟨-ы⟩ Rahmen *m;* ◇ око́нная ~а Fensterrahmen; ◇ вста́вить в ~у einrahmen

ра́мпа *ж₁* ⟨-ы⟩ театр Rampe *f;* ◇ огни́ ~ы Rampenlicht *n;* ◇ пье́са уви́дела ~у das Stück kam auf die Bühne

ра́на *ж₁* ⟨-ы⟩ Wunde *f;* ◇ огнестре́льная ~ Schusswunde; *перен* ◇ душе́вная ~ see-lischer Schmerz

ранг *м₁* ⟨-а⟩ (*зва́ние, чин*) Rang *m;* ◇ по ~у rangmäßig

ране́ние *c₄* ⟨-я⟩ Verletzung *f;* Wunde *f*

ра́неный **I.** *прил* ⟨-ая, -ое, -ые⟩ verletzt, verwundet **II.** *м* (*A₁*) ⟨-ого⟩ Verletzter *m,* Verwundeter *m*

ра́нец *м₅* ⟨-нца⟩ Ranzen *m;* ◇ учени́ческий ~ Schulranzen *m*

ра́нить V₄b *несов и сов* ⟨-ню, -нишь⟩ *кого́-что вин* verletzen, verwunden

ра́нн|ий *прил* ⟨-яя, -ее, -ие⟩ früh, Früh-; (*преждевре́менный*) frühzeitig; ◇ ~ий сев Frühsaat *f;* ◇ ~им у́тром frühmorgens;

ра́но *нареч* (*сравн* ра́ньше) **1** (*о вре́мени*) früh; ◇ де́ти ложа́тся ~ die Kinder gehen früh zu Bett; ◇ ~ и́ли по́здно früher oder später **2** (*в де́тстве, мо́лодости*) früh; ◇ ~ позна́л труд früh fing er an zu arbei-ten **3** (*преждевре́менно*) früh; ◇ о́сень наступи́ла ~ es wurde früh Herbst

ра́ньше *нареч* **1** (*сравн от* ра́но) frü-her, eher; (*пре́жде*) bevor; ◇ как мо́жно ~ so früh es geht; ◇ не ~ чем... nicht vor..., frühestens **2** (*в пре́жнее вре́мя*) früher, ehemals; (*когда́-то*) einst

ра́са *ж₁* ⟨-ы⟩ Rasse *f*

раси́зм *м₁* ⟨-а⟩ Rassismus *m*

раска́иваться *несов от* раска́яться

раска́т *м₁* ⟨-а⟩ Donnern *n,* Grollen *n*

раската́ть V₁a *сов* ⟨-а́ю, -а́ешь, *Part. Prät. Pass.* -а́танный⟩ [раска́тывать V₁a *несов*] *что вин* **1** (*разверну́ть*) aufrollen **2** (*вы́ровнять*) ausrollen; ◇ ~ бельё Wä-sche mangeln; ◇ ~ те́сто Teig ausrollen

раскача́ть V₁a *сов* ⟨-а́ю, -а́ешь, *Part. Prät. Pass.* -а́чанный⟩ [раска́чивать V₁a *несов*] *кого́-что вин* **1** (*заста́вить кача́ться*) stark schaukeln; ◇ ~ каче́ли die Schaukel anstoßen **2** (*расша́тать*) losrüt-teln, lockern **3** *перен разг* (*расшевели́ть*) aufrütteln, aufmuntern

раска́яни|е *c₄* ⟨-я⟩ Reue *f;* ◇ по́лный ~я reuevoll; раска́яться V₁b *сов* ⟨-а́юсь, -а́ешься⟩ [раска́иваться V₁a *несов*] *в чём предл см* раска́яться

раскла́дка *ж₁* ⟨-и, *род мн:* -док⟩ Ver-teilung *f,* Zusammenstellung *f;* ◇ де́лать ~у verteilen, zusammenstellen

раскладу́шка *ж₁* ⟨-и, *род мн:* -шек⟩ Klappbett *n*

раскла́няться V₁b *сов* ⟨-я́юсь, -я́ешься⟩ [раскла́ниваться V₁a *несов*] *с кем тв*

sich verbeugen, eine Verbeugung machen; (*при встре́че*) einander begrüßen; (*при проща́нии*) sich voneinander verabschie-den

раскле́и|ться V₄b *сов* ⟨-е́юсь, -е́ишься, (1, 2) 1 и 2 л. не употр, *Imp.* -е́йся⟩ [раскле́иваться V₁a *несов без доп* **1** (*от-клеи́ться*) sich ablösen, abgehen; ◇ конве́рт ~лся der Umschlag ist aufgegangen; ◇ коро́бка ~лась die Schachtel ging aus dem Leim **2** *разг* (*разла́диться*) sich zer-schlagen, nicht zustande kommen **3** *перен разг* (*расхвора́ться*) kränkeln, schwach werden; ◇ стари́к совсе́м ~лся der alte Mann ist ganz schwach geworden

раско́л *м₁* ⟨-а⟩ (*наруше́ние еди́нства*) Spaltung *f* рел, ист (*старообря́дчест-во*) Kirchenspaltung *f,* Schisma *n;* ◇ уйти́ в ~ sich abspalten; расколо́ть* *сов* ⟨-лю́, -о́лешь⟩ [раска́лывать V₁a *несов*] *что вин* (1), *кого́-что вин* (2, 3) **1** (*дрова́*) zerspalten; (*оре́х*) knacken; (*са́хар*) hacken; (*стекло́*) zerbrechen **2** *перен* (*нару́шить еди́нство*) entzweien; ◇ ~ коллекти́в ein Team spalten **3** *разг* (*заста́вить говори́ть пра́вду*) jd-n zum Reden bringen

раско́пки *мн₁* ⟨-пок⟩ археол Ausgrabun-gen *f pl*

раскра́сить V₄b *сов* ⟨-а́шу, -а́сишь, *Part. Prät. Pass.* -а́шенный⟩ [раскра́шивать V₁a *несов*] *кого́-что вин* (*расписа́ть ра́зными кра́сками*) bunt bemalen; (*рису́-нок*) anmalen, ausmalen; (*забо́р*) bunt an-streichen; *перен* (*разукра́сить*) schmücken

раскрепоще́ние *c₄* ⟨-я⟩ **1** ист Auf-hebung *f* der Leibeigenschaft **2** *перен* Be-freiung *f*

раскры́ть* *сов* ⟨-ро́ю, -ро́ешь⟩ [раскры-ва́ть V₁a *несов*] *кого́-что вин* **1** (*откры́ть*) öffnen, aufmachen; ◇ ~ зонт den Schirm aufspannen; ◇ ~ кни́гу ein Buch aufschlagen **2** (*обнажи́ть*) aufdecken, bloßlegen; (*обнару́жить*) enthüllen; ◇ ~ та́йну ein Geheimnis enthüllen; ◇ ~ глаза́ кому́-л jd-m die Augen öffnen

раскуси́ть V₄a *сов* ⟨-ушу́, -у́сишь, *Part. Prät. Pass.* -у́шенный⟩ [раску́сывать V₁a *несов*] *кого́-что вин* **1** (*разъ-едини́ть*) durchbeißen **2** *перен* (*ви́деть кого́ наскво́зь*) durchschauen, dahinter kommen; ◇ ~ хитреца́ dem Schlaumeier auf die Schliche kommen; ◇ ~, в чём де́ло der Sache auf den Grund kommen

ра́сов|ый *прил* ⟨-ая, -ое, -ые⟩ Rassen-; ◇ ~ая дискримина́ция Rassendiskrimi-nierung

распа́д *м₁* ⟨-а⟩ **1** (*разделе́ние на сос-та́вные ча́сти*) Zerfall *m* **2** *перен* Verfall *m*

распада́ться *несов от* распа́сться

распакова́ть V₁a *сов* ⟨-ку́ю, -ку́ешь, *Imp.* ку́й, ~те, *Part. Prät. Pass.* -ко́ван-ный⟩ [распако́вывать V₁a *несов*] *что вин* auspacken

распа́сться* *сов* ⟨-падётся, -паду́тся, 1

и 2 л. не употр⟩ [**распада́ться** V_{1a} несов] без доп (1) (разъединиться) zerfallen; (разломиться) auseinander fallen (2) (прекратить существование) auseinander brechen, sich auflösen

распахну́ть V_2 сов ⟨-ну́, -нёшь, Part. Prät. Pass. -па́хнутый⟩ [**распа́хивать** V_{1a} несов] что вин (раскрыть) aufreißen, weit öffnen; ◇ ~ воро́та das Tor weit aufmachen; перен ◇ ~ ду́шу пе́ред кем-л sein Innerstes vor jd-m ausbreiten

распашо́нка ж_1 ⟨-и, род мн: -нок⟩ Säuglingshemdchen n

распеча́тать V_{1a} сов ⟨-аю, -аешь⟩ [**распеча́тывать** V_{1a} несов] что вин (1) (вскрыть) entsiegeln, aufmachen; ◇ ~ письмо́ einen Brief öffnen (2) (напечатать) ausdrucken; (размножить) vervielfältigen

расписа́ни|е c_4 ⟨-я⟩ Stundenplan m; (график) (Zeit-)Plan m, Liste f; ◇ ~е авиали́ний Flugplan; ◇ поезда́ иду́т по ~ю die Züge fahren planmäßig

расписа́ться* сов ⟨-ишу́сь, -и́шешься⟩ [**распи́сываться** V_{1a} несов] в чём предл (1), без доп (2), с кем тв (3) (1) (подписаться) unterschreiben, unterzeichnen; ◇ ~ в получе́нии телегра́ммы den Empfang des Telegramms quittieren; ◇ ~ в свое́й беспо́мощности seine Hilflosigkeit eingestehen (2) (начав писать, увлечься) ins Schreiben kommen (3) разг (зарегистрировать брак) sich standesamtlich trauen lassen

распи́ск|а ж_1 ⟨-и, род мн: -сок⟩ Quittung f, Bescheinigung f; ◇ ~а в получе́нии чего́-л Empfangsbestätigung f; ◇ дать ~у кому́-л jd-m etw quittieren

распи́сываться несов от **расписа́ться**

распла́та ж_1 ⟨-ы⟩ (1) (оплата) Auszahlung f, Bezahlung f; (расчёт) Verrechnung f (2) перен (кара) Abrechnung f; (возмездие) Vergeltung f

расплати́ться V_{4a} сов ⟨-ачу́сь, -а́тишься⟩ [**распла́чиваться** V_{1a} несов] с кем чем тв (1, 2), за что вин (3) (1) (уплатить полностью) auszahlen, bezahlen; ◇ ~ по счёту die Rechnung begleichen (2) перен (отомстить) abrechnen (3) перен (понести наказание) büßen, sühnen; ◇ ~ за преступле́ние für ein Verbrechen büßen

расплеска́ть* сов ⟨-ещу́, -е́щешь⟩ [**расплёскивать** V_{1a} несов] что вин verschütten; (пролить) vergießen; ◇ ~ во́ду из стака́на Wasser aus dem Glas verschütten; (разбрызгать) verspritzen

расплыва́ться несов от **расплыва́ться**

расплы́вчатый прил ⟨-ая, -ое, -ые⟩ (1) (неотчётливый) verschwommen (2) перен (неопределённый) schwammig, unklar

распозна́|ть V_{1a} сов ⟨-а́ю, -а́ешь, Part. Prät. Pass. -по́знанный⟩ [**распознава́ть** V_{1a} несов] кого-что вин (узнать) erkennen; (установить) feststellen; ◇ ~ть чьи-л наме́рения jd-s Absichten erkennen

(различить) unterscheiden; ◇ в темноте́ не ~л знако́мого in der Dunkelheit hat er den Bekannten nicht erkannt

расположе́ни|е c_4 ⟨-я⟩ (1) (размещение) Anordnung f, Aufstellung f; воен Stellung f (2) (местоположение) Lage f (3) (настроение) Stimmung f; ◇ нет ~я чита́ть keine Lust haben zu lesen (4) (симпатия) Zuneigung f; ◇ чу́вствовать серде́чное ~е к кому́-л herzliche Zuneigung für jd-n empfinden; расположи́ть V_{4a} сов ⟨-жу́, -о́жишь⟩ [**располага́ть** V_{1a} несов] кого́-что вин (1), кого-что вин к кому́-чему дат (2) (1) (распределить) anordnen, aufstellen; ◇ ~ по алфави́ту alphabetisch ordnen (2) (вызвать симпатию) Sympathie gewinnen; ◇ ~ кого́-л в по́льзу чего́-л jd-n für etw gewinnen

распоряди́тель м_2 ⟨-я⟩ (1) (организатор) Organisator m, Verantwortliche m (2) эк Disponent m; ◇ ~ бюдже́тных креди́тов Verfügungsberechtigter über Haushaltsmittel; **распоряди́ться** V_{4a} сов ⟨-яжу́сь, -ди́шься⟩ [**распоряжа́ться** V_{1a} несов] о чём предл (1), чем тв (2) (1) (приказать) anordnen, veranlassen (2) (позаботиться об устройстве) disponieren, verfügen über; ◇ ~ отпу́щенными су́ммами über die freigegebenen Mittel verfügen; ◇ ~ свои́м вре́менем über seine Zeit frei verfügen können, Herr seiner Zeit sein

распоря́д|ок м_1 ⟨-дка, мн: -дки⟩ Ordnung f; ◇ пра́вила вну́треннего ~ка (в учреждении) Hausordnung; (на производстве) Betriebsordnung; ◇ ~ок дня Tagesplan m

распоряже́ни|е c_4 ⟨-я⟩ (1) (приказ, постановление) Verfügung f, Anordnung f, Verordnung f; ◇ отда́ть ~е eine Verfügung erlassen (2) ◇ быть в ~и кого́-л jd-m zur Verfügung stehen; ◇ командирова́ть кого́-л в ~е мини́стерство jd-n in ein Ministerium versetzen; ◇ в на́шем ~и два часа́ uns stehen zwei Stunden zur Verfügung

распра́в|а ж_1 ⟨-ы⟩ (насилие) Abrechnung f; (месть) Rache f; (наказание) Vergeltung f; ◇ крова́вая ~ Blutbad n; ◇ производи́ть ~у над кем-л mit ihm kurzen Prozess machen

распра́ви|ться¹ V_{4b} сов ⟨-вится, -вятся, 1 и 2 л. не употр⟩ [**расправля́ться** V_{1b} несов] без доп (разгладиться, выпрямиться) sich glätten; ◇ кры́лья пти́цы ~лись der Vogel breitete seine Flügel aus

распра́виться² сов ⟨-влюсь, -вишься⟩ [**расправля́ться** несов] с кем-чем (1) (произвести расправу) abrechnen, sich an jd-m rächen (2) разг (управиться) fertig werden, zurechtkommen; ◇ ~ с обе́дом das Mittagessen restlos aufessen

распределе́ние c_4 ⟨-я⟩ (1) (размещение) Verteilung f, Einteilung f (2) эк Ausschüttung f (3) (направление на работу) Zuweisung f von Arbeitsplätzen; **распре-**

дели́тельн|ый прил ‹-ая, -ое, -ые› Verteilungs-, Verteiler-; ◇ **-ое устро́йство** Verteileranlage; эл ◇ **-ый щит** Schaltbrett n; [**распределя́ть** V_{4a} сов ‹-лю́, -ли́шь›] [**распределя́ть** V_{1b} несов] кого-что вин ① (разделить что-л между кем-л) verteilen, aufteilen; (раздать) ② (разместить) ◇ **дохо́ды** die Gewinne austeilen ② (разместить) einteilen ③ (определить) zuweisen; ◇ **~ кого́-л на рабо́ту** jd-m eine Stelle zuweisen

распрода́жа ж₁ ‹-и› Ausverkauf m; **сезо́нная ~ това́ров** Schlussverkauf m; **распрода́ть*** сов ‹-а́м, -а́шь, Part. Prät. Pass. -про́данный› [**распродава́ть** V_{1a} несов ‹ Part. Präs. Akt. -даю́щий› кого-что вин ausverkaufen; ◇ **~ иму́щество** Vermögen veräußern; ◇ **кни́га распро́дана** das Buch ist vergriffen

распростране́ние с₄ ‹-я› Verbreitung f; (влияния) Ausdehnung f; ◇ **име́ть ~** verbreitet sein; [**распространи́ть** V_{4a} сов ‹-ню́, -ни́шь› [**распространя́ть** V_{1b} несов] кого-что вин ① (увеличить) erweitern; ◇ **~ свои́ владе́ния** seinen Besitz erweitern ② (расширить круг действия) ausdehnen ③ (сделать известным) verbreiten, zugänglich machen; ◇ **~ слу́хи** in Umlauf setzen ④ (раздать) verteilen; [**распространи́ться** сов ‹-ню́сь, -ни́шься, (1) 1 и 2 л. не употр› [**распространя́ться** несов] без доп ① (расшириться) sich verbreiten; (о влиянии) sich ausdehnen, sich erstrecken; (о свете, звуке) sich ausbreiten; ◇ **ого́нь ~и́тся по ле́су** das Feuer greift im Wald um sich; ◇ **слу́хи бы́стро ~я́тся** Gerüchte gehen schnell um ② (пространно говорить) weitschweifig erzählen, viele Worte machen; ◇ **~и́ться о свои́х успе́хах** sich lang und breit über seine Erfolge auslassen; ◇ **осо́бенно об э́том не ~я́йся** häng das bitte nicht an die große Glocke

распусти́ть V_{4a} сов ‹-ущу́, -у́стишь, Part. Prät. Pass. -у́щенный› [**распуска́ть** V_{1a} несов] кого-что вин ① (отпустить) entlassen; ◇ **~ ученико́в на кани́кулы** die Schüler in die Ferien entlassen ② (расформировать) auflösen; ◇ **~ парла́мент** das Parlament auflösen ③ (развязать) lösen, lockern; ◇ **~ знамёна** Fahnen aufrollen; ◇ **~ паруса́** die Segel hissen ④ (растворить) auflösen; ◇ **~ кра́ску в воде́** Farbe in Wasser auflösen; (растопить) schmelzen, zerlassen; (связанное) auftrennen, aufziehen ⑤ (избаловать) verwöhnen; (испортить) verderben ⑥ разг (распространить) in Umlauf bringen; ◇ **~ спле́тню** Tratsch verbreiten; **распусти́ться** сов ‹-ущу́сь, -у́стишься, (1, 2) 1 и 2 л. не употр› [**распуска́ться** несов] без доп ① (о цветках, почках) aufgehen, Knospen treiben; (о деревьях) ausschlagen ② (развязаться, ослабнуть) sich lösen; ◇ **коса́ ~лась** der Zopf ging auf ③

разг (стать непослушным) sich gehen lassen

распу́тать V_{1a} сов ‹-аю, -аешь› [**распу́тывать** V_{1a} несов] кого-что вин ① (размотать) aufknüpfen, lösen; (нитки) ~ **клубо́к** ein Knäuel entwirren ② перен (прояснить) klären

распу́тиц|а ж₁ ‹-ы› ① Matschwetter n; ◇ **пое́хал в са́мую ~у** er fuhr mitten im schlimmsten Matschwetter ② (плохое состояние дорог) schlechte Befahrbarkeit der Wege

распу́тник м₁ ‹-а› Wüstling m; **распу́тница** ж₁ ‹-ы› lasterhafte Frau f; **распу́тство** с₂ ‹-а› Ausschweifung f, Unzucht f; (порочный образ жизни) lasterhaftes Leben

распу́тье с₅ ‹-я› ① Wegegabelung f ② перен Scheideweg

распу́хнуть V_2 сов ‹-ну, -нешь, (2, 3) 1 и 2 л. не употр, Prät. -пу́х› [**распуха́ть** V_{1a} несов] без доп ① (вздуться) anschwellen, dick werden ② (стать пухлым) aufquellen ③ перен (увеличиться) aufblähen; **распу́хший** прил ‹-ая, -ее, -ие› angeschwollen, geschwollen; (одутловатый) aufgedunsen

распу́щенный прил ‹-ая, -ое, -ые› ① (своевольный) undiszipliniert ② (безнравственный) lasterhaft

распыле́ние с₄ ‹-я› ① (рассеивание) Zerstäuben n; (о жидкости) Versprühen n ② (сил, средств) Zersplitterung f

распя́тие с₄ ‹-я› ① (действие) Kreuzigung f ② (изображение) Kruzifix n

расса́да ж₁ ‹-ы› бот Setzlinge m pl

рассади́ть V_{4a} сов ‹-ажу́, -а́дишь, Part. Prät. Pass. -а́женный› [**расса́живать** V_{1a} несов] кого-что вин ① (усадить) Plätze anweisen, unterbringen ② (посадить порознь) auseinander setzen, voneinander trennen ③ (посадить реже) umpflanzen; ◇ **~ клубни́ку** die Erdbeeren weiter auseinander setzen ④ (поранить) sich verletzen

расса́дник м₁ ‹-а› ① (питомник) Baumschule f ② перен (источник) Brutstätte f, Herd m; ◇ **~ инфе́кции** Infektionsherd

рассвести́ сов ‹-ветёт, Prät. -вело́› [**рассвета́ть** V_{1a} несов] без доп, безл (о рассвете) dämmern, tagen; ◇ **уже́ рассвело́** die Sonne ist schon aufgegangen

рассве́т м₁ ‹-а› Morgengrauen n, Morgendämmerung f; ◇ **пе́ред ~ом** in aller Frühe

рассели́ние с₄ ‹-я› Ansiedeln n

рассе́лина ж₁ ‹-ы› Riss m, Spalte f; (глубокая) Kluft f; ◇ **го́рная ~** Bergkluft

рассерди́ться см. **серди́ться**

рассе́янность ж₅ ‹-и› (невнимательность) Zerstreutheit f; **рассе́янный** прил ‹-ая, -ое, -ые› ① (разбросанный) verstreut, zerstreut; ◇ **~ свет** Streulicht n ② (невнимательный) zerstreut, unaufmerksam; **рассе́ять** V_{1b} сов ‹-е́ю, -е́ешь, Imp.

-ей, ~те) [рассева́ть (1) и рассе́ивать (2-4) V_{1a} несов] кого-что вин ① (посе́ять) aussäen ② (разогна́ть) auseinander jagen, zerstreuen; ◇ ~ толпу́ die Menge auseinander treiben ③ перен (устрани́ть) zerstreuen ④ (развле́чь) ablenken, zerstreuen; ◇ ~ подозре́ния Verdächtigungen zerstreuen ④ (развле́чь) ablenken, zerstreuen; ◇ ~ огорчённого дру́га den trübten Freund auf andere Gedanken bringen

расска́з m_1 <-а> ① (произведе́ние) Erzählung f, Geschichte f; коро́ткий ~ Kurzgeschichte f ② (сообще́ние) Bericht m; ◇ ~ очеви́дца Augenzeugenbericht; расска́зывать V_{1a} сов <-ажу́, -а́жешь, Imp. -ажи́, -те, Part. Prät. Pass. -а́занный> [расска́зывать V_{1a} несов] что вин или о ком-чём предл erzählen, berichten; ◇ расскажи́ кому́-л друго́му das kannst du einem anderen erzählen

рассла́биться V_{4b} сов <-блюсь, -бишься> [расслабля́ться V_{1b} несов] без доп sich entspannen

рассле́дование c_4 <-я> Untersuchung f, Nachforschung f; рассле́довать V_{3a} несов и сов <-дую, -дуешь> что вин ① (подве́ргнуть иссле́дованию) untersuchen, prüfen; ◇ ~ обстоя́тельства де́ла den Sachverhalt untersuchen ② (установи́ть) ermitteln; ◇ ~ преступле́ние in einer Strafsache ermitteln

рассло́ение c_4 <-я> ① геол Schichtung f ② перен Schichtung f, Differenzierung f

рассма́тривать несов от рассмотре́ть

рассмотре́ни|е c_4 <-я> Betrachtung f, Prüfung f; (рассле́дование) Untersuchung f; (просмо́тр) Durchsicht f; (изуче́ние) Studium n; (обсужде́ние) Erörterung f; ◇ переда́ть вопро́с на ~е коми́ссии der Kommission eine Frage zur Prüfung vorlegen; ◇ оста́вить про́сьбу без ~я eine Bitte unberücksichtigt lassen; рассмотре́ть* сов <-рю́, -о́тришь> [рассма́тривать V_{1a} несов] кого-что вин ① (распозна́ть) erkennen ② (обсуди́ть, разобра́ть) genau betrachten, erörtern, prüfen; ◇ тща́тельно ~ все да́нные alle Angaben eingehend prüfen; (изучи́ть) studieren; (рассле́довать) untersuchen

рассо́л m_1 <-а> Salzwasser n; (раство́р) Salzlauge f, Salzlake f

расспроси́ть V_{4a} сов <-ошу́, -о́сишь, Part. Prät. Pass. -о́шенный> [расспра́шивать V_{1a} несов] кого-что вин о ком-чём предл ausfragen, erfragen; (осведоми́ться) nachfragen; (разве́дать) sich erkundigen; (навести́ спра́вки) nachforschen

расспро́с|ы мн $_1$ <-ов> Nachforschungen f pl, Fragen f pl; (надоеда́ние) lästiges Ausfragen; ◇ надоеда́ть кому́-л ~ами jd-m mit seinen Fragen lästig werden

рассро́чк|а $ж_1$ <-и, род мн.:-чек> Stundung f; ◇ платёж в ~у Ratenzahlung f

расста́вание c_4 <-я> Trennung f, Scheiden n; (проща́ние) Abschied m

расста́вить V_{4b} сов <-влю, -вишь, Part. Prät. Pass. -вленный> [расставля́ть V_{1b} несов] кого-что вин ① (поста́вить) aufstellen, anordnen; (распределить) verteilen, einsetzen ② (разви́нуть) spreizen

расстано́вк|а $ж_1$ <-и, род мн.:-вок> ① (размеще́ние) Aufstellung f; (расположе́ние) Anordnung f ② (после́довательность) Aufteilung f ③ (па́уза) Pause f; ◇ чита́ть с ~ой Pausen machen beim Lesen

расста́ться* сов <-а́нусь, -а́нешься> [расстава́ться V_{1a} несов] с кем-чем тв ① (разойти́сь) sich trennen, auseinander gehen; (прости́ться) Abschied nehmen ② (лиши́ться) sich trennen; ◇ со щенко́м придётся тебе́ ~ von dem Hündchen musst du dich trennen

расстегну́ть V_2 сов <-ну́, -нёшь, Part. Prät. Pass. -стёгнутый> [расстёгивать V_{1a} несов] что вин (воро́т) öffnen; (пальто́) aufmachen; (пу́говицы) aufknöpfen; (пря́жку) aufschnallen; (крючки́) aufhaken

расстоя́ни|е c_4 <-я> Entfernung f, Abstand m; ◇ на ~и пяти́ киломе́тров in einer Entfernung von fünf Kilometern; ◇ держа́ть кого́-л на почти́тельном ~и от себя́ von jd-m respektvollen Abstand halten; ◇ держа́ться на ~и Distanz wahren; ◇ на ~и вы́стрела in Schussweite

расстре́л m_1 <-а> ① Erschießung f ② (сме́ртная казнь) Erschießen n; ◇ приговори́ть к ~у zum Tod durch Erschießen verurteilen; расстреля́ть V_{1b} сов <-я́ю, -я́ешь> [расстре́ливать V_{1a} несов] кого-что вин ① (уби́ть) erschießen ② воен (обстреля́ть) beschießen

расстро́ить V_{4b} сов <-о́ю, -о́ишь> [расстра́ивать V_{1a} несов] кого-что вин ① (нару́шить поря́док) verwirren, desorganisieren ② (причини́ть уще́рб) schaden, zerrütten ③ (помеша́ть осуществле́нию) vereiteln; (сорва́ть) hintertreiben; ◇ ~ чьи-л пла́ны jd-s Pläne durchkreuzen ④ (огорчи́ть) verstimmen, missmutig machen; ◇ ~ неприя́тным изве́стием mit einer unangenehmen Nachricht die Laune verderben ⑤ муз verstimmen; расстро́йство c_2 <-а> ① Verwirrung f; (беспоря́док) Unordnung f ② мед (заболева́ние) Verstimmung f; ◇ ~ желу́дка Magenverstimmung ③ (плохо́е настрое́ние) schlechte Laune, Missstimmung f

рассуди́тельный прил <-ая, -ое, -ые> (благоразу́мный) besonnen, verständig; (осторо́жный) behutsam; рассуди́ть V_{4a} сов <-ужу́, -у́дишь, Part. Prät. Pass. -у́женный> кого-что вин (1), без доп (2) ① (посре́дничать в спо́ре) schlichten; (реши́ть) entscheiden ② (обду́мать) erwägen, überlegen, bedenken

рассу́д|ок m_1 <-дка> ① (созна́ние) Verstand m; ◇ лиши́ться ~ка den Verstand verlieren ② (здра́вый смысл) Vernunft f

рассужда́ть V_{1a} несов ‹-а́ю, -а́ешь› без доп ① (мыслить) überlegen, beurteilen, denken; (судить) über etw urteilen ② (обсуждать) sprechen, reden; **рассужде́ние** c_4 ‹-я› ① (умозаключение) Überlegung f, Erwägung f ② (высказывание) Betrachtung f, Erörterung f ③ (разговор) Gerede n, Reden n; ◇ **без ~й** ohne Einwände

рассчита́ться V_{1a} сов ‹-а́юсь, -а́ешься› [**рассчи́тываться** V_{1a} несов] с кем тв (1, 2), без доп (3) ① (расплатиться) abrechnen, die Rechnung begleichen ② перен mit jd-m abrechnen ③ воен, спорт abzählen

рассы́лка $ж_1$ ‹-и› Versand m, Versendung f; **рассы́льный** м (A_1) ‹-ого› Kurier m, Bote m

рассыпа́ть V_{1a} сов ‹-плю, -плешь, Imp. -пь, -те› [**рассыпа́ть** V_{1a} несов] что вин ① (раскидать) verstreuen; (высыпать) ausstreuen ② (разместить) hineinschütten; ◇ **~ по паке́там** in Tüten abfüllen

рассы́пчатый прил ‹-ая, -ое, -ые› mürbe, bröckelig; ◇ **~ое те́сто** Mürbeteig m

растя́ять см. **та́ять**

раство́р м ‹-а› ① хим Lösung f ② стр Mörtel m; ◇ **строи́тельный ~** Putz m

раствори́мый прил ‹-ая, -ое, -ые› löslich, auflösbar; ◇ **~ ко́фе** löslicher Kaffee

раствори́тель $м_2$ ‹-я› хим Lösungsmittel n

раствори́ть¹ V_{4a} сов ‹-рю́, -ори́шь, Part. Prät. Pass. -о́ренный) [**растворя́ть** V_{1a} несов] что вин öffnen, aufmachen

раствори́ть² V_{4a} сов ‹-рю́, -ри́шь, Part. Prät. Pass. -рённый) [**растворя́ть** несов] что вин ① auflösen ② (тесто) verrühren

расте́ни|е c_4 ‹-я› Pflanze f; ◇ **сельскохозя́йственные ~я** landwirtschaftliche Nutzpflanzen; **растение́водство** c_2 ‹-а› Pflanzenzucht f, Pflanzenanbau m

растере́ть* сов ‹разотру́, разотрёшь) [**растира́ть** V_{1a} несов] что вин ① (размельчить) zerreiben, zermalmen; ◇ **мел в порошо́к** Kreide zu Pulver verreiben; (в ступке) zerstoßen ② (размазать) einreiben ③ (натереть) reiben; ◇ **~ больно́е ме́сто** sich die wunde Stelle reiben; (полотенцем) abreiben; (массировать) massieren

растерза́ть V_{1a} сов ‹-а́ю, -а́ешь, Part. Prät. Pass. -те́рзанный) [**расте́рзывать** V_{1a} несов] кого-что вин тж перен (разорвать на части) zerfleischen, zerfetzen; ◇ **волк ~л ягнёнка** der Wolf riss das Lamm in Stücke

расте́рянность $ж_5$ ‹-и› (беспомощность) Hilflosigkeit f; (смущение) Verlegenheit f; (замешательство) Verwirrung f; **расте́рянный** прил ‹-ая, -ое, -ые› (смущённый) verdutzt; (в замешательстве) verwirrt; (беспомощный) verloren, hilflos; **растеря́|ться** V_{1b} сов ‹-я́юсь, -я́ешься,

(2) 1 и 2 л. не употр) ① (о человеке) die Fassung verlieren, verwirrt sein ② (потеряться) verlorengehen, abhanden kommen; ◇ **~лись ста́рые друзья́** die alten Freunde haben sich aus den Augen verloren

растеря́ха м/ж₁ ‹-и› разг Schussel m

расти́ несов ‹-ту́, -тёшь, (2, 3) 1 и 2 л. не употр) [**вы-** сов] без доп ① (о живых организмах) wachsen, heranwachsen ② (произрастать) gedeihen, wachsen; ◇ **кипари́сы ~ут на ю́ге** Zypressen wachsen im Süden ③ (увеличиваться, развиваться) (an-)steigen, zunehmen, größer werden; (крепнуть) zunehmen, wachsen; ◇ **го́род ~ёт** die Stadt wird größer; ◇ **~ут це́ны** die Preise steigen ④ (совершенствоваться) sich entwickeln, vollkommener werden ⑤ (проводить детство) aufwachsen; ◇ **он рос в го́роде** er ist ein Stadtkind

растира́ть несов см. **растере́ть**

расти́тельность $ж_5$ ‹-и› ① (мир растений) Pflanzenwuchs m, Vegetation f, Flora f ② (волосы на теле) Behaarung f, Haarwuchs m; **расти́тельн|ый** прил ‹-ая, -ое, -ые› Pflanzen-, pflanzlich; ◇ **~ое ца́рство** Pflanzenreich n; (лишенный духовных интересов) ◇ **~ый о́браз жи́зни** stumpfes Dahinvegetieren

расти́ть V_{4a} несов ‹ращу́, -ти́шь› кого-что вин ① (выращивать) züchten ② (воспитывать) erziehen, aufziehen ③ (совершенствовать) entwickeln; ◇ **~ своё дарова́ние** seine Begabung ausbauen

растли́ть V_{4a} сов ‹-лю́, -ли́шь› [**растлева́ть** V_{1a} несов] кого-что вин ① (изнасиловать) vergewaltigen ② (нравственно развратить) moralisch verderben

растолка́ть V_{1a} сов ‹-а́ю, -а́ешь, Part. Prät. Pass. -то́лканный) [**раста́лкивать** V_{1a} несов] кого-что вин ① (протиснуться) auseinander stoßen; ◇ **~ толпу́** sich einen Weg durch die Menge bahnen ② (разбудить) aufrütteln, wachrütteln

растолкова́ть V_{1a} сов ‹-ку́ю, -ку́ешь, Part. Prät. Pass. -ко́ванный) [**растолко́вывать** V_{1a} несов] что вин erklären, verständlich machen

растопи́ть¹ V_{4a} сов ‹-плю́, -о́пишь, Part. Prät. Pass. -о́пленный) [**раста́пливать** V_{1a} несов] что вин (печь, камин) anheizen, Feuer anmachen

растопи́ть² V_{4a} сов ‹-плю́, -о́пишь, Part. Prät. Pass. -о́пленный) [**раста́пливать** несов] что вин (воск и т. д.) schmelzen; (снег) auftauen; (жир, масло) zerlassen; перен ◇ **~ лёд** das Eis brechen

расто́ргнуть V_2 сов ‹-ну, -нешь, Part. Prät. Pass. -нутый) [**расторга́ть** V_{1a} несов] что вин (прекратить действие) auflösen; (отменить) aufheben; ◇ **~ брак** die Ehe scheiden; ◇ **~ догово́р** einen Vertrag annullieren

расторже́ние c_4 ‹-я› Auflösung f, Lösung f; (отмена) Aufhebung f

расторо́пный *прил* ⟨-ая, -ое, -ые⟩ behände, flink, rührig
расточи́тельный *прил* ⟨-ая, -ое, -ые⟩ verschwenderisch
растра́та *ж₁* ⟨-ы⟩ Veruntreuung *f*, Unterschlagung *f*; **растра́тить** V₄ь *сов* ⟨-а́чу, -а́тишь, *Part. Prät. Pass.* -а́ченный⟩ [**растра́чивать** V₁ₐ *несов* *что вин* ①] (*израсходовать*) ausgeben; ◇~ де́ньги на поку́пки Geld für Einkäufe ausgeben; ◇~ си́лы Kräfte vergeuden ②(*израсходовать незаконно*) veruntreuen, unterschlagen
растрёпа *м/ж₁* ⟨-ы⟩ *разг* schlampige Frau *f*, schlampiger Kerl; (*забывчивый*) Schussel *m*; **растрёпанный** *прил* ⟨-ая, -ое, -ые⟩ (*неаккуратный*) zerzaust, unordentlich, schlampig; (*о книге*) zerfleddert, zerknittert
растро́гать V₁ₐ *сов* ⟨-аю, -аешь⟩ *кого-что вин* rühren, Mitgefühl hervorrufen; **растро́гаться** *сов* ⟨-аюсь, -аешься⟩ *без доп* gerührt sein
растя́гивать *несов* *от* **растяну́ть**
растяже́ние *с₄* ⟨-я⟩ Dehnen *n*, Ausdehnung *f*; *тех* ◇~ си́ла ~я Zugkraft *f*; ◇~ связь зок Bänderdehnung *f*; **растя́жимый** *прил* ⟨-ая, -ое, -ые⟩ ①(*растягивающийся*) dehnbar, elastisch ②*перен* dehnbar; ◇~ое поня́тие dehnbarer Begriff
растя́нутый *прил* ⟨-ая, -ое, -ые⟩ in die Länge gezogen; **растяну́ть** V₂ *сов* ⟨-ну́, -я́нешь, *Part. Prät. Pass.* -я́нутый⟩ [**растя́гивать** V₁ₐ *несов* *что вин* ①(*натянуть*) (aus-)dehnen, (aus-)weiten, spannen; ◇~ шку́ру das Fell spannen ②(*повредить*) zerren, verstauchen; ◇~ но́гу sich den Fuß verstauchen ③*перен* (*продлить, затянуть*) in die Länge ziehen, hinauszielen; **растяну́ться** *сов* ⟨-яну́сь, -я́нешься, (3) 1 и 2 л. не употр⟩ [**растя́гиваться** *несов*] *без доп* ① *разг* (*разлечься*) sich ausstrecken ② *разг* (*упасть*) hinfallen; ◇~ во весь рост der Länge nach hinschlagen ③(*потерять упругость*) ausleiern
растя́па *м/ж₁* ⟨-ы⟩ *разг* Schlafmütze *f*, Tollpatsch *m*
расфасо́ванный *прил* ⟨-ая, -ое, -ые⟩ ◇~ това́р abgepackte Ware
расфасо́вка *ж₁* ⟨-и, *род мн:* -вок⟩ ①(*действие*) Abpacken *n*; (*развеска*) Abwiegen *n* ②(*упакованный товар*) abgepackte Ware
расхвата́ть V₁ₐ *сов* ⟨-а́ю, -а́ешь, *Part. Prät. Pass.* -а́танный⟩ [**расхва́тывать** V₁ₐ *несов*] *кого-что вин* *разг* ①(*разобрать*) wegraffen; (*наброситься*) sich über etw hermachen; ◇~ пти́цы ~ли корм die Vögel fraßen das ganze Futter auf ②(*раскупить*) aufkaufen
расхити́тель *м₂* ⟨-я⟩ Plünderer *m*; (*грабитель*) Räuber *m*; (*вор*) Dieb *m*
расхи́тить V₄ь *сов* ⟨-и́щу, -и́тишь, *Part. Prät. Pass.* -и́щенный⟩ [**расхища́ть** V₁ₐ *несов*] *что вин* plündern, veruntreuen;

(*разграбить*) rauben; (*красть*) stehlen; **расхище́ние** *с₄* ⟨-ы⟩ Plünderung *f*; (*разграбление*) Raub *m*; (*кража*) Diebstahl *m*
расхлябанность *ж₅* ⟨-и⟩ Undiszipliniertheit *f*, Schlamperei *f*; **расхля́банн|ый** *прил* ⟨-ая, -ое, -ые⟩ (*расшатанный*) locker; (*недисциплинированный*) undiszipliniert; ◇~ая похо́дка schwankender Gang
расхо́д *м₁* ⟨-а⟩ ①(*затраты*) Ausgabe *f*; ◇де́ньги на дома́шние ~ы Haushaltsgeld *n*; ◇ввести́ кого́-л в ~ jd-n in Unkosten stürzen; ◇~ сил Kraftaufwand *m* ②(*потребление*) Verbrauch *m*; ◇~ электро-эне́ргии Stromverbrauch ③(*издержки*) Ausgaben *f pl*, Auslagen *f pl*, Kosten *pl*; ◇доро́жные ~ы Reisespesen *pl* ④фин Soll *n*; **расхо́дование** *с₄* ⟨-я⟩ (*потребление*) Verbrauch *m*; (*денег*) Ausgabe *f*; **расхо́довать** V₃ₐ *несов* ⟨-дую, -дуешь, (2) 1 и 2 л. не употр⟩ [*из*~ *сов*] *что вин* ①(*тратить*) ausgeben; ◇~ материа́лы Material verbrauchen; ◇~ сре́дства Mittel aufwenden ②(*потреблять*) verbrauchen
расхожде́ние *с₄* ⟨-я⟩ ①(*несовпадение*) Verschiedenheit *f*, Nichtübereinstimmung *f* ②(*несоответствие*) Divergenz *f*, Auseinandergehen *n*; (*противоречие*) Widerspruch *m*; (*отклонение*) Abweichung *f*; (*разрыв*) Bruch *m*
расцара́пать V₁ₐ *сов* ⟨-аю, -аешь⟩ [**расцара́пывать** V₁ₐ *несов*] *кого-что вин* (*поранить*) zerkratzen
расцвес|ти́* *сов* ⟨-ету́, -ете́шь, (1, 3) 1 и 2 л. не употр⟩ [**расцвета́ть** V₁ₐ *несов*] *без доп* ①(*распуститься*) aufblühen, erblühen ②*перен* (*похорошеть*) aufblühen, erblühen; ◇~ли нау́ка и иску́сство Wissenschaft und Kunst erlebten eine Blütezeit ③(*просиять*) strahlen; **расцве́т** *м₁* ⟨-а⟩ ①(*цветение*) Blüte *f*, Blühen *n* ②*перен* (*развитие*) Blüte *f*; (*подъём*) Aufschwung *m*; ◇~ эконо́мики wirtschaftlicher Aufschwung; ◇пери́од ~а Blütezeit *f*; ◇в ~е сил in den besten Jahren
расцени́ть V₄ₐ *сов* ⟨-ню́, -е́нишь⟩ [**расце́нивать** V₁ₐ *несов*] *кого-что вин* ①(*установить цену*) den Preis festsetzen, taxieren, bewerten ②*перен* (*квалифицировать*) beurteilen, einschätzen; ◇~ чей-л посту́пок как оши́бку jd-s Tat als Fehler bewerten; **расце́нка** *ж₁* ⟨-и, *род мн:* -нок⟩ ①(*действие*) (Ab-)Schätzung *f* ②(*цена*) Preisfestsetzung *f* ③~ труда́ Tarif *m*
расчеса́ть V₁ₐ *сов* ⟨-ешу́, -е́шешь, *Imp.* -еши́, -те, *Part. Prät. Pass.* -ёсанный⟩ [**расчёсывать** V₁ₐ *несов*] *что вин* ①(*причесать*) kämmen ②(*повредить*) zerkratzen, aufkratzen; **расчёска** *ж₁* ⟨-и, *род мн:* -сок⟩ *разг* Kamm *m*
расчёт *м₁* ⟨-а⟩ ①(*калькуляция*) Berechnung *f*, Kalkulation *f*; ◇предвари́тельный ~ Voranschlag *m* ②(*уплата*) Abrech-

nung f; ◇ **произвести́** ~ die Rechnung begleichen ③ (*увольнение с полной выплатой*) Entlassung f (mit Auszahlung des Lohnes); ◇ **дать** ~ **кому́-л** jd-n entlassen; ◇ **потре́бовать** ~ **а** die Arbeit aufgeben ④ (*намерение*) Plan m; ◇ **э́та пое́здка не вхо́дит в мои́** ~**ы** diese Reise passt mir nicht ins Konzept; ◇ **обману́ться в** ~**ах** sich verrechnen ⑤ (*выгода*) Vorteil m, Nutzen m; ◇ **во всём соблюда́ть** ~ stets sparsam sein; ◇ **де́йствовать по** ~**у** auf seinen Vorteil bedacht sein; ◇ **брак по** ~**у** Vernunftehe f; ◇ **из** ~**а чего́-л** ausgehend von; **мы в** ~**е** wir sind quitt

расчётливый *прил* ⟨-ая, -ое, -ые⟩ ① (*бережливый*) sparsam; (*хозяйственный*) wirtschaftlich ② (*предусмотрительный*) umsichtig

расчи́стить V_{4b} *сов* ⟨-и́щу, -и́стишь⟩ [**расчища́ть** V_{1a} *несов*] *что вин* säubern, aufräumen; ◇ ~ **лес** den Wald roden; ◇ ~ **путь** den Weg ebnen; ◇ ~ **сугро́бы** Schnee räumen; **расчи́стка** *ж₁* ⟨-и⟩ (*уборка*) Säubern n, Reinigung f; (*леса*) Rodung f

расчища́ть *несов* от **расчи́стить**

расша́танный *прил* ⟨-ая-ое, -ые⟩ ① (*шаткий*) locker, wackelig ② (*о здоровье*) instabil, labil; (*о дисциплине*) zerrüttet

расша́тать V_{1a} *сов* ⟨-áю, -áешь, *Part. Prät. Pass.* -áтанный⟩ [**расша́тывать** V_{1a} *несов*] *что вин* ① (*сделать неустойчивым*) losrütteln, lockern ② *перен* (*расстроить*) untergraben, zerrütten; ◇ ~ **здоро́вье** seine Gesundheit ruinieren

расшире́ние *с₄* ⟨-я⟩ ① (*действие*) Erweiterung f, Ausdehnung f, Ausweitung f; (*развитие*) Ausbau m; (*распространение*) Verbreitung f; (*увеличение*) Zunahme f, Anwachsen n, Erweiterung f; ◇ ~ **своего́ кругозо́ра** seinen Horizont erweitern ② физ Ausdehnung f ③ мед Erweiterung f;

расши́ренный *прил* ⟨-ая, -ое, -ые⟩ erweitert; (*закона*) ◇ ~**ое толкова́ние** breite Gesetzesauslegung; **расши́рить** V_{4b} *сов* ⟨-рю, -ришь⟩ [**расширя́ть** V_{1b} *несов*] *что вин* ① (*сделать шире*) verbreitern, erweitern, ausdehnen ② (*увеличить в объёме, в числе*) ausweiten ③ *перен* erweitern, vertiefen

расшифрова́ть V_{1a} *сов* ⟨-ру́ю, -ру́ешь, *Imp.* -ру́й, -те, *Part. Prät. Pass.* -ро́ванный⟩ [**расшифро́вывать** *несов*] *что вин* entziffern, entschlüsseln, dechiffrieren; (*разгадать смысл*) enträtseln

расще́лина *ж₁* ⟨-ы⟩ Spalte f, Spalt m

ратифика́ция *ж₄* ⟨-и⟩ Ratifizierung f

ра́товать V_{1a} *несов* ⟨-тую, -туешь, *Imp.* -туй, -те⟩ *за кого́-что вин, против кого-чего род* sich einsetzen (für), für etw kämpfen, eintreten (für)

ра́унд *м₁* ⟨-а⟩ ① спорт Runde f; ◇ **бой из трёх** ~**ов** Kampf über drei Runden ②

перен (*цикл*) Runde f; ◇ **очередно́й** ~ **перегово́ров** ordentliche Verhandlungsrunde

рафина́д *м₁* ⟨-а⟩ Würfelzucker m; **рафини́рованный** *прил* ⟨-ая, -ое, -ые⟩ ① (*очищенный*) raffiniert; тех veredeln ② *перен* (*изысканный*) raffiniert, verfeinert; ◇ ~ **вкус** verfeinerter Geschmack

рациона́льность *ж₅* ⟨-и⟩ Rationalität f; (*разумность*) Vernünftigkeit f; (*целесообразность*) Zweckmäßigkeit f; **рациона́льный** *прил* ⟨-ая, -ое, -ые⟩ ① (*разумный*) rational, vernünftig; (*целесообразный*) zweckmäßig; ◇ ~**ое пита́ние** vernünftige Ernährung ② мат rational

ра́ция *ж₄* ⟨-и⟩ Funkstelle f; ◇ **переда́ть по** ~**и** über Funk senden

ра́шпиль *м₂* ⟨-я⟩ тех Raspel f

рва́ный *прил* ⟨-ая, -ое, -ые⟩ ① (*разорванный на части*) zerrissen, zerfetzt ② (*с дырками*) löchrig ③ *перен* (*с неровными краями*) ◇ ~**ая ра́на** Risswunde f;

рвань *ж₅* ⟨-и⟩ *разг* Fetzen m, Lumpen m

рвать¹* *несов* ⟨рву, рвёшь⟩ *что вин* ① (*выдёргивать*) herausreißen, ausreißen; ◇ ~ **из рук что-л у кого́-л** jd-m etw aus der Hand reißen ② (*на части*) zerreißen ③ (*собирать*) (ab-)pflücken ④ (*порывать*) (ab-)brechen; ◇ ~ **со свои́м про́шлым** mit seiner Vergangenheit brechen ⑤ (*взрывать*) sprengen, hochgehen lassen; ◇ ~ **и мета́ть** in Rage sein; ◇ **его́ рвут на ча́сти** alle reißen sich um ihn

рвать²* *несов* ⟨рвёт⟩ *кого-что вин разг безл* (*о рвоте*) (sich) erbrechen, sich übergeben

рвач *м₂* ⟨-á, мн:-й⟩ *разг* Raffzahn m

рве́ние *с₄* ⟨-я⟩ Eifer m; (*старание*) Beflissenheit f; ◇ **рабо́тать с больши́м** ~**м** großen Arbeitseifer zeigen

рво́т|а *ж₁* ⟨-ы⟩ Erbrechen n; ◇ **позы́в на** ~**у** Brechreiz m; **рво́тное** *с* (*А₁*) ⟨-ого⟩ мед Brechmittel n

реабилита́ция *ж₄* ⟨-и⟩ Rehabilitierung f

реакти́вный *прил* ⟨-ая, -ое, -ые⟩ ① ав Strahl-, Düsen-, Raketen-; ◇ ~ **самолёт** Düsenflugzeug n ② хим Reagenz-, reaktionsfähig, chemisch wirksam

реа́ктор *м₁* ⟨-а⟩ физ Reaktor m; ◇ **я́дерный** ~ Atomreaktor

реа́кция¹ *ж₄* ⟨-и⟩ физ, хим Reaktion f

реа́кция² *ж₄* ⟨-и⟩ полит Reaktion f

реализа́ция *ж₄* ⟨-и⟩ ① (*исполнение*) Realisierung f, Verwirklichung f; (*осуществление*) Durchführung f ② (*вещей, товаров*) Verkauf m, Absatz m; **реализова́ть** V_{3a} *несов и сов* ⟨-зу́ю, -зу́ешь⟩ *что вин* ① (*осуществить*) realisieren, verwirklichen; ◇ ~ **все пла́ны** alle Pläne in die Tat umsetzen ② (*продать*) verkaufen, absetzen; ◇ **вы́годно** ~ **това́р** die Ware Gewinn bringend verkaufen

реа́льност|ь *ж₅* ⟨-и⟩ Realität f;

(действительность) Wirklichkeit f; ◇ чу́вство ~и Realitätssinn m; реа́льный прил ‹-ая, -ое, -ые› ① (действительно существующий) real, wirklich, tatsächlich; ◇ ~ая действи́тельность Realität f; ◇ ~ая за́работная пла́та Reallohn m ② (осуществимый) realisierbar ③ (практический) realistisch, Real-; ◇ ~ый взгляд на ве́щи eine realistische Sicht der Dinge

ребёнок m₁ ‹-нка, мн: де́ти, род: -е́й, дат: -ям, тв: -ьми, предл: -ях› Kind n; ◇ грудно́й ~ Säugling m; ◇ ~ шко́льного во́зраста Schulkind n; ◇ он ведёт себя́ как ~ er führt sich kindisch auf; ◇ приёмный ~ Pflegekind n

ребро́ c₂ ‹-á, мн: рёбра, род: рёбер, дат: рёбрам› ① анат Rippe f ② (край или сторона предмета) Rand m, Kante f; ◇ поста́вить вопро́с ~м eine Frage in aller Schärfe stellen ③ тех Kante f, Rippe f

ребя́та мн₂ ‹-бя́т› ① (ребёнок) Kinder n pl (мальчики) Jungs m pl ② разг (о взрослых) junge Leute, Jungs pl; ребя́ческ|ий прил ‹-ая, -ое, -ие› ① (детский) kindlich, Kinder-; ◇ ~ие го́ды Kinderjahre n pl ② (несерьёзный) kindisch

рёв m₁ ‹-а› ① (вой) Heulen n, Gebrüll n; ◇ звери́ный ~ Brüllen der Tiere; (оленя) Röhren n; ◇ ~ бу́ри Tosen des Sturms; ◇ ~ мото́ров Heulen der Motoren ② разг (плач) Heulen n, Geheul n; ◇ де́ти подня́ли ~ die Kinder fingen an zu heulen

рева́нш m₂ ‹-а› Revanche f; ◇ матч-Rückspiel n; ◇ взять ~ sich revanchieren

реве́нь b₂ ‹-я́› Rhabarber m

реве́ть* несов ‹-ву́, -вёшь› без доп ① (о животных) heulen, brüllen; (о буре) tosen; ◇ ~ут мото́ры die Motoren heulen; ◇ толпа́ ~ёт die Menge tobt ② (плакать) laut weinen, flennen

реви́зия ж₄ ‹-и, род мн: -ий› (обследование) Revision f; ◇ провести́ ~ю eine Revision durchführen; (просмотр) Durchsicht f

ревмати́зм m₁ ‹-а› Rheuma n

ревни́вый прил ‹-ая, -ое, -ые› eifersüchtig; ревнова́ть V₃ₐ несов ‹-ну́ю, -ну́ешь› [при~ сов] кого-что вин к кому-чему дат eifersüchtig sein

ре́вностный прил ‹-ая, -ое, -ые› (усердный) eifrig, engagiert; (прилежный) fleißig

ре́вност|ь ж₅ ‹-и› Eifersucht f; ◇ семе́йная дра́ма на по́чве ~и Eifersuchtsdrama in der Familie

революцио́нный прил ‹-ая, -ое, -ые› Revolutions-, revolutionär; ◇ переворо́т revolutionärer Umsturz; револю́ция ж₄ ‹-и› Revolution f

рега́та ж₄ ‹-ы› спорт Regatta f; ◇ па́русная ~ Segelregatta

регистра́тор m₁ ‹-а› ① (о человеке) Empfangschef m, Empfangsdame f; (у врача) Sprechstundenhilfe f ② (прибор) Registriergerät n ③ (папка) Ordner m;

регистри́р|овать V₃ₐ несов ‹-рую, -руешь› [за~ сов] кого-что вин registrieren; (вносить) eintragen; ◇ прибо́ры ~уют подзе́мные толчки́ Geräte registrieren die Erdstöße; регистри́роваться несов ‹-руюсь, -руешься› [за~ сов] без доп ① (отмечаться) sich eintragen lassen ② (оформлять брак) standesamtlich heiraten

регла́мент m₁ ‹-а› ① (порядок работы) Vorschrift f, Geschäftsordnung f; ◇ наруше́ние ~а Verstoß gegen die Geschäftsordnung; ◇ по ~у vorschriftsgemäß ② (время для выступления) Redezeit f

регули́рование c₄ ‹-я› Regelung f; ◇ ~ доро́жного движе́ния Verkehrsregelung; регули́ровать V₃ₐ несов ‹-рую, -руешь› [у~ сов] что вин ① (налаживать) regeln; (упорядочивать) regulieren; ◇ ~ це́ны Preise regulieren ② (двигатель) einstellen, regulieren

редакти́ровать V₃ₐ несов и сов ‹-рую, -руешь› [от~ (1) сов] что вин ① (проверять и исправлять текст) redigieren ② (руководить изданием) (redaktionell) leiten; реда́ктор m₁ ‹-а› Redakteur m; ◇ отве́тственный ~ Herausgeber m; реда́кция ж₄ ‹-ии› ① (редактирование) Redaktion f, Redigierung f ② (формулировка) Formulierung f; ◇ измени́ть ~ю докуме́нта die Formulierung des Dokuments ändern ③ (вариант произведения) Fassung f; ◇ но́вая ~я по́вести Neufassung der Erzählung ④ (учреждение или коллектив) Redaktion f; ◇ ~я словаре́й Wörterbuchredaktion

реди́ска ж₁ ‹-и, род мн: -сок› Radieschen n

ре́дк|ий прил ‹-ая, -ое, -ие› ① (редко встречающийся) selten; ◇ ~ий слу́чай seltene Gelegenheit ② (не густой) spärlich; ◇ ~ий лес lichter Wald ③ (не частый) selten; ◇ ~ие вы́стрелы vereinzelte Schüsse; ◇ ~ий пульс langsamer Puls; ре́дко нареч selten; ◇ ~ ви́деться sich selten treffen; ре́дкость ж₅ ‹-и› ① (явление) Seltenheit f ② (вещь) Seltenheit f, Rarität f; ◇ на ~ смéлый челове́к ein außergewöhnlich mutiger Mensch

ре́дьк|а ж₁ ‹-и, род мн: -дек› Rettich m; ◇ надое́сть ху́же го́рькой ~и jd-m zum Halse heraushängen

режи́м m₁ ‹-а› ① (распорядок действий) Ordnung f, Lebensweise f; ◇ пра́вильный ~ пита́ния richtige Ernährungsweise; ◇ ~ дня Tagesordnung f; ◇ ~ эконо́мии Sparmaßnahmen f pl; ◇ соблюда́ть ~ sich an die Ordnung halten ② (условия работы) Arbeitsweise f; ◇ в автомати́ческом ~e automatisch betrieben ③ полит Regime n

режиссёр m₁ ‹-а› Regisseur m

ре́за|ть* несов ‹ре́жу, ре́жешь, (5) 1 и 2 л. не употр› [за~ (3), раз~ (1, 2) сов] кого-что вин (6), что вин по чему дат

(4), *что вин (1–3, 5)* **1** *(на части)* schneiden, aufschneiden; *(отрезать)* abschneiden; ◇ **~ть хлеб ломтя́ми** Brot in Scheiben schneiden **2** *разг (вскрывать)* aufschneiden, operieren; ◇ **~ть нары́в** ein Geschwür aufschneiden **3** *(скот)* schlachten, abstechen **4** *(по де́реву, металлу)* schnitzen, (ein-)gravieren **5** *безл (причинять боль)* schmerzen; ◇ **у меня́ ~ет в животе́** ich habe Magenschmerzen; ◇ **реме́нь ~ет плечо́** der Gürtel schneidet in die Schulter; ◇ **~ть слух** die Ohren beleidigen **6** *разг (прова́ливать на экза́мене)* absägen, durchfallen lassen; ◇ **~ть пра́вду в глаза́** die Wahrheit ins Gesicht schleudern

ре́звый *прил* ‹-ая, -ое, -ые› **1** *(живо́й)* munter; *(подвижный)* lebhaft; *(шаловли́вый)* ausgelassen **2** *(быстрый)* schnell, flink

резе́рв *м₁* ‹-а› **1** *(запас, ресурсы)* Reserve *f;* ◇ **де́нежные ~ы** Rücklagen *f pl;* ◇ **испо́льзовать все ~ы** alle Reserven ausschöpfen; *(запас)* Vorrat *m;* ◇ **иметь в ~е** vorrätig haben **2** *воен* Reserve *f*

резервуа́р *м₁* ‹-а› Behälter *m*, Reservoir *n*

рези́на *ж₁* ‹-ы› Gummi *m;* **рези́нка** *ж₁* ‹-и, род мн: -нок› **1** *(лента)* Gummiband *n;* *(подвязка)* Gummizug *m* **2** *(ла́стик)* Radiergummi *m;* ◇ **жева́тельная ~** Kaugummi *m*

ре́зкий *прил* ‹-ая, -ое, -ие› *(сравн: ре́зче)* **1** *(сильный)* heftig, stark; ◇ **~ий хо́лод** grimmige Kälte **2** *(значи́тельный)* plötzlich, rapide; ◇ **~ое похолода́ние** jäher Temperaturrückgang **3** *(неприя́тный)* schrill, grell; ◇ **~ий за́пах** beißender Geruch; ◇ **~ий свет** grelles Licht **4** *(грубый)* barsch, scharf, schroff; ◇ **~ие выраже́ния** schroffe Ausdrücke **5** *(отчётли́вый)* markant; ◇ **~ие черты́ лица́** markante Gesichtszüge

резня́ *ж₂* ‹-и́› Gemetzel *n;* ◇ **крова́вая ~** Blutbad *n*

резолю́ци|я *ж₄* ‹-и› **1** *(постановле́ние)* Resolution *f*, Beschluss *m;* ◇ **приня́ть ~ю** eine Resolution verabschieden **2** *(распоряже́ние)* Anordnung *f;* *(поме́тка на докуме́нте)* Vermerk *m;* ◇ **наложи́ть ~ю** einen Vermerk machen

результа́т *м₁* ‹-а› Ergebnis *n*, Resultat *n;* ◇ **~ы иссле́дования** Forschungsergebnisse; *спорт* Ergebnis *n*, Wertung *f;* ◇ **улу́чшить свои́ ~ы** bessere Ergebnisse erzielen; ◇ **в ~е** letztendes

ре́зче *сравн от* **ре́зкий**

резьба́ *ж₁* ‹-ы́› **1** *(выре́зывание)* Schneiden *n*, Schnitzen *n* **2** *(вы́резанное)* Schnitzerei *f;* ◇ **~ по ко́сти** Elfenbeinschnitzerei **3** *тех (наре́зка)* Gewinde *n*

рейд¹ *м₁* ‹-а› *мор* Reede *f;* ◇ **стоя́ть на ~е** auf der Reede liegen

рейд² *м₁* ‹-а, мн: -ы› **1** *воен (продвиже́ние)* Streifzug *m;* *(нападе́ние)* Überfall *m* **2** *перен (прове́рка)* Kontrollaktion *f*

ре́йка *ж₁* ‹-и, род мн: ре́ек› *тех* Leiste *f*, Latte *f*

рейс *м₁* ‹-а› Fahrt *f*, Route *f;* ◇ **обра́тный ~** Rückfahrt *f;* ◇ **~ самолёта** Flug *m;* ◇ **лете́ть ~ом...** mit Flug Nummer ... fliegen

рейхста́г *м₁* ‹-а› *ист* Reichstag *m;* ◇ **поджо́г ~а** Reichstagsbrand

рек|а́ *ж₁* ‹-и́, мн: -и› **1** Fluss *m;* *(больша́я)* Strom *m;* ◇ **на ~е́** auf dem Fluss; ◇ **вверх по ~е́** stromaufwärts **2** *перен (ма́сса)* Strom *m;* ◇ **лю́дские ~и запо́лнили у́лицы** Menschenströme füllten die Straßen; ◇ **слёзы лью́тся ~о́й** Tränen fließen in Strömen

рекла́м|а *ж₁* ‹-ы› **1** *(сре́дство информа́ции)* Werbung *f*, Reklame *f;* ◇ **сде́лать ~у чему́-л** für etw Werbung machen; ◇ **завуали́рованная ~а** Schleichwerbung **2** *(объявле́ние)* Werbeanzeige *f;* *(в газе́те)* Inserat *n*

реклами́ровать *V₃ₐ несов и сов* ‹-рую, -руешь› *кого́-что вин* **1** werben (für); für etw Werbung machen, anpreisen **2** *перен (расхва́ливать)* herausstreichen, sich brüsten mit; ◇ **~ свои́ успе́хи** sich mit seinen Erfolgen brüsten

рекоменда́ци|я *ж₄* ‹-и› Empfehlung *f;* ◇ **~я врача́** ärztlicher Ratschlag; ◇ **по её ~и** auf ihre Empfehlung; **рекомендова́ть** *V₃ₐ сов* ‹-дую, -дуешь› [по-] *(1, 2) несов кого́-что вин* **1** *(аттестова́ть)* empfehlen **2** *(сове́товать)* empfehlen, raten; ◇ **врачи́ ~у́ют отдохну́ть** die Ärzte empfehlen Ruhe **3** *(представля́ть)* vorstellen

реконстру́кция *ж₄* ‹-и› **1** *(восстановле́ние)* Rekonstruktion *f* **2** *(переустро́йство)* Umgestaltung *f*, Modernisierung *f*

реко́рд *м₁* ‹-а› Rekord *m*, Höchstleistung *f;* ◇ **поби́ть чей-л ~** jds Rekord brechen; ◇ **устана́вливать мирово́й ~** einen neuen Weltrekord aufstellen

религио́зный *прил* ‹-ая, -ое, -ые› *(ве́рующий)* religiös, fromm; **рели́гия** *ж₄* ‹-и› Religion *f*

рельс *м₁* ‹-а› Schiene *f;* *ж.-д.* Eisenbahnschiene *f;* ◇ **~ы** Gleis *n;* ◇ **сойти́ с ~ов** entgleisen; *перен* ◇ **поста́вить на ~ы** wieder ins (rechte) Gleis bringen

реме́нь *м₂* ‹-мня́, мн: -мни́› Riemen *m*, Gurt *m;* ◇ **поясно́й ~** Gürtel *m;* ◇ **привязно́й ~** Sicherheitsgurt

реме́сленник *м₁* ‹-а› **1** *(ма́стер)* Handwerker *m* **2** *перен (пренебрежи́тельно)* Stümper *m*, Dilettant *m;* **ремесло́** *с₂* ‹-а́, мн: -мёсла, род: -мёсел, дат: -мёслам› Handwerk *n*, Gewerbe *n*

ремо́нт *м₁* ‹-а› *(почи́нка)* Reparatur *f;* *(восстановле́ние)* Ausbesserung *f;* *(кварти́ры)* Renovierung *f;* ◇ **теку́щий ~** laufende Instandsetzung; ◇ **капита́льный ~** Generalüberholung *f;* ◇ **закры́то на ~** wegen Renovierung geschlossen; **ремонти́ровать** *V₃ₐ несов и сов* ‹-рую, -руешь› *что вин* reparieren, ausbessern

рента́бельный *прил* ‹-ая, -ое, -ые› rentabel; (*вы́годный*) Gewinn bringend, einträglich

рентге́н *м₁* ‹-а› **1** физ Röntgenstrahlen *m pl* **2** (*просве́чивание*) Röntgen *n;* ◇ **назна́чить больно́го на** ~ einen Patienten zum Röntgen überweisen; ◇ **сде́лать** ~ röntgen **3** (*аппара́т*) Röntgenapparat *m*

ре́п|а *ж₁* ‹-ы› Rübe *f;* ◇ **кормова́я** ~**а** Futterrübe; ◇ **деше́вле па́реной** ~**ы** spottbillig; ◇ **про́ще па́реной** ~**ы** kinderleicht

репатриа́нт *м₁* ‹-а› Heimkehrer *m*

репе́й *м₃* ‹-пья́› бот Klette *f*

репертуа́р *м;* ◇ **снять с** ~**а** absetzen

репети́ровать V₃ₐ *несов* ‹-рую, -руешь› [**про**~ (1), **с**~ (2) *сов*] *что вин или без доп* (1), *кого́-что вин* (2) **1** театр proben; ◇ ~ **пье́су** ein Stück einstudieren **2** (*помога́ть в уче́нии*) Nachhilfestunden geben; **репети́ция** *ж₄* ‹-и› Probe *f*

ре́плик|а *ж₁* ‹-и› **1** (*отве́т*) Entgegnung *f;* (*возгла́с*) Zwischenruf *m;* ◇ **обменя́ться** ~**ами** ein paar Worte wechseln; ◇ **пода́ть** ~**у** dazwischenrufen **2** театр Stichwort *n*

репорта́ж *м₂* ‹-а› **1** (*сообще́ние*) Berichterstattung *f;* ◇ ~ **о футбо́льном ма́тче** Fußballreportage **2** (*рабо́та корреспонде́нта*) Reportage *f;* ◇ **занима́ться** ~**ем** eine Reportage machen

репре́ссия *ж₄* ‹-и› Repression *f*, Unterdrückung *f;* ◇ **подве́ргнуться** ~**м** Repressalien ausgesetzt sein

репута́ци|я *ж₄* ‹-и› Ruf *m;* (*прести́ж*) Ansehen *n;* ◇ **по́льзоваться хоро́шей** ~**ей** einen guten Ruf genießen; ◇ **поро́чить чью-л** ~ jd-n in Verruf bringen

ресни́ца *ж₁* ‹-ы› Wimper *f*

респу́блика *ж₁* ‹-и› Republik *f*

рестора́н *м₁* ‹-а› Restaurant *m;* ж.-д. **ваго́н**~ Speisewagen *m;* ◇ **заказа́ть сто́лик в** ~**е** einen Tisch im Restaurant bestellen

ресу́рсы *мн₁* ‹-ов› Ressourcen *f pl;* **приро́дные** ~ Naturschätze *m pl;* **трудовы́е** ~ Arbeitskräfte *f pl;* (*исто́чники*) Quellen *f pl*

рефере́ндум *м₁* ‹-а› полит Referendum *n*, Volksentscheid *m*

рефо́рм|а *ж₁* ‹-ы› Reform *f;* ◇ **шко́льного образова́ния** Bildungsreform; ◇ **произвести́** ~**у чего́-л** etw reformieren

рефрижера́тор *м₁* ‹-а› **1** (*су́дно*) Kühlschiff *n;* (*автомоби́ль, ваго́н*) Kühlwagen *m* **2** тех (*испари́тель*) Kältemaschine *f*

реце́нзи|я *ж₄* ‹-и› Rezension *f;* (*о́тзыв*) Beurteilung *f;* ◇ **отда́ть статью́ на** ~**ю** einen Artikel rezensieren lassen

реце́пт *м₁* ‹-а› **1** (*для апте́ки*) Rezept *n;* ◇ **вы́писать** ~ ein Rezept schreiben; ◇ **лека́рство отпуска́ется по** ~**у (без** ~**а)** die Arznei ist (nicht) rezeptpflichtig **2** кул

Rezept *n* **3** перен (*рекоменда́ция*) Rezept *n;* ◇ **в воспита́нии нет гото́вых** ~**ов** für die Erziehung gibt es kein Patentrezept

рециди́в *м₁* ‹-а› **1** юр Rückfall *m;* ◇ ~ **преступле́ния** wiederholte Straftat **2** мед Rückfall *m;* **рецидиви́ст** *м₁* ‹-а› юр Rückfälliger *m*

речь *ж₅* ‹-и, мн: -чи, род: -че́й› **1** (*говоре́ние*) Reden *n*, Sprechfähigkeit *f;* ◇ **отчётливая** ~**ь** deutliche Sprache; ◇ **владе́ть** ~**ю** die Redekunst beherrschen **2** (*язы́к*) Sprache *f;* ◇ **разгово́рная** ~**ь** Umgangssprache; ◇ **у́стная/пи́сьменная** ~**ь** gesprochene/geschriebene Sprache; ◇ **ко́свенная** ~**ь** indirekte Rede; ◇ **прями́я** ~**ь** direkte Rede; ◇ **ча́сти** ~**и** Wortarten *f pl* **3** (*вы́говор*) Redeweise *f*, Aussprache *f*, Sprachstil *m* **4** (*разгово́р, бесе́да*) Gespräch *n*, Rede *f;* ◇ **о чём идёт** ~**ь?** worum geht es?; ◇ **об э́том** ~ **и не́ было** davon war keine Rede; ◇ **завести́** ~ **о ком/чём-л** das Gespräch auf jd-n/etw bringen **5** (*публи́чное выступле́ние*) Ansprache *f*, Rede *f;* ◇ **вы́ступить с** ~**ю** eine Rede halten

реша́ющий *прил* ‹-ая, -ее, -ие› entscheidend; ◇ ~ **успе́х** durchschlagender Erfolg;

реше́ни|е *c₄* ‹-я› **1** (*альтернати́вное*) Entscheidung *f* **2** (*постановле́ние*) Beschluss *m;* (*пригово́р*) Urteil *n;* ◇ **суде́бное** ~**е** Gerichtsurteil *n* **3** (*заключе́ние, вы́вод*) Schluss *m*, Entschluss *m;* ◇ **прийти́ к оконча́тельному** ~**ю** zu dem Schluss kommen **4** (*отве́т к зада́че*) Lösung *f;* ◇ **найти́** ~**е** eine Lösung finden

решётк|а *ж₁* ‹-и, род мн: -ток› Gitter *n;* ◇ **попа́сть за** ~**у** hinter Gitter kommen

решето́ *c₂* ‹-а́, мн: решёта› Sieb *n;* ◇ **проси́ивать че́рез** ~ sieben; ◇ ~**м во́ду носи́ть** Wasser mit einem Sieb schöpfen

реши́мост|ь *ж₅* ‹-и› Entschiedenheit *f*, Entschlossenheit *f;* ◇ **он по́лон** ~**и** er ist rest entschlossen; ◇ **прояви́ть** ~**ь** Entschlossenheit beweisen; **реши́тельный** *прил* ‹-ая, -ое, -ые› **1** (*сме́лый*) fest entschlossen, resolut **2** (*оконча́тельный*) Entscheidungs-, entscheidend; **реши́ть** V₄ₐ *сов* ‹-шу́, -ши́шь› [**реша́ть** V₁ₐ *несов*] *что вин или с инф* (1), *что вин* (2) **1** (*прийти́ к вы́воду*) eine Entscheidung fällen, beschließen; ◇ ~**ить учи́ться** beschließen zu studieren; (*вы́нести заключе́ние*) entscheiden; ◇ **де́ло** ~**ено́ судо́м** die Sache ist gerichtlich entschieden; ◇ ~**и́ли сро́чно собра́ние** es wurde beschlossen, eine Versammlung einzuberufen; ◇ ~**и́ть чью-л судьбу́** jd-s Schicksal entscheiden **2** (*найти́ отве́т*) lösen; ◇ **э́то не** ~**и́т вопро́са** das löst das Problem nicht; **реши́ться** *сов* ‹-шу́сь, -ши́шься, (2) 1 и 2 л. не употр› [**реша́ться** *несов*] **1** *на что вин или с инф* (1), *без доп* (2) **1** (*отва́житься*) sich entschließen, sich entscheiden; ◇ ~**ться на отча́янный посту́пок** sich zu einer Verzweiflungstat entschließen **2**

(*определи́ться*) entschieden werden; ◇ де́ло ~лось в её по́льзу die Sache entschied sich zu ihren Gunsten

ржаве́ть V_5 *несов* ‹-ве́ет, -ве́ют, 1 и 2 л. не употр› [**за**~ *сов*] *без доп* rosten;

ржа́вчина *ж₁* ‹-ы› Rost *m*

ржать* *несов* ‹ржу́, ржёшь› *без доп* **①** (*о ло́шади*) wiehern **②** *прост* (*гро́мко смея́ться*) wiehernd, laut lachen

ринг *м₁* ‹-а› *спорт* Ring *m;* ◇ вы́йти на ~ in den Ring steigen

рис *м₁* ‹-а› Reis *m*

риск *м₁* ‹-а› Risiko *n;* ◇ без вся́кого ~а risikolos; ◇ с ~ом для жи́зни lebensgefährlich; ◇ де́йствовать на свой страх и ~ auf eigenes Risiko handeln; ◇ идти́ на ~ ein Risiko eingehen; рискова́ть V_{3a} *несов* ‹-ку́ю, -ку́ешь› *с инф (1), кем-чем тв (2)* **①** (*реша́ться*) Gefahr laufen **②** (*подверга́ть*) etw riskieren, wagen; ◇ ~ свои́м здоро́вьем seine Gesundheit aufs Spiel setzen

рисова́ть V_{3a} *несов* ‹-су́ю, -су́ешь› [**на**~ *сов*] *кого-что вин* **①** (*изобража́ть*) zeichnen, (*кра́сками*) malen **②** *перен* (*предста́вить мы́сленно*) sich ausmalen; ◇ воображе́ние рису́ет бу́дущее sich in der Fantasie die Zukunft ausmalen **③** *перен* (*опи́сывать*) beschreiben

рису́нок *м₁* ‹-нка, *мн:* -нки› Zeichnung *f;* (*гра́фика*) Grafik *f;* (*узо́р*) Muster *n*

ритм *м₁* ‹-а› Rhythmus *m;* ◇ жи́зни Lebensrhythmus; ◇ войти́ в рабо́чий ~ sich einarbeiten

ритуа́л *м₁* ‹-а› **①** (*обря́д*) Ritual *n;* ◇ ~ погребе́ния Bestattungsritual **②** (*церемониа́л*) Zeremoniell *n*

риф *м₁* ‹-а› *геол* Riff *n*, Klippe *f*

ри́фма *ж₁* ‹-ы› *лит* Reim *m*

ро́бкий *прил* ‹-ая, -ое, -ие› ‹*сравн:* ро́бче› schüchtern, scheu, zaghaft; (*боязли́вый*) ängstlich

ро́бче *сравн от* ро́бкий

ров *м₁* ‹рва, *мн:* рвы› Graben *m;* ◇ вы́рыть глубо́кий ~ einen tiefen Graben ausheben

рове́сник *м₁* ‹-а› Altersgenosse *m;* ◇ мы с ним ~и wir sind Altersgenossen; рове́сница *ж*‹-ы› Altersgenossin *f*

ро́вно *нареч* **①** (*одина́ково*) gleich, ebenmäßig, gleichmäßig **②** (*то́чно*) genau; ◇ сто рубле́й ~ genau hundert Rubel; (*о вре́мени*) ◇ ~ в три часа́ Punkt drei Uhr **③** *разг* (*совсе́м*) absolut **④** *спорт* Punktgleichheit *f*, Einstand *m;* ро́вн|ый *прил* ‹-ая, -ое, -ые› **①** (*гла́дкий*) eben, glatt; ◇ ~ая ме́стность ebener Landstrich **②** (*прямо́й*) gerade, schnurgerade **③** (*равноме́рный, споко́йный*) gleichmäßig, ruhig **④** (*постоя́нно одина́ковый*) gleichförmig, gleichmäßig; (*уравнове́шенный*) ruhig **⑤** (*одина́ковый по величине́*) gleich; ◇ ~ые до́ли gleiche Anteile; ◇ для ~ого счёта um eine runde Summe zu erhalten; ◇ я ~ым

счётом ничего́ не зна́ю ich habe keine blasse Ahnung

рог *м₁* ‹-а, *мн:* -а́› **①** Horn *n;* (*у оле́ня*) Geweih *n* **②** *муз* Horn *n;* ◇ труби́ть в ~ das Horn blasen; ◇ взять быка́ за ~а́ den Stier bei den Hörnern packen

рога́тк|а *ж₁* ‹-и, *род мн:* -ток› **①** (*препя́тствие*) Hindernis *n;* *перен* (*прегра́да*) Schranke *f;* ◇ ~и ста́вить кому́-л jd-m Steine in den Weg legen **②** (*для стрельбы́*) Schleuder *f*

рогови́ца *ж₁* ‹-ы› *анат* Hornhaut *f*

род *м₁* ‹-а, о ро́де, на/в роду́, *мн:* -ы́› **①** Sippe *f;* ◇ старе́йшина ~а Sippenälteste *m* **②** (*ряд поколе́ний*) Geschlecht *n*, Generation *f;* ◇ из ~а в ~ von Generation zu Generation; ◇ э́то у нас в ~у́ das liegt bei uns in der Familie; ◇ вести́ свой ~ от кого́-л sein Geschlecht zurückführen auf jd-m; ◇ он ~ом из Петербу́рга er ist gebürtig aus St. Petersburg **③** *биол* Gattung *f* **④** (*сорт, вид*) Art *f*, Gattung *f* **⑤** *грам* Geschlecht *n*, Genus *n;* ◇ же́нский ~ Femininum *n;* ◇ мужско́й ~ Maskulinum *n;* сре́дний ~ Neutrum *n;* ◇ ему́ два́дцать лет от ~у er ist zwanzig Jahre alt; ◇ в како́тором ~е gewissermaßen; ◇ э́то ей бы́ло на ~у́ напи́сано das war ihr Schicksal; ◇ ~ заня́тий Beschäftigungsart

ро́дин|а *ж₁* ‹-ы› **①** Heimat *f*, (*оте́чество*) Vaterland *n;* ◇ любо́вь к ~е Heimatliebe *f* **②** (*ме́сто рожде́ния*) Geburtsland *n*

роди́нка *ж₁* ‹-и, *род мн:* -нок› Muttermal *n*

роди́тел|и *мн₂* ‹-ей› Eltern *pl;* ◇ оди́н из ~ей ein Elternteil; роди́тельский *прил* ‹-ая, -ое, -ие› elterlich, Eltern-; (*в шко́ле*) ◇ комите́т Elternbeirat *m*

роди́ть V_{4a} *несов и сов, kein Adv. Part.* *Präs.* ‹рожу́, -ди́шь, (3) 1 и 2 л. не употр, *Part. Prät. Pass.* -жде́нный› [**рожда́ть** (1, 2) V_{1a} *несов*] *кого-что вин (1, 2), что вин (3)* **①** (*произвести́ на свет*) gebären, zur Welt bringen; (*разреши́ться от бре́мени*) eine Last abwerfen; ◇ в чём мать ~ла́ splitternackt **②** *перен* (*дать нача́ло*) hervorbringen, erzeugen **③** (*о по́чве*) (*Früchte*) tragen; ◇ земля́ хорошо́ ~т der Boden trägt gut; роди́ться *несов и сов* ‹рожу́сь, -ди́шься, (2, 3) 1 и 2 л. не употр› [**рожда́ться** (1, 2) *несов*] *без доп* **①** (*появи́ться на свет*) geboren werden, zur Welt kommen; ◇ у неё ~лся сын sie hat einen Sohn bekommen **②** *перен* (*возни́кнуть*) aufkommen, entstehen **③** (*об урожа́е*) gedeihen, wachsen

родни́к *м₁* ‹-а́, *мн:* -и́› Quelle *f*

родно́й **I.** *прил* ‹-а́я, -о́е, -ы́е› **①** (*состоя́щий в прямо́м родстве́*) blutsverwandt, leiblich **②** (*свой по рожде́нию, по ду́ху*) Heimat-, Vater-, Mutter-; ◇ край Heimatland *n;* ◇ ~ язы́к Muttersprache *f* **③** (*дорого́й*) lieb; ◇ ~ мой! mein Lieber **II.** *м* (*A₁*) ‹-о́го› Verwandter *m*

родня́ $ж_2$ ⟨-и́⟩ **1** Verwandtschaft f; ◇ **да́льняя** ~ entfernte Verwandtschaft **2** (родственник/-ница) Verwandte m/f; ◇ **он мне** ~ er ist verwandt mit mir

родово́й¹ прил ⟨-а́я, -о́е, -ы́е⟩ **1** (семейный) Familien-; (наследственный) Erb-; ◇ **~о́е име́ние** Erbgut n **2** биол Gattungs-; ◇ **~о́е назва́ние** Gattungsname m

родово́й² прил ⟨-а́я, -о́е, -ы́е⟩ **1** грам Genus-; ◇ **~о́е оконча́ние** Genusendung f **2** мед Geburts-; ◇ **~ы́е схва́тки** Geburtswehen

ро́дственн|ый прил ⟨-ая, -ое, -ые⟩ **1** (близкий) verwandt; ◇ **~ые наро́ды** verwandte Völker **2** (связанный родством) Verwandtschafts-, verwandt; ◇ **~ые отноше́ния** Verwandtschaftsbeziehungen f pl **3** (душевный) innig; ◇ **~ое расположе́ние к кому́-л** herzliche Gefühle für jdn-;

родство́ c_2 ⟨-а́⟩ **1** (родственники) Verwandtschaft f; ◇ **мы с ним в ~е** ich bin verwandt mit ihm **2** (близость) Verwandtschaft f **3** (сходство) Ähnlichkeit f; ◇ **~о́ душ** Seelenverwandtschaft

ро́ды $мн_1$ ⟨-ов⟩ Geburt f; (разрешение от бремени) Entbindung f

рожда́емост|ь $ж_5$ ⟨-и⟩ Geburtenrate f; ◇ **рост ~и** Anstieg der Geburtenzahl

рожда́ть несов от **роди́ть**

рожде́ни|е c_4 ⟨-я⟩ Geburt f; ◇ **год ~я** Geburtsjahr n; ◇ **ме́сто ~я** Geburtsort m; ◇ **слепо́й от ~я** von Geburt an blind

Рождество́ c_2 ⟨-а́⟩ Weihnachten n

Рождество́

Seit 1992 wird das orthodoxe Weihnachtsfest – nach dem alten Julianischen Kalender am 7. Januar – wieder offiziell gefeiert. In den Kirchen, die überall restauriert oder neu gebaut werden, finden wieder Gottesdienste statt.
Nach der Oktoberrevolution von 1917 wurden fast alle Kirchen ausgeplündert oder geschlossen, manche aber gesprengt, zudem wurde das Weihnachtsfest abgeschafft und durch das Neujahrsfest ersetzt. Traditionelle Rituale setzen sich nun aber langsam wieder durch.

роже́ница $ж_1$ ⟨-ы⟩ Gebärende f

рожь $ж_5$ ⟨ржи⟩ Roggen m

ро́за $ж_1$ ⟨-ы⟩ (цветок) Rose f

ро́зга $ж_1$ ⟨-и, род мн: -зог⟩ Rute f, Gerte f; ◇ **наказа́ть кого́-л ~ми** jd-m die Rute geben

ро́зниц|а $ж_1$ ⟨-ы⟩ Stückware f; ◇ **продава́ть в ~у** stückweise [einzeln] verkaufen

рознь $ж_5$ ⟨-и⟩ **1** (вражда) Feindschaft f, Zwist m; (споры) Streitigkeiten f pl **2** предик (о различии между кем-чем) einander nicht gleich

ро́зов|ый прил ⟨-ая, -ое, -ые⟩ **1** (цвет) rosa, rosafarben; ◇ **~ая заря́** Morgenröte f **2** перен (радужный) rosig; ◇ **ви́деть что-л в ~ом све́те** etw durch eine rosarote Brille sehen **3** (из роз) Rosen-; ◇ **~ое ма́сло** Rosenöl n

ро́зыгрыш $м_1$ ⟨-а⟩ **1** (лотереи) Ziehung f, Verlosung f **2** спорт Spiel n; ◇ **пе́рвенства по хокке́ю** (Eis-)Hockeymeisterschaftsspiel **3** (шутка) Fopperei f

ро́зыск $м_1$ ⟨-а⟩ **1** (поиски) Suche f; ◇ **отпра́виться на ~и** sich auf die Suche begeben **2** (расследование) Untersuchung f, Ermittlung f; юр Fahndung f; ◇ **уголо́вный ~** Kriminalabteilung f; ◇ **престу́пник нахо́дится в ~е** nach dem Verbrecher wird gefahndet; ◇ **объяви́ть ~** die Fahndung einleiten

рой $м_3$ ⟨ро́я, в рою́, мн: рои́, род: рои́⟩ Schwarm m; ◇ **~ комаро́в** Mückenschwarm

рок $м_1$ ⟨-а⟩ Verhängnis n; (судьба) Schicksal n; ◇ **по во́ле ~а** das Schicksal wollte es so; **роково́й** прил ⟨-а́я, -о́е, -ы́е⟩ (предопределённый) verhängnisvoll, fatal; (гибельный) folgenschwer; ◇ **~а́я оши́бка** folgenschwerer Fehler

роль $ж_5$ ⟨-и, мн: -ли, род: -ле́й⟩ Rolle f; ◇ **быть на вторы́х ~ях** Nebenrollen spielen; ◇ **войти́ в ~ь** sich in eine Rolle hineinfinden; ◇ **э́то не игра́ет никако́й ~и** das spielt überhaupt keine Rolle

ром $м_1$ ⟨-а⟩ Rum m

рома́н¹ $м_1$ ⟨-а⟩ лит Roman m

рома́н² $м$ ⟨-а⟩ разг Liebesverhältnis n; ◇ **у неё с ним ~** sie hat ein Verhältnis mit ihm

рома́нс $м_1$ ⟨-а⟩ Romanze f

рома́нтик $м_1$ ⟨-а⟩ **1** (последователь романтизма) Romantiker m **2** (мечтатель) Träumer m, Schwärmer m

рома́шка $ж_1$ ⟨-и, род мн: -шек⟩ бот Kamille f

роня́|ть V_{1b} несов ⟨-я́ю, -я́ешь⟩ [**урони́ть** V_{4a} сов < Part. Prät. Pass. уронённый⟩ кого-что вин **1** (непроизвольно) fallen lassen; ◇ **дере́вья ~ют после́дние ли́стья** die Bäume verlieren ihre letzten Blätter; перен **~ть слёзы** Tränen vergießen **2** (бессильно) hängen lassen, sinken; ◇ **~ть го́лову на грудь** den Kopf hängen lassen **3** перен (унижать) erniedrigen, demütigen; ◇ **~ть своё досто́инство** seine Würde verlieren; ◇ **~ть себя́ в чьих-л глаза́х** in jds Ansehen fallen

роса́ $ж_1$ ⟨-ы́, мн: -ы⟩ Tau m

роско́шн|ый прил ⟨-ая, -ое, -ые⟩ **1** (богатый) Luxus-, luxuriös; ◇ **~о́браз жи́зни** luxuriöses Leben **2** (великолепный) prächtig, prachtvoll **3** (расточительный) verschwenderisch, kostspielig; **ро́скошь** $ж_5$ ⟨-и⟩ **1** (богатство и великолепие) Luxus m, Prunk m **2** (излишества) Pracht f, Üppigkeit f

ро́спуск $м_1$ ⟨-а⟩ (парламента) Auflösung

f; (служащих) Beurlaubung *f; (учащихся)* Freistellung *f*

росси́йск|ий *прил*‹-ая,-ое,-ие› russisch; ◇ **Р~ий герб** russisches Wappen; **Р-ая Федера́ция** Russische Föderation;

Росси́я *ж₄* ‹-и› Russland *n*

рост *м₁* ‹-а› **1** *(процесс)* Wachstum *n*, Wachsen *n* **2** *(увеличение в числе, размерах)* Anwachsen *n*, Zunahme *f*, Vergrößerung *f; (прирост)* Zuwachs *m; (подъём)* Anstieg *m;* ◇ **промы́шленности** Industriewachstum *n* **3** *(усиление, укрепление)* Steigerung *f* **4** *(совершенствование)* Heranreifen *n* **5** *(человека, животного)* Größe *f*, Wuchs *m;* ◇ **высо́кого/ни́зкого ~а** groß/klein; ◇ **костю́м не по ~у** der Anzug passt nicht; ◇ **~ом 180 сантиме́тров** ein Meter achtzig groß

ростовщи́к *м₁* ‹-а́, мн:-и́› Wucherer *m*

рот *м₁* ‹рта́, мн: рты› **1** *(полость рта)* Mund *m;* ◇ **не брать в ~ ничего́** keinen Bissen zu sich nehmen; ◇ **стоя́ть, разину́в ~** mit offenem Mund dastehen; ◇ **не сметь рта откры́ть** (vor Angst) den Mund nicht aufkriegen; ◇ **смотре́ть кому́-л в ~** an jd-s Lippen hängen; ◇ **говори́ть, не закрыва́я рта** pausenlos plappern; ◇ **хлопо́т по́лон ~** er hat alle Hände voll zu tun **2** *перен (едок, иждивенец)* Esser *m;* ◇ **ли́шний ~ в семье́** ein Esser zuviel in der Familie

ро́та *ж₁* ‹-ы› воен Kompanie *f*

ро́ща *ж₁* ‹-и› Gehölz *n*, Hain *m; (лесок)* Wäldchen *n*

роя́ль *м₂* ‹-я› Klavier *n*, Flügel *m*

ртуть *ж₅* ‹-и› Quecksilber *n;* ◇ **он живо́й, как ~** er ist sehr lebhaft, unruhig

руба́нок *м₁* ‹-нка, мн:-нки› Hobel *m*

руба́ха *ж₁* ‹-и› Hemd *n;* ◇ **ни́жняя ~** Unterhemd *n; разг* ◇ **~-па́рень** fixer Kerl

руба́шк|а *ж₁* ‹-и, *род мн:* -шек› **1** *(одежда)* Hemd *n;* ◇ **же́нская ~а** Damenunterhemd **2** тех Mantel *m*, Ummantelung *f;* ◇ **она́ роди́лась в ~е** sie ist unter einem glücklichen Stern geboren; ◇ **своя́ ~а бли́же к те́лу** jeder ist sich selbst der Nächste; ◇ **в одно́й ~е** bettelarm

рубе́ж *м₂* ‹-а́, мн:-и́› **1** *(граница)* Grenze *f;* ◇ **за ~о́м** im Ausland; *перен* ◇ **на ~е двух эпо́х** an der Schwelle zu einem neuen Zeitalter; ◇ **вы́йти на но́вые ~и́** zu neuen Ufern aufbrechen **2** воен Abschnitt *m*, Linie *f*

рубе́ц *м₁* ‹-бца́, мн:-бцы́› **1** *(шов)* Naht *f; (край)* Saum *m* **2** *(от ран)* Narbe *f; (от удара)* Striemen *m;* ◇ **~ на душе́** seelische Narbe

руби́льник *м₁* ‹-а› эл Hebelschalter *m*

руби́ть V₄ₐ *несов* ‹-блю́, руби́шь, *Part. Präs. Akt.* руби́щий, *Part. Prät. Pass.* ру́бленный [**рубну́ть** (1) V₂ *сов› кого́-что вин* **1** *(отсекать)* fällen, abhauen; *(колоть)* hacken; ◇ **лес** Holz fällen; ◇ **~**

капу́сту Kraut hacken **2** *(строить)* bauen; ◇ **~ и́збу** eine Hütte bauen **3** *перен (говорить прямо)* direkt sein; ◇ **~ пра́вду-ма́тку в глаза́** die Wahrheit ins Gesicht schleudern; ◇ **~ с плеча́** kein Blatt vor den Mund nehmen

ру́бка *ж₁* ‹-и, *род мн:* -бок› мор Deckkabine *f;* ◇ **боева́я ~** Kommandoturm *m*

рубль *м₂* ‹-я́, мн: ли́› Rubel *m*

ру́брик|а *ж₁* ‹-и› **1** *(раздел, графа)* Rubrik *f* **2** *(заголовок)* Rubrik *f*, Sparte *f;* ◇ **под ~ой** in der Rubrik

ру́гань *ж₅* ‹-и› Schimpfen *n; (ругательства)* Schimpfworte *n pl; (брань)* Fluchen *n;* **руга́тельство** *с₂* ‹-а› Schimpfwort *n;* **руга́ть** V₁ₐ *несов* ‹-а́ю,-а́ешь› [**вы-, обсо́в**] *кого́-что вин* beschimpfen; *(набро́ситься)* über jd-n herfallen; *(бранить)* heruntermachen, kritisieren; *(порицать)* rügen;

руга́ться *несов* ‹-а́юсь, -а́ешься [**посо́в**] *с кем-чем тв или без доп* (1), *без доп* (2) **1** *(между собой)* miteinander schimpfen, sich Schimpfworte an den Kopf werfen; *(ссориться)* sich zanken; *(спорить)* sich streiten **2** *(браниться)* schimpfen; *(грубо)* fluchen

руд|а́ *ж₁* ‹-ы́, мн:-ы› Erz *n;* ◇ **желе́зная ~а́** Eisenerz; ◇ **добы́ча ~ы́** Erzgewinnung *f;* ◇ **зале́жи ~ы́** Erzvorkommen *n pl*

рудни́к *м₁* ‹-а́, мн:-и́› Bergwerk *n*, Grube *f*

ружьё *с₅* ‹-я́, мн:-я, *род:* -жей, *дат:* -ям› Gewehr *n*, Flinte *f; (охотничье)* Jagdgewehr *n;* ◇ **заряди́ть ~** das Gewehr laden

рук|а́ *ж₁* ‹-и́, вин:-у, мн:-и, дат:-а́м› **1** *(от плеча́ до кисти)* Arm *m; (кисть)* Hand *f;* ◇ **держа́ть на ~а́х** auf dem Arm halten; ◇ **взять кого́-л под ~у** sich bei jd-m unterhaken; муз ◇ **игра́ть в четы́ре ~и́** vierhändig spielen; ◇ **идти́ с кем-л под ~у** mit jd-m Arm in Arm gehen **2** *перен (почерк)* Handschrift *f;* ◇ **разобра́ть неразбо́рчивую ~у** eine unleserliche Handschrift entziffern **3** *(покровитель)* Helfer *m;* ◇ **своя́ ~а́ где-л у кого́-л** irgendwo gute Beziehungen haben **4** *перен (направление)* Hand *f*, Seite *f;* ◇ **по пра́вую ~у** rechter Hand; ◇ **э́то мне на́ ~у** das kommt mir gelegen; ◇ **умыва́ть ~и** die Hände in Unschuld waschen; ◇ **из пе́рвых рук** aus erster Hand; ◇ **наби́ть ~у на чём-л** etw im Griff haben; ◇ **сиде́ть сложа́ ~и** die Hände in den Schoß legen; ◇ **уда́рить по ~а́м** mit Handschlag besiegeln; ◇ **на ско́рую ~у** flüchtig; ◇ **как без рук** völlig hilflos; ◇ **прибра́ть что-л к ~а́м** sich etw aneignen; ◇ **~ой пода́ть** nur ein Steinwurf entfernt

рука́в *м₁* ‹-а́, мн:-а́› **1** *(часть одежды)* Ärmel *m* **2** *(реки)* Flussarm *m* **3** *(шланг)* Rohr *n*, Schlauch *m;* ◇ **пожа́рный ~** Feuerwehrschlauch

рукави́ца *ж₁* ‹-ы› Fausthandschuh *m;* ◇ **держа́ть в ежо́вых ~х** jd-n kurz halten

руководи́тель *м₂* ‹-я› Leiter *m;* ◇

кружка́ Gruppenleiter; **руководи́ть** V_{4a} *несов* ‹-ожу́, -ди́шь› *кем-чем тв* (*управля́ть*) leiten, führen, betreuen; ◇ ~ **кружко́м** einen Arbeitskreis leiten; (*наставля́ть*) jd-n anleiten; ◇ ~ **аспира́нтами** Doktoranden betreuen; **руково́дство** c_2 ‹-a› (*управле́ние*) Leitung f, Führung f, Lenkung f ② (*уче́бное посо́бие*) Leitfaden m, Handbuch n; ◇ ~ **по фотогра́фии** Fotografie-Handbuch ③ (*руководи́тели*) Leitung f, Verwaltung f; **руково́дствоваться** V_{3a} *несов* ‹-твуюсь, -твуешься› *кем-чем тв* sich richten (nach), sich orientieren (an); ◇ ~ **пра́вилами/инстру́кцией** sich nach den Regeln/Anweisungen richten; **руководя́щий** *прил* ‹-ая, -ее, -ие› führend, leitend, lenkend; ◇ **-ие круги́** Führungskreise m pl

рукоде́лие c_4 ‹-я› Handarbeit f; ◇ **занима́ться ~м** handarbeiten; **ру́копись** $ж_5$ ‹-и› ① Manuskript n; ◇ **переда́ть ~ в изда́тельство** ein Manuskript an einen Verlag geben ② Handschrift f; **рукопожа́тие** c_4 ‹-я› Händedruck m; (*в подтвержде́ние договорённости*) Handschlag m; ◇ **обменя́ться ~ями** sich die Hand geben; **рукоя́тка** $ж_1$ ‹-и, *род мн:* -ток› ① (*ру́чка*) Griff m ② (*часть механи́зма*) Kurbel f; (*рыча́г*) Hebel m

руле́тка $ж_1$ ‹-и, *род мн:* -ток› ① tex (*инструме́нт*) Bandmaß n ② (*игра́*) Roulett(e) n

руль $м_5$ ‹-я́, *мн:* -ли́› (*на корабле́*) Steuerrad n; (*у велосипе́да*) Lenker m; (*у автомоби́ля*) Lenkrad n; ◇ **встать за ~ь** das Steuer übernehmen; ◇ **без ~я́ и без ветри́л** ohne Ziel

румя́нец $м_5$ ‹-нца› Rot n, Röte f; ◇ **покры́ться ~цем** rot werden

ру́пор $м_1$ ‹-a› ① (*труба́*) Sprachrohr n; (*мегафо́н*) Megaphon n ② *перен* Sprachrohr n; ◇ ~ **чужи́х иде́й** Sprachrohr für fremde Ideen

руса́лка $ж_1$ ‹-и, *род мн:* -лок› Meerjungfrau f, Nixe f

ру́сло c_2 ‹-a› ① (*реки́*) Flussbett n ② *перен* (*направле́ние*) Bahn f; ◇ **жизнь вошла́ в своё обы́чное** ~ das Leben verlief wieder in seinen üblichen Bahnen

 русский

Vorsicht ist bei der Verwendung des Wortes „ру́сский" angebracht, denn es bedeutet „Angehöriger einer ostslawischen Volksgruppe", und nicht etwa „russischer Bürger". Letzteres hieße übersetzen „граждани́н Росси́и", worunter man Menschen mit russischer Staatsangehörigkeit versteht, die aber nicht unbedingt ostslawischer Abstammung sein müssen.

ру́сская $ж$ ‹-ой› Russin f; **ру́сск|ий I.** *прил* ‹-ая, -ое, -ие› russisch **II.** *м* (A_1) ‹-ого› Russe m

ру́хнуть V_2 *сов* ‹-ну, -нешь, (2) 1 и 2 л. не употр› *без доп* ① (*упа́сть*) niederstürzen; ◇ ~ **на зе́млю** auf den Boden stürzen; (*о зда́нии*) einstürzen ② *перен* (*разру́шиться*) zusammenbrechen

руча́тельство c_2 ‹-a› (*поручи́тельство*) Bürgschaft f, Garantie f; ◇ **c ~м** garantiert, unter Garantie; **руча́ться** V_{1a} *несов* ‹-а́юсь, -а́ешься› [**по**~ *сов*] *за кого́-что вин* sich verbürgen (für), haften (für); (*гаранти́ровать*) garantieren; ◇ ~ **голово́й** seine Hand für etw ins Feuer legen

руче́й $м_5$ ‹-чья́, *мн:* -чьи́› Bach m; ◇ **го́рный** ~ Wildbach

ру́чка $ж_1$ ‹-и, *род мн:* -чек› ① Händchen n ② Griff m; ◇ **дверна́я** ~ Türklinke f; (*для враще́ния*) Kurbel f ③ (*подлоко́тник*) Armlehne f ④ (*пи́шущая*) Füller m, Federhalter m; **ручн|о́й** *прил* ‹-а́я, -о́е, -ы́е› ① (*предназна́ченный для рук*) Hand-; ◇ **-о́й бага́ж** Handgepäck n; ◇ **-ы́е часы́** Armbanduhr f; ◇ **-а́я прода́жа** Straßenverkauf m; (*в апте́ке*) ◇ **-а́я прода́жа** Arzneiverkauf ohne Rezept ② (*о живо́тных*) zahm

ру́шиться V_{4b} *несов* ‹-шится, -шатся, 1 и 2 л. не употр› [**об**~ (1) *сов*] *без доп* ① (*вали́ться*) einstürzen, zusammenfallen ② *перен* (*не осуществля́ться*) zusammenbrechen

ры́б|а $ж_1$ ‹-ы› Fisch m; ◇ **копчёная ~a** geräucherter Fisch; ◇ **би́ться как ~a об лёд** sich umsonst abmühen; ◇ **ни ~ ни мя́со** weder Fisch noch Fleisch; ◇ **лови́ть ~у в му́тной воде́** im Trüben fischen; **рыба́к** $м_1$ ‹-а́, *мн:* -и́› Fischer m; ◇ ~ **~а́ ви́дит издалека́** Gleich und Gleich gesellt sich gern; **рыболо́в** $м_1$ ‹-a› Fischer m; (*уди́льщик*) Angler m; ◇ **люби́тель~** Hobbyangler; **рыболо́вство** c_2 ‹-a› Fischfang m; (*про́мысел*) Fischerei f

рыда́ть V_{1a} *несов* ‹-а́ю, -а́ешь› *без доп* schluchzen, weinen; ◇ ~ **над уме́ршим** den Toten beweinen

ры́жий *прил* ‹-ая, -ее, -ие› (*рыжеволо́сый*) rot, rothaarig; (*о лошадя́х*) rotbraun

ры́ло c_2 ‹-a› ① (*у живо́тных*) Schnauze f, Maul n; (*у свиньи́*) Rüssel m, Schnauze f ② *груб* (*лицо́*) Schnauze f, Fresse f; *груб* ◇ ~**м не вы́шел** er hat eine widerliche Visage

ры́н|ок $м_1$ ‹-нка, *мн:* -нки› ① эк Markt m; ◇ **вну́тренний ~ок** Binnenmarkt; ◇ **~ки сбы́та** Absatzmärkte ② (*база́р*) Markt m; ◇ **кры́тый ~ок** Markthalle f

рысь[1] $ж_5$ ‹-и› зоол Luchs m

рысь[2] $ж$ ‹-и› (*аллю́р*) Trab m; ◇ **е́хать ~ю** im Trab reiten

рытвина $ж_1$ ‹-ы› Furche f, Rille f

рыть * *несов* ‹ро́ю, ро́ешь› [**вы**~, **от**~ *сов*] *что вин* ① (*копа́ть*) (um-)graben; ◇

~ **карто́шку** Kartoffeln ausgraben; ◇ ~**я́му** eine Grube ausheben; (*ла́пами*) scharren; (*лопа́той*) schaufeln ② (*перебира́ть*) durchwühlen

рыхл|ый *прил* ‹-ая, -ое, -ые› ① (*неплотный*) locker, leicht, porös; ◇ ~**ая земля́** lockerer Boden; ◇ ~**ое те́сто** mürber Teig ② *перен* (*об изложении*) schwammig, unklar ③ *перен* (*о теле*) dick, fett; ◇ ~**ый мужчи́на** schwabbeliger Mann

ры́царь m_2 ‹-я› Ritter m

рыча́г m_1 ‹-á› ① (*устройство*) Hebel m; ◇ **подня́ть** ~**о́м** hochhebeln ② *перен* (*средство*) Hebel m; ◇ **найти́** ~**и́ возде́йствия на кого́-л** Mittel und Wege finden, auf jd-n einzuwirken

рыча́ть* *несов* ‹-чу́, -чи́шь, (2) 1 и 2 л. не употр› *без доп* ① (*о животных*) brüllen; (*о соба́ке*) knurren ② *перен* (*говори́ть злобно*) knurren, brummen

рюкза́к m_1 ‹-á, *мн:*-и́› Rucksack m

рю́мка $ж_1$ ‹-и, *род мн:*-мок› Schnapsglas n; ◇ ~ **для яи́ц** Eierbecher m

ряби́на $ж_1$ ‹-ы› (*дерево*) Eberesche f; (*ягода*) Vogelbeere f, Ebereschenbeere f

ря́бчик m_1 ‹-а› Haselhuhn n

рябь $ж_5$ ‹-и› ① (*на воде*) Kräuseln n ② (*в глазах*) Flimmern n vor den Augen

ряд m_1 ‹-а, в ряду́, *мн:*-ы́› ① (*линия*) Reihe f; ◇ ~ **домо́в** Häuserzeile; ◇ **постро́иться в** ~**ы́** sich in Reihen aufstellen; ◇ **в** ~**а́х а́рмии** beim Militär; ◇ **в** ~**а́х учёных** in Wissenschaftlerkreisen ② (*количество*) Reihe f, Anzahl f; ◇ **есть** ~ **исключе́ний** es gibt eine Reihe von Ausnahmen ③ (*серия*) Serie f; *разг* **из** ~**а вон** unter aller Kritik

рядово́й I. *прил* ‹-а́я, -о́е, -ы́е› ① (*обычный*) Durchschnitts-; (*простой*) einfach; (*средний*) gewöhnlich ② Mannschafts- II. m (A_1) ‹-о́го› воен Soldat m

ря́дом *нареч* ① (*один возле другого*) nebeneinander, in einer Reihe ② (*близко*) in dichter Nähe, nahe bei; ◇ **он живёт совсе́м** ~ er wohnt ganz in der Nähe

ря́са $ж_1$ ‹-ы› Priesterrock m; (*монашеская*) Mönchskutte f

С

с I. *предлог с род* ① (*от места, с поверхности предмета*) von; ◇ **снять** ~ **по́лки** vom Regal nehmen; ◇ **уйти́** ~ **рабо́ты** von der Arbeit weggehen ② (*обозначает место, откуда направлено движение*) von; ◇ **шум** ~ **у́лицы** Lärm von der Straße ③ (*обозначает лицо или*

предмет по его происхождению) aus, von; ◇ **письмо́** ~ **ро́дины** Brief aus der Heimat ④ (*обозначает место, с которым связано действие*) von ... her; ◇ **стреля́ть** ~ **горы́** von den Bergen her schießen ⑤ (*с какого момента*) ◇ **влюби́ться** ~ **пе́рвого взгля́да** sich auf den ersten Blick verlieben; ◇ **за́нят** ~ **утра́** vom frühen Morgen an beschäftigt; ◇ **начнём** ~ **Вас** beginnen wir bei Ihnen ⑥ (*о единице*) auf, von, pro; ◇ **урожа́й** ~ **гекта́ра** Ertrag pro Hektar; ◇ **по́шлина** ~ **това́ра** Zoll auf eine Ware ⑦ (*источник*) ◇ **писа́ть портре́т** ~ **кого́-л** ein Porträt von jd-m malen; ◇ **перево́д** ~ **неме́цкого языка́** Übersetzung aus dem Deutschen ⑧ (*достаточность*) ◇ **хва́тит** ~ **меня́** genug, mir reicht es ⑨ (*на основании*) mit; ◇ **де́лать что́-л** ~ **чьего́-л разреше́ния** etw mit jd-s Erlaubnis tun ⑩ (*по причине*) vor, von; ◇ **уста́ть** ~ **доро́ги** müde werden von der Reise; ◇ **сгора́ть** ~ **стыда́** rot werden vor Scham ⑪ (*при помощи*) mit; ◇ **корми́ть** ~ **ло́жечки** mit dem Löffelchen füttern; ◇ **взять** ~ **бо́я** im Kampf einnehmen II. *предлог с вин* (*мера, количество*) ungefähr, etwa; ◇ **прожи́ть где́-л** ~ **ме́сяц** etwa einen Monat irgendwo verbringen; ◇ **ро́стом** ~ **меня́** etwa so groß wie ich III. *предлог с тв* ① (*указывает на участие двух или более лиц, в общем действии*) und, mit; ◇ **мы** ~ **ним** er und ich; ◇ **говори́ть** ~ **друзья́ми** mit Freunden sprechen ② (*указывает на смежность, близость*) an, mit; ◇ **грани́чить** ~ **Ве́нгрией** an Ungarn angrenzen; ◇ **связа́ть оди́н паке́т** ~ **други́м** ein Päckchen mit dem anderen zusammenbinden ③ (*указывает на наличие*) mit; ◇ **пиро́г** ~ **начи́нкой** gefüllte Piroggen; ◇ **челове́к** ~ **тала́нтом** talentierter Mensch ④ (*обозначает способ действия*) mit; ◇ **слу́шать** ~ **улы́бкой** mit einem Lächeln zuhören; ◇ **найти́** ~ **трудо́м** nur schwer finden ⑤ (*при посредстве*) durch, mit; ◇ **посла́ть** ~ **курье́ром** per Boten schicken; ◇ **уе́хать** ~ **пе́рвым по́ездом** mit dem ersten Zug wegfahren ⑥ (*указывает на объект действия или состояния*) mit; ◇ **спра́виться** ~ **тру́дностями** mit Schwierigkeiten fertig werden; ◇ **пло́хо** ~ **се́рдцем** Herzbeschwerden haben ⑦ (*обозначает субъект состояния*) ◇ ~ **ним случи́лась беда́** ihm geschah ein Unglück; ◇ ~ **же́нщиной о́бморок** die Frau ist ohnmächtig ⑧ (*при наступлении*) mit; ◇ ~ **во́зрастом хара́ктер испра́вился** mit zunehmendem Alter besserte sich der Charakter; ◇ ~ **года́ми вку́сы меня́ются** mit den Jahren ändert sich der Geschmack ⑨ (*обозначает цель действия*) mit; ◇ **пришёл** ~ **про́сьбой** ich bin mit einer Bitte gekommen

са́бля $ж_2$ ‹-и, *род мн:*-бель› Säbel m

сад m_1 ‹-а, о са́де, в саду́, *мн:*-ы́› Garten m

сади́ться *несов от* **сесть**

садо́вник m_1 ‹-а› Gärtner m

са́жа $ж_1$ ‹-и› Ruß m; ◇ **дела́ как ~ бела́** es geht mir nicht besonders

сажа́ть V$_{1a}$ *несов* ‹-а́ю, -а́ешь› [**посади́ть** V$_{4a}$ *сов* ‹ *Part. Prät. Pass.* -а́женный›] *кого-что вин* **1** (*просить сесть*) setzen, Platz nehmen lassen; ◇ **~ кого́-л за стол** jd-n zu Tisch bitten **2** (*растения*) setzen, pflanzen; ◇ **~ карто́фель** Kartoffeln stecken; ◇ **~ леса́** aufforsten, bewalden **3** (*помещать куда–л*) setzen, stecken; ◇ **~ в тюрьму́** ins Gefängnis stecken; ◇ **~ на цепь** an die Kette legen **4** *ав* landen; ◇ **он сажа́ет самолёт** er landet das Flugzeug **5** (*принуждать к какому–л занятию*) ◇ **~ за па́рту** zum Lernen bringen; ◇ **за рабо́ту** zum Arbeiten zwingen

саза́н m_1 ‹-а́› (*рыба*) Karpfen m

сала́ка $ж_1$ ‹-и› (*рыба*) Sprotte f

сала́т m_1 ‹-а› **1** *бот* Kopfsalat m **2** *кул* Salat m

са́лки $мн_1$ ‹-лок› (*детская игра*) Fangen n

са́ло c_2 ‹-а› Speck m, Fett n; (*топлёное*) Schmalz n

салфе́тка $ж_1$ ‹-и, *род мн:* -ток› Serviette f; *мед* Mulltupfer m

салю́т m_1 ‹-а› (*приветствие*) Salut m, Begrüßung f, Feuerwerk n; *воен* ◇ **отда́ть ~** salutieren

сам (**самого́** $м$; **сама́**, **само́й** $ж$; **само́**, **самого́** c; **са́ми**, **сами́х** $мн$) *мест* **1** (*лично*) selbst, selber; ◇ **он ~ э́то сде́лал** er hat das selbst gemacht; ◇ **скажи́те э́то ей само́й** sagen Sie ihr das selbst **2** (*один, сам по себе*) selbst, allein; ◇ **она́ ~а вернётся** sie wird von alleine zurückkommen **3** (*своими силами*) selbst, alleine; ◇ **~ спра́вился** er kam alleine zurecht **4** (*никто иной*) selbst; ◇ **дире́ктор распоряди́лся** der Direktor selbst hat es angeordnet; ◇ **~ó собо́й разуме́ется** es versteht sich von selbst; ◇ **~ не свой** ganz außer sich, verstört

саме́ц m_1 ‹-мца́, *мн:* -мцы́› *зоол* Männchen n; **са́мка** $ж_1$ ‹-и, *род мн:* -мок› *зоол* Weibchen n; ◇ **с детёнышами** Muttertier mit Jungen

самова́р m_1 ‹-а› Samowar m

самовла́стие c_4 ‹-я› Selbstherrschaft f, Autokratie f; **самово́льн|ый** *прил* ‹-ая, -ое,-ые› eigenmächtig; (*о детях*) eigensinnig; ◇ **~ая отлу́чка** unerlaubtes Fernbleiben; **самого́н** m_1 ‹-а› schwarz gebrannter Schnaps, Hausbranntwein m; **самоде́льный** *прил* ‹-ая, -ое, -ые› selbst gemacht, selbst gebastelt; **самодержа́вие** c_4 ‹-я› Selbstherrschaft f, Autokratie f; **самоде́ятельность** $ж_5$ ‹-и› **1** (*личный почин*) Eigeninitiative f **2** (*непрофессиональное творчество*) Laienkunst f

самоду́р m_1 ‹-а› Dickschädel m (*упрямец*) Starrkopf m; (*деспот*) Despot m

самока́т m_1 ‹-а› (*детский*) Roller m

самолёт m_1 ‹-а› Flugzeug n

самолюби́вый *прил* ‹-ая, -ое, -ые› ehrgeizig; (*гордый*) stolz; (*чувствительный к обиде*) empfindlich; **самолю́бие** c_4 ‹-я› (*самоутверждение*) Ehrgefühl n; (*честолюбие*) Ehrgeiz m, Eitelkeit f; (*гордость*) Stolz m; ◇ **щади́ть чьё-л ~** auf jd-s Ehrgefühl Rücksicht nehmen; **самомне́ние** c_4 ‹-я› Einbildung f, Dünkel m; ◇ **он челове́к с больши́м ~м** er sich sehr eingebildet; **самонаде́янный** *прил* ‹-ая, -ое, -ые› selbstgefällig, überheblich; (*самодовольный*) selbstzufrieden; (*заносчивый*) anmaßend; **самооблада́ние** c_4 ‹-я› Selbstbeherrschung f; (*выдержка*) Fassung f; ◇ **потеря́ть/сохраня́ть ~** die Fassung verlieren/bewahren; **самообма́н** m_1 ‹-а› Selbstbetrug m, Selbsttäuschung f; **самооборо́на** $ж_1$ ‹-ы› Selbstverteidigung f, Selbstschutz m; **самообслу́живание** c_4 ‹-я› Selbstbedienung f; ◇ **столо́вая ~я** Kantine f; **самоокупа́емость** $ж_5$ ‹-и› Eigenfinanzierung f, Rentabilität f; **самоопределе́ние** c_4 ‹-я› *полит* Selbstbestimmung f; **самоотве́рженный** *прил* ‹-ая, -ое, -ые› selbstlos, selbstverleugnend; (*беззаветный*) hingebungsvoll; **самопоже́ртвование** c_4 ‹-я› Selbstaufopferung f

самосва́л m_1 ‹-а› *тех* Kipper m

самосозна́ние c_4 ‹-я› Selbstbewusstsein n; **самостоя́тельность** $ж_5$ ‹-и› Selbstständigkeit f; (*независимость*) Unabhängigkeit f; **самостоя́тельный** *прил* ‹-ая, -ое, -ые› selbständig; (*независимый*) unabhängig; **самосу́д** m_1 ‹-а› Lynchjustiz f, Selbstjustiz f; **самотёк** m_1 ‹-а› *перен* (*стихийный ход дела*) Selbstlauf m, Spontaneität f; ◇ **не полага́ться на ~** die Dinge nicht sich selbst überlassen; ◇ **пусти́ть де́ло на ~** den Dingen ihren Lauf lassen; **самоуби́йство** c_2 ‹-а› Selbstmord m; ◇ **довести́ до ~а** zum Selbstmord treiben; ◇ **поко́нчить жизнь ~ом** Selbstmord begehen; **самоуби́йца** $м/ж_5$ ‹-ы, *род мн:* -убийц› Selbstmörder(in f) m; **самоуве́ренный** *прил* ‹-ая, -ое, -ые› selbstbewusst, selbstsicher; (*самонадеянный*) selbstgefällig; (*высокомерный*) arrogant; **самоуправле́ние** c_4 ‹-я› Selbstverwaltung f; **самоупра́вство** c_2 ‹-а› eigenmächtiges, willkürliches Verfahren; **самоучи́тель** M_2 ‹-я› autodidaktisches Lehrbuch; ◇ **изуча́ть иностра́нный язы́к по ~ю** eine Fremdsprache autodidaktisch lernen; **самоу́чка** $м$, $ж_1$ ‹-и, *род мн:* -чек› Autodidakt m; ◇ **худо́жник ~** naiver Maler; **самоце́ль** $ж_5$ ‹-и› Selbstzweck m; **самочу́вствие** c_4 ‹-я› Befinden n; ◇ **как Ва́ше ~?** wie fühlen Sie sich?

са́мый *мест* **1** (*при словах - тот, этот*) der, die, das Nämliche; ◇ **тот ~ый** derselbe; ◇ **э́та ~ая кни́га** genau dieses Buch **2** (*прямо, как раз, непосредственно*) direkt, gerade, gleich, ganz; $\diamond$ **у ~ого мо́ря** direkt am Meer; $\diamond$ **с ~ого утра́** vom frühen Morgen an; $\diamond$ **сейча́с ~ая пора́ обе́дать** es ist genau Zeit zum Mittagessen; $\diamond$ **в ~ом нача́ле** ganz am Anfang; $\diamond$ **до ~ого конца́** bis ganz zum Schluss (3) (*как таково́й*) allein, an sich; $\diamond$ **доста́точен ~ый факт согла́сия** die Zusage an sich ist ausreichend (4) (*указывает на крайнюю степень коли́чества и ка́чества*) $\diamond$ **~яя ма́лость** das Mindeste; $\diamond$ **~ый мо́дный** der Modischste; $\diamond$ **~ый хоро́ший кни́жный магази́н** der beste Buchladen; $\diamond$ **в ~ом разга́ре собы́тий** auf dem Höhepunkt der Ereignisse; $\diamond$ **~ое гла́вное** die Hauptsache; $\diamond$ **в ~ом де́ле** tatsächlich

сан m_1 ‹-а› Würde *f*, Rang *m*; $\diamond$ **носи́ть высо́кий ~** einen hohen Rang inne haben

санда́лии mn_d ‹-ий› Sandalen *f pl*

са́ни mn_2 ‹-ней› Schlitten *m*; $\diamond$ **е́хать в ~я́х** Schlitten fahren

санита́р ‹*ж*₁› m_1 ‹-а› Sanitäter(in *f*) *m*; (*в больни́це*) Krankenpfleger(in *f*) *m*; **санита́рн|ый** *прил* ‹-ая, -ое, -ые› Hygiene-, Sanitäts-, Gesundheits-; $\diamond$ **~ая маши́на** Krankenwagen *m*; $\diamond$ **~ый надзо́р** Hygieneaufsicht *f*

са́нк|и mn_1 ‹-нок› Schlitten *m*; (*спорти́вные*) Rennschlitten; $\diamond$ **ката́ться с горы́ на ~ах** den Berg hinunterrodeln

са́нкци|я $ж_4$ ‹-и› (1) (*утвержде́ние*) Sanktion *f*; (*разреше́ние*) Genehmigung *f* (2) (*меры возде́йствия*) Sanktionen *f pl*, Zwangsmaßnahmen *f pl*; $\diamond$ **экономи́ческие ~и** Wirtschaftssanktionen; $\diamond$ **примени́ть ~и про́тив кого́-л** Sanktionen gegen jd-n verhängen

сантиме́тр m_1 ‹-а› (1) (*едини́ца длины́*) Zentimeter *m* (2) *разг* (*лине́йка, ле́нта*) Zentimetermaß *n*

сапёр m_1 ‹-а› воен Pionier *m*

сапо́г m_1 ‹-а́, мн: -и́, род: -по́г, дат: -а́м› Stiefel *m*; $\diamond$ **рези́новые ~й** Gummistiefel; *разг* $\diamond$ **два ~а па́ра** Gleich und Gleich gesellt sich gern; **сапо́жник** m_1 ‹-а› Schuster *m*, Schuhmacher *m*

сара́й m_3 ‹-я› Schuppen *m*; (*для се́на*) Scheune *f*

саранча́ $ж_1$ ‹-и́› Heuschrecke *f*

сарафа́н m_1 ‹-а› (*ру́сская же́нская крестья́нская оде́жда*) Sarafan *m* (2) (*пла́тье*) Trägerkleid *n*

сарде́лька $ж_1$ ‹-и, род мн: -лек› Bockwurst *f*

са́хар m_1 ‹-а› Zucker *m*; $\diamond$ **кусково́й ~** Würfelzucker; $\diamond$ **тростнико́вый ~** Rohrzucker; **са́харница** $ж_1$ ‹-ы› Zuckerdose *f*

сачо́к m_1 ‹-чка́, мн: -чки́› (1) (*для ло́вли рыб*) Kescher *m*, kleines Fischnetz; (*для ба́бочек*) Schmetterlingsnetz *n* (2) *разг* (*лентя́й*) Faulpelz *m*

сбежа́|ть* *сов* ‹-егу́, -ежи́шь› [**сбега́ть** V_{1a} *несов*] *с чего́ род (1), без доп (2)* (1) (*вниз*) hinunterlaufen; $\diamond$ **снега́ ~ли с**

гор der Schnee auf den Bergen ist geschmolzen (2) (*та́йком*) weglaufen, fliehen

сбереже́ни|е c_4 ‹-я› (1) (*сохране́ние*) Aufbewahrung *f* (2) (*де́нежное*) Sparen *n* (3) *перен* (*сил*) Schonen *n* (4) (*де́ньги*) Ersparnisse *f pl*; $\diamond$ **храни́ть ~я на сберкни́жке** Geld auf dem Sparbuch haben

сберкни́жка $ж_1$ ‹-и, род мн: -жек› (= *сберега́тельная кни́жка*) Sparbuch *n*

сбить* *сов* ‹собью́, собьёшь› [**сбива́ть** V_{1a} *несов*] *кого́-что вин* (1) (*сшиби́ть*) herunterschlagen, abschlagen; (*опроки́нуть*) umwerfen; $\diamond$ **~ с ног** zu Boden werfen (2) (*повреди́ть*) anstoßen, verletzen; $\diamond$ **~ но́ги** sich die Füße wund laufen (3) *разг* (*запу́тать*) verwirren, irremachen; $\diamond$ **~ с доро́ги** vom Weg abbringen; $\diamond$ **~ с то́лку** verwirren (4) *разг* (*сни́зить, уба́вить*) drücken, senken; $\diamond$ **~ це́ну** den Preis drücken (5) (*сколоти́ть*) zusammennageln; $\diamond$ **~ я́щик из досо́к** eine Kiste aus Brettern zusammennageln (6) (*в ма́ссу*) schlagen; $\diamond$ **~ сли́вки** Sahne schlagen (7) *разг* (*соедини́ть*) versammeln; $\diamond$ **~ всех в ку́чу** alle zusammentrommeln

сбли́зи|ться V_{4b} *сов* ‹-и́жусь, -и́зишься› [**сближа́ться** V_{1a} *несов*] *без доп* (1) (*сде́латься бли́зким*) sich nähern, (näher) zusammenrücken; $\diamond$ **интере́сы ~лись** die Interessen näherten sich einander an (2) *перен* (*сдружи́ться*) sich anfreunden (mit), vertraut werden; $\diamond$ **де́ти бы́стро ~лись** die Kinder freundeten sich schnell an

сбор m_1 ‹-а› (1) (*то, что со́брано*) Ernte *f*, Sammeln *n*; $\diamond$ **~ по́дписей** Unterschriftensammlung; $\diamond$ **~ чле́нских взно́сов** Einkassieren der Mitgliedsbeiträge (2) (*за ве́чер, спекта́кль*) Einnahme *f*, Ertrag *m* (3) (*со́бранные на что-л де́ньги*) Abgabe *f*; (*взно́сы*) Gebühren *f pl*; (*нало́г*) Steuer *f*; $\diamond$ **тамо́женный ~** Zollgebühr *f* (4) (*собра́ние*) Versammlung *f*; (*встре́ча*) Treffen *n*; $\diamond$ **ме́сто ~а** Sammelplatz *m*; $\diamond$ **все в ~е** alle sind versammelt (5) (*пребыва́ние для обуче́ния, трениро́вок*) Lehrgang *m* (6) (*приготовле́ние*) Vorbereitungen *f pl*

сбо́рн|ая *ж* (A_1) ‹-ой› спорт Mannschaft *f*; $\diamond$ **~ая страны́** Nationalmannschaft; $\diamond$ **игро́к ~ой** Mannschaftsspieler *f*; **сбо́рник** m_1 ‹-а› (*кни́га*) Sammelband *m*, Sammelband *m*; $\diamond$ **~ стихо́в** Gedichtband *m*; **сбо́рщик** m_1 ‹-а› (1) Sammler *m*; $\diamond$ **~ нало́гов** Steuereintreiber *m*; $\diamond$ **~ хло́пка** Baumwollpflücker *m* (2) (*рабо́чий*) Monteur *m*

сбро́сить* *сов* ‹-о́шу, -о́сишь› [**сбра́сывать** V_{1a} *несов*] *кого́-что вин* (1) (*вниз с чего́-л*) hinunterwerfen, abwerfen; $\diamond$ **~ снег с кры́ши** Schnee vom Dach werfen; (*в ку́чу*) zusammenwerfen (2) (*ски́нуть*) von sich werfen, ausziehen; *перен* $\diamond$ **~ хандру́** Schwermut überwinden

сбыт m_1 ‹-а› эк Absatz *m*, Vertrieb *m*; $\diamond$ **това́р не нахо́дит ~а** die Ware findet keinen Absatz; **сбыть*** *сов* ‹сбу́ду, сбудешь) [сбыва́ть V_{1a} несов] что вин (1), кого-что вин (2) ① (прода́ть) absetzen, verkaufen ② (отде́латься) abschaffen, loswerden; ◇ ~ с рук sich etw vom Halse schaffen; ◇ ~ от навя́зчивого посети́теля einen aufdringlichen Besucher loswerden

сва́дьб|а ж₁ ⟨-ы, род мн: -деб⟩ Hochzeit f; ◇ спра́вить ~у Hochzeit feiern; разе ◇ ~ы зажива́ет das geht vorbei

сва́лка ж₁ ⟨-и, род мн:-лок⟩ ① (место для мусора) Schuttabladeplatz m, Müllhalde f ② разе (дра́ка) Handgemenge n, Rauferei f

сва́рка ж₁ ⟨-и⟩ тех Schweißen n

сварли́вый прил ⟨-ая, -ое, -ые⟩ zänkisch, zanksüchtig

сва́рщик м₁ ⟨-а⟩ тех Schweißer m

сва́стика ж₁ ⟨-и⟩ Hakenkreuz n

сват м₁ ⟨-а⟩ Heiratsvermittler m; ◇ он мне ни ~, ни брат ich habe nichts mit ihm zu tun

сва́я ж₃ ⟨-и⟩ Pfahl m

све́дени|е с₄ ⟨-я⟩ ① (позна́ние) Kenntnis f, Wissen n; ◇ облада́ть больши́ми ~ями gute Kenntnisse besitzen ② (известие, сообщение) Mitteilung f, Nachricht f; ◇ получи́ть ва́жные ~я wichtige Nachrichten erhalten; ◇ собра́ть ~я Erkundigungen einziehen; ◇ по мои́м ~ям nach meiner Kenntnis; (да́нные) Angaben f; ◇ предста́вить ~я о чём-л Kenntnis (-nahme) f; ◇ довести́ что-л до всео́бщего ~я etw allgemein bekannt machen

све́ж|ий прил ⟨-ая, -ее, -ие⟩ ① (недавно приготовленный) frisch; ◇ собы́тия ещё ~и в па́мяти die Ereignisse sind noch in frischer Erinnerung ② (прохла́дный) frisch, erfrischend; ◇ на ~ем во́здухе an der frischen Luft ③ (новый) frisch, neu, aktuell; ◇ ~ие кра́ски frische Farben

свезти́* сов ⟨-зу́, -зёшь⟩ [свози́ть V₄ₐ несов ⟨Part. Präs. Pass. -зи́мый⟩] кого-что вин ① (доста́вить) hinbringen, transportieren; ◇ ~ти зерно́ на элева́тор Getreide auf den Getreidespeicher bringen ② (спусти́ть) hinunterbringen, hinuntertransportieren ③ (увезти́) wegfahren, wegbringen ④ (привезти́ в одно ме́сто) zusammenbringen; ◇ на вы́ставку ~ли экспона́ты со всего́ ми́ра für die Ausstellung wurden Exponate aus der ganzen Welt herbeigeschafft

свёкла ж₁ ⟨-ы⟩ Rübe f; ◇ столо́вая ~ Rote Bete

свёкор м₁ ⟨-кра, мн: -кры⟩ Schwiegervater m

свекро́вь ж₅ ⟨-и⟩ Schwiegermutter f

свер́гнуть V₂ сов ⟨-ну, -нешь, Part. Prät. Pass. -нутый⟩ [сверга́ть V₁ₐ несов] кого-что вин ① (сбро́сить) stürzen, hinabwerfen ② (низложи́ть) beseitigen,

существу́ющий строй das herrschende System zu Fall bringen

сверже́ние с₄ ⟨-я⟩ Sturz m

све́рить V₄ᵦ ⟨-рю, -ришь⟩ [сверя́ть V₁ᵦ несов] что вин с чем тв (сличи́ть) vergleichen; (текст) überprüfen

сверка́ть V₁ₐ несов ⟨-а́ю, -а́ешь⟩ без доп blitzen; (искри́ться) funkeln; (блесте́ть) glitzern; ◇ ~ет мо́лния es blitzt; ◇ глаза́ ~ют гне́вом die Augen funkeln vor Zorn; перен ◇ ~ть тала́нтом mit seinem Talent glänzen

сверли́ть V₄ₐ несов ⟨-лю́, -ли́шь, Part. Präs. Pass. -ли́мый [про~ сов] кого-что вин bohren; ◇ ~ до́ску in ein Brett bohren; перен ◇ ~ взгля́дом кого́-л jd-n mit Blicken durchbohren; сверло́ с₂ ⟨-а́, мн: свёрла⟩ тех Bohrer m

сверну́ть V₂ сов ⟨-ну́, -нёшь, Part. Prät. Pass. свёрнутый⟩ [свёртывать и свора́чивать V₁ₐ несов] что вин ① (скрути́ть) zusammenrollen, zusammenwickeln; (сложи́ть) zusammenlegen; (заверну́ть) einwickeln ② (сократи́ть) abbauen, verringern, stilllegen; (су́зить, ограни́чить) einschränken; ◇ ~ ла́герь das Lager abbrechen ③ (поверну́ть в сто́рону) einbiegen, abbiegen; ◇ ~ с доро́ги vom Weg abbiegen; перен ◇ ~ го́лову кому́-л jd-m den Hals umdrehen, jd-n umbringen

све́рстник м₁ ⟨-а⟩ Altersgenosse m;

све́рстница ж₁ ⟨-ы⟩ Altersgenossin f

свёрток м₁ ⟨-тка, мн: -тки⟩ (тру́бка) Rolle f; (паке́т) Tüte f; ◇ с бельём Wäschebündel n

свёртывание с₄ ⟨-я⟩ ① (молока́, кро́ви) Gerinnen n, Gerinnung f ② (произво́дства) Stillegung f; (сокраще́ние) Abbau m

сверхсро́чн|ый прил ⟨-ая, -ое, -ые⟩ (длящийся дольше положенного сро́ка) die Frist überschreitend; leser ◇ оста́ться на ~ой слу́жбе sich als Zeitsoldat verpflichten ② (особо сро́чный) äußerst dringend

све́рху I. нареч ① (наверху́) oben; ◇ пиро́г подрумя́нился ~ der Kuchen ist oben braun geworden ② (по направле́нию вниз) von oben II. предлог с род (сверх) über; ◇ повяза́ть плато́к ~ ша́пки ein Tuch über die Mütze binden

сверхуро́чн|ый прил ⟨-ая, -ое, -ые⟩ Überstunden-; ◇ рабо́тать ~о Überstunden machen

сверчо́к м₁ ⟨-чка́, мн: -чки́⟩ Grille f

сверя́ть несов от све́рить

свести́* сов ⟨-еду́, -едёшь, (7) 1 и 2 л. не употр⟩ [своди́ть V₄ₐ несов ⟨Part. Präs. Pass. -ди́мый⟩] кого-что вин (1, 2, 3, 7), что вин (4), кого что вин во что вин (5), что вин к чему дат или на что вин (6), что вин на что вин (8) ① (отвести́) hinbringen; ◇ ~ госте́й на вы́ставку die Gäste zur Ausstellung führen; ◇ ~ в моги́лу ins Grab bringen ② (помо́чь *сойти́ вниз*) hinunterführen, hinabführen ③ (*удали́ть*) wegführen; ◇ ~ло́шадь с доро́ги das Pferd von der Straße führen ④ (*соедини́ть*) zusammenführen, vereinigen; ◇ ~ бро́ви die Augenbrauen zusammenziehen ⑤ (*собра́ть в одно́ це́лое*) zusammenfassen ⑥ *перен* (*упрости́ть*) auf etw reduzieren, auf etw beschränken ⑦ ~ расхо́ды к са́мому необходи́мому die Ausgaben auf das Allernötigste reduzieren ⑦ *безл* (*согну́ть, ско́рчить*) zusammenziehen, zusammenkrampfen; ◇ футболи́сту свело́ судоро́гой но́гу der Fußballspieler bekam einen Krampf im Bein ⑧ (*перенести́ изображе́ние*) abpausen; ◇ ~ на нет zunichte machen

свет¹ *м₁* ⟨-а/-у⟩ ① (*со́лнечный*) Licht *n;* (*освеще́ние*) Beleuchtung *f;* ◇ при дневно́м ~е bei Tageslicht; ◇ при ~е луны́ im Mondschein ② *перен* Licht *n;* ◇ предста́ть совсе́м в друго́м ~е in einem ganz anderen Licht erscheinen; ◇ э́ти фа́кты броса́ют но́вый ~ на де́ло diese Tatsachen werfen ein neues Licht auf die Sache

свет² *м₁* ⟨-а⟩ ① (*мир*) Welt *f;* ◇ путеше́ствие вокру́г ~а Weltreise; ◇ стра́ны ~а Himmelsrichtungen *f;* ◇ шесть часте́й ~а sechs Erdteile; ◇ вы́йти в ~ erscheinen, veröffentlicht werden; ◇ появи́ться на ~ zur Welt kommen; ◇ произвести́ на ~ де́ти Kinder in die Welt setzen; ◇ сжить со ~а jd-n unter die Erde bringen; ◇ ни за что на ~е um nichts auf der Welt; ◇ отпра́виться на тот ~ ins Gras beißen ② (*о́бщество*) Gesellschaft *f,* (alle) Welt; ◇ всему́ ~у изве́стно alle Welt weiß das; ◇ ~ не без до́брых люде́й es gibt doch noch gute Menschen

свети́льник *м₁* ⟨-а⟩ Öllampe *f;* *тех* Leuchte *f;* све́тл|ый *прил* ⟨-ая, -ое, -ые⟩ ① (*напо́лненный све́том*) hell; ◇ ~ая ла́мпочка helles Licht; (*прозра́чный*) klar; ◇ ~ый ручеёк klares Bächlein; (*бле́дный*) ◇ ~ые во́лосы helle Haare; ◇ ~ая голова́ heller Kopf; *перен* ◇ ~ая ли́чность prächtiger Mensch ② (*ра́достный*) fröhlich, heiter; ◇ ~ый миг lichter Moment; светля́чо́к *м₁* ⟨-чка́, *мн.:*-чки́⟩ Leuchtkäfer *m,* Glühwürmchen *n;* светопреставле́ние *с₄* ⟨-я⟩ ① Weltuntergang *m;* (*сумяти́ца*) Durcheinander *n;* светофо́р *м₁* ⟨-а⟩ (Verkehrs-)Ampel *f*

све́тск|ий *прил* ⟨-ая, -ое, -ие⟩ ① (*не церко́вный, гражда́нский*) weltlich; ◇ ~ое образова́ние weltliche Bildung ② (*принадлежа́щий к и́збранному кру́гу*) von Welt, weltgewandt, mondän; ◇ ~ая да́ма Dame von Welt; ◇ ~ая жизнь mondänes Leben

свеча́ *ж₁* ⟨-и́, *мн.:* -и, *род.:* -е́й, *дат.:* -а́м⟩ ① Kerze *f* ② *авто* Kerze *f;* ◇ ~ зажига́ния Zündkerze ③ *мед* Zäpfchen *n*

свида́ни|е *с₄* ⟨-я⟩ (*встре́ча*) Wiedersehen *n;* (*усло́вленное*) Verabredung *f;* (*офи-*

циа́льная встре́ча) Zusammenkunft *f;* (*в больни́це, тюрьме́*) Besuch *m;* ◇ ра́дость ~я Wiedersehensfreude *f;* (*влюблённых*) Rendezvous *n;* ◇ до ~я auf Wiedersehen; (*по телефо́ну*) ◇ до ~я auf Wiederhören; ◇ до ско́рого ~я bis bald

свиде́тел|ь *м₂* ⟨-я⟩ Zeuge *m;* *юр* ◇ ~ь защи́ты Entlastungszeuge; *юр* ◇ ~ь обвине́ния Belastungszeuge; (*очеви́дец*) Augenzeuge *m;* ◇ ~ь а́кта бракосочета́ния Trauzeuge; ◇ быть ~ем чего́-л Zeuge von etw sein; ◇ проходи́ть по де́лу ~ем als Zeuge in einer Sache auftreten; свиде́тельница *ж₁* ⟨-ы⟩ Zeugin *f;* свиде́тельств|о *с₂* ⟨-а⟩ ① (*показа́ние*) Aussage *f;* ◇ ~о очеви́дца Aussage von Augenzeugen ② (*удостовере́ние*) Bescheinigung *f,* Urkunde *f;* Zeugnis *n;* ◇ ~о о бра́ке Heiratsurkunde; ◇ медици́нское ~о ärztliches Attest; ◇ ~о о рожде́нии Geburtsurkunde; ◇ ~о о сме́рти Totenschein *m;* ◇ истори́ческие ~а historische Zeugnisse; свиде́тельствовать *V₃ₐ* *несов* ⟨-твую, -тву-ешь⟩ [за- (3), о- (4) *сов*] *что вин или о чём предл* (1), *о чём предл* (2), *что вин* (3), *кого́-что* (4) ① (*в ка́честве очеви́дца*) etw bezeugen, Zeugnis über etw ablegen; ◇ ~овать о кра́же einen Diebstahl bezeugen ② (*служи́ть доказа́тельством*) sprechen (für), zeugen (von); ◇ ци́фры ~уют об успе́хах die Zahlen bestätigen die Erfolge ③ (*удостоверя́ть по́длинность*) beglaubigen ④ *мед* untersuchen

свина́рник *м₁* ⟨-а⟩ Schweinestall *m* свине́ц *м₅* ⟨-нца́⟩ Blei *n* свини́на *ж₁* ⟨-ы⟩ Schweinefleisch *n* сви́нка *ж₁* ⟨-и⟩ *мед* Mumps *m* свиново́дство *с₂* ⟨-а⟩ Schweinezucht *f* сви́нство *с* ⟨-а⟩ Schweinerei *f,* Gemeinheit *f*

свинь|я́ *ж₃* ⟨-ьи́, *мн.:*-ьи, *род.:*-не́й, *дат.:* -ьям⟩ ① Schwein *n;* (*са́мка*) Sau *f* ② *разг* (*о челове́ке*) Schwein *n,* Ferkel *n;* ◇ ну и ~я же ты! du bist vielleicht ein Ferkel!; ◇ подложи́ть кому́-л ~ю jd-n hereinlegen

свире́ль *ж₅* ⟨-и⟩ Hirtenflöte *f,* Schalmei *f* свире́пствовать *V₃ₐ* *несов* ⟨-твую, -тву-ешь⟩ *без доп* ① (*о челове́ке*) rasen, toben ② (*о стихи́йном бе́дствии*) wüten, toben; ◇ эпиде́мия ~ует eine Epidemie grassiert

свисте́ть* *несов* ⟨-ищу́, ти́шь⟩ [про-*сов*] *без доп* (*издава́ть свист*) pfeifen; свисто́к *м* ⟨-тка́⟩ ① Pfeife *f* ② (*свист*) Pfiff *m;* *спорт* ◇ заключи́тельный ~ судьи́ Schlusspfiff des Schiedsrichters

сви́тер *м₁* ⟨-а⟩ Pullover *m* свобо́д|а *ж₁* ⟨-ы⟩ Freiheit *f;* ◇ ~а печа́ти Pressefreiheit *f;* ◇ ~а сло́ва Meinungsfreiheit *f;* ◇ на ~е auf freiem Fuße; ◇ вы́пустить на ~у freilassen; ◇ предоста́вить кому́-л по́лную ~у вы́бора jd-m die freie Wahl lassen; свобо́дн|ый *прил* ⟨-ая, -ое, -ые⟩ ① (*по́льзующийся свобо́дой*) frei,

unabhängig **(2)** (*беспрепя́тственный*) un-
gehindert; ◇ **~ый прое́зд** ungehinderte
Durchfahrt **(3)** (*непринуждённый*) unge-
zwungen, frei; ◇ **~ое поведе́ние** unge-
zwungenes Verhalten **(4)** (*не за́нятый*) frei,
nicht besetzt **(5)** (*ли́шний*) frei, verfügbar;
◇ **~ое вре́мя** Freizeit *f*; ◇ **~ые де́ньги**
flüssiges Geld **(6)** (*беспла́тный*) frei, unent-
geldlich; ◇ **вход ~ый** freier Eintritt **(7)**
(*просто́рный*) weit; ◇ **~ое пла́тье** weites
Kleid; ◇ **~ый перево́д** freie Übersetzung;
свободолюби́вый *прил* ⟨-ая, -ое, -ые⟩
freiheitsliebend

свод *m₁* ⟨-а⟩ **(1)** архит Gewölbe *n*; (*арка*)
Bogen *m* **(2)** (*собра́ние материа́лов*)
Sammlung *f*; ◇ **~ зако́нов** Gesetzbuch *n*,
Kodex *m*; ◇ **~ летопи́сный** ~ Annalen-
sammlung
своди́ть *несов* *см* **свести́**
сво́дк|а *ж₁* ⟨-и, *род мн*: -док⟩ Zusam-
menstellung *f*, Zusammenfassung *f*, Bericht
m; ◇ **соста́вить ~у** einen Bericht verfassen
сво́дня *ж₃* ⟨-и, *род мн*: -ей⟩ Kupplerin *f*
своево́льный *прил* ⟨-ая, -ое, -ые⟩ eigen-
willig; (*упря́мый*) stur, starrköpfig; **свое-**
вре́менный *прил* ⟨-ая, -ое, -ые⟩ rechtzei-
tig; (*в назна́ченный срок*) termingerecht;
своенра́вный *прил* ⟨-ая, -ое, -ые⟩ eigen-
sinnig; (*упря́мый*) stur; (*непредска́зуе-*
мый) launisch; ◇ **~ челове́к** launenhafter
Mensch; **своеобра́зный** *прил* ⟨-ая, -ое,
-ые⟩ (*отли́чный от други́х*) eigentümlich,
eigenwillig; (*оригина́льный*) originell
свой (*своего́ м*; *своя́, свое́й ж*; *своё,*
своего́ с; *свои́, свои́х мн*) *мест* **(1)** (*при*
сущ) mein(e), dein(e), sein(e), ihr(e), un-
ser(e), euer(eure)); ◇ **я забы́л ~ портфе́ль**
ich habe meine Tasche vergessen; ◇ **ты по-**
теря́л ~ па́спорт du hast deinen Pass ver-
loren **(2)** (*соотве́тствующий*) sein, eigen; ◇
в своё вре́мя seinerzeit; ◇ **на всё есть**
свои́ пра́вила alles hat seine eigenen Re-
geln **(3)** (*со́бственный*) sein; ◇ **де́лать своё**
де́ло seine Arbeit tun **(4)** (*своеобра́зный*)
eigen, eigentümlich; ◇ **в э́той му́зыке**
есть своя́ пре́лесть diese Musik ist von
eigentümlicher Schönheit; ◇ **он сам не ~**
ist außer sich; ◇ **он там ~ челове́к** er
ist dort wie zu Hause; ◇ **умере́ть свое́й**
сме́ртью eines natürlichen Todes sterben;
◇ **ка́ждому своё** jedem das Seine; **сто-**
я́ть на своём auf seiner Meinung bestehen
(5) (*в значе́нии сущ*) (*свои́, родны́е*) die
Verwandten, Familie *f*; (*бли́зкие*) nahe ste-
hende Personen; ◇ **здесь все свои́** hier
sind wir unter uns
сво́йств|о *с₂* ⟨-а⟩ (*осо́бенность*) Eigen-
schaft *f*, Beschaffenheit *f*; ◇ **э́то де́ло де-**
лика́тного ~а das ist eine delikate Angele-
genheit; (*черта́ хара́ктера*) Charakterzug
m; ◇ **облада́ть осо́быми ~ами** besonde-
re Eigenschaften haben
своя́к *m₁* ⟨-á, *мн*: -и́⟩ Schwager *m*
своя́ченица *ж₁* ⟨-ы⟩ Schwägerin *f*

свы́ше I. *нареч* **(1)** (*от власте́й*) von oben;
◇ **по предписа́нию ~** auf Verordnung von
oben **(2)** рел (*от Бо́га*) von oben, von Gott
II. *предло́г с род* (*сверх ме́ры*) über;
прие́хало ~ ста челове́к es kamen mehr
als hundert Personen; ◇ **э́то ~ мои́х сил** das
geht über meine Kräfte
связа́ть V₁ₐ *сов* ⟨-яжу́, -я́жешь, *Imp.*
-яжи́, ~те, *Part. Prät. Pass.* -я́занный⟩
[**свя́зывать** V₁ₐ *несов*] *кого́-что* **(1)**
(*соедини́ть*) binden, verbinden; ◇ **~ вме́сте**
zusammenbinden **(2)** *перен* (*установи́ть*
связь) verbinden; ◇ **свяжи́те меня́ с Ва́-**
шим руково́дством verbinden Sie mich
mit der Firmenleitung **(3)** (*вяза́ть, крюч-*
ком) häkeln; (*на спи́цах*) stricken **(4)**
(*установи́ть зави́симость ме́жду чем-*
л) in Verbindung bringen, einen Zusammen-
hang herstellen, verknüpfen; ◇ **он э́тих**
слов ~ не мо́жет er kann nicht bis drei zäh-
len; **свя́зк|а** *ж₁* ⟨-и, *род мн*: -зок⟩ **(1)**
(*гру́ппа*) Bündel *n*; ◇ **~ ключе́й** Schlüs-
selbund *m* **(2)** анат Band *n*; ◇ **голосовы́е**
~ки Stimmbänder; ◇ **растяже́ние ~ок**
Bänderdehnung *f* **(3)** лингв Kopula *f*;
связно́й *м* (*A₁*) ⟨-о́го⟩ Verbindungsmann
m; **связь** *ж₅* ⟨-и, о свя́зи, в связи́⟩ **(1)**
(*отноше́ния, обусло́вленность*) Verbin-
dung *f*, Zusammenhang *m*; ◇ **в ~и с чем-л**
im Zusammenhang mit etw; ◇ **в ~й с тем,**
что... im Zusammenhang damit, dass
(2) (*обще́ние, отноше́ния*) Beziehung *f*, Ver-
hältnis *n*; ◇ **любо́вная ~ь** Liebesverhält-
nis; ◇ **потеря́ть ~ь с кем-л** den Kontakt
zu jd-m verlieren; ◇ **име́ть ~и во влия́-**
тельных круга́х Kontakte in einfluss-
reichen Kreisen haben; ◇ **укрепля́ть**
междунаро́дные ~и die internationalen
Beziehungen stärken **(3)** (*по́чта, телегра́ф*)
Nachrichtenwesen *n*; ◇ **косми́ческая ~ь**
Satellitenverbindung *f*; ◇ **междугоро́д-**
няя телефо́нная ~ь Fernverbindung *f*;
◇ **слу́жба ~и** Post- und Fernmelde-
dienst *m*
свят|о́й I. *прил* ⟨-а́я, -о́е, -ы́е⟩ рел heilig;
перен (*возвы́шенный*) hoch, erhaben; ◇
~а́я вода́ Weihwasser *n*; ◇ **~ой долг**
heilige Pflicht; ◇ **~а́я цель** hehres Ziel; ◇
для него́ нет ничего́ ~о́го nichts ist ihm
heilig; ◇ **~а́я ~ы́х** das Allerheiligste **II.** *м*
(*A₁*) ⟨-о́го⟩ Heilige *m*
святота́тство *с₂* ⟨-а⟩ рел Gotteslästerung
f; *перен* Frevel *m*
святы́ня *ж₃* ⟨-и⟩ Heiligtum *n*
свяще́нник *m₁* ⟨-а⟩ Pfarrer *m*, Priester *m*;
свяще́нный *прил* ⟨-ая, -ое, -ые⟩ heilig,
geheilig
сгнить *см*. **гнить**
сго́вор *m₁* ⟨-а⟩ (*соглаше́ние*) Verabredung
f; (*сде́лка*) Abmachung *f*; (*за́говор*) Kom-
plott *n*; ◇ **де́йствовать по ~у с кем-л** ein
Komplott mit jd-m schmieden; **сгово-**
ри́ться V₄ₐ *сов* ⟨-рю́сь, -ри́шься⟩ [**сго-**
ва́риваться V₁ₐ *несов*] *с кем тв о чём*

предл или с инф **1** (*условиться*) sich verabreden, etw abmachen **2** (*договориться*) zu einem Einvernehmen kommen; ◇ **с ним тру́дно** ~ mit ihm ist nicht leicht auszukommen

сгоряча́ *нареч* (*необдуманно*) unbedacht; ~ **в Éифер des** Gefechts etw Unverschämtes sagen

сгрести́* *сов* ‹-ебу́, -ебёшь› [**сгреба́ть** V₁ₐ *несов*] *что вин* **1**, *кого-что вин* (*3*) **1** (*собрать в одно место*) zusammenscharren; ◇ ~ **сор в ку́чу** Müll auf einen Haufen zusammenkehren **2** (*сбросить*) hinunterwerfen, hinunterfegen **3** (*обхватить*) umklammern, umfassen; ◇ **в оха́пку** packen; ◇ **в свои́ объя́тия** jd-n an sich drücken

сгу́сток *м₁* ‹-тка, *мн:* -тки› Klumpen *m;* (*крови*) Gerinsel *n*

сдать* *сов* ‹-ам, -ашь› [**сдава́ть** V₁ₐ *несов* ‹ *Part. Präs. Akt.* сдаю́щий›] *что вин* (*1-6*), *что доп* (*7*) **1** (*передать*) abgeben; (*отдать*) abgeben; ◇ ~ **ве́щи на хране́ние** Dinge zur Aufbewahrung abgeben **2** (*отдать внаём*) vermieten; (*в аренду*) verpachten **3** (*уступить*) aufgeben; ◇ ~ **свои́ пози́ции** seine Position aufgeben **4** (*ослабить, умень шить*) nachlassen, verlangsamen **5** (*при денежном расчёте*) Wechselgeld herausgeben **6** (*экзамен*) ablegen, Prüfung machen **7** *разг* (*постареть*) schwächer werden, nachlassen; ◇ **моро́з сдал** der Frost hat nachgelassen; ◇ **стари́к сдал** der alte Mann ist schwach geworden; **сда́ться** *сов* ‹-а́мся, -а́шься› [**сдава́ться** *несов* *без доп* (*признать себя побеждённым*) sich ergeben, aufgeben; (*капитулировать*) kapitulieren **2** (*уступить*) nachgeben; ◇ ~ **на угово́ры** überreden lassen

сда́ча *ж₁* ‹-и› **1** (*передача*) Übergabe *f;* (*багажа, телеграммы*) Aufgabe *f* **2** (*внаём, в аренду*) Vermietung *f,* Verpachtung *f* **3** (*капитуляция*) Kapitulation *f* **4** (*денег*) Wechselgeld *n;* ◇ **дать де́сять рубле́й** ~**и** zehn Rubel herausgeben **5** карт Verteilen *n,* Ausgeben *n*

сдви́нуть V₂ *сов* ‹-ну, -нешь, *Imp.* -нь, ~те, *Part. Prät. Pass.* -нутый› [**сдвига́ть** V₁ₐ *несов*] *кого-что вин* **1** (*переместить*) rücken, schieben, umstellen; *перен* etw in Gang bringen; (*передвинуть*) umschieben; (*отодвинуть*) wegrücken **2** (*сблизить*) zusammenrücken, zusammenziehen

сде́лка *ж₁* ‹-и, *род мн:* -лок› **1** (*договор*) Geschäft *n,* Vertrag *m;* ◇ **торго́вая** ~**а** Handel *m* **2** (*неблаговидный сговор*) Abmachung *f;* ◇ **та́йная** ~**а** Geheimabsprache *f;* ◇ **пойти́ на** ~ **у с со́бственной со́вестью** gegen sein Gewissen handeln

сде́льщина *ж₁* ‹-ы› Stücklohnsystem *n,* Akkordarbeit *f*

сде́ржанный *прил* ‹-ая, -ое, -ые› zurückhaltend, reserviert; ◇ ~ **смех** unterdrücktes Lachen; ◇ ~ **челове́к** zugeknöpfter Mensch; **сдержа́ть** V₂ *сов* ‹-жу́, -е́ржишь, *Imp.* -жи́, ~те, *Part. Prät. Pass.* -е́ржанный› [**сде́рживать** V₁ₐ *несов*] *кого-что вин* **1** (*удержать*) zügeln, zurückhalten **2** *перен* (*затаить*) zurückhalten, unterdrücken, beherrschen; ◇ ~ **гнев** Zorn unterdrücken **3** (*исполнить обещанное*) halten; ◇ ~ **своё сло́во** sein Wort halten

сдо́ба *ж₁* ‹-ы› süßer Hefeteig *m;* (*булочка*) süßes Brötchen *n*

сдружи́ться V₄ₐ *сов* ‹-жу́сь, -у́жишься› *с кем-чем тв* sich anfreunden (mit)

сеа́нс *м₁* ‹-а› **1** (*в кинотеатре*) Vorstellung *f,* Vorführung *f;* шахм ~ **одновреме́нной игры́ в ша́хматы** Simultanspiel *n* **2** (*осуществление*) Sitzung *f*

себе́ *частица* **1** ◇ **тебя́ не тро́гают, и молчи́** ~ dich lassen sie in Ruhe, also sei still; ◇ **иди́** ~! geh! **2** (*сносно, довольно хорошо*) passabel; ◇ **обе́д был ничего́** ~ das Essen war ganz passabel **3** (*о ком-л неважном*) mäßig, nicht besonders; ◇ **помо́щник он так** ~ als Helfer ist er nicht besonders; ◇ **мне не по** ~ mir ist unheimlich; ◇ **так** ~ es geht so, nicht besonders

себесто́имост|ь *ж₅* ‹-и› эк Selbstkostenpreis *m;* ◇ **по** ~**и** zum Selbstkostenpreis

себя́ (*себе́, себя́, собо́й/собо́ю, о себе́*) *возвратное мест* (*при подлежащем в 1 л. ед и мн числа*) mich, mir, uns; (*при подлежащем во 2 л. ед и мн числа*) dich, dir, euch; (*в вежливой форме и при подлежащем в 3 л. ед и мн числа*) sich; ◇ **она́ ви́дит** ~ **в зе́ркале** sie sieht sich im Spiegel; ◇ **вы́йти из себя́** außer sich geraten; ◇ **прийти́ в** ~ zu sich kommen; ◇ **сам по** ~ an (und für) sich; ◇ **быть не в себе́** außer sich sein

сев *м₁* ‹-а› Saat *f,* Aussaat *f;* (*время посева*) Saatzeit *f;* ◇ **весе́нний** ~ Frühjahrsbestellung *f*

се́вер *м₁* ‹-а› **1** (*страна света*) Norden *m;* ◇ **на Кра́йнем Се́вере** im hohen Norden; ◇ **к** ~**у от чего́-л** nördlich von; ◇ **на** ~ in den Norden **2** (*направление*) Norden *m;* ◇ **на** ~**е Росси́и** im Norden Russlands

се́веро-восто́к *м₁* ‹-а› Nordosten *m*

се́веро-за́пад *м₁* ‹-а› Nordwesten *m*

сего́дня I. *нареч* **1** (*в этот день*) heute; ◇ ~ **у́тром** heute Morgen **2** *перен* (*теперь время*) heute; ◇ **вчера́ был учнико́м,** ~ **стал учи́телем** gestern war er noch Schüler, heute ist er heute Lehrer II. *с* ‹нескл› Heute *n;* (*настоящее*) Gegenwart *f;* ◇ **не** ~ **за́втра** in nächster Zeit

седина́ *ж₁* ‹-ы́, *мн:* -ди́ны› graues Haar; ◇ **дожи́ть до седи́н** sehr alt werden

седло́ c_2 <-á, мн: сёдла, род: сёдел, дат: сёдлам> Sattel m

седл|о́й прил <-áя, -óе, -ы́е> (о волоса́х) grau, weiß; (о челове́ке) grau(-haarig); пе́рен ◇ ~áя старина́ graue Vorzeit

сейсмосто́йкий прил <-ая, -ое, -ие> erdbebensicher

сейф m_1 <-а> Safe m; (для де́нег) Geldschrank m, Tresor m; (храни́лище) Panzerschrank m

сейча́с нареч ① (тепе́рь) jetzt, augenblicklich; (в да́нный моме́нт) im Moment, in diesem Augenblick ② (то́лько что) jetzt, eben, gerade ③ (о́чень ско́ро) gleich, sofort; ◇ ~де́лай ~ же! mach es sofort!

секре́т m_1 <-а> ① (та́йна) Geheimnis n; ◇ по ~у im Geheimen, im Vertrauen; ◇ вы́дать чей-л ~ jds Geheimnis preisgeben; ◇ держа́ть в ~е geheim halten; ◇ сказа́ть под больши́м ~ом etw unter dem Siegel der Verschwiegenheit sagen ② (та́йный спо́соб) Geheimnis n; ◇ ~ы произво́дства Betriebsgeheimnis n; (скры́тая причи́на) Geheimnis n; ◇ вот в чём ~! das steckt also dahinter!; ◇ замо́к с ~ом Schloss mit Geheimkode

секрета́рша $ж_1$ <-и> разг Sekretärin f

секрета́рь m_2 <-я́, мн:-ри́> ① (организа́ции, отде́льного лица́) Sekretär m; ◇ Генера́льный ~ Generalsekretär; ◇ госуда́рственный ~ Außenminister m ② Schreibtisch m, Sekretär m

секре́тничать V_{1a} несов <-аю, -аешь> без доп (скрыва́ть) etw geheim halten, geheimnisvoll tun; ◇ о чём э́то вы там ~ете? was tut ihr denn so geheimnisvoll?

секре́тный прил <-ая, -ое, -ые> ① geheim; ◇ ~ докуме́нт Geheimdokument n; (конфиденциа́льный) vertraulich ② (пота́йной) versteckt

секс m_1 <-а> Sex m; **сексуа́льный** прил <-ая, -ое, -ые> Sexual-, sexuell

се́кта $ж_1$ <-ы> Sekte f; **секта́нтство** c_2 <-а> Sektentum n, Sekten f pl

се́ктор m_1 <-а> ① мат (часть кру́га) Sektor m ② (уча́сток) Abschnitt m ③ (отде́л) Abteilung f; ◇ ~ учёта Buchführungsabteilung ④ (о́бласть де́ятельности) Sektor m

секу́нд|а $ж_1$ <-ы> Sekunde f; (мгнове́ние) Moment m; ◇ сию́ ~у sofort; **секундоме́р** m_1 <-а> Stoppuhr f; (у часо́в) Sekundenanzeige f

селёдка $ж_1$ <-и, род мн: -док> Hering m

селезёнка $ж_1$ <-и, род мн: -нок> анат Milz f

се́лезень m_2 <-зня, мн:-зни> Enterich m

селе́ктор m_1 <-а> ① эл (Strom-)Wähler m ② (переговорное устройство) (interne) Telefonanlage

селекционе́р m_1 <-а> (Pflanzen-)Züchter m

селе́ние c_4 <-я> Siedlung f, Ortschaft f

сели́тра $ж_1$ <-ы> хим Salpeter m

сели́ться V_{4a} несов <-лю́сь, -ли́шь-

ся> [по~ сов] без доп sich ansiedeln, sich niederlassen

сел|о́ c_2 <-á, мн: сёла> Dorf n; ◇ на ~é auf dem Lande; ◇ ни к ~у́, ни к го́роду fehl am Platze

сель m_2 <-я> Mure f, Schlammlawine f

сельдере́й m_1 <-я> бот Sellerie m

се́льск|ий прил <-ая, -ое, -ие> Dorf-, Land-, ländlich; ◇ ~ая молодёжь Dorfjugend f; ◇ ~ое хозя́йство Landwirtschaft f; **сельскохозя́йственный** прил <-ая, -ое, -ые> Landwirtschafts-, landwirtschaftlich

сёмга $ж_1$ <-и> Lachs m, Salm m

семе́йн|ый прил <-ая, -ое, -ые> Familien-, familiär; ◇ ~ые обстоя́тельства familiäre Umstände; **семе́йственность** $ж_5$ <-и> (в дела́х) Vetternwirtschaft f

семёрка $ж_1$ <-и, род мн: -рок> (ли́ния авто́буса) т-е карт Sieben f

се́меро числ sieben; ◇ нас бы́ло ~ wir waren zu siebt

семе́стр m_1 <-а> Semester n; ◇ тре́тий ~ Praktikum n

семидесятиле́тие c_4 <-я> ① (пери́од) siebzig Jahre, ein Zeitraum von siebzig Jahren; ◇ за после́дние ~ in den letzten siebzig Jahren ② (годовщи́на) siebzigster Jahrestag, siebzigjähriges Jubiläum; **семидне́вный** прил <-ая, -ое, -ые> siebentägig; **семиме́сячный** прил <-ая, -ое, -ые> siebenmonatig

семина́р m_1 <-а> Seminar n

семичасово́й прил <-áя, -óе, -ы́е> ① (продолжи́тельностью в семь часо́в) siebenstündig; ◇ ~ рабо́чий день Siebenstundentag m ② (назна́ченный на семь часо́в) ◇ ~ по́езд Siebenuhrzug m; **семна́дцать** числ siebzehn

семь числ sieben; посл ◇ ~ бед — оди́н отве́т das kommt alles aufs Gleiche raus; ◇ у семи́ ня́нек дитя́ без гла́зу viele Köche verderben den Brei; ◇ у неё ~ пя́тниц на неде́ле sie ändert ständig ihre Meinung; **се́мьдесят** числ siebzig; **семьсо́т** числ siebenhundert

семь|я́ $ж_3$ <-й, мн:-и, род:-е́й, дат:-ьям> Familie f; ◇ ~я́ в шесть челове́к sechsköpfige Familie; ◇ всей ~ёй mit der ganzen Familie; перен Gemeinschaft f, Familie f; ◇ студе́нческая ~я́ Studentengemeinschaft

се́м|я c_6 <-мени, мн:-мена́, род:-я́н, дат:-мена́м> Samen m; ◇ посевны́е ~ена́ Saatgut n

се́ни $мн_2$ <сене́й> Flur m, Diele f

се́но c_2 <-а> Heu n; **сеноко́с** m_1 <-а> Heuernte f

сенса́ци|я $ж_4$ <-и> ① (впечатле́ние) Sinneseindruck m, Empfindung f ② (собы́тие, сообще́ние) Sensation f, sensationelle Nachricht; ◇ па́дкий на ~ю sensationsgierig; ◇ производи́ть ~ю Aufsehen erregen

сентимента́льный прил <-ая, -ое, -ые> sentimental, rührselig

сентя́бр|ь m_2 ‹-я́, *мн.:* -ри́› September *m;* ◇ **в нача́ле ~я** Anfang September

сепара́тный *прил* ‹-ая, -ое, -ые› separat, gesondert; ◇ **-ое совеща́ние** Sonderkonferenz

се́ра $ж_1$ ‹-ы› **1** хим Schwefel *m* **2** (*ушная*) Ohrenschmalz *n*

серви́з m_1 ‹-а› Service *n,* Tafelgeschirr *n*

се́рвис m_1 ‹-а› Service *m,* Kundendienst *m*

серде́чный *прил* ‹-ая, -ое, -ые› **1** (*связанный с болезнями се́рдца*) herz-, Herz-; ◇ **-ый больно́й** herzkrank **2** (*задушевный*) herzlich, warmherzig, innig; **оказа́ть ~ый приём** einen herzlichen Empfang bereiten **3** *разг* (*любовный*) Herzens-, Liebes-; ◇ **~ые дела́** Herzensangelegenheiten *f pl*

серди́т|ый *прил* ‹-ая, -ое, -ые› **1** (*раздражи́тельный*) böse, zornig; (*рассерженный*) verärgert, aufgebracht; ◇ **быть ~ым** verärgert, zornig sein **2** *разг* (*крепкий*) streng, scharf; ◇ **-ая горчи́ца** scharfer Senf; **серди́ться** V_{4a} *несов* ‹-ржусь, се́рдишься› [**рас-** *сов*] *на кого-что вин* sich ärgern (über), auf jd-n böse sein

се́рдц|е c_3 ‹-а, *мн.:* -а́, *род.:* -де́ц, *дат.:* -ца́м› Herz *n;* ◇ **поро́к ~а** Herzfehler *m;* ◇ **ка́менное ~е** ein Herz aus Stein; ◇ **всем ~ем** von ganzem Herzen; ◇ **кро́вью облива́ется** jd-m blutet das Herz; ◇ **у меня́ ~е не лежи́т к э́тому** daran kann ich keinen Gefallen finden; ◇ **у меня́ отлегло́ от ~а** mir fiel ein Stein vom Herzen; ◇ **приня́ть что-л бли́зко к ~у** sich etw zu Herzen nehmen; **сердцеви́на** $ж$‹-ы› Herz *n,* Mark *n;* *перен* Zentrum *n,* Herzstück *n*

серебро́ c_2 ‹-а́› **1** (*металл*) Silber *n* **2** (*изде́лия*) Silber *n;* (*посуда*) Silbergeschirr *n;* ◇ **столо́вое** ~ Tafelsilber *n;* ◇ **на́шим спортсме́нам доста́лось** ~ unsere Sportler haben Silber gewonnen **3** (*разме́нные моне́ты*) Kleingeld *n,* Münzen *f pl*

середи́н|а $ж_1$ ‹-ы› **1** (*о времени*) Mitte *f;* ◇ **в са́мой ~е** genau in der Mitte; ◇ **в ~е дня** in der Mittagszeit; ◇ **в ~е ию́ня** Mitte Juni **2** (*место, позиция*) Mitte *f;* ◇ **в ~е пути́** auf halbem Weg; ◇ **бро́сить де́ло на ~е** mittendrin mit etw aufhören; ◇ **держа́ться ~ы** den Mittelweg gehen

сере́жк|а $ж_1$ ‹-и, *род мн.:* -жек› **1** (*украшение*) Ohrring *m* **2** бот Kätzchen *n*

сериа́л m_1 ‹-а› кино Serie *f,* Mehrteiler *m*

сери́йный *прил* ‹-ая, -ое, -ые› Serien-, Reihen-; ◇ **-ое произво́дство** Serienproduktion

се́ри|я $ж_4$ ‹-и› **1** (*ряд*) Serie *f;* ◇ **~ о́пытов** Versuchsreihe *f;* ◇ **изде́лие выпуска́ется ма́лыми ~ми** das Produkt wird in kleinen Mengen produziert **2** кино Teil *m;* ◇ **фильм в двух ~х** zweiteiliger Film

серп m_1 ‹-а́, *мн.:* -ы́› Sichel *f;* ◇ **жать ~о́м** mit der Sichel mähen

се́р|ый *прил* ‹-ая, -ое, -ые› **1** (*цвет*) grau; ◇ **~ые ту́чи** graue Wolken **2** *перен*

(*посре́дственный*) mittelmäßig, langweilig, grau; ◇ **~ый челове́к** unscheinbarer Mensch

серьга́ $ж_1$ ‹-и́, *мн.:* -и, *род.:* -рёг› Ohrring *m*

серьёзный *прил* ‹-ая, -ое, -ые› ernst, ernsthaft, ernstlich; (*важный*) wichtig; (*действенный*) wirksam; ◇ **~ недоста́ток** schwerwiegender Mangel; ◇ **~ разгово́р** wichtiges Gespräch; ◇ **~ уда́р** empfindlicher Schlag

се́сси|я $ж_4$ ‹-и› **1** (*заседания*) Sitzung *f,* Sitzungsperiode *f* **2** (*сдача экза́менов*) Prüfungszeit *f*

сестра́ $ж_1$ ‹-ы, *мн.:* сёстры, *род.:* сестёр, *дат.:* сёстрам› Schwester *f;* ◇ **двою́родная ~** Cousine *f;* ◇ **медици́нская ~** Krankenschwester *f*

сесть* *сов* ‹ся́ду, ся́дешь, (8, 9) 1 и 2 л. не употр› [**сади́ться** V_{4a} *несов*] *без доп (1, 3, 8, 9), во/на что вин (2, 4, 6), за что вин или с инф (5), за что вин (7)* **1** (*заня́ть ме́сто*) sich setzen; ◇ **~ за стол** sich an den Tisch setzen; (*опусти́ться*) sich niederlassen, herabsinken **2** (*войти, помести́ться*) einsteigen; ◇ **~ на кора́бль** an Bord gehen **3** (*о со́лнце*) untergehen **4** (*прекрати́ть полёт*) landen; **самолёт сел на льди́ну** das Flugzeug landete auf einer Eisscholle **5** (*приступи́ть к де́лу*) sich an etw machen, an etw gehen; ◇ **~ за кни́ги** sich hinter die Bücher klemmen **6** (*ограни́чить себя́*) ◇ **~ на дие́ту** eine Diät machen; ◇ **~ на стипе́ндию** ein Stipendium angewiesen sein **7** *разг* (*о тюрьме́*) hinter Gitter kommen; ◇ **~ на три го́да за кра́жу** drei Jahre Gefängnis wegen Diebstahls bekommen; *разг* ◇ **~ на ше́ю кому́-л** jd-m auf der Tasche liegen **8** (*сузиться*) eingehen, einlaufen; ◇ **костю́м сел по́сле чи́стки** der Anzug ist beim Reinigen eingelaufen **9** (*осла́беть*) nachlassen; ◇ **батаре́йки се́ли** die Batterien sind leer

се́тк|а $ж_1$ ‹-и, *род мн.:* -ток› (*небольшая сеть*) Netz *n;* ◇ **~ от комаро́в** Mückennetz; (*сумка*) ◇ **~ для поку́пок** Einkaufsnetz; (*расписание*) ◇ **тари́фная ~** Tarifstaffelung *f*

сетча́тка $ж_1$ ‹-и› анат Netzhaut *f*

сет|ь $ж_5$ ‹-и, о се́ти, в сети́, *мн.:* се́ти, *род.:* -те́й, *дат.:* -тя́м› **1** (*изделие*) Netz *n;* ◇ **рыболо́вная ~ь** Fischnetz; (*западня*) Falle *f;* (*тенёта*) Garn *n;* ◇ **плести́ ~и** Netze knüpfen; ◇ **попа́сться в ~и** in die Falle gehen; ◇ **расста́вить ~и** Fallen aufstellen; *перен* ◇ **плести́ ~и** Intrigen spinnen **2** *перен* (*коммуникации*) Netz *n;* ◇ **железнодоро́жная ~ь** Eisenbahnnetz; ◇ **электри́ческая ~ь** Stromnetz **3** (*совоку́пность одноро́дных учрежде́ний*) Netz *n,* Kette *f;* ◇ **торго́вая ~ь** Handelskette

сече́ние c_4 ‹-я› Schnitt *m;* ◇ **попере́чное**

~ Querschnitt; мед ◇ **ке́сарево** ~ Kaiser-schnitt

сечь* несов⟨секу́, сечёшь⟩ [**вы-** (1) сов] кого-что вин (1) (бить) prügeln; ◇ ~ **кнуто́м** peitschen (2) (рубить) hacken; ◇ ~ **капу́сту** Kraut hacken

се́ять* несов⟨се́ю, се́ешь⟩ [**по-** сов] что вин (1) (семена) säen (2) (просеивать) durchsieben; ◇ ~ **муку́** Mehl sieben (3) перен (распространять) verbreiten; ◇ ~ **зна́ния** Wissen verbreiten; ◇ ~ **слу́хи** Gerüchte in Umlauf bringen

сжа́тый прил ⟨-ая, -ое, -ые⟩ (1) (прижатый, соединённый) zusammengepresst, zusammengedrückt; ◇ **-ый кула́к** geballte Faust (2) тех, физ komprimiert, gepresst; ◇ **-ый во́здух** Pressluft f (3) (краткий по времени, объёму) kurz, knapp, gedrängt; ◇ **в -ые сро́ки** in kurzer Zeit

сжать¹* сов⟨сожму́, сожмёшь⟩ [**сжима́ть** V_{1a} несов] кого-что вин (1) (сдавить) zusammenpressen, zusammendrücken; ◇ ~ **па́льцы в кула́к** die Hand zu einer Faust ballen (2) (охватив, стиснуть) umarmen, an sich drücken; ◇ ~ **кого́-л в объя́тиях** jd-n in die Arme schließen

сжать² см. жать

сза́ди I. нареч (с задней стороны) hinten; ◇ **пальто́ разорвало́сь** ~ der Mantel ist hinten zerrissen II. предлог с род (позади кого-чего-л) hinter; ◇ **встать** ~ **това́рища** sich hinter einen Freund stellen

 Сибирь

Unter Сиби́рь versteht man den asiatischen Teil Russlands östlich vom Ural, der 12,7 Mio. km² umfasst. In der russischen Geographie wird der russische Ferne Osten gesondert betrachtet. Сиби́рь hat ein Kontinentalklima mit langen, sehr strengen Wintern, die meist trocken und windstill sind, und kurzen, aber warmen Sommern. Sein Dauerfrostboden taut auch im Sommer nur an der Oberfläche auf, und die Flüsse bleiben lange vereist (die Lena bei Jakutsk z.B. fast 200 Tage im Jahr).
Сиби́рь wird seit vorgeschichtlicher Zeit von den verschiedensten Ethnien besiedelt. Die im 16. Jh. begonnene russische Besiedlung von Сиби́рь erhielt durch den Bau der Transsibirischen Eisenbahn (1891-1904) starken Auftrieb. Die zugewanderten Russen sind mittlerweile in der Überzahl, während die Bevölkerung der altsibirischen turkmongolischen Stämme zurückgeht.

сибиря́к m_1 ⟨-а́, мн:-и́⟩ Sibirier m; **сибиря́чка** ж_1 ⟨-и, род мн:-чек⟩ Sibirierin f

сига́ра ж_1 ⟨-ы⟩ Zigarre f; **сигаре́та** ж_1 ⟨-ы⟩ Zigarette f

сигна́л m_1 ⟨-а⟩ (1) (условный знак) Signal n, Zeichen n; ◇ ~ **бе́дствия** Notruf m; ◇ ~ **возду́шной трево́ги** Luftalarm m; авто ◇ **дать** ~ hupen (2) перен (побуждение) Anstoß m (3) перен (предупреждение) Warnsignal n

сиде́лка ж_1 ⟨-и, род мн:-лок⟩ Krankenpflegerin f

сиде́ть* несов⟨сижу́, -ди́шь, (3) 1 и 2 л. не употр⟩ без доп (1, 3), за или над чем тв или на чём предл (2) (1) (находиться в сидячем положении или внутри чего-л) sitzen; ◇ **~еть за рабо́той** an der Arbeit sitzen; ◇ **гвоздь кре́пко -и́т в стене́** der Nagel sitzt fest in der Wand; перен ◇ **у неё одна́ мысль -и́т в голове́** sie hat nur einen Gedanken im Kopf; ◇ **~еть без де́нег** ohne Geld dastehen; ◇ **~еть взаперти́** hinter Schloss und Riegel sitzen (2) (заниматься) an etw sitzen; ◇ **~еть без де́ла** untätig sein; ◇ **~еть за кни́гой** über einem Buch sitzen (3) (об одежде) sitzen, passen

си́ла ж_1 ⟨-ы⟩ (1) (человека) Kraft f, Stärke f, Gewalt f; ◇ **бо́льше си́л нет** keine Kraft mehr; ◇ **примени́ть -у** Gewalt anwenden; ◇ **приня́ться за рабо́ту со све́жими -ами** sich mit neuen Kräften an die Arbeit machen (2) тех, физ Kraft f, Stärke f; ◇ **-а притяже́ния** Anziehungskraft; ◇ **-а то́ка** Stromstärke; ◇ **-а тя́жести** Schwerkraft (3) (власть, влияние) Macht f, Kraft f; ◇ **-а убежде́ния** Überzeugungskraft; ◇ **всё, что в мои́х -ах** alles, was in meinen Kräften steht (4) ◇ **-ы** мн воен Streitkräfte f pl (5) (правомочность) Rechtskraft f; ◇ **зако́н вступи́л в -у** das Gesetz trat in Kraft; ◇ **э́то мне не под -у** das geht über meine Kräfte; ◇ **он хо́дит че́рез -у** er kann kaum gehen; **сила́ч** m_2 ⟨-а́, мн:-и́⟩ Athlet m, Kraftmensch m; **си́лой** нареч mit Gewalt, gewaltsam

си́льный прил ⟨-ая, -ое, -ые⟩ (1) (мощный) stark, heftig (2) (убедительный) schwer, gewichtig; ◇ **-ые до́воды** gewichtige Argumente (3) (волевой) willensstark; ◇ **-ая во́ля** energischer Wille (4) (талантливый) stark, groß; ◇ **он силён в фи́зике** seine Stärke liegt in Physik (5) (значительный) stark, schwer; ◇ **-ое го́ре** schweres Unglück

си́мвол m_1 ⟨-а⟩ Symbol n, Sinnbild n; (города) Wahrzeichen n

симпатизи́ровать V_{3a} несов ⟨-рую, -руешь⟩ кому-чему дат sympathisieren (mit), jd-n sympathisch finden

симпто́м m_1 ⟨-а⟩ Symptom n, Anzeichen n

симули́ровать V_{3a} несов и сов ⟨-рую, -руешь⟩ что вин simulieren, vortäuschen

синаго́га ж_1 ⟨-и⟩ Synagoge f

си́ний прил ⟨-яя, -ее, -ие⟩ blau; перен ◇ ~ **чуло́к** Blaustrumpf m

сини́ца ж₃ ⟨-ы⟩ (птица) Meise f

сино́ним м₁ ⟨-а⟩ Synonym n

сино́птик м₁ ⟨-а⟩ Meteorologe m

си́нтез м₁ ⟨-а⟩ Synthese f

синхро́нный прил ⟨-ая, -ое, -ые⟩ synchron, simultan; ◇ ~ **перево́дчик** Simultandolmetscher m

синя́к м₁ ⟨-á, мн: -и́⟩ blauer Fleck m; ~**й под глаза́ми** Augenringe

сире́на ж₁ ⟨-ы⟩ (сигнальный гудок) Sirene f; авто Hupe f

сире́нь ж₅ ⟨-и⟩ Flieder m

сирота́ м, ж₁ ⟨-ы, мн: -о́ты⟩ Waise f, Waisenkind n; ◇ **кру́глый** ~ Vollwaise f

систе́м|а ж₁ ⟨-ы⟩ (порядок, структура) System n; ◇ **избира́тельная ~а** Wahlsystem; хим **периоди́ческая ~а эле́ментов** Periodensystem; (конструкция) **самолёт но́вой ~ы** Flugzeug neuer Bauart; ◇ **преврати́ться в ~у** zur Normalität werden

си́то c₂ ⟨-а⟩ Sieb n

ситуа́ция ж₄ ⟨-и⟩ Situation f, Lage f; ◇ **о́страя** ~ gespannte Lage

си́филис м₁ ⟨-а⟩ мед Syphilis f

сия́ние c₄ ⟨-я⟩ Glanz m, Strahlen n; (блеск) Schein m; ◇ **Се́верное** ~ Nordlicht n, Polarlicht n; **сия́ть** V₁b несов ⟨-я́ю, -я́ешь⟩ без доп или от чего род leuchten, strahlen

сказа́ние c₄ ⟨-я⟩ Legende f, Sage f

сказа́ть V₁a сов ⟨-ажу́, -а́жешь, Imp. -ажи́, ~те, Part. Prät. Pass. -а́занный⟩ [**говори́ть** V₄a несов] что вин sagen; (сообщить) mitteilen; ◇ **хорошо́ ска́зано!** gut gesagt!; ◇ **мне не́чего** ~ ich habe nichts zu sagen; ◇ **ну поезжа́й, ска́жем, за́втра** fahr doch, sagen wir, morgen; ◇ **ска́зано – сде́лано** gesagt, getan; ◇ **так** ~ sozusagen; ◇ **по пра́вде** ~ ehrlich gesagt; ◇ **по пра́вде** ~ ehrlich gesagt; **ска́зываться несов** на/в ком-чём предл (1), кем-чем тв (2) **1** (проявиться) sich zeigen, zutage treten, zum Ausdruck kommen, sich auswirken; ◇ ~**лось переутомле́ние** Übermüdung kam auf **2** раз (сообщить о себе ложные сведения) sich ausgeben (als); (притвориться) vortäuschen

ска́зка ж₁ ⟨-и, род мн: -зок⟩ Märchen n

сказу́емое c (A₁) ⟨-ого⟩ грам Prädikat n

скака́лка ж₁ ⟨-и, род мн: -лок⟩ Springseil n; **скака́ть*** несов ⟨-скачу́, ска́чешь⟩ без доп **1** (бежать скачками) springen, hüpfen; ◇ **за́яц ска́чет че́рез по́ле** der Hase hoppelt über das Feld **2** (ехать вскачь) galoppieren, schnell reiten; ◇ ~ **верхо́м** (im Galopp) reiten **3** перен (изменяться) stark schwanken; ◇ **температу́ра у больно́го ска́чет** die Temperatur des Patienten schwankt stark

скаку́н м₁ ⟨-á, мн: -ы́⟩ Rennpferd n

скала́ ж₁ ⟨-ы́, мн: -ы⟩ Felsen m

ска́лка ж₁ ⟨-и, род мн: -лок⟩ **1** Rolle f;

◇ ~ **для те́ста** Teigrolle **2** (для белья) Mangel f

скамь|я́ ж₃ ⟨-и́, мн: -и́, род: -ме́й, дат: -ья́м⟩ Bank f; ◇ **попа́сть на ~ю́ подсуди́мых** auf die Anklagebank geraten

сканда́л м₁ ⟨-а⟩ Skandal m; ◇ **разрази́лся** ~ es gab einen Skandal; (шум) Krach m, Lärm m; ◇ **у сосе́дей опя́ть** ~ bei den Nachbarn geht es wieder hoch her; ◇ **устро́ить кому́-л** ~ jd-m eine Szene machen; **сканда́льн|ый** прил ⟨-ая, -ое, -ые⟩ **1** (постыдный) skandalös, anstößig **2** (присущий скандалу) skandalsüchtig; ◇ **по́льзоваться ~ой изве́стностью** einen schlechten Ruf haben

скарлати́на ж₁ ⟨-ы⟩ мед Scharlach m

ска́терть ж₅ ⟨-и, мн: -ти, род: -те́й, дат: -тя́м⟩ Tischdecke f, Tischtuch n; фольк ◇ ~**-самобра́нка** Tischleindeckdich n; ◇ ~**ю доро́га!** hau ab!

скафа́ндр м₁ ⟨-а⟩ (космический) Raumanzug m; (водолазный) Taucheranzug m

ска́чк|и мн₁ ⟨-чек⟩ Pferderennen n; ◇ **игра́ть на ~ах** Pferdewetten abschließen

скачо́к м₁ ⟨-чка́, мн: -чки́⟩ **1** (прыжок) Sprung m **2** перен (изменение) Sprung m; ◇ **ре́зкий** ~ цен Preissprung

СКВ ж (= свободно конвертируемая валюта) frei konvertierbare Währung f

сква́жина ж₁ ⟨-ы⟩ (отверстие) Spalte f, Ritze f; ◇ **замо́чная** ~ Schlüsselloch n; ◇ **бурова́я** ~ Bohrloch n

сквер м₁ ⟨-а⟩ (Grün-)Anlage f

скверносло́вить V₄b несов ⟨-влю, -вишь⟩ без доп unflätig schimpfen, Zoten reißen

скве́рн|ый прил ⟨-ая, -ое, -ые⟩ **1** (гадкий) ekelhaft, abscheulich, schlecht **2** (плохой) schlecht, mies; ◇ ~**ая пого́да** scheußliches Wetter

сквози́ть V₄a несов ⟨-зи́т, -зя́т, 1 и 2 л. не употр⟩ без доп **1** (виднеться) durchscheinen; ◇ **че́рез щель ~и́т свет** durch den Spalt schimmert Licht **2** (о ветре) безл ziehen **3** перен (обнаружиться) durchblicken lassen, anklingen; ◇ **в его́ отве́те ~и́т раздраже́ние** in seiner Antwort schwang Verärgerung mit

сквозня́к м₁ ⟨-á, мн: -и́⟩ Zugluft f, Durchzug m; ◇ **не сиди́ на ~é** setz dich nicht in den Zug

сквозь предлог с вин (через что-л) (hin-)durch; ◇ **смотре́ть** ~ **щель** durch die Ritze schauen; ◇ **проби́ра́ться** ~ **толпу́** sich durch die Menge drängen; ◇ **услы́шать** ~ **сон** im Halbschlaf hören

скворе́ц м₁ ⟨-рца́, мн: -рцы́⟩ зоол Star m; **скворе́чник** м₁ ⟨-а⟩ Vogelhäuschen n

скеле́т м₁ ⟨-а⟩ Skelett n, Gerippe n; ◇ **худ, как** ~ spindeldürr; перен (остов) Gerüst n

ски́д|ка ж₁ ⟨-и, род мн: -док⟩ **1** (на цену) Rabatt m, Preisnachlass m **2** перен (уступка) Zugeständnis n; ◇ **рабо́тать без**

~ок на тру́дности arbeiten ohne Rücksicht auf damit verbundene Schwierigkeiten

ски́нуть V_2 сов ‹-ну, -нешь, *Impr.* -нь, ~те, *Part. Prät. Pass.* -нутый› [**ски́дывать**V_{1a} несов] кого-что вин (1, 2), что вин или в чём предл (3) ① (вниз, кни́гу) hinunterwerfen ② (платье) ausziehen, ablegen ③ (це́ны) herabsetzen

ски́петр $м_1$ ‹-а› Zepter n

скипида́р $м_1$ ‹-а› Terpentin f

скита́ться V_{1a} несов ‹-а́юсь, -а́ешься› без доп umherirren, umherwandern; ◇ ~ по бе́лу све́ту sich in aller Welt herumtreiben

склад¹ $м_1$ ‹-а› ① (помеще́ние) Lager n; ◇ заводско́й ~ Fabriklager ② (запа́с) Lager n, Vorrat m; ◇ лежа́ть на ~е lagern

склад² $м$ ‹-а› (о́браз мы́слей, хара́ктер поведе́ния) Verfassung f, Anlage f, Beschaffenheit f; ◇ ~ ума́ Mentalität f; ◇ челове́к осо́бенного ~а Mensch von besonderem Schlag

скла́дк|а $ж_1$ ‹-и, род мн:-док› (на тка́ни) Falte f; ◇ ю́бка со ~ми Faltenrock m; (морщи́на) Runzel f, Falte f; (борозда́) Furche f; (изги́б) Falte f

склеп $м_1$ ‹-а› Grabgewölbe n, Gruft f

склеро́з $м_1$ ‹-а› мед Sklerose f

скло́к|а $ж_1$ ‹-и› разг Zank m; (интри́ги) Intrigen f pl; (ра́спри) Ränke m pl; ◇ устро́ить ~у zanken

склон $м_1$ ‹-а› Abhang m, Hang m; ◇ круто́й ~ Steilhang; ◇ на ~е лет im Alter

склоне́ние c_4 ‹-я› грам Deklination f; ◇ ~ прилага́тельных Adjektivdeklination

склони́ть V_{1b} сов ‹-ню́, -о́нишь› [**склоня́ть** V_{1b} несов] что вин (1), кого́-что вин к чему дат или на что вин (2) ① (нагну́ть) neigen, niederbeugen, senken ② (убеди́ть) überreden, bewegen; ◇ ~ на свою́ сто́рону auf seine Seite ziehen; ◇ ~ к бе́гству zur Flucht bewegen

скло́нность $ж_5$ ‹-и› ① (влече́ние) Neigung f, Hang m ② (расположе́ние) Zuneigung f ③ (предрасполо́женность) Veranlagung f; ◇ ~ к полноте́ Veranlagung zu Fettleibigkeit

склочни́к $м_1$ ‹-а› Intrigant m

ско́бк|а $ж_1$ ‹-и, род мн:-бок› Klammer f; мат ◇ откры́ть ~и die Klammern auflösen; ◇ поста́вить сло́во в ~и ein Wort in Klammern setzen; перен ◇ заме́тить в ~ах nebenbei bemerken

скобли́ть V_{4a} несов ‹-лю́, -ли́шь, *Part. Prät. Pass.* -лённый› что вин (ле́звием, ножо́м) schaben, rasieren

ско́ванность $ж_5$ ‹-и› (движе́ний) Gehemmtheit f; (свя́занность) Gebundenheit f; (смуще́ние) Befangenheit f

сковорода́ $ж_1$ ‹-ы, мн: -ы, род: -род, дат:-а́м› Bratpfanne f

сколоти́ть V_{4a} сов ‹-очу́, -о́тишь, *Part. Prät. Pass.* -о́ченный› [**скола́чивать** V_{1a} несов] что вин ① (соедини́ть, сбить) zusammennageln, zusammenschlagen; ◇ ~

я́щик eine Kiste zusammenzimmern ② (перен разг (накопи́ть) zusammensparen; ◇ ~ ты́сячу рубле́й tausend Rubel zusammenkratzen ③ перен разг (организова́ть) zusammenbringen, organisieren, aufbauen

скользи́ть V_{4a} несов ‹-льжу́, -льзи́шь› без доп ① (дви́гаться) rutschen, gleiten; ◇ ~ по льду auf dem Eis rutschen; ◇ ~ на конька́х auf Schlittschuhen gleiten ② (поскользну́ться) ausrutschen

ско́льзкий прил ‹-ая, -ое, -ие› ① (гла́дкий) rutschig, glatt ② перен (ненадёжный) instabil; (щекотли́вый) heikel; (опа́сный) gefährlich; ◇ встать на ~ путь einen gefährlichen Weg einschlagen

ско́лько мест ① (вопроси́тельное мест) wie viel; ◇ Вам лет? wie alt sind Sie?; ◇ ~ вре́мени дли́тся ле́кция? wie lange dauert die Vorlesung? ② (относи́тельное мест) soviel, soweit; ◇ ~ по́мню, он всегда́ был тако́й soweit ich mich erinnere, war er immer so

скоморо́х $м_1$ ‹-а› ① ист Spielmann m, Gaukler m ② перен разг Spaßmacher m, Possenreißer m

скопле́ние c_4 ‹-я› Anhäufung f, Ansammlung f; (люде́й) Auflauf m; ◇ ~ автомаши́н на перекрёстке Stau an der Kreuzung; ◇ ~ наро́да Volksauflauf

скорбь $ж_5$ ‹-и, мн:-би, род:-бе́й› Trauer f, Leid n; ◇ мирова́я ~ Weltschmerz m

скорлупа́ $ж_1$ ‹-ы, мн: -лу́пы› Schale f; ◇ яи́чная ~а́ Eierschale; ◇ снима́ть ~у́ schälen; перен ◇ уйти́ в свою́ ~у́ sich abkapseln

скорня́к $м_1$ ‹-а́, мн: -и́› Kürschner m

ско́ро нареч ① (бы́стро) schnell, rasch, geschwind ② (вско́ре) bald; ◇ она́ прие́дет sie kommt bald; **скорогово́рка** $ж_1$ ‹-и, род мн:-рок› ① (бы́страя речь) schnelles Sprechen ② (прибау́тка) Zungenbrecher m; **скороспе́лый** прил ‹-ая, -ое, -ые› ① (расте́ния) frühreif, schnell reifend; ◇ ~ сорт я́блок frühe Apfelsorte ② перен (поспе́шный) voreilig, unüberlegt; **скоростн|о́й** прил ‹-ая, -о́е, -ы́е› Schnell-, Eil-; ◇ ~о́й бег на конька́х Eisschnellauf m; ◇ ~ы́м ме́тодом im Eilverfahren; **ско́рость** $ж_5$ ‹-и, мн:-ти, род: -те́й› Geschwindigkeit f; ◇ ~ зву́ка Schallgeschwindigkeit; ◇ дви́гаться на больши́х ~я́х schnell fahren; ◇ е́хать на пе́рвой ~и im ersten Gang fahren; ◇ разви́ть ~ь beschleunigen; ◇ отпра́вить груз ма́лой ~ю etw als Frachtgut versenden

ско́р|ый прил ‹-ая, -ое, -ые› ① (бы́стрый) schnell, rasch; ◇ ~ая медици́нская по́мощь Rettungswagen m, Ambulanz f; ◇ ~ый по́езд Eilzug m ② (бли́зкий по вре́мени) bald; ◇ до ~ого свида́ния bis bald; ◇ в ~ом вре́мени bald, demnächst, in nächster Zeit ③ (о челове́ке) flink, fix; ◇ сде́лать что-л на ~ую ру́ку etw flüchtig [nachlässig] machen

скоси́ть см. **коси́ть**

скот m_1 ‹-á› Vieh n; ◇ **кру́пный рога́тый ~** Rindvieh; **скотобо́йня** $ж_2$ ‹-и, род мн: -бо́ен› Schlachthof m

скребо́к m_1 ‹-бка́, мн: -бки́› Schabeisen n, Schaber m; (садовый) Schippe f

скрепи́ть V_{4a} сов ‹-плю́, -пи́шь, Part. Prät. Pass. -плённый› [**скрепля́ть** V_{1b} несов] что вин (1), что вин чем тв (2) ① (соединить) verbinden, befestigen ② (удостоверить) bestätigen; ◇ ~ **по́дпись печа́тью** die Unterschrift mit einem Stempel besiegeln

скре́пка $ж_1$ ‹-и, род мн: -пок› Büroklammer f

скрести́* несов ‹-ебу́, -ебёшь› кого-что вин (1) (царапать) schaben, kratzen; ◇ ~ **когтя́ми** mit den Krallen kratzen ② (чистить) schrubben

скре́щивание c_4 ‹-я› биол Kreuzung f

скрипа́ч $м_2$ ‹-á, мн: -и́› Geiger m

скрипе́ть* несов ‹-плю́, -пи́шь› [**скри́пнуть** V_2 сов] без доп ① (производить скрип) knarren, scharren; (о пере) kratzen; ◇ **дверь ~и́т** die Tür knarrt; ◇ ~**е́ть зуба́ми** mit den Zähnen knirschen ② (перен) (жить кое-как) dahinvegetieren; ◇ **наш дед ещё ~и́т** unser Großvater lebt gerade noch so eben

скри́пк|а $ж_1$ ‹-и, род мн: -пок› Geige f, Violine f; тж перен ◇ **игра́ть пе́рвую ~у** die erste Geige spielen

скри́пнуть см. **скрипе́ть**

скро́мный прил ‹-ая, -ое, -ые› ① (не хвастливый) bescheiden, zurückhaltend ② (простой) anspruchslos, einfach ③ перен (ограниченный, едва достаточный) bescheiden; ◇ **весьма́ ~ результа́т** ein überaus dürftiges Ergebnis; ◇ ~ **за́работок** kärglicher Verdienst

скрыва́ть несов от **скрыть**

скры́т|ый прил ‹-ая, -ое, -ые› ① (закрытый) verborgen, versteckt ② (тайный) heimlich, geheim; ◇ ~**ая угро́за в го́лосе** drohender Unterton in der Stimme ③ (незаметный) heimlich; ◇ ~ **снима́ть ~ой ка́мерой** mit versteckter Kamera aufnehmen; **скры́ть*** сов ‹-ро́ю, -ро́ешь› [**скрыва́ть** V_{1a} несов] кого-что вин (1), что вин от кого-чего род (2) ① (спрятать) verstecken, verbergen ② (утаить) verheimlichen, geheim halten, verhehlen

скря́га $м$, $ж_1$ ‹-и› разг Geizhals m, Geizkragen m

ску́дн|ый прил ‹-ая, -ое, -ые› (убогий) dürftig, kärglich; ◇ ~**ая степна́я расти́тельность** karge Steppenvegetation

ску́к|а $ж_1$ ‹-и› Langeweile f; ◇ **нагоня́ть ~у на кого́-л** jdn langweilen; ◇ **от/со ~и** vor/aus Langeweile; ◇ **на вечери́нке была́ ужа́сная ~а** auf der Party war es entsetzlich öde; ◇ **кака́я ~а!** wie langweilig!

скула́ $ж_1$ ‹-ы́, мн: -ы› анат Backenknochen m, Jochbein n

скули́ть V_{4a} несов ‹-лю́, -ли́шь› без доп ① (о животном) winseln ② перен разг (о человеке) flennen; (докучать) klagen, jammern

скульптор $м_1$ ‹-а› Bildhauer m; (о женщине) Bildhauerin f; **скульпту́р|а** $ж_1$ ‹-ы› ① (искусство) Bildhauerei f; ◇ **занима́ться ~ой** Bildhauer(in) sein ② (произведение) Skulptur f, Plastik f

ску́мбрия $ж_4$ ‹-и› зоол Makrele f

ску́пка $ж_1$ ‹-и› Aufkauf m; (закупка) Ankauf m

скупо́й I. прил ‹-áя, -óе, -ы́е› ① (о человеке) geizig, knauserig; ◇ ~ **на что-л** geizen mit etw ② (недостаточный) spärlich, kärglich ③ (скудный) kümmerlich II. $м$ (A_1) ‹-óго› (скряга) Geizkragen m

скуча́ть V_{1a} несов ‹-áю, -áешь› без доп (1), о ком-чём предл или по кому-чему дат (2) ① (испытывать скуку) sich langweilen ② (тосковать) sich sehnen (nach)

ску́чн|ый прил ‹-ая, -ое, -ые› ① (унылый) gelangweilt, traurig; ◇ **мне ~о** mir ist langweilig ② (неинтересный) langweilig, öde, fade

слаби́тельное c (A_1) ‹-ого› Abführmittel n

сла́би|ть V_{4b} несов ‹-бит, -бят, 1 и 2 л. не употр› [**про~** сов] без доп (1), кого-что вин (2) ① мед безл ◇ **больно́го ~т** der Kranke hat Durchfall ② (о лекарстве) abführen; ◇ **касто́рка хорошо́ ~т** Rizinusöl wirkt abführend

сла́бо нареч ① (не сильно) schwach; (не туго) lose; ◇ **завяза́ть ~** lose zubinden ② (плохо) schlecht, schwach; ◇ **он ~ зна́ет матема́тику** er hat schwache Mathematikkenntnisse; **слабора́звитый** прил ‹-ая, -ое, -ые› unterentwickelt; **сла́бост|ь** $ж_5$ ‹-и› ① (упадок) Schwäche f, Kraftlosigkeit f; (усталость) Schlaffheit f ② (малодушие) Schwäche f, Kleinmut m; ◇ **прояви́ть ~ь** Schwäche zeigen ③ (болезненность) Kränklichkeit f; (дряхлость) Gebrechlichkeit f ④ перен (склонность) Schwäche f, Vorliebe f; ◇ **кино́ – её ~ь** sie hat eine Schwäche fürs Kino; ◇ **пита́ть ~ь к кому́/чему́-л** ein Faible für jd-n/etw haben ⑤ (недостаток) Mangel m, Fehler m; ◇ **у ка́ждого есть свои́ ма́ленькие ~и** jeder hat seine kleinen Fehler; **сла́б|ый** прил ‹-ая, -ое, -ые› ① (не сильный) schwach; ◇ ~**ая во́ля** schwacher Wille; ◇ ~ **чай** dünner Tee; ◇ **э́то его́ ~ое ме́сто** das ist seine schwache Stelle ② (не тугой) lose, locker ③ (болезненный) gebrechlich, kränklich ④ (незначительный) leicht; ◇ ~ **ве́тер** leichter Wind ⑤ (плохой) schwach, schlecht, mittelmäßig

сла́в|а $ж_1$ ‹-ы› ① (почётная известность) Ruhm m; ◇ **неувяда́емая ~** unvergänglicher Ruhm; (честь) Ehre f ② (репутация) Ruf m ③ (слухи, молва) Gerücht n; ◇ **о ней идёт ~** es wird über sie geredet

славяни́н m_1 ‹-а, мн:-я́не, род:-я́н› Slawe m; **славя́нка** $ж_1$ ‹-и, род мн:-нок› Slawin f; **славя́нский** прил ‹-ая, -ое, -ие› slawisch

сла́дк|ий прил ‹-ая, -ое, -ие› ① (на вкус) süß ② перен (прия́тный) süß, lieblich ③ перен (льсти́вый) zuckersüß; ◇ ~ие ре́чи schmeichlerische Worte; **сла́дкое** с (A_1) ‹-ого› ① (десерт) Nachspeise f, Nachtisch m ② (сла́дости) Süßigkeiten f pl

сла́женный прил ‹-ая, -ое, -ые› gut organisiert, gut eingespielt

сле́ва нареч (с ле́вой стороны́) von links, von der linken Seite; (на ле́вой стороне́) links, linker Hand; ◇ проходи́те ~ gehen Sie links vorbei; ◇ ~напра́во von links nach rechts

слегка́ нареч (не си́льно, немно́го) leicht, kaum merklich; ◇ его́ ~ зноби́т es fröstelt ihn ein wenig

след m_1 ‹-á, сле́дом, мн:-ы́› ① (отпеча́ток) Spur f, Fährte f; (челове́ка) Fußstapfen m; ◇ за́ячий ~ Hasenfährte; ◇ ~ самолёта Kondensstreifen m; ◇ идти́ по чьим-л ~а́м jd-s Fährte folgen; перен in jd-s Fußstapfen treten ② перен (результа́т, после́дствия) Spur f; ◇ напа́сть на чей-л ~ jd-m auf die Spur kommen; перен◇ замести́ ~ы́ die Spuren verwischen; ◇ исче́знуть без ~á spurlos verschwinden; ◇ его́ и ~ просты́л er ist längst über alle Berge

следи́ть V_{4a} несов ‹-ежу́, -ди́шь› за кем-чем тв ① (наблюда́ть) folgen, verfolgen, beobachten; ◇ ~ глаза́ми за кем-л jd-m mit den Augen folgen; ◇ ~ за успе́хами нау́ки die Erfolge der Wissenschaft verfolgen ② (исподти́шка) bespitzeln, observieren ③ (забо́титься) sorgen (für), aufpassen (auf), Acht geben (auf); ◇ ~ за собо́й auf sich Acht geben

сле́дован|ие c_4 ‹-я› ① (продвиже́ние) Zug m, Vorbeiziehen n; ◇ по пути́ ~я auf der Strecke ② (подража́ние) (Be-)Folgen n; ◇ ~е обы́чаям Einhalten von Sitten und Bräuchen

сле́дователь m_2 ‹-я› юр Untersuchungsrichter m

сле́довательно союз also, folglich

сле́д|овать V_{3a} несов ‹-дую, -дуешь, (4) 1 и 2 л. не употр› [по~ сов] за кем-чем тв (1), через что вин или до чего род (2), кому́-чему́ дат (3), из чего род (4), с чего (5), с кого́-чего́ род (6) ① (идти́ сле́дом) (ver-)folgen, nachfolgen; ◇ ~овать за кем-л по пята́м jd-m auf den Fersen folgen ② (отправля́ться, дви́гаться) fahren, ziehen; ◇ коло́нна демонстра́нтов ~ует че́рез пло́щадь der Demonstrationszug zieht über den Platz ③ (руково́дствоваться) folgen, befolgen; ◇ ~овать пра́вилам Regeln befolgen ④ (явля́ться сле́дствием) folgen, resultieren; ◇ отсю́да ~ует вы́вод daraus folgt; ◇ из

его́ заявле́ния ещё ничего́ не ~ует aus seinen Erklärungen ergibt sich noch gar nichts ⑤ (ну́жно) безл es ist nötig, man muss, man soll; ◇ сообщи́ть, кому́ ~ует der zuständigen Person melden

сле́дствие[1] c_4 ‹-я› ① (вы́вод) Schluss m, Folgerung f; ◇ причи́на и ~ Ursache und Wirkung ② (после́дствие) Folge f; ◇ пожа́р был ~м небре́жности Brandursache war Fahrlässigkeit

сле́дствие[2] c ‹-я› юр Untersuchung f, Ermittlung f; ◇ он нахо́дится под ~м gegen ihn wird ermittelt

сле́дующ|ий прил ‹-ая, -ее, -ие› nächst, folgend; ◇ в ~ий раз nächstes Mal; ◇ кто ~ий? wer ist der Nächste?, wer ist an der Reihe?; ◇ ~им о́бразом folgendermaßen

слёжка $ж_1$ ‹-и, род мн:-жек› Beobachtung f, Bespitzelung f

слеза́ $ж_1$ ‹-ы́, мн: слёзы, род: слёз, дат:-а́м› Träne f; ◇ зали́ться ~а́ми in Tränen ausbrechen; ◇ не пророни́ть ни еди́ной ~ы́ keine einzige Träne vergießen; ◇ смея́ться до слёз Tränen lachen; ◇ оби́дно до слёз es ist zum Weinen

слез|ть* сов ‹-зу, -зешь, (3) 1 и 2 л. не употр› [слеза́ть V_{1a} несов] с чего род (1, 2), без чего (3) ① (спусти́ться) herunterklettern, hinuntersteigen; ◇ ~ть с ло́шади absitzen ② разг (сойти́) aussteigen ③ перен (отпа́сть) sich lösen, abgehen; (отвали́ться) abfallen; ◇ ко́жа ~ла die Haut löste sich; ◇ кра́ска ~ла die Farbe ging [blätterte] ab

слепе́нь m_2 ‹-пня́, мн:-пни› зоол Bremse f

слеп|о́й I. прил ‹-а́я, -о́е, -ы́е› ① (лишённый зре́ния) blind; ◇ ~о́й на оди́н глаз auf einem Auge blind ② перен (безоснова́тельный) blind, unvernünftig; ◇ ~о́е повинове́ние blinder Gehorsam ③ (соверша́емый вслепу́ю) Blind-; ◇ ~о́й полёт Blindflug m; анат ◇ ~а́я кишка́ Blinddarm m II. м (A_1) ‹-о́го› Blinder m

слепо́к m_1 ‹-пка, мн:-пки› Abdruck m; (о́ттиск) Abzug m

слепота́ $ж_1$ ‹-ы́› Blindheit f

сле́сарь m_2 ‹-я, мн:-ря́/-ри› Schlosser m

слёт m_1 ‹-а› ① (птиц) Schwarm m ② (встре́ча) (Zusammen-)Treffen n

сли́ва $ж_1$ ‹-ы› (плод) Pflaume f; (де́рево) Pflaumenbaum m

сли́вки $мн_1$ ‹-вок, дат:-вкам› Sahne f, Rahm m; ◇ сби́тые ~ Schlagsahne; перен ◇ снима́ть ~ den Rahm abschöpfen; ◇ ~ о́бщества Crème f de la crème

слизня́к m_1 ‹-а́, мн:-и́› ① зоол Wegschnecke f ② разг (о челове́ке) willenloser, charakterloser Mensch

слизь $ж_5$ ‹-и› Schleim m; (мокро́та) Auswurf m

сли́ня́ть см. линя́ть

сли́ток m_1 ‹-тка, мн:-тки› (загото́вка)

Block *m; (продолговатый)* Stange *f; (золотой или серебряный)* Barren *m*
слить *сов* <солью́, сольёшь> **слива́ть** V₁ₐ *несов* что вин **1** *(отлить)* abgießen; *(вылить)* ausgießen; ◇ **сли́вки с молока́** Rahm von der Milch abgießen **2** *(смешать)* zusammengießen **3** *перен (объединить)* verschmelzen, zusammenlegen; ◇ ~ це́хи предприя́тия die Abteilungen eines Unternehmens zusammenlegen
сли́шком *нареч* zu, zuviel, zu sehr; ◇ **до́рого** überteuert; ◇ э́то уж ~! das geht zu weit!
слия́ние *с₄* <-я> **1** *(водных потоков)* Zusammenfluss *m*, Zusammenfließen *n* **2** *перен (соединение)* Vereinigung *f*, Verschmelzung *f; (фирм, банков)* Fusion *f; (подразделений в учреждении)* Zusammenlegung *f*
слова́рь *м₂* <-я́, мн:-ри́> **1** *(книга)* Wörterbuch *n;* ◇ энциклопеди́ческий ~ Lexikon *n* **2** *(запас слов)* Wortschatz *m,* ◇ поэти́ческий ~ Пу́шкина der poetische Sprachschatz Puschkins; ◇ его́ - о́чень бе́ден sein Wortschatz ist sehr begrenzt
сло́вно I. *союз (как, подобно)* gleichsam, wie II. *частица (как будто, кажется)* als ob, es scheint; ◇ ~ кто стучи́тся? klopft da jemand?
сло́во *с₂* <-а, мн:-а́, род: слов, дат: -а́м> **1** *(отдельное)* Wort *n;* ◇ иностра́нное ~ Fremdwort; ◇ вво́дное ~ Schaltwort; ◇ не обмо́лвиться ~ом kein Wort von sich geben; ◇-а не доби́ться от кого́-л kein Wort aus jdm herausbekommen; ◇ двух слов связа́ть не мо́жет er kann nicht bis drei zählen; ◇ по её ~а́м ihr zufolge **2** *(выступление, речь)* Ansprache *f*, Rede *f* **3** *(право говорить)* Redeerlaubnis *f*, Wort *n;* ◇ свобо́да ~а Redefreiheit *f;* ◇ брать ~ das Wort ergreifen; ◇ лиши́ть кого́-л ~а jdm das Wort entziehen; ◇ предоста́вить ~о jdm das Wort erteilen; ◇ проси́ть ~а jdm Wort melden **4** *(обещание)* Wort *n*, Versprechen *n;* ◇ че́стное ~о! Ehrenwort!; ◇ наруша́ть ~о sein Wort brechen; ◇ пове́рить кому́-л на́ ~о jdm aufs Wort glauben; ◇ поня́ть друг дру́га без слов sich ohne Worte verstehen; ◇ спаси́бо на до́бром ~е danke für die Anteilnahme; ◇ перейти́ от слов к де́лу Worte in Taten umsetzen; ◇ взять свои́ ~а́ обра́тно sein Wort zurücknehmen; ◇ ~о в ~о Wort für Wort; ◇ к ~у übrigens, nebenbei; ◇ броса́ть ~а на ве́тер in den Wind reden; ◇ с чужи́х слов vom Hörensagen; **словосочета́ние** *с₄* <-я> Wortverbindung *f*
сложи́ть V₄ₐ *сов* <-жу́, сло́жишь, *Part. Prät. Pass.* сло́женный> **скла́дывать** (1-5) V₁ₐ *несов* что вин, с кого-чего род (3) **1** *(уложить)* zusammenlegen; ◇ ~ ве́щи (seine Sachen) packen; ◇ ~ дрова́ Holz stapeln **2** *(уложить, придав какую-л форму)* zusammenfalten; ◇ ~ лист

попола́м ein Blatt einmal falten; ◇ ~ складно́й стул den Klappstuhl zusammenklappen **3** *(положить куда-л)* ablegen, abladen; ◇ ~ но́шу с плеч die Last von den Schultern laden **4** *(произвести сложение)* addieren, zusammenzählen **5** *(сочинить)* komponieren, verfassen **6** *(отказать)* ablehnen, abgeben; ◇ ~ с себя́ обя́занности sich seiner Verpflichtungen entledigen; ◇ ~ го́лову sein Leben lassen; **сложи́ться** *сов* <-жу́сь, сло́жишься> **скла́дываться** *несов* без доп **1** *(создаться)* sich bilden, sich gestalten; ◇ у них ~лось определённое мне́ние sie hatten einen bestimmten Eindruck gewonnen; ◇ у меня́ ~лось твёрдое убежде́ние ich bin zur festen Überzeugung gekommen; *(возникнуть)* entstehen; *(осуществиться)* zustande kommen **2** *(стать зрелым)* zur vollen Reife gelangen **3** *(собрать деньги)* Geld sammeln; ◇ ~ться на пода́рок Geld für ein Geschenk zusammenlegen
сло́жн|**ый** *прил* <-ая, -ое, -ые> **1** *(состоящий из нескольких частей)* zusammengesetzt; *грам* ◇ ~ое сло́во zusammengesetztes Wort, Kompositum *n* **2** *(трудный)* kompliziert; ◇ ~ая зада́ча schwierige Aufgabe; ◇ ~ое положе́ние verzwickte Lage
сло|**й** *м₃* <-я, мн:-и́> **1** *(пласт)* Schicht *f;* ◇ ~я́ми schichtweise **2** *перен (группа людей)* Schicht *f;* ◇ широ́кие ~и населе́ния breite Bevölkerungsschichten
слома́ть см. лома́ть
слон *м₁* <-а́, мн:-ы́> **1** зоол Elefant *m; перен разг* ◇ ~а́ – то и не приме́тить das Wesentliche nicht bemerken; ◇ де́лать из му́хи ~а́ aus einer Mücke einen Elefanten machen **2** шахм Läufer *m*
слуга́ *м₁* <-и́, мн:-и> **1** Diener *m;* ◇ наня́ть ~у́ einen Diener einstellen **2** ◇ ~и мн Dienerschaft *f*
служа́нка *ж₁* <-и, род мн:-нок> Dienerin *f*, Hausangestellte *f;* **служащий** *м (А₂)* <-его> Angestellte *m;* ◇ госуда́рственный ~ий Beamte *m;* ◇ он из ~их er ist Angestellter; **служба** *ж₁* <-ы> **1** *(работа и область работы)* Dienst *m;* ◇ быть на ~е im Dienst sein; ◇ поступи́ть на ~у eine Stelle antreten; ◇ приня́ть на ~у anstellen; ◇ уйти́ со ~ы den Dienst quittieren; ◇ ~а движе́ния Fahrdienst; ◇ ~а свя́зи Postund Fernmeldewesen *n;* ◇ не в ~у, а в дру́жбу tu das mir zuliebe; ◇ по до́лгу ~ы von Amts wegen **2** *(исполнение воинских обязанностей)* Dienst; ◇ вое́нная ~а Wehrdienst; ◇ срок ~ы Dienstzeit *f* **3** рел *(богослужение)* Gottesdienst *m;* **служе́бн**|**ый** *прил* <-ая, -ое, -ые> **1** *(имеющий отношение к службе)* Dienst-, dienstlich, Amts-; ◇ ~ые дела́ dienstliche Angelegenheiten **2** *(вспомогательный)* Hilfs-, dienend; *(второ-*

степенный) Neben-; лингв ◇ **~ое сло́во** Hilfswort *n;* **служи́ть** V₄ₐ *несов* ⟨-жу́, слу́жишь, (4) 1 и 2 л. не употр, *Part. Präs. Akt.* служа́щий⟩ *кем* тв *или* в *чём (1), кому́-чему́* дат *(2), что* вин *или без доп (3), чем* тв *(4), без доп (5)* **1** *(нести́ слу́жбу)* dienen, eine Stelle haben; ◇ **в конто́ре** im Büro beschäftigt sein **2** *перен (труди́ться во и́мя кого́-чего́-л)* dienen; ◇ **иску́сству** der Kunst dienen **3** *рел* ◇ **обе́дню** Gottesdienst abhalten **4** *(быть приго́дным)* dienen (als); ◇ **приме́ром** als Beispiel dienen **5** *(о соба́ках)* Männchen machen

слух *m₁* ⟨-а⟩ **1** *(спосо́бность слы́шать)* Gehör *n;* ◇ **восприни́ма́ть на** ~ akustisch wahrnehmen, nach dem Gehör spielen **2** *(молва́)* Gerücht *n; (разгово́ры)* Gerede *n;* ◇ **пусти́ть** ~ ein Gerücht in Umlauf bringen; ◇ **по** ~**ам** den Gerüchten zufolge; ◇ **она́ вся обрати́лась в** ~ sie war ganz Ohr; ◇ **ни** ~**у, ни ду́ху о ком-чём-л** jd ist wie vom Erdboden verschluckt

слу́чай *m₃* ⟨-я⟩ **1** *(происше́ствие)* Vorfall *m; (собы́тие)* Ereignis *n; (инциде́нт)* Zwischenfall *m;* ◇ **несча́стный** ~**й** Unfall *m;* ◇ **~й из жи́зни** reale Begebenheit **2** *(подходя́щее обстоя́тельство)* Gelegenheit *f;* ◇ **по́льзоваться** ~**ем** die Gelegenheit nutzen; ◇ **предста́вился** ~**й** es bot sich eine Gelegenheit; ◇ **при** ~**е** gelegentlich **3** *(случа́йность)* Zufall *m;* ◇ **во вся́ком** ~**е** in jedem Fall; ◇ **в кра́йнем** ~**е** im Notfall, im äußersten Fall; ◇ **в** ~**е, е́сли…** im Falle, dass

случа́йность *ж₅* ⟨-и⟩ Zufall *m;* ◇ **по счастли́вой** ~ **и** durch einen glücklichen Zufall; **случа́йн|ый** *прил* ⟨-ая, -ое, -ые⟩ zufällig, Zufalls-; *(непредви́денный)* Gelegenheits-; ◇ **~ое знако́мство** zufällige Bekanntschaft; ◇ **~ая оши́бка** Flüchtigkeitsfehler *m*

случи́|ться V₄ₐ *сов* ⟨-чи́тся, -ча́тся, 1 и 2 л. не употр⟩ [**случа́ться**V₁ₐ *несов*] *без доп* **1** *(произойти́)* passieren, geschehen, vorkommen; ◇ **что бы ни** ~**лось** was auch immer geschehen mag **2** *безл* sich ergeben

слу́чка *ж₁* ⟨-и, *род мн:* -чек⟩ Decken *n,* Belegen *n*

слу́ша|ть V₁ₐ *несов* ⟨-аю, -аешь⟩ [**по-** (5) *сов*] *кого́-что* вин **1** *(слы́шать)* hören, zuhören; ◇ **~ть ле́кции/му́зыку** Vorlesungen/Musik hören; ◇ **~й, что тебе́ говоря́т** hör zu, was man dir sagt **2** *(исследовать)* abhören; ◇ **врач** ~**ет больно́го** der Arzt hört den Patienten ab **3** *(повинова́ться)* gehorchen

слы́ша|ть* *несов* ⟨-шу, -шишь⟩ [**у-** (1, 3) *сов*] *кого́-что* вин *или с сою́зом "что" (2), о ком-чём предл или с сою́зом "что" (3)* **1** *(ощуща́ть)* hören, vernehmen; ◇ **пло́хо** ~**ть** schlecht hören **2** *перен разг (чу́вствовать)* spü-

ren, riechen; ◇ **~ть за́пах** etw riechen **3** *(знать)* hören, erfahren; ◇ **я** ~**л, что он ско́ро прие́дет** ich habe gehört, dass er bald kommt

слюна́ *ж₁* ⟨-ы́, *мн:* -и, *род:* -е́й⟩ Speichel *m*

сля́коть *ж₅* ⟨-и⟩ Schlamm *m; (о пого́де)* Matschwetter *n*

сма́зать* *сов* ⟨-а́жу, -а́жешь⟩ [**сма́зывать** V₁ₐ *несов*] *что* вин **1** *(покры́ть сло́ем)* einreiben, einschmieren; ◇ **~ лы́жи ма́зью** die Skier einfetten; ◇ **~ цара́пину йо́дом** Jod auf den Kratzer geben **2** *перен (лиши́ть определённости)* verwischen, vertuschen **3** *фо́то* verwackeln;

сма́зка *ж₁* ⟨-и⟩ **1** *(де́йствие)* Einreiben *n,* Einschmieren *f; (ма́слом)* Einölen *n; (жи́ром)* Einfetten *n* **2** *(сма́зочный материа́л)* Schmiermittel *n; тех* Schmierfett *n,* Schmieröl *n*

сме́жн|ый *прил* ⟨-ая, -ое, -ые⟩ angrenzend; *(прилежа́щий)* anliegend; *(сосе́дний)* benachbart, Neben-; *перен* ◇ **~ые поня́тия** verwandte Begriffe

смека́лка *ж₁* ⟨-и⟩ *разг (сообрази́тельность)* Auffassungsgabe *f,* Scharfsinn *m; (нахо́дчивость)* Schlagfertigkeit *f*

сме́лость *ж₅* ⟨-и⟩ Mut *m,* Kühnheit *f,* Tapferkeit *f;* ◇ **взять на себя́ ~ь сде́лать что-л** sich die Freiheit nehmen, etw zu tun; ◇ **ему́ не хвати́ло** ~**и** er traute sich nicht; **сме́л|ый** *прил* ⟨-ая, -ое, -ые⟩ **1** *(реши́тельный),* mutig; *(отва́жный)* kühn; *(бесстра́шный)* furchtlos **2** *перен (вызыва́ющий)* gewagt; ◇ **~ туале́т** gewagte Kleidung

сме́н|а *ж₁* ⟨-ы⟩ **1** *(заме́на)* Wechsel *m,* Ablösung *f;* ◇ **~а времён го́да** Jahreszeitenwechsel *f; (на предприя́тии)* Schicht *f;* ◇ **дежу́рить в ночну́ю** ~**у** Nachtwache halten; ◇ **заво́д рабо́тает в две** ~**ы** in der Fabrik wird in zwei Schichten gearbeitet **3** *(подраста́ющее поколе́ние)* Nachwuchs *m;* ◇ **гото́вить себе́** ~**у** für seinen Nachwuchs sorgen; ◇ **прийти́ кому́-л на** ~**у** an jd-s Stelle treten; ◇ **одна́** ~**а белья́** eine Wäschegarnitur

смени́ть V₄ₐ *сов* ⟨-ню́, сме́нишь⟩ [**сменя́ть** V₁ᵦ *несов*] *кого́-что* вин **1** *(перемени́ть)* (aus-)wechseln, umtauschen; ◇ **~ рабо́ту** die Arbeit wechseln **2** *(замени́ть)* ablösen; ◇ **~ сиде́лку у посте́ли больно́го** die Pflegerin am Krankenbett ablösen

смерте́льн|ый *прил* ⟨-ая, -ое, -ые⟩ **1** *(приводя́щий к сме́рти)* tödlich, todbringend, Tod-; ◇ **~ая боле́знь** tödliche Krankheit **2** *(ожесточённый)* schwer, heftig, äußerst; ◇ **нанести́** ~**ый уда́р по врагу́** dem Feind einen schweren Schlag versetzen; **сме́ртность** *ж₅* ⟨-и⟩ Sterblichkeit *f;* **смертоно́сный** *прил* ⟨-ая, -ое, -ые⟩ tödlich, todbringend; ◇ **~ яд** tödliches Gift; **смерть** *ж₅*⟨-и, *мн:* -ти, *род:* -те́й⟩ Tod

m; ◇ наси́льственная ~ь gewaltsamer Tod; ◇ быть при́ ~и im Sterben liegen; спасти́ от ~и vor dem Tode retten; ◇ умере́ть свое́й ~ью eines natürlichen Todes sterben; ◇ уста́ть до́ ~и todmüde werden; ◇ бле́ден как ~ь leichenblass

смерч m_1 ◇ -а́⟩ Windhose f, Wirbelsturm m

смести́ть V_{4a} сов ⟨-ещу́, -ти́шь, Part. Prät. Pass. -ещённый⟩ [смеща́ть V_{la} несов] что вин (1), кого́-что вин (2) ① (сдви́нуть) verschieben; ◇ ~ то́чку наблюде́ния den Beobachtungsstand verlagern ② (устрани́ть) absetzen, des Amtes entheben

смесь $ж_5$ ◇-и⟩ Mischung f, Gemisch n

сме́т|а $ж_1$ ◇-ы⟩ Etat m, Haushaltsplan m, Kostenplan m; ◇ соста́вить ~у расхо́дов einen Kostenvoranschlag machen

смета́на $ж_1$ ◇-ы⟩ saure Sahne f

сме|ть V_5 несов ⟨-е́ю, -е́ешь⟩ с инф ① (осме́ливаться) wagen, sich trauen ② (име́ть пра́во) dürfen; ◇ никто́ не -ет наруша́ть зако́н niemand darf das Gesetz überschreiten; ◇ не -й брать мои́ ве́щи lass meine Sachen in Ruhe

смех m_1 ◇-а⟩ Lachen n, Gelächter n; ◇ не до́ ~а nicht zum Lachen; ◇ подня́ть кого́-л на́ ~ jd-n auslachen; ◇ умира́ть со́ ~у sich totlachen; ◇ э́то ку́рам на́ ~ da lachen ja die Hühner

смеша́ть см. меша́ть

смешн|о́й прил ◇-а́я, -о́е, -ы́е⟩ ① (заба́вный) lustig, komisch ② (вызыва́ющий насме́шку, неле́пый) lachhaft, lächerlich; ◇ ~о́й наря́д lächerliche Aufmachung; ◇ предста́вить в ~о́м све́те ins Lächerliche ziehen; ◇ ста́вить себя́ в ~о́е положе́ние sich lächerlich machen

смея́ться V_{lb} несов ⟨-ею́сь, -еёшься, Imp. -е́йся, Part. Präs. Akt. -ею́щийся, Adv. Part. Präs. -ея́сь⟩ [по~ сов] без доп (1, 4), над кем-чем тв (2, 3) ① lachen; ◇ ~ от души́ von Herzen lachen ② (насмеха́ться) sich lustig machen (über) ③ перен (пренебрега́ть) missachten; ◇ ~над опа́сностью eine Gefahr missachten ④ перен (шути́ть) Spaß machen; ◇ не принима́й всерьёз, он смеётся nimm das nicht ernst, er macht nur Spaß

СМИ мн ◇= средства ма́ссовой информа́ции⟩ Massenmedien n pl

смири́ться V_{4a} сов ⟨-рю́сь, -ри́шься⟩ [смиря́ться V_{lb} несов] с или перед кем-чем тв ① (подчини́ться) sich unterwerfen, klein beigeben ② (примири́ться) sich abfinden (mit); ◇ ~ с судьбо́й sich seinem Schicksal fügen

сми́рно нареч ruhig, still; (кома́нда) ◇ ~! Achtung, stillgestanden!

смола́ $ж_1$ ◇-ы, мн: -ы⟩ Teer m; (древе́сная) Harz n; (вар) Pech n

сморо́дина $ж_1$ ◇-ы⟩ (я́года) Johannisbeere f; (куста́рник) Johannisbeerstrauch m

сморчо́к m_1 ◇-чка́, мн: -чки́⟩ (гриб) Morchel f

смо́рщиться см. мо́рщиться

смотр m_1 ◇-а⟩ ① (ознакомле́ние) Besichtigung f ② (перен (пока́з) Leistungsschau f, Besichtigung f; ◇ ~ко́нкурс Ausscheidungswettkampf m

смотр|е́ть* несов ⟨-рю́, смо́тришь⟩ [по~ сов] во или на кого́-что вин (1), что вин (2), кого́-что вин (3), за кем-чем тв (4), кем-чем тв (5) ① (гляде́ть) schauen, sehen; ◇ ~ в глаза́ кому́-л jd-m in die Augen sehen; (оце́нивать) beurteilen; ◇ как вы на э́то -ите? wie sehen Sie das? ② (посеща́ть) sich ansehen, besuchen; ◇~е́ть фильм einen Film sehen ③ (обсле́довать) untersuchen; ◇ врач -ит больно́го der Arzt untersucht den Patienten ④ (присма́тривать) beaufsichtigen; ◇ ~е́ть за детьми́ auf die Kinder aufpassen; ◇ о́кна -ят во двор die Fenster gehen auf den Hof; ◇ ~е́ть в лицо́ опа́сности der Gefahr ins Auge sehen; ◇ ~е́ть в о́ба auf der Hut sein; ◇ смотря́ по... je nach...; смотря́ по тому́, как je nachdem, wie; смотри́тель m_3 ◇-я⟩ Aufseher m

сму́т|а $ж_1$ ◇-ы⟩ ① (мяте́ж) Unruhen f pl, Aufruhr m, Wirren pl ② (раздо́ры) Zwist m; ◇ се́ять ~у Zwist stiften; смути́ть V_{4a} сов ⟨-ущу́, -ти́шь, Part. Prät. Pass. -ущённый⟩ [смуща́ть V_{la} несов] кого́-что вин ① (сконфу́зить) in Verlegenheit bringen, verwirren ② (растрево́жить) stören; смуще́ние c_4 ◇-я⟩ Verlegenheit f, Verwirrung f

смысл m_1 ◇-а⟩ ① (содержа́ние) Sinn m; (значе́ние) Bedeutung f; ◇ в прямо́м ~е im eigentlichen Sinne; ◇ в по́лном ~е сло́ва im wahrsten Sinne des Wortes ② (ра́зум) Verstand m; ◇ здра́вый ~ gesunder Menschenverstand; ◇ не ви́жу ~а в тако́м реше́нии ich sehe keinen Sinn in dieser Entscheidung ③ (назначе́ние) Sinn m, Inhalt m; ◇ жизнь получи́ла но́вый ~ das Leben erhielt einen neuen Sinn

смыть* сов ⟨смо́ю, смо́ешь, (2) 1 и 2 л. не употр⟩ [смыва́ть V_{la} несов] что вин (1), кого́-что вин (2) ① (удали́ть) abwaschen, abspülen; перен ◇ ~ с себя́ позо́р sich von der Schande befreien ② безл (унести́ тече́нием) wegspülen; ◇ водо́й смы́ло ло́дку das Boot wurde vom Wasser fortgeschwemmt

смычо́к m_1 ◇-чка́, мн: -чки́⟩ муз (Violin-)Bogen m

смышлёный прил ◇-ая, -ое, -ые⟩ (поня́тливый) aufgeweckt, gescheit; (разу́мный) verständig

смягчи́ть* V_{4a} сов ⟨-чу́, -чи́шь⟩ [смягча́ть V_{la} несов] кого́-что вин ① (сде́лать мя́гким) weich machen; (во́ду) enthärten ② (осла́бить) lindern, mildern; перен ◇ ~ пригово́р ein Urteil mildern ③ (*умерить суровость*) milde stimmen, besänftigen

смятéние c_4 ‹-я› (*растерянность*) Verwirrung f, Bestürzung f

снабди́ть V$_{4a}$ сов ‹-бжу́, -ди́шь, *Part. Prät. Pass.* -бжённый› [**снабжáть** V$_{1a}$ *несов*] *кого-что вин чем тв* versorgen, versehen; ◇ ~ **продовóльствием** mit Lebensmitteln versorgen; (*оборудовать*) ausrüsten, ausstatten; **снабжéние** c_4 ‹-я› Versorgung f, Ausstattung f; (*оснащение*) Ausrüstung f; (*поставка*) Belieferung f; ◇ ~ **электроэнéргией** Stromversorgung f

снáйпер m_1 ‹-а› Scharfschütze m

снарýжи *нареч* ① (*с внешней стороны*) von außen, von draußen; ◇ **заперéть ворóта** ~ das Tor von außen verschließen ② (*на внешней стороне*) draußen, außen; ◇ **приколóть запи́ску** ~ **двéри** eine Mitteilung außen an die Tür heften ③ (*по внешности*) dem Äußeren nach, von außen

снаря́д m_1 ‹-а› ① (*вид боеприпасов*) Geschoss n, Projektil n ② (*приспособление*) Gerät n, Vorrichtung f; ◇ ~ **для бурéния** Bohrmaschine f ③ *спорт* Gerät n; ◇ **гимнасти́ческий** ~ Turngerät

снаряжéние c_4 ‹-я› Ausstattung f, Ausrüstung f; ◇ **тури́стское** ~ Reiseausrüstung

снасть ж$_5$ ‹-и, мн.:-ти, *род*:-тéй› ① (*прибор, инструменты*) Takelwerk n ② (*приборы, инструменты*) Gerät n, Werkzeug n

сначáла *нареч* ① (*прежде, сперва*) am Anfang, zuerst; ◇ ~ **подýмай, потóм отвечáй** denke zuerst nach, bevor du antwortest ② (*опять*) nochmal, von neuem

снег m_1 ‹-а, мн.:-á› Schnee m; ◇ **вы́пал** ~ es hat geschneit; ◇ **как** ~ **на гóлову** wie ein Blitz aus heiterem Himmel; ◇ **нýжен как прошлогóдний** ~ überflüssig wie ein Kropf

снеги́рь m_2 ‹-я́, мн.:-ри́› *бот* Dompfaff m

снегопáд m_1 ‹-а› Schneefall m

снегýрочка ж$_1$ ‹-и› *фольк* Schneewittchen n

снежи́нка ж$_1$ ‹-и, *род мн*:-нок› Schneeflocke f; **снежóк** m_1 ‹-жкá, *мн.*:-жки́› ① (*негустой снег*) Schnee m ② (*комок снега*) Schneeball m; ◇ **игрáть в** ~**ки́** eine Schneeballschlacht machen

снести́* сов ‹-сý, -сёшь› [**сноси́ть** V$_{4a}$ *несов* ‹*Part. Präs. Pass.* -си́мый›] *кого-что вин* ① (*доставить*) fortbringen, wegbringen, hinbringen; ◇ ~ **письмó на пóчту** einen Brief zur Post bringen ② (*отнести сверху вниз*) hinuntertragen; ◇ ~ **вéщи в подвáл** die Sachen in den Keller bringen; (*принести в одно место*) zusammentragen ③ (*сбросить, скинуть*) fortreißen, fortwehen; ◇ **бýрей снеслó кры́шу** das Dach wurde vom Wind weggerissen; (*водой*) fortschwemmen ④ (*сломать*) niederreißen, abreißen ⑤ (*стерпеть*) ertragen, aushalten, sich gefallen lassen ⑥ (*о птице*) ◇ ~ **яйцó** ein Ei legen

снижéние c_4 ‹-я› ① (*уменьшение*) Senkung f, Herabsetzung f; Kürzung f; (*в статистике*) Abnahme f; ◇ ~ **себестóимости** Herabsetzung der Selbstkostenpreises; ◇ ~ **цен** Preissenkung f ② *ав* (*перед посадкой*) Landeanflug m

сни́зить V$_{4a}$ сов ‹-и́жу, -зишь, *Part. Prät. Pass.* -и́женный› [**снижáть** V$_{1a}$ *несов*] *кого-что вин* ① (*опустить*) senken, herabsetzen; ◇ ~ **цéны** die Preise herabsetzen; ◇ ~ **шум** den Lärm reduzieren ② (*уменьшить*) die Höhe verringern; ◇ ~ **самолёт** zur Landung ansetzen

сни́зу *нареч* ① (*с нижней стороны*) unten ② (*по направлению вверх*) von unten; ◇ **подня́ться** ~ **вверх** von unten nach oben steigen ③ *перен* (*со стороны народа*) von unten; ◇ **кри́тика** ~ Kritik von unten

сни́мок m_1 ‹-мка, *мн.*:-мки› Bild n, Fotografie f; ◇ **рентгéновский** ~ Röntgenaufnahme

снисходи́тельный *прил* ‹-ая, -ое, -ые› ① (*не строгий*) nachsichtig ② (*высокомерный*) überheblich, herablassend

сни́ться V$_{4a}$ *несов* ‹сню́сь, сни́шься, *Adv. Part. Prät.* сни́вшись› *что вин кому дат* im Traum erscheinen; ◇ ~**ся хорóший сон** einen schönen Traum haben

снóва *нареч* ① (*опять*) erneut, wieder, von neuem; ◇ ~ **и** ~ immer und immer wieder ② (*сначала*) von Anfang an

сновидéние c_4 ‹-я› Traum m

сноп m_1 ‹-á, *мн.*:-ы́› ① (*связка*) Garbe f, Bündel n ② *перен* (*излучение*) Bündel n; ◇ ~ **лучéй** Strahlenbündel

снóска ж$_1$ ‹-и, *род мн*:-сок› Fußnote f

снотвóрное c_5 ‹-(А)-ого› Schlafmittel n

снохá ж$_1$ ‹-и́, *мн.*:-и› Schwiegertochter f

сношéние c_4 ‹-я› ① (*связь, общение*) Verbindung f, Beziehung f; ◇ **вступи́ть в** ~**я с кем-л** mit jd-m in Verbindung treten ② (*совокупление*) ◇ **половы́е** ~**я** Geschlechtsverkehr m

снять* сов ‹сниму́, сни́мешь› [**сни-мáть** V$_{1a}$ *несов*] *кого-что вин с кого-чего род* (1), *что вин* (2, 4, 6), *что вин род* (3), *кого-что вин* (5) ① (*убрать*) abnehmen; ◇ ~ **очки́** die Brille absetzen ② (*раздеться*) ausziehen, ablegen; ◇ ~ **шáпку** den Hut abnehmen ③ (*лишить*) streichen; ◇ ~ **с рабóты** entlassen; ◇ ~ **с учёта** abmelden ④ *перен* (*отменить*) aufheben; ◇ ~ **запрéт** ein Verbot aufheben; ◇ ~ **своё предложéние** sein Angebot zurückziehen ⑤ *фото* aufnehmen, fotografieren ⑥ (*взять внаём*) mieten; ◇ ~ **показáния с когó-л** jd-n verhören; ◇ ~ **боль** den Schmerz nehmen; ◇ ~ **кóпию** eine Kopie machen; ◇ ~ **мéрку** Maß nehmen

собáк a ж$_1$ ‹-и› Hund m; ◇ **охóтничья** ~**a** Jagdhund; *разг* ◇ **сторожевáя** ~ Wachhund m; ◇ **вот где** ~**а зары́та!** da liegt der Hund begraben!; ◇ **он на э́том** ~**у**

съел darauf versteht er sich; ◇ **что-л кому́-л ну́жен как ~е пя́тая нога́** etw ist für jd-n völlig überflüssig

собесе́дник M_1 <-a> Gesprächpartner m;

собесе́дование c_4 <-я> Gespräch n, Aussprache f; (*бесе́да*) Unterhaltung f; (*совеща́ние*) Besprechung f, Beratung f; (*колло́квиум*) Kolloquium n; ◇ **провести́ ~** ein Gespräch führen

собира́ть *несов от* **собра́ть**

собла́зн M_1 <-a> Versuchung f, Verführung f; ◇ **ввести́ кого́-л в ~** jd-n in Versuchung führen; ◇ **не устоя́ть про́тив ~a** einer Versuchung widerstehen; **соблазни́ть** V_{4a} *сов* <-ню́, -ни́шь> [**соблазня́ть** V_{1b} *несов*] *кого́-что вин* ① (*прельсти́ть*) verführen, verleiten; ◇ **~ кого́-л вы́годой** jd-n mit einem Profit locken ② (*обесче́стить*) verführen

соблюда́ть V_{1a} *несов* <-а́ю, -а́ешь> [**соблюсти́*** *сов*] *что вин* einhalten, befolgen; (*исполня́ть*) erfüllen; ◇ **~ дисципли́ну** Disziplin wahren; ◇ **~ очерёдность** die Reihenfolge einhalten

соболе́знование c_4 <-я> Beileid n, Kondolenz f; (*сочу́вствие*) Mitgefühl n; ◇ **вы́разить ~е** sein Beileid aussprechen, kondolieren; ◇ **прими́те мои́ ~я** herzliches Beileid

со́боль M_2 <-я, *мн:* -ли/-ля́, *род:* -лей/-ле́й> зоол Zobel m

собо́р M_1 <-а> ① рел Konzil n; ② ◇ **церко́вный ~** Kirchenkonzil ③ (*храм*) Kathedrale f

собра́ние c_4 <-я> ① (*заседа́ние*) Versammlung f ② (*колле́кция*) Sammlung f; ◇ **~ ре́дкостей** Raritätensammlung; ◇ **по́лное ~ сочине́ний** gesammelte Werke; юр ◇ **~ зако́нов** Gesetzbuch n

собра́т M_1 <-а, *мн:* -ья, *род:* -ьев> Mitmensch m, Nächste m; ◇ **~ по профе́ссии** Berufskollege m

собра́ть* *сов* <-беру́, -берёшь> [**собира́ть** V_{1a} *несов*] *кого́-что вин* ① (*сосредото́чить*) versammeln, zusammenrufen ② (*с по́ла*) aufheben, aufsammeln ③ (*срыва́ть*) pflücken, sammeln, lesen; ◇ **~ я́годы с кусто́в** Beeren von den Sträuchern pflücken ④ (*соста́вить*) einholen, einziehen; ◇ **~ све́дения** Nachrichten einholen ⑤ (*получи́ть*) bekommen; ◇ **~ бо́лее 50% голосо́в** über 50 % der Stimmen bekommen ⑥ (*пригото́вить*) machen, fertig machen; ◇ **~ ве́щи в доро́гу** packen für die Reise ⑦ (*напря́чь*) zusammennehmen, sammeln; ◇ **~ мы́сли** seine Gedanken sammeln ⑧ тех montieren, zusammenbauen; **собра́ться** *сов* <-беру́сь, -берёшься> [**собира́ться** V_{1a} *несов*] *во что вин или с инф* sich fertig machen, beabsichtigen; ◇ **в доро́гу** sich auf den Weg machen

со́бственник M_1 <-а> Eigentümer m, Besitzer m; **со́бственность** $ж_5$ <-и> Eigentum n, Besitz m; ◇ **ли́чная ~** persönliches

Eigentum; ◇ **ча́стная ~** Privatbesitz; ◇ **переда́ть в ~** übereignen; ◇ **приобрести́ в ~ что-л** die Eigentumsrechte von etw erwerben; **со́бственный** *прил* <-ая, -ое, -ые> ① eigen, Eigen-; ◇ **ви́деть ~ыми глаза́ми** mit eigenen Augen sehen; ◇ **чу́вство ~ого досто́инства** Selbstwertgefühl n; ◇ **по ~ому жела́нию** auf eigenen Wunsch; ◇ **~ой персо́ной** persönlich ② (*действи́тельный*) eigentlich, eigen

собы́тие c_4 <-я> Ereignis n; (*слу́чай*) Begebenheit f; ◇ **бога́тый ~ями** ereignisreich

сова́ $ж_1$ <-ы́, *мн:* -ы> Eule f

соверша́ть *несов от* **соверши́ть**

совершенноле́тие c_4 <-я> Volljährigkeit f; *юр* Mündigkeit f; ◇ **дости́гнуть ~я** die Volljährigkeit erlangen; **соверше́нно** *нареч (в по́лной ме́ре)* vollkommen, völlig; ◇ **~ ве́рно** völlig richtig; ◇ **~ секре́тно** streng geheim; ◇ **ты ~ прав** du hast völlig Recht; **соверше́нный** *прил* <-ая, -ое, -ые> ① (*превосхо́дный*) vollkommen, vollendet; ◇ **~ое творе́ние** vollkommenes Werk ② (*несомне́нный*) vollkommen, ganz, völlig; ◇ **~ая пра́вда** reine Wahrheit ③ грам ◇ **~ый вид** vollendeter [perfektiver] Aspekt; **соверше́нствование** c_4 <-я> Vollendung f, Vervollkommnung f; (*повыше́ние квалифика́ции*) Weiterbildung f; **соверши́ть** V_{4a} *сов* <-шу́, -ши́шь> [**соверша́ть** V_{1a} *несов*] *что вин* ① (*осуществи́ть*) verrichten, vollbringen; (*испо́лнить*) vollziehen; (*оши́бку, просту́пок*) begehen; ◇ **~ть преступле́ние** ein Verbrechen begehen; ◇ **~ самолёт ~л поса́дку** das Flugzeug landete ② (*офо́рмить*) abschließen; ◇ **~ть сде́лку** ein Geschäft abschließen

со́весть $ж_5$ <-и> Gewissen n; ◇ **с чи́стой ~ю** mit reinem Gewissen; ◇ **угрызе́ния ~и** Gewissensbisse m pl; ◇ **поступи́ть по ~и** gewissenhaft handeln; ◇ **на́до и ~ь знать** man muss wissen, wie weit man gehen kann; ◇ **на ~ь** einwandfrei

сове́т M_1 <-а> ① (*мне́ние*) Rat m, Ratschlag m; ◇ **после́довать чьему́-л ~у** jd-s Rat befolgen; ◇ **проси́ть ~а** um Rat fragen ② (*совеща́ние*) Rat m, Beirat m ③ (*о́рган госуда́рственной вла́сти*) Rat m, Organ n; ◇ **райо́нный ~** Bezirksrat; ◇ **се́льский ~** Gemeinderat; ◇ **Госуда́рственный ~** Staatsrat; **сове́тник** M_1 <-а> ① (*сове́тчик*) Berater m, Ratgeber m ② (*должностно́е лицо́*) Rat m; **сове́товать** V_{3a} *несов* <-тую, -туешь> [**по~** *сов*] *кому́-чему дат что вин или с инф* raten, einen Rat geben; ◇ **~ую тебе́ отдохну́ть** ich rate dir, dich auszuruhen

сове́тский *прил* <-ая, -ое, -ие> ист sowjetisch, Sowjet-; ◇ **С~ая власть** Sowjetmacht f; ◇ **~ая респу́блика** Sowjetrepublik f

совеща́ние c_4 <-я> Beratung f; (*конфере́нция*) Konferenz f; (*обсужде́ние*) Besprechung *f;* **совеща́ться** V_{1a} несов ⟨-а́юсь, -а́ешься⟩ *о чём предл* sich beraten, beratschlagen

совмести́мый *прил* ⟨-ая, -ое, -ые⟩ (miteinander) vereinbar, kompatibel

совмести́тельств|**о** c_2 ⟨-а⟩ ◇ **рабо́тать по ~у** nebenberuflich tätig sein

совме́стный *прил* ⟨-ая, -ое, -ые⟩ gemeinsam, zusammen

сово́к m_1 ⟨-вка́, *мн:* -вки́⟩ Handschaufel *f;* ◇ **~ для песка́** Sandschaufel

совоку́пност|**ь** $ж_5$ ⟨-и⟩ Gesamtheit *f;* ◇ **всё в ~и** alles zusammen; **по ~и** insgesamt

совпада́ть несов от **совпа́сть**

совпаде́ние c_4 ⟨-я⟩ **1** (одновременность событий) Zusammenfallen *n,* Zusammentreffen *n* **2** (общность) Übereinstimmung *f;* ◇ **~ точек зре́ния** Meinungsübereinstimmung **3** *мат* Kongruenz *f*

совпа|**сть** *сов* ⟨-падёт, -паду́т, 1 и 2 л. не употр⟩ [**совпада́ть** V_{1a} несов] с чем *тв* **1** (произойти в одно время) zusammenfallen, zusammentreffen; ◇ **экза́мены ~ли с о́тпуском** die Prüfungen fielen in den Urlaub **2** (оказаться одинаковым) sich decken, übereinstimmen; ◇ **показа́ния свиде́телей ~ли** die Zeugenaussagen deckten sich **3** *мат* kongruieren, kongruent sein

совреме́нник m_1 ⟨-а⟩ Zeitgenosse *f;* **совреме́нность** $ж_5$ ⟨-и⟩ **1** (действительность настоящего) Gegenwart *f* **2** (соответствие нашей эпохе) Aktualität *f,* das Zeitgemäße; **совреме́нный** *прил* ⟨-ая, -ое, -ые⟩ **1** (относящийся к какому-л времени) zeitgenössisch; ◇ **~ое иску́сство** zeitgenössische Kunst; (тогдашний) damalig **2** (относящийся к настоящему времени) zeitgemäß, heutig, gegenwärtig; ◇ **~ое состоя́ние нау́ки** heutiger Stand der Wissenschaft **3** (стоящий на уровне своего века) modern, aktuell

совсе́м *нареч* **1** (вполне) ganz, völlig; ◇ **не ~ здоро́в** nicht ganz gesund **2** (нисколько) überhaupt; ◇ **я э́того ~ не ожида́л** das habe ich überhaupt nicht erwartet

согла́си|**е** c_4 ⟨-я⟩ **1** (разрешение) Einverständnis *n,* Zustimmung *f* **2** (единодушие) Einvernehmen *n,* Eintracht *f;* ◇ **прийти́ к ~ю** zu einem Einvernehmen kommen; **согласи́ться** V_{4a} *сов* ⟨-ашу́сь, -си́шься⟩ [**соглаша́ться** V_{1a} несов] на что вин или с инф (1), с кем-чем тв (2), о или на чём предл (3) **1** (дать согласие) in etw einwilligen, einverstanden sein **2** (подтвердить что-л) zustimmen, beipflichten; ◇ **~ с мне́нием специали́ста** der Expertenmeinung beipflichten **3** (договориться) vereinbaren, übereinkommen; ◇ **~ о цене́** einen Preis vereinbaren; **соглаше́ние** c_4 ⟨-я⟩ **1** (приведение в соответствие) Abstimmung *f;* (договорённость) Vereinbarung *f* **2** (координа-

ция) Koordination *f* **3** *грам* Kongruenz *f;* **согласо́ванный** *прил* ⟨-ая, -ое, -ые⟩ übereinstimmend, koordiniert; **согласова́ть** V_{1a} сов ⟨-су́ю, -су́ешь, *Imp.* -су́й, ~те, *Part. Prät. Pass.* -со́ванный⟩ [**согласо́вывать** V_{1a} несов] что вин с кем-чем тв **1** (привести в соответствие) in Einklang bringen, in Übereinstimmung bringen, koordinieren **2** (обсудить) vereinbaren, absprechen **3** грам in Kongruenz bringen

соглаше́ни|**е** c_4 ⟨-я⟩ **1** (взаимное согласие) Übereinkunft *f;* (договорённость) Vereinbarung *f;* ◇ **прийти́ к ~ю** mit jd-m übereinkommen; ◇ **по ~ю с кем-л** vereinbarungsgemäß **2** (по взаи́мному ~ю) in beiderseitigem Einverständnis **2** (договор) Abkommen *n,* vertragliche Vereinbarung; (трудово́е ~е) Arbeitsvertrag *m*

согна́ть* *сов* ⟨сгоню́, сго́нишь, *Part. Prät. Pass.* со́гнанный⟩ [**сгоня́ть** V_{1b} несов] кого-что вин **1** (прогнать) verjagen, vertreiben; (спугнуть) verscheuchen **2** (пригнать) zusammentreiben; ◇ **~ коро́в на луг** die Kühe auf die Wiese treiben **3** (удалить) beseitigen; ◇ **~ ли́шний вес** überflüssige Pfunde loswerden

согну́ть см **гнуть**

согра́ждане $мн_1$ ⟨-ждан⟩ Mitbürger *m pl*

согреши́ть см **греши́ть**

со́да $ж_1$ ⟨-ы⟩ Soda *n,* Natriumkarbonat *n*

соде́йстви|**е** c_4 ⟨-я⟩ Beistand *m;* (помощь) Mithilfe *f,* Mitwirkung *f;* (поддержка) Unterstützung *f;* (поощрение) Förderung *f;* ◇ **коми́ссия ~я** Förderungsausschuss *m;* ◇ **оказа́ть ~е** Beistand leisten; ◇ **при ~и** unter Mitwirkung; **соде́йствовать** V_{3a} несов и сов ⟨-твую, -твуешь⟩ кому-чему дат (поддерживать) unterstützen; (способствовать) beitragen; (поощрять) fördern

содержа́ни|**е** c_4 ⟨-я⟩ **1** (действие) Erhaltung *f* **2** (рабочего) Lohn *m;* (служащего) Gehalt *n;* (военнослужащего) Sold *m;* ◇ **о́тпуск с сохране́нием ~я** bezahlter Urlaub **3** (иждивение) Unterhalt *m,* Unterstützung *f;* ◇ **быть на ~и у кого́-л** von jd-m Unterhalt beziehen; ◇ **расхо́ды по ~ю** Unterhaltskosten *pl* **4** (суть) Inhalt *m;* ◇ **пересказа́ть ~е докла́да** den Inhalt des Vortrags wiedergeben **5** (оглавление) Inhaltsverzeichnis *n* **6** (количество чего в чём) Gehalt *m;* ◇ **~е витами́нов в лесны́х я́годах** Vitamingehalt von Waldbeeren; **содержа́тельный** *прил* ⟨-ая, -ое, -ые⟩ inhaltsreich, gehaltvoll; **содержа́ть*** сов ⟨-жу́, -е́ржишь⟩ кого-что вин **1** unterhalten, unterstützen **2** (заключать в себе) enthalten; **содержа́ться*** несов ⟨-жу́сь, -е́ржишься без доп **1** (находиться, храниться) sich befinden; ◇ **де́ло ~ится в та́йне** die Sache wird geheim gehalten; ◇ **~е витами́нов в лесны́х я́годах** sich in Haft befinden **2** (сохраняться) aufrecht erhalten, instand gehalten werden, in Ordnung halten ③ (*заключа́ться в чём*) enthalten sein; ◇ в кни́ге ~атся ну́жные све́дения das Buch enthält die nötigen Informationen **содру́жество** c_2 ⟨-а⟩ ① (*еди́нение*) Zusammenwirken *n*, Zusammenarbeit *f* ② (*соо́бщество*) Gemeinschaft *f*, Bund *m*; ◇ С~ Незави́симых Госуда́рств (СНГ) Gemeinschaft Unabhängiger Staaten [GUS] **соедине́ние** c_4 ⟨-я⟩ ① (*де́йствие*) Vereinigen *n*, Zusammenschließen *n* ② (*ме́сто*) Verbindung *f*, Anschluss *m* ③ тех Verbindung *f*, Kupplung *f* ④ воен Verband *m* ⑤ хим Verbindung *f*; **соедини́ть** V_{4a} сов ⟨-ню́, -ни́шь⟩ [**соединя́ть** V_{1b} несов] *кого́-что вин* ① (*объедини́ть*) verbinden, vereinigen; ◇ ~ два го́рода автостра́дой zwei Städte durch eine Autobahn verbinden ② (*скрепи́ть*) verbinden, anschließen

выраже́ние сожале́ния

Das tut mir sehr Leid.
Мне о́чень жаль.
Wirklich schade, dass wir uns nicht mehr sehen können.
Действи́тельно жаль, что мы бо́льше не смо́жем уви́деться.
Leider habe ich ihn nicht erreicht.
К сожале́нию, я его́ не заста́л/а.
Das bedaure ich sehr.
Я о́чень сожале́ю об э́том.
Unglücklicherweise habe ich ausgerechnet an diesem Tag ein wichtiges Treffen.
К несча́стью, у меня́ и́менно в э́тот день ва́жная встре́ча.

сожале́ни|е c_4 ⟨-я⟩ ① (*огорче́ние*) Bedauern *n*; ◇ к ~ю leider ② (*сострада́ние*) Mitleid *n*; ◇ почу́вствовать ~е к кому́-л Mitleid mit jd-m haben; ◇ без ~я erbarmungslos; **сожале́|ть** V_5 несов ⟨-е́ю, -е́ешь⟩ *о ком-чём предл или с сою́зом "что"* ① (*скорбе́ть*) ◇ ~ю, но помо́чь не могу́ es tut mir Leid, aber ich kann nicht helfen **сожи́тельств|о** c_2 ⟨-а⟩ (*совме́стное прожива́ние*) Zusammenwohnen *n*; (*в одно́й кварти́ре*) Wohngemeinschaft *f*; **состоя́ть в ~е с кем-л** mit jd-m zusammenleben **созва́ть*** сов ⟨-зову́, -зовёшь, *Part. Prät. Pass.* со́званный⟩ [**сзыва́ть** (1) V_{1a} несов] *кого́-что вин* ① (*пригласи́ть*) einladen ② (*собра́ние*) einberufen, zusammenrufen **созве́здие** c_4 ⟨-я⟩ Sternbild *n*, Gestirn *n* **созда́ть*** сов ⟨-а́м, -а́шь⟩ [**создава́ть** V_{1a} несов, *Part. Präs. Akt.* -даю́щий⟩] *кого́-что вин* (*учреди́ть*) schaffen; (*основа́ть*) gründen, stiften; ◇ ~ тео́рию eine Theorie ins Leben rufen; ◇ ~ госуда́рство einen Staat gründen; (*образова́ть*) bilden; ◇ э́ти лю́ди со́зданы друг для дру́га

diese Menschen sind wie füreinander geschaffen; ◇ ~ себе́ и́мя sich einen Namen machen
созида́тельн|ый прил ⟨-ая, -ое, -ые⟩ schöpferisch; ◇ ~ая де́ятельность schöpferische Tätigkeit
сознава́|ть V_{Ja} несов ⟨-аю́, -аёшь, *Part. Präs. Akt.* -аю́щий⟩ *что вин* einsehen; (*призна́ть*) erkennen; (*понима́ть*) sich bewusst werden; ◇ ребёнок на́чал ~ть окружа́ющее das Kind begann, die Umwelt wahrzunehmen; ◇ сам того́ не ~я́ ohne sich dessen bewusst zu sein; **созна́ни|е** c_4 ⟨-я⟩ ① (*понима́ние, осозна́ние*) Bewusstsein *n*, Einsicht *f*; ◇ ~е до́лга Pflichtbewusstsein; ◇ его́ му́чило ~е, что он оши́бся die Erkenntnis, einen Fehler begangen zu haben, quälte ihn ② (*состоя́ние*) Bewusstsein *n*, Besinnung *f*; ◇ больно́й без ~я der Patient ist bewusstlos; ◇ лиши́ться ~я die Besinnung verlieren; ◇ прийти́ в ~е zu Bewusstsein kommen; ◇ до поте́ри ~я bis zur Bewusstlosigkeit; **созна́тельность** $ж_5$ ⟨-и⟩ Bewusstsein *n*, Bewusstheit *f*; ◇ рост ~и Bewusstseinsbildung *f*; **созна́тельн|ый** прил ⟨-ая, -ое, -ые⟩ ① (*облада́ющий созна́нием*) bewusst ② (*отве́тственный*) bewusst; ◇ ~ое отноше́ние к чему́-л bewusste Beziehung zu etw; (*созна́ющий свой долг*) pflichtbewusst ③ (*наме́ренный*) vorsätzlich, absichtlich; ◇ ~ый обма́н vorsätzlicher Betrug
созре́вший прил ⟨-ая, -ее, -ие⟩ gereift; (*спе́лый*) reif
созре́ть *см.* зреть
соиска́ние c_4 ⟨-я⟩ Bewerbung *f*
соиска́тель $м_2$ ⟨-я⟩ Anwärter *m*
сойти́* сов ⟨-йду́, -йдёшь, (4) 1 и 2 л. не употр⟩ [**сходи́ть** V_{4a} несов] *с чего́ род* (1-4), *за кого́-что вин* (5), *что вин кого́-му дат* (6)⟩ ① (*спусти́ться*) hinuntergehen, heruntersteigen; ◇ ~ с горы́ den Berg hinuntergehen; (*вы́йти на остано́вке*) aussteigen; ◇ сходи́те на сле́дующей остано́вке steigen Sie an der nächsten Haltestelle aus ③ (*уйти́*) weggehen; (*уклони́ться*) abweichen; (*поки́нуть*) verlassen; ◇ ~ с ре́льсов entgleisen ④ (*исче́знуть*) verschwinden, abbröckeln, sich lösen; ◇ зага́р сошёл с лица́ die Bräune verschwand aus dem Gesicht; ◇ снег сошёл с поле́й der Schnee verschwand von den Feldern; ◇ ко́жа сошла́ die Haut schälte sich; ◇ фильм сошёл с экра́на der Film läuft nicht mehr ⑤ *разг* (*быть при́нятым*) angesehen werden, gelten (als) ◇ без разг (*зако́нчиться уда́чно*) gut verlaufen, gutgehen; ◇ ему́ всё сошло́ с рук er ist noch einmal gut davongekommen; ◇ ~ с ума́ den Verstand verlieren; ◇ ~ в моги́лу sterben; ◇ ~ на нет null und nichtig werden
сок $м_1$ ⟨-а⟩ Saft *m*; ◇ в са́мом ~у́ in voller Lebensblüte; **соковыжима́лка** $ж_1$ ⟨-и, *род мн:* -лок⟩ Saftpresse *f*

со́кол m_1 <-а> Falke m; ◇ **гол как со́кол** arm wie eine Kirchenmaus

сократи́ть V_{4a} сов <-ащу́, -ти́шь, *Part. Prät. Pass.* -ащённый [**сокраща́ть** V_{1a} *несов*] *кого-что вин* (1) *(сделать короче)* kürzen, verkürzen; ◇ ~ **путь** den Weg abkürzen; ◇ ~ **статью́** den Artikel kürzen (2) *(уменьшить)* reduzieren, verringern; ◇ **расхо́ды** die Ausgaben verringern (3) *разг (уволить)* entlassen, kündigen (4) *мат* kürzen; **сокраще́ни|е** c_4 <-я> (1) *(в тексте)* Kürzung f, Verkürzung f; ◇ **рома́н печа́тается с ~ями** der Roman wird in gekürzter Verfassung gedruckt; ◇ **без ~й** ungekürzt (2) *(уменьшение)* Verringerung f, Reduzierung f, Abbau m (3) *(увольнение)* Kündigung f, Entlassung f; ◇ **уво́лен по ~ю шта́тов** entlassen aufgrund von Personalabbau (4) *мат* Kürzung f (5) *(аббревиатура)* Abkürzung f; **сокращённый** *прил* <-ая, -ое, -ые> (1) *(краткий)* kurz, verkürzt, kurzgefasst (2) *лингв* abgekürzt

сокро́вищ|е c_3 <-а> (1) *(драгоценность)* Kostbarkeit f, Schatz m; ◇ **ни за каки́е ~а** um nichts in der Welt (2) *перен* Schatz m, Juwel n; ◇ **~а ру́сского зо́дчества** Schätze der russischen Baukunst

сокруши́тельный *прил* <-ая, -ое, -ые> zerstörerisch, vernichtend

солда́т m_1 <-а, *род мн:* солда́т> Soldat m

солён|ый *прил* <-ая, -ое, -ые> (1) *(содержащий соль)* salzig, salzhaltig (2) *(имеющий вкус соли)* gesalzen, Salz-; ◇ ~**ый суп** salzige Suppe; ◇ **~ые огурцы́** Salzgurken $f pl$ (3) *перен (остроумный)* gesalzen; ◇ **~ый анекдо́т** anstößiger Witz; ◇ **~ое словцо́** gesalzene Worte

солида́рность $ж_5$ <-и> Solidarität f

соли́дн|ый *прил* <-ая, -ое, -ые> (1) *(основательный)* solide, haltbar, gründlich; ◇ **~ые зна́ния** gründliche Kenntnisse (2) *(важный)* bedeutend (3) *(о возрасте)* gesetzt, stattlich; ◇ **~ челове́к ~ого во́зраста** Mensch im fortgeschrittenen Alter (4) *(значительный)* groß, gehörig; ◇ **~ая су́мма** beträchtliche Summe

соли́ст m_1 <-а> Solist m; *(певец)* Solosänger m; *(танцор)* Solotänzer m

соли́ть V_{4a} *несов* <-лю́, со́лишь, *Präs. Pass.* -ли́мый, *Part. Prät. Pass.* со́ленный> [**по~** *сов*] *что вин* (1) *(для вкуса)* salzen (2) *(консервировать)* einsalzen, pökeln

со́лнечн|ый *прил* <-ая, -ое, -ые> (1) *(относящийся к солнцу)* Sonnen-; ◇ **~ый свет** Sonnenlicht n; ◇ **~ый уда́р** Sonnenstich m (2) *перен (радостный)* strahlend, sonnig, glücklich; ◇ **~ая улы́бка** strahlendes Lächeln; **со́лнц|е** c_1 <-а> Sonne f; ◇ **до ~а** bis zum Sonnenaufgang m; ◇ **лежа́ть на ~е** sich sonnen; ◇ **и на ~е быва́ют пя́тна** kein Mensch ist vollkommen; **со́лнце-стоя́ние** c_4 <-я> *астр* Sonnenwende f

солов|е́й m_4 <-вья́> Nachtigall f; ◇ **разлива́ться ~ём** schöne Reden schwingen

со́лод m_1 <-а> Malz n

соло́м|а $ж_1$ <-ы> Stroh n; ◇ **цве́та ~ы** strohgelb, strohfarben; **соло́минк|а** $ж_1$ <-и, *род мн:* -нок> Strohhalm m; ◇ **уто́пающий хвата́ется за ~у** ein Ertrinkender klammert sich an jeden Strohhalm

соло́нка $ж_1$ <-и, *род мн:* -нок> Salzstreuer m

соль $ж_5$ <-и, *мн:* -ли, *род:* -ле́й> Salz n; ◇ **столо́вая ~ь** Speisesalz; ◇ **пуд ~и съесть с кем-л** mit jd-m durch dick und dünn gehen

сом m_1 <-а́, *мн:* -ы́> *(рыба)* Wels m

сомнева́ться V_{1a} *несов* <-а́юсь, -а́ешься> *в ком-чём предл или с союзом "что"* zweifeln (an), bezweifeln; ◇ **~а́юсь, что он придёт** ich bezweifle, dass er kommt; ◇ **в э́том никто́ не ~а́ется** das bezweifelt niemand; **сомне́ни|е** c_4 <-я> *(неуверенность)* Zweifel m, Bedenken $m pl$; ◇ **испы́тывать ~е** Zweifel haben; ◇ **без ~я** zweifellos; ◇ **в э́том нет ~я** darüber gibt es keinen Zweifel; ◇ **разреши́ть все ~я** alle Zweifel beseitigen; **сомни́тельный** *прил* <-ая, -ое, -ые> (1) *(вызывающий сомнение)* zweifelhaft, fragwürdig (2) *(двусмысленный)* verdächtig, zweifelerregend

сон m_1 <сна, *мн:* сны> (1) *(состояние)* Schlaf m; ◇ **пробуди́ться от сна** aufwachen; ◇ **спать кре́пким [мёртвым] сном** fest schlafen; ◇ **пе́ред сном** vorm Schlafengehen (2) *(сновидение)* Traum m; ◇ **ви́деть ~** träumen; ◇ **кому́-л присни́лся стра́шный ~** jd hatte einen Alptraum; ◇ **ни сном, ни ду́хом** nicht ein bisschen

со́нн|ый *прил* <-ая, -ое, -ые> (1) *(спящий)* schlafend; *(вялый)* verschlafen, träge (2) *(снотворный)* Schlaf-, einschläfernd (3) *перен (бездеятельный)* verschlafen, untätig; ◇ **~ая жизнь** verschlafenes Leben; *анат* ◇ **~ая арте́рия** Halsschlagader f; *мед* ◇ **~ая боле́знь** Schlafkrankheit f

со́ня $ж$ <-и> (1) *разг (о человеке)* Schlafmütze f, Langschläfer m (2) *зоол* Siebenschläfer m

сообража́|ть V_{1a} *несов* <-а́ю, -а́ешь> *что вин* (1) *(взвешивать)* erwägen (2) *(понимать)* verstehen, erfassen; ◇ **голова́ се́годня пло́хо ~ет** der Kopf funktioniert heute nicht; ◇ **она́ хорошо́ ~ет** sie hat eine gute Auffassungsgabe; ◇ **~й, что ты говори́шь** überleg dir, was du sagst; **соображе́ни|е** c_4 <-я> (1) *(размышление)* Überlegung f, Erwägung f (2) *(способность соображать)* Auffassungsgabe f (3) *(мысль, мнение)* Meinung f, Beweggrund m; ◇ **по поня́тным/такти́ческим ~ям** aus verständlichen/taktischen Gründen; ◇ **приня́ть в ~е** in Erwägung ziehen; **сообрази́ть** V_{4a} *сов* <-ажу́, -зи́шь, *Part. Prät. Pass.* -ажённый> [**сообража́ть** *несов*] *что вин* (1) *(понять)* verstehen, kapieren, sich klar werden; ◇ ~л, в чём де́ло ich habe verstanden, was los ist; ◇ ~л, что над ним смею́тся er hat begriffen, dass man über ihn lacht; ◇ разг (устро́ить) machen; ◇ сообрази́-ка нам яи́чницу! mach uns Rühreier!

сообща́ть несов от **сообщи́ть**

сообще́ни|**е** c_4 ⟨-я⟩ ① (информа́ция) Mitteilung f, Meldung f; ◇ ~е печа́ти Pressemeldung; ◇ по после́дним ~ям nach letzten Meldungen; (доведе́ние до све́дения) Benachrichtigung f ② (связь) Verkehr m, Verbindung f; ◇ сре́дства ~я Verkehrsmittel n pl

соо́бществ|**о** c_2 ⟨-а⟩ Gesellschaft f; ◇ в ~е с кем-л gemeinsam mit jd-m

сообщи́ть V_{4a} сов⟨-щу́, -щи́шь⟩ [**сообща́ть** V_{1a} несов] что вин или о ком-чём предл (1), что вин кому-чему предл (2) ① (уве́домить) mitteilen, melden; ◇ ~ о прибы́тии по́езда die Ankunft des Zuges ankündigen ② (пе́редать, прида́ть) verleihen; ◇ ~ материа́лу водонепроница́емость das Material wasserundurchlässig machen

соо́бщник m_1 ⟨-а⟩ Mittäter m, Komplize m (посо́бник) Helfershelfer m

сооруди́ть V_{4a} сов⟨-ужу́, -уди́шь, Prät. Prät. Pass. -ужённый⟩ [**сооружа́ть** V_{1a} несов] что вин ① (возвдигнуть) errichten, erbauen ② (смастери́ть) zusammenzimmern, bauen; разг (пригото́вить) zubereiten; **сооруже́ние** c_4 ⟨-я⟩ ① (де́йствие) Erbauung f ② (постро́йка) Bauwerk n, Bau m; (зда́ние) Gebäude n; ◇ промы́шленное ~ Industrieanlage f

соотве́тственно I. нареч entsprechend; ◇ прочти́ и поступа́й ~ lies es durch und geh entsprechend vor II. предлог с дат или тв (согла́сно) gemäß, nach; ◇ де́йствовать ~ прика́зу einem Befehl gemäß handeln; **соотве́тствие** c_4 ⟨-я⟩ (соотноше́ние) Übereinstimmung f; (сообра́зность) Angemessenheit f; (эквивале́нт) Entsprechung f; ◇ привести́ в ~ in Übereinstimmung bringen; **соотве́тствующий** прил ⟨-ая, -ее, -ие⟩ ① (подходя́щий) entsprechend; ◇ поступи́ть ~им о́бразом entsprechend vorgehen ② (приго́дный) passend, angemessen, geeignet

соотéчественник m_1 ⟨-а⟩ Landsmann m; **соотéчественница** $ж_1$ ⟨-ы⟩ Landsfrau f

соотноше́ние c_4 ⟨-я⟩ Wechselbeziehung f; ◇ ~ сил Kräfteverhältnis n

сопе́рник m_1 ⟨-а⟩ Rivale m; (конкуре́нт) Konkurrent m; ◇ у него́ нет ~ов er steht außer Konkurrenz; (в любви́) Nebenbuhler m; **сопе́рничество** c_2 ⟨-а⟩ Rivalität f, Konkurrenz f; (соревнова́ние) Wettstreit m

со́пка $ж_1$ ⟨-и, род мн: -пок⟩ геогр Bergkuppe f

со́пли $мн_2$ ⟨-éй⟩ разг Rotz m, Nasenschleim m

сопля́к m_1 ⟨-á, мн: -й⟩ груб Rotznase f

сопоста́вить V_{4b} сов⟨-влю, -вишь, Part. Prät. Pass. -вленный⟩ [**сопоставля́ть** V_{1b} несов] кого-что вин с кем-чем тв gegenüberstellen, konfrontieren; (сра́внить) vergleichen

соприкаса́|ться V_{1a} несов ⟨-а́юсь, -а́ешься⟩ [**соприкосну́ться** V_2 сов⟨-нёшься⟩ кем-чем тв или без доп ① (быть сме́жным) angrenzen, sich berühren; ◇ земе́льные уча́стки ~ются die Grundstücke grenzen aneinander; перен ◇ на́ши интере́сы не ~ются unsere Interessen gehen auseinander ② перен (ста́лкиваться) in Berührung kommen; ◇ ~ться с ра́зными людьми́ mit unterschiedlichen Leuten zu tun haben; **соприкоснове́ние** c_4 ⟨-я⟩ Berührung f, Fühlung f; ◇ войти́ в ~ с реа́льностью mit der Realität konfrontiert werden

сопровожда́|ть V_{1a} несов ⟨-а́ю, -а́ешь, (4) 1 и 2 л. не употр⟩ [**сопроводи́ть** V_{4a} сов⟨Part. Prät. Pass. -вождённый⟩ кого-что вин (1, 2), что вин чем тв (3) ① (сле́довать) begleiten ② муз begleiten; ◇ ~ть пе́ние му́зыкой den Gesang musikalisch begleiten ③ (дополня́ть) versehen mit, beilegen; ◇ текст ~ют коммента́рии der Text ist mit Kommentaren versehen; **сопровожде́ние** c_4 ⟨-я⟩ ① Begleitung f; Geleit n; (конво́й, эско́рт) Eskorte f ② муз Begleitung f

сопротивле́ни|**е** c_4 ⟨-я⟩ ① (противоде́йствие) Widerstand m; ◇ ока́зывать ~е Widerstand leisten; ◇ движе́ние ~я Widerstandsbewegung f ② эл, физ Widerstand m ③ тех Festigkeit f, Beständigkeit f; **сопротивля́ться** V_{1b} несов ⟨-я́юсь, -я́ешься⟩ кому-чему дат ① (противоде́йствовать) widerstehen, Widerstand leisten ② (проти́виться) sich sträuben, sich widersetzen

сопу́тств|**овать** V_{1a} несов ⟨-твую, -твуешь, Imp. -твуй, ~те, Adv. Part. Präs. -твуя⟩ кому-чему дат ① (сопровожда́ть) begleiten ② перен (происходи́ть одновреме́нно) einhergehen (mit), begleiten; ◇ кри́зису ~ует безрабо́тица die Krise ist von Arbeitslosigkeit begleitet

сор m_1 ⟨-а⟩ Kehricht m

сора́тник m_1 ⟨-а⟩ Kampfgefährte m, Mitkämpfer m

сорване́ц m_1 ⟨-нца́, мн: -нцы́⟩ Wildfang m, Schlingel m

сорва́ть V_{1a} сов⟨-ву́, -вёшь, Imp. -ви́, -те, Part. Prät. Pass. со́рванный⟩ [**срыва́ть** V_{1a} несов] что вин (1-3), что вин на ком-чём предл (4) ① (снять) abreißen, herunterreißen, pflücken ② (нару́шить) stören; (расстро́ить) vereiteln, verhindern; ◇ ~ гра́фик den Zeitplan durcheinander bringen ③ разг (вы́нудить) abnötigen, ergattern; ◇ ~ хоро́ший куш einen gehörigen Batzen ergattern ④ разг (вы́местить) auslassen; ◇ ~ раздраже́ние на дома́шних seinen Ärger an der Familie auslassen; ◇ ~ го́лос die Stimmbänder überstrapazieren

сорвиголова́ *м, ж₁ ‹-ы́, вин: -го́лову, мн: -ы, род: -голо́в› разг* Draufgänger *m*

соревнова́ни|**е** *c₄ ‹-я›* ① Wettbewerb *m*; ◇ **вступи́ть в ~e** in Wettbewerb treten ② ◇ **-я** *мн* спорт Wettkämpfe *m pl*; ◇ **междунаро́дные ~я** Länderkämpfe *m pl*

сори́ть V₄ₐ *несов ‹-рю́, -ри́шь› [на- сов] что вин или чем тв* ① *(загрязнять)* Schmutz machen; ◇ ~ **на полу́** Abfall auf den Boden werfen ② *перен разг (тра́тить)* ◇ ~ **деньга́ми** Geld zum Fenster hinauswerfen

сорня́к *м₁ ‹-а́, мн: -и́›* Unkraut *n*

со́рок *числ* vierzig; ◇ **ему́ за ~** er ist über vierzig; ◇ **ей под ~** sie geht auf die vierzig zu

соро́ка *ж₁ ‹-и›* зоол Elster *f*

сорокале́ти|**е** *c₄ ‹-я›* ① *(период в 40 лет)* vierzig Jahre; ◇ **в тече́ние после́днего ~я** im Laufe der letzten vierzig Jahre ② *(годовщина)* vierzigjähriges Jubiläum, vierzigster Jahrestag; *(день рождения)* vierzigster Geburtstag; **сороково́й** *числ ‹-а́я, -о́е, -ы́е›* der vierzigste; ◇ **-ы́е го́ды** die vierziger Jahre

сороконо́жка *ж₁ ‹-и, род мн: -жек›* зоол Tausendfüßler *m*

соро́чк|**а** *ж₁ ‹-и, род мн: -чек›* Hemd *n*; ◇ **роди́ться в ~e** unter einem glücklichen Stern geboren sein

сорт *м₁ ‹-а, мн: -а́›* ① *(категория)* Sorte *f*, Qualität *f*, Wahl *f*; ◇ **пе́рвый ~** erster Wahl ② *(разновидность растений)* Sorte *f*; ◇ **ра́нний ~ я́блок** frühe Apfelsorte ③ *перен разг (о людях)* Typ *m*, Menschenschlag *m*

соса́ть* *несов ‹-су́, -сёшь› что вин* ① *(жидкость)* saugen; *(о насекомых)* ◇ ~ **кровь из кого́-л** Blut aus jd-m saugen ② *(конфету, палец)* lutschen; ◇ ~ **ледене́ц** ein Fruchtbonbon lutschen ③ *перен* quälen, nagen

сосе́д *м₁ ‹-а, мн: -и, род: -ей›* Nachbar *m*; **сосе́дка** *ж₁ ‹-и, род мн: -док›* Nachbarin *f*; **сосе́дний** *прил ‹-яя, -ее, -ие›* Nachbar-, nachbarlich

соси́ска *ж₁ ‹-и, род мн: -сок›* Würstchen *n*

со́ска *ж₁ ‹-и, род мн: -сок› (на буты́лочке)* Schnuller *m*; *(пустышка)* Lutscher *m*

соскобли́ть V₄ₐ *сов ‹-лю́, -ли́шь›, Part. Prät. Pass. -о́бленный› [соска́бливать V₁ₐ несов] что вин* abschaben, abkratzen; ◇ ~ **ста́рую кра́ску со стены́** alte Farbe von der Wand kratzen

сосла́ть* *сов ‹сошлю́, сошлёшь›, Part. Prät. Pass.* со́сланный› [**ссыла́ть** V₁ₐ *несов] кого́-что вин (депортировать)* deportieren; *(выслать)* ausweisen, verbannen; **сосла́ться** *сов ‹сошлю́сь, сошлёшься› [ссыла́ться несов] на кого́-что вин* sich

beziehen (auf), sich berufen (auf), verweisen (auf); ◇ ~ **на ве́рные исто́чники** sich auf glaubwürdige Quellen berufen

сосло́вие *c₄ ‹-я›* Stand *m*; ◇ **меща́нское ~** Kleinbürgerstand

сослужи́вец *м₅ ‹-вца, мн: -вцы›* (Arbeits-) Kollege *m*

сосна́ *ж₁ ‹-ы́, мн: -ы, род: -сен, дат: -ам›* бот Kiefer *f*; ◇ **заблуди́ться в трёх ~х** in einer unkomplizierten Lage keinen Ausweg wissen

сосо́к *м₁ ‹-ска́, мн: -ски́›* ① анат Brustwarze *f* ② *(у животных)* Zitze *f*

сосредото́чение *c₄ ‹-я› (накопление)* Ansammlung *f*; *(концентрация)* Konzentration *f*; *(скопление)* Anhäufung *f*; **сосредото́ченный** *прил ‹-ая, -ое, -ые›* ① *(направленный в одно место)* gezielt, auf einen Punkt gerichtet ② *(о человеке)* gesammelt; *(внимательный)* aufmerksam; *(напряжённый)* angespannt; *(сконцентрированный)* konzentriert; **сосредото́чить** V₄ᵦ *сов ‹-чу, -чишь› [сосредото́чивать* V₁ₐ *несов] кого́-что вин* ① *(соединить)* zusammenfassen, zusammenziehen; *(сконцентрировать)* konzentrieren; *(скопить)* anhäufen ② *(мысли)* konzentrieren, sammeln

соста́в *м₁ ‹-а›* ① *(совокупность людей)* Zusammensetzung *f*, Bestand *m*; ◇ **ли́чный ~** Personal *n*; *(актёров)* ◇ **испо́лни́телей** Besetzung *f*; ◇ **входи́ть в ~ прези́диума** dem Präsidium angehören; ◇ **в по́лном ~e** vollzählig ② *(совокупность предметов)* Bestandteile *m pl*, Zusammensetzung *f*; ◇ **в ~e кого́-чего́-л** bestehend aus ③ ж.-д. *(поезд)* Zug *m*; юр ◇ ~ **преступле́ния** Straftatbestand *m*; лингв ◇ **слова́рный ~** Wortschatz *m*; **соста́ви**|**ть** V₄ᵦ *сов ‹-влю, -вишь, 4) и 1 л. мн. не употр., Part. Prät. Pass.* -вленный› [**составля́ть** V₁ᵦ *несов] что вин* ① *(собрать)* zusammenstellen, zusammensetzen, bilden; ◇ ~**ть спи́сок уча́стников** eine Teilnehmerliste aufstellen ② *(сочинить)* verfassen, abfassen; ◇ ~**ть план** einen Plan entwerfen ③ *(дать в су́мме)* ausmachen, bilden; ◇ **расхо́д ~т сто рубле́й** die Ausgaben werden sich auf hundert Rubel belaufen; ◇ **э́то не ~т труда́** das wird keine Mühe kosten ④ *перен (получать)* erwerben; ◇ ~**ть себе́ и́мя** sich einen Namen machen; **составле́ние** *c₄ ‹-я›* ① *(из частей чего-л целого)* Zusammenstellung *f*, Bildung *f* ② *(плана)* Aufstellung *f*; *(словаря, учебника)* Ausarbeitung *f*; *(документа)* Abfassen *n*; *(протокола)* Aufnahme *f*

состоя́ни|**е** *c₄ ‹-я›* ① *(положение)* Zustand *m*, Lage *f*; ◇ **сохрани́ть что-л в хоро́шем ~и** etw in gutem Zustand erhalten; ◇ **быть в ~и** imstande sein ② *(самочувствие)* Zustand *m*, Verfassung *f*; ◇ ~**e ду́ха** seelische Verfassung; ◇ ~**e здоро́вья** Gesundheitszustand;

◇ **находи́ться в ~и восто́рга** begeistert sein ③ (*иму́щество, со́бственность*) Vermögen *n;* ◇ **нажи́ть ~е** ein Vermögen erwerben; **состоя́тельный** *прил* ⟨-ая, -ое, -ые⟩ ① (*обеспеченный*) vermögend, wohlhabend ② (*обоснованный*) begründet; ◇ **~ до́вод** stichhaltiges Argument

состоя́ть* *несов, kein Imp.* ⟨-ою́, -ои́шь, (1, 2) 1 и 2 л. не употр, *Adv. Part. Präs.* -оя́⟩ *из кого́–чего́ род* ①, *в чём предл* ②, *в чём предл* ③ ① (*иметь в своём составе*) bestehen (aus), sich zusammensetzen ② (*иметь су́тью*) bestehen (in); **в чём ~я́т твои́ обя́занности?** worin bestehen deine Verpflichtungen?; ◇ **ва́ша зада́ча ~и́т в том, что́бы...** Ihre Aufgabe besteht darin, dass... ③ (*быть в каком–л ка́честве*) sein, angehören; ◇ **~я́ть в до́лжности заве́дующего** das Amt des Leiters bekleiden; ◇ **~я́ть на чьём-л иждиве́нии** von jd-m Unterhalt beziehen

сострада́ние *c₄* ⟨-я⟩ Mitleid *n,* Mitgefühl *n;* ◇ **относи́ться с ~м к кому́-л** Mitleid mit jd-m haben

состяза́ние *c₄* ⟨-я⟩ ① (*соревнова́ние*) Wettkampf *m;* ◇ **~ в бе́ге** Wettlauf *m;* ◇ **~ пловцо́в** Wettschwimmen *n* ② (*соперничание*) Wettteifern *n,* Wettstreit *m;* **состяза́ться** *V₁ₐ несов* ⟨-а́юсь, -а́ешься⟩ *с кем-чем тв в чём предл* (*сопе́рничать*) wetteifern; (*соревнова́ться*) sich messen (mit); ◇ **~ в пла́вании** um die Wette schwimmen

сосу́д *м₁* ⟨-а⟩ ① (*изделие*) Gefäß *n* анат Gefäß *n;* ◇ **кровено́сные ~ы** Blutgefäße

сосу́лька *ж₁* ⟨-и, *род мн:* -лек⟩ Eiszapfen *m*

сосуществова́ние *c₄* ⟨-я⟩ Koexistenz *f*

со́т|ня *ж₂* ⟨-и, *род мн:* -тен⟩ ① (*сто едини́ц*) Hundert *n* ② *разг* (*банкнота*) Hundertrubelschein *m;* ◇ **заплати́л две ~и** er hat zweihundert bezahlt

сотру́дник *м₁* ⟨-а⟩ ① (*сослужи́вец*) Mitarbeiter *m;* ◇ **вы́полнить рабо́ту без ~ов** die Arbeit ohne Hilfe machen ② (*слу́жащий*) Mitarbeiter *m,* Angestellte *m;* **сотру́дничество** *c₂* ⟨-а⟩ Zusammenarbeit *f,* Mitarbeit *f,* Mitwirkung *f*

со́ты *мн₁* ⟨-ов⟩ Honigwabe *f*

со́тый *числ* ⟨-ая, -ое, -ые⟩ der hundertste; ◇ **~ая до́ля** Hundertstel *n*

со́ус *м₁* ⟨-а⟩ Soße *f,* Tunke *f; перен* ◇ **под други́м ~ом** in anderer Form

соуча́стник *м₁* ⟨-а⟩ Beteiligter *m,* Teilnehmer *m;* ◇ **~ преступле́ния** Mittäter *m*

соуче́ник *м₁* ⟨-а́, *род мн:* -и́⟩ Mitschüler *m;* **соуче́ница** *ж₁* ⟨-ы⟩ Mitschülerin *f*

со́хнуть *V₂ несов* ⟨-ну, -нешь, *Prät.* сох/ -нул, *Part. Präs. Akt.* -нущий⟩ [**вы-** (1, 2), **про-** (3) *сов*] *без доп* ① (*станови́ться сухи́м*) trocknen, trocken werden; ◇ **бельё ~ет** die Wäsche trocknet; ◇ **у меня́ ~ет во рту** ich habe einen trocke-

nen Mund ② (*вя́нуть*) verdorren, vertrocknen; ◇ **цветы́ ~ут** die Blumen welken ③ *разг* (*худе́ть*) abmagern

сохрани́ть *V₄ₐ сов* ⟨-ню́, -ни́шь⟩ [**сохраня́ть** *V₁ᵦ несов*] *кого́-что вин* ① (*сбере́чь*) erhalten, aufheben; (*спря́тать*) aufbewahren; (*в пре́жнем состоя́нии*) beibehalten ② (*оста́вить в си́ле*) (aufrecht-) erhalten, bewahren; ◇ **~ за собо́й пра́во вы́бора** sich das Wahlrecht vorbehalten; ◇ **~ па́мять о ком-л** im Gedächtnis behalten; **сохра́нность** *ж₅* ⟨-и⟩ Unversehrtheit *f;* (*надёжность*) Sicherheit *f;* ◇ **быть в ~и** unversehrt sein; ◇ **в по́лной ~и** völlig unversehrt

социа́льный *прил* ⟨-ая, -ое, -ые⟩ sozial, Sozial-; (*обще́ственный*) sozial, gesellschaftlich; ◇ **~ая среда́** soziales Umfeld; ◇ **~ое страхова́ние** Sozialversicherung *f*

соче́льник *м₁* ⟨-а⟩ рел Heiligabend *m*

сочета́ние *c₄* ⟨-я⟩ Verbindung *f;* (*соедине́ние*) Vereinigung *f;* ◇ **краси́вое ~ цвето́в** schönes Farbzusammenspiel

сочета́ть *V₁ₐ несов и сов, kein Pass.* ⟨-а́ю, -а́ешь⟩ *что вин с чем тв* verbinden, vereinen, kombinieren

сочине́ни|е *c₄* ⟨-я⟩ ① (*де́йствие*) Verfassen *n,* Abfassen *n;* (*стихо́в*) Dichten *n* ② (*произведе́ние*) Werk *n;* ◇ **по́лное собра́ние ~й** Gesamtausgabe der Werke ③ (*в шко́ле*) Aufsatz *m* ④ грам Verbindung *f;* ◇ **~е предложе́ний** Satzverbindung *f;* **сочини́ть** *V₄ₐ сов* ⟨-ню́, -ни́шь⟩ [**сочиня́ть** *V₁ᵦ несов*] *что вин* ① (*созда́ть*), *с сою́зами "что" и "бу́дто"* ② ① (*созда́ть, написа́ть*) schreiben, dichten, komponieren; (*соста́вить*) verfassen ② *разг* (*вы́думать*) erfinden, erdichten; (*привра́ть*) flunkern

сочу́встви|е *c₄* ⟨-я⟩ (*сострада́ние*) Mitgefühl *n,* Anteilnahme *f;* ◇ **не встре́тить ~я** nicht auf Mitgefühl stoßen; (*благожела́тельность*) Wohlwollen *n,* Sympathie *f;* ◇ **из-за ~я к кому́-л** aus Sympathie für jd-n

сою́з *м₁* ⟨-а⟩ ① (*едине́ние*) Bund *m,* Verband *m,* Bündnis *n;* ◇ **заключи́ть ~** ein Bündnis schließen; ◇ **профессиона́льный ~** Gewerkschaftsbund; ◇ **~ худо́жников** Künstlerverband *m* ② (*госуда́рственное объедине́ние*) Union *f;* ист **Сове́тский С~** Sowjetunion; ◇ **Европе́йский С~** Europäische Union (EU) ③ грам Konjunktion *f;* **сою́зник** *м₁* ⟨-а⟩ Verbündeter *m,* Alliierter *m;* **сою́зный** *прил* ⟨-ая, -ое, -ые⟩ ① (*относя́щийся к сою́зу*) Bundes-, Unions- ② (*состоя́щий сою́зником*) Bündnis-, Allianz-; ◇ **~ые держа́вы** Bündnismächte *f pl* ист Sowjet-; ◇ **~ая респу́блика** Sowjetrepublik *f*

со́я *ж₃* ⟨-и⟩ Soja *f*

спад *м₁* ⟨-а⟩ Rückgang *m;* ◇ **экономи́ческий ~** wirtschaftliche Flaute

спа́зма *ж₁* ⟨-ы⟩ мед Krampf *m*

спа́льня ж₂ ⟨-и, род мн: -лен⟩ Schlafzimmer n

спа́ржа ж₁ ⟨-и⟩ Spargel m

спаса́ть несов с спасти́

спасе́ние с₄ ⟨-я⟩ Rettung f, Erretten n; (доставка в безопасное место) Bergung f

спаси́бо I. частица danke, danke schön [sehr] II. с ⟨нескл⟩ Dank m; ◇ большо́е ~! vielen Dank!

спаси́тель м₂ ⟨-я⟩ ① Retter m, Erretter m ② рел Erlöser m

спасти́* сов ⟨-су́, -сёшь⟩ [спаса́ть V₁ₐ несов] кого́-что л (избавить) retten, erretten; ◇ ~ от сме́рти vor dem Tod retten; мор bergen ② (уберечь) retten; ◇ ~ положе́ние die Situation retten

спать* несов ⟨сплю, спишь⟩ без доп schlafen; ◇ ~ пора́ es ist Zeit, schlafen zu gehen; ◇ ~ и ви́деть sich etw sehnlich wünschen

спекта́кль м₂ ⟨-я⟩ ① (представление) Vorstellung f, Aufführung f; ◇ ста́вить ~ ein Stück aufführen ② перен Spektakel n; ◇ разыгра́ли ~ sie veranstalteten ein Spektakel

 спекули́ровать

Das Wort bedeutet im Russischen nur „Schiebergeschäfte machen", z. B. „Он спекули́рует а́кциями" (Er spekuliert mit Aktien), oder „etwas mit Berechnung ausnutzen", z. B. „Она́ спекули́рует на его́ любви́ к сы́ну" (Sie spekuliert auf seine Liebe zum Sohn).

Спекули́ровать beinhaltet aber nicht die im Deutschen ebenfalls mögliche Bedeutung „grübeln, nachsinnen, überlegen". Der Satz „Er spekuliert über ihr gemeinsames Leben" sollte daher so übersetzt werden: „Он размышля́ет об их совме́стной жи́зни".

спекули́ровать V₃ₐ несов ⟨-рую, -руешь⟩ чем тв (1, 2), на чём предл (3) ① (на бирже) spekulieren; ◇ ~ це́нными бума́гами mit Aktien spekulieren ② (перепродавать) (ver-)schieben; ◇ ~ дефици́тными изде́лиями Mangelwaren verschieben ③ перен (использовать что-л в своих целях) ausschlachten; спекуля́нт м₁ ⟨-а⟩ Spekulant m, Schieber m; ◇ биржево́й ~ Börsenspekulant; спекуля́ция ж₄ ⟨-и⟩ Spekulation f; (сделка) Schieberei f

спе́лый прил ⟨-ая, -ое, -ые⟩ (зрелый) reif, vollreif

спе́рма ж₁ ⟨-ы⟩ биол Sperma n

спесь ж₅ ⟨-и⟩ (высокомерие) Hochmut m, Hochnäsigkeit f; (гордость) Stolz m

специали́ст м₁ ⟨-а⟩ Fachmann m, Spezialist m; специа́льность ж₅ ⟨-и⟩ ① (отрасль науки, техники) Fachgebiet n, Fach n ② (профессия) Beruf m; ◇ основна́я ~ь Hauptberuf; ◇ она́ по ~и инжене́р sie ist Ingenieurin von Beruf; ◇ овладе́ть ~ью einen Beruf erlernen; ◇ не по ~и berufsfremd; специа́льный прил ⟨-ая, -ое, -ые⟩ ① (особый) speziell, Sonder-, Spezial-; ◇ ~ое обору́дование Spezialausrüstung f ② (присущий какой-л специальности) Fach-, fachlich; ◇ ~ый те́рмин Fachterminus m

спе́цифика ж₁ ⟨-и⟩ Besonderheit f, Spezifik f

спецоде́жда ж₁ ⟨-ы⟩ Arbeitskleidung f

спеши́ть V₄ₐ несов ⟨-шу́, -ши́шь⟩ [посо́в] без доп или в чём или с чем (1), без доп (2) ① (торопиться) sich beeilen, eilen; ◇ ~ на по́езд zum Zug eilen; ◇ ~ на по́мощь zu Hilfe eilen; ◇ не ну́жно ~ eilt nicht ② (о часах) vorgehen; ◇ часы́ спеша́т на 5 мину́т die Uhr geht 5 Minuten vor; спе́шка ж₁ ⟨-и⟩ Eile f, Hast f; (гонка) Rennen n; ◇ в ~е in der Eile; спе́шный прил ⟨-ая, -ое, -ые⟩ ① (поспешный) eilig, hastig ② (неотложный) dringend, dringlich; ◇ ~ая по́чта Eilpost f

СПИД м₁ ⟨-а⟩ Aids n

спидо́метр м₁ ⟨-а⟩ Tachometer n

спина́ ж₁ ⟨-ы, мн: -ы⟩ Rücken m; ◇ поверну́ться ~о́й к кому́-л jd-m den Rücken zukehren; ◇ распрями́ть ~у sich aufrichten; ◇ нанести́ уда́р в ~у in den Rücken fallen; ◇ гнуть ~у на кого́-л für j-n schwer arbeiten

спи́нка ж₁ ⟨-и, род мн: -нок⟩ (у мебели) (Rücken-)Lehne f

спира́ль ж₅ ⟨-и⟩ Spirale f

спирт м₁ ⟨-а⟩ Spiritus m, Alkohol m; ◇ древе́сный ~ Holzspiritus; спиртно́е с (A₁) ⟨-о́го⟩ разг Spirituosen pl

списа́ть* сов ⟨-ишу́, -и́шешь⟩ [спи́сывать V₁ₐ несов] что вин (1, 4), что вин с чего род (2), что вин у кого род (3), кого́-что вин (5) ① (переписать) abschreiben ② (воспроизвести) kopieren, eine Kopie machen ③ (позаимствовать у кого-л) von jd-m abschreiben ④ фин (в расход) abschreiben; ◇ ~ две́сти рубле́й zweihundert Rubel abbuchen ⑤ мор (отчислить) entlassen, abmustern; спи́сок м₁ ⟨-ска, мн: -ски⟩ ① (перечень) Liste f; ◇ ~ки избира́телей Wählerlisten ② (рукописная копия) handschriftliche Kopie, Abschrift f; ◇ древне́йшие ~ки ле́тописи uralte handschriftliche Überlieferungen einer Chronik

спи́ца ж₁ ⟨-ы⟩ ① (для вязания) Stricknadel f; ◇ вяза́ть на ~х stricken ② (колеса) Radspeiche f; ◇ пя́тая ~ в колесни́це das fünfte Rad am Wagen

спи́чка ж₁ ⟨-и, род мн: -чек⟩ Streichholz n, Zündholz n; ◇ коро́бка ~ек Streichholzschachtel f; ◇ он как ~а er ist spindeldürr

сплав $м_1$ ‹-а, *мн.:* -ы› (*металлов*) Legierung *f*
сплете́ние c_4 ‹-я› Geflecht *n*, Verflechtung *f*; анат ‹ со́лнечное ~ Sonnengeflecht *n*
спле́тник $м_1$ ‹-а› *разг* Klatschmaul *n*; **спле́тница** $ж_1$ ‹-ы› *разг* Klatschbase *f*; **спле́тн**|**я** $ж_2$ ‹-и, *род мн:* -тен› Klatsch *m*, Gerede *n*; (*толки*) Gerücht *n*; ‹ пусти́ть ~ю Gerüchte in die Welt setzen
сплеча́ *нареч* ① (*наотмашь*) mit Schwung, weit ausholend; ‹ уда́рить ~ mit voller Wucht zuschlagen ② *перен* (*не подумав*) überstürzt, Hals über Kopf; ‹ реша́ть ~ unbedachte Entscheidungen fällen; ‹ руби́ть ~ mit der Tür ins Haus fallen
сплочённость $ж_5$ ‹-и› Geschlossenheit *f*, Zusammenhalt *m*, Einigkeit *f*; **сплочённый** *прил* ‹-ая, ое, -ые› geschlossen, einig
сплошно́й *прил* ‹-а́я, -о́е, -ы́е› ① (*охватывающий всё*) umfassend, durchgängig ② (*плотный*) dicht, kompakt ③ (*непрерывный*) ununterbrochen ④ (*чрезвычайный*) total; ‹ восто́рг absolute Begeisterung; ~ восто́рг vollkommener Blödsinn; **сплошь** *нареч* ① durchgängig, durchweg; (*полностью*) gänzlich, völlig ② (*ничего́ кроме*) ausnahmslos; ‹ все уча́ствуют в чём-л alle ohne Ausnahme nehmen an etw teil; ‹ тако́е случа́ется ~ и (да) ря́дом das kommt ständig vor
сподви́жник $м_1$ ‹-а› Mitkämpfer *m*, Kampfgenosse *m*
споко́йн|**ый** *прил* ‹-ая, -ое, -ые› ① (*тихий*) ruhig, still; ‹ бу́дьте ~ы! seien Sie ganz ruhig!, keine Bange! ② (*лишённый тревог*) unbesorgt, gelassen; ‹ ~ая со́весть ruhiges Gewissen; (*приятный для глаз*) angenehm ③ (*удобный*) bequem; ‹ ~ая о́бувь bequeme Schuhe; **споко́йствие** c_4 ‹-я› Ruhe *f*; (*тишина*) Stille *f*; (*мир*) Frieden *m*; (*уравновешенность*) Ausgeglichenheit *f*; ‹ сохраня́ть ~ die Ruhe bewahren
спо́нсор $м_1$ ‹-а› Sponsor *m*, Geldgeber *m*
спор $м_1$ ‹-а› ① (*полемика*) Streit *m*, Streiterei *f*; (*пререкание*) Wortgefecht *n*; ‹ вести́ ~ streiten; ‹ завести́ ~ einen Streit vom Zaun brechen; ‹ э́то вызыва́ет горя́чие ~ы das ist heiß umstritten ② (*борьба*) Kampf ③ *юр* Streitsache *f*; ‹ суде́бный ~ Rechtsstreit; ‹ о насле́дстве Erbstreit; ‹ ~у нет das ist unbestritten; **спо́р**|**ить** V_{4b} *несов* ‹-рю, -ришь› [**по**~ *сов*] с кем-чем тв о ком-чём предл ① (*вести спор*) (sich) streiten; ‹ о вку́сах не ~ят über Geschmack lässt sich nicht streiten ② *юр* einen Prozess führen ③ (*держать пари*) wetten; ‹ ~им, что она́ победи́т? wetten, dass sie gewinnt?
спо́рный *прил* ‹-ая, -ое, -ые› fraglich, umstritten
спорт $м_1$ ‹-а› ① Sport *m*; ‹ ко́нный ~ Pferdesport; ‹ профессиона́льный ~ Profisport; ‹ занима́ться ~ом Sport treiben ② *перен* (*увлечение*) Sport *m*, Passion

f, Leidenschaft *f*; **спортсме́н** $м_1$ ‹-а› Sportler *m*; **спортсме́нка** $ж_1$ ‹-и, *род мн:* -нок› Sportlerin *f*
спо́соб $м_1$ ‹-а› (*метод*) Weise *f*, Art *f*; Methode *f*, Verfahren *n*; ‹ ~ изготовле́ния Herstellungsverfahren; (*средство*) Mittel *n*; ‹ ~ употребле́ния Gebrauchsanweisung *f*
спосо́бность $ж_5$ ‹-и› ① (*талантливость*) Fähigkeit *f*, Begabung *f*; ‹ у́мственные ~и geistige Fähigkeiten ② (*возможность*) Kraft *f*, Fähigkeit *f*; ‹ покупа́тельная ~ь Kaufkraft; **спосо́бств**|**овать** V_{3a} *несов* ‹-твую, -твуешь› [**по**~ *сов*] кому-чему дат в чём предл (*содействовать*) helfen, unterstützen; ‹ в э́том де́ле я гото́в Вам ~овать ich bin bereit, Sie in dieser Sache zu unterstützen; (*благоприятствовать*) begünstigen, fördern; ‹ вла́га ~ует ро́сту расте́ний Feuchtigkeit fördert das Pflanzenwachstum
споткну́ться V_2 *сов* ‹-ну́сь, -нёшься› [**спотыка́ться** V_{1a} *несов*] обо что вин ① (*запну́ться*) на чём предл (1), на чём предл (2, 3) über etw stolpern, straucheln ② *перен* (*испытать затруднение*) hängen bleiben, stolpern; ‹ ~ на тру́дном де́ле an einer schwierige Aufgabe hängen bleiben; ‹ при чте́нии тру́дного сло́ва beim Lesen über ein schwieriges Wort stolpern ③ *перен* (*потерпеть неудачу*) straucheln, zu Fall kommen
спра́ва *нареч* (*на правой стороне*) rechts; (*с правой стороны*) von rechts
справедли́вость $ж_5$ ‹-и› ① (*отношение*) Gerechtigkeit *f*; ‹ чу́вство ~и Gerechtigkeitssinn *m*; ‹ поступи́ть по ~и gerecht handeln ② (*истинность*) Wahrheit *f*; ‹ ~ь восторжествова́ла die Wahrheit siegte; **справедли́вый** *прил* ‹-ая, -ое, -ые› ① (*беспристрастный*) gerecht ② (*осуществляемый на законных основаниях*) rechtmäßig; ‹ ~ое тре́бование rechtmäßige Forderung ③ (*правильный*) richtig, wahr; ‹ све́дения оказа́лись ~ыми die Nachrichten erwiesen sich als richtig
спра́виться V_{4b} *сов* ‹-влюсь, -вишься› [**справля́ться** V_{1b} *несов*] с кем-чем тв (1, 2), о ком-чём предл (3) ① (*выполнить*) zurechtkommen, schaffen, bewältigen; ‹ не ~ с поруче́нием mit dem Auftrag nicht fertig werden ② (*одолеть*) überwinden, bezwingen ③ (*осведомиться*) sich erkundigen (nach), sich informieren (über), nachforschen; ‹ ~ о значе́нии сло́ва в словаре́ ein Wort im Wörterbuch nachschlagen
спра́вк|**а** $ж_1$ ‹-и, *род мн:* -вок› ① (*сведения*) Auskunft *f*; (*запрос*) Nachfrage *f*, Erkundigung *f*; ‹ навести́ ~и о ком-чём-л Erkundigungen über j-n/etw einholen; ‹ обрати́ться за ~ой um Auskunft bitten ② (*документ*) Bescheinigung *f*; ‹ вы́дать ~у с ме́ста рабо́ты eine Arbeitsbescheinigung ausstellen; **спра́вочник** $м_1$ ‹-а› Nach-

schlagewerk n, Handbuch n; ◇ **железно-**
доро́жный ~ Kursbuch n

спра́шивать *несов от* **спроси́ть**

спрос m_1 <-а> **1** (*требование*) Anforde-
rung f; ◇ **с руководи́теля осо́бый** ~ an
den Leiter werden besondere Anforderungen
gestellt; ◇ **с тебя́ и** ~**у не**t von dir kann man
nichts verlangen **2** эк Nachfrage f; ◇ ~ **пре-**
выша́ет предложе́ние die Nachfrage
übersteigt das Angebot; ◇ **без** ~**а** ohne Er-
laubnis; **спроси́ть** V_{4a} сов <-ошу́,
-о́сишь, *Part. Prät. Pass.* -о́шенный>
[**спра́шивать** V_{1a} *несов*] *кого–что вин*
(1, 3, 4), что вин или чего род (2), с
кого–чего род (5, 6) **1** (*обрати́ться с*
вопро́сом) fragen **2** (*попроси́ть*) um etw
bitten **3** (*вызвать*) verlangen (nach), jd-n
zu sehen/ sprechen wünschen; ◇ **позвони́-**
ли и ~**и́ли но́вого жильца́** sie riefen an
und verlangten den neuen Mieter **4** (*в шко-*
ле) abfragen **5** (*потре́бовать*) fordern; ◇
э́ти де́ньги с меня́ ~**ят** dieses Geld wird
von mir zurückgefordert **6** (*призва́ть к*
отве́ту) zur Verantwortung ziehen, zur Re-
chenschaft ziehen

спрут m_1 <-а> зоол Krake f o. m.

спря́тать *см.* **пря́тать**

спуск m_1 <-а> **1** (*склон*) Abhang m **2**
(*ору́жия*) Abzug m; (*фотоаппара́та*) Aus-
löser m; ◇ **держа́ть па́лец на** ~**e** den Fin-
ger am Abzug halten **3** (*де́йствие*) Abstieg
m; ◇ ~ **с горы́** Abstieg vom Berg; ◇ **не**
дава́ть ~**у кому́-л** jd-m nichts durchgehen
lassen

спусти́ть V_{4a} *сов* <-ущу́, -у́стишь, *Part.*
Prät. Pass. -у́щенный> [**спуска́ть** V_{1a}
несов] *кого–что вин* **1** (*опусти́ть*) hin-
unterlassen, herunterlassen; ◇ ~ **флаг** die
Flagge einholen **2** ◇ ~ **кора́бль на во́ду** ein
Schiff vom Stapel laufen lassen **2** (*осво-*
боди́ть от привя́зи) loslassen; ◇ ~ **соба́-**
ку с це́пи den Hund von der Kette losma-
chen **3** *разг* (*растра́тить*) vergeuden; ◇
~ **все де́ньги до копе́йки** das gesamte
Geld bis auf den letzten Pfennig durchbrin-
gen **4** (*прости́ть*) durchgehen lassen; ◇
э́того я ему́ не спущу́! das werde ich ihm
nicht verzeihen **5** (*указа́ния*) anordnen; ◇
~ **директи́ву** Anweisung geben

спустя́ *предлог с вин* nach, nach Verlauf
von; ◇ **прие́хал** ~ **неде́лю** er kam nach ei-
ner Woche; ◇ **узна́л** ~ **год** er erfuhr es ein
Jahr später; ◇ **немно́го** ~ ein wenig später

спута́ть *см.* **пу́тать**

спу́тник m_1 <-а> **1** (*сопровожда́ющее*
лицо́) Begleiter m, Gefährte m; (*по путе-*
ше́ствию) Reisebegleiter m; ◇ **пере** ~ ◇ ~
жи́зни Lebensgefährte m **2** астр Satellit
m, Trabant m; (*косми́ческий аппара́т*) Sa-
tellit m, Sputnik m; ◇ **иску́сственный** ~
земли́ künstlicher Erdtrabant; **спу́тница**
$ж_1$ <-ы> Begleiterin f, Gefährtin f; (*по пу-*
теше́ствию) Reisebegleiterin f

спя́чк|а $ж_1$ <-и, *род мн:*-чек> **1** (*у жи-*

во́тных) Winterschlaf m; ◇ **зале́чь в** ~**у**
Winterschlaf halten **2** *перен* (*апа́тия*)
Schläfrigkeit f, Schlafsucht f

сравне́ни|е c_4 <-я> (*сопоставле́ние*) Ver-
gleich m, Gegenüberstellung f; ◇ **в** ~**и**
[по ~**ю] с кем/чем-л** im Vergleich zu
jd-m/etw; ◇ **вне** ~**я** unvergleichlich; ◇ **для**
~**я** zum Vergleich; ◇ **не идти́ ни в како́е**
~**e с кем/чем-л** sich nicht messen können
mit jd-m/etw; **сравни́ть** V_{4a} *сов* <-ню́,
-ни́шь, *Part. Präs. Pass.* -ни́мый> [**срав-**
нивать V_{1a} *несов*] *кого–что вин с кем-*
чем тв (*сопоста́вить*) vergleichen, gegen-
überstellen; ◇ **э́то ни с чем не срав-**
ни́мо das ist unvergleichlich

сравне́ние

Er ist mindestens so alt wie sie.
Ему́ по ме́ньшей ме́ре сто́лько же лет
ско́лько ей.
Wir sind gleich alt.
Мы одного́ во́зраста.
Er arbeitet nur halb so viel wie sein
Kollege.
Он рабо́тает вполови́ну ме́ньше свое-
го́ колле́ги.
Im Vergleich zu damals sieht er gut
aus.
По сравне́нию с про́шлым он вы́гля-
дит хорошо́.
Sie hat die gleiche Art wie ihre Mutter.
Она́ о́чень похо́жа на свою́ мать.

сраже́ние c_4 <-я> **1** (*столкнове́ние*)
Schlacht f; (*бой*) Kampf m **2** *перен* (*ссо-*
ра) Kampf m, Streit m

срази́|ть V_{4a} *сов* <-ажу́, -зи́шь, *Part.*
Prät. Pass. -ажённый> [**сража́ть** V_{1a}
несов] *кого–что вин* **1** (*уби́ть*) nieder-
schlagen, erschlagen; ◇ **пу́ля** ~**ла солда́-**
та die Kugel traf den Soldaten tödlich **2**
(*потрясти́*) niederschmettern, erschüttern

сра́зу *нареч* **1** (*в одно́м приём*) auf ein-
mal; ◇ **съел всё** ~ er aß alles auf einmal auf
2 (*в тот же моме́нт*) sofort, unverzüg-
lich; ◇ ~ **сообрази́л** er verstand sofort **3**
(*в непосре́дственной бли́зости*) gleich; ◇
~ **за ле́сом начина́ются поля́** gleich
hinter dem Wald fangen die Felder an

срам m_1 <-а> Schande f, Schmach f

сред|а́[1] $ж_1$ <-ы́> **1** (*окруже́ние*) Umge-
bung f; (*окружа́ющая среда́*) Umwelt f; ◇
загрязне́ние окружа́ющей ~**ы́** Umwelt-
verschmutzung f; ◇ **охра́на окружа́ю-**
щей ~**ы́** Umweltschutz m **2** (*усло́вия*)
Milieu n, Umfeld n; ◇ **социа́льная** ~**á** so-
ziales Umfeld; ◇ **в на́шей** ~**é** in unserem
Milieu **3** физ Medium n; ◇ **пита́тель-**
ная ~**á** Nährboden m

сред|а́[2] $ж_1$ <-ы́, *вин:*-у, *мн:*-ы> Mitt-
woch m; ◇ **в бу́дущую** ~**у** nächsten Mitt-
woch

среди́ *предлог с род* **1** (*в це́нтре, в*

середине) mitten, inmitten, unter; ◇ ~ **мо-лодёжи** unter Jugendlichen **(2)** (*во время чего-л*) mitten; ◇ **проснуться** ~ **ночи** mitten in der Nacht aufwachen; ◇ ~ **бела дня** am hellichten Tage

Средиземное Море c_1 ‹-я› Mittelmeer n
средневековье c_5 ‹-я› Mittelalter n;
среднемесячный *прил* ‹-ая, -ое, -ые› Monatsdurchschnitts-; **среднесуточный** *прил* ‹-ая, -ое, -ые› Tagesdurchschnitts-;
средн|ий *прил* ‹-яя, -ее, -ие› **(1)** (*по возрасту, росту*) Mittel-, mittlerer; ◇ **человек** ~**его роста** mittelgroßer Mensch **(2)** (*взятый в среднем*) Durchschnitts-, Mittel-; ◇ ~**ий заработок** Durchschnittseinkommen n; ◇ ~**яя годовая температура** Jahresdurchschnittstemperatur; ◇ **в** ~**ем** im Durchschnitt; ◇ **ниже** ~**его** unter dem Durchschnitt; ◇**ий палец** Mittelfinger m; *анат* ◇ ~**ee ухо** Mittelohr n **(3)** (*посредственный*) mittelmäßig; ◇ **весьма** ~**ие способности** äußerst durchschnittliche Fähigkeiten **(4)** *грам* ◇ ~**ий род** Neutrum n
средств|о c_2 ‹-а› **(1)** (*приём*) Mittel n; ◇ **добиваться чего-л всеми** ~**ами** etw mit allen Mitteln erreichen wollen; (*путь*) Weg m; (*уловка*) Kniff m **(2)** (*предметы*) Mittel n *pl*; ◇ **перевязочное** ~**о** Verbandszeug n; ◇ ~ **от кашля** Hustenmittel **(4)** (*деньги, кредиты*) Geldmittel *pl*; ◇ **отпустить** ~**а на что-л** Mittel für etw bewilligen; ◇~**а к существованию** Existenzmittel, Einkommen n; (*капитал*) Kapital n; ◇**человек со** ~**ами** gut bemittelte Person; ◇ **жить не по** ~**ам** über seine Verhältnisse leben
срок m_1 ‹-а› **(1)** (*промежуток времени*) Frist f, Zeitspanne f; ◇~**действия** Laufzeit f; *воен* ◇ ~ **службы** Dienstzeit f; *тех* ◇ ~ **службы** Nutzungsdauer f; ◇ **на короткий** ~ kurzfristig; ◇ **по истечении** ~**а** nach Fristablauf; ◇ **в установленные** ~**и** fristgemäß; ◇ ~ **годности** Haltbarkeitsdatum **(2)** (*момент наступления*) Termin m; ◇ **к** ~**у** termingerecht; ◇ **представить работу в** ~ die Arbeit termingerecht vorlegen
срочн|ый *прил* ‹-ая, -ое, -ые› **(1)** (*безотлагательный*) eilig, dringend, Eil-; ◇ ~**ое сообщение** dringende Mitteilung **(2)** *перен* (*рассчитанный на определенный срок*) befristet; ◇ ~**ая ссуда** befristeter Kredit
срывать *несов от* **сорвать**
ссадин|а $ж_1$ ‹-ы› Schramme f, Abschürfung f
ссор|а $ж_1$ ‹-ы› **(1)** (*вражда*) Feindschaft f; ◇ **быть в** ~**е с кем-л** mit jd-m verfeindet sein **(2)** (*перебранка*) Streit m, Zwist m
ссуд|а $ж_1$ ‹-ы› Darlehen n; (*заём*) Anleihe f; ◇ **брать** ~**у у кого-л** bei jd-m eine Anleihe aufnehmen
ссылка¹ $ж_1$ ‹-и, *род мн*: -лок› **(1)** (*высылка*) Verbannung f, Ausweisung f **(2)** (*состояние*) Verbannung f, Exil n

ссылка² $ж_1$ ‹-и, *род мн*: -лок› **(1)** (*указание*) Hinweis m **(2)** (*примечание*) Anmerkung f; (*сноска*) Fußnote f; ◇ ~ **на первоисточник** Quellenangabe f
ссыльный m (A_1) ‹-ого› Verbannter m, Ausgewiesener m
стабильн|ый *прил* ‹-ая, -ое, -ые› stabil, Stabil-; ◇ ~**ые цены** stabile Preise
ставить V_{4b} *несов* ‹-влю, -вишь, *Part. Prät. Pass.* -вленный› [**по**~ *сов*] *что вин, кого-что вин* (7, 8) **(1)** (*помещать*) (hin-)stellen, setzen; ◇ ~ **книги на полки** Bücher auf das Regal stellen; ◇ **себе цель** sich zum Ziel setzen **(2)** (*устанавливать*) setzen, legen, installieren; ◇ ~ **памятник писателю** dem Schriftsteller ein Denkmal errichten; ◇ ~ **телефон** einen Telefonanschluss schalten **(3)** (*прикладывать*) ◇ ~ **компресс** eine Kompresse auflegen; ◇ ~ **термометр** Fieber messen **(4)** (*писать*) setzen; ◇ ~ **знаки препинания** Satzzeichen setzen; ◇ ~ **свою подпись** seine Unterschrift unter etw setzen **(5)** (*устраивать*) durchführen, veranstalten **(6)** (*предлагать для обсуждения*) stellen; ◇ ~ **задачу перед кем-л** jd-m eine Aufgabe stellen; ◇ ~ **на голосование** zur Abstimmung bringen **(7)** *разг* (*назначать*) ernennen, einstellen; ◇ ~ **кого-л на работу** jd-m eine Arbeit zuweisen **(8)** (*доводить*) bringen, stellen; ◇ ~ **перед совершившимся фактом** jd-n vor vollendete Tatsachen stellen; ◇ ~ **рекорд** einen Rekord aufstellen; ◇ ~ **условие** eine Bedingung stellen; ◇ ~ **в вину кому-л что-л** jd-m die Schuld geben; ◇ ~ **кого-л в пример** jd-n als Beispiel nehmen; ◇ **ни во что не** ~ **кого-л** jd-n gering schätzen; ◇ ~ **всё на карту** alles auf eine Karte setzen
ставк|а $ж_1$ ‹-и, *род мн*: -вок› **(1)** (*в азартных играх*) Einsatz m; ◇ **ваша** ~**а бита** Ihr Spiel ist verloren **(2)** (*оклад*) Gehalt n **(3)** (*норма взимания налога*) Satz m, Tarif m; ◇ **процентная** ~**а** Prozentsatz **(4)** (*расчёт на кого-что*) Setzen n; ◇ **делать** ~**у на молодёжь** auf die Jugend setzen
ставня $ж_2$ ‹-и, *род мн*: -вен› Fensterladen m
стадион m_1 ‹-а› *спорт* Stadion n
стад|о c_2 ‹-а, *мн*: -а́, *род*: стад, *дат*: -а́м› Herde f
стаж $м_2$ ‹-а› Dienstalter n, Berufsjahre n *pl*
стайер $м_1$ ‹-а› (*бегун*) Langstreckenläufer m; (*гонщик*) Rennfahrer m
стакан $м_1$ ‹-а› **(1)** (*сосуд*) Glas n **(2)** *тех* Hülse f
сталевар $м_1$ ‹-а› Stahlwerker m, Stahlarbeiter m; **сталь** $ж_5$ ‹-и› Stahl m; ◇ **высококачественная** ~ Edelstahl
стан¹ $м_1$ ‹-а› (*человека*) Gestalt f, Figur f; ◇ **стройный** ~ schlanke Figur
стан² $м_1$ ‹-а› **(1)** (*лагерь*) Lager n **(2)** *перен* feindliches Lager; ◇ **в** ~**е полити-**

ческих проти́вников in den Reihen der politischen Gegner
станда́рт m_1 ‹-а› Standard m; (норма) Norm f; перен **де́йствовать по ~у** nach Schema F vorgehen
стани́ца $ж_1$ ‹-ы› Kosakensiedlung f
станкострое́ние c_4 ‹-я› Werkzeugmaschinenbau m
станови́ться несов от **стать**
становле́ние c_4 ‹-я› Werden n, Entstehen n; (образование) Bildung f
стано́к m_1 ‹-нка́, мн.:-нки́› 1 (маши́на) Werkzeugmaschine f, Werkbank f; **печа́тный** ~ Druckerpresse f; **тока́рный** ~ Drehbank f 2 (подставка) Gestell n; ◇ **для холста́** Rahmen m; (стойка) Ständer m
ста́нция $ж_4$ ‹-и› 1 (пункт) Station f; (остановка) Bahnhof m (вокзал) Bahnhof m 2 (предприятия, учреждения) Station f, Amt n; ◇ **метеорологи́ческая** ~ Wetterstation; ◇ **телефо́нная** ~ Fernsprechamt n; ◇ **электри́ческая** ~ Kraftwerk n 3 (космический летательный аппарат) Raumstation f; ◇ **беспило́тная** ~ unbemannte Raumstation
стара́тельный прил ‹-ая, -ое, -ые› (тща́тельный) sorgfältig; (прилежный) fleißig; (усердный) eifrig; (добросовестный) gewissenhaft; **стара́ться** V_{1a} несов ‹-áюсь,-áешься› [**по**~ сов] без доп (1), с инф (2) 1 (делать что-л со старанием) sich bemühen, sich Mühe geben; ◇ **изо всех сил** alles daransetzen; (прилага́ть усилие) Anstrengungen unternehmen 2 (стремиться сделать) versuchen, bestrebt sein; ◇ ~ **поня́ть** versuchen zu verstehen
старе́йшина m_1 ‹-ы› Älteste m
старе́ть V_5 несов ‹-éю, -éешь› [**по**~ (1), **у**~ (2) сов] без доп 1 (становиться старше) älter werden, altern 2 (устаревать) veralten
стари́к m_1 ‹-á, мн.:-и́› alter Mann, Alter m;
старин|а́ $ж_1$ ‹-ы́› 1 (прежние времена) alte Zeiten f pl; ◇ **в глубо́кую** ~у́ in uralten Zeiten 2 (обычаи, порядки) althergebrachte Sitten und Bräuche 3 (старинный предмет) Antiquität f; ◇ **тряхну́ть** ~о́й junge Jahre wieder aufleben lassen;
стари́нный прил ‹-ая, -ое, -ые› (древний) alt, altertümlich; ◇ ~ **обы́чай** alter Brauch 2 (давнишний) alt, langjährig;
старожи́л m_1 ‹-а› Alteingesessener m;
ста́роста m_1 ‹-ы› 1 (должностное лицо) Älterer m; **ста́рость** $ж_5$ ‹-и› Alter n; ◇ **в глубо́кой** ~**и** in hohem Alter; ◇ **под** ~ь auf seine/ihre alten Tage
старт m_1 ‹-а› Start m; ◇ **дать** ~ das Startzeichen geben; ◇ **вы́йти на** ~ zum Start gehen; ◇ **на** ~! auf die Plätze!
стару́ха $ж_1$ ‹-и› Alte f, alte Frau f
ста́рше сравн от **ста́рый**
ста́рший прил I. прил ‹-ая, -ее, -ие› 1 (бо-

лее старый) älter; ◇ ~**ее поколе́ние** die ältere Generation 2 (по званию) Ober-; ◇ ~**ий нау́чный сотру́дник** leitender wissenschaftlicher Mitarbeiter; (в школе) ◇ ~**ие кла́ссы** Oberstufe f II. м (A_2)‹-его› 1 (взрослый) Erwachsener m 2 (по положению) Vorgesetzter m, Dienstältester m
ста́р|ый прил ‹-ая, -ое, -ые› (сравн: **ста́рше**) 1 (о человеке) alt 2 (давний) alt, langjährig; ◇ **по** ~**ой па́мяти** aus alter Freundschaft 3 (бывший в употреблении) alt, abgenutzt 4 (устаревший) vergangen, veraltet; ◇ ~**ая мо́да** überholte Mode
старьё c_5 ‹-я́› разг alter Kram m; (хлам) (alter) Plunder m; (рухлядь) Gerümpel n; ◇ **вы́бросить** ~ alten Plunder wegwerfen
стати́стика $ж_1$ ‹-и› Statistik f; ◇ ~ **рожда́емости** Geburtenstatistik
ста́тус m_1 ‹-а› Status m; ◇ **посёлку присво́ен** ~ **го́рода** dem Ort wurde der Status einer Stadt zuerkannt; ◇ ~**кво́** Status quo
ста́туя $ж_3$ ‹-и› Statue f, Standbild n
стать[1] * сов ‹ста́ну, ста́нешь› [**станови́ться** V_{4a} несов] кем-чем тв (1, 3), с инф (2) 1 безл (сделаться) werden; ◇ **что с ним** ~**ло по́сле боле́зни?** was ist aus ihm nach der Krankheit geworden? 2 (начать) anfangen; ◇ **не ста́ну чита́ть** ich fange nicht an zu lesen 3 (превратиться) werden; ◇ ~**ть писа́телем** Schriftsteller werden; ◇ ~**ть же́ртвой кого́/чего́-л** jd-m/einer Sache zum Opfer fallen; ◇ **он** ~**л умне́е** er ist klüger geworden
стать[2]* сов ‹ста́ну, ста́нешь, (1) 1 и 2 л. не употр› [**станови́ться** (2) несов] без доп 1 разг безл (обойтись в каку́ю-л су́мму) zu stehen kommen, kosten 2 (встать) sich stellen, treten; ◇ ~ **на коле́ни** niederknien; ◇ ~ **на чью-л сто́рону** für jd-n Partei ergreifen; ◇ ~ **на цы́почки** sich auf die Zehenspitzen stellen; ◇ ~ **на я́корь** vor Anker gehen; ◇ ~ **у вла́сти** an die Macht kommen; ◇ ~ **на защи́ту кого́-л** jd-n verteidigen 3 (остановиться) stehen bleiben, (an-)halten; ◇ **ло́шадь ста́ла** das Pferd blieb stehen; ◇ **часы́ ста́ли** die Uhr ist stehen geblieben; ◇ **во что бы то ни ста́ло** um jeden Preis; ◇ **за мной де́ло не ста́нет** an mir soll es nicht liegen
статья́ $ж_3$ ‹-ьи́, род мн.:-те́й› 1 (публикация) Artikel m; (крупная публицистическая) Leitartikel; (научная) Abhandlung f 2 (раздел документа) Artikel m, Eintrag m; ◇ ~ **зако́на** Gesetzesartikel 3 эк Posten m
стациона́р m_1 ‹-а› stationäre Einrichtung f, Krankenhaus n
ста́чк|а $ж_1$ ‹-и, род мн.:-чек› Streik m, Ausstand m; ◇ **устро́ить** ~**у** in den Streik treten
стащи́ть V_{4a} сов ‹-ащу́, ста́щишь, Part. Prät. Pass. ста́щенный› [**ста́скивать**

V$_{1a}$ несов〉 кого-что вин ① (снять) herunterziehen, wegziehen ② (унести) wegschleppen, fortziehen; ◇ **оттащи́ть в сто́рону** zur Seite ziehen ③ (сосредоточить в одном месте) zusammenschleppen; ◇ ~ **хво́рост в ку́чу** den Reisig auf einen Haufen schleppen ④ разг (украсть) klauen, stibitzen

ста́я ж$_1$ 〈-и, род мн:-й〉 Schwarm m, Rudel n; ◇ ~ **саранчи́** Heuschreckenschwarm

ствол м$_1$ 〈-á, мн:-ы́〉 ① (дерева) Stamm m ② (оружия) Lauf m ③ горн Schacht m

ство́рка ж$_1$ 〈-и, род мн:-рок〉 ① (двери, окна) Flügel m ② тех Klappe f

сте́бель м$_2$ 〈-бля, мн:-бли, род:-блей, дат:-блям〉 Stiel m, Stengel m, Halm m

стекло́ с$_2$ 〈-á, мн: стёкла, род: стёкол, дат:стёкол〉 ① (материал) Glas n; ◇ **небью́щееся** ~ bruchsicheres Glas ② (изделие) Glas n, Scheibe f; ◇ **ветрово́е** ~ Windschutzscheibe f; ◇ **око́нное** ~ Fensterscheibe; ◇ **увеличи́тельное** ~ Lupe f; ◇ **от око́й** Bırilnglas; **стекловолокно́** с$_2$ 〈-á〉 тех Glasfaser f; **стеклоочисти́тель** м$_2$ 〈-я〉 авто Scheibenwischer m; **стекля́нный** прил 〈-ая, -ое, -ые〉 ① (из стекла) ② перен glasig, starr; ◇ ~ **взгляд** glasiger Blick; **стеко́льщик** м$_1$ 〈-а〉 Glaser m

стели́ть V$_{4a}$ несов〈-лю, сте́лешь, Part. Präs. Akt. сте́лющий〉 [**по**~ сов] ausbreiten, legen; ◇ ~ **посте́ль** das Bett machen

стелла́|ж м$_2$ 〈-á, мн:-и́〉 Regal n, Gestell n

сте́ль|ка ж$_1$ 〈-и, род мн:-лек〉 Einlage f, Brandsohle f; ◇ **пьян в** ~**y** stockbesoffen

стен|а́ ж$_1$ 〈-ы́, вин:-у, мн:-ы, род: стен, дат-ам〉 Wand f, Mauer f; ◇ **бето́нная** ~**á** Betonmauer; ◇ **дерева́нная** ~**á** Holzwand; перен ◇ ~ **дождя́** Regenwand; ◇ **под** ~**ами Москвы́** vor den Mauern Moskaus; ◇ **в четырёх** ~**áх** in seinen vier Wänden

стенд м$_1$ 〈-а〉 ① (щит) Stand m; ◇ ~**ы с кни́гами** Bücherstand ② тех **контро́льнопрове́рочный** ~ Prüfstand ③ (витрина) Vitrine f

сте́нк|а ж$_1$ 〈-и, род мн:-нок〉 ① (оболочка) Wand f; ◇ ~**и желу́дка** Magenwände ② (стена) Wand f, Mauer f ③ (предмет мебели) Schrankwand f; ◇ **поста́вить к** ~**е** an die Wand stellen, erschießen

стенокарди́я ж$_4$ 〈-и〉 Herzbeklemmung f

сте́пень ж$_5$ 〈-и〉 ① (мера, сравнительная величина) Grad m, Maß n, Stufe f; ◇ ~**ь подгото́вленности** Ausbildungsstand m; ◇ **в вы́сшей** ~**и** in höchstem Maße; ◇ **в до́лжной** ~**и** in gebührender Weise; ◇ **в не́которой** ~**и** in gewissem Maße; ◇ **до како́й** ~**и?** bis zu welchem Grad? ② (звание) Grad m, Titel m ③ мат Potenz f; ◇ **возвести́ число́ в четвёртую** ~**ь** eine Zahl in die vierte Potenz erheben ④ грам ◇ ~**ь сравне́ния** Vergleichsform f, Komparativ m

степь ж$_5$ 〈-и, о сте́пи, в степи́, мн:-пи, род:-пей〉 Steppe f

стере́ть* сов 〈сотру́, сотрёшь〉 [**стира́ть** V$_{1a}$ несов] что вин ① (удалить с поверхности) abwischen, abreiben; ◇ ~ **пыль с по́лки** Staub vom Regal wischen; перен ◇ ~ **с лица́ земли́** ausrotten; перен ◇ ~ **из па́мяти** aus dem Gedächtnis streichen ② (повредить) wund reiben ③ (измельчить) zerreiben, reiben

сте́рж|ень м$_2$ 〈-жня, мн:-жни〉 ① (опора) Stiel m, Stange f; ◇ ~ **ень в ша́риковой ру́чке** Kugelschreibermine f ② перен (содержание) Kern m; ◇ **челове́к без** ~**ня** Mensch ohne Rückgrat

стёрт|ый прил 〈-ая, -ое, -ые〉 ① (повреждённый) abgegriffen, abgenutzt; ◇ ~**ая на́дпись** verwitterte Aufschrift ② перен (нечёткий) verschwommen, unklar

стесне́ни|е с$_4$ 〈-я〉 ① (притеснение) Beengung f, Bedrückung f; (ограничение) Beschränkung f ② (стеснительность) Befangenheit f; (робость) Schüchternheit f; ◇ **вести́ себя́ без вся́ких** ~**й** sich ungezwungen verhalten; **стеснённ|ый** прил 〈-ая, -ое, -ые〉 beengt; (смущённый) befangen; (ограниченный) beschränkt; ◇ **со** ~**ым се́рдцем** schweren Herzens; ◇ **быть** ~**ым в деньга́х** knapp bei Kasse sein

стесня́ться V$_{1b}$ несов〈-я́юсь, -я́ешься〉 [**по**~ сов] кого-чего род или с инф (смущаться) sich genieren, verlegen sein; (робеть) schüchtern sein; ◇ **не** ~ **в выраже́ниях** sich vulgär ausdrücken; ◇ **не** ~ **в сре́дствах** sich finanziell nicht einschränken

стече́ни|е с$_4$ 〈-я〉 ① (скопление) Ansammlung f; ◇ ~**е наро́да** Volksauflauf m ② (ход событий) Aufeinandertreffen n, Zusammentreffen n; ◇ **неблагоприя́тное** ~**е обстоя́тельств** ungünstiges Zusammentreffen von Umständen; ◇ **по** ~**ю обстоя́тельств** durch (glückliche) Zufall

стил|ь¹ м$_2$ 〈-я〉 ① (признак) Stil m; ◇ **архитекту́рные** ~**и** Architekturstile ② (метод) Stil m, Manier f; ◇ ~**ь руково́дства** Führungsstil; ◇ **сохрани́ть** ~**ь** den Stil wahren

стиль² м$_2$ 〈-я〉 (о летоисчислении) Zeitrechnung f; ◇ **но́вый** ~ Gregorianischer Kalender; ◇ **ста́рый** ~ Julianischer Kalender

сти́мул м$_1$ 〈-а〉 Anreiz m, Ansporn m; (побуждение) Antrieb m; **стимули́ровать** V$_{3a}$ несов и сов 〈-рую, -руешь〉 кого-что вин stimulieren, Anreize schaffen, anspornen, einen Impuls geben

стира́ть¹ V$_{1a}$ несов〈-áю, -áешь〉 [**вы**~ сов] что вин или без доп waschen; ◇ ~ **бельё в маши́не** Wäsche mit der Maschine waschen

стира́ть² несов от **стере́ть**

сти́рка ж$_1$ 〈-и, род мн:-рок〉 Wäsche f, Waschen n; ◇ **у нас сего́дня** ~ wir haben heute große Wäsche

стих m_1 <-á, мн:-и́> ⓵ лит Vers m ⓶ ◇ ~й мн (*стихотворение*) Gedicht n

стихи́йн|ый *прил* <-ая, -ое, -ые> ⓵ (*бессознательный*) Elementar-, elementar; ◇ ~ое бе́дствие Naturkatastrophe f; ◇ ~ая си́ла Naturgewalt f ⓶ *перен* (*неорганизованный*) spontan; **стихи́|я** $ж_4$ <-и> ⓵ Element n, Elementarkraft f, Naturgewalt f; ◇ быть в свое́й ~и (ganz) in seinem Element sein

сти́хнуть V_2 *сов* <-ну, -нешь, *Prät.* стих> [**стиха́ть** V_{1a} *несов*] *без доп* ⓵ (*стать ти́ше*) still werden; (*успоко́иться*) sich beruhigen; (*замолча́ть*) verstummen ⓶ (*прекрати́ться*) aufhören; (*о ветре*) sich legen; ◇ шум стих der Lärm legte sich

стихотворе́ние c_4 <-я> Gedicht n

сто *числ* hundert; ◇ ей за ~ sie ist über hundert; ◇ на все ~ ausgezeichnet

стог m_1 <-а, мн:-á> Schober m; ◇ ~ се́на Heuschober

сто́имость $ж_5$ <-и> ⓵ эк Wert m; ◇ приба́вочная ~ Mehrwert ⓶ (*цена*) Preis m, Kosten *pl*; ◇ номина́льная ~ Nominalwert; ◇ жи́зни Lebenshaltungskosten; ◇ ~ перево́зок Transportkosten

сто́|ить V_{4b} *несов*, <-ю, -ишь> *что вин или чего род* (1), *кого-чего род или с инф* (2), *кого-чего род* (3), *с инф* (4) ⓵ (*иметь цену*) kosten; ◇ биле́т ~ит пять рубле́й die Eintrittskarte kostet fünf Rubel; ◇ это ~ит больши́х де́нег das kostet viel Geld ⓶ *безл* (*следует*) sich lohnen, wert sein; ◇ что-л ~ит внима́ния etw ist beachtenswert; ◇ э́ту пье́су ~ит посмотре́ть es lohnt sich, das Stück anzusehen; ◇ игра́ не ~ит свеч die Sache ist die Mühe nicht wert; (*благодарить*) не ~ит keine Ursache; ◇ это ло́маного гроша́ не ~ит das ist keinen Pfifferling wert ⓷ (*требовать каких-либо затрат*) kosten; ◇ ему́ ничего́ не ~ит помо́чь es macht ihm nichts aus zu helfen ⓸ *безл* (*нужно*) man braucht; ◇ сто́ит то́лько сказа́ть одно́ сло́во, как он се́рдится man braucht nur ein Wort zu sagen und schon wird er wütend

сто́йка $ж_5$ <-и, *род мн:*-оек> ⓵ (*в буфете, пивной*) Theke f ⓶ тех Ständer m; (*подпорка*) Stütze f ⓷ спорт Stand m; ◇ ~ на рука́х Handstand

сто́йкий *прил* <-ая, -ое, -ие> ⓵ физ stabil, beständig ⓶ *перен* (*о растениях*) widerstandsfähig, standfest

сто́йло c_2 <-а> Verschlag m, Stand m; (*конюшня*) Pferdebox f

сток m_1 <-а> ⓵ (*действие*) Abfließen n ⓶ (*место*) Abfluss m, Wasserablauf m

стокра́тный *прил* <-ая, -ое, -ые> hundertfach, verhundertfacht

стол m_1 <-á, мн:-ы́> ⓵ (*предмет мебели*) Tisch m; ◇ обе́денный ~ Esstisch; ◇ сесть за ~ sich zu Tisch setzen; ◇ убра́ть со ~á den Tisch abräumen; ◇ за ~о́м am

Tisch; ◇ сесть за ~ перегово́ров sich an den Verhandlungstisch setzen ⓶ (*питание*) Küche f, Kost f, Essen n; ◇ диети́ческий ~ Diätkost; ◇ односто́ронний ~ einseitiges Essen ⓷ ◇ отде́л учрежде́ний Abteilung f, Büro n; ◇ ~ нахо́док Fundbüro; ◇ бесе́да за кру́глым ~о́м Gespräch am runden Tisch

столб m_1 <-á, мн:-ы́> ⓵ (*бревно, брус*) Pfosten m, Stange f; ◇ телегра́фный ~ Strommast m; *перен* (*без движения*) стоя́ть ~о́м wie eine Säule dastehen ⓶ *перен* (*масса*) Säule f; ◇ позвоно́чный ~ Rückgrat n

столбня́к m_1 <-á> мед Wundstarrkrampf m, Tetanus m; ◇ на него́ нашёл ~ er erstarrte

столе́ти|е c_4 <-я> ⓵ (*век*) Jahrhundert n; ◇ на поро́ге два́дцать пе́рвого ~я an der Schwelle zum 21. Jahrhundert ⓶ (*годовщина*) Hundertjahrfeier f; ◇ ~е со дня рожде́ния hundertster Geburtstag

столи́ца $ж_1$ <-ы> Hauptstadt f

столкнове́ние c_4 <-я> ⓵ (*удар при сближении*) Zusammenstoß m; (*с налёта*) Zusammenprall m; (*до что-л*) Aufprall m; (*о судах*) Kollision f ⓶ (*спор, ссора*) Streit m, Konflikt m; **столкну́ться** V_2 *сов* <-ну́сь,-нёшься> [**ста́лкиваться** V_{1a} *несов*] *с кем-чем тв* ⓵ (*удариться друг о друга*) aufeinander prallen, zusammenstoßen ⓶ *перен* (*сойтись*) stoßen (auf), treffen; ◇ ~ со ста́рым знако́мым einen alten Bekannten treffen; ◇ ~ с неизве́стным явле́нием auf ein unbekanntes Phänomen stoßen ⓷ *перен разг* (*вступить в конфликт*) aneinander geraten, kollidieren

столо́в|ая $ж$ <-ой> ⓵ (*комната*) Esszimmer n ⓶ (*общественного питания*) Kantine f; ◇ студе́нческая ~ Mensa f

столпотворе́ние c_4 <-я> (*скопление народа*) Menschenandrang m, Tumult m; (*беспорядок*) Tohuwabohu n; ◇ вавило́нское ~ Turmbau zu Babel; *перен* Sprachenwirrwarr m

столя́р m_1 <-á, мн:-ы́> Tischler m

стон m_1 <-а> Stöhnen n, Gestöhne n

стоп! *межд* halt!, stopp!

стопа́[1] $ж_1$ <-ы́, мн:-ы, *род:* стоп, *дат:*-áм> Fuß m, Fußsohle f; ◇ пло́ская ~ Plattfuß; ◇ идти́ по чьим-л ~м in jds Fußstapfen treten

стопа́[2] $ж_1$ <-ы́, мн:-ы, *дат:*-ам> ⓵ (*предметов*) Stoß m, Stapel m; ◇ ~ книг Bücherstapel ⓶ (*мера бумаги*) Ries n

сто́пка[1] $ж_1$ <-и, *род мн:*-пок> (*кучка*) Stoß m, Häufchen n

сто́пка[2] $ж_1$ <-и> (*стаканчик*) Gläschen n; (*для водки*) Schnapsgläschen

сто́пор m_1 <-а> Sperrvorrichtung f; (*болт*) Bolzen m

стопроце́нтн|ый *прил* <-ая, -ое, -ые> ⓵ (*содержащий сто процентов*) hundertprozentig ⓶ (*полный, исчерпывающий*)

vollständig, voll, hundertprozentig; ◇ **~ая
я́вка** vollständiges Erscheinen ③ *перен
(совершенный)* hundertprozentig, total; ◇
~ый идио́т totaler Idiot
сто́рож m_2 ‹-а, мн: -á› Wächter *m*;
(смотритель) Aufseher *m*; **сторожево́й**
прил ‹-áя, -óе, -ы́е› Wach-, Wacht-; ◇
~áя вы́шка Wachturm *m*; ◇ **~о́й пост**
Wachtposten *m*; **сторожи́ть** V_{4a} *несов*
‹-жу́, -жи́шь› *кого́-что вин* ① *(стеречь)*
bewachen, überwachen; *(охранять)* schüt-
zen ② *(подстерегать)* abpassen, jd-m
auflauern; **сторо́жка** $ж_1$ ‹-и, *род мн:*
-жек› Wächterhäuschen *n*; ж.-д. Bahnwär-
terhäuschen *n*
сторона́ $ж_1$ ‹-ы́, *вин:* сто́рону, *мн:* сто́-
роны, *род:* -ро́н, *дат:* -на́м› ① *(направ-
ление)* Seite *f*; ◇ **подъе́хать с ле́вой ~ы́**
von links heranfahren; ◇ **лицева́я ~á**
Vorderseite *f*; ◇ **с одно́й ~ы́** einerseits; ◇ **с
друго́й ~ы́** anderseits; ◇ **отойти́ в ~у** zur
Seite gehen; ◇ **на все четы́ре ~ы** überall-
hin; ◇ **сверну́ть в ~у** abbiegen; ◇ **смот-
ре́ть по ~áм** umherschauen; ◇ **обсуди́ть
со всех сторо́н** von allen Seiten erörtern;
◇ **показа́ть себя́ с вы́годной ~ы́** sich
von seiner besten Seite zeigen; ◇ **держа́ть-
ся в ~é** sich fernhalten; ◇ **на ~é** nebenher;
◇ **наблюда́ть со ~ы́** als Außenstehender
beobachten; ◇ **с мое́й ~ы́** meinerseits, was
mich angeht ② *(местность)* Land *n*, Ge-
gend *f*; ◇ **жить на чужо́й ~é** in der Ferne
leben ③ *(группа лиц)* Partei *f*, Vertrags-
partner *m*; ◇ **пре́ния сторо́н на суде́**
Plädoyers vor Gericht
сторо́нник m_1 ‹-а› *(последователь)* An-
hänger *m*; *(представитель)* Vertreter *m*;
(поборник) Verfechter *m*; ◇ **быть ~ом
чего́-л** Anhänger von etw sein
стоя́нка $ж_1$ ‹-и, *род мн:* -нок› ① *(оста-
новка)* Haltestelle *f* ② *(место, где стоит
транспорт)* Parkplatz *m*; ◇ **~а такси́** Taxi-
stand *m*; ◇ **~а автомаши́н запрещена́!**
Parken verboten!; ◇ **поста́вить маши́ну
на ~у** das Auto auf dem Parkplatz abstellen
стоя́ть* *несов* ‹-ою́, -ои́шь› [**по~** *сов*]
*без доп или на ком-чём предл (1), без
доп (2, 3), за кем-чем тв (4), за ко-
го́-что вин (5)* ① stehen; *(неподвижно)*
stillstehen; ◇ **шерсть ~и́т ды́бом** das Fell
sträubt sich; ◇ **~я́ть на коле́нях** knien; ◇
~я́ть на своём auf etw bestehen; ◇ **~я́ть
на пове́стке дня** auf der Tagesordnung
stehen ② *(остановиться)* stehen bleiben,
(an-)halten; ◇ **рабо́та ~и́т** die Arbeit steht
still; ◇ **стой!** halt! stehen bleiben! ③
(быть, иметь место) herrschen, dauern; ◇
со́лнце ~и́т высоко́ die Sonne steht
hoch; ◇ **стои́т весна́** es ist Frühling ④ *(в
очереди)* anstehen, Schlange stehen; ◇ **~ за
биле́тами** für Fahrkarten anstehen ⑤ *(за-
ступиться)* sich einsetzen (für), eintreten,
hinter jd-m stehen
страда́ $ж_1$ ‹-ы́, *мн:* -ы› ① *(время жат-

вы)* Erntezeit *f* ② *перен (напряжённое
время)* Hochsaison *f*
страда́ние c_4 ‹-я› Leiden *n*; *(мука)* Qual
f; **страда́ть** V_{1a} *несов* ‹-áю, -áешь› [**по~**
сов] *от чего́ род (1), чем тв (2), за ко-
го́-что вин (3), что вин у кого́ род (4)*
① *(мучиться)* leiden (unter); ◇ **~ть от
любви́** Liebeskummer haben; ◇ **~ть от
наводне́ния** vom Hochwasser betroffen
sein; ② *(болеть)* leiden (an) ③ *(сочув-
ствовать)* mitempfinden (mit) ④ *разг
(быть плохим)* mangelhaft sein, fehlen; ◇
**аргумента́ция ~ет односторо́ннос-
тью** die Argumentation ist zu einseitig; ◇ **у
него́ ~ет латы́нь** bei ihm hapert es in
Latein
стра́жа $ж_1$ ‹-и› Wache *f*; ◇ **тюре́мная
~а** Gefängniswache; ◇ **содержа́ться под
~ей** in Haft sein; ◇ **быть на ~е чьих-л
интере́сов** jd-s Interessen verteidigen
страна́ $ж_1$ ‹-ы́, *мн:* -ы› Land *n*; ◇ **коло-
ниа́льные ~ы** Kolonien *f pl*; ◇ **развива́ю-
щиеся ~ы** Entwicklungsländer; ◇ **~ све́та**
Himmelsrichtung *f*
страни́ца $ж_1$ ‹-ы› ① *(в книге)* Seite *f*;
◇ **перели́стывать ~ы** Seiten umblättern
② *перен (период)* Etappe *f*, Kapitel *n*
стра́нный *прил* ‹-ая, -ое, -ые› *(непо-
нятный)* seltsam, komisch, sonderbar;
(своеобразный) eigentümlich; *(чудно́й)*
wunderlich; *(со странностями)* schrullig;
◇ **его́ поведе́ние ка́жется мне ~ым**
sein Benehmen befremdet mich
странове́дение c_4 ‹-я› Landeskunde *f*
стра́стный *прил* ‹-ая, -ое, -ые› leiden-
schaftlich, passioniert; ◇ **~ поцелу́й** leiden-
schaftlicher Kuss
страсть $ж_5$ ‹-и, *мн:* -ти, *род:* -те́й› ①
(влечение) Leidenschaft *f*; ◇ **воспыла́ть
~ю к кому́-л** leidenschaftliche Gefühle
für jd-n haben ② *(воодушевлённость)*
Emotionen *f pl*; ◇ **и у спо́рщиков разго-
ре́лись** die Streitenden gerieten in Wallung
③ *(пристрастие)* Leidenschaft *f*; ◇ **у неё
~ь к ка́ртам** sie ist eine leidenschaftliche
Kartenspielerin
стра́ус m_1 ‹-а› зоол Strauß *m*
страх m_1 ‹-а› ① *(испуг)* Angst *f*, Furcht *f*;
(ужас) Entsetzen *n*; ◇ **охва́ченный ~ом**
angsterfüllt; ◇ **~ за дете́й** Angst um die Kin-
der; ◇ **навести́ ~ на кого́-л** jd-m Angst ma-
chen; ◇ **запре́т пои ~ом наказа́ния** bei
Strafe verboten ② ◇ **~и мн** *(риск)* Risiko
n; ◇ **на свой ~ и риск** auf eigenes Risiko
страхова́ние c_4 ‹-я› Versicherung *f*; ◇ **~
жи́зни** Lebensversicherung; ◇ **~ от не-
сча́стных слу́чаев** Unfallversicherung;
страхова́ть V_{3a} *несов* ‹-хую, -хуешь›
[**за~** (1) *сов*] *кого́-что вин* ① *(жизнь,
квартиру)* versichern, eine Versicherung ab-
schließen; ◇ **имущество от пожа́ра** das
Vermögen gegen Brandschaden versichern
② *перен (предохранять)* absichern (ge-
gen); *(оберегать)* schützen, sichern

стра́шный прил ‹-ая, -ое, -ые› ① (ужасный) Furcht erregend, schrecklich, furchtbar; ◇ ~ **сон** Alptraum m; (угрожающий) bedrohlich, beängstigend ② (исключительный) außerordentlich; ◇ ~ **наха́л** entsetzlicher Frechdachs

стрекоза́ ж₁ ‹-ы́, мн:-ко́зы› ① зоол Libelle f, Wasserjungfer f ② перен (о непоседе) quirliges Kind n

стрела́ ж₁ ‹-ы́, мн:-ы› ① (для стрельбы) Pfeil m; ◇ ~ **прямо́й как** ~á kerzengerade; ◇ **пусти́ть** ~ý einen Pfeil schießen ② тех Ausleger m; ◇ **грузова́я** ~á Lastausleger

стреле́ц м₁ ‹-льца́, мн:-льцы́› астр Schütze m

стре́лк|а ж₁ ‹-и, род мн:-лок› ① (в приборах, часах) Zeiger m; ◇ ~**а ко́мпаса** Kompassnadel f ② ж.-д. Weiche f; ◇ **перевести́** ~**у** die Weiche stellen

стрело́к м₁ ‹-лка́, мн:-лки́› Schütze m; ◇ ~ **из лу́ка** Bogenschütze

стрельба́ ж₁ ‹-ы́› Schießen n; (пальба) Schießerei f; (огонь) Feuer n; (обстрел) Beschießung f; **стре́льбище** с₃ ‹-а› Schießplatz m; **стреля́|ть** V₁b несов ‹-ю, -яешь› кого-что вин (1), в кого-что вин (2), без доп (3) ① (убивать) erschießen, erlegen ② (из оружия) feuern, schießen (auf); ◇ ~**ть у́ток** Enten schießen ③ безл (о колющей боли) stechen, zucken; ◇ **у меня́** ~**ет в у́хе** ich habe Ohrenschmerzen; ◇ ~**ть глаза́ми** mit Blicken kokettieren

стремгла́в нареч Hals über Kopf, jäh; **престу́пник бро́сился бежа́ть** ~ der Verbrecher lief Hals über Kopf weg; ◇ **па́дать** ~ hinabstürzen

стреми́тельный прил ‹-ая,-ое,-ые› ungestüm, heftig; (поспешный) hastig

стреми́|ться V₄ₐ несов ‹-млю́сь,-ми́шься› к чему дат или с инф (1), без доп (2) ① (добиваться) streben (nach), etw anstreben, bestrebt sein; ◇ ~**ться к самосто́ятельности** Selbständigkeit anstreben ② (направляться) eilen; ◇ ~**ться домо́й** nach Hause eilen; ◇ **пото́к** ~**тся к мо́рю** der Fluss strebt zum Meer; **стремле́ние** с₄ ‹-я› Bestreben n

стре́мя с₆ ‹-мени, мн:-мена́, род:-мя́н, дат:-мена́м› Steigbügel m

стремя́нка ж₁ ‹-и, род мн:-нок› Strickleiter f

стри́жка ж₁ ‹-и, род мн:-жек› ① (волос) Schneiden n; (овец) Scheren n; (деревьев) Beschneiden n ② (причёска) Frisur f, Haarschnitt m

стричь несов ‹-игу́, -ижёшь› [о~, об~ сов] кого-что вин schneiden; ◇ ~ **газо́н** den Rasen mähen; ◇ ~ **бо́роду** den Bart stutzen; ◇ ~ **всех под одну́ гребёнку** alle über einen Kamm scheren; ◇ ~ **купо́ны** von Zinsen leben

строга́ть, струга́ть V₁ₐ несов ‹-а́ю, -а́ешь, Part. Prät. Pass. стро́ганный/ стру́ганный› [вы~ сов] что вин hobeln; ◇ ~ **до́ску руба́нком** ein Brett mit einem Hobel bearbeiten

стро́г|ий прил ‹-ая, -ое, -ие› (сравн: стро́же) ① (жёсткий) hart, streng, rigoros; ◇ ~**ие нра́вы** strenge Sitten; ◇ **челове́к** ~**их пра́вил** Mensch mit strikten Regeln ② (точный) strikt, genau; ◇ ~**ий учёт** genaue Berechnung ③ (об одежде, внешности) streng

стро́же сравн от **стро́гий**

строи́тель м₂ ‹-я› ① (рабочий) Bauarbeiter m; (специалист) Baumeister m; ◇ **инжене́р**~ Bauingenieur m ② перен (деятель) Schöpfer m; (организатор) Erbauer m; **строи́тельство** с₂ ‹-а› ① (зданий) Bau m, Errichtung f; ◇ ~ **жилы́х домо́в** Wohnungsbau ② (отрасль) Bauwesen n; (промышленность) Baugewerbe n ③ (стройка) Bau m, Baustelle f ④ перен (организация) Aufbau m; **стро́ить** V₄ь несов ‹-о́ю,-о́ишь, Imp. -о́й, ~те, Part. Präs. Pass. -о́имый, Part. Prät. Pass. -о́енный› [по~ сов] что вин (1, 2), на чём предл (3), кого-что вин (4) ① (возводить) bauen, errichten; ◇ ~ **плоти́ну** einen Damm errichten ② перен (создавать) schaffen, aufbauen; ◇ ~ **семью́** eine Familie gründen ③ (основать) bauen, gründen (auf); ◇ ~ **своё благополу́чие на чём-л** seinen Wohlstand auf etw aufbauen ④ (организовать) organisieren, schaffen, einrichten; ◇ ~ **пла́ны** Pläne schmieden; ◇ ~ **себе́ иллю́зии** sich Illusionen machen; ◇ ~ **из себя́ простака́ [дурачка́]** sich dumm stellen; ◇ ~ **возду́шные за́мки** Luftschlösser bauen; ◇ ~ **гла́зки** jd-m schöne Augen machen

стро|й м₃ ‹-я, мн:-и/-й› ① (общественное устройство) Bau m; (государственное устройство) Ordnung f; ◇ **первобы́тнообщи́нный** ~**й** Urgesellschaft f ② воен Front f, Formation f; ◇ **в** ~**ю** im Dienst; **встать в** ~**й** sich in Reih und Glied aufstellen ③ (языка) Aufbau m, Struktur f; ◇ **грамати́ческий** ~**й** grammatikalischer Aufbau; ◇ **вы́вести из** ~**я** außer Gefecht setzen; ◇ **вы́йти из** ~**я** ausfallen, nicht mehr zu gebrauchen; ◇ **ввести́ в** ~**й** in Betrieb nehmen

стро́йк|а ж₁ ‹-и, мн:-и, род:-оек› Baustelle f, Bau m; ◇ **рабо́тать на** ~**е** auf dem Bau arbeiten

стро́йный прил ‹-ая,-ое,-ые› ① (о телосложении) schlank, gut gebaut ② (чёткий) harmonisch, gleichmäßig; ◇ ~**ые ряды** geschlossene Reihen ③ (логичный) logisch, durchdacht aufgebaut ④ (о звуках) harmonisch; ◇ ~**ое пе́ние** harmonischer Gesang

строк|а́ ж₁ ‹-и́, мн:-и› Zeile f; ◇ **кра́сная** ~**á** Absatz m; ◇ ~**á в** ~**у́** Zeile für Zeile; ◇ **нача́ть с но́вой** ~**и** mit einer neuen

Zeile beginnen; ◇ **чита́ть ме́жду строк** zwischen den Zeilen lesen

стропи́ло c_2 <-а> Dachstuhl m

стропти́вый *прил* <-ая, -ое,-ые> störrisch

строфа́ $ж_4$ <-ы́, *мн:* -ы> *лит* Strophe f

строчи́ть V_{4a} *несов* <-чу́, -чи́шь, *Part. Präs. Pass.* -чи́мый> [**на**~ (2), **про**~ (1, 2) *сов* < *Part. Prät. Pass.* -о́ченный>] *что вин (1, 2), без доп (3)* ① (*шить*) steppen, abnähen ② *перен разг* (*писать*) schnell schreiben ③ *перен разг* (*о пулемёте*) knattern

стро́ч|ка $ж_1$ <-и> (*строка*) Zeile f; ◇ **стихотворе́ние в де́сять** ~**ек** zehnzeiliges Gedicht

стру́жк|а $ж_1$ <-и, *род мн:* -жек> (*древесная*) Span m; (*металлическая*) Metallspäne $m\ pl$; *перен* **снима́ть** ~**у с кого́-л** jd-n zurechtweisen, auseinander nehmen

структу́ра $ж_1$ <-ы> Struktur f

струн|а́ $ж_1$ <-ы́, *мн:* -ы> *муз* Saite f; **натяну́ть** ~**у́** eine Saite aufziehen; ◇ **перебира́ть** ~**ы** die Saiten zupfen; ◇ **он как натя́нутая** ~**а́** er steht unter äußerster Anspannung

струч|о́к $м_1$ <-чка́, *мн:* -чки́> (*гороха, бобов*) Hülse f, Schote f

струя́ $ж_3$ <-и́, *мн:* и> (*поток*) Strahl m, Strom m; ◇ **возду́шная** ~ Luftstrom; ◇ ~ **воды́** Wasserstrahl

студе́нт $м_1$ <-а> Student m; **студе́нтка** $ж_1$ <-и, *род мн:* -ток> Studentin f; **студе́нчество** c_2 <-а> ① (*студенты*) Studentenschaft f ② (*пора*) Studienzeit f, Studentenzeit f; ◇ **го́ды** ~**а** Studienjahre $n\ pl$

сту́день $м_2$ <-дня, *мн:* -дни> *кул* Sülze f

сту́дия $ж_4$ <-и> Studio n, Atelier n; ◇ **театра́льная** ~ Schauspielschule f; ◇ ~ **худо́жника** Künstleratelier n

сту́жа $ж_1$ <-и> Frost m, Kälte f

стук $м_1$ <-а> Klopfen n, Pochen n; ◇ **войти́ без** ~**а** eintreten ohne anzuklopfen; (*удары*) Schläge $m\ pl$; (*колёс*) Rattern n

сту́кнуться V_2 *сов* <-нусь, -нешься> [**сту́каться** V_{1a} *несов*] *обо что вин* (*удариться*) sich stoßen; ◇ ~ **лба́ми** die Köpfe zusammenstoßen

стул $м_1$ <-а, *мн:* -ья, *род:* -ьев, *дат:* -ьям> ① (*предмет мебели*) Stuhl m; ◇ **встать со** ~**а** sich vom Stuhl erheben; *перен* ◇ **сиде́ть ме́жду двух сту́льев** zwischen zwei Stühlen sitzen ② *мед* Stuhl m, Stuhlgang m

ступе́н|ь $ж_5$ <-и> ① (*лестницы*) Stufe f; ◇ **подня́ться на две** ~**и** zwei Stufen hochgehen ② (*этап*) Stufe f, Etappe f; ◇ **на ни́зшей** ~**и разви́тия** auf der niedrigsten Entwicklungsstufe

ступня́ $ж$ <-и́, *род мн:* -е́й> Fuß m, Fußsohle f

стуча́ть *несов* <-чу́, -чи́шь, (2) 1 и 2 л. не употр> [**по**~ *сов* *без доп (1, 2)*, *на кого-что вин (3)* ① (*ударять*) (an-)klopfen; ◇ ~ **в дверь** anklopfen; ◇ ~ **в домино́** Domino spielen; ◇ **кулако́м по столу́**

mit der Faust auf den Tisch schlagen ② (*пульсировать*) klopfen, pochen ③ (*доносить*) denunzieren

стыд $м_1$ <-á> ① (*смущение*) Scham f; ◇ **горе́ть от** ~**á** vor Scham rot werden; ◇ **испы́тывать** ~ sich schämen ② (*позор, бесчестье*) Schande f; ◇ **к** ~**у́ своему́** zu meiner Schande; ◇ ~ **так поступа́ть!** es ist eine Schande, so vorzugehen; **стыди́ться** V_{4a} *не- сов* <-жу́сь, -ди́шься> [**по**~ *сов*] *кого-чего род или с инф* sich schämen; (*стесняться*) sich genieren; **сты́дно** *предик, безл* es ist eine Schande; ◇ **кому́-л** ~ **за кого́-л** sich für jd-n schämen; ◇ **как тебе́ не** ~? schämst du dich nicht?

стык $м_1$ <-а> *тех* Stoß m, Fuge f

сты́н|уть* *несов* <-ну, -нешь, (1) 1 и 2 л. не употр> [**о**~ *сов*] *без доп* ① (*становиться холодным*) kalt werden, abkühlen; ◇ **чай** ~**ет** der Tee wird kalt; ◇ **кровь в жи́лах** ~**ет** jd-m erstarrt das Blut in den Adern ② (*мёрзнуть*) frieren, steif werden ③ *перен* (*отношение*) abkühlen

сты́чка $ж_1$ <-и, *род мн:* -чек> ① (*бой*) Geplänkel n ② (*ссора*) Wortwechsel m; (*перебранка*) Zusammenstoß m

стюарде́сса $ж_1$ <-ы> Stewardess f

стяжа́тель $м_2$ <-я> habgieriger Mensch

стяну́ть V_2 *сов* <-ну́, -нешь, *Part. Prät. Pass.* -я́нутый> [**стя́гивать** V_{1a} *несов*] *что вин* ① (*затянуть*) zusammenziehen, zuschnüren ② (*собрать*) zusammenziehen, sammeln, konzentrieren ③ (*снять*) herunterziehen ④ *разг* (*украсть*) stibitzen, klauen

суббо́т|а $ж_1$ <-ы> Samstag m, Sonnabend m; ◇ **в про́шлую** ~**у** letzten Samstag

суббо́тник $м_1$ <-а> (*kollektiver, freiwilliger Arbeitseinsatz am freien Samstag ohne Entgelt*)

субси́ди|я $ж_4$ <-и> Beihilfe f, Subvention f; ◇ ~ **и из обще́ственных фо́ндов** Beihilfen aus öffentlichen Fonds

субъе́кт $м_1$ <-а> ① *филос, грам* Subjekt n ② (*о человеке*) Kreatur f; ◇ **подозри́тельный** ~ verdächtige Gestalt; ◇ **стра́нный** ~ seltsame Kreatur; **субъекти́вный** *прил* <-ая, -ое, -ые> (*индивидуальный*) subjektiv, persönlich

сувени́р $м_1$ <-а> Souvenir n, Andenken n

суверените́т $м_1$ <-а> Souveränität f; ◇ **соблюда́ть** ~ die Souveränität achten

сугро́б $м_1$ <-а> Schneeverwehung f; ◇ **провали́ться в** ~ in eine Schneewehe versinken

сугу́бо *нареч* (*особенно*) äußerst, höchst, besonders; ◇ **опа́сно** äußerst gefährlich

суд $м_1$ <-á, *мн:* -ы́> ① (*государственный орган*) Gericht n; ◇ **Верхо́вный** ~ Oberster Gerichtshof; ◇ **заседа́ние** ~**а** Gerichtsverhandlung f ② (*судьи*) Gericht n; ◇ ~ **удаля́ется на совеща́ние** das Gericht zieht sich zur Beratung zurück ③ (*мнение*) Urteil n; ◇ **отда́ть что-л на** ~ **о́бщества**

etw dem Urteil der Gesellschaft überlassen ④ (*разбирательство*) Verhandlung *f*; ◇ быть под ~óм unter Anklage stehen; ◇ выступáть в ~é ein Plädoyer halten; ◇ подáть на когó-л в ~ jd-n verklagen; ◇ попáсть под ~ vor Gericht stehen ⑤ (*здание*) Gericht *n*, Gerichtsgebäude *n*; ◇ покá ~ да дéло bis man zur Sache kommt; ◇ отдаю éто на Ваш ~ das überlasse ich Ihrem Urteil; рел ◇ Стрáшный ~ das Jüngste Gericht

судáк *m₁* ⟨-á, мн.: -й⟩ (*рыба*) Zander *m*

судéбный *прил* ⟨-ая, -ое, -ые⟩ Gerichts-, gerichtlich, Justiz-; ◇ ~ые издéржки Gerichtskosten *pl*; ◇ ~ый исполнитель Gerichtsvollzieher *m*; ◇ ~ая ошúбка Justizirrtum *m*; ◇ ~ым порядком auf dem Rechtsweg; ◇ ~ое разбирáтельство Gerichtsverhandlung *f*; ◇ ~ый слéдователь Untersuchungsrichter *m*

судúмость *ж₅* ⟨-и⟩ Vorstrafe *f*; ◇ имéть нéсколько ~ей mehrfach vorbestraft sein;

судúть V₄ₐ *несов* ⟨сужý, сýдишь, *Part. Präs. Pass.* -дúмый⟩ *о ком-чём предл или без доп (1), кого-что вин (2, 3), что вин или без доп (4)* ① (*оценивать*) urteilen (über), beurteilen, auf etw schließen; ◇ ~ о ком-л по внéшности jd-n nach seinem Äußeren beurteilen ② (*в судебном порядке*) über jd-n richten, über jd-n Gericht halten; ◇ егó бýдут ~ er kommt vor Gericht ③ (*обвинять*) verurteilen ④ *спорт* das Spiel leiten, Schiedsrichter sein

сýдн|о *с₂* ⟨-а, мн: судá, *род:* судóв⟩ мор Schiff *n*; ◇ грузовóе ~ Frachtschiff; ◇ на воздýшной подýшке Luftkissenboot *n*; ◇ экипáж ~а Schiffsbesatzung; ◇ плáвать на ~é den Schiff fahren

судопроизвóдство *с₂* ⟨-а⟩ юр Gerichtsverfahren *n*, Gerichtsprozess *m*

сýдорога *ж₁* ⟨-и⟩ Krampf *m*; ◇ емý ~ой свелó нóгу er bekam einen Krampf im Bein

судострóение *с₄* ⟨-я⟩ Schiffsbau *m*; судодóдство *с₂* ⟨-а⟩ Schifffahrt *f*

судьб|á *ж₁* ⟨-ы, мн.: -ы, *род:* -деб, *дат:* -ам⟩ ① (*участь*) Los *n*, Schicksal *n*; ◇ преврáтности ~ы Launen des Schicksals; ◇ покорúться ~é sich in sein Schicksal ergeben ③ (*история*) Geschichte *f*; ◇ у éтой рýкописи интерéсная ~á dieses Manuskript hat eine interessante Geschichte; ◇ какúми ~áми? was führt dich hierher?; ◇ не ~á emý es ist mir nicht beschieden; ◇ вóлею сýдеб der Zufall wollte es

судья́ *м₃* ⟨-й, мн.: -и, *род:* -дéй, *дат:* -ям⟩ ① (*в суде*) Richter *m* ② (*в спорте*) Schiedsrichter *m*; ◇ он в éтом дéле не ~ er kann das nicht beurteilen

суевéрие *с₄* ⟨-я⟩ Aberglaube *m*; суевéрный *прил* ⟨-ая, -ое, -ые⟩ abergläubisch

суетá *ж₁* ⟨-ы́⟩ ① (*поспешность*) Hast *f*; (*беготня*) geschäftiges Hin- und Herlaufen; (*лихорадочность*) Fieberhaftigkeit *f* ② (*тщетность*) Vergeblichkeit *f*, Nutzlosigkeit

f; суетлúвый *прил* ⟨-ая, -ое, -ые⟩ geschäftig; (*поспешный*) hastig; (*лихорадочный*) fieberhaft

суждéние *с₄* ⟨-я⟩ Urteil *n*; (*мнение*) Meinung *f*, Ansicht *f*; ◇ каковó Вáше ~ по éтому пóводу? was sagen Sie dazu?

сузúть V₄ᵦ *сов* ⟨сýжу, -зишь, *Part. Prät. Pass.* сýженный⟩ [сужáть V₁ₐ *несов*] *что вин* ① (*сделать узким*) verengen, enger machen ② *перен* eingrenzen, einengen; ◇ ~ круг задáч den Aufgabenbereich eingrenzen

сук *м₁* ⟨-á, мн.: -й/сýчья, *род:* -óв/-ьев, *дат:* -áм/-ьям⟩ Ast *m*

сýка *ж₁* ⟨-и⟩ Hündin *f*

сукнó *с₂* ⟨-á, мн.: -а, *род:* -кон, *дат:* -ам⟩ Tuch *n*; ◇ положúть что-л под ~ etw auf die lange Bank schieben

сумасшéдший I. *прил* ⟨-ая, -ее, -ие⟩ ① (*безрассудный*) verrückt, wahnsinnig ② (*душевнобольной*) geisteskrank, verrückt, wahnsinnig; ◇ ~ий человéк Wahnsinniger *m*; *разг* ◇ ~ий дом Irrenhaus *n* ③ *перен* (*исключительный*) wahnsinnig, irrsinnig; ◇ ~ие дéньги irrsinnig viel Geld; ◇ ~ая скóрость Wahnsinnsgeschwindigkeit *f*; ◇ ~ий успéх Riesenerfolg II. *м* ⟨A₂⟩ ⟨-его⟩ Verrückter *m*, Wahnsinniger *m*; (*душевнобольной*) Geisteskranker *m*, Verrückter *m*; сумашéствие *с₄* ⟨-я⟩ ① (*умопомешательство*) Wahnsinn *m* ② *перен* (*неистовство*) Raserei *f* ③ *перен* (*безрассудство*) Unvernunft *f*, Unzurechnungsfähigkeit *f*; ◇ поступáть так – ~! das zu tun ist Wahnsinn!

суматóха *ж₁* ⟨-и⟩ Durcheinander *n*; (*беспорядок*) Unordnung *f*; (*паника*) Panik *f*, Chaos *n*; ◇ поднялáсь ~ Panik brach aus

сумбýр *м₁* ⟨-а⟩ Wirrwarr *m*, Chaos *n*; (*беспорядок*) Unordnung *f*

сýмерки *мн₁* ⟨-рек⟩ Dämmerung *f*

сýмка *ж₁* ⟨-и, *род мн:* -мок⟩ ① Tasche *f*, Handtasche *f*; ◇ дорóжная ~ Reisetasche; ◇ хозя́йственная ~ Einkaufstasche ② *анат* Beutel *m*, Kapsel *f*; ◇ суставнáя ~ Gelenkkapsel ③ (*у сумчатых животных*) Beutel *m*

сýмма *ж₁* ⟨-ы⟩ Summe *f*, Betrag *m*; ◇ óбщая ~ Gesamtbetrag; ◇ вся ~ человéческих знáний Gesamtheit des menschlichen Wissens

сýмрак *м₁* ⟨-а⟩ Dunkelheit *f*; (*сумерки*) Dämmerung *f*; сýмрачный *прил* ⟨-ая, -ое, -ые⟩ ① (*тёмный*) dunkel, trübe ② *перен* (*угрюмый*) finster, trübe; ◇ ~ вид finsteres Aussehen

сундýк *м₁* ⟨-á, мн.: -й⟩ Koffer *m*, Truhe *f*

суп *м₁* ⟨-а, мн.: -ы́⟩ Suppe *f*

суперобло́жка *ж₁* ⟨-и, *род мн:* -жек⟩ Schutzumschlag *m*

супрýг *м₁* ⟨-а⟩ Ehemann *m*, Gatte *m*; супрýга *ж₁* ⟨-и⟩ Ehefrau *f*, Gattin *f*; супрýги *мн₁* ⟨-ов⟩ Eheleute *pl*, Ehepaar *n*; супрýжество *с₂* ⟨-а⟩ Ehe *f*, Ehestand *m*

суро́вый *прил* ⟨-ая, -ое, -ые⟩ **1** (*холодный*) streng, rau; ◇ **~ый кли́мат** raues Klima **2** (*серьёзный*) streng, hart; ◇ **~ое испыта́ние** harte Prüfung; ◇ **~ый пригово́р** strenges Urteil

суро́к *м₁* ⟨-рка́, *мн:* -рки́⟩ зоол Murmeltier *n*; ◇ **он спит как ~** er schläft wie ein Murmeltier

суррога́т *м₁* ⟨-а⟩ Surrogat *n*, Ersatz *m*

су́слик *м₁* ⟨-а⟩ зоол Zieselmaus *f*

суста́в *м₁* ⟨-а⟩ Gelenk *n*

сутенёр *м₁* ⟨-а⟩ Zuhälter *m*

су́тки *мн₁* ⟨-ок⟩ (*день*) Tag *m*, 24 Stunden; ◇ **кру́глые ~** rund um die Uhr

суто́лока *ж₁* ⟨-и⟩ Gedränge *n*

су́точные *мн* (*А₁*) ⟨-ых⟩ Tagegelder *n pl*, Spesen *pl*

суту́лый *прил* ⟨-ая, -ое, -ые⟩ krumm, mit hängenden Schultern, gebeugt

суть *ж₅* ⟨-и⟩ Wesen *n*, Kern *m*; ◇ **~ь де́ла** Hauptsache *f*; ◇ **по ~и де́ла** im Grunde genommen, eigentlich; ◇ **вни́кнуть в ~ь де́ла** der Sache auf den Grund gehen

су́ффикс *м₁* ⟨-а⟩ грам Suffix *n*, Nachsilbe *f*

суха́рь *м₂* ⟨-я́, *мн:* -ри́⟩ **1** (*засушенный кусок хлеба*) Zwieback *m* **2** *перен разг* (*о человеке*) kalter, hartherziger Mensch

сухожи́лие *с₄* ⟨-я⟩ анат Sehne *f*

сух|о́й *прил* ⟨-а́я, -о́е, -и́е⟩ (*сравн:* **су́ше**) **1** (*не мокрый, не сырой*) trocken; ◇ **~о́е вино́** trockener Wein **2** (*пересохший*) trocken, dürr, vertrocknet; ◇ **~а́я пи́ща** trockenes Essen **3** (*худощавый*) hager **4** *перен* (*бездушный*) kalt, herzlos, trocken; ◇ **~о́й приём** unfreundlicher Empfang **5** *перен* (*скупой, лаконичный*) lakonisch, knapp ◇ спорт ◇ **~а́я ничья́** Spielstand von null zu null; ◇ **проигра́ть ~и́м счётом 15:0 ~** fünfzehn zu null verlieren; ◇ **вы́йти ~и́м из воды́** mit heiler Haut davonkommen; ◇ **~о́й зако́н** Prohibition *f*

сухопа́рый *прил* ⟨-ая, -ое, -ые⟩ (*поджарый*) hager; (*жилистый*) sehnig

су́ша *ж₁* ⟨-и⟩ Festland *n*

су́ше *сравн от* **сухо́й**

су́шк|а *ж₁* ⟨-и, *мн:* -и, *род:* -шек, *дат:* -ам⟩ **1** (*действие*) Trocknen *n* **2** (*маленькая баранка*) Kringel *m*; ◇ **~и с ма́ком** Mohnkringel

суще́ственный *прил* ⟨-ая, -ое, -ые⟩ wesentlich, essentiell; (*значительный*) bedeutend

существи́тельное *с* (*А₁*) ⟨-ого⟩ грам Substantiv *n*, Hauptwort *n*

существо́¹ *с₂* ⟨-а́, *мн:* -а́, *род:* -ств, *дат:* -а́м⟩ (*человек, животное*) Wesen *n*, Geschöpf *n*; ◇ **жа́лкое ~о́** bedauernswerte Kreatur; ◇ **не ви́дно ни одного́ живо́го ~а́** weit und breit ist keine Menschenseele zu sehen

существо́² *с₂* ⟨-а́, *мн:* -а́, *род:* -ств, *дат:* -а́м⟩ (*сущность*) Wesen *n*, Hauptsache *f*; ◇ **поня́ть ~о́ вопро́са** das Problem im we-

sentlichen verstehen; ◇ **говори́ть по ~у́** sich an das Thema halten

существова́ние *с₄* ⟨-я⟩ **1** (*наличие*) Existenz *f*, Bestehen *n* **2** (*жизнь, бытие*) Existenz *f*, Dasein *n*; ◇ **борьба́ за ~** Existenzkampf *m*; ◇ **фи́рма прекрати́ла своё ~** die Firma existiert nicht mehr;

существ|ова́ть *V₃ₐ* *несов* ⟨-тву́ю, -тву́ешь⟩ *без доп (1)*, *чем тв или на что вин (2)* **1** (*быть, иметь место*) existieren, bestehen; ◇ **~у́ет** es gibt; ◇ **~у́ют ра́зные мне́ния по э́тому вопро́су** zu diesem Problem gibt es unterschiedliche Meinungen **2** (*поддерживать свою жизнь*) leben (von); ◇ **~ова́ть на случа́йные за́работки** von Gelegenheitsarbeit leben

сфе́р|а *ж₁* ⟨-ы⟩ **1** (*область*) Sphäre *f*, Bereich *m*; ◇ **~а де́ятельности** Tätigkeitsbereich **2** (*среда*) Sphäre *f*; ◇ **быть в свое́й ~é** in seinem Element sein

сфинкс *м₁* ⟨-а⟩ Sphinx *f*

схвати́|ть *V₄ₐ* *сов* ⟨-ачу́, -а́тишь, *Part. Prät. Pass.* -а́ченный⟩ [**схва́тывать** *V₁ₐ несов*] кого-что *вин (1)*, что *вин (2, 3)*, кому что за что *вин (4)* **1** (*хвата́ть*) packen, fassen, ergreifen **2** *перен разг* (*усвоить*) erfassen, begreifen **3** *перен* (*заболеть*) sich zuziehen, sich holen; ◇ **он ~л си́льный на́сморк** er holte sich einen ordentlichen Schnupfen **4** *безл* (*о боли*) zusammenziehen, Schmerzen bekommen; ◇ **ему́ ~ло живо́т** plötzlich bekam er Bauchschmerzen

схва́тк|а *ж₁* ⟨-и, *род мн:* -ток⟩ **1** (*стычка*) Kampf *m*, Zusammenstoß *m*; (*рукопашная*) Handgemenge *n*; (*перестрелка*) Geplänkel *n* **2** ◇ **~и** *мн* Krämpfe *pl*; ◇ **родовы́е ~и** Wehen *f pl*

схе́ма *ж₁* ⟨-ы⟩ **1** (*чертёж*) Schema *n*, Skizze *f* **2** эл Schaltbild *n* **3** (*описание в общих чертах*) Schablone *f*

схлыну́|ть *V₂* *сов* ⟨-нет, нут, 1 и 2 л. не употр*, *Imp.* -нь, -те⟩ *без доп перен* (*о массе людей*) sich verlaufen; (*о чувстве*) verschwinden; ◇ **наро́д ~л** die Menschenmenge verlief sich; ◇ **трево́га ~ла** die Aufregung verflog

схо́дн|ый *прил* ⟨-ая, -ое, -ые⟩ **1** (*похожий*) ähnlich; ◇ **~ые по значе́нию слова́** bedeutungsähnliche Wörter; (*совпадающий*) übereinstimmend, gleich **2** (*недорогой*) annehmbar, erschwinglich; ◇ **~ая цена́** erschwinglicher Preis

схо́дство *с₂* ⟨-а⟩ Ähnlichkeit *f*; (*соответствие*) Übereinstimmung *f*

сце́н|а *ж₁* ⟨-ы⟩ **1** (*площадка*) Bühne *f*; ◇ **откры́тая ~а** Freilichtbühne **2** *перен* театр Bühne *f*; ◇ **жизнь, о́тданная ~е** der Bühne gewidmetes Leben **3** (*часть пьесы*) Szene *f*, Auftritt *m* **4** (*происшествие*) Szene *f*, Episode *f*; ◇ **наблюда́ть за у́личной ~ой** eine Szene auf der Straße beobachten; ◇ **сойти́ со ~ы** von der Bühne abtreten; ◇ устро́ить ~у кому́-л jd-m eine Szene machen

сцена́рий m_3 ⟨-я⟩ Drehbuch n

сцепле́ние c_4 ⟨-я⟩ физ Kohäsion f; авто Kupplung f; ◇ вы́жать ~ die Kupplung treten, kuppeln

счастли́вчик m_1 ⟨-а⟩ Glücklicher m; разг Glückspilz m; **сча́стье** c_5 ⟨-я⟩ Glück n; ◇ на на́ше ~ zu unserem Glück; ◇ твоё ~, что всё обошло́сь хорошо́ dein Glück, dass alls gut ausing

счёт m_1 ⟨-а, на счёте/на счету́, мн: счета́⟩ (1) (арифметическое действие) Rechnen n, Zählen n; ◇ у́стный ~ Kopfrechnen (2) (документ) Rechnung f; ◇ пода́ть ~ eine Rechnung ausstellen; ◇ уплати́ть по ~у eine Rechnung begleichen (3) (в банке) Konto n; ◇ откры́ть ~ ein Konto eröffnen (4) спорт Spielstand m; ◇ зако́нчить матч со ~ом 2:1 das Spiel zwei zu eins beenden; ◇ како́й ~? wie steht es?; ◇ сравня́ть ~ ausgleichen; ◇ жить за чужо́й ~ auf fremde Kosten leben; ◇ быть у кого́-л на хоро́шем счету́ bei jd-m einen Stein im Brett haben; ◇ свести́ ~ы с кем-л eine Rechnung mit jd-m begleichen; ◇ э́то ска́зано на твой ~ das gilt dir; ◇ в коне́чном ~е letzten Endes, letztlich;

счётчик m_1 ⟨-а⟩ (лицо) Zähler m (2) (прибор) Zähler m, Zählapparat m; ◇ га́зовый ~ Gasuhr f; ◇ ~ Ге́йгера Geigerzähler

счёты $мн_1$ ⟨-ов⟩ Abakus m, Rechenbrett n; перен сбро́сить со ~о́в что-л nicht mehr berücksichtigen

счита́лка $ж_1$ ⟨-и, род мн:-лок⟩ Abzählreim m

счита́ть V_{1a} несов ⟨-а́ю, -а́ешь⟩ [со~ (1), **счесть** (2)* сов < Part. Prät. Pass. -счи́танный⟩ кого-что вин (1), кого-что вин кем чем тв (2) (1) (высчитывать) (zusammen-) rechnen, ausrechnen, berechnen; мат zählen; ◇ ~ до десяти́ bis zehn zählen (2) (воспринимать) halten (für); ◇ ~ кого́-л хоро́шим челове́ком jd-n für einen guten Menschen halten; ◇ счита́я darunter, inklusive; ◇ не счита́я кого́/чего́-л ausgenommen

счита́ться несов ⟨-а́юсь, -а́ешься⟩ [по~ (1) сов < Part. Prät. Pass. -счи́танный⟩] с кем-чем тв (1), кем-чем тв или за кого-что вин (2) (1) (принимать в расчёт) berücksichtigen, Rücksicht nehmen (auf); ◇ он ни с чем не ~ется er nimmt auf nichts Rücksicht (2) (слыть) gelten (als); безл ◇ ~ется, что он прав es wird angenommen, dass er Recht hat

сшить см. **шить**

съёжиться V_{4b} сов ⟨-жусь, -жишься⟩ [**съёживаться** V_{1a} несов⟩ без доп zusammenschrumpfen, sich zusammenziehen

съезд m_1 ⟨-а⟩ (1) (собрание) Kongress m (2) (сбор) Zusammenkunft f (3) (спуск) Abfahrt f

съёмка $ж_1$ ⟨-и, род мн: -мок⟩ Aufnahme f; ◇ ~ фи́льма Filmaufnahme

съестно́е с (A_1) ⟨-о́го⟩ (еда) Speise f; (съедобное) das Essbare n; (продукты) Lebensmittel n pl; ◇ что-нибудь ~ etw zum Essen

съе́хать* сов ⟨-е́ду, -е́дешь⟩ [**съезжа́ть** V_{1a} несов⟩ без доп (1) (спуститься) herunterfahren, hinunterfahren; ◇ ~ с го́рки den Berg hinunterrodeln (2) (свернуть) einbiegen, abfahren (3) (покинуть жильё) ausziehen (4) перен (сдвинуться) herunterrutschen, verrutschen; **съе́хаться** сов ⟨-е́дусь, -е́дешься⟩ [**съезжа́ться** несов⟩ без доп (собраться) zusammenkommen; (прибыть) sich einfinden; (приехать) ankommen; ◇ делега́ты ~лись со всех концо́в страны́ die Delegierten kamen aus allen Teilen des Landes angereist

сы́воротка $ж_1$ ⟨-и, род мн: -ток⟩ (1) (молочная) Molke f (2) мед Serum n

сыгра́ть см. **игра́ть**

сын m_1 ⟨-а, мн:-овья́, род:-нове́й, дат: -новья́м⟩ Sohn m

сы́пать несов ⟨-плю, -плешь⟩ что вин (1, 3), чем тв (2), что вин или чем тв (4) (1) (ронять, бросать) (ver-)schütten; ◇ ты всё сы́плешь из рук dir fällt alles aus den Händen (2) перен überschütten, um sich werfen; ◇ ~ деньга́ми mit Geld um sich werfen; ◇ ~ остро́тами Witze reißen (3) перен (о дожде, снеге) fallen (4) перен (говорить быстро) schnell sprechen

сыпь $ж_5$ ⟨-и⟩ мед Ausschlag m

сыр m_1 ⟨-а, мн:-ы́⟩ Käse m; ◇ пла́вленый ~ Schmelzkäse

сы́рник m_1 ⟨-а⟩ Quarkpfannkuchen m

сыро́й прил ⟨-а́я, -о́е, -ы́е⟩ (1) (влажный) feucht (2) (не варёный) roh, ungekocht; ◇ ~ые о́вощи rohes Gemüse (3) (не готовый) nicht gar (4) перен (недоработанный) in Rohfassung, unbearbeitet, noch nicht fertig; **сы́рость** $ж_5$ ⟨-и⟩ Feuchtigkeit f

сырьё c_5 ⟨-я́⟩ Rohstoff m; Ausgangsmaterial n; **сырьево́й** прил ⟨-а́я, -о́е, -ы́е⟩ Rohstoff-

сы́тый прил ⟨-ая, -ое, -ые⟩ (1) (не голодный) satt; ◇ я соверше́нно сыт ich bin total satt (2) перен (пресыщенный) übersättigt; ◇ ~ая жизнь Leben im Wohlstand

сы́щик m_1 ⟨-а⟩ Detektiv m, Spitzel m; ◇ полице́йский ~ Ermittlungsbeamter m

сюда́ нареч hierher; ◇ иди́ ~! komm hierher!; ◇ туда́ и ~ hin und her

сюже́т m_1 ⟨-а⟩ Handlung f; ◇ увлека́тельный ~ spannende Handlung

сюрпри́з m_1 ⟨-а⟩ Überraschung f; ◇ вот так ~! was für eine Überraschung!; ◇ поднести́ ~ ко дню рожде́ния zum Geburtstag eine Überraschung bringen

сюсю́канье c_5 ⟨-я⟩ Lispeln n; **сюсю́кать** V_{1a} несов ⟨-аю, -аешь⟩ без доп (1) (заменять шипящие звуки свистящими) lispeln ② перен in der Kindersprache sprechen

та см. **тот**
таба́к m_1 ⟨-á⟩ Tabak m; ◇ **жева́тельный** ~ Kautabak; ◇ **ню́хать** ~ Tabak schnupfen; ◇ **де́ло** ~! daraus wird nichts!
та́бель m_2 ⟨-я, мн:-ля́⟩ ① (доска учёта явки и ухода с работы) Kontrolltafel f; (номерок) Kontrollmarke f ② (ведомость) Verzeichnis n; ист ◇ ~ **о ра́нгах** Rangliste f
табле́тка $ж_1$ ⟨-и, род мн:-ток⟩ Tablette f; ◇ **противозача́точное** ~ Antibabypille f

таблетка

Dieses Wort sollte man nicht mit dem deutschen „Tablett" in Verbindung bringen, denn es bedeutet „Tablette". „Я купил тебе́ табле́тки от головно́й бо́ли" lautet übersetzt: „Ich habe dir Tabletten gegen Kopfschmerzen gekauft."
Ein „Tablett" ist im Russischen по́днос. „Она́ поста́вила по́днос с едо́й на ма́ленький сто́лик" heißt auf Deutsch: „Sie stellte das Tablett mit dem Essen auf den kleinen Tisch."

табли́ца $ж_2$ ⟨-ы⟩ Tabelle f, Tafel f; ◇ ~**а умноже́ния** Einmaleins n; ◇ **знать что-л как** ~**у умноже́ния** etw aus dem Effeff beherrschen
та́бор m_1 ⟨-а⟩ Lager n; ◇ **расположи́ться** ~**ом** ein Lager aufschlagen
табу́н m_1 ⟨-á, мн:-ы́⟩ (лошадей) Herde f; (птиц) Schwarm m; ◇ **ходи́ть** ~**о́м** im Rudel auftreten
табуре́т m_1 ⟨-а⟩ Hocker m, Schemel m;
табуре́тка $ж_1$ ⟨-и, род мн:-ток⟩ Hocker m, Schemel m
таз¹ m_1 ⟨-а, в та́зе/тазу́, мн:-ы́⟩ (сосуд) Schüssel f, Becken n
таз² m_1 ⟨-а, в та́зе/тазу́, мн:-ы́⟩ анат Becken n
таи́нственный прил ⟨-ая, -ое, -ые⟩ ① (скрытый) geheim ② (многозначительный и загадочный) mysteriös, geheimnisvoll
таи́ть V_{4a} несов ⟨таю́, таи́шь⟩ что вин ① (скрывать) verheimlichen, verbergen,

verhehlen; ◇ ~ **своё го́ре** seinen Kummer verbergen; ◇ **не́чего греха́** ~ offen gestanden ② (заключать в себе) etw in sich bergen; ◇ **э́тот шаг таи́т опа́сные после́дствия** dieser Schritt birgt Gefahren in sich
тайга́ $ж_1$ ⟨-й⟩ Taiga f

тайга

Die тайга́ ist ein sumpfiges Waldgebiet im Norden des europäischen und asiatischen Teil Russlands, das größtenteils in Sibirien liegt. Sie besteht zu etwa 50% aus Urwald und bildet das größte zusammenhängende Waldgebiet unseres Planeten, in dem einige wenige Baum-, Pflanzen- und Tierarten (allerdings in zahlreichen Subspezies) vorherrschen. Das Bild der Taiga bestimmen Fichte, Tanne und sibirische Lärche. Während auf dem Dauerfrostboden des Nordteils nur anspruchslose Zwergbäume oder Moose wachsen und Tiere seltener sind, gibt es im Südteil eine Vielzahl Wildtiere, insbesondere Zobel und Füchse.

тайко́м нареч heimlich, im Stillen, insgeheim; (незаметно) unbemerkt
тайм m_1 ⟨-а⟩ спорт Halbzeit f
та́йн|а $ж_1$ ⟨-ы⟩ ① (нечто ещё не познанное) Geheimnis n; ◇ ~**ы Вселе́нной** die Geheimnisse des Alls ② (секрет) Geheimnis n; ◇ **госуда́рственная** ~**а** Staatsgeheimnis; ◇ **вы́дать** ~**у** ein Geheimnis verraten; ◇ **посвяща́ть кого́-л в** ~**у** jd-n in ein Geheimnis einweihen; ◇ **храни́ть** ~**у** ein Geheimnis wahren ③ (скрытая причина) Geheimnis n, Ursache f; ◇ ~**а успе́ха** Geheimnis des Erfolgs; **тайни́к** m_1 ⟨-á, мн:-й⟩ Versteck n; (потайной ящик) Geheimfach n; (убежище) Schlupfwinkel m; (для передачи секретных сведений) toter Briefkasten; перен ◇ **в** ~**а́х души́** im tiefsten Inneren; **та́йный** прил ⟨-ая, -ое, -ые⟩ ① geheim, heimlich; ◇ ~**ое голосова́ние** geheime Abstimmung ② (не совсем осознанный) geheim, verborgen; ◇ ~**ая наде́жда** verborgene Hoffnung
так I. нареч ① (не иначе) so, auf diese Weise; ◇ **сде́лай** ~ **же** mache es ebenso ② (настолько) dermaßen, so (viel, wenig, gut etc.); ◇ ~ **мно́го ходи́л, что уста́л** er war dermaßen lange auf den Beinen, dass er jetzt müde ist ③ (без последствий) ◇ ~ **тебе́ э́то не пройдёт** so einfach kommst du nicht davon ④ (без особого намерения) ◇ **сказа́л** ~**, не поду́мав** er sagte das einfach so, ohne zu überlegen ⑤ (без усилий) ◇ **боле́знь не пройдёт** ~ die Krankheit geht nicht so (ohne weiteres) vorbei II. союз (значит) also, so, dann; (следовательно)

folglich; ◇ **обеща́л, ~ сде́лай** du hast es versprochen, also tue es auch **III.** *частица* so, freilich; ◇ **и́менно ~**, genau so; ◇ **не ~ ли?** nicht wahr?; ◇ **де́лать ~ де́лать** wenn schon, denn schon; ◇ **тут что́-то не ~** hier stimmt etw nicht; ◇ **~ и́ли ина́че** so oder so; ◇ **~ называ́емый** so genannt; ◇ **~ сказа́ть** sozusagen; ◇ **~ и быть** gut, meinetwegen; ◇ **~ тебе́ и на́до** das geschieht dir recht; ◇ **~ себе́** so lala, es geht so

та́кже *союз* auch, gleichfalls, ebenfalls; ◇ **~ не** auch nicht; ◇ **он не возража́ет, мы ~** er hat nichts dagegen, wir auch nicht

тако́в *неопр мест* <-á, -ó, -ы́> so, so einer; ◇ **~о́ о́бщее мне́ние** das ist die Meinung aller, so ist die allgemeine Einstellung; ◇ **все вы ~ы́** ihr seid alle so; ◇ **и был ~** und weg war er

так|о́й *мест* <-áя, -óе, -и́е> ① (*именно этот*) so, solcher; ◇ **~о́й напада́ющий нам ну́жен** so einen Stürmer brauchen wir ② (*для усиления ка́чества*) so; ◇ **~о́й краси́вый мужчи́на** so ein schöner Mann ③ (*с отрица́нием*) ◇ **ты сего́дня како́й-то не ~о́й** heute stimmt etw nicht mit dir; ◇ **что ~о́е?** was ist los?, was ist passiert?; ◇ **кто ~о́й?** wer ist das?; ◇ **кто ~и́е?** wer sind diese Leute?; ◇ **~и́м о́бразом** auf diese Weise, so; ◇ **до ~о́й сте́пени** dermaßen; ◇ **ну и что же ~о́го?** was ist schon dabei?

такс|а́¹ *ж₁* <-ы́> Tarif *m;* ◇ **пла́та по ~е** Bezahlung nach Tarif

та́кса² *ж* <-ы> (*соба́ка*) Dackel *m*

такси́ *с* <нескл> Taxi *n;* ◇ **маршру́тное ~** Linientaxi; ◇ **взять ~** ein Taxi nehmen

такт¹ *м₁* <-а> муз Takt *m;* ◇ **держа́ть ~** den Takt halten; ◇ **в ~** im Takt

такт² *м₁* <-а> (*делика́тность*) Takt *m*, Feingefühl *n;* ◇ **отсу́тствие ~а** mangelndes Taktgefühl

такти́чный *прил* <-ая, -ое, -ые> taktvoll; (*делика́тный*) feinfühlig

тала́нт *м₁* <-а> ① Talent *n;* (*одарённость*) Begabung *f* ② (*о челове́ке*) Talent *n;* ◇ **зары́ть свой ~ в зе́млю** sein Talent verkümmern lassen

та́лия *ж₄* <-и> Taille *f*

тало́н *м₁* <-а> Marke *f*, Gutschein *m*, Bezugsschein *m;* ◇ **~ на бензи́н** Benzinmarke

там *нареч* ① (*не здесь*) dort, da; ◇ **бу́ду ~, то́лько за́втра** ich werde erst morgen dort sein ② (*пото́м, зате́м*) dann, danach; ◇ **~ ви́дно бу́дет, что де́лать** dann sehen wir, was zu tun ist; ◇ **и сям** hier und da; ◇ **что бы ~ ни́ было** wie dem auch sei

та́мбур *м₁* <-а> ① (*у двере́й*) Windfang *m* ② ж.-д. Vorraum *m*

тамо́женник *м₁* <-а> Zollbeamte *m;* **тамо́женн|ый** *прил* <-ая, -ое, -ые> Zoll-; ◇ **~ый досмо́тр** Zollkontrolle *f*, Zollabfertigung *f;* ◇ **~ая по́шлина** Zollgebühr *f;* **тамо́жня** *ж₂* <-и, *род мн:* -жен> Zollamt *n*

тампо́н *м₁* <-а> мед Tupfer *m*, Wattebausch *m*

та́нго *с* <нескл> Tango *m*

та́н|ец *м₅* <-нца, *мн:* -нцы> Tanz *m;* ◇ **ба́льные ~цы** Gesellschaftstänze; ◇ **класси́ческие ~цы** Standardtänze

танк *м₁* <-а> воен Panzer *m*

та́нкер *м₁* <-а> Tanker *m*

танцева́ть V*₃ᵦ* несов <-цую, -цуешь> [**с-** *сов*] *что* вин *или* без доп tanzen

танцо́вщик *м₁* <-а> Balletttänzer *m;* **танцо́вщица** *ж₂* <-ы> Balletttänzerin *f;* **танцо́р** *м* <-а> Tänzer *m*

та́почки *мн₁* <-чек> (*дома́шние*) Hausschuhe *m pl;* (*спорти́вные*) Sportschuhe *m pl*

та́ра *ж₁* <-ы> ① (*вес упако́вки*) Tara *f* ② (*упако́вка*) Verpackung *f*, Tara *f*

тараба́рщина *ж₁* <-ы> Kauderwelsch *n*

тарака́н *м₁* <-а> Küchenschabe *f*

тара́нтул *м₁* <-а> зоол Tarantel *f*

таре́лк|а *ж₁* <-и, *род мн:* -лок> ① (*посу́да*) Teller *m;* ② **глубо́кая ~а** Suppenteller ② **~и** *мн* (*уда́рный инструме́нт*) Becken *n;* ◇ **он не в свое́й ~е** er fühlt sich nicht wohl in seiner Haut

тари́ф *м₁* <-а> Tarif *m;* ◇ **по ~у** nach Tarif

таска́ть V*₁ₐ* несов, неопред, см. **тащи́ть**

тахта́ *ж₁* <-ы́> Liege *f*

та́чк|а *ж₁* <-и, *род мн:* -чек> Schubkarren *m;* ◇ **везти́ на ~е** etw karren

тащи́ть V*₄ₐ* несов, неопред, см. **таска́ть** <тащу́, та́щишь> [**вы-** (1, 3) *сов*] *кого́-что* вин ① (*нести́*) schleppen, ziehen; ◇ **~ чемода́ны в ваго́н** die Koffer in den Zug schleppen; (*тяну́ть за собо́й*) hinterherziehen ② *перен* (*заставля́ть пойти́*) schleppen; ◇ **~ в теа́тр** jd-n ins Theater schleppen ③ (*извлека́ть*) herausziehen; ◇ **~ гвоздь из стены́** einen Nagel aus der Wand ziehen ④ (*красть*) klauen, stibitzen

та́|ять V*₁ᵦ* несов <-таю, -таешь, (1, 2) 1 и 2 л. не употр, Imp. тай, ~те, Part. Präs. Akt. та́ющий, Adv. Part. Präs. [**рас-** (1-3) *сов*] без доп ① tauen, schmelzen; ◇ **моро́женое ~ет** das Eis schmilzt; ◇ **снег ~ет** der Schnee taut; *безл* ◇ **~́ет** es taut; *перен* ◇ **пече́нье ~ет во рту́** der Keks zergeht auf der Zunge ② (*исчеза́ть*) nachlassen, (dahin-)schwinden; ◇ **зву́ки ~ют** die Geräusche verklingen; ◇ **запа́сы ~ют** die Reserven schwinden dahin; ◇ **си́лы ~ют** Kräfte lassen nach ③ (*умиля́ться*) dahinschmelzen; ◇ **~ть от любви́** vor Liebe vergehen ④ *перен* (*худе́ть*) abmagern, abnehmen

тварь *ж₅* <-и> ① (*вся́кое живо́е суще́ство*) Geschöpf *n*, Kreatur *f* ② *груб* (*по́длый челове́к*) gemeiner Mensch, Luder *n*

твёрд|ый *прил* <-ая, -ое, -ые> (*сравн:* **тверже**) ① (*жёсткий, кре́пкий*) hart, fest; ◇ **~ый карто́н** feste Pappe ② (*усто́йчивый, про́чный*) stabil, hart, fest; ◇ **~ая валю́та** harte Währung; ◇ **~ые це́ны**

stabile Preise; ◇ ~ый шаг fester Schritt 3 (решительный) stark, entschlossen, standhaft; ◇ ~ая во́ля unerschütterlicher Wille; ◇ ~ые зна́ния solide Kenntnisse; ◇ ~ое реше́ние fester Entschluss; ◇ ~ая уве́ренность feste Überzeugung

тве́рже сравн от твёрдый

твоё см. твой

твой (твоего́ м; твоя́, твое́й ж; твоё, твоего́ с; твои́, твои́х мн) притяж мест 1 dein/e, der/die/das deine, deins; э́то твоё das ist deins; ◇ э́то моя́ кни́га, а э́то твоя́ das ist mein Buch und das ist deins; ◇ э́то твоё де́ло das ist deine Sache 2 (в значении сущ) das Deine; ◇ я не беру́ твоего́ ich nehme deine Sachen nicht 3 ◇ ~и мн (родные) die Deinen, deine Angehörigen; ◇ лу́чше твоего́ besser als du

творе́ни|е c₄ <-я> 1 (действие) Schaffen n 2 (существо) Geschöpf n 3 (произведение) Schöpfung f, Werk n; ◇ вели́кие ~я Пу́шкина die großen Werke Puschkins; твори́ть Vₐₐ несов <-рю́, -ри́шь, Part. Präs. Pass. -ри́мый> что вин 1 (создавать) schaffen 2 (совершать) machen, tun, verrichten; ◇ ~ добро́ Gutes tun; ◇ ~ суд Gericht halten; ◇ ~ чудеса́ Wunder vollbringen

творо́г м₁ <-á> Quark m; творо́жник м₁ <-a> Quarkpfannkuchen m

тво́рческий прил <-ая, -ое, -ие> schöpferisch, kreativ; ◇ ~ дар schöpferische Veranlagung; тво́рчество c₂ <-a> Schaffen n; ◇ наро́дное ~ Volkskunst f; (совокупность созданного) Werk n; ◇ ~ Толсто́го die Werke Tolstojs

те см. тот

теа́тр м₁ <-a> Theater n; ◇ зелёный ~ Freilichtbühne f; ◇ о́перный ~ Oper f; ◇ идти́ в ~ ins Theater gehen 2 воен Kriegsschauplatz m; театра́л м₁ <-a> Theaterliebhaber m, Theaterfreund m; театра́льн|ый прил <-ая, -ое, -ые> 1 Theater-, Bühnen-; ◇ ~ое учи́лище Schauspielschule f 2 перен (неестественный) theatralisch, gekünstelt

тебе́ см. ты

тебя́ см. ты

те́зис м₁ <-a> These f, Leitsatz m

тёзка ж₁ <-и, род мн:-зок> (о мужчине) Namensvetter m; (о женщине) Namensschwester f

текст м₁ <-a> Text m; (дословный) Wortlaut m; ◇ специа́льный ~ Fachtext; переда́ть что-л откры́тым ~ом etw im Klartext sagen

тексти́ль м₂ <-я> Textilien pl, Textilwaren f pl

теку́честь ж₅ <-и> 1 физ Fließverhalten n, Fließen n 2 перен Fluktuation f

теку́щий прил <-ая, -ое, -ие> 1 (теперешний) dieser, laufend; ◇ в ~ем году́ im laufenden [in diesem] Jahr; ◇ 6-го числа́ ~его ме́сяца am 6. dieses Monats; ◇ ~ий

моме́нт gegenwärtige Lage 2 (повседневный) regelmäßig; ◇ ~ие дела́ laufende Geschäfte; ◇ ~ие расхо́ды laufende Kosten

телеви́дени|е c₄ <-я> Fernsehen n; ◇ по ~ю im Fernsehen; ◇ рабо́тать на ~и beim Fernsehen sein; телеви́зор м₁ <-a> Fernseher m, Fernsehapparat m; ◇ включи́ть/ вы́ключить ~ den Fernseher einschalten/ ausschalten; разг ◇ пока́зывать по ~у im Fernsehen zeigen; разг ◇ смотре́ть ~ fernsehen

теле́г|а ж₁ <-и> Fuhrwerk n, Pferdewagen m; ◇ запря́чь ло́шадь в ~у das Pferd vor den Wagen spannen

телегра́мм|а ж₁ <-ы> Telegramm n; ◇ ~а-мо́лния Eiltelegramm; ◇ дать ~у ein Telegramm aufgeben; телегра́ф м₁ <-a> 1 (система связи) Telegraf m; ◇ по ~у telegrafisch 2 (учреждение) Telegrafenamt n; телезри́тель м₂ <-я> Fersehzuschauer m

телёнок м₁ <-нка, мн: теля́та, род: теля́т> Kalb n

телепереда́ча ж₂ <-и> Fernsehsendung f; теле́сн|ый прил <-ая, -ое, -ые> körperlich, Körper-; ◇ ~ые поврежде́ния Körperverletzungen f pl; ◇ ~ого цве́та fleischfarben

телесту́дия ж₄ <-и> Fernsehstudio n; теле́тайп м₁ <-a> Fernschreiber m; теле-фа́кс м₁ <-a> Telefax n; ◇ переда́ть сообще́ние по ~у eine Mitteilung faxen; телефо́н м₁ <-a> 1 (система связи) Telefon n; ◇ междугоро́дный ~ Fernamt n, (аппарат) Telefonapparat m; ◇ ~-автома́т Münzfernsprecher m; ◇ вы́звать к ~у ans Telefon rufen; ◇ позвони́ть по ~у anrufen; ◇ у ~a am Telefon; ◇ Вас к ~у! Sie werden am Telefon verlangt! 2 (номер) Telefonnummer f; ◇ у неё изме-ни́лся ~ ihre Telefonnummer hat sich geändert; телефо́нн|ый прил <-ая, -ое, -ые> telefonisch, Telefon-; ◇ ~ая бу́дка Telefonzelle f; ◇ ~ый разгово́р Telefonat n; ◇ ~ая тру́бка Telefonhörer m

тёлка ж₁ <-и, род мн:-лок> Färse f, Kalbe f

те́л|о c₂ <-a, мн: -á> 1 физ Körper m; астр ◇ небе́сное ~о Himmelskörper; ◇ твёрдые ~á Festkörper 2 (организм человека) Körper m, Leib m; ◇ дрожа́ть всем ~ом am ganzen Leib zittern

телохрани́тель м₂ <-я> Leibwächter m

теля́тин|а ж₁ <-ы> Kalbsfleisch n; ◇ жа́р-кое из ~ы Kalbsbraten m; теля́тник м₁ <-a> c.-х. Kälberstall m

тем см. тот

те́м|а ж₁ <-ы> Thema n; ◇ отклони́ться от ~ы vom Thema abweichen; ◇ перейти́ к друго́й ~е das Thema wechseln

тембр м₁ <-a> Timbre n, Klangfarbe f; ◇ прия́тный ~ го́лоса angenehmes Timbre einer Stimme; радио ◇ регулиро́вка ~a Einstellung der Tonhöhe

те́ми см. тот

темне́|ть V_5 *несов* ‹-е́ю, -е́ешь, (2, 3) 1 и 2 л. не употр* [**по**~, **с**~ *сов*] *без доп* ⨀ dunkel werden; ◇ **серебро́** ~**ет** das Silber läuft an; ◇ **у меня́** ~**ет в глаза́х** mir wird schwarz vor den Augen ⨁ (*о наступлении темноты*) dämmern; ◇ **день** ~**ет** es wird dunkel; ◇ **зимо́й ра́но** ~**ет** im Winter wird es früh dunkel ⨂ (*виднеться*) sich dunkel abheben; ◇ **вдали́** ~**ет лес** in der Ferne ist der Wald zu sehen

темно́ *нареч* dunkel, finster; ◇ **здесь** ~ hier ist es dunkel; **темнот|а́** $ж_1$ ‹-ы́› ⨀ (*мрак*) Dunkelheit *f*, Finsternis *f*; *перен* **блужда́ть в** ~**é** im Dunkeln tappen; ◇ **по́сле наступле́ния** ~**ы́** nach Einbruch der Dunkelheit ⨁ (*невежество*) Unwissenheit *f*; (*отсталость*) Rückständigkeit *f* ⨂ (*неясность*) Unklarheit *f*; (*двусмысленность*) Zweideutigkeit *f*; **тёмн|ый** *прил* ‹-ая, -ое, -ые› ⨀ (*лишённый света*) dunkel ⨁ (*цвет*) dunkel; ◇ ~**ые во́лосы** dunkles Haar ⨂ (*неясный, смутный*) unklar, zweideutig ⨃ (*печальный*) traurig; ◇ ~**ое вре́мя** düstere Zeiten; ◇ ~**ая полоса́ жи́зни** unerfreulicher Lebensabschnitt ⨄ (*вызывающий подозрение*) dunkel, obskur; ◇ ~**ые дела́** schmutzige Geschäfte; ◇ ~**ая ли́чность** verdächtige Gestalt; ◇ ~**ое про́шлое** dunkle Vergangenheit; ◇ ~**ое пятно́** Schandfleck *m* ⑥ (*невежественный*) unwissend, rückständig; ◇ ~**ые лю́ди** ungebildete Menschen

темп $м_1$ ‹-а› Tempo *n*; ◇ ~**ы ро́ста** Wachstumsrate *f*; ◇ **ускоря́ть** ~ das Tempo beschleunigen

темпера́мент $м_1$ ‹-а› Temperament *n*

температу́р|а $ж_1$ ‹-ы› Temperatur *f*; ◇ **повы́шенная** ~**а** Fieber *n*; ◇ **сре́дняя годова́я** ~**а** Jahresdurchschnittstemperatur; ◇ ~**а кипе́ния** Siedepunkt *m*; ◇ ~**а пла́вления** Schmelzpunkt *m*; ◇ **у меня́** ~**а** ich habe Fieber; ◇ **изме́рить** ~**у** Fieber messen

тенде́нци|я $ж_4$ ‹-и› ⨀ (*направление развития*) Tendenz *f*, Trend *m*; ◇ ~**я к ро́сту** Wachstumstendenz; ◇ **име́ть** ~**ю к чему́-л** zu etw tendieren ⨁ (*склонность*) Hang *m*, Neigung *f*

те́ннис $м_1$ ‹-а› *спорт* Tennis *n*; ◇ **насто́льный** ~ Tischtennis; ◇ **соревнова́ния по** ~**у** Tennisturnier *n*

тен|ь $ж_5$ ‹-и, в тени́, мн: те́ни, *род*: тене́й› ⨀ Schatten *m*; ◇ **температу́ра 30 гра́дусов в** ~**и́** es sind 30 Grad im Schatten; ◇ **дава́ть** ~**ь** Schatten spenden; *перен* ◇ **держа́ться в** ~**и** im Hintergrund bleiben; *перен* ◇ **ходи́ть как** ~**ь за кем-л** jd-m wie ein Schatten folgen ⨁ (*призрак*) Schatten *m*, Geist *m* ⨂ (*подозрение*) Verdacht *m*; *перен* ◇ **бро́сить** ~**ь на чьё-л до́брое и́мя** auf jd-n einen Schatten werfen

теоло́гия $ж_4$ ‹-и› Theologie *f*

теоре́ма $ж_1$ ‹-ы› *мат* Satz *m*, Theorem *n*; ◇ ~ **Пифаго́ра** Satz des Pythagoras

тео́рия $ж_4$ ‹-и› ⨀ (*учение*) Theorie *f*,

Lehre *f*; ◇ ~ **относи́тельности** Relativitätstheorie ⨁ (*суждение*) Meinung *f*, Theorie *f*; ◇ **у него́ на э́тот счёт своя́** ~ er hat dazu seine eigene Theorie

тепе́рь *нареч* jetzt, nun; (*в настоящее время*) gegenwärtig; ◇ ~ **жизнь измени́лась** jetzt hat sich das Leben verändert; (*в этот момент*) im Augenblick

тепли́ца $ж_2$ ‹-ы› Treibhaus *n*, Gewächshaus *n*

тепл|о́¹ c_2 ‹-а́› Wärme *f*; ◇ **на у́лице три гра́дуса** ~**а́** draußen ist es drei Grad plus

тепло́² *нареч* ⨀ warm; ◇ **одева́ться** ~ sich warm anziehen ⨁ *перен* warm, herzlich; ◇ **нас встре́тили** ~ wir wurden herzlich empfangen ⨂ *безл* ◇ **мне** ~ mir ist warm; ◇ **сего́дня** ~ es ist heute warm

теплово́з $м_1$ ‹-а› *тех* Diesellokomotive *f*;

тепло|та́ $ж_1$ ‹-ы́› ⨀ *физ* Wärme *f*; **едини́ца** ~**ы́** Wärmeeinheit *f*, Kalorie *f*; ⨁ *перен* Wärme *f*; (*приветливость*) Freundlichkeit *f*; (*сердечность*) Herzlichkeit *f*;

теплохо́д $м_1$ ‹-а› (*Motor-*)Schiff *n*; **теплоэлектроцентра́ль** $ж_5$ ‹-и› Heizkraftwerk *n*

тёпл|ый *прил* ‹-ая, -ое, -ые› ⨀ (*южный*) warm, mild; ◇ ~**ый кли́мат** mildes Klima ⨁ (*защищающий от холода*) warm; ◇ ~**ая оде́жда** warme Kleidung ⨂ (*имеющий отопление*) beheizt, warm; ◇ ~**ая да́ча** beheiztes Ferienhaus ⨃ *перен* (*приветливый*) warm, herzlich, freundschaftlich; ◇ ~**ое чу́вство** freundschaftliche Gefühle; ◇ **у неё** ~**ое месте́чко** sie hat einen guten Posten

терапе́вт $м_1$ ‹-а› *мед* Internist *m*

тере́ть* *несов* ‹тру, трёшь, (3) 1 и 2 л. не употр› *кого-что вин* ⨀, *что вин* (2), *что вин или без доп* (3) ⨀ (*растирать*) reiben; ◇ ~ **глаза́** sich die Augen reiben ⨁ (*превращать в порошок*) (zer-)mahlen, (zer-)reiben; ◇ ~ **таба́к** Tabak zerreiben ⨂ (*о неудобной обуви*) reiben; ◇ **сапо́г трёт но́гу** der Stiefel scheuert am Fuß

терза́|ть V_{1a} *несов* ‹-а́ю, -а́ешь› *кого-что вин* ⨀ (*разрывать на части*) zerreißen; ◇ **хи́щник** ~**ет свою́ добы́чу** das Raubtier zerfleischt seine Beute ⨁ *перен* (*мучить*) quälen, peinigen; ◇ ~**ть упрёками** mit Vorwürfen quälen; ◇ **его́** ~**ют подозре́ния** ihn quält ein Verdacht

тёрка $ж_1$ ‹-и, *род мн*: -рок› Reibe *f*, Reibeisen *n*

те́рмин $м_1$ ‹-а› Fachausdruck *m*, Fachwort *n*, Terminus *m*; ◇ **техни́ческие** ~**ы** technische Fachausdrücke

термо́метр $м_1$ ‹-а› Thermometer *n*; *мед* Fieberthermometer *n*

те́рмос $м_1$ ‹-а› Thermosflasche *f*

терпели́в|ый *прил* ‹-ая, -ое, -ые› geduldig, duldsam; ◇ **быть** ~**ым** geduldig sein, Geduld haben; **терпе́ние** c_4 ‹-я› ⨀ (*способность терпеть*) Geduld *f*; ◇ **запасти́сь**

термин

Das russische Wort те́рмин scheint auf den ersten Blick „Termin" zu bedeuten, die richtige Übersetzung lautet jedoch „Fachausdruck" oder „Fachwort". Zu beachten ist außerdem die unterschiedliche Betonung von „Termin" im Russischen (auf der ersten Silbe) und im Deutschen (auf der zweiten Silbe).

~м sich mit Geduld wappnen; ◇ потеря́ть ~ die Geduld verlieren; ◇ прояви́ть ~ geduldig sein; ◇ у него́ ло́пнуло ihm riss der Geduldsfaden ② (настойчивость) Beharrlichkeit f; (выдержка) Ausdauer f; учи́тель до́лжен облада́ть ~м ein Lehrer muss Ausdauer haben; терпе́ть* несов ⟨-плю́, те́рпишь⟩ [по-] (3) сов что вин (1, 3, 4), кого-что вин (2) ① (переносить) ertragen, aushalten; ◇ ~ неприя́тности Unannehmlichkeiten haben; ◇ не ~ кого́-л jd-n nicht ausstehen können ② (мириться) (er-)dulden, sich etw gefallen lassen, sich abfinden (mit); ◇ он не те́рпит возраже́ний er duldet keine Widerrede ③ (переживать) erleiden, durchmachen, erdulden; ◇ ~ бе́дствие ein Unglück erleiden; ◇ ~ неуда́чу einen Misserfolg erfahren; ◇ ~ пораже́ние eine Niederlage erleiden ④ (иметь терпение) sich gedulden; ◇ вре́мя те́рпит es ist nicht dringend; ◇ де́ло не те́рпит die Sache hat Eile

терра́са жс₁ ⟨-ы⟩ ① Terrasse f; ◇ застеклённая ~ Veranda f ② геол Terrasse f, Stufe f; ◇ бе́рег спуска́ется ~ми das Ufer fällt stufenartig ab

территориа́льн|ый прил ⟨-ая, -ое, -ые⟩ territorial, Territorial-; ◇ ~ые во́ды Hoheitsgewässer n; ◇ ~ые притяза́ния Gebietsansprüche m pl; террито́рия жс₄ ⟨-и⟩ Territorium n, Gelände n; (область) Gebiet n; ◇ госуда́рственная ~ Staatsgebiet; ◇ ~ вы́ставки Messegelände n; ~ заво́да Werksgelände n

терро́р м₁ ⟨-а⟩ Terror m; ◇ установи́ть ~ ein Terrorregime errichten; террори́ст м₁ ⟨-а⟩ Terrorist m

теря́ть V₁ь несов ⟨-я́ю, -я́ешь⟩ [по-, у-] (1) сов] кого-что вин ① (забывать) verlieren; ◇ ~ ключи́ die Schlüssel verlieren ② (лишаться) verlieren, einbüßen; ◇ ~ дове́рие Vertrauen verlieren; ◇ ~ трудоспосо́бность erwerbsunfähig werden; ◇ ~ вре́мя Zeit verlieren; (утрачивать самообладание) ◇ ~ го́лову den Kopf verlieren; ◇ ~ из ви́ду aus der Sicht verlieren; ◇ ~ по́чву под нога́ми den Boden unter den Füßen verlieren

теснота́ жс₁ ⟨-ы́⟩ ① Enge f; (недостаток места) Platzmangel m; ◇ жить в ~é auf engstem Raum leben; ◇ в ~é, да не в оби́-

де eng, aber gemütlich ② (скопление людей) Gedränge n; ◇ в ваго́не ~á im Zug ist Gedränge; те́сн|ый прил ⟨-ая, -ое, -ые⟩ ① (непросторный) eng, klein; ◇ ~ый прохо́д schmaler Durchgang ② (недостаточный по величине) zu klein, zu eng; ◇ ~ый пиджа́к zu enge Jacke ③ (расположенный плотно) dicht, gedrängt ④ перен (близкий) eng, intim; ◇ в ~ом кругу́ im kleinen Kreis

тест м₁ ⟨-а⟩ Test m; ◇ подверга́ть ~у testen

те́сто с₂ ⟨-а⟩ Teig m; ◇ дрожжево́е ~ Hefeteig; ◇ меси́ть ~ Teig kneten

тесть м₂ ⟨-я⟩ Schwiegervater m

тесьма́ жс₁ ⟨-ы́⟩ Band n, Borte f

тетра́дь жс₃ ⟨-и⟩ Heft n; ◇ учени́ческая ~ Schulheft; ◇ но́тная ~ Notenheft

тётя жс₂ ⟨-и, род мн:-ей⟩ Tante f

те́хник|а жс₁ ⟨-и⟩ ① (совокупность) Technik f; ◇ овладе́ть ~ой die Technik beherrschen ② (совокупность приёмов) Technik f, Fertigkeit f; ◇ ~а безопа́сности Arbeitsschutz m; те́хникум м₁ ⟨-а⟩ Fachschule f, Technikum n; ◇ торго́вый ~ Handelsschule f; техни́ческ|ий прил ⟨-ая, -ое, -ие⟩ technisch; ◇ вы́сшее ~ое учи́лище Technische Hochschule; ◇ ~ий надзо́р technische Überwachung; ◇ ~ий прогре́сс technischer Fortschritt

тече́ни|е с₄ ⟨-я⟩ ① (действие) Fließen n, Strömen n ② (поток воды, воздуха) Strömung f, Strom m; ◇ бы́строе ~е schneller Strom; ◇ морски́е ~я Meeresströmungen; ◇ вверх по ~ю stromaufwärts; ◇ вниз по ~ю stromabwärts; перен ◇ плыть по ~ю mit dem Strom schwimmen; перен ◇ идти́ про́тив ~я gegen den Strom schwimmen ③ (направление) Strömung f, Tendenz f; ◇ полити́ческие ~я politische Strömungen ④ перен (ход) Gang m, (Ver-)Lauf m, Ablauf m; ◇ с ~ем вре́мени mit der Zeit; ◇ в ~е чего́-л im Laufe von, während

течь* несов ⟨-чёт, теку́т, 1 и 2 л. не употр⟩ без доп ① (литься) fließen, strömen; ◇ кровь ~ёт из ра́ны das Blut strömt aus der Wunde; ◇ с него́ пот ~ёт er ist schweißgebadet; перен ◇ по у́лицам ~ёт толпа́ eine Menschenmenge strömt durch die Straßen ② (быть неисправным) durchlassen, leck sein; ◇ ведро́ ~ёт der Eimer hat ein Loch; ◇ кран ~ёт der Wasserhahn tropft ③ перен (проходить) verrinnen, verlaufen, verfließen; ◇ жизнь ~ёт das Leben geht seinen Gang; ◇ у меня́ слю́нки теку́т mir läuft das Wasser im Munde zusammen

тёща жс₂ ⟨-и⟩ Schwiegermutter f

тигр м₁ ⟨-а⟩ Tiger m; тигри́ца жс₁ ⟨-ы⟩ Tigerin f

ти́на жс₁ ⟨-ы⟩ Schlamm m; (водоросли) Algen f pl, Tang m

тип м₁ ⟨-а⟩ ① (форма, вид) Typ m, Typus m; (прообраз) Urbild n; ◇ славя́нский ~ лица́ typisch slawische Gesichtszüge; ◇ **го́голевские ~ы** Gogolsche Charaktere **2** (*образец*) Typ *m*, Modell *n*, Bauart *f*; ◇ ~ **автомоби́ля** Pkw-Modell **3** (*челове́к с отрица́тельными сво́йствами*) Typ *m*, Type *f*; ◇ **отврати́тельный ~** abscheulicher Typ; ◇ **вчера́ приходи́л како́й-то стра́нный ~** gestern kam ein seltsamer Typ; (*чуда́к*) Sonderling *m*; ◇ **заба́вный ~** lustiges Exemplar

типогра́фия *ж₄* ⟨-и⟩ Druckerei *f*; ◇ **кни́жная ~** Buchdruckerei

тир *m₁* ⟨-а⟩ Schießstand *m*, Schießbude *f*

тира́ж *m₂* ⟨-á, мн:-и́⟩ **1** (*ро́зыгрыш вы́игрышей*) Ziehung *f*, Verlosung *f*; ◇ **~-лотере́и** Ziehung der Lottozahlen; *перен* zum alten Eisen geworfen werden **2** (*коли́чество экземпля́ров*) Auflage *f*

тира́н *m₁* ⟨-а⟩ Tyrann *m*

тире́ *с* ⟨нескл⟩ Bindestrich *m*

тиски́|й *мн₁* ⟨-о́в⟩ **1** *тех* Schraubstock *m*; ◇**зажа́ть в ~а́х** in einen Schraubstock spannen; *перен* jd-n in die Zange nehmen **2** *перен* (*гнёт*) Bedrängnis *f*, Klemme *f*; ◇ **быть в ~а́х** in der Klemme sein; ◇ **зажа́ть в ~а́х противоре́чий** sich in Widersprüche verstricken

ти́тул *m₁* ⟨-а⟩ **1** (*зва́ние*) Titel *m*; ◇ **~-чемпио́на ми́ра** Weltmeistertitel **2** *полигр* Titelblatt *n*

тиф *m₁* ⟨-а⟩ *мед* Typhus *m*

ти́х|ий *прил* ⟨-ая, -ое, -ие⟩ (*сравн:* **ти́ше**) **1** (*слабо звуча́щий*) leise, gedämpft; ◇ **~ий го́лос** leise Stimme **2** (*безмо́лвный*) still; ◇ **~ая ночь** stille Nacht **3** (*споко́йный*) ruhig, still; ◇ **~ий городо́к** ruhiges Städtchen; ◇ **~ий океа́н** Pazifik *m* **4** (*сми́рный*) ruhig, still, sanft; ◇ **~ий нрав** sanftes Gemüt **5** (*не бы́стрый*) langsam; ◇ **~ий ход** langsame Geschwindigkeit; ◇ **в ~ом о́муте че́рти во́дятся** stille Wasser sind tief; ◇ **~ий у́жас!** schrecklich!; **ти́хо** *нареч* **1** (*негро́мко*) leise, gedämpft; (*без шума*) geräuschlos; (*споко́йно*) ruhig; (*о пого́де*) (wind-)still; ◇ **вести́ себя́ ~** sich ruhig verhalten; ◇**~!** Ruhe! **2** (*ме́дленно*) langsam

тихо́ня *м, ж₃* ⟨-и, *род мн:*-ней⟩ *разг* Duckmäuser *m*, Leisetreter *m*

тихоокеа́нский *прил* ⟨-ая, -ое, -ие⟩, Pazifik-, pazifisch

ти́ше *сравн от* **ти́хий**

тишин|а́ *ж₁* ⟨-ы́⟩ (*безмо́лвие*) Stille *f*; (*споко́йствие*) Ruhe *f*; ◇ **мёртвая ~á** Totenstille; ◇ **наруша́ть ~ý** die Ruhe stören; ◇ **соблюда́ть ~ý** still sein

ткан|ь *ж₅* ⟨-и⟩ **1** *биол* Gewebe *n*; ◇ **мы́шечная ~ь** Muskelgewebe; ◇ **соедини́тельная ~ь** Bindegewebe **2** (*материа́л*) Stoff *m*; ◇ **льняна́я ~и** Leinen *n*; ◇ **шёлковая ~ь** Seidenstoff *m*; ◇ *перен* (*содержа́ние*) Inhalt *m*

ткач *m₂* ⟨-á, *мн:*-и́⟩ Weber *m*; **ткачи́|ха** *ж₁* ⟨-и⟩ Weberin *f*

тле|ть *V₅* *несов* ⟨-е́ет, -е́ют, 1 и 2 л не

употр⟩ *без доп* **1** (*гнить*) verfaulen, modern; (*разлага́ться*) verwesen **2** (*сла́бо горе́ть*) glimmen, schwelen; ◇ **сыры́е дрова́ ~ют** das nasse Holz schwelt **3** *перен* (*тепли́ться*) glimmen; ◇ **в душе́ ещё ~ет оста́ток наде́жды** eine letzte Hoffnung regt sich noch in ihm/ihr

тля *ж₃* ⟨-и, *род мн:*-ей⟩ *зоол* Blattlaus *f*

тмин *m₁* ⟨-а⟩ Kümmel *m*

то *союз* **1** (*тогда́*) dann, so; ◇ **е́сли по́здно, ~ не ходи́** wenn es spät wird, dann gehe nicht **2** (*то...то...*) bald..., bald...; **~ оди́н, ~ друго́й** bald der eine, bald der andere; (*не то..., не то...*) entweder... oder...; ◇ **не ~ по тру́сости, не ~ по глу́пости** entweder aus Feigheit oder aus Dummheit; ◇ **не ~, что́бы мне о́чень хоте́лось** nicht, dass ich unbedingt wollte; ◇ **то-то он наду́лся** da war er aber beleidigt

то *усили́тельная части́ца* gerade, eben; ◇ **в то́м-то и де́ло** das ist es ja gerade; ◇ **где́-то он сейча́с?** wo wird er jetzt wohl sein?

това́р *m₁* ⟨-а⟩ Ware *f*, Artikel *m*; ◇ **~ы наро́дного потребле́ния** Konsumgüter *n pl*; ◇ **дефици́тный ~** Mangelware; ◇ **канцеля́рские ~ы** Schreibwaren; ◇ **спорти́вные ~ы** Sportartikel; ◇ **ходово́й ~** gängige Ware; ◇ **сбыт ~ов** Warenabsatz *m*; *перен* ◇ **показа́ть ~ лицо́м** etw von der besten Seite zeigen

това́рищ *m₂* ⟨-а⟩ Genosse *m*, Kamerad *m*; (*о же́нщине*) Genossin *f*, Kameradin *f*; (*прия́тель, друг*) Freund *m*; ◇ **~ по рабо́те** Arbeitskollege *m*; ◇ **~ по шко́ле** Schulfreund; ◇ **~ по университе́ту** Kommilitone *m*; **това́рищеск|ий** *прил* ⟨-ая, -ое, -ие⟩ **1** (*дру́жеский*) freundschaftlich, kameradschaftlich, kollegial **2** *спорт* Freundschafts-; ◇ **~ая встре́ча** Freundschaftsspiel *n*; **това́рищество** *с₂* ⟨-а⟩ **1** (*отноше́ния*) Kameradschaft *f*; (*коллегиа́льность*) Kollegialität *f* **2** *эк* Genossenschaft, Gesellschaft *f*

товарообме́н *m₁* ⟨-а⟩ *эк* Warenaustausch *m*; **товарооборо́т** *m₁* ⟨-а⟩ *эк* Warenumsatz *m*

тогда́ I. *нареч* (*не тепе́рь*) damals; ◇ **~ он был мо́лод** damals war er jung; ◇ **я приеду́ ~, когда́ бу́ду свобо́ден** ich komme dann, wenn ich frei habe II. *союз* **1** (*в тако́м слу́чае*) dann, so; ◇ **уста́л, ~ отдохни́** wenn du müde bist, dann ruh dich aus **2** (*по́сле того́*) darauf(-hin), danach, dann

того́ *см.* **тот**

то́ждество *с₂* ⟨-а⟩ Gleichheit *f*, Identität *f*

то́же *нареч* auch, ebenfalls, gleichfalls; ◇ **я ~ ухожу́** ich gehe auch weg; ◇ **~ са́мое** dasselbe

ток *m₁* ⟨-а⟩ **1** (*тече́ние*) Strömung *f*, Zug *m*; ◇ **~ во́здуха** Luftzug **2** *эл* Strom *m*; ◇ **переме́нный ~** Wechselstrom; ◇ **постоя́нный ~** Gleichstrom; ◇ **~ высо́кого**

напряже́ния Hochspannungsstrom; ◇ **си́ла** ~а Stromstärke f
то́карь m_2 <-я> (*по металлу*) Dreher m; (*по дереву*) Drechsler m
толк m_1 <-а> ① (*смысл*) Sinn m; ◇ **де́лать что-л с** ~**ом** etw mit Sinn und Verstand tun; ◇ **рассужда́ть с** ~**ом** vernünftig urteilen; ◇ **доби́ться** ~**у в како́м-л де́ле** zu einem sinnvollen Ergebnis kommen; ◇ **взять в** ~ einsehen, begreifen; ◇ **говори́ть без** ~**у** sinnlos daherreden; ◇ **сбить с** ~ **у кого́-л** jd-n irremachen, verwirren ② (*польза*) Nutzen m, Zweck m; ◇ **понима́ть** ~ **в чём-л** sich in etw auskennen; (*выгода*) Vorteil m; ◇ **что** ~**у?** was nützt das? ③ ◇ ~**и мн** (*слухи*) Gerücht n, Gerede n; ◇ **быть предме́том** ~**ов** in Gerede sein; ◇ **хо́дят** ~**и, что...** das Gerücht geht um, dass... ④ (*направление*) Richtung f; ◇ **па́ртия либера́льного** ~**а** liberal orientierte Partei
толка́ть V$_{1a}$ *несов* <-а́ю, -а́ешь> [**толкну́ть**√ $_2$ *сов*] *кого-что вин (1, 2), не что вин или о чему дат (3)* ① (an-)stoßen, drängen; ◇ ~ **в спи́ну** in den Rücken stoßen ② (*двигать от себя*) schieben, stemmen; спорт ◇ ~ **шта́нгу** ein Gewicht stemmen; ◇ ~ **ядро́** eine Kugel stoßen ③ *перен (побуждать)* anstiften, anstacheln, bewegen (zu)
толко́в|ый *прил* <-ая, -ое, -ые> ① (*разумный*) gescheit, vernünftig ② (*поня́тный*) klar; ◇ ~**ое объясне́ние** verständliche Erklärung ③ (*содержащий в себе объяснения*) erklärend; ◇ ~**ый слова́рь** erklärendes Wörterbuch n, Definitionswörterbuch n
толкотня́ *ж₂* <-и́> Gedränge n
толокно́ *с₂* <-а́> Hafermehl n
толп|а́ *ж₁* <-ы́, мн: -ы> (*сборище*) Menge f; Menschenansammlung f; (*толчея*) Gedränge n; ◇ **в са́мой** ~**é** mitten im Gedränge
толсте́ть V$_5$ *несов* <-е́ю, -е́ешь> [**по**~ *сов*] *без доп* dicker werden, zunehmen; **то́лст|ый** *прил* <-ая, -ое, -ые> ① (*объёмный*) dick, von großem Umfang ② (*тучный*) dick; ◇ ~**ые но́ги** dicke Beine; (*дородный*) beleibt; анат ◇ ~**ая кишка́** Dickdarm m; **толстя́к** m_1 <-а́, мн: -и́> Dicker m, Dickwanst m
толч|о́к m_1 <-чка́, мн: -чки́> ① (*удар*) Stoß m, Schub m, Ruck m; ◇ **одни́м** ~**ко́м** mit einem Ruck; ◇ **подзе́мные** ~**ки** Erdstöße ② спорт Stoßen n ③ *перен (импульс)* Anstoß m, Impuls m, Antrieb m
толщин|а́ *ж₁* <-ы́> (*стены*) Stärke f, Dicke f; (*в объёме*) Umfang m; ◇ ~**á льда** Eisstärke; ◇ ~**óю в пять сантиме́тров** fünf Zentimeter dick
толь m_2 <-я> стр Teerpappe f, Dachpappe f
то́лько I. *нареч* nur, allein; (*исключительно*) bloß; (*во временном значении*) erst; ◇ **я прочита́л** ~ **две главы́** ich habe nur zwei Kapitel gelesen; ◇ **это опубли-**

ко́вано ~ **в одно́й газе́те** das wurde nur in einer Zeitung veröffentlicht; ◇ ~ **тогда́** nur dann; **ещё** ~ **три часа́** nur noch drei Stunden; ◇ **он** ~ **что прие́хал** er ist gerade gekommen II. *союз* ① (*однако, но*) nur, aber; ◇ **согла́сен е́хать,** ~ **не сейча́с** ich möchte auch fahren, aber nicht jetzt ② (*при условии что..., если*) wenn; ◇ **всё сде́лаю,** ~ **не серди́сь** ich tue alles, wenn du mir nur nicht mehr böse bist ③ (*едва*) kaum; ◇ ~ **я вошёл** kaum war ich eingetreten; ◇ **как** ~, sobald; ◇ **е́сли** ~ **возмо́жно** wenn es nur möglich ist; ◇ **не** ~, **но и** nicht nur, sondern auch; ◇ ~ **бы нам успе́ть** wenn wir es nur schaffen; ◇ **чего́** ~ **мы не пережи́ли!** was wir nicht alles erlebt haben!; ◇ **попро́буй** ~! untersteh dich!
том m_1 <-а, мн: -á> Band m; ◇ **рома́н в двух** ~**áх** ein Roman in zwei Bänden
тома́т m_1 <-а> Tomate f
тому́ *см.* **тот**
тон m_1 <-а> ① (*звук*) Ton m; ◇ **не́жный** ~ zarter Ton; ◇ **ни́зкий** ~ tiefer Ton; (*голоса*) Klang m; ◇ **разгова́ривать на повы́шенных** ~**áх** mit erhobener Stimme sprechen; ◇ **перемени́ть** ~ einen anderen Ton anschlagen; мед ◇ ~**ы се́рдца** Herztöne ② (*оттенок речи*) Umgangston m, Manieren f pl; ◇ **надме́нный** ~ überhebliches Benehmen; ◇ **дурно́й** ~ schlechte Manieren; ◇ **попа́сть в** ~ den richtigen Ton finden ③ (*оттенок цвета*) Tönung f, Farbton m; ◇ **тёплые** ~**á** warme Farben
то́нк|ий *прил* <-ая, -ое, -ие> (*сравн:* то́ньше) ① (*худощавый*) schlank, dünn, fein; ◇ ~**ая та́лия** schmale Taille; ◇ ~**ая фигу́ра** zarte Figur; ◇ ~**ое сукно́** feines Tuch ② (*нежный*) zart, fein; ◇ ~**ий про́филь** feines Profil ③ (*изысканный, не грубый*) fein, verfeinert, leicht; ◇ ~**ий за́пах** feiner Geruch; ◇ ~**ий намёк** leise Anspielung; ◇ ~**ие разли́чия** feine Unterschiede; ④ (*проницательный*) scharf, klug; ◇ ~**ий кри́тик** scharfer Kritiker; ◇ ~**ий цени́тель** guter Kenner ⑤ (*чуткий*) scharf; ◇ ~**ий слух** scharfes Gehör
то́нна *ж₁* <-ы> (*вес*) Tonne f
тон|у́ть V$_2$ *несов* <-ну́, то́нешь, *Part. Präs. Akt.* то́нущий> [**по**~, **у**~ *сов*] *без доп (1), в чём предл (2)* ① (*о судне*) untergehen, sinken; ◇ **кора́бль** ~**ет** das Schiff sinkt; (*о человеке*) ertrinken ② *перен (становиться незаметным)* untergehen, verschwinden; ◇ **слова́** ~**ут в шу́ме голосо́в** die Worte gehen im Stimmengewirr unter
то́ньше *сравн от* **то́нкий**
топи́ть¹ V$_{4a}$ *несов* <-плю́, то́пишь, *Part. Präs. Pass.* -пи́мый, *Part. Prät. Pass.* то́пленный> *что вин* ① (*поддерживать огонь*) feuern; ◇ **ками́н** den Kamin feuern ② (*отапливать помещение*) heizen
топи́ть² V$_{4a}$ *несов* <-плю́, то́пишь, *Part. Präs. Pass.* -пи́мый, *Part. Prät. Pass.*

то́пленный> *что вин* ① *(расплавлять)* auslassen, schmelzen; ◇ ~ **воск** Wachs schmelzen ② *(молоко)* köcheln (lassen)

топи́ть[3] V_{4a} *несов* <-плю́, то́пишь> [**по-сов**] *кого-что вин* ① versenken; ◇ ~ **кора́бль** ein Schiff versenken; *(кого-л)* ertränken ② *перен (губить)* zugrunde richten, ruinieren

то́пливо c_2 <-а> Brennstoff *m; (для дви-гателей)* Kraftstoff *m,* Treibstoff *m; (для отопления)* Brennmaterial *n,* Feuerung *f;* ◇ **жи́дкое** ~ flüssiger Brennstoff, Heizöl *n*

то́поль M_2 <-я, *мн:* -ля́> бот Pappel *f*

топо́р M_1 <-á> Beil *n,* Axt *f;* **топо́рный** *прил* <-ая, -ое, -ые> *(грубый)* grob, unge-schickt; *(о человеке)* ungehobelt

то́пот M_1 <-а> Getrampel *n,* Stampfen *n*

топта́ть* *несов* <-пчу́, то́пчешь> [**по-сов**] *кого-что вин* zertreten, stampfen; ◇ ~ **траву́ нога́ми** Gras mit den Füßen zer-treten

топь $ж_5$ <-и> Sumpfland *n,* Morast *m*

торг M_1 <-а, *мн:* -и́> ① *(торговля)* Han-del *m* ② *пренебр (сделка)* Geschäft *n;* ◇ **закули́сный** ~ Kuhhandel *m* ③ <-а> *мн* Versteigerung *f,* Auktion *f;* ◇ **прода́жа с ~о́в** Versteigerung; **торгова́ть** V_{3a} *несов* <-гу́ю, -гу́ешь> [**при-**~ ③, **с-** ③ *сов*] c_2 *кем-чем тв* (1), *без доп* (2, 3)] han-deln; ◇ ~ **в ро́зницу** Einzelhandel betrei-ben; ◇ ~ **с зарубе́жными стра́нами** mit dem Ausland handeln; ◇ ~ **собо́й [свои́м те́лом]** sich prostituieren ② *(о магазине)* offen sein, geöffnet haben; ◇ **магази́н тор-гу́ет без выходны́х дней** das Geschäft ist auch an Sonn- und Feiertagen offen ③ *(по-купать* ~ *кого-л)* kaufen, erhandeln; **торго́вец** M_5 <-вца> Händler *m;* ◇ **кру́пный** ~ Großhändler; ◇ ~ **с лотка́** Straßen-händler; **торго́вка** $ж_1$ <-и, *род мн:* -вок> Händlerin *f;* **торго́вл|я** $ж_2$ <-и> Handel *m;* ◇ **вне́шняя** ~я Außenhandel; ◇ **ро́знич-ная** ~я Einzelhandel; ◇ **рабо́тник** ~и kauf-männischer Angestellter; ◇ ~я **вразно́с** Straßenverkauf *m;* **торго́вый** *прил* <-ая, -ое, -ые> Handels-; ◇ ~**ый догово́р** Han-delsvertrag *m;* ◇ ~**ая то́чка** Verkaufsstelle; ◇ ~**ый центр** Handelszentrum *n*

торже́ственн|ый *прил* <-ая, -ое, -ые> ① feierlich, festlich; ◇ ~**ое собра́ние** feierli-che Versammlung ② *(величавый)* feierlich, erhaben; ◇ ~**ый вид** majestätisches Aus-sehen; **торжество́** c_2 <-а́> ① *(празднес-тво)* Feier *f,* Fest *n;* ◇ **наро́дное** ~ Volks-fest; ◇ ~ **по слу́чаю побе́ды** Siegesfeier; ◇ **сообщи́ть что-л с** ~**м** etw feierlich mit-teilen ② *(победа)* Triumph *m,* Sieg *m* ③ *(радость)* Stolz *m;* ◇ **в го́лосе звучи́т** ~ in seiner Stimme klingt Stolz mit

то́рмоз M_1 <-а, *мн:* -á, ② *мн:* -ы́> ① тех *(механизм)* Bremse *f; (педаль)* Brems-pedal *n;* ◇ **ручно́й** ~ Handbremse ② *пе-рен (препятствие)* Hemmnis *n,* Hindernis *n;* ◇ **спусти́ть что-л на** ~**áх** etw ohne

großes Aufsehen aus der Welt schaffen; **тормоз|и́ть** V_{4a} *несов* <-ожу́, -зи́шь, *Part. Präs. Pass.* -зи́мый> [**за-** *сов*] *что вин* ① (ab-)bremsen; ◇ **маши́ны** ~я́т у **перее́зда** die Autos bremsen vor dem Bahn-übergang ② *перен (препятствовать)* brem-sen, behindern, Steine in den Weg legen

тороп|и́ться V_{4a} *несов* <-плю́сь, -о́пишь-ся> [**по-** *сов*] *без доп или с чем тв или с инф* eilen, sich beeilen; ◇ **извини́, я** ~**лю́сь** entschuldige, ich habe es eilig; ◇ **ку-да́ ты торо́пишься?** wohin gehst du so eilig?; ◇ ~ **на по́езд** zum Zug hasten; ◇ ~ **с выполне́нием зада́ния** sich mit einer Aufgabe beeilen; **торопли́вый** *прил* <-ая, -ое, -ые> eilig, hastig

торт M_1 <-а> Torte *f*

торф M_1 <-а> Torf *m;* ◇ **добыва́ть** ~ Torf stechen

торч|а́ть* *несов* <-чу́, -чи́шь> *без доп* ① *(выдаваться)* hervorstehen, herausragen; ◇ **бревно́** ~**и́т из воды́** der Balken ragt aus dem Wasser; *(оттопыриваться)* abstehen; ◇ **у него́ у́ши** ~**а́т** er hat abstehende Ohren ② *разг перен (присутствовать)* stecken, herumhängen; ◇ **це́лый день** ~**а́ть у со-се́дей** sich den ganzen Tag bei den Nachbarn aufhalten; ◇ **что ты здесь** ~**и́шь?** was treibst du dich hier herum?

тоск|а́ $ж_1$ <-и́> ① *(уныние)* Schwermut *m; (грусть)* Traurigkeit *f; (печаль)* Trauer *f;* ◇ **меня́** ~**á берёт** ich bin traurig; ◇ **наво-ди́ть** ~**у́ на кого́-л** jdn traurig stimmen ② *(страстное желание)* Sehnsucht *f;* ◇ ~**á по ро́дине** Heimweh *n* ③ *разг (скука)* Langeweile *f;* ◇ **на да́че о́сенью** ~ im Herbst ist es langweilig auf der Datscha; **тоскова́ть** V_{3a} *несов* <-ку́ю, -ку́ешь> *без доп (1, 3), по ком-чём предл или по кому-чему дат* (2) [**томиться**] be-drückt sein, schwermütig sein; ◇ ~ **в оди-но́честве** sich einsam fühlen ② *(скучать)* Sehnsucht haben (nach); ◇ ~ **о друзья́х** Freunde vermissen; ◇ ~ **по ро́дине** Heim-weh haben ③ *(скучать)* sich langweilen

тост M_1 <-а> Trinkspruch *m,* Toast *m;* ◇ **произнести́ [провозгласи́ть]** ~ **за юби-ля́ра** einen Trinkspruch auf den Jubilar ausbringen

тот *(того́ м; та, той ж; то, того́ с; те, тех мн) указат мест* jener, jene, jenes, je-ne; ◇ ~ **дом** jenes Haus; ◇ **на том берегу́** am anderen Ufer; ◇ **по ту сто́рону** jenseits; ◇ **спрошу́ у того́, кто зна́ет** ich frage jd-n, der es weiß; ◇ **не те́, так други́е** wenn nicht die einen, dann die anderen; ◇ **он всё** ~ **же** er ist immer noch derselbe; ◇ **вслед за тем, как** danach; ◇ **вме́сте с тем** bei alledem; ◇ **кро́ме того́** außerdem; ◇ **тем лу́чше** um so besser; ◇ **ни с того́ ни с се-го́** mir nichts, dir nichts; ◇ **и того́ ху́же** schlimmer noch; ◇ **с тем, что́бы...** um zu, damit; ◇ **я дарю́ тебе́ путёвку с тем, что́бы ты отдохну́л** ich schenke dir die

Reise, damit du dich erholst; ◇ **при всём том** bei alledem; ◇ **мне не до того́** mir ist nicht danach; ◇ **ме́жду тем** inzwischen; ◇ **тем не ме́нее** trotz allem, nichtsdestotrotz; ◇ **де́ло в том, что...** die Sache ist die, dass...; ◇ **я и без того́ прие́ду** ich komme ohnehin

тоталита́рный прил ‹-ая, -ое, -ые› totalitär

то́тчас нареч sofort, sogleich; ◇ **э́та у́лица ~ за пло́щадью** diese Straße kommt gleich nach dem Platz

точи́льщик m_1 ‹-а› Schleifer m; **точи́ть** V_{4a} несов ‹-чу́, то́чишь, (4, 5) 1 и 2 л. не употр, Part. Präs. Pass. -чи́мый, Part. Prät. Pass. то́ченный› [**вы́**- (3), **на**- (1) сов] что вин ① (делать острым) schleifen, schärfen; ◇ **~ ножи́** Messer wetzen ② (чинить) (an-)spitzen ③ тех drehen; (дерево) drechseln ④ (повреждать) nagen, zerfressen; ◇ **че́рви то́чат де́рево** Würmer haben den Baum befallen; ◇ **ржа́вчина то́чит желе́зо** der Rost zerfrisst das Eisen ⑤ перен (изнурять) an jd-m zehren, quälen; ◇ **~ зу́бы на кого́-л** Groll gegen jd-n hegen

то́чк|а $ж_1$ ‹-и, род мн:-чек› ① (место, пункт) Punkt m, Stelle f; ◇ **исхо́дная ~** Ausgangspunkt; ◇ **вы́сшая ~а** Höhepunkt; ◇ **торго́вая ~а** Verkaufsstelle f; тех **мёртвая ~а** toter Punkt; (предел) Punkt m; ◇ **~а замерза́ния** Gefrierpunkt; ◇ **~а кипе́ния** Siedepunkt; ◇ **~а плавле́ния** Schmelzpunkt; ② грам Punkt m; ◇ **~а с запято́й** Semikolon n; ◇ **с мое́й ~и зре́ния** meiner Ansicht nach; ◇ **попа́сть в са́мую ~у** ins Schwarze treffen; ◇ **дойти́ до ~и** am Ende seiner Kräfte sein; ◇ **бить в одну́ ~у** auf etw gezielt hinarbeiten

то́чность $ж_5$ ‹-и› ① (о данных) Genauigkeit f; (о приборах, измерениях) Präzision f; ◇ **повы́шенной ~и** von hoher Präzision; ◇ **костю́м в ~ как у тебя́** ein Anzug genau wie deiner; ◇ **с ~ью до одно́й деся́той** auf ein Zehntel genau ② (пунктуальность) Pünktlichkeit f; ◇ **в ~и** genau; **то́чн|ый** прил ‹-ая, -ое, -ые› ① (верный) genau, präzise; ◇ **~ое вре́мя** genaue Uhrzeit; ◇ **~ые прибо́ры** Präzisionsgeräte n pl; ◇ **~ый попада́ние в цель** Volltreffer m ② (аккуратный) genau, exakt, pünktlich; ◇ **~ое исполне́ние** pünktliche Ausführung; ◇ **~ые нау́ки** exakte Wissenschaften

тошнот|а́ $ж_1$ ‹-ы́› Übelkeit f, Brechreiz m; ◇ **вызыва́ть ~у́** Brechreiz verursachen; ◇ **почу́вствовать ~у́** Übelkeit spüren; перен ◇ **проти́вно до ~ы́** Ekel erregend

то́щий прил ‹-ая, -ее, -ие› ① (исхудалый) mager, dürr ② (пустой) leer; ◇ **~ий кошелёк** leerer Geldbeutel; ◇ **на ~ий желу́док** auf nüchternen Magen ③ (скудный) spärlich, dürftig; ◇ **~ая расти́тельность** karge Vegetation

трав|а́ $ж_1$ ‹-ы́, мн:-ы› Gras n, Kraut n; ◇ **лека́рственные ~ы** Heilkräuter; ◇ **со́рная ~а** Unkraut; ◇ **коси́ть ~у́** Gras mähen; ◇ **как ~а́** ohne Geschmack; разг ◇ **хоть ~а́ не расти́** nach mir die Sintflut

трави́ть V_{4a} несов ‹-влю́, -а́вишь, Part. Präs. Pass. -ви́мый, Part. Prät. Pass. тра́вленный› [**вы́**- (1, 2, 5), **за**- (3, 4) сов] кого-что вин (1, 2, 3, 4), что вин (5) ① (убивать) vergiften, vernichten; ◇ **тарака́нов** Kakerlaken vernichten ② (вызывать болезнь) vergiften; ◇ **~ органи́зм алкого́лем** den Körper mit Alkohol vergiften ③ (преследовать) hetzen; ◇ **за́йца** einen Hasen jagen ④ разг (изводить клеветой) verfolgen, hetzen (gegen) ⑤ тех beizen, ätzen

тра́вл|я $ж_2$ ‹-и› ① охот Hetzjagd f ② перен Hetze f; (преследование) Verfolgung f

тра́вм|а $ж_1$ ‹-ы› мед Verletzung f; ◇ **психи́ческая ~а** Trauma n; ◇ **нанести́ ~у кому́-л** jd-n verletzen; ◇ **получи́ть ~у** verletzt werden

траге́дия $ж_4$ ‹-и› ① театр Tragödie f ② (несчастье) Tragik f, Drama n; ◇ **семе́йная ~** Familiendrama; **траги́ческ|ий** прил ‹-ая, -ое, -ие› tragisch; ◇ **~ий слу́чай** tragischer Vorfall; ◇ **~ая судьба́** tragisches Schicksal

тради́ци|я $ж_4$ ‹-и› ① Tradition f, Überlieferung f ② (обычай) Brauch m; ◇ **что-л вошло́ в ~ю** etw ist Brauch geworden; ◇ **по ~и** nach einem Brauch

траекто́рия $ж_4$ ‹-ии› физ Flugbahn f

тра́ктор m_1 ‹-а, мн: -ы/-а́› Traktor m; ◇ **рабо́тать на ~е** Traktor fahren; **тракто́рист** m_1 ‹-а› Traktorfahrer m

трамва́|й m_3 ‹-я› Straßenbahn f; ◇ **сесть в (на) ~й** in die Straßenbahn einsteigen; ◇ **сойти́ с ~я** aus der Straßenbahn aussteigen

трампли́н m_1 ‹-а› ① спорт Sprungbrett n; ◇ **лы́жный ~** Sprungschanze f; **прыжки́ с ~а** Skispringen n ② перен Sprungbrett n, Ausgangspunkt m

транзи́т m_1 ‹-а› (проезд) Transit m, Durchfuhr f; ◇ **груз идёт ~ом** die Ware wird ohne Zwischenstopp befördert

транскри́пция $ж_4$ ‹-и› Transkription f; ◇ **фонети́ческая ~** Lautschrift f

трансли́ровать V_{3a} несов и сов ‹-рую, -руешь› что вин радио senden, übertragen; ◇ **~ футбо́льный матч** ein Fußballspiel übertragen; **трансля́ция** $ж_4$ ‹-и› радио Sendung f, Übertragung f; ◇ **прямая ~** Live-Sendung, Direktübertragung

транспара́нт m_1 ‹-а› Transparent n, Spruchband n

тра́нспорт m_1 ‹-а› ① (отрасль наро́дного хозя́йства) Verkehr m, Transport m; ◇ **автомоби́льный ~** Kraftverkehr, Autoverkehr; ◇ **во́дный ~** Schiffsverkehr; ◇ **возду́шный ~** Luftverkehr; ◇ **грузово́й ~** Güterverkehr; ◇ **железнодоро́жный ~** Schienenverkehr; ◇ **морско́й ~** Seeschifffahrt ② (*транспортировка*) Beförderung f, Transport m ③ (*партия грузов*) Lieferung f, Sendung f ④ (*перевозочные средства*) Transportmittel n; **санита́рный** ~ Sanitätswagen m

 общественный транспорт

Auf öffentliche Verkehrsmittel sind die meisten Russen angewiesen, da die Zahl der Autobesitzer relativ gering ist. Busse, Oberleitungsbusse, Straßen-, S- und U-Bahnen bilden ein dichtes Verkehrsnetz, das oft an der Grenze zur Überlastung steht.
In vielen Großstädten ist die U-Bahn die schnellste und zuverlässigste Fortbewegungsmöglichkeit. Die 1935 eröffnete Moskauer метро́ mit ihrem Netz von über 200 km Länge gilt als eine der schönsten U-Bahnen der Welt. Sie sollte nach dem Willen ihrer Erbauer mehr sein als ein Verkehrsmittel, nämlich ein „unterirdischer Volkspalast" aus edlen Materialien (Marmor, Messing und Stahl).

транспортёр $м_1$ ⟨-а⟩ ① тех Transportvorrichtung f; **ле́нточный** ~ Förderband n ② (*бронетранспортёр*) gepanzertes Fahrzeug

транше́я $ж_3$ ⟨-и⟩ ① (*канава*) Graben m ② воен Schützengraben m

трап $м_1$ ⟨-а⟩ ① мор Schiffstreppe f; **верёвочный** ~ Strickleiter f; **забо́ртный** ~ Fallreep n ② ав Gangway f

тра́сса $ж_1$ ⟨-ы⟩ ① Trasse f, Linienführung f ② (*путь, дорога*) Straße f, Strecke f; **возду́шная** ~ Flugstrecke; **горнолы́жная** ~ Skipiste f ③ (*след в воздухе*) Kondensstreifen m

тра́та $ж$ ⟨-ы⟩ Verschwendung f, Vergeudung f; **пуста́я** ~ **вре́мени** pure Zeitverschwendung; **тра́тить** V_{4b} несов ⟨-а́чу, -а́тишь⟩ [ис~, по~ сов] что вин ausgeben, verbrauchen, verlieren; ~ **де́ньги** Geld ausgeben; ~ **си́лы** Kräfte verbrauchen; **тра́титься** несов ⟨-а́чусь, -а́тишься⟩ [по~ сов] на кого-что вин Geld ausgeben, Ausgaben machen

тра́ур $м_1$ ⟨-а⟩ ① (*скорбь*) Trauer f; **в семье́** ~ in der Familie ist ein Trauerfall; **страна́ в** ~**е** das Land trauert ② (*одежда*) Trauerkleidung f; **носи́ть** ~ **по ма́тери** nach dem Tod der Mutter Trauer tragen

тре́бование c_4 ⟨-я⟩ ① (*распоряжение*) Forderung f, Verlangen n; **по пе́рвому** ~**ю** sofort bei Vorlage; **остано́вка по** ~**ю** Halt auf Anforderung ② (*правило*) Anforderung f, Ansuchen n; ~**я к экза́менующимся** Anforderungen an die Prüflinge ③ (*притязание*) Forderung f, Anspruch m; **чрезме́рное** ~**е** überhöhter Anspruch;

предъявля́ть ~**я на что-л** seine Forderungen für etw geltend machen; **предъявля́ть высо́кие** ~**я** hohe Ansprüche stellen ④ (*запросы*) Bedürfnisse n pl; **тре́бовательный** прил ⟨-ая, -ое, -ые⟩ ① (*строгий*) streng ② (*взыскательный*) anspruchsvoll ③ (*выражающий требование*) fordernd; **тре́б|овать** V_{3a} несов ⟨-бую, -буешь, (2) 1 и 2 л. не употр⟩ [по~ (2, 3) сов] что вин или чего род или с инф или союзом "чтобы" (1), чего род (2), кого-что вин (3), чего род от кого-чего род (4) ① fordern, verlangen; ~**овать объясне́ний** Erklärungen fordern ② (*нуждаться*) erfordern, bedürfen; **боле́знь** ~**ует лече́ния** die Krankheit muss behandelt werden; **э́тот вопро́с** ~**ует осо́бого внима́ния** diese Frage erfordert besondere Aufmerksamkeit ③ (*вызвать куда-л*) bestellen, auffordern; **Вас** ~**уют к нача́льнику** Sie werden beim Chef erwartet; ~**овать в суд** vor Gericht laden ④ (*обязывать*) erwarten, verlangen; **смешно́** ~**овать сочу́вствия от эго́иста** es ist lächerlich, von einem Egoisten Mitgefühl zu erwarten

трево́г|а $ж_1$ ⟨-и⟩ ① (*беспокойство*) Aufregung f, Besorgnis f; **быть в** ~**е** sich Sorgen machen ② (*переполох*) Unruhe f, Tumult m ③ (*сигнал*) Alarm m, Alarmzeichen n; **ло́жная** ~**а** blinder Alarm; **бить** ~**у** Alarm schlagen; **уче́бная** ~**а** Probealarm; **трево́ж|ить** V_{4b} несов ⟨-жу, -жишь, Part. Präs. Pass. -жимый⟩ [вс~ (1), по~ (2) сов] кого-что вин ① (*волновать*) beunruhigen, besorgen; **состоя́ние больно́го** ~**ит враче́й** der Zustand des Patienten beunruhigt die Ärzte ② (*беспокоить*) stören, jd-m keine Ruhe lassen; **весь день нас** ~**ат посети́тели** die Besucher lassen uns den ganzen Tag keine Ruhe; **трево́жн|ый** прил ⟨-ая, -ое, -ые⟩ ① besorgt, beunruhigt; (*взволнованный*) aufgeregt; **в** ~**ом состоя́нии** voller Besorgnis ② (*вызывающий тревогу*) Besorgnis erregend ③ (*обозначающий тревогу*) alarmierend, Alarm-

тре́зв|ый прил ⟨-ая, -ое, -ые⟩ ① (*не пьяный*) nüchtern ② (*воздержанный*) enthaltsam, abstinent ③ перен (*здравый*) vernünftig, nüchtern, sachlich; **име́ть** ~**ый взгляд на ве́щи** die Dinge nüchtern betrachten; ~**ая голова́** ein besonnener Kopf

трель $ж_5$ ⟨-и⟩ муз Triller m; **пуска́ть** ~**и** trillern

тре́нер $м_1$ ⟨-а⟩ Trainer m

тре́ние c_4 ⟨-я⟩ ① физ Reibung f; **дета́ли износи́лись от** ~**я** die Teile haben sich durch Reibung abgenutzt ② перен (*споры*) Reibereien f pl; (*расхождения*) Unstimmigkeiten f pl; ~**я с нача́льником** Unstimmigkeiten mit dem Chef

трениро́вк|а *ж₁* ⟨-и, *род мн:* -вок⟩ (*упражнение*) Training *n*, Übung *f*; **ходи́ть на ~и** zum Training gehen

тре́пет *м₁* ⟨-а⟩ **1** (*колебания*) Zittern *n*, Beben *n* **2** (*волнение*) Aufregung *f* **3** (*страх*) Zittern *n*, Angst *f*; **с ~ом ждать изве́стия** voller Angst auf die Nachricht warten; ◇ **испы́тывать ~ пе́ред кем-л** Ehrfurcht vor jd-m haben; ◇ **привести́ кого́-л в ~** jd-n in Angst und Schrecken versetzen

треск *м₁* ⟨-а⟩ **1** Knall *m*, Krachen *n*; *перен* ◇ **с ~ом провали́ться** kläglich scheitern, mit Pauken und Trompeten durchfallen **2** (*повторяющийся стук*) Knattern *n*, Geknatter *n*; ◇ **мото́ра** Brummen des Motors **2** *перен* (*шумиха*) hochtrabende Reden, Rummel *m*; ◇ **без шу́ма и ~а** ohne viel Aufhebens

треска́ *ж₁* ⟨-и́⟩ Dorsch *m*, Kabeljau *m*; ◇ **вя́леная ~** Stockfisch *m*

тре́снуть V₂ ⟨-ну, -нешь, (1-3) 1 и 2 л. не употр, *Part. Prät. Pass.* -нутый⟩ [**тре́скать** (4) V₁ₐ *несов без доп (1-3), кого-чего ни по чему дат или без доп (4)* **1** (*издать треск*) krachen; ◇ **~ла ве́тка** der Zweig knackte **2** (*лопнуть, расколоться*) platzen, zerspringen; ◇ **стака́н ~л** das Glas bekam einen Sprung **3** (*потрескаться*) rissig werden, Risse bekommen **4** *груб* (*ударить*) hauen, schlagen; ◇ **~ть кулако́м по столу́** mit der Faust auf den Tisch hauen; ◇ **~ть по́ лбу** an die Stirn hauen

тре́т|ий *числ* ⟨-ья, -ье, -ьи⟩ **1** dritter; ◇ **~его числа́** am Dritten; ◇ **~его дня** vorgestern; ◇ **в ~ьем часу́** nach zwei Uhr; **стра́ны тре́тьего ми́ра** Länder der Dritten Welt **2** (*беспристрастный*) ◇ **~ье лицо́** ein Dritter

треть *ж₅* ⟨-и⟩ Drittel *n*; ◇ **две ~их** zwei Drittel

тре́тье *с* (*A₂*) ⟨-его⟩ (*десерт*) Nachtisch *m*

треуго́льник *м₁* ⟨-а⟩ **1** Dreieck *n*; ◇ **прямоуго́льный ~** rechtwinkliges Dreieck; **равнобе́дренный ~** gleichschenkliges Dreieck **2** *муз* (*инструмент*) Triangel *f*

трёхгоди́чн|ый *прил* ⟨-ая, -ое, -ые⟩ dreijährig; ◇ **~ые ку́рсы** dreijähriger Lehrgang; **трёхдне́вный** *прил* ⟨-ая, -ое, -ые⟩ dreitägig; **трёхле́тний** *прил* ⟨-яя, -ее, -ие⟩ dreijährig; ◇ **стаж рабо́ты** dreijährige Berufserfahrung; **трёхме́сячный** *прил* ⟨-ая, -ое, -ые⟩ dreimonatig; **трёхнеде́льный** *прил* ⟨-ая, -ое, -ые⟩ dreiwöchig; **трёхсотле́тний** *прил* ⟨-яя, -ее, -ие⟩ dreihundertjährig; ◇ **юбиле́й** Dreihundertjahrfeier *f*; **трёхчасово́й** *прил* ⟨-а́я, -о́е, -ы́е⟩ **1** (*продолжительностью в три часа*) dreistündig **2** (*назначенный на три часа*) Dreiuhr-; ◇ **~ по́езд** Dreiuhrzug *m*; **трёхэта́жный** *прил* ⟨-ая, -ое, -ые⟩ zweistöckig, dreigeschossig

треща́ть* *несов* ⟨-щу́, -щи́шь, (1, 2) 1 и

2 л. не употр⟩ *без доп* **1** krachen, knacken, knistern; ◇ **пиджа́к ~и́т по всем швам** die Jacke platzt aus allen Nähten; ◇ **дрова́ ~а́т в печи́** das Brennholz prasselt im Ofen; ◇ **моро́з ~и́т** es herrscht klirrender Frost; ◇ **у меня́ голова́ ~и́т** mir brummt der Schädel **2** (*о насекомых*) zirpen; ◇ **~а́т кузне́чики** die Grashüpfer zirpen **3** *перен* (*говорить без умолку*) schwatzen, plappern; **тре́щин|а** *ж₁* ⟨-ы⟩ Riss *m*, Sprung *m*; (*щель*) Spalte *f*; ◇ **льди́на дала́ ~у** die Eisscholle bekam einen Riss; *перен* ◇ **в отноше́ниях друзе́й образова́лась ~а** die Beziehung der Freunde bekam einen Knacks

трещо́тка *ж₁* ⟨-и, *род мн:* -ток⟩ **1** Rassel *f* **2** *разг* (*о человеке*) Plappertasche *f*

три *числ* **1** drei; ◇ **за ~ дня** in drei Tagen; ◇ **на ~ дня** für drei Tage **2** (*оценка*) Drei *f*; ◇ **за отве́т получи́л ~** für seine Antwort bekam er eine Drei

трибу́н|а *ж₁* ⟨-ы⟩ **1** Tribüne *f*, Rednertribüne *f*; ◇ **произноси́ть речь с ~ы** von der Tribüne aus sprechen **2** *перен* (*сфера осуществления деятельности*) Bühne *f*; ◇ **полити́ческая ~** politische Bühne

трибуна́л *м₁* ⟨-а⟩ Tribunal *n*, Gerichtshof *m*; ◇ **междунаро́дный ~** internationaler Gerichtshof; ◇ **попа́сть под ~** vor ein Tribunal kommen

тридцатиле́тний *прил* ⟨-яя, -ее, -ие⟩ dreißigjährig; **три́дцать** *числ* dreißig; ◇ **ему́ за ~** er ist über dreißig; ◇ **ей под ~** sie ist knapp dreißig Jahre alt

три́жды *нареч* dreimal; ◇ **~ три де́вять** drei mal drei macht neun; ◇ **он ~ прав** er hat zweifelsohne recht

трикота́ж *м₂* ⟨-а⟩ **1** (*ткань*) Trikot *m* **2** (*изделия*) Trikotagen *f pl*, Strickwaren *f pl*

трина́дцать *числ* dreizehn; **три́ста** *числ* dreihundert

тро́гательн|ый *прил* ⟨-ая, -ое, -ые⟩ rührend, ergreifend, bewegend; ◇ **как ~о!** wie rührend!; **тро́гать** V₁ₐ *несов* ⟨-аю, -аешь⟩ [**тро́нуть** V₂ *сов* ⟨*Imp.* тронь, ~те, *Part. Prät. Pass.* тро́нутый⟩ *кого-что* **1** (*прикасаться*) berühren, anrühren, anfassen; ◇ **~ рука́ми что-л** etw mit den Händen berühren; ◇ **не тро́гайте мои́ кни́ги!** rührt meine Bücher nicht an! **2** (*растрогать*) rühren, bewegen; ◇ **э́то изве́стие его́ не тро́нуло** diese Nachricht ließ ihn kalt; ◇ **не тро́гай его́, он расстро́ен** lass ihn in Ruhe, er ist verärgert

тро́е *числ* dreí, zu dritt; ◇ **нас бы́ло ~** wir waren zu dritt; ◇ **~ бра́тьев** drei Brüder; ◇ **их пришло́ ~** sie kamen zu dritt; ◇ **~ су́ток** drei Tage; ◇ **постро́иться по ~** sich in Dreierreihen aufstellen; **троебо́рье** *с₅* ⟨-я⟩ *спорт* Dreikampf *m*

тро́иц|а *ж₁* ⟨-ы⟩ **1** *рел* Dreieinigkeit *f*, Dreifaltigkeit *f* **2** *рел* (*праздник*) Pfingsten *n* **3** (*трое людей*) Dreigespann *n*, Troi-

ka f; ◇ **неразлу́чная ~а** die unzertrenn-
lichen Drei; ◇ **бог ~у лю́бит** aller guten
Dinge sind drei

тро́йк|**а** ж₁ <-и, *род мн:* тро́ек> ① (*циф-
ра 3*) Drei f ② (*отметка "удовлетвори-
тельно"*) Drei f; ◇ **учи́ться на ~и** ein
mittelmäßiger Schüler sein ③ (*упряжка*)
Dreigespann n, Troika f; ◇ **ката́нье на ру́с-
ских ~ах** Fahrt mit einer russischen Troika
④ (*группа из трёх человек или пред-
метов*) Troika f ⑤ *карт* Drei f

тройн|**о́й** *прил* <-а́я, -о́е, -ы́е> (*втрое
бо́льший*) dreifach; ◇ **~о́е са́льто** dreifa-
cher Salto; мат ◇ **~о́е пра́вило** Dreisatz m

тро́йня ж₂ <-и, *род мн:* -ен> Drillinge
m pl

тролле́йбус м₁ <-а> Oberleitungs(omni)-
bus m, Trolleybus m

тромбо́н м₁ <-а> *муз* Posaune f

трон м₁ <-а> Thron m; ◇ **воссе́сть на ~**
den Thron besteigen; ◇ **борьба́ за ша́х-
матный ~** Kampf um die Schachmeister-
schaft

тро́нуть *см.* **тро́гать**

троп|**а́** ж₁ <-ы́, мн: -ы> Pfad m, Fußweg
m; ◇ **лесна́я ~а́** Waldpfad; *перен* ◇ **идти́
свое́й ~о́й** seine eigenen Wege gehen

тро́пик м₁ <-а> *геогр* ① Wendekreis m
② **~и мн** (*местности*) Tropen pl

трос м₁ <-а> Tau n, Seil n, Trosse f; ◇ **про́-
волочный ~** Drahtseil n

тростни́к м₁ <-а> Schilf n, Rohr n;
са́харный ~ Zuckerrohr

трость ж₅ <-и, мн: тро́сти, род: -те́й>
Spazierstock m

тротуа́р м₁ <-а> Bürgersteig m, Gehsteig m

трофе́|й м₃ <-я> Trophäe f; *воен* ◇ **~и мн**
Beute f

труб|**а́** ж₁ <-ы́, мн: -ы> ① Rohr n; ◇ **во-
досто́чная ~а́** Abflussrohr; ◇ **дымова́я
~а́** Schornstein m; ◇ **подзо́рная ~а́** Fern-
rohr ② *муз* Tompete f, Posaune f; ◇ **~а́
орга́на** Orgelpfeife f; ◇ **дуть в ~у́** die Trom-
pete blasen; ◇ **вы́лететь в ~у́** Pleite gehen;
◇ **пройти́ ого́нь, во́ду и ме́дные ~ы**
mit allen Wassern gewaschen sein; ◇ **нам —
~а́** wir sind am Ende; **труба́ч** м₂ <-а, мн:
-и́> Trompeter m; (*горнист*) Hornist m;
труби́ть V₄ₐ *несов* <-блю́, -би́шь, (2) 1 и
2 л. не употр> [*про*— сов] *во что вин
(1), что вин (2), о ком-чём предл (3)*
① posaunen, trompeten ② (*давать сиг-
нал*) blasen; ◇ **~ ата́ку** zum Angriff blasen
◇ *разг перен* (*разглашать*) ausposaunen;
◇ **~ о свое́й уда́че** seinen Erfolg an die
große Glocke hängen

тру́бк|**а** ж₁ <-и, *род мн:* -бок> ① Röh-
re f, Röhrchen n; ◇ **медици́нская ~а**
Stethoskop n ② (*курительная*) Pfeife f ③
(*телефонного аппарата*) (Telefon-)Hörer
m; ◇ **положи́ть/снять ~у** den Hörer auf-
legen/abnehmen ④ (*бумаги*) Rolle f; ◇
сверну́ть чертёж в ~у die Zeichnung zu-
sammenrollen; **трубопрово́д** м₁ <-а>

Rohrleitung f; ◇ **прокла́дка ~а** Verlegung
einer Rohrleitung; **трубочи́ст** м₁ <-а>
Schornsteinfeger m

труд м₁ <-а́, мн: -ы́> ① Arbeit f, Tätigkeit
f; ◇ **у́мственный ~** geistige Arbeit; ◇ **ох-
ра́на ~а́** Arbeitsschutz m; ◇ **произво-
ди́тельность ~а́** Arbeitsproduktivität f ②
(*усилие*) Mühe f, Arbeit f; ◇ **взять на
себя́ ~** sich die Mühe machen; ◇ **не дал
себе́ ~а́ поду́мать** er strengte seinen Kopf
nicht an; ◇ **не жале́ть ~а́** keine Mühen
scheuen; ◇ **без ~а́** mühelos; ◇ **с ~о́м** mit
Mühe; ◇ **не сто́ить ~а́** nicht der Mühe wert
sein ③ (*произведение*) Werk n, Arbeit f;
◇ **~ всей свое́й жи́зни** Lebenswerk n;
труди́ться V₄ₐ *несов* <-ужу́сь, тру́-
дишься> *без доп (1), над кем-чем тв
(2), с отриц или с инф (3)* ① (*работать*)
arbeiten, tätig sein ② (*прилагать усилия*)
sich anstrengen; ◇ **~ся над зада́чей** sich
mit einer Rechenaufgabe abmühen ③ (*за-
трудня́ть себя́*) sich Mühe geben, sich be-
mühen; ◇ **не ~есь вника́ть в э́то де́ло**
geben Sie sich keine Mühe, das zu verstehen;
тру́дн|**ый** *прил* <-ая, -ое, -ые> ① (*тре-
бующий большого труда*) schwer, müh-
sam; ◇ **~ый подъём** mühsamer Aufstieg
② (*нелёгкий*) schwierig; ◇ **~ое положе́-
ние** schwierige Lage ③ (*доставляющий
беспокойство*) schwierig; ◇ **~ый ребё-
нок** schwieriges Kind ④ (*тяжёлый*)
schwer; ◇ **~ый больно́й** Schwerkranker m;
трудов|**о́й** *прил* <-а́я, -о́е, -ы́е> ① (*осно-
ванный на труде*) Arbeits-; ◇ **~о́й дого-
во́р** Arbeitsvertrag m; ◇ **~о́й стаж** Dienst-
zeit; ◇ **~ы́е бу́дни** Arbeitsalltag m; ◇ **~о́й
день** Arbeitstag m ② (*трудящийся*) arbei-
tend, werktätig; ◇ **~о́е населе́ние** arbeiten-
de Bevölkerung ③ (*заработанный*) ver-
dient, erarbeitet; ◇ **~о́й дохо́д** Einkommen
n; **трудоёмкий** *прил* <-ая, -ое, -ие> ar-
beitsintensiv, mühevoll **трудолюби́вый**
прил <-ая, -ое, -ые> arbeitsam; (*прилеж-
ный*) fleißig; ◇ **~ учени́к** emsiger Schüler;
трудолю́бие с₄ <-я> Fleiß m; **трудоспо-
со́бный** *прил* <-ая, -ое, -ые> arbeits-
fähig, erwerbsfähig; (*продуктивный*) leis-
tungs-fähig; **трудя́щийся** I. *прил* <-ая-
ся, -ееся, -иеся> arbeitend, berufstätig,
werktätig II. *м (А₂)* <-егося> Berufstäti-
ger m

труп м₁ <-а> Leiche f, Leichnam m; ◇
то́лько че́рез мой ~ nur über meine Lei-
che

трус м₁ <-а>, **труси́ха** ж₁ <-и> Feigling
m, Angsthase m; **трусли́вый** *прил* <-ая,
-ое, -ые> feige, furchtsam; **тру́сость** ж₅
<-и> Feigheit f; (*малодушие*) Kleinmut m;
◇ **прояви́ть ~** feige sein

трусы́ *мн* <-о́в> (*спортивные*) Sporthose
f; (*плавки*) Badehose f; (*нижнее бельё*)
Slip m

тру́т|ень м₂ <-тня, мн: -тни> ① (*пчели́-
ный самец*) Drohne f ② *перен* (*о чело-*

веке) Schmarotzer *m;* ◇ **жить ~нем** schmarotzen

трущо́б|а *ж₁ ⟨-ы⟩* **1** *(труднопроходимое место)* Dickicht *m;* ◇ **лесные ~ы** Walddickicht **2** *(захолустье)* Provinznest *n* **3** *(грязное, ветхое жильё)* Loch *n; (квартал)* Slum *m*, Elendsviertel *n*

трюк *м₁ ⟨-а⟩* **1** *(в цирке, искусстве)* Kunstgriff *m*, Trick *m;* ◇ **акробати́ческий** ~ akrobatisches Kunststück **2** *(перен (проделка)* Streich *m*

трюм *м₁ ⟨-а⟩* Schiffsraum *m; (грузовой)* Laderaum *m;* ◇ **течь в ~е** Leck im Laderaum

тря́пк|а *ж₁ ⟨-и, род мн:-пок⟩* **1** *(лоскут ткани)* Lappen *m*, Lumpen *m;* ◇ **полова́я ~a** Waschlappen **2** ◇ **-и мн** *неодобр (наряды)* Klamotten *pl;* ◇ **она́ ду́мает то́лько о ~ax** sie hat nur Klamotten im Kopf **3** *разг (бесхарактерный человек)* Waschlappen *m*

тряси́на *ж₁ ⟨-ы⟩* **1** *(болотистое место)* Sumpf *m*, Moor *n*, Morast *m* **2** *перен (среда, застой)* Sumpf *m*

трясти́* *несов ⟨-су́, -сёшь⟩* **[вы-]** (3) *сов кого-что вин (1), чем тв (2), что вин (3)* **1** *(колебать)* schütteln, rütteln; ◇ ~ **де́рево** am Baum rütteln; ◇ **кому́-л ру́ку** jd-m die Hand schütteln; ◇ ~ **за пле́чи** an den Schultern rütteln; *безл* ◇ **больно́го трясёт** der Kranke hat Schüttelfrost **2** *(качать)* schaukeln, pendeln; ◇ ~ **голово́й** den Kopf schütteln **3** *(вытряхивать)* (aus-)schütteln; ◇ ~ **ковёр** den Teppich ausklopfen

тс! *межд (призыв к молчанию)* pst!

туале́т *м₁ ⟨-а⟩* **1** *(одежда)* Toilette *f*, Kleidung *f;* ◇ **мо́дный** ~ modische Kleidung **2** *(одевание)* Toilette *f;* ◇ **у́тренний** ~ morgendliche Toilette **3** *(столик)* Toilettentisch *m* **4** *(уборная)* Toilette *f*, WC *n;* ◇ **же́нский** ~ Damentoilette; ◇ **мужско́й** ~ Herrentoilette

туберкулёз *м₁ ⟨-а⟩ мед* Tuberkulose *f;* ◇ **боле́ть ~ом** Tuberkulose haben

туго́й *прил ⟨-а́я, -о́е, -и́е⟩ (сравн: ту́же⟩* **1** *(натянутый, упругий)* straff, fest; ◇ ~ **у́зел** fest zugezogener Knoten; *(тесный)* eng **2** *(набитый)* voll gestopft; ◇ ~ **кошелёк** prall gefüllter Geldbeutel; ◇ ~ **на́ ухо** schwerhörig

туда́ *нареч* dorthin, dahin; ◇ **биле́т** ~ **и обра́тно** Rückfahrkarte *f;* ◇ **ему́ и доро́га!** das geschieht ihm recht!; ◇ ~ **и обра́тно** hin und her

ту́же *сравн от* **туго́й**

туз *м₁ ⟨-а́, мн:-ы́⟩* **1** *карт* Ass *n;* ◇ **бубно́вый** ~ Karoass; ◇ **ходи́ть с ~а́** das Ass ausspielen **2** *перен (о человеке)* hohes Tier

тузе́мец *м₅ ⟨-мца, мн:-мцы⟩* Eingeborener *m*

ту́ловище *с₃ ⟨-а⟩* Rumpf *m*

тума́н *м₁ ⟨-а⟩* **1** Nebel *m;* ◇ **рассе́ялся** der Nebel hat sich aufgelöst **2** *перен*

(неясность) Nebel *m;* ◇ **у него́** ~ **в голове́** er kann nicht klar denken; ◇ **я ви́жу всё сло́вно в ~e** ich sehe alles wie durch einen Nebelschleier; ◇ **напусти́ть ~y** blauen Dunst vormachen; **тума́нный** *прил ⟨-ая, -ое, -ые⟩* **1** neblig, diesig **2** *перен (неопределенный)* nebelig, verschwommen, unklar

ту́мба *ж₁ ⟨-ы⟩* **1** *(столбик)* Prellstein *m* **2** *(подставка)* Sockel *m* **3** *(для объявлений)* ◇ **афи́шная** ~ Litfaßsäule *f*

ту́ндра

Das Wort stammt aus dem Finnischen und bedeutet „waldloser Berg". Die ту́ндра ist eine besonders in Nordsibirien verbreitete Kältesteppe jenseits der polaren Baumgrenze, deren Dauerfrostboden im Sommer nur kurzzeitig oberflächlich auftaut. Die Lebensbedingungen sind aufgrund niedriger Temperaturen und lang anhaltenden Frosts ungünstig, der Boden jedoch ist reich an Nährstoffen. Allgemein gedeihen Moos- und Flechtenpflanzen, darüber hinaus wachsen in der südlichen Waldtundra kleine Birken, Kiefern und Lärchen.

туне́ядец *м₅ ⟨-дца, мн:-дцы⟩* Schmarotzer *m*, Drückeberger *m*

тунне́ль *м₂ ⟨-я⟩* Tunnel *m;* ◇ **проложи́ть** ~ einen Tunnel bauen

тупи́к *м₁ ⟨-а́, мн:-и́⟩* **1** Sackgasse *f* **2** *ж.-д.* Abstellgleis *n* **3** *перен (безвыходное положение)* Sackgasse *f;* ◇ **переговоры зашли́ в** ~ die Verhandlungen gerieten in eine Sackgasse; ◇ **быть в ~e** in einer Sackgasse sein; ◇ **поста́вить кого́-л в** ~ jd-n in die Enge treiben

туп|о́й *прил ⟨-а́я, -о́е, -ы́е⟩* **1** *(недостаточно отточенный)* stumpf; ◇ ~**о́й нож** stumpfes Messer; *мат* ◇ ~**о́й у́гол** stumpfer Winkel **2** *перен (невыразительный)* stumpf, stumpfsinnig; ◇ ~**о́е лицо́** stumpfsinniger Gesichtsausdruck **3** *(ограниченный)* borniert, beschränkt **4** *перен (ноющий)* dumpf; ◇ ~**а́я боль** dumpfer Schmerz

тур *м₁ ⟨-а⟩* **1** *(этап)* Runde *f*, Etappe *f;* ◇ **пе́рвый** ~ **вы́боров** erster Wahlgang **2** *(танца)* Runde *f;* ◇ ~ **ва́льса** Walzerrunde **3** *перен спорт* Runde *f*, Tour *f* **4** *(туристическая поездка)* Reise *f*, Tour *f*

тура́ *ж₁ ⟨-ы́⟩ шахм* Turm *m*

тури́зм *м₁ ⟨-а⟩* **1** *(вид спорта)* Wandern *n;* ◇ **го́рный** ~ Bergwandern; ◇ **лы́жный** ~ Skiwandern; ◇ **занима́ться ~ом** wandern **2** *(вид путешествий)* Tourismus *m*, Fremdenverkehr *m*

тури́ст $м_1$ ‹-а› Tourist m
турне́ c‹нескл› (*путешествие*) Rundfahrt f, Rundreise f, Tournee f; ◇ **верну́ться из гастро́льного** ~ von einer Gastspielreise zurückkehren; ◇ **отпра́виться в** ~ eine Tournee machen
турни́к $м_1$ ‹-а› спорт Reck n; ◇ **упражне́ния на** ~é Übungen am Reck
турнике́т $м_1$ ‹-а› Drehkreuz n
турни́р $м_1$ ‹-а› Turnier n
ту́рок $м_1$ ‹-рка, мн: -рки› Türke m;
тур-ча́нка $ж_1$ ‹-и, род мн: -нок› Türkin f
ту́склый прил ‹-ая, -ое, -ые› ① (*мало-прозрачный*) trübe, matt ② (*о глазах*) trüb ③ перен (*скучный*) langweilig; **тускне́|ть** V_5 несов ‹-éет, -éют, 1 и 2 л. не употр› [**по**~ сов] без доп sich trüben, matt werden, verblassen; ◇ **серебро́** ~**ет** Silber wird matt; перен ◇ **ра́дость** ~**ет** die Freude lässt nach
тут нареч ① (*о месте*) hier ② (*о времени*) da, alsdann; ◇ ~ **же** sofort, auf der Stelle; разг ◇ **и всё** ~! und Schluss damit; разг ◇ **они́** ~ **как** ~ sie sind schon da, разг ◇ **не** ~**то бы́ло** da hast du dich aber verrechnet
ту́фл|я $ж_2$ ‹-и, род мн:-фель› Schuh m; ◇ **да́мские** ~и Damenschuhe
ту́хл|ый прил ‹-ая, -ое, -ые› verfault, faul; ◇ ~**ая ры́ба** fauler Fisch; (*вонючий*) stinkig
ту́ч|а $ж_2$ ‹-и› ① (*облако*) Wolke f; ◇ **гро-зова́я** ~**а** Gewitterwolke; ◇ **дождева́я** ~**а** Regenwolke; ◇ **не́бо покры́лось** ~**ами** der Himmel bewölkte sich; перен ◇ ~**и сгусти́лись над ним** ihm drohen Gefahren ② перен (*множество*) Unmenge f; ◇ **саранча́ налете́ла** ~**ей** die Heuschrecken kamen in Scharen; разг ◇ ~**а** ~**ей** in finsterer Stimmung
ту́чн|ый прил ‹-ая, -ое, -ые› ① (*толстый*) wohlbeleibt, fettleibig; ◇ ~**ый мужчи́на** fetter Mann; ◇ ~**ые стада́** wohlgenährte Herden ② (*плодородный*) fruchtbar; ◇ ~**ый чернозём** fruchtbare Schwarzerde ③ (*сочный и густой*) saftig; ◇ ~**ые луга́** saftige Wiesen
туш $м_2$ ‹-а› муз Tusch m
ту́ша $ж_2$ ‹-и› (*зверя*) geschlachtetes, ausgeweidetes Tier ② перен (*о тучном человеке*) Fettwanst m
туши́ть[1] $V_{4д}$ несов ‹-шу́, ту́шишь, Part. Präs. Akt. ту́шащий, Part. Präs. Pass. -ши́мый, Part. Prät. Pass. ту́шенный› [**за**~, **по**~ сов] что вин (*газ*) (aus-)löschen; ◇ ~ **ла́мпу** die Lampe löschen
туши́ть[2] $V_{4д}$ несов ‹-шу́, ту́шишь, Part. Prät. Pass. -шённый [**с**~ сов] что вин (*варить*) dämpfen, schmoren, dünsten
тушь $ж_5$ ‹-и› Tusche f; ◇ ~ **для ресни́ц** Wimperntusche

тща́тельный прил ‹-ая, -ое, -ые› sorgfältig; (*точный*) genau
тщеду́шный прил ‹-ая, -ое, -ые› (*слабый*) schwach; (*болезненный*) kränklich, gebrechlich; (*хилый*) schwächlich; (*худой*) dünn, mager
тщесла́вие c_4 ‹-я› Eitelkeit f; (*честолюбие*) Ehrgeiz m, Ruhmsucht f; **тще-сла́вный** прил ‹-ая, -ое, -ые› eitel; (*честолюбивый*) ruhmsüchtig, ehrgeizig
тще́тно нареч vergeblich, vergebens, umsonst; **тще́тн|ый** прил ‹-ая, -ое, -ые› vergeblich; ◇ ~**ые уси́лия** vergebliche Bemühungen
ты (тебя́, тебе́, тобо́й, о тебе́) личн мест, 2 л. ед число du; ◇ **э́то** ~? bist du das?; ◇ **вме́сто тебя́** an deiner Stelle; ◇ **он говори́л с тобо́й** er sprach mit dir; ◇ **быть с кем-л на "ты"** jd-n duzen; ◇ **тебе́ хорошо́ говори́ть** du hast gut reden
ты́ква $ж_1$ ‹-ы› Kürbis m
тыл $м_1$ ‹-а, о ты́ле, в тылу́, мн:-ы́› ① (*задняя сторона*) Rückseite f; ◇ ~ **ладо́ни** Handrücken m ② (*территория позади фронта*) Hinterland n; ◇ **уда́рить в** ~ **проти́внику** dem Gegner in den Rücken fallen ③ воен (*снабжение*) Versorgungsapparat m
ты́сяч|а I. числ (ein-)tausend; ◇ **де́сять ты́сяч** zehntausend; ◇ **в** ~**у раз лу́чше** tausendmal besser II. $ж_2$ ‹-и› Tausend n; ◇ ~**и люде́й** Tausende; ◇ ~**и и** ~**и** tausend und abertausend; ◇ **расхо́ды исчисля́лись** ~**ами рубле́й** die Kosten beliefen sich auf mehrere tausend Rubel; ◇ **у меня́** ~**а дел** ich habe tausend Dinge zu erledigen; ◇ **а извине́ний!** entschuldigen Sie vielmals!;
тысячеле́тие c_4 ‹-я› ① Jahrtausend n ② (*годовщина*) Tausendjahrfeier f, tausendjähriges Jubiläum; **тысячеле́тний** прил ‹-яя, -ее, -ие› tausendjährig; ◇ ~ **храм** tausend Jahre alter Tempel
тьм|а $ж_1$ ‹-ы› ① (*темнота*) Finsternis f, Dunkelheit f; ◇ **кроме́шная** ~**а** undurchdringliche Finsternis; ◇**го́род погрузи́лся во** ~**у** die Stadt versank in Dunkelheit; ◇ **во** ~**е** im Dunkeln; перен ◇ **из** ~**ы веко́в** aus grauer Vorzeit ② (*невежественность*) разг (*множество*) Unmenge f; разг ◇ ~**а-тьму́щая** riesige Menge
тьфу! межд разг pfui!; ◇ ~, **про́пасть!** pfui Teufel!
тю́бик $м_1$ ‹-а› Tube f
тюк $м_1$ ‹-á, мн:-и́› Pack m, Ballen m; ◇ ~ **хло́пка** Baumwollballen; ◇ ~**а́ми** ballenweise
тюле́нь $м_2$ ‹-я› ① зоол Robbe f, Seehund m ② перен (*о неповоротливом человеке*) Tölpel m; ◇ ~ **пова́рачивайся живе́й,** ~ **ты э́такий!** beweg dich schneller, du Tölpel!
тюльпа́н $м_1$ ‹-а› Tulpe f
тюре́мн|ый прил ‹-ая, -ое, -ые› Gefäng-

nis-; ◇ получи́ть пять лет ~ого заключе́ния zu fünf Jahren Gefängnis verurteilt werden; тюре́мщик m_1 <-а> Gefängniswärter m; тюрьм|а́ $ж_1$ <-ы́, мн.: -ы, род: -рем, дат: -ам> Gefängnis n, Kerker m; ◇ бежа́ть из ~ы́ aus dem Gefängnis ausbrechen

тюфя́к m_1 <-а́, мн.: -и́> ⓵ Matratze f; соло́менный ~ Strohsack m ⓶ перен (о вялом человеке) Schlappschwanz m

тя́га $ж_1$ <-и> ⓵ тех Zug m, Zugkraft f; реакти́вная ~ Schub m; ◇ электри́ческая ~ elektrische Zugkraft ⓶ (движение газов, дыма) Zug m, Abzug m; ◇ хоро́шая ~ в печи́ guter Zug im Kamin ⓷ перен (стремление) Hang m, Drang m, Streben n; ◇ ~ к зна́ниям Wissensdrang; ◇ дать тя́гу abhauen

тя́гаться V_{1a} несов <-а́юсь, -а́ешься> [по~ сов] с кем-чем тв (соперничать) sich messen, es mit jd-m aufnehmen; (соревноваться) wetteifern; ◇ с э́тим уме́льцем ему́ тру́дно ~ mit so einem Meister kann er sich kaum messen

тяга́ч m_2 <-а́, мн: -и́> Zugmaschine f, Schlepper m

тя́гостный прил <-ая, -ое, -ые> lästig, drückend, beklemmend; (неприятный) peinlich

тяготе́ни|е c_4 <-я> ⓵ физ Gravitation f, Schwerkraft f; ◇ земно́е ~ Erdanziehungskraft; ◇ по́ле ~я Gravitationsfeld ⓶ перен (влечение) Neigung f, Hang m; ◇ ~е к те́хнике Hang zur Technik; ◇ испы́тывать душе́вное ~е к кому́-л sich zu jd-m hingezogen fühlen; тяготе́|ть V_5 несов <-е́ю, -е́ешь> к кому-чему дат ⓵), над кем-чем тв ⓶) ⓵ (испытывать тяготение) sich hingezogen fühlen (zu) ⓶ (как угроза) auf jd-m lasten; ◇ рок ~ет над ним ein schweres Schicksal lastet auf ihm

тягу́чий прил <-ая, -ее, -ие> ⓵ (эластичный) dehnbar, elastisch ⓶ (густой) zähflüssig, dickflüssig ⓷ перен (медленный) gedehnt, schleppend; ◇ ~ая речь lang gezogene Rede

тяжело́ нареч ⓵ (тяжеловесно) schwer; (серьёзно) ernst; (с трудом) mühsam; ◇ он ~ бо́лен er ist schwer krank ⓶ безл мне ~ говори́ть об э́том es fällt mir schwer, darüber zu sprechen; ◇ у меня́ ~ на душе́ mir ist schwer ums Herz; тяжелове́с m_1 <-а> спорт Schwergewichtler m; тяжёл|ый прил <-ая, -ое, -ые> ⓵ (имеющий большой вес) schwer; ◇ ~ая пи́ща schweres Essen; перен ◇ с ~ым се́рдцем schweren Herzens ⓶ (трудный) schwierig, schwer; (доставляющий беспокойство) schwer, mühevoll; ◇ ~ое дыха́ние schwerer Atem; ◇ ~ый сон unruhiger Schlaf ⓷ (грузный) schwer(-fällig); перен ◇ быть ~ым на подъём schwerfällig sein ⓸ (су-

ровый) ernst, schwer; ◇ ~ое преступле́ние schweres Verbrechen ⓹ (опасный) schwer, gefährlich; ◇ ~ая ра́на gefährliche Verletzung ⓺ (горестный) traurig, schwer; ◇ ~ое чу́вство quälendes Gefühl ⓻ (неуживчивый) unverträglich; ◇ ~ый хара́ктер schwieriger Charakter; ◇ ~ воздух stickige Luft; тя́жест|ь $ж_5$ <-и> ⓵ (свойство) Schwere f; физ ◇ си́ла ~и Schwerkraft f ⓶ (груз) Gewicht n, Last f ⓷ перен (трудность) Last f, Bürde f; юр ◇ ~ь ули́к die Last der Beweise; ◇ всей ~ью mit voller Wucht

тян|у́ть V_2 несов <-ну́, тя́нешь> кого-что вин (1, 5, 6, 7), что вин (2, 3, 4, 8, 11), что вин или с чем тв (9), на кого-что вин (10) ⓵ (тащить) ziehen, (ab-)schleppen; ◇ букси́р ~ет баржу́ der Schlepper zieht den Lastkahn ⓶ тех ziehen, dehnen ⓷ (прокладывать) verlegen; ◇ ~у́ть телефо́нную ли́нию eine Telefonleitung legen ⓸ (вытягивать) ausstrecken, recken; ◇ ~у́ть ру́ку die Hand ausstrecken; ◇ ~у́ть ше́ю den Hals recken ⓹ перен (содействовать) nachhelfen, fördern; ◇ ~у́ть неуспева́ющего ученика́ den schlechten Schüler mitziehen ⓺ перен (просить) drängen, auffordern; ◇ ~у́ть кого́-л в кино́ jd-n ins Kino schleppen ⓻ безл (влечь) verlangen (nach), sich hingezogen fühlen; ◇ его́ ~ет к родны́м места́м es zieht ihn in die Heimat; ◇ меня́ ~ет ко сну́ ich schlafe gleich ein ⓼ (вбирать) einsaugen; ◇ насо́с ~ет во́ду die Pumpe saugt das Wasser auf; ◇ ~у́ть пи́во Bier schlürfen ⓽ (медлить) zögern, hinauszielhen; ◇ ~у́ть вре́мя die Zeit hinauszögern; ◇ ~у́ть с отве́том mit der Antwort zögern ⓾ перен разг (удовлетворять необходимым требованиям) sich eignen, heranreichen (an); ◇ иссле́дование вполне́ ~ет на диссерта́цию die Studie reicht durchaus an eine Doktorarbeit heran; ◇ он не ~ет на руководи́теля отде́ла er ist als Abteilungsleiter nicht geeignet ⓫ (говорить или петь медленно) gedehnt sprechen; ◇ за́ душу ~у́ть jd-n quälen; ◇ ~у́ть к отве́ту zur Verantwortung ziehen; тяну́ться несов <-ну́сь, тя́нешься, (2) 1 и 2 л. не употр> [по~ ⓸) сов] без доп (1, 2, 4), к кому-чему дат (3), за кем-чем тв (5) ⓵ (простираться) sich erstrecken, sich ausbreiten, sich ausdehnen ⓶ (о времени) sich hinziehen, dauern; ◇ де́ло тя́нется ме́сяц die Sache zieht sich über einen Monat hin ⓷ (протягивать руки) nach etw langen, die Hand ausstrecken; ◇ ребёнок тя́нется к ма́тери das Kind streckt seine Hände zur Mutter ⓸ (потягиваться) sich dehnen, sich recken, sich rekeln ⓹ (стремиться сравняться) jd-m nacheifern; ◇ ~ за ста́ршим това́рищем dem älteren Freund nacheifern

тя́пка $ж_1$ <-и, род мн: -пок> Hacke f

у

у *предлог с род* ① (*возле, около, кого-чего род*) neben, an, bei; ◇ **дом ~ са́мого бе́рега** ein Haus direkt am Ufer; ◇ **стоя́ть ~ воро́т** am Tor stehen ② (*у кого-л*) bei; ◇ **жить ~ роди́телей** bei den Eltern wohnen ③ (*обозначает субъект, совершающий действие*) (haben); ◇ **певца́ си́льный го́лос** der Sänger hat eine kräftige Stimme ④ (*указывает на признак*) **воро́та ~ гаража́ откры́ты** das Garagentor ist geöffnet; ◇ **ру́чка ~ две́ри не де́йствует** die Türklinke ist kaputt ⑤ (*указывает на источник получения*) von; ◇ **узна́ть ~ друзе́й** von Freunden erfahren; ◇ **спроси́ть а́дрес ~ прохо́жих** Passanten nach der Adresse fragen

уба́вить V₄ᵦ *сов*<-влю, -вишь, *Part. Prät. Pass.* -вленный> [**убавля́ть** V₁ᵦ *несов*] что вин или чего род (1), в чём предл (2), что вин (3) ① (*уменьшить, ослабить*) vermindern, verringern, verkleinern; ◇ **~ ход** die Geschwindigkeit verringern; ◇ **~ це́ну** den Preis herabsetzen ② (*уменьшить вес*) abnehmen, leichter werden ③ (*сделать уже, короче*) kürzer machen, enger machen; ◇ **ни ~, ни приба́вить** perfekt

убеди́тельный *прил* <-ая, -ое, -ые> ① (*доказательный*) überzeugend, einleuchtend; ◇ **~ый до́вод** triftiges Argument ② (*настойчивый*) nachdrücklich, dringend; ◇ **~ая про́сьба** nachdrückliche Bitte; **убеди́ть** V₄ₐ *сов* <-ишь, дя́т, 1. л не употр, *Part. Prät. Pass.* убеждённый> [**убежда́ть** V₁ₐ *несов*] кого-что вин в чём предл (1), с инф или с союзом "что́бы" (2) ① (*заставить поверить*) überzeugen (von); ◇ **~ кого́-л в свое́й правоте́** jd-n davon überzeugen, dass man Recht hat ② (*склонить*) überreden (zu), bewegen (zu); ◇ **~ кого́-л лечи́ться** jd-n dazu überreden, sich behandeln zu lassen; **убежде́ние** c₄ <-я> ① (*действие*) Überzeugen n, Überreden n, Zureden n; ◇ **путём ~я** durch Überreden ② (*мнение*) Überzeugung f, Gesinnung f; (*воззрение*) Ansicht f, Anschauung f; ◇ **отста́ивать свои́ ~я** seine Überzeugungen verteidigen

убе́жище c₃ <-а> ① (*прибежище*) Asyl n, Zuflucht f; ◇ **~e от дождя́** Zuflucht vor dem Regen; ◇ **полити́ческое ~e** politisches Asyl; ◇ **пра́во ~a** Asylrecht n; (*кров*) Obdach n ② (*сооружение*) Unterschlupf m, Versteck n; **бомбоубе́жище** n; **укры́тие** n (*воен* Luftschutzbunker m)

убива́ть V₁ₐ *несов от* **уби́ть**

уби́йство c₂ <-а> (*преднамеренное*) Mord m, Ermordung f; (*непреднамеренное*) Totschlag m; ◇ **~ с це́лью ограбле́ния** Raubmord; ◇ **осуждён за ~** wegen Mordes verurteilt; **уби́йца** м/ж₂ <-ы, род мн: уби́йц> Mörder(in f) m, Killer(in f) m; **уби́ть*** *сов* <убью́, убьёшь> [**убива́ть** *несов*] кого-что вин (1, 2), что вин (3, 4) ① (*лишить жизни*) töten; (*застрелить*) erschießen; (*ударом*) erschlagen, totschlagen; (*с применением насилия*) umbringen, ermorden; ◇ **~ зве́ря** ein Tier töten; ◇ **грози́ться ~** mit Mord drohen ② *перен* (*привести в отчаяние*) zutiefst enttäuschen; ◇ **~ кого́-л отка́зом** jd-n durch eine Absage zur Verzweiflung bringen ③ *перен* (*уничтожить*) vernichten; ◇ **~ наде́жду** die Hoffnung zerstören; ◇ **~ интере́с в ком-л** jd-m das Interesse an etw nehmen ④ *перен* (*потратить непроизводительно*) vergeuden, verschwenden; ◇ **~ вре́мя** die Zeit totschlagen

убо́гий I. *прил* <-ая, -ое, -ие> (*нищенский*) ärmlich, dürftig, kümmerlich; ◇ **~ое жили́ще** jämmerliche Behausung II. *м* (A₁)<-ого> ① (*калека*) Krüppel m ② (*бедняк*) armer Schlucker m, armer Teufel m

убо́рка ж₁ <-и, род мн: -рок> ① (*помещения*) Aufräumen n, Saubermachen n ② *с.-х.* Ernte f; ◇ **~ урожа́я** das Einbringen der Ernte

убо́рная ж (A₁)<-ой> ① (*актёра*) Garderobe f ② (*туалет*) Toilette f, WC n

убо́рщица ж₂ <-ы> Putzfrau f

убра́ть* *сов* <уберу́, уберёшь> [**убира́ть** V₁ₐ *несов*] что вин (1-3), кого-что вин чем тв (4), кого-что вин (5) ① (*унести*) wegbringen, wegschaffen; ◇ **~ кни́ги в шкаф** Bücher in den Schrank räumen; ◇ **~ посу́ду со стола́** den Tisch abräumen ② (*урожай*) einbringen, ernten ③ (*привести в порядок*) aufräumen; ◇ **~ помеще́ние** das Zimmer in Ordnung bringen ④ (*украсить*) (aus-)schmücken; ◇ **~ ко́мнату цвета́ми** das Zimmer mit Blumen schmücken ⑤ (*изъять*) wegtun, herausnehmen; ◇ **~ из расска́за длинно́ты** unnötige Details aus der Erzählung herausnehmen

убы́ток м₁ <-тка, мн: -тки> Verlust m; (*проигрыш*) Einbuße f; (*ущерб*) Schaden m; ◇ **быть в ~ке** Verlust machen; ◇ **возмести́ть ~ки** den Schaden ersetzen; ◇ **причини́ть ~ок** Schaden verursachen; ◇ **терпе́ть ~ки** Einbußen hinnehmen; ◇ **себе́ в ~ок** zum eigenen Nachteil

уважа́ть V₁ₐ *несов* <-а́ю, -а́ешь> кого-что вин (1, 2) ① (*относиться с уважением*) achten, ehren; (*ценить*) schätzen ② (*считаться*) respektieren, Rücksicht nehmen; ◇ **~ окружа́ющих** auf andere Rücksicht nehmen; **уваже́ние** c₄ <-я> Achtung f, Respekt m, Ehrerbietung f; ◇ **кто́-л досто́ин ~я** jd verdient Respekt; ◇ **внуша́ть**

~ Respekt einflößen; ◇ **пита́ть** ~е к кому́-л vor jd-m Respekt haben; ◇ **сде́лать что-л из** ~я к кому́-л etw aus Respekt für jd-n tun; ◇ **с** ~**ем** hochachtungsvoll
уведомле́ние c_4 <-я> Mitteilung f, Benachrichtigung f
увекове́чить V_{4b} сов <-чу, -чишь> [**увекове́чивать** V_{1a} несов] кого-что вин (сделать вечным) verewigen, unsterblich machen; ◇ ~ **своё и́мя** seinen Namen verewigen
увеличе́ние c_4 <-я> Vergrößerung f; (умножение) Vermehrung f; (рост) Zunahme f, Wachstum n; (расширение) Erweiterung f; ◇ ~ **числа́ безрабо́тных** Zunahme der Arbeitslosenzahl; **увеличи́тель** M_2 <-я> фото Vergrößerer m, Vergrößerungsapparat m; **увели́чить** V_{4b} сов <-чу, -чишь> [**увели́чивать** V_{1a} несов] что вин (по объёму, величине, количеству) vergrößern, vermehren, erweitern; ◇ ~ **фотосни́мок** das Bild vergrößern
уве́ренность $ж_5$ <-и> Gewissheit f, Überzeugung f; (определённость) Bestimmtheit f; (в будущем) Zuversicht f; ◇ **в по́лной** ~и voller Überzeugung, zuversichtlich; ◇ ~**в себе́** Selbstvertrauen n; **уве́ренный** прил <-ая, -ое, -ые> (1) (твёрдый) sicher, fest (2) (убеждённый) überzeugt, gewiss; (оптимистичный) zuversichtlich; ◇ **я в ней уве́рен** ich traue ihr; ◇ **он спра́вится, бу́дьте уве́рены** er wird damit fertig, seid unbesorgt
уверти́ора $ж_1$ <-ы> муз Ouvertüre f
уве́чье c_5 <-я> Verstümmelung f, Körperverletzung f
увлека́тельный прил <-ая, -ое, -ые> hinreißend, spannend, interessant
увлече́ние c_4 <-я> (воодушевление) Begeisterung f; (энтузиазм) Enthusiasmus m; (пыл) Eifer m; ◇ **рабо́тать с** ~**м** mit Begeisterung arbeiten (2) (интерес) Begeisterung f; (склонность) Neigung f; (пристрастие) Leidenschaft f; ◇ ~ **спо́ртом** Sportleidenschaft (3) (сердечное влечение) Zuneigung f
уво́лить V_{4b} сов <-лю, -лишь> [**увольня́ть** V_{1b} несов] кого-что вин (1) (освободить) entlassen, kündigen; (сократить) abbauen; ◇ ~ **в отста́вку** in den Ruhestand versetzen (2) (избавить) befreien, entbinden, verschonen; ◇ **уво́льте меня́ от ли́шних забо́т** ersparen Sie mir unnötige Sorgen; **увольне́ние** c_4 <-я> (отстранение) Entlassung f, Kündigung f; (по сокращению штатов) Kürzung f; ◇ ~ **в о́тпуск** Beurlaubung f
увы́! межд (выражает сетование, сожаление) leider!, ach!
увяда́ть c_4 <-я> (1) (растений) Verwelken n (2) перен (человека) Verblühen n
уга́р M_1 <-а> (1) (удушливый газ) Kohlenmonoxid n (2) перен (состояние) Rausch

m, Taumel m; ◇ **в пья́ном** ~**е** im Alkoholrausch
углево́ды $м_1$ <-ов> хим Kohlenhydrat n pl; **углеро́д** M_1 <-а> хим Kohlenstoff m
углуби́ться V_{4a} сов <-блюсь, -бишься, (1) 1 и 2 л. не употр> [**углубля́ться** V_{1a} несов] без доп (1), во что вин (2, 3) (1) (стать глубже) sich vertiefen, tiefer werden; ◇ **противоре́чия углуби́лись** die Gegensätze wurden krasser (2) (проникнуть) (tiefer) eindringen; ◇ ~ **в лес** tiefer in den Wald vordringen (3) перен (сосредоточиться) sich vertiefen, versinken; ◇ ~ **в воспомина́ния** in Erinnerungen versinken; ◇ ~ **в изуче́ние литерату́ры** sich in das Studium der Literatur vertiefen; **углубле́ние** c_4 <-я> (1) (действие) Vertiefen n (2) (впадина) Vertiefung f; ◇ ~ **в земле́** Senke f; (выемка) Grube f
угнета́тель M_2 <-я> Unterdrücker m; **угнета́ть** V_{1a} несов <-а́ю, -а́ешь> [**угнести́** сов] кого-что вин (1) (эксплуатировать) unterdrücken, unterjochen (2) (отягощать сознание) bedrücken; ◇ **её** ~**ют мра́чные мы́сли** finstere Gedanken quälen sie; **угнете́ни|е** c_4 <-я> (1) (эксплуатация) Unterdrückung f (2) перен (подавленное состояние) Depression f, Niedergeschlagenheit f; ◇ **быть в** ~**и** deprimiert sein
угово́р M_1 <-а> (1) (советы) Zureden n; ◇ **согласи́ться по́сле до́лгих** ~**ов** nach langem Zureden zustimmen; ◇ **не подда́ваться ни на каки́е** ~**ы** sich durch nichts überreden lassen (2) (взаимное соглашение) Übereinkunft f, Abmachung f; ◇ **тако́го** ~**у не́ было** das hatten wir nicht abgemacht; ◇ **с** ~**ом** unter der Bedingung; **уговори́ть** V_{4a} сов <-рю́, -ри́шь> [**угова́ривать** V_{1a} несов] кого-что вин с инф überreden; (убедить) überzeugen; (побудить) jd-n zu etw bewegen; ◇ **я** ~**л пое́хать на рыба́лку** ich überredete ihn, zum Angeln zu fahren
угоди́ть V_{4a} сов <-ожу́, -ди́шь> [**угожда́ть** V_{1a} несов] кому-чему дат или на кого-что вин (1), в кого-что вин (2, 3) (1) (удовлетворить) gefällig sein, zufrieden stellen; ◇ **ему́ не** ~**шь** man kann es ihm nicht recht machen (2) (попасть куда-л) geraten, fallen; перен ◇ ~**ть в люби́мчики** zum Lieblingsschüler werden (3) раз (попасть в кого-что-л) treffen; ◇ ~**ть ка́мнем в окно́** mit dem Stein die Fensterscheibe treffen; ◇ **пу́ля** ~**ла в плечо́** die Kugel traf die Schulter
уго́дливый прил <-ая, -ое, -ые> diensteifrig; (льстивый) kriecherisch, schmeichlerisch
угожда́ть V_{1a} несов от **угоди́ть**
у́гол M_1 <угла, об угле, на (в) углу́, мн: углы́> (1) мат, физ Winkel m; ◇ **о́стрый** ~ spitzer Winkel; ◇ **прямо́й** ~ rechter Winkel; ◇ **тупо́й** ~ stumpfer Winkel (2) (место пересечения) Ecke f; ◇ **на углу́ у́лицы** an

der Straßenecke; ◇ **ходи́ть из угла́ в** ~ hin und her gehen ③ (*часть комнаты, сдаваемая в наём*) Unterkunft *f,* Schlafstelle *f;* ◇ **снима́ть** ~ eine Unterkunft mieten ④ (*пристанище*) Heim *n;* ◇ **у него́ нет своего́ угла́** er ist obdachlos ⑤ *перен* (*точка зрения*) Standpunkt *m;* ◇ **под таки́м угло́м зре́ния** aus dieser Perspektive; ◇ **загна́ть кого́-л в** ~ jd-n in die Enge treiben; ◇ **из-за угла́** aus dem Hinterhalt

уголо́вник *m₁* ‹-а› Krimineller *m;* **уголо́вн|ый** *прил* ‹-ая, -ое, -ые› kriminell, Kriminal-, Straf-; ◇ **~ый ко́декс** Strafgesetzbuch *n;* ◇ **~ое пра́во** Strafrecht *n;* ◇ **~ый престу́пник** Verbrecher *m,* Krimineller *m;* ◇ **~ро́зыск** Kriminalpolizei *f*

у́голь *m₂* ‹угля́, *мн:* у́гли› Kohle *f;* ◇ **бу́рый** ~ Braunkohle *f;* ◇ **ка́менный** ~ Steinkohle; ◇ **добыва́ть** ~ Kohle fördern; ◇ **сиде́ть как на** ~**ях** wie auf glühenden Kohlen sitzen

уго́н *m₁* ‹-а› (*автомобиля*) Autodiebstahl *m;* (*самолёта*) Flugzeugentführung *f*

у́горь¹ *m₂* ‹угря́, *мн:* угри́› (*на лице*) Mitesser *m;* (*прыщ*) Pickel *m;* ◇ **лицо́ в угря́х** Gesicht voller Pickel

у́горь² *m* ‹угря́ зоол (*рыба*) Aal *m;* ◇ **ско́льзкий как** ~ aalglatt

угости́ть *V₄ₐ сов* ‹-ощу́, -ти́шь, *Part. Prät. Pass.* угощённый› [**угоща́ть** *V₁ₐ несов*] кого-что *вин* чем *тв* bewirten; ◇ **~ обе́дом** zu dem Mittagessen einladen; ◇ **~ сигаре́той** eine Zigarette anbieten; ◇ **~ на сла́ву** jd-n vortrefflich bewirten; **угоще́ние** *c₄* ‹-я› ① (*действие*) Bewirtung *f* ② (*еда, питьё*) Essen *n,* Schmaus *m;* ◇ **поста́вить бога́тое** ~ **на стол** die Gäste fürstlich bewirten

угро́за *ж₁* ‹-ы› ① (*запугивание*) (An-)Drohung *f;* ◇ **~а си́лой** Gewaltandrohung; ◇ **не боя́ться угро́з** keine Drohungen fürchten ② (*опасность*) Bedrohung *f,* Gefahr *f;* ◇ **поста́вить под** ~**у** gefährden

угрю́мый *прил* ‹-ая, -ое, -ые› (*ворчливый*) mürrisch, verdrießlich; (*мрачный*) düster, finster

уда́в *m₁* ‹-а› зоол Riesenschlange *f,* Boa *f*

удали́ть *V₄ₐ сов* ‹-лю́, -ли́шь› [**удаля́ть** *V₁b несов*] кого-что *вин* ① (*заставить уйти*) entfernen, vertreiben; ◇ **~ игрока́ с по́ля** den Spieler vom Spielfeld verweisen ② (*изъять*) beseitigen, entfernen; ◇ **~ зано́зу** den Splitter entfernen; ◇ **~ зуб** einen Zahn ziehen; ◇ **~ пятно́** eine Fleck entfernen

у́даль *ж₅* ‹-и› (*смелость*) Kühnheit *f;* (*отвага*) Tapferkeit *f;* (*отчаянность*) Verwegenheit *f*

уда́р *m₁* ‹-а› ① (*толчок*) Schlag *m,* Hieb *m;* ◇ **нанести́** ~ einen Schlag versetzen; ◇ **свали́ть** ~**ом** zu Boden schlagen; ◇ **ста́вить под** ~ in Gefahr bringen; *перен* ◇ **~ ни́же по́яса** Schlag unter die Gürtellinie; ◇ **~ кулако́м** Faustschlag *m;* ② (*треск, грохот*) Schlag *m;* ◇ **~ ко́локола** Glocken-

schlag ③ (*атака*) Schlag *m,* Vorstoß *m,* Angriff *m;* ◇ **отступи́ть под** ~**ом проти́вника** vor dem gegnerischen Angriff zurückweichen ④ *перен* (*потрясение*) Schlag *m,* Erschütterung *f;* ◇ **семья́ опра́вилась от** ~**а** die Familie erholte sich vom Schlag; ◇ **испыта́ть** ~ **судьбы́** einen Schicksalsschlag erleiden ⑤ (*кровоизлияние в мозг*) Schlaganfall *m;* ◇ **умере́ть от** ~**а** an einem Schlaganfall sterben; ◇ **его́ хвати́л** ~ er erlitt einen Schlaganfall; ◇ **быть в** ~**е** in Stimmung sein, gut aufgelegt sein

ударе́ние *c₄* ‹-я› ① лингв Betonung *f,* ◇ **де́лать** ~ etw betonen ② (*знак*) Betonungszeichen *n,* Akzent *m;* ◇ **поста́вить** ~ einen Akzent setzen ③ *перен* Hervorhebung *f,* Betonung *f;* ◇ **де́лать** ~ **на чём-л** etw betonen

уда́ри|ть *V₄b сов* ‹-рю, -ришь› [**ударя́ть** *V₁b несов*] кого-что *вин* или во что *вин* ① (*нанести удар*) schlagen, treten; ◇ **~ть кулако́м по столу́** mit der Faust auf den Tisch hauen; ◇ **~ть в лицо́** [**по лицу́**] ins Gesicht schlagen ② (*напасть*) angreifen; ◇ **~ли моро́зы** der Frost setzte plötzlich ein; ◇ **он не** ~**л в грязь лицо́м** er blamierte sich nicht

уда́рник *m₁* ‹-а› муз Schlagzeuger *m*

уда́ть|ся* *V₁ₐ сов* ‹-а́стся, -аду́тся, 1 и 2 л. не употр› [**удава́ться** *V₁ₐ несов,* ‹*Part. Präs. Akt.* удаю́щийся›] *без доп* (1), кому *дат* с инф (2) ① (*осуществиться*) gelingen, glücken; ◇ **де́ло** ~**ло́сь** die Sache verlief erfolgreich; ◇ **пиро́г** ~**лся на сла́ву** der Kuchen ist gut gelungen ② *безл* (*об удаче*) gelingen, schaffen

уда́ч|а *ж₂* ‹-и› (*удачный исход*) Gelingen *n;* (*успех*) Erfolg *m;* (*счастье*) Glück *n;* ◇ **жела́ю** ~**и!** viel Glück!, gutes Gelingen!; ◇ **нам во всём** ~**а** wir haben immer Glück; **уда́чный** *прил* ‹-ая, -ое, -ые› gelungen, erfolgreich; ◇ **~ вы́бор** gute Wahl

удво́ить *V₄b сов* ‹-о́ю, -о́ишь, *Imp.* -о́й, -те› [**удва́ивать** *V₁ₐ несов*] что *вин* verdoppeln; (*усилить*) verstärken; ◇ **опла́ту** die Bezahlung verdoppeln

уде́л *m₁* ‹-а› (*судьба*) Los *n,* Schicksal *n*

удели́ть *V₄ₐ сов* ‹-лю́, -ли́шь› [**уделя́ть** *V₁b несов*] что *вин* кому-чему *дат* zuteilen; (*посвятить*) widmen; ◇ **~ внима́ние кому́-л** jd-m Beachtung schenken; (*предоставить*) zur Verfügung stellen

удержа́ть *V₁ₐ сов* ‹-жу́, -е́ржишь, *Imp.* -жи́, -те, *Part. Prät. Pass.* уде́ржанный› [**уде́рживать** *V₁ₐ несов*] кого-что *вин* (1, 4), что *вин* (2, 3, 6), кого-что *вин* от чего *род* (5) ① (*не дать упасть*) (fest-)halten; ◇ **~ в рука́х** mit den Händen festhalten ② (*сохранить*) (be-)halten; ◇ **пе́рвое ме́сто в соревнова́нии** den ersten Platz halten ③ (*не выплатить*) abziehen, zurückbehalten; ◇ **~ алиме́нты из зарпла́ты** Unterhaltszahlungen vom Gehalt einbehalten ④ (*остановить*) festhalten, anhalten; ◇ ~ го́стя до ве́чера den Gast bis zum Abend festhalten (5) (не дать сде́лать) zurückhalten; ◇ ~ от необду́манного посту́пка jd-n von einem überlegten Schritt abhalten (6) (не дать обнару́житься) unterdrücken; ◇ ~ слёзы seine Tränen unterdrücken

удиви́тельный прил ‹-ая, -ое, -ые› (1) (необы́чный) erstaunlich, bemerkenswert; (чуде́сный) wunderbar (2) (исключи́тельный) ungewöhnlich, außerordentlich; (стра́нный) merkwürdig; ◇ в э́том нет ничего́ ~ого das ist nichts Ungewöhnliches; **удиви́ться** V_{4a} сов ‹-влю́сь, -ви́шься› [**удивля́ться** V_{1b} несов чему дат staunen, sich wundern; ◇ ~ стра́нному вопро́су sich über die merkwürdige Frage wundern; **удивле́ние** c_4 ‹-я› Verwunderung f, Erstaunen n, Staunen n; ◇ вызыва́ть ~ого die Staunen hervorrufen; ◇ **смотре́ть с ~ем** erstaunt blicken; ◇ к всео́бщему ~ю zur allgemeinen Verwunderung

удивление

So eine Überraschung!
Вот э́то сюрпри́з!
Wer hätte das gedacht?
Кто бы мог поду́мать?
Was für ein Zufall!
Вот э́то да!/Что за совпаде́ние!
Das wundert mich!
Э́то меня́ удивля́ет.
Wie merkwürdig!
Как стра́нно!
Das hätte ich nicht für möglich gehalten.
Никогда́ бы не поду́мал/а, что э́то возмо́жно.

уди́лище c_3 ‹-а› Angelrute f; **уди́льщик** $м_1$ ‹-а› Angler m; **уди́ть** V_{4a} несов ‹ужу́, у́дишь› кого́-что вин angeln, fischen; ◇ ~ ры́бу в му́тной воде́ im Trüben fischen **удлини́тель** $м_2$ ‹-я› эл Verlängerungsschnur f; **удлини́ть** V_{4a} сов ‹-ню́, -ни́шь› [**удлиня́ть** V_{1b} несов] что вин (1) (о длине, протяжённости) verlängern, ausdehnen (2) (о вре́мени) verlängern; ◇ ~ сеа́нс die Sitzung verlängern

удо́бный прил ‹-ая, -ое, -ые› (1) (подходя́щий) bequem, angenehm (2) (уме́стный) passend, geeignet

удобре́ние c_4 ‹-я› (1) с.-х. (де́йствие) Düngung f, Düngen n (2) (вещество́) Düngemittel n, Dünger m; ◇ вы́везти ~я на поля́ die Felder düngen

удо́бство c_2 ‹-а› Komfort m, Bequemlichkeit f; ◇ кварти́ра со все́ми ~ами komfortable Wohnung; ◇ для ~а клие́нтов zum Wohle der Kunden

удовлетворе́ние c_4 ‹-я› (1) (де́йствие) Befriedigung f; ◇ ~ про́сьбы Erfüllung einer Bitte (2) (чу́вство) Befriedigung f, Ge-

nugtuung f, Zufriedenheit f; ◇ **испы́тывать** ~ Genugtuung empfinden; **удовлетвори́тельно** нареч (1) (доста́точно хорошо́) zufrieden stellend, ausreichend; (отме́тка) befriedigend; **удовлетвори́тельный** прил ‹-ая, -ое, -ые› befriedigend, zufrieden stellend; (доста́точный) ausreichend, genügend; **удовлетвори́ть** V_{4a} сов ‹-рю́, -ри́шь› [**удовлетворя́ть** V_{1b} несов] кого́-что вин (1, 3), чему дат (2) (1) (испо́лнить) befriedigen, zufrieden stellen; ◇ ~ть потре́бности населе́ния die Nachfrage der Bevölkerung befriedigen; ◇ ~ть про́сьбу eine Bitte erfüllen; ◇ её тру́дно ~ть sie ist anspruchsvoll (2) (соотве́тствовать) entsprechen, genügen; ◇ прое́кт ~л всем тре́бованиям das Projekt entsprach allen Anforderungen (3) (возмести́ть уще́рб) entschädigen, abfinden

удово́льствие c_4 ‹-я› (1) (дово́льство) Vergnügen n, Wohlbehagen n; ◇ **испы́тывать** ~ Vergnügen haben; ◇ **с ~ем** mit Vergnügen (2) (развлече́ние) Vergnügung f, Zerstreuung f; ◇ **доста́вить де́тям мно́го** ~й den Kindern viel Freude bereiten; ◇ **жить в своё** ~е das Leben genießen; ◇ **находи́ть ~е в чём-л** an etw Freude haben; ◇ **дорого́е** ~е teurer Spaß

удорожа́ние c_4 ‹-я› Verteuerung f

удостовере́ние c_4 ‹-я› (1) (докуме́нт) Ausweis m; (свиде́тельство) Zeugnis n; (спра́вка) Bescheinigung f; ◇ **служе́бное** ~ Dienstausweis; ◇ ~ **ли́чности** Personalausweis; ◇ **вы́дать** ~ einen Ausweis ausstellen (2) (де́йствие) Bestätigung f; (заве́рение) Beglaubigung f

удосто́ить V_{4b} сов ‹-о́ю, -о́ишь, Imp. -о́й, -те› [**удоста́ивать** V_{1a} несов] кого́-что вин чего род (1), кого́-что вин чем тв (2) (1) (награди́ть) würdigen, auszeichnen; ◇ ~ **госуда́рственной награ́ды** mit einer staatlichen Auszeichnung würdigen (2) (оказа́ть внима́ние) beehren (mit), für würdig erachten; ◇ **не** ~ **взгля́дом** keines Blickes würdigen

удочери́ть V_{4a} сов ‹-рю́, -ри́шь› [**удочеря́ть** V_{1b} несов] кого́-что вин ein Mädchen adoptieren, als Tochter annehmen

у́дочк|а ж $_1$ ‹-и, род мн: -чек› Angel f, Angelrute f; перен **заки́нуть** [**забро́сить**] ~у die Fühler ausstrecken; перен ◇ **пойма́ть на** ~у jd-n überlisten; перен ◇ **попа́сться на** ~у auf den Leim gehen; перен ◇ **смота́ть** ~и abhauen, verschwinden

удручи́ть V_{4a} сов ‹-чу́, -чи́шь› [**удруча́ть** V_{1a} несов] кого́-что вин чем тв bedrücken, deprimieren

удушли́вый прил ‹-ая, -ое, -ые› (1) (ду́шный) stickig, schwül; ◇ ~ая жара́ Schwüle f; ◇ ~ый во́здух stickige Luft; (нету́щий) (be-)drückend; (2) (отравля́ющий) erstickend

уедине́ние c_4 ‹-я› Zurückgezogenheit f,

Abgeschiedenheit f; *(одиночество)* Einsamkeit f; ◇ **жить в ~и** zurückgezogen leben

уж¹ m_2 <-á, мн:-й> зоол Natter f

уж² I. *нареч* schon II. *частица (право)* tatsächlich, in der Tat; ◇ **~ я не знáю** ich weiß es wirklich nicht

ýжас m_1 <-а> 1 *(чувство страха)* Entsetzen n, Grauen n; *(испуг)* Schrecken m; *(страх)* Furcht f, Angst f; ◇ **наводúть ~ на когó-л** jd-n in Angst versetzen; ◇ **егó охватúл ~** er wurde von Furcht gepackt; ◇ **какóй ~!** wie entsetzlich!; ◇ **до ~а** schrecklich 2 *(события, явления)* Schrecken m, Gräuel m; ◇ **~ы войны́** die Gräuel des Krieges; ◇ **фúльмы ~ов** Horrorfilme m pl 3 *(безвыходность)* Ausweglosigkeit f; ◇ **почýвствовать ~ своегó положéния** die Ausweglosigkeit seiner Lage spüren;

ужáсно *нареч* 1 *(чрезмерно, крайне)* äußerst, sehr; ◇ **~ талáнтлив** außerordentlich begabt 2 *(плохо)* furchtbar, schrecklich, erschreckend, grauenhaft; ◇ **как ~!** wie schrecklich!; ◇ **ты ~ вы́глядишь** du siehst furchterlich aus; **ужáсный** *прил* <-ая, -ое, -ые> 1 *(вызывающий ужас)* furchtbar, schrecklich 2 *разг (скверный)* fürchterlich 3 *(чрезвычайный)* außerordentlich, maßlos, ungeheuerlich; ◇ **~ые бóли** schreckliche Schmerzen

ýже *сравн от* **ýзкий**

ужé *нареч* schon, bereits; ◇ **онá уéхала** sie ist schon weggefahren; ◇ **он ~ не мáленький** er ist schon groß; ◇ **я прочитáл эту кнúгу ~ в дéтстве** ich habe das Buch schon als Kind gelesen; ◇ **чéрез год ты ~ инженéр** in einem Jahr bist du schon Ingenieur

уживáться V_{1a} *несов от* **ужúться**

ýжин m_1 <-а> Abendessen n, Abendbrot n; ◇ **что у нас на ~?** was gibt es zum Abendessen?; ◇ **за ~ом** beim Abendessen;

ýжинать V_{1a} *несов* <-аю, -аешь> [**по~** *сов*] *без доп* zu Abend essen

ужúться V_{4a} *сов* <-ивýсь, -ивёшься, (3) 1 и 2 л. не употр, *Imp.* -ивúсь> [**уживáться** *несов*] *с кем тв* (1), *без доп* (2, 3) 1 *(ладить)* sich vertragen; ◇ **не ~ с сосéдями** nicht mit den Nachbarn auskommen 2 *(привыкнуть к месту жительства)* sich einleben, sich eingewöhnen; ◇ **на нóвом мéсте** sich in der neuen Umgebung einleben 3 *(сочетаться)* vereinigen, nebeneinander existieren

уздá $ж_1$ <-ы́, мн:-ы́> Zaum m, Zügel m; *перен* ◇ **держáть в ~é когó-л** jd-n im Zaum halten

ýзел m_1 <узлá, мн: узлы́> 1 *(затянутая петля)* Knoten m; ◇ **морскóй ~** Seemannsknoten; ◇ **платóк на шée завязан в ~** das Tuch ist um den Hals geknotet; ◇ **развязáть ~** einen Knoten lösen 2 *(место скрещения)* Knotenpunkt m; ◇ **железнодорóжный ~** Eisenbahnknotenpunkt;

телефóнный ~ Fernmeldeamt n 3 *(свёрток)* Bündel n 4 *(часть механизма)* Baugruppe f, Einheit f; ◇ **санитáрные узлы́ в квартúрах** sanitäre Anlagen in Wohnungen 5 анат, бот Knoten m; **нéрвный ~** Nervenknoten m, Ganglion n; ◇ **гóрдиев ~** der gordische Knoten

ýзк|ий *прил* <-ая, -ое, -ие> *(сравн:* **ýже)** 1 *(в ширину)* schmal, eng; *(меньший, чем нужно)* zu schmal, zu eng; ◇ **тýфли ýзки** die Schuhe sind zu eng; ◇ *перен* **~ое мéсто** Engpass m 2 *перен (ограниченный)* eingeschränkt, eng, begrenzt; ◇ **~ая специáльность** berufliche Spezialisierung; ◇ **~ий круг друзéй** enger Freundeskreis; ◇ **в ~ом смы́сле слóва** im engeren Sinne 3 *перен (недалёкий)* schmal, beschränkt; ◇ **~ кругозóр** beschränkter Horizont

узнáть V_{1a} *сов* <-аю, -аешь, *Part. Prät. Pass.* ýзнанный> [**узнавáть** V_{1a} *несов*, <*Part. Präs. Akt.* -аю́щий>] *когó-что вин* (1, 3), *что вин или о чём предл* (2) 1 *(признать)* wiedererkennen; ◇ **~ стáрого сослужúвца** einen alten Kollegen wiedererkennen; ◇ **всё вокрýг изменúлось, не ~** alles hat sich verändert, nichts ist mehr wiederzuerkennen 2 *(получить сведения)* erfahren; ◇ **~ нóвость** eine Neuigkeit in Erfahrung bringen; *(справиться)* sich nach etw erkundigen 3 *(познакомиться)* jd-n kennen lernen

ýзник m_1 <-а> Gefangener m, Häftling m; **ýзница** $ж$ <-ы> Gefangene f

узóр m_1 <-а> Muster n; ◇ **~ ткáни** Stoffmuster

ýзость $ж_5$ <-и> 1 *(ленты, полосы)* Schmalheit f; *(прохода, улицы)* Enge f 2 *перен (ограниченность)* Beschränktheit f, Engstirnigkeit f

ýзы *мн* <уз> 1 *(оковы)* Fesseln f pl 2 *перен (то, что соединяет)* Bande f pl; ◇ **брáтские ~** brüderliche Bande; ◇ **~ любвú** die Bande der Liebe

ýйма $ж_1$ <-ы> *разг* Unmenge f

уйтú* *сов* <уйдý, уйдёшь> [**уходúть** V_{4a} *несов*] *без доп* (1, 4), *от или с чего род* (2), *от когó-чего род* (3), *на что вин* (5), *во что вин* (6) 1 *(отправиться куда-л)* weggehen, verlassen; ◇ **~ из шкóлы домóй** von der Schule nach Hause gehen; ◇ **пóезд ушёл ýтром** der Zug fuhr heute morgen ab; ◇ **~ вперёд** vorausgehen; ◇ **~ ни с чем** unverrichteter Dinge fortgehen; ◇ **это от нас не ~ёт** das läuft uns nicht davon 2 *(перестать заниматься чем-л)* aufhören, aufgeben; ◇ **~ от дел** eine Arbeit aufgeben; ◇ **~ из редáкции** die Redaktion verlassen; ◇ **~ со сцéны** beim Theater ausscheiden; ◇ **~ в отстáвку** zurücktreten 3 *(избавиться)* entkommen, entgehen; ◇ **~ от погóни** die Verfolger abschütteln; ◇ **~ от отвéтственности** sich der Verantwortung entziehen 4 *(утратиться)* vergehen, verstreichen; ◇ **мо́лодость ушла́** die Jugend verging **5** (*потре́боваться*) verbraucht werden, draufgehen; ◇ **на костю́м уйдёт три ме́тра** für den Anzug werden drei Meter benötigt; ◇ **все де́ньги ушли́ на пое́здку** das ganze Geld ging für die Reise drauf **6** *перен* (*отда́ться*) sich hingeben, sich verschreiben; ◇ ~ **в нау́ку** sich der Wissenschaft widmen; ◇ ~ **в себя́** sich zurückziehen

ука́з $м_1$ ⟨-а⟩ Erlass *m;* (*постановле́ние*) Verordnung *f;* ◇ ~ **президе́нта** Präsidentenerlass; ◇ **изда́ть** ~ einen Erlass verabschieden; ◇ **ты мне не** ~ du hast mir (gar) nichts zu befehlen

указа́ние $с_4$ ⟨-я⟩ **1** (*ссы́лка*) Hinweis *m,* Angabe *f* **2** (*разъясне́ние*) Unterweisung *f,* Anweisung *f;* (*инстру́кция*) Vorschrift *f;* ◇ **це́нное** ~ wichtiger Hinweis; ◇ **получи́ть** ~ eine Instruktion bekommen

указа́тель $м_2$ ⟨-я⟩ **1** (*на́дпись, стре́лка, прибо́р*) Anzeiger *m,* Anzeige *f;* ◇ **доро́жный** ~ Straßenschild *n;* ◇ **светово́й** ~ Lichtsignal *n;* ◇ **доро́г** Wegweiser *m;* ◇ ~ **поворо́та** Blinker *m;* ◇ ~ **ско́рости** Geschwindigkeitsanzeiger **2** (*спра́вочник*) Verzeichnis *n,* Register *n;* ◇ **библиографи́ческий** ~ Literaturverzeichnis; ◇ **именно́й** ~ Namensregister; ◇ **предме́тный** ~ Sachregister; **указа́ть** V_{1a} *сов* ⟨-ажу́, -а́жешь, *Imp.* -ажи́, ~те, *Part. Prät. Pass.* -а́занный⟩ [**ука́зывать** V_{1a} *несов*] *на кого́-что вин (1), кого́-что вин (2), что вин (3), кому́ дат (4)* **1** (*обрати́ть внима́ние на кого́-что-л*) hindeuten, hinweisen; ◇ ~ **па́льцем на кого́-л** mit dem Finger auf jd-n zeigen; *перен* ◇ ~ **на оши́бку** auf Fehler hinweisen **2** (*показа́ть*) angeben, zeigen; ◇ ~ **путь** den Weg zeigen **3** (*определи́ть*) festlegen, festsetzen; ◇ ~ **срок упла́ты** die Zahlungsfrist festsetzen **4** *разг* (*объяви́ть порица́ние*) jd-m einen Verweis erteilen, zurechtweisen; ◇ **ему́ стро́го ука́зано** er bekam einen strengen Verweis

ука́зк|а $ж_1$ ⟨-и, *род мн:* -зок⟩ **1** (*па́лочка*) Zeigestock *m;* ◇ **пока́зывать что-л ~ой на ка́рте** mit dem Zeigestock etw auf der Karte zeigen **2** (*распоряже́ние*) Anweisung *f;* ◇ **де́лать что-л по чужо́й** ~**е** nach jds-Anweisung handeln

ука́зывать V_{1a} *несов от* **указа́ть**

укла́д $м_1$ ⟨-а⟩ Ordnung *f,* Struktur *f;* ◇ **экономи́ческий** ~ Wirtschaftsordnung *f;* ◇ ~ **жи́зни** Lebensweise *f*

укло́н $м_1$ ⟨-а⟩ **1** (*накло́н*) Gefälle *n,* Neigung *f;* ◇ **круто́й** ~ steiles Gefälle; ◇ **по́езд идёт под** ~ der Zug fährt bergab; ◇ **кати́ться под** ~ bergab rollen **2** *полит* Abweichung *f* **3** *перен* (*специализа́ция*) Spezialisierung *f;* ◇ **шко́ла с математи́ческим** ~**ом** Schule mit Schwerpunkt Mathematik; **уклони́ться** V_{4a} *сов* ⟨-ню́сь, -о́нишься⟩ *от кого́-чего́ род* **1** (*от-*

клони́ться в сто́рону) ausweichen; ◇ ~ **от уда́ра** einem Schlag ausweichen **2** (*отойти́ от прямо́го направле́ния*) abweichen, abbiegen; *перен* ◇ ~ **от основно́й те́мы** vom Hauptthema abschweifen **3** (*отказа́ться*) aus dem Wege gehen; ◇ ~ **от отве́та на вопро́с** einer Frage ausweichen; **укло́нчивый** *прил* ⟨-ая, -ое, -ые⟩ ausweichend; ◇ ~ **отве́т** ausweichende Antwort

уклоня́ться V_{1b} *несов от* **уклони́ться**

уко́л $м_1$ ⟨-а⟩ **1** (*каса́ние*) Stich *m;* (*ме́сто уко́ла*) Einstich *m* **2** *мед* Spritze *f,* Injektion *f;* ◇ **по́сле** ~**а больно́й усну́л** nach der Spritze schlief der Kranke ein **3** *перен* (*язви́тельный намёк*) Stichelei *f*

уко́р $м_1$ ⟨-а⟩ Vorwurf *m;* ◇ **посмотре́ть на кого́-л с** ~**ом** jd-n vorwurfsvoll anschauen; ◇ ~**ы со́вести** Gewissensbisse *m;* **укоря́ть** V_{1b} *несов* ⟨-я́ю, -я́ешь⟩ [**укори́ть** V_{4a} *сов*] *кого́-что вин в чём предл* jd-m etw vorwerfen, vorhalten; ◇ ~ **кого́-л в неи́скренности** jd-m Heuchelei vorwerfen

укра́дкой *нареч* verstohlen, heimlich; ◇ **посмотре́ть на кого́-л** ~ verstohlen zu jd-m hinüberblicken

украи́нец $м_5$ ⟨-нца, *мн:* -нцы⟩ Ukrainer *m;* **украи́нка** *ж* ⟨-и⟩ Ukrainerin *f;* **украи́нский** *прил* ⟨-ая, -ое, -ие⟩ ukrainisch

укра́сить V_{4b} *сов* ⟨-а́шу, -а́сишь, *Part. Prät. Pass.* -а́шенный⟩ [**украша́ть** V_{1a} *несов*] *кого́-что вин чем тв* (aus-)schmücken, verzieren; ◇ ~ **зал гирля́ндами** die Halle mit Girlanden dekorieren; ◇ ~ **ёлку игру́шками** den Weihnachtsbaum schmücken; *перен* ◇ ~ **жизнь кому́-л** jd-m das Leben verschönern

укра́сть *см.* **красть**

украше́ние $с_4$ ⟨-я⟩ **1** (*де́йствие*) Ausschmücken *n,* Dekorieren *n* **2** (*предме́т*) Schmuck *m,* Verzierung *f;* ◇ **ёлочные** ~**я** Christbaumschmuck; ◇ ~**я из зо́лота** Goldschmuck **3** *перен* (*о лу́чшем среди́ други́х*) Zierde *f,* Star *m;* ◇ **э́та спортсме́нка** ~ **кома́нды** diese Sportlerin ist der Star des Teams

укрепи́ть V_{4a} *сов* ⟨-плю́, -пи́шь, *Part. Prät. Pass.* -плённый⟩ [**укрепля́ть** V_{1b} *несов*] *что вин* **1** (*сде́лать кре́пче*) festigen, stärken; ◇ ~ **огра́ду** den Zaun befestigen; ◇ ~ **ме́стность** das Gelände befestigen **2** (*прикрепи́ть*) festmachen, befestigen

укро́п $м_1$ ⟨-а⟩ *бот* Dill *m*

укроти́тель $м_2$ ⟨-я⟩ Tierbändiger *m,* Dompteur *m;* **укроти́тельница** $ж_1$ ⟨-ы⟩ Tierbändigerin *f,* Dompteuse *f;* **укроще́ние** $с_4$ ⟨-я⟩ Zähmung *f,* Bändigung *f;* *перен* (*обузда́ние*) Zügelung *f;* (*успокое́ние*) Beschwichtigung *f*

укрупни́ть V_{4a} *сов* ⟨-ню́, -ни́шь⟩ [**укрупня́ть** V_{1b} *несов*] *что вин* vergrößern; (*расши́рить*) erweitern; (*объедини́ть*) zusammenlegen, zusammenfassen

укры́тие c_4 ⟨-я⟩ Schutz m, Unterstand m
укры́|ть* *сов* ⟨-ро́ю, -ро́ешь⟩ [**укрыва́ть** V_{la} *несов*] кого́-что *вин* (1) (*закры́ть*) bedecken; ◇ **снег** ~л поля́ der Schnee bedeckte die Felder; (*покры́ть*) zudecken; ◇ **~ть но́ги пле́дом** die Füße mit einer Reisedecke zudecken (2) (*скрыть*) verstecken, verbergen; ◇ **~ть от пресле́дователей** vor den Verfolgern verstecken; (*дать убе́жище*) Obdach [Zuflucht] gewähren

у́ксус m_1 ⟨-а⟩ Essig m

уку́с m_1 ⟨-а⟩ Biss m; (*ме́сто уку́са*) Bisswunde f; (*насеко́мых*) Stich m; ◇ **~ распу́х** die Bisswunde ist geschwollen; **уку́си|ть** V_{4a} *сов* ⟨-ушу́, -у́сишь, *Part. Prät. Pass.* -у́шенный⟩ кого́-что *вин* beißen; (*о насеко́мых*) stechen; ◇ **кака́я му́ха его́ ~ла?** welche Laus ist ihm denn über die Leber gelaufen?

уку́тать V_{la} *сов* ⟨-аю, -аешь⟩ [**уку́тывать** V_{la} *несов*] кого́-что *вин* einwickeln, einhüllen; ◇ **~ ребёнка в одея́ло** das Kind in eine Decke einwickeln

ула́ди|ть V_{4b} *сов* ⟨-а́жу, -дишь, *Part. Prät. Pass.* -а́женный⟩ [**ула́живать** V_{la} *несов*] что *вин* (1) (*привести́ в поря́док*) ordnen, regeln, einrichten; ◇ **~ де́ло** eine Sache in Ordnung bringen (2) (*спор*) schlichten, beilegen; ◇ **~ конфли́кт** einen Konflikt beilegen

у́лей m_4 ⟨у́лья, *мн:* у́льи⟩ Bienenstock m, Bienenkasten m; ◇ **на па́секе де́сять у́льев** die Imkerei hat zehn Bienenstöcke

ули́к|а $ж_1$ ⟨-и⟩ Beweis m, Beweisstück n; ◇ **ко́свенные ~и** Indizien n pl; ◇ **все ~и налицо́** alle Beweise liegen vor; ◇ **про́тив него́ нет никаки́х ули́к** es gibt keine Beweise gegen ihn; ◇ **за недоста́тком ули́к** mangels Beweisen

ули́тка $ж_1$ ⟨-и, *род мн:* -ток⟩ Schnecke f

у́лиц|а $ж_2$ ⟨-ы⟩ Straße f; ◇ **гла́вные ~ы го́рода** die wichtigsten Straßen der Stadt; ◇ **у́зкая ~а** schmale Gasse; *перен* ◇ **вы́кинуть на ~у** auf die Straße setzen, hinauswerfen; ◇ **переходи́ть ~у** die Straße überqueren; ◇ **он живёт на ~е Пу́шкина** er wohnt in der Puschkinstraße

уло́в m_1 ⟨-а⟩ Fang m, Beute f; ◇ **бога́тый ~** guter Fang, reiche Beute; ◇ **~ ры́бы** Fischfang

уло́вка $ж_1$ ⟨-и, *род мн:* -вок⟩ Kniff m, Finte f; (*отгово́рка*) Ausrede f; (*увёртка*) Ausflucht f

уложи́|ть V_{4a} *сов* ⟨-ожу́, -о́жишь, *Part. Prät. Pass.* -о́женный⟩ [**укла́дывать** V_{la} *несов*] кого́-что *вин* (1, 4), что *вин* во что *вин* (2), что *вин* (3) (*положи́ть*) hinlegen; ◇ **~ в крова́ть** jd-n ins Bett bringen; ◇ **~ спать** jd-n schlafen legen (2) (*умести́ть*) (ein-)packen, einräumen; ◇ **~ кни́ги в шкаф** die Bücher in den Schrank räumen (3) (*положи́ть в определённом поря́дке*) (ver-)legen, ordnen; ◇ **~ во́лосы** die Haare legen; ◇ **~ ре́льсы**

Eisenbahnschienen verlegen (4) *перен* (*уби́ть*) umlegen, töten

улу́чши|ть V_{4b} *сов* ⟨-шу, -шишь, *Imp.* -ши, ~те⟩ [**улучша́ть** V_{la} *несов*] что *вин* (ver-)bessern; ◇ **~ ка́чество** die Qualität verbessern; ◇ **~ отноше́ния с кем-л** die Beziehungen zu jd-m verbessern

улыба́|ться V_{la} *несов* ⟨-а́юсь, -а́ешься, (2) 1 и 2 л. не употр⟩ [**улыбну́ться** V_2 *сов*] *без доп* (1), кому́-чему́ *дат* (2) (1) (*кому́-л*) freundlich lächeln (2) *перен* (*сули́ть уда́чу*) hold sein; ◇ **сча́стье ему́ ~ется** das Glück ist ihm hold; **улы́бк|а** $ж_1$ ⟨-и, *род мн:* -бок⟩ Lächeln n; ◇ **зла́я ~а** hämisches Grinsen; ◇ **насме́шливая ~а** spöttisches Lächeln; ◇ **с ~ой** lächelnd

улыбну́ться *см.* улыба́ться

ультима́тум m_1 ⟨-а⟩ Ultimatum n

ультразву́к m_1 ⟨-а⟩ Ultraschall m

ум m_1 ⟨-а́, *мн:* -ы́⟩ (1) (*интелле́кт*) Verstand m, Vernunft f, Intellekt m, Geist m; ◇ **здра́вый ~** gesunder Menschenverstand; ◇ **о́стрый ~** scharfer Verstand; ◇ **склад ~а** Mentalität f; ◇ **не твоего́ ~а де́ло** das begreifst du nicht; ◇ **отлича́ться ~о́м** intelligent sein; ◇ **у неё ~а пала́та** sie ist sehr klug; ◇ **волнова́ть ~ы́** die Gemüter erregen; ◇ **быть не в своём ~е** von Sinnen sein; ◇ **взя́ться за ~** Vernunft annehmen; ◇ **своди́ть с ~а́** um den Verstand bringen; ◇ **у него́ друго́е на ~е** er hat andere Dinge im Sinn; ◇ **у него́ ~ за ра́зум зашёл** er weiß nicht, wo ihm der Kopf steht (2) (*о челове́ке*) schlauer Kopf m; ◇ **счита́ть в ~е́** im Kopf rechnen

уме́лец m_5 ⟨-льца, *мн:* -льцы⟩ Meister m, Könner m; **уме́лый** *прил* ⟨-ая, -ое, -ые⟩ geschickt, gewandt; (*о́пытный*) erfahren; (*компете́нтный*) sachkundig

уме́ние c_4 ⟨-я⟩ Können n; ◇ **с ~м взя́ться за де́ло** gekonnt an etw herangehen; (*спосо́бность*) Fähigkeit f; (*ло́вкость*) Fertigkeit f

уме́ньши|ть V_{4b} *сов* ⟨-шу, -шишь, *Imp.* -ши, ~те⟩ [**уменьша́ть** V_{la} *несов*] что *вин* (1) (*по величине́, объёму, коли́честву*) verringern, vermindern; ◇ **~ вес** das Gewicht verringern (2) (*изображе́ние*) verkleinern

уме́ренный *прил* ⟨-ая, -ое, -ые⟩ (1) (*сре́дний*) mäßig, angemessen (2) (*о кли́мате*) gemäßigt; ◇ **~ климати́ческий по́яс** gemäßigte Klimazone

умере́ть* *сов* ⟨умру́, умрёшь⟩ [**умира́ть** V_{la} *несов*] *без доп* (1) (ver-)sterben; ◇ **~ от ран** an den Wunden sterben (2) *перен* (*исче́знуть*) sterben, schwinden

уме́рший I. *прил* ⟨-ая, -ее, -ие⟩ verstorben, gestorben II. *м* (A_2) ⟨-его⟩ Verstorbener m

уме́стный *прил* ⟨-ая, -ое, -ые⟩ passend, geeignet; ◇ **~ое замеча́ние** angebrachte Bemerkung

уме́ть V_5 *несов* ⟨-éю, -éешь⟩ *с инф* können, beherrschen, verstehen; ◇ ~ **пи-са́ть** schreiben können; ◇ ~ **ката́ться на конька́х** Schlittschuh fahren können; ◇ **не** ~ **притворя́ться** sich nicht verstellen können

умиротворе́ние c_4 ⟨-я⟩ Friedensstiftung *f*; (*примирение*) Versöhnung *f*

у́мница *м*, *ж*₁ ⟨-ы⟩ **1** (*о человеке*) kluger Kopf **2** (*о ребёнке*) artiges Kind

умножа́ть V_{1a} *несов* ⟨-а́ю, -а́ешь⟩ [**умно́жить** V_{4b} *сов*] *что вин (1)*, *что вин на что вин (2)* **1** (*множить*) (ver-)mehren, vergrößern; (*усиливать*) verstärken; ◇ **свои́ зна́ния** sein Wissen vermehren **2** *мат* malnehmen; ◇ ~ **на пять** mit fünf multiplizieren

у́мный *прил* ⟨-ая, -ое, -ые⟩ klug, intelligent, gescheit; (*разумный*) vernünftig

умозаключе́ние c_4 ⟨-я⟩ Schlussfolgerung *f*

умоли́ть V_{4a} *сов* ⟨-лю́, -о́ли́шь⟩ [**умоля́ть** V_{1b} *несов*] *кого-что вин или с инф* flehentlich bitten, beschwören; ◇ **судью́ о поща́де** den Richter um Gnade anflehen; ◇ ~ **прости́ть** flehentlich um Verzeihung bitten

умолча́|ть V_{4a} *сов* ⟨-чу́, -чи́шь, *Imp.* -чи́, ~те⟩ [**ума́лчивать** V_{1a} *несов*] *о ком-чём предл* verschweigen, für sich behalten; (*отмолчаться*) sich ausschweigen (über); (*обойти молчанием*) stillschweigend übergehen; ◇ **он** ~**л о са́мом гла́вном** das Wichtigste verschwieg er

умопомеша́тельство c_2 ⟨-а⟩ Geistesstörung *f*, Geistesverwirrung *f*

у́мственный *прил* ⟨-ая, -ое, -ые⟩ geistig, Geist-; ◇ ~**ые спосо́бности** geistige Fähigkeiten, Intelligenz *f*; ◇ ~**ый труд** Kopfarbeit *f*; ◇ ~**о отста́лые де́ти** geistig zurückgebliebene Kinder

умыва́льник *м*₁ ⟨-а⟩ Waschbecken *n*

у́мыс|ел *м*₁ ⟨-сла, *мн:* -слы⟩ Absicht *f*, Vorsatz *m*; ◇ **соверша́ть что-л без** ~**ла** etw ohne Absicht tun; ◇ **с** ~**лом** vorsätzlich, absichtlich, mit Absicht

умы́|ть* *сов* ⟨-мо́ю, умо́ешь⟩ [**умыва́ть** V_{1a} *несов*] *кого-что вин* waschen; ◇ ~**ть ру́ки** sich die Hände waschen; *перен* ◇ **она́** ~**ла ру́ки** sie wusch ihre Hände in Unschuld; **умы́ться** *сов* ⟨-мо́юсь, умо́юсь⟩ [**умыва́ться** *несов*] *без доп* sich waschen

умы́шленный *прил* ⟨-ая, -ое, -ые⟩ absichtlich, vorsätzlich; ◇ ~**ое уби́йство** vorsätzlicher Mord

универма́г *м*₁ ⟨-а⟩ (= *универсальный магазин*) Kaufhaus *n*, Warenhaus *n*

университе́т *м*₁ ⟨-а⟩ Universität *f*, Uni *f*; ◇ **вече́рний** ~ Fernuniversität *f*; ◇ **наро́дный** ~ Volkshochschule *f*

униже́ни|е c_4 ⟨-я⟩ Erniedrigung *f*, Demütigung *f*; ◇ **терпе́ть** ~**я** gedemütigt werden

уника́льный *прил* ⟨-ая, -ое, -ые⟩ **1** (*единственный в своем роде*) einzigartig; (*неповторимый*) einmalig **2** *тех* (*несерийный*) Sonder-, einzeln gefertigt

унита́з *м*₁ ⟨-а⟩ Toilettenbecken *n*

уничтожа́ть V_{1a} *несов от* **уничто́жить**

уничтоже́ние c_4 ⟨-я⟩ Vernichtung *f*; (*истребление*) Ausrottung *f*; (*разрушение*) Zerstörung *f*; (*противника*) Zerschlagung *f*; (*ликвидация*) Beseitigung *f*, Abschaffung *f*;

уничто́жить V_{4b} *сов* ⟨-жу, -жишь⟩ [**уничтожа́ть** *несов*] *кого-что вин* **1** (*истребить*) vernichten, ausmerzen **2** (*ликвидировать*) beseitigen, aufheben, abschaffen; ◇ ~ **зло в заро́дыше** das Übel im Keim ersticken; ◇ ~ **привиле́гии** Privilegien abschaffen

у́нты *мн*₂ ⟨-о́в⟩ hohe Pelzstiefel

у́нция *ж*₄ ⟨-и⟩ Unze *f*

уныва́|ть V_{1a} *несов* ⟨-а́ю, -а́ешь⟩ *без доп* verzagen, den Mut verlieren; (*повесить голову*) den Kopf hängen lassen; ◇ **не ну́жно** ~**ть от неуда́ч** man darf nicht wegen Misserfolgen den Mut verlieren; ◇ **никогда́ не** ~**й!** lass nie den Kopf hängen!

уны́лый *прил* ⟨-ая, -ое, -ые⟩ (*павший духом*) verzagt, mutlos; (*подавленный*) niedergeschlagen; (*безрадостный*) trostlos, freudlos; (*печальный*) traurig; **уны́ние** c_4 ⟨-я⟩ (*печаль*) Verzagtheit *f*, Mutlosigkeit *f*; (*подавленность*) Niedergeschlagenheit *f*; ◇ **впасть в** ~ verzagen; ◇ **наводи́ть** ~ **на кого́-л** jd-m den Mut nehmen

упа́док *м*₁ ⟨-дка⟩ Verfall *m*, Niedergang *m*; ◇ ~ **ду́ха** Depression *f*; ◇ ~ **сил** Kräfteverfall; ◇ **хозя́йство пришло́ в** ~ der Hof ist heruntergekommen

упакова́ть *см.* **пакова́ть**

упако́вк|а *ж*₁ ⟨-и, *род мн* -вок⟩ **1** (*действие*) Einpacken *n*, Verpacken *n* **2** (*материал*) Verpackung *f*; ◇ **в карто́нной** ~**е** in Karton verpackt **3** (*содержимое*) Packung *f*; ◇ **две** ~**и табле́ток** zwei Packungen Tabletten

упа́сть *см.* **па́дать**

упере́ться* *сов* ⟨упру́сь, упрёшься⟩ [**упира́ться** V_{1a} *несов*] *чем тв во что вин (1)*, *в кого-что вин (2)*, *на чём предл (3)* **1** (*опереться*) sich stützen, stemmen **2** (*натолкнуться*) stoßen (auf) **3** *перен* (*заупрямиться*) weigern, sich versteifen (auf); ◇ ~ **на своём** hartnäckig auf seiner Meinung bestehen

упла́т|а *ж*₁ ⟨-ы⟩ Bezahlung *f*, Zahlung *f*; ◇ ~**а до́лга** Schuldenzahlung; ◇ **подлежа́щий** ~**е** zahlbar, fällig; ◇ **с** ~**ой тако́го-то числа́** zahlbar am

уплотни́ть V_{4a} *сов* ⟨-ню́, -ни́шь⟩ [**уплотня́ть** V_{1b} *несов*] *что вин* **1** (*сделать плотнее*) dichter, kompakter machen, verdichten; ◇ ~ **бето́н** Beton verdichten **2** *перен* (*заполнить*) ausfüllen, auslasten; ◇ ~ **рабо́чий день** einen Arbeitstag voll ausnutzen

упое́ние c_4 ⟨-я⟩ Rausch *m*, Entzücken *n*,

Ekstase f; ◇ слу́шать му́зыку с ~м sich von der Musik berauschen lassen

уполномо́ченный м (A₁) ⟨-ого⟩ Bevollmächtigter m, Beauftragter m

упомина́ние c₄ ⟨-я⟩ Erwähnung f, Nennung f; ◇ бе́глое ~ beiläufige Erwähnung; упомяну́ть V₂ сов ⟨-ну́, -я́нешь, Part. Prät. Pass. -я́нутый⟩ [упомина́ть V₁ₐ несов] кого-что вин или о ком-чём предл anführen, nennen; ◇ ~ о вчера́шнем собы́тии das gestrige Ereignis erwähnen; ◇ нельзя́ не ~ es muss erwähnt werden; ◇ ~ вскользь nebenbei bemerken

упо́р м₁ ⟨-а⟩ (опора) Stütze f; (точка опоры) Stützpunkt m; тех Anschlag m; ◇ де́лать ~ на что-л etw hervorheben; ◇ смотре́ть в ~ на кого́-л jd-n anstarren; ◇ вы́стрелить в ~ aus nächster Nähe schießen

упо́рный прил ⟨-ая, -ое, -ые⟩ hartnäckig, beharrlich; ◇ ока́зывать ~ое сопротивле́ние hartnäckigen Widerstand leisten; (упрямый) starrköpfig; упо́рство c₂ ⟨-а⟩ Hartnäckigkeit f, Beharrlichkeit f; (упрямство) Starrköpfigkeit f

употреби́ть V₄ₐ сов ⟨-лю́, -би́шь, Part. Prät. Pass. -лённый⟩ [употребля́ть V₁ᵦ несов] кого-что вин (ge-)brauchen; (применить) anwenden, verwenden; (использовать) benutzen; ◇ ~ де́ньги на поку́пку книг das Geld für den Kauf von Büchern verwenden; ◇ ~непоня́тное сло́во ein unverständliches Wort gebrauchen; употребле́ни|е c₄ ⟨-я⟩ Gebrauch m; (применение) Anwendung f, Verwendung f; ◇ ввести́ в ~е etw in Gebrauch nehmen; (о лекарстве) innerlich anzuwenden; ◇ для вну́треннего ~я zum Einnehmen

управле́ни|е c₄ ⟨-я⟩ ① (учреждение, органы власти) Verwaltung f, Leitung f; ◇ под ~ем кого́-л unter jd-s Leitung; ме́стное ~е örtliche Verwaltung; ◇ о́рганы госуда́рственного ~я staatliche Verwaltungsorgane ② тех (автомобилем) Lenkung f, Führen n; (машинами, процессами) Steuerung f ③ грам Rektion f; управля́|ть V₁ᵦ несов ⟨-я́ю, -я́ешь⟩ кем-чем тв ① (направлять) führen, lenken, steuern; ◇ ~ть корабля́м das Schiff steuern ② (править) verwalten, leiten, regieren; ◇ ~ть госуда́рством den Staat regieren; ◇ ~ть орке́стром ein Orchester leiten ③ грам regieren; ◇ глаго́л ~ет да́тельным падежо́м das Verb regiert den Dativ

упражне́ние c₄ ⟨-я⟩ Übung f; упражня́ться V₁ᵦ несов ⟨-я́юсь, -я́ешься⟩ в чём предл üben; ◇ ~ в игре́ на роя́ле Klavier üben; (тренироваться) trainieren

упрёк м₁ ⟨-а⟩ Vorwurf m; ◇ сде́лать ~ в неи́скренности Heuchelei vorwerfen; ◇ бро́сить ~ кому́-л jd-m etw vorwerfen; ◇ осыпа́ть кого́-л ~ами jd-n mit Vorwürfen überhäufen; упрекну́ть V₂ сов ⟨-ну́, -нёшь⟩ [упрека́ть V₁ₐ несов] кого-что

вин в чём предл vorwerfen, zum Vorwurf machen; ◇ ~ кого́-л в ску́пости jd-m Knauserigkeit vorwerfen

упро́чить V₄ᵦ сов ⟨-чу, -чишь⟩ [упро́чивать V₁ₐ несов] что вин ① (укрепить) festigen, sichern; ◇ ~ своё положе́ние seine Position festigen ② перен (утвердить) festigen, stärken

упру́гий прил ⟨-ая, -ое, -ие⟩ elastisch, federnd, geschmeidig

упря́жка ж₃ ⟨-и, род мн:-жек⟩ Gespann n; ◇ ко́нная ~ Pferdegespann; ◇ соба́чья ~ Hundeschlitten m

упря́мец м₁ ⟨-мца, мн:-мцы⟩ Dickkopf m, Starrkopf m; упря́мый прил ⟨-ая, -ое, -ые⟩ ① (неуступчивый) stur, eigensinnig, starrköpfig, verbohrt; ◇ ~ как осёл störrisch wie ein Esel ② (настойчивый) hartnäckig, zielstrebig; ◇ ~ спортсме́н hartnäckiger Sportler

упусти́ть V₄ₐ сов ⟨-ущу́, -у́стишь, Part. Prät. Pass. -у́щенный⟩ [упуска́ть V₁ₐ несов] кого-что вин (1, 2, 4), что вин (3) ① (не удержать) loslassen, fallen lassen; ◇ ~ из рук что-л etw aus den Händen fallen lassen ② (дать возможность исчезнуть) entwischen, entkommen lassen; ◇ ~ зве́ря das Tier entwischen lassen ③ перен (пропустить) sich etw entgehen lassen, versäumen; ◇ ~ подходя́щий слу́чай eine günstige Gelegenheit verpassen ④ перен (допустить недостатки) vernachlässigen

упуще́ние c₄ ⟨-я⟩ Versäumnis n, Unterlassung f; (небрежность) Nachlässigkeit f; ◇ непрости́тельное ~ unverzeihliches Versäumnis

ура́ межд hurra!; ◇ кри́ки ~ Hurrarufe m pl; ◇ предложе́ние при́няли на ~ der Vorschlag wurde mit Begeisterung aufgenommen

уравне́ние c₄ ⟨-я⟩ ① (действие) Angleichung f; (выравнивание) Ausgleichen n; ◇ ~ в права́х rechtliche Gleichstellung ② мат Gleichung f; ◇ дифференциа́льное ~ Differenzialgleichung; ◇ ~ с одни́м неизве́стным Gleichung mit einer Unbekannten; уравни́ловка ж₃ ⟨-и⟩ Gleichmacherei f; уравня́ть V₁ᵦ сов ⟨-я́ю, -я́ешь, Part. Prät. Pass. -я́вненный⟩ [ура́внивать V₁ₐ несов] кого-что вин ① (сделать одинаковым) gleichmachen, ausgleichen; ◇ ~ концы́ die Enden angleichen ② (приравнять) angleichen, gleichstellen; ◇ ~ кого́-л в права́х jd-n rechtlich gleichstellen

урага́н м₁ ⟨-а⟩ Orkan m, Wirbelsturm m; перен ~ собы́тий stürmische Ereignisse

ура́н м₁ ⟨-а⟩ хим Uran n

урегули́ровать см. регули́ровать

уре́зать V₁ₐ сов ⟨-е́жу, -е́жешь, Imp. -е́жь, -те⟩ [уре́зывать и уреза́ть V₁ₐ несов] что вин ① (уменьшить) abschneiden, (ver-)kürzen ② перен (сократить) verringern, kürzen, einschränken; ◇ ~ бюдже́т den Etat kürzen; ◇ ~ зарпла́ту das Gehalt kürzen; ◇ ~ чьи-л права́ jd-s Rechte beschneiden

у́рна *ж₁* ⟨-ы⟩ **1** (*для захоронения*) Urne *f;* ◇ избира́тельная ~ Wahlurne **3** (*для мусора*) Papierkorb *m*

у́ров|ень *м₂* ⟨-вня, мн.:-вни⟩ **1** (*воды*) Niveau *n,* Stand *m;* ◇ ~ень воды́ в реке́ Pegelstand des Flusses; ◇ над ~нем мо́ря über dem Meeresspiegel **2** (*перен степень*) Niveau *n,* Ebene *f,* Stufe *f;* ◇ культу́рный ~ень kulturelles Niveau; ◇ жи́зненный ~ень Lebensstandard *m;* ◇ ~ень за́работной пла́ты Lohnniveau; ◇ встре́ча на вы́сшем ~не Gipfeltreffen *n;* ◇ быть на ~не den Anforderungen entsprechen **3** (*прибор*) Wasserwaage *f*

уро́д *м₁* ⟨-а⟩ **1** (*с физическим недостатком*) Missgeburt *f* **2** (*безобразный*) Missgeburt *f;* (*страшилище*) Monster *n* **3** (*с дурным характером*) Scheusal *n,* Ekel *n;* уро́дливый *прил* ⟨-ая, -ое, -ые⟩ **1** (*физически*) missgestaltet, verunstaltet; ◇ ~ые па́льцы missgestaltete Finger **2** (*безобразный*) hässlich, widerwärtig; (*отталкивающий*) abstoßend **3** *перен* (*нелепый*) abartig, absurd; ◇ ~ый вкус abartiger Geschmack

урожа́й *м₃* ⟨-я⟩ **1** (*плодов*) Ernte *f;* ◇ зерновы́х Getreideernte *f;* ◇ собра́ть весь ~ die ganze Ernte einbringen; (*собранный*) Ernteertrag *m* **2** *перен* (*изобилие*) Überfluss *m;* ◇ в э́том году́ ~ на оре́хи in diesem Jahr gibt es Nüsse im Überfluss; урожа́йный *прил* ⟨-ая, -ое, -ые⟩ ergiebig, ertragreich

уроже́н|ец *м₅* ⟨-нца, мн.:-нцы⟩ gebürtig; ◇ он ~ец Москвы́ er ist ein gebürtiger Moskauer; ◇ она́ ~ка э́той ме́стности sie stammt aus dieser Gegend

уро́к *м₁* ⟨-а⟩ **1** (*в школе*) Stunde *f,* Unterrichtsstunde *f;* ◇ учи́тель ведёт ~ матема́тики der Lehrer gibt Matheunterricht; ◇ звоно́к на ~ Klingelzeichen (nach der Pause) *n;* (*раздел учебника*) Lektion *f;* ◇ вы́учить ~ eine Lektion lernen **2** (*работа на дом*) Hausaufgabe *f;* ◇ зада́ть ~и Hausaufgaben aufgeben **3** (*преподавание*) Unterricht *m;* ◇ ча́стный ~ Privatunterricht; ◇ брать ~и Unterricht nehmen **4** *перен* (*нечто поучительное*) Lehre *f,* Lektion *f;* ◇ суро́вый ~ eine bittere Lehre; ◇ изв́ле́чь ~ eine Lehre ziehen; ◇ получи́ть хоро́ший ~ Lehrgeld zahlen; ◇ э́то бу́дет тебе́ ~ом das wird dir eine Lehre sein

уро́н *м₁* ⟨-а⟩ *устр* (*ущерб*) Schaden *m;* ◇ нанести́ ~ кому́-л jd-m Schaden zufügen; ◇ терпе́ть ~ от кого́-л durch jd-n einen Schaden erleiden

урч|а́ть* *несов* ⟨-чу́, -чи́шь⟩ *без доп* **1** knurren; (*о кошке*) schnurren; (*звук двигателя*) brummen **2** *безл* (*бурчать*) ◇ у меня́ в животе́ ~и́т mein Magen knurrt

урю́к *м₁* ⟨-а⟩ gedörrte Aprikosen

уса́дьба *ж₁* ⟨-ы, род мн.:-деб⟩ **1** (*дом с угодьями*) Hof *m,* Gehöft *n;* ◇ крестья́нская ~ Bauernhof; ◇ поме́щичья ~ Gut *n,* Gutshof *m* **2** (*участок*) Grundstück *n;* ◇ в дере́вне у неё дом и ~ im Dorf hat sie ein Haus mit Grundstück

усво́и|ть V₄b *сов* ⟨-о́ю, -о́ишь, *Itr.* -о́й, ~те⟩ [усва́ивать V₁a *несов*] *что вин* **1** (*воспринять*) sich aneignen, übernehmen; ◇ ~ть но́вый обы́чай eine neue Sitte übernehmen; ◇ ~ть себе́ привы́чку sich etw angewöhnen **2** (*выучить*) (er-)lernen, sich einprägen, begreifen; ◇ ученики́ хорошо́ ~ли уро́к die Schüler beherrschen den Stoff gut **3** (*переработать в себе*) verdauen, vertragen

усе́рдный *прил* ⟨-ая, -ое, -ые⟩ eifrig; (*прилежный*) fleißig

уси́дчивость *ж₅* ⟨-и⟩ Ausdauer *f,* Beharrlichkeit *f;* ◇ ей не хвата́ет ~и sie hat kein Sitzfleisch

усиле́ние *с₄* ⟨-я⟩ Verstärkung *f;* (*обострение*) Verschärfung *f;* (*повышение*) Steigerung *f*

уси́ли|е *с₄* ⟨-я⟩ **1** (*напряжение*) Bemühung *f,* Anstrengung *f;* (*расход силы*) Kraftaufwand *m;* ◇ объединёнными ~ями mit vereinten Kräften; ◇ приложи́ть все ~я к чему́-л alles daransetzen, um etw zu erreichen; ◇ сде́лать ~е над собо́й sich überwinden; ◇ с ~ем подня́ться mit Mühe aufstehen **2** *тех, физ* Kraft *f;* (*нагрузка*) Last *f;* ◇ тя́говое ~е Zugkraft

уси́л|ить V₄b *сов* ⟨-лю, -лишь⟩ [уси́ливать V₁a *несов*] *что вин* verstärken; (*обострить*) verschärfen; (*повысить*) erhöhen; ◇ ~ аргумента́цию stärkere Argumente anführen

уско́р|ить V₄b *сов* ⟨-рю, -ришь⟩ [ускоря́ть V₁b *несов*] *что вин* (*убыстрить*) beschleunigen, forcieren; ◇ ~ разви́тие произво́дства die Produktionsentwicklung forcieren

усло́ви|е *с₄* ⟨-я⟩ **1** (*предпосылка*) Bedingung *f,* Voraussetzung *f,* Kondition *f;* ◇ предвари́тельное ~е Vorbedingung *f;* ◇ ~я переми́рия Bedingungen für einen Waffenstillstand; ◇ ста́вить ~ем zur Bedingung machen; ◇ при ~и unter der Voraussetzung, vorbehaltlich; ◇ с ~ем unter der Bedingung **2** (*соглашение*) Vereinbarung *f,* Abmachung *f;* ◇ вы́полнить ~е sich an die Vereinbarung halten; ◇ нару́шить ~е gegen die Abmachung verstoßen **3** ◇ ~я *мн* (*правила*) Bestimmungen *f pl;* ◇ ~я прожива́ния в общежи́тии Hausordnung des Wohnheims **4** ◇ ~я *мн* (*обстановка*) Verhältnisse *n pl,* Umstände *m pl;* ◇ жили́щные ~я Wohnverhältnisse; ◇ хоро́шие ~я для рабо́ты gute Arbeitsbedingungen; ◇ ~я пого́ды Wetterverhältnisse; ◇ в благоприя́тных ~ях unter günstigen Umständen; усло́виться V₄b сов ‹-влюсь, -вишься› [усло́вливаться V_{1a} несов] с кем-чем тв о чём предл vereinbaren, übereinkommen; (договори́ться) abmachen, verabreden; усло́вный прил ‹-ая, -ое, -ые› ① (заранее условленный) vereinbart, verabredet, abgemacht; ◇ ~ый а́дрес Deckadresse f ② (ограниченный) bedingt; ◇~ый пригово́р Bewährungsstrafe f; ◇~ое согла́сие bedingte Zustimmung ③ (воображаемый) imaginär; ◇~ая ли́ния gedachte Linie; ◇~ые обозначе́ния Zeichen n pl, Legende f ④ грам konditional, Konditional-; ◇~ое предложе́ние Konditionalsatz m

услу́га ж₁ ‹-и› ① (действие) Dienst m; (любезность) Gefälligkeit f; ◇ медве́жья ~а Bärendienst; ◇ оказа́ть ~у кому́-л jd-m einen Gefallen tun; ◇ предложи́ть свои́ ~и seine Dienste anbieten ② ◇~и мн (бытовые удобства) Dienstleistungen f pl; ◇ к Ва́шим ~ам zu Ihren Diensten

услу́жливый прил ‹-ая, -ое, -ые› diensteifrig, dienstfertig, gefällig

усме́шка ж₁ ‹-и, род мн:-шек› spöttisches, ironisches Lächeln; ◇ на его́ лице́ мелькну́ла ~ über sein Gesicht huschte ein spöttisches Lächeln

усмири́ть V_{4a} сов ‹-рю́, -ри́шь› [усмиря́ть V_{1b} несов] кого́-что вин ① (сделать смирным, укротить) bändigen, zähmen, besänftigen; ◇ ~ зве́ря ein Tier bändigen; ◇ ~ крикуно́в die Schreihälse besänftigen; перен ◇ ~ стра́стные жела́ния seine Begierden zähmen ② (подавить) unterdrücken, niederschlagen

усоверше́нствование c₄ ‹-я› ① (повышение профессионального уровня) Weiterbildung f ② тех (изменение) Verbesserung f, Weiterentwicklung f

успева́емость ж₅ ‹-и› (в школе) schulische Leistungen n pl, Leistungsstand m; ◇ повы́сить ~ die Leistung steigern

успе́ть V_5 сов ‹-е́ю, -е́ешь› [успева́ть V_{1a} несов] к чему дат или на что вин schaffen, rechtzeitig kommen; ◇ он ~л сходи́ть в библиоте́ку er schaffte es noch, in die Bibliothek zu gehen; перен ◇ я не ~л огляну́ться, как ehe ich mich versah...

успе́х м₁ ‹-а› ① (удача) Erfolg m, Gelingen n; ◇ доби́ться ~а Erfolg haben; ◇ жела́ю тебе́ ~а! gutes Gelingen!, viel Erfolg!; ◇ шу́мный ~ кинопремье́ры stürmischer Erfolg der Filmpremiere; ◇ по́льзоваться ~ом Erfolg haben; ◇ с ~ом erfolgreich ② ◇~и мн (достижение) Leistungen f pl, Fortschritte m pl; (результат) Ergebnisse n pl; ◇ ~и в му́зыке musikalische Leistungen; ◇ с тем же ~ом mit dem gleichen Ergebnis; успе́шно нареч erfolgreich, mit (gutem) Erfolg; ◇ дела́ иду́т ~ die Geschäfte laufen gut; ◇ спра́виться с рабо́той gut mit der Arbeit fertig werden; успе́шный прил ‹-ая, -ое, -ые› erfolgreich, (удачный) gelungen

успока́ивание кого́-либо

Du wirst sehen, das klappt schon.
Вот уви́дишь, всё полу́чится.
Keine Sorge, sie kommt bestimmt wieder.
Не беспоко́йся, она́ обяза́тельно вернётся.
Das ist nicht schlimm.
Это не стра́шно./Это не пробле́ма.
Es wird schon nichts passiert sein.
Наверняка́ ничего́ не случи́лось.
Immer mit der Ruhe, bis jetzt ist alles gut gegangen.
Споко́йно! До сих пор всё шло хорошо́.
Beruhige dich/beruhigen Sie sich!
Успоко́йся!/Успоко́йтесь!

успоко́ить V_{4b} сов ‹-о́ю, -о́ишь, Imp. -о́й, ~те› [успока́ивать V_{1a} несов] кого́-что (1), что вин (2) ① (сделать споко́йным) beruhigen, beschwichtigen; (унять) besänftigen; ◇ ~ свою́ со́весть sein Gewissen beruhigen ② (смягчить) lindern, mildern

уста́в м₁ ‹-а› Satzung f, Statut n; ◇ приня́ть ~ eine Satzung verabschieden

уста́ва́ть V_{1a} ‹ Part. Präs. Akt. устаю́щий› несов от уста́ть

уста́лость ж₅ ‹-и› Müdigkeit f; ◇ кра́йняя ~ь Erschöpfung f; ◇ па́дать от ~и vor Müdigkeit umfallen; уста́лый прил ‹-ая, -ое, -ые› müde, matt; (изнурённый) erschöpft

установи́ть V_{4a} сов‹-влю́, -о́вишь, Part. Prät. Pass. -о́вленный› [устана́вливать V_{1a} несов] что вин ① тех (смонти́ровать) montieren, aufstellen, einbauen; (настроить) einstellen; ◇ ~ прибо́ры Geräte einstellen ② (определить) festsetzen, festlegen, bestimmen, einführen; ◇ ~ дни о́тдыха die freien Tage festlegen; ◇ ~ но́вое расписа́ние einen neuen Zeitplan aufstellen ③ (осуществить) herstellen, aufnehmen; ◇ ~ дипломати́ческие отноше́ния diplomatische Beziehungen aufnehmen; ◇ ~ связь с кем-л mit jd-m Kontakt aufnehmen ④ (обнаружить) feststellen, konstatieren

устано́вка ж₁ ‹-и, род мн:-вок› ① (размещение) Aufstellen n, Aufstellung f ② тех (монтаж) Montage f, Installation f; (настройка) Einstellung f ③ (механизм) Anlage f; ◇ заводска́я ~ Fabrikanlagen ④ (цель) Zielsetzung f, Einstellung f; (директива) Richtlinie f, Weisung f; ◇ дать ~у Weisung erteilen

уста́ть* сов ‹-а́ну, -а́нешь› [устава́ть V_{1a} несов] без доп müde werden, ermüden; ◇ я ~л ждать ich habe keine Lust mehr zu warten; она́ ~ла с доро́ги sie ist müde von der Reise

у́стн|ый *прил* <-ая, -ое, -ые> mündlich; ◇ ~ое преда́ние mündliche Überlieferung; ◇ **в ~ой бесе́де** im Gespräch

усто́й m_3 <-я> **1** (*опора сооружения*) Pfeiler *m;* ◇ **мостовы́е ~и** Brückenpfeiler *m pl* **2** ◇ **~и мн перен** (*начала*) Grundsätze *m pl,* Prinzipien *n pl,* Werte *m pl;* ◇ **обще́ственные ~и** gesellschaftliche Normen

усто́йчив|ый *прил* <-ая, -ое, -ые> **1** (*стабильный*) fest, stabil; ◇ **~ый плот** stabiles Floß **2** (*постоянный*) (stand-) fest, dauerhaft, stabil; ◇ **~ая валю́та** stabile Währung

устоя́ть V_{1b} *сов, kein Imp.* <-ою́, -ои́шь> *без доп* **1** (*удержаться*) das Gleichgewicht halten, stehenbleiben **2** *перен* (*не поддаться*) widerstehen, standhalten; ◇ ~ **пе́ред испыта́нием** eine Bewährungsprobe bestehen; ◇ ~ **пе́ред искуше́нием** der Versuchung widerstehen

устра́ивать V_{1a} *несов от* **устро́ить**

устрани́ть V_{4a} *сов* <-ню́, -ни́шь> [**устраня́ть** V_{1b} *несов*] *кого-что вин* **1** (*удалить*) beseitigen, wegräumen, entfernen; ◇ ~ **препя́тствие** ein Hindernis aus dem Weg räumen **2** (*уволить*) entlassen, entbinden; ◇ ~ **от до́лжности** des Amtes entheben

устремлённость $ж_5$ <-и> (*тенденция*) Neigung *f,* Tendenz *f;* (*целеустремлённость*) Zielstrebigkeit *f*

у́стрица $ж_1$ <-ы> *зоол* Auster *f*

устро́ить V_{4b} *сов* <-о́ю, -о́ишь, *Imp.* -о́й, -те> [**устра́ивать** V_{1a} *несов*] *что вин (1-3), кого-что вин (4, 5)* **1** (*организовать*) organisieren, veranstalten; ◇ ~ **конце́рт** ein Konzert veranstalten; ◇ ~ **биле́ты на премье́ру** Karten für die Premiere besorgen **2** (*учинить*) veranstalten, bereiten; ◇ ~ **неприя́тности кому́-л** jd-m Unannehmlichkeiten bereiten; ◇ ~ **перепо́лох** einen Tumult veranstalten **3** (*установить порядок*) regeln, einrichten, in Ordnung bringen; ◇ ~ **свои́ дела́** seine Angelegenheiten regeln; ◇ ~ **жизнь по-но́вому** sein Leben neugestalten **4** (*определить куда-л*) unterbringen, anstellen; ◇ ~ **кого́-л на заво́д** jd-m in einer Fabrik eine Stelle besorgen **5** (*оказаться подходящим для кого-л*) passen, recht sein; ◇ **тако́е реше́ние меня́ не устро́ит** diese Lösung passt mir nicht; ◇ **э́то Вас устро́ит?** ist Ihnen das recht?

устро́йств|о c_2 <-а> **1** (*действие*) Einrichtung *f,* Veranstaltung *f,* Organisierung *f* **2** (*приведение в порядок*) Regelung *f* **3** (*структура*) Aufbau *m,* Ordnung *f,* Struktur *f;* ◇ **обще́ственное ~о** Gesellschaftsordnung **4** (*механизм, машина*) Gerät *n,* Einrichtung *f;* ◇ **реша́ющее ~о** Rechner *m;* ◇ **прибо́р сло́жного ~а** kompliziertes Gerät

уступа́ть V_{4a} *сов* <-плю́, -у́пишь, *Part. Prät. Pass.* -у́пленный> [**уступа́ть** V_{1a} *несов*] *кого-что вин кому-чему дат (1), кому-чему дат в чём предл (2, 3), что*

вин (4) **1** (*отказаться в пользу другого*) abtreten, überlassen; ◇ ~ **доро́гу** den Weg frei machen; ◇ ~ **ме́сто стару́шке** einer alten Frau seinen Platz überlassen; *тж перен* ~ **свои́ пози́ции** von seinem Standpunkt abrücken **2** (*согласиться*) nachgeben, klein beigeben; ◇ ~ **в спо́ре** im Streit nachgeben **3** (*не выдержать сравнения*) nachstehen; ◇ **на́ше о́зеро не усту́пит настоя́щему мо́рю** unser See steht dem Meer in nichts nach **4** (*продать дешевле*) (vom Preis) ablassen

усту́п|ка $ж_1$ <-и, *род мн:*-пок> **1** (*добровольный отказ в пользу другого*) Entgegenkommen *n,* Zugeständnis *n;* ◇ **пойти́ на ~ки** nachgeben, Zugeständnisse machen **2** *перен* (*компромиссное решение*) Kompromiss *m;* ◇ **он не де́лает никаки́х ~ок про́тив свои́х убежде́ний** er geht keine Kompromisse gegen seine Überzeugungen ein **3** (*скидка*) Preisnachlass *m;* ◇ **прода́ть с ~кой** mit einer Ermäßigung verkaufen

у́стье c_5 <-ья, *род мн:* -ьев> **1** (*место впадения реки*) Mündung *f* **2** (*выход*) Öffnung *f,* Ausgang *m*

усы́ $мн_1$ <-о́в> Schnurrbart *m;* ◇ **отпусти́ть** ~ sich einen Schnurrbart wachsen lassen; ◇ **у него́ пробива́ются** ~ er bekommt einen Schnurrbart

усынови́ть V_{4g} *сов* <-влю́, -ви́шь, *Part. Prät. Pass.* -влённый> [**усыновля́ть** V_{1b} *несов*] *кого-что вин* adoptieren; ◇ ~ **сироту́** ein Waisenkind adoptieren

усыпи́ть V_{4a} *сов* <-плю́, -пи́шь, *Part. Prät. Pass.* -плённый> [**усыпля́ть** V_{1b} *несов*] *кого-что вин* **1** (*заставить уснуть*) betäuben, eine Narkose geben; ◇ ~ **больно́го пе́ред опера́цией** dem Patienten vor der Operation eine Narkose geben **2** (*умертвить*) einschläfern; ◇ ~ **больну́ю соба́ку** einen kranken Hund einschläfern **3** (*довести до полусонного состояния*) einschläfern; ◇ ~ **моното́нным чте́нием** durch monotones Lesen einschläfern **4** *перен* (*ослабить*) mindern, abschwächen

у́тварь $ж_5$ <-и> Gerät *n;* (*посуда*) Geschirr *n;* ◇ **дома́шняя** ~ Haushaltsgegenstände *m pl;* ◇ **ку́хонная** ~ Küchengeräte *n pl*

утверди́тельный *прил* <-ая, -ое, -ые> bejahend, zustimmend, bekräftigend; ◇ ~ **отве́т** Bejahung *f;* **утверди́ть** V_{4a} *сов* <-ржу́, -ди́шь, *Part. Prät. Pass.* -ждённый> [**утвержда́ть** V_{1a} *несов*] *кого-что вин (1), что вин (2), кого-что вин в чём предл (3)* **1** (*оформить*) bestätigen, verabschieden; ◇ ~ **в до́лжности** im Amt bestätigen **2** (*укрепить*) befestigen, stärken; ◇ ~ **сва́и** die Pfeiler befestigen **3** (*уверить*) bestärken, bekräftigen; **утвержде́ние** c_4 <-я> **1** (*принятие чего-л*) Bestätigung *f;* (*укрепление*) Bekräftigung *f* **2** (*высказывание*) Behauptung *f*; (*констатация*) Feststellung *f*; ◇ **ошибочное** ~ falsche Behauptung

утёнок *m₁* ‹-нка, *мн*: утя́та, *род*: утя́т, *дат*: утя́там› Entlein *n*, Entenküken *n*; ◇ **га́дкий** ~ das hässliche Entlein

утёс *m₁* ‹-а› Felsen *m*; (*береговой*) Klippe *f*; ◇ **стоя́ть как** ~ der Fels in der Brandung sein

уте́чка *ж₁* ‹-и› ① (*вытекание*) Ausfließen *n*; (*просачивание*) Sickern *n*; (*газа*) Entweichen *n*, Ausströmen ② (*убыль*) Verlust *m*; эк Abwandern *n*; ◇ ~ **капита́ла** Kapitalflucht *f*

утешение

Mach dir nichts daraus.
Не придава́й э́тому значе́ния.
Das wird schon wieder werden.
Всё ула́дится.
Kopf hoch!
Вы́ше го́лову!
Lass den Kopf nicht hängen!
Не па́дай ду́хом.
Nimm es nicht so schwer!
Не принима́й э́то бли́зко к се́рдцу.

уте́шить V₄ᵦ *сов* ‹-шу, -шишь› [**утеша́ть** V₁ₐ *несов*] *кого-что* trösten; ◇ ~ **хоро́шей но́востью** mit einer guten Nachricht trösten

ути́ль *m₂* ‹-я› Altmaterial *n*; ◇ сдать **что-л в** ~ etw in der Altstoffsammelstelle abgeben

утихоми́рить V₄ᵦ *сов* ‹-рю, -ришь› [**утихоми́ривать** V₁ₐ *несов*] *кого-что вин* beschwichtigen, besänftigen

у́тка *ж₁* ‹-и, *род мн*: -ток› ① (*птица*) Ente *f*; ◇ **ди́кие** ~**и** Wildenten ② *разг* (*ложный слух*) Falschmeldung *f*, Ente *f*; ◇ **пусти́ть** ~**у** eine Ente in die Welt setzen

утоли́ть V₄ₐ *сов* ‹-лю́, -ли́шь› [**утоля́ть** V₁ᵦ *несов*] *что вин* (*удовлетворить*) stillen, befriedigen; ◇ ~ **го́лод** den Hunger stillen; ◇ ~ **жа́жду** den Durst löschen

утоми́тельный *прил* ‹-ая, -ое, -ые› ermüdend, anstrengend; **утоми́ть** V₄ₐ *сов* ‹-млю́, -ми́шь, *Part. Prät. Pass.* -млённый› [**утомля́ть** V₁ᵦ *несов*] *кого-что вин* ermüden, anstrengen; (*изнурить*) ◇ ~ **глаза́** die Augen überanstrengen; (*изнурить*) erschöpfen; ◇ ~ **кого-л разгово́ром** jd-n durch ein Gespräch ermüden

утону́ть *см.* тону́ть

уто́пия *ж₄* ‹-ии› Utopie *f*

уто́пленник *m₁* ‹-а› Ertrunkener *m*

уточне́ни|е *ж₄* ‹-я› Präzisierung *f*; (*поправка*) Berichtigung *f*, Korrektur *f*; ◇ **внести́** ~**я в прое́кт** Korrekturen im Entwurf vornehmen; **уточни́ть** V₄ₐ *сов* ‹-ню́, -ни́шь› [**уточня́ть** V₁ᵦ *несов*] präzisieren; (*исправить*) berichtigen; ◇ ~ **све́дения** die Angaben genauer bestimmen

утра́т|а *ж₁* ‹-ы› Verlust *m*, Einbuße *f*; ◇ **понести́ тяжёлую** ~**у** einen schweren Verlust erleiden

утре́нн|ий *прил* ‹-яя, -ее, -ие› Morgen-, morgendlich, Früh-, Vormittags-; ◇ ~**яя заря́дка** Morgengymnastik *f*; ◇ ~**яя заря́** Morgenröte *f*; **у́тренник** *m₁* ‹-а› (*спектакль*) Matinee *f*; (*мероприятие*) Vormittagsveranstaltung *f*

у́тро *c₂* ‹-а, с/от/до -а́, к -у, *мн*: -а, по -а́м› Morgen *m*; (*первая половина дня*) Vormittag *m*; ◇ **на сле́дующее** ~**о** am nächsten Morgen; ◇ **под** ~**о** gegen Morgen; ◇ **с са́мого** ~**а́** von früh an; ◇ **в одно́ прекра́сное** ~**о** eines Morgens; ◇ **с** ~**а до́ но́чи** von früh bis spät; ◇ **в семь часо́в** ~**а́** um sieben Uhr morgens; ◇ **наступа́ет** ~**о** der Morgen bricht an; ◇ ~**о ве́чера мудрене́е** man sollte das eine Nacht überschlafen; **у́тром** *нареч* morgens, früh; ◇ **сего́дня** ~ heute morgen

утю́г *m₁* ‹-а́, *мн*: -и́› Bügeleisen *n*

уха́ *ж₁* ‹-и́› Fischsuppe *f*

уха́б *m₁* ‹-а› Schlagloch *n*

уха́живать V₁ₐ *несов* ‹-аю, -аешь› *за кем-чем тв* ① (*заботиться*) pflegen, sorgen (für); ◇ ~ **за ребёнком** für ein Kind sorgen ② (*оказывать внимание женщине*) den Hof machen, sich bemühen (um)

ухищре́ни|е *c₄* ‹-я› (*хитрость*) List *f*; (*уловка*) Kniff *m*; ◇ **прибега́ть к ра́зным** ~**ям** zu verschiedenen Kniffen greifen

ухмыльну́ться V₂ *сов* ‹-ну́сь, -нёшься› [**ухмыля́ться** V₁ᵦ *несов*] *без доп разг* schmunzeln, grinsen

у́хо *c₂* ‹-а, *мн*: у́ши, *род*: -е́й, *дат*: -а́м› ① (*орган слуха*) Ohr *n*; мед ◇ **воспале́ние сре́днего у́ха** Mittelohrentzündung *f*; ◇ **он туг на́** ~ er ist schwerhörig; ◇ **слу́шать что-л кра́ем у́ха** mit halbem Ohr hinhören; ◇ **заткну́ть у́ши** sich die Ohren zuhalten; ◇ **слу́шать во все у́ши** aufmerksam zuhören; *разг* ◇ **он по́ уши в долга́х** er hat sich bis über die Ohren verschuldet; *разг* ◇ **влюби́ться по́ уши** sich bis über beide Ohren verlieben; ◇ **пропуска́ть что-л ми́мо уше́й** etw bewusst überhören; ◇ **держа́ть** ~ **востро́** auf der Hut sein; *разг* ◇ **хло́пать уша́ми** etw verschlafen ② *перен* (*способность слышать*) Gehör *n*; ◇ **чу́ткое** ~ **музыка́нта** feines Gehör des Musikers ③ (*ушко*) Öse *f* ④ (*у ша́пки*) Ohrenschützer *m*

ухо́д¹ *m₁* ‹-а› Weggehen *n*, Abgang *m*; (*отбытие*) Fortgehen *n*; (*со службы*) Kündigung *f*; (*в отста́вку*) Rücktritt *m*; ◇ **пе́ред са́мым** ~**ом** kurz vor dem Weggehen

ухо́д² *m₁* ‹-а› (*забота*) Pflege *f*, Versorgung *f*; ◇ ~ **за больны́м** Krankenpflege; ◇ **он нужда́ется в** ~**е** er ist pflegebedürftig; ◇ ~ **за цвета́ми** Blumenpflege

уходи́ть V₄ₐ *несов от* уйти́

уху́дшиться V₄ᵦ *сов* ‹-шится, -шатся, 1 и 2 л. не употр› [**ухудша́ться** V₁ₐ *не-*

сов] без доп (по качеству) sich verschlechtern; (*о болезни, состоянии*) sich verschlimmern; (*обостриться*) sich zuspitzen

уцеле́ть V₅ *сов* ⟨-е́ю, -е́ешь⟩ *без доп* unversehrt, heil bleiben; (*остаться в живых*) überleben; ◇ ~ **в бою́** einen Kampf überleben

уча́ствовать V₁ₐ *несов* ⟨-твую, -твуешь, Imp.* -твуй, ~те, *Part. Präs. Akt.* -твующий, *Adv. Part. Präs.* -твуя⟩ *в чём предл* **1** (*принима́ть уча́стие*) teilnehmen, sich beteiligen (an), mitmachen; ◇ ~ **в пре́ниях** an der Diskussion teilnehmen; ◇ ~ **в спекта́кле** bei einem Stück mitspielen **2** (*иметь до́лю в де́ле*) Anteil haben (an); **уча́стие** c₄ ⟨-я⟩ **1** (*совме́стная с кем-л де́ятельность*) Teilnahme f, Beteiligung f; **приня́ть ~ в вы́борах** sich an Wahlen beteiligen; (*сотру́дничество*) Mitarbeit f; (*в спекта́кле*) Mitwirkung f; ◇ **конце́рт с ~м изве́стных арти́стов** ein Konzert unter Mitwirkung bekannter Künstler **2** (*соболе́знование*) Anteilnahme f, Mitgefühl n; (*интере́с*) Interesse m; ◇ **отнести́сь с ~м к чужо́му го́рю** an fremdem Leid Anteil nehmen **3** (*облада́ние до́лей*) Anteil m, Beteiligung f; ◇ ~ **в при́былях** Gewinnanteil m; **уча́стник** м₁ ⟨-а⟩ **1** (*уча́ствующий*) Teilnehmer m; ◇ ~ **вы́ставки** Aussteller m; ◇ **госуда́рства-~и междунаро́дного фо́рума** Teilnehmerstaaten eines internationalen Forums **2** (*в до́ле*) Teilhaber m, Partner m; **уча́стница** ж₂ ⟨-ы⟩ Teilnehmerin f

уча́сток м₁ ⟨-тка, *мн:* -тки⟩ **1** (*отре́зок*) Abschnitt m, Strecke f; ◇ ~ **тра́ссы** Teilstrecke; ◇ **железнодоро́жный ~** Streckenabschnitt m **2** (*часть пло́щади*) Grundstück n, Parzelle f **3** (*администрати́вно-территориа́льное подразделе́ние*) Revier n, Bezirk m; ◇ **избира́тельный ~** Wahlbezirk m; ◇ **полице́йский ~** Polizeirevier n **4** *воен* (Front-)Abschnitt m, Bereich m **5** *перен* (*о́трасль де́ятельности*) Arbeitsbereich m

у́часть ж₅ ⟨-и⟩ Los n, Schicksal n; ◇ **го́рькая ~** bitteres Los; ◇ **раздели́ть чью-л ~** jd-s Los teilen

уча́щийся м (A₂) ⟨-егося⟩ (*шко́льник*) Schüler m; (*студе́нт*) Studierende m, Student m

учёб|а ж₁ ⟨-ы⟩ Lernen n; (*в ву́зе*) Studium n; (*профессиона́льная*) Ausbildung f; ◇ **го́ды ~ы** Ausbildungsjahre; ◇ **взя́ться за ~у** sich ans Lernen machen; ◇ **за ~ой** beim Lernen

уче́бник м₁ ⟨-а⟩ Lehrbuch n; ◇ ~ **ру́сского языка́** Russischlehrbuch m; **уче́бн|ый** *прил* ⟨-ая, -ое, -ые⟩ Lehr-, Unterrichts-, Ausbildungs-, Schul-; ◇ ~**ый год** Schuljahr n; ◇ ~**ый план** Lehrplan m; ◇ ~**ое посо́бие** Lehrmittel n; ◇ ~**ый предме́т** (Schul-)Fach n; ◇ ~**ый полиго́н** Übungsplatz m; **уче́ни|е** c₄ ⟨-я⟩ **1** (*учёба*) Ler

nen n; (*изуче́ние*) Studium n; (*обуче́ние профе́ссии*) Ausbildung f; ◇ **ко́нчить ~е** eine Ausbildung beenden **2** (*тео́рия*) Lehre f; ◇ **филосо́фские ~я** philosophische Lehren **3** *мн воен* Manöver n; **учени́к** м₁ ⟨-а́, *мн:*-и́⟩ **1** (*в шко́ле*) Schüler m **2** (*на произво́дстве*) Auszubildender m, Lehrling m; ◇ ~ **сле́саря** Schlosserlehrling **3** (*после́дователь*) Schüler m, Anhänger m; **учени́ца** ж₂ ⟨-ы⟩ Schülerin f, Lehrling m; **учён|ый I.** *прил* ⟨-ая, -ое, -ые⟩ **1** (*образо́ванный*) gebildet, gelehrt **2** (*относя́щийся к нау́ке*) wissenschaftlich, akademisch; ◇ ~**ое зва́ние** Professorentitel m; ◇ ~**ая сте́пень** akademischer Grad **3** (*дрессиро́ванный*) abgerichtet, dressiert **II.** м (A₂) ⟨-ого⟩ Wissenschaftler m, Gelehrte m; (*о же́нщине*) Wissenschaftlerin f

уче́сть* *сов* ⟨учту́, учтёшь⟩ [**учи́тывать** V₁ₐ *несов*] *кого-что вин* **1** (*произвести́ учёт*) berechnen, kalkulieren, registrieren; ◇ ~ **расхо́ды** die Ausgaben berechnen; ◇ ~ **това́ры** Inventur machen **2** (*приня́ть во внима́ние*) berücksichtigen, in Betracht ziehen; ◇ ~ **пре́жний о́пыт** die bisherigen Erfahrungen berücksichtigen

учёт м₁ ⟨-а⟩ **1** (*инвентариза́ция*) Verrechnung f, Inventur f, Statistik f; ◇ **бухга́лтерский ~** Buchführung f; ◇ ~ **населе́ния** Bevölkerungsstatistik f; ◇ **магази́н закры́т на ~** das Geschäft ist wegen Inventur geschlossen; ◇ **вести́ ~** Buch führen **2** (*регистра́ция*) Registrierung f, Anmeldung f; ◇ **взять на ~** registrieren; ◇ **поста́вить на ~** anmelden; ◇ **встать на ~** sich anmelden; ◇ **сня́ть(ся) с ~а** (sich) abmelden **3** (*приня́тие во внима́ние*) Berücksichtigung f; ◇ **без ~а чего́-л** ohne etw einzukalkulieren; ◇ **с учётом чего́-л** unter Berücksichtigung von etw

учи́лище c₃ ⟨-а⟩ (*уче́бное заведе́ние*) Lehranstalt f; ◇ **педагоги́ческое ~** pädagogische Fachschule; **учи́тель** м₂ ⟨-я, *мн:* -ля́⟩ **1** (*преподава́тель*) Lehrer m; ◇ ~**ь матема́тики** Mathematiklehrer **2** (*глава́ уче́ния*) Lehrmeister m; ◇ **вели́кие ~я-фило́софы** große Lehrmeister der Philosophie; **учи́тельница** ж₂ ⟨-ы⟩ Lehrerin f

учи́тывать V₁ₐ *несов от* **уче́сть**

учи́ть V₄ₐ *несов* ⟨учу́, у́чишь, *Part. Prät. Pass.* у́ченный⟩ [**вы́-, на-** *сов*] *кого-что вин чему дат или с инф (1, 2), что вин (3, 4)* **1** (*передава́ть зна́ния*) unterrichten, lehren, beibringen; ◇ ~ **ру́сскому языку́** Russisch unterrichten; ◇ ~ **игра́ть в ша́хматы** das Schachspielen beibringen **2** *перен* (*наставля́ть*) in etw unterweisen, lehren; ◇ ~ **любви́ ко всему́ живо́му** Liebe zu allen Lebewesen lehren **3** (*изуча́ть*) lernen; ◇ ~ **иностра́нные языки́** Fremdsprachen lernen **4** (*усва́ивать*) einprägen, sich aneignen, einstudieren; ◇ ~ **сти́-**

хи́ наизу́сть Gedichte auswendig lernen; **учи́ться** *несов* ⟨учу́сь, у́чишься⟩ [**вы́~, на~** *сов*] *чему дат или с инф* lernen; (*в вузе*) studieren; (*ремеслу*) eine Ausbildung machen

учреди́тель M_2 ⟨-я⟩ Gründer *m*, Stifter *m*; **учреди́ть** V_{4a} *сов* ⟨-ежу́, -ди́шь, *Part. Prät. Pass.* -ежде́нный⟩ [**учрежда́ть** V_{1a} *несов*] *что вин* gründen, stiften; (*создать*) schaffen; **учрежде́ние** c_4 ⟨-я⟩ **1** (*действие*) Gründung *f*, Stiftung *f*, Organisation *f* **2** (*организация, заведение*) Einrichtung *f*, Institution *f*, Behörde *f*, Amt *n*, Dienststelle *f*; (*контора*) Büro *n*

уша́нка *ж₁* ⟨-и⟩ (*warme Mütze mit Ohrenschützern*)

уши́б M_1 ⟨-а⟩ Prellung *f*; (*удар*) Schlag *m*; (*повреждение*) Verletzung *f*

уще́лье c_5 ⟨-я⟩ Schlucht *f*, Kluft *f*; ◇ **го́рное** ~ Bergschlucht

ущеми́ть V_{4a} *сов* ⟨-млю́, -ми́шь, *Part. Prät. Pass.* -млённый⟩ [**ущемля́ть** V_{1b} *несов*] *кого-что вин* **1** (*защемить*) (ein-)klemmen; ◇ ~ **па́лец две́рью** sich den Finger in der Tür einklemmen **2** *перен* (*ограничить*) schmälern, einschränken; ◇ ~ **чьи-л права́** jds Rechte einschränken **3** *перен* (*обидеть*) verletzen, kränken; ◇ ~**чьё-л самолю́бие** jd-s Eitelkeit verletzen

уще́рб M_1 ⟨-а⟩ Schaden *m*, Verlust *m*, Nachteil *m*; ◇ **без** ~**а** unbeschadet; ◇ **нанести́** [**причини́ть**] ~ **кому́-л** jd-m Schaden zufügen; ◇ **де́йствовать в** ~ **други́м** etw zu jd-s Schaden tun

ущипну́ть *см.* щипа́ть

ую́т M_1 ⟨-а⟩ Gemütlichkeit *f*, Behaglichkeit *f*; ◇ **созда́ть** ~ **в кварти́ре** die Wohnung gemütlich einrichten; **ую́тный** *прил* ⟨-ая, -ое, -ые⟩ gemütlich, behaglich, wohnlich; ◇ **я чу́вствую себя́** ~**о** ich fühle mich wohl

уязви́мый *прил* ⟨-ая, -ое, -ые⟩ **1** (*такой, которого легко обидеть*) verwundbar, verletzlich; (*чувствительный*) empfindlich; ◇ ~**ое самолю́бие** verletzliche Eitelkeit; *перен* (*спорный*) anfechtbar **2** (*слабый*) schwach, ungeschützt; **уязви́ть** V_{4a} *сов* ⟨-влю́, -ви́шь, *Part. Prät. Pass.* -лённый⟩ [**уязвля́ть** V_{1b} *несов*] *кого-что вин* kränken, verletzen

ф

фа́брика *ж₁* ⟨-и⟩ Fabrik *f*; (*предприятие*) Werk *n*; ◇ **тка́цкая** ~ Weberei *f*; **пряди́льная** ~ Spinnerei *f*

фа́за *ж₁* ⟨-ы⟩ **1** (*стадия*) Phase *f*; *астр* ◇ **пе́рвая** ~**а луны́** erste Mondphase; ◇

вступи́ть в но́вую ~**у разви́тия** in ein neues Entwicklungsstadium eintreten **2** *эл* Phase *f*

фа́кел M_1 ⟨-а⟩ Fackel *f*

факт M_1 ⟨-а⟩ Tatsache *f*; ◇ **доказа́ть на** ~**ах** faktisch belegen; ◇ **изложи́ть** ~**ы** die Fakten darlegen; ◇ **поста́вить пе́ред** ~**ом** vor eine Tatsache stellen; ◇ **счита́ться с** ~**ами** den Tatsachen Rechnung tragen; ◇ **э́то** ~, **что...** es ist eine Tatsache, dass; ◇ ~**ы – упря́мая вещь** an Tatsachen lässt sich nicht rütteln; ◇ ~**ы говоря́т са́ми за себя́** die Fakten sprechen für sich; **факти́ческий** *прил* ⟨-ая, -ое, -ие⟩ tatsächlich; (*действительный*) wirklich; ◇ ~**ое положе́ние дел** tatsächlicher Stand der Dinge

фа́ктор M_1 ⟨-а⟩ Faktor *m*; ◇ **вне́шний** ~ äußerer Faktor; ◇ ~ **вре́мени** Zeitfaktor

факульте́т M_1 ⟨-а⟩ Fakultät *f*; ◇ **подготови́тельный** ~ (*Vorbereitungskurs für die Aufnahmeprüfung an der Universität*); ◇ **учи́ться на юриди́ческом** ~**е** Jura studieren

фальсифика́ция *ж₄* ⟨-ии⟩ Fälschung *f*, Verfälschung *f*; **фальсифици́ровать** V_{3a} *несов и сов* ⟨-рую, -руешь⟩ *что вин* (ver-)fälschen; ◇ ~ **исто́рию** die Geschichte verfälschen

фальши́вить V_{4b} *несов* ⟨-влю, -вишь⟩ [**с~** *сов*] *без доп* **1** (*не в тон петь или играть*) falsch singen, falsch spielen **2** (*лицемерить*) heucheln, unaufrichtig sein; **фальши́вка** *ж₁* ⟨-и, *род мн:* -вок⟩ *разг* Fälschung *f*, gefälschtes Dokument; **фальши́вый** *прил* ⟨-ая, -ое, -ые⟩ **1** (*поддельный*) falsch, gefälscht; ◇ ~**ые драгоце́нности** unechter Schmuck **2** (*неестественный*) künstlich, unnatürlich **3** (*лицемерный*) heuchlerisch, falsch; ◇ **в его́ слова́х звучи́т** ~**я но́та** seine Worte klingen verlogen; (*коварный*) hinterlistig

 фами́лия

Die Übersetzung dieses Wortes lautet keinesfalls „Familie", sondern „Nach-, Familienname". Die Frage „Как Ва́ша фами́лия?" bedeutet also: „Wie heißen Sie (mit Nachnamen)?", und „у него́ необы́чная фами́лия" ist als „er hat einen ungewöhnlichen Nachnamen" zu verstehen. „Familie" wird dagegen im Russischen mit семья́ wiedergegeben. Der Satz „у меня́ прекра́сная семья́" heißt auf Deutsch: „Ich habe eine wunderbare Familie."

фами́лия *ж₄* ⟨-ии⟩ **1** (*наименование*) Nachname *m*, Familienname *m*; ◇ **де́вичья** ~ Mädchenname *m*; ◇ **как Ва́ша** ~? wie heißen Sie? **2** (*род*) Geschlecht *n*; ◇ **стари́нная** ~ altes Geschlecht

фанати́зм $м_1$ ‹-а› Fanatismus m
фане́ра $ж_1$ ‹-ы› Furnier n, Furnierholz n;
◇ **клеёная** ~ Sperrholz n
фанта́зия $ж_4$ ‹-ии› **1** (*воображение*)
Fantasie f, Einbildungskraft f **2** (*мечта*)
Traum m; ◇ **предава́ться ~м** fantasieren
3 (*нечто несбыточное*) Hirngespinst n,
Luftschloss n; ◇ **не ве́рить глу́пым ~м**
dummen Hirngespinsten nicht glauben **4**
(*каприз*) Laune f **5** муз Fantasie f; ◇ ~ **на
те́мы ру́сских наро́дных пе́сен** Fantasie zu Themen russischer Volkslieder;
(*импровизация*) Improvisation f
фанта́ст $м_1$ ‹-а› **1** (*человек с фантазией*) Fantast m, Schwärmer m **2** (*писатель*) Fantasy-Autor m; **фантасти́ческий**
прил ‹-ая, -ое, -ие› **1** (*причудливый*)
fantastisch, wunderlich; (*неправдоподобный*) unglaublich **2** (*о литературе*) Fantasy-; ◇ **нау́чно~ рома́н** Sciencefictionroman **3** *разг*(*исключительный*) äußerst,
unmöglich
фа́ра $ж_1$ ‹-а› Scheinwerfer m
фарисе́й $м_3$ ‹-я› Pharisäer m; (*лицемер*)
Heuchler m
фармаце́вт $м_1$ ‹-а› Pharmazeut m
фа́ра $ж_1$ ‹-ы› Scheinwerfer m
фарфо́р $м_1$ ‹-а› Porzellan n
фарш $м_2$ ‹-а› (*измельчённое мясо*)
Hackfleisch n, Gehackte n **2** (*начинка*)
Füllung f; ◇ **капу́стный** ~ Kohlfüllung
фаса́д $м_1$ ‹-а› Fassade f, Vorderfront f;
боково́й ~ Seitenfront f; *перен* ◇ **за ~ом**
hinter den Kulissen; (*лицевая сторона*)
Vorderseite f; (*вид спереди*) Vorderansicht f
фасо́л|ь $ж_1$ ‹-и› Bohne f; ◇ **стручко́вые
~и** Schnittbohnen
фасо́н $м_1$ ‹-а› **1** (*модель*) Schnitt m;
◇ **устаре́вший** ~ altmodischer Schnitt;
(*форма*) Form f **2** *разг* (*манера*) Art f,
Manier f
фата́ $ж_1$ ‹-ы́› Brautschleier m
фата́льн|ый *прил* ‹-ая, -ое, -ые› **1**
(*неотвратимый*) fatal, schicksalhaft **2**
(*роковой*) verhängnisvoll; ◇ ~**ые после́дствия** verhängnisvolle Folgen
фа́уна $ж_1$ ‹-ы› Fauna f, Tierwelt f; ◇ ~
тро́пиков Tropenfauna
фаши́зм $м_1$ ‹-а› Faschismus m; **фаши́ст**
$м_1$ ‹-а› Faschist m
фая́нс $м_1$ ‹-а› Steingut n
февра́ль $м_2$ ‹-я́, мн: ли́› Februar m
федера́льный *прил* ‹-ая, -ое, -ые› föderal, Bundes-; ◇ ~ **ка́нцлер** Bundeskanzler
m; **федерати́вный** *прил* ‹-ая, -ое, -ые›
föderativ, Föderativ-, Bundes-; ◇ **госуда́рство** Bundesstaat m; ◇ **Федерати́вная Респу́блика Герма́нии** Bundesrepublik Deutschland; **федера́ция** $ж_4$ ‹-ии›
1 (*союзное государство*) Föderation f; ◇
Росси́йская ~ Russische Föderation **2**
(*союз*) Bund m
фейерве́рк $м_1$ ‹-а› Feuerwerk n; ◇
устро́ить ~ ein Feuerwerk veranstalten

 фельето́н

Ein фельето́н ist im Russischen „eine
Glosse", „ein satirischer Zeitungsbeitrag zu einem aktuellen Thema" und
nicht „der Kulturteil einer Zeitung."
Das klassische Feuilleton mit Kritiken, Essays und Kurzgeschichten
bezeichnet man im Russischen als
литерату́рный отде́л газе́ты. „Эти но́вости я узна́л из литерату́рного отде́ла газе́ты 'Пра́вда'" bedeutet so viel
wie „das habe ich vor kurzem im
Feuilleton der 'Prawda' gelesen".

фельето́н $м_1$ ‹-а› (*в газете*) Glosse f
фено́мен $м_1$ ‹-а› **1** (*явление*) Phänomen n; (*чудо*) Wunder n **2** (*о человеке*)
Phänomen n; **феномена́льный** *прил*
‹-ая, -ое, -ые› phänomenal, außergewöhnlich; (*необычный*) ungewöhnlich; ◇ ~**ая
па́мять** phänomenales Gedächtnis
феода́льн|ый *прил* ‹-ая, -ое, -ые› feudal,
Feudal-; ◇ ~**ые поря́дки** Feudalsystem n;
перен ◇ ~**ые поря́дки** mittelalterliche
Sitten
ферзь $м_2$ ‹-я́, мн: -зи́› шахм Dame f,
Königin f
фе́рма¹ $ж_1$ ‹-ы› **1** с.-х. Viehzuchtbetrieb
m **2** (*частное хозяйство*) landwirtschaftlicher Betrieb, Bauernhof m
фе́рма² $ж_1$ ‹-ы› стр (*сооружение*) Träger m; ◇ **стальна́я** ~ Stahlträger
фе́рмер $м_1$ ‹-а› Bauer m, Landwirt m
фестива́ль $м_2$ ‹-я› Festival n, Festspiele n
pl; ◇ **музыка́льный** ~ Musikfestival; ◇
театра́льный ~ Theaterfestspiele
фехтова́льщик $м_1$ ‹-а› Fechter m
фехтова́ние $с_4$ ‹-я› Fechten n
фея $ж_3$ ‹-и› Fee f
фиа́лка $ж_1$ ‹-и, мн: -лок› бот Veilchen n
фиа́ско $с$‹нескл› Fiasko n, Misserfolg m;
◇ **потерпе́ть** ~ ein Fiasko erleiden
фи́г|а $ж_1$ ‹-и› (*плод*) Feige f; (*дерево*)
Feigenbaum m; ◇ **показа́ть ~у кому́-л**
jd-m eine Nase drehen
фигу́р|а $ж_1$ ‹-ы› **1** мат Figur f **2** (*положение при движении*) Figur f; ◇ ~**ы
вы́сшего пилота́жа** Kunstflugfigur **3**
(*изображение человека или животного*) Figur f; ◇ **восково́я ~а** Wachsfigur **4**
(*очертания тела*) Figur f, Statur f; ◇
спорти́вная ~а sportliche Figur **5** *перен*
(*личность*) Figur f, Persönlichkeit f; ◇
подозри́тельная ~а verdächtige Figur **6**
лит Figur f; (*образ*) Gestalt f; **фигура́льный** *прил* ‹-ая, -ое, -ые› figurativ,
bildlich; (*переносный*) übertragen
фигури́рова|ть V_{3a} *несов*‹-рую, -руешь›
без доп **1** (*присутствовать*) erscheinen,
auftreten; ◇ ~**ть на суде́ в ка́честве свиде́теля** vor Gericht als Zeuge erscheinen **2**
(*упоминаться*) auftreten; ◇ **э́тот вопро́с**

не ~л в пове́стке дня diese Frage war nicht auf der Tagesordnung

фигури́ст M_1 <-а> спорт Eiskunstläufer m

фигу́рн|ый *прил* <-ая, -ое, -ые> **1** (*узорный*) Figuren-, mit Figuren verziert; ◇ **~ая резьба́** Schnitzerei f **2** (*испоняемый с фигурами*) Figuren-, Kunst-; ◇ **~ое ката́ние на конька́х** Eiskunstlauf m; ◇ **~ое пла́вание** Kunstschwimmen n

фи́зик M_1 <-а> Physiker m; **фи́зика** $ж_1$ <-и> Physik f; ◇ **прикладна́я** = angewandte Physik; **физи́ческ|ий** *прил* <-ая, -ое, -ие> **1** (*относящийся к работе мыщц*) physisch, körperlich, Körper-; ◇ **~ое наси́лие** physische Gewalt; ◇ **~ая си́ла** Körperkraft f **2** (*относящийся к физике*) physikalisch

физкульту́р|а $ж_1$ <-ы> (= *физическая культура*) Körperkultur f; ◇ **уро́к ~ы** Sportstunde f; **физкульту́рник** M_1 <-а> Sportler m

фикси́ровать V_{3a} *несов и сов* <-рую, -руешь> [**за**~ (1) *сов*] *что вин* [*от-мечать*) fixieren, (schriftlich) festhalten; ◇ **~ что-л в па́мяти** sich etw einprägen; (*устанавливать*) festlegen; ◇ **~ сро́ки** Fristen festlegen **2** (*сосредоточивать*) konzentrieren, fixieren; ◇ **~ свой взгляд на чём-л** etw mit den Augen fixieren; ◇ **~ внима́ние** die Aufmerksamkeit konzentrieren **3** фото fixieren

фикти́вный *прил* <-ая, -ое, -ые> fiktiv, fingiert, Schein-; (*вымышленный*) erfunden; (*притворный*) simuliert; ◇ **~ брак** Scheinehe f ◇ **~ счёт** fiktive Rechnung

филармо́ния $ж_4$ <-ии> Philharmonie f

филе́ *с* <нескл> **1** (*мясо высшего сорта*) Lendenstück n **2** (*кусок мяса, птицы, рыбы без костей*) Filet n; ◇ **треско́вое ~** Kabeljaufilet

филиа́л M_1 <-а> Filiale f, Zweigstelle f; ◇ **~ ба́нка** Bankfiliale

фи́лин M_1 <-а> Uhu m

фило́лог M_1 <-а> Philologe m

фило́соф M_1 <-а> Philosoph m; **филосо́фск|ий** *прил* <-ая, -ое, -ие> **1** (*рассудительный*) philosophisch **2** (*глубокомысленный*) tiefsinnig, weise; ◇ **~ое споко́йствие** Seelenruhe f

фильм M_1 <-а> **1** (*плёнка*) Film m; (*диафильм*) Diafilm m **2** (*кинокартина*) Film m; ◇ **документа́льный ~** Dokumentarfilm; ◇ **короткометра́жный ~** Kurzfilm; ◇ **худо́жественный ~** Spielfilm

фильтр M_1 <-а> Filter m

фина́л M_1 <-а> **1** (*завершение*) Finale n, Ende n **2** спорт Endspiel n, Finale n; ◇ **кома́нда вы́шла в ~** die Mannschaft steht im Finale **3** муз Finale n

финанси́ровать V_{3a} *несов и сов* <-рую, -руешь> *кого-что вин* finanzieren; **фина́нси́ст** M_1 <-а> **1** (*специалист*) Finanzfachmann m **2** (*владелец капитала*) Finanzier m; **фина́нсов|ый** *прил* <-ая, -ое,

-ые> Finanz-, finanziell, Rechnungs-; ◇ **~ый год** Rechnungsjahr n; ◇ **~ый отде́л** Finanzabteilung f; ◇ **~ые тру́дности** finanzielle Schwierigkeiten; **фина́нс|ы** $мн_1$ <-ов> **1** (*средства государства*) Finanzen pl; ◇ **мини́стр ~ов** Finanzminister m **2** *разг* (*деньги*) Finanzen pl, Finanzlage f; ◇ **с ~ами ту́го** die Finanzlage ist gespannt

фи́ник M_1 <-а> бот Dattel f

фининспе́ктор M_1 <-а> (= *финансовый инспектор*) Steuerprüfer m, Buchprüfer m

фи́ниш M_2 <-а> **1** (*конец состязания на скорость*) Endspurt m, Finish n **2** (*конечный пункт*) Ziel n; ◇ **прийти́ к фи́нишу** das Ziel erreichen; **финиши́ровать** V_{3a} *несов и сов* <-рую, -руешь> *без доп* am Ziel ankommen, die Ziellinie passieren

фи́нка $ж_1$ <-и, *род мн*: -нок> Finnin f; **финн** M_1 <-а> Finne m; **фи́нск|ий** *прил* <-ая, -ое, -ие> finnisch; ◇ **~ая ба́ня** Sauna f

фи́рм|а $ж_1$ <-ы> **1** (*объединение*) Firma f; ◇ **кру́пная ~а** Großunternehmen n **2** *перен* (*прикрытие*) Fassade f, Deckmantel m; ◇ **под ~ой** unter dem Deckmantel

фити́ль M_2 <-я́, *мн*: ли́> **1** (*у свечи*) Docht m **2** (*запальный*) Zündschnur f

флаг M_1 <-а> Flagge f, Fahne f; ◇ **госуда́рственный ~** Staatsflagge; ◇ **подня́ть ~** die Flagge hissen; *перен* ◇ **под ~ом чего́-л** unter der Flagge von; ◇ **под чужи́м ~ом** unter falscher Flagge

фле́йта $ж_1$ <-ы> муз Flöte f

флирт M_1 <-а> Flirt m; ◇ **завести́ ~ с кем-л** mit jd-m flirten

фло́ра $ж_1$ <-ы> Flora f, Pflanzenwelt f; ◇ **лека́рственная ~** Heilkräuter n pl

флот M_1 <-а> Flotte f; воен Kriegsmarine f; ◇ **служи́ть во ~е** in der Marine dienen

флю́гер M_1 <-а> Wetterfahne f, Windfahne f

флаг

Die Farben der weiß-blau-roten Staatsflagge Russlands wurden bereits von Zar Peter dem Großen eingeführt und sind vermutlich auf das frühere Moskauer Stadtwappen zurückzuführen, das auf *rotem* Grund einen Reiter mit *blauem* Umhang zeigte, der ein *weißes* Pferd reitet.

флюс M_1 <-а> мед Zahngeschwür n

фойе́ *с* <нескл> Foyer n

фо́кус[1] M_1 <-а> **1** мат, физ Brennpunkt m, Fokus m **2** *перен* мед Fokus m, Krankheitsherd m **3** *перен* Brennpunkt m, Mittelpunkt m; ◇ **попа́сть в ~** всео́бщего внима́ния in den Mittelpunkt der Aufmerksamkeit geraten; ◇ **~ землетрясе́ния** Erdbebenzentrum n

фо́кус[2] M_1 <-а> **1** (*трюк*) Kunststück n, Trick m; ◇ **пока́зывать ~ы** Zaubertricks vorführen ② (*уловка*) Kniff *m*; ◇ **вы́кинуть ло́вкий** ~ einen geschickten Winkelzug machen ③ *разг перен* (*каприз*) Laune *f*; **фо́кусник** *m₁* ‹-а› Zauberkünstler *m*

фольга́ *ж₅* ‹-и́› Folie *f*; ◇ **алюми́ниевая** ~ Aluminiumfolie

фолькло́р *m₁* ‹-а› Folklore *f*; ◇ **танцева́льный** ~ Folkloretänze *m pl*

фон *m₁* ‹-а› ① (*основной цвет, тон*) Hintergrund *m*; ◇ **све́тлый** ~ heller Hintergrund; ◇ **выделя́ться на** ~е sich vom Hintergrund abheben; ◇ **служи́ть** ~**ом кому́/чему́-л** als Hintergrund für jd-n/etw dienen ② *перен* (*обстановка*) Hintergrund *m*; ◇ ~ **собы́тий** Hintergrund der Ereignisse

фона́рь *m₂* ‹-я́, мн: ри́› ① (*осветительный прибор*) Lampe *f*; ◇ **карма́нный** ~**ь** Taschenlampe; ◇ **у́личные** ~**и́** Straßenlaterne ② *стр* Erker *m* ③ *разг* (*синяк под глазом*) Veilchen *n*, blauer Fleck *m*; ◇ **поста́вить** ~**ь кому́-л** jd-n windelweich prügeln

фонд *m₁* ‹-а› ① (*денежные средства*) Fonds *m*, Geldmittel *pl*; ◇ **резе́рвный** ~ Reservefonds ② (*ресурсы*) Bestand *m*, Grundstock *m*; ◇ **библиоте́чный** ~ Bücherbestand; ◇ **жило́й** ~ Wohnungsbestand ③ ◇ ~**ы** *мн* (*ценные бумаги*) Wertpapiere *f pl*, Effekten *f* ④ (*общественная организация*) Stiftung *f*; ◇ **де́тский** ~ Kinderhilfswerk *n*; ◇ **росси́йский** ~ **культу́ры** Stiftung für russische Kultur

фоне́тика *ж₅* ‹-и› Phonetik *f*, Lautlehre *f*

фоногра́мма *ж₅* ‹-ы› Phonogramm *n*; (*звукозапись*) Tonaufzeichnung *f*

фонта́н *m₁* ‹-а› ① (*сооружение для подачи воды*) Springbrunnen *m* ② (*поток*) Schwall *m*, Ausbruch *m*; *перен* ◇ **красноре́чия** Redeschwall *m*

форе́ль *ж₅* ‹-и› Forelle *f*

фо́рм|а *ж₅* ‹-ы› ① *филос* Form *f*; ◇ **еди́нство** ~**ы и содержа́ния** Einheit von Form und Inhalt ② (*очертание, наружный вид*) Form *f*; ◇ **земля́ име́ет** ~**у ша́ра** die Erde ist kugelförmig; ◇ **квадра́тная** ~**а** quadratische Form; ◇ **предме́т изо́гнутой** ~**ы** gebogener Gegenstand ③ (*вид*) Form *f*, Art *f*; ◇ **в пи́сьменной** ~**е** schriftlich; ◇ ~**а правле́ния** Regierungsform, Regierungssystem *n* ④ *грам* Form *f*; ◇ **кра́ткая** ~**а** Kurzform; ◇ ~**ы слова́** Wortformen ⑤ (*образец*) Formular *n*, Vordruck *m*; ◇ **дать све́дения по** ~**е** den Angaben laut Vordruck machen ⑥ *тех* (*приспособление*) Form *f*; ◇ **лите́йная** ~**а** Gießform ⑦ (*одинаковая по покрою, цвету одежда*) Uniform *f*; ◇ **шко́льная** ~**а** Schuluniform ⑧ (*видимость*) Form *f*, (An-)Schein *m*; ◇ **соблюда́ть** ~**у** den Schein wahren; *спорт* ◇ **быть в** ~**е** in Form sein

форма́льн|ый *прил* ‹-ая, -ое, -ые› ① (*проникнутый формализмом*) formal; ◇ ~**ое отноше́ние к де́лу** formale Einstellung zu einer Sache ② (*в законном порядке*) formell, offiziell; ◇ ~**ый отка́з** formelle Absage ③ (*существующий только по видимости*) formal, äußerlich

фо́рменн|ый *прил* ‹-ая, -ое, -ые› ① (*по форме*) Form-, formgemäß, der Form entsprechend ② (*одинаковый*) Uniform-; ◇ ~**ая оде́жда** Uniform *f* ③ *разг* (*настоящий*) komplett, ausgemacht, echt; ◇ ~**ый дура́к** totaler Idiot

формирова́ть *V₃ₐ несов* ‹-ру́ю, -ру́ешь› [*с* ~ *сов*] *что вин* ① (*придавать законченность*) formen; ◇ ~ **моде́ль** ein Modell formen ② (*организовывать*) aufstellen, formieren; ◇ ~ **полк** ein Regiment zusammenstellen ③ (*составлять*) bilden; ◇ ~ **эшело́н** eine Staffel bilden

фо́рмула *ж₅* ‹-ы› ① (*определение*) Formel *f*, Redensart *f*; ◇ **изложи́ть в сжа́тых** ~**х** in knappen Formeln darstellen ② (*комбинация знаков*) Formel *f*; ◇ **алгебраи́ческая** ~ algebraische Formel

формули́ровать *V₃ₐ несов и сов* ‹-рую, -руешь› *что вин* in Worte fassen; ◇ ~ **свои́ тре́бования** seine Forderungen formulieren; **формулиро́вка** *ж₅* ‹-ы› *род мн:* -вок› ① (*действие*) Formulieren *n* ② (*формула*) Formulierung *f*, Definition *f*; ◇ **дать** ~**у** formulieren; ◇ **измени́ть** ~**у** den Wortlaut ändern

формуля́р *m₁* ‹-а› Formular *n*, Vordruck *m*; (*библиотечная карточка*) Lesekarte *f*

фортепиа́но *с нескл* Klavier *n*

фо́рточка *ж₅* ‹-и, *род мн:* -чек› Klappfenster *n*

фо́то *с нескл разг* Foto *n*, Fotografie *f*; **фотоаппара́т** *m₁* ‹-а› Fotoapparat *m*; **фотографи́ровать** *V₃ₐ несов* ‹-рую, -руешь› [*с* ~ *сов*] *кого-что вин* fotografieren; *разг* knipsen; **фотографи́роваться** *несов* ‹-руюсь, -руешься› [*с* ~ *сов*] *без доп* fotografiert werden; (*у фотографа*) sich fotografieren lassen; **фотогра́фи|я** *ж₄* ‹-ии› ① (*получение изображения*) Fotografieren *n*; ◇ **занима́ться** ~**ей** fotografieren ② (*снимок*) Foto *n*, Fotografie *f*, Aufnahme *f* ③ (*мастерская*) Fotoatelier *n*; **фотолюби́тель** *m₂* ‹-я› Hobbyfotograf *m*; **фотоплёнка** *ж₅* ‹-и, *род мн:* -нок› Film *m*

фра́з|а *ж₅* ‹-ы› ① (*высказывание*) Satz *m* ② (*напыщенное выражение*) Phrase *f*, Gerede *n*; ◇ **о́бщие** ~**ы** Allgemeinplätze *m pl*; ◇ **пусты́е** ~**ы** leeres Gerede ③ *муз* Phrase *f*; **фразёр** *m₁* ‹-а› Phrasendrescher *m*, Schwätzer *m*

фра́кция *ж₄* ‹-ии› *полит* Fraktion *f*

франт *m₁* ‹-а› (*eitler*) Fatzke *m*, Dandy *m*; ◇ **ходи́ть** ~**ом** sich herausputzen

францу́женка *ж₅* ‹-и, *род мн:* -нок› Französin *f*; **францу́з** *m₁* ‹-а› Franzose *m*; **францу́зский** *прил* ‹-ая, -ое, -ие› französisch

фрахт *m₁* ‹-а› ① (*перевозимый груз*)

Fracht f, Ladung f ② (плата за перевоз-ку) Frachtkosten pl, Frachtgebühr f
фрахтова́ть V_{1a} несов <-тую, -туешь> [**за**~ сов] что во вин befrachten, verfrachten; ◇ ~ су́дно ein Schiff heuern [chartern]
фрезеро́вщик м₁ <-а> Fräser m
фре́ска ж₁ <-и, род мн:-сок> иск Freske f, Fresko n
фрикаде́лька ж₁ <-и, род мн:-лек> кул Fleischklößchen n
фронт м₁ <-а, мн: фро́нты, род:-о́в> ① воен Front f; ◇ отпра́виться на ~ an die Front gehen ② метео Front f; ◇ ~ тёпло-го во́здуха Warmfront ③ (единица, блок) Front f; ◇ наро́дный ~ Volksfront; ◇ де́йствовать еди́ным ~ом in geeinter Front vorgehen
фронта́льный прил <-ая, -ое, -ые> ① (лобовой) frontal, Frontal-; ◇ ~ая ата́ка Frontalangriff m ② перен (общий) Gesamt-; ◇ ~ая прове́рка Gesamtkontrolle f
фронтови́к м₁ <-а́, мн:-и́> Frontsoldat m
фрукт м₁ <-а> ① (плод) Frucht f; (фрук-ты) Obst n, Früchte f pl; ◇ све́жие ~ы frisches Obst; ◇ сушёные ~ы Dörrobst; ◇ ю́жные ~ы Südfrüchte ② (о человеке) Früchtchen n
фу! межд ① (выражение презрения) pfui, igitt; ◇ ~, как проти́вно! igitt, wie ekelhaft! ② (выражение усталости) uff; ◇ ~ — ты, го́споди!? uff, meine Güte!
фуже́р м₁ <-а> großes Weinglas n, Römer m
фунда́мент м₁ <-а> ① (основание) Fundament n; ◇ заложи́ть ~ das Fundament legen ② перен (опора, основа) Grundlage f, Basis f; ◇ ~ зна́ний Grundwissen n;
фундамента́льный прил <-ая, -ое, -ые> ① (большой и прочный) solide, groß; ◇ ~ое зда́ние solider Bau ② (основательный) Grundlagen-, grundlegend; ◇ ~ые иссле́дования Grundlagenforschung f
фу́нкци|я ж₁ <-ии> ① (организма) Funktion f; ◇ ~я желёз Drüsenfunktion ② (обязанность) Funktion f, Aufgabe f; ◇ служе́бные ~и Dienstaufgaben ③ мат Funktion f; ◇ произво́дная ~я abgeleitete Funktion
фунт м₁ <-а> ① (мера веса) Pfund n; ◇ четы́ре ~а vier Pfund ② (денежная единица) Pfund n; ◇ ~ сте́рлингов Pfund (Sterling)
фура́жка ж₁ <-и, род мн:-жек> Schirmmütze f
фурго́н м₁ <-а> ① (крытая повозка) Planwagen m ② (пикап) Kleintransporter m
фурниту́ра ж₁ <-ы> Zubehör n,
фуру́нкул м₁ <-а> мед Furunkel m o. n
фут м₁ <-а> (мера длины) Fuß m; ◇ дли-но́й в четы́ре ~а vier Fuß lang
футбо́л м₁ <-а> Fußball m; **футболи́ст** м₁ <-а> Fußballspieler m; **футбо́льн|ый** прил <-ая, -ое, -ые> Fußball-; ◇ ~ые боле́льщи-ки Fußballfans m pl; ◇ ~ый мяч Fußball m

футля́р м₁ <-а> Futteral n, Etui n; (чехол) Hülle f
фы́рка|ть V_{1a} несов <-аю, -аешь> [**фы́рк-нуть** V₂ сов] без доп ① (носом) schnauben, schnaufen; ◇ ко́ни ~ют die Pferde schnauben; (о кошке) fauchen ② перен (сердиться, брюзжать) anfauchen; ◇ всем недово́лен, на всех ~ет mit allem ist er unzufrieden, er faucht alle an ③ (сме-яться) losprusten, herausplatzen, auflachen
фюзеля́ж м₂ <-а> ав Rumpf m; ◇ ~ самолёта Flugzeugrumpf

хала́т м₁ <-а> ① (домашняя одежда) Morgenmantel m; ◇ купа́льный ~ Bademantel m ② (рабочая одежда) Kittel m; (врача) Arztkittel ③ (восточная одеж-да) orientalischer weiter Mantel
хала́тность ж₁ <-и> Schlamperei f, Nachlässigkeit f; **хала́тн|ый** прил <-ая, -ое, -ые> nachlässig, schlampig; ◇ ~ое от-ноше́ние к свои́м обя́занностям Pflichtvergessenheit f
халту́р|а ж₁ <-ы> разг ① (недобросо-вестная работа) Pfuscherei f, Stümperei f; ◇ написа́ть ~у Schund verbrechen ② (по-бочный заработок) Nebenverdienst m
хам м₁ <-а> Flegel m, Rohling m, Grobian m
ха́мство c₂ <-а> Frechheit f; (грубость) Grobheit f
хандра́ ж₁ <-ы́> Schwermut m, Niedergeschlagenheit f; ◇ впасть в ~у́ schwermütig sein; ◇ ~а́ напа́ла на кого́-л jd bläst Trübsal
ханжа́ м/ж₁ <-и́, род мн: е́й> Scheinheilige m/f, Heuchler(in f) m; **ха́нжество** c₂ <-а> Scheinheiligkeit f, Frömmelei f, Bigotterie f
хао́с, ха́ос м₁ <-а> ① (путаница) Chaos n, Wirrwarr m; ◇ ~ в у́личном движе́нии Verkehrschaos; ◇ ~ в голове́ Wirrwarr im Kopf ② (нагромождение) Durcheinander n; ◇ в ко́мнатах ~ in den Zimmern herrscht Chaos
хара́ктер м₁ <-а> ① (свойство) Charakter m; (существо) Wesen n; ◇ име́ть твёр-дый ~ charakterfest sein; ◇ он челове́к с ~ом ein Mensch mit Charakter ② (осо-бенность) Eigenart f, Charakter m; ◇ бе-се́да делово́го ~а eine geschäftliche Besprechung; ◇ затяжно́й ~ боле́зни anhaltende Krankheit; ◇ э́то не в её ~е das ist untypisch für sie
характеризова́ть V_{3a} несов и сов <-зу́ю, -зу́ешь> [**о**~ сов] кого-что вин ①

(*дать характеристику*) charakterisieren, beurteilen; ◇ ~**ова́ть рабо́тника с положи́тельной стороны́** einen Mitarbeiter positiv beurteilen ② (*отлича́ть*) auszeichnen; ◇ **учителя́ ~уе́т скро́мность** den Schüler zeichnet Bescheidenheit aus; **характери́стика** $ж_1$ <-и> ① (*описание характерных качеств* (1)) Charakterisierung f ② (*документ с отзывом*) Gutachten n, Zeugnis n; ◇ ~ **с ме́ста рабо́ты** Zeugnis des Arbeitgebers; **характе́рный** *прил* <-ая, -ое, -ые> ① (*вырази́тельный*) charaktervoll, ausgeprägt, markant; ◇ ~**ое лицо́** ausdrucksvolles Gesicht ② (*специфический*) typisch, charakteristisch, bezeichnend; ◇ ~**ый для се́вера кли́мат** typisch nördliches Klima
ха́ртия $ж_4$ <-ии> Charta f
хвали́ть V_{4a} *несов* <-лю́, -а́лишь, *Part. Präs. Pass.* хвали́мый> [**по**~ *сов* <*Part. Prät. Pass.* -хва́ленный>] *кого́-что вин* loben, rühmen; ◇ ~ **ученика́ за прилежа́ние** einen Schüler für seinen Fleiß loben; (*восхваля́ть*) lobpreisen
хва́статься V_{1a} *несов* <-аюсь, -аешься> [**по**~ *сов*] *кем-чем тв* (1), *или с союзом "что"* (2) ① (*хвали́ть себя́*) prahlen, sich rühmen; ◇ ~ **успе́хами** mit seinen Erfolgen angeben ② (*обеща́ть что-л сде́лать*) sich brüsten, den Mund voll nehmen; **хвасту́н** $м_1$ <-а́, *мн*:-ы́> Angeber m
хвата́ть V_{1a} *несов* <-а́ю, -а́ешь> [**хвати́ть** V_{4a} (1), **с**~ (1) *сов* <*Part. Prät. Pass.* схва́ченный> *кого́-что вин* (1, 2), *что вин* (3) ① (*брать*) packen, fassen, greifen; ◇ ~ **за́ руку** jd-n an der Hand packen; (*клювом, пастью*) schnappen ② (*заде́рживать*) ergreifen, fassen, schnappen ③ (*приобрета́ть без разбора*) raffen, greifen; ◇ ~ **что попа́ло** wahllos nach etw greifen; *перен* ◇ ~ **дво́йки** schlechte Noten bekommen
хвати́ть V_{4a} *сов* <-ачу́, -а́тишь> *чего́ род* (1, 2, 5), *кого́-что вин* (3), *кого́-что вин чем* (4), *без доп* (6) ① (*разг* (*вы́пить*) kippen, hinunterschütten ② *перен* (*испыта́ть*) ertragen, erleben; ◇ ~**ть го́ря** viel Leid erfahren; ◇ ~**ть стра́ху** große Ängste durchstehen ③ (*в сочета́нии с сущ. уда́р, парали́ч*) plötzlich auftreten, erscheinen; ◇ **старика́ ~л парали́ч** der alte Mann erlitt einen Schlaganfall ④ (*ударить*) schlagen, hauen; ◇ ~**ть сту́лом о́б пол** den Stuhl auf den Boden knallen ⑤ *безл* (*быть доста́точно*) ausreichen, genügen; ◇ **у него́ хва́тит сил** seine Kräfte werden ausreichen; ◇ **хва́тит!** basta!, es reicht!; ◇ **хва́тит с меня́** ich habe genug davon, mir reicht es ⑥ (*не зна́ть ме́ры*) übertreiben; ◇ **он ~л че́рез край** er ist zu weit gegangen
хво́йный *прил* <-ая, -ое, -ые> Nadel-; ◇ ~**ые дере́вья** Nadelbäume $m\ pl$; ◇ ~**ый лес** Nadelwald m; ◇ ~**ый экстра́кт** Fichtennadelextrakt m

хво́рост $м_1$ <-а> ① (*сухие ве́тки*) Reisig n ② (*пече́нье*) süße, fritierte Teigstreifen
хвост $м_1$ <-а́, *мн*:-ы́> ① (*у живо́тного*) Schwanz m; ◇ **ко́нский** ~ Pferdeschwanz; ◇ **пуши́стый** ~ Schweif m; ◇ **виля́ть** ~**ом** mit dem Schwanz wedeln; *перен* ◇ **виля́ть** ~**о́м пе́ред кем-л** sich bei jd-m einschmeicheln; ◇ **поджа́ть** ~ den Schwanz einziehen; ◇ **распусти́ть** ~ ein Rad schlagen ② (*лета́тельного аппара́та*) Schwanz m; ◇ ~ **раке́ты** Raketenschwanz ③ (*коне́чная часть чего́-л дви́жущегося*) Schweif m, Ende n; ◇ ~ **коме́ты** Kometenschweif; ◇ ~ **по́езда** Zugende ④ (*о́чередь*) Schlange f; ◇ ~ **за биле́тами** Schlange zum Fahrkartenschalter; ◇ **станови́ться в** ~ sich anstellen; *разг* ◇ **име́ть** ~**ы́** Prüfungen nachholen müssen; ◇ **плести́сь в** ~**е** zurückbleiben, hinterhertrotten
хвоя́ $ж_3$ <-и> (*ли́ства*) Nadel f; (*ве́тки*) Nadelbaumzweig m
хи́жина $ж_1$ <-ы> Hütte f, Häuschen n
хи́лый *прил* <-ая, -ое, -ые> schwächlich; (*боле́зненный*) kränklich; (*нежный*) zart
хи́мик $м_1$ <-а> Chemiker m; **хими́ческий** *прил* <-ая, -ое, -ые> chemisch, Chemie-; ◇ ~**ая лаборато́рия** Chemielabor n; ◇ ~**ая реа́кция** chemische Reaktion; (*химчистка*) ◇ ~**ая чи́стка** chemische Reinigung; ◇ ~**ий элеме́нт** chemisches Element; **хи́мия** $ж_4$ <-и> Chemie f
хире́ть V_5 *несов* <-е́ю, -е́ешь> [**за**~ *сов*] *без доп* ① (*о челове́ке*) (dahin-)siechen, kränkeln; (*о расти́тельности*) eingehen, verkümmern ② *перен* verkümmern, verfallen; ◇ **тала́нт ~ет** das Talent verkümmert
хиру́рг $м_1$ <-а> Chirurg m
хи́трость $ж_5$ <-и> ① List f, Schlauheit f; (*хитрый прие́м*) Trick m; (*кова́рство*) Hinterlist f; ◇ **пусти́ться на** ~ zu einem Trick greifen ② (*иску́сность*) Raffinesse f; **хи́трый** *прил* <-ая, -ое, -ые> ① (*изворотливый*) schlau, listig, raffiniert ② (*лукавый*) durchtrieben, verschlagen ③ (*изобрета́тельный*) pfiffig ④ (*замыслова́тый*) kompliziert, ausgeklügelt; ◇ **голь на вы́думки хитра́** Not macht erfinderisch
хище́ние $с_4$ <-я> Raub m, Diebstahl m; (*растра́та*) Unterschlagung f
хи́щник $м_1$ <-а> ① (*живо́тное*) Raubtier n, Raubvogel m ② *перен* (*о челове́ке*) Räuber m; **хи́щный** *прил* <-ая, -ое, -ые> ① (*о живо́тных*) Raub-; ◇ ~**ые зве́ри** Raubtiere $n\ pl$; ◇ ~**ые пти́цы** Raubvögel $m\ pl$ ② *перен* (*жа́дный*) raffgierig, profitsüchtig
хладнокро́вный *прил* <-ая, -ое, -ые> kaltblütig; (*невозмути́мый*) gelassen
хлам $м_1$ <-а> Kram m; (*рухлядь*) Plunder m, Gerümpel n
хлеб $м_1$ <-а> ① (*проду́кт*) Brot n; ◇ **бе́лый** ~ Weißbrot; ◇ **ржано́й** ~ Roggenbrot; ◇ **кусо́к** ~**а** ein Stück Brot ② (*плоды́, семена́*) Korn n, Getreide n; ◇ **убо́рка** ~**а**

Getreideernte f ③ (пропитание) Brot n, Ernährung f; (заработок) Lebensunterhalt m; ◇ зараба́тывать себе́ на ~ sein Brot verdienen; ◇ не ~ом еди́ным жив челове́к der Mensch lebt nicht von Brot allein; ◇ э́та рабо́та — ве́рный ~ diese Arbeit ist eine sichere Einkommensquelle; ◇ переби-ва́ться с ~а на квас von der Hand in den Mund leben; хлебосо́льство c_2 ⟨-а⟩ Gastfreundschaft f

хлев m_1 ⟨-а, о хле́ве, в хлеву́, мн.:-а́⟩ ① (для скота) Stall m; ◇ свино́й ~ Schweinestall ② перен (о грязном помещении) Schweinestall m; ◇ развести́ ~ в кварти́ре aus der Wohnung einen Schweinestall machen

хло́пать несов ⟨-аю, -аешь⟩ [хло́п-нуть V_2 сов] кого-что вин по чему дат (1), чем тв (2), кому-чему дат (3) ① (ударять) schlagen, klopfen; ◇ ~ кого́-л jd-m auf die Schulter klopfen ② (стучать) knallen; ◇ ~ дверьми́ die Türen zuschlagen ③ (аплодировать) klatschen; ◇ ~ арти́сту einem Schauspieler applaudieren; ◇ ~ глаза́ми blöd gucken

хлопково́дство c_2 ⟨-а⟩ Baumwollanbau m хло́пнуть см. хло́пать

хло́пок m_1 ⟨-пка⟩ Baumwolle f

хлопота́ть* несов ⟨-очу́, -о́чешь⟩ [по-сов] без доп (1), о чем предл или с союзом "чтобы" (2), о ком предл или за кого вин (3) ① (быть в хлопотах) herumwirtschaften, geschäftig sein; ◇ ~ с обе́дом mit dem Kochen beschäftigt sein ② (добиваться) sich bemühen (um); ◇ ~ о посо́бии sich um Zuschüsse bemühen ③ (ходатайствовать) sich einsetzen (für); ◇ ~ за дру́га für einen Freund ein gutes Wort einlegen

хло́пот|ы мн₁ ⟨-по́т, дат: хло́потам⟩ ① (заботы) Sorgen f pl; (возня) Scherereien f pl; (усилия) Mühen f pl; ◇ изба́вить кого́-л от хлопо́т jd-n von seinen Sorgen befreien; ◇ наде́лать хлопо́т jd-m Umstände machen; ◇ весь день прошёл в ~ах wir hatten den ganzen Tag alle Hände voll zu tun ② (ходатайство) Bemühungen f pl; ◇ у неё хлопо́т по́лон рот sie weiß nicht, wo ihr der Kopf steht

хлопчатобума́жный прил ⟨-ая, -ое, -ые⟩ Baumwoll-; ◇ ~ ткань Baumwollstoff m

хлор m_1 ⟨-а⟩ хим Chlor n

хлы́н|уть V_2 сов ⟨-нет, -нут, 1 и 2 л. не употр, Imp. хлынь, -те⟩ без доп ① (литься потоком) (hervor-)strömen, hervorsprudeln, hervorbrechen; ◇ кровь ~ула из ра́ны das Blut strömte aus der Wunde; ◇ ~ул дождь es begann in Strömen zu regnen; ◇ в окно́ ~ул за́пах цвето́в durch das Fenster strömte der Duft der Blumen ② (устремиться) sich stürzen, strömen; ◇ лю́ди ~ули на у́лицы Menschen strömten auf die Straßen

хмель m_2 ⟨-я⟩ ① (растение) Hopfen m ②

(опьянение) Trunkenheit f, Rausch m; хмельно́й прил ⟨-а́я, -о́е, -ы́е⟩ ① (пья-ный) betrunken, berauscht ② (пьянящий) berauschend

хны́кать* несов ⟨-ы́чу, -ы́чешь⟩ без доп раз ① (плакать) plärren, flennen ② (жаловаться) klagen, jammern

хо́бот m_1 ⟨-а⟩ ① (у животных) Rüssel m; ◇ ~ слона́ Elefantenrüssel ② (задняя часть лафета) Schwanz m

ход m_1 ⟨-а⟩ ① (движение) Gang m, Gehen n, Lauf m, Fahrt f; ◇ на ~у́ im Gehen, beim Fahren ② перен (развитие) Verlauf m, Ablauf m, Gang m; ◇ ~ боле́зни Krankheitsverlauf; ◇ ~ мы́слей Gedankengang; ◇ ~ собы́тий die Entwicklung der Ereignisse ③ (механизма) Gang m, Lauf m; Betrieb m; ◇ на холосто́м ~у́ im Leerlauf; ◇ за́дний ~ Rückwärtsgang, Rücklauf ④ перен (поступок) Zug m; ◇ диплома-ти́ческий ~ diplomatischer Zug; ◇ ло́в-кий ~ geschickter Schachzug ⑤ (вход) Eingang m; ◇ пара́дный ~ Haupteingang ⑥ (в игре) Zug m; ◇ Ваш ~ Sie sind am Zug; ◇ дать ~ де́лу eine Sache in Gang bringen; ◇ не дава́ть ~у кому́-л jd-m Steine in den Weg legen; ◇ быть в ~у́ in Gebrauch sein; ◇ пусти́ть в ~ Gebrauch von etw machen; ◇ знать все ~ы́ и вы́-ходы alle Schliche kennen

хода́тайство c_2 ⟨-а⟩ Bittgesuch n, Antrag m; (за кого-л) Fürsprache f; ◇ возбу-ди́ть ~ einen Antrag einreichen; ◇ ~ удо-влетворено́ [отклонено́] dem Antrag wurde [nicht] stattgegeben; хода́тайство-вать V_{3a} несов ⟨-твую, -твуешь⟩ [по-сов] о ком-чём предл (1), за кого-что вин (2) ① (выступить с ходатайством) etw beantragen, um etw ersuchen ② (просить) Fürsprache für jd-n einlegen, sich einsetzen (für)

ход|и́ть V_{4a} несов, неопред, см. идти́ ⟨хожу́, хо́дишь⟩ без доп (1, 2, 7), во что вин (3), в чём предл (4), чем тв (5), за кем-чем тв (6) ① (идти) gehen, laufen; ◇ ~ по магази́нам einen Einkaufsbummel machen; ◇ ~ взад и вперёд hin-und hergehen; ◇ ~ на лы́жах Ski laufen; (уметь) ◇ она́ уже́ хо́дит sie kann schon laufen ② (о поездах, пароходах) verkehren, gehen, fahren; ◇ поезда́ хо́дят по расписа́нию die Züge fahren planmäßig ③ (посещать) besuchen, (hin-)gehen; ◇ ~ в кино́ ins Kino gehen ④ (носить) etw tragen, etw anhaben; ◇ ~ в пальто́ einen Mantel anhaben; ◇ ~ в очка́х eine Brille tragen ⑤ (в игре) einen Zug machen, eine Karte ausspielen; ◇ ~ королём mit dem König ziehen ⑥ (ухаживать) pflegen, beaufsichtigen ⑦ (о деньгах) in Umlauf sein; ◇ хо́дят слу́хи, что... es gehen Gerüchte um, dass...; ◇ ~ на голове́ Unfug treiben

хо́дкий прил ⟨-ая, -ое, -ие⟩ ① (быстро-

ходный schnell; ◇ ~ **конь** schnelles Pferd **2** (*имеющий большой спрос*) gängig, gefragt **3** (*о слове, выражении*) gebräuchlich, verbreitet

ходьб|а́ *ж₁* ⟨-ы́⟩ Gehen *n*, Wandern *n*; **полчаса́** ~ы́ eine halbe Stunde zu Fuß

хозрасчёт *м₁* ⟨-а⟩ (= *хозяйственный расчёт*) Rentabilitätsprinzip *n*, wirtschaftliche Rechnungsführung

хозя́ин *м₁* ⟨-а, мн:-зя́ева, *род*:-зя́йн⟩ **1** (*владелец*) Besitzer *m*; ◇ **без** ~a herrenlos **2** *перен* (*распорядитель*) Herr *m*; ◇ **быть** ~**ом положе́ния** Herr der Lage sein; ◇ **он сам себе́** ~ er ist sein eigener Herr **3** (*глава дома, семьи*) Hausherr *m* **4** (*принимающий гостей*) Gastgeber *m* **5** (*имеющий жильцов*) Vermieter *m* **6** *спорт* Heimmannschaft *f*; ◇ **быть** ~**ом своего́ сло́ва** sein Versprechen einhalten;

хозя́йка *ж₁* ⟨-а, *род мн*:-я́ек⟩ **1** (*владелица*) Besitzerin *f* **2** (*имеющий жильцов*) Hausbesitzerin *f*, Vermieterin *f* **3** (*хозяйка дома*) Gastgeberin *f*, Wirtin *f*; ◇ **дома́шняя** ~ Hausfrau *f*;

хозя́йничать V₁ₐ *несов* ⟨-аю, -аешь⟩ *без доп* **1** (*вести хозяйство*) den Haushalt führen **2** (*распоряжаться*) das Sagen haben, schalten und walten;

хозя́йство *с₂* ⟨-а⟩ **1** (*экономика, производство*) Wirtschaft *f*; ◇ **наро́дное** ~ Volkswirtschaft; ◇ **ры́ночное** ~ Marktwirtschaft; ◇ **се́льское** ~ Landwirtschaft **2** (*работы по дому*) Haushalt *m*; ◇ **вести** ~ den Haushalt führen **3** (*отдельное хозяйство*) Betrieb *m*; ◇ **фе́рмерское** ~ landwirtschaftlicher Betrieb; (*двор*) Hof *m*; ◇ **крестья́нское** ~ Bauernhof

хокке́ист *м₁* ⟨-а⟩ (Eis-)Hockeyspieler *m*

хокке́й *м₃* ⟨-я⟩ *спорт* (*на траве*) Hockey *n*; (*на льду*) Eishockey *n*

холе́ра *ж₁* ⟨-ы⟩ *мед* Cholera *f*

холл *м₁* ⟨-а⟩ (Vor-)Halle *f*; ◇ ~ **оте́ля** Hotelhalle

холм *м₁* ⟨-а́, мн:-ы́⟩ Hügel *m*; ◇ **моги́льный** ~ Grabhügel

хо́лод *м₁* ⟨-а, мн:-а́⟩ **1** (*низкая температура воздуха*) Kälte *f*; ◇ **цветы́ боя́тся** ~a die Blumen vertragen keine Kälte; ◇ **де́сять гра́дусов** ~a zehn Grad unter null; ◇ **поста́вить вино́ на** ~ den Wein kalt stellen; ◇ **пахну́ло** ~**ом в лицо́** Kälte schlug jd-m ins Gesicht **2** *перен* (*отношение*) (Gefühls-) Kälte *f*; ◇ **у него́ в глаза́х** ~ er hat kalte Augen; ◇ **обда́ть кого́-л** ~**ом** jd-n Kälte spüren lassen; ◇ **его́ броса́ло в жар и** ~ es überlief ihn heiß und kalt

холоде́ц *с₂* ⟨-дца́⟩ кул Sülze *f*

холоди́льник *м₁* ⟨-а⟩ **1** (*шкаф*) Kühlschrank *m* **2** (*предприятие*) Kühlhaus *n*; (*вагон*) ~ Kühlwagen *m*; **хо́лодно** *нареч* **1** (*температура*) kalt **2** *перен* (*равнодушно*) kalt, ungerührt **3** *безл* kalt; ◇ **мне** ~ mir ist kalt, ich friere; **холо́дный** *прил* ⟨-ая, -ое, -ые⟩ **1** (*имеющий низкую*

температуру) kalt; ◇ ~**ый край** kalte Region **2** (*не имеющий отопления*) kalt, unbeheizt; ◇ ~**ая да́ча** unbeheizte Datscha **3** (*мало греющий*) leicht, ungefüttert; ◇ ~**ая ку́ртка** leichte Jacke; ◇ ~**ое зи́мнее со́лнце** schwache Wintersonne **5** *перен* (*равнодушный*) kalt, kühl, gleichgültig, unfreundlich **6** (*производимый без помощи нагревания*) kalt, Kalt-; ◇ ~**ое копче́ние** Kalträuchern *n*; ◇ ~**ая война́** der kalte Krieg; ◇ ~**ое ору́жие** Hieb- und Stichwaffe

холост|о́й *прил* ⟨-а́я, -о́е, -ы́е⟩ **1** (*неженатый*) ledig, unverheiratet; ◇ ~**о́й мужчи́на** Junggeselle *m* **2** (*свойственный холостя́кам*) Junggesellen-; ◇ ~**а́я жизнь** Junggesellenleben **3** *тех* Leer-, leer, blind; ◇ ~**о́й ход** Leerlauf *m*; ◇ ~**о́й патро́н** Platzpatrone *f*; **холостя́к** *м₁* ⟨-а́, мн:-и́⟩ Junggeselle *m*

холст *м₁* ⟨-а́, мн:-ы́⟩ **1** (*льняная ткань*) Leinen *m*; ◇ **бели́ть** ~**ы́** Leinen bleichen **2** (*картина*) Ölgemälde *n*, Leinwand *f*

холу́й *м₃* ⟨-я, мн:холуи́⟩ Lakai *m*; (*подхалим*) Speichellecker *m*

хомя́к *м₁* ⟨-а́, мн:-и́⟩ *зоол* Hamster *m*

хор *м₁* ⟨-а, мн:-ы́/-ы⟩ **1** (*группа певцов*) Chor *m*; ◇ **петь** ~**ом** im Chor singen **2** *муз* (*произведение*) Chorgesang *m*; *перен* ◇ **насме́шек** Hohngelächter *n*

хорва́т *м₁* ⟨-а⟩ Kroate *m*; **хорва́тка** *ж₁* ⟨-и, *род мн*:-ток⟩ Kroatin *f*; **хорва́тский** *прил* ⟨-ая, -ое, -ие⟩ kroatisch

хорово́д *м₁* ⟨-а⟩ Reigen *m*; ◇ **води́ть** ~ einen Reigen tanzen

хорони́ть V₄ₐ *несов* ⟨-ню́, -о́нишь⟩ [**по~, за~** *сов* ⟨*Part. Prät. Pass.* -хоро́ненный⟩] *кого-что von* jemandem begraben, beisetzen, bestatten; ◇ ~ **на кла́дбище** auf dem Friedhof beerdigen

хороше́ть V₅ *несов* ⟨-е́ю, -е́ешь⟩ [**по~** *сов*] *без доп* hübscher, schöner werden

хоро́ш|ий *прил* ⟨-ая, -ее, -ие⟩ (*сравн*: **лу́чше**) **1** (*положительный*) gut, schön; ◇ ~**ий го́лос** schöne Stimme **2** (*приличный*) gut, anständig **3** (*близкий*) gut, nahe stehend; ◇ ~**ий прия́тель** enger Freund **4** (*в краткой форме*) schön, hübsch; ◇ **она́ удиви́тельно** ~**á собо́й** sie ist erstaunlich schön; ◇ **что тут** ~**его**? was ist daran so schön?; **хорошо́** *нареч* **1** gut, schön; ◇ **о́чень** ~ sehr gut; (*отлично*) hervorragend; (*замечательно*) ausgezeichnet; ◇ ~ **ска́зано** gut gesagt; ◇ **ты** ~ **сде́лаешь, е́сли...** du tust gut daran, wenn... **2** *безл* gut, schön; ◇ **здесь** ~ **гуля́ть** kann man gut spazieren gehen; ◇ **мне** ~ ich fühle mich gut; ◇ **тебе́** ~ **говори́ть** du hast gut reden **3** (*выражение согласия*) gut, schön; ◇ ~, **согла́сен** kalt, einverstanden

хоте́ть* *несов* ⟨хочу́, хо́чешь⟩ *чего род или с инф или с союзом "чтобы"* (*иметь намерение*) wollen, mögen, wünschen; ◇ ~ **есть** Hunger haben; ◇ **хо́чешь конфе́тку?** willst du ein Bonbon?; ◇ **я хочу́ пить** ich habe Durst; ◇ **как хоти́те!** wie ihr wollt!, wie Sie möchten!; ◇ ~ **понима́ния от собесе́дника** vom Gesprächspartner verstanden werden wollen; ◇ **они́ хотя́т, что́бы всё бы́ло в поря́дке** sie möchten, dass alles seine Ordnung hat; ◇ **я хоте́л бы...** ich würde gern...; ◇ **хо́чешь не хо́чешь** wohl oder übel

хоть I. *союз* (*даже, если*) selbst, meinetwegen, sogar; ◇ ~ **сейча́с** meinetwegen sofort; ◇ ~ **сего́дня**, ~ **за́втра** ob heute oder morgen, das ist egal II. *частица* ① (*даже, по крайней мере*) wenn auch nur, wenigstens; ◇ **приходи́те** ~ **все** kommt meinetwegen alle; ◇ **скажи́** ~ **сло́во** sag wenigstens ein Wort ② (*к примеру*) zum Beispiel, beispielsweise; ◇ **вот** ~ **э́тот па́рень** zum Beispiel dieser junge Mann ③ (*любой, в любое место, время*) beliebig, egal; ◇ ~ **куда́** egal wohin; ◇ ~ **убе́й, не зна́ю** schlag mich tot, ich weiß es nicht; ◇ **мо́крый**, ~ **вы́жми** klitschnass; ◇ **ей** ~ **что** ihr ist es egal

хотя́ *союз* obwohl, obschon, wenn auch, wenigstens; ◇ **е́ду**, ~ **о́чень за́нят** ich komme, obwohl ich sehr beschäftigt bin; ◇ ~ **и не серди́т, но не дово́лен** er ist zwar nicht böse, aber unzufrieden; ◇ ~ **бы дождя́ не́ было** wenn es nur nicht regnet; ◇ **напиши́**, ~ **бы че́рез неде́лю** schreib mir, und sei es erst in einer Woche

хо́хот m_1 <-а> Gelächter n, (lautes) Lachen n; ◇ **взрыв** ~**а** Lachsalve f; **хохота́|ть** *несов* <-очу́, -о́чешь> (laut) lachen; ◇ ~**ли до слёз** wir haben Tränen gelacht; ◇ ~**ть до упа́ду** sich halbtot lachen

хра́брост|ь $ж_5$ <-и> Tapferkeit f; (*отвага*) Kühnheit f; (*мужество*) Mut m; ◇ **набра́ться** ~**и** Mut fassen; **хра́брый** *прил* <-ая, -ое, -ые> tapfer, mutig; (*отважный*) kühn

храм m_1 <-а> ① (*церковь*) Kirche f, Gotteshaus n; Tempel m ② *перен* (*святилище*) Tempel m; ◇ ~ **нау́ки** Tempel der Wissenschaft

хране́ние c_4 <-я> Aufbewahrung f, Verwahrung f; (*на складе*) Lagerung f; ◇ **отда́ть на** ~ in Verwahrung geben, deponieren; **храни́ть** V_{4a} *несов* <-ню́, -ни́шь, Part. Präs. Pass.* -ни́мый> *что вин* ① (*беречь*) aufbewahren, (ver-)wahren; ◇ ~ **в па́мяти** im Gedächtnis bewahren ② (*оберегать*) hüten, wahren; ◇ ~ **в та́йне** geheim halten; ◇ ~ **обы́чаи** Bräuche pflegen; ◇ ~ **го́рдый вид** Stolz bewahren; ◇ ~ **молча́ние** schweigen; ◇ ~ **печа́ль в се́рдце** trauern; **храни́ться** *несов* <-ни́тся, -ня́тся, 1 и 2 л. не употр> *без доп* ① (*сохраняться*) aufbewahrt werden ② (*не уничтожаться*) sich halten, erhalten bleiben

храп m_1 <-а> ① (*лошади*) Schnauben n ② (*человека*) Schnarchen n; ◇ **разда́лся гро́мкий** ~ man hörte ein lautes Schnarchen; ◇ **спать с** ~**ом** schnarchen

храп|е́ть* *несов* <-плю́, -пи́шь> *без доп* ① (*о людях*) schnarchen ② (*о животных*) schnauben; ◇ **ко́ни** ~**я́т** die Pferde schnauben

хребе́т m_1 <-бта́, -бты́> ① *анат* Rückgrat n, Wirbelsäule f; *перен* **гнуть** ~ sich abrackern ② (*горная цепь*) Kamm m, Grat m; ◇ **Ура́льский** ~ Uralgebirge n

хрен m_1 <-а> Meerrettich m; ◇ ~ **ре́дьки не сла́ще** es ist gehupft wie gesprungen; *груб* **ста́рый** ~ alter Knacker

хризанте́ма $ж_1$ <-ы> bot Chrysantheme f

хрипе́ть* *несов* <-плю́, -пи́шь> *без доп* (*задыхаться*) röcheln; ◇ **он ка́шляет и хрипи́т** er hustet und röchelt; (*хрипло говорить*) heiser sein; ◇ ~ **от просту́ды** heiser sein von einer Erkältung; **хри́плый** *прил* <-ая, -ое, -ые> (*о звуке, голосе*) rau, krächzend; ◇ ~**крик** krächzendes Geschrei; (*охрипший*) heiser; ◇ ~ **певе́ц** heiserer Sänger

христиа́нств|о c_2 <-а> Christentum n; **приня́тие** ~**а на Руси́** die Übernahme des Christentums in Russland; ◇ **испове́довать** ~**о** sich zum Christentum bekennen

хром m_1 <-а> *хим* Chrom n

хрома́|ть V_{1a} *несов* <-а́ю, -а́ешь> *без доп* ① (*ковылять*) hinken, lahmen; ◇ ~**ть на ле́вую но́гу** auf dem linken Fuß hinken ② *перен* (*иметь недостатки*) hinken, einen Haken haben; ◇ **зна́ния** ~**ют** die Kenntnisse sind lückenhaft

хромо́й I. *прил* <-а́я, -о́е, -ы́е> lahm, hinkend II. *м* <-о́го> Lahmer m

хро́ник|а $ж_1$ <-и> ① (*летопись*) Chronik f; ◇ **средневеко́вые** ~**и** mittelalterliche Chronik ② (*сообщение о текущих событиях*) Chronik f; ◇ **семе́йная** ~**а** Familienchronik

хру́пк|ий *прил* <-ая, -ое, -ие> ① (*ломкий*) brüchig, spröde, zerbrechlich; ◇ ~**ий лёд** brüchiges Eis; ◇ ~**ий мета́лл** sprödes Metall ② *перен* (*нежный*) zart, gebrechlich; ◇ ~**ое здоро́вье** zarte Gesundheit

хруста́лик m_1 <-а> *анат* Augenlinse f

хруста́л|ь $ж_2$ *кин* <-я́> ① (*стекло*) Kristallglas n; ◇ **ва́за из** ~**я́** Kristallvase f ② (*изделия*) Kristall n; ◇ **го́рный** ~**ь** Bergkristall

хруст|е́ть* *несов* <-ущу́, -ти́шь> *без доп* ① (*издавать хруст*) knirschen, knistern; (*о суставах*) knacken; ◇ **снег** ~**и́т под нога́ми** der Schnee knirscht unter den Füßen ② (*есть с хрустом*) knabbern, geräuschvoll kauen

хрю́кать V_{1a} *несов* <-аю, -аешь> *без доп* ① (*о свинье*) grunzen ② *перен* grunzen, brummeln

хрящ m_2 <-а́> *анат* Knorpel m

худе́ть V_5 *несов* <-е́ю, -е́ешь> [**по**~ *сов*]

без доп abmagern, mager werden, abnehmen

худо́жественн|ый *прил* ‹-ая, -ое, -ые› *(относящийся к искусству)* künstlerisch, Kunst-; ◇ **~ое воспита́ние** Kunsterziehung *f;* ◇ **~ая самоде́ятельность** Laientheater *m;* ◇ **~ое учи́лище** Kunstschule *f;* ◇ **~ая литерату́ра** schöngeistige Literatur, Belletristik *f;* ◇ **~ое произведе́ние** Kunstwerk *n;* ◇ **~ый фильм** Spielfilm *m;* **худо́жник** *m₁* ‹-а› **1** *(артист, писатель, скульптор)* Künstler *m;* ◇ **~ сло́ва** Dichter *m* **2** *(живописец)* Maler *m* **3** *(мастер своего дела)* Meister *m*

худ|о́й¹ *прил* ‹-ая, -о́е, -ы́е› *(не толстый)* mager, hager; ◇ **~о́е лицо́** hageres Gesicht

худ|о́й² *прил* ‹-ая, -о́е, -ы́е› *(сравн: ху́же)* **1** *(дурной)* schlecht, schlimm, übel; ◇ **~ые времена́** schlimme Zeiten; ◇ **на ~о́й коне́ц** schlimmstenfalls **2** *(прохудившийся)* abgenutzt, abgetragen; *(рваный)* zerrissen

ху́же *сравн от* **худо́й²** *и* **плохо́й**

хулига́н *m₁* ‹-а› Rowdy *m;* *(грубиян)* Rohling *m;* *(драчун)* Streithahn *m;* **хулига́нить** V₄ᵦ *несов* ‹-ню, -нишь› *без доп* randalieren, Unfug treiben; **хулига́нство** *c₂* ‹-а› Rowdytum *n;* ◇ **осуждён за ~** verurteilt wegen groben Unfugs

ху́тор *m₁* ‹-а, *мн:* -á› Anwesen *n,* Einzelgehöft *n*

Ц

ца́пля *ж₂* ‹-и, *род мн:* -пель› Reiher *m*
цара́пать V₁ₐ *несов* ‹-аю, -аешь› [**на~** (2), **о~** (1) *сов*] *кого-что вин* **1** *(делать царапины)* (zer-)kratzen, ritzen; ◇ **~ ру́ки** sich die Hände zerkratzen **2** *(изображать)* kritzeln; ◇ **~ бу́квы на стене́** Buchstaben an die Wand kritzeln; ◇ **~ в тетра́дке** im Heft herumkritzeln; **цара́пина** *ж₂* ‹-ы› Kratzer *m;* *(ранка)* Kratzwunde *f,* Kratzer *m;* ◇ **ру́ки в ~х** zerkratzte Hände; *(трещина)* Schramme *f,* Kratzer *m*

цари́ть V₄ₐ *несов* ‹-рю́, -ри́шь› *без доп* **1** *(царствовать)* als Zar herrschen **2** *перен (первенствовать)* obenan stehen, dominieren **3** *(существовать)* herrschen; ◇ **в лесу́ ~т тишина́** im Wald herrscht Stille; ◇ **в кварти́ре ~т беспоря́док** in der Wohnung herrscht Unordnung; **цари́ца** *ж₂* ‹-ы› *(в России)* Zarin *f;* *(императрица)* Kaiserin *f;* *перен* Königin *f;* **ца́рство** *c₂* ‹-а› **1** *(государство)* Zarenreich *n;* *(империя)* Reich *n* **2** *(правление)* Regierungszeit *f,* Herrschaft *f;* ◇ **избра́ть на ~ кого́-л** jd-n zum Kaiser/Zaren wählen **3** *перен* Sphä-

re *f,* Reich *n;* ◇ **~ приро́ды** das Reich der Natur; ◇ **~ расте́ний** das Pflanzenreich, die Flora; **царь** *m₂* ‹-я́, *мн:* цари́› *(монарх - в России)* Zar *m;* *(император)* Kaiser *m;* ◇ **лев — ~ звере́й** der Löwe ist König der Tiere; ◇ **Ц~ко́локол** Zarenglocke *f*

цве|сти́* *несов* ‹-ету́, -тёшь, (1) *1 и 2 л.* не употр› *без доп* **1** *(о цветах)* blühen; ◇ **я́блоня ~тёт** der Apfelbaum blüht **2** *перен (быть в поре расцвета)* blühen, gedeihen; ◇ **~сти́ здоро́вьем** vor Gesundheit strotzen; ◇ **она́ ~тёт** sie sieht gesund aus **3** *(покрываться водорослями)* bedeckt sein (mit); ◇ **пруд ~тёт** der Teich ist mit Algen zugewachsen

цвет¹ *m₁* ‹-а, *мн:* -á› *(окраска)* Farbe *f,* Färbung *f;* ◇ **тёмный ~** dunkle Farbe; ◇ **я́ркий ~** grelle Farbe; ◇ **~ лица́** Gesichtsfarbe, Teint *m*

цвет² *m* ‹-а› **1** *(цветы)* Blüte *f,* Blumen *f pl;* ◇ **ли́повый ~** Lindenblüte; ◇ **расцвести́ пы́шным ~ом** üppig aufblühen **2** *перен (лучшая часть)* Elite *f;* ◇ **~ на́ции** die Elite der Nation; ◇ **во ~е лет** in seinen besten Jahren

цветы́

Blumen sind in Russland äußerst beliebte Geschenke. Es ist allgemein üblich, sie in ungerader Anzahl zu verschenken, denn Sträuße mit gerader Blumenzahl werden gewöhnlich nur bei Todesfällen überreicht. Ein Mann sollte es vermeiden, einer Frau gelbe Blumen zu schenken, da diese mögliche Untreue signalisieren. Eine Ausnahme sind gelbe Mimosen anlässlich des Internationalen Frauentags am 8. März, der in Russland einer der beliebtesten Feiertage ist.

цветн|о́й *прил* ‹-а́я, -о́е, -ы́е› **1** *(имеющий цвет)* farbig, Farb-; ◇ **~о́й фильм** Farbfilm *m;* ◇ **~ая капу́ста** Blumenkohl *m;* ◇ **~ые мета́ллы** Buntmetalle *n pl* **2** *(о людях)* farbig; ◇ **~ое населе́ние** farbige Bevölkerung

цветово́д *m₁* ‹-а› Blumenzüchter *m;* **цветово́дство** *c₂* ‹-а› **1** Blumenzucht *f* **2** *(садовое хозяйство)* Gärtnerei *f;* **цвет|о́к** *m₁* ‹-тка́, -тки́› **1** Blume *f;* *(цвет на дереве)* Blüte *f;* ◇ **~ок ма́ка** Mohnblume; ◇ **~ок я́блони** Apfelblüte **2** ◇ **~ы́** *мн* Blumen *f pl;* ◇ **полевы́е ~ы́** Feldblumen; ◇ **разводи́ть ~ы́** Blumen züchten; ◇ **рвать ~ы́** Blumen pflücken

цеди́ть V₄ₐ *несов* ‹цежу́, це́дишь, *Part. Präs. Pass.* цеди́мый, *Part. Prät. Pass.* це́женный› *что вин* **1** *(через сито, ткань)* abseihen; *(фильтровать)* durchfiltern **2** *(через узкое отверстие)* (ab-)zapfen; ◇ **~ вино́ в кувши́н** Wein in einen

Krug abzapfen ③ (*медленно пить*) langsam und genussvoll trinken; ◇ **~ слова́ сквозь зу́бы** die Worte verächtlich zwischen den Zähnen hervorstoßen

целесообра́зный *прил* ⟨-ая, -ое, -ые⟩ zweckmäßig, zweckdienlich; **целеустремлённый** *прил* ⟨-ая, -ое, -ые⟩ zielstrebig, zielbewusst

целико́м *нареч* ① (*в це́лом ви́де*) ganz, als Ganzes ② (*без ограниче́ний*) ganz, gänzlich; ◇ **~ отда́ться де́лу** mit Leib und Seele bei der Sache sein; ◇ **и по́лностью** ganz und gar; ◇ **весь ~** durch und durch, vollständig

целина́ *ж₁* ⟨-ы́⟩ ① (*не па́ханная земля́*) Neuland *n*; ◇ **поднима́ть ~у** Neuland urbar machen ② (*простра́нство*) Neuland *n*, jungfräulicher Boden

це́литься V₄ᵦ *несов* ⟨-лю́сь, -ли́шься⟩ [**на~** *сов*] в кого-что вин (1), с инф (2) ① (*ме́тить*) zielen; ◇ **в мише́нь** auf die Zielscheibe zielen ② *перен* (*настра́иваться*) auf etw abzielen, etw beabsichtigen; ◇ **~ получи́ть что-л** es auf etw abgesehen haben

целлюло́за *ж₁* ⟨-ы⟩ Zellulose *f*, Zellstoff *m*

целова́ть V₃ₐ *несов* ⟨-лу́ю, -лу́ешь⟩ [**по~** *сов*] кого-что вин küssen; ◇ **~ в гу́бы** auf den Mund küssen; **целова́ться** *несов* ⟨-лу́юсь, -лу́ешься⟩ [**по~** *сов*] с кем тв sich küssen

целому́дренный *прил* ⟨-ая, -ое, -ые⟩ unberührt, keusch

це́лый I. *прил* ⟨-ая, -ое, -ые⟩ ① (*по́лный*) ganz; ◇ **она́ вы́пила ~ый стака́н** sie trank das ganze Glas aus; ◇ **ждать ~ый час** eine ganze Stunde warten; ◇ **труди́ться по ~ым дням** ganze Tage hindurch arbeiten ② (*большо́й*) ganz, viel; ◇ **~ый во́рох бума́г** ein ganzer Haufen Papier; ◇ **~ый ряд вопро́сов** eine ganze Reihe Fragen ③ (*невреди́мый*) heil, ganz, unversehrt; ◇ **оста́лся цел** er blieb unversehrt II. *с* (*Aⱼ*) ⟨-ого⟩ (*не́что еди́ное*) Ganze *n*; ◇ **еди́ное ~ое** ein Ganzes ② *мат* ganze Zahl; ◇ **в ~ом** im Ganzen; ◇ **в о́бщем и ~ом** im Großen und Ganzen, im Allgemeinen

цель *ж₅* ⟨-и⟩ ① Ziel *n*; (*мише́нь*) Zielscheibe *f*; ◇ **бить ми́мо ~и** das Ziel verfehlen; ◇ **попа́сть в ~ь** ins Ziel treffen ② *перен* Ziel *n*; (*наме́рение*) Zielsetzung *f*; ◇ **дости́чь ~и** ein Ziel erreichen; ◇ **пресле́довать ~ь** ein Ziel verfolgen; ◇ **ста́вить себе́ что-л ~ью** sich etw zum Ziel setzen; ◇ **стреми́ться к ~и** einem Ziel zustreben; ◇ **с како́й ~ью?** zu welchem Zweck?, wozu?

це́льный *прил* ⟨-ая, -ое, -ые⟩ ① (*сплошно́й*) aus einem Stück, ganz; ◇ **пьедеста́л сде́лан из ~ого грани́та** der Sockel ist aus einem Granitblock gemacht ② *перен* (*це́лостный*) harmonisch, in sich geschlossen; ◇ **~ое молоко́** Vollmilch *f*

цеме́нт *м₁* ⟨-а⟩ Zement *m*

цена́ *ж₁* ⟨-ы́, *вин:* це́ну, *мн:* це́ны⟩ ① (*пла́та*) Preis *m*; ◇ **~а́ за прое́зд** Fahrpreis; ◇ **по высо́кой ~е** für einen hohen Preis; ◇ **~а́ по себесто́имости** Selbstkostenpreis; ◇ **в сопостави́мых ~ах** zu vergleichbaren Preisen; ◇ **рост цен** Preissteigerung *f*; ◇ **сниже́ние цен** Preissenkung *f*; ◇ **любо́й ~о́й** um jeden Preis ② *перен* (*значе́ние*) Wert *m*; ◇ **знать ~у вре́мени** Zeit zu schätzen wissen; ◇ **его́ обеща́ния потеря́ли вся́кую ~у** seine Versprechen sind nichts mehr wert; ◇ **знать себе́ ~у** sich seines Wertes bewusst sein; ◇ **быть в ~е́** hoch im Preis stehen

ценз *м₁* ⟨-а⟩ Zensus *m*; ◇ **возрастно́й ~** Altersgrenze

цензу́ра *ж₁* ⟨-ы⟩ Zensur *f*; ◇ **дозво́лено ~ой** von der Zensur erlaubt

цени́ть V₄ₐ *несов* ⟨-ню́, це́нишь, *Präs. Akt.* це́нящий, *Part. Präs. Pass.* цени́мый⟩ кого-что вин ① (*назнача́ть це́ну*) schätzen, bewerten ② (*признава́ть це́нность*) schätzen, zu schätzen wissen; ◇ **высоко́ ~ чей-л труд** jd-s Arbeit zu schätzen wissen; (*отдава́ть до́лжное*) würdigen

це́нный *прил* ⟨-ая, -ое, -ые⟩ ① (*дорого́й*) kostbar, wertvoll ② (*ну́жный*) wertvoll, wichtig; ◇ **~ое откры́тие** wertvolle Entdeckung ③ (*с обозна́ченной цено́й*) Wert-; ◇ **~ая бандеро́ль** Wertpaket *n*; ◇ **~ые бума́ги** Wertpapiere *n pl*

це́нтнер *м₁* ⟨-а⟩ Doppelzentner *m*

центр *м₁* ⟨-а⟩ ① (*то́чка*) Mittelpunkt *m*; ◇ **~ окру́жности** Kreismittelpunkt ② (*центра́льная часть*) Zentrum *n*, Mitte *f*; ◇ **отпра́виться в ~ за поку́пками** ins Zentrum zum Einkaufen gehen ③ (*сосредото́чение*) Zentrum *n*, Mittelpunkt *m*; ◇ **торго́вый ~** Handelszentrum; ◇ **быть в ~е внима́ния** im Mittelpunkt der Aufmerksamkeit stehen; ◇ **не́рвный ~** Nervenzentrum; ◇ **промы́шленные ~ы страны́** Industriezentren des Landes; ◇ **райо́нный ~** Bezirkshauptstadt ④ (*руководя́щий о́рган*) Zentralorgan *n* ⑤ (*веду́щее учрежде́ние о́трасли*) Zentrum *n*, Zentrale *f*; ◇ **телевизио́нный ~** Fernsehzentrum; спорт ◇ **~ нападе́ния** Mittelstürmer *m*;

центра́льный *прил* ⟨-ая, -ое, -ые⟩ (*сре́динный*) zentral, Zentral-, Haupt-; ◇ **~ая телефо́нная ста́нция** zentrales Fernmeldeamt; ◇ **~ое отопле́ние** Zentralheizung *f*; ◇ **~ый банк** Zentralbank *f*

центрифу́га *ж₁* ⟨-и⟩ тех Schleuder *f*, Zentrifuge *f*

цепля́ться V₁ᵦ *несов* ⟨-я́юсь, -я́ешься⟩ за кого-что вин (1, 2), к кому-чему дат (3) ① (*зацепля́ться*) hängen bleiben ② (*стреми́ться сохрани́ть*) sich klammern; ◇ **~ за каку́ю-л мысль** sich an einen Gedanken klammern

цепь *ж₅* ⟨-и, о це́пи, в (на) -пи́, *мн:* це́пи, *род:* -пе́й⟩ ① (*ряд зве́ньев*) Kette *f*;

◇ **я́корная** ~ь Ankerkette; ◇ **соба́ка на ~й** Kettenhund *m;* ◇ **посади́ть на́ ~ь** anketten **2** *перен (совокупность)* Kette *f;* ◇ **~ь огне́й** Lichterkette; ◇ **~ь собы́тий** Kette von Ereignissen **3** *(ряд гор)* Gebirgskette *f* **4** эл Kreis *m;* ◇ **электри́ческая** ~ Stromkreis; ◇ **он как с ~й сорва́лся** er war wie losgelassen

церемо́ни|я *ж_4* ⟨-ии⟩ **1** *(порядок)* Zeremonie *f* **2** *перен* Umstände *m pl;* ◇ **к чему́ э́ти ~и?** wozu diese Umstände?; **прошу́ без ~й** bitte keine Umstände

церко́вн|ый *прил* ⟨-ая, -ое, -ые⟩ kirchlich, Kirchen-; ◇ **~ый брак** kirchliche Trauung; ◇ **~ые пра́здники** kirchliche Feiertage; ◇ **~ая слу́жба** Gottesdienst *m;*
це́рковь *ж_5* ⟨-ви, мн: це́ркви, род: -ве́й⟩ Kirche *f;* ◇ **Ру́сская Правосла́вная Ц~** russisch-orthodoxe Kirche

цех *м_1* ⟨-а, о це́хе, в цеху́, мн: -á⟩ **1** *(отделение завода, фабрики)* Abteilung *f,* Werkhalle *f;* ◇ **лите́йный ~** Gießerei *f;* ◇ **сбо́рочный ~** Montageabteilung; **нача́льник ~а** Abteilungsleiter *m* **2** ист *(организация ремесленников)* Zunft *f,* Innung *f;* ◇ **~ столяро́в** Schreinerinnung

цивилиза́ци|я *ж_4* ⟨-ии⟩ Zivilisation *f;* ◇ **исче́знувшие ~и** verschwundene Zivilisationen

цикл *м_1* ⟨-а⟩ Zyklus *m,* Reihe *f;* ◇ **~ семина́ров** Seminarreihe; ◇ **~ стихо́в** Gedichtszyklus

цикло́н *м_1* ⟨-а⟩ **1** *(ураган)* Zyklon *m,* Wirbelsturm *m* **2** метео Tief(-druckgebiet) *n*

цили́ндр *м_1* ⟨-а⟩ **1** мат, тех Zylinder *m* **2** *(шляпа)* Zylinder *m*

цини́зм *м_1* ⟨-а⟩ Zynismus *m;* **ци́ник** *м_1* ⟨-а⟩ Zyniker *m*

цинк *м_1* ⟨-а⟩ Zink *n*

цино́вка *ж_1* ⟨-и, род мн: -вок⟩ Bastmatte *f*

цирк *м_1* ⟨-а⟩ *(учреждение)* Zirkus *m;* ◇ **передвижно́й ~** Wanderzirkus; ◇ **на аре́не ~а** in der Zirkusarena; ◇ **пойти́ в ~** in den Zirkus gehen

циркули́р|овать *V_3a* несов⟨-рует, руют, 1 и 2 л. не употр⟩ *без доп* **1** *(совершать круговорот)* zirkulieren; ◇ **кровь ~ует по сосу́дам** Blut zirkuliert in den Blutgefäßen **2** *перен (ходить туда и вперёд)* verkehren; ◇ **~уют поезда́** die Züge verkehren; **~уют слу́хи** Gerüchte gehen um

ци́ркуль *м_2* ⟨-я⟩ Zirkel *m*

циркуля́р *м_1* ⟨-а⟩ Rundschreiben *n*

цисте́рна *ж_1* ⟨-ы⟩ *(резервуар)* Zisterne *f;* ◇ **нефтяна́я ~** Ölbehälter *m; (вагон, грузовик)* Tankwagen *m;* мор Tankschiff *n*

цитаде́ль *ж_5* ⟨-и⟩ **1** *(крепость)* Zitadelle *f* **2** *перен (оплот)* Bollwerk *n*

цита́та *ж_1* ⟨-ы⟩ Zitat *n;* ◇ **~ из кла́ссиков** Zitate der Klassiker; ◇ **вы́писать ~у** ein Zitat herausschreiben

ци́фр|а *ж_1* ⟨-ы⟩ **1** *(знак)* Ziffer *f,* Zahl *f;* ◇ **ара́бские ~ы** arabische Ziffern; ◇ **ри́м-**

ские ~ы römische Zahlen **2** ◇ **~ы** *мн (показатели)* Kennziffern *f pl;* ◇ **доказа́ть что-л с ~ами в рука́х** etw mit Zahlen belegen

цо́ка|ть *V_1a* несов⟨-аю, -аешь⟩ *без доп* **1** *(издавать резкие звуки)* klopfen; ◇ **подко́вы ~ют о ка́мень** die Hufe klopfen auf das Pflaster **2** *(прищёлкивать)* schnalzen; ◇ **~ть языко́м** mit der Zunge schnalzen

цо́коль *м_2* ⟨-я⟩ **1** стр Sockel *m;* ◇ **грани́тный ~** Granitsockel **2** эл Sockel *m,* Fassung *f*

цыга́н *м_1* ⟨-а, мн: -е, род: цыга́н⟩ Zigeuner *m;* **цыга́нка** *ж_1* ⟨-и, род мн: -нок⟩ Zigeunerin *f;* **цыга́нский** *прил* ⟨-ая, -ое, -ие⟩ zigeunerisch, Zigeuner-

цыплёнок *м_1* ⟨-нка, мн: цыпля́та, род: цыпля́т⟩ Küken *n,* Hähnchen *n;* ◇ **цыпля́т по о́сени счита́ют** man soll den Tag nicht vor dem Abend loben

цыц! *межд (окрик, выражающий запрет)* still!, kusch!

Ч

чаба́н *м_1* ⟨-á, мн: -ы́⟩ Schafhirt *m,* Hirt *m*

чадра́ *ж_1* ⟨-ы́⟩ Schleier *m,* Tschador *m;* ◇ **сбро́сить ~у** den Schleier ablegen

чаевы́е *мн (A_1)* ⟨-ы́х⟩ *разг* Trinkgeld *n*

ча|й *м_3* ⟨-я, мн: -и́⟩ **1** *(растение, напиток, настой)* Tee *m;* ◇ **планта́ции ~я** Teeplantagen *f pl;* ◇ **сбор ~я** Tee-Ernte *f;* ◇ **зелёный ~й** grüner Tee; ◇ **завари́ть ~й** Tee machen; ◇ **ли́повый ~й** Lindenblütentee **2** *(чаепитие)* Tee *m,* Teegesellschaft *f;* ◇ **пригласи́ть на ча́шку ~я** jd-n zum Tee einladen; ◇ **за ~ем** bei einer Tasse Tee; ◇ **дать на ~й** Trinkgeld geben

ча́йка *ж_1* ⟨-и, род мн: ча́ек⟩ Möwe *f*

ча́йник *м_2* ⟨-а⟩ *(для заварки)* Teekanne *f; (для кипятка)* Teekessel *m*

час *м_1* ⟨-а, мн: -ы́⟩ **1** *(промежуток времени)* Stunde *f;* ◇ **в свобо́дные ~ы** in der Freizeit; ◇ **прошёл це́лый ~** eine ganze Stunde ist vergangen; ◇ **опозда́ть на ~** sich um eine Stunde verspäten; ◇ **~а́ми ожида́ть кого́-л** stundenlang auf jd-n warten; ◇ **че́рез ~** in einer Stunde, eine Stunde später **2** *(мера времени)* Uhr *f;* ◇ **~ но́чи** ein Uhr nachts; ◇ **кото́рый ~?** wie viel Uhr ist es?; ◇ **в кото́ром ~у́?** um welche Uhrzeit?; ◇ **до ~у дня** bis ein Uhr nachmittags **3** *(урок, лекция)* Stunde *f,* Unterrichtsstunde *f;* ◇ **на пе́рвом ~у́** in der ersten Stunde **4** *(пора, время)* Stunde *f,* Zeit *f;* ◇ **~ распла́ты** die Stunde der Abrechnung; ◇ **наста́л после́дний ~** die letzte Stunde hat geschlagen; ◇ **ти́хий** ~ Mittagsruhe; ◇ **приёмные** ~**ы** Sprechstunden f pl; ◇ ~**ы досу́га** die Stunden der Muße; ◇ **расти́ не по дням**, а **по часа́м** zusehends wachsen; ◇ **с** ~**у на** ~ in allernächster Zeit; ◇ **от** ~**у не ле́гче!** das wird ja immer besser!; ◇ **в до́брый** ~! viel Glück!

часо́вня ж₂ <-и, род мн: -вен> Kapelle f
часово́й I. прил <-а́я, -о́е, -ы́е> ① (относя́щийся к часа́м) Uhr-, Uhren-; ◇ ~ **магази́н** Uhrengeschäft n; ◇ ~ **механи́зм** Uhrwerk n ② (продолжа́ющийся час) einstündig; (по часа́м) stündlich; ◇ ~ **по́яс** Zeitzone f II. м (A₁) <-о́го> (карау́льный) Wachposten m, Wache f; ◇ **сме́на часовы́х** Wachablösung f

части́ц|а ж₁ <-ы> ① kleiner Teil; ◇ **мельча́йшая** ~**а** winziger Teil; физ Teilchen n; ◇ **элемента́рная** ~**а** Elementarteilchen ② грам Partikel f; ◇ **мода́льные** ~**ы** Modalpartikel

части́чно нареч teilweise; ◇ **зада́ние вы́полнено** ~ die Aufgabe ist teilweise erfüllt

 чай

Das russische Nationalgetränk ist sowohl die beliebteste Erfrischungsgetränk als auch ein bewährtes Mittel gegen Müdigkeit und Stress, das für die Russen mit Essen, Gemütlichkeit und Geselligkeit verbunden ist. Sie brauchen sich nicht zu wundern, wenn zum Tee nicht nur der erwartete Kuchen oder Süßigkeiten serviert werden, z. B. пироги́ (Piroggen) oder пирожки́ (gebackene oder in Öl geratene, gefüllte Teigtaschen). Чай schließt üblicherweise alle Mahlzeiten ab und ist in Russland – anders als das Kaffeetrinken in Deutschland – nicht an irgendeine Uhrzeit gebunden, sondern wird im Laufe des Tages nach Lust und Laune genossen.

ча́стник м₁ <-а> разг Privatunternehmer m; (владе́лец) Eigentümer m
ча́стн|ый прил <-ая, -ое, -ые> ① (не типи́чный) speziell, einzelner, Einzel- ② (ли́чный) privat, persönlich, Privat-; ◇ **по** ~**ому де́лу** in persönlicher Angelegenheit; ◇ ~**ая со́бственность** Privateigentum n; ◇ ~**ое лицо́** Privatperson f; ◇ **дава́ть** ~**ые уро́ки** Privatunterricht geben
ча́сто нареч ① oft, häufig; ◇ ~ **встреча́ться** sich oft treffen ② (гу́сто) dicht, gedrängt ③ (бы́стро) schnell; **ча́ст|ый** прил <-ая, -ое, -ые> ① (густо́й, пло́тный) dicht, gedrängt; ◇ ~**ые за́росли** dichtes Gestrüpp ② (располо́женный бли́зко) nah beieinander, wiederholt; ◇ ~**ые остано́вки по-**

езда́ häufiges Anhalten des Zuges ③ (повторя́ющийся ча́сто) schnell, häufig; ◇ ~**ый пульс** schneller Puls; ◇ ~**ый ритм** schneller Rhythmus; ◇ ~**ые звонки́** häufige Anrufe

част|ь ж₅ <-и, мн: ча́сти, род: -те́й> ① (до́ля це́лого) Teil m; ◇ ~ **те́ла** Körperteil; ◇ **пя́тая** ~**ь** ein Fünftel; ◇ **по** ~**я́м** teilweise; ◇ **разделя́ть на** ~**и** (auf-)teilen ② (составно́й элеме́нт) Teil n; ◇ **запасны́е** ~**и** Ersatzteile n pl ③ (разде́л произведе́ния) Teil m, Abschnitt m; ◇ **рома́н в трёх** ~**я́х** Roman in drei Teilen ④ (отде́л учрежде́ния) Abteilung f ⑤ (о́бласть де́ятельности) Bereich m, Gebiet n; ◇ **рабо́тать по фина́нсовой** ~**и** im Finanzbereich tätig sein; ◇ **э́то не по мое́й** ~**и** dafür bin ich nicht zuständig ⑥ воен Einheit f; ◇ **бо́льшей** ~**ю** größtenteils; ◇ ~**и све́та** Erdteile m pl

часы́ мн₁ <-о́в> Uhr f; ◇ **карма́нные** ~ Taschenuhr; ◇ **нару́чные** ~ Armbanduhr; ◇ **завести́** ~ die Uhr aufziehen; ◇ ~ **спеша́т** die Uhr geht vor; ◇ **как** ~ sehr genau
чахо́тка ж₁ <-и> мед Schwindsucht f
ча́ша ж₁ <-и> ① (сосу́д) Becher m, Schale f; ◇ **сере́бряная** ~ Silberschale ② (пе́рен) (во́дный резервуа́р) Becken n; ◇ ~ **пла́вательного бассе́йна** Schwimmbecken; ◇ ~ **терпе́ния перепо́лнена** das Maß ist voll
ча́шка ж₁ <-и, род мн: -шек> Tasse f
ча́ща ж₂ <-и> Dickicht n
чва́нство с₂ <-а> Dünkel m, Arroganz f; (высокоме́рие) Hochmut m
чего́ см. что
чей (чего́ м; чья, чьей ж; чьё, чьего́ с; чьи, чьих мн) мест ① (вопр мест) wessen; ◇ **чья э́то кни́га?** wessen Buch ist das?; ◇ **не по́мню, чьё э́то выраже́ние** ich weiß nicht mehr, wessen Ausspruch das ist ② (относ мест) dessen; ◇ **актёр, чьё и́мя изве́стно всему́ ми́ру** ein Schauspieler, dessen Name weltweit bekannt ist [ein weltbekannter Schauspieler]
чек м₁ <-а> ① (це́нная бума́га) Scheck m; ◇ **доро́жный** ~ Reisescheck; ◇ **плати́ть по** ~**у** einen Scheck einlösen ② (тало́н из ка́ссы) Kassenzettel m, Bon m
чека́нить V₄ᵦ несов <-ню, -нишь> **вы**-(1), **от**~ (1, 3) сов] что вин ① (изображе́ние на мета́лле) prägen; ◇ ~ **моне́ту** Münzen prägen ② (обраба́тывать обжа́тием) treiben, Metall formen ③ (отчётливо произноси́ть) ~ **слова́** jedes Wort deutlich aussprechen
чёлка ж₁ <-и, род мн: -лок> ① (у ло́шади) Schopf m ② (у челове́ка) Pony m
челове́к м₁ <-а, мн: лю́ди, род: люде́й, дат: лю́дям, тв: людьми́, предл: лю́дях> Mensch m; (мужчи́на) Mann m; (лицо́) Person f; ◇ **обыкнове́нный** ~ Durchschnittsmensch; ◇ **делово́й** ~ Geschäftsmensch; ◇ **че́стный** ~ ehrlicher Mensch; ◇

их бы́ло во́семь ~ sie waren zu acht; ◇ **семья́ из пяти́** ~ eine fünfköpfige Familie; **челове́ческ|ий** *прил* ⟨-ая, -ое, -ие⟩ menschlich, Menschen-; ◇ **~ий ра́зум** menschlicher Verstand; ◇ **~ое чу́вство** menschliches Gefühl; **челове́честв|о** c_2 ⟨-а⟩ Menschheit *f*; ◇ **~а** Überleben der Menschheit; **челове́ч-ность** $ж_5$ ⟨-и⟩ Menschlichkeit *f*; (*гуман-ность*) Humanität *f*; ◇ **преступле́ния про́тив** ~и Verbrechen gegen die Menschlichkeit

че́люст|ь $ж_5$ ⟨-и⟩ Kiefer *m*; (*зубы*) Gebiss *n*; ◇ **ве́рхняя ~ь** Oberkiefer; ◇ **ни́жняя ~ь** Unterkiefer; ◇ **иску́сственные ~и** Gebiss

чем *союз* ⟨1⟩ (*после сравн*) als; ◇ **лу́чше по́здно, ~ никогда́** lieber zu spät als gar nicht ⟨2⟩ (*перед сравн*) ◇ **..., тем** je..., desto; ◇ **~ бо́льше, тем лу́чше** je mehr, desto besser

чемода́н $м_1$ ⟨-а⟩ Koffer *m*; ◇ **доро́жный ~** Reisekoffer; ◇ **распакова́ть ~** den Koffer auspacken; ◇ **уложи́ть [упакова́ть] ~** den Koffer packen; *перен* ◇ **сиде́ть на ~ах** auf gepackten Koffern sitzen

чемпио́н $м_1$ ⟨-а⟩ *спорт* Meister *m*; ◇ **Евро́пы по пла́ванию** Europameister im Schwimmen; **чемпиона́т** $м_1$ ⟨-а⟩ Meisterschaft *f*

чему́ *см.* **что**

чепуха́ $ж_1$ ⟨-и́⟩ Unsinn *m*, Stuss *m*, dummes Zeug; *разг* ◇ **нести́ ~у́** Unsinn daherreden; ◇ **~а́ на по́стном ма́сле** glatter Unsinn

че́пчик $м_1$ ⟨-а⟩ Häubchen *n*, Haube *f*

червя́к $м_1$ ⟨-а́, *мн:* -и́⟩ ⟨1⟩ *зоол* Wurm *m* ⟨2⟩ *тех* (*зубчатое колесо*) Schnecke *f* ⟨3⟩ *перен презр* (*о ничтожном человеке*) Wurm *m*

черда́к $м_1$ ⟨-а́, *мн:* -и́⟩ Dachboden *m*, Speicher *m*; ◇ **жить на ~е́** unter dem Dach wohnen

чередова́ть V_{3a} *несов* ⟨-ду́ю, -ду́ешь⟩ *кого-что вин с кем-чем тв* (ab-)wechseln, aufeinander folgen lassen; ◇ **~ рабо́ту с о́тдыхом** abwechselnd arbeiten und sich erholen

че́рез *предлог с вин* ⟨1⟩ (*пересекая что-л*) über; ◇ **мост ~ ре́ку** Brücke über den Fluss; ◇ **пры́гнуть ~ руче́й** über den Bach springen ⟨2⟩ (*над, по поверхности*) durch, über; ◇ **у́лица ведёт ~ весь го́род** die Straße führt durch die ganze Stadt ⟨3⟩ (*сквозь что-л*) durch; ◇ **влезть ~ окно́** durch das Fenster hineinklettern; ◇ **е́хать ~ го́род** durch die Stadt fahren; ◇ **смотре́ть ~ очки́** durch die Brille schauen ⟨4⟩ (*при помощи кого-чего-л*) durch, über, mit Hilfe von; ◇ **оповести́ть ~ газе́ту** über die Zeitung informieren; ◇ **сообщи́ть ~ друзе́й** durch Freunde mitteilen lassen ⟨5⟩ (*спустя какое-л время*) nach, in; ◇ **приду́ ~ час** ich komme in einer Stunde; ◇ **~ ка́ждые два**

часа́ alle zwei Stunden; ◇ **~ го́ды** nach Jahren; ◇ **~ день** übermorgen; ◇ **печа́тать ~ два интерва́ла** mit zweizeiligem Abstand tippen

черёмуха $ж_1$ ⟨-и⟩ (*ягода*) Faulbeere *f*; (*дерево*) Faulbeerbaum *m*

че́реп $м_1$ ⟨-а⟩ Schädel *m*; ◇ **лы́сый [го́лый] ~** Glatze *f*

черепа́ха $ж_1$ ⟨-и⟩ ⟨1⟩ *зоол* Schildkröte *f*; ◇ **тащи́ться [ползти́] как ~** sich im Schneckentempo bewegen ⟨2⟩ (*изделия*) Schildpatt *n*

черепи́ца $ж_2$ ⟨-ы⟩ Dachziegel *m*

чересчу́р *нареч* (*слишком*) zu sehr, zu viel, übermäßig; ◇ **~ ма́ло** (viel) zu wenig; ◇ **~ мно́го** (viel) zu viel; ◇ **он ~ строг** er ist zu streng; ◇ **э́то уж ~!** das geht zu weit!

чере́шня $ж_2$ ⟨-и, *род мн:* -шен⟩ (*плод*) Süßkirsche *f*; (*дерево*) Süßkirschbaum *m*

черни́ка $ж_1$ ⟨-и⟩ (*ягода*) Heidelbeeren *f pl*; (*куст*) Heidelbeerstrauch *m*

черни́ла $мн_2$ ⟨-и́л⟩ Tinte *f*; **черни́ль-ница** $ж_1$ ⟨-ы⟩ Tintenfass *n*

черни́ть V_{4a} *несов* ⟨-ню́, -ни́шь, *Part. Prät. Pass.* -нённый⟩ [**за-** (1), **о-** (2) *сов*] *кого-что вин* ⟨1⟩ (*красить*) schwärzen; ◇ **~ бро́ви** die Augenbrauen schwarz färben ⟨2⟩ *перен* (*порочить*) anschwärzen, schlechtmachen; ◇ **~ свои́х пре́жних колле́г по рабо́те** seine früheren Arbeitskollegen anschwärzen; (*клеветать*) verleumden

чернови́к $м_1$ ⟨-а́, *мн:* -и́⟩ ⟨1⟩ (*набросок*) Entwurf *m*, Konzept *n* ⟨2⟩ (*тетрадь*) Schmierheft *n*; ◇ **переписывать с ~а́ на белови́к** ins Reine schreiben

чернозём $м_1$ ⟨-а⟩ Schwarzerde *f*

черномо́рск|ий *прил* ⟨-ая, -ое, -ие⟩ Schwarzmeer-; ◇ **~ое побере́жье** Schwarzmeerküste *f*

чернорабо́чий *м* (A_2) ⟨-его⟩ ungelernter Arbeiter *m*

черносли́в $м_1$ ⟨-а⟩ gedörrte Pflaumen, Backpflaumen *f pl*

чёрн|ый *прил* ⟨-ая, -ое, -ые⟩ ⟨1⟩ (*тёмный*) schwarz, dunkel; ◇ **~ый креп** Trauerflor *m*; ◇ **~ый хлеб** Schwarzbrot *n*; (*потемневший*) ◇ **~ый от зага́ра** tief gebräunt ⟨2⟩ *перен* (*мрачный*) schwarz, finster; ◇ **~ые мы́сли** finstere Gedanken ⟨3⟩ (*задний*) Hinter-, Neben-; ◇ **с ~ого хо́да** durch den Hintereingang ⟨4⟩ (*неквалифицированный*) schwer, schmutzig; ◇ **держа́ть кого́-л в ~ом те́ле** jd-n kurz halten; ◇ **~ым по бе́лому** schwarz auf weiß; ◇ **~ый ры́нок** Schwarzmarkt *m*; ◇ **~ые спи́ски** schwarze Listen; ◇ **на ~ый день** für den Notfall

че́рпать V_{1a} *несов* ⟨-аю, -аешь⟩ [**черп-ну́ть** V_2 *сов*] *что вин* ⟨1⟩ (*доставать*) schöpfen, baggern ⟨2⟩ *перен* (*приобретать*) schöpfen, bekommen; ◇ **~ зна́ния** Wissen schöpfen; ◇ **~ си́лы** Kraft schöpfen

черстве́|ть *несов* ⟨-е́ю, -е́ешь, (1) 1 и 2 л. не употр⟩ [**за-** (1), **по-** *сов*] *без доп* ① vertrocknen; ◇ **хлеб ~ет** das Brot wird trocken ② *перен (о челове́ке)* sich verhärten, hartherzig werden, abstumpfen; **чёрствый** *прил* ⟨-ая, -ое, -ые⟩ ① *(засо́хший)* trocken, hart ② *перен (безду́шный)* hartherzig, gefühllos

чёрт *м₁* ⟨-а, *мн:* че́рти, *род:* черте́й⟩ Teufel *m;* ◇ **~ возьми́!** hol's der Teufel!; ◇ **~ побери́!** verdammt nochmal!; ◇ **сам ~ не разберёт** das begreift kein Schwein; ◇ **всё пошло́ к ~у** alles ist im Eimer; ◇ **посла́ть ко всем чертя́м** jd-n zum Teufel schicken; ◇ **~ дёрнул его́ сде́лать э́то** ihn hat der Teufel geritten; ◇ **до черта́** ungeheuer viel; ◇ **на кой ~** wozu, zum Teufel; ◇ **с ним** ach egal!, das ist mir gleich!

черт|а́ *ж₁* ⟨-ы́⟩ ① *(ли́ния)* Strich *m,* Linie *f;* ◇ **провести́ ~у́** eine Linie ziehen; ◇ **подвести́ ~у́ под чем-л** einen Strich unter etw ziehen ② *(грани́ца, преде́л)* Grenze *f,* Grenzlinie *f;* ◇ **в ~е го́рода** innerhalb der Stadt; *перен* ◇ **до после́дней ~ы́** bis zum Äußersten ③ *(сво́йство)* Zug *m;* ◇ **непри-я́тная ~ в поведе́нии** schlechtes Verhalten; ◇ **~ы́ лица́** Gesichtszüge *m pl*

чертёж *м₂* ⟨-а́, *мн:* -и́⟩ Zeichnung *f,* Riss *m* **черти́ть** V₄ₐ *несов* ⟨-рчу́, -ртишь, *Part. Präs. Akt.* черти́щий, *Part. Präs. Pass.* черти́мый⟩ [**на-** *сов* ⟨ *Part. Prät. Pass.* -че́рченный⟩] *что вин* ① *(проводи́ть черту́)* zeichnen; ◇ **~ рейсфе́дером** mit der Reißfeder zeichnen ② *(гото́вить чертёж)* zeichnen, eine technische Zeichnung anfertigen; ◇ **~ план ме́стности** einen Ortsplan zeichnen

чеса́ть* *несов* ⟨чешу́, че́шешь⟩ *что вин (1, 3), кого́-что вин (2)* ① kratzen; ◇ **~ спи́ну** den Rücken kratzen; ◇ **~ в заты́лке** am Kopf kratzen ② *(расчёсывать)* kämmen; ◇ **~ во́лосы** Haare kämmen ③ *(щёткой, гре́бнем)* hecheln, kämmen; ◇ **~ лён** Flachs hecheln; ◇ **~ языко́м** klatschen, schwatzen

чесно́к *м₁* ⟨-а́⟩ Knoblauch *m*

чесо́тка *ж₁* ⟨-и⟩ мед Krätze *f*

че́ствование *с₄* ⟨-я⟩ Ehrung *f;* **че́ствовать** V₃ₐ *несов* ⟨-твую, -твуешь⟩ *кого́-что вин* ehren, jd-n feiern, würdigen; ◇ **~ юбиля́ра** den Jubilaren feiern; **че́стный** *прил* ⟨-ая, -ое, -ые⟩ ① *(и́скренний, пря́мо)* ehrlich, redlich, aufrichtig; ◇ **~ые наме́рения** ehrliche Absichten; ◇ **~ое сло́во** Ehrenwort *n* ② *(безупре́чный)* unbescholten, ehrlich; ◇ **~ый за́работок** ehrlicher Verdienst; ◇ **держа́ться на ~ом сло́ве** an einem dünnen Faden hängen; **честь** *ж₅* ⟨-и, о че́сти, в чести́⟩ ① Ehre *f;* ◇ **де́ло че́сти** Ehrensache *f;* ◇ **заде́ть чью-л ~** jd-n in seiner Ehre kränken; ◇ **э́то де́лает тебе́ ~** das macht dir Ehre ② *(хоро́шая репута́ция)* guter Ruf *m;* ◇ **возда́ть ~ кому́-л** jd-m Ehre erweisen; ◇

име́ю ~ ich habe die Ehre; ◇ **пора́ и ~ знать** es ist höchste Zeit aufzubrechen **четве́рг** *м₁* ⟨-а́, *мн:* -и́⟩ Donnerstag *m;* ◇ **в про́шлый/бу́дущий ~** am letzten/kommenden Donnerstag; ◇ **по ~а́м** donnerstags; *шутл* ◇ **по́сле дождичка в ~** am Sankt-Nimmerleins-Tag

четвёрк|а *ж₁* ⟨-и, *род мн:* -рок⟩ ① *(ци́фра)* Vier *f* ② *(отме́тка "хорошо́")* Zwei *f;* ◇ **учи́ться на ~и** ein guter Schüler sein ③ *(упря́жка в четы́ре ло́шади)* Viergespann *n* ④ спорт *(ло́дка)* Vierer *m;* **четверости́шие** *с₄* ⟨-я⟩ Vierzeiler *m,* vierzeiliges Gedicht; **четверти́нка** *ж₁* ⟨-и, *род мн:* -нок⟩ *разг* Viertel *n;* **четвёртый** *поря́дковое числ* ⟨-ая, -ое, -ые⟩ der vierte; ◇ **~ый ряд** die vierte Reihe; ◇ **~ая часть** ein Viertel; ◇ **~ого числа́** am vierten; **че́тверть** *ж₅* ⟨-и, *мн:* че́тверти, *род:* -те́й⟩ ① Viertel *n;* ◇ **~ь ча́са** Viertelstunde *f;* ◇ **без ~и семь** Viertel vor sieben; ◇ **~ь восьмо́го** Viertel nach sieben ② *(часть го́да)* Quartal *n;* ◇ **~ь го́да** Vierteljahr *n;* ◇ **отме́тки за ~ь** Vierteljahresnoten *f pl* ③ муз Viertelnote *f*

чётки *мн₁* ⟨-ток⟩ Rosenkranz *m* **чёткий** *прил* ⟨-ая, -ое, -ие⟩ *(сравн:* чётче⟩ ① *(отчётливый)* deutlich, leserlich; ◇ **~ий по́черк** leserliche Handschrift ② *(я́сный, то́чный)* klar, genau; ◇ **~ое изложе́ние** genaue Wiedergabe

чётный *прил* ⟨-ая, -ое, -ые⟩ gerade; ◇ **~ое число́** gerade Zahl

чётче *сравн от* **чёткий**

четы́ре *числ* ⟨ ⟩ ① vier; ◇ **по ~ в ряд** in Viererreihen ② *(отме́тка)* Zwei *f,* "gut"; ◇ **за сочине́ние получи́л ~** für den Aufsatz bekam er eine Zwei; **четы́реста** *числ* vierhundert; **четырёхдне́вный** *прил* ⟨-ая, -ое, -ые⟩ viertägig; **четырёхле́тний** *прил* ⟨-яя, -ее, -ие⟩ vierjährig; **четырёхме́сячный** *прил* ⟨-ая, -ое, -ые⟩ viermonatig; ◇ **в ~ срок** binnen vier Monaten; **четырёхсторо́нний** *прил* ⟨-яя, -ее, -ие⟩ vierseitig, Vierseiten-; ◇ **~ее соглаше́ние** vierseitiges Abkommen; **четырёхуго́льник** *м₁* ⟨-а⟩ Viereck *n;* **четырёхчасово́й** *прил* ⟨-ая, -ое, -ые⟩ ① *(продолжи́тельностью в четы́ре часа́)* vierstündig; ◇ **~ переры́в** vierstündige Pause ② *(назна́ченный на четы́ре часа́)* Vieruhr-; ◇ **~ по́езд** Vieruhrzug *m;* **четы́рнадцатый** *числ* ⟨-ая, -ое, -ые⟩ der vierzehnte; ◇ **~ого ма́рта** am vierzehnten März; ◇ **~ая страни́ца** Seite vierzehn

чех *м₁* ⟨-а⟩ Tscheche *m*

чехо́л *м₁* ⟨-ла́, *мн:* -лы́⟩ Kappe *f,* Überzug *m;* *(футля́р)* Futteral *n*

чечеви́ца *ж₁* ⟨-ы⟩ бот Linse *f*

чече́нец *м₁* ⟨-нца, *мн:* -нцы⟩ Tschetschene *m;* **чече́нка** *ж₁* ⟨-и, *род мн:* -нок⟩ Tschetschenin *f*

чечётк|а *ж₁* ⟨-и⟩ Stepptanz *m;* ◇ **отбива́ть ~у** steppen

че́шка $ж_1$ ‹-и, *род мн:*-шек› Tschechin f; **че́шский** *прил* ‹-ая, -ое, -ие› tschechisch

чешу́|я $ж_3$ ‹-й› Schuppen f pl; ◇ **ры́ба ~я** Fischschuppen; ◇ **сбро́сить ~ю** sich schuppen, sich häuten

чи́жик $м_1$ ‹-а› (*птица*) Zeisig m

чили́|ец $м_5$ ‹-и́йца, *мн:*-и́йцы› Chilene m; **чили́йка** $ж_1$ ‹-и, *род мн:*-и́ек› Chilenin f; **чили́йский** *прил* ‹-ая, -ое, -ие› chilenisch

чин $м_1$ ‹-а, *мн:*-ы́› **1** (*разряд, класс*) Dienstgrad m, Rang m; ◇ **повыше́ние в ~е** Beförderung f; ◇ **име́ть высо́кий ~** einen hohen Rang innehaben **2** (*чиновник*) Würdenträger m, hoher Beamter; ◇ **яви́лся како́й-то ва́жный ~** es kam irgendein hohes Tier; *разг* ◇ **~ ~ом** wie es sich gehört

чини́ть¹ V_{4a} *несов* ‹-ню́, чи́нишь› [**о~** (2), **по~** (1) *сов* ‹ *Part. Prät. Pass.* -чи́ненный›] *что вин* **1** (*исправлять*) ausbessern, flicken, überholen; ◇ **~ велосипе́д** das Fahrrad reparieren **2** (*делать острым*) (an-)spitzen

чини́ть² *несов* ‹-ню́, чини́шь› [**у~** *сов* ‹*Part. Prät. Pass.* -чинённый›] *что вин* (*устранять*) machen, anrichten; ◇ **кому́-л препя́тствия [поме́хи]** jd-m Hindernisse in den Weg legen

чино́вник $м_1$ ‹-а› **1** (*государственный служащий*) Beamte(r) m **2** *перен пренебр* Bürokrat m, Schreiberseele f

чири́кать V_{1a} *несов* ‹-аю, -аешь› *без доп* (*щебетать*) zwitschern

чи́сленность $ж_2$ ‹-и› (An-)Zahl f, Stärke f; ◇ **~ населе́ния** Anzahl der Bevölkerung; ◇ **гру́ппа ~ю в сто челове́к** eine hundert Personen starke Gruppe; **чи́сленн|ый** *прил* ‹-ая, -ое, -ые› numerisch; (*количественный*) zahlenmäßig; ◇ **~ое превосхо́дство** zahlenmäßiges Übergewicht; ◇ **~ый соста́в** Stärke f, Anzahl f

чи́слиться V_{4b} *несов* ‹-люсь, -лишься› *кем-чем тв* (*как кто-что имен, в качестве кого-чего*) registriert sein, geführt werden; ◇ **~ в спи́ске** in der Liste geführt werden; ◇ **~ больны́м** krank gemeldet sein

число́ $с_2$ ‹-а́, *мн:*чи́сла, *род:*чи́сел, *дат:*чи́слам› **1** Zahl f; ◇ **дро́бное ~** Bruchzahl; ◇ **просто́е ~** Primzahl **2** (*день месяца*) Datum n; ◇ **в пе́рвых ~ах ма́я** Anfang Mai; ◇ **како́е сего́дня ~**? den Wievielten haben wir heute?; ◇ **узна́ть что-л за́дним ~ом** etw nachträglich erfahren **3** (*количество*) (An-)Zahl f; ◇ **попо́лнить ~о уча́стников** die Zahl der Teilnehmer erhöhen; ◇ **без ~а́** zahllos; ◇ **в том ~е́** darunter; ◇ **оди́н из них ~е́** а einer von ihnen **5** *грам* Zahl f, Numerus m; ◇ **еди́нственное ~о** Einzahl f, Singular m ◇ **мно́жественное ~о** Mehrzahl f, Plural m

чи́стить V_{4b} *несов* ‹чи́щу, чи́стишь, *Part. Prät. Pass.* чи́щенный› [**вы~** (1),

о~ (2) *сов*] *кого-что вин (1, 4), что вин (2, 3)* **1** (*делать чистым*) reinigen, säubern; ◇ **~ зу́бы** die Zähne putzen; ◇ **~ о́бувь** Schuhe putzen **2** (*приготовлять в пищу*) schälen, pellen, putzen; ◇ **~ карто́фель** Kartoffeln schälen; ◇ **~ о́вощи** Gemüse putzen; ◇ **~ ви́шню** Kirschen entsteinen **3** (*освобождать*) säubern, räumen; ◇ **~ снег на путя́х** Schnee räumen **4** (*обворо́вывать*) ausrauben

чи́сто *нареч* **1** sauber, rein **2** *безл* ◇ **круго́м ~** es ist rundherum sauber **3** (*лишь*) rein, nur; ◇ **~ вне́шний** rein äußerlich; ◇ **де́ло здесь не ~** hier geht es nicht mit rechten Dingen zu; **чистописа́ние** $с_2$ ‹-я› Schönschreiben n, Schönschrift f; **чистопло́тный** *прил* ‹-ая, -ое, -ые› **1** (*опрятный*) reinlich, sauber **2** *перен* (*порядочный*) ehrlich, anständig; **чистота́** $ж_1$ ‹-ы́› **1** (*отсутствие грязи*) Sauberkeit f, Reinheit f **2** (*аккуратность*) Sorgfalt f, Ordentlichkeit f **3** (*отсутствие примесей*) Reinheit f **4** (*ясность*) Klarheit f; (*порядочность*) Redlichkeit f; **чи́ст|ый** *прил* ‹-ая, -ое, -ые› **1** sauber, rein; ◇ **~ое бельё** reine Wäsche **2** *перен* (*правдивый*) ehrlich, rein, redlich; ◇ **с ~ой со́вестью** mit reinem Gewissens; ◇ **сказа́ть от ~ого се́рдца** etw aus tiefstem Herzen sagen **3** (*свободный*) rein, klar; ◇ **~ое не́бо** klarer Himmel; ◇ **~ая тетра́дь** leeres Heft; ◇ **~ый во́здух** reine Luft **4** (*без примесей*) rein, pur; ◇ **~ое зо́лото** pures Gold; ◇ **~ый спирт** reiner Spiritus **5** (*настоящий*) echt, wahrhaft; ◇ **~ый вздор** reiner Unsinn; ◇ **~ая случа́йность** purer Zufall; ◇ **~ый дохо́д** Nettogewinn m, Reingewinn m

чита́льня $ж_2$ ‹-и, *род мн:*-лен› Lesesaal m, Leseraum m; **чита́тель** $м_2$ ‹-я› **1** Leser m **2** (*посетитель библиотеки*) Bibliotheksbesucher m; ◇ **зал для ~ей** Lesesaal m; **чита́ть** V_{1q} *несов* ‹-а́ю, -а́ешь, *Part. Prät. Pass.* чи́танный [**пыо~** *сов*] *кого-что вин* **1** (*книги*) lesen; ◇ **~ вслух** laut lesen, vorlesen; ◇ **она́ мно́го чита́ет** sie liest viel; ◇ **~ но́ты** Noten lesen **2** *перен* (*угадывать*) etw ablesen, erraten; ◇ **~ настрое́ния по лица́м** die Stimmung von den Gesichtern ablesen; ◇ **~ между́ строк** zwischen den Zeilen lesen; ◇ **~ мы́сли** Gedanken lesen **3** (*излагать перед аудиторией*) vortragen, halten; ◇ **~ ле́кцию** eine Vorlesung halten; ◇ **~ стихи́** Gedichte vortragen; ◇ **~ нравоуче́ния** die Leviten lesen

чиха́ть V_{1a} *несов* ‹-а́ю, -а́ешь› [**чихну́ть** V_2 *сов*] *без доп (1), на кого-что вин (2)* **1** niesen **2** *перен* (*плевать*) pfeifen (auf); ◇ **~ мне на него́** ich pfeife auf ihn

член $м_1$ ‹-а› **1** Mitglied n; ◇ **~ семьи́** Familienmitglied; ◇ **~ правле́ния** Vorstandsmitglied **2** (*часть тела*) (Körper-)Glied n; ◇ **от бо́ли он не мог пошеве́ль-**

ну́ть ни еди́ным ~ом vor Schmerzen konnte er kein Glied rühren **3** мат Glied *n* **4** грам ~ предложе́ния Satzglied;

чле́нство c_2 <-а> Mitgliedschaft *f*

чмо́кать V_{1a} несов <-аю, -аешь> [**чмо́кнуть** V_2 сов] без доп разг schmatzen, schnalzen; (целовать) küssen

чо́каться V_{1a} несов <-аюсь, -аешься> [**чо́кнуться** V_2 сов] с кем тв anstoßen (mit)

чо́порный прил <-ая, -ое, -ые> prüde, zimperlich, geziert; (натянутый) steif, affektiert

чрезвыча́йный прил <-ая, -ое, -ые> **1** (исключительный) außerordentlich; ◇ ~ое происше́ствие ungewöhnliches Ereignis **2** (специальный) besonderer, Sonder-, Ausnahme-; ◇ ~ая коми́ссия Sonderkommission *f*; ◇ ~ые ме́ры Sondermaßnahmen *f pl*; ◇ ~ые полномо́чия Sondervollmachten *f pl*; ◇ ввести́ ~ое положе́ние den Ausnahmezustand verhängen

чрезме́рный прил <-ая, -ое, -ые> übermäßig; (крайний) extrem

чте́ние c_4 <-я> **1** (читаемое произведение) Lektüre *f*; ◇ занима́тельное ~е spannende Lektüre **2** ◇ ~я мн (цикл докладов) Lesung *f*; Vorlesung *f*; ◇ литерату́рные ~я literarische Lesung **3** (лекций) (Ab-)Halten *n*

чтить несов <чту, чтишь> кого-что вин (ver-)ehren, hoch achten, in Ehren denken

что (чего, чему, чем, о чём) I. мест **1** (в прямом вопросе) was; ◇ ~ случи́лось? was ist passiert?; ◇ ~ Вы говори́те? was sagen Sie? **2** (каков, каково) wie; ◇ ты ему́ сказа́л, а он ~? du hast es ihm gesagt, und wie hat er reagiert? **3** (который) der, die, das; ◇ дом, ~ стои́т на углу́ угла́ das Haus, das an der Ecke steht II. нареч **1** (почему) weshalb, warum; ◇ ~ ты заду́мался? warum bist du so nachdenklich?; ◇ ~ так по́здно пришёл? warum bist du so spät gekommen? **2** (сколько) wie viel, was; ◇ бы́ло сил aus ganzer Kraft; ◇ ~ по́льзы? was nützt das?; ◇ в слу́чае чего́ im Fall eines Falles; ◇ нет ли чего́ но́вого? gibt's was Neues?; ◇ ни за ~! auf keinen Fall!; ◇ ни за́ ~, ни про́ ~ mir nichts, dir nichts; ◇ да ~ Вы! was Sie nicht sagen!; ◇ не́ за ~! bitte!, keine Ursache!; ◇ оста́ться ни при чём leer ausgehen; ◇ знать к чему́ sich in etw auskennen III. союз **1** (присоединяет придат предл) dass; ◇ жаль, ~ ты опозда́л schade, dass du so spät gekommen bist; ◇ сказа́л так ти́хо, ~ никто́ не услы́шал er sagte es so leise, dass es niemand hörte **2** (с частицей "ни" или без неё) ◇ ~ ни день, прибавля́ются си́лы mit jedem Tag kommen neue Kräfte **3** (при повторении) об ... об; ◇ ты пойдёшь, ~ я — всё равно́ ob du gehst, ob ich gehe, das ist egal

что́бы I. союз (присоединяет придат предл) **1** (цель) damit, um zu; ◇ говори́те про́сто, ~ бы́ло поня́тно всем sagen Sie es mit einfachen Worten, damit es für alle verständlich ist; ◇ тороплю́сь, ~ успе́ть на по́езд ich beeile mich, um den Zug noch zu schaffen **2** (возможность) dass; ◇ сомнева́юсь, ~ он оста́лся дово́лен ich bezweifle, dass er zufrieden war; ◇ хочу́, ~ всё бы́ло хорошо́ ich will, dass alles gut wird II. частица (выражает пожелание, требование) dass, auf dass; ◇ ~ э́того бо́льше не́ было! dass mir das nicht mehr vorkommt!; ◇ ~ глаза́ мои́ его́ бо́льше не ви́дели der soll mir nicht mehr unter die Augen treten

что́-либо (чего-либо, чему-либо, чём-либо, о чём-либо) мест etwas, irgend etwas beliebiges; ◇ ви́дели ли Вы когда́-нибу́дь ~ подо́бное? haben Sie es schon mal gesehen?; ◇ не могу́ сообщи́ть чего́-либо ра́достного ich kann nichts Erfreuliches berichten

что́-нибудь (чего́-н, чему́-н, чём-н, о чём-н) неопр мест etwas, irgend etwas; ◇ покажи́ ~ из свое́й колле́кции zeige mir etwas aus deiner Sammlung; ◇ нет ли чего́-нибудь почита́ть? haben Sie irgend etwas zu lesen?

что́-то (чего́-то, чему́-то, чём-то, о чём-то) I. неопр мест (нечто) etwas, etwas Bestimmtes; ◇ прия́тное etwas Angenehmes; ◇ чего́-то не хвата́ет etwas fehlt II. нареч **1** (почему-то, неясно почему) ein wenig, leicht, etwas; ◇ уста́л ein bisschen müde; ◇ хо́лодно mir ist ein wenig kalt **2** (приблизительно) etwa; ◇ написа́л ~ о́коло двухсо́т страни́ц er hat etwa zweihundert Seiten geschrieben III. частица (выражает неуверенность, сомнение) mir scheint; ◇ э́то пра́вда? ~ не ве́рится ist das wahr? das kann ich kaum glauben

чуб $м_1$ <-а, мн: -ы́> Schopf *m*

чувстви́тельный прил <-ая, -ое, -ые> **1** (восприимчивый) fühlbar, empfindlich, empfindsam; ◇ ~ое ме́сто те́ла empfindliche Körperstelle; ◇ ~ый прибо́р empfindliches Gerät; ◇ ~ый толчо́к spürbarer Erdstoß **2** (впечатлительный) gefühlvoll **3** (сентиментальный) sentimental, rührselig; ◇ ~ые стихи́ rührselige Gedichte

чу́вство c_2 <-а> **1** (ощущение) Gefühl *n*, Empfindung *f*; ◇ ~ жа́лости Mitleid *n*, Mitgefühl *n*; ◇ ~ ме́ры Maß *n* **2** (восприятие) Sinn *m*, Besinnung *f*; ◇ о́рганы чувств Sinnesorgane *n pl*; ◇ лиши́ться чувств die Besinnung verlieren, in Ohnmacht fallen; ◇ прийти́ в ~ wieder zu sich kommen; ◇ без чувств ohnmächtig; ◇ шесто́е ~ der sechste Sinn **3** (эмоция, переживание) Gefühl *n*; ◇ ~ огорче́ния Gefühl der Enttäuschung; ◇ ~ ра́дости Gefühl der Freude

④ (*понимание*) Bewusstsein *n;* ◇ **~ дóлга** Pflichtbewusstsein; ◇ **~ отвéтственности** Verantwortungsgefühl *n;* ◇ **~ сóбственно-го достóинства** Selbstbewusstsein *n* **④** (*любовь*) Liebe *f,* Zuneigung *f;* ◇ **пéрвое ~** die erste Liebe; **чýвствовать** V$_{3a}$ *несов* ‹-твую, -твуешь› **[по~** *сов*] *что* зак (*испытывать какое-л чувство*) fühlen, empfinden; (*ощущать*) (ver-)spüren; ◇ **~ чей-л взгляд** jd-s Blick spüren; ◇ **~ гóлод** Hunger haben; ◇ **~ свою отвéт-ственность** sich verantwortlich fühlen; ◇ **~ жáлость к комý-л** Mitleid für jd-n empfinden; ◇ **~ себя больным** sich krank fühlen; ◇ **дать ~ комý-л** jd-n etw spüren lassen

чугýн *м$_1$* ‹-á› Gusseisen *n*
чудáк *м$_1$* ‹-á, *мн:*-й› komischer Kauz *m,* schräger Vogel; **чудáчка** *ж$_1$* ‹-и, *род мн:*-чек› verschrobene Person
чудéсн|ый *прил* ‹-ая, -ое, -ые› **①** (*волшебный*) Wunder-, wunderbar; ◇ **~ое ис-целéние** Wunderheilung *f* **②** (*прекрасный*) wunderschön, wundervoll, ausgezeichnet; ◇ **~ый день** ein herrlicher Tag
чýдо *с$_2$* ‹-а, *мн:*чудесá, *род:*чудéс, *дат:*чудесáм› **①** Wunder *n;* ◇ **надéяться на ~** auf ein Wunder hoffen; ◇ **совершить ~** ein Wunder vollbringen **②** (*нечто восхитительное*) Wunderwerk *n;* ◇ **~ прирóды** Naturwunder
чудóвище *с$_3$* ‹-а› **①** (*в сказках*) Unge-heuer *n,* Monster *n* **②** *перен* (*о жестоком человеке*) Unmensch *m,* Scheusal *n*
чуж|óй *прил* ‹-áя, -óе, -йе› fremd; ◇ **~йе краá** Fremde *f;* ◇ **с ~йх слов** vom Hörensagen; ◇ **писáть под ~йм йменем** unter einem Künstlernamen schreiben; ◇ **~йе лю́ди** fremde Leute; ◇ **загребáть жар ~йми рукáми** sich die Kastanien aus dem Feuer holen lassen
чулáн *м$_1$* ‹-а› (*для ненужных вещей*) Rumpelkammer *f*
чулóк *м$_1$* ‹-лкá, *мн:*-лкй, *род:*-лóк, *дат:*-лкáм› Strumpf *m*
чум|á *ж$_1$* ‹-ы́› *мед* Pest *f;* ◇ **боáться когó/чегó-л как ~ы́** jd-n/etw fürchten wie die Pest
чурбáн *м$_1$* ‹-а› **①** (*обрубок бревна*) Klotz *m* **②** *перен разг* (*тупой человек*) Dumm-kopf *m,* Tölpel *m*
чýтк|ий *прил* ‹-ая, -ое, -ие› **①** (*легко воспринимающий*) scharf, hellhörig, wachsam; ◇ **~ая собáка** wachsamer Hund; ◇ **~ий слух** scharfes Gehör; ◇ **~ий сон** leichter Schlaf; *перен* ◇ **~ие прибóры** empfindliche Geräte **②** *перен* (*отзывчивый*) zart fühlend, feinfühlig; (*тактичный*) taktvoll; (*понимающий*) verständnisvoll
чуть I. *нареч* **①** (*едва, еле*) kaum, bei-nahe; ◇ **~ живóй** halbtot; ◇ **~ что** beim geringsten Anlass; ◇ **~ (ли) не** fast **②** (*немного, слегка*) ein wenig, ein bisschen; ◇ **~ бóльше** ein wenig mehr **II.** *союз* (*как*

только) sobald; ◇ **~ кто войдёт, услы́шу** sobald jd hereinkommt, höre ich es
чутьё *с$_5$* ‹-á› **①** (*у животных*) Spürsinn *m,* Witterung *f,* Instinkt *m* **②** *перен* (*способность понимать*) Einfühlungsver-mögen *n;* (*чувство такта*) Fingerspitzenge-fühl *n,* Taktgefühl *n;* ◇ **хорóшее ~ языкá** gutes Sprachgefühl
чýчело *с$_2$* ‹-а› **①** (*животного*) Balg *m,* ausgestopftes Tier; ◇ **набить ~** einen Balg ausstopfen **②** (*в огороде*) Vogelscheuche *f* **③** *перен* (*о человеке*) Vogelscheuche *f;* ◇ **~ горóховое** Schreckgespenst *n*
чушь *ж$_5$* ‹-и› *разг* Unsinn *m,* Quatsch *m*
чý|ять* *несов* ‹чýю, чýешь› *кого-что вин (1), что вин (2)* **①** (*учуять, ощутить*) wittern, riechen; ◇ **собáка ~ет след** der Hund wittert die Spur **②** *перен разг* (*чувствовать*) spüren, empfinden; ◇ **~ять недóброе** Böses ahnen
чьё, чьи, чья *см.* **чей**

шаблóн *м$_1$* ‹-а› **①** (*лекало*) Schablone *f;* ◇ **крои́ть по ~у** nach einem Muster zu-schneiden **②** *перен* (*штамп*) Schema *n,* Muster *n,* Klischee *n;* ◇ **сочинáть по ~у** nach einem Schema dichten
шаг *м$_1$* ‹-а, *мн:*-й› **①** (*одно движение ногой*) Schritt *m;* (*походка*) Gang *m;* ◇ **бы́-стрым ~ом** schnellen Schrittes; ◇ **рóв-ным ~ом** in gleichmäßigen Schritten; ◇ **~ вперёд** Schritt nach vorne; ◇ **~ назáд** Schritt zurück; ◇ **в нéскольких ~áх** einen Sprung entfernt; ◇ **на кáждом ~ý** auf Schritt und Tritt; ◇ **оди́н ~ от чегó-л** einen Katzensprung von etw entfernt; ◇ **не отхо-ди́ть ни на ~** keinen Fußbreit weichen; ◇ **~у ступи́ть не мóжет без когó-л** keinen Schritt ohne jd-n tun können **②** (*движение пешим способом*) Schritt *m,* Schritttempo *n;* ◇ **замéдлить ~** den Schritt verlangsa-men; ◇ **прибáвить ~** einen Schritt zulegen; *перен* ◇ **дви́гаться вперёд бы́стры-ми ~áми** mit schnellen Schritten vor-ankommen **③** *перен* (*поступок*) Schritt *m,* Maßnahme *f;* ◇ **лóжный ~** Fehltritt *m;* ◇ **предприни́ть нóвые ~и в какóм-л дéле** neue Maßnahmen in einer Sache ergreifen;
шагáть V$_{1a}$ *несов* ‹-áю, -áешь› [**шаг-нýть** V$_2$ *сов] без доп (1), через кого-что* **①** (*идти*) gehen, schreiten; ◇ **шагáй отсю́да!** geh weg! **②** (*переступать*) (über-)schreiten; ◇ **~ чéрез порóг** über eine Schwelle schreiten; **шáгом** *на-реч* schrittweise; ◇ **идти́ ~** gehen, schreiten; ◇ **~ марш!** im Gleichschritt, Marsch!

ша́йба $ж_1$ ⟨-ы⟩ ① тех (пластинка) Scheibe f ② спорт ◇ **хокке́йная ~** Puck m

ша́йка $ж$ ⟨-и⟩ (банда) Bande f; ◇ **банди́тская ~** Verbrecherbande

шала́ш $м_2$ ⟨-á, мн.-и́⟩ Laubhütte f, Hütte f; ◇ **в лесу́** Waldhütte

шалу́н $м_1$ ⟨-á, мн.-ы́⟩ Wildfang m, Schelm m; **шалу́нья** $ж_2$ ⟨-ьи, род мн.-ий⟩ Schelmin f

шаль $ж_5$ ⟨-и⟩ (платок) Umhängetuch n; ◇ **заку́таться в ~** sich in ein Wolltuch einhüllen; ◇ **наки́нуть ~ на пле́чи** ein Umhängetuch überwerfen; ◇ **воротни́к ~ю** Schalkragen m

шампа́нское $с$ ⟨A_1⟩⟨-ого⟩ Sekt m, Champagner m

шанс $м_1$ ⟨-а⟩ Chance f, Gelegenheit f; ◇ **после́дний ~** die letzte Chance; ◇ **~ы на успе́х** Aussicht auf Erfolg; ◇ **упусти́ть ~** sich eine Gelegenheit entgehen lassen

шанта́ж $м_2$ ⟨-á⟩ Erpressung f

ша́пк|а $ж_1$ ⟨-и, род мн.:-пок⟩ ① (головной убор) Mütze f, Kappe f; ◇ **вя́заная ~а** Strickmütze; **мехова́я ~а** Pelzmütze; ◇ **наде́ть/снять ~у** die Mütze aufsetzen/abnehmen ② (заголовок) (Zeitungs-)Titel m; ◇ **статьи́ печа́таются под о́бщей ~ой** die Artikel erscheinen unter einer Gesamtüberschrift; ◇ **получи́ть по ~е** eins auf den Deckel [auf die Mütze] kriegen; ◇ **пойти́ с ~ой по кру́гу** den Hut herumgehen lassen

шар $м_1$ ⟨-á, мн.-ы́⟩ Kugel f, Ballon m; ◇ **билли́ардный ~** Billardkugel; ◇ **возду́шный ~** Luftballon; ◇ **земно́й ~** Erdkugel; ◇ **хоть ~ом покати́** wie leergefegt

шарж $м_2$ ⟨-а⟩ Karikatur f; ◇ **рисова́ть ~и** Karikaturen zeichnen

шарикоподши́пник $м_1$ ⟨-а⟩ тех Kugellager n

ша́рить V_{4b} несов ⟨-рю, ша́ришь⟩ [**посов**] без доп tastend suchen, durchstöbern; ◇ **~ рука́ми в темноте́** im Dunkeln tasten; ◇ **~ по чужи́м карма́нам** fremde Taschen durchstöbern; перен (ab-)suchen; ◇ **~ по всему́ до́му** das ganze Haus absuchen

шарлата́н $м_1$ ⟨-а⟩ Scharlatan m; (авантюрист) Hochstapler m

шарма́нк|а $ж_1$ ⟨-и, род мн.-нок⟩ ① муз Drehorgel f, Leierkasten m ② перен (надоевший разговор) Leier f; ◇ **опя́ть завела́ свою́ ~у** wieder fing er mit seiner alten Leier an; **шарма́нщик** $м_1$ ⟨-а⟩ Drehorgelspieler m

шарова́ры $мн_1$ ⟨-áр⟩ Pluderhose f

шарф $м_1$ ⟨-á⟩ Schal m

шасси́ $с$ ⟨нескл⟩ (автомобиля, трактора) Fahrgestell n, Chassis n; (самолёта) Fahrwerk n; ◇ **вы́пустить/убра́ть ~** das Fahrwerk ausfahren/einfahren; (прибора) Gehäuse n

шата́ться V_{1a} несов ⟨-áюсь, -áешься⟩ [**шатну́ться** V_2 сов] без доп ① (качаться) wackeln, wanken; ◇ **зуб шата́ется** der

Zahn wackelt; (нетвёрдо держаться на ногах) taumeln, torkeln ② перен (колебаться) wackeln, wanken ③ раз (бродить без дела) sich herumtreiben, herumschlendern; ◇ **~ по го́роду** einen Stadtbummel machen

ша́тк|ий прил ⟨-ая, -ое, -ие⟩ ① (неустойчивый) wackelig, schwankend ② перен (ненадёжный) unsicher; (непостоянный) unbeständig, wankelmütig; (переменчивый) veränderlich; (некрепко сидящий) wackelig; ◇ **~ая похо́дка** unsicherer Gang

шахмати́ст $м_1$ ⟨-а⟩ Schachspieler m; ◇ **турни́р ~ов** Schachturnier n; **ша́хматы** $мн_1$ ⟨-мат⟩ Schach n; Schachspiel n; ◇ **пе́рвенство ми́ра по ~ам** Schachweltmeisterschaft f

ша́хт|а $ж_1$ ⟨-ы⟩ ① (горная выработка) Schacht m, Grube f; ◇ **спусти́ться в ~у** in den Schacht hinabsteigen ② (лифта) Schacht m; **шахтёр** $м_1$ ⟨-а⟩ Bergarbeiter m, Grubenarbeiter m, Kumpel m

ша́шк|а¹ $ж_1$ ⟨-и, род мн.: -шек⟩ ① (в игре) Dame f ② (узор) ◇ **в ~у, ~ой** mit Schachbrettmuster ③ (взрывчатка) ◇ **подрывна́я ~а** Sprengkörper m

ша́шка² $ж$ ⟨-и⟩ (оружие) Säbel m

ша́шки $мн_1$ ⟨-шек⟩ Damespiel n

швед $м_1$ ⟨-а⟩ Schwede m; **шве́дка** $ж_1$ ⟨-и, род мн.:-док⟩ Schwedin f; **шве́дский** прил ⟨-ая, -ое, -ие⟩ schwedisch; ◇ **~ стол** kalt-warmes Büfett

швейца́р $м_1$ ⟨-а⟩ Pförtner m

швейца́рец $м_5$ ⟨-рца⟩ Schweizer m; **швейца́рка** $ж_1$ ⟨-и, род мн.: -рок⟩ Schweizerin f; **швейца́рский** прил ⟨-ая, -ое, -ие⟩ schweizerisch

швея́ $ж_5$ ⟨-й⟩ Näherin f

шевели́ть V_{4a} несов ⟨-лю́, -ли́шь⟩ [**посов**] что вин (1), чем тв (2) ① (двигать) bewegen, rühren; ◇ **безззву́чно ~ губа́ми** lautlos die Lippen bewegen; перен ◇ **~ мозга́ми** das Gehirn anstrengen

шевелю́ра $ж_1$ ⟨-ы⟩ Haar n, Haarschopf m

шеде́вр $м_1$ ⟨-а⟩ Meisterwerk n; ◇ **литерату́рный ~** literarisches Meisterwerk

шёлк $м_1$ ⟨-а, мн: шелка́⟩ ① (нитка) Seidenfaden m; ◇ **~-сыре́ц** Rohseide f ② (ткань) Seide f; ◇ **натура́льный ~** Naturseide ③ (одежда) Seidenkleidung f; ◇ **она́ хо́дит в ~áх** sie trägt Seidenkleidung; ◇ **в долгу́ как в ~у́** bis über beide Ohren verschuldet

шелуха́ $ж_1$ ⟨-й⟩ (плодов, овощей) Schale f; ◇ **карто́фельная ~** Kartoffelschale

шелуши́ться V_{4a} несов ⟨-ши́тся, -ша́тся, 1 и 2 л. не употр⟩ без доп ① (сходить) abgehen, sich lösen; ◇ **штукату́рка ~тся** der Putz bröckelt ab ② мед (о кожном покрове) sich schuppen

шепеля́вить V_{4b} несов ⟨-влю, -вишь⟩ без доп lispeln

шёпот $м_1$ ⟨-а⟩ Flüstern n, Geflüster n;

говори́ть ⟨**ом** flüstern; *(перешёпты-вание)* Tuscheln *n*

шепта́ть* *несов* ⟨-пчу́, ше́пчешь⟩ *что вин кому дат или без доп* flüstern; ◇ ~ на́ ухо кому́-л jd-m etw ins Ohr flüstern;

шепта́ться *несов* ⟨-пчу́сь, -пчешься⟩ *с кем тв* flüstern; *(шушукаться)* tuscheln

шерохова́т|ый *прил* ⟨-ая, -ое, -ые⟩ **1** *(шершавый)* rau, grob, ungehobelt; ~**ая доска́** ungehobeltes Brett **2** *перен (о стиле, форме)* holprig; ◇ ~**ое изложе́ние** holprige Darstellung

шерсть *ж₅* ⟨-и⟩ **1** *(мех)* Fell *n*; ◇ **густа́я ~ь** dichtes Fell **2** *(пряжа)* Wolle *f*; ◇ **вяза́ть чулки́ из ~и** Wollstrümpfe stricken **3** *(ткань)* Wollstoff *m*

шест *м₁* ⟨-а́, мн:-ы́⟩ **1** *(жердь)* Stange *f* **2** *(спортивный снаряд)* Stab *m*; ◇ **прыжо́к с ~ом** Stabhochsprung *m*

ше́ствие *с₄* ⟨-я⟩ Umzug *m*, Zug *m*; ◇ **фа́кельное ~** Fackelzug; *(процессия)* Prozession *f*; ◇ **тра́урное ~** Trauerprozession

шестёрка *ж₁* ⟨-и, *род мн:* -рок⟩ **1** *(цифра)* Sechs *f* **2** *(обозначение цифрой 6) (трамвай, автобус)* ~ **остана́вливается за угло́м** die Sechs hält um die Ecke **3** *(карта)* Sechs *f*; ◇ ~ **пик** Pik Sechs

шестерня́ *ж₂* ⟨-и́, *род мн:* -рён⟩ *тех* Zahnrad *n*; ◇ **веду́щая ~** Treibrad *n*, Ritzel *n*

ше́стер|о *числ* **1** *(количество шесть)* sechs; ◇ ~**о бра́тьев** sechs Brüder; ◇ ~**о су́ток** sechs Tage **2** *(шесть пар)* sechs Paar; ◇ **он рабо́тает за ~ы́х** er arbeitet sehr viel;

шестидесятиле́тний *прил* ⟨-ая, -ое, -ие⟩ sechzigjährig; **шестидеся́тник** *м₁* ⟨-а⟩ Vertreter der politischen Bewegungen in den sechziger Jahren des 19. und 20. Jahrhunderts; **шестидеся́тый** *числ* der sechzigste; ~ **го́ды** die Sechzigerjahre; ◇ ~**ый но́мер** Nummer sechzig; **шестидне́вн|ый** *прил* ⟨-ая, -ое, -ые⟩ sechstägig; *(на Ближнем Востоке)* ◇ ~**ая война́** Sechstagekrieg *m*; **шестиле́тний** *прил* ⟨-яя, -ее, -ие⟩ sechsjährig; **шестиме́сячный** *прил* ⟨-ая, -ое, -ые⟩ sechsmonatig; **шестинеде́льный** *прил* ⟨-ая, -ое, ые⟩ sechswöchig; ◇ ~**ая командиро́вка** sechswöchige Dienstreise; **шестна́дцатиле́тний** *прил* ⟨-яя, -ее, -ие⟩ sechzehnjährig; **шестна́дцатый** *числ* der sechzehnte; **шестна́дцать** *числ* sechzehn; **шесто́й** *числ der* sechste; ◇ ~**ой класс** sechste Klasse; ◇ ~**ой час** nach fünf Uhr, zwischen fünf und sechs Uhr; ◇ ~**ая часть** ein Sechstel *n*; ◇ ~**ое чу́вство** der sechste Sinn; **шесть** *числ* sechs; **шестьдеся́т** *числ* sechzig; ◇ **ему́ уже́ за ~** er ist bereits über sechzig; ◇ **ей под ~** sie ist an die sechzig; **шестьсо́т** *числ* sechshundert; ◇ **в э́той кни́ге ~ страни́ц** dieses Buch hat sechshundert Seiten;

ше́стью *нареч* sechs mal; ◇ ~ **четы́ре** sechs mal vier

шеф *м₁* ⟨-а⟩ **1** *(руководитель)* Chef *m*, Vorgesetzter *m*; ◇ **когда́ у ~а приёмные часы́?** wann hat der Chef Sprechstunde?; ◇ ~**-по́вар** Chefkoch *m* **2** *(организация, принявшая шефство)* Patenorganisation *f*;

ше́фство *с₂* ⟨-а⟩ Patenschaft *f*; ◇ **взять ~ над кем-л** die Patenschaft für jd-n übernehmen; **ше́фствовать** V₃ₐ *несов* ⟨-твую, -твуешь⟩ *над кем-чем тв* die Patenschaft haben

ше́|я *ж₅* ⟨-и⟩ Hals *m*; ◇ **вы́тянуть ~ю** den Hals ausstrecken; *прост перен* ◇ **получи́ть по ~е** eins im Genick kriegen; ◇ **сверну́ть себе́ ~ю** sich das Genick brechen; ◇ **гну́ть ~ю** sich unterwürfig benehmen; *перен* ◇ **на свое́ю ~ю** zum eigenen Nachteil; ◇ **сиде́ть у кого́-л на ~е** jd-m auf der Tasche liegen

ши́н|а *ж₁* ⟨-ы⟩ **1** *(колеса)* Reifen *m*; ◇ **наде́ть ~у на колесо́** einen Reifen aufziehen **2** *мед* Schiene *f*; ◇ **наложи́ть ~у** schienen

шинкова́ть V₃ₐ *несов* ⟨-ку́ю, -ку́ешь⟩ [с ~ *сов*] *что вин* schneiden, hobeln, schnitzeln

шип|е́ть* *несов* ⟨-плю́, -пи́шь⟩ *без доп* **1** *(издавать глухие звуки)* zischen; ◇ **змея́ ~и́т** die Schlange zischt **2** *разг перен (ворчать)* jd-n anfauchen; ◇ ~**е́ть на бра́та** den Bruder anfauchen

шипо́вки *мн₁* ⟨-ок⟩ *спорт* Spikes *m pl*

шипо́вник *м₁* ⟨-а⟩ **1** *(дикая роза)* Heckenrose *f*; **2** *(куст)* Hagebuttenstrauch *m*; **3** *(плоды)* Hagebutten *f pl*

ши́ре *сравн от* **широ́кий**

ширин|а́ *ж₁* ⟨-ы́⟩ Breite *f*, Weite *f*; ◇ ~**а́ у́лицы** Straßenbreite; ◇ **ткань в оди́н метр ~о́й** ein Meter breiter Stoff

ши́рм|а *ж₁* ⟨-ы⟩ **1** *(перегородка)* Wandschirm *m*, spanische Wand *f*; ◇ **расста́вить/сложи́ть ~у** die spanische Wand aufstellen/zusammenklappen **2** *перен (прикрытие)* Deckmantel *m*; ◇ **за ~ой гро́мких фраз** unter dem Deckmantel hochtrabender Worte

широ́к|ий *прил* ⟨-ая, -ое, -ие⟩ *(сравн:* **ши́ре)** **1** *(просторный)* breit; ◇ ~**ие поля́ шля́пы** breite Hutkrempe; *(слишком большой)* zu breit; ◇ **шкаф широ́к для э́той ко́мнаты** der Schrank ist zu breit für dieses Zimmer; ◇ **пальто́ ~о́ ей в плеча́х** der Mantel ist ihr an den Schultern zu breit **2** *(обширный)* weit, weitläufig; ◇ ~**ие сте́пи** weite Steppen **3** *(размашистый)* großzügig **4** *перен (массовый)* breit, umfassend; ◇ ~**ая обще́ственность** breite Öffentlichkeit; ◇ ~**ие слои́ населе́ния** breite Bevölkerungsschichten **5** *перен (обширный, неограниченный)* weit reichend, umfassend, groß angelegt; ◇ ~**ая програ́мма** umfassendes Programm; ◇ **в ~ом смы́сле сло́ва** im weitesten Sinne des Wortes; ◇ ~**ая нату́ра** großzügiges Wesen; ◇ **жить на ~ую но́гу** auf großem Fuße leben; **широко́** *нареч* breit, weit; ◇ ~ **откры́тый** weit offen; ◇ ~ **распространённый** weit verbreitet; ◇ ~ **смотре́ть на ве́щи** großzügig sein, großzügige Ansichten haben; **широт|а́** *ж₁* <-ы́, *мн*: широ́ты> **1** (*ширина*) Breite *f*, Weite *f*; *перен* Reichweite *f*, Spannweite *f* **2** *геогр* Breite *f*, Breitengrad *m*; ◇ **ю́жные ~ы** südliche Breiten; ◇ **на всех ~ах** überall; ◇ **гра́дус ~ы** Breitengrad *m*

шить* *несов* <шью, шьёшь> [**с**~ *сов*] *что вин* (1, 2), *чем тв* (3) **1** (*скреплять ни́тью края ткани*) nähen, schneidern; ◇ ~ **пальто́** einen Mantel nähen **2** (*скреплять*) vernageln; (*сшивать*) binden **3** (*вышивать*) (be-) sticken; ◇ ~ **шёлком** mit Seide besticken; *перен* ◇ ~ **де́ло [статью́] кому́-л** jd-n etw anhängen

шифр *м₁* <-а> **1** (*система знаков*) Geheimschrift *f*, Kode *m*; ◇ **цифрово́й** ~ Zahlenkode; ◇ **ключ к** ~**у** Kodeschlüssel *m* **2** (*на книгах, рукописях*) Signatur *f*

ши́шка *ж₁* <-и, *род мн*: -шек> **1** (*плод*) Zapfen *m*; ◇ **ело́вая** ~ Tannenzapfen; **сосно́вая** ~ Kiefernzapfen **2** (*бугорок*) Beule *f*; ◇ **наби́ть ши́шку на лбу** sich eine Beule an der Stirn holen **3** *перен разг* (*о влиятельном человеке*) hohes Tier; ◇ **ты тепе́рь ва́жная** ~ du bist jetzt ein großes Tier; ◇ ~ **на ро́вном ме́сте** eingebildetes Würstchen

шкала́ *ж₁* <-ы́, *мн*: -ы> (*ряд величин*) Skala *f*, Tabelle *f*; ◇ **тари́фная** ~ Tarifskala; ◇ ~ **за́работной пла́ты** Lohnskala

шкату́лка *ж₁* <-и, *род мн*: -лок> (*для мелких вещей*) Schatulle *f*, Kästchen *n*; ◇ **швейна́я** ~ Nähkästchen *n*; (*для драгоценностей*) Schmuckkästchen *n*; (*для денег*) Gelddose *f*; ◇ **музыка́льная** ~ Spieldose *f*

шкаф *м₁* <-а, в/на шкафу́, *мн*: -ы́> Schrank *m*; ◇ **встро́енный** ~ Einbauschrank; ◇ **кни́жный** ~ Bücherschrank; (*сейф*) ◇ **несгора́емый** ~ Tresor *m*

шквал *м₁* <-а> **1** (*порыв ветра*) Windstoß *m* **2** *перен* (*о проявлении*) Sturm *m*; ◇ ~ **возмуще́ния** Sturm der Entrüstung; ~ **ова́ций** stürmische Ovationen

шко́л|а *ж₁* <-ы> **1** (*учреждение*) Schule *f*; ◇ **вече́рняя ~а** Abendschule; ◇ **нача́льная ~а** Grundschule; ◇ **ча́стные ~ы** Privatschulen; ◇ **око́нчить ~у** die Schule abschließen; ◇ **ходи́ть в ~у** in die Schule gehen **2** (*выучка, опыт*) Schule *f*, Lehre *f*; ◇ **пройти́ хоро́шую ~у** eine gute Schule durchmachen **3** (*направление в науке, искусстве*) Schule *f*, Richtung *f*; **шко́льник** *м₁* <-а> Schüler *m*; **шко́льница** *ж₂* <-ы> Schülerin *f*; **шко́льный** *прил* <-ая, -ое, -ые> Schul-, schulisch; ◇ ~**ый во́зраст** Schulalter *n*; ◇ ~**ая фо́рма** Schuluniform *f*

шку́р|а *ж₁* <-ы> **1** (*кожа*) Fell *n*, Haut *f*;

◇ **во́лчья ~а** Wolfsfell; ◇ **волк в ове́чьей** ~**е** Wolf im Schafsfell; ◇ **спаса́ть свою́ ~у** seine Haut retten; ◇ **я не хоте́л бы быть в твое́й** ~**е** ich möchte nicht in deiner Haut stecken; ◇ **на свое́й** ~**е узна́ть что-л** etw am eigenen Leibe erfahren **2** *м/ж разг* (*продажный человек*) Halsabschneider *m*

шлак *м₁* <-а> Schlacke *f*

шлем *м₁* <-а> Helm *m*; ◇ **защи́тный** ~ Sturzhelm

шлёпать V₁ₐ *несов* <-аю, -аешь [**шлёпнуть** V₂ *сов* < *Part. Prät. Pass.* -нутый>] *чем тв по чему́ дат* (1), *кого-что во́ что вин* (2), *по чему́ дат* (3) *раз* **1** (*ударять*) aufklatschen, platschen; ◇ ~ **вёслами по воде́** mit den Rudern ins Wasser schlagen **2** (*делать шлепки*) einen Klaps geben **3** (*брести*) latschen, waten; ◇ ~ **по гря́зи** durch den Dreck latschen; ◇ ~ **ту́флями** schlurfen

шлепо́к *м₁* <-пка́, *мн*: -пки́> leichter Schlag *m*, Klaps *m*

шлифова́ть V₃ₐ *несов* <-фу́ю, -фу́ешь> [**от**~ *сов*] *что вин* **1** (*обрабатывать*) schleifen, feilen; ◇ ~ **дета́ли на станке́** Werkstücke auf der Werkbank schleifen; ◇ ~ **ка́мень** einen Stein schleifen; (*полировать*) polieren **2** *перен* (*совершенствовать*) ausfeilen, verbessern

шлюз *м₁* <-а> (*на реке*) Schleuse *f*

шлю́пка *ж₁* <-и, *род мн*: -пок> Boot *n*; ◇ **гребна́я** ~ Ruderboot; ◇ **па́русная** ~ Segelboot; ◇ **спаса́тельная** ~ Rettungsboot

шля́п|а *ж₁* <-ы> **1** (*головной убор*) Hut *m*; ◇ **соло́менная** ~ Strohhut; ◇ **наде́ть/снять ~у** den Hut aufsetzen/abnehmen **2** *перен разг* (*о вялом, безынициативном человеке*) Schlappschwanz *m*; ◇ **де́ло в ~е** die Sache ist gelaufen

шмель *м₂* <-я́, *мн*: -ли́> Hummel *f*

шнур *м₁* <-а́, *мн*: -ы́> **1** (*верёвка*) Schnur *f* **2** (*провод*) (Leitungs-)Schnur *f*; ◇ **телефо́нный** ~ Telefonschnur **3** (*огнепрово́дный жгут*) Zündschnur *f*; **шнуро́к** *м₁* <-ка́, *мн*: -ки́> Schnürsenkel *m*, Schuhband *n*

шов *м₁* <-шва, *мн*: швы> **1** (*на ткани*) Naht *f*; ◇ **распоро́ть по швам** die Nähte auftrennen; *перен* ◇ **что-л трещи́т по всем швам** etw gerät aus allen Fugen **2** (*хирургический*) Naht *f*; ◇ **наложи́ть швы на ра́ну** eine Wunde nähen; ◇ **снять швы** die Fäden ziehen **3** (*сварной*) (Schweiß-)Naht *f* **4** (*способ шитья, вышивки*) Stich *m*

шовини́зм *м₁* <-а> *полит* Chauvinismus *m*

шок *м₁* <-а> *мед* Schock *m*; ◇ **не́рвный** ~ Nervenschock; ◇ **вы́йти из ~а** den Schock überwinden; ◇ **находи́ться в состоя́нии ~а** unter Schock stehen

шокола́д *м₁* <-а> **1** (*кондитерское изде́лие*) Schokolade *f*; ◇ **пли́тка ~а** eine Tafel Schokolade **2** (*напиток*) (heiße) Schokolade *f*, Kakao *m*

школа

Das postsowjetische Schulsystem Russlands zeichnet sich dadurch aus, dass zwischen (kostenlosen) staatlichen und (kostenpflichtigen, daher nur einem kleinen Teil der Bevölkerung zugänglichen) Privatschulen gewählt werden kann.

Mit 6 oder 7 Jahren kommen die Kinder in die Grundschule, wobei Privatschulen nur Kinder aufnehmen, die zuvor bereits in privaten Kindergärten Lesen und Schreiben gelernt haben. Sind sie 10 oder 11 Jahre alt, wechseln sie auf eine 5 Jahre dauernde obligatorische Mittelschule. Danach können sie an einer Fach- bzw. Berufsschule einen Beruf erlernen oder weiter zur Schule gehen, um in der 11. Klasse Abitur zu machen.

Sowohl das Abitur als auch der Fach- oder Berufsschulabschluss ermöglichen ein Studium an einer Hochschule, Universität oder Akademie. Eine russische Besonderheit sind kostenlose Spezialschulen für musikalisch begabte Kinder, die nach strengen Ausleseverfahren im ganzen Lande ausgewählt und bis zum Eintritt ins Konservatorium ausgebildet werden. Viele dieser Kinder treten schon in jungen Jahren in der ganzen Welt auf.

шо́рох M_1 ⟨-а⟩ (*шум*) Geräusch *n*; (*шуршание*) Geraschel *n*; ◇ ~ **сухи́х ли́стьев** Geraschel der trockenen Blätter

шо́р|ы MH_1 ⟨шор⟩ *тж перен* Scheuklappen *f pl*; ◇ **у него́ ~ы на глаза́х** er hat Scheuklappen vor den Augen; (*ограничивать чьи-л де́йствия*) ◇ **держа́ть в ~ах кого́-л** jd-m Zügel anlegen, jd-n einengen

шоссе́ *с* ⟨нескл⟩ Chaussee *f*

шотла́ндец M_1 ⟨-дца⟩ Schotte *m*; **шотла́ндка** $ж_1$ ⟨-и, *род мн*:-док⟩ Schottin *f*; **шотла́ндский** *прил* ⟨-ая, -ое, -ие⟩ schottisch

шофёр M_1 ⟨-а⟩ Chauffeur *m*, (Fern-)Fahrer *m*; ◇ ~ **такси́** Taxifahrer

шпа́г|а $ж_1$ ⟨-и⟩ Degen *m*; ◇ **обнажи́ть ~у** den Degen ziehen; *перен* ◇ **скрести́ть ~и** die Klingen kreuzen

шпага́т M_1 ⟨-а⟩ ① (*бечёвка*) Bindfaden *m* ② *спорт* (*в гимна́стике*) Spagat *m*

шпаклева́ть V_{3b} *несов* ⟨-лю́ю, -лю́ешь, *Part. Präs. Pass.* -лю́емый, *Part. Prät. Pass.* -лёванный [за~ *сов*] *что вин* spachteln, abdichten; ◇ ~ **ра́мы** Fensterrahmen verkitten

шпа́ла $ж_1$ ⟨-ы⟩ ж.-д. (Eisenbahn-)Schwelle *f*

шпарга́лк|а $ж_1$ ⟨-и, *род мн*: -лок⟩ *разг* ① (*у учащихся*) Spickzettel *m*, Spicker *m*; ◇ **отвеча́ть по ~е** einen Spickzettel benutzen ② (*для выступа́ющего*) Notiz *f*

шпик¹ M_1 ⟨-а⟩ (*солёное свино́е са́ло*) Speck *m*

шпик² *м* ⟨-а́, *мн*.-и́⟩ (*сыщик*) Spitzel *m*

шпиль M_2 ⟨-я⟩ Spitze *f*; ◇ ~ **ба́шни** Turmspitze

шпи́льк|а $ж_1$ ⟨-и, *род мн*:-лек⟩ ① (*для воло́с*) Haarnadel *f* ② (*була́вка*) Nadel *f* ③ *разг* (*каблу́к*) Pfennigabsatz *m* ④ *тех* (*крепёжная дета́ль*) Stift *m* ⑤ *перен*(*язви́тельное замеча́ние*) Stichelei *f*; ◇ **подпуска́ть ~и кому́-л** gegen jd-n sticheln

шпингале́т M_1 ⟨-а⟩ ① (*задви́жка*) Schieber *m*; (*запор*) Riegel *m* ② *разг* (*о бойко́м мальчи́шке*) Knirps *m*

шпио́н M_1 ⟨-а⟩ Spion *m*, Agent *m*; (*по сыску, слежке*) Spitzel *m*; **шпио́нка** $ж_1$ ⟨-и, *род мн*: -нок⟩ Spionin *f*; **шпиона́ж** M_2 ⟨-а⟩ Spionage *f*; **шпио́нить** V_{4b} *несов* ⟨-ню, -нишь⟩ *без доп* (1), *за кем тв* (2) ① (*занима́ться шпиона́жем*) spionieren ② (*выслеживать*) bespitzeln, beschatten

шприц M_3 ⟨-а⟩ *мед* Spritze *f*; ◇ **одноразовый** ~ Einwegspritze

шпро́ты MH_1 ⟨-рот⟩ Sprotten *f pl*

шрам M_1 ⟨-а⟩ Narbe *f*, Schramme *f*

шрифт M_1 ⟨-а, *мн*:-ы́⟩ Schrift *f*; ◇ **жи́рный** ~ Fettdruck *m*; ◇ **лати́нский** ~ lateinische Schrift; ◇ **печа́тный** ~ Druckschrift; ◇ **рукопи́сный** ~ Handschrift

штаб M_1 ⟨-а, *мн*:-ы́⟩ ① *воен* Stab *m* ② *перен* (*руководя́щий орган*) führendes Organ *n*

штабквартира $ж_1$ ⟨-ы⟩ *перен* (*место сбора организа́ции*) Hauptquartier *n*, Amtssitz *m*; ◇ ~ **ООН** Amtssitz der UNO

штамп M_1 ⟨-а⟩ ① *тех* Stanze *f* ② (*печать*) Stempel *m* ③ *перен* (*трафарет*) Klischee *n*; ◇ **мы́слить ~ами** klischeehaft denken

штампова́ть V_{3a} *несов* ⟨-пу́ю, -пу́ешь, *Part. Prät. Pass.* -по́ванный⟩ *что вин* ① (*изготовля́ть*) stanzen ② (*ста́вить штамп*) (ab-)stempeln; ◇ ~ **бла́нки** Formulare abstempeln ③ *перен* (*де́лать что-л по изби́тым образца́м*) ◇ ~ **отве́ты** abgedroschene Antworten geben

шта́нг|а $ж_1$ ⟨-и⟩ ① (*сте́ржень*) Stange *f*; ◇ **бурова́я ~а** Bohrstange ② *спорт* (*снаряд*) Gewicht *n*; ◇ ~**а воро́т** Torlatte *f*, Torstange *f*; ◇ **занима́ться ~ой** Gewichte heben

штаны́ MH_1 ⟨-о́в⟩ Hose *f*, Hosen *pl*

штат¹ M_1 ⟨-а⟩ ① (*состав сотру́дников*) Personalbestand *m*, Belegschaft *f*; ◇ **сокраще́ние ~а** Personalabbau *m*; ◇ **зачи́слить в ~** anstellen; ◇ **состоя́ть в ~е** hauptberuflich angestellt sein ② (*штатное расписа́ние*) Stellenplan *m*

штат² m_1 ⟨-а⟩ (*территориальная единица*) Staat *m*

штатск|ий I. *прил* ⟨-ая, -ое, -ие⟩ (*не военный*) Zivil-, zivil; ◇ **он в ~ом платье** er ist in Zivil II. *м* (A_1) ⟨-ого⟩ Zivilist *m*

штемпель m_2 ⟨-я, мн: -ля⟩ (*печать*) Stempel *m*; ◇ **почтовый ~** Poststempel

штепсель m_2 ⟨-я, мн: -ля⟩ Stöpsel *m*, Stecker *m*

штольня *ж₁* ⟨-и, *род мн:* -лен⟩ горн Stollen *m*; ◇ **разведочная ~** Schürfstollen

штопать V₁ₐ *несов* ⟨-аю, -аешь, *Part. Prät. Pass.* штопанный⟩ [**за~** *сов*] *что вин* stopfen, flicken; ◇ **~ чулки** Strümpfe stopfen; **штопк|а** *ж₁* ⟨-и, *род мн:* -пок⟩ ① (*действие*) Stopfen *n* ② (*нитки*) Stopfgarn *n* ③ (*заштопанное место*) gestopfte Stelle; ◇ **чулки со ~ой** gestopfte Strümpfe

штопор m_1 ⟨-а⟩ ① (*для бутылок*) Korkenzieher *m* ② ав Trudeln *n*; ◇ **войти в ~** ins Trudeln geraten

штор|а *ж₁* ⟨-ы⟩ Vorhang *m*; ◇ **задёрнуть ~у** den Vorhang zuziehen

шторм m_1 ⟨-а⟩ Sturm *m*

штраф m_1 ⟨-а⟩ Geldstrafe *f*; ◇ **наложить ~** eine Geldstrafe verhängen; **штрафовать** V₃ₐ *несов* ⟨-фую, -фуешь, *Part. Prät. Pass.* -фованный⟩ [**о~** *сов*] *кого-что вин* bestrafen, strafen; ◇ **~ за нарушение правил уличного движения** für einen Verstoß gegen die Straßenverkehrsordnung eine Geldstrafe auferlegen

штрих m_1 ⟨-á, мн: -и́⟩ ① (*короткая черта*) Strich *m* ② *перен* (*частность*) charakteristischer Zug *m*

штук|а *ж₁* ⟨-и⟩ ① (*отдельный предмет*) Stück *n*; ◇ **несколько штук сигарет** ein paar Zigaretten; ◇ **пять штук яиц** fünf Eier ② (*вещь, предмет*) Sache *f*, Ding *n*; ◇ **трудная ~а математика** Mathe ist schwer; ◇ **что это за ~а?** was ist das für ein Ding? ③ *перен* (*проделка*) Streich *m*; ◇ **выкинуть ~у** ein Ding drehen

штукатурить V₄ᵦ *несов* ⟨-рю, -ришь, *Part. Prät. Pass.* штукатуренный⟩ [**от~** *сов*] *что вин* verputzen; **штукатурка** *ж₁* ⟨-и⟩ (Ver-)Putz *m*; ◇ **от стены отвалилась ~** der Putz fiel von den Wänden

штурвал m_1 ⟨-а⟩ Handrad *n*; мор ◇ Steuerrad *n*; ◇ **стоять за ~ом** am Steuer stehen

штурм m_1 ⟨-а⟩ ① (*атака*) Sturm *m*; ◇ **идти на ~** angreifen ② *перен* (*наступление*) Erstürmung *f*; ◇ **~ горной вершины** Erstürmung des Gipfels

штурман m_1 ⟨-а⟩ Steuermann *m*, Navigationsoffizier *m*

штык m_1 ⟨-á, мн: -и́⟩ Bajonett *n*; ◇ **как ~** genau, pünktlich

шуба *ж₁* ⟨-ы⟩ Pelzmantel *m*, Pelz *m*

шум m_1 ⟨-а, мн: -ы́⟩ ① (*звуки*) Lärm *m*; (*радио*) Rauschen *n*; ◇ **~ моря** Rauschen des Meeres; ◇ **дети подняли ~** die Kinder wurden laut ② *перен* (*обсуждение*) Auf-

sehen *n*, Wirbel *m*, Spektakel *n*; ◇ **у соседей опять ~** bei den Nachbarn ist wieder Spektakel; ◇ **статья вызвала ~** der Artikel sorgte für Aufsehen ③ (*неясный звук*) Geräusch *n*; ◇ **~ы в сердце** Herzgeräusche; **шум|еть*** *несов* ⟨-млю, -мишь⟩ *без доп* (1, 3), *о чём предл* (2) ① (*издавать шум*) lärmen; ◇ **деревья ~ят на ветру** die Bäume rauschen im Wind; ◇ **не ~ите!** seid nicht so laut! ② *перен* (*привлекать к себе внимание*) Lärm machen, Aufsehen erregen; ◇ **~еть о своих успехах** Lärm um seinen Erfolg machen ③ (*скандалить*) zetern, toben

шумовка *ж₁* ⟨-и, *род мн:* -вок⟩ Schaumlöffel *m*

шурин m_1 ⟨-а⟩ Schwager *m*

шуруп m_1 ⟨-а⟩ Schraube *f*

шут m_1 ⟨-á, мн: -ы́⟩ ① (*паяц*) Clown *m* ② *перен разг* (*тот, кто паясничает*) Kasper *m*; ③ (*шутник*) Spaßvogel *m*; ◇ **придворный ~** Hofnarr *m*; *разг* ◇ **разыгрывать из себя ~á** sich zum Kasper machen; ◇ **~ гороховый** Hanswurst *m*

шутить V₄ₐ *несов* ⟨шучу, шутишь⟩ [**по~** *сов*] *с кем-чем тв или без доп* (1), *над кем-чем тв* (2) ① (*забавляться*) scherzen, spaßen, Spaß machen; ◇ **Ты шутишь?** Soll das ein Witz sein?; ◇ **нельзя ~ своим здоровьем** mit seiner Gesundheit sollte man nicht spaßen; ◇ **чем чёрт не шутит** möglich ist alles; ◇ **я не шучу** das ist mein Ernst ② (*подшучивать*) jd-n zum Narren halten, sich lustig machen (über); **шут|ка** *ж₁* ⟨-и, *род мн:* -ток⟩ ① (*проделка*) Spaß *m*, Scherz *m*; (*острота*) witzige, geistreiche Bemerkung; ◇ **сказать что-л в ~ку** etw im Spaß sagen; ◇ **сыграть с кем-л злую ~ку** einen bösen Scherz mit jd-m erlauben; ◇ **~ки шутить** Scherze treiben ② (*пьеса*) Schwank *m*; ◇ **кроме ~ок** mein voller Ernst; ◇ **не на ~ку рассердиться** richtig böse werden; ◇ **~ки в сторону** Scherz beiseite; ◇ **~ка сказать** das ist kein Pappenstiel; **шутник** m_1 ⟨-á, мн: -и́⟩ Spaßvogel *m*, Scherzkeks *m*; (*остряк*) Witzbold *m*; **шутя** *нареч* ① (*в шутливом тоне*) scherzend, zum Scherz; ◇ **не ~** im Ernst ② (*без труда*) spielend, leicht; ◇ **~ троих осилит** spielend mit drei Leuten fertig werden

щавель m_2 ⟨-я⟩ бот Sauerampfer *m*

щадить V₄ₐ *несов* ⟨щажу, щадишь, *Part. Präs. Pass.* щадимый⟩ [**по~** *сов*] *кого-что вин* ① (*давать пощаду*) (ver-)

schonen; ◇ **не ~ свои́х сил** keine Mühe scheuen; ◇ **го́ды не щадя́т никого́** die Zeit hinterlässt bei jedem Spuren **②** (*относи́ться бе́режно*) schonen, nachsichtig sein; ◇ ~ **окружа́ющую сре́ду** die Umwelt schonen; ◇ ~ **чье́-л самолю́бие** auf jds Ehrgefühl Rücksicht nehmen

щебета́ть* *несов* ‹-ечу́, -е́чешь› *без доп* **①** (*о пти́цах*) zwitschern; ◇ ~**чу́т ла́сточки** die Schwalben zwitschern **②** *перен* (*говори́ть без умо́лку*) schwatzen, plappern

щего́л m_1 ‹-гла́, *мн:* -глы́› (*пти́ца*) Stieglitz *m*

щеголя́ть V_{1b} *несов* ‹-я́ю, -я́ешь› [**щегольну́ть** V_2 *сов*] *без доп (1), чем тв (2)* **①** (*фра́нтить*) sich herausputzen; (*щего́льски одева́ться*) in schicken Klamotten herumlaufen **②** *разг* (*выставля́ть напока́з*) prahlen, protzen; ◇ ~ **свои́ми зна́ниями** sein Wissen zur Schau stellen

ще́др|ый *прил* ‹-ая, -ое, -ые› **①** (*не скупо́й*) freigiebig, großzügig; *перен* ◇ **он щедр на обеща́ния** er macht großzügige Versprechungen **②** (*це́нный, бога́тый*) wertvoll, reich; ◇ ~**ые пода́рки** wertvolle Geschenke; ◇ ~**ая приро́да** reiche Natur **③** *перен* (*оби́льный*) reichlich, ergiebig; ◇ ~**ые дожди́** ergiebige Regenfälle

щек|а́ $ж_1$ ‹-и́, *вин:* щёку, *мн:* щёки, *род:* щёк, *дат:* щека́м› Wange *f*, Backe *f*; ◇ **поцелова́ть в щёку** auf die Wange küssen; ◇ **уда́рить по ~е́** eine Ohrfeige geben; ◇ **упи́сывать за о́бе щёки** sich beide Backen vollstopfen

щеко́лд|а $ж_1$ ‹-ы› Klinke *f*, Riegel *m*; ◇ **закры́ть дверь на ~у** die Tür verriegeln; ◇ **отки́нуть ~у** den Riegel zurückschieben

щекота́ть* *несов* ‹-очу́, -о́чешь› [**по~** *сов*] *кого́-что вин (1)* безл kitzeln; ◇ **мне в го́рле ~чет** es kitzelt mich im Hals;

щеко́тк|а $ж_1$ ‹-и› Kitzel *m*; ◇ **боя́ться ~и** kitzlig sein; **щекотли́вый** *прил* ‹-ая, -ое, -ые› **①** (*чувстви́тельный к щеко́тке*) kitzlig **②** (*делика́тный*) heikel, delikat; ◇ ~ **вопро́с** heikle Frage

щёлкать V_{1a} *несов* ‹-аю, -аешь› [**щёлкнуть** V_2 (1, 2) *сов* *кого́-что вин чем тв (1, 3), что вин (2)* **①** (*дава́ть щелчки́*) schnipsen; ◇ ~ **по́ лбу** gegen die Stirn schnipsen; ◇ ~ **зуба́ми** mit den Zähnen klappern; ◇ ~ **кнуто́м** mit der Peitsche knallen; ◇ ~ **языко́м** mit der Zunge schnalzen **②** (*раздробля́ть*) (auf-)knacken; ◇ ~ **оре́хи** Nüsse knacken **③** *разг* (*фотографи́ровать*) knipsen; ◇ ~ **фотоаппара́том** mit der Kamera knipsen

щелку́нчик m_1 ‹-а› (*в ска́зке*) Nussknacker *m*

щёлочь $ж_5$ ‹-и, *мн:* щёлочи, *род:* щелоче́й› хим Lauge *f*

щель $ж_5$ ‹-и, *мн:* ще́ли, *род:* щеле́й›

Spalte *f*, Spalt *m*, Schlitz *m*; ◇ **смотрова́я** ~ Guckloch *n*

щеми́|ть V_{4a} *несов* ‹-ми́т, -мя́т, 1 и 2 л. не употр› *кого́-что вин (1), что вин кому́ дат или у кого́ род (2), что вин (3)* **①** (*сжима́ть*) drücken, pressen **②** безл (*причиня́ть боль*) schmerzen; ◇ **мне ~т грудь** ich habe Brustschmerzen **③** *перен* (*наводи́ть тоску́*) melancholisch machen; ◇ **уны́лая пе́сня ~т ду́шу** das traurige Lied macht melancholisch

щено́к m_1 ‹-нка́, *мн:* -нки́/-ня́та, *род:* -нко́в/-ня́т› **①** (*детёныш соба́ки*) Welpe *m* **②** *перен* (*молокосо́с*) Grünschnabel *m*

щепети́льный *прил* ‹-ая, -ое, -ые› **①** (*после́довательный*) gewissenhaft, pingelig; ◇ **он щепети́лен в де́нежных дела́х** in Geldangelegenheiten ist er kleinlich; (*добросо́вестный*) gewissenhaft **②** (*делика́тный*) heikel

ще́пк|а $ж_1$ ‹-и, *род мн:* -пок› Span *m*; ◇ **сосно́вые** ~и Kieferspäne; ◇ **худо́й как** ~**а** spindeldürr; ◇ **доска́ разлете́лась в** ~**и** das Brett zersplitterte

щепо́тка m_1 ‹-и, *род мн:* -ток› Prise *f*; ◇ ~ **со́ли** eine Prise Salz

щети́на $ж_1$ ‹-ы› **①** (*у живо́тных*) Borsten *f pl*; ◇ **свина́я** ~ Schweineborsten **②** (*материа́л для щёток, кисте́й*) Borsten *pl* **③** (*на лице́*) Bartstoppeln *f pl*

щётка $ж_1$ ‹-и, *род мн:* -ток› Bürste *f*; ◇ **зубна́я** ~ Zahnbürste; **платяна́я** ~ Kleiderbürste; ◇ **сапо́жная** ~ Schuhbürste; ◇ **для воло́с** Haarbürste; ◇ **чи́стить щёткой** bürsten

щи $мн_1$ ‹щей, *дат:* щам› (*суп из капу́сты или щавеля́, шпина́та*) Kohlsuppe *f*; (*из щавеля́, шпина́та*) ◇ **зелёные** ~ Sauerampfersuppe; (*из ква́шеной капу́сты*) ◇ **ки́слые** ~ Sauerkohlsuppe; (*из све́жей капу́сты*) ◇ **све́жие** ~ frische Kohlsuppe

щи́колотк|а $ж_1$ ‹-и, *род мн:* -ток› Knöchel *m*; ◇ **по ~у увя́з** bis zu den Knöcheln versunken

щипа́ть* *несов* ‹-плю́, щи́плешь› [**щипну́ть, об~** V_2 (3) *сов* *кого́-что вин* **①** (*ко́жу*) kneifen, zwicken **②** (*вызыва́ть ощуще́ние жже́ния*) beißen, brennen; ◇ **пе́рец щи́плет язы́к** der Pfeffer brennt auf der Zunge **③** (*обрыва́ть*) rupfen, zupfen; ◇ ~ **траву́** Gras ausrupfen **④** (*выдёргивать*) rupfen; ◇ ~ **пти́чью ту́шку** einen Vogel rupfen

щипцы́ $мн_1$ ‹-о́в› Zange *f*; ◇ **для са́хара** Zuckerzange *f*; ◇ **для оре́хов** Nussknacker *m*

щит m_1 ‹-а́, *мн:* -ы́› **①** (*вооруже́ние*) Schild *m*; *перен* ◇ **подня́ть кого́-л на** ~ jd-n auf den Schild heben; (*на гербе́*) Wappenschild *m* **②** (*стенд*) Schild *n*; ◇ **рекла́мный** ~ Werbeschild **③** (*устро́йство*) Schaltbrett *n*; ◇ ~ **управле́ния** Steuerpult *n* **④** (*у черепа́хи*) Panzer *m*

щу́ка $ж_1$ ‹-и› Hecht m
щу́пальце c_3 ‹-а, *род мн:* -лец, *дат:* -льцам› зоол (*насекомого*) Fühler m; (*осьминога*) Fangarm m
щу́пать V_{1a} несов ‹-аю, -аешь› [по~ сов] *кого-что вин* ❶ (*обследовать, трогать*) fühlen, betasten; ◇ ~ пульс den Puls fühlen; ◇ ~ глаза́ми кого-л jd-n mustern ❷ *перен* (*выведывать*) ausforschen, sondieren
щу́плый *прил* ‹-ая, -ое, -ые› ❶ (*хилый*) schmächtig, gebrechlich; (*худой*) dünn ❷ (*невзрачный*) unansehnlich
щу́риться V_{4b} несов ‹-рюсь, -ришься› [со~ сов] *без доп* die Augen zusammenkneifen, blinzeln

эвакуа́ци|я $ж_4$ ‹-и› Evakuierung f; ◇ они́ жи́ли в ~и man hatte sie evakuiert; **эваку́ировать** V_{3a} несов и сов ‹-рую, -руешь› *кого-что вин* evakuieren, räumen
эвкали́пт $м_1$ ‹-а› бот Eukalyptus m
эволю́ция $ж_4$ ‹-и› Evolution f, Herausbildung f; (*развитие*) Entwicklung f; ◇ ~ жи́зни на Земле́ Evolution des Lebens auf der Erde
эги́д|а $ж_1$ ‹-ы› (*защита, покровительство*) Ägide f, Schutz m, Schirmherrschaft f; ◇ находи́ться под ~ой ООН unter der Schirmherrschaft der UNO stehen
эй *межд* (*возглас, которым окликают*) hey, he; ◇ ~, кто там? he, wer ist da?; ◇ ~! подойди́те кто́-нибудь! he! kommt mal jd her?
эква́тор $м_1$ ‹-а› геогр Äquator m; астр ◇ небе́сный ~ Himmelsäquator
эквивале́нт $м_1$ ‹-а› Äquivalent n, Gegenwert m; **эквивале́нтный** *прил* ‹-ая, -ое, -ые› äquivalent, gleichwertig; ◇ ~ обме́н gleichwertiger Tausch
экза́мен $м_1$ ‹-а› ❶ (*проверка*) Prüfung f, Examen n; ◇ госуда́рственный ~ Staatsexamen n; ◇ вы́держать ~ das Examen ablegen; ◇ провали́ться на ~е bei einer Prüfung durchfallen; ◇ ~ по матема́тике Mathematikprüfung ❷ *перен* (*испытание*) Probe f; ◇ ~ на му́жество Mutprobe; **экзамена́тор** $м_1$ ‹-а› Prüfer m; **экзаменова́ть** V_{3a} несов ‹-ную, -нуешь› [про~ сов] *кого-что вин* prüfen, examinieren
экзе́ма $ж_1$ ‹-ы› мед Ekzem n
экземпля́р $м_1$ ‹-а› ❶ (*отдельный предмет*) Exemplar n; ◇ два ~а кни́ги zwei Exemplare des Buches ❷ *перен* (*тип*) Unikum n; ◇ ну и ~ оказа́лся наш зна-

ко́мый unser Bekannter entpuppte sich als richtiges Unikum
экипа́ж $м_2$ ‹-а› ❶ (*повозка*) Equipage f ❷ (*команда*) Besatzung f
эколо́гия $ж_4$ ‹-и› Ökologie f
эконо́мика $ж_1$ ‹-и› ❶ (*структура хозяйства*) Wirtschaft f; Ökonomie f; ◇ ры́ночная ~ Marktwirtschaft ❷ (*научная дисциплина*) Wirtschaftswissenschaft f; **экономи́ст** $м_1$ ‹-а› Wirtschaftswissenschaftler m, Wirtschaftsfachkraft f; **эконо́мить** V_{4b} несов ‹-млю, -мишь› [с~ сов] *что вин* (1), *на чём предл* (2) ❶ (*расходовать экономно*) sparen; ◇ ~ электроэне́ргию Strom sparen ❷ (*выгадывать*) sparen; ◇ ~ на материа́лах Material sparen; **экономи́ческий** *прил* ‹-ая, -ое, -ие› wirtschaftlich, Wirtschafts-; ◇ ~ая блока́да Wirtschaftsblockade f; ◇ ~ий кри́зис Wirtschaftskrise f; ◇ ~ая отста́лость wirtschaftliche Rückständigkeit; **эконо́мичный** *прил* ‹-ая, -ое, -ые› (*выгодный*) wirtschaftlich; (*рентабельный*) rentabel; ◇ ~ спо́соб обрабо́тки rentables Verarbeitungsverfahren; **эконо́мия** $ж_4$ ‹-и› ❶ (*бережливость*) Sparsamkeit f; ◇ ~я сырья́ sparsamer Umgang mit Energie; ◇ режи́м ~и Sparmaßnahmen f pl ❷ (*выгода*) Einsparung f; **эконо́мка** $ж_1$ ‹-и, *род мн:* -мок› Haushälterin f, Wirtschafterin f; **эконо́мный** *прил* ‹-ая, -ое, -ые› (*бережный*) sparsam
экра́н $м_1$ ‹-а› ❶ теле, кино Schirm m, Bildschirm m; ◇ кинопроекцио́нный ~ Kinoleinwand f; ◇ широ́кий ~ Breitwand f; ◇ вы́йти на ~ anlaufen ❷ (*защитное устройство*) Schirm m, Abschirmung f; **экраниза́ция** $ж_4$ ‹-и› Verfilmung f; ◇ ~ рома́на Romanverfilmung
экскава́тор $м_1$ ‹-а› Bagger m
экску́рси|я $ж_4$ ‹-и› ❶ (*посещение*) Ausflug m, Exkursion f; (*в музей, по городу*) Führung f; ◇ пое́хать на ~ю eine Exkursion machen ❷ (*группа*) Reisegruppe f; **экскурсово́д** $м_1$ ‹-а› Reiseleiter m; (*гид*) Führer m
экспеди́ци|я $ж_4$ ‹-и› ❶ (*предприятие, отдел*) Expedition f, Versandabteilung f ❷ (*поездка*) Expedition f; ◇ нау́чная ~я Forschungsexpedition; ◇ спаса́тельная ~я Rettungsaktion f; ◇ отпра́виться в ~ю eine Expedition antreten ❸ (*группа*) Expedition f
экспериме́нт $м_1$ ‹-а› (*опыт*) Experiment n, Versuch m; **эксперименти́ровать** V_{3a} несов ‹-рую, -руешь› *над чем и с чем* тв (*производить эксперименты*) experimentieren; ◇ ~ с живо́тными Tierversuche machen
экспе́рт $м_1$ ‹-а› Experte m, Gutachter m, Sachverständiger m; ◇ суде́бный ~ Gerichtsgutachter; **эксперти́за** $ж_1$ ‹-ы› Gutachten n, Expertise f; ◇ суде́бно-меди-ци́нская ~а gerichtsmedizinisches Gut-

achten; ◇ **производи́ть** ~у ein Gutachten erstellen

эксплуата́ци|я ж₄ ‹-и› **1** (о человеке) Ausbeutung f **2** (использование средств производства) Betrieb m, Nutzbarmachung f, Ausbeutung f; ◇ **~я недр земли́** Ausbeutung der Bodenschätze; ◇ **сдать объе́кт в ~ю** eine Sache in Betrieb nehmen; **эксплуати́ровать** V₃ₐ несов ‹-рую, -руешь› кого-что вин (1), что вин (2) **1** (о человеке) ausbeuten; ◇ **~ негра́мотное населе́ние** die ungebildete Bevölkerung ausbeuten **2** (использовать) betreiben, nutzbar machen, ausbeuten; ◇ **~ месторожде́ние руды́** ein Erzvorkommen ausbeuten

экспона́т м₁ ‹-а› Ausstellungsstück n, Exponat n; ◇ **~ы вы́ставки** Ausstellungsstücke

экспоно́метр м₁ ‹-а› Belichtungsmesser m

э́кспорт м₁ ‹-а› Export m, Ausfuhr f; ◇ **~ ле́са** Holzausfuhr; ◇ **изде́лие идёт на ~** das Erzeugnis ist für den Export bestimmt; **экспорти́ровать** V₃ₐ несов и сов ‹-рую, -руешь› кого-что вин exportieren, ausführen

экспре́сс м₁ ‹-а› Schnellzug m

экспро́мт м₁ ‹-а› Improvisation f; ◇ **произнести́ речь ~ом** aus dem Stegreif eine Rede halten; ◇ **сыгра́ть ~ом на роя́ле** auf dem Klavier improvisieren

экста́з м₁ ‹-а› Ekstase f, höchste Begeisterung f; ◇ **впасть/приводи́ть в ~** in Ekstase geraten/bringen

экстреми́ст м₁ ‹-а› Extremist m; ◇ **ле́вые ~ы** Linksextremisten

э́кстренн|ый прил ‹-ая, -ое, -ые› **1** (срочный) Sofort-, eilig; ◇ **~ый вы́зов** Notruf m; ◇ **~ые ме́ры** Sofortmaßnahmen f pl **2** (чрезвычайный) Sonder-, Extra-; ◇ **~ый вы́пуск газе́ты** Extraausgabe einer Zeitung; ◇ **~ое заседа́ние** Sondersitzung f; ◇ **~ые расхо́ды** Sonderausgaben f pl

эласти́чный прил ‹-ая, -ое, -ые› (растяжимый) elastisch, dehnbar; ◇ **~ая ткань** dehnbarer Stoff

элева́тор м₁ ‹-а› (зернохранилище) Getreidespeicher m

электрифика́ция ж₄ ‹-и› Elektrifizierung f; **электрифици́ровать** V₃ₐ несов и сов ‹-рую, -руешь› что вин elektrifizieren; **электри́ческ|ий** прил ‹-ая, -ое, -ие› elektrisch, Kraft-, Strom-; ◇ **~ий дви́гатель** Elektromotor m; ◇ **~ий заря́д** elektrische Ladung; ◇ **~ая ла́мпочка** Glühbirne f; ◇ **~ая печь** Elektroherd m; ◇ **~ая ста́нция** Kraftwerk n; **электри́чество** с₂ ‹-а› **1** (энергия) Elektrizität f **2** (освещение) Licht n; ◇ **заже́чь/погаси́ть ~** Licht anmachen/ausmachen; ◇ **провести́ ~** Strom verlegen; **электри́чк|а** ж₁ ‹-и, род мн: -чек› разг elektrische Eisenbahn; ◇ **при́городная ~** а Stadtbahn f, Nahverkehrszug m; ◇ **е́хать на ~е** mit der Stadt-

bahn fahren; **электробри́тва** ж₁ ‹-ы› Rasierapparat m; разг Trockenrasierer m; **электрово́з** м₁ ‹-а› Elektrolokomotive f, E-Lok f; **электродви́гатель** м₂ ‹-я› Elektromotor m; **электрокардиогра́мма** ж₁ ‹-ы› (= ЭКГ) мед Elektrokardiogramm n, EKG; **электромонтёр** м₁ ‹-а› Elektroinstallateur m, Elektromonteur m; **электромото́р** м₁ ‹-а› Elektromotor m; **электро́нный** прил ‹-ая, -ое, -ые› elektronisch, Elektronen-; ◇ **~ая вычисли́тельная маши́на** Computer m; ◇ **~ый микроско́п** Elektronenmikroskop m; **электрообору́дование** с₄ ‹-я› elektrische Ausrüstung; **электропереда́ча** ж₂ ‹-и› **1** (передача) Elektrizitätsübertragung f **2** (сооружения) Stromleitung f; **электроприбо́р** м₁ ‹-а› Elektrogerät n; ◇ **бытово́й ~** elektrisches Haushaltsgerät; **электропрово́дка** ж₁ ‹-и, род мн: -док› Stromleitung f; **электросе́ть** ж₅ ‹-и, мн: -ти, род: -тей, дат: -тя́м› тех Stromnetz n; **электроэне́ргия** ж₄ ‹-и› Strom m

элеме́нт м₁ ‹-а› **1** (компонент) Bestandteil m; ◇ **разложи́ть це́лое на ~ы** etw in seine Bestandteile zerlegen **2** ◇ **~ы мн** (человек, личность) Element n, Person f; ◇ **уголо́вные ~ы** kriminelle Elemente **3** хим Element n; ◇ **периоди́ческая систе́ма ~ов** Periodensystem n; **элемента́рн|ый** прил ‹-ая, -ое, -ые› **1** (основной) elementar, Grund-; ◇ **~ые пра́вила ве́жливости** elementare Höflichkeitsregeln **2** (упрощённый) elementar, einfach; ◇ **~ый взгляд на ве́щи** einfache Sicht der Dinge

эма́ль ж₅ ‹-и› Email n, Emaille f; ◇ **покрыва́ть ~ю** emaillieren; анат ◇ **зубна́я ~ь** Zahnschmelz m

эмансипа́ция ж₄ ‹-и› Emanzipation f

эмба́рго с ‹нескл› эк Embargo n; ◇ **экономи́ческое ~** Wirtschaftsembargo; ◇ **ввести́ ~ на что-л** ein Embargo über etw verhängen

эмбле́ма ж₁ ‹-ы› Emblem n; (символ) Symbol n

эмигра́нт м₁ ‹-а› Emigrant m, Auswanderer m; **эмигра́ция** ж₄ ‹-и› (переселение в другую страну) Emigration f, Auswanderung f; ◇ **жить в ~и** in der Emigration leben; **эмигри́ровать** V₃ₐ несов и сов ‹-рую, -руешь› куда вин emigrieren, auswandern

эми́ссия ж₄ ‹-и› эк Emission f; ◇ **ба́нковская ~** Bankemission

эмоциона́льный прил ‹-ая, -ое, -ые› emotional; **эмо́ци|я** ж₄ ‹-и› Emotion f, Gefühl n; ◇ **положи́тельные ~и** positive Gefühle

энерге́тика ж₁ ‹-и› Energetik f, Energiewirtschaft f; ◇ **а́томная ~** Atomenergiewirtschaft

энерги́чный прил ‹-ая, -ое, -ые› energisch; (деятельный) tatkräftig; **энѐрги|я**

$ж_4$ ⟨-и⟩ ① тех, физ (*свойство материи*) Energie *f*, Kraft *f*; ◇ со́лнечная ~я Sonnenenergie; ◇ теплова́я ~я Wärmeenergie; ◇ я́дерная ~я Kernenergie; ◇ затра́та ~и Energieverbrauch *m* ② (*решительность*) Energie *f*, Tatkraft *f*; ◇ он всегда́ по́лон ~и er ist ein Energiebündel

энтузиа́зм $м_1$ ⟨-а⟩ (*душевный подъём*) Enthusiasmus *m*; (*увлечённость*) Begeisterung *f*; ◇ проявля́ть ~ Begeisterung zeigen; ◇ рабо́тать с ~ом mit Enthusiasmus arbeiten

энциклопе́дия $ж_4$ ⟨-и⟩ (*справочное издание*) Enzyklopädie *f*, Lexikon *n*; ◇ литерату́рная ~ literarische Enzyklopädie; ◇ ходя́чая ~ wandelndes Lexikon

эпиде́мия $ж_4$ ⟨-и⟩ Epidemie *f*, Seuche *f*; ◇ ~ гри́ппа Grippeepidemie

эпизо́д $м_1$ ⟨-а⟩ ① (*случай*) Ereignis *n*, Episode *f*; ◇ э́то лишь ~ в её жи́зни das ist nur eine Episode ihres Lebens ② (*фрагмент произведения*) Episode *f*

эпило́г $м_1$ ⟨-а⟩ ① (*заключительная часть*) Epilog *m* ② перен (*события последних лет жизни*) letzter Lebensabschnitt *m*

эпо́ха $ж_3$ ⟨-и⟩ Epoche *f*; ◇ геологи́ческая ~ geologisches Zeitalter; *перен* (*период*) Zeitabschnitt *m*

э́р|а $ж_3$ ⟨-ы⟩ ① (*система летоисчисления*) Zeitrechnung *f*; ◇ до на́шей ~ы vor Christus; ◇ на́шей ~ы nach Christus (*эпоха*) Ära *f*; ◇ но́вая ~а в исто́рии челове́чества neue Ära in der Menschheitsgeschichte

 Эрмитаж

Mit mehr als 3 Millionen Exponaten, deren erste 1764 für die Privatsammlung Katharinas der Großen erworben wurden, ist die staatliche Eremitage in St. Petersburg eines der größten Museen der Welt. Sie befindet sich im ehemaligen Regierungssitz des Zaren, dem Winterpalast, in insgesamt 400 prächtigen Sälen. Seit 1852 ist sie die bedeutendste Kunstsammlung Russlands mit Kunstschätzen aus zahllosen Ländern und Epochen für die Öffentlichkeit zugänglich und stellt einen wesentlichen Entwicklungsfaktor für die russische Kunst dar.

эруди́рованный *прил* ⟨-ая, -ое,-ые⟩ gelehrt; (*начитанный*) belesen, gebildet; эруди́ция $ж_4$ ⟨-и⟩ (*глубокие познания*) Bildung *f*; (*начитанность*) Belesenheit *f*; (*учёность*) Gelehrtheit *f*

эска́дра $ж_1$ ⟨-ы⟩ мор, ав Geschwader *n*; эскадри́лья $ж_3$ ⟨-и, *род мн:*-лий, *дат:* -льям⟩ ав Fliegerstaffel *f*

эскала́тор $м_1$ ⟨-а⟩ Rolltreppe *f*; ◇ подня́ться/спусти́ться на ~е mit der Rolltreppe hochfahren/hinunterfahren

эскала́ция $ж_4$ ⟨-и⟩ Eskalation *f*; ◇ ~ напряжённости Eskalation der Spannung

эски́з $м_1$ ⟨-а⟩ Skizze *f*; (*набросок*) Entwurf *m*

эскимо́с $м_1$ ⟨-а⟩ Eskimo *m*; эскимо́ска $ж_1$ ⟨-и, *род мн:*-сок⟩ Eskimofrau *f*

эста́мп $м_1$ ⟨-а⟩ ист Kupferstich *m*

эстафе́та $ж_1$ ⟨-ы⟩ Staffel *f*, Staffellauf *m*; ◇ лы́жная ~ Skistaffel

эсто́нец $м_5$ ⟨-нца⟩ Este *m*; эсто́нка $ж_1$ ⟨-и, *род мн:*-нок⟩ Estin *f*; эсто́нский *прил* ⟨-ая, -ое, -ие⟩ estnisch

эстра́да $ж_1$ ⟨-ы⟩ ① (*сцена*) Bühne *f*; ◇ вы́йти на ~у die Bühne betreten ② (*вид искусства*) Kleinkunstbühne *f*; ◇ теа́тр ~ы Kleinkunsttheater *n*

эта́ж $м_2$ ⟨-а́, *мн:* -и́⟩ Etage *f*, Stockwerk *n*, Stock *m*; ◇ ве́рхний ~ oberste Etage; ◇ подва́льный ~ Kellergeschoss *n*; на пе́рвом ~é im Erdgeschoss; ◇ дом в три ~á dreigeschossiges Haus

этаже́рка $ж_1$ ⟨-и, *род мн:*-рок⟩ Gestell *n*, Regal *n*; ◇ ~ с кни́гами Bücherregal

этало́н $м_1$ ⟨-а⟩ тех ① (*образец*) Etalon *m*, Eichmaß *n* ② перен (*мерило*) Ideal *n*; ◇ ~ красоты́ Schönheitsideal

эта́п $м_1$ ⟨-а⟩ ① (*стадия*) Etappe *f*, Abschnitt *m*; ◇ но́вый ~ разви́тия neue Entwicklungsstufe ② спорт (*отрезок дистанции*) Etappe *f*; ◇ э́то про́йденный ~ das hätten wir hinter uns

э́тика $ж_1$ ⟨-и⟩ (*наука*) Ethik *f* ② (*мораль человека*) Ethik *f*; ◇ враче́бная ~ ärztliche Ethik

этике́т $м_1$ ⟨-а⟩ Etikette *f*; ◇ соблюда́ть ~ die Etikette bewahren; ◇ речево́й ~ Sprachnorm *f*

этике́тка $ж_1$ ⟨-и, *род мн:*-ток⟩ Etikett *n*; ◇ ~ с цено́й Preisschild *n*

этни́ческий *прил* ⟨-ая, -ое, -ие⟩ ethnisch; ◇ ~ соста́в населе́ния ethnische Zusammensetzung der Bevölkerung

э́то I. *частица* denn; ◇ кто ~ пришёл? wer ist (da) gekommen?; ◇ куда́ же ты идёшь? wohin gehst du denn? II. *с* das, es, dies; ◇ кто ~? wer ist das?; ◇ что ~? was ist das?; ◇ я ~ зна́ю ich weiß das; ◇ при всём ~м bei alledem; ◇ ~ ничего́ не даст das bringt nichts; ◇ ~ к де́лу не отно́сится das hat damit nichts zu tun III. *мест см.* э́тот

э́тот ⟨э́того *м*; э́та, э́той *ж*; э́то, э́того *с*; э́ти, э́тих *мн*⟩ *мест* ① (*указывает на что-л близкое*) dieser, diese, dieses; ◇ на э́том берегу́ an diesem Ufer; ◇ ~ дом и́ли друго́й? dieses Haus oder das andere? ② (*со словами "самый", "именно", "же"*) ◇ сно́ва э́та же пробле́ма wieder dieses Problem; ◇ нам ну́жен ~ са́мый челове́к wir brauchen genau diese Person

этю́д $м_1$ ⟨-а⟩ ① (*рисунок, картина или*

скульптура) Studie *f;* ◇ **к карти́не** Skizze zu einem Bild **2** лит Studie *f* **3** муз Etüd *f* **4** (*вид упражнения*) Übungsstück *n;* ◇ **~ы для начина́ющих** Übungen für Anfänger; ◇ **реши́ть ша́хматный ~** ein Schachproblem lösen

эфи́р *m₁* ⟨-а⟩ **1** (*органическое соединение*) Äther m, Ester m **2** (*распространение радиоволн*) Äther *m;* ◇ **прямо́й ~** Direktübertragung f

эффе́кт *m₁* ⟨-а⟩ **1** (*впечатление*) Effekt m, Eindruck *m;* ◇ **произвести́ ~** einen Effekt erzielen **2** (*результат*) Wirkung f, Effekt *m;* ◇ **лека́рство не дало́ жела́емого ~а** die Arznei hat nicht die gewünschte Wirkung gezeigt; ◇ **световы́е ~ы в теа́тре** Lichteffekte im Theater; **эффекти́вность** *ж₅* ⟨-и⟩ Effektivität *f;* (*действенность*) Wirksamkeit *f;* ◇ **повыше́ние ~и произво́дства** Steigerung der Produktionseffektivität; **эффекти́вный** прил ⟨-ая, -ое, -ые⟩ effektiv, wirksam, effizient; ◇ **~ спо́соб** wirksame Methode; **эффе́ктный** прил ⟨-ая, -ое, -ые⟩ effektvoll, wirkungsvoll; (*впечатляющий*) eindrucksvoll

эх! межд ach!, oh!; ◇ **~ ты, рази́ня!** du Schlafmütze!

э́хо *с₂* ⟨-а⟩ **1** (*отражение звука*) Echo n, Widerhall *m;* ◇ **го́рное ~** Echo in den Bergen; ◇ **как ~ повторя́ть что-л** wie ein Papagei nachplappern **2** перен (*отголосок*) Echo n, Nachhall m

эшафо́т *m₁* ⟨-а⟩ (*помост для казни*) Schafott *n;* ◇ **взойти́ на ~** sich opfern

эшело́н *m₁* ⟨-а⟩ **1** воен Staffel *f* **2** ж.-д. Militärzug *m;* ◇ **~ы вла́сти** Chefetagen *f pl*

Ю

юбиле́й *m₃* ⟨-я⟩ **1** (*годовщина*) Jubiläum *n;* ◇ **пра́здновать ~** ein Jubiläum feiern **2** (*празднование*) Jubiläumsfeier *f;* ◇ **все приглашены́ на ~** alle sind zur Jubiläumsfeier eingeladen; **юбиля́р** *m₁* ⟨-а⟩ Jubilar m

ю́бка *ж₁* ⟨-и, род мн:-бок⟩ **1** (*одежда*) Rock *m;* ◇ **ни́жняя ~а** Unterrock; ◇ **~а в скла́дку** Faltenrock; перен ◇ **держа́ться за чью́-л ~у** unselbständig sein **2** перен (*женщина*) ◇ **бе́гать за ка́ждой ~ой** jedem Rock hinterherlaufen

ювели́р *m₁* ⟨-а⟩ ◇ **~-гравёр** Schmuckgraveur m; **ювели́рный** прил ⟨-ая, -ое, -ые⟩ Juwelier-, Schmuck-; ◇ **~ые изде́лия** Juwelierwaren; ◇ **~ый магази́н** Schmuckgeschäft n, Juwelierladen m

юг *m₁* ⟨-а⟩ **1** (*страна света*) Süden *m;* ◇

о́кна выхо́дят на ~ die Fenster gehen nach Süden **2** (*местность*) Süden *m;* ◇ **на ~е Росси́и** im Süden Russlands; ◇ **отдыха́ть на ~е** im Süden Urlaub machen

юго-восто́к *m₁* ⟨-а⟩ Süd-Osten *m;* **юго-восто́чный** прил ⟨-ая, -ое, -ые⟩ südöstlich, Südost-; **юго-за́пад** *m₁* ⟨-а⟩ Südwesten m, Südwest *m;* **юго-за́падный** прил ⟨-ая, -ое, -ые⟩ südwestlich, Südwest-

югосла́в *m₁* ⟨-а⟩ Jugoslawe *m;* **югосла́вка** *ж₁* ⟨-и, род мн: -вок⟩ Jugoslawin *f;* **югосла́вский** прил ⟨-ая, -ое, -ие⟩ jugoslawisch

ю́жн|ый прил ⟨-ая, -ое, -ые⟩ südlich, Süd-; ◇ **~ый ве́тер** Südwind *m;* ◇ **~ый край** der Süden; геогр ◇ **~ый по́люс** Südpol *m;* ◇ **~ый темпера́мент** südländisches Temperament; геогр ◇ **~ая широта́** südliche Breite

юла́ *ж₁* ⟨-ы́⟩ **1** (*игрушка*) Kreisel m **2** (*о человеке*) quirliges, unruhiges Kind s, Wildfang m

юли́ть V₄ₐ несов ⟨юлю́, юли́шь⟩ без доп (1, 3), перед кем-чем тв (2) **1** (*вертеться*) herumrennen; ◇ **сиди́ споко́йно, не юли́** setz dich ruhig hin und renn nicht herum **2** перен (*заискивать*) um jd-n herumscharwenzeln, sich einschmeicheln **3** (*хитрить*) sich winden wie ein Aal, listig sein

ю́мор *m₁* ⟨-а⟩ Humor m

ю́ность *ж₅* ⟨-и⟩ Jugend *f;* ◇ **в дни ~и** in der Jugend(-zeit); **ю́ноша** *m₃* ⟨-и, род мн: -ей⟩ junger Mann m; **ю́ношеств|о** *с₂* ⟨-а⟩ **1** (*юность*) Jugend *f;* ◇ **журна́л для ~а** Jugendzeitschrift f **2** (*молодёжь*) Jugend *f;* **ю́ный** прил ⟨-ая, -ое, -ые⟩ jung, jugendlich; ◇ **~ые го́ды** Jugendjahre *n pl;* ◇ **~ые си́лы** jugendliche Kräfte

юпи́тер *m₁* ⟨-а⟩ **1** астр Jupiter m **2** (*прожектор*) Scheinwerfer m

юриди́ческ|ий прил ⟨-ая, -ое, -ие⟩ (*правовой*) juristisch, Rechts-; ◇ **~ие нау́ки** Rechtswissenschaften *f pl;* ◇ **~ая консульта́ция** Rechtsberatung f; **юрисди́кци|я** *ж₄* ⟨-и⟩ Rechtsprechung f, Jurisdiktion f, Gerichtsbarkeit *f;* ◇ **облада́ть ~ей** richterliche Gewalt ausüben; ◇ **подлежа́ть чьей-л ~и** der Zuständigkeit eines Gerichts unterliegen; **юрисконсу́льт** *m₁* ⟨-а⟩ Rechtsberater m; **юриспруде́нци|я** *ж₄* ⟨-и⟩ Jurisprudenz f, Rechtswissenschaft *f;* ◇ **занима́ться ~ей** als Jurist tätig sein; **юри́ст** *m₁* ⟨-а⟩ Jurist m

ю́ркий прил ⟨-ая, -ое, -ие⟩ (*подвижной*) flink; (*увёртливый*) gewandt, fix; ◇ **~ парни́шка** flinker Kerlchen

юркну́|ть V₂ сов ⟨-ну, -нешь⟩ [**ю́ркать** V₁ₐ несов] куда вин hineinschlüpfen, weghuschen; ◇ **мышь ~ла в щель** die Maus huschte in den Spalt

юро́дивый *м* (A₁) ⟨-ого⟩ Einfältiger m; (*слабоумный*) Schwachsinniger m; **юро́дство** *с₂* ⟨-а⟩ Blödsinn m, Schwachsinn *m;* ◇ **соверша́ть ~а** Blödsinn machen

ю́рта ж₁ ⟨-ы⟩ (у кочевников) Jurte f, Filzzelt n

юсти́ци|я ж₄ ⟨-и⟩ Justiz f, Rechtsprechung f; ◇ **Министе́рство** ~и Justizministerium n

юти́ться V₄ₐ несов ⟨ючу́сь, юти́шься⟩ без доп **(1)** (тесни́ться) dicht beeinander liegen, stehen, zusammengepfercht wohnen; ◇ ~ **вокру́г очага́** sich um den Ofen scharen **(2)** (имéть при́станище) hausen, unterkommen; ◇ ~ **у знако́мых** bei Bekannten unterkommen; ◇ ~ **по чужи́м угла́м** mal hier, mal da Unterschlupf finden

Я

я (меня́, мне, меня́, мной, обо мне́) **I.** личн мест ich; ◇ **я мы́слю, сле́довательно существу́ю** ich denke, also bin ich; ◇ **éсли не я, то кто́ же?** wenn nicht ich, wer dann?; ◇ **он дово́лен мной** er ist mit mir zufrieden; ◇ **э́то меня́ не волну́ет** das ist mir egal; ◇ **поговори́ с шéфом обо мне́** sprich mit dem Chef über mich **II.** с (нескл) (ли́чность) Ich n, Individualität f; ◇ **он сохрани́л своё** ~ er bewahrte seine Individualität; ◇ **он моё второ́е** ~ er ist mein zweites Ich; ◇ **кро́ме со́бственного** ~ **его́ ничего́ не интересу́ет** außer seinem Ego interessiert ihn nichts

я́бедник м₁ ⟨-а⟩ (доно́счик) Petzer m

я́бедничать V₁ₐ несов ⟨-аю, -аешь⟩ [на́сов] на кого-что вин или без доп разе (доноси́ть) verpfeifen, verpetzen

я́блоко с₂ ⟨-а, мн: -и⟩ Apfel m; ◇ **компо́т из я́блок** Apfelkompott m; анат ◇ **глазно́е** ~ Augapfel; анат ◇ **ада́мово** ~о Adamsapfel; ◇ ~о **раздо́ра** Zankapfel; ◇ ~**у нéгде упа́сть** hier ist es brechend voll; ◇ ~**о от я́блони не далеко́ па́дает** der Apfel fällt nicht weit vom Stamm;

я́блоня ж₂ ⟨-и⟩ Apfelbaum m

яви́ться V₄ₐ сов ⟨явлю́сь, я́вишься⟩ [**явля́ться** V₁ᵦ несов] без доп (1, 3), кем-чем тв (2) **(1)** (прибы́ть) erscheinen, kommen, sich melden; ◇ **он** ~**лся домо́й то́лько вéчером** er kam erst abends nach Hause; ◇ ~**ться на приём** zur Sprechstunde kommen; ◇ ~**ться в суд** vor Gericht erscheinen **(2)** (оказа́ться) sein, sich erweisen (als); ◇ **просту́да** ~**лась причи́ной болéзни** eine Unterkühlung war der Grund für seine Krankheit

я́вка ж₁ ⟨-и, род мн: я́вок⟩ **(1)** (по вы́зову, приказа́нию) Erscheinen n; ◇ **обяза́тельна** Erscheinen ist Pflicht **(2)** (мéсто конспирати́вных встреч) Geheimtreff m

явлéние с₄ ⟨-я⟩ **(1)** (проявлéние) Erscheinung f, Phänomen n; ◇ ~ **приро́ды** Naturerscheinung **(2)** (собы́тие, слу́чай) Ereignis n **(3)** театр Szene f, Auftritt m

явля́ться V₁ᵦ несов от **яви́ться**

я́вн|ый прил ⟨-ая, -ое, -ые⟩ **(1)** (не скрыва́емый) offen, unverhüllt **(2)** (очеви́дный) klar, deutlich, offensichtlich, augenscheinlich; ◇ ~**ая ложь** unverkennbare Lüge

ягнёнок м₁ ⟨-нка, мн: ягня́та, род: ягня́т⟩ Lamm n; перен **прики́нуться** ~**ком** das unschuldige Lamm spielen

я́года ж₁ ⟨-ы⟩ Beere f; ◇ **они́ — одного́ по́ля** ~ die sind vom gleichen Kaliber

я́годица ж₂ ⟨-ы, род мн: -диц⟩ Gesäß n, Gesäßbacke f

яд м₁ ⟨-а⟩ **(1)** (вещество́) Gift n; ◇ **змеи́ный** ~ Schlangengift; (отрави́ть) ◇ **дать** ~ кому́-л jd-m Gift geben **(2)** перен (зло́ба, ехи́дство) Bosheit f

я́дерн|ый прил ⟨-ая, -ое, -ые⟩ Kern-, nuklear; ◇ ~**ая энéргия** Kernenergie f; ◇ ~**ые держа́вы** Atommächte f pl; ◇ ~**ое разоружéние** atomare Abrüstung

ядови́т|ый прил ⟨-ая, -ое, -ые⟩ **(1)** (па́губный) giftig, Gift-; ◇ ~**ое вещество́** Giftstoff m; ◇ ~**ый газ** Giftgas n **(2)** перен (язви́тельный, зло́бный) giftig, boshaft; ◇ ~**ое замеча́ние** giftige Bemerkung **(3)** (рéзкий) beißend; ◇ ~**ый за́пах** stechender Geruch

ядохимика́т м₁ ⟨-а⟩ Pflanzenschutzmittel n, Schädlingsbekämpfungsmittel n

ядро́ с₂ ⟨-а́, мн: я́дра, род: я́дер, дат: я́драм⟩ **(1)** (сéмя) (Frucht-)Kern m; ◇ ~**о́ орéха** Nusskern **(2)** (вну́тренняя часть) Kern m; ◇ ~**о́ а́тома** Atomkern; анат ◇ ~**о́ клéтки** Zellkern; ◇ ~**о́ Земли́** Erdkern **(3)** перен (основна́я часть) Kern m; Hauptteil m **(4)** (спорти́вный снаря́д) Kugel f; ◇ **толка́ние** ~**а́** Kugelstoßen n

я́зв|а ж₁ ⟨-ы⟩ **(1)** (ра́на) Wunde f; ◇ **откры́тые** ~**ы** offene Wunden **(2)** перен (зло, вред) Übel n **(3)** м/ж (о человéке) Lästermaul n, Giftnudel f; ◇ **ну и** ~**а же ты!** du bist vielleicht ein Lästermaul! **(4)** мед Geschwür n; ◇ ~**а желу́дка** Magengeschwür; мед ◇ **сиби́рская** ~**а** Milzbrand n

язви́тельн|ый прил ⟨-ая, -ое, -ые⟩ beißend, höhnisch; (язви́тельный) giftig; (сарка́стический) sarkastisch; ◇ ~**ая усмéшка** gehässiges Lächeln

язви́ть V₄ₐ несов⟨-влю́, -ви́шь⟩ [**съ**~ сов] без доп стичeln; (насмеха́ться) höhnen; ◇ ~ **на чей-л счёт** gegen jd-n stiсheln

язы́к м₁ ⟨-а́, мн: -и́⟩ **(1)** (о́рган) Zunge f; ◇ **у него́ дли́нный** ~ er kann den Mund nicht halten; ◇ **лиза́ть** ~**о́м** mit der Zunge lecken; ◇ **показа́ть** ~ die Zunge herausstrecken; ◇ **попро́бовать на** ~ etw kosten; ◇ **распусти́ть** ~ viel schwätzen; ◇ **держа́ть** ~ **за зуба́ми** die Zunge im Zaum halten; ◇ **э́то сло́во вéртится у меня́ на** ~ das Wort liegt mir auf der Zunge **(2)** (ку-

шанье) Zunge *f;* ◇ **говя́жий** ~ Rinderzunge; ◇ **заливно́й** ~ Zunge in Aspik **3** (*в колоколе*) Klöppel *m* **4** (*речь*) Sprache *f;* ◇ **иностра́нный** ~ Fremdsprache; ◇ **литерату́рный** ~ Schriftsprache; ◇ **разгово́рный** ~ Umgangssprache; ◇ **славя́нские** ~**й** slawische Sprachen; ◇ **исто́рия** ~á Sprachgeschichte *f;* ◇ **владе́ть не́сколькими** ~**áми** mehrere Sprachen beherrschen; *перен* **говори́ть на ра́зных** ~**áх** einander nicht verstehen; *перен* **найти́ о́бщий** ~ **с кем-л** sich mit jd-m verstehen; ◇ ~ **Пу́шкина** die Sprache Puschkins **5** *перен* (*средство бессловесного общения*) ◇ ~ **же́стов** Gebärdensprache; ◇ ~ **програ́ммирования** Programmiersprache; ◇ ~ **та́нца** Sprache des Tanzes **6** (*пленный*) Gefangener *m;* ◇ **привести́** ~á einen Gefangenen machen; **языкове́д** *m₁* ‹-а› Sprachwissenschaftler *m*, Sprachforscher *m;* **языкозна́ние** *c₄* ‹-я› Sprachwissenschaft *f;* ◇ **сравни́тельное** ~ vergleichende Sprachwissenschaft

язы́чник *m₁* ‹-а› Heide *m*

яи́чник *m₁* ‹-а› анат Eierstock *m*

яи́чница *ж₂* ‹-ы, *род мн:*-ниц› Eierkuchen *m;* ◇ ~**а-болту́нья** Rührei *n;* ◇ ~**а-глазу́нья** Spiegelei *n;* ◇ **спу́тать бо́жий дар с ~ей** alles durcheinander werfen; **яи́чный** *прил* ‹-ая, -ое, -ые› Ei-, Eier-; ◇ ~ **бело́к** Eiweiß *n;* ◇ ~ **желто́к** Eigelb *n;* ◇ **яи́чная скорлупа́** Eierschale *f*

яйцо́ *c₂* ‹-á, *мн:* я́йца, *род:* яи́ц, *дат:* я́йцам› (*у птиц*) Ei *n;* ◇ **кури́ные** ~а Hühnereier; ◇ **пти́чьи** ~а Vogeleier; ◇ **класть [нести́]** ~а Eier legen; ◇ ~а **вкруту́ю** hartgekochte Eier; ◇ ~**ó всмя́тку** weiches Ei; ◇ **э́то вы́еденного** ~á **не сто́ит** das ist keinen Pfifferling wert; ◇ **кра́шеные** ~а Ostereier, gefärbte Eier

я́кобы *нареч* (*выражает сомнительность*) angeblich; ◇ **я прочита́л э́ту** ~ **интере́сную кни́гу** ich habe dieses angeblich interessante Buch gelesen; ◇ **приходи́л** ~ **зате́м, что́бы повида́ться** er kam angeblich, um jd-n zu besuchen

я́корь *m₂* ‹-я, *мн:* -ря́› мор Anker *m;* ◇ **бро́сить** ~**ь** den Anker auswerfen; **сня́ться с** ~**я** den Anker lichten; ◇ **ста́ть на** ~**ь** vor Anker gehen; ◇ **стоя́ть на** ~**е** vor Anker liegen

яку́т *m₁* ‹-а› Jakute *m;* **яку́тка** *ж₁* ‹-и, *род мн:* -ток› Jakutin *f;* **яку́тский** *прил* ‹-ая, -ое, -ие› jakutisch

я́м|а *ж₁* ‹-ы› **1** (*углубление в земле*) Grube *f;* ◇ **помо́йная** ~а Müllgrube; ◇ **вы́рыть** ~у eine Grube ausheben; ◇ **вы́тащить из** ~ы **кого́-л** jd-n aus dem Dreck ziehen; ◇ **рыть** ~у **кому́-л** jd-m eine Grube graben **2** (*оборудованное углублённое место*) Vertiefung *f*, Grube *f;* ◇ **оркестро́вая** ~а Orchestergraben *m;* ав ◇ **возду́шная** ~ Luftloch *n*

январ|ь *m₂* ‹-я́, *мн:* -ри́› Januar *m;* ◇ **в на-**

ча́ле ~**я́** Anfang Januar; ◇ **в** ~**é бу́дущего го́да** im Januar nächsten Jahres

янта́р|ь *m₂* ‹-я́› Bernstein *m;* ◇ **месторожде́ния** ~**я́** Bernsteinlagerstätten *f pl;* ◇ **кольцо́ с** ~**ём** Bernsteinring *m*

япо́нец *m₅* ‹-нца› Japaner *m;* **япо́нка** *ж₁* ‹-и, *род мн:* -нок› Japanerin *f;* **япо́нский** *прил* ‹-ая, -ое, -ие› japanisch

я́рк|ий *прил* ‹-ая, -ое, -ие› (*сравн:* я́рче) **1** (*дающий сильный свет*) grell, hell; ◇ ~**ие лучи́** helle Strahlen; ◇ ~**ое со́лнце** grelle Sonne; (*ясный*) klar **2** (*свежий*) klar, leuchtend, frisch; ◇ ~**ие кра́ски** lebhafte Farben **3** *перен* (*выдающийся*) hervorragend; (*заметный*) markant, hervorstechend, auffallend

ярлы́к *m₁* ‹-á, *мн:* -и́› **1** (*листок с наименованием*) Etikett *n;* ◇ **бага́жный** ~ Gepäckaufkleber *m;* ◇ **буть́лочный** ~ Flaschenetikett; ◇ ~ **с обозначе́нием цены́** Preisschild *n* **2** *перен* (*неодобрительная характеристика*) Schablone *f;* ◇ **гото́вые** ~**й** Klischees *n pl*

я́рмарка *ж₁* ‹-и, *род мн:* -рок› Messe *f;* ◇ **промы́шленная** ~ Industriemesse

яров|о́й *прил* ‹-а́я, -о́е, -ы́е› Sommer-; ◇ ~**ые культу́ры** Sommerkulturen *f pl;* ◇ ~**а́я пшени́ца** Sommerweizen *m*

я́рост|ь *ж₅* ‹-и› (*гнев*) Wut *f*, Rage *f;* ◇ **прийти́ в** ~**ь** in Wut geraten, in Rage kommen; ◇ **вне себя́ от** ~**и** außer sich sein vor Wut **2** *перен* (*о силах природы*) Wucht *f;* ◇ ~**ь** волн Wucht der Wellen

я́рус *m₁* ‹-а› **1** театр Rang *m;* ◇ **ло́жа второ́го** ~а Loge im zweiten Rang **2** (*пласт земной коры*) Schicht *f*

я́рче *сравн от* **я́ркий**

я́рый *прил* ‹-ая, -ое, -ые› wild, heftig, leidenschaftlich; ◇ ~ **покло́нник му́зыки** leidenschaftlicher Musikliebhaber; ◇ ~ **сторо́нник** großer Anhänger

я́сень *m₂* ‹-я› бот Esche *f*

я́сли *мн₂* ‹-ей› **1** (*для детей*) Krippe *f;* ◇ **де́тские** ~ Kinderkrippe; ◇ **отда́ть ребёнка в** ~ das Kind in die Krippe geben **2** (*кормушка для скота*) (Futter-)Krippe *f*

яснови́дец *m₅* ‹-дца› Hellseher *m*

я́сн|ый *прил* ‹-ая, -ое, -ые› **1** (*сияющий*) klar, hell; ◇ ~**ая заря́** leuchtendes Morgenrot **2** (*светлый*) klar; ◇ ~**ое не́бо** wolkenloser Himmel; ◇ ~**ая ночь** (sternen-)klare Nacht **3** (*спокойный*) ruhig, gelassen **4** (*логичный, чёткий*) klar, deutlich; ◇ ~**ая мысль** logischer Gedanke; ◇ ~**ый ум** klarer Verstand

я́стреб *m₁* ‹-а, *мн:* -á› зоол Habicht *m*

я́хта *ж₁* ‹-ы› Jacht *f;* ◇ **мото́рная** ~ Motorjacht

яхтсме́н *m₁* ‹-а› Segler *m*

яче́йка *ж₁* ‹-и, *род мн:* -че́ек› **1** (*ячея*) Zelle *f;* ◇ ~**и па́мяти (ЭВМ)** Speicherelement *n* **2** (*у пчёл*) Zelle *f;* ◇ **со́товая** ~ Honigwabe *f*

ячме́нь¹ *m₂* ‹-я́› (*хлебный злак*) Gerste *f*

ячме́нь² $м_2$ ‹-я́, *мн.:* -мени́› (*на глазу*) Gerstenkorn n

я́щерица $ж_2$ ‹-ы, *род мн.:* -риц› Eidechse f

я́щик $м_1$ ‹-а› Kiste f, Kasten $m;$ (*сундук*) Truhe $f;$ ◇ **деревя́нный** ~ Holztruhe; ◇ **выдвижно́й** ~ Schublade $f;$ ◇ **почто́вый**
~ Briefkasten $m;$ ◇ **абонеме́нтный почто́вый** ~ Postfach $n;$ ◇ **чёрный** ~ Flugschreiber $m;$ ◇ **откла́дывать в до́лгий** ~ auf die lange Bank schieben; *груб* ◇ **сыгра́ть в** ~ den Löffel abgeben

я́щур $м_1$ ‹-а› (*болезнь животных*) Maulund Klauenseuche f

Illustrationen

Der Mensch – Anatomie — Человек, его внутренние и наружные органы

von vorne – спереди

von hinten – сзади

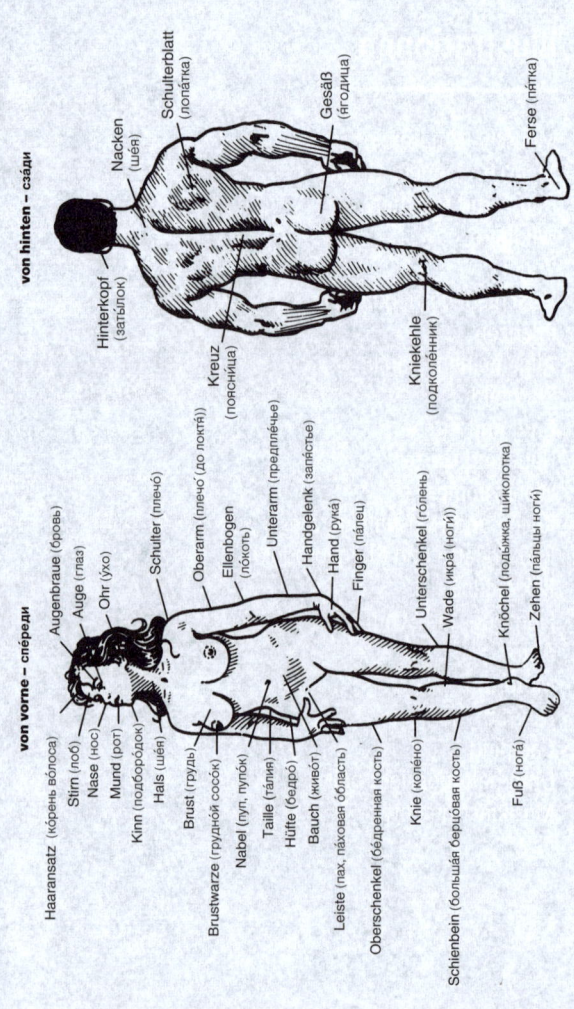

Haaransatz (корень волоса)
Stirn (лоб)
Nase (нос)
Mund (рот)
Kinn (подбородок)
Hals (шея)
Augenbraue (бровь)
Auge (глаз)
Ohr (ухо)
Schulter (плечо)
Brust (грудь)
Brustwarze (грудной сосок)
Nabel (пуп, пупок)
Taille (талия)
Hüfte (бедро)
Bauch (живот)
Oberarm (плечо (до локтя))
Ellenbogen (локоть)
Unterarm (предплечье)
Handgelenk (запястье)
Hand (рука)
Finger (палец)
Leiste (pax, паховая область)
Oberschenkel (бедренная кость)
Knie (колено)
Schienbein (большая берцовая кость)
Unterschenkel (голень)
Wade (икра (ноги))
Knöchel (лодыжка, щиколотка)
Zehen (пальцы ноги)
Fuß (нога)

Hinterkopf (затылок)
Nacken (шея)
Schulterblatt (лопатка)
Gesäß (ягодица)
Kreuz (поясница)
Kniekehle (подколенник)
Ferse (пятка)

Der Mensch – innere Organe – Человек, его внутренние и наружные органы

ORGANE – óрганы

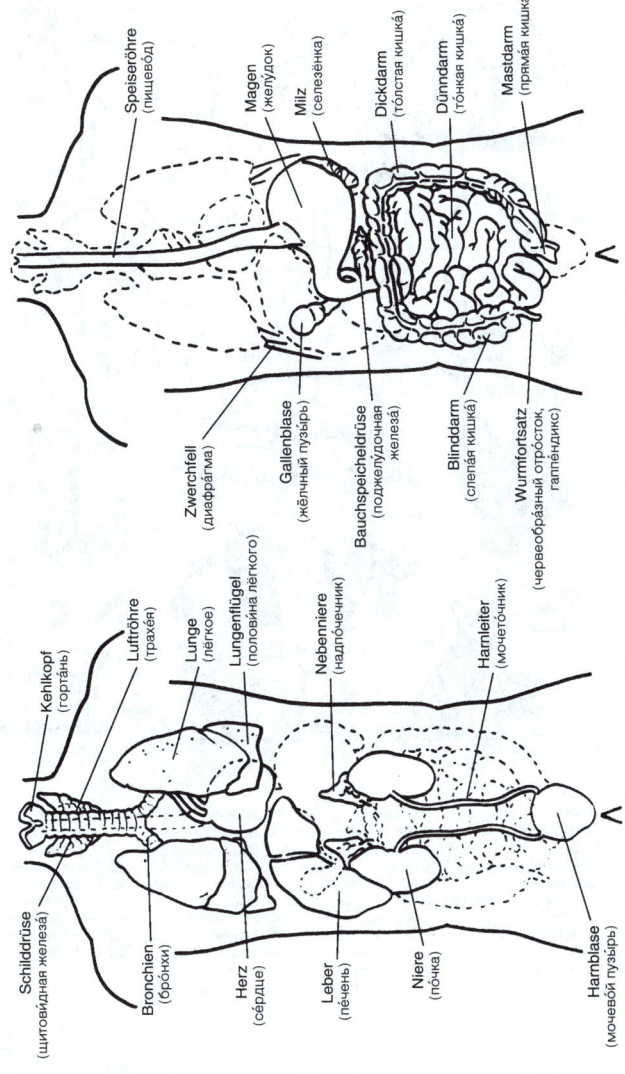

Speiseröhre (пищевод)

Magen (желудок)

Milz (селезёнка)

Dickdarm (толстая кишка)

Dünndarm (тонкая кишка)

Mastdarm (прямая кишка)

Zwerchfell (диафрагма)

Gallenblase (жёлчный пузырь)

Bauchspeicheldrüse (поджелудочная железа́)

Blinddarm (слепая кишка)

Wurmfortsatz (червеобразный отросток, гаппéндикс)

Kehlkopf (гортáнь)

Luftröhre (трахéя)

Lunge (лёгкое)

Lungenflügel (половина лёгкого)

Nebenniere (надпóчечник)

Harnleiter (мочетóчник)

Schilddrüse (щитовидная железа́)

Bronchien (брóнхи)

Herz (сéрдце)

Leber (пéчень)

Niere (пóчка)

Harnblase (мочевóй пузырь)

Haus- und Nutztiere – Домáшние и сельскохозя́йственные живóтные

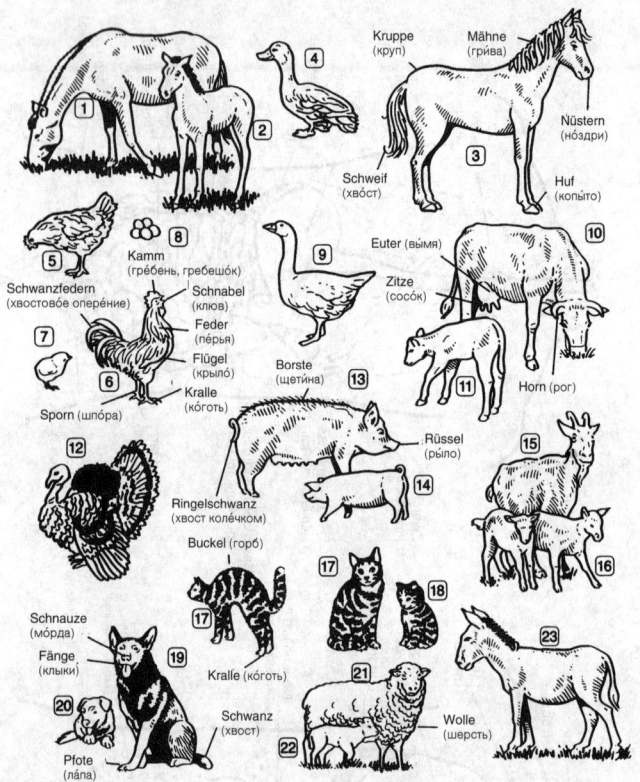

1 Pferd (лóшадь)
Hengst (жеребéц)
Stute (кобы́ла)
2 Fohlen (жеребёнок)
3 Schimmel
(бéлая (си́вая) лóшадь)
4 Ente (у́тка)
5 Huhn (ку́рица)
Henne (несу́шка)
6 Hahn (пету́х)
Gockel (пету́х)

7 Küken (цыплёнок)
8 Eier (я́йца)
9 Gans (гусь)
10 Rind
(кру́пный рогáтый скот)
Kuh (корóва)
Ochse (вол)
Stier (бык)
Bulle (бычóк)
11 Kalb (телёнок)

12 Truthahn (индю́к)
13 Schwein (свинья́)
Sau (свиномáтка)
Eber (бóров)
14 Ferkel (поросёнок)
15 Ziege (козá)
Bock (козёл)
16 Zicklein (козлёнок)
17 Katze (кóшка)
Kater (кот)
18 Kätzchen (кóшечка)

19 Hund (собáка)
Hündin (су́ка)
Rüde (кобéль)
20 Welpe (щенóк)
21 Schaf (овцá)
Widder (валу́х)
Hammel (барáн)
22 Lamm (ягнёнок)
23 Esel (осёл)

Wildtiere – Ди́кие живо́тные

1 Rehbock (саме́ц косу́ли)
2 Reh (косу́ля обыкнове́нная)
3 Elch (лось (европе́йский))
4 Hirschkuh (са́мка оле́ня)
5 Hirsch (оле́нь)
6 Dachs (барсу́к)
7 Fuchs (лиса́, лиси́ца)
8 Igel (ёж)
9 Marder (куни́ца)
10 Wildschwein (кабан)
11 Frischling ((одногодова́лый) кабан)
12 Maulwurf (крот)

13 Ratte (кры́са)
14 Kaninchen (кро́лик)
15 Eichhörnchen (бе́лка)
16 Hase (за́яц)
17 Maus (мышь)
18 Gämse (се́рна)
19 Steinbock (ка́менный козёл)
20 Luchs (рысь)
21 Bär (медве́дь)
22 Wolf (волк)
23 Biber (бобр)

Vögel – Пти́цы

1. SINGVÖGEL – Пе́вчие пти́цы

Kohlmeise (больша́я сини́ца)

Saatkrähe (грач)

Elster (соро́ка)

Haussperling (воробе́й)

Rauchschwalbe (ла́сточка)

Lerche (жа́воронок)

Amsel (чёрный дрозд)

Eichelhäher (со́йка)

Drossel (дрозд)

2. GREIFVÖGEL – Хи́щные пти́цы

Mäusebussard (обыкнове́нный сары́ч)

Habicht (я́стреб)

Wanderfalke (сапса́н)

Roter Milan (кра́сный ко́ршун)

Seeadler (орла́н-белохво́ст)

3. EULEN – Со́вы

Steinkauz (домо́вый сыч)

Uhu (фи́лин)

Schleiereule (сипу́ха)

4. WASSERVÖGEL – Водопла́вающие пти́цы

Schwan (ле́бедь)

Ente (у́тка)

Seemöwe (морска́я ча́йка)

Gans (гусь)

1 Schnabel (клюв)
2 Flügel (крыло́)
3 Feder (перо́)
4 Schwanz (хвост)
5 Kralle (ко́готь)

Verschiedene Tierklassen – Разли́чные ви́ды живо́тных

1. INSEKTEN – Насеко́мые

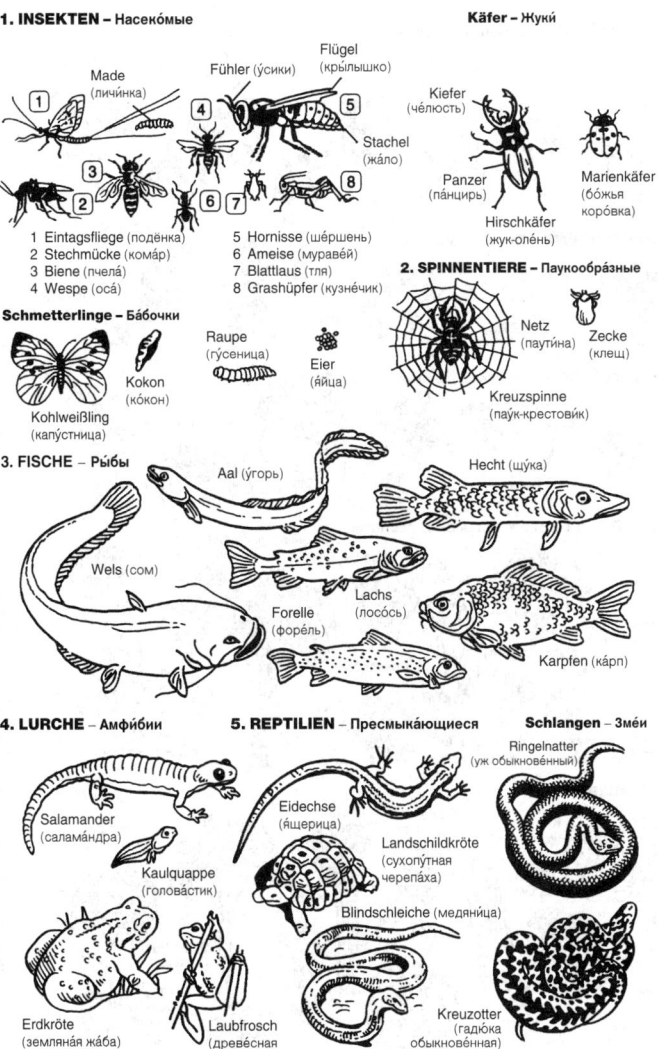

Made (личи́нка)

Fühler (у́сики)

Flügel (кры́лышко)

Stachel (жа́ло)

1 Eintagsfliege (подёнка)
2 Stechmücke (кома́р)
3 Biene (пчела́)
4 Wespe (оса́)

5 Hornisse (ше́ршень)
6 Ameise (мураве́й)
7 Blattlaus (тля)
8 Grashüpfer (кузне́чик)

Käfer – Жуки́

Kiefer (че́люсть)

Panzer (па́нцирь)

Hirschkäfer (жук-оле́нь)

Marienkäfer (бо́жья коро́вка)

2. SPINNENTIERE – Паукообра́зные

Netz (паути́на)

Zecke (клещ)

Kreuzspinne (пау́к-крестови́к)

Schmetterlinge – Ба́бочки

Kohlweißling (капу́стница)

Kokon (ко́кон)

Raupe (гу́сеница)

Eier (я́йца)

3. FISCHE – Ры́бы

Aal (у́горь)

Hecht (щу́ка)

Wels (сом)

Forelle (форе́ль)

Lachs (лосо́сь)

Karpfen (карп)

4. LURCHE – Амфи́бии

Salamander (салама́ндра)

Kaulquappe (голова́стик)

Erdkröte (земляна́я жа́ба)

Laubfrosch (древе́сная лягу́шка)

5. REPTILIEN – Пресмыка́ющиеся

Eidechse (я́щерица)

Landschildkröte (сухопу́тная черепа́ха)

Blindschleiche (медяни́ца)

Schlangen – Зме́и

Ringelnatter (уж обыкнове́нный)

Kreuzotter (гадю́ка обыкнове́нная)

Pflanzen – Расте́ния

1. LAUBBÄUME – Ли́ственные дере́вья

2. NADELBÄUME – Хво́йные дере́вья

3. OBSTBÄUME – Фрукто́вые дере́вья

4. BLÜTENPFLANZEN – Семенны́е расте́ния

5. GEMÜSE – О́вощи

Ahorn (клён)
Eiche (дуб)
Birke (берёза)
Kastanie (кашта́н)
Buche (бук)
Eichel (жёлудь)
Pappel (то́поль)
Weide (и́ва, ве́рба)
Esche (я́сень)

Zapfen (ши́шка)
Tanne (ель, пи́хта)
Pinie (пи́ния)
Lärche (ли́ственница)
Fichte (ель)
Kiefer (сосна́)

Kirsche (ви́шня)
Apfel (я́блоня)
Pflaume (сли́ва)
Pfirsich (пе́рсик)
Birne (гру́ша)
Mirabelle (мираба́ль)

Tulpe (тюльпа́н)
Narzisse (нарци́сс)
Vergissmeinnicht (незабу́дка)
Klatschmohn (мак-самосе́йка)
Lilie (ли́лия)
Rose (ро́за)
Primel (при́мула)
Veilchen (фиа́лка)
Margerite (маргари́тка)
Rosenstock (ро́зовый куст)
Dorn (шип)
Seerose (кувши́нка)

Kohl (капу́ста)
Radieschen (реди́с)
Blumenkohl (цветна́я капу́ста)
Bohne (фасо́ль)
Gurke (огуре́ц)
Zwiebel (лук)
Mohrrübe (морко́вь)
Lauch (зелёный лук)
Tomate (помидо́р, тома́т)
Kopfsalat (коча́нный сала́т)
Feldsalat (валерья́нница)
Spinat (шпина́т)

Allgemeine Botanik – Óбщая ботáника

1. DER BAUM – Дéрево

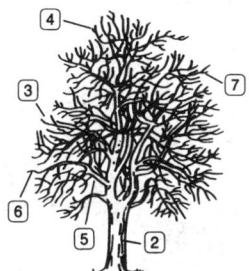

1 Baum (дéрево)
2 Baumstamm (ствол дéрева)
3 Baumkrone (крóна дéрева)
4 Wipfel (вершúна, макýшка)
5 Ast (вéтка, сук)
6 Zweig (ветвь)
7 Astgabel (развúлина)

2. DER BAUMSTAMM – Ствол дéрева

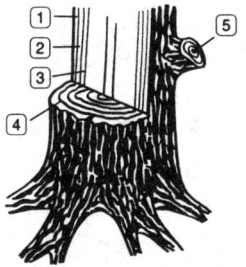

1 Rinde (корá)
2 Bast (окорённое дéрево)
3 Kambium (кáмбий)
4 Jahresring (годúчное кольцó)
5 Mark (сердцевúна)

3. DIE PFLANZE – Растéние

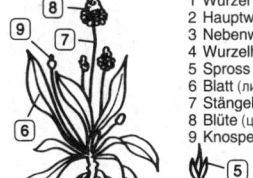

1 Wurzel (кóрень)
2 Hauptwurzel (основнóй корень)
3 Nebenwurzel (боковóй кóрень)
4 Wurzelhaar (отрóсток кóрня)
5 Spross (побéг, отрóсток)
6 Blatt (лист)
7 Stängel (стéбель)
8 Blüte (цветóк)
9 Knospe (пóчка)

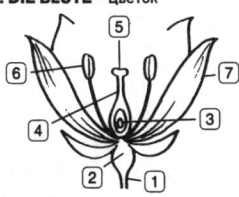

4. DAS BLATT – Лист

1 Blattstiel (черенóк листá)
2 Blattaderung (прожúлки листá)
3 Blattrippe (жúлка листá)

5. DIE BLÜTE – Цветóк

1 Blütenstiel (черенóк цветкá)
2 Blütenboden (цветолóже)
3 Fruchtknoten (зáвязь)
4 Griffel (пéстик)
5 Narbe (рýльце)
6 Staubblatt (тычúнка)
7 Blütenblatt (лепестóк)

6. DIE BLATTFORMEN – Фóрмы листá

rund (окрýглый) nadelförmig (игóльчатый) herzförmig (сердцевúдный)

pfeilförmig (стреловúдный) gefiedert (пéристый) gefingert (пальцевúдный)

Stadtbild – Общий вид города

1 Schiene (трамвайные пути)
2 Straßenbahn (трамвай)
3 Haltestelle (остановка)
4 Zebrastreifen (пешеходный переход)
5 Ampel (светофор)
6 Verkehrsschild
   (знак (указатель) дорожного движения)
7 Fußgängerzone (пешеходная зона)
8 Passanten (прохожие, пешеходы)
9 Grünanlage (зелёные насаждения)
10 Taxi (такси)
11 Taxistand (стоянка такси)

12 Taxischild (указатель стоянки такси)
13 Parkuhr (часы (на платной стоянке))
14 Litfaßsäule (афишная тумба)
15 Werbeplakat (рекламный плакат)
16 Stadtplan (план города)
17 Papierkorb (контейнер для мусора)
18 Straßenlaterne (уличный фонарь)
19 Straßenschild (табличка с названием улицы)
20 Gully (ливнеспуск, водосток)
21 Bürgersteig (тротуар)
22 Kaufhaus (универмаг)
23 Schaufenster (витрина)

24 Buchladen (книжный магазин)
25 Eisdiele (кафе-мороженое)
26 Modeboutique
   (магазин модной одежды)
27 Personenwagen
   (легковой автомобиль)
28 Radfahrer (велосипедист)
29 Motorradfahrer (мотоциклист)
30 Telefonzelle
   (телефонная будка (кабина))
31 Briefkasten (почтовый ящик)
32 Kino (кинотеатр)

Burg und Kirche – За́мок (кре́пость) и це́рковь

1. BURG – За́мок (кре́пость)

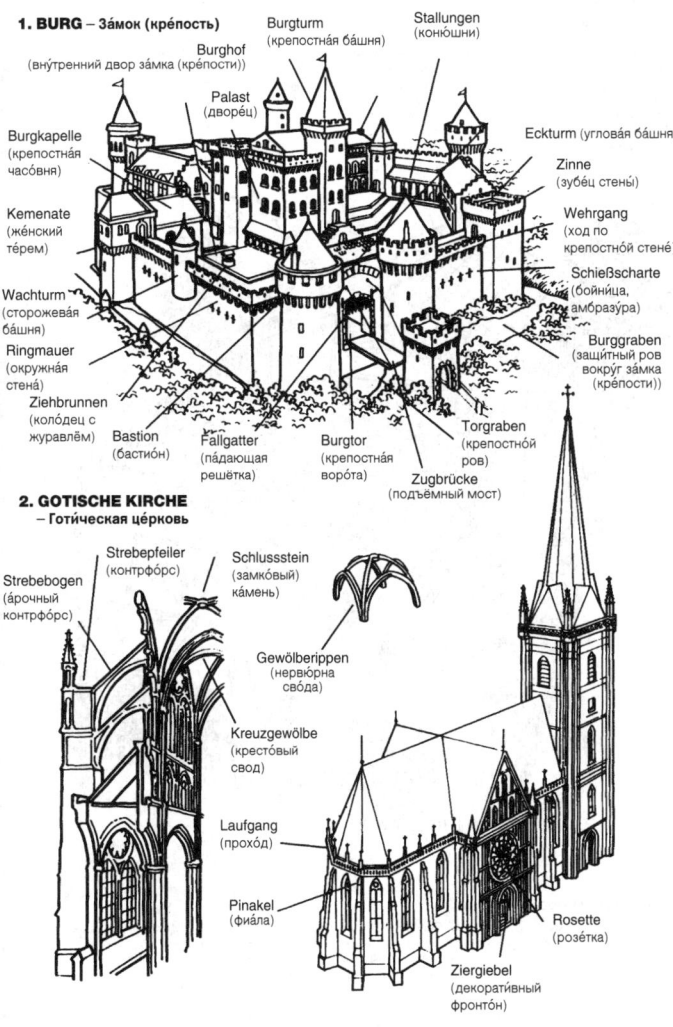

Burgturm (крепостна́я ба́шня)

Stallungen (коню́шни)

Burghof (вну́тренний двор за́мка (кре́пости))

Palast (дворе́ц)

Burgkapelle (крепостна́я часо́вня)

Eckturm (углова́я ба́шня)

Zinne (зубе́ц стены́)

Kemenate (же́нский те́рем)

Wehrgang (ход по крепостно́й стене́)

Wachturm (сторожева́я ба́шня)

Schießscharte (бойни́ца, амбразу́ра)

Ringmauer (окружна́я стена́)

Burggraben (защи́тный ров вокру́г за́мка (кре́пости))

Ziehbrunnen (коло́дец с журавлём)

Bastion (бастио́н)

Fallgatter (па́дающая решётка)

Burgtor (крепостна́я воро́та)

Torgraben (крепостно́й ров)

Zugbrücke (подъёмный мост)

2. GOTISCHE KIRCHE – Готи́ческая це́рковь

Strebebogen (а́рочный контрфо́рс)

Strebepfeiler (контрфо́рс)

Schlussstein (замко́вый ка́мень)

Gewölberippen (нервю́ра сво́да)

Kreuzgewölbe (кресто́вый свод)

Laufgang (прохо́д)

Pinakel (фиа́ла)

Ziergiebel (декорати́вный фронто́н)

Rosette (розе́тка)

Haus und Garten – Дом и сад

1. DAS HAUS – Дом

1 Fundament (фунда́мент)
2 Grundmauer (фунда́ментная стена́)
3 Hauswand (стена́ до́ма)
4 Haustür (дверь до́ма)
5 Schwelle (поро́г)
6 Kellerfenster (окно́ подва́ла)
7 Dach (кры́ша)
8 Dachziegel (кро́вельная черепи́ца)

9 Giebel (фронто́н)
10 First (конёк кры́ши)
11 Dachluke (слухово́е окно́)
12 Dachrinne (водосто́чный жёлоб)
13 Dachgesims (ве́рхний карни́з)
14 Schornstein (дымова́я труба́)
15 Fenster (окно́)
16 Fensterkreuz (око́нный переплёт)

17 Fensterladen (ста́вень)
18 Scheibe (око́нное стекло́)
19 Fensterbank (подоко́нник)
20 Balkon (балко́н)
21 Erdgeschoss (пе́рвый эта́ж)
22 Stockwerk (второ́й эта́ж)

2. DER GARTEN – 2. Сад

23 Gartentor (кали́тка)
24 Gartenzaun (забо́р)
25 Wiese (лужа́йка)
26 Obstbäume (фрукто́вые дере́вья)
27 Ziersträucher (декорати́вные кусты́)

28 Blumenrabatten (цвето́чные гря́дки)
29 Gemüsebeet (овошна́я гря́дка)
30 Veranda (вера́нда)
31 Liegestuhl (шезло́нг)
32 Sonnenschirm (зо́нтик (от со́лнца))

33 Gartentisch (сто́лик для са́да)
34 Gartenstuhl (стул для са́да)
35 Grill (гриль)
36 Sandkasten (песо́чница)
37 Schaukel (каче́ли)

Das Wohnzimmer – Жилая комната

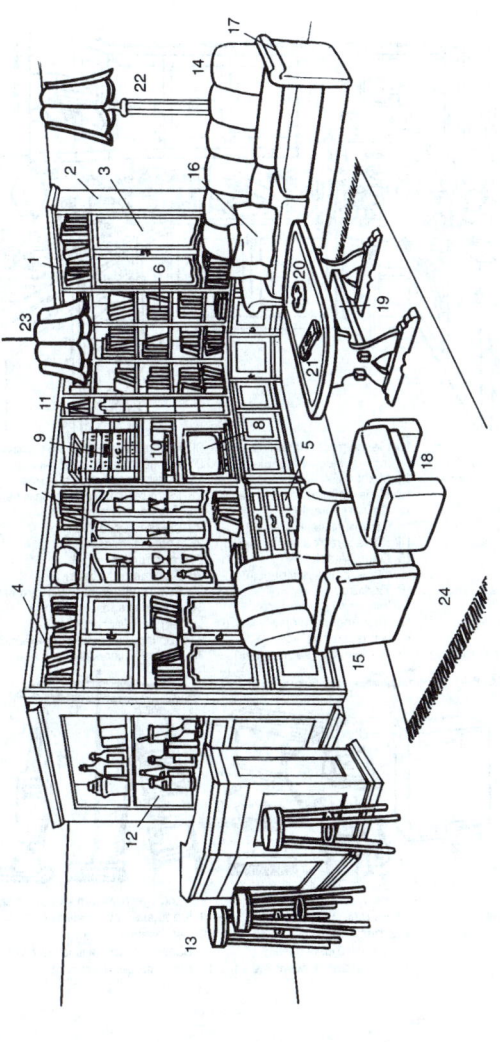

1 Wohnzimmerschrank (шкаф)
2 Schrankwand (шкаф-стенка)
3 Schranktür (дверца шкафа)
4 Schrankfach (полка в стенке)
5 Schubfach (выдвижной ящик)
6 Bücherregal (книжная полка)
7 Glasvitrine (стеклянная горка)

8 Fernseher (телевизор)
9 Stereoanlage (стереосистема)
10 Videogerät (видеомагнитофон)
11 Lautsprecher (динамик)
12 Hausbar (домашний бар)
13 Barhocker (табуретка для бара)

14 Sofa (софа)
15 Polstersessel (мягкое кресло)
16 Sofakissen (подушки)
17 Armlehne (подлокотник)
18 Hocker (банкётка)
19 Couchtisch (столик)
20 Aschenbecher (пепельница)

21 Fernbedienung (дистанционное управление)
22 Stehlampe (торшёр)
23 Hängelampe (висячая лампа)
24 Teppich (ковёр)

Küche und Haushaltsgeräte – Ку́хня и предме́ты дома́шнего обихо́да

1. KÜCHE – Ку́хня

1 Küchentisch (ку́хонный стол)
2 Küchenstuhl (стул для ку́хни)
3 Kaffeemaschine (кофева́рка)
4 Abtrockentuch
   (ку́хонное полоте́нце)
5 Steckdose
   (штéпсельная розéтка)
6 Spüle (мо́йка)
7 Spülbecken
   (ку́хонная ра́ковина, мо́йка)
8 Wasserhahn
   (водопрово́дный кран)
9 Spülmittel
   (срéдство для мытья́ посу́ды)

10 Geschirrspülmaschine
   (посудомо́ечная маши́на)
11 Mixer (ми́ксер)
12 Kaffeemühle (кофемо́лка)
13 Gefrierschrank
   (морози́льная ка́мера)
14 Kühlschrank (холоди́льник)
15 Gemüsefach
   (я́щик, по́лка для овоще́й)
16 Tiefkühlfach
   (морози́льная ка́мера)
17 Küchenuhr (ку́хонные часы́)
18 Handmixer (ми́ксер)
19 Waffeleisen (ва́фельница)

20 Unterschrank (ни́жний шка́фчик)
21 Hängeschrank (насте́нный шкаф)
22 Eckschrank (угловой шкаф)
23 Mikrowelle (микроволно́вая печь)
24 Toaster (то́стер)
25 Wasserkessel (ча́йник)
26 Topf (кастрю́ля)
27 Herd (плита́)
28 Backofen (духо́вка)
29 Backofenfenster (окно́ духо́вки)
30 Kochplatte (электроплита́
   (вéрхняя часть))
31 Topflappen (тря́пка - прихва́тка)
32 Pfanne (сковоро́дка)

2. HAUSHALTSGERÄTE – Предме́ты дома́шнего обихо́да

1 Waschmaschine
   (стира́льная маши́на)
2 Wäschetrockner (суши́лка)
3 Bügeleisen (утю́г)
4 Putzeimer (ведро́)

5 Putzlappen
   (тря́пка (для мытья́ чего́-л.))
6 Wäscheständer
   (сто́йка для су́шки белья́)
7 Scheuerbürste (полова́я щётка)

8 Handfeger (ручна́я полова́я щётка)
9 Klappleiter (стремя́нка)
10 Kehrbesen (метла́)
11 Bügelbrett (гла́дильная доска́)
12 Staubsauger (пылесо́с)

Bad, Toilette und Pflegeprodukte

Ва́нная, туале́т и туале́тные принадле́жности

BAD UND TOILETTE – 1. Ва́нная и туале́т

1 Spiegel (зе́ркало)
2 Badezusatz
 (доба́вки для приня́тия ва́нны)
3 Wasserhahn
 (водопрово́дный кран)
4 Badewanne (ва́нна)
5 Waschlappen (моча́лка)
6 Spiegelschrank (зерка́льный шкаф
 для туале́тных принадле́жностей)
7 Schublade (выдвижно́й я́щик)
8 Seifenschale (мы́льница)
9 Seife (мы́ло)
10 Ablage (по́лочка для туале́тных
 принадле́жностей)

11 Zahnputzbecher
 (стака́н для зубны́х щёток)
12 Zahnbürste (зубна́я щётка)
13 Waschbecken (умыва́льник)
14 Wasserhahn
 (водопрово́дный кран)
15 Handtuchhalter
 (держа́тель для полоте́нец)
16 Handtuch (полоте́нце)
17 Badeschwamm (гу́бка)
18 Duschkabine (душева́я каби́на)
19 Duschvorhang (занаве́ска,
 што́ра (для душево́й каби́ны))
20 Handbrause (ручно́й душ)

21 Brausekopf (се́тка ду́ша)
22 Personenwaage (весы́)
23 Toilettenvorleger
 (ко́врик для туале́та)
24 Toilette (туале́т)
25 Brille (сиде́нье для унита́за)
26 Deckel (кры́шка)
27 Toilettenpapier
 (туале́тная бума́га)
28 Wasserkasten (промывно́й бачо́к)
29 Spülhebel (спусково́й рыча́г)
30 Klosettbürste (туале́тная щётка)
31 Bidet (беде́)
32 Lüftung (вентиля́ция)

PFLEGEPRODUKTE – туале́тные принадле́жности

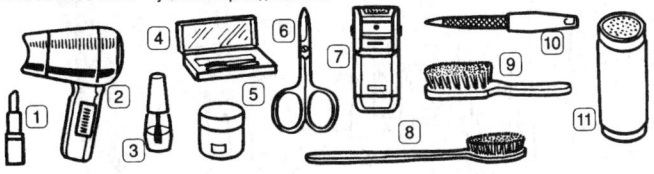

Lippenstift (губна́я пома́да)
Fön (фен)
Nagellack (лак для ногте́й)
Wimperntusche (тушь для ресни́ц)

5 Hautcreme (крем для ко́жи)
6 Nagelschere
 (но́жницы для ногте́й)
7 Rasierapparat (электробри́тва)

8 Massagebürste (щётка для масса́жа)
9 Haarbürste (щётка для воло́с)
10 Nagelfeile (пи́лочка для ногте́й)
11 Puder (пу́дра)

Bekleidung – Одéжда

1. DAMENBEKLEIDUNG – Жéнская одéжда

1 Unterhemd (нúжняя рубáшка)
2 Unterrock (нúжняя юбка)
3 Faltenrock (плиссирóванная юбка)
4 Strümpfe (чулкú)
5 Strumpfhose (колгóтки)
6 Nachthemd (ночнáя рубáшка)
7 Body (бóди)
8 Unterkleid (комбинáция)
9 Bluse (блýзка, кóфточка)
10 Slip (трýсики)
11 Dirndl (бавáрское национáльное лéтнее плáтье)
12 BH (бюстгáльтер)
13 Mantel (пальтó)
14 Kostüm (костюм)
15 Pullover (свúтер, пуллóвер)
16 Kleid (плáтье)
17 Strickjacke (вязаная кóфта)
18 Abendkleid (вечéрнее плáтье)

2. ACCESSOIRS – Аксессуáры одéжды

1 Handtasche (дáмская сýмка)
2 Hut (шляпа)
3 Mütze (кéпка, фурáжка)
4 Gürtel (пóяс)
5 Schal (шарф)
6 Schirm (зонт)
7 Handschuhe (перчáтки)

3. SCHUHE – Óбувь

1 Hausschuhe (домáшние тýфли)
2 Stiefel (сапóжки)
3 Wanderschuhe (турúстские ботúнки)
4 Pumps (тýфли-лóдочки)
5 Lederschuhe (кóжаные тýфли)
6 Lackschuhe (лакирóванные тýфли)
7 Sandalen (сандáлии)

4. HERRENBEKLEIDUNG – Мужскáя одéжда

1 Anzug (костюм)
2 Hose (брюки)
3 Oberhemd (вéрхняя сорóчка, рубáшка)
4 Krawatte (гáлстук)
5 Unterhemd (мáйка)
6 Kniestrümpfe (гóльфы)
7 Unterhose (трусы)
8 Weste (жилéт)
9 Sakko (пиджáк свобóдного покрóя)
10 Polohemd (спортúвная рубáшка, пóло)
11 Fliege (бáбочка)
12 Smoking (смóкинг)

Flugzeug – Schiff – Самолёт - Корабль

1. FLUGZEUG – Самолёт

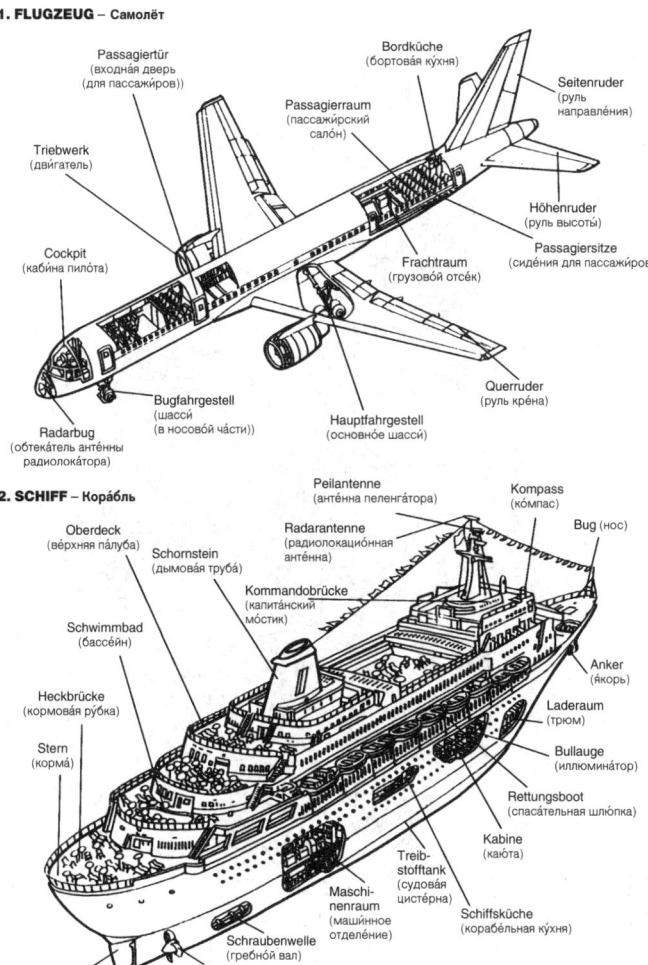

Passagiertür
(входная дверь
(для пассажиров))

Bordküche
(бортовая кухня)

Seitenruder
(руль
направления)

Passagierraum
(пассажирский
салон)

Triebwerk
(двигатель)

Höhenruder
(руль высоты)

Cockpit
(кабина пилота)

Frachtraum
(грузовой отсек)

Passagiersitze
(сидения для пассажиров)

Bugfahrgestell
(шасси
(в носовой части))

Querruder
(руль крена)

Radarbug
(обтекатель антенны
радиолокатора)

Hauptfahrgestell
(основное шасси)

2. SCHIFF – Корабль

Peilantenne
(антенна пеленгатора)

Kompass
(компас)

Oberdeck
(верхняя палуба)

Radarantenne
(радиолокационная
антенна)

Bug (нос)

Schornstein
(дымовая труба)

Kommandobrücke
(капитанский
мостик)

Schwimmbad
(бассейн)

Anker
(якорь)

Heckbrücke
(кормовая рубка)

Laderaum
(трюм)

Stern
(корма)

Bullauge
(иллюминатор)

Rettungsboot
(спасательная шлюпка)

Kabine
(каюта)

Treib-
stofftank
(судовая
цистерна)

Maschi-
nenraum
(машинное
отделение)

Schiffsküche
(корабельная кухня)

Schraubenwelle
(гребной вал)

Ruder
(руль)

Schiffsschraube
(гребной винт)

Auto – Автомобиль

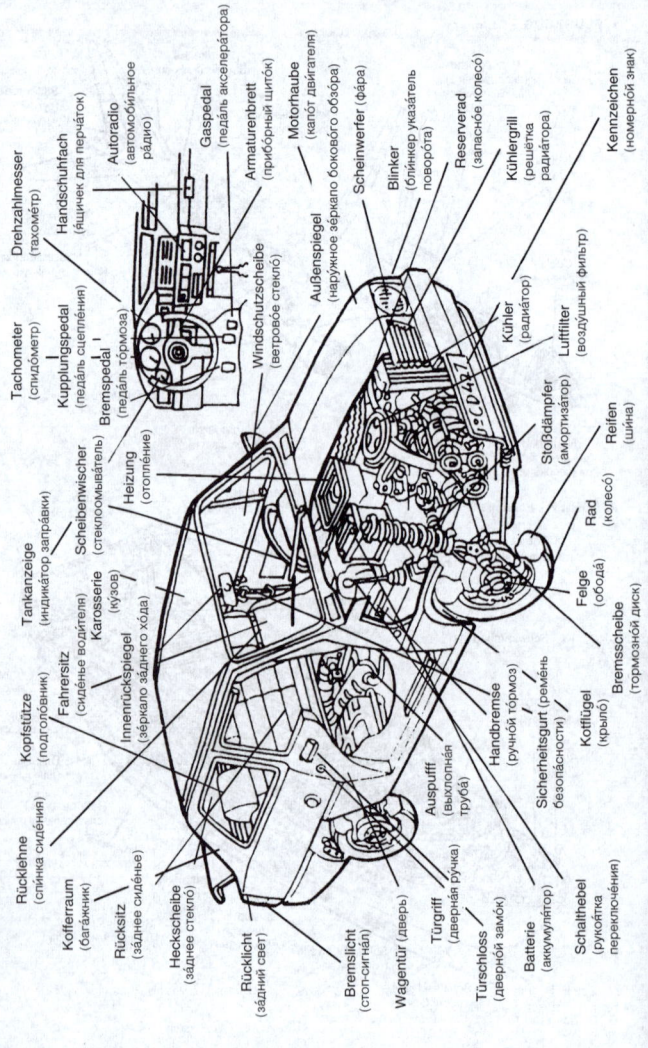

Drehzahlmesser (тахометр)

Handschuhfach (ящичек для перчаток)

Autoradio (автомобильное радио)

Gaspedal (педаль акселератора)

Armaturenbrett (приборный щиток)

Motorhaube (капот двигателя)

Scheinwerfer (фара)

Blinker (блинкер указатель поворота)

Reserverad (запасное колесо)

Kühlergrill (решётка радиатора)

Kennzeichen (номерной знак)

Tachometer (спидометр)

Kupplungspedal (педаль сцепления)

Bremspedal (педаль тормоза)

Windschutzscheibe (ветровое стекло)

Außenspiegel (наружное зеркало бокового обзора)

Kühler (радиатор)

Luftfilter (воздушный фильтр)

Heizung (отопление)

Scheibenwischer (стеклоомыватель)

Stoßdämpfer (амортизатор)

Reifen (шина)

Tankanzeige (индикатор заправки)

Karosserie (кузов)

Rad (колесо)

Fahrersitz (сиденье водителя)

Felge (ободья)

Kopfstütze (подголовник)

Innenrückspiegel (зеркало заднего хода)

Bremsscheibe (тормозной диск)

Rücklehne (спинка сиденья)

Handbremse (ручной тормоз)

Kofferraum (багажник)

Auspuff (выхлопная труба)

Sicherheitsgurt (ремень безопасности)

Kotflügel (крыло)

Rücksitz (заднее сиденье)

Heckscheibe (заднее стекло)

Türgriff (дверь)

Wagentür (дверь)

Schalthebel (рукоятка переключения)

Rücklicht (задний свет)

Bremslicht (стоп-сигнал)

Türschloss (дверной замок)

Batterie (аккумулятор)

Motorrad – Мотоцикл

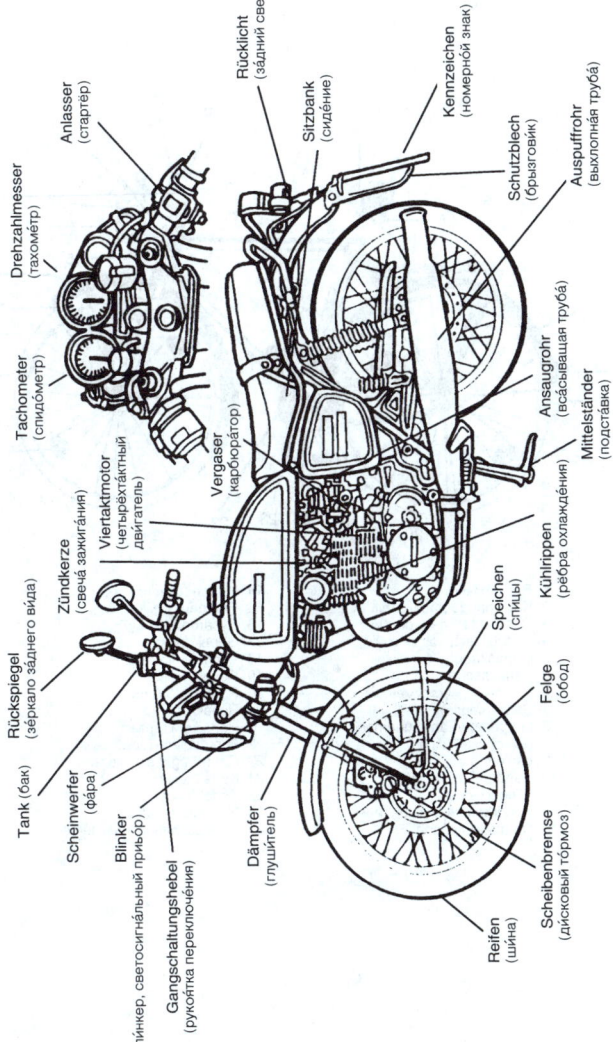

Drehzahlmesser (тахометр)

Anlasser (стартёр)

Rücklicht (задний свет)

Sitzbank (сидёнье)

Kennzeichen (номерной знак)

Tachometer (спидометр)

Schutzblech (брызговик)

Auspuffrohr (выхлопная труба)

Viertaktmotor (четырёхтактный двигатель)

Vergaser (карбюратор)

Ansaugrohr (всасывающая труба)

Zündkerze (свечá зажигáния)

Mittelständer (подстáвка)

Rückspiegel (зéркало зáднего вида)

Kühlrippen (рёбра охлаждéния)

Speichen (спицы)

Tank (бак)

Scheinwerfer (фáра)

Felge (óбод)

Blinker (блинкер, светосигнáльный прибóр)

Dämpfer (глушитель)

Gangschaltungshebel (рукоятка переключéния)

Scheibenbremse (дисковый тóрмоз)

Reifen (шина)

Fahrrad – Велосипе́д

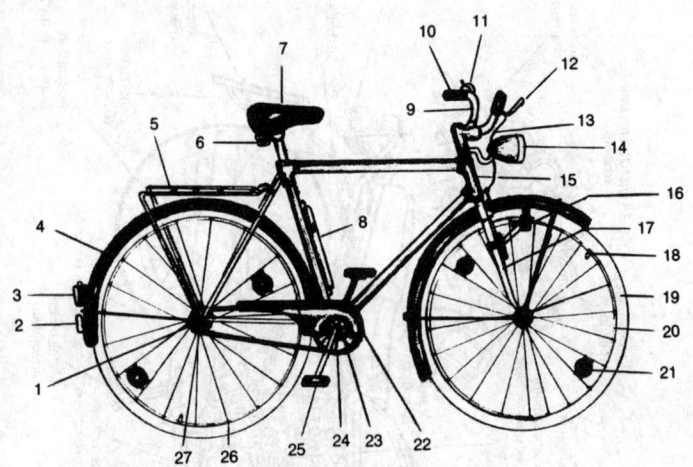

1 Rad (колесо́)
2 Katzenauge (отра́жатель)
3 Rücklicht (за́дний свет)
4 Schutzblech (брызгови́к)
5 Gepäckträger (бага́жник)
6 Satteltasche
   (су́мочка с инструме́нтами)
7 Sattel (седло́)
8 Luftpumpe/Fahrradpumpe
   (возду́шный насо́с)
9 Lenker (руль)
10 Handgriff (ру́чка руля́)
11 Klingel (звоно́к)
12 Handbremse (ручно́й то́рмоз)
13 Drahtseil (про́вод)

14 Lampe (свет (фа́ра))
15 Rahmen (ра́ма)
16 Dynamo (дина́мо)
17 Gabel (ви́лка)
18 Ventil (венти́ль)
19 Reifen (ши́на)
20 Radfelge (о́бод)
21 Reflektor
   (колёсный отража́тель)
22 Schutzblech (брызгови́к)
23 (Tret-)Lager вал (педа́ли)
24 Kette (цепь)
25 Pedal (педа́ль)
26 Speiche (спи́ца)
27 Gangschaltung (сцепле́ние)

Camping – Кéмпинг

1 Anhänger (дáча-прицéп)
2 Wohnmobil (жилóй фургóн)
3 Klappstühle (склáдные стýлья)
4 Kartusche (гáзовая горéлка)
5 Kühltasche (сýмка - холодúльник)
6 Luftmatratze (надувнóй матрáц)
7 Schlafsack (спáльный мешóк)
8 Gaskocher (портатúвная гáзовая плитá)
9 Luftpumpe (воздýшный насóс)
10 Zelt (палáтка)
11 Außenzelt (нарýжная часть палáтки)
12 Zeltplane (палáточный тент)

13 Hering
(кóлышек для прикреплéния палáтки)
14 Innenzelt (внýтренняя часть палáтки)
15 Zeltboden (основáние (пол) палáтки)
16 Zeltstange
(стóйка для устанóвки палáтки)
17 Lagerfeuer (костёр)
18 Isomatte (изоляциóнный матрáц)
19 Rucksack (рюкзáк)
20 Wasserkanister
(бидóн (канúстра) для водьí)
21 Campinggeschirr (посýда для кéмпинга)

Unterhaltungselektronik – Ви́део и радиоаппарату́ра

1. Videorecorder – Ви́деомагнитофо́н

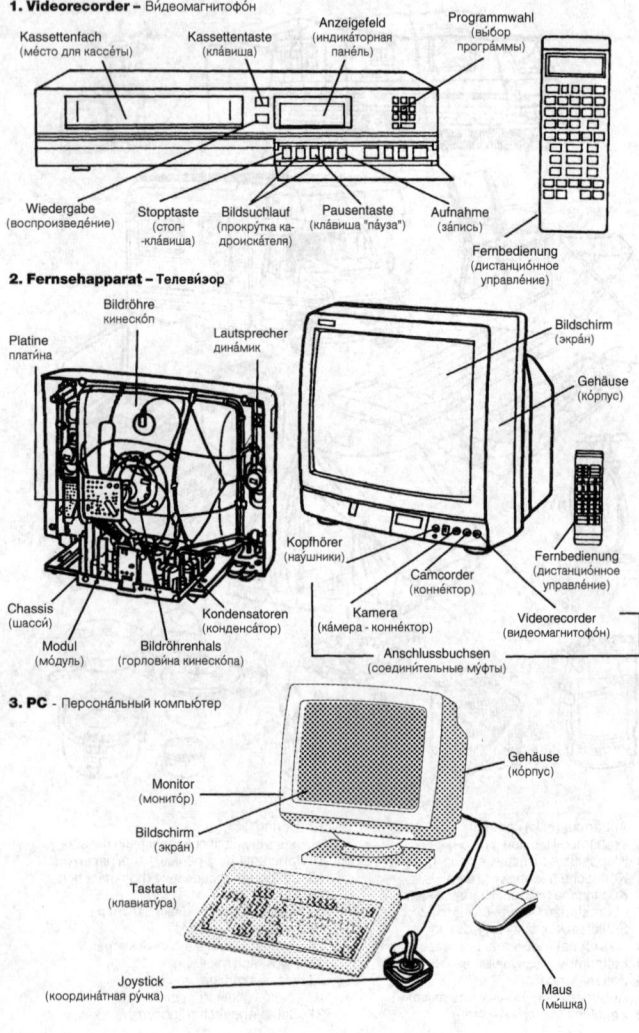

Kassettenfach (ме́сто для кассе́ты)

Kassettentaste (кла́виша)

Anzeigefeld (индика́торная пане́ль)

Programmwahl (вы́бор програ́ммы)

Wiedergabe (воспроизведе́ние)

Stopptaste (стоп- -кла́виша)

Bildsuchlauf (прокру́тка ка- дроиска́теля)

Pausentaste (кла́виша "па́уза")

Aufnahme (за́пись)

Fernbedienung (дистанцио́нное управле́ние)

2. Fernsehapparat – Телеви́зор

Bildröhre кинеско́п

Lautsprecher дина́мик

Platine плати́на

Bildschirm (экра́н)

Gehäuse (ко́рпус)

Kopfhörer (нау́шники)

Camcorder (конне́ктор)

Kamera (ка́мера - конне́ктор)

Fernbedienung (дистанцио́нное управле́ние)

Videorecorder (видеомагнитофо́н)

Chassis (шасси́)

Kondensatoren (конденса́тор)

Modul (мо́дуль)

Bildröhrenhals (горловина кинеско́па)

Anschlussbuchsen (соедини́тельные му́фты)

3. PC - Персона́льный компью́тер

Monitor (монито́р)

Gehäuse (ко́рпус)

Bildschirm (экра́н)

Tastatur (клавиату́ра)

Joystick (координа́тная ру́чка)

Maus (мы́шка)

Musikinstrumente – Музыка́льные инструме́нты

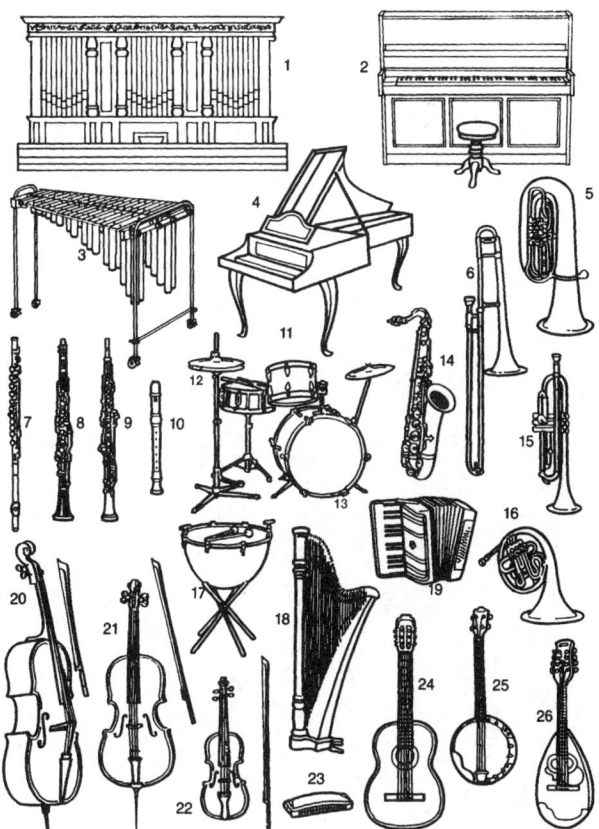

1 Orgel (орга́н)
2 Klavier (пиани́но)
3 Xylophon (ксилофо́н)
4 Cembalo (клавеси́н)
5 Tuba (ту́ба)
6 Posaune (тромбо́н)
7 Querflöte (попере́чная фле́йта)
8 Klarinette (кларне́т)
9 Oboe (гобо́й)

10 Blockflöte (пряма́я фле́йта)
11 Schlagzeug (уда́рный инструме́нт)
12 Becken (таре́лки, лита́вры)
13 Trommel (бараба́н)
14 Saxophon (саксофо́н)
15 Trompete (труба́)
16 Horn (горн)
17 Pauke (лита́вры)
18 Harfe (а́рфа)

19 Ziehharmonika (гармо́нь, гармо́шка)
20 Kontrabass (контраба́с)
21 Cello (виолонче́ль)
22 Violine (скри́пка)
23 Mundharmonika (губна́я гармо́шка)
24 Gitarre (гита́ра)
25 Banjo (ба́нджо)
26 Mandoline (мандоли́на)

DEUTSCH-RUSSISCH

НЕМЕЦКО-РУССКИЙ

A, a *n* ① (*Buchstabe*) А, а ② MUS ля

Aal *m* <-[e]s, -e> у́горь *м*

Aas *n* <-es, -e> ① (*Tierleiche*) па́даль *ж*, мертве́чина *ж* ② FAM (*als Schimpfwort*) сте́рва *ж*

ab I. *präp dat* ① (*zeitlich, von ... an*) с; ◇ ~ **Juli** с ию́ля ② (*räumlich, von ... an*) от, из, с; ◇ ~ **München** от Мю́нхена **II.** *adv* ① (*räumlich*) ◇ **auf und ~ gehen** ходи́ть взад и вперёд, ходи́ть вверх и вниз ② (*zeitlich*) ◇ ~ **und zu** иногда́, вре́мя от вре́мени ③ (*weg, fort*) ◇ ~ **mit dir!** уходи́ прочь!

abändern *vt* изме|ня́ть <-ни́ть> что-л; ◇ **einen Gesetzestext** ~ вноси́ть измене́ния в текст зако́на

abarbeiten I. *vt* (*Pensum*) отраба́тывать <-бо́тать> **II.** *vr* (*sich verausgaben*) ◇ **sich** ~ переуто|мля́ться <-ми́ться>

abartig *adj* ① (*anormal*) анома́льный; (*sexuell*) извращённый ② (*Geruch*) зловонный, омерзи́тельный

Abbau *m* ① (*Demontage*) разбо́рка *ж*, демонта́ж *м* ② MIN добы́ча *ж*, разрабо́тка *ж* ③ (*von Truppen*) сокраще́ние *с* чи́сленности войск; (*von Personal*) сокраще́ние *с* (шта́та) ④ CHEM (*von Stoffen*) расщепле́ние *с*, разложе́ние *с* вещества́; **abbauen I.** *vt* ① (*demontieren*) демонти́ровать *несов и сов*, разбира́ть <-обра́ть>, сноси́ть снести́ ② (*Rohstoffe*) добыва́ть поле́зные ископа́емые ③ (*reduzieren, Personal*) сокраща́ть <-ти́ть> ④ CHEM (*Stoff*) расщепля́ть <-пи́ть>, разлага́ть <-ложи́ть> **II.** *vi* (*verfallen, körperlich*) ослабе́|ва́ть <-ть> физи́чески; (*geistig*) обесси́леть духо́вно

abbeißen *unreg vt* отку́сывать <-си́ть>

abberufen *unreg vt* (*Diplomat*) отзыва́ть <-озва́ть>

abbestellen *vt* (*Zeitung*) отме|ня́ть <-ни́ть> зака́з на что-л

abbezahlen *vt* (*in Raten*) выпла́чивать <вы́платить> по частя́м [в рассро́чку]

abbiegen *unreg vi* свора́чивать <сверну́ть> (*in akk* на); ◇ **rechts/links** ~ свора́чивать впра́во/вле́во; ◇ **biegen Sie**

die nächste Straße rechts ab сверни́те на сле́дующей у́лице напра́во

Abbild *n* ① (*naturgetreu*) портре́т *м* ② (*Spiegelbild*) отраже́ние *с*, то́чное отображе́ние *с* ③ (*bildliche Wiedergabe*) нагля́дное изображе́ние *с* ④ (*große Ähnlichkeit*) ◇ **sie ist das** ~ **ihrer Mutter** она́ ко́пия свое́й ма́тери; **Abbildung** *f* изображе́ние *с*; (*in Zeitschrift*) иллюстра́ция *ж*

abbinden *vt* ① (*losbinden*) отвя́|зывать <-за́ть> ② MED удаля́ть посре́дством лигату́ры

abblasen *unreg vt* FAM (*Feier*) отменя́ть <-ни́ть>, дава́ть отбо́й

abblättern *vi* (*Putz, Farbe*) осыпа́ться <осы́паться>, <об->лупи́ться

abblenden I. *vt* ① AUTO переключа́ть <-чи́ть> на бли́жний свет ② (*Lampe*) затемня́ть <-ни́ть>, маскирова́ть *несов* **II.** *vi* ① AUTO (*Ggs. v. aufblenden*) включа́ть бли́жний свет ② FOTO диафрагми́ровать *несов*, ста́вить диафра́гму

abblitzen *vi* FAM (*Absage erhalten*) получа́ть <-чи́ть> отпо́р [отка́з] (*bei* со стороны́ кого́-л); ◇ **jd-n** ~ **lassen** отши́ть кого́-л

abbrechen *unreg* **I.** *vt* ① (*Ast*) обла́мывать <-лома́ть> ② (*abreißen*) сноси́ть снести́, <с->лома́ть ③ (*Tätigkeit*) прекраща́ть <-ти́ть>; (*Gespräch, Veranstaltung*) прер<ы>ва́ть; ◇ **die Beziehungen zu jd-m** ~ порва́ть *сов* с кем-л ④ FIG ◇ **die Zelte** ~ уе́хать **II.** *vi* (*entzweigehen, Griff*) обла́мываться <-лома́ться>

abbremsen *vt* приторма́живать *несов*

abbrennen *unreg* **I.** *vt* (*in Brand stecken*) зажига́ть <-же́чь>, поджига́ть <-же́чь> **II.** *vi* ① (*brennen*) сгора́ть <-ре́ть>, выгора́ть *несов* ② FAM ◇ **abgebrannt sein** прогоре́ть *сов*, разоря́ться <-ри́ться>

Abbruch *m* ① (*von Haus*) снос *м*, слом *м* ② (*von Gespräch*) прекраще́ние *с*; POL (*von Beziehungen*) разры́в *м* ③ ◇ **jd-m/e-r Sache** ~ **tun** наноси́ть уще́рб кому/чему-л; **abbruchreif** *adj* (*Gebäude*) ве́тхий, обветша́лый

abbuchen *vt* ◇ **e-e Summe vom Konto ~** спи́сывать (определённую) су́мму со счёта

Abc *n* ① (*Alphabet*) алфави́т *m* ② FIG (*Grundlagen*) а́збука *ж*, (основны́е) нача́ла *mn*; **ABC-Schütze** *m* первокла́ссник *m*; **ABC-Waffen** *f pl* а́томное, биологи́ческое и хими́ческое ору́жие *c*

abdanken *vi* (*aus dem Amt scheiden*) оставля́ть слу́жбу, уходи́ть от дел; (*Monarch*) отрека́ться от престо́ла

abdecken *vt* ① (*zudecken, Dach*) покры́ва›ть (*mit etw* чем-л) ② (*Tisch*) убра́ть со стола́; (*Dach*) снести́ кры́шу до́ма ③ (*Loch*) закры́ва›ть

abdichten *vt* (*Leck*) заде́лывать ‹-лать›; (*Fuge, Riss*) уплотня́ть ‹-ни́ть›, ‹за-›конопа́тить

abdrängen *vt* (*zur Seite schieben*) оттесня́ть ‹-ни́ть›, ‹с-›тесни́ть

abdrehen I. *vt* ① (*Wasserhahn*) закры́ва›ть; (*Licht*) выключа́ть ‹вы́ключить› ② (*Schraube*) отвёртывать ‹-верну́ть› ③ (*Film*) отсня́ть фильм II. *vi* (*Wind, Flugzeug*) свора́чивать *несов*, меня́ть направле́ние; ◇ **nach links ~** повора́чивать нале́во

Abdruck *m* ‹-s, -e› (*Spur*) о́ттиск *m*; (*das Abdrucken*) (*von Buch*) печа́тание *c*; (*Nachdruck*) перепеча́тка *ж*

Abdruck *m* ‹-[e]s, -drücke› (*Stempel-, Finger~*) слепо́к *m*, отпеча́ток *m*; (*Gips~*) ги́псовый слепо́к *m*

abdrucken *vt* (*Artikel*) ‹на-, от-›печа́тать

abdrücken I. *vi* (*schießen*) вы́стрелить *сов* II. *vt* FAM (*umarmen*) обнима́ть ‹-ня́ть›, сжима́ть в объя́тиях III. *vr* (*sich wegstoßen*) ◇ **sich** – отта́лкиваться ‹-толкну́ться›

abebben *vi* FIG (*Lärm*) стиха́ть ‹сти́хнуть›; (*Schmerz*) утиха́ть ‹-ти́хнуть›; (*Nachfrage*) уме́ньшиться *сов*, па́дать ‹упа́сть›

Abend *m* ‹-s, -e› ве́чер *m*; ◇ **guten ~!** до́брый ве́чер; ◇ **am ~** ве́чером; ◇ **zu ~ essen** у́жинать; **abend** *adv* ◇ **gestern ~** вчера́ ве́чером; **Abendessen** *n* у́жин *m*; **Abendkleid** *n* вече́рнее пла́тье *c*; **abendlich** *adj* (*Stimmung*) вече́рний; **abends** *adv* (*am Abend*) ве́чером; (*jeden Abend*) по вечера́м

Abenteuer *n* ‹-s, -› приключе́ние *c*, похожде́ние *c*; **abenteuerlich** *adj* ① (*gewagt*) аванпо́рный, авантюристи́ческий, риско́ванный ② (*unglaublich*) необы́чный, фантасти́ческий

aber I. *cj* (*jedoch*) но, одна́ко; ◇ **zwar regnet es, aber es ist nicht kalt** идёт дождь, одна́ко не хо́лодно; ◇ **er ist reich, ~ nicht glücklich** он бога́т, одна́ко несча́стлив II. *adv* ◇ **~ und ~mals** неоднокра́тно; ◇

tausend und ~tausend Mal ты́сячи и ты́сячи раз; (*verstärkend*) ◇ **~ ja!** да (ну) коне́чно!; ◇ **das ist ~ nett** э́то о́чень любе́зно

Aber *n* ‹-s, -› ◇ **das Wenn und ~** все э́ти "е́сли" и "но"

Aberglaube *m* суеве́рие *c*; **abergläubisch** *adj* суеве́рный

aberkennen *unreg vt* ① (*Titel*) лиша́ть ‹-ши́ть› кого́-л чего́-л ② (*Fähigkeit*) не признава́ть что-л

abermalig *adj* (*wiederholt*) втори́чный, повто́рный; **abermals** *adv* (*noch einmal*) втори́чно, опя́ть, вновь

abfahren *unreg* I. *vi* ① (*Zug*) отправля́ться *несов* ② FAM ◇ **auf jdn ~** втреска́ться в кого́-л II. *vt* ① (*eine Gegend ~*) объезжа́ть ‹-е́здить› ② (*abnutzen*) изна́шивать *несов* ③ (*Müll*) вывози́ть ‹вы́везти›, увози́ть ‹-везти́›; **Abfahrt** *f* ① (*von Zug*) отправле́ние *c* ② (*Ski~*) спуск *m* ③ (*Autobahn~*) съезд *m*; **Abfahrtszeit** *f* (*von Bus, Zug*) вре́мя *c* отправле́ния

Abfall *m* ① (*Müll*) отбро́сы *mn*, отхо́ды *mn* ② (*von Leistung*) перепа́д *m*; **Abfallbeseitigung** *f* удале́ние *c* отхо́дов; **Abfalleimer** *m* му́сорное ведро́ *c*

abfallen *unreg vi* ① (*Temperatur, Leistung*) спада́ть ‹спасть›, снижа́ться ‹сни́зиться› ② (*Blatt vom Baum*) опада́ть ‹опа́сть›, осыпа́ться *несов*; (*vom Glauben*) отступи́ться *сов* ③ FIG достава́ться; ◇ **etw fällt für jdn ab** что-то доста́нется [перепадёт] кому́-л

Abfallprodukt *n* побо́чный проду́кт *m*, отхо́ды *m mn*, отбро́сы *m mn*

abfangen *unreg vt* ① (*Person, Brief*) перехва́тывать ‹-ти́ть› ② (*Stoß*) остана́вливать *несов*, принима́ть на себя́ ③ (*fangen, Ball*) перехвати́ть, приня́ть мяч ④ (*aus dem Sturzflug*) выра́внивать *несов*; ◇ **er hat das Auto in der Kurve abgefangen** он смог удержа́ть маши́ну на поворо́те

abfärben *vi* ① (*Farbe*) кра́ситься *несов* ② FIG (*Gewohnheit*) передава́ться (*auf akk* кому́-л)

abfertigen *vt* ① (*Kunden*) обслу́живать ‹-жи́ть›; FIG ◇ **jd-n kurz ~** бы́стро отде́латься от кого́-л ② (*Papiere*) оформля́ть ‹офо́рмить›; (*Gepäck*) отправля́ть к отправле́нию ③ (*abfahrbereit machen, Schiff*) подгото́вить к отправле́нию ④ (*am Zoll*) проводи́ть тамо́женный досмо́тр; **Abfertigung** *f* ① (*Versenden*) отправле́ние *c*, отпра́вка *ж*, отсы́лка *ж*; (*von Papieren*) оформле́ние *c*, обрабо́тка *ж*; (*von Kunden*) обслу́живание *c*, о́тпуск *m*

abfeuern *vt* (*Schuss*) вы́стрелить *сов*

abfinden *unreg* I. *vt* (*auszahlen, Gläubiger*) удовлетворя́ть ‹-ри́ть›; (*Arbeitnehmer*) откупа́ться ‹-пи́ться› деньга́ми II. *vr*

(sich zufrieden geben) ◇ **sich ~** примири́ться *сов (mit dat* с кем-чем-л);
Abfindung *f* возмеще́ние *с*
abfliegen *unreg* I. *vi (Flugzeug)* улете|та́ть ‹-те́ть›; *(Passagier)* вылета́ть ‹вы́лететь› *(nach* в) II. *vt (Gebiet)* обле|та́ть ‹-те́ть›
abfließen *unreg vi (Wasser)* стека́ть ‹стечь›, вытека́ть ‹вы́течь›
Abflug *m (Abreise)* вы́лет *м,* отправле́ние *с*
Abfluss *m* ① *(von Wasser)* сток *м,* слив *м* ② *(Kanal)* сто́чный кана́л *м;* *(~rohr)* сто́чная [канализацио́нная] труба́ *ж* ③ FIN *(von Kapital)* уте́чка *ж,* отто́к *м*
abfragen *vt* SCH *(Vokabeln)* опра́шивать *несов*
Abfuhr *f* ‹-, -en› ① *(Müll~)* вы́воз *м* ② FAM *(Zurückweisung)* отпо́р *м;* ◇ **jd-m e-e ~ erteilen** дать кому́-л досто́йный отпо́р; **abführen** I. *vt* ① *(Verbrecher)* аресто́в|ывать ‹-ва́ть›, заб|ира́ть ‹-ра́ть› ② *(Steuern)* упла́|чивать ‹-ти́ть› II. *vi* ① *(abzweigen, Straße)* ответв|ля́ться ‹-и́ться› ② MED очища́ть кише́чник
abfüllen *vt* ① *(Flüssigkeit)* разли|ва́ть ‹в буты́лки› ② FAM *(betrunken machen)* спа́ивать *несов* кого́-л; **Abfüllung** *f* разли́в *м*
Abgabe *f* ① *(von Waren, Gepäck)* сда́ча *ж; (das Übergeben)* переда́ча *ж; (von Post etc.)* пода́ча *ж,* сда́ча *ж; (von Stimme)* пода́ча *ж* голосо́в ② *(von Wärme)* отда́ча *ж* ③ *(Rückgabe)* возвра́т *м; (e-s Amtes)* отка́з *м* от до́лжности; *(von Ball)* переда́ча *ж* мяча́, пас *м* ④ *(Steuer~n)* нало́г *м,* сбор *м,* по́шлина *ж;* **abgabenfrei** *adj (steuerfrei)* не облага́емый нало́гом; **abgabenpflichtig** *adj (steuerpflichtig)* облага́емый нало́гом
Abgang *m* ① *(Verlassen, Schul~)* вы́пуск *м,* оконча́ние *с* шко́лы ② THEAT ухо́д *м* со сце́ны ③ MED *(Fehlgeburt)* вы́кидыш *м*
Abgas *n* AUTO выхлопно́й газ *м*
abgeben *unreg* I. *vt* ① *(Ware)* прода́в|ва́ть, уступ|а́ть ‹-пи́ть› дёшево; *(Brief)* вруча́ть ‹-чи́ть› ② *(Posten, Amt)* сложи́ть с себя́ обя́занности, сдать дела́ ③ *(Wärme)* излуча́ть ‹-чи́ть›; *(Geruch)* изда|ва́ть ‹-ть› ④ *(abfeuern, Schuss)* произвести́ вы́стрел ⑤ *(Erklärung)* ‹с-›де́лать; *(Urteil)* выноси́ть ⑥ *(darstellen, sein)* ◇ **sie gibt e-e gute Lehrerin ab** она́ слывёт хоро́шей учи́тельницей II. *vr (sich beschäftigen)* ◇ **sich ~ mit jd-m/etw** вози́ться с кем/чем-л, занима́ться кем/чем-л
abgedroschen *adj (Redensart)* изби́тый, бана́льный
abgegriffen *adj* ① *(abgenutzt)* истрёпанный, изно́шенный ② FIG *(Redensart)* бана́льный, зата́сканный

abgehen *unreg* I. *vi* ① *(von Schule)* зака́нчивать ‹-ко́нчить› шко́лу ② THEAT уходи́ть со сце́ны ③ *(Knopf)* отрыва́ться *несов* ④ MED *(Embryo)* выходи́ть ‹вы́йти› ⑤ FIG FAM ◇ **da geht die Post ab!** там тако́е твори́тся! II. *vt (fehlen)* ◇ **das geht mir ab** мне э́того недостаёт
abgelegen *adj (Haus, Dorf)* отдалённый, захолу́стный
abgeleitet *adj* произво́дный
abgemacht *adj (beschlossen)* решённый, ко́нченый; ◇ **~!** решено́!
abgeneigt *adj* ◇ **e-r Sache nicht ~ sein** быть не про́тив чего́-л, склоня́ться к чему́-л
abgenutzt *adj* изно́шенный; *(abgedroschen)* изби́тый
Abgeordnete(r) *fm (Parlaments~)* депута́т *м* парла́мента; **Abgeordnetenhaus** *n* пала́та *ж* депута́тов
Abgesandte(r) *fm* посла́нец *м,* делега́т *м*
abgesehen *adj* ◇ **~ von** не счита́я, несмотря́ на
abgespannt *adj (müde)* уста́лый, утомлённый, изнеможённый
abgestanden *adj (Bier)* вы́дохшийся
abgestorben *adj* ① *(Baum)* засо́хший, зача́хнувший ② MED омертве́лый, отмёрший
abgetragen *adj (Kleidung)* изно́шенный, поно́шенный, зата́сканный
abgewinnen *unreg vt (Gefallen finden)* ◇ **ich kann dieser Sache nichts ~** я не нахожу́ в э́том ничего́ привлека́тельного, мне э́то де́ло не нра́вится
abgewöhnen *vt (Gewohnheit ablegen)* ◇ **sich** *dat* **e-e Sache ~** отвыка́ть от чего́-л, отуча́ть себя́ от чего́-л
abgezehrt *adj (Gesicht, Körper)* изможждённый, истощённый, ча́хлый
Abgott *m* куми́р *м,* и́дол *м;* **abgöttisch** *adj* ◇ **jd-n ~ lieben** безу́мно люби́ть кого́-л
abgrasen *vt* FAM *(absuchen)* обша́ри|вать, обы́с|кивать ‹-ка́ть› кого́-что-л
abgrenzen *vt* ① *(Grundstück)* отделя́ть ‹-ли́ть›, отме|жёвывать ‹-жева́ть›, размеже́вывать ‹-жева́ть› ② FIG *(Thema)* оче́р|чивать ‹-ти́ть›, разграни́чи|ва́ть
Abgrund *m* ① *(tiefer Einschnitt)* про́пасть *ж,* бе́здна *ж,* пучи́на *ж; (Schlucht)* ущелье *с* ② FIG *(Untergang)* упа́док *м,* зака́т *м;* **abgründig** *adj (Hass)* глубо́кий, лю́тый
Abguss *m* отли́вка *ж*
abhaken *vt* ① *(auf Liste)* от|меча́ть ‹-ме́тить› га́лочкой ② FAM *(als unwichtig abtun)* избавля́ться от чего́-л нену́жного
abhalten *unreg vt* ① *(hindern)* уде́рж|ивать ‹-жа́ть› *(von* от чего́-л) ② *(Versammlung)* про|води́ть ‹-вести́›

Abitur

Abitur в Германии — это эквивалент экзаменам на аттестат зрелости в России. Abitur сдают ученики, заканчивающие 13 класс гимназии. Этот экзамен даёт им право поступать в высшие учебные заведения. Так как в Германии нет общего для всей страны министерства образования, каждая федеральная земля (Bundesland) решает сама, каково будет содержание и порядок проведения выпускного экзамена.

abhandeln vt (Thema) разраба́тывать ‹-бо́тать›

abhanden adv ◊ ~ **kommen** про|пада́ть ‹-па́сть›, затеря́ться сов

Abhandlung f ① (wissenschaftlich) иссле́дование с ② (von Thema) рассмотре́ние с

Abhang m склон м, скат м, спуск м

abhängen¹ ‹hängte ab, abgehängt› vt ① (vom Haken nehmen) снима́ть ‹снять› что-л с чего-л ② (Verfolger) о|ставля́ть ‹-ста́вить› кого́-л позади́, оторва́ться ‹-а́ться сов› (von jd-m/etw)

abhängen² ‹hing ab, abgehangen› vi FIG ◊ **von jd-m/etw** ~ зави́сеть несов от кого́/чего́-л

abhängig adj ① (angewiesen auf) зави́симый ② (süchtig) одержи́мый боле́зненной стра́стью, име́ющий пристра́стие ③ (bedingt durch) обусло́вленный чем-л; **Abhängigkeit** f ① (finanziell) зави́симость ж ② (Sucht) наркома́ния ж, токсикома́ния ж; MED боле́знь ж

abhärten vr ◊ **sich** ~ закаля́ться ‹-ли́ться› (gegen akk от чего́-л)

abhauen unreg I. vt (Ast) от|сека́ть ‹-се́чь›, отруба́ть ‹-би́ть› II. vi FAM (weglaufen) убега́ть ‹-жа́ть›, смы́ва́ться

abheben unreg I. vt ① ◊ **Geld** ~ брать де́ньги со счёта в ба́нке ② (Telefonhörer, Karten) снима́ть ‹снять› II. vi (Flugzeug) отрыва́ться несов от земли́, подн има́ться в во́здух III. vr (sich unterscheiden) ◊ **sich ~ von jd-m/etw** выделя́ться ‹вы́делиться› (от кого́-чего́-л)

abhetzen vr (sich verausgaben) ◊ **sich** ~ замя́ться сов, набе́гаться сов

Abhilfe f ◊ ~ **schaffen** устрани́ть сов недоста́ток

abhobeln vt обстру́|гивать ‹-га́ть›

abholen vt (jd-n, etw) за|ходи́ть ‹-йти́›; (mit Fahrzeug) за|езжа́ть ‹-е́хать› за кем-л

abholzen vt выруба́ть ‹вы́рубить›

abhorchen vt (Gespräch) подслу́шивать несов; MED (Herz) выслу́шивать ‹вы́слушать›

abhören vt ① SCH (abfragen) о|пра́шивать ‹-проси́ть›, заслу́ш|ив›ать ② (belauschen) подслу́шивать ③ MED выслу́шивать несов; **Abhörgerät** n (Wanze) устро́йство с для подслу́шивания разгово́ров

Abitur n ‹-s› экза́мен м на аттеста́т зре́лости; **Abiturient(in** f) m абитурие́нт(ка ж) м; выпускни́к м/выпускни́ца ж гимна́зии

Abiturient

Этим словом в немецком языке обозначают школьника, собирающегося сдавать или уже сдавшего выпускные экзамены в гимназии, дающие ему право поступать в высшие учебные заведения. Таким образом, Abiturient — это, как правило, выпускник гимназии, а не только тот, который поступает в ВУЗ.

abkapseln vr (von Umwelt) ◊ **sich** ~ замыка́ться ‹-кну́ться›

abkaufen vt ① (Ware) покупа́ть ‹купи́ть› у кого́-л ② FAM (glauben) ◊ **ich kaufe dir das nicht ab** я тебе́ не пове́рю в э́том

abkehren vr (abwenden) ◊ **sich** ~ отверну́ться сов (von от)

Abklatsch m ‹-es, -e› FIG подража́ние с; (schlechte) ко́пия ж

abknöpfen vt FAM (abnehmen) ◊ **er hat ihm 5 Euro abgeknöpft** он отстегну́л ему́ 5 е́вро

abkochen vt (Wasser) ‹вс›кипяти́ть

abkommen unreg vi ① (vom Weg) сби́|ва́ться ② (von Idee) оюка́|зываться ‹-за́ться› (von от)

Abkommen n ‹-s, -› (Vereinbarung) соглаше́ние с, догово́р м

abkühlen I. vt (kühler machen) охла|жда́ть ‹-ди́ть›, остужа́ть ‹-ди́ть› II. vi (kühler werden, Wetter) посвеже́ть сов, станови́ться прохла́дным III. vr ◊ **sich** ~ ① (Mensch) охла|жда́ться ‹ди́ться› ② FIG (Freundschaft) охладе́|ва́ть

abkürzen vt ① (Weg) укора́чивать ‹-роти́ть› ② (Wort) сокра|ща́ть ‹-ти́ть›; **Abkürzung** f ① (Wort~) сокраще́ние с сло́ва ② (Weg~) укороче́ние с пути́

abladen unreg vt (LKW) разгру|жа́ть ‹-зи́ть›

Ablage f ① (von Akten) подши́вка ж докуме́нтов ② (Kleider~) гардеро́б м, раздева́лка ж

ablagern I. vt (deponieren, Müll) склади́ровать несов и сов II. vt (Staub) ◊ **sich** ~ осажда́ться несов, оседа́ть ‹осе́сть› III. vi (Wein) выде́рживаться несов

ablassen unreg I. vt ① FAM ◊ **Dampf** ~ выпуска́ть пар ② (Öl) спус|ка́ть ‹-ти́ть› II. vi (aufhören) переста|ва́ть ‹-ть›; (in Ruhe lassen) оставля́ть в поко́е (von кого́-л)

Ablauf m ① (Abfluss) спуск м, сток м ② (Ende, von Frist) истече́ние c, оконча́ние c ③ (Handlungs~) тече́ние c, ход м, проце́сс м развития; **ablaufen** unreg I. vi ① (abfließen) стека́ть ‹стечь›, вытека́ть ‹вы́течь› ② (zu Ende gehen) истека́ть ‹-те́чь›, ока́нчиваться ‹око́нчиться› ③ ◇ **der Pass ist abgelaufen** па́спорт просро́чен II. vt ① (Route) обходи́ть ‹-ойти́›, избега́ть coв ② (Schuhe) ста́птывать ‹стопта́ть›, сби́ва́ть ③ ◇ **jd-m den Rang** ~ превзойти́ кого́-л

ablegen vt ① (hinlegen) оставля́ть несов, откла́дывать несов ② (ausziehen) ◇ **Kleider** ~ снима́ть оде́жду ③ (Examen) выде́рживать ‹вы́держать›, сдава́ть ‹-а́ть› ④ (sich abgewöhnen) оставля́ть ‹-ста́вить›

Ableger m ‹-s, -› ① (Filiale) ответвле́ние c, отделе́ние c, филиа́л м ② (von Blumen) отво́док м, отса́док м

ablehnen vt ① (Angebot) отка́зываться ‹-за́ться› (Antrag) отклоня́ть ‹-ни́ть› ③ (Person) отводи́ть ‹-вести́›, дать отво́д ④ (Zahlung) отказа́ться заплати́ть; **Ablehnung** f отклоне́ние c, отка́з м; (Einspruch) отво́д м

ableiten vt ① (Wort) происходи́ть несов; ◇ **dieses deutsche Wort ist vom russischen (Wort) '...' abgeleitet** э́то неме́цкое сло́во произошло́ от ру́сского сло́ва '...' ② (folgern) вытека́ть ‹вы́течь›, ‹с›де́лать вы́воды; **Ableitung** f (von Wort) происхожде́ние c

ablenken I. vt ① (von Arbeit) отвлека́ть ‹-вле́чь› ② (unterhalten, zerstreuen) развлека́ть ‹-вле́чь›, рассе́яться coв II. vi ◇ **vom Thema** ~ переводи́ть разгово́р на другу́ю те́му; **Ablenkung** f (Zerstreuung) отвлече́ние c, развлече́ние c

ablesen unreg vt ① (Text) ‹про›чита́ть ② (Zähler) снима́ть ‹снять›, счи́тывать несов показа́ния ③ (erkennen) ◇ **jd-m etw akk an der Miene** ~ определя́ть по выраже́нию лица́

abliefern vt ① (Ware) поставля́ть ‹-ста́вить›, доставля́ть ‹-ста́вить›; (Brief) вруча́ть ‹-чи́ть›, передава́ть ‹-а́ть› ② FAM ◇ **jd-n zu Hause** ~ доста́вить кого́-л домо́й; **Ablieferung** f поста́вка ж, доста́вка ж

ablösen I. vt ① (Klebeband) откле́ивать ‹-ва́ть›, отделя́ть ‹-ли́ть› ② (Kollegen) сменя́ть ‹-ни́ть›, приходи́ть на сме́ну II. vr ◇ **sich** ~ ① (abblättern, Farbe) отрыва́ться ‹оторва́ться›, отделя́ться ‹-ли́ться› ② (beim Fahren) сменя́ться ‹-ни́ться›, чередова́ться несов; **Ablösung** f (e-r Schuld) погаше́ние c до́лга ② (Wach~) сме́на ж

abmachen vt ① (Etikett) снима́ть ‹снять›, отделя́ть ‹-ли́ть›; (Schnur) отвя́зывать ‹-за́ть› ② (vereinbaren) догова́риваться ‹-вори́ться› о чём-л,

усло́вливаться ‹-ви́ться› о чём-л; **Abmachung** f (Vereinbarung) сде́лка ж, соглаше́ние c

Abmarsch m (von Truppen) ухо́д м, выступле́ние c

abmelden I. vt ① (Auto) снима́ть c учёта, открепля́ть ‹-пи́ть› ② (Zeitung) отменя́ть ‹-ни́ть›, аннули́ровать несов и coв II. vr ◇ **sich** ~ ① (polizeilich) выпи́сываться ‹вы́писаться› ② ◇ **sich bei jd-m** ~ сообща́ть о своём ухо́де

Abnahme f ‹-, -n› ① (Rückgang) уменьше́ние c; (Gewichts~) похуде́ние c ② (Wegnehmen) отня́тие c, сня́тие c ③ COMM приня́тие c това́ра ④ (TÜV~) приёмка ж

abnehmen unreg I. vt ① (wegnehmen) отнима́ть ‹-ня́ть›, отбира́ть ‹отобра́ть› ② FIG ◇ **jd-m etw abnehmen** (Last) освобожда́ть ‹-ди́ть› от чего́-л; (Problem) снима́ть ‹снять› ③ (Hörer) снима́ть ④ ◇ **eine Prüfung** ~ принима́ть экза́мен ⑤ FAM (glauben) ◇ **jd-m diese Geschichte** ~ принима́ть э́ту исто́рию за чи́стую моне́ту II. vi ① (weniger werden) уменьша́ться ‹уме́ньшиться›, убыва́ть ② (dünner werden) ‹по›худе́ть, теря́ть в ве́се

Abnehmer(in f) m ‹-s, -› COMM (Käufer/in) покупа́тель(ница ж) м; (Waren~) приёмщик м, приёмщица ж

Abneigung f ① (gegen Sachen) отвраще́ние c к чему́-л ② (gegen Personen) нерасположе́ние c, антипа́тия ж к кому́-л

abnutzen I. vt (Kleider) изна́шивать ‹-носи́ть› II. vr ◇ **sich** ~ изна́шиваться ‹носи́ться›; (unbrauchbar werden) приходи́ть в него́дность; **Abnutzung** f изно́с м

abonnieren vt (Zeitschrift) выпи́сывать ‹вы́писать›

abpassen vt ① (auflauern) поджида́ть несов, подстерега́ть ‹-ре́чь› ② (Gelegenheit) выжида́ть ‹вы́ждать›

abpfeifen unreg vt SPORT (beenden) ◇ **das Spiel** ~ дать сигна́л к оконча́нию игры́

abprallen vi ① (Geschoss) отска́кивать ‹-скочи́ть› рикоше́том (an dat от чего́-л) ② (Ball) отска́кивать, отлета́ть ‹-те́ть› (an/von dat от чего́-л)

abputzen vt (Schuhe) ‹вы́›чистить, очища́ть ‹очи́стить›

abqualifizieren vt (Person, Sache) оце́нивать ‹-ни́ть› что-л свысока́

abquälen vr (sich abmühen) ◇ **sich** ~ му́читься coв; ◇ **sich mit etw** ~ би́ться coв над чем-л

abraten unreg vi (warnen) ◇ **jd-m von etw** ~ отсове́товать coв что-л кому́-л

abräumen vt (Tisch) убира́ть со стола́

abreagieren I. vt (Wut) ◇ **sein Zorn** ~ сорва́ть coв зло (an dat на ком-л) II. vr (sich austoben) ◇ **sich an jd-m** ~ успока́иваться ‹-ко́иться›, сорва́в зло на ком-л

abrechnen I. vt (Betrag, abziehen) вычита́ть ‹вы́честь›, уде́р|живать ‹-жа́ть› **II.** vi ① (Rechnung aufstellen) рассчи́тываться ‹-та́ться›, распла́|чиваться ‹-ти́ться› ② (Kasse machen) производи́ть расчёт ③ FIG (zur Rechenschaft ziehen) свести́ счёты (mit ‹ с кем-л)

Abrechnung f ① (Tages~) расчёт м ② FIG (Rache) распла́та ж, возме́здие с

abregen vr FAM (sich beruhigen) ◇ **sich ~** успока́иваться ‹-ко́иться›

abreiben unreg vt ① (Schmutz) вытира́ть ‹вы́тереть›, от|тира́ть ‹-тере́ть› ② (frottieren) рас|тира́ть ‹-тере́ть›, обтира́ть

Abreibung f FAM (Prügel) взбу́чка ж

Abreise f отъе́зд м, отправле́ние с;

abreisen vi (Reise antreten) уезжа́ть ‹-е́хать›; (sich auf den Weg machen) от|правля́ться ‹-пра́виться› в путь

abreißen unreg I. vt ① (Haus) сноси́ть ‹снести́›, с-|лома́ть ② (Papier) обрыва́ть ‹оборва́ть›, срыва́ть ‹сорва́ть› **II.** vi (Kontakt) прер|ыва́ться, прекраща́ться ‹-ти́ться›

abriegeln vt ① (Straße) закры́|ва́ть ② (Zimmer) за|пира́ть ‹-пере́ть› на засо́в

Abriss m ‹-es, -e› ① (Abbruch) снос м ② (Skizze) чертёж м, план м ③ (Übersicht, von Buch) (кра́ткий) о́черк м

Abruf m (Bestellung) затре́бование с, зака́з м; (einsatzbereit) ◇ **auf ~** по вы́зову

abrufen unreg vt ① PC (Datei) выводи́ть ‹вы́вести›, вызыва́ть из ма́ссива да́нных ② (anfordern, Ware) востре́бовать сов

abrüsten vi/t MIL разоружа́ться ‹-жи́ться›; **Abrüstung** f разоруже́ние с

Abs. Abk. v. Absender отправи́тель м; а́дрес м отправи́теля

Absage f (Ablehnung) отка́з м; **absagen I.** vt (Termin) отме|ня́ть ‹-ни́ть› **II.** vi (nicht kommen) отка́зываться несов

absägen vt ① (Ast) от|пи́ливать ‹-ли́ть› ② FAM (Politiker) уво|ли́ть сов

absahnen vt FIG (Gewinn einstreichen) снима́ть ‹снять› сли́вки, брать себе́ лу́чшее

Absatz m ① (Schuh~) каблу́к м ② (Verkauf) сбыт м ③ (Treppen~) площа́дка ж ④ (Abschnitt im Text) разде́л м; (neue Zeile) абза́ц м

abschaben vt (Gemüse) сос|ка́бливать ‹-кобли́ть›, со|скреба́ть ‹-скрести́›

abschaffen vt (beseitigen) ликвиди́ровать несов и сов; (Gesetz) отме|ня́ть ‹-ни́ть›; (Übel) устраня́ть ‹-ни́ть›; **Abschaffung** f отме́на ж, ликвида́ция ж, устране́ние с

abschalten I. vt (Radio, Licht) выключа́ть ‹вы́ключить›, отклю|ча́ть ‹-чи́ть›

II. vi ① FAM (sich entspannen) отдыха́ть несов ② FAM (nichts mehr wahrnehmen) перестава́ть следи́ть за происходя́щим

abschätzen vt (einschätzen, Lage) оце́нивать ‹-ни́ть›, расце́|нивать ‹-ни́ть›; (feststellen, bestimmen) определя́ть ‹-ли́ть›

Abscheu m ‹-[e]s› (Ekel) отвраще́ние с; **abscheulich** adj (schrecklich) отврати́тельный, гну́сный, ме́рзкий

abschicken vt (Brief) отсыла́ть ‹ото|сла́ть›, от|правля́ть ‹-пра́вить›

abschieben unreg vt ① (Schuld) сва́ли|вать ‹-ли́ть› с себя́ ② (Asylanten) выдворя́ть ‹выдворить›, вы|сыла́ть ‹-слать› ③ FAM (verschwinde!) ◇ **schieb ab!** убира́йся!

Abschied m ‹-[e]s, -e› (Trennung) проща́ние с, расстава́ние с, разлу́ка ж; ◇ **~ nehmen** про|ща́ться ‹-сти́ться›

abschießen unreg vt ① (Flugzeug, Vogel) сби́|ва́ть; (Wild) отстре́л|и́ть сов ② (abfeuern, Pistole) произ|води́ть ‹-вести́› вы́стрел, вы́стрел|и́ть сов ③ FAM (Politiker) раздел|ыва́ться, рас|правля́ться ‹-пра́виться› с кем-л

abschirmen I. vt (vor Wind etc.) за|щища́ть ‹-ти́ть› **II.** vr (sich isolieren) ◇ **sich ~** огра|жда́ть ‹-ди́ть› себя́, уедини́ться ‹-ни́ться›

abschlagen unreg vt ① (abhacken) от|се|ка́ть ‹-се́чь› ② ◇ **jd-m eine Bitte ~** отка́|зать кому́-л в про́сьбе

Abschlagszahlung f (Rate) предвари́тельный взнос м

abschleifen unreg I. vt (glätten) об|та́чивать ‹-точи́ть›, от|та́чивать ‹-точи́ть› **II.** vr (Unebenheit) ◇ **sich ~** ста́чиваться ‹сточи́ться›, стира́ться ‹стере́ться›

Abschleppdienst m букси́ро́вочная слу́жба ж; **abschleppen** vt (Auto) от|букси́ровать; **Abschleppseil** n букси́рный кана́т м

abschließen unreg vt ① (Tür) за|пира́ть ‹-пере́ть›, закры́|ва́ть на замо́к ② (Vertrag) заклю|ча́ть ‹-чи́ть›, подпи́с|ывать ‹-са́ть› ③ (beenden) за|ка́нчивать ‹-ко́нчить›, заверша́ть ‹-ши́ть›

Abschluss m ① (Übereinkunft) заключе́ние с ② (Jahres~) a. SCH оконча́ние с; ◇ **zum ~** в заверше́ние; **Abschlussrechnung** f оконча́тельный счёт м

abschmieren vt TECH сма́з|ыва́ть

abschminken vr ◇ **sich ~** ① (Schminke entfernen) снима́ть ‹снять› грим ② ◇ **sich** dat **etw ~** дово́льствоваться несов чем-л, прими|ря́ться ‹-ри́ться› с чем-л

abschneiden unreg I. vt ① (Brot, Faden) от|реза́ть ‹-ре́зать› ② (Weg) среза́ть ‹среза́ть›, сокраща́ть ‹-ти́ть› ③ FIG ◇ **jd-m das Wort ~** обрыва́ть ‹оборва́ть›, прерва́ть сов кого́-л **II.** vi (Ergebnis ha-

ben) ◇ **gut** ~ доби́ться успе́ха; ◇ **schlecht** ~ потерпе́ть неуда́чу

Abschnitt *m* ① *(Teilstück)* отре́зок *m*, уча́сток *m* ② *(Bezirk)* райо́н *m*, о́круг *m* ③ *(Zeit~)* пери́од *m*, отре́зок *m* ④ *(Text~)* отры́вок *m* те́кста

abschrecken *vt* ① *(Ei)* бы́стро охлажда́ть ‹-ди́ть› ② *(drohen)* устраша́ть ‹-ши́ть›; *(von etw abbringen)* по-меша́ть осуществля́ть что-л; **abschreckend** *adj* ① *(warnend)* ◇ ~es Beispiel устраша́ющий приме́р *m* ② *(abstoßend)* отта́лкивающий, безобра́зный; **Abschreckung** *f* MIL устраше́ние *c*

abschreiben *unreg vt* ① *(Text)* перепи́сывать ‹-са́ть›, спи́сывать ‹-са́ть› ② COMM *(absetzen)* спи́сывать со счёта ③ SCH ◇ **bei jd-m** ~ спи́сывать у кого́-л ④ FAM *(Hoffnung aufgeben)* счита́ть *несов* поте́рянным; **Abschreibung** *f* ① COMM *(von Steuer)* списа́ние *c* ② COMM *(Wertminderung)* уменьше́ние *c* сто́имости

Abschuss *m* ① *(von Waffe)* вы́стрел *m*, произво́дство *c* вы́стрела; *(von Rakete)* за́пуск *m* ② *(von Flugzeug)* пораже́ние *c* це́ли

abschwächen *vt* ① *(abmildern)* умеря́ть ‹уме́рить›, уменьша́ть ‹уме́ньшить› ② *(Farbe)* смягча́ть ‹-чи́ть›

abschweifen *vi (abkommen)* ◇ **vom Thema** ~ отклоня́ться ‹-ни́ться› от те́мы; **Abschweifung** *f* отклоне́ние *c*, отступле́ние *c*

abschwellen *unreg vi* ① *(Beule)* опада́ть ‹-па́сть› ② *(Geräusch)* ослабева́ть, стиха́ть ‹сти́хнуть›

abschwören *unreg vi* ◇ **e-r Sache** *dat* ~ отрека́ться ‹-ре́чься›, отка́зываться ‹-за́ться› от чего́-л

absehbar *adj* ① ◇ **in ~er Zeit** в недалёком бу́дущем, в ближа́йшее вре́мя ② *(Schaden)* предви́димый

absehen *unreg* I. *vt (Folgen)* предви́деть *несов*, предсказа́ть *сов* II. *vi* ① *(von Besuch)* отказа́ться *сов*, возде́рживаться ‹-жа́ться› *(von* от чего́-л) ② *(nicht berücksichtigen)* не принима́ть во внима́ние *(von* что-л) ③ ◇ **es auf jd-n/etw abgesehen haben** ме́тить *несов* на что-л, посяга́ть ‹-ну́ть› на кого́-л что-л

abseits I. *adv* в стороне́, в отдале́нии; ◇ ~ **stehen** стоя́ть ‹остава́ться› в стороне́ II. *präp gen* в стороне́, в сто́рону; **Abseits** *n* ‹-› SPORT положе́ние *c* вне игры́

absenden *unreg vt (abschicken)* отсыла́ть *несов*, отправля́ть ‹-пра́вить›; **Absender(in** *f)* *m* ‹-s, -› отправи́тель(ни́ца *ж*) *m*

absetzbar *adj* ① *(von Steuer)* взима́емый ② *(Ware)* хо́дкий, находя́щий сбыт

absetzen I. *vt* ① *(Last)* снима́ть

‹снять›, ‹по-›ста́вить на зе́млю ② *(Hut)* снима́ть ③ *(Waren)* сбыва́ть ④ *(von Steuern)* взима́ть *несов* ⑤ *(König)* низлага́ть ‹-ложи́ть›, сверга́ть ‹све́ргнуть› II. *vr* ◇ **sich** ~ ① *(Staub)* осажда́ться ② *(ins Ausland)* бежа́ть *несов*, скрыва́ться

absichern *vt (gegen Diebstahl)* предохраня́ть ‹-ни́ть›, застрахова́ть *сов* от чего́-л

Absicht *f* ① *(Vorhaben)* наме́рение *c*, цель *ж*, у́мысел *m* ◇ **mit** ~ умы́шленно, наме́ренно, с у́мыслом; ◇ **das war keine** ~ э́то бы́ло без у́мысла;

absichtlich *adj (vorsätzlich)* наме́ренный, преднаме́ренный, умы́шленный

absolut *adj (völlig)* абсолю́тный, по́лный; ◇ ~e Mehrheit абсолю́тное большинство́ *c*

Absolutismus *m* абсолюти́зм *m*, самодержа́вие *c*

absolvieren *vt (Studium, Besuch)* конча́ть ‹ко́нчить›, ока́нчивать ‹-ко́нчить›

absondern I. *vt* ① *(Flüssigkeit)* выделя́ть ‹вы́делить› ② *(isolieren)* обособля́ть ‹-о́бить›, изоли́ровать *несов и сов* II. *vr (sich isolieren)* ◇ **sich** ~ уедина́ться ‹-ни́ться›

abspecken *vi* FAM ‹по-›худе́ть; ◇ **der Betrieb muss** ~ предприя́тие вы́нуждено уме́ньшить расхо́ды

abspeichern *vt* PC запомина́ть ‹-по́мнить›, храни́ть *несов*

abspeisen *vt* FIG *(vertrösten)* ◇ **jd-n mit leeren Worten** ~ отде́латься от кого́-л пусты́ми фра́зами

absperren *vt (Tür)* запира́ть ‹-пере́ть›; *(Straße)* отгора́живать ‹-роди́ть›, оцепля́ть ‹-пи́ть›

abspielen I. *vt* ① ◇ **eine Platte** ~ прои́грывать пласти́нку ② SPORT ◇ **den Ball** ~ отыгрывать ‹-гра́ть› мяч II. *vr (passieren, stattfinden)* ◇ **sich** ~ происходи́ть *несов*, разы́грываться ‹-гра́ться›

Absprache *f (Vereinbarung)* угово́р *m*, договорённость *ж*

absprechen *unreg vt* ① *(vereinbaren)* договори́ться *сов* о чём-л *c* кем-л ② *(aberkennen)* лиша́ть ‹-ши́ть› кого́-чего́-л; ◇ **jd-m etw** ~ отка́зывать ‹-за́ть› кому́-л в чём-л

Absprung *m* ① *(Fallschirm~)* прыжо́к *m* ② FIG *(Austritt)* отхо́д *m*, отклоне́ние *c*

abstammen *vi (Ursprung haben)* происходи́ть *несов*, быть ро́дом *(von* от кого́-чего́-л); *(Wort)* происходи́ть, быть како́го-л происхожде́ния; **Abstammung** *f (Herkunft)* происхожде́ние *c*, род *m*

Abstand *m* ① *(räumlich)* расстоя́ние *c*, диста́нция *ж*; ◇ ~ **halten** держа́ть диста́нцию ② *(zeitlich)* промежу́ток *m*, интерва́л м ③ ◇ **er ist mit ~ der Schöns-te** он намно́го краси́вее други́х

abstatten vt ◇ **jd-m e-n Besuch ~** наноси́ть ⟨нести́⟩ визи́т кому́-л

Abstecher m ⟨-s, -⟩ кратковре́менная пое́здка ж, заéзд м

abstehen unreg vi ① (Ohren) торча́ть несов, оттопы́ри⟨ва⟩ться ② (Bier) отста́иваться несов

absteigen unreg vi (in Hotel) остана́вливаться ⟨-нови́ться⟩; ◇ **vom Pferd ~** слеза́ть с коня́

abstellen vt ① (parken) ⟨по-⟩ста́вить, припаркова́ть сов ② (hinstellen) отста́вить сов, поста́вить сов в сто́рону ③ (Motor) выключа́ть ⟨вы́ключить⟩, отключа́ть ⟨-чи́ть⟩

abstempeln vt ① (Brief) ⟨за-⟩штемпелева́ть ② FIG (zu etw Negativem erklären) накле́и⟨ва⟩ть ярлы́к чего́-л негати́вного; ◇ **jd-n zum Gauner ~** представля́ть кого́-л моше́нником

absterben unreg vi ① (Baum) ⟨вы-, за-⟩со́хнуть, погиба́ть несов, отмира́ть ⟨-мерéть⟩ ② MED ⟨о-⟩неме́ть, ⟨о-⟩мертве́ть

Abstieg m ⟨-[e]s, -e⟩ ① (vom Berg) спуск м ② FIG упа́док м, паде́ние с, сниже́ние с

abstimmen I. vi (Stimme abgeben) проголосова́ть сов (über etw akk за что-л) II. vt ① a. MUS настра́ивать ⟨-о́ить⟩ (auf akk что-л с чем-л) ② ◇ **einen Termin ~** согласова́ть вре́мя встре́чи; **Abstimmung** f (Wahl) голосова́ние с, баллотиро́вка ж

abstinent adj (von Alkohol) возде́ржанный, уме́ренный; **Abstinenz** f возде́ржание с, уме́ренность ж, тре́звенность ж

abstoßen unreg vt ① (anwidern) отта́лкивать ⟨-толкну́ть⟩, вызыва́ть ⟨вы́звать⟩ отвраще́ние у кого́-л ② (billig verkaufen) ◇ **Waren ~** сбыва́ть това́ры по ни́зким це́нам; **abstoßend** adj (widerlich, eklig) отта́лкивающий, отврати́тельный, проти́вный

abstrakt adj a. KUNST абстра́ктный

abstufen vt ① (in Terrassen) располага́ть ⟨-ложи́ть⟩ усту́пами ② (Farbtöne) оттеня́ть ⟨-ни́ть⟩ ③ (Gehälter) классифици́ровать несов и сов по катего́риям

abstumpfen I. vi ① (Metall, Nadel) притупля́ться ⟨-пи́ться⟩, стать сов тупы́м ② FIG (gefühllos werden) притупля́ться II. vt (stumpf machen) притупля́ть

Absturz m паде́ние с, срыв м; **abstürzen** vi (fallen) па́дать несов, срыва́ться ⟨сорва́ться⟩; (Flugzeug) разби́ва́ться

abtauen vt (Kühlschrank) отта́ивать ⟨-та́ять⟩

Abtei f ⟨-, -en⟩ (Kloster~) абба́тство с, монасты́рь м

Abteil n ⟨-[e]s, -e⟩ (Zug~) купé с

abteilen vt ⟨по-⟩дели́ть, разгра́живать ⟨-роди́ть⟩; (abtrennen) отделя́ть ⟨-ли́ть⟩, отгра́живать ⟨-роди́ть⟩

Abteilung f ① (Abtrennung) деле́ние с, отделе́ние с ② (im Betrieb) цех м ③ (im Kaufhaus) отде́л м; **Abteilungsleiter(in)** f)m нача́льник м/нача́льница ж отде́ла

abtreiben unreg I. vt ◇ **ein Kind ~** сде́лать або́рт II. vi ① (Boot) дрейфова́ть несов ② MED сде́лать або́рт; **Abtreibung** f MED або́рт м

abtrennen vt ① (Blatt) отрыва́ть ⟨оторва́ть⟩ ② (amputieren) отделя́ть ⟨-ли́ть⟩, от|реза́ть ⟨-ре́зать⟩ ③ (aussondern) выделя́ть ⟨вы́делить⟩

abtreten unreg I. vt (abgeben) уступа́ть ⟨-пи́ть⟩, передава́ть ⟨-да́ть⟩ (an jd-n кому́-л) II. vi (aus dem öffentlichen Leben) удаля́ться ⟨-ли́ться⟩, уходи́ть несов

abtrocknen vt вытира́ть ⟨вы́тереть⟩ на́сухо

abtrünnig adj (untreu) измени́вший, неве́рный

abwägen vt (Entscheidung, Worte) взве́шивать ⟨-сить⟩, обду́м⟨ыв⟩ать

abwählen vt (Regierung) не вы́брать на но́вый срок

abwarten vt (warten) ждать несов; (erwarten) поджида́ть несов; (Gelegenheit) выжида́ть ⟨вы́ждать⟩

abwärts adv (hinunter) вниз; ◇ **den Fluss ~ fahren** спуска́ться вниз по реке́

abwaschen unreg vt (Gesicht) ⟨по-⟩мы́ть; ◇ **das Geschirr ~** мыть посу́ду

Abwasser n ⟨-s, -wässer⟩ сто́чные во́ды мн

abwechseln vr ◇ **sich ~** смен|я́ться ⟨-ни́ться⟩; ◇ **sich beim Fahren ~** чередова́ться несов за рулём

abwegig adj (falsch) ло́жный, ошибо́чный; (sonderbar) неве́рный

Abwehr f ⟨-⟩ ① (Verteidigung) оборо́на ж ② (Widerstand) сопротивле́ние с, отраже́ние с; **abwehren** vt ① (Angriff) отби́⟨ва́⟩ть; (Schlag, Stoß) отра|жа́ть ⟨-зи́ть⟩ ② (verhindern) предотвраща́ть ⟨-ти́ть⟩; (ablehnen) от|верга́ть ⟨-ве́ргнуть⟩, отклоня́ть ⟨-ни́ть⟩

abweichen unreg vi ① (vom Weg) уклоня́ться ⟨-ни́ться⟩, отклоня́ться ⟨-ни́ться⟩; (vom Thema) отступа́ть ⟨-пи́ть⟩, отходи́ть несов (von dat от чего́-л) ② (von Meinung) расходи́ться несов, различа́ться несов

abweisen unreg vt ① (Besucher) отсыла́ть ⟨отосла́ть⟩, выпрова́живать несов ② (ablehnen) ◇ **einen Vorschlag ~** отклоня́ть предложе́ние; JURA (Klage) отказа́ть в и́ске

abwenden unreg I. vt ① (Unglück) предотвраща́ть ⟨-ти́ть⟩ ② (Blick) отводи́ть ⟨-вести́⟩ II. vr (sich distanzieren) ◇ **sich ~**

устра|ня́ться ‹-ни́ться›, отмежева́ться *сов (von dat* от кого́-чего́-л)

abwerben *unreg vt* перема́нивать ‹-ни́ть› *(auf seine Seite ziehen)* сма́нивать *несов* на свою́ сто́рону

abwerten *vt* 1 *(Währung)* обесце́ни|вать‹ва́ть, снижа́ть ‹сни́зить› курс 2 *FIG (Person)* умаля́ть ‹-ли́ть› значе́ние кого́-л

abwesend *adj* 1 *(nicht da)* отсу́тствую-щий 2 *(zerstreut)* рассе́янный, не-внима́тельный; **Abwesenheit** *f* отсу́т-ствие *c*

abwickeln I. *vt* 1 *(Spule)* сма́тывать ‹смота́ть›, разма́тывать ‹-мота́ть› 2 *FIG* **ein Geschäft ~** вести́ де́ло II. *vr (vonstatten gehen)* ◇ **sich ~** разви́ва‹ва́ться

abwiegen *unreg vt (Obst)* отве́ши|вать ‹-сить›, взве́шивать ‹-сить›

abwischen *vt (Schmutz)* стира́ть ‹сте-ре́ть›, вытира́ть *несов*

abzahlen *vt (Kredit)* выпла́чивать ‹вы́-платить› в рассро́чку; *(begleichen)* пога|ша́ть ‹-си́ть›

abzählen *vt (Geld, Personen)* ‹со-›счи-та́ть, пересчита́ть *сов*

Abzahlung *f* 1 *(Ratenzahlung)* платёж *м* [упла́та *ж*] в рассро́чку 2 *(Rück-zahlung)* возвра́т *м*, обра́тная вы́-плата *ж*

Abzeichen *n* 1 *(Partei~)* парти́йный значо́к *м* 2 *MIL* знак *м* разли́чия 3 *(Orden)* о́рден *м*

abzeichnen I. *vt* 1 *(Bild)* срисо́|вывать ‹-ва́ть› 2 *(Vertrag)* подпи́|сывать ‹-са́ть› II. *vr a. FIG (sichtbar werden)* ◇ **sich ~** вырисо́вываться *несов*

abziehen *unreg* I. *vt* 1 *(subtrahieren, weg-nehmen)* снима́ть ‹снять›, ста́скивать *несов* 2 COMM *(Klientel)* перема́ни-вать ‹-ни́ть›, отби|ва́ть ‹-ва́ть› 3 *(Schlüssel)* вынима́ть ‹вы́нуть› 4 TYP *(kopieren)* де́лать о́ттиск, ‹с-›копи́ровать 5 *(ab-drücken, bei Pistole)* вы́стрелить *сов* 6 *(Bett)* снима́ть бельё с посте́ли 7 *(häu-ten, Tier)* сдира́ть ‹содра́ть› шку́ру 8 *FAM (sich aufspielen)* ◇ **e-e Show ~** устра́и-вать *vou* II. *vi (Truppen)* у|ходи́ть ‹-йти́›, отходи́ть *несов;* ◇ **beleidigt ~** уйти́ оскорблённым

abzielen *vi (zielen) a. FIG* ме́тить *несов*, стреми́ться *несов (auf akk* на что-л, к чему́-л)

Abzug *m* 1 *(Subtraktion)* вычита́ние *c*, сня́тие *c; (von Geldbetrag)* вы́чет *м*, удержа́ние *c* 2 *(Truppen~)* вы́вод *м* войск 3 *(Revolver~)* спусково́й крю-чо́к *м*, куро́к *м* 4 *(Rauch~)* отду́ши-на *ж* 5 TYP о́ттиск *м*, отпеча́ток *м* 6 FOTO ко́пия *ж*

Abzweigung *f* 1 *(Gabelung, Kreuzung)* ответвле́ние *c*, разви́лка *ж* 2 BAHN *(Nebenstrecke)* железнодоро́жная ве́т-ка *ж*

ach! *intj (Erstaunen ausdrückend)* ах!, ох!; *(Bedauern ausdrückend)* ой!, эх!; ◇ **~ wirk-lich?** неуже́ли?; ◇ **~ so!** поду́маешь!, что уж там!

Achse *f* ‹-, -n› 1 TECH ось *ж* 2 GEOL *(Erd~)* земна́я ось *ж* 3 *FAM (unterwegs)* ◇ **auf ~ sein** находи́ться в пути́

acht *nr* во́семь; *s. a.* **fünf**

Acht *f* ‹-› 1 *(Aufmerksamkeit)* внима́ние *c;* ◇ **etw außer ~ lassen** упуска́ть что-л из ви́ду 2 ◇ **sich in ~ nehmen** остере-га́ться, бере́чься *(vor dat* кого́-чего́-л); ◇ **~ geben** *(aufpassen)* при|сма́тривать ‹-смотре́ть› *(auf akk* за кем-чем-л); ◇ *(aufmerksam sein)* обраща́ть ‹-ти́ть› внима́ние *(auf akk* на что-л)

Achtel *n* ‹-s, -› *(achter Teil)* восьма́я часть *ж*

achten I. *vt* 1 *(respektieren)* уважа́ть *несов* 2 *(schätzen)* ◇ **jd-n hoch ~** це-ни́ть *несов* высоко́ кого́-л II. *vi (aufpas-sen)* ◇ **auf** обраща́ть внима́ние на что-л, внима́тельно следи́ть за чем-л

Achterbahn *f* америка́нские го́рки *мн*

achtlos *adj (unaufmerksam)* невнима́-тельный; *(unvorsichtig)* неосторо́ж-ный; *(nachlässig)* небре́жный

Achtung *f* внима́ние *c*, почте́ние *c*, уваже́ние *c;* ◇ **jd-m ~ entgegenbrin-gen** относи́ться с уваже́нием к кому́-л; ◇ **~!** внима́ние!, осторо́жно!

achtzehn *nr* восемна́дцать; **achtzig** *nr* во́семьдесят

Acker *m* ‹-s, Äcker› по́ле *c*, па́шня *ж*

Action *f FAM* де́йствие *c*, а́кция *ж* 1 *(im Film)* де́йствие *c* 2 *(zu umständlich)* ◇ **das ist mir zu viel ~** э́то доставля́ет мне сли́шком мно́го хлопо́т

ADAC *m* ‹-› *Akr. v.* **Allgemeiner Deutscher Automobil-Club** *Всеобщий немецкий автомобильный клуб*

adäquat *adj (angemessen)* адеква́тный, соотве́тствующий

addieren *vt* скла́дывать ‹сложи́ть›, прибавля́ть ‹-ба́вить›, сумми́ровать *несов и сов*

Adel *m* ‹-s› 1 *(alter ~)* дворя́нство *c* 2 *(adlige Personen)* ли́ца *мн* дворя́нского происхожде́ния

Ader *f* ‹-, -n› 1 *(Blutbahn)* ве́на *ж*, арте́-рия *ж* 2 *(Erz~)* жи́ла *ж* 3 *FIG (Talent)* жи́лка *ж*, спосо́бность *ж*

Adjektiv *n* GRAM и́мя *c* прилага́тель-ное

Adler *m* ‹-s, -› орёл *м*

adoptieren *vt (Junge)* усыно|вля́ть ‹-ви́ть›, *(Mädchen)* удочеря́ть ‹-и́ть›; **Adoptivkind** *n* приёмный ребёнок *м*

Adresse *f* ‹-, -n› 1 *a.* PC а́дрес *м* 2 *FIG* ◇ **an der falschen ~ sein** не на того́ напа́сть; **adressieren** *vt* 1 *(Brief)* адресо́вать *несов и сов (an akk* кому́) 2 *(richten)* напра́вить *сов (an akk* кому́)

Advent

Advent переводится с латинского языка как „пришествие" и обозначает предрождественское время, время ожидания пришествия Христа, начинающееся с четвёртого воскресенья перед Рождеством. Эти четыре предрождественские недели имеют особое значение — 150 лет тому назад один богослов предложил посвятить это время размышлениям о Рождестве, и по традиции многие семьи собираются в это время вместе, поют рождественские песни, мастерят с детьми ёлочные украшения, пекут рождественские печенье или пироги с изюмом и миндалём. Венок с четырьмя свечами, которые последовательно зажигают в каждое из четырёх предрождественских воскресений, непременно украшает квартиры, церкви и учреждения и символизирует атмосферу этого времени года.

Advent m ‹-[e]s, -e› адве́нт m, предрожде́ственское вре́мя c

Adverb n GRAM наре́чие c; **adverbial** adj адвербиа́льный, наре́чный

Affäre f ‹-, -n› ① (Liebes~) любо́вное приключе́ние c, любо́вная интри́га ж ② POL афёра ж ◇ **sich aus der ~ ziehen** вы́путываться из беды́

Affe m ‹-n, -n› ① ZOOL обезья́на ж ② FAM (blöder Kerl) болва́н m, глупе́ц m

affektiert adj (geziert, Getue) жема́нный, чо́порный

affenartig adj FAM (sehr schnell) ◇ **mit ~em Tempo** с порази́тельным проворством; **Affenhitze** f FAM (große Hitze) звёрская жара́ ж, пе́кло c; **affig** adj (eitel) тщесла́вный, мня́щий о себе́

Afghanistan n Афганиста́н m

Afrika n А́фрика ж; **Afrikaner(in** f) m ‹-s, -› африка́нец m, африка́нка ж; **afrikanisch** adj африка́нский

Afrolook m завита́я причёска

After m ‹-s, -› за́дний прохо́д m

AG f ‹-, -s› Akr. v. **Aktiengesellschaft** АО (акционе́рное о́бщество c)

Agent(in f) m ① (Spion/in) аге́нт(ка ж) m, шпио́н m, сы́щик m ② (Vertreter/in) представи́тель(ница ж) m, уполномо́ченный(-ая ж) m, аге́нт(ка ж) m

Agentur f (Werbe~) аге́нтство c

Aggression f ① (aggressives Verhalten) агре́ссия ж (gegen про́тив кого́-л) ② MIL (Angriff) нападе́ние c, наступле́ние c; **aggressiv** adj агресси́вный

agieren vi (handeln) поступа́ть ‹-пи́ть›, ‹по-›де́йствовать

Agonie f (Todeskampf) a. FIG аго́ния ж

Ägypten n Еги́пет m

aha! intj ага́!, вот как!; **Aha-Erlebnis** n внеза́пное понима́ние c, моме́нт m узнава́ния

ähneln I. vi (ähnlich sehen) быть похо́жим; ◇ **jd-m ~** походи́ть на кого́-л **II.** vr **sich** dat ~ походи́ть несов друг на дру́га

ahnen vt ① (voraussehen) предуга́дывать ‹-да́ть› ② (vermuten) подозрева́ть несов, предви́деть несов; ◇ **ich habe es ja geahnt!** я ведь э́то предви́дел! ③ (erraten) дога́дываться ‹-да́ться› ④ FIG ◇ **du ahnst es nicht!** ты себе́ и предста́вить не мо́жешь!

ähnlich I. adj (Aussehen) похо́жий; (Verhalten) подо́бный; (Beispiel) аналоги́чный **II.** adv ① (fast genauso) похо́же; ◇ **jd-m ~ sein** быть похо́жим на кого́-л ② FIG ◇ **das sieht dir ~** э́то на тебя́ похо́же

Ahnung f ① (Vor~) предчу́вствие c, подозре́ние c ② FAM (Vermutung) представле́ние c, поня́тие c; ◇ **keine ~ haben** не име́ть ни мале́йшего представле́ния; **ahnungslos** adj ничего́ не подозрева́ющий

Aids n ‹-› Akr. v. **Acquired Immune Deficiency Syndrom** СПИД m; **Aids-positiv** adj инфици́рованный СПИ́Дом

Akademiker(in f) m ‹-s, -› челове́к m с вы́сшим образова́нием

Akkord m ‹-[e]s, -e› ① MUS акко́рд m, созву́чие c ② (~arbeit) сде́льная рабо́та пла́та ж; ◇ **im ~ arbeiten** - рабо́тать сде́льно ② JURA (Vergleich) подря́д m, (трудово́й) догово́р m, соглаше́ние c

Akkusativ m GRAM вини́тельный паде́ж m

Akne f ‹-, -n› угри́ мн, угрева́я сыпь ж

Akrobat(in f) m ‹-en, -en› (Zirkus~) цирково́й(-ая ж) акроба́т(ка ж) m

Akt m ‹-[e]s, -e› ① (Handlung) акт m, де́йствие c ② THEAT (Aufzug) де́йствие c, акт m, но́мер m ③ (Nacktaufnahme) обнажённая нату́ра ж ④ (Geschlechts~) полово́й акт m

Akte f ‹-, -n› ① (Dokument) официа́льная бума́га ж, докуме́нт m ② FIG ◇ **etw zu den ~n legen** положи́ть под сукно́

Aktie f ‹-, -n› а́кция ж; **Aktiengesellschaft** f акционе́рное о́бщество c

Aktion f ① (Tätigkeit) де́йствие c, а́кция ж; ◇ **in ~ treten** заступа́ть в де́йствие ② (Kampagne) кампа́ния ж, мероприя́тие c

Aktionär(in f) m ‹-s, -e› акционе́р m, держа́тель(ница ж) m а́кций

aktiv adj ① (tätig, rege) акти́вный, де́ятельный ② GRAM ◇ **~e Verbform** действи́тельный зало́г

aktualisieren vt ① де́лать актуа́льным, обновля́ть <-ви́ть> ② PC обновля́ть <-ви́ть>; **Aktualität** f актуа́льность ж, злободне́вность ж

Akustik f аку́стика ж

akut adj ① (Gefahr) непосре́дственный ② (Krankheit) о́стрый

AKW n <-s, -s> Abk. v. **Atomkraftwerk**

Akzent m <-[e]s, -e> a. FIG акце́нт m; (Betonung) ударе́ние c; ◇ **den ~ auf etw legen** akk де́лать упо́р на чём-л

akzeptieren vt принима́ть <-я́ть>, призна́<ва́>ть что-л, дава́ть <дать> согла́сие на что-л

Alarm m <-[e]s, -e> (Feuer~) трево́га ж; **Alarmanlage** f сигна́льное устро́йство c; **alarmieren** vt ① (Feuerwehr) вызыва́ть <вы́звать> ② (jd-n beunruhigen) трево́жить несов, <по->беспоко́ить

Albaner(in f) m алба́нец m, алба́нка ж; **Albanien** n Алба́ния ж; **albanisch** adj алба́нский

albern adj (kindisch) неу́мный, глу́пый; (Kleid etc.) дура́цкий, неле́пый

Albtraum m = **Alptraum**

Album n <-s, Alben> (Foto~) альбо́м m

Algerien n Алжи́р m

Algorithmus m PC алгори́тм m

Alibi n <-s, -s> JURA а́либи c

Alkohol m <-s, -e> алкого́ль m; **alkoholfrei** adj безалкого́льный; **~es Bier** безалкого́льное пи́во; **Alkoholiker(in** f) m <-s, -> алкого́лик m, алкого́личка ж; **alkoholisch** adj (Getränk) алкого́льный

All n <-s> (Welt~) вселе́нная ж, ко́смос m

alle(r, s) I. adj ① (Gesamtheit) все; ◇ ~ **Kinder** все де́ти; ◇ ~ **zusammen** все вме́сте; ◇ (jede, r, s) ка́ждый, вся́кий; ◇ **zwei Monate** ка́ждые два ме́сяца II. adv FAM (aufgebraucht) ко́нчиться; ◇ **die Butter ist ~** ма́сло ко́нчилось

allein I. adv ① (einsam, für sich) оди́н, в одино́честве; ◇ ~ **leben** жить в одино́честве; ◇ **sich ~ fühlen** чу́вствовать себя́ одино́ким ② (ausschließlich) ◇ **sie kann das schaffen** ей одно́й с э́тим спра́виться II. cj ① (bloß, nur) то́лько лишь; ◇ ~ **der Gedanke daran ...** одна́ лишь мысль об э́том ... ② (nicht nur) ◇ **nicht ~ ... не то́лько; Alleinerziehende(r** fm один из родителей, в одиночку воспитывающий ребёнка; **Alleingang** m FIG ◇ **im ~** в одино́чку; **allein stehend** adj одино́кий; (ledig, Mann) холосто́й, (Frau) незаму́жняя

allerdings adv ① (aber) пра́вда, но; ◇ **ich habe ~ e-n Einwand** у меня́ есть, пра́вда, одно́ возраже́ние ② (gewiss, natürlich) коне́чно, разуме́ется; ◇ **das ist ~ wahr** э́то, коне́чно, пра́вда

Allergie f MED, a. FIG аллерги́я ж (gegen на что-л, у кому́-л)

allerhand adj <inv> ① (allerlei) вся́кий, ра́зный, всевозмо́жный ② (recht viel)

нема́ло, ко́е-что; ◇ **sie hat ~ zu tun** ей ко́е-что на́до сде́лать ③ FAM (empörend) возмути́тельно; ◇ **das ist doch ~!** вот э́то да!

Allerheiligen <inv> пра́здник m всех святы́х

allerhöchste(r, s) adj наивы́сший, са́мый большо́й; ◇ **es ist ~ Zeit** са́мое вре́мя; **allerlei** adj <inv> (Sachen) вся́кого ро́да, ра́зный; **allerletzte(r, s)** adj са́мый после́дний, кра́йний, коне́чный; ◇ **das ist ja das A~!** но э́то кра́йняя ме́ра!; **allerwenigste(r, s)** adj наиме́ньший, наиме́ньшее; ◇ **er hat das A~ gekriegt** он получи́л ме́ньше всего́

alles pron всё; ◇ ~ **zusammen** всё вме́сте

allgemein I. adj ① всео́бщий; ◇ **~e Zustimmung** всео́бщее одобре́ние c ② (gemeinsam) совме́стный II. adv ◇ **es ist ~ bekannt** э́то общеизве́стно; ◇ **im A~en** в о́бщем и це́лом; **Allgemeinarzt** m, **Allgemeinärztin** f врач m/же́нщина-врач m широ́кого про́филя, о́бщий врач m; **Allgemeinbildung** f о́бщее образова́ние c; **allgemeingültig** adj (Aussage) общепри́нятый, общеупотр еби́тельный

Allheilmittel n панаце́я ж, всеисцеля́ющее сре́дство n

Allianz f (Bündnis) алья́нс m, сою́з m; (Verband) объедине́ние c

Alliierte(r) fm (Verbündete/r) сою́зник m, сою́зница ж

allmählich I. adj (schrittweise) постепе́нный II. adv (nach und nach) постепе́нно, ма́ло-пома́лу, испо́дволь

Alltag m бу́дний день m; PEJ бу́дни мн

allwissend adj всеве́дущий

allzu adv сли́шком, чересчу́р; ◇ ~ **viel trinken** чересчу́р мно́го пить

Almosen n <-s, -> подая́ние c, ми́лостыня ж

Alpen pl ◇ **die ~** А́льпы мн

Alphabet n <-[e]s, -e> алфави́т m

Alptraum, Albtraum m a. FIG кошма́р m

als cj ① (zeitlich) (während) в то вре́мя как; ◇ ~ **er heimfuhr, regnete es** в то вре́мя как он е́хал домо́й, шёл дождь; (nachdem) по́сле того́ как; ◇ ~ **wir gegessen hatten, ...** по́сле того́, как мы пое́ли, ... ② (in der Vergleich) в ка́честве, как oder mit Instr. ; ◇ **sie arbeitet ~ Mechanikerin** она́ рабо́тает меха́ником ③ (zur Bildung des Komparativs) ◇ **kleiner ~** ме́ньше чем ④ (nur) ◇ **nichts ~** не бо́лее чем ⑤ (als wenn) ◇ ~ **ob** как бу́дто бы

also I. cj (demzufolge, folglich) ита́к, так, сле́довательно, ста́ло быть, зна́чит; ◇ ~ **hat sie es verstanden** сле́довательно она́ э́то поняла́ II. adv ① (nun) так, таки́м о́бразом; ◇ ~ **wenn ich ehrlich bin**

таки́м о́бразом, е́сли быть че́стным ② ◇ ~ **schön!** ну ла́дно! ③ ◇ **na** ~! вот ви́дишь!

alt ‹älter, am ältesten› ① (*Mensch*) ста́рый, пожило́й; (*nur bei Personen*) ◇ ~ **werden** старе́ть, ста́риться; ◇ **er ist 5 Jahre älter** он на пять лет ста́рше; ◇ **wie ~ sind Sie?** ско́лько Вам лет? ② (*ehemalig*) ста́рый, пре́жний, неизме́нный; ◇ **ein** ~**er Freund** ста́рый друг ③ (*Ggs. v. neu*) ста́рый ④ *FAM* ◇ ~ **aussehen** бле́дно вы́глядеть

Altar *m* ‹-[e]s, Altäre› алта́рь *м*

Altbauwohnung *f* кварти́ра *ж* в ста́ром до́ме

Altbier *n* тёмное пи́во *c*

Alte(r) *fm* ① *PEJ* (*alte Frau, alter Mann*) стари́к *м*, стару́ха *ж* ② *FAM* (*Eltern*) ◇ **meine** ~ мои старики́

Alter *n* ‹-s› ① (*Lebens~*) во́зраст *м* ② (*letzter Lebensabschnitt*) ◇ **das** ~ ста́рость *ж* ③ (*von Kunstwerk*) старина́ *ж*, дре́вность *ж*

altern *vi* (*alt werden*) ‹по-›старе́ть, ‹со-›ста́риться

alternativ *adj* ① (*Vorschlag*) альтернати́вный ② *POL* альтернати́вный, допуска́ющий одну́ из двух возмо́жностей

Alternative *f* альтернати́ва *ж* (*zu чему́*)

Altersgrenze *f* преде́льный во́зраст *м*; ◇ **gesetzliche** ~ предусмо́тренный зако́ном пенсио́нный во́зраст *м*;

Altersheim *n* дом *м* престаре́лых

Altertum *n* ‹-s, -tümer› дре́вность *ж*

Altglascontainer *m* конте́йнер *м* для сбо́ра испо́льзованной посу́ды; **altmodisch** *adj* (*überholt*) старомо́дный;

Altpapier *n* макулату́ра *ж*; **Altstadt** *f* ста́рая часть *ж* го́рода, ста́рый го́род *м*

am = **an dem** *präp* ① (*Ortsbestimmung*) ◇ ~ **Haus** у до́ма; ◇ ~ **Fluss** у реки́; ◇ **Frankfurt am Main** Фра́нкфурт на Ма́йне; ◇ ~ **Fuß** у ноги́; ◇ ~ **Tisch** за столо́м, у стола́ ② (*Zeitangabe*) ◇ ~ **Donnerstag** в четве́рг; ◇ ~ **1. April** пе́рвого апре́ля ③ (*zur Bildung des Superlativs*) ◇ ~ **schönsten** са́мый краси́вый, краси́вейший ④ ◇ ~ **Ende** в конце́ ⑤ *FAM* (*beim*) ◇ **ich bin** ~ **Arbeiten** я рабо́таю, я нахожу́сь за рабо́той

Amalgam *n* ‹-s, -e› амальга́ма *ж*

Amateur(in *f*) *m* люби́тель(ница *ж*) *м*, непрофессиона́л(ка *ж*) *м*

Ambition *f* (*Bestreben*) честолю́бие *c*, амби́ция *ж*; ◇ ~**en haben** быть честолюби́вым

ambulant *adj* (*Behandlung*) амбулато́рный, нестациона́рный

Ameise *f* ‹-, -n› мураве́й *м*

Amerika *n* Аме́рика *ж*; **Amerikaner(in** *f*) *m* ‹-s, -› америка́нец *м*, америка́нка *ж*; **amerikanisch** *adj* америка́нский

Amok *m* амо́к *м*, бу́йное помеша́тельство *c*, безу́мие *c*

Ampel *f* ‹-, -n› (*Verkehrs~*) светофо́р *м*

Ampulle *f* ‹-, -n› MED а́мпула *ж*

Amputation *f* ампута́ция *ж*

Amt *n* ‹-[e]s, Ämter› ① (*Behörde*) учрежде́ние *c*, ве́домство *c* ② (*Posten*) до́лжность *ж*, ме́сто *c*, пост *м* ③ (*Aufgabe, Pflicht*) слу́жба *ж*, обя́занности *мн;* **amtlich** *adj* официа́льный, служе́бный; **Amtsgeheimnis** *n* служе́бная та́йна *ж*

Amulett *n* ‹-[e]s, -e› амуле́т *м*, талисма́н *м*

amüsant *adj* (*unterhaltsam*) заба́вный, занима́тельный, заня́тный; **amüsieren** **I.** *vt* (*unterhalten*) развлека́ть ‹-вле́чь›, ‹раз-› весели́ть **II.** *vr* ~ **sich** ① (*sich vergnügen*) развлека́ться, весели́ться, забавля́ться *несов* ② ◇ **sich über jd-n/etw** ~ смея́ться *несов* над ке́м-чем-л

an I. *präp dat/akk s.* **am** ① (*räumlich, dat*) у; ◇ ~ **der Mauer** у стены́; (*bei, in der Nähe von*) при, вблизи́ чего́; ◇ **Köln am Rhein** Кёльн на Ре́йне ② (*räumlich, akk*) к; ◇ ~ **die Wand stellen** поста́вить к стене́; ◇ ~ **ans Meer fahren** ‹по-›е́хать к мо́рю ③ (*zeitlich, dat*) ◇ **am Donnerstag** в четве́рг ④ (*neben*) ◇ **wir wohnen Tür** ~ **Tür** мы живём дверь к две́ри **II.** *adv* ① (*ungefähr*) приблизи́тельно, о́коло; ◇ ~ **die 3 Monate** о́коло 3 ме́сяцев ② (*eingeschaltet*) быть включённым ③ ◇ **von da** ~ отсю́да, с э́того ме́ста

analog *adv* PC анало́говый

Analphabet(in *f*) *m* ‹-en, -en› негра́мотный(-ая *ж*) *м*

analysieren *vt* ‹про-›анализи́ровать, иссле́довать *несов и сов*

Anarchie *f* ана́рхия *ж*, безвла́стие *c*

anbahnen *vr* (*sich andeuten*) ◇ **sich** ~ завя́зываться ‹-за́ться›, начина́ться

Anbau *m* AGR возде́лывание *c*

Anbau *m* ‹-ten› (*Erweiterungsgebäude*) постро́йка *ж*, крыло́ *с* зда́ния

anbauen *vt* ① AGR возде́л|ывать ‹-ать› ② (*Gebäudeteil*) при|стра́ивать ‹-стро́ить›

anbei *adv* (*beigefügt*) к сему́ приложе́но, при чём; ◇ ~ **finden Sie die Fotos** к сему́ приложены́ фотогра́фии

anbeißen *unreg* **I.** *vt* ① (*Brot*) надку́с|ывать ‹-си́ть›, отку́сывать ‹-си́ть› ② *FAM* ◇ **zum A**~ **sein** э́то о́чень привлека́тельно **II.** *vi* (*Fisch*) клева́ть ‹клю́нуть›

anbelangen *vt* (*betreffen*) каса́ться ‹косну́ться›; ◇ **was ihn anbelangt** что каса́ется его́

Anbetracht ◇ **in** ~ принима́я во внима́ние, име́я в виду́, учи́тывая (*gen* что-л)

anbieten *unreg* **I.** *vt* ① (*Zigarette, Platz*) пред|лага́ть ‹-ложи́ть› ② (*Produkt*) уго|ща́ть ‹-сти́ть› **II.** *vr* ◇ **sich ~** ① (*sich zur Verfügung stellen*) ◇ **sich jd-m ~** предлага́ть свои́ услу́ги кому́-л ② (*nahe liegen*) на|пра́шиваться ‹-проси́ться›

anbinden *unreg vt* ① (*Pferd, Boot*) привя́з|ывать ‹-за́ть› (*an akk* к чему́-л) ② *FIG* ◇ **kurz angebunden sein** быть ре́зким, отвеча́ть ре́зко

Anblick *m* взгляд *m*, вид *m;* ◇ **beim ~ von** при взгля́де на что-л

anbraten *unreg vt* (*Steak*) поджа́ри|ва›ть

anbrennen *unreg* **I.** *vt* (*anzünden*) заго|ра́ться ‹-ре́ться› **II.** *vi* GASTRON при|гора́ть ‹-ре́ть›, подгора́ть ‹-ре́ть›

anbringen *unreg vt* ① (*befestigen*) приде́л|ыва›ть, прикрепля́ть ‹-пи́ть› ② (*anschließen*) присоединя́ть ‹-ни́ть› ③ COMM помеща́ть ‹-сти́ть› вы́годно свой капита́л ④ (*Kritik*) выска́зывать ‹вы́сказать›

Anbruch *m* ‹-[e]s› (*Tages~*) рассве́т *m*, наступле́ние *с* дня; (*Beginn*) нача́ло *с*

Andacht *f* ‹-, -en› ① (*Versenkung*) благогове́ние *с* ② (*Gebet*) моли́тва *ж*, моле́бен *m*

andauernd **I.** *adv* (*immerzu*) постоя́нно, всё вре́мя **II.** *adj* (*anhaltend*) продолжи́тельный, дли́тельный, постоя́нный

Andenken *n* ‹-s, -› (*Erinnerung*) воспомина́ние *с;* (*Souvenir*) сувени́р *m*

andere(r, s) *pron indefinit* ① (*verschieden*) друго́й, ино́й, отли́чный; ◇ **ein ~s Buch** друга́я кни́га ② (*folgend*) друго́й, сле́дующий; ◇ **am ~n Tag** на сле́дующий день ③ (*übrigen, restlichen*) остальны́е; ◇ **die ~n Bücher habe ich gelesen** остальны́е кни́ги я прочита́л ④ ◇ **ein ~s Mal** в друго́й раз; **andererseits** *adv* с друго́й стороны́; ◇ **einerseits und ~** с одно́й стороны́ и с друго́й

ändern **I.** *vt* ① (*Plan*) изменя́ть ‹-ни́ть›; (*Meinung*) по-меня́ть ② (*Kleid*) переде́л|ыва›ть **II.** *vr* ◇ **sich ~** изменя́ться ‹-ни́ться›

anders *adv* ① (*auf andere Weise*) ина́че, по-друго́му (*als* чем); ◇ **er kann nicht ~** он не мо́жет (поступи́ть) ина́че; ◇ **ich habe es mir ~ überlegt** я переду́мал ② (*sonst*) ◇ **niemand ~** никто́ друго́й [ино́й]

anderthalb *nr* полтора́

Änderung *f* ① (*von Plan*) измене́ние *с* ② (*von Meinung*) переме́на *ж*, измене́ние *с* ③ (*von Kleidung*) переде́лка *ж*

andeuten **I.** *vt* ① (*bezeichnen*) на|меча́ть ‹-ме́тить› ② (*erwähnen*) намека́ть ‹-ну́ть› ③ (*zu verstehen geben*) да|ва́›ть поня́ть ④ (*Lächeln*) изобража́ть ‹-зи́ть›; (*Umrisse*) обо|знача́ть ‹-зна́чить› **II.** *vr* (*sich abzeichnen*) ◇ **sich ~** намеча́ться ‹-ме́титься›, вырисо́вываться *несов;* **Andeutung** *f* ① (*Hinweis*)

указа́ние *с* ② (*Anspielung*) намёк *m* ③ (*Anflug*) налёт *m*, отте́нок *m*

andrehen *vt* ① (*einschalten*) включа́ть ‹-чи́ть› ② (*festziehen*) при|вёртывать ‹-верте́ть›, приви́нчивать ‹-ти́ть› ③ *FAM* (*aufschwatzen*) всуча́ть ‹-чи́ть›, на|вя́зывать ‹-за́ть› (*jd-m etw* что-л кому́-л)

androhen *vt* (*при-*)грози́ть, угрожа́ть *несов* (*jd-m etw* чем-л кому́-л)

aneignen *vt* ① (*Verhalten*) у|сва́ивать ‹-сво́ить›; (*Wissen*) овладе́|ва›ть ‹-ть›; ◇ **sich** *dat* **etw ~** при|сва́ивать ‹-сво́ить› что-л ② (*annektieren, Land*) захва́т|ывать ‹-ти́ть› что-л си́лой

aneinander *adv* (*räumlich*) друг дру́га, друг к дру́гу; ◇ **~ denken** ду́мать друг о дру́ге; ◇ **~ vorbereiten** говори́ть, не понима́я друг дру́га; **aneinander geraten** *unreg vi* ста́лкиваться (столкну́ться›, (по-)вздо́рить, схва́тываться ‹-ти́ться› с кем-л

Anekdote *f* ‹-, -n› анекдо́т *m*

anekeln *vt* внуша́ть ‹-ши́ть› отвраще́ние

anerkennen *unreg vt* ① (*Person, Anspruch*) призна́|ва›ть ② (*Leistung*) оце́н|ивать ‹-ни́ть›, выража́ть ‹вы́разить› похвалу́ чему́-л

anfahren *unreg* **I.** *vt* ① (*Person*) нале|жа́ть ‹-е́хать› ② (*ansteuern*) направля́ться ‹-пра́виться› в како́й-л пункт ③ *FIG* (*schimpfen*) ◇ **jd-n ~** напуска́ться ‹-ти́ться› на кого́-л, гру́бо на|бра́сываться ‹-бро́ситься› на кого́-л **II.** *vi* (*losfahren*) дви́г|аться ‹-нуться›, тро́гаться ‹-нуться›

Anfahrt *f* (*Hinreise*) подъе́зд *m*, прие́зд *m*

Anfall *m* ① MED припа́док *m*, при́ступ *m* ② (*von Kosten*) возникнове́ние *с* (значи́тельных) расхо́дов

Anfang *m* ‹-[e]s, -fänge› ① (*Beginn*) нача́ло *с*, осно́вы *мн;* (*Ursprung*) исто́ки *мн;* ◇ **~ Juli** в нача́ле ию́ля; ◇ **von ~ an** с са́мого нача́ла *с;* **anfangen** *unreg* **I.** *vt* ① (*beginnen*) нач|ин|а́ть; (*Gespräch*) за|води́ть ‹-вести́› разгово́р ② (*machen*) ◇ **was fangen wir damit an?** что с э́тим де́лать? **II.** *vi* (*beginnen*) начин|а́ться; **Anfänger(in** *f*) *m* ‹-s, -› начина́ющий(-ая *ж*) *м;* (*Neuling*) нович́ок *m*

anfassen **I.** *vt* (*berühren*) до|тра́гиваться ‹-тро́нуться› **II.** *vi* (*zupacken*) схва́тывать ‹-ти́ть›, взя́ться *сов*

anfechten *unreg vt* (*Urteil*) о|спа́ривать ‹-спо́рить›, опротесто́в|ывать ‹-ва́ть›

anfertigen *vt* (*produzieren*) изгото́вля|ть ‹-то́вить›, ‹с-›де́лать; (*Kleider*) шить по ме́рке

anfeuern *vt* ① (*Ofen*) рас|та́пливать ‹-топи́ть› ② *FIG* (*Mannschaft*) воодуше|вля́ть ‹-ви́ть›, подба́др|ивать ‹-бодри́ть›

Anflug m ① AERO прилёт м, подлёт м (auf akk на) ② FIG (Andeutung) намёк м, налёт м; ◇ ein ~ von Ironie налёт иронии

Anforderung f ① (Bestellung) требование, заявка ж ② (Forderung, Anspruch) требование с, претензия ж; ◇ hohe ~en an jd-n stellen предъявлять высокие требования к кому-л

Anfrage f запрос м

anfreunden vr ◇ sich ~ ① (Freundschaft beginnen) ⟨по-⟩дружиться (mit dat с кем-чем-л) ② (mit Gedanken) свыкаться ⟨свыкнуться⟩, смиряться ⟨-риться⟩

anführen vt ① (Gruppe) возглавлять ⟨-гла́вить⟩, вести несов, водить несов ② (Beweis) приводить ⟨-вести⟩; (Beispiel) ссылаться ⟨сослаться⟩ на что-л ③ FIG (zitieren) ⟨про-⟩цитировать; **Anführer(in)** f m (von Gruppe) руководитель(ница ж) м, предводитель(ница ж) м, зачинщик м, зачинщица ж

Angabe f ① (Auskunft, Hinweis) указание с, справка ж; (Orts~) указание с места ② (Instruktion) инструкция ж ③ (Prahlerei) хвастовство с, бахвальство с ④ SPORT подача ж

angeben unreg I. vt ① (mitteilen, nennen) сообщать ⟨-щить⟩ ② (bestimmen) обозначать ⟨-значить⟩; ◇ den Ton ~ задавать⟨ть⟩ тон ③ (anzeigen) доносить ⟨-нести⟩ на кого-л II. vi FAM (prahlen) ⟨по-⟩хвастаться

angeblich adj ① выдаваемый за что-л, мнимый, так называемый; ◇ diese ~e Krankheit эта так называемая болезнь

angeboren adj врождённый, приуожддённый; ◇ das ist ihr ~ это ей свойственно от рождения

Angebot n ① (Vorschlag) предложение с ② COMM ◇ ~ und Nachfrage предложение и спрос ③ (Auswahl) выбор м

angeheitert adj подвыпивший

angehen unreg I. vi ① (beginnen) начинаться ⟨-чаться⟩ ② (Feuer) загораться ⟨-реться⟩; (Licht) зажигаться ⟨-жечься⟩ ③ (widersetzen) ◇ gegen jd-n/etw ~ действовать [выступать] против кого-чего-л II. vt ① (bitten) ◇ jd-n um etw ~ ⟨по-⟩просить кого-л о чём-л ② (in Angriff nehmen) приступать ⟨-пить⟩ к чему-л ③ (betreffen) касаться кого-нуться⟩ кого-л; ◇ das geht Sie nichts an это Вас не касается

angehören vi принадлежать несов

Angehörige(r) f m ① (Familien~) родственник м, родственница ж ② (Mitglied, von Verein) член м

Angeklagte(r) f m подсудимый(-ая ж) м, обвиняемый(-ая ж) м

angeknackst adj FAM (labil, Person) неустойчивый; (Gesundheit) шаткий, надломленный

Angel f ⟨-, -n⟩ ① (zum Fischen) удочка ж ② (Tür~) дверная петля ж

Angelegenheit f дело с; ◇ in einer privaten ~ по личному вопросу

angelernt adj (Wissen) приобретённый обучением; ◇ ~er Arbeiter рабочий м средней квалификации

angeln vt, vi (Fisch) удить несов, ловить на удочку

angemessen adj ① (adäquat) адекватный ② (passend, entsprechend) соразмерный, соответствующий

angenehm adj (Klima, Person) приятный, симпатичный; ◇ ~! очень приятно!; ◇ ~e Reise! счастливого пути!

angenommen adj ① (Kind) приёмный II. cj (vorausgesetzt) предположим, что ...; ◇ ~, dass wir morgen heimfahren... положим, что мы завтра поедем домой

angeregt adj (Gespräch) оживлённый

angesichts präp gen перед лицом, ввиду; ◇ ~ dieser Tatsache перед лицом, в свете этих фактов

angespannt adj ① (nervös) напряжённый, нервный ② (bedrohlich) угрожающий, опасный

angestellt adj ◇ fest ~ sein иметь твёрдое [определённое] место работы; **Angestellte(r)** f m служащий(-ая ж) м

angewöhnen vt ① (anerziehen) ◇ jd-m etw ~ приучать ⟨-чить⟩ кого-л чему-л ② (aneignen) ◇ sich dat etw ~ привыкать ⟨-выкнуть⟩, приучить себя к чему-л; **Angewohnheit** f привычка ж

angleichen unreg vt (gleich, ähnlich machen) приравнивать ⟨-нять⟩, уравнивать ⟨-нять⟩; ◇ Löhne ~ приводить ⟨-вести⟩ зарплату в соответствие с ценами; ◇ sich ~ уподобляться ⟨-добиться⟩ чему-л

Angler(in) f m ⟨-s, -⟩ рыбак м, рыбачка ж

angreifen unreg vt (attackieren) нападать ⟨-пасть⟩, атаковать несов и сов; **Angriff** m ① (Attacke) нападение с, наступление с, атака ж (auf akk на кого-что-л) ② ◇ etw in ~ nehmen приступать ⟨-пить⟩ к чему-л, браться ⟨взяться⟩ за что-л; **angriffslustig** adj агрессивный, воинственный

Angst f ⟨-, Ängste⟩ ① (Furcht) страх м, боязнь ж ② (Sorge) тревога ж; ◇ ~ um jd-n/etw haben бояться [беспокоиться] за кого-л/что-л

ängstigen I. vt (Angst machen) ⟨на-⟩пугать, держать в страхе, тревожить несов II. vr ◇ sich ~ ① (Angst haben) ⟨по-⟩бояться, страшиться (vor dat чего-л) ② (sich sorgen) ⟨по-⟩беспокоиться, ⟨по-⟩тревожиться (um dat за кого-л)

ängstlich adj ① (furchtsam) боязливый, робкий; (unschlüssig) нерешительный ② (besorgt) озабоченный, обеспокоенный

anhalten *unreg* **I.** *vt* ① (*Auto*) оста|на́вливать ‹-нови́ть› ② (*auffordern*) побу|жда́ть ‹-ди́ть›, приу|ча́ть ‹-чи́ть› кого́-л к че-му́-л; ◇ **zur Arbeit** ~ приуча́ть к труду́ **II.** *vi* ① (*stoppen*) оста|на́вливаться ‹-нови́ться›, де́лать остано́вку ② (*andauern*) дли́ться *несов*, продолжа́ться *несов*, уде́рживаться *несов;* ◇ **das schöne Wetter hält an** хоро́шая пого́да продержи́тся ③ ◇ **um jd-s Hand** ~ проси́ть чьей-л руки́;
anhaltend *adj* дли́тельный, затяжно́й, продолжи́тельный
Anhalter(in *f*) *m* ‹-s, -› ◇ **per** ~ **reisen** е́хать на попу́тных маши́нах
anhand *präp gen* (*mittels, durch*) при по́мощи, посре́дством, на основа́нии (*gen* кого́-чего́-л)
Anhang *m* ① (*von Buch*) приложе́ние *с* ② *FAM* (*Freunde*) покло́нники *мн* ③ *FAM* (*Familie*) семья́ *ж*, родня́ *ж*, бли́зкие *мн*
anhängen *unreg vt* ① (*befestigen*) ве́шать *несов* (*an akk* что-л куда́-л), прице|пля́ть ‹-пи́ть› (*an akk* что-л к чему́-л) ② *FIG* (*hinzufügen*) при|бавля́ть ‹-ба́вить› ③ *FAM* ◇ **jd-m etw** ~ навя́зывать ‹-за́ть› что-л кому́-л
anhänglich *adj* привя́занный, пре́данный, приве́рженный
anhäufen **I.** *vt* ① (*ansammeln*) на|ка́пливать ‹-копи́ть›, нагромо|жда́ть ‹-зди́ть› **II.** *vr* ◇ **sich** ~ на|ка́пливаться ‹-копи́ться›, ска́пливаться ‹скопи́ться›
anheben *unreg vt* ① (*hochheben*) припод|нима́ть ‹-ня́ть› ② (*Preise*) по|выша́ть ‹-вы́сить›
anhören **I.** *vt* (*zuhören*) слу́шать, вы|слу́шивать ‹вы́слушать› **II.** *vr* ◇ **sich** ~ (*zuhören*) про|слу́шать ① (*an* ein **Hörspiel** ~ про|слу́шать радиоспекта́кль ② (*klingen*) звуча́ть *несов*, слу́шать *несов;* ◇ **das hört sich gut an** э́то прия́тно слу́шать
ankaufen *vt* (*Grundstück*) покупа́ть ‹купи́ть›, заку|па́ть ‹-пи́ть›
Anker *m* ‹-s, -› NAUT я́корь *м*
Anklage *f* ① JURA обвине́ние *с* (*gegen* про́тив) ② *FIG* (*Vorwurf, Beschuldigung*) упрёк *м*, обвине́ние *с;* **anklagen** *vt* ① JURA обвин|я́ть ‹-и́ть›, предъ|явля́ть ‹-ви́ть› обвине́ние (*jd-n wegen gen* кого́-л в чём-л, кому́-л в чём-л) ② *FIG* (*kritisieren, beschuldigen*) упрека́ть *несов*, обвин|я́ть ‹-и́ть›
Anklang *m* (*Resonanz*) отголо́сок *м*, о́тклик *м;* ◇ **bei jd-m** ~ **finden** на|ходи́ть ‹-йти́› о́тклик у кого́-л
anklopfen *vi* (*klopfen*) при|ко|ла́чивать ‹-лоти́ть›, по-|стуча́ться в дверь
anknüpfen **I.** *vt* ① (*anbinden*) привя́зывать ‹-за́ть›, соедин|я́ть ‹-ни́ть› (*an akk* что-л к чему́-л) ② *FIG* (*beginnen*) **ein**

Gespräch ~ за|води́ть ‹-вести́› разгово́р **II.** *vi FIG* ◇ **an ein Thema** ~ про|должжа́ть ‹-до́лжить› на те́му
ankommen *unreg vi* ① (*Auto*) при|бы́в|ва́ть, прилежа́ть ‹-е́хать› ② (*gefallen*) быть при́нятым, встреча́ть приём; (*Eindruck machen*) произвести́ впечатле́ние (*bei* на кого́-л); ◇ **das Stück kam gut an** пье́са была́ хорошо́ при́нята публико́й ③ (*sich behaupten*) ◇ **gegen jd-n** ~ тяга́ться [ме́риться] с кем-л ④ *FAM* ◇ **jetzt kommt er schon wieder damit an!** ну, вот он опя́ть с э́тим начина́ет! ⑤ ◇ **es kommt darauf an, ob** де́ло в том, вопро́с в том, что ⑥ ◇ **ich lasse es darauf** ~ я риску́ну
ankündigen **I.** *vt* объ|явля́ть ‹-ви́ть›; (*in Kenntnis setzen*) уведом|ля́ть ‹уведо́мить›, изве|ща́ть ‹-сти́ть› **II.** *vr* (*Unwetter, Unglück*) ◇ **sich** ~ за|явля́ть ‹-ви́ть› о себе́, да|ва́ть ‹-ва́ть› о себе́ знать
Ankunft *f* ‹-, -künfte› прибы́тие *с*
Anlage *f* ① (*Park*~) сквер *м*, парк *м* ② (*Geld*~) инвести́ции *мн*, помеще́ние *с* де́нежных средств ③ (*Stereo*~) стереофони́ческая устано́вка *ж* ④ *FIG* (*Neigung*) скло́нность *ж*, предрасположе́ние *с* ⑤ (*Beilage*) приложе́ние *с*
Anlass *m* ‹-es, Anlässe› ① (*Gelegenheit*) по́вод *м* ② (*Motiv, Grund*) причи́на *ж;* ◇ **etw zum** ~ **nehmen** воспо́льзоваться чем-л
anlassen *unreg* **I.** *vt* ① (*Motor*) за|води́ть ‹-вести́›, запус|ка́ть ‹-ти́ть› ② (*Licht*) не выключа́ть ‹вы́ключить› ③ *FAM* (*Mantel*) не снима́ть, остава́ться в оде́жде **II.** *vr* ◇ **das lässt sich gut an** де́ло идёт на лад
Anlauf *m* ① SPORT диста́нция *ж* разбе́га ② *FIG* (*Versuch*) попы́тка *ж*
anlegen **I.** *vt* ① (*Garten*) разби|ва́ть, ‹-ва́ть, (*Archiv, Kartei*) со|ставля́ть ‹-ста́вить›, за|води́ть ‹-вести́› ② (*Geld, Kapital*) поме|ща́ть ‹-сти́ть› ③ (*anziehen*) наде‹ва́›ть ④ (*Gewehr*) вски́д|ывать ‹-нуть› ⑤ (*neben etw hinlegen*) присло|ни́ть ‹-ня́ть›, при|кла́дывать ‹-ложи́ть› **II.** *vi* ① (*im Hafen*) прича́лива|ва́ть, приста́‹ва́›ть ② *FAM* (*streiten*) ◇ **sich mit jd-m** ~ встyпа́ть в спор, тяга́ться с кем-л
anlehnen **I.** *vt* ① (*an Wand*) присло|ня́ть ‹-ни́ть› (*an akk* к чему́-л) ② (*Tür*) при|тво|ря́ть ‹-ри́ть› дверь **II.** *vr* ◇ **sich** ~ ① (*Halt suchen*) присло|ня́ться ‹-ни́ться› (*an akk* к кому́-чему́-л) ② *FIG* (*sich beziehen auf*) опира́ться ‹опере́ться› (*an akk* на что-л)
anleiten *vt* (*jd-n*) руководи́ть кем-л;
Anleitung *f* ① (*Reparatur*~) руково́дство *с*, указа́ние *с* по ремо́нту ② (*Instruktion*) руково́дство *с*, инстру́кция *ж*
anlernen *vt* обу|ча́ть ‹-чи́ть› кого́-л
Anliegen *n* ‹-s, -› зада́ча *ж*, де́ло *с*

anlügen unreg vt (anschwindeln) налга́ть сов кому́-л на кого́-л
anmachen vt ① (Licht) зажига́ть ‹-же́чь›; (Radio) включа́ть ‹-чи́ть› ② FAM (befestigen) прикрепля́ть ‹-пи́ть›, придѣ́л‹ыв›ать, прила́живать ‹-дить› (an dat к чему́-л) ③ (Salat) приправля́ть ‹-пра́вить›; (Mörtel) затворя́ть ‹-ри́ть› ④ FAM (anpöbeln) приста‹ва́›ть ⑤ FAM (Mann, Frau) насто́йчиво пыта́ться соблазни́ть
anmalen I. vt (Wand) ‹по›кра́сить, раскра́шивать ‹-сить› II. vr FAM (sich schminken) ◇ sich ~ накра́шиваться ‹-ситься›
anmaßend adj (überheblich) самонадѣ́янный, самоуве́ренный, дѣ́рзкий, надмѣ́нный
Anmeldeformular n бланк m для пропи́ски или заявле́ния
anmelden I. vt ① (Auto) заявля́ть ‹-вить›, ‹за›регистри́ровать; (in Schule, Universität) запи́сывать ‹-са́ть› ② (beim Arzt) запи́сываться ‹-са́ться› ③ (Anspruch) заявля́ть; ◇ Zweifel ~ выдвига́ть ‹вы́двинуть› сомне́ния II. vr ◇ sich ~ ① (sich ankündigen) сообща́ть ‹-щи́ть› о своём прибы́тии ② (registrieren lassen) запи́сываться, ‹за›регистри́роваться
anmerken vt ① (hinzufügen) заме́чать ‹-ме́тить› ② (anstreichen, markieren) отмеча́ть ‹-ме́тить›, ‹с-›де́лать отме́тку ③ (ansehen) ‹у›ви́деть что-л по кому́-л, заме́чать что-л за кем-л; ◇ man merkt es dir an, dass ... по тебе́ ви́дно, что ...
anmutig adj (graziös, voller Anmut) преле́стный, грацио́зный; (anziehend) привлека́тельный
annähernd I. adj (ungefähr) приблизи́тельный, примѣ́рный II. adv (etwa) приблизи́тельно, почти́, в о́бщих черта́х
Annäherung f ① (das Annähern) приближе́ние c, сближе́ние c (an akk к чему́-л, с кем-л) ② FIG (Angleichung) сближе́ние c, уподобле́ние c; ура́внивание c; **Annäherungsversuch** m попы́тка ж сближе́ния
Annahme f ‹-, -n› ① a. COMM (von Geschenk) приня́тие c; (von Kind) усыновле́ние c; SPORT приём m пода́чи ② (Vermutung, Voraussetzung) предположе́ние c, допуще́ние c, гипо́теза ж; ◇ in der ~, dass полага́я, что ③ (~stelle) приёмный пункт m; (Gepäck~) приём m
annehmbar adj приѣ́млемый, подходя́щий
annehmen unreg I. vt ① (entgegennehmen) принима́ть ‹-я́ть› ② (sich aneignen) усва́ивать ‹-во́ить› ③ (einen Jungen adoptieren) усыновля́ть ‹-ви́ть›;

(ein Mädchen ~) удоче‹ря́ть ‹-ри́ть› ④ (vermuten) предпола́гать ‹-ложи́ть›, полага́ть несов, ду́мать несов ⑤ (voraussetzen) ◇ als Grundsatz ~ принима́ть ‹-я́ть› в ка́честве при́нципа II. vr (sich kümmern) ◇ sich ~ ‹по›-заботиться (gen о ком-чём-л)
annoncieren vi (in Zeitung) помеща́ть ‹-сти́ть›, да‹ва́›ть объявле́ние в газе́те
Anorak m ‹-s, -s› спорти́вная ку́ртка ж с капюшо́ном
anordnen vt ① (bestimmen, festsetzen) предпи́сывать ‹-са́ть›, распоряжа́ться ‹-ди́ться› ② (ordnen) ◇ nach dem Alphabet ~ располага́ть в алфави́тном поря́дке; **Anordnung** f ① (Befehl) распоряже́ние c, приказа́ние c; (Erlass) постановле́ние c ② (Verteilung) расположе́ние c; (Reihenfolge) размеще́ние c
anpacken I. vt ① (anfassen) схва́тывать ‹-ти́ть›, хвата́ть несов ② (in Angriff nehmen) бра́ться за что-л, приступа́ть ‹-пи́ть› к чему́-л; ◇ wie soll ich das nur ~? как подойти́ к э́тому дѣ́лу? ③ FIG (behandeln) обходи́ться ‹обойти́сь› с кем-л II. vi (helfen) ◇ mit ~ всем вме́сте бра́ться
anpassen I. vt ① (passend machen) примеря́ть ‹-ме́рить›, прила́живать ‹-дить› (an akk к); (Kleid) примеря́ть ‹-ме́рить› ② FIG (in Einklang bringen) согласо́вывать ‹-ва́ть›, приводи́ть ‹-вес-ти́› в соотвѣ́тствие (dat что-л с чем-л) II. vr (sich fügen) ◇ sich ~ приспоса́бливаться ‹-со́биться›, подла́живаться ‹-диться› (dat к чему́-л)
Anpfiff m ① SPORT сигна́л m свистко́м к нача́лу состяза́ния ② FAM (Schelte, Zurechtweisung) вы́говор m, взбу́чка ж; ◇ e-n ~ kriegen получи́ть взбу́чку
Anprobe f примѣ́рка ж
anpumpen vt FAM (Geld leihen) занима́ть ‹-я́ть› дѣ́ньги
anrechnen vt ① (in Rechnung stellen) зачи́тывать ‹-че́сть›, ‹по›-ста́вить в счёт; COMM ◇ jd-m etw ~ зачи́тывать кому́-л что-л ② ◇ die U-Haft ~ заче́сть врѣ́мя нахожде́ния под слѣ́дствием ③ (Fehler) принима́ть ‹-я́ть› во внима́ние, уче́сть сов ④ ◇ jd-m etw hoch ~ ста́вить что-л кому́-л в заслу́гу
Anrecht n (Anspruch) пра́во c, притяза́ние c (auf akk на что-л)
anregen vt ① (vorschlagen) возбужда́ть ‹-ди́ть›, стимули́ровать несов и сов что-л ② (beleben) да‹ва́›ть толчо́к чему́-л ③ (begeistern, ermuntern) побужда́ть ‹-дить›, склоня́ть ‹-ни́ть› (zu к чему́-л)
Anreise f ① (Hinfahrt) путь m, пое́здка ж ② (Ankunft) прие́зд m, прибы́тие c
Anreiz m (Motivation) побужде́ние c, сти́мул m

anrempeln vt (jd-n) толк|а́ть ‹-ну́ть›, заде́|ва́|ть

anrichten vt ① (zubereiten) приго|тов-ля́ть ‹-то́вить›, за|правля́ть ‹-пра́вить› ② (Unheil) причин|я́ть ‹-ни́ть›, наде́-лать сов, натвори́ть сов

Anruf m (Telefon~) вы́зов m, телефо́н-ный звоно́к m; **anrufen** unreg vt (jd-n beim Namen rufen) оклика́ть ‹окли́к-нуть›; (telefonieren) звони́ть по теле-фо́ну кому́-л

anrühren vt ① (Teig, Mörtel) заме́|ши-вать ‹-ша́ть›; (Farbe) раз|води́ть ‹-ве-сти́› ② (berühren, anfassen) тро́|гать ‹-нуть›, при|каса́ться ‹-косну́ться›, при|тра́гиваться ‹-тро́нуться› ③ FIG ◊ **sie hat das Essen nicht angerührt** она́ не притро́нулась к еде́

ans = an das

Ansage f ① (beim Kartenspiel, Fernsehen) объявле́ние с ② (Diktat) дикто́вка ж

Ansammlung f ① (von Leuten) скоп-ле́ние с, сбо́рище с ② (Sammlung) нака́пливание с, накопле́ние с ③(An-häufung) накопле́ние с, скопле́ние с

Ansatz m ① (Ausgangspunkt) ◊ **guter ~** хоро́шее нача́ло с ② (Haar~) ко́рень m во́лоса ③ (Fett~) жировы́е отло-же́ния мн ④ MUS (am Anfang eines Stücks) ↑ **Mundstück** мундшту́к m ⑤ MATH (von Gleichung) составле́ние с уравне́ния

Anschaffung f приобрете́ние с, поку́п-ка ж

anschalten vt (einschalten) присоедин|-я́ть ‹-ни́ть›, подключа́ть ‹-чи́ть›

anschauen vt (ansehen) ‹по-›смотре́ть на кого́-л ◊ **sich** dat **ein Bild ~** рассма́-тривать карти́ну

anscheinend adj (offensichtlich) по-ви́-димому, ви́димо

Anschlag m ① (Attentat) нападе́ние с, покуше́ние с (auf akk на кого́-л) ② (In-formation) объявле́ние с, афи́ша ж ③ TECH (Hemmungsvorrichtung an Maschi-ne) упо́р m, упо́рный вы́ступ m; ◊ **bis zum ~ drehen** закры́ть до упо́ра ④ (am Klavier) уда́р m

anschleppen vt ① (Auto) подта́ски-вать ‹-щи́ть› ② FAM (mitbringen) прита́-скивать ‹-щи́ть›

anschließen unreg **I.** vt ① (Fahrrad) за|пира́ть ‹-пере́ть› ② ELECTR (Lei-tung) присоедин|я́ть ‹-ни́ть› ③ (Telefon) подключа́ть ‹-чи́ть›; (Sender) включа́ть ‹-чи́ть›, подключа́ть **II.** vi (nach etw kommen) ◊ [**sich**] **an etw** akk ~ прис-оедин|я́ться ‹-ни́ться› к кому́-чему́-л **III.** vr ◊ **sich ~** ① (beitreten) подде́рж|ива-вать ‹-жа́ть›, примыка́ть ‹-кну́ть›, сле́-довать несов (dat кого́-л, к кому́-л, за кем-л) ② (beipflichten) ◊ **sich jd-s Mei-nung ~** присоедини́ться к чьему́-л мне́нию, поддержа́ть чьё-л мне́ние;

anschließend I. adj (folgend) сле́ду-ющий, примыка́ющий **II.** adv по́сле, зате́м

Anschluss m ① ELECTR ме́сто с при-соедине́ния; (Strom~) подключе́ние с к исто́чнику то́ка ② (Wasser~) под-ключе́ние с к водопрово́ду ③ (Kon-takt) ◊ **~ finden** завяза́ть знако́мство, познако́миться сов ④ ◊ **im ~ an** akk вслед за чем-л, по оконча́нии чего́-л

anschnallen I. vt (festschnallen) при-стёгивать ‹-стегну́ть› **II.** vr (sich an-gurten) ◊ **sich ~** при|стёгиваться ‹-стегну́ться› ремня́ми

anschnauzen vt FAM (schimpfen) накри-ча́ть сов, наора́ть сов на кого́-л

anschneiden unreg vt (Kuchen, Brot etc.) надре́з|ыв|ать, отре́зать сов пе́рвый кусо́к; FIG (Thema) за|тра́гивать ‹-тро́-нуть›

Anschrift f (Adresse) а́дрес m

Anschwellung f MED (Geschwulst) при-пу́хлость ж, отёк m, набуха́ние с

anschwindeln vt (anlügen) обма́н|ывать ‹-ну́ть› кого́-л, наду́|ва́|ть кого́-л

ansehen unreg vt ① (anschauen, Stadt) ‹по-›смотре́ть, о|сма́тривать ‹-смо-тре́ть› ② FIG (beurteilen, betrachten) рас|сма́тривать ‹-смотре́ть›, счита́ть несов (als akk кем-чем-л как) ③ (anmer-ken) ◊ **jd-m etw ~** замеча́ть несов, ви́-деть что-л по кому́-л; ◊ **man sieht ihr an, dass** по ней ви́дно, что

ansetzen I. vt ① (Stück Stoff) над|ста-вля́ть ‹-ста́вить› ② (Becher an Mund) под|носи́ть ‹-нести́›; (Blasinstrument) при|ставля́ть ‹-ста́вить› ③ (Bowle) при|гота́вливать ‹-то́вить›, смеш|ива-вать ‹-ша́ть› ④ ◊ **Fett ~** ‹раз-›жире́ть, ‹по-›толсте́ть ⑤ (festlegen) уста|на́вли-вать ‹-нови́ть› **II.** vi приступа́ть ‹-пи́ть› (zu dat к чему́-л) **III.** vr (sich festsetzen) ◊ **sich ~** оса́ждаться несов, оседа́ть ‹осе́сть›

Ansicht f ① (Anblick von Stadt) вид m; (Panorama) панора́ма ж ② (Betrach-tung, Ware) рассмотре́ние с ③ (Meinung) взгляд m, мне́ние с; ◊ **meiner ~ nach** по моему́ мне́нию, по-мо́ему;

Ansichtssache f ◊ **das ist ~** э́то во-про́с взгля́дов, на э́то ка́ждый смо́трит по-сво́ему

ansiedeln vr ◊ **sich ~** посел|я́ться ‹-ли́ться›, станови́ться осёдлым;

Ansiedlung f (Vorgang) заселе́ние с

ansonsten adv в остально́м, впро́чем

anspannen vt ① (Pferd) за|пряга́ть ‹-пря́чь› ② (Muskeln) на|прягать ‹-пря́чь›; **Anspannung** f ① (Anstren-gung) напряже́ние с ② (Stress) напря-же́ние с, стресс m

Anspielung f (Andeutung) намёк m (auf akk на что-л)

Ansprache f речь ж, выступле́ние с
ansprechen unreg vt ① (jd-n) обра|ща́ться ‹-ти́ться› к кому́-л ② (zur Sprache bringen) заводи́ть ‹-вести́› речь о чём-л ③ FIG **das spricht mich an** э́то мне нра́вится ④ (reagieren) заго|ва́ривать ‹-вори́ть› (auf akk с кем-л о чём-л); **ansprechend** adj (gefällig, angenehm) прия́тный, привлека́тельный, симпати́чный

Anspruch m ① (Anrecht) прете́нзия ж; ◇ ~ **erheben auf etw** akk претендова́ть на что-л ② (Erwartung) тре́бование с, притяза́ние с; ◇ **hohe Ansprüche an jd-n/etw stellen** предъявля́ть высо́кие тре́бования к кому́-чему́-л ③ ◇ **etw nimmt viel Zeit an** ~ что-л тре́бует мно́го вре́мени; ◇ **in** ~ **genommen sein** быть сли́шком за́нятым [загру́женным] чем-л; ◇ **jd-n/etw in** ~ **nehmen** отнима́ть у кого́-л вре́мя; **anspruchslos** adj ① (Buch) без прете́нзий, непретенцио́зный ② (genügsam) скро́мный, неприхотли́вый ③ (nicht schwierig) нетре́бовательный; **anspruchsvoll** adj ① (Film) претенцио́зный, с прете́нзиями ② (wählerisch) разбо́рчивый, прихотли́вый

Anstalt f <-, -en> ① (öffentliche Einrichtung) учрежде́ние с, заведе́ние с ② ◇ ~en **machen, etw zu tun** де́лать необходи́мые приготовле́ния к чему́-л

Anstand m (gutes Benehmen) уме́ние с вести́ себя, (хоро́шие) мане́ры мн, прили́чие с; **anständig** adj ① (Charakter) прили́чный, поря́дочный; (Kleidung) подоба́ющий; (Preis) хоро́ший ② ◇ **sich** ~ **benehmen** вести́ себя благопристо́йно [прили́чно] ② FAM (reichlich, Trinkgeld) прили́чный, значи́тельный; **anstandslos** adv безогово́рочно, без возраже́ний; (unverzüglich) неме́дленно

anstänkern vt FAM приста|ва́‹-ть› к кому́-л
anstarren vt при́стально ‹по-›смотре́ть на кого́-что-л, вы́лупить cov глаза́ на кого́-что-л
anstatt I. präp gen (an Stelle von) вме́сто, взаме́н II. cj (statt) вме́сто того́, что́бы; ◇ ~ **etw zu tun** вме́сто того́, что́бы что-нибу́дь ‹с-›де́лать
anstauen vr (Wasser, Wut) ◇ **sich** ~ нако|пля́ться ‹-пи́ться›, соби‹ра›ра́ться
anstecken I. vt ① (befestigen) при|ка́лывать ‹-коло́ть›, пришпи́ли|ва‹ть ② (infizieren) зара|жа́ть ‹-зи́ть› ③ (anzünden) за|жига́ть ‹-же́чь›; (Haus) под|жига́ть ‹-же́чь›; (Pfeife) заку́ривать ‹-ри́ть› II. vr (sich infizieren) ◇ **sich** ~ зара|жа́ться ‹-зи́ться›; ◇ **er hat sich bei ihr angesteckt** он зарази́лся от неё III. vi FIG (sich übertragen) распростра|ня́ться ‹-ни́ться›, охва́тывать ‹-ти́ть›

ansteckend adj ① MED (Krankheit) зара́зный, инфекцио́нный ② FIG (Lachen) зарази́тельный; **Ansteckung** f зараже́ние с, инфе́кция ж
anstehen unreg vi ① (an Kasse) стоя́ть в о́череди ② (Arbeit) предстоя́ть несов; (Aussprache, Gespräch) быть назна́ченным
ansteigen unreg vi ① (Straße) под|нима́ться ‹-ня́ться› ② (Preise, Temperatur) ‹вы-›расти, поднима́ться ‹-ня́ться›
anstelle präp gen (anstatt) вме́сто кого́-чего́-л, за кого́-чего́-л
anstellen I. vt ① (Leiter) прислоня́ть ‹-ни́ть› (an akk к чему́) ② (einschalten) включ|а́ть ‹-чи́ть› ③ (Mitarbeiter) опреде|ля́ть ‹-ли́ть› на рабо́ту, зачисля́ть ‹-чи́слить› на слу́жбу ④ etw ~ устра́ивать ‹-стро́ить› ⑤ (machen, bewerkstelligen) ‹с-›де́лать, соверш|а́ть ‹-ши́ть›; ◇ **wie hat er das angestellt?** как он э́то сде́лал [осуществи́л]? II. vr ◇ **sich** ~ ① (in Warteschlange) станови́ться ‹стать› в о́чередь ② FAM (sich zieren) рисова́ться несов, жема́ниться несов; ◇ **stell' dich nicht so an** не прики́дывайся ③ ◇ **sich dumm** ~ прики́дываться ‹-нуться› дурако́м; **Anstellung** f ◇ **eine feste** ~ **haben** име́ть постоя́нное ме́сто с рабо́ты
Anstieg m <-[e]s, -e> (Steigung) a. FIG подъём м; (Anwachsen) рост м; (Vergrö́ßerung) увеличе́ние с
anstiften vt ① (Unheil) причи|ня́ть ‹-ни́ть›, ‹со-›твори́ть зло ② (verleiten) подстрека́ть ‹-ну́ть›; ◇ **jd-n zu etw** ~ скло|ня́ть кого́-л к чему́-л
anstimmen vt (Lied) запе|ва́‹-ть›, затя́гивать ‹-ну́ть›
Anstoß m ① (Impuls) и́мпульс м; (Anlass) по́вод м; ◇ ~ **nehmen an** etw dat быть шоки́рованным чем-л ② SPORT пе́рвый уда́р м ③ FIG (Anregung) побужде́ние с, по́вод м; **anstoßen** unreg I. vt (anschlagen) ударя́ться ‹уда́риться› (an dat обо что-л) II. vi ① (mit Gläsern) чо́к|аться ‹-нуться›, произ|носи́ть ‹-нести́› тост (auf akk за кого́-что-л) ② SPORT де́лать пе́рвый уда́р ③ (angrenzen) примыка́ть несов, грани́чить несов (an dat к чему́-л, с чем-л) ④ (mit Zunge) шепеля́вить несов
anstößig adj (Verhalten) неприли́чный, непристо́йный; (schlüpfrig) щекотли́вый, ско́льзкий; (zweideutig) двусмы́сленный
anstrahlen vt ① (mit Scheinwerfer) осве|ща́ть ‹-ти́ть›, озар|я́ть ‹-ри́ть› луча́ми ② (ansehen) ◇ **sie strahlte ihn an** она́ смотре́ла на него́ сия́ющими глаза́ми
anstreben vt (Erfolg) стреми́ться к чему́-л
anstreichen unreg vt ① (Wand) ‹по-›кра́сить ② (markieren, Fehler) от|меча́ть

‹ме́тить›; **Anstreicher(in** f) m ‹-s, -› маля́р м

anstrengen I. vr (sich bemühen) ◇ **sich ~** напряга́ться ‹-ну́ться›, де́лать уси́лия; ◇ **sich ~, etw zu tun** ‹по-›стара́ться что-л сде́лать **II.** vt **1** (beanspruchen) напряга́ть ‹-пря́чь› **2** JURA **einen Prozess ~** предъявля́ть ‹-ви́ть› иск; **anstrengend** adj (mühsam) утоми́тельный, напряжённый; **Anstrengung** f **1** (Mühe) уси́лие c, напряже́ние c, стара́ние c **2** (Strapaze) тя́готы мн, тру́дности мн

Anstrich m **1** (Farb~) окра́ска ж **2** FIG (Anschein, Äußeres) (вне́шний) вид м, ви́димость ж

Ansturm m (Angriff) налёт м (auf akk на кого́-что-л); (Andrang) на́тиск м, напо́р м

Antagonismus m антагони́зм м; **antagonistisch** adj антагонисти́ческий

antasten vt **1** (berühren) притра́гиваться ‹-тро́нуться› **2** (Freiheit) посяга́ть ‹-ну́ть› (на что-л); (Vorräte) тро́гать запа́сы

Anteil m **1** (Beteiligung) уча́стие c (an dat в чём-л) **2** (Interesse) интере́с м; (Mitgefühl) сочу́вствие c; ◇ **~ nehmen an** dat принима́ть уча́стие, проявля́ть интере́с; **Anteilnahme** f (Interesse) уча́стие c, интере́с м; (Mitgefühl) сочу́вствие c

Antenne f ‹-, -n› MEDIA анте́нна ж

Antibabypille f противозача́точная табле́тка ж; **Antibiotikum** n ‹-s, -ka› MED антибио́тик м; **Antiblockier-system** n AUTO (ABS) противоблоки́ровочный механи́зм м

antik adj **1** (Möbel) стари́нный **2** (aus Antike stammend) анти́чный, дре́вний; **Antike** f ‹-› анти́чность ж, дре́вний мир м

Antikörper m противоте́ло c, антите́ло c

Antilope f ‹-, -n› ZOOL антило́па ж

Antipathie f (Abneigung) антипа́тия ж, неприя́знь ж, отвраще́ние c

Antiquariat n антикварна́т м, магази́н м антиква́рных веще́й; **Antiquitäten** f pl стари́нные [антиква́рные] ве́щи мн

Antisemitismus m антисемити́зм м

Antrag m ‹-[e]s, -träge› **1** (Gesuch) предложе́ние c, хода́тайство c, заявле́ние c; ◇ **e-n ~ stellen** внести́ предложе́ние, пода́ть заявле́ние (auf etw о чём-л) **2** POL (Gesetzes~) законода́тельное предложе́ние c **3** JURA (Petition) проше́ние c, пети́ция ж, про́сьба ж

antreffen unreg vt (vorfinden) заста́‹ва́›ть, находи́ть ‹-йти́›

antreiben unreg vt **1** (Pferd etc.) поlгоня́ть ‹-гна́ть› **2** (jd-n zu Leistung) побужда́ть ‹-ди́ть›, заставля́ть ‹-ста́вить› **3** (Maschine, Motor) приводи́ть

‹-вести́› в движе́ние; (Fahrzeug) заводи́ть ‹-вести́› вручну́ю **4** (Strandgut) приlгоня́ть ‹-гна́ть›, приlноси́ть ‹-нести́› тече́нием

antreten unreg **I.** vt **1** (Tätigkeit) ◇ **e-e Stelle ~** приступа́ть ‹-пи́ть› к исполне́нию обя́занностей, вступа́ть ‹-пи́ть› в до́лжность **2** (beginnen) ◇ **e-e Reise ~** отlправля́ться ‹-пра́виться› в путь [путеше́ствие] **3** (Motorrad) заводи́ть ‹-вести́› **4** (Erbschaft) вступа́ть ‹-пи́ть› **II.** vi **1** (sich aufstellen) ‹по-›стро́иться, станови́ться ‹стать› в строй **2** SPORT ◇ **gegen jd-n ~** выступа́ть ‹вы́ступить› в соревнова́нии проти́в кого́-л

Antrieb m **1** TECH при́вод м, приводно́й механи́зм м; NAUT, AERO приведе́ние c в де́йствие **2** FIG (Motivation) побужде́ние c, сти́мул м, моти́в м; ◇ **aus eigenem ~** по со́бственной инициати́ве

antrinken unreg vt **1** ◇ **sich** dat **Mut ~** вы́пить для хра́брости; ◇ **angetrunken sein** подвыпить сов, захмеле́ть сов **2** (Flasche) поча́ть бутылку

Antritt m **1** (von Amt, Erbe) вступле́ние c **2** (von Reise) нача́ло c

antun unreg vt **1** (Schaden zufügen) ◇ **jd-m etw ~** причиня́ть ‹-ни́ть› зло кому́-л, обижа́ть ‹-би́деть› кого́-л; ◇ **sich** dat **etw ~** наложи́ть на себя́ ру́ки, соверши́ть самоуби́йство **2** (sie ist bezaubernd) ◇ **sie hat es mir angetan** она́ обворожи́ла меня́

Antwort f ‹-, -en› **1** (auf Frage) отве́т м; (auf Zuruf) о́тклик м (auf akk на что-л); ◇ **in ~ auf Ihr Schreiben** отвеча́я на Ва́ше письмо́ **2** (Auskunft, Bescheid) спра́вка, информа́ция ж **3** FIG (Reaktion) о́тклик м; **antworten** vi отвеча́ть ‹-ве́тить› (auf akk на что)

anvertrauen I. vt (Kind, Geheimnis) доверя́ть ‹-ве́рить›, вверя́ть несов **II.** vr (sich aussprechen) ◇ **sich jd-m ~** доlверя́ться ‹-ве́риться›, открыlва́ться кому́-л

anwachsen unreg vi **1** (Zahl, Lärm) возраlста́ть ‹-сти́›, увели́чиlва́ться **2** (Pflanze) пусlка́ть ‹-ти́ть› ко́рни

Anwalt m ‹-[e]s, -wälte›, **Anwältin** f **1** (Rechtsbeistand) адвока́т м, же́нщина--адвока́т ж **2** FIG (Fürsprecher/in) защи́тник м, защи́тница ж, побо́рник м, побо́рница ж; ◇ **sich zum ~ für etw machen** выступа́ть в защи́ту чего́-л, стать побо́рником чего́-л

Anwärter(in f) m (Kandidat/in) претенде́нт(ка ж) м

anweisen unreg vt **1** (Arbeiter, Schüler) наlставля́ть ‹-ста́вить›, обуlча́ть ‹-чи́ть› **2** (anordnen) прика́зывать ‹-за́ть›, поруlча́ть ‹-чи́ть›; ◇ **jd-n ~, etw zu tun** дава́ть поруче́ние, что-л сде́лать **3** (zuweisen, zeigen) предосталя́ть ‹-ста́вить›, выделя́ть ‹вы́делить› ④ (Geld) перево|ди́ть ‹-вести́› кому́-л де́ньги по по́чте; **Anweisung** f (Instruktion) указа́ние c, инстру́кция ж; (Anleitung) руково́дство c; (Zahlungs~) де́нежный перево́д м

anwendbar adj примени́мый, приго́дный (auf akk к чему́-л); **anwenden** vt ① (gebrauchen) приме|ня́ть ‹-ни́ть›; (Technik, Gerät) испо́льзовать несов и сов ② (Gesetz, Theorie) при|лага́ть ‹-ложи́ть› (auf akk к чему́-л); **Anwender(in** f) m ‹-s, -› по́льзовател(ница ж) м; **Anwenderprogramm** n PC програ́мма ж по́льзователя; **Anwendung** f ① (Gebrauch) примене́ние c, испо́льзование c ② (Übertragung) приложе́ние c; **Anwendungsgebiet** n о́бласть ж примене́ния

anwerben unreg vt ① (jd-n, für Arbeit) нан|има́ть ‹-я́ть› ② MIL наб|и́рать

anwerfen unreg vt TECH (Motor, Propeller) запус|ка́ть ‹-ти́ть›

anwesend adj (da, präsent, zugegen) прису́тствующий; ◇ **die A~en** (pl) прису́тствующие мн; **Anwesenheit** f (Gegenwart) прису́тствие c; ◇ **in ~ von** в прису́тствии кого́-л

anwidern vt (jd-n) вызыва́ть ‹вы́звать› отвраще́ние у кого́-л, быть проти́вным кому́-л

Anwohner(in f) m ‹-s, -› живу́щий(ая ж) м по сосе́дству

Anzahl f ‹-› коли́чество c, число́ c, чи́сленность ж(an dat чего́-л)

anzahlen vt (Ware) упла́|чивать ‹-ти́ть› пе́рвый взнос (в счёт чего́-л), да|ва́ть ‹-ва́ть› зада́ток; **Anzahlung** f зада́ток м

anzapfen vt ① (Fass) на|чина́ть ‹-ча́ть› ② ◇ **e-e Telefonleitung ~** подклю́|ча́ться ‹-ти́ться› к ка́белю ③ FAM (Geld borgen) «по́»|проси́ть у кого́-л де́нег

Anzeichen n (Hinweis) при́знак м, приме́та ж

Anzeige f ‹-, -n› ① (Annonce) объявле́ние c в газе́те ② (Reklame) объявле́ние c, рекла́ма ж ③ (Meldung) доно́с м, сообще́ние c; ◇ **~ gegen jd-n erstatten** де́лать заявле́ние c на кого́-л по по́воду ④ PC индика́ция ж; **anzeigen** vt ① (Diebstahl) зая|вля́ть ‹-ви́ть›, сооб|ща́ть ‹-щи́ть› о кра́же; (Person) до|носи́ть ‹-нести́› ② (Geschwindigkeit) ука́з|ывать ‹-за́ть›, пока́з|ывать ‹-за́ть› ③ (Verlobung) дать объявле́ние в газе́те; **Anzeigenteil** m отде́л м объявле́ний; **Anzeiger** m ‹-s, -› TECH отме́тчик м, индика́тор м

anziehen unreg vt. I. vt ① (Kleidung) оде|ва́ть ‹-ва́ть›, наде|ва́ть ‹-ва́ть› ② (Schraube) затя́гивать ‹-ну́ть›, зажи́м|а́ть; (Seil) натя́гивать ‹-ну́ть› ③ (Metall) притя́г|ивать ‹-ну́ть› ④ (Knie) подтя́гивать ‹-ну́ть› ⑤ FIG (anlocken) при|влека́ть

‹-вле́чь›, «за-»интересова́ть II. vi ① FIN (Preise, Kurse) под|нима́ться ‹-ня́ться›, расти́ несов III. vr◇ **sich ~** ① (sich ankleiden) оде́|ва́ться ‹-ться› ② FIG◇ **sich gegenseitig ~** притя́гивать друг дру́га; **anziehend** adj ① (Person, Sache) привлека́тельный, заманчивый, интере́сный ② (nett) ми́лый; **Anziehungskraft** f ① PHYS (Schwerkraft) си́ла ж притяже́ния ② FIG (Attraktivität) привлека́тельность ж

Anzug m ① (Hose und Jacke) костю́м м ② (das Herannahen) приближе́ние c; (Unwetter)◇ **im ~ sein** надвига́ться несов

anzüglich adj (Bemerkung) ко́лкий, язви́тельный; (zweideutig) двусмы́сленный; **Anzüglichkeit** f(Stichelei) ко́лкость ж; (Zweideutigkeit) двусмы́сленность ж

anzünden vt ① (Herd) за|та́пливать ‹-топи́ть›; (Feuer) разво|ди́ть ‹-вести́›; (Zigarette) за|жига́ть ‹-же́чь›, заку́р|ивать ‹-ри́ть› ② (Haus) под|жига́ть ‹-же́чь›

anzweifeln vt сомнева́ться в ком-чём-л, подверга́ть сомне́нию

apart adj (Erscheinung, Person) осо́бенный, необы́чный, изы́сканный

Apartheid f ‹-› (Rassentrennung) апарте́йд м

Apathie f(Teilnahmslosigkeit) апа́тия ж, безразли́чие c; **apathisch** adj апати́чный, безразли́чный

Apfel m ‹-s, Äpfel› я́блоко c; **Apfelmus** n я́блочное пюре́ c; **Apfelsine** f апельси́н м; **Apfelwein** m (Most) сидр м

Apostel m ‹-s, -› (Jünger Jesu) апо́стол м

Apostroph m ‹-s, -e› TYP апо́строф м

Apotheke f ‹-, -n› ① апте́ка ж ② (Reise-) дорожна́я апте́чка ж; **Apotheker(in** f) m ‹-s, -› апте́карь м, апте́карша ж

Apparat m ‹-[e]s, -e› ① (Foto~ etc.) аппара́т м; (Telefon~)◇ **bleiben Sie am ~** не отходи́те от телефо́на ② FIG (Verwaltungs~) администрати́вный аппара́т м

Appartement n ‹-s, -s› аппартаме́нт м

Appell m ‹-s, -e› ① FIG (Aufruf) призы́в м, обраще́ние c; ◇ **e-n ~ an jd-n richten** обрати́ться с призы́вом к кому́-л ② MIL (Wach~) построе́ние c карау́лов

appellieren vi апелли́ровать несов и сов, обра|ща́ться ‹-ти́ться› с призы́вом к кому́-чему́-л; ◇ **an jd-s Vernunft ~** взыва́ть к чьему́-л ра́зуму

Appetit m ‹-[e]s, -e› a. FIG аппети́т м; ◇ **~ auf etw akk haben** име́ть аппети́т [жела́ние, охо́ту] к чему́-л; ◇ **guten ~!** прия́тного аппети́та!; **appetitlich** adj ① (lecker) аппети́тный ② (verlockend aussehend) привлека́тельный; **Appetitlosigkeit** f отсу́тствие c аппети́та

applaudieren vi (*Beifall spenden*) ◇ **jd-m/e-r Sache** ~ аплоди́ровать [рукоплеска́ть] кому́/чему́-л; **Applaus** m ‹-es› (*Beifall*) аплодисме́нты мн, рукоплеска́ния мн

Aprikose f ‹-, -n› абрико́с m

April m ‹-[s], -e› апре́ль m; s. a. **Mai**.

Aprilscherz m первоапре́льская шу́тка ж; **Aprilwetter** n переме́нчивая пого́да ж

Aquaplaning n ‹-[s]› скольже́ние c (автомоби́ля) по мо́крой пове́рхности

Aquarell n ‹-s, -e› (*Bild*) акваре́ль ж

Aquarium n аква́риум m

Äquator m ‹-s› эква́тор m

Araber (in f) m ‹-s, -› ара́б(ка ж) m; **arabisch** adj ара́бский

Arbeit f ‹-, -en› **1** (*schwer, leicht*) труд m, рабо́та ж **2** (*Beruf*) заня́тие c, профессиона́льная де́ятельность ж **3** (*Anstrengung*) физи́ческий труд m **4** (*Werk*) де́ло c, произведе́ние c ‖ KUNST произведе́ние c **5** (*Schul~*) дома́шнее зада́ние c; (*Klassen~*) кла́ссная рабо́та ж; (*wissenschaftlich*) нау́чная рабо́та ж; **arbeiten** vi **1** (*beschäftigt sein*) рабо́тать, труди́ться (*bei dat* у кого́-чего́-л); ◇ **als Gärtner** ~ рабо́тать садо́вником **2** (*sich bemühen, anstrengen*) напряжённо рабо́тать, труди́ться вовсю́; ◇ **schwer** ~ занима́ться тяжёлым трудо́м; *FIG* ◇ **sich hoch** ~ пробива́ться вы́ше **3** (*Maschine*) быть на ходу́, функциони́ровать *несов*, де́йствовать *несов*; **Arbeiter** (in f) m ‹-s, -› рабо́чий m, рабо́тница ж; ◇ (**un**)**gelernter** ~ (не)квалифици́рованный рабо́чий m; **Arbeiterschaft** f (*Gesamtheit der Arbeiter*) рабо́чие мн; **Arbeitgeber** (in f) m ‹-s, -› работода́тель(ница ж) m; **Arbeitnehmer** (in f) m ‹-s, -› рабо́тающий(-ая ж) m по на́йму

Arbeitsamt n би́ржа ж труда́; **Arbeitsbeschaffungsmaßnahme** f (*ABM*) ме́ры мн по трудоустро́йству; **arbeitsfähig** adj трудоспосо́бный; **Arbeitsgemeinschaft** f кружо́к m; COMM, POL делово́е сотру́дничество c; **Arbeitskraft** f рабо́чая си́ла ж; **arbeitslos** adj (*ohne Arbeit*) безрабо́тный; ◇ **sich ~ melden** зарегистри́роваться на би́рже труда́; **Arbeitslosengeld** n посо́бие c по безрабо́тице; **Arbeitslosenhilfe** f по́мощь ж безрабо́тным; **Arbeitslosigkeit** f безрабо́тица ж; **Arbeitsplatz** m **1** (*Stelle*) рабо́чее ме́сто c, ◇ **gesicherter** ~ обеспе́ченная рабо́та ж **2** (*Arbeitsstätte*) ме́сто c рабо́ты; **Arbeitsspeicher** m РС операти́вная па́мять ж; **Arbeitssuche** f ◇ **auf ~ sein** иска́ть рабо́ту; **Arbeitstag** m рабо́чий день m; (*Werktag*) бу́дний день m; **Arbeitsteilung** f разделе́ние c труда́; **Arbeitstier** n FAM рабо́чая ло́шадь ж, работя́га

м/ж, "иша́к" m; **arbeitsunfähig** adj нетрудоспосо́бный; (*durch Behinderung*) нетрудоспосо́бный; **Arbeitsunfall** m несча́стный слу́чай m на произво́дстве; **Arbeitszeit** f рабо́чее вре́мя c, рабо́чие часы́ мн; ◇ **gleitende** ~ скользя́щий гра́фик m рабо́чего вре́мени

Archäologe m ‹-n, -n› архео́лог m; **Archäologin** f архео́лог-же́нщина ж; **Architekt** (in f) m ‹-en, -en› архите́ктор m; **Architektur** f архитекту́ра ж

Archiv n ‹-s, -e› архи́в m

arg I. adj **1** (*schlimm*) дурно́й, худо́й; (*stark*) о́чень си́льный **2** (*bösartig*) злой; (*gemein*) неисправи́мый II. adv (*sehr*) ◇ ~ **teuer** сли́шком до́рого; ◇ **jd-m** ~ **mitspielen** сыгра́ть с кем-л злую шу́тку

Argentinien n Аргенти́на ж

Ärger m ‹-s› **1** (*Zorn*) гнев m; (*Verdruss*) доса́да ж **2** (*Unannehmlichkeit*) неприя́тность ж, огорче́ние c; ◇ ~ **haben wegen/mit** име́ть мно́го неприя́тностей из-за/с; **ärgerlich** adj **1** (*verstimmt*) раздоса́дованный; (*zornig*) серди́тый, раздражённый **2** (*unerfreulich*) раздражи́тельный, оби́дчивый; **ärgern** I. vt **1** (*belästigen, nerven*) раздража́ть ‹-жи́ть› **2** (*wütend machen*) разозли́ть *сов*, выводи́ть ‹вы́вести› из себя́ **3** (*necken*) дразни́ть *несов*, доводи́ть ‹-вести́› кого́-л II. vr (*ärgerlich werden/sein*) ◇ **sich** ~ ‹рас›серди́ться, ‹разо›злйться, доса́довать *несов* (*über jd-n/etw* на кого́/что-л); **Ärgernis** n **1** (*Unannehmlichkeit*) неприя́тность ж, доса́да ж **2** (*Skandal*) возмуще́ние c

Argument n аргуме́нт m, до́вод m

Argwohn m ‹-[e]s› подозре́ние c, недове́рие c; ◇ ~ **gegen jd-n hegen** пита́ть недове́рие к кому́-л; **argwöhnisch** adj (*misstrauisch*) подозри́тельный, недове́рчивый

Arie f ‹-, -n› (*Lied*) а́рия ж

Aristokrat (in f) m ‹-en, -en› аристокра́т(ка ж) m; **Aristokratie** f аристокра́тия ж; **aristokratisch** adj аристократи́ческий

arm adj **1** (*mittellos*) бе́дный, нужда́ющийся, небога́тый **2** (*bedauernswert*) жа́лкий, убо́гий **3** (*spärlich, Vegetation*) ску́дный **4** ◇ ~ **an etw** dat **sein** быть бе́дным чем-л

Arm m ‹-[e]s, -e› **1** (*Körperteil*) рука́ ж; (*Fluss~*) рука́в m **2** TECH (*Hebel~*) плечо́ c рычага́ **3** (*Ärmel*) рука́в m

Armatur f TECH армату́ра ж, оснаще́ние c, обору́дование c; **Armaturenbrett** n AUTO пане́ль ж прибо́ров, прибо́рная доска́ ж

Armband n ‹-s, -bänder› брасле́т m; (*von ~uhr*) ремешо́к m; **Armbanduhr** f нару́чные часы́ мн

Arme(r) fm **1** (*Mittellose/r*) бедня́к m,

бедня́чка *ж* **2** (*Bedauernswerte/r*) несча́стный/-ая *ж* м

Armee *f* <-, -n> MIL а́рмия *ж*

Ärmel *m* <-s, -> (*von Kleidung*) рука́в *м*

ärmlich *adj* (*elend, armselig*) жа́лкий, убо́гий, бе́дный; (*dürftig*) ску́дный

armselig *adj* **1** (*Behausung*) убо́гий, жа́лкий **2** (*Leistung*) ску́дный, ми́зерный

Armut *f* <-> (*materiell, geistig*) бе́дность *ж*, нужда́ *ж*, убо́жество *с*

Aroma *n* <-s, -men> (*Geschmack, Duft*) арома́т *м*, благоуха́ние *с*; **aromatisch** *adj* арома́тный, благово́нный; (*würzig*) пря́ный

arrangieren I. *vt* (*organisieren*) устра́ивать <-ро́ить>, аранжи́ровать *несов и сов* **II.** *vr* (*sich einigen*) ◇ **sich** ~ ула́живать <-ди́ть> *с* кем-л

Arrest *m* <-[e]s, -e> JURA аре́ст *м*, заключе́ние *с* под стра́жу; (*Verhaftung*) заде́ржа́ние *с*; MIL аре́ст *м*

arrogant *adj* надме́нный, зано́счивый, высокоме́рный; **Arroganz** *f* надме́нность *ж*, зано́счивость *ж*, высокоме́рие *с*

Arsch *m* <-es, Ärsche> VULG **1** (*Hintern*) за́дница *ж*, зад *м*; ◇ **jd-m in den** ~ **kriechen** подли́зываться <-за́ться> *к* кому-л **2** FIG сво́лочь *ж/м*, скоти́на *ж/м*

Art *f* <-, -en> **1** (*Gattung*) вид *м*, род *м* **2** (*Sorte*) сорт *м*, поро́да *ж* **3** (*Wesen, Eigen~*) спо́соб *м*, мане́ра *ж*, пова́дки *мн*; ◇ **das ist so seine** ~ у него́ така́я мане́ра **4** (*Weise*) о́браз *м* де́йствий, спо́соб *м*; ◇ **auf diese** ~ **und Weise** таки́м о́бразом **5** (*Stil*) ◇ **nach** ~ **des Hauses** как при́нято в э́том до́ме

Arterie *f* арте́рия *ж*

artig *adj* (*brav*) послу́шный, воспи́танный, учти́вый, ве́жливый

Artikel *m* <-s, -> **1** (*Zeitungs~, Gesetzes~*) статья́ *ж* **2** GRAM арти́кль *м*; ◇ **der bestimmte** ~ определённый арти́кль *м* **3** (*Ware*) това́р *м*

artikulieren I. *vt* **1** (*Laute*) артикули́ровать *несов и сов*, членоразде́льно произноси́ть <-нести́> **2** (*formulieren*) <с>формули́ровать **II.** *vr* FIG (*sich ausdrücken*) ◇ **sich** ~ выска́зываться <вы́сказаться>

Artischocke *f* <-, -n> артишо́к *м*

Arznei *f* лека́рство *с*, медикаме́нт *м*

Arzt *m* <-es, Ärzte> врач *м*, до́ктор *м*; ◇ **praktischer** ~ врач широ́кого про́филя; **Ärztin** *f* же́нщина-врач *ж*; **ärztlich** *adj* враче́бный, медици́нский

Asbest *m* <-[e]s, -e> асбе́ст *м*

Asche *f* <-, -n> (*Holz~, Zigaretten~*) пе́пел *м*, зола́ *ж*; **Aschenbahn** *f* SPORT га́ревая доро́жка *ж*; **Aschenbecher** *m* пе́пельница *ж*; **Aschenbrödel** *n* <-s, -> Зо́лушка *ж*; **Aschermittwoch** *m* среда́ на пе́рвой неде́ле вели́кого поста́

Asiat(in *f*) *m* <-en, -en> азиа́т(ка *ж*) *м*; **asiatisch** *adj* азиа́тский; **Asien** *n* Азия *ж*; ◇ **in/nach** ~ в Азии/в Азию

asozial *adj* (*Verhalten*) антиобще́ственный, вре́дный обществу, асоциа́льный

Aspekt *m* <-[e]s, -e> (*Gesichtspunkt*) то́чка *ж* зре́ния, аспе́кт *м*; ◇ **unter diesem** ~ с э́той то́чки зре́ния, в тако́м аспе́кте

Asphalt *m* <-[e]s, -e> (*Teer*) асфа́льт *м*; **asphaltieren** *vt* (*Straße*) асфальти́ровать *несов и осв*, покры́ва́ть асфа́льтом

Ass *n* <-ses, -se> **1** (*Spielkarte*) туз *м* **2** FIG (*Könner*) ма́стер *м*, виртуо́з *м*

aß *impf v.* **essen**

Assembler *m* <-s, -> PC ассе́мблер *м*, компону́ющая програ́мма *ж*

Assistent(in *f*) *m* (*Helfer*) ассисте́нт(ка *ж*) *м*, помо́щник *м*, помо́щница *ж*

Assoziation *f* **1** (*Zusammenschluss*) ассоциа́ция *ж*, това́рищество *с*, сою́з *м* **2** (*Gedankenverknüpfung*) ассоциа́ция *ж*; **assoziieren** *vt* (*verknüpfen*) объединя́ть <-ни́ть>, соединя́ть <-ни́ть>, ассоции́ровать *несов и сов*

Ast *m* <-[e]s, Äste> сук *м*, ве́тка *ж*, ветвь *ж*

ästhetisch *adj* эстети́ческий

Asthma *n* <-s> MED а́стма *ж*; **Asthmatiker(in** *f*) *m* <-s, -> астма́тик *м*, страда́ющий(-ая *ж*) *м* одышкой

Astrologe *m* <-n, -n> астро́лог *м*, звездочёт *м*; **Astrologie** *f* астроло́гия *ж*; **Astrologin** *f* же́нщина-астро́лог *ж*

Astronaut(in *f*) *m* <-en, -en> (*Raumfahrer/in*) астрона́вт *м*, космона́вт *м*

Astronomie *f* (*Sternkunde*) астроно́мия *ж*; **astronomisch** *adj* а. FIG астрономи́ческий

ASU *f* <-, -s> *Akr. v.* **Abgassonderuntersuchung** AUTO *специальный контроль за уровнем выхлопных газов*

Asyl *n* <-s, -e> **1** (*politisch, wirtschaftlich*) убе́жище *с* **2** (*Unterschlupf, Heim*) прию́т *м*, ночле́жный дом *м*; (*Obdachlosen~*) ночле́жка *ж*; **Asylant(in** *f*) *m* (*Asylbewerber/in*) лицо́ *с*, претенду́ющее на предоставле́ние пра́ва на убе́жище; **Asylrecht** *n* пра́во *с* убе́жища

Atelier *n* <-s, -s> (*Maler~*) мастерска́я *ж*; (*Film~*) киносту́дия *ж*

Atem *m* <-s> дыха́ние *с*; (*Hauch*) дух *м*; ◇ ~ **holen** вздыха́ть <-дохну́ть>, перево-ди́ть <-вести́> дух; ◇ **außer** ~ задыха́ясь, тяжело́ дыша́; **atemberaubend** *adj* захва́тывающий дух; (*Schönheit*) обворожи́тельный; **atemlos** *adj* (*außer Atem*) запыха́вшийся, задыха́ющийся; **Atempause** *f* (*Ruhepause*) переды́шка *ж*

Atheismus *m* атеи́зм *м*, безбо́жие *с*;

Atheist(in f**)** m атеи́ст(ка ж) м, неве́рующий(-ая ж) м

Äther m <-s, -> ① (*Betäubungsmittel*) эфи́р м ② MEDIA эфи́р м; ◇ **durch den ~ schicken** вы́пустить в эфи́р

Äthiopien n Эфио́пия ж; ◇ **in/nach ~** в Эфио́пии/в Эфио́пию

Athlet(in f**)** m <-en, -en> (*Sportler/in*) атле́т м

Atlantik m <-s> Атла́нтика ж, Атланти́ческий океа́н м

Atlas m <- o. -ses, Atlanten> а́тлас м

atmen vt, vi дыша́ть несов; ◇ **durch die Nase ~** дыша́ть но́сом

Atmosphäre f <-, -n> ① PHYS (*Erd~*) атмосфе́ра ж ② FIG (*Stimmung*) атмосфе́ра ж, обстано́вка ж, дух м

Atmung f дыха́ние с

Atoll n <-s, -e> ато́лл м, кора́лловый о́стров м

Atom n <-s, -e> а́том м; **atomar** adj а́томный; **Atombombe** f а́томная бо́мба ж; **Atomenergie** f (*Kernenergie*) а́томная эне́ргия ж; **Atomkern** m а́томное ядро́ с; **Atomkraftwerk** n (*Kernkraftwerk*) а́томная электроста́нция ж; **Atomkrieg** m а́томная [я́дерная] война́ ж; **Atommacht** f я́дерная держа́ва ж; **Atommüll** m (*radioaktiver Abfall*) радиоакти́вные отхо́ды мн; **Atompilz** m ˮа́томный гриб̏ м, грибови́дное о́блако с; **Atomsperrvertrag** m POL догово́р м о нераспростране́нии я́дерного ору́жия; **Atomversuch** m испыта́ние с а́томного ору́жия; **Atomzeitalter** n а́томный век м

Attentat n <-[e]s, -e> (*Mordanschlag*) покуше́ние с (*auf akk* на кого́-л); **Attentäter(in** f**)** m соверши́вший(-ая ж) м покуше́ние, покуша́ющийся(-аяся ж) м

Attest n <-[e]s, -e> (*Bescheinigung*) удостовере́ние с, свиде́тельство с; **attestieren** vt (*bescheinigen*) <за->свиде́тельствовать, удостоверя́ть <-ве́рить>

Attraktion f (*Sensation*) эффе́ктный но́мер м

attraktiv adj ① (*schön, anziehend*) милови́дный, прия́тный ② (*interessant, Angebot*) привлека́тельный

Attrappe f <-, -n> (*Nachbildung*) бутафо́рия ж, маке́т м; (*Falle*) лову́шка ж, обма́н м

Attribut n <-[e]s, -e> ① (*kennzeichnendes Merkmal*) сво́йство с, при́знак м ② GRAM (*Beiwort*) определе́ние с

ätzen vi (*Säure*) <вы->трави́ть, вытра́вливать несов; **ätzend** adj ① (*scharf, beißend*) жгу́чий, е́дкий ② FAM (*nervig*) ску́чный, ужа́сный

auch cj ① (*gleichermaßen, ebenso*) та́кже, то́же, и; ◇ **~ nicht** то́же не; ◇ **sowohl ... als ~** и ... и ... ② (*sogar*) да́же; ◇ **~ der Reichste hat Probleme** да́же у

са́мого бога́того есть пробле́мы ④ (*wirklich*) действи́тельно, в са́мом де́ле; ◇ **ist das ~ wahr?** э́то действи́тельно так?

audiovisuell adj (*Hören und Sehen betreffend*) аудиовизуа́льный

auf I. präp akk/dat ① (*örtlich*) (*wohin?, akk*) на; ◇ **~ e-n Berg steigen** подня́ться на го́ру; (*wo?, dat*) в, на, за; ◇ **~ dem Land** в дере́вне; ◇ **~ dem Stuhl liegen** лежа́ть [находи́ться] на сту́ле; ◇ **~ der Bank/Post** в ба́нке/на по́чте; ◇ **~ der Hochzeit** на сва́дьбе; ◇ **~ der Straße** на у́лице; ◇ **~ der Welt** в ми́ре; ◇ **Schlag ~ Schlag** уда́р за уда́ром ② (*zeitlich, akk*) на; ◇ **~ 6 Monate** на 6 ме́сяцев; ◇ **wollen wir ~ ein Glas Wein weggehen?** не вы́пить ли нам по стака́ну вина́? ③ (*Art und Weise*) ◇ **einmal** внеза́пно; ◇ **etw ~ deutsch sagen** сказа́ть что-л по-неме́цки ④ (*Ziel*) ◇ **~ den Namen Viktor taufen** дать при креще́нии и́мя Ви́ктор; ◇ **~ der Suche nach** в по́исках чего́-л **II.** adv ① (*offen*) откры́тый; ◇ **die Tür ist ~** дверь откры́та ② ◇ **~ und ab gehen** ходи́ть вверх и вниз ③ (*los*) ◇ **~!** пойдём!

aufarbeiten vt ① (*Arbeit nachholen*) доде́л<ыв>ать рабо́ту ② (*Vergangenheit*) дать оце́нку про́шлому

aufatmen vi FIG (*erleichtert sein*) взды́ха́ть <-дохну́ть>

Aufbau¹ m <-[e]s> ① (*Wieder~*) строи́тельство с; TECH сбо́рка ж ② (*Gliederung*) строе́ние с, констру́кция ж, структу́ра ж ③ AUTO (*Karosserie*) ку́зов м

Aufbau² m <-[e]s, -ten> (*auf Haus*) надстро́йка ж

aufbauen I. vt ① (*errichten*) <по->стро́ить, сооружа́ть <-ди́ть>, возводи́ть <-вести́>; (*Zelt*) разби<ва́>ть ② (*Existenz*) созда<ва́>ть ③ (*gliedern*) подразделя́ть <-ли́ть> ④ (*managen*) ула́живать <-дить>, устра́ивать <-ро́ить> ⑤ (*trösten*) утеша́ть <уте́шить> **II.** vr ◇ **sich ~** ① (*sich postieren, hinstellen*) встаⱽ<ва́>ть (*vor dat* пе́ред кем-чем-л) ② (*basieren, sich gründen*) осно́вываться <-ва́ться> (*auf dat* на чём-л)

aufbauschen vt FIG (*übertreiben*) разду́<ва́>ть, преувели́чи<ва>ть

aufbekommen unreg vt ① (*Tür*) уме́ть откры́ть ② (*Hausaufgaben*) получа́ть <-чи́ть> дома́шнее зада́ние

aufbereiten vt (*Rohstoffe*) обога́ща́ть <-ти́ть>; (*Daten*) подгото́вля́ть <-то́вить>

aufbessern vt (*Gehalt*) улучша́ть <-лу́чшить>; (*Wissen*) повыша́ть <-вы́сить>

aufbewahren vt ① (*nicht wegwerfen*) сохраня́ть <-ни́ть> ② (*Gepäck*) храни́ть несов, име́ть на хране́нии; **Aufbewahrung** f хране́ние с; ◇ **jd-m etw**

zur ~ geben сдать кому́-л что-л на хране́ние
aufbieten *unreg vt* ① (*Kraft*) на|пряга́ть ‹-пря́чь› ② (*Truppen*) выставля́ть ‹вы́ставить›, призы|ва́ть
aufblasen *unreg* I. *vt* (*Luftballon*) наду|ва́ть, разду|ва́ть II. *vr FAM* (*sich wichtig machen*) ◇ **sich ~** пы́житься *несов*, ва́жничать *несов*
aufbleiben *unreg vi* ① (*Geschäft*) оста|ва́|ться откры́тым ② (*nicht schlafen gehen*) не ложи́ться спать, бо́дрствовать *несов*
aufblenden *vi* AUTO включ|а́ть ‹-и́ть› да́льний свет
aufblicken *vi a. FIG* (*aufschauen*) взгля|ну́ть вверх, под|нима́ть ‹-ня́ть› глаза́ [взгляд] (*zu dat* на кого́-что-л)
aufbrausen *vi FIG* (*wütend werden*) вспы́ли|ть *сов*, вски|па́ть ‹-пе́ть› (*гне́вом*)
aufbrechen *unreg* I. *vt* (*Schloss, Auto*) взл|а́мывать ‹-лома́ть›, откры|ва́ть си́лой II. *vi* ① (*sich auf den Weg machen*) от|правля́ться ‹-пра́виться› в путь ② (*Knospe*) распуск|а́ться ‹-ти́ться›
aufbringen *unreg vt* ① (*Geld*) доста|ва́|ть, мобилизова́ть *несов и сов* сре́дства; ◇ **Verständnis für etw ~** прояв|и́ть понима́ние чего́-л ② (*in Wut bringen*) восст|а́навливать ‹-нови́ть› кого́-л (*gegen akk* про́тив кого́-л)
Aufbruch *m* ① (*von Tür*) взлом *m* ② (*Weggehen*) отправле́ние *c* в доро́гу
aufbürden *vt a. FIG* (*auferlegen, Verantwortung*) ◇ **jd-m etw ~** взва́л|ивать ‹-ли́ть› что-л на кого́-л
aufdecken *vt* ① (*Spielkarte*) раскры|ва́ть ‹-ы́ть› (*ка́рты*) ② *FIG* (*Verbrechen*) раскры|ва́ть
aufdrängen I. *vt* (*aufnötigen*) навя́зы|вать ‹-за́ть› (*jd-m etw* кому́-л что-л) II. *vr* (*lästig werden*) ◇ **sich ~** на|пра́шиваться ‹-проси́ться›; ◇ **der Gedanke drängt sich mir auf** э́та мысль напра́шивается сама́ собо́й
aufdrehen I. *vt* (*Hahn*) от|вёртывать ‹-верну́ть›, откры|ва́ть ‹-ы́ть›; (*Wasser*) пуск|а́ть ‹-ти́ть›; (*Schraube, Verschluss*) от|вёртывать ‹-верну́ть›; (*Radio*) включ|и́ть приёмник на по́лную гро́мкость II. *vi* ① *FAM* (*beschleunigen*) дава́ть ‹да́ть› газ, наб|и|ра́ть ско́рость ② *FAM* (*lustig werden*) расходи́ться ‹разойти́сь›, ‹раз›весели́ться
aufdringlich *adj* (*Person*) навя́зчивый, назо́йливый; ◇ **~e Person** назо́йливая ли́чность
aufeinander *adv* ① (*liegen*) друг на дру́ге ② (*warten*) друг дру́га; (*schießen*) друг в дру́га; **aufeinander folgen** *vi* ◇ **direkt ~** сле́довать друг за дру́гом; **aufeinander legen** *vt* класть друг на дру́га, скла́дывать друг на дру́га; **aufeinander prallen** *vi* (*zusammenstoßen*)

ста́лкиваться ‹столкну́ться› друг с дру́гом
Aufenthalt *m* ① (*Bleiben*) пребыва́ние *c*, нахожде́ние *c* ② (*von Zug*) остано́вка *ж* ③ (*Aufenthaltsort*) местопребыва́ние *c*, местожи́тельство *c*; **Aufenthaltsgenehmigung** *f* вид *m* на жи́тельство
aufessen *unreg vt* съеда́ть ‹съесть›, доеда́ть ‹-е́сть›
auffahren *unreg* I. *vi* ① (*auf Auto*) нале|жа́ть ‹-е́хать› (*auf akk* на что-л) ② (*emporfahren*) под|нима́ться ‹-ня́ться› ввысь; ◇ **aus dem Schlaf ~** испуга́нно вскочи́ть со сна ③ (*erschreckt*) вск|а́кивать ‹-кочи́ть› ④ (*wütend werden*) вдруг разъя|ря́ться ‹-ри́ться› II. *vt* ① *FAM* (*Essen*) уго|ща́ть ‹-сти́ть› чем-л ② (*Geschütz*) выставля́ть ‹вы́ставить›
Auffahrt *f* ① (*Autobahn*) въезд *m*, подъ|е́зд *m* к чему́-л ② (*Rampe*) ра́мпа *ж*, въезд *m*
Auffahrunfall *m* нае́зд *m*
auffallen *unreg vi* (*Aufmerksamkeit erregen*) броса́ться ‹бро́ситься› в глаза́, обраща́ть на себя́ внима́ние; ◇ **mir ist aufgefallen, dass...** я заме́тил, что...;
auffallend I. *adj* броса́ющийся в глаза́, выделя́ющийся, необы́чный II. *adv* вызыва́юще, стра́нно
auffangen *unreg vt* ① (*Teller*) подхва́тывать ‹-ти́ть› при паде́нии; (*Ball*) лови́ть *несов* ② (*Wasser*) соб|и|ра́ть ③ (*aufschnappen, zufällig hören*) ула́вливать ‹-лови́ть› ④ (*mildern*) предотвра|ща́ть ‹-ти́ть›, приде́рживать ‹-жа́ть›
Auffanglager *n* (*für Asylanten, Flüchtlinge*) сбо́рный пункт *m*, ла́герь *m* бе́женцев [переселе́нцев]
auffassen *vt* ① (*verstehen, interpretieren*) пони|ма́ть ‹-я́ть›, восприн|има́ть ‹-я́ть› ② (*kapieren*) пони|ма́ть ‹-я́ть›, ‹ис›толкова́ть; **Auffassung** *f* ① (*Meinung*) мне́ние *c*, взгляд *m*, то́чка *ж* зре́ния; ◇ **meiner ~ nach** по моему́ мне́нию, по-мо́ему ② (*Auffassungsgabe*) сообрази́тельность *ж*, поня́тливость *ж*
auffordern *vt* ① (*verlangen*) пригла|ша́ть кого́-л на что-л, настоя́тельно проси́ть, вызыва́ть на соревнова́ние ② ◇ **jd-n zum Tanz ~** пригла|ша́ть ‹-си́ть› кого́-л на та́нец; **Aufforderung** *f* ① (*Ermahnung*) напомина́ние *c*, вы́зов *m* ② (*Bitte*) приглаше́ние *c*, про́сьба *ж*, тре́бование *c*
auffrischen I. *vt* (*Wissen*) по|полня́ть ‹-по́лнить›, обновля́ть ‹-ви́ть›; (*Farbe, Erinnerung*) осве|жа́ть ‹-жи́ть›, воскреш|а́ть ‹-си́ть› II. *vi* (*Wind*) по‹све›же́ть
aufführen I. *vt* ① (*im Theater*) ‹по›ста́вить, исп|олня́ть ‹-по́лнить› на сце́не ② (*auflisten*) приводи́ть ‹-вести́› (в спи́ске), нас|ы|ва́ть II. *vr* (*sich benehmen*) ◇ **sich ~** вести́ себя́, держа́ться *несов*;

Aufführung f (Theater~) постано́вка ж, исполне́ние c на сце́не

Aufgabe f ① (Verpflichtung, Arbeit) зада́ча ж ② SCH (schriftlich) зада́ние c, уро́к м; (mündlich) у́стное зада́ние c; (Haus~) дома́шнее зада́ние c ③ (Verzicht) отка́з м; (von Gewohnheit) оставле́ние c ④ (Gepäck~) сда́ча ж ⑤ (von Anzeige) пода́ча ж ⑥ (von Geschäft) закры́тие c

Aufgang m ① (Treppen~) подъём м, ле́стница ж ② (Sonnen~) восхо́д м

aufgeben unreg I. vt ① (aufhören, unterlassen) прекраща́ть ⟨-ти́ть⟩, отка́зываться ⟨-за́ться⟩ ② (Rätsel, Frage) зада́ва‌ть, зага́дывать ⟨-да́ть⟩ ③ (Gepäck) сда‌ва‌ть ④ SCH (anordnen) зада́ва‌ть уро́к ⑤ ◇ **eine Anzeige in der Zeitung** ~ да‌ва‌ть объявле́ние в газе́ту II. vi (nicht weitermachen) призна́ва‌ть потеря́нным, сда‌ва‌ться

aufgedreht adj FAM возбуждённый

aufgehen unreg vi ① (Tür) от‌кры́ва‌ться, раскры́ва‌ться; (Knospe) распуска́ться ⟨-ти́ться⟩ ② (Sonne) всходи́ть ⟨взойти́⟩ ③ ◇ **die Rechnung geht auf** счёт схо́дится ④ ◇ **mir geht ein Licht auf** меня́ осени́ло ⑤ (sich widmen, hingeben) ◇ **in e-r Arbeit** ~ с голово́й уйти́ в рабо́ту ⑥ ◇ **in Flammen** ~ сго‌ра́ть ⟨-ре́ть⟩

aufgeklärt adj просвещённый, осведомлённый

aufgelegt adj ① (gelaunt) ◇ **gut** ~ **sein** быть в хоро́шем настрое́нии ② ◇ **zu etw** ~ **sein** быть скло́нным [расположенным] к чему́-л

aufgeregt adj (nervös) взволно́ванный, возбуждённый

aufgeschlossen adj (tolerant) общи́тельный, отзы́вчивый, заинтересо́ванный

aufgreifen unreg vt ① (jd-n) схва́тывать ⟨-ти́ть⟩, заде́рживать ⟨-жа́ть⟩ ② FIG (Thema) подхва́тывать ⟨-ти́ть⟩

aufgrund präp gen (wegen) на основа́нии чего́-л

aufhaben unreg I. vt ① (Mütze, Hut) име́ть на себе́, име́ть надетым ② (Hausaufgaben) име́ть зада́ние II. vi (geöffnet haben) име́ть [быть] откры́тым

aufhalten unreg I. vt ① (Person) заде́рживать ⟨-жа́ть⟩, оста‌на́вливать ⟨-нови́ть⟩; (Fortschritt) сде́рживать ⟨-жа́ть⟩ ② (Tür) держа́ть откры́тым; (Augen) не смыка́ть глаз II. vr ◇ **sich** ~ ① (im Ausland) пребыва́ть несов, находи́ться; ◇ **sich lange** ~ заде́рживаться ⟨-жа́ться⟩ надо́лго ② (sich befassen) зани‌ма́ться ⟨-я́ться⟩ (mit чем-л)

aufhängen I. vt ① (Bild) ве́шать ⟨пове́сить⟩, подве́шивать ⟨-сить⟩; (Wäsche) разве́шивать ⟨-сить⟩ ② (Person) ве́шать, преда‌ва́ть смѐртной ка́зни

че́рез пове́шение II. vr (sich erhängen) ◇ **sich** ~ пове́ситься сов

Aufhänger m ⟨-s, -⟩ ① (an Jacke, Handtuch) ве́шалка ж ② FIG (Ereignis) по́вод м, удо́бный слу́чай м

aufheben unreg I. vt ① (vom Boden) подни‌ма́ть ⟨-ня́ть⟩ ② (Bestimmung) отменя́ть ⟨-ни́ть⟩, ликвиди́ровать несов и сов; (Urteil) отменя́ть ⟨-ни́ть⟩ ③ (Versammlung) закры́ва‌ть ④ FAM (aufbewahren) ⟨со-⟩храни́ть, ⟨с-⟩пря́тать II. vr (gleich null sein) ◇ **sich** ~ взаи́мно нейтрализова́ться; **Aufheben** n FIG (Wirbel) ◇ **viel ~[s] um etw machen** подни‌ма́ть мно́го шу́му вокру́г чего́-л

aufheitern I. vt (Person) развеселя́ть ⟨-ли́ть⟩ II. vr ◇ **sich** ~ ① (Miene) развеселя́ться ⟨-ли́ться⟩ ② (Wetter) проясня́ться ⟨-ни́ться⟩

aufhetzen vt (agitieren) подстрека́ть ⟨-ну́ть⟩, натра́вливать ⟨-ви́ть⟩ (gegen akk кого́-что-л на [про́тив] кого́-что-л

aufholen I. vt ① (einholen) до‌гоня́ть ⟨-гна́ть⟩, на‌гоня́ть ⟨-гна́ть⟩ II. vi (Abstand verringern) сокраща́ть ⟨-ти́ть⟩ диста́нцию

aufhorchen vi прислу́ш‌ивать‌ся; (Ohren spitzen) насто‌ра́живаться ⟨-рожи́ться⟩

aufhören vi ① (zu Ende gehen) прекраща́ться ⟨-ти́ться⟩, конча́ться ⟨ко́нчиться⟩ ② (nicht weitermachen) конча́ть; ◇ **mit etw** ~ прекраща́ть что-л

aufklären I. vt ① (Verbrechen) раскры́ва‌ть ② (informieren) просвеща́ть ⟨-ти́ть⟩ (über akk кого́-л относи́тельно чего́-л); (sexuell) разъясня́ть ⟨-ни́ть⟩ II. vr (Wetter) ◇ **sich** ~ проясня́ться ⟨-ни́ться⟩; **Aufklärung** f ① (Aufklären) разъясне́ние c; (sexuell) просвеще́ние c, информа́ция ж ② (Epoche) эпо́ха ж просвеще́ния

aufkleben vt накле́ и‌ва‌ть, налепля́ть ⟨-пи́ть⟩

aufkommen unreg vi ① (Mode) возни‌ка́ть ⟨-ни́кнуть⟩, появля́ться ⟨-ви́ться⟩ ② (Wind) подни‌ма́ться ⟨-ня́ться⟩ ③ (Gefühl) заро‌жда́ться ⟨-ди́ться⟩ ④ (bezahlen) ◇ **für jd-n/etw** ~ опла́чивать ⟨-ти́ть⟩, нести́ расхо́ды за кого́-что-л

aufladen unreg vt ① (Ware) нагру‌жа́ть ⟨-зи́ть⟩ ② (Batterie) заря‌жа́ть ⟨-ди́ть⟩

Auflage f ① (von Buch) изда́ние c; (von Zeitung) тира́ж м ② (Schreibtisch- etc.) подсти́лка ж ③ FIN (Steuer) нало́г м, сбор м ④ (Bedingung) обяза́тельное усло́вие c; ◇ **etw zur** ~ **machen** обяза́ть кого́-л сде́лать что-л

auflassen unreg vt ① (Fenster, Tür) оставля́ть ⟨-ста́вить⟩ откры́тым; (Mantel) не застёгивать ② (Mütze) не снима́ть

auflauern vi ◇ **jd-m** ~ подкарау́ли‌ва‌ть, подсте‌рега́ть ⟨-ре́чь⟩

Auflauf m ① GASTRON запека́нка ж

2 FIG (Menschen~) толпа́ ж, скопле́ние с

aufleben vi **1** (neu entflammen) ожи́в|ва́ть; (Streit) разгора́ться ‹-ре́ться› с но́вой си́лой **2** (wieder aktiv werden) ожив|вля́ться ‹-ви́ться›

auflegen vt **1** (Telefonhörer) положи́ть ‹класть›, ве́шать ‹пове́сить› **2** (verlegen, Buch) изда|ва́ть; ◇ neu ~ выпуска́ть ‹вы́пустить› но́вым изда́нием **3** COMM (Ware) выставля́ть ‹вы́ставить›, раскла́дывать ‹разложи́ть› **4** (Gedeck, Hand) пода́|ва́ть

auflehnen vr (Widerstand leisten) ◇ sich ~ сопротивля́ться несов, ‹вос-›проти́виться кому́-чему́-л

aufleuchten vi вс|пы́хивать ‹-пы́хнуть›

Auflistung f **1** (Liste) спи́сок м, пе́речень м **2** PC распеча́тка ж, печа́тание с

auflockern vt (Muskeln) a. FIG разрых|вля́ть ‹-ли́ть›

auflösen I. vt **1** (in Wasser) раствор|ля́ть ‹-ри́ть› **2** (Partei) распуска́ть ‹-ти́ть› **3** (Haushalt) ликвиди́ровать несов a сов **4** FIG (Geheimnis) откры́|ва́ть **II.** vr (Tablette, Partei) ◇ sich ~ раствор|ля́ться ‹-ри́ться›, рас|пада́ться ‹-па́сться›; **Auflösung** f **1** (von Partei, Versammlung) ро́спуск м; (Aufhebung) отме́на ж **2** (von Rätsel) разреше́ние с **3** (von Haushalt) ликвида́ция ж

aufmachen I. vt (öffnen) откры́|ва́ть, раскры́|ва́ть **II.** vr (starten, weggehen) ◇ sich ~ отправля́ться ‹-пра́виться› в доро́гу; **Aufmachung** f **1** (Kleidung) вне́шний вид м **2** (Gestaltung) оформле́ние с

aufmerksam adj **1** (konzentriert) внима́тельный **2** (zuvorkommend) предупреди́тельный, любе́зный **3** ◇ auf jdn auf etw akk ~ machen обраща́ть чьё-л внима́ние на что-л; **Aufmerksamkeit** f **1** (Konzentration) внима́ние с **2** (Höflichkeit) любе́зность ж, предупреди́тельность ж

aufmuntern vt **1** (ermuntern) ободр|я́ть ‹-дри́ть›, подб|а́дривать ‹-бодри́ть› **2** (fröhlich machen) ‹раз-›весели́ть

Aufnahme f ‹-, -n› **1** FOTO сни́мок м, фотогра́фия ж; (Film~) киносъёмка ж; (Ton~) звукоза́пись ж **2** (in Partei) приём м **3** (von Beziehungen) установле́ние с **4** (Notieren) протоколи́рование с **5** (Nahrungs~) приём м пи́щи **6** (von Kredit) получе́ние с **7** (Unterkunft) ◇ ~ gewähren да|ва́ть прию́т кому́-л; **Aufnahmeprüfung** f (für Schule, Uni etc.) вступи́тельные экза́мены мн; **aufnehmen** unreg vt **1** (Foto) снима́ть ‹снять›, ‹с-›фотографи́ровать; (Film, Musik) снима́ть ‹снять›, запи́с|ывать ‹-ать› **2** (Kontakt) уста|на́вливать ‹-нови́ть› **3**

(jd-n, in Partei) прин|има́ть ‹-я́ть› **4** (notieren) ‹за-› протоколи́ровать **5** (hochnehmen) под|нима́ть ‹-ня́ть› **6** (jd-n beherbergen) прию́ти́ть сов, да|ва́ть прию́т **7** ◇ es mit jd-m ~ können ме́ряться си́лами, тяга́ться с кем-л

aufpassen vi **1** (beaufsichtigen) присма́тривать ‹-смотре́ть› (auf akk за кем-л) **2** (aufmerksam sein) быть внима́тельным

Aufprall m ‹-s, -e› уда́р м, столкнове́ние с

Aufpreis m наце́нка ж

aufpumpen vt (Reifen) нака́чивать ‹-ча́ть›, наду́|ва́ть

aufraffen vr FAM (sich entschließen) ◇ sich ~ реш|а́ться ‹-и́ться› (zu на что-л)

aufräumen vt/vi (in Ordnung bringen) уб|ира́ть, на|води́ть ‹-вести́› поря́док

aufrecht adj **1** (stehend) прямо́й, верти-ка́льный **2** FIG (aufrichtig, ehrlich) че́стный, прямо́й, сме́лый, отва́жный; **aufrechterhalten** unreg vt **1** (Kontakt) подде́рживать ‹-жа́ть›, сохран|я́ть ‹-ни́ть› в си́ле

aufregen I. vt (jd-n) ‹вз-›волнова́ть **II.** vr (wütend sein) ◇ sich ~ ‹вз-›волнова́ться, возбу|жда́ться ‹-ди́ться› (über akk из-за чего́-л); **aufregend** adj **1** (spannend) волну́ющий, захва́тывающий **2** (attraktiv, Person) привлека́тельный, привлека́ющий внима́ние; **Aufregung** f волне́ние с, возбужде́ние с, беспоко́йство с

aufreibend adj (anstrengend) изнуря́ющий, изнури́тельный, тяжёлый

aufreißen unreg vt **1** (Pflaster) разры́|ва́ть **2** (Umschlag) вскры́|ва́ть письмо́; (Tür) откры́|ва́ть **2** FAM (Frau, Mann) подня́ть сидя́щего

aufrichtig adj и́скренний, прямо́й; **Aufrichtigkeit** f и́скренность ж

Aufruf m **1** (Appell) призы́в м, воззва́ние с, обраще́ние с; PC вы́зов м **2** (Vorladung) вы́зов м; **aufrufen** unreg vt **1** (Person) a. PC вызыва́ть ‹вы́звать›, де́лать перекли́чку **2** (appellieren, auffordern) обра|ща́ться ‹-ти́ться› с призы́вом (zu dat к кому́-л)

Aufruhr m ‹-[e]s, -e› (Unruhe, Aufstand) волне́ние с, возбужде́ние с, мяте́ж м, восста́ние с

Aufrüstung f ◇ atomare ~ я́дерное вооруже́ние с

aufs = auf das

aufsässig adj (frech) упря́мый, непослу́шный, стропти́вый

Aufsatz m ‹-es, -sätze› **1** (Schul~) сочине́ние с; (Zeitungsartikel) статья́ ж **2** (auf Schrank) верх м

aufsaugen vt **1** впи́тывать ‹-та́ть›, вса́сывать ‹всоса́ть› **2** FIG (Wissen, Information) ◇ etw in sich ~ поглоща́ть ‹-ти́ть›

aufschieben *unreg vt* ① (*Schiebetür*) ото|двига́ть ‹-дви́нуть›, откры|ва́ть ② (*Termin*) отсро́чи|ва́ть, ото|двига́ть ‹-дви́нуть›, от|кла́дывать ‹-ложи́ть›

Aufschlag *m* ① (*Preis~*) повыше́ние *c*, наце́нка *ж* ② (*Ärmel~*) обшла́г *м* ③ (*Aufprall*) уда́р *м* ④ SPORT пода́ча *ж*;

aufschlagen *unreg* I. *vt* ① (*Zeitung*) раскры|ва́ть ② (*Lager*) разби́|ва́ть ③ (*Knie*) разби́ть себе́ ④ SPORT пода|ва́ть II. *vi* ① (*aufprallen*) ударя́ться ‹уда́риться› (*auf* обо что-л) ② (*teurer werden*) взмётываться ‹взметну́ться› вверх ③ SPORT пода|ва́ть све́рху

aufschließen *unreg* I. *vt* (*Tür*) откры|ва́ть, от|пира́ть ‹-пере́ть› II. *vi* MIL (*aufrücken*) уменьша́ть ‹уме́ньшить› разры́в

Aufschluss *m* (*Einblick*) объясне́ние *с*, разъясне́ние *с*; ◇ **jd-m über etw** *akk* ~ **geben** разъясня́ть кому́-л что-л; **aufschlussreich** *adj* (*lehrreich*) показа́тельный, поучи́тельный

aufschnappen *vt* (*zufällig hören*) подслу́ш|ив›ать, случа́йно услы́шать

aufschneiden *unreg* I. *vt* ① (*Wurst, Brot*) наре́з|ывать ‹-зать› ② MED вскры́|ва́ть II. *vi* FAM (*angeben*) прив‹и›ра́ть;

Aufschnitt *m* (*Wurst~*) наре́занная колбаса́ *ж*

aufschrecken *unreg* I. *vt* (*erschrecken*) ‹ис-›пуга́ть, вспу́г|ивать ‹-ну́ть› II. *vi* (*erschreckt hochfahren*) ◇ **aus dem Schlaf** ~ внеза́пно очну́ться от сна

Aufschrei *m* (*vor Freude, Schmerz*) во́зглас *м*, вы́крик *м*

aufschreiben *unreg vt* ① (*notieren*) ‹на-›писа́ть, брать на заме́тку; ◇ **sich** *dat* **etw** ~ запи|са́ть себе́ что-л ② (*niederschreiben*) запи́с|ывать ‹-са́ть›

aufschreien *unreg vi* вскри́к|ивать ‹-нуть›, закрича́ть *сов*

Aufschrift *f* (*Beschriftung*) на́дпись *ж*, загла́вие *с*

Aufschub *m* (*Zahlungs~*) отсро́чка *ж*

Aufschwung *m* ① (*Auftrieb*) взлёт *м*, подъём *м*, поры́в *м* ② COMM подъём *м*, расцве́т *м* ③ SPORT подъём *м*

aufsehen *unreg vi* ① (*von Buch*) подни|ма́ть ‹-ня́ть› глаза́, взгляну́ть вверх ② FIG (*bewundern*) смотре́ть с уваже́нием [восхище́нием] (*zu jd-m* на кого́-л)

Aufsehen *n* ‹-s› (*große Beachtung*) всеобщее возбужде́ние *c*, сенса́ция *ж*; ◇ ~ **erregen** привлека́ть всеобщее внима́ние, производи́ть сенса́цию; ◇ ~ **erregend** привлека́ющий (всеобщее) внима́ние, сенсацио́нный

Aufseher(in *f) m* ‹-s, -› (*in Gefängnis, Museum*) надзира́тель(ница *ж*) *м*, смотри́тель(ница *ж*) *м*

aufsein *unreg vi* FAM ① (*geöffnet sein*) быть откры́тым [отво́ренным] ② (*wach sein*) бо́дрствовать *несов*, не спать

aufsetzen I. *vt* ① (*Hut, Brille*) наде‹ва́›ть ② (*Essen*) ‹по-›ста́вить на плиту́ ③ (*Brief*) со|ставля́ть ‹-ста́вить›, ‹на-›писа́ть II. *vi* (*landen, Flugzeug*) приземля́ться ‹-ли́ться› III. *vr* (*sich aufrichten*) ◇ **sich** ~ сади́ться ‹сесть›, приподни|ма́ться ‹-ня́ться› в посте́ли

Aufsicht *f* ① (*Überwachung*) надзо́р *м*, контро́ль *м* (*über akk* за чем-л) ② (*Wächter/in*) дежу́рный(-ая *ж*) *м*, сто́рож *м/ж*

aufsitzen *unreg vi* ① (*auf Pferd, Motorrad*) сади́ться ‹сесть› ② FAM (*hereinfallen*) оказа́ться в дурака́х, попа́сться на у́дочку; ◇ **e-m Irrtum** ~ впада́ть ‹впасть› в заблужде́ние

aufsperren *vt* ① (*aufschließen*) откры|ва́ть на́стежь ② (*Mund*) разева́ть ‹рази́нуть›; (*Augen*) выпу́чивать ‹вы́пучить›, вы́-тара́щить

aufspielen *vr* (*angeben, prahlen*) ◇ **sich** ~ выдава́ть ‹вы́дать› себя́ за кого́-л; (*wichtig tun*) ва́жничать *несов*

aufspringen *unreg vi* ① (*auf die Füße springen*) вска́кивать ‹-кочи́ть› ② (*auf Zug*) вска́кивать ‹-кочи́ть›, прыга́ть ‹-нуть› (*auf akk* в, на что-л) ③ (*Haut, Lippen*) ‹по-› тре́скаться ④ (*sich öffnen*) раскры|ва́ться, распа́хиваться ‹-пахну́ться›

Aufstand *m* (*Aufruhr*) восста́ние *c*, мяте́ж *м*

aufstehen *unreg vi* ① (*sich erheben*) вста|ва́›ть, подни|ма́ться ‹-ня́ться›; ◇ **früh** ~ ра́но встава́ть ② (*offen sein, Fenster*) быть откры́тым

aufsteigen *unreg vi* ① (*auf Berg*) подни|ма́ться ‹-ня́ться›; (*Motorrad*) сади́ться ‹сесть› ② (*in Beruf*) подни|ма́ться ‹-ня́ться› по слу́жбе ③ FIG (*Freude*) возника́ть ‹-ни́кнуть›, зарожда́ться ‹-ди́ться›; **Aufsteiger(in** *f) m* ‹-s, -› ① *nur m* SPORT кома́нда *ж*, переходя́щая в бо́лее высо́кий класс ② (*Person*) преуспева́ющий челове́к *м*

aufstellen I. *vt* ① (*hinstellen, platzieren*) ‹по-›ста́вить, уста́на|вливать ‹-нови́ть›; (*Möbel, Wachen*) расставля́ть ‹-ста́вить› ② (*Kandidaten*) выдвига́ть ‹вы́двинуть›, выставля́ть ‹вы́ставить› ③ (*Theorie*) выдвига́ть ‹вы́двинуть› ④ (*Rechnung*) со|ставля́ть ‹-ста́вить› ⑤ ◇ **einen Rekord** ~ уста́на|вливать ‹-нови́ть› реко́рд II. *vr* (*im Kreis*) ◇ **sich** ~ станови́ться ‹стать›; **Aufstellung** *f* ① (*von Gerüst*) монта́ж *м*, устано́вка *ж* ② (*von Theorie, Rekord*) выдвиже́ние *c*, установле́ние *c* ③ (*von Truppen*) формирова́ние *c*

Aufstieg *m* ‹-[e]s, -e› ① (*auf Berg*) подъём *м*, восхожде́ние *c* ② (*Karriere*) повыше́ние *c*, карье́ра *ж* ③ SPORT (*in Liste*) перехо́д *м* в бо́лее высо́кий класс

aufstoßen unreg I. vt (Tür) откры́|ва́ть, распа́х|ивать ‹-ну́ть› толчко́м II. vi (rülpsen) FAM (гро́мко) рыга́ть ‹-ну́ть›

Aufstrich m (Brot~) нама́зываемое с на хлеб

aufstützen I. vt (Arm) обло|ка́чиваться ‹-коти́ться› (auf akk на что-л) II. vr (sich lehnen) ◇ sich ~ опира́ться ‹опере́ться›, обло|ка́чиваться ‹-коти́ться› (auf akk на что-л)

aufsuchen vt (hingehen, Arzt) обра|ща́ться ‹-ти́ться› к врачу́; (Toilette) за|ходи́ть ‹-йти́›; (Freund) наве|ща́ть ‹-сти́ть›

auftakeln vr FAM (sich herausputzen) ◇ sich ~ наря|жа́ться ‹-ди́ться›, расфу-фы́риться сов

Auftakt m ① (Beginn) нача́ло с, ◇ festlicher ~ торже́ственное откры́тие с ② MUS вступле́ние с, зата́кт м

auftanken vt (tanken) за|правля́ть ‹-пра́вить› горю́чим

auftauchen vi ① (aus Wasser) вы-плыва́ть ‹вы́плыть›, вы́нырнуть сов; (U-Boot) всплы|ва́ть ‹-ть› ② (sichtbar werden) (внеза́пно) возни|ка́ть ‹-ни́кнуть›, пока́зываться ‹-за́ться› ③ FAM (wieder da sein) поя|вля́ться ‹-ви́ться› ④ FIG (Zweifel) возни|ка́ть ‹-ни́кнуть›

auftauen I. vt (Gefrorenes) отта́ивать ‹-ять› II. vi ① (tauen, Schnee) ‹рас-›та́ять ② FIG (Hemmungen verlieren) разгово-ри́ться сов, оживля́ться ‹-ви́ться›

aufteilen vt (Ration, Arbeit) ‹по-›дели́ть, распреде|ля́ть ‹-ли́ть›; (Platz) разби-ва́ть ‹-ть› на отде́льные уча́стки; **Auftei-lung** f разделе́ние с, распределе́ние с

auftischen vt ① (Essen) пода|ва́ть ‹-ть›, ‹по-›ста́вить на стол ② FIG (Neu-igkeiten) расска́зывать ‹-за́ть›

Auftrag m ‹-[e]s, -träge› ① (Arbeit) пору-че́ние с, зада́ние с ② COMM (Bestel-lung) ◇ e-n ~ erteilen сде́лать зака́з ③ (Weisung) указа́ние с, распоряже́ние с ④ (stellvertretend) ◇ im ~ по поруче́нию);

auftragen unreg I. vt ① (Essen) по-да́|ва́ть на стол ② (Lack, Creme) на-носи́ть ‹-нести́›, на|кла́дывать ‹-кла́сть› ③ (Auftrag geben) ◇ jd-m etw ~ поруча́ть что-л кому́-л II. vi (übertrei-ben) ◇ dick ~ переба́рщивать ‹-бор-щи́ть›, переги́ба́ть ‹-гну́ть›; **Auftrag-geber(in** f) m ‹-s, -› (Klient/in) a. COMM зака́зчик м, зака́зчица ж, лицо́ с, даю́щее поруче́ние; **Auftragsbestäti-gung** f COMM подтвержде́ние с по-луче́ния зака́за

auftreiben unreg vt FAM (finden, beschaf-fen) доста́|ва́ть, раздо́|бы|ва́ть

auftreten unreg vi ① (sich benehmen) держа́ться несов, вести́ себя́; (ener-gisch) де́йствовать реши́тельно ② (auf Boden) наступа́ть ‹-пи́ть› ③ (erschei-nen, Krankheit) возни|ка́ть ‹-ни́кнуть›,

поя|вля́ться ‹-ви́ться› ④ THEAT вы-ступа́ть ‹выступить›, выходи́ть ‹вы́й-ти› на сце́ну ⑤ JURA als Zeuge ~ вы-ступа́ть ‹выступить› в ка́честве свиде́-теля; **Auftreten** n ‹-s› ① (Benehmen) по-веде́ние с, мане́ра ж вести́ себя́ ② (Vorkommen) возникнове́ние с, появле́-ние с ③ (als Schauspieler) выступле́-ние с

Auftrieb m ① (Aufwind) подъёмная си́-ла ж ② FIG (Aufschwung) сти́мул м, и́мпульс м

Auftritt m ① THEAT выступле́ние с, вы́ход м на сце́ну ② PEJ (Szene) явле́-ние с, сце́на ж

aufwachen vi a. FIG пробу|жда́ться ‹-ди́ться›, про|сыпа́ться ‹-сну́ться›

aufwachsen unreg vi выраста́ть ‹вы́-расти›, под|раста́ть ‹-расти́›

Aufwand m ‹-[e]s› (Energie) затра́та ж; ◇ großen ~ betreiben де́лать больши́е [нену́жные] затра́ты; **aufwändig** adj (kostspielig) дорогосто́ящий

aufwärmen I. vt ① (Essen) подогре́|ва́ть, разогре́|ва́ть ② (alte Geschichten) помина́ть ста́рое II. vr SPORT ◇ sich ~ де́лать размя́нку

aufwarten vi ① (mit Essen) уго|ща́ть ‹-сти́ть› (jd-m кого́-л чем-л) ② FIG препод|носи́ть ‹-нести́› (mit etw кому́-л что-л)

aufwärts adv (nach oben) вверх, наве́рх; **aufwärts gehen** unreg vi FAM (beruflich, finanziell) ◇ es geht aufwärts mit ihm его́ дела́ иду́т в го́ру, он преуспева́ет

aufwecken vt (jd-n) ‹раз-›буди́ть кого́-л

aufweisen unreg vt (Mängel) проя|вля́ть ‹-ви́ть›, обнару́жи|ва́ть

aufwenden unreg vt (Geld, Energie) ‹за-, ис-›тра́тить; **aufwendig** = aufwändig

aufwerfen unreg vt ① (Frage, Problem) под|нима́ть ‹-ня́ть› ② (Tür) окры́|ва́ть ре́зким движе́нием ③ (Wall) на|сы-па́ть ‹-сы́пать›

aufwerten vt ① (Währung) по|выша́ть ‹-вы́сить› це́нность ② FIG (Person) по|выша́ть ‹-вы́сить› значе́ние кого́-л

aufwiegen unreg vt FIG (ausgleichen) уравнове́|шивать ‹-сить›

Aufwind m ① AERO, METEO восходя́-щий ве́тер м, возду́шный пото́к м ② FIG (Aufschwung) сти́мул м, поры́в м, подъём м

aufwirbeln vt вздыма́ть несов; FIG (Auf-sehen erregen) ◇ Staub ~ привлека́ть внима́ние

aufwischen vt (sauber machen) под|ти-ра́ть ‹-тере́ть›

aufzählen vt ① (Namen, Dinge etc.) пере-числя́ть ‹-чи́слить›

aufzeichnen vt ① (zeichnen) ‹на-›ри-сова́ть, ‹на-›черти́ть ② (notieren) за-пи́сывать ‹-са́ть›; (protokollieren) за-протоколи́ровать ③ (auf Tonband)

записа́ть на плёнку, сде́лать звукоза́пись; **Aufzeichnung** f ① (Notizen) заме́тки мн ② (Tonband~) звукоза́пись ж ③ MEDIA заме́тка ж, за́пись ж
aufziehen unreg vt ① (Uhr) заводи́ть ‹-вести́› ② (in die Höhe ziehen, Lasten) тяну́ть вверх, поднима́ть ‹-ня́ть› вверх; (Segel, Fahne, Vorhang) поднима́ть ‹-ня́ть› ③ FAM (necken) дразни́ть несов, подтру́нивать ‹-ни́ть› ④ (Kinder, Tiere) расти́ть несов, выра́щивать ‹вы́растить›, воспи́тывать ‹-та́ть› ⑥ (veranstalten) осуществля́ть ‹-ви́ть›, проводи́ть ‹-вести́›
Aufzug m ① (Fahrstuhl) лифт м, подъёмник м ② PEJ (Aufmachung, Kleidung) облаче́ние c, костю́м м, наря́д м ③ THEAT де́йствие c, акт м
aufzwingen unreg vt (aufnötigen) навя́зывать ‹-за́ть›(jd-m etw что-л кому́-л)
Auge n ‹-s, -n› ① (Sinnesorgan) глаз м; ◇ **beide ~n zudrücken** закрыва́ть глаза́ на что-л; ◇ **jd-m schöne ~n machen** стро́ить гла́зки кому́-л; ◇ **jd-n aus den ~n verlieren** упуска́ть ‹теря́ть› кого́-л из ви́ду; ◇ **unter vier ~n** с гла́зу на глаз, оди́н на оди́н ② (von Würfel) очко́ c ③(Fett~) блёстка ж жи́ра; **Augenarzt** m глазно́й врач м; **Augenärztin** f же́нщина-глазно́й врач м
Augenblick m (Moment) мгнове́ние c, моме́нт м; ◇ **im ~** в одно́ мгнове́ние; **augenblicklich** adj ① (sofort) мгнове́нный; (unverzüglich) неме́дленный ② (momentan) момента́льный
Augenwischerei f FIG (Selbsttäuschung) самообма́н м, самообольще́ние c;
Augenzeuge m, **Augenzeugin** f свиде́тель(ница ж) м
August m ‹-[e]s o. -, -e› а́вгуст м; s. a. **Mai**
Auktion f (Versteigerung) аукцио́н м
Aula f ‹-, Aulen o. -s› (Schul~) а́ктовый зал м
Aupairmädchen n де́вушка, кото́рая живёт и рабо́тает за грани́цей в како́й-либо семье́ с це́лью изучи́ть иностра́нный язы́к
Aura f ‹-, -ren› FIG (Ausstrahlung) а́ура ж
aus I. präp dat ① (von innen nach außen, räumlich) из; ◇ **~ dem Haus gehen** вы́йти из до́ма ② (von ... her, räumlich) из; ◇ **~ Spanien kommen** прие́хать из Испа́нии ③ (zeitlich) из; ◇ **ein Gemälde ~ dem 18. Jahrhundert** карти́на восемна́дцатого ве́ка ④ (Beschaffenheit) из; ◇ **~ Holz** из де́рева ⑤ (aufgrund, wegen) из-за; ◇ **~ Liebe** из любви́ II. adv ① (vorbei, zu Ende) ко́нчено!, коне́ц! ② (abgeschaltet) вы́ключено ③ ◇ **von sich ~** по свое́й инициати́ве ④ ◇ **auf etw** akk **~ sein** хоте́ть [доби́ться] чего́-л
Aus n ‹-› ① FIG (Ende) коне́ц м ② SPORT а́ут м, вне игры́

ausarbeiten vt (entwerfen, erarbeiten) разраба́тывать ‹-бо́тать›, выраба́тывать ‹вы́работать›
ausarten vi (aus dem Rahmen fallen) выходи́ть из ра́мок
ausbaden vt FAM (Dummheit) расхлёбывать ‹-хлеба́ть› что-л; (büßen) распла́чиваться ‹-ти́ться› за что-л
Ausbau m ‹-ten› ① (von Motor) разбо́рка ж, демонта́ж м ② (von Haus) достро́йка ж, расшире́ние c ③ (von Ideen etc.) разви́тие c; **ausbauen** vt ① (herausnehmen) снима́ть ‹снять›, разбира́ть ‹-обра́ть› ② (erweitern, Idee) разви‹ва́›ть; (Haus) достра́ивать ‹-стро́ить›, расширя́ть ‹-ши́рить› ③ (weiterführen, Projekt) ‹у-›соверше́нствовать, расширя́ть ‹-ши́рить›
ausbessern vt (Wäsche) ‹по-›чини́ть; (Text) поправля́ть ‹-пра́вить›; (Haus) ‹от-›ремонти́ровать; **Ausbesserungsarbeiten** f pl ремо́нтные рабо́ты мн
Ausbeute f (Profit) при́быль ж, дохо́д м, вы́года ж, по́льза ж; **ausbeuten** vt ① (Arbeiter, Sklaven) эксплуати́ровать несов ② (Bodenschätze) разраба́тывать ‹-бо́тать›, эксплуати́ровать
ausbezahlen vt (auszahlen) выпла́чивать ‹вы́платить› сполна́
ausbilden vt ① (Lehrling) обуча́ть ‹-чи́ть› ②(fördern, Können) разви‹ва́›ть; **Ausbildung** f (Schul-, Berufs~) обуче́ние c, профессиона́льная подгото́вка ж
ausbleiben unreg vi ① (nicht kommen) не приходи́ть ‹-йти́›, не явля́ться ‹яви́ться› ② (nicht eintreten, Ereignisse) не наступа́ть ‹-пи́ть› ③ ◇ **es bleibt nicht aus** без э́того не обойдётся
Ausblick m ① (Aussicht) вид м (auf akk на что-л) ② FIG (Perspektive) перспекти́ва ж, ви́ды мн
ausbrechen unreg I. vi ① (aus Gefängnis) бежа́ть несов, соверша́ть побе́г ② ◇ **in Freudengeschrei** ~ разрази́ться кри́ками ра́дости; ◇ **in Tränen** ~ распла́каться сов ③ (Krankheit) нача́ться сов, возника́ть ‹-ни́кнуть› ④ (Vulkan) нача́ть де́йствовать II. vt (herausbrechen) выла́мывать ‹вы́ломать›
ausbreiten I. vt ① (hinlegen) раскла́дывать ‹разложи́ть›; (Plan) разви‹ва́›ть; (Teppich) расстила́ть ‹разостла́ть› ② (Arme) распросте́реть ‹-стира́ть› II. vr ◇ **sich** ~ ① (Feuer) распространя́ться ‹-рани́ться› ② (Gebiet) простира́ться ③ FAM (etw ausführlich behandeln) распространя́ться ‹-рани́ться› (über akk о чём-л)
Ausbruch m ① (Gefängnis~) побе́г м ② (Gefühls~) вспы́шка ж ③ (Krankheits~) нача́ло c, внеза́пное возникнове́ние c ④ (Vulkan~) изверже́ние c
ausbrüten vi ① (Ei) вы́си‹живать ‹вы́-

сидеть 〈2〉 *FIG (Plan)* вына́шивать 〈вы́-носить〉, за́мышля́ть 〈-мы́слить〉
Ausdauer *f (Durchhaltevermögen)* вы́держка *ж*, выно́сливость *ж*; *(Geduld)* терпе́ние *с*; *(Beharrlichkeit)* упо́рство *с*
ausdehnen I. *vt* 〈1〉 *(vergrößern)* а. *FIG* растя́гивать 〈-ну́ть〉, расши́рять 〈-ши́рить〉; *(verlängern)* удлиня́ть 〈-ни́ть〉 〈2〉 *(Frist)* продлева́ть 〈-ли́ть〉 **II.** *vr (sich erstrecken)* ◇ **sich** – растя́гиваться 〈-ну́ться〉, расши́ряться 〈-ши́риться〉, затя́гиваться 〈-ну́ться〉
ausdenken *unreg vr (erfinden)* ◇ **sich auf etw ~** выду́мывать 〈вы́думать〉 что-л, приду́м〈ыв〉ать что-л, изы́мышля́ть 〈-мы́слить〉 что-л
ausdiskutieren *vt (Problem)* заверша́ть 〈-ши́ть〉 дискуссию, реша́ть 〈-ши́ть〉 путём дискуссии како́й-л вопро́с
Ausdruck *m (Gesichts~, Formulierung)* выраже́ние *с*; *(Äußerung)* проявле́ние *с*; ◇ **etw zum ~ bringen** выража́ть 〈вы́разить〉 что-л
Ausdruck *m* ‹-е› *(Computer~)* распеча́тка *ж*, печа́тные да́нные *мн*; **ausdrucken** *vt* РС ◇ **Daten** – распеча́т〈ыв〉ать да́нные
ausdrücken I. *vt* 〈1〉 *(Zitrone)* выжима́ть 〈вы́жать〉, выда́вливать 〈вы́давить〉 〈2〉 *(Zigarette)* «по-»гаси́ть, «по-»туши́ть 〈3〉 *(Gedanken, Beileid)* выража́ть 〈вы́разить〉 **II.** *vr (sprechen)* ◇ **sich** – выража́ться 〈вы́разиться〉; ◇ **sich gewählt** – изы́сканно выража́ться; **ausdrück-lich** *adj (nachdrücklich)* настоя́тельный, категори́ческий
ausdruckslos *adj (starr)* невырази́тельный, без выраже́ния; **Ausdrucks-weise** *f (Sprechweise)* мане́ра выража́ться, спо́соб *м* [фо́рма *ж*] выраже́ния, стиль *м*
auseinander *adv (getrennt)* врозь, далеко́ друг от дру́га; **auseinander gehen** *unreg vi* 〈1〉 *(sich trennen)* расходи́ться 〈разойти́сь〉 〈2〉 *(Meinungen)* различа́ться 〈-чи́ться〉 〈3〉 *(kaputtgehen)* распада́ться 〈-па́сться〉; *(verfallen)* расстра́иваться 〈-стро́иться〉 〈4〉 *FAM (dick werden)* 〈рас-〉полне́ть, разда〈ва́〉ться; **auseinander halten** *unreg vt FIG (unterscheiden)* разделя́ть 〈-ли́ть〉, различа́ть 〈-чи́ть〉; **auseinander setzen I.** *vt (Sachlage)* изла́га́ть 〈-ложи́ть〉, разъясня́ть 〈-ни́ть〉, объясня́ть 〈-ни́ть〉, растолко́вывать 〈-ва́ть〉 **II.** *vr (sich intensiv beschäftigen)* ◇ **sich** – глубоко́ вника́ть *(mit* во что)́; ◇ **sich mit einem Problem** – занима́ться пробле́мой; **Auseinandersetzung** *f (Streit)* спор *м*, столкнове́ние *с*; *(Diskussion)* дискуссия *ж*; *(Wortwechsel)* сты́чка *ж*
auserlesen *adj (Wein)* отбо́рный
ausfahren *unreg* **I.** *vi* 〈1〉 *(spazierenfahren)* выезжа́ть 〈вы́ехать〉 на прогу́лку 〈2〉

(Zug, Schiff) выходи́ть 〈вы́йти〉 〈3〉 *(Zeitungen, Brötchen)* развози́ть 〈-везти́〉 **II.** *vt* 〈1〉 *(jd-n spazierenfahren)* вывози́ть 〈вы́везти〉 на прогу́лку 〈2〉 *TECH (Fahrwerk)* выпуска́ть 〈вы́пустить〉 шасси́ 〈3〉 *(abnutzen, Weg)* разби〈ва́〉ть, разъе́здить доро́гу 〈4〉 *(Wagen)* выжима́ть 〈вы́жать〉 *(скорость)*
Ausfahrt *f* 〈1〉 *(Spazierfahrt)* вы́езд *м*, прогу́лка *ж* 〈2〉 *(Garagen~)* вы́езд *м*; ◇ **~ freihalten!** береги́сь автомоби́ля! ◇ *(von Zug etc.)* отправле́ние *с*
Ausfall *m* 〈1〉 *(von Sitzung)* про́пуск *м* 〈2〉 *(Produktions~)* поте́ри *ж мн*, у́быль *ж* 〈3〉 *(Haar~)* выпаде́ние *с* 〈4〉 *(Ergebnis)* результа́т *м*, исхо́д *м*; **ausfallen** *unreg vi* 〈1〉 *(Arbeiter)* недоста́вть *несов*, отсу́тствовать *несов* 〈2〉 *(Maschine, stillstehen)* отка́зывать 〈-за́ть〉, проста́ивать *несов*; ◇ **der Strom ist ausgefallen** прекрати́лась пода́ча электроэне́ргии 〈3〉 *(nicht stattfinden)* не состоя́ться, не быть 〈4〉 *(Zähne, Haare)* выпада́ть 〈вы́пасть〉 〈5〉 ◇ **ist deine Prüfung gut ausgefallen?** ты сдал экза́мен успе́шно?
ausfallend *adj (beleidigend)* гру́бый, агресси́вный
ausfertigen *vt (Urkunde)* соста́вля́ть 〈-ста́вить〉, офо́рмля́ть 〈-фо́рмить〉, выпи́сывать 〈вы́писать〉; **Ausfertigung** *f (Exemplar)* оригина́л *м*, экземпля́р *м*; ◇ **in dreifacher** – в трёх экземпля́рах
ausfindig *adj (finden)* ◇ **machen** разы́скивать 〈-ка́ть〉, на́ходи́ть 〈-йти́〉
ausfliegen *unreg* **I.** *vt (Personen, mit Flugzeug)* вылета́ть 〈вы́лететь〉 **II.** *vi FAM (nicht zu Hause)* ◇ **die ganze Familie war ausgeflogen** вся семья́ отсу́тствовала
ausflippen *vi FAM (vor Freude, Wut)* быть вне себя́
Ausflucht *f* ‹-, -flüchte› *(Ausrede)* уло́вка *ж*, уве́ртка *ж*, отгово́рка *ж*
Ausflug *m (Betriebs~)* экску́рсия *ж*, прогу́лка *ж*
Ausfluss *m* 〈1〉 *(von Flüssigkeit)* истече́ние *с*, вытека́ние *с*; *(Abfluss)* сток *м*, слив *м* 〈2〉 *MED* выделе́ние *с*
ausfragen *vt (gezielt fragen)* расспра́шивать 〈-спроси́ть〉, выспра́шивать 〈вы́спросить〉, выпы́тывать 〈вы́пытать〉
ausfransen *vi (Pullover)* обтрепа́ться *сов*; *(Hose)* теря́ть *несов* бахрому́
ausfressen *unreg vt FAM* ◇ **etw** – натвори́ть что-л
Ausfuhr *f* ‹-, -en› *(Export)* вы́воз *м*, э́кспорт *м*; **ausführen** *vt* 〈1〉 *(exportieren)* вывози́ть 〈вы́везти〉, экспорти́ровать *несов и сов* 〈2〉 *(verwirklichen)* выполня́ть 〈вы́полнить〉, исполня́ть 〈-по́лнить〉, осуществля́ть 〈-ви́ть〉 〈3〉 *(erklären)* излага́ть 〈-ложи́ть〉, заявля́ть 〈-ви́ть〉 〈4〉 *(Hund)* выводи́ть 〈вы́вести〉 гуля́ть

ausführlich adj (detailliert) подро́бный, дета́льный, обстоя́тельный

Ausführung f ① (Realisierung) осуществле́ние с, выполне́ние с, реализа́ция ж ② (von Thema) выступле́ние с, выска́зывание с ③ (Luxus~) оформле́ние с, исполне́ние с

ausfüllen vt ① (Formular) запо́лня́ть ‹-по́лнить› ② (befriedigen) удовлетворя́ть ‹-ри́ть›, доставля́ть удовлетворе́ние

Ausgabe f ① (von Waren) вы́дача ж, о́тпуск м ② (Gepäck~) вы́дача ж ③ (Aufwand) расхо́д м, тра́та ж ④ (von Buch, Zeitung) изда́ние с ⑤ PC выходно́е устро́йство с

Ausgang m ① (~stür) вы́ход м ② (von Spiel, Diskussion) оконча́ние с, коне́ц м; (von Verwicklungen) исхо́д м ③ (Ergebnis) результа́т м ④ (Ausgehen) вы́ход м; **Ausgangspunkt** m a. FIG исхо́дный пункт м, отправна́я то́чка ж, нача́ло с

ausgeben unreg I. vt ① (Geld) ‹из-›расхо́довать, ‹по-›тра́тить ② (verteilen) выдава́ть ‹вы́дать› ③ (spendieren) угоща́ть ‹-сти́ть› за свои́ де́ньги II. vr (vortäuschen, vorgeben) ◇ **sich für jd-n ~** выдава́ть ‹вы́дать› себя́ за кого́-л

ausgebucht adj (Hotel) по́лностью за́нятый; (Flug) по́лностью распро́данный; ◇ **die Vorstellung war ~** биле́ты на представле́ние бы́ли распро́даны

ausgebufft adj FAM (raffiniert, Betrüger) хи́трый, изощрённый

ausgedehnt adj ① (Raum) простра́нный, обши́рный ② (Spaziergang) продолжи́тельный, да́льний

ausgedient adj ◇ **~ haben** отслужи́вший (свой срок)

ausgefallen adj (ungewöhnlich) необыча́йный, исключи́тельный, неходово́й

ausgeglichen adj ① (Person) уравнове́шенный; (Verhältnis) ро́вный ② (Spiel) ро́вный; **Ausgeglichenheit** f (Ruhe) уравнове́шенность ж

ausgehen unreg vi ① (weggehen) выходи́ть ‹вы́йти›; (aufbrechen) отправля́ться ‹-пра́виться› гуля́ть/развлека́ться ② (Feuer, Licht) ‹по-›га́снуть, зату́ха́ть ‹-ту́хнуть› ③ (Haare) выпада́ть ‹вы́пасть› ④ (Ergebnis haben) ◇ **wie ist der Film/das Spiel ausgegangen?** чем зако́нчился фильм/зако́нчилась игра́? ⑤ (Geld) конча́ться ‹ко́нчиться› ⑥ (abstammen) исходи́ть несов; ◇ **von jd-m / etw ~** исходи́ть от кого́-л/из чего́-л

ausgelassen adj (fröhlich) весёлый, шаловли́вый, ре́звый

ausgelastet adj (voll beschäftigt) по́лностью за́нятый [загру́женный]

ausgelernt adj ◇ **~ haben** зако́нчивший

обуче́ние, получи́вший профессиона́льную подгото́вку

ausgemacht adj ① (vereinbart) ◇ **es war ~, dass ...** бы́ло решено́, что ... ② FAM (groß) ◇ **ein ~er Dummkopf** кру́глый [наби́тый] дура́к

ausgenommen I. cj (bis auf) кро́ме; ◇ **er isst alles, ~ Käse** он ест всё, кро́ме сы́ра II. präp akk (außer) за исключе́нием, исключа́я

ausgeprägt adj (Eigenschaft, Gesichtszüge) (я́рко) вы́раженный, запомина́ющийся

ausgerechnet adv (gerade) как раз, и́менно, как наро́чно; ◇ **~ er!** и́менно он!; ◇ **~ heute!** как наро́чно сего́дня!

ausgeschlossen adj (nicht möglich) исключённый

ausgesprochen I. adj (unverkennbar, klar) я́сно вы́раженный, я́вный, очеви́дный; (Lüge) я́вный, вопию́щий II. adv (sehr) о́чень, исключи́тельно; ◇ **jd-n ~ gern haben** о́чень симпатизи́ровать кому́-л, о́чень люби́ть кого́-л

ausgestorben adj ① (Pflanze) вы́мерший ② (menschenleer) бу́дто вы́мерший

ausgezeichnet adj (sehr gut) отли́чный, превосхо́дный

ausgiebig adj (reichlich) бога́тый, ще́дрый; (Essen) оби́льный, в большо́м коли́честве; (Gebrauch) широко́ испо́льзуемый

Ausgleich m ‹-[e]s, -e› ① (Konto~) опла́та ж ② (Entschädigung) возмеще́ние с, компенса́ция ж; ◇ **zum ~** в упла́ту ③ SPORT (Gleichstand) ра́вный счёт м; **ausgleichen** unreg I. vt ① (Mangel) исправля́ть ‹-пра́вить›; (Unterschied) ликвиди́ровать несов и сов ② (Meinungen) примиря́ть ‹-ри́ть›, догова́риваться ‹-вори́ться› ③ (Konto) упла́чивать ‹-ти́ть› счёт ③ SPORT (Spielstand) сра́внивать ‹-ня́ть› счёт II. vr (sich aufheben, Gegensätze) ◇ **sich ~** уравнове́шивать‹-ся›, приходи́ть в соотве́тствие

ausgraben unreg vt ① (antike Stadt) выка́пывать ‹вы́копать›, раска́пывать ‹-копа́ть› ② FIG (alte Mode) отка́пывать ‹-ка́пывать›, выта́скивать ‹вы́тащить› на свет бо́жий; **Ausgrabung** f (archäologisch) раско́пки мн

ausgrenzen vt (aus Gesellschaft) выделя́ть ‹вы́делить›, обособля́ть ‹-со́бить›

Ausguss m ① (Spüle) ра́ковина ж ② (Abfluss) слив м, сток м

aushalten unreg I. vt ① (ertragen) выноси́ть ‹вы́нести›; (Gewicht) выде́рживать ‹вы́держать› ② FAM (Geliebte/n) име́ть на содержа́нии II. vi (durchhalten) ‹про-›держа́ться

aushandeln vt (Bedingungen, Vertrag) выторго́вывать ‹вы́торговать›

aushändigen *vt* (*geben*) вручáть ⟨-чи́ть⟩, выдавáть ⟨вы́дать⟩ нá руки (*jd-m etw* что-л кому́-л)

Aushang *m* (*öffentlich*) объявлéние *с*, доскá *ж с* объявлéниями; **aushängen** *unreg* **I.** *vt* **①** (*Informationsblatt*) выве́шивать ⟨вы́весить⟩ **②** (*Tür*) снимáть ⟨снять⟩ с петéль **II.** *vi* (*am schwarzen Brett*) висéть на виду́, выве́шиваться ⟨вы́веситься⟩ на покáз, быть вы́вешенным **III.** *vr* (*Falten, in Kleidung*) ◇ **sich ~** отвисéться; **Aushängeschild** *n* (*Reklameschild*) вы́веска *ж*

aushecken *vt FAM* (*Plan*) вынáшивать ⟨вы́носить⟩, приду́мывать

aushelfen *unreg vi* помогáть ⟨-мо́чь⟩ в тру́дном положéнии, выручáть ⟨вы́ручить⟩ (*jd-m* кого́-л); **Aushilfskraft** *f* подсóбный рабóчий *м*, приходя́щая прислу́га *ж*; **aushilfsweise** *adv* ◇ **~ arbeiten** рабóтать врéменно

ausholen *vi* **①** (*zum Schlag*) замáхиваться ⟨-ну́ться⟩, размáхиваться ⟨-ну́ться⟩ **②** (*große Schritte machen*) разбегáться ⟨-жáться⟩ для прыжкá **③** *FIG* (*weitschweifig erklären*) ◇ **weit ~** начинáть заводи́ть речь издалекá

aushorchen *vt FAM* (*ausfragen*) (осторóжно) расспрáшивать ⟨-спроси́ть⟩ когó-л о чём-л

auskennen *unreg vr* ◇ **sich ~** **①** (*an e-m Ort*) хорошó ориенти́роваться в чём-л **②** (*Bescheid wissen*) хорошó разбирáться в чём-л

Ausklang *m* (*Ende*) окончáние *с*, конéц *м*, заключи́тельный момéнт *м*

ausklingen *unreg vi* **①** (*Ton*) отзвучáть, замирáть ⟨-мерéть⟩ **②** (*Fest, Jahr*) закáнчиваться ⟨-кóнчиться⟩, заверша́ться ⟨-ши́ться⟩

auskommen *unreg vi* **①** (*sich verstehen*) ⟨по-⟩лáдить, ужи́вáться⟩; ◇ **gut miteinander ~** находи́ть óбщий язы́к друг с дру́гом **②** (*mit Geld*) обходи́ться ⟨-ойти́сь⟩ чем-л, своди́ть ⟨свести́⟩ концы́ с концáми (*mit* чем-л, с); **Auskommen** *n* (*Lebensunterhalt*) ◇ **sein ~ haben** имéть дохóд, имéть срéдства к жи́зни

auskugeln *vt FAM* ◇ **sich** *dat* **den Arm ~** вы́вихнуть себé ру́ку

auskundschaften *vt* **①** (*Geheimnis*) разузнáвáть⟩, вывéдывать ⟨вы́ведать⟩ **②** (*Gelände*) развéдывать

Auskunft *f* ⟨-, -künfte⟩ **①** (*Information*) спрáвка *ж*, свéдения *мн*, информáция *ж*; ◇ **jd-m e-e ~ erteilen** давáть кому́-л спрáвку [информáцию] **②** (*Telefon~*) спрáвка *ж* по телефóну; (*Zug~, Schalter*) спрáвочное бюрó *с*

auslachen *vt* (*jd-n*) высмéивать ⟨вы́смеять⟩ когó-л

ausladen *unreg vt* **①** (*Fracht, Ladung*) выгружáть ⟨вы́грузить⟩, разгружáть

⟨-зи́ть⟩ **②** *FAM* (*Gäste*) отменя́ть ⟨-ни́ть⟩ приглашéние

ausladend *adj* (*Kinn*) выступáющий

Auslage *f* **①** (*Schaufenster~*) витри́на *ж* **②** (*von Waren*) вы́ставка *ж* **③** ◇ **~n** *pl* (*Kosten*) расхóды *мн*, издéржки *мн*

Ausland *n* заграни́ца *ж*; ◇ **im/ins ~** за грани́цей/за грани́цу; **Ausländer(in** *f*) *m* ⟨-s, -⟩ инострáнец *м*, инострáнка *ж*; **ausländerfeindlich** *adj* враждéбный по отношéнию к инострáнцам; **ausländisch** *adj* инострáнный, заграни́чный; **Auslandsaufenthalt** *m* пребывáние *с* за грани́цей; **Auslandsgespräch** *n* TELEC телефóнный разговóр *м* с заграни́цей; **Auslandsvertretung** *f* (*von Firma*) представи́тельство *с* за грани́цей, филиáл *м* фи́рмы за грани́цей

auslassen *unreg* **I.** *vt* **①** (*Buchstaben*) выпускáть ⟨вы́пустить⟩; (*jd-n übergehen*) пропускáть ⟨-ти́ть⟩; (*Chance*) упускáть ⟨-ти́ть⟩ когó-л **②** (*abfließen lassen*) выпускáть ⟨вы́пустить⟩ **③** ◇ **seine Wut an jd-m ~** срывáть ⟨сорвáть⟩ свою́ злóбу на ком-л **④** (*Licht*) оставля́ть ⟨-стáвить⟩ невключённым **⑤** (*Butter*) растáпливать ⟨топи́ть⟩ (*Fett*) вы́топить⟨ **II.** *vr* (*sich ausgiebig äußern*) ◇ **sich ~** распространя́ться ⟨-ни́ться⟩, выскáзываться ⟨-скáзаться⟩ (*über akk* о ком-чём-л); **Auslassungszeichen** *n* апóстроф *м*, знак *м* прóпуска

Auslauf *m* **①** (*für Tiere*) вы́гон *м*, пáстбище *с* **②** (*Wasser~*) вытекáние *с*, отвéрстие *с* для стóка

auslaufen *unreg vi* **①** (*undicht sein*) протекáть ⟨-тéчь⟩ **②** (*Flüssigkeit*) вытекáть ⟨вы́течь⟩ **③** (*Schiff, aus Hafen*) выходи́ть ⟨вы́йти⟩ в мóре, отплывáть ⟨-ы́ть⟩ **④** (*Amtszeit*) окáнчиваться ⟨-кóнчиться⟩; (*Frist*) истекáть ⟨-тéчь⟩, кончáться ⟨кóнчиться⟩

Ausläufer *m* (*Gebirgs~*) отрóг *м*

ausleben *vr* ◇ **sich ~** наслажда́ться ⟨-ди́ться⟩ жи́знью

ausleeren *vt* (*entleeren*) опоражнивать ⟨-рожни́ть⟩, очищáть ⟨-чи́стить⟩; (*austrinken*) выпивáть ⟨вы́пить⟩ (до дна)

auslegen *vt* **①** (*Teppich*) выстилáть ⟨вы́стлать⟩, устилáть **②** (*Waren*) расклáдывать ⟨разложи́ть⟩, выклáдывать ⟨вы́ложить⟩ **③** (*Geld*) давáть в-ть взаймы́ **④** (*Text, Äußerung*) истолкóвывать ⟨-вáть⟩, интерпрети́ровать *несов и сов*; **Auslegung** *f* **①** (*Interpretation, Deutung*) толковáние *с*, интерпретáция *ж* **②** (*Erklärung*) коммента́рий *м*, заявлéние *с*

Ausleihe *f* ⟨-, -n⟩ **①** (*das Ausleihen*) прокáт *м*, вы́дача *ж* напрокáт **②** (*Stelle*) пункт *м* прокáта; **ausleihen** *unreg vt* **①** (*Geld*) давáть взаймы́; ◇ **jd-m etw ~** давáть кому́-л что-л во врéменное по́льзование ② (leihen) ◇ **sich** dat **etw von jd-m** ~ брать у кого́-л напрока́т

auslernen vi ① (Lehrling) изучи́ть сов, осво́ить сов профе́ссию, научи́ться ремеслу́ ② FIG ◇ **man lernt nie aus** век живи́, век учи́сь

Auslese f ① (Auswahl) отбо́р м, вы́бор м ② (Elite) отбо́рные си́лы мн, эли́та ж, цвет м ③ (Wein) отбо́рное [коллекцио́нное] вино́ c; **auslesen** unreg vt ① (auswählen) отбира́ть ‹-обра́ть›, выбира́ть ‹вы́брать›; (sortieren) ‹рас›сортирова́ть, перебі‹и›ра́ть ② (Buch) дочи́тывать ‹-та́ть› до конца́

ausliefern I. vt ① (Flüchtling) выдава́ть ‹вы́дать›, переда‹ва́›ть (an akk кому́-л) ② COMM (Waren) по‹став›ля́ть ‹-ста́вить› ③ (preisgegeben sein) ◇ **jd-m/e-r Sache ausgeliefert sein** принадлежа́ть по́лностью кому́/чему́-л

auslöschen vt ① (Licht, Kerze) ‹по›гаси́ть, ‹по›тушить ② (Tierart, Volk) уничтожа́ть ‹-то́жить›, стира́ть ‹стере́ть› с лица́ земли́; FIG (Erinnerung) изгла́живать ‹-дить›

auslosen vt ① (durch Los bestimmen) разы́грывать ‹-гра́ть› по жре́бию ② (Gewinner) реша́ть ‹-ши́ть›, определя́ть ‹-ли́ть› жеребьёвкой

auslösen vt ① (Mechanismus, Alarm) запуска́ть ‹-ти́ть› ② (Reaktion) вызыва́ть ‹вы́звать›, ‹по›служи́ть причи́ной чего́-л; **Auslöser** m ‹-s, -› ① FOTO пускова́я кно́пка ж ② FIG (Anlass, Reiz) по́вод м, раздражи́тель м, возбуди́тель м

ausmachen vt ① (ausschalten) выключа́ть ‹вы́ключить› ② (Termin) до‹гова›риваться ‹-вори́ться›, усло́вливаться ‹-виться› ③ (betragen) со‹став›ля́ть ‹-ста́вить› ④ (entdecken) замеча́ть ‹-ме́тить› ⑤ (stören) ◇ **das macht mir nichts aus** э́то для меня́ ничего́ не зна́чит, мне э́то не тру́дно

ausmalen vt ① (Bild) раскра́шивать ‹-сить› ② FIG (vorstellen) ◇ **sich** dat **etw** ~ представля́ть себе́ что-л, рисова́ть себе́ что-л

Ausmaß n ① (von Gebiet) разме́р м ② FIG (von Katastrophe) масшта́бы мн

ausmessen unreg vt (messen) вымеря́ть ‹вы́мерить›, из‹меря́›ть ‹-ме́рить›

ausmisten vt, vi ① (Stall) очища́ть ‹-чи́стить› (от наво́за) ② FAM (aufräumen) наⅼводи́ть ‹-вести́› поря́док в чём-л

Ausnahme f ‹-, -n› исключе́ние c; **Ausnahmezustand** m POL чрезвыча́йное положе́ние c; **ausnahmslos** adv без исключе́ния; **ausnahmsweise** adv в ви́де исключе́ния

ausnehmen unreg vt ① (Tier) ‹вы́›потроши́ть; (Nest) разоря́ть ‹-ри́ть› ② (nicht berücksichtigen) исключа́ть ‹-чи́ть› ③ FAM (berauben) обира́ть ‹обобра́ть›

ausnehmend adv (sehr, besonders) о́чень, весьма́, исключи́тельно

ausnützen vt ① (nutzen) испо́льзовать несов и сов ② (Gebrauch machen von) ‹вос›по́льзоваться чем-л ③ (Person) эксплуати́ровать несов кого́-л; ◇ **jd-s Gutmütigkeit** ~ злоупотребля́ть чьей-л доброто́й

auspacken vt ① (Koffer) распако́вывать ‹-ва́ть› ② FAM (Geheimnis verraten) расска́зывать ‹-за́ть›, выкла́дывать ‹вы́ложить›

auspfeifen unreg vt (Schauspieler) осви́стывать ‹-ста́ть›

ausplaudern vt (Geheimnis) выба́лтывать ‹вы́болтать›, разба́лтывать ‹-болта́ть›

ausprobieren vt ① (versuchen) ‹по›про́бовать, испро́бовать сов ② (prüfen, testen) испы́тывать ‹-та́ть›

Auspuff m ‹-[e]s, -e› AUTO выхлопна́я труба́ ж; **Auspuffgase** n pl выхлопны́е га́зы мн

ausradieren vt ① (Zeichnung) стира́ть ‹стере́ть› рези́нкой ② FIG (vernichten, töten) уничтожа́ть ‹-то́жить›, стере́ть ‹стира́ть› с лица́ земли́

ausrangieren vt FAM (wegwerfen) выки́дывать ‹вы́кинуть› что-л нену́жное, выбра́сывать ‹вы́бросить›

ausrasten vi ① (aus Halterung springen) освобо‹жда́›ться ‹-ди́ться› от фикса́тора ② FAM (Nerven verlieren) выходи́ть ‹вы́йти› из себя́, теря́ть не́рвы

ausrauben vt (jd-n) ‹о›гра́бить, разгробля́ть ‹-гра́бить›

ausräumen vt ① (Schrank, Wohnung) опорожня́ть ‹-ни́ть›, освобожда́ть ‹-ди́ть› ② FIG (beseitigen) устраня́ть ‹-ни́ть›

ausrechnen vt (Summe) вычисля́ть ‹вы́числить›, высчи́тывать ‹вы́считать›; ◇ **sich** dat **Chancen** ~ взве́сить свои́ возмо́жности

Ausrede f (Entschuldigung) отгово́рка ж, уве́ртка ж, предло́г м; ◇ **faule ~n** пусты́е отгово́рки мн

ausreden I. vi (zu Ende reden) выска́зывать ‹вы́сказать› до конца́; ◇ **jd-n** ~ **lassen** дать договори́ть до конца́, не переби‹ва́›ть кого́-л II. vt (von etw abbringen) ◇ **jd-m etw** ~ разубежда́ть ‹-ди́ть› в чём-л кого́-л

ausreichend adj ① (genug) доста́точный, удовлетвори́тельный ② SCH (Note 4) отме́тка ж 2

Ausreise f отъе́зд м, вы́езд м (за грани́цу); **Ausreiseerlaubnis** f разреше́ние c на вы́езд; **ausreisen** vi (Land verlassen) уезжа́ть ‹-е́хать›, отъезжа́ть ‹-е́хать›, выезжа́ть ‹вы́ехать›

ausreißen unreg I. vt (Gras, Haare) вырыва́ть ‹вы́рвать›, выдёргивать ‹вы́дернуть› II. vi 1 (Stoff) ‹по›рва́ться, разорва́ться cov 2 FAM (weglaufen) уд‹и›ра́ть

ausrenken vt ◇ sich dat etw ~ вы́вихнуть cov себе́ что-л

ausrichten vt 1 (Gruß, Botschaft) переда́‹ва́›ть 2 (erreichen, bewirken) доби́‹ва́›ться 3 (Fest) справля́ть ‹спра́вить›, устра́ивать ‹-стро́ить›

ausrotten vt (vernichten) уничтожа́ть ‹-то́жить›, истребля́ть ‹-би́ть›

ausrücken vi 1 (Feuerwehr) соб‹и›ра́ться 2 FAM (ausreißen) уд‹и›ра́ться

Ausruf m 1 (Schrei) вы́крик m, во́зглас m 2 (Bekanntmachung) провозглаше́ние c, объявле́ние c; **ausrufen** unreg vt 1 (sich laut äußern) вы́крикивать ‹вы́крикнуть›, восклица́ть ‹-кли́кнуть› 2 (verkünden, Streik) объявля́ть ‹-ви́ть› 3 (auf Jahrmarkt) зазыва́ть покупа́телей, выкри́кивать несов; **Ausrufezeichen** n восклица́тельный знак m

ausruhen vi (sich erholen) ◇ sich ~ отдыха́ть ‹-дохну́ть›

ausrüsten vt (ausstatten) снабжа́ть ‹-ди́ть›, оснаща́ть ‹-сти́ть›; **Ausrüstung** f (Wander~) снаряже́ние c, амуни́ция f

ausrutschen vi (ausgleiten) поскользну́ться cov

Aussage f 1 (Erklärung) выска́зывание c, утвержде́ние c 2 JURA показа́ние c; ◇ falsche ~n machen да‹ва́›ть ло́жные показа́ния 3 (Inhalt, Bedeutung) выраже́ние c, содержа́ние c; **aussagen** I. vt 1 (mitteilen) выска́зывать ‹вы́сказать›, сообща́ть ‹-щи́ть› 2 (ausdrücken, bedeuten) выража́ть ‹-рази́ть› слова́ми, означа́ть ‹-на́чить› II. vi JURA да‹ва́›ть показа́ния; ◇ vor Gericht ~ дава́ть показа́ния на суде́; **Aussagesatz** m повествова́тельное предложе́ние c

Aussätzige(r) fm прокажённый(-ая ж) m

ausschalten vt 1 (Licht) выключа́ть ‹вы́ключить›; (Gerät) отключа́ть ‹-чи́ть› 2 FIG (unterbinden) исключа́ть ‹-чи́ть›, не допуска́ть ‹-ти́ть› 3 FIG (aus dem Weg räumen) отстраня́ть ‹-ни́ть›

Ausschank m 1 (Biertheke) сто́йка ж 2 (Getränkeverkauf) торго́вля ж напи́тками в ро́злив

ausschauen vi 1 (suchen, warten) высма́тривать ‹вы́смотреть›, иска́ть глаза́ми; (erwarten) ожида́ть несов (nach jd-m/etw кого-что-л) 2 FAM (aussehen) вы́глядеть несов, име́ть вид; ◇ hübsch ~ име́ть привлека́тельный вид, краси́во вы́глядеть

ausscheiden unreg I. vi 1 (nicht in Betracht kommen) исключа́ться несов, отпада́ть несов 2 (aus Amt) выбыва́ть ‹вы́быть›, уходи́ть ‹-йти́› (aus etw из, со) 3 SPORT (aus Wettkampf) выбыва́ть ‹вы́быть›, быть исключённым II. vt 1 (ausschließen, Möglichkeit) исключа́ть ‹-чи́ть› 2 MED (absondern) выделя́ть ‹вы́делить›

ausschenken vt (Bier) разли‹ва́›ть

ausscheren vi AUTO отклони́ться в сто́рону от ку́рса

ausschlachten vt 1 (Fahrzeug) разбира́ть ‹-обра́ть› 2 FIG (Thema, Ereignis) испо́льзовать несов, воспо́льзоваться cov, разду́‹ва́›ть

ausschlafen unreg I. vi 1 (lange schlafen) высыпа́ться ‹вы́спаться› 2 ◇ seinen Rausch ~ проспа́ться cov II. vr ◇ sich ~ высыпа́ться

Ausschlag m 1 MED сыпь ж 2 (von Pendel) разма́х m; (von Zeiger) отклоне́ние c 3 FIG (Anlass) ◇ den ~ geben име́ть значе́ние, сыгра́ть роль

ausschlagen unreg I. vt (Bitte) отверга́ть ‹-ве́ргнуть› II. vi 1 (Pferd) брыка́ться ‹-ну́ться›, ляга́ться несов 2 (Zeiger) отклоня́ться ‹-ни́ться› 3 (Baum) распуска́ться ‹-ти́ться›

ausschlaggebend adj (entscheidend) реша́ющий

ausschließen unreg vt 1 (aussperren) оставля́ть за две́рью кого-л, не пуска́ть, запере́ть дверь 2 FIG (jd-n, Möglichkeit) исключа́ть ‹-чи́ть› (aus из); **ausschließlich** I. adj (alleinig) исключи́тельный II. adv (nur) то́лько, исключи́тельно, еди́нственно; ◇ ~ im Winter in Urlaub fahren е́здить в о́тпуск то́лько зимо́й III. präp gen (außer) исключа́я, за исключе́нием

Ausschluss m 1 (Ausschließen) исключе́ние c, вы́веде́ние c из соста́ва (aus из) 2 (Fernhalten) ◇ unter ~ der Öffentlichkeit при закры́тых дверя́х

ausschmücken vt 1 (dekorieren) украша́ть ‹-кра́сить›, наряжа́ть ‹-ди́ть› 2 FIG (Erzählung) приукра́шивать ‹-сить›

ausschneiden unreg vt (aus Papier) выре́зывать ‹вы́резать›, выкра́ивать ‹вы́кроить›

Ausschnitt m 1 вы́резка ж; (Bild~) кадр m, разме́р m ка́дра 2 (Text~) отры́вок m, фрагме́нт m 3 (von Kleid) декольте́ c, вы́рез m, про́йма c

ausschreiben unreg vt 1 (Namen) выпи́сывать ‹вы́писать›, де́лать вы́писки 2 (Wettbewerb) объявля́ть ‹-ви́ть› ко́нкурс; ◇ eine Stelle ~ объявля́ть ‹-ви́ть› ко́нкурс на замеще́ние до́лжности 3 ◇ einen Scheck ~ выпи́сывать чек

Ausschreitung f (Gewalttätigkeit) бесчи́нства мн, вы́ходки мн

Ausschuss m ① (Gremium) комите́т м, коми́ссия ж ② COMM (fehlerhafte Ware) брак м, некондицио́нный това́р м

ausschütten I. vt ① (versehentlich ausgießen) вылива́ть ‹вы́лить›, проли́‹ва́›ть ② (Gewinn) выпла́чивать ‹вы́платить›, распределя́ть ‹-ли́ть› ③ FIG (sich aussprechen) ◇ sein Herz ~ излива́ть ду́шу, открове́нно выска́заться II. vr (sich totlachen) FAM ◇ sich vor Lachen ~ смея́ться без у́держу, ката́ться со́ смеху

ausschweifend adj ① (genussvoll) развра́тный, распу́тный; ◇ ein ~es Leben führen вести́ развра́тный о́браз жи́зни ② (Fantasie) необу́зданный

ausschweigen unreg vr (nicht reden) ◇ sich ~ не проронить сло́ва, отма́лчиваться ‹-молча́ться› (über akk о чём-л)

aussehen unreg vi ① вы́глядеть, име́ть вид; (attraktiv) ◇ gut ~ име́ть привлека́тельный вид ② (Chancen stehen schlecht) ◇ es sieht nicht gut aus дела́ обстоя́т нева́жно [пло́хо] ③ (den Anschein haben) ◇ es sieht nach Schnee aus похо́же на то, что бу́дет снег; **Aussehen** n ‹-s› (внешний) вид м, нару́жность ж

aussein unreg vi ① (Licht, Radio) быть вы́ключеным ② (zu Ende sein) ока́нчиваться ‹-ко́нчиться›

außen adv ① (Ggs. v. innen) снару́жи, из-вне́ ② FIG (dem Anschein nach) ◇ nach ~ hin нару́жу

aussenden unreg vt ① (Signale) переда‹ва́›ть, излуча́ть ‹-чи́ть› ② (schicken, Person) посыла́‹ть›; (wegschicken) высыла́ть ‹вы́слать›

Außendienst m выездны́е рабо́ты ж мн; **Außenhandel** m вне́шняя торго́вля ж; **Außenminister(in** f) m мини́стр м иностра́нных дел; **Außenpolitik** f вне́шняя поли́тика ж; **Außenseite** f нару́жная сторона́ ж; **Außenseiter(in** f) m ‹-s, -› (Einzelgänger/in) за́мкнутый челове́к м, индивидуали́ст(ка ж) м; **Außenstehende(r)** fm посторо́нний (-яя ж) м

außer I. präp akk/dat ① (abgesehen von) кро́ме, сверх, помимо; ◇ alles ~ Käse всё кро́ме сы́ра ② (außerhalb von) вне, за; ◇ ~ Haus вне до́ма ③ ◇ ~ Betrieb sein не рабо́тать, не де́йствовать ④ (wütend sein) ◇ ~ sich dat sein быть вне себя́ II. cj (es sei denn) если то́лько не; ◇ ~ wenn ра́зве то́лько, ра́зве е́сли; ◇ ~ dass ра́зве что; **außerdem** cj (darüber hinaus) кро́ме того́, сверх того́

äußere(r, s) adj ① (außen befindlich) вне́шний ② (von außen sichtbar) нару́жный; ◇ der ~ Schein вне́шний вид

außerehelich adj (Verhältnis) внебра́ч-

ный; **außergewöhnlich** adj (besonders) чрезвыча́йный; (ungewöhnlich) необыкнове́нный, экстренный; **außerhalb** I. präp gen (räumlich, zeitlich) вне; ◇ ~ der Sprechstunde вне часо́в приёма II. adv ◇ ~ wohnen жить за го́родом

äußerlich adj (Ggs. v. innerlich) вне́шний, нару́жный; (oberflächlich) пове́рхностный, показно́й

äußern I. vt (Kritik, Meinung) выска́зывать ‹вы́сказать›, выража́ть ‹вы́разить› II. vr ◇ sich ~ ① (Stellung nehmen) выска́зываться ‹вы́сказаться› (zu по како́му-л по́воду, относи́тельно чего́-л), отзыва́ться ‹отозва́ться› ② (Aufregung, Freude) выка́зывать ‹вы́казать›, проявля́ть ‹-ви́ть›

außerordentlich adj (Sitzung, Leistung) чрезвыча́йный, внеочередно́й; **außerstande** adv ◇ ~ sein, etw zu tun быть не в состоя́нии, что-л сде́лать

äußerst adv (sehr) о́чень, кра́йне; (überaus) весьма́; (außerordentlich) чрезвыча́йно

äußerste(r, s) adj ① (weiteste, r, s) (räumlich) кра́йний, преде́льный, са́мый да́льний; ◇ ~ Grenze кра́йняя [са́мая да́льняя] грани́ца ж ② (höchste, r, s) (Spannung) наивы́сший; (Angebot, Termin) са́мый после́дний, кра́йний; (in Wut bringen) ◇ jd-n bis aufs Ä~ reizen доводи́ть кого́-л до кра́йности

Äußerung f ① (Bemerkung) выска́зывание с, мне́ние с ② (Gefühls~) проявле́ние с

aussetzen I. vt ① (Tier, Kind) подки́дывать ‹-нуть›; (verlassen) броса́ть ‹бро́сить› ② (Belohnung) назнача́ть ‹-на́чить› ③ (Verfahren) откла́дывать ‹-ложи́ть›, пре‹ры›ва́ть ④ (beanstanden) выска́зывать ‹вы́сказать› недово́льство, критикова́ть несов, находи́ть ‹-йти́› недоста́тки; ◇ an jd-m/e-r Sache etw ~ находи́ть недоста́тки в ком/чём-л II. vi ① (Maschine, Organ) остана́вливаться ‹-нови́ться›; (Motor) рабо́тать с перебо́ями ② (Pause machen) де́лать переры́в, пре‹ры›ва́ть что-л, прекраща́ть ‹-ти́ть› на вре́мя что-л III. vr (der Sonne, Schwierigkeiten) ◇ sich ~ подверга́ть ‹-ве́ргнуть› себя́ (dat чему́-л)

Aussicht f ① (Panorama) вид м, перспекти́ва ж, панора́ма ж ② (Erwartung, Chance) наде́жда ж, ви́ды мн мн, ша́нсы мн (auf akk на что-л); (etw wahrscheinlich bekommen) ◇ etw in ~ haben име́ть [получи́ть] возмо́жность; **aussichtslos** adj (hoffnungslos) безнадёжный; (Fall) безвы́ходный; (vergeblich) бесполе́зный, тще́тный, напра́сный; **aussichtsreich** adj (vielversprechend) многообеща́ющий, перспекти́вный; (hoffnungsvoll) обнадёживающий; **Aussichtsturm** m наблюдательная вышка ж

aussitzen unreg vt (abwarten) ◇ **ein Problem** ~ ожида́ть реше́ния пробле́мы

aussöhnen vr (sich wieder vertragen) ◇ **sich mit jd-m** ~ ⟨по-⟩мири́ться с кем-л; **Aussöhnung** f примире́ние c

aussortieren vt ⟨от-⟩сортирова́ть, отбира́ть ⟨-обра́ть⟩ по сорта́м

ausspannen I. vt ① (Pferd) распряга́ть ⟨-пря́чь⟩, выпряга́ть ⟨выпрячь⟩ ② FAM (Freund) отби́ва́ть, отнима́ть ⟨-ня́ть⟩, сма́нивать ⟨-ни́ть⟩ **II.** vi (sich ausruhen) отдыха́ть ⟨-дохну́ть⟩, ⟨с-⟩де́лать переды́шку

aussperren vt ① (ausschließen) оставля́ть ⟨-ста́вить⟩ за две́рью, закры́ва́ть дверь пе́ред кем-л; (hinauswerfen) выставля́ть ⟨вы́ставить⟩ за дверь ② (nicht mehr beschäftigen) отстраня́ть ⟨-ни́ть⟩ от рабо́ты, объявля́ть лока́ут; **Aussperrung** f лока́ут м, отстране́ние c от рабо́ты

ausspielen I. vt ① ◇ **eine Karte** ~ ходи́ть с ка́рты, сноси́ть ка́рту ② FIG (Einfluss, Überlegenheit) испо́льзовать что-л про́тив чего́-л ③ FIG (intrigieren) ◇ **jd-n gegen jd-n** ~ противопоставля́ть ⟨-ста́вить⟩ кого́-л кому́-л **II.** vi ① (beim Kartenspiel) ходи́ть, име́ть ход ② FIG (mehr zu sagen) ◇ **er hat ausgespielt** его́ пе́сенка спе́та

Aussprache f ① (Artikulation) произноше́ние c ② (nach Streit) обме́н м мне́ниями, разгово́р м, бесе́да ж

aussprechen unreg **I.** vt ① (artikulieren) произноси́ть ⟨-нести́⟩; (deutlich) выгова́ривать ⟨вы́говорить⟩ ② (ausreden) переста́ть говори́ть, зако́нчить речь, догова́ривать ⟨-вори́ть⟩ ③ (sagen, äußern) выска́зывать ⟨вы́сказать⟩, выража́ть ⟨вы́разить⟩ **II.** vr ◇ **sich** ~ ① (Missverständnis bereinigen) объясня́ться ⟨-ни́ться⟩ ② (sich äußern, lobend) одобри́тельно отзыва́ться ⟨отозва́ться⟩ (über akk о ком-л) ③ (sich anvertrauen) ⟨по-⟩говори́ть с кем-л начистоту́; (sein Herz ausschütten) изли́ть ду́шу кому́-л

Ausspruch m ① (Äußerung) выска́зывание c, сужде́ние c ② (Satz, Zitat) изрече́ние c, цита́та ж

ausspülen vt (Mund) пропола́скивать ⟨-лоска́ть⟩

Ausstand m (Streik) забасто́вка ж, ста́чка ж; ◇ **in den** ~ **treten** объяви́ть забасто́вку

ausstatten vt ① (Wohnung) обставля́ть ⟨-ста́вить⟩ ② (versehen, versorgen) снабжа́ть ⟨-ди́ть⟩; TECH (ausrüsten) оснаща́ть ⟨-сти́ть⟩ (mit чем-л); **Ausstattung** f ① (Einrichtung) обстано́вка ж ② (Aufmachung) отде́лка ж, оформ-

ле́ние c ③ (notwendiges Zubehör) снаряже́ние c, экипиро́вка ж

ausstechen unreg vt ① (Teig) выка́лывать ⟨вы́колоть⟩ ② FIG (übertreffen) оде́рживать ⟨-жа́ть⟩ верх над кем-л

ausstehen unreg **I.** vt (nicht leiden können) ◇ **jd-n/etw nicht** ~ **können** не выноси́ть [переноси́ть, терпе́ть] кого́/что-л **II.** vi (noch nicht erledigt sein) не быть решённым [сде́ланным]; (Zahlungen) не быть упла́ченным

aussteigen unreg vi ① (aus Bus) выходи́ть ⟨вы́йти⟩, сходи́ть ⟨сойти́⟩ ② FAM (nicht mehr mitmachen) выходи́ть ⟨вы́йти⟩ (aus etw dat из чего́-л); (aus Gesellschaft) уходи́ть ⟨-йти́⟩; **Aussteiger(in** f) m FAM (aus Gesellschaft) аутса́йдер м, необщи́тельный челове́к м

ausstellen vt ① (Bilder) выставля́ть ⟨вы́ставить⟩ ② (Dokument) выдава́ть ⟨вы́дать⟩; (Rechnung) выпи́сывать ⟨вы́писать⟩ ③ FAM (Radio) отключа́ть ⟨-чи́ть⟩, выключа́ть ⟨вы́ключить⟩; **Ausstellung** f (von Gemälden) вы́ставка ж; (von Urkunde) вы́писка ж, оформле́ние c; (von Rechnung) вы́писка ж, выставле́ние c

aussterben unreg vi (Tierart) вымира́ть ⟨вы́мереть⟩

Aussteuer f прида́ное c

Ausstieg m ⟨-s, -e⟩ (Ausgang aus Zug) вы́ход м

ausstoßen unreg vt ① (Rauch) выбра́сывать ⟨вы́бросить⟩, выпуска́ть ⟨вы́пустить⟩ ② (Laut) произноси́ть ⟨-нести́⟩; (Schrei) испуска́ть ⟨-ти́ть⟩ ③ (ausgrenzen, aus Gemeinschaft) исключа́ть ⟨-чи́ть⟩

ausstrahlen vt ① (von sich geben) a. FIG (Wärme) излуча́ть ⟨-чи́ть⟩, распространя́ть ⟨-ни́ть⟩ ② MEDIA (Sendung) переда́ва́ть; **Ausstrahlung** f ① FIG (von Person) излуче́ние c, влия́ние c, возде́йствие c ② MEDIA переда́ча ж, распростране́ние c

ausstrecken vt (Hand) протя́гивать ⟨-ну́ть⟩

ausströmen vi (Gas) выходи́ть ⟨вы́йти⟩, утека́ть ⟨-те́чь⟩; (Duft) исходи́ть несов

aussuchen vt (auswählen) выбира́ть ⟨вы́брать⟩, отбира́ть ⟨-обра́ть⟩, подби́ра́ть

Austausch m (Meinungen) a. SCH обме́н м, заме́на ж; **austauschbar** adj взаимозаменя́емый; (ersetzbar) заменя́мый; TECH сме́нный; **austauschen** vt (Motor, Gedanken) обме́ниваться несов, ⟨об-, по-⟩меня́ть

austeilen vt (verteilen) раздава́ть

Auster f устрица ж

austoben vr (Kind) ◇ **sich** ~ унима́ться ⟨-я́ться⟩

austragen *unreg vt* ① (*Briefe*) разно|сить ‹-нести›, до|ставлять ‹-ставить› ② (*Streit*) реша́ть ‹-ши́ть›, до|води́ть ‹-вести́› до конца́ ③ (*Wettkämpfe*) про|води́ть ‹-вести́› ④ (*Kind*) вына́шивать ‹вы́носить›, до|на́шивать ‹-носи́ть›

Australien *n* Австра́лия *ж;* ◇ **in/nach** ~ в Австра́лии/в Австра́лию; **Australier(in** *f)* *m* ‹-s, -› австрали́ец *м,* австрали́йка *ж;* **australisch** *adj* австрали́йский

austreten *unreg* I. *vi* ① (*aus Partei*) вы|ходи́ть ‹вы́йти› (*aus из чего́-л*) ② (*zur Toilette gehen*) выходи́ть ‹вы́йти› ③ (*Gas*) выходи́ть ‹вы́йти› II. *vt* ① (*Zigarette*) насту|па́ть ‹-пи́ть› что-л

austrinken *unreg vt* (*Getränk*) выпива́ть ‹вы́пить›, допива́ть ‹допи́ть›

Austritt *m* ① (*Ausscheiden*) вы́ход *м* ② (*von Öl*) вытека́ние *c*, вы́ход *м*

austrocknen *vi* (*trocken werden*) высыха́ть ‹вы́сохнуть›

ausüben *vt* ① (*Beruf*) рабо́тать по како́й-л профе́ссии ② ◇ **Druck** ~ ока́зывать ‹-за́ть› давле́ние; ◇ **Macht** ~ осу|ществ|ля́ть ‹-ви́ть› власть (*auf akk* на кого́-л); **Ausübung** *f* (*von Beruf, Macht*) выполне́ние *c*, исполне́ние *c*, осуществле́ние *c*

Ausverkauf *m* COMM распрода́жа *ж;* **ausverkauft** *adj* ① (*Waren, Tickets*) про́данный; ◇ **die Theatervorstellung ist** ~ все биле́ты на спекта́кль про́даны

Auswahl *f* вы́бор *м;* (*an Waren*) ассорти-ме́нт *м;* **auswählen** *vt* (*aussuchen*) выбира́ть ‹вы́брать›, от|бира́ть ‹-обра́ть›, подбира́ть

auswandern *vi* эмигри́ровать *несов и сов,* пересе|ля́ться ‹-ли́ться›; **Auswanderung** *f* эмигра́ция *ж,* перее́зд *м*

auswärtig *adj* ① вне́шний; (*fremd*) иностра́нный ② POL ◇ **A~es Amt** ве́домство *c* иностра́нных дел

auswärts *adv* ① (*außerhalb*) вне до́ма; (*außerhalb der Stadt*) за́ городом ② (*nach außen*) нару́жу; **Auswärtsspiel** *n* SPORT игра́ *ж* на чужо́м по́ле

auswechseln *vt* (*austauschen*) заме|ня́ть ‹-ни́ть›, сме|ня́ть ‹-ни́ть›, обме|ня́ть ‹-ни́ть›

Ausweg *m* FIG (*Lösung*) вы́ход *м,* исхо́д *м;* **ausweglos** *adj* FIG (*hoffnungslos*) безвы́ходный, безнадёжный

ausweichen *unreg vi* ① (*Platz machen*) усту|па́ть ‹-пи́ть›, (*jd-m/e-r Sache*) избе-га́ть ‹-жа́ть› кого́-чего́-л ② FIG (*sich entziehen*) укло|ня́ться ‹-ни́ться› (*dat* от кого́-чего́-л), увёртываться *несов* от кого́-чего́-л; **ausweichend** *adj* FIG (*Antwort*) уклóнчивый

ausweinen *vr* (*sich aussprechen*) ◇ **sich** ~ выпла́киваться ‹вы́плакаться›

Ausweis *m* ‹-es, -e› ① (*Personal*~) удо-стоверéние *c* ли́чности, па́спорт *м* ② (*Bibliotheks*~) про́пуск *м,* удостоверéние *c;* **ausweisen** *unreg* I. *vt* (*aus e-m Land*) высыла́ть ‹вы́слать›, выдворя́ть ‹вы́дворить› II. *vr* (*Personalausweis zeigen*) ◇ **sich** ~ удостоверя́ть ‹-вéрить› свою́ ли́чность, предъяв|ля́ть ‹-ви́ть› свои́ докумéнты; **Ausweispapiere** *n pl* (*Dokumente*) докумéнты *м мн*

Ausweisung *f* (*Abschiebung*) вы́сылка *ж,* выдворéние *c*

Ausweitung *f* растя́гивание *c*, расширéние *c;* (*Ausdehnung*) распространéние *c*

auswendig *adv* (*aus dem Gedächtnis*) ◇ ~ **lernen/können** вы́учить/знать наизу́сть

auswerten *vt* (*Statistik*) сдéлать вы́воды на основáнии статисти́ческих да́нных; **Auswertung** *f* подведéние *c* ито́гов; (*Bewertung*) оцéнка *ж*

auswirken *vr* (*Effekt haben*) ◇ **sich** ~ от|ра|жа́ться ‹-зи́ться›, ска́зываться ‹-за́ться› (*auf akk* на чём-л); **Auswirkung** *f* воздéйствие *c*, влия́ние *c* (*auf akk* на кого́-что-л)

auswischen *vt* ① (*säubern*) вытира́ть ‹вы́тереть›, про|тира́ть ‹-терéть› ② (*an der Tafel*) стира́ть ‹стерéть› ③ FAM (*einen bösen Streich spielen*) ◇ **jd-m eins** ~ устро́ить подво́х

auswringen *vt* FIG (*Wäsche*) выжима́ть ‹вы́жать›, выкру́чивать ‹вы́крутить›

Auswuchs *m* FIG (*Eskalation*) кра́йность *ж,* уро́дливое явлéние *c*

auszahlen I. *vt* (*zahlen*) выпла́чивать ‹вы́платить›, выдава́ть ‹вы́дать› дéньги II. *vr* (*sich lohnen*) ◇ **sich** ~ сто́ить *несов,* быть вы́годным, оправ|дываться ‹-да́ться›

auszählen *vt* ① ◇ **die Stimmen** ~ под-счи́тывать голоса́ ② SPORT (*beim Boxen*) отсчи́тывать секу́нды

auszeichnen I. *vt* ① (*Ware*) снаб|жа́ть ‹-ди́ть› цéнником ② (*ehren*) от|меча́ть ‹-мéтить›, ока́зывать ‹-за́ть› осо́бое внимáние; (*mit Orden*) награж|да́ть ‹-ди́ть› II. *vr* (*herausragen, auffallen*) ◇ **sich** ~ выделя́ться *несов* чем-л, отлича́ться *несов* чем-л; **Auszeichnung** *f* ① (*Preisangabe*) маркиро́вка *ж,* обозначéние *c* цены́, снабжéние *c* цéнниками ② (*Ehrung*) награждéние *c*, присуждéние *c* ③ UNI (*hervorragend*) ◇ **mit** ~ с отли́чием

ausziehen *unreg* I. *vt* ① (*Kleidung*) снима́ть ‹снять› ② (*herausziehen, Unkraut*) вырыва́ть ‹вы́рвать›, выдёргивать ‹вы́дернуть›; (*Antenne*) вытя́гивать ‹вы́тянуть› II. *vr* (*sich entkleiden*) ◇ **sich** ~ разде|ва́ться, снима́ть ‹снять› с себя́ пла́тье III. *vi* ① (*aus Wohnung*) высе|ля́ться ‹вы́селиться›, выезжа́ть ‹вы́ехать› (в другу́ю кварти́ру) ②

(*in die Ferne ziehen*) покида́ть ‹ки-
нуть›; **Ausziehtisch** *m* раздвиж-
но́й стол *м*
Auszubildende(r) *fm* (*Lehrling*) учени́к
м/учени́ца *ж*, проходя́щий(-ая) про-
фессиона́льное обуче́ние
Auszug *m* ① (*aus Wohnung*) вы́езд *м* ②
(*Konto~*) вы́писка *ж* из счёта ③ (*Text~*)
фрагме́нт *м*, вы́держка *ж*
authentisch *adj* допо́длинный, аутен-
ти́чный, достове́рный
Autismus *m* аути́зм *м*
Auto *n* ‹-s, -s› автомаши́на *ж*, автомо-
би́ль *м*; ◇ ~ **fahren** води́ть автомаши́-
ну; **Autobahn** *f* автостра́да *ж*; **Auto-
fahrer(in** *f*) *m* води́тель *м* автомоби́ля

Autobahn

Неме́цкая автостра́да, стро́ить кото-
рую на́чали ещё в предвое́нное
вре́мя, насчи́тывает 11.000 км и яв-
ля́ется вторы́м в ми́ре по́сле США. На
неме́цкой автостра́де нет ограни-
че́ния ско́рости, но есть рекоменду́е-
мая ско́рость – 130 км/ч. По́льзо-
вание автостра́дой беспла́тное.

autogen *adj* ◇ ~**es Training** аутоге́нная
трениро́вка *ж*
Autogramm *n* ‹-s, -e› авто́граф *м*
Automat *m* ‹-en, -en› ① (*Münz~*) авто-
ма́т *м* ② (*Maschine*) автомати́ческое
устро́йство *с*, автомати́ческий аппа-
ра́т *м* ③ (*Ggs. v.
Schaltgetriebe*) автомати́ческое пере-
ключе́ние *с* скоросте́й; **automatisch**
adj автомати́ческий
Automechaniker(in *f*) *m* автомеха́ник
м, же́нщина-автомеха́ник *ж*; **Auto-
mobilindustrie** *f* автомоби́льная про-
мы́шленность *ж*
autonom *adj* автоно́мный, самоуправ-
ля́емый; (*selbständig, unabhängig*) неза-
ви́симый, самостоя́тельный
Autopsie *f* вскры́тие *с* тру́па
Autor(in *f*) *m* ‹-s, -en› (*Buch~*) а́втор *м*
Autoradio *n* автомоби́льный ра́дио-
приёмник *м*; **Autoreifen** *m* автомо-
би́льная ши́на *ж*
autoritär *adj* авторита́рный, тотали-
та́рный; (*gebieterisch*) вла́стный;
Autorität *f* авторите́т *м*; (*Ansehen*)
прести́ж *м*
Autounfall *m* автомоби́льная катас-
тро́фа *ж*; **Autoverleih** *m* прока́т *м*
автомоби́лей
Aversion *f* (*Widerwille*) отвраще́ние *ж*,
антипа́тия *ж*
Axt *f* ‹-, Äxte› (*Beil*) топо́р *м*, колу́н *м*
Azubi *m* ‹-s, -s› *Akr. v.* **Auszubildende(r)**
fm

B

B, b *n* ① (*Buchstabe*) Б, б ② MUS си
бемо́ль
Baby *n* ‹-s, -s› (*Kleinkind*) грудно́й
ребёнок *м*, младе́нец *м*; **babysitten** *vi*
ухаживать за ребёнком, присма́три-
вать ‹смотре́ть›; **Babywäsche** *f* бельё
с для са́мых ма́леньких
Bach *m* ‹-[e]s, Bäche› руче́й *м*
Bachstelze *f* ZOOL трясогу́зка *ж*
Backblech *n* про́тивень *м*, лист *м*
Backbord *n* NAUT бакбо́рт *м*
Backe *f* ‹-, -n› (*Wange*) щека́ *ж*
backen ‹backt *o.* bäckt, backte, gebacken›
I. *vi* ‹ис-›пе́чь, выпека́ть ‹вы́печь› II. *vt*
(*Kuchen*) выпека́ть ‹вы́печь›; (*Fleisch,
Fisch*) ‹за-›жа́рить, запека́ть ‹-пе́чь›;
Bäcker(in *f*) *m* ‹-s, -› (*von Brot, Brötchen*)
пе́карь *м*, бу́лочник *м*; (*Konditor/in*)
конди́тер *м*; **Bäckerei** *f* (*Laden*) хлебо-
пека́рня *ж*, бу́лочная *ж*; **Backform** *f*
фо́рма *ж* для пече́ния; **Backofen** *m*
духо́вка *ж*; **Backpulver** *n* пе́карский
порошо́к *м*
Bad *n* ‹-[e]s, Bäder› ① (*Wasser in Bade-
wanne*) ва́нна *ж* ② (*Baden in Wanne*) ку-
па́ние *ж* в ва́нне ③ (*Baderaum*) ван-
ная ко́мната *ж* ④ (*Kur~*) куро́рт *м*;
Badeanstalt *f* купа́льня *ж*, ба́ня *ж*;
Badeanzug *m* купа́льный костю́м *м*;
Badegast *m* посети́тель(ница *ж*) *м*
купа́льни; (*im Kurort*) куро́ртник *м*, ку-
ро́ртница *ж*; **Badehose** *f* купа́льные
трусы́ *мн*, пла́вки *мн*; **Badekappe** *f* ре-
зи́новая ша́почка *ж*; **Bademantel** *m*
купа́льный хала́т *м*; **Bademeister(in**
f) *m* смотри́тель *м* купа́лен; **baden** I.
vt (*Baby*) ‹вы́-›купа́ть, ‹вы-, по-›мы́ть II.
vi (*Bad nehmen*) принима́ть ‹-я́ть› ва́н-
ну; (*im Meer schwimmen*) ‹вы́-›купа́ться;
Badeort *m* куро́рт *м*; (*Heilbad*) бальнео-
логи́ческий куро́рт *м*; (*Seebad*) мор-
ско́й [примо́рский] куро́рт *м*; **Bade-
salz** *n* аромати́ческая соль *ж*; **Bade-
tuch** *n* ба́нное полоте́нце *с*; **Badewan-
ne** *f* ва́нна *ж*; **Badezimmer** *n* ва́нная *ж*
baff *adj* FAM ◇ ~ **sein** оторопе́ть [рас-
теря́ться] от неожи́данности
Bafög *n* ‹-› *Akr. v.* **Bundesausbildungsför-
derungsgesetz** *федера́льный зако́н, по
кото́рому студе́нтам университе́тов
ФРГ предоставля́ется госуда́рственная
стипе́ндия*
Bagatelle *f* (*Kleinigkeit*) пустя́к *м*, ме́-
лочь *ж*, безде́лица *ж*; **bagatellisie-
ren** *vt* (*herunterspielen*) недооце́нивать
‹-ни́ть›, преуменьша́ть ‹-уме́ньшить›

Bagger m ‹-s, -› экскава́тор м, землечерпа́лка ж

Bahn f ‹-, -en› ❶ (Schienenfahrzeug) по́езд м; (als Straßen~) трамва́й м; ADMIN (Bundesbahn) федера́льная желе́зная доро́га ж; (in Russland) Министе́рство с путе́й сообще́ния, МПС ❷ (Weg, Pfad) путь м, доро́га ж, тра́сса ж; (Spur) колея́ ж; ◇ **auf die schiefe ~ geraten** кати́ться по накло́нной пло́скости; ◇ **aus der ~ geworfen werden** быть вы́битым из привы́чной колеи́; ◇ **freie ~ haben** име́ть зелёный свет ❸ (Wettkampf~) доро́жка ж, тра́сса ж; (Renn~) трек м ❹ ASTRON орби́та ж ❺ (Tapeten~) полотно́ с; **Bahnfahrt** f пое́здка ж по желе́зной доро́ге, пое́здом; **Bahnhof** m вокза́л м; ◇ **jd-n am ~ abholen** встре́тить кого́-л на вокза́ле; ◇ **jd-n zum ~ bringen** провожа́ть кого́-л на вокза́л; (Bus~) автовокза́л м; **Bahnhofshalle** f зал м вокза́ла; **Bahnlinie** f железнодоро́жная ли́ния ж; **Bahnsteig** m ‹- [e]s, -e› (станцио́нная) платфо́рма ж, перро́н м; **Bahnstrecke** f уча́сток м желе́зной доро́ги, пролёт м; **Bahnübergang** m железнодоро́жный перее́зд м; **Bahnwärter(in** f) m путево́й обхо́дчик м

Bahre f ‹-, -n› носи́лки мн; (für Tote) катафа́лк м

Bakterie f ‹-, -n› бакте́рия ж

Balance f ‹-, -n› равнове́сие с; **balancieren I.** vt (Tablett, Stange) ура́вновешивать ‹-сить› **II.** vi (auf Drahtseil) баланси́ровать несов

bald adv ❶ (zeitlich) вско́ре, ско́ро; в ско́ром вре́мени; ◇ **~ danach [darauf]** вско́ре по́сле э́того; ◇ **bis ~** до ско́рого свида́ния ❷ (beinahe, fast) почти́, чуть-чуть, едва́ не; ◇ **ich warte schon ~ e-e Stunde** я жду уже́ почти́ це́лый час; **baldig** adj ско́рый; **baldmöglichst** adv ◇ **e-e Sache ~ erledigen** ула́дить де́ло как мо́жно скоре́е

Balkan m ‹-s› Балка́ны мн

Balken m ‹-s, -› (Bauholz) бревно́ с, брус м; (Trag~) ба́лка ж; (Stütz~) опо́рная ба́лка ж; FIG ◇ **er lügt, dass sich die ~ biegen** он врёт как сивый ме́рин

Balkon m ‹-s, -s o. -e› балко́н м; THEAT (Rang) я́рус м

Ball¹ m ‹- [e]s, Bälle› ❶ SPORT мяч м; FIG ◇ **am ~ bleiben** не отступа́ться от свое́й це́ли ❷ (Kugel) шар м; (Schnee~, Klumpen) комо́к м

Ball² m ‹-s, Bälle› (Tanzveranstaltung) бал м

Ballade f балла́да ж

Ballast m ‹- [e]s, -e› ❶ (zum Beschweren) балла́ст м ❷ FIG (überflüssige Bürde) тя́гость ж, балла́ст м, бре́мя м; **Ballaststoffe** m pl балла́стные вещества́ мн

ballen I. vt ❶ (Schnee, Klumpen) сж‹им›а́ть ❷ ◇ **die Fäuste ~** сж‹им›а́ть кулаки́ **II.** vr (sich konzentrieren) ◇ **die Wolken ~ sich am Himmel** на не́бе сгуща́ются облака́

Ballen m ‹-s, -› ❶ (Stroh~) ки́па ж; (Stoff~) руло́н м ❷ ANAT (Hand~, Fuß~) мя́коть ж

ballern vi ❶ (schießen) пали́ть несов ❷ ◇ **gegen die Tür ~** хло́пать две́рью

Ballett n ‹-[e]s, -e› бале́т м; **Balletttänzer(in** f) m арти́ст(ка ж) м бале́та, танцо́вщик м, танцо́вщица ж

Balljunge m SPORT ма́льчик м, подаю́щий игрока́м мяч

Ballkleid n ба́льное пла́тье с

Ballon m ‹-s, -s o. -e› ❶ (Luft~) возду́шный шар м ❷ (Heißluft~) аэроста́т м, возду́шный шар м

Ballspiel n игра́ ж в мяч

Ballung f (Zusammenballen) скопле́ние с; (von Energie) концентра́ция ж, сосредото́чение с; **Ballungsgebiet** n райо́н м [о́бласть ж] сосредото́чения населе́ния; **Ballungszentrum** n центр м сосредото́чения промы́шленных предприя́тий

Balsam m ‹-s› a. FIG бальза́м м

Bambus m ‹-ses, -se› бамбу́к м

banal adj бана́льный, пло́ский, по́шлый, тривиа́льный

Banane f ‹-, -n› бана́н м

Banause m ‹-n, -n› (Kunst~, Musik~) неве́жда м/ж; FAM обыва́тель м, меща́нка ж

band impf v. **binden**

Band¹ n ‹- [e]s, Bänder› ❶ ANAT свя́зка ж; (Ton~) магнитофо́нная плёнка ж [ле́нта ж] ❸ (Farb~, von Schreibmaschine) ле́нта ж ❹ (Fließ~) конве́йер м, транспортёр м; FAM ◇ **Fehler am laufenden ~ machen** непреры́вно допуска́ть оши́бки

Band² n ‹- [e]s, -e› (Freundschafts~) у́зы мн, связь ж; (vor Erregung) ◇ **außer Rand und ~ sein** быть вне себя́, бушева́ть несов

Band³ m ‹- [e]s, Bände› (Buch~) том м; FAM (aufschlussreich) ◇ **das spricht Bände** э́тим всё [доста́точно] ска́зано

Band⁴ f ‹-, -s› (Musikgruppe) музыка́льная гру́ппа ж

Bandage f ‹-, -n› банда́ж м; (Binde, Verband) бинт м, повя́зка ж; **bandagieren** vt (Hand) ‹пере-›бинтова́ть, накла́дывать ‹-ложи́ть› банда́ж

Bandbreite f PHYS полоса́ ж часто́т, ширина́ ж полосы́ часто́т; FIG (von Charakteren) широта́ ж

Bande f ‹-, -n› ❶ FAM (Clique) ба́нда ж, ша́йка ж, кли́ка ж ❷ (Verbrecher~) ба́нда ж престу́пников, престу́пная ба́нда ж

bändigen vt ❶ (Tier) приручать

‹-чи́ть›, укро|ща́ть ‹-ти́ть› ② *FIG (Gefühl, Wut)* обу́з|дывать ‹-да́ть›

Bandit m ‹-en, -en› ① банди́т m, разбо́йник m ② *(Spielautomat)* ◇ **einarmiger ~** однору́кий разбо́йник m

Bandmaß n рулётка ж, измери́тельная ле́нта ж; **Bandwurm** m *(Plattwurm)* солитёр m, ле́нточный червь m

bange adj ① *(ängstlich)* боязли́вый, ро́бкий; ◇ **lass dich nicht ~ machen** не дай себя́ запуга́ть; ◇ **mir ist ~** мне боязли́во [стра́шно, жу́тко] ② *(besorgt)* стра́шный, жу́ткий; **bangen** vi **um jd-n/etw ~** опаса́ться за кого́/что-л, беспоко́иться за кого́/что-л

Banjo n ‹-s, -s› MUS ба́нджо c

Bank¹ f ‹-, Bänke› *(Sitzmöbel)* скамья́ ж; *(Werk~)* стано́к m, верста́к m; *(Sand~)* мель ж; ◇ **etw auf die lange ~ schieben** откла́дывать что-л в до́лгий я́щик

Bank² f ‹-, -en› *(für Geld, Glücksspiel, Organe)* банк m

Bankbeamte(r) m, **Bankbeamtin** f ба́нковский(-ая) слу́жащий(-ая ж) m

Bankett n ‹-[e]s, -e› *(Festessen)* банке́т m; ◇ **ein ~ zu Ehren von jd-m** банке́т в честь кого́-л

Bankier m ‹-s, -s› банки́р m; **Bankinstitut** n ба́нковское учрежде́ние c; **Bankkonto** n теку́щий счёт m (в ба́нке); **Bankleitzahl** f и́ндекс m ба́нка; **Banknote** f банкно́т m, ба́нковский биле́т m; **Bankraub** m ограбле́ние c ба́нка, нападе́ние c на банк; **bankrott** adj обанкро́тившийся, несостоя́тельный; **Bankrott** m ‹-[e]s, -e› *(Zahlungsunfähigkeit)* банкро́тство c, неплатёжеспосо́бность ж, несостоя́тельность f ◇ **~ machen/gehen** обанкро́титься coв

Banner n ‹-s, -› *(Flagge)* зна́мя c, флаг m

bar adj ① *(bloß, nackt)* обнажённый, ого́ленный; *(frei von)* лишённый *(gen* чего́-л) ② *(offenkundig, nichts als)* я́вный, очеви́дный; ◇ **~er Unsinn** соверше́нная бессмы́слица ③ ◇ **~es Geld** нали́чные де́ньги мн; ◇ **~ bezahlen** плати́ть нали́чными; *FIG (glauben)* ◇ **etw für ~e Münze nehmen** принима́ть что-л за чи́стую моне́ту

Bar f ‹-, -s› *(Nachtlokal, Theke)* бар m; *(Schanktisch)* сто́йка ж

Bär m ‹-en, -en› ① *(Tier)* медве́дь m; *FAM (Lügengeschichten erzählen)* ◇ **jd-m e-n ~en aufbinden** расска́зывать кому́-л небыли́цы, надуть кого́-л ② *ASTRON* ◇ **der Große ~** Больша́я Медве́дица

Baracke f ‹-, -n› *(Behelfshaus)* бара́к m

barbarisch adj ва́рварский, ди́кий, жесто́кий, свире́пый

barfuß adv босико́м

barg impf v. **bergen**

Bargeld n нали́чные мн; **bargeldlos** adj *(Zahlung)* безнали́чный

Barkeeper m ‹-s, -› владе́лец m ба́ра

barmherzig adj милосе́рдный, состра-да́тельный; **Barmherzigkeit** f милосе́рдие c, сострада́ние c

Barock n o. m баро́кко c; **Barockkirche** f це́рковь ж в сти́ле баро́кко

Barometer n ‹-s, -› баро́метр m

Barren m ‹-s, -› ① SPORT бру́сья мн ② COMM *(aus Gold)* сли́ток m, брус m

Barriere f ‹-, -n› ① *(Schlagbaum, Schranke)* барье́р m, шлагба́ум m ② *FIG (Hindernis)* препя́тствие c, прегра́да ж

Barrikade f баррика́да ж, загражде́ние c

barsch adj *(kurz angebunden)* суро́вый, ре́зкий, гру́бый

Barsch m ‹-[e]s, -e› ZOOL о́кунь m

Barscheck m чек m на опла́ту нали́чными

barst impf v. **bersten**

Bart m ‹-[e]s, Bärte› ① борода́ ж; *(Oberlippen~)* усы́ мн ② *(von Schlüssel)* боро́дка ж; **bärtig** adj борода́тый, уса́тый; **bartlos** adj безборо́дый, безу́сый

Barverkauf m прода́жа ж за нали́чный расчёт; **Barzahlung** f платёж m нали́чными

Basar m ‹-s, -e› ① *(orientalischer Markt)* база́р m, ры́нок m ② *(Wohltätigkeits~)* благотвори́тельный база́р ж

Base f ‹-, -n› ① *(Cousine)* кузи́на ж ② CHEM основа́ние c

basieren vi осно́|вываться ‹-ва́ться›, бази́роваться несов *(auf dat* на чём-л)

Basilikum n ‹-s› базили́ка ж

Basis f ‹-, Basen› ① *(Grundlage)* ба́зис m, фунда́мент m, ба́за ж, осно́ва ж, основа́ние c ② MIL вое́нная ба́за ж

Bass m ‹-es, Bässe› ① *(Stimmlage)* бас m ② *(Instrument)* басо́вый инструме́нт m; *(Kontra~)* контраба́с m; **Bassschlüssel** m MUS басо́вый ключ m, ключ m фа

Bassin n ‹-s, -s› бассе́йн m, резервуа́р m, водоём m

Bassist(in f) m ‹-› *(Sänger)* бас m ② *(Instrumentalist/in)* контрабаси́ст(ка ж) m

Bast m ‹-[e]s, -e› *(Faser)* лы́ко c

basteln I. vi занима́ться каки́м-л ремесло́м *(an etw dat* чем-л); *FIG* занима́ться чем-л люби́тельски II. vt *(aus Liebhaberei herstellen)* мастери́ть несов что-л

bat impf v. **bitten**

Batterie f ① AUTO аккумуля́тор m; ELECTR *(von Taschenlampe)* батаре́я ж, батаре́йка ж ② *FAM (lange Reihe)* батаре́я ж

Bau m ‹-[e]s› ① *(von Häusern)* строи́тельство c, стро́йка ж; *(Errichtung)* возведе́ние c; ◇ **auf dem ~ arbeiten** рабо́тать на стро́йке ② *(Struktur)* строе́ние c, структу́ра ж ③ *(Körper~, Höhe)* телосложе́ние c, конститу́ция ж; *(Breite)* компле́кция ж

Bau¹ m ‹-[e]s, -ten› *(Gebäude)* зда́ние c

Bau² *m* <-s, -e> (*von Tier*) нора́ ж
Bau³ *m* <- s> FAM (*kleines Zimmer*) нора́ ж; FAM (*Gefängnis*) тюрьма́ ж
Bauarbeiter *m* строи́тельный рабо́чий *m*, строи́тель *m*
Bauch *m* <-[e]s, Bäuche> **1** живо́т *m*; FAM (*scheitern*) ◇ **auf den ~ fallen** прова́ливаться <-ли́ться>, потерпе́ть неуда́чу **2** ANAT желу́док *m* **3** (*von Schiff, Flasche*) глубина́ ж су́дна; **Bauchfell** *n* брюши́на ж; **Bauchredner**(in *f*) *m* чревовеща́тель(ница ж) *m*; **Bauchtanz** *m* та́нец *m* живота́; **Bauchschmerzen** *m pl*, **Bauchweh** *n* <-s> бо́ли *mn* в животе́; ◇ **ich habe** ~ y меня́ боли́т живо́т
bauen *vt* **1** (*Haus etc.*) <по-»стро́ить, сооружа́ть <-ди́ть>; TECH стро́ить, констру́ировать *несов* **2** FAM (*Abitur*) сдава́ть экза́мены; ◇ **einen Unfall** ~ созда́ть авари́йную ситуа́цию **3** ◇ **auf jd-n/etw** ~ <по-»наде́яться на кого́/что-л, полага́ться <ложи́ться> на кого́/что-л
Bauer *m* <-n, -n> **1** (*Landwirt*) сельскохозя́йственный рабо́тник *m*, крестья́нин *m* **2** SCHACH пе́шка ж
Bauer *m* <-s, -> FAM (*Vogelkäfig*) кле́тка ж для птиц
Bäuerin *f* (*Landwirtin*) сельскохозя́йственная рабо́тница ж, крестья́нка ж; **bäuerlich** *adj* крестья́нский; (*ländlich*) се́льский, дереве́нский; **Bauernhaus** *n* крестья́нский дом *m*; **Bauernhof** *m* крестья́нская уса́дьба ж
baufällig *adj* ве́тхий, обветша́лый; **Baufälligkeit** *f* ве́тхость ж, обветша́лость ж; **Baufirma** *f* строи́тельная фи́рма ж; **Baugelände** *n* строи́тельный уча́сток *m*, террито́рия ж стро́йки; **Baugenehmigung** *f* разреше́ние *c* на произво́дство строи́тельных рабо́т; **Baugewerbe** *n* строи́тельное де́ло *c*, строи́тельство *c*; **Bauherr**(in *f*) *m* застро́йщик *m*; **Baukasten** *m* (*zum Spielen*) я́щик *m* с ку́биками, "констру́ктор" *m*; **Bauklotz** *m* (*zum Spielen*) строи́тельные ку́бики *mn*; **Baukosten** *pl* сто́имость ж строи́тельства, строи́тельные расхо́ды *mn*; **Bauland** *n* строи́тельный уча́сток *m*; (*Bauplatz*) строи́тельная площа́дка ж; **baulich** *adj* строи́тельный
Baum *m* <-[e]s, Bäume> де́рево *c*; (*kräftig arbeiten*) ◇ **heute könnte ich Bäume ausreißen** сего́дня я могу́ го́ры сверну́ть
baumeln *vi* (*Pendel*) болта́ться *несов*; (*mit Beinen*) болта́ть нога́ми
Baumschule *f* древе́сный пито́мник *m*, расса́дник *m*; **Baumstamm** *m* ствол *m* де́рева; **Baumstruktur** *f* PC структу́ра ж де́рева; **Baumstumpf** *m* пень *m*; **Baumwolle** *f* хло́пок *m*; (*Staude*) хлопча́тник *m*
Bauplan *m* строи́тельный план *m*; **Bauplatz** *m* стройплоща́дка ж

Bausch *m* <-[e]s, Bäusche> (*von Watte*) (ва́тный) тампо́н *m*
Bausparen *n* внесе́ние *c* де́нежных средств в фонд строи́тельства; **Bausparkasse** *f* де́нежный фонд *m* строи́тельного кооперати́ва; **Baustein** *m* **1** (*für Gebäude*) строи́тельный ка́мень *m* **2** (*für Spiele*) ку́бик *m* **3** FIG (*Grundlage*) вклад *m*, осно́ва ж; **Baustelle** *f* стройплоща́дка ж; **Bauunternehmer**(in *f*) *m* строи́тель-предприни́матель *m*, стройподря́дчик *m*; **Bauvorhaben** *n* строи́тельный прое́кт *m*; **Bauweise** *f* спо́соб *m* возведе́ния, ме́тод *m* строи́тельства; **Bauwerk** *n* сооруже́ние *c*, строе́ние *c*; **Bauzaun** *m* забо́р *m* (вокру́г строи́тельной площа́дки)
Bayer(in *f*) *m* <-n, -n> бава́рец *m*, бава́рка ж; **Bayern** *n* Бава́рия ж; ◇ **in/nach** ~ в Бава́рии/в Бава́рию; **bayrisch** *adj* бава́рский
Bazillus *m* <-, Bazillen> баци́лла ж
beabsichtigen *vt* (*vorhaben*) намерева́ться *несов*, име́ть наме́рение
beachten *vt* **1** (*jd-n/etw bemerken*) замеча́ть <-ме́тить> кого́-что-л, обраща́ть <-ти́ть> внима́ние на кого́-что-л **2** (*Regeln*) соблюда́ть <-сти́>, принима́ть <-я́ть> во внима́ние; **beachtenswert** *adj* досто́йный внима́ния; **beachtlich** *adj* значи́тельный; **Beachtung** *f* **1** (*von Person, Sache*) внима́ние *c* **2** (*von Vorschriften*) соблюде́ние *c*
Beamte(r) *m* <-n, -n> госуда́рственный служащий *m*, чино́вник *m*, должностно́е лицо́ *c*; **Beamtenbestechung** *f* по́дкуп *m* должностны́х лиц; **Beamtin** *f* служащая ж

Beamte

Статус государственного служащего (**Beamter**) узаконен в конституции Германии. Государственные служащие могут вступать в профсоюзную организацию, но не имеют права на забастовки. Они должны быть политически лояльны, не принадлежать ни к какой радикальной партии, они обязаны руководствоваться конституцией Германии, а не своими политическими взглядами.

beängstigend *adj* трево́жный, стра́шный
beanspruchen *vt* **1** (*fordern, Vorrecht*) <по-»требовать, претендова́ть *несов* на что-л **2** (*Zeit, Platz*) <по-»требовать, занима́ть <-я́ть>; (*Geduld, Pflege*) тре́бовать, напряга́ть <-пря́чь> **3** (*Gerät*) нагружа́ть <-зи́ть>, подверга́ть <-ве́ргнуть> нагру́зке; (*jd-n*) нагружа́ть <-зи́ть>

beanstanden vt (*Gerät, Ware*) ‹за-›браковáть; **Beanstandung** f возражéние c; (*Reklamation*) рекламáция ж, претéнзия ж

beantragen vt предлагáть ‹-ложи́ть›, вноси́ть предложéние, ходáтайствовать *несов*, подавáть заявлéние

beantworten vt отвечáть ‹-вéтить›; **Beantwortung** f (*von Fragen*) отвéт м

bearbeiten vt ① TECH, AGR обрабáтывать ‹-бóтать›; (*Holz*) подвергáть ‹-вéргнуть› обрабóтке; (*Boden*) обрабáтывать ‹-бóтать›, распáхивать *несов* ② (*Antrag*) рассмáтривать ‹-смотрéть›, PC (*Datei*) обрабáтывать ‹-бóтать›; (*Thema*) разрабáтывать ‹-бóтать›; THEAT (*Stück*) готóвить к постанóвке ③ FAM (*Person, überreden*) угавáривать ‹-вори́ть›; **Bearbeitung** f обрабóтка ж, разрабóтка ж; (*Umarbeitung*) перерабóтка ж; (*von Personen, Beeinflussung*) воздéйствие c; **Beatmung** f (*künstliche*) иску́сственное дыхáние c

beaufsichtigen vt (*inspizieren*) надзирáть *несов*; (*Kinder*) наблюдáть *несов*, присмáтривать ‹-смотрéть›

beauftragen vt поручáть ‹-чи́ть› комý-л что-л

bebauen vt ① (*Grundstück*) застрáивать ‹-стрóить› ② AGR обрабáтывать ‹-бóтать›, возделывать

beben vi ① (*Erde, Haus*) ‹за-›дрожáть, сотрясáться ‹-тряси́сь› ② (*vor Angst, Kälte*) дрожáть; (*vor Wut*) ‹за-›дрожáть, ‹за-›трясти́сь; **Beben** n ‹-s, -› (*Zittern*) дрожáние c, сотрясéние c; (*Erdbeben*) землетрясéние c

bebildern vt (*Buch*) иллюстри́ровать *несов и сов*

Becher m ‹-s, -› ① (*aus Metall*) ковш м, черпáк м; (*Trink~*) бокáл м, кру́жка ж ② (*Eis~*) вáзочка ж для морóженого

Becken n ‹-s, -› ① ANAT таз м ② (*Schwimm~*) плáвательный бассéйн м ③ GEOL котловáн м ④ MUS тарéлки мн, литáвры мн

bedacht adj (*besonnen, überlegt*) обду́манный, проду́манный; **bedächtig** adj (*überlegt*) рассуди́тельный, осмотри́тельный, осторóжный; (*ohne Eile*) медли́тельный, споко́йный, размéренный

bedanken vr ◇ **sich bei jd-m für etw ~** ‹по-›благодари́ть когó-л за что-л

Bedarf m ‹-[e]s› ① (*Tages~ etc.*) потрéбность ж, нáдобность ж, нужда́ ж; ◇ **~ an etw** dat **haben** нужда́ться в чём-л; ◇ **bei ~ wenden Sie sich bitte...** в слу́чае необходи́мости обраща́йтесь, пожа́луйста, ...; ◇ **je nach ~** по мéре нáдобности ② COMM (*Nachfrage nach Waren*) спрос м, потрéбности мн;

Bedarfsartikel m предмéт пéрвой необходи́мости

bedauerlich adj досáдный; (*betrüblich, schade*) приско́рбный; **bedauern** vt ① (*Sache, Vorfall*) сожалéть о чём-л ② (*Person*) ‹по-›жалéть; FAM (*tut mir leid*) ◇ **bedaure!** мне óчень жаль!; ◇ **wir ~ zu-tiefst, Ihnen mitteilen zu müssen** мы глубокó сожалéем, что вы́нуждены сообщи́ть Вам; **Bedauern** n ‹-s› сожалéние c; ◇ **zu unserem ~ müssen wir feststellen** к сожалéнию мы вы́нуждены констати́ровать; **bedauernswert** adj (*Sache, Vorfall*) достóйный сожалéния; (*Person*) жáлкий, достóйный сострадáния

bedecken vt покрывáть, накрывáть; **bedeckt** adj (*Sache, Fass*) прикры́тый, покры́тый; (*bewölkt*) пáсмурный, обложенный

bedenken unreg vt (*sich genau überlegen*) обду́мывать что-л, ‹по-›ду́мать о чём-л; **Bedenken** n ‹-s, -› ① (*Überlegen*) обду́мывание c, размышлéние c ② (*Vorbehalt, Zweifel*) сомнéние c; (*Befürchtung*) опасéние c; **bedenklich** adj ① (*Besorgnis erregend*) внушáющий озабóченность ② (*zweifelhaft*) сомни́тельный; **Bedenkzeit** f врéмя c на обду́мывание

bedeuten I. vt (*Sinn haben*) знáчить *несов*, означáть *несов*; (*ausdrücken*) давáть комý-л поня́ть, что ... **II.** vi (*Wert haben, wichtig sein*) имéть значéние; **bedeutend** adj (*Arzt, Künstler*) извéстный, знамени́тый ② (*Summe, Einfluss*) кру́пный, значи́тельный; **Bedeutung** f ① (*Sinn*) значéние c, смысл м ② (*Tragweite, Wichtigkeit*) вáжность ж; **Bedeutungslehre** f семасиология ж; **bedeutungslos** adj не имéющий значéния, незначи́тельный, ничтóжный; **bedeutungsvoll** adj ① (*wichtig*) вáжный ② (*vielsagend*) многознáчительный

bedienen I. vt ① (*Gäste*) обслу́живать ‹-жи́ть› когó-л ② (*Gerät*) обслу́живать ‹-жи́ть›, ‹вос-›пóльзоваться **II.** vr ◇ **sich ~** (*bei Tisch, im Geschäft*) угощáться ‹-сти́ться›, брать угощéние; (*Sache, Person benutzen*) ‹вос-›пóльзоваться (*gen* чем-л), употребля́ть ‹-би́ть› (*gen* что-л); **Bedienung** f ‹-› ① (*Bedienen*) обслу́живание c ② (*Kellner*) официáнт м; ◇ **wo bleibt die ~, bitte?** почему́ не подхóдит официáнт?; (*Verkäufer*) продавéц м, продавщи́ца ж

bedingen vt ① (*voraussetzen*) обуслóвливать ‹-вить›, быть предпосы́лкой чегó-л ② (*bewirken*) вызывáть ‹вы́звать›, ‹с-›дéлать возмóжным что-л; **bedingt** adj ① (*unter Vorbehalt*) с оговóркой ② (*eingeschränkt*) услóвный, относи́тельный; ◇ **das ist nur ~**

richtig э́то ве́рно лишь усло́вно; **Bedingung** f ① (Forderung) усло́вие с ② (Voraussetzung) предпосы́лка ж; ◇ **unter der ~, dass...** при усло́вии, что...; **bedingungslos** adj безусло́вный, безогово́рочный

bedrängen vt (mit Bitten etc.) осажда́ть ⟨-ди́ть⟩

bedrohen vt ⟨при-⟩грози́ть, угрожа́ть кому́-л чем-л; **bedrohlich** adj (Situation) угрожа́ющий, опа́сный; **Bedrohung** f угро́за ж, опа́сность ж

bedrucken vt (Papier, Stoff) ⟨на-⟩печа́тать на чём-л что-л, наби́ва́ть

bedrücken vt притесня́ть ⟨-ни́ть⟩, угнета́ть ⟨-сти́⟩; **bedrückt** adj (niedergeschlagen) пода́вленный, угнетённый

bedürfen vi ◇ **das bedarf e-r Erklärung** э́то необходи́мо поясни́ть, э́то потре́бует разъясне́ния; **Bedürfnis** n (Verlangen) потре́бность ж, нужда́ ж; ◇ **~ nach etw haben** нужда́ться в чём-л, име́ть потре́бность в чём-л; **bedürftig** adj ① (arm) бе́дный, ни́щий ② (brauchen) ◇ **e-r Sache** gen **~ sein** нужда́ться в чём-л

Beefsteak n ⟨-s, -s⟩ (Steak) бифште́кс м

beehren vt удоста́ивать ⟨-сто́ить⟩ кого́-л чего́-л, почти́ть кого́-л чем-л; ◇ **bitte ~ Sie uns bald wieder** заходи́те [приезжа́йте] ещё, пожа́луйста

beeiden vt (e-n Eid ablegen) присяга́ть ⟨-гну́ть⟩ в чём-л

beeilen vr ◇ **sich ~** ⟨по-⟩торопи́ться, ⟨по-⟩спеши́ть

beeindrucken vt (jd-n) производи́ть ⟨-вести́⟩ си́льное впечатле́ние на кого́-л

beeinflussen vt ока́зывать ⟨-за́ть⟩ влия́ние, ⟨по-⟩влия́ть на кого́-л

beeinträchtigen vt ① (allg.) причиня́ть ⟨-ни́ть⟩ вред; (stören) меша́ть несов, ⟨вос-⟩ препя́тствовать кому́-л в чём-л ② (einschränken) ущемля́ть чьи-л интере́сы, стесня́ть кого́-л в чём-л; ◇ **jd-n in seiner Freiheit ~** ущемля́ть [ограни́чивать] свобо́ду кого́-л

beenden vt (abschließen) конча́ть ⟨ко́нчить⟩, прекраща́ть ⟨-ти́ть⟩; (vollenden) заверша́ть ⟨-ши́ть⟩

beerben vt (Tante, Onkel) получа́ть ⟨-чи́ть⟩ насле́дство от кого́-л

beerdigen vt ⟨по-⟩хорони́ть, погреба́ть ⟨-сти́⟩; **Beerdigung** f по́хороны мн, погребе́ние с

Beere f ⟨-, -n⟩ я́года ж

Beet n ⟨-[e]s, -e⟩ гря́дка ж, (Blumen~) клу́мба ж; (Gemüse~) овощна́я гря́дка ж

befähigen vt (fähig machen) де́лать спосо́бным к чему́-л; **Befähigung** f (Fähigkeit) спосо́бность ж, приго́дность ж; (Begabung) скло́нность ж, дарова́ние с

befahl impf v. **befehlen**

befahrbar adj (Strecke, Weg) прое́зжий, досту́пный; (schiffbar) судохо́дный; **befahren** I. unreg vt (Straße) е́здить; (Fluss, Meer) пла́вать несов II. adj (Straße) у́лица с интенси́вным движе́нием тра́нспорта

befallen unreg vt ① (Angst) охва́тывать ⟨-ти́ть⟩; (Trauer) напада́ть ⟨-па́сть⟩ на кого́-что-л, по́ступа́ть ⟨-сти́ч⟩ кого́-что-л ② (Krankheit) заболева́ть

befangen adj ① (gehemmt) смущённый, ро́бкий ② (voreingenommen) пристра́стный, необъекти́вный; **Befangenheit** f (Schüchternheit) стесне́ние с; (Verlegenheit) смуще́ние с, ро́бость ж; (Voreingenommenheit) пристра́стность ж, необъекти́вность ж

befassen I. vr ◇ **sich ~ mit** занима́ться ⟨-я́ться⟩ кем-чем-л II. vt (beauftragen) занима́ть ⟨-я́ть⟩ кого́-л (mit dat чем-л)

Befehl m ⟨-[e]s, -e⟩ ① (Anordnung) прика́з м, приказа́ние с ② PC кома́нда ж; **befehlen** ⟨befiehlt, befahl, befohlen⟩ I. vt (anordnen) прика́зывать ⟨-за́ть⟩, предпи́сывать ⟨-са́ть⟩ II. vi ① (kommandieren) кома́ндовать несов кем-чем-л, распоряжа́ться кем-чем-л ② ◇ **jdm ~, etw zu tun** приказа́ть кому́-л, сде́лать что-л; **Befehlsform** f GRAM повели́тельное наклоне́ние с; **Befehlshaber** m ⟨-s, -⟩ (Heerführer) (главно)кома́ндующий м; **Befehlsverweigerung** f отка́з м вы́полнить прика́з

befestigen vt ① (festmachen) прикрепля́ть ⟨-пи́ть⟩ (an dat к чему́-л) ② MIL укрепля́ть ⟨-пи́ть⟩ ③ (Deich, Ufer) укрепля́ть, упро́чива́ть; **Befestigung** f прикрепле́ние с, закрепле́ние с

befinden unreg I. vi (entscheiden) ◇ **über jd-s Schicksal ~** реша́ть чью-л судьбу́ II. vt ◇ **den Angeklagten für schuldig ~** признать подсуди́мого вино́вным; (einschätzen) ◇ **etw für gut/schlecht ~** призна́ть что-л хоро́шим/плохи́м III. vr ◇ **sich ~** ① (sich aufhalten) находи́ться несов, быть несов, пребыва́ть несов ② (sich fühlen, Kranke) чу́вствовать себя́

Befinden n ⟨-s⟩ (Wohl~) самочу́вствие с, состоя́ние с здоро́вья

befolgen vt ① (gehorchen, Befehl) соблюда́ть ⟨-сти́⟩, исполня́ть ⟨-по́лнить⟩ ② (Rat) ⟨по-⟩сле́довать

befördern vt ① (Fracht, Reisende) перевози́ть ⟨-везти́⟩, транспорти́ровать несов и сов ② (zum Direktor) де́лать ⟨-высить⟩ в до́лжности; **Beförderung** f ① (Transport) перево́зка ж, транспортиро́вка ж ② (Beruf) повыше́ние с по слу́жбе; **Beförderungsmittel** n тра́нспортное сре́дство с

befragen vt спра́шивать ⟨спроси́ть⟩, опра́шивать ⟨-проси́ть⟩

befreien vt ① (aus Gefängnis, Notlage)

освобо|жда́ть ‹-ди́ть›, выводи́ть ‹вы́-вести› **2** (*von Angst, Sorge*) изба́вля́ть ‹-ба́вить› **3** (*von Pflichten*) освобо|жда́ть ‹-ди́ть›; **Befreiung** f освобожде́ние c, избавле́ние c; (~ *vom Dienst*) увольне́ние c

befreundet adj (*Staaten*) дру́жествен-ный; (*nahestehend*) бли́зкий, хорошо́ знако́мый; ◊ **eng mit j-m ~ sein** быть в те́сной дру́жбе с кем-л

befriedigen vt (*zufriedenstellen*) удовле-твор|я́ть ‹-ри́ть›; **befriedigend** adj **1** (*Arbeit, Leistung*) удовлетвори́тельный **2** SCH (*Note 3*) оце́нка 3; **Befriedigung** f **1** (*Genugtuung*) удовлетворе́ние c **2** (*Erfüllung von Ansprüchen*) удовлет-ворённость ж

Befriedung f (*von Land*) умиротворе́ние c, примире́ние c

befristet adj (*zeitlich begrenzt*) ограни́-ченный сро́ком

Befugnis f (*Ermächtigung*) пра́во c, полномо́чие c; **befugt** adj (*ermächtigt*) правомо́чный, име́ющий пра́во

befühlen vt (*Blume, Person*) осяза́ть несов, ощу́п|ыв›ать, ‹по-›щу́пать

Befund m ‹-[e]s, -e› **1** (*Feststellung*) да́н-ные мн осмо́тра [рассле́дования]; (*Er-gebnis*) заключе́ние c о состоя́нии чего́-л, результа́т м **2** MED диа́гноз м, освиде́тельствование c

befürchten vt (*Unangenehmes*) опаса́ть-ся несов, боя́ться несов чего́-л; **Befürchtung** f опасе́ние c; ◊ **ich habe die ~, dass...** я испы́тываю опасе́ние, что ...

befürworten vt (*Antrag, Gesuch*) под-де́р|живать ‹-жа́ть›, защища́ть ‹-ти́ть›; **Befürworter(in)** f m ‹-s, -› (*Für-sprecher/in*) засту́пник м, засту́пница ж; **Befürwortung** f подде́ржка ж; (*Empfehlung*) рекоменда́ция ж

begabt adj (*Schüler*) спосо́бный, ода-рённый; **Begabung** f спосо́бность ж, дарова́ние c

begann impf v. **beginnen**

begeben unreg vr ◊ **sich ~ 1** (*an e-n Ort*) от|правля́ться ‹-пра́виться› **2** ◊ **sich in Gefahr ~** под|верга́ться ‹-ве́ргнуться› опа́сности **3** (*an Arbeit*) присту|па́ть ‹-пи́ть› (*an akk* к чему́-л) **4** (*sich ereig-nen, passieren*) слу|ча́ться ‹-чи́ться›, происходи́ть ‹-зойти́›; **Begebenheit** f (*Ereignis*) собы́тие c, происше́ствие c

begegnen I. vi **1** (*treffen*) встреча́ть ‹-ре́тить›, попада́ться (*jd-m* кому́-л) **2** (*stoßen auf*) ста́лкиваться ‹столкну́ть-ся› (*e-r Sache dat* с чем-л) **3** (*entgegen-wirken*) противосто|я́ть несов, да|ва́ть отпо́р (*e-r Sache dat* чему́-л) II. vr (*sich treffen*) ◊ **sich ~** встреча́ться друг с дру́-гом; **Begegnung** f **1** (*Treffen*) встре́ча ж **2** SPORT встре́ча ж, матч м

begehen unreg vt **1** (*Weg*) ходи́ть где-л; (*abgehen*) об|ходи́ть ‹-ойти́› **2** (*Dieb-stahl*) соверш|а́ть ‹-ши́ть› **3** (*Fest*) пра́з-дновать несов, от|меча́ть ‹-ме́тить›

begehren vt (*Person*) ‹по-›жела́ть, ‹за-›хоте́ть, домога́ться чего́-л; **begehrlich** adj (*heftig wünschend*) жа́дный, нена-сы́тный, а́лчный; **begehrt** adj **1** (*Wa-re*) ходово́й, по́льзующийся больши́м спро́сом **2** (*Mann, Frau*) по́льзую-щийся больши́м успе́хом

begeistern I. vt (*in Begeisterung versetzen*) воодушев|ля́ть ‹-ви́ть›, вдохно|вля́ть ‹-ви́ть› II. vr (*schwärmen*) ◊ **sich ~** увле-ка́ться ‹увле́чься› (*für etw* чем-л); **be-geistert** adj восто́рженный, восхи-щённый; **Begeisterung** f воодушевле́-ние c, вдохнове́ние c

Begierde f ‹-, -n› (*Verlangen*) стремле́ние c, (стра́стное) жела́ние c; **begierig** adj жа́ждущий, стра́стно жела́ющий, жа́дный, пожира́ющий

Beginn m ‹-[e]s› нача́ло c, почи́н м; ◊ **zu ~** внача́ле; **beginnen** ‹begann, begon-nen› vt, vi нач|ин›а́ть, нач|ин›а́ться

beglaubigen vt (*Dokument*) за|веря́ть ‹-ве́рить›, удостове|ря́ть ‹-ве́рить›; **Be-glaubigung** f удостовере́ние c, засвиде́-тельствование c; **Beglaubigungs-schreiben** n дове́ренность ж

begleiten vt **1** (*mitgehen*) прово|жа́ть ‹-ди́ть›, сопрово|жда́ть ‹-ди́ть›; MUS ак-компани́ровать несов **2** (*eskortieren*) эскорти́ровать несов и сов, конвои́ро-вать несов; **Begleiter(in)** f m ‹-s, -› **1** (*Freund/in*) сопровожда́ющий(-ая ж) м, спу́тник м, спу́тница ж **2** (*Polizei*) конво́йный м; **Begleitmusik** f музыка́льное сопровожде́ние c; **Begleitschreiben** n сопроводи́тельное письмо́ c; **Begleitung** f **1** (*durch Person*) сопровожда́ющие ли́ца мн, сви́та ж **2** (*durch Polizei*) конво́й м **3** MUS аккомпанеме́нт м

beglückwünschen vt поздравля́ть ‹-дра́вить› кого́-л (*zu* с чем л)

begnadigen vt (*Gefangene*) ‹по-›ми́-ловать, амнисти́ровать несов и сов; **Begnadigung** f поми́лование c, ам-ни́стия ж

begnügen vr (*sich zufriedengeben*) ◊ **sich ~ mit** удовлетвор|я́ться ‹-ри́ться›, до-во́льствоваться несов чем-л

begraben unreg vt **1** (*ins Grab legen*) ‹по-›хорони́ть **2** (*zuschütten*) зары-ва́ть, за|ка́пывать ‹-копа́ть› **3** FIG (*aufgeben, Hoffnungen*) похорони́ть на-де́жду **4** FAM (*das ist der Grund*) ◊ **hier liegt der Hund ~** вот где собака зары́та; **Begräbnis** n похороны мн, погре-бе́ние c

begradigen vt (*Straße, Weg*) выпрям-ля́ть ‹вы́прямить›, выра́внивать ‹вы́-ровнять›

begreifen *unreg vt* (*verstehen*) пон|има́ть ‹-я́ть›, по|стига́ть ‹-сти́чь›; **begreiflich** *adj* поня́тный, постижи́мый

begrenzen *vt* (*abstecken*) ограни́чи-ва‹ть›; *FIG* (*Thema*) выделя́ть ‹вы́де-лить›

Begriff *m* ‹-[e]s, -e› **①** (*Begriffsinhalt*) поня́тие *c,* идея *ж* **②** (*Vorstellung*) ◇ **du machst dir gar keinen ~** ты совсе́м не представля́ешь себе́; (*etwas Bekann-tes*) ◇ **ist dir Kafka ein ~?** ты зна́ешь [чита́л] Ка́фку? **③** (*sich anschicken*) ◇ **im ~ sein, etw zu tun** собира́ться что-л сде́лать; *FAM* (*begriffsstutzig*) ◇ **schwer von ~ sein** ту́го [ме́дленно] сообража́ть

begründen *vt* **①** (*Behauptung*) обос-но́вывать ‹-ва́ть› **②** (*Lehre*) осно́вы-вать ‹-ва́ть› что-л на чём-л; **begründet** *adj* (*gut fundiert*) обосно́ванный; **Be-gründung** *f* обоснова́ние *c,* мотиви-ро́вка *ж*

begrüßen *vt* **①** (*Gäste*) приве́тствовать *несов* кого́-л, ‹по-›здоро́ваться с кем-л; (*empfangen*) встреча́ть ‹встре́тить› **②** (*Entschluss*) о|добря́ть ‹-добрить›, приве́тствовать; **Begrüßung** *f* приве́т-ствие *c;* (*Empfang*) встре́ча *ж;* (*von Ent-schluss*) одобре́ние *c*

begünstigen *vt* (*Freund*) благоприя́тст-вовать *несов,* по|мога́ть ‹-мо́чь›, по-кровительствовать *несов*

begutachten *vt* **①** (*fachmännisch prüfen*) да|ва́ть заключе́ние, подверга́ть ‹-ве́р-гнуть› эксперти́зе **②** (*betrachten*) тща́тельно рассма́тривать что-л

behaart *adj* (*Mensch, Brust*) покры́тый волоса́ми; (*Tier*) волоса́тый

behäbig *adj* (*schwerfällig*) нетороп-ли́вый, медли́тельный, тяжёлый на подъём

behagen *vi* (*zusagen, gefallen*) ‹по-›нра́-виться кому́-л; (*erfreuen*) ‹об-, по-›ра́до-вать кого́-л; **Behagen** *n* ‹-s› (*Wohlbeha-gen*) прия́тное чу́вство *c;* (*Wohlgefallen*) удово́льствие *c;* **behaglich** *adj* (*Zimmer, Sessel*) ую́тный, ую́дный; (*Wärme*) прия́тный; **Behaglichkeit** *f* ую́т *м,* удо́бство *c;* (*Annehmlichkeit*) прия́т-ность *ж*

behalten *unreg vt* **①** (*Haus*) о|ставля́ть ‹-ста́вить› у себя́ [себе́]; (*Wert*) сохра-ня́ть ‹-ни́ть› **②** (*in Erinnerung*) за|помина́ть ‹-по́мнить›; ◇ **etw für sich ~** ума́лчивать о чём-л; ◇ **etw/jd-n im Auge ~** име́ть что/кого́-л в виду́

Behälter *m* ‹-s, -› (*Tank*) бак *м,* цис-те́рна *ж;* (*Gefäß*) сосу́д *м;* (*Container*) конте́йнер *м*

behandeln *vt* **①** (*Patienten*) лечи́ть *не-сов* **②** (*Thema, Mensch*) обра|ща́ться ‹-ти́ться›, обходи́ться ‹обойти́сь› с кем-чем-л, обсу|жда́ть ‹-ди́ть›, раз-ра́батывать ‹-бо́тать›; **Behandlung** *f*

lечéние *c;* (*Umgang*) обраще́ние *c,* обхожде́ние *c;* (*von Thema*) разрабо́т-ка *ж*

beharren *vi* (*bestehen*) на|ста́ивать ‹-сто-я́ть› (*auf dat* на чём-л); **beharrlich** *adj* **①** (*geduldig*) терпели́вый, посто́янный **②** (*hartnäckig*) упо́рный, насто́йчивый; **Beharrlichkeit** *f* упо́рство *c,* насто́йчи-вость *ж;* (*Ausdauer*) вы́держка *ж*

behaupten I. *vt* (*Meinung*) от|ста́и-вать ‹-стоя́ть›, утвержда́ть *несов* **②** *MIL* (*Stellung, Festung*) уде́р|живать ‹-жа́ть› **II.** *vr* (*sich durchsetzen*) ◇ **sich ~** уде́р|живаться ‹-жа́ться›, утвер|-жда́ться ‹-ди́ться›; **Behauptung** *f* утвержде́ние *c*

Behausung *f* (*einfache Wohnung*) жи-ли́ще *c,* житьё *c;* (*armselig*) прию́т *м*

beheimatet *adj* (*происходя́щий*) ро́-дом (*in dat* из, отку́да-л)

beheizen *vt* (*Haus*) о|та́пливать ‹-то-пи́ть›, обогре́в‹а́›ть

behelfen *unreg vt* ◇ **sich ~ mit** об|хо-ди́ться ‹-ойти́сь›, дово́льствоваться *несов* чем-л; **behelfsmäßig** *adj* (*proviso-risch*) вре́менный, импровизиро́ван-ный

behelligen *vt* (*belästigen*) утру|жда́ть ‹-ди́ть›, обреме|ня́ть ‹-ни́ть› кого́-л чем-л, надоеда́ть ‹-е́сть› кому́-л чем-л

beherbergen *vt* (*Unterkunft gewähren*) да|ва́ть прию́т кому́-л

beherrschen I. *vt* **①** (*Situation, Arbeit*) владе́ть *несов,* овладе́ть *сов;* (*Fremd-sprache*) знать, владе́ть; (*Instrument*) владе́ть, уме́ть по́льзоваться; (*Gefühle, Wut*) сде́р|живать ‹-жа́ть›, обу́з|дывать ‹-да́ть› **②** (*hervorragen, überragen*) гос-по́дствовать *несов* над кем-чем-л **③** (*Volk, Land*) пра́вить *несов;* (*Person*) име́ть власть, госпо́дствовать *несов* **II.** *vr* (*sich zügeln*) ◇ **sich ~** владе́ть собо́ю, сде́ржива‹ть‹ся ‹-жа́ться›; **beherrscht** *adj* (*maßvoll*) уме́ренный, споко́йный; (*gezügelt*) сде́ржанный; **Beherrschung** *f* (*Herrschaft*) владе́ние *c,* управле́ние *c,* госпо́дство *c;* (*von Sprache*) владе́-ние *c,* соверше́нное зна́ние *c* [уме́-ние *c*]; (*Selbst~*) самооблада́ние *c*

beherzigen *vt* (*Rat*) прини|ма́ть ‹-я́ть› во внима́ние

behilflich *adj* (*helfend*) поле́зный; ◇ **könnten Sie mir bitte ~ sein?** помоги́те мне, пожа́луйста; посоде́йствуйте мне, пожа́луйста (*bei* в чём-л)

behindern *vt* (*Sache, Entwicklung*) ‹вос-›препя́тствовать, меша́ть *несов* чему́-л; (*Sicht*) загора́живать ‹-роди́ть›, за-слоня́ть ‹-ни́ть›; (*Person*) препя́тство-вать кому́-л в чём-л; (*Arbeit*) затрудн|-я́ть ‹-ни́ть›

Behinderte(r) *fm* инвали́д *м/ж;* **Behin-derung** *f* **①** (*von Personen*) ограниче́-ние *c;* ◇ **körperliche/geistige ~** физи́ческая/духо́вная неполноце́нность *ж* ② (*von Sachen*) препя́тствие *с*

Behörde *f* <-, -n> (*zuständig*) вла́сти *мн*; (*Verwaltungs~*) о́рган вла́сти; (*einzelne Dienststelle*) учрежде́ние *с*, ве́домство *с*; **behördlich** *adj* (*Genehmigung*) официа́льный, ве́домственный

behüten *vt* (*bewachen*) обе|рега́ть <-ре́чь>; (*schützen*) защища́ть <-ти́ть>

behutsam *adj* (*sorgfältig*) осторо́жный, осмотри́тельный, бе́режный

bei *präp* *dat* ① (*örtlich*) (*in der Nähe von*) вблизи́ от; ◇ ~ **Leonberg** под Лео́нбергом; (*an e-m bestimmten Ort*) ◇ ~ **der Firma Bosch arbeiten** рабо́тать на фи́рме Бош; ◇ ~**m Friseur** в парикма́херской; ◇ ~**m Militär** в а́рмии ② (*zeitlich*) (*während*) ◇ ~ **meiner Abfahrt** при моём отъе́зде; ◇ ~**m Fahren** во вре́мя пое́здки; (*gerade beschäftigt mit*) ◇ ~ **der Arbeit sein** быть за́нятым на рабо́те ③ (*unter bestimmten Umständen*) ◇ ~**Nacht** но́чью; ◇ ~ **Regen** в дождь, во вре́мя дождя́ ④ (*in Zusammenhang mit Person*) ◇ **etw** ~ **sich haben** име́ть что-л при себе́; ◇ **jd-n** ~ **sich haben** име́ть кого́-л с собо́й ⑤ (*verbunden mit*) ◇ ~ **dieser Gelegenheit** при слу́чае; ~ **dieser Präposition** с э́тим предло́гом; ◇ ~ **Kräften sein** быть в си́лах; ◇ ~ **Strafe verboten** за наруше́ние штраф ⑥ (*zur Bezeichnung des Urhebers*) ◇ ~ **Goethe** (прочита́ть) у Гёте ⑦ ◇ **jd-n** ~ **seinem Namen rufen** называ́ть [позва́ть] кого́-л по и́мени ⑧ (*vor Beteuerungsformeln*) ◇ ~ **meiner Ehre!** кляну́сь че́стью! ⑨ (*vor Zahlen, unbestimmten Angaben*) ◇ ~ **weitem** намно́го, гора́здо

beibehalten *unreg vt* (*Sitte, Meinung*) сохраня́ть <-ни́ть>, оставля́ть <-ста́вить>; (*Kurs*) держа́ться *сов*

beibringen *unreg vt* ① (*beschaffen, Papiere*) предъ|явля́ть <-ста́вить>; (*Gründe*) при|води́ть <-вести́> ② (*lehren*) обу|ча́ть <-чи́ть>, научи́ть *сов* кого́-л чему́-л

Beichte *f* <-, -n> и́споведь *ж*; **beichten** **I.** *vt* ① REL испове́д<ов>аться ② (*gestehen*) призна|ва́ться в чём-л **II.** *vi* (*zur Beichte gehen*) испове́доваться *несов* и *сов*

beide(s) *pron* ① (*adjektivisch*) (*alle zwei*) о́ба, о́бе; ◇ ~ **Kinder** о́ба ребёнка; ◇ **meine** ~**n Brüder** о́ба мои́х бра́та ② (*substantivisch*) ◇ **keiner von** ~**n** никто́ из них; ◇ **e-r von** ~**n** оди́н из двух; **beidemal** *adv* о́ба ра́за; **beiderlei** *adj* <inv> двоя́кий; **beiderseitig** *adj* (*auf beiden Seiten*) обою́дный; (*gegenseitig*) взаи́мный, и тот и друго́й; **beiderseits** **I.** *adv* взаи́мно, обою́дно, с обе́их сторо́н **II.** *präp gen* по о́бе сто́роны

beieinander *adv* (*zusammen*) друг по́дле [во́зле] дру́га

Beifahrer(in *f*) *m* провожа́тый(-ая *ж*) *м*, сидя́щий *м* ря́дом с шофёром; **Beifahrersitz** *m* ме́сто *с* ря́дом с шофёром

Beifall *m* <-[e]s> ① (*Zustimmung*) одобре́ние *с*, успе́х *м* ② (*Zuschauer~*) аплодисме́нты *мн*, рукоплеска́ния *мн*

beifügen *vt* при|лага́ть <-ложи́ть>

beigeben *unreg* **I.** *vt* (*hinzufügen*) при|бавля́ть <-ба́вить> **II.** *vi* (*nachgeben*) ◇ **klein** ~ уступа́ть <-пи́ть>, подчиня́ться <-ни́ться> (*dat* кому́-л)

Beigeschmack *m* ① (*Nebengeschmack*) при́вкус *м* ② FIG ◇ **ein peinlicher** ~ неприя́тный [го́рький] оса́док *м*

Beihilfe *f* ① (*Finanz~*) посо́бие *с*, субси́дия *ж* ② JURA (*zum Mord*) посо́бничество *с*

beikommen *unreg vi* (*bewältigen*) подсту|па́ться <-пи́ться> (*jd-m/e-r Sache* к кому́/чему́-л); (*e-r Schwierigkeit*) преодоле|ва́ть, справля́ться <спра́виться> (*dat* что-л, с чем-л); (*e-m Problem*) справля́ться <спра́виться> (*dat* что-л, с чем-л)

Beil *n* <-[e]s, -e> топо́р *м*

Beilage *f* ① (*von Zeitung*) приложе́ние *с* ② GASTRON гарни́р *м*, припра́ва *ж*

beiläufig **I.** *adj* (*nebenbei*) случа́йный, попу́тный **II.** *adv* (*sagen*) вскользь, ме́жду про́чим, мимохо́дом

beilegen *vt* ① (*beifügen*) при|лага́ть <-ложи́ть> что-л к чему́-л ② (*Differenzen*) устра|ня́ть <-ни́ть>, ула́|живать <-дить>

Beileid *n* соболе́знование *с*; (*Anteilnahme*) сочу́вствие *с*; ◇ **mein herzliches** ~ прими́те моё и́скреннее соболе́знование

beiliegend *adj* COMM прилага́емый, приложе́нный

beim = **bei dem** ① (*Vorgang*) ◇ ~ **Essen hustete er** во вре́мя еды́ он ка́шлял ② ◇ **jd-n** ~ **Wort nehmen** лови́ть кого́-л на сло́ве

beimessen *unreg vt* (*Bedeutung*) прида́|ва́ть (*dat* чему́-л)

Bein *n* <-[e]s, -e> ① (*von Person*) нога́ *ж*; (*von Tier*) кость *ж* ② (*von Möbel*) но́жка *ж*

beinah[e] *adv* (*fast*) почти́, чуть ли не, едва́ ли не

Beinbruch *m* перело́м *м* ноги́; ◇ **Hals und** ~**!** всего́ наилу́чшего!; FAM ни пу́ха, ни пера́!

beinhalten *vt* ① (*Ware, Gerät*) включа́ть <-чи́ть>, охва́|тывать <-ти́ть> ② ADMIN (*Schreiben*) содержа́ть, име́ть свои́м держа́нием

beipflichten *vi* (*zustimmen*) ◇ **jd-m/e-r Sache** ~ соглаша́ться <-си́ться> с кем-л в чём-л

beirren *vt* ◇ **lass Dich nicht** ~ не дай себя́ смути́ть

beisammen *adv* вме́сте; (*nebeneinander*)

друг по́дле [во́зле] дру́га; **Beisammen-sein** n ‹-s› совме́стное пребыва́ние c; (Treffen) встре́ча ж

Beischlaf m (Koitus) полово́е сноше́ние c, сожи́тельство c

Beisein n ‹-s› **in jds ~** в прису́тствии кого́-л

beiseite adv в сто́рону

beisetzen vt (Toten) ‹по-›хорони́ть; **Beisetzung** f по́хороны мн, погребе́ние c

Beispiel n ‹-[e]s, -e› приме́р m, образе́ц m; ‹ **für** приме́р (an jd-m/e-r Sache с кого́-чего́-л); ◇ (**wie**) **zum ~** (как) наприме́р; **beispiellos** adj (noch nie dagewesen) беспримерный; (unerhört) неслы́ханный; **beispielsweise** adv к приме́ру, наприме́р, в ви́де приме́ра

beißen ‹biss, gebissen› I. vt кусла́ть ‹-ну́ть›, куса́ться, укуси́ть сов II. vi (Rauch) щипла́ть несов, ‹с-›жечь III. vr (Farben) ◇ **sich ~** не подходи́ть друг к дру́гу; **beißend** adj ① (Hund) куса́чий, злой ② (ätzend, Geruch) е́дкий, ко́лкий ③ (nicht zueinander passend) (Farben) не подходя́щий друг дру́гу ④ FIG (Bemerkungen) ко́лкий, саркасти́ческий

Beistand m (Hilfe) по́мощь ж, соде́йствие c; JURA защи́тник m, юриско́нсульт m; **beistehen** unreg vi (helfen, zur Seite stehen) ◇ **jd-m ~** пол́мога́ть ‹-мо́чь› кому́-л чем-л

beisteuern vt (beitragen) вноси́ть ‹внести́› свою́ до́лю [часть] (zu до что-л)

Beitrag m ‹-[e]s, -träge› ① (persönlich) вклад m ② (finanziell) (чле́нский) взнос m; (Spende) поже́ртвование c; (Versicherungs-) страхова́я су́мма ж ③ (Abhandlung) статья́ ж; **beitragen** unreg vt, vi (seinen Beitrag leisten) вноси́ть ‹внести́› свой вклад (zu dat во что-л), соде́йствовать (чему́-л)

beitreten unreg vi (Mitglied werden) вступа́ть ‹-пи́ть› в организа́цию (dat куда́-л); **Beitritt** m (in Verein, Bündnis) вступле́ние c; **Beitrittserklärung** f заявле́ние c о вступле́нии

Beiwerk n (Beigabe) прида́ча ж, приложе́ние c

Beize f ‹-, -n› ① (Mittel) протра́ва ж, трави́льный раство́р m; (Holz~) мори́лка ж, протра́ва ж для де́рева ② GASTRON марина́д m; (Salzlake) рассо́л m; **beizen** vt ① (Holz, Saatgut) ‹за-›мори́ть, ‹вы-›трави́ть ② (Lebensmittel) ‹за-›консерви́ровать, марнова́ть несов, ‹по-›соли́ть

bejahen vt ① (Frage) отл́веча́ть ‹-ве́тить› утверди́тельно на что-л ② (gutheißen) одобря́ть ‹одо́брить›; (begrüßen) приве́тствовать несов

bekämpfen I. vt боро́ться несов, вести́ борьбу́ с кем-чем-л II. vr (gegeneinander

ankämpfen) ◇ **sich ~** боро́ться друг про́тив дру́га; **Bekämpfung** f пораже́ние c, подавле́ние c (gen кого́-чего́-л)

bekannt adj (Person, Sache) знако́мый; (berühmt) изве́стный; ◇ **das ist mir ~** мне изве́стно; ◇ **er/sie ist mir ~** я зна́ю его́/её; (vertraut gemacht werden) ◇ **jd-n mit jd-m ~ machen** знако́мить кого́-л с кем-л; **Bekannte(r)** fm знако́мый(-ая ж) m; **Bekanntenkreis** m круг зна-ко́мых; **bekannt geben** unreg vt (ankündigen) объявля́ть ‹-ви́ть›, сооб|ща́ть ‹-щи́ть›; **Bekanntmachung** f объявле́ние c, оповеще́ние c; **Bekanntschaft** f ‹-› ① знако́мство c; ◇ **jd-s ~ machen** познако́миться с кем-л ② (Freundeskreis) знако́мые мн

bekehren I. vt (Person) переубежда́ть ‹-ди́ть›; a. FIG обраща́ть ‹-ти́ть› (zu dat в кого́-что-л) II. vr (übertreten zu) ◇ **sich ~ zu** измени́ть о́браз мы́слей; REL обрати́ться в но́вую ве́ру; **Bekehrung** f обраще́ние c (в другу́ю ве́ру), измене́ние c о́браза мыслей

bekennen unreg I. vt (Schuld, Diebstahl) призна|ва́ться II. vr ◇ **sich** akk **als Sünder ~** признава́ть свой грех; ◇ **sich** akk **zu etw** dat **~** признава́ть себя́ отве́тственным за что-л (прича́стным к чему́-л); (stehen) ◇ **sich zu e-r Freundin ~** подде́рживать свою́ подру́гу; **Bekennerbrief** m (von Terroristen) письмо́ c с призна́нием прича́стности к тера́кту; **Bekenntnis** n ① (zu Regierung) призна́ние c себя́ сторо́нником кого́-л ② (Eingeständnis) призна́ние c ③ (Beichte) и́споведь ж, призна́ние c

beklagen I. vt (Schicksal, Tod) опла́к|ив›ать II. vr ◇ **sich** akk **~ über** ‹по-›жа́ловаться на кого́-что-л; **beklagenswert** adj приско́рбный; (Person) досто́йный сожале́ния

bekleben vt (Wand) окле́и|ва›ть

bekleiden I. vt ① (Baby) оде́|ва́ть, обла|ча́ть ‹-чи́ть› ② (Amt, Posten) занима́ть ‹-я́ть› II. vr ◇ **sich** akk **~ mit** оде́|ва́ться во что-л, обла|ча́ться ‹-чи́ться› во что-л; **bekleidet** adj оде́тый; **Bekleidung** f ① (Kleider) оде́жда ж ② (Wand~) облицо́вка ж, оби́вка ж

beklemmend adj (Gefühl) удруча́ющий, гнету́щий, тя́гостный; **beklommen** adj (ängstlich, bedrückt) беспоко́йный, угнетённый, пода́вленный; **Beklommenheit** f стесне́ние c, тоска́ ж, беспоко́йство c

bekommen unreg I. vt ① (erlangen) получа́ть ‹-чи́ть›; (Kind) роди́ть несов и сов ② (erhalten, Geld) получа́ть ‹-чи́ть›; (Krankheit) схва́т|ывать ‹-ти́ть›; (Angst) ощул|ца́ть ‹-ти́ть›, почу́вствовать сов; ◇ **er hat wieder Farbe bekommen** у него́ опя́ть появи́лся румя́нец II. vi ◇ **das bekommt mir nicht** э́то бу́дет мне во вред, э́то мне не впрок; **bekömmlich** *adj* (*Suppe*) поле́зный

bekräftigen *vt* (*Aussage, Vorschlag*) подтвер|жда́ть <-ди́ть>; (*bestätigen*) заверя́ть <-ве́рить>, скреп|ля́ть <-пи́ть> по́дписью

bekümmern *vt* (*betrüben*) огор|ча́ть <-чи́ть>

bekunden *vt* (*Interesse, Sympathie*) проявля́ть <-ви́ть>, выража́ть <вы́разить>, демонстри́ровать *несов*

belächeln *vt* (*Verhalten*) посме́иваться <-я́ться>, потеша́ться *несов* над кем-чем-л

beladen *unreg vt* (*Wagen, Flugzeug*) нагружа́ть <-зи́ть>, по->грузи́ть

Belag *m* <-[e]s, Beläge> **1** (*auf Brot*) проду́кты *мн*, кото́рые кладу́тся на хлеб **2** (*Zahn~*) налёт *м* **3** (*Straßen~*) покры́тие *с*

belagern *vt* (*Burg, Stadt*) *a*. FIG оса|жда́ть <-ди́ть>; **Belagerung** *f* оса́да *ж*

belangen *vt a*. JURA при|влека́ть <-вле́чь> кого́-л к отве́ту; **belanglos** *adj* (*unwichtig*) незначи́тельный, нева́жный; **Belanglosigkeit** *f* незначи́тельность *ж*, нева́жность *ж*

belassen *unreg vt* **1** (*unverändert lassen*) о|ставля́ть <-ста́вить> (в пре́жнем состоя́нии) **2** (*sich begnügen*) ◇ **~ wir es dabei** оста́вим э́то так, как есть

belasten I. *vt* **1** (*beladen*) нагру|жа́ть <-зи́ть>, FIG (*bedrücken*) обремен|я́ть <-ни́ть>, отягоща́ть <-ти́ть>, угнета́ть *несов* **2** COMM (*Konto*) запи́сывать <-са́ть> на счёт, дебетова́ть счёт **3** JURA обвин|я́ть <-ни́ть>, улича́ть <-чи́ть> **II.** *vr* ◇ **sich ~** нагру|жа́ть <-зи́ть> себя́; JURA изоблича́ть <-чи́ть> себя́; **belastend** *adj* (*Material*) изоблича́ющий, обвиня́ющий

belästigen *vt* (*mit Fragen, Lärm*) обремен|я́ть <-ни́ть>, беспоко́ить *несов* кого́-л чем-л; **Belästigung** *f* надоеда́ние *с*, обремене́ние *с*

Belastung *f* **1** (*Gewicht*) груз *м*, но́ша *ж*; FIG (*Sorge*) бре́мя *с*, тя́готы *мн*, нагру́зка *ж* **2** COMM занесе́ние *с* в счёт, дебетова́ние *с* **3** JURA обвине́ние *с*; **Belastungszeuge** *m*, **Belastungszeugin** *f* свиде́тель(ница *ж*) *м* обвине́ния

belaufen *unreg vr* (*betragen*) ◇ **sich ~ auf** со|ставля́ть <-ста́вить> каку́ю-л су́мму

beleben I. *vt* (*Straße*) ожив|ля́ть <-ви́ть>, насел|я́ть <-ли́ть> **2** (*ankurbeln, Wirtschaft*) ожив|ля́ть <-ви́ть> **II.** *vr* (*Straße*) ◇ **sich ~** ожив|ля́ться <-ви́ться>

Beleg *m* <-[e]s, -e> **1** (*Beweis*) веще́ственное) доказа́тельство *с*, до́вод *м*; (*Bestätigung*) подтвержде́ние *с*; (*Beispiel*) приме́р *м* **2** COMM (*Quittung*) распи́ска *ж*, квита́нция *ж* **3** (*in Texten*) приме́р *м* на употребле́ние како́го-л сло́ва; **belegen** *vt* **1** ◇

ein Brot mit etw ~ пригото́вля|ть <-то́вить> бутербро́ды с чем-л **2** (*Ort, Sitz*) зан|има́ть <-я́ть>, <за->брони́ровать, уде́рживать <-жа́ть>; (*Telefonleitung*) зан|има́ть <-я́ть> **3** (*Seminar, Kurs*) запи́|сываться <-са́ться> **4** (*Ausgaben, Behauptung*) дока́зывать <-за́ть> с по́мощью докуме́нтов, подтвер|жда́ть <-ди́ть> **5** (*Unternehmen, mit Steuern*) об|лага́ть <-ложи́ть>; ◇ **jd-n mit e-r Strafe ~** облага́ть кого́-л штра́фом **Belegschaft** *f* персона́л *м*

belehren *vt* (*Schüler*) поуча́ть *несов*, <на->учи́ть; (*Soldaten*) наставля́ть *несов*, да|ва́ть наставле́ния; **Belehrung** *f* поуче́ние *с*, наставле́ние *с*

beleidigen *vt* **1** (*kränken*) обижа́ть <оби́деть>; (*mit Schimpfwörtern*) оскорб|ля́ть <-би́ть> **2** FIG (*Ohren*) ра́нить *несов и сов*, оскорб|ля́ть <-би́ть>, уязв|ля́ть <-ви́ть>; **beleidigend** *adj* оби́дный, оскорби́тельный; **Beleidigung** *f* оскорбле́ние *с*, оби́да *ж*; JURA оскорбле́ние *с* де́йствием; **Beleidigungsklage** *f* JURA жа́лоба *ж* на оскорбле́ние

belesen *adj* начи́танный

beleuchten *vt* **1** (*Straße, Schaufenster*) освеща́ть <-ти́ть>; (*Haus*) иллюмини́ровать *несов и сов* **2** FIG (*genau prüfen*) ◇ **e-e Situation von allen Seiten ~** обрисова́ть ситуа́цию со всех сторо́н; **Beleuchtung** *f* освеще́ние *с*

Belgien *n* Бе́льгия *ж*; ◇ **in/nach ~** в Бе́льгии/в Бе́льгию; **Belgier(in** *f*) *m* <-s, -> белги́ец *м*, бельги́йка *ж*; **belgisch** *adj* бельги́йский

belichten *vt* FOTO экспони́ровать *несов и сов*; **Belichtung** *f* освеще́ние *с*, экспози́ция *ж*; **Belichtungsmesser** *m* <-s, -> экспоно́метр *м*

Belieben *n* ◇ **nach ~** как уго́дно, как хоти́те, по со́бственному усмотре́нию; **beliebig** *adj* (*irgendein*) любо́й, како́й уго́дно; ◇ **~ viel** ско́лько уго́дно; ◇ **e-n ~en Beruf wählen** вы́брать любу́ю профе́ссию

beliebt *adj* **1** (*Lehrer, Schauspieler*) люби́мый; (*Ort*) излю́бленный; (*Buch*) популя́рный, люби́мый; ◇ **er versuchte, sich bei uns ~ zu machen** он стреми́лся стать у нас популя́рным **2** (*häufig gebraucht*) хо́дкий; **Beliebtheit** *f* популя́рность *ж*

beliefern *vt* по|ставля́ть <-ста́вить> кому́-л что-л

belohnen *vt* (*für Bemühungen*) вознагра|жда́ть <-ди́ть> кого́-л за что-л; **Belohnung** *f* вознагражде́ние *с*, награ́да *ж*

belügen *unreg vt* (*anlügen*) <на->лга́ть, <на->вра́ть кому́-л, обма́нывать <-ну́ть> кого́-л

belustigen *vt* (*zum Lachen bringen*)

⟨раз-⟩весели́ть; **belustigend** *adj* увесели́тельный; **Belustigung** *f* увеселе́ние *c*, заба́ва *ж*, поте́ха *ж*

bemalen *vt* (*anmalen*) раскра́|шивать ⟨-сить⟩

bemängeln *vt* (*Fehler*) находи́ть недоста́тки [оши́бки]; ◇ **an allem etw zu ~ haben** стреми́ться во всём находи́ть недоста́тки

bemannen *vt* (*Boot*) ⟨у-⟩комплектова́ть экипа́ж (кома́нду)

bemerkbar *adj* ① (*erkennbar*) заме́тный, приме́тный ② ◇ **sich ~ machen** обрати́ть на себя́ внима́ние, дава́ть себя́ знать; **bemerken** *vt* ① (*wahrnehmen*) за|меча́ть ⟨-ме́тить⟩, под|меча́ть ⟨-ме́тить⟩ ② (*äußern*) за|меча́ть ⟨-ме́тить⟩, де́лать замеча́ние, возра|жа́ть ⟨-зи́ть⟩; ◇ **ganz nebenbei bemerkt ...** кста́ти говоря́; **bemerkenswert I.** *adj* (*beachtlich*) замеча́тельный, примеча́тельный **II.** *adv* досто́йно внима́ния; **Bemerkung** *f* (*Äußerung*) замеча́ние *c*; (*Anmerkung, Fußnote*) примеча́ние *c*

bemitleiden *vt* ⟨по-⟩жале́ть кого́-л, ⟨по-⟩сочу́вствовать кому́-л

bemühen I. *vt* ◇ **jd-n um etw** ~ беспоко́ить кого́-л из-за чего́-л [по како́му-л по́воду] **II.** *vr* (*sich anstrengen*) ◇ **sich** ~ ⟨по-⟩труди́ться над чем-л, ⟨по-⟩стара́ться; **Bemühung** *f* (*Anstrengung*) уси́лие *c*, стара́ние *c*, хло́поты *мн*

bemuttern *vt* (*Sohn*) проявля́ть ⟨-ви́ть⟩ матери́нскую забо́ту, забо́титься о ком-л

benachbart *adj* сосе́дний

benachrichtigen *vt* у|ведомля́ть ⟨-ве́домить⟩, извеща́|ть ⟨-сти́ть⟩ кого́-л о чём-л; **Benachrichtigung** *f* осведомле́ние *c*, уведомле́ние *c*, извеще́ние *c*

benachteiligen *vt* причиня́ть ⟨-ни́ть⟩ уще́рб, ⟨по-⟩ста́вить в невы́годное положе́ние кого́-л

benehmen *unreg vt* ◇ **sich** ~ вести́ себя́, держа́ться; **Benehmen** *n* ⟨-s⟩ поведе́ние *c*; (*Verhalten*) посту́пки *мн*

beneiden *vt* ⟨по-⟩зави́довать кому́-л в чём-л; **beneidenswert** *adj* зави́дный

benennen *unreg vt* назы́|вать, ⟨на-⟩имено́вать, дава́|ть и́мя

benommen *adj* (*nach Unfall*) с помутнённым созна́нием, оглушённый; (*vor Schreck*) оцепене́лый

benötigen *vt* нужда́ться в чём-л

benutzen *vt* ⟨вос-⟩по́льзоваться чем-л, употребля́|ть ⟨-би́ть⟩ что-л; **Benutzer(in** *f*) *m* ⟨-s, -⟩ по́льзующийся(-аяся *ж*) *м*, по́льзователь(ница *ж*) *м*; **benutzerfreundlich** *adj* удо́бный и досту́пный в испо́льзовании; **Benutzeroberfläche** *f* PC пове́рхность *ж* по́льзователя; **Benutzung** *f* (*von Räumen, Werkzeug*) по́льзование *c*, испо́льзование *c*, употребле́ние *c*

Benzin *n* ⟨-s⟩ AUTO бензи́н *м*; ◇ **bleifreies** ~ бензи́н *м* без содержа́ния свинца́; **Benzintank** *m* бензоба́к *м*, бензи́новый бак *м*; **Benzinuhr** *f* (*im Auto*) бензоме́р *м*

beobachten *vt* ① (*genau betrachten*) наблюда́ть что-л, следи́ть за кем-чем-л ② (*feststellen*) под|меча́ть ⟨-ме́тить⟩, за|меча́ть ⟨-ме́тить⟩ за кем-л; **Beobachter(in** *f*) *m* ⟨-s, -⟩ наблюда́тель(ница *ж*) *м*; (*Zeuge/-in*) свиде́тель(ница *ж*) *м*; **Beobachtung** *f* ① (*das Beobachten*) наблюде́ние *c* ② (*Feststellung*) установле́ние *c*, соблюде́ние *c*; **Beobachtungsgabe** *f* наблюда́тельность *ж*

bepacken *vt* (*Tier, Mensch*) нагру|жа́ть ⟨-зи́ть⟩, навью́чи|вать

bepflanzen *vt* за|са́живать ⟨-сади́ть⟩, обса́|живать ⟨-сади́ть⟩

bequem *adj* ① (*Stuhl, Kleidung*) удо́бный; ◇ **machen Sie es sich bitte ~!** располага́йтесь [устра́ивайтесь] поудо́бней, пожа́луйста! ② (*leicht*) нетру́дный, лёгкий; ◇ **mach es Dir nicht zu ~!** не будь сли́шком беззабо́тным ③ (*träge*) лени́вый, ине́ртный, медли́тельный, вя́лый; **Bequemlichkeit** *f* ① (*Behaglichkeit*) удо́бство *c*, ую́т *м*; (*Komfort*) комфо́рт *м*, удо́бства *мн* ② (*Trägheit*) вя́лость *ж*, ине́ртность *ж*, ле́ность *ж*

beraten *unreg* **I.** *vt* (*Kunden*) ⟨по-⟩сове́товать, да|ва́ть сове́ты; ◇ **mit etw gut ~ sein** руково́дствоваться хоро́шими сове́тами; (*besprechen*) ◇ **(über) etw** *akk* ~ обсу|жда́ть ⟨-ди́ть⟩ что-л **II.** *vr* ◇ **sich** ~ ⟨по-⟩сове́товаться, ⟨по-⟩совеща́ться; **Berater(in** *f*) *m* ⟨-s, -⟩ сове́тчик *м*, сове́тчица *ж*, сове́тник *м*, сове́тница *ж*, консульта́нт(ка *ж*) *м*; **Beratung** *f* совеща́ние *c*, сове́т *м*; (*Besprechung*) обсужде́ние *c*; **Beratungsstelle** *f* консультацио́нное бюро́ *c*, консульта́ция *ж*

berauben *vt* о|грабля́ть ⟨-гра́бить⟩, обобра́ть ⟨обира́ть⟩

berauschen I. *vt* (*betrunken machen*) опьяня́ть ⟨-ни́ть⟩ **II.** *vr* ◇ **sich** ~ ① (*sich betrinken*) пить *несов*, напи|ва́|ться ② (*sich begeistern*) упи|ва́|ться чем-л; **berauschend** *adj* (*Wein*) кре́пкий; (*Duft*) опьяня́ющий

berechenbar *adj* исчисля́емый, поддаю́щийся исчисле́нию; (*vorauszusehen*) предска́зуемый; **berechnend** *adj* (*auf Vorteil aus*) расчётливый; **Berechnung** *f* ① (*Ausrechnen*) вычисле́ние *c*, исчисле́ние *c* ② (*[Ein-]Schätzung*) оце́нка *ж*; ③ COMM счёт *м*, расчёт *м*, распла́та *ж*

berechtigen *vt* да|ва́ть пра́во; (*ermächtigen*) уполномо́чи|вать ⟨-ть⟩ ⟨*zu* кого́-л на что-л⟩; **berechtigt** *adj* ① (*Ansprüche*) справедли́вый, обосно́ванный ② (*Vor-*

wurf, Kosten) опра́вданный; **Berechtigung** *f (Befugnis)* полномо́чие *с; (Recht)* пра́во *с; (Berechtigtsein)* правомо́чие *с*
bereden *vt (besprechen)* обсу|жда́ть ‹-ди́ть› что-л
Bereich *m* ‹-[e]s, -e› ① *(von Stadt, Küste)* райо́н *m,* зо́на *ж* ② *(Zuständigkeit)* компете́нция *ж* ③ PHYS диапазо́н *m*
bereichern I. *vt (erweitern, Sammlung)* обога|ща́ть ‹-ти́ть› что-л чем-л **II.** *vr (sich aneignen)* ◊ **sich** – обога|ща́ться ‹-ти́ться›, нажи́|ва́ться на чём-л
bereisen *vt (Land, Stadt)* объе|зжа́ть ‹-е́здить›, путеше́ствовать *несов*
bereit *adj* гото́вый; ◊ **er erklärte sich ~, uns zu helfen** он согласи́лся [вы́разил гото́вность] помо́чь нам
bereiten *vt* ① *(Essen)* пригото́вля́ть ‹-то́вить›, при|гото́вить ② *(Freude, Sorgen)* до|ставля́ть ‹-ста́вить›, причи́н|я́ть ‹-и́ть›
bereithalten *unreg vt (Geld)* держа́ть [име́ть] нагото́ве; **bereitlegen** *vt (Werkzeug)* пригото́вля́ть ‹-то́вить›; **bereits** *adv* уже́
Bereitschaft *f* ① *(Bereitsein)* гото́вность *ж* ② MIL дежу́рная часть *ж;* ◊ – **haben** быть на дежу́рстве; ◊ **in ~ sein** быть нагото́ве [гото́вым]; **Bereitschaftsarzt** *m,* **Bereitschaftsärztin** *f* врач *м/же́нщина-врач ж* ско́рой по́мощи; **Bereitschaftsdienst** *m* дежу́рство *с,* гото́вность *ж,* ско́рая по́мощь; **bereitwillig** *adj (anstandslos)* услу́жливый
bereuen *vt* ① *(Worte)* раска́иваться ‹-я́ться› в чём-л ② *(bedauern)* ‹со-›жале́ть о чём-л
Berg *m* ‹-[e]s, -e› гора́ *ж;* FIG *(von Akten)* гру́да *ж,* гора́ *ж,* ку́ча *ж,* глы́ба *ж;* **bergab** *adv* под го́ру, с горы́; **Bergarbeiter** *m* горня́к *м,* шахтёр *м;* **bergauf** *adv* в го́ру, на́ гору; **Bergbahn** *f* го́рная (желе́зная) доро́га *ж; (Seilbahn)* подвесна́я кана́тная доро́га *ж;* **Bergbau** *m* го́рная промы́шленность *ж*
bergen ‹birgt, barg, geborgen› *vt* ① *(retten)* спаса́ть ‹спасти́›; *(Verschüttete)* под|бы́|ра́ть, ‹за-›хорони́ть; *(Schiffbrüchige)* спаса́ть ‹спасти́›, под|бира́ть ‹-обра́ть›, эвакуи́ровать *несов и сов* ② *(innehaben)* сохран|я́ть ‹-ни́ть›, заключа́ть [таи́ть] в себе́
Bergführer(in *f*) *m* проводни́к *м/*проводни́ца ж в гора́х; **Berggipfel** *m* верши́на *ж* горы́; **bergig** *adj (Landschaft)* гори́стый; **Bergkette** *f* го́рный хребе́т *м,* го́рная цепь *ж,* гряда́ *ж;* **Bergrutsch** *m* о́ползень *м;* **Bergschuhe** *m pl* го́рные боти́нки *мн;* **Bergsteigen** *n* восхожде́ние *с* на го́ры; *(Alpinistik)* альпини́зм *м;* **Bergsteiger(in** *f*) *m* ‹-s, -› альпини́ст(ка *ж*) *м;* **Bergwerk**

n го́рное предприя́тие *с,* ша́хта *ж,* рудни́к *м*
Bericht *m* ‹-[e]s, -e› докла́д *м,* сообще́ние *с,* отчёт *м;* **berichten** *(in f)* *m* ‹-, -› докла́дчик *м,* докла́дчица *ж; (Korrespondent/in)* корреспонде́нт(ка *ж*) *м;*
Berichterstatter(in *f*) *m* ‹-s, -› докла́дчик *м,* докла́дчица *ж; (Korrespondent/in)* корреспонде́нт(ка *ж*) *м;*
Berichterstattung *f* представле́ние *с* отчёта [докла́да]; *(Berichtswesen)* отчётность *ж*
berichtigen *vt (verbessern, Aussprache)* ис|правля́ть ‹-пра́вить›; *(Text)* вноси́ть ‹внести́› попра́вку
Bernhardiner *m (Hunderasse)* сенбернар *м*
Bermudas *pl* ① *(Inseln)* Берму́дские острова́ *мн* ② *(Shorts)* берму́ды *мн*
Bernstein *m* янта́рь *м*
bersten ‹barst, geborsten› *vi* ① *(aufplatzen)* раска́лываться ‹-коло́ться›; *(Risse bekommen)* ‹по-›тре́скаться, тре́снуть *сов* ② *(überfüllt)* ◊ **der Saal ist zum B~ voll** зал наби́т битко́м
berüchtigt *adj (Lokal)* по́льзующийся дурно́й сла́вой; *(Person)* подозри́тельный
berücksichtigen *vt* прин|има́ть ‹-я́ть› во внима́ние, учи́тывать ‹уче́сть›
Beruf *m* ‹-[e]s, -e› *(Handwerks~)* профе́ссия *ж,* специа́льность *ж;* ◊ **freie ~e** свобо́дные профе́ссии *мн;* ◊ **was sind Sie von ~?** кто Вы по профе́ссии?
berufen¹ *unreg* **I.** *vt (ernennen)* назнача́ть ‹-на́чить›, приглаша́ть ‹-си́ть› для замеще́ния до́лжности *(in, an akk* на) **II.** *vr (sich beziehen auf)* ◊ **sich – auf** ссыла́ться ‹-сосла́ться› на кого́-что-л
berufen² *adj (fähig)* при́званный, предназна́ченный; *(kompetent)* компете́нтный, авторите́тный
beruflich *adj* профессиона́льный; *(dienstlich)* служе́бный; **Berufsausbildung** *f* профессиона́льное обуче́ние *с,* профессиона́льная подгото́вка *ж;* **Berufsleben** *n* труд *м,* трудова́я де́ятельность *ж;* **Berufsschule** *f* профессиона́льная шко́ла *ж,* профучи́лище *с;* **Berufssportler(in** *f*) *m* профессиона́льный(-ая) спортсме́н-ка *ж*) *м;* **berufstätig** *adj* рабо́тающий по како́й-л специа́льности, за́нятый на рабо́те; **Berufsverkehr** *m* перево́зка *ж* рабо́тающих к ме́сту рабо́ты, часы́ *мн* пик на тра́нспорте; **Berufsverbot** *n* ‹-s› запре́т *м* на профе́ссии; **Berufswahl** *f* вы́бор *м* профе́ссии
Berufung *f* ① *(zu e-r Tätigkeit)* призва́ние *с* ② *(Einsetzung, zur Arbeit)* назначе́ние *с* ③ JURA обжа́лование *с* суде́бного пригово́ра, апелля́ция *ж;* ◊ **in die ~ gehen** по|дава́ть апелля́цию› ◊ **unter ~ auf** ссыла́ясь на кого́-что-л

beruhen *vi* (*sich stützen auf*) осно́вываться *несов,* поко́иться *несов* на чём-л, держа́ться на чём-л; ◇ **das beruht auf Gegenseitigkeit** э́то взаи́мно; ◇ **die Arbeit auf sich ~ lassen** оставля́ть [броса́ть] рабо́ту

beruhigen I. *vt* (*Baby*) успо|ка́ивать ‹-ко́ить›, ун|има́ть ‹-я́ть›; ◇ **es beruhigt uns sehr, dass...** нас о́чень беспоко́ит то, что... **II.** *vr* ~ **sich** ~ (*ruhiger werden*) успо|ка́иваться ‹-ко́иться›; (*Wind*) уле́чься *сов,* успоко́иться; **Beruhigung** *f* успокое́ние *с;* (*der Nerven*) умиротворе́ние *с;* **Beruhigungsmittel** *n* успока́ивающее сре́дство *с;* **Beruhigungsspritze** *f* успока́ивающий уко́л *м*

berühmt *adj* знамени́тый, изве́стный; **Berühmtheit** *f* (*Persönlichkeit*) знамени́тость *ж,* знамени́тый челове́к *м;* ◇ ~ **erlangen** приобрести́ изве́стность

berühren I. *vt* ① (*jd-n/etw*) до|тра́гиваться ‹-тро́нуться› до кого́-чего́-л, тро́|гать ‹-нуть› кого́-что-л ② (*Thema, streifen*) каса́ться ‹косну́ться› **II.** *vr* ~ **sich** ~ тро́гать, каса́ться друг дру́га; (*aneinander grenzen*) сопри|каса́ться ‹-косну́ться› с кем-чем-л; **Berührung** *f* каса́ние *с,* прикоснове́ние *с,* соприкоснове́ние *с;* **Berührungspunkt** *m* то́чка *ж* каса́ния; FIG (*gemeinsames Interesse*) то́чка *ж* соприкоснове́ния

besagen *vt* (*bedeuten*) зна́чить *несов,* свиде́тельствовать *несов,* пока́зывать *несов;* **besagt** *adj* (*Zeuge, Tat*) упомяну́тый, ука́занный вы́ше

besänftigen *vt* (*Zorn*) усмир|я́ть ‹-ри́ть›, укроща́ть ‹-ти́ть›, ун|има́ть ‹-я́ть›; (*Nerven*) успо|ка́ивать ‹-ко́ить›; **besänftigend** *adj* усмири́тельный; **Besänftigung** *f* укроще́ние *с,* успокое́ние *с*

Besatz *m* ‹-es, Besätze› (*von Kleid*) отде́лка *ж,* оторо́чка *ж*

Besatzer *m* оккупа́нт *м;* **Besatzung** *f* ① (*Mannschaft*) экипа́ж *м;* (*von Schiff*) кома́нда *ж* ② MIL ли́чный соста́в *м*

besaufen *unreg vr* FAM ~ **sich** ~ на|пи́‹ва́›ться пья́ным, нака́|чиваться ‹-ча́ться›

beschädigen *vt* повре|жда́ть ‹-ди́ть›, ‹ис-›по́ртить; **beschädigt** *adj* (*schadhaft*) испо́рченный; (*Ladung*) повреждённый; **Beschädigung** *f* ① (*das Beschädigen*) повреждение *с* ② (*Schaden*) подве́ргшееся по́рче, по́рча *ж*

beschaffen I. *vt* (*herbeibringen*) доста́|‹ва́›ть, приобре|та́ть ‹-сти́›, загото́вля́ть ‹-то́вить› **II.** *adj* (*Gerät*) подходя́щий, го́дный; ◇ **die Sache ist so** ~ де́ло обстои́т так; **Beschaffenheit** *f* сво́йство *с;* (*Qualität*) ка́чество *с;* **Beschaffung** *f* загото́вка *ж,* доста́вка *ж;* (*Anschaffung*) приобре́тение *с*

beschäftigen I. *vt* ① (*Kind*) зан|има́ть ‹-я́ть›, развлека́ть ‹-вле́чь› ② (*anstellen*) зан|има́ть ‹-я́ть›, да|ва́ть рабо́ту **II.** *vr* (*sich befassen*) ~ **sich** ~ зан|има́ться ‹-я́ться› (*mit dat* чем-л); **beschäftigt** *adj* рабо́тающий; (*in Firma*) ~ **sein** быть за́нятым, рабо́тать где-л; **Beschäftigung** *f* ① (*mit Thema*) заня́тие *с;* (*Zeitvertreib*) времяпрепровожде́ние *с* ② (*im Beruf*) заня́тие *с,* рабо́та *ж,* де́ятельность *ж*

beschämen *vt* (*demütigen*) ‹при-›сты́дить, (*schämen*) срами́ть *несов;* **beschämend** *adj* (*Verhalten, Auftritt*) стыдный; **beschämt** *adj* пристыжённый, сконфу́женный

beschatten *vt* ① (*vor Sonne schützen*) заща|ща́ть ‹-ти́ть› от со́лнца ② (*Verbrecher*) следи́ть *несов,* вести́ слёжку

beschaulich *adj* (*behaglich*) ую́тный, поко́йный; (*idyllisch*) ◇ **ein ~es Leben führen** вести́ блаже́нную жизнь

Bescheid *m* ‹-[e]s, -e› ① (*Antwort*) отве́т *м* ② (*Weisung*) указа́ние *с,* распоряже́ние *с* ③ (*Auskunft*) спра́вка *ж* ④ ◇ **ich weiß darüber** ~ я в ку́рсе де́ла; **jd-m** ~ **sagen** (*informieren*) сообщи́ть, переда́ть кому́-л что-л; FIG (*Meinung sagen*) сказа́ть своё мне́ние кому́-л

bescheiden *adj* (*Mensch, Verhältnisse*) скро́мный; (*zurückhaltend*) сде́ржанный; **Bescheidenheit** *f* скро́мность *ж*

bescheinigen *vt* (*quittieren*) удостоверя́ть ‹-ве́рить›; (*bestätigen*) подтвержда́ть ‹-ди́ть›; **Bescheinigung** *f* ① (*das Bescheinigen*) подтвержде́ние *с* ② (*Urkunde*) удостовере́ние *с,* свиде́тельство *с;* (*Beleg, Quittung*) распи́ска *ж,* квита́нция *ж*

bescheißen *unreg vt* FAM (*betrügen*) оста́вить в дурака́х, околпа́чить *сов,* над|у́‹ва́›ть

beschenken *vt* ода|ря́ть ‹-ри́ть›, ‹с-›де́лать пода́рок

bescheren *vt* ① (*beschenken*) ◇ **jd-n** ~ ода́ривать ‹одаря́ть› (пода́рками) кого́-л ② FIG (*bringen*) ◇ **der Sommer beschert uns viel Sonne** ле́то дару́ет нам мно́го со́лнца; **Bescherung** *f* ① (*am Weihnachtsabend*) рожде́ственский пода́рок *м* ② FIG FAM неприя́тный сюрпри́з *м;* (*bei Misslingen*) ◇ **(das ist ja е-e) schöne ~!** вот так сюрпри́з!, вот тебе́ и на!

bescheuert *adj* (*blöd*) слабоу́мный, тупо́й, глу́пый; ◇ **das ist vielleicht** ~! така́я чушь!

beschießen *unreg vt* (*unter Beschuss nehmen*) об|стре́ливать ‹-стреля́ть›

beschildern *vt* (*Straße*) прикре|пля́ть ‹-пи́ть› вы́веску; **beschildert** *adj* ◇ **eine gut ~e Straße** у́лица, кото́рая чётко обозна́чена

beschimpfen *vt* (*schelten*) ‹об-›руга́ть,

поноси́ть *несов*, **Beschimpfung** *f* поруга́ние *с*, оскорбле́ние *с*

Beschiss *m* <-sses> *FAM* (*Betrug*) ◇ **das ist (ja) ~** э́то же надува́тельство [обма́н]

Beschlag *m* ① (*von Tür, Fenster*) оби́вка *ж*, обши́вка *ж*; (*Hufeisen*) подко́ва *ж* ② (*Dampf*) налёт *м* ③ ◇ **etw in ~ nehmen** конфискова́ть *несов и сов* что-л; **beschlagen**[1] *unreg* **I.** *vt* (*Tür*) оби́<ва́>ть; (*Pferd*) подко́в|ывать <-ва́ть> **II.** *vi* (*Fenster*) запоте́<ва́>ть; покры́<ва́>ться налётом; **beschlagen**[2] *adj* (*kenntnisreich*) све́дущий; ◇ **er ist auf** [*o. in*] **seinem Gebiet sehr ~** он хорошо́ разбира́ется в свое́й о́бласти

Beschlagnahme *f* <-> (*von Vermögen*) конфиска́ция *ж*; **beschlagnahmen** *vt* (*Akten, Waren*) изыма́ть <-ъя́ть>, конфискова́ть *сов*

beschleunigen **I.** *vt* (*Entwicklung*) у|скоря́ть <-ско́рить> **II.** *vi* AUTO увели́чи|вать ско́рость **III.** *vr* (*Puls, Fahrt*) ◇ **sich ~** увели́чи<ва́ться>, у|скоря́ться <-ско́риться>; **Beschleunigung** *f* ускоре́ние *с*

beschließen *unreg vt* ① (*beenden*) зака́нчивать <-ко́нчить> ② (*Satzung, Sache*) ре|ша́ть <-ши́ть>; **Beschluss** *m* (*von Kabinett*) реше́ние *с*, постановле́ние *с*; **Beschlussfähigkeit** *f* (*von Vorstand*) правомо́чность *ж*, нали́чие *с* кво́рума

beschmutzen *vt* (*Kleider*) <за>па́чкать

beschneiden *unreg vt* ① (*Papier*) <об>ре́зать; (*Zweige*) уре́з|ывать, обре́з<ыв>ать ② REL соверш|а́ть <-ши́ть> обреза́ние

beschönigen *vt* приукра́|шивать <-сить>

beschränken **I.** *vt* (*Rechte, Freiheiten*) ограни́чи|вать **II.** *vr* (*sich begnügen*) ◇ **sich ~** ограни́чи<ва́>ться, дово́льствоваться (*auf akk* чем-л)

beschrankt *adj* (*Bahnübergang*) ограни́ченный, огоро́женный

beschränkt *adj* ① (*Mittel*) ограни́ченный ② (*stumpfsinnig, einfältig*) недалёкий, тупо́й, ограни́ченный; **Beschränktheit** *f* (*Dummheit*) ограни́ченность *ж*, тупость *ж*

Beschränkung *f* (*Einengung*) ограниче́ние *с*, стесне́ние *с*

beschreiben *unreg vt* ① (*Papier*) исп|и́сывать <-са́ть> ② (*schildern*) оп|и́сывать <-са́ть>; **Beschreibung** *f* описа́ние *с*

beschriften *vt* (*Umschlag, Schild*) надпи́с|ывать <-са́ть>, де́лать на́дпись; **Beschriftung** *f* на́дпись *ж*

beschuldigen *vt* (*anklagen*) **jd-n** [**wegen**] **e-r Sache ~** обвин|я́ть <-ни́ть> кого́-л в чём-л; **Beschuldigung** *f* обвине́ние *с*

beschummeln *vt* FAM (*beim Spiel*) обма́н|ывать <-нуть>, наду́<ва́>ть

beschützen *vt* защи|ща́ть <-ти́ть>, охран|я́ть <-ни́ть> (*vor dat* кого́-что-л *от* кого́-чего́-л); **Beschützer(in)** *f* *m* <-s, -> защи́тник *м*, защи́тница *ж*, засту́пник *м*, засту́пница *ж*

Beschwerde *f* <-, -n> ① (*Klage*) жа́лоба *ж*; (*Beanstandung*) прете́нзия *ж* ② ◇ **~n** *f pl* (*körperlich*) неду́ги *мн*; (*Schmerzen*) бо́ли *мн*

beschweren **I.** *vt* (*belasten*) обремен|я́ть <-ни́ть> **II.** *vr* (*beanstanden*) ◇ **sich ~** <по>жа́ловаться (*bei jd-m über jd-n* кому́-л *на* кого́-что-л)

beschwerlich *adj* (*mühsam*) тяжёлый; (*anstrengend*) утоми́тельный

beschwichtigen *vt* (*beruhigen*) успока́ивать <-ко́ить>, ун|има́ть <-я́ть>

beschwindeln *vt* ① (*Unwahrheit sagen*) обма́н|ывать <-нуть> ② (*reinlegen*) наду́<ва́>ть

beschwipst *adj* (*angetrunken*) подвы́пивший, под хмелько́м

beschwören *unreg vt* ① (*beeiden*) присяг|а́ть <-нуть>; JURA да|ва́ть показа́ния под прися́гой ② (*anflehen*) закли|на́ть <-кля́сть>, умол|я́ть <-ли́ть>

beseitigen *vt* ① (*wegbringen*) устран|я́ть <-ни́ть>, уб|и>ра́ть с доро́ги; (*Spuren*) ликвиди́ровать *несов и сов* ② (*umbringen*) уничтож|а́ть <-то́жить>; **Beseitigung** *f* устране́ние *с*, ликвида́ция *ж*, уничтоже́ние *с*

Besen *m* <-s, -> ① (*Kehr~*) метла́ *ж* ② FAM (*unfreundliche Frau*) карга́ *ж*, шва́бра *ж*; **Besenstiel** *m* па́лка *ж* от метлы́

besessen *adj* ① (*von Idee*) одержи́мый ② REL (*von Gott*) поме́шанный, бесно́ватый ③ (*von Teufel*) одержи́мый бе́сом

besetzen *vt* ① (*erobern*) оккупи́ровать *несов и сов*, зан|има́ть <-я́ть> войска́ми ② (*reservieren*) <за>брони́ровать ③ (*blockieren, Telefonleitung*) зан|има́ть <-я́ть> надо́л-го ④ (*Haus*) зан|има́ть <-я́ть> ⑤ (*mit Schmuck*) отде́л|ывать ⑥ ◇ **eine Arbeitsstelle ~** заме|ща́ть <-сти́ть> до́лжность; THEAT (*Rolle*) распределя́ть <-ли́ть> ро́ли; **besetzt** *adj* ① (*Toilette, Telefon*) за́нятый ② (*reserviert*) заброни́рованный ③ (*Haus*) за́нятый ④ (*mit Schmuck*) отде́ланный ⑤ (*Arbeitsstelle*) замещённый; THEAT (*Rolle*) распределённый; **Besetzung** *f* замеще́ние *с* до́лжности; THEAT распределе́ние *с* роле́й, соста́в *м* исполни́телей; MIL оккупа́ция *ж*

besichtigen *vt* (*Schloss*) о|сма́тривать <-смотре́ть>; **Besichtigung** *f* осмо́тр *м*

besiegen *vt* побежда́ть <-ди́ть>; **Besiegte(r)** *fm* побеждённый(-ая *ж*) *м*

besinnen *unreg vr* ◇ **sich ~** ① (*überlegen*)

раздýм‹ыв›ать; (Meinung ändern) ◇ **sich anders ~** передýмать сов, одумáться сов ② (sich erinnern) вспоминáть ‹вспóмнить› (auf akk о чём-л); **besinnlich** adj (nachdenklich) задýмчивый; **Besinnung** f ① (Bewusstsein) сознáние с; ◇ **wieder zur ~ kommen** (zu sich kommen) прийтѝ в себя, очнýться сов; FIG (wieder vernünftig werden) образýмиться сов ② (Überdenken) размышлéние с; раздýмье с, дýмы мн; **besinnungslos** adj ① (ohnmächtig) бессознáтельный ② (unvernünftig) непродýманный, неразýмный

Besitz m ‹-es› ① (das Besitzen) облада́ние с, владéние с ② (Eigentum, Grundstück) сóбственность ж; (Vermögen) имýщество с; **besitzanzeigend** adj GRAM ‹-es Fürwort притяжáтельное местоимéние с; **besitzen** unreg vt (Tier, Haus, Fähigkeit) владéть несов чем-л, имéть что-л, облада́ть несов чем-л; **Besitzer(in** f) m ‹-s, -› владéлец м, владéлица ж, облада́тель(ница ж) м

besoffen adj FAM пья́ный
besohlen vt (Schuhe) подбивáⁿть подмётки
Besoldung f (von Soldaten) дéнежное содержáние с; (von Beamten) жáлованье с, оклáд м; (Lohn) зарабóтная плáта ж

besondere(r, s) adj ① (eigen, Art) чáстный; (Reiz) особéнный ② (außerordentlich, Vorkommnisse) чрезвычáйный, особéнный; (Fähigkeiten, Kenntnisse) необыкновéнный, особéнный ③ (für sich) отдéльный; (zusätzlich) дополни́тельный; (extra, gesondert) осóбый
Besonderheit f осóбенность ж; (Ungewöhnlichkeit) стрáнность ж; (Eigentümlichkeit) своеобрáзие с
besonders adv ① (insbesondere) осóбенно ② (außergewöhnlich) необыкновéнно; (mittelmäßig) ◇ **der Wein war nicht ~** винó бы́ло не осóбенно (хорóшим); ◇ **dies ist e-e ~ hübsche Person** э́то необыкновéнно красúвый человéк ③ (für sich, zusätzlich) специáльно, осóбо ④ (hauptsächlich) в осóбенности, глáвным óбразом
besonnen adj (Mensch, Tat) рассуди́тельный, благоразýмный; **Besonnenheit** f рассуди́тельность ж, благоразýмие с
besorgen vt ① (beschaffen) достáⁿвать; (organisieren) организовáть; (Taxi) заказáть сов ② (einkaufen) покупáть ‹купи́ть›
Besorgnis f (Sorge) тревóга ж; (Angst) опасéние с; **besorgt** adj озабóченный, обеспокóенный; ◇ **um jd-n/etw ~ sein** беспокóиться о ком-чём-л
Besorgung f ① (das Beschaffen) достáвка ж ② (Einkauf) покýпка ж

bespitzeln vt (heimlich beobachten) проводи́ть слéжку, следи́ть за кем-чем-л
besprechen unreg I. vt ① (über etwas reden) говори́ть о ком-чём-л; (Buch, Film) обсужда́ть ‹-ди́ть› что-л ② (Kassette) наговáривать ‹-вори́ть› II. vr (sich beraten) ◇ **sich ~** ‹по-›совещáться, ‹по-›совéтоваться; **Besprechung** f ① (Erörterung) обсуждéние с; (Rezension) рецéнзия ж ② (Konferenz) совещáние с, конферéнция ж
besser I. adj kompar v. **gut** лýчший, бóлее хорóший II. adv лýчше; ◇ **du hättest ~ geschwiegen** лýчше бы ты промолчáл
bessern I. vt (verbessern) улучшáть ‹-лýчшить›, поправля́ть ‹-прáвить› II. vr ◇ **sich ~** (Wetter, Laune) улучшáться ‹-лýчшиться›; (Menschen) исправля́ться ‹-прáвиться›; **Besserung** f выздоровлéние с, поправка ж; ◇ **wir wünschen Ihnen gute ~!** мы желáем Вам скорéе вы́здороветь [попра́виться]
Bestand m ① (Fortbestehen, Grundlage) постоя́нство с, прóчность ж, оснóва ж; (fortbestehen) ◇ **unsere Arbeit wird ~ haben** нáша рабóта бýдет продолжáться ② (an Waren) налѝчие с
beständig adj ① (Auftragslage, Klima) постоя́нный, усто́йчивый ② (widerstandsfähig) сто́йкий, прóчный; **Beständigkeit** f ① (Ausdauer) постоя́нство с, прóчность ж ② METEO усто́йчивость ж ③ (Standhaftigkeit) сто́йкость ж, живýчесть ж
Bestandsaufnahme f инвентариза́ция ж, инвентáрная óпись ж; ◇ **e-e ~ machen** проводи́ть инвентариза́цию
Bestandteil m (Element, Komponente) составнáя часть ж, элемéнт м; (in Lebensmittel) компонéнт м
bestärken vt (in Tun, Vorsatz) подкрепля́ть ‹-пи́ть›, утвержⁱда́ть ‹-ди́ть›
bestätigen I. vt ① (Aussage, Nachricht) подтвержⁱда́ть ‹-ди́ть›; (Geldempfang) уведомля́ть ‹уве́домить› о получéнии ② ◇ **jd-n im Amt ~** утверди́ть когó-л в дóлжности II. vr (sich als richtig erweisen) ◇ **sich ~** подтвержда́ться ‹-ди́ться›; **Bestätigung** f ① (von Aussage, Nachricht) подтверждéние с; (Quittung) уведомлéние с [сообщéние с] о получéнии ② (im Amt) утверждéние с
bestatten vt ‹по-›хорони́ть; **Bestattung** f (Begräbnis) пóхороны мн
bestäuben vt ① FLORA опыля́ть ‹-ли́ть› ② (mit Mehl) ‹по-›сы́пать
beste(r, s) I. adj superl v. **gut** наилýчший, сáмый лýчший II. adv ◇ **am ~n** лýчше всегó, лýчше всех; ◇ **sein B~s tun** прилагáть все уси́лия, дéлать всё от себя́ зави́сящее
bestechen unreg vt ① (Beamten, Zeugen)

подку|па́ть ‹-пи́ть›, да|ва́ть взя́тку **2** *FIG (beeindrucken)* распол|ага́ть ‹-ло|жи́ть› к себе́; **bestechend** *adj (beeindruckend)* привлека́тельный, соблазни́тельный; **bestechlich** *adj (käuflich)* подку́пный, прода́жный; **Bestechlichkeit** *f* прода́жность *ж*, взя́точничество *с*; **Bestechung** *f (Beamten~)* по́дкуп *м*, взя́тка *ж*

Besteck *n* ‹-[e]s, -e› *(Ess~)* (столо́вый) прибо́р *м*; MED набо́р *м* медици́нских инструме́нтов

bestehen *unreg* **I.** *vi* **1** *(vorhanden sein)* существова́ть *несов*, име́ться *несов* **2** *(andauern)* прол|олжа́ться ‹-до́лжить-ся› **II.** *vt* **1** *(Probe, Kampf)* устоя́ть *сов*, выде́рживать ‹вы́держать›; *(Examen)* выде́рживать ‹вы́держать› **2** *(beharren)* ◇ **auf** *dat* на|ста́ивать ‹-стоя́ть› на чём-л **3** ◇ **aus** состоя́ть из

bestehlen *unreg vt (beklauen, berauben)* обкра́дывать ‹-окра́сть›

besteigen *unreg vt* **1** *(Berg)* подни|ма́ться ‹-ня́ться›; *(Thron)* вступа́ть ‹-пи́ть› на трон; *(Pferd, Fahrrad)* са|ди́ться ‹сесть› **2** *(einsteigen)* са|ди́ться ‹сесть› во что-л; **Besteigung** *f (Aufstieg)* восхожде́ние *с* на что-л; *(das Einsteigen)* поса́дка *ж* на/во что-л

bestellen *vt* **1** *(Waren)* зака́зывать ‹-за́ть› **2** *(reservieren)* ‹за-›брони́ровать **3** *(Boden)* возде́л|ыв|ать, обраба́тывать ‹-бо́тать› **4** *(Nachricht, Grüße)* переда|ва́ть ‹-да́ть› **5** *(zu sich ~)* пригла|ша́ть ‹-си́ть›, вызыва́ть ‹вы́звать›, ‹по-›проси́ть прийти́ **6** *(ernennen)* наз|нача́ть ‹-на́чить›; **Bestellung** *f* **1** *(das Bestellen)* зака́з *м*, поруче́ние *с*; *(von Nachfolger)* назначе́ние *с* **2** COMM *(Lieferung)* доста́вка *ж* **3** *(von Boden)* возде́лывание *с*

bestenfalls *adv* в лу́чшем слу́чае

bestens *adv (ausgezeichnet, vortrefflich)* лу́чше всего́, са́мым наилу́чшим о́бразом; ◇ **das ist ja ~!** (вот) э́то великоле́пно!; ◇ **wie geht es Ihnen? danke, ~!** как у Вас дела́? спаси́бо, великоле́пно!

besteuern *vt* обл|ага́ть ‹-ложи́ть› нало́гом

Bestie *f (Tier)* ди́кий зверь *м*, хи́щное живо́тное *с*; *FIG* и́зверг *м*, чудо́вище *с*

bestimmen *vt* **1** *(festlegen, Regeln)* уста|на́вливать ‹-нови́ть›; *(Tag, Ort)* наз|нача́ть ‹-на́чить› **2** *(beherrschen)* определ|я́ть ‹-ли́ть›, быть определя́ющим **3** *(auswählen)* выбира́ть ‹вы́брать›; *(ernennen)* наз|нача́ть ‹-на́чить›; *(veranlassen)* побу|жда́ть ‹-ди́ть›; **bestimmt I.** *adj* **1** *(entschieden, kategorisch)* реши́тельный, категори́ческий; *(sicher)* уве́ренный **2** *(Artikel)* определённый **II.** *adv (sicherlich)* определённо; *(unbedingt)* непреме́нно; **Bestim-**

mung *f* **1** *(Verordnung)* постановле́ние *с*, распоряже́ние *с*; *(das Festsetzen)* определе́ние *с*, обозначе́ние *с* **2** *(Verwendungszweck)* назначе́ние *с*, цель *ж* **3** *(Schicksal)* предназначе́ние *с*, уча́сть *ж*; **Bestimmungsort** *m* ме́сто *с* назначе́ния

Bestleistung *f* наилу́чшие показа́тели *мн*; *(Rekord)* реко́рд *м*; **bestmöglich** *adj* наилу́чшим о́бразом **Best.-Nr.** *f Abk. v.* **Bestellnummer** но́мер *м* зака́за

bestrafen *vt (Sache, Person)* нака́зывать ‹-за́ть›, ‹о-›штрафова́ть; **Bestrafung** *f* наказа́ние *с*, ка́ра *ж*

bestrahlen *vt* **1** *(Gebäude, Bühne)* осве|ща́ть ‹-ти́ть› (луча́ми), оза|ря́ть ‹-ри́ть› **2** MED облу|ча́ть ‹-чи́ть›

bestreichen *unreg vt (Wand)* окра́шивать ‹-сить›; *(Holz)* обма́з|ыв|ать; *(Brot)* нама́з|ыв|ать

bestreiten *unreg vt* **1** *(abstreiten)* осп|а́ривать ‹-по́рить›, опро|верга́ть ‹-ве́ргнуть› **2** *(finanzieren)* покры|ва́ть, упла́чивать ‹-ти́ть›; ◇ **jds Lebensunterhalt ~** обеспе́чивать кому́-л сре́дства к жи́зни **3** *(Fernsehsendung)* выступа́ть ‹вы́ступить›, прини|ма́ть ‹-я́ть› уча́стие

bestreuen *vt (mit Puderzucker)* посыпа́ть ‹-сы́пать›

bestürzen *vt* пора|жа́ть ‹-зи́ть›, озада́чи|ва|ть; ◇ **sie machte ein bestürztes Gesicht** у неё был озада́ченный вид; **Bestürzung** *f (Entsetzen)* смуще́ние *с*, замеша́тельство *с*, оцепене́ние *с*

Besuch *m* ‹-[e]s, -e› **1** *(von Person, Theater)* посеще́ние *с*, визи́т *м*; *(von Lehrveranstaltung)* посеще́ние *с*; ◇ **jd-m e-n ~ abstatten** нанести́ кому́-л визи́т; ◇ **bei jd-m zu** [*o.* **auf**] **~ sein** быть у кого́-л в гостя́х **2** *(Gast)* гость *м*, го́стья *ж*; ◇ **wir freuen uns immer über e-n ~** мы всегда́ ра́ды гостя́м; **besuchen** *vt (Freund)* посе|ща́ть ‹-ти́ть›, навеща́ть ‹-сти́ть›; *(Lehrveranstaltung)* ходи́ть *несов*; *(Theater, Konzert)* ходи́ть, посеща́ть; ◇ **das Konzert war gut besucht** на конце́рте бы́ло мно́го слу́шателей [зри́телей]; **Besucher(in** *f*) *m* ‹-s, -› посети́тель(ни́ца *ж*) *м*; **Besuchszeit** *f (im Krankenhaus)* часы́ *мн* приёма посети́телей

besudeln *vt (beschmutzen)* ‹за-›мара́ть, ‹за-›па́чкать; *FIG (Ruf)* оскверн|я́ть ‹-ни́ть›, запятна́ть *сов*

betagt *adj* пожило́й, ста́рый

betasten *vt (Sache, Person)* ощу́п|ыв|ать, ‹по-›тро́гать

betätigen **I.** *vt* TECH *(bedienen)* приво|ди́ть ‹-вести́› в де́йствие, управля́ть механи́змом **II.** *vr* ◇ **sich ~** занима́ться чем-л; ◇ **sich in der Küche ~** хлопота́ть на ку́хне; ◇ **sich künstlerisch ~** занима́ться худо́жественной де́ятельностью; **Betätigung** f ① (*das Sichbetätigen*) де́ятельность ж, заня́тие с ② TECH приведе́ние с в де́йствие, управле́ние с механи́змом

betäuben I. vt ① (*örtlich*) анестези́ровать *несов и сов* ② FIG (*Gewissen*) заглуша́ть ‹-ши́ть› го́лос со́вести; FIG (*Sorgen, Kummer*) заглуша́ть ‹-ши́ть› ③ MED (*narkotisieren*) обезбо́ливать нарко́зом **II.** vr (*mit Alkohol, Drogen*) ◇ **sich ~** одурма́нивать себя́, иска́ть забве́ния в чём-л; **Betäubungsmittel** n наркоти́ческое сре́дство с, обезбо́ливающее сре́дство с

beteiligen I. vt (*teilhaben lassen*) ◇ **jd-n an etw** dat **~** де́лать кого́-л уча́стником чего́-л **II.** vr ◇ **sich ~** уча́ствовать *несов* (*an dat* в чём-л); (*an Kosten, Gewinn*) предоставля́ть ‹-ста́вить› до́лю [часть] (*an dat* чего́-л); **Beteiligung** f ① (*Teilhaben*) уча́стие с (в при́былях) ② (*Besucher~*) уча́стие с

beten vi ‹по-›моли́ться

beteuern vt (*versichern*) (торже́ственно) заверя́ть ‹-ве́рить›, уверя́ть ‹уве́рить›

Beton m ‹-s› (*Baustoff*) бето́н м

betonen vt ① (*Wort, Silbe*) де́лать [ста́вить] ударе́ние на чём-л ② (*unterstreichen*) подчёркивать ‹-черкну́ть›, осо́бо выделя́ть ‹вы́делить›

betonieren vt ‹за-›бетони́ровать

Betonung f SPRACHW ударе́ние с, акце́нт м; FIG подчёркивание с

Betracht m ◇ **außer ~ lassen** не принима́ть во внима́ние; ◇ **etw in ~ ziehen** принима́ть во внима́ние [в расчёт]; ◇ **in ~ kommen** быть при́нятым во внима́ние

betrachten vt ① (*Sache, Person*) ‹по-›смотре́ть на кого́-что-л, созерца́ть *несов*; (*genau ~*) рассма́тривать ‹-смотре́ть› ② FIG (*~ als*) счита́ть кого́-что-л кем-чем-л, рассма́тривать как

beträchtlich adj значи́тельный

Betrachtung f ① (*das Betrachten*) рассмотре́ние с, созерца́ние с, наблюде́ние с; (*von Kunstwerk*) созерца́ние с, ознакомле́ние с ② (*Abwägen*) рассужде́ние с ③ (*Abhandlung*) рассмотре́ние с, обсужде́ние с

Betrag m ‹-[e]s, Beträge› (*Summe*) су́мма ж; (*Gesamtsumme*) ито́г м; **betragen** unreg **I.** vt (*sich belaufen auf*) соста́вить ‹-ста́вить› каку́ю-л су́мму, равня́ться *несов* чему́-л **II.** vr (*sich benehmen*) ◇ **sich ~** вести́ себя́; **Betragen** n ‹-s› (*Verhalten*) поведе́ние с

betreffen unreg vt (*Person, Sache*) каса́ться кого́-чего́-л, относи́ться к кому́-чему́-л; ◇ **was diese Frage betrifft** что каса́ется э́того вопро́са; **betreffend** adj соотве́тствующий; **betreffs** präp gen относи́тельно, по по́воду чего́-л

betreiben unreg vt ① (*Handel*) занима́ться ‹-я́ться› чем-л ② (*Geschäft*) вести́ *несов* ③ (*sich beschäftigen mit*) (*Hobby*) занима́ться чем-л; (*Politik*) проводи́ть *несов*; (*Studien*) изуча́ть *несов* что-л ④ TECH (*antreiben*) приводи́ть ‹-вести́› в де́йствие

betreten unreg vt вступа́ть ‹-пи́ть› куда́-л; (*Raum, Haus*) входи́ть; (*Bühne*) выходи́ть ‹вы́йти›, подни́маться ‹-ня́ться›; ◇ **B~ des Rasens verboten** ходи́ть по газо́ну воспреща́ется

betreten adj (*beschämt, verlegen*) присты́женный, смущённый

betreuen vt ① (*Patienten*) уха́живать *несов* за кем-л ② (*Gruppe*) обслу́живать ‹-жи́ть›; (*Gebiet*) осуществля́ть руково́дство

Betreuung f обслу́живание с

Betrieb m ‹-[e]s, -e› ① (*Firma*) предприя́тие с, фи́рма ж ② (*das Betreiben*) функциони́рование с, эксплуата́ция ж; ◇ **außer ~ sein** безде́йствовать *несов*, находи́ться в безде́йствии; ◇ **in ~ sein** де́йствовать *несов*, функциони́ровать *несов* ③ (*Geschäftigkeit*) движе́ние с, оживле́ние с; **Betriebsangehöri-ge(r)** fm рабо́чий м, рабо́тница ж, слу́жащий(-ая ж) м предприя́тия [фи́рмы]; **Betriebsausflug** m экску́рсия ж рабо́тников предприя́тия; **Betriebs-leitung** f (*Geschäftsführung*) дире́кция ж [администра́ция ж] предприя́тия; **Betriebsrat** m заводско́й комите́т м; **Betriebsstörung** f ава́рия ж на произво́дстве, наруше́ние с произво́дственного проце́сса; **Betriebssytem** n PC ди́сковая операцио́нная систе́ма ж; **Betriebsunfall** m несча́стный слу́чай м на произво́дстве; **Betriebsversammlung** f собра́ние с на произво́дстве; **Betriebswirtschaft** f эконо́мика и организа́ция ж произво́дства

betrinken unreg vr ◇ **sich ~** напива́ться пья́ным

betroffen adj (*bestürzt*) смущённый, озада́ченный, поражённый

betrübt adj (*traurig*) гру́стный, огорчённый, опеча́ленный

Betrug m ‹-[e]s› (*von Versicherung*) обма́н м, надува́тельство с; (*Schwindel*) моше́нничество с; **betrügen** unreg **I.** vt ① (*täuschen, beschummeln*) обма́нывать ‹-ману́ть›, наду́вать›; JURA злоупотребля́ть дове́рием, соверши́ть моше́нничество; ◇ **jd-n um 15 Euro ~** обсчита́ть кого́-л на 15 е́вро ② (*Lebenspartner*) обма́нывать ‹-ману́ть› **II.** vr (*sich selbst*) ◇ **sich ~** обма́нывать себя́, обма́нываться ‹-ману́ться›; **Betrüger(in** f) m ‹-s, -› (*Schwindler/in*) обма́нщик м, обма́нщица ж, шу́лер м; (*Verbrecher/in*) моше́нник м, моше́нница *ж;* **betrügerisch** *adj* обма́нчивый; *(lügnerisch)* лжи́вый; JURA злоупотребля́ющий дове́рием, моше́ннический

betrunken *adj* пья́ный

Bett *n* <-[e]s, -en> ① крова́ть *ж; (Kranker)* ◇ **ans ~ gefesselt sein** быть прико́ванным к посте́ли; ◇ **das ~ frisch beziehen** стели́ть све́жее бельё, меня́ть посте́льное бельё; ◇ **sich** [*o. 3*sg.] **gehen legen** ложи́ться [лечь] спать; ◇ **mit jd-m ins ~ steigen** спать с кем-л; ◇ **vor lauter Müdigkeit ins ~ fallen** повали́ться на крова́ть от уста́лости ② *(Bettzeug)* посте́льное бельё *c* ③ *(Fluss~)* речно́е ру́сло *c,* ло́же *c* реки́; **Bettbezug** *m* пододе́яльник *m;* **Bettdecke** *f* одея́ло *c,* покрыва́ло *c; (Federbett)* пери́на *ж; (Daunen~)* пухо́вое одея́ло *c*

bettelarm *adj* ни́щий, о́чень бе́дный; **betteln** *vi* ① *(um Almosen bitten)* попроша́йничать *несов,* <по->проси́ть ми́лостыню ② *(inständig bitten)* насто́йчиво проси́ть

bettlägerig *adj* лежа́чий; **Bettlaken** *n* простыня́ *ж*

Bettler(in *f)* *m* <-s, -> ни́щий(-ая *ж) м*

Bettnässer(in *f)* *m* <-s, -> страда́ющий (-ая *ж) м* недержа́нием мочи́; **Bettuch** *n (Bettlaken)* простыня́ *ж;* **Bettwäsche** *f* посте́льное бельё *c;* **Bettzeug** *n* посте́льные принадле́жности *мн*

beugen I. *vt* ① *(Arm, Knie)* сгиба́ть <согну́ть> ② GRAM *(flektieren)* склоня́ть *несов; (Verb)* спряга́ть *несов* **II.** *vr* ◇ **sich ~** ① *(sich neigen)* гну́ться, сгиба́ться <согну́ться> ② *(sich unterwerfen)* склоня́ться <-ни́ться>, преклоня́ться <-ни́ться> *(dat* пе́ред кем-л); **Beugung** *f (das Beugen)* сгиба́ние *c;* GRAM *(Flektion)* склоне́ние *c; (Konjugation)* спряже́ние *c*

Beule *f* <-, -n> *(am Kopf, im Auto)* ши́шка *ж,* вмя́тина *ж*

beunruhigen I. *vt (unruhig machen)* <о->беспоко́ить, <по->трево́жить **II.** *vr* ◇ **sich ~** беспоко́иться, трево́житься *(über akk* о ком-чём-л); **Beunruhigung** *f* беспоко́йство *c,* трево́га *ж*

beurlauben *vt (Urlaub geben)* дава́ть о́тпуск; *(suspendieren)* увольня́ть <уволи́ть> в о́тпуск

beurteilen *vt (Fall)* суди́ть о ком-чём-л; *(Buch)* обсужда́ть <-ди́ть>; *(Schüler)* оце́нивать <-ни́ть>; **Beurteilung** *f* ① *(von Angelegenheit)* сужде́ние *c,* оце́нка *ж* ② *(Zeugnis)* о́тзыв *m,* крити́ческая статья́ *ж* ③ *(von Lage)* оце́нка *ж* обстано́вки

Beute *f* <-> *(von Tieren)* добы́ча *ж;* FIG *(bei Verbrechen)* добы́ча *ж,* трофе́й *m;* **Beutekunst** *f* <-> POL *произведения искусства, захваченные и вывезенные из страны во время войны*

Beutel *m* <-s, -> ① *(Einkaufs~)* су́мка *ж; (Wäsche~)* мешо́к *m; (Tabaks~)* кисе́т *m; (Geld~)* кошелёк *m,* бума́жник *m* ② *(von Känguruh)* су́мка *ж*

bevölkern *vt (Gebiet)* населя́ть <-ли́ть>; *(mit Menschen füllen)* заполня́ть <-по́лнить> кем-л; **Bevölkerung** *f* населе́ние *c;* ◇ **die erwerbstätige ~** работоспосо́бное населе́ние

bevollmächtigen *vt (Vollmacht erteilen)* уполно|ма́чивать <-мо́чить> на что-л; **Bevollmächtigte(r)** *fm* уполномо́ченный(-ая *ж) м; (Prokurist/in)* дове́ренный(-ая *ж) м*

bevor *cj* пре́жде чем, пока́ не

bevormunden *vt* опека́ть *несов* кого́-л

bevorstehen *unreg vi (bald eintreten)* предстоя́ть *несов*

bevorzugen *vt (Farbe, Kleid)* предпо|чита́ть <-че́сть> что-л; *(Patienten)* ока́зывать <-за́ть> предпочте́ние кому́-л, дава́ть преиму́щество кому́-чему́-л пе́ред кем-чем-л; **Bevorzugung** *f* предпочте́ние *c; (von Patienten)* привиле́гия *ж,* преиму́щество *c*

bewachen *vt (Gefangenen, Auto)* охраня́ть <-ни́ть>, стере́чь *несов,* сторожи́ть *несов;* **Bewachung** *f (von Menschen)* охра́на *ж; (von Sachen)* охране́ние *c*

bewaffnen *vt (Militär)* вооружа́ть <-жи́ть>; ◇ **bis an die Zähne bewaffnet** вооружённый до зубо́в

bewahren *vt* ① *(Haltung, Fassung)* <со->храни́ть ② **Gott bewahre uns davor!** изба́ви нас бог!, бо́же упаси́ нас!; *(behüten)* ◇ **jd-n vor jd-m/etw ~** обере|га́ть <-ре́чь> кого́-что-л от кого́-чего́-л

bewähren *vr (Mitarbeiter, Gerät)* ◇ **sich ~** опра́в|дывать <-да́ть> себя́, ока́зываться <-за́ться> поле́зным

bewahrheiten *vr* ◇ **sich ~** ока́зываться <-за́ться> пра́вильным, опра́в|дываться <-да́ться>

bewährt *adj (Mensch, Gerät)* испы́тан ный, надёжный

Bewährung *f* ① подтвержде́ние *c,* доказа́тельство *c* ② JURA усло́вное осужде́ние *c;* ◇ **jd-n zu Gefängnis ohne ~ verurteilen** осуди́ть кого́-л к сро́ку тюре́много заключе́ния без испыта́тельного сро́ка; **Bewährungsfrist** *f* срок *м* усло́вного осужде́ния; **Bewährungshelfer** *n* лицо, назначенное для оказания помощи условно осуждённому; **Bewährungsprobe** *f* испыта́тельный срок *м*

bewaldet *adj* леси́стый

bewältigen *vt* ① *(Schwierigkeit)* преодоле|ва́ть, <-ди́ть>; *(Gegner)* справля́ться <спра́виться>; *(Aufgabe, Arbeit)* справля́ться <спра́виться>; *(Konflikt)* ула́живать <-дить>, преодоле́|ва́ть ② *(Essen)* оси́ли|ва́ть

bewandert adj (erfahren) о́пытный, быва́лый; (kenntnisreich) све́дущий; ◇ **er ist auf diesem Gebiet sehr ~** в э́той о́бласти он о́чень о́пытен [све́дущ]

bewegen I. vt ① (Verunglückten, Arm) шевели́ть несов, дви́гать ‹-нуть› ② (rühren) волнова́ть несов, тро́гать ‹-нуть› ③ (zu etw veranlassen) ◇ **jd-n zu etw ~** склоня́ть ‹-ни́ть› кого́-л к чему́-л, побужда́ть ‹-ди́ть› кого́-л к чему́-л **II.** vr ◇ **sich ~** ① (Verunglückter, Baum) шевели́ться, колыха́ться ‹-ну́ться› ② (reagieren) враща́ться ③ (sich in Bewegung setzen) дви́гаться ‹-ну́ться› ④ (sich benehmen) ◇ **sie weiß sich in der Gesellschaft zu ~** она́ уме́ет вести́ себя́ в о́бществе; **Beweggrund** m по́вод м, дви́жущий моти́в м, причи́на ж, побужде́ние с; **beweglich** adj дви́жущийся; (flink) подви́жный; **bewegt** adj ① (Leben) бу́рный; (Meer) волну́ющийся ② (ergriffen) взволно́ванный, глубоко́ тро́нутый; **Bewegung** f движе́ние с; (innerlich) вну́треннее [душе́вное] волне́ние с; ◇ **sich** dat **~ verschaffen** соверша́ть мо́цион, прогу́ливаться несов; **Bewegungsfreiheit** f свобо́да ж передвиже́ния; **bewegungslos** adj неподви́жный

Beweis m ‹-es, -e› доказа́тельство с, до́вод м; (Zeichen) проявле́ние с; **beweisen** unreg vt (Beweis liefern) дока́зывать ‹-за́ть›; (zeigen) проявля́ть ‹-ви́ть›; **Beweismittel** n доказа́тельство с, аргуме́нт м

bewerben unreg vr ◇ **sich ~** подава́ть заявле́ние (um о чём-л); **Bewerber (in** f) m ‹-s,-› претенде́нт(ка ж) м, соиска́тель(ница ж) м, кандида́т(ка ж) м; **Bewerbung** f заявле́ние с, про́сьба ж; (schriftlich) зая́вка ж

bewilligen vt разреша́ть ‹-ши́ть› что-л, дава́ть своё согла́сие на что-л

bewirtschaften vt (Betrieb) вести́ хозя́йство; AGR обраба́тывать ‹-бо́тать› зе́млю

Bewirtung f угоще́ние с

bewohnbar adj приго́дный для жилья́; **bewohnen** vt жить несов, обита́ть несов; (bevölkern) населя́ть что-л; ◇ **ein Haus ~** занима́ть дом; **bewohnt** adj жило́й, обита́емый, населённый; **Bewohner (in** f) m ‹-s, -› жи́тель(ница ж) м

bewölkt adj о́блачный, па́смурный, покры́тый ту́чами

bewundern vt ‹по-›любова́ться, восхища́ться ‹-ти́ться›, восторга́ться несов кем-чем-л; **bewundernswert** adj удиви́тельный, досто́йный восхище́ния; **Bewunderung** f (Entzücken) восхище́ние с, восто́рг м

bewusst I. adj ① (geistig wach) созна́тельный; ◇ **sich** dat **e-r Sache ~ sein** отдава́ть себе́ отчёт в чём-л, ‹о-›созна́вать что-л ② (absichtlich) умы́шленный **II.** adv созна́тельно, осо́знанно; (vorsätzlich) умы́шленно; **bewusstlos** adj без созна́ния, бессозна́тельный; **Bewusstlosigkeit** f бессозна́тельное состоя́ние с, беспа́мятство с, бесчу́вствие с; **bewusst machen** vt ◇ **jd-m etw ~** доводи́ть ‹-вести́› что-л до чьего́-л созна́ния; ◇ **sich etw ~** осознава́ть, уясня́ть ‹-ни́ть› что-л; **Bewusstsein** n ‹-s› созна́ние с; ◇ **bei vollem ~** в по́лном созна́нии

bezahlbar adj пла́тный, подлежа́щий опла́те; **bezahlen I.** vt ① (Geld, Miete) ‹за-› плати́ть; (für Leistung) опла́чивать ‹-ти́ть› ② (Arbeiter) опла́чивать ‹-ти́ть› **II.** vi ◇ **Herr Ober, bitte ~!** официа́нт, пожа́луйста, да́йте счёт; **Bezahlung** f ① (von Schuld) упла́та ж, пла́та ж, опла́та ж ② (Lohn) вы́плата ж, вознагражде́ние с; FIG распла́та ж

bezaubern vt FIG очаро́вывать ‹-ва́ть›, обвора́живать ‹-рожи́ть›

bezeichnen vt ① (markieren) поме́ча́ть ‹-ме́тить›, обознача́ть ‹-зна́чить› ② (näher beschreiben) охарактеризова́ть сов, опи́сывать ‹-са́ть› ③ (zeigen) ука́зывать ‹-за́ть› ④ (bedeuten) означа́ть несов что-л; ◇ **jd-n als klug/ dumm ~** предста́вить кого́-л у́мным/дурако́м; **bezeichnend** adj (charakteristisch) характе́рный, примеча́тельный; ◇ **das ist ~ für ihn** э́то для него́ характе́рно; **Bezeichnung** f ① (Markierung) поме́тка ж ② (Beschreibung) описа́ние с ③ (Benennung) обозначе́ние с, назва́ние с, наименова́ние с

bezeugen vt (Straftat) подтвержда́ть ‹-ди́ть› что-л в ка́честве свиде́теля

bezichtigen vt (beschuldigen) ◇ **jd-n e-s Diebstahls ~** обвиня́ть ‹-ни́ть› кого́-л

beziehen unreg **I.** vt ① (Sessel) обтя́гивать ‹-ну́ть›; (Bett) покрыва́ть ② (Wohnung) въезжа́ть ‹въе́хать›, переезжа́ть ‹-е́хать› ③ (Prügel) получа́ть ‹-чи́ть›; (Zeitung) выпи́сывать несов; (Rente, Gehalt) получа́ть ④ FIG ◇ **einen Standpunkt ~** занима́ть то́чку зре́ния ⑤ (in Bezug setzen) ◇ **etw auf etw ~** относи́ть что-л к чему́-л [на чей-л счёт] **II.** vr ◇ **sich** akk **~ auf** akk ссыла́ться ‹сосла́ться› на кого́-что-л; ◇ **wir ~ uns dabei auf unser Schreiben vom ...** мы ссыла́емся при э́том на на́ше письмо́ от ...; **Beziehung** f ① (von Menschen) отноше́ния мн; ◇ **er hat viele ~en** у него́ больши́е свя́зи; ◇ **seine ~en spielen lassen** испо́льзовать свои́ свя́зи; FAM испо́льзовать знако́мства ② (Hinsicht) отноше́ние с; (Bezug) отнесённость ж к чему́-л; (Verhältnis) связь ж; **Beziehungskiste** f FAM (Verhältnis, Bindung) бли́зкие отноше́ния мн, привяза́н-

ность *ж;* **beziehungsweise** *cj* ① (*vielmehr*) и́ли скоре́е ② (*im anderen Fall*) и, и́ли, ина́че, и́ли мо́жет быть
Bezirk *m* <-[e]s, -e> ① о́бласть *ж;* (*Verwaltungs~*) о́круг *м* ② (*Stadt~, Wohn~*) райо́н *м*
Bezug *m* I. <-[e]s, Bezüge> ① (*Bett~*) посте́льное бельё *с;* (*Kissen~*) на́волочка *ж;* (*Polster~*) мя́гкая оби́вка *ж* ② (*Verbindung*) отноше́ние *с;* (*Verhältnis, Zusammenhang*) связь *ж,* взаимосвя́зь *ж;* (*Bezugnahme*) ссы́лка *ж* (*zu* с чем-л, на что-л); ◇ **wir nehmen ~ auf unser Telefongespräch** мы ссыла́емся на наш телефо́нный разгово́р ③ (*von Zeitschrift*) вы́писка *ж,* подпи́ска *ж;* (*von Lohn*) получе́ние *с;* COMM (*von Waren*) поку́пка *ж,* получе́ние *с* II. (*Hinsicht*) ◇ in ~ **auf** *akk* ссыла́ясь на что-л; **bezüglich** I. *präp gen* (*hinsichtlich*) относи́тельно, насчёт II. *adj* (*nur attr*) относя́щийся; **Bezugnahme** *f* <-, -n> ссы́лка *ж* (*auf akk* на что-л); ◇ **unter ~ auf Ihr Angebot** ссыла́ясь на Ва́ше предложе́ние; **Bezugspunkt** *m* отправна́я то́чка *ж*
bezweifeln *vt* сомнева́ться в чём-л; ◇ **ich bezweifle, dass er morgen kommt** я сомнева́юсь, прие́дет ли он за́втра
Bibel *f* <-, -n> би́блия *ж*
Biber *m* <-s, -> бобёр *м*
Bibliografie, Bibliographie *f* библиогра́фия *ж*
Bibliothek *f* <-, -en> библиоте́ка *ж;* **Bibliothekar(in** *f) m* <-s, -e> библиоте́карь *м,* библиоте́карша *ж*
biegen <bog, gebogen> I. *vt* (*Holz, Metall*) <со->гну́ть, сгиба́ть *несов;* (*Kopf nach hinten*) нагиба́ть <-гну́ть>; (*Knie*) сгиба́ть <согну́ть> II. *vr* (*sich krümmen*) ◇ **sich ~** <со->гну́ться; FIG ◇ **sich vor Lachen ~** ко́рчиться от сме́ха III. *vi* (*abbiegen*) заверну́ть *сов,* сверну́ть *сов,* пова́рчивать <-верну́ть> (*in akk* за, во что); **biegsam** *adj* ги́бкий, упру́гий; **Biegung** *f* ① (*Straßen~*) поворо́т *м* доро́ги ② (*Krümmung*) изги́б *м*
Biene *f* <-, -n> пчела́ *ж;* **Bienenhonig** *m* пчели́ный мёд *м;* **Bienenschwarm** *m* рой *м* пчёл; **Bienenstock** *m* у́лей *м;* **Bienenwabe** *f* пчели́ный сот *м;* **Bienenwachs** *n* пчели́ный воск *м*

Bier

Бо́лее 1000 пивова́рен Герма́нии произво́дят о́коло 500 разли́чных сорто́в пи́ва. При́нятый в 1516 г. „Зако́н о чистоте́" (о содержа́нии при́месей) гаранти́рует ка́чество неме́цкого пи́ва и отлича́ет его́ от други́х сорто́в пи́ва, производи́мых за преде́лами Герма́нии.

Bier *n* <-[e]s, -e> пи́во *с;* (*Angelegenheit*) ◇ **das ist nicht mein ~** э́то не моё де́ло; **Bierbrauer(in** *f) m* <-s, -> пивова́р *м;* **Bierdeckel** *m* карто́нная подста́вка для пивно́й кру́жки; **bierernst** *adj* (*ernst, humorlos*) сли́шком серьёзный, без ю́мора; **Bierkrug** *m* пивна́я кру́жка *ж;* **Bierstube** *f* пивна́я *ж*
Biest *n* <-[e]s, -er> ① (*Ungeheuer*) чудо́вище *с* ② FIG (*intrigante Person*) скоти́на *ж,* каналья *ж*
bieten <bot, geboten> I. *vt* ① (*anbieten*) предлага́ть <-ложи́ть> ② (*bei Versteigerung*) набавля́ть <-ба́вить> ③ (*zeigen, darbieten*) демонстри́ровать *несов,* пока́зывать *несов* II. *vr* ◇ **sich ~** ① (*Möglichkeit*) предоставля́ться <-ста́виться> (*dat* кому́-л); ◇ **es bietet sich ihm e-e neue Möglichkeit** ему́ предста́вилась [у него́ появи́лась] но́вая возмо́жность ② ◇ **das lasse ich mir nicht ~** я э́того не потерплю́
Bikini *m* <-s, -s> бики́ни *с*
Bilanz *f* COMM бала́нс *м,* ито́г *м;* FIG (*des Tages*) ито́г *м* дня; ◇ **~ ziehen** подвести́ ито́г (*aus* чего́-л)
Bild *n* <-[e]s, -er> *a.* FIG карти́на *ж;* (*Porträt*) портре́т *м;* (*Zeichnung*) рису́нок *м;* (*Foto*) фотогра́фия *ж,* фотопортре́т *м;* (*Gemälde*) карти́на *ж,* полотно́ *с;* FIG (*Vorstellung*) представле́ние *с;* ◇ **im ~(e) sein** быть в ку́рсе; **Bildband** *m* фотоальбо́м *м*
bilden I. *vt* ① (*formen*) созда<ва́ть, -с> формирова́ть ② (*erziehen*) воспи́тывать <-та́ть> II. *vr* ◇ **sich ~** (*Triebe, Blätter*) образо́вываться <-ва́ться>; (*geistig*) просвеща́ться <-ти́ться>, расти́ духо́вно
Bilderbuch *n* (*Kinder~*) кни́га *ж* с карти́нками; FIG ◇ **ein Wetter wie im ~** волше́бная пого́да; **Bilderrahmen** *m* ра́ма *ж* для карти́ны; **Bildfläche** *f* (*von Bildschirm, von Leinwand*) пло́скость *ж* прое́кции; FIG ◇ **auf der ~ erscheinen** появля́ться <-ви́ться> неожи́данно где-л; **Bildhauer(in** *f) m* <-s, -> ску́льптор *м,* вая́тель *м;* **bildhübsch** *adj* краси́вый; **bildlich** *adj* ① (*mit Hilfe von Bildern*) кра́сочный, нагля́дный, графи́ческий ② (*plastisch*) пласти́чный ③ (*übertragen*) о́бразный, иносказа́тельный; **Bildschirm** *m* (*von Fernseher, PC*) экра́н *м,* монито́р *м,* диспле́й *м;* ◇ **am ~ arbeiten** рабо́тать у монито́ра [диспле́я]; **Bildschirmschoner** *m* PC компью́терная заста́вка *ж;* **bildschön** *adj* о́чень краси́вый
Bildung *f* ① (*das Entstehen*) возникнове́ние *с,* формирова́ние *с* ② (*geistige*) просвеще́ние *с,* образова́ние *с;* **Bildungslücke** *f* пробе́л *м* в зна́ниях, недоста́ток *м* зна́ний; **Bildungspolitik** *f* поли́тика *ж* в о́бласти образова́ния;

Bildungsurlaub m о́тпуск　м, предоставля́емый для повыше́ния квалифика́ции; **Bildungsweg** m путь м образова́ния

Bildweite f FOTO экспози́ция ж; **Bildwörterbuch** n иллюстри́рованный слова́рь м

billig I. adj ① (preiswert) дешёвый ② (minderwertig) недорого́й, недоброка́чественный **II.** adv ① ◇ etw sehr ~ **verkaufen** прода́ть что-л дёшево [недо́рого] ② (angemessen) подоба́юще, справедли́во, уме́стно; ◇ **es ist recht und ~, wenn...** э́то справедли́во, е́сли ...

billigen vt (Plan, Vorschlag) одобря́ть ⟨одо́брить⟩; **Billigung** f (Einverständnis) одобре́ние с, согла́сие с, са́нкция ж

Billion f биллио́н м

bimmeln vi (Glocke) ⟨по-⟩звони́ть, трезво́нить несов; (klirren) бренча́ть несов

binär adj бина́рный, двойно́й

Binde f ‹-, -n› ① (Verband) повя́зка ж, бинт м, банда́ж м; (Arm~) нару́кавная повя́зка ж ② (Damen~) гигиени́ческая прокла́дка ж ③ FAM ◇ sich dat **e-n hinter die ~ gießen** заложи́ть за га́лстук, вы́пить; **Bindegewebe** n соедини́тельная ткань ж; **Bindeglied** n свя́зующее звено́ с; **binden** ‹band, gebunden› **I.** vt (allg.) свя́зывать ⟨-за́ть⟩ что-л вме́сте; (an etw festmachen) привя́зывать ⟨-за́ть⟩; (Schnur, Krawatte) завя́зывать ⟨-за́ть⟩; (Buch) переплета́ть ⟨-плести́⟩; (Kranz) плести́ несов, вплета́ть ⟨вплести́⟩; ◇ **jd-n an ein Versprechen** ~ свя́зывать кого́-л обеща́нием; FIG ◇ **mir sind die Hände gebunden** у меня́ свя́заны ру́ки **II.** vr ◇ sich ~ ① (heiraten) вступи́ть в брак, свя́зывать себя́ у́зами бра́ка ② (sich verpflichten) обя́зываться ⟨-за́ться⟩, связа́ть себя́ обяза́тельством (an etw пе́ред кем-л); **Bindestrich** m чёрточка ж, дефи́с м; **Bindewort** n сочини́тельный сою́з м

Bindfaden m шпага́т м, бечёвка ж, верёвка ж

Bindung f ① (an Vertrag) обяза́тельство с, связь ж, отноше́ние с; (an Partner) привя́занность ж ② (Ski~) лы́жное крепле́ние с ③ CHEM, PHYS свя́зи мн; свя́зывание с

Binnenhafen m речно́й порт м, при́стань ж; **Binnenhandel** m вну́тренняя торго́вля ж; **Binnenland** n ме́стность ж, удалённая от мо́ря, госуда́рство с не име́ющее вы́хода к мо́рю; **Binnenmarkt** m вну́тренний ры́нок м

Binse f ‹-, -n› камы́ш м; **Binsenweisheit** f а́збучная и́стина ж

Biografie, Biographie f биогра́фия ж

Biologe m ‹-n, -n› био́лог м; **Biologie** f биоло́гия ж; **Biologin** f же́нщина-био́лог ж; **biologisch** adj биологи́ческий; **Biomüll** m биологи́ческие отхо́ды мн;

Biorhythmus m биори́тм м

Birnbaum m гру́ша ж; **Birne** f ‹-, -n› ① (Frucht) гру́ша ж ② ELECTR электри́ческая ла́мпочка ж ③ FAM ◇ jd-m **eins auf die ~ geben** тре́снуть кому́-л по башке́

bis I. präp akk ① (räumlich) (~ zu/an) до (са́мого); ◇ ~ **hierher** до сих пор, до э́того ме́ста ② (zeitlich) ◇ ~ **auf weiteres** впредь; ◇ ~ **bald/gleich** пока́, до ско́рого; ◇ ~ **in die Nacht** до но́чи **II.** cj пока́ не; (von...~) от ... до; (zeitlich) ◇ ~ **Dienstag muss es fertig sein** до вто́рника э́то должно́ быть сде́лано

Bisamratte f онда́тра ж

Bischof m ‹-s, Bischöfe› епи́скоп м, архиере́й м; **bischöflich** adj епи́скопский, епископа́льный

bisher adv (bislang) до сих пор, доны́не

Biskuit n ‹-[e]s, -s o. -e› бискви́т м;

Biskuitteig m бискви́тное те́сто с

bislang adv (bisher) до сих пор, доны́не

biss impf v. **beißen**

Biss m ‹-es, -e› ① (das Beißen) уку́с м ② (Wunde) уку́с м ③ (Ehrgeiz) тщесла́вие м, честолю́бие с

bisschen nr indefinit немно́го, чуть-чуть, немно́жечко; ◇ **das ~ Arbeit** немно́го рабо́ты; ◇ **das ~ kannst du wegwerfen** чуть-чуть мо́жно вы́бросить; ◇ **lass mich doch ein ~ hinsetzen** дай мне чу́точку присе́сть

Bissen m ‹-s, -› (Happen) кусо́к м; (satt sein) ◇ **keinen ~ mehr hinunterkriegen** быть сы́тым, не жела́ть бо́льше есть

bissig adj ① (Schlange) ядови́тый; (Hund) злой ② FIG (Bemerkung) зло́бный, ехи́дный, ядови́тый

Bistum n ‹-s, Bistümer› епи́скопство с

Bit n ‹-s, -s› PC бит м

bitte adv ① (höflich) пожа́луйста; (zu

bitten

Вы не могли́ бы мне помо́чь?
Könnten Sie mir helfen?
Ты не мог/ла́ бы мне одолжи́ть немно́го де́нег?
Könntest du mir vielleicht ein bisschen Geld leihen?
Ты мо́жешь купи́ть мне не́сколько почто́вых ма́рок по доро́ге?
Kannst du mir auf dem Weg ein paar Briefmarken mitbringen?
Пода́йте мне, пожа́луйста, соль./ Мо́жно мне соль?
Könnte ich bitte das Salz haben?
Переда́йте ему́, пожа́луйста, что я перезвоню́.
Könnten Sie ihm ausrichten, dass ich zurückrufe?

Freunden) прошу́;◇ **können Sie mir ~ hel-fen?** простите, Вы не могли́ бы мне помо́чь? **2** ◇ **~?, wie ~?** что?, что вы сказа́ли? **3** ◇ **~ schön!** пожа́луйста, о́чень прошу́; ◇ **vielen Dank!** → (**sehr!**) большо́е спаси́бо! пожа́луйста!; **Bitte** *f* <-, -n> (*Wunsch*) про́сьба *ж*, проше́ние *с*, хода́тайство *с*; **bitten** <bat, gebeten> *vt, vi* <по->проси́ть (*um etw* кого́-л о чём-л); ◇ **jd-n zu Tisch ~** проси́ть [пригла-ша́ть] кого́-л к столу́; ◇ **er bat ihn zu sich nach Hause** он пригласи́л его́ к се-бе́ домо́й; ◇ **jd-n ~, etw zu tun** проси́ть кого́-л что-л сде́лать; ◇ **jd-n um Hilfe ~** проси́ть кого́-л о по́мощи; **bittend** *adj* прося́щий, умоля́ющий

bitter *adj* **1** (*Essen*) го́рький **2** *FIG* ◇ **~e Tränen weinen** пла́кать го́рькими слеза́ми **3** (*Kälte*) си́льный [лю́тый] моро́з

blähen I. *vt* (*Segel*) взду<ва́>ть, наду<ва́>ть **II.** *vi* (*Bohnen*) <вс->пу́чить **III.** *vr* ◇ **sich ~** взду<ва́>ться, наду<ва́>ть-ся; **Blähungen** *f pl* MED га́зы *мн*, вздутие *с*

blamabel *adj* позо́рный, сканда́льный, заслу́живающий порица́ния; **Blama-ge** *f* <-, - n> (*Schande, Schmach*) позо́р *м*, срам *м*; (*Versagen*) прова́л *м*; **blamie-ren I.** *vt* (*bloßstellen*) <о->позо́рить, <с->компромети́ровать **II.** *vr* ◇ **sich ~** <о->позо́риться, <с->срами́ться

blank *adj* **1** (*Stiefel*) блестя́щий; (*Kü-che, Bad*) сверка́ющий; (*Fußboden*) чи́стый **2** (*Füße, Hände*) го́лый, обна-жённый, непокры́тый **3** *FAM* (*ohne Geld*) без гроша́

Blankoscheck *m* бла́нковый чек *м*

Bläschen *n* пузырёк *м*; MED (*auf Haut*) прыщ *м*; **Blase** *f* <-, -n> **1** (*Luft~*) га́-зовый [возду́шный] пузы́рь *м* **2** MED (*Brand~*) пузы́рь *м* от ожо́га **3** ANAT (*Gallen~*) жёлчный пузы́рь *м*; (*Harn~*) мочево́й пузы́рь *м*; **Blasebalg** *m* воз-духоду́шный мех *м*, воздуходу́вка *ж*; **blasen I.** <bläst, blies, geblasen> *vi* (*Wind*) дуть <ду́нуть> **II.** *vt* (*Trompete*) труби́ть *несов*; ◇ **jd-m den Rauch ins Gesicht ~** пус-ка́ть кому́-л дым в лицо́; **Blasinstru-ment** *n* духово́й инструме́нт *м*

blass *adj* **1** (*Gesicht*) бле́дный **2** *FIG* (*unklar*) сму́тный, нея́сный **3** (*offen-sichtlich*) ◇ **das ist ~er Neid** э́то чёрная за́висть

Blatt *n* <-[e]s, Blätter> **1** (*von Baum*) лист *м* **2** (*Papier~*) листо́к *м*, лист *м* **3** (*Zeitung*) газе́та *ж*, журна́л *м* **4** (*Sä-ge~*) полотно́ *с* **5** KARTEN ка́рта *ж* **6** *FAM* ◇ **kein ~ vor den Mund nehmen** говори́ть без обиняко́в; **blättern** *vi* ◇ **in etw** *dat* ~ перевора́чивать страни́цы, перели́стывать <-ста́ть>; **Blätterteig** *m* (*Gebäck*) сло́ёное те́сто *с*

blau *adj* **1** (*Farbe*) си́ний, голубо́й; ◇

e-e Fahrt ins B~e machen соверша́ть пое́здку на уда́чу [по неизве́дан-ным маршру́там] **2** *FAM* (*betrunken*) пья́ный **3** ◇ **sie hat ein ~es Auge** у неё синя́к под гла́зом; ◇ **mit e-m ~en Auge davonkommen** отде́латься лёг-ким испу́гом; **blauäugig** *adj* **1** (*mit blauen Augen*) синегла́зый, голубогла́-зый **2** *FIG* (*gutgläubig, naiv*) легко-ве́рный, дове́рчивый; **Blaulicht** *n* сигна́льная ла́мпа *ж* си́него цве́та; **blaumachen** *vi FAM* (*schwänzen*) про-гу́ливать <-ля́ть>

Blech *n* <-[e]s, -e> **1** (*Stahl~*) листово́й мета́лл *м*; (*Weiß~*) [бе́лая] жесть *ж* **2** (*Back~*) про́тивень *м*, лист *м*; **Blech-dose** *f* жестя́нка *ж*

blechen *vt, vi FAM* (*Geld*) <за-, у->пла-ти́ть

Blechschaden *m* AUTO поврежде́ние *с* ку́зова маши́ны

Blei *n* <-[e]s> CHEM, PHYS свине́ц *м*

Bleibe *f* <-, -n> (*Unterkunft*) ночле́г *м*, кров *м*, прист́анище *с*; **bleiben** <blieb, geblieben> *vi* (*nicht weggehen*) оста<ва́>ть-ся; (*konsequent* ~) ◇ **bei seiner Meinung ~** остава́ться при своём мне́нии; ◇ **es bleibt nur zu hoffen, dass** остаётся то́ль-ко наде́яться, что; **bleibend** *adj* (*unver-gesslich*) неизглади́мый; **bleiben las-sen** *unreg vt* (*unterlassen*) о́ставля́ть <-ста́вить>, не тро́гать *несов*

bleich *adj* бле́дный; (*farblos*) бесцве́т-ный; **bleichen I.** *vt* (*Wäsche*) <вы́->бе-ли́ть, отбе́ливать *несов*; (*Haare*) обесцве́чивать **II.** *vi* (*verblassen*) <по->бледне́ть, <по->бле́кнуть

bleifrei *adj* (*Benzin*) не содержа́щий свинца́; **bleihaltig** *adj* (*Benzin*) содер-жа́щий свине́ц; **Bleistift** *m* каранда́ш *м*; **Bleistift[an]spitzer** *m* <-s, -> точи́лка *ж* для карандаше́й

Blende *f* <-, -n> **1** (*am Fenster, Jalousie*) жалюзи́ *с мн*; (*Abdeckung*) глухо́е ок-но́ *с* **2** FOTO диафра́гма *ж*; **blenden** *vt* **1** (*Augen*) ослепля́ть <-пи́ть> **2** (*Au-gen blind machen*) выка́лывать <вы́-колоть>, выжига́ть глаза́ **3** *FIG* (*be-eindrucken*) ослепля́ть <-пи́ть>, прель-ща́ть <-сти́ть>; **blendend** *adj* **1** (*Licht*) ослепи́тельный **2** *FAM* (*ausgezeichnet*) ослепи́тельный, блестя́щий, велико-ле́пный; ◇ **mir geht es heute ~** дела́ у меня́ иду́т сейча́с великоле́пно; ◇ **Sie sehen ~ aus** Вы чуде́сно выгля-ди́те

Blick *m* <-[e]s, -e> **1** (*das Betrachten*) взгляд *м*, взор *м* **2** (*Aussicht*) вид *м*; **blicken** *vi* (*schauen*) <по->смотре́ть, <по->гляде́ть, <вз->гляну́ть

blieb *impf v.* **bleiben**

blies *impf v.* **blasen**

blind *adj* **1** (*ohne Augenlicht*) слепо́й **2** (*Glas etc.*) глухо́й, на́глухо заде́ланный; (glanzlos) ту́склый, потускне́лый **③** ◇ ~er **Passagier** безбиле́тный пасса́жир m, за́яц m; **Blinddarm** m слепа́я кишка́ ж; **Blinddarmentzündung** f аппендици́т m; **Blindheit** f слепота́ ж; **blindlings** adv **①** (ohne zu sehen) сле́по, вслепу́ю, науда́чу, как попа́ло **②** FIG (kritiklos) сле́по; **blind schreiben** unreg vi печа́тать слепы́м ме́тодом

blinken vi **①** (blitzen) сверка́ть ‹-ну́ть› **②** (glänzen) блиста́ть несов **③** AUTO (Blinker setzen) подава́ть световы́е сигна́лы; **Blinker** m ‹-s, -› AUTO бли́нкер m, светоуказа́тельник m; **Blinklicht** n AUTO (Richtungsanzeiger) мига́ющий свет m

blinzeln vi (jd-m zuzwinkern) мига́ть ‹-ну́ть›, морга́ть ‹-ну́ть›; (Augen zusammenkneifen) щу́рить глаза́

Blitz m ‹-es, -e› **①** (am Himmel) мо́лния ж; ◇ **er ist schnell wie der ~** он быстр как мо́лния **②** FOTO (~licht) вспы́шка ж; **Blitzableiter** m ‹-s, -› громоотво́д m, молниеотво́д m; **blitzen I.** vi **①** (aufleuchten) сверка́ть ‹-ну́ть› **②** (glänzen, Boden) блесте́ть несов **③** METEO ◇ **es blitzt ganz in der Nähe/Ferne** совсе́м вблизи́/вдали́ сверка́ет мо́лния **II.** vt ◇ **jd-n mit dem Radargerät ~** зафикси́ровать [засе́чь] кого́-л рада́рным устро́йством; **Blitzlicht** n (am Fotoapparat) магни́евая вспы́шка ж; **blitzschnell I.** adj молниено́сный **II.** adv ми́гом, молниено́сно; (flüchtig) ме́льком

Block m ‹-[e]s, Blöcke› **①** (Häuser~) блок m **②** (Notiz~) блокно́т m, записна́я кни́жка ж **③** SPORT (Abwehr~) блокиро́вка ж

Blockade f блока́да ж

Blockflöte f пряма́я фле́йта ж

blockfrei adj POL нейтра́льный, не присоедини́вшийся к бло́кам

blockieren I. vt (Straße, Plan etc.) ‹за-›блоки́ровать **II.** vi (Bremse) ‹за-›тормози́ть

blöd adj **①** (geistesgestört) слабоу́мный, тупоу́мный, тупо́й **②** FAM (dumm) глу́пый, дура́цкий; **blödeln** vi FAM (herum~) валя́ть дурака́, плести́ вся́кую чушь; **Blödheit** f (Dummheit) глу́пость ж, слабоу́мие c, тупоу́мие c; **Blödsinn** m (Unsinn) глу́пость ж

blond adj светловоло́сый, белоку́рый

bloß I. adj **①** (nackt) го́лый, обнажённый **②** (alleinig) ◇ **mit ~em Auge** невооружённым гла́зом **II.** adv то́лько, лишь; (verstärkend) ◇ **das ist doch – Gerede** э́то всё лишь разгово́ры; ◇ **du hast ja – Angst!** ты про́сто бои́шься!; ◇ **lass das ~!** переста́нь же!; **Blöße** f ‹-, -n› **①** (Nacktheit) нагота́ ж, обнажённость ж **②** FIG сла́бость ж, сла́бая сторона́ ж; ◇ **sich** dat **e-e ~ geben** обнару́жить

свою́ сла́бую сто́рону; **bloßstellen** vt (blamieren) ‹с-›компромети́ровать, разоблача́ть ‹-чи́ть›

blühen vi цвести́ несов; (Geschäft) процвета́ть несов; FIG ◇ **wenn du nach Hause kommt, blüht dir was** когда́ ты придёшь домо́й, ну и доста́нется тебе́

Blume f ‹-, -n› **①** (Schnitt~) цвето́к m **②** (von Wein) буке́т m **③** (Bierschaum) пе́на ж; **Blumenkohl** m цветна́я капу́ста ж; **Blumenstrauß** m буке́т m цвето́в; **Blumenzwiebel** f цвето́чная лу́ковица ж

Bluse f ‹-, -n› блу́зка ж; (leichte ~) ко́фточка ж; (Uniform~) гимнастёрка ж

Blut n ‹-[e]s› кровь ж; ◇ **nur ruhig ~!** споко́йно!, не волну́йся!; **blutarm** adj малокро́вный; **Blutarmut** f малокро́вие c, аними́я ж; **blutbefleckt** adj обагрённый кро́вью; **Blutbild** n карти́на ж кро́ви; **Blutdruck** m кровяно́е давле́ние c

Blüte f ‹-, -n› (das Blühen) цвете́ние c; FIG (Höhepunkt) расцве́т m; ◇ **in der ~ seines Lebens** в расцве́те сил

Blutegel m пия́вка ж

Blütezeit f вре́мя c цвете́ния; FIG пери́од m [эпо́ха ж, вре́мя c] расцве́та

bluten vi кровоточи́ть несов; FIG ◇ **er hat ganz schön geblutet** он потеря́л мно́го кро́ви; **Blutgruppe** f гру́ппа ж кро́ви; **blutig** adj (Krieg) крова́вый, кровопроли́тный; (mit Blut befleckt) окрова́вленный; **blutjung** adj ю́ный, совсе́м молодо́й; **Blutkörperchen** n pl ◇ **die roten/weißen ~** кра́сные/бе́лые кровяны́е тельца́; **Blutkreislauf** m кровообраще́ние c; **Blutprobe** f ана́лиз m кро́ви; **Blutspender(in** f) m до́нор m; **Blutspur** f крова́вый след m; **Blutstropfen** m ка́пля ж кро́ви, кро́винка ж; **Blutübertragung** f (Bluttransfusion) перелива́ние c кро́ви; **Blutung** f (aus Wunde) кровотече́ние c; MED (Regel~) менструа́ция ж; **Blutvergiftung** f зараже́ние c кро́ви; **Blutwurst** f кровяна́я колбаса́ ж

BLZ Abk. v. **Bankleitzahl** и́ндекс/код m ба́нка

Bö[e] f ‹-, -n› шквал m, си́льный поры́в m ве́тра

Bock m ‹-[e]s, Böcke› **①** (Schaf~) бара́н m; (Reh~) саме́ц m косу́ли; (Ziegen~) козёл m **②** (Kutsch~) ко́злы mn, облучо́к m **③** (Ramm~) сва́йный мо́лот m, ко́пер m для заби́вки свай **④** (Gestell) сто́йка ж, кронштейн m **⑤** SPORT (Turngerät) козёл m **⑥** FAM ◇ **null/keinen ~ haben, etw zu tun** не име́ть жела́ния что-л де́лать

Bock n (Starkbier) двойно́е пи́во c

bocken vi (Esel) упря́миться несов; (beleidigt sein) капри́зничать несов; (Motor) капри́зничать

Bockwurst f сарде́лька *ж*
Boden m <-s, Böden> [1] (*Humus~, Sand~*) земля́ *ж*, по́чва *ж* [2] (*Fuß~*) пол *м* [3] (*Meeres~*) морско́е дно *с* [4] (*Dach~*) черда́к *м;* **bodenlos** *adj* [1] (*unergründlich*) непостижи́мый, необъясни́мый, загáдочный [2] *FAM* (*unerhört*) неслы́ханный, бессты́дный; **Bodenschätze** *pl* поле́зные ископа́емые *мн;* **bodenständig** *adj* (*heimatverbunden*) коренно́й, ме́стный; **Bodenturnen** *n* во́льные упражне́ния *мн*
Body *m* (*Kleidung*) оде́жда *ж* ти́па "бо́ди"
Bodybuilding *n* SPORT культури́зм *м*
bog *impf v.* **biegen**
Bogen *m* <-s, -> [1] (*Biegung*) поворо́т *м* [2] ARCHIT а́рка *ж*, свод *м* [3] MUS смычо́к *м* [4] (*Papier~*) лист *м* бума́ги
Bohne f <-, -n> (*Gemüse, Kaffee~*) боб *м;*
Bohnenkaffee *m* ко́фе *м* в зёрнах
bohren I. *vt* <про-> сверли́ть, <про->бура́вить II. *vi* (*nach Öl*) <про->бури́ть;
Bohrer *m* <-s, -> (*Werkzeug*) сверло́ *с*, бура́в *м;* **Bohrinsel** f бурова́я платфо́рма; **Bohrmaschine** f бурова́я маши́на *ж*, сверли́льный стано́к *м;* **Bohrturm** *m* бурова́я вы́шка *ж*
Boje f <-, -n> буй *м*, ба́кен *м*
Bolzen *m* <-s, -> болт *м*, винт *м*
bombardieren *vt* (*beschießen*) обстре́ливать <-ля́ть>, бомбардирова́ть <несов>; ◇ **jd-m mit Fragen** ~ заси́пать кого́-л вопро́сами; **Bombe** f <-, -n> бо́мба *ж;* **Bombenangriff** *m* налёт *м* бомбардиро́вочной авиа́ции, бомбардирова́ние *с;* **Bombenanschlag** *m,* **Bombenattentat** *n* покуше́ние *с* (с примене́нием бо́мб); **Bombenerfolg** *m* FAM колосса́льный успе́х *м*
Bonbon *n* <-s, -s> конфе́та *ж*, караме́ль *ж*, леденéц *м*
bongen *vt* [1] (*Betrag*) выбива́ть чек [2] FAM (*okay*) ◇ **das ist gebongt** всё в поря́дке, уже́ всё ула́жено
Bonus *m* <-, *o.* -sses, -*o.* -sse> [1] (*Prämie*) бирже́ва́я пре́мия *ж* [2] (*Pluspunkt*) при́быль *ж*, до́ля *ж* при́были *с* [3] (*Sondervergütung, Dividende*) поощре́ние *с* закýпщику кру́пной па́ртии това́ра; ◇ **e-n** ~ **ausschütten** выпла́чивать пре́мию; COMM распределя́ть дивиде́нды
Boom *m* <-s, -s> бум *м*, иску́сственное повыше́ние *с* ку́рсов; (*Bombenerfolg*) шу́мный успе́х *м*
Boot *n* <-[e]s, -e> (*Motor~, Fischer~*) ло́дка *ж;* (*Ruder~, Schlauch~*) гребна́я шлю́пка *ж;* (*Tret~*) речно́й [прогу́лочный] велосипе́д *м*, педа́льная шлю́пка *ж;* ◇ **wir sitzen alle in e-m** ~ мы все сиди́м в одно́й ло́дке; **Bootsanhänger** *m* прице́п *м* для ло́дки; **Bootshaus** *n* помеще́ние *с* для хране́ния ло́док

Bord *m* <-[e]s, -e> AERO, NAUT борт *м;* ◇ **an** ~ **gehen** подня́ться в самолёт [на кора́бль]; ◇ **von** ~ **gehen** сойти́ на бе́рег [на зе́млю]
Bord *n* <-[e]s, -e> (*Bücher~*) кни́жная по́лка *ж*
Bordell *n* <-s, -e> дом *м* терпи́мости, публи́чный дом *м*
Bordkarte f поса́дочный тало́н *м*
borgen I. *vt* (*leihen*) дава́ть взаймы́; ◇ **jd-m Geld** ~ ода́лживать <одолжи́ть> кому́-л де́ньги II. *vr* (*sich etw ausleihen*) брать <взять> взаймы́, занима́ть <-я́ть> что-л у кого́-л; ◇ **sich** *dat* **Geld von jd-m** ~ занима́ть де́ньги у кого́-л
borniert *adj* ограни́ченный, тупо́й
Börse f <-, -n> [1] (*Aktien~*) би́ржа *ж*, фо́ндовая би́ржа *ж* [2] (*Geld~*) кошелёк *м*, бума́жник *м;* **Börsenbericht** *m* бирже́вой бюллете́нь *м;* **Börsengeschäft** *n* бирже́ва́я сде́лка *ж;* **Börsenkrach** *m* бирже́вой крах *м;* **Börsenkurs** *m* бирже́вой курс *м*
Borste f <-, -n> щети́на *ж*
bösartig *adj* [1] (*heimtückisch*) злой, зло́стный, кова́рный; (*Unheil verkündend*) злове́щий [2] MED злока́чественный
Böschung f (*Abhang*) отко́с *м*, склон *м*
böse *adj* [1] (*Mensch, Tat*) злой, недо́брый [2] (*unartig*) плохо́й, дурно́й, скве́рный [3] (*zornig*) серди́тый, зло́бный [4] (*gefährlich, schlimm*) плохо́й, скве́рный, опа́сный; **boshaft** *adj* зло́бный; (*heimtückisch*) кова́рный; (*spöttisch, gehässig*) насме́шливый, злора́дный, язви́тельный; **Bosheit** f злость *ж*, зло́ба *ж;* (*Gehässigkeit*) неприя́знь *ж*
Boss *m* (*Leiter*) нача́льник *м*, босс *м*, шеф *м;* (*Gangster~*) главáрь *м*, шеф *м*
böswillig *adj* злонаме́ренный, зло́стный
bot *impf v.* **bieten**
Botanik f бота́ника *ж;* **botanisch** *adj* ботани́ческий
Bote *m* <-n, -n> рассы́льный *м;* (*Eil~*) на́рочный *м;* (*Kurier*) курье́р *м*
Botin f рассы́льная *ж;* (*Kurierin*) курье́рша *ж;* **Botschaft** f [1] (*Nachricht*) весть *ж*, изве́стие *с;* (*Brief*) посла́ние *с* [2] POL посо́льство *с;* **Botschafter(in** f) *m* <-s, -> посо́л *м*, же́нщина-посо́л *ж*
Bottich *m* <-[e]s, -e> чан *м;* (*Tonne*) бо́чка *ж;* (*Wasch~*) уша́т *м*, чан *м*, лоха́нь *ж*
Bouillon f <-, -s> бульо́н *м*
Boutique f магази́н *м* мо́дной оде́жды
Bowle f <-, -n> (*Getränk*) крюшо́н *м*, пунш *м*
boxen I. *vt, vi* боксирова́ть *несов*, выступа́ть на ри́нге; ◇ **jd-n in den Bauch** ~ толкну́ть кого́-л в живо́т II. *vr* ◇ **sich durchs Leben** ~ завоёвывать себе́ ме́сто в жи́зни с по́мощью кулако́в

Boxer[1] *m* ‹-s, -› SPORT боксёр *м*
Boxer[2] *m* ‹-s, -› (*Hund*) боксёр *м*
Boxhandschuh *m* боксёрская перчатка *ж;* **Boxkampf** *m* боксёрский поединок *м;* **Boxstiefel** *m* боксёрский ботинок *м*
boykottieren *vt* бойкотировать *несов*
brach *impf v.* **brechen**
brachte *impf v.* **bringen**
Branche *f* ‹-, -n› отрасль *ж*, специальность *ж*
Brand *m* ‹-[e]s, Brände› [1] (*Wald~, Flächen~*) пожар *м*, горение *с* [2] (*von Porzellan, Ton*) обжиг *м*, обжигание *с* [3] MED гангрена *ж;* FIG ◇ **e-n ~ in der Kehle haben** умирать от жажды
branden *vi* (*Wellen*) разбиваться с шумом
brandmarken *vt* (*Pferd*) ‹за-›клеймить; FIG (*öffentlich ächten*) ‹за-›клеймить позором; **Brandsalbe** *f* мазь *ж* против ожогов; **Brandstifter(in** *f*) *m* поджигатель(ница *ж*) *м;* **Brandstiftung** *f* поджог *м*
Brandung *f* (*Wellen~*) прибой *м;* (*Gischt*) бурун *м*
brannte *impf v.* **brennen**
Branntwein *m* (*выдержанная*) водка *ж;* (*Schnaps*) водка *ж*, хлебное вино *с*
Brasilien *n* Бразилия *ж;* ◇ **in/nach** ~ в Бразилию/в Бразилию
braten ‹brät, briet, gebraten› *vt* (*Fleisch, im Ofen*) ‹за-›жарить; (*in Pfanne*) поджаривать; **Braten** *m* ‹-s, -› жаркое *с*, жареное *с;* **Brathuhn** *n* жареная курица *ж;* **Bratkartoffeln** *f pl* жареный картофель *м;* **Bratpfanne** *f* сковорода *ж;* **Bratrost** *m* рашпер *м*, решётка *ж* для жаренья
Bratsche *f* ‹-, -n› MUS альт *м*
Bratspieß *m* вертел *м;* **Bratwurst** *f* жареная сарделька *ж*
Brauch *m* ‹-[e]s, Bräuche› (*Sitte*) обычай *м*, нравы *мн*
brauchbar *adj* [1] (*nützlich*) пригодный, полезный [2] (*zuverlässig*) дельный, надёжный; **brauchen** *vt* [1] (*bedürfen*) нуждаться в чём-л, иметь потребность в чём-л [2] (*modal*) ◇ **du brauchst nicht zu kommen** тебе не нужно приходить
brauen *vt* (*Bier*) ‹с-›варить; (*Kaffee*) варить; (*Tee*) заваривать ‹-рить›; (*Cocktails*) ‹при-›готовить; **Brauerei** *f* пивоваренный завод *м*, пивоварение *с*
braun *adj* [1] (*Farbe*) коричневый [2] (*sonnengebräunt*) загорелый; **Bräune** *f* ‹-› смуглый цвет *м* кожи; (*Sonnen~*) загар *м;* **bräunen** *vt* [1] (*Zwiebeln*) поджаривать ‹-ри́ть› [2] (*Haut*) делать смуглым [загорелым]; **braun gebrannt** *adj* загорелый
Brause *f* ‹-, -n› [1] (*Dusche*) душ *м* [2] (*Duschkopf*) разбрызгиватель *м* [3]

(*Limonade*) лимонад *м*, шипучка *ж;*
brausen *vi* (*Meer, Wind*) бушевать *несов*, шуметь *несов;* **Brausepulver** *n* шипучий порошок *м*
Braut *f* ‹-, Bräute› (*bei Hochzeit*) невеста *ж;* (*Verlobte*) обручённая *ж;* **Brautführer(in** *f*) *m* шафер *м*, дружка *м* [2]; **Bräutigam** *m* ‹-s, -e› (*bei Hochzeit*) жених *м;* (*Verlobter*) обручённый *м;* **Brautjungfer** *f* подружка *ж;* **Brautpaar** *n* (*bei Hochzeit*) жених *м* и невеста; (*Jungvermählte*) новобрачные *мн;* (*Verlobte*) обручённые *мн*
brav *adj* [1] (*Kind*) послушный, хороший [2] (*Kleid*) скучный [3] (*ehrenhaft*) честный, порядочный
BRD *f* ‹-› *Abk. v.* **Bundesrepublik Deutschland** Федеративная Республика Германия (ФРГ) *ж*
Brecheisen *n* лом *м;* (*für Einbrecher*) орудие *с* взлома; **brechen** ‹bricht, brach, gebrochen› **I.** *vt* [1] (*entzwei~*) ‹раз-›ломать; (*in Stücke*) разбивать [2] (*Ehe, Vertrag*) нарушать ‹-шить› **II.** *vi* [1] (*auseinander ~*) разламываться ‹ломаться›, разваливаться ‹-литься› [2] (*sich übergeben*) ‹вы-›рвать **III.** *vr* (*Licht*) ◇ **sich ~** преломляться ‹-миться›; **Brecher** *m* вал *м*, прибойная волна *ж;* **Brechreiz** *m* тошнота *ж*, позыв *м* к рвоте; **Brechung** *f* (*von Lichtwellen*) преломление *с*, рефракция *ж*
Brei *m* ‹-[e]s, -e› [1] (*klumpige Masse*) каша *ж*, пюре *с;* GASTRON (*Hafer~*) каша *ж* [2] (*Kartoffel~*) пюре *с* [2] FIG (*Matsch*) месиво *с*
breit *adj* (*weit, groß*) широкий; (*geräumig*) обширный; **Breite** *f* ‹-, -n› [1] (*Weite*) ширина *ж*, толщина *ж* [2] (*Ausführlichkeit*) обстоятельность *ж*, пространность *ж* [3] GEO широта *ж;* **Breitengrad** *m* градус *м* широты; **breitmachen** *vr* (*Platz einnehmen*) ◇ **sich ~** рассесться *сов*, удобно расположиться ‹-лагаться›; **breitschult[e]rig** *adj* широкоплечий; **Breitwand** *f* широкий экран *м;* **Breitwandfilm** *m* широкоэкранный фильм *м*
Bremsbelag *m* тормозная накладка *ж*
Bremse[1] *f* ‹-, -n› AUTO тормоз *м;* ◇ **auf die ~ treten** нажать на тормоз
Bremse[2] *f* ‹-, -n› (*Stechfliege*) слепень *м*
bremsen **I.** *vi* (*Bremse betätigen*) ‹за-›тормозить **II.** *vt* (*anhalten*) останавливать ‹-новить› автомобиль; FIG (*zügeln*) удерживать ‹-жать› кого-л от чего-л, останавливать; **Bremslicht** *n* стоп-сигнал *м*, световой сигнал *м* торможения; **Bremspedal** *n* тормозная педаль *ж;* **Bremsspur** *f* след *м* при торможении; **Bremsweg** *m* путь *м* торможения, тормозной путь *м*
brennbar *adj* горючий, воспламеняющийся; **Brennelement** *n* топливный

элеме́нт *m*; **brennen** ‹brannte, gebrannt› **I.** *vi* ① (*Haus, Öl*) ‹c-›горе́ть, пыла́ть *несов*; (*Sonne*) ‹c-›жечь, при|пека́ть ‹-пе́чь›, пали́ть *несов*, печь *несов* ② (*Wunde*) боле́ть *несов*; (*Augen*) ре́зать *несов*, боле́ть ③ ◇ **darauf ~, etw zu tun** горе́ть нетерпе́нием что-л сде́лать **II.** *vt* ① (*Porzellan*) об|жига́ть ‹-же́чь› ② (*Kaffee*) поджа́ри|вать›; (*Schnaps*) гнать *несов*; **Brennholz** *n* дрова́ *мн*; **Brennnessel** *f* крапи́ва *ж*; **Brennholz** *n* дрова́ *мн*; **Brennstoff** *m* горю́чее *c*, то́пливо *c*

brenzlig *adj* FIG (*bedrohlich*) риско́ванный, опа́сный, подозри́тельный

Brett *n* ‹-[e]s, -er› ① (*Holz~*) доска́ *ж*; (*Bücher-, Wand~*) по́лка *ж*, этаже́рка *ж*; ◇ **Schwarzes ~** чёрная доска́ *ж*, доска́ *ж* объявле́ний ② (*Spiel~*) ша́хматная доска́ *ж* ③ ◇ **~er** *pl* THEAT теа́тра́льные подмо́стки *мн*; **Bretterzaun** *m* доща́тый забо́р *m*

Brezel *f* ‹-, -n› кре́ндель *m*

Brief *m* ‹-[e]s, -e› (*Schreiben*) письмо́ *c*; **Briefaustausch** *m* обме́н пи́сьмами; **Briefbeschwerer** *m* ‹-s, -› пресс-папье́ *c*; **Brieffreund(in** *f) m* друг *m*/подру́га *ж* по перепи́ске; **Briefkasten** *m* почто́вый я́щик *m*; **Briefmarke** *f* почто́вая ма́рка *ж*; **Briefpapier** *n* пи́счая бума́га *ж*; **Brieftasche** *f* бума́жник *m*; **Briefträger(in** *f) m* почтальо́н *m*, же́нщина-почтальо́н *ж*; **Briefumschlag** *m* (почто́вый) конве́рт *m*; **Briefverkehr** *m* перепи́ска *c*; **Briefwahl** *f* пи́сьменные вы́боры *m мн*

blauer Brief

Так в разговорной речи называют извещение об увольнении, то есть увольнительное письмо. Кроме того, **blauer Brief** обозначает письмо из школы родителям неуспевающего ученика, в котором школа за три месяца до окончания учебного года предупреждает родителей о том, что ученик может остаться на второй год, что его успеваемость снизилась.

brief *impf v.* **braten**
brillant *adj* FIG (*Rede*) блестя́щий, блиста́тельный, великоле́пный
Brillant *m* ‹-en, -en› бриллиа́нт *m*
Brille *f* ‹-, -n› ① очки́ *мн*; ◇ **alles durch die rosarote ~ sehen** ви́деть что-л в ро́зовом све́те ② (*von Toilette*) сиде́нье *c* (унита́за)
bringen ‹brachte, gebracht› *vt* ① (*herbeischaffen*) при|носи́ть ‹-нести́›, при|возить ‹-везти́› ② (*mitnehmen, begleiten*) про|вожа́ть ‹-води́ть›, про|води́ть ‹-ди́ть›; ◇ **jd-n nach Hause ~** доста́вить [проводи́ть] кого-л домо́й ③ (*Gewinn*)

при|носи́ть ‹-нести́› ④ (*veröffentlichen*) опубликова́ть *сов*, помести́ть что-л в газе́те ⑤ THEAT ис|полня́ть ‹-по́лнить›; (*aufführen*) поста́вить пье́су; MEDIA (*Spielfilm*) вы́пустить на экра́ны ⑥ *FAM* (*hat keinen Sinn*) ◇ **das bringt nichts [bringt's nicht]** э́то ничего́ не даст ⑦ ◇ **jd-n auf e-e Idee ~** подсказа́ть кому́-л иде́ю; ◇ **jd-n dazu ~, etw zu tun** побуди́ть [заста́вить] кого́-л сде́лать что-л ⑧ ◇ **jd-n um etw ~** лиша́ть кого́-л чего́-л

Brise *f* ‹-, -n› бриз *m*
Brite *m* ‹-n, -n› брита́нец *m*; **Britin** *f* брита́нка *ж*; **britisch** *adj* брита́нский
bröckeln *vi* (*Kuchen*) ‹ис-, рас-›кроши́ться; (*Putz, Gestein*) отва́ливаться ‹-ли́ться›

Brocken *m* ‹-s, -› ① (*Brot~*) кусо́к *m*, ку́сочек *m*; (*Fels~*) обло́мок *m*, оско́лок *m* ② FIG (*dicker Mensch*) глы́ба *m/ж*, ту́ша *ж*
Brombeere *f* ежеви́ка *ж*
Bronchien *pl* ANAT бро́нхи *мн*
Bronze *f* ‹-› бро́нза *ж*
Brosche *f* ‹-, -n› бро́шка *ж*, брошь *ж*
Brot *n* ‹-[e]s, -e› хлеб *m*; **Brötchen** *n* бу́л(оч)ка *ж*; **Broteinheit** *f* хле́бная едини́ца *ж*
Browser *m* ‹-s, -› PC ① окно́ *c* просмо́тра ② *программа позволяющая просматривать Web-страницы* (блок просмотра)
Bruch *m* ‹-[e]s, Brüche› ① (*Auseinanderbrechen*) поло́мка *ж*, ло́мка *ж*, разло́м *m* ② (*Schnittstelle*) разло́м *m*, изло́м *m* ③ (*von Vertrag, Schwur*) наруше́ние *c* ④ MED (*Leisten~*) па́ховая гры́жа *ж*; (*Knochen~*) перело́м *m*; ◇ **sich e-n ~ ziehen** получи́ть перело́м ⑤ MATH дробь *ж*; **Bruchbude** *f* FAM жа́лкое приста́нище *c*, разва́люха *ж*; **brüchig** *adj* хру́пкий, ло́мкий; **Bruchstrich** *m* MATH дро́бная черта́ *ж*; **Bruchstück** *n* обло́мок *m*, оско́лок *m*, отры́вок *m*, фрагме́нт *m*
Brücke *f* ‹-, -n› ① (*Bauwerk*) мост *m* ② (*Zahn~*) (зубно́й) мост *m* ③ (*Teppich*) доро́жка *ж* ④ ◇ **die ~n hinter sich abbrechen** сжечь за собо́й мосты́
Bruder *m* ‹-s, Brüder› брат *m*; **brüderlich I.** *adj* бра́тский **II.** *adv* по-бра́тски
Brühe *f* ‹-, -n› ① (*Suppen~*) бульо́н *m*, отва́р *m* ② PEJ (*Dreck~*) бурда́ *ж*; FIG (*schlechter Kaffee*) помо́и *мн*, бурда́ *ж*
brüllen I. *vi* (*Rind*) мыча́ть *несов*; (*Löwe*) ‹за-›рыча́ть; (*Kind*) ‹за-›реве́ть **II.** *vt* (*Antwort*) ‹за-›ора́ть
brummen I. *vi* ① (*Bär, Mensch*) рыча́ть *несов*, бормота́ть *несов*, ворча́ть *несов*; (*Fliege, Radio*) жужжа́ть *несов*, гуде́ть *несов* ② (*sitzen*) ◇ **im Knast ~** сиде́ть в тюрьме́ **II.** *vt* (*in etw hinein*) бурча́ть *несов*, бормота́ть *несов*; ◇ **er brummt etw in seinen Bart** он бормо́чет себе́ что-то под нос

brünett *adj* (*dunkelhaarig*) смуглый; (*braunhaarig*) темноволосый

Brunnen *m* ‹-s, -› ① (*Wasser~*) колодец *m*; (*Heilquelle*) источник *m*; (*Markt~, Spring~*) фонтан *m* ② (*Schacht*) шахта *ж*

brüsk *adj* (*abrupt*) резкий, бесцеремонный

Brust *f* ‹-, Brüste› бюст *m*, грудь *ж*; ◇ **e-m Kind die ~ geben** давать грудь ребёнку

brüsten *vr* ◇ **sich mit etw ~** ‹воз-›гордиться чем-л, ‹по-›хвастаться чем-л

Brustschwimmen *n* плавание с стилем "брасс"

Brüstung *f* парапет *m*

Brut *f* ‹-, -en› ① (*Nachkommenschaft*) выводок *m* ② (*das Brüten*) высиживание с птенцов ③ *FIG* (*Gesindel*) отродье *c*, исчадие *c*

brutal *adj* (*gewalttätig*) жестокий, насильственный, зверский; **Brutalität** *f* жестокость *ж*, насилие *c*, зверство *c*

Brutapparat *m*, **Brutkasten** *m* инкубатор *m*; **brüten** *vi* ① (*Henne*) высиживать птенцов ② *FIG* (*scharf nachdenken*) замышлять недоброе, сулить что-л недоброе

brutto *adv* брутто; **Bruttoeinkommen** *n*, **Bruttogehalt** *n*, **Bruttolohn** *m* заработная плата *ж* по совокупности без удержаний

Buch *n* ‹-[e]s, Bücher› ① (*allg.*) книга *ж* ② *COMM* (*Geschäftsbuch*) конторская книга *ж*; **Buchbesprechung** *f* обсуждение с книги, рецензия *ж* на книгу

Buche *f* ‹-, -n› (*Baum, Holz*) бук *m*

buchen *vt* ① (*Platz, Reise, Zimmer*) ‹за-›бронировать место ② *COMM* (*Einnahmen, Ausgaben*) вносить ‹внести› на счёт

Bücherregal *n* книжная полка *ж*; **Bücherschrank** *m* книжный шкаф *m*; **Büchersendung** *f* посылка *ж* с книгами

Buchfink *m* зяблик *m*

Buchführung *f* бухгалтерия *ж*; **Buchhalter(in** *f*) *m* ‹-s, -› бухгалтер *m/ж*; **Buchhandel** *m* книготорговля *ж*; **Buchhändler(in** *f*) *m* книготорговец *m*; **Buchhandlung** *f* книжный магазин *m*

Buchse *f* (*Steckdose*) гнездо *c*, розетка *ж*

Büchse *f* ‹-, -n› ① (*Blech~*) жестянка *ж*, банка *ж* ② (*Gewehr*) нарезное ружьё *c*; **Büchsenfleisch** *n* мясные консервы *mn*; **Büchsenöffner** *m* консервный нож *m*

Buchstabe *m* ‹-ns, -n› буква *ж*; ◇ **großer** ~ прописная [заглавная, большая] буква *ж*; ◇ **kleiner** ~ строчная [маленькая] буква *ж*; **buchstabieren** *vt* (*Wort, Namen*) ① называть по буквам ② ‹про-›читать по складам; **buchstäblich** *adj* буквальный, дословный

Bucht *f* ‹-, -en› бухта *ж*, (морской) залив *m*, губа *ж*

Buchung *f* ① (*von Reise etc.*) бронирование *c*, запись *ж* ② *COMM* записывание *c*, внесение *c* в (счётную) книгу

bücken *vr* ◇ **sich ~** нагибаться ‹гнуться›, склоняться ‹-ниться› над чем-л

Bude *f* ‹-, -n› ① (*Verkaufs~*) лавка *ж*, палатка *ж*, киоск *m*, ларёк *m* ② *FAM* (*Studenten~*) каморка *ж*, комната *ж* ③ *PEJ* (*baufälliges Haus*) лачуга *ж*, хибара *ж* ④ (*Lokal*) ◇ **die ~ dicht machen** закрыть лавочку

Budget *n* ‹-s, -s› бюджет *m*

Büffel *m* ‹-s, -› (*Prärie~*) буйвол *m*

büffeln *vt, vi FAM* (*Vokabeln*) зубрить *несов*, долбить *несов*

Bug *m* ‹-[e]s, -e› *NAUT* носовая часть *ж*, буг *m*; *AERO* нос *m*, носовая часть *ж*

Bügel *m* ‹-s, -› ① (*Kleider~*) плечики *mn*, вешалка *ж* ② (*Brillen~*) дужка *ж* ③ (*Steig~*) стремя *c* ④ (*Halte~*) ручка *ж*; **Bügelbrett** *n* гладильная доска *ж*; **Bügeleisen** *n* утюг *m*; **Bügelfalte** *f* сгиб *m*, складка *ж*; **bügeln** *vt, vi* ‹вы-›утюжить, ‹вы-›гладить

Bühne *f* ‹-, -n› ① (*Tribüne*) возвышение *c*, помост *m*; (*Theater~*) сцена *ж*, подмостки *mn* ② *AUTO* (*Hebe~*) подъёмная платформа *ж*; **Bühnenbild** *n* декорация *ж*

Buhruf *m* возглас *m* недовольства

Bukett *n* (*von Wein, Blume*) букет *m*

Bulette *f* (*Frikadelle*) котлета *ж*

Bulgare *m* ‹-n, -n› болгарин *m*; **Bulgarien** *f* ◇ **in/nach** ~ в Болгарии/в Болгарию; **Bulgarin** *f* болгарка *ж*; **bulgarisch** *adj* болгарский

Bulle *m* ‹-n, -n› ① (*Stier*) бык *m* ② *FIG* (*starker Mann*) ◇ **er ist ein ~ von einem Kerl** он здоров как бык ③ *FAM* (*Polizist*) полицейский; *PEJ* мент

Bummel *m* ‹-s, -› фланирование *c*; (*Spaziergang*) прогулка *ж*; (*Schaufenster~*) шатание *c* без дела (по городу); **bummeln** *vi* ① (*schlendern*) гулять *несов*, шататься *несов* ② (*trödeln*) копаться *несов*, лодырничать *несов*; (*schludern*) разгильдяйничать *несов*; **Bummelstreik** *m* забастовка *ж* под девизом "работай медленно"; **Bummelzug** *m* поезд *m* малой скорости

bumsen I. *vi* (*aufprallen*) бухаться ‹нуться›, грохаться ‹нуться› II. *vt VULG* (*mit jd-m schlafen*) совершать половой акт

Bund[1] *m* ‹-[e]s, Bünde› ① (*Verein*) союз *m*, федерация *ж*; *POL* лига *ж*; (*Freundschafts~*) союз *m* государств, дружественный союз *m*; (*heiraten*) ◇ **den ~ fürs Leben schließen** сочетаться узами брака ② (*Hosen~*) пояс *m* у брюк

Bundesland

Германия состоит из 16 федеральных земель (Bundesländer), каждая из которых имеет собственные правительство, парламент и законы. Отношение между федеральным государством и землями определены законом. Bundesländer обладают широкими полномочиями. Только в некоторых сферах (например, оборона страны или внешняя политика) государство оставляет за собой все права. Такая система отражает основной принцип федерализма и позволяет каждой Bundesland сохранить своё региональное своеобразие.

Bund² n ‹-[e]s, -e› (*Petersilie*) пучóк m, связка ж, вязанка ж; (*Stroh~*) сноп m, охапка ж
Bündchen n (*Rand des Ärmels*) узкий манжет m
Bündel n ‹-s, -› ① (*von Zeitungen*) связка ж; (*Paket*) пакет m; (*von Geld, Aktien*) пачка ж ② PHYS (*Strahlen~*) пучóк m
Bundes- (*in Komposita*) федеральный, федеративный; **Bundesgerichtshof** m федеральный верхóвный суд m; **Bundeskanzler(in** f) m федеральный кáнцлер m; **Bundesland** n федеральная земля ж; **Bundespräsident(in** f) m федеральный президéнт m; **Bundesrat** m (*in Deutschland*) бундесрáт m; (*in Österreich*) федеральный совéт m; **Bundesrepublik** f федеративная респýблика ж; **Bundesstaat** m федеративное государство c; **Bundesstraße** f федеральная дорóга ж; **Bundestag** m бундестáг m; **Bundesverfassungsgericht** n федеральный конституциóнный суд m; **Bundeswehr** f бундесвéр m

 Bundespräsident

Федеральный президéнт Германии является формальной главой государства, которого на 5 лет избирает Федеральное собрание (Bundesversammlung). Bundespräsident – представитель страны, он политически нейтрален и следит за соблюдением конституции.

bündig adj (*kurz*) сжáтый, лакони́чный
Bündnis n союз m
Bungeejumping n ‹-s› тарзáнка ж
Bunker m ‹-s, -› бýнкер m
bunt adj пёстрый, разноцвéтный; (*gemischt*) смéшанный, разнорóдный, разнообрáзный; ◇ **das wird mir zu ~** это

уж чересчýр; **Buntstift** m цветнóй карандáш m
Burg f ‹-, -en› (*Festung*) крéпость ж
Bürge m ‹-n, -n› COMM поручи́тель m; **bürgen** vi (*einstehen*) ‹по-›ручáться (*für akk* за когó-что-л)

 Bundesrat

Bundesrat является одной из двух палат парламента Германии и состоит из представителей федеральных земель (Bundesländer). Bundesrat защищает интересы земель и опирается на их директивы в процессе принятия законов. Согласие Bundesrat необходимо при принятии бóльшей части законов.

Bürger(in f) m ‹-s, -› (*Staats~*) граждани́н m, граждáнка ж; **Bürgerkrieg** m граждáнская войнá ж; **bürgerlich** adj ① (*Staats-*) граждáнский, буржуáзный ② (*einfach*) обывáтельский; PEJ (*spießig*) мещáнский; **Bürgermeister (in** f) m бургоми́стр m; **Bürgerrecht** n граждáнское прáво c; **Bürgersteig** m ‹-[e]s, -e› тротуáр m
Bürgin f поручи́тельница ж; **Bürgschaft** f поручи́тельство c, порýка ж; ◇ **eine ~ hinterlegen/leisten** ‹по-›ручáться за когó-л
Büro n ‹-s, -s› ① (*im Haus*) бюрó c, контóра ж ② (*Zweigfirma*) учреждéние c, канцеля́рия ж; **Büroangestellte(r)** fm служащий(-ая ж) m учреждéния; **Büroklammer** f контóрская скрéпка ж; **Bürokrat(in** f) m ‹-en, -en› бюрокрáт m, бюрокрáтка ж; **Bürokratie** f бюрокрáтия ж; **bürokratisch** adj бюрократи́ческий
Bursche m ‹-n, -n› пáрень m, мáлый m
Burschenschaft f (*Studentenverbindung*) студéнческая корпорáция ж
burschikos adj ① (*jungenhaft*) бóйкий, лихóй ② (*salopp*) развя́зный, бесцеремóнный, грубовáтый
Bürste f ‹-, -n› щётка ж; ‹по-›чи́стить щёткой, приглáживать ‹-дить› щёткой

 Bundestag

Bundestag – это одна из двух палат парламента Германии, „национальная ассамблея". Народ избирает членов Bundestag на 4 года. Главная задача этого органа – принятие законов, выборы федерального кáнцлера и контроль деятельности правительства.

Bus m ‹-sses, -sse› ① *(innerhalb der Stadt)* автобус m; *(außerhalb der Stadt)* автобус-экспресс m ② РС кана́л m свя́зи
Busch m ‹-[e]s, Büsche› ① *(Strauch)* куст m, куста́рник m; *(~wald)* за́росли mn ② *(Feder~)* клок m
Büschel n ‹-s, -› *(von Gras, Haaren)* пучо́к m, оха́пка $ж$, клок m, хохо́л m
buschig *adj* кусти́стый
Busen m ‹-s, -› ① *(Brust)* грудь $ж$, бюст m ② *(Meer~)* зали́в m, бу́хта $ж$
Business n FAM *(Geschäft)* би́знес m
Buße f ‹-, -n› ① REL покая́ние c ② *(Bußgeld)* де́нежный штраф m; **Bußgeld** n де́нежный штраф m; **büßen** *vt* *(Straftat)* быть нака́занным, *(Sünden)* иску|пля́ть ‹-пи́ть› грехи́; ◇ **für etw** ~ поплати́ться за что-л
Büstenhalter m бюстга́льтер m
Butt m *(Heil~)* (морска́я) камбала́ $ж$; *(Stein~)* па́лтус m
Butter f ‹-› ма́сло c; **Buttermilch** f пахта́ $ж$
Button m ‹-s, -s› брошь $ж$
b. w. *Abk. v.* **bitte wenden** смотри́ на оборо́те
Byte n ‹-s, -s› РС байт m
bzw. *Abk. v.* **beziehungsweise** и́ли, соотве́тственно

C

C, c n ① *(Buchstabe)* К, к o. Ц, ц ② MUS до
ca. *Abk. v.* **zirka, circa** о́коло, приблизи́тельно
Café n ‹-s, -s› кафе́ c; **Cafeteria** f ‹-, -s o. -rien› кафете́рий m
Calcium n = **Kalzium**
Camp n ‹-s, -s› *(Lager)* ла́герь m, бива́к m
campen *vi* жить в ке́мпинге; **Camper(in** f m ‹-s, -› ① *(Person)* автотури́ст (-ка $ж$) m ② *(Wohnmobil)* жило́й автофурго́н m; **Camping** n ‹-s› ке́мпинг m; **Campingbus** m *(Wohnmobil)* жило́й автофурго́н m; **Campingplatz** m ме́сто c для ке́мпинга
Caravan m ‹-s, -s› *(Wohnwagen)* жило́й автофурго́н m
Cäsium n = **Zäsium**
CD f ‹-, -s› *Akr. v.* **Compactdisc** компа́кт-диск m; **CD-Player** m ‹-s, -› пле́йер m для компа́кт-ди́сков
Cellist(in f m виолончели́ст(ка $ж$) m; **Cello** n ‹-s, Celli o. -› виолонче́ль $ж$

Celsius n ‹-, -› Це́льсий m
Center n *(Einkaufs~)* (торго́вый) центр m
Chamäleon n ‹-s, -s› a. FIG *(Echse)* хамелео́н m
Champagner m ‹-s, -› шампа́нское c
Champignon m ‹-s, -s› шампиньо́н m
Champion m ‹-s, -s› чемпио́н m
Chance f ‹-, -n› шанс m, возмо́жность $ж$; **Chancengleichheit** f ра́венство c возмо́жностей
Chaos n ‹-› ха́ос m; *(Wirrwar)* неразбери́ха $ж$; **Chaot(in** f m ‹-en, -en› *(verworrene Person)* пу́таник m, беспла́нный челове́к m; **chaotisch** *adj* хаоти́ческий, хаоти́чный
Charakter m ‹-s, -e› *(allg.)* хара́ктер m; *(von Person)* выдаю́щийся хара́ктер m, выдаю́щаяся ли́чность $ж$; *(Temperament)* нрав m, сво́йство c; **charakterisieren** *vt* *(Person, Sache)* ‹о-›характеризова́ть; **Charakteristik** f *(treffende Beschreibung)* характери́стика $ж$; **charakteristisch** *adj* *(Wesenszug)* характе́рный; **charakterlos** *adj* *(Mensch)* бесхара́ктерный; **Charakterschwäche** f слабохара́ктерность $ж$; **Charakterstärke** f си́ла $ж$ хара́ктера; **Charakterzug** m *(Wesenszug)* черта́ $ж$ хара́ктера
Charisma n ‹-s, -mata o. -men› *(Ausstrahlung)* притяга́тельность $ж$, положи́тельное возде́йствие c
charmant, scharmant *adj* *(Mensch)* очарова́тельный; ◇ **das ist aber ~ gesagt** э́то прекра́сно [великоле́пно] ска́зано; **Charme, Scharm** m ‹-s› очарова́ние c, обая́ние c, шарм m
Charta f ‹-, -s› *(Menschenrechts~)* ха́ртия $ж$
Charterflug m ча́ртерный рейс m; **Charterflugzeug** n самолёт m, выполня́ющий ча́ртерный рейс; **chartern** *vt* *(Flugzeug, Schiff)* на|има́ть ‹-я́ть›, ‹за-›фрахтова́ть
Charts *pl* *(Hitliste)* пе́речень m шля́геров
chatten *vi* РС обща́ться посре́дством компью́тера, „болта́ть"; **Chatroom** m РС компью́терная програ́мма $ж$ „чат"
Chauffeur m шофёр m
Chauvi m ‹-s, -s› FAM *(Macho)* шовини́ст m; **Chauvinismus** m ① POL шовини́зм m ② *(übersteigertes Selbstwertgefühl)* чу́вство c исключи́тельности; **Chauvinist** m POL шовини́ст m, приве́рженец m шовини́зма
checken *vt* ① *(überprüfen)* про|веря́ть ‹-ве́рить›, контроли́ровать *несов* ② FAM *(kapieren)* смека́ть ‹-ну́ть›
Chef m ‹-s, -s› *(Leiter, Vorgesetzter)* шеф m, нача́льник m, руководи́тель m; **Chefarzt** m, **Chefärztin** f гла́вный врач $m/ж$; **Chefin** f нача́льница $ж$, руководи́тельница $ж$; **Chefredakteur(in** f m гла́вный реда́ктор m

Chemie f ‹-› хи́мия ж; **Chemikalie** f ‹-, -n› хими́ческое вещество́ c; **Chemiker(in** f) m ‹-s, -› хи́мик м, же́нщина-хи́мик м;**chemisch I.** adj хими́ческий **II.** adv (Holz) ◇ etw ~ **behandeln** обраба́тывать что-л хими́ческим спо́собом; ◇ etw ~ **reinigen** подве́ргнуть что-л хими́ческой чи́стке

Chemotherapie f химиотерапи́я ж

Chiffre f ‹-, -n› (Code) код м, шифр м; **Chiffreanzeige** f шифро́ванное объявле́ние c в газе́те; **chiffrieren** vt (verschlüsseln) ‹за›шифрова́ть

Chile n ‹-s› Чи́ли c; ◇ **in/nach** ~ в Чи́ли

China n ‹-s› Кита́й м; ◇ **in/nach** ~ в Кита́е/в Кита́й; **Chinese** m ‹-n, -n›, **Chinesin** f кита́ец м, китая́нка ж; **chinesisch** adj кита́йский

Chip m ‹-s, -s› **1** РС чип м **2** (beim Roulette) ◇ **e-n** ~ **einlösen** оплати́ть жето́н

Chips pl (Kartoffel~) чи́псы м мн

Chirurg(in f) m ‹-en, -en› хиру́рг м, же́нщина-хиру́рг м; **Chirurgie** f хирурги́я ж

Chlor n ‹-s› хлор м; **Chloroform** n ‹-s› хлорофо́рм м; **Chlorophyll** n ‹-s› хлорофи́л м

Choleriker m ‹-s, -› холе́рик м

Cholera f ‹-› холе́ра ж;**cholerisch** adj (unbeherrscht) холери́ческий; (hitzig) горя́чий, вспы́льчивый

Cholesterin n ‹-s› холестери́н м

Chor m ‹-[e]s, Chöre› **1** (Gruppe) хор м; ◇ **im** ~ **singen/sprechen** петь в хо́ре/говори́ть хо́ром **2** (Musikstück) хор м **3** (Raum in Kirche) хо́ры мн, кли́рос м

Choral m ‹-s, -räle› хора́л м; **Choreograf(in** f) m, **Choreograph(in** f) m ‹-en, -en› хорео́граф м;**Choreografie**, **Choreographie** f хореогра́фия ж

Christ(in f) m ‹-en, -en› (Gläubige/r) христиани́н м, христиа́нка ж; **Christbaum** m рожде́ственская ёлка ж; **Christenheit** f христиа́нский мир м; **Christentum** n христиа́нство c;**Christkind** n (Jesus Christus) младе́нец м Христо́с; **christlich** adj христиа́нский; **Christus** m ‹-› Христо́с м; ◇ **vor** ~ до рождества́ Христо́ва; ◇ **nach** ~ (тако́й-то год) от рождества́ Христо́ва

Chromosom n ‹-s, -en› BIOL хромосо́ма ж

Chronik f хро́ника ж, ле́топись ж

chronisch adj хрони́ческий; FIG ◇ ~**er Geldmangel** хрони́ческое безде́нежье c

chronologisch adj хронологи́ческий

circa s. **zirka**

City f ‹-, -s o. Cities› (Innenstadt) центра́льная делова́я часть ж го́рода, си́ти м

clever adj (gescheit) у́мный, де́льный

Clip m ‹-s, -s› **1** (Ohr~) кли́пс м **2** (Video~) видеоклип м

Clique f ‹-, -n› **1** (Clan) кли́ка ж, клан м **2** (Freundeskreis) круг м бли́зких друзе́й; **Cliquenwirtschaft** f (Klüngel) группови́на ж

Clou m ‹-s› (Höhepunkt) гвоздь м

Clown m ‹-s, -s› кло́ун м

Cognac® m ‹-s, -s› конья́к м

Come-back, **Comeback** n ‹-s, -s› (von Sportler/in, Schauspieler/in) возвраще́ние c

Comic m ‹-s, -s› ко́микс м

Compactdisc f ‹-, -s› компа́кт-диск м

Computer m ‹-s, -› компью́тер м;**Computertomografie**, **Computertomographie** f компью́терная томогра́фия ж;**Computervirus** m компью́терный ви́рус м

Container m ‹-s, -› (Behälter) конте́йнер м; (für Bauschutt) бу́нкер м для строи́тельного му́сора

cool adj **1** (gelassen) споко́йный, споко́йно реаги́рующий; (gleichgültig) безразли́чный; (distanziert) холо́дный **2** (toll) замеча́тельный, кла́ссный

Count-down, **Countdown** n ‹-s, -s› (beim Raketenstart) отсчёт м вре́мени гото́вности

Coupon m ‹-s, -s› купо́н м

Courage f ‹-› (Mut) сме́лость ж

Cousin m ‹-s, -s›, **Cousine** f двою́родный брат м, двою́родная сестра́ ж, кузе́н м, кузи́на ж; s. a. **Kusine**

Cover n ‹-s, -s› (Titelblatt) иллюстра́ция ж на обло́жке журна́ла; (Plattenhülle) футля́р м

Crash m ‹-s, -s› (Unfall) несча́стный слу́чай м

Creme, **Krem(e)** f ‹-, -s› **1** (Gesichts~) крем м **2** GASTRON (Schokoladen~) крем м **3** nur sg (von Gesellschaft) сли́вки мн о́бщества; **cremefarben** adj кре́мового цве́та

Croissant n ‹-s, -s› (Butterhörnchen) рога́лик м

Crux s. **Krux**

Curry[pulver] n ‹-s› ку́рри м, пря́ный порошо́к м

Cursor m ‹-s, -› РС ке́рсер м

cutten vt (Film, Tonband) ‹с-›монти́ровать

D

D, d n **1** (Buchstabe) Д, д **2** MUS ре

da I. adv **1** (örtlich) (dort) ◇ ~ **ist das Haus** вот там э́тот дом; (hier) здесь; ◇ ~ **ist das Kleingeld** ме́лкие де́ньги здесь **2** (zeitlich, dann) тогда́, в э́то вре́мя; ◇ **von** ~ **an** с того́ вре́мени, с тех пор **3** (kon-

ditional) (*in dieser Hinsicht*) ◊ **~ kann man nichts machen** тут ничего не поделаешь;(*unter der Bedingung*) ◊ **~ das so ist** поскольку это так **II.** *cj* (*weil*) так как; ◊ **~ wir gleich essen, kannst du hierbleiben** так как мы будем сейчас обедать, ты можешь остаться здесь; **dabehalten** *unreg vt* удерживать ‹-жать› у себя, оставлять ‹-ставить› у себя

dabei *adv* **1** (*hinweisend*) (*darunter*) ◊ **mit ~ sind auch Hosenträger** к тому же есть ещё и подтяжки; (*daneben*) рядом; (*angeschlossen*) ◊ **ein Garten ist auch ~** рядом есть также сад **2** (*zeitlich, während-dessen*) в то время **3** (*obwohl, obgleich*) хотя; ◊ **das Mittel zeigt keine Wirkung, ~ war es sehr teuer** средство не действует, хотя очень дорогое **4** (*bei/hin-sichtlich dieser Sache*) *FAM* ◊ **~ bleibt es!** остановимся на этом!, на этом будем стоять!; ◊ **es bleibt ~!** решено!; ◊ **ich bleibe ~** (*bei der Arbeit*) я буду работать дальше; (*bei der Meinung*) я остаюсь при своём мнении **5** (*im Begriff*) ◊ **sie war gerade ~, etw zu tun** она как раз собиралась что-то сделать [предпринять]; **dabeibleiben** *unreg vi* (*bei Meinung*) оставаться (*bei* при чём-л); **dabeihaben** *unreg vt* (*Geld, Pass*) иметь при себе; **dabei sein** *unreg vi* **1** (*anwesend sein*) присутствовать несов **2** (*mit-machen*) принимать участие; ◊ **~ ist alles главное** – участие; ◊ **ich bin dabei** я согласен; (*zukünftig*) я буду при этом (присутствовать) **3** (*im Begriff sein*) ◊ **~ etw zu tun** собираться что-л делать

Dach *n* ‹-[e]s, Dächer› крыша *ж*, кровля *ж*; *FAM* ◊ **etw unter ~ und Fach bringen** закончить [завершить] что-л; **jd-m aufs ~ steigen** задать жару [перцу] кому-л; **Dachboden** *m* (*Speicher*) чердак *м*; **Dachdecker(in** *f*) *m* ‹-s, -› кровельщик *м*, кровельщица *ж*; **Dachfenster** *n* слуховое окно *с*, люкарна *ж*; **Dachgarten** *m* сад *м* на крыше; **Dachrinne** *f* кровельный лоток *м*; **Dachziegel** *m* (*Dachpfanne*) (кровельная) черепица *ж*

Dachs *m* ‹-es, -e› ZOOL барсук *м*

dachte *impf v.* **denken**

Dackel *m* ‹-s, -› (*Hunderasse*) такса *ж*

dadurch I. *adv* (*infolgedessen*) вследствие этого, благодаря этому, поэтому **II.** *cj* **1** (*damit*) этим, тем; ◊ **~ hat er uns sehr unterstützt** этим он нас здорово поддержал **2** (*durch diesen Umstand*) ◊ **~, dass er fortgegangen ist ...** благодаря тому, что он ушёл ...

dafür *adv* **1** (*für diese Sache*) за (это); ◊ **~ ist er noch zu jung** для этого он ещё слишком молод; ◊ **wir können nichts ~** мы в этом не виноваты; ◊ **er trat ~ ein, dass ...** он выступал за то, чтобы ... **2** (*als Gegenleistung*) зато, взамен, вме-

сто этого [того]; ◊ **können Sie mir sagen, was ich ~ bekomme?** вы можете мне сказать, что [сколько] я за это получу? **3** (*wenn man bedenkt*) ◊ **~, dass er kein Werkzeug hat, ...** если подумать [учесть], что у него не было инструмента ...

dagegen I. *adv* **1** (*gegen diese Sache*) против этого; ◊ **~ ist kein Kraut gewachsen** против этого нет никаких средств; ◊ **ich bin ~** я против (этого) **2** (*im Vergleich [da]zu*) в сравнении [по сравнению] с этим; ◊ **euer Haus ist groß, unser Haus ~ klein** ваш дом большой, наш по сравнению с ним маленький **II.** *cj* (*hingegen, jedoch*) напротив, зато; ◊ **ich fahre langsam, er ~ schnell** я езжу медленно, он напротив быстро

daheim *adv* **1** (*zu Hause*) дома, у себя; (*in der Heimat*) на родине

daher I. *adv* **1** (*örtlich*) оттуда; ◊ **von ~ kommen** приехать [прийти] оттуда **2** (*Ursache*) от этого, оттого, отсюда; ◊ **alles kommt nur ~, dass ...** всё происходит от того, что ...; *FIG* ◊ **also ~ weht der Wind** вот откуда дует ветер **II.** *cj* (*deswegen, darum*) поэтому, а потому, следовательно; ◊ **~ sind alle traurig** поэтому все опечалены

dahin *adv* **1** (*örtlich*) (*an diesen Ort*) туда, до того места; ◊ **bis ~ wollen wir gehen** мы хотим дойти до того места **2** (*zeitlich*) (*bis zu dem Zeitpunkt*) до того времени, до тех пор; ◊ **bis ~ bin ich mit der Arbeit fertig** до тех пор я закончу работу; ◊ **es ist noch weit bis ~** до того времени ещё далеко **3** (*hinweisend*) ◊ **wir werden es noch bis ~ bringen, dass ...** мы доведём ещё дело до того, что ... **4** (*verloren, vorbei*) прошло, пропало, исчезло; ◊ **der Schmuck ist ~** украшение пропало; **dahingehen** *vi* (*Zeit, verstreichen*) уходить ‹уйти› **2** (*sterben*) ◊ **er ist dahingegangen** он умер; **dahingestellt** *adv* ◊ **ob dies zutrifft, das bleibt ~** ещё не известно, соответствует ли это действительности

dahinten *adv* (*an jenem Ort, dort*) позади, за этим

dahinter *adv* **1** (*örtlich*) позади этого, за этим; ◊ **hier ist die Post und ~ die Apotheke** это почта, за ней аптека **2** (*hinter Sache, Verhalten*) ◊ **es steckt nichts ~** за этим ничего не кроется; **dahinter kommen** *unreg vi* **1** (*herausfinden*) разузнавать, догадываться ‹-даться› в чём дело **2** (*endlich verstehen*) понимать ‹-ять›

dalassen *unreg vt* оставлять ‹-ставить›; ◊ **den Schlüssel kannst du ~** ты можешь оставить ключ

damalig *adj* тогдашний; ◊ **das ~e Ereignis** тогдашнее событие; **damals** *adv* (*zu jener Zeit*) тогда

Damast m ‹-[e]s, -e› камчáтная ткань ж
Dame f ‹-, -n› ① (Frau) дáма ж ② (Brettspiel) дáмка ж; KARTEN дáма ж; SCHACH (Königin) ферзь m ③ COMM (Briefanrede) ◇ **Sehr geehrte ~n und Herren!** Глубокоуважáемые дáмы и господá!; **Damenfahrrad** n дáмский велосипéд m; **Damenwahl** f дáмский тáнец m; **Damespiel** n шáшки мн
damit I. adv (mit dieser Sache) с э́тим; ◇ **~ einverstanden sein** быть соглáсным с э́тим; ◇ **~ hat es keine Eile** э́то не к спéху; ◇ **lass mich ~ in Ruhe** остáвь меня́ с э́тим (дéлом) в покóе; ◇ **Schluss ~!** хвáтит!; ◇ **und ~ basta!** с э́тим покóнчено!; ◇ **was meinen Sie ~?** что Вы имéете в виду́? **II.** cj (final, in der Absicht, zu dem Zweck) с тем, чтóбы; ◇ **er wurde benachrichtigt, ~ er Bescheid weiß** егó оповести́ли, чтóбы он был в ку́рсе
dämlich adj (blöd, dumm) придуркова́тый, глупова́тый
Damm m ‹-[e]s, Dämme› ① дáмба ж, нáсыпь ж; (Sperr~) перемы́чка ж; (Deich) плоти́на ж; ◇ **e-n ~ aufschütten** устрáивать дáмбу ② ANAT промéжность ж; **dämmen** vt (stauen, Wasser) запру́живать ‹-дить›; (Wärme) изоли́ровать несов и сов
dämmern vi ① (Morgen, Tag) ‹рас›света́ть; (Abend) смерка́ться несов ② (im Halbschlaf sein) находи́ться в полузабытьи́ ③ (kapieren, verstehen) ◇ **endlich dämmerte es ihm** наконéц он догадáлся; **Dämmerung** f (Morgen~) рассвéт m; (Abend~) су́мерки мн; **dämmrig** adj (Licht) су́меречный; (unklar) нея́сный; (neblig) тумáнный
Dämon m ‹-s, -en› дéмон m; (Teufel) дья́вол m; (böser Geist) злой дух m; **dämonisch** adj демони́ческий
Dampf m ‹-[e]s, Dämpfe› ① (Dunst) пар m ② (Gase) испарéния мн; ◇ **giftige Dämpfe einatmen** вдыхáть ядови́тые испарéния; **Dampfbügeleisen** n паровóй утю́г m; **dampfen** vi (Lokomotive) пускáть ‹вы́пустить› пар; (Essen) дыми́ться несов; **dämpfen** vt ① GASTRON (dünsten) ‹с-›туши́ть ② (mit Wasserdampf bügeln) ‹вы́-›пáрить ③ FIG (Lautstärke) приглушáть ‹-ши́ть›; **Dampfer** m ‹-s, -› (Schiffs~) парохóд m; **Dampfmaschine** f паровáя маши́на ж
danach adv ① (örtlich) (dahinter, hinterher) пóсле э́того, пóсле тогó, вслед за ② (zeitlich, hinterher) вслед за..., пóсле; (später) позднéе; ◇ **erst das Hauptgericht und ~ die Nachspeise** снача́ла глáвное блю́до, а затéм десéрт ③ (nach e-r Sache) ◇ **das Buch fiel zu Boden, und Julia griff ~** кни́га упáла на зéмлю и Ю́лия подняла́ её ④ (sich ~ sehnen) тоскова́ть по чему́-л ⑤ (e-e Sache betreffend) ◇ **frage den Arzt ~, ob alles in Ordnung ist**

спроси́ врачá (о том), всё ли в поря́дке ⑤ (dementsprechend) соóбразно с э́тим [с тем]; ◇ **sie sieht ~ aus, als ob ...** онá вы́глядит так, как éсли бы ...
Däne m ‹-n, -n› датчáнин m
daneben adv ① (örtlich) ря́дом; (ganz in der Nähe) ◇ **wir wohnen gleich ~** мы живём совсéм ря́дом ② (darüber hinaus) наряду́ с э́тим, крóме э́того; ◇ **~ besitzt er e-e Yacht** наряду́ с э́тим он имéет я́хту ③ (im Vergleich dazu) по сравнéнию с э́тим, ря́дом; ◇ **~ sieht er blöd aus** ря́дом с ним он вы́глядит дуракóм; **danebenbenehmen** unreg vr FAM (schlecht benehmen) ◇ **sich ~** плóхо вести́ себя́; **danebengehen** unreg vi (schiefgehen, misslingen) не удá‹вá›ться; **danebenhalten** unreg vt FAM (vergleichen) ◇ **halt das Kleid doch einmal daneben** сравни́ с э́тим своё плáтье
Dänemark n Дáния ж; ◇ **in/nach ~** в Дáнии/в Дáнию; **Dänin** f датчáнка ж; **dänisch** adj дáтский
dank präp gen o dat (wegen, infolge, durch) благодаря́; ◇ **~ meiner Eltern konnte ich studieren** благодаря́ свои́м роди́телям я смог учи́ться; **Dank** m ‹-[e]s› благодáрность ж, признáтельность ж; ◇ **jd-m ~ sagen** ‹по-›благодари́ть когó-л; ◇ **jd-m zu ~ verpflichtet sein** быть благодáрным [обя́занным] комý-л; ◇ **vielen ~** большóе спаси́бо; **dankbar** adj ① (Patient, Blick) благодáрный, признáтельный ② (Publikum) благодáрный, привéтливый ③ FIG (Rolle, Aufgabe) благодáрный, вы́игрышный; **Dankbarkeit** f благодáрность ж; **danke** intj спаси́бо; **danken I.** vt ◇ **jd-m für etw ~** ‹по-›благодари́ть когó-л за что-л; ◇ **wir ~ Ihnen vielmals [von Herzen]** премнóго [о. от всегó сéрдца] благодáрны Вам; COMM (auf Quittung) ◇ **Betrag ~d erhalten** су́мму с благодáрностью получи́л **II.** vi (vergelten) ◇ **wie soll ich ihm das bloß ~** чем тóлько я могу́ емý отплати́ть; **dankenswert** adj (Aufgabe, Rolle) достóйный благодáрности; **Danksagung** f (in Anzeige) изъявлéние с благодáрности
dann adv ① (zeitlich) (nachher, später) потóм, затéм; ◇ **erst die Arbeit, ~ das Vergnügen** снача́ла рабóта, потóм развлечéния; ◇ **zunächst tranken sie Wein, ~ Bier** снача́ла они́ пи́ли вино́, затéм пи́во; ◇ **bis ~!** покá! ② (in dem Fall) в слу́чае; ◇ **selbst ~, wenn...** дáже в том слу́чае, éсли...
daran adv ① (an diesen, an diesem) к э́тому [томý, немý, ней, ним], на э́том [том, нём, ней, них]; ◇ **er ist ~ zugrunde gegangen** из-за э́того он поги́б; ◇ **es liegt ~, dass...** э́то объясня́ется тем, что...; ◇ **gut/ schlecht ~ ist, dass...** хоро-

шее/плохóе в э́том то, что...; ◇ **sie glaubt nicht** ~ онá в э́том не вéрит **2** (*zeitlich*) (*im Begriff*) ◇ **ich war nahe ~, zu...** я как раз намерева́лся [собирáлся] ...; (*danach*) **im Anschluss** ~ вслед за ..., по окончáнии ... **3** (*örtlich*) у, вóзле, при; ◇ **ein Hut mit e-r Feder** ~ шля́па с перóм; ◇ **komm' nicht ~ !** не прикасáйся!; **daranmachen** *vr* ◇ **sich** ~ начинáть что-л; **daransetzen** *vt* приложи́ть ⟨-лагáть⟩ все уси́лия; (*alle Kraft aufwenden*) ◇ **sie hat alles darangesetzt, um ihn loszuwerden** онá сдéлала всё возмóжное, чтóбы избáвиться от негó

darauf *adv* **1** (*örtlich, dat*) на э́том; (*akk*) на э́то, на то **2** (*zeitlich, dem Anschluss*) пóсле тогó [э́того]; ◇ **am Morgen** ~ на слéдующее у́тро; ◇ **ein paar Wochen** ~ спустя́ нéсколько недéль; ◇ **kurz/bald** ~ вскóре пóсле э́того **3** (*in bezug auf Bestimmtes*) ◇ **kannst du Gift nehmen** в э́том ты мóжешь не сомневáться; ◇ **es kommt ganz ~ an, ob...** здесь вопрóс целикóм в том, ...; ◇ **trinken wir ~** вы́пьем за э́то, поднимем бокáл за э́то; **d[a]raufzahlen** *vt* (*Geld*) приплáчивать ⟨-ти́ть⟩; **darauffolgend** *adj* (*Woche*) слéдующий; **daraufhin** *adv* **1** (*in Bezug auf*) относи́тельно, насчёт; ◇ **etw** ~ **testen, ob es in Ordnung ist** провéрить, находи́тся ли что-л в поря́дке **2** (*hierauf, deshalb*) пóсле э́того; ◇ ~ **ging er nach Hause** пóсле э́того он пошёл домóй

daraus *adv* **1** (*aus Behälter*) из э́того, отсю́да; (*aus Material*) из тогó; ◇ **ich mache e-e Figur** ~ я сдéлаю из э́того фигу́ру **2** (*aus Angelegenheit*) ◇ ~ **geht hervor, dass...** из э́того вытекáет, что...; ◇ ~ **wird nichts** из э́того ничегó не полу́чится; ◇ **was ist ~ geworden?** что из э́того вы́шло?; ◇ **welche Schlüsse ziehen Sie ~?** каки́е вы́воды Вы сдéлаете из э́того?; ◇ **ich mache mir nichts ~** мне э́то всё равнó

darbieten *vt* (*vorführen, zeigen*) выступáть ⟨вы́ступить⟩ с чем-л; THEAT исполня́ть ⟨-пóлнить⟩ что-л; **Darbietung** *f* (*Vorführung*) исполнéние *с*, выступлéние *с*

darin *adv* (*in bestimmter Sache*) в э́том [том]; ◇ **der Unterschied besteht ~, dass...** рáзница состои́т в том, ...

darlegen *vt* (*Sachverhalt*) излагáть ⟨-ложи́ть⟩; (*erklären*) объясня́ть ⟨-ни́ть⟩

Darlehen *n* ⟨-s, -⟩ ссу́да *ж*

Darm *m* ⟨-[e]s, Därme⟩ ANAT кишкá *ж*, кишéчник *м*

darstellen I. *vt* **1** (*abbilden*) изобра|жáть ⟨-зи́ть⟩; THEAT пред|ставля́ть ⟨-стáвить⟩, ис|полня́ть ⟨-пóлнить⟩ **2** (*schildern*) изобра|жáть ⟨-зи́ть⟩; (*bedeuten*) означáть *несов* **II.** *vr* (*sich zeigen*) **sich** ~ пред|ставля́ться ⟨-стáвиться⟩;

Darsteller(in *f*) *m* ⟨-s, -⟩ исполни́тель (ница *ж*) *м;* **Darstellung** *f* **1** (*Abbildung*) изображéние *с* **2** (*von Sachverhalt*) изложéние *с*

darüber *adv* **1** (*örtlich, über etw*) над э́тим [тем], повéрх э́того [тогó] **2** (*über dieses*) об э́том, о том; ◇ **seine Meinung** ~ **war klar** егó мнéние об э́том бы́ло я́сно **3** (*mehr als*) сверх э́того [тогó], свы́ше, бóльше; ◇ ~ **hinaus** сверх тогó

darum I. *adv* **1** (*örtlich*) óколо, вокру́г э́того [тогó]; ◇ **ein Buch mit e-r Beinbinde** ~ кни́га с полóской бумáги, охвáтывающей переплёт; ◇ ~ **herumkommen** бы́ть избáвленным от э́того **2** (*um diese Sache*) за э́то, для э́того; ◇ **ich bitte ~** я прошу́ об э́том; ◇ **es geht uns ~, dass...** для нас вáжно, что...; ◇ **es handelt sich ~, dass...** дéло (состои́т) в том, что...; ◇ **viel ~ geben, um...** мнóгое дать за то, чтóбы... **II.** *cj* (*deswegen*) поэ́тому; ◇ **meine Schwester ist krank, ~ kann sie nicht kommen** моя́ сестрá больнá, поэ́тому онá не смóжет прийти́

darunter *adv* **1** (*örtlich, unter etw*) под э́тим [тем] **2** (*unter e-r Menge*) среди́ них, в том числé; ◇ ~ **befanden sich viele Kinder** среди́ них бы́ло [находи́лось] мнóго детéй **3** (*weniger*) мéньше, ни́же (э́того); ◇ **die Preise liegen bis 15 Euro und** ~ цéны óколо 15 Евро и ни́же **4** (*unter dieser Sache*) ◇ ~ **stelle ich mir Folgendes vor** под э́тим я представля́ю себé слéдующее

das I. *Artikel* (*bestimmt*) (*im Russischen nicht vorhanden*) **II.** *pron* **1** (*demonstrativ*) (*dies/es*)*, jenes*) э́то, то; ◇ **auch** ~ **noch** ещё и э́то; ◇ **heißt** тó есть; ◇ ~ **ist** э́то -...; ◇ ~ **weiß jeder** э́то знáет кáждый **2** (*relativ*) ◇ **das Geld,** ~ **ich mir geliehen habe** дéньги, котóрые я одолжи́л; ◇ **das Auto,** ~ **mir gefällt** автомаши́на, котóрая мне нрáвится

da sein *unreg vi* **1** (*anwesend sein*) прису́тствовать *несов*, быть налицó; ◇ **es ist niemand da** никогó нет; ◇ **war jemand da?** кто-нибу́дь приходи́л?, кто-нибу́дь был здесь? **2** (*verfügbar sein*) имéться; ◇ **es sind keine Löffel mehr da** FAM (*nicht mehr leben*) ◇ **von den Großeltern ist niemand mehr da** ни дéдушки, ни бáбушки бóльше нет в живы́х **4** FAM (*bei Bewusstsein*) ◇ **er ist noch nicht ganz da** он ещё не пришёл в себя́

Dasein *n* ⟨-s⟩ (*Leben, Existenz*) бытиé *с*, существовáние *с*

dasjenige *pron s.* **derjenige**

dass *cj* что

dasselbe *pron s.* **derselbe** то же сáмое

dastehen *unreg vi* **1** (*auf e-r Stelle stehen*) ⟨по-⟩стоя́ть **2** (*leben*) ◇ **allein** ~ быть одинóким **3** FAM (*sich in e-r La-*

ge befinden ◇ **wie stehe ich denn vor meinem Chef da!** хорошо́ я бу́ду вы́глядеть пе́ред мои́м ше́фом!
Datei *f* PC масси́в *м* да́нных, файл *с;* **Dateiname** *m* PC и́мя *с* фа́йла; **Daten** *pl* ① (*Angaben zur Person*) да́нные *мн* ② PC да́нные *мн;* **Datenaustausch** *m* обме́н *м* да́нными; **Datenbank** *f* ‹-, -en› банк *м* да́нных; **Datenbestand** *m* коли́чество *с* да́нных; **Dateneingabe** *f* ввод *м* да́нных; **Datenerfassung** *f* сбор *м* да́нных; **Datenmissbrauch** *m* испо́льзование *с* да́нных не по назначе́нию; **Datennetz** *n* информацио́нная сеть *ж;* **Datenschutz** *m* защи́та *ж* информа́ции [да́нных]; **Datenträger** *m* носи́тель *м* информа́ции; **Datenübertragung** *f* переда́ча *ж* да́нных; **Datenverarbeitung** *f* обрабо́тка *ж* да́нных; **Datenzentrale** *f* машиносчётная ста́нция *ж;* **Datenzentrum** *n* вычисли́тельный центр *м;* **Datenzugriff** *m* до́ступ *м* к да́нным [информа́ции]
datieren I. *vt* (*Brief*) ‹по-›ста́вить да́ту, дати́ровать *несов* и *сов,* поl ‹ме›ча́ть ‹-ме́тить› число́м **II.** *vi* (*stammen, Fund*) относи́ться (*aus* к), происходи́ть (*aus* из)
Dativ *m* GRAM да́тельный паде́ж *м*
Dattel *f* ‹-, -n› BOT фи́ник *м*
Datum *n* ‹-s, -ten› да́та *ж*
Dauer *f* ‹-› ① (*Andauern*) продолжи́тельность *ж,* дли́тельность *ж;* ◇ **die Freude war von kurzer ~** ра́дость дли́лась недо́лго ② (*gewisse Zeitspanne*) срок *м,* вре́мя *с;* ◇ **auf die ~ ist das zu viel** э́то не мо́жет так ‹до́лго› продолжа́ться; ◇ **für die ~ e-s Monats** на ме́сячный срок; **Dauerauftrag** *m* COMM долгосро́чное поруче́ние *с;* **dauerhaft** *adj* (*beständig*) про́чный, сто́йкий; (*andauernd*) дли́тельный; (*langfristig*) долгосро́чный; **Dauerkarte** *f* абонеме́нт *м;* **Dauerlauf** *m* бег *м* на дли́нную диста́нцию; **dauern** *vi* (*Gespräch*) ‹про-›дли́ться, проl‹должа́ться ‹-до́лжиться›; *FAM* ◇ **das dauert aber!** конца́ не ви́дно!, э́то бу́дет продолжа́ться ве́чно!; ◇ **tut mir leid, aber das dauert mir zu lange** сожале́ю, но ждать бо́льше не могу́; **dauernd I.** *adj* ① (*ständig*) постоя́нный, непреры́вный ② (*immer wieder*) продолжи́тельный, дли́тельный **II.** *adv* (*ständig*) постоя́нно; ◇ **~ zu spät kommen** постоя́нно опа́здывать, постоя́нно приходи́ть с опозда́нием; **Dauerregen** *m* затяжно́й дождь *м;* **Dauerwelle** *f* перманент *м,* шестиме́сячная зави́вка *ж;* **Dauerzustand** *m* хрони́ческое состоя́ние *с*
Daumen *m* ‹-s, -› большо́й па́лец *м;* ◇ **jd-m die ~ drücken** жела́ть кому́-л успе́ха [уда́чи]; ◇ **über den ~ gepeilt, sind es 2 Meter** на глаз (приблизи́тельно) э́то бу́дет два ме́тра

Daune *f* ‹-, -n› (*Feder*) пуши́нка *ж;* (*gesamt*) пух *м;* **Daunenbett** *n,* **Daunendecke** *f* пухови́к *м,* пухо́вое одея́ло *с*
davon *adv* ① (*von e-r Sache*) от э́того [того́]; ◇ **das hängt ~ ab** э́то зави́сит от того́; ◇ **das kommt ~!** э́то происхо́дит от э́того; ◇ **~ abgesehen** не говоря́ уже́ об э́том; ◇ **~ habe ich genug** я сыт э́тим по го́рло; ◇ **was habe ich ~?** к чему́ мне э́то? ② (*räumlich, von e-m Ort*) ◇ **~ entfernt** удалённый от э́того (ме́ста) ③ (*dadurch*) от э́того; ◇ **du rauchst zu viel, ~ werde ich ganz krank** ты сли́шком мно́го ку́ришь, я заболева́ю от э́того ④ (*darüber*) ◇ **~ sprechen** говори́ть об э́том [о том]; ◇ **was wissen Sie ~?** что Вы об э́том зна́ете?; **davonkommen** *unreg vi* счастли́во отде́лl‹ыв›аться от кого́-чего́-л, спаса́ться ‹-сти́сь›; **davonlaufen** *unreg vi* убега́ть ‹-жа́ть›; **davontragen** *unreg vi* уноси́ть ‹унести́›; ◇ **den Sieg ~** одержа́ть побе́ду
davor *adv* ① (*räumlich*) пе́ред э́тим [тем]; ◇ **das Haus steht ~** дом стои́т пе́ред тем-2 ② (*zeitlich*) (*vor bestimmten Zeitpunkt*) пе́ред э́тим, до э́того; ◇ **wir treffen uns 15 Minuten ~** мы встре́тимся за 15 мину́т до э́того ③ (*vor e-r Sache*) ◇ **~ Angst haben** боя́ться чего́-л; ◇ **~ warnen** предостеl‹рега́ть ‹-ре́чь›› от
dazu *adv* ① (*räumlich, zu e-r Sache hinzu*) к э́тому [тому́]; ◇ **er stellte sein Fahrrad ~** он поста́вил туда́ ещё и свой велосипе́д; ◇ **was darf ich Ihnen ~ reichen?** что Вам для э́того ну́жно пода́ть? ② (*im Hinblick darauf*) на э́то [то], к э́тому [тому́]; ◇ **~ fähig sein** быть на э́то спосо́бным; ◇ **~ haben wir keine Lust** у нас нет никако́го жела́ния к э́тому; ◇ **seine Äußerungen ~ waren lakonisch** его́ выска́зывания по э́тому по́воду бы́ли лакони́чными ③ (*zu diesem Zweck*) для э́того [того́]; ◇ **~ ist er da, um ...** для того́ он и здесь, что́бы ... ④ (*außerdem*) сверх э́того [того́], кро́ме; ◇ **und ~ noch ein Brot** и кро́ме того́ (ещё) кусо́к хле́ба; **dazugehören** *vi* принадлежа́ть к чему́-л, относи́ться к чему́-л; **dazukommen** *unreg vi* ① (*hinzukommen*) подl‹ходи́ть ‹-ити́›› к кому́-л ② (*Gegenstände*) доста́вl‹а́ть ③ (*Ereignisse*) ◇ **es kommt noch dazu, dass ...** к тому́ же на́до уче́сть, что...
dazwischen *adv* ① (*örtlich*) (*zwischen, unter*) ме́жду э́тим [тем] ② (*zeitlich*) (*zwischendurch*) тем вре́менем; **dazwischenkommen** *unreg vi* (*störend eintreten*) ◇ **es ist etwas dazwischengekommen** что-то э́тому помеша́ло; **dazwischenreden** *vi* (*unterbrechen*) перебива́ть, прерыва́ть *несов;* (*sich einmischen*) вмеl‹шиваться ‹-ша́ться› в разгово́р
DDR *f* ‹-› HIST *Abk. v.* **Deutsche Demokra-**

tische Republik Герма́нская Демокра́тическая респу́блика ж; ◇ **die ehemalige ~** бы́вшая ГДР

Deal m ‹-s, -s› FAM (dunkles Geschäft) тёмное де́ло; (Drogenhandel) торго́вля ж нарко́тиками; **dealen** vi FAM (mit Drogen handeln) торгова́ть нарко́тиками; **Dealer(in** f) m ‹-s, -› (Drogenhändler/in) ди́лер м

Debatte f (lebhaftes Gespräch) пре́ния мн, деба́ты мн; **debattieren** vt обсужда́ть ‹-ди́ть›, дебати́ровать несов

Debüt n (erster Auftritt) дебю́т м

Deck n ‹-[e]s, -s o. -e› (vom Schiff) па́луба ж; ◇ **alle Mann an ~ !** все наве́рх!; ◇ **an ~ gehen** вы́йти на па́лубу

Decke f ‹-, -n› ① (Zimmer~) потоло́к м ② (Bett~) одея́ло с; (Woll~) плед м; (Tisch~) ска́терть ж; ◇ **mit jdm unter e-r ~ stecken** быть заодно́ с кем-л

Deckel m ‹-s, -› (Verschluss) кры́шка ж

decken I. vt ① (Tisch) накрыва́ть, серви́рова́ть несов и сов; (Dach) ‹по-›кры́ть ② (nicht verraten) прикрыва́ть, подде́рживать ‹-жа́ть› ③ SPORT (Gegenspieler) закрыва́ть несов ④ (Stute) ‹по-›кры́ть, случа́ть ‹-чи́ть› ⑤ (zufriedenstellen)◇ **den Bedarf an etw ~** удовлетворя́ть ‹-ри́ть› потре́бность в чём-л II. vr (übereinstimmen) ◇ **sich ~** совпада́ть ‹-па́сть› III. vi (Farbe) кры́ть несов

Deckmantel m◇ **unter dem ~** под предло́гом, под личи́ной, под ма́ской; **Deckname** m (von Spion) псевдони́м м

Deckung f ① (Schützen) прикры́тие с; ◇ **in ~ gehen** уйти́ в укры́тие ② SPORT (Abwehr) защи́та ж ③ (Übereinstimmung) совмеще́ние с, совпаде́ние с④ COMM ◇ **ein Scheck liegt zur ~ bei** чек предъя́влен к опла́те

Decoder m ‹-s, -› декодер м; **decodieren** vt (umwandeln) декоди́ровать несов

defekt adj (Gerät) дефе́ктный, испо́рченный; **Defekt** m ‹-[e]s, -e› дефе́кт м, по́рча ж

defensiv adj оборони́тельный

definieren vt определя́ть ‹-ли́ть›; **Definition** f определе́ние с; **definitiv** adj оконча́тельный, определённый

Defizit n ‹-s, -e› ① (Fehlbetrag) недочёт м, дефици́т м ② (Mangel) недоста́ток м, нехва́тка ж

deftig adj ① (Essen) тяжёлый ② (Witz, derb) гру́бый ③ (Geruch, Duft) си́льный

Degen m ‹-s, -› шпа́га ж

dehnbar adj (Material) эласти́чный; FIG (Begriff) растяжи́мый; **dehnen** I. vt (Gummi) растя́гивать ‹-ну́ть›, (Vokal, Wort) удлиня́ть ‹-ни́ть›; (Muskeln, Glieder) потя́гиваться ‹-ну́ться› II. vr◇ **sich ~** растя́гиваться ‹-ну́ться›; (sich erweitern) расширя́ться ‹-ши́риться›; **Dehnung** f удлине́ние с, растяже́ние с

Deich m ‹-[e]s, -e› да́мба ж, плоти́на ж

Deichsel f ‹-, -n› (zum Ziehen e-s Wagens) огло́бля ж, ды́шло с; **deichseln** vt FAM ◇ **wir werden die Sache schon ~** э́то де́ло мы уж ула́дим

dein(e) pron poss (adjektivisch) твой, твоя́, твоё; (pl) твой; **deine(r, s)** pron poss (substantivisch) твой, твоя́, твоё; (pl) твой; **deiner** pron pers gen v. **du** тебя́; **deinerseits** adv с твое́й стороны́; **deinetwegen** adv (wegen dir) из-за тебя́; (dir zuliebe) ра́ди тебя́

Dekadenz f упа́дочничество с

Dekan m ‹-s, -e› дека́н м

Deklination f склоне́ние с; **deklinieren** vt GRAM ‹про-›склоня́ть

dekodieren vt (entschlüsseln) расшифро́вывать ‹-ва́ть›

Dekolletee, Dekolleté n ‹-s, -s› декольте́ с

Dekorateur(in f) m декора́тор м, же́нщина-декора́тор ж; оформи́тель(ница ж) м; **Dekoration** f (Gestaltung) украше́ние с, убра́нство с; (Bühnen~) декора́ция ж; **dekorieren** vt (Schaufenster) украша́ть ‹-кра́сить›

Delegation f (Vertretung) делега́ция ж; **delegieren** vt делеги́ровать несов и сов

Delfin m = Delphin

delikat adj ① (Essen etc.) изы́сканный, ла́комый ② (heikel) делика́тный; ◇ **die Angelegenheit ist äußerst ~** де́ло весьма́ делика́тное; **Delikatesse** f ‹-, -n› (Leckerbissen) ла́комство с, делика́тес м

Delikt n ‹-[e]s, -e› JURA преступле́ние с, престу́пное дея́ние с

Delle f ‹-, -n› FAM (Beule) вмя́тина ж

Delphin, Delfin m ‹-s, -e› дельфи́н м

Delta n ‹-s, -s o. -ten› (Flussmündung) де́льта ж

dem dat v. **der**

Demagoge m ‹-n, -n› демаго́г м

dementieren vt (Nachricht) опроверга́ть ‹-ве́ргнуть›

dementsprechend adj соотве́тственно э́тому [тому́]; **demgemäß, demnach** adv соотве́тственно, согла́сно, сообра́зно э́тому [тому́]; **demgegenüber** adv в противополо́жность э́тому, напро́тив того́; **demnächst** adv в ско́ром вре́мени, ско́ро

Demo f ‹-, -s› FAM Abk. v. **Demonstration** манифеста́ция ж

Demokrat(in f) m ‹-en, -en› демокра́т(ка ж) м; **Demokratie** f демокра́тия ж; **demokratisch** adj демократи́ческий; **demokratisieren** vt демократизи́ровать несов и сов; **Demokratisierung** f демократиза́ция ж

demolieren vt (mutwillig zerstören) разруша́ть ‹-у́шить›, ис-по́ртить FAM

Demonstrant(in f) m демонстра́нт(ка ж) м; **Demonstration** f ① (Vorführung) демонстра́ция ж ② (Kundgebung) манифеста́ция ж

demonstrativ adj демонстрати́вный

demonstrieren I. vt (*darlegen*) демонстри́ровать *несов и сов*, пока́зывать *несов* **II.** vi POL принима́ть уча́стие в демонстра́ции, демонстри́ровать
Demoskopie f (*Meinungsumfrage*) демоскопи́я ж
Demut f <-> смире́ние c; (*Unterwürfigkeit*) поко́рность ж; **demütig** adj (*voller Hingabe*) смире́нный; (*unterwürfig*) поко́рный, безропо́тный; **demütigen** vt (*erniedrigen*) унижа́ть <уни́зить>
den akk v. **der**
denen dat v. pron demonstrativ **der, die, das**
denkbar I. adj (*möglich*) мы́слимый, возмо́жный **II.** adv (*äußerst*) ◇ **es ist ~ schwierig** э́то дово́льно тру́дно; **denken** <dachte, gedacht> vt, vi <по->ду́мать (*an jd-n/etw* о ком/чём-л); ◇ **wer hätte das gedacht!** кто бы мог поду́мать!; ◇ **das habe ich mir gedacht** я так и ду́мал; **Denken** n <-s> мышле́ние c; (*Überlegen*) обду́мывание c, размышле́ние c; **Denker(in** f) m <-s, -> мысли́тель(ница ж) м; **Denkfehler** m логи́ческая оши́бка ж; **Denkmal** n <-s, -mäler> па́мятник м; **Denkweise** f о́браз м мы́слей/мышле́ния; **denkwürdig** adj па́мятный, знамена́тельный; **Denkzettel** m ◇ **jd-m e-n ~ verpassen** проучи́ть кого́-л
denn cj **1** (*da, weil*) так как, потому́ что, и́бо; ◇ **wir gingen, ~ es kam niemand** мы ушли́, так как никто́ не появи́лся **2** (*außer wenn*) ◇ **es sei ~, dass jemand kommt** ра́зве что кто-нибу́дь придёт **3** (*verstärkend*) ◇ **kannst du ~ nicht aufpassen?** ра́зве ты не мо́жешь посмотре́ть; ◇ **was ist ~ los?** что же случи́лось?, в чём де́ло?; ◇ **wo ~ sonst?** где же ещё?
dennoch cj (*trotzdem*) всё-таки, всё-же, одна́ко, тем не ме́нее
denunzieren vt (*verraten*) доноси́ть <-нести́>, выдава́ть <вы́дать> кого́-л; **Denunziant(in** f) m доно́счик м, доно́счица ж
Deo n <-s, -s>, **Deodorant** n <-s, -s> дезодора́нт м
deponieren vt (*Geld, Schmuck*) отдава́ть на хране́ние; COMM (*Wertpapiere*) депони́ровать *несов и сов*, вноси́ть в депози́т; **Depot** n <-s, -s> **1** (*Lager*) склад м **2** COMM (*Wertpapier~*) отде́л м вкла́дов
Depression f **1** MED депре́ссия ж, пода́вленность ж, угнетённое состоя́ние c; ◇ **an** [o. **unter**] **~en leiden** страда́ть депре́ссией **2** COMM (*Krise*) депре́ссия ж; **deprimieren** vt (*bedrücken*) удруча́ть <-чи́ть>, угнета́ть *несов*
Deputierte(r fm (*Abgeordnete/r*) депута́т м, депута́тка ж
der I. Artikel (*bestimmt*) (*im Russischen nicht vorhanden*) **II.** pron **1** (*demonstrativ*)

(*derjenige, dieser*) тот, э́тот; ◇ **das ist ~, von dem ...** э́то тот, о ком ...; FAM ◇ **ist ~ krank?** он бо́лен? **2** (*relativ*) (*welcher*) ◇ **ein [der] Mann, ~ ...** мужчи́на, кото́рый ...; ◇ **derart** adv (*so*) тако́го ро́да, до того́; ◇ **e-e ~ hübsche Frau** до того́ краси́вая же́нщина; **derartig I.** adj (*solche*) тако́й, тако́го ро́да, подо́бный; ◇ **e-e ~e Frechheit** така́я на́глость **II.** adv (*derart*) столь; ◇ **ein ~ sympathischer Mann** столь симпати́чный мужчи́на
derb adj (*robust*) кре́пкий, дю́жий; (*urwüchsig*) просто́й; (*grob, Witz*) грубый
deren pron rel (*fem, sg*) кото́рой; (*pl*) кото́рых
dergestalt adv (*so*) ◇ **~, dass** таки́м о́бразом, так; **dergleichen** adj (*Ähnliches, derlei*) подо́бный, тако́й, тако́го ро́да; ◇ **~ gibt es nicht mehr** тако́е тепе́рь не случа́ется; **derjenige** pron (*demonstrativ*) (*verstärkend*) тот; **dermaßen** adv так, таки́м о́бразом, насто́лько, до тако́й сте́пени; ◇ **er war ~ betrunken** он был насто́лько пья́ный; **derselbe** pron (*demonstrativ*) (*eben der*) тот же, тот (же) са́мый; **derzeit** adv ны́не, тепе́рь, в настоя́щее [в да́нное] вре́мя; **derzeitig** adj ны́нешний, тепе́решний, совреме́нный
des gen v. **der, das**
Desaster n <-s, -> беда́ ж, несча́стье c, круше́ние c
desertieren vi дезерти́ровать *несов и сов*
deshalb adv (*deswegen*) поэ́тому, потому́
Design n <-s, -s> диза́йн м
Desinfektion f дезинфе́кция ж; **Desinfektionsmittel** n дезинфици́рующее сре́дство c; **desinfizieren** vt дезинфици́ровать *несов и сов*
Desinteresse n незаинтересо́ванность ж, равноду́шие c
dessen gen v. pron rel **der, das** кото́рого, **dessen ungeachtet** adv несмотря́ на э́то [на то], тем не ме́нее
Dessert n <-s, -s> десе́рт м
destillieren vt дистилли́ровать *несов и сов*, перего́нять <-гна́ть>
desto adv (*um so*) тем; ◇ **je größer, ~ besser** чем бо́льше, тем лу́чше
destruktiv adj деструкти́вный, неконструкти́вный
deswegen cj (*deshalb*) поэ́тому
Detail n <-s, -s> дета́ль ж, подро́бность ж; **detailliert** adj подро́бный, дета́льный
Detektiv(in f) m сы́щик м, детекти́в м, же́нщина-детекти́в ж
Detektor m TECH дете́ктор м
deuten I. vt (*auslegen, Traum*) толкова́ть *несов*, истолко́вывать <-ва́ть>; (*erklären*) объясня́ть <-ни́ть> **II.** vi (*zeigen*) ука́зывать <-за́ть> (*auf etw akk* на что-

л); ◇ **alles deutet darauf hin, dass ...** всё говори́т о том, что ...; **deutlich** adj ① (klar) я́сный, отчётливый, чёткий ② (verständlich) вня́тный, вразуми́тельный; ◇ **jd-m etw ~ machen** разъясни́ть кому́-л что-л ③ (unmissverständlich) недвусмы́сленный, однозна́чный ④ (beträchtlich, Unterschied) значи́тельный; **Deutlichkeit** f я́сность ж, чёткость ж **deutsch** adj неме́цкий; ◇ **~ reden** говори́ть по-неме́цки; **Deutsch** n (die deutsche Sprache) неме́цкий язык m; ◇ **ins ~ übersetzen** переводи́ть на неме́цкий язык; ◇ **er spricht gebrochen(es)** ~ он говори́т на ло́манном неме́цком языке́; (lehren) ◇ **~ unterrichten** преподава́ть неме́цкий язык; **Deutsche(r)** fm не́мец m, не́мка ж; **Deutschland** n Герма́ния ж; ◇ **wir kommen aus ~** мы прие́хали из Герма́нии; ◇ **wir wollen nach ~ fahren** мы хоти́м пое́хать в Герма́нию; **deutschsprachig** adj (Buch) неме́цкий; (Bevölkerung) немецкоговоря́щий

Deutung f (von Träumen) толкова́ние c; (Erklärung) объясне́ние c

Devise f <-, -n> ① (Motto) деви́з m, ло́зунг m ② ◇ **~n** pl COMM деви́зы mn, валю́та ж

Dezember m <-[s], -> дека́брь m; s. a. **Mai**

dezent adj прили́чный; (Kleid) скро́мный; (Musik) негро́мкий

dezentral adj децентрализо́ванный

dezimal adj десяти́чный; **Dezimalsystem** n десяти́чная [децима́льная] систе́ма ж; **Dezimalzahl** f десяти́чное число́ c

Dia n <-s, -s>, **Diabild** n FOTO (Diapositiv) диапозити́в m

Diabetes m <-> MED диабе́т m; **Diabetiker(in)** fm больно́й(-а́я ж) m диабе́том

Diagnose f <-, -n> диа́гноз m

diagonal adj (schräg) диагона́льный; **Diagonale** f <-, -n> диагона́ль ж

Diagramm n <-s, -e> диагра́мма ж

Dialekt m <-[e]s, -e> диале́кт m

 Dialekt

Территориа́льные диале́кты (ме́стные наре́чия) Герма́нии поро́й насто́лько отлича́ются друг от дру́га, что жи́тель одного́ регио́на не мо́жет объясни́ться с жи́телем друго́го регио́на, е́сли он не владе́ет литерату́рным неме́цким языко́м (Hochdeutsch), кото́рый испо́льзуется в официа́льных сфе́рах. На се́вере Герма́нии говоря́т, напри́мер, на "Plattdeutsch", в Кёльне и вокру́г него́ — на "Kölsch", в Берли́не на "Berlinerisch" в Саксо́нии — на "Sächsisch", в Бава́рии — на "Bayrisch".

Dialog m <-[e]s, -e> диало́г m

Dialyse f <-, -n> MED диа́лиз m

Diamant m алма́з m

Diapositiv n FOTO диапозити́в m;

Diaprojektor m диапрое́ктор m

Diät f <-, -en> дие́та ж; ◇ **e-e ~ machen** сиде́ть на дие́те

Diäten pl POL (Abgeordnetengehalt) содержа́ние c, получа́емое чле́нами парла́мента, су́точные mn

dich pron pers akk v. **du** тебя́; ◇ **beeil ~ !** ⟨по-⟩ торопи́сь!; ◇ **für/an ~** для тебя́/к тебе́; ◇ **ich sehe ~ morgen** я за́втра уви́жу тебя́

dicht I. adj ① (Bäume, Pflanzen) густо́й, дрему́чий; (dick, Nebel) густо́й, пло́тный ② (undurchlässig, Stiefel) непроница́емый **II.** adv пло́тно, те́сно, вплотну́ю; FAM (verrückt) ◇ **du bist wohl nicht ganz ~!** ты не в своём уме́!; **Dichte** f <-, -n> густота́ ж; PHYS пло́тность ж

Dichter(in) f m <-s, -> (Schriftsteller/in) писа́тель(ница ж) m; (von Lyrik) поэ́т(е́сса ж) m; **dichterisch** adj поэти́ческий

dichthalten unreg vi FAM (nichts verraten) молча́ть несов, храни́ть та́йну

Dichtung f (Werke e-r Epoche) литерату́рные произведе́ния mn; (lyrische, epische) поэти́ческое тво́рчество c; (Dichtkunst) поэ́зия ж, стихосложе́ние c

Dichtung f TECH (Gummi~) уплотне́ние c, прокла́дка ж; ◇ **die ~ ist leck** прокла́дка даёт течь

dick I. adj ① (Mensch) то́лстый, по́лный, ту́чный; FIG (Gehalt, Auto) большо́й, хоро́ший ② (Farbe, Salbe) густо́й, пло́тный ③ (eng, Freunde) зака́дычные, больши́е **II.** adv FAM ◇ **~ auftragen** (Farbe) наноси́ть кра́ску густы́м сло́ем; (stark übertreiben) преувели́чи⟨ва⟩ть; ◇ **mit jd-m durch ~ und dünn gehen** идти́ за кем-л в ого́нь и в во́ду; **Dicke** f <-, -n> толщина́ ж; (Körperumfang) полнота́ ж; (von Flüssigkeiten) густота́ ж

dickflüssig adj густо́й, вя́зкий, густотеку́чий

Dickicht n <- s, -e> (Unterholz) (лесна́я) ча́ща ж, за́росли mn, де́бри mn

Dickkopf m упря́мец m; **Dickmilch** f простоква́ша ж

Didaktik f дида́ктика ж

die I. Artikel (bestimmt) (im Russischen nicht vorhanden) **II.** pron ① (demonstrativ) (diejenige, diese) та (са́мая), э́та; ◇ **das ist ~, von der ...** э́то та (са́мая), о кото́рой ... ② (relativ) (Subjekt) ◇ **die Schallplatte, ~ mir gefallen hat** пласти́нка, кото́рая мне понра́вилась; ◇ **sie war die erste Frau, ~ mich verzaubert hat** э́то была́ пе́рвая же́нщина, кото́рая меня́ очарова́ла (Objekt) ◇ **die Frau, ~ er liebt** же́нщина, кото́рую он лю́бит; ◇ **dies**

war die erste Sache, ~ ich ... это было первое дело, которое я ...
Dieb(in f) m <-[e]s, -e> вор(овка ж) м;
Diebesbande f воровская шайка ж;
Diebstahl m <- [e]s, -stähle> кража ж, воровство с
diejenige pron (demonstrativ) та
Diele f <-, -n> (Eingang) передняя ж
dienen vi <по->служить; ◇ **der Lappen dient ihm als ~** тряпка служит ему чем-л; ◇ **jd-m ~** находиться на службе у кого-л; ◇ **womit kann ich Ihnen ~?** чем я могу быть Вам полезен?; **Diener(in** f) m <-s, -> ① (Hausangestellte/r) слуга м, служанка ж ② nur m FIG (sich verbeugen) ◇ **e-n ~ vor jd-m machen** кланяться [поклониться], отвесить низкий поклон; **Dienerschaft** f слуги мн, прислуга ж
Dienst m <-[e]s, -e> ① (das Dienen) служба ж ② (Arbeit) должность ж, обязанности мн; ◇ **der Öffentliche ~** общественные (государственные) службы [учреждения]; ◇ **~ haben** дежурить, быть дежурным; (Arzt) ◇ **~ habend** дежурный; ◇ **seinen ~ antreten** приступать к исполнению служебных обязанностей ③ (Gefälligkeit) услуга ж; ◇ **jd-m e-n ~ erweisen** оказать кому-л услугу
Dienstag m вторник м; s. a. **Samstag**
dienstbereit adj (Apotheke, Arzt) дежурный, готовый к услугам; **Dienstbereitschaft** f (von Arzt) готовность ж к услугам; **Dienstgeheimnis** n служебная тайна ж; **Dienstgrad** m чин м, ранг м; MIL воинское звание с; **diensthabend** adj = Dienst habend; **Dienstleistung** f служебная деятельность ж, услуга ж, одолжение с; **dienstlich** adj служебный, официальный; **Dienstreise** f командировка ж; **Dienststelle** f (Amtsstelle) место с службы; **Dienststunden** f pl (Öffnungszeiten) служебное время с, часы мн работы; **Dienstweg** m ◇ **auf dem ~** в служебном [административном] порядке, по инстанции; **Dienstzeit** f ① (Geschäftszeit) служебное время с ② MIL (Wehr~) срок м службы
dies pron (kurz für dieser, diese, dieses) s. **diese(r,s)**; **diesbezüglich I.** adj (hierauf Bezug nehmend) относящийся к этому **II.** относительно этого; **diese(r, s** pron (demonstrativ) ① (sg) эта, этот, это; ◇ **~ Frau** эта женщина; ◇ **~r Hut** эта шляпа; ◇ **~s Auto** эта автомашина ② (pl) эти; ◇ **~ Leute** эти люди; (allein stehend) эти
Diesel I. m o. n <-s> (Kraftstoff) дизельное топливо с, дизельное горючее с; ◇ **ich möchte 45 Liter ~ tanken** я хотел бы заправиться 45 литрами дизельного

топлива **II.** m <-s, -> FAM (~ fahrzeug) автомашина ж с дизельным мотором
dieselbe pron (demonstrativ) та же самая
diesig adj (trüb, Wetter) пасмурный, туманный, мглистый
diesjährig adj этого года
diesmal adv на этот раз, в этот раз; ◇ **~ werden wir nicht fahren** в этот раз мы не поедем
diesseits präp gen находящийся по эту сторону; ◇ **~ des Mains, jenseits des Mains** по эту сторону Майна, по ту сторону Майна
Dietrich m (Werkzeug) отмычка ж
Differential n = Differenzial
Differentialrechnung f = Differenzialrechnung
Differenz f ① (Zahlen~) разность ж ② **~en** pl (Meinungsverschiedenheiten) разногласия мн, несогласия мн
Differenzial, Differential n MATH дифференциал м; **Differenzialrechnung, Differentialrechnung** f MATH дифференциальное исчисление с
differenzieren vt (unterscheiden) дифференцировать несов и сов, различать <-чить>
digital adj ① (in Ziffern) цифровой, численный ② (Ggs. v. analog) дискретный; **Digitalanzeige** f цифровая индикация ж; **Digitaluhr** f цифровые часы мн
Diktat n ① (im Büro, in Schule) диктант м ② (Vorgabe) приказ м, предписание с
Diktator(in f) m диктатор м, женщина-диктатор ж; **diktatorisch** adj диктаторский; **Diktatur** f диктатура ж
diktieren vt ① (Briefe, Diktat) <про->диктовать ② (aufzwingen) приказывать <-зать>
Dilemma n <-s, -s o. -ta> дилемма ж
dilettantisch adj халтурный, дилетантский
Dimension f (Ausmaß) размер м; MATH измерение с
Diminutiv n уменьшительная форма ж
Ding n <-[e]s, -e> вещь ж, предмет м, дело с, обстоятельство с (verläuft nicht normal) ◇ **das geht doch nicht mit rechten ~en zu** тут дело нечисто [неладно]; ◇ **das ist ein ~ der Unmöglichkeit** не возможно; (gut aufgelegt sein) ◇ **guter ~e sein** быть весёлым; (vor allem) ◇ **vor allen ~e** прежде всего, первым делом; **Dingsbums, Dingsda** n <-> FAM как-то бишь
Diode f <-, -n> ELECTR диод м
Diphtherie f MED дифтерия ж
Diplom n <-[e]s, -e> диплом м
Diplomat(in f) m <-en, -en> a. FIG дипломат м, женщина-дипломат ж
Diplomarbeit f дипломная работа ж

Diplomatie f дипломатия ж; **diplomatisch** adj дипломатический

dir pron pers dat v. **du** тебе; ◇ **bei/nach/mit** ~ у тебя/после тебя/с тобой; ◇ **ich sage es** ~ я говорю тебе; ◇ **wie geht es** ~ ? как твои дела?

direkt adj прямой, непосредственный

Direktor(in f) m директор м, директриса ж

Direktübertragung f прямая трансляция ж

Dirigent(in f) m дирижёр м, женщина-дирижёр ж; **dirigieren** vt 1 MUS дирижировать несов 2 (leiten) направлять ‹-править›

Dirne f ‹-, -n› проститутка ж

Disco f ‹-, -s› дискотека ж

Discount m ‹-s›, **Discountladen** m магазин м удешевлённых товаров

Diskette f дискета ж; **Diskettenlaufwerk** n дисковод м

Diskjockey m диск-жокей м

Diskont m ‹-s, -e› дисконт м, учёт м;

Diskontsatz m учётная ставка ж

Diskothek f ‹-, -en› дискотека ж

Diskrepanz f (Abweichung) разрыв м, разногласие с, разлад м, несоответствие с

diskret adj 1 (vertraulich) секретный, доверительный 2 (taktvoll) тактичный, скромный; **Diskretion** f сдержанность ж, такт м

Diskriminierung f дискриминация ж

Diskus m ‹-, -ken o. -sse› диск м; **Diskuswerfer(in** f) m метатель(ница ж) м диска

Diskussion f (wissenschaftliche) дискуссия ж; (öffentliche) обсуждение с, прения ж; ◇ **an e-r** ~ **teilnehmen** принимать участие в дискуссии; ◇ **das Thema steht nicht zur** ~ эта тема не стоит на обсуждении; **Diskussionsbeitrag** m дискуссионная статья ж; **diskutabel** adj с портной, дискуссионный; **diskutieren** vt, vi обсуждать ‹-дить› что-л, (heftig erörtern) спорить несов, дискутировать несов о чём-л

Display n ‹-s, -s› ELECTR дисплей м

disqualifizieren vt SPORT дисквалифицировать несов и сов

disponieren vi 1 (verfügen) распоряжаться ‹-диться›, заведовать несов (über akk чем-л) 2 (einteilen) располагать ‹-ло-жить›, (planen) размещать ‹-стить›

Dissertation f диссертация ж

Distanz f дистанция ж, расстояние с;

distanzieren I. vt (Sportgegner) отставать позади II. vr (nicht einverstanden sein mit) ◇ **sich von jd-m/e-r Sache** ~ от|межёвываться ‹-межеваться› от кого/чего-л, отдаляться ‹-литься› от кого/чего-л

Distel f ‹-, -n› BOT чертополох м

Disziplin f ‹-, -en› 1 (Ordnung) дисциплина ж 2 (Fach~) учебный предмет м, наука ж 3 SPORT (Teilbereich) вид м, дисциплина ж

divers adj разный, различный

Dividende f ‹-, -n› дивиденд м

dividieren vt ‹раз-›делить (durch на); ◇ **12 dividiert durch 4 (er)gibt 3** 12 разделить на 4 будет 3; **Division** f MATH деление с; MIL дивизия ж

DM Abk. v. **Deutsche Mark** Немецкая марка ж

DNA, DNS f Akr. v. **Desoxyribonukleinsäure** ДНК (дезоксирибонуклеиновая кислота ж)

doch I. adv всё-таки, всё же; ◇ **das ist nicht wahr! -** ~! это не правда! - нет, правда!; ◇ **er kam** ~ **noch** он всё же пришёл; ◇ **nicht** ~! да нет же! II. cj (aber) но, однако; ◇ **ich möchte spielen,** ~ **ich bin krank** я хотел бы сыграть, но я болен

Docht m ‹-[e]s, -e› фитиль м

Dock n ‹-s, -s o. -e› док м

Dogge f ‹-, -n› (Hunderasse) дог м

Dogma n ‹-s, -men› догма ж; **dogmatisch** adj догматический, догматичный

Dohle f (kleiner Rabenvogel) галка ж

Doktor(in f) m 1 (akademischer Grad) доктор м наук; ◇ **den** ~ **machen** получить степень доктора наук 2 FAM (Arzt) врач м; **Doktorand(in** f) m ‹-en, -en› докторант м; **Doktorarbeit** f докторская диссертация ж; **Doktortitel** m учёная степень ж доктора наук

Dokument n документ м; **dokumentarisch** adj документальный; **dokumentieren** vt документировать несов и сов

Dolch m ‹-[e]s, -e› кинжал м

Dollar m ‹-s, -s› доллар м; ◇ **wie steht zurzeit der** ~? каков сейчас курс доллара?

dolmetschen I. vt перелводить ‹-вести› устно II. vi работать переводчиком; ◇ **simultan** ~ переводить сихронно; **Dolmetscher(in** f) m ‹-s, -› (ustный) переводчик м, (устная) переводчица ж

Dom m ‹-[e]s, -e› (кафедральный) собор м; ◇ **der Kölner** ~ Кёльнский собор

dominieren I. vt (Spiel, Gruppe) доминировать несов, иметь преимущество II. vi (überwiegen) преобладать несов (über akk над кем-чем)

Dompteur m, **Dompteuse** f укротитель(ница ж) м (зверей)

Donau f Дунай м

Donner m ‹-s, -› гром м; **donnern** vi 1 греметь несов; ◇ **es donnert** гремит гром 2 (heftig schlagen) ◇ **der Vater donnerte an die Tür** отец барабанил в дверь

Donnerstag m четверг м; s. a. **Samstag**

Donnerwetter n FAM (heftiges Schimpfen) нагоня́й м, взбу́чка ж; ◇ **warte nur, zu Hause erwartet dich ein** ~ пригото́вься, до́ма тебя́ ожида́ет нагоня́й
doof adj FAM глу́пый; (Ärger bereitend, Maschine) идио́тский
dopen vt, vi (Sportler) по́льзоваться до́пингом; **Doping** n ‹-s, -s› до́пинг м, возбужда́ющее сре́дство с
Doppel n ‹-s, -› SPORT па́рная игра́ ж;
Doppelbett n двуспа́льная крова́ть ж;
Doppelfenster n окно́ с с двойны́ми ра́мами; **Doppelgänger(in** f) m ‹-s, -› двойни́к м; **Doppelkinn** n двойно́й подборо́док м; **Doppelpunkt** n двоето́чие с; **Doppelsalto** m двойно́е са́льто с; **Doppelstecker** m двойно́й штепсель м; **doppelt I.** adj (zweimal) (Länge) двойно́й, двоя́кий; **II. ~ in-er Ausführung** в двух экземпля́рах **II.** adv ◇ ~ **sehen** быть навеселе́; ◇ ~ **so groß wie** вдво́е бо́льше чем; ◇ **sich** ~ **anstrengen** напряга́ться вдвойне́; **Doppelverdiener** pl (Person mit zwei Gehältern) лицо́ с, име́ющее побо́чных за́работок; (Ehepaar) ◇ **sie sind** ~ они́ о́ба рабо́тают; **Doppelzimmer** n (im Hotel) двухме́стный но́мер м
Dorf n ‹-[e]s, Dörfer› дере́вня ж, село́ с;
Dorfbewohner(in f) m се́льский(-ая ж) жи́тель(ница ж) м
Dorn m ‹-[e]s, -en› BOT, a. TECH колю́чка ж; (Stachel) шип м; (das stört jd-n) ◇ **jd-m ein** ~ **im Auge sein** быть у кого́-л бельмо́м на глазу́
dornig adj (Strauch, Rose) покры́тый шипа́ми, колю́чий; **Dornröschen** n (Märchenfigur) Спя́щая Краса́вица ж;
Dornenstrauch m терно́вник м
dörren vt (Fleisch, Früchte) вы́-сушить, (про-)вя́лить; **Dörrobst** n сушёные фру́кты мн
Dorsch m ‹-[e]s, -e› треска́ ж
dort adv там; ◇ **gib mir bitte das Buch** ~ дай мне ту кни́гу, (кото́рая лежи́т там); ◇ **ich bin schon mal** ~ **gewesen** я уже́ как то был там; ◇ **wir treffen uns** ~ мы встре́тимся там; **dorther** adv отту́да; **dorthin** adv туда́; ◇ **sie gingen alle** ~ они́ все пошли́ туда́; **dorthinauf** adv туда́ наве́рх; **dorthinunter** adv туда́ вниз; **dortig** adj та́мошний; ◇ **die** ~**en Verhältnisse sind schlimm** усло́вия там плохи́е
Dose f ‹-, -n› коро́бка ж; (Blech~) жестя́нка ж; (Dosen~) пи́во с в ба́нке; **Dosenmilch** f консерви́рованное молоко́ м; **Dosenöffner** m консе́рвный нож м
dösen vi FAM (schlummern) дрема́ть несов, клева́ть но́сом
Dosis f ‹-, -sen› до́за ж
Dotter m o. n ‹-s, -› желто́к м
Double n ‹-s, -s› THEAT, FILM дублёр м

downloaden vt PC (herunterladen) загружа́ть ‹-зи́ть› компью́тер
Dozent(in f) m доце́нт м, преподава́тель(ница ж) м вы́сшего уче́бного заведе́ния
Drache m ‹-n, -n› (Ungeheuer) драко́н м;
Drachen m ‹-s, -› (Spielzeug~) (бума́жный) змей м; ◇ **e-n** ~ **steigen lassen** запусти́ть змея́; SPORT дельтапла́н м;
Drachenfliegen n ‹-s› дельтапланери́зм м; **Drachenflieger(in** f) m дельтапланери́ст(ка ж) м
Dragée n ‹-s, -s› драже́ с
Draht m ‹-[e]s, Drähte› (Metall~) про́волока ж; (Leitung) про́вод м; (flink) ◇ **auf** ~ **sein** бо́дро держа́ться, быть де́ятельным [энерги́чным]; **drahtig** adj (trainiert, Körperbau) си́льный, мускули́стый, жили́стый; **drahtlos** adj беспро́волочный; **Drahtseil** n про́волочный трос [кана́т м]; **Drahtseilbahn** f подвесна́я про́волочно-кана́тная доро́га ж; **Drahtzieher** m (Intrigant) закули́сный подстрека́тель м; (Anführer) заправи́ла м
Drama n ‹-s, -men› дра́ма ж; **Dramatiker(in** f) m ‹-s, -› драмату́рг м; **dramatisch** adj ① (das Drama betreffend) драмати́ческий ② FIG (spannend, aufregend) драмати́чный; **dramatisieren** vt FIG (übertrieben darstellen) драматизи́ровать несов и сов
dran = FAM **daran**
drang impf v. **dringen**
Drang m ‹-[e]s, Dränge› (zwanghafter Wunsch) на́тиск м, напо́р м, поры́в м, стремле́ние с (nach к)
drängeln vi ① (sich vorschieben) напира́ть ‹-пере́ть› ② (hartnäckig auf etw bestehen) насто́йчиво тре́бовать что-л
drängen I. vi ① (Sache, eilen) торопи́ть несов; ◇ **die Zeit drängt** вре́мя не те́рпит ② (Personen) торопи́ть ③ (bestehen) ◇ **auf etw** akk ~ наста́ивать ‹-стоя́ть› на чём-л **II.** vt ① ◇ **jd-n an die Wand** ~ прижа́ть кого́-л к стене́ ② (nachdrücklich bitten) ◇ **jd-n zu etw** ~ насто́йчиво тре́бовать
drastisch adj гру́бый, кре́пкий, ре́зкий, си́льный; (merklich) заме́тно ощути́мый; ◇ ~**e Maßnahmen** радика́льные ме́ры
drauf = FAM **darauf** (im Begriff sein) ◇ ~ **und dran sein, etw zu tun** собира́ться что-л сде́лать; FAM (intelligent sein) ◇ **etw** ~ **haben** соображ́ать; **Draufgänger** m ‹-s, -› (Teufelskerl) смельча́к м, сорвиголова́ м, уха́рь м; **draufgehen** vi ① FAM (umkommen) поги́ба́ть ‹-ги́бнуть› ② FAM (Geld, Vorräte) уходи́ть
draußen adv ① (außerhalb) снару́жи, на дворе́, на у́лице ② ◇ ~ **weit** ~ **auf dem Meer** там в откры́том мо́ре
Drechsler m (Dreher) то́карь м

Dreck m ⟨-[e]s⟩ **1** (*Schmutz*) грязь ж;
FIG (*Zeug*) ◇ **mach deinen ~ alleine!**
пошёл ты со свои́ми дела́ми куда́ пода́льше! **2** (*Kot, von Hund, Katze*)
нечисто́ты мн **3** FIG (*Minderwertiges*) ◇ **den letzten ~ kaufen** покупа́ть
вся́кую дрянь; **dreckig** adj гря́зный;
Dreckskerl m неря́ха м/ж, грязну́ля м
Dreh m (*Lösungsidee*) ◇ **den ~ heraus haben** разобра́ться в како́м-л де́ле, найти́ соотве́тствующее реше́ние; **Dreharbeiten** f pl FILM съёмочные рабо́ты
мн, съёмка ж; **Drehbank** f ⟨-, -bänke⟩
(*Werkbank*) тока́рный стано́к м; **drehbar** adj враща́ющийся, поворо́тный;
Drehbuch n FILM сцена́рий м; **Drehbühne** f THEAT враща́ющаяся сце́на
ж; **drehen I.** vt, vi враща́ть несов; (*Zigaretten*) свора́чивать ⟨сверну́ть⟩;
(*Film*) снима́ть ⟨снять⟩, произ|води́ть
⟨-вести́⟩ съёмку **II.** vr (*handeln von*) ◇ **es
dreht sich um** речь идёт о, име́ть те́мой; **Drehgestell** n BAHN поворо́тная
теле́жка ж; **Drehorgel** f шарма́нка ж;
Drehscheibe f (*Drehgestell*) поворо́тный круг м; **Drehstuhl** m поворо́тный
стул м; **Drehtür** f враща́ющаяся
дверь ж; **Drehung** f **1** (*Drehen*)
враще́ние с, круче́ние с **2** (*um Achse*)
оборо́т м, поворо́т м; **Drehwurm** m
FAM (*Schwindel*) ◇ **ich habe einen ~** у
меня́ кру́жится голова́; **Drehzahl** f
число́ с оборо́тов; **Drehzahlmesser** m
⟨-s, -⟩ AUTO тахо́метр м
drei nr три; s. a. **fünf**
Dreieck n треуго́льник м; ◇ **gleichschenkliges/rechtwinkliges ~** равнобе́дренный/прямоуго́льный треуго́льник м; **dreieckig** adj треуго́льный;
(*dreikantig*) трёхгра́нный; **Dreieckstuch** n косы́нка ж; **Dreieinigkeit** f,
Dreifaltigkeit f триеди́нство с, (свята́я)
тро́ица ж; **dreifach I.** adj трёхкра́тный, тройно́й; ◇ **~er Olympiasieger**
трёхкра́тный олимпи́йский чемпио́н
II. adv в три ра́за, втро́е, втройне́; ◇ **sie
faltete das Papier ~** она́ сложи́ла лист
(бума́ги) втро́е; **Dreiklang** m трезву́чие
с; **Dreikönigsfest** n богоявле́ние с, креще́ние с; **Dreimaster** m трёхма́чтовое
су́дно с; **Dreirad** n трёхколёсный велосипе́д м
dreißig nr три́дцать; s. a. **fünf**
Dreisatz m MATH тройно́е пра́вило с;
Dreisatzrechnung f тройно́е (золото́е)
пра́вило с; **dreisprachig** adj на трёх
языка́х, трёхязы́чный; **Dreisprung** m
тройно́й прыжо́к м
dreist adj (*gewagt*) сме́лый; (*unverschämt*) де́рзкий; **Dreistigkeit** f (*Unverschämtheit*) де́рзость ж, сме́лость ж
drei viertel nr три че́тверти; **dreiviertellang** adj длино́й в три че́тверти;
Dreiviertelstunde f три че́тверти часа́;

Dreivierteltakt m такт м в три че́тверти
dreizehn nr трина́дцать; s. a. **fünf**
dreschen ⟨drischt, drosch, gedroschen⟩ vt
(*Getreide*) ⟨об-⟩молоти́ть; **Dreschmaschine** f (*Mäh~*) молоти́лка ж
dressieren vt (*Tier*) ⟨вы-⟩дрессирова́ть;
Dressur f дрессиро́вка ж
Drill m муштра́ м
Drillinge m pl тройня́ ж
drin = FAM **darin**
dringen ⟨drang, gedrungen⟩ vi **1** (*Wasser*)
про|ника́ть ⟨-ни́кнуть⟩, пробива́ться
несов (*aus* из) **2** (*drängen*) ◇ **auf etw** akk
~ на|ста́ивать ⟨-стоя́ть⟩ на чём-л; **dringend** adj сро́чный, неотло́жный,
безотлага́тельный; **Dringlichkeit** f
неотло́жность ж, неотло́жная необходи́мость ж, настоя́тельность ж
drinnen adv внутри́
dritt nr ◇ **zu ~** втроём; **dritte(r, s)** adj
тре́тья, тре́тий, тре́тье; ◇ **am ~n April
1995** тре́тьего апре́ля 1995 г.; ◇ **das D~
Reich** Тре́тий рейх; ◇ **die D~ Welt**
стра́ны тре́тьего ми́ра; ◇ **ich habe den
~n Platz belegt** я за́нял тре́тье ме́сто;
Dritte(r) fm (*Außenstehender*) посторо́нний (-ая ж) м, тре́тье лицо́ с; ◇ **der
lachende ~** смею́щийся тре́тий; **in Gegenwart e-s ~n** в прису́тствии тре́тьего
лица́; **Drittel** n ⟨-s, -⟩ треть ж, тре́тья
часть ж; **drittens** adv в-тре́тьих; **Dritte-Welt-Laden** m *магази́н това́ров из
стран тре́тьего ми́ра*
Droge f ⟨-, -n⟩ **1** (*Rauschmittel*) наркоти́ческое сре́дство с, нарко́тик м **2**
(*Pflanze*) сухи́е лека́рственные расте́ния с мн; **drogenabhängig** adj больно́й наркома́нией, пристра́стный к
нарко́тикам
Drohbrief m письмо́ с с угро́зами;
drohen vi **1** (*einschüchtern*) ◇ **jd-m ~**
⟨при-⟩грози́ть, угрожа́ть несов кому́-л
2 (*Gewitter, Gefahr*) надвига́ться
несов, соб⟨и⟩ра́ться; ◇ **die Brücke
droht einzustürzen** мост мо́жет
обру́шиться ⟨ру́хнуть⟩
Drohne f ZOOL тру́тень м
dröhnen vi (*Motor*) ⟨за-⟩грохота́ть;
(*Stimme, Musik*) ⟨за-⟩греме́ть; ◇ **mir
dröhnt der Kopf** у меня́ гуди́т голова́
Drohung f угро́за ж
drollig adj (*Geschichte, Kind*) заба́вный,
смешно́й, поте́шный
Dromedar n ZOOL одного́рбый
верблю́д м
drosch impf v. **dreschen**
Droschke f ⟨-, -n⟩ дро́жки мн, проле́тка ж
Drossel f ⟨-, -n⟩ (*Singvogel*) дрозд м
drosseln vt (*Geschwindigkeit*) дросcели́ровать несов и сов; (*abbauen, Produktion*) сокраща́ть несов; (*Ausgaben*)
ограни́чи⟨ва⟩ть

drüben *adv* по ту сто́рону, на той сторо́не, там

drüber = *FAM* **darüber**

Druck *m* ‹-[e]s, Drücke› ① PHYS давле́ние *c*, напо́р *m*; (*Kompression*) сжа́тие *c* ② *nur sg* FIG (*Belastung*) тя́жесть *ж*, гнёт *m*, нажи́м *m*

Druck *m* ‹-[e]s, -e› TYP печа́ть *ж*, печа́тание *c*; **Druckbuchstabe** *m* печа́тная бу́ква *ж*, ли́тера *ж*; **drucken** *vt* ‹на-›печа́тать

drücken I. *vt* (*Hand*) ‹по-›жать; (*Knopf*) нажима́ть; (*Preise*) сбива́ть, снижа́ть ‹сни́зить›; ◇ **jd-m etw in die Hand ~** су́нуть кому́-л что́-л в ру́ку **II.** *vi* (*zu eng sein*) дави́ть *несов*; FIG (*belasten*) угнета́ть *несов*, удруча́ть *несов* **III.** *vr* ◇ **sich** *akk* **vor etw** *dat* ~ уоизбводи́ть ‹-вести́› съёмку **II.** *vr* (*hanвилливать* ‹-ьну́ть›; **drückend** *adj* (*Hitze*) томи́тельный; (*bedrückend*) гнету́щий; (*niederdrückend*) угнета́ющий

Drucker *m* ‹-s, -› ① PC печа́тающее устро́йство *c*, при́нтер *m* ② (*Beruf*) печа́тник *m*

Drücker *m* ‹-s, -› ① (*Tür~*) дверна́я ру́чка *ж*; (*vom Revolver*) спусково́й крючо́к *m*; ◇ **am ~ sitzen** держа́ть все ни́ти в свои́х рука́х ② *FAM* (*Abonnementenwerber an der Tür*) лицо́, приходя́щее к жильца́м в кварти́ры и назо́йливо пыта́ющееся предложи́ть подпи́ску на како́й-л журна́л

Druckerei *f* (*Betrieb*) типогра́фия *ж*; **Druckerschwärze** *f* печа́тная типогра́фская кра́ска *ж*; **Druckfehler** *m* опеча́тка *ж*; **Druckknopf** *m* (*an Kleidung*) кно́пка *ж*; TECH нажи́мная [конта́ктная] кно́пка *ж*, нажимно́й ключ *m*; **Druckmittel** *n* (*Zwang*) сре́дство *c* нажи́ма; **Drucksache** *f* печа́тный бланк *m*, формуля́р *m*; **Druckschrift** *f* печа́тный шрифт *m*, печа́тные бу́квы *m*

drunten *adv* FAM *s.* **unten**; **drunter** *adv* FAM *s.* **darunter**

Drüse *f* ‹-, -n› (*Lymph~, Tränen~*) железа́ *ж*; **Drüsenschwellung** *f* о́пухоль *ж* желёз

Dschungel *m* ‹-s, -› джу́нгли *мн*

du *pron pers* ты; ◇ **wo bist ~?** где ты?; (*unverbunden*) куда́ ты пропа́л?; ◇ ~ **bist's!** э́то ты!

Dübel *m* ‹-s, -› дю́бель *m*

ducken *vr* (*den Kopf einziehen*) ◇ **sich** = наги́ба́ться ‹-гну́ться›, наклоня́ться ‹-ни́ться›

Dudelsack *m* волы́нка *ж*

Duell *n* ‹-s, -e› (*Zweikampf*) дуэ́ль *ж*

Duett *n* ‹-[e]s, -e› дуэ́т *m*

Duft *m* ‹-[e]s, Düfte› (*angenehmer Geruch*) не́жный за́пах *m*, арома́т *m*; **duften** *vi* (*Blume, Parfum*) благоуха́ть *несов*, (хорошо́) па́хнуть *несов*;

duftig *adj* (*leicht, Kleid*) возду́шный, лёгкий

dulden *vt, vi* ① (*ertragen*) ‹по-›терпе́ть, страда́ть *несов* от чего́-л, переноси́ть ② (*billigen*) допуска́ть ‹-ти́ть›, ‹по-›терпе́ть; **duldsam** *adj* ① (*Person*) терпи́мый ② (*tolerant*) снисходи́тельный, терпи́мый; **Duldsamkeit** *f* (*Toleranz*) терпи́мость *ж*, снисходи́тельность *ж*

dumm *adj* ① (*nicht intelligent*) глу́пый, неу́мный; (*ungeschickt*) нело́вкий, нерастропный ② (*unüberlegt, naiv*) безрассу́дный, наи́вный ③ (*lästig*) ◇ **allmählich wird mir das zu** ~ постепе́нно э́то мне надое́ло ④ (*merkwürdig, bedrohlich*) ◇ **ein ~es Gefühl haben** име́ть стра́нное чу́вство ⑤ (*unangenehm*) ◇ **das ist e-e ~e Geschichte** э́то неприя́тная [доса́дная] исто́рия; **dummerweise** *adv* по глу́пости; **Dummheit** *f* ① (*geringe Intelligenz*) глу́пость *ж*, неинтеллеге́нтность *ж* ② (*unkluge Tat*) неу́мные де́йствия *мн*, глупая вы́ходка *ж*; **Dummkopf** *m* дура́к *m*, болва́н *m*

dumpf *adj* ① (*Geräusch*) глухо́й ② (*muffig*) спёртый, за́тхлый ③ (*Ahnung*) ◇ **ich habe das ~e Gefühl, er will uns betrügen** у меня́ сму́тное чу́вство, что он наме́рен нас обману́ть

Düne *f* ‹-, -n› дю́на *ж*

düngen *vt* (*Acker*) удобря́ть ‹-до́брить›; (*mit Mist*) унава́живать ‹-зить›; (*Pflanze*) удобря́ть; **Dünger** *m* ‹-s, -› (*Natur~, Kunst~*) удобре́ние *c*; **Düngung** *f* удобре́ние *c*, унава́живание *c*

dunkel *adj* ① (*Wald, Zimmer*) тёмный; FIG (*im Unklaren sein*) ◇ **im D~n tappen** пребы‹ва́›ть в неизве́стности ② (*Haare, Augen*) тёмный, чёрный ③ (*Ton*) глухо́й ④ (*verschwommen, Vorstellung*) сму́тный; (*rätselhaft*) тума́нный ⑤ (*zweifelhaft*) сомни́тельный, нея́сный; ◇ **dunkle Geschäfte machen** проде́лывать тёмные дела́; **Dunkelheit** *f* темнота́ *ж*, су́мрак *m*; **Dunkelkammer** *f* FOTO (тёмная) фотолаборато́рия *ж*; **Dunkelziffer** *f* да́нные *мн*, не поддаю́щиеся статисти́ческому учёту

dünn *adj* ① (*Arme, Beine*) то́нкий, худо́й, худоща́вый; (*Person*) худо́й ② (*Brett, Brotscheibe*) то́нкий ③ (~*flüssig, Suppe*) жи́дкий ④ (*fein, Stoff, Haar*) то́нкий, ре́дкий ⑤ FIG (*nichtssagend, Filmhandlung*) сла́бый, ма́ло интере́сный; (*rar, selten*) ◇ ~ **gesät** ре́дкий; **dünnmachen** *vr* FAM (*unauffällig verschwinden*) ◇ **sich** ~ исчеза́ть ‹-чеза́ть› *coв*

Dunst *m* ‹-es, Dünste› ① (*Nebel*) ды́мка *ж*, тума́н *m*; (*Smog*) смог *m* ② (*Ausdünstung*) испаре́ние *c*; FIG (*keine Ahnung*) ◇ **ich habe keinen blassen** ~ я не име́ю никако́го поня́тия; **Dunstabzugshaube** *f* люк *m* вентиляцио́нной трубы́

dünsten vt (Fleisch) па́рить несов, туши́ть несов

dunstig adj (diesig) па́смурный, тума́нный; (feucht) вла́жный, насы́щенный пара́ми

Duo n (Gesangsstück zu zweit) дуэ́т м

Duplikat n дублика́т м, второ́й экземпля́р м, ко́пия ж

Dur n <-> MUS мажо́р м, дур м

durch I. präp akk ① (räumlich, hin~, mitten~) че́рез, сквозь; ◇ ~ das Zimmer gehen идти́ че́рез ко́мнату; ◇ ~ den See schwimmen плыть по о́зеру; ◇ ein Gedanke schoss mir ~ den Kopf у меня́ в голове́ мелькну́ла мысль; ◇ wir fahren ~ München мы пое́дем че́рез Мю́нхен, мы е́дем по Мю́нхену ② (zeitlich) ◇ das ganze Jahr ~ весь год ③ (Mittel, Grund) ◇ diesen Job habe ich ~ e-e Freundin bekommen э́ту рабо́ту я нашла́ благодаря́ подру́ге; ◇ ~ Rauchen wird man oft krank из-за куре́ния ча́сто боле́ют; ◇ ~ Zufall случа́йно; ◇ 6 geteilt ~ 3 macht 2 6 раздели́ть на 3 равня́ется двум II. adv ① (vorbei) ◇ drei Uhr ~ прошло́ три часа́ ② FAM ◇ ~ und ~ (nass) наскво́зь, совсе́м, соверше́нно; (überzeugt) убеждённо; ◇ der Schrei ging mir ~ Mark und Bein крик пронзи́л меня́ наскво́зь

durcharbeiten I. vt (Akten) прораба́тывать <-бо́тать>; (durchkneten, Teig) переме́шивать <-ша́ть> II. vi (ohne Pause) рабо́тать без переры́ва III. vr (Akten) ◇ sich durch etw ~ проби́<ва́>ться

durchaus adv ① (auf jeden Fall) непреме́нно, во что бы то ни ста́ло; ◇ er möchte ~, dass Sie mitkommen он непреме́нно хоте́л, что́бы Вы пошли́ с на́ми ② (völlig, ganz) ◇ du hast ~ Recht ты соверше́нно прав, ты абсолю́тно прав

durchbeißen <biss durch, hat durchgebissen> I. vt (Faden) проку́сывать <-си́ть>, прогрыза́ть <-грызть> II. vr FIG (sich durchkämpfen) ◇ sich ~ [durch etw] проби́<ва́>ться; ◇ er hat sich durchgebissen он проби́лся с трудо́м

durchblättern vt перели́стывать <-ста́ть>

Durchblick m FIG (Zusammenhänge erkennen) ◇ den ~ haben прони́кнуть в суть, осозна́ть причи́ны; **durchblicken** vi ① (hindurchsehen) смотре́ть сквозь что-л ② FAM (begreifen) понима́ть (bei etw что-л); ◇ ich blicke nicht ganz durch я не до конца́ всё понима́ю ③ (andeuten) ◇ er ließ ~, dass er gehen wollte он дал поня́ть, что он хо́чет уйти́

durchbluten¹ <blutete durch, ist durchgeblutet> vt ◇ der Verband ist durchgeblutet повя́зка пропита́лась кро́вью

durchbluten² <blutete durch, hat durchblutet> vt (Gewebe) снабжа́ть кро́вью

Durchblutung f кровоснабже́ние с

durchbohren¹ <bohrte durch, hat durchgebohrt> vt (mit Bohrmaschine) просверли́вать <-ли́ть>

durchbohren² <durchbohrte, hat durchbohrt> vt ① (Geschoss) проби́<ва́>ть наскво́зь ② FIG (mit Blicken) пронзи́ть сов

durchboxen vt (Plan, Vorschlag) доби́ться чего-л II. vr FAM (Schwierigkeiten überwinden) ◇ sich ~ проверну́ть что-л

durchbrechen¹ <durchbrach, hat durchbrochen> vt переступа́ть <-пи́ть>; (Mauer) прола́мывать <-ломи́ть>; (Gewohnheit) проявля́ться <-ви́ться>

durchbrechen² <brach durch, hat/ist durchgebrochen> I. vt (Stab) перела́мывать <-ломи́ть>, разла́мывать <-ломи́ть> II. vi ① (Krankheit) проступа́ть <-пи́ть> ② (Sonne) прореза́ть несов ③ (Eis) прова́ливаться <-ли́ться>

durchbrennen unreg vi ① (Glühbirne, Sicherung) перегора́ть <-ре́ть> ② FAM (abhauen) удира́ть <-дра́ть>

durchbringen unreg vt ① (durch Öffnung) проде<ва́>ть; (Antrag) прота́скивать <-щи́ть>, провводи́ть <-вести́>, доби́<ва́>ться приня́тия ② (Patienten) выха́живать <вы́ходить>; (sorgen für) уха́живать несов, смотре́ть несов (за кем-л) ③ FIG (Geld) прома́тывать <-мота́ть>

Durchbruch m ① (Mauer~) проло́м м ② FIG (in Verhandlungen) проры́в м, успе́х м

durchdenken unreg vt (Argument) проду́м<ыв>ать, взве́шивать <-сить>; (überdenken, Plan) проду́м<ыв>ать, обду́м<ыв>ать

durchdrehen I. vt (Gemüse) прокру́чивать <-ти́ть>, прово́рачивать <-верну́ть>; ◇ etw durch den Fleischwolf drehen пропуска́ть <-ти́ть> что-л че́рез мясору́бку II. vi ① (Räder) прокру́чиваться <-ти́ться> ② FAM (verrückt werden) потеря́ть го́лову, сойти́ с ума́

durchdringen¹ <drang durch, ist durchgedrungen> vi ① (sich durchsetzen) ◇ sein Vorschlag ist durchgedrungen его́ предложе́ние прошло́ ② (Regen, durch Kleider) прони́ка́ть <-ни́кнуть> сквозь ③ (Gerücht) проника́ть, просочи́ться сов

durchdringen² <durchdrang, hat durchdrungen> vt (innerlich ganz erfüllen) ◇ diese Idee hat ihn völlig durchdrungen э́та иде́я по́лностью захвати́ла его́

durcheinander adv ① (ungeordnet) без разбо́ра, как попа́ло, вперемешку; ◇ er trank alles ~ он пил всё подря́д, без разбо́ра ② FAM (verstört) сби́тый с то́лку, расте́рянный; **Durcheinander** n <-s> ① (Unordnung) беспоря́док м, хаос м ② (Wirrwarr) нераз бери́ха ж; **durcheinander bringen** unreg vt ① (Blätter, Bücher) переме́шивать <-меша́ть>, перепу́т<ыв>ать ② (verwechseln)

⟨c-⟩пýтать ③ (in Verwirrung bringen) сби|вá⟩ть когó-что-л; **durcheinander reden** vi (gleichzeitig reden) говорúть, перебивáя друг дрýга; **durcheinander werfen** unreg vt (Blätter, Bücher) разбрáсывать ⟨-брóсать⟩, перевернýть вверх дном

durchfahren¹ ⟨fuhr durch, ist durchgefahren⟩ vi ① (Tunnel) проле|зжáть ⟨-éхать⟩ (durch etw чéрез что-л) ② (durchkommen) ◇ **der Zug fährt durch Würzburg durch** пóезд проéдет чéрез Вюрцбург ③ (fahren, ohne anzuhalten) éхать какó-л врéмя без перерýва

durchfahren² ⟨durchfuhr, hat durchfahren⟩ vt ① (durchqueren, Land) пере|секáть ⟨-сéчь⟩ ② FIG (Gedanken) промелькнýть сов; (Schrecken) пробежáть по тéлу

Durchfahrt f ① (das Durchfahren) проéзд м ② проéзд м; (Tor~) ворóта мн; ◇ ~ **verboten!** проéзд запрещён!

Durchfall m ① MED понóс м ② FIG (Misserfolg) провáл м

durchfallen unreg vi ① (durch Öffnung) провáливаться ⟨-лúться⟩ ② (Schüler, bei Examen) провáливаться ⟨-лúться⟩; (Aufführung) потерпéть провáл

durchfließen¹ ⟨floss durch, ist durchgeflossen⟩ vi (Wasser, durch Röhre) протекáть сквозь что-л

durchfließen² ⟨durchfloss, hat durchflossen⟩ vt (Fluss durch Stadt) про|текáть ⟨-тéчь⟩

durchfragen vr ◇ **sich** ~ на|ходúть ⟨-йтú⟩ дорóгу путём расспрóсов, сориентúроваться сов

durchfrieren unreg vi ① (See) про|мерзáть ⟨-мёрзнуть⟩ ② (Mensch) ◇ **er ist völlig durchgefroren** он совсéм замёрз

durchführbar adj (machbar) осуществúмый, выполнúмый, исполнúмый; **durchführen** vt ① (Messung) про|водúть ⟨-вестú⟩; MED (Untersuchung) про|изводúть ⟨-вестú⟩ ② (verwirklichen, Vorhaben) осуществ|лять ⟨-вúть⟩, про|водúть ⟨-вестú⟩ в жизнь ③ (organisieren, Wahl) проводúть, организовáть несов и сов; **Durchführung** f проведéние с, осуществлéние с; (Organisation) организáция ж

Durchgang m ① (Weg, Passage) прохóд м, перехóд м, пассáж м ② POL (Wahl~) тур м (вúборов); **Durchgangsstraße** f ýлица ж со сквозны́м проéздом; **Durchgangsverkehr** m сквознóе движéние с

durchgeben unreg vt (Nachricht) пере|дá|вá⟩ть; ◇ **können Sie mir bitte die Nummer** ~? сообщúте мне, пожáлуйста, нóмер?

durchgehen unreg I. vt ① (kurz besprechen) про|ходúть ⟨-йтú⟩, крáтко обсудúть ② (noch einmal überprüfen, Rechnungen) перепро|верять ⟨-вéрить⟩ II. vi

① (bewilligt werden) быть прúнятым, пройтú ② (Pferd) убегáть несов ③ (durch Zoll) про|ходúть ⟨-йтú⟩ (durch etw чéрез что-л) ④ FIG ◇ **mein Temperament ging mit mir durch** я не мог совладáть со своúм темперáментом; **durchgehend** I. adj (Zug) прямóй, транзúтный II. adv ◇ ~ **geöffnet** быть открúтым крýглые сýтки

durchgreifen unreg vi ① (durch Öffnung) просýнуть рýку ② (einschreiten) ◇ **die Polizei griff hart durch** полúция дéйствовала решúтельно

durchhalten unreg I. vi (nicht aufgeben) продержáться сов, не сдавáться несов II. vt (Strapazen, Tempo) выдéрживать ⟨выдержать⟩; (Streik) выстоять сов

durchhängen unreg vi FAM (erschöpft sein) быть обессúленным; (psychisch) быть психúчески подóрванным

durchkommen unreg vi ① (durch Öffnung, Absperrung) проходúть несов, проезжáть несов ② (am Telefon) пробúться сов ③ (Prüfung bestehen) выдержать экзáмен ④ (überleben, Patient) поправиться сов, выжить сов ⑤ (passieren, Zug) проходúть несов, проезжáть несов ⑥ (Wasser) протекáть несов (durch etw сквозь что-л); (Sonne) пробивáться несов, проникáть несов (durch etw чéрез что-л) ⑦ (keinen Erfolg haben) ◇ **damit kommst du bei ihm nicht durch** этим ты ничегó у негó не добьёшься

durchkreuzen¹ ⟨kreuzte durch, hat durchgekreuzt⟩ vt (Buchstabe, Zahl) пере|чёркивать ⟨-черкнýть⟩, крест-накрест ⟨-строúть⟩

durchkreuzen² ⟨durchkreuzte, hat durchkreuzt⟩ vt FIG (Pläne) рас|стрáивать ⟨-строúть⟩

durchlassen unreg vt пропус|кáть ⟨-тúть⟩ (durchlässig sein) ◇ **der Vorhang lässt viel Licht durch** штóры пропускáют мнóго свéта

durchlaufen¹ ⟨durchlief, hat durchlaufen⟩ vt ① (Strecke, Weg) пробе|гáть ⟨-жáть⟩ ② (Lehrgang) про|ходúть ⟨-йтú⟩

durchlaufen² ⟨lief durch, ist durchgelaufen⟩ I. vi (Kaffee) пропус|кáть ⟨-тúть⟩; ◇ **das Wasser läuft durch die Decke** водá протекáет чéрез потолóк II. vt (Schuhe) изнáшивать ⟨-носúть⟩

durchlesen unreg vt прочú|тывать ⟨-тáть⟩

durchlöchern vt (Papier) продыря́в|ливать ⟨-вúть⟩

durchmachen vt ① (erleben, Krise) пережи́|вáть; (Krankheit) пере|носúть ⟨-нестú⟩ ② FAM (durchfeiern) ◇ **die Nacht** ~ веселúться всю ночь

Durchmesser m ⟨-s, -⟩ диáметр м

durchnehmen unreg vt SCH (Stoff) про|ходúть ⟨-йтú⟩

durchnummerieren vt (Blätter) пронумерóвывать ⟨-вáть⟩

durchpausen vt (durchschreiben) переводи́ть ⟨-вести́⟩ на ка́льку, калькировать несов и сов

durchqueren vt пересека́ть ⟨-се́чь⟩

durchregnen vi проника́ть че́рез кры́шу

Durchreise f прое́зд m; ◇ **wir sind hier auf der ~** мы здесь прое́здом

durchreisen¹ ⟨durchreiste, hat durchreist⟩ vt (Land) объе́хать сов, объе́здить сов, изъе́здить сов

durchreisen² ⟨reiste durch, ist durchgereist⟩ vi (weiterreisen) проезжа́ть несов, побыва́ть прое́здом

durchreißen unreg I. vt (in zwei Teile reißen) разорва́ть на два куска́ II. vi (Stoff, Papier) порва́ться сов; (Seil) разорва́ться сов

durchringen unreg vr (sich entschließen) ◇ **sich zu etw ~** прийти́ к реше́нию

durchrosten vi (Auto) проржаве́ть сов

durchs = **durch das**

Durchsage f ⟨-, -n⟩ (Radio~) сообще́ние c

durchschauen¹ ⟨schaute durch, hat durchgeschaut⟩ vi (durch Öffnung) смотре́ть сквозь что-л

durchschauen² ⟨durchschaute, hat durchschaut⟩ vi (Gedanken) ви́деть наскво́зь кого́-л

durchscheinen unreg vi (durchschimmern) просве́чивать ⟨-ти́ть⟩

Durchschlag m (Kopie) ко́пия ж; (Sieb) решето́ c, дуршла́г m

durchschlagen¹ ⟨schlug durch, hat durchgeschlagen⟩ I. vt ① (Stück Holz) разби́⟨ва́⟩ть на ча́сти ② (durch Sieb rühren) протира́ть ⟨-тере́ть⟩ че́рез си́то ③ (Erbanlagen) проявля́ться; ◇ **bei ihm schlägt der Vater durch** у него́ проявля́ется схо́дство с отцо́м III. vr FIG (Schwierigkeiten überwinden) ◇ **sich ~** пробива́ться че́рез что-л

durchschlagen² ⟨durchschlug, hat durchschlagen⟩ vt (durchdringen) ◇ **die Kugel hat die Wand ~** пу́ля проби́ла сте́ну

durchschlagend adj (Erfolg) реша́ющий

durchschleusen unreg vt ① (Schiffe) шлюзова́ть несов и сов, пропуска́ть че́рез шлюз ② (verbotene Waren) нелега́льно провози́ть че́рез грани́цу; (Personen) та́йно перепра́влять

durchschneiden ⟨schnitt durch, hat durchgeschnitten⟩ vt (Papier) разреза́ть ⟨-ре́зать⟩

Durchschnitt m (Mittelwert) сре́днее число́ c, сре́днее значе́ние c; ◇ **im ~** в сре́днем; ◇ **über/unter dem ~** вы́ше/ни́же сре́днего; **durchschnittlich I.** adj (Schüler) сре́дний **II.** adv (im Durchschnitt) в сре́днем; **Durchschnittsbürger** m сре́дний [обыкнове́нный] граж-

дани́н m; **Durchschnittsgeschwindigkeit** f сре́дняя ско́рость ж; **Durchschnittswert** m сре́дняя величина́ ж **Durchschrift** f ко́пия ж

durchsehen¹ unreg vt (überprüfen, Heft) просма́тривать ⟨-смотре́ть⟩, проверя́ть ⟨-ве́рить⟩ **II.** unreg vi (durch Öffnung) смотре́ть [выгля́дывать] сквозь что-л

durchsetzen¹ ⟨setzte durch, hat durchgesetzt⟩ I. vt (Plan) осуществля́ть ⟨-ви́ть⟩ **II.** vr (sich behaupten) ◇ **sich ~** доби́⟨ва́⟩ться призна́ния, настоя́ть на чём-л

durchsetzen² ⟨durchsetzte, ist durchsetzt⟩ (vermischen) прони́зывать что-л чем-л

Durchsicht f (von Akten, Heft) просмо́тр m, прове́рка ж

durchsichtig adj ① (Kleid) прозра́чный, ажу́рный ② FIG (leicht zu durchschauen) очеви́дный, прозра́чный

durchsickern vi ① (Wasser) проса́чиваться ⟨-сочи́ться⟩ ② FIG (Information) распространя́ться ⟨-ни́ться⟩

durchsprechen unreg vt (erörtern, Plan) подро́бно обсужда́ть ⟨-ди́ть⟩ что-л

durchstehen unreg vt (schwierige Situation) перено́сить ⟨-нести́⟩, выде́рживать ⟨вы́держать⟩

durchstöbern vt (Dachboden, Tasche) обша́ри⟨ва⟩ть, переры́ва́ть

durchstoßen¹ ⟨durchstieß, ist durchgestoßen⟩ vi ① (durch Eisdecke) проби́⟨ва́⟩ть, проруба́ть ⟨-би́ть⟩ ② MIL (vordringen) прор⟨ы⟩ва́ть

durchstoßen² ⟨stieß durch, hat durchgestoßen⟩ vt (durchdringen durch) ◇ **das Flugzeug hat die Wolkendecke ~** самолёт проби́л облака́

durchstreichen unreg vt зачёркивать несов, перечёркивать несов

durchstreifen vt (ziellos durchqueren) исходи́ть сов, исколеси́ть сов

durchsuchen vt (Tasche, Schrank) переры́⟨ва́⟩ть, пересмотре́ть сов в по́исках чего́-л; JURA (Haus) обы́скивать ⟨-ка́ть⟩; **Durchsuchung** f осмо́тр m; (durch Polizei) о́быск m

durchtrieben adj (schlitzohrig, schlau) хи́трый, пла́вый

durchwachsen adj ◇ **~es Fleisch** мя́со, проро́сшее жи́ром; FAM FIG сре́дний

durchweg adv (ohne Ausnahme) сплошь; (überall) повсю́ду; (immer) всегда́; ◇ **er bekam ~ gute Noten** он получа́л всегда́ хоро́шие оце́нки

durchziehen¹ ⟨zog durch, hat durchgezogen⟩ I. vt ① (durch Öffnung) проде́⟨ва́⟩ть, продёргивать ⟨-нуть⟩ ② (Ruder, bis zum Anschlag) подтя́гивать ⟨-нуть⟩ ③ FAM (zu Ende führen) доводи́ть ⟨-вести́⟩ како́е-л де́ло до конца́ **II.** vi ① GASTRON ◇ **der Salat muss gut ~** сала́т до́лжен хо-

рошо́ пропита́ться ② ◇ **bitte lassen Sie etw frische Luft ~** прове́трите, пожа́луйста, помеще́ние
durchziehen² ‹durchzog, ist durchzogen› *vt (durchqueren)* ◇ **ein Fluss durchzieht die Stadt** че́рез го́род протека́ет река́
Durchzug *m* ① *(von Vögeln, Wolken)* полёт *м*, движе́ние *с* ② *(Luftzug)* сквозня́к *м*
durchzwängen *vr (durch Öffnung)* ◇ **sich ~** проти́скиваться ‹катья›
dürfen ‹darf, durfte, gedurft› *vi* ① *(Erlaubnis haben)* мочь *несов.* име́ть разреше́ние; ◇ **darf ich etw fragen?** мо́жно мне спроси́ть?; ◇ **ein bisschen rasch, wenn ich bitten darf!** немно́го побыстре́е! ② *(nicht~)* нельзя́; **das hättest du nicht tun ~** тебе́ нельзя́ было э́того де́лать; ◇ **kommst du mit? nein, ich darf nicht** ты идёшь с на́ми? нет, мне нельзя́ ③ ◇ **es dürfte allen bekannt sein** всем должно́ бы́ло бы быть изве́стно; ◇ **was darf es sein?** что Вы жела́ете?
dürftig *adj* ① *(ärmlich, Kleidung)* бе́дный, скудный ② *(Leistung)* недоста́точный
dürr *adj* ① *(mager, Mensch)* то́щий, худо́й ② *(vertrocknet, Zweig)* сухо́й; **Dürre** *f* ‹-, -n› *(Trockenheit)* за́суха *ж*
Durst *m* ‹-[e]s› жа́жда *ж;* ◇ **ich habe ~** я хочу́ пить; **durstig** *adj* испы́тывающий жа́жду
Dusche *f* ‹-, -n› душ *м;* **duschen** *vi* принима́ть душ
Dusel *m* ‹-s› *FAM (Glück)* ◇ **er hat ~** ему́ здо́рово везёт
Düsenflugzeug *n* реакти́вный самолёт *м;* **Düsenjäger** *m (Jagdflugzeug)* реакти́вный истреби́тель *м*
Dussel *m* ‹-s, -› *FAM (Dummkopf)* дура́к *м*, глупе́ц *м*
düster *adj* ① *(dunkel, Farben)* тёмный ② *(schwermütig, trostlos)* мра́чный, угрю́мый ③ *(bedrohlich)* опа́сный, угрожа́ющий
Dutyfreeshop, Duty-free-Shop *m* ‹-s, -s› магази́н *м* беспо́шлинной торго́вли
Dutzend *n* ‹-s, -e› дю́жина *ж;* ◇ **ein halbes ~** полдю́жины
duzen I.*vt* обраща́ться на ты к кому́-л II. *vr* ◇ **sich ~** быть на ты с кем-л
DVD *f* цифрово́й видеоди́ск *м*, DVD *м*
Dynamik *f* ① PHYS дина́мика *ж* ② *FIG (Schwung)* подъём *м*, поры́в *м;* **dynamisch** *adj FIG (schwungvoll)* динами́чный, динами́ческий, по́лный энтузиа́зма
Dynamit *n* ‹-s› динами́т *м*
Dynamo *m* ‹-s, -s› дина́мо *с*, дина́момаши́на *ж*
Dynastie *f* дина́стия *ж*
D-Zug *m* ско́рый по́езд *м*

E, e *n* ① *(Buchstabe)* E, e ② MUS ми
Ebbe *f* ‹-, -n› ① *(Niedrigwasser)* отли́в *м* ② *FIG (Geldmangel)* ◇ **bei mir ist ~ in der Kasse** у меня́ нет де́нег [ка́сса пуста́]
eben I. *adj* ① *(flach, Land)* пло́ский, пло́ский ② *(glatt, Fläche)* ро́вный, гла́дкий II. *adv* ① *(gerade jetzt)* то́лько что, сейча́с, сию́ мину́ту; ◇ **sie kommt gerade ~** она́ сейча́с придёт; *(vor ganz kurzer Zeit)* неда́вно; ◇ **sie ist ~ abgefahren** она́ то́лько что уе́хала ② *(bestätigend)* при подтвержде́нии, уступке, согла́сии; ◇ **das ist es ja ~** в том то и де́ло; ◇ **~! вот** и́менно!; ◇ **~ das meine ich** как раз э́то я име́ю в виду ③ *(gerade, besonders)* и́менно, кста́ти сказа́ть; ◇ **er ist nicht ~ kräftig** он, кста́ти говоря́, не о́чень-то силён ④ *(nun einmal, einfach)* ◇ **ich kann das ~ nicht sagen!** как раз э́то я и не могу́ сказа́ть!
Ebenbild *n (Abbild)* портре́т *м*, ко́пия *ж*
Ebene *f* ‹-, -n› ① *(Flachland)* равни́на *ж* ② *FIG (Niveau)* сфе́ра *ж*, у́ровень *м;* ◇ **auf höchster ~** на вы́сшем у́ровне ③ MATH *(Fläche)* пло́скость *ж*
ebenfalls *adv (gleichfalls)* та́кже, то́же, и, ра́вным о́бразом
Ebenmaß *n (Regelmäßigkeit)* соразме́рность *ж*
ebenso *adv (genauso)* (то́чно) так же, таки́м же о́бразом; ◇ **sie ist ~ alt wie er** она́ та́кже стара́, как и он; **ebenso gut** *adv (genauso gut)* так же хорошо́, с таки́м же успе́хом; **ebenso oft** *adv* так же ча́сто; **ebenso viel** *adv* сто́лько же; **ebenso weit** *adv* так же далеко́; **ebenso wenig** *adv* так же ма́ло
Eber *m* ‹-s, -› ZOOL каба́н *м*, хряк *м*
ebnen *vt* ① *(eben machen)* выра́внивать ‹вы́ровнять› ② *FIG (Hindernisse aus dem Weg räumen)* ◇ **jd-m den Weg ~** про|кла́дывать ‹-ложи́ть› кому́-л путь [доро́гу]
Echo *n* ‹-s, -s› ① *(Widerhall)* э́хо *с* ② *FIG (Anklang)* отголо́сок *м*, о́тклик *м*, о́тзвук *м*
echt I. *adj* ① *(Edelstein)* настоя́щий, чи́стый ② *(Gemälde)* по́длинный; ◇ **ein ~er Miró** э́то по́длинник Миро́ ③ *(aufrichtig, Gefühle)* неподде́льный, и́скренний ④ *(typisch)* типи́чный II. *adv FAM (tatsächlich)* действи́тельно; ◇ **~** пра́вда?; ◇ **ich bin ~ glücklich** я действи́тельно сча́стлив; **Echtheit** *f* ① *(von*

Kunstwerk) по́длинность *ж* **2** *(von Gefühl)* неподде́льность *ж,* чистота́ *ж*
Eckball *m* SPORT *(Fußball)* угдово́й уда́р *m;* **Ecke** *f* ‹-, -n› у́гол *m;* **eckig** *adj* **1** *(kantig)* углова́тый, с угла́ми, име́ющий углы́ **2** *FIG (ungeschickt, Bewegung)* углова́тый, неуклю́жий; **Eckzahn** *m* ANAT клык *m*
edel *adj* **1** *(wertvoll, Material)* благоро́дный; *(Wein)* благоро́дный, живи́тельный **2** *(gütig, Mensch)* благоро́дный **3** *(Gesichtszüge)* пра́вильный; **Edelstein** *m (Schmuckstein)* драгоце́нный ка́мень *m*
editieren *vt* PC вводи́ть информа́цию; **Editor** *m* ‹-s, -en› *(von Buch)* a. PC изда́тель *m*
EDV *f* ‹-› *Abk. v.* **elektronische Datenverarbeitung** электро́нная обрабо́тка *ж* да́нных; **EDV-Anlage** *f* (больша́я) ЭВМ *ж*
Effekt *m* ‹-s, -e› *(Wirkung)* эффе́кт *m; (Eindruck)* впечатле́ние *c*
Effekten *pl* **1** FIN *(Wertpapiere)* це́нные бума́ги *мн,* векселя́ *мн,* ба́нковые биле́ты *мн* **2** *(beweglicher Besitz)* дви́жимое иму́щество *c,* дви́жимость *ж*
Effekthascherei *f* FAM *(Bemühen um Wirkung)* пого́ня *ж* за эффе́ктом
effektiv *adj* **1** *(tatsächlich)* действи́тельный, факти́ческий, реа́льный **2** *(wirkungsvoll)* эффекти́вный, де́йственный
egal *adj* **1** *(einerlei)* ◇ **das ist mir völlig ~** э́то мне всё равно́ [безразли́чно]; *FAM* мне наплева́ть на э́то **2** *(gleichförmig, gleichmäßig)* одина́ковый, ра́вный
Egoismus *m* эгои́зм *m;* **Egoist(in** *f) m* эгои́ст(ка *ж) m;* **egoistisch** *adj* эгоисти́чный, эгоисти́ческий; **egozentrisch** *adj* эгоцентри́ческий
ehe *cj (bevor)* пре́жде чем, ра́ньше чем
Ehe *f* ‹-, -n› брак *m,* супру́жество *c;* **Ehebett** *n* супру́жеское ло́же *c;* **Ehebrecher(in** *f) m* ‹- s, -› наруша́ющий(-ая *ж) m* супру́жескую ве́рность; **Ehebruch** *m* наруше́ние *c* супру́жеской ве́рности; **Ehefrau** *f* супру́га *ж,* жена́ *ж;* **Eheleute** *pl* муж *m* и жена́ *ж,* супру́ги *мн;* **ehelich** *adj* супру́жеский; ◇ **-es Kind** ребёнок, роди́вшийся в зако́нном бра́ке
ehemalig *adj (früher)* пре́жний, бы́вший; ◇ **ein ~er Schulkamerad** бы́вший шко́льный това́рищ; **ehemals** *adv (damals)* пре́жде, не́когда, когда́--то, в пре́жние времена́
Ehemann *m* муж *m,* супру́г *m;* **Ehepaar** *n* супру́жеская па́ра *ж,* супру́ги *мн*
eher *adv* **1** *(früher)* ра́ньше; ◇ **~ kommen** прийти́ ра́ньше **2** *(lieber)* бо́лее; ◇ **das passt mir schon ~** э́то мне бо́лее подхо́дит **3** *(vielmehr)* скоре́е, бо́лее;

◇ **ich würde ~ sagen** я бы, (скоре́е) пожа́луй, сказа́л
Ehescheidung *f* расторже́ние *c* бра́ка, разво́д *m;* **Eheschließung** *f* заключе́ние *c* бра́ка, бракосочета́ние *c,* вступле́ние *c* в брак
eheste(r, s *) adj* **1** *(früheste)* ближа́йший, са́мый ра́нний **2** ◇ **am ~n** *(am liebsten)* скоре́е всего́; *(am wahrscheinlichsten)* вероя́тнее всего́
Ehre *f* ‹-, -n› **1** *(Ansehen)* почёт *m,* по́честь *ж; (Achtung)* уваже́ние *c* **2** *(persönliche Würde)* честь *ж;* **ehren** *vt (achten)* ‹по-›чти́ть, почита́ть *несов,* уважа́ть *несов;* **Ehrengast** *m* почётный гость *m;* **ehrenhaft** *adj (anständig, ehrlich)* че́стный, почётный; **ehrenrührig** *adj (Ehre verletzend)* оскорби́тельный; **Ehrenrunde** *f* SPORT круг *m* почёта; **Ehrensache** *f (wichtige Angelegenheit)* вопро́с *m* че́сти; *FAM (selbstverständlich)* ◇ **(das ist doch) ~!** коне́чно! само́ собо́й разуме́ется!; **Ehrenwort** *n (Versprechen)* че́стное сло́во *c*
Ehrfurcht *f (tiefe Achtung)* глубо́кое уваже́ние *c,* почте́ние *c;* **Ehrgefühl** *n* само-любие *c;* **Ehrgeiz** *m (Streben)* честолю́бие *c,* тщесла́вие *c;* **ehrgeizig** *adj* честолюби́вый, тщесла́вный; **ehrlich** *adj* **1** *(aufrichtig)* че́стный **2** *(anständig)* поря́дочный; **Ehrlichkeit** *f (Aufrichtigkeit)* че́стность *ж; (Anständigkeit)* поря́дочность *ж;* **Ehrung** *f* че́ствование *c,* оказа́ние *c* по́честей
Ei *n* ‹-[e]s, -er› **1** *(von Tier)* яйцо́ *c* **2** ◇ **~er** *pl* VULG *(Hoden)* (семенны́е) яи́чки *мн*
Eiche *f* ‹-, -n› BOT дуб *m*
Eichel *f* ‹-, -n› **1** BOT жёлудь *m* **2** ANAT голо́вка *ж* мужско́го полово́го чле́на
eichen *vt* **1** *(Gerät)* ‹про-›калиброва́ть, клейми́ть *несов* **2** *FAM (sich besonders gut auf etw verstehen)* ◇ **auf etw geeicht sein** хорошо́ разбира́ться в чём-л
Eichhörnchen *n* ZOOL бе́лка *ж*
Eid *m* ‹-[e]s, -e› *(Schwur)* кля́тва *ж,* прися́га *ж;* ◇ **e-n ~ schwören** приноси́ть кля́тву
Eidechse *f* ‹-, -n› ZOOL я́щерица *ж*
eidesstattlich *adj (an Eides statt)* ◇ **~e Erklärung** заявле́ние *c,* равноси́льное да́нному под прися́гой
Eidgenosse *m,* **Eidgenossin** *f (Schweizer/in)* швейца́рец *m,* швейца́рка *ж*
eidlich *adj (durch Eid)* кля́твенный, подтверждённый кля́твой
Eidotter *n* яи́чный желто́к *m;* **Eierbecher** *m* подста́вка *ж* [рю́мка *ж*] для яи́ц; **Eierlikör** *m* яи́чный ликёр *m;* **Eierstock** *m* ANAT яи́чник *m*
Eifer *m* ‹-s› *(Streben, Tatendrang)* рве́ние *c,* усе́рдие *c,* пыл *m*
Eifersucht *f* ре́вность *ж;* **eifersüchtig**

adj ревни́вый; ◇ **er ist ~ auf sie** он ревну́ет её

eifrig *adj* (*fleißig, emsig*) ре́вностный, усе́рдный, стара́тельный

Eigelb *n* ‹-[e]s, -e› яи́чный желто́к *m*

eigen *adj* ① (*jd-m gehörend*) со́бственный ② (*typisch*) сво́йственный, характе́рный; ◇ **das ist ihm ~** ему́ э́то сво́йственно; ◇ **sich** *dat* **etw zu ~ machen** усва́ивать что-л ③ (*selbständig, Meinung*) самостоя́тельный, со́бственный; **Eigenart** *f* ① (*Charakteristikum*) своеобра́зие *c*, характе́рная осо́бенность *ж* ② (*Eigenheit*) самобы́тность *ж*; **eigenartig** *adj* (*merkwürdig, seltsam*) своеобра́зный, осо́бенный, стра́нный; **Eigenbedarf** *m* (*von Wohnung*) со́бственные ну́жды *ж мн*, со́бственная потре́бность *ж*; ◇ **wegen ~s kündigen** расто́ргнуть догово́р о аре́нде в си́лу со́бственной потре́бности в жилье́; **Eigenbrötler(in** *f*) *m* (*Sonderling*) чуда́к *m*, чуда́чка *ж*; **eigenhändig I.** *adj* (*Unterschrift*) собственнору́чный **II.** *adv* (*übergeben*) собственнору́чно, со́бственными рука́ми; **Eigenheim** *n* со́бственный дом *m*; **Eigenheit** *f* (*Eigenart*) своеобра́зие *c*, характе́рная черта́ *ж*; **eigenmächtig** *adj* (*unbefugt*) самово́льный, самоупра́вный; **Eigenname** *m* и́мя *c* со́бственное; **eigennützig** *adj* (*egoistisch*) (свое)коры́стный; **eigens** *adv* (*speziell*) специа́льно, наро́чно; **Eigenschaft** *f* ① (*Merkmal, Besonderheit*) сво́йство *c*, при́знак *m* ② (*Funktion*) ка́чество *c*; **Eigenschaftswort** *n* GRAM (*Adjektiv*) и́мя *c* прилага́тельное; **Eigensinn** *m* упря́мство *c*, своенра́вие *c*; **eigensinnig** *adj* упря́мый, своенра́вный

eigentlich I. *adj* ① (*tatsächlich*) по́длинный, настоя́щий, со́бственный; ◇ **der ~e Grund** и́стинная причи́на ② (*ursprünglich*) первонача́льный; ◇ **im ~en Sinne** в прямо́м смы́сле [значе́нии] **II.** *adv* (*im Grunde genommen*) со́бственно (говоря́), в су́щности, по су́ти де́ла; ◇ **~ hat sie Recht** в су́щности она́ права́; ◇ **was wollen Sie ~?** что Вы, со́бственно говоря́, хоти́те?

Eigentor *n* SPORT гол *m* в со́бственные воро́та; **Eigentum** *n* (*Besitz*) со́бственность *ж*; **Eigentümer(in** *f*) *m* ‹-s, -› (*Besitzer/in*) со́бственник *m*, со́бственница *ж*; **Eigentumswohnung** *f* (*in der BRD*) кварти́ра в до́ме, принадлежа́щем ча́стному владе́льцу; (*in Russland*) приватизи́рованная кварти́ра *ж*; **eigenverantwortlich** *adj* ли́чно отвеча́ющий за что-л; **eigenwillig** *adj* своево́льный, своенра́вный; (*dickköpfig*) упря́мый

eignen *vr* (*tauglich sein*) ◇ **sich ~** годи́ться *несов*, подходи́ть *несов*; (*Person, Sache*) быть приго́дным (*für/zu* для чего-

л); **Eignung** *f* (*Tauglichkeit*) спосо́бность *ж*, приго́дность *ж*

Eilbote *m* курье́р *m*, на́рочный *m*; **Eilbrief** *m* сро́чное письмо́ *c*, депе́ша *ж*; **Eile** *f* ‹-› (*Hast*) поспе́шность *ж*, спе́шка *ж*; ◇ **in ~ sein** спеши́ть, торопи́ться; **eilen** *vi* ① (*Mensch*) ‹по-›спеши́ть, ‹по-›торопи́ться ② (*dringend sein*) торопи́ться с чем-л, спеши́ть что-л сде́лать; ◇ **es eilt** де́ло сро́чное; **Eilgut** *n* груз *m* большо́й ско́рости, сро́чный груз *m*; **eilig** *adj* ① (*schnell*) спе́шный ② (*dringend*) сро́чный

Eimer *m* ‹-s, -› ведро́ *c*; FAM (*alles ist kaputt*) ◇ **alles ist im ~** всё провали́лось

ein[1](*e*) **I.** *nr* оди́н, одна́, одно́; ◇ **~ Viertel** (одна́) че́тверть; ◇ **es ist ~ Uhr** вре́мя — час **II.** *Artikel* (*unbestimmt*) (*im Russischen nicht vorhanden*); ◇ **~e Familie** семья́; FAM ◇ **jeder** вся́кий там

ein² *adv* ◇ **bei jd-m ~ und aus gehen** ча́сто быва́ть у кого́-л

einander *adv* друг дру́га; ◇ **~ helfen** помога́ть друг дру́гу

einarbeiten I. *vt* (*anleiten*) вовлека́ть ‹-ле́чь› в рабо́ту (*in akk* во что-л), вводи́ть ‹ввести́› в курс де́ла (*in akk* во что-л) **II.** *vr* ◇ **sich ~** втя́гиваться в рабо́ту, входи́ть в курс де́ла (*in akk* во что-л)

einarmig *adj* одноруки́й

einatmen *vt, vi* (*Luft*) вдыха́ть *несов*

Einbahnstraße *f* у́лица *ж* с односторо́нним движе́нием

Einband *m* (*Umschlag*) переплёт *m*

einbauen *vt* ① (*Möbel*) встра́ивать ‹-ро́ить›; TECH ‹в-›монти́ровать ② FIG (*einfügen, Zitat*) вставля́ть ‹-ста́вить›; **Einbaumöbel** *pl* встро́енная ме́бель *ж*

einberufen *unreg vt* ① (*Sitzung*) созы́ва́ть ② MIL призыва́ть; **Einberufung** *f* созы́в *m*; MIL призы́в *m*

Einbettzimmer *n* (*im Hotel*) одноме́стный но́мер *m*

einbiegen *unreg vi* (*einmünden*) свора́чивать ‹сверну́ть› (*in akk* куда́-л)

einbilden *vr* ◇ **sich** *dat* **etw ~** вообража́ть ‹-зи́ть› ‹себе́›; (*eingebildet sein*) ◇ **sich** *dat* **etw auf sich ~** быть о себе́ высо́кого мне́ния; **Einbildung** *f* ① (*Fantasie*) фанта́зия *ж*, воображе́ние *c* ② (*Dünkel, Hochmut*) высокоме́рие *c*, самомне́ние *c*

Einblick *m* ① (*Blick, in Raum*) взгляд *m* ② FIG (*Kenntnisnahme*) ознакомле́ние *c* (*in akk* с чем-л)

einbrechen *unreg vi* ① (*unbefugt hineingehen*) врыва́ться ‹ворва́ться›; соверша́ть ‹-ши́ть› кра́жу со взло́мом ② (*Wand*) прола́мывать ‹-лома́ть›, проби́ва́ть ③ ‹s› **ins Eis** прова́ливаться под лёд; **Einbrecher(in** *f*) *m* ‹-s, -› взло́мщик *m*, взло́мщица *ж*, вор(о́вка *ж*) *m*

einbringen *unreg vt* ① (*Geld, Nutzen*)

при|носи́ть ‹-нести́› ② (*Gesetzesantrag*) вноси́ть ‹внести́› ③ (*Ernte*) соб‹и›ра́ть **Einbruch** m ① (*in Geschäft*) взлом m, кра́жа ж со взло́мом ② METEO нача́ло c, наступле́ние c; (*Beginn*) **bei ~ der Nacht** с наступле́нием но́чи ③ (*Einsturz des Bodens*) обру́шивание c; **einbruchsicher** adj защищённый от взло́ма, не поддаю́щийся взло́му

einbürgern I. vt (*Bürgerrechte verleihen*) дава́ть права́ гражда́нства кому́-л II. vr (*zur Gewohnheit werden*) ◇ **sich ~** укореня́ться ‹-ни́ться›, входи́ть ‹войти́› в обы́чай

Einbuße f (*Verlust*) поте́ря ж, убы́ток m, уще́рб m

einchecken vt AERO оформля́ть ‹офо́рмить› биле́т и бага́ж авиапассажи́ров

eindeutig adj (*Aussage*) я́сный, недвусмы́сленный; (*Verbesserung*) однозна́чный; (*Stellungnahme*) определённый

eindringen unreg vi ① (*sich Zutritt verschaffen*) про|ника́ть ‹-ни́кнуть› (*in akk* куда́-л); MIL вторга́ться ‹вто́ргнуться› (*in akk* куда́-л) ② (*Wasser*) про|ника́ть ‹-ни́кнуть› (*in etw akk* куда́-л), про|са́чиваться ‹-сочи́ться› (*in etw akk* куда́-л) ③ (*eindringlich zureden*) напира́ть несов, наседа́ть несов (*auf jd-n* на кого́-л) ④ (*erforschen*) вника́ть ‹вни́кнуть›; ◇ **in die Geheimnisse der Natur ~** проника́ть в та́инства приро́ды; **eindringlich** I. adj (*nachdrücklich*) насто́ятельный, убеди́тельный II. adv ◇ **~ auf etw hinweisen** наста́ивать ука́зывать на что-л; **Eindringling** m интерве́нт m, захва́тчик mm

Eindruck m (*Wirkung*) впечатле́ние c; ◇ **e-n guten ~ machen** производи́ть хоро́шее впечатле́ние ② (*Spur*) отпеча́ток m, след m; **eindrucksvoll** adj вырази́тельный

eineinhalb nr полтора́

einerlei adj ‹inv› I. (*prädikativ*) (*egal, gleichgültig*) одина́ковый; ◇ **es ist mir ~** э́то мне безразли́чно II. (*attributiv*) (*gleichartig*) одноро́дный; **einerseits** adv с одно́й стороны́

einfach I. adj ① (*schlicht, Lebensweise*) просто́й, скро́мный ② (*nicht kompliziert*) (*Mensch*) обыкнове́нный; (*Aufgabe*) нело́жный ③ (*nicht mehrfach*) ◇ **~e Fahrkarte** биле́т m в одно́м направле́нии II. adv про́сто; ◇ **das ist ~ toll!** про́сто великоле́пно!; **Einfachheit** f ① (*Schlichtheit*) простота́ ж ② (*Leichtigkeit*) лёгкость ж

Einfahrt f ① (*von Garage*) въезд m ② (*das Hineinfahren*) въезд m ③ MIN спуск m в ша́хту

Einfall m ① (*Idee*) (внеза́пная) мысль ж, иде́я ж ② (*von Licht*) паде́ние c; **einfallen** unreg vi ① (*einstürzen*) обру́-

шиваться ‹-шиться› ② (*Licht*) па́дать несов (*in akk* на что-л) ③ MIL вторга́ться ‹вто́ргнуться›, соверша́ть нападе́ние ④ (*in den Sinn kommen*) при|ходи́ть ‹-йти́› на ум [в го́лову] ◇ **das fällt mir gar nicht ein** я не могу́ э́то сейча́с вспо́мнить; (*was soll das?*) ◇ **was fällt dir ein?** как ты сме́ешь?

einfältig adj (*naiv, beschränkt*) наи́вный, простоду́шный, ограни́ченный

einfangen unreg vt ① (*Tier*) лови́ть ‹пойма́ть› ② FIG (*Stimmung*) вы́разить что-л слова́ми

einfarbig adj одноцве́тный, одното́нный

einfinden unreg vr (*eintreffen*) ◇ **sich ~** прибы́|ва́ть, при|ходи́ть ‹-йти́›, явля́ться ‹яви́ться›

einfliegen unreg vt (*jd-n*) до|ставля́ть ‹-ста́вить› возду́шным путём

Einfluss m ‹-es, -flüsse› (*Wirkung, Macht*) влия́ние c (*auf akk* на кого́-л); **einflussreich** adj влия́тельный

Einförmigkeit f однообра́зие c, моното́нность ж

einfrieren unreg I. vt ① (*Lebensmittel*) за|мора́живать ‹-ро́зить› ② FAM (*Gelder*) замо́ра́живать ‹-ро́зить› II. vi (*Wasserleitung*) замерза́ть ‹-мёрзнуть›

einfügen I. vt ① (*einschieben, Bemerkung*) вставля́ть ‹-ста́вить› ② (*hinzufügen*) до|бавля́ть ‹-ба́вить›; PC де́лать вста́вку II. vr (*sich anpassen*) ◇ **sich ~** при|спо|са́бливаться ‹-собиться› (*in akk* к чему́-л)

Einfuhr f ‹-› (*Import*) ввоз m, и́мпорт m; **einführen** vt ① (*Ware*) ввози́ть ‹ввезти́›, импорти́ровать несов и сов ② (*vorstellen, Person*) представля́ть несов ③ (*etw Neues bringen*) вводи́ть ‹ввести́› ④ (*einarbeiten*) вводи́ть в курс де́ла

Eingabe f ① PC ввод m да́нных ② (*Gesuch, Bitte*) пода́ча ж заявле́ния, про́сьба ж; **Eingabetaste** f PC кла́виша ж вво́да

Eingang m ① (*Haupt~*) вход m ② COMM (*Waren~*) поступле́ние mh; (*von Brief*) получе́ние c, поступле́ние c; **Eingangsbestätigung** f COMM подтвержде́ние c поступле́ния [получе́ния]

eingeben unreg vt ① (*einflößen, Medizin*) да́в‹а́›ть ② PC (*Daten*) вводи́ть ‹ввести́› ③ (*suggerieren, Ideen*) внуша́ть ‹-ши́ть›

eingebildet adj ① (*nicht real*) вообража́емый, мни́мый ② (*arrogant*) высокоме́рный, надме́нный

Eingeborene(r) fm (*Ureinwohner*) тузе́мец m, тузе́мка ж; (*am Ort Gebürtige/r*) ме́стный уроже́нец m, ме́стная уроже́нка ж

Eingebung f (*Suggestion*) внуше́ние c; (*Inspiration*) вдохнове́ние c

eingefallen adj (*Wangen*) впа́лый

eingefleischt *adj* (*hartnäckig*) закоренелый

eingehen *unreg* I. *vi* ① (*Post, Ware, Geld*) поступ|а́ть <-пи́ть> ② (*auf Vorschlag*) согла|ша́ться <-си́ться>; (*auf Frage*) остано́вится (*auf akk* с чем-л); ◇ **auf jdn ~** относи́ться с внима́нием к кому́-л ③ (*Tier, Pflanze*) поги́бнуть *сов;* (*Firma*) ликвиди́роваться *несов и сов* ④ (*Kleidung*) сади́ться *несов* ⑤ ◇ **in die Geschichte ~** войти́ в исто́рию II. *vt* ◇ **e-e Wette ~** держа́ть пари́; ◇ **ein Risiko ~** пойти́ на риск

eingenommen *adj* (*Partei ergreifen*) ◇ **für jd-n ~ sein** быть располо́женным к кому́-л, пита́ть симпа́тию к кому́-л; ◇ **von sich ~ sein** быть о себе́ высо́кого мне́ния

eingeschrieben *adj* ① (*immatrikuliert*) при́нятый ② (*Brief*) заказно́й

Eingeständnis *n* (*Bekenntnis*) призна́ние *с* чего-л в чём-л

eingestehen *unreg vt* (*zugeben*) созна́<ва́>ться в чём-л, призна<ва́>ть

Eingeweide *pl* вну́тренности *мн,* кишки́ *мн,* потроха́ *мн*

Eingeweihte(r) *fm* посвящённый(-ая *ж) м*

eingewöhnen *vr* (*sich einleben*) ◇ **sich ~** при|выка́ть <-вы́кнуть> (*in akk* к чему́-л)

eingießen *unreg vt* (*Kaffee*) нал|и<ва́>ть

eingliedern *vt* (*in Gemeinschaft*) включ|а́ть <-чи́ть>, вводи́ть <ввести́> в соста́в чего-л

eingraben *unreg* I. *vt* (*vergraben*) зал|а́пывать <-копа́ть>, зары́|ва́ть II. *vr* ◇ **sich ~** ① (*Tier*) зары́|ва́ться ② *FIG* (*sich tief einprägen*) запечатле́ться *сов*

eingreifen *unreg vi* ① *TECH* (*greifen, Zahnrad*) входи́ть в зацепле́ние, за|цепл|я́ться <-пи́ться> ② *FIG* (*sich einmischen*) вме́ш|иваться <-ша́ться> (*in akk* во что-л); **Eingriff** *m* ① (*Einmischung*) *a.* MIL вмеша́тельство *с;* (*in jd-s Rechte*) посяга́тельство *с* ② MED (*Operation*) хирурги́ческое вмеша́тельство *с,* опера́ция *ж*

einhaken I. *vt* (*mit Haken befestigen*) за|цепл|я́ть <-пи́ть> II. *vr* FAM (*Arm in Arm gehen*) ◇ **sich bei jd-m ~** брать <взять> по́д руку кого́-л III. *vi* (*eingreifen, bei Gespräch*) вме́ш|иваться <-ша́ться>

Einhalt *m* (*zurückhalten*) ◇ **jd-m/e-r Sache ~ gebieten** положи́ть коне́ц чему́-л

einhalten *unreg vt* ① (*Gesetz, Termin*) соблю|да́ть <-сти́> ② (*Versprechen*) сдержа́ть *сов*

einhändig *adj* одноруќий; SPORT (*mit einer Hand*) произведённый одно́й руко́й

einheimisch *adj* ① (*ortsansässig*) ме́стный; (*eingeboren*) тузе́мный ② (*inländisch, Produkt*) отéчественный

Tag der Deutschen Einheit

3 октября — национальный праздник в Германии, напоминающий об объединении двух немецких государств в 1990 г., когда ГДР официально перестала существовать.
До 1990 г. Tag der Deutschen Einheit праздновался в Западной Германии 17 июня — в память о подавлении политического восстания в ГДР в 1953 г.

Einheit *f* ① (*Ganzes*) еди́нство *с;* ◇ **die Deutsche ~** (*Einigkeit*) еди́нство *с* Герма́нии; (*Wiedervereinigung*) объедине́ние *с* Герма́нии ② (*Telefon~*) едини́ца *ж* опла́ты ③ MIL войскова́я часть *ж,* подразделе́ние *ж;* **einheitlich** *adj* ① (*gleich*) еди́ный, однор́одный ② (*zusammengehörig*) единообра́зный, унита́рный; (*vereinheitlicht*) унифици́рованный; **Einheitspreis** *m* еди́ная [станда́ртная] цена́ *ж*

einholen *vt* ① (*jd-n*) до|гоня́ть <-гна́ть>, нас|тига́ть <-ти́чь> ② (*aufholen, Verspätung*) на|вёрстывать <-верста́ть> ③ (*Netz, Anker*) уб|и<ра́ть ④ (*herunterholen, Fahne*) спус|ка́ть <-ти́ть> ⑤ (*Erlaubnis*) <по>сове́товаться

einhundert *nr* сто; *s. a.* **fünf**

einig *adj* ① (*vereint*) еди́ный, сплочённый ② (*gleichgesinnt*) согла́сный, единоду́шный; ◇ **sich** *dat* **~ sein** быть одного́ мне́ния (*über akk* с кем-л, в чём-л); (*zu Übereinkunft gelangen*) ◇ **sich** *dat* **~ werden** прийти́ к соглаше́нию, договори́ться о чём-л

einige(r, s) *pron* ① (*pl*) (*ein paar*) не́которые; ◇ **~e von uns** не́которые из нас ② (*pl*) (*mehrere*) не́сколько; ◇ **vor ~n Jahren** не́сколько лет тому́ наза́д ③ (*sg*) (*ziemlich viel*) мно́гие

einigen I. *vt* (*Personen*) объеди|ня́ть <-ни́ть> II. *vr* ◇ **sich auf** *akk* **etw ~** договори́ться *сов* (о чём-л), согл|аси́ться *сов* (в чём-л)

einigermaßen *adv* ① (*ziemlich*) до не́которой сте́пени, мало-ма́льски ② (*erträglich*) сно́сно, бо́лее или ме́нее, ко́е-как

Einigkeit *f* ① (*Zusammengehörigkeit*) еди́нство *с* ② (*Übereinstimmung*) единоду́шие *с,* согла́сие *с;* **Einigung** *f* ① (*Einigen*) едине́ние *с,* объедине́ние *с* ② (*Übereinstimmung*) согласо́ванность *ж* ③ (*Übereinkunft*) соглаше́ние *с*

einjährig *adj* ① (*1 Jahr alt*) годова́лый ② (*1 Jahr dauernd*) (одно) годи́чный ③ BOT (*nur 1 Jahr lebend*) однол́етний

Einkauf *m* ① (*Einkaufen*) поку́пка *ж* ② (*Kauf*) заку́пка *ж;* **einkaufen** I. *vt* (*kau-*

fen) покупа́ть ⟨купи́ть⟩; (*in großen Mengen*) заку|па́ть ⟨-пи́ть⟩ **II.** *vi* (*Besorgungen machen*) де́лать поку́пки; **Einkaufsbummel** *m* прогу́лка *ж* по магази́нам; **Einkaufspreis** *m* покупна́я/ску́почная цена́ *ж*; **Einkaufszentrum** *n* торго́вый центр *м*

Einklang *m* (*Übereinstimmung*) согла́сие *с*, согласо́ванность *ж*, соотве́тствие *с*; ◇ **sich in ~ befinden** быть в согла́сии

einkleiden *vt* оде|ва́|ть; (*ausstaffieren*) обмундиро́|вывать ⟨-ва́ть⟩

einkochen *vt* ува́р|ивать ⟨-ри́ть⟩

Einkommen *n* ⟨-s, -⟩ дохо́ды *мн*, дохо́д *м*; **Einkommensteuer** *f* подохо́дный нало́г *м*

einkreisen *vt* окру|жа́ть ⟨-жи́ть⟩

Einkünfte *pl* дохо́ды *мн*

einladen *unreg vt* **1** (*Möbel, Waren*) гру|зи́ть *несов*, нагру|жа́ть ⟨-зи́ть⟩, погру|жа́ть ⟨-зи́ть⟩ **2** (*jd-n*) пригла|ша́ть ⟨-си́ть⟩; ◇ **zu sich nach Hause ~** пригла|ша́ть к себе́ домо́й; **Einladung** *f* приглаше́ние *с*

einladen

Дава́й ка́к-нибудь вме́сте пообе́даем.
Wir sollten mal zusammen Mittag essen.

Как насчёт прогу́лки?
Wie wäre es mit einem kleinen Spaziergang?

Мы могли́ бы посмотре́ть како́й-нибудь спекта́кль.
Wir könnten uns zum Beispiel ein Theaterstück ansehen.

Ты не хо́чешь на сле́дующей неде́ле сходи́ть попла́вать?
Hast du Lust, nächste Woche schwimmen zu gehen?

Einlage *f* **1** TECH вкла́дыш *м* **2** (*vom Schuh*) супина́тор *м* **3** (*vom Sparguthaben*) де́нежный вклад *м*, взнос *м*; (*vom Kapital*) вложе́ние *с* **4** (*Zwischenspiel*) вставно́й но́мер *м* в програ́мме

einlagern *vt* за|кла́дывать ⟨-ложи́ть⟩ на хране́ние

Einlass *m* ⟨-es, -lässe⟩ **1** (*Eintritt*) впуск *м*; (*Zutritt*) до́пуск *м*; ◇ **~ begehren** тре́бовать до́ступа **2** (*Tür*) вход *м*; **einlassen** *unreg* **I.** *vt* **1** (*hereinlassen*) впуска́ть ⟨-ти́ть⟩ **2** (*Wasser in Wanne*) напуска́ть ⟨-ти́ть⟩ **3** (*einbauen, Schrank*) вста́вля|ть ⟨-ста́вить⟩ **II.** *vr* ◇ **sich ~ 1** (*Umgang haben*) ◇ **sich mit jd-m ~** вступа́ть в конта́кт [разгово́р] с кем-л **2** (*mitmachen*) ◇ **sich** *akk* **auf etw ~** принима́ть уча́стие в чём-л, пуска́ться на что-л

einlaufen *unreg* **I.** *vi* **1** (*ankommen, eintreffen*) прибы́|ва́ть; (*in den Hafen*) входи́ть ⟨войти́⟩; SPORT финиши́ровать *несов и сов* **2** (*Wasser*) напо́лня́ться ⟨-ни́ться⟩ **3** (*Wäsche*) сади́ться ⟨сесть⟩ **II.** *vt* (*Schuhe*) разна́шивать ⟨-носи́ть⟩ **III.** *vt* SPORT (*warmlaufen*) ◇ **sich ~** де́лать разми́нку

einleben *vr* ◇ **sich ~** свыка́ться ⟨свы́кнуться⟩ с чем-л, вжи́|ва́|ться во что-л

einlegen *vt* **1** (*hineintun*) вкла́дывать ⟨вложи́ть⟩, вставля́|ть ⟨-ста́вить⟩ **2** GASTRON (*salzen*) ⟨за-⟩соли́ть; (*Fleisch*) маринова́ть *несов* **3** ◇ **eine Pause ~** объяви́ть переры́в **4** ◇ **Beschwerde ~** подава́ть жа́лобу; ◇ **ein gutes Wort für jd-n ~** замо́лвить слове́чко за кого́-л

einleiten *vt* **1** (*Feier*) откры́|ва́|ть **2** (*Neuerungen*) вводи́ть ⟨ввести́⟩ **3** MED (*Geburt*) вызыва́ть ⟨вы́звать⟩ **4** (*Abwässer*) сбра́сывать ⟨-бро́сить⟩ **5** ◇ **Maßnahmen ~** принима́ть ме́ры; **Einleitung** *f* (*von Buch*) введе́ние *с*; (*von Verhandlungen*) нача́ло *с*; MUS прелю́дия *ж*, вступле́ние *с*

einleuchtend *adj* (*verständlich*) я́сный, очеви́дный; (*überzeugend*) убеди́тельный

einliefern *vt* (*Paket*) до|ставля́ть ⟨-ста́вить⟩; (*Ware*) по|ставля́ть ⟨-ста́вить⟩; ◇ **jd-n ins Krankenhaus ~** доставля́ть кого́-л в больни́цу

einloggen PC *vr* ◇ **sich ~** вводи́ть ⟨ввести́⟩ паро́ль для вхожде́ния в систе́му

einlösen *vt* **1** (*Scheck*) опла́чивать ⟨-ти́ть⟩; (*Pfand*) выкупа́ть ⟨вы́купить⟩ **2** FIG (*Versprechen*) выполня́ть ⟨вы́полнить⟩, сде́рж|ать *сов*

einmal *adv* **1** (*nicht mehrmals*) (оди́н) раз, однокра́тно; ◇ **noch ~** ещё раз **2** (*früher*) ◇ **es war ~** когда́-то; (*Märchenbeginn*) жил-был **3** (*e-s Tages*) одна́жды **4** ◇ **auf ~** (*plötzlich*) неожи́данно, вдруг; (*gleichzeitig*) сра́зу, одновреме́нно **5** (*zunächst*) ◇ **erst ~** во-пе́рвых, внача́ле; ◇ **nehmen wir ~ an, dass ...** во́-пе́рвых предположи́м, что ... **6** (*gar nicht*) ◇ **nicht ~** да́же не; **einmalig** *adj* **1** однокра́тный, ра́зовый; (*einzigartig*) еди́нственный в своём ро́де **2** (*toll, außergewöhnlich*) исключи́тельный

einmischen *vr* ◇ **sich ~** вме́шиваться ⟨-ша́ться⟩ *в akk* во что-л)

einmütig *adj* (*einhellig*) единоду́шный

Einnahme *f* ⟨-, -n⟩ **1** (*Einkommen*) сбор *м*, дохо́д *м* **2** (*von Medizin*) приём *м*, приня́тие *с* **3** MIL (*Eroberung*) взя́тие *с*, овладе́ние *с*; **einnehmen** *unreg vt* **1** (*Geld*) получа́ть ⟨-чи́ть⟩, де́лать вы́ручку **2** (*Medizin*) прини|ма́ть ⟨-я́ть⟩; (*Essen*) есть *несов*, ку́шать *несов* **3** (*besetzen, Platz*) занима́ть ⟨-я́ть⟩; MIL (*Stadt*) захва́тывать ⟨-ти́ть⟩, брать ⟨взять⟩, овладе|ва́|ть ⟨-я́ть⟩ **4** (*Posten, Haltung*) занима́ть ⟨-я́ть⟩ **5** FIG (*für sich gewinnen*) ◇ **jd-n für sich ~** расположи́ть кого́-л к себе́

Einöde f (Ödnis) глухо́е ме́сто c, глушь ж; (Wüste) пусты́ня ж

einordnen I. vt (Buch, Karteikarte) размеща́ть ‹-сти́ть›, располага́ть ‹-ложи́ть› в поря́дке (in akk где-л) **II.** vr sich ~ ① (sich anpassen, einfügen) включа́ться ‹-чи́ться›, подчиня́ться устано́вленному поря́дку ② AUTO встро́иться (в ряд)

einpacken I. vt (einwickeln) завёртывать ‹-верну́ть› (in akk в) **II.** vi (für Reise) упако́вывать ‹-ва́ть›, скла́дывать ‹сложи́ть› ве́щи

einparken vi припарко́вывать ‹-ва́ть›

einpflanzen vt ① (Pflanze) сажа́ть ‹посади́ть›, выса́живать ‹вы́садить› ② MED (Organ) импланти́ровать несов и сов, переса́живать ‹-ди́ть›

einplanen vt ‹за-›плани́ровать, включа́ть ‹-чи́ть› в план

einprägen vt ① (Muster) выбива́ть ‹вы́бить›, чека́нить несов ② (einschärfen) внуша́ть ‹-ши́ть› ③ (sich merken) dat etw ~ запо́мнить сов что-л, запечатлева́ть несов; **einprägsam** adj (Melodie) легко́ запечатлева́ющийся

einrasten vi TECH (einschnappen) заска́кивать ‹-кочи́ть›, входи́ть ‹войти́› в зацепле́ние

einräumen vt ① (Möbelstück) расставля́ть ‹-ста́вить›, разложи́ть ве́щи в шкафу́ ② (Wohnung) обставля́ть ‹-ста́вить› ③ FIG (Recht) предоставля́ть ‹-ста́вить›

einrechnen vt ① (in Rechnung aufnehmen) зачисля́ть ‹-чи́слить› ② (berücksichtigen) учи́тывать ‹уче́сть›

einreden I. vt ◇ **jd-m etw** ~ внуша́ть ‹-ши́ть› что-л кому́-л **II.** vi (bedrängen) ◇ **auf jd-n** ~ насто́йчиво угова́ривать кого́-л **III.** vr (sich etw vormachen) ◇ **sich** dat etw ~ внуша́ть себе́ что-л

einreichen vt (Antrag, Gesuch) подава́ть‹-ва́ть›

Einreise f (in Staat) въезд м; **Einreisebestimmungen** fpl пра́вила мн въе́зда; **Einreisegenehmigung** f разреше́ние c на въезд (в страну́); **einreisen** vi въезжа́ть ‹въе́хать› в страну́

einreißen unreg **I.** vt ① (Papier) надрыва́ть ‹-орва́ть›; (Stoff) разрыва́ть ‹-орва́ть› ② (Gebäude) сноси́ть ‹снести́›, ‹с-›лома́ть **II.** vi FAM (zur Gewohnheit werden) распространя́ться ‹-ни́ться›, укореня́ться ‹-ни́ться›

einrichten I. vt ① (Wohnung) обставля́ть ‹-ста́вить› ② (Geschäft) устра́ивать ‹-ро́ить› ③ MED (Knochen) вправля́ть ‹-пра́вить› **II.** vr ◇ sich ~ ① (es sich wohnlich machen) устра́иваться ‹-ро́иться›; ◇ **sich bei jd-m häuslich** ~ обоснова́ться у кого́-л ② (sich anpassen) приспоса́бливаться ‹-со́биться› (auf akk к чему́-л) ③ (sich vorbereiten) приго-

гото́виться (auf akk к чему́-л); **Einrichtung** f ① (Wohnungs~) обору́дование c, устро́йство c; (Ausstattung) обстано́вка ж ② (Institution) учрежде́ние c ③ (von Konto) откры́тие c

eins I. nr ① (Zahl) оди́н, едини́ца; s. a. **fünf** ② SCH (sehr gut) отли́чно **II.** adv ① (einig) ◇ **wir sind uns** ~ мы одного́ мне́ния ② (egal, gleichgültig) ◇ **ihm ist alles** ~ ему́ всё безразли́чно ③ (ein Ganzes) ◇ ~ **sein** быть еди́ным це́лым ④ (etwas) ко́е-что; ◇ ~ **muss noch gesagt werden** ко́е-что сле́дует ещё сказа́ть; ◇ ~ **jd-m** ~ **auswischen** влепи́ть кому́-л

einsam adj ① (allein) одино́кий, уединённый; ◇ **sich** ~ **fühlen** чу́вствовать себя́ одино́ким ② (abgelegen) уединённый; ◇ ~**e Gegend** глуха́я [пусты́нная] ме́стность ③ FAM (groß) ◇ ~**e Klasse!** вы́сший сорт!; **Einsamkeit** f ① (Alleinsein) одино́чество c ② (Abgeschiedenheit) уедине́ние c

einsammeln vt соб‹и›ра́ть

Einsatz m ① (an Kleidung) вста́вка ж, проши́вка ж ② (Spiel~, Wett~) ста́вка ж ③ MUS вступле́ние c ④ (Verwendung) испо́льзование c, примене́ние c; ◇ **unter** ~ **des Lebens** риску́я жи́знью;

einsatzbereit adj в по́лной гото́вности

einschalten I. vt ① ELECTR включа́ть ‹-чи́ть› ② (Anwalt, Polizei) подключа́ть ‹-чи́ть› ③ (Pause) ‹с-›де́лать ④ AUTO (Gang) включа́ть ‹-чи́ть› **II.** vr (einmischen) ◇ **sich** ~ включа́ться (in akk во что-л)

einschätzen I. vt (Vermögen, Lage) оце́нивать ‹-ни́ть› **II.** vr ◇ **sich** ~ оце́нивать ‹-ни́ть› себя́

einschicken vt пос‹ы›ла́ть, прис‹ы›ла́ть

einschiffen I. vt (aufs Schiff laden) ‹по-›грузи́ть, производи́ть поса́дку на су́дно **II.** vr (mit Schiff abreisen) ◇ **sich** ~ сади́ться ‹сесть› на су́дно

einschlafen unreg vi засыпа́ть ‹-ну́ть›

einschlagen unreg **I.** vt ① (Fenster, Zähne) разби‹ва́ть, выбива́ть ‹вы́бить›; (Tür, Schädel) выла́мывать ‹вы́ломать›, взла́мывать ‹-лома́ть› ② (Nagel) заби‹ва́ть, вкола́чивать ‹-лоти́ть› ③ (Steuerrad) направля́ть ‹-пра́вить›; (Weg, Richtung) выбира́ть несов ④ (Saum) подши‹ва́ть; (Rand) загиба́ть ‹-гну́ть› ⑤ (einwickeln) завёртывать ‹-верну́ть› **II.** vi ① (Blitz, Kugel) ударя́ть ‹уда́рить›, попада́ть ‹-па́сть› (in в, по) ② (schlagen) бить (auf jd-n кого́-л) ③ (Erfolg haben) найти́ о́тклик, име́ть успе́х

einschleichen unreg vr ◇ **sich** ~ (Person) прокра́дываться ‹-кра́сться›; (Fehler) вкра́дываться ‹-кра́сться›

einschließen unreg vt ① (einsperren) заключа́ть ‹-чи́ть› в тюрьму́; (*Gegenstand*) за|пира́ть ‹-пере́ть›, закры́|ва́ть на ключ **2** (*umzingeln*) a. MIL окружа́ть ‹-жи́ть› **3** FIG (*enthalten, einbeziehen*) включа́ть ‹-чи́ть› в себя́; **einschließlich I.** *adv* включи́тельно; ◇ **bis 31. Juli** ~ до 31 ию́ля включи́тельно **II.** *präp gen* (*inbegriffen*) включа́я

einschmeicheln *vr* ◇ **sich** ~ подли́|зываться ‹-за́ться› (*bei jdm* к кому́-л)

einschnappen *vi* **1** (*Schloss*) защёлк|иваться ‹-нуться› **2** FIG (*beleidigt sein*) обижа́ться ‹оби́деться›; ◇ **eingeschnappt sein** быть оби́женным

Einschnitt *m* **1** (*in Papier, Stoff*) надре́з *м*, разре́з *м*; MED поре́з *м* **2** (*Veränderung*) перело́м *м*, коренно́е измене́ние *с*

einschränken I. *vt* **1** (*Freiheit*) ограни́чи|вать ‹-ва́ть› **2** (*Kosten*) сокраща́ть ‹-ти́ть› **3** (*Thema*) сужа́ть ‹су́зить› **II.** *vr* (*sparen*) ◇ **sich** ~ ограни́чи|вать себя́ в расхо́дах; **Einschränkung** *f* **1** (*Beeinträchtigung*) ограниче́ние *с* **2** (*Verringerung*) сокраще́ние *с* **3** (*Vorbehalt*) огово́рка *ж*, ограниче́ние *с*

Einschreib[e]brief *m* заказно́е письмо́ *с*; **einschreiben** *unreg* **I.** *vt* (*in Liste*) вп|и́сывать ‹-са́ть›, вно|си́ть ‹-внести́› **II.** *vr* ◇ **sich** ~ запи́|сываться ‹-са́ться›; **Einschreiben** *n* (*Brief*) заказно́е отправле́ние *с*

Einschub *m* ‹-s, -schübe› (*im Text*) вста́вка *ж*; (*Ergänzung*) дополне́ние *с*

einschüchtern *vt* запу́г|ивать ‹-га́ть›

einsehen *unreg vt* **1** (*begreifen*) понима́ть‹-я́ть› **2** (*Akten*) про|сма́тривать ‹-смотре́ть› **3** (*Fehler*) осозна́|ва́ть ‹-ва́ть› **4** ◇ **das sehe ich nicht ein** с э́тим я не согла́сен

einseitig *adj* **1** (*Lähmung*) односторо́нний **2** (*unilateral, Abrüstung*) односторо́нний **3** (*subjektiv*) необъекти́вный **4** (*Interessengebiet*) ограни́ченный

einsenden *unreg vt* пос|ы|ла́ть, от|правля́ть ‹-пра́вить›; **Einsender(in** *f*) *m* отправи́тель(ница *ж*) *м*

einsetzen I. *vt* **1** (*installieren, einbauen*) поме|ща́ть ‹-сти́ть›, ‹в›|монти́ровать; (*Fensterscheibe*) в|ставля́ть ‹-ста́вить›; **2** (*ernennen, einstellen*) на|знача́ть ‹-зна́чить› **3** (*Geld*) де́лать ста́вку; (*Leben*) рискова́ть *несов* **4** (*verwenden, Mittel*) испо́льзовать *несов и сов* **II.** *vi* (*beginnen, Winter*) начина́ться, наступа́ть ‹-пи́ть›; MUS вступа́ть ‹-пи́ть› **III.** *vr* ◇ **sich für jd-n/etw** ~ вступа́ться ‹-пи́ться› за кого́/что-л

Einsicht *f* **1** (*Einblick*) просмо́тр *м* чего́-л, ознакомле́ние *с* с чем-л **2** (*das Verstehen*) понима́ние *с*, благоразу́мие *с*; ◇ **zu der** ~ **gelangen, dass** образу́миться, что [поня́ть, что]

Einsiedler(in *f*) *m* отше́льник *м*, от-

ше́льница *ж*, затво́рник *м*, затво́рница *ж*

einspannen *vt* **1** (*Blatt Papier*) в|ставля́ть ‹-ста́вить› **2** (*Pferde*) за|пряга́ть ‹-пря́чь› **3** FAM (*in Anspruch nehmen*) загру|жа́ть ‹-зи́ть› рабо́той; ◇ **jd-n für e-e Arbeit** ~ впряга́ть в рабо́ту кого́-л

einsperren *vt* (*einschließen*) за|пира́ть ‹-пере́ть›; (*ins Gefängnis*) сажа́ть ‹по|сади́ть›

einspielen I. *vt* **1** (*Gewinn erzielen*) окупи́ться ‹-па́ться›, опра́вд|ывать ‹-да́ть› расхо́ды **2** MUS (*Instrument*) обы́гр|ывать ‹-гра́ть› **II.** *vr* ◇ **sich** ~ сыгра́ться ‹сыгра́ться›; SPORT (*harmonieren*) ‹у›|соверше́нствоваться

einspringen *unreg vi* (*aushelfen*) по|мога́ть ‹-мо́чь› кому́-л, выруча́ть ‹вы́ручить› (*für jd-n* кого́-л)

Einspruch *m* a. JURA возраже́ние *с*, проте́ст *м*, отпо́р *м*; ◇ ~ **erheben** заявля́ть проте́ст

einst *adv* **1** (*früher*) пре́жде, одна́жды, не́когда, когда́-то **2** (*später einmal*) когда́-нибудь (в бу́дущем)

einstecken *vt* **1** (*in Tasche*) всо́вывать ‹всу́нуть›, за|со́вывать ‹-су́нуть› (*in akk* во что); ELECTR в|ставля́ть ‹-ста́вить›, втыка́ть ‹воткну́ть› **2** (*Brief*) опуска́ть ‹-ти́ть› **3** (*mitnehmen*) брать ‹взять›, заб|и|ра́ть с собо́й **4** FAM (*mitgehen lassen, Geld*) прикарма́ни|ва|ть, при|сва́ивать ‹-сво́ить› **5** FAM (*Prügel*) сноси́ть ‹снес-ти́›, прог|лятывать ‹-глоти́ть›

einstehen *unreg vi* (*verantworten*) отвеча́ть *сов*; (*eintreten*) руча́ться ‹поручи́ться› (*für* за кого́-что-л)

einsteigen *unreg vi* **1** (*in Fahrzeug*) сади́ться ‹сесть›; (*einbrechen, in Haus*) входи́ть ‹войти́› **2** (*sich beteiligen, beitreten*) вступа́ть ‹-пи́ть›, войти́ (*in dat* во что); (*in Politik*) прин|има́ть ‹-я́ть› уча́стие

einstellen I. *vt, vi* **1** (*hinstellen, Auto*) устана́вливать ‹-нови́ть›, ‹по›|ста́вить, поме|ща́ть ‹-сти́ть› **2** (*Mitarbeiter*) на|нима́ть ‹-я́ть›, за|числя́ть ‹-чи́слить› **3** (*Kamera*) уста|на́вливать ‹-нови́ть›, на|води́ть ‹-вести́›; (*Radio*) на|стра́ивать ‹-стро́ить› **4** (*Produktion, Zahlungen*) приоста|на́вливать ‹-нови́ть›; ◇ **das Verfahren gegen jd-n** ~ прекра|ща́ть ‹-ти́ть› де́ло про́тив кого́-л; ◇ **bitte das Rauchen** ~ прекрати́те, пожа́луйста, кури́ть **II.** *vr* ◇ **sich** ~ **1** (*sich vorbereiten*) на|стра́иваться ‹-стро́иться› (*auf akk* на что-л) **2** (*sich richten nach*) ориенти́роваться *несов* (*auf akk* на что-л); ◇ **sich auf Bedürfnisse** ~ ориенти́роваться на потре́бности; **Einstellung** *f* **1** (*von Mitarbeitern*) зачисле́ние *с*, приня́тие *с* на рабо́ту **2** JURA прекраще́ние *с*;

(von Zahlungen, Produktion) приостановле́ние с ③ (von Radio, Hebel) настро́йка ж, устано́вка ж; (von Kamera) устано́вка ж, наво́дка ж ④ FIG (Haltung) то́чка ж зре́ния, взгляд м, устано́вка ж

Einstieg f <-[e]s, -e> ① (in Bus, Zug) вход м ② FIG нача́ло с рабо́ты над чем-л
einstimmig I. adj ① (einhellig) единогла́сный ② MUS одноголо́сный; для одного́ го́лоса **II.** adv единогла́сно;
Einstimmigkeit f единогла́сие с
einstündig adj часово́й

Einsturz m (von Haus, Mauer) паде́ние с, обва́л м; **einstürzen** vi обру́ши|ва>ться, обва́ливаться <-ли́ться>

einstweilen adv пока́, пока́ что, тем вре́менем; **einstweilig** adj (vorläufig) вре́менный, предвари́тельный; JURA ◇ **~e Verfügung** определе́ние с суда́ об обеспе́чении и́ска

eintägig adj однодне́вный, су́точный
eintauschen vt (tauschen) <об->меня́ть, выме́нивать <вы́менять> (gegen что-л на что-л)

eintausend nr одна́ ты́сяча; s. a. **fünf**
einteilen vt ① (Vorräte, Zeit) распределя́ть <-ли́ть>; ◇ **sich** dat etw ~ распла́ни́ровать сов себе́ что-л; (verteilen) распределя́ть <-ли́ть> ② (gliedern, Buch) подразделя́ть <-ли́ть> ③ (Personen, in Gruppen) разделя́ть <-ли́ть>;
einteilig adj неразде́льный, це́льный, состоя́щий из одно́й ча́сти
eintönig adj (langweilig) моното́нный, ску́чный

Eintopf m GASTRON густо́й суп м
einträchtig adj (einig, friedlich) единоду́шный, дру́жный
Eintrag m <-[e]s, -träge> COMM, SCH за́пись ж, вы́говор м; **eintragen** unreg **I.** vt ① (in Liste) вноси́ть <внести́>, запи́|сывать <-са́ть> (in akk во что) ② (Gewinn) приноси́ть <-нести́>; (Anerkennung) за|носи́ть <-нести́> **II.** vr (sich einschreiben) ◇ **sich ~** <за-> регистри́роваться, вноси́ть <внести́> свою́ фами́лию

einträglich adj (Gewinn bringend) дохо́дный, вы́годный, при́быльный, рента́бельный
eintreffen unreg vi ① (ankommen) прибы́|ва>ть; (zu Fuß) прихо|ди́ть <-йти́>; (mit Transportmittel) приезжа́ть <-éхать> ② (Voraussage) сбы́|ва>ться, испо|лня́ться <-лни́ться>
eintreten unreg **I.** vi ① (hineingehen, betreten) входи́ть <войти́> (in akk куда́-л); ◇ **treten Sie doch ein!** входи́те же! ② (in Verein, Partei) вступа́ть <-пи́ть> (in akk в) ③ (sich ereignen) наступа́ть <-пи́ть>; (Ereignis) происхо|ди́ть <-зойти́> ④ (in Krieg) вступа́ть <-пи́ть>; (in e-e neue Phase) нач<ин-á>ться ⑤ (sich einsetzen) ◇ **für**

etw ~ ра́товать несов за что-л; ◇ **für jd-n** ~ заступа́ться <-пи́ться> за кого́-л **II.** vt (Tür) вышиба́ть <вы́шибить>

Eintritt m ① (Betreten) вход м ② (in Partei) вступле́ние с; (in Schule) поступле́ние с ③ (Beginn) наступле́ние с, нача́ло с; ◇ **bei ~ der Dunkelheit** с наступле́нием темноты́ ④ (Eintrittsgeld) вступи́тельный взнос м; **Eintrittspreis** m входна́я пла́та ж

Einvernehmen n <-s> взаи́мное согла́сие с, взаимопонима́ние с
einverstanden I. intj согла́сен **II.** adj ◇ **~ sein** быть согла́сным;
Einverständnis n ① (Einwilligung) согла́сие с ② (Übereinstimmung) согла́шение с

Einwand m <-[e]s, -wände> (Einspruch, Protest) возраже́ние с
einwandern vi иммигри́ровать несов и сов; **Einwanderung** f переселе́ние с
einwandfrei adj (tadellos) безупре́чный, безукори́зненный; ◇ **es steht ~ fest, dass** с несомне́нностью устано́влено, что
Einwegflasche f стеклота́ра ж одноразово́го употребле́ния
einweichen vt (in Flüssigkeit legen) разма́чивать <-мочи́ть>; (Wäsche) <за-> мочи́ть
einweihen vt ① (Tunnel) (торже́ственно) откры́|ва>ть; (Kirche) освяща́ть <-ти́ть> ② FAM (Kleidung) обновля́ть <-ви́ть> ◇ **e-e Wohnung ~** пра́здновать новосе́лье ③ (in Geheimnis) посвяща́ть <-ти́ть>
einweisen unreg vt ① (einarbeiten) вводи́ть <ввести́> в до́лжность (in в); (in Aufgabe) инструкти́ровать несов (in кого́-л) ② (in Anstalt, Krankenhaus) на|правля́ть <-пра́вить>
einwerfen unreg vt ① (hineinwerfen, Münze) броса́ть <бро́сить>; (Brief) опу|ска́ть <-ти́ть>; SPORT (Ball) в|бра́сывать <-бро́сить>, за|бра́сывать <-бро́сить> ② (zertrümmern, Fenster) выбива́ть <вы́бить> ③ FIG (nebenbei bemerken) в|ставля́ть <-ста́вить> замеча́ния
einwickeln vt ① (in Papier) за|вёртывать <-верну́ть> ② FAM (sich überlisten lassen) ◇ **sich ~ lassen** дать одура́чить себя́, провести́ себя́
einwilligen vi соглаша́ться несов (in akk на что-л); **Einwilligung** f согла́сие с
Einwohner(in f) m <-s, -> (von Stadt, Land) жи́тель(ница ж) м; (von Haus) жиле́ц м, жили́ца ж
Einwurf m ① (Öffnung, ~schlitz) щель ж ② FIG (Zwischenbemerkung) ре́плика ж ③ SPORT вбра́сывание с
Einzahl f GRAM еди́нственное число́ с
einzahlen vt (Geld) вноси́ть <внести́> де́ньги; **Einzahlung** f платёж м, взнос м, опла́та ж
Einzel n <-s, -> SPORT (Tennis) одино́чная

игра́ ж; **Einzelbett** n крова́ть ж для одного челове́ка; **Einzelfall** m едини́чный слу́чай m; **Einzelgänger(in** f) m одино́чка m; (Individualist/in) индивидуали́ст(ка ж) м; **Einzelheit** f подро́бность ж, деталь ж; ◇ etw in allen ~en schildern описа́ть что-л подро́бно [досконально]; **einzeln I.** adj ① (nur eine, r, s) отде́льный, едини́чный ② (isoliert) отде́льный, изоли́рованный; (für sich) ча́стный; ◇ jede(r) E~e ка́ждая (-ый) в отде́льности **II.** adv (getrennt) отде́льно, по́рознь; **Einzelteil** n отде́льная часть ж, дета́ль ж; **Einzelzimmer** n (im Hotel) одноме́стный но́мер м

einziehen I. unreg vt ① (Fahrgestell) уб‹и›ра́ть ② (kassieren, Steuern) взы́скивать ‹-ка́ть›, соб‹и›ра́ть; (Gebühren) взима́ть несов ③ (konfiszieren) конфискова́ть несов и сов ④ (einholen, Erkundigungen) наводи́ть ‹-вести́› спра́вки ⑤ MIL приз‹ы›ва́ть **II.** vi ① (in Wohnung) перезжа́ть ‹-éхать›, въезжа́ть ‹въе́хать› ② (einkehren, Ruhe) наступа́ть ‹-пи́ть› ③ (Creme) впи́тываться ‹-та́ться›

einzig adj ① (alleinig) еди́нственный; ◇ ein ~es Mal еди́нственный раз ② (beispiellos) еди́нственный в своём ро́де; **einzigartig** adj (einmalig, beispiellos) еди́нственный в своём ро́де; (nicht vergleichbar) ни с чем не сравни́мый; (nicht wiederholbar) неповтори́мый; ◇ das war ~ gut э́то бы́ло неповтори́мо

Einzug m ① (in Wohnung) въезд м, переезд м ② (Einmarsch) вступле́ние с войск ③ (das Einziehen, von Geld) сбор м средств, изыма́ние с из обраще́ния ④ (Beginn, vom Frühling) наступле́ние с

Eis n ‹-es› лёд м; **Eisdecke** f ледяно́й покро́в м; **Eisdiele** f (Eiscafé) кафе́-моро́женое с

Eisen n ‹-s,-› (Metall) желе́зо с; FIG (delikate Angelegenheit) ◇ ein heißes ~ опа́сное [щекотли́вое] де́ло с; **Eisenbahn** f желе́зная доро́га ж; FAM ◇ es ist höchste ~ нельзя́ теря́ть ни мину́ты, вре́мя не те́рпит; **Eisenbahnschaffner(in** f) m проводни́к м, проводни́ца ж; **eisern** adj ① (aus Eisen) желе́зный ② FIG (zäh, Gesundheit) кре́пкий, си́льный

eisfrei adj (Straße) свобо́дный ото льда́; **eisig** adj a. FIG ледяно́й, леденя́щий, холо́дный; **eiskalt** adj холо́дный как лёд; **Eiskunstlauf** m фигу́рное ката́ние с на конька́х; **Eisläufer(in** f) m фигури́ст(ка ж) м; **Eisschrank** m (Kühlschrank) холоди́льник м

eitel adj (selbstgefällig) тщесла́вный

Eiter m ‹-s› гной м

Eiweiß n ‹-es,-› ① (von Eiern) (яи́чный) бело́к м ② CHEM протеи́н м ③ MED

бело́к м; **Eizelle** f BIOL яйцева́я кле́тка ж

Ekel m ‹-s› омерзе́ние с; (Widerwille) отвраще́ние с (vor dat к чему́-л)

Ekel n ‹-s, -› FAM (Widerling) проти́вный [отврати́тельный] челове́к м

ek[e]lig adj (widerlich, abstoßend) проти́вный, о́чень неприя́тный; **ekeln I.** vt (Ekel verursachen) испы́тывать отвраще́ние к чему́-л **II.** vr ◇ ich ekele mich davor мне э́то проти́вно, меня́ тошни́т от э́того

Elan m ‹-s› (Schwung, Begeisterung) подъём м, поры́в м, воодушевле́ние с, разма́х м

Elastizität f упру́гость ж, эласти́чность ж, ги́бкость ж

Elefant m ZOOL a. FAM слон м

elegant adj элега́нтный, изя́щный, наря́дный; **Eleganz** f элега́нтность ж, изя́щество с

Elektriker(in f) m ‹-s, -› эле́ктрик м, электромонтёр м; **elektrisch** adj (Eisenbahn, Maschine) электри́ческий; **Elektrizität** f электри́чество с; **Elektroherd** m электри́ческая плита́ ж; **elektronisch** adj электро́нный; ◇ ~e Datenverarbeitung электро́нная обрабо́тка ж да́нных; **Elektrorasierer** m ‹-s, -› электри́ческая бри́тва ж, электробри́тва ж

Element n ‹-s, -e› ① (Bestandteil) элеме́нт м, составна́я часть ж ② CHEM элеме́нт м ③ (da kennt sie sich aus) ◇ sie ist in ihrem ~ она́ в свое́й стихи́и, она́ чу́вствует себя́ уве́ренно в своём де́ле; **elementar** adj элемента́рный; (grundlegend) основно́й; (naturhaft) просто́й

elend adj ① (kränklich) сла́бый, хи́лый, нему́щный; ◇ ~ aussehen убо́го вы́глядеть; ◇ sich ~ fühlen пло́хо себя́ чу́вствовать ② (armselig) убо́гий ③ (niederträchtig) по́длый, презре́нный, гну́сный ④ (unglücklich) жа́лкий, плаче́вный; **Elend** n ‹- [e]s› (Not, Armut) нужда́ ж, нищета́ ж; **Elendsviertel** n ни́щенский кварта́л м, трущо́ба ж

elf nr оди́ннадцать; s. a. fünf; **Elf** f ‹-, -en› SPORT футбо́льная кома́нда ж

Elfenbein n слоно́вая кость ж

eliminieren vt (beseitigen) исключа́ть ‹-чи́ть›, элимини́ровать несов и сов, устраня́ть ‹-ни́ть›

Elite f ‹-, -n› эли́та ж; (Auslese) отбо́рное с, и́збранное с

Ellbogen m ANAT ло́коть м; FIG (sich rücksichtslos durchsetzen) ◇ seine ~ gebrauchen бесцеремо́нно пробива́ть себе́ доро́гу

Ellipse f ‹-, -n› SPRACHW, MATH элли́псис м, э́ллипс м

elterlich adj (Liebe) роди́тельский; **Eltern** pl роди́тели мн; **elternlos** adj

не име́ющий роди́телей, без роди́те-
лей

E-Mail f <-, -s> PC электро́нная по́чта c;
E-Mail-Adresse f <-, -n> PC а́дрес m
электро́нной по́чты

Emanzipation f эмансипа́ция ж, осво-
божде́ние c от зави́симости; **emanzi-
pieren** vr ◇ **sich ~** эмансипи́роваться
несов и сов, получа́ть равнопра́вие

Embargo n <-s, -s> (Ausfuhrverbot) эм-
ба́рго c

Embryo m <-s, -s o. -nen> эмбрио́н m,
заро́дыш m

Emigration f эмигра́ция ж; **emigrie-
ren** vi эмигри́ровать несов и сов

empfahl impf v. **empfehlen**

empfand impf v. **empfinden**

Empfang m <-[e]s, Empfänge> ① (von Wa-
re, Post) приём m, получе́ние c, по-
луче́ние c; ◇ **etw in ~ nehmen** получа́ть
<-чи́ть> что-л ② (Begrüßung) приём m,
встре́ча ж ③ (Audienz) аудие́нция m
④ (von Radio, Fernsehen) приём m; **emp-
fangen** <empfängt, empfing, empfangen> vt
① (entgegennehmen) принима́ть <-я́ть>,
получа́ть <-чи́ть> ② (jd-n) принима́ть
<-я́ть>, (begrüßen) приве́тствовать не-
сов ③ (Sendung) принима́ть <-я́ть> ④
(Kind) зача́ть сов, забере́менеть сов;
Empfänger(in) f) m <-s, -> ① получа́тель
(-ница ж; (Adressat/in) адреса́т m/ж
② (Rundfunkgerät) (радио-)приёмник m
Empfängnis f зача́тие c; **Empfängnis-
verhütung** f предупрежде́ние c зача́-
тия (бере́менности)

Empfangsbestätigung f (Quittung) рас-
пи́ска ж в получе́нии

empfehlen <empfiehlt, empfahl, empfoh-
len> I. vt (Film) рекомендова́ть несов и
сов, <по->сове́товать II. vr ◇ **sich ~** ①
(sich verabschieden) проща́ться <-сти́ть-
ся> ② (unpers) ◇ **es empfiehlt sich (nicht)**
... э́то (не) рекоменду́ется ...; **empfeh-
lenswert** adj досто́йный рекоменда-
ции; ◇ **dieser Film ist ~** э́тот фильм
сто́ит посмотре́ть; **Empfehlung** f ①
(Rat) рекоменда́ция ж, сове́т m ②
(Referenz) приве́т m, покло́н m; ◇
auf ~ von по чьей-л рекоменда́ции

empfinden <empfand, empfunden> vt (Käl-
te, Wärme) <по->чу́вствовать, ощуща́ть
<-ти́ть>; (Liebe, Mitleid) испы́тывать
<-та́ть>, ощуща́ть <-ти́ть>; **empfindlich**
adj ① (Haut, Stelle, Gerät) чувстви́тель-
ный, восприи́мчивый; ◇ **gegen Kälte ~
sein** боя́ться хо́лода ② (leicht zerstör-
bar) чувстви́тельный ③ (sensibel, Per-
son) чувстви́тельный, рани́мый; (leicht
zu beleidigen) оби́дчивый ④ (kränklich)
боле́зненный, впечатли́тельный ⑤
(schwer, Strafe) суро́вый; (Verlust) ощу-
ти́мый

empfing impf v. **empfangen**

empören vr (sich entrüsten) ◇ **sich ~** воз-

му│ща́ться <-ти́ться> (gegen/über чем-л);
empörend adj (unverschämt) возмути́-
тельный

emporkommen unreg vi (Karriere ma-
chen) <c->де́лать карье́ру

Empörung f возмуще́ние c, негодо-
ва́ние c

emsig adj (fleißig) приле́жный, усе́рд-
ный, стара́тельный, работя́щий

Ende n <-s, -n> ① (Schluss) коне́ц m,
оконча́ние c; (schließlich) ◇ **am ~** в кон-
це́; ◇ **zu ~ sein** зако́нчиться сов ② (Ab-
schluss) оконча́ние c, заверше́ние c;
(Lebens~) кончи́на ж, смерть ж; ◇ **~
Juli** в конце́ ию́ля ③ (von Menschenrei-
he, Zug) коне́ц m, край m ④ FIG (kraft-
los) ◇ **am ~ sein** потеря́ть си́лы; **enden**
vi (zu Ende sein) конча́ться <ко́нчить-
ся>, зака́нчиваться <-ко́нчиться>; (auf-
hören) прекра│ща́ть <-ти́ть>; **endgültig**
adj оконча́тельный; **Endlagerung** f
(von radioaktiven Abfällen) оконча́тель-
ное захороне́ние c

endlich I. adv наконе́ц, в конце́ кон-
цо́в; ◇ **na ~!** наконе́ц-то! II. adj (Ggs. v.
unendlich, ewig) коне́чный, после́дний;
endlos adj ① (räumlich: ohne Ende) бес-
преде́льный, несконча́емый; (unend-
lich) бесконе́чный ② (zeitlich) (Gerede)
несконча́емый; **Endspiel** n SPORT фи-
на́л m, эндшпи́ль m; **Endstation** f (von
Bus, Bahn) коне́чная остано́вка ж; **En-
dung** f оконча́ние c, фле́ксия ж

Energie f PHYS, a. FIG эне́ргия ж;
Energiekrise f энергети́ческий кри́зис
m; **Energiewirtschaft** f энергети́ческое
хозя́йство c, энергохозя́йство c

energisch adj энерги́чный

eng I. adj ① (Zimmer, Straße) у́зкий;
(Kleidung) те́сный ② (dicht) пло́тный
③ (beschränkt, Horizont) у́зкий, огра-
ни́ченный ④ FIG (Beziehung) бли́зкий
II. adv ① (dicht) ◇ **~ aneinander stehen**
стоя́ть, те́сно прижа́вшись друг к
дру́гу; (vertraut) ◇ **~ befreundet sein**
быть бли́зкими друзья́ми, о́чень дру-
жи́ть ② FAM ◇ **etw ~ sehen** име́ть
ограни́ченный кругозо́р

engagieren I. vt (Künstler) ангажи́-
ровать несов и сов, приглаша́ть на
рабо́ту II. vr ◇ **sich ~** вступ│а́ться
<-пи́ться>, заступ│а́ться <-пи́ться>;
(sich einsetzen) встать на сто́рону
кого́-л (für за кого́-л)

Enge f <-, -n> ① (von Raum, Straße) тес-
нота́ ж; GEOL (Meer~) морско́й про-
ли́в m; (Land~) переше́ек m, тесни́на
ж ② FIG (Bedrängnis) затрудни́тельное
положе́ние c; ◇ **jd-n in die ~ treiben**
поста́вить кого́-л в безвы́ходное
положе́ние [тупи́к]

Engel m <-s, -> a. FIG а́нгел m

England n Áнглия ж; ◇ **in/nach ~** в
Áнглии/в Áнглию

Engländer[1] *m* <-s, -> TECH разводно́й га́ечный ключ *м*

Engländer[2]**(in** *f*) *m* <-s, -> англича́нин *м*, англича́нка *ж*; **englisch** *adj* англи́йский; **Englisch** *n* англи́йский язы́к *м*

engstirnig *adj* узколо́бый, ограни́ченный

Enkel(in *f*) *m* <-s, -> внук *м*, вну́чка *ж*

enorm I. *adj* ① *(riesig)* огро́мный ② *(erstaunlich)* удиви́тельный ③ *(wunderbar)* великоле́пный **II.** *adv* о́чень, чрезвыча́йно; ◇ **~ wichtig** о́чень ва́жно

entbehren I. *vi* быть лишённым чего́-л необходи́мого, ощуща́ть отсу́тствие; ◇ **der Vorwurf entbehrt jeder Grundlage** упрёк лишён вся́кого основа́ния **II.** *vt (jd-n)* ощуща́ть отсу́тствие кого́-л, нужда́ться в ком-л; ◇ **ich kann sie nicht ~** я не могу́ без неё обойти́сь; **entbehrlich** *adj* нену́жный, изли́шний

entbinden *unreg* **I.** *vt* ① *(von Verpflichtung)* освобожда́ть <-ди́ть> *(von* от) ② MED разреша́ться <-ши́ться> от бре́мени **II.** *vi* MED рожа́ть <-ди́ть>; **Entbindung** *f* ① освобожде́ние *с (von* от) ② MED ро́ды *мн*

entblößen *vt (Kopf)* обнажа́ть <-жи́ть>; *(Körper)* оголя́ть <-ли́ть>

entdecken *vt* обнару́жива>ть, открыва́ть <-ва́ть>; **Entdecker(in** *f*) *m* <-s, -> первоткрыва́тель(ница *ж*) *м*; **Entdeckung** *f* откры́тие *с; (Aufdeckung)* раскры́тие *с*

Ente *f* <-, -n> ① ZOOL у́тка *ж* ② FIG *(Zeitungs~)* (газе́тная) у́тка *ж*

enteignen *vt* лиша́ть <-ши́ть> со́бственности

enterben *vt* лиша́ть <-ши́ть> насле́дства; **Enterbung** *f* JURA лише́ние *с* насле́дства

entfallen *unreg vi* ① *(sich erübrigen, wegfallen)* ока́зываться <-за́ться> нену́жным ② *(vergessen werden)* выпада́ть <вы́пасть> из па́мяти; ◇ **der Name ist mir ~** я не могу́ вспо́мнить и́мя ③ *(zukommen, Anteil)* выпада́ть <вы́пасть> на чью-л до́лю; ◇ **ein Drittel entfällt auf ihn** одна́ треть прихо́дится [выпада́ет] на него́

entfalten I. *vt* ① *(auseinander falten)* раскрыва́ть; *(Fahne)* развёртывать <-верну́ть>, поднима́ть <-я́ть> ② FIG *(Talent)* разви́ва>ть, проявля́ть <-ви́ть> ③ *(Tätigkeit)* развёртывать <-верну́ть> **II.** *vr* ① *(Knospe)* раскрыва́ться, распуска́ться <-ти́ться> ② *(sich entwickeln)* разви́ва>ться

entfernen I. *vt* ① *(wegschaffen, abmontieren)* удаля́ть <-ли́ть>, устраня́ть <-ни́ть>; *(Schild, Plakat)* снима́ть <снять> *(von* с) ② *(jd-m kündigen)* отстраня́ть <-ни́ть> **II.** *vr* ◇ **sich ~** ① *(weggehen)* ухо́ди>ть <-йти́> ② FIG *(sich entfremden)* удаля́ться <-ли́ться> *(von* от) ③ FIG *(abweichen)* укло́ня>ться <-ни́ться>,

отклоня́ться <-ни́ться>; **entfernt** *adj* ① *(Ort)* отдалённый, удалённый, да́льний; ◇ **weit ~ sein** далеко́ отстоя́ть, быть на большо́м расстоя́нии ② FIG ◇ **e-e ~e Verwandte** да́льняя ро́дственница; **Entfernung** *f* ① *a.* FIG расстоя́ние *с*, отдале́ние *с* ② *(Beseitigung)* удале́ние *с* ③ *(aus Amt)* отстране́ние *с*

entfremden I. *vt* отчужда́ть <-ди́ть>, отдаля́ть <-ли́ть> *(von jd-m* от кого́-л) **II.** *vr* ◇ **sich ~** отдали́ться *сов (von jd-m* от кого́-л)

entführen *vt (Politiker, Kind)* похища́ть <-хи́тить>; *(Flugzeug)* угоня́ть <-гна́ть>; **Entführer(in** *f*) *m* похити́тель(ница *ж*) *м; (von Flugzeug)* уго́нщик *м*, уго́нщица *ж*; **Entführung** *f* похище́ние *с; (Flugzeug)* уго́н *м*

entgegen I. *präp dat (im Gegensatz zu)* вопреки́, про́тив; ◇ **~ seinem Versprechen** вопреки́ своему́ обеща́нию **II.** *adv* навстре́чу, про́тив; ◇ **der Sonne ~** навстре́чу со́лнцу; ◇ **er kam mir ~** он шёл мне навстре́чу; **entgegenbringen** *unreg vt* ① *(auf jd-n zugehen und etw bringen)* нести́ навстре́чу кому́-л ② FIG *(erweisen, zeigen)* проявля́ть <-ви́ть> по отноше́нию к кому́-л; ◇ **jd-m Wohlwollen ~** доброжела́тельно относи́ться к кому́-л; **entgegengehen** *unreg vi* ① ◇ **jd-m ~** идти́ навстре́чу кому́-л ② ◇ **seinem Untergang ~** приближа́ться <-зи́ться> к упа́дку [ги́бели]; **entgegengesetzt** *adj* ① *(umgekehrt)* противополо́жный, обра́тный ② *(gegenteilig)* противополо́жный; *(widersprechend)* проти́вный; **entgegenhalten** *unreg vt* FIG выдвига́ть <вы́двинуть> в ка́честве возраже́ния, возража́ть <-зи́ть> **entgegenkommen** *unreg vi* ① *(auf jd-n zukommen)* идти́ <пойти́> навстре́чу *(jd-m* кому́-л) ② FIG *(zum Teil nachgeben)* уступа́ть <-пи́ть> *(jd-m* кому́-л); **entgegenkommend** *adj* предупреди́тельный, любе́зный; **entgegennehmen** *unreg vt (annehmen)* принима́ть <-я́ть>; **entgegensehen** *unreg vi* ◇ **jd-m/e-r Sache ~** смотре́ть вперёд [навстре́чу], ожида́ть *несов* кого́-л/чего́-л; **entgegensetzen** *vt* противопоста́вить кому́-л что-л; ◇ **dem Vorwurf habe ich nichts entgegenzusetzen** э́тому упрёку я ничего́ не смог противопоста́вить; **entgegenwirken** *vi* ◇ **jd-m/e-r Sache ~** противоде́йствовать *несов* кому́/чему́-л

entgegnen *vt* возража́ть <-зи́ть>, выступа́ть *несов (jd-m* кому́-л, про́тив кого́-л) **Entgegnung** *f* возраже́ние *с*, отве́т *м*

entgehen *unreg vi* ① *(entkommen, Gefahr)* избега́ть <-га́ть>, ускольза́ть <-зну́ть> ② *(nicht wahrnehmen)* пропуска́ть <-ти́ть>, упуска́ть <-ти́ть>, не заме́тить;

◇ **dieser Fehler ist mir entgangen** э́ту оши́бку я не заме́тил ③ ◇ **sich** *dat* **e-e Gelegenheit ~ lassen** упусти́ть возмо́жность

entgeistert *adj* ошара́шенный, огоро́шенный, расте́рянный

Entgelt *n* ⟨-[e]s, -e⟩ ① (*Lohn*) вознаграж-де́ние *c* ② (*Entschädigung*) возмеще́ние *c*

entgleisen *vi* (*Zug*) *a.* FIG сходи́ть ⟨сойти́⟩ с ре́льсов

enthalten *unreg* **I.** *vt* содержа́ть *несов;* ◇ **~ sein** содержа́ться, входи́ть в соста́в **II.** *vr* ◇ **sich ~** возде́р|живаться ⟨-жа́ться⟩; ◇ **sich der Stimme ~** воздержа́ться при голосова́нии; **Enthaltsamkeit** *f* (*vom Trinken*) уме́ренность *ж,* воздержа́ние *c*

enthüllen *vt* ① (*von Hülle befreien*) снима́ть ⟨снять⟩ покро́в; ◇ **ein Denkmal ~** откры́|ва́ть па́мятник ② FIG (*aufdecken*) разоблача́ть ⟨-чи́ть⟩; (*Geheimnis*) раскры́|ва́ть; **Enthüllung** *f* откры́тие *c,* разоблаче́ние *c,* раскры́тие *c*

Enthusiasmus *m* ⟨-⟩ энтузиа́зм *м*

entkleiden *vt* разде́|ва́ть, снима́ть ⟨снять⟩ оде́жду

entkommen *unreg vi* уходи́ть ⟨уйти́⟩, избега́ть ⟨-жа́ть⟩ (*dat* от кого́-чего́-л)

entkräften *vt* ① (*jd-n*) ли|ша́ть ⟨-ши́ть⟩ си́лы кого́-л ② (*widerlegen*) (*Behauptung*) опрове́рг|а́ть ⟨-ве́ргнуть⟩

entladen *unreg* **I.** *vt* ① (*Schiff, Lkw*) раз-гружа́ть ⟨-зи́ть⟩, выгружа́ть ⟨вы́гру-зить⟩ ② (*Waffe*) разря|жа́ть ⟨-ди́ть⟩ ③ ELECTR разря|жа́ть ⟨-ди́ть⟩ **II.** *vr* ◇ **sich ~** ① ELECTR разря|жа́ться ⟨-ди́ться⟩; (*Gewitter*) разра|жа́ться ⟨-зи́ться⟩ ② FIG (*Wut*) обру́ш|ивать на кого́-л

entlang *adv, präp akk o. dat* вдоль; ◇ **den Bach ~** вдоль ручья́; **entlanggehen** *unreg vi* идти́ вдоль чего́-л

entlarven *vt* FIG (*jd-n, Absichten*) разоб-лача́ть ⟨-чи́ть⟩ кого́-л, обли|ча́ть ⟨-чи́ть⟩ кого́-л; ◇ **jd-n als Betrüger ~** разоблачи́ть кого́-л как лгуна́

entlassen *unreg vt* ① (*jd-m erlauben, sich zu entfernen*) отпуска́ть ⟨-ти́ть⟩, осво-бо|жда́ть ⟨-ди́ть⟩ ② (*Gefangene*) ◇ **jd-n aus der Haft ~** освобо|жда́ть ⟨-ди́ть⟩ кого́-л из под аре́ста ③ (*Arbeiter*) у|воль-ня́ть ⟨-во́лить⟩, от|числя́ть ⟨-чи́слить⟩; **Entlassung** *f* ① (*aus Krankenhaus*) вы́-писка *ж;* (*aus der Haft*) освобожде́ние *c* ② (*von Arbeitnehmer*) увольне́ние *c,* отчисле́ние *c* ③ (*Amtsenthebung, von Minister*) освобожде́ние *c* от до́лжности

entlasten *vt* ① (*Balken*) разгружа́ть ⟨-зи́ть⟩ ② (*Person*) снима́ть ⟨снять⟩ от-ве́тственность с кого́-л; (*von Steuern*) освобожда́ть от чего́-л; (*den Verkehr*) разгру|жа́ть ⟨-зи́ть⟩ ③ JURA снима́ть обвине́ние

entledigen *vr* (*sich befreien von*) ◇ **sich**

jd-s/e-r Sache ~ избавля́|ться *несов* от кого́/чего́-л

entlegen *adj* (*Gegend*) отдалённый, удалённый, далёкий

Entlohnung *f* вознагражде́ние *c,* пла́-та *ж*

entmündigen *vt* объявля́|ть ⟨-ви́ть⟩ ли-цо́ недееспосо́бным, брать ⟨взять⟩ под опе́ку

entmutigen *vt* (*jd-n*) ли|ша́ть ⟨-ши́ть⟩ му́жества, приводи́ть в уны́ние

entnehmen *unreg vt* ① (*Waren aus Regal*) брать ⟨взять⟩, выбира́ть ⟨вы́брать⟩ (*aus* *dat* с чего́-л); (*Geld aus Brieftasche*) вынима́ть *несов* (*aus* из) ② (*folgern, schließen*) заключа́ть ⟨-чи́ть⟩, с|де́-лать вы́вод; ◇ **seinen Worten entnehme ich, dass** из его́ слов я де́лаю вы́вод, что

entpuppen *vr* FIG ◇ **sich ~** ока́зываться ⟨-за́ться⟩, выя́виться *сов;* ◇ **er hat sich als Schwindler entpuppt** он оказа́лся моше́нником

entrichten *vt* (*Betrag*) вноси́ть ⟨внести́⟩ де́ньги, упла́чивать ⟨-ти́ть⟩

entrosten *vt* удаля́|ть ⟨-ли́ть⟩ ржа́в-чину

entrüsten *vr* ◇ **sich ~** возмуща́|ться ⟨-ти́ться⟩, при|ходи́ть ⟨-йти́⟩ в негодо-ва́ние (*über akk* кем-чем-л, от чего́-л); **entrüstet** *adj* возмущённый, негоду́ю-щий

entsagen *vi* (*verzichten*) ◇ **e-r Sache** *dat* **~** отка́з|ываться ⟨-за́ться⟩ от чего́-л, от|река́ться ⟨-ре́чься⟩ от чего́-л

entschädigen *vt* (*jd-n abfinden*) воз-ме|ща́ть ⟨-сти́ть⟩ кому́-л (*für etw* что-л); **Entschädigung** *f* ① (*Abfindung*) возме-ще́ние *c* ② (*Geld*) компенса́ция *ж*

entschärfen *vt* (*Bombe*) разря|жа́ть ⟨-ди́ть⟩; *a.* FIG смягча́ть ⟨-чи́ть⟩

entscheiden *unreg* **I.** *vt* ① (*bestimmen*) ре|ша́ть ⟨-ши́ть⟩ (*über akk* что-л) ② JU-RA (*Fall*) выноси́ть ⟨вы́нести⟩ приго-во́р ③ (*Kampf*) ре|ша́ть ⟨-ши́ть⟩ в свою́ по́льзу **II.** *vr* (*Schicksal*) ◇ **sich ~** ре|-ша́ться ⟨-ши́ться⟩ (*für etw* на что-л); ◇ **ich habe mich für ihn entschieden** я вы́-брала его́; **entscheidend** *adj* (*ausschlaggebend*) реши́тельный, реша́ющий; **Entscheidung** *f* ① (*Entschluss*) реше́-ние *c* ② JURA (*Urteil*) пригово́р *м*

entschieden *adj* (*entschlossen*) реши́-тельный ② (*eindeutig*) определённый

entschließen *unreg vr* ◇ **sich zu etw ~** ре-ша́ться на что-л; **entschlossen** *adj* ① реши́тельный; (*energisch*) по́лный ре-ши́мости ② (*bereit*) ◇ **zu allem ~ sein** быть гото́вым на всё; **Entschluss** *m* реше́ние *c;* (*Vorhaben*) наме́рение *c*

entschlüsseln *vt* (*Kode, Text*) расшиф-ро́в|ывать ⟨-ва́ть⟩, дешифро́в|ывать ⟨-ва́ть⟩

entschuldigen **I.** *vt* ① (*Verhalten*) извиⅼнять ⟨-нить⟩ ② (Person) проⅼщать ⟨-стить⟩ за что-л II. vr◇ sich ~ извиⅼняться ⟨-ниться⟩ (für за что-л); **Entschuldigung** f ① (Verzeihung) извинеⅼние c, прощение c; ◇ ~! извините!; ◇ **um ~ bitten** просить извинения [прощения] ② (Rechtfertigung) оправдаⅼние c ③ SCH оправдательный документ m

entsetzen I. vt (jd-n) испугать coв, приⅼводить ⟨-вести⟩ в ужас (чем-л) II. vr◇ sich ~ ужасаⅼться ⟨-нуться⟩, приⅼхоⅼдить ⟨-йти⟩ в ужас (über akk чему-л, от чего-л); **Entsetzen** n ⟨-s⟩ ужас m; **entsetzlich** adj ужасный, ужасаюⅼщий

entsichern vt (Pistole) снимать ⟨снять⟩ с предохранителя

entsorgen vt (Müll) удаⅼлять ⟨-лить⟩ отходы

entspannen I. vt (Körper) расⅼслаблять ⟨-слабить⟩ II. vr◇ sich ~ ① (sich ausⅼruhen) расⅼслабляться ⟨-слабиться⟩ ② (Situation) оⅼслабляться ⟨-слабить⟩, разⅼряжаⅼться ⟨-диться⟩; **Entspannung** f ① разряжение c, разрядка ж, ослабление c напряжённости; (von Muskeln) расслабление c

entsprechen unreg vi ① соответствоⅼвать несов, отвечать ⟨-ветить⟩ (dat чему); ◇ **der Lohn entspricht der geleiⅼsteten Arbeit** зарплата соответствует выполненной работе ② (erfüllen) исⅼполнять ⟨-полнить⟩; ◇ **e-m Wunsch** ~ исполнять чьё-л желание; **entspreⅼchend** I. adj (ähnlich) соразмерный; (Entschädigung) соответствующий; (Beⅼnehmen) соответственный II. adv соотⅼветственно, в соответствии III. präp dat (gemäß) согласно; ◇ **dem Alter** ~ соответственно возрасту

entspringen unreg vi ① (Bach) вытеⅼкать ⟨вытечь⟩, брать начало ② FIG (stammen) проⅼисходить ⟨-зойти⟩, брать своё начало (aus dat из чего-л, от кого-л)

entstehen unreg vi ① возⅼникать ⟨-никⅼнуть⟩ (aus dat из чего-л) ② (sich bilden) образоваться coв; (Konflikte, Eindruck) созⅼдаⅼваⅼться

entstellen vt ① (Gesicht) обезобраⅼжиⅼвать ⟨-зить⟩ ② (verfälschen) искаⅼжать ⟨-зить⟩; (Wahrheit) извраⅼщать ⟨-тить⟩

enttarnen vt (Spion) разоблачаⅼть ⟨-чить⟩

enttäuschen vt (jd-n) разочароⅼвывать ⟨-вать⟩; ◇ **enttäuscht sein** быть разочаⅼрованным; **Enttäuschung** f разочаⅼроваⅼние c

entweder cj◇ ~ ...oder или ... или

entwerfen unreg vt ① (Zeichnung, Muster) наⅼбраⅼсывать ⟨-бросать⟩, на-⟨черⅼтить ② (entwickeln) разраⅼбатывать ⟨-боⅼтать⟩; (Text) соⅼставⅼлять ⟨-ставить⟩

entwerten vt ① (Fahrkarte) ⟨про-⟩комⅼпостⅼировать; (Briefmarken) погаⅼшать ⟨-сить⟩ ② (Aussage) обесцеⅼниⅼваⅼть

entwickeln I. vt ① (allg.) развиⅼвать; FOTO проявⅼлять ⟨-вить⟩ ② (erfinden) разⅼраⅼбатывать ⟨-ботать⟩ II. vr◇ sich ~ ① (allg.) развиⅼваⅼться; ◇ **sich zu etw** ~ превраⅼщаться ⟨-титься⟩ во что-л ② (entstehen, Rauch) возⅼникать ⟨-никⅼнуть⟩; **Entwicklung** f развитие c; **Entⅼwicklungshilfe** f помощь ж развиⅼваⅼющимся странам; **Entwicklungsⅼland** n развивающаяся страна ж

entwürdigend adj (demütigend) унизиⅼтельный

Entwurf m ① (Plan, Skizze) проект m ② (Konzept) конспект m; (von Text) план m, набросок m; (von Vertrag, Theorie) проект m

entziehen unreg I. vt (wegnehmen) отⅼниⅼмать ⟨-нять⟩, (Rechte, Führerschein) лиⅼшать ⟨-шить⟩ II. vr (sich verweigern) ◇ **sich** ~ ① уклонⅼяться ⟨-ниться⟩ от чего-л; ◇ **sich akk e-r Pflicht** ~ уклонятьⅼся от своих обязанностей ② (entⅼgehen) ◇ **sich jd-m** ~ избегать кого-л; **Entziehung** f ① (von Führerschein) лиⅼшение c, отнятие c; (von Rechten) лиⅼшение c ② (von Rauschgift) изъятие c; **Entziehungskur** f лечение c от алкоⅼголиков [наркоманов] воздержаⅼнием

entziffern vt (Schrift) расшифроⅼвывать ⟨-вать⟩, разбирать ⟨-обрать⟩

Entzücken n ⟨-s⟩ восхищение c

entzückend adj (Foto, Kleid) прелестⅼный; (Kind) обворожительный

Entzug m ① (von Rechten, Führerschein) лишеⅼние c ② MED ◇ **auf** ~ **sein** находⅼиться на лечении от алкоголизма

entzünden I. vt a. FIG (Streichholz, Leiⅼdenschaft) заⅼжигать ⟨-жечь⟩, разⅼжиⅼгать ⟨-жечь⟩ II. vr◇ sich ~ (Holz) загоⅼраⅼться ⟨-реться⟩; (Leidenschaft, Hass) a. MED воспалⅼяться ⟨-литься⟩; **Entzünⅼdung** f MED воспаление c

entzwei adv (kaputt) надвое, пополам, вдребезги; ◇ ~ **sein** быть разбитым; **entzweibrechen** unreg I. vt (Holz) расⅼкалывать ⟨-колоть⟩; (Brot) разⅼлаⅼмывать ⟨-ломить⟩ II. vi (Geschirr) разⅼбиⅼваⅼться; **entzweigehen** unreg vi (Tasse) разбиⅼваⅼться, разⅼламываться ⟨-ломиться⟩

Epidemie f эпидемия ж

Epilepsie f эпилепсия ж, падучая болезнь ж

Episode f ⟨-, -n⟩ a. THEAT эпизод m

Epoche f ⟨-, -n⟩ эпоха ж

er pron pers он; ◇ ~ **allein** только он; ◇ ~ **ist es** это он; ◇ ~ **selbst** он сам; ◇ **wenn ich** ~ **wäre** если бы я был он

erachten vt считать ⟨счесть⟩, призна⟨ва⟩ть; ◇ **etw für nötig** ~ считать

необходи́|мым что-л; **Erachten** n ‹-s›
◇ **meines ~s** по-мо́ему, на мой
взгляд

erarbeiten vr (Vermögen, Kenntnisse) ◇
sich dat **etw ~** зараба́тывать ‹-бо́тать›
что-л

Erbarmen n ‹-s› жа́лость ж, состра-
да́ние c; **erbärmlich** adj **1** (Behau-
sung) убо́гий **2** (Leistung) сла́бый,
плохо́й **3** (gemein, Verhalten) по́длый,
ни́зкий

erbauen vt (Gebäude) ‹по-›стро́ить, со-
оружа́ть ‹-ди́ть›; **Erbauer(in** f) m ‹-s, -›
строи́тель м, же́нщина-строи́тель ж;
Erbauung f FIG строи́тельство c, сози-
да́ние c

Erbe[1] n ‹-s› **1** (Erbschaft) насле́дство c
2 (Hinterlassenschaft) насле́дие c

Erbe[2] m ‹-n, -n› насле́дник м

erben vt (Vermögen, Begabung) ◇ **etw von**
jd-m ~ ‹у-›насле́довать что-л от кого́-л

erbeuten vt захва́тывать ‹-ти́ть› до-
бы́чу

Erbin f насле́дница ж

erbitten unreg vt выпра́шивать ‹вы́про-
сить›

erbittert adj ожесточённый; (verbittert)
озлобленный

erblassen vi ◇ **vor Neid ~** ло́пнуть от
за́висти

erblich adj насле́дственный, родово́й

erblicken vt ‹у-›ви́деть, замеча́ть ‹-ме́-
тить›

erblinden vi ‹о-›слепну́ть

Erbmasse f BIOL насле́дственные при́-
знаки мн

erbrechen unreg **I.** vt (Essen) вы́рвать
сов что-л **II.** vr ◇ **er hat sich erbrochen**
его́ вы́рвало

Erbrecht n JURA пра́во c насле́дова-
ния

erbringen unreg vt ◇ **e-n Beweis ~** пред-
ста́вить доказа́тельства

Erbschaft f насле́дство c, насле́дие c

Erbse f ‹-, -n› горо́х м

Erdachse f земна́я ось ж, ось ж Зем-
ли́; **Erdbeben** n землетрясе́ние c; **Erd-**
beere f земляни́ка ж; **Erdboden** m
земля́ ж, по́чва ж, грунт м; **Erde** f
‹-, -n› **1** (Planet) Земля́ ж; ◇ **auf ~n** на
земле́, на све́те **2** (Boden) по́чва ж,
грунт м; FIG (realistisch sein) ◇ **mit**
beiden Beinen auf der ~ stehen стоя́ть
обе́ими нога́ми на земле́

erdenklich adj мы́слимый, возмо́ж-
ный

Erdgeschoss n пе́рвый эта́ж м; **Erd-**
kunde f SCH геогра́фия ж; **Erdnuss** f
ара́хис м, земляно́й оре́х м; **Erdöl** n
нефть ж; **Erdreich** n мир м (земно́й)

erdrosseln vt ‹за-›души́ть

erdrücken vt **1** (zu Tode drücken) за-
да́вливать ‹-ви́ть› **2** FIG (Sorgen)
подавля́ть ‹-ви́ть›

Erdrutsch m о́ползень м; **Erdteil** m
часть ж све́та

erdulden vt терпе́ть несов, претер-
пе́|ва́ть, выноси́ть ‹вы́нести›

ereignen vr ◇ **sich ~** проис|ходи́ть
‹-зойти́›, случа́ться ‹-чи́ться›

Ereignis n собы́тие c; (Vorfall) проис-
ше́ствие c

erfahren I. unreg vt **1** (Neuigkeit)
узна|ва́ть, разузна|ва́ть ‹-зна́ть›
2 (erleben) испы́тывать ‹-та́ть›, изве́д|ыв|ать; ◇
etw am eigenen Leibe ~ испыта́ть что-л
на со́бственной шку́ре **II.** adj о́пыт-
ный, све́дущий, искушённый; **Erfah-**
rung f о́пыт м; ◇ **~en austauschen** об-
ме́ниваться о́пытом; **erfahrungsge-**
mäß adv по о́пыту, на осно́ве о́пыта,
эмпири́чески

erfassen vt **1** (Daten, Personalien) со-
би|ра́ть, обра|ба́тывать ‹-бо́тать›, ре-
гистри́ровать несов **2** (ergreifen) заде́-
ва|ть, сби|ва́ть, наез|жа́ть ‹-́ехать›; ◇
der Fußgänger wurde von e-m Auto er-
fasst маши́на сби́ла пешехо́да **3** FIG
(verstehen, Problem) пони|ма́ть ‹-я́ть›,
схва́тывать ‹-ти́ть›, ос|мысля́ть ‹-мы́-
слить›

erfinden unreg vt изобре|та́ть ‹-брести́›,
придум|ыв|ать; **Erfinder(in** f) m изоб-
рета́тель(ница ж) м; **Erfindung** f из-
обрете́ние c

Erfolg m ‹-[e]s, -e› **1** успе́х м, уда́ча ж;
◇ **~ haben** име́ть успе́х **2** (Wirkung)
результа́т м

erfolgen vi (geschehen, stattfinden) ‹по-›
сле́довать, про|исходи́ть ‹-зойти́›;
(Zahlung) производи́ться несов

erfolglos adj (Mensch) неуда́чливый,
неблагополу́чный; (Versuch) безус-
пе́шный, безрезульта́тный, неуда́ч-
ный; **erfolgreich** adj **1** (Person) благо-
получный **2** (Versuch) успе́шный,
уда́чный

erforderlich adj необходи́мый, ну́ж-
ный, тре́буемый; **erfordern** vt ‹по-›
требовать

erforschen vt (Gebiet) иссле́довать не-
сов и сов; (Verhalten) изу|ча́ть ‹-чи́ть›;
(Meinung) разузна́|ва́ть

erfreuen I. vt (jd-n) ‹об-, по-›ра́довать **II.**
vr ◇ **sich** akk **an etw** dat **~** ра́доваться
чему́-л; (genießen) насла|жда́ться
‹-ди́ться› чем-л; ◇ **er erfreut sich bester**
Gesundheit он име́ет хоро́шее здо-
ро́вье; **erfreulich** adj ра́достный, от-
ра́дный; (angenehm) благоприя́тный,
прия́тный

erfrieren unreg vi (Mensch) за|мерза́ть
‹-мёрзнуть›; (Zehen, Pflanzen) отмора́-
живать ‹-ро́зить›

erfrischen I. vr ◇ **sich ~** освежа́ться
‹-жи́ться›, подкрепля́ться ‹-пи́ться›
II. vt освежа́ть ‹-жи́ть›, подкрепля́ть
‹-пи́ть›

erfüllen I. vt ① (Versprechen) выполн|я́ть ‹вы́полнить›; (Pflicht) исполн|я́ть ‹-по́лнить› ② FIG (befriedigen) обна|дёжи|ва›ть, утеша́ть ‹уте́шить› ③ (Zweck) до|стига́ть ‹-сти́гнуть› ④ **erfüllt sein von etw** быть по́лным чего-л **II.** vr (Vorhersage) ◇ **sich ~** испол|н|я́ться ‹-по́лниться›, осуществл|я́ться ‹-ви́ться›

ergänzen I. vt ① (hinzufügen) до|полн|я́ть ‹-по́лнить›, добавл|я́ть ‹-ба́вить› ② (vervollständigen) ‹с-›комплектова́ть **II.** vr ◇ **sich ~** до|полн|я́ться ‹-по́лниться›; **Ergänzung** f дополне́ние с, добавле́ние с, комплетова́ние с

ergeben[1] unreg **I.** vt ① (zeigen, erweisen) ока́зываться ‹-за́ться›; (Betrag) выхо|ди́ть ‹вы́йти›, да|ва́ть ‹-ва́ть›; ◇ **was hat die Untersuchung ~?** что показа́ло рассле́дование? **II.** vr ◇ **sich ~** ① (aufgeben) сда|ва́ться ‹-ва́ться› (dat кому́) ② (zustandekommen) осуществл|я́ться ‹-ви́ться›, сложи́ться сов

ergeben[2] adj ① (demütig, unterwürfig) пре́данный, ве́рный; ◇ **jd-m treu ~ sein** быть кому́-л пре́данным ② (e-r Sucht) быть подве́рженным (dat чему́-л)

Ergebnis n ① (Resultat) a. MATH результа́т м ② (Effekt, Wirkung) после́дствие с, ито́г м; **ergebnislos** adj безрезульта́тный

ergehen unreg **I.** vi (Befehl) издава́ться, быть и́зданным [опублико́ванным]; JURA быть при́нятым [и́зданным]; ◇ **etw über sich akk ~ lassen** терпели́во сноси́ть что-л **II.** vi unpers ◇ **es ist ihr übel ergangen** ей жило́сь пло́хо **III.** vr (leidenschaftlich tun) ◇ **sich ~ in** das разража́ться ‹-зи́ться› бра́нью, рассыпа́ться в похвала́х

ergiebig adj ① (lohnend) вы́годный, стоя́щий, даю́щий хоро́шие результа́ты; (Geschäft) дохо́дный ② (fruchtbar, Boden) плодоро́дный ③ (sparsam, Waschmittel) экономи́чный

ergreifen unreg vt ① (Arm) хвата́ть ‹схвати́ть›, бра́ться ‹взя́ться› ② (Verbrecher) схвати́ть, пойма́ть сов ③ (erschüttern, bewegen) захва́тывать ‹-ти́ть›, тро́гать ‹-нуть› ④ (Beruf) выбира́ть ‹вы́брать›; (Maßnahmen) прин|има́ть ‹-я́ть›; ◇ **die Flucht ~** обрати́ться в бе́гство; **ergriffen** adj тро́нутый, взволно́ванный

ergründen vt иссле́довать несов и сов, про|ника́ть ‹-ни́кнуть› в суть де́ла

erhaben adj ① (erhöht über die Umgebung) возвы́шенный, рельѐфный ② FIG возвы́шенный, благоро́дный; (feierlich) торже́ственный ③ FIG ◇ **über etw** akk **~ sein** быть вы́ше чего-л

erhalten unreg vt ① (Brief, Auszeichnung) получ|а́ть ‹-чи́ть› ② (Bauwerk) охран|я́ть ‹-ни́ть›; (Tierart) сохран|я́ть

‹-ни́ть›; ◇ **gut ~** хорошо́ сохрани́вшийся; **erhältlich** adj кото́рый мо́жет быть полу́чен [ку́плен]; **Erhaltung** f (von Gebäude, Tierart) сохране́ние с

erhängen vtr ◇ **sich ~** ве́шаться ‹пове́ситься›

erhärten I. vt ① (hart machen) ‹с-›де́лать твёрдым ② FIG (These) подтвер|жда́ть ‹-ди́ть›, подкреп|ля́ть ‹-и́ть› **II.** vr ◇ **sich ~** ① (hart werden) ‹за-›тверде́ть ② FIG (sich bestätigen) подтвер|жда́ться ‹-ди́ться›

erheben unreg **I.** vt ① (Glas, Hand etc.) под|нима́ть ‹-ня́ть› ② JURA (Anklage) пода|ва́ть; (Steuern etc.) взима́ть несов, соб|и|ра́ть; ◇ **e-n Anspruch auf etw** akk **~** заявл|я́ть прете́нзию на что-л ④ (Daten) собира́ть да́нные ⑤ **die Stimme ~** повыша́ть го́лос **II.** vr ◇ **sich ~** ① (vom Stuhl) под|нима́ться ‹-ня́ться›, вста|ва́ть ‹-ть› ② (revoltieren, Volk) восста|ва́ть ‹-ть› ③ (emporsteigen, Ballon) под|нима́ться ‹-ня́ться›, взлета́ть ‹-те́ть› ④ (Berg) возвыша́ться ‹-выситься› ⑤ (Frage) возн|ика́ть ‹-ни́кнуть› ⑥ (Wind) нач|ина́ться, под|нима́ться ‹-ня́ться›

erheblich adj ① (wichtig) ва́жный ② (Summe) значи́тельный

erheitern vt ‹раз-›весели́ть кого-л, подня́ть настрое́ние у кого-л

erhitzen I. vt ① (heiß machen) разогре|ва́ть, раскал|я́ть ‹-ли́ть› накал|я́ть ‹-ли́ть› ② FIG (Gemüter) ‹раз-›горячи́ть, возбу|жда́ть ‹-ди́ть› **II.** vr (in Aufregung geraten) ◇ **sich ~** ‹раз-›горячи́ться, возбу|жда́ться ‹-ди́ться›

erhöhen vt ① (Mauer) над|стра́ивать ‹-стро́ить›, возв|оди́ть ‹-вести́› ② (Gehalt) увели́чи|ва›ть; (Preise) по|выша́ть ‹-вы́сить›; (Ansehen) под|нима́ть ‹-ня́ть›

erholen vr ◇ **sich ~** ① (ausruhen) от|ды|ха́ть ‹-дохну́ть› ② (von Schock) прих|оди́ть ‹-йти́› в себя, о|правл|я́ться ‹-пра́виться› от чего-л; **Erholung** f ① (Entspannung) о́тдых м ② (Gesundung) выздоровле́ние с

erinnern I. vt ◇ **jd-n an etw** akk **~** напомина́ть ‹-о́мнить› кого-л о чём-л; ◇ **sie erinnert mich an meine Schwester** она́ напомина́ет мне о мое́й сестре́ **II.** vr ◇ **sich ~** по́мнить несов, вс|помина́ть ‹-по́мнить› (an akk что-л, о чём-л); **Erinnerung** f ① (das Erinnern) воспомина́ние с ② (Andenken) па́мять ж о ком-чём-л; ◇ **zur ~ an** akk на па́мять о ком-чём-л

erkälten vr ◇ **sich ~** просту|жа́ться ‹-ди́ться›; **Erkältung** f просту́да ж

erkennen unreg **I.** vt ① (wahrnehmen, sehen) узна|ва́ть, ‹-ть› ② (Unterschied) различ|а́ть ‹-чи́ть› ③ (jd-n, etw wieder-) опозна́|ва›ть, узна|ва́ть (an dat по чему́-л)

③ (Fehler) призна‹ва́›ть, осозна‹ва́›ть ④‹› jd-m etw zu ~ geben дать поня́ть кому́-л что-л; ‹› sich zu ~ geben откры́ться, дать кому́-л себя́ узна́ть II. vi JURA ‹› ~ auf akk выноси́ть ‹вы́нести› пригово́р [постановле́ние]; erkenntlich adj призна́тельный, благода́рный (für за); ‹› sich ~ zeigen выража́ть призна́тельность; Erkenntnis f позна́ние с, созна́ние с; (Urteil) пригово́р м, суде́бное реше́ние с

erklären vt ① (darlegen) объясня́ть ‹-ни́ть›, толкова́ть несов, истолко́вывать ‹-ва́ть› (jd-m etw кому́-л что-л) ② (Vorgang, Verhalten) заявля́ть ‹-ви́ть›; ‹› sich für etw ~ выска́зываться за что-л ③ (Krieg) объявля́ть ‹-ви́ть›; ‹› e-e Firma für bankrott ~ объяви́ть фи́рму банкро́том; erklärlich adj (verständlich) поня́тный, объясни́мый; Erklärung f ① (Deutung, Auslegung) объясне́ние с, разъясне́ние с, поясне́ние с ② (Mitteilung, Verkündung) заявле́ние с, объявле́ние с; ‹› e-e ~ abgeben ‹с-›де́лать заявле́ние

Erkrankung f заболева́ние с
erkunden vt ① (Gegend) разве́д‹ыв›ать ② (Pläne) разузна‹ва́›ть
erkundigen vr‹› sich akk ~ nach jd-m/etw справля́ться несов о ком/чём-л, осведомля́ться несов о ком/чём-л; Erkundigung f ① (das Erkunden) осведомле́ние с, наведе́ние с спра́вок, разузнава́ние с ② (Auskunft) спра́вка ж; ‹› ~en einholen наводи́ть спра́вки

Erlass m ‹-es, -e› ① (Weisung, Verordnung) указ м, постановле́ние с, предписа́ние с, распоряже́ние с ② (Aufhebung, von Strafe) сня́тие с, отме́на ж, освобожде́ние с; erlassen unreg vt ① (verordnen) отдава́ть распоряже́ние с (setz) издава́ть ② (Strafe) ‹› jd-m etw ~ освобо‹жда́ть ‹-ди́ть› кого́-л от чего́-л

erlauben I. vt разреш‹а́ть ‹-ши́ть›, позв‹оля́ть ‹-во́лить›; ‹› jd-m ~, etw zu tun разреши́ть кому́-л сде́лать что-л II. vr‹› sich dat etw ~ ① (sich leisten) позволя́ть ‹-во́лить› себе́ что-л ② (sich anmaßen) взять на себя́ сме́лость, име́ть на́глость; ‹› was ~ Sie sich? ты сме́ете?; Erlaubnis f (Genehmigung) разреше́ние с, позволе́ние с

erläutern vt объясн‹я́ть ‹-ни́ть›, поясня́ть ‹-ни́ть›
erleben vt ① (dabei sein) быть свиде́телем чего́-л; (Vorfall) прису́тствовать несов при чём-л ② (erfahren) узна‹ва́›ть; (durchleben) пережи‹ва́›ть; (Enttäuschung) испы́тывать ‹-та́ть›; Erlebnis n (Erfahrung) пережива́ние с; (Ereignis) собы́тие с; (Abenteuer) приключе́ние с
erledigen vt ① (Arbeit) выполня́ть ‹вы́полнить›, зак‹а́нчивать ‹ко́нчить›;

(Einkauf) ‹с-›де́лать; (Sache) ула́‹живать ‹-дить› ② FAM (jdn ermüden) утомля́ть ‹-ми́ть› кого́-л; ‹› total erledigt sein безу́мно уста́ть ③ FAM (geschäftlich) поко́нчить с кем-л

erlegen vt (Wild) уби‹ва́›ть
erleichtern vt (leichter machen) облегча́ть ‹-ле́гчить›; FIG ‹› sein Gewissen ~ облегчи́ть свою́ со́весть; erleichtert adj облегчённый; Erleichterung f ① (von Last, Schmerz) облегче́ние с ② (von Angst, Sorge) избавле́ние с
erleiden unreg vt (Niederlage, Verlust) ‹по-›терпе́ть; (ertragen) пере‹нос‹и́ть ‹-нести́›
erlernen vt (Handwerk, Sprache) изу‹ча́ть ‹-чи́ть›, обу‹ча́ться ‹-чи́ться› чему́-л
erlesen adj ① (Essen, Wein) изы́сканный ② (Publikum) и́збранный, (Geschmack) утончённый
erleuchten vt ① (Zimmer) освеща́ть ‹-ти́ть› ② FIG (Geist) оза‹ря́ть ‹-ри́ть›, просве‹ща́ть ‹-ти́ть›; Erleuchtung f ① (von Zimmer) освеще́ние с ② FIG (Erkenntnis) озаре́ние с, просветле́ние с
erliegen unreg vi‹› e-r Versuchung ~ подда́ться искуше́нию, не устоя́ть пе́ред собла́зном; ‹› e-r Krankheit ~ умере́ть от боле́зни
Erlös m ‹-es, -e› (Ertrag) дохо́д м, при́быль ж; (aus Verkauf) вы́ручка ж
erlöschen vi (Feuer, Vulkan) по‹туха́ть ‹-ту́хнуть›, ‹по-›га́снуть
erlösen vt (retten) спаса́ть ‹спасти́›; (befreien) освобо‹жда́ть ‹-ди́ть›; REL (von Schuld) из‹бавля́ть ‹-ба́вить›; Erlösung f ① (Rettung) спасе́ние с, освобожде́ние с ② REL избавле́ние с
Ermächtigung f ① (Erlaubnis) разреше́ние с, предоставле́ние с пра́ва ② (Vollmacht) полномо́чие с
ermahnen vt приз‹ыва́ть, предостере‹га́ть ‹-ре́чь› (zu к чему́-л, от чего́-л); Ermahnung f увещева́ние с

 um Erlaubnis bitten

Мо́жно мне позвони́ть с твоего́ моби́льного телефо́на?
Könnte ich mal von deinem Handy aus anrufen?
Тебе́ не помеша́ет, е́сли я закурю́?
Macht es dir etwas aus, wenn ich rauche?
Ничего́, е́сли я сейча́с уйду́?
Ist es in Ordnung, wenn ich jetzt gehe?
Мо́жно мне ещё немно́жко вина́?
Kann ich vielleicht noch ein kleines bisschen Wein haben?
Здесь разреша́ется ста́вить маши́ну?
Darf man hier parken?

ermäßigen *vt* уменьша́ть ‹уме́ньшить›, снижа́ть ‹сни́зить›; (*Preise*) по|нижа́ть ‹-ни́зить›; ◇ **zu ermäßigten Preisen** по сни́женным це́нам; **Ermäßigung** *f* сниже́ние *с*, ски́дка *ж*, усту́пка *ж*, льго́та *ж*

ermessen *unreg vt* (*abschätzen, beurteilen*) взве́шивать ‹-сить›, суди́ть *несов*, де́лать вы́вод; (*Lage*) определя́ть ‹-ли́ть›; **Ermessen** *n* ‹-s› усмотре́ние *с*, соображе́ние *с*, мне́ние *с*; ◇ **ich überlasse es Ihrem** ~ оставля́ю э́то на Ва́ше усмотре́ние

ermitteln I. *vt* (*herausfinden*) узна|ва́>ть, разузна|ва́>ть; (*Verbrecher*) устана́вливать ‹-нови́ть›, разы́скивать ‹-ка́ть› **II.** *vi* ◇ **gegen jd-n** ~ вести́ рассле́дование про́тив кого́-л; **Ermittlung** *f* ① (*Feststellung*) установле́ние *с*, определе́ние *с*, выясне́ние *с* ② JURA рассле́дование *с*, сле́дствие *с*

ermöglichen *vt* ‹с-›де́лать возмо́жным; ◇ **jd-m etw** ~ дать кому́-л возмо́жность, способствовать чему́-л

ermorden *vt* (*jd-n*) уби|ва́>ть; **Ermordung** *f* уби́йство *с*

ermüden I. *vt* (*müde machen*) утоми|ля́ть ‹-ми́ть›, изму́чить *сов* **II.** *vi* (*müde werden*) уста|ва́>ть, утоми|ля́ться ‹-ми́ться›; **ermüdend** *adj* (*Reise*) утоми́тельный; (*Rede*) утомля́ющий; **Ermüdung** *f* (*Müdigkeit*) уста́лость *ж*

ermuntern *vt* ① (*aufheitern*) ободря́ть ‹обо́дрить› ② (*auffordern, anregen*) побужда́ть ‹-уди́ть›, вдохно|вля́ть ‹-ви́ть› (*zu* к чему́-л, на что-л)

ermutigen *vt* ободря́ть ‹обо́дрить› кого́-л, прида|ва́>ть бо́дрости кому́-л

ernähren I. *vt* ① (*Nahrung geben*) пита́ть *несов*, ‹по-›корми́ть ② FIG (*Familie*) содержа́ть *несов* **II.** *vr* ◇ **sich** ~ ‹про-›корми́ться; **Ernährung** *f* ① (*Vorgang*) кормле́ние *с*, вска́рмливание *с* ② (*Nahrung*) пита́ние *с* ② (*Unterhalt*) содержа́ние *с*

ernennen *unreg vt* назнача́ть ‹-зна́чить›; ◇ **er wurde zum Stellvertreter ernannt** он был назна́чен замести́телем; **Ernennung** *f* назначе́ние *с*

erneuern *vt* ① (*Haus, Dach*) ‹от-›реставри́ровать; (*Gerät*) обновля́ть ‹-ви́ть› ② (*ersetzen*) заме|ня́ть ‹-ни́ть› ③ (*sanieren, Firma*) возро|жда́ть ‹-ди́ть› ④ (*Vertrag*) возобно|вля́ть ‹-ви́ть› ⑤ (*Freundschaft*) возро|жда́ть ‹-ди́ть›; **erneut I.** *adj* обновлённый, но́вый **II.** *adv* (*wieder*) сно́ва, опя́ть

erniedrigen *vt* (*demütigen*) унижа́ть ‹уни́зить›

ernst *adj* ① (*allg.*) серьёзный; (*streng*) стро́гий; ◇ **jd-n/etw** ~ **nehmen** серьёзно относи́ться к кому́-л, к чему́-л ② (*Zustand*) опа́сный, серьёзный; **Ernst** *m* ‹-es› ① (*allg.*) серьёзность *ж*; ◇ **das ist**

mein ~ я не шучу́; ◇ ~ **machen mit etw** принима́ть всерьёз что-л ② (*Bedrohlichkeit*) значи́тельность *ж*, серьёзность *ж*, угрожа́ющий хара́ктер *м*; **Ernstfall** *m* ◇ **im** ~ в слу́чае действи́тельной опа́сности; **ernst gemeint** *adj* серьёзный; **ernsthaft** *adj* (*Angebot*) ва́жный, значи́тельный; (*Krankheit, Problem*) серьёзный; **ernstlich I.** *adj* серьёзный, настоя́тельный **II.** *adv* серьёзно, всерьёз

Ernte *f* ‹-, -n› урожа́й *м*; (*Getreide~*) жа́тва *ж*; **ernten** *vt* ① (*Getreide*) убира́ть урожа́й, убира́ть хлеб с по́ля ② FIG пожина́ть *несов*, заслужи́ть *сов*

Ernüchterung *f* ① (*von Rausch*) протрезвле́ние *с* ② FIG отрезвле́ние *с*, разочарова́ние *с*

erobern *vt* ① MIL (*Land*) завоёвывать ‹-воева́ть›; (*Stadt, Festung*) захва́тывать ‹-ти́ть› ② FIG (*Herz, Publikum*) поко|ря́ть ‹-ри́ть›, плен|я́ть ‹-ни́ть›; **Eroberung** *f* завоева́ние *с*, захва́т *м*

eröffnen I. *vt* ① (*Laden, Restaurant*) откры|ва́>ть ② (*beginnen*) нач|ин|а́ть ③ FIG (*mitteilen*) сообща́ть ‹-щи́ть›; ◇ **jd-m etw** ~ сообща́ть кому́-л что-л **II.** *vr* (*Möglichkeit*) ◇ **sich** ~ откры|ва́>ться, пред|ставля́ться ‹-ста́виться›; **Eröffnung** *f* ① (*von Geschäft*) откры́тие *с* ② (*von Sitzung*) нача́ло *с*, откры́тие *с* ③ (*Mitteilung*) сообще́ние *с*, раскры́тие *с*

erogen *adj* (*Zone*) возбуди́мый, раздражи́мый

erörtern *vt* (*Thema*) обсужда́ть ‹-ди́ть›, рас|сма́тривать ‹-смотре́ть›

Erosion *f* эро́зия *ж*

Erotik *f* эро́тика *ж*; **erotisch** *adj* эроти́ческий

erpicht *adj* ◇ ~ **sein auf** *akk* быть па́дким на что-л, сходи́ть с ума́ по чему́-л

erpressen *vt* ① (*Lösegeld, Geständnis*) вымога́ть *несов*, вынужда́ть ‹вы́нудить› ② (*jd-n*) шантажи́ровать *несов* кого́-л; **Erpresser(in** *f*) *m* ‹-s, -› вымога́тель(ница *ж*) *м*; **Erpressung** *f* вымога́тельство *с*, шанта́ж *м*

erproben *vt* (*jd-n, Treue, Ausdauer*) испы́тывать ‹-та́ть›, подверга́ть ‹-ве́ргнуть› испыта́нию; (*Heilmittel*) ‹по-›про́бовать

erraten *unreg vt* (*Lösung, Geheimnis*) уга́дывать ‹-да́ть›, разга́дывать ‹-да́ть›

erregen I. *vt* ① (*aufregen, erzürnen*) ‹вз-›волнова́ть ② (*sexuell*) возбу|жда́ть ‹-ди́ть› ③ (*hervorrufen, Zweifel*) вызыва́ть ‹вы́звать› **II.** *vr* (*sich aufregen*) ◇ **sich** ~ (*über akk* из-за чего́-л); **Erreger** *m* ‹-s, -› (*von Krankheiten*) возбуди́тель *м*; **Erregung** *f* (*Erregtheit*) взволно́ванность *ж*, возбужде́ние *с*, волне́ние *с*

erreichbar *adj* ① (*Ort*) достижи́мый,

досту́пный ② (telefonisch) ◇ **er ist nie ~** его́ никогда́ не заста́нешь; **erreichen** vt ① (Ziel, Alter) до|стига́ть ⟨-сти́гнуть⟩; (einholen) до|гоня́ть ⟨-гна́ть⟩, на|сти-га́ть ⟨-сти́гнуть⟩ ② (Person) заста-⟨ва́⟩ть; (telefonisch) дозва́ниваться ⟨-зва́ться⟩ ③ (verwirklichen) осуществля́ть ⟨-ви́ть⟩ ④ (durch-setzen) доби|ва́ться

errichten vt ① (Gebäude, Denkmal) возводи́ть ⟨-вести́⟩ ② (gründen, Filiale) учрежда́ть ⟨-ди́ть⟩

erringen unreg vt (Sieg) доби|ва́ться

erröten unreg vi (Person) по-красне́ть

Ersatz m ⟨-es⟩ ① (das Ersetzen) заме́на ж ② (Gegenwert, Ausgleich) замени́тель м, компенса́ция ж; (Entschädigung) возмеще́ние c ③ (Reserve) запа́с м, пополне́ние c; **Ersatzdienst** m MIL гражда́нская слу́жба ж, заменя́ю-щая вое́нную слу́жбу; **Ersatzreifen** m AUTO запасна́я ши́на ж; **Ersatzteil** n запасна́я часть ж

erscheinen unreg vi ① (sich einfinden, kommen) по|явля́ться ⟨-ви́ться⟩, прихо-ди́ть ⟨-йти́⟩; (bei Arbeit, Party) явля́ться ⟨яви́ться⟩; (als Zeuge) предста⟨ва́⟩ть ② (Buch, Zeitung) выходи́ть ⟨вы́йти⟩ из печа́ти ③ (sich darstellen) предста-вля́ть ⟨-ста́вить⟩ себе́; ◇ **das erscheint mir bemerkenswert** э́то ка́жется мне примеча́тельным; **Erscheinung** f ① (Auftreten) ◇ **äußere ~** вне́шнее про-явле́ние c ② (Gegebenheit) явле́ние c, факт м ③ (Vision) виде́ние c, при́зрак м

erschießen unreg vt застре́ливать ⟨-ли́ть⟩; (hinrichten) расстре́ливать ⟨-ля́ть⟩

erschlagen unreg vt ① (durch Schlag tö-ten) уби|ва́ть ⟨-ва́ть⟩ ② FIG ◇ **sich wie ~ füh-len** о́чень уста́ть

erschöpfen vt ① (jd-n) утомля́ть ⟨-ми́ть⟩ кого́-л ② (Reserven, Thema) исче́рпывать ⟨-па́ть⟩; **erschöpfend** adj ① (Marsch) утоми́тельный ② FIG (Ant-wort) исче́рпывающий; **Erschöpfung** f изнеможе́ние c, истоще́ние c, изну-ре́ние c

erschrecken ⟨erschreckte, hat erschreckt⟩ vt ⟨ис-⟩пуга́ть

erschrecken ⟨erschrak, ist erschrocken⟩ vi ⟨ис-⟩пуга́ться, прийти́ в у́жас

erschreckend adj ужаса́ющий, стра́ш-ный

erschüttern vt ① (Erdboden) сотряса́ть ⟨-сти́⟩, ⟨по-⟩колеба́ть ② (jd-n stark erre-gen) потряса́ть ⟨-сти́⟩; **Erschütterung** f ① (Beben) колеба́ния мн земли́, под-зе́мные толчки́ мн ② (Rührung) потря-се́ние c, растро́ганность ж, умиле́-ние c

erschweren vt затрудня́ть ⟨-ни́ть⟩; (Ar-beit) осложня́ть ⟨-ни́ть⟩

erschwinglich adj (bezahlbar) общедо-сту́пный, досту́пный

ersehen unreg vt ◇ **daraus ersieht man, dass ...** из э́того ви́дно [сле́дует], что...

ersetzbar adj замени́мый; **ersetzen** vt ① (auswechseln) заменя́ть ⟨-ни́ть⟩ ② (vertreten) замеща́ть ⟨-сти́ть⟩; ◇ **jd-m den Vater ~** заменя́ть кому́-л отца́ ③ (Unkosten) возмеща́ть ⟨-сти́ть⟩; (Scha-den) компенси́ровать несов и сов; ◇ **jd-m etw ~** возмеща́ть кому́-л что-л

ersichtlich adj (Grund) ви́димый, я́в-ный, очеви́дный

ersparen vt ① (Geld) ⟨на-⟩копи́ть, ⟨с-⟩эконо́мить ② (verschonen mit) изба-вля́ть ⟨-ба́вить⟩, уберега́ть ⟨-ре́чь⟩; **Ersparnis** f ① (Einsparung) эконо́мия ж ② ◇ **~se** f pl сбереже́ния мн

erst adv ① (zunächst) снача́ла, внача́ле; ◇ **~ einmal** пре́жде всего́ ② (anfangs) снача́ла; ◇ **~ kamen die Gäste, dann ...** снача́ла пришли́ го́сти, пото́м ... ③ (vorher) неда́вно ④ (nicht eher als) (то́лько) лишь; ◇ **sie kommt ~ morgen** она́ прие́дет лишь за́втра ⑤ (nicht mehr als) не бо́льше чем; ◇ **sie ist ~ 18 Jahre alt** ей всего́ лишь 18 лет ⑥ (gar) ◇ **und ich ~!** пото́м уж я

erstatten vt ① (Unkosten) возмеща́ть ⟨-сти́ть⟩ ② ◇ **Anzeige ~** до|носи́ть ⟨-не-сти́⟩, сообща́ть ⟨-щи́ть⟩; ◇ **Bericht ~** до|кла́дывать ⟨-ложи́ть⟩

Erstaufführung f THEAT, FILM пре-мье́ра ж

erstaunen I. vt удивля́ть ⟨-ви́ть⟩, изум-ля́ть ⟨-ми́ть⟩ II. vi (sich wundern) ◇ **ich bin erstaunt darüber, dass ...** я удивлён тем, что...; **Erstaunen** n ⟨-s⟩ удивле́ние c, изумле́ние c; **erstaunlich** adj удиви́-тельный, порази́тельный

erstbeste(r, s) adj PEJ любо́й [пе́рвый] попа́вшийся

erste(r, s) adj пе́рвый/-ая, -ое; ◇ **als E~ am Ziel ankommen** прийти́ к фи́нишу пе́рвой; ◇ **das E~, was ich gesehen habe** пе́рвое, что я уви́дел; ◇ **Moskau, ~n Dezember** Москва́, 1-го декабря́

erstechen unreg vt за|ка́лывать ⟨-ко-ло́ть⟩

erstehen unreg I. vt (kaufen) приобре|-та́ть ⟨-сти́⟩, покупа́ть ⟨купи́ть⟩ II. vi (entstehen) возрожда́ться ⟨-ди́ться⟩; (Stadt) возника́ть ⟨-ни́кнуть⟩

erstens adv во-пе́рвых; **erstere(r, s)** pron пе́рвый из двух

ersticken I. vt (jd-n, Revolte) пода|вля́ть ⟨-ви́ть⟩, ⟨за-⟩души́ть II. vi (Mensch) задыха́ться ⟨-дохну́ться⟩

erstmalig adj (Begegnung) пе́рвый; **erstmals** adv впервы́е, в пе́рвый раз

erstrebenswert adj (Ziel) досто́йный того́, что́бы его́ добива́ться

erstrecken vr (räumlich, zeitlich) ◇ **sich ~** распространя́ться ⟨-ни́ться⟩, про|сти-ра́ться ⟨-стере́ться⟩; (über, auf akk на что-л)

ersuchen vt ◇ **jd-n um etw** ~ ‹по-›проси́ть кого́-л о чём-л

ertappen vt (jd-n) пойма́ть сов, застига́ть ‹-сти́гнуть› кого́-л (bei за); ◇ **jd-n auf frischer Tat** ~ пойма́ть кого́-л на ме́сте преступле́ния

erteilen vt (Auftrag) отда́‹ва́›ть; (Auskunft, Vollmacht) да‹ва́›ть, предо‌ста́вля́ть ‹-ста́вить›, преподава́ть несов; (Audienz, Dank) да‹ва́›ть

Ertrag m ‹-[e]s, -träge› (Gewinn) при́быль ж; (Ernte) урожа́й м, урожа́йность ж; (Erlös) вы́ручка ж, дохо́д м

ertragen unreg vt перено́си́ть ‹-нести́›, ‹вы́-›терпе́ть; **erträglich** adj ① (Schmerzen, Leben) сно́сный, терпи́мый ② (Leistung) дохо́дный, при́быльный

erträumen vt гре́зить несов о чём-л; ◇ **sich** dat **etw** ~ вообража́ть несов что-л

ertrinken unreg vi ‹по-›тону́ть

erübrigen vr ◇ **sich** ~ быть изли́шним; ◇ **es erübrigt sich, darauf zu antworten** нет смы́сла отвеча́ть на э́то

erwachen vi ① (aufwachen) про‌сыпа́ться ‹-сну́ться›, пробу‌жда́ться ‹-ди́ться› ② FIG (entstehen) пробу‌жда́ться ‹-ди́ться›

erwachsen adj взро́слый; **Erwachsene(r)** fm взро́слый м, взро́слая ж; **Erwachsenenbildung** f обуче́ние с взро́слых

erwägen ‹erwog, erwogen› vt ① (in Betracht ziehen) принима́ть ‹-я́ть› во внима́ние ② (prüfen) обду́м‹ыв›ать; **Erwägung** f ① (Überlegung) соображе́ние с; ◇ **in** ~ **ziehen** принима́ть что-л во внима́ние ② (Prüfung) обду́мывание с, взве́шивание с

erwähnen vt упомина́ть несов; ◇ **davon ist nichts erwähnt worden** об э́том ничего́ не́ было ска́зано

erwarten vt ① (Brief, Kind etc.) ждать несов, ожида́ть несов; ◇ **etw kaum ~ können** с нетерпе́нием ожида́ть чего́-л ② (hoffen auf, rechnen mit) ‹по-›наде́яться, рассчи́тывать несов; ◇ **das war zu** ~ на э́то сле́довало ожида́ть; **Erwartung** f ① (Warten) ожида́ние с ② (Hoffnung) наде́жда ж

erweisen unreg **I.** vt (Gunst, Vertrauen) ока́зывать ‹-за́ть› дове́рие (jd-m кому́-л); (Dankbarkeit) ‹от-›благодари́ть (jd-n кого́-л); (Dienst) ока́зывать ‹-за́ть› услу́гу (jd-m кому́-л) **II.** vr ◇ **sich** ~ **als** ока́зываться ‹-за́ться› кем-чем-л

Erwerb m ‹-[e]s, -e› ① (~stätigkeit) ремесло́ с, заня́тие с, трудова́я де́ятельность ж ② (Lohn) за́работок м, дохо́д м ③ (Kauf, Anschaffung) приобрете́ние с, поку́пка ж; **erwerben** unreg vt ① (kaufen) покупа́ть ‹купи́ть› ② (Kenntnisse) приобре‌та́ть ‹-сти́›, овладе́‹ва́›ть; **erwerbslos** adj безрабо́тный;

erwerbstätig adj занима́ющийся како́й-л де́ятельностью, трудово́й

erwidern vt ① (entgegnen) от‌веча́ть ‹-ве́тить›, возража́ть ‹-зи́ть› (jd-m etw кому́-л, на что-л) ② (Gefälligkeit, Gruß) отвеча́ть на что-л; (Gefühl) отвеча́ть взаи́мностью

erwiesen adj (Schuld) дока́занный

erwischen vt ① (Verbrecher) лови́ть ‹пойма́ть›; FAM схвати́ть сов; (Bus) успе́‹ва́›ть ② FAM ◇ **mich hat's erwischt** я попа́лся, мне не повезло́

erwog impf v. **erwägen**

erwünscht adj жела́тельный, жела́нный

erzählen vt (Geschichte) расска́зывать ‹-за́ть›; **Erzählung** f ① (von Begebenheit) расска́з м, повествова́ние с ② (literarische Gattung) нове́лла ж

erzeugen vt ① (herstellen, Waren) производи́ть ‹-вести́›, выпуска́ть ‹вы́пустить› ② (hervorbringen, Energie) выраба́тывать ‹вы́работать› ③ (hervorrufen, Angst) поро‌жда́ть ‹-ди́ть›, вызыва́ть ‹вы́звать›; **Erzeugnis** n изде́лие с, проду́кт м; **Erzeugung** f (Herstellung) произво́дство с, вы́работка ж, вы́пуск м

erziehen unreg vt (Kind) воспи́тывать ‹-та́ть›; **Erziehung** f воспита́ние с

erzielen vt (Ergebnis) доби́‹ва́›ться, до‌стига́ть ‹-сти́чь› чего́-л

es pron pers (3. Pers. sg, sächlich) (nom u. akk) ① (für Personen und Sachen) (Subjekt); ◇ ~ **ist 8 Jahre alt** ему́ [ребёнку] 8 лет (Objekt); ◇ **ich sehe** ~ я ви́жу э́то [его́, её] ② (für Satzinhalt, Wort, Vorgang); ◇ **er will** ~ **tun** он хо́чет э́то сде́лать; ◇ ~ **hat keinen Sinn** э́то не име́ет смы́сла; ◇ ~ **hat nicht weh getan** бы́ло не бо́льно; ◇ **ich mag** ~ я люблю́ э́то ③ (zur Verstärkung) ~ **ist mein Mann, der kocht** мой муж уме́ет гото́вить ④ (als Genitivobjekt, für dessen) ◇ **ich bin** ~ **müde, das zu wiederholen** я уже́ уста́л повторя́ть э́то ⑤ unpers ◇ ~ **ist spät** по́здно; ◇ ~ **ist zwei Uhr** два часа́; ◇ ~ **regnet/schneit** идёт дождь/снег; ◇ ~ **schläft sich gut hier** здесь хорошо́ спи́тся

Esel m ‹-s, -› ① ZOOL осёл м ② FAM ◇ **du alter** ~! ста́рый осёл!

essen ‹isst, aß, gegessen› vt, vi ‹съ-›есть, ‹по-›ку́шать; **Essen** n ‹-s, -› ① еда́ ж; (Abend-) у́жин м ② (Nahrung) ку́шанье с; (Verpflegung, Kost) пита́ние с

essenziell, essentiell adj суще́ственный

Essig m ‹-s, -e› у́ксус м

Esszimmer n столо́вая ж

Este m эсто́нец м; **Estin** f эсто́нка ж; **Estland** n Эсто́ния ж

etablieren vr ◇ **sich** ~ ① (sich niederlassen) учре‌жда́ть ‹-ди́ть›, устра́иваться ‹-ро́иться› ② (in Gesellschaft) заня́ть ме́сто, утверди́ться в (о́бществе)

Etappe f <-, -n> (Teilstrecke) эта́п м; (Zeitabschnitt) пери́од м

Etat m <-s, -s> бюдже́т м

etepetete adj FAM (zimperlich, geziert) чо́порный, разбо́рчивый; ◇ **sei doch nicht so ~!** не жема́нься же!

Ethik f э́тика ж, мора́ль ж

etliche pron (indefinit) **1** (substantivisch) ◇ **~ sind gekommen** не́которые пришли́ **2** (adjektivisch) ◇ **Male** не́сколько раз; ◇ **~ Tage** не́сколько дней; **etliches** pron ко́е-что

etwa adv **1** (ungefähr) о́коло, приблизи́тельно, приме́рно; ◇ **er hat ~ fünf Scheiben gegessen** он съел о́коло пяти́ куско́в **2** (zum Beispiel) наприме́р; ◇ **nehmen wir ~ seinen Vater** возьмём, наприме́р, его́ отца́ **3** (womöglich) ра́зве, неуже́ли; ◇ **du bist doch nicht ~ pleite?** неуже́ли ты обанкро́тился? ◇ **meinen Sie nicht ~, dass?** не ду́маете ли Вы, что?

etwas I. pron **1** (adverbial) немно́го, не́что, что-нибу́дь, ко́е-что, что-либо; ◇ **~ besser** немно́го лу́чше; ◇ **~ Gutes** что-нибу́дь хоро́шее; ◇ **hast du ~ gehört?** ты что-нибу́дь слы́шал?; ◇ **möchten Sie noch ~ Reis?** хоти́те ещё немно́го ри́са? **2** (substantivisch) ◇ **das ist doch ~!** э́то уж ко́е что!

Etymologie f этимоло́гия ж

EU f Abk. v. **Europäische Union** Европе́йский Сою́з

euch I. pron pers akk v. **ihr** (2. Person pl) вас **II.** pron pers dat v. **ihr** (2. Person pl) вам

Eule f <-, -n> ZOOL сова́ ж

eure(r, s) pron poss v. **ihr** (2. Person pl) **1** (adjektivisch) (sg) ваш(а, е); ◇ **ist das euer Haus?** э́то ваш дом?; (pl) ва́ши; ◇ **~ Töchter** ва́ши до́чери **2** (substantivisch) ваш(а, е); (pl) ва́ши; ◇ **wessen Auto ist das? – es ist ~s** чья э́то автомаши́на? – ва́ша

euerseits adv с ва́шей стороны́; **euretwegen** adv **1** (euch zuliebe) ра́ди вас; ◇ **~ sind wir so weit gefahren** ра́ди вас мы пое́хали так далеко́ **2** (negativ) из-за вас; ◇ **alles nur ~** всё из-за вас

Euro m <-s -> е́вро м

Europa n <-s> Евро́па ж; ◇ **in/nach ~** в Евро́пе/в Евро́пу; **Europäer(in** f) m <-s, -> европе́ец м, европе́йка ж; **europäisch** adj европе́йский; **Europameister(in** f) m SPORT чемпио́н(ка ж) м Евро́пы

Euter n <-s, -> вы́мя с

evakuieren vt эвакуи́ровать несов и сов

evangelisch adj евангели́ческий, ева́нгельский; **Evangelium** n ева́нгелие с

eventuell I. adj возмо́жный, эвентуа́льный **II.** adv при слу́чае, смотря́ по обстоя́тельствам, пожа́луй

ewig I. adj ве́чный; ◇ **ich habe diese ~en Klagen satt!** с меня́ хва́тит э́тих ве́чных жа́лоб!, мне надое́ли э́ти ве́чные жа́лобы! **II.** adv ве́чно, беспреста́нно; ◇ **das dauert ja ~!** э́то дли́тся уже́ це́лую ве́чность!; **Ewigkeit** f ве́чность ж

exakt adj то́чный, пунктуа́льный, аккура́тный

Examen n <-s, - o. Examina> экза́мен м

Exemplar n <-s, -e> экземпля́р м

Exil n <-s, -e> ссы́лка ж, изгна́ние с; ◇ **im ~ leben** жить в ссы́лке, находи́ться в изгна́нии

Existenz f существова́ние с; (Leben) бытие́ с; **Existenzminimum** n прожи́точный ми́нимум м; **existieren** vi существова́ть несов

exklusiv adj исключи́тельный, и́збранный

Exkurs m <-, -e> отступле́ние с, э́кскурс м

exotisch adj экзоти́ческий

Expansion f экспа́нсия ж; (Ausdehnung) распростране́ние с

Expedition f a. COMM экспеди́ция ж

Experiment n экспериме́нт м; **experimentieren** vi эксперименти́ровать несов, производи́ть о́пыты (mit etw с чем-л)

Experte m <-n, -n>, **Expertin** f экспе́рт м; све́дущий (о́пытный) челове́к м

explodieren vi взрыва́ться <взорва́ться>, разрыва́ться <-орва́ться>; **Explosion** f взрыв м, разры́в м; **explosiv** adj взрывно́й, взры́вчатый

Exponent m MATH показа́тель м

Export m <-s, -e> э́кспорт м, вы́воз м; **Exportartikel** m COMM статья́ ж вы́воза, предме́т м э́кспорта; **exportieren** vt экспорти́ровать несов и сов, вывози́ть <вы́везти>

Expressgut n груз м осо́бой сро́чности

extra I. adj <inv> FAM (besonders, speziell) специа́льный, осо́бенный, осо́бый **II.** adv **1** (gesondert) отде́льно, обосо́бленно **2** (speziell) специа́льно; ◇ **das ist ~ für Sie** э́то специа́льно для Вас **3** (absichtlich) наро́чно **4** (besonders) осо́бенно; **Extra** n <-s, -s> (Sonderleistung, Zubehör) что-то осо́бенное с, дополни́тельная часть ж (к чему-л); **Extraausgabe** f специа́льное изда́ние с; **Extrablatt** n э́кстренный вы́пуск м газе́ты

Extrakt m <-[e]s, -e> (Pflanzen~) экстра́кт м, вы́тяжка ж

extrem adj кра́йний, преде́льный; **extremistisch** adj POL экстреми́стский

exzentrisch adj (Kreis, Person) эксцентри́ческий, эксцентри́чный

Exzess m <-es, -e> эксце́сс м, сканда́л м; ◇ **bis zum ~** до сканда́ла

F, f n ① (*Buchstabe*) Ф, ф ② MUS фа
Fabel f <-, -n> (*Tier~*) ба́сня ж, ска́зка ж;**fabelhaft** adj (*toll, fantastisch*) чуде́сный, замеча́тельный, превосхо́дный
Fabrik f (*Papier~, Spielzeug~*) фа́брика ж, заво́д м;**Fabrikant** (in f) m ① (*Hersteller/in*) изготови́тель(ница ж) м ② (*Besitzer/in*) фабрика́нт м/ж, владе́лец м, владе́лица ж;**Fabrikarbeiter** (in f) m фабри́чный рабо́чий м, фабри́чная рабо́тница ж
Fabrikat n (*Marken~*) фабри́чное изде́лие с, фабрика́т м;**Fabrikation** f (*Produktion*) произво́дство с, изготовле́ние с;**fabrizieren** vt PEJ (*Schrott, Mist*) изгото́влять <-то́вить>, <с->фабрикова́ть
Fach n <-[e]s, Fächer> ① (*Schub~*) я́щик м (стола́); (*Regal~*) по́лка ж ② (*Wissensgebiet*) о́трасль ж, о́бласть ж; ◇ **eine Frau vom ~** специали́стка ж ③ (*Schul~, Studien~*) предме́т м (обуче́ния); **Facharbeiter** m (*am Bau*) квалифици́рованный рабо́чий м, специали́ст м;**Facharzt m,Fachärztin** f врач-специали́ст м;**Fachausdruck** m <-drücke> те́рмин м, специа́льное выраже́ние с
Fächer m <-s, -> ве́ер м, опахáло с
Fachidiot m <-en, -en> PEJ ◇ **er ist ein ~** он – узколо́бый специали́ст;**fachlich** adj (*Voraussetzungen*) специа́льный, профессиона́льный; **fachsimpeln** vi разгова́ривать на узкоспециа́льные те́мы;**Fachwerk** n фа́хверк ж
fad[e] adj ① (*Geschmack*) безвку́сный ② (*langweilig, Mensch*) ску́чный
Faden m <-s, Fäden> ① (*Näh~, Bind~*) ни́тка ж, нить ж ② FIG ◇ **den ~ verlieren** потеря́ть нить ③ FIG (*Leitmotiv*) ◇ **roter ~** кра́сная нить ж;**fadenscheinig** adj FIG (*Entschuldigung*) ша́ткий, сомни́тельный
fähig adj ① (*in der Lage*) спосо́бный (*zu dat* к чему́-л) ② (*tüchtig*) дарови́тый, приле́жный, трудолюби́вый; **Fähigkeit** f (*Können*) спосо́бность ж, уме́ние с, дар м
fahnden vi (*suchen*) разы́скивать <-ка́ть>, пресле́довать кого́-л (*nach akk* кого́-л); **Fahndung** f ро́зыск м
Fahne f <-, -n> ① (*Flagge*) флаг м, зна́мя с ② FAM (*nach Alkohol riechen*) ◇ **er hat e-e ~** от него́ несёт спиртны́м
Fahrausweis m биле́т м на прое́зд;
Fahrbahn f (*Fahrspur*) прое́зжая часть ж

Fähre f <-, -n> (*Auto~*) паро́м м
fahren <fährt, fuhr, gefahren> I. vt ① (*Auto*) води́ть <вести́>, управля́ть автомаши́ной ② (*transportieren*) пере|вози́ть <-везти́> ③ ◇ **Rennen** ~ уча́ствовать в мотого́нках II. vi ① ◇ **mit dem Auto/ Schiff** ~ е́здить на автомоби́ле/корабле́ ② (*abfahren, Zug*) от|ходи́ть <-ойти́>, от|правля́ться <-пра́виться> ③ (*streichen*) ◇ **mit der Hand über das Gesicht** ~ провести́ руко́й по лицу́;**Fahrer** (in f) m <-s, -> води́тель(ница ж) м; (*von LKW, Taxi*) шофёр м;**Fahrerflucht** f уклоне́ние с води́теля автомаши́ны от отве́тственности;**Fahrgast** m пассажи́р м;**Fahrgemeinschaft** f гру́ппа лиц, испо́льзующая одну́ из свои́х маши́н для совме́стных пое́здок;**Fahrkarte** f (*Bus, U-Bahn*) биле́т м на прое́зд; (*Zug*) железнодоро́жный биле́т м;**Fahrkartenschalter** m биле́тная ка́сса ж
fahrlässig adj (*unachtsam*) хала́тный, небре́жный, неради́вый
Fahrlehrer (in f) m инстру́ктор м по вожде́нию автомоби́ля; **Fahrplan** m (*von Zug, Bus*) расписа́ние с, гра́фик м движе́ния;**fahrplanmäßig** adj (*Abfahrt*) в соотве́тствии с расписа́нием, по расписа́нию; **Fahrpreis** m сто́имость ж прое́зда; **Fahrprüfung** f экза́мен м на получе́ние води́тельских прав; **Fahrrad** n велосипе́д м; **Fahrscheinautomat** m автома́т м для получе́ния прое́здных биле́тов; **Fahrschule** f авто-шко́ла ж;**Fahrschüler** (in f) m обуча́ющийся(-аяся ж) м вожде́нию на автомаши́не; **Fahrstuhl** m лифт м
Fahrt f <-, -en> ① (*Fahren*) езда́ ж ② (*Reise*) пое́здка ж, путеше́ствие с ③ (*Strecke*) рейс м, прое́зд м ④ FIG (*in Schwung*) ◇ **in ~ sein** войти́ в раж, разойти́сь
Fährte f <-, -n> (*Spur*) след м
Fahrtkosten pl сто́имость ж прое́зда, путевы́е расхо́ды мн; **Fahrzeug** n тра́нспортное сре́дство с;**Fahrzeugbrief** m па́спорт м автомоби́ля
Faktor m ① (*Kriterium*) фа́ктор м, обстоя́тельство с ② MATH сомножи́тель м
Fakultät f (*von Universität*) факульте́т м
Falke m <-n, -n> (*Raubvogel*) со́кол м
Fall m <-[e]s, Fälle> ① (*Sturz*) паде́ние с ② JURA уголо́вное де́ло с ③ GRAM (*Kasus*) паде́ж м ④ ◇ **auf jeden ~** во вся́ком слу́чае
Falle f <-, -n> ① лову́шка ж, западня́ ж ② FAM (*Bett*) посте́ль ж
fallen <fällt, fiel, gefallen> vi ① (*stürzen*) па́дать <упа́сть> ② (*Preise, Kurse*) пони-жа́ться <-ни́зиться>, па́дать <упа́сть> ③ (*im Krieg*) пасть <пасть> сов, поги́бнуть сов ④ FIG ◇ **in Ohnmacht** ~ упа́сть в обмо-

рок, лиши́ться чувств; ◇ **aus der Rolle ~** вы́йти из ро́ли

fällen vt **1** (*Baum*) ‹по-›вали́ть, руби́ть *несов*, сруба́ть ‹-би́ть› **2** FIG (*Urteil*) выноси́ть ‹вы́нести›

fallen lassen *unreg* vt **1** (*Teller*) роня́ть ‹урони́ть› **2** FIG (*Plan*) отказа́ться от кого́-чего́-л **3** FIG (*Bemerkung*) оброни́ть *сов*

fällig adj (*Rechnung*) сро́чный, подлежа́щий упла́те; **Fälligkeit** f COMM срок *m* платежа́, срок *m* исполне́ния обяза́тельства

Fall-out, Fallout m ‹-s, -s› (*radioaktive Niederschläge*) радиоакти́вные оса́дки *мн*

falls adv (*wenn*) (*konditional*) е́сли, в слу́чае

Fallschirm m парашю́т *m*

falsch adj **1** (*Nummer*) оши́бочный, неве́рный **2** (*Aussage, unwahr*) непра́вильный, ло́жный **3** (*Schmuck*) подде́льный, иску́сственный **4** FIG (*Person, unaufrichtig*) двули́чный, неи́скренний; **fälschen** vt **1** (*Geld*) подде́л‹ыв›ать **2** (*Geschichte*) подде́лывать, фальсифици́ровать *несов и сов*; **Falschheit** f **1** (*von Aussage*) неве́рность *ж*, ло́жность *ж* **2** (*von Person*) фальши́вость *ж*, двули́чие *с*; **fälschlicherweise** adv по оши́бке, оши́бочно; **Fälschung** f (*Imitation*) подде́лка *ж*, подло́г *m*; **fälschungssicher** adj (*Ausweis*) не поддаю́щийся подде́лке

Falte f ‹-, -n› **1** (*Haut-, Lach-*) морщи́на *ж* **2** (*Bügel-*) скла́дка *ж*, сбо́рка *ж*; **falten** vt **1** (*Papier*) скла́дывать ‹сложи́ть›; (*einmal*) сгиба́ть ‹согну́ть› **2** (*Hände*) скла́дывать ‹сложи́ть›

familiär adj **1** (*Familien-*) семе́йный **2** (*Umgangston*) непринуждённый, PEJ фамилья́рный; **Familie** f семья́ *ж*; **Familienname** m (*Nachname*) фами́лия *ж*; **Familienstand** m семе́йное положе́ние *с*

Fanatiker(in) f m ‹-s, -› (*fanatische Person*) фана́тик *m*, фана́тичка *ж*; **fanatisch** adj фанати́ческий, фанати́чный

fand impf v. **finden**

Fang m ‹-[e]s, Fänge› **1** (*Beute*) ло́вля *ж*, уло́в *m*, добы́ча *ж* **2** (*Kralle*) ко́готь *m*; **fangen** ‹fängt, fing, gefangen› I. vt **1** (*Tier, Verbrecher*) лови́ть ‹пойма́ть› схвати́ть *сов* **2** (*Ball*) лови́ть ‹пойма́ть› **3** ◇ **F~ spielen** игра́ть в са́лки II. vr ◇ **sich ~** **1** FIG овладе́‹ва́›ть собо́й **2** SCH исправля́ться ‹-ра́виться›

Fantasie, Phantasie f фанта́зия *ж*; **fantasielos, phantasielos** adj лишённый фанта́зии; **fantasieren, phantasieren** vi **1** (*träumen*) фантази́ровать *несов*, вообража́ть *несов* **2** (*sich ausdenken*) выду́мывать *несов* **3** (*im Fieber*) бре́дить *несов*; **fantasievoll, phantasievoll** adj по́лный фанта́зии; **fantastisch, phantastisch** adj

1 (*toll*) прекра́сный **2** (*unrealistisch*) фантасти́ческий, невероя́тный

Farbaufnahme f (*Foto*) цветна́я фотогра́фия *ж*; **Farbe** f ‹-, -n› **1** цвет *m*, кра́ска *ж* **2** (*Öl~, Wand~*) кра́ска *ж* **3** (*Stoff~*) цвет *m*; **färben** I. vt (*Haare*) ‹по-›кра́сить, окра́шивать *несов* II. vi (*ab~*) кра́ситься *несов*; **farbenblind** adj не различа́ющий цвета́; **farbenfroh** adj (*sehr bunt*) пёстрый, я́ркий, многокра́сочный; **Farbfernsehen** n цветно́е телеви́дение *с*; **Farbfilm** m FOTO цветна́я плёнка *ж*; **farbig** adj (*bunt*) цветно́й, пёстрый; **farblos** adj **1** (*Lack*) бесцве́тный **2** (*langweilig*) ску́чный, бле́дный; **Farbfotografie** f цветна́я фотогра́фия *ж*; **Farbstift** m цветно́й каранда́ш *m*; **Farbstoff** m кра́сящее вещество́ *с*, краси́тель *m*; **Farbton** m отте́нок *m* кра́ски; **Färbung** f **1** (*Farbgebung*) окра́ска *ж*, цвет *m* **2** (*politische Neigung*) отте́нок *m*, окра́ска *ж*, ориента́ция *ж*

Fasching m ‹-s, -e o. -s› (*Karneval*) карнава́л *m*, ма́сленица *ж*

Faschismus m фаши́зм *m*; **Faschist (in)** f m фаши́ст(ка *ж*) *m*

faseln vi FAM (*Unsinn reden*) моло́ть *несов*; пустосло́вить *несов*, нести́ чепуху́

Faser f ‹-, -n› (*Stoff~*) волокно́ *с*, фи́бра *ж*

Fass n ‹-es, Fässer› (*Wein~*) бо́чка *ж*, бочо́нок *m*; ◇ **Bier vom ~** бочково́е пи́во *с*

fassbar adj (*begreiflich*) поня́тный, пости́жи́мый; **fassen** I. vt **1** (*greifen, Seil*) хвата́ть *несов*, схва́тывать ‹-ти́ть› **2** FIG (*verstehen, begreifen*) понима́ть ‹-я́ть›, пости́га́ть ‹-сти́чь›, схва́тывать ‹-ти́ть›; ◇ **nicht zu ~!** (э́то) непости́жи́мо! **3** (*Raum bieten*) вмеща́ть ‹-сти́ть› **4** (*Entschluss*) принима́ть ‹-я́ть› **5** ◇ **in Worte ~** выража́ть ‹вы́разить› слова́ми II. vr ◇ **sich ~** **1** (*Kontrolle wiedererlangen*) взять себя́ в ру́ки, собра́ться с мы́слями **2** ◇ **sich** akk **auf etw gefasst machen** быть гото́вым к чему́-л (неприя́тному); **Fassung** f **1** (*vom Ring*) опра́ва *ж* **2** (*von Lampe*) патро́н *m* **3** FIG (*Selbstbeherrschung*) самооблада́ние *с*, хладнокро́вие *с*; ◇ **jd-n aus der ~ bringen** выводи́ть кого́-л из терпе́ния **4** (*von Buch*) изложе́ние *с*, реда́кция *ж*; **fassungslos** adj (*entsetzt*) потеря́вший самооблада́ние, растеря́вшийся; **Fassungsvermögen** n вмести́мость *ж*, ёмкость *ж*

fast adv (*beinahe*) почти́

fasten vi (*nichts essen*) пости́ться *несов*, соблюда́ть пост

fatal adj **1** (*folgenschwer*) роково́й, фата́льный **2** (*peinlich*) доса́дный, неприя́тный

faul adj **1** (*verdorben, Lebensmittel*) гнило́й; (Eier, Fisch) ту́хлый **2** (Mensch) лени́вый **3** ◇ **~e Ausreden** пусты́е фра́зы **4** FAM ◇ **das ist doch ~!** де́ло дрянь!; **faulen** vi (Obst) ⟨с-⟩гни́ть; (Lebensmittel) про⟨ту⟩ха́ть ⟨ту́хнуть⟩, ⟨ис-⟩по́ртиться

faulenzen vi (nichts tun) лен타́йничать несов, бить баклу́ши; **Faulenzer(in** f) m ⟨-s, -⟩ лентя́й⟨ка ж⟩ m, лени́вец m, лени́вица ж, безде́льник m, безде́льница ж; **Faulheit** f (Trägheit) лень ж, ле́ность ж

Faust f ⟨-, Fäuste⟩ кула́к m; **faustdick** adj **1** (Lüge) гру́бый, неуклю́жий, на́глый **2** ◇ **sie hat es ~ hinter den Ohren** себе́ на уме́; **Fausthandschuh** m рукави́ца ж, ва́режка ж

Favorit(in f) m ⟨-en, -en⟩ **1** SPORT фаво́ри́т⟨ка ж⟩ m **2** FIG (Liebling) фаво́ри́т⟨ка ж⟩ m, люби́мец m, люби́мица ж

faxen vi, vt передава́ть с по́мощью телефакси́мильной аппарату́ры

Februar m ⟨-[s], -e⟩ февра́ль m; s. a. **Mai**

fechten ⟨ficht, focht, gefochten⟩ vi SPORT фехтова́ть несов

Feder f ⟨-, -n⟩ **1** (Vogel~) перо́ c **2** (Schreib~) перо́ c **3** TECH (Spiral~) пружи́на ж, рессо́ра ж; **Federball** m бадминто́н m; **Federhalter** m (Füller) ру́чка ж; **federleicht** adj (sehr leicht) лёгкий как пёрышко; **federn** I. vi TECH пружи́нить несов II. vt (mit Federn versehen) ◇ **ein Bett ~** набива́ть поду́шку; **Federung** f рессо́ры мн

Fee f ⟨-, -n⟩ фея ж, волше́бница ж

fegen vt (Straße) ⟨вы́-⟩мести́; (Schornstein) ⟨вы́-⟩чи́стить

fehl adj (unangebracht) ◇ **~ am Platz[e] sein** быть неуме́стным

fehlen vi **1** (abwesend sein) отсу́тствовать несов **2** (vermissen) ◇ **Peter fehlt mir sehr** о́чень мне не хвата́ет Пе́тера **3** FIG ◇ **was fehlt Ihnen?** на что Вы жа́луетесь?

Fehler m ⟨-s, -⟩ **1** (Unrichtigkeit) оши́бка ж, погре́шность ж **2** (Schwäche, Mangel) недоста́ток m, дефе́кт m, изъя́н m; **fehlerfrei** adj безоши́бочный, безукори́зненный; **fehlerhaft** adj (unrichtig) оши́бочный, непра́вильный

Fehlgeburt f вы́кидыш m, або́рт m; **Fehlgriff** m (falsche Handlung) про́мах m, оши́бка ж; **Fehlkonstruktion** f неуда́чная констру́кция ж; **Fehlschlag** m (Misserfolg) неуда́ча ж, про́мах m; **fehlschlagen** unreg vi не сбы⟨ва́⟩ться, не уда⟨ва́⟩ться; **Fehlstart** m SPORT фальста́рт m, со́рванный старт m; **Fehltritt** m FIG просту́пок m, непра́вильный шаг m, про́мах m; **Fehlzündung** f AUTO про́пуск m зажига́ния

Feier f ⟨-, -n⟩ (Betriebs~) пра́здник m, торжество́ c; **Feierabend** m ◇ **~ machen**

конча́ть рабо́ту, зака́нчивать рабо́чий день; **feierlich** adj пра́здничный, торже́ственный; **Feierlichkeit** f **1** (festliche Stimmung) торжество́ c, пра́зднество c **2** ◇ **-en** pl торжества́ мн; **feiern** I. vt (Hochzeit) с|пра́вля́ть ⟨-пра́вить⟩ II. vi **1** (Fest begehen) ⟨от-⟩пра́здновать, от|меча́ть ⟨-ме́тить⟩ **2** FAM ◇ **krank~** бюллете́нить несов; **Feiertag** m пра́здник m

feig[e] adj трусли́вый, малоду́шный; **Feigheit** f тру́сость ж, малоду́шие c; **Feigling** m трус m; FAM тру́сишка ж

Feile f ⟨-, -n⟩ **1** (Nagel~) пи́лочка ж для ногте́й **2** (Werkzeug) напи́льник m; **feilen** I. vt (Eisenstange) пили́ть несов, отде́лывать напи́льником II. vi FIG (verbessern) ⟨от-⟩шлифова́ть

feilschen vi (handeln) ⟨с-⟩торгова́ться из-за чего́-л

fein adj **1** (Ggs. v. grob) (Gewebe, Sand) то́нкий, ме́лкий **2** (Profil, Gehör) то́нкий, чу́ткий **3** (Benehmen) уто́нченный, изя́щный; (auserlesen) изы́сканный

Feind(in f) m ⟨-[e]s, -e⟩ враг m, проти́вник m, проти́вница ж; **feindlich** adj (gegnerisch) неприя́тельский, вра́жеский; (feindselig) вражде́бный; **Feindschaft** f вражда́ ж, неприя́знь ж; (Feindseligkeit) вражде́бность ж; **feindselig** adj (Stimmung) вражде́бный, недоброжела́тельный, неприя́зненный

feinfühlig adj (einfühlsam) чу́ткий, делика́тный; **Feingefühl** n (Fingerspitzengefühl) такт m, чу́ткость ж, делика́тность c

Feinkostgeschäft n (Laden) гастроно́ми́ческий магази́н m

Feld n ⟨-[e]s, -er⟩ **1** (Acker) по́ле c **2** SPORT игрово́е по́ле c **3** FIG по́прище c, о́бласть ж **4** PC масси́в m (да́нных) **5** PHYS по́ле c; **Feldwebel** m ⟨-s, -⟩ MIL фельдфе́бель m; **Feldweg** m просёлочная доро́га ж; **Feldzug** m MIL похо́д m; FIG (Kampagne) кампа́ния ж

Felge f ⟨-, -n⟩ (Rad~) колёсный о́бод m

Fell n ⟨-[e]s, -e⟩ **1** (Schaf~) мех m **2** FIG ◇ **jd-m das ~ über die Ohren ziehen** наду́ва́ть кого́-л

Fels m ⟨-en, -en⟩, **Felsen** m ⟨-s, -⟩ скала́ ж, утёс m; **felsenfest** adj твёрдый как скала́; (unbeirrbar) непоколеби́мый, непрекло́нный; **felsig** adj скали́стый; (steinig) камени́стый; **Felsspalte** f рассе́лина ж в скале́

feminin adj (weiblich) же́нственный **1** GRAM же́нский; **Feminismus** m фемини́зм m; **Feministin** f фемини́стка ж; **feministisch** adj фемини́стический

Fenchel m ⟨-s, (~tee)⟩ фе́нхель m

Fenster n ⟨-s, -⟩ **1** (Zimmer~) окно́ c **2** (Schau~) витри́на ж; **Fensterbrett** n подоко́нник m; **Fensterladen** m ста́вень *м;* **Fensterputzer(in** *f) m* ‹-s, -› мо́йщик *м*/мо́йщица *ж* стёкол; **Fensterscheibe** *f* око́нное стекло́ *с*

Ferien *pl (Schul~)* кани́кулы *мн;* **Ferienkurs** *m* курс *м* изуче́ния иностра́нного языка́ за грани́цей

Ferkel *n* ‹-s, -› *(Schwein)* поросёнок *м* **2** *FAM* ◇ **du ~!** грязню́ля!

fern I. *adj* **1** *(Land)* да́льний **2** *(Zukunft)* далёкий **II.** *adv* **1** *(weit weg)* далеко́, вдали́ ◇ *FIG* ◇ **es liegt mir ~, das zu glauben** я далёк от мы́сли, пове́рить э́тому

Fernbedienung *f* дистанцио́нное управле́ние *с*

Ferne *f* ‹-, -n› **1** *(Weite)* даль *ж* **2** *(Zukunft)* ◇ **das liegt in weiter ~** до э́того ещё далеко́

ferner I. *kompar. v.* **fern;** **II.** *cj (weiterhin)* кро́ме того́, ещё

Ferngespräch *n* междугоро́дный разгово́р *м;* **Fernglas** *n* полево́й бино́кль *м;* **fern halten** *unreg* **I.** *vt (nicht herankommen lassen)* ◇ **etw von jd-m ~** отстраня́ть ‹-ни́ть› кого́-л от чего́-л **II.** *vr (wegbleiben)* ◇ **sich ~** сторони́ться *несов,* держа́ться в стороне́ от *(von* кого́-л); **Fernschreiber** *m (Telex)* телета́йп *м;* **fernsehen** *unreg vi* ‹по-›смотре́ть телепереда́чу; **Fernsehen** *n* ‹-s› телеви́дение *с;* **Fernseher** *m* телеви́зор *м;* **Fernsprechamt** *n* TELEC *(Vermittlung)* центра́льная телефо́нная ста́нция *ж*

Ferse *f* ‹-, -n› пята́ *ж,* пя́тка *ж*

fertig *adj* **1** *(beendet)* гото́вый **2** *(bereit)* гото́в **3** *FIG (geschafft)* ◇ **ich bin ~** я вы́дохся, у меня́ нет сил ; **Fertigbau** *m (Haus)* строи́тельство *с* из сбо́рных элеме́нтов; **fertig bringen** *unreg vt* **1** *(zu Ende bringen)* доводи́ть ‹-вести́› до конца́ что-л **2** *(imstande sein)* справля́ться ‹-пра́виться› с чем-л; **Fertigkeit** *f (Geschick)* на́вык *м,* сноро́вка *ж,* ло́вкость *ж;* **fertig machen I.** *vt* **1** *(zu Ende führen)* доде́л‹ыв›ать, зака́нчивать ‹-ко́нчить› **2** *FIG* ◇ **jd-n ~** *(körperlich)* прико́нчить *сов* кого́-л; *(moralisch)* ‹по-›губи́ть кого́-л, докона́ть *сов* кого́-л **II.** *vr (sich anziehen)* ◇ **sich ~** подготавливаться ‹-то́виться›; **fertig stellen** *vt (Arbeit)* зака́нчивать ‹-ко́нчить›; **fertig werden** *unreg vi* **1** *(rechtzeitig ~)* успе́в‹áть, своевре́менно зака́нчивать ‹-ко́нчить› **2** *FIG (mit Problem)* справля́ться ‹-пра́виться›

Fessel *f* ‹-, -n› **1** *(Strick)* кандалы́ *мн;* *(Kette)* око́вы *мн* **2** *(von Pferd)* пу́ты *мн;* **fesseln** *vt* **1** *(festbinden)* зако́вывать ‹-ва́ть› в кандалы́, свя́зывать ‹-за́ть› кого́-л **2** *FIG (Buch)* захва́тывать ‹-ти́ть›, пленя́ть ‹-ни́ть›

fest *adj* **1** *(Einkommen)* твёрдый; *(Stelle)* постоя́нный **2** *(Kleidung)* про́чный

3 *(Nahrung)* пло́тный **4** *(Händedruck)* си́льный **5** *(Schlaf)* глубо́кий

Fest *n* ‹-[e]s, -e› пра́здник *м,* пра́зднество *с,* торжество́ *с*

festbinden *unreg vt (mit Seil)* завя́зывать ‹-за́ть›, скру́чивать ‹-ти́ть›; **festfahren** *unreg vr (in Diskussion)* ◇ **sich ~** запу́тываться ‹-таться›, застрева́ть ‹-ря́ть›; **festhalten** *unreg* **I.** *vt* **1** *(mit Hand)* держа́ть *несов,* уде́рживать ‹-жа́ть› **2** *FIG (schriftlich)* записа́ть *сов* **3** *(an Gewohnheit)* держа́ться, приде́рживаться *несов* (*an* чего́-л) **II.** *vr (anklammern)* ◇ **sich ~** кре́пко держа́ться (*an dat* за кого́-что-л)

Festigkeit *f* **1** *(Härte)* кре́пость *ж,* твёрдость *ж,* про́чность *ж* **2** *(Standhaftigkeit)* непоколеби́мость *ж,* твёрдость *ж*

Festland *n* су́ша *ж,* матери́к *м,* контине́нт *м;* **festlegen I.** *vt (Termin)* устана́вливать ‹-нови́ть›, определя́ть ‹-ли́ть› **II.** *vr (vertraglich)* ◇ **sich ~** обя́зываться ‹-за́ться›, свя́зывать ‹-за́ть› себя́ (*договором*) (*auf akk* чем-л)

festlich *adj* пра́здничный, торже́ственный

Festnahme *f* ‹-, -n› *(Verhaftung)* задержа́ние *с,* аре́ст *м;* **festnehmen** *unreg vt* *(verhaften)* заде́рживать ‹-жа́ть›, аресто́вывать ‹-ва́ть›

Festplatte *f* PC магни́тный диск *м*

Festrede *f* торже́ственная речь *ж*

festschnallen *vt (Gepäck)* заÊстёгивать ‹-стегну́ть›, пристёгивать ‹-стегну́ть›; **festsetzen I.** *vt (bestimmen)* определя́ть ‹-ли́ть›, назнача́ть ‹-на́чить› **II.** *vr (Rost, Schmutz)* ◇ **sich ~** ска́пливаться ‹ско-пи́ться›

Festspiel *n* фестива́ль *м*

feststehen *unreg vi* **1** *(Datum)* быть устано́вленным **2** *(sicher sein)* ◇ **es steht fest, dass ...** несомне́нно, что ...; **feststellen** *vt* **1** *(herausfinden)* определя́ть ‹-ли́ть›, устана́вливать ‹-нови́ть› **2** *(sagen)* констати́ровать *несов и сов* **3** *(wahrnehmen)* замеча́ть ‹-ме́тить›

Festung *f (Burg)* кре́пость *ж*

fett *adj* **1** *(Essen)* жи́рный **2** *(Mensch)* ту́чный **3** *(Schrift)* жи́рный; **Fett** *n* ‹-[e]s, -e› **1** *(Speise~)* жир *м* **2** *(Schmiere)* сма́зка *ж;* **fettarm** *adj* нежи́рный; **fettig** *adj* жи́рный; **Fettnäpfchen** *n* ◇ **bei jd-m ins ~ treten** наступи́ть кому́-л на люби́мую мозо́ль

Fetzen *m* ‹-s, -› **1** *(von Papier, Stoff)* клок *м,* клочо́к *м,* лоску́т *м* **2** *FIG (Wort~)* обры́вки *мн* (слов); **fetzig** *adj* *FAM (Musik, Kleidung)* кла́ссный, замеча́тельный

feucht *adj* вла́жный; *(Wohnung)* сыро́й; **Feuchtigkeit** *f* сы́рость *ж,* вла́жность *ж,* вла́га *ж*

Feuer n ‹-s, -› **1** (Lager~) огóнь m, кос- тёр m; (Brand) пожáр m **2** FIG (Tem- perament) пыл m, пы́лкость ж, жар m; **Feueralarm** m пожáрная тревóга ж; **feuerfest** adj (Glas) огнеупóрный, огне- стóйкий; **Feuergefahr** f (Brandgefahr) огнеопáсность ж; **Feuerlöscher** m ‹-s, -› огнетуши́тель m; **Feuermelder** m ‹-s, -› пожáрный сигнáл m; **feuern** I. vt **1** FAM (j-n kündigen) увольня́ть ‹уво- лить› когó-л, выгоня́ть ‹вы́гнать› с ра- бóты **2** FAM (Ohrfeige geben) ◇ **jd-m e-e** ~ дать оплéуху кому́-л II. vi **1** (hei- zen) ‹на-›топи́ть, растáпливать ‹то- пи́ть› чем-л **2** (schießen) стреля́ть ‹вы́- стрелить›, вы́-›пали́ть; **Feuerwehr** f ‹-, -en› пожáрная комáнда ж; **Feuer- werk** n фейервéрк m; **Feuerzeug** n за- жигáлка ж

Fichte f ‹-, -n› BOT ель ж, пи́хта ж

Fieber n ‹-s, -› **1** (Temperatur) (повы́- шенная) температу́ра ж **2** (Auf- regung) лихорáдка ж, горя́чка ж; **fie- berhaft** adj (Suche) лихорáдочный; **Fieberthermometer** n грáдусник m

fiel impf v. **fallen**

fies adj FAM (gemein) пóшлый; (scheuß- lich) отврати́тельный

Figur f ‹-, -en› **1** (von Mensch) фигу́ра ж; ◇ **er hat eine gute Figur** у негó хо- рóшая фигу́ра, он хорошó сложён **2** (Holz~, Spiel~) фигу́ра ж **3** (Roman~) óбраз m, персонáж m

Filiale f ‹-, -n› COMM филиáл m, дочéрняя фи́рма ж

Film m ‹-[e]s, -e› **1** (Kino~) кинофи́льм m **2** FOTO (Farb~) цветнáя плёнка ж; **Filmkamera** f кинокáмера ж

Filter m ‹-s, -› фильтр m; **filtern** vt ‹про-›фильтровáть, процéживать ‹-ди́ть›; **Filterzigarette** f сигарéта ж с фи́льтром

Filz m ‹-es, -e› (Wolle) войлок m, фетр m, фильц m; **filzen** I. vi (Wolle) валя́ть войлок II. vi FAM (durchsuchen) обы́ски- вать ‹-кáть› когó-л

Finale n ‹-s, -[s]› SPORT (Endspiel) фи- нáл m, заключи́тельная [финáльная] игрá ж

Finanzamt n (Steuerbehörde) финáн- совое управлéние c; **finanziell** adj фи- нáнсовый, дéнежный; **finanzieren** vt финанси́ровать несов и сов; **Finanz- minister (in** f) m POL мини́стр m финáн- сов

finden ‹fand, gefunden› I. vt **1** (entdecken) нахóди́ть ‹-йти́›, оты́скивать ‹-кáть› **2** FIG (meinen) нахóди́ть ‹-йти́›, счи- тáть несов **3** (Schlaf) нахóди́ть ‹-йти́› II. vr ◇ **sich** ~ **1** (wiederauftauchen) найти́сь **2** ◇ **zu sich selbst** ~ вновь об- рести́ себя́, найти́ себя́; **Finder (in** f) m ‹-s, -› нашéдший(-ая ж) m

fing impf v. **fangen**

Finger m ‹-s, -› ANAT пáлец m; **Finger- handschuh** m перчáтка ж; **Fingerzeig** m ‹-[e]s, -e› (Tipp) знак m, указáние c, намёк m

fingieren vt симули́ровать несов и сов; (erfinden) выду́мывать ‹вы́думать›

Finne f ‹-n, -n› финн m; **Finnin** f фи́н- ка ж; **finnisch** adj фи́нский; **Finnland** n Финля́ндия ж; ◇ **in/nach** ~ в Финля́ндии/в Финля́ндию

finster adj **1** (dunkel) тёмный, су́м- рачный; (Miene) мрáчный **2** FIG (Ge- selle) тёмный; **Finsternis** f (Dunkelheit) темнотá ж, мрак m

Firma f ‹-, -men› (Geschäft) фи́рма ж; (Firmenname) наименовáние c пред- прия́тия

Fisch m ‹-[e]s, -e› **1** ZOOL ры́ба ж **2** ASTROL Ры́бы мн; **fischen** vt лови́ть ‹поймáть› ры́бу; **Fischer (in** f) m ‹-s, -› рыбáк m, рыбáчка ж; **Fischerei** f (Hochsee~) рыболóвство c; **Fisch- geschäft** n ры́бный магази́н m

fit adj **1** (körperlich) хорошó трениро́- ванный, в фóрме; ◇ **sich** ~ **halten** под- дéрживать себя́ в фóрме **2** (geistig wach) работоспосóбный **3** FAM (kom- petent) дéльный, квалифици́рован- ный; **Fitness** f ‹-› (Fitsein) прекрáсная спорти́вная фóрма, хорóшее фи- зи́ческое состоя́ние c

fix adj **1** (schnell) лóвкий, провóрный, расторóпный **2** (feststehend, Gehalt) твёрдый, определённый **3** FIG (er- schöpft) ◇ **ich bin** ~ **und fertig** я совсéм вы́дохся

fixen vi FAM (Heroin spritzen) впры́- скивать наркóтики

fixieren vt определя́ть ‹-ли́ть›, устá- навливать ‹-нови́ть› **2** (vertraglich) a. FOTO ‹за-›фикси́ровать, закрепля́ть ‹-пи́ть› **3** (mit Augen) при́стально смот- рéть на когó-что-л

flach adj **1** (Landschaft) рáвни́нный, рóвный **2** FIG (geistlos) плóский, пóш- лый

Fläche f ‹-, -n› **1** плóщадь ж, террито́- рия ж **2** (Ober~) повéрхность ж **3** MATH плóскость ж; **flächendeckend** adj (Kampagne) широ́кий; **Flächen- inhalt** m размéры мн плóщади

Flachland n рáвни́на ж

flackern vi (Kerze) мигáть несов, мер- цáть несов

Flagge f ‹-, -n› флаг m

Flamme f ‹-, -n› **1** (Kerze) плáмя c, огóнь m **2** FAM (Geliebte) ◇ **das ist sei- ne neue** ~ э́то егó нóвая любóвь **3** FIG (begeistern) ◇ **Feuer und** ~ **sein** загорáть- ся воодушевлéнием [энтузиáзмом]

Flanell m ‹-s, -e› (Stoffart) фланéль ж

Flanke f ‹-, -n› **1** (von Pferd) бок m **2** SPORT (Fußball) фланг m, край m

Flasche f ‹-, -n› **1** буты́лка ж **2** FAM

(*Versager*) неуда́чник *m*; **Flaschenöffner** *m* ключ *m* для открыва́ния буты́лок, открыва́лка *ж*

flattern *vi* (*Schmetterling*) порхла́ть ‹-ну́ть›

flau *adj* ① (*Wind*) сла́бый, стиха́ющий ② (*Geschäft*) вя́лый, нева́жный ③ (*übel, schlecht*) ◇ **mir ist** ~ меня́ тошни́т [мути́т]

Flaum *m* ‹-[e]s› ① (*vom Vogel*) пух *m* ② (*Bart*) пушо́к *m*

flauschig *adj* (*Stoff, Wolle*) пуши́стый, шерсти́стый

Flaute *f* ‹-, -n› ① (*Wind*) безве́трие *c*, зати́шье *c* ② COMM засто́й *m*

flechten ‹flocht, geflochten› *vt* (*Haare, Kranz*) заплета́ть ‹-сти́›, ‹с›вить

Fleck *m* ‹-[e]s, -e› ① (*Fett~*) пятно́ *c* ② (*Ort*) ме́сто *c*, то́чка *ж*; ◇ **nicht vom** ~ **kommen** не сдви́нуться с ме́ста

Flecken *m* ‹-s, -› *s.* Fleck; **Fleckentferner** *m* жи́дкость *ж* для выведе́ния пя́тен; **fleckenlos** *adj* (*Stoff*) чи́стый; (*Ruf*) незапя́тнанный, непоро́чный; **fleckig** *adj* (*schmutzig*) запа́чканный, заса́ленный

flegelhaft *adj* (*Benehmen*) неве́жливый, невоспи́танный, гру́бый, де́рзкий

flehen *vi* (*bitten*) умоля́ть ‹-ли́ть›, моли́ть *несов*, проси́ть о чём-л

Fleisch *n* ‹-[e]s› ① мя́со *c* ② (*Frucht~*) мя́коть *ж* ③ FIG ◇ **das eigene** ~ **und Blut** плоть и кровь; **Fleischer(in** *f*) *m* ‹-s, -› мясни́к *m*; **Fleischerei** *f* мясна́я ла́вка *ж*; **Fleischwunde** *f* ране́ние *c* мышц

Fleiß *m* ‹-es› (*Eifer*) прилежа́ние *c*; **fleißig** *adj* приле́жный, стара́тельный

fletschen *vt* (*Zähne*) ‹о›ска́лить зу́бы

flexibel *adj* (*Mitarbeiter*) ги́бкий

flicken *vt* (*ausbessern, Kleidung*) ‹за›лата́ть, накла́дывать ‹-ложи́ть› запла́ту; **Flicken** *m* ‹-s, -› (*von Schlauch*) почи́нка *ж*; (*Stoff~*) што́пка *ж*

Flieder *m* ‹-s› BOT сире́нь *ж*

Fliege *f* ‹-, -n› ① ZOOL му́ха *ж* ② (*Kleidung*) ба́бочка *ж*

fliegen ‹flog, geflogen› I. *vt* (*Flugzeug*) води́ть ‹вести́› II. *vi* ① (*Vogel*) лета́ть *несов*, лете́ть *несов* ② FAM ◇ **auf jd-n** ~ положи́ть глаз на кого́-л ③ FAM ◇ **durch e-e Prüfung** ~ провали́ться на экза́мене; **Flieger(in** *f*) *m* ‹-s, -› ① (*Person*) лётчик *m*, лётчица *ж* ② *nur m* (*Flugzeug*) самолёт *m*, авиа́ция *ж*

fliehen ‹floh, geflohen› *vi* (*weglaufen*) бежа́ть *несов*, убега́ть ‹-жа́ть›

Fliese *f* ‹-, -n› пли́тка *ж*, ка́фель *m*

Fließband *n* ‹-[e]s, -bänder› конве́йер *m*, транспортёр *m*; **fließen** ‹floss, geflossen› *vi* ① (*Wasser*) по-)те́чь, ‹по-›ли́ться ② FIG (*Gelder*) течь, поступа́ть ‹-пи́ть›; **fließend** I. *adj* ① (*Gewässer*) прото́ч-

ный, теку́чий ② (*Grenzen*) расплывча́тый, неопределённый II. *adv* (*sprechen*) бе́гло, свобо́дно

flimmern *vi* (*Fernsehbild*) мелька́ть ‹-ну́ть›

flink *adj* прово́рный, ю́ркий

Flinte *f* ‹-, -n› (*Gewehr*) ружьё *c*

flippig *adj* FAM экзальти́рованный, хиппиподо́бный

flirten *vi* флиртова́ть *несов*

Flitterwochen *pl* медо́вый ме́сяц *m*

flocht *impf v.* flechten

Flocke *f* ‹-, -n› (*Schnee~*) снежи́нка *ж*

flog *impf v.* fliegen

floh *impf v.* fliehen

Floh *m* ‹-[e]s, Flöhe› блоха́ *ж*; **Flohmarkt** *m* барахо́лка *ж*, толку́чка *ж*

Flop *m* ‹-s, -s› FAM (*Reinfall*) про́мах *m*, неуда́ча *ж*

florieren *vi* FIG процвета́ть ‹-вести́›

Floskel *f* ‹-, -n› (*Höflichkeits~*) пуста́я фра́за *ж*, пустосло́вие *c*

floss *impf v.* fließen

Floß *n* ‹-es, Flöße› плот *m*

Flosse *f* ‹-, -n› ① (*Fisch~*) плавни́к *m* ② FAM (*Hand*) рука́ *ж*, ла́па *ж*

Flöte *f* ‹-, -n› флéйта *ж*; **flöten gehen** *unreg vi* FAM (*verloren gehen*) пропада́ть ‹-па́сть›

flott *adj* ① (*schick*) эффе́ктный ② (*flink*) бо́йкий, лихо́й, растаро́пный ③ (*schnell*) ◇ **aber** ~! а ну́, бы́стро!

Flotte *f* ‹-, -n› (*Handels~*) флот *m*

Fluch *m* ‹-[e]s, Flüche› ① (*das Fliehen*) прокля́тие *c* ② (*böser* ~) руга́тельство *c*; **fluchen** *vi* ‹вы-›руга́ться, проклина́ть *несов* кого́-что-л

Flucht *f* ‹-, -en› ① (*das Fliehen*) бе́гство *c*, побе́г *m* ② (*Häuser~*) ряд *m*; (*Zimmer*) анфила́да *ж*; **fluchtartig** *adj* (*überstürzt*) похо́жий на бе́гство, напомина́ющий бе́гство; **flüchten** I. *vi* (*weglaufen*) убега́ть ‹-жа́ть›, спаса́ться бе́гством (*vor dat* от) II. *vr* ◇ **sich** ~ скры́ва́ться; **flüchtig** *adj* ① (*auf der Flucht*) бе́глый ② (*oberflächlich*) пове́рхностный ③ (*Augenblick*) бе́глый, мимолётный, коро́ткий ④ CHEM лету́чий, улету́чивающийся; **Flüchtigkeitsfehler** *m* оши́бка *ж* по рассе́янности

Flüchtling *m* бе́женец *m*

Flug *m* ‹-[e]s, Flüge› ① (*vom Vogel*) полёт *m* ② (*~reise*) авиапутеше́ствие *c*, путеше́ствие *c* на самолёте; ◇ **guten** ~! счастли́вого полёта! ③ (*schnell*) ◇ **wie im** ~(**e**) невероя́тно бы́стро; **Flugbegleiter(in** *f*) *m* стюа́рд *m*, стюарде́сса *ж*; **Flugblatt** *n* листо́вка *ж*, прокла́мация *ж*

Flügel *m* ‹-s, -› ① (*Schmetterlings~*) крыло́ *c* ② MUS роя́ль *m* ③ ARCHIT крыло́ *c*

Fluggast *m* (*Reisender*) авиапассажи́р

м; **Fluggeschwindigkeit** *f* ско́рость *ж* полёта; **Fluggesellschaft** *f* авиакомпа́ния *ж*; **Flughafen** *m* аэропо́рт *м*; **Flughöhe** *f* высота́ *ж* полёта; **Fluglotse** *f* авиадиспе́тчер *м*; **Flugnummer** *f* но́мер *м* авиаре́йса; **Flugplatz** *m* аэродро́м *м*; **Flugstrecke** *f* возду́шная ли́ния *ж*; (*Entfernung*) да́льность *ж* полёта; **Flugzeug** *n* самолёт *м*; **Flugzeugabsturz** *m* авиаката́строфа *ж*; **Flugzeugentführung** *f* уго́н *м* самолёта

flunkern *vi* (*lügen*) прив\<и\>ра́ть, \<со\>вра́ть, пуска́ть пыль в глаза́

Fluor *n* \<-s\> фтор *м*

Flur I. *m* \<-[e]s, -e\> (*Haus~*) пере́дняя *ж*, прихо́жая *ж*; (*Korridor*) коридо́р *м*

Flur *f* \<-, -en\> (*nutzbares Land*) уго́дья *мн*, по́ле *с*, ни́ва *ж*; (*Wiese*) луг *м*

Fluss *m* \<-es, Flüsse\> **1** река́ *ж* **2** *FIG* (*Rede~*) тече́ние *с* **3** *FIG* ◇ **etw in ~ bringen** нала́дить что-л, пусти́ть в ход что-л

flüssig *adj* **1** (*Material*) жи́дкий, теку́чий, распла́вленный **2** *FIG* (*sprechen, schreiben*) пла́вный, бе́глый, свобо́дный **3** *FIG* (*Geld haben*) ◇ **~ sein** име́ть свобо́дные [нали́чные] де́ньги; **Flüssigkeit** *f* **1** (*Wasser, Öl*) жи́дкость *ж* **2** *FIG* (*Gewandtheit*) изворо́тливость *ж*, прово́рство *с*

flüstern I. *vi* (*leise miteinander sprechen*) шепта́ться *несов*, шушу́каться *несов* **II.** *vt FAM* ◇ **jd-m etw ins Ohr ~** шепта́ть на ухо́ кому́-л что-л

Flut *f* \<-, -en\> **1** (*Ebbe und ~*) прили́в *м* **2** (*Überschwemmung*) пото́п *м*; (*Hochwasser*) па́водок *м*, наводне́ние *с* **3** *FIG* (*große Menge*) пото́к *м*

Flutlicht *n* SPORT залива́ющий свет *м*

focht *impf v.* **fechten**

Fohlen *n* \<-s, -\> жеребёнок *м*

Föhn *m* \<-[e]s, -e\> (*Wind*) фен *м*

Folge *f* \<-, -n\> **1** (*Reihe, Serie*) ряд *м*, се́рия *ж* **2** (*Aufeinander~*) после́довательность *ж*, очерёдность *ж* **3** (*Konsequenz*) сле́дствие *с*, после́дствие *с* **4** (*befolgen*) ◇ **e-r Sache dat ~ leisten** сле́довать чему́-л; **folgen** *vi* **1** (*nachgehen*) \<по-\>сле́довать (*jd-m за*) **2** *FIG* (*verstehen*) ◇ **können Sie mir ~?** Вы понима́ете меня́? **3** (*gehorchen*) \<по-\>слу́шаться (*jd-m кого́-л*) **4** (*sich ergeben*) ◇ **daraus folgt, dass** из э́того вытека́ет, что; **folgend** *adj* (*nachkommend*) сле́дующий, нижесле́дующий; **folgendermaßen** *adv* (*wie folgt*) сле́дующим о́бразом; **folgenschwer** *adj* (*Unfall*) чрева́тый после́дствиями, роково́й; **folgerichtig** *adj* после́довательный, логи́чный; **folgern** *vt* (*Schlüsse ziehen*) \<с-\>де́лать вы́вод (*aus из*); **Folgerung** *f* заключе́ние *с*, вы́вод *м*; **folglich** *adv* сле́довательно, поэ́тому

Folie *f* фольга́ *ж*

Folter *f* \<-, -n\> **1** (*das Quälen*) пы́тка *ж* **2** *FIG* (*Qual*) муче́ние *с*, му́ка *ж*; **foltern** *vt* (*quälen*) пыта́ть *несов*, \<за\>му́чить

Fön® *m* \<-[e]s, -e\> (*Haartrockner*) фен *м*, электри́ческий прибо́р *м* для су́шки воло́с; **fönen** *vt* (*Haare*) \<вы-\>суши́ть во́лосы фе́ном

foppen *vt* (*necken*) \<о-\>дура́чить; (*spötteln*) подтру́\|нивать \<-ни́ть\> над кем-л

Förderband *n* \<-[e]s, -bänder\> ле́нточный транспортёр *м*; **förderlich** *adj* (*nützlich*) поле́зный

fordern *vt* **1** (*verlangen*) \<по-\>тре́бовать **2** *FIG* (*anstrengen*) напряга́ть \<-пря́чь\>, тре́бовать, запра́шивать \<-проси́ть\>; ◇ **die Aufgabe fordert ihn** зада́ча тре́бует напряже́ния всех его́ сил

fördern *vt* **1** (*Künstler*) спосо́бствовать *несов*, соде́йствовать *несов и сов* **2** (*Kohle*) добыва́ть

Forderung *f* (*Anspruch*) тре́бование *с*, прете́нзия *ж*

Förderung *f* **1** (*von Fertigkeit*) разви́тие *с*; (*finanziell*) поощре́ние *с*, соде́йствие *с* **2** (*von Kohle*) добы́ча *ж*

Forelle *f* ZOOL форе́ль *ж*

Form *f* \<-, -en\> **1** (*Kopf~*) фо́рма *ж*, вид *м* **2** (*Back~*) фо́рма *ж* для пече́ния **3** GRAM (*Verb~*) фо́рма *ж* **4** (*Kondition*) (спорти́вная) фо́рма *ж*, состоя́ние *с* спортсме́на; ◇ **in ~ sein** быть в фо́рме

Formalität *f* (*Formsache*) форма́льность *ж*

Format *n* **1** (*Papier~*) разме́р *м*, форма́т *м* **2** *FIG* (*Charakter*) ◇ **ein Mann von ~** незауря́дная ли́чность, челове́к большо́го ума́; **formatieren** *vt* (*Diskette*) устана́вливать форма́т

Formation *f* **1** формáция *ж*; MIL (*Aufstellung*) строй *м*, формирова́ние *с* **2** (*Erd~*) пери́од *м*

formbar *adj* (*Material, Charakter*) пласти́чный, поддаю́щийся возде́йствию

Formel *f* \<-, -n\> MATH фо́рмула *ж*; (*Sprach~*) разгово́рный штамп *м*

formell *adj* **1** (*förmlich, offiziell*) официа́льный **2** (*unpersönlich*) форма́льный

formen *vt* (*gestalten*) прида\<ва́\>ть фо́рму чему́-л, \<с-\>формова́ть

Formfehler *m* JURA несоблюде́ние *с* надлежа́щей фо́рмы, форма́льная оши́бка *ж*

förmlich I. *adj* (*formell*) форма́льный **II.** *adv FAM* (*geradezu*) пря́мо-таки, существе́нно, фо́рменным о́бразом; (*völlig*) ◇ **Lara ist ~ ausgeflippt** Ла́ра пря́мо-таки вы́шла из себя́; **Förmlichkeit** *f* форма́льность *ж*, официа́льность *ж*

formlos *adj* (*zwanglos*) бесцеремо́нный, не соблюда́ющий пра́вил прили́чия

Formular *n* <-s, -e> формуля́р *m*
formulieren *vt* (*Satz*) <с->формули́-
ровать
forschen I. *vt* (*ausfragen*) расспра́-
шивать <-спроси́ть> (*nach dat* что-л),
спра́вля́ться <-пра́виться> (*nach dat* о
ком-чём-л) **II.** *vi* (*wissenschaftlich*) ис-
сле́довать *несов и сов*; **forschend** *adj*
(*Blick*) пытли́вый, испыту́ющий; **For-
scher(in** *f*) *m* <-s, -> иссле́довател(ни-
ца *ж*) *m*; **Forschung** *f* (*научное*) ис-
сле́дование *c*, изыска́ние *c*
Forst *m* <-[e]s, -e> (*Wald*) лес *m*, бор *m*;
Förster(in *f*) *m* <-s, -> лесни́чий *m*
fort *adv* (1) (*weg*) прочь, вон (2) (*ständig*)
◇ **in e-m** ~ беспреры́вно, без у́стали
fortbestehen *unreg vi* (*Zweifel*) продол-
жа́ть <-до́лжить> существова́ть
fortbewegen I. *vt* (*entfernen, wegbewe-
gen*) сдвига́ть <-ви́нуть> с ме́ста,
передвига́ть <-дви́нуть> **II.** *vr* (*sich
vorwärtsbewegen*) ◇ **sich** ~ дви́гаться
<-дви́нуться> вперёд, передвига́ться
несов
fortbilden *vr* ◇ **sich** ~ повыша́ть <вы́-
сить> квалифика́цию <образова́ние>
fortbleiben *unreg vi* отсу́тствовать *не-
сов*; (*nicht erscheinen*) не явля́ться *не-
сов*; **fortbringen** *unreg vi* (*jd-n wegfahren*)
увози́ть <увезти́>, отправля́ть <-пра́в-
ить>
fortfahren *unreg vi* (1) (*wegfahren*) уез-
жа́ть <уе́хать> (2) *FIG* (*fortsetzen*) продол-
жа́ть <-до́лжить> что-л де́лать
fortführen *vt* продолжа́ть <-до́лжить>
fortgehen *unreg vi* уходи́ть <уйти́>, уда-
ля́ться <-ли́ться>
fortgeschritten *adj* (*Schüler*) успева́ю-
щий, продви́нутый; (*Alter*) зре́лый;
Fortgeschrittenenkurs *m* курс *m*
обуче́ния для име́ющих уже не́кото-
рые зна́ния
fortkommen *unreg vi* (*wegkommen*) ухо-
ди́ть <уйти́>; **fortmüssen** *unreg vi* быть
вы́нужденным уйти́ [уе́хать], поки́-
нуть что-л
fortpflanzen *vr* (*sich vermehren*) ◇ **sich** ~
размножа́ться <-мно́житься>, <рас>
плоди́ться
Fortschritt *m* успе́х *m*, прогре́сс *m*;
(*weiterkommen*) ◇ **-e machen** де́лать ус-
пе́хи, **fortschrittlich** *adj* (*Gesinnung*)
прогресси́вный, передово́й
fortsetzen *vt* (*Roman, Arbeit*) продол-
жа́ть <-до́лжить> что-л; **Fortsetzung** *f*
продолже́ние *c*; ◇ ~ **folgt** продолже́-
ние сле́дует
fortwährend *adj* (*ununterbrochen*) посто-
я́нный, беспреста́нный, беспреры́в-
ный
fortziehen *unreg* **I.** *vt* (*am Arm*) тяну́ть
несов прочь, отта́лкивать <-щи́ть> **II.** *vi*
(*wegziehen*) выезжа́ть <вы́ехать>, уез-
жа́ть <-е́хать>, переселя́ться <-ли́ться>

fossil *adj* (*Brennstoff*) ископа́емый, ока-
мене́лый
Foto *n* <-s, -s> фо́то *c*, фотогра́фия *ж*;
Fotograf(in *f*) *m* <-en, -en> фото́граф *m*;
Fotografie *f* фотогра́фия *ж*; **fotogra-
fieren I.** *vt* (*Landschaft, Person*) <с->фо-
тографи́ровать **II.** *vi* (*Schnappschuss*)
снима́ть <снять>; **Fotokopierer** *m* фо-
токопирова́льный аппара́т *m*
Foul *n* <-s, -s> SPORT гру́бая игра́ *ж*, на-
руше́ние *ж* пра́вил игры́
Fracht *f* <-, -en> (*Ladung*) груз *m*, кладь
ж; **Frachter** *m* <-s, -> грузово́е су́дно *c*
Frage *f* <-, -n> (1) вопро́с *m* (2) (*Problem*)
предме́т *m* обсужде́ния, пробле́ма *ж*;
◇ **etw in ~ stellen** подверга́ть что-л со-
мне́нию (3) ◇ **das kommt nicht in** ~ об
э́том ре́чи быть не мо́жет; **Frageb-
gen** *m* анке́та *ж*, опро́сный лист *m*;
fragen *vt* (1) (*Frage stellen*) спра́шивать
<-роси́ть> (2) (*bitten*) ◇ **um Rat** ~ проси́ть
сове́та; **Fragezeichen** *n* вопроси́-
тельный знак *m*; **fraglich** *adj* (*un-
sicher*) сомни́тельный, спо́рный;
fraglos *adv* (*ohne Zweifel*) бесспо́р-
ный, несомне́нный
Fragment *n* фрагме́нт *m*, отры́вок *m*
fragwürdig *adj* (*zweifelhaft*) сомни́тель-
ный
Fraktion *f* фра́кция *ж*
frankieren *vt* (*Brief*) накле́ивать ма́р-
ку, франки́ровать *несов* письмо́
Frankreich *n* Фра́нция *ж*; ◇ **in/nach** ~
во Фра́нции/во Фра́нцию
Franse *f* <-, -n> (*Teppich*~) бахрома́ *ж*
Franzose *m* <-n, -n>, **Französin** *f* фран-
цу́з *m*, францу́женка *ж*; **französisch**
adj францу́зский
fraß *impf v.* **fressen**
Fratze *f* <-, -n> (*Grimasse*) грима́са *ж*
Frau *f* <-, -en> (1) же́нщина *ж*; (*Anre-
de*) ◇ ~ **Vogt** госпожа́ Фогт (2) (*Ehe~*)
жена́ *ж*, супру́га *ж*; **Frauenarzt** *m*,
Frauenärztin *f* гинеко́лог *m*; **Frauen-
beauftragte(r)** *fm* лицо́, занима́ющееся
социальным положением женщин;
Frauenbewegung *f* же́нское движе́-
ние *c*; **Frauenhaus** *n* дом [прию́т] для
же́нщин (*которые в домашних услови-
ях подвергаются грубому обращению со
стороны мужчин*)
Freak *m* <-s, -s> FAM (1) (*Nonkonformist*)
свободомы́слящий *m*, челове́к, не-
согла́сный с официа́льной то́чкой
зре́ния (2) (*Fanatiker*) фанати́чески
увлечённый челове́к *m*
frech *adj* (1) (*respektlos*) на́глый, наха́ль-
ный; (*dreist*) сме́лый, де́рзкий (2) (*keck*)
◇ **-e Frisur** озорна́я причёска ; **Frech-
heit** *f* де́рзость *ж*, на́глость *ж*, бесце-
ремо́нность *ж*
Freeclimbing *n* SPORT (*freies Klettern*)
верхола́занье *c* (по стене́)
frei *adj* (1) (*Mensch*) свобо́дный, незави-

симый **2** (*Beruf*) свобо́дный **3** (*Sitzplatz*) свобо́дный, неза́нятый; (*Arbeitsstelle*) вака́нтный, свобо́дный **4** (*draußen*) **im F~en** на дворе́, снару́жи **5** (*Eintritt*) беспла́тный, свобо́дный; **Freibad** *n* откры́тый бассе́йн *m*; **freibekommen** *unreg vt* (*Urlaub bekommen*) получ|а́ть ‹-чи́ть› о́тпуск; **freigebig** *adj* (*großzügig*) ще́дрый; **Freigebigkeit** *f* ще́дрость *ж*; **Freiheit** *f* свобо́да *ж*; **freiheitlich** *adj* (*Gesinnung*) свободомы́слящий; (*freidenkerisch*) вольноду́мный; **Freiheitsstrafe** *f* (*Haft*) наказа́ние *c*, свя́занное с лише́нием свобо́ды; **Freikarte** *f* беспла́тный биле́т *m*; (*Theater*) контрама́рка *ж*; **freilassen** *unreg vt* (*Freiheit geben*) выпуска́ть ‹вы́пустить› на свобо́ду; (*aus Gefängnis*) освобо|жда́ть ‹-ди́ть› из заключе́ния; **freilegen** *vt* (*Ausgrabungen*) освобо|жда́ть ‹-ди́ть›, отка́пывать ‹-копа́ть›

freilich *adv* (*natürlich*) коне́чно, разуме́ется, ещё бы!

Freilichtbühne *f* откры́тая сце́на *ж*; **freimachen I.** *vt* **1** (*Platz*) освобо|жда́ть ‹-ди́ть› **2** (*Brief*) опла́чивать ‹-ти́ть› письмо́ почто́вым сбо́ром **II.** *vr* ◇ **sich ~** **1** (*entkleiden*) освобо|жда́ться ‹-ди́ться› от оде́жды, разде́ва|ться ‹-ться **2** (*Urlaub nehmen*) брать ‹взять› о́тпуск; **freisprechen** *unreg vt* (*Angeklagte*) опра́вдывать ‹-да́ть›; **Freispruch** *m* оправда́тельный пригово́р *m*, оправда́ние *c*; **freistellen** *vt* **1** (*zur Wahl stellen*) ◇ **jd-m etw ~** предоставля́ть ‹-ста́вить› вы́бор **2** (*vom Kriegsdienst*) освобо|жда́ть ‹-ди́ть› (*von* от); **Freistoß** *m* SPORT (*Fußball*) свобо́дный уда́р *m*

Freitag *m* пя́тница *ж*; *s. a.* **Samstag**; **freitags** *adv* (*jeden Freitag*) по пя́тницам

freiwillig *adj* (*ohne Zwang*) доброво́льный

Freizeit *f* свобо́дное вре́мя *c*, досу́г *m*; **freizügig** *adj* **1** (*nicht ortsgebunden*) по́льзующийся пра́вом свобо́дного передвиже́ния **2** (*spendabel*) ще́дрый **3** (*frei*) свобо́дный

fremd *adj* **1** (*unbekannt*) чужо́й, незнако́мый **2** (*seltsam*) чу́ждый, стра́нный; **fremdartig** *adj* (*ungewohnt*) стра́нный, необы́чный, непривы́чный, своеобра́зный; **Fremde(r)** *fm* (*Unbekannte*) незнако́мец *m*, незнако́мка *ж*, чужо́й (-а́я *ж*) *m* **2** (*Ausländer/in*) иностра́нец *m*, иностра́нка *ж*, чужезе́мец *m*, чужезе́мка *ж*; **Fremdenführer(in** *f*) *m* **1** (*Person*) гид *m*, проводни́к *m* **2** *nur m* (*Buch*) путеводи́тель *m*; **Fremdenverkehr** *m* иностра́нный тури́зм *m*; **Fremdenzimmer** *n* ко́мната *ж* для госте́й **Fremdkörper** *m* иноро́дное те́ло *c*; **Fremdsprache** *f* иностра́нный язы́к *m*; **fremdsprachig** *adj* говоря́щий на иностра́нном языке́, иноязы́чный;

Fremdwort *n* иностра́нное сло́во *c* **Frequenz** *f* PHYS, MEDIA частота́ *ж* **fressen** ‹frisst, fraß, gefressen› *vt, vi* **1** (*Tier*) съ|еда́ть ‹-ъесть› **2** (*Säure*) разъеда́ть ‹-е́сть›, корроди́ровать ‹-› FAM (*essen*) ‹со-›жра́ть **4** FAM ◇ **den habe ich gefressen** я не могу́ терпе́ть [выноси́ть] его́

Freude *f* ‹-, -n› ра́дость *ж*; (*Vergnügen*) удово́льствие *c*; **freudig** *adj* (*Ereignis*) ра́достный, весёлый **2** безра́достный, безотра́дный; **freuen I.** *vt unpers* ◇ **es freut sie, dass ...** её ра́дует, что ... **II.** *vr* ◇ **sich** *akk* **auf etw** ‹об-›ра́доваться чему́-л предстоя́щему

Freund *m* ‹-[e]s, -e›, **Freundin** *f* **1** друг *m*, подру́га *ж*, прия́тель(ница *ж*) *m* **2** (*Geliebte/r*) возлю́бленный(-ая *ж*) *m* **3** FIG (*Kinoliebhaber/in*) люби́тель(ница *ж*) *m*; **freundlich** *adj* **1** (*liebenswürdig*) приве́тливый, любе́зный, раду́шный **2** (*Wetter*) прия́тный, я́сный; **Freundlichkeit** *f* приве́тливость *ж*, любе́зность *ж*; раду́шие *c*, ла́сковость *ж*; **Freundschaft** *f* дру́жба *ж*; **freundschaftlich** *adj* дру́жественный, дру́жеский

Frevel *m* ‹-s, -› злодея́ние *c*, преступле́ние; **frevelhaft** *adj* (*Verhalten*) преступный

Frieden *m* ‹-s, -› **1** мир *m*; ◇ **~ schließen** заключи́ть мир **2** FIG (*Harmonie*) поко́й *m*, согла́сие *c*; ◇ **in ~ leben** жить ми́рно [в согла́сии]; **Friedensbewegung** *f* движе́ние *c* в защи́ту ми́ра; **Friedensverhandlungen** *f pl* ми́рные перегово́ры *мн*; **Friedensvertrag** *m* ми́рный догово́р *m*

Friedhof *m* кла́дбище *c*

friedlich *adj* **1** (*Lösung*) ми́рный, миролюби́вый **2** (*still*) ми́рный, споко́йный

frieren ‹fror, gefroren› **I.** *vi* (*Kälte empfinden*) ‹за-›мёрзнуть, ‹о-›зя́бнуть **II.** *vt unpers* ◇ **es friert draußen** на дворе́ моро́з **2** ◇ **es friert mich** я озя́б, мне хо́лодно

frigid[e] *adj* (*sexuell*) бесчу́вственный, холо́дный, бесстра́стный, фриги́дный

Frikadelle *f* тефте́лька *ж*

Frisbeescheibe *f* таре́лка-бумера́нг *m* **frisch** *adj* **1** (*Lebensmittel*) све́жий, неиспо́рченный **2** (*Wetter*) прохла́дный, све́жий **3** (*Kleidung*) чи́стый, све́жий **4** (*neu*) неда́вний, но́вый, све́жий; ◇ **~ gestrichen!** осторо́жно, окра́шено! **5** (*lebhaft*) бо́дрый, живо́й; **Frische** *f* ‹-› све́жесть *ж*, прохла́да *ж*; **Frischhaltefolie** *f* консерви́рующая фольга́ *ж*

Friseur *m*, **Friseuse** *f* парикма́хер *m*, же́нщина-парикма́хер *ж*; **frisieren I.** *vt* **1** (*Haare*) прич|ёсывать ‹-еса́ть›, де́лать причёску **2** *FAM* (*Motor*) <от-> регули́ровать **3** *FIG* (*Bilanz*) пригла́живать *несов*, прида́<ва́>ть жела́емый вид **II.** *vr* ◇ **sich** ~ причёсываться <-чеса́ться>; **Frisiersalon** *m* парикма́херская *ж*

Frist *f* <-, -en> **1** (*Zeitraum*) срок *м* **2** (*Zeitpunkt*) вре́мя *с*; **fristlos** *adj* (*unbefristet*) бессро́чный; ◇ **-e Kündigung** увольне́ние без предупрежде́ния

Frisur *f* (*Haar~*) причёска *ж*

frittieren *vt* (*in Öl*) жа́рить во фритю́ре

frivol *adj* **1** (*zweideutig*) фриво́льный **2** (*leichtfertig*) легкомы́сленный

froh *adj* **1** весёлый, ра́достный **2** (*gut, positiv*) дово́льный; ◇ **Frohes Neues Jahr!** Счастли́вого Но́вого го́да!

fröhlich *adj* (*ausgelassen*) весёлый, ра́достный; **Fröhlichkeit** *f* весёлость *ж*, весе́лье *с*, ра́дость *ж*

fromm *adj* **1** (*gläubig*) на́божный, благочести́вый **2** (*Wunsch*) благо́й; **Frömmigkeit** *f* благоче́стие *с*, на́божность *ж*

frönen *vi* (*sich hingeben*) преда́<ва́>ться поро́ку, страсти (*e-r Sache auf* чему́-л)

Fronleichnam *m* <-[e]s> пра́здник *м* те́ла Христо́ва

Front *f* <-, -en> **1** (*Vorderseite*) фаса́д *м*, фронто́н *м* **2** (*Kalt~*) фронт *м* **3** *FIG* ◇ **gegen jd-n ~ machen** ока́зывать противоде́йствие кому́-л **2** (*Kriegs~*) фронт *м*; **frontal** *adj* фронта́льный, лобово́й

fror *impf v.* **frieren**

Frosch *m* <-[e]s, Frösche> лягу́шка *ж*; **Froschmann** *m* <-s, -männer> (*Taucher*) ныря́льщик *м*, водола́з *м*

Frost *m* <-[e]s, Fröste> (*Nacht~*) моро́з *м*, сту́жа *ж*, хо́лод *м*; **frösteln** *vi* (*frieren*) <о->зя́бнуть, <за->мёрзнуть; **frostig** *adj* (*kalt*) моро́зный, холо́дный; *FIG* ледяно́й, холо́дный; **Frostschutzmittel** *n* антифри́з *м*

Frottee *n o. m* <-[s], s> мохна́тая ткань *ж*; **frottieren** *vt* расти́ра́ть <-тере́ть> полоте́нцем

Frucht *f* <-, Früchte> **1** (*Feld~, Baum~*) плод *м*, фрукт *м* **2** *FIG* плод *м*, результа́т *м*; **Fruchtbarkeit** *f* **1** (*von Boden, Erde*) плодоро́дие *с*, плодоро́дность *ж* **2** (*von Mensch*) плодови́тость *ж*; **fruchten** *vi* (*Erfolg haben*) приноси́ть <-нести́> по́льзу, быть поле́зным; **fruchtlos** *adj* беспло́дный; *FIG* (*vergeblich*) тще́тный; **Fruchtsaft** *m* фрукто́вый сок *м*

früh **I.** *adj* **1** (*zeitig*) ра́нний; ◇ **am ~en Morgen** ра́нним у́тром **2** (*vorzeitig*) преждевре́менный **3** ◇ **ein ~es Werk** ра́ннее произведе́ние иску́сства **II.** *adv* **1** (*zeitig*) ра́но, зара́нее **2** ◇ **gestern** ~ вчера́ у́тром; **Frühaufsteher(in** *f*) *m* <-s, -> челове́к *м*, привы́кший (лю́бящий)

ра́но встава́ть; **Frühe** *f* <-> ◇ **in aller ~** ра́но у́тром, чуть свет, на рассве́те

früher *kompar. v.* **früh** **I.** *adj* **1** (*vorhergehend*) бо́лее ра́нний, пре́жний, предыду́щий; ◇ **in ~en Zeiten** в былы́е времена́ **2** (*ehemalig*) бы́вший **II.** *adv* **1** ◇ ~ **oder später** ра́но и́ли по́здно, в конце́ концо́в **2** ◇ ~ **war alles anders** ра́ньше всё бы́ло ина́че; **frühestens** *adv* не ра́ньше как (чем), са́мое ра́нее

Frühgeburt *f* (*der Vorgang*) преждевре́менные ро́ды *мн*; (*Kind*) недоно́шенный ребёнок *м*

Frühling *m* весна́ *ж*; ◇ **im ~** весно́й; **frühreif** *adj* (*Kind*) не по во́зрасту разви́тый; **Frühstück** *n* за́втрак *м*; **frühstücken** **I.** *adj* ра́нний, преждевре́менный **II.** *adv* зара́нее, заблаговре́менно

Frust *m* <-s> *FAM* расстро́йство *с*, разочарова́ние *с*; **frustrieren** *vt* расстра́ивать <-стро́ить>, разочаро|вывать <-ва́ть>

Fuchs *m* <-es, Füchse> лиси́ца *ж*, лиса́ *ж*; **fuchsteufelswild** *adj* *FAM* взбешённый, разъярённый, рассвирепе́вший

fuchteln *vi* <раз->маха́ть

Fuge *f* <-, -n> **1** (*Spalt*) шов *м* **2** *MUS* фу́га *ж*

fügen **I.** *vt* (*aneinander ~*) <при->соедини́ть **II.** *vr* ◇ **sich ~** **1** (*sich anpassen*) прила́живаться, подходи́ть (*in akk* к чему́-л) **2** (*klein beigeben*) сми|ря́ться <-ри́ться>, покори́|ря́ться <-ри́ться> (*unter* чем-л **III.** *vr unpers* (*gut werden*) ◇ **alles wird sich ~** всё ко́нчится благополу́чно

fühlbar *adj* осяза́емый, ощути́мый, заме́тный, чувстви́тельный; **fühlen** **I.** *vt* **1** (*spüren*) <по->чу́вствовать **2** (*Schmerz*) ощуща́ть <-ти́ть> **II.** *vi* (*tasten*) ощу́пывать <-пать>, иска́ть о́щупью (*nach etw* что-л) **III.** *vr* ◇ **sich gut/schlecht ~** чу́вствовать себя́ хорошо́/пло́хо; **Fühler** *m* <-s, -> **1** (*Schmetterlings~*) щу́пальце *с*, у́сик *м* **2** *FIG* ◇ **seine ~ ausstrecken** выпуска́ть щу́пальца

fuhr *impf v.* **fahren**

führen **I.** *vt* **1** (*leiten*) вести́ *несов*, управля́ть *несов*; руководи́ть *несов*, возглавля́ть *несов* **2** (*Namen*) называ́ться, носи́ть *несов*, име́ть **3** (*Ware*) держа́ть, име́ть в прода́же **II.** *vi* **1** SPORT лиди́ровать *несов*, вести́ **2** (*Weg*) вести́ **III.** *vr* (*benehmen*) ◇ **sich ~** вести́ себя́; **Führer(in** *f*) *m* <-s, -> **1** (*Geschäfts~*) руководи́тель(ница *ж*) *м* **2** (*An~*) вождь *м* **3** (*Fremden~*) гид *м*; **Führerschein** *m* води́тельские права́ *мн*; **Führung** *f* **1** (*Geschäfts~*) руково́дство *с*, управле́ние *с* **2** SPORT ◇ **die ~ übernehmen** лиди́ровать *несов* **3** (*Benehmen*) поведе́ние *с* **4** (*Museums~*)

объясне́ния мн экскурсово́да; **Füh-rungszeugnis** n свиде́тельство с о пове́де́нии

Fuhrwerk n пово́зка ж, экипа́ж м
Fülle f ‹-› ① (große Menge) изоби́лие ж; (Überschuss) избы́ток м; ◇ **in Hülle und** ~ в изоби́лии, в избы́тке ② (Leibes~) полнота́ ж, тучность ж; **füllen I.** vt (Glas) на|полня́ть ‹-по́лнить›, за|полня́ть ‹-по́лнить› **II.** vr (Saal) ◇ **sich** ~ на|полня́ться ‹-по́лниться›, за|полня́ться ‹-по́лниться›

Füller m, **Füllfederhalter** m ‹-s, -› автору́чка ж, ве́чное перо́ с
Füllung f ① (von Zahn) пло́мба ж ② GASTRON начи́нка ж, фарш м
Fund m ‹-[e]s, -e› (~sache) нахо́дка ж
Fundament n ① ARCHIT фунда́мент м, основа́ние с ② FIG (Basis) осно́ва ж, основны́е положе́ния мн
fundamental adj (grundlegend) фундамента́льный, основа́тельный; **Fun-damentalist(in** f) m POL фундаментали́ст(ка ж) м; **fundamentalistisch** adj POL POL фундаменталистский

Fundbüro n стол м нахо́док; **Fund-grube** f FIG сокро́вищница ж
fundieren vt (begründen) осно́вывать ‹-ва́ть›, учрежда́ть ‹-ди́ть›; **fundiert** adj (Wissen) обосно́ванный

fünf nr пять; SCH (mangelhaft) два; ◇ **sie gewannen mit 5 zu 2** они́ вы́играли со счётом 5:2; ◇ **drei und ~ macht acht** три плюс пять равня́ется восьми́; ◇ **es ist genau ~ Uhr** ро́вно пять часо́в; ◇ **es ist halb ~** полови́на пя́того; ◇ **sie ist ~ Jah-re alt** ей пять лет; ◇ **sie sind ~** их пя́теро; ◇ **vor ~ Tagen** пять дней наза́д; **fünf-fach I.** adj (fünfmal soviel) пятикра́тный **II.** adv в пять раз, впя́теро; **fünfhun-dert** nr пятьсо́т; **fünfjährig** adj ① (Al-ter) пятиле́тний ② (5 Jahre lang) пяти-годи́чный; **fünfmal** adv пять раз, пятикра́тно; **fünfte(r,s)** adj ① пя́тый (-ая, -ое); ◇ **in den ~n Gang schalten** включи́ть пя́тую ско́рость ② (Datum) ◇ **der ~ April** пя́тое апре́ля; (Brief) **München, den 5. April** Мю́нхен, пя́того апре́ля; **Fünfte(r)** fm пя́тый(-ая ж) м; ◇ **als ~r ins Ziel gehen** прийти́ к фи́нишу пя́тым; **Fünftel** n ‹-s, -› (Bruchteil) одна́ пя́тая ж; **fünftens** adv в пя́тых; **fünfzehn** nr пятна́дцать; **fünfzig** nr пятьдеся́т

fungieren vi де́йствовать в ка́честве, исполня́ть обя́занности (als кого́-л)
Funk m ‹-s› ра́дио с, радиовеща́ние с
Funke[n] m ‹-ns, -n› ① (Feuer) и́скра ж ② FIG про́блеск м, намёк м
funkeln vi (Sterne, Augen) сверка́ть ‹-ну́ть›, блесте́ть ‹-ну́ть›; (Edelsteine) искри́ться несов
funken vt ① (Nachricht) переда́|ва́ть по ра́дио, ради́ровать несов и сов ②

FAM (kapieren) ◇ **es hat gefunkt** наконе́ц дошло́; **Funkgerät** n ра́ция ж, **Funk-haus** n радиосту́дия ж; **Funkspruch** m радиогра́мма ж; **Funkstation** f радиоста́нция ж

Funktion f ① (Amt) до́лжность ж, фу́нкция ж ② (Pflicht) зада́ча ж ③ ◇ **die Maschine ist außer ~** маши́на стои́т [не рабо́тает] ④ MATH фу́нкция ж; **funktionieren** vi функциони́ровать несов, де́йствовать несов; **Funktionstaste** f PC функциона́льная кла́виша ж

für präp akk ① (anstelle von) за, вме́сто, взаме́н; ◇ ~ **jd-n etw tun** де́лать что-л за кого́-л ② (als Hilfeleistung) ◇ ~ **jd-n einkaufen** покупа́ть что-л для кого́-л ③ (zu bestimmtem Zweck) ра́ди; ◇ ~ **e-e Prü-fung lernen** учи́ть ра́ди того́, что́бы сда́ть экза́мен ④ (Preis) за, на; ◇ **~ 15 Eu-ro** за [на] 15 евро́ ⑤ (Angemessenheit, Entsprechung) ◇ **das bedeutet nichts ~ mich** для меня́ э́то ничего́ не зна́чит ⑥ (Meinung, Ansicht) ◇ **ich halte es ~ bes-ser** я счита́ю, что так бу́дет лу́чше ⑦ (Einteilung, jeder ~ sich) ◇ **er ist gern ~ sich allein** он лю́бит остава́ться [быть] наедине́ с собо́й; ◇ **Wort ~ Wort** (überset-zen) сло́во в сло́во; (wiedergeben) сло́во за́ словом ⑧ (Zeitangabe) ◇ ~ **immer** навсегда́, наве́чно; ◇ **ich fahre ~ drei Wochen nach Italien** я уезжа́ю на три неде́ли в Ита́лию ⑨ (was ...betrifft) ◇ **ich ~ meinen Teil** что каса́ется меня́, то ⑩ (Möglichkeit) ◇ **den Fall, dass** на тот слу́чай, е́сли ⑪ (von welcher Art) ◇ **was ~ ein Buch?** кака́я кни́га? ⑫ (Ausruf) ◇ **was ~ ein Mann!** како́й мужчи́на!

Fürbitte f хода́тайство с
Furche f ‹-, -n› (im Acker) борозда́ ж
Furcht f ‹-› (Angst) страх м, боя́знь ж; **furchtbar** adj страшный, ужа́сный; **fürchten I.** vt (Angst haben) боя́ться не-сов (jd-n/etw кого́-чего́-л), опаса́ться несов кого́-чего́-л **II.** vi ① (befürchten) боя́ться ② ◇ ~ **um etw** опаса́ться за что-л **III.** vr ◇ **sich ~** боя́ться, опаса́ться (vor dat кого́-чего́-л); **fürchterlich** adj (schlimm) страшный, ужа́сный; **furcht-los** adj бесстра́шный, безбоя́зненный, неустраши́мый; **furchtsam** adj боязли́вый, трусли́вый

füreinander adv друг для дру́га, друг за дру́га
Furnier n ‹-s, -e› фане́ра ж
fürs = **für das**
Fürsorge f ① (Pflege) попече́ние с, забо́та ж ② (Sozialhilfe) социа́льное обеспече́ние с; **Fürsprache** f хода́тайство с; **Fürsprecher(in** f) m засту́пник м, засту́пница ж, защи́тник м, защи́тница ж
Fürst(in f) m ‹-en, -en› князь м, княги́ня ж; FIG ◇ **leben wie ein ~** жить

по-ца́рски; **fürstlich** adj (Residenz) кня́жеский; (luxuriös) роско́шный
Furt f <-, -en> брод m; (Sandbank) мель ж
Fürwort n (Pronomen) местоиме́ние c
Fuß m <-es, Füße> ① нога́ ж, стопа́ ж; ◇ **zu** ~ пешко́м ② (von Lampe, Berg) но́жка ж, подно́жие c; **Fußball** m футбо́л m; **Fußballspieler(in** f) m футболи́ст(ка ж) м; **Fußboden** m пол м; **Fußbremse** f AUTO ножно́й то́рмоз m; **fußen** vi (basieren) осно́вываться несов, бази́роваться несов (auf dat на чём-л); **Fußende** n (vom Bett) ◇ **am** ~ в нога́х; **Fußgänger(in** f) m <-s, -> пешехо́д m; **Fußnote** f сно́ска ж; **Fußtritt** m пино́к m, уда́р m ного́й; **Fußweg** m (in Stadt) доро́жка ж; (schmaler ~) тропи́нка ж

Fußball

Футбол — самый любимый вид спорта в Германии. Немецкое футбольное общество насчитывает более 5 миллионов членов — столько же жителей насчитывают Берлин и Гамбург вместе.
Когда немецкое телевидение транслирует матчи, лучше не назначать никаких встреч и никому не звонить, чтобы не отрывать «болельщиков» от телевизора.

Futter n <-s, -> ① (Katzen~) корм m ② (Mantel~) подкла́дка ж; **füttern** vt ① (Tier) дава́ть корм живо́тным, корми́ть несов живо́тных ② (mit Stoff) подши́(ва́)ть, ста́вить подкла́дку
Futur n <-s, -e> GRAM бу́дущее вре́мя c

G

G, g n ① (Buchstabe) Г, г ② MUS соль
gab impf v. **geben**
Gabe f <-, -n> ① (Präsent) дар m, пода́рок m ② (Begabung) дарова́ние c, тала́нт m
Gabel f <-, -n> ① ви́лка ж; **gabeln** vr (sich verzweigen) ◇ **sich** ~ разд(ва́)иваться <-дво́иться>; **Gabelstapler** m <-s, -> автопогру́зчик m (с ви́льчатым захва́том); **Gabelung** f (Weg~) развет(в)ле́ние c
gackern vi ① (Hühner) куда́хтать несов ② FAM (kichern) хихи́кать несов
gaffen vi (starren) глазе́ть несов, гля-

де́ть несов, рази́нув рот; **Gaffer(in** f) m <-s, -> FAM зева́ка м/ж ротозе́й м
Gag m <-s, -s> (witziger Einfall) эффе́ктный трюк m; (Werbe~) импровиза́ция ж
Gage f <-, -n> (Künstlerhonorar) жа́лованье c, за́работная пла́та м (худо́жников, музыка́нтов, арти́стов)
gähnen vi ① (Mensch) зева́ть <-ну́ть> ② (klaffen, Loch) зия́ть несов
galant adj (zuvorkommend, höflich) гала́нтный, учти́вый, любе́зный
Galaxie f Гала́ктика ж; (Milchstraße) Мле́чный путь м
Galerie f ① (Kunst~) галере́я ж ② THEAT галёрка ж, ве́рхний я́рус м
Galgen m <-s, -> ви́селица ж; **Galgenhumor** m (Sarkasmus) ю́мор m ви́сельника, го́рький [ю́мор] ю́мор м
Galle f <-, -n> ① ANAT желчь ж ② FIG ◇ **mir läuft die** ~ **über** мной овладева́ет я́рость; **Gallenstein** m жёлчный ка́мень м
Galopp m <-s, -s o. -e> гало́п m; ◇ **im** ~ **reiten** мча́ться гало́пом; **galoppieren** vi (Pferd) скака́ть гало́пом
galt impf v. **gelten**
gammeln vi FAM (untätig, lustlos herumhängen) болта́ться несов, (faulenzen) безде́льничать несов; **Gammler(in** f) m <-s, -> (Herumtreiber/in) безде́льник m, безде́льница ж, пра́здно шата́ющийся(-аяся ж) м
Gämse f <-, -n> (Bergziege) се́рна ж
gang adj (üblich) ◇ **es ist** ~ **und gäbe** так во́дится, так при́нято
Gang m <-[e]s, Gänge> ① (Gehen) хожде́ние c, ходьба́ ж ② (~art) похо́дка ж, по́ступь ж ③ (Besorgung) хожде́ние c по дела́м, делово́е посеще́ние c ④ (Verlauf) ход m, тече́ние c; ◇ **das ist der** ~ **der Dinge** тако́в ход собы́тий ⑤ (Essens~) блю́до c ⑥ AUTO переда́ча ж ⑦ (Flur, Korridor) коридо́р m, (про)хо́д m ⑧ FIG (ins Rollen bringen) ◇ **etw in** ~ **bringen** привести́ что-л в движе́ние, пусти́ть что-л в ход; FIG (Gespräch) ◇ **in** ~ **kommen** прийти́ в движе́ние; **gängig** adj ① (gebräuchlich) ходово́й, (обще)употреби́тельный ② (Ware) ходово́й; **Gangschaltung** f (an Fahrrad) переключе́ние c переда́ч
Gangster m <-s, -> (Verbrecher) га́нгстер м
Gangway f <-, -s> (vom Schiff, Flugzeug) трап м
Ganove m <-n, -n> FAM (Gauner) моше́нник m; (Dieb) вор m;
Gans f <-, Gänse> ① ZOOL гусь m ② FAM (einfältige Frau) ◇ **dumme** ~ ду́ра ж
Gänseblümchen n маргари́тка ж;
Gänsebraten m жа́реный гусь m; **Gänsehaut** f FIG ◇ **ich habe e-e** ~ у меня́ мура́шки бе́гают по те́лу, у меня́ моро́з

по ко́же пробега́ет; **Gänsemarsch** m ◇ **im ~ gehen** идти́ гуську́м; **Gänserich** m гуса́к м

ganz I. adj ➊ (ungeteilt, komplett) це́лый, весь; ◇ **das ~e Jahr** весь год; ◇ **~ Europa** вся Евро́па; ◇ **ihr ~es Geld** все её де́ньги; ◇ **von ~em Herzen** от всего́ се́рдца ➋ (intakt, unversehrt) це́лый, неповреждённый; ◇ **das Glas ist noch ~** стака́н ещё цел ➌ FAM (nur) це́лый, то́лько; ◇ **sie hat ~ e fünf Minuten gebraucht** ей пона́добилось це́лых пять мину́т ➍ (ziemlich viel) ◇ **e-e ~e Menge** дово́льно мно́го **II.** adv ➊ (ziemlich, relativ) ◇ **~ schön gemein** дово́льно по́дло; ◇ **es geht mir ~ gut** у меня́ дела́ иду́т хорошо́ ➋ (völlig) совсе́м, соверше́нно; ◇ **das habe ich ~ vergessen** я об э́том совсе́м забы́л; ◇ **~ allein** совсе́м оди́н; **~ und gar** совсе́м, всеце́ло; (überhaupt nicht) ◇ **~ und gar nicht** во́все не; **gänzlich** adv (völlig, total) вполне́, совсе́м, всеце́ло; ◇ **etw ~ missverstehen** совсе́м не поня́ть что-л; **Ganztagsarbeit** f рабо́та ж на по́лный рабо́чий день

gar I. adj (Fleisch, Gemüse) гото́вый, сваренный **II.** adv ➊ (absolut) ◇ **~ nicht** во́все не; ◇ **~ nichts/keiner** (реши́тельно) ничего́/никто́ ➋ (durchaus) ◇ **~ nicht übel** совсе́м недуро́

Garage f ‹-, -n› гара́ж м

Garantie f (Sicherheit, Gewähr) гара́нтия ж; **garantieren I.** vt (verbürgen) поруча́ться ‹-чи́ться› за что-л; ◇ **jd-m etw ~ garantieren** несов и сов что-л кому́-л **II.** vi (einstehen für) ◇ **für etw ~** руча́ться за что-л

Garbe f ‹-, -n› (Bündel) сноп м

Garderobe f ‹-, -n› ➊ (gesamte Kleidung) гардеро́б м, оде́жда ж ➋ (Kleiderablage) гардеро́б м; (Kleiderständer) ве́шалка ж ➌ (Umkleideraum) раздева́лка ж

Gardine f занаве́ска ж, гарди́на ж

garen I. vt (gar kochen) дова́ривать несов **II.** vi (gar werden) сва́ривать сов

gären ‹gor, gegoren› vi ➊ (Saft, Bier, Wein) броди́ть несов ➋ FIG (unruhig, gereizt sein) ◇ **in ihm gärt es** в нём всё кипи́т

Garn n ‹-[e]s, -e› ни́тки мн, пря́жа ж

Garnele f ‹-, -n› креве́тка ж

garnieren vt (Essen) украша́ть гарниром

Garnitur f (Couch~, Wäsche~) гарниту́р м, набо́р м, компле́кт м

garstig adj (abstoßend, Anblick) скве́рный, ме́рзкий; (böse, Bemerkung) гну́сный; (Mensch) безобра́зный, уро́дливый

Garten m ‹-s, Gärten› сад м; **Gartenarbeit** f рабо́та ж в саду́; **Gartenbau** m садово́дство с; **Gartenhaus** n (Laube) бесе́дка ж; (Pavillon) павильо́н м; **Gärtner(in)** f m ‹- s, -› (Beruf) садо́вник м, садо́вница ж; (Gemüse~) огоро́дник

м, огоро́дница ж; **Gärtnerei** f (Betrieb) садово́дство с

Gärung f ➊ (Flaschen~) броже́ние с ➋ FIG (Aufruhrstimmung) броже́ние с, волне́ние с

Gas n ‹-es, -e› ➊ (Erd~) газ м ➋ AUTO (beschleunigen) ◇ **~ geben** дать газ; **Gasherd** m га́зовая плита́ ж; **Gasleitung** f (Rohr) газопро́вод м; **Gasmaske** f (Schutzmaske) противога́з м; **Gaspedal** n AUTO педа́ль ж акселера́тора

Gasse f ‹-, -n› ➊ (kleine Straße) переу́лок м ➋ (zur Seite treten) ◇ **e-e ~ bilden** образова́ть прохо́д

Gast m ‹-es, Gäste› ➊ (Besucher) гость(я ж) м; ◇ **bei jd-m zu ~ sein** быть в гостя́х у кого́-л ➋ (Hotel~) прие́зжий м, постоя́лец м; (Bade~) отдыха́ющий (-ая ж) м; (Kur~) куро́ртник м, куро́ртница ж; **Gastarbeiter** m, иностра́нный рабо́чий м, иностра́нная рабо́тница ж; **Gästebuch** n кни́га ж о́тзывов посети́телей; **Gästezimmer** n ко́мната ж для госте́й; **gastfreundlich** adj гостеприи́мный; **Gastfreundschaft** f гостеприи́мство с, раду́шие с, хлебосо́льство с; **Gastgeber(in)** f m ‹-s, -› хозя́ин м/хозя́йка ж до́ма; **Gasthaus** n, **Gasthof** m ➊ (Wirtshaus) гости́ница ж, постоя́лый двор м ➋ (Pension, Hotel) пансиона́т м, гости́ница ж, оте́ль м; **Gasthörer(in)** f m UNI вольнослу́шатель(ница ж) м; **gastieren** vi THEAT гастроли́ровать несов, быть на гастро́лях; **gastlich** adj (gastfreundlich) гостеприи́мный, раду́шный; **Gastprofessor** m профе́ссор, приглашённый в друго́й го́род/в другу́ю страну́ (для чтения ле́кций)

Gastritis f ‹-, -tiden› MED гастри́т м

Gastronomie f гастрономи́я ж, кулина́рное иску́сство с

Gastspiel n ➊ THEAT гастро́ли ж мн ➋ SPORT игра́ ж на по́ле сопе́рника; **Gaststätte** f (Lokal) рестора́н м, столо́вая ж; (Café) кафе́ с

Gaswerk n га́зовый заво́д м; **Gaszähler** m (Messgerät) га́зовый счётчик м

Gatte m ‹-n, -n› (Ehemann) супру́г м

Gatter n ‹-s, -› (Zaun) решётка ж, решётчатое загражде́ние с

Gattin f (Ehefrau) супру́га ж

Gattung f ➊ (Art, Spezies) вид м, поро́да ж, род м ➋ (Literatur~, Kunst~) жанр м

GAU m ‹-s, -s› (in AKW, a. Super~) Akr. v. **größter anzunehmender Unfall** крупне́йшая катастро́фа (в АЭС), кото́рую мо́жно себе́ предста́вить

Gaukler(in) f m (Zauberer) фо́кусник м, фо́кусница ж; (Jongleur) жонглёр(ша ж) м

Gaul m ‹-[e]s, Gäule› FAM (Pferd) конь м

Gaumen m ‹-s, -› ANAT нёбо с

Gauner(in f) m ⟨-s, -⟩ (Ganove) моше́н-ник m, моше́нница ж, плут(о́вка ж) m; (Dieb/in) вор(о́вка ж) m
Gaze f ⟨-⟩ (feiner Stoff) ма́рля ж, тюль m
Gazelle f ZOOL газе́ль ж
geb. adj Abk. v. geborene/r рождённый (-ая)
Gebäck n ⟨-[e]s, -e⟩ пиро́жное c, пе-че́нье c
Gebärde f ⟨-, -n⟩ (Geste) жест m, ужи́м-ка ж; **gebärden** vr (sich verhalten) ◇ sich ~ держа́ться каки́м-л о́бразом
gebären ⟨gebar, geboren⟩ vt (zur Welt bringen) производи́ть на свет, рожа́ть, ⟨-ди́ть⟩; ◇ **wo sind Sie geboren?** где Вы роди́лись?; **Gebärmutter** f ANAT (Uterus) ма́тка ж
Gebäude n ⟨-s, -⟩ зда́ние c, строе́ние c, сооруже́ние c; **Gebäudekomplex** m ко́мплекс m зда́ний
Gebell n ⟨-[e]s⟩ тя́вканье c, лай m
geben ⟨gibt, gab, gegeben⟩ **I.** vt ① (reichen) дава́ть; TELEC ◇ **~ Sie mir bitte Frau Friederich** попроси́те, пожа́луйста, к телефо́ну госпожу́ Фри́дерих; ◇ **jd-m die Hand ~** подава́ть [протя́гивать] ру́ку кому́-л ② (spenden) ⟨по⟩же́рт-вовать; ◇ **ein Almosen ~** дава́ть ми́ло-стыню ③ (Rabatt, Interview) предо|став-ля́ть ⟨-ста́вить⟩, да́|ва́ть; ◇ **jd-m ei-nen Kredit ~** предо|ставля́ть ⟨-ста́вить⟩ креди́т кому́-л ④ (Gastspiel, Theater-stück) да́|ва́ть; SCH ◇ **Unterricht ~** да-ва́ть уро́ки ⑤ (ergeben) дава́ть како́й-л результа́т; ◇ **das gibt keinen Sinn** э́то ничего́ не даёт; MATH ◇ **fünf und vier gibt neun** пять плюс четы́ре равно́ де-вяти́ ⑥ (schicken) отда́|ва́ть; ◇ **ins Heim ~** отда́ть в детдо́м; ◇ **das Auto zur Reparatur ~** отда́ть автомаши́ну в ре-мо́нт ⑦ (Rat, Versprechen) да́|ва́ть; ◇ **e-n Kuss ~** поцелова́ть ⑧ (äußern) ◇ **etw von sich ~** издава́ть звук **II.** vi unpers (vor-kommen) ① es gibt есть, име́ется, бы-ва́ст; ◇ **das gibt's doch nicht!** не мо́жет быть!, так не быва́ет!; ◇ **es gibt keine Dinosaurier mehr** диноза́вров бо́льше нет; ◇ **es gibt Leute, die ...** есть лю́ди, кото́рые .... ② (geschehen) ◇ **es gibt Re-gen** пойдёт [бу́дет] дождь **III.** vr ◇ **sich ~** ① (aufhören, sich bessern) про|ходи́ть ⟨-йти́⟩, прекра|ща́ться ⟨-ти́ться⟩; ◇ **das gibt sich wieder alles** всё ула́дится ② (so tun als ob) вести́ себя́, стро́ить из себя́; ◇ **er gibt sich geistreich** он стро́ит из се-бя́ у́много
Gebet n ⟨-[e]s, -e⟩ моли́тва ж
Gebiet n ⟨-[e]s, -e⟩ ① (Zone) о́бласть ж, райо́н m; (Kreis, Bezirk) о́круг m; (Zone) зо́на ж ② FIG о́бласть ж, сфе́ра ж
Gebilde n ⟨-s, -⟩ (Konstrukt) строе́ние c
gebildet adj (belesen, wissend) обра-зо́ванный, начи́танный
Gebirge n ⟨-s, -⟩ го́ры мн

Gebiss n ⟨-es, -e⟩ ① (Zähne) че́люсть ж, зу́бы мн ② (Prothese) зубно́й проте́з m
Gebläse n ⟨-s, -⟩ AUTO вентиля́тор m
geboren adj ① (zur Welt gekommen) ◇ **sein/werden** роди́ться; ◇ **am 31. 1.** ро-ди́лся/родила́сь 31. 1. ② (Geburtsname) ◇ **Schulze, ~e Fischer** Шу́льце, урож-дённая Фи́шер ③ (sehr begabt) ◇ **sie ist die ~e Schriftstellerin** она́ – прирождён-ная писа́тельница
geborgen adj (sicher, gut aufgehoben) ◇ **sich bei jd-m ~ fühlen** испы́тывать в при-су́тствии кого́-л чу́вство защищённо-сти; **Geborgenheit** f защищённость ж, безопа́сность ж, чу́вство c защи-щённости
Gebot n ⟨-[e]s, -e⟩ ① (Weisung) прика́з m, приказа́ние c ② (Grundsatz) при́н-цип m; ③ REL за́поведь ж; ◇ **die zehn ~e** де́сять за́поведей
Gebr. Abk. v. Gebrüder бра́тья
Gebrauch m ⟨-[e]s, -bräuche⟩ (Anwen-dung) примене́ние c, по́льзование c, употребле́ние c; **gebrauchen** vt ① (be-nutzen) ⟨вос⟩по́льзоваться чем-л, упо-требля́ть ⟨би́ть⟩ что-л ② (brauchen) ◇ **das kann ich gut ~** э́то мне пригоди́тся; **gebräuchlich** adj (üblich) обы́чный, употреби́тельный; **Gebrauchsanwei-sung** f (Anleitung) руково́дство c к при-мене́нию, инстру́кция ж о по́льзо-вании; **gebrauchsfertig** adj (при) го́д-ный к употребле́нию; **Gebrauchs-gegenstand** m предме́т m потребле́-ния [обихо́да]
gebraucht adj поде́ржанный, поно́-шенный; (Secondhand) бы́вший в упо-требле́нии; ◇ **etw ~ kaufen** купи́ть что-л поде́ржанное; **Gebrauchtwagen** m поде́ржанный автомоби́ль m
Gebrechen n ⟨-s, -⟩ ① (Leiden) неду́г m ② (körperlicher Mangel) (физи́ческий) недоста́ток m; **gebrechlich** adj (schwach, kränklich) сла́бый, дря́хлый
gebrochen I. adj (ab~) пре́рванный; (Sprache) лома́ный; (Ziffer) дро́бный; (Bein) сло́манный **II.** adv ◇ **~ Russisch sprechen** говори́ть на лома́ном ру́сс-ком языке́
Gebrüder pl (Firmenbezeichnung) бра́тья
Gebrüll n ⟨-[e]s⟩ (Brüllen) рыча́ние c, рык m
Gebühr f ⟨-, -en⟩ (Telefon~, Post~) пла́та ж, взнос m; (Tarif) тари́ф m; (mehr als sich gehört) ◇ **über ~** сверх (вся́кой) ме́-ры
gebühren I. vi (zustehen) ◇ **ihr gebührt Lob** она́ заслу́живает похвалы́ **II.** vr ◇ **sich ~** подоба́ть несов; (sich gehören) ◇ **wie es sich gebührt** как сле́дует; **gebüh-rend** adj (angemessen) надлежа́щий, до́лжный, досто́йный
Gebührenermäßigung f (Nachlass) сни-

жéние cплáты [пóшлины], льгóта ж; **gebührenfrei** adj (kostenlos) свобóдный от сбóров, бесплáтный; **gebührenpflichtig** adj плáтный
Geburt f <-, -en> ① (Entbindung) рóды мн; ◇ **vor/nach Christi** ② (Herkunft) ◇ **von ~ Franzose** уроженéц Фрáнции ③ FIG (Entstehung) рождéние c, создáние c, основáние c (чегó-л); **Geburtenkontrolle** f регули́рование c рождáемости; **Geburtenrückgang** m падéние c рождáемости; **gebürtig** adj (geboren) рóдом из ..., кореннóй ...; ◇ **ich bin ~e Deutsche** я коренна́я нéмка, я рóдом из Германии; **Geburtsanzeige** f регистрáция c рождéния (ребёнка); **Geburtsdatum** n дáта ж рождéния; **Geburtshelfer(in** f) m акушéр(ка ж) м; **Geburtsjahr** n год ж рождéния; **Geburtsort** m мéсто c рождéния; **Geburtstag** m день м рождéния; ◇ **herzlichen Glückwunsch zum ~** сердéчные поздравлéния ко дню рождéния; **Geburtsurkunde** f свидéтельство c о рождéнии
Gebüsch n <-[e]s, -e> (Büsche) кустáрник м
Gedächtnis n пáмять ж; (Andenken) пáмять ж, воспоминáние c
Gedanke m <-ns, -n> ① (Vorstellung) мысль ж; ◇ **in ~n versunken** погружённый в мы́сли [раздýмье]; ◇ **sich** dat **über jd-n/etw ~ machen** (nachdenken) размышля́ть; (besorgt sein) беспокóиться о ком-чём-л ② (Konzept) пóмысел м, намéрение c ③ (Einfall) идéя ж; ◇ **ein guter ~** хорóшая идéя; **gedankenlos** adj ① (unüberlegt) необдýманный ② (zerstreut) рассéянный; **Gedankenlosigkeit** f ① (Unüberlegtheit) необдýманность ж ② (Zerstreutheit) рассéянность ж; **Gedankenstrich** m (Satzzeichen) тирé c; **Gedankenübertragung** f (Telepathie) телепáтия ж
Gedärme pl ANAT (Eingeweide) кишки́ мн
Gedeck n <-[e]s, -e> (stolóвый) прибóр м; ◇ **ein ~ auflegen** накры́ть стол
gedeihen (gedieh, gediehen) vi ① (Pflanze) <вы́>расти, урожда́ться <-ди́ться> ② FIG (sich gut entwickeln) преуспé<вá>ть; (Idee, Plan) разви́<вá>ться

gedenken unreg vi ① (beabsichtigen) дýмать несов, намерева́ться несов; ◇ **ich gedenke etw zu tun** я собирáюсь чтó-л сдéлать ② (Andenken ehren) пóмнить несов, вспоминáть <-помнить>, поминáть несов когó-л; ◇ **jd-s/e-r Sache ~** чтить чью-л пáмять; **Gedenkminute** f минýта ж молчáния; **Gedenkmünze** f пáмятная монéта c; **Gedenkstätte** f пáмятное мéсто c

Gedicht n <-[e]s, -e> стихотворéние c
gedieh impf v. **gedeihen**
gediegen adj ① (solide, Arbeit) добрóтный, прóчный ② (Charakter) уравновéшенный, надёжный

Gedränge n <-s> ① (Drängeln) толкотня́ ж, дáвка ж, (Enge) теснотá ж ② (Ansammlung) скоплéние c нарóда; ◇ **ein großes ~** столпотворéние c; **gedrängt** adj сжáтый, крáткий; (Schrift) убóристый

Geduld f <-> терпéние c; ◇ **mit jd-m haben** быть снисходи́тельным к комý-л; **gedulden** vr **sich ~** имéть терпéние; **geduldig** adj терпели́вый, снисходи́тельный; **Geduldsprobe** f испытáние c терпéния

geeignet adj ① (passend) (при)гóдный, подходя́щий, удóбный ② (fähig) гóдный (für к чемý-л, для чегó-л)
Gefahr f <-, -en> опáсность ж, риск м; ◇ **auf eigene ~** на свой риск; ◇ **außer ~** вне опáсности; ◇ **sich in ~ begeben** подвергáть себя́ опáсности; **gefährden** vt (jd-n, Leben) угрожáть комý-чемý-л; (Plan etc.) <по>стáвить под угрóзу; **Gefährdung** f (Bedrohung) угрóза ж; **Gefahrenquelle** f истóчник м опáсности; **Gefahrenzulage** f надбáвка ж за опáсность; **gefährlich** adj ① (riskant, Abenteuer) опáсный, рискóванный ② (kritisch, Zustand) крити́ческий ③ (bedrohlich, Krankheit) опáсный, угрожáющий

Gefährte m, **Gefährtin** f спýтник м, спýтница ж, сорáтник м, сорáтница ж
Gefälle n <-s> ① (Neigung) покáтость ж, наклóн м; (von Straße) уклóн м ② FIG (Preis-, Lohn-) перепáд м; (sozial) рáзница ж, различие c

gefallen unreg vi ① (zusagen) <по>нрáвиться; ◇ **sie gefällt mir** онá нрáвится мне ② (etw dulden) ◇ **sich** dat **etw ~ lassen** мири́ться несов с чем-л, терпели́во сноси́ть
Gefallen n <-s, -> (Gefälligkeit) любéзность ж, одолжéние c
Gefallen m <-s> удовóльствие c; ◇ **an etw** dat **~ finden** находи́ть удовóльствие в чём-л
gefällig adj ① (entgegenkommend) услýжливый, любéзный ② (ansprechend, Äußeres) прия́тный, привлекáтельный; **Gefälligkeit** f (Entgegenkommen) услýжливость ж, любéзность ж, обходи́тельность ж; (Dienst) любéзность ж, одолжéние c; ◇ **etw aus ~ tun** дéлать чтó-л в порáдке одолжéния
gefälligst adv пожáлуйста, éсли угóдно; ◇ **sei ~ nicht so frech** не будь, пожáлуйста, таки́м бессты́дным
Gefangene(r) fm (Häftling) плéнный(-ая ж) м; (Kriegs-) военноплéнный(-ая ж)

м; **gefangen halten** unreg vt (in Gefangenschaft halten) держа́ть в плену́; (Häftling) держа́ть под аре́стом; **gefangennehmen** unreg vt (festnehmen) аресто́вывать ‹-ва́ть›, заде́рживать ‹-жа́ть›; MIL брать ‹взять› в плен; **Gefangenschaft** f (Haft) (тюре́мное) заключе́ние с; (Kriegs~) плен м; **Gefängnis** n **1** (Strafanstalt) тюрьма́ ж **2** (~strafe) тюре́мное заключе́ние с; ♦ **zwei Jahre** ~ два го́да тюрьмы́; **Gefängnisstrafe** f (Freiheitsstrafe) тюре́мное заключе́ние с, лише́ние с свобо́ды; **Gefängniswärter(in** f) m тюре́мщик м, тюре́мщица ж; **Gefängniszelle** f тюре́мная ка́мера ж

Gefäß n ‹-es, -e› **1** (Behälter) сосу́д м, резервуа́р м **2** ANAT сосу́д м

gefasst adj **1** (beherrscht) споко́йный, сохраня́ющий самооблада́ние **2** (mit etw rechnen)♦ **auf etw** akk ~ **sein** быть гото́вым к чему́-л; ♦ **sie kann sich auf etw ~ machen** она́ мо́жет пригото́виться к чему́-л

Gefecht n ‹-s, -e› **1** MIL бой м **2** FIG (Auseinandersetzung) столкнове́ние с, сты́чка ж

Gefieder n ‹-s, -› опере́ние с, пе́рья мн

gefleckt adj в пя́тнах, пятни́стый

Geflügel n ‹-s› (Federvieh) дома́шняя пти́ца ж; **geflügelt** adj **1** (mit Flügeln) крыла́тый **2** FIG (weitverbreitetes Zitat) ♦ **~e Worte** крыла́тые слова́ мн

Geflüster n шёпот м, перешёптывание с

Gefolgschaft f (Gesamtheit der Anhänger) сви́та ж, эско́рт м

gefragt adj (Ware, Künstler) популя́рный, тако́й, на кото́рый есть спрос

gefräßig adj FAM прожо́рливый

Gefreite m MIL (Dienstgrad) ефре́йтор м

gefrieren unreg vi (zu Eis werden) замерза́ть ‹мёрзнуть›, вымерза́ть несов;

Gefrierfach n морози́льная ка́мера ж;

Gefrierpunkt m то́чка ж замерза́ния;

Gefrierschrank m морози́лка ж; **Gefriertruhe** f морози́льный ларь м

gefügig adj (willenlos) послу́шный, усту́пчивый, сгово́рчивый

Gefühl n ‹-‹e›s, -e› **1** (Gespür, Instinkt) чу́вство с, осяза́ние с **2** (Empfindung) ощуще́ние с **3** (Vorahnung) предчу́вствие с; **gefühllos** adj **1** (taub, Hand) нечувстви́тельный, онеме́вший **2** (unbarmherzig) бесчу́вственный; (Person) чёрствый; **gefühlsbetont** adj эмоциона́льный; **Gefühlsduselei** f FAM (Sentimentalität) сентимента́льничание с, сентимента́льность ж; **gefühlsmäßig** adj продикто́ванный чу́вством, эмоциона́льный; **gefühlvoll** I. adj (voller Gefühl) чувстви́тельный, прочу́вствованный; (innig, herzlich) серде́чный II. adv с чу́вством

gegebenenfalls adv (eventuell) при слу́чае, при необходи́мости

gegen präp akk **1** (wider) про́тив, ко́нтра; (jd-n ablehnen) ♦ **jd-n sein** быть про́тив кого́-л; SPORT ♦ **~ jd-n spielen** игра́ть про́тив кого́-л; JURA ♦ **Müller ~ Axtmann** Мю́ллер про́тив А́кстмана **2** (im Vergleich zu) по сравне́нию с, в сравне́нии с; ♦ **~ mich ist er e-e Null** по сравне́нию со мной он ничто́ **3** (in Richtung auf, an) на; ♦ **~ etw stoßen** натолкну́ться на что-л **4** (im Austausch für) за, взаме́н; ♦ **nur ~ Bargeld** то́лько за нали́чные **5** (zeitlich) (ungefähr) о́коло, к, под; (fast am Ende) ♦ **~ Ende des Films** к концу́ фи́льма; ♦ **~ Mitternacht** о́коло полу́ночи; **Gegenbeweis** m контраргуме́нт м, доказа́тельство с противополо́жного

Gegend f ‹-, -en› **1** (Gebiet) ме́стность ж **2** FIG (Nähe) окре́стности мн

gegeneinander adv друг про́тив дру́га

Gegenfahrbahn f AUTO встре́чная полоса́ ж; **Gegenfrage** f ♦ **e-e ~ stellen** зада́ть встре́чный вопро́с; **Gegengewicht** n a. FIG противове́с м; **Gegengift** n противоя́дие с, антидо́т м; **Gegenleistung** f (Ausgleich) вознагражде́ние с, отве́тная услу́га ж; **Gegenmaßnahme** f контрме́ра ж, отве́тная ме́ра ж; **Gegenmittel** n MED сре́дство с от [про́тив] чего́-л; **Gegenpartei** f JURA (Gegenseite) проти́вная сторона́ с, проти́вник м; SPORT (Gegenseite, Gegner) кома́нда ж сопе́рника; POL оппоне́нты мн, оппози́ция ж; **Gegensatz** m **1** (Unterschied) противополо́жность ж, контра́ст м; ♦ **im ~ zu** в противополо́жность кому́-чему́-л **2** (Konflikt) противоре́чие с, антагони́зм м; **gegensätzlich** adj **1** (Aussage) противоречи́вый **2** (Charaktere, Meinungen) противополо́жный; **Gegenseite** f **1** JURA (Gegenpartei) противополо́жная сторона́ ж **2** (Rückseite) обра́тная сторона́ ж; **gegenseitig** adj обою́дный, взаи́мный; ♦ **~ em Einvernehmen** во взаи́мном согла́сии; ♦ **sich ~ helfen** взаи́мно помога́ть друг дру́гу; **Gegenspieler(in** f) m (Widersacher/in) проти́вник м, проти́вница ж; SPORT сопе́рник м, сопе́рница ж

Gegenstand m **1** (Sache, Ding) предме́т м, вещь ж **2** FIG (Thema) объе́кт м, те́ма ж; **gegenständlich** adj (konkret) предме́тный, реа́льный; (sachlich) делово́й, реа́льный; **gegenstandslos** adj **1** (überflüssig) беспредме́тный, бесце́льный **2** (unbegründet) необосно́ванный

Gegenstimme f го́лос м, (по́данный) про́тив; **Gegenstück** n (Entsprechung) подо́бие с, эквивале́нт м (zu чему́-л); **Gegenteil** n (Gegensatz) противопо-

ло́жность ж (von чему́-л); ◇ **das ~ be-
haupten** утвержда́ть обра́тное; ◇ **im ~**
наоборо́т; **gegenteilig** adj противопо-
ло́жный

gegenüber I. präp dat ① (auf der ande-
ren Seite) напро́тив, про́тив; ◇ **~ der Hal-
testelle** напро́тив остано́вки ② (im Hin-
blick auf) по отноше́нию к, в отно-
ше́нии; ◇ **ihm ~ habe ich keine Beden-
ken** в отноше́нии его́ у меня́ нет ни-
каки́х сомне́ний ③ (zu jd-m, angesichts)
◇ **er hat ihr ~ nichts gesagt** он ей ничего́
об э́том не сказа́л ④ (im Vergleich zu)
по сравне́нию с; ◇ **~ früher geht es uns
heute besser** по сравне́нию с тем, как
бы́ло ра́ньше, дела́ у нас обстоя́т се-
го́дня лу́чше **II. adv** (auf der entgegen-
gesetzten Seite) напро́тив (von чего́-л); ◇
die Nachbarn von ~ сосе́ди, что напро́-
тив; **gegenüberliegen** unreg vr ◇ **sich
~** находи́ться друг про́тив дру́га; **ge-
genüberstehen** unreg vr ◇ **sich ~** стоя́ть
напро́тив друг дру́га; **gegenüberstel-
len** vt ① (konfrontieren) противопоста-
вля́ть ‹-ста́вить› ② FIG (vergleichen) со-
поставля́ть ‹-ста́вить›, сра́внивать
‹-ни́ть›; **Gegenüberstellung** f ① (Kon-
frontation)   противопоставле́ние   c,
конфронта́ция ж ② (Vergleich) срав-
не́ние c, сопоставле́ние c

Gegenverkehr m AUTO встре́чный
тра́нспорт   м; **Gegenvorschlag** m
контрпредложе́ние c
Gegenwart f ‹-› ① (das Jetzt) настоя́-
щее c (вре́мя), совреме́нность ж; ◇
in der ~ leben жить сего́дня ② (Anwe-
senheit) прису́тствие c; ◇ **in ~ von** в при-
су́тствии кого́-л ③ GRAM (Präsens)
настоя́щее вре́мя c; **gegenwärtig I.
adj** (jetzig) настоя́щий, тепе́решний,
совреме́нный **II. adv** (momentan) в на-
стоя́щее вре́мя, тепе́рь
Gegenwehr f ‹-› (Verteidigung) самообо-
ро́на ж, противоде́йствие c; **Gegen-
wind** m встре́чный ве́тер м
gegenzeichnen vt, vi (Dokument) скреп-
ля́ть ‹-пи́ть› свое́й по́дписью
Gegner(in f) m ‹-s, -› a. SPORT сопе́рник
м, сопе́рница ж; (Feind/in) проти́вник
м, проти́вница ж; **gegnerisch** adj ①
SPORT, JURA проти́вный ② MIL (feind-
lich) вражде́бный; **Gegnerschaft** f про-
ти́вная сторона́ ж, вражда́ ж; (Feind-
seligkeit) вражде́бность ж; (Rivalität)
сопе́рничество c
Gehabe n ‹-s› (Getue) жема́нство c,
мане́рничанье c
Gehackte[s] n ‹-n› (Hackfleisch) сыро́е
ру́бленое мя́со c, фарш м
Gehalt¹ m ‹-[e]s, -e› ① (Inhalt) содержа́-
ние c ② (Alkohol~) содержа́ние c
Gehalt²   n ‹-[e]s, -hälter› (Lohn) за́-
рабо́тная пла́та ж; (von Beamten) окла́д м

Gehaltsempfänger(in f) m получа́тель-
(ница ж) м окла́да; **Gehaltserhöhung**
f (Zulage) повыше́ние с окла́да; **Ge-
haltszulage** f надба́вка ж к окла́ду
gehaltvoll adj ① (Nahrung) пита́тель-
ный ② FIG (Lektüre) содержа́тельный
gehässig adj (gemein, Bemerkung) зло́б-
ный, язви́тельный; (Person) ненави́ст-
ный; **Gehässigkeit** f неприя́знен-
ность ж, нена́висть ж
Gehäuse n ‹-s, -› ① TECH (Hülle) ко́р-
пус м ② (von Apfel etc.) сердцеви́на ж
gehbehindert adj не могу́щий ходи́ть
geheim adj ① (nicht öffentlich) та́йный
② (rätselhaft) секре́тный, затаённый;
(Kräfte) тёмный; **Geheimagent(in** f) m
секре́тный аге́нт м; **Geheimdienst** m
секре́тная слу́жба ж; **Geheimfach** n
(verborgenes Fach) тайни́к м, потайно́й
я́щик м; **geheim halten** unreg vr ‹со›-
храни́ть в та́йне, таи́ть   несов,
скрыва́ть; **Geheimnis** n та́йна   ж,
секре́т м; ◇ **~se vor jd-m haben** скры-
ва́ть что-л от кого́-л; **geheimnisvoll**
adj ① (rätselhaft) таи́нственный ② ◇ **~
tun** секре́тничать несов; **Geheimpoli-
zei** f (politische Polizei) та́йная поли́-
ция ж; **Geheimtipp** m дру́жеский
сове́т м
gehemmt adj (Person) смущённый,
стесни́тельный; (Verhalten) ро́бкий
gehen ‹ging, gegangen› **I. vi** ① (laufen,
sich fortbewegen) идти́ несов, ходи́ть не-
сов; ◇ **zu Fuß ~** ходи́ть пешко́м ② (sich
begeben) отправля́ться ‹-пра́виться›,
направля́ться ‹-пра́виться›; ◇ **schwim-
men/Fußball spielen/einkaufen ~** идти́
пла́вать/игра́ть в футбо́л/за поку́пка-
ми; ◇ **nach Hause ~** идти́ домо́й; FIG
◇ **das geht zu weit** э́то уж сли́шком ③
(weg~) уходи́ть; ◇ **ich muss jetzt ~** я дол-
жен сейча́с уйти́ ④ (abfahren) отправ-
ля́ться, отходи́ть несов, отъезжа́ть
несов; ◇ **der Bus geht um 12** авто́бус
отъезжа́ет в 12 часо́в ⑤ FAM (Liebes-
beziehung haben) ◇ **mit jd-m ~** крути́ть с
кем-л ⑥ (funktionieren, Uhr) де́йство-
вать несов, функциони́ровать несов ⑦
(aufgehen, Hefeteig) всходи́ть ‹взойти́›
⑧ (Raum finden) входи́ть ‹войти́›, вме-
ща́ться ‹-сти́ться› ⑨ (sich ausdehnen, er-
strecken) (räumlich) (Grundstück) прости-
ра́ться ‹-тере́ться› (bis до);(zeitlich)
продолжа́ться ‹-до́лжиться›, дли́ться
несов; ◇ **das Konzert geht bis 22 Uhr**
конце́рт продолжа́ется до 22 часо́в
⑩ (sich einrichten lassen) сде́лать что-л
возмо́жным; ◇ **das geht** э́то возмо́жно
(сде́лать); ◇ **geht es bei Ihnen am Mon-
tag?** вы мо́жете в понеде́льник? ⑪
(sich entwickeln, Geschäft) идти́   несов,
протека́ть несов; ◇ **das geht ja noch** э́то
ещё   ничего́ **II. vt** (Strecke) проде́-
л‹ыв›ать, проходи́ть ‹-йти́› **III. vi** un-

pers **1** *(sich befinden, körperlich, geistig)* находи́ться (в како́м-л состоя́нии); ◇ **es geht** ничего́; ◇ **mir geht es gut** у меня́ всё в поря́дке; ◇ **wie geht's?** как дела́?; ◇ **wie geht es Ihnen?** как пожива́ете? **2** *(es handelt sich um ...)* ◇ **es geht um dich** речь идёт о тебе́

gehen lassen *unreg* **I.** *vt FAM* отпуска́ть ‹-ти́ть›, не препя́тствовать ухо́ду; ◇ **lass ihn doch gehen** пусть идёт **II.** *vr (sich nicht beherrschen)* ◇ **sich ~** не владе́ть собо́й

geheuer *adj* ◇ **dort ist es nicht ganz ~** там что-то нела́дно [нечи́сто]

Gehilfe *m* ‹-n, -n›, **Gehilfin** *f* **1** *(Assistent/in, im Beruf)* ассисте́нт(ка *ж*) *м*, подру́чный(-ая *ж*) *м* **2** *(Helfer/in)* помо́щник *м*, помо́щница *ж*

Gehirn *n* ‹-[e]s, -e› **1** ANAT мозг *м* **2** *FIG (Geist)* ум *м*; **Gehirnblutung** *f* кровоизлия́ние *с* в мозг; **Gehirnerschütterung** *f* сотрясе́ние *с* мо́зга; **Gehirnhautentzündung** *f (Meningitis)* менинги́т *м*; **Gehirnwäsche** *f FIG* промы́вка *ж* мозго́в

Gehör *n* ‹-[e]s› **1** *(Gehörsinn)* слух *м* **2** *(Aufmerksamkeit)* ◇ **jd-m ~ schenken** (благоскло́нно) вы́слушать кого́-л

gehorchen *vi (Befehl befolgen)* ‹по-›слу́шаться кого́-л, повинова́ться *несов* кому́-л

gehören I. *vi* **1** *(jd-s Eigentum sein)* принадлежа́ть *несов* (*jd-m* кому́-л) **2** *(Teil von etw sein)* входи́ть в соста́в, относи́ться (*zu* чего́-л, к чему́-л); ◇ **Vanessa gehört zu meinen besten Freundinnen** Ване́сса принадлежи́т [отно́сится] к мои́м лу́чшим подру́гам **3** *(e-n Platz haben)* относи́ться [находи́ться] на определённом ме́сте; ◇ **das Buch gehört ins Regal** ме́сто кни́ги на по́лке; ◇ **es gehört nicht hierher** э́то сюда́ не отно́сится **4** *(nötig sein)* тре́боваться, быть ну́жным; ◇ **dazu gehört Erfahrung** для э́того тре́буется о́пыт **II.** *vr unpers (sich ziemen)* ◇ **sich ~** подходи́ть, годи́ться *несов*; ◇ **das gehört sich nicht** э́то не при́нято [подоба́ет]

gehörig I. *adj* **1** *(angemessen)* надлежа́щий, до́лжный **2** *(gehörend)* принадлежа́щий, относя́щийся (*jd-m* кому́-л) **II.** *adv* надлежа́щим о́бразом, основа́тельно, как сле́дует; ◇ **jd-m ~ die Meinung sagen** сказа́ть кому́-л всю пра́вду в глаза́

gehörlos *adj* глухо́й, лишённый слу́ха

gehorsam *adj* послу́шный; **Gehorsam** *m* ‹-s› послуша́ние *с*, повинове́ние *с*

Gehsteig *m* ‹-[e]s, -e›, **Gehweg** *m (Bürgersteig)* (пешехо́дная) доро́жка *ж*, тротуа́р *м*

Geier *m* ‹-s, -› **1** *(Vogel)* ко́ршун *м* **2** *FAM (gieriger Mensch)* жа́дный *м*, а́лчный челове́к *м*, жа́дина *м*, жмот

3 *FAM (keine Ahnung)* ◇ **weiß der ~!** чёрт его́ зна́ет!

Geige *f* ‹-, -n› *(Violine)* скри́пка *ж*; **Geiger(in)** *f m* ‹-s, -› скрипа́ч(ка *ж*) *м*; **Geigerzähler** *m* TECH счётчик *м* Ге́йгера

geil *adj* **1** *(erregt)* сладостра́стный, похотли́вый **2** *FAM (toll, super)* потря́сный, вы́сший класс; ◇ **echt ~ deine neue Jacke** твоя́ но́вая ку́ртка — про́сто потря́с **3** *FAM (versessen sein)* ◇ **~ sein auf etw** быть поме́шанным на чём-л

Geisel *f* ‹-, -n› зало́жник *м*; **Geiseldrama** *n* дра́ма *ж*, свя́занная с захва́том зало́жников

Geist *m* ‹-[e]s, -er› **1** *(überirdisches Wesen)* дух *м*; *(Gespenst)* привиде́ние *с*, при́зрак *м* **2** REL *(Seele)* душа́ *ж*

Geist *m* ‹-[e]s, -e› **1** *(Intellekt)* ум *м*, интелле́кт *м* **2** *(Wesen, Gesinnung)* о́браз *м* мы́слей **3** *FIG (Schlagfertigkeit)* остроу́мие *с*

Geisterfahrer(in *f) m (Falschfahrer/in)* *водитель, нарушающий правила дорожного движения и двигающийся навстречу потоку машин (движению)*; **geisterhaft** *adj* **1** *(Erscheinung)* при́зрачный **2** *(übersinnlich)* сверхчу́вственный

geistesabwesend *adj (nachdenklich)* рассе́янный, отсу́тствующий; **Geistesabwesenheit** *f* рассе́янность *ж*, заду́мчивость *ж*; **Geistesblitz** *m (plötzlicher Einfall)* внеза́пная иде́я *ж*; остроу́мие *с*; **Geistesgegenwart** *f* прису́тствие *с* ду́ха; **geistesgegenwärtig** *adv (reaktionsschnell)* нахо́дчивый; **geisteskrank** *adj* душевнобольно́й; **Geisteskranke(r)** *fm* душевнобольно́й(-а́я *ж*) *м*; **Geisteskrankheit** *f (Psychose)* психи́ческое заболева́ние *с*, душе́вная боле́знь *ж*; **Geisteswissenschaft** *f* обще́ственные нау́ки *мн*, гуманита́рные нау́ки *мн*; **Geisteswissenschaftler(in** *f) m* учёный *м*/ же́нщина-учёный *ж*, занима́ющийся обще́ственными нау́ками; **Geisteszustand** *m* состоя́ние *с* ду́ха

geistig *adj* **1** *(seelisch)* духо́вный **2** *(intellektuell, Arbeit)* у́мственный, интеллектуа́льный; ◇ **~es Eigentum** интеллектуа́льная со́бственность *ж*

geistlich *adj* **1** *(kirchlich)* церко́вный, богослуже́бный **2** *(religiös, Lied)* религио́зный, духо́вный; **Geistliche(r)** *fm (Pfarrer/in)* духо́вное лицо́ *с*

geistlos *adj* **1** *(dumm)* неу́мный **2** *(langweilig)* ску́чный, безда́рный; **geistreich** *adj* (остро)у́мный

Geiz *m* ‹-es› ску́пость *ж*, жа́дность *ж*; **geizen** *vi (knausern)* ‹по-›скупи́ться (*mit* на что-л); **Geizhals** *m*, **Geizkragen** *m* скря́га *м*, скупо́й *м*; **geizig** *adj* скупо́й, жа́дный

Gejammer n <-s> вóпли mн, стóны mн

geknickt adj FAM (traurig) удручённый, унылый

gekonnt adj (fachmännisch) профессионáльный, компетéнтный

Gekritzel n карáкули mн, неразбóрчивый пóчерк m

gekünstelt adj (unnatürlich) неестéственный; (geziert) манéрный

Gel n <-s, -s> (Haar~) гель m

Gelaber n <-s> FAM (Gerede) болтовня́ ж

Gelächter n <-s, -> смех m, хóхот m

geladen adj ① (Batterie) заря́женный ② FAM (wütend) раздражённый, негодýющий

gelähmt adj парализóванный

Gelände n <-s, -> ① (Landstrich) мéстность ж, территóрия ж ② (Grundstück) учáсток m земли́, земля́ ж

Geländer n <-s, -> (niedriger Zaun) парапéт m; (Treppen~) перила mн

gelang impf v. **gelingen**

gelangen vi ① (erreichen) доб⟨и⟩рáться, по⟨падáть ⟨-пáсть⟩, дойти́ (zu etw кудá-л, до чегó-л) ② (ankommen) прибывáть (zu кудá-л) ③ (erwerben) до⟨стигáть ⟨-стигнуть⟩, доби⟨вáться ⟨-ться⟩ (zu etw чегó-л); ◇ **zu Reichtum** ~ приобрести́ богáтство

gelassen I. adj (ruhig, gefasst) спокóйный, хладнокрóвный **II.** adv невозмутимо, хладнокрóвно; **Gelassenheit** f (Gleichmut) спокóйствие c, хладнокрóвие c

Gelatine f желати́н m

geläufig adj (üblich, Wort) употреби́тельный, извéстный

gelaunt adj schlecht/gut ~ sein быть в дурнóм/хорóшем настроéнии

gelb adj жёлтый; **gelblich** adj желтовáтый; **Gelbsucht** f MED желтýха ж

Geld n <-[e]s, -er> ① (Zahlungsmittel) дéньги mн② ◇ ~er pl (Vermögen, Kapital) состоя́ние c, капитáл m; **Geldanlage** f FIN помещéние c [вложéние c] дéнежных средств, инвести́ции mн; **Geldautomat** m дéнежный автомáт m; **Geldbeutel** m, **Geldbörse** f кошелёк m, бумáжник m; **Geldentwertung** f (Inflation) обесцéнение c дéнег, инфля́ция ж; **Geldgeber(in** f) m <-s, -> (Sponsor/in) спóнсор m, кредитóр m; **geldgierig** adj жáдный (до дéнег), áлчный; **Geldschein** m дéнежный знак m, банкнóт m; **Geldstrafe** f (Geldbuße) дéнежный штраф m, пéня ж; **Geldstück** n (Münze) монéта ж; **Geldsumme** f сýмма ж (дéнег); **Geldwechsel** m размéн m дéнег; (Euro in Rubel) обмéн m валю́ты

Gelee n <-s, -s> (Apfel~ etc.) желé c

gelegen adj ① (platziert) располóженный ② (passend) удóбный, подходя́щий; ◇ **das kommt mir sehr ~** э́то для меня́ óчень кстáти

Gelegenheit f ① (Chance) удóбный слýчай m, возмóжность ж; ◇ **die ~ wahrnehmen** воспóльзоваться слýчаем; ◇ **bei jeder** ~ при кáждом слýчае ② (Anlass) пóвод m; **Gelegenheitsarbeit** f случáйная рабóта ж; **Gelegenheitsarbeiter** m случáйный m не имéющий постоя́нной рабóты; **Gelegenheitskauf** m случáйная покýпка ж

gelegentlich I. adj (nicht regelmäßig) случáйный **II.** adv ① (ab und zu) иногдá, врéмя от врéмени ② (bei Gelegenheit) при слýчае

gelehrig adj поня́тливый, спосóбный

gelehrt adj учёный, образóванный

Geleit n <-[e]s -s> ① a. MIL конвóй m; NAUT эскóрт m ② (Begleitung) сопровождéние c ③ ◇ **freies** ~ гарáнтия ж ли́чной неприкосновéнности; **geleiten** vt (begleiten) сопровож⟨дáть ⟨-ди́ть⟩; **Geleitwort** n (Vorwort) предислóвие c, напýтствие c

Gelenk n <-[e]s, -e> ① ANAT сустáв m ② (von Maschine) шарни́р m, сочленéние c; **gelenkig** adj (beweglich) подви́жный, лóвкий, ги́бкий

gelernt adj квалифици́рованный, обýченный

Geliebte(r fm ① (Liebhaber/in) возлю́бленный(-ая ж) m, любóвник m, любóвница ж ② (Anrede) ми́лый(-ая ж) m

gelinde adv (vorsichtig ausgedrückt) ◇ ~ **gesagt** мя́гко выражáясь [говоря́]

gelingen ⟨gelang, gelungen⟩ vi ① (klappen) удá⟨вáться⟩; ◇ **es wird mir gelingen** э́то мне удáстся ② (gut geraten) лáдиться несов

gellen vi (Schrei) рéзко звучáть

geloben vt (Treue) торжéственно обещáть, давáть кля́тву

gelten ⟨gilt, galt, gegolten⟩ **I.** vt ① (wert sein) стóить несов, цени́ться несов ② unpers ◇ **es gilt, etw zu tun** нýжно [необходи́мо] сдéлать что-л **II.** vi ① (gültig sein) быть действи́тельным; (Gesetz) имéть си́лу; (Geld) имéть официáльное хождéние ② (wert sein) быть действи́тельным, знáчить; ◇ **ihr Wort gilt etwas** её слóво имéет вес ③ (angesehen sein als) ◇ про⟨слы́ть (als кем-л), считáться (als кем-л); ◇ **er gilt als ...** слывёт ... ④ (bestimmt sein für) относи́ться к комý-л, предназначáться комý-л; ◇ **das gilt Ihnen** э́то относится к Вам ⑤ (akzeptieren) ◇ **etw** ~ **lassen** признавáть уважи́тельным что-л, согласи́ться с чем-л; (Ansprüche) ◇ **etw ~d machen** сдéлать что-л действенным, предъяви́ть претéнзию

Geltung f ① (Bedeutung, Ansehen) влия́ние c, авторитéт m, вес m; ◇ **sich** dat ~ **verschaffen** приобрести́ влия́ние, завоевáть авторитéт; (Gültigkeit, Wert)

значе́ние с, зна́чимость ж; ◊ ~ **haben** име́ть си́лу [значе́ние] **2** (*vorteilhaft wirken*) ◊ **zur ~ kommen** прояви́ться, сказа́ться; **Geltungsbedürfnis** *n* честолю́бие с, тщесла́вие с

Gelübde *n* ‹-s, -› (*feierliches Versprechen*) торже́ственное [кля́твенное] обеща́ние с

gelungen *adj* уда́чный, уда́вшийся

gemächlich I. *adj* **1** (*ruhig, Person*) споко́йный; (*Tempo*) ме́дленный **2** (*friedlich, bequem*) удо́бный **II.** *adv* не спеша́, не торопя́сь, ме́дленно, споко́йно

Gemahl(in *f*) *m* ‹-[e]s, -e› супру́г(а ж) *m*

Gemälde *n* ‹-s, -› (*Bild*) карти́на ж

gemäß I. *präp dat* (*entsprechend*) согла́сно, соотве́тственно, в соотве́тствии; ◊ **seinem Wunsch ~** в соотве́тствии с его́ жела́нием **II.** *adj* (*angemessen*) соотве́тствующий, соотве́тственный; ◊ **jd-m ~ sein** соотве́тствовать кому́-л

gemäßigt *adj* (*politisch ~*) уме́ренный, сде́ржанный; (*Klima*) уме́ренный

Gemäuer *n* ‹-s, -› (*Mauerwerk*) ка́менная кла́дка ж, ка́менная стена́ ж

gemein *adj* **1** (*gewöhnlich*) просто́й, обыкнове́нный **2** *FIG* (*unfair*) ни́зкий, по́длый, по́шлый **3** (*gemeinsam*) о́бщий; ◊ **viel ~ haben mit jd-m** име́ть мно́го о́бщего с кем-л

Gemeinde *f* ‹-, -n› (*Kommune*) общи́на ж; (*Pfarr~*) прихо́д *m*; **Gemeinderat** *m* ме́стный сове́т *m*; **Gemeindeverwaltung** *f* коммуна́льное [общи́нное] управле́ние с; **Gemeindewahl** *f* (*Kommunalwahl*) коммуна́льные вы́боры

gemeingefährlich *adj* обще́ственно опа́сный, социа́льно опа́сный; **Gemeinheit** *f* ни́зость ж, по́длость ж; **gemeinnützig** *adj* (*Einrichtung*) общеполе́зный

gemeinsam I. *adj* (*mehreren zu eigen*) о́бщий, коллекти́вный **II.** *adv* сообща́, вме́сте; (*miteinander*) совме́стно, в коллекти́ве; (*Eigenschaft*) ◊ **etw ~ haben** име́ть что-то о́бщее; ◊ **etw ~ tun** де́лать что-л вме́сте [сообща́]; **Gemeinsamkeit** *f* о́бщность ж; (*Übereinstimmung*) схо́дство с, совпаде́ние с

Gemeinschaft *f* о́бщность ж, еди́нство с, содру́жество с; ◊ **in ~ mit** вме́сте с кем-л, в соо́бществе с; **gemeinschaftlich** *adj* (*gemeinsam*) о́бщий, обще́ственный; **Gemeinschaftsarbeit** *f* (*Teamarbeit*) коллекти́вный [совме́стный] труд *m*

Gemenge *n* ‹-s, -› **1** (*Hand~*) схва́тка ж; (*Gedränge*) су́толока ж **2** CHEM смесь ж

Gemetzel *n* ‹-s, -› резня́ ж, бо́йня ж

Gemisch *n* ‹-es, -e› (*Mischung*) *a.* AUTO смесь ж; (*Kraftstoff~*) горю́чая смесь ж; **gemischt** *adj* (*Schule, Ehe*) сме́шанный; (*Gesellschaft*) разношёрстный

разноро́дный; FIG (*unbehaglich*) ◊ **mit ~en Gefühlen** со сме́шанным чу́вством

Gemse *f* = **Gämse**

Gemunkel *n* ‹-s› молва́ ж, спле́тни мн

Gemurmel *n* ‹-s› (*Murmeln*) бормота́ние с; (*Geflüster*) шёпот *m*; (*undeutliches Gerede*) невня́тный го́вор *m*

Gemüse *n* ‹-s, -› **1** о́вощи мн, зе́лень ж **2** FAM (*junge Leute*) ◊ **junges ~** (зелёная) молодёжь; **Gemüsegarten** *m* огоро́д *m*; **Gemüsehändler(in** *f*) *m* зеленщи́к *m*, зеленщи́ца ж

Gemüt *n* ‹-[e]s, -er› **1** (*Seele, Wesen*) душа́ ж, нрав *m* **2** (*Mensch*) хара́ктер *m* **3** FAM ◊ **sich** *dat* **etw zu ~e führen** проникну́ться чем-л, приня́ть что-л к се́рдцу **4** ◊ **~er** pl умы́ мн; **gemütlich** *adj* **1** (*Zimmer*) ую́тный; (*Stimmung*) прия́тный **2** (*Person*) приве́тливый, добродушный **3** (*langsam*) ме́дленный; **Gemütlichkeit** *f* **1** (*von Raum*) ую́т *m*, ую́тность ж **2** (*von Person*) приве́тливость ж, добродушие с; **Gemütsruhe** *f* (*unerschütterliche Ruhe*) душе́вный поко́й *m*, безмяте́жность ж; **Gemütsverfassung** *f* (*Gemütszustand*) душе́вное состоя́ние с, расположе́ние с ду́ха

Gen *n* ‹-s, -e› (*Erbfaktor*) ген *m*

genau I. *adj* (*exakt*) то́чный; (*ausführlich*) подро́бный **II.** *adv* **1** (*exakt, präzise*) то́чно, ро́вно, подро́бно; ◊ **richtig!** и́менно так! **2** (*gewissenhaft*) тща́тельно; **Genauigkeit** *f* (*Exaktheit*) то́чность ж, тща́тельность ж

genehmigen I. *vt* (*erlauben*) разреша́ть ‹-ши́ть›; (*billigen*) одобря́ть ‹одо́брить› **II.** *vr* FAM (*Schnaps trinken*) ◊ **sich** *dat* **e-n ~** пропусти́ть стака́нчик; **Genehmigung** *f* (*Erlaubnis*) разреше́ние с, одобре́ние с

General *m* ‹-s, -e *o.* -räle› генера́л *m*

Generaldirektor(in *f*) *m* (*oberste/r Leiter/in e-r Firma*) генера́льный [гла́вный] дире́ктор *m*; **Generalprobe** *f* генера́льная репети́ция ж; **Generalstreik** *m* всео́бщая забасто́вка ж; **generalüberholen** *vt* (*gründlich instandsetzen*) производи́ть капита́льный ремо́нт; **Generalversammlung** *f* (*Hauptversammlung*) о́бщее собра́ние с

Generation *f* поколе́ние с; **Generationswechsel** *m* сме́на ж поколе́ний

Generator *m* (*Strom~*) генера́тор *m*

generell *adj* (*allgemein*) (все)о́бщий, универса́льный

Genesung *f* выздоровле́ние с, излече́ние с, восстановле́ние с здоро́вья

genetisch *adj* генети́ческий

genial *adj* (*Person, Erfindung*) гениа́льный; **Genialität** *f* (*Begabung*) гениа́льность ж

Genick *n* ‹-[e]s, -e› ANAT заты́лок *m*; ◊ **sich das ~ brechen** слома́ть себе́ ше́ю

Genie n ‹-s, -s› ге́ний m
genieren vr (sich schämen) ◇ **sich ~** ‹по-› стесня́ться, смуща́ться ‹-ти́ться›
genießbar adj (Speisen) съедо́бный
genießen ‹genoss, genossen› vt **1** (Urlaub, Lektüre) наслажда́ться ‹-ди́ться› **2** (mit Genuss essen) есть несов с удово́льствием **3** ◇ **Respekt ~** по́льзоваться уваже́нием [авторите́том] **4** FAM (unausstehlich) ◇ **er ist heute nicht zu ~** он сего́дня несно́сен; **Genießer** (in f) m ‹- s, -› (Person) потреби́тель(ница ж) m; сибари́т(ка ж) m; (Feinschmecker/in) гурма́н m, люби́тель(ница ж) m хорошо́ пое́сть; **genießerisch** adv (genussfreudig) смаку́ющий, с наслажде́нием
Genital n ‹-s, -ien› (Geschlechtsorgan) полово́й о́рган m, половы́е о́рганы мн
genoss impf v. **genießen**
Genosse m ‹-n, -n›, **Genossin** f **1** (Kamerad/in) това́рищ m/ж, сотова́рищ m, прия́тель(ница ж) m **2** POL член m маркси́стской па́ртии; **Genossenschaft** f това́рищество с, арте́ль ж; (Berufs~) коoperати́в m
Genre n ‹-s, -s› (Gattung) жанр m
Gentechnik f ге́нная инжене́рия ж
genug adv (ausreichend) дово́льно, доста́точно; ◇ **ich habe ~ Geld** у меня́ доста́точно де́нег; ◇ **groß ~** дово́льно большо́й; ◇ **mehr als ~** бо́лее, чем доста́точно; (jetzt reicht's) ◇ **jetzt ist es aber ~!** ну, тепе́рь хва́тит!; ◇ **getrunken!** хва́тит пить!; **genügen** vi (genug sein, reichen) хвата́ть несов, быть доста́точным
genügsam adj нетре́бовательный, невзыска́тельный, скро́мный
Genugtuung f **1** (Wiedergutmachung) компенса́ция ж **2** (Befriedigung) удовлетворе́ние с
Genuss m ‹-es, Genüsse› **1** (Genießen) наслажде́ние с **2** (Vergnügen) удово́льствие с **3** (von etw profitieren) ◇ **in den ~ von etw kommen** по́льзоваться чем-л; **genüsslich** adv наслажда́ющийся чем-л, смаку́ющий что-л; **Genussmittel** n pl (Alkohol etc.) возбужда́ющие сре́дства мн
Geograph (in f) m, **Geograf** (in f) m геóграф m; **Geographie**, **Geografie** f геогра́фия ж; **geographisch**, **geografisch** adj географи́ческий
Geologe m ‹-n, -n› геóлог m; **Geologie** f геоло́гия ж; **Geologin** f же́нщина-геóлог m
Geometrie f MATH геоме́трия ж
Gepäck n ‹-[e]s› бага́ж m, покла́жа ж; **Gepäckabfertigung** f бага́жное отделе́ние с; **Gepäckannahme** f приём m багажа́; **Gepäckaufbewahrung** f (Depot) ка́мера ж хране́ния (багажа́); **Gepäckausgabe** f вы́дача ж багажа́; **Gepäckschein** m квита́нция ж на

сда́нный бага́ж; **Gepäckschließfach** n автомати́ческая ка́мера ж хране́ния багажа́; **Gepäckstück** n бага́жное ме́сто с; **Gepäckträger** m носи́льщик m; **Gepäckwagen** m (von Zug) бага́жный ваго́н m
gepflegt adj **1** (Person) холёный, вы́холенный; (Garten, Haus) ухо́женный **2** (Manieren) культу́рный, изы́сканный
Gequatsche n FAM (пуста́я) болтовня́ ж
gerade I. adj **1** (Linie, Wand) прямо́й, отве́сный **2** (aufrecht, Haltung) прямо́й, открове́нный **3** (direkt, unmittelbar) прямо́й **4** MATH (Zahl) чётный **II.** adv **1** (soeben, jetzt) ◇ **er ist ~ gekommen** он то́лько что пришёл; ◇ **sie ist ~ beim Essen** она́ как раз обе́дает **2** (eben, genau) пря́мо, и́менно, кста́ти; ◇ **~ das wollte ich verhindern** и́менно э́тому я хоте́л помеша́ть [воспрепя́тствовать]; ◇ **~ recht kommen** прийти́ во́время; ◇ **~, weil** и́менно потому́, что; ◇ **nicht ~ angenehm** кста́ти, не о́чень прия́тно **3** (ausgerechnet) как раз; ◇ **das hat mir ~ noch gefehlt** то́лько э́того мне как раз не хвата́ло **4** (knapp) ◇ **~ genug zum Leben** как раз хвата́ет на жизнь
Gerade f ‹-n, -n› a. MATH пряма́я ж, пряма́я ли́ния ж; **geradeaus** adv прямо, напрями́к; **geradeheraus** adv (direkt) напрями́к; **gerade stehen** unreg vi **1** (aufrecht stehen) стоя́ть пря́мо **2** FIG (einstehen) нести́ отве́тственность (für за кого-что-л); **geradewegs** adv (direkt) прямо, прямым путём; **geradezu** adv напрями́к; (durchaus) пря́мо-таки; ◇ **das ist ~ unglaublich** э́то пря́мо-таки невероя́тно
geradlinig adj **1** (Reihe) прямолине́йный; (Strecke) прямо́й как стрела́ **2** FIG (aufrecht, Mensch) прямо́й, прямолине́йный
Gerät n ‹-[e]s, -e› **1** (Gebrauchsgegenstand) прибо́р m, аппара́т m, инструме́нт m **2** (Haushalts~) у́тварь ж, посу́да ж; (Fernseh~, Radio~) аппара́т m **3** (Werkzeug) инструме́нт m **4** SPORT (Turn~) снаря́д m
geraten unreg vi **1** (gelingen) уда‹ва́›ться; ◇ **gut ~** уда́ться на сла́ву **2** (sich ähneln) ◇ **sie ist ganz nach der Mutter ~** она́ по́лностью похо́жа на свою́ мать **3** (unabsichtlich irgendwohin gelangen) попада́ть ‹-па́сть›, очути́ться сов; (in Streit kommen) ◇ **an jd-n ~** поссо́риться с кем-л; (vor Freu-de, Wut) ◇ **außer sich ~** выйти́ из себя́
Geratewohl n (auf gut Glück) ◇ **aufs ~** наудачу, на аво́сь, наобу́м
geräumig adj просто́рный, вмести́тельный

Geräusch n ‹-[e]s, -e› (*Ton, Laut*) шо́рох м, (лёгкий) шум м; **geräuschlos** adj (*leise*) неслы́шный, ти́хий

gerben vt (*Leder*) ‹вы-›дуби́ть

gerecht adj ① (*Entscheidung, Person*) справедли́вый ② (*Anspruch*) зако́нный ③ (*moralisch gut*) ‹-› **e-e ~e Sache** справедли́вое де́ло ④ (*richtig beurteilen*) ◇ **jd-m/e-r Sache ~ werden** быть справедли́вым к кому́/чему́-л; **Gerechtigkeit** f ① (*von Entscheidung*) справедли́вость ж ② (*von Rechtsurteil*) зако́нность ж

Gerede n ‹-s› болтовня́ ж, разгово́ры мн

gereizt adj ① (*Person*) раздражённый, не́рвный; (*Tier*) разъярённый ② (*Atmosphäre*) напряжённый; **Gereiztheit** f раздраже́ние с, раздражи́тельность ж

Gericht[1] n ‹-[e]s, -e› (*Essen*) блю́до с, ку́шанье с

Gericht[2] n ‹-[e]s, -e› ① (*Behörde*) суд м; ◇ **jd-n vor ~ bringen** привле́чь кого́-л к суду́ ② (*Gerichtsgebäude*) суд м; **gerichtlich** adj суде́бный; **Gerichtsbarkeit** f юрисди́кция ж, подсу́дность ж; **Gerichtshof** m суд м, суде́бная пала́та ж, трибуна́л м; ◇ **Oberster ~** Верхо́вный суд м; **Gerichtskosten** pl суде́бные изде́ржки мн; **Gerichtssaal** m зал м суде́бного заседа́ния; **Gerichtstermin** m день м суде́бного разбира́тельства; **Gerichtsverfahren** n (*Prozess*) суде́бное произво́дство с; **Gerichtsverhandlung** f суде́бное разбира́тельство с, суде́бный проце́сс м; **Gerichtsvollzieher(in** f) m ‹-s, -› суде́бный(-ая) исполни́тель(ница ж) м

gering adj (*klein, wenig, niedrig*) незначи́тельный, ма́лый; (*geringfügig*) ничто́жный; (*Gehalt, Preis*) ни́зкий; FIG (*Chancen*) незначи́тельный; ◇ **nicht die ~ste Ahnung haben** не име́ть ни мале́йшего поня́тия; ◇ **nicht im G -sten** ро́вно ничего́; **geringfügig I.** adj (*unbedeutend*) малова́жный, незначи́тельный **II.** adv незначи́тельно, ничто́жно; **geringschätzig** adj (*abfällig*) пренебрежи́тельный, презри́тельный

gerinnen unreg vi (*erstarren*) засты‹ва́›ть; (*sich verhärten*) ‹за-›тверде́ть; (*Milch, Blut*) свёртываться ‹свернуться›; **Gerinnung** f MED (*von Blut*) свёртывание с

Gerippe n ‹-s, -› ① (*Skelett*) скеле́т м, костя́к м ② FAM (*dünne Person*) ходя́чий скеле́т м

gerissen adj (*schlau*) хи́трый, ло́вкий **Germanistik** f германи́стика ж, герма́нская филоло́гия ж

gern[e] adv (*lieber, am liebsten*) охо́тно ① (*bereitwillig*) с охо́той; ◇ **etw ~ tun** де́лать что-л охо́тно [с жела́нием] ②

◇ **jd-n/etw ~ haben/mögen** люби́ть кого́/что-л, быть располо́женным к кому́/чему́-л ③ (*ohne weiteres*) ◇ **das glaube ich ~** охо́тно ве́рю ④ FAM ◇ **du kannst mich ~ haben!** ты дура́к!

Geröll n ‹-[e]s, -e› (*Steine*) о́сыпь ж, ока́танные обло́мки мн поро́д

Gerste f ‹-› (*Getreidesorte*) ячме́нь м

Geruch m ‹-[e]s, Gerüche› ① (*Duft*) за́пах м ② (*Geruchssinn*) обоня́ние с, чутьё с; **geruchlos** adj лишённый за́паха; **Geruchssinn** m обоня́ние с, чу́вство с обоня́ния

Gerücht n ‹-[e]s, -e› (*Gerede, Klatsch*) слух м, молва́ ж, то́лки мн; ◇ **ein ~ in die Welt setzen** распространи́ть слух

gerührt adj (*erregt*) растро́ганный

geruhsam adj (*beschaulich, ruhig*) споко́йный, неторопли́вый, благоду́шный

Gerümpel n ‹-s› (*alter Kram*) хлам м, ру́хлядь ж

Gerüst n ‹-[e]s, -e› ① TECH (*Bau~*) леса́ мн; (*Gestell*) карка́с м; (*Bühnen~*) помо́ст м ② ANAT (*Körper~*) о́стов м ③ FIG (*Konzeption*) конце́пция ж, прое́кт м

gesamt adj весь, це́лый, о́бщий; ◇ **das ~e Personal** весь персона́л; **Gesamteindruck** m (*umfassender Eindruck*) о́бщее впечатле́ние с, впечатле́ние с в це́лом; **Gesamtergebnis** n оконча́тельный результа́т м; **Gesamtheit** f (*das Ganze*) совоку́пность ж, всё в це́лом; **Gesamtsumme** f о́бщая су́мма ж

Gesandte(r) fm посла́нник м, посла́нница ж; **Gesandtschaft** f ми́ссия ж

Gesang m ‹-[e]s, Gesänge› пе́ние с

Gesäß n ‹-es, -e› (*Hintern*) я́годица ж, зад м; (*derb*) за́дница ж

geschafft adj FAM (*erschöpft*) утомлённый, обесси́ленный, изнурённый

Geschäft n ‹-[e]s, -e› ① де́ло с, сде́лка ж; ◇ **ein ~ abschließen** заключи́ть сде́лку ② (*Laden*) магази́н м, торго́вый дом м ③ (*Absatz, Verkauf*) торго́вая опера́ция ж; ◇ **das ~ geht** де́ло процвета́ет ④ FAM (*Firma, Büro*) фи́рма ж, предприя́тие с, де́ло с; (*zur Arbeit gehen*) ◇ **ins ~ gehen** идти́ на рабо́ту; **geschäftig** adj (*eifrig*) де́ятельный, трудолюби́вый; **geschäftlich I.** adj делово́й, торго́вый **II.** adv по де́лу, по дела́м; ◇ **~ unterwegs sein** находи́ться в пое́здке по дела́м; **Geschäftsabschluss** m (*Vertrag*) торго́вая сде́лка ж, заключе́ние с торго́вой сде́лки; **Geschäftsfrau** f (*Kauffrau*) делова́я же́нщина ж, же́нщина-коммерса́нт м; **Geschäftsführer(in** f) m управля́ющий(-ая ж) м; комме́рческий дире́ктор м; **Geschäftsjahr** n (*Rechnungsjahr*) хозя́йственный год м; **Geschäftslage** f ① (*Ort von Geschäft*) местонахожде́ние с фи́рмы ②

(Verhältnisse vom Geschäft) положе́ние *с* дел, состоя́ние *с* ры́нка; **Geschäftsleitung** *f* руково́дство *с* фи́рмы; **Geschäftsmann** *m* ‹-leute› делово́й челове́к *м*; **Geschäftspartner(in** *f) m* делово́й(-а́я) партнёр(ша *ж*) *м*, партнёр (ша *ж*) *м* по сде́лке; **Geschäftspolitik** *f (von Firma)* делова́я страте́гия *ж*; **Geschäftsreise** *f* делова́я пое́здка *ж*; **Geschäftsschluss** *m* закры́тие *с* магази́нов; **Geschäftsstelle** *f* канцеля́рия *ж*, конто́ра *ж*, бюро́ *с*; **geschäftstüchtig** *adj* делово́й, де́льный; **Geschäftsverbindung** *f* деловы́е свя́зи *мн*, торго́вые свя́зи *мн*

geschehen ‹geschieht, geschah, geschehen› **I.** *vi (sich ereignen)* проис|ходи́ть ‹-зойти́›, случа́ться ‹-чи́ться›; *(jd-m widerfahren)* случи́ться *с* кем-л; ◇ **das geschieht ihm recht!** подело́м ему́!, так ему́ и на́до!; ◇ **gern ~!** не сто́ит благода́рности! **II.** *vi unpers* ◇ **es ist um ihn ~** он пропа́л; **Geschehen** *n* ‹-s, -› собы́тие *с*

gescheit *adj* у́мный, разу́мный, смышлёный; *(vernünftig)* рассуди́тельный

Geschenk *n* ‹-[e]s, -e› пода́рок *м*, дар *м*

Geschichte *f* ‹-, -n› **1** SCH исто́рия *ж* **2** *(Tradition)* исто́рия *ж* **3** *(Angelegenheit)* де́ло *с*; *(Ereignis)* происше́ствие *с*, собы́тие *с* **4** *(Bericht, Erzählung)* исто́рия *ж*, расска́з *м*, по́весть *ж*; **geschichtlich** *adj* истори́ческий; **Geschichtsbuch** *n* SCH уче́бник *м* исто́рии; **Geschichtsfälschung** *f* фальсифика́ция *ж* исто́рии

Geschick *n* ‹-[e]s, -e› **1** *(Schicksal)* судьба́ *ж*, у́часть *ж*, рок *м* **2** *(Geschicklichkeit)* ло́вкость *ж*, мастерство́ *с*, уме́ние *с*; *(Gewandtheit)* сноро́вка *ж*; **Geschicklichkeit** *f (Fähigkeit, Begabung)* уме́ние *с*, мастерство́ *с*; *(Gewandtheit)* сноро́вка *ж*, ло́вкость *ж*; **geschickt** *adj (Hände, Taktik)* иску́сный, ло́вкий; *(gewandt)* уме́лый

geschieden *adj* разведённый

Geschirr *n* ‹-[e]s, -e› **1** *(Teller)* посу́да *ж*, у́тварь *ж* **2** *(für Pferd)* сбру́я *ж*, у́пряжь *ж*; **Geschirrschrank** *m* шкаф *м* для посу́ды; **Geschirrspülmaschine** *f* посудомо́ечная маши́на *ж*; **Geschirrtuch** *n* кухо́нное полоте́нце *с*

Geschlecht *n* ‹-[e]s, -er› **1** *(Art, Gattung)* род *м* **2** GRAM род *м* **3** *(Familie, Sippe)* род *м*, семья́ *ж* **4** *(Generation)* поколе́ние *с* **5** BIOL пол *м*; **geschlechtlich** *adj* родово́й; *(Fortpflanzung)* полово́й; **Geschlechtskrankheit** *f* венери́ческая боле́знь *ж*; **Geschlechtsleben** *n* полова́я жизнь *ж*; **geschlechtslos** *adj* беспо́лый; **Geschlechtsorgan** *n*, **Geschlechtsteil** *n o. m* полово́й о́рган *м*; **Geschlechtsverkehr** *m* половы́е сноше́ния *мн*

Geschmack *m* ‹-[e]s, -schmäcke› **1** *(von Speisen)* вкус *м* **2** *(Gefallen, Vorliebe)* пристра́стие *с*, одолже́ние *с*; ◇ **auf den ~ kommen** войти́ во вкус; ◇ **an jd-m finden** ‹по-›чу́вствовать симпа́тию [расположе́ние] к кому́-л; ◇ **nach jd-s ~** на чей-л вкус **3** *(ästhetisches Urteil)* вкус *м*; **geschmacklos** *adj* безвку́сный; FIG по́шлый; **Geschmack[s]sache** *f* де́ло *с* вку́са; **Geschmackssinn** *m* чу́вство *с* вку́са; **geschmackvoll** *adj* FIG со вку́сом

geschmeidig *adj* пода́тливый, поко́рный; *(formbar, Teig)* мя́гкий, пода́тливый; *(Leder, Körper)* ги́бкий, эласти́чный

Geschnatter *n* ‹-s› **1** *(von Gänsen)* гогота́нье *с*; *(von Enten)* кря́канье *с* **2** FAM *(ständiges Reden)* болтовня́ *ж*, трепатня́ *ж*

Geschöpf *n* ‹-[e]s, -e› *(Lebewesen)* (челове́ческое) существо́ *с*

Geschoss¹ *n* ‹-es, -e› MIL снаря́д *м*, пу́ля *ж*

Geschoss² *n* ‹-es, -e› *(Stockwerk)* эта́ж *м*

Geschrei *n* ‹-s› кри́ки *мн*; FIG *(Aufhebens)* ◇ **viel ~ um nichts** мно́го шу́му из ничего́

Geschütz *n* ‹-es, -e› ору́дие *с*, пу́шка *ж*; FIG *(energisch handeln)* ◇ **schwere ~ auffahren** пусти́ть в ход тяжёлую артилле́рию

geschützt *adj* защищённый, закры́тый

Geschwader *n* авиаэска́дра *ж*

Geschwafel *n* ‹-s› FAM *(Geschwätz)* глу́пая болтовня́ *ж*

Geschwätz *n* ‹-es› болтовня́ *ж*; *(Klatsch)* спле́тня *ж*, спле́тни *мн*; **geschwätzig** *adj* болтли́вый

geschweige *cj* ◇ **~ denn** не говоря́ уже́ о том, что

Geschwindigkeit *f* ско́рость *ж*; *(Hast, Eile)* быстрота́ *ж*; **Geschwindigkeitsbegrenzung** *f* ограниче́ние *с* ско́рости; **Geschwindigkeitsüberschreitung** *f* превыше́ние *с* ско́рости

Geschwister *pl* брат *м* и сестра́ *ж*

geschwollen *adj* **1** *(Füße etc.)* опу́хший, отёчный, взду́тый **2** FAM *(prahlerisch)* напы́щенный, высокопа́рный

Geschworene(r) *fm (bei Gericht)* прися́жный заседа́тель *м*

Geschwulst *f* ‹-, Geschwülste› новообразова́ние *с*; *(Tumor)* о́пухоль *ж*

Geschwür *n* ‹-[e]s, -e› нары́в *м*; *(Eiterbeule)* гнойни́к *м*; *(Magen~)* я́зва *ж* желу́дка

Geselle *m* ‹-n, -n› **1** *(Ausgebildete/r)* подмасте́рье *м* **2** *(Kerl)* па́рень *м*

gesellen *vr (sich anschließen)* ◇ **sich ~** присоеди|ня́ться ‹-ни́ться› *(zu* к кому́-л)

Gesellenprüfung f экза́мен м на зва́ние подмасте́рья; **Gesellenstück** n про́бная рабо́та ж

gesellig adj (Abend) обходи́тельный; (Mensch, Wesen) общи́тельный, компане́йский, обходи́тельный; **Geselligkeit** f обходи́тельность ж; (Umgänglichkeit) общи́тельность ж

Gesellschaft f ① (soziale Struktur) о́бщество с ② (Vereinigung) объедине́ние с; (Bündnis) сою́з м; (Genossenschaft) това́рищество с ③ (Reise~) компа́ния ж ④ (Begleitung) о́бщество с, компа́ния ж; ◇ **jd-m ~ leisten** соста́вить кому́-л компа́нию ⑤ (Fest, Abend) зва́ный ве́чер м, вечери́нка ж; ◇ **geschlossene** ~ мероприя́тие для определённого кру́га лиц; **Gesellschafter(in)** f m (Teilhaber/in) уча́стник м/уча́стница ж това́рищества, компаньо́н(ка ж) м; **gesellschaftlich** adj обще́ственный; **Gesellschaftsordnung** f (Struktur) обще́ственный строй м; **Gesellschaftsschicht** f слой м о́бщества; **Gesellschaftsspiel** n о́бщая игра́ ж

Gesetz n <-es, -e> (Rechtsvorschrift) зако́н м; (Richtlinie) директи́ва ж; **Gesetzbuch** n ко́декс м, уложе́ние с; **Gesetzentwurf** m законопрое́кт м; **Gesetzesvorlage** f законопрое́кт м; **gesetzgebend** adj (Gewalt) законода́тельный; **Gesetzgebung** f законода́тельство с; **gesetzlich** adj (Vormund) зако́нный; (legal) лега́льный; **gesetzlos** adj беззако́нный; **gesetzmäßig** adj закономе́рный, зако́нный

gesetzt adj (Alter) зре́лый, пожило́й **gesetztenfalls** adv (angenommen, dass) предполага́я (что-л)

gesetzwidrig adj противозако́нный

ges. gesch. Abk. v. **gesetzlich geschützt** защищено́ зако́ном

Gesicht n <-[e]s, -er> ① лицо́ с; (große Ähnlichkeit haben) ◇ **jd-m wie aus dem ~ geschnitten sein** быть похо́жим на кого́-л как две ка́пли воды́ ② (Miene) выраже́ние с лица́, ми́на ж; (unzufrieden sein) ◇ **ein langes ~ ziehen** сде́лать ки́слую ми́ну ③ FAM ◇ **lauter neue ~er** всё но́вые ли́ца ④ (Gestalt, Form) вне́шний вид м, о́блик м ⑤ FIG (Ruf) ◇ **das ~ verlieren** теря́ть прести́ж; **Gesichtsausdruck** m выраже́ние с лица́; **Gesichtscreme** f крем м для лица́; **Gesichtsfarbe** f цвет м лица́; **Gesichtspunkt** m (Betrachtungsweise) то́чка ж зре́ния; **Gesichtszug** m черта́ ж лица́

Gesindel n <-s> PEJ (Pack) сброд м, отро́дье с

gesinnt adj ◇ **jd-m feindlich/gut ~ sein** быть недружелю́бно/хорошо́ располо́женным к кому́-л; **Gesinnung** f ① (charakterlich) настрое́ние с, о́браз м

мы́слей ② (politisch) взгля́ды мн, убежде́ния мн; **Gesinnungswandel** m измене́ние с взгля́дов [убежде́ний]

Gespann n <-[e]s, -e> ① (Pferd und Wagen) запря́жка ж, упря́жка ж ② FAM (Personen) па́ра ж

gespannt adj ① (Seil) натя́нутый ② (Lage, Beziehung) напряжённый, крити́ческий ③ (voller Erwartung) ◇ **auf etw** akk **~ sein** с нетерпе́нием [любопы́тством] ожида́ть чего́-л; ◇ **ich bin ~, ob ...** мне о́чень хоте́лось бы знать, е́сли...

Gespenst n <-[e]s, -er> привиде́ние с; FIG (drohende Gefahr) при́зрак м, угро́за ж; **gespenstig**, **gespenstisch** adj призрачный, таи́нственный

Gespött n <-[e]s> насме́шки мн, издева́тельство с; ◇ **sich zum ~ der Leute machen** сде́лать себя́ объе́ктом насме́шек люде́й

Gespräch n <-[e]s, -e> разгово́р м, бесе́да ж; **gesprächig** adj разгово́рчивый, словоохо́тливый; FAM болтли́вый; **Gesprächigkeit** f разгово́рчивость ж, словоохо́тливость ж; **Gesprächspartner(in)** f m собесе́дник м, собесе́дница ж; **Gesprächsstoff** m те́ма ж для разгово́ра; **Gesprächsthema** n те́ма ж разгово́ра

Gespür n <-s> (Gefühl) чутьё с (für к чему́-л)

Gestalt f <-, -en> ① (Wuchs, Körperbau) рост м, телосложе́ние с ② (Form, Umriss) фо́рма ж, о́бщий вид м; ◇ **annehmen** приобрести́ фо́рму [ко́нтуры]; ◇ **in ~ von** в ви́де (чего́-л), в о́бразе (кого́-л) ③ FAM (Mensch) тень ж ④ (Persönlichkeit) ли́чность ж, персона́ж м, о́браз м

gestalten I. vt ① (formen) прида́ва́ть вид чему́-л ② (organisieren) организо́вывать <-ва́ть> ③ (einrichten) оформля́ть <офо́рмить> что-л II. vr (sich entwickeln) ◇ **sich ~** скла́дываться <сложи́ться>, <с->формирова́ться, принима́ть <-я́ть> оборо́т; **Gestaltung** f оформле́ние с

Gestammel n <-s> (stockende Redeweise) запи́нка ж; (Stottern) заика́ние с

Geständnis n призна́ние с

Gestank m <-[e]s> вонь ж, смрад м, злово́ние с

gestatten I. vt разреша́ть <-ши́ть>, позволя́ть <-во́лить> (jd-m etw кому́-л что-л); (Höflichkeitsformel) ◇ **~ Sie?** позво́льте?, разреши́те? II. vr ◇ **sich dat ~, etw zu tun** позво́лить себе́ сде́лать что-л

Geste f <-, -n> жест м

gestehen unreg vt (zugeben) признава́ть что-л, созна́ва́ться в чём-л, признава́ться в чём-л; ◇ **offen gestanden** говоря́ открове́нно

Gestein n ‹-[e]s, -e› (Fels) го́рная поро́да ж

Gestell n ‹-[e]s, -e› **1** (Rahmen) ра́ма ж, стани́на ж **2** (Regal) стелла́ж м **3** (von Fahrzeug, Maschine) ко́рпус м, шасси́ с

gestern adv вчера́; FIG ◇ **er ist nicht von** ~ он вида́л ви́ды, он не новичо́к

gestikulieren vi жестикули́ровать несов

Gestirn n ‹-[e]s, -e› небе́сное те́ло с, (небе́сное) свети́ло с; (Sternbild) созве́здие с

Gestotter n ‹-s› заика́ние с

gestreift adj (Stoff) полоса́тый, в поло́ску

gestrig adj (Tageszeitung) вчера́шний

Gestrüpp n ‹-[e]s, -e› (Unterholz) ча́стый куста́рник м, за́росль ж

Gestüt n ‹-[e]s, -e› (Pferdezüchterei) ко́нный заво́д м, конезаво́д м

Gesuch n ‹-[e]s, -e› (bei Behörde) проше́ние с, заявле́ние с

gesucht adj (von Polizei, Sammler) ну́жный, иско́мый, разы́скиваемый

gesund adj (Kind, Herz) здоро́вый, кре́пкий; (Ernährung, Zahn) здоро́вый, поле́зный; FIG ◇ **~er Menschenverstand** здра́вый смысл м; **Gesundheit** f здоро́вье с; (beim Niesen) ◇ **~!** бу́дьте здоро́вы!; **gesundheitlich I.** adj относя́щийся к здоро́вью; ◇ **aus ~en Gründen** по причи́не боле́зни, в связи́ с боле́знью **II.** adv ◇ **wie geht es Ihnen ~?** как Ва́ше здоро́вье?; **gesundheitsschädlich** adj вре́дный для здоро́вья; **Gesundheitszustand** m состоя́ние с здоро́вья; **gesund pflegen** vt (Kranken) выха́живать ‹вы́ходить›

Getöse n ‹-s› гул м, ро́кот м

getragen adj ◇ **eine ~e Melodie** ме́дленная мело́дия

Getränk n ‹-[e]s, -e› напи́ток м, питьё с

getrauen vr (sich wagen) ◇ **sich ~** осме́ли‹ва›ться

Getreide n ‹-s› зерно́ с, хлеб м, хле́бные зла́ки мн

getrennt I. adj (Leute) разъединённый, разлучённый **II.** adv отде́льно, разде́льно; ◇ **~ schlafen** спать отде́льно

getreu adj (gemäß, zuverlässig) ве́рный, надёжный; (treu, ergeben) пре́данный;

Getriebe n ‹-s, -› (von Maschinen) переда́ча ж, трансми́ссия ж; AUTO коро́бка ж переда́ч ‹скоросте́й›

Getto n ‹-s, -s› ге́тто с

Getue n ‹-s› суета́ ж, возня́ ж

Getümmel n ‹-s› (Tumult) сумато́ха ж; (Gedränge) су́толока ж

geübt adj трениро́ванный; (Person) о́пытный, иску́сный

Gewächs n ‹-es, -e› (Pflanze) расте́ние с

gewachsen adj präd ◇ **jd-m/e-r Sache nicht ~ sein** уступа́ть кому́/чему́-л, не быть на высоте́ [положе́ния]

Gewächshaus n тепли́ца ж, оранжере́я ж

gewagt adj опа́сный, риско́ванный, сме́лый; (Kleid, Ausschnitt) вызыва́ющий

gewahr (entdecken) ◇ **jd-s/e-r Sache ~ werden** заме́тить [обнару́жить] кого́/что-л

Gewähr f ‹-› гара́нтия ж, руча́тельство с; ◇ **übernehmen für** руча́ться за кого́-л; ◇ **ohne ~** без гара́нтии; **gewähren** vt (Kredit) предоставля́ть ‹-ста́вить›; (Wunsch) удовлетворя́ть ‹-ри́ть›; (nicht hindern) ◇ **jd-n lassen** предоста́вить кому́-л свобо́ду де́йствий; **gewährleisten**, Gewähr leisten vt гаранти́ровать несов и сов, обеспе́чи‹ва›ть

Gewahrsam m ‹-s› (Haft) аре́ст с; (Obhut) надзо́р м, присмо́тр м; ◇ **jd-n in ~ nehmen** взять под стра́жу, аресто́ва́ть кого́-л

Gewährung f исполне́ние с, удовлетворе́ние с; (von Kredit) предоставле́ние с

Gewalt f ‹-, -en› **1** (politisch) власть ж; ◇ **gesetzgebende ~** законода́тельная власть ж **2** (göttlich) си́ла ж **3** (elterlich) власть ж **4** (Kraft) си́ла ж; (unbedingt) ◇ **mit aller ~** изо всех сил, всю **5** (~tätigkeit) наси́лие с **6** (Kontrolle) контро́ль м; ◇ **jd-n in seiner ~ haben** име́ть кого́-л в свое́й вла́сти; **Gewaltanwendung** f примене́ние с си́лы; **Gewaltenteilung** f разделе́ние с власте́й; **gewaltig I.** adj **1** (riesig) огро́мный **2** (mächtig) могу́щественный **3** (stark) си́льный; FAM стра́шный **II.** adv FAM о́чень си́льно; ◇ **sich ~ täuschen** жесто́ко ошиба́ться; **gewaltsam** adj наси́льственный; **gewalttätig** adj (Mensch) жесто́кий, применя́ющий (гру́бую) си́лу

gewandt adj **1** (geschickt) ло́вкий **2** (flink) прово́рный; **Gewandtheit** f (Flinkheit) ло́вкость ж, прово́рство с; (Geschicklichkeit) уме́ние с

gewann impf v. gewinnen

Gewässer n ‹-s, -› во́ды мн

Gewebe n ‹-s, -› **1** (Stoff) ткань ж **2** (von Lebewesen) ткань ж

Gewehr n ‹-[e]s, -e› винто́вка ж; **Gewehrlauf** m ствол м винто́вки

Geweih n ‹-[e]s, -e› (von Hirsch, Elch) рога́ мн

Gewerbe n ‹-s, -› **1** (Bau~) про́мысел м, ремесло́ с **2** (Beruf, Tätigkeit) профе́ссия ж, заня́тие с; **Gewerbeaufsicht** f госучрежде́ние по контро́лю за де́ятельностью предприя́тий; **Gewerbefreiheit** f пра́во с открыва́ть предприя́тия; **gewerbsmäßig** adj профессиона́льный; **Gewerbszweig** m о́трасль ж промы́шленности

Gewerkschaft f профсою́з м; **Ge-**

werkschaft[l]er(in *f) m* ‹-s, -› (*Mitglied*) член *м, ж* профсоюза; (*Funktionär/in*) профсоюзный функционер *м/ж*; **Gewerkschaftsbund** *m* объединение *с* профсоюзов, федерация *ж* профсоюзов; **gewerkschaftlich** *adj* профсоюзный

Gewicht *n* ‹-[e]s, -e› вес *м,* тяжесть *ж*; *FIG* (*Bedeutung*) важность *ж,* вес *м,* влияние *с;* ◇ **ins ~ fallen** иметь значение; **Gewichtheben** *n* SPORT поднимание *с* тяжестей, тяжёлая атлетика *с* **gewieft** *adj* (*clever*) хитрый, прожжённый

gewillt *adj präd* ◇ **~ sein, etw zu tun** намереваться что-л сделать

Gewimmel *n* ‹-s› (*Getümmel*) (движущаяся) толпа *ж,* толкотня *ж* **Gewinde** *n* ‹-s, -› **1** (*Kranz*) венок *м;* (*Girlande*) гирлянда *ж* **2** (*von Schraube*) (винтовая) нарезка *ж,* резьба *ж*

Gewinn *m* ‹-[e]s, -e› выигрыш *м,* выгода *ж; FIG* (*innere Bereicherung*) польза *ж;* COMM прибыль *ж,* доход *м;* ◇ **mit ~ verkaufen** продать что-л с прибылью; **Gewinnbeteiligung** *f* участие *с* в прибыли; **Gewinn bringend** *adj* прибыльный, доходный, рентабельный; выгодный; **gewinnen** ‹gewann, gewonnen› **I.** *vt* **1** выигрывать ‹выиграть›; (*Preis*) выиграть **2** (*Eindruck*) получать ‹-чить›; (*Einfluss*) приобретать ‹-сти›; (*Oberhand, Vorsprung*) взять верх, получить, ощутить; ◇ **Einblick in etw** *akk* ~ ознакомиться с чем-л; ◇ **jd-n für sich** ~ склонить кого-л на свою сторону **3** (*Kohle, Öl*) добывать **II.** *vi* (*profitieren*) извлекать ‹-влечь› выгоду (*durch* из чего-л); **gewinnend** *adj* (*Lächeln*) приятный; (*anziehend*) привлекательный; **Gewinner(in** *f) m* ‹-s, -› выигравший(-ая *ж) м;* **Gewinnspanne** *f* диапазон *м* прибыли; **Gewinnung** *f* (*Förderung, Kohle*~) добыча *ж,* добывание *с;* (*Strom*~) производство *с,* получение *с;* **Gewinnzahl** *f* (*bei Lotto*) номер *м* выигрыша

gewiss I. *adj* **1** (*sicher, fest*) верный, непременный, неминуемый **2** (*bestimmt*) некий, некоторый, определённый, известный; ◇ **ein gewisser Schmidt** некий [некто] Шмидт; ◇ **e-e gewisse Ähnlichkeit** определённое сходство **II.** *adv* верно, наверное, конечно

Gewissen *n* ‹-s› совесть *ж;* ◇ **jd-m ins ~ reden** взывать к чьей-л совести; **gewissenhaft** *adj* добросовестный; **Gewissenhaftigkeit** *f* добросовестность *ж;* **gewissenlos** *adj* бессовестный, недобросовестный; **Gewissensbisse** *pl* (*Schuldgefühle*) угрызения *мн* совести; **Gewissenskonflikt** *m* конфликт *м* с совестью

gewissermaßen *adv* (*gleichsam, beinahe*) до некоторой степени, в известной степени, некоторым образом

Gewissheit *f* уверенность *ж,* достоверность *ж;* ◇ **sich** *dat* ~ **über etw verschaffen** удостовериться в чём-л

Gewitter *n* ‹-s, -› гроза *ж;* **Gewitterwolke** *f* грозовое облако *с*

gewitzt *adj* (*schlau*) хитроумный, ловкий

gewogen *adj präd* (*wohlwollend*) ◇ **jd-m ~ sein** быть расположенным к кому-л **gewöhnen I.** *vt* приучать ‹-чить›; ◇ **jd-n an etw** *akk* приучать кого-л к чему-л **II.** *vr* **sich** ~ привыкать ‹-выкнуть› (*an akk* к чему-л); **Gewohnheit** *f* привычка *ж;* (*Brauch*) обычай *м;* (*Routine*) навык *м;* ◇ **aus** ~ по привычке; **gewohnheitsmäßig** *adj* привычный; **Gewohnheitsmensch** *m* человек *м* привычки; **Gewohnheitsrecht** *n* обычное право *с*

gewöhnlich I. *adj* **1** (*alltäglich*) обыкновенный, обычный **2** (*normal*) обычный **3** *PEJ* (*ordinär*) обыденный, заурядный; (*banal*) пошлый **II.** *adv* обыкновенно, обычно; ◇ **wie** ~ по обыкновению, как обычно, как всегда **gewohnt** *adj* (*Umgebung*) привычный **gewöhnt** *adj präd* ◇ **an etw** ~ **sein** привыкнуть к чему-л; **Gewöhnung** *f* приучение *с,* привыкание *с* (*an akk* к чему-л)

Gewölbe *n* ‹-s, -› **1** (*Decke in Keller*) свод *м* **2** (*Raum*) подвал *м*

Gewühl *n* ‹-[e]s› (*Wirrwarr*) давка *ж,* сутолока *ж,* путаница *ж*

Gewürz *n* ‹-es, -e› пряность *ж;* приправа *ж;* **Gewürzgurke** *f* маринованный огурец *м;* **Gewürznelke** *f* гвоздика *ж*

Geysir *m* ‹-s, -e› (*heiße Quelle*) гейзер *м* **gez.** *Abk. v.* **gezeichnet** подписал **gezackt** *adj* зазубренный, зубчатый **Gezappel** *n* ‹-s› барахтанье *с* **Gezeiten** *pl* приливы и отливы *мн* **Gezeter** *n* ‹-s› крики *мн,* вопли *мн* **geziert** *adj* жеманный, манерный **gezwungenermaßen** *adv* поневоле **ggf.** *Abk. v.* **gegebenenfalls** при случае **Gicht** *f* ‹-› MED подагра *ж*

Giebel *m* ‹-s, -› (*Haus*~) фронтон *м,* щипец *м*

Gier *f* ‹-› жадность *ж,* алчность *ж;* **gieren** *vi* (*heftig begehren*) жаждать *несов* (*nach etw* чего-л); **gierig** *adj* (*Blick*) алчный; (*beim Essen*) жадный

gießen ‹goss, gegossen› **I.** *vt* **1** (*in Gefäß*) лить *несов;* (*eingießen*) наливать ‹-вать›; (*Blumen*) поливать ‹-вать› **2** (*Metall*) лить, отливать ‹-вать› **II.** *vi unpers* (*es regnet stark*) ◇ **es gießt** льёт как из ведра; **Gießkanne** *f* лейка *ж*

Gift *n* ‹-[e]s, -e› яд *м,* отрава *ж;* (*Schlan-*

gengift) змеи́ный яд м; FIG *(Bosheit)*
зло́сть ж, зло́ба ж, гнев м; ◇ **darauf
kannst du ~ nehmen** в э́том мо́жешь не
сомнева́ться; **giftig** adj **1** ZOOL, BOT
ядови́тый **2** FIG *(boshaft)* язви́тель-
ный, ехи́дный; *(Rede)* ко́лкий; **Giftmüll**
m ядови́тые отхо́ды мн; **Giftpilz** m ядо-
ви́тый гриб м; **Giftstoff** m ядови́тое
вещество́ с; **Giftzahn** m *(bei Schlange)*
ядови́тый зуб м; FAM ядови́тый чело-
ве́к м, злю́ка м/ж

Gigant m гига́нт м, велика́н м; **gigan-
tisch** adj гига́нтский, исполи́нский
Gin m ‹-s› джин м
ging impf v. **gehen**
Gipfel m ‹-s, -› **1** *(Berg~)* верши́на ж
2 *(Baum~)* верху́шка ж **3** POL встре́-
ча ж в верха́х **4** FIG *(Höhepunkt)* апо-
ге́й м; FAM *(Unverschämtheit)* ◇ **das ist
ja wohl der ~!** э́то верх на́глости
[наха́льства]; **gipfeln** vi достига́ть
вы́сшей то́чки; **Gipfeltreffen** n POL
встре́ча на вы́сшем у́ровне
Gips m ‹-es, -e› гипс м; **Gipsabdruck** m
ги́псовый слепо́к м; *(Guss)* ги́псовая
отли́вка ж; **Gipsbein** n нога́ с ги́псо-
вой повя́зкой ж; **gipsen** vt покры́-
‹ва́›ть ги́псом, накла́дывать ги́псовую
повя́зку; **Gipsverband** m ги́псовая
повя́зка ж
Giraffe f ‹-, -n› жира́ф м
Girlande f ‹-, -n› гирля́нда ж
Girokonto n COMM жиросчёт м
Gischt f пе́на ж, бры́зги мн
Gitarre f ‹-, -n› гита́ра ж; **Gitarrist(in** f**)**
m гитари́ст(ка ж) м
Gitter n ‹-s, -› **1** *(Tür~, Fenster~)*
решётка ж; FAM ◇ **hinter ~n sitzen** си-
де́ть за решёткой **2** *(Zaun)* забо́р м;
Gitterfenster n окно́ с с решёткой; **Git-
terrost** m *(Schachtabdeckung)* колос-
нико́вая решётка ж; **Gitterzaun** m
решётчатый забо́р м
Glacéhandschuh m *(sehr vorsichtig)* ◇
jd-n mit ~en anfassen миндальничать с
кем-л
Gladiole f ‹-, -n› BOT гладио́лус м
Glanz m ‹-es› блеск м, сия́ние с; FIG
(Schönheit, Pracht) красота́ ж, велико-
ле́пие с; **glänzen** vi блесте́ть ‹-ну́ть›,
сия́ть несов; FIG ◇ **durch Abwesenheit
~ blistáть otsу́tstviem; glänzend** adj
a. FIG блестя́щий, сия́ющий; *(hervor-
ragend)* выдаю́щийся; **Glanzleistung** f
блестя́щее достиже́ние с, высо́кое
мастерство́ с; **glanzlos** adj лишённый
бле́ска, ма́товый, ту́склый, бесцве́т-
ный; **Glanzzeit** f вре́мя с наибо́льшего
успе́ха
Glas n ‹-es, Gläser› стекло́ с, стака́н м;
Glasbläser m ‹-s, -› стеклоду́в м; **Glas-
container** m *(für Altglas)* конте́йнер м
для испо́льзованной посу́ды; **Glaser
(in** f**)** m ‹-s, -› стеко́льщик м, стеко́ль-

щица ж; **gläsern** adj стекля́нный;
FIG *(durchsichtig)* прозра́чный; **Glasfa-
ser** f стекловолокно́ с; **glasieren** vt **1**
(Tontopf) глазурова́ть несов а conj, по-
крыва́ть глазу́рью **2** *(Kuchen)* покры-
ва́ть са́харной глазу́рью; **glasig** adj
(Blick) стекля́нный, засты́вший, не-
подви́жный; **glasklar** adj прозра́чный
(как стекло́); **Glaskugel** f *(Christbaum-
schmuck)* стекля́нный шар м; **Glasma-
lerei** f жи́вопись ж по стеклу́
Glasnost f ‹-› POL гла́сность ж
Glasscheibe f око́нное стекло́ с, око́н-
ная витри́на ж; **Glasscherbe** f оско́-
лок м стекла́
Glasur f *(Kuchen~)* глазу́рь ж; *(auf Töp-
ferware)* глазу́рь ж, поли́ва ж
glatt I. adj **1** *(Haut, eben)* гла́дкий, ро́в-
ный **2** *(rutschig, Straße)* ско́льзкий **3**
(mühelos, Prüfung) лёгкий, успе́шный
4 *(ohne Umschweife)* по́лный; ◇ **~e Lü-
ge** чисте́йшая ложь ж **5** ◇ **~e Rech-
nung** кру́глый счёт м II. adv **~** etw ~
vergessen haben соверше́нно забы́ть
что-л; **Glätte** f ‹-› *(Straßen~)* гололе́дица
ж; **Glatteis** n гололёд м, гололе́дица
ж; FIG *(hereinlegen)* ◇ **jd-n aufs ~ führen**
наду́ть кого́-л, одура́чить кого́-л; **glät-
ten** I. vt **1** *(polieren)* ‹на-, об-›полиро-
ва́ть, ‹на-›лощи́ть **2** *(Stoff)* ‹вы́-›гла́-
дить, разгла́живать ‹-дить› II. vr *(Wo-
gen, Meer)* ‹у-›спока́иваться ‹-ко́-
иться›; **glatt gehen** unreg vi *(reibungslos
verlaufen)* проходи́ть без осложне́ний,
заверши́ться без поме́х; **glattweg**
adv *(ohne zu zögern)* пря́мо, про́сто, на-
отре́з
Glatze f ‹-, -n› лы́сина ж, плешь ж
Glaube m ‹-ns› **1** *(allg.)* ве́ра ж, дове́-
рие с; ◇ **in gutem ~n** из лу́чших по-
бужде́ний **2** *(Konfession)* ве́ра ж *(an
akk* во что-л, рели́гия ж **3** *(Überzeu-
gung)* убеждённость ж, уве́ренность
ж; **glauben** I. vt ‹по-›ве́рить; *(für wahr
halten)* ду́мать несов II. vi **1** *(sich ver-
lassen auf)* ве́рить *(an akk* в кого́-что-л);
◇ **jd-m ~** ве́рить кому́-л **2** *(vermuten)*
полага́ть несов; **Glaubensbekenntnis**
n вероиспове́дание с; **Glaubensfrei-
heit** f свобо́да ж вероиспове́дания;
glaubhaft adj правдоподо́бный, веро-
я́тный
gläubig adj REL ве́рующий; **Gläubi-
ge(r** f**)** fm ве́рующий(-ая ж) м
Gläubiger(in f**)** m ‹-s, -› JURA, COMM
кредито́р(ка ж) м, заимода́вец м,
заимода́тель м
glaubwürdig adj *(Aussage, Zeuge)* досто-
ве́рный, правдоподо́бный; **Glaubwür-
digkeit** f достове́рность ж, правдопо-
до́бие с
gleich I. adj ра́вный; *(identisch)* одина́-
ковый; *(gleichartig)* подо́бный II. adv
одина́ково; *(sofort)* сейча́с, неме́длен-

но ② (ebenso) ◇ ~ alt одного́ во́зраста ③ (in unmittelbarer Nähe) ◇ ~ hinter dem Haus сра́зу же за до́мом III. Partikel (im Fragesatz) ◇ wie war noch ~ die Nummer? како́й же был но́мер?; (Resignation, Unmut) ◇ es ist mir ~ э́то мне безразли́чно

gleichaltrig adj одновозрастный, одни́х лет; gleichartig adj (ähnlich) одноро́дный, аналоги́чный; gleich bedeutend adj равнозна́чный, равноси́льный; gleichberechtigt adj равнопра́вный; Gleichberechtigung f равнопра́вие c; gleich bleiben unreg vr (sich nicht verändern) sich ~ не изменя́ться ⟨-ни́ться⟩; gleich bleibend adj (Qualität) неизме́нный, постоя́нный

gleichen ⟨glich, geglichen⟩ I. vi (ähneln) походи́ть, быть похо́жим (jd-m на кого́-л) II. vr ◇ sich ~ быть похо́жим друг на дру́га

gleichermaßen adv (ebenso, auch) ра́вным о́бразом, одина́ково

gleichfalls adv то́чно так же; ◇ danke ~! спаси́бо, и вам того́ же (жела́ю); Gleichförmigkeit f подо́бие c, схо́дство c; gleich gesinnt adj (Freund) одина́кового о́браза мы́слей; Gleichgewicht n равнове́сие c, уравнове́шенность ж; a. FIG (verwirren) ◇ aus dem ~ bringen выводи́ть из равнове́сия;

 gleichgültig sein

Мне э́то всё равно́.
Mir ist das ganz egal/gleich.
Как бы то ни было.
Wie auch immer.
Мне всё равно́, выбира́й сам.
Mir ist das gleich, du hast die Wahl.
Я равноду́шен/равноду́шна к сла́достям.
Ich mache mir nicht so viel aus Süßigkeiten.

gleichgültig adj (desinteressiert) безразли́чный, безуча́стный, равноду́шный; ◇ jd ist mir ~ кто-л мне безразли́чен; Gleichgültigkeit f безразли́чие c, безуча́стность ж, равноду́шие c; Gleichheit f ра́венство c, тожде́ственность ж; gleichkommen unreg vi быть ра́вным кому́-чему́-л в чём-л; ◇ jd-m an равня́ться с кем-л в чём-л; gleich lautend adj (Aussage) иденти́чный; gleichmachen vt ① (Unterschiede) равня́ть несов, ура́внивать ⟨-ня́ть⟩ ② (niederreißen, zerstören) ◇ etw dem Erdboden ~ сровня́ть с землёй, разру́шить до основа́ния; gleichmäßig adj (Puls, Atem) равноме́рный, соразме́рный; Gleichmut m (Gelassenheit) равноду́шие c, хладнокро́вие c; gleichnamig adj (Oper) одноиме́нный

Gleichnis n ① подо́бие c, подо́бный о́блик m ② при́тча ж

gleichsam adv сло́вно, как бу́дто, как бы; (sozusagen) так сказа́ть

gleichschenk[e]lig adj (Dreieck) равнобе́дренный; gleichstellen vt ◇ jd-n ~ mit равня́ть ⟨ста́вить наравне́⟩ кого́-что-л с кем; Gleichstrom m ELECTR постоя́нный ток

Gleichung f MATH уравне́ние c

gleichwertig adj ① равноце́нный, эквивале́нтный ② CHEM с одина́ковой вале́нтностью; gleichwohl cj (trotzdem, dennoch) всё же, всё-таки; gleichzeitig I. adj одновреме́нный, синхро́нный II. adv одновреме́нно, в одно́ и то же вре́мя; gleichziehen unreg vi ◇ mit jd-m ~ сравня́ться сов с кем-л

Gleis n ⟨-es, -e⟩ ① (Schienenstrang) (рельсовая) колея́ ж, ре́льсовый путь m ② (Bahnsteig) перро́н m

gleiten ⟨glitt, geglitten⟩ vi ① (sich geräuschlos bewegen) скользи́ть ⟨-ну́ть⟩ ② (rutschen) поскользну́ться сов ③ (Blick) скользи́ть ④ ◇ ~e Arbeitszeit скользя́щий рабо́чий гра́фик m; Gleitflug m (von Vogel, Flugzeug) плани́рование c

Gletscher m ⟨-s, -⟩ гле́тчер m, ледни́к m; Gletscherspalte f тре́щина ж в ледни́ке

glich impf v. gleichen

Glied n ⟨-[e]s, -er⟩ ① ANAT (Finger~, Zehen~) коне́чность ж; (Gelenk) суста́в m; (Körper~) член m; (Penis) мужско́й половой член m ② (Ketten~) звено́ c ③ ◇ in Reih und ~ в со́мкнутом строю́, плечо́м к плечу́

gliedern vt (Text) расчленя́ть ⟨-ни́ть⟩, подразделя́ть ⟨-ли́ть⟩ (in akk на)

Gliederschmerz m боль ж в суста́вах

Gliederung f расчлене́ние c, члене́ние c; (von Aufsatz) подразделе́ние c

Gliedmaßen pl коне́чности мн

glimmen ⟨glomm, geglommen⟩ vi тлеть несов

glimmern vi мерца́ть несов

glimpflich I. adj (Strafe) мя́гкий, снисходи́тельный II. adv ◇ ~ davonkommen дёшево отде́латься

glitschig adj (rutschig) ско́льзкий

glitt impf v. gleiten

glitzern vi (Edelstein, Stern) блесте́ть ⟨-ну́ть⟩, сверка́ть ⟨-ну́ть⟩

global adj глоба́льный, мирово́й

Globetrotter (in f) m путеше́ствующий (-ая ж) m вокру́г све́та

Globus m ⟨-, -ben⟩ гло́бус m

Glocke f ⟨-, -n⟩ (Schelle) звоно́к m; (Glöckchen, Schelle) ко́локол m, колоко́льчик m; FAM (überall erzählen) ◇ etw an die große ~ hängen разглаша́ть что-л, трезво́нить о чём-л повсю́ду; Glockenblume f колоко́льчик m; Glockenspiel n

бой *m* ба́шенных часо́в [кура́нтов];
Glockenturm *m* колоко́льня *ж*, зво́нница *ж*
glomm *impf v.* glimmen
glorreich *adj* сла́вный, просла́вленный; *FAM* ◇ **was für e-e ~e Idee!** сла́вная иде́я!
Glotze *f* ‹-, -n› *FAM (Fernseher)* я́щик *m;*
glotzen *vi FAM (starr schauen)* ‹вы-›тара́щить глаза́; *(gaffen)* глазе́ть *несов; (anstarren)* уста́виться *сов* на кого́-что-л
Glück *n* ‹-[e]s› ① сча́стье *c; (ohne Gewissheit)* ◇ **auf gut ~** на уда́чу, на аво́сь, как попа́ло; ◇ **~ bringen** приноси́ть сча́стье; ◇ **ich habe ~** мне везёт; ◇ **viel ~!** жела́ю сча́стья!; ◇ **zum ~** к сча́стью ② *(Freude)* ра́дость *ж*, благополу́чие *c;* **glücken** *vi (gelingen)* уда‹ва́›ться, посчастли́виться *сов;* ◇ **es ist mir geglückt** мне повезло́
gluckern *vi (in Rohr)* бу́льк|ать ‹-нуть›
glücklich *adj* ① *(froh)* счастли́вый, благополу́чный ② *(günstig)* счастли́вый, уда́чный; ◇ **ein ~er Zufall** счастли́вый слу́чай; **glücklicherweise** *adv* к сча́стью; **Glücksbringer** *m* ‹-s, -› талисма́н; **glückselig** *adj* счастли́вый, блаже́нный; **Glücksfall** *m* счастли́вый слу́чай *m;* **Glückspilz** *m FIG (Glückskind)* счастли́вчик *m*, ба́ловень *m* судьбы́; **Glückssache** *f* ◇ **das ist ~** э́то де́ло уда́чи, **Glücksspiel** *n* аза́ртная игра́ *ж; (Lotterie)* лотере́я *ж;* **Glückssträhne** *f* ◇ **e-e ~ haben** находи́ться в полосе́ уда́чи; **Glückstag** *m* день *m* везе́ния, уда́чный день *m;* **Glückwunsch** *m* поздравле́ние *c*, поздравле́ни|я *мн*
Glühbirne *f* ла́мпа *ж* нака́ливания;
glühen *vi (Ofen)* ‹с-›горе́ть; *FIG (Gesicht, Wangen)* пыла́ть *несов*, горе́ть; **glühend** *adj* раскалённый, горя́чий; *(Kohlen)* раскалённый; *(Hitze)* паля́щий (зной);
Glühwein *m* глинтве́йн *m;* **Glühwürmchen** *n* ZOOL светля́к *m*, светлячо́к *m*
Glukose *f* ‹-› глюко́за *ж*
Glut *f* ‹-, -en› *(Feuers~)* пе́кло *c*, жар *m; (Hitze)* зной *m; FIG (Leidenschaft)* пла́мя *c* любви́; **glutrot** *adj (Sonne)* багро́вый, о́гненно-кра́сный
Glyzerin *n* ‹-s› CHEM глицери́н *m*
GmbH *f* ‹-, -s› *Akr. v.* **Gesellschaft mit beschränkter Haftung** о́бщество *c* с ограни́ченной отве́тственностью
Gnade *f* ‹-, -n› *(Vergebung, Milde)* ми́лость *ж*, поща́да *ж; (Gunst, Wohlwollen)* благоволе́ние *c*, благоскло́нность *ж;* ◇ **vor Recht ergehen lassen** сми́лостивиться, смени́ть гнев на ми́лость; **Gnadenfrist** *f (Aufschub)* отсро́чка *ж;* **gnadenlos** *adj* безжа́лостный, беспоща́дный; **gnädig** *adj* ① *(nachsichtig)* ми́лостивый, благоскло́нный ② *(Anrede)* ◇ **~e Frau** ми́лостивая суда́рыня!

Gnom *m* ‹-s, -e› *(Zwerg)* гном *m*, ко́больд *m*
Gold *n* ‹-[e]s› зо́лото *c;* **golden** *adj (Uhr, Ring)* золото́й; **Goldfisch** *m (Zierfisch)* золота́я ры́бка *ж;* **Goldgräber** *m* ‹-s› *(Goldsucher)* золотоиска́тель *m*, стара́тель *m;* **Goldgrube** *f FIG* золото́е дно *c;* **goldig** *adj (niedlich)* ми́лый, преле́стный, обворожи́тельный;
Goldregen *m* BOT раки́тник *m;* **Goldschmied(in** *f)* *m* ювели́р *m;* **Goldwaage** *f FIG (übergenau sein)* ◇ **jedes Wort auf die ~ legen** скрупулёзно взве́шивать ка́ждое сло́во
Golf¹ *m* ‹-[e]s, -e› GEO морско́й зали́в *m*
Golf² *n* ‹-s› SPORT игра́ *ж* в гольф
Golfkrieg *m* HIST война́ *ж* в райо́не, в Перси́дском зали́ве
Golfplatz *m* площа́дка *ж* для игры́ в гольф; **Golfschläger** *m* клю́шка *ж* для игры́ в гольф; **Golfspieler(in** *f)* *m* игро́к *m* в гольф
Golfstaat *m* POL страна́ *ж* регио́на перси́дского зали́ва; **Golfstrom** *m* гольфстри́м *m*
Gondel *f* ‹-, -n› *(in Venedig)* гондо́ла *ж; (von Seilbahn)* каби́на *ж*
Gong *m* ‹-s, -s› гонг *m*
gönnen I. *vt* ◇ **jd-m etw ~** жела́ть чего́-л кому́-л **II.** *vr (sich etw erlauben)* ◇ **sich** *dat* **etw ~** разреша́ть себе́ что-л; **gönnerhaft** *adj (überheblich)* покрови́тельственный
gor *impf v.* gären
Gorilla *f* ‹-, -s› ZOOL гори́лла *ж*
goss *impf v.* gießen
Gosse *f* ‹-, -n› *(Abflussrinne)* у́личный водосто́чный лото́к [жёлоб *m*]; *FIG* дно *c*, нищета́ *ж*, грязь *ж;* ◇ **in der ~ landen** ко́нчить под забо́ром
Gotik *f* ‹-› KUNST го́тика *ж*, готи́ческий стиль *m;* **gotisch** *adj (Schrift)* готи́ческий
Gott *m* ‹-es, Götter› божество́ *c; (christlich)* бог *m;* ◇ **~ sei Dank!** сла́ва бо́гу!; ◇ **um ~es willen!** ра́ди бо́га!; **Gottesdienst** *m* богослуже́ние *c;* **Gotteslästerung** *f* кощу́нство *c*, богоху́льство *c;* **Gottesurteil** *n* REL бо́жий суд *m;* **Göttin** *f* боги́ня *ж;* **göttlich** *adj* боже́ственный, замеча́тельный; **gottlos** *adj (Mensch)* безбо́жный, атеисти́ческий; *(sündig)* гре́шный; **gottverlassen** *adj (Dorf)* бро́шенный, поки́нутый
Götze *m* ‹-n, -n› и́дол *m*, истука́н *m*, куми́р *m;* **Götzenbild** *n* и́дол *m*, куми́р *m*
Grab *n* ‹-[e]s, Gräber› моги́ла *ж*
graben ‹gräbt, grub, gegraben› *vt, vi* ‹вы-›копа́ть, ‹вы-›рыть; ◇ **nach etw ~** иска́ть что-л в земле́; **Graben** *m* ‹-s, Gräben› *(Straßen~)* ров *m; (Wasser~)* кана́ва *ж;* MIL транше́я *ж*, око́п *m*
Grabinschrift *f* надгро́бная на́дпись

ж; **Grabstein** m надгро́бный ка́мень м
Grabung f раско́пки мн
Grad m <-[e]s, -e> ① a. MATH (Maßeinheit bei Temperatur) гра́дус м, сте́пень ж; балл м ② (Rang) чин м, сте́пень ж; ◇ **akademischer** ~ акаде́мическое зва́ние с, учёная сте́пень ж; **Gradeinteilung** f (auf Skala) деле́ние с на гра́дусы **graduiert** adj име́ющий сте́пень
Graf m <-en, -en> граф м
Graffiti n pl насте́нные рису́нки и на́дписи, наноси́мые с по́мощью распыли́телей
Grafik, Graphik f KUNST гра́фика ж; **Grafiker(in** f) m, Graphiker(in) <-s, -> гра́фик м; **grafisch**, graphisch adj графи́ческий
Gräfin f графи́ня ж; **Grafschaft** f гра́фство с
grämen vr ◇ **sich** ~ скорбе́ть несов, грусти́ть несов, <о>печа́литься (über akk о ком-чём-л)
Gramm n <-s, -> грамм м
Grammatik f грамма́тика ж; **grammatikalisch**, **grammatisch** adj граммати́ческий
Grammophon n <-s, -e> граммофо́н м
Granat m <-[e]s, -e> MIN грана́т м
Granate f <-, -n> MIL грана́та ж
grandios adj (überwältigend) грандио́зный, велича́ственный
Granit m <-s, -e> (Gestein) грани́т м
Grapefruit f <-, -s> (Frucht) грейпфру́т м
Graphik f = Grafik
Graphiker(in f) m = Grafiker(in)
graphisch adj = grafisch
grapschen vt, vi FAM (an sich raffen) ◇ **nach etw** ~ жа́дно <с>хвата́ть
Gras n <-es, Gräser> трава́ ж; FAM (sterben) ◇ **ins** ~ **beißen** умере́ть; **grasen** vi (Ziege) пасти́сь несов; **Grashalm** m трави́нка ж
grassieren vi (Seuche) свире́пствовать несов
grässlich adj стра́шный, ужа́сный, отврати́тельный, омерзи́тельный
Grat m <-[e]s, -e> (Berg~) о́стрый край м, ребро́ с
Gräte f <-, -n> ры́бья кость ж
gratis adv (kostenlos) да́ром, беспла́тно, безвозме́здно; **Gratisprobe** f беспла́тное опро́бование с
Gratulation f поздравле́ние с; **gratulieren** vi поздравля́ть <-ра́вить> (jd-m zu etw dat кого́-л с чем-л)
grau adj се́рый
Gräuel m <-s, -> (Grauen) у́жас м; (Abscheu) отвраще́ние с, ме́рзость ж; ◇ **er ist mir ein** ~ он вызыва́ет у меня́ отвраще́ние [омерзе́ние]; **Gräuelmärchen** n стра́шная ска́зка ж; **Gräueltat** f зве́рство с, гну́сное преступле́ние с
grauen vi unpers ◇ **mir graut davor** э́то наво́дит на меня́ у́жас; **Grauen** n <-s>

(Entsetzen) у́жас м, страх м; **grauenhaft**, **grauenvoll** adj ужа́сный, стра́шный
grauhaarig adj седо́й, седоволо́сый
grausam adj жесто́кий; FAM (unerträglich, schrecklich) свире́пый, зве́рский, лю́тый; **Grausamkeit** f жесто́кость ж, зве́рство с, свире́пость ж, лю́тость ж; **grausen** I. vi unpers (fürchten, ekeln) ◇ **mir graust vor dir** я о́чень бою́сь тебя́ II. vr ◇ **sich** ~ боя́ться (vor dat чего́-л); **Grausen** n <-s> (Furcht, Entsetzen) у́жас м, страх м
gravieren vt (Glas, Metall) <вы-, на->грави́ровать; **gravierend** adj отягча́ющий
Gravitation f гравита́ция ж, тяготе́ние с
Grazie f гра́ция ж, пре́лесть ж, привлека́тельность ж; **grazil** adj (geschmeidig) стро́йный, ги́бкий; (graziös) грацио́зный
greifbar adj осяза́емый, ощути́мый; FIG (Resultat, Beweis) конкре́тный, ощути́мый; ◇ **in ~er Nähe** в непосре́дственной бли́зости; **greifen** <griff, gegriffen> I. vt брать <взять>, хвата́ть <схвати́ть> II. vi ① (Hand ausstrecken) хвата́ться несов (nach etw за что-л); схвати́ть (nach jd-m/etw кого́-/что-л) ② (Reifen) сцепля́ть <-пи́ть> ③ (Wirkung zeigen) прибега́ть <-бе́гнуть>; FIG (sich ausbreiten) ◇ **um sich** ~ распространя́ться <-ни́ться>; (gebrauchen) ◇ **zu etw** ~ брать <взять> что-л
Greis(in f) m <-es, -e> стари́к м, стару́ха ж, ста́рец м; **greisenhaft** adj ста́рческий, дря́хлый
grell adj (Licht) я́ркий; (Farbe) ре́зкий, я́ркий, крича́щий; (Stimme, Ton) ре́зкий, пронзи́тельный
Gremium n (Ausschuss) о́рган м
Grenze f <-, -n> грани́ца ж, рубе́ж м; FIG грани́ца ж, преде́л м; (Nahtstelle) стык м; (erträglich sein) ◇ **sich in ~n halten** соблюда́ть прили́чие; **grenzen** vi грани́чить несов, соприкаса́ться несов (an akk с чем-л); (anrainen, anliegen) прилега́ть несов, примыка́ть несов (an akk к чему́-л); **grenzenlos** adj a. FIG безграни́чный, беспреде́льный; **Grenz-**

 gratulieren

Поздравля́ю!
Gratuliere!
Хоро́шая рабо́та!
Gut gemacht!
Мои́ поздравле́ния!
Glückwunsch!
От душ́и поздравля́ю!
Meine herzlichsten Glückwünsche!
Я о́чень рад/а за тебя́!
Ich freue mich riesig für dich!

fall m (Zweifelsfall) предел м, крайний случай м; **Grenzübergang** m пограничный пункт м; **Grenzwert** m MATH предельное значение с

Gretchenfrage f FIG (entscheidende Frage) основной [принципиальный] вопрос м

Greuel = Gräuel

Grieche m ⟨-n, -n⟩ грек м; **Griechenland** n Греция ж; ⋄ **in/nach** ~ в Грецию/в Грецию; **Griechin** f гречанка ж; **griechisch** adj греческий

griesgrämig adj (mürrisch) угрюмый, брюзгливый, ворчливый

Grieß m ⟨-es⟩ манная крупа ж, манка ж

griff impf v. **greifen**

Griff m ⟨-[e]s, -e⟩ ❶ (Greifen) схватывание с, хватание с ❷ (an Tür) ручка ж; (vom Werkzeug) рукоятка ж ❸ (Situation) ⋄ **etw im** ~ **haben** набить себе руку на чём-л, обладать сноровкой в чём-л; **griffbereit** adv наготове, под рукой; **griffig** adj шероховатый, нескользкий

Grill m ⟨-s, -s⟩ рашпер м, решётка ж, гриль м

Grille f ⟨-, -n⟩ ZOOL сверчок м

grillen vi поджаривать на гриле

Grimasse f ⟨-, -n⟩ (Gesicht verziehen) гримаса ж, ужимка ж; ⋄ ~**n schneiden** гримасничать несов, корчить гримасы

grimmig adj яростный, свирепый, лютый, жестокий

grinsen vi скалить несов зубы, ухмыляться несов, осклабяться ⟨-абиться⟩

Grippe f ⟨-, -n⟩ грипп м

grob adj ❶ (rau, Sand, Gesichtszüge) грубый ❷ (Überblick) неточный, грубый, черновой ❺ (barsch, Benehmen) грубый, наглый, нахальный ❺ (schlimm, Unfug) грубый; **Grobheit** f грубость ж

groggy adj FAM (erschöpft) усталый, измотанный

grölen vi (Betrunkene) горланить несов

Groll m ⟨-[e]s⟩ (Zorn, Ärger) злоба ж, неприязнь ж; ⋄ **gegen jd-n e-n** ~ **hegen** питать злобу к кому-л; **grollen** vi (Donner) громыхлать ⟨-нуть⟩, ⟨за-⟩греметь

groß I. adj ⟨größer, am größten⟩ ❶ (Länge) большой, длинный; ⋄ **2 Meter** ~ длиной в два метра ❷ (Zeitraum) ⋄ **die** ~**en Ferien** продолжительные [большие] каникулы ❸ (bedeutend, Dichter) значительный, важный ❹ (erwachsen) большой, взрослый ❺ (glanzvoll, Fest) большой, роскошный, торжественный ❻ (viel) большой, много; ⋄ **das** ~**e Geld machen** делать большие деньги; (generell) ⋄ **im G**~**en und Ganzen** в общем и целом **II.** adv ~ **schreiben** писать крупным шрифтом; **großartig** adj (grandios) великолепный, замечательный, грандиозный; **Großaufnahme** f

FOTO крупномасштабное изображение с; KINO крупный план м;

Großbritannien n ⟨-s⟩ Великобритания ж; ⋄ **in/nach** ~ в Великобритании/в Великобританию; **Großbuchstabe** m прописная/большая буква ж

Größe f ⟨-, -n⟩ ❶ (Ausmaß) величина ж, размеры мн ❷ (Höhe) высота ж ❸ (Körper~) рост м ❹ (Kapazität) знаменитость ж ❺ (Kleider~, Schuh~) размер м ❻ (Bedeutung, Tragweite) значение с, величие с ❼ (Güte) благородство с, мудрость ж

Großeinkauf m оптовые закупки мн; **Großeltern** pl дедушка и бабушка; **großenteils** adv в значительной степени, большей частью

Größenwahn m мания ж величия **Großfamilie** f многодетная семья ж; **Großformat** n крупный формат м; **Großgrundbesitz** m крупное землевладение с; **Großhandel** m оптовая торговля ж; **Großhändler** m оптовый торговец м; **großherzig** adj (Spende) великодушный, благородный; **Großhirn** n большой [головной] мозг м; **Großmacht** f великая [крупная] держава ж; **Großmarkt** m оптовая торговля ж, рынок м оптовой торговли; **Großmaul** n FAM горлопан м; **großmütig** adj великодушный; (großzügig) щедрый; **Großmutter** f бабушка ж; **großschreiben** unreg vt писать с прописной [большой] буквы; ⋄ **deutsche Substantive werden großgeschrieben** немецкие существительные пишутся с большой буквы; **großspurig** adj (überheblich) кичливый, надменный; **Großstadt** f большой город м

größtenteils adv по большей части; (hauptsächlich) преимущественно

großtun unreg vi (prahlen) «по-»хвастаться чем-л, зазна‹ва›ться; **Großvater** m дедушка м; **großziehen** unreg vt (Kind) воспитывать ‹-тать›, растить детей; **großzügig** adj щедрый, великодушный; (Anlage) широко задуманный; (umfangreich) широкий, обширный; **Großzügigkeit** f широта ж, щедрость ж

grotesk adj (komisch, verzerrt) причудливый, странный, гротескный

Grotte f ⟨-, -n⟩ грот м

grub impf v. **graben**

Grübchen n ямочка ж

Grube f ⟨-, -n⟩ ❶ (Loch) яма ж ❷ MIN рудник м, шахта ж

grübeln vi размышлять несов о чём-л; (sich den Kopf zerbrechen) ломать себе голову над чем-л

Gruft f ⟨-, Grüfte⟩ (Familiengrab) могила ж, склеп м

grummeln vi (murren) роптать несов, ворчать несов

grün *adj* ① (*Farbe*) зелёный ② (*unreif, Obst*) неспéлый, незрéлый ③ POL зелёный ④ *FIG* ◇ **ein ~er Junge** молокосóс *m*, зелёный юнéц *m*; **Grün** *n* <-s> зелёный цвет *m*, зéлень *ж*; (*Ampel*) ◇ **auf ~ stehen** стоя́ть при зелёном свéте; (*junge Blätter*) ◇ **das erste ~** пéрвая зéлень; **Grünanlage** *f* (*Park*) сквер *m*, зелёные насаждéния *мн*

Grund *m* <-[e]s, Gründe> ① (*Boden, Land*) пóчва *ж*, земля́ *ж* ② (*von Gefäß, Gewässer*) дно *c*; *FIG* ◇ **e-r Sache** *dat* **auf den ~ gehen** вни́кнуть в суть дéла ③ *FIG* (*Ursache*) пóвод *m*, моти́в *m*, основáние *c*, дóвод *m*, причи́на *ж* ④ (*eigentlich*) ◇ **im ~e (genommen)** в сýщности (говоря́), по сýти дéла

Grundausbildung *f* MIL строевáя подготóвка *ж*; SCH знáние *c* основ;
Grundbedingung *f* основнóе услóвие *c*; **Grundbegriff** *m* основнóе поня́тие *c*; **Grundbesitz** *m* земéльная сóбственность *ж*, землевладéние *c*; (*Immobilien*) недви́жимое имýщество *c*

gründen I. *vt* (*Familie, Partei*) основывать <-вáть>, учреждáть <-ди́ть> II. *vr* ◇ **sich ~ auf** *akk* осно́вываться на чём-л; **Gründer(in** *f*) *m* <-s, -> основáтель(ница *ж*) *m*

Grunderwerb *m* приобретéние *c* земéльной сóбственности

Gründerzeit *f* HIST пери́од *m* грюндерства

 Grundgesetz

Основнóй закóн (Grundgesetz) был при́нят 23 мáя 1949 г. как проéкт конститýции Гермáнии на перехóдный пери́од до возмóжного объединéния страны́. Он стал оснóвой немéцкой демокрáтии. В нём закреплены́ оснóвные структýры госудáрства, определены́ отношéния мéжду федерáцией (Bund) и федерáльными зéмлями (Bundesländer) и правá кáждого граждани́на Гермáнии. Grundgesetz, заду́манный на врéмя, просущéствовал до 1990 г., когдá Гермáния объедини́лась и в конститýцию бы́ли внесены́ соотвéтствующие изменéния.

Grundform *f* ① основнáя [глáвная] фóрма *ж* ② GRAM инфинити́в *m*;
Grundgebühr *f* (*Mindestgebühr*) основнáя тáкса *ж*, основнóй тари́ф *m*;
Grundgesetz *n* (*Artikel*) основнóй закóн *m*; (*Verfassung*) конститýция *ж*

grundieren *vt* <за->грунтовáть
Grundkurs *m* SCH (*in Oberstufe*) основнóй курс *m*; (*Volkshochschule*) основнóй курс *m* для начинáющих; **Grundlage** *f* оснóва *ж*, основáние *c*; (*Basis*)

бáза *ж*, бáзис *m*, фундáмент *m*;
Grundlagenforschung *f* фундамéнтáльные исслéдования *мн*; **grundlegend** I. *adj* (*Unterschied*) основнóй, основополагáющий, решáющий, кореннóй II. *adv* (*vollkommen*) коренны́м óбразом

gründlich I. *adj* ① (*solide*) основáтельный, соли́дный ② (*Kenntnisse*) прóчный, глубóкий ③ (*Arbeit*) обстоя́тельный II. *adv* (*sehr*) основáтельно, прóчно, глубокó; ◇ **jd-m ~ die Meinung sagen** пря́мо вы́сказать кому́-л своё мнéние; ◇ **sich ~ blamieren** основáтельно опозóриться

Grundlohn *m* основнáя зáработная плáта *ж*; **grundlos** *adj* необоснóванный, беспóчвенный, беспричи́нный; **Grundnahrungsmittel** *n* основны́е продýкты питáния *мн*

Grundrecht *n* основнóе прáво *c*; **Grundriss** *m* план *m*; *FIG* óчерк *m*; **Grundsatz** *m* (*Richtlinie*) при́нцип *m*, основнóе положéние *c*; **grundsätzlich** I. *adj* (*Überlegung*) принципиáльный II. *adv* (*mit Einschränkung*) из при́нципа; **Grundschule** *f* начáльная шкóла *ж*; **Grundstein** *m* *FIG* (*Anfang*) ◇ **den ~ für etw legen** заклáдывать фундáмент [оснóвы] чегó-л; **Grundstück** *n* земéльный учáсток *m*

Gründung *f* основáние *c*, учреждéние *c*

grundverkehrt *adj* (*völlig falsch*) абсолю́тно невéрно; **grundverschieden** *adj* (*Charaktere*) в кóрне разли́чный; **Grundwasser** *n* грунтóвые вóды *ж мн*; **Grundwortschatz** *m* основнóй словáрный запáс *m*

Grüne(r) *f/m* POL член *m* пáртии "зелёных"; **Grünfläche** *f* (*Rasen*) озеленённая плóщадь *ж*; (*Waldwiese*) лужáйка *ж*; **Grünkohl** *m* кормовáя капýста *ж*, грюнкóль *m*; **grünlich** *adj* зеленовáтый; **Grünschnabel** *m* FAM молокосóс *m*, зелёный юнéц *m*, **Grünstreifen** *m* разделительная полосá *ж* автострáды с озеленéнием

grunzen *vi* хрю́к|ать <-нуть>

Gruppe *f* <-, -n> грýппа *ж*; (*Abteilung*) отря́д *ж*; (*Mannschaft*) комáнда *ж*; **gruppenweise** *adv* грýппами; **gruppieren** I. *vt* (*anordnen*) <с->группировáть II. *vr* (*sich aufstellen*) ◇ **sich ~** <с->группировáться

gruseln *vi unpers* ◇ **es gruselt mir** [*o. mich*] мне жýтко, мне стрáшно

Gruß *m* <-es, Grüße> привéт *m*, привéтствие *c*; ◇ **mit freundlichem ~** с дрýжеским привéтом; **grüßen** *vt*, *vi* привéтствовать *несов* когó-л, здорóваться *несов* с кем-л; ◇ **jd-n ~ lassen** посылáть привéт кому́-л

Grütze *f* <-, -n> крупá *ж*, кáша *ж*

gucken vi (schauen) ⟨по-⟩гляде́ть, ⟨по-⟩ смотре́ть; (nach jd-m/etw на кого́/что-л)
Guerillakrieg m партиза́нская война́ ж
Guillotine f HIST гильоти́на ж
Gulasch n ⟨-[e]s, -e⟩ гуля́ш м
Gülle f ⟨-⟩ (Jauche) навозная жи́жа ж
gültig adj (Visa, Pass) действи́тельный; (rechtmäßig) зако́нный; **Gültigkeit** f действи́тельность ж; ◇ **seine ~ behalten** остава́ться в си́ле
Gummi n o. m ⟨-s, -s⟩ рези́на ж; (Radier~, ~band) рези́нка ж, ла́стик м; (Kautschuk) каучу́к м; FAM (Kondom) презервати́в м; **Gummiball** m рези́новый мяч м; **Gummiband** n рези́новая тесьма́ ж; рези́нка ж; **Gummibaum** m каучу́ковое де́рево c; **Gummihandschuh** m рези́новая перча́тка ж; **Gumminüppel** m (полице́йская) рези́новая дуби́нка ж; **Gummistiefel** m рези́новый сапо́г м
Gunst f ⟨-⟩ (Wohlwollen) благоскло́нность ж, доброжела́тельство c
günstig adj ① (Gelegenheit) благоприя́тный, благоскло́нный ② (Preis) дешёвый
gurgeln vi (Mensch) ⟨про-⟩полоска́ть го́рло; (Wasser, sprudeln) клокота́ть несов
Gurke f ⟨-, -n⟩ (Salat~) огуре́ц м; ◇ **saure** ~ солёные огурцы́ мн
Gurt m ⟨-[e]s, -e⟩ (Gürtel) по́яс м, ремня́ м
Gürtel m ⟨-s, -⟩ ① (an Kleidung) по́яс м, ремня́ м ② GEO по́яс м, зо́на ж; **Gürtelrose** f MED опоя́сывающий лиша́й м
Gurtpflicht f обяза́тельное пристёгивание ремня́ми при езде́ в автотра́нспорте
Guru m ⟨-s, -s⟩ REL гу́ру м, глава́ м се́кты
Guss m ⟨-es, Güsse⟩ ① (Torten~) глазу́рь ж ② (Regenschauer) ли́вень м, проливно́й дождь м ③ (Metallgießen) жи́дкий мета́лл м
gut I. adj ⟨besser, am besten⟩ adj (Wetter) хоро́ший; (Anzug) добро́тный, краси́вый, хоро́ший **II.** adv хорошо́; (leicht) ◇ **du hast ~ reden** тебе́ хорошо́ говори́ть; (ohne Streit) ◇ **im G~en auseinander gehen** расходи́ться без пробле́м; (nicht wichtig) ◇ **schon** ~ ла́дно, нева́жно; (fast) ◇ **so ~ wie** почти́
Gut n ⟨-[e]s, Güter⟩ ① (Besitz) иму́щество c ② (Land~) име́ние c
Gutachten n ⟨-s, -⟩ о́тзыв м, заключе́ние c, эксперти́за ж; **Gutachter(in** f) m ⟨-s, -⟩ экспе́рт м
gutartig adj ① (freundlich) с хоро́шими зада́тками ② MED доброка́чественный
gutbürgerlich adj (Küche) традицио́нный, изве́стный исстари

Gutdünken n ⟨-s⟩ (Belieben) ◇ **nach seinem** ~ по своему́ усмотре́нию
Güte f ⟨-⟩ ① (Nachsicht) доброта́ ж ② (Qualität) (хоро́шее) ка́чество c; **Güteklasse** f (bei Waren) сте́пень ж ка́чества, сорт м; класс м по ка́честву
Gutenachtkuss m поцелу́й м пе́ред сном
Güterbahnhof m BAHN това́рная ста́нция ж; **Gütergemeinschaft** f иму́щественная о́бщность ж; **Gütertrennung** f разде́л м иму́щества; **Güterwagen** m това́рный ваго́н м; **Güterzug** m това́рный по́езд м
gut gehen unreg vi unpers успе́шно протека́ть [пройти́]; ◇ **es wird schon alles** ~ всё образу́ется
gut gemeint adj (Rat) доброжела́тельный, благоскло́нный
gutgläubig adj легкове́рный, наи́вный
Guthaben n ⟨-s, -⟩ акти́вы мн
gutheißen unreg vt одобря́ть ⟨одо́брить⟩
gütig adj до́брый, благоскло́нный
gutmachen vt (Schaden) исправля́ть ⟨-пра́вить⟩, загла́живать ⟨-дить⟩
gutmütig adj (Mensch) доброду́шный; **Gutmütigkeit** f доброду́шие c
Gutschein m тало́н м, о́рдер м
gutschreiben unreg vt кредитова́ть несов и сов, запи́сывать ⟨-са́ть⟩ в креди́т; **Gutschrift** f за́пись ж в креди́т
gut situiert adj (Familie) состоя́тельный, обеспе́ченный, зажи́точный
gut tun unreg vi (Ruhe) быть поле́зным, приноси́ть по́льзу (jd-m кому́-л)
gutwillig adj доброво́льный; (liebenswürdig) любе́зный; (gutmütig) доброду́шный
Gymnasium n гимна́зия ж; **Gymnasiast(in** f) m гимнази́ст(ка ж) м
Gymnastik f гимна́стика ж
Gynäkologe m ⟨-n, -n⟩ гинеко́лог м; **Gynäkologie** f MED гинеколо́гия ж; **Gynäkologin** f же́нщина-гинеко́лог ж; **gynäkologisch** adj гинекологи́ческий

H, h n ① (Buchstabe) (im Russischen wiedergegeben durch:) Х, х o. Г, г ② MUS си
Haar n ⟨-[e]s, -e⟩ во́лосы мн; (Tier~) шерсть ж; (fast) ◇ **um ein** ~ на волосо́к, почти́; **Haarbürste** f щётка ж для воло́с; **haaren I.** vi (Fell) ⟨вы-⟩линя́ть **II.**

vr (Tiere) ◇ **sich ~ <вы-> линя́ть; haarge-nau** *adv* точь в точь; **haarig** *adj* FIG *(kompliziert)* скве́рный, неприя́тный; **Haarschnitt** *m* причёска *ж;* **Haarspalterei** *f* ◇ **das ist doch –!** э́то же буквое́дство!; **haarsträubend** *adj (ungeheuerlich)* возмути́тельный; *(unglaublich)* невероя́тный; **Haartrockner** *m* <-s, -> фен *м,* суши́льный аппара́т *м* для воло́с; **Haarwaschmittel** *n (Shampoo)* сре́дство *с* для мытья́ воло́с, шампу́нь *м*

Habe *f* <-> *(Besitz)* иму́щество *с,* со́бственность *ж,* состоя́ние *с*

haben <hatte, gehabt> **I.** *Hilfsverb* ◇ **wo hast du geschlafen?** где ты спал? **II.** *vt* ① *(besitzen, Haus)* име́ть что-л, владе́ть че́м-со́в ② *(verfügen über)* облада́ть чем-л ③ *(leiden an)* страда́ть от чего́-л ④ *(nicht leiden können)* ◇ **etw gegen jd-n ~** недолюбливать кого́-л ⑤ ◇ **ich habe es schwer/gut** мне тяжело́/хорошо́ ⑥ FAM *(können)* ◇ **etw drauf ~** сообража́ть ⑦ *(müssen)* ◇ **Sie ~ zu gehorchen** Вы должны́ слу́шаться ⑧ *(Datum)* ◇ **wir ~ den 19. Juni** сего́дня 19-ое ию́ля

Haben *n* <-s> ◇ **Soll und ~** де́бет и кре́дит *м*

Habgier *f* жа́дность *ж,* а́лчность *ж*
Habicht *m* <-[e]s, -e> *(Vogel)* я́стреб *м*
Habseligkeiten *f pl* ◇ **seine ~ zusammen-suchen** собра́ть свои́ пожи́тки
Hacke *f* <-, -n> ① *(Spitz~)* кирка́ *ж;* мотыга *ж;* ② *(Ferse)* пята́ *ж,* пя́тка *ж;*
hacken *vt (Garten)* вска́пывать <-ко-па́ть>; ока́пывать <-копа́ть>; *(Holz)* <рас->коло́ть, <на->руби́ть
Hackfleisch *n* ру́бленое мя́со *с,* фарш *м*
hadern *vi (sich beklagen)* ◇ **mit dem Schicksal ~** ропта́ть на судьбу́
Hafen *m* <-s, Häfen> порт *м,* га́вань *ж;*
Hafenstadt *f* портовый го́род *м*
Hafer *m* <-s> *(Getreide)* овёс *м;* **Haferbrei** *m* овся́ная ка́ша *ж*
Haft *f* <-> лише́ние *с* свобо́ды, аре́ст *м;*
haftbar *adj (verantwortlich)* отве́тственный; **Haftbefehl** *m* распоряже́ние *с* о взя́тии под стра́жу, о́рдер *м* на аре́ст; **haften** *vi* ① *(kleben)* прилипа́ть <-ли́пнуть>, пристава́ть *(an dat* к чему́-л) ② *(verantwortlich sein)* <по->руча́ться *(für akk* за кого́-что-л); **Haftpflichtver-sicherung** *f* гаранти́йное страхова́ние *с;* **Haftung** *f* JUR отве́тственность *ж*
Hagel *m* <-s> град *м;* **hageln** *vi unpers* ◇ **es hagelt** идёт град
hager *adj* худой, сухопа́рый, то́щий
Hahn *m* <-[e]s, Hähne> ① ZOOL пету́х *м* ② *(Wasser~)* кран *м;* **Hähnchen** *n* GASTRON цыплёнок *м*
Hai *m* <-[e]s, -e> аку́ла *ж*
häkeln *vt (Topflappen)* вяза́ть крючко́м
Haken *m* <-s, -> крючо́к *м;* FIG *(Problem)* ◇ **die Sache hat e-n ~** в э́том де́ле есть

своя́ загво́здка; **Hakenkreuz** *n* сва́стика *ж*

halb *adj* полови́нный, пол(у); ◇ **ein –es Dutzend** полдю́жины; ◇ **ein –er Liter** поллитра; ◇ **~ eins** полови́на пе́рвого; **Halbdunkel** *n (Dämmerung)* су́мерки *мн,* полумра́к *м,* полутьма́ *ж*
Halbheit *f* ◇ **sich mit ~en zufriedengeben** дово́льствоваться полуме́рами; **halbieren** *vt (Kuchen)* <раз->дели́ть попола́м; **Halbinsel** *f* полуо́стров *м;* **halbjährlich** *adj* полугоди́чный, полугодово́й; **Halbkreis** *m* полукру́г *м;* **Halbkugel** *f* полуша́рие *с;* **Halbleiter** *m* ELECTR полупроводни́к *м;* **Halbschuh** *m* полуботи́нок *м;* **Halbtagsarbeit** *f* рабо́та *ж* на полста́вки; **halbwegs** *adv (einigermaßen, etwas)* до не́которой сте́пени, ско́лько-нибудь; **Halbwertszeit** *f (Radioaktivität)* пери́од *м* полураспа́да; **Halbwüch-sige(r)** *fm (Jugendlicher)* подро́сток *м,* де́вушка-подро́сток *ж;* **Halbzeit** *f* SPORT тайм *м,* полови́на *ж* игры́
Halde *f* <-, -n> отва́л *м; (Müll~)* му́сорная сва́лка *ж*
half *impf v.* **helfen**
Hälfte *f* <-, -n> полови́на *ж*
Halfter *n* <-s, -> *(Pferde~)* хому́т *м*
Halle *f* <-, -n> ① *(Turn~)* спорти́вный зал *м; (Flugzeug~)* анга́р *м* ② *(Hotel~)* холл *м* гости́ница *ж*
hallen *vi* звуча́ть *несов,* раздава́ться
Hallenbad *n* закры́тый бассе́йн *м*
hallo *intj* ① *(Begrüßung)* приве́т!, алло́!, эй! ② *(am Telefon)* алло́!
Halluzination *f* галлюцина́ция *ж*
Halm *m* <-[e]s, -e> *(Gras~)* стебе́ль *м; (Stroh~)* соло́минка *ж*
Hals *m* <-es, Hälse> ANAT ше́я *ж; (Rachen)* го́рло *с,* гло́тка *ж;* FIG ◇ **jd-m um den ~ fallen** бро́ситься кому́-л на ше́ю, обня́ть кого́-л; **Hals-Nasen-Oh-renarzt** *m, -Ärztin* *f* отоларинго́лог *м;* **Halsschlagader** *f* со́нная арте́рия *ж;* **Halsschmerzen** *pl* боль *ж* в го́рле; **Halstuch** *n* ше́йный плато́к *м,* косы́нка *ж*
Halt *m* <-[e]s, -> ① *(~estelle)* остано́вка *ж,* стоя́нка *ж,* ме́сто *с* остано́вки; ◇ **~ machen** *(stehen bleiben)* остана́вливаться <-нови́ться>; *(pausieren)* <с->де́лать прива́л ② *(Stütze)* опо́ра *ж;* FIG подде́ржка *ж*
haltbar *adj* ① *(Lebensmittel)* долгохраня́щийся ② *(Schuhe)* но́ский, про́чный, добро́тный ③ FIG *(Theorie)* усто́йчивый; **Haltbarkeit** *f* сохраня́емость *ж;* добро́тность *ж,* про́чность *ж,* но́скость *ж;* **Haltbarkeitsdatum** *n* срок *м* го́дности
halten <hält, hielt, gehalten> **I.** *vt* ① *(in der Hand)* держа́ть *несов* ② *(stützen)* подпира́ть <-пере́ть> ③ SPORT лови́ть

⟨пойма́ть⟩; *(abwehren)* отби́⟨ва́⟩ть **4** MIL *(Stellung)* уде́р|живать ⟨-жа́ть⟩ **5** FIG *(Meinung haben)* ◇ **ich halte ihn für verrückt** я счита́ю его́ сумасше́дшим **II.** *vi (Zug)* остаⷩна́вливаться ⟨-нови́ться⟩; *(stop)* ◇ **halt!** стоп!, ни с ме́ста!, стой! **2** *(nicht kaputtgehen)* держа́ться *несов* **2** *(Lebensmittel)* сохраня́ться ⟨-ни́ться⟩ **III.** *vr* ◇ **sich ~ 1** *(nicht verderben)* не по́ртиться **2** *(Wetter)* установи́ться *сов* **3** FIG ◇ **sich tapfer ~** держа́ться хра́бро **4** ◇ **sich** *akk* **für jd-n** счита́ть себя́ кем-л **5** *(befolgen)* ◇ **sich ~ an** приде́рживаться чего́-л

Haltestelle f *(von Bus)* остано́вка ж;

Halteverbot n запреще́ние с стоя́нки

haltlos adj *(Theorie)* необосно́ванный, неоснова́тельный

Haltung f **1** *(Körper~)* оса́нка ж, по́за ж **2** *(Einstellung)* пози́ция ж **3** *(Tier~)* содержа́ние с живо́тных **4** FIG *(Selbstbeherrschung)* самооблада́ние с

Halunke m ⟨-n, -n⟩ негодя́й м, мерза́вец м

hämisch adv *(grinsen)* зло́бный, кова́рный

Hammel m ⟨-s, -⟩ бара́н м

Hammer m ⟨-s, Hämmer⟩ **1** *(Werkzeug)* молото́к м **2** FAM *(unglaublich)* ◇ **das ist ja ein ~!** (э́то) невероя́тно!

Hampelmann m **1** *(Spielzeug)* марионе́тка ж **2** FIG петру́шка м, пая́ц м

Hamster m ⟨-s, -⟩ хомя́к м; **hamstern** vi FAM *(sammeln)* ⟨с-⟩де́лать запа́сы

Hand f ⟨-, Hände⟩ рука́ ж, кисть ж; FIG ◇ **aus erster ~** из пе́рвых рук; *(stichhaltig sein)* ◇ **~ und Fuß haben** быть надёжным [основа́тельным]; **Handarbeit** f **1** *(Stricken)* ручно́й труд м, ручна́я рабо́та ж **2** *(manuell gefertigt)* рукоде́лие с, изготовле́ние с вручну́ю; **Handbremse** f ручно́й то́рмоз м; **Handbuch** n *(Anleitung)* руково́дство с, спра́вочник м

Handel m ⟨-s⟩ **1** *(Lebensmittel~)* торго́вля ж **2** *(Abmachung, Geschäft)* торго́вая сде́лка ж, торго́вая опера́ция ж; **handeln I.** vi **1** *(aktiv sein)* де́йствовать *несов*, поступⷶа́ть ⟨-пи́ть⟩ **2** COMM *(an- und verkaufen)* ◇ **~ mit jd-m** торгова́ть с кем-л, име́ть торго́вые отноше́ния с кем-л **3** FIG *(Film, Gespräch)* ◇ **von** тракто́ва́ть *несов* о чём-л, име́ть те́мой что-л **II.** vr *unpers (betrifft)* ◇ **es handelt sich um ...** де́ло [речь] идёт о ...; **Handelsbilanz** f торго́вый бала́нс м; **handelseinig** adj ◇ **~ werden** сходи́ться ⟨сойти́сь⟩ в цене́; *(übereinkommen)* договори́ться *сов*; **Handelskammer** f *(Industrie- und ~)* торго́вая пала́та ж; **Handelsschule** f коммерче́ское учи́лище с; **Handelsvertreter(in** f) m представи́тель(ница ж) м торго́вой фи́рмы

handgearbeitet adj ручно́й (рабо́ты);

Handgelenk n запя́стье с; **Handgemenge** n *(Schlägerei)* схва́тка ж, сва́лка ж, дра́ка ж; **Handgepäck** n ручно́й бага́ж м; **handgeschrieben** adj напи́сный, напи́санный от руки́; **handgreiflich** adj *(schlagen)* ◇ **~ werden** уда́рить, дать во́лю рука́м; **Handgriff** m **1** *(Handbewegung)* (ручно́й) приём м, хва́тка ж; ◇ **mit ein paar ~en** раз — и гото́во **2** *(von Koffer)* ру́чка ж; *(von Werkzeug)* рукоя́тка ж

Händler(in f) m ⟨-s, -⟩ торго́вец м, торго́вка ж

handlich adj удо́бный, сподру́чный

Handlung f **1** *(Tat)* посту́пок м, де́яние с **2** *(Geschehen)* де́йствие с; **Handlungsbevollmächtige(r)** fm *(Firmenbeauftragte/r)* уполномо́ченный(-ая ж) м фи́рмы, дове́ренный(-ая ж) м торго́вого предприя́тия; **Handlungsweise** f о́браз м де́йствия, ли́ния ж поведе́ния

Handschellen f pl нару́чники мн; **Handschrift** f **1** *(Geschriebenes)* по́черк м **2** *(Buch)* ру́копись ж; **Handschuh** m перча́тка ж; **Handstand** m сто́йка ж на рука́х; **Handtasche** f *(dámskа́)* су́мка ж; **Handtuch** n полоте́нце с; *(aufgeben)* ◇ **das ~ werfen** сда́ться; **Handwerk** n ремесло́ с, профе́ссия ж; **Handwerker(in** f) m ⟨-s -⟩ реме́сленник м

Handy n ⟨-s, -s⟩ со́товый телефо́н м, моби́льный м

Hanf m ⟨-[e]s⟩ BOT конопля́ ж

Hang m ⟨-[e]s, Hänge⟩ **1** *(Berg~)* косого́р м, склон м, отко́с м **2** *(Neigung)* скло́нность ж, расположе́ние с *(zu* к чему́-л)

Hängematte f гама́к м; **hängen** ⟨hing, gehangen⟩ **I.** vi **1** *(Bild)* висе́ть *несов* **2** *(gern haben)* ◇ **an etw/jd-m ~** быть привя́занным к чему́/кому́-л, люби́ть что/кого́-л **II.** vr **1** *(festmachen)* ве́шать ⟨пове́сить⟩ *(an akk* на что-л) **2** FIG ◇ **etw an den Nagel ~** бро́сить что-л; **hängen bleiben** *unreg* vi **1** *(an Nagel)* повису́ть на чём-л, зацепи́ться за что-л **2** FIG FAM *(sitzen bleiben)* оста́⟨ва́⟩ться на второ́й год

hänseln vt *(necken)* дразни́ть *несов* кого́-л, подтру́нивать ⟨-ни́ть⟩ над кем-л

hantieren vi *(sich zu schaffen machen)* быть за́нятым чем-л; *(basteln)* масте́рить что-л

hapern vi *unpers (fehlen)* не хвата́ть

Happen m ⟨-s, -⟩ кусо́к м

Happyend, Happy End n ⟨-s, -s⟩ счастли́вый коне́ц м

Hardware f ⟨-⟩ PC аппара́тное обеспе́чение с, техни́ческие сре́дства мн

Harfe f ⟨-, -n⟩ MUS а́рфа ж

harmlos adj *(Verletzung)* безвре́дный; *(Bemerkung)* безоби́дный

Harmonie f ① MUS гармóния ж, благозвýчие с ② FIG (Einklang) соглáсие с; **harmonieren** vi (zusammenpassen) гармонúровать несов (mit dat с кем-чем-л)

harmonisch adj ① FIG (Zusammenleben) гармонúчный, соглáсный ② MUS гармонúческий, благозвýчный, созвýчный

Harn m ‹-[e]s› (Urin) мочá ж

hart adj ① (Stahl) твёрдый ② FIG (Schicksal) сурóвый, жестóкий ③ FIG (hartherzig) жестóкий, чёрствый; **Härte** f ‹-, -n› (Festigkeit) твёрдость ж, крéпость ж; (Strenge) жестóкость ж; (Hartherzigkeit) чёрствость ж; **härten** vt (hart machen) закáливать ‹-лúть›; **hart gekocht** adj (Ei) свáренный вкрутýю; **hartherzig** adj (unerbittlich) бессердéчный, жестокосердéчный; **hartnäckig** adj (starrköpfig, stur) упрямый, упóрный

haschen I. vt (zu fangen veruchen) ловúть ‹поймáть›, хватáть ‹схватúть› II. vi FAM (Haschisch rauchen) курúть гашúш; **Haschisch** m ‹-› гашúш m

Hase m ‹-n, -n› (Feld~) зáяц m

Haselnuss f BOT леснóй орéх m

Hass m ‹-es› нéнависть ж; **hassen** vt (jd-n) ненавúдеть несов когó-л; (verabscheuen) чýвствовать отвращéние к комý-л

hässlich adj ① (Ggs. v. schön) некрасúвый, безобрáзный, урóдливый ② FIG отвратúтельный, гнýсный, мéрзкий

Hast f ‹-› спéшка ж, гóнка ж, горячка ж; **hastig** adj поспéшный, тороплúвый

hatte impf v. **haben**

Haube f ‹-, -n› ① (Kopfbedeckung) чéпчик m, чепéц m ② (Motor~) капóт m

Hauch m ‹-[e]s› ① (Atem~) дыхáние с; (Luft~) дуновéние с ② FIG (Spur) налёт m, след m

hauen ‹haute o. hieb, gehauen› vt FAM (schlagen) бить несов, вздуть сов, избúть сов

Haufen m ‹-s, -› ① (Stein~) кýча ж, грýда ж; (Heu~) копнá ж ② FAM (Menschen) толпá ж ③ ◊ (nicht realisieren) **einen Plan über den ~ werfen** сорвáть план; **haufenweise** adv (Personen) тóлпами; (Dinge) кýчами; **häufen** I. vt (Steine) склáдывать ‹сложúть› в кýчи, нагромождáть несов II. vr (mehr werden) ◊ **sich ~** накáпливаться ‹-копúться›, нагромождáться ‹-здúться›

häufig I. adj (Wechsel) чáстый II. adv (oft) чáсто, зачастýю; **Häufigkeit** f частотá ж

Haupt ‹-[e]s, Häupter› ① (Kopf) головá ж ② (Familienober~) главá ж

Hauptbahnhof m центрáльный вокзáл m; **hauptberuflich** adv ◊ **er ist ~ als Leh-**rer **tätig** он занимáет дóлжность главного учúтеля; **Hauptdarsteller(in** f) m исполнúтель(ница ж) m глáвных ролéй; **Haupteingang** m глáвный вход m; **Hauptfach** n (in Schule) глáвный учéбный предмéт m; **Hauptmann** m ‹-leute› MIL капитáн m; **Hauptpostamt** m глáвный почтáмт m; **Hauptrolle** f THEAT глáвная роль ж; **Hauptsache** f глáвное с; **Hauptsatz** m GRAM глáвное предложéние с; **Hauptspeicher** m PC глáвная пáмять ж, основнóе запоминáющее устрóйство с; **Hauptstadt** f столúца ж; **Hauptstraße** f глáвная ýлица ж, магистрáльная дорóга ж; **Hauptwort** n (Substantiv) úмя существúтельное с

Haus n ‹-es, Häuser› ① (Wohn~) дом m, жилúще с; ◊ **zu/nach ~e** домá/домóй ② (Königs~, Herrscher~) королéвская семья ж; (Handels~) торгóвый дом m, фúрма ж; ③ ◊ **~ halten** (sparen, mit Kräften) ‹с-›экономить, быть бережлúвым; **Hausarbeit** f (Haushalt) домáшняя рабóта ж; **Hausarzt** m, **Hausärztin** f домáшний врач m; **Hausaufgabe** f SCH домáшнее задáние с; **Hausbesetzer(in** f) m лицó, незаконно захватúвшее чужой дом; **Hausdurchsuchung** f (durch Polizei) обыск m (в дóме); **Hauseigentümer(in** f) m (Besitzer/in) домовладéлец m, домовладéлица ж; **hausen** vi PEJ (wohnen) ютúться несов; **Häusermakler(in** f) m (Immobilien~) мáклер m, mit Kräften (дóма), домáшняя хозяйка ж; **Haushalt** m ① домáшнее хозяйство с ② POL бюджéт m; **haushalten** unreg vi = Haus halten, s. **Haus**; **Haushaltsplan** m POL проéкт m госудáрственного бюджéта; **Hausherr(in** f) m домовладéлец m, домовладéлица ж

Hausierer(in f) m ‹-s, -› (Verkäufer/in) торгóвец m/торгóвка ж вразнóс

häuslich adj ① (Pflichten) домáшний ② (zurückgezogen) домовúтый

Hausmann m ‹-männer› хозяин m дóма; **Hausmeister(in** f) m двóрник m, домоправúтель m; **Hausordnung** f прáвила mn внýтреннего распорядка; **Hausratversicherung** f страховáние с домáшнего имýщества; **Haustier** n домáшнее живóтное с; **Hauswirt(in** f) m (Vermieter/in) владéлец m (хозяин), владéлица ж (хозяйка); **Hauswirtschaft** f домáшнее хозяйство с; (Haushaltsführung) домовóдство с

Haut f ‹-, Häute› ① (Menschen~) кóжа ж; FIG ◊ **in jds ~ stecken** быть на чьём-л мéсте ② (Tier~) шкýра ж, кóжа ж; **Hautarzt** m, **Hautärztin** f дерматóлог m, врач m по кóжным болéзням; **häuten** I. vt (Haut abziehen) сдирáть ‹содрáть› кóжу с когó-л II. vr (Schlange) ◊ **sich ~**

c|брáсывать ‹-брóсить› кóжу, ‹вы-›линя́ть; **hauteng** adj (Jeans) óчень ýзкий, облегáющий; **Hautfarbe** f цвет m кóжи

Haxe f ‹-, -n› свинáя нóжка ж

Hbf. Abk. v. **Hauptbahnhof**

Hebamme f ‹-, -n› (Geburtshelferin) акушéрка ж, повивáльная бáбка ж

Hebel m ‹-s, -› рычáг m

heben ‹hob, gehoben› vt ① (Gewicht) под|нимáть ‹-ня́ть› ② (Stimmung) по|вышáть ‹-вы́сить› ③ FIG (trinken) ◇ **e-n ~** выпивáть ‹вы́пить›

Hecht m ‹-[e]s, -e› ① (Fisch) щýка ж ② FIG (Typ) ◇ **toller ~** весельчáк m

Heck n ‹-[e]s, -e o. -s› ① (von Schiff) кормá ж ② (von Auto) зáдняя часть ж

Hecke f ‹-, -n› живáя и́згородь ж

Heckscheibe f AUTO зáднее стеклó c

Heer n ‹-[e]s, -e› MIL áрмия ж; (Menge) мáсса ж

Hefe f ‹-› дрóжжи мн

Heft n ‹-[e]s, -e› ① (Schreib~) тетрáдь ж ② (Zeitschrift) нóмер m журнáла, вы́пуск m

Hefter m ‹-s, -› (Schnell~) скоросшивáтель m

heftig adj (aufbrausend) вспы́льчивый; (Schmerz) си́льный

Heftpflaster n (Verband) ли́пкий плáстырь m

hegen vt ① (pflegen) ухáживать несов за кем-чем-л, ‹по-›забóтиться о ком-л ② FIG (Verdacht) подозревáть несов когó-л

Hehl m (nicht verheimlichen) ◇ **ich mache keinen ~ daraus, dass** я не дéлаю тáйны из тогó, что

Hehler(in f) m ‹-s, -› укрывáтель(ница ж) m

Heide¹ f ‹-, -n› (~kraut) пýстошь ж; **Lüneburger ~** Люнебýргская пýстошь

Heide² m ‹-n, -n› (Nichtgläubiger) язы́чник m, идолопоклóнник m

Heidelbeere f черни́ка ж

Heidentum n язы́чество c; **Heidin** f язы́чница ж; **heidnisch** adj язы́ческий

heikel adj ① (Angelegenheit) щекотли́вый, деликáтный ② (wählerisch) разбóрчивый, щепети́льный

heil adj ① (unverletzt) невреди́мый, цéлый; (verheilt) здорóвый, выздорáвливающий ② (repariert) отремонти́рованный

Heil n ‹-[e]s› ① (Glück) блáго c, благополýчие c ② (Seelen~) спасéние c души́

heilbar adj (Krankheit) излечи́мый, исцели́мый; **heilen I.** vt (Kranke) ‹вы-›лечи́ть, излéчивать ‹-чи́ть› **II.** vi (Wunde) зажи́в|áть, излéчиваться ‹-чи́ться›; **heilfroh** adj чрезвычáйно довóльный

heilig adj ① (Kirche) святóй ② FIG (wertvoll) свящéнный; **Heiligabend** m (Weihnachten) рождéственский сочéльник m;**Heiligtum** n (sakraler Gegenstand) святы́ня ж

heillos adj (Durcheinander) ужáсный

Heilmittel n (Medizin) лечéбное срéдство c, лекáрство c; **Heilpraktiker** (in f) m специали́ст по нетрадициóнным метóдам лечéния; **Heilung** f излечéние c, исцелéние c; (Wund~) заживлéние c

heim adv (nach/zu Hause) домóй/дóма; (in die Heimat) на рóдину/на рóдине; **Heim** n ‹-[e], -e› ① (Zuhause) дом m, домáшний очáг m ② (Alten~) дом m для престарéлых; (Waisenhaus) прию́т m; (Erziehungs~) дéтский дом m

Heimat f ‹-› рóдина ж, отчи́зна ж; **heimatlich** adj (Tradition) отéчественный, роднóй, мéстный; **heimatlos** adj бездóмный

heimbegleiten vt (nach Hause bringen) сопрово|ждáть ‹-ди́ть› прово|жáть ‹-ди́ть› домóй; **heimfahren** unreg vi éхать домóй; **heimgehen** unreg vi ① (nach Hause gehen) идти́ домóй ② (sterben) умирáть ‹умерéть›, скончáться сов

heimisch adj отéчественный, мéстный; ◇ **sich ~ fühlen** чýвствовать себя́ как дóма

heimkehren vi возвра|щáться ‹-ти́ться› домóй

heimlich adj (Liebe) тáйный, неглáсный

Heimreise f возвращéние c домóй

heimsuchen vt (Katastrophe) нагря́нуть сов; (Krankheit) поражáть ‹-зи́ть›; **heimtückisch** adj (hinterlistig) ковáрный, веролóмный, предáтельский

Heimweh n тоскá ж по рóдине

heimzahlen vt (sich rächen) ◇ **jd-m etw ~** отплáчивать ‹-ти́ть› комý-л за что-л

Heirat f ‹-, -en› брак m, бракосочетáние c, женитьбá ж; **heiraten I.** vt (von Mann) жени́ться на ком-л; (von Frau) выходи́ть зáмуж за когó-л **II.** vi ‹по-›жени́ться

heiser adj (Stimme) хри́плый, охри́пший, си́плый

heiß adj ① (Ggs. v. kalt) горя́чий, жáркий ② FIG (Thema) жгýчий ③ FIG FAM (totschick) шикáрный; (sehr interessant) ◇ **das ist ja ~!** (э́то) чрезвычáйно интерéсно!

heißen ‹hieß, geheißen› **I.** vi ① (sich nennen) наз‹ы›вáться; ◇ **ich heiße** меня́ зовýт ② (bedeuten) знáчить несов, означáть несов **II.** vt (bezeichnen) назывáть; ◇ **das heiße ich Mut!** э́то назывáется мýжеством **III.** vi unpers (man sagt) ◇ **es heißt** говоря́т, что

heiß ersehnt adj завéтный, желáнный

heiter adj ① (Wetter) я́сный, свéтлый

2 (*Mensch*) весёлый, ра́достный; **Heiterkeit** *f* весе́лье *c*, весёлость *ж*, весёлое настрое́ние *c*

heizbar *adj* (*Raum*) ота́пливаемый, обогрева́емый, нагрева́емый; **heizen I.** *vt* (*Raum*) ‹за-›топи́ть, ота́пливать ‹ото-пи́ть› **II.** *vi* **1** (*Ofen*) топи́ться, горе́ть *несов* **2** *FAM* (*schnell fahren*) нажима́ть на все педа́ли; **Heizung** *f* отопле́ние *c*, обогре́в *м*, нагре́в *м*

hektisch *adj* (*nervös, eilig*) изнури́тельный, лихора́дочный, нерво́зный

Held(in *f*) *m* ‹-en, -en› **1** (*Person*) геро́й(-ня *ж*) *м* **2** (*Roman~*) геро́й(ня *ж*) *м*

helfen ‹hilft, half, geholfen› **I.** *vi* **1** (*zur Hand gehen*) **~ jd-m** ‹ po|мога́ть ‹-мо́чь› кому́-л **2** (*nützen*) при|носи́ть ‹-нести́› по́льзу; (*Medizin*) помога́ть **3** ◇ **sich zu ~ wissen** уме́ть находи́ть вы́ход из затрудни́тельного положе́ния **4** (*hoffnungsloser Fall*) ◇ **dem ist nicht zu ~** тут ниче́м не помо́жешь **II.** *vi unpers* ◇ **da hilft alles nichts** здесь ничего́ не помо́жет; **Helfer(in** *f*) *m* ‹-s, -› **1** (*freiwillige/r*) доброво́лец *м* **2** (*beruflich*) помо́щник *м*, помо́щница *ж*; **Helfershelfer(in** *f*) *m* соо́бщник *м*

hell *adj* **1** (*Ggs. v. dunkel*) све́тлый, я́сный; (*Klang, Stimme*) зво́нкий, звучный, чи́стый **2** *FIG* ◇ **es ist ~er Wahnsinn** это настоя́щее безу́мие; **hellhörig** *adj* **1** (*Wohnung*) звукопроница́емый **2** (*aufmerksam*) ◇ **~ werden** настора́живаться ‹-рожи́ться›; **Helligkeit** *f* я́ркость *ж*, я́сность *ж*; **hellwach** *adj* (*völlig wach*) ◇ **~ werden** сра́зу просну́ться [очну́ться]

Helm *m* ‹-[e]s, -e› шлем *м*, ка́ска *ж*

Hemd *n* ‹-[e]s, -en› (*Ober~*) руба́шка *ж*, соро́чка *ж*; (*Unter~*) ма́йка *ж*

hemmen *vt* (*hindern*) ‹по-›меша́ть, сде́рживать ‹сдержа́ть›, ‹вос-›препя́тствовать; **Hemmschwelle** *f* ско́ванность *ж*; **Hemmung** *f* **1** (*Störfaktor*) сде́рживающий фа́ктор *м*, затрудне́ние *c* **2** ◇ **~en** *pl* (*Komplexe*) препя́тствия *мн*; ◇ **nur keine ~en!** чу́вствуйте себя́ раско́ванным!; **hemmungslos** *adj* безу́держный

Hengst *m* ‹-es, -e› жеребе́ц *м*

Henkel *m* ‹-s, -› (*von Tasse, Krug*) у́шко *c*, ду́жка *ж*; (*von Topf*) ру́чка *ж*

Henker *m* ‹-s, -› пала́ч *м*; (*verdammt!*) ◇ **zum ~!** к чёрту!

her *adv* **1** (*räumlich*) сюда́; ◇ **hin und ~** взад и вперёд, туда́ и сюда́; ◇ **~ mit dem Geld!** дава́й де́ньги! **2** (*zeitlich*) ◇ **es ist 3 Jahre ~, dass ...** прошло́ три го́да, как ...

herab *adv* (*herunter*) вниз; **herabhängen** *unreg vi* (*Zweige*) опуска́ться ‹-ти́ться› вниз, свиса́ть ‹пови́снуть›, ниспада́ть *несов*; **herablassen** *unreg* **I.** *vt* (*Seil*) спуска́ть ‹-ти́ть›, ски́|дывать

‹-нуть› **II.** *vr* *FIG* (*sich bequemen*) ◇ **sich ~, etw zu tun** соблаговоли́ть сде́лать что-л; **Herablassung** *f* *FIG* ◇ **jd-n mit ~ behandeln** относи́ться к кому́-л снисходи́тельно [покрови́тельственно]; **herabsehen** *unreg vi* (*verachten*) смотре́ть свысока́ (*auf etw akk* на кого́-л); **herabsetzen** *vt* **1** (*Preise*) снижа́ть ‹сни́зить›, пони|жа́ть ‹-зить› **2** *FIG* (*geringschätzen*) умаля́ть ‹-ли́ть›

heran *adv* (*zu mir her*) сюда́; ◇ **ran an die Arbeit!** приступа́йте к рабо́те!; **heranbringen** *unreg vt* **1** (*näher bringen*) прибли|жа́ть ‹-зить›, под|носи́ть ‹-нести́›; (*heranfahren*) под|вози́ть ‹-везти́› **2** *FIG* (*an Problem*) ‹по-›знако́мить (*an etw akk* с чем-л); **heranfahren** *unreg vi* (*an Ampel*) подъезжа́ть ‹-е́хать› (*an akk* к чему́-л); **herankommen** *unreg vi* **1** (*sich nähern*) подходи́ть ‹-ойти́›, при|ближа́ться ‹-бли́зиться› **2** *FIG* (*zugehen auf*) подступ|а́ться ‹-пи́ться› (*an etw/jd-n* к чему́/кому́-л) **3** (*auf sich zukommen lassen*) ◇ **lass die Sache erst an dich ~** не торопи́сь с э́тим, не де́йствуй преждевре́менно; **heranmachen** *vr* *FAM* ◇ **sich an jd-n ~** пристава́ть к кому́-л с уха́живаниями; **heranwachsen** *unreg vi* (*Kinder*) подрас|та́ть ‹-сти́›; **heranziehen** *unreg vt* (*Pflanzen, Tiere*) выра́|щивать ‹вы́растить›

herauf *adv* *FAM* вверх, наве́рх; **heraufbeschwören** *unreg vt* (*Unheil*) вызыва́ть ‹вы́звать›, накли́к|ать ‹-ать›; **heraufziehen** *unreg vt* (*Last*) под|нима́ть ‹-ня́ть›, подтя́|гивать ‹-ну́ть›

heraus *adv* нару́жу; **herausbekommen** *unreg vt* **1** *FIG* (*Geheimnis*) выве́д|ывать ‹вы́ведать›, разузна|ва́ть ‹-ть› **2** (*Wechselgeld*) получа́ть ‹-чи́ть› сда́чу **3** (*Nagel aus Wand*) выта́|щить *сов*, извлека́ть ‹-вле́чь›; **herausbringen** *unreg vt* **1** (*Gartenmöbel*) выноси́ть ‹вы́нести› **2** (*Buch*) выпуска́ть ‹вы́пустить› **3** (*Satz*) произноси́ть ‹-нести́›; **herausfinden** *unreg* **I.** *vi* (*aus Irrgarten*) на|ходи́ть ‹-ити́› вы́ход; (*aus Schwierigkeiten*) выпу́тываться ‹вы́путаться› **II.** *vt* *FIG* (*Neues*) обнару́жи|ва́ть ‹-ть›; **herausfordern** *vt* (*zum Duell*) вызыва́ть ‹вы́звать› кого́-л на что-л; **Herausforderung** *f* вы́зов *м* на что-л; **herausgeben** *unreg vt* **1** (*Geld*) да|ва́ть ‹-ть› **2** (*publizieren*) изда|ва́ть ‹-ть›, выпуска́ть ‹вы́пустить› **3** (*nach draußen reichen*) выдава́ть ‹вы́дать›, производи́ть ‹-вести́› вы́дачу; **Herausgeber(in** *f*) *m* ‹-s, -› (*von Buch*) изда́тель(ница *ж*) *м*, отве́тственный реда́ктор *м* изда́ния; **herausgehen** *unreg vi* **1** (*aus Haus*) выходи́ть ‹вы́йти› **2** (*Hemmungen ablegen*) ◇ **aus sich ~** стать открове́нным, разоткрове́нничаться *сов*; **heraushalten** *unreg vr* (*nicht einmischen*) ◇ **sich ~** держа́ться особня-

ко́м (*aus* в чём-л); **herausholen** *vt* ①
(*befreien*) выта́скивать ‹вы́тащить›,
выводи́ть ‹вы́вести› из ② (*aus Auto*) ◇
das Äußerste aus etw ~ выжима́ть ‹вы́-
жать› ма́ксимум возмо́жного из
чего́-л; **herausnehmen** *unreg vt* ① (*aus
Schachtel*) вынима́ть ‹вы́нуть›; (*aus Um-
lauf*) изыма́ть ‹‹ъя́ть› ② *FIG* ◇ **sich** *dat*
Freiheiten ~ позволя́ть ‹‹во́лить› себе́
во́льности; **herausrücken** *vt FIG* ◇ **mit
der Wahrheit** ~ не скрыва́ть пра́вды;
herausrutschen *vi* (*Worte*) вырыва́ться
‹вы́рваться›; **herausschlagen** *unreg vt
FIG* (*guten Preis*) выкола́чивать ‹вы́ко-
лотить›; **herausstellen** *vr* ◇ **sich** ~
ока́зываться ‹‹за́ться›

herb *adj* ① (*Geschmack*) те́рпкий, вя́жу-
щий; (*sauer*) ки́слый ② *FIG* (*Enttäu-
schung*) го́рький, жесто́кий

Herberge *f* ‹-, -n› (*Jugend~*) (тури́стская)
ба́за *ж*; (*Nachtlager*) ночле́г *м*; **Her-
bergsmutter** *f*, **Herbergsvater** *m* хозя́й-
ка *ж*/хозя́ин *м* молодёжной тури́ст-
ской ба́зы

Herbst *m* ‹-[e]s, -e› о́сень *ж*; ◇ **im** ~
о́сенью

Herd *m* ‹-[e]s, -e› ① (*Kochstelle*) плита́
ж, оча́г *м* ② *MED* оча́г *м*

Herde *f* ‹-, -n› (*Kuh~*) ста́до *с*; (*Pferde~*)
табу́н *м*

herein *adv FAM* внутрь; ◇ ~! войди́те!;
hereinbitten *unreg vt* ‹по›проси́ть вой-
ти́; **hereinfallen** *unreg vi FIG* (*auf Betrug*)
◇ **auf etw** ~ попада́ть ‹‹па́сть› впро-
са́к; ◇ **auf jd-n** ~ попа́сться в лову́шку
кому́-л; **hereinkommen** *unreg vi* (*in
Raum*) входи́ть ‹войти́› (*in akk* во что-
л); **hereinlassen** *unreg vt* ◇ **lass nieman-
den herein!** никого́ не впуска́й!; **herein-
legen** *vt* (*betrügen*) провести́ *сов*, об-
ма́нывать ‹‹ну́ть›; **hereinplatzen** *vi* (*in
Zimmer*) (неожи́данно) врыва́ться ‹вор-
ва́ться›, вва́ливаться ‹‹ли́ться›

herfallen *unreg vi* ① (*schlecht machen*)
на|пада́ть ‹‹па́сть›, набра́сываться
‹‹бро́ситься› (*über jd-n* на кого́-л) ②
(*über Essen*) набра́сываться ‹бро́сить-
ся› (*über akk* на что-л); **Hergang** *m* (*Ab-
lauf*) ход *м*, тече́ние *с*; **hergeben** *unreg*
I. *vt* (*Buch*) отда́‹ва́ть› **II.** *vr FIG* (*zu Ne-
gativem*) ◇ **sich zu etw** ~ соглаша́ться на
что-л; **hergehen** *unreg vi* ①◇ **vor jd-m**
~ идти́ пе́ред кем-л ② (*gute Stimmung*)
◇ **da geht es hoch her** там пир горо́й, там
дым коромы́слом; **herhalten** *unreg vi
FAM* (*als Sündenbock*) ◇ **für etw** ~ быть
мише́нью для насме́шек, терпе́ть на-
сме́шки за что-л; **herhören** *vi* (*zuhören*)
◇ **alle mal** ~! все – внима́ние!, все –
слу́шайте!

Hering *m* ‹-s, -e› ① (*Fisch*) сельдь *ж*,
селёдка *ж* ② (*Zelthaken*) ко́лышек *м*

herkommen *unreg vi* ① (*sich nähern*)
при|ходи́ть ‹‹йти́›, под|ходи́ть ‹‹ойти́›;

◇ **komm mal her!** подойди́ побли́же! ②
(*abstammen*) ◇ **wo kommen Sie her?** отку́-
да Вы ро́дом? ③ (*herrühren*) происхо-
ди́ть ‹‹зойти́›, проис|тека́ть ‹‹те́чь›
(*von* от, из); **herkömmlich** *adj* (*wie ge-
wohnt*) обы́чный, традицио́нный; **Her-
kunft** *f* ‹-› происхожде́ние *с*; **herleiten**
vt (*ableiten*, *Wort*) выводи́ть ‹вы́вести›,
дедуци́ровать *несов и сов*; **hermachen**
I. *vr* ◇ **sich** ~ (*gierig verschlingen*) ◇ **sich
über ein Essen** ~ прини|ма́ться ‹‹я́ться›
за еду́ ② *FIG* ◇ **sich über ein Buch** ~
бра́ться за кни́гу **II.** *vi* (*wirkt nicht*) ◇ **das
macht nicht viel her** э́то не име́ет осо́б-
ого значе́ния

Heroin *n* ‹-[e]s› герои́н *м*

heroisch *adj* (*heldenhaft*) герои́ческий

Herpes *m* ‹-› пузы́рчатый лиша́й *м*

Herr *m* ‹-[e]n, -en› ① (*Mann*) мужчи́на
м; (*Anrede*) ◇ ~ **Meyer** господи́н Ма́й-
ер ② (*Besitzer*) хозя́ин *м*, владе́лец *м*
③ (*Gebieter*) власте́лин *м*, влады́ка *м*
④ *FIG* (*selbständig sein*) ◇ **er ist sein eige-
ner** ~ он сам себе́ голова́; **herrenlos** *adj*
(*Hund*) ниче́й, бесхо́зный, бродя́чий;
herrichten I. *vt* (*Tisch*) накры|ва́ть, за|-
правля́ть ‹‹пра́вить› **II.** *vr* (*für Theater*)
◇ **sich** ~ наряжа́ться ‹‹ди́ться›

Herrin *f* хозя́йка *ж*; **herrisch** *adj* (*ge-
bieterisch*) повели́тельный, вла́стный
herrlich *adj* (*wunderbar*) великоле́п-
ный, прекра́сный, замеча́тельный
Herrschaft *f* ① (*Macht*) власть *ж*, гос-
по́дство *с*; ◇ **die** ~ **an sich reißen** захва-
ти́ть власть ② (*Anrede*) ◇ **meine** ~**en!**
господа́!; **herrschen** *vi* ① (*regieren*)
госпо́дствовать *несов* (*über akk* над
кем-чем-л), пра́вить *несов* ② (*Meinung,
Ruhe*) домини́ровать *несов*; **Herrscher**
(**in** *f*) *m* ‹-s, -› власти́тель(ница *ж*) *м*,
влады́ка *м*, влады́чица *ж*, госуда́рь
м, госуда́рыня *ж*

herrühren *vi* (*Ursache haben in*) проис-
ходи́ть *несов*, проис|тека́ть ‹‹те́чь›
(*von* от кого́-чего́-л); **herstellen** *vt* (*pro-
duzieren*) изго|товля́ть ‹‹то́вить›,
производ|и́ть ‹‹вести́›; **Herstellung** *f*
изготовле́ние *с*, произво́дство *с*

herüber *adv* (*hierher*) сюда́, на э́ту сто́-
рону

herum *adv* ① (*räumlich*) вокру́г, кру-
го́м; ◇ **um das Haus** ~ вокру́г до́ма ②
(*ungefähr*) о́коло, приблизи́тельно; ◇
um den 16. April ~ приблизи́тельно 16
апре́ля; **herumführen** *vt* ① (*in Museum*)
об|води́ть ‹‹вести́›, пока́зывать ‹‹за́ть›
② *FIG* (*in die Irre führen*) ◇ **an der Nase** ~
води́ть кого́-л за нос; **herumirren** *vi*
блужда́ть *несов*; **herumlungern** *vi* (*auf
Straße*) слоня́ться *несов*; **herumspre-
chen** *unreg vr* (*Neuigkeiten*) ◇ **sich** ~ разл-
носи́ться ‹‹нести́сь›; **herumtreiben**
unreg vr (*in Kneipen*) ◇ **sich** ~ таска́ться
несов, шата́ться *сов*

herunter *adv* вниз; **heruntergekommen** *adj* (*verwahrlost*) опусти́вшийся, обедне́вший, разори́вшийся; **herunterhängen** *unreg vi* (*Zweige vom Baum*) свиса́ть ‹пови́снуть›; **heruntermachen** *unreg vi* (*nach unten kommen*) сходи́ть ‹сойти́› вниз; **herunterladen** *vt* PC (*downloaden*) загружа́ть ‹-зи́ть› компью́тер; **heruntermachen** *vt* (*heftig kritisieren*) раскри́тиковать *сов* что-л, разноси́ть ‹-нести́› кого́-л; **herunterspielen** *vt* (*als unwichtig darstellen*) принижа́ть ‹-ни́зить› значе́ние [ва́жность] чего́-л

hervor *adv* из-за; (*nach außen*) нару́жу; **hervorbringen** *unreg vt* ① (*erschaffen*) производи́ть ‹-вести́›, порожда́ть ‹-ди́ть› ② (*Satz*) произноси́ть ‹-нести́›; **hervorheben** *unreg vt* ① (*Wirkung verstärken*) подчёркивать ‹-черкну́ть› ② (*besonders würdigen*) отмеча́ть ‹-ме́тить›; **hervorragend** *adj* (*exzellent*) замеча́тельный, выдаю́щийся, исключи́тельный; **hervorrufen** *unreg vt* (*verursachen*) вызыва́ть ‹вы́звать› что-л, приводи́ть ‹-вести́› к возникнове́нию чего́-л

Herz *n* ‹-ens, -en› ① (*Organ*) се́рдце *с* ② FIG ◇ **sich ein ~ fassen** собра́ться с ду́хом ③ (*Spielkarte*) че́рви *мн;* **Herzfehler** *m* поро́к *m* се́рдца; **herzhaft I.** *adj* (*Essen*) основа́тельный, кре́пкий **II.** *adv* ◇ **~ lachen** си́льно [гро́мко] смея́ться; **Herzinfarkt** *m* инфа́ркт *m* миока́рда [се́рдца]; **Herzklopfen** *n* FIG (*aufgeregt sein*) ◇ **er hat ~** у него́ сердцебие́ние; **herzlich I.** *adj* ① (*offen, freundlich*) душе́вный, и́скренний ② (*von Herzen*) серде́чный; ◇ **~en Dank** серде́чное спаси́бо **II.** *adv* PEJ (*ziemlich*) о́чень, весьма́; ◇ **~ verdient ~ wenig** он зараба́тывает о́чень ма́ло; **Herzlichkeit** *f* серде́чность *ж*, душе́вность *ж;* **herzlos** *adj* бессерде́чный, бесчу́вственный

Herzog(in *f*) *m* ‹-[e]s, -zöge› герцог(и́ня *ж*) *м*

Herzschlag *m* (*regelmäßiger*) бие́ние с се́рдца; (*Herzstillstand*) парали́ч *m* се́рдца; **herzzerreißend** *adj* душераздира́ющий

heterogen *adj* (*Ggs. v. homogen*) гетероге́нный, разноро́дный, неодноро́дный

Hetze *f* ‹-, -n› ① (*große Eile*) го́нка *ж*, суета́ *ж*, спе́шка *ж* ② (*Propaganda*) тра́вля *ж;* **hetzen I.** *vt* (*Wild*) ‹за›трави́ть; (*Verbrecher*) пресле́довать *несов* **II.** *vi* ① (*hasten*) ‹по›спеши́ть, ‹по›торопи́ться ② (*Propaganda betreiben*) вести́ подстрека́тельскую пропага́нду; ◇ **gegen Ausländer ~** натра́вливать про́тив иностра́нцев

Heu *n* ‹-[e]s› се́но *с; FAM* ◇ **sie hat**

Geld wie ~ у неё де́нег ку́ры не клюю́т

Heuchelei *f* лицеме́рие *с,* притво́рство *с;* **heucheln I.** *vi* (*Mitleid*) лицеме́рить *несов* **II.** *vt* (*sich verstellen*) приыволя́ться ‹-ри́ться›

heulen *vi* ① FAM (*weinen*) ‹за›реве́ть ② (*Wolf, Wind*) выть *несов,* завыва́ть *несов*

Heuschnupfen *m* MED сенна́я аллерги́я *ж*

Heuschrecke *f* ‹-, -n› саранча́ *ж*

heute *adv* ① сего́дня; ◇ **~ ist Donnerstag** сего́дня четве́рг; ◇ **~ in einer Woche** че́рез неде́лю ② (*heutzutage*) в на́ши дни, в настоя́щее вре́мя; **heutig** *adj* ① (*Zeitung, Datum*) сего́дняшний ② (*gegenwärtig*) совреме́нный, тепе́решний; **heutzutage** *adv* сего́дня, ны́не, ны́нче

Hexe *f* (*a. FIG*) ве́дьма *ж* (*Zauberin*) колду́нья *ж;* (*im Märchen*) ба́ба-яга́ *ж*

hexen *vi* (*zaubern*) колдова́ть *несов;* ◇ **ich kann doch nicht ~!** я ведь не могу́ э́то сде́лать скоре́е!; **Hexenkessel** *m* FIG (*lärmendes Durcheinander*) ад *м,* шаба́ш *м* ведьм

Hickhack *n* ‹-s› FAM (*Streiterei*) беспреры́вные ссо́ры *мн*

hieb *impf v.* **hauen**

Hieb *m* ‹-[e]s, -e› (*Faust~, Peitschen~*) уда́р *м;* ◇ **~e bekommen** получа́ть уда́ры (трёпку)

hielt *impf v.* **halten**

hier *adv* здесь; **hier behalten** *unreg vt* (*nicht gehen lassen*) оставля́ть у себя́, не отпуска́ть от себя́; **hier bleiben** *unreg vi* оста́ва́ться здесь

hierdurch *adv* (*dadurch*) э́тим, таки́м о́бразом; ◇ **~ wurde der Unfall verursacht** э́то яви́лось причи́ной несча́стного слу́чая

hierher *adv* (*an diesen Ort*) сюда́

hiermit *adv* (*auf diese Weise*) настоя́щим, э́тим, сим; ◇ **~ teile ich Ihnen mit, dass ...** настоя́щим я сообща́ю Вам, что ...

hiervon *adv* от э́того, из э́того, об э́том

hierzulande *adv* здесь, у нас

hiesig *adj* (*einheimisch*) зде́шний, ме́стный

hieß *impf v.* **heißen**

Hi-Fi-Anlage *f* (*Stereoanlage*) высокока́чественная акусти́ческая систе́ма *ж*

high *adj* FAM (*im Rauschzustand*) ◇ **~ sein** быть в состоя́нии опьяне́ния

Highlife *n* ‹-s› FAM (*da ist was los*) ◇ **da ist ~!** там твори́тся что-то невероя́тное!

Hilfe *f* ‹-, -n› ① (*Beistand*) по́мощь *ж;* ◇ **erste ~ leisten** оказа́ть пе́рвую по́мощь; ◇ **um ~ bitten** проси́ть по́мощи ② (*finanzielle Unterstützung*) фина́нсовая подде́ржка *ж* ③ (*mittels*) ◇ **mit ~ von ~** с по́мощью кого́-л, с чьей-л по́мощью; **hilflos** *adj* (*unbeholfen*) беспо́мощный; **Hilflosigkeit** *f* беспо́мощность *ж;* **hilfreich** *adj* (*nützlich*) гото́вый помо́чь;

Hilfsaktion f (für Behinderte) оказа́ние с по́мощи, ме́ры мн по оказа́нию по́мощи; **Hilfsarbeiter** m подсо́бный [вспомога́тельный] рабо́чий м; **hilfsbereit** adj гото́вый помо́чь, услу́жливый; **Hilfskraft** f вспомога́тельный персона́л м; **Hilfsverb** n GRAM вспомога́тельный глаго́л м

Himbeere f (Frucht) мали́на ж

Himmel m ⟨-s, -⟩ ① не́бо с; (Firmament) небосво́д м; FIG ◇ **im siebten ~ sein** быть на седьмо́м не́бе, быть на верху́ блаже́нства ② ◇ **und Hölle in Bewegung setzen** пусти́ть в ход все сре́дства; **himmelschreiend** adj (Ungerechtigkeit) вопию́щий, ужа́сный; **Himmelsrichtung** f сторона́ ж све́та; **himmlisch** adj (Vergnügen) чуде́сный, ди́вный, ра́йский

hin adv ① (örtlich) туда́, по направле́нию к …; ◇ **und her** туда́ и сюда́; ◇ **und zurück** туда́ и обра́тно ② FAM (zeitlich) (dauert noch lange) ◇ **es ist noch lange ~** э́то бу́дет ещё до́лго продолжа́ться ③ FAM (kaputt) ◇ **das Auto ist ~** маши́на слома́лась

hinab adv (hinunter) вниз; **hinabsteigen** unreg vi спуска́ться ⟨-ти́ться⟩, сходи́ть ⟨сойти́⟩ вниз; **hinabstürzen** vi (стреми́тельно) па́дать вниз

hinarbeiten vi (anstreben) ◇ **auf etw** akk ~ стреми́ться несов к чему́-л, ме́тить несов на что-л

hinauf adv вверх, наве́рх; **hinaufarbeiten** vr FIG (Karriere machen) ◇ **sich ~** вы́двинуться со́бственными си́лами; **hinaufsteigen** unreg vi подни́ма́ться ⟨-ня́ться⟩ наве́рх

hinaus adv ① (ins Freie) нару́жу, из ② (Zeitdauer) ◇ **auf Jahre ~** на до́лгие го́ды; **hinausfliegen** vi FAM (aus Firma) вылета́ть ⟨вы́лететь⟩ с рабо́ты; **hinausgehen** unreg vi ① (aus Zimmer) выходи́ть ⟨вы́йти⟩ (aus из) ② FIG (Grenze überschreiten) ◇ **über etw** akk ~ превыша́ть ⟨-вы́сить⟩ что-л; **hinauslaufen** unreg vi ① (ins Freie laufen) выбега́ть ⟨вы́бежать⟩ ② (zur Folge haben) ◇ **auf etw** akk ~ своди́ться к чему́-л; **hinausschieben** unreg vt ① (Arbeit, Termin) отодвига́ть ⟨-дви́нуть⟩, откла́дывать ⟨-ложи́ть⟩ ② (Wagen ins Freie) выдвига́ть ⟨вы́двинуть⟩; **hinauswerfen** unreg vt ① (kündigen) выбра́сывать ⟨вы́бросить⟩ на у́лицу, увольня́ть ⟨уво́лить⟩ ② (aus Kneipe) прогоня́ть ⟨-гна́ть⟩ ③ FIG ◇ **Geld zum Fenster ~** броса́ть де́ньги на ве́тер; **hinauswollen** vi ① (beabsichtigen) ◇ **auf etw** akk ~ клони́ться к чему́-л, наме́ча́ть ⟨-ме́тить⟩ себе́ це́лью ② (Karriere machen wollen) ◇ **sie will hoch ~** она́ высоко́ ме́тит; **hinausziehen** unreg I. vt (in die Länge ziehen) затя́гивать ⟨-ну́ть⟩ II. vi выезжа́ть

⟨вы́ехать⟩ III. vr (verzögern) ◇ **sich ~** затя́гиваться ⟨-ну́ться⟩

Hinblick m (hinsichtlich) ◇ **im ~ auf** akk ввиду́ чего́-л, принима́я во внима́ние что-л

hinderlich adj (störend, hemmend) затрудни́тельный, меша́ющий; **hindern** vt (abhalten von) ◇ **jd-n ~, etw zu tun** меша́ть [препя́тствовать] кому́-л что-л де́лать; **Hindernis** n препя́тствие с, поме́ха ж

hindeuten vi (hinweisen) ука́зывать ⟨-за́ть⟩ (auf etw akk на что-л); ◇ **alles deutet auf Mord hin** всё говори́т [свиде́тельствует] об уби́йстве

hindurch adv ① (räumlich) сквозь, насквозь ② (zeitlich) в тече́ние всего́ вре́мени

hinein adv (dort ~) туда́ туда́; **hineindenken** unreg vr ◇ **sich in jd-s Lage ~** входи́ть [вду́маться] в чьё-л положе́ние; **hineinfallen** unreg vi (in Bach) па́дать ⟨упа́сть⟩ (in akk во что-л); **hineingehen** unreg vi (in Gebäude) входи́ть ⟨войти́⟩ (in akk в); **hineingeraten** unreg vi (in Situation) попада́ть ⟨-па́сть⟩ (in akk в); **hineinpassen** vi ① (in Kleider) входи́ть ⟨войти́⟩ (in akk во что-л) ② (in Gruppe) подходи́ть ⟨-ойти́⟩ (in akk к чему́-л); **hineinreden** vi (sich einmischen) ◇ **jd-m ~** вмеша́ться в чей-л разгово́р; **hineinversetzen** vr (sich einfühlen) ◇ **sich in jd-n ~** предста́вить себя́ на ме́сте друго́го

hinfahren unreg I. vi (zu Feier) съе́здить сов, пое́хать туда́ II. vt (jd-n begleiten) отвози́ть ⟨-везти́⟩ туда́; **Hinfahrt** f пое́здка ж, путеше́ствие с (туда́); **hinfallen** unreg vi па́дать ⟨упа́сть⟩ на зе́млю; **hinfällig** adj ① (nicht mehr gültig) потеря́вший си́лу, сла́бый, неусто́йчивый, ша́ткий ② (nicht mehr nötig) ◇ **deine Hilfe ist ~** твоя́ по́мощь бо́льше не нужна́

hing impf v. **hängen**

Hingabe f увлече́ние с; ◇ **mit ~** musizieren целико́м отдава́ться му́зыке; **hingeben** vr ◇ **sich ~** (e-r Person) отда́ва́ться; (e-m Hobby) целико́м посвяща́ть ⟨-ти́ть⟩ себя́; **hingehen** unreg vi ① (besuchen) ◇ **zu jd-m ~** пойти́ к кому́-л ② (vergehen, Zeit) проходи́ть несов; **hinhalten** unreg vt ① (vertrösten) обнадёживать ⟨-жить⟩ кого́-л ② (reichen) протя́гивать ⟨-ну́ть⟩

hinken vi ① (lahmen) хрома́ть несов ② (nicht zutreffen) ◇ **der Vergleich hinkt** сравне́ние неуда́чно [хрома́ет]

hinkriegen vt (bewältigen) справля́ться ⟨-ра́виться⟩ с чем-л; **hinlegen** I. vt (auf Tisch) класть ⟨положи́ть⟩ туда́ II. vr (ausruhen) ◇ **sich ~** ложи́ться ⟨лечь⟩; **hinnehmen** unreg vt FIG (Beleidigung) ⟨при-⟩мири́ться с чем-л

Hinreise f поéздка ж (тудá); **hinreißen** unreg vt ◇ **sich** akk **zu e-r Dummheit ~ lassen** дать увлéчь себя́ какóй-л глýпостью

Hinrichtung f казнь ж

hinsichtlich präp gen (was...betrifft) в отношéнии чегó-л, относи́тельно

Hinspiel n SPORT игрá ж на пóле сопéрника; **hinstellen** I. vt ① (platzieren) «по»стáвить тудá ② FIG (darstellen) предⱡставля́ть «стáвить» II. vr ◇ **sich** ~ становиться «стать»

hinten adv ① (Ggs. v. vorne) позади́, сзáди ② (da/dort ~) тут [там] сзáди; **hintenherum** adv FIG (heimlich) из-под полы́, окóльным путём, тайкóм; (hinterrücks) предáтельски, ковáрно

hinter präp dat/akk ① (örtlich) (mit dat) ◇ **ich stehe ~ dir** я стою́ за тобóй; (mit akk) ◇ **ich stelle mich ~ dich** я становлю́сь за тобóй ② FIG (unterstützen) ◇ **sich ~ jd-n stellen** поддéрживать несов когó-л ③ (verfolgen) ◇ **~ jd-m her sein** преслéдовать когó-л; **Hinterachse** f AUTO зáдняя ось ж; **Hinterbein** n FIG (sich wehren) ◇ **sich auf die ~e stellen** стать на дыбы́, воспротивиться чемý-л; **hintere(r, s)** adj зáдний; (letzter) послéдний; **hintereinander** adv один за другим; **Hintergedanke** m зáдняя мысль ж; **hintergehen** unreg vt FIG (betrügen) обмáнывать «нуть», вводить «ввести» в заблуждéние; **Hintergrund** m ① (von Bild) зáдний план m, фон m ② FIG (Gesamtzusammenhang) подоплёка ж, зáдний план m; **Hinterhalt** m (Falle) засáда ж, ловýшка ж; **hinterhältig** adj (tückisch) ковáрный, скры́тный; **hinterher** adv ① (räumlich) позади́, сзáди, слéдом ② (zeitlich) зáдним числóм; **hinterlassen** unreg vt ① (Nachricht) оⱡстáвить «стáвить» ② (vererben) передавáть по наслéдству; **hinterlegen** vt (deponieren) сдавáть на хранéние; **Hinterlist** f ковáрство c, веролóмство c; **hinterlistig** adj ковáрный, хи́трый, веролóмный; **Hintermann** m (Drahtzieher) подстрекáтель m, инспирáтор m; **Hinterrad** n зáднее колесó c; **Hinterradantrieb** m AUTO привóд m к зáдним колёсам; **hinterrücks** adv (von hinten) за спинóй, с ты́лу; **Hinterteil** n FAM (Hintern, Gesäß) зáдняя часть ж, зад m; **Hintertreffen** n (benachteiligt werden) ◇ **ins ~ geraten** быть оттеснённым; **Hintertür** f (hinterer Ausgang) зáдняя дверь ж, чёрный ход m; FIG (sich nicht festlegen) ◇ **sich e-e ~ offenhalten** обеспéчить себé путь к отступлéнию; **hinterziehen** unreg vt (Geld) утáивать «и́ть» дéньги; ◇ **Steuern ~** уклоня́ться от уплáты налóгов

hinüber adv ① (auf die andere Seite) на ту стóрону ② FAM (kaputt, tot) испóрченный, поги́бший, обанкрóтившийся; **hinübergehen** unreg vi (ans andere Ufer) перелходить «йти́» (на ту стóрону)

hinunter adv вниз; **hinunterfallen** unreg vi (Mauer, Treppe) пáдать «упáсть»; **hinunterschlucken** vt (Essen) глотáть несов, проглáтывать «глоти́ть»; FIG (nicht widersprechen) проглáтывать «глоти́ть», мири́ться несов с чем-л; **hinunterwerfen** unreg vt (Blumentopf, Tasse) сⱡбрáсывать «брóсить», ски́дывать «нуть»

hinwegsetzen vr (nicht beachten) ◇ **sich ~ über** akk не обращáть внимáния на что-л, не счита́ться с чем-л

Hinweis m <-es, -e> ① (Tipp) намёк m, указáние c ② (Anhaltspunkt) ссы́лка ж; **hinweisen** unreg vi ◇ **auf etw** akk ~ ① (anspielen) укáзывать «зáть» на что-л, ссылáться «сослáться» на что-л ② (zeigen) укáзывать «зáть» ③ (betonen) подⱡчёркивать «черкнýть» что-л

hinzufügen vt доⱡбавля́ть «бáвить»; (ergänzen) доⱡполня́ть «пóлнить»

Hirn n <-[e]s, -e> (Gehirn) головнóй мозг m; **Hirngespinst** n <-[e]s, -e> (verrückte Idee) химéра ж, измышлéние c; (Einbildung) игрá ж воображéния; **hirnverbrannt** adj FAM сумасбрóдный, сумасшéдший

Hirsch m <-[e]s, -e> ZOOL олéнь m

Hirt(in f) m <-en, -en> пастýх m, пастýшка ж

hissen vt (Fahne) поднимáть «я́ть» флаг

Historiker(in f) m <-s, -> истóрик m; **historisch** adj истори́ческий

Hit m (Schlager) популя́рная пéсенка ж, шля́гер m

Hitze f <-> жарá ж, зной m; **hitzebeständig** adj (Glas) жаростóйкий, теплостóйкий; **Hitzewelle** f (Hitzeperiode) волнá ж теплá, волнá ж горя́чего вóздуха; **hitzig** adj ① (Debatte) горя́чий, стрáстный ② (Mensch) вспы́льчивый, пы́лкий; **Hitzkopf** m горя́чая головá ж, вспы́льчивый человéк m; **Hitzschlag** m сóлнечный удáр m

HIV-positiv adj (aidskrank) зараⱡжённый СПИДом

H-Milch f гомогенизи́рованное молокó c

hob impf v. **heben**

Hobby n <-s, -s> хóбби c

Hobel m <-s, -> рубáнок m, струг m; **hobeln** vt (Brett) «вы»строгáть

hoch adj «höher, am höchsten» ① (Ggs. v. niedrig) высóкий ② (angesehen, hoher Besuch) вáжный, высóкий, почётный ③ (hohe Miete, Strafe) большóй ④ (hoher Ton, Klang) высóкий; **Hoch** n <-s, -s> ① METEO óбласть ж высóкого давлéния ② (Ausruf) здрáвица ж, тост m;

Hochachtung f глубо́кое уваже́ние c; **hochachtungsvoll** adv (Briefende) ◇ **H~** с глубо́ким уваже́нием; **hocharbeiten** vr (im Beruf) ◇ **sich** ~ доби́ться бо́лее высо́кого положе́ния; **hoch begabt, hochbegabt** adj высокоодарённый; **Hochbetrieb** m COMM ◇ **im Warenhaus herrscht** ~ в магази́не полно́ покупа́телей; **hochbringen** unreg vt ① (gesundpflegen) поста́вить на́ ноги ② (sanieren, Firma) укрепля́ть ‹-пи́ть›; **Hochburg** f (Zentrum) центр m, опло́т m, тверды́ня ж; **Hochdeutsch** n литерату́рный неме́цкий язы́к m; **hoch dotiert** adj (Wissenschaftler) высокоопла́чиваемый, получа́ющий большо́й окла́д; **Hochdruck** m METEO высо́кое давле́ние c; **hochfliegend** adj FIG ◇ **-e Pläne** честолюби́вые пла́ны; **Hochform** f ◇ **in ~ sein** быть в фо́рме, быть в уда́ре; **Hochgeschwindigkeitszug** m скоростно́й по́езд m; **hochgradig** adj (in hohem Maße) в вы́сшей сте́пени, чрезвыча́йный; **hoch halten** unreg vt (in die Höhe halten) высоко́ держа́ть; **hochhalten** unreg vt FIG (jd-n schätzen) высоко́ цени́ть кого́-л; **Hochhaus** n высо́тное зда́ние c, многоэта́жный дом m; **Hochkonjunktur** f высо́кая конъюнкту́ра ж; **hochleben** vi (feiern) ◇ **jd-n ~ lassen** провозглаша́ть тост в честь кого́-л; **Hochmut** m (Überheblichkeit) высокоме́рие c; **hochmütig** adj (eingebildet) высокоме́рный; **hochprozentig** adj (Schnaps) высокопроце́нтный, высо́кой кре́пости; **Hochrechnung** f (bei Wahl) экстраполя́ция ж; **Hochsaison** f разга́р m сезо́на; **Hochschule** f (Universität) вы́сшее уче́бное заведе́ние c; **Hochsommer** m разга́р m ле́та; **Hochspannung** f высо́кое напряже́ние c; **Hochsprung** m SPORT прыжки́ мн в высоту́

höchst adv (äußerst, sehr) са́мый высо́кий, высоча́йший, наивы́сший **Hochstapler(in** f) m ‹-s, -› (Betrüger) аферри́ст(ка ж) м, авантюри́ст(ка ж) м **höchste(r, s)** adj superl. v. **hoch** **höchstens** adv ① (nicht mehr als) са́мое бо́льшее, не бо́лее как ② (bestenfalls) в кра́йнем слу́чае **Höchstgeschwindigkeit** f преде́льная [максима́льная] ско́рость ж; **höchstpersönlich** adv самоли́чно, со́бственной персо́ной; **Höchstpreis** m наивы́сшая цена́ ж; **höchstwahrscheinlich** adv по всей вероя́тности, вероя́тнее всего́

hochtrabend adj (Redensart) высокопа́рный; **Hochverrat** m госуда́рственная изме́на ж; **Hochwasser** n (Überschwemmung) па́водок m, полово́дье c; **hochwertig** adj высокока́чественный, полноце́нный; **Hochwürden** m ‹-s, -›

(Anrede für Geistliche) ◇ **Euer/Eure ~** Ва́ше преподо́бие; **Hochzahl** f MATH показа́тель m сте́пени

Hochzeit f ‹-, -en› сва́дьба ж, бракосочета́ние c; **Hochzeitsgeschenk** n сва́дебный пода́рок m; **Hochzeitsreise** f сва́дебное путеше́ствие c

Hocker m ‹-s, -› (Stuhl) табуре́тка ж **Höcker** m ‹-s, -› (von Kamel) горб m **Hoden** m ‹-s, -› ANAT яи́чко c **Hof** m ‹-[e]s, Höfe› ① (Bauern~) (крестья́нский) двор ② (Schul~) (шко́льный) двор m ③ FIG (umwerben) ◇ **jd-m den ~ machen** уха́живать за кем-л

hoffen vi наде́яться несов (auf etw akk на что-л); **hoffentlich** adv ◇ **~ geht es dir gut** наде́юсь, у тебя́ всё в поря́дке; **Hoffnung** f наде́жда ж; **hoffnungslos** adj (Fall) безнадёжный, безысхо́дный; **Hoffnungsträger(in** f) m (Person) лицо́ c, с кото́рым свя́заны определённые наде́жды; **hoffnungsvoll** adj по́лный наде́жд, преиспо́лненный наде́жды; (vielversprechend) ◇ **~er Anfang** многообеща́ющее нача́ло c

höflich adj (Mensch) ве́жливый, учти́вый; **Höflichkeit** f ве́жливость ж, учти́вость ж, любе́зность ж **hohe(r, s)** adj s. **hoch** **Höhe** f ‹-, -n› ① высота́ ж, вышина́ ж; (über Meeresspiegel) у́ровень m ② (An~) высота́ ж, возвы́шенность ж ③ FIG ◇ **auf gleicher ~** на одно́м у́ровне; (Unverschämtheit) ◇ **das ist ja die ~!** э́то уж сли́шком!

Hoheit f ① POL (Länder~) суверените́т m, госпо́дство c ② (Titel) высо́чество c; **Hoheitsgebiet** n госуда́рственная террито́рия ж, террито́рия ж суверенно́го госуда́рства; **Hoheitsgewässer** n террито́риальные во́ды мн; **Hoheitszeichen** n (Staatssymbol) эмбле́ма ж, госуда́рственный знак m

Höhenluft f го́рный во́здух m; **Höhensonne** f (künstliche Sonne) ква́рцевая ла́мпа ж; **Höhenzug** m (Gebirge) цепь ж гор

Höhepunkt m вы́сшая то́чка ж, кульминацио́нный пункт m, апоге́й m **höher** adj, adv kompar v. **hoch** **hohl** adj ① (Zahn) по́лый, пусто́й ② FAM (geistlos) ◇ **das ist doch ~!** э́то же безда́рно! **Höhle** f ‹-, -n› пеще́ра ж; (Tropfstein~) грот m; (Bären~) берло́га ж; (Räuber~) ло́гово c; PEJ (Bude) трущо́ба ж, дыра́ ж; ◇ **in die ~ des Löwen gehen** идти́ в ло́гово льва

Hohn m ‹-[e]s› (Spott) насме́шка ж, издёвка ж; **höhnisch** adj (spöttisch) насме́шливый, язви́тельный **holen** I. vt ① (herbringen) при|носи́ть ‹-нести́› ② (Atem) перевести́ дух II. vr

(*Schnupfen*) ◇ **sich etw ~** зара|жа́ться ⟨зи́ться⟩ чем-л

Holland *n* Голла́ндия *ж;* ◇ **in/nach ~** в Голла́ндии/в Голла́ндию; **Holländer(in** *f*) *m* ⟨-s, -⟩ голла́ндец *м,* голла́ндка *ж;* **holländisch** *adj* голла́ндский

Hölle *f* ⟨-⟩ (*Ggs. v. Himmel*) ад *м; FIG* (*viel Betrieb*) ◇ **da war die ~ los** там настоя́щий ад; ◇ **jd-m das Leben zur ~ machen** сде́лать чью-л жизнь адом; **Höllenangst** *f* ◇ **e-e ~ haben** пани́чески боя́ться чего-л; **höllisch** *adj* ① (*schlimm*) а́дский, стра́шный ② (*überaus groß*) ужа́сный

Hologramm *n* ⟨-s, -e⟩ голога́мма *ж*

holperig *adj* ① (*Weg*) уха́бистый, нерóвный ② (*Stil*) несклáдный, неглáдкий

Holunder *m* ⟨-s, -⟩ BOT бузина́ *ж*

Holz *n* ⟨-es, Hölzer⟩ де́рево *с;* (*Nutz~*) древеси́на *ж,* лесоматериа́л *м;* **hölzern** *adj* ① (*Tisch, Schrank*) деревя́нный ② *FIG* (*ungeschickt*) нело́вкий, неуклю́жий; (*steif*) неповоро́тливый; **Holzfäller** *m* ⟨-s, -⟩ лесору́б *м,* дровосе́к *м;* **holzig** *adj* (*Gemüse*) деревя́нистый, волокни́стый; **Holzkohle** *f* древе́сный у́голь *м;* **Holzweg** *m FAM* (*falsche Spur*) ◇ **auf dem ~ sein** быть на ло́жном пути́, заблужда́ться

Homebanking *n* ⟨-s⟩ PC систе́ма *ж* ба́нк-клиент; **Homepage** *f* ⟨-, -s⟩ PC дома́шняя страни́ца *ж;* **Homeshopping** *n* ⟨-s⟩ PC виртуа́льный магази́н *м*

homosexuell *adj* гомосексуа́льный

Honig *m* ⟨-s⟩ (*Bienen~*) мёд *м; FIG* (*schmeicheln*) ◇ **jd-m ~ ums Maul schmieren** ума́сливать кого́-л, льстить кому́-л; **Honigmelone** *f* (*Frucht*) ды́ня *ж*

Honorar *n* ⟨-s, -e⟩ гонора́р *м;* **honorieren** *vt* ① (*vergüten*) ⟨за-⟩плати́ть гонора́р, возме|ща́ть ⟨-сти́ть⟩ убы́тки ② *FIG* (*anerkennen*) ока́|зывать ⟨-за́ть⟩ по́чести кому́-л

Hooligan *m* ⟨-s, -s⟩ (*Rowdy*) хулига́н *м*

Hopfen *m* ⟨-s⟩ BOT хмель *м; FIG* (*jede Mühe vergebens*) ◇ **da ist ~ und Malz verloren** э́то де́ло пропа́щее, э́то напра́сный труд

hörbar *adj* (*wahrnehmbar*) слы́шный, слы́шимый, вня́тный

horchen *vi* прислу́ша⟨ива⟩ться; *PEJ* (*an Tür*) подслу́шивать

Horde *f* ⟨-, -n⟩ орда́ *ж;* (*Menschenmenge*) толпа́ *ж;* (*Bande*) ба́нда *ж*

hören I. *vt* ① (*Laut*) ⟨у-⟩слы́шать ② (*Konzert*) ⟨по-⟩слу́шать **II.** *vi* (*gehorchen*) ⟨по-⟩слу́шаться; **Hörensagen** *n* (*aus Erzählungen*) ◇ **vom ~** понаслы́шке; **Hörer(in** *f*) *m* ⟨-s, -⟩ ① MEDIA слу́шатель(ница *ж*) *м* ② *nur m* (*Telefon~*) телефо́нная тру́бка *ж*

Horizont *m* ⟨-[e]s, -e⟩ ① (*Himmel*) гори-

зо́нт *м* ② *FIG* (*Wissens~*) горизо́нт *м,* кругозо́р *м;* **horizontal** *adj* горизонта́льный

Hormon *n* ⟨-s, -e⟩ гормо́н *м*

Horn *n* ⟨-[e]s, Hörner⟩ ① (*von Kuh*) рог *м* ② MUS горн *м,* рожо́к *м*

Horoskop *n* ⟨-s, -e⟩ гороско́п *м*

Hörsaal *m* (*von Universität*) аудито́рия *ж,* лекцио́нный зал *м;* **Hörspiel** *n* MEDIA радиопостано́вка *ж*

Hort *m* ⟨-[e]s, -e⟩ (*Kinder~*) гру́ппа *ж* продлённого дня

horten *vt* (*ansammeln*) нако|пля́ть ⟨-пи́ть⟩

Hose *f* ⟨-, -n⟩ ① (*Kleidungsstück*) брю́ки *мн,* штаны́ *мн* ② *FAM* (*schiefgehen*) ◇ **in die ~ gehen** не удава́ться, провали́ться ③ *FAM* (*nichts los*) ◇ **da ist noch tote ~** там ещё конь не валя́лся

Hotel *n* ⟨-s, -s⟩ оте́ль *м,* гости́ница *ж;* **Hotline** *f* ⟨-, -s⟩ MEDIA (*Dienstleistungsservice*) горя́чая ли́ния *ж*

hüben *adv* (*auf beiden Seiten*) ◇ **~ und drüben** по э́ту и по ту сто́рону, там и тут

Hubraum *m* AUTO рабо́чий объём *м*

hübsch *adj* (*gutaussehend*) хоро́шенький, преле́стный; (*nett*) ми́лый

Hubschrauber *m* ⟨-s, -⟩ вертолёт *м,* геликопте́р *м*

Huf *m* ⟨-[e]s, -e⟩ (*von Pferd*) копы́то *с*

Hüfte *f* ⟨-, -n⟩ бедро́ *с*

Hügel *m* ⟨-s, -⟩ (*kleiner Berg*) холм *м,* приго́рок *м,* го́рка *ж;* **hügelig** *adj* (*Landschaft*) холми́стый, неро́вный

Huhn *n* ⟨-[e]s, Hühner⟩ ① (*Henne*) ку́рица *ж,* несу́шка *ж* ② GASTRON ку́рица *ж;* **Hühnerbrühe** *f* (*Suppe*) кури́ный бульо́н *м*

huldigen *vi* ① (*Verehrung ausdrücken*) прекло|ня́ться ⟨-ни́ться⟩ (*jd-m* пе́ред кем-л) ② (*ergeben sein*) ◇ **e-r Sache** быть приве́рженцем чего́-л, служи́ть чему́-л

Hülle *f* ⟨-, -n⟩ ① (*Plastik~*) оболо́чка *ж,* обёртка *ж,* плёнка *ж* ② *FIG* (*im Überfluss*) ◇ **in ~ und Fülle** в изоби́лии, в изби́тке, вдо́воль; **hüllen** *vt* ① (*einpacken*) уку́т|ыв⟨ать⟩, укры́|ва́ть (*in akk* в) ② *FIG* ◇ **sich in Schweigen ~** храни́ть молча́ние

Hülse *f* ⟨-, -n⟩ (*Patronen~*) ги́льза *ж,* оболо́чка *ж;* **Hülsenfrucht** *f* (*Erbse, Linse*) стручко́вый [бобо́вый] плод *м*

human *adj FIG* гума́нный, человечный, человеколюби́вый; **Humanität** *f* гума́нность *ж,* человечность *ж,* человеколю́бие *с*

Hummel *f* ⟨-, -n⟩ шмель *м*

Hummer *m* ⟨-s, -⟩ (*Krustentier*) ома́р *м*

Humor *m* ⟨-s⟩ ю́мор *м;* ◇ **Sinn für ~ haben** облада́ть чу́вством ю́мора; **Humorist(in** *f*) *m* юмори́ст(ка *ж*) *м;*

humoristisch *adj* юмористи́ческий; **humorvoll** *adj* остроу́мный, по́лный ю́мора

humpeln *vi* (*hinken*) прихра́мывать *несов*, хрома́ть *несов*, ковыля́ть *несов*

Hund *m* <-[e]s, -e> соба́ка *ж;* (*Quelle des Übels*) ◇ **da liegt der ~ begraben** вот где соба́ка зары́та; **hundemüde** *adj* FAM (*sehr müde*) уста́лый как соба́ка

hundert *nr* сто; *s. a.* **fünf**; *s. a.* **hundertprozentig** *adj* (*vollkommen*) стопроце́нтный

Hündin *f* су́ка *ж*

Hunger *m* <-s> го́лод *м;* ◇ **~ haben** быть голо́дным; **Hungerlohn** *m* ни́щенская зарпла́та *ж;* **hungern** *vi* (*Hunger haben*) голода́ть *несов;* (*fasten*) пости́ться *несов;* **Hungerstreik** *m* ◇ **in den ~ treten** объяви́ть голодо́вку; **hungrig** *adj* голо́дный

Hupe *f* <-, -n> (*von Auto*) сигна́льный гудо́к *м;* **hupen** *vi* (*по-)да́ва́ть акусти́ческий сигна́л, дава́ть гудо́к, гуде́ть *несов*

hüpfen *vi* пры́гать (-нуть), скака́ть (-ну́ть)

Hürde *f* <-, -n> (*Hindernis*) барье́р *м;* (*beim Hürdenlauf*) a. FIG ◇ **e-e ~ nehmen** брать (взять) барье́р; **Hürdenlauf** *m* SPORT барье́рный бег *м*

Hure *f* <-, -n> (*Prostituierte*) проститу́тка *ж;* FAM потаску́ха *ж;* блядь *ж;* TABU

husten *vi* ① ка́шлять *несов* ② FAM (*die Meinung sagen*) ◇ **ich werde dir was ~** вот что я тебе́ скажу́; **Husten** *m* <-s> ка́шель *м*

Hut *m* <-[e]s, Hüte> ① (*Kopfbedeckung*) шля́па *ж* ② FAM ◇ **das kannst du dir an den ~ stecken!** мо́жешь взять э́то себе́; (*altbekannt*) ◇ **dieser Witz ist ein alter ~** э́та шу́тка с бородо́й

Hut *f* <-> (*vorsichtig sein*) ◇ **auf der ~ sein** быть начеку́, быть насторо́же

hüten I. *vt* (*Schafe*) пасти́ *несов;* (*Kinder*) обе|рега́ть (-ре́чь), (по-)стере́чь II. *vr* (*sich vorsehen*) ◇ **sich ~** осте|рега́ться (-ре́чься) (*vor dat* чего́-л)

Hütte *f* <-, -n> ① (*Holz~*) хи́жина *ж* ② (*Eisen~*) металлурги́ческий заво́д *м*

hydraulisch *adj* (*Pumpe*) гидравли́ческий

Hygiene *f* <-> гигие́на *ж;* **hygienisch** *adj* гигиени́ческий, гигиени́чный

Hymne *f* <-, -n> (*Landes~*) гимн *м*

Hypnose *f* <-, -n> гипно́з *м*

hypnotisieren *vt* (за-)гипнотизи́ровать

Hypothek *f* <-, -en> ипоте́ка *ж,* закладна́я *ж*

Hypothese *f* (*Annahme*) гипо́теза *ж*

hysterisch *adj* истери́ческий, истери́чный

I, i *n* И, и

i. A. *Abk. v.* **im Auftrag** по поруче́нию

IC *m* <-, -s> *Abk. v.* **Intercity**

ICE *m* <-, -s> *Abk. v.* **Intercity Express** скоростно́й по́езд-экспре́сс *м*

ich *pron pers* я; ◇ **~ bin es!** э́то я!; ◇ **~ Idiot!** я болва́н!; ◇ **du und ~** мы с тобо́й

IC-Zuschlag *m* (*Aufpreis*) допла́та *ж* за биле́т на по́езд-экспре́сс

ideal *adj* ① (*vollkommen*) идеа́льный, соверше́нный ② (*geeignet*) образцо́вый, подходя́щий; **Ideal** *n* <-s, -e> идеа́л *м;* **Idealist** (*in f*) *m* FIG идеали́ст(ка *ж*) *м;* (*Träumer/in*) мечта́тель(ница *ж*) *м;* **idealistisch** *adj* (*Weltbild*) идеалисти́ческий

Idee *f* <-, -n> ① (*Einfall*) иде́я *ж,* мысль *ж;* (*Konzeption*) за́мысел *м* ② (*Vorstellung*) представле́ние *с,* поня́тие *с;* **ideell** *adj* идеа́льный

identifizieren I. *vt* (*Person*) идентифици́ровать *несов и сов,* опозна(ва́)ть II. *vr* ◇ **sich mit jd-m ~** целико́м разделя́ть чье́-л мне́ние; **identisch** *adj* (*gleich*) тожде́ственный, иденти́чный; **Identität** *f* (*Persönlichkeit*) ли́чность *ж;* (*völlige Gleichheit*) иденти́чность *ж*

Ideologe *m* <-n, -n>, **Ideologin** *f* идео́лог *м;* **Ideologie** *f* идеоло́гия *ж,* о́браз *м* мы́слей; **ideologisch** *adj* идеологи́ческий

idiomatisch *adj* идиомати́ческий

Idiot (*in f*) *m* <-en, -en> FAM идио́т(ка *ж*) *м,* слабоу́мный(-ая *ж*) *м;* **idiotisch** *adj* (*verrückt*) идио́тский, дура́цкий

Idol *n* <-s, -e> (*Vorbild*) и́дол *м,* куми́р *м*

idyllisch *adj* (*Landschaft*) идилли́ческий

Igel *m* <-s, -> ZOOL ёж *м*

ignorieren *vt* игнори́ровать *несов и сов*

ihm *pron pers dat v.* **er, es** ① (*allg.*) ему́; ◇ **ich gebe ~ mein Buch** я дам ему́ мою́ кни́гу ② (*nach Präp*) ◇ **mit ~** с ним; ◇ **nach ~** по́сле него́

ihn *pron pers akk v.* **er, es** ① (*allg.*) его́; ◇ **ich frage ~** я спрошу́ его́; ◇ **ich liebe ~** я люблю́ его́ ② (*nach Präp*); ◇ **ohne ~** без него́

ihnen *pron pers dat v.* **sie** (*pl*) ① (*allg.*) им; ◇ **ich gebe ~ dieses Auto** я даю́ им э́ту автомаши́ну ② (*nach Präp*); ◇ **zu ~** к ним; ◇ **mit ~** с ни́ми

Ihnen *pron pers dat v.* **Sie** ① (*allg.*) Вам; ◇ **ich teile ~ mit, dass ...** я сообща́ю Вам, что … **2** (*nach Präp*) ◇ **zu ~** к Вам; ◇ **mit ~** с Ва́ми

ihr I. *pron pers* (*2. Person pl*) вы; ◇ **habt ~ mich nicht gesehen?** вы меня́ не ви́дели? **II.** *pron pers dat v.* **sie** (*sg*) **1** (*allg.*) ей; ◇ **ich gebe ~ diese Kassette** я дам ей э́ту кассе́ту **2** (*nach Präp*); ◇ **mit ~** с ней

ihr(e) I. *pron poss v.* **sie** (*sg*) (*adjektivisch: eine Besitzerin*) её; ◇ **~ Auto** её автома́ши́на; ◇ **~e Bücher** её кни́ги; ◇ **~ Freund/~e Freundin** её друг/её подру́га **II.** *pron poss v.* **sie** (*pl*) (*adjektivisch: mehrere Besitzer*) их; ◇ **~ Auto** (*ein Besitzgegenstand*) их автомаши́на; ◇ **~e Kleider** (*mehrere Besitzgegenstände*) их оде́жда

Ihr(e) *pron poss v.* **Sie** (*adjektivisch*) Ва́ш(а, е)

ihre(r, s) I. *pron poss v.* **sie** (*sg*) (*substantivisch: eine weibliche Besitzerin*); ◇ **das ist ~** (*Bluse*) э́то её (блу́зка); ◇ **das ist ~r** (*Kugelschreiber*) э́то её (ша́риковая ру́чка); ◇ **das ist ~s** (*Buch*) э́то её (кни́га); ◇ **das sind ~** (*Kleider*) э́то её (оде́жда) **II.** *pron poss v.* **sie** (*pl*) (*substantivisch: mehrere Besitzer*) их; ◇ **dieses Auto, das ist ~s** э́та маши́на, э́то их; ◇ **diese Kleider, das sind ~** э́та оде́жда, э́то их

Ihre(r, s) *pron poss v.* **Sie** (*substantivisch*) Ва́ш(а, е, и); ◇ **diese Zeitung, das ist ~** э́та газе́та, э́то Ва́ша

ihrer I. *pron pers gen v.* **sie** (*sg*) её **II.** *pron pers gen v.* **sie** (*pl*) их

Ihrer *pron pers gen v.* **Sie** вас

ihrerseits *adv* **1** (*bezogen auf sie*) (*sg*); (*von ihr aus*) с её стороны́ **2** (*bezogen auf sie*) (*pl*); (*von ihnen aus*) с их стороны́, со свое́й стороны́; **Ihrerseits** *adv* (*von Ihnen aus*) с Ва́шей стороны́; **ihresgleichen** *pron* **1** (*bezogen auf sie*) (*sg*); (*gleichwertig*) тако́й как она́, подо́бный ей **2** (*bezogen auf sie*) (*pl*); (*gleichwertig*) тако́й как они́, подо́бный им; **Ihresgleichen** *pron* тако́й как Вы, подо́бный Вам; **ihretwegen** *adv* **1** (*bezogen auf sie*) (*sg*) (*wegen ihr*) из-за неё; (*ihr zuliebe*) ра́ди неё **2** (*bezogen auf sie*) (*pl*) (*wegen ihnen*) из-за них; (*ihnen zuliebe*) ра́ди них; **Ihretwegen** *adv* (*bezogen auf Sie*) (*wegen Ihnen*) из-за Вас; (*Ihnen zuliebe*) ра́ди Вас

illegal *adj* незако́нный, нелега́льный

Illusion *f* иллю́зия *ж*; ◇ **sich ~en machen** стро́ить себе́ иллю́зии; **illusorisch** *adj* иллюзо́рный, при́зрачный

illustrieren *vt* **1** (*Buch*) иллюстри́ровать *несов исов* **2** (*erklären*) поясня́ть ‹-ни́ть› приме́ром; **Illustrierte** *f* ‹-n, -n› (*Zeitschrift*) иллюстри́рованный журна́л *м*

im = in dem

imaginär *adj* вообража́емый

Imbiss *m* ‹-es, -e› **1** (*Speise*) заку́ска *ж* **2** (*~stube*) заку́сочная *ж*

imitieren *vt* (*nachmachen*) имити́ровать *несов*, подража́ть *несов* кому́-чему́-л

Imker(in *f*) *m* ‹-s, -› пчелово́д *м*, па́сечник *м*

Immatrikulation *f* UNI зачисле́ние *с*; **immatrikulieren** *vt*, *vr* (*einschreiben*) ◇ **sich ~** зачисля́ть ‹-чи́слить› в вуз

immer *adv* **1** (*ständig*) всегда́, постоя́нно **2** (*jedesmal*) ◇ **~ wenn** ка́ждый раз, когда́ **3** (*üblich*) ◇ **wie ~** как всегда́ **4** ◇ **~ noch** всё-таки, всё же **5** (*ewig*) ◇ **für ~** наве́чно; **immerhin** *adv* (*wenigstens*) всё-таки, всё же; **immerzu** *adv* (*ununterbrochen*) постоя́нно, бесперы́вно, всё вре́мя

Immobilien *f pl* недви́жимое иму́щество *с*, недви́жимость *ж*

immun *adj* **1** (*gegen Krankheit*) невоспри́имчивый **2** FIG (*unverwundbar*) неуязви́мый; **Immunität** *f* **1** (*gegen Krankheit*) невоспри́имчивость *ж* **2** (*von Abgeordneten*) иммуните́т *м*, неприкоснове́нность *ж*; **Immunschwäche** *f* (*Anfälligkeit*) подве́рженность *ж*; **Immunschwächekrankheit** *f* боле́знь *ж*, вы́званная ослабле́нием иммуните́та; (*Aids*) СПИД *м*; **Immunsystem** *n* имму́нная систе́ма *ж*

Imperativ *m* GRAM повели́тельное наклоне́ние *с*, императи́в *м*

Imperfekt *n* ‹-s, -e› GRAM имперфе́кт *м*

impfen *vt* ‹с-›де́лать приви́вку кому́-л про́тив чего́-л; **Impfstoff** *m* вакци́на *ж*; **Impfung** *f* приви́вка *ж*, вакцина́ция *ж*

implizieren *vt* (*mit einschließen*) включа́ть ‹-чи́ть› в себя́, предпо|лага́ть ‹-ложи́ть›, имплици́ровать *несов и сов*

imponieren *vi* импони́ровать *несов*, произво|ди́ть ‹-вести́› впечатле́ние

Import *m* ‹-[e]s, -e› и́мпорт *м*, ввоз *м*; **importieren** *vt* (*Waren*) импорти́ровать *несов и сов*, ввози́ть ‹ввезти́›

imposant *adj* (*beeindruckend*) импоза́нтный, внуши́тельный, ви́дный

impotent *adj* импоте́нтный

imprägnieren *vt* пропи́тывать ‹-та́ть›

Improvisation *f* экспро́мт *ж*; импровиза́ция *ж*; **improvisieren I.** *vt* (*Rede*) импровизи́ровать *несов и сов* **II.** *vi* MUS импровизи́ровать, создава́я по хо́ду исполне́ния

Impuls *m* ‹-es, -e› **1** (*Antrieb*) и́мпульс *м*, побужде́ние *с* **2** FIG (*spontan*) ◇ **aus e-m ~ heraus** спонта́нно, стихи́йно, внеза́пно; **impulsiv** *adj* импульси́вный, де́йствующий по пе́рвому побужде́нию

imstande *adj* ◇ **~ sein, etw zu tun** быть в состоя́нии [спосо́бным] что-л сде́лать

in *präp akk/dat* **1** (*räumlich*) (*wohin?*) в; ◇ **~ die Berge** в го́ры; ◇ **~ die Stadt** в го́род; ◇ **ins Schwimmbad** в бассе́йн; (*wo?*) в, во, по; ◇ **~ Dänemark** в Да́нии; ◇

Paris в Пари́же; ◇ **im Fernsehen** по телеви́дению; ◇ **im Garten** в саду́ ② (*zeitlich*) ◇ **bis ins hohe Alter** до пожило́го во́зраста; ◇ **im Frühling/Sommer** весно́й/ле́том; ◇ ~ **e-r Stunde** (*innerhalb*) че́рез час; (*in der Zukunft*) в бу́дущем ③ ◇ ~ **Schwierigkeiten sein** быть в затрудни́тельном положе́нии

Inbegriff m (*Verkörperung*) вы́сшее проявле́ние c, воплоще́ние c; **inbegriffen** adv (*enthalten*) включа́я, включи́тельно

indem cj ① (*dadurch, dass*) тем, что ② (*während*) в то вре́мя как, ме́жду тем как

Inder(in f) m ‹-s, -› инди́ец m, индиа́нка ж

Indianer(in f) m ‹-s, -› инде́ец m, индиа́нка ж; **indianisch** adj инде́йский

Indien n Ѝндия ж; ◇ **in/nach** ~ в Ѝндии/в Ѝндию

Indikativ m GRAM изъяви́тельное наклоне́ние c, ѝндикатив m

indirekt adj непрямо́й, ко́свенный

indisch adj инди́йский

indiskret adj (*Bemerkung*) нескро́мный; (*taktlos*) бестакти́чный; (*schwatzhaft*) болтли́вый; **Indiskretion** f нескро́мность ж; (*Taktlosigkeit*) беста́ктность ж

indiskutabel adj (*nicht in Frage kommend*) не подлежа́щий обсужде́нию

Individualist(in f) m индивидуали́ст(ка ж) m; **individuell** adj индивидуа́льный, своеобра́зный; **Individuum** n ‹-s, -duen› индиви́дуум m, (отде́льная) ли́чность ж

Indiz n ‹-es, -ien› ① (*Hinweis*) при́знак m, приме́та ж (*für* чего́-л) ② JURA (*Beweis*) ко́свенная ули́ка ж

indoktrinieren vt (*beeinflussen*) ‹по-›влия́ть

Indonesien n Индоне́зия ж; ◇ **in/nach** ~ в Индоне́зии/в Индоне́зию

Industrie f промы́шленность ж, индустри́я ж; **Industriegebiet** n промы́шленный райо́н m; **industriell** adj промы́шленный, индустриа́льный

ineinander adv одно́ в друго́е, друг в дру́га; ◇ **sich ~ verlieben** влюби́ться друг в дру́га

Infarkt m ‹-[e]s, -e› MED инфа́ркт m

Infektion f (*Virus~*) инфе́кция ж, зараже́ние c, зара́за ж

Infinitiv m GRAM неопределённая фо́рма ж глаго́ла, инфинити́в m

infizieren I. vt (*anstecken*) заража́ть ‹-зи́ть›, инфици́ровать несов и сов II. vr (*sich anstecken*) ◇ **sich** ~ заража́ться ‹-зи́ться› (*bei* от)

Inflation f инфля́ция ж

Info f ‹-, -s› (*Information*) информа́ция ж

infolge präp gen (*als Folge, wegen*) всле́дствие (чего́-л); **infolgedessen** adv (*also, folglich*) всле́дствие э́того, поэ́тому, по э́той причи́не

Informatik f информа́тика ж; **Informatiker(in** f) m ‹-s, -› информа́тик m

Information f информа́ция ж; **Informationsstand** m информацио́нный стенд m; **informativ** adj информацио́нный, информати́вный; **informieren** I. vt (*benachrichtigen*) осведомля́ть ‹-ве́домить›, информи́ровать несов и сов, уведомля́ть ‹уве́домить› II. vr ◇ **sich** ~ получа́ть ‹-чи́ть› информа́цию, проинформи́роваться сов, осведомля́ться ‹-ве́домиться› (*über akk* о чём-л)

Infrastruktur f инфраструкту́ра ж

Infusion f влива́ние c

Ingenieur(in f) m инжене́р m

Ingwer m ‹-s› (*Gewürz*) имби́рь m

Inhaber(in f) m ‹-s, -› ① (*Besitzer/in*) владе́лец m, владе́лица ж; (*Geschäfts~*) содержа́тель(ница ж) m ② SPORT (*Titel~*) облада́тель(ница ж) m

inhaftieren vt (*verhaften*) аресто́вывать ‹-ва́ть›, взять под аре́ст ‹стра́жу›

inhalieren I. vt (*Rauch*) затя́гиваться ‹-ну́ться› II. vi (*bei Halsweh*) вдыха́ть ‹вдохну́ть›

Inhalt m ‹-[e]s, -e› ① (*von Flasche, Gespräch*) содержи́мое c, содержа́ние c, вмести́мость ж ② MATH (*Raum~*) объём m, (*Flächen~*) пло́щадь ж; **inhaltlich** adj по содержа́нию, с то́чки зре́ния содержа́ния; **Inhaltsangabe** f изложе́ние c [переда́ча ж] содержа́ния; **inhaltslos** adj бессодержа́тельный; (*nichtssagend*) пусто́й; **Inhaltsverzeichnis** n (*von Buch*) оглавле́ние c, указа́тель m; (*Register*) пе́речень m

inhuman adj (*Verhalten*) негума́нный, бесчелове́чный, жесто́кий, зве́рский

Initiative f инициати́ва ж, почи́н m

Injektion f впры́скивание c, инъе́кция ж

inklusive präp gen включи́тельно, включа́я

inkognito adv (*unerkannt*) инко́гнито

inkonsequent adj непосле́довательный

inkorrekt adj непра́вильный

Inkrafttreten n ‹-s› (*von Gesetz*) вступле́ние c в си́лу

Inland n ◇ **im** ~ внутри́ страны́, в преде́лах страны́

inmitten präp gen (*mitten in*) среди́, посреди́

innehaben unreg vt (*Amt*) име́ть, занима́ть ‹-я́ть›

innen adv внутри́; **Innenaufnahme** f FOTO съёмка ж в помеще́нии; **Inneneinrichtung** f (*Mobiliar*) вну́треннее убра́нство c, обстано́вка ж; **Innenminister(in** f) m мини́стр m вну́тренних дел; **Innenpolitik** f вну́тренняя поли́тика ж; **Innenstadt** f (*Zentrum*) центр m го́рода

innere(r, s) adj ① (*Organe*) вну́тренний

2 ◇ **Minister für ~ Angelegenheiten** министр *м* внутренних дел; **Innere[s]** *n* **1** (*räumlich*) внутренняя часть *ж* **2** (*Kern*) ядро *с* **3** *FIG* ◇ **in meinem ~n** в глубине души; **innerhalb** *präp gen* **1** (*zeitlich*) в течение; ◇ **~ e-r Stunde** в пределах часа **2** (*räumlich*) ◇ **~ des Hauses** внутри дома; **innerlich** *adj* внутренний; MED для употребления внутрь; **innerste(r, s)** *adj* ◇ **im ~n Herzen** в глубине души

innig *adj* (*Zuneigung*) искренний, задушевный, сердечный

Innovation *f* инновация *ж*; (*Erneuerung*) обновление *с*, нововведение *с*; **innovativ** *adj* (*Maßnahme*) обновлённый, новый

inoffiziell *adj* неофициальный

ins = **in das**

Insasse *m*, **Insassin** *f* (*von Auto*) пассажир(ка *ж*) *м*; (*von Gefängnis*) заключённый(-ая *ж*) *м*

insbesondere *adv* особенно, в особенности, прежде всего

Inschrift *f* (*auf Grab*) надпись *ж*

Insekt *n* <-[e]s, -en> насекомое *с*

Insel *f* <-, -n> остров *м*

Inserat *n* (*in Zeitungen*) объявление *с* в газете [журнале] ; ◇ **ein ~ aufgeben** дать [поместить] объявление; **Inserent (in** *f*) *m* дающий(-ая *ж*) *м* объявление в газете; **inserieren** *vt* (*Wohnung*) помещать <-стить> объявление в газете

insgeheim *adv* втайне, тайком, секретно

insgesamt *adv* (*alles zusammen*) в целом, в совокупности, в общем, всего, итого

Insider (in *f*) *m* <-s, -> (*Eingeweihte/r*) профессионал *м/ж*, знаток *м/ж*

insofern I. *adv* (*was das betrifft*) в этом отношении, в такой степени **II.** *cj* (*wenn, falls*) ◇ **~ er Zeit hat, kommt er** поскольку у него есть время, он придет

Installateur (in *f*) *m* слесарь-сантехник *м*; (*Wasser~*) водопроводчик *м*

Instandhaltung *f* (*Pflege*) содержание *с* в исправности; (*Wartung*) уход *м*; **Instandsetzung** *f* ремонт *м*, восстановление *с*

Instanz *f* JURA инстанция *ж*

Instinkt *m* <-[e]s, -e> *von Tier, a. FIG* инстинкт *м*, чутьё *с*; ◇ **aus ~** по инстинкту, инстинктивно; **instinktiv** *adj* инстинктивный; (*unbewusst*) подсознательный

Institut *n* <-[e]s, -e> институт *м*

Instrument *n* **1** (*Werkzeug, Gerät*) инструмент *м*, орудие *с* **2** MUS инструмент *м*

Insulin *n* <-s> MED инсулин *м*

inszenieren *vt* **1** THEAT инсце-

нировать *несов и сов*, <по->ставить **2** *FIG* (*einfädeln*) устраивать <-строить>; (*arrangieren*) затевать <-теять>

integrieren *vt* интегрировать *несов и сов*

intellektuell *adj* интеллектуальный, умственный

intelligent *adj* (*klug*) умный, разумный; **Intelligenz** *f* **1** (*Klugheit*) ум *м*, интеллект *м* **2** (*Gruppierung von Personen*) интеллигенция *ж*

Intendant (in *f*) *m* (*von Theater*) директор *м*, руководитель(ница *ж*) *м* театра

intensiv *adj* интенсивный, сильный, усиленный; **Intensivkurs** *m* интенсивный курс *м*; **Intensivstation** *f* отделение с интенсивным методом лечения

Intercity *m* <-s, -s> поезд-экспресс *м*

interessant *adj* интересный; (*unterhaltend*) занимательный; **Interesse** *n* <-s, -n> интерес *м*; ◇ **~ an etw zeigen/finden** проявлять/обнаруживать интерес к чему-л; **Interessent (in** *f*) *m* заинтересованное лицо *с*; **interessieren I.** *vr* ◇ **sich ~** <за-> интересоваться (*für* чем-л) **II.** *vt* (*Interesse erwecken bei*) <за->интересовать; (*mitreißen*) увлекать <-éчь>

Interface *n* <-, -s> PC интерфейс *м*, устройство *с* сопряжения

Internat *n* (*Schulheim*) интернат *м*

international *adj* международный, интернациональный

Internet *n* PC интернет *м*; **Internetanschluss** *n* PC подключение *с* к интернету

internieren *vt* интернировать *несов и сов*

interpretieren *vt a.* MUS интерпретировать *несов и сов*, истолковывать <-вать>

Interpunktion *f* пунктуация *ж*, расстановка *ж* знаков препинания

Intervall *n* <-s, -e> *a.* MUS интервал *м*; промежуток *м*, дистанция *ж*, разрыв *м*

Interview *n* <-s, -s> интервью *с*; **interviewen** *vt* (*Politiker*) интервьюировать *несов и сов* кого-л, брать интервью у кого-л

intim *adj* **1** (*vertraut*) интимный, близкий **2** (*persönlich*) личный **3** (*sexuell*) ◇ **~ werden** иметь интимные отношения [любовную связь]; **Intimität** *f* (*Vertrautheit*) интимность *ж*, близость *ж*

intolerant *adj* нетерпимый

intransitiv *adj* GRAM непереходный

Intrige *f* <-, -n> интрига *ж*, происки *мн*, козни *мн*; ◇ **~n schmieden** строить козни

Invasion *f* вторжение *с*, интервенция *ж*

Inventar *n* <-s, -e> (*Mobiliar*) инвентарь *м*, имущество *с*

Inventur f инвентариза́ция ж, учёт м;
◇ ~ **machen** производи́ть инвентари-
за́цию
investieren vt (Geld) инвести́ровать
несов и сов, вкла́дывать ‹вложи́ть›
inwiefern adv наско́лько, в како́й
ме́ре
inzwischen adv (unterdessen) ме́жду
тем, тем вре́менем
Irak m Ира́к м; ◇ **im/nach dem** ~ в Ира́-
ке/в Ира́к
Iran m Ира́н м; ◇ **im/nach dem** ~ в Ира́-
не/в Ира́н
irdisch adj (Ggs. v. himmlisch) земно́й
Ire m ‹-n, -n› ирла́ндец м
irgendein(e, s) adj (ein beliebiger) како́й-
нибу́дь; (ein bestimmter) како́й-то
irgendwann adv (zu beliebigem Zeitpunkt)
когда́-нибу́дь; (bestimmt) когда́-то; (e-s
Tages) одна́жды; **irgendwie** adv как-ни-
бу́дь; (bestimmt) как-то; **irgendwo** adv
где-нибу́дь; (bestimmt) где-то
Irin f ирла́ндка ж; **irisch** adj ирла́нд-
ский; **Irland** n Ирла́ндия ж; ◇ **in/nach**
~ в Ирла́ндии/в Ирла́ндию
Ironie f иро́ния ж; **ironisch** adj иро-
ни́ческий
irre adj ➀ (verrückt) безу́мный, поме́-
шанный, сумасше́дший ➁ FAM (toll)
◇ **das ist** ~! здо́рово!; **Irre(r)** fm (Verrück-
te/r) сумасше́дший(-ая ж) м; **irrefüh-
ren** vt (täuschen) вводи́ть ‹ввести́› в за-
блужде́ние; **irren** I. vi (umher~) блужда́-
ть несов II. vr (sich vertun) ◇ **sich** ~ до-
пуска́ть ‹-ти́ть› оши́бку, заблужда́ть-
ся несов, ошиба́ться ‹-би́ться›; **Irrtum**
m ‹-s, -tümer› оши́бка ж, з аблужде́-
ние с; **irrtümlich** I. adj оши́бочный,
непра́вильный II. adv по оши́бке,
оши́бочно
ISDN n ‹-› TELEC цифрова́я сеть ж
интегри́рованных услу́г
Islam m ‹-s› исла́м м; **islamisch** adj
исла́мский
Isolation f ➀ (Vereinsamung) изоля́ция
ж ➁ ELECTR (von Kabel) изоля́ция ж,
изоли́рующий материа́л м
Isolationshaft f одино́чное заключе́-
ние с, заключе́ние с со стро́гой изо-
ля́цией
Isolierband n ‹-s, -bänder› изоляцио́н-
ная ле́нта ж; **isolieren** vt a. ELECTR,
TECH изоли́ровать несов и сов; **Isolier-
station** f MED (Quarantäne) изоля́тор м,
инфекцио́нное отделе́ние с
Isomatte f (Camping) изоляцио́нная
цино́вка ж
Israel n Изра́иль м; ◇ **in/nach** ~ в Изра́-
иле/в Изра́иль
Italien n Ита́лия ж; ◇ **in/nach** ~ в Ита́-
лии/в Ита́лию; **Italiener(in** f) m ‹-s, -›
италья́нец м, италья́нка ж; **italie-
nisch** adj италья́нский

J

J, j n (im Russischen wiedergegeben durch:)
й, Й о. ь
ja adv ➀ (Affirmation) да ➁ (am Telefon)
◇ ~ **bitte?** да, слу́шаю! ➂ (Ausruf) ◇ **aber
das ist** ~ **unglaublich!** но ведь э́то же не-
вероя́тно!; ◇ **du siehst es** ~! ты же ви́-
дишь!; ◇ **mach das** ~ **nie wieder!** никог-
да́ бо́льше не де́лай э́того!
Jacht f, Yacht f ‹-, -en› я́хта ж
Jacke f ‹-, -n› (Strick~) ку́ртка ж; (egal)
◇ **das ist** ~ **wie Hose!** э́то всё одно́!;
Jackett n ‹-s o. -e› (Anzugjacke) жаке́т
м, пиджа́к м
Jagd f ‹-, -en› ➀ (Hasen~) охо́та ж ➁
FIG (nach Geld) охо́та ж, по́иски мн
(nach чего́-л) ➂ (Verbrecher~) пого́ня
ж, пресле́дование с; **jagen** I. vi ➀ (auf
die Jagd gehen) охо́титься несов ➁ (ra-
sen, Auto) «по»мча́ться II. vt ➀ (Wild)
охо́титься ➁ (Verbrecher) гна́ться не-
сов, пресле́довать несов; **Jäger(in** f) m
‹-s, -› охо́тник м
jäh adj ➀ (steil) круто́й, обры́вистый
➁ (plötzlich) внеза́пный, стреми́-
тельный
Jahr n ‹-[e]s, -e› год м; ◇ **ein gutes Neu-
es** ~! здоро́вья и уда́чи в Но́вом году́!;
jahrelang I. adj (mehrere Jahre dauernd)
многоле́тний II. adv до́лгие го́ды, го-
да́ми; **Jahresabonnement** n (von Zeit-
schrift) годова́я подпи́ска ж; (Theater)
годи́чный абонеме́нт м; **Jahres-
abschluss** m ➀ (Jahresende) коне́ц го́-
да ➁ COMM (Geschäftsbilanz) годо-
во́й бала́нс м; **Jahresbericht** m годо-
во́й отчёт м; **Jahreszeit** f вре́мя с
го́да; **Jahrgang** m ➀ (von Wein) урожа́й
м ➁ (Schul~) вы́пуск м; **Jahrhundert**
n ‹-s, -e› столе́тие с, век м; **jährlich** adj
годи́чный, ежего́дный; **Jahrzehnt** n
‹-s, -e› десятиле́тие с
Jähzorn m вспы́льчивость ж; **jähzor-
nig** adj вспы́льчивый, несде́ржанный
Jalousie f жалюзи́ с
Jammer m ‹-s› (laute Klage) плач м,
причита́ние с; (schade) ◇ **ein** ~, **dass**
жаль, что; **jämmerlich** adj ➀ (armse-
lig) жа́лкий, ничто́жный, плаче́вный
➁ (weinen) жа́лобный; **jammern** vi
причита́ть несов, голоси́ть несов, во-
пи́ть несов
Januar m ‹-s, -e› янва́рь м; s. a. **Mai**
Japan n Япо́ния ж; ◇ **in/nach** ~ в
Япо́нии/в Япо́нию; **Japaner(in** f) m
‹-s, -› япо́нец м, япо́нка ж; **japanisch**
adj япо́нский

Jargon *m* ‹-s, -s› (*Fachsprache*) жаргóн *м*

jawohl *adv* (*verstärktes Ja*) да, конéчно

Jazz *m* ‹-› джаз *м*, джáзовая мýзыка *ж*

je I. *adv* ① (*jemals, überhaupt einmal*) когдá-нибудь, когдá-лńбо; ◊ **der beste Film, den ich ~ gesehen habe** лýчший фильм, котóрый я когдá-лńбо вńдел ② (*immer*) всегдá; ◊ **seit eh und ~** с незапáмятных времён **II.** *präp* (*pro*) ◊ **32 Euro ~ Person** 32 éвро на человéка **III.** *cj* ◊ **~ eher, desto besser** чем быстрéе, тем лýчше; (*das hängt davon ab*) ◊ **~ nachdem** в завńсимости от ..., смотря́ по ..., сообрáзно с ...

Jeans *f* ‹-, -› джńнсы *мн*

jede(r, s) *pron* (*indefinit*) (*alle*) вся́кий, кáждый; (*~ Beliebige*) любóй; ◊ **~ Einzelne** кáждая в отдéльности

jedenfalls *adv* ① (*auf alle Fälle*) во вся́ком слýчае; ◊ **~ hat er davon gewusst** во вся́ком слýчае он об э́том знал ② (*sicherlich*) навернякá, навéрное; ◊ **sie würde das ~ nicht tun** онá навернякá так бы не поступńла

jederzeit *adv* (*immer*) в любóе врéмя, всегдá

jedesmal *adv* (*immer*) кáждый [вся́кий] раз; ◊ **~ wenn** кáждый раз, когдá

jedoch *adv* однáко, (но) всё же, всё-таки

jeher *adv* ◊ **von ~** ńздавна, с дáвних пор

jemals *adv* когдá-нибудь, когдá-лńбо

jemand *pron indefinit* кто-нибудь, кто-лńбо, нéкто; ◊ **ist ~ da?** кто там?

jene(r, s) *pron* (*demonstrativ*) (*der, die dort drüben*) та, тот, то; (*pl*) те; (*allerlei*) ◊ **dieses und ~s** то да сё

jenseits *präp gen* (*auf der anderen Seite*) по ту сторону, на другóй сторонé

Jet *m* ‹-s, -s› (*Flugzeug*) реактńвный самолёт *м*

jetzig *adj* (*gegenwärtig*) ны́нешний, настоя́щий, тепéрешний; **jetzt** *adv* ① (*in diesem Moment*) сейчáс ② (*als nächstes*) тепéрь; ◊ **was machen wir ~?** что мы тепéрь бýдем дéлать?

jeweilig *adj* (*entsprechend*) соотвéтствующий, дáнный; **jeweils** *adv* (*je*) кáждый раз, в кáждом слýчае, соотвéтственно

Job *m* ‹-s, -s› (*Arbeit*) заня́тие *с*, рабóта *ж*; **Jobsharing** *n* ‹-s› (*Teilen e-r Arbeitsstelle*) рабóчее мéсто, поделённое мéжду двумя́ рабóтающими

Jod *n* ‹-[e]s› йод *м*

joggen *vi* бéгать трусцóй; **Jogging** *n* ‹-s› бег *м* трусцóй

Jog[h]urt *m* *o.* *n* ‹-s, -s› (*Frucht~*) иóгурт *м*

Johannisbeere *f* ◊ **rote/schwarze ~** крáсная/чёрная смородина *ж*

Joint *m* ‹-s, -s› *FAM* сигарéта *ж* из гашńша

Jointventure, Joint Venture *n* ‹-s, -s› совмéстное предприя́тие *с*

jonglieren *vi* жонглńровать *несов*

Joule *n* ‹-[s], -› джóуль *м*

Journalismus *m* журналńстика *ж*; **Journalist(in** *f*) *m* журналńст(ка *ж*) *м*; **journalistisch** *adj* журналńстский

Jubel *m* ‹-s› ликовáние *с*, весéлье *с*; **jubeln** *vi* ликовáть *несов*

Jubiläum *n* ‹-s, -läen› (*Dienst~*) юбилéй *м*

jucken I. *vi* (*Haut*) ‹по-›чесáться, зудéть *несов* **II.** *vt* *FAM* (*das ist mir völlig egal*) ◊ **das juckt mich nicht** меня́ э́то не волнýет; **Juckreiz** *m* зуд *м*

Jude *m* ‹-n, -n› еврéй *м*; **Judenverfolgung** *f* преслéдование *с* еврéев, гонéния *мн* на еврéев; **Jüdin** *f* еврéйка *ж*; **jüdisch** *adj* еврéйский

Judo *n* ‹-[s]› (*Kampfsport*) дзюдó *с*

Jugend *f* ‹-› мóлодость *ж*, ю́ность *ж*; **Jugendherberge** *f* молодёжная турńстская бáза *ж*; **Jugendkriminalität** *f* прéступность *ж* срéди молодёжи; **jugendlich** *adj* ю́ный, ю́ношеский, молодóй; **Jugendliche(r)** *fm* (*Halbwüchsiger*) подрóсток *м*; (*Minderjährige/r*) несовершеннолéтний(-яя *ж*) *м*

Jugoslawe *m* ‹-n, -n› югослáв *м*; **Jugoslawien** *n* Югослáвия *с*; **Jugoslawin** *f* югослáвка *ж*; **jugoslawisch** *adj* югослáвский

Juli *m* ‹-[s], -s› ию́ль *м*; *s. a.* **Mai**

jung *adj* ‹jünger, am jüngsten› ① (*Altersgruppe*) молодóй, ю́ный ② (*Projekt, Liebe, Wein*) нóвый, нéжный, молодóй

Junge *m* ‹-n, -n› мáльчик *м*; (*Jüngling*) ю́ноша *м*; **Junge[s]** *n* (*von Tieren*) детёныш *м*

jünger *kompar v.* **jung**

Jungfrau *f* ① (*Frau*) дéва *ж*, дéвственница *ж* ② *ASTROL* Дéва *ж*

Junggeselle *m* (*Single*) холостя́к *м*

jüngste(r, s) *adj, superl v.* **jung** (*neueste/r*) недáвний; (*letzte/r*) послéдний

Juni *m* ‹-[s], -s› ию́нь *м*; *s. a.* **Mai**

Junior *m* ‹-s, -en› юниóр *м*; (*der Jüngere*) млáдший *м*

Jurist(in *f*) *m* (*Rechtsgelehrte/r*) юрńст *м*; **juristisch** *adj* юридńческий, правовóй

Justiz *f* ‹-› юстńция *ж*, правосýдие *с*

Juwel *f* ‹-s, -en› ① (*Edelstein*) драгоцéнность *ж*, драгоцéнный кáмень *м* ② *FIG* (*Wertvolles*) сокрóвище *с*, жемчýжина *ж*; **Juwelier(in** *f*) *m* ‹-s, -e› ювелńр *м*

Jux *m* ‹-es, -e› (*Spaß, Scherz*) шýтка *ж*, шáлость *ж*, продéлка *ж*, весёлая вы́ходка *ж*; ◊ **sich e-n ~ mit jd-m machen** подшутńть над кем-л, сыгрáть шýтку с кем-л

K, k n K, к

Kabarett n ‹-s, -e o. -s› **1** THEAT (*Bühne*) кабаре́ c **2** THEAT (*Komödie*) эстра́дный дивертисме́нт m, сати́ра $ж$; **Kabarettist(in** f) m арти́ст(ка $ж$) m кабаре́

Kabel n ‹-s, -› **1** ELECTR ка́бель m **2** FAM (*~fernsehen*) ка́бельное телеви́дение c; **Kabelfernsehen** n ка́бельное телеви́дение c

Kabeljau m ‹-s, -e o. -s› (*Fisch*) треска́ $ж$

Kabine f ‹-› (*Umkleide~*) каби́на $ж$

Kabinett n ‹-s, -e› POL (*Regierungs~*) кабине́т m, прави́тельство c

Kabrio[lett] n ‹-s, -s› лимузи́н m с откидным ве́рхом, кабриоле́т m

Kachel f ‹-, -n› ка́фель m, пли́тка $ж$; **kacheln** vt облицо́вывать ‹-цева́ть› ка́фелем; **Kachelofen** m изразцо́вая (ка́фельная) печь $ж$

Kacke f ‹-› VULG кал m, экскреме́нты $мн$; **kacken** vi VULG испражня́ться ‹-ни́ться›

Kadaver m ‹-s, -› труп m, па́даль $ж$

Käfer m ‹-s, -› **1** (*Insekt*) жук m **2** FAM (*Auto*) автомаши́на $ж$

Kaff n ‹-s, -s› Käffer PEJ (*Dorf*) глухо́е селе́ние c, захолу́стье c, дыра́ $ж$

Kaffee m ‹-s, -s› ко́фе m; (*Milch~*) ко́фе m с молоко́м; **Kaffeebohne** f кофе́йный боб m; **Kaffeefahrt** f пое́здка за го́род или на парохо́де с угоще́нием ко́фе; **Kaffeekanne** f кофе́йник m; **Kaffeeklatsch** m, **Kaffeekränzchen** n сбо́рище c ку́мушек; **Kaffeelöffel** m (*Tee-löffel*) кофе́йная ло́жечка $ж$; **Kaffeemaschine** f кофева́рка $ж$; **Kaffeemühle** f кофемо́лка $ж$, ме́льница $ж$ для ко́фе; **Kaffeesatz** m кофе́йная гу́ща $ж$

Käfig m ‹-s, -e› (*Vogel~*) кле́тка $ж$

kahl adj **1** (*glatzköpfig*) лы́сый **2** (*Landschaft*) го́лый; (*Raum*) пусто́й **3** (*Baum*) безли́ственный; **kahlgeschoren** adj (*Kopf*) остри́женный на́голо; **kahlköpfig** adj лы́сый, плеши́вый; **Kahlschlag** m (*von Wald*) сплошна́я ру́бка $ж$

Kahn m ‹-s, Kähne› **1** (*Boot*) ло́дка $ж$, челн m **2** (*Last~*) баржа́ $ж$

Kai m ‹-s, -e o. -s› на́бережная $ж$

Kaiser(in f) m ‹-s, -› импера́тор m, императри́ца $ж$, ка́йзер m; **kaiserlich** adj импера́торский, короле́вский; **Kaiserreich** n импе́рия $ж$

Kaiserschnitt m MED ке́сарево сече́ние c

Kajak n ‹-s, -s› кая́к m, байда́рка $ж$

Kakao m ‹-s, -s› **1** (*Pulver*) кака́о c **2** (*Getränk*) кака́о c **3** FAM (*jd-n verablbern*) ◇ **jd-n durch den ~ ziehen** подсме́иваться *несов*, подшу́чивать *несов* над кем-л

Kaktee f ‹-, -n›, **Kaktus** m ‹-, -een› ка́ктус m

Kalb n ‹-[e]s, Kälber› телёнок m; **Kalbfleisch** n теля́тина $ж$

Kalender m ‹-s, -› календа́рь m; **Kalenderjahr** n календа́рный год m

Kaliber n ‹-s, -› **1** (*Durchmesser von Rohren*) ме́ра $ж$, толщина́ $ж$; (*von Schusswaffe*) кали́бр m **2** FIG (*Art, Sorte*) вид m, род m, тип m

Kalk m ‹-[e]s, -e› и́звесть $ж$, изве́стка $ж$; (*Muschel~*) раку́шечник m; **Kalkstein** m известня́к m

Kalkulation f (*von Kosten*) калькуля́ция $ж$, расчёт m; **kalkulieren** vt (*Kosten*) ‹с-›калькули́ровать

Kalorie f кало́рия $ж$; **kalorienarm** adj (*Nahrung*) малокалори́йный

kalt adj ‹kälter, am kältesten› **1** холо́дный; ◇ **mir ist ~** мне хо́лодно **2** FIG (*gefühllos*) бесстра́стный, равноду́шный, безразли́чный; ◇ **das lässt mich ~** э́то меня́ не тро́гает; **kaltblütig** adj (*gelassen*) равноду́шный; (*skrupellos*) хладнокро́вный; **Kälte** f ‹-› хо́лод m; (*Frost*) моро́з m; FIG хо́лодность $ж$, су́хость $ж$; **Kälteeinbruch** m наступле́ние c холодо́в; **Kältewelle** f пери́од m холодо́в; **kaltherzig** adj бессерде́чный, холо́дный, чёрствый; **kaltmachen** vt FAM (*jd-n*) уби́‹ва́›ть кого́-л; **Kaltmiete** f кварти́рная пла́та $ж$ без надба́вки за отопле́ние и электроэне́ргию; **kaltschnäuzig** adj FAM холо́дный, бесчу́вственный; **Kaltstart** m РС холо́дный за́пуск m; **kaltstellen** vt (*Milch*) поста́вить в холоди́льник; FIG (*jd-n*) лиши́ть влия́ния

Kalzium, Calcium n CHEM ка́льций m

kam $impf v.$ **kommen**

Kamel n ‹-[e]s, -e› верблю́д m

Kamelle f ‹-, -n› FAM ◇ **das sind ja alte ~n** э́то всё ста́рые пе́сни, э́то давно́ изве́стно

Kamera f ‹-, -s› **1** FOTO фотоаппара́т m **2** FILM киносъёмочная ка́мера $ж$

Kamerad(in f) m ‹-en, -en› това́рищ m, прия́тель(ница $ж$) m; **Kameradschaft** f това́рищеские отноше́ния $мн$; **kameradschaftlich** adj това́рищеский

Kameramann m киноопера́тор m

Kamille f ‹-, -n› рома́шка $ж$; **Kamillentee** m насто́й m рома́шки

Kamin m ‹-s, -e› **1** (*Schornstein*) дымова́я труба́ $ж$ **2** (*im Raum*) ками́н m

Kamm m ‹-[e]s, Kämme› **1** (*Haar~*) гре́бень m, гребёнка $ж$, расчёска $ж$ **2** (*Gebirgs~*) хребе́т m **3** (*Hahnen~*) гре́-

бень *m*; **kämmen I.** *vt* (*Haar*) расчёсывать ‹чеса́ть›; (*Wolle*) чеса́ть *несов* **II.** *vr* ◇ **sich kämmen** причёсываться ‹-чеса́ться›

Kammer *f* ‹-, -n› **1** (*Raum*) ко́мнатка *ж*, камо́рка *ж*; (*Vorrats~*) чула́н *м*, кладо́вая *ж* **2** JURA, POL, COMM пала́та *ж* **3** ANAT (*Herz~*) желу́дочек *м*; **Kammermusik** *f* ка́мерная му́зыка *ж*; **Kammerorchester** *n* ка́мерный орке́стр *м*

Kampagne *f* ‹-, -n› (*Wahl~*) кампа́ния *ж*

Kampf *m* ‹-[e]s, Kämpfe› **1** *a.* FIG борьба́ *ж*, бой *м*; ◇ **um Leben und Tod** борьба́ не на жи́знь, а на́ смерть **2** SPORT (*Wett~*) соревнова́ние *с*; (*Box~, Ring~*) борьба́ *ж*

kämpfen *vi* **1** *a.* FIG ‹по-›боро́ться (*um/für akk* за, *gegen akk* про́тив), сража́ться ‹-зи́ться› (*gegen jd-n/etw* с кем-л/чем-л) **2** SPORT соревнова́ться *несов*; **Kämpfer(in** *f*) *m* (*Person*) боре́ц *м*; MIL (*Front~*) во́ин *м*, бое́ц *м*; SPORT соревну́ющийся *м*; ◇ **kämpferisch** *adj* боево́й, вои́нственный

kampieren *vi* распола́гаться ‹-ложи́ться› в пала́тке

Kanada *n* ‹-s› Кана́да *ж*; ◇ **in/nach** Кана́де/в Кана́ду; **Kanadier(in** *f*) *m* ‹-s, -› кана́дец *м*, кана́дка *ж*; **kanadisch** *adj* кана́дский

Kanal *m* ‹-s, Kanäle› **1** (*künstlicher Wasserlauf*) кана́л *м*; (*Bewässerungsgraben*) ары́к *м* **2** (*Abwasser~*) водово́д *м* **3** MEDIA кана́л *м*; **Kanalisation** *f* канализа́ция *ж*

Kanarienvogel *m* канаре́йка *ж*

Kandidat(in *f*) *m* ‹-en, -en› кандида́т(ка *ж*) *м*, претенде́нт(ка *ж*) *м*; **Kandidatur** *f* кандидату́ра *ж*; **kandidieren** *vi* выступа́ть в ка́честве кандида́та; (*für einen Posten*) выставля́ть свою́ кандидату́ру

Kandis[zucker] *m* крупнокристали́ческий са́хар *м*

Känguru *n* ‹-s, -s› кенгуру́ *с*

Kaninchen *n* кро́лик *м*

Kanister *m* ‹-s, -› автокани́стра *ж*, бидо́н *м*

Kanne *f* ‹-, -n› (*Kaffee~*) кофе́йник *м*; (*Tee~*) ча́йник *м*; (*Milch~*) кувши́н *м*, бидо́н *м*

Kannibale *m* ‹-n, -n›, **Kannibalin** *f* людое́д(ка *ж*) *м*

kannte *impf v.* **kennen**

Kanon *m* ‹-s, -s› MUS кано́н *м*

Kanone *f* ‹-, -n› **1** (*Geschütz*) пу́шка *ж* **2** FAM (*Könner, Ass*) специали́ст *м*, знато́к *м*

Kante *f* ‹-, -n› **1** ребро́ *с*, кро́мка *ж*; (*Tisch~*) край *м* **2** (*Rand,*) край *м*, кант *м* **3** FAM ◇ **Geld auf die hohe ~ legen** откла́дывать де́ньги на чёрный день

Kantine *f* столо́вая *ж*, буфе́т *м*

Kanton *m* ‹-s, -e› канто́н *м*

Kanu *n* ‹-s, -s› кано́э *с*

Kanüle *f* ‹-, -n› MED каню́ля *ж*

Kanzel *f* ‹-, -n› **1** (*in Kirche*) церко́вная ка́федра *ж* **2** (*Cockpit*) застеклённая каби́на *ж*

Kanzler(in *f*) *m* ‹-s, -› **1** POL ка́нцлер *м* **2** UNI проре́ктор *м*; **Kanzlerkandidat(in** *f*) *m* кандида́т *м* на пост ка́нцлера

Kanzler

Ка́нцлер явля́ется главо́й Федера́льного прави́тельства Герма́нии. Он определя́ет основны́е направле́ния в поли́тике прави́тельства, важне́йшие полити́ческие те́мы, кото́рые выно́сятся на обсужде́ние.

Kap *n* ‹-s, -s› мыс *м*

Kapazität *f* **1** (*Fassungsvermögen*) ёмкость, вмести́мость *ж* **2** (*Spezialist*) кру́пный специали́ст *м*, кру́пная величина́ *ж*

Kapelle *f* **1** (*kleine Kirche*) часо́вня *ж*, **2** (*Tanz~*) капе́лла *ж*, ма́ленький орке́стр *м*

kapieren *vt, vi* FAM (*verstehen, begreifen*) понима́ть *несов*, смекла́ть ‹-ну́ть›

Kapital *n* ‹-s, -e *о.* -ien› капита́л *м*; **Kapitalanlage** *f* капиталовложе́ние *с*, инвести́ция *ж* [помеще́ние *с*] капита́ла

Kapitalismus *m* капитали́зм *м*; **Kapitalist(in** *f*) *m* капитали́ст(ка *ж*) *м*; **kapitalistisch** *adj* капиталисти́ческий

Kapitalverbrechen *n* тя́жкое преступле́ние *с*

Kapitän *m* ‹-s, -e› NAUT, MIL капита́н *м*; AERO команди́р *м* (корабля́)

Kapitel *n* ‹-s, -› **1** (*im Buch*) глава́ *ж* **2** FAM (*Angelegenheit*) ◇ **das ist ein ~ für sich** э́то осо́бая статья́

Kapitell *n* ‹-s, -e› ARCHIT капите́ль *ж*

Kapitulation *f* капитуля́ция *ж*, сда́ча *ж*; **kapitulieren** *vi* капитули́ровать *несов и сов*

Kappe *f* ‹-, -n› (*Mütze*) ша́пка *ж*

kappen *vt* **1** (*Tau*) отруба́ть ‹-би́ть› **2** (*Baum*) подре́зывать верху́шку

Kapsel *f* ‹-, -n› **1** ANAT, PHARM коро́бка *ж*; BOT коробо́чка *ж*

kaputt *adj* **1** (*entzwei*) разби́тый, испо́рченный **2** FAM (*erschöpft*) уста́лый, разби́тый; **kaputtgehen** *unreg vi* **1** (*Geschirr*) разби́ва́ться; (*Schuhe*) изно́си́ться *сов* **2** (*Apparat, Auto*) ‹с-›лома́ться; **kaputtmachen I.** *vt* **1** (*zerbrechen*) разби́ва́ть ‹-и́ть› **2** (*beschädigen*) повре́жда́ть ‹-ди́ть› **3** (*ruinieren, Gesundheit*) разоря́ть ‹-ри́ть›, подрыва́ть ‹-орва́ть› **4** (*jd-n, sehr anstrengen*) утолмля́ть ‹-ми́ть› кого́-л, до|ставля́ть ‹-ста́вить› тру́дности кому́-л **II.** vr (sich überanstrengen) ◇ sich ~ подрыва́ть своё здоро́вье, над|рыва́ться ‹-орва́ться›

Kapuze f ‹-, -n› капюшо́н м, ка́пор м

Karabiner m ‹-s, -› **1** (Gewehr) караби́н м **2** (~haken) караби́н м, крюк м с замко́м

Karaffe f ‹-, -n› графи́н м

Karambolage f ‹-, -n› (Massen~) столкнове́ние с

Karamell m o. n ‹-s› караме́ль ж

Karat n ‹-[e]s, e› кара́т м

Karate n ‹-› кара́те с

Karawane f ‹-, -n› карава́н м

Kardinal m ‹-s, -näle› кардина́л м

Kardinalzahl f коли́чественное числи́тельное с

Karfreitag m страстна́я пя́тница ж

karg adj (dürftig, armselig) убо́гий, бе́дный, жа́лкий; (Mahlzeit) ску́дный; ◇ **kärglich** adj ску́дный, убо́гий, бе́дный, жа́лкий

kariert adj (Stoff) кле́тчатый; (Papier) разграфлённый на кле́точки

Karies f ‹-› ка́риес м

Karikatur f карикату́ра ж, шарж м;
Karikaturist(in f) m карикатури́ст(ка ж) м

karitativ adj (Einrichtung) благотвори́тельный

Karneval m ‹-s, -e o. -s› карнава́л м; **Karnevalszug** m карнава́льное ше́ствие с

 Karneval

Наибо́лее широко **Karneval** пра́зднуется на Ре́йне (в Кёльне, Дюссельдорф и в Ма́йнце), хотя эта тради́ция жива́ и в Бава́рии (где она изве́стна как **Fasching**). Официа́льно карнава́л начина́ется 11 ноября́ в 11 часо́в 11 мину́т и зака́нчивается в **Aschermittwoch**, то есть в сре́ду на пе́рвой неде́ле вели́кого поста́.
За два дня до э́того, в понеде́льник (**Rosenmontag**), состоя́тся многочи́сленные проце́ссии и пра́здничные шеси́вия, в кото́рых высме́иваются каки́е-нибудь изве́стные полити́ческие де́ятели или фигу́ры обще́ственной жи́зни. Этот день — кульминацио́нный пункт карнава́ла.

Karo n ‹-s, -s› (Muster) кле́тчатый рису́нок м; (Kartenspiel) бу́бны м мн; (Form) ромб м

Karosserie f AUTO ку́зов м

Karotte f ‹-, -n› морко́вь ж

Karpfen m ‹-› карп м

Karre f ‹-, -n›, **Karren** m ‹-s, -› **1** (Schub~) теле́жка ж, та́чка ж; (Lore) вагоне́тка ж **2** FAM (altes Auto) рыдва́н м

Karriere f ‹-, -n› карье́ра ж

Karte f ‹-, -n› (Land~) ка́рта ж; (Eintritts~) биле́т м; (Kartei~) катало́жная ка́рточка ж; (Kredit~) креди́тная ка́рточка ж; ◇ **mit offenen ~n spielen** игра́ть в откры́тую

Kartei f картоте́ка ж

Kartell n ‹-s, -e› COMM карте́ль м

Kartenspiel n игра́ ж в ка́рты; (ein Spiel Karten) коло́да ж карт; **Kartentelefon** n телефо́нный аппара́т, рабо́тающий с испо́льзованием телефо́нных ка́рточек

Kartoffel f ‹-, -n› карто́фелина ж, карто́фель м, карто́шка ж; **Kartoffelbrei** m карто́фельное пюре́ с; **Kartoffelchips** m pl жа́реный (хрустя́щий) карто́фель м; **Kartoffelpuffer** m карто́фельная ола́дья ж; **Kartoffelpüree** n карто́фельное пюре́ с; **Kartoffelsalat** m карто́фельный сала́т м

Karton m ‹-s, -s› (Pappe) карто́н м, карто́нная коро́бка ж; **kartoniert** adj упако́ванный в коро́бки

Karussell n ‹-s, -s› карусе́ль ж

Karwoche f страстна́я неде́ля ж

Karzinom n ‹-s, - e› (Krebsgeschwulst) карцино́ма ж, злока́чественная о́пухоль м

Käse m ‹-s, -› **1** (Milchprodukt) сыр м **2** FAM (Unsinn) вздор м, чушь ж; **Käsekuchen** m пиро́г м с творо́гом

Kaserne f ‹-, -n› MIL каза́рма ж

käseweiß adj бле́дный как полотно́, бе́лый как бума́га

Kasino n ‹-s, -s› **1** MIL офице́рский клуб м **2** (Spiel~) казино́ с

Kaskoversicherung f страхова́ние с ка́ско

Kasse f ‹-, -n› **1** (Registrier~) ка́сса ж; ◇ **gut bei ~ sein** быть при деньга́х, име́ть мно́го де́нег **2** (in Bank, Kino~) ка́сса ж **3** (Kranken~) больни́чная ка́сса ж; **Kassenarzt** m, **Kassenärztin** f врач м больни́чной ка́ссы; **Kassenpatient(in** f) m больно́й/-а́я, по́льзующийся/-аяся медици́нской по́мощью через больни́чную ка́ссу; **Kassenschlager** m (erfolgreicher Kinofilm) ка́ссовый фильм м; **Kassenzettel** m ка́ссовый чек м

Kassette f **1** (Schmuck~) шкату́лка ж **2** (Tonband) кассе́та ж **3** FOTO, FILM кассе́та ж; **Kassettenrecorder** m ‹-, -› кассе́тный магнитофо́н м

kassieren I. vt **1** (Beiträge, Geld) при|нима́ть ‹-я́ть› в ка́ссу **2** FAM (wegnehmen) от|бира́ть ‹-обра́ть› **II.** vi ◇ **darf ich ~?** мо́жно с Вас получи́ть (де́ньги)?; **Kassierer(in** f) m ‹-s, -› (Bank~) касси́р(ша ж) м

Kastanie f **1** (Baum) кашта́новое де́рево с **2** (Frucht) кашта́н м

Kasten m ‹-s, Kästen› **1** (Bier~) я́щик м **2** (Truhe) сунду́к м; (Schachtel) коро́бка ж **3** FAM SPORT воро́та мн **4** FAM

◇ **nicht viel auf dem ~ haben** не отличáться сообразительностью (умóм)
kastrieren vt кастрировать несов и сов
Kasus m <-, -> GRAM падéж м
Katakombe f <-, -n> катакóмбы мн
Katalog m <-[e]s, -e> катало́г м; **katalogisieren** vt каталогизировать несов и сов
Katalysator m AUTO катализáтор м
katastrophal adj ужáсный, катастрофи́ческий; **Katastrophe** f <-, -n> катастрóфа ж, несчáстье с; **Katastrophengebiet** n райóн м катастрóфы
Kategorie f категóрия ж; **kategorisch** adj ① (energisch) категори́ческий, безуслóвный, реши́тельный ② PHILOS ◇ **-er Imperativ** категори́ческий императи́в м
Kater m <-s, -> ① ZOOL кот м; (Märchenfigur) ◇ **der Gestiefelte** ~ Кот в сапогáх ② FAM (nach Alkoholgenuss) похмéлье с
kath. Abk. v. katholisch
Kathedrale f <-, -n> кафедрáльный собóр м
Kathode f <-, -n> ELECTR катóд м
Katholik(in f) m <-en, -en> като́лик м, като́личка ж; **katholisch** adj католи́ческий; **Katholizismus** m католици́зм м
Katze f <-, -n> (Haus~) кóшка ж; FIG ◇ **die ~ aus dem Sack lassen** вы́дать тáйну; ◇ **wie Hund und ~ leben** жить как кóшка с собáкой; FAM (umsonst) ◇ **alles für die Katz** это кот́у под хвост, это напрáсную; **Katzenauge** n (Reflektor an Fahrzeugen) катафóт м, отражáтель м (свéта); **Katzenjammer** m ① (Kater) похмéлье с ② (Gewissensbisse) угрызéния мн сóвести; **Katzensprung** m FIG ◇ **es ist nur e-n ~ entfernt** это в двух шагáх
Kauderwelsch n <-[e]s> непонятная речь ж, тарабáрщина ж
kauen vt, vi <с->жевáть; (zerkauen) разжёвывать <-жевáть>
kauern vi сидéть на кóрточках
Kauf m <-[e]s, Käufe> покýпка ж, кýпля ж; FIG (sich mit etw abfinden) ◇ **etw in ~ nehmen** считáться с чем-л; **kaufen** vt ① (erwerben) покупáть <купи́ть> ② (jd-n bestechen) подкупáть<-пи́ть> когó-л; **Käufer(in** f) m <-s, -> (Kunde) покупáтель(ница ж) м; **Kauffrau** f коммерсáнт м с; (Händlerin) (мéлкая) торгóвка ж; **Kaufhaus** n универмáг м; **Kaufkraft** f покупáтельная спосóбность ж; **käuflich I.** adj ① (Ware) продáющийся, имéющийся в продáже ② FIG (bestechlich) продáжный **II.** adv ◇ **etw ~ erwerben** приобретáть что-л путём покýпки; **Kaufmann** m <-s, -leute> коммерсáнт м, купéц м; **kaufmännisch** adj коммéрческий, торгóвый; ◇ **-er Angestellter** контóрский служащий м; **Kaufvertrag** m торгóвый договóр м, договóр м кýпли-продáжи

Kaugummi m o. n жевáтельная резинка ж
kaum adv ① (wahrscheinlich nicht) едвá; ◇ **er wird das ~ schaffen** он едвá ли с этим спрáвится ② (fast nicht) ли, вряд ли; ◇ **~ zu glauben** невозмóжно повéрить, невероятно; ◇ **sie hat ~ geschlafen** онá почти не спалá ③ (soeben, gerade) тóлько, лишь (тóлько); ◇ **~ war sie zu Hause, schon musste sie wieder weg** тóлько онá пришлá домóй, как ей опять нáдо было уходи́ть ④ (nur wenig) ◇ **sie ist ~ kleiner als ich** онá чуть-чуть мéньше меня
kausal adj причи́нный, каузáльный
Kaution f (Bürgschaft) поручи́тельство с, порýка ж; ◇ **gegen ~** под залóг
Kauz m <-es, Käuze> ① ZOOL сыч м ② FAM (Sonderling) ◇ **komischer ~** чудáк м
Kavalier m <-s, -e> галáнтный человéк м, кавалéр м; **Kavaliersdelikt** n умéло скрывáемое мéлкое жýльничанье с
Kaviar m <-s> икрá ж
KByte n PC килобáйт м
keck adj лихóй; (kühn) смéлый; (frech) дéрзкий
Kegel m <-s, -> ① GEOM кóнус м ② (Spiel~) кéгля ж; **Kegelbahn** f кегельбáн м; **kegeln** vi игрáть в кéгли
Kehle f <-, -n> ANAT гóрло с, гортáнь ж, глóтка ж; **Kehlkopf** m ANAT гортáнь ж
kehren vt (fegen) подметáть <-сти́>
kehren I. vt (wenden) повáрачивать <-верну́ть>; FIG ◇ **in sich gekehrt** задýмчивый [углублённый] в себя **II.** vr FAM (nicht beachten) ◇ **sich** akk **nicht um etw ~** не обращáть внимáния на что-л
Kehricht m <-s> (Schmutz) сор м, мýсор м, дрянь ж; **Kehrmaschine** f мусороубóрочная маши́на ж; **Kehrseite** f (Rückseite) изнáнка ж; (von Münze) оборóтная сторонá ж; FIG ◇ **die ~ der Medaille** оборóтная сторонá медáли
kehrtmachen vi (umdrehen) повáрачиваться кругóм, пойти [повернýть] обрáтно; **Kehrtwendung** f FIG ◇ **e-e ~ machen** измени́ть своё мнéние на 180 грáдусов
keifen vi FAM (zanken) брани́ться несов, <по->ругáться
Keil m <-[e]s, -e> (Holz~) клин м; **Keilriemen** m AUTO кли́нчатый ремéнь м
Keim m <-[e]s, -e> ① BOT ростóк м; BIOL, MED зародыш м, зачáток м ② FIG (Anfang) начáло с, исхóдный пункт м, зародыш м; ◇ **etw im ~ ersticken** подави́ть [уничтóжить] что-л в зародыше; **keimen** vi ① (Pflanze) проáстáть <-сти́>, пускáть <-ти́ть> ростки ② FIG (Gefühl) зарожáться <-ди́ться>; **keimfrei** adj стери́льный, стерилизóванный, беспло́дный; **Keimzelle** f

① BIOL заро́дышевая кле́тка *ж* ② *FIG* ядро́ *c*

kein *pron indefinit (adjektivisch gebraucht)* не, нет, никако́й; ◇ **ich habe ~e Lust/ Zeit** у меня́ нет жела́ния/вре́мени; ◇ **sie ist ~e Französin** она́ не францу́женка; ◇ **auf ~en Fall** ни в ко́ем слу́чае; *(überhaupt nicht)* ◇ **er hat sich ~ bisschen verändert** он совсе́м не измени́лся; *FAM (niemand)* ◇ **~ Mensch war da** там не́ было ни души́; *(gern geschehen)* ◇ **~e Ursache** не сто́ит (благода́рности); **keine(r, s)** *pron indefinit (substantivisch gebraucht)* никто́, ни одна́, ни оди́н, ни одно́; *(niemand)* ◇ **das weiß ~r** э́того никто́ не зна́ет; *(niemand)* ◇ **~r von beiden** ни оди́н из них я никого́ не зна́ю; ◇ **~r von beiden** ни оди́н из обо́их; **keinerlei** *adj* ⟨inv⟩ никако́й; ◇ **das hat ~ Bedeutung** э́то не име́ет никако́го значе́ния; **keinesfalls** *adv* ни под каки́м ви́дом, ни в ко́ем слу́чае; **keineswegs** *adv* ничу́ть, отню́дь не, во́все не; **keinmal** *adv* никогда́, ни ра́зу; ◇ **sie hat mich ~ gegrüßt** она́ ни ра́зу со мно́й не поздоро́валась

Keks *m* ⟨-es, -e⟩ *(Plätzchen)* сухо́е пече́нье *c*, ② *FAM (nerven)* ◇ **jd-m auf den ~ gehen** де́йствовать кому́-л на не́рвы **Kelch** *m* ⟨-[e]s, -e⟩ ча́ша *ж*, ку́бок *м* **Kelle** *f* ⟨-, -n⟩ ① *(Suppen~)* разлива́тельная ло́жка *ж* ② *(Maurer~)* кельма́ *ж* ③ BAHN жезл *м* **Keller** *m* ⟨-s, -⟩ по́греб *м*, подва́л *м* **Kellner(in** *f)* *m* ⟨-s, -⟩ официа́нт(ка *ж) м*, ке́льнер(ша *ж) м* **keltern** *vt (Weintrauben)* выда́вливать ⟨вы́-давить⟩ сок из виногра́да **Kenia** *n* ⟨-s⟩ Ке́ния *ж;* ◇ **in/nach ~** в Ке́нии/в Ке́нию **kennen** ⟨kannte, gekannt⟩ **I.** *vt* знать *несов* **II.** *vr* ◇ **sich ~** знать друг дру́га, быть знако́мым друг с дру́гом; **kennen lernen I.** *vt (jd-n)* ◇ **po-**знако́миться с кем-чем-л **II.** *vr* ◇ **sich ~** ⟨по-⟩знако́миться друг с дру́гом; **Kenner (in** *f)* *m* ⟨-s, -⟩ *(Wein~)* знато́к *м; (Spezialist/in)* специали́ст(ка *ж) м* **kenntlich** *adj* заме́тный; ◇ **etw ~ machen** выделя́ть ⟨вы́делить⟩ чем-л **Kenntnis** *f* ⟨-, -se⟩ ① *(Wissen)* зна́ние *c*, эруди́ция *ж* ② *FIG (wahrnehmen)* ◇ **etw zur ~ nehmen** приня́ть к све́дению что-л; *(informieren)* ◇ **jd-n von etw in ~ setzen** ста́вить кого́-л в изве́стность о чём-л **Kennwort** *n* паро́ль *м; (Kennzeichnung)* поме́та *ж; (Schlüsselwort)* ключево́е сло́во *c*

Kennzeichen *n* ① *(Merkmal)* приме́та *ж*, (отличи́тельный) при́знак *м*, знак *м*, усло́вный знак *м* ② AUTO *(Nummernschild)* щито́к *м* с номерны́м зна́ком; **kennzeichnen** *vt* ① *(markieren)* отмеча́ть ⟨-ме́тить⟩, де́лать поме́тки, ⟨на-, по-⟩ме́тить ② *FIG (erkennen lassen)* характеризова́ть *несов и сов*, знаменова́ть *несов*

Kennziffer *f* показа́тель *м*, и́ндекс *м; (von Akte)* ко́довая ци́фра *ж* **kentern** *vi* опроки́дываться ⟨-нуться⟩ **Keramik** *f* ① *(Töpferware)* кера́мика *ж*, керами́ческое изде́лие *c* ② *(Technik)* кера́мика *ж* **Kerbe** *f* ⟨-, -n⟩ надре́з *м*, зару́бка *ж* **Kerbholz** *n* *FIG (etw ausgefressen haben)* ◇ **etw auf dem ~ haben** име́ть что-л на со́вести, име́ть ры́льце в пушку́ **Kerker** *m* ⟨-s, -⟩ тюрьма́ *ж*, темни́ца *ж* **Kerl** *m* ⟨-s, -e⟩ *FAM* па́рень *м*, ма́лый *м; PEJ* ◇ **ein gemeiner ~** тёртый кала́ч [про́йдоха] **Kern** *m* ⟨-[e]s, -e⟩ ① *(von Frucht)* ко́сточка *ж; (Apfel~)* сердцеви́на *ж; (Nuss~)* ядро́ *c* ② BIOL се́мя *c* ③ PHYS *(Atom~)* ядро́ *c* ④ *(Stadt~)* центр *м* го́рода ⑤ *FIG* суть *ж*, су́щность *ж;* ◇ **sie hat e-n guten ~** у неё хоро́шее нутро́; **Kernbrennstoff** *m* я́дерное то́пливо *c*; **Kernenergie** *f* я́дерная эне́ргия *ж;* **Kernfrage** *f* гла́вный вопро́с *м;* **Kernfusion** *f* я́дерный си́нтез *м;* **kernig** *adj* ① *(voller Kerne)* с ко́сточками ② *(kräftig, Person)* кре́пкий, ядрёный, здоро́вый; **Kernkraft** *f (Atomkraft)* я́дерная эне́ргия *ж;* **Kernkraftgegner(in** *f) m* проти́вник *м*/проти́вница *ж* я́дерной эне́ргии; **Kernkraftwerk** *n* а́томная электроста́нция *ж* (АЭС); **kernlos** *adj (Obst)* без ко́сточек; **Kernphysik** *f* я́дерная фи́зика *ж;* **Kernreaktor** *m* я́дерный реа́ктор *м;* **Kernseife** *f* ядро́вое мы́ло *c;* **Kernspaltung** *f* расщепле́ние *c* ядра́; **Kernteilung** *f* BIOL деле́ние *c* ядра́; **Kernwaffe** *f* а́томное ору́жие *c* **Kerze** *f* ⟨-, -n⟩ ① *(Wachs~)* свеча́ *ж*, све́чка *ж* ② *(Zünd~)* свеча́ *ж* зажига́ния ③ SPORT сто́йка *ж* на лопа́тках; **kerzengerade** *adj (völlig gerade)* соверше́нно прямо́й **kess** *adj* ① *(pfiffig)* хи́трый; *(kokett)* коке́тливый ② *(Kleidung)* шика́рный **Kessel** *m* ⟨-s, -⟩ котёл *м* ② GEO *(weites Tal)* котлови́на *ж* **Ketchup, Ketschup** *m o. n* ⟨-[s], -s⟩ *(Tomaten~)* ке́тчуп *м* **Kette** *f* ⟨-, -n⟩ ① *(Fahrrad~, Menschen~)* цепь *ж; (Hals~)* цепо́чка *ж*, ожере́лье *c;* ◇ **in ~n legen** закова́ть в це́пи ② *(Berg~)* цепь *ж* ③ COMM *(von Läden)* сеть *ж* ④ *FIG (von Handlungen)* ряд *м*, верени́ца *ж;* **ketten** *vt (festmachen)* прико́вывать ⟨-ва́ть⟩, привя́зывать ⟨-за́ть⟩ *(an* к); **Kettenraucher(in** *f) m* зая́длый кури́льщик *м*, зая́длая кури́льщица *ж;* **Kettenreaktion** *f a. FIG* цепна́я реа́кция *ж*

keuchen *vi* пыхте́ть *несов*, заты́ха́ться ⟨дохну́ться⟩, с трудо́м переводи́ть дыháние; **Keuchhusten** m судорожный кáшель m, кóклюш m

Keule f <-, -n> **1** (Schlaggerät) дубúна, булавá ж **2** GASTRON кострéц m

keusch adj целомýдренный, дéвственный

Keyboard n <-s, -s> MUS электроргáн m

Kfz n Abk. v. **Kraftfahrzeug**

kichern vi хихúкать <-нуть>

kidnappen vt похищáть <-хúтить>

Kiefer[1] m <-s, -> ANAT чéлюсть ж

Kiefer[2] f <-, -n> BOT соснá ж

Kiel m <-[e]s, -e> NAUT киль m

Kieme f <-, -n> жáбра ж

Kies[1] m <-es> (Schotter) грáвий m, щéбень m

Kies[2] m <-es> FAM (Geld) деньжáта мн, деньжóнки мн

Kiesgrube f грáвийный карьéр m

kiffen vi FAM (Haschisch rauchen) курúть гашúш

killen vt FAM убивáть, прикóнчить сов; **Killer** m <-s, -> убúйца м/ж

Kilo n <-s, -[s]>, **Kilogramm** n <-s> килó с, килогрáмм m; **Kilometer** m километр m; **Kilometerzähler** m AUTO счётчик m пробéга; **Kilowatt** n киловáтт m

Kind n <-[e]s, -er> ребёнок m, дитя с; ◇ **ein ~ bekommen/erwarten** ждать ребёнка; **Kinderarzt** m, **Kinderärztin** f дéтский врач m; **Kinderbett** n дéтская кровáть ж; **Kinderei** f ребячество с, мальчúшество с; **Kindergarten** m дéтский сад m; **Kindergärtner(in** f) m воспитáтель(ница ж) m в дéтском садý; **Kindergeld** n пособие с на ребёнка; **Kinderkrankheit** f дéтская болéзнь ж; **Kinderlähmung** f дéтский паралúч m, полиомиелúт m; **kinderleicht** adj (sehr leicht) óчень лёгкий, простóй; **kinderlos** adj бездéтный; **Kindermädchen** n няня ж; **Kindersterblichkeit** f дéтская смéртность ж; **Kinderwagen** m дéтская коляска ж; (Buggy) бáгги m; **Kinderzimmer** n дéтская кóмната ж; **Kinderzuschlag** m надбáвка ж на ребёнка; **Kindheit** f дéтство с; **kindisch** adj ребяческий; **kindlich** adj **1** (kindgerecht) дéтский **2** (naiv) найвный

Kinn n <-[e]s, -e> ANAT подборóдок m; **Kinnhaken** m удáр m в подборóдок

Kino n <-s> кинó с, кинотеáтр m; **Kinobesucher(in** f) m кинозрúтель (ница ж) m; **Kinoprogramm** n кинопрогрáмма ж; **Kinosaal** m кинозáл m; **Kinovorstellung** f киносеáнс m

Kiosk m <-[e]s, -e> (Zeitungs~) кúоск m

Kippe f <-, -n> FIG ◇ **auf der ~ stehen** быть в опáсности [на краю гúбели] **2** FAM (von Zigarette) окýрок m; **kippen I.** vt **1** (Fenster) стáвить в вертикáльное положéние; (leicht öffnen) приотькрывáть <крывáть> **2** (um~) опрокúды-

вать <-нуть> **3** FIG (Plan) отменять <-нúть>, аннулúровать несов и сов **II.** vi (Leiter) опрокúдываться <-нуться>; (Schiff) перевора́чиваться <-ротúться>;

Kippfenster n откиднóе окнó с; **Kippschalter** m ELECTR перекиднóй выключáтель m

Kirche f <-, -n> цéрковь ж; **Kirchengemeinde** f церкóвный прихóд m; **Kirchenlied** n церкóвный хорáл m; **Kirchensteuer** f церкóвный налóг m; **Kirchgänger(in** f) m <-s, -> человéк m, регулярно посещáющий цéрковь; **kirchlich** adj церкóвный

Kirsche f <-, -n> (Baum, Frucht) вúшня ж; **Kirschkern** m вúшневая кóсточка ж; **Kirschwasser** n вишнёвая налúвка ж

Kissen n <-s, -> (Sofa~, Kopf~) подýшка ж

Kiste f <-, -n> **1** (Behälter) ящик m **2** FAM (Auto) драндулéт m **3** FAM (Sache, Angelegenheit) дéло с

Kitsch m <-[e]s> пóшлость ж, безвкýсица ж; **kitschig** adj безвкýсный, пóшлый, низкопрóбный

Kitt m <-[e]s, -e> (Fenster~) замáзка ж, мастúка ж; (Spachtel~) шпаклёвка ж

Kittchen n FAM (Gefängnis) кутýзка ж

Kittel m <-s, -> (Arzt~ etc.) (рабóчий) халáт m

kitten vt **1** (Fenster) замáзывать; (kleben, Porzellan) склéивать **2** FIG (Ehe) восстанáвливать <-новúть>

Kitz n <-es, -e> **1** (Zicklein) козлёнок m, кóзочка ж **2** (Reh~) молодáя косýля ж

kitzelig adj чувствúтельный к щекóтке; FIG щекотлúвый; **kitzeln** vt (jd-n) <по->щекотáть когó-л

Kiwi f <-, -s> (Frucht) кúви ж

KKW n <-s, -s> Abr. v. **Kernkraftwerk**

klaffen vi (Spalt, Wunde) зиять несов

kläffen vi гáвкать <-кнуть>, тявкать <-нуть>; **Kläffer** m брехлúвая собáка ж

Klage f <-, -n> a. JURA жáлоба ж, иск m; ◇ **~ einreichen** подавáть <-дáть> жáлобу; **klagen** vi **1** (jammern) причитáть несов, грóмко плáкать **2** (sich beschweren) <по->жáловаться, <по->сéтовать (über akk на когó-что-л) **3** JURA (Anspruch erheben) подавáть в суд (gegen на когó-л); **Kläger(in** f) m <-s, -> JURA истéц m, истúца ж; жáлобщик m, жáлобщица ж; **kläglich** adj **1** (jämmerlich, Geschrei) жáлобный **2** (dürftig, Leistung) жáлкий, плачéвный

klamm adj **1** (steif, Finger) окоченéвший **2** (unangenehm feucht) сырóй

Klammer f <-, -n> **1** (Büro~, Heft~) скрéпка ж; (Wäsche~) прищéпка ж; (Haar~) закóлка ж; MED (Zahn~) скóбка ж **2** TYP (Parenthese) скóбка ж; **Klammeraffe** m PC FAM (@-Zeichen) собáка ж, собáчка ж; **klammern I.** vt (mit Klam-

mern verschließen скреп|ля́ть ‹-пи́ть› скобо́й, сцеп|ля́ть ‹-пи́ть›; (*Wunde*) скреп|ля́ть ‹-пи́ть› **II.** *vr* (*sich festhalten*) ◇ **sich an jd-n/etw** ~ цепля́ться за кого́/ что-л

klang *impf v.* **klingen**

Klang *m* <-[e]s, Klänge> (*Ton, Schall*) звон *m*, звук *m*; **klangvoll** *adj* зву́чный, полнозву́чный, зво́нкий

Klappbett *n* откидна́я крова́ть   *ж*;

Klappe *f* <-, -n> (*Ofen~*) засло́нка *ж*, вью́шка *ж*; (*Ventil~*) кла́пан *m* ②ANAT (*Herz~*) серде́чный кла́пан *m* ③MUS (*von Instrument*) кла́пан *m* ④FAM (*Mund*) рот *m*; ◇ **halt die ~!** заткни́сь!, заткни́ гло́тку!; **klappen I.** *vi* ①(*schlagen, Fensterladen*) откры|ва́ть, подни|ма́ть ‹-я́ть›, отки́|дывать ‹-нуть› ②FIG (*gelingen*) лади́ться *несов*, идти́ на лад; ◇ **es klappt** де́ло идёт на лад **II.** *vt* (*Strandliege*) опроки́|дываться ‹-нуть-ся›; ◇ **etw nach unten** ~ отки́|дывать ‹-нуть› что-л вниз

klapp[e]rig *adj* ①(*Fahrrad*) громыха́ющий, дребезжа́щий ②(*schwächlich, Greis*) дря́хлый; **klappern** *vi* (*schlagen*) громыха́ть ‹-нуть›; (*pochen*) ‹по›-стуча́ть; (*Geschirr*) греме́ть   *несов*; **Klapperschlange** *f* грему́чая змея́ *ж*; **Klappmesser** *n* складно́й нож   *m*; **Klappstuhl** *m* складно́й стул *m*; **Klapptisch** *m* складно́й стол   *m*

klar *adj* ①(*hell*) я́сный, све́тлый; (*durchsichtig*) прозра́чный; (*rein, Luft*) чи́стый, я́сный; (*Sicht, Himmel*) безо́блачный ②(*unmissverständlich*) я́сный, поня́тный, вразуми́тельный; ◇ **das ist mir nicht** ~ э́то мне непоня́тно; ◇ **etw** ~ **und deutlich sagen** сказа́ть что-л поня́тно и вня́тно ③(*scharfsinnig*) све́тлый, я́сный, проница́тельный ④◇ **sich** *dat* **über etw im K~en sein** отдава́ть себе́ отчёт в чём-л

Kläranlage *f* очистна́я устано́вка *ж*; **klären I.** *vt* ①*a.* FIG (*klarstellen*) выясня́ть ‹вы́яснить›, разре|ша́ть ‹-ши́ть›; ◇ **e-e Sache** ~ проясни́ть како́е-л де́ло ②(*Wasser*) очища́ть ‹-чи́стить› **II.** *vr* *a.* FIG ◇ **sich** ~ проясня́ться ‹-ни́ться›

klargehen *unreg vi* FAM ◇ **die Sache geht klar** де́ло идёт гла́дко

Klarheit *f* ① (*Schärfe*) я́сность *ж*; (*Reinheit*) прозра́чность   *ж* ② FIG (*Deutlichkeit*) я́сность *ж*, поня́тность *ж*

Klarinette *f* кларне́т *m*

klarkommen *unreg vi* FAM ①(*sich zurechtfinden*) разбира́ться ‹-обра́ться› (*mit etw* с чем-л), заверши́ть (*mit etw* что-л) ②(*sich vertragen*) договори́ться *сов* (*mit jd-m* с кем-л); **klarmachen** *vt* (*zur Abfahrt bereitmachen*) ◇ **das Schiff** ~ гото́вить су́дно к отплы́тию; **klar machen** *vt* (*verständlich machen*) ◇ **jd-m etw** ~ объясня́ть что-л кому́-л; **klar sehen**

unreg *vi* хорошо́ понима́ть что-л, я́сно представля́ть себе́

Klarsichtfolie *f* целлофа́новая плён-ка *ж*

klarstellen *vt* выясня́ть ‹вы́яснить›, распу́т|ыв›ать

Klärung *f* ① (*von Abwasser*) очи́стка   *ж* ② FIG (*von Angelegenheit*) выясне́ние *с*, разъясне́ние *с*

klasse *adj* ‹inv› FAM (*toll*) великоле́пно; ◇ ~ **sein** быть пе́рвого со́рта, быть, что на́до

Klasse *f* <-, -n> ①(*Schul~*) класс *m*; (*Klassenraum*) кла́ссная ко́мната   *ж* ②SPORT катего́рия *ж*; ◇ **erster** ~ **reisen** е́хать в пе́рвом кла́ссе; **Klassenlehrer(in)** *f m* SCH кла́ссный(-ая) руководи́тель(ница *ж*) *m*; **Klassenzimmer** *n* SCH класс *m*, кла́ссная ко́мната *ж*

klassifizieren *vt* классифици́ровать *несов и сов*, ‹рас-›сортирова́ть

Klassik *f* ①(*Epoche*) эпо́ха ж расцве́та культу́ры ②(*Stil*) класси́ческий мир *m* ③(*Musik*) класси́ческая му́зыка *ж*; **Klassiker** *m* <-s, -> кла́ссик *m*; **klassisch** *adj* класси́ческий, кла́ссный

Klassizismus *m* классици́зм *m*

Klatsch *m* <-[e]s, -e> ①(*Geräusch*) шлепо́к *m*, зво́нкий уда́р *m* ② *nur sg* FIG (*Gerede, Geschwätz*) спле́тня   *ж*; **Klatschbase** *f* спле́тница *ж*, ку́мушка *ж*, болту́нья *ж*; **klatschen I.** *vi* ①(*schlagen*) хло́п|ать ‹-нуть›, шлёпать *несов*; (*Regen*) ‹по›стуча́ть ②FAM (*schwatzen*) ‹на-›спле́тничать, суда́чить *несов* (*über akk* о ком-л) **II.** *vt* ◇ **jd-m Beifall** ~ аплоди́ровать *несов* кому́-л

Klatschmohn *m* мак-самосе́йка *m*

klatschnass *adj* промо́кший до косте́й [до ни́тки]

Klaue *f* <-, -n> ①(*von Huftier*) копы́то *с*; (*von Raubtier*) ла́па *ж* (с когтя́ми); (*von Raubvogel*) ко́готь *m* ②FAM (*unleserliche Handschrift*) ◇ **eine fürchterliche** ~ **haben** писа́ть как ку́рица ла́пой

klauen *vt* FAM (*stehlen*) стащи́ть *сов*, стяну́ть *сов*; (*stibitzen*) стибри́ть *сов*

Klausel *f* <-, -n> (*Vertrags~*) огово́рка *ж*, ограничи́тельное усло́вие *с*, статья́ *ж*

Klausur *f* ①(*Abgeschlossenheit*) затво́рничество *с*, отшельничество *с*; ◇ **in** ~ **gehen** уйти́ в затво́рничество ②UNI (*schriftlicher Test*) ◇ **e-e** ~ **schreiben** писа́ть пи́сьменную экзаменацио́нную рабо́ту

Klavier *n* <-s, -e> пиани́но *с*; (*Flügel*) роя́ль *m*; **Klavierspieler(in)** *f m* пиани́ст(ка *ж*)

kleben *vt* ①(*mit Klebstoff*) ‹с-›кле́ить, накле́и|в›ать ② FAM (*Ohrfeige geben*) ◇ **jd-m e-e** ~ влепи́ть кому́-л пощёчину **II.** *vi* ①(*haften*) ли́пнуть *несов*, прилипа́ть ‹-ли́пнуть›, приста-ва́ть (*an dat* к чему́-л) ② FIG (*sich* *klammern, an Person)* цепля́ться *несов (an dat* за кого́-что-л); **klebrig** *adj* кле́йкий, ли́пкий; **Klebstoff** *m* клей *m*, кле́ящее вещество́ *c*

Klecks *m* <-es, -e> кля́кса *ж*, пятно́ *c*

Klee *m* <-s> кле́вер *m*

Kleid *n* <-[e]s, -er> [1] *(Sommer~)* пла́тье *c* [2] **~er** *pl (Kleidung)* оде́жда *ж*; **kleiden I.** *vt* [1] *(mit Kleidung versehen)* одева́ть кого́-л [2] *(gut stehen)* быть к лицу́; ◇ **das kleidet sie gut** э́то ей идёт, э́то ей к лицу́ **II.** *vr* ◇ **sich** ~ одева́ться, наряжа́ться <-ди́ться>; **Kleiderbügel** *m* пле́чики *мн*, ве́шалка *ж*; **Kleiderschrank** *m* платяно́й шкаф *m*, гардеро́б *m*; **Kleidung** *f* оде́жда *ж*, пла́тье *c*, обмундирова́ние *c*; **Kleidungsstück** *n* предме́т *m* оде́жды

Kleie *f* о́труби *мн*

klein I. *adj* [1] *(Mensch, Haus)* ма́ленький, ма́лый; ◇ **~er Finger** мизи́нец *m* [2] *(gering, Anzahl)* небольшо́й; *(Gehalt, Preis)* ни́зкий, невысо́кий [3] *(geringfügig, Irrtum)* незначи́тельный, ничто́жный, малова́жный [4] *(bescheiden, Verhältnisse)* скро́мный [5] ◇ **das ~ere Übel** ме́ньшее зло **II.** *adv (ein bisschen)* ◇ **ein ~ wenig** немно́жко, чу́точку; *(nachgeben)* ◇ **beigeben** уступа́ть <-пи́ть>, покоря́ться <-ри́ться>; **Kleinbus** *m* микробу́с *m*; **Kleinfamilie** *f* малочи́сленная семья́ *ж*; **Kleinformat** *n (von Buch, Bild)* изда́ние *c* ма́лого форма́та; **Kleingeld** *n* ме́лочь *ж*; *(Wechselgeld)* разме́нная моне́та *ж*; **Kleinigkeit** *f* ме́лочь *ж*, пустя́к *m*; ◇ **e-e ~ essen** переку́сить; **Kleinkind** *n* ма́ленький ребёнок *m*; **Kleinkram** *n FAM* ме́лочь *ж*; **kleinlaut** *adj (verlegen)* ро́бкий, смущённый, расте́рянный, неуве́ренный; **kleinlich** *adj* [1] *(engstirnig)* ограни́ченный, узколо́бый [2] *(knauserig)* скупо́й, ме́лочный, скаре́дный [3] *(pedantisch)* щепети́льный, приди́рчивый; **klein schneiden** *unreg vt* ме́лко наре́зать; **Kleinwagen** *m* малолитра́жный автомоби́ль *m*

Kleister *m* <-s, -> клей *m*, кле́йстер *m*

Klemme *f* <-, -n> [1] *(Klammer)* зажи́м *m*, кле́мма *ж*, тиски́ *мн*; *(Haar~)* зако́лка *ж* [2] *FIG (Zwangslage)* затрудни́тельное положе́ние *c*; ◇ **in der ~ stecken** быть в тиска́х

klemmen I. *vt* [1] *(fest~)* зажима́ть, защемля́ть <-ми́ть>; ◇ **etw unter den Arm ~** сжима́ть что-л под мы́шкой, су́нуть что-л под мы́шку [2] *(quetschen, Finger)* прищемля́ть <-ми́ть> **II.** *vi (feststecken)* зажима́ться, защемля́ться <-ми́ться>

Klempner *m* <-s, -> жестя́нщик *m*

Klerus *m* <-> духове́нство *c*, клир *m*

Klette *f* <-, -n> [1] ВОТ репе́йник *m*, репе́й *m*, лопу́шник *m*, лопу́х *m* [2] *FAM*

(anhänglicher Mensch) челове́к *m*, от кото́рого тру́дно отдела́ться

Kletterer *m* <-s, ->, **Kletterin** *f* скалола́з(ка *ж*) *m*; **klettern** *vi* [1] *(hinaufsteigen)* взбира́ться *несов*, лезть *несов*, <вс->кара́бкаться [2] *FIG (Preise, Temperatur)* подн́има́ться <-я́ться>, ползти́ вверх; **Klettern** *n* SPORT ла́зание *c*, упражне́ние *c* с шесто́м

Klient(in *f)* *m* <-en, -en> клие́нт(ка *ж*) *m*

Klima *n* <-s, -s *o.* -ta> [1] *(Witterung)* кли́мат *m* [2] *FIG (Stimmung)* обстано́вка *ж*, атмосфе́ра *ж*; **Klimaanlage** *f* кондиционе́р *m*

Klinge *f* <-, -n> *(von Messer etc.)* ле́звие *c*

Klingel *f* <-, -n> *(Fahrrad~, Tür~)* звоно́к *m*; **klingeln** *vi* <по->звони́ть

klingen <klang, geklungen> *vi* [1] *(tönen)* звене́ть *несов*, звуча́ть *несов*, раздава́ться [2] *FIG* ◇ **das klingt unglaublich** э́то звучи́т невероя́тно

Klinik *f* кли́ника *ж*

Klippe *f* <-, -n> риф *m*, подво́дный ка́мень *m*; *FIG (Problem)* препя́тствие *c*

Klips *m* <-es, -e> клипс *m*; *(Büroklammer)* конто́рская скре́пка *ж*

klirren *vi (Gläser)* дребезжа́ть *несов*

Klischee *n* <-s, -s> клише́ *c*

Kloake *f* <-, -n> клоа́ка *ж*

klonen *vt* клони́ровать

klopfen I. *vi* [1] *(an Tür)* <по->стуча́ть; ◇ **es klopft** стуча́т [2] *(Herz, Puls)* би́ться *несов*, пульси́ровать *несов*; *(Motor)* стуча́ть **II.** *vt (Teppich)* выбива́ть <вы́бить>; **Klopfer** *m* <-s, -> *(Teppich~)* выбива́лка *ж*

Klosett *n* <-s, -e *o.* -s> убо́рная *ж*

Kloß *m* <-es, Klöße> [1] *(Klumpen)* ком *m*, комо́к *m*, глы́ба *ж* [2] GASTRON *(Knödel)* клёцка *ж*

Kloster *n* <-s, Klöster> монасты́рь *m*

Klotz *m* <-es, Klötze> [1] *(Holz~)* коло́да *ж*; *(Spielzeug)* деревя́нная игру́шка *ж* [2] *FIG (unbeholfener Mensch)* неотёсанный чурба́н *m*; ◇ **einen ~ am Bein haben** нести́ каку́ю-л обу́зу

Klub *m* <-s, -s> клуб *m*

Kluft¹ *f* <-, Klüfte> [1] *(Spalt)* рассе́лина *ж*, уще́лье *c*; *(Abgrund)* про́пасть *ж* [2] *FIG (Gegensatz)* по́лное расхожде́ние *c* мне́ний, про́пасть *ж*

Kluft² *f* <-, -en> *FAM (Klamotten etc.)* *(ста́рая)* оде́жда *ж*, *(ста́рое)* пла́тье *c*

klug *adj* <klüger, am klügsten> [1] *(Mensch)* у́мный, толко́вый; ◇ **ein ~er Kopf** у́мная [я́сная] голова́ *ж* [2] *(vernünftig)* разу́мный [3] *(gescheit)* благоразу́мный, толко́вый [4] *(weise)* му́дрый; *(nicht verstehen)* ◇ **aus jd-m/etw nicht ~ werden** не поня́ть кого́/чего́-л, не разобра́ться в чём-л; **Klugheit** *f* [1] *(Intelligenz)* ум *m*, интеллиге́нтность *ж* [2] *(von Entscheidung)* толко́вость *ж*,

смышлёность *ж* **3** (*Geschick*) благоразу́мие *с* **4** (*Weisheit*) му́дрость *ж*
Klumpen *m* ‹-s, -› (*Kloß, Brocken*) комо́к *м;* (*Schnee~ etc.*) глы́ба *м,* ком *м*
knabbern I. *vt* (*Nüsse*) ‹раз›гры́зть, глода́ть *несов* **II.** *vi* **1** ◇ **an etw** *dat* ~ грызть что-л **2** *FIG* ◇ **daran wird er noch lange zu ~ haben** тут ему́ придётся ещё до́лго лома́ть го́лову
Knabe *m* ‹-n, -n› (*Junge*) ма́льчик *м,* подро́сток *м;* **knabenhaft** *adj* (*Figur*) мальчи́шеский; (*Wesen*) ребя́ческий
knacken I. *vt* **1** (*knallen*) щёлк‹ать ‹-нуть›; (*Nüsse*) ‹на›коло́ть, ‹раз›грызть; *FAM* (*Tresor, Autos*) взла́мывать ‹взлома́ть› **2** *FIG* (*lösen, Rätsel*) разга́дывать ‹-да́ть› **II.** *vi* (*Treppe, Holz*) скрипе́ть ‹скри́пнуть›, треща́ть *несов;* (*Radio*) издава́ть треск; (*Gelenke*) хрусте́ть *несов,* **Knacks** *m* ‹-es, -e› **1** (*Laut*) треск *м,* хруст *м* **2** (*Riss*) тре́щина *ж* **3** *FIG* ◇ **e-n ~ haben** тро́нуться, свихну́ться, быть не в себе́
Knall *m* ‹-[e]s, -e› **1** щёлканье *с,* хлопо́к *м;* (*Schuss*) звук *м* вы́стрела **2** *FAM* (*verrückt*) ◇ **der hat e-n ~** он в своём уме́, он свихну́лся; (*plötzlich*) ◇ **~ auf Fall** без промедле́ния; **knallen I.** *vi* **1** (*Tür, Peitsche*) щёлк‹ать ‹-нуть›, хло́пать ‹-нуть›; (*Schlag*) раздá‹ва́ть›ся **2** (*explodieren*) взрыва́ться ‹взорва́ться›; (*Korken*) щёлкнуть; (*Schuss*) раздава́ться **II.** *vt* **1** (*werfen*) ◇ **etw auf den Boden ~** швырну́ть что-л на зе́млю **2** (*stoßen*) ◇ **gegen etw ~** натолкну́ться на что-л **3** *FAM* (*Ohrfeige geben*) ◇ **jd-m e-e ~** влепи́ть пощёчину кому́-л; **knallhart** *adj FAM* жёсткий, жесто́кий; **knallrot** *adj* (*leuchtend rot*) я́рко-кра́сный; (*im Gesicht*) ◇ **~ werden** си́льно покрасне́ть
knapp *adj* **1** (*beschränkt*) ску́дный, ограни́ченный; ◇ **~ bei Kasse sein** нужда́ться в деньга́х; ◇ **meine Zeit ist ~** у меня́ вре́мени в обре́з **2** (*Mehrheit*) незначи́тельный **3** *FAM* едва́-едва́; ◇ **e-e ~ e Stunde** непо́лный час, не бо́лее ча́са; ◇ **~ vier Meter** непо́лных четы́ре ме́тра, о́коло четырёх ме́тров **3** (*kurz, eng, Hose*) те́сный, у́зкий **4** (*Ausdrucksweise*) сжа́тый, немногосло́вный; **knapp halten** *unreg vt* держа́ть кого́-л в чёрном те́ле; **Knappheit** *f* (*von Geld, Zeit*) ограни́ченность *ж,* недоста́ток *м;* (*von Vorräten*) ску́дность *ж*
knarren *vi* (*Diele*) треща́ть *несов,* скрипе́ть *несов*
Knäuel *m* o. *n* ‹-s, -› **1** (*Woll~*) клубо́к *м,* мото́к *м* **2** *FIG* (*Menschen~*) толпа́ *ж,* ку́ча *ж*
kneifen ‹kniff, gekniffen› **I.** *vt* (*zwicken*) щипа́ть *несов,* ущипну́ть *сов;* ◇ **jd-n in den Arm ~** ущипну́ть кого́-л за ру́ку **II.** *vi* **1** (*zu eng sein*) быть сли́шком

те́сным **2** *FAM* (*sich drücken*) ◇ **vor etw** *dat* ~ уви́ливать от чего́-л
Kneipe *f* ‹-, -n› *FAM* пивна́я *ж,* каба́к *м,* погребо́к *м*
kneten *vt* (*Teig*) ‹за›меси́ть; (*Ton*) ‹пере›мя́ть
Knick *m* ‹-[e]s, -e› **1** (*in Papier, Stoff*) сгиб *м* **2** (*Biegung*) изги́б *м,* поворо́т *м;* **knicken I.** *vt* **1** (*Papier*) сгиба́ть ‹согну́ть›, (*Ast*) надла́мывать ‹-ломи́ть› **2** (*brechen*) разла́мывать ‹-лома́ть› **II.** *vi* **1** (*abbrechen, Ast*) надла́мываться ‹-ломи́ться› **2** (*traurig*) *FIG* ◇ **geknickt sein** быть пода́вленным [удручённым]
Knie *n* ‹-s, -› **1** *ANAT* коле́но *с* **2** (*im Rohr*) отво́д *м* трубы́ **3** *FIG* ◇ **etw übers ~ brechen** де́лать что-л на́спех, де́йствовать опроме́тчиво; **Kniebeuge** *f* ‹-, -n› приседа́ние *с;* **Kniekehle** *f* подколе́нная впа́дина *ж;* **knien** *vi* стоя́ть на коле́ня́х **II.** *vr* ◇ **sich ~** **1** станови́ться [упа́сть] на коле́ни **2** *FIG* ◇ **er kniete sich** *akk* **in die Arbeit** он с головой ушёл в рабо́ту; **Kniestrumpf** *m* чуло́к *м* до коле́н, гольф *м*
kniff *pv.* **kneifen**
knipsen *vt* **1** (*lochen, Fahrkarte*) ‹про›компости́ровать биле́ты **2** *FOTO* ‹с›фотографи́ровать, снима́ть ‹снять›
Knirps *m* ‹-es, -e› (*kleiner Junge*) карапу́з *м,* малы́ш *м*
knirschen *vi* (*Kies*) хрусте́ть ‹хру́стнуть›, скрипе́ть ‹скри́пнуть›; ◇ **mit den Zähnen ~** скрежета́ть зуба́ми
knistern *vi* **1** (*Feuer*) потре́скивать *несов,* треща́ть *несов* **2** (*rascheln, Papier*) шурша́ть *несов,* шелесте́ть *несов*
Knitterfalte *f* замя́тая скла́дка *ж;* **knitterfrei** *adj* (*Stoff*) несмина́емый, немну́щийся; **knittern** *vi* (*Stoff*) ‹с›мя́ться
Knoblauch *m* чесно́к *м*
Knöchel *m* ‹-s, -› *ANAT* (*Fuß~*) щи́колотка *ж,* лоды́жка *ж*
Knochen *m* ‹-s, -› кость *ж;* **Knochenbruch** *m* перело́м *м* ко́сти; **knochig** *adj* костля́вый
Knödel *m* ‹-s, -› *GASTRON* (*Kloß*) клёцка *ж;* (*Fleisch~*) фрикаде́лька *ж*
Knopf *m* ‹-[e]s, Knöpfe› пу́говица *ж;* **Knopfloch** *n* петля́ *ж;*
Knorpel *m* ‹-s, -› хрящ *м*
Knospe *f* ‹-, -n› (*Blüten~*) по́чка *ж,* буто́н *м*
knoten *vt* ‹с›де́лать у́зел на чём-л, завя́зывать ‹-за́ть› узло́м что-л; **Knoten** *m* ‹-s, -› **1** (*allg.*), a. *NAUT* у́зел *м* **2** *MED* у́зел *м,* бугоро́к *м;* (*Geschwulst*) желва́к *м;* **Knotenpunkt** *m* (*Verkehrs~*) узлова́я то́чка *ж*
Know-how *n* ‹-[s]› ноу-ха́у *с*
Knüller *m* ‹-s, -› *FAM* (*erfolgreicher Schlager, Film etc.*) боеви́к *м,* шля́гер *м;* (*Verkaufs~*) мо́дный (хо́дкий) това́р *м*

knüpfen vt ① (Faden, Band) свя́|зывать ‹-за́ть›, завя́|зывать ‹-за́ть›; (Teppich) ‹с-›плести́ ② FIG ◇ **Bedingungen an etw** akk ~ ста́вить что-л в зави́симость от определённого усло́вия; (sich anfreunden) ◇ **Freundschaft** ~ завяза́ть дру́жбу
Knüppel m ‹-s, -› ① (Stock) дуби́на ж, то́лстая па́лка ж; (Polizei~) дуби́нка ж ② (Steuer~) ру́чка ж управле́ния
knurren vi (Hund) рыча́ть несов; (Magen) бурча́ть несов, урча́ть несов
knusp[e]rig adj хрустя́щий, поджа́ристый
k. o. adv ① SPORT ◇ **jd-n ~ schlagen** нокаути́ровать кого́-л ② FAM (erschöpft) утомлённый, обесси́ленный
Koalition f (Regierungs~) коали́ция ж
Kobalt n ‹-s› CHEM ко́бальт м
Kobold m ‹-[e]s, -e› ко́больд м, гном м, домово́й м
Kobra f ‹-, -s› ZOOL ко́бра ж
Koch m ‹-[e]s, Köche› по́вар м; **Kochbuch** n пова́ренная кни́га ж; **kochen** **I.** vt ① (zubereiten) ‹при-›гото́вить; (Kaffee, Essen) ‹с-›вари́ть; ◇ **gern** ~ люби́ть гото́вить ② (Wäsche, Wasser) ‹вс-›кипяти́ть **II.** vi ① (Nudeln etc.) ‹с-›вари́ться ② (Wasser etc.) ‹вс-›кипе́ть; (Motor) перегре́‹ва́›ться ③ FAM (sehr wütend sein) быть озло́бленным; ◇ **sie kocht vor Wut** она́ кипи́т от зло́сти; **Kocher** m ‹-s, -› (Camping~) кипяти́льник м; **Kochgelegenheit** f возмо́жность ж гото́вить; **Köchin** f куха́рка ж, повари́ха ж; **Kochlöffel** m поваре́шка ж; **Kochnische** f кухо́нная ни́ша ж; **Kochplatte** f (Herdplatte) электронагрева́тельная пли́тка ж; **Kochrezept** n кулина́рный реце́пт м; **Kochsalz** n пова́ренная соль ж; **Kochtopf** m кастрю́ля ж
Kode m s. **Code**
Köder m ‹-s, -› a. FIG прима́нка ж
Koexistenz f сосуществова́ние с
Koffein n ‹-s› кофеи́н м; **koffeinfrei** adj (Kaffee) не содержа́щий кофеи́на
Koffer m ‹-s, -› чемода́н м; **Kofferradio** n порта́тивный [перено́сный] радиоприёмник м; **Kofferraum** m бага́жник м
Kognak m ‹-s, -s› конья́к м
Kohl m ‹-[e]s, -e› капу́ста ж
Kohle f ‹-, -n› ① (Brennstoff) у́голь м; (Braun~) бу́рый у́голь м; (Stein~) ка́менный у́голь м; (Holz~) древе́сный у́голь м ② FAM (Geld) де́ньги мн; **Kohlehydrat** n ‹-[e]s, -e› CHEM углево́д м; **Kohlekraftwerk** n электроста́нция ж, рабо́тающая на угле́; **Kohlendioxid** n двуо́кись ж углеро́да, углекислота́ ж; **Kohlensäure** f CHEM у́гольная кислота́ ж; (in Getränken) ◇ **mit** ~ газиро́ванный; **Kohleofen** m печь ж, ота́пливаемая углём; **Kohlepapier** n копирова́льная бума́га ж, копи́рка ж

Kohlestift m у́гольный каранда́ш м; **kohlrabenschwarz** adj чёрный как смоль [у́голь]
Kohlrabi m ‹-[s], -s› кольра́би ж; **Kohlrübe** f брю́ква ж
Koitus m ‹-, - o. -se› совокупле́ние с, ко́итус м
Koje f ‹-, -n› ① NAUT ко́йка ж ② FAM (Bett) ◇ **ab in die** ~! бы́стро спать!
Kokain n ‹-s› кока́ин м
kokett adj коке́тливый; **kokettieren** vi коке́тничать несов (mit jd-m с кем-л)
Kokosnuss f коко́совый оре́х м
Koks m ‹-es, -e› (Kohlenstoff) кокс м
Koks m ‹-es› FAM (Kokain) кока́ин м
Kolben m ‹-s, -› ① (Gewehr~) прикла́д м ② TECH (von Motor) по́ршень м ③ CHEM (Behälter) ко́лба ж
Kolik f MED (Nieren~) ко́лика ж
Kollaps m ‹-es, -e› (Kreislauf~) колла́пс м
Kolleg n ‹-s, -s o. -ien› SCH (Studien~) (академи́ческая) ле́кция ж, курс м ле́кций
Kollege m ‹-n, -n›, **Kollegin** f колле́га м/ж; (Arbeits~) сотру́дник м, сотру́дница ж, сослужи́вец м, сослужи́вица ж; (Arzt~) колле́га м/ж по профе́ссии; **kollegial** adj (Verhältnis) коллегиа́льный, това́рищеский
Kollegium n (Lehrer~) колле́гия ж
Kollekte f ‹-, -n› REL скла́дчина ж, сбор м (доброво́льных взно́сов) ; **kollektiv** adj ① (gemeinsam) коллекти́вный ② (umfassend, Wissen) собира́тельный, обши́рный
Kollision f ① (von Autos etc.) столкнове́ние с, колли́зия ж ② (zeitliche Überschneidung) пересече́ние с, совпаде́ние с ③ FIG (Widerstreit) противоре́чие с, конфли́кт м, раздо́р м
Kolonie f коло́ния ж; **kolonisieren** vt колонизова́ть несов и сов, заселя́ть ‹-ли́ть›
Kolonne f ‹-, -n› ① (geschlossene Gruppe) коло́нна ж, строй ж; (Arbeits~) брига́да ж; (Auto~) коло́нна ж ② TYP (Kolumne) полоса́ ж, коло́нка ж, столбе́ц м
Koloss m ‹-es, -e› ко́лосс м, гига́нт м; **kolossal** adj ① (beeindruckend, gewaltig) необыкнове́нный, колосса́льный ② FIG (sehr groß) огро́мный, гига́нтский
Kolumne f ‹-, -n› ① TYP (Druckspalte) полоса́ ж, коло́нка ж ② (Leitartikel) передова́я статья́ ж
Koma n ‹-s, -s› MED ко́ма ж, бессозна́тельное состоя́ние с; ◇ **im** ~ **liegen** находи́ться в ко́ме
Kombination f ① (Verknüpfung, Verbindung) комбина́ция ж, сочета́ние с, соедине́ние с ② (Jacke und Hose) комбинезо́н м ③ SPORT комбина́ция ж; **kombinieren** **I.** vt (Kleider, Möbel)

‹с-›комбини́ровать **II.** *vi (folgern)* сле́довать *несов,* вытека́ть *несов*

Kombizange *f* пассати́жи *мн*

Komet *m* ‹-en, -en› коме́та *ж*

Komfort *m* ‹-s› *(von Wohnung)* удо́бство *с; (Luxus)* комфо́рт *m;* **komfortabel** *adj* удо́бный, комфорта́бельный

Komik *f* коми́зм *m;* **Komiker(in** *f) m* ‹-s, -› ко́мик *m;* **komisch** *adj* **1** *(lustig)* коми́чный, смешно́й, заба́вный **2** *(merkwürdig)* стра́нный; ◇ **ein ~ er Kauz** чуда́к *m*

Komitee *n* ‹-s, -s› *(Ausschuss)* комите́т *m*

Komma *n* ‹-s, -s *o.* -ta› GRAM запята́я *ж*

Kommandant(in *f) m* команда́нт *m;*

Kommandeur(in *f) m* команди́р *m;*

kommandieren I. *vt* **1** MIL *(Heer)* ‹с-› кома́ндовать *несов* (кем-чем-л) **2** MIL *(abordnen)* **jd-n an die Front ~** командирова́ть кого́-л на фронт **3** *FAM (schikanieren)* прид‹и›ра́ться к кому́-л **II.** *vi a.* MIL *(befehlen)* прика́зывать ‹-за́ть›;

Kommando *n* ‹-s, -s› **1** *(Befehlsgewalt)* кома́ндование *с* **2** *(Befehlswort)* кома́нда *ж;* ◇ **auf ~** по кома́нде, по прика́зу **3** *(Sonder~)* осо́бое зада́ние *с* **4** *(Abteilung)* спецподразделе́ние *с*

kommen ‹kam, gekommen› *vi* **1** *(eintreffen)* при‹ходи́ть ‹-йти́›, при‹езжа́ть ‹-е́хать›; *(Zug, Flugzeug etc.)* прибыва́ть; *(Baby)* роди́ться *несов и сов,* появи́ться на свет **2** *(gelangen)* добира́ться, попада́ть ‹-па́сть›, доезжа́ть ‹-е́хать›; ◇ **wie komme ich zum Bahnhof?** как мне добра́ться до вокза́ла? **3** *(aufsuchen, besuchen)* навеща́ть ‹-сти́ть›, посеща́ть ‹-ти́ть›; *(Arzt)* **jd-n ~ lassen** вызыва́ть ‹вы́звать› кого́-л; ◇ **sie kommt morgen zu uns** за́втра она́ придёт к нам **4** *(mitgehen)* идти́ вме́сте с кем-л; ◇ **komm jetzt!** пойдём! **5** *(stammen, her~)* происходи́ть *несов,* вести́ своё нача́ло *(aus* из); ◇ **ich komme aus Paris** я прие́хал из Пари́жа **6** *(Ursache haben)* происходи́ть, случа́ться *несов (von* от); ◇ **das kommt davon, dass** э́то явля́ется сле́дствием того́, что; ◇ **wie kommt es, dass** как случи́лось, что; ◇ **woher kommt das?** отчего́ э́то произошло́? **7** *(geraten)* **in Schwierigkeiten ~** попа́сть в затрудни́тельное положе́ние; ◇ **unters Auto ~** попа́сть под автомаши́ну **8** *(dransein)* **ich komme an die Reihe** тепе́рь моя́ о́чередь **9** *(geschickt werden)* **in die Schule ~** ходи́ть в шко́лу; ◇ **ins Gefängnis ~** попа́сть в тюрьму́ **10** *(erscheinen, sich zeigen)* появля́ться ‹-ви́ться›; *(Zähne, Sonne)* появля́ться ‹-ви́ться›, выгля́дывать *несов; (Blätter)* распуска́ться *несов;* ◇ **da kommt mir e-e Idee** мне пришла́ в го́лову иде́я; ◇ **mir ~ die Tränen** у меня́ появи́лись слёзы **11** *(geschehen)* происходи́ть, случа́ться *несов;* ◇ **komme was wol-**

le пусть бу́дет, что бу́дет **12** *(kosten)* сто́ить; ◇ **das Buch kommt auf 18 Euro** кни́га сто́ит 18 е́вро **13** *(an bestimmte Stelle gehören)* находи́ться в определённом ме́сте; ◇ **die Kleider ~ in den Schrank** ме́сто оде́жды в шкафу́ **14** *FAM (Orgasmus haben)* дойти́ до орга́зма **15** *(Zeit für etw finden)* ◇ **endlich komme ich dazu, dir zu schreiben** наконе́ц я собра́лся написа́ть тебе́ **16** *(wieder erlangen)* ◇ **wieder zu Geld ~** сно́ва быть при деньга́х; ◇ **zu sich ~** прийти́ в себя́ **17** *(verlieren)* ◇ **um seine Ersparnisse ~** потеря́ть свои́ сбереже́ния; ◇ **ums Leben ~** поги́бнуть **18** *(erfahren)* ◇ **hinter etw** *akk* ~ узна́ть что-л

Kommen *n* ‹-s› *(Ankommen)* прихо́д *m,* прие́зд *m; (Ankunft)* прибы́тие *с;* ◇ **ein ~ und Gehen** хожде́ние *с* взад и вперёд

kommend *adj (Woche, Dienstag)* бу́дущий, гряду́щий, наступа́ющий; *(Ereignisse)* гряду́щий; *(Generation)* бу́дущий

Kommentar *m* коммента́рий *m,* поясне́ние *с;* **Kommentator(in** *f) m* коммента́тор *m;* **kommentieren** *vt* ‹про-› комменти́ровать

kommerziell *adj* комме́рческий

Kommilitone *m,* **Kommilitonin** *f* соку́рсник *m,* соку́рсница *ж*

Kommissar(in *f) m* комисса́р(ша *ж) m*

Kommission *f* **1** *(Ausschuss)* коми́ссия *ж,* комите́т *m* **2** *(Auftrag)* комиссио́нное поруче́ние *с;* ◇ **in ~ nehmen** брать на коми́ссию

Kommode *f* ‹-, -n› комо́д *m*

Kommune *f* ‹-, -n› **1** *(Gemeinde)* общи́на *ж* **2** PEJ *(Wohngemeinschaft)* комму́на *ж*

Kommunikation *f* коммуника́ция *ж,* сообще́ние *с*

Kommunion *f* REL прича́стие *с*

Kommuniqué *n* ‹-s, -s› коммюнике́ *с*

Kommunismus *m* коммуни́зм *m;*

Kommunist(in *f) m* коммуни́ст(ка *ж) m;* **kommunistisch** *adj* коммунисти́ческий

kommunizieren *vi* обща́ться *несов,* подде́рживать *несов* конта́кт *(mit jd-m* с кем-л)

Komödiant(in *f) m* ‹-en, -en› комедиа́нт(ка *ж) m;* **Komödie** *f* коме́дия *ж*

kompakt *adj* **1** *(dicht, Material)* пло́тный, твёрдый **2** FAM *(gerafft, Buch)* компа́ктный, кра́ткий **3** FAM *(stämmig, Person)* корена́стый, кря́жистый

Kompanie *f* компа́ния *ж,* ро́та *ж*

Kompass *m* ‹-s, -e› ко́мпас *m*

kompatibel *adj (Computer)* совмести́мый

kompetent *adj* компете́нтный; **Kompetenz** *f* компете́нтность *ж,* компете́нция *ж*

komplett I. *adj* (*vollständig*) по́лный, компле́ктный; ◇ **ein ~er Dummkopf** по́лный дура́к **II.** *adv FAM* (*völlig*) по́лностью

komplex *adj* (*Thema*) ко́мплексный

Komplex *m* <-es, -e> **1** (*Fragen-, Gebäude~*) ко́мплекс *m* **2** PSYCH (*Minderwertigkeits~*) ко́мплекс *m* неполноце́нности

Komplikation *f* осложне́ние *c*

Kompliment *n* комплиме́нт *m*

Komplize *m*, **Komplizin** *f* соо́бщник *m*, соо́бщница *ж*

komplizieren *vt* усложня́ть <-ни́ть>; **kompliziert** *adj* (*Rechenaufgabe*) сло́жный, тру́дный; MED (*Bruch*) тяжёлый

Komplott *n* <-[e]s, -e> за́говор *m*, сго́вор *m*

komponieren *vt* (*Musikstück*) сочиня́ть <-ни́ть> му́зыку; **Komponist(in** *f*) *m* MUS компози́тор *m*; **Komposition** *f a.* MUS компози́ция *ж*, музыка́льное произведе́ние *c*

Kompost *m* <-[e]s, -e> компо́ст *m*

Kompott *n* <-[e]s, -e> (*Pflaumen~*) компо́т *m*

Kompresse *f* (*Umschlag*) компре́сс *m*

Kompromiss *m* <-es, -e> компроми́сс *m*; ◇ **e-n ~ schließen** пойти́ на компроми́сс; **kompromisslos** *adj* бескомпроми́ссный

Kondensation *f* PHYS конденса́ция *ж*; **kondensieren** *vt* конденси́ровать *несов и сов*; (*Saft*) сгуща́ть <-сти́ть>; **Kondensmilch** *f* сгущённое молоко́ *c*; **Kondensstreifen** *m* AERO инверсио́нный след *m*

Kondition *f* **1** (*Bedingung*) усло́вие *c*, предпосы́лка *ж* **2** (*Verfassung, körperlich*) выно́сливость *ж*, (*физическое*) состоя́ние *ж*, фо́рма *ж*; ◇ **in guter ~ sein** быть в хоро́шей фо́рме

Konditor(in *f*) *m* конди́тер *m*; **Konditorei** *f* конди́терская *ж*

Kondom *n* <-s, -e> кондо́м *m*, презервати́в *m*

Konfekt *n* <-[e]s, -e> конфе́ты *мн*

Konfektionsgröße *f* разме́р *m* оде́жды

Konferenz *f* (*Versammlung*) конфере́нция *ж*, совеща́ние *c*, заседа́ние *c*; ◇ **e-e ~ abhalten** проводи́ть конфере́нцию

Konfession *f* REL вероиспове́дание *c*; **konfessionslos** *adj* не принадлежа́щий ни к како́му вероиспове́данию

Konfetti *n* <-[s]> конфетти́ *c*

Konfirmand(in *f*) *m* <-en, -en> REL конфирма́нд(ка *ж*) *m*; **Konfirmation** *f* REL конфирма́ция *ж*; **konfirmieren** *vt* REL конфирмова́ть *несов и сов*

konfiszieren *vt* конфискова́ть *несов и сов*

Konfitüre *f* <-, -n> варе́нье *c*, джем *m*

Konflikt *m* <-[e]s, -e> конфли́кт *m*; ◇ **mit jd-m in ~ geraten** вступа́ть в конфли́кт с кем-л

Konföderation *f* (*von Staaten*) конфедера́ция *ж*, сою́з *m*

Konfrontation *f* конфронта́ция *ж*; **konfrontieren** *vt* ста́лкиваться *несов* (*mit dat* с кем-чем-л)

konfus *adj* **1** (*verwirrt, Person*) смущённый, расте́рянный, сконфу́женный **2** (*Bericht*) запу́танный, сби́вчивый

Kongress *m* <-es, -e> конгре́сс *m*, съезд *m*

König(in *f*) *m* <-[e]s, -e> *a.* SCHACH коро́ль *m*, короле́ва *ж*; **königlich** *adj a.* FIG короле́вский; **Königreich** *n* короле́вство *c*

Konjugation *f* (*von Verben*) спряже́ние *c*; **konjugieren** *vt* <про>спряга́ть

Konjunktion *f* GRAM сою́з *m*

Konjunktiv *m* GRAM сослага́тельное наклоне́ние *c*, конъюнкти́в *m*

Konjunktur *f* (*Hoch~*) конъюнкту́ра *ж*

konkav *adj* (*nach innen gewölbt*) во́гнутый

konkret *adj* **1** (*nicht abstrakt*) конкре́тный **2** (*klar, Vorstellung*) то́чный, я́сный

Konkurrent(in *f*) *m a.* SPORT, COMM конкуре́нт(ка *ж*) *m*, сопе́рник *m*, сопе́рница *ж*; **Konkurrenz** *f a.* COMM, SPORT конкуре́нция *ж*, сопе́рничество *c*; **konkurrenzfähig** *adj* конкуренто-спосо́бный; **konkurrieren** *vi* сопе́рничать *несов*, конкури́ровать *несов* (*mit jd-m* с кем-л); ◇ **um einen Arbeitsplatz ~** конкури́ровать за рабо́чее ме́сто

Konkurs *m* <-es, -e> COMM несостоя́тельность *ж*, банкро́тство *c*; ◇ **~ anmelden** объяви́ть о банкро́тстве

können <kann, konnte, gekonnt> *vt, vi* **1** (*imstande sein*) <с>мочь, быть в состоя́нии **2** (*beherrschen*) владе́ть чем-л; ◇ **können Sie Russisch?** Вы владе́ете ру́сским (языко́м)?; ◇ **sie kann ihre Rolle nicht** она́ не зна́ет свое́й ро́ли **3** (*möglich sein*) ◇ **das kann sein** э́то мо́жет быть; ◇ **es kann sein, dass** возмо́жно, что **4** (*dürfen*) мочь, сметь *несов*; ◇ **kann ich mal telefonieren?** мо́жно позвони́ть? **5** (*keine Schuld haben*) ◇ **ich kann nichts dafür** я не винова́т

Können *n* <-s> **1** (*Fähigkeit*) уме́ние *c*, на́вык *m*, возмо́жности *ж мн* **2** (*Wissen*) зна́ние *c*, мастерство́ *c*

konsequent *adj* (*Entscheidung*) после́довательный, упо́рный; **Konsequenz** *f* **1** (*Folge*) после́довательность *ж*; ◇ **die ~en ziehen** <с>де́лать вы́воды **2** (*Unbeirrbarkeit*) насто́йчивость *ж*, упо́рство *c*

konservativ *adj* POL консервати́вный

Konserve *f* <-, -n> консе́рвы *мн*; **kon-**

servieren vt a. GASTRON ⟨за-⟩консерви́ровать; **Konservierungsmittel** n консерви́рующее сре́дство c, консерва́нт m

Konsonant m согла́сный m

konspirativ adj (verschwörerisch) конспирати́вный, загово́рщический

konstant adj конста́нтный, постоя́нный

Konstellation f ① (Lage) положе́ние c дел, стече́ние c обстоя́тельств ② ASTRON положе́ние c звёзд, констелля́ция ж

konstruieren vt ① (Gebäude) ⟨по-⟩стро́ить; (Maschine) сооружа́ть ⟨-ди́ть⟩ ② FIG (bilden, Satz) образо́вывать ⟨-ва́ть⟩; (Plan) ⟨с-⟩конструи́ровать, составля́ть ⟨-ста́вить⟩; **Konstruktion** f ① (Aufbau) констру́кция ж; (Errichtung) сооруже́ние c; (Struktur) строе́ние c, структу́ра ж ② FIG (Entwurf) прое́кт m; **konstruktiv** adj конструкти́вный, поле́зный

Konsul(in f) m ⟨-s, -n⟩ ко́нсул m; **Konsulat** n ко́нсульство c

konsultieren vt (Arzt) ⟨про-⟩консульти́роваться, ⟨по-⟩сове́товаться

Konsum m ⟨-s⟩ (Verbrauch) потребле́ние c; **Konsumartikel** m pl потреби́тельские това́ры mn; **Konsument(in** f) m потреби́тель(ница ж) m; **Konsumgesellschaft** f потреби́тельское о́бщество c; **konsumieren** vt потребля́ть ⟨-би́ть⟩

Kontakt m ⟨-[e]s, -e⟩ ① (Haut~) конта́кт m ② ELECTR конта́кт m ③ (Beziehung) связь ж, конта́кт m; **kontaktarm** adj необщи́тельный, некоммуника́бельный; **kontaktfreudig** adj общи́тельный, коммуника́бельный; **Kontaktlinsen** f pl конта́ктные ли́нзы mn

Kontext m конте́кст m; ◇ etw im ~ sehen ви́деть что-л в конте́ксте чего́-л

Kontinent m ⟨-[e]s, -e⟩ контине́нт m; **kontinental** adj (Klima) континента́льный

kontinuierlich adj (beständig, Entwicklung) непреры́вный, беспереба́йный

Konto n ⟨-s, -ten⟩ ① (Spar~) счёт m ② FIG (daran ist sie schuld) ◇ das geht auf ihr ~ э́то ей зачтётся [в э́том винова́та она́]; **Kontoauszug** m извлече́ние c [вы́писка ж] со счёта; **Kontoinhaber(in** f) m владе́лец m/владе́лица ж счёта; **Kontonummer** f но́мер m счёта; **Kontostand** m состоя́ние c счёта

Kontra n ⟨-s, -s⟩ ① (Wider) ◇ Pro und ~ за и про́тив ② (beim Kartenspiel) ◇ ~ ansagen объяви́ть контригру́ ③ FIG ◇ jd-m ~ geben противоре́чить кому́-л

Kontrabass m MUS контраба́с m

Kontrahent(in f) m ① (Gegner/in) контраге́нт m ② COMM (Vertragspartner/in) сторона́ ж в догово́ре

Kontrapunkt m MUS контрапу́нкт m

Kontrast m ⟨-[e]s, -e⟩ (Farb~ etc.) контра́ст m; (Gegensatz.) противополо́жность ж

Kontrolle f ⟨-, -n⟩ ① (Überprüfung) прове́рка ж ② (Überwachung) контро́ль m, наблюде́ние c ③ (das Beherrschen) контро́ль m (über akk за, над кем-чем-л); ◇ die ~ über seinen Wagen verlieren потеря́ть контро́ль над свои́м автомоби́лем; **Kontrolleur(in** f) m контролёр(ша ж) m; **kontrollieren** vt ① (überprüfen) проверя́ть ⟨-ве́рить⟩ ② (überwachen) ⟨про-⟩контроли́ровать, надзира́ть несов за кем-чем-л ③ (beherrschen) владе́ть, не теря́ть контро́ля над чем-л

Kontroverse f ⟨-, -n⟩ (Auseinandersetzung) разногла́сие c, спор m

Kontur f ко́нтур m, очерта́ние c

Konvention f ① (Tradition) обы́чай m, тради́ция ж; (Förmlichkeit) усло́вность ж ② POL (Vertrag) конве́нция ж, соглаше́ние c, догово́р m; **konventionell** adj общепри́нятый, обы́чный, традицио́нный

Konversation f бесе́да ж, разгово́р m;

konvex adj (nach außen gewölbt) вы́пуклый

Konvoi m ⟨-s, -s⟩ конво́й m

Konzentration f концентра́ция ж; CHEM сосредото́чие c; **Konzentrationslager** n концентрацио́нный ла́герь m; **konzentrieren I.** vt ⟨с-⟩концентри́ровать, сосредото́чи⟨ва⟩ть **II.** vr ◇ sich ~ ⟨с-⟩концентри́роваться, сосредото́чи⟨ва⟩ться (auf akk на чём-л)

Konzept n ⟨-[e]s, -e⟩ (Entwurf) черново́й набро́сок m, прое́кт m, конспе́кт m, план m

Konzern m ⟨-s, -e⟩ конце́рн m

Konzert n ⟨-[e]s, -e⟩ MUS конце́рт m

konzertiert adj POL согласо́ванный; ◇ ~e Aktion согласо́ванная а́кция

Konzession f ① (behördliche Genehmigung) разреше́ние c ② (Zugeständnis) усту́пка ж; ◇ ~en machen де́лать усту́пки

Konzil n ⟨-s, -e o. -ien⟩ REL собо́р m

Kooperation f коопера́ция ж, коопери́рование c, сотру́дничество c

koordinieren vt ⟨с-⟩координи́ровать, согласо́вывать ⟨-ва́ть⟩

Kopf m ⟨-[e]s, Köpfe⟩ ① (von Mensch, Tier) голова́ ж; ◇ von ~ bis Fuß с головы́ до ног; FIG (entmutigt sein) ◇ den ~ hängen lassen пове́сить го́лову; FIG (durcheinander bringen) ◇ etw auf den ~ stellen ⟨по-⟩ста́вить что-л вверх дном ② (Salat~, Kohl~) коча́н m ③ (Brief~) штамп m отправи́теля на письме́; (Zeitungs~) ша́пка ж, заголо́вок m ④ (Nagel~) шля́пка ж; (Stecknadel~) голо́вка ж ⑤ (Mensch, Person) ◇ pro ~ der Bevölkerung на ду́шу населе́ния **6** (Leiter, Anführer) руководи́тель *m*, глава́ *ж;* **7** FIG (Verstand) ум *m*, смека́лка *ж;* ◇ **ein kluger ~** у́мная голова́ *ж;* ◇ **nicht ganz richtig im ~ sein** тро́нуться, рехну́ться, спяти́ть с ума́; ◇ **sich den ~ zerbrechen** лома́ть себе́ го́лову **8** (auswendig) **aus dem ~** наизу́сть; ◇ **es geht mir nicht aus dem ~** э́то не выхо́дит у меня́ из головы́, э́та мысль не покида́ет меня́; ◇ **jd-m den ~ verdrehen** вскружи́ть кому́-л го́лову; ◇ **sich etw durch den ~ gehen lassen** призаду́маться над чем-л; ◇ **sich etw in den ~ setzen** вби́ть себе́ что-л в го́лову; **9** FIG ◇ **alles steht ~** всё идёт кувырко́м; **Kopfbedeckung** *f* головно́й убо́р *m;* **Kopfhörer** *m* нау́шники *мн;* **Kopfkissen** *n* поду́шка *ж;* **kopflos** *adj* FIG безголо́вый; (Handeln) безмо́зглый; (in Panik) безрассу́дный; **kopfrechnen** *vi* счита́ть в уме́; **Kopfsalat** *m* коча́нный сала́т *m;* **Kopfschmerz** *m* головна́я боль *ж;* **Kopfsprung** *m* SPORT вход *m* в во́ду голово́й; **Kopfstand** *m* сто́йка *ж* на голове́; **Kopfstein** *m* булы́жник *m;* **Kopftuch** *n* головно́й плато́к *m*, косы́нка *ж;* **Kopfzerbrechen** *n* ⟨-s⟩ FIG (Sorgen) ◇ **das bereitet mir viel ~** над э́тим прихо́дится лома́ть го́лову

Kopie *f* **1** (Abschrift) ко́пия *ж* **2** (Foto~) фотоко́пия *ж* **3** (Nachbildung) репроду́кция *ж;* **kopieren** *vt* **1** (abschreiben) а. PC снима́ть ⟨снять⟩ ко́пию, спи́сывать ⟨-са́ть⟩, ⟨с-⟩копи́ровать **2** (jd-n nachahmen, a. foto~) подража́ть *несов* кому́-л, ⟨с-⟩копи́ровать кого́-л; **Kopierer** *m* ⟨-s, -⟩, **Kopiergerät** *n* копирова́льный аппара́т *m*

Koppel *f* ⟨-, -n⟩ (Pferde~) огоро́женный вы́гон *m* для лошаде́й; **koppeln** *vt* **1** (Pferde) стрено́живⱥⱥⱥⱥⱥ ⟨-ва́ть⟩ **2** (Wörter) соединя́ть ⟨-ни́ть⟩, свя́зывать ⟨-за́ть⟩; **Koppelung** *f* TECH стыко́вка *ж*, сопряже́ние *c;* (Zusammenfügen) соедине́ние *c*

Koralle *f* ⟨-, -n⟩ кора́лл *m*

Koran *m* REL кора́н *m*

Korb *m* ⟨-[e]s, Körbe⟩ **1** (Einkaufs~, Brot~) корзи́нка *ж;* (Bienen~) у́лей *m* **2** SPORT (Basketball) попада́ние *c* в корзи́ну **3** FIG ◇ **jd-m e-n ~ geben** отказа́ть кому́-л

Kordel *f* ⟨-, -n⟩ верёвка *ж*, бечёвка *ж*

Kork *m* ⟨-[e]s, -e⟩ (Material) про́бка *ж;* **Korken** *m* ⟨-s, -⟩ (Flaschen~) про́бка *ж;* **Korkenzieher** *m* ⟨-s, -⟩ што́пор *m*

Korn¹ *n* ⟨-[e]s, Körner⟩ **1** (einzelnes ~) зерно́ *c*, зёрнышко *c;* (Salz~, Sand~) крупи́нка *ж* **2** (Getreide) хлеб *m*, зерно́ *c*, жи́то *c*

Korn² *m* ⟨-[e]s⟩ **1** (vom Gewehr) му́шка *ж* **2** FIG (genau beobachten) ◇ **jd-n aufs**

~ nehmen брать на му́шку кого́-л **3** (Schnaps) хле́бная во́дка *ж*

Körper *m* ⟨-s, -⟩ **1** (von Mensch, Tier) те́ло *c*, туло́вище *c* **2** GEOM те́ло *c;* **Körperbau** *m* строе́ние *c* те́ла, телосложе́ние *c*, конститу́ция *ж;* **körperbehindert** *adj* име́ющий физи́ческие недоста́тки; **Körpergröße** *f* рост *m;* **körperlich** *adj* физи́ческий, теле́сный, веще́ственный; **Körperschaft** *f* о́рган *m;* **Körperteil** *m* часть *ж* те́ла

korpulent *adj* (beleibt, Person) по́лный, доро́дный, корпуле́нтный, ту́чный

korrekt *adj* пра́вильный, корре́ктный

Korrektor(in *f*) *m* корре́ктор *m;* **Korrektur** *f* (von Fehlern) исправле́ние *c*, попра́вка *ж*, корректу́ра *ж;* **Korrekturtaste** *f* кла́виша *ж* корре́кции

Korrespondent(in *f*) *m* корреспонде́нт(ка *ж*) *мн;* **Korrespondenz** *f* перепи́ска *ж*, корреспонде́нция *ж*

Korridor *m* ⟨-s, -e⟩ коридо́р *m*, прохо́д *m*

korrigieren *vt* ис|правля́ть ⟨-пра́вить⟩; (Klassenarbeit) про|веря́ть ⟨-ве́рить⟩

Korrosion *f* GEOL корро́зия *ж*

Korruption *f* корру́пция *ж*

Kosename *m* ласка́тельное и́мя *c*

Kosmetik *f* (Schönheitspflege) косме́тика *ж;* **Kosmetikerin** *f* космети́чка *ж;* **kosmisch** *adj* косми́ческий

Kosmonaut(in *f*) *m* ⟨-en, -en⟩ космона́вт *m*

Kosmopolit(in *f*) *m* ⟨-en, -en⟩ космополи́т *m*

Kosmos *m* ⟨-⟩ (Weltall) ко́смос *m*

Kost *f* ⟨-⟩ (Verpflegung) пи́ща *ж*, пита́ние *c;* ◇ **~ und Logis haben** жить на всём гото́вом

kostbar *adj* (wertvoll) це́нный, драгоце́нный; (teuer) дорого́й; **Kostbarkeit** *f* (kostbares Stück) драгоце́нность *ж*

kosten¹ *vt* **1** (Preis haben) сто́ить *несов* чего́-л, обходи́ться в каку́ю-л су́мму; ◇ **das hat ihn viel Geld gekostet** э́то сто́ило ему́ мно́го де́нег, э́то обошло́сь ему́ в кру́глую су́мму **2** (erfordern) ◇ **das kostet Nerven** тут нужны́ кре́пкие не́рвы; ◇ **Zeit ~** тре́бовать вре́мени **3** (verlieren) ◇ **das kostete ihn seinen Job** э́то сто́ило ему́ ме́ста рабо́ты

kosten² *vt* (Speise) ⟨по-⟩про́бовать

Kosten *pl* **1** (Auslagen) изде́ржки *мн;* (Ausgaben, Fahrt~) расхо́ды *мн* **2** FIG (genießen) ◇ **auf seine ~ kommen** оста́ться удовлетворённым; (schaden) ◇ **das geht auf ~ der Qualität** э́то идёт за счёт ка́чества; **kostenlos** *adj* беспла́тный, безвозме́здный, дарово́й; **Kostenvoranschlag** *m* предвари́тельная сме́та *ж* расхо́дов

köstlich *adj* **1** (ausgezeichnet, Wein) превосхо́дный, ла́комый **2** FAM (erheiternd) заба́вный, поте́шный

Kostprobe f (von Speise) про́ба ж, дегуста́ция ж; (von Können) образе́ц м, приме́р м
kostspielig adj дорогостоя́щий
Kostüm n <-s, -e> a. THEAT (Folklore~) костю́м м; (Damen~) же́нский костю́м м
Kot m <-[e]s> (Schmutz) грязь ж, нечисто́ты мн; (Exkremente) кал м, экскреме́нты мн
Kotelett n <-[e]s, -s> отбивна́я ж котле́та
Koteletten pl (Backenbart) бакенба́рды мн
Köter m <-s, -> PEJ дворня́жка ж, пёс м
Kotflügel m AUTO грязезащи́тное крыло́ с
kotzen vi VULG (sich übergeben) блева́ть несов, <вы->рва́ть
Krabbe f <-, -n> ZOOL краб м
krabbeln vi ① (Spinnen, Käfer) ползать, ползти́ несов ② (Kinder) по́лзать несов
Krach m <-[e]s, Kräche> ① nur sg (Lärm) шум м; ◇ ~ **machen** устро́ить сканда́л ② (Schlag, Knall) треск м, гро́хот м ③ FAM (Streit) ссо́ра ж ④ FIG (Börsen~) крах м, банкро́тство с; **krachen** vi ① (Schuss, Donner) <за-, про->греме́ть; (Tür) захло́пнуться сов с тре́ском, за кры́ва́ться ② FAM (durchbrechen) треща́ть <тре́снуть> ③ (stoßen) ◇ **gegen etw** ~ ната́лкиваться <толкну́ться> на что-л
krächzen vi (Rabe) ка́рк|ать <-нуть>; (heisere Person) хрипе́ть несов
kraft präp gen в си́лу, на основа́нии
Kraft f <-, Kräfte> ① (körperlich) си́ла ж, мощь ж ② (Arbeits~) рабо́тник м; (Fach~) специали́ст м ③ (Gesetz) ◇ - **treten** вступи́ть в си́лу; ◇ **außer** - **sein** потеря́ть си́лу ④ PHYS си́ла ж, эне́ргия ж
Kraftbrühe f (кре́пкий) бульо́н м
Kraftfahrer(in f) m шофёр м; **Kraftfahrzeug** n автомоби́ль м, автомаши́на ж; **Kraftfahrzeugbrief** m па́спорт м автомоби́ля; **Kraftfahrzeugmechaniker(in** f) m автомеха́ник м; **Kraftfahrzeugsteuer** f автомоби́льный нало́г м; **Kraftfahrzeugversicherung** f страхова́ние автомоби́ля
kräftig I. adj ① (stark, Person, Wuchs) си́льный, кре́пкий ② (ausgeprägt, Stimme) зы́чный; (Appetit) хоро́ший ③ (reichhaltig, Mahlzeit) пита́тельный, сы́тный **II.** adv (sehr) си́льно, кре́пко
kraftlos adj ① (ohne Kraft) бесси́льный, истощённый, нéмощный ② JURA (ungültig) недействи́тельный, не име́ющий си́лы; **Kraftprobe** f испыта́ние с си́лы; **Kraftrad** n мотоци́кл м; **kraftvoll** adj по́лный сил, энерги́чный; **Kraftwagen** m автомоби́ль м; **Kraftwerk** n (Kohle~, Atom~) электроста́нция ж

Kragen m <-s, -> (von Hemd) воротни́к м
Krähe f <-, -n> ZOOL воро́на ж
krähen vi ка́рк|ать <-нуть>, (Hahn) <про->пе́ть
Kralle f <-, -n> ① (Vogel~, Bären~) ко́готь м ② FAM (sich wehren) ◇ **die ~n zeigen** вы́пустить [показа́ть] ко́гти
Kram m <-[e]s> ① PEJ (Gerümpel) хлам м, скарб м; FAM пожи́тки мн ② FAM (kommt mir ungelegen) ◇ **das passt mir nicht in den** ~ э́то меня́ не устра́ивает, э́то мне́ не подхо́дит; **kramen** vi (herumwühlen) <по->ры́ться (in в чём-л)
Krampf m <-[e]s, Krämpfe> ① (Waden~, Muskel~) су́дорога ж, спа́зм(а) м (ж) ② FAM (Quatsch) ◇ **so ein ~!** така́я глу́пость!; **Krampfader** f расшире́ние с вен; **krampfhaft** adj ① (Zuckungen) су́дорожный ② FIG (Bemühungen) напряжённый
Kran m <-[e]s, Kräne> (Last~) подъёмный кран м; (Wasserhahn) кран м
Kranich m <-s, -e> ZOOL жура́вль м
krank adj <kränker, am kränksten> больно́й; ◇ **jd-n** ~ **schreiben** вы́писать кому́-л бюллете́нь; **Kranke(r)** fm больно́й (-ая ж) м; **kränkeln** vi прих|ва́рывать <-вoрну́ть>, хвора́ть несов
kränken vt (jd-n) обижа́ть <оби́деть>, оскорбля́ть <-би́ть>

 Krankenkasse

Больни́чные ка́ссы (Krankenkassen) в Герма́нии — э́то страховы́е организа́ции, отве́тственные за здоро́вье ка́ждого жи́теля. Лю́ди разли́чных профе́ссий застрахо́ваны в ра́зных больни́чных ка́ссах. Существу́ет Krankenkasse для горняко́в, для моряко́в, не́которые кру́пные предприя́тия и фи́рмы име́ют свои́ со́бственные Krankenkassen. Есть и ча́стные больни́чные ка́ссы, но большинство́ жи́телей Герма́нии застрахо́ваны в ме́стных больни́чных ка́ссах (AOK), кото́рые есть в ка́ждом го́роде.

Krankengeld n де́нежное посо́бие с по боле́зни; **Krankengymnast(in** f) m специали́ст(ка ж) м по лече́бной гимна́стике; **Krankenhaus** n больни́ца ж; **Krankenkasse** f больни́чная ка́сса ж; **Krankenpfleger(in** f) m санита́р м; **Krankenschein** m больни́чный листо́к м, бюллете́нь м; **Krankenschwester** f медсестра́ ж; **Krankenversicherung** f страхова́ние с на слу́чай боле́зни; **Krankenwagen** m маши́на ж ско́рой по́мощи; **krankfeiern** vi FAM бюллете́нить несов; **krankhaft** adj боле́зненный, нездоро́вый; **Krankheit** f боле́знь ж, недомога́ние с;

◇ **an e-r ~ leiden** страда́ть от како́й-л боле́зни; **Krankheitserreger** m возбуди́тель m боле́зни; **kränklich** adj боле́зненный, хи́лый, нему́щный

Kränkung f оби́да ж, оскорбле́ние c

Kranz m ‹-es, Kränze› (Blumen~) вено́к m

krass adj (Gegensatz) ре́зкий, вопию́щий

Krater m ‹-s, -› (vom Vulkan) кра́тер m

kratzen I. vt (reiben) скрести́ несов, ‹о-›цара́пать; (mit den Nägeln ~) ‹по-›чеса́ть; ◇ **sich** akk **am Kopf ~** чеса́ть го́лову **II.** vi ① (Katze) расчёсывать ‹-чеса́ть› ② (Wolle) чеса́ться; (jucken) зуде́ть несов; ◇ **es kratzt mich im Hals** у меня́ перши́т в го́рле; **Kratzer** m ‹-s, -› ① (auf Haut, Lack) цара́пина ж ② (Eis~, für Autos) скребо́к m

kraulen ① vi (schwimmen) плыть кро́лем **II.** vt (streicheln, Hund) ‹по-›гла́дить

kraus adj ① (Haar) курча́вый ② (Stirn, Stoff) смо́рщенный, в скла́дках

Krause f ‹-, -n› ① (Dauerwelle) зави́вка ж ② (Hals~) жабо́ c, обо́рка ж

kräuseln I. vt ① (Haare) зави‹ва́›ть ② (Rock) прида‹ва́›ть изви́тость **II.** vr ◇ **sich ~** ① (Haare) ви́ться несов, зави‹ва́›ться, курча́виться несов; (Wasser) ряби́ть ‹поряби́ть› ② (Stoff) станови́ться изви́тым

Kraut n ‹-[e]s, Kräuter› ① (Heil~) трава́ ж ② nur sg (Kohl) капу́ста ж ③ FAM (durcheinander) ◇ **wie ~ und Rüben** как попа́ло

Krawall m ‹-s, -e› ① (Unruhen) беспоря́дки mn, бунт m, волне́ния mn ② (Lärm) шум m, сумато́ха ж

Krawatte f (Schlips) га́лстук m

kreativ adj тво́рческий; **Kreativität** f тво́рческие си́лы mn

Kreatur f (Geschöpf) созда́ние c, творе́ние c

Krebs m ‹-es, -e› ① ZOOL (Fluss~) рак m ② MED рак m ③ ASTROL Рак m; **krebserregend** adj канцероге́нный

Kredit m ‹-[e]s, -e› креди́т m; ◇ **e-n ~ aufnehmen** брать ‹взять› креди́т; **Kreditkarte** f креди́тная ка́рточка ж

Kreide f ‹-, -n› ① (Kalkstein) мел m ② GEOL мелово́й пери́од m ③ FAM (Schulden haben) ◇ **bei jd-m in der ~ stehen** задолжа́ть кому́-л; **kreidebleich** adj бе́лый как мел

Kreis m ‹-es, -e› ① круг m; GEOM окру́жность ж; a. FIG ◇ **sich im ~ drehen** кружи́ться несов ② (Freundes~ etc.) круг m (Bezirk) о́круг m, райо́н m

kreischen vi ‹за-›визжа́ть, пронзи́тельно крича́ть

Kreisel m (Spielzeug) волчо́к m

kreisen vi ① (sich im Kreis bewegen) враща́ться несов; (Flugzeug) ‹за-›кружи́ть, ‹за-›кружи́ться ② (herumgereicht werden) переда‹ва́›ть по кру́гу ③ FIG

(sich drehen um) враща́ться, идти́ (um вокру́г, o)

Kreislauf m ① MED кровообраще́ние c ② (Zirkulation) кругооборо́т m, циркуля́ция ж

Kreißsaal m роди́льная пала́та ж

Kreisstadt f райо́нный центр m; **Kreisverkehr** m кольцево́е движе́ние c

Krematorium n кремато́рий m

Kreml m ‹-s› кремль m

krepieren vi VULG (sterben) около‹ва́›ть, подыха́ть ‹-до́хнуть›

Kresse f ‹-, -n› BOT клопо́вник m

Kreuz n ‹-es, -e› ① (Zeichen) крест m; (Autobahn~) развя́зка ж автомоби́льных доро́г ② REL крест m ③ MUS дие́з m ④ ANAT крестец m, поясни́ца ж; FIG (betrügen) ◇ **jd-n aufs ~ legen** наду́ть кого́-л ⑤ FIG (Leid, Mühe) крест m, бре́мя c, му́ка ж ⑥ (Spielkartenfarbe) тре́фы mn; **kreuzen I.** vt ① (Arme, Beine) скла́дывать ‹сложи́ть› крест-на́крест ② (Straße) пересека́ть ‹-се́чь› ③ BIOL скре́щивать ‹-сти́ть› **II.** vi NAUT крейси́ровать несов **III.** vr ◇ **sich ~** ① (Linien) пересека́ться ‹-се́чься› ② (Briefe) размину́ться сов; **Kreuzer** m ‹-s, -› NAUT кре́йсер m; **Kreuzfahrt** f морско́е путеше́ствие c на парохо́де

Kreuzigung f REL распя́тие c

Kreuzotter f ZOOL гадю́ка ж

Kreuzung f ① (Straßen~) перекрёсток m ② BIOL скре́щивание c

Kreuzverhör n JURA перекрёстный допро́с m; **Kreuzworträtsel** n кроссво́рд m

kriechen ‹kroch, gekrochen› vi ① (Schlange) ползти́ несов, по́лзать несов ② PEJ (sich anbiedern) подхали́мничать несов, пресмыка́ться несов; FAM ◇ **jd-m in den Hintern ~** подли́зываться к кому́-л; **Kriecher(in** f) m ‹-s, -› PEJ подхали́м(ка ж), лизоблю́д(ка ж) m; **Kriechspur** f (auf Autobahn) полоса́ ж на автостра́де для тяжёлых тра́нспортных маши́н

Krieg m ‹-[e]s, -e› война́ ж; ◇ **jd-m den ~ erklären** объявля́ть войну́ кому́-л; **kriegen** vt FAM ① (bekommen) получа́ть ‹-чи́ть› ◇ **Hunger ~** проголода́ться несов; ◇ **Durst ~** захоте́ть пить ② (erwischen) ◇ **ich krieg dich noch!** я доберу́сь до тебя́!

Kriegsdienstverweigerer m ‹-s, -› отка́зывающийся m от вое́нной слу́жбы; **Kriegsfuß** m ◇ **mit jd-m auf ~ stehen** воева́ть с кем-л; **Kriegsgefangene(r)** fm военнопленный(-ая ж) m; **Kriegsschauplatz** m теа́тр m вое́нных де́йствий; **Kriegsschiff** n вое́нный кора́бль m; **Kriegsverbrecher** m вое́нный престу́пник m; **Kriegszustand** m вое́нное положе́ние c

Krimi m ‹-s, -s› FAM (Roman) детекти́вный [криминáльный] ромáн m; (Film) детекти́вный [криминáльный] фильм m; детекти́в m; **Kriminalbeamte(r)** m, **Kriminalbeamtin** f сотру́дник m/сотру́дница ж уголóвной поли́ции; **Kriminalität** f престу́пность ж; **Kriminalpolizei** f уголóвная поли́ция ж; уголóвный рóзыск ж; **kriminell** adj 1 (Tat, Person) уголóвный, криминáльный, престу́пный 2 FAM (unverschämt, Preis) нáглый, бессты́дный; **Kriminelle(r)** fm уголóвный престу́пник m, уголóвная престу́пница ж

Krimskrams m ‹-› FAM (Ramsch) хлам m
Kripo f ‹-› FAM (Kriminalpolizei) уголóвная поли́ция ж
Krippe f ‹-, -n› 1 (Futtertrog) корму́шка ж 2 (Kinder~, Weihnachts~) я́сли мн
Krise f ‹-, -n› кри́зис m; ◇ **in e-r stecken** пережива́ть кри́зис; **kriseln** vi unpers ◇ **es kriselt** приближáется кри́зис;
Krisenherd m очáг m кри́зиса
Kristall I. m ‹-s, -e› (Berg~, Salz~ etc.) кристáлл m II. n ‹-s› (~glas) хрустáль m
Kriterium n крите́рий m
Kritik f кри́тика ж; ◇ **an jd-m/etw üben** критиковáть когó/чтó-л; ◇ **unter aller** ~ ни́же вся́кой кри́тики; **Kritiker(in** f) m ‹-s, -› кри́тик m; **kritiklos** I. adj некрити́ческий II. adv ◇ **etw ~ hinnehmen** отнести́сь к чему́-л некрити́чно; **kritisch** adj крити́ческий; **kritisieren** vt, vi ‹рас-›критиковáть
kroch impf v. **kriechen**
Kroatien n ‹-s› Хорвáтия ж; ◇ **in/nach** ~ в Хорвáтии/в Хорвáтию
Krokodil n ‹-s, -e› ZOOL крокоди́л m
Krokus m ‹-, -o. -se› BOT шафрáн m
Krone f ‹-, -n› 1 (Königs~) корóна ж, венéц m 2 (Baum~) крóна ж 3 (Zahn~) корóнка ж 4 (Währungseinheit) крóна ж
krönen vt 1 (jd-n) короновáть несов и сов когó-л; ◇ **zum Kaiser** ~ венчáть на трон 2 FIG (sehr erfolgreich) ◇ **seine Bemühungen waren von Erfolg gekrönt** егó старáния увенчáлись успéхом
Kronleuchter m лю́стра ж
Kronprinz m наслéдный принц m
Krönung f a. FIG (von König) коронáция ж, коронóвание c; PEJ ◇ **das ist die ~!** э́то уже сли́шком!
Kropf m ‹-[e]s, Kröpfe› MED зоб m
Kröte f ‹-, -n› 1 ZOOL жáба ж 2 FAM ◇ **~n** f pl (Geld) дéньги мн
Krücke f ‹-, -n› (Krückstock) косты́ль m, клюкá ж
Krug m ‹-[e]s, Krüge› (Milch~) кувши́н m; (Bier~, Maß~) кру́жка ж
Krümel m ‹-s, -› (Brot~) крóшка ж
krumm adj 1 (Beine) кривóй; (Rücken) искривлённый; (Nase) горбáтый; (Linie) кривóй, изóгнутый 2 FIG (Ge-

schäfte) нечи́стый; **krumm lachen** vr FAM ◇ **sich** ~ катáться сó смеху; **krumm nehmen** unreg vt FAM (übel nehmen) обижáться ‹оби́деться› (jd-m etw за чтó-л на когó-л)
Krümmung f (von Linie) изги́б m, вы́гиб m; (vom Rücken) искривлéние c, закруглéние c; (von Straße) изви́лина ж
Krüppel m ‹-s, -› PEJ калéка m/ж
Kruste f ‹-, -n› (Brot~) кóрка ж; (Erd~) земнáя корá ж
Krux, Crux f ‹-› 1 (Last) гóре c, скорбь ж, печáль ж 2 FIG (Problem) крест m
Kruzifix n ‹-es, -e› распя́тие c
Kübel m ‹-s, -› чан m, бадья́ ж, кáдка ж
Kubikmeter m куби́ческий метр m
Küche f ‹-, -n› ку́хня ж
Kuchen m ‹-s, -› пирóг m; (Gebäck, Törtchen) пирóжное c; **Kuchenform** f фóрма ж для вы́печки
Küchenherd m ку́хонная плитá ж; **Küchenmaschine** f ку́хонный комбáйн ж; **Küchenschrank** m ку́хонный шкаф m
Kuckuck m ‹-s, -e› (Vogel) куку́шка ж
Kufe f ‹-, -n› (vom Schlitten) пóлоз m
Kugel f ‹-, -n› 1 (Glas~, Erd~) шар m; SPORT ядрó c; FAM (sich nicht überanstrengen) ◇ **e-e ruhige** ~ **schieben** рабóтать с прохлáдцей 2 MIL (Gewehr~) пу́ля ж; (Kanonen~) пу́шечное ядрó c; **Kugelgelenk** n TECH шаровóй шарни́р m; ANAT шарови́дный сустáв m; **Kugellager** n TECH шарикоподши́пник m; **kugelrund** adj 1 (Gegenstand) кру́глый как шар, шарообрáзный 2 FAM (dick) кру́гленький, пóлненький; **Kugelschreiber** m шáриковая ру́чка ж; **kugelsicher** adj (Weste) пуленепробивáемый; **Kugelstoßen** n ‹-s› SPORT толкáние c ядрá
Kuh f ‹-, Kühe› ZOOL корóва ж; **Kuhfladen** m коровя́к m, корóвий навóз m
kühl adj 1 (Wetter, Wasser) прохлáдный, свéжий 2 FIG (Atmosphäre) холóдный, сдéржанный; (besonnen bleiben) ◇ **e-n** ~**en Kopf bewahren** сохрани́ть спокóйствие [самооблáдание]; **Kühlbox** f ‹-, -en› небольшáя холоди́льная кáмера ж; **Kühle** f ‹-› 1 (von Temperatur) прохлáда ж, свéжесть ж 2 FIG (von Wesen) хóлодность ж, сдéржанность ж; **kühlen** vt (Sekt) охлаждáть ‹-ди́ть›; **Kühler** m ‹-s, -› AUTO радиáтор m; **Kühlerhaube** f AUTO капóт m радиáтора; **Kühlraum** m холоди́льная кáмера ж; **Kühlschrank** m холоди́льник m; **Kühltasche** f су́мка-тéрмос m; **Kühlung** f охлаждéние c; **Kühlwasser** n AUTO охлаждáющая водá ж
Kuhstall m корóвник m
Küken n ‹-s, -› цыплёнок m
kulant adj обходи́тельный, предупреди́тельный

Kuli *m* <-s, -s> **1** (*Lastträger*) ку́ли *м* **2** FAM (*Kugelschreiber*) ша́риковая ру́чка *ж*

Kulisse *f* <-, -n> THEAT, *a.* FIG кули́сы *мн*

kullern *vi* (*rollen, Kugel*) кати́ться *несов*

Kult *m* <-[e]s, -e> культ *м*; **Kultfigur** *f* йдол *м*

kultivieren *vt* (*Land*), *a.* FIG возде́л⟨ыв⟩ать, культиви́ровать *несов*; **kultiviert** *adj* (*Benehmen*) культу́рный, образо́ванный

Kultur *f* **1** (*eines Volkes*) культу́ра *ж* **2** BIOL (*von Bakterien, Pflanzen*) культу́ра *ж*; **Kulturbanause** *m* обыва́тель *м*; неве́жда *м*; **kulturell** *adj* культу́рный

Kultusministerium *n* министе́рство просвеще́ния и культу́ры, име́ющееся в ка́ждой неме́цкой земле́

Kümmel *m* <-s> **1** (*Kraut*) тмин *м* **2** (*Branntwein*) тми́нная во́дка *ж*

Kummer *m* <-s> **1** (*Leid, Betrübnis*) го́ре *с*, печа́ль *ж*, скорбь *ж*, го́ресть *ж*, огорче́ние *с*; ◇ **jd-m ~ machen** доставля́ть огорче́ние кому́-л **2** FAM (*Ärger, Probleme*) неприя́тности *мн*, пробле́мы *мн*

kümmerlich *adj* бе́дный, жа́лкий, убо́гий; (*Pflanze*) ску́дный

kümmern I. *vt* (*berühren*) ⟨о-⟩забо́тить, печа́лить *несов*; ◇ **das kümmert mich nicht!** э́то меня́ не каса́ется!, э́то меня́ ма́ло волну́ет!; ◇ **was kümmert's dich?** тебе́ како́е де́ло! **II.** *vr* (*jd-n pflegen*) ◇ **sich um jd-n/etw ~** ⟨по-⟩забо́титься о ком/чём-л

Kumpel *m* <-s, -> **1** FAM (*Bergmann*) шахтёр *м*, горня́к *м* **2** FAM (*Freund*) прия́тель *м*

kündbar *adj* расторжи́мый

Kunde *m* <-n, -n>, **Kundin** *f* клие́нт(ка *ж*) *м*; **Kundendienst** *m* обслу́живание *с* покупа́телей [потреби́телей]

kundgeben *unreg vt* (*bekannt machen*) оповеща́ть ⟨-сти́ть⟩, объявля́ть ⟨-ви́ть⟩, оглаша́ть ⟨-си́ть⟩; **Kundgebung** *f* демонстра́ция *ж*, манифеста́ция *ж*

kündigen I. *vi* (*Mieter*) расторга́ть ⟨-то́ргнуть⟩ догово́р; (*Arbeitgeber*) увольня́ть ⟨уво́лить⟩; (*jd-m* кого́-л); (*Arbeitnehmer*) увольня́ться ⟨уво́литься⟩ **II.** *vt* (*Abonnement, Vertrag*) отменя́ть ⟨-ни́ть⟩, расторга́ть ⟨-то́ргнуть⟩; FIG (*Freundschaft*) прекраща́ть ⟨-ти́ть⟩; **Kündigung** *f* (*von Vertrag*) расторже́ние *с*; (*von Arbeitnehmen*) увольне́ние *с*; **Kündigungsfrist** *f* (*von Vertrag*) срок *м* для расторже́ния догово́ра; (*von Stellung*) срок *м* для увольне́ния с рабо́ты

Kundschaft *f* покупа́тели *мн*, зака́зчики *мн*, потреби́тели *мн*, клиенту́ра *ж*

künftig I. *adj* (*zukünftig*) бу́дущий, сле-

дующий, предстоя́щий **II.** *adv* (*von nun an*) впредь, в бу́дущем, на бу́дущее

Kunst *f* <-, Künste> **1** (*Bau~, Dicht~*) иску́сство *с* **2** (*Geschick, Können*) мастерство́ *с*, уме́ние *с*; ◇ **das ist doch keine ~** э́то не сто́ит большо́го труда́, э́то легко́; **Kunstfaser** *f* иску́сственное волокно́ *с*; **Kunstgeschichte** *f* исто́рия *ж* иску́сства; **Kunstgewerbe** *n* (*Kunsthandwerk*) худо́жественные про́мыслы *ж мн*, прикладно́е иску́сство *с*; **Kunstherz** *n* иску́сственное се́рдце *с*

Künstler(in *f*) *m* <-s, -> худо́жник *м*, худо́жница *ж*, арти́ст(ка *ж*) *м*; де́ятель *м/ж* иску́сство; **künstlerisch** *adj* худо́жественный

künstlich *adj* **1** (*See, Befruchtung*) иску́сственный **2** FIG (*unnatürlich*) неесте́ственный

Kunstsammler(in *f*) *m* коллекционе́р *м*, собира́тель(ница *ж*) *м* произведе́ний иску́сства; **Kunststoff** *m* пластма́сса *ж*; **Kunststück** *n* фо́кус *м*, трюк *м*; ◇ **das ist kein ~!** невелика́ прему́дрость!; **Kunstturnen** *n* SPORT худо́жественная гимна́стика *ж*; **Kunstwerk** *n* худо́жественное произведе́ние *с*

kunterbunt *adj* **1** (*sehr bunt*) пёстрый **2** FIG (*durcheinander*) беспоря́дочный

Kupfer *n* <-s> медь *ж*

Kuppe *f* <-, -n> **1** (*Berg~*) ку́пол *м*, окру́глая верши́на *ж* **2** (*Finger~*) ко́нчик *м*

Kuppel *f* <-, -n> (*Kirchen~: innen*) свод *м*; (*außen*) ку́пол *м*

kuppeln *vi* AUTO сцепля́ть ⟨-пи́ть⟩

Kupplung *f* AUTO сцепле́ние *с*; (*für Anhänger*) сце́пка *ж*

Kur *f* <-, -en> лече́ние *с*, курс *м* лече́ния

Kür *f* <-, -en> SPORT произво́льные упражне́ния *мн*

Kurbel *f* <-, -n> рукоя́тка *ж*; **Kurbelwelle** *f* коле́нчатый вал *м*

Kürbis *m* <-ses, -se> ты́ква *ж*

Kurgast *m* куро́ртник *м*, отдыха́ющий *м* на куро́рте; **Kurhaus** *n* курза́л *м*

Kurier *m* <-s, -e> курье́р *м*, рассы́льный *м*

kurieren *vt* (*Krankheit*) ⟨вы-⟩лечи́ть

kurios *adj* (*merkwürdig*) курьёзный, заба́вный; **Kuriosität** *f* **1** (*Seltsamkeit*) курьёзность *ж*, необы́чность *ж* **2** (*Ungewöhnliches*) ◇ **er sammelt ~en** он собира́ет необы́чные ве́щи

Kurort *m* куро́рт *м*

Kurpfuscher(in *f*) *m* шарлата́н(ка *ж*) *м*, зна́харь(ка *ж*) *м*

Kurs *m* <-es, -e> **1** (*Richtung*) направле́ние *с*, курс *м*, путь *м*; ◇ **~ nehmen auf** *akk* брать ⟨взять⟩ курс на что-л **2** (*Sprach~*) курс *м* **3** FIN курс *м*; **Kursbuch** *n* BAHN железнодоро́жный спра́вочник *м*

kursieren vi (Gerücht) быть в обращёнии, курси́ровать несов
Kursivschrift f курси́в м, курси́вный шрифт м
Kursrückgang m сниже́ние с ку́рса;
Kurssteigerung f повыше́ние с ку́рса
Kurtaxe f куро́ртный сбор м
Kurve f ‹-, -n› ① (Straßen~) поворо́т м ② MATH крива́я ж; **kurvenreich**, **kurvig** adj (Straße) изви́листый
kurz I. adj ‹kürzer, am kürzesten› (räumlich) (Strecke, Haare, Rock) коро́ткий; (zeitlich) (Moment, Rede) кра́ткий, коро́ткий, непродолжи́тельный; (Blick) бе́глый **II.** adv ◇ ~ **angebunden sein** су́хо [ре́зко] говори́ть с кем-л; ◇ **bevor ich kam** не-задо́лго до того́, как я пришёл; ◇ ~ **darauf** вско́ре по́сле э́того; ◇ ~ **entschlossen** реши́тельно, не до́лго ду́мая; (seit kurzer Zeit) ◇ **vor ~em** с неда́вних пор; ◇ **zu ~ kommen** быть в убы́тке; **Kurzarbeit** f (auf Tag bezogen) непо́лный рабо́чий день м; (auf Woche bezogen) непо́лная рабо́чая неде́ля ж; **kurzärm[e]lig** adj (Hemd) с коро́ткими рукава́ми; **Kürze** f ‹-, -n› ① (zeitlich) коро́ткое вре́мя с ② (von Antwort) кра́ткость ж; **kürzen** vt ① (kürzer machen) уко́ра́чивать ‹-роти́ть›; (Rede) сокраща́ть ‹-ти́ть› ② (verringern, Gehalt) уменьша́ть ‹уме́ньшить›, убавля́ть ‹уба́вить›; **kurzfristig** adj COMM краткосро́чный; **kurzlebig** adj недолго-ве́чный; **kürzlich** adv неда́вно; **Kurzschluss** m ELECTR коро́ткое замыка́ние с; **kurzsichtig** adj a. FIG близору́кий, недально-ви́дный; **Kurzsichtigkeit** f близору́кость ж; **Kurzstreckenrakete** f раке́та ж бли́жней да́льности
kuscheln vr ◇ **sich** ~ прильну́ть сов, прижа́ться сов (an akk к кому́-л); (in Decke) ую́тно уле́чься (in akk в, где-л)
Kusine f двою́родная сестра́ ж, кузи́на ж
Kuss m ‹-es, Küsse› поцелу́й м
küssen vt (jd-n, Hand) ‹по-›целова́ть
Küste f ‹-, -n› морско́й бе́рег м, побере́жье с, взмо́рье с; ◇ **an die ~ fahren** е́хать к мо́рю; **Küstenfischerei** f прибре́жное рыболо́вство с; **Küstenstrich** m прибре́жная полоса́ ж земли́
Küster m ‹-s, -› церко́вный слу́жка м, дьячо́к м, понома́рь м
Kutsche f ‹-, -n› (geschlossen) каре́та ж
Kutte f ‹-, -n› (Mönchs~) ря́са ж
Kutter m NAUT (Einmaster) ка́тер м
Kuvert n ‹-s, -s› (Brief~) конве́рт м
Kybernetik f киберне́тика ж
KZ n ‹-s, -s› Abk. v. **Konzentrationslager**

L

L, l n (Buchstabe) Л, л
Label n ‹-s, -› (Etikett) этике́тка ж
labern vt FAM (Blödsinn) болта́ть чепуху́
labil adj неусто́йчивый
Labor n ‹-s, -e› лаборато́рия ж; **Laborant(in** f) m лабора́нт(ка ж) м; **laborieren** vi ◇ **an e-r Krankheit** ~ страда́ть боле́знью
Labyrinth n ‹-[e]s, -e› лабири́нт м
Lache¹ f ‹-, -n› (Wasser~) лу́жа ж
Lache² f ‹-› FAM (das Lachen) смех м
lächeln vi улыба́ться ‹-ну́ться›; **Lächeln** n ‹-s› улы́бка ж; **lachen** vi сме́яться; ◇ **der hat nichts zu** ~ ему́ не до сме́ха; **lächerlich** adj смешно́й; ◇ **sich** ~ **machen** осрами́ться сов; **Lachgas** n MED за́кись ж азо́та; **lachhaft** adj PEJ смехотво́рный
Lachs m ‹-es, -e› ло́сось м, сёмга ж
Lack m ‹-[e]s, -e› лак м; (von Auto) кра́ска ж; **lackieren** vt (Holz) ‹от-›лакирова́ть; (Auto) ‹о-›кра́сить; **Lackleder** n ‹-s› лаки́ро́ванная ко́жа ж
laden ‹lädt, lud, geladen› vt ① (ver~, auf~) ‹на-, по-›грузи́ть ② (voll~, Batterie) заряжа́ть ‹-ди́ть› ③ PC (Speicher) загружа́ть ‹-зи́ть› ④ (Gäste) приглаша́ть ‹-си́ть›
laden ‹lädt, lud, geladen› vt JURA (vor~) вызыва́ть ‹вы́звать›
Laden¹ m ‹-s, Läden› (Geschäft) магази́н м
Laden² m ‹-s, Läden› (Fenster~) ста́вня ж
Ladenbesitzer(in f) m владе́лец м, владе́лица ж магази́на; **Ladendiebstahl** m магази́нная кра́жа ж; **Ladenhüter** m ‹-s, -› залежа́вшийся това́р м; **Ladenpreis** m ро́зничная цена́ ж; **Ladenschluss** m закры́тие с магази́на; **Ladentisch** m прила́вок м
Laderampe f погру́зочная платфо́рма ж; **Laderaum** m NAUT трюм м; AERO грузова́я каби́на ж (von Lkw) кузов м
lädieren vt (beschädigen) повреждать ‹-ди́ть›
Ladung f ① (Fracht) груз м ② (elektromagnetische ~) заря́д м
Ladung f JURA (Vorladung) пове́стка ж
lag impf v. **liegen**
Lage f ‹-, -n› ① (Situation) обстано́вка ж, ситуа́ция ж, положе́ние с; (Verhältnisse) состоя́ние с ② (fähig sein, können) ◇ **in der** ~ **sein** быть в состоя́нии ③

(von Ort) расположе́ние *c;* ◇ **Haus in schöner ~** дом в хоро́шем ме́сте ④ *(Stimm~, Ton~)* тон *м* ⑤ *(Schicht)* слой *м;* **Lagebericht** *m* донесе́ние *c* об обстано́вке

Lager *n* ‹-s, -› ① *(Flüchtlings~, Zelt~)* ла́герь *м; (Schlaf~)* ло́же *c* ② *(Vorratsraum)* скла́д *м* ③ TECH *(Kugel~)* подши́пник *м;* **Lagerbestand** *m* нали́чность *ж* това́ров; **Lagerfeuer** *n* костёр *м;* **Lagerhaus** *n* склад *м;* **lagern** I. *vt* ① *(Vorrat)* храни́ть *несов* ② *(Patienten)* уложи́ть ‹укла́дывать›; ◇ **den Verletzten seitlich ~** уложи́ть пострада́вшего на́ бок II. *vi* ① *(vor e-r Stadt)* располага́ться ‹-ложи́ться› в ла́герем ② COMM храни́ться на скла́де; **Lagerplatz** *m (Zelt~)* ла́герь *м;* **Lagerstätte** *f (von Waren)* склад *м; (von Personen)* ло́же *c; (im Freien)* ла́герь *м;* **Lagerung** *f (~sart)* хране́ние *c* (на скла́де); *(~sanordnung)* размеще́ние *c*

Lagune *f* ‹-, -n› лагу́на *ж*

lahm *adj* ① *(gehbehindert)* хромо́й ② FAM вя́лый; **lahmen** *vi* хрома́ть *несов*

lähmen *vt a.* FIG парализова́ть *сов;* ◇ **vor Angst wie gelähmt sein** парализо́ванный стра́хом

lahmlegen *vt* парализова́ть *несов,* оста́на́вливать ‹-нови́ть›

Lähmung *f* MED парали́ч *м;* FIG засто́й *м*

Laib *m* ‹-s, -e› *(Brot)* коври́га *ж,* карава́й *м*

Laich *m* ‹-[e]s, -e› икра́ *ж;* **laichen** *vi (Fisch)* мета́ть икру́

Laie *m* ‹-n, -n› FIG неспециали́ст *м;* дилета́нт *м;* **laienhaft** *adj* несве́дущий, дилета́нтский

Lakai *m* ‹-en, -en› *(fürstlicher Diener)* лаке́й *м*

Laken *n* ‹-s, -› простыня́ *ж*

Lakritze *f* ‹-, -n› лакри́ца *ж*

lallen *vt, vi (Betrunkene)* неразбо́рчиво говори́ть; *(Baby)* лепета́ть *несов*

Lama¹ *n* ‹-s, -s› ZOOL ла́ма *ж*

Lama² *m* ‹-s, -s› *(tibetischer Priester)* ла́ма *м*

Lamelle *f* пласти́нка *ж*

lamentieren *vi (wehklagen)* причита́ть *несов (über akk* о ком-л*)*, се́товать *несов*

Lametta *n* ‹-s› серебря́нный дождь *м* (для нового́дней ёлки)

Lamm *n* ‹-[e]s, Lämmer› ягнёнок *м;* ◇ **unschuldig wie ein ~** неви́нный как ове́чка; **Lammfell** *n* шку́ра *ж* ягнёнка; **lammfromm** *adj* кро́ткий как ове́чка

Lampe *f* ‹-, -n› ла́мпа *ж;* **Lampenfieber** *n* волне́ние *c* пе́ред выступле́нием; **Lampenschirm** *m* абажу́р *м*

Lampion *m* ‹-s, -s› лампио́н *м*

Land *n* ‹-[e]s, Länder› ① *(Staat)* страна́ *ж; (Bundes~)* земля́ *ж* ② *(Grundbesitz)*

уча́сток *м,* земля́ *ж* ③ *(bestimmtes Gebiet)* ме́стность *ж; (Ggs. zu Stadt)* ◇ **auf dem ~[e]** в се́льской ме́стности; **Landarbeiter(in** *f) m* сельскохозя́йственный(-ая) рабо́чий *м/*рабо́тница *ж;* **Landbesitz** *m* землевладе́ние *c* **Landebahn** *f* AERO взлётно-поса́дочная полоса́ *ж*

landeinwärts *adv* в глубь страны́ **landen** *vi, vt* ① *(mit Schiff)* прича́ли(ва)ть; *(mit Flugzeug)* приземли́ться ‹-ли́ться›; *(auf dem Mond)* прилуни́ться *сов; (Truppen)* выса́живаться ‹высади́ться› ② FIG *(im Straßengraben, im Papierkorb)* ока́зываться ‹-за́ться› ③ FAM ◇ **bei mir kannst du damit nicht ~** на меня́ э́то не де́йствует

Ländereien *f pl* уго́дья *c мн* **Landesfarben** *f pl* национа́льные цвета́ *м мн;* **Landesinnere** *n* ◇ **im ~n** в глубине́ страны́; **Landesregierung** *f* прави́тельство *c* земли́; **Landessprache** *f* национа́льный язык *м;* **Landestracht** *f* национа́льный костю́м *м;* **landesüblich** *adj* соотве́тствующий обы́чаям страны́; **Landesverrat** *m* изме́на *ж* ро́дине; **Landesversicherungsanstalt** *f* *госуда́рственное страхово́е учрежде́ние для рабо́чих;* **Landeswährung** *f* национа́льная валю́та *ж*

Landgut *n* поме́стье *c;* **Landhaus** *n* за́городный дом *м,* да́ча *ж;* **Landkarte** *f* географи́ческая ка́рта *ж;* **Landkreis** *m* о́круг *м;* **landläufig** *adj (üblich)* общепри́нятый

ländlich *adj* се́льский, дереве́нский **Landplage** *f* всео́бщее бе́дствие *c,* **Landregen** *m* затяжно́й дождь *м;* **Landschaft** *f* ‹-, -n› ландша́фт *м;* **landschaftlich** *adj* ме́стный

Landsfrau *f* земля́чка *ж;* **Landsmann** *m* земля́к *м*

Landstraße *f* просёлочная доро́га *ж;* **Landstreicher(in** *f) m* ‹-s, -› бродя́га *м/ж;* **Landstrich** *m* ме́стность *ж;* **Landtag** *m* POL ландта́г *м,* парла́мент *м* земли́

Landung *f (Flugzeug~)* приземле́ние *c,* поса́дка *ж;* ◇ **zur ~ ansetzen** заходи́ть на поса́дку; *(Schiffs~)* прича́ливание *c, (von Truppen)* вы́садка *ж; (auf dem Mond)* прилуне́ние *c;* **Landungsbrücke** *f* при́стань *ж*

Landvermessung *f* обме́р *м;* **Landwirt(in** *f) m (Bauer)* фе́рмер(ша *ж) м;* **Landwirtschaft** *f* се́льское хозя́йство *c;* **Landzunge** *f* мыс *м*

lang *(länger, am längsten)* I. *adj* ① *(allg.)* дли́нный ② *(räumlich, Personen)* высо́кий; FAM *(hochgewachsen)* ◇ **~er Lulatsch** здоро́вый верзи́ла; FIG *(enttäuscht sein)* ◇ **ein ~es Gesicht machen** быть разочаро́ванным ③ *(zeitlich) (Rei-*

se) до́лгий, продолжи́тельный; ◇ **vor ~er Zeit** мно́го лет тому́ наза́д; ◇ **vor nicht allzu ~er Zeit** не так давно́ II. *adv* ◇ **fünf Jahre ~** в тече́ние пяти́ лет; ◇ **über kurz oder ~** ра́но и́ли по́здно;
langatmig *adj* PEJ *(Rede)* обстоя́тельный, ску́чный
lange *adv (dauern)* до́лго; ◇ **wie ~?** как до́лго?; ◇ **schon ~** уже́ давно́; ◇ **~ vor diesem Ereignis** задо́лго до э́того собы́тия; FAM ◇ **nicht ~ fackeln** до́лго не церемо́ниться
Länge *f* ‹-, -n› **1** *(Ausmaß)* длина́ *ж;* *(Höhe: allg.)* высота́ *ж;* *(von Lebewesen)* рост *м* **2** GEO долгота́ *ж* **3** *(Dauer)* продолжи́тельность *ж;* ◇ **etw in die ~ ziehen** растя́гивать вре́мя
langen *vi* **1** *(ausreichen)* хвата́ть *несов,* быть доста́точным; *a.* FIG ◇ **jetzt langt es mir!** хва́тит с меня́! **2** *(reichen)* брать *(an/nach akk* что-л) **3** *(ohrfeigen)* ◇ **jd-m e-e ~** дать пощёчину кому́-л
Längengrad *m* гра́дус *м* долготы́;
Längenmaß *n* ме́ра *ж* длины́
Langeweile *f* ску́ка *ж*
langfristig *adj (Darlehen)* долгосро́чный; **langjährig** *adj (Kunde)* долголе́тний; *(Erfahrungen)* многоле́тний;
Langlauf *m* SPORT лы́жная го́нка *ж;* **Langlaufski** *m* го́ночные лы́жи *ж мн*
langlebig *adj* долгове́чный; **langlegen** *vi* FAM ◇ **sich ~** прилёчь *сов*
länglich *adj* продолгова́тый
langmütig *adj* терпели́вый, кро́ткий
längs I. *präp gen (entlang)* вдоль II. *adv* ◇ **ein ~ gestreifter Stoff** материа́л с поло́сками в длину́
langsam I. *adj* ме́дленный II. *adv* ме́дленно; *(allmählich)* помале́ньку; FAM ◇ **ich habe es ~ satt** мне э́то начина́ет надоеда́ть; **Langsamkeit** *f* ме́дленность *ж*
Langschläfer(in *f)* *m* со́ня *м/ж;*
Langspielplatte *f* долгоигра́ющая пласти́нка *ж*
längst *adv (seit langer Zeit)* давно́; ◇ **ich weiß ist das schon ~** я э́то уже́ давно́ зна́ю; **längste(r, s)** *adj, superl. v.* **lang** са́мый дли́нный
langstielig *adj* длинностебе́льчатый
Languste *f* ‹-, -n› лангу́ст *м*
langweilen I. *vt (jd-n)* наводи́ть ску́ку на кого́-л II. *vr* ◇ **sich ~** скуча́ть *несов;* ◇ **sich zu Tode ~** умира́ть со ску́ки; **langweilig** *adj* ску́чный
Langwelle *f* MEDIA дли́нные во́лны *ж мн*
langwierig *adj (Krankheit)* продолжи́тельный; *(Arbeit)* дли́тельный
Lanze *f* ‹-, -n› копьё *с*
lapidar *adj* лапида́рный
Lappalie *f (Belanglosigkeit)* пустя́к *м*
Lappen *m* ‹-s, -› **1** *(altes Tuch)* тря́пка *ж* **2** ANAT *(Lungen~)* до́ля *ж*

läppisch *adj* **1** *(albern)* глу́пый, дура́цкий **2** *(Gehalt)* ничто́жно ма́лый
Lappland *n* Лапла́ндия *ж*
Lapsus *m* ‹-, -› ля́псус *м,* про́мах *м*
Lärche *f* ‹-, -n› BOT ли́ственница *ж*
Lärm *m* ‹-[e]s› шум *м;* **lärmen** *vi* шуме́ть *несов;* **Lärmschutz** *m* защи́та *ж* от шу́ма; **Lärmschutzwand** *f* стена́ *ж* для защи́ты от шу́ма
Larve *f* ‹-, -n› BIOL личи́нка *ж*
las *impf v.* **lesen**
lasch *adj* **1** *(träge)* вя́лый **2** FAM *(fade)* безвку́сный
Lasche *f* ‹-, -n› *(Schuh~)* язычо́к *м*
Laser *m* ‹-s, -› ла́зер *м;* **Laserdrucker** *m* PC ла́зерный при́нтер *м*
lassen ‹lässt, ließ, gelassen› I. *vt* **1** *(erlauben)* позволя́ть ‹-во́лить›; *(veranlassen)* поруча́ть ‹-чи́ть›, заставля́ть ‹-ста́вить›; ◇ **ich lasse den Regler reparieren** я сдаю́ регуля́тор в ремо́нт; ◇ **machen ~** поручи́ть кому́-л сде́лать что-л; ◇ **es lässt sich machen** э́то мо́жно сде́лать **2** *(leihen)* предоставля́ть ‹-ста́вить› **3** *(sterben)* ◇ **er ließ sein Leben im Kampf** он о́тдал свою́ жизнь в борьбе́ II. *vi* *(aufhören mit)* прекраща́ть ‹-ти́ть›
lässig *adj* небре́жный; **Lässigkeit** *f* небре́жность *ж*
Lasso *n o. m* ‹-s, -s› лассо́ *с*
Last *f* ‹-, -en› **1** *(Fracht)* груз *м,* кладь *ж* **2** FIG *(Aufgabe, Arbeit)* бре́мя *с;* ◇ **jd-m zur ~ fallen** быть в тя́гость кому́-л; **lasten** *vi (Schulden)* лежа́ть бре́менем *(auf dat* на ком-л*)*
Laster *n* ‹-s, -› поро́к *м;* ◇ **einem ~ frönen** предава́ться поро́ку
Laster *m* ‹-s, -› *(Lastwagen)* грузови́к *м*
lasterhaft *adj* поро́чный
Lästermaul *n* FAM клеветни́к *м,* клеветни́ца *ж;* **lästern** *vt, vi (Gott)* богоху́льничать; *(Nachteiliges äußern)* ◇ **über jd-n/etw lästern** поноси́ть *несов* кого́-л/что-л; **Lästerung** *f (das Lästern)* поноше́ние *с; (Gottes~)* богоху́льство *с*
lästig *adj* назо́йливый
Lastschrift *f* за́пись *ж* в де́бет счёта;
Lasttier *n* вью́чное живо́тное *с;* **Lastwagen** *m* грузови́к *м*
Lasur *f (farbloser Lack)* (бесцве́тный) лак *м*
lasziv *adj (Benehmen)* непристо́йный
Latein *n* ‹-s› **1** *(Sprache)* латы́нь *ж* **2** *(Wissen)* ◇ **mit seinem ~ am Ende sein** не знать, что да́льше де́лать; **lateinisch** *adj* лати́нский
latent *adj* скры́тый; ◇ **~ vorhanden sein** быть в нали́чии в скры́той фо́рме
Laterne *f* ‹-, -n› фона́рь *м;* **Laternenpfahl** *m* фона́рный столб *м*
Latex ‹-› *m* ла́текс *м*
Latrine *f (Abort)* отхо́жее ме́сто *с*
Latschen *m* ‹-, -› **1** *(Hausschuh)* шлёпанцы *мн* **2** *nur pl* FAM *(große Füße)*

◇ **die ~** ла́пы ж мн; **latschen** vi FAM (schlurfen) шлёпать
Latte f <-, -n> ① (Leiste) ре́йка ж; SPORT пла́нка ж; ② (Quer~) перекла́дина ж ② FAM (hochgewachsener Mensch) ◇ **lange ~** верзи́ла м ③ FIG (Liste, Reihe) большо́е коли́чество c; **Lattenzaun** m забо́р м из штаке́тника
Lätzchen n (für Baby) де́тский нагру́дник м; **Latzhose** f брю́ки-комбинезо́н мн
lau adj (Sommernacht etc.) теплова́тый
Laub n <-[e]s> листва́ ж; **Laubbaum** m лиственное де́рево c
Laube f <-, -n> (Garten~) бесе́дка ж
Laubfrosch m ква́кша ж
Laubsäge f лобзи́к м
Lauch m <-[e]s> лук м
Lauer f <-> ◇ **auf der ~ sein/liegen** быть настороже́; **lauern** vi (Gefahr) подстерега́ть несов
Lauf m <-[e]s, Läufe> ① (allg.) бег м; (Wett~) бег м, забе́г м ② (Gewehr~) ствол м ③ (Ver~) ход м ④ ◇ **e-r Sache ihren ~ lassen** предоста́вить собы́тия их свобо́дному тече́нию; ◇ **im ~[e] der Zeit** с тече́нием вре́мени;
Laufbahn f карье́ра ж
laufen <läuft, lief, gelaufen> vi, vt ① (allg.) бе́гать несов, <по>бежа́ть; (Film) идти́; (Maschine) рабо́тать; ◇ **Ski ~** ходи́ть на лы́жах ② FAM (gehen) ходи́ть, идти́, спеши́ть ③ (Tränen, Schweiß) бежа́ть ④ (gelten, Vertrag) име́ть си́лу ⑤ FAM (sich entwickeln) идти́; ◇ **wie läuft's?** как иду́т дела́?; **laufend** adj ① (dauernd) постоя́нный; (gegenwärtig, Monat) теку́щий ② FAM (informiert sein) ◇ **auf dem L~en sein** быть в ку́рсе собы́тий; **laufen lassen** unreg vt (freilassen) отпуска́ть <ти́ть> (на во́лю); **Läufer(in** f) m <-s, -> ① SPORT бегу́н(ья ж) м; (Ski~) лы́жник м, лы́жница ж ② nur m (Teppich) доро́жка ж ③ nur m (Schachfigur) слон м
läufig adj (Hündin) в состоя́нии те́чки
Laufkundschaft f случа́йные покупа́тели м мн; **Laufmasche** f спусти́вшаяся петля́ ж; **Laufpass** m FIG (fortjagen) ◇ **jd-m den ~ geben** вы́гнать кого́-л; **Laufstall** m (Baby~) де́тский манеж м; **Laufsteg** m (bei Modenschau) мостки́ м мн; **Laufwerk** n PC дисково́д м; **Laufzeit** f (Geltungsdauer) срок м де́йствия
Lauge f <-, -n> CHEM щёлочь ж
Laune f <-, -n> (Stimmung) настрое́ние c; FIG (Einfall) причу́да ж ◇ **schlechte ~ haben** быть в плохо́м настрое́нии; **launenhaft, launisch** adj капри́зный
Laus f <-, Läuse> вошь ж; FIG ◇ **ihm ist e-e ~ über die Leber gelaufen** он не в ду́хе, ему́ шлея́ под хвост попа́ла
Lausbub m озорни́к м

lauschen vi (zuhören) (внима́тельно) слу́шать; (horchen) подслу́ш‹ив›ать
lausig adj FAM (Wetter) неприя́тный; FAM (schäbig, wenig) дря́нный
laut I. adj (Stimme, Musik) гро́мкий, шу́мный **II.** adv гро́мко, шу́мно; (lesen) вслу́х **III.** präp gen o. dat (gemäß, Vertrag) согла́сно чему́-л, в соотве́тствии с чем-л
Laut m <-[e]s, -e> (Ton) звук м; ◇ **keinen ~ von sich geben** не издава́ть ни зву́ка
Laute f <-, -n> MUS лю́тня ж
lauten vi звуча́ть несов; (heißen) гласи́ть несов; ◇ **das Auto lautet auf meinen Namen** маши́на запи́сана на меня́
läuten vt, vi <по>звони́ть, звене́ть несов; (Kirchglocken) звене́ть; FAM (vernehmen) ◇ **etw** akk **~ hören** слы́шать кое-что́ о чём-л
lauter I. adj (Wahrheit) чи́стый; (aufrichtig, Charakter) че́стный **II.** <inv> то́лько; ◇ **das sind ~ Lügen** э́то сплошна́я ложь
lauthals adv гро́мко; **lautlos** adj беззву́чный; **Lautschrift** f фонети́ческая транскри́пция ж; **Lautsprecher** m громкоговори́тель м; **lautstark** adj о́чень гро́мкий; **Lautstärke** f си́ла ж зву́ка; (Radio~) гро́мкость ж
lauwarm adj a. FIG теплова́тый
Lava f <-, -ven> ла́ва ж
Lavendel m <-s> BOT лава́нда ж
Lawine f лави́на ж; **Lawinengefahr** f опа́сность ж паде́ния лави́н
Lay-out, Layout n <-s, -s> TYP оригина́л-макет м
Lazarett n <-[e]s, -e> MIL го́спиталь м
LCD-Anzeige f диспле́й м на жи́дких криста́ллах
leasen vt ◇ **sie hat das Auto geleast** она́ взяла́ автомоби́ль в аре́нду; **Leasing** n <-s> ли́зинг м
leben vi ① (existieren) жить несов, существова́ть несов ② (wohnen) жить ③ (sich ernähren von) корми́ться чем-л, пита́ться чем-л; ◇ **über seine Verhältnisse ~** жить не по сре́дствам ④ (sich einsetzen für) жить чем-л
Leben n <-s, -> ① (Dasein) жизнь ж; ◇ **e-m Kind das ~ schenken** дать жизнь ребёнку; ◇ **sich das ~ nehmen** поко́нчить с собо́й ② (Wirklichkeit) жизнь ж, действи́тельность ж; ◇ **wie das ~ so spielt** как в жи́зни быва́ет ③ (Stimmung) оживле́ние c; ◇ **~ in etw bringen** вноси́ть оживле́ние во что-л; **lebend** adj живу́щий, живо́й; **lebendig** adj живо́й; (lebhaft) по́лный жи́зни; **Lebendigkeit** f жи́вость ж, оживлённость ж; **Lebensart** f (Lebensweise) о́браз м жи́зни; **lebensbejahend** adj жизнеутвержда́ющий; **Lebenserwartung** f вероя́тная продолжи́тельность ж жи́зни; **lebensfähig** adj жизнеспосо́бный; **lebensfroh** adj

жизнера́достный; **Lebensgefahr** *f* смерте́льная опа́сность *ж;* ◇ **in ~ sein** находи́ться в кра́йней опа́сности; **lebensgefährlich** *adj* опа́сный для жи́зни; **Lebensgefährte** *m* спу́тник *м* жи́зни; **Lebensgefährtin** *f* спу́тница *ж* жи́зни; **Lebenshaltungskosten** *pl* сто́имость *ж* жи́зни; **Lebensjahr** *n* год *м* жи́зни; **Lebenskünstler** *m* (*Lebensgenießer*) челове́к *м,* уме́ющий жить; **Lebenslage** *f* обстоя́тельства *с мн* жи́зни; **lebenslänglich** *adj* (*Freiheitsstrafe*) пожи́зненный; **Lebenslauf** *m* биогра́фия *ж;* **lebenslustig** *adj* жизнера́достный; **Lebensmittel** *n pl* продово́льствие *с,* пищевы́е проду́кты *м мн;* **Lebensmittelgeschäft** *n* продово́льственный магази́н *м;* **Lebensmittelvergiftung** *f* пищево́е отравле́ние *с;* **lebensmüde** *adj* уста́вший от жи́зни; **Lebensraum** *m* (*Raum*) жи́зненное простра́нство *с;* (*Biotope*) биото́п *м;* **Lebensretter(in** *f*) *m* спаси́тель(ница *ж*) *м* (жи́зни); **Lebensstandard** *m* жи́зненный у́ровень *м;* **Lebensstellung** *f* (*sicherer Job*) положе́ние *с;* **Lebensstil** *m* о́браз *м* жи́зни; **Lebensunterhalt** *m* сре́дства *с мн к* жи́зни; **Lebensversicherung** *f* страхова́ние *с* жи́зни; **Lebenswandel** *m* о́браз *м* жи́зни, поведе́ние *с;* **Lebensweg** *m* (*Laufbahn*) жи́зненный путь *м;* (*Karriere*) карье́ра *ж;* (*Hochzeit*) ◇ **für Ihren gemeinsamen ~** для Ва́шей совме́стной жи́зни; **Lebensweise** *f* о́браз *м* жи́зни, стиль *м* жи́зни; **Lebenszeichen** *n* ① (*von Verschütteten etc.*) при́знак *м* жи́зни ② *FIG* (*Nachricht, Anruf*) изве́стие *с;* ◇ **ein ~ von sich geben** дать знать о себе́; **Lebenszeit** *f* вре́мя *с* жи́зни; ◇ **Beamter auf ~** госуда́рственный слу́жащий назна́ченный на до́лжность пожи́зненно

Leber *f* <-, -n> ANAT пе́чень *ж;* **Leberfleck** *m* (*auf Haut*) роди́мое пятно́ *с;* **Leberkäse** *m* ли́верный паште́т; **Leberpastete** *f* (*feine Leberwurst*) печёночный паште́т *м;* **Lebertran** *m* ры́бий жир *м;* **Leberwurst** *f* ли́верная колбаса́ *ж;* *FAM* (*gekränkt*) ◇ **e-e beleidigte ~ sein** ду́ться на кого́-л

Lebewesen *n* живо́е существо́
Lebewohl *n* (*Abschied*) проща́ние *с*
lebhaft *adj* живо́й; (*Diskussion, Straße*) оживлённый; **Lebhaftigkeit** *f* оживлённость *ж,* оживле́ние *с*
Lebkuchen *m* пря́ник *м*
leblos *adj* (*wie tot*) безжи́зненный;
Lebzeiten *pl* ◇ **zu ~** при жи́зни
lechzen *vi* ◇ **nach etw** *dat* ~ стра́стно жела́ть чего́-л
leck *adj* протека́ющий; **Leck** *n* <-[e]s, -e> течь *ж*
lecken I. *vt* (*lutschen*) лиза́ть <-ну́ть>; *a. FIG* (*Enttäuschung verarbeiten*) ◇ **seine**

Wunden ~ зали́зывать ра́ны II. *vi* (*Loch haben*) течь *несов,* проˌтека́ть <-те́чь>
lecker *adj* вку́сный; **Leckerbissen** *m* ла́комый кусо́к *м;* (*süß*) ла́комство *с;* **Leckermaul** *n* (*wählerisch*) ла́комка *м/ж;* (*von Süßigkeiten*) сладкое́жка *м/ж*
led. *adj Abk. v.* **ledig**
Leder *n* <-s, -> ко́жа *ж;* **Lederhandschuh** *m* ко́жаная перча́тка *ж;* **ledern** *adj* ко́жаный; **Ledersohle** *f* ко́жаная подо́шва *ж;* **Lederwaren** *f pl* изде́лия *с мн* из ко́жи
ledig *adj* (*von Mann*) холосто́й, нежена́тый; (*von Frau*) незаму́жняя
lediglich *adv* (*nur*) лишь, то́лько
Lee *f* <-s> NAUT подве́тренная сторона́ *ж*
leer *adj* (*ohne Inhalt*) пусто́й, поро́жний; *FIG* ◇ **~es Versprechen** одно́ лишь обеща́ние; **Leere** *f* <-> пустота́ *ж;* **leeren** I. *vt* (*Flaschen*) опоˌрожня́ть <-ни́ть>; (*Saal*) освобоˌжда́ть <-ди́ть> II. *vr* (*Saal, Platz*) ◇ **sich ~** <о->пусте́ть; **Leergut** *n* <-s> (*leere Flaschen*) та́ра *ж;* **Leerlauf** *m* холосто́й ход *м;* **leer stehend** *adj* (*Haus*) пусто́й, незаня́тый; **Leertaste** *f* (*Schreibmaschine*) пробе́льная кла́виша *ж;* **Leerung** *f* (*von Briefkästen*) вы́емка *ж;* (*von Mülltonnen*) опорожне́ние *с*
legal *adj* лега́льный; ◇ **auf ~em Weg** зако́нным путём; **legalisieren** *vt* легализова́ть *несов и сов;* **Legalität** *f* зако́нность *ж*
legen I. *vt* ① класть <положи́ть>; (*horizontal*) раскла́дывать <разложи́ть>; (*Ei*) <с->нести́; (*Fliesen, Gasleitung*) укла́дывать <уложи́ть> ② *a. FIG* ◇ **den Grundstein ~ für/zu etw** положи́ть осно́ву чему́-л ③ (*wahrsagen*) ◇ **Karten ~** гада́ть на ка́ртах ④ (*Wichtigkeit haben*) ◇ **auf etw** *akk* **Wert ~** придава́ть большо́е значе́ние чему́-л II. *vr* ◇ **sich ~** ① (*hin~*) ложи́ться <лечь> ② *FIG* (*nachlassen, Sturm*) униˌма́ться <-я́ться>
Legende *f* <-, -n> ① (*Sage*) преда́ние *с,* леге́нда *ж* ② (*Bild~*) леге́нда *ж*
leger *adj* (*Benehmen*) лёгкий, непринуждённый; (*Kleidung*) удо́бный
Legierung *f* CHEM сплав *м*
Legion *f* (*Fremden~, Ehren~*) легио́н *м;*
Legionär *m* <-s, -e> (*Soldat*) легионе́р *м*
Legislative *f* законода́тельная власть *ж*
legitim *adj* ① (*rechtmäßig*) зако́нный ② (*begründet*) обосно́ванный; **Legitimation** *f* ① (*Berechtigung, Vollmacht*) дове́ренность *ж* ② (*e-s Kindes*) узаконе́ние *с;* **legitimieren** I. *vt* придаˌва́ть юриди́ческую си́лу, узако́ниˌвать II. *vr* (*durch Ausweis*) ◇ **sich ~** предъявˌля́ть <-ви́ть> докуме́нт, удостоверя́ющий ли́чность; **Legitimität** *f* зако́нность *ж*
Lego *n* <-s> (*Bausteine*) констру́ктор *м*
Leguan *m* <-s> ZOOL игуа́ны *мн*

Lehm m ‹-[e]s, -e› гли́на ж; **lehmig** adj гли́нистый

Lehne f ‹-, -n› (Rücken~) спи́нка ж; (Arm~) ру́чка ж; **lehnen** vr ‹ sich ~ an прислоня́ться ‹-ни́ться› к чему́-л; (aufstützen) облока́чиваться ‹-ти́ться› на что-л

Lehramt n до́лжность ж учи́теля; **Lehrbeauftragte(r)** fm (Hochschullehrer/in) преподава́тель(ница ж) м вуза; **Lehrbuch** n уче́бник м; **Lehre** f ‹-, -n› ① (berufliche Ausbildung) обуче́ние; **in die ~ gehen** поступи́ть на ку́рсы профессиона́льного обуче́ния ② (Doktrin) доктри́на ж ③ (Theorie, Mengen~) тео́рия ж ④ (Erfahrung) уро́к м; ‹ das wird ihm e-e ~ sein э́то послу́жит ему́ уро́ком

lehren vt ① (unterrichten) препода‹ва́›ть ② (zeigen) ‹ **die Zukunft wird es ~** бу́дущее пока́жет

Lehrer(in f) m ‹-s, -› (Grundschul~) учи́тель(ница ж) м; (höhere Schule) преподава́тель(ница ж) м

Lehrgang m ку́рсы м мн; **Lehrgeld** n FIG ‹ **~ zahlen** научи́ться на го́рьком о́пыте; **Lehrjahr** n уче́бный год м; **Lehrkörper** m преподава́тельский соста́в м; **Lehrkräfte** f pl преподава́тели м мн; **Lehrling** m ‹-s, -e› учени́к м, обуча́ющийся профе́ссии; **Lehrmethode** f ме́тод м обуче́ния; **Lehrplan** m уче́бный план м; **lehrreich** adj поучи́тельный; **Lehrstelle** f ме́сто с обуче́ния; **Lehrstuhl** m ка́федра ж; **Lehrzeit** f вре́мя с обуче́ния

Leib m ‹-[e]s, -er› (Körper) те́ло с; FIG ‹ **mit ~ und Seele** душо́й и те́лом; ‹ **sich jd-n vom ~ halten** не подпуска́ть кого́-л бли́зко к себе́; **Leibesvisitation** f ли́чный обы́ск м; **Leibgericht** n люби́мое блю́до с; **leibhaftig** adj олицетворённый; (Teufel) су́щий; **leiblich** adj физи́ческий; (Vater) родно́й; **Leibwache** f ли́чная охра́на ж

Leiche f ‹-, -n› труп м; FIG ‹ **über ~n gehen** шага́ть че́рез тру́пы; **leichenblass** adj (vor Schreck, Angst) мертве́нно-бле́дный; **Leichenhalle** f морг м; **Leichenstarre** f ‹-› тру́пное окочене́ние с; **Leichenwagen** m катафа́лк м; **Leichnam** m ‹-[e]s, -e› труп м, мёртвое те́ло с

leicht I. adj ① (einfach) лёгкий, нетру́дный ② (Gewicht) лёгкий, нетяжёлый ③ (Problem, Wunde) небольшо́й; (unbedeutend, Fehler) незначи́тельный; FIG ‹ **etw auf die ~e Schulter nehmen** несерьёзно смотре́ть на что-л ④ (Wein, Essen) некре́пкий, лёгкий ⑤ (Unterhaltung) лёгкий II. adv ① (rasch) бы́стро; ‹ **~ wütend werden** бы́стро выходи́ть из себя́ ② (problemlos) легко́; **Leichtathletik** f SPORT лёгкая атле́тика

leicht fallen unreg vi ‹ **das fällt ihr leicht** э́то даётся ей легко́; **leichtfertig** adj (leichtsinnig) легкомы́сленный; **leichtgläubig** adj легкове́рный; **Leichtgläubigkeit** f легкове́рие с; **leichthin** adv (gesagt) слегка́; **Leichtigkeit** f (Mühelosigkeit) лёгкость ж; ‹ **mit ~** без затрудне́ний; **leicht machen** vt облегча́ть ‹-чи́ть›; **leicht nehmen** unreg vt легкомы́сленно относи́ться ‹-нести́сь› к чему́-л; **Leichtsinn** m легкомы́слие с; **leichtsinnig** adj легкомы́сленный

leid adv (überdrüssig) ‹ **ich bin es ~** мне э́то надое́ло

Leid n ‹-[e]s› страда́ние с, го́ре с; ‹ **es tut mir ~** я сожале́ю об э́том; ‹ **er tut mir ~** мне его́ жаль; **leiden** ‹litt, gelitten› I. vi ① (an Krankheit) ‹по-›страда́ть (an etw dat чем-л) ② (erfahren) испы́тывать ‹-та́ть›; ‹ **unter etw dat leiden** страда́ть от чего́-л II. vt (nicht mögen) **jd-n/etw nicht ~ können** не терпе́ть кого́/что-л; **Leiden** n ‹-s, -› страда́ние с; (Krankheits~) неду́г м; **leidend** adj страда́ющий

Leidenschaft f страсть ж; ‹ **e-e ~ für etw haben** увлека́ться чем-л; **leidenschaftlich** adj стра́стный; **leidenschaftslos** adj (emotionslos) бесстра́стный

leider adv к сожале́нию

leidig adj (lästig) га́дкий, неприя́тный

leidlich adj сно́сный; ‹ **in ~em Zustand** в неплохо́м состоя́нии

Leidtragende(r) fm скорбя́щий(-ая ж) м; FIG (Benachteiligte/r) пострада́вший(-ая ж) м; **Leidwesen** n ‹ **zu meinem ~** к моему́ вели́кому сожале́нию

Leier f ‹-, -n› (Instrument) ли́ра ж; **Leierkasten** m шарма́нка ж

leihen ‹lieh, geliehen› I. vt да́ть взаймы́ II. vr ‹ **sich dat etw akk ~** брать взаймы́; **Leihgebühr** f пла́та ж за прока́т; **Leihwagen** m автомоби́ль м, взя́тый на прока́т; **leihweise** adv напрока́т, взаймы́

Leim m ‹-[e]s, -e› ① клей м ② FAM (dick werden) ‹ **aus dem ~ gehen** растолсте́ть сов; **leimen** vt ① (kleben) скле́и‹ва›ть ② FAM (reinlegen) наду́‹ва́›ть

Leine f ‹-, -n› верёвка ж; (Hunde~) поводо́к м

Leinen n ‹-s, -› (Stoff) (льняно́е) полотно́ с, холст м

Leinsamen m (Getreide) льняно́е се́мя с

Leintuch n (Bett~) льняно́е полотно́ с; **Leinwand** f ① KUNST холст м ② FILM экра́н м

leise adj (Ton) ти́хий; (Hoffnung) сла́бый

Leiste f ‹-, -n› ① (Borte) кро́мка ж; (Zier~) пла́нка ж ② ANAT пах м

leisten vt (Arbeit) де́лать; ‹ **e-n Eid ~**

дать прися́гу; ◇ **jd-m Gesellschaft** ~ соста́вить компа́нию кому́-л; ◇ **Widerstand** ~ ока́зывать сопротивле́ние; ◇ **sich** *dat* **etw** ~ **können** быть в состоя́нии позво́лить себе́ что-л
Leisten *m* (*Schuh~*) сапо́жная коло́дка *ж*
Leistenbruch *m* MED пахова́я гры́жа *ж*
Leistung *f* **①** (*Ergebnis*) достиже́ние *с* **②** PHYS мо́щность *ж*; (*~sfähigkeit*) производи́тельность *ж*, работоспосо́бность *ж* **③** (*Verdienst*) достиже́ние *с* **④** (*Beitrag*) вклад *м*; (*Geldzahlung*) платёж *м*; **Leistungsdruck** *m* напряже́ние *с*; **leistungsfähig** *adj* работоспосо́бный, эффекти́вный; **Leistungsfähigkeit** *f* работоспосо́бность *ж*; **Leistungskurs** *m* SCH гла́вный предме́т *м*; **Leistungsvermögen** *n* мо́щность *ж*; **Leistungszulage** *f* надба́вка *ж* к зарпла́те
Leitartikel *m* (*Zeitungs~*) передови́ца *ж*
Leitbild *n* образе́ц *м*
leiten *vt* **①** (*Diskussion*) вести́ *несов*; (*Firma*) руководи́ть *несов*, управля́ть ‹-пра́вить›; (*in e-e Richtung*) наппавля́ть ‹-пра́вить›; *FIG* ◇ **etw in die Wege** ~ подгото́вить что-л **②** ELECTR проводи́ть ‹-вести́›; **leitend** *adj* **①** (*Person*) руководя́щий; (*Stellung*) отве́тственный **②** ELECTR проводя́щий
Leiter¹ *f* ‹-, -n› (*Sprossen~*) ле́стница *ж*, стремя́нка *ж*
Leiter² *m* ‹-s, -› ELECTR проводни́к *м*
Leiter³ (*in f*) *m* ‹-s, -› (*Abteilungs~*) нача́льник *м*, нача́льница *ж*, заве́дующий (-ая *ж*) *м*; (*Reise~*) руководи́тель(ни-ца *ж*) *м*; (*Schul~*) дире́ктор *м*
Leitfaden *m* FIG (*Lehrbuch*) руково́дство *с*; **Leitfähigkeit** *f* ELECTR проводи́мость *ж*; **Leithammel** *m* FIG (*Anführer*) вожа́к *м*; **Leitmotiv** *n* основна́я мысль *ж*; MUS (*Thema*) лейтмоти́в *м*; **Leitplanke** *f* ‹-, -n› доро́жное огра́ждение *с*
Leitung *f* **①** (*Führung*) руково́дство *с*; (*Verwaltung*) управле́ние *с*, правле́ние *с*; (*Führung e-r Sitzung*) веде́ние *с* **②** (*Telefon~*) ли́ния *ж*; (*Wasser~*, *Gas~*) трубопрово́д *м*; (*Kabel~*) прово́дка *ж*; *FAM* (*begriffsstutzig*) ◇ **e-e lange** ~ **haben** ме́дленно сообража́ть **③** (*das Leiten*, *von Strom*) про́вод *м*
Leitungsrohr *n* трубопрово́д *м*; **Leitungswasser** *n* водопрово́дная вода́ *ж*
Lektion *f* уро́к *м*
Lektor (*in f*) *m* ле́ктор *м*
Lektüre *f* ‹-, -n› **①** (*das Lesen*) чте́ние *с* **②** (*Lesestoff*) литерату́ра *ж*
Lemming *m* ‹-s, -e› ZOOL (*Nagetier*) ле́мминг *м*
Lende *f* ‹-, -n› (*Schweine~*, *Kalbs~*) филе́йная часть *ж* ту́ши; (*von Mensch*) по-

ясни́ца *ж*; **Lendenschurz** *m* (*von Eingeborenem*) набе́дренная повя́зка *ж*; **Lendenwirbel** *m* поясни́чный позвоно́к *м*
lenkbar *adj* управля́емый; **lenken** *vt* **①** (*führen*) вести́ **②** (*steuern*, *Fahrzeug*) управля́ть ‹-пра́вить› чем-л **③** (*richten*, *Blick*) направля́ть; ◇ **das Gespräch auf etw** *akk* ~ навести́ разгово́р на что-л; **Lenker** *m* **①** (*Fahrrad~*) руль *м* **②** (*Fahrer/in*) рулево́й(-а́я *ж*) *м*; **Lenkrad** *n* рулево́е колесо́ *с*; **Lenkstange** *f* (*von Fahrrad*) руль *м*
Lenz *m* (*Frühling*) весна́ *ж*; *FAM* ◇ **sich e-n faulen** ~ **machen** жить беззабо́тно
Leopard *m* ‹-en, -en› леопа́рд *м*
Lepra *f* ‹-› MED ле́пра *ж*
Lerche *f* ‹-, -n› (*Singvogel*) жа́воронок *м*
lernbegierig *adj* любозна́тельный; **lernbehindert** *adj* у́мственно отста́лый
lernen *vt* **①** (*Sprache*, *Beruf*) вы́учить, обуча́ться ‹-чи́ться› **②** (*üben*, *trainieren*) на-учи́ться, обуча́ться ‹-чи́ться›; ◇ **lesen** ~ учи́ться чита́ть; *PEJ* ◇ **mancher lernt es nie!** до кого́-л не дохо́дит!; **Lernprozess** *m* уче́бный проце́сс *м*
lesbar *adj* (*leserlich*) разбо́рчивый
Lesbe *f* ‹-, -n›, **Lesbierin** *f* лесбия́нка *ж*; **lesbisch** *adj* лесби́йский
Lese *f* ‹-, -n› (*Wein~*) сбор *м* виногра́да
Lesebrille *f* очки́ мн для чте́ния; **Lesebuch** *n* (*Schul~*) кни́га *ж* для чте́ния, хрестома́тия *ж*; **Lesegerät** *n* PC (*für Mikrofiche*) аппара́т *м* для чте́ния микрофи́льмов; **lesen** ‹liest, las, gelesen› *vt* **①** (*pro-*) чита́ть; PC счи́тывать ‹-та́ть›; (*Handschrift*) расшифро́вывать ‹-ва́ть› **②** (*ernten*) собира́ть **③** (*vortragen*) чита́ть; **Leser** (*in f*) *m* ‹-s, -› чита́тель(ница *ж*) *м*; **Leserbrief** *m* письмо́ *с* чита́теля; **leserlich** *adj* ◇ ~ **schreiben** писа́ть разбо́рчиво; **Lesesaal** *m* (*in Bibliothek*) чита́льный зал *м*; **Lesezeichen** *n* закла́дка *ж*; **Lesung** *f* чте́ние *с*
letal *adj* MED (*tödlich*) лета́льный
Lethargie *f* PSYCH (*Schlafsucht*) летарги́я *ж*; *FIG* (*Teilnahmslosigkeit*) вя́лость *ж*; **lethargisch** *adj* летарги́ческий, вя́лый
Lette *m* ‹-n, -n› латы́ш *м*; **Lettin** *f* латы́шка *ж*; **lettisch** *adj* латы́шский
letzte(r, s) *adj* **①** (*allg.*) после́дний; (*abschließend*) коне́чный; (*Testament*) ◇ **der** ~ **Wille** завеща́ние *с*; REL ◇ ~ **Ölung** соборова́ние *с*; ◇ **die** ~ **Ehre erweisen** отда́ть после́дний долг; ◇ **zum** ~**n Mal** в после́дний раз **②** (*Nachrichten*, *Mode*) после́дний, нове́йший **③** (*schlechteste*, *r*, *s*) (*Qualität*) наиху́дший **④** (*vorige*, *r*, *s*) ◇ ~ **Woche** на про́шлой неде́ле **⑥** (*restliche*, *r*, *s*) (*Geld*) после́дний; **letztendlich** *adv* в коне́чном ито́ге; **letztens** *adv* неда́вно; **letztere (r, s)** *adj*

после́дний (из двух); **letztlich** *adv* (*schließlich*) в заключе́ние

Leuchtanzeige *f* светя́щееся табло́ *с*; **Leuchtboje** *f* NAUT светя́щийся буй *m*; **Leuchte** *f* <-, -n> 1 (*Lampe etc.*) светѝльник *m* 2 *FIG* (*Spitzenfachkraft*) светѝло *с*; **leuchten** *vi* светѝть *несов*; **Leuchter** *m* <-s, -> (*Kerzen~*) подсве́чник *m*; (*Kron~*) лю́стра *ж*; **Leuchtfarbe** *f* светя́щаяся кра́ска *ж*; **Leuchtrakete** *f* сигна́льная раке́та *ж*; **Leuchtreklame** *f* ветова́я рекла́ма *ж*; **Leuchtturm** *m* мая́к *m*; **Leuchtzifferblatt** *n* светя́щийся цифербла́т *m*

leugnen *vt* отрица́ть *несов*

Leukämie *f* MED лейкеми́я *ж*

Leumund *m* <-[e]s> (*Ruf*) репута́ция *ж*

Leute *pl* лю́ди *мн*; ◇ **unter die ~ kommen** быва́ть в о́бществе; *FAM* ◇ **etw unter die ~ bringen** разглаша́ть что-л

Leutnant *m* <-s, -s> лейтена́нт *m*

leutselig *adj* (*gesprächig*) общѝтельный; **Leutseligkeit** *f* общѝтельность *ж*

Leviten *pl* FAM ◇ **jd-m die ~ lesen** чита́ть нота́цию кому́-л

Lexik *f* <-> ле́ксика *ж*; **Lexikograph(in** *f*) *m* <-en, -en> лексикогра́ф *m*; **Lexikographie** *f* лексикогра́фия *ж*; **Lexikon** *n* <-s, Lexika> энциклопе́дия *ж*

Liaison *f* <-, -s> любо́вная связь *ж*

Libanon *m* Лива́н *m*; ◇ **in/nach** ~ в Лива́не/в Лива́н

Libelle *f* стрекоза́ *ж*

liberal *adj* либера́льный; **Liberalismus** *m* либерали́зм *m*

Libero *m* <-s, -s> свобо́дный защѝтник *m*

Libyen *n* Ли́вия *ж*; ◇ **in/nach** ~ в Ли́вии/в Ли́вию

Licht *n* <-[e]s, -er> свет *m*; *FIG* ◇ **jd-n hinters ~ führen** провестѝ кого́-л

licht *adj* 1 (*hell, klar*) све́тлый; *FIG* ◇ **ein ~er Augenblick** про́блески созна́ния 2 (*Bäume, Haare*) ре́дкий; **lichtbestän-dig** *adj* (*Tapeten, Stoff*) светосто́йкий; **Lichtbild** *n* фотогра́фия *ж*; **Lichtblick** *m* FIG про́блеск *m*; **lichtdurchlässig** *adj* светопроница́емый; **lichtempfindlich** *adj* светочувствѝтельный

lichten I. *vt* проясlня́ть <-нѝть>; (*Baum*) разре́жlивать <-дѝть>; (*Anker*) подlнима́ть <-ня́ть> II. *vr* ◇ **sich** ~ 1 (*Haar*) «по»ре-де́ть 2 (*Himmel*) проясlня́ться <-нѝть-ся>

lichterloh *adv* ◇ ~ **brennen** горе́ть я́рким пла́менем

Lichtgeschwindigkeit *f* ско́рость *ж* све́та; **Lichthupe** *f* светово́й сигна́л *m*; **Lichtjahr** *n* светово́й год *m*; **Lichtmaschine** *f* AUTO светово́й генера́тор *m*; **Lichtorgel** *f* свето-му́зыка *ж*; **Lichtschalter** *m* выключа́-тель *m*; **Lichtschranke** *f* фотореле́й-ный барье́р *m*; **Lichtschutzfaktor** *m*

(*von Sonnencreme*) сте́пень *ж* защѝты от со́лнечного зага́ра

Lichtung *f* (*Wald~*) поля́на *ж*

Lid *n* <-[e]s, -er> (*Ober~, Unter~*) ве́ко *с*; **Lidschatten** *m* те́ни *ж мн* для век

lieb *adj* мѝлый

liebäugeln *vi* любе́зничать *несов* (*mit jd-m* с кем-л), носѝться *несов* (*mit etw* с чем-л)

Liebe *f* <-, -n> любо́вь *ж*; (*bescheiden*) ◇ **von Luft und ~ leben** жить в скро́мных усло́виях; **liebesbedürftig** *adj* ◇ ~ **sein** нужда́ться в любвѝ; **Liebelei** *f* любе́з-ничание *с*; **lieben** *vt* (*Freund/in*) «по»любѝть; (*Geschlechtsverkehr haben*) со-верша́ть полово́й акт; **liebenswert** *adj* досто́йный любвѝ, распола́гающий к себе́; **liebenswürdig** *adj* любе́зный, приве́тливый; **liebenswürdigerweise** *adv* любе́зно; **Liebenswürdigkeit** *f* любе́зность *ж*, одолже́ние *с*

lieber *adv* (*vorziehbar, besser*) ◇ **etw ~ tun** предпоче́сть что-л; ◇ **ich gehe ~ nicht** я лу́чше не пойду́

Liebesbrief *m* любо́вное письмо́ *с*; **Liebeskummer** *m* любо́вная тоска́ *ж*; **Liebesleben** *n* полова́я жизнь *ж*; **Lie-bestöter** *m* <-s, -> FAM (*lange Unterhose*) кальсо́ны *мн*; **Liebesverhältnis** *n* любо́вная связь *ж*

liebevoll *adj* (*zärtlich*) не́жный; (*sorgfäl-tig*) тща́тельный; **lieb gewinnen** *unreg* *vt* полюбѝть *сов*; **lieb haben** *unreg* *vt* любѝть *несов*; **Liebhaber(in** *f*) *m* <-s, -> (*Geliebte/r*) любо́вник *m*, любо́вница *ж*; (*Kenner, Sammler*) любѝтель *m*; **Lieb-haberei** *f* (*Hobby*) люби́мое заня́тие *с*, люби́тельство *с*; **liebkosen** *vt* ласка́ть *несов*; **lieblich** *adj* (*Kind*) милови́дный, преле́стный; (*Duft*) душѝстый; (*Wein*) полуслад́кий; **Liebling** *m* люби́мец *m*, люби́мица *ж*; **lieblos** *adj* бессер-де́чный

Liechtenstein *n* Ли́хтенште́йн *m*; ◇ **nach/in** ~ в Ли́хтенште́йн/е

Lied *n* <-[e]s, -er> пе́сня *ж*; FAM (*aus Er-fahrung wissen*) ◇ **ein ~ davon singen kön-nen** об э́том я мог бы мно́гое расска-за́ть; FAM ◇ **das ist das Ende vom ~** на том де́ло и конча́ется; **Liederbuch** *n* пе́сенник *m*

liederlich *adj* (*schlampig*) безала́берный

Liedermacher(in *f*) *m* <-s, -> а́втор-ис-полнитель *m*

lief *impf v.* laufen

Lieferant(in *f*) *m* поставщѝк *m*, поставщѝца *ж*; **lieferbar** *adj* могу́щий быть поста́вленным; (*vorrätig*) име́ющийся на скла́де; **Lieferfrist** *f* срок *m* доста́в-ки; **liefern** *vt* 1 поlставля́ть <-ста́вить>; (*versorgen mit*) снаб|жа́ть <-дѝть>; (*Be-weis*) предlставля́ть <-ста́вить> 2 *FIG* (*verraten*) ◇ **jd-n ans Messer ~** вы́дать ко-го́-л на распра́ву; FAM (*ruiniert sein*) ◇

geliefert sein испыта́ть прова́л; **Lieferschein** m накладна́я ж; **Liefertermin** m срок m поста́вки; **Lieferung** f доста́вка ж, поста́вка ж; **Lieferwagen** m автомоби́ль m для развозки товаров

Liege f <-, -n> (*Sofa*) куше́тка ж; (*Camping~*) шезло́нг m

liegen <lag, gelegen> vi ① (*allg.*) лежа́ть несов, покоиться несов ② (*in waagerechter Lage*) (*Weinflaschen*) лежа́ть ③ (*sich befinden*) лежа́ть, быть расположенным, находи́ться; FIG (*arbeitslos sein*) ◇ **auf der Straße** ~ быть без де́ла ④ (*nicht angenehm sein*) ◇ **diese Leute** ~ **mir nicht** мне э́ти лю́ди не по душе́; (*begabt sein*) ◇ **Sprachen** ~ **ihm im Blut** спосо́бность к языка́м у неё в крови́ ⑤ (*Ursache haben in*) быть причи́ной чего́-л; ◇ **dieser Fehler liegt an seiner Unaufmerksamkeit** причи́на оши́бки — его невнима́тельность; ◇ **an etw** ~ зави́сеть от чего́-л; (*verantwortlich sein*) заключа́ться в чём-л; FIG ◇ **die Entscheidung liegt bei dir** ты до́лжен реши́ться ⑥ (*Wert legen auf*) ◇ **mir liegt viel an seinem Rat** я дорожу́ его́ сове́том; **liegen bleiben** unreg vi ① (*im Bett bleiben*) оста́|ва́ться лежа́ть; (*Kranke*) не встава́ть с посте́ли ② (*stecken bleiben*) заст|рева́ть <-тря́ть> ③ (*vergessene Sachen*) быть забы́тым ④ (*unerledigte Arbeit*) оста́|ва́ться нетро́нутым ⑤ (*Schnee*) оста́|ва́ться лежа́ть; **liegen lassen** unreg vt (*Arbeit*) ост|авля́ть <-ста́вить>; (*vergessen*) забы́|ва́ть, FIG ◇ **jd-n links** ~ не обраща́ть внима́ния на кого́-л; **Liegenschaft** f (*Grundbesitz*) недви́жимость ж; **Liegesitz** m сиде́нье c с откидной спи́нкой; **Liegestuhl** m шезло́нг m; **Liegestütz** m <-, -en> SPORT упо́р m лёжа; **Liegewagen** m BAHN спа́льный ваго́н m

lieh impf v. **leihen**
ließ impf v. **lassen**
Lift m <-[e]s, -s o. -e> лифт m
Liga f ли́га ж; SPORT разря́д m, класс m
liieren vr ◇ **sich** ~ объедини́ться несов
Likör m <-s, -e> ликёр m
lila adj <inv> лило́вый
Lilie f BOT ли́лия ж
Liliputaner(in f) m лилипу́т(ка ж) m
Limerick m <-, -s> шу́точное стихотворе́ние c
Limes m <-> HIST (*römischer Grenzwall*) ли́мес m
Limit n <-s, -s> (*Grenze*) лими́т m, преде́л m; ◇ **ein** ~ **setzen** положи́ть преде́л
Limonade f лимона́д m
Limousine f (*Auto~*) лимузи́н m
lind adj (*mild*) мя́гкий
Linde f <-, -n> BOT ли́па ж
lindern vt BOT смягча́ть <-чи́ть>, об-

легча́ть <-чи́ть>; **Linderung** f смягче́ние c, облегче́ние c
Lineal n <-s, -e> лине́йка ж
Linie f ① (*Strich, Gerade*) ли́ния ж, черта́ ж; MATH пряма́я ж ② (*Reihe*) ряд m ③ (*Verkehrsstrecke, Verkehrsmittel*) ли́ния ж, маршру́т m; ◇ **mit der** ~ **3 fahren** е́хать авто́бусом/трамва́ем маршру́та но́мер 3 ④ (*Verwandtschafts~*) ли́ния ж (родства́); ◇ **aus der** ~ **mütterlicherseits** по матери́нской ли́нии ⑤ (*Partei~*) ли́ния ж ⑥ FAM (*Figur*) ◇ **gut für die schlanke** ~ хорошо́ для сохране́ния фигу́ры; **Linienflug** m рейсовый полёт m; **Linienrichter(in** f) m SPORT судья́ m на ли́нии; **linientreu** adj ве́рный ли́нии
link adj FAM (*hinterhältig*) обма́нчивый
Linke f <-, -n> (*Hand*) ле́вая рука́ ж; POL ле́вые
linke(r, s) adj ле́вый; (*beim Stricken*) ◇ ~ **Masche** изна́ночная петля́; FIG (*ärgerlich sein*) ◇ **mit dem ~n Fuß aufstehen** встать с ле́вой ноги́; FIG ◇ **zwei** ~ **Hände haben** быть нело́вким
linken vt FAM (*betrügen*) про|води́ть <-вести́>, обма́нывать <-ну́ть>
linkisch adj (*Verhalten*) неуклю́жий
links I. adv (*gehen*) нале́во, вле́во; (*stricken*) изна́ночный, FAM ◇ **das habe ich mit** ~ **gemacht** э́то я сде́лал игра́ючи **II.** präp gen сле́ва; ◇ ~ **von mir** сле́ва от меня́; **Linksaußen** m <-, -> SPORT ле́вый кра́йний на-пада́ющий m; **Linkshänder(in** f) m <-s, -> левша́ m/ж; **Linkskurve** f поворо́т m вле́во; **linksradikal** adj POL левора́дикальный; **Linksverkehr** m левосторо́ннее движе́ние c
Linoleum n <-s> линолеум m
Linse f <-, -n> ① ANAT хруста́лик m ② PHYS ли́нза ж ③ (*Gemüse*) чечеви́ца ж
Lippe f <-, -n> губа́ ж; FAM ◇ **e-e dicke** ~ **riskieren** сказа́ть что-л вызыва́ющее;
Lippenbekenntnis n PEJ призна́ние c то́лько на слова́х; **Lippenstift** m губна́я пома́да ж
liquid adj (*zahlungsfähig*) ликви́дный, платёжеспосо́бный
liquidieren vt COMM ликвиди́ровать несов и сов
lispeln vi шепеля́вить несов
List f <-, -en> хи́трость ж; (*Trick*) уло́вка ж
Liste f <-, -n> (*Einkaufs~, Teilnehmer~*) спи́сок m; ◇ **e-e** ~ **aufstellen** соста́вить спи́сок
listig adj хи́трый, лука́вый
Litanei f REL лита́ния ж
Litauen n Литва́ ж; **in/nach** ~ в Литве́/в Литву́; **Litauer(in** f) m <-s, -> лито́вец m, лито́вка ж; **litauisch** adj лито́вский
Liter m <-s, -> литр m

literarisch *adj* литературный; **Literatur** *f* литература ж; **Literaturkritik** *f* литературная критика ж; **Literaturverzeichnis** *n* библиография ж; **Literaturwissenschaft** *f* литературоведение с

Litfaßsäule *f* столб м для афиш и объявлений, афишная тумба ж

Lithographie *f* литография ж

litt *imp f. v.* **leiden**

Liturgie *f* REL литургия ж

live *adv* MEDIA прямая; ◇ **L~-Übertragung** прямая трансляция

Livree *f* <-, -n> (*Uniform*) ливрея ж

Lizenz *f* лицензия ж; ◇ **jd-m e-e ~ erteilen** выдать кому-л лицензию

Lkw *m* <-[s], -[s]> *Abk. v.* **Lastkraftwagen**;

Lkw-Fahrer (*in f*) *m* <-s, -> шофёр м

Lob¹ *n* <-[e]s> хвала ж, похвала ж

Lob² *m* <-s, -s> SPORT (*im Tennis*) свеча ж

Lobby *f* <-, -s> лобби с

loben *vt* хвалить *несов*; **lobenswert** *adj* заслуживающий похвалы

Loch *n* <-[e]s, Löcher> **1** (*Öffnung*) дыра ж; *FAM* **aus dem letzten ~ pfeifen** быть при последнем издыхании; *PEJ* ◇ **saufen wie ein ~** пить запоем **2** *PEJ* (*Wohnung*) дыра ж; (*Gefängnis*) кутузка ж; **lochen** *vt* (*Karte*) проби<ва>ть; **Locher** *m* <-s, -> дырокол м; **löcherig** *adj* дырявый

Locke *f* <-, -n> локон м; **locken I.** *vt* (*anziehen*) <по->манить, завлекать <-лечь> **II.** *vt* (*Haare*) виться *несов*; **Lockenkopf** *m* FIG (*Person*) кудрявый(-ая ж) м; **Lockenwickler** *m* <-s, -> бигуди *мн*

locker *adj* свободный, ненапряжённый, FIG (*Lebenswandel*) легкомысленный, распущенный; **lockerlassen** *unreg vi* ◇ **nicht ~** не отступать; **lockern I.** *vt* (*Schraube*) рас|слаблять <-слабить>; (*Vorschriften, Gürtel*) о|слаблять <-слабить> **II.** *vr* ◇ **sich ~** (*Freundschaft*) охладе<ва>ть; (*Sitten*) ослабе<ва>ть

lockig *adj* кудрявый

Lockruf *m* приманка ж; **Lockvogel** *m* приманка ж

Lodenmantel *m* грубошёрстное непромокаемое пальто с

lodern *vi* (*Feuer*) пылать *несов*

Löffel *m* <-s, -> ложка ж; *FAM* (*sterben*) ◇ **den ~ abgeben** отдать концы

Löffel *m* <-s, -> (*Hasenohr*) ухо с

löffeln *vt* хлебать *несов*; **löffelweise** *adv* ложками

log *imp f. v.* **lügen**

Logarithmus *m* MATH логарифм м

Logbuch *n* NAUT вахтенный журнал м

Loge *f* <-, -n> *a.* THEAT ложа ж

Loggia *f* <-, Loggien> лоджия ж

Logik *f* логика ж; **logisch** *adj* логичный

Lohn *m* <-[e]s, Löhne> вознаграждение с; (*Arbeits~*) заработная плата ж; **Lohnausgleich** *m* ◇ **bei vollem** ~ без понижения заработной платы; **Lohnempfänger** (*in f*) *m* получающий(-ая ж) м зарплату; **lohnen I.** *vt* вознаграждать <-дить> **II.** *vr* ◇ **sich ~** стоить; **lohnend** *adj* стоящий, выгодный; **Lohnerhöhung** *f* повышение с заработной платы; **Lohnsteuer** *f* подоходный налог м; **Lohnsteuerjahresausgleich** *m* возмещение излишне удержанного в течение года подоходного налога; **Lohnsteuerkarte** *f* карточка ж исчисления подоходного налога

Loipe *f* <-, -n> SPORT (*Langlauf~*) лыжня ж

Lok *f* <-, -s> *Abk. v.* **Lokomotive**

lokal *adj* местный

Lokal *n* <-[e]s, -e> кафе с; (*Speise~*) ресторан м

Lokalanästhesie *f* MED местный наркоз м; **Lokalbericht** *m* статья ж о местных событиях; **lokalisieren** *vt* локализовать *несов и сов*

Lokomotive *f* локомотив м; **Lokomotivführer** *m* машинист м

Look *m* <-s, -s> (*Aussehen*) внешний вид м; (*in der Mode*) направление с в моде

Looping *n* <-s, -s> AERO мёртвая петля ж

Lorbeer *m* <-s, -en> *a.* FIG лавр м; **Lorbeerblatt** *n* GASTRON лавровый лист м

Lore *f* <-, -n> MIN вагонетка ж

los *adv* **1** (*Leine*) отвязавшийся; *FAM* ◇ **ich bin meine Kiste ~** я отделался от своей тачки **2** (*passieren*) ◇ **was ist ~?** что случилось?; ◇ **dort ist nichts ~** там ничего (интересного) не происходит **3** ◇ **~! давай!**

Los *n* <-es, -e> **1** (*Schicksal*) доля ж, судьба ж, жребий м **2** (*Lotterie~*) лотерейный билет м; *a.* FIG (*Hauptgewinn*) ◇ **das große ~ ziehen** выиграть главный выигрыш

losbinden *unreg vt* отвязывать *несов*

lösbar *adj* (*Aufgabe, Rätsel*) разрешимый

Löschblatt *n* лист м промокательной бумаги; **löschen** *vt* **1** (*Feuer, Licht*) <по->тушить, <по->гасить **2** (*streichen, tilgen*) удалять <-лить>, стирать <-стереть>; COMM (*Konto*) закры<ва>ть; (*Schulden*) погашать <-сить>; (*Tonband, Daten*) стирать <стереть>; (*Speicher*) удалять <-лить>; (*Firma*) аннулировать *несов и сов* **3** (*Durst*) утолять <-лить>; **Löschfahrzeug** *n* пожарный автомобиль м; **Löschgerät** *n* пожарное оборудование с; **Löschtaste** *f* PC клавиша ж стирания

lose *adj* **1** (*locker, Schraube*) незакреплённый, незатянутый; (*Haar*) рас-

пу́щенный; ◇ **das Kind hat e-n ~n Zahn** у ребёнка шата́ется зуб **2** (*nicht verpackt*) нерасфасо́ванный; (*Blatt Papier*) вы́павший **3** *FAM* (*frech*) ◇ **ein ~s Mundwerk haben** быть де́рзким на язы́к
Lösegeld n вы́куп m
losen vi броса́ть ⟨бро́сить⟩ жре́бий
lösen I. vt **1** (*lockern, Schraube*) рассла́бля́ть ⟨-сла́бить⟩; (*Handbremse*) отпуска́ть ⟨-ти́ть⟩; (*Schleife, Knoten*) развя́зывать ⟨-за́ть⟩, распу́ска́ть ⟨-ти́ть⟩ **2** (*Verlobung*) прекра́ща́ть ⟨-ти́ть⟩; (*Vertrag*) расторга́ть ⟨-то́ргнуть⟩ **3** (*Problem*) разреша́ть ⟨-ши́ть⟩ **4** (*Fahrschein*) покупа́ть ⟨купи́ть⟩ **5** CHEM (*in Flüssigkeit*) растворя́ть ⟨-ри́ть⟩ II. vr ◇ **sich ~ 1** (*Krampf, Spannung*) ослабля́ться *несов*, ослабе́ть *сов* **2** (*auf~*) (*Zucker*) растворя́ться ⟨-ри́ться⟩ в акк в чём-л) **3** (*Problem*) разреша́ться ⟨-ши́ться⟩
losfahren unreg vi тро́гаться ⟨-нуться⟩;
losgehen unreg vi **1** (*weggehen*) уходи́ть ⟨уйти́⟩ **2** (*anfangen*) нач⟨ин⟩а́ться; *FAM* ◇ **jetzt kann's ~** сейча́с мо́жно начина́ть **3** (*Schuss*) вы́стрелить *сов*; (*Bombe*) взорва́ться *сов* **4** (*angreifen*) ◇ **auf jd-n ~** бро́ситься на кого́-л; **loskaufen** vt (*Geiseln*) выкупа́ть ⟨вы́купить⟩;
loskommen unreg vi ◇ **von etw ~** освободи́ться от чего́-л; **loslassen** unreg vt **1** (*freigeben*) отпуска́ть ⟨-ти́ть⟩, выпуска́ть ⟨вы́пустить⟩ **2** (*Schimpfe*) произноси́ть ⟨-нести́⟩; a. FIG (*angreifen lassen*) ◇ **den Hund auf jd-n** спусти́ть соба́к на кого́-л; **loslegen** vi FAM ◇ **mit der Arbeit ~** приня́ться за рабо́ту
löslich adj раствори́мый
losmachen vt отвя́зывать ⟨-за́ть⟩;
losreißen vr ◇ **sich ~** отрыва́ться ⟨оторва́ться⟩ (*von jd-m/etw* от кого́-л/чего́-л); **lossagen** vr ◇ **sich ~** отрека́ться ⟨-ре́чься⟩ (*von jd-m/etw* от кого́-л/чего́-л); **lossprechen** unreg vt ◇ **jd-n von etw ~** объяви́ть кого́-л невино́вным
Losung f **1** MIL паро́ль m **2** (*Vorgehensweise*) ло́зунг m
Lösung f **1** (*e-s Rätsels, e-r Aufgabe*) реше́ние c; ◇ **friedliche ~** ми́рная развя́зка ж **2** (*e-r Beziehung*) разры́в m **3** CHEM раство́р m; **Lösungsmittel** n раствори́тель m
loswerden unreg vt отде́л⟨ыв⟩аться
Lot n ⟨-[e]s, -e⟩ **1** (*Senk~*) отве́с m; (*Echo~*) лот m; ◇ **alles im ~!** всё в по́лном поря́дке!; FIG ◇ **jd-n aus dem ~ bringen** вы́вести кого́-л из равнове́сия **2** MATH перпендикуля́р m **3** (*Metall zum Löten*) припо́й m
löten vt ⟨за-⟩пая́ть
Lotion f (*Haut~, Gesichts~*) лосьо́н m
Lötkolben m пая́льник m
Lotosblume f цвето́к m ло́тоса
Lotse m ⟨-n, -n⟩ AERO авиадиспе́тчер m;

NAUT ло́цман m; **lotsen** vt проводи́ть ⟨-вести́⟩
Lotterie f лотере́я ж; **Lotteriegewinn** m (*Los*) лотере́йный вы́игрыш m; **Lotterielos** n лотере́йный биле́т m; **Lotteriespiel** n лотере́я ж; **Lotto** n (*Zahlen~*) лото́ c
Loveparade f ⟨-, -s⟩ пара́д m любви́
Löwe m ⟨-n, -n⟩ ZOOL лев m; ASTROL Лев m; **Löwenanteil** m льви́ная до́ля ж; **Löwenmaul** n льви́ный зев m; **Löwenzahn** m BOT одува́нчик m; **Löwin** f льви́ца ж
loyal adj лоя́льный; **Loyalität** f лоя́льность ж
LP f *Abk. v.* **Langspielplatte**
LSD n (*Rauschgift*) ЛСД
lt. *präp Abk. v.* **laut**
Luchs m ⟨-es, -e⟩ ZOOL рысь ж
Lücke f ⟨-, -n⟩ пусто́е ме́сто c; (*im Text, Wissen*) про́пуск m, пробе́л m; **Lückenbüßer(in** f) m ⟨- s, -⟩ за́ты́чка ж; **lückenhaft** adj непо́лный; (*Wissen*) с пробе́лами; (*Zaun*) с просве́тами; **lückenlos** adj по́лный; (*Wissen*) без пробе́лов; (*Stadtmauer*) без просве́тов
lud impf v. **laden**
Luder n ⟨-s, -⟩ PEJ сте́рва ж; ◇ **armes ~** бедня́жка м/ж
Luft f ⟨-, Lüfte⟩ во́здух m; FAM (*sprengen*) ◇ **etw in die ~ jagen** взорва́ть что-л; ◇ **in der ~ liegen** ждать своего́ осуществле́ния; FAM (*wütend sein*) ◇ **in die ~ gehen** выходи́ть из себя́; ◇ **jd-n wie ~ behandeln** игнори́ровать кого́-л; FAM ◇ **hier ist dicke ~** здесь что́-то не ла́дно; **Luftangriff** m MIL возду́шное нападе́ние c; **Luftballon** m возду́шный ша́р(ик) m; **Luftblase** f возду́шный пузы́рь m; **Luftbrücke** f возду́шный мост m; **luftdicht** adj возду́хонепроница́емый; **Luftdruck** m давле́ние c во́здуха
lüften vt, vi **1** (*Zimmer*) прове́три⟨ва⟩ть **2** (*Geheimnis*) проли́⟨ва́⟩ть свет на что-л
Luftfahrt f аэронавига́ция ж; **Luftfeuchtigkeit** f вла́жность ж во́здуха; **Luftfilter** m возду́шный фильтр m; **Luftfracht** f авиацио́нный груз m; **Luftgewehr** n пневмати́ческое ружьё c;

 Lufthansa

Акционе́рное о́бщество Deutsche Lufthansa са́мая кру́пная авиакомпа́ния в Герма́нии. Она́ была́ осно́вана в Берли́не в 1926 г. и по́сле восстановле́ния в 1954 г. получи́ла назва́ние Deutsche Lufthansa. Бо́лее 200 самолётов э́той авиакомпа́нии доставля́ют пассажи́ров и гру́зы в 220 городо́в на всех контине́нтах.

luftig adj (Raum) досту́пный во́здуху и све́ту; (Kleider) лёгкий; **Luftkissenfahrzeug** n су́дно c на возду́шной поду́шке; **Luftkurort** m климати́ческий куро́рт m; **luftleer** adj (~er Raum) безвозду́шный; **Luftlinie** f (direkter Weg) пряма́я ли́ния ж; **Luftloch** n AERO возду́шная я́ма ж; **Luftmatratze** f надувно́й матра́ц m; **Luftpirat** m возду́шный пира́т m; **Luftpost** f авиапо́чта ж; **Luftpumpe** f возду́шный насо́с m; **Luftrettungsdienst** m спаса́тельная авиаслу́жба ж; **Luftröhre** f ANAT трахе́я ж; **Luftschiff** n (Zeppelin) дирижа́бль m; **Luftschlange** f (für Fasching) серпанти́н m; **Luftschloss** n (Wunschvorstellung) ◇ **Luftschlösser bauen** стро́ить возду́шный за́мок; **Luftschutzkeller** m бомбоубе́жище c; **Luftspieg[e]lung** f (Fata Morgana) мира́ж m; **Luftsprung** m прыжо́к m; FIG ◇ **e-n ~ machen** подпры́гнуть от ра́дости
Lüftung f прове́тривание c
Luftveränderung f переме́на ж кли́мата; **Luftverschmutzung** f загрязне́ние c во́здуха; **Luftwaffe** f MIL воённо-возду́шные си́лы ж мн; **Luftweg** m ◇ **auf dem ~ befördern** перевози́ть возду́шным тра́нспортом; **Luftzug** m сквозня́к m
Lüge f ‹-, -n› ложь ж; ◇ **jd-n e-r ~ bezichtigen** обвиня́ть кого́-л во лжи
lügen ‹log, gelogen› vi ‹со-›лга́ть; **Lügner(in** f) m ‹-s, -› лгу́н(ья ж) m
Luke f ‹-, -n› (Dach~, Boden~) люк m
lukrativ adj при́быльный, вы́годный
Lümmel m ‹-s, -› болва́н m; **lümmeln** vr (auf dem Sofa) ◇ **sich ~** развали́ться coв
Lump m ‹-en, -en› (Landstreicher) оборва́нец m; **lumpen** vi FAM ◇ **sich nicht ~ lassen** не скупи́ться; **Lumpen** m ‹-s, -› (Fetzen) лохмо́тья мн; (Scheuerlappen) тря́пка ж; **Lumpengesindel** n ‹-s, -› PEJ сброд m; **lumpig** adj (Kleidung) в лохмо́тьях, обо́рванный; FAM (armselig) жа́лкий
Lunge f ‹-, -n› лёгкое c; ◇ **sich die ~ aus dem Hals schreien** надрыва́ться от кри́ка; **Lungenentzündung** f воспале́ние c лёгких; **lungenkrank** adj с больны́ми лёгкими
Lunte f ‹-, -n› (Zündschnur) фити́ль m; FIG ◇ **~ riechen** чу́ять опа́сность
Lupe f ‹-, -n› лу́па ж; FIG ◇ **jd-n/etw unter die ~ nehmen** пристально присмотре́ться к кому́/чему́-л
Lurch m ‹-es, -e› амфи́бия ж
Lust f ‹-, "-e› (Neigung, Bedürfnis) жела́ние c, охо́та ж; (Genuss, Gefallen) удово́льствие c; ◇ **auf** [o. **zu**] **etw ~ haben** име́ть жела́ние к чему́-л
Lüster m ‹-s, -› (Kronleuchter) лю́стра ж
lüstern adj (wollüstig) похотли́вый

Lustgefühl n чу́вство c удово́льствия
lustig adj (komisch) смешно́й; (fröhlich) весёлый
Lüstling m сластолю́бец m
lustlos adj безуча́стный; (Börse) вя́лый
Lustspiel n коме́дия ж
lutherisch adj REL лютера́нский
lutschen vt, vi ‹по-›соса́ть; ◇ **am Daumen ~** соса́ть па́лец; **Lutscher** m ‹-s, -› ледене́ц m
Luv f ‹-s› NAUT наве́тренная сторона́ ж
Luxemburg n Люксембу́рг m; ◇ **nach/in ~** в Люксембу́рг/е; **luxemburgisch** adj люксембу́ргский
luxuriös adj роско́шный; **Luxus** m ‹-› ро́скошь ж; **Luxusartikel** m предме́т m ро́скоши; **Luxushotel** n гости́ница-лю́кс ж
Lymphdrüse f ANAT лимфати́ческая железа́ ж; **Lymphe** f ‹-› MED ли́мфа ж; **Lymphknoten** m MED лимфати́ческий у́зел m
lynchen vt линчева́ть несов и coв; **Lynchjustiz** f суд m Ли́нча
Lyrik f ли́рика ж; **Lyriker(in** f) m ‹-s, -› ли́рик m; **lyrisch** adj лири́ческий

M, m n M, м
M. A. Abk. v. **Magister artium** маги́стр m гуманита́рных нау́к
Machart f фасо́н m; **machbar** adj осуществи́мый; **Mache** f ‹-› FAM (Vortäuschung) притво́рство c; **machen I.** vt ① (tun) ‹с-›де́лать; ◇ **was soll ich ~?** что мне де́лать? ② FAM (reparieren) ‹по-›чини́ть; ◇ **kannst du mir das heil ~?** мо́жешь ты мне э́то почини́ть? ③ (Prüfung) сда́‹ва́›ть ④ FAM ◇ **was ~ deine Kinder?** как дела́ у твои́х дете́й? ⑤ (Ärger, Kummer) причи‹ня́ть ‹-ни́ть› ⑥ MATH (ergeben) ◇ **8 und 5 macht 13** 8 плюс 5 равня́ется 13 ⑦ (Notdurft verrichten) ◇ **in die Hose ~** наде́лать в штаны́ ⑧ (beginnen mit) ◇ **sich an die Arbeit ~** приступи́ть к рабо́те; (weggehen) ◇ **sich auf den Weg ~** отпра́виться в путь ⑨ FAM (kosten) ◇ **was/wieviel macht es?** ско́лько э́то сто́ит? ⑩ ◇ **das macht nichts!** ничего́! ⑪ (ernennen) назнача́ть несов **II.** vr ◇ **sich ~** ① (vorankommen) де́лать прогре́сс, улучша́ться несов ② (passen) ◇ **das Bild macht sich gut an dieser Wand** карти́на хорошо́ смо́трится на

этой стене́; **Macher** m (Führungskraft) заправи́ла ж

Macho m ‹-s, -s› FAM мужчи́на, нарочи́то подчёркивающий свою́ мужественность

Macht f ‹-, Mächte› си́ла ж, мощь ж; (Staat) власть ж; **Machthaber(in)** m ‹-s, -› власти́тель(ница ж) м; (Diktator/in) дикта́тор(ша ж) м; власть иму́щие мн; **mächtig I.** adj мо́щный **II.** adv FAM (sehr) чрезвыча́йно, весьма́; **machtlos** adj бесси́льный; **Machtprobe** f про́ба ж сил; **Machtübernahme** f захва́т м вла́сти; **Machtwort** n ◇ **ein ~ sprechen** сказа́ть реша́ющее сло́во

Macke f FAM (Fehler, Spleen) изъя́н м; FIG стра́нность ж; (verrückt) ◇ **der hat doch e-e ~!** он ведь немно́го тро́нутый!

Macker m FAM (Freund) чува́к м

Mädchen n де́вочка ж, де́вушка ж; **mädchenhaft** adj деви́чий; **Mädchenname** m де́вичья фами́лия ж

Made f ‹-, -n› личи́нка ж; FIG (im Überfluss haben) ◇ **leben wie die ~ im Speck** ката́ться как сыр в ма́сле; **madig** adj (Apfel) черви́вый; (Lust nehmen) ◇ **jd-m etw** akk **~ machen** отби́ть кому́-л охо́ту к чему́-л

Madonna f REL мадо́нна ж

Mafia f ‹-› ма́фия ж

Magazin n ‹-s, -e› ① (Lager) скла́д м, храни́лище с ② (Zeitschrift) журна́л м ③ (bei Gewehren) магази́н м

Magd f ‹-, Mägde› служа́нка ж

Magen m ‹-s, Mägen o. -› желу́док м; FAM ◇ **auf den ~ schlagen** отрази́ться на желу́дке; (Hunger haben) ◇ **mir knurrt der ~** в желу́дке урчи́т; ◇ **sich den ~ verderben** испо́ртить себе́ желу́док; **Magenbitter** m (Kräuterlikör) ликёр м на тра́вах (полéзный для желу́дка); **Magengeschwür** n MED я́зва ж желу́дка; **Magensäure** f MED желу́дочная кислота́ ж; **Magenschmerzen** m pl боль ж в желу́дке

mager adj ① (Person) худо́й ② (Fleisch) нежи́рный ③ (Ausbeute) ску́дный, бе́дный; **Magerkeit** f худоща́вость ж; **Magermilch** f обезжи́ренное молоко́ с; **Magersucht** f истоще́ние с

Magie f ма́гия ж; **Magier(in)** f) m ‹-s, -› маг м, чароде́й(ка ж) м; **magisch** adj маги́ческий

Magisterarbeit f диссерта́ция ж на сте́пень маги́стра

Magma n ‹s, -men› (von Vulkan) ма́гма ж

Magnesium n CHEM ма́гний м

Magnet m ‹-s o. -en, en› магни́т м; **Magnetband** n магни́тная ле́нта ж; **magnetisch** adj магни́тный; **Magnetnadel** f магни́тная стре́лка ж; **Magnetpol** m магни́тный по́люс м

Magnolie f BOT магно́лия ж

Mahagoni n ‹-s› кра́сное де́рево с

mähen¹ vt (Rasen) ‹о-›стри́чь; (Getreide) ‹с-›коси́ть

mähen² vi FAM (Schaf) бле́ять несов

Mahl n ‹-[e]s, -e› (Mittags~) еда́ ж

mahlen ‹mahlte, gemahlen› vt (Kaffee, Körner) ‹с-›моло́ть, ‹рас-›толо́чь

Mahlzeit f еда́ ж; (beim Essen) ◇ **~!** прия́тного аппети́та!

Mahnbrief m пи́сьменное напомина́ние с

Mähne f ‹-, -n› гри́ва ж

mahnen vt (erinnern) напомина́ть несов; (warnend) увещева́ть несов, предостерега́ть ‹-ре́чь›; (wegen Schulden) ‹по-›тре́бовать упла́ты до́лга

Mahnmal n (Kriegs~) мемориа́л м

Mahnung f предупрежде́ние с; (an Schuldner) напомина́ние с

Mai m ‹-› май м; ◇ **Anfang/Mitte/Ende ~** в нача́ле/середи́не/конце́ ма́я; ◇ **bis ~** до ма́я; ◇ **der 28. ~** 28-ое ма́я; ◇ **im ~** в ма́е; ◇ **Bonn, den 27. ~ 1985** Бонн, 27-го ма́я 1985 го́да; **Maibaum** m ма́йское де́ревце с; **Maiglöckchen** n ла́ндыш м; **Maikäfer** m ма́йский жук м

 Maibaum

По ста́рой наро́дной тради́ции во мно́гих областя́х Герма́нии весну́ встреча́ют наро́дным гуля́нием. К 1 ма́я на площадя́х сёл и небольши́х городо́в устана́вливают очи́щенное от ве́ток и от коры́ де́рево (Maibaum), ча́ще всего́ берёзу и́ли ель, и украша́ют его́ венко́м и фигу́рами и́ли эмбле́мами, отража́ющими социа́льную жизнь да́нной общи́ны (Gemeinde).

Mailbox f ‹-, -en› почто́вый я́щик м

Mais m ‹-es› кукуру́за ж; **Maiskolben** m поча́ток м кукуру́зы

Maisonette f двухэта́жная кварти́ра ж

Majestät f (váше) вели́чество с; **majestätisch** adj вели́чественный

Majonäse, Mayonnaise f ‹-, -n› майоне́з м

Majoran m ‹-s› BOT майора́н м

Major m ‹-s, -e› MIL майо́р м

Majorität f (Mehrheit) большинство́ с

makaber adj жу́ткий

Makel m ‹-s, -› недоста́ток м; (moralisch) позо́рное пятно́ с, поро́к м; **makellos** adj безупре́чный, незапя́тнанный

Make-up n макия́ж м

Makkaroni f ‹-, -› макаро́ны мн

Makler(in f) m ‹-s, -› (Immobilien~) ма́клер м; (Börsen~) бро́кер м

Makrele f ‹-, -n› макре́ль ж, скумбрия́ ж

Makrone f ‹-, -n› минда́льное пиро́жное с

mal adv ① (einmal) раз ② (multipliziert mit) ◇ **3 ~ 3 ist 9** трижды три - де́вять ③ ◇ **er hat sich nicht ~ entschuldigt** он да́же не извини́лся; ◇ **ich bin schon ~ in Paris gewesen** я уже́ был одна́жды в Пари́же; ◇ **kommen Sie mich doch ~ besuchen** приходи́те когда́-нибу́дь в го́сти

Mal[1] n ‹-[e]s, -e› (Zeitpunkt) раз м; (plötzlich) ◇ **mit e-m ~** вдруг; ◇ **von ~ zu ~** с ка́ждым ра́зом

Mal[2] n ‹-[e]s, e o. Mäler› (Mutter~) ро́динка ж, (Wund~) пятно́ с, метка ж

Malaria f ‹-› MED маляри́я ж

malen vt, vi (на-)рисова́ть, (на-)писа́ть (карти́ну); **Maler(in** f) m ‹-s, -› (Künstler/in) худо́жник м, худо́жница ж; (Tapezierer/in) маля́р м; **Malerei** f жи́вопись ж; **malerisch** adj живопи́сный

Malheur n (Missgeschick, Unglück) неприя́тность ж, неуда́ча ж

Malkasten m я́щик м с кра́сками

malnehmen unreg vt, vi (multiplizieren) умножа́ть ‹-но́жить› (mit на)

malochen vi FAM вка́лывать несов

malträtieren vt (misshandeln) жесто́ко обраща́ться с кем-л

Malz n ‹-es› со́лод м

Malzkaffee m со́лодовый ко́фе с

Mama, Mami f ‹-, -s› FAM ма́ма ж

Mammut n ‹-s, -e o. -s› ма́монт м

mampfen vi FAM уплета́ть за о́бе щёки

man pron indefinit ◇ **~ muss** на́до, необходи́мо, сле́дует; ◇ **~ sagt** говоря́т; ◇ **wenn ~ bedenkt** е́сли поду́мать; ◇ **~ kann** мо́жно

Management n ‹-s› ме́неджмент м; **Manager(in** f) m ‹-s, -› ме́неджер м; **Managerkrankheit** f MED не́рвное и физи́ческое перенапряже́ние с

manche(r, s) pron indefinit не́который, ино́й; (pl) мно́гие, не́которые; **mancherlei** I. ‹inv› adj ра́зный, разли́чный II. pron вся́кое

manchmal adv иногда́

Mandant(in f) m JURA манда́нт м

Mandarine f мандари́н м

Mandat n манда́т м

Mandel f ‹-, -n› ① BOT минда́ль м ② ANAT гла́нды ж мн, минда́лина ж; **Mandelentzündung** f ангина ж

Manege f ‹-, -n› (Zirkus~) мане́ж м

Mangel m ‹-s, Mängel› ① (Fehlen) недоста́ток м ② (Fehler) изъя́н м

Mangel f ‹-, -n› (Wäsche~) като́к м для белья́

Mangelerscheinung f недоста́точность ж; **mangelhaft** adj (unzureichend) недоста́точный, неудовлетвори́тельный; (fehlerhaft) дефе́ктный

mangeln vi unpers недостава́ть несов; ◇ **es mangelt ihm an Taktgefühl** у него́ нет чу́вства такта

mangeln vt (Wäsche) ‹вы-›ката́ть бельё

mangels präp gen за отсу́тствием чего́-л; **Mangelware** f дефици́тный това́р м

Mango f ‹-, -s o. -nen› (Frucht) ма́нго с

Manie f ‹-, -n› FIG ма́ния ж

Manier f ‹-› ① (Art und Weise) мане́ра ж ② ◇ **~en** pl (Benehmen) мане́ры мн; (Tisch~) поведе́ние с; **manierlich** adj (wohlerzogen, anständig) (благо)воспи́танный

Manifest n ‹-es, -e› манифе́ст м

Maniküre f ‹-› (Handpflege) маникю́р м; **maniküren** vt де́лать маникю́р

Manipulation f манипуля́ция ж; **manipulieren** vt манипули́ровать несов

manisch adj PSYCH одержи́мый ма́нией

Manko n ‹-s, -s› (Mangel) недоста́ток м

Mann m ‹-[e]s, Männer› мужчи́на м; (Ehe~) муж м; FIG (sich bewähren) ◇ **sei-nen ~ stehen** не уда́рить лицо́м в грязь;

Männchen n (Tier) саме́ц м; FIG ◇ **~ machen** встать на за́дние ла́пы

Mannequin n ‹-s, -s› манеке́нщица ж

Männerchor m мужско́й хор м

mannigfach adj многочи́сленный; **mannigfaltig** adj разнообра́зный, разносторо́нний

männlich adj мужско́й; (mannhaft) возмужа́лый; GRAM мужско́й; **Männlich-keit** f му́жественность ж, возмужа́лость ж; **Mannsbild** n meist PEJ мужи́к м

Mannschaft f SPORT кома́нда ж; NAUT, AERO экипа́ж м; MIL рядово́й соста́в м

Manöver n ‹-s, -› MIL манёвры мн

Mansarde f ‹-, -n› манса́рда ж

Manschette f манже́та ж; (Papier~) манже́тка ж; FIG (Angst haben) ◇ **vor jd-m/etw ~n haben** трепета́ть пе́ред кем/чем-л; **Manschettenknopf** m за́понка ж

Mantel m ‹-s, Mäntel› (Kleidung) пальто́ с, плащ м; TECH ко́рпус м; (Fahrrad~) покры́шка ж; FIG (opportunistisch handeln) ◇ **seinen ~ nach dem Wind hängen** держа́ть нос по ве́тру; **Manteltarif** m тари́фное соглаше́ние с, содержа́щее о́бщие положе́ния

manuell adj ручно́й

Manufaktur f заво́д м, мануфакту́ра ж

Manuskript n ‹-[e]s, -e› ру́копись ж

Mappe f ‹-, -n› па́пка ж; (Akten~) портфе́ль м

Maracuja f ‹-, -s› маракуя́ ж

Marathon m ‹-s, -s› SPORT a. FIG марафо́н м

Märchen n ска́зка ж; **märchenhaft** adj ска́зочный, баснесло́вный; **Märchen-prinz** m ска́зочный принц м

Marder m ‹-s, -› ZOOL куни́ца ж

Margarine f маргари́н м

Margerite f ‹-, -n› BOT маргари́тка ж

Marienkäfer m бо́жья коро́вка ж

Marihuana n ⟨-s⟩ марихуа́на ж

Marinade f марина́д м

Marine f NAUT вое́нно-морско́й флот м

marinieren vt маринова́ть несов

Marionette f a. FIG марионе́тка ж

maritim adj морско́й

Mark[1] f ⟨-, -⟩ (Münze) ма́рка ж

Mark[2] n ⟨-[e]s⟩ (Knochen~) ко́стный мозг м; ◊ **jd-m durch ~ und Bein gehen** охвати́ть всё существо́ кого-л

Mark[3] f ⟨-, -en⟩ (Grenze) грани́ца ж; ◊ **~ Brandenburg** маркгра́фство с Бранденбу́ргское

markant adj я́ркий, примеча́тельный; (Gesichtszüge) характе́рный

Marke f ⟨-, -n⟩ (Fabrikat) ма́рка ж; (Brief~) ма́рка ж; (Essens~) тало́н м; (Hunde~) ме́тка ж; (Garderoben~) номеро́к м; **Markenartikel** m фи́рменное изде́лие с; **Markenzeichen** n фи́рменный знак м

markerschütternd adj (Schrei) пронзи́тельный, душераздира́ющий

Marketing n ⟨-s⟩ ма́ркетинг м

markieren vt (kennzeichnen) поⅠмеча́ть ⟨-ме́тить⟩; FAM (vortäuschen) разы́грывать ⟨-гра́ть⟩; ◊ **den starken Mann ~** разы́грывать си́льного; **Markierung** f марки́ровка ж; (Straßen~) разме́тка ж

Markise f ⟨-, -n⟩ марки́за ж

Markstück n ма́рка ж

Markt m ⟨-[e]s, Märkte⟩ ры́нок м; **Marktbude** f ры́ночная пала́тка ж; **Marktforschung** f изуче́ние с ры́нка; **Marktlücke** f COMM ры́ночная ни́ша ж; **Marktplatz** m ры́ночная пло́щадь ж

Marmelade f повидло́ с, джем м

Marmor m ⟨-s, -e⟩ мра́мор м

marode adj изму́ченный, разби́тый, запу́щенный; (moralisch) испо́рченный; (Firma) прише́дший в упа́док

Marokko n Маро́кко с; ◊ **in/nach ~** в Маро́кко

Marone f ⟨-, -n⟩ (Esskastanie) кашта́н м

Marotte f ⟨-, -n⟩ (Spleen, Tick) причу́да ж

Marquis m, **Marquise** f марки́з(а ж) м

Mars m ASTRON Марс м

marsch! intj ступа́й!, марш!

Marsch m ⟨-[e]s, Märsche⟩ **1** MIL похо́д м **2** MUS марш м

Marschbefehl m прика́з м на марш; **marschbereit** adj гото́вый к похо́ду; **marschieren** vi марширова́ть несов; **Marschverpflegung** f похо́дный паёк м

Marter f ⟨-, -n⟩ му́ка ж, пы́тка ж; **martern** vt (quälen) ⟨за-⟩му́чить, пыта́ть несов

Martinshorn n сире́на ж (маши́ны ско́рой по́мощи и т. п.)

Märtyrer(in f) m ⟨-s, -⟩ му́ченик м, му́ченица ж

Marxismus m POL маркси́зм м

März m ⟨-[es], -e⟩ март м; s. a. **Mai**

Marzipan n марципа́н м

Masche[1] f ⟨-, -n⟩ (beim Stricken) петля́ ж; FIG **durch die ~n des Gesetzes schlüpfen** уме́ло обходи́ть зако́н

Masche[2] f ⟨-, -n⟩ FAM (günstige Gelegenheit) удо́бный слу́чай м; (Trick, Ausrede) ◊ **neueste ~** но́вый приём м; FAM **das ist seine typische ~** это его́ люби́мый приём; **Maschendraht** m про́волочная се́тка ж

Maschine f TECH стано́к м, маши́на ж; (Schreibmaschine) ◊ **~ schreiben** ⟨на-⟩печа́тать (на пи́шущей маши́нке); (Flugzeug) самолёт м; **maschinell** adv маши́нным спо́собом; **Maschinenbau** m ⟨-[e]s⟩ машинострое́ние с; **Maschinengewehr** n пулемёт м; **maschinenlesbar** adj приго́дный для счи́тывания компью́тером; **Maschinenpistole** f автома́т м; **Maschinenraum** m маши́нное отделе́ние с; **Maschinenschaden** m поло́мка ж маши́ны; **Maschinenschlosser** m сле́сарь м по ремо́нту маши́н; **maschineschreiben** s. **Maschine**; **Maschinist** m машини́ст м

Masern pl MED корь ж

Maserung f тексту́ра ж

Maske f ⟨-, -n⟩ Verkleidung, a. PC ма́ска ж; **Maskenball** m (бал-)маскара́д м; **Maskerade** f (Kostümierung) маскара́д м; **maskieren** unreg I. vt ⟨за-⟩маскирова́ть II. vr **sich ~** ⟨за-⟩маскирова́ться

Maskottchen n (Glücksbringer) талисма́н м

maskulin adj мужско́й

maß impf v. **messen**

Maß I. n ⟨-es, -e⟩ **1** (Maßeinheit) ме́ра ж; ◊ **~ halten** соблюда́ть ⟨зна́ть⟩ ме́ру; ◊ **nach ~** по (индивидуа́льному) зака́зу **2** (Ausmaß, Grad) сте́пень ж; FIG ме́ра ж, преде́л м; FIG (ungerecht urteilen) ◊ **mit zweierlei ~ messen** име́ть двоя́кий подхо́д к чему-л; ◊ **in höchstem ~e** в вы́сшей сте́пени II. n ⟨-es, -⟩ (Bier) (литро́вая) кру́жка пи́ва ж

Massage f ⟨-, -n⟩ масса́ж м

Massaker n ⟨-s, -⟩ (Blutbad) бо́йня ж, резня́ ж

Maßanzug m костю́м м, сши́тый на зака́з; **Maßarbeit** f рабо́та ж на зака́з

Masse f ⟨-, -n⟩ ма́сса ж; (Teig~) те́сто с; ◊ **die breiten ~n** широ́кие ма́ссы

Maßeinheit f едини́ца ж измере́ния

Massenarbeitslosigkeit f ма́ссовая безрабо́тица ж; **Massenartikel** m pl предме́ты м pl широ́кого потребле́ния; **Massengrab** n о́бщая [бра́тская] моги́ла ж; **massenhaft** adj ⟨inv⟩ ма́ссовый; **Massenmedien** n pl сре́дства с мн ма́ссовой информа́ции (СМИ); **massenweise** adv ма́ссами

Masseur(in *f) m* массажи́ст(ка *ж*) *м*
maßgebend, maßgeblich *adj (entscheidend)* определя́ющий; *(bestimmend)* реша́ющий, кра́йне ва́жный; **maßhalten** *s.* **Maß**
massieren *vt (Körper)* масси́ровать *несов*
massig I. *adj* ма́ссовый **II.** *adv FAM* огро́мный
mäßig *adj* уме́ренный; *(Trinker)* возде́ржанный; *(Schüler, Verpflegung)* посре́дственный, сре́дний; **mäßigen I.** *vt (Zorn)* умеря́ть ‹уме́рить›; *(Tempo)* уменьша́ть ‹уме́ньшить› **II.** *vr (sich beherrschen)* ◇ **sich ~** сде́р|живаться ‹-жа́ться›
massiv *adj* ① *(fest, dicht)* масси́вный, пло́тный ② *(Angriff)* энерги́чный ③ *FIG (grob)* гру́бый
Massiv *n* ‹-s, -e› масси́в *м*
Maßkrug *m* пивна́я (литро́вая) кру́жка *ж*; **maßlos** *adj (übermäßig)* чрезме́рный; *(Wut, Enttäuschung)* беспреде́льный; **Maßnahme** *f* ‹-, -n› мероприя́тие *c*, ме́ра *ж*; ◇ **geeignete ~n ergreifen** принима́ть соотве́тствующие ме́ры; **maßregeln** *unreg vt (zurechtweisen)* нака́зывать ‹-за́ть›; **Maßstab** *m* ① *(Meterstab)* (складно́й) метр *м* ② *FIG (Vorbild)* но́рма *ж* ③ *(Prüfstein)* мери́ло *c*; ◇ **dieser Mensch ist für mich kein ~** на э́того челове́ка я не равня́юсь ④ *GEO (von Landkarte)* масшта́б *м*; **maßvoll** *adj* уме́ренный, сде́ржанный
Mast¹ *m* ‹-[e]s, -e[n]› NAUT ма́чта *ж*; ELECTR *(Strom~)* столб *м*, ма́чта *ж*
Mast² *f* ‹-› *(von Schlachtvieh)* отко́рм *м*
mästen *vt* отка́рмливать ‹-корми́ть›
Matador *m* ‹-s, -e› матадо́р *м*
Match *n* ‹-[e]s, -es› *(Tennis~)* матч *м*
Material *n* ‹-s, -ien› материа́л *м*; **Materialfehler** *m* брак *м* материа́ла
Materialismus *m* материали́зм *м*; **Materialist(in** *f) m* материали́ст(ка *ж*) *м*; **materialistisch** *adj* коры́стный, материалисти́ческий
Materie *f* ① CHEM вещество́ *c* ② *(Sachgebiet)* мате́рия *ж*, те́ма *ж*; **materiell** *adj* материа́льный
Mathematik *f* матема́тика *ж*; **Mathematiker(in** *f) m* ‹-s, -› матема́тик *м*; **mathematisch** *adj* математи́ческий
Matinee *f* ‹-, -n› у́тренник *м*
Matratze *f* ‹-, -n› матра́ц *м*
Matrixdrucker *m* PC ма́тричный при́нтер *м*
Matrize *f* ‹-, -n› ма́трица *ж*
Matrose *m* ‹-n, -n› *(Seemann)* моря́к *м*; NAUT *(Dienstgrad)* матро́с *м*
Matsch *m* ‹-[e]s› сля́коть *ж*; **matschig** *adj* сля́котный; *(Früchte)* разда́вленный
matt *adj* ① *(kraftlos)* вя́лый ② *(müde)* изможде́нный ③ *(glanzlos)* блёклый,

ту́склый ④ FOTO ма́товый ⑤ SCHACH мат *м*; ◇ **jd-n ~ setzen** заматова́ть (короля́); *FIG* поста́вить кого́-л в безвы́ходное положе́ние
Matte *f* ‹-, -n› *(Fuß~)* цино́вка *ж*, полови́к *м*; *(Bade~)* подсти́лка *ж*; SPORT мат *м*
Mattigkeit *f (Müdigkeit)* изможде́нность *ж*; *(Lustlosigkeit)* вя́лость *ж*
Mattlack *m* ма́товый лак *м*; **Mattscheibe** *f FAM (Bildschirm)* экра́н *м* телеви́зора

Berliner Mauer

Берли́нская стена́, постро́енная в 1961 г. для предотвраще́ния бе́гства на За́пад, раздели́ла Берли́н на две ча́сти и изоли́ровала За́падный Берли́н, находя́щийся в це́нтре ГДР. Она́ ста́ла си́мволом разделе́ния Герма́нии и нелёгкой судьбы́ неме́цкого наро́да до 1989 г., мра́чным напомина́нием о времена́х холо́дной войны́, репре́ссиях и сме́рти, ожида́ющей любо́го, кто попыта́ется бежа́ть на За́пад.

Mauer *f* ‹-, -n› стена́ *ж*; **mauern** *vt, vi* производи́ть ка́менную кла́дку
Maul *n* ‹-[e]s, Mäuler› пасть *ж*; *FAM* ◇ **halt's ~!** заткни́сь!; **Maulbeerbaum** *m* BOT ту́товое де́рево *c*; **maulen** *vi FAM* ‹про-›ворча́ть; **Maulesel** *m* лоша́к *м*; **Maulheld** *m FAM (Angeber)* хвасту́н *м*; **Maulkorb** *m* намо́рдник *м*; *FIG* ◇ **jd-m e-n ~ umhängen** заста́вить молча́ть кого́-л; **Maultier** *n* мул *м*; **Maulwurf** *m* крот *м*
Maurer *m* ‹-s, -› ка́менщик *м*
Maus *f* ‹-, Mäuse› мышь *ж*; PC мышь *ж*, мы́шка *ж*; **Mausefalle** *f* мышело́вка *м*
mausern *vr* ◇ **sich ~** *(Vögel)* ‹по-›линя́ть; *FAM (sich entwickeln)* меня́ться ‹измени́ться› к лу́чшему
Mauspad *n* ‹-s, -s› PC ма́успэд *м*, ко́врик *м* для мы́шки
mausetot *adj FAM* мертвёхонький
Maut *f* ‹-› *(Straßengebühr)* по́шлина *ж*
maximal *adj* максима́льный
Maxime *f* ‹-, -n› макси́ма *ж*; **maximieren** *unreg vt (Gewinn, Ertrag)* доводи́ть до преде́ла; **Maximum** *n* ‹-s, -ma› ма́ксимум *м*
Mäzen *m (Gönner, Förderer)* мецена́т *м*
Mayonnaise *f* = Majonäse
Mechanik *f* меха́ника *ж*; *(Getriebe)* механи́зм *м*; **Mechaniker(in** *f) m* ‹-s, -› меха́ник *м*; **mechanisch** *adj* механи́ческий; **mechanisieren** *vt* механизи́ровать *несов и сов*; **Mechanismus** *m* механи́зм *м*

meckern vi ① (Ziege) бле́ять несов ② FAM (nörgeln) брюзжа́ть несов
Medaille f ‹-, -n› меда́ль ж
Medaillon n ‹-s, - s› (Schmuck) медальо́н м

Medikament n лека́рство с
meditieren vi погрузи́ться сов в мы́сли, уйти́ сов в себя́
Medium n ① MEDIA сре́дство с коммуника́ции ② PSYCH (Person) ме́диум м
Medizin f ‹-, -en› (Wissenschaft) медици́на ж; FAM (Arznei) медикаме́нт м, лека́рство с; **Medizinball** m SPORT набивно́й мяч м; **Mediziner(in** f) m (Arzt) ме́дик м; (Student/in) студе́нт(ка ж)-ме́дик м; **medizinisch** adj медици́нский; **Medizinmann** m шама́н м
Meer n ‹-[e]s, -e› a. FIG мо́ре с; FIG (reichlich) ◇ **wie Sand am** ~ несме́тное коли́чество; **Meerbusen** m зали́в м; **Meerenge** f морско́й проли́в м; **Meeresfrüchte** f pl блю́до с из морски́х живо́тных; **Meeresgrund** m морско́е дно с; **Meeresspiegel** m у́ровень м мо́ря; **Meerjungfrau** f морска́я ни́мфа ж; **Meerrettich** m хрен м; **Meersalz** n морска́я соль ж; **Meerschweinchen** n морска́я сви́нка ж
Meeting n ‹-s, -s› ми́тинг м; SPORT встре́ча ж
Megabyte n PC мегаба́йт м
Megaphon, Megafon n ‹-s, -e› мегафо́н м, ру́пор м
Mehl n ‹-[e]s, -e› мука́ ж; **mehlig** adj мучно́й; **Mehlspeise** f мучно́е блю́до с
mehr adv kompar v. **viel** ① (an Menge übertreffend) бо́льше, бо́лее; ◇ **wir brauchen** ~ **Geld** нам ну́жно бо́льше де́нег; ◇ **drei oder** ~ **Personen** тро́е и́ли бо́лее люде́й; ◇ ~ **und** ~ всё бо́лее; ◇ ~ **oder weniger** бо́лее и́ли ме́нее ② (in höherem Maße) в бо́льшей ме́ре ③ (eher) ◇ ~ **tot als lebendig** полуживо́й; скоре́е мёртв, чем жив ④ ◇ **es war niemand** ~ **da** там бо́льше никого́ не́ было; **Mehraufwand** m перерасхо́д м; **Mehrbelastung** f перегру́зка ж
mehrere pron indefinit (einige) не́которые; (viele) мно́гие
mehrfach I. adj неоднокра́тный; (wiederholt) ча́стый, многокра́тный **II.** adv неоднокра́тно; **Mehrfamilienhaus** n многокварти́рный дом м; **Mehrheit** f большинство́ с; **mehrmalig** adj многокра́тный, ча́стый; **mehrmals** adv (des öfteren) мно́го раз, неоднокра́тно; **mehrsprachig** adj многоязы́чный; **mehrspurig** adj многоколе́йный; **mehrstimmig** adj многоголо́сый; **Mehrwegflasche** f та́рная буты́лка ж; **Mehrwertsteuer** f нало́г м на доба́вленную сто́имость; **Mehrzahl** f (Mehrheit) большинство́ с; GRAM мно́жественное число́ с

meiden ‹mied, gemieden› vt (aus dem Weg gehen) избега́ть ‹-жа́ть› кого́-л
Meile f ‹-, -n› ми́ля ж; **Meilenstein** m FIG ве́ха ж; **meilenweit** adv за мно́го миль
mein(e) pron poss (adjektivisch) мой, моя́, моё; (pl) мои́; **meine(r, s)** pron poss (substantivisch) мой, (моя́, моё); (pl) мои́
Meineid m клятвопреступле́ние с
meinen vt, vi ① (glauben) «по-»ду́мать, полага́ть несов; ◇ **ich meine, dass es besser wäre** ду́маю, что бы́ло бы лу́чше; ◇ ~ **Sie wirklich?** Вы действи́тельно так ду́маете? ② (sagen) выска́зывать «вы́сказать» своё мне́ние ③ ◇ **es war gut gemeint** э́то бы́ло сде́лано с до́брым наме́рением; ◇ **ich meine es ehrlich** я име́ю чи́стые наме́рения; ◇ **was** ~ **Sie dazu?** что вы ска́жете по э́тому по́воду?
meiner pron pers gen v. **ich** меня́; ◇ **er kann sich** ~ **nicht mehr erinnern** он меня́ уже́ не по́мнит; **meinerseits** adv с мое́й стороны́, со свое́й стороны́; **meinesgleichen** pron indefinit тако́й, как я; (gleichrangig) подо́бный мне; **meinethalben, meinetwegen** adv ① (wegen mir) из-за меня́ ② (für mich, mir zuliebe) ра́ди меня́ ③ (von mir aus) не возража́ю; ◇ **na** ~ не возража́ю; как хоти́те
Meinung f мне́ние с; ◇ **meiner** ~ **nach** по моему́ мне́нию; **Meinungsaustausch** m обме́н м мне́ниями; **Meinungsfreiheit** f свобо́да ж сло́ва; **Meinungsumfrage** f опро́с м населе́ния; **Meinungsverschiedenheit** f разногла́сие с
Meise f ‹-, -n› сини́ца ж; FAM (verrückt sein) ◇ **e-e** ~ **haben** быть ненорма́льным
Meißel m ‹-s, -› зуби́ло с
meist adv ча́ще всего́, в большинстве́ слу́чаев; **meiste(r, s) I.** adj superl v. **viel** са́мый большо́й, наибо́льший; ◇ **die** ~**n Leute** бо́льшая часть люде́й **II.** adv ◇ **am** ~**n** бо́лее всего́; **meistens** adv ча́ще всего́
Meister(in f) m ‹-s, -› ма́стер м, мастери́ца ж; SPORT ма́стер м; **meisterhaft** adj ма́стерский; (vollkommen) превосхо́дный; **meistern** vt (Situation) с|справля́ться «-пра́виться»; **Meisterprüfung** f экза́мен м на зва́ние ма́стера; **Meisterschaft** f SPORT чемпиона́т м; **Meisterstück** n превосхо́дная рабо́та ж; **Meisterwerk** n шеде́вр м
Melancholie f меланхо́лия ж; **melancholisch** adj меланхоли́чный
Meldefrist f срок м я́вки; **melden I.** vt (Unfall, Verlust) сообща́ть «-щи́ть»; FAM (nichts zu sagen haben) ◇ **bei ihm hast du nichts zu** ~ ты у него́ не пи́кнешь **II.** vr ◇ **sich** ~ ① (aus Urlaub) дать знать о себе́ ② SCH под|нима́ть «-ня́ть» ру́ку; ◇ **sich zu Wort** ~ попроси́ть сло́ва ◇ (auf Annonce, am Telefon) от|веча́ть «-ве́-

тить⟩; **Meldepflicht** f обязáтельная прописка ж; **Meldeschluss** m послéдний срок m подáчи завки; **Meldestelle** f отдéл m прописки; **Meldung** f ① (von Unfall) уведомлéние c ② (Bericht) донесéние c ③ (Nachricht) сообщéние c ④ SPORT (zur Teilnahme) завка ж

meliert adj (Haare) с проседью

Melisse f BOT мелисса ж

melken ⟨molk, gemolken⟩ vt доить несов; FAM (ausnehmen) обирáть несов

Melodie f мелóдия ж; **melodisch** adj мелодичный

Melone f ⟨-, -n⟩ ① (Wasser~) арбуз м; (Honig~) дыня ж ② (Hut) котелóк м

Membran[e] f ⟨-, -en⟩ мембрáна ж

Memoiren pl мемуáры мн

Menge f ⟨-, -n⟩ ① количество c; (Menschen~) мáсса ж; (große Anzahl) мнóжество c; ◇ **e-e ~ Leute** мáсса людéй ② MATH мнóжество c; **mengen** I. vt (mischen) перемéшивать ⟨-шáть⟩ II. vr ◇ **sich ~ in** akk вмéшиваться во чтó-л; **Mengenlehre** f MATH теóрия ж мнóжеств; **Mengenrabatt** m кол
ичественная скидка ж; (im Großhandel) скидка ж при оптóвых закýпках

Meningitis f ⟨-, -tiden⟩ MED менингит м

Meniskus m ⟨-, -ken⟩ MED мениск м

Mensa f ⟨-, -sen⟩ студéнческая столóвая ж

Mensch m ⟨-en, -en⟩ человéк м; ◇ **kein ~** никтó; **Menschenfeind** m человеконенавистник м; **Menschengestalt** f REL человéческий óбраз м; **Menschenkenner(in** f) m ⟨-s, -⟩ знатóк м людéй; **menschenleer** adj (Gegend) безлюдный; **menschenmöglich** adj ◇ **alles M~e tun** сдéлать всё, что в человéческих силах; **Menschenrechte** n pl правá c мн человéка; **menschenscheu** adj нелюдимый, застéнчивый; **menschenunwürdig** adj (Zustände) нечеловéческий, недостóйный человéка; **Menschenverstand** m ◇ **der gesunde ~** здрáвый смысл м; **Menschheit** f человéчество c; **menschlich** adj человéческий; **Menschlichkeit** f человéчность ж

Menstruation f менструáция ж

Mentalität f склад м умá; (Denkweise) óбраз м мышлéния

Menthol n ⟨-s⟩ ментóл м

Menü n ⟨-s, -s⟩ a. PC менью c

Menuett n ⟨-s, -e⟩ MUS менуэт м

Merchandising n ⟨-s⟩ COMM мерчендáйзинг м

Merkblatt n пáмятка ж; **merken** I. vt (wahrnehmen) замечáть ⟨-мéтить⟩; (spüren) по-⟨чу⟩вствовать II. vr ◇ **sich ~** запоминáть ⟨-пóмнить⟩; FAM ◇ **~ Sie sich das gefälligst!** заруби
те себé на носý!; **merklich** adj (sichtlich) замéтный; (spürbar) ощутимый; **Merkmal** n ⟨-[e]s, -e⟩ (Kennzeichen) примéта ж;

призна́к м; (Eigenschaft) отличи́тельная черта́ ж

Merkur m ⟨-s⟩ ASTRON Меркýрий м

merkwürdig adj стрáнный, необычáйный; **merkwürdigerweise** adv стрáнным óбразом

messbar adj измеримый; **Messbecher** m (im Labor) мензýрка ж; (in der Küche) мéрный стакáн м

Messe f ⟨-, -n⟩ ① (Buch~) я́рмарка ж ② REL мéсса ж ③ MUS мéсса ж

messen ⟨misst, maß, gemessen⟩ I. vt ① (Strecke) из-⟨мé⟩рить ② (Blutdruck) из|меря́ть ⟨-мéрить⟩ ③ (vergleichen) срáвнивать ⟨-нить⟩; ◇ **jd-n ~ an** dat сравни́ть когó-л с кем-л II. vr ◇ **sich ~** ⟨по-⟩тягáться (mit dat с кем-л)

Messer n ⟨-s, -⟩ нож м; FIG ◇ **auf des ~s Schneide stehen** висéть на волоскé; (verraten) ◇ **jd-n ans ~ liefern** вы́дать когó-л на распрáву; FAM (operiert werden) ◇ **unters ~ kommen** попáсть под нож; **Messerspitze** f острие́ c ножá; (in Rezept) щепóтка ж

Messestand m я́рмарочный стенд м; **Messgerät** n измери́тельный прибóр м; **Messgewand** n REL ри́за ж

Messing n ⟨-s⟩ латýнь ж

Messinstrument n измери́тельный инструмéнт м

Metall n ⟨-s, -e⟩ метáлл м

Metamorphose f ⟨-, -n⟩ метаморфóза ж

Metastase f ⟨-, - n⟩ MED метастáз м

Meteor m ⟨-s, -e⟩ метеóр м; **Meteorologie** f метеоролóгия ж

Meter m ⟨-s, -⟩ метр м; **Metermaß** n метр м, рулéтка ж

Methan n ⟨-s⟩ (Gas) метáн м

Methode f ⟨-, -n⟩ метóд м; **methodisch** adj методи́ческий, методи́чный

Metier n ⟨-s, -s⟩ (Beruf etc.) заня́тие c, профéссия ж

metrisch adj метри́ческий

Metro f метрó c

Metropole f ⟨-, -n⟩ метропóлия c

Metzger(in f) m ⟨-s, -⟩ мясни́к м; **Metzgerei** f мясна́я лáвка ж

Meute f ⟨-, -n⟩ a. FIG свóра ж; **Meuterei** f мяте́ж м, бунт м; **Meuterer** m ⟨-s, -⟩ мяте́жник м, мяте́жница ж, бунтовщи́к м, бунтовщи́ца ж; **meutern** vi бунтовáть несов

Mexiko n Мéксика ж; ◇ **in/nach ~** в Мéксике/в Мéксику

miauen vi мяýкать ⟨-нуть⟩

mich pron pers akk v. **ich** (allg.) меня́, себя́; ◇ **ich frage ~** я спрáшиваю себя́; ◇ **sie liebt ~** онá лю́бит меня́; ◇ **durch ~** чéрез меня́

mied impf v. **meiden**

Miene f ⟨-, -n⟩ вид м, выражéние c лицá

mies adj FAM (schlecht, übel) сквéрный;

(*Aussichten, Laune*) плохо́й; ◇ **~e Angelegenheit** скве́рное де́ло; **mies machen** *unreg* vt *FAM* (*schlecht machen*) вну́ши́ть ‹-ши́ть› отвраще́ние к кому́/чему́-л; (*verleiden*) отби́‹ва́›ть охо́ту

Mietauto n маши́на ж, взя́тая на прока́т; **Miete** f ‹-, -n› кварти́рная пла́та ж; ◇ **zur ~ wohnen** снима́ть кварти́ру [ко́мнату]; **mieten** vt снима́ть ‹снять›; (*ausleihen*) брать ‹взять› напрока́т; **Mieter(in** f) m ‹-s, -› жиле́ц м, жили́ца ж, съе́мщик м; **Mietshaus** n многокварти́рный дом м; **Mietvertrag** m (*für Wohnung*) догово́р м о на́йме; **Mietwohnung** f снима́емая кварти́ра ж

Migräne f ‹-, -n› *MED* мигре́нь ж

Mikado n (*Gesellschaftsspiel*) мика́до с

Mikroanalyse f микроана́лиз м; **Mikrobe** f ‹-, -n› *BIOL* микро́б м; **Mikrochip** m микросхе́ма ж; **Mikrofiche** m ‹-s, -s› микрофи́ш м; **Mikrofilm** n микрофи́льм м; **Mikrofon, Mikrophon** n ‹-s, -e› микрофо́н м; **Mikroprozessor** m *PC* микропроце́ссор м; **Mikroskop** n ‹-s, -e› микроско́п м; **mikroskopisch** adj микроскопи́ческий; **Mikrowelle** f микроволна́ ж; **Mikrowellenherd** m микроволно́вая печь ж

Milbe f ‹-, -n› *BIOL* клещ м

Milch f ‹-› молоко́ с; **Milchflasche** f буты́лка ж для молока́; **milchig** adj (*Glas*) ма́товый, (*Flüssigkeit*) моло́чный; **Milchkaffee** m ко́фе м с молоко́м; **Milchpulver** n сухо́е молоко́ с; **Milchreis** m моло́чная ри́совая ка́ша ж; **Milchstraße** f Мле́чный путь м; **Milchzahn** m моло́чный зуб м

mild adj ① (*lind, Klima*) мя́гкий ② (*bekömmlich, Genussmittel*) сла́бый ③ (*nachsichtig, Richter*) мя́гкий, нестро́гий; (*Strafe*) лёгкий; **Milde** f ‹-› мя́гкость ж; (*Güte*) доброта́ ж; **mildern** vt смягча́ть ‹-чи́ть›; (*Schmerz*) облегча́ть ‹-чи́ть›, унима́ть ‹уня́ть›; ◇ **~de Umstände** смягча́ющие вину́ обстоя́тельства; **mildtätig** adj милосе́рдный

Milieu n ‹-s, -s› (*Umfeld*) окруже́ние с, среда́ ж; (*Unterwelt: das ~*) престу́пный мир м

militant adj вои́нствующий

Militär n ‹-s› а́рмия ж; ◇ **beim ~ sein** служи́ть в а́рмии; **Militärdienst** m вое́нная слу́жба ж; ◇ **den ~ [ab-]leisten** проходи́ть вое́нную слу́жбу; **Militärgericht** n вое́нный трибуна́л м; **militärisch** adj вое́нный; **Militarismus** m милитари́зм м; **Militärputsch** m вое́нный переворо́т м

Miliz f ‹-, -en› мили́ция ж

Milliardär(in f) m миллиарде́р(ша ж) м; **Milliarde** f ‹-, -n› миллиа́рд м

Millimeter m миллиме́тр м; **Millimeterpapier** n миллиметро́вая бума́га ж

Million f миллио́н м; **Millionär(in** f) m миллионе́р(ша ж)

Milz f ‹-, -n› *MED* селезёнка ж; **Milzbrand** m *MED* сиби́рская я́зва ж

mimen vt *FAM* (*sich verstellen*) притворя́ться ‹-ри́ться›; **Mimik** f ми́мика ж; **Mimose** f ‹-, -n› *BOT* мимо́за ж ② *FIG* недотро́га м/ж, мимо́за ж

Minarett n ‹-[e]s, -e› минаре́т м

mindere(r, s) I. adj ме́нее значи́тельный; (*geringer*) ме́ньший II. adv ме́ньше, ме́нее; **minderbegabt** adj малоодарённый; **minderbemittelt** adj ① (*finanziell*) небога́тый ② *FAM* (*beschränkt*) ◇ **geistig ~ sein** быть у́мственно слабора́звитым; **Minderheit** f меньшинство́ с; ◇ **in der ~ sein** быть в меньшинстве́; **minderjährig** adj несовершенноле́тний; **Minderjährige(r)** fm несовершенноле́тний(-яя ж) м; **mindern** I. vt ‹уме́рить›; (*herabsetzen*) уменьша́ть ‹уме́ньшить› II. vr **sich ~** уменьша́ться ‹уме́ньшиться›; **minderwertig** adj (*Waren*) неполноце́нный, недоброка́чественный; **Minderwertigkeitsgefühl** n чу́вство с неполноце́нности; **Minderwertigkeitskomplex** m ко́мплекс м неполноце́нности

Mindestabstand m минима́льное расстоя́ние с; **Mindestalter** n минима́льный во́зраст м; **Mindestbetrag** m минима́льный вклад м; **mindeste(r, s)** adj наиме́ньший; ◇ **das ist doch das ~!** э́то ми́нимум (ожида́емого)!; **mindestens** adv по кра́йней ме́ре; **Mindestlohn** m минима́льная за́работная пла́та ж; **Mindestmaß** n ми́нимум м; ◇ **ein ~ an Höflichkeit** дежу́рная ве́жливость

Mine f ‹-, -n› ① (*Bleistift~*) графи́т м; (*Kugelschreiber~*) сте́ржень м ② (*Erz~*) рудни́к м ③ (*See~, Tret~*) ми́на ж; **Minensuchgerät** n *MIL* минои́скатель м

Mineral n ‹-s, -e o. -lien› минера́л м; **Mineralöl** n нефть ж; **Mineralsalz** n минера́льная соль ж; **Mineralwasser** n минера́льная вода́ ж

Miniatur f миниатю́ра ж; **Miniaturausgabe** f изда́ние с в ма́леньком форма́те

Minibar f ма́ленький бар м

Minigolf n *SPORT* ми́ни-го́льф м

minimal adj минима́льный

Minimum n ‹-s, -ma› ми́нимум м; ◇ **auf ein ~ reduzieren** сократи́ть до ми́нимума

Minirock m ми́ни-ю́бка ж

Minister(in f) m ‹-s, -› мини́стр м; **ministeriell** adj министе́рский; **Ministerium** n министе́рство с; **Ministerpräsident(in** f) m ① (*allg.*) премье́р-мини́стр м; (*in der BRD: von e-m Bundesland*) премье́р-мини́стр м земли́; **Ministerrat** m сове́т м мини́стров

Minorität f (*Minderheit*) меньшинство́ c
minus adv ми́нус; FAM ~ **21 Grad** 21 гра́дуса хо́лода; **Minus** n ‹-, -› 1 (*Fehlbetrag*) дефици́т м 2 (*Nachteil*) ми́нус м; **Minuspol** m отрица́тельный по́люс м; **Minuspunkt** m отрица́тельный балл м; **Minuszeichen** n знак м ми́нус
Minute f ‹-, -n› мину́та ж; ◇ **auf die letzte ~ kommen** прийти́ в са́мый после́дний моме́нт; **Minutenzeiger** m мину́тная стре́лка ж
mir pron pers dat v. **ich** мне; FIG ◇ ~ **nichts, dir nichts** ни с того́ ни с сего́; FAM ◇ **von ~ aus** по мне, я согла́сен/ согласна́
Mirabelle f мирабе́ль ж
Mirakel n чу́до c
Mischehe f сме́шанный брак м
mischen I. vt (*Farben*) сме́шивать ‹-ша́ть›; (*Cocktail*) ‹при-›гото́вить; II. vt (*Spielkarten*) ‹пере-›тасова́ть III. vr ◇ **sich** – сме́шиваться ‹-ша́ться›; ◇ **sich unter die Leute ~** смеша́ться с толпо́й; ◇ **sich in e-e (fremde) Angelegenheit ~** вмеша́ться в (чужо́е) де́ло; **Mischling** m мети́с м; **Mischpult** n ми́кшерный пульт м; **Mischung** f (*Tee~, Tabak~*) смесь ж
miserabel adj (*erbärmlich, Wetter*) скве́рный; (*Zeugnis*) никуды́шный
missachten vt 1 (*Vorschriften*) не соблю|да́ть ‹-сти́› 2 (*geringschätzen*) не уважа́ть, пренебрега́ть; **Missachtung** f (*Geringschätzung*) неуваже́ние c; (*Verachtung*) презре́ние c; **Missbildung** f BIOL, MED уро́дство c; **missbilligen** vt не одобря́ть ‹одо́брить›; **Missbilligung** f неодобре́ние c; **Missbrauch** m злоупотребле́ние c; **missbrauchen** vt (*Vertrauen, Macht*) злоупотребля́ть ‹-би́ть›; (*Frau*) ‹из-›наси́ловать; **missdeuten** vt (*Aussage, Absicht*) ло́жно истолко́вывать ‹-ва́ть›
missen vt (*entbehren*) ощуща́ть ‹-ти́ть› отсу́тствие кого́-чего́-л; ◇ **etw nicht ~ wollen** не мочь обойти́сь без чего́-л
Misserfolg m неуда́ча ж, неуспе́х м; **Missernte** f неурожа́й м; **missfallen** unreg vi не ‹по-›нра́виться (jd-m кому́-л); **Missfallen** n ‹-s› недово́льство c; **Missgeburt** f PEJ уро́д м; **missgelaunt** adj расстро́енный; **Missgeschick** n несча́стье c, неуда́ча ж; **missglücken** vi не уда́|ва́ться, не получа́ться ‹-чи́ться›; **missgönnen** vt зави́довать (jd-m etw akk кому́-л в чем-л); **Missgriff** m (*falsche Handlung*) оши́бка ж, про́мах м; **Missgunst** f (*Neid*) за́висть ж; (*Eifersucht*) ре́вность ж; **missgünstig** adj зави́стливый, недоброжела́тельный; **misshandeln** vt жесто́ко обраща́ться с кем-л, истяза́ть несов; **Misshandlung** f жесто́кое обраще́ние c, истяза́ние c

Mission f ми́ссия ж; **Missionar(in** f) m миссионе́р(ка ж) м
Missklang m (*Disharmonie*) a. FIG дисгармо́ния ж; **Misskredit** m (*schlechter Ruf*) дурна́я репута́ция ж; ◇ **jd-n in ~ bringen** опоро́чи|вать ‹-ть› кого́-л
misslang impf v. **misslingen**
misslich adj (*unerfreulich*) щекотли́вый, неприя́тный; **misslingen** ‹misslang, misslungen› vi не уда|ва́ться;
Missmanagement n ‹-s› непра́вильное руково́дство c предприя́тием; **missmutig** adj недово́льный; **missraten** I. unreg vi (*Kuchen*) не уда́|ва́ться II. adj неуда́чный; (*Kind*) невоспи́танный
Missstand m (*schlechter Zustand*) неудовлетвори́тельное состоя́ние c; (*Mangel*) непола́дки pl мн; **misstrauen** vi не доверя́ть ‹-ве́рить› (jd-m/etw кому́/чему́-л); **Misstrauen** n ‹-s› недове́рие c; POL ◇ **e-m Politiker das ~ aussprechen** вы́нести во́тум недове́рия поли́тику; **Misstrauensantrag** m POL предложе́ние c о вынесе́нии во́тума недове́рия; **misstrauisch** adj недове́рчивый; **Missverhältnis** n несоразме́рность ж, диспропо́рция ж; **Missverständnis** n недоразуме́ние c; **missverstehen** unreg vt непра́вильно понима́ть ‹-я́ть›
Mist m ‹-[e]s› 1 (*von Tieren*) наво́з м, помёт м 2 FAM (*Unsinn*) чепуха́ ж 3 FAM (*Pech*) ◇ **so ein ~** де́ло дрянь
Mistel f ‹-, -n› BOT оме́ла ж
Misthaufen m наво́зная ку́ча ж
mit I. präp dat 1 (*Hilfsmittel oder Material*) ◇ **e-m Bleistift schreiben** писа́ть каранда́шо́м; ◇ ~ **dem Bus** автобусо́м [на автобусе]; ◇ ~ **der Post** по́чтой, по по́чте 2 (*zusammen*) ◇ ~ **Freunden wegfahren** уе́хать с друзья́ми; (*Gleichzeitigkeit*) ◇ ~ **der Morgendämmerung** с рассве́том 3 (*Zugehörigkeit*) ◇ **Hotel ~ Pool** гости́ница с бассе́йном; ◇ ~ **dir sind wir 5 Personen** с тобо́й нас пя́теро челове́к; ◇ **wollen Sie ~ uns kommen?** Вы пойдёте на́ми? 4 (*Art und Weise*) c; ◇ ~ **lauter Stimme** гро́мким го́лосом; ◇ ~ **Absicht** наме́ренно; ◇ ~ **Gewalt** си́лой II. adv (*auch, unter anderem*) то́же, та́кже; ◇ **etw ~ berücksichtigen** та́кже уче́сть что-л; ◇ **das ist ~ das Beste** э́то оди́н из лу́чших вариа́нтов
Mitarbeit f сотру́дничество c; **mitarbeiten** vi сотру́дничать несов; **Mitarbeiter(in** f) m сотру́дник м, сотру́дница ж; **mitbekommen** unreg vt 1 (*mitgeben*) получа́ть ‹-чи́ть›; ◇ **ich habe Brot für die Pause** ~ я получи́л бутербро́д для переме́ны 2 FIG (*verstehen*) ◇ **hast du das** ~? ты э́то по́нял?; **Mitbesitzer(in** f) m совладе́лец м, совладе́лица ж; **Mitbestimmung** f (*im Betrieb*) уча́стие c в руково́дстве; **Mitbestimmungsrecht** n

пра́во *c* уча́стия в руково́дстве; **Mitbewerber(in** *f***)** *m* конкуре́нт(ка *ж*) *м*; **Mitbewohner(in** *f***)** *m* (*in Wohngemeinschaft*) сожи́тель(ница *ж*) *м* по ко́мнате; **mitbringen** *unreg vt* (*Geschenk*) приноси́ть ‹нести́› *с* собо́й; (*Gast*) приводи́ть ‹-вести́› *с* собо́й; *FIG* ◊ **das nötige Wissen** ~ облада́ть необходи́мыми зна́ниями; **Mitbringsel** *n* ‹-s, -› (*kleines Geschenk*) пода́рочек *м*; (*Reiseandenken*) сувени́р *м*; **Mitbürger(in** *f***)** *m* согражда́нин *м*, согражда́нка *ж*; **miteinander** *adv* вме́сте; **miterleben** *unreg vt* (*dabei sein*) испы́тывать ‹-та́ть› (вме́сте *с* кем-л), быть свиде́телем чего́-л; **Mitesser** *m* ‹-s, -› (*Hautunreinheit*) у́горь *м*; **Mitfahrzentrale** *f* посре́дническая фи́рма по подыска́нию попу́тчиков для автомоби́льных междугоро́дних пое́здок; **Mitfahrgelegenheit** *f* попу́тная маши́на *ж*; **mitfreuen** *vr* ◊ **sich mit jd-m** ~ра́доваться вме́сте *с* кем-л; **mitgeben** *unreg vt* (*Essen*) дава́ть *с* собо́й; **Mitgefühl** *n* сочу́вствие *c*; **mitgehen** *unreg vi* (*mit*) ‹пойти́› вме́сте *с* кем-л; *FAM* (*stehlen*) ◊ **etw** ~ **lassen** стащи́ть что-л;

Mitgefühl zeigen

Мне о́чень жаль.
Es tut mir sehr Leid.
Как э́то ужа́сно для тебя́!
Wie furchtbar für dich!
Е́сли я могу́ тебе́ че́м-нибудь помо́чь...
Falls ich irgendetwas für dich tun kann...
Бе́дная!/Бе́дный!
Du Arme/Ärmster!
Поправля́йся/поправля́йтесь скоре́е!
Gute Besserung!

mitgenommen *adv* (*Person*) изнурён-ный; (*Möbel*) потрёпанный; **Mitgift** *f* ‹-› прида́ное *c*; **Mitglied** *n* член *м*; **Mitgliedsbeitrag** *m* чле́нский взнос *м*; **Mitgliedschaft** *f* чле́нство *c*; **Mithilfe** *f* по́мощь *ж*, соде́йствие *c*; **mithören** *vt* услы́шать *сов*; (*Gespräch*) подслу́ши‹ва›ть; **mitkommen** *unreg vi* (*mit Person*) приходи́ть ‹-йти́› (*mit* *с* кем-л); ◊ **er ist gerade noch mit dem Zug mitgekommen** он ещё успе́л во́время прийти́ на э́тот по́езд ☑ *SPORT* не отста‹ва́›ть; *FIG* (*verstehen*) понима́ть ‹-ня́ть›; **Mitläufer(in** *f***)** *m* POL попу́тчик *м*, попу́тчица *ж*; **Mitleid** *n* сострада́ние *c*; (*Mitgefühl*) сочу́вствие *c*; **Mitleidenschaft** *f* ◊ **in** ~ **gezogen werden** ‹по›страда́ть; **mitleidig** *adj* (*Lächeln*) сострада́тельный; **mitleidslos** *adj* безжа́лостный; **mitmachen** *vt* ☐ (*teilnehmen*) уча́ствовать *несов*, принима́ть ‹-ять› уча́стие; (*sich anschließen*) присоеди-

ня́ться ‹-ни́ться› ☑ *FAM* (*erleiden*) ◊ **er musste viel** ~ он мно́го испыта́л; **Mitmensch** *m* бли́жний *м*; **mitmischen** *vi* *PEJ* принима́ть уча́стие в чём-л; **mitnehmen** *unreg vt* брать ‹взять› *с* собо́й; **mitreden** *vi*, *vt* уча́ствовать в разгово́ре; (*mitbestimmen*) ◊ **ich habe auch ein Wörtchen mitzureden** я то́же име́ю пра́во выска́зать своё мне́ние; **mitreißen** *unreg vt* ☐ (*Strömung*) увлека́ть ‹увле́чь› *с* собо́й ☑ *FIG* (*begeistern*) увлека́ть ‹увле́чь›; **mitsamt** *präp dat* вме́сте *с* кем-чем-л; **mitschneiden** *unreg vt* (*auf Tonband*) запи́сывать ‹-са́ть›; **Mitschnitt** *m* (*Konzert~*) за́пись *ж*; **Mitschuld** *f* совино́вность *ж*; **mitschuldig** *adj* прича́стный; **Mitschuldige(r)** *fm* совино́вник *м*, совино́вница *ж*; **Mitschüler(in** *f***)** *m* това́рищ *м* по шко́ле; **mitspielen** *vi* уча́ствовать в игре́; **Mitspieler(in** *f***)** *m* (*e-r Mannschaft*) член кома́нды *м*; **Mitspracherecht** *n* пра́во *c* уча́ствовать в реше́нии

mittag *adv* в по́лдень; **Mittag** *m* по́лдень *м*; ◊ **zu** ~ **essen** ‹по›обе́дать; ◊ ~ **machen** де́лать обе́денный переры́в; **Mittagessen** *n* обе́д *м*; **mittags** *adv* в по́лдень, в обе́денное вре́мя; **Mittagspause** *f* обе́денный переры́в *м*; **Mittagsschlaf** *m* послеобе́денный сон *м* **Mittäter(in** *f***)** *m* соуча́стник *м*, соуча́стница *ж*

Mitte *f* ‹-› середи́на *ж*; *a.* POL центр *м*; ◊ **aus unserer** ~ из на́шей среды́

mitteilen *vt* ◊ **jd-m etw** ~ сообща́ть ‹-щи́ть› кому́-л о чём-л; **mitteilsam** *adj* общи́тельный; **Mitteilung** *f* сообще́ние *c*, изве́стие *c*

Mittel *n* ‹-s, -› ☐ (*Maßnahme, Methode*) сре́дство *c*; (*Instrument*) ◊ **ein** ~ **zum Zweck** сре́дство для достиже́ния це́ли; ◊ ~ **und Wege finden** найти́ пути́ и сре́дства ☑ (*Durchschnitt*) сре́дняя величина́ *ж* ☒ (*Geld*) сре́дства *с мн*; ◊ **verfügbare** ~ име́ющиеся в нали́чии сре́дства ☐ MED (*Arznei~*) лека́рство *c*; (*Flecken~, Putz~*) сре́дство ☑ PHYS (*Medium*) среда́ *ж*; **Mittelalter** *n* сре́дние века́ *м мн*, средневеко́вье *c*; **mittelalterlich** *adj* средневеко́вый; **Mittelding** *n* ни то ни сё, не́что сре́днее; **Mittelfinger** *m* ANAT сре́дний па́лец *м*; **Mittelgebirge** *n* го́ры *ж мн* сре́дней высоты́; **Mittelgewicht** *n* SPORT сре́дний вес *м*; **Mittelklassewagen** *m* автомоби́ль *м* сре́днего кла́сса; **Mittellinie** *f* SPORT сре́дняя ли́ния *ж*; (*Fahrbahn~*) раздели́тельная полоса́; **mittellos** *adj* без средств; **mittelmäßig** *adj* (*durchschnittlich*) сре́дний; *PEJ* посре́дственный; **Mittelmäßigkeit** *f* PEJ посре́дственность *ж*; **Mittelmeer** *n* Средизе́мное мо́ре *c*; **Mittelohrentzündung** *f* MED воспале́ние *c* сре́днего у́ха;

Mittelpunkt *m* центр *м*

mittels *präp gen* при по́мощи кого́-чего́-л; ◇ ~ **e-s Hammers schlug er den Nagel ein** при по́мощи молотка́ он заби́л гвоздь

Mittelschicht *f* (*von Gesellschaft*) сре́дний слой *м;* **Mittelsmann** *m* посре́дник *м;* **Mittelstand** *m* сре́дний класс *м;* **Mittelstreckenrakete** *f* MIL раке́та *ж* сре́дней да́льности; **Mittelstreifen** *m* (*von Fahrbahn*) раздели́тельная полоса́ *ж;* **Mittelstück** *n* сре́дняя часть *ж;* **Mittelstufe** *f* SCH кла́ссы *ж мн* сре́дней ступе́ни; **Mittelstürmer(in** *f*) *m* центра́льный(-ая) напада́ющий(-ая *ж*) *м;* **Mittelweg** *m* (*für e-e Lösung*) компроми́сное реше́ние *с;* **Mittelwelle** *f* MEDIA сре́дние во́лны *ж мн;* **Mittelwert** *m* MATH сре́дняя величина́ *ж*

mitten *adv* среди́, посереди́не; ◇ ~ **auf der Straße** посереди́не у́лицы; ◇ ~ **durch etw [hindurch]** пря́мо че́рез что-л; ◇ ~ **im Sommer** в разга́р ле́та; ◇ ~ **in der Nacht** среди́ но́чи; ◇ ~ **unter ihnen** среди́ них; ◇ **die Schallplatte brach ~ entzwei** пласти́нка развали́лась попола́м

Mitternacht *f* по́лночь *ж*

mittlere(r, s) *adj* располо́женный посереди́не; (*durchschnittlich*) сре́дний; (*Beamtenstufe*) ◇ **der ~ Dienst** сре́дняя сте́пень госуда́рственных до́лжностей; **mittlerweile** *adv* (*inzwischen*) ме́жду тем

Mittwoch *m* ‹-[e]s, -e› среда́ *ж; s. a.* **Samstag**

mitunter *adv* (*manchmal*) иногда́; **mitunterschreiben** *unreg vt* (*Vertrag*) подпи́сывать ‹-са́ть› совме́стно с кем-л; **mitverantwortlich** *adj* ◇ ~ **sein** разделя́ть отве́тственность с кем-л; **mitwirken** *vi* (*beteiligt sein*) принима́ть ‹-я́ть› уча́стие (*bei* в чём-л); (*Faktoren, Tatsachen*) соде́йствовать *несов и сов* чему́-л; THEAT (*Schauspieler*) уча́ствовать *несов;* **Mitwirkung** *f* сотру́дничество *с,* соде́йствие *с;* (*von Schauspieler*) уча́стие *с;* ◇ **unter ~** при уча́стии кого́-л; **Mitwisser(in** *f*) *m* ‹-s, -› посвящённый(-ая *ж*) *м;* JURA соо́бщник *м,* соо́бщница *ж*

mixen *vt* сме́шивать ‹-ша́ть›; **Mixer** *m* ‹-s, -› ① (*Gerät*) ми́ксер *м* ② (*Bar~*) ба́рмен *м*

Mob *m* ‹-s› (*Gesindel*) чернь *ж*

Möbel *n* ‹-s, -› ① (*Möbelstück*) предме́т *м* ме́бели ② *pl* (*Mobiliar*) ме́бель *ж;* **Möbelwagen** *m* грузови́к *м* для перево́зки ме́бели

mobil *adj* подви́жный; (*flink*) живо́й

Mobiliar *n* ‹-s, -e› обстано́вка *ж*

möblieren *vt* меблирова́ть *несов и сов,* обставля́ть ‹-ста́вить›; ◇ **eine möblierte Wohnung mieten** снима́ть меблиро́ванную кварти́ру

mochte *impf v.* **mögen**

Modalverb *n* GRAM мода́льный глаго́л *м*

Mode *f* ‹-, -n› мо́да *ж;* ◇ **mit der ~ gehen** следи́ть за мо́дой; **Modefarbe** *f* мо́дный цвет *м*

Modell¹ *n* ‹-s, -e› ① (*Entwurf, Nachbildung*) моде́ль *ж,* маке́т *м* ② KUNST нату́рщик *м,* нату́рщица *ж;* ◇ ~ **stehen** пози́ровать *несов*

Modell² *n* ‹-s, -s› (*Vorführ~ etc.*) манеке́нщица *ж,* манеке́нщик *м*

Modelleisenbahn *f* маке́т *м* желе́зной доро́ги; **modellieren** *vt* KUNST модели́ровать *несов и сов*

Modenschau *f* пока́з *м* мод

Moder *m* ‹-s› (*Verwesungsgeruch*) гниль *ж,* за́тхлость *ж*

Moderation *f* MEDIA веде́ние *с* переда́чи; **Moderator(in** *f*) *m* MEDIA веду́щий(-ая *ж*) *м* переда́чу; **moderieren** *vt* ‹про-›вести́ переда́чу

modern¹ (*moderte, ist gemodert*) *vi* (*verrotten*) ‹с-›гни́ть, тлеть *несов*

modern² *adj* совреме́нный; **modernisieren** *vt* модернизи́ровать *несов и сов;* **Modeschmuck** *m* мо́дные украше́ния *с мн;* **Modewort** *n* мо́дное сло́во *с*

modifizieren *vt* видоизменя́ть ‹-ни́ть›

modisch *adj* мо́дный

modrig *adj* (*faulig, feucht*) заплесневе́вший, гнило́й

Modul *n* ‹-s, -e› мо́дуль *м*

Modus *m* ‹-, Modi› спо́соб *м;* GRAM наклоне́ние *с*

Mofa *n* ‹-s, -s› мопе́д *м*

mogeln *vi* FAM (*beim Spiel betrügen*) наду́|ва́ть ‹-ва́ть› кого́-л

mögen ‹mag, mochte, gemocht› *vt* ① (*jd-n/etw gern haben*) люби́ть; ◇ **er mag nur Sekt** он лю́бит то́лько шампа́нское ② (*wünschen, beabsichtigen*) ‹за-›хоте́ть, ‹по-›жела́ть; (*Höflichkeitsform*) ◇ **ich möchte tanzen** я хоте́л бы потанцева́ть ③ (*können*) мочь; ◇ **das mag wohl sein** мо́жет быть это так

möglich *adj* возмо́жный; ◇ **etw ~ machen** осуществи́ть что-л, де́лать что-л возмо́жным; ◇ **sobald wie ~** как мо́жно скоре́е; **möglicherweise** *adv* возмо́жно; **Möglichkeit** *f* возмо́жность *ж;* ◇ **nach ~** по возмо́жности; **möglichst** *adv* по возмо́жности

Mohammed REL Муха́ммед *м*

Mohn *m* ‹-[e]s› мак *м;* **Mohnblume** *f* ма́ковый цвето́к *м*

Möhre, Mohrrübe *f* ‹-, -n› морко́вь *ж*

mokieren *vr* ◇ **sich ~** насмеха́ться *несов* (*über* над кем-л)

Mokka *m* ‹-s, -s› мо́кко *с*

Mole *f* ‹-, -n› (*Hafendamm*) мол *м*

Molekül *n* ‹-s, -e› CHEM моле́кула *ж*

molk *impf v.* **melken**

Molkerei *f* моло́чный заво́д *м*

Moll n ‹-› MUS моль $м$

mollig adj ① (Zimmer) тёплый, уютный; (kuschelig, Pullover) мягкий, удобный ② (dick) пухленький

Moment[1] m ‹-[e]s, -e› (Augenblick) момент $м$, мгновение $с$; ◇ **im entscheidenden** ~ в решающий момент

Moment[2] n ‹-[e]s, -e› ① (Merkmal, Umstand) фактор $м$, аспект $м$ ② PHYS момент $м$

momentan I. adj (augenblicklich) мгновенный; (gegenwärtig) ◇ **in der ~en Lage** в настоящее время **II.** adv в данный момент; ◇ **sich ~ nicht erinnern** сразу не вспомнить

Monaco n Монако $с$

Monarch(in f) m ‹-en, -en› монарх(-иня $ж$) $м$; **Monarchie** f монархия $ж$

Monat m ‹-[e]s, -e› месяц $м$; ◇ **im 7. ~ (schwanger) sein** быть на седьмом месяце (беременности); **monatelang** adv месяцами; **monatlich** adj ежемесячный; **Monatskarte** f месячный проездной билет $м$

Mönch m ‹-[e]s, -e› монах $м$

Mond m ‹-[e]s, -e› ① луна $ж$; FAM ◇ **hinter dem ~ leben** отстать от жизни ② (am Fingernagel) лунка $ж$

mondän adj светский

Mondfinsternis f затмение $с$ луны; **Mondlandung** f прилунение $с$; **Mondschein** m лунный свет $м$; **Mondsichel** f лунный серп $м$, полумесяц $м$; **mondsüchtig** adj лунатический

Moneten pl FAM (Geld) деньжата $мн$

mongoloid adj MED монголоидный

monieren vt FAM (beanstanden) высказывать ⟨высказать⟩ недовольство чем-л

Monitor m дисплей $м$, монитор $м$

Monografie, **Monographie** f монография $ж$

Monogramm n монограмма $ж$

Monokultur f AGR монокультура $ж$

Monolog m ‹-s, -e› монолог $м$

Monopol n ‹-s, -e› монополия $ж$

monoton adj монотонный

Monster n ‹-s, -›, **Monstrum** n ‹-s, -stren› монстр $м$

Monsun m ‹-s, -e› (~wind) муссон $м$

Montag m ‹-[e]s, -e› понедельник $м$; s. a. **Samstag**

Montage f ‹-, -n› FILM, TECH монтаж $м$, сборка $ж$; ◇ **auf ~ sein** быть на монтаже; **Montagehalle** f монтажный цех $м$

Montanindustrie f MIN горно-металлургическая промышленность $ж$

Monteur(in f) m FILM, TECH монтёр $м$, монтажник $м$, монтажница $ж$; **montieren** vt (Anlage) монтировать несов

Monument n ‹-s, -e› (Denkmal) монумент $м$; **monumental** adj монументальный

Moor n ‹-[e]s, -e› (Sumpf) болото $с$, топь $ж$; **Moorbad** n грязевая ванна $ж$

Moos n ‹-es, -e› BOT мох $м$; FAM (Geld) бабки $мн$

Moped n ‹-s, -s› мопед $м$

Mops m ‹-es, Möpse› (Hunderasse) мопс $м$

mopsen vt FAM (stehlen) воровать ⟨у-⟩краcть

Moral f ‹-› мораль $ж$; (Lehre) ◇ **die ~ von der Geschichte** мораль сей басни такова; **moralisch** adj моральный, нравственный; FAM (deprimiert sein) adv ◇ **seinen Moralischen haben** мучиться угрызениями совести

Moräne f ‹-, -n› морена $ж$

Morast m ‹-[e]s, -e› (Schlamm) топь $ж$, болото $с$; **morastig** adj (Boden) болотистый

Morchel f BOT сморчок $м$

Mord m ‹-[e]s, -e› убийство $с$; ◇ **e-n ~ begehen/verüben** совершить убийство; **Mordanschlag** m покушение $с$ на убийство; **Mörder(in** f) m ‹-s, -› убийца $м/ж$; **mörderisch** adj ① (Kämpfe) кровопролитный, смертоносный ② FIG (unerträglich, Hitze) убийственный, ужасный; **Mordkommission** f комиссия $ж$ по расследованию дел об убийстве; **Mordsdurst** m FAM страшная жажда $ж$; **mordsmäßig** adj FAM (sehr) страшный; **Mordverdacht** m подозрение $с$ в убийстве; **Mordwaffe** f орудие $с$ убийства

morgen adv завтра; ◇ **~ früh** завтра утром; **Morgen** m ‹-s, -› утро $с$; ◇ **guten ~!** доброе утро!; **Morgengrauen** n предрассветные сумерки $мн$; **Morgenland** n ‹-[e]s› (Orient) Восток $м$; **Morgenmantel** m, **Morgenrock** m халат $м$; **Morgenrot** n ‹-s›, **Morgenröte** f ‹-› утренняя заря $ж$; **morgens** adv (am Morgen) утром; (jeden Morgen) по утрам; ◇ **um 2 Uhr ~** в два часа утра; **morgig** adj завтрашний

Mormone m, **Mormonin** f мормон(ка $ж$) $м$

Morphem n SPRACHW морфема $ж$

Morphium n морфий $м$

Morphologie f морфология $ж$

morsch adj (Holz) трухлявый, гнилой

Morsealphabet n азбука $ж$ Морзе; **morsen** vi передавать ⟨-ва⟩ть по аппарату Морзе

Mörser m ступка $ж$; MIL мортира $ж$; ◇ **etw im ~ zerstoßen** толочь что-л в ступке

Mörtel m ‹-s, -› строительный раствор $м$

Mosaik n ‹-s, -en o. -e› мозаика $ж$

Moschee f ‹-, -n› мечеть $ж$

mosern vi FAM (maulen) ворчать несов

Moskito m ‹-s, -s› москит $м$; **Moskitonetz** n москитная сетка $ж$

Moskauer(in f**)** m москви́ч(ка ж) м
Moslem m**, Moslime** f <-s, -s> мусульма́нин м, мусульма́нка ж
Motel n <-s, -s> моте́ль м
Motiv n <-es, -e> **①** (*Beweggrund*) моти́в м, причи́на ж; **②** MUS моти́в м
motivieren vt мотиви́ровать *несов u сов*
Motor m <-s, -en> a. FIG дви́гатель м;
Motorboot n мото́рный ка́тер м; **motorisieren** vt моторизова́ть *несов u сов*;
Motorrad n мотоци́кл м; **Motorradfahrer(in** f**)** m мотоцикли́ст(ка ж) м; **Motorroller** m моторо́ллер м; **Motorsäge** f мотопила́ ж; **Motorschaden** m повреждéние c дви́гателя; **Motorsport** m мотоспо́рт м
Motte f <-, -n> моль ж; **Mottenkugel** f нафтали́н м в ша́риках
Motto n <-s, -s> (*Leitspruch*) деви́з м
motzen vi FAM (*schimpfen*) брани́ться *несов*, выража́ть ⟨вы́разить⟩ недово́льство
Möwe f <-, -n> ча́йка ж
Mucke f <-, -n> (*meist pl*) FAM (*Eigenart*) капри́зы м мн, причу́ды ж мн; (*von Fahrzeug*) дефе́кт м
Mücke f <-, -n> кома́р м; (*übertreiben*) ◇ **aus e-r ~ e-n Elefanten machen** дéлать из му́хи слона́; **Mückenstich** m уку́с м комара́
mucksmäuschenstill adj ◇ **~ sein** быть ти́ше воды́, ни́же травы́; ◇ **es ist ~** тихо́хонько
müde adj уста́лый, утомлённый; ◇ **~ werden** уста́ть; **Müdigkeit** f уста́лость ж
Muffel m <-s, -> FAM (*Morgen~*) ворчу́н м; **muffig** adj **①** (*Geruch*) за́тхлый **②** (*Mensch*) ворчли́вый
Mühe f <-, -n> уси́лие c, напряже́ние c; (*gerade noch*) ◇ **mit Müh und Not** едва́-едва́, с больши́м трудо́м; ◇ **sich** dat **~ geben** прилага́ть уси́лия; ◇ **machen Sie sich keine ~!** не беспоко́йтесь!; **mühelos** adv легко́, без труда́
muhen vi (*Kuh*) мыча́ть
mühen vr ◇ **sich ~** ⟨по-⟩стара́ться;
mühevoll adj тру́дный
Mühle f <-, -n> **①** (*Wind~*) мéльница ж **②** (*Brettspiel*) мю́ле c; **Mühlrad** n мéльничное колесо́ cм
mühsam adj (*Arbeit, Weg*) тяжёлый, тру́дный; **mühselig** adj тя́жкий
Mulatte m <-n, -n>, **Mulattin** f мула́т(ка ж) м
Mulde f <-, -n> **①** (*Trog*) коры́то c **②** GEO котлови́на ж, впа́дина ж
Mull m <-[e]s, -e> (*Stoff*) ма́рля ж
Müll m <-[e]s, -e> му́сор м, сор м; **Müllabfuhr** f вы́возка ж му́сора; **Müllabladeplatz** m сва́лка c му́сора; **Müllbeutel** m мешо́к м для му́сора
Mullbinde f ма́рлевый бинт м
Müllcontainer m му́сорный конте́йнер

м; **Mülleimer** m помо́йное ведро́ c;
Müllhaufen m му́сорная ку́ча ж; **Müllkippe** f сва́лка ж му́сора; **Müllmann** m рабо́чий м коммуна́льного хозя́йства, убира́ющий му́сор; **Müllschlucker** m <-s, -> мусоропрово́д м; **Mülltonne** f мусоросбо́рник м; **Müllverbrennungsanlage** f мусоросжига́тельная устано́вка ж; **Müllwagen** m мусорово́з м
mulmig adj FIG (*unsicher*) сомни́тельный; (*gefährlich*) опа́сный
multifunktional adj многофункциона́льный; **Multiplikation** f умноже́ние c; **multiplizieren** vt MATH умно|жа́ть ⟨-жи́ть⟩ (*mit* на что-л)
Mumie f му́мия ж
Mumm m <-s> FAM (*Mut*) хра́брость ж; ◇ **~ in den Knochen haben** быть хра́брым
Mumps m <-> MED сви́нка ж
Mund m <-[e]s, Münder> рот м; FIG ◇ **sie ist nicht auf den ~ gefallen** она́ за сло́вом в карма́н не ле́зет; FIG ◇ **er kann den ~ nicht halten** он не мо́жет держа́ть язы́к за зуба́ми; FIG (*unbedacht etw äußern*) ◇ **sich den ~ verbrennen** проговори́ться *сов*; **Mundart** f наре́чие c
münden vi (*Bach in Fluss*) впада́ть *несов* (*in* akk во что-л); (*Straße*) выходи́ть *несов* (*in* akk на что-л)
mundfaul adj FAM неразгово́рчивый;
Mundgeruch m за́пах м изо рта́; **Mundharmonika** f MUS губна́я гармо́ника ж
mündig adj совершенноле́тний
mündlich adj (*Prüfung etc.*) у́стный; (*Zusage*) слове́сный
Mundraub m FAM JURA *кража небольшого количества съестного (для немедленного употребления)*; **Mundschutz** m (*von Chirurg*) ма́ска ж; SPORT (*beim Boxen*) ка́па ж; **Mundstück** n (*vom Blasinstrument, Zigaretten~*) мундшту́к м; **mundtot** adj FIG ◇ **jd-n ~ machen** заста́вить кого́-л замолча́ть
Mündung f у́стье c
Mundwerk n <-s> PEJ ◇ **ein loses ~ haben** быть де́рзким на язы́к
Munition f боеприпа́сы мн
munkeln vi (*Gerüchte verbreiten*) ◇ **man munkelt, dass...** погова́ривают, что...
Münster n <-s, -> (*Dom*) кафедра́льный собо́р м
munter adj **①** (*wach*) бо́дрый **②** (*lebhaft*) ре́звый; (*heiter*) весёлый, ра́достный; **Munterkeit** f бо́дрость ж, весёлость ж, ре́звость ж
Münze f <-, -n> моне́та ж; FIG ◇ **jd-m etw mit gleicher ~ heimzahlen** плати́ть кому́-л той же моне́той
münzen vt (*prägen*) ⟨вы-, от-⟩чека́нить; FIG ◇ **das ist auf dich gemünzt** э́то ка́мешек в твой огоро́д
Münzsammlung f колле́кция ж моне́т

Muräne f ZOOL (*Raubfisch*) муре́на ж

mürbe adj (*Gestein*) хру́пкий; (*Holz*) трухля́вый; (*Gebäck*) рассы́пчатый; (*Fleisch*) не́жный; FIG (*gut durch*) хорошо́ свари́вшийся [поджа́ренный]; ◇ **jd-n ~ machen** сломи́ть чье́-л сопротивле́ние; **Mürbeteig** m песо́чное те́сто с

Murmel f <-, -n> (*Glaskügelchen*) ша́рик м, ка́мушек м

murmeln vi (*Person*) бормота́ть *несов;* FAM ◇ **etw in seinen Bart ~** бормота́ть что-л себе́ под нос

Murmeltier n суро́к м; ◇ **schlafen wie ein ~** спать как суро́к

murren vi ропта́ть *несов,* ворча́ть *несов;* **mürrisch** adj (*verdrießlich*) угрю́мый; (*brummig*) ворчли́вый

Mus n <-es, -e> (*Apfel~ etc.*) пюре́ с

Muschel f <-, -n> ра́ковина ж; (*Mies~*) раку́шка ж; (*Ohr~*) ра́ковина ж

Muse f <-, -n> му́за ж

Museum n <-s, Museen> музе́й м

Musik f му́зыка ж; **musikalisch** adj музыка́льный; **Musikbox** f <-, -en> автома́т м для прои́грывания грампласти́нок; **Musiker(in** f) m <-s, -> (*Musik*)музыка́нт м

Musikhochschule f консервато́рия ж;

Musikinstrument n музыка́льный инструме́нт м

musisch adj (*Erziehung*) эстети́ческий; (*Veranlagung*) одарённый; SCH (*Fächer*) худо́жественный

musizieren vi музици́ровать *несов*

Muskat m <-[e]s> муска́т м

Muskel m <-s, -n> му́скул м, мы́шца ж; **Muskelkater** m ◇ **ich habe ~** у меня́ всё боли́т; **Muskelriss** m MED разры́в м мышц; **Muskelzerrung** f MED растяже́ние с мышц; **Muskulatur** f <-> мускулату́ра ж; **muskulös** adj мускули́стый

Müsli n <-s, -s> *кушанье из овсяных хлопьев, орехов, сушённых фруктов (и молока)*

Muss n <-> (*Zwang*) необходи́мость ж

Muße f <-> (*Ruhe, Freizeit*) досу́г м

müssen <muss, musste, hat gemusst> vi ① (*verpflichtet sein*) быть до́лжным; ◇ **er hat gehen ~** он до́лжен был уйти́ ② (*nicht anders können*) быть вы́нужденным; ◇ **ich musste lachen** я не мог не засмея́ться; ◇ **was sein muss, muss sein** чему́ быть, тому́ не минова́ть; FAM (*zum WC*) ◇ **ich muss mal!** мне ну́жно зайти́ в туале́т ③ (*nötig haben*) ◇ **ich muss zur Bank** мне ну́жно в банк ④ (*Wunsch, Vermutung*) ◇ **sie muss gleich kommen** она́ должна́ ско́ро прийти́; ◇ **die Leute ~ reich sein** э́ти лю́ди, должно́ быть, бога́ты

Mußestunde f час м досу́га

müßig adj ① (*untätig*) пра́здный ②

(*überflüssig*) пусто́й; **Müßiggang** m безде́лие с

musste impf v. **müssen**

Muster n <-s, -> ① (*Warenprobe*) образе́ц м ② (*Tapeten~*) узо́р м, рису́нок м; (*Schnitt*) вы́кройка ж ③ (*Vorbild*) приме́р м; **mustergültig** adj (*vorbildlich*) образцо́вый

mustern vt ① (*prüfend ansehen*) осма́тривать <-смотре́ть>, разгля́дывать *несов;* (*von oben nach unten*) оки́дывать <-нуть> взгля́дом; (*Ware*) провеpя́ть <-ве́рить>; (*Wehrpflichtige*) подверга́ть <-ве́ргнуть> медици́нскому осмо́тру ② ◇ **ein gemusterter Stoff** ткань ж с узо́ром

Musterprozess m JURA показа́тельный проце́сс м

Musterung f ① (*das Prüfen*) осмо́тр м; MIL медици́нский осмо́тр м ② (*Stoff~*) узо́р м

Mut m <-[e]s> ① му́жество с, хра́брость ж, сме́лость ж; ◇ **nur ~!** неробе́й(те)!; ◇ **jd-m ~ machen** подба́дривать кого́-л; ◇ **jd-m den ~ nehmen** лиши́ть кого́-л му́жества; ◇ **sich ~ antrinken** вы́пить для хра́брости ② (*fröhlich*) ◇ **er ging frohen ~es zur Feier** в бо́дром настрое́нии он пошёл на пра́здник

mutieren vi BIOL видоизменя́ться <-ни́ться>

mutig adj му́жественный, сме́лый; **mutlos** adj малоду́шный; (*entmutigt*) обескура́женный; **mutmaßlich** adj (*Täter*) по-дозрева́емый, предполага́емый

Mutter¹ f <-, Mütter> мать ж

Mutter² f <-, -n> (*Schrauben~*) га́йка ж

mütterlich adj матери́нский; **mütterlicherseits** adv по матери́нской ли́нии; **Mutterliebe** f матери́нская любо́вь ж; **Muttermal** n <-[e]s, -e> роди́мое пятно́ с, ро́динка ж; **Muttermilch** f матери́нское молоко́ с; **Mutterschaftsurlaub** m о́тпуск м по ухо́ду за грудны́м ребёнком; **Mutterschutz** m охра́на ж матери́нства; **mutterseelenallein** adj FAM оди́н-одинёшенек; **Muttersprache** f родно́й язы́к м; **Muttersprachler(in** f) m <-s, -> носи́тель м языка́; **Muttertag** m день м ма́тери

mutwillig I. adj преднаме́ренный II. adv преднаме́ренно, наро́чно

Mütze f <-, -n> ша́пка ж; (*Schirm~*) фура́жка ж; (*Basken~*) бере́т м

MWSt Abk. v. **Mehrwertsteuer**

mysteriös adj таи́нственный

Mystik f <-> ми́стика ж; **Mystiker(in** f) m <-s, -> ми́стик м

Mythologie f REL мифоло́гия ж; **Mythos** m <-, Mythen> миф м

N

N, n *n* Н, н

na *intj* ну; ◇ **~ warte!** ну погоди!

Nabe *f* <-, -n> TECH втулка *ж*; *(Rad~)* ступица *ж*

Nabelschnur *f* пуповина *ж*

Nabel *m* <-s, -> *(Bauch~)* пуп *м*; ◇ **sich für den ~ der Welt halten** считать себя пупом земли; **Nabelschnur** *f* пуповина *ж*

nach I. *präp dat* **(1)** *(räumlich, in Richtung)* в, на, к; ◇ **von Osten ~ Westen** с запада на восток; ◇ **~ Moskau fahren** (по)ехать в Москву; ◇ **~ Hause gehen** пойти домой **(2)** *(zeitlich, ~ dem Essen)* после **(3)** *(gemäß)* по, согласно; ◇ **Belieben** как угодно; ◇ **meiner Meinung ~** по моему мнению; ◇ **dem Namen ~** по фамилии **II.** *adv (folgt ihm)* ◇ **ihm ~!** за ним!; *(immer noch)* ◇ **~ wie vor** попрежнему; *(allmählich)* ◇ **~ und ~** постепенно

nachäffen *vt* PEJ передразнивать <-нить>; **nachahmen** *vt* подражать *несов*; **Nachahmung** *f* подражание *с*; *(Fälschung)* копия *ж*

nacharbeiten *vt (versäumte Lektion)* нагонять <-гнать>; *(Kleidungsnaht)* дорабатывать <-ботать>

Nachbar(in *f)* *m* <-n, -n> сосед(ка *ж)* *м*; **Nachbarhaus** *n* соседний дом *м*; **nachbarlich** *adj (Haus)* соседний; *(Beziehungen)* соседский; **Nachbarschaft** *f* **(1)** *(Nähe)* соседство *с*; ◇ **in der ~ wohnen** жить по соседству **(2)** *(Nachbarn)* соседи *м мн*; **Nachbarschaftshilfe** *f* соседей помощь *ж*

Nachbeben *n* повторные толчки *мн* *(при землетрясении)*

Nachbehandlung *f (nach Operation)* послеоперационное лечение *с; (nach Arbeit)* последующая обработка *ж*

nachbereiten *vt (Unterricht)* повторять <-рить>

nachbessern *vt* подправлять <-править>; **Nachbesserung** *f* доделка *ж*

Nachbestellung *f* COMM дополнительный заказ *м*

nachbilden *vt (nach Vorlage)* с-делать по образцу чего-л; *(nachahmen)* подражать *несов* чему-л; **Nachbildung** *f (Reproduktion)* репродукция *ж*, подражание *с*

nachblicken *vi* ◇ **jd-m** ~ <по->смотреть кому-л вслед

nachbohren *vi* FIG дознаваться *несов*

nachdatieren *vt* пометить <-метить> задним числом

nachdem I. *cj (zeitlich)* после того как

II. *adv (abhängig von)* ◇ **je ~ (ob)** смотря по тому, как; в зависимости от того, … ли

nachdenken *unreg* *vi* размышлять *несов (über akk* о чём-л), <по->думать *(über akk* о чём-л); **nachdenklich** *adj* задумчивый

Nachdruck *m* <-> *(Betonung)* ударение *с*; ◇ **mit ~** настойчиво

nachdrücklich *adj (eindringlich)* настойчивый, убедительный

nacheifern *vi* брать пример *(jd-m* с кого-л)

nacheilen *vi* <по->спешить *(jd-m* за кем-л)

nacheinander *adv* друг за другом, по очереди; ◇ **4 Tage ~** четыре дня подряд

nachempfinden *unreg* *vt* ◇ **jd-m etw** ~ сочувствовать кому-л в чём-л, сопереживать кому-л

Nacherzählung *f* пересказ *м*, изложение *с*

Nachfolge *f* преемственность *ж*; ◇ **jd-s ~ antreten** стать чьим-л преемником; **nachfolgen** *vi* <по->следовать *(jd-m/e-r Sache* кому/чему-л); **nachfolgend** *adj* последующий; **Nachfolger(in** *f)* *m* <-s, -> преемник *м*, преемница *ж*

Nachforderung *f (bei Heizungsabrechnung)* требование *с* доплаты; *(zusätzliche Rechnung)* дополнительное требование *с*

nachforschen I. *vi* исследовать *несов и сов* что-л **II.** *vt* разузнавать>; **Nachforschung** *f (Erkundigung)* расследование *с; (polizeiliche Ermittlung)* дознание *с*

Nachfrage *f a.* FIN *(von Waren)* спрос *м*; **nachfragen** *vi* осведомляться <осведомиться>

Nachfrist *f (für Abgabe)* отсрочка *ж*

nachfühlen *vt* <по->сочувствовать *(jd-m* кому-л в чём-л), войти в положение *(jd-m* кого-л)

nachfüllen *vt (Flüssigkeit)* доли<ва>ть; *(Feuerzeug)* (до)заряжать <-дить>

nachgeben *unreg* *vi* **(1)** *(e-r Bitte)* уступ|ать <-пить> **(2)** *(Boden)* оседать <осесть>

Nachgebühr *f* доплата *ж*

Nachgeburt *f* **(1)** *(Vorgang)* послед *м* **(2)** *(Gewebe)* плацента *ж*

nachgehen *unreg* *vi* **(1)** *(folgen)* <по->следовать *(jd-m* за кем-л) **(2)** *(erforschen)* выяснять <выяснить> *(e-r Sache* что-л) **(3)** *(erledigen)* заниматься *несов* чем-л; ◇ **meiner Arbeit** ~ делать свою работу **(4)** *(Uhr)* отставать

Nachgeschmack *m a.* FIG привкус *м*

nachgiebig *adj (Person)* уступчивый, сговорчивый, мягкий; *(Boden)* зыбкий; *(Material)* гибкий; **Nachgiebigkeit**

f усту́пчивость *ж;* (*Biegsamkeit*) ги́бкость *ж*

nachgießen *unreg vt* (*Getränke*) подли́|ва́ть

nachgrübeln *vi* заду́м‹ыв›аться

nachhaltig *adj* (*Eindruck*) дли́тельный; (*Widerstand*) упо́рный

nachhelfen *unreg vi* (*vorantreiben*) помога́ть ‹-мо́чь›, ускоря́ть ‹уско́рить›; ◊ **bei ihm muss man** ~ его́ на́до подгоня́ть

nachher *adv* по́сле, пото́м, зате́м; ◊ **bis** ~ до ско́рого

Nachhilfe *f* дополни́тельное заня́тие *с*

nachholen *vt* (*Versäumtes*) на|вёрстывать ‹-верста́ть›

Nachkomme *m* ‹-n, -n› пото́мок *м*

nachkommen *unreg vi* ① (*zeitlich*) при|ходи́ть ‹-йти́› поздне́е ② (*e-r Verpflichtung*) выполня́ть ‹вы́полнить›; (*e-r Bitte, Aufforderung*) ‹по-›сле́довать; (*e-m Befehl*) ис|полня́ть ‹-по́лнить›

Nachkommenschaft *f* пото́мство *с;* (*Nachwelt*) после́дующие поколе́ния *с мн*

Nachkriegszeit *f* послевое́нное вре́мя *с*

Nachlass *m* ‹-sses, -lässe› ① (*Erbe*) насле́дство *с* ② (*Preis~*) ски́дка *ж*

nachlassen *unreg* **I.** *vt* ① (*Preis*) сбавля́ть ‹сба́вить›; (*Strafe*) снижа́ть ‹сни́зить› ② (*lockern, Seil*) ослабля́ть ‹-сла́бить› **II.** *vi* (*Wirkung*) уменьша́ться ‹уме́ньшиться›; (*Sturm*) ун|има́ться ‹-я́ться›; (*Gehör*) ослабе|ва́ть ‹-ва́ть›; (*Schmerz*) ун|има́ться ‹-я́ться›; (*Konzentration*) ‹о-›слабе́ть; (*schulische Leistungen*) ◊ **er hat stark nachgelassen** он си́льно осла́б [сдал]

nachlässig *adj* небре́жный; **Nachlässigkeit** *f* небре́жность *ж*

nachlaufen *unreg vi* бе́гать *несов,* бежа́ть *несов* (*jd-m/e-r Sache* за кем/чем-л); *FAM* ◊ **den Frauen** ~ бе́гать за же́нщинами

nachlegen *vt* до|бавля́ть ‹-ба́вить›; ◊ **Kohle in den Ofen** ~ подкла́дывать у́голь в печь

nachmachen *vt* ① (*Arbeit*) доде́л‹ыв›ать ② (*nachahmen*) подража́ть *несов* (*jd-m etw* кому́-л в чём-л); (*fälschen*) имити́ровать *несов,* подде́л‹ыв›ать

Nachmieter(in *f*) *m* после́дующий(-ая) жиле́ц *м*/жили́ца *ж* (снима́емой) кварти́ры

Nachmittag *m* послеобе́денное вре́мя *с;* втора́я полови́на *ж* дня; ◊ **am** ~ [*o.* **nachmittags**) по́сле обе́да; во второ́й полови́не дня; ◊ **gestern/heute/morgen** ~ вчера́/сего́дня/за́втра во второ́й полови́не дня

Nachnahme *f* ‹-, -n› POST ◊ **per** ~ нало́женным платежо́м

Nachname *m* фами́лия *ж*

Nachporto *n* почто́вая допла́та *ж*

nachprüfen *vt* (*Rechnung, Aussage*) про|веря́ть ‹-ве́рить›, пере|сма́тривать ‹-смотре́ть›; **Nachprüfung** *f* ① SCH переэкзамено́вка *ж* ② (*e-r Rechnung*) прове́рка, пересмо́тр *м*

nachrechnen *vt* пересчи́|тывать ‹-та́ть›

Nachrede *f* ◊ **üble** ~ клевета́ *ж*

nachreichen *vt* ① (*zeitlich später abgeben*) сда|ва́ть поздне́е ② (*Essen*) под|кла́дывать ‹-ложи́ть›; ◊ **darf ich Ihnen noch** ~? разреши́те подложи́ть вам доба́вку?

Nachricht *f* ‹-, -en› изве́стие *с;* (*Mitteilung*) сообще́ние *с,* сведе́ние *с;* **Nachrichten** *f pl* MEDIA но́вости *ж мн;* **Nachrichtenagentur** *f* информацио́нное аге́нтство *с;* **Nachrichtendienst** *m* POL разве́дывательная слу́жба *ж;* **Nachrichtensatellit** *m* спу́тник *м* свя́зи; **Nachrichtensperre** *f* запре́т *м* на опубликова́ние сообще́ний; **Nachrichtensprecher(in** *f*) *m* ди́ктор *м/ж,* веду́щий(-ая *ж*) *м* (програ́ммы новосте́й)

nachrücken *vi* (*aufschließen*) про|двига́ться ‹-дви́нуться› за ке́м-л; (*in höhere Position*) зан|има́ть ‹-я́ть› освободи́вшееся ме́сто

Nachruf *m* (*in Zeitung*) некроло́г *м*

nachrüsten **I.** *vt* (*Gerät*) дополни́тельно обору́довать чем-л **II.** *vi* MIL нара́щивать вооруже́ния

nachsagen *vt* (*wiederholen*) повто|ря́ть ‹-ри́ть› (вслед за ке́м-л); *FIG, meist PEJ* ◊ **jd-m Übles** ~ говори́ть что-л дурно́е о ком-л

Nachsaison *f* послесезо́нный пери́од *м*

nachschicken *vt* (*Post, Zeitung*) пос‹ы›ла́ть вслед кому́-л

nachschlagen *unreg vt* (*im Lexikon*) с|правля́ться ‹-пра́виться› о чём-л в чем-л; (*Eintrag, Zitat*) оты́с|кивать ‹-ка́ть›; (*kontrollieren*) сверя́ться ‹све́риться›; **Nachschlagewerk** *n* спра́вочник *м*

nachschleichen *unreg vi* (*heimlich*) ◊ **jd-m** ~ тайко́м кра́сться за кем-л

Nachschub *m* снабже́ние *с* (чем-л)*;* MIL подво́з *м*

nachsehen *unreg* **I.** *vt* ① (*Hausaufgabe*) про|веря́ть ‹-ве́рить› ② (*nachschlagen*) с|правля́ться ‹-ра́виться› о чём-л **II.** *vi* ① (*nachblicken*) ‹по-›смотре́ть вслед ② (*kontrollieren*) про|веря́ть ‹-ве́рить› ③ *FIG* (*verzeihen*) ◊ **jd-m etw** ~ проща́ть ‹-сти́ть› кому́-л что-л

Nachsehen *n* ◊ **das** ~ **haben** остава́ться ни с чем [остава́ться с но́сом]

nachsenden *unreg vt* пос‹ы›ла́ть вслед

Nachsicht *f* ‹-› снисхожде́ние *с;* **nachsichtig** *adj* снисходи́тельный

Nachsilbe f GRAM суффикс m
nachsitzen unreg vi SCH остава́ться по́сле уро́ков (в наказа́ние)
Nachsorgeuntersuchung f MED медици́нское обследо́вание по́сле боле́зни
Nachspeise f десе́рт m
Nachspiel n FIG после́дствие c мн
nachsprechen unreg vt (wiederholen) повторя́ть ‹-ри́ть› (jd-m за кем-л)
nachspüren vi (e-m Verbrechen, Geheimnis) высле́живать ‹вы́следить› кого́-л
nächstbeste(r, s) adj ◇ die ~ Sache пе́рвая попа́вшаяся вещь; **nächste(r, s)** I. adj (räumlich/zeitlich) са́мый бли́зкий, ближа́йший; (Wegstrecke) кратча́йший; ◇ biegen sie die ~ Straße nach rechts сверни́те на сле́дующей у́лице напра́во; (Reihenfolge) ◇ die ~n Verwandten ближа́йшие ро́дственники; ◇ am ~n Morgen на сле́дующее у́тро II. adv ◇ am ~n бли́же всего́; **Nächste(r)** fm сле́дующий(-ая ж) m, бли́жний(-яя ж) m; ◇ der ~ bitte! сле́дующий, пожа́луйста!
nachstehen unreg vi ◇ jd-m in nichts ~ не уступа́ть кому́-л ни в чём
nachstellen I. vt ① (Satz) ‹по-›ста́вить за чем-л ② (Uhr) переводи́ть ‹-вести́› наза́д; (Instrument) дополни́тельно на|стра́ивать ‹-стро́ить› II. vi ① (verfolgen) подстерега́ть несов, пресле́довать несов (jd-m кого́-л) ② FIG (aufdringlich werben) ◇ e-r Frau ~ навя́зчиво уха́живать за же́нщиной
Nächstenliebe f любо́вь ж к бли́жнему
nächstens adv в ближа́йшее вре́мя; **nächstliegend** adj ближа́йший; FIG (offensichtlich) очеви́дный; **nächstmöglich** adj ◇ zum ~en Termin как мо́жно скоре́е
Nacht f ‹-, Nächte› ночь ж; ◇ über ~ bleiben оста́ться на́ ночь; ◇ es ist über ~ geschehen э́то произошло́ неожи́данно; **Nachtarbeit** f ночна́я рабо́та ж; **nachtblind** adj MED страда́ющий кури́ной слепото́й; **Nachtdienst** m ночно́е дежу́рство c
Nachteil m (gegenüber jd-m/etw) вред m, невы́годное положе́ние c; (Schaden) убы́ток m, ущерб m; **nachteilig** adj убы́точный; (ungünstig) невы́годный; отрица́тельный моме́нт
Nachtfalter m ночна́я ба́бочка ж, ночно́й мотылёк m; **Nachtfrost** m ночны́е за́морозки m мн; **Nachthemd** n ночна́я руба́шка ж
Nachtigall f ‹-, -en› солове́й m
Nachtisch m десе́рт m
Nachtleben n ночна́я жизнь ж; **nächtlich** adj ночно́й; **Nachtlokal** n ночно́й рестора́н m
Nachtrag m ‹-[e]s, -träge› добавле́ние c, дополне́ние c; (Beilage) приложе́ние

c; **nachtragen** unreg vt (Text ergänzen) вноси́ть ‹внести́› дополни́тельно; FIG (verübeln) ◇ jd-m etw ~ не прости́ть что-л кому́-л; **nachtragend** adj злопа́мятный; **nachträglich** I. adv дополни́тельно; за́дним число́м
nachtrauern vi ◇ jd-m/e-r Sache ~ горева́ть о ком/чём-л
Nachtruhe f ночно́й поко́й m; **nachts** adv но́чью; **Nachtschicht** f ночна́я сме́на ж; **Nachtschränkchen** n ту́мбочка ж; **Nachttarif** m (für Strom) ночно́й тари́ф m; **Nachttisch** m ночно́й сто́лик m; **Nachtwächter** m ночно́й сто́рож m; **Nachtwanderung** f ночна́я прогу́лка ж; **Nachtwandler** m луна́тик m
Nachuntersuchung f дополни́тельное обсле́дование c
nachvollziehbar adj (Verhalten) поня́тный; **nachvollziehen** unreg vt понима́ть ‹-я́ть›; (Gedankengänge) вника́ть ‹вни́кнуть›
nachwachsen unreg vi отраста́ть ‹-сти́›
Nachwehen pl ① MED послеродовы́е бо́ли ж мн ② (Konsequenzen) неприя́тные после́дствия c мн
nachweinen vi пла́кать о ком-л
Nachweis m ‹-es, -e› (Beweis) доказа́тельство c; (Literatur~) указа́тель m; **nachweisbar** adj доказу́емый, подтвержда́ющийся; **nachweisen** unreg vt (beweisen) ◇ jd-m etw ~ дока́зывать ‹-за́ть› кому́-л что-л; **nachweislich** adj доказу́емый
Nachwelt f ‹-› пото́мки m мн
nachwerfen unreg vt ◇ jd-m etw ~ броса́ть ‹бро́сить› кому́-л вслед что-л; FAM (billigst verkaufen) продава́ть за бесце́нок
nachwirken vi име́ть после́дствие; **Nachwirkung** f эффе́кт m; (von Alkohol) после́дствие c
Nachwort n послесло́вие c
Nachwuchs m ‹-es› (beruflich) молоды́е специали́сты m мн; FAM (Kind) пото́мство c; ◇ Familie Schmid hat ~ bekommen у семьи́ Шмид пополне́ние
nachzahlen vt (nachträglich) опла́чивать ‹-ти́ть› за́дним число́м; (mehr) допла́чивать ‹-ти́ть›
nachzählen vt пересчи́тывать ‹-та́ть›
Nachzahlung f (von Restsumme) допла́та ж; (zurückdatiert) пла́та ж за́дним число́м
nachziehen unreg I. vt ① (Schrauben) подви́н|чивать ‹-ти́ть› ② (lahmes Bein) волочи́ть несов ③ (zur Folge haben) ‹по-›вле́чь за собо́й II. vi (bei Ortswechsel) ‹по-›сле́довать (jd-m за кем-л)
Nachzügler(in f) m ‹-s, -› отста́вший(-ая ж) m; FAM (spät geborenes Kind) по́здно роди́вшийся ребёнок m
Nackedei m ‹-s, -e o. -s› FAM голы́ш m
Nacken m ‹-s, -› заты́лок m; FAM (ver-

folgen) ◇ **jd-m im ~ sitzen** преследовать кого-л по пятам; ◇ **die Angst sitzt mir im ~** меня угнетает страх; **Nackenschlag** *m* FIG (*Demütigung*) унижение *c*; (*Schicksalsschlag*) несчастье *c*, удар *c* судьбы; **Nackenstütze** *f* (*von Autositz*) подголовник *m*

nackt *adj* голый; (*Wahrheit*) чистый, сущий; ◇ **das ~e Leben retten** спасти только жизнь; **Nacktheit** *f* нагота *ж*; **Nacktkultur** *f* нудизм *м*

Nadel *f* <-, -n> (*Näh~*) игла *ж*, иголка *ж*; (*Steck~*) булавка *ж*; ВОТ игла *ж*; (*Kompass~*) стрелка *ж*; (*Krawatten~*) заколка *ж*; (*Haar~*) шпилька *ж*; (*am Plattenspieler*) игла *ж*; FAM (*rauschgiftsüchtig sein*) ◇ **an der ~ hängen** быть наркоманом; FIG ◇ **die ~ im Heuhaufen suchen** в стогу сена искать; **Nadelbaum** *m* хвойное дерево *c*; **Nadeldrucker** *m* PC игольчатый принтер *м*; **Nadelkissen** *n* игольник *м*; **nadeln** *vi* (*Baum*) осыпаться <осыпаться>; **Nadelöhr** *n* ушко *с* иголки; **Nadelwald** *m* хвойный лес *м*

Nagel *m* <-s, Nägel> ① (*Stahlstift*) гвоздь *м*; MED (*bei Knochenbruch*) стержень *м*; FIG ◇ **den ~ auf den Kopf treffen** попасть в самую точку; FIG (*aufgeben*) ◇ **das Rauchen an den ~ hängen** бросить курить ② (*Finger~, Fuß~*) ноготь *м*; FAM (*aneignen*) ◇ **sich etw unter den ~ reißen** присвоить что-л; **Nagelbett** *n* ногтевое ложе *c*; **Nagelfeile** *f* пилка *ж* для ногтей; **Nagellack** *m* лак *м* для ногтей; **Nagellackentferner** *m* <-s, -> жидкость *ж* для снятия лака; **nageln** *vt, vi* прибивать <прибить> гвоздями; (*Schuhe*) подбивать <подбить>; **nagelneu** *adj* новёхонький; **Nagelschere** *f* ножницы *мн* для ногтей

nagen *vt* (*Hund, Ratte*) <раз>грызть (*an etw dat* что-л); FIG (*Zweifel*) глодать *несов*, мучить *несов*; ◇ **am ~** грызун *м*; **nahe I.** *adj, adv* ① (*räumlich*) близкий, ближний, близлежащий; (*Verwandte, Freunde*) близкий ② (*zeitlich*) скорый, недалёкий, близкий; FIG ◇ **er ist ~ daran, diesen Schritt zu tun** он близок к тому, чтобы сделать этот шаг; (*in Vergangenheit*) ◇ **ich war ~ daran, diesen Schritt zu tun** я чуть было не сделал этот шаг; ◇ **jd-m zu ~ treten** (*beleidigen*) задеть кого-л за живое; (*aufdringlich sein*) навязываться кому-л II. *präp dat* вблизи чего-л; **Nahaufnahme** *f* FOTO съёмка *ж* с близкого расстояния; KINO съёмка *ж* крупным планом; **Nähe** *f* <-> близость *ж*; ◇ **in der ~** вблизи, неподалёку; ◇ **aus der ~ ansehen** рассматривать что-л с близкого расстояния; **nahe gehen** *unreg vi* (*jd-n bewegen*) ◇ **das geht mir nahe** я принимаю это близко к сердцу; **nahe kommen** *unreg vi* (*Wahrheit*) приближаться <близить-

ся> (*e-r Sache* к чему-л); **nahe legen** *vt* (*empfehlen*) ◇ **jd-m etw ~** (настоятельно) рекомендовать кому-л что-л; **nahe liegen** *unreg vi* (*leicht verständlich*) быть понятным; **nahe liegend** *adj* (*Ort*) близлежащий; (*Gedanke*) напрашивающийся сам собой; **nahen** *vi* приближаться <близиться>

nähen *vt* (*Wunde*) зашивать <зашить>; (*Hemd*) <с>шить

näher I. *adj kompar. v.* **nah** ① (*räumlich/zeitlich*) более близкий; (*Wegstrecke*) более короткий ② (*genauer, Erklärung*) более подробный; (*umfangreicher, Auskunft*) более детальный; ◇ **bei ~er Betrachtung** при ближайшем рассмотрении II. *adv* ближе (*an/bei* к чему-л); ◇ **jd-n ~ kennen lernen** познакомиться ближе с кем-л

Näherei *f* шитьё *с*

Naherholungsgebiet *n* пригородная зона отдыха *ж*

näher kommen *unreg* I. *vi* приближаться <близиться> (*e-r Sache* к чему-л) II. *vr* **sich** ~ сближаться <сблизиться>

nähern *vr* **sich jd-m/e-r Sache** ~ подойти к кому/чему-л

nahe stehen *unreg vi* ◇ **dieser Mann steht mir sehr nahe** этот мужчина мне очень близок; **nahe stehend** *adj* (*Person*) близкий

Nähgarn *n* швейные нитки *мн*

Nahkampf *m* рукопашный бой *м*

Nähkasten *m* шкатулка *ж* с принадлежностями для шитья

nahm *impf v.* **nehmen**

Nähmaschine *f* швейная машина *ж*; **Nähnadel** *f* швейная игла *ж*

nähren I. *vr* (*leben, sich erhalten*) ◇ **sich ~** <про>кормиться (*von чем-л*) II. *vt* (*Kind an Brust*) <на>кормить; FIG (*Verdacht*) питать *несов* III. *vi* быть питательным; **nahrhaft** *adj* питательный, сытный; **Nährstoff** *m* пищевой продукт, питательное вещество *c*; **Nahrung** *f a.* FIG пища *ж*; **Nahrungsmittel** *n* продукты *м мн* питания, пищевые продукты; **Nahrungsmittelindustrie** *f* пищевая промышленность *ж*; **Nahrungsmittelvergiftung** *f* пищевое отравление *c*; **Nährwert** *m* питательность *ж*

Naht *f* <-, Nähte> шов *м*; TECH (*Schweiß~*) стык *м*; FIG ◇ **aus allen Nähten platzen** трещать по всем швам; **nahtlos** *adj* бесшовный; TECH цельнотянутый

Nahverkehr *m* пригородное сообщение *c*; **Nahverkehrszug** *m* пригородный поезд *м*; **Nahziel** *n* ближайшая цель *ж*

Nähzeug *n* швейные принадлежности *мн*

naiv adj (Malerei) наи́вный; (Person) наи́вный, простоду́шный; **Naivität** f наи́вность ж

Name m ‹-ns, -n› **1** (Vorname) и́мя с; (Familienname) фами́лия ж; ◇ **mein ~ ist ... meня́ зову́т ..., моя́ фами́лия ...;** ◇ **die Schüler dem ~n nach aufrufen** вызыва́ть ученико́в поимённо; ◇ **den Künstler dem ~n nach kennen** знать худо́жника то́лько по и́мени; ◇ **in meinem ~n** от своего́ и́мени; ◇ **im ~n des Gesetzes** и́менем зако́на **2** (Ruf) репута́ция ж **3** (Benennung) назва́ние с, обозначе́ние с; **namens** adv по и́мени, по фами́лии; **Namenstag** m имени́ны мн; **namentlich I.** adj (Abstimmung) именно́й, поимённо **II.** adv (besonders) осо́бенно; **namhaft** adj **1** (berühmt) изве́стный, знамени́тый **2** (beträchtlich) значи́тельный, суще́ственный

nämlich I. cj **1** (genauer genannt) а и́менно **2** (denn) то есть **II.** adj ◇ **der N~e** тот (же) са́мый

nannte impf v. **nennen**

Napf m ‹-[e]s, Näpfe (Fress~) ми́ска ж

Narbe f ‹-, -n› **1** (von Verletzung) шрам м **2** (Gras~) дёрн м **3** BOT (von Fruchtknoten) ры́льце с; **narbig** adj в шра́мах

Narkose f ‹-, -n› MED нарко́з м; **narkotisieren** vt обезбо́лива▪ть; **FIG** (durch Vortrag) усы▪пля́ть ‹-пи́ть›

Narr m ‹-en, -en› глупе́ц м, дура́к м; (verspotten) ◇ **jd-n zum ~en halten** дура́чить кого́-л; **narren** vt (täuschen) ‹о-›дура́чить; (foppen) подтру́нивать ‹-ни́ть› (jd-n над кем-л); **Närrin** f дура́чка ж; **närrisch** adj (lustig) дура́цкий; (seltsam) сумасбро́дный, шутовско́й

Narzisse f ‹-, -n› BOT нарци́сс м

naschen vt, vi ‹по-›ла́комиться; **naschhaft** adj любя́щий пола́комиться; **Naschkatze** m FAM ла́комка м/ж

Nase f ‹-, -n› нос м; ◇ **die ~ von etw voll haben** быть сы́тым по го́рло от чего́-л; ◇ **e-e feine ~ haben** облада́ть то́нким чутьём; ◇ **jd-n an der ~ herumführen** води́ть кого́-л за́ нос; **Nasenbein** n носова́я кость ж; **Nasenbluten** n ‹-s› кровотече́ние с из но́са; **Nasenflügel** m крыло́ с но́са; **Nasenloch** n ноздря́ ж; **Nasenspray** n аэрозо́ль m для носово́й по́лости

naseweis adj (vorlaut) нескро́мный

Nashorn n ZOOL носоро́г м

nass adj **1** (Wetter) дождли́вый, сыро́й **2** (durchnässt) мо́крый **3** (feucht) вла́жный; **Nässe** f ‹-› вла́жность ж, сы́рость ж; **nässen** vi (Wunde) сочи́ться несов; ◇ **ins Bett ~** мочи́ться в посте́ль; **nasskalt** adj промо́зглый; **Nassrasur** f бритьё с обы́чной бри́твой

Nation f на́ция ж; **national** adj нацио-

на́льный; **Nationalbewusstsein** n национа́льное самосозна́ние с; **Nationalfeiertag** m национа́льный пра́здник м; **Nationalhymne** f госуда́рственный гимн м; **Nationalismus** m национали́зм м; **Nationalität** f **1** (Staatsangehörigkeit) гражда́нство с **2** (Abstammung) национа́льность ж; **Nationalmannschaft** f SPORT сбо́рная (кома́нда) ж страны́; **Nationalpark** m госуда́рственный запове́дник м; **Nationalsozialismus** m национа́л-социали́зм м; **Nationalsozialist(in** f) m национа́л-социали́ст(ка ж) м, наци́ст(ка ж) м

Nationalität

Если в Герма́нии Вас спра́шивают о Ва́шей **Nationalität**, то хотя́т узна́ть, граждани́ном како́й страны́ Вы явля́етесь, а не како́й Вы национа́льности и́ли каково́ Ва́ше национа́льное происхожде́ние. Вопро́с о национа́льности звуча́л бы так: „Welcher Abstammung sind Sie?"

Natrium n CHEM на́трий м

Natron n ‹-s› CHEM е́дкий натр м; **Natronlauge** f на́триевый щёлок м

Natter f ‹-, -n› ZOOL уж м

Natur f (Landschaft) приро́да ж; (Charakter, Temperament) хара́ктер м, нату́ра ж; ◇ **er ist von ~ aus geizig** он по приро́де [нату́ре] жа́дный; ◇ **in der ~ der Sache liegen** (быть) в приро́де веще́й; **Naturalien** pl проду́кты пита́ния; ◇ **in ~ bezahlen** опла́чивать нату́рой; **Naturalismus** m KUNST натурали́зм м; **Naturerscheinung** f явле́ние с приро́ды; **naturfarben** adj натура́льного цве́та; **Naturfaser** f натура́льное воло́кно с; **Naturforscher(in** f) m натурали́ст(ка ж) м; **naturgegeben** adj приро́дный; **naturgemäß** adj есте́ственный, приро́дный; **Naturgesetz** n зако́н м приро́ды; **Naturgewalt** f си́ла ж приро́ды; **Naturheilkunde** f гомеопа́тия ж; **Naturkatastrophe** f стихи́йное бе́дствие с; **Naturkunde** f SCH естествозна́ние с

natürlich I. adj **1** (naturgegeben) есте́ственный **2** (ungekünstelt) натура́льный; (einfach) обы́чный **II.** adv есте́ственно; (zweifellos) несомне́нно, коне́чно; **natürlicherweise** adv есте́ственно; **Natürlichkeit** f есте́ственность ж

Naturpark m парк-запове́дник м; **Naturprodukt** n приро́дный проду́кт м; **Naturschutzgebiet** n запове́дник м; **Naturtalent** n FIG (begabter Mensch) саморо́док м; **Naturvolk** n первобы́тный наро́д м; **Naturwissenschaft** f есте́ственные нау́ки ж мн; **Naturwissen-**

schaftler(in *f*) *m* естéственник *м;* **Naturzustand** *m* естéственное состоя́ние *с*
Nautik *f* навигáция *ж;* **nautisch** *adj* навигациóнный
Navigation *f* NAUT, AERO навигáция *ж;* **navigieren** *vi* водить корáбль
Nazi *m* ‹-s, -s› *Akr. v.* **Nationalsozialist**
Nebel *m* ‹-s, -› тумáн *м;* **Nebelhorn** *n* NAUT сирéна *ж;* **nebelig** *adj* тумáнный; **Nebelscheinwerfer** *m* AUTO противотумáнные фáры *ж мн;* **Nebelschlussleuchte** *f* AUTO противотумáнный зáдний фонáрь *м;* **Nebelschwaden** *f pl* клóчья *м мн* тумáна
neben *präp dat/akk* ① (*räumlich*) óколо, у, вóзле когó-чегó-л, ря́дом с кем-чем-л; ◇ ~ **dem Weg befindet sich ein Wäldchen** у дорóги нахóдится небольшóй лесóк; ◇ ~ **unserem Hof** óколо нáшего двора ② (*im Vergleich zu*) по сравнéнию с кем-чем-л; ◇ ~ **diesem hübschen Kleid ist jenes hässlich** по сравнéнию с э́тим краси́вым плáтьем то вы́глядит ужáсно ③ (*außer, zugleich mit*) наряду́ с, крóме; (*zusätzlich*) в дополнéние к чему́-л; **nebenan** *adv* ря́дом; ◇ **im Zimmer** ~ в кóмнате ря́дом; **Nebenanschluss** *m* TELEC параллéльный телефóн *м;* **Nebenarm** *m* (*Fluss*) боковóй рукáв *м;* **nebenbei** *adv* ① (*arbeiten*) наряду́ с чем-л; (*außerdem*) крóме тогó ② (*beiläufig*) мéжду дéлом; **nebenberuflich** *adj* по совмести́тельству; **Nebenbeschäftigung** *f* побóчное заня́тие *с*, рабóта *ж* по совмести́тельству; **Nebenbuhler(in** *f*) *m* ‹-s, -› сопéрник *м*, сопéрница *м*
nebeneinander *adv* ря́дом, друг óколо дру́га; **nebeneinander legen** *vt* (*örtlich*) класть ‹положи́ть› ря́дом, размел щáть ‹-сти́ть› ря́дом; (*vergleichen*) сопол ставля́ть ‹-стáвить›; **nebeneinander setzen** *vt* ‹по-›сади́ть ря́дом; **nebeneinander stellen** *vt* ‹по-›стáвить ря́дом
Nebeneingang *m* запáсный вход *м;* **Nebeneinkünfte** *f pl*, **Nebeneinnahmen** *f pl* побóчные дохóды *м мн;* **Nebenfach** *n* SCH второстепéнный предмéт *м;* **Nebenfluss** *m* притóк *м;* **Nebengeräusch** *n* MEDIA посторóнний шум *м*
nebenher *adv* ① (*zusätzlich, außerdem*) крóме тогó, наряду́ с чем-л ② (*gleichzeitig*) параллéльно, одновремéнно; ◇ **beim Mittagessen liest sie ~ die Zeitung** обéдая, онá читáет газéту ③ (*daneben*) ря́дом; **nebenherfahren** *unreg vi* éхать ря́дом
Nebenhöhle *f* (*Nasen~*) придáточная пóлость *ж;* **Nebenklage** *f* JURA дополни́тельный иск *м;* **Nebenkosten** *pl* (*Miet~*) дополни́тельные расхóды *м мн;* **Nebenprodukt** *n* побóчный продýкт; **Nebenrolle** *f* THEAT второстепéнная роль *ж;* **Nebensache** *f* второстепéнное дéло *с;* ◇ **das ist ~** э́то не (óчень) вáжно; **nebensächlich** *adj* второстепéнный, несущéственный; **Nebensatz** *m* GRAM придáточное предложéние *с;* **Nebenstelle** *f* ① фили́ал *м* ② MEDIA подстáнция *ж;* **Nebenstrecke** *f* BAHN второстепéнный учáсток *м;* **Nebenwirkung** *f* (*von Arznei*) побóчное дéйствие *с;* **Nebenzimmer** *n* сосéдняя кóмната *ж*
nebst *präp dat* (*zusammen mit, einschließlich*) вмéсте с чем-л
nebulös *adj* (*Vorstellungen*) тумáнный
necken *vt* ‹по-›дразни́ть; **Neckerei** *f* поддрáзнивание *с;* **neckisch** *adj* игри́вый; (*schelmisch*) лукáвый, задóрный
Neffe *m* ‹-n, -n› племя́нник *м*
negativ *adj* отрицáтельный, негати́вный
Negativ *n* FOTO негати́в *м*
nehmen ‹nimmt, nahm, genommen› *vt* ① брать ‹взять›; (*ergreifen*) ‹с-›хватáть ② (*essen*) ‹съ-›есть ③ (*entgegen~*) брать ‹взять›, прин имáть ‹-я́ть›; ◇ **er nimmt 20 Euro pro Stunde** он берёт двáдцать éвро за час ④ (*stehlen*) ‹с-›ворова́ть; (*wegnehmen*) отн имáть ‹-я́ть› ⑤ (*verwenden*) приме ня́ть ‹-ни́ть›, испóльзовать *несов и сов;* (*Rezept*) ◇ **man nehme** возьми́те; ◇ **etw in Anspruch ~** пóльзоваться чем-л; (*Bus*) ‹по-›éхать на чём-л; (*Unterricht, Urlaub*) брать ⑥ (*halten, Koffer*) брать ‹взять› ⑦ (*auffassen, verstehen*) ◇ **etw ernst/gelassen ~** серьёзно/спокóйно отнести́сь к чему́-л ⑧ ◇ **sie nahmen die Großeltern zu sich** они́ взя́ли бáбушку и дéдушку к себé; ◇ **jd-n an Bord ~** приня́ть когó-л на корáбль ⑨ (*heiraten*) ◇ **jd-n zum Mann/zur Frau ~** выходи́ть зáмуж за когó-л/жени́ться на кóм-л ⑩ ◇ **ein Ende ~** приходи́ть к концу́; ◇ **sich** *dat* **etw ~** ① (*Wohnung*) сня́ть ‹снимáть›; (*Anwalt*) на ни́мать ‹-ня́ть› ② ◇ **sich** *dat* **Zeit ~** дéлать что-л не спешá ③ ◇ **sich** *dat* **das Leben ~** покóнчить жизнь самоуби́йством
Neid *m* ‹-[e]s› зáвисть *ж; FAM* ◇ **platzen vor ~** лóпнуть от зáвисти; **Neider(in** *f*) *m* ‹-s, -› зави́стник *м*, зави́стница *ж;* **neidisch** *adj* зави́стливый
Neige *f* ‹-, -n› ◇ **zur ~ gehen** подходи́ть к концу́; **neigen I.** *vt* накло ня́ть ‹-ни́ть› **II.** *vr* ◇ **sich ~** ‹на-›клони́ться; (*schräg sein, Schiff*) ‹на-›крени́ться **III.** *vi* ◇ **zu etw ~** имéть склóнность к чему́-л; **Neigung** *f* ① (*Lage von Gelände: leicht*) наклóн *м;* (*stärker*) откóс *м;* (*Körper~*) наклонéние *с* ② (*Tendenz*) предрасположéние *с;* (*Veranlagung*) склóнность *ж* ③ *FIG* (*Vorliebe*) расположéние *с*
nein *adv* нет; ◇ **~, so etwas!** вот э́то да!,

поду́мать то́лько!; ◇ ~, ist das e-e Überraschung! вот так сюрпри́з!

Nektar m ‹-s› ВОТ некта́р м; Nektarine f пе́рсикнектари́н м

Nelke f ‹-, -n› ВОТ гвозди́ка ж

nennen (nannte, genannt) I. vt ① (mit Namen) называ́ть, дава́ть и́мя кому́-л ② (bezeichnen) обозна́ча́ть ‹-зна́чить› ③ (zitieren, anführen) приводи́ть ‹-сти́› II. vr ◇ sich ~ называ́ться; (sich ausgeben für) называ́ть себя́ кем-л; nennenswert adj (erwähnenswert) существенный досто́йный упомина́ния; Nenner m ‹-s, -› MATH знамена́тель м; Nennung f называ́ние c; SPORT зая́вка ж; Nennwert m COMM номина́льная сто́имость ж

Neologismus m ‹-, -men› неологи́зм м

Neon n ‹-s› CHEM нео́н м; Neonlicht n нео́новое освеще́ние c; Neonröhre f нео́новая тру́бка ж

Nerv m ‹-s, -en› нерв м; FAM ◇ du gehst mir auf die ~en ты мне де́йствуешь на не́рвы; nerven vt FAM де́йствовать на не́рвы; nervenaufreibend adj изма́тывающий; Nervenbündel n FAM (übernervöser Mensch) комо́к м не́рвов; Nervenentzündung f неври́т м; Nervenheilanstalt f нервопатологи́ческая лече́бница ж; Nervenkitzel m ‹-s› FAM о́стрые ощуще́ния c мн; nervenkrank adj нервобольно́й; Nervenschwäche f не́рвная сла́бость ж; Nervensystem n не́рвная систе́ма ж; Nervenzusammenbruch m истоще́ние c не́рвной систе́мы; nervlich adj не́рвный

nervös adj не́рвный; Nervosität f нерво́зность ж

nervtötend adj (Arbeit) изнуря́ющий

Nerz m ‹-es, -e› (~mantel) но́рка ж

Nessel f ‹-, -n› ВОТ (Brennnessel) крапи́ва ж; FAM ◇ sich in die ~n setzen попа́сть в неудо́бное положе́ние

Nessel m ‹-s› (Stoffart) бязь ж

Nesselfieber n MED крапи́вница ж

Nest n ‹-[e]s, -er› ① (von Vögeln) гнездо́ c ② FAM (abgelegene Ortschaft) дыра́ ж, захолу́стье c

Nesthäkchen n ‹-s, -› FIG после́дыш м, после́дний ребёнок м в семье́; Nestwärme f FIG (Geborgenheit) семе́йный ую́т м

nett adj ① ми́лый; (freundlich) любе́зный ② (angenehm) прия́тный ③ (hübsch) хоро́шенький, милови́дный; netterweise adv по любе́зности

netto adv не́тто; Nettoeinkommen n чи́стый дохо́д м

Netz n ‹-es, -e› ① a. SPORT (zum Tragen, Halten, Fangen) сеть ж, се́тка ж; (Fischer~) нево́д м; (Spinnen~) паути́на ж; FIG (soziales ~) сеть ж; FIG ◇ jd-m ins ~ gehen попа́сть в чьи-л се́ти ② a. PC (Straßen~, Telefon~) сеть ж; ◇ ans ~ ge-

hen подключи́ться к се́ти; Netzanschluss m подключе́ние c к се́ти; Netzhaut f ANAT сетча́тка ж; Netzkarte f (für öffentliche Verkehrsmittel) еди́ный проездно́й биле́т м

neu I. adj ① (fabrikneu, ungebraucht) но́вый, неиспо́льзованный ② (Sprache, Kultur) ра́нее неизве́стный ③ (kürzlich) неда́вний; ◇ seit ~estem в после́днее вре́мя II. adv ① (wieder, noch einmal) за́ново; ◇ ~ bearbeiten за́ново перерабо́тать; ◇ von ~em сно́ва ② (ganz ~) ◇ einkleiden оде́ться во всё но́вое; Neuanschaffung f но́вое приобрете́ние c; neuartig adj но́вый, оригина́льный; (innovativ) но́вого ти́па; (Buch) неи́зданный; Neuauflage f, Neuausgabe f (von Buch) но́вое изда́ние c; Neubau m ‹-s, -ten› новостро́йка ж; Neubearbeitung f редакти́рование c; Neubildung f (von Wort) новообразова́ние c

neuerdings adv (seit kurzem) неда́вно

Neuerung f но́вшество c

neugeboren adj новорождённый; FIG ◇ sie fühlt sich wie ~ она́ чу́вствует себя́ как за́ново на свет родила́сь

Neugeborene m/f/s новорождённый (-ая ж) м

Neugier(de) f любопы́тство c; neugierig adj любопы́тный; Neugierige(r) fm любопы́тный(-ая ж) м

Neuheit f новизна́ ж; Neuigkeit f но́вость ж; Neujahr n Но́вый год м; Neuland n meist FIG (по́днятая) целина́ ж; neulich adv неда́вно; Neuling m новичо́к м; neumodisch adj meist PEJ по после́дней мо́де; Neumond m новолу́ние c

neun nr де́вять; s. a. fünf; neunzehn nr девятна́дцать; neunzig nr девяно́сто

Neuralgie f MED невралги́я ж; neuralgisch adj невралги́ческий; FIG ◇ der ~e Punkt больно́е ме́сто c

Neureiche(r) fm PEJ нуво́ри́ш м; (in Russland) но́вый ру́сский м

Neurologe m невропато́лог м; Neurologie f MED невропатоло́гия ж

Neurose f MED невро́з м; Neurotiker(in f) m ‹-s, -› невро́тик м; neurotisch adj невроти́ческий

Neuseeland n Но́вая Зела́ндия ж; ◇ in/nach ~ в Но́вой Зела́ндии/в Но́вую Зела́ндию; neuseeländisch adj новозела́ндский

neutral adj нейтра́льный; Neutralität f нейтралите́т м; neutralisieren vt нейтрализова́ть несов и сов

Neutron n ‹-s, -en› нейтро́н м; Neutronenbombe f нейтро́нная бо́мба c мн

Neutrum n ‹-s, -tra o. -tren› GRAM сре́дний род м

Neuwahl f перевы́боры мн; Neuwert m сто́имость ж но́вой ве́щи, не бы́вшей в употребле́нии; Neuzeit f но́вое вре́мя *c;* **neuzeitlich** *adj* совреме́нный

Niagarafälle *m pl* Ниага́рский водопа́д *m*

nicht *adv* ① *(Verneinung, mit Adjektiv)* не, не-; ◇ **e-e angenehme Situation** неприя́тная ситуа́ция; *(mit Adverb)* не; ◇ ~ **schlecht!** непло́хо!; ◇ ~ **schlimm!** не стра́шно!; ◇ ~ **mehr und** ~ **weniger** не бо́лее и не ме́нее; ◇ **absolut** ~ ниско́лько, ничу́ть; ◇ ~ **ganz und gar** ~ совсе́м нет; ◇ ~ **doch!** нет же!; ◇ ~ **einmal** не (оди́н) раз; ◇ ~ **nur, sondern auch** не то́лько, но и; *(mit Verb)* не; ◇ **er kam** ~ **nach Hause** он не верну́лся домо́й; *(mit Satz)* ◇ **hast du es schon gegessen?** **noch** ~! ты э́то уже́ ел? ещё не ел! ② *(rhetorisch, positive Antwort erwartend)* ◇ ~ **wahr?** не пра́вда ли?; ◇ ~ **findest du** ~ **auch?** ты ведь то́же так ду́маешь? ③ *(Verbot, Bitte)* ◇ **Rasen** ~ **betreten!** по газо́нам не ходи́ть!; ◇ ~ **berühren!** не тро́гать!; ◇ **bitte** ~ **stören!** про́сим не меша́ть! ④ *(eingeschränkt positiv: doppelt verneint) (ganz gut)* ◇ ~ **schlecht/ übel** неплохо́ ⑤ *(erstaunt, verwundert)* ◇ **was sie** ~ **alles angestrichen haben!** и что то́лько там не отме́тили!; ◇ **was es** ~ **alles gibt!** и чего́ то́лько нет!

Nichtachtung *f* ① *(Mangel an Respekt)* неуваже́ние *c* ② *(Nichtbeachtung)* несоблюде́ние *c;* **Nichtangriffspakt** *m* MIL пакт *m* о ненападе́нии

Nichte *f* ‹-, -n› племя́нница *ж*

Nichteinmischung *f* POL невмеша́тельство *c*

nichtig *adj (ungültig)* недействи́тельный; ◇ **e-e Ehe für** ~ **erklären** объяви́ть брак недействи́тельным; **Nichtigkeit** *f* ① *(Kleinigkeit)* пустя́к *м;* *(Wertlosigkeit)* ничто́жность *ж* ② JURA *(Ungültigkeit)* недействи́тельность *ж*

Nichtraucher(**in** *f*) *m* некуря́щий(-ая *ж*); **nichtrostend**, nicht rostend *adj* нержаве́ющий

nichts *pron indefinit* ничто́; *(beim Verb)* ничего́... не; ◇ **wir hatten** ~ **als Ärger** у нас бы́ли одни́ неприя́тности; *(allein stehend ohne Verb)* ◇ ~ **anderes als** не что ино́е, как; ◇ ~ **von Bedeutung** ничего́ ва́жного; ◇ ~ **zu danken** не́ за что; ◇ **das ist** ~ **für mich** э́то не для меня́; ◇ **wir wollten ein Picknick machen, aber daraus wurde** ~ мы хоте́ли устро́ить пикни́к, но ничего́ не вы́шло; ◇ **bisher ist noch** ~ **Näheres bekannt** пока́ подро́бности неизве́стны; ◇ **mir** ~ **dir** ~ с того́, ни с сего́; ◇ **das ist soviel wie** ~ э́то почти́ ничто́; ◇ **um** ~ **und wieder** ~ ни за что на све́те; ◇ **ich kann** ~ **dafür** я тут ни при чём; ◇ **da ist** ~ **dran** *(an Person)* ко́жа да ко́сти; *(am Hähnchen)* здесь и пое́сть не́чего; *(an Sache, Gerücht)* в э́том нет ни ка́пли пра́вды; **Nichts** *n* ‹-› ничто́жество *c;* **nichtsdestoweniger** *adv*

тем не ме́нее; **Nichtsnutz** *m* ‹-es, -e› безде́льник *м*, безде́льница *ж;* **nichtssagend**, nichts sagend *adj (unbedeutend)* незначи́тельный; *(fadenscheinig)* сла́бый; **Nichtstun** *n* ‹-s› *(Müßiggang)* безде́лье *c* **Nichtzutreffende[s]** *n* ‹-n› ◇ **bitte streichen** ненужное зачеркну́ть, пожа́луйста

Nickel *n* ‹-s› -s ни́кель *м*

nicken *vi (bejahen, grüßen)* кива́ть‹-ну́ть›

nicken *vi (schlummern)* ‹за-›дрема́ть

Nickerchen *n* ◇ **ein** ~ **machen** вздремну́ть

nie *adv* никогда́; *(beim Verb)* никогда́... не; ◇ **sie hat** ~ **so etw gesagt** она́ никогда́ ничего́ подо́бного не говори́ла; ◇ ~ **wieder/mehr** бо́льше никогда́; ◇ ~ **und nimmer** ни за что́

nieder I. *adj* ① *(räumlich, Haus)* ни́зкий, невысо́кий ② *(Adel)* ме́лкий; *(Rang)* ни́зкий ③ *(Beweggründe, Gesinnung)* ни́зкий, по́длый II. *adv* вниз; ◇ **auf und** ~ вверх и вниз; **niederbrennen** *unreg* I. *vt (Gebäude)* сжига́ть‹сжечь› II. *vi (Kerze)* сгора́ть‹-ре́ть›; **Niedergang** *m (von Reich, Kultur)* ги́бель *ж;* **niedergebrannt** *adj* сгоре́вший; **niedergehen** *unreg vi (Flugzeug)* идти́ на поса́дку; *(Regen)* выпада́ть‹вы́пасть›; *(Boxer)* па́дать‹упа́сть›; **niedergeschlagen** *adj* FIG подавленный, угнетённый; **Niedergeschlagenheit** *f* пода́вленность *ж*, уны́ние *c;* **niederknien** *vi* станови́ться‹ста́ть› на коле́ни; **Niederlage** *f* пораже́ние *c;* ◇ **jd-m e-e** ~ **beibringen** нанести́ кому́-л пораже́ние; ◇ **e-e** ~ **einstecken/erleiden** потерпе́ть пораже́ние

Niederlande *pl* ◇ **die** ~ Нидерла́нды *мн* **niederlassen** *unreg* I. *vt (Jalousie)* опуска́ть ‹-ти́ть› II. *vr* ◇ **sich** ~ ① *(sich setzen)* опуска́ться ‹-ти́ться›; *(im Restaurant)* сади́ться ‹сесть› ② *(an Ort)* поселя́ться ‹-ли́ться›; *(Firma)* учрежда́ть ‹-ди́ть› фи́рму; **Niederlassung** *f* поселе́ние *c;* COMM *(Filiale)* филиа́л *м;* **niederlegen** *vt* ① *(ablegen)* класть ‹положи́ть›; *(Kranz)* возлага́ть ‹-ложи́ть› ② *(Arbeit)* прекраща́ть ‹-ти́ть›; *(streiken)* объявля́ть ‹-ви́ть› забасто́вку; *(Amt)* отка́зываться ‹-за́ться›; **niederreißen** *unreg vt (Haus)* сноси́ть ‹снести́›; FIG *(Schranken)* устраня́ть ‹-ни́ть›; **niederschießen** *unreg* I. *vt (allg.)* застре́ливать ‹-ли́ть›, перестре́ливать ‹-ля́ть› II. *vi (Raubvogel)* броса́ться ‹бро́ситься› с высоты́ *(auf akk* на кого́-что-л); **Niederschlag** *m* ① METEO оса́док *ж;* MIL, PHYS ◇ **radioaktive Niederschläge** радиоакти́вные оса́дки ② BOXEN нока́ун *м* ③ FIG *(von Theorie)* отраже́ние *c;* **niederschlagen** *unreg* I. *vt* ① *(Gegner)* сбива́ть с ног, ‹с-›вали́ть ② *(Aufstand)* подавля́ть ⟨-ви́ть⟩; JURA (*Prozess*) прекраща́ть ⟨-ти́ть⟩ **II.** *vr* ◇ **sich ~** ❶ *FIG* находи́ть ⟨-йти́⟩ своё отраже́ние ❷ CHEM осажда́ться ⟨осе́сть⟩; **niederschlagsarm** *adj* (*Sommer*) засу́шливый; **Niederschlagsmenge** *f* коли́чество *n* оса́дков; **niedertourig** *adj* (*Motor*) рабо́тающий на ма́лых оборо́тах; **niederträchtig** *adj* ни́зкий, по́длый; **niedertreten** *unreg vt* ❶ (*Rasen*) зата́птывать ⟨-топта́ть⟩ ❷ (*abnutzen*) ста́птывать ⟨стопта́ть⟩

Niederung *f* GEO ни́зменность *ж*; **niederwerfen** *unreg vt* сбра́сывать ⟨сбро́сить⟩, FIG (*Aufstand*) подавля́ть ⟨-ви́ть⟩

niedlich *adj* милови́дный, ми́лый **niedrig** *adj* ❶ (*Raum*) ни́зкий ❷ (*Temperatur, Einkommen*) ни́зкий, минима́льный ❸ (*gemein, Charakter*) ни́зкий, по́длый; **Niedrigwasser** *n* ни́зкий у́ровень *m* воды́

niemals *adv* никогда́

niemand *pron indefinit* никто́; ◇ **ich habe mit ~[em] gesprochen** я ни с кем не говори́л; ◇ **~ schreibt ihm** никто́ ему́ не пи́шет; **Niemandsland** *n* нейтра́льная зо́на *ж*

Niere *f* ⟨-, -n⟩ по́чка *ж*; **Nierenstein** *m* по́чечный ка́мень *м*

nieseln *vi unpers* ◇ **es nieselt** моро́сит **niesen** *vi* чиха́ть ⟨-ну́ть⟩

Niete *f* ⟨-, -n⟩ TECH заклёпка *ж*

Niete *f* ⟨-, -n⟩ ❶ (*Los*) пусто́й биле́т *м* ❷ FAM (*unfähiger Mensch*) безда́рный челове́к *с*, нуль *м*, пустоцве́т *м* **nieten** *vt* заклёпывать ⟨-клепа́ть⟩

Nihilismus *m* нигили́зм *м*; **Nihilist** (*in f*) *m* нигили́ст(ка *ж*) *м*; **nihilistisch** *adj* нигили́стский

Nikolaus *m* ⟨-, -läuse⟩ свято́й Никола́й *м*

Nikolaus

Святой Николай (**Nikolaus**) считается заступником детей. По народному обычаю он приходит к немецким детям 6 декабря (**Nikolaustag**) — либо один, либо со своим спутником **Knecht Ruprecht**. Nikolaus наставляет детей и одаривает тех, кто хорошо вёл себя весь год, сладостями, яблоками, орехами и маленькими подарками, которые дети находят в своих башмаках, выставленных для этого в ночь на 6 декабря за дверь. Нерадивые дети имеют дело с **Knecht Ruprecht**, который ждёт их, держа в руках розги.

Nikotin *n* ⟨-s⟩ никоти́н *м*
Nilpferd *n* бегемо́т *м*, гиппопота́м *м*

Nimmersatt *m* ⟨-[e]s⟩ FAM ненасы́тный *м*, обжо́ра *м/ж*

nippen *vi* (*an Getränk*) пригу́бливать ⟨-бить⟩ (*an etw dat* что-л)

Nippes, Nippsachen *pl* фарфо́ровые безделу́шки *ж*

nirgends, nirgendwo *adv* нигде́

Nische *f* ⟨-, -n⟩ (*Wand~*) ни́ша *ж*

nisten *vi* (по-)гнезди́ться; **Nistkasten** *m* скворе́чник *м*

Nitrat *n* CHEM нитра́т *м*

Niveau *n* ⟨-s, -s⟩ у́ровень *m*; **niveaulos** *adj* ни́зкий по у́ровню

nivellieren *vt* нивели́ровать *несов и сов*

Nixe *f* ⟨-, -n⟩ руса́лка *ж*

nobel, noble(r, s) *adj* благоро́дный, возвы́шенный

Nobelpreis *m* Но́белевская пре́мия *ж*

noch I. *adv* ❶ (*allg.*) ещё; ◇ **~ heute** по сей день, ещё сего́дня; ◇ **~ vor e-r Woche** ещё неде́лю наза́д ❷ (*weiterhin*) всё ещё ❸ (*außerdem, zusätzlich*) ещё, сверх того́ ❹ (*Vermutung, Befürchtung*) ◇ **du wirst dich ~ erkälten** ты ещё просту́дишься **II.** *cj* ◇ **weder ... ~** ни ... ни; **noch mal** *adv* ещё раз; **nochmalig** *adj* втори́чный, повто́рный

Nockenwelle *f* распредели́тельный вал *м*

Nomade *m* ⟨-n, -n⟩ коче́вник *м*

Nominativ *m* GRAM имени́тельный паде́ж *м*

nominell *adj* номина́льный

nominieren *vt* назнача́ть ⟨-на́чить⟩, выдвига́ть ⟨вы́двинуть⟩ (кандидату́ру)

Nonne *f* ⟨-, -n⟩ мона́хиня *ж*; **Nonnenkloster** *n* же́нский монасты́рь *м*

Nordamerika *n* Се́верная Аме́рика *ж*; **norddeutsch** *adj* северогерма́нский; **Norddeutschland** *n* Се́верная Герма́ния *ж*; **Norden** *m* ⟨-s⟩ се́вер *м*; **Nordirland** *n* Се́верная Ирла́ндия *ж*; ◇ **in/nach ~** в Се́верной Ирла́ндии/в Се́верную Ирла́ндию; **nordisch** *adj* се́верный; SPORT ◇ **~e Kombination** скандина́вское двоебо́рье; **nördlich I.** *adj* (*Richtung*) се́верный **II.** *adv* ◇ **~** *gen* [*o. von*] се́вернее от чего́-л; **Nordosten** *m* се́веро-восто́к *м*; **Nordpol** *m* Се́верный по́люс *м*; **Nordsee** *f* Се́верное мо́ре *с*; **Nordwesten** *m* се́веро-за́пад *м*

Nörgelei *f* приди́рки *ж мн*, приди́рчивость *ж*; **nörgeln** *vi* придира́ться *несов*, брюзжа́ть *несов*; **Nörgler** (*in f*) *m* ⟨-s, -⟩ FAM приди́ра *м*

Norm *f* ⟨-, -en⟩ ❶ (*Standard*) но́рма *ж*, станда́рт *м* ❷ (*Regel*) пра́вило *с*; **normal** *adj* норма́льный; **normalerweise** *adv* обы́чно; **normalisieren I.** *vt* (*Beziehungen*) нормализова́ть *несов и сов* **II.** *vr* ◇ **sich ~** нормализова́ться *не-*

сов и сов; **Normalität** *f* норма́льность *ж;* **Normalmaß** *n* эталон *м;* **Normalzustand** *m* обы́чное состоя́ние *с*

Normannen *m pl* норма́нны *м мн*

normen *vt (normieren)* устана́вливать ‹-нови́ть› но́рмы; **Normierung, Normung** *f* нормирова́ние *с,* стандартиза́ция *ж*

Norwegen *n* Норве́гия *ж;* ◇ **in/nach ~** в Норве́гию/в Норве́гии; **Norweger(in** *f) m* ‹- s, -› норве́жец *м,* норве́жка *ж;* **norwegisch** *adj* норве́жский

Nostalgie *f* ностальги́я *ж*

not *adv* ◇ **~ tun** ну́жно, необходи́мо

Not *f* ‹-, Nöte› ① *(Armut, Elend)* нужда́ *ж,* бе́дствие *с* ② *(Elend, Unglück)* беда́ *ж;* ◇ **jd-m aus der ~ helfen** помо́чь кому́-л в беде́ ③ *(das Fehlen)* нехва́тка *ж* ④ *(Sorge)* ◇ **mit etw seine liebe ~ haben** му́читься над чем-л; ◇ **er hat mit dem Kind seine liebe ~** у него́ мно́го хлопо́т с ребёнком ⑤ *(Notwendigkeit)* необходи́мость *ж;* FIG *(falls nötig)* ◇ **zur ~** в кра́йнем слу́чае

Notar(in *f) m* нота́риус *м;* **notariell** *adj* нотариа́льный

Notarzt *m,* **Notärztin** *f* ① *(Person)* врач *м* ско́рой по́мощи ② *(Notdienst)* ◇ **rufen Sie den ~!** вы́зовите ско́рую по́мощь!; **Notaufnahmelager** *n (für Flüchtlinge)* ла́герь *м* для бе́женцев; **Notausgang** *m* запа́сный вы́ход *м;* **Notbehelf** *m* ‹-s, -е› вре́менная ме́ра *ж;* **Notbremse** *f* BAHN авари́йный то́рмоз *м*

notdürftig I. *adj* ску́дный; II. *adv* ко́е-как, е́ле-е́ле

Note *f* ‹-, -n› ① *(allg.)* отме́тка *ж,* балл *м;* SCH *(Zensur)* оце́нка *ж* ② MUS но́та *ж* ③ *(Papiergeld)* банкно́та *ж* ④ *(persönliche Eigenart)* характе́рная черта́ *ж,* осо́бенность *ж;* **Notenbank** *f* эмиссио́нный банк *м;* **Notenpapier** *n* но́тная бума́га *ж;* **Notenschlüssel** *m* MUS ключ *м;* **Notenschrift** *f* но́тное письмо́ *с;* **Notenständer** *m* пюпи́тр *м* **Notfall** *m* кра́йний слу́чай *м;* **notfalls** *adv* в кра́йнем слу́чае; **notgedrungen** I. *adj* вы́нужденный II. *adv* ◇ **etw ~ machen** сде́лать что-л понево́ле; **Notgroschen** *m* сбереже́ния *с мн* на чёрный день; **Nothelfer(in** *f) m* помо́щник *м*/помо́щница *ж* в беде́

notieren *vt* ① запи́сывать ‹-са́ть›, ‹с-›де́лать заме́тки ② FIN *(Kurswert)* коти́ровать *несов и сов;* **Notierung** *f* FIN коти́ровка *ж*

nötig I. *adj* ну́жный II. *adv* ◇ **etw ~ haben** нужда́ться в чём-л; **nötigen** *vt (zwingen)* прину|жда́ть ‹-ди́ть›; **Nötigung** *f* ‹-› принужде́ние *с*

Notiz *f* ‹-, -еn› за́пись *ж; (Zeitungs-)* заме́тка *ж;* ◇ **~ nehmen von etw** обрати́ть внима́ние на что-л; **Notizblock**

m блокно́т *м;* **Notizbuch** *n* записна́я кни́жка *ж*

Notlage *f* бе́дственное положе́ние *с,* нужда́ *ж;* **notlanden** *vi* AERO соверши́ть ‹-ши́ть› вы́нужденную поса́дку; **Notlandung** *f* вы́нужденная поса́дка *ж;* **Not leidend** *adj* нужда́ющийся; **Notlösung** *f* вы́нужденное реше́ние *с;* **Notlüge** *f* вы́нужденная ложь *ж*

notorisch *adj* общеизве́стный; *(Trinker)* завзя́тый, заве́домый, *(Verbrecher)* закорене́лый

Notruf *m* э́кстренный вы́зов *м;* **Notrufsäule** *f* столб *м* с аппара́том для вы́зова по́мощи; **notschlachten** *vt (Tier)* преждевре́менно зареза́ть скот; **Notstand** *m* чрезвыча́йное положе́ние *с;* **Notunterkunft** *f* вре́менное жили́ще *с;* **Notverordnung** *f* чрезвыча́йное постановле́ние *с;* **Notwehr** *f* ‹-› необходи́мая оборо́на *ж;* ◇ **aus/in ~ handeln** де́йствовать в поря́дке самооборо́ны; **notwendig** *adj* необходи́мый; **Notwendigkeit** *f* необходи́мость *ж*

Nougat, Nugat *m* ‹-s› нуга́ *ж*

Novelle *f* ① *(Erzählung)* расска́з *м,* нове́лла *ж* ② JURA нове́лла *ж*

November *m* ‹-[s]› ноя́брь *м; s. a.* **Mai**

Nu *m (blitzschnell)* ◇ **im ~** ми́гом

Nuance *f* ‹-, -n› нюа́нс *м*

nüchtern *adj* ① *(ohne Alkohol)* тре́звый; *(ohne Essen)* ничего́ не е́вший; ◇ **auf ~en Magen** натоща́к ② *(Person)* здравомы́слящий; *(sachlich)* бу́дничный, проза́ический; *(Stil)* сухо́й, ску́чный; **Nüchternheit** *f* тре́звость *ж; (Besonnenheit)* разу́мность *ж*

Nuckel *m* ‹-s, -› *(Schnuller)* со́ска *ж*

Nudel *f* ‹-, -n› лапша́ *ж,* вермише́ль *ж*

Nuklearmedizin *f* я́дерная медици́на *ж*

null *nr* ноль, нуль; ◇ **~ Ahnung von etw haben** не име́ть ни мале́йшего представле́ния о чём-л; ◇ **für ~ und nichtig erklären** объяви́ть недействи́тельным **Null** *f* ‹-, -en› ① *(Ziffer)* ноль *м,* нуль *м* ② PEJ *(Mensch)* нуль *м;* **Nulllösung** *f* POL нулево́й вариа́нт *м;* **Nullpunkt** *m* нулева́я то́чка *ж,* то́чка *ж* отсчёта; *(Gefrierpunkt)* нуль *м;* **Nulltarif** *m* ◇ **zum ~** беспла́тно

numerieren = nummerieren

numerisch *adj* чи́сленный

Numerus clausus *m* ‹-› UNI коли́чественное ограниче́ние *с* (приёма в ву́зы)

Nummer *f* ‹-, -n› ① *(Zahl)* но́мер *м* ② *(Schuhgröße)* но́мер *м; (Konfektionsgröße)* разме́р *м;* **nummerieren** *vt* ‹про-›нумерова́ть; **Nummernschild** *n* AUTO номерно́й знак *м*

nun *adv (jetzt)* тепе́рь, сейча́с; ◇ **was ~?** что (же) да́льше?; ◇ **~ denn!** ну, дава́й[те]!

nur I. *adv (bloß)* то́лько, лишь, всего́; ◇ **ich habe ~ zwei Minuten Zeit** у меня́ то́лько две мину́ты вре́мени **II.** *cj (allerdings)* то́лько, одна́ко; ◇ **~ habe ich leider vergessen ...** то́лько я, к сожале́нию, забы́л ...

nuscheln *vi FAM* нея́сно говори́ть

Nuss *f* ‹-, Nüsse› **1** *(Frucht)* оре́х *m* **2** *FAM (schwierige Aufgabe)* ◇ **e-e harte ~** кре́пкий оре́шек; **Nussbaum** *m* оре́ховое де́рево *c;* **Nussknacker** *m* ‹-s, -› щипцы́ *мн* для ко́лки оре́хов

Nüster *f* ‹-, -n› ноздря́ *ж*

nutz, nütze *adj* ◇ **zu nichts ~ sein** никуда́ не годи́ться; **nutzbar** *adj* **1** *(verwendbar)* могу́щий быть испо́льзованным **2** *(kultivierbar, Boden)* поле́зный; ◇ **~ machen** осва́ивать; **Nutzbarmachung** *f* испо́льзование *c,* утилиза́ция *ж;* **nutzbringend** *adj* поле́зный; **nutzen, nützen I.** *vt* испо́льзовать *несов u сов* **II.** *vi* быть поле́зным; ◇ **was nützt das alles?** заче́м э́то ну́жно?, како́й от э́того прок?; **Nutzen** *m* **1** *(Vorteil)* по́льза *ж;* ◇ **von ~ sein** быть поле́зным **2** *(Gewinn)* вы́года *ж,* при́быль *ж;* **nützlich** *adj* поле́зный, вы́годный; ◇ **sich ~ machen** ока́зывать услу́ги; **Nützlichkeit** *f* поле́зность *ж;* **nutzlos** *adj* бесполе́зный; **Nutzlosigkeit** *f* бесполе́зность *ж;* **Nutznießer(in** *f)* *m* ‹-s, -› челове́к *m,* извлека́ющий по́льзу из чего́-л; **Nutzung** *f* по́льзование *c*

Nylon *n* нейло́н *m*

Nymphe *f* ‹-, -n› ни́мфа *ж*

Nymphomanin *f* нимфома́нка *ж*

O, o *n* O, о

o *cj* ли; ◇ **~ das stimmt?** так ли э́то?; ◇ **~ Schnee, ob Regen** снег ли, дождь ли; ◇ **und ~!** ещё бы!

Oase *f* ‹-, -n› оа́зис *m*

ob *cj* ли; ◇ **das stimmt?** так ли э́то?; ◇ **~ Schnee, ob Regen** снег ли, дождь ли; ◇ **und ~!** ещё бы!

Obacht *f* ◇ **~ geben** обраща́ть внима́ние

Obdach *n* кров *m; (Zuflucht)* убе́жище *c;* **obdachlos** *adj* бездо́мный; **Obdachlose(r)** *fm* бездо́мный(-ая *ж) m*

Obduktion *f* автопси́я *ж,* вскры́тие *c* тру́па; **obduzieren** *vt* вскрыва́ть труп

O-Beine *pl* но́ги колесо́м

oben *adv* вверху́, наверху́, све́рху; ◇ **nach ~** наве́рх; ◇ **von ~** све́рху; ◇ **erwähnt** вышеупомя́нутый; ◇ **~ genannt** вышена́званный; *(mit nacktem Ober-* *körper)* ◇ **~ ohne** с обнажённой гру́дью; ◇ **jd-n von ~ bis unten mustern** рассма́тривать кого́-л с ног до головы́; ◇ **jd-n von ~ herab behandeln** пренебрежи́тельно относи́ться к кому́-л; *FAM* ◇ **Befehl von ~** прика́з *m* све́рху; **obenan** *adv (an der Spitze)* во главе́; *(am Tisch)* на пе́рвом ме́сте; **obenauf** *adv (ganz oben)* на са́мом верху́; **obendrein** *adv (außerdem)* сверх того́;

obenerwähnt = oben erwähnt

obengenannt = oben genannt

Ober *m* ‹-s, -› *(Kellner)* официа́нт *m* **Oberarm** *m* плечо́ *c;* **Oberarzt** *m,* **Oberärztin** *f* заве́дующий(-ая *ж) m* отделе́нием; **Oberaufsicht** *f* гла́вный контро́ль *m;* **Oberbefehl** *m* MIL гла́вное кома́ндование *c;* **Oberbefehlshaber(in** *f) m* MIL главнокома́ндующий(-ая *ж) m;* **Oberbegriff** *m* широ́кое поня́тие *c;* **Oberbekleidung** *f* ве́рхняя оде́жда *ж;* **Oberdeck** *n* NAUT ве́рхняя па́луба *ж;* **obere(r, s)** *adj (Etage)* ве́рхний; **Oberfläche** *f* пове́рхность *ж;* **oberflächlich** *adj u.* FIG пове́рхностный; *(Mensch)* несерьёзный; **Obergeschoss** *n* ве́рхний эта́ж *m;* **oberhalb** *präp gen* над чем-л, вы́ше чего́-л; **Oberhand** *f* FIG ◇ **die ~ gewinnen** взять верх над кем-л; **Oberhaupt** *n* глава́ *ж;* **Oberhaus** *n* POL ве́рхняя пала́та *ж;* **Oberhemd** *n* мужска́я ве́рхняя руба́шка *ж;* **Oberin** *f* REL настоя́тельница *ж; (im Krankenhaus)* ста́ршая медсестра́ *ж;* **Oberinspektor(in** *f) m* ста́рший инспе́ктор *m;* **oberirdisch** *adj (Stromleitung)* надзе́мный; **Oberkellner(in** *f) m* ста́рший(-ая) официа́нт(ка *ж) m;* **Oberkiefer** *m* ве́рхняя че́люсть *ж;* **Oberkörper** *m* ве́рхняя часть *ж* ту́ловища; **Oberlandesgericht** *n* JURA ве́рхний суд *m* земли́; **Oberlauf** *m (des Flusses)* ве́рхнее тече́ние *c,* верхо́вье *c;* **Oberlippe** *f* ве́рхняя губа́ *ж;* **Oberschenkel** *m* бедро́ *c;* **Oberschicht** *f (Gesellschaftsklasse)* вы́сшие круги́ *мн*

Oberst *m* ‹-s› MIL полко́вник *m*

oberste(r, s) *adj* **1** *(Klasse)* вы́сший **2** *(Institution)* верхо́вный

Oberstufe *f* SCH *(11.-13. Klasse)* ста́ршие кла́ссы *ж мн* (гимна́зии); **Oberteil** *n* ве́рхняя часть *ж;* **Oberwasser** *n* FIG *(überlegen sein)* ◇ **~ haben/bekommen** оде́рживать верх; **Oberweite** *f* объём *m* груди́

obgleich *cj* хотя́

Obhut *f* ‹-› попече́ние *c;* ◇ **in jd-s ~ sein** находи́ться на чьём-л попече́нии

obige(r, s) *adj (in Brief, Vertrag)* вышеупомя́нутый, вышеска́занный

Objekt *n* ‹-[e]s, -e› **1** *(Sache)* объе́кт *m* **2** GRAM дополне́ние *c;* **objektiv** *adj (Beurteilung)* объекти́вный; **Objektiv** *n* FOTO объекти́в *m*

Objektivität f объекти́вность ж

Obligation f облига́ция ж; **obligatorisch** adj обяза́тельный

Oboe f <-, -n> гобо́й м

Obolus m скро́мный вклад м; ◊ **seinen ~ entrichten** внести́ свою́ ле́пту

Obrigkeit f (Behörden) нача́льство c; (Regierung) власть ж

obschon cj хотя́

Observatorium n обсервато́рия ж

obsessiv adj (zwanghaft) одержи́мый

obskur adj (dunkel) тёмный; (verdächtig) подозри́тельный

Obst n <-[e]s> фру́кты м мн; **Obstbau** m плодово́дство c; **Obstbaum** m плодо́вое де́рево c; **Obsthändler(in** f) m торго́вец м/торго́вка ж фру́ктами; **Obstkuchen** m фрукто́вый пиро́г м, пиро́г м с фру́ктами; **Obstsalat** m сала́т м из све́жих фру́ктов

obszön adj неприли́чный, непристо́йный; **Obszönität** f непристо́йность ж

obwohl, obzwar cj хотя́

Ochse m <-n, -n> ① ZOOL вол м ② (Dummkopf) дура́к, болва́н м

öde adj (Gegend) пусты́нный, безлю́дный; FIG (langweilig, Film) ску́чный; **Öde** f <-> (verlassene Gegend) пусты́нная ме́стность ж; a. FIG (innere Leere) пустота́ ж

Ödem n <-s, -e> MED отёк м

oder cj или

Odyssee f FIG (Irrfahrt) одиссе́я ж; **Odysseus** m Одиссе́й м

Ofen m <-s, Öfen> (Heiz~, Hoch~) печь ж; **Ofenrohr** n печна́я труба́ ж

offen adj ① (Tür, Fenster) откры́тый, раскры́тый; ② (Stellen am Arbeitsmarkt) вака́нтный, свобо́дный ③ (aufrichtig, Blick) откро́венный; ◊ **gesagt** открове́нно говоря́ ④ (Geheimnis, Feindschaft) нескрыва́емый, неприкры́тый ⑤ (Feuer) откры́тый

offenbar adj, meist adverbial очеви́дный; **offenbaren** vt (zeigen) пока́зывать <-за́ть>; ◊ **jd-m ein Geheimnis ~** откры́ть кому́-л секре́т; **Offenbarung** f REL открове́ние c; **offen bleiben** unreg vi (Tür) остава́ться откры́тым; FIG (Frage) оста́ва́ться нерешённым; **offen halten** unreg vt (Fenster) держа́ть откры́тым; FIG (Möglichkeit) держа́ть в запа́се; **Offenheit** f открове́нность ж; **offenherzig** adj чистосерде́чный; **offenkundig** adj общеизве́стный; (klar) очеви́дный; **offen lassen** unreg vt (Tür) о|ставля́ть <-ста́вить> откры́тым; FIG (Frage) оставля́ть <-ста́вить> без отве́та; (Ausweg) держа́ть в запа́се; **offen legen** vt (Plan, Absicht) откры́<ва́>ть; **offensichtlich** adj очеви́дный

offensiv adj наступа́тельный; **Offensive** f наступле́ние c

offen stehen unreg vi (Tor, Tür) быть откры́тым; (Rechnung) быть неопла́ченным; FIG (freistehen) ◊ **es steht Ihnen offen, es zu tun** поступа́йте, как счита́ете ну́жным

öffentlich adj обще́ственный; ◊ **die ~e Hand** госуда́рственные о́рганы; ◊ **er Dienst** госуда́рственная слу́жба; **Öffentlichkeit** f (Leute) обще́ственность ж; (Publikum) пу́блика ж; ◊ **an die ~ dringen** стать общеизве́стным; ◊ **in aller ~** публи́чно

Offerte f <-, -n> COMM предложе́ние c

offiziell adj официа́льный

Offizier(in f) m <-s, -e> офице́р м; **Offizierskasino** n офице́рский клуб-столо́вая ж

offline adv PC офф-ла́йн, не на ли́нии, неподключён; **Offlinebetrieb** m PC автоно́мный режи́м м

öffnen I. vt откры́<ва́>ть; FIG (die Wahrheit sagen) ◊ **jd-m die Augen ~** откры́ть кому́-л глаза́ **II.** vr ◊ **sich ~** откры́<ва́>ться; **Öffner** m <-s, -> (Büchsen~) консе́рвный нож м; (Flaschen~) што́пор м; **Öffnung** f отве́рстие c; (Loch) дыра́ ж; **Öffnungszeit** f (von Bank, Geschäft) часы́ м мн рабо́ты

oft adv ча́сто

öfter adv неоднокра́тно; **öfters** adv FAM (mehrmals) неоднокра́тно

oh intj о; ◊ **~, Verzeihung!** о, извини́те!

Ohm n <-s, -> PHYS ом м

ohne I. präp akk ① без; ◊ **~ mein Wissen** без моего́ ве́дома ② FAM (ist gefährlich) ◊ **das ist nicht ~** э́то не без того́ ③ (sofort) ◊ **~ weiteres** пря́мо, без затрудне́ний **II.** cj (mit Infinitiv oder dass) ◊ **~, dass er es wusste** хотя́ он и не знал; ◊ **~ etw zu sagen** не говоря́ ни сло́ва; **ohnedies** adv (sowieso) всё равно́; **ohnegleichen** adv бесподо́бный, несравне́нный; ◊ **ein Komiker ~** бесподо́бный ко́мик; **ohnehin** adv (sowieso) и без того́

Ohnmacht f <-> ① (Bewusstlosigkeit) о́бморок м; ◊ **in ~ fallen** упа́сть в о́бморок ② FIG (Machtlosigkeit) бесси́лие c; **ohnmächtig** adj без созна́ния; FIG бесси́льный

Ohr n <-[e]s, -en> у́хо c; FAM (hereinlegen) ◊ **jd-n übers ~ hauen** наду́ть кого́-л

Öhr n <-[e]s, -e> (Nadel~) ушко́ c

Ohrenarzt m, **Ohrenärztin** f врач м по ушны́м боле́зням; **ohrenbetäubend** adj (Lärm) оглуша́ющий; **Ohrensausen** n <-s> шум м в уша́х; **Ohrenschmalz** n ушна́я се́ра ж; **Ohrenschmerzen** m pl боль м в уша́х; **Ohrenschützer** m <-s, -> нау́шник м; **Ohrfeige** f пощёчина ж; **ohrfeigen** vt да<ва́>ть пощёчину; **Ohrläppchen** n мо́чка ж у́ха; **Ohrmuschel** f ушна́я ра́ковина ж; **Ohrring** m серьга́ ж;

Ohrwurm *m* MUS легкозапомина́ющаяся мело́дия *ж*

oje! *intj* (*Schreck*) о, го́споди!

Okkultismus *m* оккульти́зм *м*

okkupieren *vt* оккупи́ровать *несов и сов*

Ökoladen *m* магази́н *м* экологи́чески чи́стых това́ров; **Ökologie** *f* эколо́гия *ж*; **ökologisch** *adj* экологи́ческий

ökonomisch *adj* (*sparsam*) эконо́мный

Ökopartei *f* экологи́ческая па́ртия *ж*;

Ökosystem *n* экологи́ческая систе́ма *ж*

Oktanzahl *f* (*bei Benzin*) окта́новое число́ *с*

Oktave *f* ‹-, -n› MUS окта́ва *ж*

Oktober *m* ‹-[s], -› октя́брь *м*; *s. a.* **Mai**

 Oktoberfest

Ка́ждый год о́сенью в Мю́нхене прохо́дит знамени́тый наро́дный пра́здник, кото́рый начина́ется в середи́не сентября́, дли́тся 15 дней и зака́нчивается в пе́рвое воскресе́нье октября́. Впервы́е он состоя́лся в 1812 г. Огро́мные пивны́е пала́тки, кото́рые бы́ло бы пра́вильнее назва́ть шатра́ми, возвыша́ются повсю́ду. Пи́во, изгото́вленное в мю́нхенских пивова́рнях, пьют из литро́вых кру́жек и едя́т типи́чную бава́рскую пи́щу. **Oktoberfest** обяза́тельно сопровожда́ется я́рмаркой с аттракцио́нами, карусе́лями, "америка́нскими го́рками" и стрелко́выми сте́ндами.

ökumenisch *adj* REL экумени́ческий

Öl *n* ‹-[e]s, -e› (*Motoren~, Speise~*) ма́сло *с*; (*Heiz~*) мазу́т *м*, жи́дкое то́пливо *с*; (*Erd~*) нефть *ж*; **Ölbaum** *m* масли́на *ж*; **Ölbild** *n* KUNST карти́на *ж*, напи́санная ма́сляными кра́сками

Oldie *m* ‹-s, -s› (*alter Schlager*) ста́рый шля́гер *м*

Oleander *m* ‹-s, -› BOT олеа́ндр *м*

ölen *vt* сма́зыв›ать; **Ölfarbe** *f* ма́сляная кра́ска *ж*; **Ölfeld** *n* нефтяно́е по́ле *с*; **Ölfilm** *m* нефтяна́я плёнка *ж*; **Ölfilter** *m* AUTO ма́сляный фильтр *м*; **Ölheizung** *f* отопле́ние *с* то́почным мазу́том; **ölig** *adj* ма́сляный, жи́рный

Olive *f* ‹-, -n› масли́на *ж*

Ölpest *f* зараже́ние *с* не́фтью; **Ölpumpe** *f* ма́сляный насо́с *м*; **Ölsardine** *f* сарди́на *ж* в ма́сле; **Ölscheich** *m* нефтяно́й шейх *м*; **Ölstandsanzeiger** *m* AUTO указа́тель *м* у́ровня ма́сла; **Ölung** *f* сма́зывание *с*, сма́зка *ж*; REL пома́зание *с*; **Ölwanne** *f* AUTO ма́сляный отсто́йник *м* ка́ртера; **Ölwechsel** *m* сме́на *ж* ма́сла

Olympiade *f* олимпиа́да *ж*; **Olympiasieger(in** *f*) *m* чемпио́н(ка *ж*) *м* олимпи́йских игр; **olympisch** *adj* олимпи́йский

Oma *f* ‹-, -s› FAM ба́бушка *ж*

Omelett *n* ‹-[e]s, -s› омле́т *м*

Omen *n* ‹-s, - *o.* Omina› предзнаменова́ние *с*; **ominös** *adj* (*verdächtig*) сомни́тельный; (*unheilverkündend*) злове́щий

Omnibus *m* автобус *м*

online *adv* PC он-ла́йн, на ли́нии

onanieren *vi* онани́ровать *несов*

Onkel *m* ‹-s, -› дя́дя *м*

Opa *m* ‹-s, -s› FAM де́душка *м*

Opal *m* ‹-s, -e› опа́л *м*

Oper *f* ‹-, -n› (*Werk, Gebäude*) о́пера *ж*

Operation *f* опера́ция *ж*; **Operationssaal** *m* операцио́нный зал *м*; **operativ** I. *adj* MED, MIL операти́вный; ◇ **ein ~er Eingriff** операти́вное вмеша́тельство II. *adv* ◇ **etw ~ behandeln** операти́вно приступи́ть к како́му-л де́лу

Operator(in *f*) *m* (*im EDV-Bereich*) опера́тор *м*

Operette *f* опере́тта *ж*

operieren I. *vt* опери́ровать *несов*; ◇ **jd-n am Herzen ~** провести́ опера́цию на се́рдце II. *vi* опери́ровать чем-л; MIL де́йствовать *несов*

Opernball *m* бал *м* в о́перном теа́тре; **Opernglas** *n* театра́льный бино́кль *м*; **Opernsänger(in** *f*) *m* о́перный певе́ц *м*, о́перная певи́ца *ж*

Opfer *n* ‹-s, -› ① REL (~*gabe*) поже́ртвование *с* ② (*Unfall~*) же́ртва *ж*; (*Haus*) ◇ **~ der Flammen** же́ртва *ж* пла́мени; **opfern** I. *vt* ‹по-›же́ртвовать II. *vr a.* FIG ◇ **sich ~** ‹по-›же́ртвовать собо́й

Opium *n* ‹-s› о́пий *м*, о́пиум *м*

opportun *adj* (*zweckmäßig*) своевре́менный; **Opportunismus** *m* оппортуни́зм *м*; **Opportunist(in** *f*) *m* оппортуни́ст (ка *ж*) *м*

Opposition *f a.* POL оппози́ция *ж*; **oppositionell** *adj* оппозицио́нный

Optik *f* о́птика *ж*; **Optiker(in** *f*) *m* ‹-s, -› о́птик *м*

optimal *adj* оптима́льный, наилу́чший **Optimismus** *m* оптими́зм *м*; **Optimist(in** *f*) *m* оптими́ст(ка *ж*) *м*; **optimistisch** *adj* оптимисти́ческий

Optimum *n* ‹-s, -ma› о́птимум *м*

optisch *adj* опти́ческий

Opus *n* ‹-, Opera› MUS о́пус *м*

Orakel *n* ‹-s, -› ора́кул *м*

oral *adj* ора́льный

orange *adj* ‹inv› ора́нжевый

Orange *f* ‹-, -n› апельси́н *м*; **Orangenschale** *f* ко́жица *ж* апельси́на; GASTRON (*gerieben*) це́дра *ж*

Orang-Utan *m* ZOOL орангута́нг *м*

Oratorium *n* ① MUS орато́рия *ж* ② (*Betzimmer*) моле́льня *ж*

Orchester *n* ‹-s, -› орке́стр *м*; **Orchestergraben** *m* оркестро́вая я́ма *ж*

Orchidee *f* ‹-, -n› BOT орхиде́я *ж*

Orden *m* ‹-s, -› ① REL о́рден *м* ② (*Aus-*

zeichnung) меда́ль ж; *(Verdienst~)* о́рден м; **Ordensschwester** f мона́хиня ж

ordentlich I. *adj* ① *(anständig)* поря́дочный ② *(geordnet)* упоря́доченный ③ *FAM (annehmbar)* прие́млемый ④ *FAM (tüchtig)* приле́жный ⑤ *(Mitglied)* постоя́нный **II.** *adv FAM (richtig, sehr)* прили́чно, изря́дно; ◇ **jd-m ~ die Meinung sagen** ре́зать кому́-л пра́вду-ма́тку в глаза́; **Ordentlichkeit** f поря́дочность ж

ordern *vt (Ware)* зака́зывать ‹-за́ть›

Ordinalzahl f поря́дковое числи́тельное с

ordinär *adj (unanständig)* вульга́рный, *(gewöhnlich)* обы́чный, ордина́рный

ordnen *vt* приводи́ть ‹-вести́› в поря́док, упоря́дочи(ва)ть; **Ordner** m ‹-s, -› *(für Papiere)* регистра́тор м

Ordnung f ① *(Geordnetsein)* поря́док м ② *(das Ordnen)* упоря́дочение с ③ *(Sitz~, Rangordnung)* поря́док м ④ ◇ **alles in ~?** всё в поря́дке?; **Ordnungsamt** n паспортный стол; **Ordnungshüter** m *FAM (Polizei)* блюсти́тель поря́дка; **Ordnungsliebe** f любо́вь ж к поря́дку; **Ordnungsstrafe** f дисциплина́рное взыска́ние с; **Ordnungswidrigkeit** f наруше́ние с вну́треннего поря́дка; **Ordnungszahl** f поря́дковое числи́тельное с

Oregano m ‹-s› = Origano

Organ n ‹-s, -e› ① *(Körper~)* о́рган м ② *(Stimme)* го́лос м ③ *(Behörde)* о́рган м

Organisation f организа́ция ж; **Organisationstalent** n организа́торский тала́нт м; **Organisator(in** f) m организа́тор м

organisch *adj* CHEM органи́ческий

organisieren I. *vt* ① *(einrichten)* организо́вывать ‹-ва́ть› ② *FAM (beschaffen)* доста(ва́)ть **II.** *vr (sich verbünden)* ‹s› ~ организо́вываться ‹-ва́ться›; ◇ **sich in e-r Partei ~** объедини́ться в па́ртию

Organismus m органи́зм м

Organist(in f) m органи́ст(ка ж) м

Organverpflanzung f переса́дка ж о́ргана

Orgasmus m орга́зм м

Orgel f ‹-, -n› орга́н м; **Orgelkonzert** n орга́нный конце́рт м; **Orgelpfeife** f *FAM (der Größe nach)* ◇ **wie die ~n** по ро́сту

Orgie f о́ргия ж

Orient m ‹-s› стра́ны мн бли́жнего (и Сре́днего) Восто́ка; **Orientale** m ‹-n, -n›, **Orientalin** f жи́тель(ница ж) м Восто́ка; **orientalisch** *adj* восто́чный

orientieren I. *vt (in Kenntnis setzen)* ◇ **jd-n über etw ~** сообща́ть кого́-л в чём-л **II.** *vr (Standort feststellen)* ◇ **sich ~** ориенти́роваться не-

сов и сов; **Orientierung** f ориента́ция ж; *FIG* информа́ция ж; ◇ **zu Ihrer ~** для ва́шей информа́ции; **Orientierungssinn** m спосо́бность ж ориенти́роваться

Origano m ‹-s›, **Origanum** n ‹-s›, Oregano BOT души́ца ж

original *adj* оригина́льный; **Original** n ‹-s, -e› ① оригина́л м, по́длинник м ② *FIG (Mensch)* оригина́л м; **Originalfassung** f *(von Film)* первонача́льная реда́кция ж; **Originalität** f оригина́льность ж; **Originalton** m оригина́льный звук м; **originell** *adj* оригина́льный

Orkan m ‹-[e]s, -e› урага́н м

Ornament n орна́мент м; **ornamental** *adj* орнамента́льный

Ornat n ‹-[e]s, -e› *(von Richter)* ма́нтия ж; *(von Pfarrer)* облаче́ние с

Ort m ‹-[e]s, -e› ① *(Platz, Stelle)* ме́сто с; ◇ **an ~ und Stelle** на ме́сте ② *(Dorf)* насёлённый пункт м

orten *vt (Flugzeug)* определя́ть ‹-ли́ть› местонахожде́ние

orthodox *adj* ортодокса́льный, правове́рный; *(Kirche)* правосла́вный

Orthographie, Orthografie f орфогра́фия ж; **orthographisch**, orthografisch *adj* орфографи́ческий

Orthopäde m, **Orthopädin** f MED врач-ортопе́д м; **Orthopädie** f ортопе́дия ж; **orthopädisch** *adj* ортопеди́ческий

örtlich *adj* ме́стный; **Örtlichkeit** f ① *(Stelle)* ме́стность ж ② *nur pl FAM (Toilette)* ◇ **~en** убо́рная ж

Ortsangabe f GRAM указа́ние с ме́ста; **ortsansässig** *adj* ме́стный; **Ortschaft** f насёлённый пункт м; **ortsfremd** *adj* нездешний; **Ortsfremde(r)** fm нездешн(-яя ж -ий м) м; **Ortsgespräch** n ① TELEC ме́стный разгово́р м по телефо́ну ② *(Dorfklatsch)* ◇ **er ist das ~** он — предме́т пересу́дов; **Ortsgruppe** f *(von Verein, Partei)* ме́стная организа́ция ж; **Ortsname** m назва́ние с насёлённого пу́нкта; **Ortsnetz** n TELEC ме́стная сеть ж; **ortsüblich** *adj* при́нятый в да́нной ме́стности; **Ortszeit** f ме́стное вре́мя с; **Ortszulage** f *(Gehaltszuschlag)* ме́стная надба́вка ж; **Ortung** f определе́ние с местоположе́ния

Öse f ‹-, -n› пе́тля ж

Osten m ‹-s› ① *(Himmelsrichtung)* восто́к м ② *(e-e Region bezeichnend)* восто́к м; ◇ **der Ferne/Nahe ~** Да́льний/Бли́жний Восто́к

Osterei n пасха́льное яйцо́ с; **Osterfest** n пра́здник м Па́схи; **Osterglocke** f BOT пасха́льные колокола́ м мн; **Osterhase** m пасха́льный за́яц м; **Ostermarsch** m POL ми́рная демонстра́ция во вре́мя пра́здника Па́схи;

Ostermontag m второй день m Пасхи;
Ostern n <-, -> Пасха $ж$

 Osterhase

На Пасху в Германии дарят не только крашенные или разрисованные пасхальные яйца, но и шоколадные, а также шоколадных зайцев и другие сладости. С конца 17 века существует поверье, согласно которому пасхальные яйца приносит детям сказочное существо — пасхальный заяц (Osterhase). Он прячет их в саду или где-нибудь около дома, и в день Пасхи все дети отправляются на поиски.

Österreich n Австрия $ж$; ◇ **in/nach** ~ в Австрии/в Австрию; **Österreicher(in** $f)$ m <-s, -> австриец m, австрийка $ж$; **österreichisch** adj австрийский
Ostersonntag m пасхальное воскресенье c
Osteuropa n Восточная Европа $ж$
östlich I. adj восточный; (Kurs) на восток **II.** adv к востоку, на восток; ◇ ~ **von Moskau** к востоку от Москвы
Ostsee f Балтийское море c; **ostwärts** adv на восток
Otter[1] m <-s, -> (Fisch~) выдра $ж$
Otter[2] f <-, -n> (Kreuz~) гадюка $ж$
out adj FAM ◇ ~ **sein** быть не в моде
Outfit n <-s, -s> снаряжение c
outen vr ◇ **sich** ~ раскрываться, откровенничать с кем-л
Ouvertüre f <-, -n> MUS увертюра $ж$
oval adj овальный
Ovation f овация $ж$
Overall m <-s, -s> комбинезон m
overdressed adj (zu schick gekleidet) ◇ ~ **sein** быть слишком нарядно одетым
Oxid n <-[e]s, -e> CHEM окись $ж$
oxidieren vi окисляться <-литься>
Ozean m <-s, -e> океан m; **Ozeandampfer** m океанский пароход m; **ozeanisch** adj океанский
Ozon n <-s> озон m; **Ozonloch** n озонная дыра $ж$; **Ozonschicht** f озонный слой m

P

P, p n П, п
paar adj <inv> ◇ **ein** ~ несколько
Paar n <-[e]s, -e> **1** (zwei Stück) ◇ **ein** ~

Schuhe пара $ж$ ботинок **2** (Liebes~) пара $ж$; **paaren I.** vt FIG (vereinigen) соединять <-нить> парами **II.** vr (Tiere) ◇ **sich** ~ спариваться
paarmal adv ◇ **ein** ~ несколько раз
Paarung f (von Tieren) спаривание c
paarweise adv (zu zweit) попарно, парами
Pacht f <-, -en> аренда $ж$; (Miete) арендная плата $ж$; **pachten** vt арендовать $несов$ и $сов$; **Pächter(in** $f)$ m <-s, -> арендатор m
Pack m <-[e]s, -e> (von Büchern) пакет m, связка $ж$
Pack n <-[e]s> PEJ (Gesindel) сброд m
Päckchen n **1** (kleines Paket) пакетик m; (als Postsendung) бандероль $ж$ **2** (Zigaretten) пачка $ж$; **packen** vt **1** (Koffer) упаковывать <-вать>, укладывать <уложить> **2** (festhalten) схватывать <-тить> **3** FIG (fesseln, Buch) захватывать <-тить> **4** FAM (bewältigen) ◇ **er packt das nicht** он с этим не справится; **Packen** m <-s, -> s. Pack; **Packpapier** n упаковочная бумага $ж$; **Packung** f **1** (Schachtel) пачка $ж$; (Ver~, Hülle) упаковка $ж$; **2** MED (Kompresse) обёртывание c **3** FAM SPORT поражение c
Pädagoge m <-n, -n>, **Pädagogin** f педагог m; **Pädagogik** f педагогика $ж$; **pädagogisch** adj педагогический
Paddelboot n (kleines Boot) байдарка $ж$; **paddeln** vi (rudern) грести $несов$
paffen I. vt (qualmen, Zigarre) дымить $несов$ **II.** vi (rauchen) пускать <-тить> дым
Pagenkopf m (Frisur) стрижка $ж$ "паж"
Paket n <-[e]s, -e> **1** (Post~) посылка $ж$ **2** (von Büchern, Zigaretten) пакет m; **Paketkarte** f квитанция $ж$ на посылку
Pakt m <-[e]s, -e> (Bündnis) пакт m
Palast m <-es, Paläste> дворец m
Palästinenser(in $f)$ m <-s, -> палестинец m, палестинка $ж$
Palette f a. FIG (Farb~) палитра $ж$; (Lade~) поддон m
Palme f <-, -n> пальма $ж$; ◇ **jd-n auf die** ~ **bringen** довести до белого каления кого-л
Pampelmuse f <-, -n> грейпфрут m
pampig adj FAM (Antwort) наглый
panieren vt GASTRON (Schnitzel) обваливать <-лять> в сухарях
Panik f паника $ж$; ◇ **in** ~ **geraten** поддаваться панике; **Panikmache** f паникёрство c; **panisch** adj панический
Panne f <-, -n> **1** (Auto~) авария $ж$; (Reifen~) прокол m шины **2** FAM (Missgeschick) неудача $ж$
panschen vt (verdünnen, Wein) разбавлять <-бавить> водой
Panther m <-s, -> ZOOL пантера $ж$
Pantoffel m <-s, -n> **1** (Hausschuh) до-

ма́шняя ту́фля ж, шлёпанец м ②
FIG FAM ◇ **unter dem ~ stehen** быть под башмако́м
Pantomime¹ *m* ⟨-n, -n⟩ (*Schauspieler*) пантоми́м м
Pantomime² *f* ⟨-, -n⟩ (*Bühnenstück*) пантоми́ма ж
Panzer *m* ⟨-s, -⟩ ① (*Schildkröten~*) па́нцирь м ② MIL танк *м;* **Panzerglas** *n* бронестекло́ *c;* **Panzerschrank** *m* (*Safe*) несгора́емый шкаф м
Papa *m* ⟨-s, -s⟩ *FAM* па́па м
Papagei *m* ⟨-s, -en⟩ ZOOL попуга́й м
Papier *n* ⟨-s⟩ (*Material*) бума́га ж
Papier *n* ⟨-s, -e⟩ ① (*Wert~*) це́нная бума́га ж ② (*Dokument*) докуме́нт м ③ ◇ **~e** *pl* (*Ausweis*) докуме́нты *мн;*
Papiergeld *n* (*Geldschein*) бума́жные де́ньги *мн;* **Papierkorb** *m* корзи́на ж для бума́г; **Papierkrieg** *m* бума́жная волоки́та ж
Pappbecher *m* бума́жный стака́нчик *м;* **Pappdeckel** *m* (*Pappkarton*) карто́нная кры́шка *ж;* (*Bierdeckel*) карто́нная подста́вка ж для стака́на; **Pappe** *f* ⟨-, -n⟩ (*Material*) карто́н м ② *FIG* ◇ **das ist nicht von ~** э́то не пустя́к!, э́то не шу́тка!
Pappel *f* ⟨-, -n⟩ BOT то́поль м
Pappenstiel *m FIG* ◇ **das ist kein ~** э́то не фунт изю́му
Pappmaché *n* ⟨-s⟩ папье́-маше́ *c;*
Pappteller *m* карто́нная таре́лка ж
Paprika *m* ⟨-s, -s⟩ ① (*Pflanze*) яма́йский пе́рец м ② (*Gewürz*) кра́сный пе́рец м
Papst *m* ⟨-[e]s, Päpste⟩ па́па м ри́мский; **päpstlich** *adj* па́пский
Parabel *f* ⟨-, -n⟩ (*Gleichnis*), *a.* MATH пара́бола *ж;* LIT при́тча ж
Parade *f* ① MIL пара́д м ② SPORT пари́рование *c,* отраже́ние *c* уда́ра
Paradies *n* ⟨-es, -e⟩ *a. FIG* рай *м;* **paradiesisch** *adj* ра́йский
paradox *adj* (*widersprüchlich*) парадокса́льный; **Paradox** *n* ⟨-es, -e⟩ парадо́кс м
Paragraph, Paragraf *m* ⟨-en, -en⟩ JURA пара́граф *м,* статья́ ж
parallel *adj* паралле́льный; **Parallele** *f* ⟨-, -n⟩ ① MATH паралле́льная пряма́я *ж* ② *FIG* (*Ähnlichkeit*) паралле́ль ж
Parasit *m* ⟨-en, -en⟩ *a. FIG* парази́т м
parat *adj* (*fertig, bereit*) гото́вый; (*Werkzeug*) нагото́ве; ◇ **e-e Ausrede ~ haben** име́ть отгово́рку в запа́се
Parfüm *n* ⟨-s, -s *o.* -e⟩ духи́ *мн;* **Parfümerie** *f* (*Geschäft*) парфюме́рный магази́н м
parieren I. *vt* ① (*Schlag*) пари́ровать *несов и сов* ② *FIG* ◇ **e-e Antwort ~** дать отпо́р **II.** *vi FAM* (*gehorchen*) ⟨по-⟩слу́шаться
Pariser¹ (**in** *f*) *m* (*Einwohner/in von Paris*) парижа́нин *м,* парижа́нка ж

Pariser² *m FAM* (*Kondom*) презервати́в м
Park *m* ⟨-s, -s⟩ (*Grünfläche*) парк *м;*
Parkanlage *f* (*Grünanlage*) сквер м
parken I. *vt* (*Auto*) ⟨по-⟩ста́вить маши́ну, ⟨при-⟩паркова́ть **II.** *vi* (*halten*) ⟨по-⟩стоя́ть; ◇ **P~ verboten** стоя́нка запрещена́
Parkett *n* ⟨-[e]s, -e⟩ ① THEAT партёр м ② (*von Fußböden*) парке́т м
Parkhaus *n* (многоя́русный) гара́ж *м;*
Parkplatz *m* ① (*Parklücke*) (свобо́дное) ме́сто *c* стоя́нки ② (*großer Abstellplatz*) автостоя́нка *ж;* **Parkscheibe** *f* указа́тель *м* вре́мени стоя́нки автомоби́ля; **Parkuhr** *f* часы́ *мн,* фикси́рующие продолжи́тельность стоя́нки; **Parkverbot** *n* ◇ **hier ist ~** здесь стоя́нка запрещена́
Parlament *n* парла́мент *м;* **Parlamentarier**(**in** *f*) *m* ⟨-s, -⟩ парламента́рий *м;*
parlamentarisch *adj* парла́ментский
Parodie *f* паро́дия *ж;* **parodieren** *vt* (*imitieren*) пароди́ровать *несов и сов*
Parole *f* ⟨-, -n⟩ ① (*Kennwort*) паро́ль м ② (*Wahl~*) деви́з м
Partei *f* ① (*politisch*) па́ртия *ж* ② JURA сторона́ *ж;* ◇ **für jd-n ~ ergreifen** стать на чью-л сто́рону ③ (*Mieter/in*) жиле́ц *м,* жили́ца *ж;* **Parteigenosse** *m,* **Parteigenossin** *f* (*Mitglied*) член м па́ртии; **parteiisch** *adj* (*befangen*) пристра́стный; **parteilos** *adj* беспарти́йный; **Parteinahme** *f* ⟨-, -n⟩ солида́рность *ж* с кем-л; **Parteitag** *m* съезд м па́ртии
Parterre *n* ⟨-s, -s⟩ ① (*Erdgeschoss*) пе́рвый эта́ж м ② THEAT партёр м
Partie *f* ① (*Spiel*) па́ртия *ж* ② (*Heirat*) ◇ **e-e gute** - сде́лать хоро́шую па́ртию
Partikel *f* ⟨-, -n⟩ GRAM части́ца ж
Partisan(**in** *f*) *m* ⟨-s *o.* -en, -en⟩ партиза́н(ка *ж*) м
Partitur *f* MUS партиту́ра ж
Partizip *n* ⟨-s, -ien⟩ GRAM прича́стие с
Partner(**in** *f*) *m* ⟨-s, -⟩ (*Geschäfts~, Lebensgefährte*) партнёр(ша *ж*) *м;* **partnerschaftlich** *adj* партнёрский
Party *f* ⟨-, -s⟩ вечери́нка ж
Pass *m* ⟨-es, Pässe⟩ ① (*Ausweis*) па́спорт *м;*(*Reisepass*) заграни́чный па́спорт ② (*Berg~*) перева́л м ③ SPORT (*Zuspiel*) пас м
passabel *adj* (*annehmbar*) сно́сный
Passage *f* ⟨-, -n⟩ ① (*Durchgang*) пасса́ж м ② (*Text~*) ме́сто с
Passagier *m* ⟨-s, -e⟩ (*Flug~*) пасса́жир(ка *ж*) *м;* **Passagierflugzeug** *n* пассажи́рский самолёт м
Passant(**in** *f*) *m* прохо́жий(-ая *ж*) м
Passbild *n* фотока́рточка *ж* для па́спорта
passen *vi* ① (*sitzen, Kleidung*) быть как раз, быть в по́ру ② (*harmonieren*)

под|ходи́ть ‹-ойти́› (zu к кому́-чему́-л)
③ (im Spiel) ‹с›-пасова́ть ④ (genehm
sein) устра́ивать ‹-ро́ить›; ◇ **das passt
mir nicht** э́то меня́ не устра́ивает;
passend adj (geeignet) подходя́щий,
удо́бный; (angebracht) уме́стный
passierbar adj (Fluss) проходи́мый
passieren I. vi (geschehen) слу|ча́ться
‹-чи́ться› **II.** vt (Grenze) пересека́ть
‹-се́чь›; (Brücke) проле́зжа́ть ‹-е́хать›
Passion f (Leidenschaft) страсть ж;
passioniert adj стра́стный, зая́длый; ◇
~**er Spieler** зая́длый игро́к
passiv adj пасси́вный; **Passiv** n GRAM
страда́тельный зало́г м, пасси́в м
Passiva pl FIN, COMM пасси́в м; **Pas-
sivität** f (Untätigkeit) пасси́вность ж;
Passivraucher m пасси́вный кури́ль-
щик м
Passkontrolle f па́спортный контро́ль
м; **Passwort** n (Kennwort) паро́ль м
Paste f ‹-, -n› (Creme) па́ста ж
Pastell n ‹-[e]s, -e› (~farbe) пасте́ль ж
pasteurisieren vt пастеризова́ть несов
и сов
Pastor (in f) m (Pfarrer/in) па́стор м
Pate m ‹-n, -n› (Tauf~) крёстный оте́ц м;
Patenkind n кре́стник м, кре́стница
ж
patent adj (flott) молодцева́тый
Patent n ‹-[e]s, -e› пате́нт м; **Patentamt**
n пате́нтное ве́домство с; **patentieren**
vt патентова́ть несов и сов; **Patent-
schutz** m (Warenschutz) охра́на ж па-
те́нтных прав
Pater m ‹-s, Patres› REL па́тер м
pathetisch adj патети́ческий
pathologisch adj патологи́ческий
Patient (in f) m больно́й(-ая ж) м, па-
цие́нт(ка ж) м
Patin f крёстная мать ж
Patriarch m ‹-en, -en› патриа́рх м; **pa-
triarchalisch** adj патриарха́льный
Patriot (in f) m ‹-en, -en› патрио́т(ка ж)
м; **patriotisch** adj патриоти́ческий;
Patriotismus m патриоти́зм м
Patron m ‹-s, -e› (Schutz~) патро́н м
Patrone f ‹-, -n› (Gewehr~, Tinten~) патро́н м
Patrouille f ‹-, -n› патру́ль м
Patsche f ‹-, -n› FAM (Bedrängnis) не-
прия́тность ж
patschnass adj промо́кший до ни́тки
patzig adj (schroff) де́рзкий
Pauke f ‹-, -n› ① MUS лита́вры мн ②
FIG FAM ◇ **auf die ~ hauen** (ausgiebig
feiern) кути́ть несов; (angeben) бахва́-
литься несов
pauken vt, vi (lernen) ‹за-›зубри́ть;
Pauker (in f) m ‹-s, -› FAM учи́тель(ница
ж) м
pausbäckig adj толстощёкий
pauschal adj ① (Urteil) о́бщий ② (Ab-
rechnung) в це́лом, цели́ком; **Pau-**

schale f ‹-, -n› (Heizkosten~) зара́нее об-
усло́вленная опла́та ж; **Pauschalrei-
se** f путёвка ж с предвари́тельной
опла́той всех расхо́дов
Pause f ‹-, -n› па́уза; (Unterbrechung)
переры́в м; THEAT, FILM антра́кт м;
(Schul~) переры́в ж, переме́на ж
pausenlos adj непреры́вный, беспере-
ры́вный; **Pausenzeichen** n ① MUS
знак м па́узы ② MEDIA сигна́л м па́у-
зы
Pavian m ‹-s, -e› ZOOL павиа́н м
Pay-TV n MEDIA дополни́тельная
пла́тная телепрогра́мма ж, пла́тный
кана́л м
Pazifik m ‹-s› Ти́хий океа́н м
Pazifist (in f) m пацифи́ст(ка ж) м;
pazifistisch adj пацифи́стский
PC m ‹-s, -s› Akr. v. **Personal Computer**
Pech¹ n ‹-s, -e› (schwarze, zähe Flüssig-
keit) смола́ ж; FIG ◇ **sie halten zusam-
men wie ~ und Schwefel** их водо́й не
разольёшь
Pech² n ‹-s, -› FIG (Unglück) неуда́ча ж,
невезе́ние с; ◇ **sie hatten ~** им не по-
везло́
pechschwarz adj (sehr schwarz) чёрный
как смоль; **Pechsträhne** f FAM полоса́
ж неуда́ч; **Pechvogel** m FAM неуда́ч-
ник м, неуда́чница ж
Pedal n ‹-s, -e› (Gas~ etc.) педа́ль ж
Pedant (in f) m педа́нт(ка ж) м; **pe-
dantisch** adj педанти́чный; (kleinlich)
ме́лочный
Pegel m ‹-s, -› ① (Wasserstand) у́ровень
м (воды́) ② (Geräusch~) у́ровень м
(шу́ма)
peilen vt (ausloten) пеленгова́ть несов и
сов
Pein f ‹-› (Qual) муче́ние с, му́ка ж;
peinigen vt (quälen) ‹за-›му́чить
peinlich adj ① (Situation) неприя́тный,
неудо́бный ② (genau) педанти́чный
Peitsche f ‹-, -n› (Reit~) кнут м; **peit-
schen I.** vt (schlagen) хлеста́ть ‹-ну́ть›
II. vi (Regen) бить (gegen etw по чему́-л),
хлеста́ть (gegen etw по чему́-л)
Pelle f ‹-, -n› (Haut) (Frucht~) кожура́ ж;
(Wurst~) шку́рка ж, ко́жица ж; **pel-
len** vt (schälen, Kartoffeln) ‹о-›чи́стить
Pelz m ‹-es, -e› ① (von lebendem Tier)
шку́ра ж; (verarbeitet) мех м ② FAM ◇
jd-m auf den ~ rücken наседа́ть на
кого́-л
Pendel n ‹-s, -› ма́ятник м
penetrant adj ① (Mensch) навя́зчивый
② (Geruch) ре́зкий
Penis m ‹-, -se› пе́нис м
Pension f ① (Gästehaus) пансио́н м ②
(Rente) пе́нсия ж; ◇ **in ~ gehen** уйти́ на
пе́нсию; **Pensionär** (in f) m пенсио-
не́р(ка ж) м; **pensioniert** adj на пе́н-
сии; **Pensionsgast** m жиле́ц м пан-
сио́на

Pension

Pension — это немецкая гостиница, которую содержит какая-нибудь семья и в которой всего несколько комнат. В такой гостинице можно завтракать, а в некоторых даже получать трёхразовое питание. Цены в Pension ниже обычных, условия проживания просты. Но дружеская атмосфера и непосредственный контакт с владельцами Pension дают возможность ближе познакомиться с местной культурой.

Pensum n <-s, Pensen> зада́ние c, нагру́зка $ж$

per *präp akk* ① (*mit, durch*) посре́дством чего́-л, по чему́-л, че́рез что-л ; ◇ ~ **Bahn** по желе́зной доро́ге; ◇ ~ **Zufall** случа́йно; ◇ ~ **Post** по по́чте ② (*bis*) ~ **15. November** к 15-му ноября́

perfekt I. *adj* (*vollkommen*) соверше́нный, превосхо́дный **II.** *adj* (*bestmöglich*) в соверше́нстве, отли́чно

Perfekt n <-[e]s, -e> GRAM перфе́кт $м$

Pergament n перга́мент $м$

Periode f <-, -n> ① (*Zeitabschnitt*) перио́д $м$ ② (*Menstruation*) менструа́ция $ж$; **periodisch** *adj* (*regelmäßig*) периоди́ческий

Peripherie f перифери́я $ж$; **Peripheriegerät** n PC перифери́йное устро́йство c

Perle f <-, -n> ① (*Muschel~*) жемчу́жина $ж$ ② (*Glas~*) би́серинка $ж$; (*Schweiß~*) ка́пля $ж$ ③ FIG жемчуг $м$; **perlen** *vi* (*Sekt*) искри́ться *несов*, игра́ть *несов*

Person f <-, -en> ① (*Mensch*) челове́к $м$, лицо́ c, персо́на $ж$; ◇ **pro** ~ на челове́ка ② (*Film-, Romanfigur*) де́йствующее лицо́ c

Personal n <-s> персона́л $м$, штат $м$; **Personalabteilung** f отде́л $м$ ка́дров; **Personalausweis** m удостовере́ние c ли́чности; **Personalcomputer, Personal Computer** m персона́льный компью́тер $м$; **Personalien** *pl* анке́тные да́нные *мн*; **Personalpronomen** n GRAM ли́чное местоиме́ние c

Personenkraftwagen m (*Auto*) легково́й автомоби́ль $м$; **Personenschaden** m челове́ческие же́ртвы *мн*; **personifizieren** *vt* олицетворя́ть ‹-ри́ть›

persönlich I. *adj* ли́чный **II.** *adv* (*selbst*) ли́чно; **Persönlichkeit** f ли́чность $ж$

Perspektive f *a.* FIG перспекти́ва $ж$

Perücke f <-, -n> пари́к $м$

pervers *adj* (*widernatürlich*) извращённый

Pessimismus m пессими́зм $м$; **Pessimist(in** f) m пессими́ст(ка $ж$) $м$; **pessimistisch** *adj* пессимисти́ческий

Petersilie f <-, -n> петру́шка $ж$

Petroleum n <-s> кероси́н $м$

petzen *vi* FAM (*verraten*) ‹на-›я́бедничать

Pfad m <-[e]s, -e> ① (*Weg*) доро́жка $ж$ ② PC путь $м$ до́ступа

Pfahl m <-[e]s, Pfähle> (*Pfosten*) кол $м$, сва́я $ж$

Pfand n <-[e]s, Pfänder> (*Flaschen~*) зало́г $м$; (*Spiel~*) фант $м$; **Pfandbrief** m (*Wertpapier*) закладна́я $ж$

pfänden *vt* (*Eigentum*) накла́дывать ‹-ложи́ть› аре́ст на иму́щество, производи́ть ‹-вести́› о́пись иму́щества

Pfandhaus n (*Leihhaus*) ломба́рд $м$; **Pfandschein** m ломба́рдная квита́нция $ж$

Pfändung f наложе́ние c аре́ста на иму́щество

Pfanne f <-, -n> ① (*Brat~*) сковорода́ $ж$ ② FIG FAM ◇ **jd-n in die** ~ **hauen** разнести́ кого́-л в пух и прах

Pfannkuchen m блин $м$

Pfarrer(in f) m <-s, -> (*katholisch*) свяще́нник $м$; (*evangelisch*) па́стор $м$

Pfau m <-[e]s, -en> павли́н $м$

Pfeffer m <-s, -> (*Gewürz*) пе́рец $м$; **Pfefferkuchen** m (*Lebkuchen*) пря́ник $м$; **Pfefferminze** f <-> (*Kraut*) мя́та $ж$ пе́речная

pfeffern *vt* ① (*würzen*) ‹на-›пе́рчить ② FAM ◇ **gepfefferte Rechnung** завы́шенный счёт

Pfeife f <-, -n> ① (*Triller~*) свисто́к $м$ ② (*Tabaks~*) тру́бка $ж$ ③ FAM (*Versager*) ◇ **so e-e** ~! тако́й недотёпа!; **pfeifen** ‹pfiff, gepfiffen› **I.** *vt* (*Lied*) насви́стывать ‹-виста́ть› **II.** *vi* ① свисте́ть ‹сви́стнуть› ② FAM ◇ **auf etw** *akk* ~ плева́ть на что-л

Pfeil m <-[e]s, -e> ① (*Geschoss, Waffe*) стрела́ $ж$ ② (*Zeichen*) стрела́ $ж$, стре́лка $ж$

Pfeiler m <-s, -> (*Pfosten*) столб $м$; (*Brücken~*) бык $м$, опо́ра $ж$

Pfennig m <-s, -e> пфе́нниг $м$

Pferd n <-[e]s, -e> ① (*Tier*) ло́шадь $ж$ ② (*Turngerät*) конь $м$; **Pferdegebiss** n (*große Zähne*) лошади́ная че́люсть $ж$

pfiff *impf v.* **pfeifen**

Pfiff m <-[e]s, -e> ① (*Ton*) свист $м$, свисто́к $м$ ② FIG (*Reiz*) не́что осо́бенное

Pfifferling m ① (*Pilz*) лиси́чка $ж$ ② ◇ **das ist keinen** ~ **wert** э́то ни гроша́ не сто́ит

pfiffig *adj* (*gewitzt, schlau*) хи́трый, ло́вкий

Pfingsten n Тро́ица $ж$

Pfirsich m <-s, -e> пе́рсик $м$

Pflanze f <-, -n> расте́ние c; **pflanzen** *vt* (*Blume*) сажа́ть ‹посади́ть›; **Pflanzenfett** n (*Margarine*) расти́тельный жир $м$

Pflaster n <-s, -> ① (*Heft~*) пла́стырь $м$ ② (*Straßen~*) мостова́я $ж$; **pflastern** *vt*

(Straße) ‹вы́-›мости́ть; **Pflasterstein** m ‹-[e]s, -e› брусча́тка ж

Pflaume f ‹-, -n› сли́ва ж

Pflege f ‹-, -n› *(von Kranken, Alten)* ухо́д m, присмо́тр m; ◇ **ein Kind in ~ geben** отда́ть ребёнка на попече́ние кого́-л; **pflegebedürftig** adj нужда́ющийся в ухо́де; **Pflegeeltern** pl приёмные роди́тели mn; **Pflegekind** n *(Adoptivkind)* приёмный ребёнок m; **pflegeleicht** adj ① *(Wäsche)* не тре́бующий осо́бого ухо́да ② FIG *(unproblematisch)* нетру́дный; **pflegen** vt ① *(versorgen)* уха́живать не-сов ② *(instand halten)* следи́ть за чем-л; *(Zähne)* чи́стить несов ③ *(Beziehungen)* подде́рживать несов ④ *(etw aus Gewohnheit tun)* име́ть привы́чку *(zu + inf* де́лать что-л); **Pfleger(in** f) m ‹-s, -› *(Kranken-, Alten~)* санита́р(ка ж) m; **Pflegeversicherung** f обяза́тельное страхова́ние на слу́чай необходи́мости ухо́да за челове́ком в ста́рости

Pflicht f ‹-, -en› ① *(Aufgabe)* долг m, обя́занность ж ② SPORT обяза́тельное упражне́ние ж; **pflichtbewusst** adj *(gewissenhaft)* созна́ющий свой долг, добросо́вестный; **Pflichtfach** n SCH обяза́тельный предме́т m; **Pflichtgefühl** n чу́вство с до́лга; **pflichtgemäß** adj по до́лгу; **pflichtvergessen** adj не выполня́ющий своего́ до́лга; **Pflichtversicherung** f обяза́тельное страхова́ние с

pflücken vt *(Blumen, Äpfel)* соб‹и›ра́ть

Pflug m ‹-[e]s, Pflüge› *(Ackergerät)* плуг m; *(Schnee~)* снегоочисти́тель m

Pforte f ‹-, -n› *(Garten~)* кали́тка ж

Pförtner(in f) m ‹-s, -› *(von Hotel)* швейца́р m, портье́ m; *(von Werk)* вахтёр m

Pfosten m ‹-s, -› столб m; *(Tür-, Fenster~)* кося́к m; SPORT *(Tor~)* шта́нга ж

Pfote f ‹-, -n› ла́па ж; FAM *(Hand)* ла́па ж

Pfropfen m ‹-s, -› *(Korken)* про́бка ж

pfui! intj фу!, тьфу!

Pfund n ‹-[e]s, -e› *(Gewicht, Währung)* фунт m

pfuschen vi FAM *(fehlerhaft arbeiten)* халту́рить несов; ◇ **jd-m ins Handwerk ~** вме́шиваться в чьи-л дела́; **Pfuscher(in** f) m ‹-s, -› FAM халту́рщик m, халту́рщица ж

Pfütze f ‹-, -n› *(Wasser~)* лу́жа ж

Phänomen n ‹-s, -e› ① *(Erscheinung)* фено́мен m ② *(Genie)* феноме́н m, ге́ний m; **phänomenal** adj феномена́льный

Phantasie f s. **Fantasie**

Pharmaindustrie f фарминдустри́я ж; **Pharmazeut(in** f) m ‹-en, -en› фармаце́вт m

Phase f ‹-, -n› *(Zeitabschnitt)* фа́за ж

Philologe m ‹-n, -n› филоло́г m; **Philologie** f филоло́гия ж; **Philologin** f филоло́г m

Philosoph(in f) m ‹-en, -en› филосо́ф m; **Philosophie** f филосо́фия ж; **philosophisch** adj филосо́фский

phlegmatisch adj *(träge)* флегмати́чный

Phonetik, Fonetik f фоне́тика ж; **phonetisch**, fonetisch adj фонети́ческий

Phosphat n фосфа́т m

Phosphor m ‹-s› фо́сфор m

Photo n ‹-s, -s› s. **Foto**

Phrase f ‹-, -n› *(Redewendung)* фра́за ж; PEJ ◇ **~n dreschen** пустосло́вить

pH-Wert m водоро́дный показа́тель m

Physik f a. SCH *(Wissenschaft)* фи́зика ж; **physikalisch** adj физи́ческий; **Physiker(in** f) m ‹-s, -› фи́зик m

Physiologie f физиоло́гия ж

physisch adj физи́ческий

Pianist(in f) m пиани́ст(ка ж) m

Pickel¹ m ‹-s, -› *(Hacke)* небольша́я кирка́ ж; *(Eis~)* ледору́б m

Pickel² m ‹-s, -› *(Pustel)* прыщ m

pickelig adj *(Haut)* прыща́вый

picken vi *(Huhn)* клева́ть ‹клю́нуть›

Picknick n ‹-s, -e o. -s› пикни́к m

piepen vi ① *(Vogel)* пища́ть ‹пи́скнуть› ② FAM ◇ **bei dir piept's wohl!** ты что, рехну́лся!

piepsen vi *(Stimme)* пища́ть ‹пи́скнуть›; FAM *(von Kind)* ныть несов; *(von Vogel)* чири́к‹ать ‹-нуть›

Piercing n ‹-s, -s› пи́рсинг m

piesacken vt FAM *(ärgern)* дон‹има́ть ‹-я́ть›

pietätlos adj *(ehrfurchtslos)* неблагочести́вый; *(respektlos)* непочти́тельный

Pigment n пигме́нт m, краси́тель m

Pik n ‹-s, -s› *(Spielkarte)* пи́ки mn

pikant adj ① *(scharf, Essen)* пика́нтный, о́стрый ② *(Bemerkung)* пика́нтный

Pilger(in f) m ‹-s, -› пало́мник m, пало́мница ж

Pille f ‹-, -n› *(Tablette)* пилю́лия ж; *(Verhütungsmittel)* табле́тка ж

Pilot(in f) m ‹-en, -en› пило́т m

Pilotprojekt n *(Experiment)* но́вый прое́кт m

Pils n *(helles Bier)* све́тлое пи́во, пи́льзенское пи́во с

Pilz m ‹-es, -e› BOT гриб m; *(Haut~)* грибо́к m

PIN f Akr. v. **person identificaton number** *(a. ~-Code)* персона́льный код m, PIN-код m, паро́ль m

pingelig adj FAM педанти́чный

Pinie f BOT пи́ния ж

pinkeln vi FAM ‹по-›пи́сать

Pinsel m ‹-s, -› *(Mal~)* кисть ж

Pinzette f пинце́т m

Pionier(in f) m ‹-s, -e› *(Vorkämpfer/in)* пионе́р(ка ж) m; MIL сапёр m

Pipeline f нефтепрово́д m

Piratensender m MEDIA нелега́льная радиоста́нция ж

Piste f ‹-, -n› (Ski~) тра́сса ж; (Flugzeug~) взлётно-поса́дочная полоса́ ж; (Rennbahn) га́ревая доро́жка ж
Pistole f ‹-, -n› пистоле́т м
Pizza f ‹-, -s o. -zen› GASTRON пи́цца ж;
Pizzeria f ‹-, -s o. -rien› пицце́рия ж
Pkw m ‹-[s], -[s]› Akr. v. **Personenkraftwagen**
Plackerei f FAM (Schufterei) муче́ние c
plädieren vi (befürworten) выступа́ть ‹вы́ступить› (für за что-л)
Plädoyer n ‹-s, -s› JURA, a. FIG выступле́ние c пе́ред судо́м
Plage f ‹-, -n› ① (Heuschrecken~) бе́дствие c ② (Mühe) му́ка ж; **plagen** I. vt (quälen) му́чить II. vr (abmühen) ◇ sich ~ ‹из-›му́читься
Plakat n ‹-[e]s, -e› (Poster) плака́т м
Plakette f значо́к м
Plan m ‹-[e]s, Pläne› ① (Karte, Stadt~) план м ② (Vorhaben) план м, за́мысел м ③ (Stunden~) гра́фик м, (Fahr~) расписа́ние c
Plane f ‹-, -n› (Zelt~) брезе́нт м
planen vt (Reise) плани́ровать несов; (Überfall) замышля́ть ‹-мы́слить›
Planet m ‹-en, -en› плане́та ж
planieren vt (einebnen) выра́внивать ‹вы́ровнять›; **Planierraupe** f бульдо́зер м
Planke f ‹-, -n› (Brett) пла́нка ж
Plankton n ‹-s› планкто́н м
planlos adj ① (unorganisiert) беспла́новый ② (ziellos) бесце́льный; **planmäßig** I. adj (pünktlich) планоме́рный II. adv (wie geplant) по пла́ну
planschen vi (im Wasser) плеска́ться несов
Plantage f ‹-, -n› планта́ция ж
Planung f плани́рование c; ◇ noch in ~ sein находи́ться на ста́дии разрабо́тки
Planwirtschaft f пла́новое хозя́йство c
plappern vi FAM ‹по-›болта́ть
plärren vi ① FAM (Baby) крича́ть несов ② (Radio) реве́ть несов
Plasma n ‹-s, -men› пла́зма ж
Plastik f ‹-, -en› (Skulptur) пла́стика ж; скульпту́ра ж
Plastik n ‹-s› (Kunststoff) пластма́сса ж
Plastikfolie f плёнка ж из пла́стика;
Plastiktüte f пласти́ковый паке́т м
plastisch adj ① KUNST пласти́чный ② FIG (anschaulich) живо́й
Platin n ‹-s› пла́тина ж
Platitüde f ‹-, -n› (Plattheit) по́шлость ж
platonisch adj FIG платони́ческий
plätschern vi (Bach) журча́ть несов
platt adj ① (flach) пло́ский ② (Reifen) проко́лотый ③ FIG (geistlos) по́шлый ④ FAM (sprachlos) ◇ jetzt bin ich aber ~ я про́сто слов не нахожу́
plattdeutsch adj нижненеме́цкий

Platte f ‹-, -n› ① (Tisch~) доска́ ж; (Stein~) плита́ ж ② (Herd~) пли́тка ж ③ (kalte ~) холо́дные заку́ски мн ④ (Schall~) пласти́нка ж ⑤ (Foto~) фотопласти́нка ж ⑥ PC (Fest~) жёсткий диск м ⑦ FAM (Glatze) лы́сина ж;
Plattenspieler m прои́грыватель м
Plattform f ① (Platz) площа́дка ж ② FIG (Basis) платфо́рма ж; **Plattfuß** m ① (Fuß) плоскосто́пие c ② FAM (Reifenpanne) ши́на ж, спусти́вшая во́здух
Platz m ‹-es, Plätze› ① (Raum, Stelle) ме́сто c ② (Sport~, Spiel~) площа́дка ж;
Platzangst f FAM клаустрофо́бия ж;
Platzanweiser(in f) m THEAT биле́тёр(ша ж) м
Plätzchen n (Keks) кру́глое пече́нье c
platzen vi ① (Luftballon, Reifen) ло́паться ‹-нуть› ② FAM ▶ vor Neugier ~ разрыва́ться от любопы́тства ③ FAM (Veranstaltung) ло́паться ‹-нуть›
platzieren I. vt ① (hinstellen, Möbel) размеща́ть ‹-сти́ть› ② (Platz zuweisen) сажа́ть ‹посади́ть› ③ (Schlag) наноси́ть ‹-нести́› II. vr SPORT (bei Wettkampf) ◇ sich ~ занима́ть ‹-я́ть› ме́сто
Platzmangel m недоста́ток м ме́ста
Platzpatrone f холосто́й патро́н м;
Platzregen m ли́вень м, проливно́й дождь м; **Platzwunde** f уши́бленная ра́на ж
Plauderei f болтовня́ ж; **plaudern** vi ‹по-›болта́ть (über akk о чём-л)
plausibel adj поня́тный, я́сный; ◇ jd-m etw ~ machen разъясни́ть кому́-л что-л
plazieren = platzieren
pleite adv FAM ◇ ich bin ~ у меня́ совсе́м нет де́нег
Pleite f ‹-, -n› FAM ① (Bankrott) крах м, банкро́тство c; ◇ ~ gehen обанкро́титься сов ② (Reinfall) прова́л м; **Pleitegeier** m FAM угро́за ж банкро́тства
Plenum n ‹-s, -nen› пле́нум м
Plombe f ‹-, -n› пло́мба ж; **plombieren** vt (Zahn) ‹за-›пломби́ровать
Plotter m ‹-s, -› PC пло́ттер м
plötzlich I. adj внеза́пный, неожи́данный II. adv (auf einmal) вдруг, внеза́пно
plump adj ① (Bewegung) неуклю́жий, нело́вкий ② (Körper) громо́здкий, мешкова́тый ③ (Bemerkung) неле́пый, гру́бый; **Plumpheit** f ① (Schwerfälligkeit) неуклю́жесть ж ② FIG неле́пость ж
Plunder m ‹-s› (wertloser o. unnützer Kram) барахло́ c
plündern I. vt (Geschäft) раз|грабля́ть ‹-гра́бить›; (Stadt) марадёрствовать несов II. vi (stehlen) обкра́дывать несов; **Plünderung** f грабёж м
Plural m ‹-s› GRAM мно́жественное число́ c; **pluralistisch** adj плюралисти́ческий; **Pluralismus** m плюрали́зм м

plus adv ① MATH плюс ② (über null Grad) плюс; **Plus** n <-, -> ① (Mehr) превышéние c ② FIG (Vorteil) преимýщество c

Plüsch m <-[e]s, -e> плюш m; **Plüschtier** n плюшевая игрýшка ж

Pluspol m ELECTR положúтельный пóлюс m; **Pluspunkt** m ① SPORT очкó c ② FIG (Vorteil) преимýщество c

Plusquamperfekt n GRAM плюсквамперфéкт m

Plutonium n плутóний m

PLZ Akr. v. **Postleitzahl**

Po m <-s, -s> FAM (Hintern) пóпа ж

Pöbel m <-s> PEJ (niederes Volk) чернь ж

pochen vi ① (Puls) <за->бúться ② (klopfen) <по->стучáть ③ FIG (bestehen) ◇ **auf etw** akk ~ настáивать на чём-л

Pocken pl MED óспа ж

Podium n ① (Plattform) помóст m, эстрáда ж; **Podiumsdiskussion** f открытая дискýссия ж

Poesie f (Dichtung) поэзия ж

Poet(in f) m <-en, -en> поэт(éсса ж) m; **poetisch** adj поэтúческий

Pointe f <-, -n> (von Witz) соль ж; (von Geschichte) суть ж

Pokal m <-s, -e> SPORT кýбок m

pökeln vt (einsalzen) <за->солúть (мясо, рыбу)

pokern vi (Poker spielen) игрáть в пóкер

Pol m <-s, -e> пóлюс m; **polar** adj полярный; **Polarkreis** m полярный круг m

Pole m <-n, -n> поляк m

Polemik f полéмика ж; **polemisch** adj полемúческий

Polen n Пóльша ж

Police f <-, -n> (Versicherungs~) страховóй полúс m

Polier m <-s, -e> десятник m

polieren vt ① (Silber) <от->полировáть ② FAM ◇ **jd-m die Fresse** ~ набúть мóрду комý-л

Poliklinik f поликлúника ж

Polin f пóлька ж

Politik f полúтика ж; **Politiker(in** f) m <-s, -> полúтик m; **politisch** adj полúтический

Politur f (Möbel~) политýра ж

Polizei f полúция ж; **polizeilich** I. adj ① (Polizei betreffend) полицéйский ② (behördlich) официáльный II. adv ◇ ~ **gesucht** разыскивается полúцией; **Polizeistaat** m полицéйское госудáрство c; **Polizeistunde** f (Schankschluss) час m закрытия ресторáнов/бáров; **Polizist(in** f) m полицéйский m

Pollen m <-s, -> (Blüten~) пыльцá ж

polnisch adj пóльский

Polster n <-s, -> ① (Kissen) мягкая обúвка ж ② (Schulter~) плéчики mn ③ (Fett~) жировые отложéния c mn ④ FIG ◇ **finanzielles** ~ резéрв m; **polstern** vt (Sofa) обú<вá>ть

Polterabend m вечерúнка наканýне свáдьбы

poltern vi ① (Krach machen) <про->громыхáть ② FAM (schimpfen) бранúться несов

Polygamie f многобрáчие c, полигáмия ж

Polyp m <-en, -en> ① FAM (Polizist) полицéйский m ② MED ◇ ~**en** полúпы mn ③ ZOOL, GASTRON осьминóг m

Pomade f помáда ж

Pommes frites pl GASTRON картóфель m фри

Pomp m <-[e]s> (Prunk) пóмпа ж; **pompös** adj помпéзный

Pony¹ m <-s, -s> (Haar~) чёлка ж

Pony² n <-s, -s> ZOOL пóни m

Popmusik f поп-мýзыка ж

populär adj популярный; **Popularität** f популярность ж

Pore f <-, -n> (Haut~) пóра ж

Pornographie, Pornografie f порногрáфия ж

porös adj (Material) пóристый

Porree m <-s, -s> (Haar~) лукопорéй m

Portal n <-s, -e> (Kirchen~ etc.) портáл m

Portmonee, Portemonnaie n <-s, -s> кошелёк m

Portier m <-s, -s> швейцáр m

Portion f ① (von Essen) пóрция ж ② FAM ◇ **halbe** ~ от горшкá два вершкá

Porto n <-s, -s> почтóвый сбор m; **portofrei** adj свобóдный от почтóвого сбóра

Porträt n <-s, -s> a. FIG портрéт m; **porträtieren** vt <на->писáть портрéт

Portugal n Португáлия ж; **Portugiese** m <- n, -n>, **Portugiesin** f португáлец m, португáлка ж; **portugiesisch** adj португáльский

Porzellan n <-s, -e> фарфóр m

Posaune f <-, -n> MUS тромбóн m

Pose f <-, -n> пóза ж; **posieren** vi позúровать несов

Position f ① (Lage) позúция ж ② (Beruf, Führungs~) положéние c, дóлжность ж; **positionieren** vt помещáть <-стúть>

positiv adj положúтельный, позитúвный; **Positiv** n FOTO позитúв m

Positur f (Haltung) ◇ **sich in** ~ **begeben** принять пóзу

possessiv adj GRAM (besitzanzeigend) притяжáтельный; **Possessivpronomen** n притяжáтельное местоимéние c

Post f <-> (~amt, Briefe) пóчта ж; **Postanweisung** f (Geldsendung) почтóвый перевóд m; **Postbote** m, **Postbotin** f почтальóн(ша ж) m

Posten m <-s, -> ① (Stellung) дóлжность ж, пост m ② COMM (Waren~) пáртия ж ③ (Streik~) пикéт m ④ MIL (Wach~) пост m

Poster *n* ‹-s, -› по́стер *м*, декорати́вный плака́т *м*

Postfach *n* абонеме́нтный почто́вый я́щик *м*; **Postkarte** *f* откры́тка *ж*; **Postkasten** *m* почто́вый я́щик *м*; **postlagernd** *adj* до востре́бования; **Postleitzahl** *f* почто́вый и́ндекс *м*

postmodern *adj* постмоде́рный

Poststempel *m* почто́вый ште́мпель *м*; **postwendend** *adj* FIG непосре́дственный

potent *adj* ⓵ (*zeugungsfähig*) спосо́бный к совокупле́нию ⓶ (*leistungsfähig*) (рабо́то)спосо́бный ⓷ (*mächtig, Staat*) могу́щественный

Potenz *f* ⓵ (*Zeugungsfähigkeit*) потéнция *ж* ⓶ MATH стéпень *ж*

Potenzial, Potential *n* ‹-s, -e› потенциа́л *м*

potenziell, potentiell *adj* потенциа́льный

potthässlich *adj* FAM стра́шный на вид, безобра́зный

Pracht *f* ‹-› великоле́пие *с*; **prächtig** *adj* ⓵ (*prunkvoll*) великоле́пный ⓶ FAM (*sympathisch*) замеча́тельный; **Prachtstück** *n* великоле́пная вещь *ж*; **prachtvoll** *adj* великоле́пный

prädestinieren *vt* ‹-› **für etw prädestiniert sein** (*vorherbestimmt sein*) имéть зада́тки к чему́-л; FIG (*geeignet sein*) быть осо́бенно спосо́бным к чему́-л;

Prädikat *n* ⓵ GRAM сказу́емое *с* ⓶ (*Bewertung*) знак *м* ка́чество; оцéнка *ж*, отмéтка *ж*; **Wein mit ~** отли́чное вино́; ◇ **Diplom mit ~** дипло́м с отли́чием

Präferenz *f* (*Vorzug*) предпочтéние *с*

prägen *vt* ⓵ (*formen, Münzen*) ‹от›чека́нить ⓶ (*Wort*) образо́|вывать ‹-ва́ть› ⓷ FIG (*beeinflussen, Charakter*) наллага́ть ‹-ложи́ть› свой отпеча́ток на кого́-что-л

pragmatisch *adj* прагмати́ческий

prägnant *adj* мéткий, чéткий; **Prägnanz** *f* чéткость *ж*

Prägung *f* ⓵ (*Handlung*) штампо́вка *ж* ⓶ (*von Münze*) чека́нка *ж* ⓷ (*Charakter~*) образéц *м*

prahlen *vi* ‹по›хвали́ться; **Prahlerei** *f* хвастовство́ *с*

Praktik *f* спо́соб *м*, приéм *м*; **praktikabel** *adj* осуществи́мый; **Praktikant(in** *f*) *m* практика́нт(ка *ж*) *м*; **Praktikum** *n* ‹-s, Praktika› пра́ктика *ж*; **praktisch I.** *adj* ⓵ (*zweckmäßig*) практи́чный ⓶ (*handwerklich geschickt*) умéлый, ло́вкий; ◇ **~ veranlagt sein** имéть спосо́бности к ремеслу́ ⓷ ◇ **~er Arzt** врач *м* широ́кого про́филя **II.** *adv* (*so gut wie*) практи́чески; ◇ **er verdient ~ nichts** он практи́чески ничего́ не зараба́тывает; **praktizieren I.** *vt* (*anwenden*) применя́ть ‹-ни́ть› **II.** *vi* (*Arzt*) практикова́ть *несов*

Praline *f* шокола́дная конфéта *ж*

prall *adj* ⓵ (*voll, Geldbeutel*) наби́тый ⓶ ◇ **in der ~en Sonne** на паля́щем со́лнце

prallen *vi* ударя́ться ‹уда́риться› (*gegen etw* о что-л)

Prämie *f* ⓵ (*Belohnung*) прéмия *ж* ⓶ (*Gebühr, Versicherungs~*) взнос *м*; **prämieren** *vt* (*auszeichnen*) премирова́ть *несов и сов*

Prämisse *f* ‹-s, -n› предпосы́лка *ж*

Pranger *m* ‹-s, -› FIG ◇ **jd-n an den ~ stellen** публи́чно подверга́ть кого́-л кри́тике

Präparat *n* препара́т *м*; **präparieren I.** *vt* ⓵ (*ausstopfen, Tiere*) препари́ровать, наби|ва́ть чу́чело **II.** *vt* (*sich vorbereiten*) ◇ **sich ~** гото́виться (к чему́-л)

Präposition *f* GRAM предло́г *м*

Prärie *f* прéрия *ж*

Präsens *n* ‹-› GRAM настоя́щее врéмя *с*

präsent *adj* (*anwesend*) прису́тствующий

präsentabel *adj* представи́тельный; **präsentieren** *vt* ⓵ (*vorlegen, Rechnung*) предъявля́ть ‹-ви́ть› ⓶ MIL (*Gewehr*) брать ‹взять› на карау́л

Präservativ *n* (*Kondom*) презервати́в *м*

Präsident(in *f*) *m* президéнт *м*

Präsidium *n* ⓵ (*Polizei~*) управлéние *с* поли́ции ⓶ (*Vorsitz*) председа́тельство *с*; (*von Partei*) президиум *м*

prasseln *vi* ⓵ (*Regen*) бараба́нить *несов*, стуча́ть *несов* ⓶ (*Feuer*) треща́ть *несов*

Präteritum *n* ‹-s, -ta› GRAM претéрит *м*

Präventivmaßnahme *f* предупреди́тельная мéра *ж*

Praxis *f* ‹-, Praxen› ⓵ (*Ggs. v. Theorie*) пра́ктика *ж*, о́пыт *м* ⓶ (*Arzt~*) пра́ктика *ж*

Präzedenzfall *m* прецедéнт *м*

präzis[e] *adj* то́чный; **Präzision** *f* то́чность *ж*

predigen *vi* (*Pfarrer*) пропове́довать *несов*; **Predigt** *f* ‹-, - en› про́поведь *ж*

Preis *m* ‹-es, -e› ⓵ (*Kosten, Honorar*) ценá *ж* ⓶ (*Gewinn, Prämie*) прéмия *ж*, приз *м*; ◇ **um keinen ~** ни за что́ на свéте; **Preisausschreiben** *n* ко́нкурс *м*

Preiselbeere *f* брусни́ка *ж*

preisen ‹pries, gepriesen› *vi* превоз|носи́ть ‹-нести́›

preisgeben *unreg vt* (*Geheimnis*) выдава́ть ‹вы́дать›; (*Person*) о|ставля́ть ‹-ста́вить›; **preisgekrönt** *adj* награждённый призом; **Preisgericht** *n* жюри́ *с*; **preislich** *adj* каса́ющийся цены́; **Preissturz** *m* рéзкое падéние *с* цен; **Preisträger(in** *f*) *m* лауреа́т(ка *ж*) *м*; SPORT победи́тель(ница *ж*) *м*; **preiswert** *adj* недорого́й, по досту́пной ценé

prekär *adj* затрудни́тельный

prellen I. *vt* (*betrügen*) обма́нывать

‹ну́ть›; ◇ **die Zeche prellen** уйти́, не уплати́в счёт **II.** vr (sich stoßen) ◇ **sich** ~ ушиба́ть ‹-би́ть›; **Prellung** f уши́б м

Premiere f ‹-, -n› премье́ра ж

Premierminister(in f) m премье́р-мини́стр

Presse f ‹-, -n› **1** (Saft~) соковыжима́лка ж **2** (Drucker~) пресс м **3** (Zeitungswesen) пре́сса ж, печа́ть ж; **Pressefreiheit** f свобо́да ж печа́ти; **Pressekonferenz** f пресс-конфере́нция ж; **Pressemeldung** f сообще́ние с пре́ссы

pressen vt (Zitrone) выжима́ть ‹вы́жать›

Presslufthammer m пневмати́ческий молото́к м

Prestige n ‹-s› прести́ж м

prickeln vi **1** (Sekt) пе́ниться несов **2** (auf Haut) щекота́ть несов **3** (erregen) возбужда́ть несов

pries impf v. **preisen**

Priester(in f) m ‹-s, -› свяще́нник м, свяще́нница ж

prima adj ‹inv› (toll) отли́чный

primär adj **1** (ursprünglich, Stufe) перви́чный **2** (vorrangig) основно́й

primitiv adj **1** (einfach, Volk) примити́вный **2** (dürftig, Behausung) ску́дный **3** (geistlos, Äußerung) примити́вный

Primzahl f MATH просто́е число́ с

Prinz(essin f) m принц(е́сса ж) м

Prinzip n ‹-s, -ien› при́нцип м; ◇ ~**ien haben** быть принципиа́льным; ◇ **im** ~ в при́нципе; **prinzipiell I.** adj принципиа́льный **II.** adv из при́нципа; ◇ **das ist** ~ **richtig** э́то в при́нципе пра́вильно; (aus Prinzip) ◇ ~ **nicht fernsehen** из при́нципа не смотре́ть телеви́зор; **prinzipienlos** adj беспринци́пный

Priorität f приорите́т м

Prise f ‹-, -n› (~ Salz) щепо́тка ж

Prisma n ‹-s, -men› при́зма ж

privat adj **1** (nicht öffentlich) ча́стный **2** (persönlich) ли́чный; **Privatbesitz** m ча́стная со́бственность ж

pro I. präp akk за, на кого́-что-л; ◇ ~ **Kopf** на челове́ка **II.** adv за; ◇ ~ **und kontra** за и про́тив; **Pro** n ‹-s› (Ggs. v. Wider) "за"

Probe f ‹-, -n› **1** (Test) прове́рка ж, испыта́ние с; ◇ **jd-n auf die** ~ **stellen** подве́ргнуть кого́-л испыта́нию **2** THEAT репети́ция ж **3** (Probieren, Wein~ etc.) дегуста́ция ж; **Probeexemplar** n про́бный экземпля́р м; **Probefahrt** f про́бная пое́здка ж; **proben** vt, vi THEAT ‹от-, про-›репети́ровать; **probeweise** adv для про́бы; **Probezeit** f испыта́тельный срок м; **probieren I.** vt (versuchen) ‹по-›про́бовать; (Wein) дегусти́ровать несов и сов **II.** vi (experimentieren) испы́тывать ‹-та́ть›

Problem n ‹-s, -e› пробле́ма ж, тру́дность ж; **Problematik** f проблема́ти-

ка ж; **problematisch** adj проблема́тичный; **problemlos** adj без пробле́м

Produkt n ‹-[e]s, -e› **1** (Erzeugnis) проду́кт м **2** (Ergebnis) результа́т м; ◇ **das** ~ **jahrelanger Arbeit** это результа́т многоле́тнего труда́; **Produktion** f **1** (Herstellung) произво́дство с **2** (Produziertes) проду́кция ж; **produktiv** adj производи́тельный, продукти́вный

Produzent(in f) m (von Ware) производи́тель(ница ж) м; FILM продю́сер м; **produzieren I.** vt (herstellen) изгота́вливать ‹-то́вить› **II.** vr (sich darstellen) ◇ **sich** ~ ‹про-›демонстри́ровать своё уме́ние

professionell adj профессиона́льный

Professor(in f) m профе́ссор м; **Professur** f профессу́ра ж

Profi m (Spezialist) профессиона́л м

Profil n ‹-s, -e› **1** (von Reifen) проте́кторный рису́нок м **2** (von Gesicht, a. FIG) про́филь м; **profilieren** vr (Anerkennung erlangen) ◇ **sich** ~ обрета́ть ‹-рести́› своё лицо́

Profit m ‹-[e]s, -e› при́быль ж, вы́года ж; **profitieren** vi извле́чь вы́году (von из чего́-л)

pro forma adv для ви́димости

Prognose f ‹-, -n› прогно́з м

Programm n ‹-s, -e› програ́мма ж; **programmieren** vt ‹за-›программи́ровать; **Programmierer(in** f) m ‹-s, -› программи́ст(ка ж) м; **Programmiersprache** f PC язык м программи́рования

progressiv adj прогресси́вный

Projekt n ‹-[e]s, -e› прое́кт м

Projektor m (Dia~) прое́ктор м

projizieren vt (Dia) a. FIG ‹с-›проеци́ровать (auf akk на кого́-что-л)

proklamieren vt проклами́ровать несов и сов

Proletariat n пролетариа́т м; **Proletarier(in** f) m ‹-s, -› пролета́рий м, пролета́рка ж

Prolog m ‹-[e]s, -e› проло́г м

Promenade f промена́д м

Promille n ‹-s, -› одна́ты́сячная часть ж

prominent adj знамени́тый, ви́дный; **Prominenz** f знамени́тости ж мн

Promotion f **1** COMM (Werbung) соде́йствие с сбы́ту **2** (Doktortitel) получе́ние с сте́пени кандида́та нау́к; **promovieren** vi получа́ть ‹-чи́ть› сте́пень кандида́та нау́к, защища́ть ‹-ти́ть› диссерта́цию

prompt adj бы́стрый, неме́дленный

Pronomen n ‹-s, -› GRAM местоиме́ние с

Propaganda f ‹-› пропага́нда ж; **propagieren** vt (Meinung) пропаганди́ровать несов; (werben) ра́товать несов за что-л

Propeller m ‹-s, -› пропе́ллер m
Prophet(in f) m ‹-en, -en› проро́к m, проро́чица ж; **prophezeien** vt проро́чить несов, предска́зывать ‹-за́ть›; **Prophezeiung** f проро́чество c, предсказа́ние c
prophylaktisch adj профилакти́ческий
Proportion f пропо́рция ж; **proportional** adj пропорциона́льный
Prosa f ‹-› про́за ж; **prosaisch** adj ① LIT прозаи́ческий ② FIG прозаи́чный
Prospekt m ‹-[e]s, -e› проспе́кт m
prost! intj за твоё [Ва́ше] здоро́вье!
prostituieren vr a. FIG ◇ **sich** ~ продава́‹ва́›ться; **Prostituierte** f проститу́тка ж
protegieren vt протежи́ровать несов
Protest m ‹-[e]s, -e› проте́ст m
Protestant(in f) m REL протеста́нт(ка ж) m; **protestantisch** adj протеста́нтский
protestieren vi ‹за-›протестова́ть (gegen akk про́тив чего́-л); **Protestkundgebung** f демонстра́ция ж проте́ста
Prothese f ‹-, -n› (Bein~) проте́з m; (Zahn~) вставны́е зу́бы м мн
Protokoll n ‹-s, -e› ① (schriftlich) протоко́л m; (von Unfall) акт m ② (Etikette) протоко́л m; **protokollieren** vt (bei Versammlung) вести́ протоко́л; (Unfallhergang) составля́ть ‹-ста́вить› акт, протоколи́ровать несов и сов
Proton n ‹-s, -en› (atomares Teilchen) прото́н m
Prototyp m прототи́п m
Protz m ‹-en, -e[n]› FAM хвасту́н(ья ж) m; **protzen** vi (angeben) ‹по-›хва́статься (mit чем-л); **protzig** adj (Auto) пы́шный; (Mensch) хвастли́вый, кичли́вый
Proviant m ‹-s› провиа́нт m
Provinz f ‹-, -en› прови́нция ж; **provinziell** adj провинциа́льный
Provision f COMM комиссио́нные мн
provisorisch I. adj вре́менный II. adv на вре́мя, пока́
Provokation f провока́ция ж; **provozieren** vt провоци́ровать несов и сов
Prozedur f процеду́ра ж
Prozent n ‹-[e]s, -e› проце́нт m; **Prozentsatz** m проце́нт m, проце́нтная ста́вка ж; **prozentual** adj процентуа́льный
Prozess m ‹-es, -e› ① JURA проце́сс m ② (Vorgang) проце́сс m; ◇ **mit jd-m/etw kurzen** ~ **machen** бы́стро распра́виться с кем/чем-л; **prozessieren** vi суди́ться (mit/gegen akk с кем-л)
Prozession f ше́ствие c
Prozessor m PC проце́ссор m
prüfen vt ① (Kenntnisse, Rechnung) проверя́ть ‹-ве́рить› ② (kontrollieren, Ausweispapiere) контроли́ровать несов

③ (Schüler) ‹про-›экзаменова́ть; **Prüfer(in** f) m ‹-s, -› экзамена́тор m; **Prüfling** m экзамену́ющийся(-аяся м и ж); **Prüfung** f ① (Test) прове́рка ж ② (Examen) экза́мен m ③ COMM (Kontrolle) прове́рка ж ④ FIG (bei Schicksalsschlag) испыта́ние c; **Prüfungskommission** f экзаменацио́нная коми́ссия ж
Prügel m ‹-s, -› ① (Knüppel, Holz~) дуби́нка ж ② nur pl (Schläge) побо́и мн; FAM взбу́чка ж; ◇ ~ **beziehen** получи́ть взбу́чку; **Prügelei** f дра́ка ж; **Prügelknabe** m козёл m отпуще́ния; **prügeln** vtr (schlagen) бить несов, изби‹ва́›ть
prunkvoll adj роско́шный
Pseudokrupp m ‹-s› MED ло́жный круп m; **Pseudonym** n ‹-s,-e› псевдони́м m
Psychiater(in f) m ‹-s, -› психиа́тр m; **psychisch** adj психи́ческий; **Psychoanalyse** f психоана́лиз m; **Psychologe** m ‹-n, -n› психо́лог m; **Psychologie** f психоло́гия ж; **Psychologin** f (же́нщина-)психо́лог ж; **psychologisch** adj психологи́ческий; **Psychopharmaka** pl психотро́пные сре́дства c мн; **psychosomatisch** adj психосомати́ческий; **Psychoterror** m запу́гивание c; **Psychotherapeut(in** f) m психотерапе́вт m
Pubertät f полово́е созрева́ние c
Publikum n ‹-s› пу́блика ж
publizieren vt ‹о-›публикова́ть
Pudding m ‹-s, -s› пу́динг m
Pudel m ‹-s, -› (Hund) пу́дель m
Puder m ‹-s, -› (Baby~) пу́дра ж; **pudern** vt ‹при-›пу́дрить; **Puderzucker** m са́харная пу́дра ж
Puff n ‹-s, -s› FAM (Bordell) публи́чный дом
Puffer m ‹-s, -› ① (bei Eisenbahn) бу́фер m ② (Kartoffel~) ола́дья из карто́феля
Pufferzone f MIL бу́ферная зо́на ж
Pulle f FAM (Flasche) буты́лка ж
Pulli m ‹-s, -s›, **Pullover** m ‹-s, -› пуло́вер m, сви́тер m
Puls m ‹-es, -e› пульс m; **pulsieren** vi ① (pochen, Puls) пульси́ровать несов ② FIG (belebt sein) ‹за-›би́ть ключо́м
Pult n ‹-[e]s, -e› (Schreib~, Noten~) пульт m
Pulver n ‹-s, -› (Pudding~) порошо́к m; (Schieß~) по́рох m; **pulverisieren** vt растира́ть ‹-тере́ть› в порошо́к; **Pulverschnee** m ры́хлый снег m
pummelig adj FAM (dick) пу́хленький
Pumpe f ‹-, -n› (Luft~) насо́с m; FAM (Herz) се́рдце c; **pumpen** vt ① (Wasser) ‹на-›кача́ть ② FAM (Geld verleihen) дава́‹ва́›ть взаймы́; (sich ausleihen) брать ‹взять› взаймы́
Punk¹ m ‹-s› MUS му́зыка ж панк
Punk² m ‹-s› (Person) панк m

Punkt *m* <-[e]s, -e> ① *(allg.)* то́чка *ж;* *(Paragraph)* пункт *м,* статья́ *ж;* ◇ *etw* **auf den ~ bringen** вы́разить суть де́ла; ◇ **in diesem ~ hat sie Recht** в э́том она́ права́; ◇ **~ 2 Uhr** ро́вно в 2 часа́ ② *(auf Landkarte)* то́чка *ж,* ме́сто *с;* **punktieren** *vt* MED *(Knie, Rückenmark)* пунктировать

pünktlich **I.** *adj* пунктуа́льный, то́чный **II.** *adv* во́время

Punktzahl *f* счёт *м* (очко́в)

Punsch *m* <-(e)s, -e> *(Wein~)* пунш *м*

Pupille *f* <-, -n> зрачо́к *м*

Puppe *f* <-, -n> ① *(Spielzeug)* ку́кла *ж* ② *(Kokon)* ку́колка *ж*

pur *adj* ① *(rein, unvermischt)* чи́стый ② *FIG* ◇ **~er Unsinn** чисте́йшая ерунда́

Püree *n* <-s, -s> *(Kartoffel~)* пюре́ *с*

Purzelbaum *m* ◇ **einen ~ schlagen** ~ вырка́ться <-ну́ться>

Puste *f* <-> FIG FAM *(Atem)* дыха́ние *с*

Pustel *f* <-, -n> гнойничо́к *м,* пу́стула *ж*

pusten *vi* <по-> ду́ть

Pute *f* <-, -n> инде́йка *ж;* **Puter** *m* <-s, -> инДю́к *м*

Putsch *m* <-[e]s, -e> *(Militär~)* путч *м*

Putz *m* <-es> ① *(das Saubermachen)* чи́стка *ж* ② *(Mörtel)* штукату́рка *ж* ③ *(prahlen)* ◇ **auf den ~ hauen** хва́статься

putzen **I.** *vt* *(sauber machen)* <вы->чи́стить; *(Fenster)* <вы->мыть; *(Karotten)* <на->чи́стить; *(Salat)* <по->мыть; *(Zähne, Schuhe)* <по->чи́стить; ◇ **sich** *dat* **die Nase ~** <вы->сморка́ться **II.** *vr* *(sich heraus~)* ◇ **sich ~** наря жа́ться <-ди́ться>; **Putzfrau** *f* убо́рщица *ж*

putzig *adj* *(lustig)* заба́вный, смешно́й

Putzlappen *m* тря́пка *ж*

Puzzle *n* <-s, -s> моза́ика-головоло́мка *ж*

Pyjama *m o. n* <-s, -s> пижа́ма *ж*

Pyramide *f* <-, -n> пирами́да *ж*

Pyrenäen *pl* Пирене́и *мн*

Q, q *n (im Russischen nicht vorhanden)*

Quacksalber(in *f)* *m* <-s, -> FAM зна́харь--шарлата́н *м,* зна́харка-шарлата́нка *ж*

Quader *m* <-s, -> *(~ stein)* квадр *м;* MATH прямоуго́льный параллелепи́пед *м*

Quadrat *n a.* MATH квадра́т *м;* ◇ **zwei ins ~ erheben** возвести́ два в квадра́т; **quadratisch** *adj (Fläche)* квадра́тный; MATH *(Gleichung)* квадра́тный; **Qua-**

dratmeter *m* квадра́тный метр *м;* **Quadratlatschen** *pl* FAM PEJ ① *(große Füße)* огро́мные но́ги *мн* ② *(große Schuhe)* неуклю́жая о́бувь *ж;* **Quadratwurzel** *f* MATH квадра́тный ко́рень *м*

quaken *vi (Frosch)* ква́кІать <-нуть>; *(Ente)* кря́кІать <-нуть>

quäken *vi* FAM *(Kleinkind)* пища́ть <пи́скнуть>

Quäker *m* <-s, -> REL ква́кер *м*

Qual *f* <-, -en> муче́ние *с;* *(seelisch)* му́ка *ж;* **quälen** **I.** *vt* <за-, из->му́чить; *(mit Bitten)* донима́ть *несов* **II.** *vr* ◇ **sich ~** <ис->терза́ться, <из->му́читься *(mit* чем-л); **Quälerei** *f a.* FIG муче́ние *с;* **Quälgeist** *m* FAM мучи́тель *м*

Qualifikation *f* квалифика́ция *ж;* ◇ **die notwendige ~ für etw haben** быть квалифици́рованным для чего́-л; **qualifizieren** *vr* ◇ **sich ~** *(Sport)* квалифици́роваться *несов и сов (für* для чего́-л); *(Bildung)* повыша́ть <-вы́сить> свою́ квалифика́цию

Qualität *f* ка́чество *с;* **Qualitätsware** *f* ка́чественный това́р *м*

Quelle *f* <-, -n> ZOOL меду́за *ж*

Qualm *m* <-[e]s> *(Rauch)* дым *м,* чад *м;* *(Zigarren~)* дым *м;* **qualmen** **I.** *vi* *(Schornstein)* дыми́ть *несов* **II.** *vt* *(Zigarette)* <на->дыми́ть *несов;* ◇ FAM **~ wie ein Schlot** быть зая́длым кури́льщиком

qualvoll *adj (Tod)* мучи́тельный

Quantentheorie *f* MATH ква́нтовая тео́рия *ж*

Quantität *f* коли́чество *с;* **quantitativ** *adj (Analyse)* коли́чественный

Quarantäne *f* <-, -n> MED каранти́н *м;* ◇ **unter ~ stehen** находи́ться под каранти́ном

Quark *m* <-s> ① *(Speise)* творо́г *м* ② FAM *(Quatsch)* чепуха́ *ж,* ерунда́ *ж;* **Quarkkuchen** *m* пиро́г *м* с творого́м

Quartal *n* <-s, -e> кварта́л *м;* **Quartalsabrechnung** *f* кварта́льная отчётность *ж*

Quarte *f* MUS ква́рта *ж*

Quartett *n* <-s, -e> кварте́т *м*

Quartier *n* <-s, -e> *(Urlaubs~)* жильё *с,* *(вре́менная)* кварти́ра *ж;* MIL ме́сто *с* расположе́ния

Quarz *m* <-es, -e> GEO кварц *м*

quasi *adv (nahezu, fast)* так сказа́ть, как бы

quasseln *vi* FAM *(ständig reden)* болта́ть *несов;* *(plappern)* тарато́рить *несов;* **Quasselstrippe** *f* болту́н(ья *ж) м*

Quaste *f* <-, -n> *(Pinsel)* кисть *ж*

Quatsch *m* <-es> FAM вздор *м,* ерунда́ *ж;* **quatschen** *vi* FAM *(reden)* болта́ть *несов,* трепа́ться *несов*

Quecksilber *n* CHEM ртуть *ж*

Quelle *f* <-, -n> ① *(Erdöl~, Mineral~)* исто́чник *м,* ключ *м,* родни́к *м* ② FIG

(*Informations*~) источник м; **quellen** ⟨quillt *o.* quellt, quoll, gequollen⟩ *vi* ① (*strömen, Blut*) литься *несов;* (*rinnen*) сочиться *несов* ② (*schwellen, Hülsen-früchte*) набухать ⟨бухнуть⟩

quengeln *vi FAM* (*jammern*) ныть *несов,* жаловаться *несов*

quer *adv* поперёк; ◇ ~ **durch den Wald** через лес напрямую; ◇ ~ **über die Straße gehen** пересечь улицу; **Querbalken** м поперечная балка ж, перекладина ж; **Quere** *f* ⟨-⟩ *FAM* (*behindern*) ◇ **jd-m in die** ~ **kommen** встать поперёк пути кому-л; **querfeldein** *adv* напрямик; **Querflöte** *f* поперечная флейта ж; **Querschnitt** м *TECH* поперечное сечение с; *FIG* обзор м; **querschnittsgelähmt** *adj* парализованный; **Querstraße** *f* поперечная улица ж

Querulant(in *f*) м спорщик м, спорщица ж

quetschen *vt* (*ausdrücken*) выжимать ⟨выжать⟩; (*verletzen*) отдавить *сов;* прищемить *сов;* **Quetschung** *f MED* ушиб м

Queue *n* ⟨-s, -s⟩ (*Billard*~) кий м

quieken *vi* (*Schwein*) визжать ⟨визгнуть⟩

quietschen *vi* (*Tür*) скрипеть ⟨крипнуть⟩; *FAM* ◇ **vor Vergnügen** ~ визжать от удовольствия

Quinte *f* ⟨-, -n⟩ *MUS* квинта ж; **Quintett** *n* ⟨-s, - e⟩ квинтет м

Quirl м ⟨-[e]s, -e⟩ (*Küchengerät*) мутовка ж

quitt *adj* ◇ ~ **sein mit jd-m** быть в расчёте с кем-л

Quitte *f* ⟨-, -n⟩ (*Frucht*) айва ж

quittieren *vt* ① (*Empfang*) расписываться ⟨сяться в получении чего-л ② (*Dienst*) увольняться ⟨волиться⟩; **Quittung** *f* квитанция ж

Quiz *n* ⟨-, -⟩ викторина ж; **Quizmaster** м ⟨-s, -⟩ ведущий м викторину; **Quizsendung** *f* телевикторина ж

quoll *impf v.* **quellen**

Quote *f* ⟨-, -n⟩ (*Fehler*~, *Gewinn*~) квота ж

Quotient м частное с

R, r *n* Р, р

Rabatt м ⟨-[e]s, -e⟩ скидка ж

Rabatz м ⟨-⟩ *FAM* ◇ ~ **machen** буянить *несов,* поднимать шум

Rabe м ⟨-n, -n⟩ *ZOOL* ворон м

Rabenmutter *f FIG* жестокая мать ж; **Rabenvater** *m FIG* жестокий отец м

rabiat *adj* (*Person*) грубый; (*Umgangston*) бесцеремонный; (*Methoden*) жестокий

Rache *f* ⟨-⟩ месть ж, мщение с

Rachen *m* ⟨-s, -⟩ ① *ANAT* зев м ② (*Raubtier*~) пасть ж

rächen I. *vt* (*jd-n/etw*) ⟨ото⟩мстить за кого-что-л II. *vr* (*Rache nehmen*) ◇ **sich** ~ ⟨ото⟩мстить (*an dat* кому-л)

Rachitis *f* ⟨-⟩ *MED* рахит м

rachsüchtig *adj* мстительный

Rad *n* ⟨-[e]s, Räder⟩ ① (*Reifen*) колесо с ② (*Fahr*~) велосипед м; ◇ ~ **fahren** ⟨по⟩ехать на велосипеде ③ *SPORT* переворот м боком, колесо с

Radar *n o. m* ⟨-s⟩ радиолокатор м, радар м; **Radarkontrolle** *f* контроль м радаром

Radau *m* ⟨-s⟩ *FAM* (*Krawall*) галдёж м, дебош м

radeln *vi,* **radfahren** *s.* **Rad**; **Radfahrer(in** *f*) *m* велосипедист(ка ж) м

radieren *vt* ① (*entfernen*) стирать ⟨стереть⟩ ② (*Zeichnung*) ⟨вы-⟩гравировать; **Radiergummi** *m* (стирательная) резинка ж; **Radierung** *f KUNST* гравюра ж

Radieschen *n* редис м, редиска ж

radikal *adj* ① (*Änderung*) радикальный ② (*extremistisch*) экстремистский; **Radikale(r** *fm POL* радикал м

Radio *n* ⟨-s, -s⟩ радио с

radioaktiv *adj* радиоактивный; **Radioaktivität** *f* радиоактивность ж

Radiorecorder *m* ⟨-s, -⟩ кассетный радиоприёмник м, магнитола ж; **Radiowecker** *m* радиобудильник м

Radium *n CHEM* радий м

Radius *m* ⟨-, Radien⟩ (*Kreis*~) радиус м

Radkappe *f AUTO* колпак м колеса

Radrennbahn *f* велотрек м, велодром м; **Radrennen** *n* велогонка ж; **Radsport** *m* велоспорт м; **Radweg** *m* велосипедная дорожка ж

raffen *vt* ① (*schnell ergreifen*) схватывать ⟨тить⟩; ◇ **etw an sich** ~ присваивать ⟨воить⟩ себе что-л ② (*Stoff, Vorhang*) соб⟨и⟩рать ③ (*Geld*) загребать ⟨рести⟩ ④ *FAM* (*kapieren*) улавливать ⟨уловить⟩

Raffinesse *f* ① (*Gerissenheit*) хитрость ж, изощрённость ж ② (*Besonderheit*) утончённость ж; **raffiniert** *adj* ① (*Person*) хитрый, коварный ② (*Plan*) изощрённый, хитроумный ③ (*Zucker, Öl*) рафинированный

Rahm *m* ⟨-s⟩ сливки мн

rahmen *vt* (*Bild*) вставлять ⟨ставить⟩ в раму; **Rahmen** *m* ⟨-s, -⟩ ① (*Bilder*~) рама ж ② (*Chassis*) шасси с; (*vom Fahrrad*) рама ж ③ (*Umgebung*) обстановка ж, атмосфе́ра ж **4** FIG (*Bereich*) преде́лы мн, грани́цы мн, ра́мки ж мн; ◇ **im ~ des Möglichen** в ра́мках возмо́жного

räkeln s. rekeln

Rakete f ⟨-, -n⟩ раке́та ж

Rallye f ⟨-, -s⟩ (*Auto~*) автора́лли с

rammen vt **1** (*anfahren*) налезжа́ть ⟨-е́хать⟩ на кого́-что-л **2** (*stoßen, Pfahl*) заби⟨ва́⟩ть (*in akk* во что-л)

Rampe f ⟨-, -n⟩ **1** (*Lade~*) (погру́зочная) платфо́рма ж **2** THEAT ра́мпа ж **3** (*Abschuss~*) пускова́я устано́вка ж

Rampenlicht n **1** THEAT свет м ра́мпы **2** FIG ◇ **im ~ stehen** быть в це́нтре внима́ния

ramponieren vt FAM повре⟨жда́⟩ть ⟨-ди́ть⟩

Ramsch m ⟨-[e]s, -e⟩ FAM хлам м, барахло́ с

ran = FAM heran

Rand m ⟨-[e]s, Ränder⟩ **1** (*Teller*) кайма́ ж; (*Abgrund*) край м; (*Papier*) поля́ с мн **2** FIG ◇ **am ~e der Verzweiflung** доведённый до отча́яния **3** FAM PEJ (*Mund*) ◇ **den ~ halten** держа́ть язы́к за зуба́ми **4** FIG (*beiläufig*) ◇ **am ~e bemerken** упомяну́ть вскользь

Randale f ⟨-⟩ FAM дебо́ш м, сканда́л м, вандали́зм м; **randalieren** vi FAM дебоши́рить несов; (*stärker*) громи́ть несов что-л

Randbemerkung f примеча́ние с на поля́х; **Randerscheinung** f второстепе́нное явле́ние с

rang impf v. ringen

Rang m ⟨-[e]s, Ränge⟩ **1** (*Stellung*) зва́ние с, ранг м **2** (*Qualität*) сте́пень ж; ◇ **ein Künstler ersten ~es** первокла́ссный худо́жник **3** THEAT я́рус м **4** (*hoher Stellenwert*) зна́чимость ж, ва́жность ж **5** SPORT (*Platz*) ме́сто с

rangieren I. vt (*Eisenbahn*) маневри́ровать несов **II.** vi FIG ◇ **an erster Stelle ~** занима́ть пе́рвое ме́сто

Rangordnung f (*Hierarchie*) иера́рхия ж

Ranke f ⟨-, -n⟩ BOT у́сик м

rann impf v. rinnen

rannte impf v. rennen

Ranzen m ⟨-s, -⟩ (*Schul~*) ра́нец м

ranzig adj (*Butter*) прого́рклый

Rappe m ⟨-n, -n⟩ (*schwarzes Pferd*) вороно́й м

Rappel m ⟨-s⟩ FAM (*einen Fimmel haben*) ◇ **er hat ja e-n ~** ему́ дурь в го́лову сту́кнула

Raps m ⟨-es⟩ BOT рапс м

rar adj (*selten*) ре́дкий; ◇ **sich ~ machen** ре́дко появля́ться; **Rarität** f ре́дкость ж, раите́т м

rasant adj (*Tempo*) бе́шеный, бу́рный, стреми́тельный

rasch adv бы́стро

rascheln vi (*Papier, Laub*) шелесте́ть несов, шурша́ть несов

rasen vi **1** (*schnell fahren*) ⟨по-⟩мча́ться **2** (*wüten, toben*) бушева́ть несов, нейстовствовать несов

Rasen m ⟨-s, -⟩ газо́н м

rasend adj **1** (*wütend*) я́ростный, бе́шеный; ◇ **er ist ~ vor Eifersucht** он вне себя́ от ре́вности **2** (*Schmerzen*) си́льный

Rasenmäher m ⟨-s, -⟩ газонокоси́лка ж

Raserei f **1** (*schnelles Fahren*) бы́страя езда́ ж **2** (*Wüten*) я́рость ж, бе́шенство с

Rasierapparat m (электро)бри́тва ж; **Rasiercreme** f крем м для бритья́; **rasieren** vr (*Bart*) ◇ **sich ~** ⟨по-⟩бри́ться; **Rasierklinge** f ле́звие с (безопа́сной) бри́твы; **Rasierwasser** n туале́тная вода́ ж для бритья́

Rasse f ⟨-, -n⟩ **1** (*Tier~*) поро́да ж **2** (*Menschen~*) ра́са ж

Rassel f ⟨-, -n⟩ трещо́тка ж; **rasseln** vi **1** (*klirren*) греме́ть, звене́ть **2** FAM (*durchfallen*) ◇ **durch e-e Prüfung ~** прова́ливаться на экза́мене

Rassenhass m ра́совая не́нависть ж; **Rassentrennung** f (*Apartheid*) ра́совая сегрега́ция ж

Rassismus m ⟨-⟩ раси́зм м; **Rassist(in** f) m ⟨-en, -en⟩ раси́ст(ка ж) м

Rast f ⟨-, -en⟩ (*Pause*) переды́шка ж, о́тдых м; **rasten** vi ⟨с-⟩де́лать переды́шку

Raster n MEDIA, FOTO растр м; (*bei Siebdruck*) ра́стровая се́тка ж

rastlos adj неутоми́мый; **Rastplatz** m (*an Autobahn*) ме́сто с для о́тдыха (у автостра́ды); **Raststätte** f (*Rasthaus, an Autobahn*) рестора́н м у автостра́ды

Rasur f (*Nass~, Trocken~*) бритьё с

Rat¹ m ⟨-[e]s⟩ (*Empfehlung*) сове́т м; ◇ **um ~ fragen** посове́товаться с кем-л

Rat² m ⟨-[e]s, Räte⟩ (*Gremium*) сове́т м

Rate f ⟨-, -n⟩ (*Monats~*) взнос м; ◇ **auf ~n kaufen** купи́ть в рассро́чку

raten ⟨rät, riet, geraten⟩ vt **1** (*Rat geben*) ◇ **jd-m etw ~** ⟨по-⟩сове́товать кому́-л что-л **2** (*Rätsel*) уга́дывать ⟨-да́ть⟩; ◇ **rate mal!** угада́й!

ratenweise adv в рассро́чку; **Ratenzahlung** f уппла́та ж в рассро́чку

Ratgeber(in f) m ⟨-s, -⟩ сове́тчик м, сове́тчица ж; **Rathaus** n ра́туша ж

ratifizieren vt (*Staatsvertrag*) ратифици́ровать несов и сов; **Ratifizierung** f ратифика́ция ж

Ration f (*Essens~*) рацио́н м, паёк м

rational adj (*vernünftig*) рациона́льный

rationalisieren vt (*Arbeitsvorgänge*) рационализи́ровать несов и сов

rationell adj рациона́льный; (*ökonomisch*) эконо́мичный; (*zweckmäßig*) целесообра́зный

rationieren vt рациони́ровать несов
ratlos adj (hilflos) расте́рянный, беспо́мощный; **Ratlosigkeit** f расте́рянность ж, беспо́мощность ж; **ratsam** adj целесообра́зный; **Ratschlag** m сове́т м
Rätsel n ‹-s, -› a.FIG зага́дка ж; ◇ **jd-m ein ~ aufgeben** зада́ть кому́-л зага́дку; **rätselhaft** adj (unverständlich) зага́дочный
Ratte f ‹-, -n› ① ZOOL кры́са ж ② FAM PEJ (mieser Typ) кры́са ж
rattern vi треща́ть несов
rau adj ① (Oberfläche) шерша́вый, шерохова́тый ② (Klima) суро́вый ③ (ungeschliffen, Mensch) суро́вый; (Umgangston) гру́бый; **Raureif** m и́ней м, и́зморось ж
Raub m ‹-[e]s› ① (Diebstahl) грабёж м ② (Beute) награ́бленное с, добы́ча ж; **Raubbau** m хи́щническая разрабо́тка ж; **Raubdruck** m (von Buch) пира́тское изда́ние с; **rauben** vt ① (stehlen) похища́ть ‹-хи́тить› ② FIG (nehmen) ◇ **jd-m die Hoffnung ~** отнима́ть у кого́-л наде́жду; **Räuber(in** f) m ‹-s, -› разбо́йник м, разбо́йница ж, граби́тель(ница ж) м; **Raubmord** m уби́йство с с це́лью ограбле́ния; **Raubtier** n хи́щник м; **Raubvogel** m хи́щная пти́ца ж
Rauch m ‹-[e]s› (Tabak~) дым м; **rauchen** vt ‹по-›кури́ть; **Raucher(in** f) m ‹-s, -› кури́льщик м, кури́льщица ж; **Raucherabteil** n (im Zug) купе́ с для куря́щих
räuchern vt (Schinken) ‹за-›копти́ть; **Räucherstäbchen** n кури́тельная па́лочка ж
Rauchfleisch n копчёное мя́со с; **rauchig** adj ды́мный; **Rauchvergiftung** f MED отравле́ние с ды́мом
rauf = heraus heraus
Raufbold m ‹-[e]s, -e› FAM (Person) драчу́н м; **raufen** vi ① (von Kindern) ‹по-›дра́ться ② ◇ **sich** dat **die Haare ~** рвать на себе́ во́лосы; **Rauferei** f дра́ка ж
rauh = rau
Rauhreif = Raureif
Raum m ‹-[e]s, Räume› ① (Wohn~) помеще́ние с ② (Platz) простра́нство с ③ (Umgebung) райо́н м, о́бласть ж; ◇ **der ~ Frankfurt** райо́н Фра́нкфурта ④ FIG (Spiel~) возмо́жности ж мн
räumen vt ① (ausziehen, Wohnung) освобожда́ть ‹-ди́ть› ② (Saal) очища́ть ‹очи́стить› ③ (aufräumen) уби‹и›ра́ть
Raumfahrt f космона́втика ж; **Rauminhalt** m вмести́мость ж, ёмкость ж; **räumlich** adj простра́нственный; **Räumlichkeiten** f pl (Zimmer) помеще́ние с
Raummangel m недоста́ток м ме́ста; **Raumpfleger(in** f) m убо́рщик м, убо́рщица ж; **Raumschiff** n ASTRON косми́ческий кора́бль м
Räumung f (Wohnungs~) освобожде́ние с; **Räumungsverkauf** m COMM по́лная распрода́жа ж
Raupe f ‹-, -n› (a. Ketten~) гу́сеница ж
Rausch m ‹-[e]s, Räusche› ① (Wein~) опьяне́ние с, хмель м ② FIG (Euphorie, Glücks~) опьяне́ние с, упое́ние с
rauschen vi ① (Wasser) журча́ть несов; (Wind) шуме́ть несов ② (Blätter) шурша́ть несов ③ (Beifall) шуме́ть несов ◇ FAM (gehen) ◇ **aus dem Zimmer ~** с тре́ском вы́лететь из ко́мнаты
rauschend adj ① (Fest) роско́шный, пы́шный ② (Beifall) бу́рный
Rauschgift n нарко́тик м; **Rauschgiftsüchtige(r)** fm наркома́н(ка ж) м
räuspern vr ◇ **sich ~** отка́шливаться ‹-ляться›
Raute f ‹-, -n› MATH ромб м
Razzia f ‹-, Razzien› (Polizei~) обла́ва ж
Reagenzglas n (im Labor) проби́рка ж
reagieren vi ① CHEM реаги́ровать несов ② FIG (böse, prompt) ‹от-›реаги́ровать (auf akk на); **Reaktion** f ① CHEM реа́кция ж ② FIG реа́кция ж
reaktionär adj реакцио́нный
Reaktionsgeschwindigkeit f CHEM ско́рость ж реа́кции
Reaktor m (von Atomkraftwerk) реа́ктор м; **Reaktorkern** m акти́вная зо́на ж реа́ктора
real adj (wirklich) реа́льный
realisieren vt (verwirklichen) реализова́ть несов и сов, осуществля́ть ‹-ви́ть›
Realismus m реали́зм м; **Realist(in** f) m реали́ст(ка ж) м; **realistisch** adj реалисти́чный; **Realität** f действи́тельность ж, реа́льность ж
Realpolitik f реалисти́ческая поли́тика ж; **Realschule** f разнови́дность сре́дней шко́лы
Rebe f ‹-, -n› (Weinstock) виногра́дная лоза́ ж
Rebell(in f) m ‹-en, -en› бунта́рь м, бунта́рка ж, мяте́жник м, мяте́жница ж; **rebellieren** vi бунтова́ть, восстава́ть; **Rebellion** f бунт м, мяте́ж м; **rebellisch** adj бунта́рский, мяте́жный
Rebhuhn n ZOOL куропа́тка ж
Rebstock m BOT виногра́д м, виногра́дная лоза́ ж
Rechen m ‹-s, -› (Gartengerät) гра́бли мн
Rechenaufgabe f MATH арифмети́ческая зада́ча ж
Rechenschaft f отчёт м; ◇ **jd-m über etw ~ ablegen** дава́ть кому́-л отчёт в чём-л; ◇ **von jd-m für etw ~ verlangen** тре́бовать у кого́-л отчёта за что-л; ◇ **jd-n zur ~ ziehen** привлека́ть кого́-л к отве́тственности

Rechenzentrum n PC вычисли́тельный центр м

recherchieren vt (ermitteln) производи́ть рассле́дования, осведомля́ться несов

rechnen I. vt ① MATH (Aufgabe) реша́ть ‹-ши́ть›, вычисля́ть ‹вы́числить› ② (zählen zu) ◇ **ich rechne ihn zu meinen Freunden** я счита́ю его́ свои́м дру́гом ③ (einplanen, schätzen) счита́ть несов, рассчи́тывать несов; ◇ **für die Fahrt ~ wir (mit) 8 Stunden** на пое́здку мы рассчи́тываем потра́тить 8 часо́в **II.** vi ① MATH производи́ть ‹-вести́› вычисле́ния ② FIG (sparsam sein) быть эконо́мным; ◇ **mit jedem Pfennig ~** счита́ть ка́ждую копе́йку ③ FIG ◇ **mit dem Schlimmsten ~** ожида́ть са́мого ху́дшего ④ (sich verlassen) ◇ **auf jd-n/etw ~** рассчи́тывать на кого́/что-л; **Rechner** m ‹-s, -› компью́тер м; **Rechnung** f ① MATH (Rechenaufgabe) рассчёт м, вычисле́ние c ② COMM (Kosten~) счёт м, вы́ ③ FIG ◇ **e-r Sache ~ tragen** учи́тывать что-л; **Rechnungsprüfer(in** f) m COMM ревизо́р м

recht I. adj ① (passend) подходя́щий ② (richtig) пра́вильный **II.** adv ① (ziemlich) ◇ **~ teuer** дово́льно дорого́й ② (passend) ◇ **das ist mir ~** меня́ э́то устра́ивает

Recht n ‹-[e]s, -e› ① (Anspruch) пра́во c (auf akk на); ◇ **~ zu ~** по пра́ву; ◇ **~ haben** быть пра́вым; ◇ **~ bekommen** получи́ть подтвержде́ние в своё́й правоте́ ② JURA пра́во c; ◇ **von ~s wegen** в си́лу зако́на, по зако́ну

Rechte f ‹-n, -n› ① (rechte Hand) пра́вая рука́ ж ② (die politische ~) пра́вые мн **rechte(r, s)** adj пра́вый; **Rechte(r)** fm (politisch) пра́вый‹-ая ж› м

Rechteck n ‹-s, -e› прямоуго́льник м; **rechteckig** adj прямоуго́льный

rechtfertigen I. vt (Tat) опра́вдывать ‹-да́ть› **II.** vr ◇ **sich ~** опра́вдываться ‹-да́ться›; **Rechtfertigung** f оправда́ние c

rechthaberisch adj несгово́рчивый, неусту́пчивый; **rechtlich** adj правово́й, юриди́ческий; **rechtmäßig** adj зако́нный

rechts adv спра́ва; ◇ **nach ~** на пра́во; **Rechtsanwalt** m, **Rechtsanwältin** f адвока́т м

Rechtsaußen m ‹-, -› SPORT (Fußball) пра́вый кра́йний нападаю́щий м **Rechtsbeistand** f JURA пове́ренный м, юриско́нсульт м

rechtschaffen adj че́стный, поря́дочный; **Rechtschreibung** f (Orthographie) правописа́ние c, орфогра́фия ж

Rechtsfall m JURA суде́бное де́ло c; **Rechtshänder(in** f) m ‹-s, -› правша́ м/ж; **rechtskräftig** adj (Urteil) име́ющий зако́нную си́лу;

Rechtskurve f пра́вый поворо́т м; **rechtsradikal** adj POL кра́йне пра́вый **rechtswidrig** adj противозако́нный **rechtwinklig** adj (Dreieck) прямоуго́льный; **rechtzeitig I.** adj своевре́менный **II.** adv ① (pünktlich) во́время, своевре́менно ② (früh genug) заблаговре́менно

Reck n ‹-[e]s, -e› SPORT турни́к м **recken I.** vt (Hals) выта́гивать ‹вы́тянуть› **II.** vr ◇ **sich ~** потя́гиваться несов **Recycling** n ‹-s› повто́рное испо́льзование c, возвра́т м в произво́дственный цикл; **Recyclingpapier** n бума́га ж из втори́чного сырья́

Redakteur(in f) m реда́ктор м; **Redaktion** f ① (das Redigieren) редакти́рование c ② (~sabteilung) реда́кция ж

Rede f ‹-, -n› ① (Reden) речь ж; ◇ **davon war nie die ~** об э́том и ре́чи не́ было ② ◇ **jd-n zur ~ stellen** тре́бовать от кого́-л объясне́ний ③ (Ansprache) речь ж, выступле́ние c; ◇ **e-e ~ halten** держа́ть речь ④ GRAM речь ж; **redegewandt** adj красноречи́вый; **reden** vi/vt ① (sprechen) ‹по-›говори́ть (über akk о чём-л) ② (sich unterhalten) разгова́ривать несов, бесе́довать несов (über akk о чём-л) ③ (Rede halten) выступа́ть ‹вы́ступить› с ре́чью; **Redensart** f выраже́ние c, погово́рка ж; **Redewendung** f оборо́т м ре́чи

redlich adj (ehrlich) че́стный **Redner(in** f) m ‹-s, -› ора́тор м **redselig** adj словоохо́тливый, болтли́вый

reduzieren vt (Gewicht) сбавля́ть ‹сба́вить›; (Personal) сокраща́ть ‹-ти́ть›; (Aufwand) уменьша́ть ‹уме́ньшить›

Reede f ‹-, -n› (Schiffs~) рейд м; ◇ **auf der ~ liegen** стоя́ть на ре́йде; **Reeder(in** f) m ‹-s, -› судовладе́лец м, судовладе́лица ж

reell adj ① (ehrlich) че́стный, поря́дочный ② (wirklich) реа́льный, действи́тельный

Referat n ① (Vortrag) рефера́т м, докла́д м ② (Abteilung, Presse~) отде́л м **Referendar(in** f) m SCH (Studien~) стажё́р м

Referent(in f) m (Vortragende/r) докла́дчик м, докла́дчица ж

Referenz f рекоменда́ция ж **referieren** vi ① (vortragen) ‹про-›чита́ть докла́д (über akk о чём-л)

reflektieren I. vt (Licht) отража́ть ‹-зи́ть› **II.** vi (nachdenken) размышля́ть несов (über akk о чём-л)

Reflex m ‹-es, -e› ① (Widerschein) отраже́ние c ② (Reaktion) рефле́кс м **Reflexion** f ① (von Strahlen) отраже́ние c ② (Nachdenken) размышле́ние c **reflexiv** adj GRAM возвра́тный **Reform** f ‹-, -en› рефо́рма ж

Reformation f ① (*Erneuerung*) преобразова́ние с ② HIST (*von Kirche*) Реформа́ция ж; **reformatorisch** adj реформа́торский

Reformhaus n магази́н м здоро́вого пита́ния

reformieren vt преобразо́вывать <-ва́ть>

Refrain m <-s, -s> припе́в м, рефре́н м

Regal n <-s, -e> (*Bücher~*) по́лка ж

rege adj ① (*lebhaft, Verkehr*) оживлённый ② (*aktiv*) акти́вный, де́ятельный

Regel f <-, -n> ① (*Vorschrift, Spiel~*) пра́вило с; (*Norm*) но́рма ж; ◇ **sich an die ~n halten** приде́рживаться пра́вил; ◇ **das ist bei uns die ~** у нас так при́нято; ◇ **in der ~** как пра́вило ② MED (*~blutung*) менструа́ция ж; **regelmäßig** adj ① (*gleichmäßig, Puls*) ро́вный, разме́ренный ② (*Gesichtszüge*) пра́вильный ③ (*Mahlzeiten*) регуля́рный; **Regelmäßigkeit** f регуля́рность ж; **regeln I.** vt ① (*Verkehr*) регули́ровать несов ② (*Angelegenheit*) упоря́дочи<ва>ть **II.** vr ◇ **das wird sich von selbst ~** э́то само́ собо́й ула́дится; **regelrecht I.** adv ① (*korrekt*) пра́вильно ② пря́мо-таки **II.** adj (*samyj*) настоя́щий; ◇ **e-e ~e Lüge** я́вная ложь; **Regelung** f ① (*von Problemen*) ула́живание с ② (*Abmachung*) урегули́рование с; **regelwidrig** adj наруша́ющий пра́вила, не соотве́тствующий пра́вилам

regen I. vt (*Finger*) <по->шевели́ть **II.** vr (*bewegen*) ◇ **sich ~** <по->шевели́ться

Regen m <-s, -> a. FIG дождь м; **Regenbogen** f ра́дуга ж; **Regenbogenpresse** f бульва́рные иллюстри́рованные журна́лы м мн, жёлтая пре́сса ж

Regeneration f регенера́ция ж

Regenmantel m плащ м, дождеви́к м; **Regenschauer** m ли́вень м; **Regenschirm** m зо́нтик м, зонт м; **Regenwald** m GEO вла́жные тропи́ческие леса́ мн

Regie f ① (*bei Film*) режиссу́ра ж ② (*Leitung*) организа́ция ж, управле́ние с

regieren vt (*herrschen*) быть у вла́сти, управля́ть несов; (*Monarch*) пра́вить несов; **Regierung** f ① (*das Regieren*) управле́ние с ② (*die Regierung*) прави́тельство с; **Regierungswechsel** m сме́на ж прави́тельства

Regiment n <-s, -er> ① (*Herrschaft*) правле́ние с ② MIL (*Einheit*) полк м

Region f регио́н м, о́бласть ж

Regisseur(in f) m режиссёр м

Register n <-s, -> ① (*Verzeichnis*) пе́речень м; спи́сок м; (*in Büchern*) (алфави́тный) указа́тель м ② MUS (*von Orgel*) реги́стр м ③ FIG ◇ **alle ~ ziehen** пуска́ть в ход все сре́дства

registrieren vt ① (*in Register eintragen*)

<за-> регистри́ровать ② (*wahrnehmen*) замеча́ть <-ме́тить>

Regler m <-s, -> (*Regulator*) регуля́тор м

regnen vi unpers ◇ **es regnet** идёт дождь; **regnerisch** adj дождли́вый

regulär adj норма́льный, регуля́рный

regulieren vt (*Lautstärke, Preise*) <от->регули́ровать

Regung f ① (*Gefühl*) поры́в м ② (*Bewegung*) движе́ние с; **regungslos** adj неподви́жный

Reh n <-[e]s, -e> косу́ля ж

rehabilitieren vt ① (*nach Haft*) реабилити́ровать несов и сов; (*nach Krankheit*) восстана́вливать <-нови́ть> трудоспосо́бность ② (*wiedereinsetzen*) восстана́вливать <-нови́ть>; **Rehabilitationszentrum** n MED реабилитацио́нный центр м

Reibe f <-, -n> (*von Koch*) тёрка ж; **reiben** <rieb, gerieben> vt ① (*zerreiben, Käse*) тере́ть несов, расти́ра́ть <-тере́ть> ② (*Augen*) <по->тере́ть ③ (*wund~*) <на->тере́ть

Reiberei f (*Diskrepanz*) разногла́сия с мн

Reibung f ① (*das Reiben*) тре́ние с ② FIG (*Unstimmigkeit*) разногла́сия с мн; **reibungslos** adj беспрепя́тственный, бесперебо́йный

reich adj ① (*wohlhabend*) бога́тый, зажи́точный ② (*üppig, Ernte*) бога́тый ③ FIG ◇ **er ist ~ an Erfahrung** у него́ бога́тый о́пыт; ◇ **eine ~e Auswahl** большо́й вы́бор

Reich n <-[e]s, -e> ① (*König~*) короле́в-

 Reichstag

Зда́ние рейхста́га в Берли́не стро́илось с 1884 по 1894 г. Заседа́ния парла́мента Герма́нии проводи́лись в нём до 27 февраля́ 1933 г. В э́тот день был совершён поджо́г рейхста́га, кото́рый национа́л-социали́сты (**Nazis**) ло́жно приписа́ли свои́м полити́ческим проти́вникам — коммуни́стам, испо́льзуя э́тот инциде́нт для запре́та компа́ртии Герма́нии и манипули́рования обще́ственным мне́нием. Э́то ознаменова́ло коне́ц демокра́тии в Ве́ймарской Респу́блике.

Во вре́мя второ́й мирово́й войны́ зда́ние рейхста́га бы́ло по́лностью разру́шено. По́сле его́ восстановле́ния в нём лишь иногда́ проходи́ли заседа́ния бундеста́га (**Bundestag**). По́сле объедине́ния Герма́нии в 1990 г. зда́ние бы́ло по́лностью реставри́ровано. С 1999 г. рейхста́г опя́ть стал постоя́нным ме́стом заседа́ний неме́цкого парла́мента.

ство *c*, госуда́рство *c;* (*Kaisertum*) импе́рия *ж* ② FIG (*Bereich*) ца́рство *c;* ◇ **im ~ der Fabel** в ми́ре ска́зок

reichen I. *vi* ① (*genügen*) быть доста́точным; ◇ **mir reicht's** хва́тит с меня́ ② (*sich erstrecken*) простира́ться (*zu* до чего́-л); ◇ **das Grundstück reicht bis zur Straße** земе́льный уча́сток дохо́дит до у́лицы **II.** *vt* (*geben, Hand*) пода́<ва́>ть кому́-л что-л

reichhaltig *adj* (*Auswahl*) широ́кий, бога́тый; (*Sammlung*) бога́тый; **reichlich I.** *adj* ◇ **~ Zeit haben** име́ть мно́го вре́мени **II.** *adv* (*ziemlich*) ◇ **~ dumm** дово́льно глу́пый

Reichtum *m* <-s, -tümer> бога́тство *c*

Reichweite *f* да́льность *ж* де́йствия

reif *adj* ① (*Obst*) спе́лый, созре́вший ② (*Mensch*) зре́лый ③ (*gut, Leistung*) хоро́ший ④ FAM (*fällig*) ◇ **~ für etw** созре́вший для чего́-л

Reif *m* <-[e]s> (*Rau~*) и́ней *m*, и́зморось *ж*

Reif *m* <-[e]s, -e> (*Ring*) кольцо́ *c*

Reife *f* <-> ① (*von Getreide, Obst*) спе́лость *ж* ② (*von Mensch*) зре́лость *ж*; **reifen** *vi* ① (*Obst*) <по->спе́ть ② (*Mensch*) достига́ть <-ти́чь> зре́лости

Reifen *m* <-s, -> AUTO ши́на *ж*

reiflich *adj* (*sorgfältig*) ◇ **nach ~er Überlegung** основа́тельно обду́мав

Reihe *f* <-, -n> ① (*Serie*) се́рия *ж* ② (*Folge*) после́довательность *ж*, очерёдность *ж*; ◇ **der ~ nach** по о́череди; ◇ **er ist an der ~** его́ о́чередь ③ (*Sitz~*) ряд *m*; **reihen I.** *vt* (*leere Flaschen*) <по->ста́вить в ряд; (*Soldaten*) выстра́ивать <вы́строить>; (*Perlen auf~*) нани́зывать <-за́ть> на что-л **II.** *vr* (*aufeinander folgen*) ◇ **sich ~** по<-сле́довать друг за дру́гом; ◇ **ein Glücksfall reiht sich an den anderen** счастли́вые слу́чаи сле́дуют оди́н за други́м; **Reihenfolge** *f* после́довательность *ж*; **Reihenhaus** *n* дом *m* рядово́й застро́йки

Reiher *m* <-s, -> ZOOL ца́пля *ж*

Reim *m* <-[e]s, -e> ① (*Gedicht*) ри́фма *ж* ② FIG ◇ **sich** *dat* **(s)einen ~ auf etw** *akk* **machen** име́ть свои́ со́бственные соображе́ния насчёт чего́-л; **reimen** *vr* рифмова́ться *несов* что-л (*auf akk* с чем-л)

rein = FAM **herein, hinein**

rein I. *adj* (*sauber, pur*) чи́стый **II.** *adv* ① (*ganz*) ◇ **~ zufällig** чи́сто [соверше́нно] случа́йно ② (*ausschließlich*) исключи́тельно

Reinerlös *m* чи́стая вы́ручка *ж*

Reinfall *m* FAM про́мах *m*, неуда́ча *ж*

Reinheit *f a.* FIG чистота́ *ж*

reinigen *vt* ① (*sauber machen*) <по->чи́стить ② (*Textilien, chemisch*) очища́ть <очи́стить>; ◇ **chemisch ~ lassen** отда́ть в химчи́стку; **Reinigung** *f* ① (*Säube-*

rung) убо́рка *ж* ② (*Textil~*) химчи́стка *ж*

reinlegen *vt* FAM (*täuschen*) провести́ *coв*, обма́<ну́>ывать <-ну́ть>

reinlich *adj* чи́стый, опря́тный; **Reinlichkeit** *f* чистота́ *ж*, опря́тность *ж*; **reinrassig** *adj* (*Zuchttier*) чистокро́вный

Reis *m* <-es, -arten> рис *m*

Reise *f* <-, -n> (*Urlaubs~*) пое́здка *ж*; (*lange ~*) путеше́ствие *c*; **Reiseandenken** *n* сувени́р *m*; **Reisebüro** *c* путеше́ствий; **reisefertig** *adj* гото́вый отпра́виться в путь; **Reiseführer** *m* (*Handbuch*) путеводи́тель *m*; **Reisegesellschaft** *f* ① (*Reisebüro*) бюро́ *c* путеше́ствий ② (*Reisegruppe*) тури́стская гру́ппа *ж*; **Reisekosten** *pl* доро́жные расхо́ды *m мн*; **Reiseleiter(in** *f*) *m* руководи́тель(ница *ж*) *m* тури́стской гру́ппы; **reisen** *vi* (*mit Zug, Schiff etc.*) путеше́ствовать *несов*, <по->е́хать (*nach* куда́-л); **Reisende(r)** *fm* путеше́ственник *m*, путеше́ственница *ж*; **Reisepass** *m* заграни́чный па́спорт *m*; **Reisescheck** *m* доро́жный чек *m*; **Reiseziel** *n* пункт *m* назначе́ния

Reisig *n* <-s> хво́рост *m*

Reißaus ◇ **~ nehmen** броса́ться наутёк

Reißbrett *n* чертёжная доска́ *ж*

reißen (*riss, gerissen*) **I.** *vt* ① (*an den Haaren*) рвать *несов* ② FAM (*Witz*) <c->остри́ть ③ (*töten, Raubtier*) зад<и>ра́ть ④ (*sich gewaltsam aneignen*) завладе́<ва́>ть; ◇ **jd-m etw aus der Hand ~** вы́хватить что-л у кого́-л из рук; ◇ **etw an sich ~** захвати́ть что-л, присва́ивать <-сво́ить> что-л ⑤ ◇ **jd-n aus dem Schlaf ~** разбуди́ть кого́-л ⑥ FIG ◇ **sich um etw ~** дра́ться из-за чего́-л **II.** *vi* ① (*entzweigehen, Faden*) <по->рва́ться ② FIG ◇ **mir reißt die Geduld** у меня́ терпе́ние ло́пается

reißend *adj* ① (*Fluss*) бу́рный ② COMM ◇ **~en Absatz finden** раскупа́ться нарасхва́т

reißerisch *adj* (*Schlagzeile*) рассчи́танный на сенса́цию

Reißleine *f* (*von Fallschirm*) вытяжна́я верёвка *ж* раскры́тия; **Reißverschluss** *m* засте́жка-мо́лния *ж*; **Reißzwecke** *f* кно́пка *ж*

reiten (*ritt, geritten*) *vt, vi* (*Pferd*) <по->е́хать верхо́м; **Reiter(in** *f*) *m* <-s, -> ① SPORT (*Hobby~*) вса́дник *m*, вса́дница *ж*② MIL ко́нный *c*; **Reithose** *f* брю́ки *мн* для верхово́й езды́; **Reitstiefel** *m* сапо́г *m* для верхово́й езды́

Reiz *m* <-es, -e> ① (*Anreiz*) пре́лесть *ж* ② (*Anziehung*) привлека́тельность *ж* ③ (*Kitzel*) возбужде́ние *c* ④ (*Verlockung*) зама́нчивость *ж*; ◇ **der ~ des Neuen** пре́лесть новизны́; **reizbar** *adj* (*nervös*) раздражи́тельный; **Reizbar-**

keit *f* раздражи́тельность *ж;* **reizen** *vt* ① *(Augen, Haut)* раздража́ть ⟨-жи́ть⟩ ② *(provozieren)* раздража́ть ⟨-жи́ть⟩; *FAM* ⟨раз-⟩дразни́ть; **reizend** *adj (nett)* пре-ле́стный, очарова́тельный; **Reizgas** *n* слезоточи́вый газ *м;* **reizlos** *adj* не-привлека́тельный; **Reizung** *f* MED *(Haut~)* раздраже́ние *c;* **reizvoll** *adj* привлека́тельный; **Reizwäsche** *f* эро-ти́ческое ни́жнее бельё *c*

rekeln, **räkeln** *vr (strecken)* ◇ **sich** ~ по-тя́гиваться ⟨-ну́ться⟩

Reklamation *f* реклама́ция *ж*

Reklame *f* ⟨-, -n⟩ *(Werbung)* рекла́ма *ж*

reklamieren *vt* ① *(beanstanden)* предъ-явля́ть ⟨-ви́ть⟩ реклама́цию ② *(verlorenes Päckchen)* заявля́ть ⟨-ви́ть⟩ пре-те́нзию на что-л

rekonstruieren *vt* реконструи́ровать *несов и сов*

Rekonvaleszenz *f* выздоровле́ние *c*

Rekord *m* ⟨-[e]s, -e⟩ реко́рд *м*

Rekrut(in *f) m* ⟨-en, -en⟩ новобра́нец *м;*

rekrutieren *vr (Gruppe)* ◇ **sich** ~ состо-я́ть *(aus dat* из кого́-л)

Rektor(in *f) m* ре́ктор *м;* **Rektorat** *n* -ректора́т *м*

Relais *f* ⟨-, -⟩ ELECTR реле́ *c*

Relation *f* соотноше́ние *c*

relativ I. *adj* относи́тельный **II.** *adv (verhältnismäßig)* относи́тельно, сравни́-тельно; **relativieren** *vt* ① *(in Beziehung setzen)* устана́вливать ⟨-нови́ть⟩ взаи-мосвя́зь ме́жду чем-л ② *(Aussage)* ограни́чива⟩ть; **Relativität** *f* PHYS относи́тельность *ж*

relaxen *vi* рас⟩слабля́ться ⟨-сла́биться⟩

relevant *adj* относя́щийся к де́лу

Relief *n* ⟨-s, -s⟩ релье́ф *м*

Religion *f* рели́гия *ж;* **religiös** *adj (Person)* на́божный, *(Frage)* религио́зный

Relikt *n* ⟨-[e]s, -e⟩ рели́кт *м*

Reling *f* ⟨-, -s⟩ NAUT по́ручни *м мн*

Reliquie *f* REL рели́квия *ж*

rempeln *vt FAM (schubsen)* толка́ться *несов*

Ren *n* ⟨-s, -s о. -e⟩, **Rentier** *n* ZOOL се́-верный оле́нь *м*

Renaissance *f* ⟨-⟩ HIST эпо́ха *ж* Возро-жде́ния

Rendezvous *n* ⟨-, -⟩ свида́ние *c*

renitent *adj* стропти́вый, упря́мый

Rennbahn *f (Pferde~)* ипподро́м *м; (Motorrad~)* го́ночный трек *м; (Auto~)* автодро́м *м; (Rad~)* велодро́м *м*

rennen ⟨rannte, gerannt⟩ *vi* ① *(schnell laufen)* мча́ться, нести́сь ② *FAM (gehen)* ◇ **ständig zum Arzt** ~ ча́сто бе́гать к врачу́ ③ *(stoßen)* ◇ **gegen etw** ~ уда́риться о что-л; **Rennen** *n* ⟨-s, -⟩ ① *(Wett~)* го́нки *ж мн* ② *FIG (Bewerbung)* ◇ **im** ~ **sein** уча́ствовать [продолжа́ть] в чём-л; **Rennfahrer(in** *f) m* го́нщик *м,* го́нщи-ца *ж*

renommiert *adj* ви́дный, изве́стный

renovieren *vt (Haus)* производи́ть ⟨-вести́⟩ ремо́нт; **Renovierung** *f* ремо́нт *м*

rentabel *adj (Geschäft)* при́быльный, рента́бельный; **Rentabilität** *f* рента́бельность *ж*

Rente *f* ⟨-, -n⟩ *(Alters~)* пе́нсия *ж*

Rentier *n* = Ren

rentieren *vr* ◇ **sich** ~ окупа́ться ⟨-пи́ть-ся⟩, быть рента́бельным

Rentner(in *f) m* ⟨-s, -⟩ пенсионе́р(ка *ж) м*

reparabel *adj* поправи́мый

Reparatur *f (Auto~)* ремо́нт *м;* **reparaturbedürftig** *adj* нужда́ющийся в ре-мо́нте; **Reparaturwerkstatt** *f* ремо́нт-ная мастерска́я *ж;* **reparieren** *vt* ⟨от-⟩ремонти́ровать

Repertoire *n* ⟨-s, -s⟩ *(Lieder~)* репер-туа́р *м*

Reportage *f* ⟨-, -n⟩ *(Fernseh~)* репор-та́ж *м*

Reporter(in *f) m* ⟨-s, -⟩ репортёр *м*

Repräsentant(in *f) m* представи́-тель(ница *ж) м;* **repräsentativ** *adj* ① *(stellvertretend, typisch)* репрезентати́в-ный ② *(wirkungsvoll)* представи́тель-ный, импоза́нтный; **repräsentieren I.** *vt* ① *(vertreten)* представля́ть *несов* ② *(darstellen)* представля́ть собо́й что-л **II.** *vi (wirkungsvoll auftreten)* представи́-тельствовать

Repressalien *f pl* ⟨-, -n⟩ репре́ссия *ж*

Reproduktion *f* ① *(Kopie)* репроду́к-ция *ж* ② *FIG (Wiedergabe)* воспроиз-веде́ние *c;* **reproduzieren** *vt* ① *(kopieren)* репродуци́ровать *несов и сов* ② *(wiedergeben)* воспроизводи́ть *несов*

Reptil *n* ⟨-s, -ien⟩ пресмыка́ющееся *c,* репти́лия *ж*

Republik *f* POL респу́блика *ж;* **Republikaner(in** *f) m* ⟨-s, -⟩ POL республика́-нец *м,* республика́нка *ж;* **republika-nisch** *adj* республика́нский

Reservat *n (Natur~)* резерва́т *м*

Reserve *f* ⟨-, -n⟩ ① *(Rücklage)* резе́рв *м* ② *(Ersatz)* запа́с *м;* MIL ⟨-armee⟩ запа́с *м;* **Reserverad** *n* AUTO запасно́е колесо́ *c;* **Reservespieler(in** *f) m* SPORT за-пасно́й игро́к *м;* **Reservetank** *m* AUTO запасно́й то́пливный бак *м*

reservieren *vt* ① *(Karten)* зака́зывать ⟨-за́ть⟩ ② *(Platz)* ⟨за-⟩резерви́ровать, ⟨за́-⟩брони́ровать

reserviert *adj FIG* сде́ржанный; ◇ **sich** ~ **verhalten** вести́ себя́ сде́ржанно

Reservist(in *f) m* MIL солда́т *м* запа́са

Reservoir *n* ⟨-s, -e⟩ *(Wasser~)* резер-вуа́р *м*

Residenz *f (Fürsten~)* резиде́нция *ж;* **residieren** *vi* име́ть резиде́нцию где-л

Resignation *f (Teilnahmslosigkeit)* по-ко́рность *ж (судьбе́); (Verzicht)* отка́з

m; **resignieren** *vi* смиря́ться ‹-ри́ться›
resistent *adj* MED сто́йкий, име́ющий иммуните́т
resolut *adj* реши́тельный, энерги́чный
Resolution *f* POL резолю́ция *ж*
Resonanz *f* ① *(Widerhall)* резона́нс *м* ② *FIG (Anklang)* резона́нс *м,* о́тклик *м*
Resozialisierung *f* перевоспита́ние *с*
Respekt *m* ‹-[e]s› *(Anerkennung)* уваже́ние *с;* ◇ **jd-m ~ zollen** пита́ть уваже́ние к кому́-л; **respektabel** *adj* ① *(anerkennenswert)* внуши́тельный ② *(angesehen)* респекта́бельный, почте́нный; **respektieren** *vt* уважа́ть *несов;* **respektlos** *adj* непочти́тельный, неуважи́тельный; **respektvoll** *adj* почти́тельный
Ressort *n* ‹-s, -s› ве́домство *с*
Rest *m* ‹-[e]s, -e› ① *(vom Gebäude)* разва́лины *ж мн;* *(von Stoff)* обре́зок *м;* *(von Essen)* оста́ток *м* ② MATH оста́ток *м* ③ *FAM* ◇ **jd-m den ~ geben** доби́ть кого́-л
Restaurant *n* ‹-s, -s› рестора́н *м*
restaurieren *vt (Kunstwerk)* реставри́ровать *несов и сов*
restlich *adj* оста́вшийся, остаю́щийся;
restlos I. *adj (völlig)* по́лный II. *adv* по́лностью, без оста́тка; ◇ **~ erschöpft sein** быть совсе́м уста́вшим
Resultat *n* результа́т *м*
Retorte *f* ‹-, -n› CHEM рето́рта *м;* **Retortenbaby** *n* ребёнок *м* из проби́рки
retten *vt* ① *(in Sicherheit bringen)* спаса́ть ‹-сти́› *(aus/vor dat* от чего́-л) ② *(erhalten, Kunstwerk)* ‹со›храни́ть ③ *FAM (vollkommen verrückt)* ◇ **er ist nicht mehr zu ~** он не в своём уме́; **Rettung** *f* ① *(von Personen)* спасе́ние *с* ② *(von Dingen)* сохране́ние *с;* **Rettungsboot** *n* спаса́тельная шлю́пка *ж;* **Rettungsring** *m* спаса́тельный круг *м;* **Rettungswagen** *m* маши́на *ж* ско́рой по́мощи
retuschieren *vt* FOTO ретуши́ровать *несов и сов*
Reue *f* ‹-› *(Bedauern)* раска́яние *с;* **reuen** *vt* раска́иваться ‹-ка́яться› в чём-л
Revanche *f* ‹-, -n› рева́нш *м;* **revanchieren** *vr* **sich ~** ① *(zurückzahlen)* отпла́чивать ‹-ти́ть› *(für* за что-л) ② *(sich erkenntlich zeigen)* отблагодари́ть *сов (für* за что-л)
Revers *m o. n* ‹-, -› ① *(von Jacke)* отворо́т *м* ② *(von Münze)* оборо́тная сторона́ *ж*
revidieren *vt (ändern, Urteil)*, *a.* JURA пересма́тривать ‹-смотре́ть›
Revier *n* ‹-s, -e› ① *(Gebiet, Jagd~)* охо́тничьи уго́дья *мн* ② *(Dienststelle, Polizei~)* полице́йское отделе́ние *с* ③ *FIG (Zuständigkeitsbereich)* уча́сток *м*
Revision *f* ① COMM прове́рка *ж,* реви́зия *ж* ② JURA обжа́лование *с*

Revolte *f* ‹-, -n› мяте́ж *м,* бунт *м*
Revolution *f* револю́ция *ж;* **Revolutionär(in** *f) m* революционе́р (ка *ж) м;* **revolutionieren** *vt (umwandeln)* революционизи́ровать *несов и сов*
Revolver *m* ‹-s, -› револьве́р *м*
rezensieren *vt (Buch)* ‹про-›рецензи́ровать; **Rezension** *f* реце́нзия *ж*
Rezept *n* ‹-[e]s, -e› *(Koch~)*, *a.* MED реце́пт *м;* **rezeptpflichtig** *adj* MED ◇ **-es Arzneimittel** лека́рство *с,* отпуска́емый то́лько по реце́пту
rezitieren *vt* ‹про-›чита́ть наизу́сть
Rhabarber *m* ‹-s› BOT реве́нь *м*
Rhesusfaktor *m* ре́зус-фа́ктор *м*
Rhetorik *f* рито́рика *ж;* **rhetorisch** *adj* ритори́ческий, красноречи́вый
Rheuma *n* ‹-s› ревмати́зм *м*
rhythmisch *adj (Musik)* ритми́чный; *(Gymnastik)* ритми́ческий; **Rhythmus** *m* ритм *м*
richten I. *vt* ① на‹пра́вить ‹-пра́вить›; *(e-e Waffe ~)* на‹води́ть ‹-вести́› *(auf akk* на) ② *(in Ordnung bringen)* ула́живать ‹-дить›, при‹води́ть ‹-вести́› в поря́док ③ *(vorbereiten)* ‹под-›гото́вить ④ *(verurteilen)* ‹о-›суди́ть II. *vr (einstellen auf)* **sich nach jd-m/etw ~** равня́ться на кого́-что-л
Richter(in *f) m* ‹-s, -› JURA судья́ *м;* **richterlich** *adj* суде́йский
richtig I. *adj* ① *(Lösung)* пра́вильный, ве́рный ② *(passend, Partner)* подходя́щий ③ *FAM (echt)* настоя́щий, по́длинный II. *adv* ① *(sehr)* ◇ **es war ~ nett** бы́ло о́чень ми́ло ② ◇ **etw ~ machen** сде́лать что-л пра́вильно; **Richtigkeit** *f (Korrektheit)* пра́вильность *ж;* *(von Entscheidung)* обосно́ванность *ж*
Richtlinie *f* директи́ва *ж*
Richtigstellung *f (von Aussage)* исправле́ние *с,* уточне́ние *с*
Richtpreis *m* COMM ориентиро́вочная цена́ *ж*
Richtung *f* ① *(nördlich etc.)* направле́ние *с;* ◇ **e-e andere ~ einschlagen** взять друго́е направле́ние ② *FIG (Tendenz, künstlerisch)* направле́ние *с;* *(politisch)* тенде́нция *ж*
rieb *impf v.* **reiben**
riechen ‹roch, gerochen› I. *vt* ① *(wahrnehmen, Duft)* ‹по-›чу́вствовать за́пах ② *FAM FIG (ahnen)* проню́х‹ив›ать; ◇ **das kann ich doch nicht ~!** отку́да мне э́то знать! ③ *FAM (nicht leiden können)* ◇ **jd-n nicht ~ können** не выноси́ть кого́-л II. *vi (Blume)* па́хнуть *несов (nach* чем-л)
rief *impf v.* **rufen**
Riege *f* ‹-, -n› *(Turn~)* кома́нда *ж* гимна́стов
Riegel *m* ‹-s, -› ① *(Tür~)* задви́жка *ж* ② *(Schoko~)* пли́тка *ж* ③ *FIG* ◇ **e-r Sa-**

che e-n ~ **vorschieben** положи́ть коне́ц чему́-л

Riemen *m* ‹-s, -› **1** (*Leder~*) реме́нь *m* **2** FIG (*sich zusammennehmen*) ◇ **sich am ~ reißen** взять себя́ в ру́ки

Riese *m* ‹-n, -n› **1** (*großer Mann*) велика́н *m*, гига́нт *m* **2** (*Märchenfigur*) богаты́рь *m*

rieseln *vi* **1** (*Sand*) струи́ться *несов* **2** (*fallen, Schnee*) сы́паться *несов*

Riesenerfolg *m* огро́мный успе́х *m*; **riesengroß** *adj* огро́мный, грома́дный

riesig *adj* **1** (*sehr groß*) огро́мный, грома́дный **2** FAM (*toll*) замеча́тельный

riet *impf v.* **raten**

Riff *n* ‹-[e]s, -e› риф *m*

Rille *f* ‹-, -n› (*Schallplatten~*) кана́вка *ж*

Rind *n* ‹-[e]s, -er› **1** (*Kuh*) коро́ва *ж*; (*Bulle*) бык *m* **2** GASTRON (*vom ~*) говя́дина *ж*

Rinde *f* ‹-, -n› (*Baum~*) кора́ *ж*; (*Käse~*) ко́рка *ж*

Rindfleisch *n* говя́дина *ж*; **Rindvieh** *n* кру́пный рога́тый скот *m*; FAM PEJ (*Idiot*) скоти́на *ж*

Ring *m* ‹-[e]s, -e› **1** (*Diamant~*) кольцо́ *с* **2** (*Box~*) ринг *m*; ◇ **in den ~ steigen** выходи́ть на ринг **3** (*~straße*) кольцо́ *с*; (*um e-e Stadt*) кольцева́я доро́га **4** (*Personengruppe, Dealer~*) кольцо́ *с*;

Ringbuch *n* перекидно́й блокно́т *m*

Ringelnatter *f* ZOOL ко́льчатый уж *m*

ringen ‹rang, gerungen› **I.** *vi* **1** (*kämpfen*) боро́ться *несов* **2** FIG (*hin u. her überlegen*) колеба́ться *несов*; ◇ **mit sich ~** боро́ться с сами́м собо́й **3** ◇ **nach Luft ~** тяжело́ дыша́ть, задыха́ться **II.** *vt* (*vor Verzweiflung*) ◇ **die Hände ~** зала́мывать ру́ки

Ringfinger *m* безымя́нный па́лец *m*; **ringförmig** *adj* кольцево́й, кольцеобра́зный; **Ringkampf** *m* SPORT борьба́ *ж*; **Ringrichter(in** *f*) *m* судья́ *m* на ри́нге

ringsum *adv* (*um ... herum*) вокру́г

Rinne *f* ‹-, -n› **1** (*Furche, Abfluss~*) жёлоб *m* **2** (*Dach~*) водосто́к *m*; **rinnen** ‹rann, geronnen› *vi* (*Wasser*) течь *несов*

Rippchen *n* GASTRON груди́нка *ж*, рёбрышки *с мн*

Rippe *f* ‹-, -n› ANAT ребро́ *с*

Risiko *n* ‹-s, -s *o.* -ken› (*Wagnis*) риск *m*; **Risikogruppe** *f* гру́ппа *ж* ри́ска

riskant *adj* риско́ванный, опа́сный

riskieren *vt* **1** (*Blick*) риск|ова́ть ‹-ну́ть› **2** (*Leben*) рискова́ть чем-л

riss *impf v.* **reißen**

Riss *m* ‹-sses, -sse› (*in der Wand*) тре́щина *ж*; (*in der Haut*) разре́з *m*; (*im Stoff*) разры́в *m*; MED (*Bänder~*) разры́в *m*; **rissig** *adj* (*Verputz*) потре́скавшийся; (*Stoff*) рва́ный; (*Lippen*) потре́скавшийся

ritt *impf v.* **reiten**

Ritt *m* ‹-[e]s, -e› (*Pferde~*) пое́здка *ж* верхо́м; **rittlings** *adv* верхо́м

Ritus *m* ‹-, Riten› ритуа́л *m*

Ritze *f* ‹-, -n› щель *ж*

ritzen *vt* (*kratzen*) ‹по-›цара́пать

Rivale *m* ‹-n, -n› сопе́рник *m*; **Rivalin** *f* сопе́рница *ж*; **rivalisieren** *vi* сопе́рничать *несов* (*mit dat* с кем-л); **Rivalität** *f* сопе́рничество *с*

Robbe *f* ‹-, -n› ZOOL тюле́нь *m*

Robe *f* ‹-, -n› (*Richter~*) ма́нтия *ж*

Roboter *m* ‹-s, -› ро́бот *m*

robust *adj* здоро́вый, кре́пкий

roch *impf v.* **riechen**

röcheln *vi* ‹за-›хрипе́ть

Rock¹ *m* ‹-[e]s, Röcke› **1** (*Damen~*) ю́бка *ж* **2** (*Jacke*) пиджа́к *m*

Rock² *m* ‹- *o.* -s› (*Musikstil*) рок *m*

Rockband *f* ‹-, -s› рок-гру́ппа *ж*; **Rocker(in** *f*) *m* PEJ ро́ккер *m*

rodeln *vi* ката́ться на са́нках

roden *vt* (*Wald*) раскорч|ёвывать ‹-чева́ть›

Roggen *m* ‹-s› рожь *ж*

roh *adj* **1** (*nicht gekocht*) сыро́й **2** (*brutal*) гру́бый, жесто́кий; **Rohbau** *m* ‹-[e]s, -ten› неотде́ланная постро́йка *ж*; **Rohling** *m* **1** (*Werkstück*) загото́вка *ж* **2** (*roher Mensch*) гру́бый челове́к *m*; **Rohmaterial** *n* сырьё *с*; **Rohöl** *n* сыра́я нефть *ж*

Rohr *n* ‹-[e]s, -e› **1** (*Wasser~*) труба́ *ж*; (*Kanonen~*) ство́л *m* **2** BOT (*Bambus*) тростни́к *m*; **Rohrbruch** *m* разры́в *m* трубопрово́да

Röhre *f* ‹-, -n› **1** (*enges Rohr*) тру́бка *ж* **2** (*Back~*) духо́вка *ж* **3** (*Neon~*) (нео́новая) тру́бка *ж* **4** FAM (*Fernsehen*) телеви́зор *m*

röhren *vi* (*Hirsch*) реве́ть *несов*

Rohrmöbel *n pl* тростнико́вая ме́бель *ж*

Rohstoff *m* сырьё *с*

Rokoko *n* ‹-s› рококо́ *с*

Rolladen *m* (*Jalousie*) жалюзи́ *с*

Rolle *f* ‹-, -n› **1** (*Papier~*) руло́н *m* **2** (*Zwirn~*) кату́шка *ж* **3** (*Walze*) ва́лик *m* **4** THEAT роль *ж* **5** FIG (*Funktion*) роль *ж*; ◇ **bei etw** *dat* **e-e ~ spielen** игра́ть роль в чём-л **6** SPORT кувыро́к *m*; **rollen I.** *vi* **1** (*Kugel*) ‹по-›кати́ться **2** (*Wagen*) ‹по-›кати́ться **3** (*Flugzeug auf Startbahn*) ‹вы-›ру́лить **II.** *vt* **1** (*schieben*) ‹по-›кати́ть **2** (*zusammen~*) свора́чивать ‹сверну́ть› **III.** *vr* ◇ **sich ~ 1** (*Schlange*) свёртываться ‹сверну́ться› **2** (*bewegen*) ◇ **sich zur Seite ~** переверну́ться на бок **3** FIG ◇ **etw ins R~ bringen** сдви́нуть что-л с ме́ста; **Rollenverteilung** *f* распределе́ние *с* роле́й

Roller *m* ‹-s, -› **1** (*Motor~*) моторо́ллер *m* **2** (*Kinder~*) самока́т *m*

Rollfeld n AERO лётное по́ле; **Rollmops** m GASTRON рольмо́пс m; **Rollschuh** m ро́ликовый конёк m; **Rollsplitt** m (Straßenbaumaterial) ме́лкий гра́вий m; **Rollstuhl** m кре́слоколя́ска ж; **Rolltreppe** f эскала́тор m
Roman m ‹-s, -e› рома́н m
Romantik f ① HIST романти́зм m ② FIG рома́нтика ж; ◇ **Sinn für ~** чу́вство рома́нтики; **Romantiker(in** f) m ‹-s, -› рома́нтик m; **romantisch** adj (schwärmerisch) романти́чный, романти́ческий
Romanze f ‹-, -n› (Liebesabenteuer) рома́нс m
Römer(in f) m ‹-s, -› ① (Bewohner/in Roms) ри́млянин m, ри́млянка ж ② nur m (Weinglas) фуже́р m, бока́л m
röntgen vt ‹c-›де́лать рентге́н; **Röntgenaufnahme** f рентге́новский сни́мок m; **Röntgenstrahlen** pl рентге́новские лучи́ mn
rosa adj ‹inv› ро́зовый
Rose f ‹-, -n› ро́за ж; **Rosenkohl** m GASTRON брюссе́льская капу́ста ж; **Rosenkranz** m REL чётки mn; **Rosenmontag** m день m карнава́льного ше́ствия
Rosette f ARCHIT розе́тка ж
rosig adj ① (Gesichtsfarbe) ро́зовый, све́жий ② FIG (Aussichten) ро́зовый, ра́дужный
Rosine f изю́минка ж
Ross n ‹-es, -e o. Rösser› ① (Pferd) конь m ② FIG ◇ **auf dem hohen ~ sitzen** смотре́ть на всех свысока́
Rost¹ m ‹-[e]s, -e› ① (Brat~) ра́шпер m; (Feuer~) колосники́ mn; (Latten~) деревя́нная решётка ж
Rost² m ‹-[e]s› ① (Oxidation) ржа́вчина ж ② FIG ◇ **~ ansetzen** ослабе́ть несов, сдать несов
rosten vi ‹za-›ржаве́ть
rösten vt (Fleisch, grillen) ‹под-›жа́рить на ра́шпере (Kaffee) поджа́ривать
rostfrei adj (Stahl) нержаве́ющий; **rostig** adj (Auto) ржа́вый; **Rostschutz** m (~mittel) антикоррозио́нное сре́дство c
rot adj ① (Farbe) кра́сный ② POL кра́сный ③ (erröten) ◇ **~ werden** ‹по-›красне́ть
Rotation f ① PHYS враще́ние c ② (Ämter~) сме́на ж в поря́дке о́череди
Röte f ‹-› (rote Färbung) краснота́ ж; (Morgen~) заря́ ж; (Morgen~) заря́ ж; ‹а́рево c
Röteln pl MED красну́ха ж
röten I. vt (rot färben) окра́шивать ‹-сить› в кра́сный цвет II. vr (rot werden) ◇ **sich ~** ‹по-›красне́ть; **Rotfuchs** m ры́жая лиса́ ж; **rothaarig** adj ры́жий
rotieren vi ① (sich drehen) враща́ться несов ② (nachrücken) сменя́ться ‹-ни́ться› в поря́дке о́череди ③ FAM

(vor Arbeit) быть перегру́женным рабо́той
Rotkehlchen n заря́нка ж; **Rotstift** m FIG (streichen) ◇ **den ~ ansetzen** вы́черкнуть (bei что-л); **Rotwein** m кра́сное вино́ c
Rotz m ‹-es› FAM со́пли mn
Roulade f GASTRON (Kohl~) голубцы́ m mn
Route f ‹-, -n› (Strecke) маршру́т m
Routine f ① (Übung) ◇ **~ haben** име́ть на́вык [сноро́вку] ② (Gewohnheit) ути́на ж
Rowdy m ‹-s, -s› хулига́н m
Rübe f ‹-, -n› ① (gelbe ~) морко́вь ж; (rote ~) столо́вая свёкла ж; (Zucker~) са́харная свёкла ж ② FAM (Kopf) башка́ ж
Rubin m ‹-s, -e› (Edelstein) руби́н m
Rubrik f ① (Überschrift) загла́вие c кру́пным шри́фтом ② (Kategorie) катего́рия ж ③ (Klatschspalte) ру́брика ж
Ruck m ‹-[e]s, -e› ① (Stoß) толчо́к m ② (Tendenz, Rechts~) укло́н m ③ FIG ◇ **sich e-n ~ geben** взять себя́ в ру́ки
rückbezüglich adj GRAM возвра́тный; **rückblenden** vi (in Vergangenheit) переноси́ться в про́шлое; **rückblickend** adj (zeitlich) огля́дываясь наза́д
rücken I. vt (Möbel) дви́гать ‹-нуть› II. vi (Platz machen) подви́гаться ‹-ви́нуться›; FAM ◇ **rück mal ein Stück!** подви́нься немно́го!
Rücken m ‹-s, -› ① (Körperteil) спина́ ж; FIG ◇ **jd-m in den ~ fallen** напа́сть на кого́-л сза́ди ② (Berg~) хребе́т m ③ (Buch~) корешо́к m; **Rückendeckung** f a. FIG (Schutz) подстрахо́вка ж, подде́ржка ж; **Rückenlehne** f спи́нка ж; **Rückenschwimmen** n пла́вание c на спине́; **Rückenwind** m попу́тный ве́тер m
Rückerstattung f возмеще́ние c; **Rückfahrt** f обра́тный путь m; **Rückfall** m ① MED, JURA рециди́в m ② FIG возвраще́ние c к ста́рому; **rückfällig** adj ① MED, a. FIG возвра́тный ② JURA (Straftäter) рециди́вный; ◇ **~ werden** повто́рно соверши́ть преступле́ние; **Rückfrage** f (Anfrage) запро́с m; **Rückgabe** f возвра́т m; **Rückgang** m ① (das Nachlassen, Temperatur~) сниже́ние c, спад m ② (Verminderung, Bevölkerungs~) сокраще́ние c; **rückgängig** adj ① (rückläufig) обра́тный ② (widerrufen) ◇ **etw ~ machen** аннули́ровать что-л; **Rückgrat** n ‹-[e]s, -e› ① (Wirbelsäule) позвоно́чник m ② FIG (Stütze) осно́ва ж, костя́к m ③ FIG (Wille) ◇ **jd-m das ~ brechen** сломи́ть кого́-л; **Rückgriff** m (Zurückgreifen) ◇ **auf die Reserven** испо́льзование запа́сов; **Rückhalt** m ① (Reserve) резе́рв m ② (Stütze) опо́ра ж;

rückhaltlos adj (vorbehaltlos) безоговорочный; **Rückkehr** f <-> возвращение c; **Rücklage** f (Reserve) сбережения c мн; **rückläufig** adj (Konjunktur) падающий; **Rücklicht** n AUTO задний свет м; **rücklings** adv навзничь; **rückmelden** vr UNI sich ~ записываться <-саться> на очередной курс; **Rückmeldung** f ответ м на что-л; **Rücknahme** f <-, -n> (von Waren) приём м; **Rückreise** f обратный путь м; **Rückruf** m TELEC ответный звонок м

Rucksack m рюкзак м

Rückschlag m FIG (Enttäuschung) неудача ж, неуспех м; **Rückschluss** m заключение c, вывод м; **Rückschritt** m регресс м; **rückschrittlich** adj POL реакционный; **Rückseite** f (von Buch, Münze) обратная сторона ж; (vom Haus) задняя сторона ж; **Rücksicht** f внимание c, тактичность ж; ◇ mit ~ auf etw принимая во внимание; ◇ ohne ~ auf jdn/etw невзирая на кого-л/что-л; **rücksichtslos** adj бесцеремонный, не считающийся с чем/кем; **rücksichtsvoll** adj предупредительный, чуткий; **Rücksitz** m AUTO заднее сиденье c; **Rückspiegel** m зеркало c заднего вида; **Rückspiel** n SPORT ответная игра ж [встреча ж]; **Rücksprache** f ◇ nach ~ mit ... поговорив (посоветовавшись) с ...; **Rückstand** m ① (Bodensatz) осадок м; (Abfall) остаток м ② (Verzug) отставание c; ◇ im ~ sein (mit Rechnung) иметь задолженность; (mit Arbeit) отставать в работе; (beim Sport) проигрывать; **rückständig** adj ① (altmodisch) отсталый ② (Zahlungen) неуплаченный; **Rückstrahler** m <-s, -> катафот м; **Rücktritt** m ① (von Minister) отставка ж ② (von Vertrag) отказ м; **rückwärtig** adj (hintere, r, s) задний; **rückwärts** adv (fahren) задом, назад; **Rückwärtsgang** m AUTO задний ход м; **rückwirkend** adj имеющий обратную силу; **Rückzahlung** f (von Auslagen) возврат м (денег); (von Schulden) погашение c; **Rückzug** m ① MIL отступление c ② FIG (aus Öffentlichkeit) уход м

rüde adj (ungeschliffen) грубый

Rüde m <-n, -n> кобель м

Rudel n <-s, -> стадо c; (von Wölfen) стая ж

Ruder n <-s, -> ① (Riemen) весло c ② (Steuer~) руль м ③ FIG (regieren) ◇ am ~ sein быть у власти; **Ruderboot** n гребная лодка ж; **Ruderer** m <-s, -> гребец м; **Ruderin** f гребец м; **rudern** vt, vi (Boot) грести несов

Ruf m <-[e]s, -e> ① (das Rufen, Hilfe~) возглас м, крик м ② (Berufung) приглашение c ③ (Ernennung) назначение c ④ (Ansehen) репутация ж; **rufen** <rief,

gerufen> vt, vi ① (schreien) кричать <крикнуть> ② (herbeirufen) <по->звать (nach jd-m кого-л) ③ (ausrufen) восклицать <-кликнуть> ④ (Arzt) вызывать <вызвать>; **Rufname** m имя c; **Rufnummer** f TELEC номер м телефона; **Rufzeichen** n TELEC ответный гудок м

Rüge f <-, -n> выговор м (wegen за что-л); **rügen** vt <с->делать выговор; (milder) порицать несов (wegen за что-л)

Ruhe f <-> ① (Stille) тишина ж, затишье c; (nicht belästigen) ◇ jd-n in ~ lassen оставлять кого-л в покое ② (Entspannung) отдых м; (Schlaf) сон м; ◇ sich zur ~ begeben ложиться спать ③ (Ruhestand) ◇ sich zur ~ setzen уйти на пенсию ④ (Ausgeglichenheit) спокойствие c; ◇ keine ~ finden не находить покоя; **ruhelos** adj беспокойный; **ruhen** vi ① (liegen) отдыхать <-дохнуть> ② ◇ sein Kopf ruhte an ihrer Schulter его голова лежала на её плече ③ (basieren) покоиться (auf dat на чём-л) ④ (Grabinschrift) ◇ hier ruht здесь похоронен[а] ⑤ (Arbeit) стоять несов ⑥ JURA (Verfahren) приостанавливаться <-новиться>; **Ruhepause** f передышка ж; **Ruhestand** m (Rente) пенсия ж; **Ruhestätte** f (Grab) могила ж; ◇ letzte ~ последнее пристанище; **Ruhestörung** f нарушение c тишины; **Ruhetag** m выходной день м

ruhig I. adj ① (schweigsam) молчаливый; (Haus) тихий ② (unbeweglich) недвижимый; (Wasser) спокойный ③ (ausgeglichen) спокойный; (Motor) нешумный; (Hand) спокойный, уверенный; ◇ immer ~ bleiben! сохраняй[те] спокойствие! II. adv ◇ sie können ~ mitmachen! они могут спокойно участвовать в этом

Ruhm m <-[e]s> слава ж

rühmen I. vt (loben) <по->хвалить II. vr (prahlen) ◇ sich ~ <по->хвалиться (gen чем-л); **rühmlich** adj похвальный, славный

ruhmlos adj бесславный

Ruhr f <-> MED дизентерия ж

Rührei n GASTRON яичница-болтунья ж

rühren I. vt, vi ① (Teig) <пере->мешать; (Eier) взби<ва>ть ② (bewegen) <по->шевелить; FIG ◇ keinen Finger ~ не пошевелить и пальцем ③ (emotional) трогать <-нуть> ◇ jd-n zu Tränen ~ растрогать кого-л до слёз ④ ◇ rühre meine Arbeit nicht an не трогай мою работу; ◇ nicht daran ~ не дотрагиваться до чего-л II. vr ◇ sich ~ ① (sich bewegen) <по->шевелиться ② FAM (sich melden) да<ва>ть знать о себе; **rührend** adj (gefühlvoll) трогательный

rührig adj энергичный, подвижный

rührselig adj ① (Drama) сентиментáльный ② (*Person*) слезли́вый; **Rührung** *f* (*Ergriffenheit*) растро́ганность ж

Ruin *m* ‹-s› разоре́ние *c*; ◇ **jd-n in den ~ treiben** доводи́ть кого́-л до разоре́ния

Ruine *f* ‹-, -n› разва́лины *ж мн*

ruinieren *vt* (*zugrunde richten*) разоря́ть ‹-ри́ть› (*jd-n/etw akk* кого́/что́-л)

rülpsen *vi* рыга́ть ‹ну́ть›

Rum *m* ‹-s, -s› ром *м*

Rumäne *m*, **Rumänin** *f* румы́н(ка *ж*) *м*; **Rumänien** *n* Румы́ния *ж*; **rumänisch** *adj* румы́нский

rumhängen *unreg vi* FAM (*untätig sein*) околáчиваться *несов*, слоня́ться *несов*

Rummel *m* ‹-s› ① (*Jahrmarkt*) я́рмарка *ж* ② FAM (*Weihnachts~*) суматóха *ж*, возня́ *ж*

rumoren *vi* (*Magen*) урча́ть *несов*

Rumpelkammer *f* (*Abstellraum*) кладóвка *ж*, чула́н *м*

rumpeln *vi* ① (*poltern*) стуча́ть *несов* ② (*holpern*) ‹про-›громыха́ть

Rumpf *m* ‹-[e]s, Rümpfe› ① (*Körper*) ту́ловище *c* ② TECH óстов; (*Flugzeug*) фюзеля́ж *м*; (*Schiff*) кóрпус *м*

rümpfen *vt* ◇ **die Nase ~** ‹по-›мóрщить нос

Run *m* ‹-s, -s› (мáссовое) наше́ствие *c*

rund **I.** *adj* ① (*kreisförmig*) кру́глый; (*kugelförmig*) шарообрáзный ② (*dick, Wangen*) пóлный, тóлстый ③ FIG (*perfekt, Leistung*) соверше́нный, закóнченный ④ ◇ **jetzt geht's ~** сейча́с де́ло пойдёт **II.** *adv* ① (*ungefähr*) ◇ **~ 125 Euro** óколо 125 éвро ② ◇ **~ um die Uhr** кру́глые су́тки; ◇ **~ um die Welt** вокру́г све́та; **Runde** *f* ‹-, -n› ① (*Rundgang*) круг *м* ② (*Verhandlungs~*) тур *м*; (*beim Boxen*) рáунд *м* ③ (*Gruppe, fröhliche ~*) óбщество *c*; (*in der Kneipe*) компáния *ж* за столóм ④ FAM FIG ◇ **e-e ~ schmeißen** угости́ть пи́вом всю компáнию ⑤ FIG ◇ **über die ~n bringen** довести́ что́-л до концá; **runden** *vt* (*Lippen*) округля́ть ‹-ли́ть›; **Rundfahrt** *f* (*Stadt~*) экску́рсия *ж*

Rundfunk *m* радиовещáние *c*; ◇ **beim ~ arbeiten** рабóтать на рáдио; **Rundfunkgebühr** *f* абонеме́нтная плáта *ж* за рáдио

rundlich *adj* (*Person*) пóлный, пóлненький; **Rundreise** *f* кругово́е путеше́ствие *c*; **Rundung** *f* (*e-s Gewölbes*) окру́глость *ж*

runter = FAM **herunter, hinunter**

runzelig *adj* (*Gesicht, Apfel*) морщи́нистый, смóрщенный; **runzeln** *vt* ◇ **die Stirn ~** ‹на-›мóрщить лоб

Rüpel *m* ‹-s, -› (*Grobian*) грубия́н *м*; **rüpelhaft** *adj* грубый

rupfen *vt* (*herausziehen*) выщи́пывать ‹выщипать›

ruppig *adj* (*unhöflich*) гру́бый, хáмский

Rüsche *f* ‹-, -n› рюш *м*, обóрка *ж*

Ruß *m* ‹-es› сáжа *ж*

Russe *m* ‹-n, -n› ру́сский *м*

Russe

Под этим словом в немецком языке понимается „жи́тель Росси́и", независимо от его национальности, т.е. **Russe** обозначáет человека, имеющего российское гражданство, но не обязательно русского по происхождению.

Rüssel *m* ‹-s, -› ① (*vom Elefant*) хóбот *м*; (*vom Schwein*) рыло *c* ② FAM (*Nase*) рыло *c*

Russin *f* ру́сская *ж*; **russisch** *adj* ру́сский; **Russisch** *n* ру́сский язык *м*; **Russland** *n* Россия *ж*

rüsten *vt* ① MIL вооружáть ‹-жи́ть›; ◇ **für den Kampf ~** ‹под-›готóвиться к сраже́нию ② (*für Reise*) соб‹и›рáться (*zu, für* кудá-л); (*vorbereitet, ausgestattet*) ◇ **gut gerüstet sein** быть хорошó подготóвленным

rüstig *adj* (*tatkräftig*) бóдрый, здорóвый

Rüstung *f* ① MIL (*Auf~*) вооруже́ние *c* ② (*Bekleidung, Ritter~*) доспе́хи *мн*; **Rüstungskontrolle** *f* контрóль *м* над вооруже́нием

Rüstzeug *n* (*Werkzeug*) инструме́нт *м*

Rute *f* ‹-, -n› (*Stecken*) прут *м*

Rutsch *m* ‹-[e]s, -e› ① (*Berg~, Erd~*) óползень *м* ② ◇ **guten ~!** с Нóвым гóдом!

Rutsche *f* ① (*auf Bau*) спускнóй лотóк *м* ② (*auf Spielplatz*) гóрка *ж*; **rutschen** *vi* ① (*gleiten, auf Eis*) скользи́ть *несов* ② (*aus~*) поскользну́ться *сов*; (*Wagen*) буксовáть *несов* ③ FAM (*rücken, zur Seite*) подви́гáться ‹-ви́нуться› ④ FIG (*auf den Knien*) пóлзать *несов*; **rutschig** *adj* скóльзкий

rütteln *vt, vi* ‹по-›трясти́

 S

S, s *n* С, с *o.* З, з

Saal *m* ‹-[e]s, Säle› (*Tanz~, Sitzungs~*) зал *м*

Saat *f* ‹-, -en› ① (*Aussaat*) посéвы *мн* ② (*Saatgut*) семенá *c мн*

Sabotage f ‹-, -n› сабота́ж m; **sabotieren** vt саботи́ровать несов и сов

Sachbearbeiter(in f) m делопроизводи́тель(ница ж) m; **sachdienlich** adj поле́зный; ◇ **~e Hinweise** поле́зные для де́ла све́дения

Sache f ‹-, -n› ① (Gegenstand) вещь ж, предме́т m ② (Angelegenheit) де́ло c; ◇ **das ist ~ der Polizei** э́то де́ло поли́ции ③ (Thema) ◇ **nicht bei der ~ sein** быть рассе́янным; ◇ **das ist eine ~ für sich** э́то де́ло осо́бое; ◇ **das gehört nicht zur ~** к де́лу не отно́сится; ◇ **zur ~ kommen** переходи́ть к де́лу; ◇ **etw ist beschlossene ~** что-л — де́ло решённое ④ ◇ **~n** pl (Kleidung) ве́щи мн, оде́жда ж; **Sachgebiet** n о́бласть ж; **sachgemäß** I. adj соотве́тствующий II. adv надлежа́щим о́бразом; **sachkundig** adj све́дущий; **Sachlage** f положе́ние c веще́й; **sachlich** adj ① (objektiv) объекти́вный ② (Frage) делово́й; **sächlich** adj GRAM ◇ **-es Geschlecht** сре́дний род; **Sachregister** n предме́тный указа́тель m; **Sachschaden** m материа́льный ущерб m

Sack m ‹-[e]s, Säcke› мешо́к m; ◇ **mit ~ und Pack** со все́ми пожи́тками

Sackgasse f тупи́к m; FIG ◇ **in eine ~ geraten** зайти́ в тупи́к

Sadismus m сади́зм m; **Sadist(in** f) m сади́ст(ка ж) m; **sadistisch** adj сади́стский

Safe m o. n ‹-s, -s› (Tresor) сейф m

Saft m ‹-[e]s, Säfte› ① (Obst~) сок m; (Braten~) подли́вка ж ② BOT сок m; **saftig** adj ① (Speisen) со́чный ② FIG (Rechnung) бе́шеный

Sage f ‹-, -n› преда́ние c, сказа́ние c

Säge f ‹-, -n› пила́ ж; **Sägemehl** n опи́лки мн

sagen vt, vi ① (äußern) говори́ть ‹сказа́ть› (jd-m etw кому́-л что-л); ◇ **was du nicht sagst!** что ты говори́шь!; ◇ **lass dir das gesagt sein!** име́й э́то в виду́!; ◇ **dagegen ist nichts zu ~** про́тив э́того нельзя́ возража́ть; ◇ **offen gesagt** открове́нно говоря́ ② (bedeuten) зна́чить несов, означа́ть несов; ◇ **das hat nichts zu ~** э́то ничего́ не зна́чит ③ (befehlen) **er hat hier nichts zu ~** он здесь не игра́ет никако́й ро́ли; ◇ **sich darauf nichts ~ lassen** упря́мо наста́ивать на своём

sägen vt, vi (Holz) пили́ть несов

sagenhaft adj ска́зочный; FAM (großartig) невероя́тный

sah impf v. **sehen**

Sahne f ‹-› (flüssig) сли́вки мн; (geschlagen) взби́тые сли́вки

Saison f ‹-, -s› сезо́н m

Saite f ‹-, -n› MUS струна́ ж

Sakko m o. n ‹-s, -s› пиджа́к m

Salami f ‹-, -s› саля́ми ж

Salat m ‹-[e]s, -e› ① BOT, GASTRON сала́т m; ◇ **da haben wir den ~!** вот те(бе́) раз!; **Salatgurke** f огуре́ц m для сала́та; **Salatsoße** f (Dressing) со́ус m для сала́та

Salbe f ‹-, -n› мазь ж

Salmonellen pl сальмоне́ллы мн

Salon m ‹-s, -s› сало́н m

salopp adj (locker, lässig) непринуждённый; (Kleidung) свобо́дного покро́я

Salut m ‹-[e]s, -e› салю́т m

Salve f ‹-, -n› (Gewehr~) залп m

Salz n ‹-es, -e› соль ж; **salzen** ‹salzte, gesalzen› vt ‹по~›соли́ть; **salzig** adj солёный; **Salzkartoffel** f отварно́й карто́фель m

Samen m ‹-s, -› ① (Blumen~) се́мя c ② ANAT (Sperma) се́мя c

Sammelband m ‹-bände› сбо́рник m; **Sammelbestellung** f коллекти́вный зака́з m; **sammeln** I. vt (Antiquitäten) соб‹и›ра́ть, коллекциони́ровать несов II. vr (sich konzentrieren) ◇ **sich ~** соб‹и›ра́ться с мы́слями; **Sammlung** f ① (das Sammeln) коллекциони́рование c, собира́ние c ② (Briefmarken, Gemälde) колле́кция ж, собра́ние c

Samstag m суббо́та ж; ◇ **am ~** в суббо́ту; ◇ **~, den 18. September** в суббо́ту 18-го сентября́; ◇ **~morgen/~nachmittag/~abend** в суббо́ту у́тром/по́сле обе́да/ве́чером; ◇ **nächsten ~** в бу́дущую суббо́ту; **samstags** adv (jeden Samstag) по суббо́там

samt präp dat (inklusive) вме́сте с кем-чем-л

Samt m ‹-[e]s, -e› ба́рхат m

sämtliche adj (alle) все

Sand m ‹-[e]s, -e› песо́к m; FIG ◇ **im ~e verlaufen** сойти́ на нет; ◇ **wie ~ am Meer** несме́тное коли́чество **S andbank** f ‹-bänke› песча́ная о́тмель ж; **sandig** adj песча́ный; **Sandkasten** m песо́чница ж; **Sandkuchen** m (Kuchen) песо́чное пиро́жное c

sandte impf v. **senden**

Sanduhr f песо́чные часы́ m мн

sanft adj ① (behutsam) осторо́жный ② (zärtlich, mild) мя́гкий, не́жный ③ (kaum spürbar) сла́бый

sang impf v. **singen**

Sänger(in f) m ‹-s, -› певе́ц m, певи́ца ж

sanieren I. vt (Betrieb) сани́ровать несов и сов II. vr (Unternehmen) ◇ **sich ~** оl|правля́ться ‹-пра́виться›; **Sanierung** f (von Stadtviertel, Unternehmen) сана́ция ж

sanitär adj санита́рный; ◇ **~e Anlagen** pl санита́рное обору́дование

Sanitäter(in f) m ‹-s, -› санита́р(ка ж) m

sank impf v. **sinken**

Sanktion f са́нкция ж; **sanktionieren**

vt (gutheißen) санкциони́ровать несов и сов

 Sankt Martin

11 ноября́ в Герма́нии — день Свято́го Марти́на. Согла́сно леге́нде живший в 4 ве́ке во Фра́нции мона́х Марти́н, ста́вший пото́м епи́скопом го́рода Ту́ра, уви́дев замерза́ющего ни́щего, разорва́л своё пальто́ на две ча́сти и о́тдал одну́ из них ни́щему. В па́мять о милосе́рдии и великоду́шии э́того челове́ка, кото́рый стал си́мволом сострада́ния и любви́ к бли́жнему, по всей Герма́нии де́ти в э́тот день ше́ствуют по у́лицам, держа́ в рука́х самоде́льные цветны́е фона́рики с горя́щей све́чкой внутри́ и распева́я пе́сни о Свято́м Марти́не, кото́рый изобража́ется обы́чно на коне́ в о́бразе ри́мского легионе́ра.

sann impf v. **sinnen**
Sardine f сарди́н[к]а ж
Sarg m <-[e]s, Särge> гроб м
saß impf v. **sitzen**
Satan m <-s, -e> (Teufel) сатана́ м, дья́вол м
Satellit m <-en, -en> спу́тник м
Satire f <-, -n> сати́ра ж
satt adj ① (gesättigt) сы́тый; ◇ **sich ~ essen** нае́сться до́сыта ② (überdrüssig) ◇ **ich habe ihn [es]** ~ он мне надое́л [мне э́то надое́ло] ③ (Farbe, Klang) насы́щенный
Sattel m <-s, Sättel> седло́ c; **satteln** vt (Pferd) <о->седла́ть
sättigen vt, vi насыща́ть <-сы́тить>
Satz m <-es, Sätze> ① GRAM предложе́ние c ② MATH (Lehr~) теоре́ма ж, пра́вило c ③ SPORT сет м ④ (Boden~) оса́док м ⑤ COMM (Zins~) проце́нт м, ста́вка ж ⑥ (~ Schrauben) набо́р м, компле́кт м, ⑦ (Sprung) скачо́к м, прыжо́к м; **Satzglied** n GRAM член м предложе́ния
Satzung f уста́в м; POL положе́ние c
Satzzeichen n знак м препина́ния
Sau f <-, Säue> ① ZOOL свинья́ ж, свиноматка ж ② VULG (Schimpfwort) свинья́ ж; ◇ **jd-n zur ~ machen** нагруби́ть кому́-л
sauber adj ① (rein) чи́стый ② (ordentlich) аккура́тный ③ (anständig) поря́дочный; **Sauberkeit** f (von Sachen) чистота́ ж; (von Person) опря́тность ж, чистопло́тность ж; **säuberlich** adv (sorgfältig) чи́сто, аккура́тно; **sauber machen** vt, vi убз́ира́ть; **säubern** vt ① (putzen) чи́стить несов, очища́ть <очи́стить> ② FIG (liquidieren) проводи́ть <вести́> чи́стку
Saudi-Arabien n Cау́довская Ара́вия

ж; ◇ **in/nach** ~ в Cау́довской Ара́вии/в Cау́довскую Ара́вию
sauer adj ① (Zitrone) ки́слый; (Wein) те́рпкий ② FAM ки́слый, хму́рый; (beleidigt) ◇ **er ist** ~ он оби́жен
Sauerei f ① (Schmutz) сви́нство c ② (Unverschämtheit) ◇ **das ist e-e** ~! да э́то про́сто сви́нство
Sauerkraut n ки́слая капу́ста ж
säuerlich adj (Geschmack) кислова́тый
Sauermilch f простоква́ша ж
Sauerstoff m кислоро́д м
Sauerteig m заква́ска ж
saufen <säuft, soff, gesoffen> vt, vi FAM (вы́-) пить, пья́нствовать несов; **Säufer(in** f) m <-s, -> FAM пья́ница м/ж
saugen <sog o. saugte, gesogen o. gesaugt> vt, vi ① (вы́-)соса́ть; ◇ **das Baby saugt** ребёнок сосёт грудь ② (pumpen) (вы́-)кача́ть ③ (staubsaugen) <про->пылесо́сить; **Sauger** m <-s, -> ① (Schnuller) со́ска ж ② FAM (Staub~) пылесо́с м
Säugetier n млекопита́ющее c
Säugling m грудно́й ребёнок м
Säule f <-, -n> ① ARCHIT коло́нна ж, столб м ② FIG (Hilfe) опо́ра ж, столп м
Saum m <-[e]s, Säume> кайма́ ж; **säumen** vt (Rock, Straße) окай|мля́ть <-ми́ть>
Sauna f <-, -s o. -nen> са́уна ж, ба́ня ж
saunieren vi идти́ <пойти́> [ходи́ть] в са́уну
Säure f <-, -n> ① CHEM кислота́ ж ② (von Wein, Essig) ки́слый вкус м
säuseln vt, vi (Blätter) <по->шелесте́ть
sausen vi (rennen) <про->мча́ться; FAM ◇ **etw ~ lassen** упусти́ть что-л; FAM ◇ **durch e-e Prüfung** ~ провали́ться на экза́мене
Saustall m FIG FAM (Unordnung) барда́к м
S-Bahn f городска́я желе́зная доро́га ж
Schabernack m <-[e]s, -e> проде́лка ж, прока́за ж
schäbig adj ① (armselig) убо́гий, жа́лкий ② (abgetragen) поно́шенный, потёртый
Schablone f <-, -n> a. FIG шабло́н м
Schach n <-s, -s> (Spiel) ша́хматы мн; ◇ ~! шах!; **Schachfigur** f ша́хматная фигу́ра ж; **schachmatt** adj ① (matt gesetzt) мат ② FIG (erschöpft) ◇ **ich bin** ~ у меня́ нет сил
Schacht m <-[e]s, Schächte> ша́хта ж
Schachtel f <-, -n> (Karton) коро́бка ж; (Zigaretten~) па́чка ж
Schachzug m ① (beim Spiel) ша́хматный ход м ② FIG (Vorgehensweise) манёвр м
schade adj <inv> (nur prädikativ) (bedauerlich) жаль, доса́дно; ◇ **es ist** ~ **um ihn** жаль его́; ◇ **wie** ~! как жаль!

Schädel m ‹-s, -› **1** ANAT че́реп м **2** FAM (Kopf) башка́ ж; ◇ **mir brummt der** ~ у меня́ голова́ трещи́т

schaden vi **1** (Schaden zufügen) ◇ **e-r Sache/jd-m ~** ‹на-›вреди́ть чему́/кому́-л **2** (nachteilig sein) наноси́ть ‹-нести́› вред; ◇ **das schadet der Gesundheit** э́то вре́дно для здоро́вья; ◇ **es kann nicht ~, wenn...** де́лу не повреди́т, е́сли...; **Schaden** m ‹- s, Schäden› **1** (Beschädigung) поврежде́ние с; (bei Versicherung) убы́ток м **2** (Nachteil) уще́рб м **3** (Verlust) поте́ря ж; ◇ **aus ~ klug werden** учи́ться на го́рьком о́пыте; **Schadenersatz** m возмеще́ние с убы́тков; ◇ **jd-m ~ leisten** возмеща́ть кому́-л уще́рб; **Schadenfreude** f злора́дство с; **schadenfroh** adj злора́дный

schadhaft adj (beschädigt) повреждённый, испо́рченный

schädigen vt наноси́ть ‹-нести́› уще́рб; **schädlich** adj вре́дный (für akk для кого́-чего́-л); a. FIG (ungesund) нездоро́вый; **Schädling** m (Tier, Pflanze) вреди́тель м; **Schädlingsbekämpfungsmittel** n пестици́д м; (gegen Insekten) инсектици́д м

Schadstoff m вре́дное вещество́ с

Schaf n ‹-[e]s, -e› **1** ZOOL овца́ ж **2** FAM (Dummkopf) дура́к м; ◇ **das schwarze ~** бе́лая воро́на ж; **Schäfer(in** f) m ‹-s, -e› пасту́х м, пасту́шка ж, чаба́н м; **Schäferhund** m овча́рка ж

schaffen[1] ‹schuf, geschaffen› vt **1** (Bedingungen, Ordnung) созда́‹ва́›ть, устана́вливать ‹-нови́ть›; ◇ **Platz ~** освободи́ть ме́сто **2** (Kunstwerk) твори́ть; (Einrichtung) осно́вывать ‹вать›, учрежда́ть ‹-ди́ть›

schaffen[2] **I.** vt **1** (zur Seite) устраня́ть ‹-ни́ть› **2** (Prüfung) оси́ли‹ва›ть; (Aufgabe) справля́ться ‹спра́виться› **3** FAM ◇ **wir haben den Zug gerade noch geschafft** я ещё е́ле успе́л на по́езд **II.** vi **1** FAM (arbeiten) ‹про-›рабо́тать **2** ◇ **jd-m viel zu ~ machen** доставля́ть кому́-л мно́го хлопо́т

Schaffen n ‹-s› тво́рчество с; **Schaffensperiode** f тво́рческий пери́од м

Schaffner(in f) m ‹-s, -› конду́ктор(ша ж) м

Schafskäse m бры́нза ж

Schaft m ‹-[e]s, Schäfte› **1** (von Gewehr) ло́жа ж **2** (von Stiefel) голени́ще с **3** (von Werkzeug) рукоя́тка ж

Schakal m ‹-s, -e› ZOOL шака́л м

schäkern vi (scherzen) шути́ть с кем-л; (flirten) заи́грывать несов

schal adj **1** (Bier) вы́дохшийся **2** (Geschmack) пре́сный **3** FIG (geistlos) ску́чный

Schal m ‹-s, -e o. -s› шарф м

Schale f ‹-, -n› **1** (Gefäß) ча́ша ж; (Trinkbecher) ча́шка ж; (Suppen~) ми́ска ж

2 (Rinde, Apfel~, Bananen~, Orangen~ etc.) кожура́ ж, ко́жица ж; (Nuss~, Ei~) скорлупа́ ж; (abgeschält) очи́стки мн, шелуха́ ж; GASTRON (gerieben, Zitronen~) це́дра ж; **schälen I.** vt (Früchte, Gemüse) ‹о-›чи́стить, (Baum) сдира́ть ‹содра́ть› кору́ **II.** vr (Haut) ◇ **sich ~** шелуши́ться

Schall m ‹-[e]s, -e o. Schälle› звук м; **schalldicht** adj звуконепроница́емый; **Schallmauer** f AERO ◇ **die ~ durchbrechen** преодоле́ть звуково́й барье́р; **Schallplatte** f пласти́нка ж

schalt impf v. **schelten**

schalten I. vt (ein~) включа́ть ‹-чи́ть›; (aus~) выключа́ть ‹вы́ключить›; (um~) переключа́ть ‹-чи́ть› **II.** vi **1** AUTO (Gang wechseln) ◇ **in den dritten Gang ~** переключи́ть на тре́тью ско́рость **2** MEDIA (Verbindung) нала́живать ‹-дить› связь (in/nach с кем-чем-л) **3** FAM (reagieren) сообража́ть ‹-зи́ть›

Schalter m ‹-s, -› **1** выключа́тель м; (Ein~) включа́тель м, (an Geräten, Um~) переключа́тель м **2** (Geld~, Post~) око́шко с; **Schalterhalle** f ка́ссовый зал м

Schaltung f **1** ELECTR схе́ма ж **2** AUTO (Gang~) переключе́ние с ско́ростей

Scham f ‹-› (~gefühl) стыд м; **schämen** vr ◇ **sich ~** ‹по-›стыди́ться (wegen dat кого́-чего́-л); ◇ **ich schäme mich** мне сты́дно; **schamhaft** adj стыдли́вый; **schamlos** adj бессты́дный

Schande f ‹-› стыд м, позо́р м; **schändlich** adj **1** (Tat) позо́рный **2** (Verhalten) ме́рзкий, га́дкий; **Schandtat** f бесче́стный посту́пок м

Schanze f ‹-, -n› **1** MIL (Erdwall) земляно́е укрепле́ние с **2** SPORT трампли́н м

Schar[1] f o. n ‹-, -en› AGR (Pflug~) ле́мех м

Schar[2] f ‹-, -en› (Menschen~) толпа́ ж; ◇ **in ~en herbeiströmen** ва́лом вали́ть

scharen vr ◇ **sich ~** спла́чиваться ‹сплоти́ться› (um вокру́г кого́-чего́-л)

scharf adj **1** (Essen, Messer) о́стрый **2** (Revolver) заря́женный **3** (Kurve) ре́зкий, круто́й **4** (Verstand, Auge) о́стрый, зо́ркий **5** (Konturen) чёткий **6** (Tempo) бы́стрый **7** (Kritik, Verweis) стро́гий **8** (Getränke) кре́пкий; **Schärfe** f ‹-, -n› **1** (Messer) острота́ ж **2** (Foto) ре́зкость ж **3** (Gesetz) стро́гость ж; **in aller ~** со всей стро́гостью; **schärfen** vt **1** (Messer) ‹на-›точи́ть **2** (Sinne) разви́‹ва́›ть; **Schärfentiefe** f FOTO глубина́ ж ре́зкости; **Scharfschütze** m сна́йпер м; **scharfsinnig** adj (Person) сообрази́тельный, проница́тельный; (Bemerkung) остроу́мный

Scharm = **Charme**

scharmant = charmant

Scharnier n ‹-s, -e› шарни́р м

scharren vt, vi (Hühner, Hund) ‹по-› скрести́

Scharte f ‹-, -n› 1 (Kerbe) зазу́брина ж 2 (Schieß~) бойни́ца ж

Schaschlik m o. n ‹-s, -s› шашлы́к м

Schatten m ‹-s, -› 1 тень ж; ◇ **e-n ~ werfen** броса́ть тень 2 FIG (von Ereignissen) ◇ **seine ~ vorauswerfen** дава́ть знать о себе́ 3 (auf Lunge) пятно́ с; ◇ **~ unter den Augen** круги́ под глаза́ми; **Schattenseite** f FIG теневая́ сторона́ ж; **schattieren** vt (im Ton abstufen) оттеня́ть ‹-ни́ть›; **Schattierung** f 1 (farbliche Abstufung) отте́нок м 2 FIG (politische Richtung) окра́ска ж; **schattig** adj тени́стый

Schatulle f ‹-, -n› шкату́лка ж

Schatz m ‹-es, Schätze› 1 (Kostbarkeit) сокро́вище с 2 (Fund) клад м

schätzen vt (Wert) ‹о-›цени́ть 2 (vermuten) ◇ **ich ~ ihn älter** мне ка́жется, он ста́рше 3 (verehren) цени́ть несов, уважа́ть несов; **Schätzung** f 1 (Taxierung) оце́нка ж; (Berechnung) подсчёт м 2 (Vermutung) предположе́ние с; ◇ **nach meiner ~** по мои́м подсчётам 3 (Verehrung) уваже́ние с; **schätzungsweise** adv приме́рно, приблизи́тельно

Schau f ‹-› 1 (Aufführung) демонстра́ция ж; (Moden~) пока́з м 2 (Ausstellung) вы́ставка ж; FIG ◇ **etw zur ~ stellen** вы́ставить что-л на пока́з; **Schaubild** n диагра́мма ж

Schauder m ‹-s, -s› 1 (vor Angst) содрога́ние с, у́жас м; ◇ **jd-m e-n ~ über den Rücken jagen** наводи́ть у́жас на кого́-л 2 (Kälte~) дрожь ж; **schauderhaft** adj 1 (gruselig) жу́ткий; (schrecklich) ужа́сный 2 FAM (sehr schlecht) ужаса́ющий; **schaudern** vi 1 (Abscheu, Grauen empfinden) содрога́ться ‹-ну́ться›; ◇ **mich schaudert bei dem Gedanken** меня́ охва́тывает у́жас при мы́сли 2 (vor Kälte) ‹за-›дрожа́ть

schauen vi ‹по-›смотре́ть, гляде́ть несов (auf akk на кого-что)

Schauer m ‹-s, -› 1 (Regen~) ли́вень м 2 (Gruseln) у́жас м, дрожь ж 3 (Zittern) тре́пет м; **schauerlich** adj жу́ткий

Schaufel f ‹-, -n› 1 (Kohlen~) лопа́та ж 2 TECH, NAUT лопа́сть ж; **schaufeln** vt ‹вы-›копа́ть

Schaufenster n (für Waren) витри́на ж;

Schaukasten m (Vitrine) витри́на ж

Schaukel f ‹-, -n› каче́ли мн; **schaukeln** I. vi ‹по-›кача́ться II. vt ‹по-›кача́ть; (in den Schlaf wiegen) ука́чивать ‹-ча́ть›; **Schaukelpferd** n ло́шадь-кача́лка ж; **Schaukelstuhl** m кача́лка ж

Schaulustige(r) fm любопы́тный(-ая ж) м

Schaum m ‹-[e]s, Schäume› (Seifen~, Bier~) пе́на ж; **schäumen** vi 1 (Sekt, Meer) пе́ниться несов 2 FIG (vor Wut) ‹вс-›кипе́ть; **schaumig** I. adj пе́нистый II. adv ◇ **Eier ~ schlagen** взбить яйца;

Schaumwein m (Sekt) шипу́чее вино́

Schauplatz m аре́на ж; **Schauspiel** n 1 THEAT пье́са ж 2 FIG (Geschehen) спекта́кль м; **Schauspieler(in** f) m актёр м, актри́са ж

Scheck m ‹-s, -s› чек м; ◇ **e-n ~ einlösen** предъяви́ть чек к опла́те; **Scheckbetrug** m вы́дача непокры́тых че́ков; **Scheckheft** n че́ковая кни́жка ж; **Scheckkarte** f че́ковая ка́рточка ж

scheffeln vt FAM (horten) загреба́ть ‹-сти́›

Scheibe f ‹-, -n› 1 (Töpfer~) круг м; (Brems~) диск м 2 (Fenster~) стекло́ с 3 (von Brot, Fleisch) ломо́ть м, кусо́к м; (von Salami) ло́мтик м 4 (Eishockey) ша́йба ж; **Scheibenwischer** m стеклоочисти́тель м

Scheich m ‹-s, -e o. -s› (Öl~) шейх м

Scheide f ‹-, -n› 1 (Grenze) рубе́ж м; (Wasser~) водоразде́л м 2 ANAT влага́лище с 3 (Schwert~) но́жны мн

scheiden ‹schied, geschieden› I. vt (Ehe) разводи́ть ‹-вести́› II. vi 1 (weggehen) уходи́ть ‹уйти́›; ◇ **aus dem Amt ~** уво́лится (со слу́жбы) 2 (auseinander gehen) расходи́ться ‹разойти́сь›; (Ehepaar) ◇ **sich ~ lassen** разводи́ться ‹-вести́сь›; **Scheidung** f (Ehe~) разво́д м; ◇ **die ~ einreichen** пода́ть на разво́д; **Scheidungsgrund** m основа́ние с для развода

Schein m ‹-[e]s, -e› 1 (Geld~) банкно́т м 2 (Gut~) тало́н м; (Fahr~) биле́т м

Schein m ‹-[e]s, -e› 1 (Licht~) свет м; (das Leuchten) сия́ние с 2 (An~) ви́димость ж; ◇ **zum ~** для ви́да; ◇ **der ~ trügt** вне́шность обма́нчива; **scheinbar** I. adj (nicht wirklich) мни́мый, ка́жущийся II. adv ви́димо; **scheinen** ‹schien, geschienen› vi 1 (den Anschein haben) ‹по-›каза́ться; ◇ **mir scheint** мне́ ка́жется 2 (leuchten) ‹по-›свети́ть; **scheinheilig** adj лицеме́рный; **Scheinwerfer** m ‹-s, -› 1 (auf Bühne) проже́ктор м 2 AUTO фа́ра ж

Scheiße f ‹-› FAM a. FIG дерьмо́ с; ◇ **~!** чёрт!; ◇ **sie sitzt in der ~** она́ по́ уши в дерьме́; **Scheißwetter** n FAM ме́рзкая пого́да ж

Scheitel m ‹-s, -› 1 (Spitze, höchster Punkt) верши́на ж 2 (vom Kopf) те́мя с, маку́шка ж 3 (Haar~) пробо́р м; **scheiteln** vt ◇ **das Haar ~** де́лать пробо́р

scheitern vi (Person, Unternehmen) ‹по-› терпе́ть неуда́чу (an dat из-за кого́-чего́-л)

Schelm(in f) m ‹-[e]s, -e› ше́льма м/ж

Schelte f <-, -n> нагоня́й m; **schelten** <schilt, schalt, gescholten> vt <вы-> брани́ть

Schema n <-s, -s o. -ta> ① (Übersicht) схе́ма ж ② (Muster) шабло́н m; (Plan) план m ③ FIG (Verhaltensmuster) схе́ма ж; ◇ etw nach ~ F erledigen де́лать что-л механи́чески

Schenkel m <-s, -> ① ANAT бедро́ c ② MATH (von Dreieck) сторона́ ж

schenken vt ① (Blumen etc.) <по->дари́ть ② ◇ jd-m Vertrauen ~ пита́ть дове́рие к кому́-л; ◇ einer Sache Aufmerksamkeit ~ уделя́ть чему́-л внима́ние ③ FAM (etw nicht machen) ◇ das kann ich mir ruhig ~ э́то мне необяза́тельно де́лать, я могу́ э́того не де́лать;

Schenkung f JURA даре́ние c

Scherbe f <-, -n> черепо́к m; (Splitter) оско́лок m

Schere f <-, -n> ① (Werkzeug) но́жницы мн ② (von Krebs, Hummer) клешня́ ж

scheren¹ vt (Hecke) под|реза́ть <-ре́зать> ② (Schaf) <о->стри́чь

scheren² II. vt (kümmern) <о->забо́тить, <о->беспоко́ить; ◇ es schert ihn nicht im Geringsten его́ э́то ничу́ть не беспоко́ит II. vr ◇ sich ~ ① (kümmern) <о->забо́титься, <о->беспоко́иться ② FAM ◇ scher dich weg! убира́йся!

Scherereien f pl FAM (Ärger) хло́поты мн

Scherz m <-es, -e> (Witz) шу́тка ж; ◇ etw im ~ sagen сказа́ть что-л в шу́тку; **scherzen** vi <по->шути́ть; **scherzhaft** adj шутли́вый

scheu adj ① (schüchtern) засте́нчивый, ро́бкий ② (schreckhaft) боязли́вый; **Scheu** f <-> засте́нчивость ж, ро́бость ж

scheuchen vt спу́гивать <-ну́ть>

scheuen I. vi (Pferd) <ис->пуга́ться II. vt (Angst haben vor) боя́ться несов

Scheuerlappen m половая тря́пка ж;

scheuern vt, vi ① (Boden) <на->тере́ть; (Badewanne, Topf) <вы->чи́стить ② (Riemen) <на->тере́ть ③ FAM ◇ jd-m e-e ~ влепи́ть пощёчину кому́-л

Scheuklappe f шо́ры мн; FIG ◇ er läuft mit ~n herum у него́ шо́ры на глаза́х

Scheune f <-, -n> (Speicher) амба́р m, зернохрани́лище c; (Schuppen) сара́й m

Scheusal n <-s, -e> (Monster) чудо́вище c ② FAM страши́лище c; **scheußlich** adj отврати́тельный

Schicht f <-, -en> ① (Farb~, Erd~) слой m ② (Bevölkerungs~) слой m, просло́йка ж ③ (Nacht~, Spät~) сме́на ж;

schichten vt укла́дывать <укла́сть> ряда́ми

schick adj ① (elegant) изя́щный, щего́льско́й ② FAM (toll, großartig) шика́рный

schicken vt ① (Paket, Brief) посы|ла́ть, от|правля́ть <-пра́вить> ② (holen) ◇ nach jd-m ~ посла́ть за кем-л

Schicksal n <-s, -e> судьба́ ж; ◇ jd-n seinem ~ überlassen бро́сить кого́-л на произво́л судьбы́; ◇ jd-s ~ ist besiegelt чья-л судьба́ решена́; **Schicksalsschlag** m уда́р m судьбы́

schieben <schob, geschoben> vt ① дви́гать <-нуть>; (Auto) <по->толка́ть ② FIG ◇ die Verantwortung auf jd-n ~ сва́ливать вину́ на кого́-л ③ FAM (Waren) спекули́ровать несов; **Schiebung** f ① (ungerechte Begünstigung) обма́н m, нече́стный посту́пок m ② (Schiebergeschäfte) контраба́нда ж, спекуля́ция ж

schied impf v. **scheiden**

Schiedsgericht n арбитра́ж m, трете́йский суд m; **Schiedsrichter(in** f) m SPORT a. FIG судья́ m

schief I. adj ① (Ebene) накло́нный, косо́й; (Haus) покоси́вшийся ② (krumm) криво́й ③ (Vergleich) непра́вильный II. adv ◇ ~ hängen кóсо висе́ть

Schiefer m <-s, -> ши́фер m; **Schiefertafel** f SCH гри́фельная доска́ ж

schief gehen unreg vi FAM не уда́ва́ться; **schieflachen** vr FAM ◇ sich ~ хохота́ть до упаду; **schief liegen** unreg vi FAM (sich irren) ошиба́ться несов

schielen vi коси́ть несов; (von der Seite ansehen) <по->коси́ться

schien impf v. **scheinen**

Schienbein n ANAT больша́я берцо́вая кость ж

Schiene f <-, -n> ① (Gleis) рельс m ② MED (Bein~) ши́на ж

Schießbude f тир m; **schießen** <schoss, geschossen> I. vi ① (mit Waffe) стреля́ть <вы́стрелить> (auf/ak во что-кого́-л, по чему́-кому́-л); (mit Ball) <за->би́ть ② (schnell wachsen) бы́стро <вы́->расти; (Salat) да|ва́ть ростки́ II. vt ① (Ball) броса́ть <бро́сить>, мета́ть <-ну́ть> ② (Wild) стреля́ть <застрели́ть>; **Schieße̱rei** f перестре́лка ж, стрельба́ ж; **Schießpulver** n по́рох m

Schiff n <-[e]s, -e> ① кора́бль m, су́дно c ② ARCHIT (Kirchen~) неф m; **Schiffbruch** m (Schiffsunglück) ◇ ~ erleiden потерпе́ть кораблекруше́ние; FIG потерпе́ть неуда́чу; **Schifffahrt** f судохо́дство c, морепла́вание c; **Schiffsfahrt** f пое́здка ж на корабле́; **Schiffsladung** f судово́й груз m

Schikane f <-, -n> ① (allg.) приди́рка ж ② FAM ◇ mit allen ~n со все́ми то́нкостями; **schikanieren** vt прид<и>ра́ться к кому́-л

Schild¹ m <-[e]s, -e> ① (von Schildkröte etc.) па́нцирь m, щит m ② (Schutz~) щит m

Schild² n <-[e]s, -er> ① (Hinweisplatte) табли́чка ж; (von Geschäft) вы́веска ж; (Verkehrs~) доро́жный указа́тель м; AUTO (Nummern~) щито́к м; (Preis~) ярлы́к м ② (an Mütze) козырёк м

schildern vt опи́сывать ‹-са́ть›;
Schilderung f описа́ние с
Schildkröte f ZOOL черепа́ха ж
Schilf n ‹-[e]s, -e› камы́ш м
schillern vi перелива́ться несов; **schillernd** adj ① перелива́ющийся ② FIG (Persönlichkeit) тру́дно определи́мый, противоречи́вый
Schimmel¹ m ‹-s, -› (Brot~) пле́сень ж
Schimmel² m ‹-s, -› (Pferd) бе́лая ло́шадь ж
schimmelig adj заплесневе́лый;
schimmeln vi ‹за-›плесневе́ть
Schimmer m ‹-s› ① (Glanz) блеск м ② FAM (Ahnung) ◇ **keinen blassen ~ haben** не име́ть ни мале́йшего представле́ния
Schimpanse m ‹-n, -n› шимпанзе́ м
schimpfen I. vt ① (tadeln) ‹об-›руга́ть ② (bezeichnen) ◇ **jd-n einen Idioten ~** назва́ть кого́-л идио́том II. vi ① (fluchen) ‹по-›брани́ться ② (sich beklagen) ‹по-›ворча́ть; **Schimpfwort** n ‹-[e]s, -wörter› руга́тельство с; (Schimpfwörter, pl) бра́нные слова́
schinden ‹schindete, geschunden› I. vt ① (grausam quälen) ‹за-›му́чить ② FAM ◇ **Eindruck ~ auf jd-n** стара́ться произвести́ впечатле́ние на кого́-л II. vr (sich abmühen) ◇ **sich ~** надрыва́ться несов;
Schinderei f непоси́льный труд м
Schinken m ‹-s, -› ① (roh, gekocht) ветчина́ ж ② FAM (dickes Buch) то́лстая кни́га ж
Schippe f ‹-, -n› лопа́та ж; FAM ◇ **jd-n auf die ~ nehmen** надсмеха́ться над кем-л; **schippen** vt ‹вы-›рыть лопа́той
Schirm m ‹-[e]s, -e› ① (Regen~, Sonnen~) зонт м ② (Lampen~) абажу́р м; (Fall~) парашю́т м ③ (Mützen~) козырёк м ④ (Bild~) экра́н м; **Schirmständer** m подста́вка ж для зонто́в
Schiss m ‹-sses› FAM (Angst) ◇ **~ haben vor etw/jd-m** боя́ться чего́/кого́-л
Schlacht f ‹-, -en› сраже́ние с, би́тва ж
schlachten vt (Vieh) заби́‹ва́›ть
Schlachtenbummler(in f) m SPORT боле́льщик м, боле́льщица ж
Schlachtfeld n по́ле с би́твы;
Schlachthaus n, **Schlachthof** m ското́бо́йня ж; **Schlachtplan** m a. FIG план м сраже́ния
Schlacke f ‹-, -n› ① (Asche) шлак м ② (Lava) по́ристая ла́ва ж
Schlaf m ‹-[e]s› (Tief~) сон м; **Schlafanzug** m пижа́ма ж; **schlafen** ‹schläft, schlief, geschlafen› vi ① ‹по-›спа́ть ② (übernachten) ‹пере-›ночева́ть ③ FAM (unaufmerksam sein) ‹про-›зева́ть; ◇ **mit offenen Augen ~** спать с откры́тыми

глаза́ми ④ (sexuell) ◇ **mit jd-m ~** спать с кем-л
schlaff adj ① (Seil) прови́сший ② (Haut, Muskel) дря́блый ③ (träge) вя́лый, сла́бый, рассла́бленный
Schlafgelegenheit f ме́сто с для ночле́га, **Schlaflos** adj ◇ **~e Nacht** бессо́нная ночь; **Schlaflosigkeit** f бессо́нница ж; **Schlafmittel** n сnotво́рное с; **Schlafmütze** f ① FAM (Langschläfer) со́ня м/ж ② (träger Mensch) шля́па ж
Schlafsack m спа́льный мешо́к м;
Schlaftablette f табле́тка ж сnotво́рного; **schlaftrunken** adj за́спанный;
Schlafwagen m BAHN спа́льный ваго́н м; **schlafwandeln** vi ходи́ть во сне́;
Schlafzimmer n спа́льня ж
Schlag m ‹-[e]s, Schläge› ① (Hieb) уда́р м; nur pl (Prügel) ‹-› **Schläge** побо́и мн ② (Glocken~) бой м ③ a. FIG (vom Herz) бие́ние с ④ ELECTR (Strom~) уда́р м ⑤ MED (Schlaganfall) парали́ч м ⑥ (Art, Sorte) тип м; ◇ **Leute von ihrem ~** подо́бные им лю́ди ⑦ FAM (Portion) по́рция ж ⑧ (Schicksals~) уда́р м ⑨ FIG (auf einmal) ◇ **mit e-m ~** одни́м ма́хом; ◇ **mich trifft der ~!** меня́ хва́тит уда́р!; ◇ **~ auf ~** одно́ за други́м; **Schlagabtausch** m ① (Folge von Schlägen) после́довательность ж уда́ров ② FIG (verbale Auseinandersetzung) пререка́ние с;
Schlagader f ANAT арте́рия ж;
Schlaganfall m MED апоплекси́ческий уда́р м; **schlagartig** adj (plötzlich) внеза́пный; **Schlagbaum** m (Schranke) шлагба́ум м; **Schlagbohrmaschine** f дрель ж для уда́рного буре́ния;
Schlägel m ‹-s, -› (Klöppel) колоту́шка ж; **schlagen** ‹schlägt, schlug, geschlagen› I. vt, vi ① ‹по-›би́ть; ◇ **jd-m etw aus der Hand ~** вы́бить кому́-л что-л из рук ② (Glocke, Uhr) ‹про-›би́ть; (Trommel, Takt) бить, ударя́ть ‹уда́рить› ③ (Herz) ‹за-›би́ться ④ (besiegen) бить, побежда́ть ‹-ди́ть› ⑤ a. FIG (Schlacht) разби‹ва́›ть ⑥ (Sahne, Eiweiß) взби‹ва́›ть ⑦ (in Papier) обёртывать ‹оберну́ть› ⑧ FIG ◇ **etw schlägt auf den Magen** что-л отража́ется на желу́дке II. vr ◇ **sich ~** ① (sich prügeln) ‹по-›дра́ться ② FIG (etw gut durchstehen) ◇ **sich tapfer ~** сто́йко держа́ться ③ FIG ◇ **sich auf jd-s Seite ~** стать на чью-л сто́рону; **schlagend** adj ме́ткий; FIG (Argument) убеди́тельный
Schlager m ‹-s, -› ① (Hit) шля́гер м ② COMM това́р м, по́льзующийся больши́м спро́сом; **Schlagersänger(in** f) m эстра́дный певе́ц м, эстра́дная певи́ца жска́я ж
Schläger¹ m ‹-s, -› SPORT (Hockey~) клю́шка ж; (Tennis~) раке́тка ж
Schläger²(in f) m ‹-s, -› (Person) драчу́н(ья ж) м;

Schlägerei f дра́ка ж, потасо́вка ж; **schlagfertig** adj ① (Person) нахо́дчивый ② (Antwort) ме́ткий; **Schlagfertigkeit** f (von Person) нахо́дчивость ж; (von Antwort) ме́ткость ж; **Schlaginstrument** n MUS уда́рный инструме́нт м; **Schlagloch** n вы́боина ж; **Schlagsahne** f (flüssig) сли́вки мн для сбива́ния; (steif) сби́тые сли́вки; **Schlagseite** f ① NAUT крен м ② FAM (Rausch) ◇ ~ haben нетвёрдо держа́ться на нога́х; **Schlagwort** n ① (Gemeinplatz, Parole) о́бщая фра́за ж, (treffend) ме́ткое сло́во c ② (Stichwort) ключево́е сло́во c; **Schlagzeile** f (in Zeitungen) кру́пный заголо́вок м; (bekannt werden) ◇ ~en machen стать газе́тной сенса́цией; **Schlagzeug** n MUS уда́рный инструме́нт м; **Schlagzeuger(in)** f m <-s, -> MUS уда́рник м

schlaksig adj (dünn, lang) долговя́зый
Schlamassel m o. n <-s, -> FAM (Missgeschick) невезе́ние c, несча́стье c
Schlamm m <-[e]s, -e> грязь ж, ил м, ти́на ж; **schlammig** adj гря́зный, и́листый
Schlampe f <-, -n> FAM (unordentlicher Mensch) неря́ха ж; PEJ (liederliche Frau) распу́тница ж; **schlampen** vi FAM (nachlässig arbeiten) ◇ bei e-r Arbeit ~ рабо́тать небре́жно, халту́рить несов; **Schlamper(in)** f m <-s, -> неря́шливый челове́к м; **Schlamperei** f FAM неря́шливость ж; (bei Arbeit) халту́ра ж; **schlampig** adj FAM неря́шливый, неопря́тный; (Arbeit) халту́рный
schlang impf v. schlingen
Schlange f <-, -n> ① ZOOL змея́ ж ② (Menschen~) о́чередь ж; ◇ ~ stehen стоя́ть в о́череди ③ FIG (unaufrichtige Person) ◇ falsche ~ змея́ ж; **schlängeln** vr (Schlange, Fluss) ◇ sich ~ изви́ва́ться; **Schlangenbiss** m змеи́ный уку́с м; **Schlangengift** n змеи́ный яд м; **Schlangenlinie** f ◇ ~n fahren е́хать зигзагообра́зно
schlank adj стро́йный; FIG ◇ auf die ~e Linie achten следи́ть за фигу́рой; **Schlankheit** f стро́йность ж; **Schlankheitskur** f (Diät) лече́ние c от ожире́ния, дие́та ж
schlapp adj ① (erschöpft, matt) сла́бый, вя́лый ② (träge) вя́лый
Schlappe f <-, -n> FAM неуда́ча ж
Schlappheit f ① (Erschöpfung) сла́бость ж ② (Trägheit) вя́лость ж;
Schlapphut m мя́гкая шля́па ж;
schlappmachen vi FAM (aufgeben) сда́ва́ться, выбива́ться <вы́биться> из сил; **Schlappschwanz** m FAM (Feigling) тря́пка ж, трус м, слаба́к м
schlau adj ① (clever) хи́трый, ло́вкий ② (klug, geschickt) у́мный, толко́вый
Schlauch m <-[e]s, Schläuche> ① (Wasser~) шланг м, рука́в м ② (Fahrrad~)

ка́мера ж; **Schlauchboot** n надувна́я ло́дка ж; **schlauchen** vt FAM (sehr anstrengen) изма́тывать <-мота́ть>
Schläue f <-> хи́трость ж
Schlaufe f <-, -n> (Schleife) петля́ ж
Schlaukopf m FAM хитре́ц м
schlecht adj ① (Arbeit, Wein) плохо́й; ◇ ~e Noten haben име́ть плохи́е отме́тки ② (unqualifiziert) плохо́й, недоброка́чественный ③ (Lebensmittel) испо́рченный ④ (Mensch, Gedanke, Tat) скве́рный, дурно́й, плохо́й ⑤ (kränklich, ungesund) плохо́й, нехоро́ший, дурно́й; ◇ ~e Luft дурно́й во́здух; ◇ es geht ihr ~ она́ пло́хо себя́ чу́вствует; (übel) ◇ mir ist ~ мне пло́хо ⑥ (Nachricht, Wetter, Geschmack) неприя́тный ⑦ (Mittel, Rat) плохо́й; **schlecht gehen** unreg vi unpers ◇ mir geht es schlecht у меня́ дела́ плохи́; **schlechthin** adv (an sich, überhaupt) про́сто; ◇ der Dramatiker ~ типи́чный драмату́рг; **Schlechtigkeit** f ① (Bosheit) ни́зость ж ② ~en f pl (schlechte Taten) дурны́е посту́пки м мн;
schlecht machen vt (jd-n) <о->черни́ть
schlecken vt, vi ① (Eis) <об->лиза́ть ② (Süßigkeiten) <по->ла́комиться
Schlegel = Schlägel
schleichen <schlich, geschlichen> vi ① (Katze) кра́сться несов, подкра́дываться <-кра́сться> ② (sich schleppen) <по->ползти́; **schleichend** adj краду́щийся; (Inflation) ползу́чий; **Schleichwerbung** f завуали́рованная рекла́ма ж
Schleier m <-s, -> вуа́ль ж; FIG (Nebel~) заве́са ж, пелена́ ж
schleierhaft FAM I. adj (rätselhaft) тума́нный II. adv ◇ das ist mir ~ э́то мне непоня́тно [нея́сно]
Schleife f <-, -n> ① (Haar~) бант м ② (Fluss~) петля́ ж
schleifen¹ I. vt ① (ziehen) <по->тащи́ть ② FIG (keine Disziplin mehr halten) ◇ etw ~ lassen пусти́ть что-л на самотёк II. vi (Mantel) волочи́ться несов; ◇ über den Boden ~ волочи́ться по земле́
schleifen² <schliff, geschliffen> vt ① (Diamanten) <от->шлифова́ть ② (Messer) <на->точи́ть ③ MIL (drillen) отта́чивать
Schleifstein m точи́льный ка́мень c
Schleim m <-[e]s, -e> MED слизь ж;
schleimen vi ① (Schleim absondern) выделя́ть <вы́делить> слизь ② (sich anbiedern) <по->льсти́ть; **schleimig** adj ① (voller Schleim) сли́зистый ② a. FIG (glitschig) ско́льзкий ③ FIG (Typ, Gerede) льсти́вый
schlemmen vi пирова́ть несов;
Schlemmer(in) f m <-s, -> люби́тель(ни́ца ж) м попирова́ть, чревоуго́дник (-ница ж) м; **Schlemmerei** f (Festmahl, Gelage) пир м, пи́ршество c
schlendern vi (bummeln) броди́ть несов

Schlendrian m ‹-[e]s› ко́сность ж
schlenkern vt, vi ◇ **mit den Beinen** ~ болта́ть нога́ми
Schleppe f ‹-, -n› (von Kleid) шлейф м
schleppen vt ① (ab~) по‹тяну́ть на букси́ре ② (Koffer) по‹тащи́ть ③ FAM (mitnehmen) при‹тащи́ть; ◇ **jd-n zu e-r Party** ~ притащи́ть кого́-л на вечери́нку; **schleppend** adj (Entwicklung) ме́дленный; (Gang) тяжёлый
Schlepper¹ m ‹-s, -› ① (Traktor) тяга́ч м ② (Schleppschiff) букси́рное су́дно с
Schlepper² m ‹-s, -› человек, который за большие деньги переправляет людей в какую-либо страну
Schlepptau n ① (Schleppseil) букси́рный трос м ② FIG (mit sich ziehen) ◇ **jd-n ins** ~ **nehmen** взять кого́-л на букси́р
Schleuder f ‹-, -n› ① (Wurfgerät) рога́тка ж ②(Zentrifuge, Wäsche~) центрифу́га ж; **Schleudergefahr** f AUTO опа́сность ж зано́са; **schleudern I.** vt ① (werfen) броса́ть ‹бро́сить› ② (Wäsche) отжима́ть; (Honig) очища́ть ‹очи́стить› **II.** vi (Auto) заноси́ть ‹-нести́›; **Schleuderpreis** m бро́совая цена́ ж; **Schleudersitz** m AERO катапульти́руемое сиде́нье с; FIG ◇ **auf dem ~ sitzen** находи́ться в щекотли́вой ситуа́ции; **Schleuderware** f COMM бро́совый това́р м
schleunigst adv (schnellstens) неме́дленно
Schleuse f ‹-, -n› шлюз м
schlich impf v. **schleichen**
Schliche f (jd-n durchschauen) ◇ **jd-m auf die ~ kommen** раскры́ть чьи-л за́мыслы
schlicht adj (bescheiden) скро́мный; (Kleidung) просто́й
schlichten vt (Streit) ула́живать ‹-дить›; **Schlichter(in** f) m ‹-s, -› трете́йский судья́ м, примири́тель(ница ж) м
Schlichtheit f (Einfachheit) простота́ ж
Schlichtung f (von Streit) ула́живание с
schlichtweg adv FAM (ganz einfach) про́сто; ◇ **das ist ~ gelogen** э́то про́сто ложь
Schlick m ‹-[e]s, -e› и́листые нано́сы м мн
schlief impf v. **schlafen**
schließen ‹schloss, geschlossen› **I.** vt ① (zu~) закрыва́ть ② (beenden) конча́ть ‹ко́нчить›, зака́нчивать ‹-ко́нчить› ③ (Loch, Spalte) заполня́ть ‹-по́лнить› ④ (Bündnis, Ehe, Vertrag) заключа́ть ‹-чи́ть› ◇ **einen Kompromiss** ~ пойти́ на компроми́сс ⑤ (folgern) ‹с-›де́лать вы́вод (aus из чего́-л); ◇ **von sich auf andere** ~ суди́ть о други́х по себе́ **II.** vi ① (zumachen) закрыва́ть ② (Buch) конча́ться ‹зако́нчиться› **III.** vr (Tür, Blüte) ◇ **sich** ~ закрыва́ть‹ся›; **Schließfach** n (im Bahnhof) ка́мера ж хране́-

ния; (Post~) (абонеме́нтный) почто́вый я́щик м; (Bank~) абонеме́нтный сейф м
schließlich adv (endlich) наконе́ц; ◇ ~ **doch** в конце́ концо́в
schliff impf v. **schleifen**
Schliff m ‹-[e]s, -e› ① (Edelstein) гране́ние с ② (Ergebnis des Schleifens) шлифо́вка ж ③ FIG (vervollkommnen) ◇ **e-r Sache** dat **den letzten** ~ **geben** навести́ после́дний доск ④ FIG (Umgangsformen) хоро́шие мане́ры
schlimm adj ① (arg, übel, böse) плохо́й, дурно́й; ◇ **ein ~es Ende nehmen** пло́хо ко́нчиться ② (unangenehm, nachteilig) неприя́тный, плохо́й ③ (Krankheit) тяжёлый; **schlimmer** adj kompar v. **schlimm** ху́же; **schlimmste(r, s)** adj superl v. **schlimm** наиху́дший; **schlimmstenfalls** adv в ху́дшем слу́чае
Schlinge f ‹-, -n› (Henkers~) пе́тля ж; (Draht~) ушко́ с; FIG ◇ **den Kopf aus der** ~ **ziehen** вы́вернуться из тру́дного положе́ния
schlingen¹ ‹schlang, geschlungen› **I.** vt обвива́ть; (umfassen) обхва́тывать ‹-ти́ть›; ◇ **die Arme um jd-n** ~ обхвати́ть кого́-л рука́ми; ◇ **etw um etw** akk ~ обмота́ть что-л чем-л **II.** vr (Efeu) ◇ **sich** akk **um etw** akk ~ ви́ться вокру́г чего́-л
schlingen² ‹schlang, geschlungen› vt, vi (gierig essen) жа́дно глота́ть ‹-ну́ть›
Schlips m ‹-es, -e› (Krawatte) га́лстук м; ◇ **jd-m auf den** ~ **treten** си́льно заде́ть кого́-л
Schlitten m ‹-s, -› ① (Kinder~) сала́зки мн, са́нки мн; (Pferde~) са́ни мн; ◇ ~ **fahren** ката́ться на са́нках ② FAM (großes Auto) маши́на ж
schlittern vi (rutschen) скользи́ть ‹-ну́ть›
Schlittschuh m конёк м; ◇ ~ **laufen** ката́ться на конька́х; **Schlittschuhläufer(in** f) m конькобе́жец м, конькобе́жка ж
Schlitz m ‹-es, -e› (Spalt) щель ж, про́резь ж, проре́з м; (Hosen~) ширинка ж; (Brief~) отве́рстие с; **schlitzäugig** adj с раско́сыми глаза́ми; **Schlitzohr** n FAM хитре́ц м, ловка́ч м
schlohweiß adj (Haar) бе́лый как снег
schloss impf v. **schließen**
Schloss n ‹-es, Schlösser› ① (Tür~) замо́к м ② (Palast) дворе́ц м ③ ◇ **hinter** ~ **und Riegel sitzen** сиде́ть за решёткой
Schlosser(in f) m ‹-s, -› сле́сарь м; **Schlosserei** f слеса́рная мастерска́я ж
Schlot m ‹-[e]s, -e› дымова́я труба́ ж
schlottern vi ① (vor Kälte, Angst) трясти́сь несов, дрожа́ть несов ② (locker sitzen) болта́ться несов
Schlucht f ‹-, -en› (Gebirgs~) уще́лье с
schluchzen vi ‹за-›рыда́ть несов

Schluck m ‹-[e]s, -e› глоток m; **Schluckauf** m ‹-s› икота ж; ◇ **e-n ~ haben** икать несов; **schlucken I.** vt ① (Wasser, Tablette) глотать несов, проглатывать ‹-глотить› ② FIG (Beleidigung) проглатывать ‹-глотить› **II.** vi глотать несов, проглатывать ‹-глотить›; **Schluckimpfung** f MED пероральная вакцинация ж

schludern vi халтурить несов

schlug impf v. **schlagen**

Schlummer m ‹-s› дремота ж; **schlummern** vi ① (leicht schlafen) ‹по-›дремать ② FIG (vorhanden sein) ◇ **in ihr schlummert ein musikalisches Talent** в ней дремлет музыкальный талант

Schlund m ‹-[e]s, Schlünde› глотка ж, пасть ж; FIG (Abgrund) пропасть ж

schlüpfen vi ① (Vogel) вылупливаться ‹вылупиться› ② (sich zwängen, durch Zaunloch etc.) шмыгать ‹-гнуть› ③ (anziehen) быстро надеваться что-л

Schlüpfer m ‹-s, -› (Slip) трусы мн

Schlupfloch n ① (Ausgang) лазейка ж ② FIG притон m

schlüpfrig adj ① (glatt, glitschig) скользкий ② FIG (Witz) скабрёзный

schlürfen vi шаркать ‹-нуть›

schlürfen vt, vi (Suppe) ‹гро́мко› хлебать ‹-нуть›

Schluss m ‹-es, Schlüsse› ① (Ende) конец m; ◇ **jetzt ist aber ~!** хватит!; (aufhören) ◇ **mit etw ~ machen** прекратить что-л; (Beziehung beenden) ◇ **mit jd-m ~ machen** порвать с кем-л ② (von Reihen) конец m; (vom Zug) хвост m ③ (Folgerung) вывод m, заключение c; ◇ **e-n ~ aus etw dat ziehen** сделать вывод из чего-л

Schlüssel m ‹-s, -› (Tür-, Schrauben~), a. MUS ключ m; ◇ **den ~ aus dem Schloss ziehen** вынуть ключ из замка; **Schlüsselbein** n ANAT ключица ж; **Schlüsselblume** f BOT первоцвет m; **Schlüsselbund** m связка ж ключей; **Schlüsselfigur** f (im Film, Roman) ключевая фигура ж; **Schlüsselloch** n замочная скважина ж; **Schlüsselposition** f ключевая позиция ж

Schlussfolgerung f вывод m, заключение c

schlüssig adj ① (folgerichtig) логичный ② (entschlossen) решившийся; ◇ **sich noch nicht ~ sein** не принять ещё окончательного решения

Schlusslicht n ① (von Auto, Zug) задний фонарь m ② FIG (Letzte, r) последний(-яя ж) m; ◇ **das ~ bilden** шагать в хвосте; **Schlussstrich** m FIG (beenden) ◇ **unter e-e Sache einen ~** подвести черту под чем-л; **Schlussverkauf** m COMM сезонная распродажа ж; **Schlusswort** n заключительное слово c; (Buch) эпилог m

Schmach f ‹-› (Schande) позор m, стыд m

schmachten vi ① (leiden) томиться несов ② (sich sehnen) страстно желать (nach чего-л)

schmächtig adj (mager) тощий, худой; (schwächlich) щуплый, хилый, тщедушный

schmackhaft adj вкусный; ◇ **jd-m etw ~ machen** соблазнять кого-л чем-л

schmählich I. adj (schändlich) позорный **II.** adv ◇ **jd-n ~ betrügen** позорно обмануть кого-л

schmal adj ① (Weg) узкий ② (Mensch, Gegenstand) тонкий ③ (spärlich) скудный

schmälern vt ① (verringern) уменьшать ‹уменьшить› ② FIG (Bedeutung, Leistung) принижать ‹-низить›

Schmalfilm m (16-mm-Film) узкоплёночный фильм m

Schmalz¹ n ‹-es, -e› (Fett) топлёное сало c

Schmalz² m ‹-es› FAM (Sentimentalität, ~lied) чрезмерная сентиментальность ж, сентиментальщина ж

schmalzig adj ① (fettig) сальный ② FAM (gefühlsduselig) душещипательный

schmarotzen vi тунеядствовать несов; BOT паразитировать несов; **Schmarotzer(in** f) m ‹-s, -› ① (Parasit) паразит m ② (Mensch) тунеядец m, тунеядка ж, паразит(ка ж) m, дармоед(ка ж) m

schmatzen vi чавкать; (küssen) чмокать ‹-нуть›

Schmaus m ‹-es, Schmäuse› (Festessen) пир m, угощение c; **schmausen** vi пировать несов

schmecken I. vt ① (Geschmack wahrnehmen) чувствовать вкус чего-л ② (kosten) ‹по-›пробовать **II.** vi ① (Essen) иметь какой-л вкус; ◇ **es schmeckt mir** мне это вкусно; ◇ **nach etw** dat ~ иметь вкус чего-л ② FIG (gefällt mir nicht) ◇ **das schmeckt mir nicht** это не по моему вкусу

Schmeichelei f лесть ж; **schmeichelhaft** adj лестный; **schmeicheln** vi ① (Angenehmes sagen) ‹по-›льстить (jd-m кому-л) ② ◇ **diese Frisur schmeichelt ihr** эта причёска ей очень к лицу

schmeißen ‹schmiss, geschmissen› vt ① (werfen) швырять ‹-нуть›, бросать ‹бросить› ② FAM (bewältigen) ◇ **e-e Sache ~** справиться с чем-л ③ FAM (nicht weitermachen) ◇ **etw ~** бросить какое-л дело

Schmelz m ‹-es, -e› (Glasur) эмаль ж; **schmelzen** ‹schmilzt, schmolz, geschmolzen› **I.** vi ① (flüssig werden) (Eis) ‹рас-›таять; (Erz) ‹рас-›плавиться ② FIG (Herz) ‹рас-›таять **II.** vt (flüssig machen) ‹рас-›плавить; **Schmelzpunkt** m точка ж плавления; **Schmelzwasser** n талая вода ж

Schmerz m <-es, -en> **1** (körperlich) боль ж; ◇ **ich habe ~en** у меня́ боли́т что-л **2** FIG (seelisch) боль, скорбь ж, страда́ние с; **schmerzempfindlich** adj чувстви́тельный к бо́ли; **schmerzen** vt, vi (wehtun) <за-/боле́ть **2** FIG (Kummer bereiten) ◇ **es schmerzt mich, dass...** мне бо́льно от того́, что...; **Schmerzensgeld** n де́нежное возмеще́ние с за причине́ние теле́сных поврежде́нии; **schmerzhaft** adj боле́зненный; **schmerzlich** adj ◇ **~er Verlust** чувстви́тельная поте́ря; **schmerzlos** adj безболе́зненный; FIG ◇ **kurz und ~** бы́стро и безболе́зненно; **schmerzstillend** adj (Medikament) болеутоля́ющий

Schmetterling m ZOOL ба́бочка ж

schmettern vt **1** (laut erklingen lassen) греме́ть несов **2** (Lied) залива́ться чем-л **3** (mit Wucht werfen) ударя́ть <уда́рить>

Schmied(in f) m <-[e]s, -e> (Pferde~) кузне́ц m; **Schmiede** f <-, -n> ку́зница ж; **Schmiedeeisen** n ко́ваное желе́зо с; **schmieden** vt **1** (mit Hammer formen) кова́ть несов **2** (ausdenken) ◇ **Pläne ~** стро́ить пла́ны

schmiegen I. vt (sanft drücken) ◇ **seine Wange ans Kissen ~** прижа́ться щеко́й к поду́шке **II.** vr (sich kuscheln) ◇ **sich** akk **an jd-n/etw ~** прильну́ть сов к кому́-чему́-л

Schmiere f <-, -n> **1** (Fett) мазь ж; (Wagen~) сма́зка ж **2** (Schmutz) ли́пкая грязь ж **3** FAM (Wache) ◇ **~ stehen** стоя́ть на карау́ле; **schmieren I.** vt **1** (Brote) <по-/ма́зать **2** (einreiben) нама́зыв>ать **3** (Achse) сма́зыв>ать **4** FIG (bestechen) подма́зыв>ать **5** (ohrfeigen) ◇ **jd-m eine ~** отве́сить оплеу́ху кому́-л **II.** vi (unsauber schreiben) <на-/мара́ть; **Schmierfink** m FAM грязну́ля m/ж; **Schmiergeld** n (Bestechungsgeld) взя́тка ж; **schmierig** adj **1** (ölig) са́льный **2** (feucht-schmutzig) гря́зный, ли́пкий **3** FIG (kriecherisch) ско́льзкий; **Schmieröl** n сма́зочное ма́сло с; **Schmierseife** f жи́дкое мы́ло с

Schminke f <-, -n> косме́тика ж; **schminken I.** vt (Augen, Mund) <на-/кра́сить **II.** ◇ **sich ~** <на-/кра́ситься

Schmirgelpapier n (Schleifpapier) нажда́чная бума́га ж

schmiss impf v. **schmeißen**

Schmöker m <-s, -> FAM (Buch) развлека́тельное чти́во с; **schmökern** vi FAM (lesen) чита́ть запо́ем

schmollen vi (beleidigt sein) <на-/ду́ться; **schmollend** adj оби́женный

schmolz impf v. **schmelzen**

Schmorbraten m GASTRON тушёное мя́со с; **schmoren** vt, vi **1** (Fleisch) туши́ть несов **2** (Kabel) нака́ливаться

<ли́ться> **3** FIG (lange warten lassen) ◇ **jd-n ~ lassen** заста́вить кого́-л до́лго ждать

Schmuck m <-[e]s> **1** (Gold~) украше́ния с мн **2** (Verzierung) украше́ние с; (Kopf~) убо́р m; **schmücken** vt украша́ть <-кра́сить>; **Schmuckkästchen** n шкату́лка ж для украше́ний; **schmucklos** adj без украше́ний; **Schmuckstück** n драгоце́нность ж

schmuddelig adj FAM (unsauber, unordentlich) неопря́тный, неря́шливый

Schmuggel m <-s> контраба́нда ж; **schmuggeln** vt, vi занима́ться <-я́ться> контраба́ндой; **Schmuggler(in** f) m <-s, -> контрабанди́ст(ка ж) m

schmunzeln vi ухмыля́ться <-льну́ться>

Schmutz m <-es> **1** (Dreck) грязь ж, нечистота́ ж **2** FIG (Verwerfliches) грязь ж; **Schmutzfink** m грязну́ля m/ж, замара́шка m/ж; **Schmutzfleck** m гря́зное пятно́ с; **schmutzig** adj **1** (dreckig) гря́зный; FIG ◇ **sich die Finger nicht ~ machen** не мара́ть ру́ки **2** FIG (unredlich) нечи́стый; ◇ **~e Geschäfte** тёмные дела́ **3** FAM (Witz) непристо́йный

Schnabel m <-s, Schnäbel> **1** (Vogel) клюв m **2** (Ausguss von Kannen) но́сик m **3** FAM (Mund) рот m

Schnalle f <-, -n> (Gürtel~) пря́жка ж

schnallen vt **1** (festbinden) при<стёгивать <-стегну́ть> **2** FAM (begreifen) понима́ть <-ня́ть>; ◇ **hat er es endlich geschnallt?** до него́ э́то в конце́ концо́в дошло́?

schnalzen vi (mit Fingern) щёлк|ать <-нуть>

schnappen I. vt **1** (fassen, packen) схва́тывать <-ти́ть> **2** (schnell ergreifen) хвата́ть несов, схва́тывать <-ти́ть> **II.** vi **1** (Tür, ins Schloss) защёлк|иваться <-нуться> **2** (Hund) хвата́ть, схва́тывать <-ти́ть> (nach что-л) **3** ◇ **nach Luft ~** тяжело́ дыша́ть

Schnäppchen n FAM уда́чная поку́пка ж

Schnappschuss m FOTO момента́льный (уда́чный) сни́мок m

Schnaps m <-es, Schnäpse> шнапс m, во́дка ж

schnarchen vi <за-/храпе́ть

schnattern vi **1** (Enten) кря́к|ать <-нуть>; (Gänse) гогота́ть несов **2** (vor Kälte) <по-/трясти́сь **3** (unaufhörlich reden) треща́ть несов

schnauben I. vi (Pferd) фы́рк|ать <-нуть> **II.** vr (sich schäuzen) ◇ **sich ~** <вы-/ сморка́ться нос

schnaufen vi (schwer atmen) пыхте́ть несов

Schnauzbart m усы́ мн

Schnauze f <-, -n> **1** (Hunde~) мо́рда ж;

(Schweine~) ры́ло *с* ② *FAM (Mund)* пасть *ж;* ◇ **die ~ halten** держа́ть язы́к за зуба́ми; ◇ **die ~ von etw gestrichen voll haben** быть сы́тым по го́рло чем-л; ◇ **frei nach** на глазо́к; **schnäuzen** *vr* ◇ **sich ~** <вы->сморка́ться

Schnecke *f* <-, -n> ZOOL ули́тка *ж;* **Schneckenhaus** *n* ра́ковина *ж* ули́тки; **Schneckentempo** *n* ◇ **im ~** черепа́шьим ша́гом

Schnee *m* <-s> ① *(Niederschlag)* снег *м* ② *(Ei~)* взби́тые белки́ *мн;* **Schneeball** *m* снежо́к *м;* **Schneebesen** *m* сбива́лка *ж;* **Schneeflocke** *f* снежи́нка *ж;* **Schneegestöber** *n* мете́ль *ж,* вью́га *ж;* **Schneeglöckchen** *n* BOT подсне́жник *м;* **Schneekette** *f* AUTO цепь *ж* про́тив скольже́ния; **Schneemann** *m* сне́жная ба́ба *ж,* снегови́к *м;* **Schneepflug** *m* снегоочисти́тель *м;* **Schneeschmelze** *f* <-, -n> та́яние *с* сне́га; **Schneesturm** *m* сне́жная бу́ря *ж,* мете́ль *ж;* **Schneewehe** *f* сне́жный сугро́б *м;* **schneeweiß** *adj* белосне́жный; **Schneewittchen** *n* Белосне́жка *ж*

Schneide *f* <-, -n> *(Klinge)* ле́звие *с* **schneiden** <schnitt, geschnitten> **I.** *vt* ① *(Papier, Brot, Stoff etc.)* <раз->ре́зать; *(Film)* <с->монти́ровать; *(Haare)* стричь *несов,* под<стрига́ть <-стри́чь>; *(Hecke)* под<реза́ть <-ре́зать> ② *FIG (jd-n meiden)* игнори́ровать *несов и сов,* избега́ть *несов* **II.** *vi (Messer)* ре́зать **III.** *vr* ◇ **sich ~** *(Linien, Straßen)* пересека́ться <-се́чься>; *(sich verletzen)* поре́заться; **schneidend** *adj* ① *(Kälte)* прони́зывающий, ре́зкий ② *FIG (bissig)* о́стрый, ре́зкий; **Schneider(in** *f)* *m* <-s, -> портно́й *м,* портни́ха *ж;* **schneidern** **I.** *vt (Kleider)* <с->шить **II.** *vi (nähen)* занима́ться шитьём

Schneidezahn *m* резе́ц *м* **schneien** *vi* ◇ **es schneit** идёт снег **Schneise** *f* <-, -n> про́сека *ж*

schnell **I.** *adj* ① *(Auto, Bewegung)* бы́стрый ② *(Entschluss)* бы́стрый, ско́рый **II.** *adv* ① *(fahren, verstehen)* бы́стро ② *(leicht)* легко́, бы́стро; ◇ **~ wütend werden** быть вспы́льчивым

schnellen *vi* ◇ **in die Höhe ~** взви́ться вверх

Schnellhefter *m* <-s, -> *(Ordner)* скоросшива́тель *м;* **Schnelligkeit** *f* быстрота́ *ж,* ско́рость *ж;* **Schnellimbiss** *m* заку́сочная *ж;* **Schnellkochtopf** *m* скорова́рка *ж;* **schnelllebig** *adj* недолгове́чный; **schnellstens** *adv (so schnell wie möglich)* как мо́жно скоре́е; **Schnellstraße** *f* скоростна́я доро́га *ж;* **Schnellzug** *m* BAHN ско́рый по́езд *м* **schneuzen** = schnäuzen

schnippisch *adj (frech)* де́рзкий **schnitt** *impf v.* schneiden **Schnitt** *m* <-[e]s, -e> ① разре́з *м,* надре́з

м; (von Papier etc.) ре́зание *с; (von Bäumen)* подре́зка *ж;* TYP обре́з *м* ② *(Haar~)* причёска *ж; (~muster)* вы́кройка *ж; (~wunde)* поре́з *м,* ре́заная ра́на *ж* ③ *(~punkt)* то́чка *ж* пересече́ния ④ *(Durch~)* сре́днее с арифмети́ческое ⑤ *FAM* **~ machen** пожи́виться на чём-л

Schnittblumen *f pl* сре́занные цветы́ *м мн*

Schnitte *f* <-, -n> *(Brot~)* ломо́ть *м* **Schnittfläche** *f* пове́рхность *ж* разре́за; **Schnittlauch** *m* лук-ре́занец *м;* **Schnittmuster** *n* вы́кройка *ж;* **Schnittpunkt** *m* то́чка *ж* пересече́ния; **Schnittstelle** *f* FIG *(gemeinsamer Punkt)* о́бщая то́чка *ж;* **Schnittwunde** *f* поре́з *м,* ре́заная ра́на *ж*

Schnitzel *n* <-s, -> ① GASTRON отбивно́й шни́цель *м* ② *(Papier~)* обре́зок *м* **schnitzen** *vt, vi* выреза́ть <вы́резать> (по де́реву, ко́сти)

Schnitzer¹ *m* <-s,-> *FAM (Fehler)* оши́бка *ж*

Schnitzer²(in *f) m* <-s, -> ре́зчик *м,* ре́зчица *ж* (по де́реву, ко́сти)

Schnorchel *m* <-s, -> дыха́тельная тру́бка *ж*

Schnörkel *m* <-s, -> *(unnötige Verzierung)* вы́чурность *ж; (Schrift)* завито́к *м*

schnorren *vt, vi* FAM *(Zigaretten)* попроша́йничать *несов,* <вы->кля́нчить

schnüffeln *vi* ① *(Hund)* <по->ню́хать ② *FAM (Rauschstoffe)* втя́гивать <-ну́ть> но́сом ③ *FAM (durchsuchen)* шпио́нить, высле́живать; ◇ **in etw** *dat* копа́ться в чём-л; **Schnüffler(in** *f) m* <-s, -> *FAM* шпио́н(ка *ж) м*

Schnuller *m* <-s, -> со́ска *ж,* пусты́шка *ж*

Schnupfen *m* <-s, -> на́сморк *м* **schnuppern** *vi (riechen)* <по->ню́хать **Schnur** *f* <-, Schnüre> ① *(Seil, Faden)* верёвка *ж* ② ELECTR шнур *м;* **schnurgerade** *adj (ganz gerade)* соверше́нно прямо́й, прямо́й как стрела́ **schnüren** *vt* ① *(Paket)* перевя́зывать <-за́ть> ② *(Schuhe, Mieder)* <за->шнурова́ть

Schnurrbart *m* усы́ *мн* **schnurren** *vi (Katze)* мурлы́кать *несов* **Schnürschuh** *m* боти́нок *м* на шнуро́вке; **Schnürsenkel** *m* шнуро́к *м* **schnurstracks** *adv (geradewegs)* пря́мо, напрями́к

schob *impf v.* **schieben**

Schock *m* <-[e]s, -e *о.* -s> шок *м; (Erschütterung)* потрясе́ние *с;* ◇ **unter ~ stehen** находи́ться в состоя́нии шо́ка; **schockieren** *vt* шоки́ровать *несов и сов* **Schöffe** *m* <-n, -n> *(Geschworener)* прися́жный *м,* заседа́тель *м;* **Schöffengericht** *n* суд *м* прися́жных; **Schöffin** *f* прися́жная *ж*

Schokolade f ① (*Tafel*) шоколáд m ② (*Getränk*) какáо c

Scholle f <-, -n> ① (*Erd~*) ком m, глы́ба $ж$ ② (*Eis~*) льди́на $ж$ ③ (*Fisch*) камбалá $ж$

schon *adv* ① (*bereits*) ужé; ◇ **ich war ~ einmal da** я здесь ужé оди́н раз был ② (*früher als erwartet*) ужé; ◇ **du bist ja ~ da** ты ужé пришёл ③ (*unmittelbar danach*) срáзу, как тóлько; ◇ **kaum war sie weg, ~ fing es an zu regnen** не успéла онá уйти́, как началсá дождь ④ (*allein, nur*) дáже, ужé, тóлько; ◇ **die Vorstellung, dass** стóит тóлько подýмать, что ⑤ (*zwar*) прáвда; ◇ **ich weiß ~, aber** я э́то, прáвда, знáю, но ⑥ (*bestimmt*) навернякá; ◇ **das wird ~ gut gehen** навернякá всё бýдет хорошó ⑦ **das war ~ immer so** э́то всегдá так бы́ло; ◇ **komm ~!** идём, в концé концóв!

schön *adj* I. *adj* ① (*hübsch, nett*) краси́вый, прекрáсный ② (*hübsch, nett*) краси́вый, хорóший, ми́лый; ◇ **~e Grüße** сердéчный привéт ③ *FAM* (*groß*) крýпный; ◇ **ein ~es Durcheinander!** крýпная неразбери́ха! II. *adv* ① (*toll, herrlich*) краси́во, прекрáсно ② *FAM* (*ziemlich, sehr*) ◇ **er hat sich ~ blamiert** он óчень опозóрился ③ (*gut*) ◇ **schlaf ~!** спи спокóйно!; (*in Ordnung*) ◇ **~!** лáдно!, соглáсно!, хорошó!

Schonbezug m чехóл m; **schonen** I. *vt* (*Kleidung*) бéрежно отноcи́ться <-нести́сь> к чему́-л; (*Nerven*) <по->берéчь; (*Kräfte*) <по->щади́ть II. *vr* ◇ **sich ~** берéчь себя́; **schonend** *adj* (*behutsam*) бéрежно; ◇ **jd-m etw ~ beibringen** осторóжно сообщи́ть кому́-л что-л

Schöngeist m эстéт m; **Schönheit** f ① (*das Schönsein*) красотá $ж$ ② *FAM* (*schöner Mensch*) краса́вица $ж$; **Schönheitsfarm** f институ́т m красоты́; **Schönheitsfehler** m (*Makel*) небольшóй недостáток m во внéшности; **Schönheitsoperation** f космети́ческая операция $ж$; **schönmachen** *vr* (*sich herrichten*) ◇ **sich ~** прихорáшиваться <-рóшиться>

Schonung f ① (*Gesundheit*) бéрежное отношéние c ② (*Nachsicht*) снисхождéние c, пощáда $ж$ ③ (*Waldbestand*) молодня́к m; **schonungslos** *adj* беспощáдный; ◇ **mit ~er Offenheit** с беспощáдной прямотóй; **Schonzeit** f (*für Wild*) врéмя c, когдá запрещенó охóтиться

schöpfen *vt* ① (*Wasser*) чéрпать <-нýть> (*aus* из чего́-л) ② (*Mut*) чéрпать <почерпну́ть> ③ (*Atem*) перевоäи́ть <-вести́> дух ④ (*Kunstwerk*) создáвать; **Schöpfer(in** f) m <-s, -> (*Urheber/in*) творéц m, создáтель(ница $ж$) m; **schöpferisch** *adj* (*kreativ*) творческий

Schöpfkelle f, **Schöpflöffel** m полóвник m, поварёшка $ж$

Schöpfung f ① (*Schaffen*) создáние c ② (*Kreation*) создáние c, творéние c ③ (*Welterschaffung*) сотворéние c (ми́ра)

schor *impf v.* **scheren**

Schorf m <-[e]s, -e> (*von Wunde*) струп m

Schornstein m трубá $ж$; **Schornsteinfeger(in** f) m <-s, -> трубочи́ст(ка $ж$) m

schoss *impf v.* **schießen**

Schoß m <-es, Schöße> коле́ни c $мн$; ◇ **auf jd-s ~ sitzen** сидéть у когó-л на коле́нях; *FIG* (*Schutz*) ◇ **im ~ der Familie** в лóне семьи́

Schote f <-, -n> (*Erbsen~ etc.*) стручóк m

Schotte m <-n, -n> шотлáндец m

Schotter m <-s> (*grobes Geröll*) щéбень m

Schottin f шотлáндка $ж$; **schottisch** *adj* шотлáндский; **Schottland** n Шотлáндия $ж$; ◇ **in/nach ~** в Шотлáндии/в Шотлáндию

schraffieren *vt* (*Fläche*) штрихова́ть *несов*, заштрихóвывать <-вáть>

schräg *adj* ① (*Wände*) косóй, наклóнный; ◇ **den Kopf ~ halten** наклоня́ть гóлову нáбок; ◇ **~ gegenüber** нáискось ② *FAM* (*komischer Mensch*) ◇ **ein ~er Vogel** чудáк m; **Schräge** f <-, -n> (*Ggs. zu Gerade*) покáтость $ж$, скос m; (*Gefälle*) уклóн m; **Schrägstrich** m косáя чертá $ж$

Schramme f <-, -n> цара́пина $ж$, шрам m; **schrammen** *vt* <о->цара́пать

Schrank m <-[e]s, Schränke> ① шкаф m ② *FAM* (*breitschultriger Mann*) верзи́ла m

Schranke f <-, -n> ① (*Barriere*) барьéр m; (*Bahn~*) шлагбáум m ② *FIG* (*Hemmung*) грани́ца $ж$, рáмки $ж$ $мн$; ◇ **sich ~n auferlegen** ограни́чивать себя́; **schrankenlos** *adj* ① (*ohne Schranke*) без шлагбáума ② (*zügellos*) необýзданный; **Schrankenwärter(in** f) m BAHN дежýрный(-ая $ж$) m по железнодорóжному переéзду

Schraube f <-, -n> ① винт m; (*Holz~*) шурýп m; (*Bolzen*) болт m; ◇ **bei jd-m ist eine ~ locker** у когó-л ви́нтика не хватáет ② (*Schiffs~*) винт m ③ SPORT прыжóк m винтóм; **schrauben** *vt* ① (*fest~*) зави́нчивать <-ти́ть>; (*ab~*) отви́нчивать <-ти́ть> ② (*mit Schrauben befestigen*) приви́нчивать <-ти́ть>;

Schraubenschlüssel m гáечный ключ m; **Schraubenzieher** m <-s, -> отвёртка $ж$; **Schraubstock** m TECH тиски́ $мн$; **Schraubverschluss** m (*von Flasche*) зави́нчивающая кры́шка $ж$

Schrebergarten m небольшóй огорóд (сад) m (с дóмиком)

Schreck m <-[e]s, -e>, **Schrecken** m <-s, -> ① (*plötzliches Angstgefühl*) испýг m, ýжас m; ◇ **jd-m e-n ~ einjagen** нагнáть на когó-л ýжас ② (*Grauen vor Katastrophe, Krieg*) ýжас m; **schrecken** *vt* <ис->пугáть; ◇ **das schreckt mich nicht** э́то меня́ не (ис)пугáет; **schreckhaft** *adj* пугли́вый, боязли́вый; **schreck-**

lich I. *adj* (*Unglück*) ужа́сный; (*Traum*) жу́ткий; (*Erlebnis*) стра́шный **II.** *adv FAM* (*sehr*) ужа́сно, стра́шно; ◇ **müde** ужа́сно уста́вший; **Schreckschusspistole** *f* пуга́ч *м*

Schrei *m* ‹-[e]s, -e› **1** (*Ruf*) крик *м* **2** *FIG* (*starkes Verlangen*) зов *м*

Schreibblock *m* блокно́т *м;* **schreiben** ‹schrieb, geschrieben› **I.** *vt* **1** (*Brief, Roman*) ‹на-›писа́ть; ◇ **sich** *dat* ~ перепи́сываться *несов* **2** (*buchstabieren*) писа́ться *несов;* ◇ **wie schreibt man...?** как пи́шется...? **3** (*Rechnung*) выпи́сывать ‹вы́писать›; (*Vertrag*) составля́ть ‹-ста́вить›; ◇ **jd-n krank**~ вы́писать кому́-л больни́чный лист **II.** *vi* **1** ‹на-›писа́ть; (*mit Maschine*) ‹на-›печа́тать; ◇ **lesen und** ~ чита́ть и писа́ть **2** (*Kugelschreiber*) ‹на-›писа́ть *м* люби́щий писа́ть письма́; **Schreibfehler** *m* опи́ска *ж;* **Schreibkraft** *f* машини́ст(ка *ж*) *м;* **Schreibmaschine** *f* пи́шущая маши́нка *ж;* **Schreibtisch** *m* пи́сьменный стол *м;* **Schreibtischunterlage** *f* бюва́р *м;* **Schreibung** *f* написа́ние *с;* **Schreibwaren** *pl* канцеля́рские това́ры *м мн;* **Schreibweise** *f* написа́ние *с*

schreien ‹schrie, geschrie[e]n› **I.** *vi* **1** (*laut rufen*) ‹за-›крича́ть; ◇ **vor Schmerzen** ~ крича́ть от бо́ли **2** (*Baby*) ‹за-›пла́кать **3** (*verlangen*) ◇ **nach Rache** ~ призыва́ть к мще́нию **4** *FIG* (*ist empörend*) ◇ **es schreit zum Himmel** э́то про́сто сканда́л **II.** *vt* ‹за-›крича́ть; ◇ **um Hilfe** ~ крича́ть о по́мощи; **schreiend** *adj* **1** (*kreischend*) крича́щий **2** (*grell, Farbe*) ре́зкий, крича́щий **3** *FIG* (*empörend*) вопию́щий

Schreiner(in *f*) *m* ‹-s, -› столя́р *м;* **Schreinerei** *f* столя́рная мастерска́я *ж*

schreiten ‹schritt, geschritten› *vi* шага́ть *несов,* ше́ствовать *несов*

schrie *impf v.* **schreien**

schrieb *impf v.* **schreiben**

Schrift *f* ‹-, -en› **1** (*Zeichensystem*) письмо́ *с,* пи́сьменность *ж* **2** (*Hand~*) по́черк *м* **3** (*Text, Geschriebenes*) сочине́ние *с,* труд *м;* ◇ **e-e alte** ~ па́мятник дре́вней пи́сьменности **4** *TYP* (*~art*) шрифт *м;* **Schriftdeutsch** *n* неме́цкий литерату́рный язы́к *м;* **Schriftführer(in** *f*) *m* (*Protokollant/in*) секрета́рь(ша *ж*) *м;* **schriftlich I.** *adj* (*geschrieben*) пи́сьменный **II.** *adv a.* FIG ◇ **jd-m etw** ~ **geben** дать кому́-л что-л в пи́сьменной фо́рме; **Schriftsetzer(in** *f*) *m* набо́рщик *м,* набо́рщица *ж;* **Schriftsprache** *f* литерату́рный язы́к *м;* **Schriftsteller(in** *f*) *m* писа́тель (ница *ж*) *м;* **Schriftstück** *n* (*Dokument, Urkunde*) пи́сьменный докуме́нт *м*

schrill *adj* **1** (*Stimme*) пронзи́тельный **2** (*Farbe*) ре́зкий, крича́щий; **schrillen** *vi* издава́ть пронзи́тельный звук

schritt *impf v.* **schreiten**

Schritt *m* ‹-[e]s, -e› **1** шаг *м;* (*überall*) ◇ **auf ~ und Tritt** на ка́ждом шагу́; ◇ **ein paar ~e von hier** в не́скольких шага́х отсю́да **2** (*Gangart*) похо́дка *ж* **3** *FIG* (*Vorgehen, Maßnahme*) шаг *м;* посту́пок *м,* ме́ра *ж;* ◇ ~ **für** ~ шаг за ша́гом **4** (*von Hose*) шаг *м;* **Schrittmacher** *m* ‹-s, -› SPORT ли́дер *м,* задаю́щий темп *м;* **Schritttempo** *n* ско́рость *ж* пешехо́да; ◇ **im** ~ ша́гом

schroff *adj* **1** (*Felsen*) круто́й **2** (*abrupt*) ре́зкий **3** *FIG* (*unfreundlich*) ре́зкий, жёсткий

schröpfen *vt FAM* (*ausnehmen*) выка́чивать ‹вы́качать› де́ньги из кого́-л

Schrot *m o. n* ‹-[e]s, -e› **1** (*Getreide*) мука́ *ж* гру́бого помо́ла **2** (*Munition*) дробь *ж;* **Schrotflinte** *f* дробови́к *м*

Schrott *m* ‹-[e]s› **1** (*Altmetall*) металлоло́м *м* **2** *FAM* (*wertloses Zeug*) барахло́ *с*

schrubben *vt* ‹вы́-›скобли́ть; **Schrubber** *m* ‹-s, -› щётка *ж* для мытья́ по́ла

Schrulle *f* ‹-, -n› (*wunderliche Laune*) причу́да *ж*

schrumpfen *vi* (*Stoff*) сади́ться ‹сесть›; (*Obst*) ‹с-›мо́рщиться; (*Kapital*) уменьша́ться ‹уме́ньшиться›

Schubkarren *m* та́чка *ж;* **Schublade** *f* (*von Tisch, Schrank*) выдвижно́й я́щик *м*

schüchtern *adj* стесни́тельный, засте́нчивый; **Schüchternheit** *f* стесни́тельность *ж,* засте́нчивость *ж*

schuf *impf v.* **schaffen**

Schuft *m* ‹-[e]s, -e› подле́ц *м,* мерза́вец *м*

schuften *vi FAM* вка́лывать *несов*

Schuh *m* ‹-[e]s, -e› ту́фля *ж,* боти́нок *м;* **Schuhband** *n* ‹-s, -bänder› шнуро́к *м;* **Schuhbürste** *f* щётка *ж* для о́буви; **Schuhcreme** *f* крем *м* для о́буви; **Schuhgröße** *f* разме́р *м* о́буви; **Schuhlöffel** *m* (*Schuhanzieher*) рожо́к *м* (для о́буви)*;* **Schuhmacher(in** *f*) *m* ‹-s, -› сапо́жник *м*

Schulaufgaben *f pl* (*Hausaufgaben*) дома́шние зада́ния *с мн;* **Schulbesuch** *m* SCH посеще́ние *с* шко́лы

schuld *adj* (*schuldig*) вино́вный, винова́тый (*an dat* в чём-л)*;* ◇ **er ist** ~ он вино́ват; **Schuld** *f* ‹-› **1** (*Verantwortlichsein*) вина́ *ж;* ◇ **jd-m die** ~ **geben** вини́ть кого́-л **2** (*Verfehlung*) прови́нность *ж;* ◇ **sich** *dat* **keiner** ~ **bewusst sein** не чу́вствовать за собо́й никако́й вины́ **3** FIN долг *м;* ◇ **e-e** ~ **begleichen** уплати́ть долг; **schulden** *vt* ◇ **ich schulde dir 10 Euro** я до́лжен тебе́ 10 е́вро; **Schulden** *pl* FIN долги́ *м мн;* **schuldenfrei** *adj* без долго́в; **Schuldgefühl** *n* чу́вство с вины́; **schuldig** adj ① (*verantwortlich*) вино́вный, винова́тый (*an dat* в чём-л); JURA ◇ **sich ~ bekennen** созна́ть свою́ вину́ ② (*verpflichtet*) обя́занный; (*Dank*) ◇ **jd-m etw ~ sein** быть в долгу́ пе́ред кем-л; **schuldlos** adj невино́вный, неви́нный; **Schuldner(in** f) m ‹-s, -› должни́к m, должни́ца ж; **Schuldschein** m долгово́е обяза́тельство с; **Schuldspruch** m JURA обвини́тельный пригово́р m

Schule f ‹-, -n› шко́ла ж; ◇ **zur ~ gehen** ходи́ть в шко́лу; **schulen** vt (*Auge, Fähigkeit*) трениро́вать; (*Schüler*) обуча́ть ‹-чи́ть›, учи́ть квалифика́цию; **Schüler(in** f) m ‹-s, -› учени́к m, учени́ца ж; **Schüleraustausch** m обме́н m учени́ками; **Schulferien** pl шко́льные кани́кулы мн; **schulfrei** adj ◇ **~er Tag** свобо́дный от заня́тий день; **Schulfunk** m шко́льная програ́мма ж по ра́дио; **Schulgeld** n пла́та ж за обуче́ние в шко́ле; **Schulhof** m шко́льный двор m; **Schuljahr** n уче́бный год m; **Schulpflicht** f обяза́тельное обуче́ние с; **Schulstunde** f уро́к m; **Schultasche** f шко́льная су́мка ж

Schulter f ‹-, -n› ANAT плечо́ с; ◇ **jd-m auf die ~ klopfen** похло́пать кого́-л по плечу́; ◇ **jd-m die kalte ~ zeigen** поверну́ться спино́й к кому́-л; ◇ **etw auf die leichte ~ nehmen** отнести́сь несерьёзно к чему́-л; **Schulterblatt** n лопа́тка ж; **schultern** vt (*Gewehr*) брать ‹взять› на плечо́

Schulferien

Уче́бный год в ра́зных федера́льных земля́х (**Bundesland**) Герма́нии начина́ется и зака́нчивается в ра́зное вре́мя, но все ученики́ отдыха́ют 75 дней в году́. Э́то происхо́дит о́сенью, в рожде́ственские и пасха́льные кани́кулы, а та́кже на Тро́йцу.
Уче́бный год зака́нчивается ле́тними кани́кулами, кото́рые для́тся шесть неде́ль.

Schulung f обуче́ние с
Schulzeugnis n та́бель m успева́емости
Schund m ‹-[e]s› (*Wertloses*) дрянь ж, хлам m; **Schundliteratur** f бульва́рная литерату́ра ж, макулату́ра ж
Schuppe f ‹-, -n› (*von Fisch, Reptil*) чешуя́ ж; (*Haar~*) пе́рхоть ж; **schuppen I.** vt (*Schuppen entfernen*) ‹о-›чи́стить от чешуи́ **II.** vr (*Haut*) ◇ **sich ~** шелуши́ться несов
Schuppen¹ f pl (*Haar~*) пе́рхоть ж
Schuppen² m ‹-s, -› ① (*Abstellraum*) сара́й m ② FAM (*z.B. Tanz~*) бар m
schuppig adj (*Haut*) чешу́йчатый
schüren vt (*heizen*) a. FIG разжига́ть ‹-же́чь›
schürfen I. vt MIN вести́ разве́дку **II.** vi (*durch Reiben verletzen*) оцара́п‹ыв›аться
Schurke f ‹-n, -n› негодя́й m, подле́ц m; **Schurkin** f негодя́йка ж
Schurwolle f ове́чья шерсть ж
Schürze f ‹-, -n› фа́ртук m, пере́дник m
Schuss m ‹-es, Schüsse› ① (*Gewehr~*) вы́стрел m ② (*Geschoss*) пу́ля ж ③ (*von Ball*) уда́р m ④ (*kleine Menge Alkohol*) ◇ **Cola mit ~** ко́ла с при́месью алкого́ля ⑤ (*beim Weben*) уто́чная нить ж, уто́к m
Schüssel f ‹-, -n› ми́ска ж
Schussverletzung f огнестре́льное ране́ние с; **Schusswaffe** f огнестре́льное ору́жие с
Schuster(in f) m ‹-s, -› сапо́жник m
Schutt m ‹-[e]s› ① (*Bau~*) обло́мки m мн; (*Bau~*) разва́лины ж мн ② (*Müll*) му́сор m, отхо́ды m мн, отбро́сы m мн; ◇ **etw in ~ und Asche legen** обраща́ть в прах и пе́пел что-л; **Schuttabladeplatz** m сва́лка ж
Schüttelfrost m озно́б m; **schütteln I.** vt (*Baum*) ‹об-›трясти́; (*jd-n*) ‹по-›тряс-

Schule

В Герма́нии нет еди́ной систе́мы шко́льного образова́ния, как нет и еди́ного министе́рства образова́ния. Ка́ждая федера́льная земля́ (**Bundesland**) реша́ет сама́, как стро́ится шко́льное обуче́ние. Оно́ в Герма́нии госуда́рственное и беспла́тное, ча́стные шко́лы составля́ют исключе́ние.
С 6 до 10 лет (в не́которых земля́х до 12) де́ти посеща́ют нача́льную шко́лу (**Grundschule**). По́сле э́того ученики́ мо́гут выбира́ть, в како́го ро́да шко́ле они́ хотя́т продо́лжить обуче́ние.
В **Hauptschule** де́ти мо́гут получи́ть о́бщее образова́ние, кото́рое даёт им возмо́жность сра́зу нача́ть профессиона́льное обуче́ние.
Успе́шное оконча́ние **Realschule** даёт пра́во поступле́ния в **Gymnasium**. В **Gymnasium** мо́жно пойти́ и сра́зу по́сле нача́льной шко́лы. По́сле сда́чи в 13 кла́ссе гимна́зии выпускно́го экза́мена (**Abitur**) мо́жно поступа́ть в ВУЗ.
Существу́ющая с неда́внего вре́мени альтернати́вная фо́рма обуче́ния в **Gesamtschule**, в кото́рой то́же мо́жно продолжа́ть обуче́ние сра́зу по́сле нача́льной шко́лы, включа́ет в себя́ все вышеназва́нные возмо́жности и даёт ученику́ бо́льше ша́нсов вы́брать пра́вильный для себя́ путь.

ти; (Hand) пож‹им›а́ть; (Kopf) ‹по›-
кача́ть **II.** vr ~ **sich** ~ (vor Lachen) ‹за›-
трясти́сь; (vor Kälte) ‹за›дрожа́ть

schütten I. vt (Zucker, Kies) ‹на›‹сы́пать,
‹на›‹ли́ть **II.** vi unpers (stark regnen) ◇ **es
schüttet** льёт как из ведра́

Schutz m ‹-es› ① (Unterstützung, Hilfe)
подде́ржка ж, защи́та ж; ◇ **jd-n in ~
nehmen** взять кого́-л под защи́ту ②
(Unterschlupf) убе́жище c; ◇ **jd-m ~ bie-
ten** предоста́вить кому́-л убе́жище ③
(Geleit~) сопровожде́ние c, охра́на ж;

Schutzanzug m защи́тный костю́м m;
Schutzblech n (vom Fahrrad) крыло́ c;
Schutzbrief m AUTO доро́жный стра-
хово́й докуме́нт m; **Schutzbrille** f
защи́тные очки́ ж мн

Schütze m ① (Revolver~, Bogen~) стре-
ло́к m ② SPORT (Tor~) игро́к m заби́в-
ший гол ③ ASTROL Стреле́ц m

schützen vt (jd-n verteidigen) защи‹-
ща́ть ‹-ти́ть› (vor dat от кого́-чего́-л);
(Natur) охраня́ть ‹-ни́ть›; (Patent) охра-
ня́ть (vor dat от кого́-чего́-л)

Schützenfest

Этот наро́дный пра́здник осо́бенно
популя́рен в се́льской ме́стности и в
небольши́х города́х. Его́ организу́ет
ме́стное стрелко́вое о́бщество.
Результа́том соревнова́ний по стрель-
бе́ явля́ется „корони́рование" лу́чшего
стрелка́ и произведе́ние его́ в сан
„короля́ стрелко́в" (Schützenkönig).

Schutzengel m а́нгел-храни́тель m;
Schutzhaft f ◇ **in ~ nehmen** взять кого́-
л под охра́нный аре́ст; **Schutzimp-
fung** f MED профилакти́ческая при-
ви́вка ж; **schutzlos** adj беззащи́тный;
Schutzmaßnahme f мероприя́тие c по
охра́не; **Schutzumschlag** m обёртка
ж; (Buch) суперобло́жка ж

schwach adj ① (körperlich) сла́бый ②
(Kaffee, Tee) некре́пкий, сла́бый ③
(nicht zahlreich) ◇ **~ besuchte Ausstellung**
малопосеща́емая вы́ставка ④ (Trost,
Leistung) сла́бый; (Film, Vorstellung) не-
ва́жный ⑤ (nachgiebig, weich) ◇ **~ wer-
den** не устоя́ть пе́ред чем-л; **Schwäche**
f ‹-, -n› сла́бость ж; ◇ **e-e ~ für jd-n/etw
haben** пита́ть сла́бость к кому́/чему́-л;
schwächen vt ① (schwach machen)
осла‹бля́ть ‹-ла́бить› ② (vermindern)
уменьша́ть ‹уме́ньшить›; **Schwäch-
ling** m PEJ сла́бый челове́к m; ма́мля
м/ж

Schwachsinn m ① MED слабоу́мие c
② FIG (Unsinn) бессмы́слица ж, неле́-
пость ж; **schwachsinnig** adj ① MED
слабоу́мный ② (unsinnig) бессмы́слен-
ный, неле́пый

Schwachstelle f уязви́мое ме́сто c;
Schwachstrom m ELECTR ток m ни́з-
кого напряже́ния

Schwächung f ослабле́ние c

schwafeln vt, vi FAM (dummes Zeug reden)
болта́ть вздор

Schwager m ‹-s, Schwäger› (Bruder des
Ehemanns) де́верь m; (Bruder der Ehe-
frau) шу́рин m; (Mann der Schwester der
Ehefrau) своя́к m; (Mann der Schwester)
зять m

Schwägerin f (Schwester des Ehemannes)
золо́вка ж; (Schwester der Ehefrau)
своя́ченица ж; (Ehefrau des Bruders)
неве́стка ж

Schwalbe f ‹-, -n› ZOOL ла́сточка ж

Schwall m ‹-[e]s, -e› a. FIG пото́к m

schwamm impf v. **schwimmen**

Schwamm m ‹-[e]s, Schwämme› ① ZOOL
гу́бка ж ② BOT (Pilz) домо́вый гриб
m ③ (Bade~) гу́бка ж; ◇ **~ drüber!** за-
бу́дем об э́том!; **schwammig** adj (auf-
gedunsen) обрю́зглый; FIG ры́хлый

Schwan m ‹-[e]s, Schwäne› ZOOL ле́-
бедь m

schwanen vi unpers ◇ **mir schwant,
dass...** у меня́ тако́е предчу́вствие,
что...

schwand impf v. **schwinden**

schwang impf v. **schwingen**

schwanger adj бере́менная

schwängern vt ‹с-›де́лать кому́-л
ребёнка; **Schwangerschaft** f бере́мен-
ность ж; **Schwangerschaftsabbruch**
m прерыва́ние c бере́менности

Schwank m заба́вный слу́чай m; (The-
ater~) скеч m

schwanken vi ① (taumeln, schaukeln) ка-
ча́ться несов; (torkeln) поша́тываться
несов ② (Preise, Gewicht) меня́ться не-
сов, колеба́ться несов ③ (zögern) ‹за›-
колеба́ться; **Schwankung** f колеба́-
ние c

Schwanz m ‹-es, Schwänze› ① (von Tier)
хвост m; (beleidigen) ◇ **jd-m auf den ~
treten** наступи́ть кому́-л на хвост ②
(Anhang, Schlussteil) хвост m ③ FAM (Pe-
nis) мужско́й член m ④ FAM (niemand)
◇ **kein ~** ни оди́н дура́к

schwänzen I. vt FAM (Schule, Vorlesung)
пропуска́ть ‹-ти́ть› заня́тия **II.** vi (aus-
fallen lassen) прогу́ливать ‹-я́ть›

Schwarm m ‹-[e]s, Schwärme› ① (Bie-
nen~) рой m; (Vogel~, Fisch~) ста́я ж,
кося́к m ② FAM увлече́ние c; ◇ **ihr
neuester ~** её нове́йшее увлече́ние

schwärmen vi (sich begeistern) ◇ **~ für
jd-n/etw** быть в восто́рге от кого́/
чего́-л, обожа́ть несов кого́/что-л

Schwarte f ‹-, -n› ① (Speck~) ко́жа ж
от о́корока ② FAM (altes, dickes Buch)
ста́рая зачи́танная кни́га ж

schwarz adj ① (Farbe) чёрный; ◇ **~ wie
die Nacht** чёрный как ночь ② (illegal)

нелега́льный **3** *a.* FIG ◇ **ins S~e treffen** попа́сть в то́чку; ◇ **~ auf weiß** чёрным по бе́лому; (*bissig*) **~er Humor** чёрный ю́мор; ◇ **sich ~ ärgern** доводи́ть себя́ до исступле́ния; ◇ **~ sehen** *FAM* (*Pessimist sein*) ви́деть всё в мра́чном све́те; **Schwarzarbeit** *f* "лева́я" рабо́та *ж;* **Schwarzbrot** *n* чёрный хлеб *м;* **Schwarze**(**r**) *f/m* чернoко́жий(-ая *ж*) *м;* **Schwärze** *f* <-> **1** (*von Nacht*) тьма *ж,* чернота́ *ж* **2** (*Drucker~*) чёрная кра́ска *ж;* **schwärzen** *vt* <по->черни́ть; **schwarzfahren** *unreg vi* FAM е́хать [е́здить] за́йцем; **Schwarzmarkt** *m* чёрный ры́нок *м;* **schwarzsehen** *unreg vi* MEDIA смотре́ть телеви́зор, не уплати́в абонеме́нтный взнос; **Schwarz- seher**(**in** *f*) *m* **1** (*Pessimist/in*) пессими́ст(ка *ж*) *м* **2** MEDIA телезря́щ *м;* **Schwarzweißfilm** *m* KINO чёрно-бе́лый фильм *м*

schwatzen, schwätzen *vi* <по->болта́ть; **Schwätzer**(**in** *f*) *m* <-s, -> болту́н (-ья *ж*) *м*

Schwebe *f* FIG (*noch nicht entschieden*) ◇ **in der ~ sein** висе́ть в во́здухе; **Schwe- bebahn** *f* подвесна́я кана́тная доро́га *ж;* **Schwebebalken** *m* SPORT бревно́ *с;* **schweben** *vi* **1** (*fliegen*) пари́ть *несов* **2** (*hoch hängen*) висе́ть в во́здухе; ◇ **in Gefahr ~** находи́ться в опа́сности **3** FIG (*Prozess*) быть незавершённым

Schwede *m* <-n, -n> швед *м;* **Schweden** *n* Шве́ция *ж;* ◇ **in/nach ~** в Шве́ции/в Шве́цию; **Schwedin** *f* шве́дка *ж;* **schwedisch** *adj* шве́дский; (*im Gefäng- nis*) ◇ **hinter ~en Gardinen sitzen** сиде́ть за решёткой

Schwefel *m* <-s> CHEM се́ра *ж;* **schwef[e]lig** *adj* серни́стый

Schweif *m* <-[e]s, -e> (*von Komet*) хвост *м* **Schweigegeld** *n* вознагражде́ние *с* за умолча́ние; **schweigen** <schwieg, ge- schwiegen> *vi* <за->молча́ть, безмо́лствовать *несов;* **Schweigen** *n* <-s> молча́ние *с,* безмо́лвие *с;* ◇ **sich in ~ hüllen** храни́ть молча́ние; **schweigsam** *adj* молчали́вый; (*wortkarg*) неразгово́рчивый; **Schweigsamkeit** *f* молчали́вость *ж,* неразгово́рчивость *ж*

Schwein *n* <-[e]s, -e> **1** (*Tier*) свинья́ *ж* **2** GASTRON свини́на *ж* **3** FIG (*Mensch*) свинья́ *ж* **4** FAM (*Glück*) ◇ **da hast du nochmal ~ gehabt** тебе́ ещё раз повезло́; **Schweinefleisch** *n* свини́на *ж;* **Schweinerei** *f* **1** (*Schmutz*) сви́нство *с* **2** (*Gemeinheit*) сви́нство *с,* по́длость *ж;* **Schweinestall** *m* свина́рник *м* **Schweiß** *m* <-es> пот *м*

Schweißbrenner *m* сва́рочная горе́лка *ж;* **schweißen** *vt* сва́ривать <-ри́ть>; **Schweißer**(**in** *f*) *m* <-s, -> сва́рщик *м,* сва́рщица *ж*

Schweiz *f* Швейца́рия *ж;* ◇ **in die ~ fah-**

ren пое́хать в Швейца́рию; ◇ **in der ~** в Швейца́рии; **Schweizer**(**in** *f*) *m* <-s, -> швейца́рец *м,* швейца́рка *ж;* **Schwei- zerdeutsch** *n* швейца́рские неме́цкие диале́кты *м мн;* **schweizerisch** *adj* швейца́рский

schwelen *vi* тлеть *несов*

schwelgen *vi* **1** (*in Luxus leben*) жить в ро́скоши **2** FIG ◇ **in Erinnerungen ~** погружа́ться в воспомина́ния

Schwelle *f* <-, -n> **1** (*Tür~*) поро́г *м* **2** FIG (*Übergang*) поро́г *м* **3** BAHN шпа́ла *ж* **schwellen** <schwillt *o.* schwellt, schwoll, geschwollen> *vi* (*Beule*) отека́ть <оте́чь>

Schwellung *f* MED о́пухоль *ж*

schwenken I. *vt* **1** (*Fahne*) маха́ть <-ну́ть> **2** (*Gefäß mit Wasser*) полоска́ть *несов* **II.** *vi* (*Richtung ändern*) ◇ **nach links ~** поверну́ть нале́во

schwer I. *adj* **1** (*Koffer, Person*) тяжёлый; ◇ **65 Kilo ~ sein** ве́сить 65 кило́грамм **2** (*schwierig*) сло́жный; (*Lek- türe, Problem*) тру́дный **3** (*schlimm, Ka- tastrophe*) тяжёлый **4** FIG ◇ **~en Her- zens** скрепя́ се́рдце **II.** *adv* тяжело́, тру́дно; ◇ **das ist ~ zu sagen** э́то тру́дно сказа́ть; ◇ **er ist ~ krank** он тяжело́ бо́лен

Schwere *f* <-> **1** PHYS (*Schwerkraft*) си́ла ж тя́жести, тяготе́ние *с* **2** (*Schwer- sein*) тя́жесть *ж* **3** (*von Entscheidung*) серьёзность *ж;* **schwerelos** *adj* невесо́мый

schwer erziehbar *adj* (*Kind*) трудновоспиту́емый; **schwer fallen** *unreg vi* (*Ent- scheidung*) быть тру́дным; ◇ **es fällt mir schwer zu sagen** мне тру́дно сказа́ть; ◇ **es fällt mir schwer** мне э́то нелегко́; **schwerfällig** *adj* (*unbeholfen*) неуклю́жий, нело́вкий; **Schwergewicht** *n* SPORT тяжёлый вес *м;* **schwer- hörig** *adj* туго́й на у́хо; **Schwer- industrie** *f* тяжёлая промы́шленность *ж;* **Schwerkraft** *f* PHYS тяготе́ние *с,* гравита́ция *ж;* **Schwerkranke**(**r**) *fm* тяжелобольно́й(-а́я *ж*) *м;* **schwer ma- chen** *vt* ◇ **jd-m etw ~** осложня́ть кому́-л что-л; **Schwermetall** *n* тяжёлый мета́лл *м;* **schwermütig** *adj* тоскли́вый, уны́лый, мра́чный; **Schwerpunkt** *m* центр *м* тя́жести, FIG (*von Problem*) основно́й моме́нт *м,* суть *ж*

Schwert *n* <-[e]s, -er> меч *м*

schwer tun *unreg vr* ◇ **sich** *akk* **~ mit etw** му́читься с чем-л

Schwerverbrecher(**in** *f*) *m* опа́сный престу́пник *м,* опа́сная престу́пница *ж;* **schwer verdaulich** *adj* (*Essen*) неудобовари́мый; **schwer verletzt** *adj* тяжелора́неный; **schwerwiegend** *adj* schwer wiegend *adj* (*Fehler*) серьёзный

Schwester *f* <-, -n> сестра́ *ж;* MED медсестра́ *ж;* (*Ordens~*) мона́хиня *ж*

schwieg *impf v.* **schweigen**

Schwiegereltern *pl (von Frau)* роди́тели мн му́жа; *(von Mann)* роди́тели мн жены́; **Schwiegermutter** *f (Mutter des Mannes)* свекро́вь *ж; (Mutter der Frau)* тёща *ж;* **Schwiegersohn** *m* зять *м;* **Schwiegertochter** *f* неве́стка *ж,* сноха́ *ж;* **Schwiegervater** *m (Vater des Mannes)* свёкор *м; (Vater der Frau)* тесть *м*

Schwiele *f* ‹-, -n› мозо́ль *ж*

schwierig *adj* ① *(Aufgabe, Arbeit)* тру́дный ② *(Mensch)* тяжёлый; **Schwierigkeit** *f* ① *(Schwierigsein)* тру́дность *ж* ② *(Hindernis)* тру́дность *ж,* препя́тствие *с;* ◇ **~en überwinden** преодолева́ть тру́дности

Schwimmbad *n* пла́вательный бассе́йн *м;* **Schwimmbecken** *n* бассе́йн *м* для пла́вания; **schwimmen** ‹schwamm, geschwommen› *vi* ① *(Person)* плыть *несов,* пла́вать *несов; (Sache)* пла́вать *а.* SPORT ‹про-›плыть ③ *FIG (unsicher sein)* пла́вать; **Schwimmer(in** *f) m* ‹-s, -› ① плове́ц *м,* пловчи́ха *ж* ② *nur m* TECH поплаво́к *м;* **Schwimmflosse** *f* плавни́к *м;* **Schwimmsport** *m* пла́вание *с;* **Schwimmweste** *f* спаса́тельный жиле́т *м*

Schwindel *m* ‹-s› ① *(~gefühl)* головокруже́ние *с* ② *(Betrug)* обма́н *м,* плутовство́ *с;* **schwindelfrei** *adj* не подверга́ющийся головокруже́нию; **schwindeln** *vi* ① *FAM (lügen)* обма́|нывать ‹-ну́ть› ② *(schwindlig werden)* ◇ **ihm schwindelt** у него́ кру́жится голова́

schwinden ‹schwand, geschwunden› *vi* ① *(Geld)* уменьша́ться ‹уме́ньшиться›; *(Kraft)* убы́|ва́ть; *(Hoffnung)* та́ять *несов* ② *(Farbe)* ‹по-›блёкнуть ③ *(leiser werden)* за|тиха́ть ‹-ти́хнуть›

Schwindler(in *f) m* ‹-s, -› обма́нщик *м,* обма́нщица *ж;* моше́нник *м,* моше́нница *ж,* аферист(ка *ж) м*

schwindlig *adj* ◇ **mir ist ~** у меня́ кру́жится голова́

schwingen ‹schwang, geschwungen› **I.** *vt* ① *(Fahne)* маха́|ть ‹-ну́ть› ② *FIG (halten)* ◇ **große Reden ~** произноси́ть гро́мкие ре́чи **II.** *vi* ① *(Pendel)* кача́ться *несов* ② *FIG (anklingen, durchklingen)* ‹про-›звуча́ть; ◇ **in seiner Stimme schwingt Erregung mit** в его́ слова́х прозвуча́ла но́тка волне́ния **III.** *vr* ◇ **sich ~** *(über Mauer)* перел|е́скакивать ‹-ско-чи́ть› *(чéрез что-л)*; *(auf Tisch)* вск|а́кивать ‹-очи́ть› *(на что-л)*; *(in den Sattel)* сади́ться ‹сесть› *(на что-л)*; **Schwingung** *f* PHYS колеба́ние *с; (Ton, Saite)* вибра́ция *ж*

Schwips *m* ‹-es, -e› лёгкое опьяне́ние *с;* ◇ **e-n ~ haben** быть навеселе́

schwirren *vi* ① *(Mücke)* жужжа́ть *несов* ② *FAM* ◇ **mir schwirrt der Kopf** у меня́ кру́жится голова́

schwitzen *vi* ‹вс-›потéть

schwoll *impf v.* **schwellen**

schwören ‹schwor, geschworen› *vt, vi* ① *(beeiden)* присяг|а́ть ‹-ну́ть› ② *(Treue)* ‹по-›кля́ться

schwul *adj FAM* голубо́й

schwül *adj* ду́шный; **Schwüle** *f* ‹-› духота́ *ж*

Schwund *m* ‹-[e]s› ① *(von Reserve, Vorrat)* у́быль *ж* ② MED *(Knochen~)* атрофи́я *ж*

Schwung *m* ‹-[e]s, Schwünge› ① мах *м,* расма́х *м* ② *FIG (Elan)* подъём *м,* воодушевле́ние *с* ③ *FAM (Menge)* оха́пка *ж,* ку́ча *ж;* ◇ **ein ~ Arbeit** ку́ча рабо́ты; ◇ **mit einem ~** одни́м ма́хом; **schwunghaft** *adj FIG (lebhaft)* оживлённый, бо́йкий; **schwungvoll** *adj (begeistert)* воодушевлённый

Schwur *m* ‹-[e]s, Schwüre› ① JURA *(Eid)* прися́га *ж* ② *(Gelöbnis)* обе́т *м,* кля́тва *ж;* **Schwurgericht** *n* суд *м* прися́жных

sechs *nr* шесть; *s. a.* **fünf**; **sechzehn** *nr* шестна́дцать; **sechzig** *nr* шестьдеся́т

Secondhandladen *m* комиссио́нный магази́н *м*

See¹ *f* ‹-, -n› *(Meer)* мо́ре *с;* ◇ **zur ~ fahren** ходи́ть в пла́вание

See² *m* ‹-s, -n› *(Binnengewässer)* о́зеро *с*

Seebad *n* морско́й куро́рт *м;* **Seefahrt** *f (Schifffahrt)* морепла́вание *с;* **Seegang** *m* волне́ние *с* на мо́ре; **Seehund** *m* ZOOL тюле́нь *м;* **Seeigel** *m* ZOOL морско́й ёж *м;* **Seeklima** *n* морско́й кли́мат *м;* **seekrank** *adj* страда́ющий морско́й боле́знью; **Seekrankheit** *f* морска́я боле́знь *ж;* **Seelachs** *m* GASTRON са́йда *ж*

Seele *f* ‹-, -n› душа́ *ж;* **Seelenfrieden** *m* душе́вное споко́йствие *с;* **Seelenruhe** *f (Gemütsruhe)* душе́вный поко́й *м;* **seelenruhig** *adv* преспоко́йно, соверше́нно споко́йно

Seeleute *pl* моряки́ *мн; s. a.* **Seemann**

seelisch *adj (Gleichgewicht)* душе́вный

Seelöwe *m* ZOOL морско́й лев *м*

Seelsorge *f* забо́та *ж* о спасе́нии души́; **Seelsorger(in** *f) m* ‹-s, -› духо́вный па́стырь *м*

Seeluft *f* морско́й во́здух *м;* **Seemacht** *f* морска́я держа́ва *ж;* **Seemann** *m* ‹-s, Seeleute› моря́к *ж;* **Seemeile** *f* морска́я ми́ля *ж;* **Seenot** *f* ◇ **in ~ geraten** потерпе́ть бе́дствие на мо́ре; **Seepferd[chen]** *n* ① *(Tier)* морско́й конёк *м* ② *(Schwimmabzeichen)* значо́к *м* пловца́; **Seeräuber** *m* морско́й разбо́йник *м,* пира́т *м;* **Seereise** *f* морско́е путеше́ствие *с;* **Seerose** *f* кувши́нка *ж;* **Seeschlacht** *f* морско́е сраже́ние *с;* **Seestern** *m* морска́я звезда́ *ж;* **seetüchtig** *adj (seefest)* мореходный; **Seeweg** *m* морско́й путь *м;* ◇ **auf dem ~** мо́рем, по мо́рю, морски́м путём; **Seezunge** f (*Fisch*) морско́й язы́к m

Segel n <-s, -> па́рус m; **Segelboot** n па́русная ло́дка ж; **Segelfliegen** n лета́ние c на планёре; **Segelflugzeug** n планёр m; **Segeljacht** f я́хта ж; **segeln** I. vt, vi плыть под паруса́ми II. vi FAM ◇ **durch ein Examen** ~ провали́ться на экза́мене; **Segelregatta** f SPORT па́русная рега́та ж; **Segelschiff** n па́русник m; **Segelsport** m па́русный спорт m; **Segeltuch** n паруси́на ж

Segen m <-s> благослове́ние c; FAM (*einverstanden sein*) ◇ **jd-s ~ haben** име́ть чьё-л благослове́ние

Segment n <-s, -e> сегме́нт m

segnen vt благослоıвля́ть <-ви́ть>

sehen <sieht, sah, gesehen> I. vt ❶ (*allg.*) ıу-ıви́деть ❷ (*betrachten*) ıпо-ıсмотре́ть ❸ (*bemerken, erkennen*) ıу-ıви́деть ❹ (*überlegen, prüfen*) ıпо-ıсмотре́ть, ıпо-ıду́мать ❺ (*abwarten*) **wir müssen erst ~, ob** внача́ле посмо́трим, бу́дет ли ❻ (*sich kümmern um*) ◇ **nach jd-m/etw ~** смотре́ть за кем/чем-л II. vr ◇ **sich ~** ❶ (*bestimmte Vorstellung haben*) ◇ **sich ~ als** счита́ть себя́ кем-л ❷ (*besuchen*) ◇ **sich bei jd-m ~ lassen** показа́ться у кого́-л ❸ FIG ◇ **sich ~ lassen können** быть недуры́м на вид ❹ ◇ **sich gezwungen ~** быть вы́нужденным; **sehenswert** adj достопримеча́тельный; ◇ **das ist ~** э́то сто́ит посмотре́ть; **Sehenswürdigkeit** f достопримеча́тельность ж; **Seher(in** f) m <-s, -> (*Hell~*) прорица́тель(ница ж) m; (*Prophet/in*) проро́к m, проро́чица ж; **Sehfehler** m дефе́кт m зре́ния; **Sehkraft** f зре́ние c

Sehne f <-, -n> ANAT сухожи́лие c; (*Bogen*) тетива́ ж

sehnen vr ◇ **sich ~** скуча́ть несов (*nach akk* по кому́-чему́ л, по ком-чём), тоскова́ть несов (*nach akk* по кому́-л)

Sehnenscheidenentzündung f воспале́ние c сухожи́льного влага́лища; **sehnig** adj (*Gestalt*) жи́листый; (*Fleisch*) с прожи́лками

sehnlich adj заве́тный, стра́стный; ◇ **sein ~ster Wunsch** его́ заве́тное жела́ние; **Sehnsucht** f тоска́ ж, стра́стное жела́ние c; **sehnsüchtig** adj стра́стный, испо́лненный тоски́

sehr adv о́чень, весьма́; ◇ **zu ~** сли́шком, чрезме́рно

Sehstörung f наруше́ние c зре́ния

seicht adj (*Wasser*) ме́лкий, неглубо́кий; FIG (*oberflächlich*) пове́рхностный

Seide f <-, -n> шёлк m; **seiden** adj шёлковый; FIG ◇ **am ~en Faden hängen** висе́ть [держа́ться] на волоске́; **Seidenkleid** n шёлковое пла́тье c; **Seidenpapier** n шёлковая бума́га ж; **Seidenstraße** f (*in Asien*) шёлковый путь m;

seidig adj (*Fell*) шелкови́стый

Seife f <-, -n> мы́ло c; **Seifenblase** f a. FIG мы́льный пузы́рь m; **Seifenlauge** f мы́льный щёлок m; **Seifenoper** f мы́льная о́пера ж; **Seifenschale** f мы́льница ж; **Seifenschaum** m мы́льная пе́на ж

Seil n <-[e]s, -e> кана́т m; **Seilbahn** f фуникулёр m; **Seilhüpfen, Seilspringen** n <-s> скака́ние c че́рез скака́лку; **Seilschaft** f свя́зка ж; **Seiltänzer(in** f) m канатохо́дец m, канатохо́дка ж; **Seilzug** m (*mit*) кана́тная тя́га ж

sein <ist, war, gewesen> vi ❶ (*zur Bildung v. Vergangenheitsformen u. Passiv*) ◇ **ich bin gekommen** я пришёл ❷ (*Zustand, Eigenschaft, Gefühl*) быть; ◇ **ich bin zufrieden** я дово́лен; ◇ **ich war zufrieden** я был дово́лен; ◇ **wie alt bist du?** ско́лько тебе́ лет? ❸ (*als selbständiges Prädikat*) быть; ◇ **er ist Arzt** он врач; ◇ **sie war Ärztin** она́ была́ врачо́м ❹ *unpers* ◇ **es ist kalt** хо́лодно; ◇ **es ist spät** по́здно; ◇ **mir ist schlecht** мне пло́хо ❺ (*als Resultat*) ◇ **zwei und zwei sind vier** два плюс два четы́ре ❻ (*existieren*) быть, существова́ть ❼ (*sich befinden*) быть, находи́ться; ◇ **in Urlaub ~** быть в о́тпуске ❽ (*geschehen, stattfinden*) быть, име́ть ме́сто ❾ (*unterlassen*) ◇ **lass das ~!** оста́вь э́то! ❿ (*bestehen aus*) быть (*aus dat* из чего́-л); ◇ **der Ring war aus Gold** кольцо́ бы́ло из зо́лота ⓫ (*mit Fragepronomen*) ◇ **was ist das?** что э́то тако́е?; ◇ **wer ist das?** кто э́то тако́й?; ◇ **wie wäre es, wenn du...?** как насчёт того́, что́бы ты...?

Sein n <-s> (*Dasein, Existenz*) бытие́ c

sein(e) pron poss (*adjektivisch*) его́; ◇ ~ **Buch** его́ кни́га; ◇ ~ **Freund/~e Freundin** его́ друг/его́ подру́га; ◇ ~ **Auto** его́ маши́на; ◇ **~e Bücher** его́ кни́ги

seine(r, s) pron poss (*substantivisch*) его́

seiner pron pers gen v. **er, es** ◇ **wir haben ~ gedacht** мы почти́ли его́ па́мять; **seinerseits** adv с его́ стороны́; **seinerzeit** adv (*damals*) в своё вре́мя; **seinesgleichen** pron ему́ подо́бные; **seinethalben, seinetwegen** adv (*für ihn*) ра́ди него́; (*ihm zuliebe*) для него́

sein lassen unreg vt ıоставля́ть <-ста́вить>

Seismograph, Seismograf m <-en, -en> сейсмо́граф m

seit I. präp dat c; ◇ ~ **langem** уже́ давно́, с да́вних пор; ◇ **er ist ~ e-r Woche hier** он уже́ неде́лю здесь II. cj (*seitdem*) с тех пор, как; **seitdem** I. adv (*seither*) ◇ ~ **ist er krank** с тех пор он бо́лен II. cj ◇ ~ **er krank ist** с тех пор, как он заболе́л

Seite f <-, -n> ❶ (*vom Körper*) бок m; (*Außen~, Vorder~*) сторона́ ж; FIG (*helfen*) ◇ **jd-m zur ~ stehen** помога́ть кому́-л ❷

(Buch~, Zeitungs~) страни́ца *ж;* (von Stoff) сторона́ *ж* ③ FIG (Eigenschaft, Verhalten) сторона́ *ж;* ◇ **sich von der besten ~ zeigen** показа́ться с лу́чшей стороны́ ④ (Richtung) сторона́ *ж;* ◇ **von allen ~n herbeiströmen** хлы́нуть со всех сторо́н ⑤ (Gesichtspunkt) то́чка же зре́ния, сторона́ *ж;* ◇ **von juristischer ~** с юриди́ческой то́чки зре́ния ⑥ (Partei, Gruppe) сторона́ *ж;* ◇ **von offizieller ~** из официа́льных исто́чников; **Seitenansicht** *f* про́филь *м;* **Seitenausgang** *m* боково́й вы́ход *м;* **Seitenfläche** *f* MATH грань *ж;* **Seitenhieb** *m* FIG (boshafte Anspielung) е́дкий намёк *м;* **seitenlang** adj(Anklageschrift)в не́сколько страни́ц

seitens *präp gen* со стороны́ чего́-л

Seitensprung *m* FIG ◇ **e-n ~ machen** изменя́ть кому́-л; **Seitenstechen** *n* ко́лющая боль *же* в боку́; **Seitenstraße** *f* боковая у́лица *ж;* **Seitenstreifen** *m* AUTO обо́чина *ж,* полоса́ *же* авари́йной стоя́нки; **seitenverkehrt** adj (Dia) вы́вернутый, с обра́тной стороны́

seither adv (seitdem) с тех пор

seitlich I. adj боково́й **II.** präp gen сбо́ку (от чего́-л)

seitwärts adv (von wo) сбо́ку, со стороны́; (wo) в сто́рону; (wohin) в сто́рону

Sekret *n* ⟨-s, -e⟩ секре́т *м;* ◇ **eitriges ~** гно́йные выделе́ния

Sekretär(in *f)* *m* ① (Person) секрета́рь *м,* секрета́рша *м* ② nur *m* (Möbelstück) секрете́р *м;* **Sekretariat** *n* секретариа́т *м*

Sekt *m* ⟨-[e]s, -e⟩ шампа́нское *с*

Sekte *f* ⟨-, -n⟩ се́кта *ж*

Sektor *m* се́ктор *м*

sekundär adj второстепе́нный; **Sekundärliteratur** *f* крити́ческая литерату́ра *ж*

Sekunde *f* ⟨-, -n⟩ секу́нда *ж;* **Sekundenzeiger** *m* секу́ндная стре́лка *ж*

selber pron ⟨inv⟩ FAM сам, сама́, само́; ◇ **das glaubst du doch ~ nicht!** ты ведь э́тому сам не ве́ришь!; **selbst I.** pron сам, сама́, само́; ◇ **er/sie ~** он сам/она́ сама́; ◇ **das versteht sich von ~** э́то само́ собо́й разуме́ется **II.** adv (sogar) да́же **Selbstachtung** *f* самоуваже́ние *с* **selbstständig, selbstständig** adj (Mensch) самостоя́тельный; (Arbeit) незави́симый; ◇ **sich ~ machen** откры́ть своё де́ло; **Selbstständigkeit,** Selbstständigkeit *f* самостоя́тельность *ж*

Selbstauslöser *m* ⟨-s, -⟩ FOTO автоспу́ск *м;* **Selbstbedienung** *f* самообслу́живание *с;* **Selbstbefriedigung** *f* онани́зм *м;* **Selbstbeherrschung** *f* самооблада́ние *с,* вы́держка *ж;* **Selbstbestimmung** *f* самоопределе́ние *с;* **Selbstbeteiligung** *f* (bei Versicherung)

уча́стие *с* страхова́теля в возмеще́нии убы́тков; **selbstbewusst** adj уве́ренный в себе́, самоуве́ренный; **Selbstbewusstsein** *n* уве́ренность *ж* в себе́; **Selbstbildnis** *n* (Selbstporträt) автопортре́т *м;* **Selbsteinschätzung** *f* самооце́нка *ж;* **Selbsterhaltung** *f* (~strieb) самосохране́ние *с;* **Selbsterkenntnis** *f* самопозна́ние *с;* **selbstgefällig** adj (eitel) самодово́льный; (arrogant) самонаде́янный, зано́счивый; **selbstgemacht** adj самоде́льный; **Selbstgespräch** *n* разгово́р *м* с сами́м собо́й; **Selbsthilfegruppe** *f* гру́ппа *ж* взаи́мной по́мощи; **Selbstkostenpreis** *m* COMM цена́ *ж* по себесто́имости; **selbstkritisch** adj самокрити́чный; **selbstlos** adj бескоры́стный; **Selbstmord** *m* самоуби́йство *с;* **Selbstmörder(in** *f)* *m* самоуби́йца *м/ж;* **selbstmörderisch** adj самоуби́йственный; **selbstsicher** adj уве́ренный в себе́, самоуве́ренный; **Selbstsicherheit** *f* уве́ренность *ж* в себе́; **selbstständig** = selbstständig; **Selbstständigkeit** = Selbstständigkeit; **Selbsttäuschung** *f* самообма́н *м;* **Selbstverleugnung** *f* самоотве́рженность *ж;* **selbstverständlich I.** adj есте́ственный, само́ собо́й разуме́ющийся **II.** adv есте́ственно; **Selbstverteidigung** *f* самозащи́та *ж;* **Selbstvertrauen** *n* уве́ренность *ж* в себе́; **Selbstverwaltung** *f* самоуправле́ние *с;* **Selbstverwirklichung** *f* разви́тие *с* ли́чности; **Selbstzweck** *m* самоце́ль *ж*

selektiv adj селекти́вный

selig adj ① (verstorben) поко́йный, уме́рший ② FAM (glücklich) сча́стливый ③ REL блаже́нный; **Selige(r)** fm REL блаже́нный(-ая *ж*) *м;* **Seligkeit** *f* блаже́нство *с*

Sellerie *m* ⟨-s, -s⟩ сельдере́й *м*

selten I. adj ре́дкий; (Ereignis) не ча́стый; (außergewöhnlich) ре́дкостный **II.** adv ре́дко; **Seltenheit** *f* ре́дкость *ж*

Selterswasser *n* се́льтерская вода́ *ж*

seltsam adj стра́нный, чудакова́тый; **seltsamerweise** adv как ни стра́нно; **Seltsamkeit** *f* (nicht normal) чудакова́тость *ж;* (fremdartig) стра́нность *ж;* (Eigenart) причу́дливость *ж*

Semantik *f* сема́нтика *ж*

Semester *n* ⟨-s, -⟩ семе́стр *м;* **Semesterferien** pl студе́нческие кани́кулы *мн*

Semikolon *n* ⟨-s, -s⟩ то́чка *же* с запято́й

Seminar *n* ⟨-s, -e⟩ семина́р *м*

Semmel *f* ⟨-, -n⟩ бу́лочка *ж;* **Semmelknödel** *m* кне́длик *м*

sen. Abk. v. **Senior** ста́рший

Senat *m* ⟨-[e]s, -e⟩ сена́т *м;* UNI ◇ **akademischer ~** учёный сове́т; **Senator(in** *f)* *m* сена́тор *м*

senden ⟨sandte, gesandt⟩ *vt* (*Brief*) посылать; MEDIA транслировать *несов и сов*, передавать; **Sender** *m* ⟨-s, -⟩ **1** MEDIA радиостанция *ж*, телевизионная станция *ж* **2** (*Sendeanlage*) передатчик *m;* **Sendeschluss** *m* конец *m* передач; **Sendestation** *f* радиостанция *ж*, телевизионная станция *ж;* **Sendezeit** *f* время *с* передачи; **Sendung** *f* **1** (*Paket*) посылка *ж* **2** MEDIA (*Ausstrahlung*) трансляция *ж;* (*Programm~*) передача *ж*

Senf *m* ⟨-[e]s, -e⟩ горчица *ж; FAM* ◇ **seinen ~ dazugeben** вставить своё словечко

senil *adj* старческий

Senior *m* ⟨-s, -en⟩ старший *m;* (*älterer Mensch*) старейшина *м;* (*~chef*) покровитель *м;* (*Rentner*) пенсионер *м;* **Seniorenheim** *n* дом *m* для престарелых; **Seniorenpass** *m* BAHN удостоверение пенсионера на льготное пользование общественным транспортом и т. п.

Senke *f* ⟨-, -n⟩ низина *ж*

senken I. *vt* **1** (*allg.*) опускать; (*Kopf*) наклонять; **2** (*Preise, Steuern*) снижать *несов*, понижать; (*leiser sprechen*) ◇ **die Stimme ~** понизить голос **II.** *vr* (*Boden*) ◇ **sich ~** оседать

senkrecht *adj* вертикальный; **Senkrechte** *f* перпендикуляр *м;* **Senkrechtstarter** *m* ⟨- s, -⟩ FIG (*Karrieremensch*) человек *m*, быстро сделавший карьеру

Sensation *f* сенсация *ж;* **sensationell** *adj* сенсационный

Sense *f* ⟨-, -n⟩ коса *ж;* ◇ **jetzt ist ~!** теперь хватит!

sensibel *adj* чувствительный, сенсибельный; **sensibilisieren** *vt* повышать чувствительность

sentimental *adj* сентиментальный; **Sentimentalität** *f* сентиментальность *ж*

separat *adj* отдельный, сепаратный

September *m* ⟨-[s], -⟩ сентябрь *м; s. a.* **Mai**

Sequenz *f a.* FOTO последовательность *ж*

Serbe *m* ⟨-n, -n⟩ серб *м;* **Serbien** *n* Сербия *ж;* **Serbin** *f* сербка *ж;* **serbisch** *adj* сербский

Serenade *f* MUS серенада *ж*

Serie *f* **1** (*Film~*) сериал *м;* (*Filmfolge*) серия *ж* **2** (*von Ereignissen*) ряд *m* **3** (*Geschirr*) серия *ж;* **seriell** *adj* серийный; PC последовательный; **Serienherstellung** *f* серийное производство *с;* **serienweise** *adv* серийно

seriös *adj* серьёзный, солидный

Serpentine *f* серпантин *м*

Serum *n* ⟨-s, Seren⟩ (*Blut~*) сыворотка *ж*

Service¹ *m* ⟨-[s], -⟩ (*Geschirr*) сервиз *м*

Service² *m o. n* ⟨-, -s⟩ (*Dienstleistung*) сервис *м*, обслуживание *с*

servieren *vt* (*Essen, Getränke*) подавать

Serviette *f* салфетка *ж*

Servolenkung *f* AUTO сервоусилитель *с*, рулевой привод *m* с сервомеханизмом **Sessel** *m* ⟨-s, -⟩ кресло *с;* **Sessellift** *m* кресельный канатный подъёмник *м*

sesshaft *adj* оседлый, обосновавшийся

Set *n* ⟨-s, -s⟩ (*Satz, Garnitur*) комплект *м*, набор *м;* (*Porzellan~*) сервиз *м*

setzen I. *vt* **1** (*Kind, Gast*) сажать *несов*, по~садить, усаживать; **2** (*Pflanzen*) сажать, по~садить **3** (*Segel*) поднимать; (*errichten, Denkmal*) воздвигать; (*Ofen*) класть; **4** (*wetten*) ◇ **auf jd-n/etw ~** делать ставку на кого/что-л; (*Geld*) помещать; **5** (*Satzzeichen, Spielfigur*) по~ставить; FIG ◇ **ein Zeichen ~** дать сигнал; TYP набирать **II.** *vr* ◇ **sich ~** **1** (*hinsetzen*) садиться; **2** (*Staub*) оседать; (*Geruch*) пропитывать; **Setzer**(*in f*) *m* ⟨-s, -⟩ TYP наборщик *м*, наборщица *ж*

Setzling *m* саженец *м*

Seuche *f* ⟨-, -n⟩ эпидемия *ж;* **Seuchengebiet** *n* регион *m*, охваченный эпидемией

seufzen *vi* вздыхать; **Seufzer** *m* ⟨-s, -⟩ вздох *м*

Sex *m* ⟨-[es]⟩ секс *м;* **Sexist** *m* сексист *м;* **sexistisch** *adj* сексистский; **Sexshop** *m* ⟨-s, -s⟩ секс-шоп *м;* **Sexualität** *f* сексуальность *ж;* **Sexualkunde** *f* SCH сексология *ж;* **Sexualverbrechen** *n* сексуальное преступление *с;* **sexuell** *adj* половой, сексуальный

sezieren *vt* (*Leiche*) вскрывать

Shampoo *n* ⟨-s, -s⟩ шампунь *м*

Sherry *m* ⟨-s, -s⟩ шерри *с*

Shop *m* ⟨-s, -s⟩ (*Geschäft*) магазин *м*

Shorts *pl* ⟨-, -⟩ шорты *мн*

Show *f* ⟨-, -s⟩ шоу *с;* **Showmaster**(*in f*) *m* ведущий(-ая *ж*) *m* программу

siamesisch *adj* сиамский

Siamkatze *f* сиамская кошка *ж*

Sibirien *n* ⟨-s⟩ Сибирь *ж;* **sibirisch** *adj* сибирский

sich *pron refl* себя (*akk*), себе (*dat*); ◇ **wir haben uns ein Auto gekauft** мы купили себе машину; ◇ **~ schlecht fühlen** чувствовать себя плохо; ◇ **nur an ~ denken** только думать о себе; ◇ **für ~** про себя

Sichel *f* ⟨-, -n⟩ серп *м*

sicher I. *adj* **1** (*gefahrlos*) безопасный; ◇ **~ sein vor** *dat* быть в безопасности от кого-чего-л **2** (*Einkommen*) постоянный **3** (*Auftreten*) уверенный; (*Fahrer*) óпытный; (*Hand*) увéренный; (*zuverlässig*) надёжный ④ (*gewiss*) ◇ **sich e-r Sache ~ sein** быть увéренным в чём-л **II.** *adv* (*höchstwahrscheinlich*) конéчно, наверняка́; (*zwar*) ◇ **du hast ~ Recht, aber** ты, конéчно, прав, но

sichergehen *unreg vi* (*meist inf*) дéйствовать наверняка́

Sicherheit *f* ① (*vor Gefahr*) безопáсность *ж* ② (*Gewissheit*) увéренность *ж* ③ (*Bürgschaft*) гара́нтия *ж* ④ (*Selbst~*) самоувéренность *ж*; **Sicherheitsabstand** *m* AUTO диста́нция *ж*; **Sicherheitsglas** *n* безопáсное стекло́ *c*; **Sicherheitsgurt** *m* ремéнь *м* безопа́сности; **sicherheitshalber** *adv* на вся́кий слу́чай; **Sicherheitsnadel** *f* була́вка *ж*; **Sicherheitsschloss** *n* цили́ндровый замо́к *м*; **Sicherheitsvorkehrung** *f* мéра *ж* предосторо́жности

sicherlich *adv* навéрно; (*zweifellos*) безусло́вно

sichern I. *vt* ① (*abschließen*) замыка́ть ⟨-кну́ть⟩, запира́ть ⟨-перéть⟩ ② (*Grenze*) охраня́ть ⟨-ни́ть⟩ ③ (*Damm*) укрепля́ть ⟨-пи́ть⟩ ④ (*Waffe*) ⟨по-⟩ста́вить на предохрани́тель ⑤ (*gewährleisten*) гаранти́ровать *несов и сов*, обеспéчивать **II.** *vr* ◇ **sich ~** ① (*verschaffen*) ◇ **jd-m/sich etw ~** обеспéчить кому́-л/себé что-л; ◇ **sich Vorteile ~** закрепи́ть за собо́й привилéгии ② (*sich schützen*) ⟨за-⟩страхова́ться (*gegen/vor* от кого́-чего́-л)

sicherstellen *vt* (*konfiszieren*) конфискова́ть *сов*

Sicherung *f* ① (*das Sichern*) обеспéчение *c* ② (*Vorrichtung*) защи́та *ж*; (*an Waffen*) предохрани́тель *м*; ELECTR предохрани́тель *м*

Sicht *f* ⟨-⟩ ① (*~verhältnisse*) ви́димость *ж*; (*Aus~*) вид *м* ② FIG (*langer Zeitraum*) ◇ **auf lange ~** в течéние дли́тельного сро́ка ③ (*Betrachtungsweise*) то́чка зрéния; **sichtbar I.** *adj* (*Fortschritte*) ви́димый; (*offensichtlich*) я́вный **II.** *adv* ви́дно; **sichten** *vt* (*bemerken*) обнару́живать; (*durchsehen, Akte*) просма́тривать ⟨-смотрéть⟩; **sichtlich** *adj* (*offensichtlich*) очеви́дный; (*Unterschied*) я́вный; (*Freude*) замéтный; **Sichtverhältnisse** *n pl* ви́димость *ж*; **Sichtvermerk** *m* (*im Pass, Visum*) ви́за *ж*

sickern *vi* (*Flüssigkeit*) сочи́ться *несов*, проса́чиваться ⟨-сочи́ться⟩

sie *pron pers* **I.** (*3. Person fem sg*) ① (*als Subjekt*) она́; ◇ **~ ist Lehrerin** она́ учи́тельница ② (*als Objekt*) её; ◇ **er liebt ~** он лю́бит её **II.** (*3. Person pl*) ① (*als Subjekt*) они́; ◇ **~ sind in Berlin** они́ в Берли́не ② (*als Objekt*) (н)их; ◇ **ich frage ~** я спра́шиваю их **III.** (*3. Person sg bzw. pl*) **Sie I.** *pron* ① (*2. Person sg bzw. pl*) Вы; (*Imperativ*) ◇ **setzen ~ sich!** сади́тесь!;

seien ~ so nett бу́дьте добры́ ② (*Anrede: in Briefen*) Вы ③ (*pron pers akk*) вас **II.** *n* ⟨-s⟩ ◇ **jd-n mit ~ anreden** говори́ть кому́л "Вы"

Sieb *n* ⟨-[e]s, -e⟩ решето́ *c*, си́то *c*; (*Tee~*) си́течко *c*; ◇ **jd hat ein Gedächtnis wie ein ~** у кого́-л па́мять как решето́

sieben¹ *vt* (*Mehl*) просéивать ⟨-ять⟩; FAM (*Prüflinge*) отсéивать ⟨-ять⟩

sieben² *nr* семь

siebenfach I. *adj* семикра́тный **II.** *adv* в семь раз; **siebenhundert** *nr* семьсо́т; **siebenjährig** *adj* семилéтний; **siebenmal** *adv* семь раз; **Siebensachen** *pl* пожи́тки *мн*; **Siebenschläfer** *m* со́ня *ж/м*; **siebte(r, s)** *adj* седьмо́й; **Siebtel** *n* ⟨-s, -⟩ седьма́я часть *ж*; **siebtens** *adv* в-седьмы́х; **siebzehn** *nr* семна́дцать; **siebzig** *nr* сéмьдесят ⑦; **Siebzigjährige(r)** *fm* семидесятилéтний(-яя *ж*) *м*

sieden *vi* (*Wasser*) ⟨вс-⟩кипéть; **Siedepunkt** *m* то́чка *ж* кипéния

Siedler(in *f*) *m* ⟨-s, -⟩ поселéнец *м*, поселéнка *ж*; **Siedlung** *f* (*Häuser~*) посёлок *м*; (*Kolonie*) поселéние *c*

Sieg *m* ⟨-[e]s, -e⟩ побéда *ж*

Siegel *n* ⟨-s, -⟩ печа́ть *ж*

Siegelring *m* пéрстень *м* с печа́тью

siegen *vi* побежда́ть ⟨-ди́ть⟩ (*über akk* кого́-что-л); **Sieger(in** *f*) *m* ⟨-s, -⟩ победи́тель(ница *ж*) *м*; **siegesbewusst**, **siegessicher** *adj* увéренный в побéде

siehe *Imperativ v.* **sehen** смотри́

siezen *vt* быть на вы с кем-л

Signal *n* ⟨-s, -e⟩ сигна́л *м*; **signalisieren** *vt* ⟨про-⟩сигнализи́ровать

Signatur *f* ① (*Unterschrift*) по́дпись *ж* ② (*Buch~*) авто́граф *м*; **signieren** *vt* ① (*Buch*) ⟨по-⟩ста́вить авто́граф ② (*Gemälde*) ⟨по-⟩ста́вить моногра́мму

signifikant *adj* значи́тельный

Silbe *f* ⟨-, -n⟩ слог *м*; ◇ **(un)betonte ~** (без)уда́рный слог *м*

Silber *n* ⟨-s⟩ CHEM серебро́ *c*; **Silberblick** *m* косогла́зие *c*; (*schielen*) ◇ **e-n ~ haben** страда́ть косогла́зием; **silbern** *adj* (*Jubiläum*) серéбряный; **Silberstreifen** *m* FIG (*Hoffnungsschimmer*) ◇ **einen ~ am Horizont erblicken** ви́деть про́блеск наде́жды

 Silvester

Послéдний день го́да, 31 декабря́, называется в Германии Silvester — в честь епи́скопа Ри́ма в 4 вéке Сильвéстра I. По тради́ции наступа́ющий год встреча́ют фейервéрком, начина́ющимся в по́лночь. Существýет и обы́чай в новогóднюю ночь расплавля́ть свинéц и ка́пать его́ в во́ду, пыта́ясь по возника́ющим в воде́ очерта́ниям определи́ть своё бу́дущее.

Silhouette f силуэ́т м

Silo n o. m <-s, -s> зернохрани́лище c

Silvester n <-s, -> после́дний день м го́да; **Silvesterabend** m ве́чер м накану́не Но́вого го́да

simpel adj просто́й

Sims m o. n <-es, -e> карни́з м; (Fenster~) подоко́нник м; (Kamin~) вы́ступ м

simulieren vt, vi (vortäuschen) симули́ровать несов и сов

simultan adj синхро́нный

Sinfonie f MUS симфо́ния ж

singen <sang, gesungen> vt, vi <c->петь

Single[1] m o. f <-s, -s> (lediger Mann) холостя́к м; (ledige Frau) незаму́жняя ж

Single[2] n <-s, -s> SPORT (Einzel) одино́чная игра́ ж

Singular n еди́нственное число́ c

Singvogel m пе́вчая пти́ца ж

sinken <sank, gesunken> vi [1] (räumlich, Vorhang) опуска́ться <-ти́ться>; (Schiff) <по->тону́ть; (Sonne) заходи́ть <-йти́> [2] (Ansehen) па́дать <упа́сть>; (Fieber, Temperatur, Preis) пони́жа́ться <-ни́зиться>; (Hoffnung) ослабева́ть

Sinn m <-[e]s,-e> [1] (Wahrnehmungs~) чу́вство c; FAM ◇ **den sechsten ~ haben** име́ть шесто́е чу́вство; ◇ **für Humor** чу́вство ю́мора [2] (Bewusstsein) созна́ние c; FIG ◇ **wie von ~en** как сумасше́дший [3] (Gedanke) ра́зум м, по́мыслы мн; ◇ **in den ~ kommen** прийти́ на ум; ◇ **etw im ~ haben** замышля́ть что-л [4] (Bedeutung) смысл м, значе́ние c; ◇ **im wahrsten ~e des Wortes** в прямо́м смы́сле сло́ва [5] (Zweck, Inhalt) ◇ **der ~ des Lebens** смысл жи́зни [6] (Absicht) ◇ **im ~e des Gesetzes** в соотве́тствии с зако́ном [7] (Familien~) понима́ние c [8] (Lust) полово́е влече́ние c; **Sinnbild** n си́мвол м; **sinnen** <sann, gesonnen> vi размышля́ть несов; ◇ **er sinnt auf Rache** он замышля́ет месть; **sinnentstellend** adj искажа́ющий смысл

Sinnesorgan n о́рган м чувств; **Sinnestäuschung** f обма́н м чувств

sinngemäß adj (Wiedergabe) по смы́слу

sinnlich adj чу́вственный; **Sinnlichkeit** f чу́вственность ж

sinnlos adj (Plan) бессмы́сленный, безу́мный; (zwecklos) бесце́льный; (unvernünftig) бесрассу́дный; **Sinnlosigkeit** f бессмы́сленность ж; **sinnvoll** adj (zweckmäßig) целесообра́зный; (vernünftig) осмы́сленный, разу́мный

Sinologie f китаеве́дение c

Sintflut f пото́п м

Siphon m <-s, -s> сифо́н м

Sippe f <-, -n> род м; **Sippschaft** f PEJ родня́ ж; (Bande) ба́нда ж

Sirene f <-, -n> сире́на ж

Sirup m <-s, -e> сиро́п м

Sisal m <-s> сиса́ль м, сиза́ль м

Sitte f <-, -n> (Brauch) обы́чай м; **Sitten**

f pl (Benehmen, Manieren) нра́вы мн; **Sittenbild** n (Sittengemälde, Genrebild) описа́ние c обы́чаев и нра́вов; **Sittenlehre** f э́тика ж

Sittich m <-s, -e> попуга́й м

sittlich adj нра́вственный, мора́льный; **Sittlichkeitsverbrechen** n полово́е преступле́ние c

Situation f ситуа́ция ж, положе́ние c

Sitz m <-es, -e> [1] (von Stühlen etc.) сиде́нье c; (Platz) ме́сто c; (Hoch~) охо́тничья вы́шка ж [2] (Residenz) резиде́нция ж; (Wohn~) местожи́тельство c [3] (von Kleidung) ◇ **der Anzug hat e-n guten ~** костю́м хорошо́ сиди́т; **sitzen** <saß, gesessen> vi [1] (auf Stuhl) <по->сиде́ть; FAM ◇ **im Gefängnis ~** сиде́ть в тюрьме́; FIG (im Vorstand etc.) явля́ться чле́ном [2] (treffen) **die Bemerkung sitzt!** ме́ткое выраже́ние! [3] (Lernstoff) быть хорошо́ усво́енным [4] (passen, Kleidung) сиде́ть, приходи́ться по фигу́ре; **sitzen bleiben** unreg vi [1] (nicht aufstehen) оста<ва́>ться сиде́ть [2] SCH (wiederholen) оста<ва́>ться на второ́й год [3] (ohne Partner bleiben) оста<ва́>ться без партнёра [4] ◇ **auf e-r Ware ~** оста́ться с непро́данным това́ром; **sitzend** adj сидя́щий; **sitzen lassen** unreg vt [1] (Mädchen, Junge) броса́ть <бро́сить>; (Wartenden) заставля́ть <-ста́вить> ждать [2] FIG ◇ **das lasse ich nicht auf mir sitzen** я э́того так не оста́влю; **Sitzgelegenheit** f сиде́нье c; **Sitzkissen** n (für Stuhl) поду́шка ж для сиде́нья; **Sitzplatz** m сидя́чее ме́сто c; **Sitzreihen** f pl (im Stadion) ряд м сидя́чих мест; **Sitzstreik** m сидя́чая забасто́вка ж

Sitzung f (Meeting) заседа́ние c; (bei Künstler) сеа́нс м; **Sitzungsperiode** f се́ссия ж

Sizilien n <-s> Сици́лия ж

Skala f <-, -len> шкала́ ж

Skalpell n <-s, -e> ска́льпель м

Skandal m <-s, -e> сканда́л м; **skandalös** adj сканда́льный

Skandinavien n <-s> Скандина́вия ж; **Skandinavier(in** f) m <-s, -> скандина́вец м, скандина́вка ж; **skandinavisch** adj скандина́вский

Skat m <-[e]s> (Kartenspiel) скат м

Skateboard n <-s, -s> скейт м

Skelett n <-[e]s, -e> скеле́т м

Skepsis f <-> скептици́зм м; (Zweifel) сомне́ние c; **Skeptiker(in** f) m ске́птик м; **skeptisch** adj скепти́ческий

Sketch m скетч м

Ski m <-s, -er> лы́жа ж; ◇ **~ laufen** [o. **fahren**] ката́ться на лы́жах; **Skianzug** m лы́жный костю́м м; **Skibrille** f лы́жные очки́ мн; **Skifahrer(in** f) m, **Skiläufer(in** f) m лы́жник м, лы́жница ж; **Skilehrer(in** f) m инстру́ктор м по ходьбе́ на лы́жах; **Skilift** m (zum Ziehen) кана́тный подъёмник м для лы́жников; (Sessellift) кре́сельный кана́тный подъёмник

Skinhead m ‹-s, -s› бритоголо́вый м

Skischuh m лы́жный боти́нок м; **Skischule** f шко́ла ж ходьбы́ на лы́жах; **Skispringen** n прыжки́ м мн на лы́жах; **Skistiefel** m лы́жный сапо́г м

Skizze f ‹-, -n› набро́сок м, эски́з м, зарисо́вка ж; **skizzieren** vt набра́сывать ‹-броса́ть›

Sklave m ‹-n, -n› раб м; **Sklavin** f рабы́ня ж

Skonto m o. n ‹-s, -s› COMM ско́нто с

Skorpion m ‹-s, -e› 1 ZOOL скорпио́н м 2 ASTROL Скорпио́н м

Skript[um] n ‹-s, -en› ру́копись ж

Skrupel m сомне́ние с; **skrupellos** adj бессо́вестный

Skulptur f скульпту́ра ж

skurril adj шутовско́й, гроте́скный; (Idee) стра́нный

Slalom m ‹-s, -s› SPORT сла́лом м

Slang m ‹-s, -s› сленг м

Slawe m ‹-n, -n› славяни́н м; **Slawin** f славя́нка ж; **slawisch** adj славя́нский

Slip m ‹-s, -s› тру́сики мн; **Slipeinlage** f (то́нкая) гигиени́ческая подкла́дка ж

Slowake m ‹-n, -n› слова́к м; **Slowakin** f слова́чка ж

Slum m трущо́ба ж

Smaragd m ‹-[e]s, -e› изумру́д м

smart adj (pfiffig) ло́вкий; (gerissen) продувно́й

Smog m ‹-s› смог м; **Smogalarm** m трево́га ж по по́воду возникнове́ния смо́га

Smoking m ‹-s, -s› смо́кинг м

Snob m ‹-s, -s› сноб м

so I. adv 1 (auf diese Weise) так, таки́м о́бразом; ◇ **schrei nicht ~!** не кричи́ так! 2 (etwa, ungefähr) о́коло, приблизи́тельно; ◇ **der Kunde spart ~ um die zehn Euro** покупа́тель эконо́мит о́коло десяти́ е́вро 3 (Maß, Grad) так, до тако́й сте́пени; ◇ **ich bin ~ müde, dass ...** я до тако́й сте́пени уста́л(а), что...; ◇ **sie ist ~ schön** она́ така́я краси́вая 4 FAM ◇ **nur ~, halt ~** про́сто так 5 (solch) ◇ **~ ein Idiot** тако́й идио́т 6 ◇ **~ lange bis** до тех пор, пока́ ... II. intj (wirklich) ◇ **~!** так!; ◇ **~, ~!** так, так!; ◇ **ach ~!** ах, вот что!; ◇ **~, das ist fertig!** ита́к, гото́во! III. cj 1 (deshalb, folglich) ита́к; ◇ **ich kam nicht, ~ nahm sie das Buch mit** он не пришёл, ~ взяла́ кни́гу с собо́й 2 (nachdrücklich) ◇ **~ habe ich das nicht gedacht** так я себе́ э́того не представля́л; ◇ **~ komm doch endlich** в конце́ концо́в 3 ◇ **~ dass** так что, сле́довательно; ◇ **er knallte die Tür, ~**

dass sie aufwachte он хло́пнул две́рью, так что она́ проснула́сь 4 ◇ **um ~ besser!** тем лу́чше!

sobald cj как то́лько

Socke f ‹-, -n› носо́к м; FAM ◇ **sich auf die ~n machen** тро́нуться в путь

Sockel m ‹-s, -› (Denkmal~) пьедеста́л м; (von Säule etc.) цо́коль м

Sodawasser n со́довая вода́ ж

Sodbrennen n изжо́га ж

soeben adv то́лько что

Sofa n ‹-s, -s› дива́н м

sofern cj поско́льку; (falls) е́сли; ◇ **~ Sie noch nichts gegessen haben, lade ich Sie ein** е́сли Вы ещё не пое́ли, то я Вас приглаша́ю

soff impf v. saufen

sofort adv сра́зу; **Soforthilfe** f неотло́жная по́мощь ж; **sofortig** adj неме́дленный; ◇ **mit ~er Wirkung** неме́дленно

Softie m ‹-s, -s› слабохара́ктерный челове́к м

Software f ‹-› програ́ммное обеспе́чение с, програ́мма ж

sog impf v. saugen

Sog m ‹-[e]s, -e› (Wirbel) завихре́ние с; (Wasser, Luft) тече́ние с; FIG (Anziehungskraft) притяга́тельная си́ла ж

sogar adv да́же

so genannt adj так называ́емый

sogleich adv сра́зу же

Sohle f ‹-, -n› (Fuß~, Schuh~) подо́шва ж; (Tal~) дно с; MIN эта́ж м

Sohn m ‹-[e]s, Söhne› сын м

Sojabohne f со́я ж

solang[e] cj пока́, в то вре́мя как; ◇ **wir bleiben hier sitzen, ~ [wie] es dir gefällt** мы бу́дем здесь сиде́ть, пока́ тебе́ не надое́ст

so lang[e] (~ bis) пока́ не; ◇ **wir warten hier ~ bis ...** мы бу́дем здесь ждать пока́ не...

Solarium n соля́рий м

Solartechnik f те́хника ж, испо́льзующая со́лнечную эне́ргию; **Solarzelle** f элеме́нт м со́лнечной батаре́и

solch(e, er, es) pron (demonstrativ) тако́й, подо́бный; (vor Adjektiven) ◇ **~ dumme Kerls** таки́е дураки́; (für sich betrachtet) ◇ **das Auto als ~es** автомоби́ль как таково́й; **er redet ~ einen Unsinn** он болта́ет тако́й вздор

Sold m ‹-[e]s› де́нежное содержа́ние с

Soldat m ‹-en, -en› солда́т м; ◇ **~ auf Zeit** сверхсро́чник м

Söldner m ‹-s, -› наёмник м

solidarisch adj солида́рный; **Solidarität** f солида́рность ж; **Solidaritätszuschlag** m f дополни́тельный нало́г для финанси́рования восстановле́ния эконо́мики в пяти́ но́вых федера́льных зе́млях в восто́чной Герма́нии

solide adj (Bauweise) соли́дный, про́чный; (Mensch) соли́дный, серьёзный
Solist(in f) m соли́ст(ка ж) м
Soll n ‹-[s], -[s]› ① FIN дебе́т м; ◇ ~ **und Haben** де́бет и креди́т ② (Vorgaben) но́рма ж; (Planungsziel) пла́новое зада́ние с
sollen vi ① (Pflicht haben) до́лжен/-на́/-ны, сле́дует; ◇ **sie soll nach Hause gehen** она́ должна́ пойти́ домо́й ② (Wunsch, Absicht, Vorhaben) ◇ **hier soll das neue Einkaufszentrum gebaut werden** здесь должны́ постро́ить но́вый универма́г; ◇ ~ **wir heute ins Kino gehen?** пойдём сего́дня в кино́?; ◇ **wir sollten uns treffen** нам на́до бы́ло бы встре́титься ③ (als Vollverb, in Fragesätzen) ◇ **was soll das?** к чему́ э́то?, что э́то зна́чит?; ◇ **was soll's!** ну и что! ④ (für den Fall, dass) е́сли бы; ◇ **wenn es regnen sollte** е́сли пойдёт дождь ⑤ (Vermutung, Gerücht) ◇ **sie ~ sehr reich sein** говоря́т, что они́ о́чень бога́ты ⑥ (Ratlosigkeit ausdrückend) ◇ **was soll ich nur machen?** что мне де́лать?; ◇ **er wusste nicht, was er machen sollte** он не знал, что ему́ де́лать
Solo n ‹-s, -s o. Soli› со́ло с
somit cj таки́м о́бразом

**Sommerschluss-
verkauf**

В конце июля или в начале августа каждого года в Германии начинается летняя распродажа вещей — магазины стремятся, снизив цены, избавиться от летней одежды и обуви, чтобы освободить место для вещей на осень и на зиму.
В это время можно сделать много удачных покупок (Schnäppchen).

Sommer m ‹-s, -› ле́то с; ◇ **im** ~ ле́том;
Sommerferien pl ле́тние кани́кулы мн; **sommerlich** adj ле́тний; **Sommerloch** n FAM вре́мя о́тпусков; **Sommerschlussverkauf** m ле́тняя распрода́жа ж; **Sommersemester** n ле́тний семе́стр м; **Sommersprosse** f весну́шка ж
Sonate f ‹-, -n› MUS сона́та ж
Sonde f ‹-, -n› (Raum~, Magen~ etc.) зонд м
Sonderangebot n специа́льное предложе́ние с; **sonderbar** adj стра́нный; **Sonderfahrt** f специа́льный рейс м; **Sonderfall** m осо́бый слу́чай м; (Ausnahme) исключи́тельный слу́чай; **Sondergenehmigung** f специа́льное разреше́ние с; **sondergleichen** adj ‹inv› (beispiellos) беспод́обный; (unerhört) ◇ **e-e Gemeinheit** ~ неслыха́нная по́длость; **sonderlich** adj (Mensch) стра́нный; (originell) оригина́льный;

(meist verneinend) осо́бенный, осо́бый; ◇ **keine ~e Lust haben** не име́ть осо́бого жела́ния к чему́-л; **Sondermüll** m токси́ческие отбро́сы мн
sondern cj (statt dessen) но, а; ◇ **nicht nur ..., ~ auch** не то́лько ..., но и
Sonderpreis m льго́тная цена́ ж;
Sonderschule f специа́льная шко́ла ж, спецшко́ла ж; **Sonderwunsch** m осо́бое жела́ние с; **Sonderzeichen** n дополни́тельные зна́ки м мн; **Sonderzug** m BAHN дополни́тельный по́езд м
sondieren vt FIG (erkunden) иссле́довать несов и сов
Sonett n ‹-[e]s, -e› соне́т м
Sonnabend m суббо́та ж; **sonnabends** adv по суббо́там
Sonne f ‹-, -n› со́лнце с; **sonnen** vr ◇ **sich** ~ загора́ть ‹-ре́ть›, лежа́ть на со́лнце; **Sonnenaufgang** m восхо́д м со́лнца; **Sonnenbad** n со́лнечная ва́нна ж; **sonnenbaden** vi (sich sonnen) загора́ть ‹-ре́ть›; **Sonnenbank** f соля́рий м; **Sonnenblume** f подсо́лнечник м; **Sonnenbrand** m со́лнечный ожо́г м; **Sonnenbrille** f тёмные очки́ мн; **Sonnenenergie** f со́лнечная эне́ргия ж; **Sonnenfinsternis** f со́лнечное затме́ние с; **Sonnenhut** m шля́па ж от со́лнца; **Sonnenschirm** m зо́нтик м от со́лнца; **Sonnenstich** m со́лнечный уда́р м; **Sonnensystem** n со́лнечная систе́ма ж; **Sonnenuhr** f со́лнечные часы́ мн; **Sonnenuntergang** m захо́д м со́лнца; **Sonnenwende** f солнцестоя́ние с; **sonnig** adj (Tag) со́лнечный; (Gemüt) ра́достный
Sonntag m воскресе́нье с; s. a. **Samstag**; **sonntags** adv по воскресе́ньям; **Sonntagsfahrer(in** f) m PEJ нео́пытный шофёр
sonst adv ① (außerdem) кро́ме того́; ◇ ~ **noch etwas?** ещё что-нибу́дь? ② (für gewöhnlich) обы́чно; ◇ **mehr als** ~ бо́льше обы́чного ③ (zu anderer Zeit) в друго́й раз ④ (andernfalls) ина́че ⑤ (andere Person/Sache) ◇ **wer denn ~?** кто же, как не он?
sonstig adj (Wünsche) про́чий, друго́й
sooft cj вся́кий раз, как
Sopran m ‹-s, -e› MUS сопра́но с
Sorge f ‹-, -n› ① (Unruhe, Bedenken) забо́та ж, беспоко́йство с, хло́поты мн; ◇ **in** ~ **sein** быть озабо́ченным ② (Fürsorge, Pflege) попече́ние с, забо́та ж; **sorgen I.** vi ◇ **für jd-n/etw** ~ ‹по-›забо́титься о ком/чём-л **II.** vr ◇ **sich** ~ ‹по-›беспоко́иться (um akk о ком-чём-л); **sorgenfrei** adj беззабо́тный; **Sorgenkind** n FIG предме́т м, постоя́нных забо́т; **sorgenvoll** adj (Blick) по́лный забо́т, обеспоко́енный; (Worte) трево́жный; **Sorgerecht** n роди́тельские

права́ *мн;* **Sorgfalt** *f* <-> тща́тельность *ж;* **sorgfältig** *adj* тща́тельный; **sorglos** *adj* беззабо́тный; **sorgsam** *adj* тща́тельный

Sorte *f* <-, -n> (*Waren~*) сорт *м,* (*Art*) род *м,* вид *м;* (*von Menschen*) тип *м*

Sorten *pl* FIN иностра́нная валю́та

sortieren *vt* ⟨рас-⟩сортирова́ть (*nach dat* по чему́-л); **Sortieren** *n* POST сортиро́вка *ж*

Sortiment *n* (*Waren~*) ассортиме́нт *м*

sosehr *cj* хотя́ и, как бы ни

SOS-Ruf *m* сигна́л *м* бе́дствия, сигна́л *м* SOS

Soße *f* <-, -n> со́ус *с;* **Soßenschüssel** *f* со́усник *м*

Soufflé *n* <-s, -s> суфле́ *с*

Souffleur *m,* **Souffleuse** *f* THEAT суфлёр(ша *ж*) *м;* **soufflieren** *vt, vi* суфли́ровать *несов*

Sound *m* <-s, -s> звук *м*

Souterrain *n* <-s, -s> полуподва́л *м*

Souvenir *n* <-s, -e> сувени́р *м*

souverän *adj* сувере́нный; **Souveränität** *f* суверените́т *м*

soviel *cj* наско́лько; ◇ **~ ich weiß** наско́лько я зна́ю

so viel *adv* ско́лько; ◇ **~ wie möglich** как мо́жно бо́льше; ◇ **es gibt ~ Männer wie Frauen** мужчи́н сто́лько же ско́лько и же́нщин; ◇ **willst du noch einmal ~?** хо́чешь ещё сто́лько же?; ◇ **~ ist sicher** пока́ то́чно изве́стно; ◇ **~ wie ...** то же са́мое, что ...

soweit *cj* наско́лько

so weit *adv* в изве́стной ме́ре, как мо́жно; ◇ **~ wie möglich** по возмо́жности; ◇ **ich bin ~ zufrieden mit mir** я пока́ собо́й дово́лен; (*bereit*) ◇ **es ist ~** пора́

so wenig *adv* так же не ... (как...); ◇ **~ wie möglich** как мо́жно ме́ньше; ◇ **ich will es (eben)~ wie du** мне так же не хо́чется э́того как и тебе́

sowie *cj* ① (*sobald*) как то́лько ② (*ebenso*) та́кже ③ (*und*) и

sowieso *adv* (*ohnehin*) так и́ли ина́че, всё равно́

sowjetisch *adj* сове́тский; **Sowjetunion** *f* <-> HIST Сове́тский Сою́з *м*

sowohl *cj* ◇ **~ ... als auch** и ... и, как ... так и

sozial *adj* социа́льный; **Sozialabgaben** *f pl* отчисле́ния *с мн* по социа́льному страхова́нию; **Sozialarbeiter(in** *f*) *m* рабо́тник *м*/рабо́тница *ж* в о́бласти социа́льного обеспе́чения; **Sozialdemokrat(in** *f*) *m* социа́л-демокра́т(ка *ж*) *м;* **sozialdemokratisch** *adj* социа́л-демократи́ческий; **Sozialfall** *m* (*Person*) челове́к *м,* получа́ющий социа́льное посо́бие; ◇ **zum ~ werden** обедне́ть; **Sozialfürsorge** *f* социа́льное обеспе́чение *с;* **Sozialhilfe** *f* <-> социа́льное посо́бие *с;* **Sozialisation**

f (*Sozialisierung einer Person*) социализа́ция *ж*

Sozialismus *m* социали́зм *м;* **Sozialist(in** *f*) *m* социали́ст(ка *ж*) *м;* **sozialistisch** *adj* социалисти́ческий

Sozialkunde *f* SCH обществове́дение *ж;* **Sozialleistungen** *f pl* госуда́рственный платёж *м* на социа́льные ну́жды; **Sozialpolitik** *f* социа́льная поли́тика *ж;* **Sozialstaat** *m* госуда́рство *с* с хорошо́ ра́звитой систе́мой социа́льного обеспе́чения; **Sozialversicherung** *f* социа́льное страхова́ние *с;* **Sozialwohnung** *f* льго́тная кварти́ра *ж* для малообеспе́ченных

Soziologe *m* <-n, -n> социо́лог *м;* **Soziologie** *f* социоло́гия *ж;* **Soziologin** *f* социо́лог *м;* **soziologisch** *adj* социологи́ческий

sozusagen *adv* так сказа́ть

Spachtel *m* <-s, -> лопа́точка *ж;* **spachteln** *vt* FAM (*viel essen*) уплета́ть *несов*

Spagat *m* шпага́т *м*

Spaghetti, Spagetti *pl* спаге́тти *с мн*

spähen *vi* высма́тривать ⟨вы́смотреть⟩ (кого́-что-л); (*jd-n beobachten*) выслёживать ⟨вы́следить⟩

Spalier *n* <-s, -e> (*Holzgitter*) шпале́ры *ж мн;* (*Leute*) ряд *м;* ◇ **~ stehen** стоя́ть шпале́рами

Spalt *m* <-[e]s, -e> (*Tür~*) щель *ж*

spaltbar *adj* (*Material*) расщепля́емый; **Spalte** *f* <-, -n> ① (*Gletscher~*) тре́щина *ж* ② (*in Text*) столбе́ц *м;* **spalten** I. *vt* (*a. FIG, z.B. Gruppe*) раска́лывать ⟨расколо́ть⟩, расщепля́ть ⟨-пи́ть⟩ II. *vr* ◇ **sich ~** раска́лываться ⟨-коло́ться⟩ (*in akk* на что́-л); **Spaltung** *f* POL раско́л *м;* BIOL деле́ние *с;* PHYS расщепле́ние *с*

Span *m* <-[e]s, Späne> (*von Metall*) стру́жка *ж;* (*von Holz*) ще́пка *ж;* опи́лки *мн*

Spanferkel *n* моло́чный поросёнок *м*

Spange *f* <-, -n> (*Haar~*) засти́жка *ж;* (*Zahn~*) ско́бка *ж;* (*Schnalle*) пря́жка *ж;* (*Armreif*) брасле́т *м*

Spanien *n* <-s> Испа́ния *ж;* **Spanier(in** *f*) *m* <- s, -> испа́нец *м,* испа́нка *ж;* **spanisch** *adj* испа́нский; FAM (*seltsam*) ◇ **das kommt mir ~ vor** э́то мне ка́жется стра́нным

spann *impf v.* **spinnen**

Spann *m* <-[e]s, -e> ANAT подъём *м* ноги́

Spanne *f* <-, -n> ① (*Zeit~*) промежу́ток *м* вре́мени ② (*Differenz*) ра́зница *ж*

spannen I. *vt* (*dehnen*) растя́гивать ⟨-ну́ть⟩; (*Bogen*) натя́гивать ⟨-ну́ть⟩; (*einlegen*) заж⟨им⟩а́ть (*in akk* во что́-л); (*muskeln*) напряга́ть ⟨-пря́чь⟩; FAM (*neugierig machen*) ◇ **jd-n auf die Folter ~** разжига́ть в ком-л любопы́тство II. *vi* (*Hemd, Haut*) натя́гивать ⟨-ну́ться⟩ III. *vr* ◇ **über den Rhein spannt sich eine Brücke** че́рез Рейн переки́нут мост

spannend adj (Buch) увлека́тельный; (fesselnd) захва́тывающий; (Augenblick) напряжённый; ◇ **mach es nicht so ~!** не тяни!, расска́зывай скоре́е!

Spanner m ① (Gummi~) натяжно́е устро́йство c ② (Person) стоя́щий m на шу́харе

Spannung f ① (Anspannung) напряже́ние c, напряжённое внима́ние c; ② ELECTR напряже́ние c ③ FIG напряжённость ж; **Spannungsgebiet** n оча́г m напряжённости

Spannweite f (bei Vogel, Flugzeug) разма́х m

Spanplatte f древесностру́жечная плита́ ж

Sparbuch n сберега́тельная кни́жка ж, сберкни́жка ж; **Sparbüchse** f копи́лка ж; **sparen I.** vt, vi (na~) эконо́мить ж; (zielgerichtet) ◇ **auf** [o. **für**] **etw** ~ копи́ть на что-л; (Kräfte, Strom) ⟨с-⟩эконо́мить, ⟨с-⟩бере́чь; ◇ **er spart nicht mit Geschenken** он не скупи́тся на пода́рки **II.** vr (unterlassen) ◇ **sich** ~ обходи́ться ⟨-ойти́сь⟩ без чего́-л; ◇ **sich dat die Mühe** ~, **etw zu tun** не утружда́ть себя чемл; **Sparer(in** f) m ⟨-s, -⟩ вкла́дчик m, вкла́дчица ж

Spargel m ⟨-s, -⟩ спа́ржа ж

Sparkasse f сберка́сса ж; **Sparkonto** n лицево́й счёт m в сберега́тельной ка́ссе

spärlich adj ску́дный, бе́дный

Sparmaßnahme f мероприя́тие c в це́лях эконо́мии; **sparsam** adj (Mensch) бережли́вый, эконо́мный; (Gerät, Auto) эконо́мный; **Sparsamkeit** f бережли́вость ж, эконо́мность ж

Sparschwein n копи́лка ж

Sparte f ⟨-, -n⟩ (Fach, Gebiet) разде́л m; (Presse) ру́брика ж

Spaß m ⟨-es, Späße⟩ (Vergnügen) заба́ва ж; (Scherz) шу́тка ж; (Freude) удово́льствие c; ◇ **jd-m den** ~ **verderben** испо́ртить кому́-л удово́льствие; ◇ ~ **beiseite!** шу́тки в сто́рону!; ◇ **viel** ~! жела́ю хорошо́ повесели́ться!; **spaßen** vi ⟨по-⟩шути́ть; ◇ **mit ihm ist nicht zu** ~ c ним шу́тки пло́хи; **spaßeshalber** adv в шу́тку; **spaßig** adj (Mensch) весёлый, шутли́вый; (Sache) заба́вный, смешно́й

spastisch adj (Lähmung) спасти́ческий

spät I. adj (Stunde) по́здний; (Gast) запозда́лый, по́здний **II.** adv по́здно

Spaten m ⟨-s, -⟩ лопа́та ж

später I. adj kompar v. **spät** бо́лее по́здний **II.** adv поздне́е; ◇ **zwei Tage** ~ че́рез два дня; **spätestens** adv са́мое поздне́е; **spätreif** adj по́здно созрева́ющий; **Spätschicht** f вече́рняя сме́на ж; **Spätzündung** f AUTO по́зднее зажига́ние c; FIG заме́дленная реа́кция ж

Spatz m ⟨-es, -en⟩ воробе́й м

spazieren vi прогу́ливаться ⟨-ля́ться⟩; **spazieren fahren** unreg vi ⟨по-⟩ката́ться; **spazieren führen** vi (Hund) прогу́ливать ⟨-гуля́ть⟩; **spazieren gehen** unreg vi ⟨по-⟩гуля́ть; **Spaziergang** m прогу́лка ж; **Spaziergänger(in** f) m гуля́ющий(-ая ж) м; **Spazierstock** m трость ж

Specht m ⟨-[e]s, -e⟩ дя́тел м

Speck m ⟨-[e]s, -e⟩ (durchwachsenes Fleisch) са́ло c; (von Mensch) жир м; **speckig** adj ① (fettig, schmutzig) жи́рный, заса́ленный ② (abgetragen) зано́шенный, потрёпанный

Spedition f (~sfirma) тра́нспортно-экспедицио́нное аге́нтство c

Speer m ⟨-[e]s, -e⟩ копьё c; **Speerwerfen** n мета́ние c копья́

Speiche f ⟨-, -n⟩ ① (Fahrrad~) спи́ца ж ② ANAT лучева́я кость ж

Speichel m ⟨-s⟩ слюна́ ж

Speicher m ⟨-s, -⟩ (Dach~) черда́к м; (Lager) скла́д м; (Korn~) амба́р м; PC запомина́ющее устро́йство c, па́мять ж; **Speicherkapazität** f PC ёмкость ж запомина́ющего устро́йства; **speichern** vt (Waren) храни́ть несов; (anhäufen) нака́пливать ⟨-копи́ть⟩; (Energie) аккумули́ровать несов; PC (Datei) сохраня́ть ⟨-ни́ть⟩, запи́сывать ⟨-са́ть⟩

speien ⟨spie, gespie[e]n⟩ vt, vi (Vulkan) изверга́ть ⟨-ве́ргнуть⟩; (spucken) ха́ркать ⟨-нуть⟩ чем-л; ÖST (sich erbrechen) ⟨вы-⟩рвать

Speise f ⟨-, -n⟩ (das Essen) еда́ ж, пи́ща ж; (Gericht) блю́до c, ку́шанье c; **Speiseeis** n моро́женое c; **Speisekammer** f кладова́я ж; **Speisekarte** f меню́ c; **speisen I.** vt ① (Essen geben) ⟨на-⟩пита́ть, ⟨на-⟩корми́ть ② (versorgen) пита́ть, снабжа́ть ⟨-ди́ть⟩ (mit dat чем-л) **II.** vi ⟨по-⟩есть, ⟨по-⟩ку́шать; **Speiseöl** n пищево́е расти́тельное ма́сло c; **Speiseröhre** f пищево́д м; **Speisesaal** m столо́вая ж; **Speisewagen** m ваго́н-рестора́н м

Spektakel n ⟨-s, -⟩ FIG (Krach) шум м, сканда́л м; (Durcheinander) шум и гам м; **spektakulär** adj сенсацио́нный

Spektrum n ⟨-s, Spektren o. Spektra⟩ PHYS спектр м; FIG (Vielfalt) разнообра́зие c

Spekulant(in f) m спекуля́нт(ка ж) м; **Spekulation** f ① FIN спекуля́ция ж ② (Vermutung) ◇ **reine** ~! э́то то́лько предположе́ние!; **spekulieren** vi FIN спекули́ровать несов (auf akk чем-л)

Spelunke f ⟨-, -n⟩ прито́н м; (Kneipe) каба́к м

Spende f ⟨-, -n⟩ поже́ртвование c; **spenden** vt (Geld) ⟨по-⟩же́ртвовать; (Blut) сда⟨ва́⟩ть; (Seife, Wasser, Schatten) да⟨ва́⟩ть; **spendieren** vt FAM (im Lokal)

spekulieren

Кроме „заниматься спекуляцией" и „умышленно использовать в своих целях", например „спекулировать на чьих-либо затруднениях", немецкое **spekulieren** означает ещё и „размышлять, мыслить отвлечённо; философствовать". Предложение „Он охотно философствует о будущем" можно перевести как „**Er spekuliert gern über die Zukunft**".

◇ **e-e Runde** ~ угостить всю компанию пивом
Sperling m (*Spatz*) воробей м
Sperma n ‹-s, -men o. -mata› сперма ж
Sperre f ‹-, -n› **1** (*Hindernis*) заграждение с, преграда ж **2** (*Nachrichten~, Einwanderungs~*) запрет ж **3** (*Handels~*) эмбарго с; **sperren I.** vt **1** (*Grenze*) закрывать; (*Straße*) закрывать проезд, заграждать ‹-дить›; (*Konto*) прекращать ‹-тить› выплату; (*Strom, Telefon*) отключать ‹-чить›; SPORT дисквалифицировать несов и сов **2** TYP◇ **ein Wort gesperrt drucken** напечатать слово вразрядку **II.** vr (*sich widersetzen*)◇ **sich** ~ противиться (*gegen akk* чему-л); **Sperrgebiet** n запретная зона ж; **Sperrgut** n громоздкий груз м; **sperrig** adj громоздкий; **Sperrmüll** m громоздкий мусор м; **Sperrstunde** f время с обязательного закрытия баров и ресторанов
Spesen pl накладные расходы м мн, командировочные мн
spezialisieren vr◇ **sich** ~ специализироваться несов и сов (*auf akk* на чём-л); **Spezialist(in** f) m специалист(ка ж) м (*für* по чему-л); **Spezialität** f (*Besonderheit*) особенность ж;◇ **e-e** ~ **des Hauses** фирменное блюдо с ресторана
speziell adj специальный, особенный; (*Wunsch*) особый
Spezies f ‹-, -› BIOL вид м
spezifisch adj (*Entwicklung*) специфический; (*Gewicht*) удельный; **spezifizieren** vt уточнять ‹-нить›
Sphäre f ‹-, -n› сфера ж
spicken I. vt (*Braten, Hasen*) ‹на-›шпиговать **II.** vi SCH (*abschreiben*) списывать ‹-сать›; **Spickzettel** m шпаргалка ж
spie impf v. speien
Spiegel m ‹-s, -› зеркало с; (*Wasser~, Meeres~*) уровень м; **Spiegelbild** n отражение с, отображение с; **spiegelbildlich** adj зеркальное отображение; **Spiegelei** n яичница ж; **spiegelglatt** adj гладкий, зеркальный; **spiegeln I.** vi (*Fußboden, Glas*) отражать ‹-зить›, блестеть несов **II.** vr◇ **sich** ~ отражаться ‹-зиться›; **Spiegelreflex-**

kamera f зеркальная камера ж; **Spiegelsaal** m зеркальный зал м; **Spiegelschrift** f зеркальное изображение с письма; **Spiegelung** f отражение с; (*Luft~*) мираж м
Spiel n ‹-[e]s, -e› **1** (*Karten~*) игра ж; SPORT игра ж; (*Partie*) партия ж **2** (*Vorführung*) (*Schau~*) пьеса ж, представление с **3** (*Handeln, Vorgehensweise*)◇ **ein gefährliches** ~ **spielen** вести опасную игру;◇ **etw aufs** ~ **setzen** ставить что-л на карту;◇ **ein falsches** ~ **spielen** нечестно поступать **4** (*von Lenkrad, Schraube*) зазор м; **Spielautomat** m игральный автомат м; **Spielbank** f (*Spielkasino*) банк м, казино с; **spielen** vt, vi (*Spiel*) ‹по-›играть; (*Sport*) играть ‹сыграть›; (*Instrument*) играть на чём-л; (*nervös, unbewusst*) ‹по-›теребить (*an, mit dat* что-л); MUS, THEAT исполнять ‹-полнить›; (*sich ereignen*)◇ **der Roman spielt während ...** действие романа происходит во время ...; (*vorgeben, etw/jd zu sein*) строить кого-л из себя;◇ **den Beleidigten** ~ напустить на себя обиженный вид; **spielend** adv (*leicht*) играючи, легко; **Spieler(in** f) m ‹-s, -› (*Karten~*) игрок м; MUS музыкант м; THEAT исполнитель(ница ж) м; **Spielerei** f (*kindliches Benehmen*) баловство с; **Spielfeld** n (*игровое*) поле с; (*Tennis~*) корт м; **Spielfilm** m художественный фильм м; **Spielhalle** f игорный зал м; **Spielhölle** f игорный дом м; **Spielleiter** m THEAT режиссёр м; **Spielmarke** f фишка ж, жетон м; **Spielplan** m THEAT репертуар м; **Spielplatz** m детская площадка ж; **Spielraum** m FIG (*Verhandlungs~*) возможности ж мн, свобода м действий; **Spielregel** f правило с игры; **Spielsachen** pl игрушки ж мн; **Spieluhr** f музыкальная шкатулка ж; **Spielverderber(in** f) m ‹-s, -› FIG некомпанейский человек;◇ **sei kein** ~! не будь занудой!; **Spielwarenhandlung** f магазин м детских игрушек; **Spielzeit** f THEAT сезон м; **Spielzeug** n игрушка ж; **Spielzeugeisenbahn** f миниатюрная железная дорога ж
Spieß m ‹-es, -e› (*Brat~*) вертел м; (*für Schaschlik*) шампур м; (*Waffe*) копьё с, пика ж;◇ **schreien wie am** ~ кричать как будто режут
Spießbürger(in f) m, **Spießer(in** f) m ‹-s, -› обыватель(ница ж) м, мещанин м, мещанка ж; **spießig** adj FAM (*spießbürgerlich*) обывательский, мещанский
Spikes pl (*Schuhe*) беговые туфли мн с шипами; AUTO покрышки ж мн с шипами
Spinat m ‹-[e]s› шпинат м
Spind m o. n ‹-[e]s, -e› шкаф(чик) м
Spinett n MUS спинет м
Spinne f ‹-, -n› паук м

spinnen ⟨spann, gesponnen⟩ **I.** vt (Wolle) ⟨c-⟩прясть **II.** vi FAM (verrückt sein) быть сумасшéдшим [ненормáльным]; ◇ **du spinnst wohl!** ты что, рехнýлся?
Spinnennetz n паутúна ж
Spinner m сумасшéдший m, чудáк m
Spinnerei f **1** (Fabrik) прядúльная фáбрика ж **2** FAM (Verrücktheiten) бредóвые идéи мн
Spinnrad n прялка ж; **Spinnwebe** f ⟨-, -n⟩ паутúна ж
Spion(in f) m ⟨-s, -e⟩ **1** (Agent) шпиóн(ка ж) m **2** nur m (Tür~) глазóк m; **Spionage** f ⟨-, -n⟩ шпионáж m; **spionieren** vi выслéживать, шпиóнить несов
Spirale f ⟨-, -n⟩ **1** спирáль ж **2** FAM (Pessar) пессáрий m
Spiritismus m спиритúзм m; **spiritistisch** adj (Sitzung) спирит(úст)úческий
Spirituosen pl спиртные напúтки мн
Spiritus m ⟨-⟩ спирт m; **Spirituskocher** m спиртóвка ж
spitz adj **1** (Messer, Bleistift, Winkel) óстрый; (Gesicht, Kinn) заострённый **2** FIG (leicht boshaft) óстрый; (Bemerkung) кóлкий
Spitzbogen m стрéльчатая áрка ж
Spitzbube m (Schlingel) озорнúк m, озорнúца ж; (Gauner) плут(óвка ж) m; мошéнник m, мошéнница ж
Spitze f ⟨-, -n⟩ (spitzes Ende) остриё c; (Finger~) кóнчик m; (Schuh~) носóк m; (Berg~) вершúна ж, верх m; (Kirchturm~) верхýшка ж; SPORT (vordere Plätze) пéрвые местá c мн; (Firmen~, Partei~ etc.) верх m, верхýшка ж; (von Kleidung) кружево c; ◇ **etw auf die ~ treiben** доводúть до крáйности что-л; ◇ **das ist ~!** это (прóсто) класс!
Spitzel m ⟨-s, -⟩ (Schnüffler) шпик m
spitzen vt **1** (Bleistift) затáчивать ⟨-точúть⟩ **2** (Ohren) напрягáть ⟨-прячь⟩ слух
Spitzenleistung f отлúчная рабóта ж; **Spitzenlohn** m высóкая зарабóтная плáта ж; **Spitzensportler(in** f) m спортсмéн(ка ж) m высшего клáсса
spitzfindig adj хитроýмный
Spitzhacke f кирка ж
spitzkriegen vt FAM (spitzbekommen) соображáть ⟨-зúть⟩, смекáть ⟨-нýть⟩
Spitzmaus f землерóйка ж
Spitzname m клúчка ж, прóзвище c
Spleen m ⟨-s, -e⟩ причýда ж
Splitt m ⟨-s, -e⟩ щéбень m, щебёнка ж
Splitter m ⟨-s, -⟩ (Glas~) оскóлок m; (in der Haut) занóза ж
splitter[faser]nackt adj в чём мать родилá, совершéнно гóлый
Splitterpartei f POL мéлкая отколóвшаяся группирóвка ж
sponsern vt материáльно поддéрживать; **Sponsor(in** f) m ⟨-s, -en⟩ спóнсор m

spontan adj самопроизвóльный, спонтáнный
sporadisch adj единúчный, спорадúческий
Sport m ⟨-[e]s⟩ спорт m; **Sportart** f вид m спóрта; **Sportlehrer(in** f) m учúтель(ница ж) по спóрту m; **Sportler(in** f) m ⟨-s, -⟩ спортсмéн(ка ж) m; **sportlich** adj спортúвный; **Sportplatz** m спортúвная площáдка ж; **Sportveranstaltung** f спортúвное мероприятие c; **Sportverein** m спортúвное общество c, спортúвный клуб m; **Sportwagen** m AUTO спортúвный автомобúль m; FIG (Kinderwagen) лёгкая дéтская коляска ж
Spot m ⟨-s, -s⟩ (~licht) прожéктор m; MEDIA (Werbe~) реклáмный рóлик m
Spott m ⟨-[e]s⟩ насмéшка ж, издевáтельство c; **spottbillig** adj óчень дешёвый; **spotten** vi издевáться несов (über akk над кем-л); **spöttisch** adj (Bemerkung) издевáтельский; (Lachen) насмéшливый; (sarkastisch) саркастúческий
sprach impf v. **sprechen**
sprachbegabt adj спосóбный к языкáм
Sprache f ⟨-, -n⟩ язык m; (Ausdrucksweise) речь ж; (überrascht sein) ◇ **das hat ihr die ~ verschlagen** онá потеряла дар рéчи; (ansprechen) ◇ **etw zur ~ bringen** затрóнуть какóй-л вопрóс; (hinführen auf) ◇ **die ~ auf etw bringen** привестú разговóр к чемý-л; **Sprachfehler** m речевóй недостáток m; **Sprachführer** m разговóрник m; **Sprachgefühl** n ◇ **dieser Schüler hat überhaupt kein** ~ у этого ученикá нет никакóго языкóвого чутья; **sprachgewandt** adj (Redner) красноречúвый; **Sprachlabor** n лингафóнный кабинéт m; **sprachlich** adj языковóй; **sprachlos** adj (Mensch) онемéвший, потеряющий дар рéчи; ◇ **völlig ~ sein** не находúть слов; **Sprachrohr** n рýпор m; FIG (kritiklos) ◇ **jd-s ~ sein** быть чьим-л рýпором; **Sprachwissenschaft** f языковéдение c; **Sprachwissenschaftler(in** f) m языковéд m; **Sprachzentrum** n центр m рéчи
sprang impf v. **springen**
Spray n ⟨-s, -s⟩ аэрозóль m; **sprayen** vt, vi (Haare) сбрызгивать ⟨-нуть⟩ аэрозóлью
sprechen ⟨spricht, sprach, gesprochen⟩ **I.** vi (sich artikulieren) говорúть ⟨сказáть⟩; (sich unterhalten) по-⟩говорúть (mit с кем-л); (mitteilen, besprechen) ⟨по-⟩говорúть (über/von о чём-л); (Rede halten) выступáть ⟨выступить⟩ **II.** vt говорúть ⟨сказáть⟩; (Sprache beherrschen) говорúть на (какóм-л языкé); (jd-n) ⟨по-⟩говорúть с кем-л; ◇ **das spricht für ihn** это говорúт в егó пóльзу; ◇ **auf jd-n schlecht zu ~ sein** быть настрóенным

про́тив кого́-л; **Sprecher(in** f) m ‹-s, -›
(Redner/in) ора́тор м; (Referent/in) до-
кла́дчик м, докла́дчица ж; (für Grup-
pe) представи́тель(ница ж) м; MEDIA
ди́ктор м; **Sprechstunde** f приёмные
часы́; **Sprechstundenhilfe** f помо́щ-
ница м врача́; **Sprechzimmer** n (beim
Arzt) кабине́т м; (Gefängnis) приём-
ная ж
spreizen vt раздвига́ть ‹-дви́нуть›
Sprengarbeiten f pl взрывны́е рабо́ты
ж мн; **sprengen** vt ① (mit Sprengstoff)
взрыва́ть ‹-орва́ть› ② FIG (im Spiel-
kasino) ◇ **die Bank ~** сорва́ть банк; FIG
◇ **den Rahmen e-r Sache ~** вы́йти за
ра́мки чего́-л ③ (Rasen) поли|ва́ть;
(Wäsche) спры́скивать ‹-нуть› ④ (Ver-
sammlung) разгоня́ть ‹-огна́ть›
Sprengstoff m взрывча́тое вещество́
с; **Sprengung** f взрыв м
Spreu f ‹-› мяки́на ж; FIG ◇ **die ~ vom
Weizen trennen** отделя́ть зерно́ от плё-
вел
Sprichwort n посло́вица ж; **sprich-
wörtlich** adj общеизве́стный, вошéд-
ший в погово́рку; ◇ **~e Redensart** по-
гово́рка
sprießen vi (Blumen) пуска́ть ‹-ти́ть›
ростки́, всходи́ть ‹взойти́›
Springbrunnen m фонта́н м
springen ‹sprang, gesprungen› vi SPORT
пры́г|ать ‹-нуть›; (Ball) подпры́гивать
‹-нуть›; (Funke) ‹по-›сы́паться; (Ampel)
перепры́гивать‹-нуть› (auf akk че́рез
что-л); (Glas, Metall) ло́п|аться ‹-нуть›;
FIG ◇ **50 Euro ~ lassen** раско́шелиться
на 50 е́вро; (auffallen) ◇ **in die Augen ~**
броса́ться в глаза́; **Springer(in** f) m ‹-s,
-› ① SPORT прыгу́н(ья ж) м ② nur m
SCHACH конь м; **Springmesser** n кно́-
почный нож м; **Springseil** n скака́л-
ка ж
Sprint m ‹-[e]s, -s› спринт м
Sprit m ‹-s› бензи́н м
Spritze f ‹-, -n› ① MED шприц м; (In-
jektion) уко́л м ② (am Schlauch) бранд-
спо́йт м
spritzen I. vt ① (Pflanzen) поли|ва́ть
② (lackieren) на|носи́ть ‹-нести́› распы-
ли́телем ③ MED ‹с-›де́лать уко́л II. vi
(Blut, Wasser) бры́з|гать ‹-нуть›; **Sprit-
zer** m ‹-s, -› (Farb-, Wasser~) бры́зги мн;
Spritzpistole f пульвериза́тор м
Spritztour f коро́ткая экску́рсия ж
spröde adj ① (Material) хру́пкий; (Haut)
сухо́й, потре́скавшийся; (Stimme) хри́-
плый, надтре́снутый ② (Mensch) чо́-
порный, непристу́пный
spross impf v. **sprießen**
Spross m ‹-sses, -sse› (Nachkomme) по-
то́мок м, о́трыск м; (Trieb) побе́г м
Sprosse f (Fenster~, Leiter~) перекла́-
дина ж
Spruch m ‹-[e]s, Sprüche› ① (Denk~) из-

рече́ние с; (Wahl~) ло́зунг м ② (Lehr-
gedicht) стишо́к м ③ (Formel) (Zauber~)
заклина́ние с ④ JURA пригово́р м ⑤
(leere Versprechungen) ◇ **Sprüche klopfen**
дава́ть пусты́е обеща́ния
Sprudel m ‹-s, -› (saurer ~) газиро́ван-
ная минера́льная вода́; (süßer ~) лимо-
на́д м; **sprudeln** vi (Wasser) бурли́ть не-
сов, бить ключо́м; (Worte) сы́паться
несов
Sprühdose f ба́ночка ж с распыли́те-
лем; **sprühen** I. vt разбры́зг|ивать II.
vi (Funken) ‹по-›сы́паться; FIG (lebhaft
sein) ◇ **er sprüht vor Begeisterung** он пы́-
шет воодушевле́нием; **Sprühregen** m
моро́сящий дождь м
Sprung m ‹-[e]s, Sprünge› ① (Luft~) пры-
жо́к м, скачо́к м; FIG (jd-n fördern) ◇
jd-m auf die Sprünge helfen помо́чь ко-
му́-л сове́том; FIG (beim Fortgehen) ◇
auf dem ~ sein собира́ться уйти́; FIG ◇
auf e-n ~ vorbeikommen заскочи́ть на
мину́тку ② (im Teller) тре́щина ж;
Sprungbrett n SPORT, a. FIG трампли́н
м; **sprunghaft** adj (Person) неуравно-
ве́шенный; (plötzlich) скачкообра́з-
ный; **Sprungschanze** f SPORT лы́ж-
ный трампли́н м; **Sprungtuch** n
спаса́тельное полотно́ с
Spucke f ‹-› слюна́ ж; ◇ **jd-m bleibt die
~ weg** кто-л слов не нахо́дит; **spucken**
I. vi плева́ть ‹плю́нуть› II. vt ① (Blut)
ха́рк|ать ‹-нуть› чем-л ② FAM (angeben)
◇ **große Töne ~** бахва́литься
Spuk m ‹-[e]s, -e› (Gespenst) привиде́ние
с, при́зрак м; FIG (Unfug) безобра́зие
с; **spuken** vi meist unpers ◇ **es spukt im
Schloss** в за́мке нечи́сто
Spülbecken n мо́йка ж, ра́ковина ж
в ку́хне
Spule f ‹-, -n› a. ELECTR кату́шка ж
Spüle f ‹-, -n› мо́йка ж; **spülen** I. vi ①
(aus~) ‹про-›полоска́ть ② (abwaschen)
‹вы-›мыть посу́ду ③ (in Toilette) спус-
ка́ть ‹-ти́ть› во́ду II. vt (Geschirr, Wäsche)
‹вы-›мыть; (Haare) ‹про-›полоска́ть; ◇
etw an den Strand ~ вы́нести волна́ми
на бе́рег; **Spülmaschine** f посудо-
мо́ечная маши́на ж; **Spülung** f ① (von
WC) смывно́е устро́йство с ② MED
(Darm~) промыва́ние с
Spur f ‹-, -en› ① (Fuß~ etc.) след м; (his-
torische Überreste) след м; FIG ◇ **jd-m
auf der ~ sein** напа́сть на чей-л след ②
(Prise) небольшо́е коли́чество с ③
(Ton~) доро́жка ж ④ (Fahr~) ряд м,
полоса́ ж
spürbar adj чувстви́тельный; (sichtbar)
заме́тный; **spüren** vt (empfinden, mer-
ken) ‹по-›чу́вствовать; (Kälte, Schmerz)
ощуща́ть ‹-ти́ть›
Spurenelement n BIOL микроэле-
ме́нт м
Spürhund m ище́йка ж

spurlos *adv* бесследно

Spurt *m* <-[e]s, -s *o.* -e> рывок *м*

sputen *vr* ◇ **sich** ~ <по->спешить

Squash *n* <-> сквош *м*

Staat *m* <-[e]s, -en> ① (*Land*) государство *с; FAM* ◇ **die ~en** Штаты *мн* ② *FAM* (*prahlen, angeben*) ◇ **mit etw/jd-m keinen ~ machen** не испытывать гордость за кого/что-л; **Staatenbund** *m* конфедерация *ж;***staatenlos** *adj* не имеющий гражданства; **staatlich** *adj* государственный; **Staatsangehörigkeit** *f* гражданство *с;* **Staatsanwalt** *m,* **Staatsanwältin** *f* прокурор *м;* **Staatsanwaltschaft** *f* прокуратура *ж;* **Staatsbegräbnis** *n* торжественные похороны *мн;***Staatsbürger(in** *f) m* гражданин *м,* гражданка *ж;* **Staatsdienst** *m* государственная служба *ж;* ◇ **in den ~ eintreten** поступить на государственную службу; **Staatsexamen** *n* государственный экзамен *м;* **Staatsgebiet** *n* территория *ж* государства; **Staatsgeheimnis** *n FIG* ◇ **aus e-r Sache ein ~ machen** делать из чего-л государственную тайну; **Staatsmann** *m* государственный деятель *м;* **Staatsoberhaupt** *n* глава *м* государства; **Staatssekretär(in** *f) m* статссекретарь *м*

Stab *m* <-[e]s, Stäbe> ① (*Stange*) прут *м,* палка *ж;* SPORT (*Staffel~*) эстафетная палочка *ж* ② (*Mitarbeiter~*) штат *м;* (*General~*) штаб *м;***Stabhochsprung** *m* SPORT прыжки *м мн* в высоту с шестом

stabil *adj* (*Währung*) стабильный; (*Möbel*) крепкий, устойчивый; **stabilisieren** *vt* стабилизировать *несов и сов;* **Stabilität** *f* стабильность *ж,* устойчивость *ж*

stach *impf v.* **stechen**

Stachel *m* <-s, -n> (*von Pflanzen*) колючка *ж,* шип *м;* (*von Tieren*) игла *ж;* (*von Bienen*) жало *с; FIG* (*Schmerz, Groll*) боль *ж;***Stachelbeere** *f* крыжовник *м;* **Stacheldraht** *m* колючая проволока *ж;* **stachelig** *adj* колючий; **Stachelschwein** *n* дикобраз *м*

Stadion *n* <-s, Stadien> стадион *м*

Stadium *n* <-s, Stadien> ① (*Zustand*) состояние *с* ② (*Krankheits~*) стадия *ж*

Stadt *f* <-, Städte> город *м;* **Stadtbewohner(in** *f) m* горожанин *м,* горожанка *ж;* **Stadtbummel** *m* прогулка *ж* по городу; **Städtepartnerschaft** *f* побратание *с* городов; **Stadtführer** *m* (*Person*) гид *м;* (*Buch*) путеводитель *м;* **städtisch** *adj* городской; **Stadtkern** *m* центр *м* города; **Stadtmauer** *f* городская стена *ж;* **Stadtplan** *m* план *м* города; **Stadtplanung** *f* планирование *с* застройки города; **Stadtrand** *m* городская окраина *ж;* **Stadtrat** *m* городской совет *м;* **Stadtteil** *m* район *м* го-

рода; **Stadtverwaltung** *f* городское управление *с;* **Stadtviertel** *n* городской квартал *м*

Staffel *f* <-, -n> ① SPORT эстафета *ж* ② AERO (*Flug~*) эскадрилья *ж*

Staffelei *f* (*Maler~*) мольберт *м*

Staffellauf *m* эстафета *ж*

staffeln *vt* (*Miete, Löhne*) дифференцировать *несов и сов*

stagnieren *vi* (*Wirtschaft*) находиться в состоянии застоя

stahl *impf v.* **stehlen**

Stahl *m* <-[e]s, Stähle> сталь *ж;* **Stahlbeton** *m* железобетон *м*

Stalagmit *m* MIN сталагмит *м*

Stalaktit *m* MIN сталактит *м*

Stall *m* <-[e]s, Ställe> стойло *с,* хлев *м;* (*Pferde~*) конюшня *ж;* (*Schweine~*) свинарник *м;* (*Kuh~*) коровник *м;* (*Hühner~*) курятник *м*

Stamm *m* <-[e]s, Stämme> ① (*Baum~*) ствол *м;* (*Balken*) бревно *с* ② BIOL (*Familie*) тип *м;* (*Sippe*) племя *с* ③ SPRACHW основа *ж;* **Stammbaum** *m* родословная *ж;* **Stammbuch** *n* книга *ж,* в которую друзья и гости записывают что-л на память; **Stammdaten** *pl* (*EDV~*) основные данные *мн*

stammeln *vt, vi* лепетать *несов*

stammen *vi* (*ab~*) происходить (*von/aus* из чего-л)

Stammgast *m* завсегдатай *м,* постоянный гость *м;* **Stammhalter** *m* продолжатель *м* рода

stämmig *adj* (*Figur*) коренастый

Stammkapital *n* основной капитал *м;* **Stammtisch** *m FAM* стол *м* для завсегдатаев

stampfen I. *vi* (*mit Fuß, quengelig*) топать <-нуть>; (*stark*) стучать ногой; (*Pferd*) бить копытом; (*laut auftreten*) ◇ **durchs Zimmer ~** протопать по комнате **II.** *vt* (*Kartoffeln*) <рас->толочь, мять

stand *impf v.* **stehen**

Stand *m* <-[e]s, Stände> ① (*das Stehen*) стояние *с* ② (*Spiel~, Kassen~*) состояние *с,* положение *с* ③ (*Obst~*) киоск *м,* ларёк *м;* (*Taxi~*) стоянка *ж;* (*Messe~*) стенд *м* ④ (*Familien~*) положение *с;* (*Adels~*) сословие *с*

Standard *m* <-s, -s> стандарт *м;* (*Lebens~*) (жизненный) уровень *м;* **Standardbrief** *m* письмо *с* стандартных размеров; **Standardwerk** *n* образцовое произведение *с*

Ständchen *n* серенада *ж;* ◇ **jd-m ein ~ bringen** спеть кому-л серенаду

Ständer *m* <-s, -> (*Noten~*) пюпитр *м;* (*Kleider~*) вешалка *ж*

Standesamt *n* бюро *с* записи актов гражданского состояния, загс *м*

standesgemäß *adj* соответствующий социальному положению; **Standesunterschied** *m* социальное различие *с*

standfest adj устóйчивый
standhaft adj стóйкий; (unerschütterlich) непоколебимый; **Standhaftigkeit** f стóйкость ж, непоколебимость ж
standhalten unreg vi (Blick) устоять сов (jd-m/e-r Sache перед кем/чем-л), выдéрживать ⟨выдержать⟩ (jd-m/e-r Sache когó/чтó-л)
ständig adj (Wohnsitz) постоянный; (Bedrohung) непрерывный; (Begleiter) непремéнный, неизмéнный
Standlicht n AUTO стояночный свет м; **Standort** m местонахождéние с, месторасположéние с; **Standpunkt** m ① (Ort) позиция ж ② FIG (Meinung) тóчка ж зрéния, позиция ж; **Standspur** f AUTO обóчина ж, полосá ж авáрийной стоянки
Stange f ⟨-, -n⟩ (Stab) шест м; (Metall~) штáнга ж; (Gardinen~) багéт м; (Zigaretten~) блок м; ◇ **Kleidung von der ~** готóвая одéжда; **Stängel** m ⟨-s, -⟩ BOT стéбель м; **Stangenbrot** n францýзская бýлка ж
stank impf v. **stinken**
stänkern vi FAM склó
Stanniol n ⟨-s⟩ (~papier) станиóль м
Stapel m ⟨-s, -⟩ ① (штáбель м) (Holz~) полéнница ж; (Wäsche~) стóпка ж ② NAUT стáпель м; **Stapellauf** m NAUT спуск м со стáпеля; **stapeln** I. vt (ordentlich) уклáдывать ⟨уложить⟩; (auf Haufen) накопля́ть ⟨-пить⟩ II. vr (Unerledigtes) ◇ **sich ~** накáпливаться ⟨-копиться⟩
stapfen vi тяжелó ступáть
Star[1] m ⟨-[e]s, -e⟩ (Vogel) скворéц м
Star[2] m ⟨-[e]s, -e⟩ MED ◇ **grauer ~** катарáкта ж; ◇ **grüner ~** глаукóма ж
Star[3] m ⟨-s, -s⟩ (Film~ etc.) звездá м/ж
starb impf v. **sterben**
stark ⟨stärker, am stärksten⟩ I. adj ① (Fieber, Schmerzen, Gewitter) сильный ② (belastbar, Nerven, Herz) крéпкий ③ (Umfang, Figur) пóлный ④ (Kaffee) крéпкий; (Verkehr) оживлённый ⑤ (einflussreich, mächtig) сильный; ◇ **sich für etw ~ machen** решительно выступáть за чтó-л ⑥ SPRACHW сильный II. adv FAM ◇ **stark** = отлично, клáссно; **Stärke** f ⟨-, -n⟩ ① (körperliche Kraft) сила ж ② (Robustheit) прóчность ж ③ (Begabung) сильная сторонá ж ④ (Brillen~) (оптическая) сила ж; (Klassen~) численность ж ⑤ (Macht) сила ж, мощь ж ⑥ (Dicke, Umfang) толщинá ж ⑦ (Stoff, ~mehl) крахмáл м; **stärken** I. vt ① (jn) поддéрживать ⟨-жáть⟩; (trösten) подбáдривать ⟨-бодрить⟩; (Mannschaft) усиля́ть ⟨усилить⟩ ② (Wäsche) (на-)крахмáлить II. vr (essen u. trinken) ◇ **sich ~** подкрепля́ться ⟨-питься⟩; **stärkend** adj подкрепля́ющий; **Starkstrom** m ELECTR ток м высóкого на-

пряжéния; **Stärkung** f ① (das Stärken) укреплéние с ② (Trost) поддéржка ж ③ (Essen) подкреплéние с
starr adj (Material) жёсткий, твёрдый; (Haltung) упóрный, непоколебимый; (Blick) неподвижный; **starren** vi (blicken) неподвижно смотрéть, устáвиться сов; FAM ◇ **Löcher in die Luft ~** устáвиться в однý тóчку; **Starrheit** f неподвижность ж, упря́мство с; **starrköpfig** adj упря́мый; **Starrsinn** m упря́мство с
Start m ⟨-[e]s, -s⟩ ① (Anfang) начáло с; (Stelle, Ort) старт м; ◇ **an den ~ gehen** выйти на старт ② (Anfahren) трóгание с с мéста; AERO (Wegfliegen) вылет м, взлёт м; **Startbahn** f (auf Flugplatz) взлётная полосá ж; **startbereit** adj (Läufer) готóвый к стáрту; AERO готóвый к взлёту; **starten** I. vt (Startschuss geben) давáть стáртовый сигнáл; (Auto) заводить ⟨-вести⟩; (Rakete, Satellit) производить ⟨-вести⟩ зáпуск; (Computer) запускáть ⟨-тить⟩; FAM ◇ **e-e Aktion ~** начáть корé-л меропри́ятие II. vi (aufbrechen) стартовáть, отправля́ться ⟨-прáвиться⟩ в путь; ◇ **neu ~** начáть зáново; **Starter** m ⟨-s, -⟩ AUTO стáртер м; **Starterlaubnis** f AERO разрешéние с на старт; **Starthilfe** f ① (bei Auto) пусковáя система ж ② (Geld) стáртовый капитáл м
Statik f ⟨-⟩ стáтика ж
Station f ① (Abteilung) отделéние с ② (Haltestelle) остановка ж; **stationär** adj (Behandlung) стационáрный; **stationieren** vt (Soldaten) размещáть ⟨-местить⟩
Statist(in f) m (unbedeutender Nebendarsteller) статист(ка ж)
Statistik f статистика ж; **Statistiker(in** f) m ⟨-s, -⟩ статистик м; **statistisch** adj статистический
Stativ n (für Kamera) штатив м
statt I. präp gen вмéсто когó-чегó-л II. cj (anstatt) вмéсто тогó, чтóбы...
Stätte f ⟨-, -n⟩ (Stelle, Platz) мéсто с
stattfinden unreg vi состоя́ться несов, имéть мéсто
Statthalter m HIST намéстник м
stattlich adj (Figur) стáтный; (beträchtlich) значительный; (Gebäude, imposant) внушительный
Statue f ⟨-, -n⟩ стáтуя ж
Status m ⟨-, -⟩ положéние с; ◇ **~ quo** стáтус кво; **Statussymbol** n знак м, подчёркивающий социáльное положéние человéка
Statut n ⟨-[e]s, -en⟩ устáв м
Stau m ⟨-[e]s, -e o. -s⟩ (Anhäufung) накоплéние с, скоплéние с; MED застóй м; (Verkehrs~) прóбка ж, затóр м
Staub m ⟨-[e]s⟩ пыль ж; FAM ◇ **sich aus dem ~ machen** дать тя́гу; **stauben** vi

‹на-›пыли́ть; ◇ **es staubt** пыли́т; **staubig** adj (Straße) пы́льный; (Kleidung) запылённый; **staubsaugen** vi, vt ‹про-›пылесо́сить; **Staubsauger** m ‹-s, -› пылесо́с м

Staudamm m плоти́на ж

Staude f ‹-, -n› многоле́тник м

stauen I. vt (Wasser) запру́живать ‹-ди́ть› **II.** vr ◇ **sich ~** (Wasser, Gefühle) нака́пливаться ‹-копи́ться›; (Verkehr) ска́пливаться ‹скопи́ться›

staunen vi удивля́ться ‹-ви́ться›; (sich wundern) поража́ться ‹-зи́ться› (über akk чему́-л); **Staunen** n ‹-s› удивле́ние c; (Überraschung) изумле́ние c; ◇ **jd-n in ~ versetzen** пове́ргнуть кого́-л в изумле́ние

Stauung f (von Wasser) скопле́ние c

stechen ‹sticht, stach, gestochen› **I.** vt (verletzen) коло́ть ‹кольну́ть›, ука́лывать ‹уколо́ть›; ◇ **sich mit etw ~** уколо́ть себя́ чем-л **2** (Spargel, Torf) ре́зать несов, нареза́ть ‹-ре́зать› **3** (beim Kartenspiel) бить **II.** vi **1** (Mücke) ‹у-›жа́лить **2** (Sonne) печь несов **3** (schmerzen) коло́ться несов **4** FIG (auffallen) ◇ **jd-m in die Augen ~** броса́ться кому́-л в глаза́; (Schiff) ◇ **in See ~** отпра́виться в пла́вание **III.** vr ◇ **sich mit etw ~** уколо́ться чем-л; **Stechen** n ‹-s, -› **1** SPORT ра́вный счёт м **2** MED (Schmerz) ко́лющая боль ж

Stechkarte f (bei Arbeit) электро́нная ка́рточка, на кото́рой отмеча́ется вре́мя прихо́да и ухо́да с рабо́ты; **Stechpalme** f BOT остроли́стный па́дуб м; **Stechuhr** f контро́льные часы́ мн

Steckbrief m объявле́ние c о ро́зыске; **Steckdose** f розе́тка ж; **stecken I.** vt **1** (hinein~) сова́ть ‹су́нуть› **2** (investieren) ◇ **Geld in e-e Firma ~** вкла́дывать де́ньги в фи́рму **3** ◇ **jd-n ins Gefängnis ~** посади́ть кого́-л в тюрьму́; ◇ **jd-n in e-e Uniform ~** наде́ть кому́-л унифо́рму **4** FAM (heimlich informieren) ◇ **jd-m etw ~** тайко́м сообщи́ть кому́-л что-л **II.** vi (sich befinden) находи́ться, торча́ть несов; ◇ **der Schlüssel steckt in der Tür** ключ (торчи́т) в замке́ две́ри; ◇ **in Schwierigkeiten ~** находи́ться в тру́дном положе́нии; ◇ **mitten in der Arbeit ~** быть погружённым в рабо́ту; FAM ◇ **wo ~ die Kinder?** куда́ дева́лись де́ти?; **stecken bleiben** unreg vi застрева́ть ‹-тря́ть›; **stecken lassen** unreg vt ◇ **den Schlüssel ~** оста́вить ключ в замке́; **Steckenpferd** n FIG (Hobby) конёк м, хо́бби c; **Stecker** m ‹-s, -› штепсельная ви́лка ж; (Steckdose) розе́тка ж; **Stecknadel** f була́вка ж

Steg m ‹-[e]s, -e› **1** (kleine Brücke) мо́стик м; (Anlege~) прича́л м **2** (Brillen~) мо́стик м (опра́вы) **3** (an Musikinstrument) подста́вка ж

Stegreif m ◇ **aus dem ~** экспро́мтом, без подгото́вки

stehen ‹stand, gestanden› **I.** vi **1** (sich befinden) находи́ться; (nicht liegen) ‹по-›стоя́ть **2** (schriftlich, in Zeitung) быть (напи́санным) **3** (Uhr, Maschine) не рабо́тать; (Arbeit, Verkehr) застопори́ться сов **4** (sich bekennen zu) ◇ **zu jd-m ~** подде́рж‖ивать ‹-жа́ть› кого́-л; ◇ **zu seinem Wort ~** сде́рж‖а́ть своё сло́во **5** (jd-n kleiden) быть к лицу́; ◇ **das steht dir gut** э́то тебе́ идёт **II.** vi unpers ◇ **es steht schlecht um ihn** с ним дела́ пло́хи; (meinen) ◇ **wie steht es mit dir?** что ду́маешь ты?; **stehen bleiben** unreg vi (anhalten) остана́вливаться ‹-нови́ться›; **stehen lassen** unreg vt **1** (aufgeben) оставля́ть ‹-ста́вить›; ◇ **er ließ sie einfach im Regen stehen** он подвёл её **2** (Bart) отпуска́ть ‹-ти́ть› **3** (vergessen) забы́ва́ть ‹-бы́ть›

Stehlampe f торше́р м

stehlen ‹stiehlt, stahl, gestohlen› vt ‹у-›кра́сть; FIG ◇ **jd-m die Zeit ~** отнима́ть у кого́-л вре́мя

Stehplatz m стоя́чее ме́сто c

steif adj (starr) жёсткий; (Glieder) негну́щийся, неподви́жный; (Gesellschaft) натя́нутый, чо́порный; (Eiweiß) взби́тый; (vor Kälte) окочене́вший

Steigbügel m (Pferde~) стре́мя c; **Steigeisen** n (Klettereisen) ко́шки мн; **steigen** ‹stieg, gestiegen› vi **1** (Fieber, Preis) поднима́ться ‹-ня́ться› **2** (klettern) влез‖а́›ть; ◇ **auf etw** akk **~** (auf den Tisch) забира́ться на что-л; (auf den Berg) поднима́ться ‹-ня́ться›; ◇ **in ein Haus ~** ступи́ть че́рез поро́г до́ма

steigern I. vt **1** (anheben) повыша́ть ‹-вы́сить› **2** GRAM образо́в‖ывать ‹-ва́ть› сте́пени сравне́ния **II.** vr (Umsatz etc.) ◇ **sich ~** повыша́ться ‹-вы́ситься›; **Steigerung** f **1** (von Preisen etc.) повыше́ние c, увеличе́ние c **2** GRAM (Komparation) образова́ние c степене́й сравне́ния, сте́пени ж мн сравне́ния

Steigung f подъём м

steil adj (Abhang) круто́й; **Steilhang** m круто́й скат м, обры́в м; **Steilküste** f круто́й бе́рег м; **Steilwand** f отве́сная стена́ ж

Stein m ‹-[e]s, -e› a . MED ка́мень м; (Kiesel~) ще́бень м; (Spiel~) ша́шка ж; FIG ◇ **jd-m ~ in den Weg werfen** вставля́ть кому́-л па́лки в колёса; **Steinbock** m **1** ZOOL го́рный козёл м **2** ASTROL Козеро́г м; **steinern** adj ка́менный; **Steingut** n ‹-[e]s› (Geschirr) фая́нс м; **steinhart** adj (Brot) твёрдый как ка́мень; **steinig** adj (Weg) камени́стый; **steinigen** vt забива́ть камня́ми; **Steinkohle** f ка́менный у́голь м; **Steinkohlenbergwerk** n каменно-у́гольная ша́хта ж; **Steinmetz** m ‹- es, -e› камено́тёс м; **Steinobst** n ко́сточковые фру́кты *мн;* **Steinpilz** *m* ВОТ бе́лый гриб *м;* **steinreich** *adj* FIG о́чень бога́тый; **Steinschicht** *f* ка́менный слой *м;* **Steinwurf** *m* бросо́к *м* ка́мнем; ◇ **nur e-n ~ entfernt** руко́й пода́ть; **Steinzeit** *f* ка́менный век *м*

Steißbein *n* ко́пчик *м*

Stelldichein *n* <-s> свида́ние *с*

Stelle *f* <-, -n> (*Ort*) ме́сто *с;* (*in Rede, Buch*) ме́сто *с;* (*Arbeits~*) рабо́чее ме́сто; (*Amt, Behörde*) учрежде́ние *с,* инста́нция *ж;* FIG (*nicht vorankommen*) ◇ **auf der ~ treten** топта́ться на ме́сте

stellen I. *vt* (*nicht legen*) ⟨по-⟩ста́вить; (*anordnen, Möbel*) размеща́ть ⟨-сти́ть⟩; (*ein~, Herd*) ⟨по-⟩ста́вить; (*Bedingungen, Diagnose, Frage*) ⟨по-⟩ста́вить; (*fassen, Dieb*) заде́рживать ⟨-жа́ть⟩; ◇ **jd-m etw zur Verfügung ~** предоставля́ть кому́-л что-л **II.** *vr* ◇ **sich ~** (*bei Polizei, Gegner*) явля́ться ⟨яви́ться⟩ с пови́нной; (*e-r Sache*) взя́ться за де́ло (*e-m Gegner*) приня́ть вы́зов; (*vortäuschen*) ◇ **sich taub ~** притвори́ться глухи́м; (*Frage*) возника́ть ⟨-ни́кнуть⟩; (*jd-n verteidigen*) ◇ **sich vor** [*o.* hinter] **jd-n ~** подде́рживать кого́-л; **Stellenangebot** *n* предложе́ние *с* рабо́чих мест; **Stellengesuch** *n* заявле́ние *с* на рабо́ту; **Stellenvermittlung** *f* (*Büro*) посре́дническая конто́ра *ж* помога́ющая в по́исках рабо́ты; **Stellenwert** *m* (*Rang*) значи́мость *ж;* (*Bedeutung*) значе́ние *с*

Stellung *f* <-, -n> ① (*Lage*) положе́ние *с* ② (*Haltung*) по́за *ж* ③ (*sozialer Rang*) положе́ние *с* ④ (*Job*) рабо́та *ж,* до́лжность *ж* ⑤ MIL (*Aufstellung*) строй *м;* (*Gefechts~*) пози́ция *ж* ⑥ FIG ◇ **~ nehmen zu etw** вы́разить свою́ то́чку зре́ния по како́му-л вопро́су; **Stellungnahme** *f* <-, -n> выска́зывание *с* своего́ мне́ния

stellvertretend *adj* замеща́ющий (кого́-л); ◇ **der ~e Direktor** замести́тель *м* дире́ктора; **Stellvertreter(in** *f*) *m* замести́тель(ница *ж*) *м*

Stelze *f* <-, -n> (*Kinder~*) ходу́ля *ж*

Stemmeisen *n* стаме́ска *ж;* **stemmen I.** *vt* (*Gewicht*) выжима́ть ⟨вы́жать⟩; (*hochheben*) поднима́ть ⟨-ня́ть⟩ **II.** *vr* ◇ **sich ~** опира́ться ⟨опере́ться⟩ (*auf akk* на что-л), упира́ться⟨упере́ться⟩ (*gegen akk* во что-л); FIG (*sich widersetzen*) ◇ **sich ~ gegen** проти́виться чему́-л

Stempel *m* <-s, -> (*Abdruck*) печа́ть *ж;* (*auf Brief*) штемпель *м;* **stempeln** *vt* ⟨по-⟩ста́вить печа́ть

Stengel = **Stängel**

Stenografie, Stenographie *f* стеногра́фия *ж;* **stenografieren, stenographieren** *vi, vt* ⟨за-⟩стенографи́ровать

Steppdecke *f* стёганое одея́ло *с*

Steppe *f* <-, -n> степь *ж*

steppen *vi* (*tanzen*) отбива́ть чечётку

sterben ⟨stirbt, starb, gestorben⟩ *vi* умира́ть ⟨умере́ть⟩; FAM (*abgehakt*) ◇ **jd/etw ist für mich gestorben** кто/что-л для меня́ бо́льше не существу́ет; FIG ◇ **~ vor Hunger/Neugier** умира́ть с го́лоду/от любопы́тства; **sterbenskrank** *adj* смерте́льно больно́й; **sterblich** *adj* (*Überreste*) бре́нный, сме́ртный; **Sterblichkeit** *f* сме́ртность *ж*

Stereoanlage *f* стереоустано́вка *ж*

steril *adj* (*Verband*) стери́льный; **Sterilisation** *f* стерилиза́ция *ж;* **sterilisieren** *vt* стерилизова́ть *несов и сов*

Stern *m* <-[e]s, -e> звезда́ *ж;* (*als Gütezeichen*) звёздочка *ж;* FIG (*völlig ungewiss sein*) ◇ **in den ~en stehen** быть в соверше́нной неопределённости; **Sternbild** *n* созве́здие *с,* знак *м* зодиа́ка; **Sternschnuppe** *f* <-, -n> па́дающая звезда́ *ж*

Steuer *n* <-s, -> NAUT штурва́л *м;* AUTO руль *м;* FIG (*Leitung*) управле́ние *с*

Steuer *f* <-, -n> (*Lohn~*) нало́г *м*

Steuerberater(in *f*) *m* консульта́нт(ка *ж*) *м* по нало́говым вопро́сам; **Steuerbescheid** *m* нало́говое извеще́ние *с;* **Steuererklärung** *f* нало́говая деклара́ция *ж;* **steuerfrei** *adj* (*Einkommen*) необлага́емый нало́гом; **Steuerklasse** *f* категория *ж* налогообложе́ния; **Steuerloch** *n* нало́говая ды́рка *ж* в бюдже́те

steuern *vt, vi* (*Auto*) пра́вить *несов* чем-л, води́ть *несов* что-л; (*Flugzeug*) вести́ *несов;* (*Entwicklung*) направля́ть *несов;* (*Tonstärke*) регули́ровать *несов*

Steuerschlupfloch *n* нало́говая лазе́йка *ж*

Steuerung *f* ① (*das Steuern*) управле́ние *с* ② (*Vorrichtung*) управля́ющее устро́йство *с*

Steuerzahler(in *f*) *m* налогоплате́льщик *м,* налогоплате́льщица *ж*

Steward *m* <-s, -s> AERO стю́ард *м,* бортпроводни́к *м;* NAUT стю́ард *м;* **Stewardess** *f* <-, -en> стюарде́сса *ж,* бортпроводни́ца *ж*

Stich *m* <-[e]s, -e> ① (*von Nadel*) уко́л *м* ② (*Mücken~*) уку́с *м* ③ (*beim Nähen*) стежо́к *м* ④ KARTEN взя́тка *ж* ⑤ FAM (*er ist verrückt*) ◇ **er hat e-n ~** он немно́го того́ ⑥ (*Lebensmittel*) ◇ **die Milch hat e-n ~** молоко́ немно́го проки́сло ⑦ KUNST гравю́ра *ж* ⑧ (*nicht helfen*) ◇ **jd-n im ~ lassen** броса́ть кого́-л на произво́л судьбы́; **Stichprobe** *f* вы́борочный контро́ль *м;* **Stichtag** *m* срок *м;* **Stichwort** *n* (*in Wörterbuch*) загла́вное сло́во *с*

sticken *vt, vi* вышива́ть ⟨вы́шить⟩; **Stickerei** *f* вы́шивка *ж*

Stiefbruder *m* сво́дный брат *м*

Stiefel *m* <-s, -> сапо́г *м*

Stiefeltern *pl* о́тчим *м* и ма́чеха *ж;*

Stiefkind n (Sohn) па́сынок м; (Tochter) па́дчерица ж; **Stiefmutter** f ма́чеха ж; **Stiefvater** m о́тчим м

stieg impf v. **steigen**

Stiel m <-[e]s, -e> (von Werkzeug) ру́чка ж; (Besen~) па́лка ж; BIOL сте́бель м

Stier m <-[e]s, -e> ① ZOOL бык м ② ASTROL Теле́ц м; **Stierkampf** m бой м быко́в, корри́да ж

stieß impf v. **stoßen**

Stift[1] m <-[e]s, -e> ① (von Nagel) гвоздь м ② (Farb~, Blei~) каранда́ш м ③ FAM (Lehrling) учени́к м

Stift[2] n <-[e]s, -e> (Kloster) монасты́рь м

Stiftung f ① (Schenkung) поже́ртвова́ние с ② (Organisation) фонд м

Stiftung Warentest

„Stiftung Warentest" — это организа́ция, созданная правительством в 1964 г. для защиты прав потребителя. Она проверяет и анализирует все продукты потребления, особенно с точки зрения соответствия цены и качества, и доводит результаты этого анализа до сведения потребителей. Stiftung Warentest очень популярна в Германии.

Stil m <-[e]s, -e> a. KUNST стиль м; ◇ **im gotischen ~** в сти́ле го́тики

still adj ① (Ggs. v. laut) ти́хий ② (zurückhaltend, ruhig) ти́хий, споко́йный; (schweigsam) молчали́вый ③ (unbewegt, Wasser) споко́йный ④ (heimlich, Hoffnung) та́йный; (im Inneren) ◇ **im S~en** вта́йне, про себя́; **Stille** f <-> (Ruhe) тиши́на́ ж, безмо́лвие с; (Unbewegtheit) зати́шье с; **stillen** vt (Säugling) <на->кормить грудью; (Blutung) остана́вливать <-нови́ть>; (Schmerz) успока́ивать <-ко́ить>; (Hunger, Durst) утоля́ть <-ли́ть>; **stillhalten** unreg vi притиха́ть <-ти́хнуть>; **Stillleben** n натюрмо́рт м

stillos adj FIG (Bemerkung) нести́льный **Stillstand** m засто́й м, состоя́ние с поко́я; ◇ **zum ~ bringen** останови́ть; **stillstehen** unreg vi остана́вливаться <-нови́ться>; (Maschine) проста́ивать несов

Stimmbänder n pl голосовы́е свя́зки мн; **Stimmbruch** m ло́мка ж го́лоса

Stimme f <-, -n> го́лос м; ◇ **die ~ des Volkes** го́лос наро́да

stimmen I. vt ① MUS (Instrument) настра́ивать <-ро́ить> ② ◇ **das stimmte ihn heiter** это вы́звало в нём ра́достное настрое́ние II. vi ① (wahr sein) ◇ **(das) stimmt!** это так!, ве́рно!, пра́вильно ② (zusammenpassen) сходи́ться <сойти́сь> ③ (Meinung äußern) ◇ **für/gegen etw ~** проголосова́ть за/про́тив чего́-л

Stimmung f ① (Laune) настрое́ние с, расположе́ние с ду́ха; ◇ **in ~ sein für etw** быть в настрое́нии к чему́-л ② (Atmosphäre) атмосфе́ра ж; **stimmungsvoll** adj (Musik) ра́достный, живо́й; (Abend) в хоро́шей атмосфе́ре

stinken <stank, gestunken> vi воня́ть несов (nach чем-л)

Stipendium n стипе́ндия ж

Stirn f <-, -en> ① (im Gesicht) лоб м ② FIG (Widerstand) ◇ **jd-m die ~ bieten** проти́виться чему́-л ③ (~seite) лицева́я сторона́ ж; **Stirnband** n ле́нта ж для воло́с, нало́бник м; **Stirnhöhle** f ло́бная па́зуха ж

stöbern vi FAM (wühlen) <по->ры́ться

stochern vi (im Essen) ковыря́ться несов

Stock m <-[e]s, Stöcke> па́лка ж; (Geh~) трость ж; BOT пень м

Stock m <-[e]s, -werke> эта́ж м

stockbetrunken adj FAM (völlig betrunken) пья́ный вдре́безги

Stockung f ① (Unterbrechung) перебо́й м ② (beim Sprechen) зами́нка ж ③ (von Verkehr) зато́р м, про́бка ж ④ (von Blut) стаз м, засто́й м

Stockwerk n эта́ж м

Stoff m <-[e]s, -e> ① (von Kleidern) ткань ж, материа́л м ② (Materie) мате́рия ж, вещество́ с; **Stoffwechsel** m обме́н м веще́ств

stöhnen vi стона́ть несов (vor akk от чего́-л), жа́ловаться несов (über akk на что-л)

stolpern vi спотыка́ться <-кну́ться> (über akk о что-л)

stolz adj го́рдый; ◇ **auf jd-n/etw ~ sein** горди́ться кем/чем-л; **Stolz** m <-es> го́рдость ж

stopfen vt ① (hinein~, voll~) запи́хивать <-пиха́ть>; (Pfeife) наби́ва́ть ② (Strumpf) <за->што́пать ③ FAM ◇ **jd-m den Mund/das Maul ~** заткну́ть рот/гло́тку кому́-л; **Stopfgarn** n што́пальные ни́тки

Stoppel f <-, -n> стерня́ ж, жнивьё с; (Bart~) щети́на ж

stoppen I. vt ① (anhalten) остана́вливать <-нови́ть> ② (mit Uhr) засека́ть <-се́чь> вре́мя II. vi (anhalten) остана́вливаться <-нови́ться>; **Stoppschild** n знак м "стоп"; **Stoppuhr** f секундоме́р м

Stöpsel m <-s, -> про́бка ж

Storch m <-[e]s, Störche> а́ист м

stören vt ① (по->меша́ть; (Ruhe) нару́ша́ть <-ру́шить>; **störend** adj (Geräusch) меша́ющий; (Umstand) неприя́тный; **Störenfried** m <-s, -e> наруши́тель (ница ж) м споко́йствия, смутья́н (ка ж) м

stornieren vt аннули́ровать несов и сов **störrisch** adj (Esel) упря́мый

Störung f (kleine ~) поме́ха ж; (der Ord-

nung) наруше́ние *c; (im Kraftwerk)* повреждéние *c,* неполáдки *мн;* **störungsfrei** *adj (Empfang)* без помéх; *(beiten)* безавари́йный, бесперебо́йный **Stoß** *m* <-es, Stöße> ① *(Schlag)* удáр *m; FIG (sich überwinden)* ◇ **sich e-n ~ geben** собрáться с ду́хом ② *(Erd~)* толчóк *m* ③ *(Stapel)* стопá *ж,* сто́пка *ж;* **Stoßdämpfer** *m* AUTO амортизáтор *m;* **stoßen** *(stößt, stieß, gestoßen)* **I.** *vt* ① *(schubsen)* толкáть <-ну́ть>; *FIG (kränken)* ◇ **jd-n vor den Kopf ~** оскорби́ть кого́-л ② *(hineinstecken, Messer)* вонзáть <-зи́ть>; *(mit Kopf)* <за-)бодáть ③ SPORT *(Kugel, Ball)* толкáть <-ну́ть> **II.** *vi* ① *(unbeabsichtigt)* ◇ **an/gegen jd-n/etw ~** удáряться <удáриться> о кого́/что-л ② *(finden)* ◇ **auf etw** *akk* **~** натыкáться <-кну́ться на что-л ③ *(angrenzen)* прилегáть *несов (an akk* к чему́-л) **III.** *vr* ◇ **sich** *akk* **~ an** *dat* ударяться <удáриться> о что-л; *FIG (als störend empfinden)* возмущáться по по́воду чего́-л; **Stoßstange** *f* AUTO бáмпер *m;* **Stoßzeit** *f* час *m* пик

stottern *vi* заикáться *несов; (Motor)* рабóтать с перебо́ями

Strafanstalt *f* мéсто с заключéния, тюрьмá *ж;* **strafbar** *adj* наказýемый; **Strafe** *f* <-, -n> ① *(Vergeltung, Sühne)* наказáние *c,* возмéздие *c;* ◇ **zur ~** в наказáние ② JURA наказáние *c,* взыскáние *c; (Geld~)* штраф *m;* **strafen** *vt* накáзывать <-зáть>

straff *adj (Seil, Haut)* туго́й, натя́нутый; **straffen** *vt (Seil)* натя́гивать <-ну́ть>; *(Rede)* сокращáть <-ти́ть>

Strafgefangene(r) *fm* заключённый (-ая *ж)* *m;* **Strafgericht** *n* уголо́вный суд *m;* **sträflich** *adj (Leichtsinn)* непрости́тельный; **Sträfling** *m* заключённый *m;* **Strafmaß** *n* мéра *ж* наказáния; **Strafmaßnahme** *f* сáнкция *ж;* **Strafporto** *n* FAM *(Nachgebühr)* дополни́тельная плáта за несоблюдéние почто́вого тари́фа; **Strafpredigt** *f* взбу́чка *ж,* нотáция *ж;* **Strafprozess** *m* уголо́вный процéсс *m;* **Strafrecht** *n* уголо́вное прáво *c;* **Strafstoß** *m* SPORT пенáльти *c;* **Straftat** *f* преступлéние *c;* **Strafzettel** *m* штраф *m,* протоко́л *m* о нарушéнии поря́дка

Strahl *m* <-[e]s, -en> луч *m;* **strahlen** *vi (Sonne)* свети́ть *несов; (Wärme)* излучáть; *FIG (Mensch)* ◇ **vor Freude ~** сия́ть от рáдости; **Strahlentherapie** *f* лучевáя терапи́я *ж,* радиотерапи́я *ж;* **strahlenverseucht** *adj* заражённый радиоакти́вными вещéствами; **Strahlung** *f* PHYS излучéние *c*

Strähne *f* <-, -n> *(Haar~)* прядь *ж*

stramm *adj (Haltung)* подтя́нутый; *(kräftig)* здоро́вый, крéпкий

Strampelhose *f* ползунки́ *мн;* **stram-**

peln *vi* ① *(Baby)* барáхтаться *несов* ② FAM *(radfahren)* <по-)éхать на велосипéде

Strand *m* <-[e]s, Strände> пляж *m;* **stranden** *vi (Schiff)* сади́ться <сесть> на мель; *FIG (Mensch)* <по-)терпéть неудáчу; **Strandkorb** *m* плетёное крéсло *c* с тéнтом

Strang *m* <-[e]s, Stränge> ① *(Seil, Strick)* верёвка *ж; FIG (übermütig sein)* ◇ **über die Stränge schlagen** хвати́ть чéрез край; *(im Notfall)* ◇ **wenn alle Stränge reißen** в крáйнем слýчае ② *(Schienen~)* путь *ж;* **strangulieren** *vt (erwürgen)* <за-)души́ть

Strapaze *f* <-, -n> мытáрство *c;* **strapazieren** *vt (Material)* <ис-)трепáть; *(Menschen)* утомля́ть <-ми́ть>; **strapazierfähig** *adj* про́чный; **strapaziös** *adj* утоми́тельный

Straße *f* <-, -n> ① *(in Stadt)* ýлица *ж; (Verkehrsweg)* доро́га *ж; (demonstrieren)* ◇ **auf die ~ gehen** вы́йти на ýлицу ② *(Meerenge)* проли́в *m;* ◇ **~ von Gibraltar** Гибралтáрский проли́в *m;* **Straßenbahn** *f* трамвáй *m;* **Straßenbeleuchtung** *f* ýличное освещéние *c;* **Straßengraben** *m* кювéт *m;* **Straßenkarte** *f* кáрта *ж* автомоби́льных доро́г; **Straßenschild** *n* доро́жный указáтель *ж;* **Straßensperre** *f* перекры́тие c доро́ги; **Straßenverkehr** *m* ýличное движéние *c;* **Straßenverkehrsordnung** *f* прáвила *c мн* доро́жного движéния

Strategie *f* стратéгия *ж*

sträuben **I.** *vt (Fell)* ощети́ни<ва>ть **II.** *vr (Haar, Federn)* ◇ **sich ~** ощети́ни<ва>ться; *FIG (sich weigern)* <вос-)проти́виться *(gegen etw* чему́-л)

Strauch *m* <-[e]s, Sträucher> куст *m*

straucheln *vi (stolpern)* споты́кáться <-кну́ться>

Strauß¹ *m* <-es, Sträuße> *(Blumen~)* букéт *m*

Strauß² *m* <-es, -e> ZOOL стрáус *m*

streben *vi* стреми́ться *несов (nach* к чему́-л), добивáться *несов* чего́-л

Strecke *f* <-, -n> ① *(Weg)* путь *m* ② *(Distanz)* расстоя́ние *c,* дистáнция *ж* ③ *FIG (scheitern)* ◇ **auf der ~ bleiben** потерпéть поражéние ④ BAHN ли́ния *ж* ⑤ MATH отрéзок *m* ⑥ *(Teilstück)* учáсток *m,* отрéзок *m*

strecken **I.** *vt* ① *(Glieder)* вытя́гивать <вы́тянуть> ② *(verdünnen)* разбавля́ть <-бáвить> **II.** *vr (sich dehnen)* ◇ **sich ~** потя́гиваться <-ну́ться>; **Streckverband** *m* вытя́гивающая повя́зка *ж*

Streich *m* <-[e]s, -e> *(Schabernack)* продéлка *ж,* шáлость *ж;* ◇ **jd-m e-n ~ spielen** сыгрáть с кем-л шýтку

Streicheleinheiten *f pl (ежеднéвная) по́рция лáски и внимáния;* **streicheln** *vt* <по-)глáдить

streichen ⟨strich, gestrichen⟩ **I.** vt **1** (Brot) ⟨на-⟩ма́зать; (Zaun) ⟨по-⟩кра́сить **2** (tilgen) вычёркивать ⟨вы́черкнуть⟩; (Ausflug) отменя́ть ⟨-ни́ть⟩ **II.** vi (berühren) ⟨по-⟩гла́дить (über etw akk кого-что-л)

Streichholz n спи́чка ж

Streife f ⟨-, -n⟩ (Polizei) патру́ль м; ◇ **auf ~ gehen** де́лать патру́льный обхо́д

streifen I. vt **1** (leicht berühren) каса́ться ⟨косну́ться⟩ **2** (Thema) зата́гивать ⟨-тро́нуть⟩ **II.** vi (durch Wald) броди́ть несов

Streifen m ⟨-s, -⟩ **1** (Linie) полоса́ ж **2** (in Stoff) полоска ж **3** (Film) ле́нта ж, карти́на ж

Streifzug m **1** (Wanderung) экску́рсия ж **2** FIG (Überblick) обзо́р м

Streik m ⟨-[e]s, -s⟩ забасто́вка ж; **streiken** vi **1** (Arbeiter) ⟨за-⟩бастова́ть **2** (Maschine, Motor) отка́зывать ⟨-за́ть⟩

Streit m ⟨-[e]s, -e⟩ спор м, ссо́ра ж; **streiten** ⟨stritt, gestritten⟩ **I.** vi **1** (zanken) ⟨по-⟩ссо́риться несов **2** (kämpfen) боро́ться несов **II.** vr ◇ **sich ~** ⟨по-⟩ссо́риться, ⟨по-⟩спо́рить; **Streitfrage** f спо́рный вопро́с м; **Streitgespräch** n (Diskussion) дискуссия ж, спор м; **Streitigkeiten** f pl ссо́ры ж мн; **Streitkräfte** f pl MIL вооружённые си́лы ж мн; **streitsüchtig** adj сварли́вый

streng adj **1** (Lehrer, Sitten) стро́гий; (Gesichtszüge) суро́вый **2** (Stil, Bauwerk) стро́гий **3** (Geruch, Geschmack) си́льный, ре́зкий; (Frost) кре́пкий; **Strenge** f ⟨-⟩ стро́гость ж, суро́вость ж; **strenggläubig** adj (Katholik) ортодокса́льный

Stress m ⟨-es, -e⟩ стресс м; **stressen** vt перенапряга́ть ⟨-пря́чь⟩; **stressfrei** adj без стре́сса; **stressgeplagt** adj под стре́ссом; **stressig** adj напряжённый

streuen I. vt (Blumen) усыпа́ть ⟨усы́пать⟩ чем-л; (Salz) посыпа́ть ⟨-сы́пать⟩ чем-л **II.** vi PHYS (Licht) рассе́ивать несов; **Streuer** m ⟨-s, -⟩ (Salz~) соло́нка ж; (Pfeffer~) пе́речница ж; **Streusand** m сыпу́чий песо́к м

strich impf v. **streichen**

Strich m ⟨-[e]s, -e⟩ **1** (Linie) черта́ ж, штрих м; FIG (Vorhaben vereiteln) ◇ **e-n ~ durch die Rechnung machen** расстро́ить чьи-л пла́ны; (als Ergebnis) ◇ **unter dem ~** в ито́ге; (missfallen) ◇ **jd-m gegen den ~ gehen** быть кому́-л не по нутру́ **2** FAM (sich prostituieren) ◇ **auf den ~ gehen** занима́ться проституцией

Strick m ⟨-[e]s, -e⟩ верёвка ж

stricken vt, vi ⟨с-⟩вяза́ть; **Strickjacke** f вя́заная ко́фта ж; **Strickleiter** f верёвочная ле́стница ж; **Stricknadel** f вяза́льная спи́ца ж

Strip[tease] m ⟨-s⟩ стрипти́з м

stritt impf v. **streiten**

Stroh n ⟨-[e]s⟩ соло́ма ж; **Strohhalm** m

соло́минка ж; FIG ◇ **sich an e-n ~ klammern** хвата́ться за соло́минку; **Strohhut** m соло́менная шля́па ж; **Strohwitwe** f соло́менная вдова́ ж; **Strohwitwer** m FAM соло́менный вдове́ц м

Strom m ⟨-[e]s, Ströme⟩ **1** (großer Fluss) многово́дная река́ ж, пото́к м; ◇ **es regnet in Strömen** льёт как из ведра́; FIG ◇ **gegen den ~ schwimmen** плыть про́тив тече́ния **2** (von Besuchern) пото́к м **3** ELECTR (электри́ческий) ток м; **stromabwärts** adv вниз по тече́нию; **stromaufwärts** adv вверх по тече́нию; **strömen** vi (Wasser) ⟨по-⟩те́чь; (Luft) ⟨за-⟩струи́ться; (Zuschauer) хлы́нуть сов; **Stromkreis** m электри́ческая цепь ж; **Stromrechnung** f счёт м за электри́чество; **Stromstärke** f си́ла ж то́ка; **Strömung** f a. FIG тече́ние с; **Stromverbrauch** m потребле́ние с электроэне́ргии; **Stromzähler** m электри́ческий счётчик м

Strophe f ⟨-, -n⟩ строфа́ ж

Struktur f структу́ра ж

Strumpf m ⟨-[e]s, Strümpfe⟩ чуло́к м; **Strumpfhose** f колго́тки мн

Stubenhocker(in f**)** m ⟨-s, -⟩ FAM домосе́д(ка ж) м; **stubenrein** adj (Hund) чи́стый

Stuck m ⟨-[e]s⟩ (Gipsmasse) штукату́рка ж; (an Decke) ле́пнина ж, ле́пка ж

Stück n ⟨-[e]s, -e⟩ **1** (Teil) кусо́к м **2** (Mengenangabe) штука ж; ◇ **15 Euro pro ~** 15 е́вро штука **3** (Exemplar) экземпля́р м **4** THEAT пье́са ж **5** (freiwillig) ◇ **aus freien ~en** по со́бственному жела́нию **6** FAM (Frechheit) ◇ **ein starkes ~!** э́то уж сли́шком!; **stückweise** adv COMM пошту́чно

Student(in f**)** m ⟨-en, -en⟩ студе́нт(ка ж) м; **Studentenausweis** m студе́нческий биле́т м; **Studienfach** n дисципли́на ж, о́трасль ж зна́ния, предме́т м изуче́ния; **Studiengebühren** f pl пла́та ж за обуче́ние в ву́зе; **Studienplatz** m ме́сто с в ву́зе; **studieren I.** vi (an Uni) учи́ться (в ву́зе) **II.** vt a. FAM (Slawistik, Speisekarte) изуча́ть ⟨-чи́ть⟩; **Studium** n учёба ж

Stufe f ⟨-, -n⟩ **1** (Treppe) ступе́нь ж **2** (Entwicklungs~) ступе́нь ж, эта́п м; **stufenweise** adv постепе́нно

Stuhl m ⟨-[e]s, Stühle⟩ стул м; ◇ **zwischen zwei Stühlen sitzen** пови́снуть в во́здухе **Stuhlgang** m стул м

stumm adj немо́й; (Schrei) безмо́лвный

Stummel m ⟨-s, -⟩ (Bleistift) огры́зок м; (Kerze) ога́рок м; (Zigarette) оку́рок м; **Stummfilm** m немо́й фильм м; **Stummheit** f немота́ ж

stumpf adj **1** (Messer) тупо́й **2** (glanzlos, Haar) ма́товый **3** (teilnahmslos) безуча́стный **4** (Winkel) тупо́й; **Stumpfsinn** m ту́пость ж, тупоу́мие с; **stumpf-**

sinnig *adj* (*Arbeit*) отупля́ющий; (*Mensch*) тупоу́мный

Stunde *f* ‹-, -n› час *m;* **Stundengeschwindigkeit** *f* ско́рость *ж* в час; **stundenlang** *adj* часа́ми; **Stundenlohn** *m* почасова́я опла́та *ж;* **Stundenplan** *m* SCH расписа́ние *c;* **stundenweise** *adv* по часа́м; **Stundenzeiger** *m* ма́ленькая стре́лка *ж* часо́в

Stupsnase *f* вздёрнутый нос *m*

stur *adj* упря́мый

Sturm *m* ‹-[e]s, Stürme› ① (*starker Wind*) бу́ря *ж;* (*über Meer*) шторм *m* ② (*Andrang*) нати́ск *m* ③ MIL штурм *m,* при́ступ *m* ④ SPORT нападе́ние *c;* **stürmen** I. *vi* ① MIL броса́ться ‹бро́ситься› в ата́ку ② SPORT напада́ть ‹-па́сть› ③ (*Wind*) бушева́ть *несов* ④ (*rennen*) броса́ться ‹бро́ситься› стремгла́в ⑤ *unpers* ◇ **es stürmt** бушу́ет бу́ря II. *vt* (*Haus, Bank*) штурмова́ть *несов;* **Stürmer(in)** *f m* ‹-s, -› SPORT напада́ющий(-ая *ж*) *m;* **Sturmflut** *f* штормово́й прили́в *m;* **stürmisch** *adj* ① (*Wetter*) бу́рный ② (*Empfang*) бу́рный; (*Liebhaber*) стра́стный; **Sturmschaden** *m* поврежде́ние, причинённое ве́тром; **Sturmwarnung** *f* предупрежде́ние о што́рме

Sturz *m* ‹-es, Stürze› ① (*Fall*) паде́ние *c* ② (*Um~*) сверже́ние *c;* **stürzen** I. *vt* ① (*umwerfen*) опроки́дывать ‹-нуть› ② (*Regierung*) сверга́ть ‹све́ргнуть› II. *vi* ① (*fallen*) па́дать ‹упа́сть› ② (*rennen*) броса́ться ‹бро́ситься› III. *vr* ◇ **sich auf jd-n/etw ~** (*angreifen*) набра́сываться ‹бро́ситься› на кого́-л/что-л; (*beginnen*) ◇ **sich auf die Arbeit ~** уйти́ с голово́й в рабо́ту; **Sturzhelm** *m* защи́тный шлем

Stute *f* ‹-, -n› кобы́ла *ж*

Stütze *f* ‹-, -n› опо́ра *ж,* подпо́рка *ж;* FAM (*Arbeitslosenunterstützung*) посо́бие *c*

stutzen I. *vt* (*Bart*) под|стрига́ть ‹-стри́чь›; (*Sträucher*) под|реза́ть ‹-ре́зать› II. *vi* (*Verdacht schöpfen*) настора́живаться ‹-рожи́ться›; **stützen** I. *vt* ① (*Baum*) под|пира́ть ‹-пере́ть›; (*Mauer*) укреп|ля́ть ‹-пи́ть› ② (*helfen*) подде́рж|ивать ‹-жа́ть› II. *vr* ◇ **sich ~** опира́ться ‹опере́ться› (*auf akk* на что-л)

stutzig *adj* ◇ **~ werden** настора́живаться ‹-рожи́ться›; ◇ **jd-n ~ machen** насторожи́ть кого́-л

Stützpunkt *m* (*Flotten~*) опо́рная ба́за

Subjekt *n* ‹-[e]s, -e› ① (*Wesen*) субъе́кт *m* ② GRAM подлежа́щее *c*

subjektiv *adj* субъекти́вный; **Subjektivität** *f* субъекти́вность *ж*

Sublimierung *f* сублима́ция *ж*

Substantiv *n* GRAM и́мя *c* существи́тельное, субстанти́в *m*

Substanz *f* ① (*Materie*) субста́нция *ж* ② (*Kapital*) капита́л *m*

subtil *adj* субти́льный, то́нкий; (*spitzfindig*) хитроу́мный

Suchaktion *f* по́иски *m мн;* **Suche** *f* ‹-› *a.* PC по́иск *m;* **suchen** I. *vt* иска́ть *несов;* ◇ **jd-m zu helfen ~** стара́ться помо́чь кому́-л II. *vi* иска́ть (*nach etw* что-л); **Sucher** *m* ‹-s, -› FOTO видоиска́тель *m;* **Suchmeldung** *f* сообще́ние *c* о по́исках

Sucht *f* ‹-, Süchte› боле́зненная страсть *ж,* ма́ния *ж;* MED патологи́ческая зави́симость *ж;* (*Rauschgift~*) наркома́ния *ж;* **süchtig** *adj* (*allg.*) одержи́мый боле́зненной стра́стью; (*drogen~*) одержи́мый наркома́нией; **Süchtige(r)** *f m* (*Rauschgift~*) наркома́н(ка *ж*) *m;* **Suchtkranke(r)** *f m* (*Rauschgift~*) страда́ющий(-ая *ж*) *m* наркома́нией

Süden *m* ‹-s› юг *m;* ◇ **im ~ von** *dat* на ю́ге чего́-л

Südfrüchte *f pl* ю́жные плоды́ *mн*

südlich I. *adj* ю́жный II. *adv* к ю́гу, южне́е (*gen* от чего́-л); **Südosten** *m* ю́го-восто́к *m*

Südrussland *n* Ю́жная Росси́я *ж;* ◇ **in/nach ~** в Ю́жной Росси́и/в Ю́жную Росси́ю; **südwärts** *adv* на юг, к ю́гу; **Südwesten** *m* ю́го-за́пад *m*

süffisant *adj* снисходи́тельный; (*selbstgefällig*) самодово́льный

Suizid *m* ‹-s, -e› (*Selbstmord*) самоуби́йство *c*

Sülze *f* ‹-, -n› (*Fleisch~*) сту́день *m,* холоде́ц *m*

Summe *f* ‹-, -n› су́мма *ж*

summen I. *vi* (*Biene, Fliege*) жужжа́ть *несов;* (*Klimaanlage*) гуде́ть *несов* II. *vt* (*Lied, Melodie*) напева́ть *несов*

summieren I. *vt* сумми́ровать *несов и сов* II. *vr* (*sich häufen*) ◇ **sich ~** нака́пливаться ‹-копи́ться›

Sumpf *m* ‹-[e]s, Sümpfe› боло́то *c,* тряси́на *ж;* **sumpfig** *adj* боло́тистый

Sünde *f* ‹-, -n› грех *m;* **Sündenbock** *m* FAM козёл *m* отпуще́ния; **Sündenfall** *m* грехопаде́ние *c;* **Sünder(in** *f*) *m* ‹-s, -› гре́шник *m,* гре́шница *ж;* **sündhaft** *adj* гре́шный; FAM ◇ **~ teuer** безбо́жно до́рого

Super *n* ‹-s› (*Benzin*) бензи́н *m* с окта́новым число́м 95; **Superlativ** *m* ‹-s, -e› GRAM превосхо́дная сте́пень *ж;* **Supermarkt** *m* суперма́ркет *m*

Suppe *f* ‹-, -n› суп *m;* **Suppenschüssel** *f* супова́я ми́ска *ж*

Surfbrett *n* доска́ *ж* для сёрфинга; **surfen** *vi* занима́ться сёрфингом; FIG PC ◇ **im Internet ~** гуля́ть по интерне́ту; **Surfen** *n* ‹-s› сёрфинг *m*

süß *adj* ① (*Kuchen*) сла́дкий ② (*lieblich*) сла́достный ③ (*hübsch, Kind*) ми́лый, очарова́тельный; **Süße** *f* ‹-› сла́дость *ж;* **süßen** *vt* подсласти́ть; **Süßigkeit** *f* сла́дость *ж;* **süßlich** *adj*

(*Geschmack*) сладкова́тый; **Süßspeise**
f сла́дкое (блю́до) *с*, десе́рт *м;* **Süß-
stoff** *m* сахари́н *м;* **Süßwasser** *n* пре́с-
ная вода́ *ж*

Sweatshirt *n* <-s, -s> сви́тер *м*

Symbol *n* <-s, -e> си́мвол *м;* **symbolisch**
adj символи́ческий; **symbolisieren** *vt*
символизи́ровать *несов и сов*

Sympathie *f* симпа́тия *ж;* **sympa-
thisch** *adj* симпати́чный; **sympathi-
sieren** *vi* симпатизи́ровать *несов (mit
dat* кому́-чему́-л)

Symptom *n* <-s, -e> (*Krankheits~*) симп-
то́м *м*

Synagoge *f* <-, -n> синаго́га *ж*

synchron *adj* синхро́нный; **synchro-
nisieren** *vt* (*Film*) синхронизи́ровать
несов и сов

Synonym *n* <-s, -e> сино́ним *м*

Syphilis *f* <-> MED си́филис *м*

System *n* <-s, -e> a. PC систе́ма *ж;* (*Me-
thode*) ме́тод *м;* (*Regierungsform, Regime*)
строй *м*, режи́м *м;* **systematisch** *adj*
(*Darstellung*) систематический; **syste-
matisieren** *vt* систематизи́ровать *не-
сов и сов*

Szene *f* <-, -n> сце́на *ж;* FIG **jd-m e-e
~ machen** устро́ить кому́-л сце́ну; (*Dro-
gen~, Alternativ~*) круги́ *м мн;* **Szenerie**
f THEAT декора́ция *ж*

Т

T, t *n* Т, т

Tabak *m* <-s> (*Schnupf~, Pfeifen~*) таба́к
м; **Tabaksteuer** *f* нало́г *м* на таба́к

tabellarisch *adj* (*Lebenslauf*) табли́ч-
ный; **Tabelle** *f* табли́ца *ж;* **Tabellen-
führer** *m* SPORT ли́дер *м* турни́рной
табли́цы

Tablett *n* <-[e]s, -s> подно́с *м*

Tablette *f* (*Arzneimittel*) табле́тка *ж*

tabu *adj* ◇ **das ist ~ für ihn** э́то ему́ за-
прещено́; **Tabu** *n* <-s, -s> табу́ *с*

Tabulator *m* табуля́тор *м*

Tacho *m* <-s, -s> *Abk. v.* **Tachometer** *m*
AUTO спидо́метр *м*

Tadel *m* <-s, -> (*Verweis*) вы́говор *м*, за-
меча́ние *с;* **tadellos** *adj* (*einwandfrei*)
безупре́чный, безукори́зненный; **ta-
deln** *vt* <с->де́лать вы́говор, порица́ть
несов

Tafel *f* <-, -n> 1 (*in Schulen, Gedenk~*) дос-
ка́ *ж* 2 TECH плита́ *ж* 3 (*Schokola-
de*) пли́тка *ж* 4 (*Kaffee~, Geburtstags~*)
стол *м*

Taft *m* <-[e]s, -e> тафта́ *ж*

Tag *m* <-[e]s, -e> 1 день *м;* (*24 Stunden*)

су́тки *мн;* ◇ **bei** ~ днём; ◇ **e-s ~es** од-
на́жды; ◇ ~ **für** ~ день за днём; ◇ **seit
Jahr und** ~ с да́вних пор; ◇ **in diesen ~en**
на дня́х; ◇ **an welchem ~?** в како́й
день?; ◇ **guten ~!** здра́вствуй[те]!, до́б-
рый день! 2 MIN ◇ **unter/über ~e**
под/над землёй; **tagaus** *adv* ~ **tagein,** ~
и́зо дня́ в день; **Tagebau** *m* разрабо́т-
ка *ж* откры́тым спо́собом; **Tagebuch**
n дневни́к *м;* **tagelang** *adv* це́лыми
дня́ми; **Tagelöhner(in** *f) m* подёнщик
м, подёнщица *ж;* **tagen** *vi* 1 (*Parla-
ment*) заседа́ть 2 *unpers* ◇ **es tagt**
света́ет; **Tagesablauf** *m* распоря́док *м*
дня; **Tagesanbruch** *m* рассве́т *м;*
Tagesdecke *f* (*auf Betten*) покрыва́ло *с;*
Tagesgericht *n* дежу́рное блю́до *с;*
Tagesgespräch *n* те́ма *ж* дня; **Tages-
karte** *f* 1 (*Eintrittskarte*) биле́т *м*, дей-
ствительный в тече́ние це́лого дня 2
(*Speisekarte*) меню́ *с;* **Tageslicht** *n*
дневно́й свет *м;* ◇ **etw ans ~ bringen** об-
нару́живать что-л; **Tagesmutter** *f* ня́ня
ж; **Tagesordnung** *f* пове́стка *ж* дня;
◇ **zur ~ übergehen** перейти́ к де́лу;
Tagesschau *f* MEDIA но́вости *мн;* **Ta-
geszeit** *f* вре́мя *с* дня; **Tageszeitung** *f*
ежедне́вная газе́та ; **tageweise** *adv* по
дня́м

täglich I. *adj* ежедне́вный II. *adv* еже-
дне́вно

tagsüber *adv* днём; **tagtäglich** *adv* и́зо
дня́ в день; **Tagtraum** *m* мечта́ *ж*, фан-
та́зия *ж*

Tagung *f* (*Sitzung*) заседа́ние *с*

Taifun *m* <-s, -e> тайфу́н *м*

Taiga *f* <-> тайга́ *ж*

Taille *f* <-, -n> та́лия *ж*

Takt *m* <-[e]s, -e> (*Einfühlungsvermögen*)
такт *м;* MUS такт *м;* (*Rhythmus*) ритм
м; FIG **jd-n aus dem ~ bringen** сбить
кого́-л с та́кта; **Taktgefühl** *n* 1 MUS
чу́вство *с* ри́тма 2 FIG (*Einfühlungs-
vermögen*) чу́вство *м* та́кта, такти́ч-
ность *ж;* **taktieren** *vi* применя́ть
<-ни́ть> каку́ю-л та́ктику; **Taktik** *f* та́к-
тика *ж;* **taktisch** *adj* такти́ческий;
taktlos *adj* нетакти́чный, беста́ктный;
Taktlosigkeit *f* нетакти́чность *ж*,
беста́ктность *ж;* **Taktstock** *m* ди-
рижёрская па́лочка *ж;* **taktvoll** *adj*
такти́чный

Tal *n* <-[e]s, Täler> доли́на *ж*

Talar *m* 1 (*von Richtern*) ма́нтия *ж* 2
(*von Priestern*) ря́са *ж*

Talent *n* <-s, -e> тала́нт *м;* **talentiert**
adj тала́нтливый

Talfahrt *f* спуск *м* с горы́

Talgdrüse *f* ANAT са́льная железа́ *ж*

Talisman *m* <-s, -e> талисма́н *м*

Talkmaster(in *f) m* <-s, -> веду́щий(-ая
ж) *м* ток-шо́у; **Talkshow** *f* <-, -s> ток-
-шо́у *с*

Talsohle *f* дно *с* доли́ны

Tamburin n ‹-s, -e› тамбури́н м

Tampon m ‹-s, -s› тампо́н м

Tandem n ‹-s, -s› та́ндем м

Tang m ‹-[e]s, -e› морска́я во́доросль ж

Tangente f ‹-, -n› MATH каса́тельная ж; **tangieren** vt ① MATH (Kreis) каса́ться чего́-л ② FIG (beeindrucken) затра́гивать ‹-ро́нуть›; (betreffen) каса́ться чего́-л

Tango m ‹-s, -s› та́нго с

Tank m ‹-s, -s› (großer Behälter) бак м, цисте́рна ж; **tanken** vi AUTO заправля́ться ‹-пра́виться›; **Tanker** m ‹-s, -› (Tankschiff) та́нкер м; **Tankstelle** f бензоколо́нка ж, бензозапра́вочная ста́нция ж; **Tankwart** m ‹-s, -e› запра́вщик м (на бензоколо́нке)

Tanne f ‹-, -n› BOT пи́хта ж; **Tannenbaum** m ёлка ж; **Tannenzapfen** m пи́хтовая ши́шка ж

Tante f ‹-, -n› тётя ж

Tanz m ‹-es, Tänze› та́нец м; **tanzen** I. vt (Walzer) ‹с-›танцева́ть; ◇ **sie ~ so gerne Samba** они́ лю́бят танцева́ть са́мбу II. vi ‹по-›танцева́ть; **Tänzer(in** f) m ‹-s, -› танцо́р(-ка ж) м; (Ballett~) танцо́вщик м, танцо́вщица ж; **Tanzfläche** f танцплоща́дка ж

Tape n ‹-, -s› (Tonband) магнитофо́нная ле́нта ж

Tapete f ‹-, -n› обо́и мн; **Tapetenwechsel** m FIG сме́на ж обстано́вки; **tapezieren** vt, vi окле́ивать обо́ями; **Tapezierer(in** f) m ‹-s, -› обо́йщик м, обо́йщица ж

tapfer adj (mutig) му́жественный, сме́лый, хра́брый; **Tapferkeit** f сме́лость ж, му́жество с, отва́га ж

Tarantel f ‹-, -n› ZOOL тара́нтул м; FAM (plötzlich) ◇ **wie von der ~ gestochen** как ужа́ленный

Tarif m ‹-s, -e› тари́ф м; **tariflich** adj тари́фный; **Tariflohn** m зарпла́та ж согла́сно тари́фу; **Tarifvertrag** m тари́фный догово́р м

Tarnanzug m маскиро́вочный костю́м м; **tarnen** vt MIL ‹за-›маскирова́ть; (verdecken, verschleiern) скрыва́ть; **Tarnfarbe** f защи́тная кра́ска ж; **Tarnung** f маскиро́вка ж

Tasche f ‹-, -n› ① (an Kleidung) карма́н м ② (Einkaufs~) (хозя́йственная) су́мка ж; (Hand~) су́мочка ж, су́мка ж; FAM ◇ **jd-m auf der ~ liegen** сиде́ть на ше́е у кого́-л; **Taschenbuch** n кни́га ж карма́нного форма́та; **Taschendieb** (in f) m карма́нный (-ая) вор(о́вка ж) м; **Taschengeld** n карма́нные де́ньги мн; **Taschenlampe** f карма́нный фона́рь м; **Taschenmesser** n перочи́нный нож м; **Taschenrechner** m микрокалькуля́тор м; **Taschentuch** n носово́й плато́к м; **Taschenuhr** f карма́нные часы́ мн

Tasse f ‹-, -n› ча́шка ж; FAM ◇ **er hat nicht alle ~n im Schrank** у него́ не все до́ма

Tastatur f клавиату́ра ж; **tastbar** adj (fühlbar) осяза́емый; **Taste** f ‹-, -n› a. PC, MUS кла́виша ж; **tasten** I. vi иска́ть о́щупью (nach etw что-л) II. vt (befühlen) ощу́п(ыв)ать; **Tastentelefon** n кно́почный телефо́н м; **Tastsinn** m осяза́ние с

tat impf v. **tun**

Tat f ‹-, -en› (allg.) посту́пок м; (Handlung) де́йствие с; (Verbrechen) преступле́ние с; (Helden~) по́двиг м; ◇ **auf frischer ~ ertappen** пойма́ть с поли́чным; (tatsächlich) **in der ~** действи́тельно, в са́мом де́ле; **Tatbestand** m соста́в м преступле́ния; **Tatendrang** m жа́жда ж де́ятельности; **Täter(in** f) m ‹-s, -› престу́пник м, престу́пница ж; **tätig** adj де́ятельный, акти́вный; **Tätigkeit** f (Aktivität) де́ятельность ж; (Beruf) рабо́та ж; ◇ **e-r geregelten ~ nachgehen** рабо́тать где-л; **tatkräftig** adj (aktiv) де́ятельный; (energisch) энерги́чный; (entschlossen) реши́тельный; **tätlich** adj (handgreiflich) наси́льственный; **Tätlichkeit** f JURA примене́ние с физи́ческой си́лы, рукоприкла́дство с; **Tatort** m ме́сто с преступле́ния [происше́ствия]

tätowieren vt татуи́ровать несов и сов; **Tätowierung** f татуиро́вка ж

Tatsache f факт м; ◇ **jd-n vor vollendete ~n stellen** поста́вить кого́-л пе́ред соверши́вшимся фа́ктом; ◇ **nackte ~n** го́лые фа́кты; **tatsächlich** I. adj действи́тельный, реа́льный II. adv (in Wirklichkeit) действи́тельно, на са́мом де́ле

tatterig adj дрожа́щий, трясу́щийся

Tatverdacht m подозре́ние с в соверше́нии преступле́ния

Tatze f ‹-, -n› (Raubtier~) ла́па ж

Tau¹ m ‹-[e]s› (Feuchtigkeit) роса́ ж

Tau² n ‹-[e]s, -e› (Seil) кана́т м, трос м

taub adj ① (gehörlos) глухо́й; FAM (nicht hören wollen) ◇ **sich ~ stellen** притвори́ться глухи́м ② (betäubt) онеме́вший, затёкший ③ FAM (hohl) ◇ **das ist wirklich e-e ~e Nuss!** ну и ду́рень же он!

Taube f ‹-, -n› го́лубь м; **Taubenschlag** m голубя́тня ж

Taubheit f глухота́ ж; **taubstumm** adj глухонемо́й

tauchen I. vi ныря́ть ‹-ну́ть› II. vt погружа́ть ‹-зи́ть›; **Taucher(in** f) m ‹-s, -› ныря́льщик м, ныря́льщица ж; **Taucheranzug** m водола́зный костю́м м, скафа́ндр м; **Tauchsieder** m ‹-s, -› (электро)кипяти́льник м; **Tauchstation** f FIG (sich zurückziehen) ◇ **auf ~ gehen** уедини́ться

tauen vi (Schnee) ‹рас-›та́ять

Taufbecken n купе́ль ж; **Taufe** f ‹-, -n› креще́ние c; ◇ etw aus der ~ heben уча́ствовать в созда́нии чего-л; **taufen** vt ‹o-›крести́ть; **Taufpate** m ‹-n, -n› крёстный оте́ц м; **Taufpatin** f крёстная мать ж

taugen vi ◇ ~ für/zu годи́ться на что-л; ◇ nichts ~ никуда́ не годи́ться; **Taugenichts** m ‹-, -e› (Nichtsnutz) никчёмный челове́к; (Faulenzer) безде́льник м; **tauglich** adj (passend) (при)го́дный, подходя́щий; MIL го́дный

taumeln vi (schwanken) шата́ться несов

Tausch m ‹-[e]s, -e› обме́н м; **tauschen** vt, vi (Briefmarken, Platz) ‹об-, по-› меня́ть (gegen akk кого-что на что); (austauschen) ‹об-, по-›меня́ться (etw mit jdm чем с кем-чем)

täuschen I. vt, vi (betrügen) обма́нывать ‹-ну́ть›; (irreführen) вводи́ть ‹ввести́› в заблужде́ние II. vr (sich irren) ◇ sich ~ ошиба́ться ‹-би́ться›; **täuschend** adv обма́нчивый; ◇ jd-m ~ ähnlich sehen быть порази́тельно похо́жим на кого́-л; **Täuschung** f 1 (Betrug) обма́н м 2 (Sinnes~) иллю́зия ж; (Irrtum) заблужде́ние c

tausend nr ты́сяча; ◇ ein paar ~ не́сколько ты́сяч; **Tausendfüß[l]er** m ‹-s, -› ZOOL многоно́жка ж

Tauwetter n о́ттепель ж

Tauziehen n ‹-s› 1 SPORT перетя́гивание c кана́та 2 FIG (Ringen um etw) борьба́ ж

Taxe f ‹-, -n› (Gebühr: Kur~ etc) та́кса ж

Taxi n ‹-s, -s› такси́ c

taxieren vt (schätzen) оце́нивать ‹-ни́ть›

Taxifahrer(in f) m такси́ст(ка ж) м;

Taxistand m стоя́нка ж такси́

Tb, Tbc f Abk. v. Tuberkulose MED

Team n ‹-s, -s› коллекти́в м, гру́ппа ж; SPORT кома́нда ж; **Teamwork** n ‹-s› коллекти́вная рабо́та ж

Technik f те́хника ж; **Techniker(in** f) m ‹-s, -› те́хник м; **technisch** adj техни́ческий; ◇ aus ~en Gründen по техни́ческим причи́нам

Techno m o. n MUS те́хно c

Technologie f технологи́я ж; **technologisch** adj технологи́ческий

Teddy, Teddybär m медвежо́нок м, ми́шка м

Tee m ‹-s, -s› чай м; **Teekanne** f ча́йник м (для зава́ривания); **Teekessel** m ча́йник м (для кипяче́ния); **Teelicht** n небольша́я свеча́ ж для подогрева́ния ча́йника; **Teelöffel** m ча́йная ло́жка ж

Teenager m ‹-s, -› подро́сток м

Teer m ‹-[e]s, -e› дёготь м; **teeren** vt (Straße, Weg) асфальти́ровать несов **Teerose** f BOT ча́йная ро́за ж; **Teesieb** n ча́йное си́течко c; **Teewagen** m телё́жкаподно́с м

Teich m ‹-[e]s, -e› пруд м; ◇ der große ~ Атланти́ческий океа́н м

Teig m ‹-[e]s, -e› те́сто c; **teigig** adj тестообра́зный; (dickflüssig) вя́зкий; **Teigwaren** f pl макаро́нные изде́лия c мн

Teil¹ m ‹-[e]s, -e› 1 (vom Ganzen) часть ж 2 (Anteil) до́ля ж 3 (Beitrag) вклад м; ◇ zum ~ части́чно ◇ zum größten ~ бо́льшей ча́стью; ◇ sein[en] ~ bekommen получи́ть свою́ до́лю ◇ sein[en] ~ zu etw beitragen внести́ свою́ до́лю в како́е-л де́ло; (was mich angeht) ◇ ich für meinen ~ что каса́ется меня́

Teil² n ‹-[e]s, -e› (Stück, Ersatz~) дета́ль ж, часть ж

teilbar adj дели́мый; **Teilbereich** m подразде́л м; **Teilbetrag** m часть ж су́ммы; **teilen** I. vt, vi 1 (zerlegen) ‹раз-›дели́ть 2 (abgeben) ‹по-›дели́ться 3 (Meinung) разделя́ть ‹-ли́ть› (mit с кем-л); ◇ jd-s Meinung ~ разделя́ть чьё-л мне́ние 4 MATH (dividieren) ‹раз›дели́ть (durch на что-л) II. vr (Vermögen, Ansichten) sich ~ разделя́ться ‹-ли́ться›; **Teiler** m ‹-s, -› дели́тель м; **teilhaben** unreg vi принима́ть ‹-я́ть› уча́стие (an dat в чём-л); **Teilhaber(in** f) m ‹-s, -› компаньо́н(ка ж) м, па́йщик м, па́йщица ж

Teilnahme f ‹-› 1 (an Veranstaltungen) уча́стие c (an dat в чём-л) 2 (Interesse) интере́с м 3 (Mitgefühl) сочу́вствие c; (bei Beerdigung) ◇ jd-m seine aufrichtige ~ aussprechen вы́разить кому́-л своё и́скреннее соболе́знование; **teilnahmslos** adj безуча́стный; **teilnehmen** unreg vi принима́ть ‹-я́ть› уча́стие, уча́ствовать несов (an dat в чём-л); **Teilnehmer(in** f) m ‹-s, -› уча́стник м, уча́стница ж

teils adv (zum Teil) части́чно; ◇ ~, ~ то..., то...; ◇ ~ heiter, ~ wolkig о́блачно, с проясне́ниями

Teilung f 1 (Arbeits~) разделе́ние c 2 MATH, BIOL деле́ние c 3 HIST разде́л м;**teilweise** adv части́чно; **Teilzahlung** f (Ratenzahlung) упла́та ж в рассро́чку; **teilzeitbeschäftigt** adj рабо́тающий непо́лный рабо́чий день

Teint m ‹-s, -s› цвет м лица́

Telefax n ‹-es, -e› 1 (Gerät) (теле)фа́кс м 2 (Schriftstück) (теле)фа́кс м; **telefaxen** vt, vi пересы́ла́ть фа́кс

Telefon n ‹-s, -e› телефо́н м; **Telefonanruf** m телефо́нный звоно́к м; **Telefonat** n телефо́нный разгово́р c; **Telefonbuch** n телефо́нный спра́вочник м; **telefonieren** vi ‹по-›звони́ть (mit кому́-л), говори́ть по телефо́ну (mit с кем-л); **telefonisch** I. adj телефо́нный; II. adv по телефо́ну **Telefonist(in** f) m телефони́ст(ка ж) м; **Telefonkarte** f телефо́нная ка́рточка ж; **Telefon-**

nummer f номер м телефо́на; **Tele-
fonseelsorge** $f \diamond$ **sich an die ~ wenden**
обрати́ться за по́мощью по ″телефо́-
ну дове́рия″; **Telefonverbindung** f те-
лефо́нная связь ж; **Telefonzelle** f те-
лефо́нная бу́дка ж; **Telefonzentrale** f
телефо́нный коммута́тор м
Telegraf m ⟨-en, -en⟩ телегра́ф м; **Tele-
grafenmast** m телегра́фный столб м;
telegrafieren vt, vi телеграфи́ровать
несов; **telegrafisch** I. adj телегра́фный
II. adv по телегра́фу
Telegramm n ⟨-s, -e⟩ телегра́мма ж
Telekolleg n учебные программы по те-
левидению или по радио; **Teleobjektiv** n
FOTO телеобъекти́в м; **Telepathie** f те-
лепа́тия ж; **telepathisch** adj (Kräfte)
телепати́ческий; **Teleskop** n ⟨-s, -e⟩ те-
леско́п м; **Telespiel** n телеигра́ ж
Telex n ⟨-es, -e⟩ те́лекс м
Teller m ⟨-s, -⟩ таре́лка ж; $\diamond$ **flacher/tie-
fer** ~ ме́лкая/глубо́кая таре́лка
Tempel m ⟨-s, -⟩ храм м
Temperament n темпера́мент м; **tem-
peramentvoll** adj темпера́ментный;
(Rede) воодушевля́ющий
Temperatur f температу́ра ж; **tempe-
rieren** ⟨от⟩регули́ровать температу́ру
Tempo¹ n ⟨-s, -s⟩ (Geschwindigkeit) темп
м; SPORT (Schnelligkeit) ско́рость ж; $\diamond$
~ **zulegen** набира́ть темп; $\diamond$ (~,) ~! бы-
стрей, быстрей!
Tempo² n ⟨-, Tempi⟩ MUS ритм м,
темп м
Tempolimit n ⟨-s, -s⟩ ограниче́ние с ско́-
рости; **temporal** adj (das Tempus betref-
fend) временно́й; **temporär** adj вре́-
менный
Tempus n ⟨-s, Tempora⟩ GRAM вре́мя с
Tendenz f тенде́нция ж; **tendieren** vi
име́ть тенде́нцию (zu k чему́-л); (nei-
gen) склоня́ться ⟨-ни́ться⟩ к; **tendenzi-
ös** adj тенденцио́зный
Tennis n ⟨-⟩ те́ннис м; **Tennisplatz** m
корт м, те́ннисная площа́дка ж;
Tennisschläger m те́ннисная раке́тка
ж; **Tennisspieler(in** $f)$ m тенниси́ст(ка
ж) м
Tenor m ⟨-s, Tenöre⟩ MUS те́нор м
Teppich m ⟨-s, -e⟩ ковёр м; $\diamond$ **auf dem ~
bleiben** приде́рживаться существа́ де́-
ла; **Teppichboden** m ковро́вое покры́-
тие с
Termin m ⟨-s, -e⟩ ① (Zeitpunkt, Frist) срок
м ② (Vorladung) вы́зов м в суд ③
(Arzt~) назна́ченное вре́мя с приёма
Terminal m ⟨-s, -s⟩ AERO операцио́н-
ный зал м аэровокза́ла
Terminal n ⟨-s, -s⟩ РС термина́л м
Terminkalender m календа́рь-па́мятка
ж, еженеде́льник м
Terminologie f терминоло́гия ж;
Terminus m ⟨-, -ni⟩ те́рмин м
Termite f ⟨-, -n⟩ ZOOL терми́т м

Termin

Terpentin n ⟨-s, -e⟩ терпенти́н м
Terrasse f ⟨-, -n⟩ ① (Dach~) терра́са ж
② (Absatz, Stufe) усту́п м
Terrine f (Suppen~) су́пница ж
Territorium n террито́рия ж
Terror m ⟨-s⟩ терро́р м; **Terroranschlag**
m террористи́ческий акт м; **terrori-
sieren** vt терроризи́ровать несов; **Ter-
rorismus** m террори́зм м; **Terrorist(in**
$f)$ m террори́ст(ка ж) м
Terzett n MUS терце́т м
Tesafilm® m ⟨-s⟩ прозра́чная кле́йкая
ле́нта ж
Test m ⟨-s, -s⟩ ① (Probe) испыта́ние с,
тест м ② SCH (kurze Prüfung) кон-
тро́льная рабо́та ж
Testament n завеща́ние с; REL $\diamond$ **das
Neue** ~ Но́вый заве́т м; **Testaments-
vollstrecker(in** $f)$ m ⟨-s, -⟩ исполни́тель
(ница ж) завеща́ния м
Testbild n MEDIA телевизио́нная ис-
пыта́тельная табли́ца ж; **testen** vt
(Gegenstand) испы́тывать ⟨-та́ть⟩; (Per-
son) тести́ровать несов и сов
Tetanus m ⟨-⟩ MED столбня́к м; **Teta-
nusimpfung** f приви́вка ж про́тив
столбняка́
teuer, teure(r, s) I. adj ① (Ggs. v. billig)
дорого́й, дорогостоя́щий ② (wertvoll)
драгоце́нный ③ (lieb, Freund) дорого́й,
ми́лый; (geschätzt) уважа́емый II. adv
до́рого; $\diamond$ **für etw** ~ **bezahlen müssen** до́-
рого поплати́ться за что-л; **Teuerung**
f дороговизна́ ж
Teufel m ⟨-s, -⟩ чёрт м; FAM $\diamond$ **geh zum**
~! пошёл к чёрту!; FAM (auf Festen) $\diamond$
hier ist der ~ **los** здесь такая́ кутерьма́!;
FAM $\diamond$ **den** ~ **an die Wand malen** накли-
ка́ть беду́; $\diamond$ **pfui** ~ ! кака́я га́дость!; $\diamond$
auf ~ **komm raus** что есть сил; **Teufels-
austreibung** f изгна́ние с злых ду́хов;
teuflisch adj (Plan) дья́вольский; (ver-
dammt) черто́вский
Text m ⟨-[e]s, -e⟩ текст м; **texten** vi MUS
сочиня́ть ⟨-ни́ть⟩ те́ксты для пе́сен;
(Werbung) составля́ть ⟨-ста́вить⟩ (те́кс-
ты)
textil adj тексти́льный; **Textilien** f pl тек-

сти́льные това́ры *мн*; **Textilindustrie** *f* тексти́льная промы́шленность *ж*; **Textverarbeitung** *f* обрабо́тка *ж* те́кста; **Textverarbeitungsprogramm** *n* текстово́й реда́ктор *м*

Thailand *n* Таила́нд *м*; ◇ **nach/in ~** в Таила́нд/е

Theater *n* ‹-s, -› ① (*Gebäude*) теа́тр *м* ② (*Vorstellung*) театра́льное представле́ние *с*, спекта́кль *м* ③ *FIG* (*Szene*) коме́дия *ж*, притво́рство *с*; ◇ **so ein ~!** ну и коме́дия!; ◇ **~ machen** устра́ивать сце́ну; **Theaterbesucher(in** *f*) *m* зри́тель(ница *ж*) *м* теа́тра; **Theaterstück** *n* пье́са *ж*; **theatralisch** *adj* театра́льный

Theke *f* ‹-, -n› (*Ladentisch*) прила́вок *м*; (*im Lokal*) сто́йка *ж*

Thema *n* ‹-s, -men› те́ма *ж*

das Thema wechseln

Пока́ я не забы́л/а – а кто, со́бственно, вы́играл?
Ach ja, wer hat eigentlich das Spiel gewonnen?

Слу́шай, я как раз вспо́мнил/а – а на́ши биле́ты в теа́тр у тебя́?
Da fällt mir gerade ein, hast du eigentlich unsere Theaterkarten?

Кста́ти, я купи́л/а тебе́ сего́дня потряса́ющую кни́гу.
Ach übrigens, ich habe dir heute ein tolles Buch gekauft.

Кста́ти о худо́жниках – ты ви́дел вчера́ ве́чером фильм по телеви́зору?
Apropos Maler, hast du gestern Abend den Film im Fernsehen gesehen?

Кста́ти говоря́ – ты не зна́ешь, как у него́ дела́?
Ach übrigens, weißt du, wie es ihm geht?

Theologe *m* ‹-n, -n› тео́лог *м*, богосло́в *м*; **Theologie** *f* теоло́гия *ж*, богосло́вие *с*; **Theologin** *f* же́нщина-тео́лог *ж*; **theologisch** *adj* теологи́ческий, богосло́вский

Theoretiker(in *f*) *m* ‹-s, -› теоре́тик *м*; **theoretisch** *adj* теорети́ческий; **Theorie** *f* тео́рия *ж*

Therapeut(in *f*) *m* ‹-en, -en› (*Psycho~*) терапе́вт *м*; **therapeutisch** *adj* терапевти́ческий; **Therapie** *f* терапи́я *ж*

Thermalbad *n* ① (*das Bad*) тёплая лече́бная ва́нна *ж* ② (*Badeort*) куро́рт *м* с терма́льными исто́чниками; **Therme** *f* те́рма *ж*; **Thermik** *f* AERO восходя́щий пото́к *м* тепла́; **Thermodrucker** *m* устро́йство *с* термопеча́ти; **Thermometer** *n* ‹-s, -› термо́метр *м*; **Thermosflasche®** *f* термос *м*; **Thermostat** *m* ‹-[e]s *o.* -en, -e[n]› (*Wärmeregler*) термоста́т *м*

These *f* ‹-, -n› те́зис *м*, положе́ние *с*; **eine ~ aufstellen** выдвига́ть положе́ние

Thrombose *f* ‹-, -n› MED тромбо́з *м*

Thron *m* ‹-[e]s, -e› трон *м*, престо́л *м*; **Thronbesteigung** *f* вступле́ние с на престо́л; **thronen** *vi* восседа́ть на тро́не; **Thronfolge** *f* престолонасле́дие *с*

Thunfisch *m* туне́ц *м*

Thymian *m* ‹-s, -e› (*Gewürz*) тимья́н *м*

Tibet *m* ‹-s› Тибе́т *м*; ◇ **nach/in ~** в Тибе́т/е

Tick *m* ‹-[e]s, -s› ① (*Zuckung*) тик *м* ② *FIG* капри́з *м*, стра́нность *ж*; **ticken** *vi* (*Uhr*) ти́кать *несов*; *FAM* (*verrückt sein*) ◇ **bei ihm tickt's nicht richtig!** у него́ ум за ра́зум захо́дит!

Ticket *n* биле́т *м*

Tiebreak *m* ‹-s, -s› (*Tennis*) тай-бре́йк *м*

tief I. *adj* ① (*räumlich, Wasser, Stimme*) глубо́кий ② (*Ggs. v. hoch*) (*Temperatur, Stimme*) ни́зкий ③ (*zeitlich*) глубо́кий, по́здний; ◇ **im Winter** глубо́кой зимо́й; ◇ **bis ~ in die Nacht** до по́здней но́чи ④ (*intensiv, kräftig*) интенси́вный, (*Farbe*) (*Schlaf*) глубо́кий, кре́пкий; (*Freude, Gefühl*) глубо́кий; ◇ **~er Schmerz** глубо́кая печа́ль **II.** *adv* глубо́ко́; ◇ **das lässt ~ blicken** это о мно́гом говори́т

Tief *n* ‹-s, -s› METEO о́бласть *ж* ни́зкого давле́ния, цикло́н *м*; **Tiefdruck** *m* ① (*Druckverfahren*) глубо́кая печа́ть *ж* ② METEO (*~gebiet*) ни́зкое давле́ние *с*; **Tiefe** *f* ‹-, -n› глубина́ *ж*; **Tiefebene** *f* ни́зменность *ж*; **Tiefenrausch** *m* глуби́нное опьяне́ние *с*; **Tiefflug** *m* полёт *м* на ма́лой высоте́, бре́ющий полёт; **Tiefgarage** *f* подзе́мный гара́ж *м*; **tiefgefroren**, **tiefgekühlt** *adj* свежезаморо́женный; **tief greifend** *adj* (*Änderungen*) глубо́кий, основа́тельный; **Tiefkühlfach** *n* морози́лка *ж*; **Tiefkühlkost** *f* свежезаморо́женные проду́кты *мн*; **Tiefkühltruhe** *f* холоди́льный прила́вок *м*; **Tiefland** *n* ни́зменность *ж*; **Tiefpunkt** *m* *FIG* (*Stimmung*) ни́зшая то́чка *ж*; ◇ **e-n ~ haben** име́ть как нельзя́ плохо́е настрое́ние; **Tiefschlag** *m* (*beim Boxen*) уда́р *м* ни́же по́яса; *FIG* (*psychisch*) неожи́данная неприя́тность *ж*; **tief schürfend** *adj* (*Gespräch*) глубо́кий, углублённый; **Tiefseetauchen** *n* глубоково́дное ныря́ние *с*; **tiefsinnig** *adj* (*Bemerkung*) глубо́кий, глубокомы́сленный; (*Person*) заду́мчивый, меланхоли́чный; **Tiefstand** *m* ни́зкий у́ровень *м*; **tiefstapeln** *vi* *FAM* (*untertreiben*) созна́тельно преуменьша́ть ‹**~**ме́ньшить›

Tiegel *m* CHEM (*Schmelz~*) ти́гель *м*

Tier *n* ‹-[e]s, -e› живо́тное *с*, зверь *м*; **Tierarzt** *m*, **Tierärztin** *f* ветерина́рный врач; **Tiergarten** *m* (*Zoo*) зоопа́рк *м*; **tierisch I.** *adj* живо́тный, звери́ный; *FIG*

(roh) зве́рский **II.** adv FAM (stark, sehr) си́льно, о́чень; ◇ **sie hat ~ gearbeitet** она́ рабо́тала как вол; FAM ◇ **~ ernst** без ка́пельки ю́мора; **Tierkreiszeichen** n знак m зодиа́ка; **Tierkunde** f зооло́гия m; **Tierpark** m **(1)** (Tiergarten) зоопа́рк m **(2)** (Wildtiergehege) запове́дник m; **Tierquälerei** f жесто́кое обраще́ние с с живо́тными; **Tierreich** n мир m живо́тных; **Tierschützer** (in f) m <-s, -> защи́тник m/защи́тница ж живо́тных; **Tierschutzverein** m о́бщество c по охра́не живо́тных; **Tierversuch** m о́пыт m на живо́тном

Tiger (in f) m <-s, -> тигр/и́ца ж) m
tilgen vt **(1)** (Schulden) упла́чивать ⟨-ти́ть⟩, погаша́ть ⟨-си́ть⟩ **(2)** (Spuren, Erinnerung) уничтожа́ть ⟨-то́жить⟩; **Tilgung** f (von Schulden) погаше́ние c, упла́та ж
Timing n <-s> вы́бор m пра́вильного моме́нта, расчёт m вре́мени
Tinktur f тинкту́ра ж
Tinnef m <-s> FAM (wertloses Zeug) безделу́шка ж
Tinte f <-, -n> черни́ла mn; FAM (in Schwierigkeiten sein) ◇ **in der ~ sitzen** сиде́ть на мели́; **Tintenfass** n черни́льница ж; **Tintenfisch** m карака́тица ж; **Tintenstrahldrucker** m устро́йство c стру́йной печа́ти
Tipp m <-s, -s> **(1)** (Hinweis) указа́ние c; (Rat) сове́т m; (Andeutung) намёк m **(2)** (Vorhersage) предсказа́ние c; **tippen I.** vt (mit Schreibmaschine, PC) ⟨на-⟩печа́тать (на маши́нке) **II.** vi **(1)** ⟨на-⟩печа́тать **(2)** (leicht berühren) слегка́ каса́ться ⟨косну́ться⟩ (auf etw akk чего́-л) **(3)** (raten, vermuten) предполага́ть несов (auf etw akk что, ...) **(4)** (wetten) ⟨c-⟩де́лать ста́вку (auf etw akk на); (im Lotto) игра́ть в лотере́е; **Tippfehler** m опеча́тка ж; **tipptopp** adj FAM (nur präd o. adv) аккура́тно, безупре́чно; ◇ **sie hat ~ gearbeitet** она́ отли́чно порабо́тала; **Tippzettel** m лотере́йный биле́т m
Tisch m <-[e]s, -e> стол m; ◇ **bei/zu ~** за столо́м; ◇ **sich an den ~ setzen** сесть за стол; ◇ **der runde ~** кру́глый стол; FIG ◇ **reinen ~ machen** внести́ по́лную я́сность во что́-л; FIG (etw unbeachtet lassen) ◇ **etw unter den ~ fallen lassen** игнори́ровать что́-л; FAM ◇ **jd-n unter den ~ trinken** напои́ть до́пьяна кого́-л; FAM (bereinigt) ◇ **vom ~ sein** быть заверше́нным; **Tischdecke** f ска́терть ж
Tischler (in f) m <-s, -> столя́р m; **Tischlerei** f столя́рная мастерска́я ж; **tischlern** vi столя́рничать несов
Tischnachbar (in f) m сосе́д(ка ж) m за столо́м; **Tischrede** f засто́льная речь ж; **Tischtennis** n насто́льный те́ннис m; **Tischtuch** n ска́терть ж
Titan[1] n <-s> CHEM тита́н m

Titan[2] m <-s, -en> MYTH Тита́н m; FIG (Riese, mächtiger Mensch) гига́нт m
Titel m <-s, -> **(1)** (Buch~, Film~) назва́ние c, загла́вие c **(2)** (Ehren~, Sport~) зва́ние c, ти́тул m; **Titelanwärter** (in f) m SPORT претенде́нт(ка ж) m на зва́ние чемпио́на; **Titelbild** n фронтиспи́с m; **Titelblatt** n ти́тульный лист m; **Titelseite** f ти́тульная страни́ца ж; **Titelverteidiger** (in f) m SPORT чемпио́н(ка ж) m, защища́ющий(-ая) своё зва́ние
Toast m <-[e]s, -s o. -e> **(1)** (geröstetes Brot) тост m, поджа́ренный ло́мтик m хле́ба **(2)** (Trinkspruch) тост m; **Toastbrot** n (ungeröstet) хлеб m для то́стов; **Toaster** m <-s, -> то́стер m
toben vi **(1)** (wütend sein) нейстовствовать несов, шуме́ть несов, свире́пствовать несов; ◇ **vor Wut ~** быть вне себя́ от я́рости **(2)** (Kinder) резви́ться несов, шуме́ть несов **(3)** (Meer, Sturm) бушева́ть несов; **Tobsucht** f бе́шенство c; **tobsüchtig** adj бе́шеный, буйнопоме́шанный; **Tobsuchtsanfall** m при́ступ m бе́шенства
Tochter f <-, Töchter> дочь ж
Tod m <-[e]s, -e> смерть ж; ◇ **jd-n zum ~e verurteilen** приговори́ть кого́-л к сме́ртной ка́зни; (Trauerformel) ◇ **bis dass der ~ euch scheidet** пока́ смерть не разлучи́т; FAM ◇ **jd-n auf den ~ nicht ausstehen können** кто-л проти́вен кому́-л до́ смерти; ◇ **jd-n zu ~e erschrecken** до́ смерти напуга́ть кого́-л; **todernst** adj кра́йне серьёзный; **Todesangst** f FIG смерте́льный страх m; **Todesanzeige** f (in Zeitungen) извеще́ние c о сме́рти; **Todesfall** m смерте́льный слу́чай c; **Todeskampf** m аго́ния ж; ◇ **im ~ sein** боро́ться со сме́ртью; **Todesstrafe** f сме́ртная казнь ж; **Todesursache** f причи́на ж сме́рти; **Todesurteil** n сме́ртный пригово́р m; **todkrank** adj смерте́льно больно́й; **tödlich** adj смерте́льный; FIG ◇ **mit ~er Sicherheit** абсолю́тно то́чно; **todmüde** adj FAM смерте́льно уста́лый; **todschick** adj FAM (Kleid) сверхэлега́нтный; **todsicher** adj FAM безусло́вный, несомне́нный; **Todsünde** f сме́ртный грех m
Toilette f <-, -n> (WC) туале́т m; **Toilettenartikel** m туале́тные принадле́жности ж mn; **Toilettenpapier** n туале́тная бума́га ж
toi, toi, toi! intj (viel Glück/Erfolg) всего́ до́брого!, ни пу́ха ни пера́!
tolerant adj терпи́мый, толера́нтный; **Toleranz** f <-> терпи́мость ж, толера́нтность ж; **tolerieren** vt терпе́ть несов
toll I. adj **(1)** FAM (super) прекра́сный, великоле́пный, отли́чный; (Buch, Per-

son) замеча́тельный, потряса́ющий **2** *FAM (schlimm)* плохо́й, серьёзный; *(verrückt)* сумасше́дший; ◇ **es kommt noch ~er** э́то ещё не всё **II.** *adv* ◇ **die Kinder treiben es zu ~** де́ти шумя́т сли́шком си́льно; **Tollkirsche** *f* BOT краса́вка *ж;* **tollkühn** *adj* отча́янный, безрассу́дно отва́жный; **Tollpatsch** *m* ‹-[e]s, -e› у́вален *м,* растя́па *м;* **Tollwut** *f (Krankheit)* бе́шенство *с;* **tollwütig** *adj* бе́шеный

Tollpatsch = Tollpatsch

tölpelhaft *adj (begriffsstutzig)* бестолко́вый; *(ungeschickt)* неуклю́жий

Tomate *f* ‹-, -n› помидо́р *м,* тома́т *м; FAM (nichts erkennen)* ◇ **~n auf den Augen haben** ничего́ не замеча́ть; быть невнима́тельным; **Tomatenmark** *n* тома́тная па́ста *ж*

Tombola *f* ‹-, -s o. -len› вещева́я лотере́я **Tomographie** *f* MED томогра́фия *ж*

Ton *m* ‹-[e]s, Töne› **1** *(Laut)* звук *м;* MUS тон *м* **2** *(Umgangston)* тон *м;* ◇ **du hast dich wohl im ~ vergriffen!** прошу́ не говори́ть со мной таки́м то́ном!; FIG *(bestimmen, was geschieht)* ◇ **den ~ angeben** задава́ть тон **3** *(Betonung, Akzent)* ударе́ние *с* **4** *(Klangfarbe)* тембр *м; (Farbton)* отте́нок *м*

Ton *m* ‹-s, -e› *(Töpfererde)* гли́на *ж*

Tonabnehmer *m* звукоснима́тель *м;* **tonangebend** *adj (bestimmend)* задаю́щий тон; **Tonart** *f* тона́льность *ж;* **Tonband** *n* магнитофо́нная плёнка *ж;* **Tonbandgerät** *n* магнитофо́н *м*

tönen I. *vi* **1** *(Glocke, Stimme)* звуча́ть *несов,* разда́ва́ться *с* **2** *FAM (prahlen)* ‹по-›хвали́ться **II.** *vt (färben)* прида́‹ва́›ть чему́-л како́й-л отте́нок; *(Haare)* кра́сить *несов*

Tonfall *m* ‹-[e]s› интона́ция *ж*

Tonika *f* ‹-, -ken› MUS то́ника *ж*

Toningenieur *m* инжене́р-звукоопера́тор *м;* **Tonleiter** *f* MUS га́мма *ж*

Tonne *f* ‹-, -n› **1** *(Fass)* бо́чка *ж* **2** *(Müll~)* му́сорный я́щик *м* **3** *(Gewicht)* то́нна *ж* **4** *FAM (sehr dicker Mensch)* бо́чка *ж*

Tonspur *f (von Schallplatten)* звукова́я доро́жка *ж;* **Tonstärke** *f* си́ла *ж* зву́ка **Tontaube** *f* SPORT таре́лочка *ж;* **Tontaubenschießen** *n* SPORT стрельба́ *ж* по таре́лочкам

Tonwaren *f pl* керами́ческие изде́лия *мн*

Tönung *f* **1** *(Farb~)* отте́нок *м* **2** *(Haar~)* жи́дкость *ж* для подцве́чивания воло́с

Topangebot *n* вы́годное предложе́ние *с*

Topas *m* ‹-es, -e› MIN *(Edelstein)* топа́з *м*

Topf *m* ‹-[e]s, Töpfe› *(Koch~)* кастрю́ля *ж; (Blumen~)* горшо́к *м; FIG* ◇ **alle[s] in e-n ~ werfen** вали́ть всё в одну́ ку́чу;

Topfblume *f* горше́чный цвето́к *м*

Töpfer(in *f)* *m* ‹-s, -› гонча́р *м;* **Töpferei** *f (Handwerk)* гонча́рное ремесло́ *с; (Werkstatt)* гонча́рная мастерска́я *ж;* **töpfern I.** *vi* занима́ться гонча́рным ремесло́м **II.** *vt (Vase, Gefäß)* изгота́вливать ‹-то́вить› гонча́рное изде́лие; **Töpferscheibe** *f* гонча́рный круг *м*

topfit *adj* в лу́чшей [отли́чной] фо́рме **Topflappen** *m* ку́хонная тря́пка *ж* **Topographie, Topographie** *f* топогра́фия *ж;* **topographisch, topographisch** *adj* топографи́ческий

topp! *intj (abgemacht!)* по рука́м!, ла́дно!

Tor *n* ‹-[e]s, -e› *(Einfahrt)* воро́та *мн;* SPORT *(Fußball~, Slalom~)* воро́та *мн; (erfolgreicher Torschuss)* гол *м;* ◇ **vor den ~en der Stadt** за го́родом

Tor *m* ‹-en, -en› *(Narr)* глупе́ц *м*

Torbogen *m* а́рка *ж* воро́т

Torero *m* ‹-s, -s› торе́ро *м*

Torf *m* ‹-[e]s› торф *м*

Torheit *f* глу́пость *ж*

töricht *adj* глу́пый, безрассу́дный

torkeln *vi (Betrunkener)* шата́ться *несов,* нетвёрдо держа́ться на нога́х

Tornado *m* ‹-s, -s› МЕТЕО торна́до *м* **torpedieren** *vt* торпеди́ровать *несов и сов;* **Torpedo** *m* ‹- s, -s› MIL торпе́да *ж*

Torschlusspanik *f* FIG боя́знь *ж* опозда́ть, не получи́ть что-л жела́емое

Torschuss *m* уда́р *м* по воро́там; **Torschütze** *m* спортсме́н *м,* заби́вший гол

Torte *f* ‹-, -n› торт *м;* **Tortenboden** *m* корж *м* для то́рта; **Tortenheber** *m* лопа́тка *ж* для то́рта

Tortur *f (Folter)* пы́тка *ж; FIG (Qual)* муче́ние *с; (Plage)* му́ка *ж*

Torverhältnis *n* SPORT соотноше́ние *с* заби́тых и пропу́щенных голо́в; **Torwart** *m* ‹-s, -e› SPORT врата́рь *м*

tosen *vi (Meer)* бушева́ть *несов; (Wind)* реве́ть *несов;* ◇ **~der Beifall** бу́рные аплодисме́нты

tot *adj* **1** *(verstorben)* мёртвый; *(leblos)* неживо́й **2** *FIG (leblos)* безжи́зненный; *(Gegend, verlassen)* безлю́дный; *(Farben)* невырази́тельный; *(Kapital, Sprache)* мёртвый; *(Gleis)* тупико́вый; ◇ **das Tote Meer** Мёртвое мо́ре *с* **3** *(führt nicht weiter)* ◇ **die Verhandlungen sind an e-m ~en Punkt angelangt** перегово́ры застря́ли на мёртвой то́чке

total I. *adj (komplett, völlig)* по́лный **II.** *adv FAM (völlig)* совсе́м, соверше́нно

totalitär *adj* тоталита́рный

Totalschaden *m* AUTO ◇ **sein Auto hat e-n ~** его́ маши́на по́лностью вы́шла из стро́я

Tote(r) *f m* мёртвый(-ая *ж*) *м,* мертве́ц *м;* **töten** *vt, vi (umbringen)* уби́ва́ть; **Totengräber** *m* моги́льщик *м;* **Totenkopf** *m* че́реп *м;* **Totenmesse** *f* панихи́да ж; **Totenschein** m свидетельство с о смерти; **Totenstille** f мёртвая тишина ж; **Totenwache** f траурная вахта ж; ◇ ~ **halten** бодрствовать [стоять в почётном карауле] у гроба; **totfahren** unreg vt ⟨за-⟩давить; **totlachen** vr FAM ◇ **sich** ~ помирать со смеху, смеяться до упаду

Totschlag m убийство с; **totschlagen** unreg vt убивать; ◇ **die Zeit** ~ ⟨с-⟩ коротать время; **Totschläger(in)** f m ① (Person) убийца м/ж ② nur m (Waffe) дубинка ж, заполненая свинцом; **totschweigen** unreg vt FIG замалчивать ⟨-молчать⟩; **tot stellen** vr ◇ **sich** ~ притворяться ⟨-риться⟩ мёртвым; **Tötung** f убийство с; ◇ **fahrlässige** ~ убийство по неосторожности

Touch m ⟨-s⟩ оттёнок м, налёт м **Toupet** n ⟨-s, -s⟩ накладка ж, парик м **toupieren** vt (Haare) тупировать несов **Tour** f ⟨-, -en⟩ ① (Ausflug) поездка ж; (Ski-, Spritz~) поход м, экскурсия ж ② meist pl (Umdrehung) оборот м; FIG ◇ **auf ~en kommen** расшевеливаться ⟨-литься⟩ ③ (Verhaltensart, Trick) проделка ж, фокус м; ◇ **diese ~ kenne ich schon** эти штучки мне уже знакомы; FAM ◇ **etw auf die krumme ~ versuchen** добиваться чего-л нечестным способом; ◇ **in e-r ~** непрерывно; **Tourenzahl** f (Umdrehungszahl) число с оборотов **Tourismus** m туризм м; **Tourist(in)** f m турист(ка ж) м; **Touristenklasse** f туристский класс м (самые дешёвые места)

Tournee f ⟨-, -n⟩ THEAT турне с; ◇ **auf ~ gehen** совершать турне **Tower** m ⟨-s, -⟩ AERO диспётчерская вышка ж

toxikologisch adj токсикологический; **toxisch** adj (giftig) токсичный **Trab** m ⟨-[e]s⟩ (vom Pferd) рысь ж; FAM ◇ **ständig auf ~ sein** всегда спешить; FAM ◇ **jd-n auf ~ bringen** подгонять кого-л **Trabantenstadt** f город-спутник м **traben** vi (по-)бежать рысью; **Traber** m рысак м

Tracht f ⟨-, -en⟩ ① (Kleidung) (национальный) костюм м ② ◇ **jd-m e-e ~ Prügel verabreichen** задать трёпку кому-л

trachten vi (erstreben) добиваться несов (nach dat чего-л), стремиться несов (nach dat к чему-л); ◇ **jd-m nach dem Leben** ~ посягать на чью-л жизнь **trächtig** adj (Tiere allg.) беременная; (Kuh) стельная; (Sau) супоросная; (Hündin) щенная; (Katze) котная **Tradition** f традиция ж; **traditionell** adj традиционный **traf** impf v. **treffen** **tragbar** adj ① (Gerät) портативный, переносный; (Kleidung) модный, прак-

тичный ② FIG (möglich, angemessen) посильный; (annehmbar) приемлемый **Trage** f ⟨-, -n⟩ носилки мн **träge** adj (schlaff) вялый, инертный, ленивый; (schwerfällig, Bewegung) медлительный; ◇ **geistig ~ sein** иметь вялый ум

tragen ⟨trägt, trug, getragen⟩ I. vt ① (Last, Gepäck) нести несов, носить несов; (transportieren) переносить ⟨-нести⟩; (halten) держать несов; (Säule, stützen) нести, держать; (Eis, standhalten) выдерживать ⟨выдержать⟩ ② (bekleidet sein mit) одеваться во что-л, носить; (Brille, Hut, Schmuck) носить; (Haar, Bart) иметь; ◇ **Trauer** ~ носить траур ③ FIG (Schicksal) терпеть несов, переносить ⟨-нести⟩ ④ FIG (übernehmen) нести; ◇ **die Schuld an etw** ~ быть виновным в чём-л ⑤ (Ertrag bringen, Früchte) плодоносить несов; (Zinsen) приносить, давать; (Tier) носить ⑥ (Namen, Aufschrift) иметь II. vi ① (Eis, Meerwasser) держать; (Finanzierung) нести расходы, оплачивать ⟨-тить⟩ ② (Baum) давать плоды ③ (Reichweite haben, Stimme) быть слышимым ④ FIG (wirksam werden) ◇ **zum T~ kommen** получить применение III. vr ◇ **sich** ~ ① (Theater) окупать себя, быть рентабельным ② (Kleidungsstück) носиться, быть приятным в носке ③ (beabsichtigen) ◇ **sich mit der Absicht ~, wegzuziehen** носиться с намерением переехать

Träger m ⟨-s, -⟩ ① (von Last) носильщик м; (einer Auszeichnung) лауреат м; (einer Idee) носитель м ② (Stahl~) несущая балка ж ③ (Institution) организатор м, финансирующий что-л; **Trägerrakete** f ракета-носитель ж; **Trägerrock** m юбка ж на лямках; **tragfähig** adj способный нести нагрузку; FIG (Mehrheit) долговременный, прочный; **Tragfähigkeit** f ⟨-⟩ несущая способность ж; (Festigkeit) прочность ж; **Tragfläche** f AERO несущая поверхность ж; (Flügel) крыло с **Trägheit** f (von Mensch, Bewegung) вялость ж, медлительность ж; (geistig) косность ж, инертность ж; PHYS (von Teilchen) инерция ж

Tragik f трагизм м, трагичность ж; **tragisch** I. adj (Unfall) трагический II. adv FAM ◇ **etw nicht so ~ nehmen** принимать что-л не очень близко к сердцу **Tragkraft** f подъёмная сила ж **Tragödie** f (Trauerspiel) трагедия ж **Tragriemen** m лямка ж; (Schultergürtel) плечевой ремень м; **Tragweite** f (Gewehr) дальнобойность ж; FIG (Bedeutung, Wirkung) значение с, важность ж; **Tragwerk** n AERO несущая конструкция ж

Trainer(in f**)** m <-s, -> SPORT тре́нер m; **trainieren I.** vt (Mannschaft) <на->тренирова́ть **II.** vi (Sportler) <на->тренирова́ться; **trainiert** adj [на]трениро́ванный; **Training** n <-s, -s> трениро́вка ж; **Trainingsanzug** m спорти́вный костю́м m
Trakt m <-[e]s, -e> (Gebäude~) ко́рпус m
Traktor m тра́ктор m
trällern vt, vi (весело) напева́ть несов
trampeln vi <за->стуча́ть нога́ми
trampen vi путеше́ствовать автосто́пом
Trampolin n <-s, -s> SPORT бату́т m
Tran m <-[e]s, -e> во́рвань ж; (Leber~) ры́бий жир m; FAM (schlaftrunken) ◇ im ~ sein быть со́нным
Trance f <-, -n> транс m
tranchieren vt = transchieren
Träne f <-, -n> слеза́ ж; ◇ ~n lachen хохота́ть до слёз; ◇ jd-m/etw keine ~ nachweinen не проли́ть ни одно́й слезы́ по ком/чём-л; ◇ in ~n ausbrechen разрази́ться слеза́ми; **tränen** vi (Augen) слези́ться несов; **Tränendrüse** f слёзная железа́ ж; FIG ◇ auf die ~ drücken выжима́ть слёзы; **Tränengas** n слезоточи́вый газ m
trank impf v. **trinken**
Tränke f (von Vieh) водопо́й m; **tränken** vt ① (Vieh) <на->пои́ть ② TECH (Holz in Imprägniermittel) пропи́тывать <-та́ть>
Tranquilizer m <-s, -s> (Beruhigungsmittel) успокои́тельное сре́дство c
Transaktion f COMM транса́кция ж, сде́лка ж
transchieren vt (Fleisch) <раз-, на-> ре́зать
Transformator m трансформа́тор m
Transfer m <-s, -s> (von Touristen) перево́зка ж; (Geld~) перево́д m (в иностра́нной валю́те)
transformieren vt (Strom) трансформи́ровать несов и сов
Transfusion f перелива́ние c (кро́ви)
Transistor m ELECTR транзи́стор m; **Transistorradio** n транзи́сторный (ра́дио-)приёмник m
Transit m <-s> (~strecke) транзи́т m
transitiv adj GRAM (Verben) перехо́дный, транзити́вный
transparent adj (Stoff) прозра́чный; **Transparent** n <-[e]s, -e> транспара́нт m
transpirieren vi <вс->поте́ть
Transplantation f транспланта́ция ж, переса́дка ж тка́ней (о́рганов)
Transport m <-[e]s, -e> тра́нспорт m, транспортиро́вка ж; **Transporter** m транспортёр m; **transportfähig** adj (Schiff) перевози́мый; (Verletzte) транспорта́бельный; **transportieren** vt транспорти́ровать несов и сов, перевози́ть <-везти́>; **Transportkosten** pl тра́нспортные расхо́ды m мн; **Transportmittel** n тра́нспортное сре́дство c

Transvestit m <-en, -en> трансвести́т m
Trapez n <-es, -e> SPORT, MATH трапе́ция ж
trat impf v. **treten**
tratschen vi FAM <на->спле́тничать
Traube f <-, -n> гро́здь ж, кисть ж; (Menschenmenge) толпа́ ж; (Wein~n) виногра́д m; **Traubenlese** f сбор m виногра́да; **Traubenzucker** m виногра́дный са́хар m, глюко́за ж
trauen I. vi (vertrauen) <по->ве́рить; (anvertrauen) доверя́ть несов (jd-m/einer Sache dat кому́/чему́-л) **II.** vt (standesamtlich) <за->регистри́ровать брак; (kirchlich) <об-, по->венча́ть кого́-л **III.** vr sich~ ① (sich wagen) осме́ливаться ② (heiraten) ◇ sich ~ lassen <об-, по->венча́ться
Trauer f <-> (Kummer) скорбь ж, печа́ль ж; (um Verstorbene) тра́ур m; **Trauerfall** m слу́чай m сме́рти; **Trauerkleidung** f тра́ур m; **Trauermarsch** m похоро́нный марш m; **trauern** vi горева́ть несов (um akk о ком-л); (betrübt sein) <о->печа́литься; **Trauerspiel** n THEAT траге́дия ж; **Trauerweide** f BOT плаку́чая и́ва ж
traulich adj (gemütlich) ую́тный
Traum m <-[e]s, Träume> сон m, сновиде́ние c; FIG (Wunsch) мечта́ ж, иллю́зия ж; ◇ das fällt mir nicht im ~ ein я да́же и не ду́маю э́то де́лать; ◇ aus der ~! увы́ и ах!
Trauma n <-s, -men o. -ta> MED, PSYCH тра́вма ж
träumen vt, vi ① (im Schlaf) <у->ви́деть во сне; ◇ von jd-m/etw ~ кто/что-л присни́лось/присни́лись кому́-л; ◇ du träumst wohl! ты что, бре́дишь! ② (sich sehnsüchtig wünschen) грёзить несов, мечта́ть несов, (von dat о ком-чём-л); ◇ das hätte ich mir nicht ~ lassen об э́том я не смел и мечта́ть; **Träumerei** f мечты́ ж мн, мечта́ния c мн; **träumerisch** adj (Blick) заду́мчивый; (Mensch) мечта́тельный; **traumhaft** adj ска́зочный, фантасти́ческий; FIG невероя́тный
traurig adj печа́льный, гру́стный; **Traurigkeit** f грусть ж, печа́ль ж
Trauring m обруча́льное кольцо́ c;
Trauschein m свиде́тельство c о бра́ке; **Trauung** f (kirchlich) венча́ние c; (standesamtlich) бракосочета́ние c, регистра́ция ж бра́ка; **Trauzeuge** m, **Trauzeugin** f свиде́тель(ница ж) m а́кта бракосочета́ния
Travellerscheck m (Reisescheck) доро́жный чек m
treffen <trifft, traf, getroffen> **I.** vi ① (Schuss) попада́ть <-па́сть> ② ◇ sie hat es gut getroffen ей повезло́ ③ ◇ auf e-n Gegner ~ встреча́ться с проти́вником **II.** vt ① (begegnen) встре|ча́ть <-ре́-

тить› ② (verletzen) по|пада́ть ‹-па́сть› в кого́-что-л; (auch psychisch) пора|жа́ть ‹-зи́ть› ③ (erfassen, erkennen) ◇ du hast es getroffen ты попа́л в (са́мую) то́чку ④ (Stimmung, Ton) на|ходи́ть ‹-йти́›; (wählen) под|бира́ть ‹-обра́ть› ⑤ (Maßnahmen) принима́ть ‹-я́ть›; ◇ wir haben e-e Vereinbarung getroffen мы заключи́ли соглаше́ние III. vr ① ◇ sich ~ (Menschen) встреча́ться ‹-ре́титься› (mit dat с кем-л); (sich kreuzen) перес|ека́ться ‹-се́чься› ② ◇ es trifft sich gut, dass... э́то о́чень хорошо́, что...; Treffen n ‹-s, -› встре́ча ж; treffend adj (Bemerkung) ме́ткий, то́чный; Treffer m ‹-s, -› (Schuss) попада́ние c; SPORT (Tor) гол м; (Los) вы́игрыш м; FAM ◇ er hat e-n ~ gelandet ему́ повезло́; Treffpunkt m ме́сто с встре́чи; treffsicher adj (Schütze) ме́ткий; FIG (Ausdrucksweise) уда́чный, ве́рный

Treibeis n (auf Meer) дрейфу́ющий лёд м; (auf Fluss) плаву́чий лёд м; treiben ‹trieb, getrieben› I. vt ① (Viehherde) гнать несов, ‹по-›гоня́ть; (auseinander jagen) раз|гоня́ть ‹-огна́ть› ② (drängen) погоня́ть; (veranlassen) ◇ jd-n zu etw ~ заставля́ть кого́-л де́лать что-л ③ (Handel, Sport) зани.ма́ться ‹-я́ться› чем-л; ◇ Spott mit jd-m ~ издева́ться над кем-л ④ (hervorbringen) ◇ Blüten ~ зацвести́; ◇ Knospen ~ пусти́ть по́чки II. vi ① (Pflanzen) пус|ка́ть ‹-ти́ть› ростки́ ② (aufgehen, Hefe) под|нима́ться ‹-ня́ться› ③ (Tee, Kaffee) быть мочего́нным ④ (Eisschollen, Schiff) дрейфова́ть несов ⑤ ◇ es wild [o. bunt] ~ разбушева́ться; VULG (mit jd-m schlafen) спать с кем-л; Treibgas n выта́лкивающий газ м; Treibhaus n тепли́ца ж; Treibhauseffekt m тепли́чный эффе́кт м; Treibjagd f охо́та ж обла́вой; Treibsand m подви́жный песо́к м; Treibstoff m горю́чее c

Trenchcoat m ‹-s, -s› непромока́емый плащ м с по́ясом

Trend m ‹-s, -s› тенде́нция ж; ◇ im ~ der Zeit в ду́хе вре́мени

trennbar adj раздели́мый, отделя́емый; trennen I. vt раздел|я́ть ‹-и́ть›; (Silben) перен|оси́ть ‹-нести́›; (auseinander bringen, Streitende) раз|нима́ть ‹-ня́ть›; (Verbindung) раздел|я́ть ‹-и́ть› II. vr ◇ sich ~ ① (auseinander gehen) расста|ва́ться, расходи́ться ‹разойти́сь› ② (Wege, Ideen) расходи́ться ‹разойти́сь› ③ (etw weggeben) ◇ sich von jd-m/etw ~ расста́ться с кем-чем-л; Trennung f (das Trennen) отделе́ние c; (Abschied) разлу́ка ж, расстава́ние c; (Scheidung) разво́д м; Trennwand f перегоро́дка ж

Treppe f ‹-, -n› ле́стница ж; FAM (Stockwerk) ◇ e-e ~ höher этажо́м вы́ше; Trep-

penabsatz m ле́стничная площа́дка ж; Treppengeländer n ле́стничные пери́ла мн; Treppenhaus n ле́стничная кле́тка ж

Tresor m ‹-s, -e› сейф м

Tretauto n (für Kinder) де́тская автомаши́на с педа́лями; treten ‹tritt, trat, getreten› I. vt ① (mit den Füßen) ‹по-›то́птать ② (Pedal) наж|има́ть ‹-а́ть› ③ (eine Person) ударя́ть ‹уда́рить› ного́й; SPORT (Eckball) разы́грывать ‹-гра́ть›; SPORT ◇ den Ball ~ ударя́ть ного́й по мячу́; ◇ jd-n in den Hintern ~ дать кому́-л пинка́; II. vi ① наступа́ть ‹-пи́ть›; ◇ jd-m auf den Fuß ~ наступа́ть кому́-л на но́гу ② (sich bilden, Tränen) выступа́ть ‹вы́ступить›; ◇ Schweiß trat ihm auf die Stirn у него́ на лбу́ вы́ступил пот; ◇ Tränen traten ihm in die Augen слёзы вы́ступили у него́ на глаза́х; ◇ in Erscheinung ~ появля́ться ‹-и́ться›; ◇ in Aktion ~ нач|ина́ть‹-ча́ть› де́йствовать; ◇ mit jd-m in Verbindung ~ свя́зываться с кем-л

treu adj ве́рный, пре́данный; ◇ jd-m ~ sein быть ве́рным кому́-л; Treue f ‹-› ве́рность ж; Treuhänder(in f) m ‹-s, -› опеку́н(ша ж) м; Treuhandgesellschaft f о́бщество с довери́тельных опера́ций; treuherzig adj (aufrichtig) простоду́шный; (leichtgläubig) дове́рчивый; treulos adj неве́рный, веролóмный

Triangel f MUS треуго́льник м
Tribüne f ‹-, -n› трибу́на ж
Trichter m ‹-s, -› (Einfüll~, Bomben~) воро́нка ж; (Trompeten~ etc.) ра́струб м
Trick m ‹-s, -s› трюк м; (Finte, Kniff) уло́вка ж; Trickaufnahme f кинотрю́к м, трю́ковый кадр м; Trickfilm m мультфи́льм м

trieb impf v. treiben

Trieb m ‹-[e]s, -e› ① (Impuls) поры́в м, побужде́ние c; (Neigung) скло́нность ж, стремле́ние c; ② BIOL (Drang) инсти́нкт м ③ BOT (von Baum, Pflanze) побе́г м, росто́к м; Triebfeder f FIG (innerer Antrieb) дви́жущая си́ла ж; triebhaft adj (Mensch) иду́щий на поводу́ у свои́х инсти́нктов; Triebtäter m престу́пник м, соверша́ющий полово́е преступле́ние; Triebwagen m BAHN мото́рный ваго́н м, автомотри́са ж; Triebwerk n TECH приводно́й механи́зм м

triefen vi ① (tropfen) ка́пать несов; (fließen, strömen) течь несов, струи́ться несов ② PEJ FAM (vor Schmalz) быть перенасы́щенным чем-л

triftig adj (Grund) ве́ский, убеди́тельный

Trikot n ‹-s, -s› ① SPORT ма́йка ж, трико́ c ② (Stoffart) трикота́жный материа́л м

Triller m MUS трель ж; trillern vt за-

ли|ва́>ться тре́лью; **Trillerpfeife** f [пронзи́тельный] свисто́к м
trimmen I. vt ① (Hund) стричь несов, под|стрига́ть <-стри́чь> ② FIG (Sch-ler) приуча́ть <-чи́ть> кого́-л к чему́-л; (Motor, frisieren) соверше́нствовать несов **II.** vr (durch Sport) ◇ sich ~ заниматься физкульту́рой
trinkbar adj (Wasser) го́дный для питья́; **Trinkbecher** m бока́л м; **trinken** <trank, getrunken> vt, vi <по->пи́ть (aus dat из чего́-л); (Alkohol) пить, выпива́ть <вы́пить>; ◇ ~ wir Brüderschaft! вы́пьем на брудерша́фт!; **Trinker(in** f) m <-s, -> пья́ница м/ж, алкого́лик м, алкого́ли́чка ж; **trinkfest** adj непья-не́ющий; **Trinkgeld** n чаевы́е мн; **Trinkspruch** m тост м; **Trinkwasser** n питьева́я вода́ ж
Trio n <-s, -s> MUS три́о с
Trip m <-s, -s> ① (kurze Reise) пое́здка ж ② FIG ◇ er ist auf dem Öko~ он свихну́лся на эколо́гии ③ FAM (Rauschgift) кайф м
trippeln vi семени́ть несов
Tripper m <-s, -> MED три́ппер м
trist adj (öde Gegend, Wetter) се́рый; (schwermütig) уны́лый, печа́льный
Tritt m <-[e]s, -e> ① (Schritt) шаг м ② (Fuß~) пино́к м ③ (Stufe) ступе́нька ж; **Trittbrett** n BAHN, AUTO подно́жка ж; **Trittleiter** f небольша́я ле́сенка ж
Triumph m <-[e]s, -e> триу́мф м, торжество́ с; **triumphal** adj триумфа́льный; **Triumphbogen** m триумфа́льная а́рка ж; **triumphieren** vi <вос->торжествова́ть (über akk над кем-чем-л)
trivial adj тривиа́льный, по́шлый; **Trivialliteratur** f развлека́тельная литерату́ра ж, чти́во с
trocken adj ① сухо́й; (ausgetrocknet) вы́сохший; (Klima) сухо́й, засу́шливый ② (langweilig) ску́чный; (Humor, Mensch) сухо́й ③ (Wein, Sekt) сухо́й; **Tro-ckeneis** n сухо́й лёд м; **Trockenfrucht** f сушёный фру́кт м; **Trockenheit** f су́хость ж; **trockenlegen** vt ① (Sumpf) осуша́ть <-ши́ть> ② (Kind) перепелё́нывать <-лена́ть>; **Trockenlegung** f (von Feuchtgebiet) осуше́ние с; **Tro-ckenmilch** f сухо́е молоко́ с; **trocknen I.** vt (Wäsche) <вы́->суши́ть; (entwässern, Gebiet) осуша́ть <-ши́ть>; (Hände) вытира́ть несов **II.** vi (trocken werden) <вы́->со́хнуть
Trödel m <-s> барахло́ с; **Trödelmarkt** m (Flohmarkt) толчо́к м, толку́чка ж; **trödeln** vi FAM копа́ться несов, вози́ться несов; **Trödler(in** f) m ① (Trö-delhändler/in) старьёвщик м, старьёвщица ж ② FAM (langsame Person) копу́н(ья) м
troff impf v. **triefen**
trog impf v. **trügen**

Trog m <-[e]s, Tröge> (Futter~) коры́то с
Trommel f <-, -n> MUS бараба́н м; (von Revolver) ди́сковый магази́н м; (Wasch-maschinen~) бараба́н м; **Trommelfell** n ANAT бараба́нная перепо́нка ж; **trommeln I.** vi бить в бараба́н, бараба́нить несов **II.** vt FAM ◇ jd-n aus dem Schlaf ~ <раз->буди́ть кого́-л шу́мом; **Trommler(in** f) m <-s, -> бараба́нщик м, бараба́нщица ж
Trompete f <-, -n> труба́ ж; **trompeten I.** vi игра́ть на трубе́; (Elefant) <про->труби́ть; FAM (sich laut schneuzen) гро́мко <вы́->сморка́ться **II.** vt (Marschlied) <про->труби́ть; **Trompeter(in** f) m <-s, -> труба́ч м
Tropen pl тро́пики мн; **Tropenfieber** n тропи́ческая лихора́дка ж; **Tropenkli-ma** n тропи́ческий кли́мат м; **Tropen-medizin** f тропи́ческая медици́на ж
Tropf m <-[e]s, Tröpfe> MED ка́пельница ж; **tröpfeln** vi ка́пать несов; **tropfen I.** vi (Wasserhahn) ка́пать <-нуть>; ◇ der Schweiß tropft ihm von der Stirn у него́ на лбу выступа́ли ка́пли по́та; ◇ es tropft durch die Decke потоло́к протека́ет **II.** vt (Arznei auf Löffel) <на->ка́пать; **Tropfen** m <-s, -> ка́пля ж; (Wein) ◇ ein edler ~ хоро́шее вино́; FIG ◇ ein ~ auf den heißen Stein ка́пля в мо́ре; **trop-fenweise** adv по ка́пле; **Tropfstein-höhle** f сталакти́товая пеще́ра ж
Trophäe f <-, -n> (Jagd~) трофе́й м
tropisch adj тропи́ческий
Trost m <-es> утеше́ние с; FAM ◇ bist du noch bei ~? ты что, совсе́м с ума́ сошёл?; **trösten** vt утеша́ть <уте́шить>; **tröstlich** adj (tröstend) утеши́тельный; (erfreulich) отра́дный; **trostlos** adj (un-tröstlich) безуте́шный; FIG (Wetter, Um-gebung) уны́лый, безотра́дный; (Ver-hältnisse) безнадёжный, отча́янный; **Trostpreis** m утеши́тельный приз м
Trott m <-[e]s, -e> FIG (Routine) обы́денщина ж; ◇ der tägliche ~ повседне́вная суета́
Trottel m <-s, -> FAM дура́к м, простофи́ля м
trotten vi <по->плести́сь, <по->тащи́ться
trotz präp gen o. dat несмотря́ на что́-л; ◇ ~ alledem несмотря́ ни на что
Trotz m <-es> упря́мство с; ◇ aus ~ из упря́мства; ◇ einer Sache zum ~ вопреки́ чему́-л
trotzdem I. adv несмотря́ на э́то **II.** cj (dennoch, obwohl) всё-таки, всё же
trotzen vi (e-m Gegner) <вос->проти́виться (jd-m/etw кому́/чему́-л); (dem Tod) пренебрега́ть <-бре́чь> (etw dat чем-л); ◇ den Gefahren ~ презира́ть опа́сности; **trotzig** adj (dickköpfig, Kind) упря́мый; (hartnäckig) упо́рный; **Trotzkopf** m упря́мец м; **Trotzreaktion** f реа́кция ж проте́ста

trübe adj **1** (matt, Metall) тусклый, матовый; (Augen) тусклый; (Flüssigkeit) мутный; (Wetter) пасмурный, хмурый **2** FIG (Stimmung) мрачный, унылый
Trubel m ‹-s› суто́лока ж, сумато́ха ж
trüben I. vt (Flüssigkeit) ‹вз›мутить; (Stimmung) омрача́ть ‹-чи́ть› **II.** vr ◇ **sich ~** ‹по›мутне́ть; (Himmel) хму́риться несов; (Stimmung) омрача́ться ‹-чи́ться›; (Beziehungen) помрача́ться ‹-чи́ться›; **Trübheit** f ту́склость ж, му́тность ж; **Trübsal** f ‹-› (Trauer) скорбь ж; FAM ◇ **blasen** хандри́ть; **trübselig** adj уны́лый, печа́льный; **Trübsinn** m уны́ние с, меланхо́лия ж; **trübsinnig** adj уны́лый, меланхоли́чный
trudeln vi (Flugzeug) што́порить несов
Trüffel f o. m ‹-, -n› (Pilz, Praline) трю́фель м

trug impf v. **tragen**
trügen ‹trog, getrogen› vt (täuschen) обма́нывать ‹-ну́ть›; вводи́ть в заблужде́ние; **trügerisch** adj (Hoffnung) обма́нчивый; (Schlussfolgerung) ло́жный; **Trugschluss** m ло́жный вы́вод м
Truhe f ‹-, -n› (Wäsche~ etc.) я́щик м; (Holz~, Metall~) сунду́к м
Trümmer pl (Schutt) разва́лины ж мн; (von Flugzeug, Auto) обло́мки м мн; ◇ **in ~n liegen** лежа́ть в разва́линах; **Trümmerhaufen** m гру́да ж разва́лин
Trumpf m ‹-[e]s, Trümpfe› ко́зырь м; FIG ◇ **e-n ~ ausspielen** пуска́ть в ход ко́зырь
Trunkenbold m пья́ница м/ж; **Trunkenheit** f опьяне́ние с; ◇ **wegen ~ am Steuer** за вожде́ние маши́ны в нетре́звом ви́де; **Trunksucht** f пья́нство с, алкоголи́зм м
Truppe f ‹-, -n› (Schauspiel~) тру́ппа ж; MIL во́инская часть ж; **Truppenübungsplatz** m уче́бный полиго́н м
Truthahn m индю́к м; **Truthenne** f инде́йка ж
Tscheche m ‹-n, -n› чех м; **Tschechien** n Че́хия ж; **Tschechin** f че́шка ж; **tschechisch** adj че́шский
Tschetschene m чече́нец м; **Tschetschenin** f чече́нка ж; **tschetschenisch** adj чече́нский
T-Shirt n ‹-s, -s› футбо́лка ж
Tube f ‹-, -n› (Zahnpasta~) тю́бик м
Tuberkulose f ‹-, -n› туберкулёз м
Tuch n ‹-[e]s, Tücher› **1** (Bett~) простыня́ ж; (Kopf~, Hals~) плато́к м; (Putz~) тря́пка ж; ◇ **für jd-n ein rotes ~ sein** раздража́ть кого́-л **2** (Stoff) сукно́ с
Tuchfühlung f ◇ **auf ~ gehen** установи́ть связь (mit jd-m с кем-л)
tüchtig I. adj (arbeitsam) трудолюби́вый, рабо́тящий; (fähig, geschickt) спосо́бный, де́льный **II.** adv (viel) изря́дно, о́чень; **Tüchtigkeit** f де́льность ж, трудолю́бие с

Tücke f ‹-, -n› **1** (Hinterlist) кова́рство с; (Trick) хи́трость ж **2** (Schwierigkeit) препя́тствие с
tuckern vi (Motor) тараxте́ть несов
tückisch adj **1** (arglistig) кова́рный **2** (knifflig) тру́дный; (Berg) опа́сный
tüfteln vi (basteln) мастери́ть несов; (austüfteln) мудри́ть несов
Tugend f ‹-, -en› доброде́тель ж; **tugendhaft** adj доброде́тельный
Tüll m ‹-s, -e› (für Gardine, Kleid) тюль м
Tulpe f ‹-, -n› тюльпа́н м
Tumor m MED о́пухоль ж
Tümpel m ‹-s, -› небольшо́й пруд м
Tumult m ‹-[e]s, -e› столпотворе́ние с, сумато́ха ж
tun ‹tat, getan› **I.** vt **1** (machen) ‹с-›де́лать; (unternehmen, durchführen) предпринима́ть ‹-ня́ть›; (Schritte) предпринима́ть ‹-ня́ть›, ‹с-›де́лать; ◇ **jd-m e-n Gefallen ~** сде́лать кому́-л одолже́ние; ◇ **jd-m etw Böses ~** причини́ть зло кому́-л **2** (Pflicht) исполня́ть ‹-по́лнить› **3** (arbeiten) ‹по-› рабо́тать; ◇ **nichts ~** ничего́ не де́лать; ◇ **er hat noch zu ~** он ещё за́нят **4** FAM (funktionieren) ◇ **das Auto tut es wieder nicht** маши́на сно́ва не рабо́тает **5** FAM (legen) класть ‹положи́ть›; ◇ **etw in c-n Sack ~** положи́ть что-л в мешо́к; (an e-n Ort) ◇ **ein Kind ins Heim ~** сда́ть ребёнка в прию́т **6** (irrelevant sein) ◇ **deine Antwort tut nichts zur Sache** твой отве́т ничего́ не зна́чит; ◇ **das hat damit nichts zu ~** э́то к де́лу не отно́сится **7** (in Verbindung stehen) ◇ **ich habe mit ihm nichts zu ~** я к нему́ не име́ю никако́го отноше́ния; ◇ **jd bekommt es mit jd-m zu ~** кто́-л бу́дет име́ть де́ло с кем-л **8** (Probleme haben) ◇ **er hat es mit dem Magen zu ~** у него́ с желу́дком не в поря́дке **II.** vi (sich benehmen) ◇ **so ~, als ob** притворя́ться ‹-ри́ться› кем-л; ◇ **tust du nur so, oder bist du so blöd** ты действи́тельно тако́й глу́пый и́ли то́лько притворя́ешься; ◇ **ihr tätet gut daran, die Hoffnung aufzugeben** сове́туем вам оста́вить ва́шу наде́жду **III.** vr **1** (ereignen) ◇ **es tut sich etw [viel]** де́ло не сто́ит на ме́сте [мно́гое происхо́дит] **2** (sich verletzen) ◇ **sich** dat **etw ~** пора́ниться **3** (begreifen, lernen) **jd tut sich schwer mit dem Lernen** кому́-л учёба даётся тру́дно
Tun n ‹-s› о́браз м де́йствий
tünchen vt (Wand) ‹вы-›бели́ть
Tuner m ‹-s› ◇ блок м настро́йки, тю́нер м
Tunesien n ‹-s› Туни́с м; ◇ **nach/in ~** в Туни́с/е; **Tunesier(in** f) m ‹-s, -› туни́сец м, туни́ска ж; **tunesisch** adj туни́сский
Tunke f подли́вка ж, со́ус м; **tunken** vt (Brot) мака́ть ‹-ну́ть›

tunlichst adv (möglichst) по возмо́жности; ◇ **~ bald** как мо́жно скоре́е
Tunnel m ‹-s, - o. -s› тунне́ль m
Tunte f ‹-, -n› PEJ (Homosexueller) го́мик m
tupfen vt (Punkte aufmalen) покры́ва́ть пя́тнышками, кра́пинками; **Tupfen** m ‹-s, -› кра́пинка ж; (als Muster) горо́шек m
Tür f ‹-, -en› дверь ж; FIG ◇ **mit der ~ ins Haus fallen** вы́ложить всё сра́зу; ◇ **Tag der offenen ~** день откры́тых двере́й; ◇ **~ an ~** дверь в дверь; ◇ **jd-n vor die ~ setzen** вы́ставить кого́-л за дверь
Turban m ‹-s, -e› чалма́ ж
Turbine f турби́на ж
Turbomotor m турбодви́гатель m
turbulent adj бу́рный; турбуле́нтный;
Turbulenz f (Luft~) завихре́ние c, турбуле́нтность ж; FIG (Unruhe) волне́ние c
Türgriff m дверна́я ру́чка ж
Türke m ‹-n, -n› туро́к m; **Türkei** f ‹-› Ту́рция ж; ◇ **in die/der ~** в Ту́рцию/в Ту́рции; **Türkin** f турча́нка ж
türkis adj ‹inv› бирюзо́вый
Türkis m ‹-es, -e› (Edelstein) бирюза́ ж
türkisch adj туре́цкий
Türklinke f (Türgriff) дверна́я ру́чка ж
Turm m ‹-[e]s, Türme› ① ба́шня ж; (Kirch~) колоко́льня ж ② SCHACH ладья́ ж
türmen vi FAM (weglaufen) удира́ть
türmen vr ◇ **sich ~** ① (Wellen) подни-ма́ться несов ② (Bücher) громозди́ться несов
Turmspitze f верху́шка ж ба́шни;
Turmspringer(in f) m прыгу́н(ья ж) m свы́шки
turnen vi занима́ться гимна́стикой;
Turnen n ‹-s› гимна́стика ж; SCH уро́к m гимна́стики; **Turner(in** f) m ‹-s, -› гимна́ст(ка ж) m; **Turngerät** n гимнасти́ческий снаря́д m; **Turnhalle** f спорти́вный зал m; **Turnhose** f (kurz) спорти́вные трусы́ мн
Turnier n ‹-s, -e› SPORT турни́р m
Turnschuh m (für den Sportunterricht) ке́ды мн
Türöffner m электри́ческое устро́йство c для автомати́ческого открыва́ния две́ри; **Türschloss** n дверно́й замо́к m
Turteltaube f го́рлица ж
Tusche f ‹-, -n› (Tinte, Wimpern~) тушь ж
tuscheln vt, vi шепта́ться несов, шушу́каться несов
tuschen vt (Wimpern) ‹по-›кра́сить
Tuschkasten m коро́бка ж кра́сок
Tüte f ‹-, -n› ① (Papier~) кулёк m; (Trag~) паке́т m; ◇ **das kommt gar nicht in die ~!** об э́том не мо́жет быть и ре́чи! ② (Eiswaffel) ва́фельный стака́нчик m (для моро́женого)

tuten vi (Nebelhorn) дава́ть гудки́
TÜV m ‹-› TECH Akr. v. **Technischer Überwachungsverein** техни́ческий контро́ль m, техосмо́тр m

TÜV

Все транспортные средства, а также некоторые устройства, от работы которых зависит жизнь людей (например, лифты или некоторые медицинские аппараты), каждые два года проходят в Германии в обязательном порядке тщательную техническую проверку. Уклонение от этой проверки влечёт за собой наказание — денежный штраф. Проверку на безопасность в эксплуатации проводит служба технадзора (TÜV).

Twen m ‹-s, -s› ю́ноша m (де́вушка ж) в во́зрасте от двадцати́ до двадцати́ девяти́ лет
Typ m ‹-s, -en› ① (Gattung, Art) тип m; (Auto~, Modell) моде́ль ж ② FAM (Kerl) тип m; ◇ **dein ~ wird verlangt!** тебя́ на про́вод!; ◇ **sie ist nicht sein ~** она́ не в его́ вку́се
Type f ‹-, -n› TYP ли́тера ж
Typhus m ‹-› MED тиф m
typisch adj типи́чный, характе́рный
Tyrann(in f) m ‹-en, -en› тира́н m;
Tyrannei f тирани́я ж; **tyrannisch** adj тирани́чный; **tyrannisieren** vt тира́нить несов

U, u n У, у
u. a. Abk. v. **unter anderem** в т. ч. (в том числе́); **und andere(s),** и др. (и други́е, други́е), и пр. (и про́чие, про́чее)
u. A. w. g. Abk. v. **um Antwort wird gebeten** про́сьба отве́тить
U-Bahn f метро́ c; **U-Bahnstation** f ста́нция ж метро́
übel adj ① (schlecht, Zustand) плохо́й, дурно́й; (unwohl) ◇ **mir ist ~** мне пло́хо/ду́рно, меня́ тошни́т ② (Geruch) дурно́й, неприя́тный, скве́рный ③ (Streich) плохо́й, злой
Übel n ‹-s, -› ① (Missstand) зло c ② (Krankheit) неду́г m, боле́знь ж ③ (Unglück) несча́стье c, беда́ ж; ◇ **zu allem ~** в дове́ршение ко всему́; ◇ **das kleinere ~** наиме́ньшее зло; **übel gelaunt**

adj не в ду́хе, ду́рно настро́енный; **Übelkeit** *f* тошнота́ *ж,* дурнота́ *ж;* **übel nehmen** *unreg vt* ◊ **jd-m etw** ~ обижа́ться ⟨оби́деться⟩ на кого́-л за что́-л; **übel riechend** *adj* злово́нный, ду́рно па́хнущий

üben I. *vt* 1 (*Geige, Turnen*) упражня́ться *несов* в чём-л 2 (*trainieren*) ⟨на-⟩тренирова́ть 3 ◊ **Kritik an jd-m/ etw** ~ критикова́ть *несов* кого́/что-л II. *vi* ⟨на-⟩тренирова́ться, упражня́ться **III.** *vr* ◊ **sich in Geduld** ~ проявля́ть терпе́ние

über I. *präp dat/akk* 1 (*räumlich*) (*oberhalb von*) над чем-кем-л; ◊ ~ **den Wolken** над облака́ми; (*auf*) над чем-л, по чему́-л; ◊ ~ **e-e Brücke** ~ **den Fluss bauen** постро́ить мост над реко́й; ◊ ~ **die Brücke laufen** идти́ по мосту́; (*länger, größer, mehr als*) бо́лее, свы́ше, сверх чего́-чего́-л; ◊ ~ **2 m groß** бо́лее двух ме́тров; (*via*) ◊ ~ **Berlin fahren** е́хать че́рез Берли́н 2 (*zeitlich*) (*bei, während*) за чем-л, во вре́мя чего́-л; ◊ ~ **der Arbeit einschlafen** усну́ть за рабо́той; (*sehr schnell*) ◊ ~ **Nacht** бы́стро, за о́чень коро́ткое вре́мя; (*zeitlich, länger als*) свы́ше чего́-л, сверх чего́-л, бо́лее чего́-л; ◊ ~ **2 Stunden** бо́лее двух часо́в 3 (*betreffend*) о ком-чём-л; ◊ ~ **etw/jd-n reden** говори́ть о чём-ком-л 4 (*mittels*) че́рез кого́-что-л, по чему́-л; ◊ **sie bekam die Stelle** ~ **e-e Freundin** она́ устро́илась на рабо́ту че́рез подру́гу **II.** *adv* 1 ◊ **den Winter** ~ всю зи́му 2 *FAM* (*übrig*) ◊ **ich habe 1 Euro** ~ у меня́ оста́лся ещё оди́н е́вро

überall *adv* везде́, (по)всю́ду; (*auf jedem Gebiet*) ◊ ~ **Bescheid wissen** во всём хорошо́ разбира́ться

Überangebot *n* избы́точное предложе́ние *c* (*an dat* чего́-л)

überanstrengen *vr* ◊ **sich** ~ перена|пряга́ться ⟨-пря́чься⟩, надрыва́ться ⟨-дорва́ться⟩

überarbeiten I. *vt* (*Aufsatz*) перера|ба́тывать ⟨-бо́тать⟩ **II.** *vr* ◊ **sich** ~ переуто|мля́ться ⟨-ми́ться⟩

überaus *adv* (*äußerst*) весьма́

überbelichten *vt* FOTO переде́р|живать ⟨-жа́ть⟩

überbevölkert *adj* перенаселённый; **Überbevölkerung** *f* перенаселе́ние *c*

überbewerten *vt* переоце́нивать ⟨-ни́ть⟩, сли́шком высоко́ оце́нивать ⟨-ни́ть⟩

überbieten *unreg vt* 1 (*bei Auktion*) предлага́ть ⟨-ложи́ть⟩ бо́лее высо́кую це́ну 2 (*Rekord*) превыша́ть ⟨-вы́сить⟩, ⟨по-⟩би́ть 3 *FIG* (*übertreffen*) превосходи́ть ⟨-зойти́⟩ (*an dat* в чём-л)

Überbleibsel *n* оста́ток *м;* (*veralteter Brauch*) пережи́ток *м*

Überblick *m* 1 (*freie Sicht*) вид *м* 2 *FIG* (*Zusammenfassung*) обзо́р *м,* обозре́ние *c;* ◊ **den** ~ **verlieren** потеря́ть ориента́цию; **überblicken** *vt* 1 (*Stadt*) оки́дывать ⟨-нуть⟩ взгля́дом, обводи́ть ⟨-вести́⟩ взгля́дом 2 *FIG* (*Lage*) ориенти́роваться в чём-л, разбира́ться в чём-л

überbringen *unreg vt* (*Botschaft*) передава́ть ⟨-да́ть⟩; **Überbringer(in** *f*) *m* доста́вщик *м,* доста́вщица *ж*

überbrücken *vt* 1 (*Krisenzeit*) преодоле́|ва́ть ⟨-лéть⟩ 2 (*Gegensätze*) при|миря́ть ⟨-мири́ть⟩

überdenken *unreg vt* (*Entscheidung*) обду́м|ыва|ть

überdies *adv* (*außerdem*) кро́ме того́, сверх того́

überdimensional *adj* огро́мный, грома́дный

Überdruss *m* ⟨-es⟩ пресыще́ние *c;* **überdrüssig** *adj* ◊ **jd ist e-r Sache** ~ кому́-л надое́ло что-л

überdurchschnittlich *adj* незауря́дный, необыкнове́нный

übereifrig *adj* чрезме́рно рья́ный

übereinander *adv* 1 (*räumlich*) друг над дру́гом 2 (*sprechen*) друг о дру́ге

übereinkommen *unreg vi* догова́риваться ⟨-вори́ться⟩; **Übereinkunft** *f* ⟨-, -künfte⟩ соглаше́ние *c,* договорённость *ж*

übereinstimmen *vi* 1 (*e-r Meinung sein*) быть согла́сным с кем-л 2 (*Aussagen*) совпада́ть ⟨-па́сть⟩ 3 (*Farben*) подходи́ть ⟨-ойти́⟩ к чему́-л; **Übereinstimmung** *f* согла́сие *c;* ◊ **zwei Sachen in** ~ **bringen** привести́ что-л в соотве́тствие с чем-л

überempfindlich *adj* сверхчувстви́тельный

überfahren ⟨überfuhr, hat überfahren⟩ *vt* 1 (*überrollen*) перееэжа́ть ⟨-е́хать⟩ 2 (*rote Ampel*) проезжа́ть ⟨-е́хать⟩ 3 *FIG* (*überrumpeln, Kunden*) наду́⟨ва́⟩ть; **Überfahrt** *f* перепра́ва *ж*

Überfall *m* (*Raub*~) нападе́ние *c;* **überfallen** *unreg vt* 1 (*Person*) на|пада́ть ⟨-па́сть⟩; (*Bank*) ограбля́ть ⟨-ра́бить⟩ 2 MIL (*Land*) вторга́ться ⟨-ргнуться⟩ 3 (*plötzlich auftauchen, Müdigkeit*) одоле́|ва́ть

überfällig *adj* 1 (*Zahlung*) просро́ченный 2 (*verspätet, Zug*) запозда́вший **überfliegen** *unreg vt* 1 (*Meer, mit Flugzeug*) переле|та́ть ⟨-те́ть⟩ 2 (*Text*) про|бега́ть ⟨-жа́ть⟩ глаза́ми

Überfluss *m* 1 (*Überangebot*) избы́ток *м* 2 (*Luxus*) изоби́лие *c;* ◊ **im** ~ **leben** жи́ть в изоби́лии; **Überflussgesellschaft** *f* о́бщество *c,* живу́щее в материа́льном изоби́лии

überflüssig *adj* 1 (*unnötig*) (из)ли́шний **2** (zwecklos) бесполе́зный, нену́жный

überfordern vt предъявля́ть <-ви́ть> чрезме́рные тре́бования

überführen[1] <überführte, hat über[ge]führt> vt (Auto, Leichnam) перево|зи́ть <-везти́>

überführen[2] <überführte, hat überführt> vi (Schuld beweisen) улича́ть <-чи́ть> в чём-л

Überführung f **1** (Auto) перево́зка ж **2** (Täter) изобличе́ние с **3** (Brücke) путепрово́д м; (Fußgänger~) пешехо́дный мост м

überfüllt adj (Saal) перепо́лненный

Übergabe f переда́ча ж

Übergang m **1** (Bahn~, Grenz~) перехо́д м **2** FIG (Wandel) перехо́дный пери́од; **Übergangslösung** f (Zwischenlösung) вре́менное реше́ние с; **Übergangsstadium** n перехо́дная ста́дия ж

übergeben unreg **I.** vt **1** (aushändigen, Brief) переда<ва́>ть, вруча́ть <-чи́ть> **2** (Geschäft, Amt) переда<ва́>ть **3** MIL (ausliefern, Stadt) сда<ва́>ть **II.** vr (erbrechen) ◇ sich ~ <вы́->рвать, <вы́-, с->тошни́ть

übergehen[1] <ging über, ist übergegangen> vi **1** (Besitz) пере|ходи́ть <-йти́> (auf akk к кому́-чему́-л) **2** (zum Feind) переходи́ть <-йти́> (zu dat к кому́-чему́-л) **3** (überleiten) пере|ходи́ть <-йти́>; ◇ auf ein anderes Thema ~ перейти́ на другу́ю те́му **4** (sich wandeln) ◇ Regen geht in Schnee über дождь перехо́дит в снег

übergehen[2] <überging, hat übergangen> vt **1** (auslassen) пропуска́ть <-ти́ть> **2** (nicht berücksichtigen) обходи́ть <-ойти́>

übergeschnappt adj спяти́вший

Übergewicht n изли́шний вес м

überglücklich adj о́чень счастли́вый, вне себя́ от сча́стья

Übergriff m (Einmischung) вмеша́тельство с, (Missbrauch) злоупотребле́ние с

überhaben unreg vt FAM **2** (übrig haben) ◇ er hat Geld über у него́ оста́лись де́ньги

überhand nehmen unreg vi учаща́ться <-сти́ться>, чрезме́рно разра|ста́ться <-сти́сь>

überhäufen vt (mit Geschenken) зава́ли|вать <-ли́ть> (mit чем-л); (mit Vorwürfen) осыпа́ть <осы́пать> (mit чем-л)

überhaupt **1** adv вообще́; ◇ ~ nicht совсе́м не **2** Partikel (denn, eigentlich) кста́ти, со́бственно; ◇ was kostet das ~? ско́лько э́то, со́бственно, сто́ит?

überheblich adj надме́нный, зано́счивый; **Überheblichkeit** f надме́нность ж

überhöht adj (Preis) завы́шенный

überholen vt **1** (mit Auto) об|гоня́ть <-огна́ть> **2** (reparieren) <от->ремон-

ти́ровать; **überholt** adj (veraltet) устаре́лый, устаре́вший; **Überholverbot** n запреще́ние с обго́на

überhören vt **1** (nicht hören) прослу́шивать <-шать> **2** (ignorieren) пропуска́ть <-ти́ть> ми́мо уше́й

überirdisch adj **1** (himmlisch) незе́мной **2** (göttlich) боже́ственный, ди́вный

überkommen unreg vt (Gefühl) охва́тывать <-ти́ть>

überladen unreg vt перегружа́ть <-зи́ть>

überlagern **I.** vt (zudecken, Schicht) насла́ивать <-сло́ить> **II.** vr (sich überschneiden, Interessen) ◇ sich ~ совпада́ть <-па́сть>

überlassen unreg vt **1** (geben, leihen) ◇ jd-m etw ~ предо|ставля́ть <-ста́вить> кому́-л что-л **2** (Entscheidung) предо|ставля́ть <-ста́вить>

überlasten vt (Person, Wagen) перегружа́ть <-зи́ть>; **Überlastung** f перегру́зка ж

überlaufen[1] unreg vi **1** (Wasser) перели́ва́>ться че́рез край; (Milch) выбега́ть <вы́бежать> **2** (desertieren) ◇ zum Feind ~ перебе|га́ть <-жа́ть> к врагу́

überlaufen[2] adj (Arzt, Kurort, Schwimmbad) ◇ ~ sein быть перепо́лненным

Überläufer m (Deserteur) перебе́жчик м

überleben vt **1** (Unfall) выжива́ть <вы́жить> **2** (länger leben) пережи́ва́>ть; **Überlebende(r)** fm вы́живший(-ая ж) м, оста́вшийся(-аяся ж) м в живы́х

überlegen[1] vi (nachdenken) <по->ду́мать; (ausdenken) ◇ sich dat etw ~ приду́мать что-л

überlegen[2] adj ◇ jd-m ~ sein превосходи́ть кого́-л в чём-л

Überlegenheit f превосхо́дство с

Überlegung f (Nachdenken) размышле́ние с

überliefern vt (Tradition) переда<ва́>ть; **Überlieferung** f преда́ние с, тради́ция ж

überlisten vt перехитри́ть сов

überm = über dem

übermächtig adj **1** (Gefühl) непреодоли́мый **2** (Heer) превосходя́щий

Übermaß n избы́ток м; **übermäßig** **I.** adj (exzessiv) чрезме́рный **II.** adv ◇ ~ rauchen сли́шком мно́го кури́ть

übermenschlich adj сверхчелове́ческий

übermitteln vt (Nachricht) переда<ва́>ть

übermorgen adv послеза́втра

Übermüdung f переутомле́ние с

Übermut m (Ausgelassenheit) озорство́ с, задо́р м; **übermütig** adj озорно́й, шаловли́вый

übernachten vi <пере->ночева́ть (im в чем-л, bei jd-m у кого́-л); **übernächtigt** adj утомлённый, уста́лый; **Übernachtung** f ночёвка ж; ◇ ~ und Frühstück ночёвка ж с за́втраком

Übernahme f <-, -n> **1** (Empfang) приём м **2** (von Arbeit, Kosten, Verantwortung) взя́тие с на себя́ **3** (von Amt) вступле́ние с; **übernehmen** unreg vt **I.** vt **1** (Geschäft, Aufgabe) брать <взять> на себя́ **2** JURA (Fall) брать <взять> на себя́ **II.** vr (sich überanstrengen) ◇ sich ~ надрыва́ться <-дорва́ться>

überprüfen vt (kontrollieren) проверя́ть <-ве́рить>; (Ergebnis) сверя́ть <све́рить>; **Überprüfung** f прове́рка ж, контро́ль м, пересмо́тр м

überqueren vt (Straße) пересека́ть <-се́чь>

überragend adj FIG превосхо́дный

überraschen vt **1** (erstaunen) удивля́ть <-ви́ть> **2** (ertappen) засти́гать <-ти́чь> враспло́х; **Überraschung** f **1** (Geburtstags~) сюрпри́з м, неожи́данность ж **2** (Erstaunen) удивле́ние с

überreden vt (überzeugen) угова́ривать <-вори́ть> (jd-n zu etw кого́-л на что-л)

überreichen vt переда<ва́>ть, вруча́ть <-чи́ть>

überreizt adj кра́йне раздражённый

Überreste m pl **1** (sterblich) оста́нки мн **2** (Trümmer) обло́мки м мн, разва́лины мн

überrumpeln vt FAM ошело́мля́ть <-ми́ть>

übers = über das

übersättigen vt (Markt), a. FIG перенасыща́ть <-сы́тить>

Überschallgeschwindigkeit f сверхзвукова́я ско́рость ж

überschatten vt FIG (trüben) ◇ der Tod des Vaters überschattete die Feier смерть отца́ омрачи́ла торжество́

überschätzen **I.** vt (überbewerten) переоце́нивать <-ни́ть> **II.** vr (sich zu viel zutrauen) ◇ sich ~ переоце́нивать <-ни́ть> себя́

überschäumen vi **1** (Sekt) перели<ва́>ться че́рез край **2** FIG (vor Glück) кипе́ть несов, выходи́ть из себя́

Überschlag m **1** (ungefährer Betrag) приме́рный расчёт м **2** SPORT переворо́т м

überschlagen <überschlug, hat überschlagen> **I.** vt **1** (ungefähr berechnen) приблизи́тельно рассчи́тывать <-та́ть>, прики́дывать <-нуть> **2** (auslassen) пропуска́ть <-ти́ть> **II.** vr ◇ sich ~ **1** (Auto) переверты́ваться <-верну́ться> **2** (umkippen, Stimme) срыва́ться <сорва́ться>

überschnappen vi FAM (verrückt werden) спя́тить сов, рехну́ться сов

überschneiden unreg vr ◇ sich ~ **1** (sich kreuzen) пересека́ться <-се́чься> **2** (Termine) совпада́ть <-па́сть> во вре́мени

überschreiben unreg vt (Eigentum) переписывать <-са́ть> что-л на кого́-л

überschreiten unreg vt **1** (Grenze, Fluss) переходи́ть <-йти́> **2** FIG (Befugnisse) превыша́ть <-вы́сить>; (Gesetz) наруша́ть <-ру́шить>, преступа́ть <-пи́ть>

Überschrift f загла́вие с, заголо́вок м

Überschuss m изли́шек м; **überschüssig** adj (Energie) избы́точный, изли́шний

überschütten vt (überhäufen), a. FIG ◇ jd-n mit etw ~ засыпа́ть <-сы́пать> кого́-л чем-л

überschwänglich adj чрезме́рный

überschwemmen vt залива́ть, затопля́ть <-пи́ть>; **Überschwemmung** f наводне́ние с

überschwenglich = überschwänglich

Übersee ◇ nach ~ auswandern эмигри́ровать за океа́н

übersehbar adj **1** (überblickbar) обозри́мый **2** FIG (absehbar, Folgen) обозри́мый, предви́денный; **übersehen** unreg vt **1** (Gelände) обозре<ва́>ть **2** FIG (abschätzen) предви́деть **3** (Fehler) не замеча́ть <-ме́тить>

übersenden unreg vt пересыла́ть

übersetzen¹ <übersetzte, hat übersetzt> vt (übertragen) переводи́ть <-вести́>; ◇ aus dem Russischen ins Deutsche ~ перевести́ с ру́сского на неме́цкий

übersetzen² <setzte über, hat übergesetzt> vt (Fähre) переправля́ть <-пра́вить>

Übersetzer(in f) m <-s, -> перево́дчик м, перево́дчица ж; **Übersetzung** f (Übertragung) перево́д м

Übersicht f (Überblick) обзо́р м; **übersichtlich** adj **1** (leicht zu überblicken) обозри́мый **2** (klar geordnet) чёткий, я́сный; **Übersichtlichkeit** f (von Darstellung) я́сность ж, нагля́дность ж

übersiedeln vi (in anderes Land) пересели́ться <-ли́ться>; **Übersiedler(in** f) m переселе́нец м, переселе́нка ж

überspannt adj **1** (exzentrisch) эксцентри́чный **2** (übertrieben) чрезме́рный

überspielen vt **1** (auf Tonband) перепи́сывать <-са́ть> **2** (verbergen) скры<ва́>ть

überspitzt adj (übertrieben scharf) преувели́ченный, утри́рованный

überspringen¹ <übersprang, hat übersprungen> vt **1** (Hürde) перепры́гивать <-нуть> **2** FIG (übergehen) пропуска́ть <-ти́ть>; (Schulklasse) перепры́гивать <-нуть>

überspringen² <sprang über, ist übersprungen> vi a. FIG (Funke) переска́кивать <-кочи́ть>

überstehen¹ <überstand, hat überstanden> vt (Krise) пережи<ва́>ть, переноси́ть <-нести́>

überstehen² <stand über, hat/ist übergestanden> vi (übertragen, Knochen) выступа́ть несов, выдава́ться несов

übersteigen unreg vt **1** (Mauer) перелез⟨а́⟩ть, преодоле⟨ва́⟩ть **2** FIG (*Fähigkeiten, Vorstellungen*) выходи́ть ⟨вы́йти⟩ за ра́мки чего-л; (*Möglichkeiten*) превосходи́ть ⟨-зойти́⟩; **übersteigert** *adj* преувели́ченный, завы́шенный

überstimmen *vt* (*Person, Antrag*) побежда́ть ⟨-ди́ть⟩ большинство́м голосо́в

überstrapazieren *vt* **1** (*Gerät*) перегру́жа́ть ⟨-зи́ть⟩, ⟨ис-⟩трепа́ть **2** FIG (*Argument*) зата́скивать ⟨-ка́ть⟩

Überstunden *f pl* сверхуро́чные часы́ *мн*

überstürzen **I.** *vt* (*voreilig handeln*) (сли́шком) ⟨по-⟩торопи́ться с чем-л **II.** *vr* (*Ereignisse*) ◇ **sich ~** бу́рно разви́⟨ва́⟩ться; **überstürzt** *adj* (*voreilig*) поспе́шный, преждевре́менный, необду́манный

übertariflich *adj* сверх тари́фа

überteuert *adj* по завы́шенной цене́

übertönen *vt* заглуша́ть ⟨-ши́ть⟩

Übertrag *m* ⟨-[e]s, -träge⟩ COMM (*Rechnungs~*) перено́с *m*; **übertragbar** *adj* **1** JURA переноси́мый **2** (*Methode*) применя́мый **3** MED зара́зный

übertragen¹ *unreg* **I.** *vt* **1** (*Rechte, Methode, Krankheit*) пере|носи́ть ⟨-нести́⟩ (*auf akk* на) **2** TECH (*Kraft*) переда́⟨ва́⟩ть **3** MEDIA (*Sendung*) переда́⟨ва́⟩ть, трансли́ровать *несов и сов* **4** (*übersetzen, Text*) пере|води́ть ⟨-вести́⟩ (*in akk* на) **II.** *vr* MED, TECH ◇ **sich ~** переда́⟨ва́⟩ться (*auf akk* на кого-что-л, кому́-л)

übertragen² *adj* (*nicht wörtlich*) ◇ **in ~er Bedeutung** в перено́сном смы́сле

Übertragung *f* (*das Übertragen*) перево́д *m*; MEDIA трансля́ция *ж*, переда́ча *ж*; MED, FIN перено́с *m*

übertreffen *unreg* **I.** *vt* (*besser sein*) превосходи́ть ⟨-зойти́⟩ (*an dat* в чём-л) **II.** *vr* ◇ **sich selbst ~** превзойти́ самого́ себя́

übertreiben *unreg vt* **1** (*Erzählung*) преувели́чи⟨ва́⟩ть **2** (*etw übereifrig tun*) не знать ме́ры (*mit* в чём-л); **Übertreibung** *f* преувеличе́ние *с*

übertreten¹ ⟨übertrat, hat übertreten⟩ *vt* **1** (*Grenze*) пере|ходи́ть ⟨-йти́⟩ **2** FIG (*Gesetz*) наруша́ть ⟨-ру́шить⟩

übertreten² ⟨trat über, ist übergetreten⟩ *vi* **1** (*zu anderem Glauben*) пере|ходи́ть ⟨-йти́⟩ (в другу́ю ве́ру) **2** (*über die Ufer treten, Fluss*) выходи́ть ⟨вы́йти⟩ (из берего́в) **3** SPORT (*die Linie ~*) переша́гивать ⟨-ну́ть⟩ (*über etw akk* за что-л)

übertrieben *adj* **1** (*verfälscht, Darstellung*) преувели́ченный **2** (*zu stark, Ordnungsliebe*) чрезме́рный, преде́льный

Übertritt *m* **1** (*Grenz~*) перехо́д *m* **2** (*zu Glauben, in Partei*) обраще́ние *с* **3** (*Wechsel, Schul~*) перево́д *m*

übervoll *adj* (*Glas*) перепо́лненный; (*Saal*) битко́м наби́тый

überwachen *vt* **1** (*Produktion*) ⟨про-⟩контроли́ровать **2** (*Häftling*) охраня́ть *несов* **3** (*Verdächtigen, Patient*) следи́ть за кем-л; **Überwachung** *f* наблюде́ние *с*, контро́ль *m*

überwältigen *vt* **1** (*Person*) одоле́⟨ва́⟩ть, оси́ли⟨ва́⟩ть **2** FIG (*Gefühl, Schlaf*) овладе́⟨ва́⟩ть; **überwältigend** *adj* (*Mehrheit*) подавля́ющий; (*Schönheit*) потряса́ющий

überwechseln *vi* (*zu Glauben*) пере|ходи́ть ⟨-йти́⟩ (*zu* к чему́-л)

überweisen *unreg vt* **1** FIN (*Geld*) пере|води́ть ⟨-вести́⟩ (*auf akk* на что-л) **2** (*Patienten*) на|правля́ть ⟨-пра́вить⟩ (*an akk* к кому́-л во что-л); **Überweisung** *f* **1** FIN (*Bank~*) перечисле́ние *с*, перево́д *m* **2** (*von Patienten*) направле́ние *с* **3** (*~sschein*) направле́ние *с* к врачу́-специали́сту

überwiegen *unreg vi* преоблада́ть *несов*; **überwiegend** **I.** *adj* преоблада́ющий **II.** *adv* бо́льшей ча́стью

überwinden *unreg* **I.** *vt* (*Angst*) преодоле́⟨ва́⟩ть **II.** *vr* (*sich e-n Ruck geben*) ◇ **sich ~** превоз|мога́ть ⟨-мо́чь⟩ себя́; **Überwindung** *f* преодоле́ние *с*

Überzahl *f* (*Mehrzahl*) ◇ **in der ~ sein** име́ть чи́сленное превосхо́дство; **überzählig** *adj* **1** (*überflüssig*) ли́шний **2** (*überschüssig*) избы́точный, изли́шний

überzeugen **I.** *vt* (*durch Argumente*) убежда́ть ⟨-ди́ть⟩ (*von* в чём-л); ◇ **jd-n vom Gegenteil ~** переубежда́ть ⟨-ди́ть⟩; ◇ **jd-n von der Richtigkeit e-r Sache ~** убеди́ть кого-л в пра́вильности чего-л **II.** *vr* (*sich vergewissern*) ◇ **sich ~** убежда́ться ⟨-ди́ться⟩ (*von dat* в чём-л); **überzeugend** *adj* убеди́тельный; **Überzeugung** *f* убежде́ние *с*; ◇ **zu der ~ gelangen, dass ...** убеди́ться в том, что ...

überziehen¹ ⟨zog über, hat übergezogen⟩ *vt* **1** (*Pullover*) наде́⟨ва́⟩ть чтó-л пове́рх чего́-л **2** FAM ◇ **jd-m eins ~** огрéть кого́-л чем-л по голове́

überziehen² ⟨überzog, hat überzogen⟩ *vt* **1** (*bedecken, mit Belag*) покры́⟨ва́⟩ть **2** (*beziehen*) ⟨по-⟩стели́ть; ◇ **das Bett frisch ~** смени́ть посте́льное бельё **3** (*Konto*) пре|выша́ть ⟨-вы́сить⟩ **4** (*Sendezeit*) затя́гивать ⟨-ну́ть⟩ вре́мя

Überziehungskredit *m* FIN овердра́фт *m*

Überzug *m* **1** (*Beschichtung, aus Metall*) покры́тие *с*; (*Zucker~*) глазу́рь *ж* **2** (*Bett~*) пододея́льник *m*; (*Kissen~*) на́волочка *ж*

üblich *adj* (*normal, gebräuchlich*) обы́чный, при́нятый; ◇ **das ist bei uns so ~** у нас так при́нято

U-Boot *n* подво́дная ло́дка *ж*

übrig *adj* **1** (*restlich*) оста́вшийся; ◇ **ist**

vom Essen noch etw ~? с обéда ещё остáлось что-л? **②** ◇ **die ~en Personen** остальны́е ли́ца [лю́ди] **③** *FAM* ◇ **ich habe für sie nicht viel** ~ онá мне не óчень симпати́чна **④** ◇ **im Ü~en** крóме тогó

übrig bleiben *unreg vi* **①** *(Essen)* остáва́ться **②** *FIG (keine Wahl haben)* ◇ **es blieb mir nichts anderes übrig, als ...** мне не остáлось ничегó другóго, как...

übrigens *adv* впрóчем

übrig lassen *unreg vt* **①** *(nicht verbrauchen)* оставля́ть ⟨-ста́вить⟩ **②** ◇ **zu wünschen** ~ оставля́ть жела́ть лу́чшего

Übung *f* **①** *(das Üben, Training)* упражнéние *с* **②** *(Praxis)* нáвык *м*, óпыт *м*; ◇ **ihm fehlt die** ~ ему́ не хватáет óпыта

UdSSR *f Abk. v.* Union der Sozialistischen Sowjetrepubliken СССР

Ufer *n* ⟨-s, -⟩ бéрег *м*

UFO *n* ⟨-[s], -s⟩ *Akr. v.* **unbekanntes Flugobjekt** НЛО (неопóзнанный летáющий объéкт *м*)

U-Haft *f Abk. v.* Untersuchungshaft

Uhr *f* ⟨-, -en⟩ **①** *(Wand~, Armband~)* часы́ *мн; (Zeitangaben)* ◇ **um 5** ~ в 5 часóв; ◇ **es ist zwei** ~ **fünfzehn** два часá пятнáдцать минýт; ◇ **rund um die** ~ день и ночь; ◇ **wieviel** ~ **ist es?** скóлько врéмени? **②** *(Gas~, Zähler)* счётчик *м* **③** *(Benzin~)* измери́тель *м*, указáтель *м*; **Uhrmacher(in** *f) м* ⟨-s, -⟩ часовщи́к *м*; **Uhrwerk** *n* часовóй механи́зм *м*; **Uhrzeiger** *m* часовáя стрéлка *ж*; **Uhrzeigersinn** *m* ◇ **im** ~ по часовóй стрéлке; ◇ **entgegen dem** ~ прóтив часовóй стрéлки; **Uhrzeit** *f* врéмя *с*; ◇ **jd-n nach der** ~ **fragen** спроси́ть когó-л, котóрый час

Uhu *m* ⟨-s, -s⟩ фи́лин *м*

UKW *Abk. v.* Ultrakurzwelle(n) УКВ

Ulk *m* ⟨-s, -e⟩ *FAM (Streich)* ◇ **e-n ~ machen** прокáзничать *несов*; **ulkig** *adj* **①** *(spaßig)* потéшный **②** *(merkwürdig)* стрáнный

Ulme *f* ⟨-, -n⟩ вяз *м*

ultimativ *adj (Forderung)* ультимати́вный; **Ultimatum** *n* ⟨-s, -ten⟩ ультимáтум *м*; ◇ **jd-m ein ~ stellen** предъяви́ть ультимáтум комý-л

Ultrakurzwelle *f* ультракорóткая волнá *ж*; **Ultraschall** *m* PHYS ультразвýк *м*; **Ultraschallaufnahme** *f* MED ультразвуковáя эхогрáмма *ж*; **ultraviolett** *adj* ультрафиолéтовый

um I. *präp akk* **①** *(zeitlich)* ◇ ~ **12 Uhr** в 12 часóв; ◇ ~ **Ostern** задóлго до Пáсхи **②** *(räumlich)* ◇ **um ... herum** вокрýг чегó-л; ◇ ~ **das Dorf herum** вокрýг дерéвни **③** *(in der Nähe)* óколо чегó-л; ◇ **Menschen ~ sich haben** имéть людéй в своём окружéнии; ◇ ~ **sich blicken** оглáдываться вокрýг **④** *(betreffend, wegen)* за когó-что-л, о ком-чём-л; ◇ **Angst ~**

jd-n haben боя́ться за когó-л; ◇ **es handelt sich ~ Ihre Arbeit** речь идёт о Вáшей рабóте **⑤** *(nach, aufeinander folgend)* за кéм-чем-л; ◇ **Jahr ~ Jahr** год за гóдом **⑥** *(für)* за когó-что-л; ◇ **Auge ~ Auge** óко за óко **⑦** ◇ **jd-n ~ etw bringen** лиши́ть когó-л чегó-л **⑧** *(Maßgabe)* ◇ ~ **3 m verlängern** удлини́ть на 3 мéтра **II.** *präp gen (wegen)* рáди когó-чегó-л; ◇ ~ **ihrer Kinder willen** рáди детéй **III.** *adv* **①** ◇ ~ **... zu** +*inf (damit)* чтóбы; ◇ **sie braucht e-e Brille, ~ lesen zu können** для чтéния ей нужны́ очки́ **②** *(desto)* ◇ **je mehr Geld man hat, ~ so besser lebt man** чем бóльше дéнег, тем лýчше живётся **③** *(ungefähr)* ◇ **es kostet ~ die 25 Euro** э́то стóит óколо двадцати́ пяти́ éвро

umändern *vt (Kleid)* передéл⟨ыв⟩ать; *(Gesetz)* измен⟨я́ть ⟨-ни́ть⟩

umarbeiten *vt (Artikel)* перерабáтывать ⟨-бóтать⟩

umarmen *vt* обнимáть ⟨-ня́ть⟩

Umbau *m* ⟨-[e]s, -e o. -ten⟩ *(von Haus)* перестрóйка *ж*, реконстрýкция *ж*; ◇ **wegen ~ geschlossen** закры́т[о] на ремóнт; **umbauen** *vt* **①** *(Haus)* перестрáивать ⟨-рóить⟩ **②** *FIG (reorganisieren)* реорганизóвыва́ть

umbenennen *unreg vt (Firma)* переименóвывать ⟨-вáть⟩ *(in etw akk* во что-л*)*

umbilden *vt (Regierung)* преобразóвыва́ть ⟨-вáть⟩; **Umbildung** *f (Reorganisation)* реорганизáция *ж; (von Regierung, Kabinett)* преобразовáние *с*

umbinden *unreg vr (Schürze, Krawatte)* ◇ **sich** *dat* **etw** ~ повя́зываться ⟨-зáться⟩ чем-л, завя́зывать ⟨-зáть⟩ что-л

umblättern *vt* перели́стывать ⟨-тáть⟩

umblicken *vr* ◇ **er blickte sich dauernd nach dem Hund um** он всё врéмя оглáдывался на собáку

umbringen *unreg* **I.** *vt (töten)* уби́⟨вá⟩ть **II.** *vr* ◇ **sich** ~ покóнчить с собóй

Umbruch *m* **①** *(radikaler Wechsel)* перелóм *м* **②** TYP *(Seiten~)* вёрстка *ж*

umbuchen *vt, vi* **①** *(Reise)* изменя́ть ⟨-ни́ть⟩ путёвку **②** FIN *(Geldbetrag)* перечисля́ть ⟨-чи́слить⟩ *(auf akk* на*)*; **Umbuchung** *f* **①** *(des Reiseziels)* изменéние *с; (des Reisetermins)* перенесéние *с* **②** FIN *(von Geld)* перечислéние *с*

umdenken *unreg vi* мен⟨я́ть ⟨-ни́ть⟩ óбраз мышлéния

umdisponieren *vi* распоряжáться ⟨-ди́ться⟩ по-другóму

umdrehen I. *vt* **①** *(Blatt Papier)* переворáчивать ⟨-верну́ть⟩; *(Schlüssel)* повора́чивать ⟨-верну́ть⟩ **②** *(Hals, Arm)* вывора́чивать ⟨вы́вернуть⟩ **③** *FIG* ◇ **das Wort im Mund ~** переинáчить чьи-л словá **II.** *vi (umkehren)* повора́чивать ⟨-верну́ть⟩ назáд **III.** *vr* **①** *(sich umwenden)* повора́чиваться ⟨-верну́ться⟩ *(nach* к комý-чемý-л*)* **②** *FAM* ◇ **der**

Magen dreht sich mir um меня́ тошни́т; **Umdrehung** f ① PHYS враще́ние c ② AUTO оборо́т м

umfahren ⟨fuhr um, hat umgefahren⟩ vt (Baum) сбива́ть, наезжа́ть ⟨-е́хать⟩ на что-л

umfahren ⟨umfuhr, hat umfahren⟩ vt (herumfahren um) объезжа́ть ⟨-е́хать⟩, огиба́ть ⟨обогну́ть⟩

umfallen unreg vi ① (zu Boden fallen, Baum) па́дать ⟨упа́сть⟩ ② FAM (ohnmächtig werden) па́дать ⟨упа́сть⟩ в о́бморок ③ FAM (nachgeben) ◇ **der Hauptzeuge ist umgefallen** гла́вный свиде́тель отказа́лся от пре́жних показа́ний ④ ◇ **zum U~ müde sein** вали́ться с ног от уста́лости

Umfang m ① (Fläche, Größe) объём м ② FIG (Ausmaß) разме́ры м мн; **umfangreich** adj ① (groß, weiträumig) обши́рный ② FIG (weitreichend) широ́кий, разносторо́нний

umfassen vt ① (fassen) обнима́ть ⟨-ня́ть⟩ ② (eingrenzen, Gebiet) окружа́ть ⟨-жи́ть⟩ ③ FIG (beinhalten) охва́тывать ⟨-ти́ть⟩

Umfeld n окруже́ние c

umformen vt преобразо́вывать ⟨-ва́ть⟩ (in akk во что-л)

Umfrage f POL опро́с м

umfüllen vt (Flüssigkeit) перелива́ть ⟨-ли́ть⟩

Umgang m ① (Kontakt) обще́ние c ② (mit Tieren, Dingen) обраще́ние c; **umgänglich** adj (Mensch) обходи́тельный, уживчивый; **Umgangsformen** f pl ◇ **gepflegte ~** хоро́шие мане́ры; **Umgangssprache** f разгово́рная речь ж; **umgangssprachlich** adj разгово́рный

umgeben unreg I. vt (mit Mauer) окружа́ть ⟨-жи́ть⟩ II. vr ◇ **sich mit Künstlern ~** окружа́ть себя́ худо́жниками; **Umgebung** f ① (allg.) окре́стность ж; (ländliche ~) ме́стность ж ② (Milieu) среда́ ж, окруже́ние c

umgehen¹ ⟨ging um, ist umgegangen⟩ vi ① (behandeln) обраща́ться (mit j-m с кем-л); ◇ **mit e-m Buch sorgfältig ~** бе́режно обраща́ться с кни́гой ② (Krankheit) ходи́ть, распростраⁿя́ться ⟨-ни́ться⟩

umgehen² ⟨umging, hat umgangen⟩ vt ① (Hindernis) обⅼходи́ть ⟨-ойти́⟩, огиба́ть ⟨обогну́ть⟩ ② FIG (Gesetz) обⅼходи́ть ⟨-ойти́⟩ ③ FIG (Frage) уклоня́ться ⟨-ни́ться⟩

umgehend adj неме́дленный, сро́чный

Umgehung f ① (von Gebiet) обхо́д м; (von Gesetz) обхо́д м, несоблюде́ние c; (von Frage) уклоне́ние c ② FAM (~sstraße) объездна́я доро́га ж

umgekehrt I. adj ① (Reihenfolge) обра́тный ② (konträr, gegenteilig) противополо́жный II. adv (andersherum) на-

оборо́т; ◇ **es verhält sich genau ~** де́ло обстои́т как раз наоборо́т

umgestalten vt ① (umorganisieren, Firma) реорганизо́вывать ⟨-ва́ть⟩ ② (Regierung, Plan) преобразо́вывать ⟨-ва́ть⟩

umgraben unreg vt вска́пывать ⟨-копа́ть⟩

Umhang m (Mantel) наки́дка ж

umhauen unreg vt ① (fällen) сруба́ть ⟨-би́ть⟩ ② FAM (zu Boden werfen) сва́ливать ⟨-ли́ть⟩ ③ FAM (erstaunen) ◇ **das haut mich um** от э́того мо́жно обалде́ть

umher adv (herum) вокру́г, круго́м

umhergehen unreg vi (herumgehen) ходи́ть, раⁿсха́живать несов

umherreisen vi е́здить несов, разъезжа́ть несов

umhinkönnen unreg vi (e-m Zwang folgen) ◇ **sie kann nicht umhin, das zu tun** она́ не мо́жет не сде́лать э́того

umhören vr ◇ **sich ~** разузнаⁿва́ть (nach что-л)

Umkehr f ⟨-⟩ ① (Wendung zurück) возвраще́ние c ② FIG (Änderung) поворо́т м, измене́ние c; **umkehren** I. vi (umdrehen) поⅼвора́чивать ⟨-верну́ть⟩ наза́д II. vt (Reihenfolge) изменя́ть ⟨-ни́ть⟩

umkippen I. vt (umstoßen) опроки́дывать ⟨-нуть⟩ II. vi ① (Boot) опроки́дываться ⟨-нуться⟩ ② FAM (ohnmächtig werden) па́дать ⟨упа́сть⟩ в о́бморок ③ FAM (als Zeuge) изменя́ть ⟨-ни́ть⟩ мне́ние

Umkleideraum m (im Schwimmbad) раздева́лка ж; (im Geschäft) приме́рочная ж

umkommen unreg vi ① (bei Unfall) поⅼгиба́ть ⟨-ги́бнуть⟩ ② FAM (es nicht mehr aushalten) ◇ **vor Hitze ~** умира́ть от жары́

Umkreis m ① (Umgebung) окре́стность ж ② (Gebiet) ра́диус м, окру́жность ж; ◇ **im ~ von** в ра́диусе чего-л; **umkreisen** vt ASTRON лета́ть вокру́г чего-л

umkrempeln vt ① (Ärmel) завора́чивать ⟨-верну́ть⟩ ② FAM (Wohnung) приⅼводи́ть ⟨-вести́⟩ в беспоря́док ③ FIG (grundlegend ändern) переде́лывать ⟨-ла́ть⟩

Umlage f (Aufteilung) распределе́ние c

Umlauf m ① ASTRON обраще́ние c ② (Rundschreiben) циркуля́р м ③ (Zirkulation) ◇ **im ~ sein** быть в обраще́нии; **Umlaufbahn** f ASTRON орби́та ж

Umlaut m GRAM умла́ут м

umlegen vt ① (Kosten) распределя́ть ⟨-ли́ть⟩ ② (Termin) переноси́ть ⟨-нести́⟩ ③ (Hebel) переключа́ть ⟨-чи́ть⟩ ④ FAM (Baum) сруба́ть ⟨-би́ть⟩ ⑤ FAM (töten) укла́дывать ⟨уложи́ть⟩

umleiten vt AUTO наⅼправля́ть ⟨-пра́вить⟩ в обхо́д; **Umleitung** f AUTO объе́зд м

umlernen vi переучиваться ‹-учиться›
umliegend adj (Gemeinden) близлежащий

ummelden vt (Auto) зарегистрировать автомобиль в связи с переменой владельца или переменой местожительства

umorganisieren vt (Betrieb) реорганизовывать ‹-вать›
umranden vt обрамлять несов
umrechnen vt FIN произво|дить ‹-вести› перерасчёт (in akk на что-л); **Umrechnung** f FIN перерасчёт м (валюты); **Umrechnungskurs** m FIN перерасчётный курс м
umreißen unreg vt FIG (Thema) обрисовывать ‹-вать› в нескольких словах
umringen vt (jd-n) окружать ‹-жить›
Umriss m ① (Kontur) очертание с, контур м ② FIG (grober Inhalt) очерк м
umrühren vt перемешивать ‹-шать›
umrüsten vt (umbauen) переоборудовать несов и сов (auf akk для чего-л)
ums = um das
Umsatz m COMM (Jahres~) оборот м; ◇ **den ~ steigern** повысить оборот
umschalten vt (Hebel, Schalter) переключа|ть ‹-чить›; MEDIA (Programm) сменя́|ть ‹-нить› (auf akk на)
Umschau f FIG (Rundschau) обзор м
umschauen vr ◇ **sich ~** ① (nach hinten schauen) оглядываться ‹-деться› ② FAM (wundern) ◇ **du wirst dich noch ~!** ты будешь только диву даваться
Umschlag m ① (Brief~) конверт м; (Buch~) обёртка ж, обложка ж ② (Wetter~) (резкая) перемена ж; (politisch) (резкое) изменение с ③ MED (Kompresse) компресс м ④ COMM (von Waren) оборот м
umschreiben[1] ‹schrieb um, hat umgeschrieben› vt (Text) перепи́|сывать ‹-сать›; (für Film, Theater) перелага́ть ‹-ложи́ть›
umschreiben[2] ‹umschrieb, hat umschrieben› vt ① (beschreiben) опи́|сывать ‹-сать› ② (verhüllend darstellen) перефрази́ровать несов и сов
Umschreibung f (Beschreibung) описание с
umschulen vi (anderen Beruf erlernen) переквалифици́роваться несов и сов; **Umschulung** f переквалифика́ция ж
umschwärmen vt FIG (verehren) уха́живать за кем-л, обожа́ть несов
Umschweife pl (geradeheraus) ◇ **ohne ~** напрями́к м
Umschwung m ① SPORT (beim Turnen) оборот м ② (Veränderung) переворот м; (Wetter~, Stimmungs~) перемена ж
umsehen unreg vr ◇ **sich ~** ① (nach hinten schauen) огля́|дываться ‹-ну́ться› ② FIG о|сма́триваться ‹-смотре́ться›; ◇ **sich nach Arbeit ~** иска́ть рабо́ту

umseitig adv на обороте
umsetzen vt ① (Baum) переса́|живать ‹-ди́ть› ② (Schüler) переса́живать ‹-ди́ть› ③ COMM (verkaufen) реализова́ть несов и сов ④ FIG (verwirklichen) осуществля́ть ‹-вить›; ◇ **etw in die Tat ~** претвори́ть что-л в жизнь
Umsicht f (Besonnenheit) осмотри́тельность ж; **umsichtig** I. adj осмотри́тельный II. adv ◇ **~ vorgehen** поступа́ть осторо́жно
umsiedeln vt, vi переселя́|ться ‹-ли́ться›
umsonst adv ① (gratis) беспла́тн ② (vergeblich) напра́сно, тще́тно; ◇ **alle Bemühungen waren ~** все уси́лия бы́ли напра́сны
umspringen unreg vi ① (Ampel) перес|ка́кивать ‹-кочи́ть›; ◇ **auf Grün ~** переключа́ться ‹-чи́ться› на зелёный свет ② FAM (schlecht behandeln) ◇ **mit jd-m ~** пло́хо обраща́ться с кем-л
Umstand m ① (Sachverhalt, Tatsache) обстоя́тельство с; ◇ **den Umständen entsprechend** смотря́ по обстоя́тельствам; ◇ **unter Umständen** возмо́жно, мо́жет быть ② JURA ◇ **mildernde Umstände** смягча́ющие вину́ обстоя́тельства ③ pl FIG (Mühen) ◇ **Umstände machen** причиня́ть хло́поты ④ FAM (schwanger sein) ◇ **in anderen Umständen sein** быть в положе́нии; **umständlich** adj ① (ungeschickt) нело́вкий, непорот́ливый ② (kompliziert, Arbeit) хло́потный; (Lage) затрудни́тельный ② (langwierig) многосло́вный, простра́нный; **Umstandskleid** n пла́тье с для бере́менных; **Umstandswort** n GRAM наре́чие с
umsteigen unreg vi ① BAHN ‹с-›де́лать переса́дку ② FAM (beruf wechseln) меня́ть ‹смени́ть› профе́ссию
umstellen ‹stellte um, hat umgestellt› I. vt ① (anders platzieren) переставля́ть ‹-ста́вить› ② TECH (Hebel) переключа́ть ‹-чи́ть›; (Fernseher) настра́ивать ‹-ро́ить› II. vr (sich anpassen) ◇ **sich ~** перестра́иваться ‹-ро́иться› (auf akk на что-л)
umstellen ‹umstellte, hat umstellt› vt (Gebäude) оцепля́ть ‹-пи́ть›
Umstellung f ① (Umgewöhnung) перестро́йка ж ② (von Holz auf Heizöl, von Produktion) перехо́д м
umstimmen vt ① MUS (Instrument) перестра́ивать ‹-ро́ить› ② FIG ◇ **jd-n ~** переубе|жда́ть ‹-ди́ть›
umstoßen unreg vt ① (umschmeißen) опроки́|дывать ‹-нуть› ② FIG (rückgängig machen) рас|стра́ивать ‹-стро́ить›
umstritten adj ① (fraglich) спо́рный ② (Projekt) нереше́нный
Umsturz m (Putsch) переворо́т м
Umtausch m (von Waren, Währung) об-

ме́н *m*; **umtauschen** *vt* ① (*Kleidungs-stück*) обме́нивать ‹-ня́ть› ② (*Geld*) ‹об-, по-›меня́ть (*in akk* на)

Umtriebe *m pl* (*Intrigen*) про́иски *мн*

umwälzen *vt* FIG (*radikal verändern*) тря́с|ать ‹-сти́›

umwandeln *vt* ① (*ändern*) превра|ща́ть ‹-ти́ть› (*in akk* во что-л) ② ELECTR (*Strom*) преобразо́|вывать ‹-ва́ть› ③ JURA (*Haftstrafe*) заме|ня́ть ‹-ни́ть› (*in akk* чем-л)

Umweg *m* ① (*längerer Weg*) обхо́д *m*, крюк *m*; ◇ **e-n ~ machen** сде́лать крюк ② FIG ◇ **auf ~en** око́льными путя́ми

Umwelt *f* окружа́ющая среда́ *ж*; **Um-weltbelastung** *f* загрязне́ние с окружа́ющей среды; **umweltfreundlich** *adj* экологи́чный, не загрязня́ющий окружа́ющую среду́; **Umweltkatastrophe** *f* экологи́ческая катастро́фа *ж*; **Um-weltschutz** *m* охра́на *ж* окружа́ющей среды́; **Umweltverschmutzung** *f* загрязне́ние с окружа́ющей среды

umwerben *unreg vt* (*den Hof machen*) уха́живать *несов*

umwerfen *unreg vt* ① (*umstoßen*) опроки́|дывать ‹-нуть› ② (*Schal*) наки́дывать ‹-нуть› ③ FIG (*Plan*) срыва́ть ‹сорва́ть›

umziehen *unreg* I. *vr* (*Kleidung wechseln*) ◇ **sich ~** переоде́|ва́ться II. *vi* (*Wohnort wechseln*) перележа́ть ‹-е́хать›

umzingeln *vt* оцепля́ть ‹-пи́ть›

Umzug *m* ① (*Wohnungs~*) перее́зд *m* ② (*Karnevals~*) ше́ствие с, проце́ссия *ж*

UN *pl Akr. v.* **United Nations** ООН (Организа́ция *ж* Объединённых На́ций)

unabänderlich *adj* (*unwiderruflich*) неизме́нный, безвозвра́тный, оконча́тельный

unabhängig *adj* незави́симый; **Unab-hängigkeit** *f* незави́симость *ж*

unabkömmlich *adj* (*beschäftigt*) за́нятый, незамени́мый

unablässig *adj* (*Gerede*) беспреры́вный

unabsehbar *adj* ① (*endlos*) необозри́мый ② (*Kosten, Konsequenzen*) непредви́димый

unabsichtlich *adj* (*aus Versehen*) ненаме́ренный, неча́янный

unachtsam *adj* ① (*unaufmerksam*) невнима́тельный ② (*nachlässig*) неосторо́жный, небре́жный; **Unachtsamkeit** *f* ① (*Unaufmerksamkeit*) невнима́тельность *ж* ② (*Nachlässigkeit*) небре́жность *ж*

unangebracht *adj* неуме́стный

unangemessen *adj* (*zu hoch/niedrig*) несоотве́тствующий, неадеква́тный

unangenehm *adj* ① (*nicht angenehm*) неприя́тный ② (*unsympathisch*) неприя́тный, проти́вный ③ (*peinlich*) неудо́бный, доса́дный

Unannehmlichkeit *f* (*Belästigung*) не-

приятность *ж*; ◇ **jd-m ~en bereiten** причиня́ть кому́-л неприя́тности

unanständig *adj* неприли́чный, непристо́йный; **Unanständigkeit** *f* ① (*schlechtes Benehmen*) неприли́чие с ② (*obszönes Verhalten*) непристо́йность *ж*

unappetitlich *adj a.* FIG (*Anblick*) непривлека́тельный, неаппети́тный

Unart *f* (*schlechte Angewohnheit*) дурна́я привы́чка *ж*; **unartig** *adj* (*ungezogen*) непослу́шный, невоспи́танный

unästhetisch *adj* неэстети́чный

unauffällig *adj* ① (*Person*) незаме́тный ② (*Kleidung*) скро́мный

unauffindbar *adj* (*nicht zu finden*) исче́знувший, ненахо́ди́мый

unaufgefordert I. *adj* (*freiwillig*) доброво́льный II. *adv* по со́бственной инициати́ве, доброво́льно

unaufmerksam *adj* невнима́тельный

unaufrichtig *adj* неи́скренний

unausgeglichen *adj* ① (*Mensch*) неуравнове́шенный, развинченный ② (*Verhältnis*) неуравнове́шенный

unaussprechlich *adj* ① (*Wort*) непроизноси́мый ② (*unvorstellbar*) непредста́вимый ③ (*unbeschreiblich*) невырази́мый

unausstehlich *adj* невыноси́мый

unausweichlich *adj* неминуемый

unbändig I. *adj* (*ungezügelt*) неудержи́мый, нейстовый; (*Kind*) необу́зданный II. *adv* ◇ **sich ~ freuen** неудержи́мо ра́доваться чему́-л

unbarmherzig *adj* безжа́лостный, неми́лосе́рдный

unbeabsichtigt *adj* ненаме́ренный, неча́янный

unbeachtet *adj* (*nicht beachtet*) незаме́ченный; ◇ **e-e Warnung ~ lassen** пренебре́чь предупрежде́нием

unbedenklich I. *adj* (*ungefährlich*) неопа́сный II. *adv* (*ohne zu überlegen*) не заду́мываясь

unbedeutend *adj* незначи́тельный; (*Fehler*) ничто́жный

unbedingt I. *adj* (*uneingeschränkt*) безусло́вный, безогово́рочный II. *adv* (*auf jeden Fall*) обяза́тельно, безусло́вно; ◇ **muss das ~ sein?** нельзя́ обойти́сь без э́того?; ◇ **nicht ~** не обяза́тельно

unbefahrbar *adj* (*Straße*) непрое́зжий; (*Gewässer*) несудохо́дный

unbefangen *adj* ① (*spontan*) непринуждённый ② (*unparteiisch*) беспристра́стный, непредвзя́тый

unbefriedigend *adj* (*Ergebnis*) неудовлетвори́тельный; **unbefriedigt** *adj* (*frustriert*) неудовлетворённый, разочаро́ванный

unbefugt *adj* ◇ **U~en ist der Zutritt verboten** посторо́нним вход воспрещён

unbegabt *adj* неспосо́бный, безда́рный

unbegreiflich *adj* ① (*unverständlich*) непонятный; ◇ **es ist mir** ~ ума́ не приложу́, э́то для меня́ зага́дка ② (*unfassbar, Leichtsinn*) непостижи́мый

unbegrenzt *adj* ① (*zeitlich*) неограни́ченный ② (*räumlich*) безграни́чный, беспреде́льный

unbegründet *adj* необосно́ванный

Unbehagen *n* неприя́тное ощуще́ние *с* [чу́вство *с*]; ◇ **leichtes** ~ **befiel sie** нело́вкое чу́вство овла́дело ей; **unbehaglich** *adj* ① (*unbequem*) неую́тный ② (*unangenehm*) неприя́тный, неудо́бный, нело́вкий

unbeholfen *adj* неуклю́жий

unbekannt *adj* неизве́стный

unbekümmert *adj* (*sorglos*) беззабо́тный, беспе́чный

unbelastet *adj* ① (*nicht belastet*) не обременённый ② (*sorgenfrei*) беззабо́тный ③ FIN (*Konto*) не отягчённый

unbeliebt *adj* нелюби́мый, непопуля́рный; ◇ **sich bei jd-m** ~ **machen** вы́звать у кого́-л неприя́знь к себе́; **Unbeliebtheit** *f* непопуля́рность *ж*

unbequem *adj* ① (*ungemütlich*) неудо́бный, неую́тный ② FIG (*Person*) неприя́тный ③ FIG (*peinlich*) неприя́тный, нело́вкий

unberechenbar *adj* ① (*unvorhersehbar*) непредви́денный, непредсказу́емый ② (*launenhaft*) своенра́вный, вспы́льчивый

unberechtigt *adj* ① (*ohne Befugnis*) незако́нный ② (*unangebracht, Kritik*) несправедли́вый, необосно́ванный

unbeschränkt *adj* неограни́ченный

unbeschreiblich *adj* неопису́емый

unbesonnen *adj* неосмотри́тельный, опроме́тчивый

unbeständig *adj* (*Wetter*) неусто́йчивый; (*launisch, Mensch*) непостоя́нный

unbestechlich *adj* неподку́пный

unbestimmt *adj* ① (*Zeitpunkt*) неопределённый ② (*Gefühl*) нея́сный, сму́тный ③ (*Zukunft*) неизве́стный; **Unbestimmtheit** *f* неопределённость *ж*; (*Unklarheit*) нея́сность *ж*

unbeteiligt *adj* ① (*teilnahmslos*) безуча́стный ② (*nicht teilnehmend*) непричастный

unbeugsam *adj* ① (*starrköpfig, Mensch*) упря́мый ② (*Wille*) непрекло́нный

unbeweglich *adj* неподви́жный

unbewusst *adj* (*Handlung*) неосо́знанный, бессозна́тельный; (*Reflex*) инстинкти́вный, непроизво́льный

unbrauchbar *adj* (*Werkzeug*) непригодный; (*Arbeit*) нену́жный

und *cj* ① (*bei Aufzählung*) и; ◇ **sie** ~ **er** она́ и он ② MATH (*plus*) плюс; ◇ **eins** ~ **zwei ist drei** оди́н плюс два равня́ется трём ③ ◇ **nach** ~ **nach** постепе́нно; ◇ **durch** ~ **durch** по́лностью; ◇ **dann** ~

wann/hin ~ **wieder** иногда́; ◇ **mehr** ~ **mehr** (всё) бо́льше и бо́льше; ◇ ~ **andere** и други́е; ◇ ~ **so weiter** и так да́лее ④ (*selbst wenn*) ◇ ~ **wenn es mir noch so schlecht ginge** как бы пло́хо мне ни́ было

undankbar *adj* неблагода́рный

undefinierbar *adj* неопредели́мый

undenkbar *adj* немы́слимый

undeutlich I. *adj* (*unklar*) нея́сный **II.** *adv* (*wahrnehmen*) нея́сно, сму́тно

undicht *adj* (*Leck*) непло́тный

Unding *n* бессмы́слица *ж*

undurchführbar *adj* (*Plan*) неосуществи́мый, невыполни́мый

undurchlässig *adj* (*wasser~*) водонепроница́емый; (*Stoff, Boden*) непроница́емый; (*licht~*) непрозра́чный

undurchsichtig *adj* FIG (*Person*) тёмный; (*Praktiken*) сомни́тельный

uneben *adj* (*Oberfläche*) неро́вный

unecht *adj* ненастоя́щий; (*Geld*) фальши́вый; (*Schmuck*) подде́льный

unehelich *adj* (*Kind*) внебра́чный

unehrlich *adj* нече́стный

uneigennützig *adj* бескоры́стный

uneingeschränkt *adj* (*Freiheit*) неограни́ченный; (*Herrscher*) по́лный

Uneinigkeit *f* разногла́сие *с*; размо́лвка *ж*

uneins *adj* ① (*nicht einig*) в разногла́сии ② (*zerstritten*) в ссо́ре

unempfindlich *adj* ① (*Person*) нечувстви́тельный ② (*Material*) сто́йкий

unendlich I. *adj* ① (*räumlich, Weite*) беспреде́льный, безграни́чный ② (*zeitlich*) бесконе́чный, несконча́емый **II.** *adv* (*sehr*) ◇ **jd-n** ~ **lieben** беспреде́льно люби́ть кого́-л; **Unendlichkeit** *f* (*räumlich*) беспреде́льность *ж*; (*zeitlich*) бесконе́чность *ж*

unentbehrlich *adj* необходи́мый

unentgeltlich *adj* беспла́тный

unentschieden *adj* ① SPORT ниче́йный; ◇ **ein** ~**es Spiel** ничья́ *ж* ② (*unentschlossen*) нереши́тельный; ◇ ~ **sein** колеба́ться

unentschlossen *adj* нереши́тельный

unentwegt *adv* ① (*kontinuierlich*) ◇ ~ **arbeiten** беспреры́вно рабо́тать ② (*pausenlos*) ◇ ~ **reden** говори́ть без у́молку

unerfahren *adj* нео́пытный

unerfreulich *adj* неприя́тный; (*Nachricht*) неутеши́тельный

unerhört *adj* ① (*empörend*) возмути́тельный ② (*enorm, Glück*) неслы́ханный

unerlässlich *adj* (*Maßnahme*) непреме́нный

unerlaubt *adj* (*verboten*) недозво́ленный; (*illegal*) незако́нный, нелега́льный

unermesslich *adj* необъя́тный

unermüdlich *adj* (*Eifer*) неутоми́мый

unerschütterlich adj ① (Person) непоколеби́мый, непрекло́нный ② (Glaube) незы́блемый, непоколеби́мый
unerschwinglich adj (Preis) недосту́пный
unerträglich adj невыноси́мый
unerwartet adj (Besuch) неожи́данный
unerwünscht adj (nicht erwünscht) нежела́тельный; (ungelegen) некста́ти
unfähig adj (inkompetent) неспосо́бный;
Unfähigkeit f неспосо́бность ж
unfair adj некорре́ктный, несправедли́вый; ◇ **das ist** ~ э́то несправедли́во
Unfall m несча́стный слу́чай м; (Verkehrs~) доро́жно-тра́нспортное происше́ствие c; **Unfallflucht** f незако́нное удале́ние с ме́ста доро́жно-тра́нспортного происше́ствия; **Unfallversicherung** f страхова́ние c от несча́стных слу́чаев
unfassbar adj непостижи́мый
unfehlbar adj (Person) непогреши́мый; (Instinkt) безоши́бочный
unfolgsam adj непослу́шный
unfrankiert adj нефранки́рованный; (Briefumschlag) без ма́рки
unfreiwillig adj ① (gezwungen) вы́нужденный ② (unabsichtlich) непроизво́льный
unfreundlich adj неприве́тливый; **Unfreundlichkeit** f неприве́тливость ж
Unfrieden m (Zwist) раздо́р м
unfruchtbar adj ① (Lebewesen) беспло́дный ② (Boden) неплодоро́дный ③ FIG (Bemühungen) беспло́дный; **Unfruchtbarkeit** f ① (Lebewesen) беспло́дие c ② (Boden) неплодоро́дие c
Unfug m ‹-s› ① безобра́зие c; (Unsinn) вздор м ② JURA ◇ **grober** ~ хулига́нство c
Ungar(in) m ‹-n, -n› венгр м, венге́рка ж; **ungarisch** adj венге́рский; **Ungarn** n Ве́нгрия ж; ◇ **in/nach** ~ в Ве́нгрии/в Ве́нгрию
ungeachtet präp gen (~ dessen, dass …) несмотря́ на что-л
ungeahnt adj (Fähigkeiten) небыва́лый; (Schwierigkeiten) непредви́денный
ungebeten adj непро́шенный, незва́ный
ungebildet adj необразо́ванный
ungebräuchlich adj неупотреби́тельный
ungedeckt adj ① (Dach) ненакры́тый ② FIN (Scheck) непокры́тый
Ungeduld f нетерпе́ние c; **ungeduldig** adj нетерпели́вый
ungeeignet adj (unpassend) неподходя́щий; (für Aufgabe) непри́годный
ungefähr I. adj (annähernd) приблизи́тельный **II.** adv (etwa, annähernd) приблизи́тельно; ◇ **sie ist** ~ **25 Jahre alt** ей приблизи́тельно 25 лет; ◇ **etw kommt nicht von** ~ что-л не случа́йно

ungefährlich adj ① (sicher) безопа́сный ② (harmlos) безоби́дный; (Krankheit) неопа́сный
ungeheuer I. adj ① (ungeheuerlich) чудо́вищный ② (enorm, sehr groß) огро́мный, колосса́льный ③ (unglaublich) невероя́тный **II.** adv (sehr) ◇ ~ **wichtig** ужа́сно ва́жный ② FIG (schrecklich viel) ◇ ~ **viel Arbeit** стра́шно мно́го рабо́ты; **Ungeheuer** n ‹-s, -› ① (Monster) чудо́вище c ② FAM (Mensch) и́зверг м;
ungeheuerlich adj (Behauptung) возмути́тельный
ungehobelt adj ① (Brett) необстру́ганный ② FIG (grob, Mensch) неотёсанный
Ungehorsam m непослуша́ние c, неповинове́ние c
ungeklärt adj ① (Verbrechen Frage) невы́ясненный ② (Abwasser) неочи́щенный
ungekünstelt adj есте́ственный
ungeladen adj ① ELECTR (Batterie) незаряжённый ② (Gast) неприглашённый, непро́шеный ③ (Pistole) незаря́женный
ungelegen adj неподходя́щий; ◇ **das kommt mir** ~ мне э́то некста́ти
ungelernt adj неквалифици́рованный
ungemütlich adj ① (Zimmer) неую́тный ② FIG (Mensch) неприве́тливый; ◇ **er wird schnell** ~ он легко́ выхо́дит из себя́
ungenau adj нето́чный; **Ungenauigkeit** f нето́чность ж
ungeniert I. adj (ungehemmt, Benehmen) бесцеремо́нный **II.** adv (ohne Hemmungen) ◇ **etw** ~ **sagen** сказа́ть что-л, не стесня́ясь
ungenießbar adj ① (Essen) несъедо́бный; (Getränk) непри́годный для питья́ ② FAM (Mensch) невыноси́мый
ungenügend adj (nicht ausreichend) недоста́точный; SCH (Note 6) неудовлетвори́тельно
ungepflegt adj (Mensch) неря́шливый; (Garten) неухо́женный, запу́щенный
ungerade adj (Zahl) нечётный
ungerecht adj несправедли́вый; **ungerechtfertigt** adj неопра́вданный; **Ungerechtigkeit** f несправедли́вость ж
ungern adv (widerstrebend) ◇ **etw** ~ **tun** неохо́тно де́лать что-л
Ungeschicklichkeit f нело́вкость ж;
ungeschickt adj ① (tollpatschig) нело́вкий, неуме́лый; ◇ **handwerklich** ~ неспосо́бный к ручно́й рабо́те ② FIG (Bemerkung) неуда́чный
ungeschliffen adj ① (Edelstein) нешлифо́ванный; (Messer) тупо́й ② FIG (Benehmen) неотёсанный
ungeschminkt adj ① (ohne Make-up) ненакра́шенный ② FIG (rein) ◇ **die** ~**e Wahrheit** су́щая [чи́стая] пра́вда

ungesetzlich *adj* незако́нный
ungestört *adv* ◇ ~ **arbeiten** рабо́тать в по́лном споко́йствии
ungestraft *adj* безнака́занный
ungestüm I. *adj* пы́лкий **II.** *adv* ◇ jd-m ~ **um den Hals fallen** пы́лко обня́ть кого́-л
ungesund *adj* [1] (*Aussehen*) нездоро́вый [2] (*Lebensart*) вре́дный; ◇ **Rauchen ist** ~ куре́ние вре́дно для здоро́вья
ungetrübt *adj* [1] (*Wasser*) прозра́чный [2] *FIG* (*Freude*) ниче́м не омрачённый
Ungetüm *n* <-[e]s, -e> чудо́вище *c*
ungewiss *adj* (*Zukunft*) неопределённый; **Ungewissheit** *f* неопределённость *ж*
ungewöhnlich I. *adj* [1] (*Brauch*) необы́чный [2] (*Person*) необыкнове́нный **II.** *adv* (*besonders*) ◇ **er ist ~ groß für sein Alter** он необыча́йно высо́к ро́стом для своего́ во́зраста
ungewohnt *adj* [1] (*Umgebung*) непривы́чный [2] (*nicht üblich*) необы́чный
Ungeziefer *n* <-s> вре́дные насеко́мые *мн*
ungezogen *adj* невоспи́танный; **Ungezogenheit** *f* невоспи́танность *ж*
ungezwungen *adj* непринуждённый
ungläubig I. *adj* [1] (*nicht religiös*) неве́рующий [2] *FIG* (*zweifelnd*) сомнева́ющийся **II.** *adv* ◇ ~ **schauen** смотре́ть недове́рчиво; **unglaublich** *adj* невероя́тный; **unglaubwürdig** *adj* [1] (*nicht vertrauenswürdig*) не заслу́живающий дове́рия [2] (*zweifelhaft*) неубеди́тельный
ungleich I. *adj* [1] (*Partner*) неодина́ковый, ра́зный [2] (*Voraussetzungen*) нера́вный **II.** *adv* (*um vieles*) ◇ ~ **besser** гора́здо лу́чше; **Ungleichheit** *f* нера́венство *c*, неодина́ковость *ж*
Unglück *n* <-[e]s, -e> [1] (*Missgeschick, Pech*) неуда́ча *ж*; ◇ **zu allem ~** в доверше́ние всех бед [2] (*Katastrophe*) бе́дствие *c* [3] (*Unfall*) несча́стный слу́чай *м*; **unglücklich** *adj* [1] (*traurig*) несча́стный; ◇ jd-n ~ **machen** сде́лать кого́-л несча́стным [2] (*erfolglos*) неуда́чливый [3] (*bedauerlich*) злополу́чный; **Unglücksfall** *m* несча́стный слу́чай *м*
ungültig *adj* [1] SPORT (*Tor*) незасчи́танный, аннули́рованный; POL (*Stimme*) недействи́тельный [2] (*verfallen, Ticket*) недействи́тельный, него́дный; ◇ **ein Gesetz für ~ erklären** объяви́ть зако́н недействи́тельным; **Ungültigkeit** *f* недействи́тельность *ж*
ungünstig *adj* неблагоприя́тный
ungut *adj* (*Gefühl*) недо́брый; ◇ **nichts für ~** не ну́жно серди́ться
unhaltbar *adj* (*Zustand*) невыноси́мый
Unheil *n* беда́ *ж*, несча́стье *c*; ◇ ~ **anrichten** принести́ го́ре
unheimlich I. *adj* (*nicht geheuer, gruselig*)

жу́ткий, злове́щий; ◇ **das ist mir ~** мне от э́того не по себе́ **II.** *adv* FAM (*sehr*) ◇ **der Film ist ~ gut** фильм невероя́тно хоро́ший
unhöflich *adj* неве́жливый
Uni *f* <-, -s> FAM Abk. = Universität
Uniform *f* <-, -en> MIL унифо́рма *ж*; ◇ **in ~** в фо́рменной оде́жде; **uniformiert** *adj* униформи́рованный
uninteressant *adj* неинтере́сный
Union *f* (*Bündnis*) сою́з *м*
Universität *f* университе́т *м*
unkenntlich *adj* неузнава́емый; **Unkenntnis** *f* незна́ние *c*; ◇ **in ~ lassen** оста́вить кого́-л в неве́дении (*über akk* чего́-л)
unklar *adj* [1] (*Äußerung*) нея́сный, неопределённый; ◇ **sich im U~en darüber sein, ob...** быть в неве́дении относи́тельно чего́-л [2] (*Sachverhalt*) непоня́тный [3] (*Problem*) нерешённый, невы́ясненный; **Unklarheit** *f* (*Ungewissheit*) нея́сность *ж*, неопределённость *ж*
unklug *adj* (*Handeln*) неразу́мный
unkonventionell *adj* нетрадицио́нный
Unkosten *pl* расхо́ды *м мн*; ◇ **sich in ~ stürzen** изря́дно потра́титься на что-л
Unkraut *n* сорня́к *м*, со́рная трава́ *ж*
unlängst *adv* (*vor kurzem*) неда́вно
unleserlich *adj* (*Schrift*) неразбо́рчивый
unlogisch *adj* нелоги́чный
unlösbar *adj* [1] MATH (*Aufgabe*) нереши́мый [2] CHEM (*Substanz*) нераствори́мый [3] *FIG* (*Problem*) неразреши́мый
unmäßig *adv* ◇ ~ **trinken** пить не в ме́ру
Unmenge *f* у́йма *ж*
Unmensch *m* и́зверг *м*; **unmenschlich** *adj* бесчелове́чный
unmerklich *adj* незаме́тный
unmissverständlich I. *adj* недвусмы́сленный **II.** *adv* ◇ jd-m etw ~ **klar machen** дать кому́-л что-л недвусмы́сленно поня́ть
unmittelbar I. *adj* (*direkt*) непосре́дственный; ◇ **in ~er Nähe** совсе́м ря́дом **II.** *adv* [1] (*direkt*) непосре́дственно [2] (*sofort*) ◇ ~ **darauf** сра́зу по́сле э́того
unmöglich I. *adj* (*nicht möglich*) невозмо́жный **II.** *adv* FAM ◇ **sich ~ benehmen** неприли́чно вести́ себя́; **Unmöglichkeit** *f* невозмо́жность *ж*
unmoralisch *adj* амора́льный, безнра́вственный
unnachgiebig *adj* [1] (*Material*) негну́щийся [2] (*Person*) неусту́пчивый
unnahbar *adj* (*Person*) непристу́пный
unnötig *adj* нену́жный; **unnötigerweise** *adv* напра́сно, без на́добности
unnütz I. *adj* бесполе́зный **II.** *adv* ◇ **sein Geld ~ ausgeben** по́пусту тра́тить де́ньги

UNO f <-> Akr. v. **Organisation der Vereinten Nationen** ООН ж (Организа́ция Объединённых На́ций)
Unordnung f беспоря́док м
unparteiisch adj (Meinung) беспристра́стный; **Unparteiische(r)** fm (1) JURA беспристра́стное лицо́ с (2) SPORT (Schiedsrichter) судья́ м
unpassend adj (1) (unangebracht) неуме́стный (2) (ungünstig) неподходя́щий
unpersönlich adj (1) (förmlich) официа́льный (2) (distanziert) сде́ржанный (3) GRAM ◇ ~es Verb безли́чный глаго́л
unpolitisch adj аполити́ческий
unpopulär adj (Maßnahme) непопуля́рный
unpraktisch adj (1) (Werkzeug) непракти́чный (2) (Mensch) неуме́лый
unproportioniert adj непропорциона́льный
unqualifiziert adj (1) (für Arbeit) неквалифици́рованный (2) (Äußerung) некомпете́нтный
unrationell adj (Betrieb) нерациона́льный
unrecht adj (1) (falsch) непра́вильный (2) (ungelegen) неподходя́щий; **Unrecht** n несправедли́вость ж; ◇ ~ haben быть непра́вым
unregelmäßig I. adj непра́вильный II. adv нерегуля́рно; **Unregelmäßigkeit** f нерегуля́рность ж; ◇ ~en (Verstöße) незако́нные де́йствия мн
unreif adj (Obst) незре́лый, неспе́лый; FIG (Mensch, Plan) незре́лый, несозре́вший
unrentabel adj (Geschäft) нерента́бельный
unrichtig adj непра́вильный, оши́бочный
Unruhe f <-, -n> (1) (Ruhelosigkeit) беспоко́йство с (2) (Sorge) трево́га ж, озабо́ченность ж; ◇ in ~ sein быть озабо́ченным (3) ◇ ~n pl (Aufruhr) волне́ния с мн, беспоря́дки м мн; **Unruhestifter(in** f) m возмути́тель(ница ж) м спокойствия; **unruhig** adj (1) (nervös) беспоко́йный, не́рвный (2) (besorgt) озабо́ченный, встрево́женный (3) (Meer) волну́ющийся; (Leben) неспоко́йный (4) (laut, Wohnung) шу́мный
uns I. pron pers akk v. **wir** нас II. pron pers dat v. **wir** нам
unsachlich adj (1) (nicht objektiv) неделово́й (2) (persönlich) ◇ ~ werden перейти́ на неофициа́льный тон
unsagbar, unsäglich adj (Schmerzen) невырази́мый
unsauber adj (1) (schmutzig) гря́зный (2) FIG (Machenschaften) нечи́стый
unschädlich adj (harmlos) безвре́дный
unscharf adj (Foto) нере́зкий; (Konturen) нечёткий; (Vorstellung) нея́сный

unscheinbar adj невзра́чный, непримéтный
unschlagbar adj непобеди́мый
unschlüssig adj (zögernd) нереши́тельный
Unschuld f (1) (Schuldlosigkeit) невино́вность ж (2) (Naivität) неви́нность ж, наи́вность ж (3) FIG (Jungfräulichkeit) де́вственность ж; **unschuldig** adj (1) (nicht schuldig) неви́нный, невино́вный (2) (unbedarft, naiv) неви́нный, наи́вный (3) FIG (jungfräulich) де́вственный
unselbständig, unselbstständig adj несамостоя́тельный
unser pron pers gen v. **wir** нас; **unser(e)** pron poss (adjektivisch) наш(а, е); (pl) на́ши; ◇ ~e Kinder на́ши де́ти; **unsere(r, s)** pron poss (substantivisch) наш(а, е); **unsererseits** adv с на́шей [свое́й] стороны́; ◇ **wir ~ haben nichts dagegen** мы, с на́шей стороны́, не име́ем ничего́ про́тив; **unseretwegen** adv (1) (wegen uns, uns zuliebe) ра́ди нас (2) (von uns aus) из-за нас
unsicher adj (1) (ungewiss) неопределённый, ненадёжный (2) (nicht selbstbewusst) неуве́ренный (3) (gefährlich) небезопа́сный; **Unsicherheit** f (1) (Ungewissheit) неопределённость ж (2) (unsicheres Wesen) неуве́ренность ж (3) (Gefahr) опа́сность ж
unsichtbar adj a. FIG неви́димый; **Unsichtbarkeit** f неви́димость ж
Unsinn m вздор м; **unsinnig** adj бессмы́сленный
Unsitte f дурна́я привы́чка ж; **unsittlich** adj безнра́вственный
unsportlich adj (1) (ungelenkig) неспорти́вный (2) (unfair) некорре́ктный
unsre = unsere
unsterblich I. adj (1) (nicht sterblich) бессме́ртный (2) (unvergesslich, Schauspieler) незабве́нный II. adv FAM ◇ ~ verliebt sein быть глубоко́ влюблённым; **Unsterblichkeit** f бессме́ртие с
Unstimmigkeit f (1) (Ungenauigkeit) нето́чность ж (2) (Meinungsverschiedenheit) разногла́сие с
Unsumme f грома́дная су́мма ж
unsympathisch adj несимпати́чный; ◇ **er ist mir ~** он мне не нра́вится
untätig adj безде́ятельный
untauglich adj (1) (nicht geeignet) него́дный (2) MIL неприго́дный
unteilbar adj недели́мый
unten adv (1) (im unteren Teil) ◇ nach ~ gehen пойти́ вниз; ◇ ~ wohnen жить внизу́ (2) (tiefer gelegen) ◇ von oben nach ~ све́рху вниз; ◇ tief ~ im See глубоко́ внизу́ на дне о́зера (3) FAM ◇ bei jd-m ~ durch sein потеря́ть чьё-л уваже́ние
unter präp akk/dat (1) (unterhalb) под кем-чем-л; ◇ ~ der Brücke под мосто́м (2) (inmitten, zwischen) среди́ кого́-чего́-л;

◇ ~ **Leuten** среди людей; ◇ ~ **sich sein** быть среди свои́х; ◇ ~ **uns gesagt** ме́жду на́ми говоря́ ③ (*weniger als*) ме́нее чего́-л; ◇ ~ **18 Jahren** до восемна́дцати лет; ◇ ~ **5 Euro** ме́нее пяти́ е́вро; ◇ ~ **15 Grad** ни́же пятна́дцати гра́дусов ④ (*wohin?*) по́д что-л, к кому́-чему́-л; ◇ ~ **den Tisch legen** положи́ть под стол

unterbelichten *vt* FOTO недоде́р|живать ‹-жа́ть›

unterbezahlt *adj* малооппла́чиваемый

unterbieten *unreg vt* ① (*Preis*) сби|ва́ть це́ны ② (*Rekordzeit*) перекры́|ва́ть

unterbrechen *unreg vt* ① (*Gespräch, Arbeit*) прер|ы́ва́ть ② (*Leitung*) переби|ва́ть ‹-би́ть›; **Unterbrechung** *f* прерыва́ние *c*

unterbringen *unreg vt* ① (*verstauen*) помеща́ть ‹-сти́ть› ② (*einquartieren*) размеща́ть ‹-сти́ть›

unterdessen *adv* (*inzwischen*) тем вре́менем

unterdrücken *vt* ① (*Aufstand*) подавля́ть ‹-ви́ть› ② (*Tränen*) сде́р|живать ‹-жа́ть›

untere(r, s) *adj* ни́жний

untereinander *adv* ① (*räumlich*) друг под дру́гом ② (*gegenseitig*) ме́жду собо́й

unterentwickelt *adj* слабора́звитый

Unterführung *f* подзе́мный перехо́д *м*

Untergang *m* ① NAUT круше́ние *c* ② (*Staat, Mensch*) ги́бель *ж*; **untergehen** *unreg vi* ① (*Mensch*) заходи́ть ‹-йти́› ② (*sinken*) ‹за-›тону́ть ③ (*zugrunde gehen*) ‹по-›ги́бнуть ④ FIG (*im Lärm*) ‹по-›тону́ть

Untergeschoss *n* полуподва́льный эта́ж *м*; **Untergewicht** *n* вес *м* ни́же но́рмы

Untergrund *m* ① (*Farb~*) фон *м* ② (*untere Erdschicht*) подпо́чва *ж* ③ POL подпо́лье *c*; ◇ **im ~ leben** жить в подпо́лье; **Untergrundbahn** *f* метрополите́н *м*, метро́ *c*

unterhalb *präp gen* под чем-кем-л; ◇ ~ **des Berges** под горо́й

Unterhalt *m* (*Lebens~*) сре́дства *c мн* к жи́зни; ◇ **seinen ~ bestreiten** зараба́тывать на пропита́ние

unterhalten *unreg* **I.** *vt* ① (*ernähren, Familie*) содержа́ть *несов*, корми́ть *несов* ② (*amüsieren, Publikum*) развлека́ть ‹-вле́чь› ③ (*Laden*) содержа́ть ④ (*Beziehungen*) подде́рживать *несов* **II.** *vr* ◇ **sich ~** ① (*Gespräch führen*) ‹по-›бесе́довать ② (*sich amüsieren*) развлека́ться ‹-е́чься›; **Unterhaltung** *f* ① (*Gespräch*) бесе́да *ж* ② (*Belustigung*) развлече́ние *c*

Unterhändler(in *f*) *m* посре́дник *м*, посре́дница *ж*

Unterhemd *n* ни́жняя руба́шка *ж*,

ма́йка *ж*; **Unterhose** *f* пла́вки *мн*, тру́сики *мн*; (*lange Männer~*) кальсо́ны *мн*

unterirdisch *adj* подзе́мный

Unterkiefer *m* ANAT ни́жняя че́люсть *ж*

Unterkunft *f* ‹-, -künfte› прию́т *м*, жили́ще *c*

Unterlage *f* ① (*Grundlage*) опо́ра *ж*; (*Schreib~*) подкла́дка *ж* ② ◇ **~n** *pl* (*Belege, Dokumente*) докуме́нты *мн*

unterlassen *unreg vt* (*nicht tun*) не ‹с-›де́лать чего́-л; (*verzichten*) возде́рживаться ‹-держа́ться› от чего́-л

unterlegen I. *vt* (*Decke*) подкла́дывать ‹-ложи́ть› **II.** *adj* (*besiegt*) побеждённый; ◇ **jd-m ~ sein** уступа́ть кому́-л в чём-л

Unterleib *m* ни́жняя часть *ж* живота́

Untermiete *f* наём *м* помеще́ния у квартиросъёмщика; **Untermieter(in** *f*) *m* квартира́нт(ка *ж*) *м*

unternehmen *unreg vt* предприн|има́ть ‹-я́ть›

Unternehmen *n* ‹-s, -› (*Firma*) предприя́тие *c*; **Unternehmer(in** *f*) *m* ‹-s, -› предприни́матель(ница *ж*) *м*

unternehmungslustig *adj* предприи́мчивый

Unterredung *f* (*Gespräch*) бесе́да *ж*, разгово́р *м*

Unterricht *m* ‹-[e]s, -e› SCH заня́тие *c*; **unterrichten I.** *vt* ① (*Deutsch*) преподава́ть *несов* ② (*informieren*) сообща́ть ‹-щи́ть› (*über akk* о ком-чём-л) **II.** *vr* (*sich informieren*) ◇ **sich ~** осведомля́ться ‹-ми́ться› (*über akk* о ком-чём-л)

untersagen *vt* (*verbieten*) ◇ **jd-m etw ~** запреща́ть ‹-ти́ть› кому́-л что-л

unterschätzen *vt* (*Entfernung, Person*) недооце́нивать ‹-ни́ть›

unterscheiden *unreg* **I.** *vt* ① (*differenzieren*) отлича́ть ‹-чи́ть› (*von* от кого́-чего́-л) ② (*auseinander halten, Zwillinge*) различа́ть ‹-чи́ть› **II.** *vr* ◇ **sich ~** отлича́ться ‹-чи́ться› (*von* от кого́-чего́-л); **Unterscheidung** *f* различе́ние *c*

Unterschied *m* ‹-[e]s, -e› ① (*Verschiedenheit*) ра́зница *ж* ② (*Trennung, Unterscheidung*) разли́чие *c*; ◇ **e-n ~ machen** де́лать разли́чие; **unterschiedlich** *adj* разли́чный, ра́зный

unterschlagen *unreg vt* ① (*Information*) скры|ва́ть ② (*Geld*) прис|ва́ивать ‹-во́ить›; **Unterschlagung** *f* присвое́ние *c*

unterschreiben *unreg vt* (*Vertrag*) подпи́с|ывать ‹-са́ть›; **Unterschrift** *f* по́дпись *ж*

Unterseeboot *n* подво́дная ло́дка *ж*

untersetzt *adj* корена́стый

unterste(r, s) *adj* ① (*tiefste, r, s*) са́мый ни́жний ② (*letzte, r, s*) са́мый после́дний

unterstehen *unreg* **I.** *vi* (*untergeordnet*

sein) подчиня́ться *несов* (*jd-m* кому́-л) **II.** *vr* ◇ **untersteh dich!** несмей!

unterstellen ‹unterstellte, hat unterstellt› *vt* **①** (*unterordnen*) подчиня́ть ‹-ни́ть› (*dat* кому́-л) **②** *PEJ* (*verdächtigen*) припи́сывать ‹-са́ть›; ◇ **jd-m etw** ~ подозрева́ть кого́-л в чём-л

unterstellen ‹stellte unter, hat untergestellt› **I.** *vt* (*Auto*) ‹по-›ста́вить (в гара́ж) **II.** *vr* (*zum Schutz*) ◇ **sich** ~ станови́ться ‹ста́ть› по́до что-л

unterstreichen *unreg vt a. FIG* (*markieren*) подчёркивать ‹-черкну́ть›

unterstützen *vt* (*beistehen*) подде́рживать ‹-держа́ть›; **Unterstützung** *f* подде́ржка *ж*, посо́бие *c*

untersuchen *vt* (*prüfen, erforschen*) осма́тривать ‹-смотре́ть›; (*Fall*) рассле́довать *несов и сов*; *MED* (*Patienten*) осма́тривать ‹-смотре́ть›, обсле́довать *несов и сов*; **Untersuchung** *f* (*wissenschaftlich*) иссле́дование *c*; (*technisch*) прове́рка *ж*; (*polizeilich*) сле́дствие *c*; (*ärztlich*) осмо́тр *м*, обсле́дование *c*; **Untersuchungshaft** *f* предвари́тельное заключе́ние *c*

Untertasse *f* блю́дце *c*

untertauchen *vi* **①** (*in Wasser*) погружа́ть ‹-зи́ть› **②** *FIG* (*verschwinden*) исчеза́ть ‹-че́знуть›

Unterteil *n* ни́жняя часть *ж*

unterteilen *vt* подразделя́ть ‹-ли́ть› (*in akk* на что-л)

Unterwäsche *f* ни́жнее бельё *c*

unterwegs *adv* по доро́ге; ◇ ~ **sein** находи́ться в пути́; ◇ **ein Kind ist** ~ ожида́ют ребёнка

unterwerfen *unreg vt* (*Land*) покоря́ть ‹-ри́ть›

unterwürfig *adj PEJ* поко́рный

unterzeichnen *vt* подпи́сывать ‹-са́ть›

unterziehen *unreg vr* (*sich aussetzen*) ◇ **sich** ~ подверга́ться ‹-ве́ргнуться› чему́-л

untreu *adj* неве́рный

unüberlegt I. *adj* (*voreilig*) неосмотри́тельный; (*Entscheidung*) необду́манный **II.** *adv* (*unbedacht*) ◇ ~ **handeln** необду́манно поступа́ть

unübersehbar *adj* **①** (*offensichtlich*) я́вный, очеви́дный **②** (*unüberblickbar*) необозри́мый **③** (*nicht schätzbar*) колосса́льный

unüblich *adj* неупотреби́тельный

unumgänglich *adj* необходи́мый, неизбе́жный

unumwunden *adv* (*ohne Umschweife*) открове́нно, без обиняко́в

ununterbrochen *adv* беспреры́вный

unverantwortlich *adj* безотве́тственный

unverbesserlich *adj* неисправи́мый

unverbindlich I. *adj* **①** (*Gespräch*) необяза́тельный **②** (*vage, Zusage*) неопре-

деля́емный **II.** *adv* *COMM* без обяза́тельств

unverbleit *adj* (*Benzin*) без свинца́

unverdaulich *adj* непереба́риваемый

unvereinbar *adj* несовмести́мый

unverfroren *adj* (*unverschämt*) на́глый

unverkennbar *adj* я́вный, очеви́дный; ◇ **die Ähnlichkeit ist** ~ схо́дство налицо́

unvermeidlich *adj* неизбе́жный

unvernünftig *adj* неразу́мный

unverschämt *adj* на́глый, бессты́дный; *FAM* наха́льный; **Unverschämtheit** *f* на́глость *ж*; *FAM* наха́льство *c*

unversöhnlich *adj* непримири́мый

unverständlich *adj* **①** (*unbegreiflich*) непоня́тный **②** (*unhörbar*) невня́тный

unverwüstlich *adj* (*Mensch*) невозмути́мый; (*Sache*) про́чный

unverzeihlich *adj* непрости́тельный

unvollkommen *adj* **①** (*nicht perfekt*) несоверше́нный **②** (*unvollständig*) непо́лный

unvollständig *adj* непо́лный

unvoreingenommen *adj* непредвзя́тый, непредубеждённый

unvorhergesehen *adj* **①** (*nicht geplant*) непредусмо́тренный **②** (*unerwartet*) непредви́денный

unvorstellbar *adj* невообрази́мый

unwahr *adj* неве́рный, ло́жный

unwahrscheinlich I. *adj* **①** (*unglaubhaft*) неправдоподо́бный **②** (*kaum denkbar*) невероя́тный; ◇ **ich halte das für** ~ мне э́то ка́жется невероя́тным **II.** *adv FAM* (*sehr*) ◇ ~ **toll** невероя́тно хорошо́, замеча́тельно; ◇ **sich** ~ **betrinken** напи́ться до невменя́емости; **Unwahrscheinlichkeit** *f* неправдоподо́бие *c*, невероя́тность *ж*

unweigerlich I. *adj* (*unvermeidlich*) неизбе́жный **II.** *adv* **①** неизбе́жно **②** (*auf jeden Fall*) непреме́нно; ◇ **es wird** ~ **so kommen** и́менно так и бу́дет

unwesentlich *adj* несуще́ственный

Unwetter *n* бу́ря *ж*, гроза́ *ж*

unwiderruflich *adj* оконча́тельный, не подлежа́щий отме́не

unwiderstehlich *adj* неотрази́мый, непреодоли́мый

unwillig *adv* **①** (*ärgerlich*) негоду́юще, раздражённо **②** (*widerwillig*) не́хотя

unwillkürlich I. *adj* (*Reaktion*) нево́льный **II.** *adv* (*wie von selbst*) нево́льно

unwirklich *adj* нереа́льный

unwirtschaftlich *adj* неэконо́мный, нерента́бельный

unwissend *adj* **①** (*dumm*) неве́жественный **②** (*ahnungslos*) несве́дущий

unwürdig *adj* недосто́йный

unzählig *adj* (*sehr viele*) бесчи́сленный

unzerbrechlich *adj* (*Material*) небью́щийся

unzertrennlich *adj* (*Freunde*) неразлу́чный

Unzucht f разврáт м, распýтство с
unzufrieden adj недовóльный; **Unzufriedenheit** f недовóльство с
unzulänglich adj (1) (mangelhaft) неудовлетворúтельный (2) (nicht ausreichend) недостáточный
unzulässig adj недопустúмый, непозволúтельный
unzurechnungsfähig adj невменяéмый
unzutreffend adj несоотвéтствующий
unzuverlässig adj ненадёжный
üppig adj (1) (Essen) обúльный (2) (Figur) тýчный (3) (Vegetation) пышный
Uran n <-s> урáн м
Ureinwohner(in f) m кореннóй(-ая) жúтель(ница ж) м; **Urgroßmutter** f прабáбушка ж; **Urgroßvater** m прадéдушка м
Urheber(in f) m <-s, -> (1) (von Tat) зачúнщик м, зачúнщица ж (2) (von Kunstwerken) áвтор м
Urin m <-s, -e> мочá ж
Urkunde f <-, -n> (Dokument) докумéнт м
Urlaub m <-[e]s, -e> óтпуск м; ◇ ~ **machen** быть в óтпуске; **Urlauber(in** f) m <-s, -> отпускнúк м, отпускнúца ж
Urne f <-, -n> ýрна ж
Ursache f причúна ж; ◇ **keine ~!** нé за что!
Ursprung m (1) (Anfang) начáло с, происхождéние с (2) (Quelle, vom Fluss) истóчник м, истóк м; **ursprünglich I.** adj (1) (Plan) первоначáльный, изначáльный (2) (Volk) первобытный **II.** adv (eigentlich, anfangs) сначáла, первоначáльно
Urteil n <-s, -e> (1) JURA пригóвор м (2) (Meinung) мнéние с; ◇ **sich ein ~ bilden** состáвить мнéние; **urteilen** vi судúть несов
Urwald m джýнгли мн
Urzeit f доисторúческое врéмя с
usw. Abk. v. **und so weiter** и т. д. (и так дáлее)
Utensilien n pl принадлéжности мн
Utopie f утóпия ж; **utopisch** adj (1) (erträumt) утопúческий (2) FAM (völlig übertrieben, Preis) нереáльный
UV-Strahlen m ультрафиолéтовые лучú

V, v n В, в
Vagabund(in f) m <-en, -en> бродя́га м/ж
vage adj неопределённый, нея́сный

Vagina f <-, -ginen> ANAT влагáлище с
vakant adj (Stelle) вакáнтный
Vakuum n <-s, Vakua> вáкуум м; **vakuumverpackt** adj упакóванный под вáкуумом
Valuta f <-, -ten> (Währung) валю́та ж
Vampir m <-s, -e> вампúр м
Vanille f <-> ванúль ж; **Vanilleeis** n ванúльное морóженое с
variabel adj перемéнный; **Variable** f <-, -n> перемéнная величинá ж; **Variante** f <-, -n> вариáнт м; **Variation** f вариáция ж; **variieren** vt, vi (Plan) варьúровать несов
Vase f <-, -n> (Blumen~) вáза ж
Vaselin n <-s>, **Vaseline** f <-> вазелúн м
Vater m <-s, Väter> (1) (Familien~) отéц м (2) ◇ **Väter** pl (Vorfahren) отцы́ мн, прéдки мн; **Vaterland** n отéчество с, отчúзна ж; **väterlich** adj отцóвский; **väterlicherseits** adv по отцóвской лúнии; **Vaterschaft** f отцóвство с; **Vaterunser** n <-s, -> Óтче наш
Vatikan m <-s> Ватикáн м
v. Chr. Abk. v. **vor Christus** до нáшей э́ры
Veganer(in f) m <-s, -> вегетариáнец (вегетариáнка), питáющийся (-аяся) исключúтельно растúтельной пúщей
Vegetarier(in f) m <-s, -> вегетариáнец м, вегетариáнка ж
Vegetation f растúтельность ж, вегетáция ж
vegetieren vi (kümmerlich leben) влачúть жáлкое существовáние
Vehikel n <-s, -> FAM (altes Fahrrad/Auto) колымáга ж, дранду́лет м
Veilchen n фиáлка ж
Vene f <-, -n> вéна ж
Ventil n <-s, -e> клáпан м, вéнтиль м
Ventilator m вентиля́тор м

sich verabreden

Почему́ бы нам не пойтú кáк-нибудь в бассéйн?
Lass/t uns doch bei Gelegenheit mal in ein Schwimmbad gehen.
У тебя́ есть врéмя на слéдующей недéле?
Hast du irgendwann nächste Woche Zeit?
Как насчёт пя́тницы в 10 часóв?
Wie wäre es mit Freitag um 10 Uhr?
Когдá тебé лýчше всегó?
Wann passt es dir am besten?
Скáжем, зáвтра в половúне восьмóго у кинотеáтра.
Sagen wir morgen um halb acht vor dem Kino.

verabreden I. vt (Plan, Kennzeichen) услó|вливаться -вúться» (mit jd-m с кем-л) **II.** vr ◇ **sich ~** догово́|риваться-

ся ‹-вори́ться› (mit jd-m с кем-л); **Verabredung** f ① (Übereinkommen) договорённость ж ② (Treffen) встре́ча ж
verabreichen vt (Medikament) да‹ва́›ть; ◇ **jd-m eine Tracht Prügel ~** изби́ть кого́-л

verabscheuen vt пита́ть несов отвраще́ние к кому́-чему́-л

verabschieden I. vt ① (Besucher) провожа́ть ‹-ди́ть› ② POL (Gesetz) принима́ть ‹-я́ть› II. vr ◇ **sich ~** проща́ться ‹-сти́ться› (von с кем-л); **Verabschiedung** f ① (eines Generals) увольне́ние с ② POL (eines Gesetzes) приня́тие с

 sich verabschieden

До свида́ния! Бы́ло о́чень прия́тно с Ва́ми познако́миться.
Auf Wiedersehen! Es hat mich sehr gefreut, Sie kennen zu lernen.
Уви́димся!/До сле́дующего ра́за!
Bis demnächst!/Bis zum nächsten Mal!
Ла́дно, тогда́ до понеде́льника.
OK, dann bis Montag.
Пока́! Счастли́во!
Tschüss! Mach's gut!
Всего́ до́брого!
Alles Gute!

verachten vt презира́ть несов; **verächtlich** adj (Blick) презри́тельный, пренебрежи́тельный; **Verachtung** f презре́ние с
verallgemeinern vt (Meinung) обобща́ть ‹-щи́ть›; **Verallgemeinerung** f обобще́ние с
veralten vi (Technik, Wort) устаре́‹ва́›ть
Veranda f ‹-, -den› вера́нда ж
veränderlich adj изме́нчивый; **verändern** I. vt (Raum, Wesen) изменя́ть ‹-ни́ть› II. vr (anders aussehen) ◇ **sich ~** изменя́ться ‹-ни́ться›; **Veränderung** f измене́ние с, переме́на ж
verängstigt adj запу́ганный
verankern vt ① (Schiff) ‹по-›ста́вить на я́корь ② (Grundrechte) узако́ни‹ва›ть
veranlagt adj ◇ **künstlerisch ~ sein** име́ть спосо́бности к иску́сству; ◇ **praktisch ~ sein** име́ть практи́ческие спосо́бности; **Veranlagung** f (Neigung) предрасположе́ние с; (Begabung) зада́тки мн, спосо́бности мн
veranlassen vt (Handlung) побужда́ть ‹-ди́ть›; (anordnen) распоряжа́ться ‹-ди́ться› о чём-л; ◇ **er sah sich zu dieser Vorgehensweise veranlasst** у него́ был по́вод так поступи́ть; ◇ **sie veranlasste ihn dazu, aufzugeben** она́ заста́вила его́ отказа́ться
veranschaulichen vt ‹про-›иллюстри́ровать

veranschlagen vt (Summe) оце́нивать ‹-ни́ть› (auf akk во что-л)
veranstalten vt ① (durchführen) проводи́ть ‹-вести́› ② (organisieren) организова́ть несов и сов; **Veranstalter** (in f) m ‹-s, -› организа́тор м; **Veranstaltung** f ① (das Durchführen) организа́ция ж ② (Aufführung) мероприя́тие с
verantworten I. vt (Tätigkeit) отвеча́ть ‹-ве́тить› за что-л II. vr ◇ **sich vor Gericht für etw ~** отвеча́ть пе́ред судо́м за что-л; **verantwortlich** adj ① (Redakteur) отве́тственный; (zuständig) компете́нтный; ◇ **jd-n für e-e Sache ~ machen** (Rechenschaft verlangen) тре́бовать у кого́-л отчёта за что-л ② (verantwortungsvoll) отве́тственный; **Verantwortung** f отве́тственность ж; ◇ **jd-m die ~ übertragen** возлага́ть отве́тственность на кого́-л; **verantwortungsbewusst** adj отве́тственный, созна́тельный; **Verantwortungsgefühl** n чу́вство с отве́тственности; **verantwortungslos** adj безотве́тственный; **verantwortungsvoll** adj отве́тственный
veräppeln vt FAM ‹о-›дура́чить
verarbeiten vt ① (Holz etc.) обраба́тывать ‹-бо́тать›; (Erz) перераба́тывать ‹-бо́тать›; PC (Daten) обраба́тывать ‹-бо́тать›; (umwandeln) ◇ **Getreide zu Mehl ~** перемоло́ть зерно́ в муку́ ② (Erlebnis, Film) осмысля́ть ‹осмы́слить›; **Verarbeitung** f ① (Bearbeitung) a. PC обрабо́тка ж; (von Erz) перерабо́тка ж ② (geistige) осмысле́ние с
verärgern vt ‹рас-›серди́ть
verarschen vt VULG ‹о-›дура́чить
verarzten vt (Mensch, Tier) ока́зывать ‹-за́ть› враче́бную по́мощь
verausgaben vr ◇ **sich ~** (finanziell) истра́титься сов и сов; FIG (bis zur Erschöpfung) выкла́дываться несов
veräußern vt прода‹ва́›ть; **Veräußerung** f прода́жа ж, реализа́ция ж
Verb n ‹-s, -en› GRAM глаго́л м
Verband m ‹-es, -bände› ① MED повя́зка ж, бинт м; ◇ **e-n ~ anlegen** наложи́ть повя́зку ② MIL соедине́ние с, формирова́ние с ③ (Interessen~) ассоциа́ция ж, сою́з м
Verband[s]kasten m апте́чка ж; **Verbandszeug** n перевя́зочный материа́л м
verbarrikadieren I. vt (Tür, Zimmer) забаррикади́ровать сов II. vr ◇ **sich ~** забаррикади́роваться сов
verbauen vt ① (beim Bauen verbrauchen) израсхо́довать сов; (Landschaft) застра́ивать ‹-стро́ить›; (Aussicht) загора́живать ‹-роди́ть› ② (blockieren) ◇ **jd-m die Karriere ~** испо́ртить кому́-л карье́ру
verbergen unreg vt (Gegenstand, Gefühl) скры‹ва́›ть (vor dat от кого́-чего́-л)

verbessern I. vt (Ggs. v. verschlechtern) улучша́ть ‹-лу́чшить›; (Fehler) исправля́ть ‹-пра́вить› **II.** vr (Lage) ◇ sich ~ улучша́ться ‹улу́чшиться›; **Verbesserung** f улучше́ние c, исправле́ние c

verbeugen vr ◇ sich vor jd-m ~ кла́няться ‹поклони́ться› кому́-л; **Verbeugung** f покло́н м

verbiegen unregl **I.** vt (Draht) ‹по-›гну́ть **II.** vr (Schienen) ◇ sich ~ ‹по-›гну́ться

verbieten unregl vt (Rauchen) запреща́ть ‹-ти́ть›; ◇ jd-m den Mund ~ заста́вить кого́-л замолча́ть

verbilligen vt (Ware) удешевля́ть ‹-ви́ть›; **Verbilligung** f удешевле́ние c

verbinden unregl vt **1** (zusammenfügen) соединя́ть ‹-ни́ть›; (Straße, Ort) свя́зывать ‹-за́ть› (mit etw с чем-л) **2** TELEC ◇ Sie sind falsch verbunden вы непра́вильно набра́ли но́мер; ◇ verbinden Sie mich bitte mit Frau Krüger соедини́те меня́, пожа́луйста, с госпожо́й Крю́гер **3** (dankbar) ◇ für Ihre Hilfe sind wir Ihnen sehr verbunden за ва́шу по́мощь мы вам о́чень призна́тельны; ◇ ich bin ihm sehr verbunden я ему́ чрезвыча́йно обя́зан **4** (in Bezug setzen) ◇ damit verbinde ich э́то напомина́ет мне **5** MED (Wunde) перевя́зывать ‹-за́ть› **6** (Augen) завя́зывать ‹-за́ть›

verbindlich adj **1** (Zusage) обяза́тельный, обя́зывающий **2** (höflich, freundlich) любе́зный; **Verbindlichkeit** f FIN обяза́тельство c; (Freundlichkeit) любе́зность ж

Verbindung f **1** (Zusammenfügen) связь ж **2** (Telefon~) связь ж **3** (Bus~, Zug~) сообще́ние c **4** (Beziehung) связь ж; ◇ in ~ mit der Deutschen Einheit в связи́ с объедине́нием Герма́нии **5** CHEM соедине́ние c; **Verbindungsstraße** f соедини́тельная доро́га ж

verbissen I. adj (grimmig) озлобленный **II.** adv (hartnäckig) ожесточённый, упо́рный

verbitten unregl vr ◇ ich verbitte mir diesen Ton прошу́ не говори́ть со мной таки́м то́ном

Verbitterung f озлобленность ж

Verbleib m ‹-[e]s› местопребыва́ние c; **verbleiben** unregl vi **1** (übereinkommen) догова́риваться ‹-вори́ться›; ◇ wir sind so verblieben, dass ... мы договори́лись, что ... **2** (bleiben) оставля́ть, пребыва́ть

verbleit adj (Benzin) со свинцо́м

verblöden vi FAM ‹по-›глупе́ть

verblüffen vt (Antwort) поража́ть ‹-зи́ть›; **verblüfft** adj (überrascht) озада́ченный; **Verblüffung** f озада́ченность ж

verblühen vi (Blume) отцвета́ть ‹-сти́›

verbluten vi умира́ть ‹умере́ть› от поте́ри кро́ви

verborgen adj (versteckt, geheim) скры́тый; (unbemerkt) скры́тый, незаме́ченный

Verbot n ‹-[e]s, -e› запре́т м, запреще́ние c; **verboten** adj **1** (untersagt) запрещённый; ◇ Betreten ~! вход запрещён! **2** FAM (unmöglich) ужа́сный; ◇ ~ aussehen вы́глядеть ужа́сно; **Verbotsschild** n, **Verbotstafel** f запреща́ющий знак м

 verbieten

В больни́це кури́ть запрещено́.
Im Krankenhaus ist das Rauchen untersagt.
У нас не ку́рят!
Bei uns wird nicht geraucht!
По коридо́рам нельзя́ бе́гать.
Auf dem Gang darf man nicht laufen.
Никогда́ так бо́льше не де́лай!
Tu das ja nicht noch mal!
Ни в ко́ем слу́чае не ходи́ сего́дня ве́чером туда́!
Auf keinen Fall gehst du heute Abend hin!

verbrannt adj сгоре́вший

Verbrauch m ‹-[e]s› потребле́ние c; **verbrauchen** vt (Energie, Lebensmittel) потребля́ть ‹-би́ть›; (Kräfte) ‹из-›расхо́довать; **Verbraucher(in** f) m ‹-s, -› потреби́тель(ница ж) м; **Verbraucherzentrale** f потреби́тельская организа́ция ж; **verbraucht** adj (Energie, Lebensmittel) израсхо́дованный; (Kräfte) исся́кший; (Luft) спёртый; (erschöpft) изнурённый, истощённый

verbrechen unregl vt (anstellen) ‹на-›твори́ть; ◇ was hast du heute wieder verbrochen? что ты сего́дня сно́ва натвори́л?; **Verbrechen** n ‹-s, -› преступле́ние c; **Verbrecher(in** f) m ‹-s, -› престу́пник м, престу́пница ж; **verbrecherisch** adj престу́пный

verbreiten I. vt (Krankheit, Gerücht) разноси́ть ‹-нести́›; (Wärme, Gefühl) распростра|ня́ть ‹-ни́ть› **II.** vr (Krankheit) ◇ sich ~ распростра|ня́ться ‹-ни́ться›

verbreitern I. vt расширя́ть ‹-ши́рить›; **Verbreiterung** f расшире́ние c

Verbreitung f распростране́ние c

verbrennen unregl **I.** vt (Holz, Benzin) ‹с-›жечь; (Tote) сжига́ть ‹сжечь› **II.** vi (Haus) сгора́ть ‹-ре́ть›; ◇ zu Asche ~ сгоре́ть дотла́ **III.** vr ◇ sich dat die Hand ~ обжига́ть себе́ ру́ку; FIG ◇ sich die Finger ~ обже́чься на чём-л; **Verbrennung** f (von Holz) сожже́ние c; (von Toten) крема́ция ж; MED ожо́г м; **Verbrennungsmotor** m дви́гатель м вну́треннего сгора́ния

verbringen unregl vt (Urlaub) проводи́ть ‹-вести́› (mit etw за чем-л)

verbrüdern vr ◇ **sich ~ mit** jd-m ⟨по-⟩брата́ться с кем-л

verbrühen vr ◇ **sich ~** обва́риваться ⟨-ри́ться⟩, ошпа́риваться

verbuchen vt FIN (Einnahmen, Ausgaben) зано́сить ⟨-нести́⟩ в счётную кни́гу

Verbund m (Verkehrs~) объедине́ние c

verbunden adj s. **verbinden**

verbünden vr ◇ **sich ~** вступа́ть ⟨-пи́ть⟩ в сою́з (mit dat с кем-л); **Verbündete(r)** fm сою́зник m, сою́зница ж

verbürgen vr ◇ **sich ~ für** руча́ться ⟨поручи́ться⟩ за кого́-что-л

verbüßen vt отбы́⟨ва́⟩ть

Verdacht m <-[e]s> подозре́ние c

verdächtig adj подозри́тельный; **Verdächtige(r)** fm подозрева́емый(-ая ж) m; **verdächtigen** vt подозрева́ть несов; ◇ **jd-n des Totschlags ~** подозрева́ть кого́-л в уби́йстве; **Verdächtigung** f подозре́ние c

verdammen vt (verurteilen) осужда́ть ⟨-ди́ть⟩; REL предa⟨ва́⟩ть прокля́тию

verdampfen I. vi испаря́ться ⟨-ри́ться⟩ II. vt испаря́ть ⟨-ри́ть⟩

verdanken vt ◇ **jd-m/e-r Sache etw ~** быть кому́/чему́-л обя́занным

verdauen vt перева́ривать ⟨-ри́ть⟩; FIG ◇ **das muss ich erst mal ~** э́то мне ну́жно снача́ла перевари́ть; **verdaulich** adj (Essen) ◇ **schwer ~ Kost** тру́дно усва́иваемая пи́ща; **Verdauung** f пищеваре́ние c; **Verdauungsbeschwerden** pl расстро́йство пищеваре́ния

Verdeck n <-[e]s, -e> NAUT ве́рхняя па́луба ж; AUTO верх m

verdenken unreg vt (übelnehmen) ◇ **ich kann es ihm nicht ~, dass...** я не могу́ на него́ обижа́ться за то, что...

Verderb m <-> ◇ **auf Gedeih und ~** в сча́стье и в несча́стье; **verderben** (verdirbt, verdarb, verdorben) I. vt ① (ungenießbar, unbrauchbar machen) ⟨ис-⟩по́ртить ② (Jugendliche, Charakter) развраща́ть ⟨-ти́ть⟩ II. vi (Nahrung) ⟨ис-⟩по́ртиться; (Person) развраща́ться ⟨-ти́ться⟩ III. vr ◇ **sich ~** (Augen) ⟨ис-⟩по́ртить себе́ что-л; (Freude) лиша́ть ⟨-ши́ть⟩ себя́ чего́-л; **Verderben** n <-s> (Ruin) ги́бель ж; ◇ **in sein ~ rennen** погуби́ть себя́ самого́; ◇ **jd-n ins ~ stürzen** загуби́ть кого́-л; **verderblich** adj (Lebensmittel) скоропо́ртящийся

verdeutlichen vt ⟨про-⟩иллюстри́ровать, поясня́ть ⟨-ни́ть⟩

verdichten vr ◇ **sich ~** (Nebel) сгуща́ться ⟨-сти́ться⟩; (Verdacht) усили́ться ⟨усили́ться⟩

verdienen vt (Geld) зараба́тывать ⟨-бо́тать⟩; ◇ **seinen Lebensunterhalt ~** зараба́тывать на хлеб

Verdienst[1] m <-[e]s> (Einkommen) за́работок m, зарпла́та ж, дохо́д m

Verdienst[2] n <-[e]s, -e> (Leistung) заслу́га ж; **verdienstvoll** adj (Person) заслу́женный; (Tat) досто́йный призна́ния

verdient adj ① (erworben) зарабо́танный ② (verdienstvoll) заслу́женный

verdoppeln vt удва́ивать ⟨-во́ить⟩

verdorben adj ① (Lebensmittel) испо́рченный, плохо́й ② (Charakter, Jugend) развращённый, испо́рченный; (Kind) избало́ванный

verdrängen vt ① (beiseite schieben) вытесня́ть ⟨вы́теснить⟩; (Erinnerungen, Gedanke) ② (Kollegen) выжива́ть ⟨вы́жить⟩; **Verdrängung** f вытесне́ние c

verdrehen vt ① (Augen) зака́тывать ⟨-ти́ть⟩; (Antenne) скру́чивать ⟨-ти́ть⟩; (Arm) выви́хивать ⟨вы́вихнуть⟩; ◇ **den Kopf nach** jd-m ~ си́льно поверну́ть го́лову за кем-л ② (Worte) извраща́ть ⟨-ти́ть⟩; **verdreht** adj FAM (verworren) сумбу́рный

verdreifachen vt утра́ивать ⟨-ро́ить⟩

verdrießlich adj (Miene) угрю́мый; (Stimmung) раздоса́дованный

Verdrossenheit f (Missmut) дурно́е настрое́ние c

verdrücken I. vt ① (zerknittern) ⟨из-⟩мя́ть ② (hinunterschlingen) уплета́ть ⟨-сти́⟩ II. vr (davonschleichen) ◇ **sich ~** улету́чи⟨ва⟩ться

Verdruss m <-es, Verdrüsse> доса́да ж, огорче́ние c

verduften vi FAM (heimlich verschwinden) смы́⟨ва́⟩ться

verdummen I. vt (dumm machen) оглупля́ть ⟨-пи́ть⟩ II. vi (dumm werden) ⟨по-⟩глупе́ть

verdunkeln I. vt ① (Raum) затемня́ть ⟨-ни́ть⟩ ② FIG (Verbrechen) скры⟨ва́⟩ть II. vr (dunkel werden) ◇ **sich ~** по-темне́ть; **Verdunk[e]lung** f затемне́ние c; FIG (Verschleiern) маскиро́вка ж, сокры́тие c; **Verdunklungsgefahr** f JURA опа́сность ж сокры́тия и́стины

verdünnen vt разбавля́ть ⟨-ба́вить⟩

verdunsten vi (Wasser) испаря́ться ⟨-ри́ться⟩; **Verdunstung** f испаре́ние c

verdursten vi умира́ть ⟨умере́ть⟩ от жа́жды

verdutzt adj озада́ченный, ошеломлённый

verebben vi FIG стиха́ть ⟨-ти́хнуть⟩

verehren vt ① (bewundern) почита́ть несов, уважа́ть несов ② (schenken) ◇ **jd-m etw ~** преподноси́ть ⟨-нести́⟩; **Verehrer(in)** f m <-s, -> (Bewunderer/-in) почита́тель(ница ж) m; (Liebhaber/in) покло́нник m, покло́нница ж; **verehrt** adj уважа́емый; **Verehrung** f уваже́ние c

vereidigen vt при⟨во⟩ди́ть ⟨-вести́⟩ к прися́ге; **Vereidigung** f приведе́ние c к прися́ге

Verein

Более половины жителей Германии состоят в каком-либо клубе или обществе, число которых достигает 300.000. Это самый популярный в стране способ проведения свободного времени.
Больше всего распространены спортивные клубы, музыкальные общества и общества по разведению каких-либо животных.

Verein m <-[e]s, -e> (Sport~) общество с, ассоциация ж; **Vereinsmitglied** n член м общества

vereinbar adj совместимый с чем-л; **vereinbaren** vt ① (Termin, Beschluss) договариваться <-вориться> ② (in Einklang bringen) ◇ etw mit seinem Gewissen nicht ~ können что-л несовместимо с чьей-л совестью; **Vereinbarung** f соглашение с, договорённость с; **vereinbarungsgemäß** adv согласно договорённости

vereinen vt ① (zusammenführen) объединять <-нить> ② (in Übereinstimmung bringen) сочетать несов и сов, совмещать <-стить>

vereinfachen vt упрощать <-стить>

vereinheitlichen vt унифицировать несов и сов

vereinigen I. vt (Firmen) объединять <-нить> (zu etw wo во что-л) II. vr ◇ sich ~ объединяться <-ниться> (mit jd-m с кем-л); **Vereinigung** f ① (das Vereinigen) объединение с ② (Interessen~) ассоциация ж

vereinsamen vi становиться <стать> одиноким

vereint adj объединённый

vereinzelt adj единичный, отдельный

vereisen I. vt MED замораживать <-розить> II. vi (Straße) замерзать <-мёрзнуть>, обледеневать

vereiteln vt (Straftat) препятствовать несов, предотвращать <-тить>

vereitern vi гноиться несов; **vereitert** adj (Zahn, Wunde) гнойный, гноящийся

verenden vi (Tier) подыхать <-охнуть>

verengen I. vt (Straße) суживать <-зить> II. vr (Weg) ◇ sich ~ сужаться <-зиться>

vererben I. vt (Nachlass) передавать в наследство; BIOL (Erbanlagen) передавать по наследству; FAM (schenken) предоставлять <-ставить> II. vr ◇ sich ~ переходить <-йти> по наследству (auf jd-n на кого-л); **vererblich** adj (Krankheit) передающийся по наследству; **Vererbung** f (von Erbanlagen) переход м по наследству; **Vererbungslehre** f теория ж наследственности

verfahren unreg I. vt (verbrauchen, Benzin) проезжать <-ездить> II. vi (handeln) поступать <-пить>; (mit jd-m umgehen) обходиться <-ойтись> с кем-л III. vr ◇ sich ~ заблудиться сов

verfahren adj (Verhandlungen) зашедший в тупик

Verfahren n <-s, -> ① (Vorgehen) метод м, способ м ② (Gerichts~) процесс м

Verfall m <-[e]s> ① (Zerfall) развал м; (von Gebäude, Stadt) разрушение с; (von Reich) распад м, крах м; (von Körper, Geist) упадок м; FIN падение с ② (von Fahrkarte) истечение с срока; **verfallen** unreg vi ① (Gebäude, Stadt) разрушаться <-рушиться>; (Königreich) приходить <-йти> в упадок; (Körper, Geist) <за>чахнуть; FIN (Wechsel) падать <упасть> ② (ungültig werden) истекать <-течь> ③ (ausgeliefert sein) ◇ e-m Laster ~ sein быть во власти порока ④ ◇ man verfällt oft in alte Gewohnheiten люди часто возвращаются к старым привычкам; **Verfallsdatum** n срок м годности; **Verfallserscheinung** f признаки м мн упадка

verfälschen vt ① (Daten) искажать <-зить> ② (Text) изменять <-нить>; (Geschichte) фальсифицировать ③ (Lebensmittel) ухудшать <-удшить>; (Wein) разбавлять <-бавить>

verfangen vt ◇ die Fliege hat sich im Netz ~ муха запуталась в паутине; FIG ◇ der Zeuge hat sich in Widersprüche ~ свидетель запутался в противоречивых показаниях

verfassen vt (Text) <на>писать; (Rede) составлять <-ставить>; (Musikstück) сочинять <-нить>; **Verfasser(in** f) m <-s, -> автор м, составитель(ница ж) м

Verfassung f ① (von Texten) написание с ② POL конституция ж ③ (Zustand) состояние с; **Verfassungsgericht** n конституционный суд м; **verfassungswidrig** adj противоречащий конституции, неконституционный

verfaulen vi (Früchte) <с>гнить

verfehlen I. vt ① (nicht begegnen) не застать ② (nicht richtig treffen, Beruf) ошибаться <-биться>; (Aufsatzthema) <на>писать не по теме II. vr (verabredete Personen) ◇ sich ~ разминуться сов; **verfehlt** adj (Maßnahme, Entscheidung) неправильный, неуместный; (falsch) ◇ es ist ~ anzunehmen, dass... неверно будет считать, что...

verfeinden vr ◇ sich ~ <по>ссориться (mit dat с кем)

verfeinern vt GASTRON улучшать <-учшить> вкус

verfilmen vt экранизировать несов и сов

verfilzt adj (Wolle, Haare) сваля́вшийся

verfliegen unreg vi ① (Zeit) пролетать

‹-тéть› ② (Duft, Wut) рассéиваться ‹-яться›

verflixt adj прокля́тый

verfluchen vt проклина́ть ‹-кля́сть›

verflüchtigen vr ◇ sich ~ ① (Duft) улету́чи‹ва›ться ② FAM (leise verschwinden) улету́чи‹ва›ться

verfolgen vt ① (Tier, Mensch) пресле́довать несов ② (politisch) пресле́довать ③ (aufmerksam nachgehen, Spur) прослéживать ‹-ди́ть› ④ (Ziel, Zweck) пресле́довать ⑤ (aufmerksam beobachten) следи́ть за чем-л; **Verfolger(in** f) m ‹-s, -› пресле́дователь(ница ж) м; **Verfolgung** f ① (von Tier, Mensch) пресле́дование с, пого́ня ж ② (politisch) пресле́дование ③ (von Spur) пресле́дование с; **Verfolgungswahn** m ма́ния ж пресле́дования

verfrüht adj преждевре́менный

verfügbar adj име́ющийся в распоряже́нии

verfügen I. vt (Maßnahme) распоряжа́ться ‹-ди́ться›; ◇ das Gericht hat verfügt, dass... суд постанови́л, что... II. vi (über Besitz, Kraft) располага́ть несов (über akk чем-л); **Verfügung** f ① (Bestimmen) распоряже́ние с; ◇ ich stehe Ihnen gern zur ~ я в ва́шем распоряже́нии; ◇ jd-m sein Auto zur ~ stellen предоста́вить свою́ маши́ну в чьё-л распоряже́ние ② JURA (Anordnung) ◇ e-e einstweilige ~ erlassen изда́ть распоряже́ние суда́ об обеспе́чении притяза́ния сто́рон

verführen vt ① (Frau, Mann) соблазня́ть ‹-ни́ть› ② (verleiten) обольща́ть ‹-сти́ть›; **verführerisch** adj соблазни́тельный; **Verführung** f собла́зн м

vergangen adj проше́дший; **Vergangenheit** f про́шлое с

vergänglich adj преходя́щий, бре́нный

Vergaser m ‹-s, -› AUTO карбюра́тор м

vergaß impf v. **vergessen**

vergeben unreg vt ① (verzeihen) проща́ть ‹-сти́ть› кого́-л ② (weggeben) ◇ etw an jd-n ~ да‹ва́›ть кому́-л что-л ③ (Arbeit, Studienplatz) предоставля́ть ‹-ста́вить› ④ (Eintrittskarten, Wohnung) распределя́ть ‹-ли́ть› ⑤ (Preis) прису́ждать ‹-ди́ть›

vergebens adv напра́сно; **vergeblich** adj (Mühe) напра́сный, тще́тный

Vergebung f (Verzeihen) проще́ние с

vergegenwärtigen vr ◇ sich etw ~ предста́вить ‹-ста́вить› себе́ что-л

vergehen unreg I. vi (Zeit, Schmerz) проходи́ть ‹-йти́›; ◇ die Freude ist ihm vergangen ра́дость у него́ пропа́ла II. vr (vergewaltigen) ◇ sich an jd-m ~ ‹из›наси́ловать кого́-л; **Vergehen** n ‹-s, -› JURA преступле́ние с

vergelten unreg vt (entlohnen, rächen) ◇

jd-m etw ~ отплати́ть кому́-л за что-л; **Vergeltung(sschlag)** m MIL отве́тный уда́р м

vergessen ‹vergisst, vergaß, vergessen› I. vt забы‹ва́›ть; ◇ seine Hilfe vergesse ich ihm nie его́ по́мощь я никогда́ не забу́ду II. vr (Beherrschung verlieren) ◇ sich ~ забы‹ва́›ться; **Vergessenheit** f забве́ние с; ◇ in ~ geraten уйти́ в забве́ние; **vergesslich** adj забы́вчивый

vergewaltigen vt ‹из›наси́ловать; **Vergewaltigung** f изнаси́лование с

vergewissern vr ◇ sich e-r Sache gen ~ убежда́ться ‹-ди́ться› в чём-л

vergießen unreg vt ① (Kaffee) проли‹ва́›ть ② (verlieren, Blut) проли‹ва́›ть

vergiften I. vt (Wein, Essen) отравля́ть ‹-ви́ть› II. vr ◇ sich ~ отравля́ться ‹-ви́ться›; **Vergiftung** f отравле́ние с

vergittern vt (Fenster) снабжа́ть ‹-ди́ть› решёткой

Vergleich m ‹-[e]s, -e› ① (das Vergleichen) сравне́ние с; ◇ im ~ mit [o. zu] в сравне́нии с кем-чем-л ② JURA мирова́я сде́лка ж; ◇ e-n ~ schließen пойти́ на мирову́ю [сде́лку]; **vergleichbar** adj сравни́мый; **vergleichen** unreg vt сра́внивать ‹-ни́ть› (mit с кем-чем-л); **Vergleichsmöglichkeit** f возмо́жность ж сравне́ния; **vergleichsweise** adv сравни́тельно

vergnügen vr ◇ sich ~ развлека́ться ‹-влéчься› (mit etw чем-л); **Vergnügen** n ‹- s, -› удово́льствие с; ◇ mit wem habe ich das ~? с кем име́ю удово́льствие?; ◇ viel ~! жела́ю хорошо́ повесели́ться!; **Vergnügungspark** m парк м о́тдыха

vergolden vt ‹по›золоти́ть

vergöttern vt боготвори́ть, обожа́ть

vergraben unreg I. vt зака́пывать ‹-копа́ть› II. vr ◇ sich in e-e Zeitung ~ погрузи́ться в чте́ние газе́ты

vergreifen vr ① (danebengreifen) ◇ sich ~ схва́тывать ‹-ти́ть› не то ② (schlagen) ◇ sich an e-r Frau ~ ‹по›би́ть же́нщину ③ (stehlen) ◇ sich an fremdem Eigentum ~ присва́ивать чужо́е иму́щество

vergrößern I. vt (Firma) расширя́ть ‹-ши́рить›; (Foto, Menge) увели́чи‹ва›ть II. vr ◇ sich ~ расширя́ться ‹-ши́риться›; **Vergrößerung** f увеличе́ние с, расшире́ние с; **Vergrößerungsglas** n увеличи́тельное стекло́ с

vergucken vr FAM (verlieben) ◇ sich in jd-n ~ влюбля́ться ‹-би́ться› в кого́-л

Vergünstigung f (Sonderrecht) льго́та ж; (Straf~) сниже́ние с; (Preis~) ски́дка ж

vergüten vt ① (Leistung) вознагражда́ть ‹-ди́ть› ② (Kosten) ◇ jd-m etw ~ возмеща́ть ‹-сти́ть› кому́-л что-л

verhaften vt аресто́вывать ‹-ва́ть›; **Verhaftung** f аре́ст м

verhallen vi замира́ть ‹-мере́ть›
verhalten unreg vr ◇ **sich ~** вести́ себя́;
◇ **die Wahrheit verhält sich ganz anders** в
действи́тельности всё совсе́м ина́че
verhalten adj (zurückhaltend) сде́ржан-
ный
Verhalten n ‹-s› поведе́ние c
Verhältnis n **1** (Größen~) [со]отноше́-
ние c; ◇ **im ~ eins zu eins** в соотноше́-
нии оди́н к двум; ◇ **über seine Verhält-
nisse leben** жить не по сре́дствам **2**
(Kontakt~) отноше́ние c; (Liebes~)
любо́вная связь ж; **verhältnismäßig**
adv ◇ **~ billig** относи́тельно дёшево;
Verhältniswahlrecht n пропорцио-
на́льное избира́тельное пра́во c
verhandeln I. vi **1** (besprechen, beraten)
вести́ перегово́ры (über akk о чём-л)
2 JURA разбира́ть де́ло **II.** vt **1** (Ver-
trag, Frage) обсужда́ть ‹-ди́ть› **2** JU-
RA (Fall) разбира́ть де́ло; **Verhand-
lung** f **1** (Beratung) обсужде́ние c; ◇
~en f pl перегово́ры m мн **2** JURA
слу́шание де́ла, разбира́тельство c;
Verhandlungsgegenstand m предме́т
m перегово́ров
Verhängnis n зла́я у́часть ж, злой рок
m; ◇ **jd-m zum ~ werden** стать причи́-
ной несча́стья для кого́-л; **verhäng-
nisvoll** adj роково́й
verharmlosen vt преуменьша́ть
‹-шить› серьёзность чего-л
verhaspeln vr ◇ **sich ~** запу́т‹ыв›аться
verhasst adj ненави́стный, презре́н-
ный
verhauen vt (verprügeln) ‹от-›колоти́ть
verheerend adj (Sturm, Epidemie) опус-
тоши́тельный; (Folge) па́губный; FAM
◇ **~ aussehen** ужа́сно вы́глядеть
verheilen vi (Verletzung) зажи‹ва́›ть
verheimlichen vt ута́ивать ‹-йть› (jd-m
etw от кого́-л что-л)
verheiraten I. vr ◇ **sich ~** (vom Mann)
‹по-›жени́ться на ком-л; (von Frau) вы-
ходи́ть ‹вы́йти› за́муж за кого́-л **II.** vt
(Jungen) жени́ть; (Mädchen) выдава́ть
‹вы́дать› за́муж; **verheiratet** adj (Mann)
жена́тый; (Frau) заму́жняя
verheißungsvoll adj многообеща́ю-
щий
verhelfen vi ◇ **e-m Buch zum Erfolg ~**
спосо́бствовать успе́ху кни́ги; ◇ **jd-m
zu seinem Recht ~** помо́чь кому́-л до-
би́ться свои́х прав
verhindern vt предотвра[ща́ть ‹-ти́ть›;
Verhinderung f предотвраще́ние c
verhökern vt (Ware) распрода‹ва́›ть
Verhör n ‹-[e]s, -e› допро́с m; **verhören
I.** vt (Angeklagten) до[пра́шивать ‹-про-
си́ть› **II.** vr (falsch hören) ◇ **sich ~** ослы́-
шаться
verhungern vi умира́ть ‹умере́ть› с го́-
лоду
verhüten vt (Katastrophe) предотвра-

ща́ть ‹-ти́ть›; ◇ **e-e Schwangerschaft ~**
предупреди́ть бере́менность; **Verhü-
tung** f (Verhinderung) предотвраще́ние
c; (Vorbeugung) предупрежде́ние c; ◇
was nimmst du zur ~? каки́е противо-
зача́точные сре́дства ты употребля́-
ешь?; **Verhütungsmittel** n противо-
зача́точное сре́дство c
verirren vr ◇ **sich ~** заблуди́ться сов
verjagen vt прогоня́ть ‹-гна́ть›
verjähren vi (Straftat) ‹по-›теря́ть си́лу
за да́вностью лет
verjubeln vt FAM (Geld) прома́тывать
‹-мота́ть›
verkabeln vt (Straße, Wohnung) соеди-
ня́ть ‹-ни́ть› ка́белем
verkalken vi (Arterie) обызвес[твля́ться
‹-ти́ться›;(Rohr) покры‹ва́›ться и́звес-
тью
verkalkulieren vr ◇ **sich ~** просчи́ты-
ваться ‹-та́ться›
Verkauf m **1** (das Verkaufen) прода́жа
ж; ◇ **e-e Ware zum ~ anbieten** предла-
га́ть това́р для прода́жи **2** (~sabtei-
lung) отде́л m сбы́та; **verkaufen I.** vt
(Ware), a. SPORT прода‹ва́›ть; ◇ **jd-n für
dumm ~** одура́чить несов кого́-л **II.** vr
◇ **sich ~** прода‹ва́›ться (an jd-n кому́-л);
◇ **die Ware verkauft sich gut** това́р про-
даётся хорошо́; **Verkäufer(in** f) m ‹-s,
-› продаве́ц m, продавщи́ца ж; **ver-
käuflich** adj прода́жный; **Verkaufsab-
teilung** f отде́л m сбы́та; **verkaufsof-
fen** adj ◇ **~er Samstag** суббо́та, когда́ ма-
гази́ны откры́ты весь день; **Verkaufs-
stand** m ларёк m, кио́ск m
Verkehr m ‹-s, -e› **1** (Straßen~) у́личное
движе́ние c **2** (Umlauf) ◇ **ein Arznei-
mittel aus dem ~ ziehen** изъя́ть лека́рст-
во из обраще́ния **3** (Kontakte, Umgang)
обще́ние c, отноше́ния c мн **4** (Ge-
schlechts~) половы́е сноше́ния c мн;
verkehren vi **1** (fahren) ◇ **Busse ~ jede
Stunde** автобу́сы хо́дят че́рез час **2**
(Beziehung pflegen) обща́ться (bei/mit jd-
m с кем-л); **Verkehrsampel** f светофо́р
m; **verkehrsberuhigt** adj с ограни́чен-
ным движе́нием; **Verkehrsdelikt** n
тра́нспортное преступле́ние c; **Ver-
kehrsgefährdung** f наруше́ние c нор-
ма́льной рабо́ты тра́нспорта; **Ver-
kehrshindernis** n поме́ха ж движе́-
нию; **Verkehrsmittel** n тра́нспортное
сре́дство c; **Verkehrsteilnehmer(in** f)
m уча́стник m/уча́стница ж у́лично-
го движе́ния; **Verkehrsunfall** m ава́-
рия ж, доро́жно-тра́нспортное про-
исше́ствие c; **Verkehrszeichen** n
доро́жный знак m
verkehrt adj (falsch) непра́вильный
2 (umgekehrt) обра́тный, противопо-
ло́жный
verkennen (Gefahr, Tatsache) непра́-
вильно суди́ть, ошиба́ться ‹-би́ться›

verklagen vt JURA пода|ва́|ть в суд на кого́-л

verkleiden I. vt (Person) наря|жа́ть <-ди́ть>; (Wand) облицо́вывать <-цева́ть> (mit etw чем-л) **II.** vr ◇ **sich ~ als** наря|жа́ться <-ди́ться> в кого́/во что-л; **Verkleidung** f (Kostümierung) переоде-ва́ние c; (von Haus etc.) облицо́вка ж

verkleinern vt у|меньша́|ть <-ме́ньшить>

verklemmt adj (gehemmt) ско́ванный

verknacksen vt FAM (verstauchen) ◇ **sich den Fuß ~** вы́вихнуть себе́ но́гу

verknallen vr FAM ◇ **sich ~** влюбля́|ть-ся <-би́ться> (in jd-n в кого́-л)

verknoten vt завя́зывать <-за́ть> узло́м

verknüpfen vt FIG свя́зывать <-за́ть>

verkommen I. unreg vi (Gebäude) при|ходи́ть <-йти́> в запуще́ние; (Lebensmittel) <ис->по́ртиться; (Mensch) опуска́ться <-ти́ться> **II.** adj (Gebäude) запу́щен-ный; (Lebensmittel) испо́рченный; (Mensch) опусти́вшийся

verkörpern vt (darstellen) олицетво|-ря́ть <-ри́ть>

verkosten vt дегусти́ровать несов и сов

verkrachen vr FAM ◇ **sich ~** <по->ссо́-риться (mit jd-m с кем-л)

verkraften vt справля́ться <спра́вить-ся> с чем-л

verkrampfen vr ◇ **sich ~** су́дорожно сж|им|а́ться

verkriechen unreg vr ◇ **sich ~** запря́-т|ыв|аться

Verkrümmung f ① (Verbiegung) искрив-ле́ние c ② (Rückgrat~) искривле́ние c

verkrüppelt adj искале́ченный, изуве́-ченный

verkümmern vi ① (Pflanze) <за->ча́х-нуть ② (Gliedmaßen) атрофи́роваться несов и сов ③ (psychisch) при|ходи́ть <-йти́> в упа́док

verkünden vt (mitteilen) объявля́ть <-ви́ть>; (Urteil) выноси́ть <вы́нести>

verkuppeln vt (verbinden) соединя́ть <-ни́ть>; FIG (Tochter) своди́ть <свести́>

verkürzen vt уко|ра́чивать <-роти́ть>

verladen unreg vt ◇ по-грузи́ть

Verlag m <-[e]s, -e> изда́тельство c

verlagern vt переме|ща́ть <-сти́ть>

Verlagswesen n изда́тельское де́ло c

verlangen I. vt ① (fordern) <по->тре́бо-вать; ◇ **das ist nicht zu viel verlangt** сто́лько ведь мо́жно от тебя́ [вас] ожида́ть ② (Fahrkarten) <по->проси́ть **II.** vi ◇ **das Baby verlangt nach Liebe** ребёнок нужда́ется в любви́; **Frau Krügel wird am Telefon verlangt** госпожу́ Крю́гель про́сят к теле-фо́ну; **Verlangen** n <-s, -> жела́ние c, потре́бность c

verlängern vt (Schnur, Hosen) удлиня́ть <-ни́ть>; (Vertrag, Frist) продлева́ть <-ли́ть>; **Verlängerung** f (das Verlängern) удлине́ние c; (Vertrag) продле́ние c;

(Frist) отсро́чка ж; SPORT продле́-ние c

verlangsamen vt за|медля́ть <-ме́д-лить>

Verlass m ◇ **auf sie ist ~** на неё мо́жно положи́ться

verlassen unreg **I.** vt (Haus) выходи́ть <вы́йти>; (Stadt, Schule) по|кида́ть <-ки́-нуть>, о|ставля́ть <-ста́вить> **II.** vr ◇ **sich ~** полага́ться <-ложи́ться> (auf akk на кого́-что-л)

verlassen adj поки́нутый

verlässlich adj надёжный; **Verläss-lichkeit** f надёжность ж

Verlauf m (Ablauf) ход m; (einer Entwick-lung) тече́ние c; ◇ **im ~** в тече́ние чего́-л; **verlaufen** unreg **I.** vi ① (Zeit) конча́ться <ко́нчиться>; (Krankheit) про|тека́ть <-те́чь>; (Urlaub, Fest) про|-ходи́ть <-йти́> ② (Weg) про|лега́ть <-ле́чь> ③ (Farbe) сли|ва́ться <-ться> **II.** vr (falsch laufen) ◇ **sich ~** заблуди́ться сов

Verlautbarung f сообще́ние c, заявле́-ние c; **verlauten** vi ◇ **etw ~ lassen** сообща́|ть <-щи́ть> что-л

verleben vt (Zeit) про|води́ть <-вести́>

verlegen I. vt ① (Schlüssel) <за->теря́ть ② (Wohnsitz, Termin) перено|си́ть <-нес-ти́>; (Patienten) пере|води́ть <-вести́> ③ (Leitung) про|кла́дывать <-ложи́ть>; (Boden, Gleis) насти|ла́ть <-ла́ть> ④ (Buch) из-да́|ва́ть **II.** vr ◇ **sich ~ akk aufs Schreiben verlegen** заня́ться литерату́рой

verlegen adj (peinlich berührt) смущён-ный, сконфу́женный

Verlegenheit f ① (das Verlegensein) сму-ще́ние c ② (Situation) нело́вкое поло-же́ние c

verleiden vt ◇ **jd-m etw ~** внуша́|ть <-ши́ть> кому́-л отвраще́ние к чему́-л

Verleih m <-[e]s, -e> прока́т m; **verleihen** unreg vt ① (Geld, Buch) да|ва́ть взаймы́ ② (Auszeichnung) присужда́|ть <-ди́ть> ③ (Ausdruck, Kraft) прида|ва́ть; **Verlei-hung** f (von Preis) присужде́ние c

verleiten vt ◇ **jd-n zum Rauchen ~** со-блазня́ть кого́-л на куре́ние

verlernen vt разу́чиваться <-чи́ться>

verlesen unreg vt (Meldung) зачи́т|ывать <-та́ть>

verletzbar adj уязви́мый, рани́мый; **verletzen I.** vt ① (Person) по|ра́нить ② (Gefühle) оскор|бля́ть <-би́ть>, заде-ва́ть <-де́ть> ③ (Gesetz, Anstand) на|ру-ша́ть <-ру́шить> **II.** vr (Person) ◇ **sich ~** пора́ниться несов и сов; **verletzend** adj (Worte) оскорби́тельный; **verletzlich** adj легко́ уязви́мый; **Verletzte(r)** fm ра́неный(-ая ж) m; **Verletzung** f ① (Wunde) ране́ние c ② (von Pflichten, Gesetzen) наруше́ние c, несоблюде́-ние c

verleugnen vt (sich lossagen) от|река́ться ‹-ре́чься› от чего́-л; (*Sache*) отрица́ть *несов*

verleumden *vt* ‹о-›клевета́ть; **Verleumdung** *f* клевета́ *ж*

verlieben *vr* ◇ **sich ~** влюбля́ться ‹-би́ться› (*in akk* в кого́-что-л); **verliebt** *adj* влюблённый

verlieren ‹verlor, verloren› **I.** *vt* ① (*Schlüssel*) ‹по-›теря́ть ② (*Kind, Mann*) лиша́ться ‹-ши́ться› ③ ◇ **die Hoffnung ~** потеря́ть наде́жду; ◇ **jd-n aus den Augen ~** потеря́ть кого́-л из ви́ду; ◇ **seine Gültigkeit ~** утра́тить си́лу **II.** *vi* ◇ **das Flugzeug verliert an Höhe** самолёт теря́ет высоту́; ◇ **diese Aktien ~ schon lange an Wert** цена́ на э́ти це́нные бума́ги уже́ давно́ па́дает **III.** *vr* ◇ **sich ~** ① (*Personen*) ‹рас-›теря́ться ② (*Begeisterung, Gefühl*) ‹по-›теря́ться; **Verlierer(in** *f*) *m* проигра́вший(-ая *ж*) *м*

verloben *vr* ◇ **sich ~** обруча́ться ‹-чи́ться› (*mit* с кем-л); **verlobt** *adj* помо́лвленный, обручённый; **Verlobte(r)** *fm* неве́ста *ж*, жени́х *м*; **Verlobung** *f* обруче́ние *с*, помо́лвка *ж*

verlocken *vt* ◇ **jd-n zu e-r Sache ~** соблазни́ть кого́-л на что-л; **verlockend** *adj* зама́нчивый, соблазни́тельный

verlogen *adj* лжи́вый; **Verlogenheit** *f* лжи́вость *ж*

verlor *impf v.* **verlieren**

verloren *adj* ① (*verschwunden*) поте́рянный ② (*verlassen*) ◇ **auf ~em Posten stehen** находи́ться в безнадёжном положе́нии; **verloren gehen** *unreg vi* ① (*abhanden kommen*) пропада́ть ‹-па́сть› ② ◇ **an ihr ist e-e Sängerin verlorengegangen** в ней пропада́ет тала́нт певи́цы

verlosen *vt* разы́грывать ‹-гра́ть› (в лотере́ю), броса́ть ‹бро́сить› жре́бий; **Verlosung** *f* ро́зыгрыш *м*

verlöten *vt* (*Drähte*) запа́ивать ‹-я́ть›

Verlust *m* ‹-es, -e› ① (*das Verlieren*) поте́ря *ж*, утра́та *ж*; ◇ **den ~ e-r Person beklagen** опла́кивать поте́рю челове́ка ② FIN (*Einbuße*) убы́ток *м* ③ (*von Gewicht, Ansehen*) поте́ря *ж*

vermachen *vt* (*Erbe*) завеща́ть *несов и сов*

Vermächtnis *n* завеща́ние *с*

Vermählung *f* бракосочета́ние *с*

vermarkten *vt* (*verkaufen*) прода‹ва́›ть; FAM (*Reklame machen*) ‹с-›де́лать рекла́му кому́-чему-л с це́лью прода́жи; **Vermarktung** *f* прода́жа *ж*

vermasseln *vt* FAM (*Spaß*) да‹ва́›ть про́мах; (*Sache*) ‹ис-›по́ртить, прова́ливать ‹-вали́ть›

vermehren **I.** *vt* (*Menge, Bemühungen*) умно‹жа́›ть ‹-но́жить›; (*Vermögen*) увели́чи‹ва›ть; (*Pflanzen*) разводи́ть ‹-вести́› **II.** *vr* ◇ **sich ~** ① (*mehr werden*) умно‹жа́›ться ‹-но́житься› ② (*sich*

fortpflanzen) размножа́ться ‹-мно́житься›; **Vermehrung** *f* (*das Vermehren*) умноже́ние *с*; (*Vergrößerung*) увеличе́ние *с*; BIOL размноже́ние *с*

vermeidbar *adj* предотврати́мый; **vermeiden** *unreg vt* (*Fehler*) избега́ть ‹-жа́ть›

vermengen *vt* (*vermischen*) ‹с-›меша́ть

Vermerk *m* ‹-[e]s, -e› (*Notiz*) отме́тка *ж*, за́пись *ж*; **vermerken** *vt* (*notieren*) запи́с‹ыва›ть ‹-са́ть›; (*äußern*) отмеча́ть ‹-ме́тить›

vermessen¹ *unreg vt* (*Land*) обме́ри‹ва›ть

vermessen² *adj* (*anmaßend*) де́рзкий; (*überheblich*) зано́счивый

Vermessung *f* обме́ривание *с*, измере́ние *с*

vermieten *vt* сда‹ва́›ть внаём [напрока́т] (*an jd-n* кому́-л); ◇ **Zimmer zu ~** сдаётся ко́мната; **Vermieter(in** *f*) *m* сда́ющий(-ая *ж*) *м* внаём; **Vermietung** *f* сда́ча *ж* внаём [напрока́т]

vermindern **I.** *vt* (*Anzahl*) уменьша́ть ‹уме́ньшить›; (*Gefahr*) смягча́ть ‹-чи́ть› **II.** *vr* ◇ **sich ~** уменьша́ться ‹уме́ньшиться›; **Verminderung** *f* уменьше́ние *с*, сокраще́ние *с*

verminen *vt* (*Gebiet*) ‹за-›мини́ровать

vermischen **I.** *vt* сме́‹шива›ть ‹-ша́ть› **II.** *vr* (*Völker*) ◇ **sich ~** сме́‹шива›ться ‹-ша́ться›

vermissen *vt* ① (*Geld*) не досчи́тываться ‹-та́ться› чего́-л ② (*Freund*) скуча́ть по кому́-чему́-л

vermisst *adj* исче́знувший, пропа́вший; **Vermisste(r)** *fm* пропа́вший(-ая *ж*) *м* без вести

vermitteln **I.** *vi* (*im Streit*) посре́дничать *несов* **II.** *vt* ① (*verschaffen, Stelle*) подыс́кивать ‹-ска́ть›, достав́ла́ть ② (*lehren, Wissen*) переда‹ва́›ть; **Vermittler(in** *f*) *m* ‹-s, *→*› посре́дник *м*, посре́дница *ж*; **Vermittlung** *f* ① (*das Vermitteln*) посре́дничество *с* ② TELEC (телефо́нный) коммута́тор *м*

vermögen *vt* (*können*) быть в состоя́нии

Vermögen *n* ‹-s, *→*› ① (*Besitz*) состоя́ние *с*, иму́щество *с* ② (*Können*) уме́ние *с*, спосо́бности *ж мн*; **vermögend** *adj* (*wohlhabend*) состоя́тельный; **Vermögensbildung** *f* образова́ние *с* со́бственности

vermuten *vt* (*annehmen*) предпола́га́ть ‹-ложи́ть›; **vermutlich** **I.** *adj* (*Täter*) предполага́емый **II.** *adv* вероя́тно; **Vermutung** *f* предположе́ние *с*

vernachlässigen *vt* запуска́ть ‹-ти́ть›; **Vernachlässigung** *f* пренебреже́ние *с*

vernarben *vi* (*Wunde*) зарубцо́вываться ‹-цева́ться›

vernaschen *vt* (*Süßigkeit*) ‹по-›ла́комиться

vernehmbar adj (wahrnehmbar) вня́тный; **vernehmen** unreg vt ① (Geräusch) ⟨у-⟩слы́шать; (Nachricht) пони|ма́ть ⟨-я́ть⟩ ② JURA (Täter) допра́шивать ⟨-проси́ть⟩; **Vernehmung** f (von Gefangenen) допро́с м; **vernehmungsfähig** adj (Gefangene, Verunglückte) го́ден для допро́са

verneigen vr ◇ **sich ~** кла́няться ⟨поклони́ться⟩ (vor dat пе́ред кем-л)

verneinen vt ① a. GRAM (Antwort) отрица́ть несов ② (Gewalt) осужда́ть ⟨-ди́ть⟩; **verneinend** adj отрица́тельный; **Verneinung** f отрица́ние с

vernichten vt ① (zerstören) разр|уша́ть ⟨-ру́шить⟩, уничтожа́ть ⟨-то́жить⟩; (Gegner) пора|жа́ть ⟨-зи́ть⟩ ② (ausrotten, Pflanzen, Lebewesen) истребля́ть ⟨-би́ть⟩

verniedlichen vt приу|кра́шивать ⟨-кра́сить⟩

Vernissage f верниса́ж м

Vernunft f ⟨-⟩ ра́зум м, рассу́док м; ◇ **bring ihn endlich zur ~!** образу́мь его́ в конце́ концо́в!; **Vernunftehe** f брак м по расчёту

vernünftig adj ① (Rat) разу́мный ② (besonnen, Mensch) рассуди́тельный, благоразу́мный, здравомы́слящий ③ FAM (Essen) прили́чный

veröden vi (Land) ⟨о-⟩пусте́ть

veröffentlichen vt ⟨о-⟩публикова́ть; **Veröffentlichung** f публика́ция ж

verordnen vt (das Anordnen) распоря|жа́ться ⟨-ди́ться⟩; MED (Arznei) пропи́сывать ⟨-са́ть⟩; **Verordnung** f (Anordnen) постановле́ние с, распоряже́ние с; MED назначе́ние с, предписа́ние с

verpachten vt сда|ва́ть в аре́нду

verpacken vt упако́в|ывать ⟨-ва́ть⟩

Verpackung f упако́вка ж; **Verpackungsmaterial** n упако́вочный материа́л м

verpassen vt ① (versäumen) опа́зды|вать ⟨опозда́ть⟩, упуска́ть ⟨-ти́ть⟩ ② FAM ◇ **den Politikern e-n Denkzettel ~** препода́ть уро́к поли́тикам

verpesten vt (Luft) загрязн|я́ть ⟨-ни́ть⟩, отрав|ля́ть ⟨-ви́ть⟩

verpflegen vt корми́ть несов, снаб|жа́ть ⟨-ди́ть⟩ продово́льствием; **Verpflegung** f ① (das Verpflegen) пита́ние с ② (Nahrung) продово́льствие с

verpflichten I. vt ① (Person) обя́зывать ⟨-за́ть⟩ (zu e-r Sache к чему́-л) ② (Künstler) ангажи́ровать несов и сов II. vr ◇ **sich ~** обя́зываться ⟨-за́ться⟩; ◇ **sich zum Militär ~** посту|па́ть ⟨-пи́ть⟩ доброво́льцем на слу́жбу; **Verpflichtung** f ① (das Verpflichten) обяза́тельство с ② (Pflicht) долг м

verplomben vt ⟨за-⟩пломби́ровать

verprügeln vt FAM изби|ва́ть ⟨-ва́ть⟩

verputzen vt ① (Haus) ⟨о-⟩штукату́рить ② FAM (essen) уплета́ть несов

verramschen vt (Bücher) спус|ка́ть ⟨-ти́ть⟩ по ни́зкой цене́

Verrat m ⟨-[e]s⟩ изме́на ж, преда́тельство с; ◇ **~ an jd-m/e-r Sache üben** соверши́ть изме́ну по отноше́нию к кому́-чему́-л; **verraten** unreg I. vt ① (Person) преда|ва́ть ⟨-ть⟩, (Geheimnis) выдава́ть ⟨вы́дать⟩ ② (mitteilen) ◇ **soll ich dir das Neueste ~?** сказа́ть тебе́ по секре́ту после́дние но́вости? ③ (darauf schließen lassen) ◇ **die Aussprache verrät seine Herkunft** его́ произноше́ние выдаёт его́ происхожде́ние II. vr ◇ **sich ~** выдава́ть ⟨вы́дать⟩ себя́ чем-л

Verräter(in f) m ⟨-s, -⟩ изме́нник м, изме́нница ж, преда́тель(ница ж) м

verraucht vt (Zimmer) проку́ренный

verrechnen I. vt (Forderungen) рассчи́тывать ⟨-та́ть⟩ что-л (mit etw на что-л) II. vr ◇ **sich ~** ① (falsch rechnen) ошиба́ться ⟨-би́ться⟩ в счёте ② FAM (sich irren) просчи́т|ываться ⟨-та́ться⟩; **Verrechnungsscheck** m рассчётный чек м

verregnet adj дождли́вый

verreiben vt (Salbe) раст|ира́ть ⟨-тере́ть⟩; (Fleck) ⟨по-⟩тере́ть

verreisen vi уезжа́ть ⟨уе́хать⟩

verrenken vt (Arm) выви́хивать ⟨вы́вихнуть⟩

verrichten vt (Arbeit) выполн|я́ть ⟨вы́полнить⟩ ② (Notdurft) отправля́ть ⟨-пра́вить⟩

verriegeln vt за|пира́ть ⟨-пере́ть⟩ на засо́в

verringern I. vt уменьша́ть ⟨уме́ньшить⟩ II. vr ◇ **sich ~** уменьша́ться ⟨уме́ньшиться⟩; **Verringerung** f уменьше́ние с, сниже́ние с

verrotten vi перегни|ва́ть ⟨-ть⟩

verrückt adj сумасше́дший; **Verrückte(r)** fm сумасше́дший(-ая ж) м; **Verrücktheit** f сумасше́ствие с

Verruf m ◇ **jd-n in ~ bringen** опоро́чить кого́-л

Vers m ⟨-es, -e⟩ стих м

versagen I. vi ① (Schüler) не справля́ться ⟨спра́виться⟩ с чем-л ② (Auto, Herz) отка́зывать ⟨-за́ть⟩ II. vt (verweigern) отка́з|ывать ⟨-за́ть⟩ кому́-л в чём-л; ◇ **die Politiker versagten ihm die Mittel** поли́тики отказа́ли ему́ в сре́дствах; **Versagen** n ② (Scheitern) пораже́ние с, прова́л м ② (Nichtfunktionieren) отка́з м; **Versager(in** f) m ⟨-s, -⟩ неуда́чник м, неуда́чница ж; челове́к м, не спра́вившийся с чем-л

versalzen unreg vt ① (Essen) пере|са́ливать ⟨-соли́ть⟩ ② FIG (Freude) ⟨ис-⟩по́ртить

versammeln I. vt (Personen) соб|и́ра́ть II. vr ◇ **sich ~** собира́ться; **Versammlung** f ⟨-, -en⟩ собра́ние с

Versand m ⟨-[e]s⟩ ① (das Versenden) отпра́вка *ж,* отсы́лка *ж* **2** (*~abteilung*) экспеди́ция *ж;* **Versandgeschäft** *n* посы́лочная торго́вая фи́рма *ж,* по-сы́лто́рг *m*

versauern *vi* **1** (*Wein*) скиса́ть ⟨ски́с-нуть⟩ **2** *FAM* (*verkümmern*) ◇ **der Spieler versauert doch auf der Ersatzbank** игро́к ведь зача́хнет на скамье́ запасны́х

versäumen *vt* **1** (*Gelegenheit, Zug*) упуска́ть ⟨-ти́ть⟩ **2** (*Schule*) пропуска́ть ⟨-ти́ть⟩ **3** (*unterlassen*) упуска́ть ⟨-ти́ть⟩

verschachtelt *adj* (*Häuser*) запу́тан-ный; (*Satz*) сло́жный

verschaffen *vt, vr* ◇ **jd-m/sich etw ~** доста́ва́ть кому́-л/себе́ что-л

verschämt *adj* стыдли́вый

verschandeln *vt* (*Natur*) уро́довать *не-сов*

verschärfen I. *vt* (*Strafe*) ужесточа́ть ⟨-чи́ть⟩; (*Tempo*) ускоря́ть ⟨-ко́рить⟩; (*Spannung*) обостря́ть ⟨-ри́ть⟩ **II.** *vr* ◇ **sich ~** обостря́ться ⟨-ри́ться⟩

verschätzen *vr* ◇ **sich ~** ошиба́ться ⟨-би́ться⟩

verschaukeln *vt* прово́ди́ть ⟨-вести́⟩

verschenken *vt* (*Blumen*) ⟨по-⟩дари́ть

verscherzen *vr* ◇ **es sich bei jd-m ~** потеря́ть чьё-л дове́рие

verscheuchen *vt* (*Mücken, Einbrecher*) отгоня́ть ⟨-огна́ть⟩, отпу́гивать ⟨-гну́ть⟩

verschicken *vt* рассыла́ть ⟨разосла́ть⟩

verschieben I. *vt* **1** (*Möbel*) сдвига́ть ⟨-дви́нуть⟩ **2** (*Urlaub, Termin*) откла́ды-вать ⟨-ложи́ть⟩, переноси́ть ⟨-нести́⟩ **3** *FAM* (*Ware, Devisen*) спекули́ровать *несов* чем-л **II.** *vr* (*Zeitpunkt*) ◇ **sich ~** откла́дываться ⟨-ложи́ться⟩

verschieden *adj* **1** (*~artig*) разли́чный, разнообра́зный **2** (*mehrere*) ◇ **dafür gibt es ~e Gründe** для э́того существу́-ют ра́зные причи́ны; **Verschiedenheit** *f* ра́зность *ж,* разли́чие *с*

verschiffen *vt* перевози́ть ⟨-везти́⟩ во́дным путём

verschimmeln *vi* ⟨за-⟩плѐсневеть

verschlafen¹ *unreg* **I.** *vi* просы́па́ть **II.** *vt* (*Termin*) упуска́ть ⟨-ти́ть⟩

verschlafen² *adj* за́спанный, со́нный

verschlagen¹ *vt* **1** (*Ball*) прома́хи-ваться ⟨-ну́ться⟩ **2** (*verblättern*) ◇ **die Seite ~** ошиба́ться ⟨-би́ться⟩ страни́-цей **3** ◇ **es hat ihn nach Würzburg ~** его́ занесло́ в Вю́рцбург **4** ◇ **das verschlägt mir doch glatt die Sprache** я про́сто слов не нахожу́

verschlagen² *adj* (*durchtrieben*) плуто-ва́тый, хи́трый

verschlechtern I. *vt* ухудша́ть ⟨ухуд-шить⟩ **II.** *vr* ◇ **sich ~** ухудша́ться ⟨ухуд-шиться⟩; **Verschlechterung** *f* ухудше́-ние *с*

Verschleiß *m* ⟨-es, -e⟩ изно́с *м;* **ver-schleißen** ⟨verschliss, verschlissen⟩ *vt*

(*Kleidung*) изна́шивать ⟨-носи́ть⟩; (*Kräfte*) израсхо́довать *сов*

verschleppen *vt* **1** (*Gefangene*) наси́ль-но увози́ть ⟨увезти́⟩, по́хища́ть ⟨-хи́-тить⟩ **2** (*Prozess*) затя́гивать ⟨-ну́ть⟩ **3** (*Grippe*) запуска́ть ⟨-ти́ть⟩

verschließbar *adj* (*Tür*) запира́ющий-ся; (*Glas*) закрыва́ющийся; **verschlie-ßen** *unreg* *vt* **1** (*Tür*) запира́ть ⟨-пе-ре́ть⟩ **2** (*Flasche*) затыка́ть ⟨-кну́ть⟩, закупо́ри́вать

verschlingen *unreg* *vr* ◇ **sich ~** сплета́ться ⟨-сти́сь⟩

verschlingen *unreg* *vt* **1** (*Essen*) жа́дно ⟨съ-⟩есть **2** (*Buch*) прогла́тывать *несов*

verschliss *impf v.* **verschließen**

verschlüsseln *vt* коди́ровать *несов и сов*

verschmähen *vt* отверга́ть ⟨-ве́ргнуть⟩

verschmelzen *unreg* *vi* (*ineinander über-gehen*) спла́вля́ться ⟨-пла́виться⟩, *FIG* слива́ться ⟨-ли́ться⟩

verschmerzen *vt* переноси́ть ⟨-нести́⟩

verschmieren *vt* **1** (*Salbe, Butter*) разма́зыва́ть **2** (*verschmutzen*) ⟨из-⟩ма-ра́ть

verschmutzen *vt, vi* ⟨за-⟩па́чкать; (*Um-welt*) загрязня́ть ⟨-ни́ть⟩

verschnaufen *vi* (*kurz ausruhen*) передохну́ть ⟨-дохну́ть⟩, отдыха́ться *сов*

verschneiden *unreg* *vt* **1** (*falsch zu-schneiden*) непра́вильно разре́зать ⟨-ре́зать⟩ **2** (*stutzen, Hecke*) подреза́ть ⟨-ре́зать⟩ **3** (*vermischen, Alkohol*) сме́-шивать ⟨-ша́ть⟩

verschneit *adj* заснеженный

verschnupft *adj* ◇ **er ist ~** у него́ на́-сморк

verschnüren *vt* перевя́зывать ⟨-за́ть⟩

verschollen *adj* пропа́вший без вести

verschonen *vt* ⟨по-⟩щади́ть; ◇ **jd-n mit etw ~** избавить кого́-л от чего́-л

verschönern *vt* приукра́шивать ⟨-сить⟩

verschränken *vt* (*Arme, Beine*) скре́щи-вать ⟨-сти́ть⟩

verschreiben *unreg* **I.** *vt* **1** *MED* пропи́сывать ⟨-са́ть⟩ **II.** *vr* **1** (*Fehler ma-chen*) ◇ **sich ~** опи́сываться ⟨-са́ться⟩ **2** (*sich intensiv beschäftigen*) ◇ **sich akk e-r Sache** *dat* ~ посвяща́ть ⟨-ти́ть⟩ себя́ чему́-л; **verschreibungspflichtig** *adj* (*Arznei*) продаю́щийся исключи́тель-но по реце́пту врача́

verschrie[e]n *adj* по́льзующийся дурно́й сла́вой

verschroben *adj* (*seltsam*) чудакова́тый

verschrotten *vt* превра́ща́ть ⟨-ти́ть⟩ в лом

verschrumpeln *vi* (*Haut*) ⟨с-⟩мо́р-щиться

verschulden *vt* (*Unfall*) быть вино́в-ником чего́-л; **Verschulden** *n* ⟨-s⟩ вина́ *ж*

verschuldet *adj* име́ющий долги́;

Verschuldung f (Staats~) задо́лженность ж

verschütten vt ① (Kaffee) проли́<ва́>ть ② (zuschütten, Loch) заcыпа́ть <-cы́пать>

verschweigen unreg vt (verheimlichen, Wahrheit) ума́лчивать <умолча́ть>

verschwenden vt ① (po-)тра́тить впусту́ю; **Verschwender(in** f) m <-s, -> расточи́тель(ница ж) м; **verschwenderisch** adj расточи́тельный; **Verschwendung** f расточи́тельство c

verschwiegen adj молчали́вый, скры́тый; **Verschwiegenheit** f молчали́вость ж, скры́тность ж

verschwimmen unreg vi (Farben, Umrisse) расплыва́ться

verschwinden unreg vi ① (abhanden kommen) исчеза́ть <-че́знуть> ② FAM (abhauen) смы́<ва́>ться; **Verschwinden** n <-s> исчезнове́ние c

verschwitzen vt ① (Hemd, Bluse) пропи́тывать <-та́ть> по́том ② FAM (vergessen) прошля́пить coв, забы́<ва́>ть

verschwommen adj ① (vage, Erinnerung) расплы́вчатый, тума́нный ② (undeutlich, Bild) нея́сный, расплы́вчатый

verschwören unreg vr ◇ sich ~ замышля́ть за́говор (gegen про́тив кого́-л); **Verschwörer(in** f) m <-s, -> загово́рщик м, загово́рщица ж; **Verschwörung** f за́говор м

versehen unreg vt ① (ausüben, Amt) исполня́ть <-по́лнить> ② (ausstatten, ausrüsten) снабжа́ть <-ди́ть> (mit чем-л); **Versehen** n <-s, -> оши́бка ж; ◇ aus ~ по оши́бке; **versehentlich** adv по оши́бке, неча́янно

versenden vt отправля́ть <-пра́вить>

versenken I. vt ① (Schiff) (по-)топи́ть ② погружа́ть <-зи́ть> вниз скла́дывать <-ти́ть> II. vr (sich vertiefen) ◇ sich ~ погружа́ться <-зи́ться> (in akk во что-л)

versessen adj ◇ ~ sein auf jd-n/etw быть поме́шанным на ком/чём-л

versetzen I. vt ① (an andere Stelle) перемеща́ть <-мести́ть> ② (dienstlich, in Schule) перево́ди́ть <-вести́> ③ (verpfänden) закла́дывать <-ложи́ть> ④ (bestimmten Zustand herbeiführen) ◇ jd-n in Angst ~ нагна́ть на кого́-л страх ⑤ (Schlag) наноси́ть <-нести́> ⑥ FAM (Verabredung nicht einhalten) не прийти́ на встре́чу в назна́ченное вре́мя II. vr ◇ sich in jd-s Lage ~ входи́ть в чьё-л положе́ние; **Versetzung** f (dienstlich, in Schule) перево́д м

verseuchen vt (infizieren) заража́ть <-зи́ть>; (Luft, Wasser) отравля́ть <-ви́ть>

versichern I. vt ① (beteuern) уверя́ть <уве́рить> ② (Versicherung abschließen) <за->страхова́ть (gegen от чего́-л) II. vr ◇ sich ~ ① (bei Versicherung) <за->стра-

хова́ться (gegen от чего́-л) ② (sich überzeugen) убежда́ться <-ди́ться>; **Versicherung** f (~sgesellschaft) страхово́е о́бщество c; (~svertrag) страхова́ние c; (Zusicherung) завере́ние c; **Versicherungsbetrug** m страхово́е моше́нничество c; **versicherungspflichtig** adj (Arbeitnehmer) подлежа́щий обяза́тельному страхова́нию; **Versicherungspolice** f страхово́й по́лис м; **Versicherungsprämie** f страхова́я пре́мия ж

versiegen vi (Quelle) исся́ка́ть <-я́кнуть>; (Lebensfreude) утра́чиваться <-ти́ться>

versiert adj (erfahren) о́пытный

versilbern vt <по->серебри́ть

versinken unreg vi ① (Schiff) (по-)тону́ть ② погружа́ться <-зи́ться> ③ FIG (nachdenken) углубля́ться <-би́ться> (in etw akk во что-л)

Version f (Darstellung, Fassung) ве́рсия ж

versöhnen I. vt (besänftigen) <по->мири́ть II. vr ◇ sich ~ <по->мири́ться (mit c кем-л); **Versöhnung** f примире́ние c

versorgen I. vt (sich kümmern um) уха́живать несов за кем-л, снабжа́ть <-ди́ть> II. vr ◇ sich ~ обеспе́чи<ва>ть себя́, запаса́ться <-сти́сь> (mit чем-л); **Versorgung** f (Strom-) снабже́ние c, обеспече́ние c; (Unterhalt) пита́ние c; (Alters~) пе́нсия ж

Verspannung f (Muskel~) напряже́ние c

verspäten vr ◇ sich ~ опа́здывать <опозда́ть>; **verspätet** adj опозда́вший, запозда́лый; **Verspätung** f опозда́ние c

versperren vt (Weg) перегора́живать <-роди́ть>; (Sicht) заслоня́ть <-ни́ть>; (Tür) загора́живать <-роди́ть>

verspielen vt (Geld) прои́грывать <-гра́ть>

verspotten vt насмеха́ться над кем-чем-л, издева́ться несов над кем-л,

versprechen unreg I. vt ① (zusichern) <по->обеща́ть ② (etw vermuten lassen) ◇ der Sommer verspricht heiß zu werden ле́то обеща́ет быть жа́рким II. vr ◇ sich ~ ① (anders sagen) огова́риваться <-вори́ться> ② (sich erhoffen) ◇ sich dat etw von etw ~ ожида́ть чего́-л от чего́-л; **Versprechen** n <-s, -> обеща́ние c; ◇ jd-m ein ~ abnehmen взять c кого́-л обеща́ние; **Versprecher** m огово́рка ж

verstaatlichen vt (Privateigentum) национализи́ровать несов и сов

Verstand m <-[e]s> ① (Vernunft) рассу́док м, ра́зум м ② (Denkvermögen) ум м, у́мственные спосо́бности мн; ◇ den ~ verlieren лиши́ться рассу́дка; (mit Be-

dacht) ◇ **mit ~ essen** есть обду́манно; *(nicht begreifen)* ◇ **über jd-s ~ akk gehen** быть вы́ше чьего́-л понима́ния
verständigen I. *vt (benachrichtigen)* извеща́ть ‹-сти́ть› **II.** *vr* ◇ **sich ~ 1** *(miteinander sprechen)* объясня́ться ‹-ни́ться› **2** *(sich einigen)* догова́риваться ‹-вори́ться›; **Verständigung** *f* **1** *(das Sichverständigen)* обще́ние *c*, объясне́ние *c* **2** *(Benachrichtigung)* извеще́ние *c* **3** *(Einigung)* соглаше́ние *c*; **verständlich** *adj* **1** *(deutlich hörbar)* вня́тный, поня́тный **2** *(leicht zu begreifen)* поня́тный; **jd-m etw ~ machen** разъясни́ть кому́-л что-л; **Verständlichkeit** *f* поня́тность *ж*, я́сность *ж*
Verständnis *n* понима́ние *c*; **verständnislos** *adj* непонима́ющий; *(unsensibel)* нечу́ткий; *(begriffsstutzig)* непоня́тливый; **verständnisvoll** *adj* понима́ющий, отзы́вчивый
verstärken I. *vt (Zweifel)* уси́ли‹ва›ть; *(Mauer, Pfeiler)* укрепля́ть ‹-пи́ть› **II.** *vr* ◇ **sich ~** уси́ли‹ва›ться; **Verstärker** *m* ‹-s, -› усили́тель *м;* **Verstärkung** *f* усиле́ние *c*, подкрепле́ние *c*
verstauben *vi* ‹за-›пыли́ться
verstauchen *vr* ◇ **sich** *dat* **den Fuß ~** вы́вихивать ‹вы́вихнуть› себе́ но́гу
verstauen *vt (Gepäck)* укла́дывать ‹уложи́ть›
Versteck *n* ‹-[e]s, -e› укры́тие *c;* ◇ **~ spielen** игра́ть в пря́тки; **verstecken I.** *vt (Ostereier)* ‹с-›пря́тать **II.** *vr* ◇ **sich ~** ‹с-›пря́таться; **versteckt** *adj (Botschaft)* скры́тый
verstehen *unreg* **I.** *vt* **1** *(deutlich hören)* пони́ма́ть ‹-я́ть› **2** *(Sinn begreifen)* пони́ма́ть ‹-я́ть›; ◇ **~ Sie mich nicht falsch** пойми́те меня́ пра́вильно **3** *(Gefühle nachvollziehen können)* пони́ма́ть ‹-я́ть› **4** *(Handwerk)* уме́ть *несов*, разбира́ться *несов;* ◇ **etw von Kunst ~** разбира́ться в иску́сстве **5** *(andeuten)* ◇ **jd-m etw zu ~ geben** дать кому́-л что-л поня́ть **II.** *vr* ◇ **sich ~ 1** *(gut miteinander auskommen)* (хорошо́) понима́ть друг дру́га **2** *(Kenntnisse haben)* разбира́ться в чём-л; ◇ **sich** *akk* **auf etw** *akk* **~** уме́ть де́лать что-л **3** *(selbstverständlich)* ◇ **das versteht sich von selbst** э́то само́ собо́й разуме́ется
versteifen *vr* ◇ **sich ~ 1** *(Glied, Gelenk)* станови́ться ‹стать› неподви́жным **2** *FIG (beharren auf)* упо́рствовать *несов (auf* в чём-л)
versteigern *vt (Bilder, Schmuck)* прода‹ва́›ть с аукцио́на; **Versteigerung** *f* аукцио́н *м*
verstellbar *adj (Liege)* регули́руемый; **verstellen I.** *vt* **1** *(Möbel)* перестав‹ля́›ть ‹-ста́вить› **2** *(falsch stellen, Uhr)* непра́вильно ‹по-›ста́вить **3** *(Weg)* загора́живать ‹-роди́ть› **4** *(Miene, Stim-*

me) изменя́ть ‹-ни́ть› **II.** *vr* ◇ **sich ~** притворя́ться ‹-ри́ться›
versteuern *vt* облага́ть ‹-ложи́ть› нало́гом
verstimmen *vt* **1** *(Instrument)* расстра́ивать ‹-ро́ить› **2** *(jd-n verärgern)* ‹ис-›по́ртить настрое́ние
verstockt *adj (uneinsichtig)* упря́мый
verstohlen *adj (heimlich, Blick)* укра́дкой
verstopfen *vt* затыка́ть ‹-кну́ть›; *(Rohr)* засоря́ть ‹-ри́ть›; **Verstopfung** *f* MED запо́р *м; (Stau)* про́бка *ж*
verstorben *adj* сконча́вшийся, уме́рший
verstört *adj* растеря́нный, испу́ганный
Verstoß *m* ‹-es, -stöße› наруше́ние *c;* **verstoßen** *unreg* **I.** *vt (fortjagen)* изгоня́ть ‹-гна́ть› **II.** *vi (gegen Gesetz)* наруша́ть ‹-ру́шить› что-л
verstrahlt *adj (Lebensmittel)* радиоакти́вно заражённый
verstreichen *unreg* **I.** *vt (Farbe)* разма́зыв‹ать›; *(Salbe)* расти́ра́ть ‹-тере́ть›; *(Butter)* нама́з‹ыв›ать **II.** *vi (Zeit)* прохо́ди́ть ‹-йти́›; *(Frist)* истека́ть ‹-те́чь›
verstreuen *vt (Zucker)* рассыпа́ть ‹-сы́пать›; *(verbreiten)* рассе́ивать ‹-я́ть›
verstricken *vr* FIG *(hineinziehen)* ◇ **jd-n in etw** *akk* **~** впу́т‹ыв›ать кого́-л во что-л; ◇ **sich in Widersprüche ~** запу́таться в противоре́чиях
verstümmeln *vt* ‹ис-›кале́чить
verstummen *vi* замолка́ть ‹-мо́лкнуть›
Versuch *m* ‹-[e]s, -e› **1** *(das Versuchen)* попы́тка *ж;* ◇ **e-n letzten ~ machen** предприня́ть после́днюю попы́тку **2** *(wissenschaftlich)* о́пыт *м;* **versuchen I.** *vt* **1** *(erproben)* ‹по-›про́бовать, ‹по-›пыта́ться **2** *(kosten)* ‹по-›про́бовать **II.** *vr* ◇ **sich** *akk* **an/in/auf etw** *dat* **~** про́бовать себя́ в/на чём-л; **Versuchskaninchen** *n a.* FIG подо́пытный кро́лик *м;*
versuchsweise *adv* для про́бы
Versuchung *f* искуше́ние *c*
versüßen *vt* FIG *(angenehmer machen)* ◇ **jd-m etw ~** скра́шивать ‹-сить› кому́-л что-л
vertagen *vt* откла́дывать ‹-ложи́ть›
vertauschen *vt* спу́т‹ыв›ать
verteidigen *vt (Angeklagte, Meinung)* защища́ть ‹-ти́ть›; **Verteidiger(in** *f)* *m* ‹-s, -› защи́тник *м*, защи́тница *ж;* **Verteidigung** *f* защи́та *ж*
verteilen I. *vt* **1** *(austeilen)* разда‹ва́›ть, распределя́ть ‹-ли́ть› **2** *(verstreichen)* расти́ра́ть ‹-тере́ть› **II.** *vr (in bestimmtem Gebiet)* ◇ **sich ~** распределя́ться ‹-ли́ться›; **Verteiler** *m* ELEKTR распредели́тель *м*
verteufeln *vt (schlecht machen)* ‹о-›черни́ть

vertiefen I. *vt a.* FIG углубля́ть <-би́ть> **II.** *vr* ◇ **sich** *akk* in etw *akk* — углубля́ться <-би́ться> во что-л; **Vertiefung** *f* углубле́ние *c*, впа́дина *ж*

vertikal *adj* вертика́льный

vertilgen *vt* ① (*Unkraut, Ungeziefer*) истребля́ть <-би́ть> ② FAM (*essen*) поглоща́ть <-ти́ть>

vertonen *vt* перекла́дывать <-ложи́ть> на му́зыку

Vertrag *m* <-[e]s, -träge> догово́р *m*, контра́кт *m*; POL догово́р *m*, соглаше́ние *c*

vertragen *unreg* I. *vt* (*Alkohol, Sonne*) перено́сить <-нести́> **II.** *vr* ◇ **sich** ~ ① (*miteinander auskommen*) ла́дить *несов* с кем-л ② (*sich versöhnen*) помири́ться *сов* с кем-л

verträglich *adj* догово́рный

verträglich *adj* ① (*gutmütig*) ужи́вчивый, ми́рный ② (*bekömmlich*) хорошо́ усва́иваемый

Vertragsabschluss *m* заключе́ние *c* догово́ра; **Vertragsbruch** *m* наруше́ние *c* догово́ра; **vertragsgemäß** *adj* соотве́тствующий догово́ру; **Vertragspartner(in** *f*) *m* партнёр(ша *ж*) *m* по догово́ру; **Vertragsspieler(in** *f*) *m* SPORT игро́к *m* по контра́кту; **vertragswidrig** *adj* противоре́чащий догово́ру

vertrauen *vi* доверя́ть *несов* (*jd-m* кому́-л), (*po-)ве́рить (*auf akk* во что-л); **Vertrauen** *n* <-s> дове́рие *c;* ◇ ~ **zu jd-m/ etw haben** относи́ться с дове́рием к кому́/чему́-л; ◇ **im** ~ дове́рительно; **vertrauensvoll** *adj* испо́лненный дове́рия; **vertrauenswürdig** *adj* досто́йный дове́рия

vertraulich *adj* дове́рительный, конфиденциа́льный; **Vertraulichkeit** *f* конфиденциа́льность *ж*

verträumt *adj* мечта́тельный

vertraut *adj* (*Mensch*) бли́зкий; (*Umgebung*) знако́мый; **Vertrautheit** *f* (*mit Menschen*) бли́зость *ж*

vertreiben *unreg* *vt* ① (*verscheuchen*) прогоня́ть <-гна́ть> ② COMM (*Waren*) продава́ть <-да́ть> ③ (*Zeit*) проводи́ть <-вести́>

vertreten *unreg* I. *vt* ① (*Standpunkt*) приде́рживаться *несов* чего́-л, защища́ть <-ти́ть> ② (*Stellvertreter sein für*) замеща́ть <-сти́ть> ③ (*jd-s Interessen*) представля́ть *несов* ④ (*anwesend sein*) ◇ ~ **sein** быть представленным (*durch* кем-л) **II.** *vr* ◇ **sich** ~ ① (*Fuß*) подвёртывать <-верну́ть> ② (*kurze Zeit laufen*) ◇ **sich** *dat* **die Beine** ~ размина́ть <-мя́ть> но́ги; **Vertreter(in** *f*) *m* <-s, -> ① (*Beruf*) представи́тель(ница *ж*) *m*, аге́нт *m* ② (*Stell-*) замести́тель(ница *ж*) *m* ③ (*Repräsentant/in*) представи́тель(ница *ж*) *m*; **Vertretung** *f* ① (*Handels~*) представи́тельство *c;* (*Stell~*) замести́тельство

c ② (*an Stelle von*) замеще́ние *c;* ◇ **in** ~ **von** в ка́честве чьего́-л замести́теля

Vertrieb *m* <-[e]s, -e> (*von Waren*) сбыт *m*; (*~sabteilung*) отде́л *m* сбы́та

vertrocknen *vi* (*Pflanze, Quelle*) высыха́ть <вы́сохнуть>

vertun *unreg* I. *vt* FAM (*Geld, Zeit*) растра́чивать <-тить> по́пусту **II.** *vr* (*sich irren*) ◇ **sich** ~ ошиба́ться <-би́ться>

vertuschen *vt* (*verheimlichen*) скрыва́ть

verübeln *vt* ◇ **jd-m** etw ~ упрека́ть <-ну́ть> кого́-л в чём-л

verüben *vt* (*Attentat*) соверша́ть <-ши́ть>

verunglimpfen *vt* (*beleidigen*) <о-)поро́чить

verunglücken *vi* попада́ть <-па́сть> в ава́рию; ◇ **tödlich** ~ поги́бнуть в результа́те несча́стного слу́чая

verunreinigen *vt* загрязня́ть <-ни́ть>

verunsichern *vt* вселя́ть <-ли́ть> неуве́ренность в кого́-л

verunstalten *vt* <из-)уро́довать

veruntreuen *vt* (*Geld*) растра́чивать <-тить>

verursachen *vt* <по-)служи́ть причи́ной; **Verursacher(in** *f*) *m* <-s, -> вино́вник *m*, вино́вница *ж*

verurteilen *vt* ① (*missbilligen*) осужда́ть <-ди́ть> ② JURA осужда́ть <-ди́ть> (*zu* на что-л) ③ ◇ **zum Scheitern verurteilt** обречённый на прова́л; **Verurteilung** *f* осужде́ние *c*

vervielfachen *vt* (*Umsatz*) увели́чива)ть, умножа́ть <-но́жить>; **vervielfältigen** *vt* (*Text*) размножа́ть <-мно́жить>; **Vervielfältigung** *f* размноже́ние *c*

vervollkommnen I. *vt* (*Wissen, Kenntnisse*) <у-)соверше́нствовать **II.** *vr* ◇ **sich** ~ <у-)соверше́нствоваться (*in dat* в чём-л)

verwachsen I. *unreg* *vi* (*Narbe*) зажива́)ть **II.** *adj* (*Baum*) коря́вый

verwackeln *vt* FOTO <с-)де́лать сма́занный сни́мок

verwählen *vr* TELEC ◇ **sich** ~ непра́вильно набира́ть но́мер

verwahren I. *vt* (*aufbewahren*) храни́ть *несов* **II.** *vr* (*protestieren*) ◇ **sich gegen etw** ~ протестова́ть *несов* про́тив чего́-л

verwahrlosen *vi* опуска́ться <-ти́ться>

Verwahrung *f* хране́ние *c*

verwalten *vt* (*Vermögen, Amt*) управля́ть *несов*; **Verwalter(in** *f*) *m* <-s, -> администра́тор *m*, заве́дующий(-ая *ж*) *m*; **Verwaltung** *f* управле́ние *c*; **Verwaltungsbezirk** *m* администрати́вный о́круг *m*

verwandeln I. *vt* преобража́ть <-зи́ть> **II.** *vr* ◇ **sich** ~ преобража́ться <-зи́ться>; **Verwandlung** *f* преображе́ние *c*

verwandt *adj a.* FIG родно́й; ◇ **wir sind miteinander** ~ мы — ро́дственники; **Ver-**

wandte(r) *fm* ро́дственник *м*, ро́дственница *ж;* **Verwandtschaft** *f* ро́дственники *м мн*

verwarnen *vt (ermahnen)* ‹с-›де́лать предупрежде́ние кому́-л; **Verwarnung** *f* предупрежде́ние *с*

verwaschen *adj* ① *(Kleidung)* полиня́лый, поли́нявший ② FIG *(unklar)* расплы́вчатый

verwechseln *vt (vertauschen)* ‹с-›пу́тать *(mit* с кем-чем-л*);* **Verwechslung** *f* пу́таница *ж*, смеше́ние *с; (Irrtum)* оши́бка *ж*

verwegen *adj (draufgängerisch)* де́рзкий **Verwehung** *f (Schnee~)* (сне́жный) зано́с *м*

verweigern *vt (Aussage, Gehorsam)* отка́зывать ‹-за́ть› *(jd-m etw* кому́-л в чём-л*);* **Verweigerung** *f* отка́з *м*

Verweis *m* ‹-es, -e› ① *a.* SCH *(Tadel)* вы́говор *м*, замеча́ние *с* ② *(Hinweis)* ссы́лка *ж*, отсы́лка *ж;* **verweisen** *unreg* I. *vt* ① ука́зывать ‹-за́ть› *(auf akk* на кого́-что-л*)* ② *jd-n des Landes ~* выдворя́ть кого́-л из страны́ II. *vi* ~ *jd-n an jd-n* ~ отсыла́ть кого́-л к кому́-л

verwelken *vi* FIG *(Blumen)* ‹за-, у-›вя́нуть

verwendbar *adj* примени́мый; **verwenden** *vt* испо́льзовать *несов и сов;* применя́ть ‹-ни́ть›; **Verwendung** *f* испо́льзование *с*, примене́ние *с*

verwerfen *unreg* *vt (Plan)* отверга́ть ‹-ве́ргнуть›; **verwerflich** *adj* предосуди́тельный

verwerten *vt (Reste)* испо́льзовать *несов и сов; (Altmetall)* утилизи́ровать *несов и сов;* **Verwertung** *f* испо́льзование *с*, утилиза́ция *ж*

verwesen *vi* разлага́ться ‹-ложи́ться›

verwickeln I. *vt* FIG *(hineinziehen)* ◇ *jd-n in etw akk* ~ впу́тывать кого́-л во что-л II. *vr* ◇ *sich ~* ① *(sich verfangen)* запу́т‹ыв›аться ② ◇ *sich akk in Widersprüche* ~ запу́таться в противоре́чиях

verwildern *vi (Garten)* при‹ходи́ть ‹-йти́› в запусте́ние; FIG *(Kinder)* одича́ть *сов*

verwirklichen I. *vt* осуществля́ть ‹-ви́ть› II. *vr (Wunsch, Hoffnung)* ◇ *sich ~* осуществля́ться ‹-ви́ться›; **Verwirklichung** *f* осуществле́ние *с*

Verwirrung *f (Durcheinander)* пу́таница *ж; (Unsicherheit)* расте́рянность *ж*

verwittern *vi (Gestein)* выве́триваться ‹вы́ветриться›

verwitwet *adj* овдове́вший

verwöhnen *vt (verziehen)* ба́ловать *несов;* **verwöhnt** *adj (Kind)* избало́ванный

verworren *adj (Situation)* запу́танный; *(Rede)* сби́вчивый

verwundbar *adj* уязви́мый; **verwunden** *vt* ‹по-›ра́нить

verwunderlich *adj* удиви́тельный; **Verwunderung** *f* удивле́ние *с*, изумле́ние *с*

Verwundete(r) *fm* ра́неный(-ая *ж*) *м;* **Verwundung** *f* ране́ние *с*

verwünschen *vt (verfluchen)* про‹кли-на́ть ‹-кля́сть›

verwüsten *vt* раз‹руша́ть ‹-ру́шить›; **Verwüstung** *f* разоре́ние *с*, опустоше́ние *с*

verzagen *vi (mutlos werden)* па́дать ‹па́сть› ду́хом, уныва́ть

verzählen *vr (falsch zählen)* ◇ *sich ~* обсчи́тываться ‹-та́ться›

verzaubern *vt* заколдо́вывать ‹-ва́ть›; FIG *(beglücken)* зачаро́вывать ‹-ва́ть›

verzehren *vt* ① *(essen)* съеда́ть ‹съесть› ② *(Kummer, Krankheit)* изнуря́ть ‹-ри́ть›

verzeichnen *vt* ① *(Erfolg)* от‹меча́ть ‹-ме́тить› ② *(aufzeichnen)* запи́сывать ‹-са́ть›; **Verzeichnis** *n* спи́сок *м*, пе́речень *м; (Inhalts~)* содержа́ние *с*

verzeihen ‹verzeih, verziehen› *vt, vi* про‹ща́ть ‹-сти́ть›; **verzeihlich** *adj (Fehler)* прости́тельный; **Verzeihung** *f* проще́ние *с;* ◇ *~!* прости́те!; ◇ *jd-n um ~ bitten* попроси́ть проще́ния у кого́-л

verzerren *vt a.* FIG иска‹жа́ть ‹-зи́ть›

Verzicht *m* ‹-[e]s, -e› отка́з *м;* **verzichten** *vi* отка́зываться ‹-за́ться› *(auf akk* от кого́-чего́-л*)*

verzieh *impf v.* **verzeihen**

verziehen *unreg* I. *vt* ① *(Gesicht)* ‹по-›мо́рщиться; *(aus Enttäuschung)* ‹с-›криви́ть ② *(Kind)* избало́вывать ‹-ва́ть› II. *vi (wegziehen)* переезжа́ть ‹-е́хать› III. *vr* ◇ *sich ~* ① *(Holz)* ‹по-›коро́биться ② FAM *(Rauch)* рассе́иваться ‹-я́ться›

verzieren *vt* украша́ть ‹-укра́сить›

verzinsen I. *vt* на‹числя́ть ‹-чи́слить› проце́нты на что-л II. *vr (Pfandbrief)* ◇ *sich ~* да‹ва́ть проце́нты; **Verzinsung** *f* начисле́ние *с* проце́нтов

verzögern I. *vt* от‹кла́дывать ‹-ложи́ть› II. *vr* ◇ *sich ~* за‹де́рживаться ‹-держа́ться›; **Verzögerung** *f* заде́ржка *ж;* **Verzögerungstaktik** *f* та́ктика *ж* затя́гивания

verzollen *vt* упла́‹чивать ‹-ти́ть› по́шлину за что-л

Verzug *m* заде́ржка *ж;* ◇ *mit etw dat in ~ geraten* опа́здывать с чем-л

verzweifeln *vi* при‹ходи́ть ‹-йти́› в отча́яние *(an dat* от чего́-л*);* **verzweifelt** *adj* отча́янный; **Verzweiflung** *f* отча́яние *с;* ◇ *jd-n zur ~ bringen* привести́ кого́-л в отча́яние

verzweigen *vr (Ast, Weg)* ◇ *sich ~* разветвля́ться ‹-ви́ться›

verzwickt *adj* FAM *(schwierig)* ка́верзный, запу́танный

Vesuv *m* ‹-[s]› Везу́вий *м*

Veteran m ‹-en, -en› ветера́н м
Veterinär(in f) m (Tierarzt) ветерина́р м
Veto n ‹-s, -s› ве́то c; ◇ sein ~ einlegen наложи́ть ве́то
Vetter m ‹-s, -n› двою́родный брат м
vgl. Abk. v. vergleiche ср. (сравни́)
vibrieren vi вибри́ровать несов
Videoclip m ‹-s, -s› видеокли́п м; **Videokamera** f видеока́мера ж; **Videorecorder** m ‹-s, -› видеомагнитофо́н м; **Videospiel** n видеоигра́ ж; **Videothek** f ‹-, -en› ви·деоте́ка ж
Vieh n ‹-[e]s› скот м
viel I. adj ‹mehr, am meisten› мно́го; ◇ ~ Wein/~e Häuser мно́го вина́/мно́го домо́в; ◇ e-r unter ~en оди́н среди́ мно́гих II. adv (wesentlich, erheblich) намно́го, значи́тельно; ◇ ~ besser/größer/schneller намно́го лу́чше/бо́льше/быстре́е; ◇ ~ ins Theater gehen ча́сто ходи́ть в теа́тр; ◇ ~ zu laut сли́шком гро́мко; **vieldeutig** adj (Begriff) многозна́чный; **vielerlei** adj ‹inv› разли́чный, всевозмо́жный; **vielfach** I. adj многокра́тный; ◇ auf ~en Wunsch по многочи́сленным пожела́ниям II. adv (oft) ча́сто; **Vielfalt** f ‹-› многообра́зие c; **vielfältig** adj многообра́зный, разносторо́нний
vielleicht adv ① (eventuell) мо́жет быть, возмо́жно ② FAM (sehr) ◇ du bist ~ dumm! ну ты и глупе́ц!
vielmals adv о́чень; ◇ danke ~ большо́е спаси́бо; ◇ ich bitte ~ um Entschuldigung о́чень прошу́ меня́ извини́ть; **vielmehr** cj (richtiger, eher) скоре́е, напро́тив; **vielsagend,** viel sagend adj (Blick) многозначи́тельный; **vielseitig** adj разносторо́нний, разнообра́зный; **vielversprechend,** viel versprechend adj (Blick) многообеща́ющий; (Unternehmen) перспекти́вный, подаю́щий наде́жды; **Vielzahl** f ‹-› большо́е коли́чество c
vier nr четы́ре; s. a. fünf
Viereck n ‹-[e]s, -e› четырёхуго́льник м; **viereckig** adj четырёхуго́льный
vierhändig adj ◇ ~ spielen игра́ть в четы́ре руки́
Viermächteabkommen n четырёхсторо́нний догово́р м
Viertel n ‹-s, -› ① (vierter Teil) четвёртая часть ж, че́тверть ж ② (Stadt~) кварта́л м, райо́н м го́рода ③ (von Kuchen) че́тверть ж ④ (~pfund) четвертꞏту́шка ж ④ (Uhrzeit) че́тверть ж часа́; ◇ ~ vor/nach 11 без че́тверти оди́ннадцать/че́тверть двена́дцатого; **Viertelfinale** n четвертьфина́л м; **Vierteljahr** n кварта́л м; **vierteljährlich** adj кварта́льный; **Viertelstunde** f че́тверть ж часа́
viertens adv в-четвёртых
viertürig adj (Auto) четырёхдве́рный;

vierzehn nr четы́рнадцать; **vierzehntägig** adj (Urlaub) четырнадцатидне́вный; **vierzehntäglich** adj (alle 14 Tage) ка́ждые 14 дней; **vierzig** nr со́рок
Vierzimmerwohnung f четырёхко́мнатная кварти́ра ж
Vikar(in f) m ‹-s, -e› REL вика́рий м
Villa f ‹-, Villen› ви́лла ж; **Villenviertel** n райо́н м вилл
violett adj фиоле́товый
Violinbogen m смычо́к м; **Violine** f скри́пка ж; **Violinkonzert** n конце́рт м для скри́пки; **Violinschlüssel** m скрипи́чный ключ м
VIP f Akr. v. very important person ва́жное лицо́
Viper f ‹-, -n› ZOOL гадю́ка ж
virulent adj вируле́нтный
Virus m o. n ‹-, Viren› ви́рус м
Vision f виде́ние c
Visite f ‹-, -n› MED враче́бный обхо́д м, визи́т м; **Visitenkarte** f визи́тная ка́рточка ж
Visum n ‹-s, Visa o. Visen› ви́за ж
vital adj ① (lebenskräftig) живо́й, по́лный эне́ргии
Vitamin n ‹-s, -e› витами́н м; **Vitaminmangel** m недоста́ток м витами́нов, авитамино́з м
Vitrine f витри́на ж
Vizekanzler(in f) m ви́це-ка́нцлер м; **Vizepräsident(in** f) m ви́це-президе́нт м
Vogel m ‹-s, Vögel› ① ZOOL пти́ца ж ② FAM (verrückt sein) ◇ e-n ~ haben быть "с приве́том"; **Vogelbauer** n ‹-, -› кле́тка ж для птиц; **Vogelbeere** f ряби́на ж; **Vogelscheuche** f ‹-, -n› чу́чело c, пуга́ло c
Vokabel f ‹-, -n› сло́во c; **Vokabular** n ‹-s, -e› запа́с м слов, слова́рный запа́с
Vokal m ‹-s, -e› гла́сный м
Volk n ‹-[e]s, Völker› наро́д м
Völkerbund m Ли́га ж на́ций; **Völkermord** m геноци́д м; **Völkerrecht** n междунаро́дное пра́во c; **Völkerverständigung** f взаимопонима́ние c ме́жду наро́дами; **Völkerwanderung** f вели́кое переселе́ние c наро́дов
Volksabstimmung f плебисци́т м, всенаро́дное голосова́ние c; **Volksbefragung** f рефере́ндум м; **Volksbegehren** n наро́дная инициати́ва ж; **Volksfest** n наро́дный пра́здник м, наро́дное гуля́нье c; **Volkshochschule** f народный университет, общеобразовательные курсы для взрослых; **Volkslied** n наро́дная пе́сня ж; **Volksrepublik** f наро́дная респу́блика ж; ◇ die ~ China Кита́йская Наро́дная Респу́блика ж; **Volkstanz** m наро́дный та́нец м; **Volkstrauertag** m (nationaler Feiertag) день м национа́льного тра́ура по же́ртвам фаши́зма и па́вшим; **volkstümlich** adj

наро́дный; **Volksvertreter(in** f) m представи́тель(ница ж) м наро́да , депута́т м; **Volkswirtschaft** f наро́дное хозя́йство c; **Volkswirtschaftslehre** f UNI полити́ческая эконо́мия ж; **Volkszählung** f пе́репись ж населе́ния

Volkshochschule (VHS)

Volkshochschule в Герма́нии — это просвети́тельское учрежде́ние для взро́слых, своего́ ро́да наро́дный университе́т, кото́рый предлага́ет теорети́ческие и практи́ческие общеобразова́тельные ку́рсы (как пра́вило, вече́рние), кружки́ и ле́кции для широ́ких слоёв населе́ния по са́мым разнообра́зным те́мам, стара́ясь удовлетвори́ть са́мые ра́зные интере́сы. Посеще́ние Volkshochschule пла́тное, но це́ны досту́пны почти́ ка́ждому.

voll adj ① (gefüllt) по́лный ② (Bewunderung) испо́лненный ③ (Verantwortung, Vertrauen) по́лный, безграни́чный; ◇ **das Leben in ~en Zügen genießen** наслажда́ться жи́знью; ◇ **~ und ganz** целико́м и по́лностью ④ (Wangen) по́лный, пу́хлый; (Haar) густо́й, пы́шный ⑤ FAM (satt) ◇ **sein** быть сы́тым ⑥ (ernst nehmen) ◇ **jd-n für ~ nehmen** принима́ть кого́-л всерьёз; **vollauf** adv вполне́; **vollautomatisch** adj по́лностью автомати́ческий; **Vollbart** m окла́дистая борода́ ж; **Vollbeschäftigung** f по́лная за́нятость ж; **Vollbesitz** f ◇ **im ~ seiner Kräfte sein** быть по́лным сил; **Vollbremsung** f по́лное торможе́ние c
vollbringen unreg vt соверш|а́ть ‹-и́ть›
Volldampf m ◇ **mit ~ voraus** по́лным вперёд
vollenden vt (Arbeit) заверш|а́ть ‹-и́ть›; **vollends** adv совсе́м, по́лностью; **Vollendung** f заверше́ние c
Volleyball m волейбо́л м
Vollgas n ◇ **mit ~** на по́лной ско́рости; ◇ **~ geben** дать по́лный газ
völlig adj по́лный, соверше́нный
volljährig adj совершенноле́тний; **Volljährigkeit** f совершенноле́тие c; **Vollkaskoversicherung** f AUTO по́лное страхова́ние c ка́ско
vollkommen adj ① (perfekt) соверше́нный ② FAM (völlig) ◇ **er ist ~ sprachlos** он просто́ слов не нахо́дит; **Vollkommenheit** f соверше́нство c; **Vollkornbrot** n хлеб м из муки́ гру́бого помо́ла; **vollmachen** vt наполн|я́ть ‹-по́лнить›; **Vollmacht** f ‹-, -en› (Ermächtigung)

дове́ренность ж, полномо́чие c; ◇ **jd-m eine ~ erteilen** вы́дать кому́-л дове́ренность; **Vollmilch** f це́льное молоко́ c; **Vollmond** m полнолу́ние c; **Vollnarkose** f о́бщий нарко́з м; **Vollpension** f по́лный пансио́н м, содержа́ние c на по́лном дово́льствии; **vollschlank** adj по́лный; **vollständig** adj по́лный, соверше́нный; **vollstrecken** vt (Urteil) приводи́ть ‹вести́› в исполне́ние; **volltanken** vt, vi по́лностью запра́вля|ть ‹-пра́вить› бензоба́к; **Volltreffer** m FIG прямо́е попада́ние c; **Vollversammlung** f плена́рное заседа́ние c, пле́нум м; **Vollwaise** f кру́глый(-ая) сирота́ ж; **vollzählig** adv в по́лном соста́ве, по́лностью; **vollziehen** unreg **I.** vt (durchführen) выполня́ть ‹вы́полнить› **II.** vr (geschehen) ◇ **sich ~** соверш|а́ться ‹-и́ться›
Vollzug m исполне́ние c
Volontär(in f) m стажёр м
Volt n ‹- o. -[e]s, -› PHYS вольт м
Volumen n ‹-s, - o. Volumina› объём м
vom = **von dem;** ◇ **das kommt ~ Rauchen** э́то от куре́ния; ◇ **sie ist ~ Land** она́ из дере́вни; ◇ **~ 15. August an** с пятна́дцатого а́вгуста
von präp dat/akk ① (räumlich) от чего́-л, из чего́-л, с чего́-л; ◇ **~ Hamburg bis Berlin** от Га́мбурга до Берли́на ② (zeitlich) ◇ **das Brot ist ~ gestern** э́то вчера́шний хлеб; ◇ **~ Beginn an** с са́мого нача́ла; ◇ **~ drei bis vier (Uhr)** с трёх до четырёх; ◇ **~ heute ab** начина́я с сего́дняшнего дня; ◇ **~ Zeit zu Zeit** вре́мя от вре́мени ③ (von jd-m stammend) от кого́-л; ◇ **~ Christian** от Кристиа́на; ◇ **Grüße ~ mir** приве́т от меня́ ④ (durch) от чего́-л; ◇ **müde ~ der Arbeit** уста́вший от рабо́ты ⑤ (Genitiversatz) ◇ **e-e ~ meinen Freundinnen** одна́ из мои́х подру́г ⑥ (zur Bezeichnung von Eigenschaften) ◇ **ein Bett ~ dieser Größe** крова́ть тако́й величины́; ◇ **ein Grundstück ~ 1000 m²** уча́сток разме́ром в 1000 квадра́тных ме́тров; ◇ **e-e junge Frau ~ 26 Jahren** молода́я же́нщина в во́зрасте 26 лет; ◇ **was sind Sie ~ Beruf?** кем вы рабо́таете? ⑦ (über) о ком-л/чём-л; ◇ **wir sprechen ~ dir** мы говори́м о тебе́ ⑧ (Adelstitel, Herkunft) фон; ◇ **Graf Heinrich ~ Krügelstein** граф Ге́нрих фон Крю́гельштейн ⑨ FAM (meinetwegen) ◇ **~ mir aus!** я ничего́ не име́ю про́тив!; ◇ **~ wegen müde!** как бы не так, уста́л!
voneinander adv ◇ **~ hören** слы́шать друг о дру́ге; ◇ **weit weg ~** далеко́ друг от дру́га
vonstatten adv ◇ **~ gehen** проход|и́ть ‹-йти́›
vor I. präp dat/akk ① (räumlich) (dat) пе́ред чем-л, у чего́-л; ◇ **~ der Kirche ste-**

hen стоя́ть пе́ред це́рковью; *(akk)* ◇ ~ **die Kirche fahren** подъе́хать к це́ркви ② *(zeitlich)* ◇ **fünf ~ zwölf** без пяти́ двена́дцать; ◇ ~ **seiner Abreise** пе́ред его́ отъе́здом; ◇ ~ **vier Wochen** четы́ре неде́ли наза́д ③ *(Grund, Ursache)* от чего́-л; ◇ ~ **Kälte/Angst zittern** дрожа́ть от хо́лода/стра́ха ④ *(in Gegenwart von)* ◇ ~ **der Klasse** пе́ред кла́ссом; ◇ ~ **Zeugen** в прису́тствии свиде́телей II. *adv FAM (zuvor)* ◇ **nach wie** ~ по-пре́жнему

vorab *adv (im Voraus)* снача́ла, внача́ле **Vorabend** *m* кану́н *м*

voran *adv (wo?)* впереди́; *(wohin?)* впере́д; **vorangehen** *unreg vi* ① *(als Erster gehen)* идти́ ⟨пойти́⟩ впереди́ чего́-л ② *(eher geschehen)* предше́ствовать *несов* чему́-л; **vorankommen** *unreg vi* продвига́ться ⟨-ви́нуться⟩

Voranschlag *m (Kosten~)* сме́та *ж* **voranstellen** *vt (Text)* предпосыла́ть **voraus** *adv* ① *(räumlich)* впереди́ ② *(zeitlich)* ◇ **jd-m ~ sein** опереди́ть кого́-л, превосходи́ть кого́-л; ◇ **im V~** зара́нее; **vorausgehen** *unreg vi* идти́ ⟨пойти́⟩ впереди́; **voraushaben** *unreg vi* ◇ **jd-m etw ~** име́ть преиму́щество пе́ред кем-л; **Voraussage** *f (Wetter~)* прогно́з *м*, предсказа́ние *с;* **voraussagen** *vt (prophezeien)* предска́зывать ⟨-за́ть⟩; **voraussehen** *unreg vt* предви́деть *несов;* **voraussetzen** *vt (annehmen)* предполага́ть ⟨-ложи́ть⟩; ◇ **vorausgesetzt, dass** предполага́я, что; **Voraussetzung** *f (Bedingung)* предпосы́лка *ж;(Annahme)* предположе́ние *с;* ◇ **unter der ~, dass...** при усло́вии, что...; **Voraussicht** *f* предви́дение *с*, дальнови́дность *ж;* ◇ **aller ~ nach** по всей ви́димости; *FAM* ◇ **in weiser ~** разу́мно предви́дя; **voraussichtlich** *adv* предполага́емый, вероя́тно, по-ви́димому

Vorbehalt *m* ⟨-[e]s, -e⟩ огово́рка *ж;* ◇ **unter dem ~, dass** с той огово́ркой, что; **vorbehalten** *unreg vr* ◇ **sich *dat* etw ~** оставля́ть ⟨-ста́вить⟩ за собо́й что-л **vorbehandeln** *vt* предвари́тельно обраба́тывать ⟨-бо́тать⟩

vorbei *adv* ① *(räumlich)* ◇ **lassen Sie mich bitte ~!** разреши́те пройти́!; ◇ **an ... ~** ми́мо кого́-чего́-л ② *(zeitlich, aus)* ◇ **es ist ~** (всё) прошло́; ◇ **mit ihm ist es ~** с ним всё ко́нчено, его́ не спасти́; **vorbeifahren** *unreg vi* проезжа́ть ⟨-е́хать⟩ ми́мо; **vorbeigehen** *unreg vi* ① прохо́дить ⟨-йти́⟩ ми́мо; *FAM (kurz besuchen)* ◇ **bei jd-m ~** загляну́ть к кому́-л ② *(Zeit)* прохо́дить ⟨-йти́⟩

vorbelastet *adj FIG* отягощённый **Vorbemerkung** *f* предвари́тельное замеча́ние *с*

vorbereiten I. *vt (Fest, Prüfung)* подгота́вливать ⟨-то́вить⟩ II. *vr* ◇ **sich** *akk* **auf etw** *akk* ~ подгота́вливаться

⟨-то́виться⟩ к чему́-л; **Vorbereitung** *f* подгото́вка *ж*

vorbestellen *vt (Buch, Kinokarte)* зака́зывать ⟨-за́ть⟩ зара́нее **vorbestraft** *adj* суди́мый, име́ющий суди́мость

vorbeugen I. *vi* предупрежда́ть ⟨-ди́ть⟩ *(e-r Sache dat* что-л) II. *vr* ◇ **sich** ~ наклоня́ться ⟨-ни́ться⟩; **vorbeugend** *adj (Maßnahmen)* предупреди́тельный, профилакти́ческий; **Vorbeugung** *f* предупрежде́ние *с*, профила́ктика *ж* **Vorbild** *n* приме́р *м;* ◇ **sich** *dat* **jd-n zum** ~ **nehmen** брать с кого́-л приме́р; **vorbildlich** *adj* приме́рный, образцо́вый **vorbringen** *unreg vt (Einwand, Wunsch)* выража́ть ⟨вы́разить⟩

vorchristlich *adj* дохристиа́нский **Vorderachse** *f* пере́дняя ось *ж;* **Vorderansicht** *f* вид *м* спе́реди; **vordere(r, s)** *adj* пере́дний; **Vorderfront** *f* фаса́д *м;* **Vordergrund** *m a. FIG* пере́дний план *м;* ◇ **im** ~ **stehen** быть на пере́днем пла́не; **vordergründig** *adj (Argument)* пове́рхностный, неглубо́кий; **Vorderrad** *n* пере́днее колесо́ *с;* **Vorderradantrieb** *m AUTO* при́вод *м* на пере́дние колёса; **Vorderseite** *f* лицева́я сторона́ *ж*

vordrängen *vr* ◇ **sich** ~ проти́скиваться ⟨-нуться⟩ вперёд

vorehelich *adj* добра́чный

voreilig *adj (überstürzt)* поспе́шный, опроме́тчивый, преждевре́менный **voreinander** *adv* друг пе́ред дру́гом; ◇ **keine Geheimnisse** ~ **haben** не име́ть никаки́х секре́тов друг от дру́га

voreingenommen *adj* предвзя́тый; **Voreingenommenheit** *f* предубеждённость *ж*, предвзя́тость *ж*

vorenthalten *unreg vt* ◇ **jd-m etw** ~ лиша́ть кого́-л чего́-л

vorerst *adv (zunächst)* пока́

Vorfahr(in *f) m* ⟨-en, -en⟩ пре́док *м* **Vorfahrt** *f* пра́во с преиму́щественного прое́зда; ◇ ~ **achten!** осторо́жно, гла́вная у́лица!; **Vorfahrtsrecht** *n* пра́во с преиму́щественного прое́зда; **Vorfahrtsstraße** *f* гла́вная у́лица *ж* **Vorfall** *m* слу́чай *м*, инциде́нт *м;* **vorfallen** *unreg vi* происходи́ть ⟨-зойти́⟩ **Vorfeld** *n* ◇ **im** ~ **der Wahlen** накану́не вы́боров

vorfinden *unreg vt (antreffen)* застава́ть **Vorfreude** *f* предвкуше́ние с ра́дости **vorführen** *vt* ① *(zeigen, Film)* пока́зывать ⟨-за́ть⟩ ② *(dem Richter)* приводи́ть ⟨-вести́⟩; **Vorführung** *f* демонстра́ция *ж*, пока́з *м; (Vorstellung)* представле́ние *с*

Vorgang *m (Geschehen, Ablauf)* ход *м* собы́тий; *(Akte)* де́ло *с* **Vorgänger(in** *f) m* ⟨-s, -⟩ предше́ственник *м*, предше́ственница *ж*

Vorgarten m палиса́дник м
vorgeben unreg vt ① (vortäuschen) притво́ря́ться ⟨-ри́ться⟩ ② (bestimmen) зада́ва́ть
vorgefasst adj (Meinung) предвзя́тый
Vorgefühl n предчу́вствие с
vorgehen unreg vi ① (vorangehen) идти́ ⟨пойти́⟩ впереди́ ② (Uhr) спеши́ть несов ③ (handeln) де́йствовать несов ④ (Vorrang haben) быть важне́е чего́-л ⑤ JURA ◇ **gegen jd-n** ~ принима́ть ме́ры про́тив кого́-л ⑥ (sich ereignen) ◇ **was geht hier vor?** что здесь происхо́дит?;
Vorgehen n ⟨-s⟩ (Handlung) посту́пок м
Vorgeschmack m предвкуше́ние с; ◇ **einen ~ von etw bekommen** получи́ть пе́рвое представле́ние о чём-л
Vorgesetzte(r) fm нача́льник м, нача́льница ж
vorgestern adv позавчера́
vorgreifen unreg vi (vorwegnehmen) опережа́ть ⟨-ди́ть⟩ (jd-m etw-l)
vorhaben unreg vt (beabsichtigen) собира́ться несов, намерева́ться несов; ◇ **ich habe heute schon etw vor** у меня́ уже́ есть пла́ны на сего́дня; **Vorhaben** n ⟨-s, -⟩ (Absicht) наме́рение с; (Plan) прое́кт м
vorhalten unreg vt ◇ **jd-m etw ~** упрека́ть ⟨-ну́ть⟩ кого́-л в чём-л; **Vorhaltung** f (Vorwurf) упрёк м
Vorhand f SPORT уда́р м спра́ва
vorhanden adj (existierend) существу́ющий; (erhältlich) име́ющийся
Vorhang m (am Fenster) занаве́ска ж; (im Theater) за́навес м
Vorhängeschloss n вися́чий замо́к м
Vorhaut f ANAT кра́йняя плоть ж
vorher adv пре́жде
vorherbestimmen vt предопределя́ть ⟨-ли́ть⟩
vorhergehen unreg vi предше́ствовать несов
vorherig adj пре́жний, предыду́щий
Vorherrschaft f госпо́дство с; **vorherrschen** vi (überwiegen) преоблада́ть несов
Vorhersage f прогно́з м, предсказа́ние с; **vorhersagen** vt предска́зывать ⟨-за́ть⟩
vorhersehbar adj предви́димый; **vorhersehen** unreg vt предви́деть несов
vorhin adv то́лько что, неда́вно
vorhinein adv (im Voraus) ◇ **im V~** зара́нее
vorig adj (Leiter, Direktor) предыду́щий; (Winter, Woche) про́шлый, проше́дший
Vorjahr n про́шлый год
Vorkehrung f ме́ра ж, подготовле́ние с; ◇ **~en treffen** приня́ть ме́ры
Vorkenntnisse f pl предвари́тельные зна́ния с мн
vorkommen unreg I. vi ① (nach vorn kommen) выходи́ть ⟨вы́йти⟩ вперёд ② (ge-

schehen) случа́ться ⟨-чи́ться⟩ ③ (auftreten) встреча́ться несов ④ (erscheinen) каза́ться; ◇ **sie kommt mir bekannt vor** мне ка́жется, я её зна́ю; (sich fühlen) ◇ **sich** dat **dumm ~** чу́вствовать себя́ глу́по; **Vorkommen** n ⟨-s, -⟩ (Mineralien) месторожде́ние с, за́лежи мн
Vorkommnis n (Vorfall) слу́чай м
vorladen vt вызыва́ть ⟨вы́звать⟩ в суд; **Vorladung** f JURA пове́стка ж в суд
Vorlage f ① (zur Begutachtung) докуме́нт м ② (Muster) образе́ц м ③ (Schablone) шабло́н м ④ (Gesetzes~) прое́кт м ⑤ (im Fußball) пода́ча ж
vorlassen unreg vt ① (vorgehen lassen) пропуска́ть ⟨-ти́ть⟩ вперёд ② (jd-n empfangen) допуска́ть ⟨-ти́ть⟩ на приём
vorläufig adj (einstweilig) вре́менный; (Ergebnis) предвари́тельный
vorlaut adj (frech) де́рзкий
vorlegen vt ① (zur Unterschrift) предъявля́ть ⟨-ви́ть⟩; (Entwurf) предоставля́ть ⟨-ста́вить⟩; (Waren) пока́зывать ⟨-каза́ть⟩ ② (Kette) задвига́ть ⟨-ви́нуть⟩
vorlesen unreg vt ⟨про-⟩чита́ть вслух; **Vorlesung** f UNI ле́кция ж; **Vorlesungsverzeichnis** n UNI расписа́ние с ле́кций
vorletzte(r, s) adj предпосле́дний
Vorliebe f пристра́стие с, предпочте́ние с

Vorlieben haben

Нет ничего́ лу́чше чем ча́шка горя́чего ча́я.
Es gibt nichts Besseres als eine Tasse heißen Tee.
Он обожа́ет джаз.
Er ist ein richtiger Jazzfan.
Ничего́ не мо́жет быть лу́чше хоро́шей кни́ги.
Es geht nichts über ein gutes Buch.
Чего́ я не выношу́, так э́то лицеме́рие.
Wenn ich eins nicht ausstehen kann, dann ist es Heuchelei.
Я не о́чень люблю́ совреме́нную му́зыку.
Ich bin kein großer Freund von moderner Musik.

vorlieb nehmen unreg vi ◇ **~ mit etw** ⟨у-⟩дово́льствоваться чем-л
vorliegen unreg vi (Beschwerde, Angebot) быть предста́вленным; **vorliegend** adj (Fall) да́нный, настоя́щий
vormachen vt ① (zeigen) пока́зывать ⟨-за́ть⟩ ② FIG (vortäuschen) ◇ **jd-m etw ~** обма́нывать кого́-л
Vormachtstellung f госпо́дствующее положе́ние с
vormals adv (früher) пре́жде
Vormarsch m MIL, a. FIG наступле́ние с

vormerken vt (notieren) запи́сывать ‹-са́ть›

Vormittag m пе́рвая полови́на ж дня; **vormittags** adv в пе́рвой полови́не дня, до обе́да

Vormund m опеку́н m; **Vormundschaft** f опе́ка ж, опеку́нство c; ◇ die ~ für/über jd-n übernehmen брать ‹взять› на себя́ опе́ку над кем-л

vorn[e] adv ① (räumlich) спе́реди; ◇ nach ~ вперёд ② (von Anfang an) ◇ von ~ сно́ва, снача́ла; (von neuem) ◇ von ~ anfangen нача́ть снача́ла

Vorname m и́мя c

vornan adv впереди́

vornehm adj благоро́дный; ◇ ~ tun ва́жничать несов

vornehmen unreg I. vr ① (beabsichtigen) ◇ sich dat etw ~ принима́ться ‹-я́ться› за что-л ② FAM (ermahnen) ◇ sich dat jd-n ~ брать кого́-л в оборо́т II. vt ① FAM (bevorzugt behandeln) принима́ть ‹-я́ть› вне о́череди ② (Änderung) проводи́ть ‹-вести́›

vornehmlich adv осо́бенно, в осо́бенности

vornherein adv ◇ von ~ с са́мого нача́ла

Vorort m при́город m

vorprogrammiert adj (Erfolg) зара́нее запрограмми́рованный

Vorrang m преиму́щество c, первоочерёдность ж; **vorrangig** adj первостепе́нный

Vorrat m запа́с m; **vorrätig** adj име́ющийся (на скла́де, в запа́се); **Vorratskammer** f кладова́я ж, кладо́вка ж

Vorrecht n преиму́щество c, привиле́гия ж

Vorrichtung f устро́йство c, приспособле́ние c

vorrücken I. vi (Nacht, Zeiger) продвига́ться ‹-дви́нуться› вперёд II. vt продвига́ть ‹-дви́нуть›

Vorrunde f SPORT отбо́рочный круг m

Vorsaison f вре́мя c до нача́ла сезо́на

Vorsatz m (Absicht) наме́рение c; JURA у́мысел m; ◇ e-n ~ fassen приня́ть реше́ние; **vorsätzlich** adj преднаме́ренный; JURA умы́шленный

Vorschläge machen

Пойдём/те пла́вать!
Komm/Kommt, wir gehen schwimmen!
Как насчёт па́ртии в ша́хматы?
Wie wäre es mit einer Partie Schach?
Я предлага́ю пойти́ в музе́й.
Ich schlage vor, wir gehen in ein Museum.
Ты бы мог им помо́чь.
Du könntest ihnen doch helfen.

Vorschau f MEDIA програ́мма ж переда́ч; FILM кра́ткий обзо́р m

Vorschein m ◇ zum ~ kommen проявля́ться ‹-ви́ться›

vorschießen unreg vt (Geld) выдава́ть ‹вы́дать› ава́нс

Vorschlag m предложе́ние c; **vorschlagen** unreg vt предлага́ть ‹-ложи́ть›

vorschnell adj опроме́тчивый

vorschreiben unreg vt ① (als Muster) предпи́сывать ‹-са́ть› ② FIG (verlangen, anordnen) диктова́ть несов; **Vorschrift** f (Anweisung) инстру́кция ж; ◇ jd-m ~en machen дава́ть кому́-л указа́ния; **vorschriftsmäßig** adj соотве́тствующий инстру́кции

Vorschuss m ава́нс m

vorsehen unreg I. vt (planen) намеча́ть ‹-ме́тить›, предусма́тривать ‹-смотре́ть› II. vr (sich in Acht nehmen) ◇ sich ~ остерега́ться ‹-ре́чься› (vor dat кого́-л); **Vorsehung** f провиде́ние c

Vorsicht f осторо́жность ж; (Warnruf) ◇ ~! осторо́жно!; **vorsichtig** adj осторо́жный, осмотри́тельный; **vorsichtshalber** adv на вся́кий слу́чай; **Vorsichtsmaßnahme** f ме́ра ж предосторо́жности

Vorsilbe f приста́вка ж, префикс m

vorsingen unreg vt, vi ‹с-›петь кому́-л

Vorsitz m председа́тельство c; **Vorsitzende(r)** fm председа́тель(ница ж) m

Vorsorge f предусмотри́тельность ж; MED (~untersuchung) профила́ктика ж; ◇ für etw ~ treffen заблаговре́менно позабо́титься о чём-л; **vorsorgen** vi зара́нее ‹по-›забо́титься (für o чём-ком-л); **vorsorglich** adv предусмотри́тельно

Vorspann m ‹-s, -e› MEDIA, FILM вступи́тельные [загла́вные] ти́тры

Vorspeise f заку́ска ж

vorspiegeln vt (vortäuschen) создава́ть видимость (jd-m пе́ред кем-л)

Vorspiel n MUS прелю́дия ж; (sexuell) предвари́тельные ла́ски мн

vorsprechen unreg I. vt (in Theater) ‹про-›чита́ть пе́ред кем-л II. vi (in Amt etc) представля́ться ‹-ста́виться›

Vorsprung m ① (Dach~, Fels~) вы́ступ m ② (vor Verfolger) опереже́ние c ③ FIG преиму́щество c

Vorstadt f при́город m

Vorstand m (von Firma) правле́ние c; (von Verein) руково́дство c

vorstehen unreg vi ① (Zähne, Kinn) выступа́ть несов ② FIG ◇ e-r Sache ~ возглавля́ть несов что-л

vorstellbar adj вообрази́мый; **vorstellen** I. vt ① (Uhr) переводи́ть ‹-вести́› вперёд ② (vorrücken) выдвига́ть ‹вы́двинуть› ③ (bekannt machen) представля́ть ‹-ста́вить› II. vr ◇ sich ~ ① (sich bekannt machen) представля́ться ‹-ставиться⟩ ② (sich ausdenken) ◇ sich dat etw ~ представля́ть себе́ что-л; Vorstellung f ① (Gedanke) представле́ние c ② THEAT представле́ние c; Vorstellungsgespräch n предвари́тельное собесе́дование c

Vorstrafe f пре́жняя суди́мость ж

vorstrecken vt ① (Hand) протя́гивать ⟨-ну́ть⟩ ② (jd-m Geld leihen) дава́ть взаймы́; (Vorschuss zahlen) дава́ть зада́ток, дава́ть ава́нс

Vortag m предыду́щий день м; (Vorabend) кану́н м

vortäuschen vt симули́ровать несов и сов

Vorteil m ⟨-s, -e⟩ преиму́щество c; (Gewinn, Nutzen) вы́года ж, по́льза ж; ◇ im ~ sein быть в вы́годном положе́нии; vorteilhaft adj вы́годный, благоприя́тный

Vortrag m ⟨-[e]s, -träge⟩ докла́д м; vortragen unreg vt ① (Bericht) докла́дывать ⟨-ложи́ть⟩, выступа́ть ⟨вы́ступить⟩ с чем-л ② (Lied) исполня́ть ⟨-по́лнить⟩; (Gedicht) про́читать

vortrefflich adj (ausgezeichnet) превосхо́дный, замеча́тельный

Vortritt m преиму́щество c, пе́рвенство c; ◇ jd-m den ~ lassen пропусти́ть кого́-л вперёд

vorüber adv (vorbei) ми́мо; vorübergehen unreg vi ① (zeitlich) проходи́ть ⟨-йти́⟩, минова́ть несов и сов ② (räumlich) проходи́ть ⟨-йти́⟩ ми́мо чего́-л; vorübergehend adj вре́менный

Vorurteil n предрассу́док м

vorverlegen vt (Vorstellung, Prüfung) переноси́ть ⟨-нести́⟩ на бо́лее ра́нний срок

Vorwahl f TELEC код м

Vorwand m ⟨-[e]s, -wände⟩ предло́г м, отгово́рка ж; ◇ unter e-m ~ absagen отказа́ть под каки́м-л предло́гом

vorwärts adv вперёд; Vorwärtsgang m AUTO переда́ча ж пере́днего хо́да; vorwärts gehen unreg vi FIG (besser werden) улучша́ться ⟨улу́чшиться⟩; vorwärts kommen unreg vi FIG (Erfolg haben) преуспева́ть

Vorwäsche f предвари́тельная сти́рка ж

vorweg adv снача́ла; (im Voraus) зара́нее

Vorwegnahme f ⟨-, -n⟩ предвосхище́ние c; vorwegnehmen unreg vt предвосхища́ть ⟨-ти́ть⟩

vorweisen unreg vt (Pass) предъявля́ть ⟨-ви́ть⟩

vorwerfen unreg vt ① (zum Fraß) броса́ть ⟨бро́сить⟩ ② (kritisieren) ◇ jd-m etw ~ упрека́ть ⟨-ну́ть⟩ кого́-л в чём-л

vorwiegend adj преоблада́ющий

vorwitzig adj (frech, vorlaut) нескро́мный

Vorwort n ⟨-[e]s, -e⟩ предисло́вие c

Vorwurf m упрёк м; vorwurfsvoll adj (Blick) укори́зненный

Vorzeichen n ① (Omen) знак м, предзнаменова́ние c, приме́та ж ② MATH знак

vorzeigen vt предъявля́ть ⟨-ви́ть⟩

vorzeitig adj (Abreise) преждевре́менный

vorziehen unreg vt ① (Gardinen) задёргивать ⟨-ну́ть⟩ ② (bevorzugt behandeln) выделя́ть ⟨вы́делить⟩ ③ (lieber mögen) предпочита́ть ⟨-че́сть⟩

Vorzimmer n приёмная ж

Vorzug m (gute Eigenschaft) досто́инство c; (Vorteil) преиму́щество c

vorzüglich adj (Essen) превосхо́дный

vorzugsweise adv преиму́щественно, предпочти́тельно

Votum n ⟨-s, Voten o. Vota⟩ во́тум м

vulgär adj (Ausdruck, Person) вульга́рный

Vulkan m ⟨-s, -e⟩ вулка́н м

W, w n В, в

Waage f ⟨-, -n⟩ ① (Messgerät) весы́ мн ② ASTROL Весы́ мн

waagerecht adj горизонта́льный

wabb[e]lig adj (Ausdruck, Person) обрю́зглый; (gallertartig) студени́стый; wabbeln vi колыха́ться несов

Wabe f ⟨-, -n⟩ сот м

wach adj ① (munter) бо́дрствующий; ◇ ~ bleiben не спать; ◇ ~ sein просыпа́ться ⟨-сну́ться⟩ ② FIG (geistig rege) живо́й, бо́дрый

Wachablösung f сме́на ж карау́ла

Wache f ⟨-, -n⟩ ① (Person) часово́й м; ◇ ~ halten стоя́ть на карау́ле ② (Polizei~) полице́йский уча́сток м; wachen vi (Wache halten) дежу́рить несов, стоя́ть на карау́ле; (aufpassen) ◇ über jd-n/etw ~ следи́ть за кем/чем-л; wachhalten, wach halten unreg vt (Person) не дава́ть усну́ть; (Erinnerung) храни́ть несов, подде́рживать ⟨-держа́ть⟩

Wachhund m сторожева́я соба́ка ж

Wacholder m ⟨-s, -⟩ ① BOT можжеве́льник м ② (Schnaps) можжеве́ловая во́дка

wachrufen unreg vt FIG (Erinnerung) вызыва́ть ⟨вы́звать⟩

Wachs n ⟨-es, -e⟩ (Bienen~ etc) воск м

wachsam adj бди́тельный; Wachsamkeit f бди́тельность ж

wachsen[1] ⟨wächst, wuchs, gewachsen⟩ vi

1 (*Kind, Pflanze*) вы́|расти; (*Anforderungen*) возрастáть ‹-расти́› **2** FIG (*nicht beherrschen*) ◇ **jd ist e-r Sache nicht gewachsen** комý-л что-л не под си́лу
wachsen² ‹wachste, gewachst› *vt* (*Skier*) смáз‹ыв›ать; (*Fußboden*) на|тирáть ‹-терéть› вóском

Wachsmalstift *m* восковóй карандáш *m*

Wachstum *n* ‹-s› рост *m;* **Wachstumsrate** *f* темп *m* рóста

Wachtel *f* ZOOL пéрепел *m*, перепёлка *ж*

Wächter(in *f*) *m* ‹-s, -› стóрож *m*, сторóжи́ха *ж*

Wachtposten *m* (*Soldat*) часовóй *m*

Wach[t]turm *m* сторожевáя вы́шка *ж*

Wach- und Schließgesellschaft *f* чáстная охрáна *ж*

wack[e]lig *adj* **1** (*Stuhl*) шáткий; (*Zahn*) шатáющийся **2** (*Person*) нетвёрдо стоя́щий на ногáх; (*Unternehmen*) находя́щийся под угрóзой банкрóтства;
Wackelkontakt *m* ELECTR плохóй контáкт *m;* **wackeln** *vi* **1** (*Stuhl*) шатáться *несов;* (*Wand*) трясти́сь *несов* **2** FIG (*Position*) быть шáтким

Wade *f* ‹-, -n› ANAT икрá *ж;* **Wadenkrampf** *m* сýдорога *ж* в икрáх

Waffe *f* ‹-, -n› орýжие *c*

Waffel *f* ‹-, -n› (*Keks, Eis~*) вáфля *ж;* **Waffeleisen** *n* вáфельница *ж*

Waffenschein *m* разрешéние *c* на прáво ношéния орýжия; **Waffenstillstand** *m* переми́рие *c*

Wagemut *m* отвáга *ж;* **wagemutig** *adj* отвáжный; **wagen** *vt* (*sich trauen*) отвá|жи‹ва›ться; (*riskieren*) рисков‹á›ть ‹-нýть›

Wagen *m* ‹-s, -› AUTO маши́на *ж*, автомоби́ль *m;* BAHN вагóн *m;* **Wagenheber** *m* ‹-s, -› домкрáт *m*

Waggon, Wagon *m* ‹-s, -s› вагóн *m*

waghalsig *adj* отчáянный; **Wagnis** *n* рискóванное предприя́тие *c*

Wahl *f* ‹-, -en› **1** (*Aus~*) вы́бор *m* **2** POL вы́боры *m* мн **3** (*Güteklasse*) сорт *m;* **Wahlausschuss** *m* избирáтельная коми́ссия *ж;* **wählbar** *adj* вы́борный; **wahlberechtigt** *adj* имéющий прáво гóлоса; **Wahlbezirk** *m* избирáтельный учáсток *m;* **wählen** *vt* **1** (*aus~*) выбирáть ‹вы́брать› **2** POL изб‹и›рáть, выбирáть ‹вы́брать› **3** TELEC наб‹и›рáть; **Wähler(in** *f*) *m* ‹-s, -› избирáтель(ница *ж*) *m;* **wählerisch** *adj* (*anspruchsvoll*) разбóрчивый, прихотли́вый; **Wählerschaft** *f* избирáтели *m* мн **Wahlfach** *n* SCH факультати́вный предмéт *m;* **Wahlgang** *m* тур *m* вы́боров; **Wahlgeheimnis** *n* тáйна *ж* голосовáния *c;* **Wahlkabine** *f* каби́на *ж* для голосовáния; **Wahlkampf** *m* пред-

выборная борьбá *ж;* **Wahlkreis** *m* избирáтельный óкруг *m;* **Wahllokal** *n* избирáтельный пункт *m;* **wahllos** *adv* без разбóра; ◇ **etw ~ herausgreifen** брáть что-л не гля́дя; **Wahlrecht** *n* избирáтельное прáво *c;* **Wahlspruch** *m* деви́з *m*, лóзунг *m;* **Wahlsystem** *n* избирáтельная систéма *ж;* **Wahlurne** *f* избирáтельная ýрна *ж;* **wahlweise** *adj* на вы́бор, по вы́бору

Wahn *m* ‹-[e]s› заблуждéние *c*, иллю́зия *ж;* **Wahnsinn** *m* ‹-› **1** FAM (*Geisteskrankheit*) помешáтельство *c* **2** (*Unsinn*) безýмие *c* **3** (*gefährliche Idee*) ◇ **das ist doch heller ~!** э́то же прóсто безýмие!; **wahnsinnig I.** *adj* **1** (*verrückt*) сумасшéдший **2** (*Schmerzen*) ужáсный, страшный **3** (*Glück*) безýмный, неимовéрный **II.** *adv* FAM (*sehr*) ужáсно, безýмно; ◇ **sich ~ freuen** безýмно рáдоваться

wahr *adj* **1** (*Geschichte*) правди́вый, и́стинный **2** (*Freund*) вéрный, настоя́щий **3** FIG (*Gesicht*) и́стинный, пóдлинный

wahren *vt* (*Geheimnis*) сохраня́ть ‹-ни́ть›; (*Interessen*) защища́ть ‹-ти́ть›
währen *vi* (*dauern*) продолжáться ‹-дóлжиться›

während I. *präp gen* во врéмя чегó-л; ◇ **~ des Gewitters** в то врéмя грозы́ **II.** *cj* (*gleichzeitig*) в то врéмя как, когдá; ◇ **~ sie schlief, ging er nach Hause** в то врéмя как онá спалá, он ушёл домóй; (*gegensätzlich*) тогдá как; **währenddessen** *adv* мéжду тем, тем врéменем

wahrhaben *unreg vt* ◇ **etw nicht ~ wollen** не допускáть возмóжности чегó-л;
wahrhaftig I. *adj* (*aufrichtig*) правди́вый **II.** *adv* (*in der Tat*) в сáмом дéле; **Wahrheit** *f* и́стина *ж*, прáвда *ж;* ◇ **der ~ entsprechen** соотвéтствовать и́стине; **wahrheitsgemäß** *adj* правди́вый, соотвéтствующий и́стине; **wahrnehmbar** *adj* (*Laut*) воспринимáемый; **wahrnehmen** *unreg vt* **1** (*mit den Sinnen*) восприни́ма‹ть -я́ть› **2** (*bemerken*) за|мечáть ‹-мéтить› **3** (*Gelegenheit*) пóльзоваться *несов* ◇ (*jd-s Interessen*) защищáть ‹-ти́ть›; **Wahrnehmung** *f* восприя́тие *c;* (*Beobachtung*) наблюдéние *c;* **wahrsagen** *vi* предскáз|ывать ‹-зáть›; **Wahrsager(in** *f*) *m* ‹-s, -› предскáзатель *m*, гадáлка *ж*

wahrscheinlich I. *adj* вероя́тный **II.** *adv* вероя́тно; **Wahrscheinlichkeit** *f* вероя́тность *ж;* ◇ **aller ~ nach** по всей вероя́тности

Währung *f* валю́та *ж;* **Währungsreform** *f* POL валю́тно-финáнсовая рефóрма *ж*

Wahrzeichen *n* (*von Stadt*) си́мвол *m*
Waise *f* ‹-, -n› сиротá *м/ж;* **Waisenhaus** *n* (*Kinderheim*) дéтский дом *m*

Wal *m* ‹-[e]s, -e› кит　*м*
Wald *m* ‹-[e]s, Wälder› лес　*м;* **Waldbrand**
m лесно́й пожа́р　*м;* **waldig** *adj* леси́с-
тый; **Waldlauf** *m* SPORT кросс　*м*
waldreich *adj* леси́стый, бога́тый ле́-
сом
Walfang *m* китобо́йный про́мысел　*м*
Walkie-Talkie *n* ‹-[s], -s› перено́сный
радиотелефо́н　*м*
Walkman *m* ‹-s, -s› пле́йер　*м*
Wall *m* ‹-[e]s, Wälle› *(Schutz~)* вал　*м,*
на́сыпь　*ж*
Wallfahrer(in *f)* *m* пало́мник　*м,* пало́м-
ница　*ж;* **Wallfahrt** *f* пало́мничество *c;*
Wallfahrtsort *m* ме́сто　с　пало́мни-
чества
Walnuss *f* гре́цкий оре́х　*м*
Walross *n* морж　*м*
walten *vi* ◇ *seines Amtes* ~ занима́ть
до́лжность
Walze *f* ‹-, -n› ① TECH вал　*м,* ва́лик　*м;*
TYP ва́лик　*м* ② *(Fahrzeug)* като́к　*м;*
walzen *vt (Straßenbelag)* ука́тывать
‹-та́ть›
wälzen I. *vt (rollen)* ката́ть　*несов,* ‹по-›
кати́ть; *(Bücher)* копа́ться в чём-л;
(Probleme) обду́мыв‹ать **II.** *vr* ◇ *sich* ~
валя́ться　*несов,* ката́ться; *(vor Schmer-
zen)* ви́ться　*несов;* *(im Bett)* воро́чаться
несов
Walzer *m* ‹-s, -› вальс　*м*
Wälzer *m* ‹-s, -› *(dickes Buch)* то́лстый
том　*м*
Wampe *f* ‹-, -n› FAM *(Bauch)* брю́хо　*c,*
пу́зо　*c*
wand *impf v.* **winden**
Wand *f* ‹-, Wände› ① *(Mauer)* стена́　*ж*
② *(Trenn~)* перегоро́дка　*ж* ③ *(Berg~)*
стена́　*ж*
Wandalismus *m* вандали́зм　*м*
Wandel *m* ‹-s› *(Gesinnungs~)* переме́на
ж, измене́ние　*c;* **wandeln I.** *vr (sich än-
dern)* ◇ *sich* ~ изме‹ня́ться ‹-ни́ться› **II.**
vi (langsam gehen) ше́ствовать　*несов*
Wanderausstellung *f* передвижна́я
вы́ставка　*ж;* **Wanderer** *m* ‹-s, -› **Wan-
d[r]erin** *f* путеше́ственник　*м,* путе-
ше́ственница　*ж;* **wandern** *vi* ① *(Wan-
derung machen)* соверша́ть ‹-ши́ть› про-
гу́лку, ходи́ть ‹пойти́› в похо́д ② *(Tie-
re)* мигри́ровать　*несов* ③ *(Blick, Ge-
danken)* блужда́ть　*несов;* **Wanderpokal**
m переходя́щий ку́бок　*м;* **Wanderung**
f ① *(Ausflug)* прогу́лка　*ж,* похо́д　*м* ②
(von Tieren etc.) мигра́ция　*ж*
Wandlung *f* переме́на	*ж,* измене́ние　*c*
Wandmalerei *f* насте́нная жи́вопись
ж; **Wandschrank** *m* встро́енный в сте́-
ну шкаф　*м;* **Wandtafel** *f* SCH кла́ссная
доска́　*ж*
wandte *impf v.* **wenden**
Wandteppich *m* стенно́й ковёр　*м*
Wange *f* ‹-, -n› щека́　*ж*
wankelmütig *adj (unbeständig)* непос-

тоя́нный; *(unentschlossen)* нереши́тель-
ный; **wanken** *vi (schwanken)* кача́ться
несов
wann *adv* когда́; ◇ **dann und** ~ иногда́;
◇ **seit** ~? с каки́х пор?; ◇ **von** ~ **bis** ~?
с како́го по како́е число́ [вре́мя]?
Wanne *f* ‹-, -n› *(Bade~)* ва́нна　*ж; (Trog)*
корму́шка　*ж;* TECH ва́нна　*ж*
Wanze *f* ‹-, -n› ① ZOOL клоп　*м* ② *FAM*
(Minisender) аппара́т　*м* для подслу́ши-
вания
Wappen *n* ‹-s, -› герб　*м;* **Wappentier** *n*
ге́рбовая фигу́ра　*ж*
wappnen *vr* FIG *(sich vorbereiten)* ◇
sich ~ ‹под-›гото́виться
war *impf v.* **sein**
warb *impf v.* **werben**
Ware *f* ‹-, -n› това́р　*м;* **Warenhaus** *n*
универма́г　*м;* **Warenlager** *n* това́рный
склад　*м;* **Warenprobe** *f* образе́ц　*м*
това́ра; **Warenzeichen** *n* това́рный
знак　*м*
warf *impf v.* **werfen**
warm *adj* тёплый; **Wärme** *f* ‹-› тепло́　*c;*
Wärmedämmung *f* теплоизоля́ция　*ж;*
Wärmegewitter *n* теплова́я гроза́　*ж;*
wärmen I. *vt (warm machen)* подо-
гре‹ва́›ть **II.** *vi (Jacke)* гре́ть **III.**
vr ◇ **sich** ~ гре́ться, согре‹ва́›ться;
Wärmespeicher *m* теплово́й аккуму-
ля́тор　*м;* **Wärmflasche** *f* гре́лка　*ж;*
Warmfront *f* METEO тёплый фронт　*м;*
warm halten *unreg* **I.** *vt (Essen)* греть　*не-
сов,* подде́рживать температу́ру **II.** *vr*
FAM (sich jd-s Gunst erhalten) ◇ **sich** *dat*
jd-n ~ сохрани́ть чьё-л расположе́ние;
warmherzig *adj* добросерде́чный;
warmlaufen *unreg* *vi* AUTO нагре‹ва́›ть-
ся; **Warmluft** *f* тёплый во́здух　*м*
Warnblinkanlage *f* AUTO сигна́л　*м* ава-
ри́йной остано́вки; **Warndreieck** *n*
AUTO предупреди́тельная трено́га　*ж;*
warnen *vt* ① *(vor Gefahr)* ◇ **jd-n vor etw**
dat ~ предостере‹га́ть ‹-ре́чь› кого́-л от
чего́-л ② *(Drohung)* предупрежда́ть
‹-ди́ть›; **Warnstreik** *m* предупреди́тель-
ная забасто́вка　*ж;* **Warnung** *f* преду-
прежде́ние　*c*
warten I. *vi* ждать　*несов (auf akk* кого́-
л); ◇ **das kann** ~ э́то де́ло неспе́шное
II. *vt* TECH обслу́живать　*несов,* прово-
ди́ть ремо́нт
Wärter(in *f)* *m* ‹-s, -› ① *(Bahn~)* сто́рож
м, сторожи́ха　*ж* ② *(vom Zoo)* рабо́чий
(-ая　*ж)* по ухо́ду за живо́тными
Wartesaal *m* BAHN зал　*м* ожида́ния;
Wartezeit *f* вре́мя　*c* ожида́ния; **War-
tezimmer** *n* приёмная　*ж*
Wartung *f* техни́ческое обслу́жива-
ние　*c*
warum *adv* почему́
Warze *f* ‹-, -n› борода́вка　*ж*
was *pron* ① *(in Frage)* что; ◇ ~ **hast du**
gemacht? что ты [c]де́лал?; ◇ ~ **ist ge-**

schehen? что случи́лось?; (in Fragen nach Beruf) кто; ◇ **sind Sie von Beruf?** кто Вы по профе́ссии? **2** (in Relativsätzen) что; ◇ **ich weiß, ~ Sie sagen wollen** я зна́ю, что Вы хоти́те сказа́ть; ◇ **niemand weiß, ~ kommen wird** никто́ не зна́ет, что бу́дет **3** FAM (etwas) что́-то, что́-нибудь, что́-либо

Waschanlage f (für Auto) мо́ечная устано́вка ж; **waschbar** adj мо́ющийся; **Waschbär** m ZOOL ено́т м; **Waschbecken** n умыва́льник м

Wäsche f бельё с; **waschecht** adj настоя́щий, по́длинный; **Wäscheklammer** f (бельева́я) прище́пка ж; **Wäscheleine** f бельева́я верёвка ж; **waschen** ⟨wäscht, wusch, gewaschen⟩ I. vt, vi ⟨по-⟩стира́ть; (Geld) отмы́ва́ть; ◇ ~ **und legen** мытьё и укла́дка II. vr ◇ **sich** ~ ⟨вы-, по-⟩мы́ться, умы́ва́ться; **Wäscherei** f пра́чечная ж; **Wäschetrockner** m ⟨-s, -⟩ суши́лка ж; **Waschküche** f пра́чечная ж; FAM (Nebel) густо́й тума́н м; **Waschlappen** m a. FAM тря́пка ж; **Waschmaschine** f сти́ра́льная маши́на ж; **Waschmittel** n мо́ющее сре́дство с; **Waschpulver** n стира́льный порошо́к м; **Waschsalon** m (механизи́рованная) пра́чечная ж; **Wasser** n ⟨-s, -⟩ вода́ ж; (Mineral~) минера́льная вода́; ◇ **im Mund läuft das ~** у кого́-л слю́нки теку́т; ◇ **mit allen ~n gewaschen sein** пройти́ ого́нь и во́ду; **wasserdicht** adj (Kleidung) водонепроница́емый; **Wasserfall** m водопа́д м; ◇ **reden wie ein ~** говори́ть не умолка́я; **wasserfest** adj (Make-up) несмыва́емый, водосто́йкий; **Wasserhahn** m водопрово́дный кран м; **wäss[e]rig** adj водяни́стый; **Wasserleitung** f водопрово́д м; **Wassermann** m ASTROL Водоле́й м; **Wassermelone** f арбу́з м; **Wasserschaden** m поврежде́ние с, причинённое водо́й; **wasserscheu** adj боя́щийся воды́; **Wasserski** m во́дные лы́жи; **Wasserstand** m у́ровень м воды́; **Wasserstoff** m CHEM водоро́д м; **Wasserstoffbombe** f водоро́дная бо́мба ж; **Wasseruhr** f водоме́р м; **Wasserwaage** f у́ровень м; **Wasserwerfer** m водомёт м; **Wasserzeichen** n водяно́й знак м; **wässrig** adj s. **wäss[e]rig**

waten vi переходи́ть ⟨-йти́⟩

watscheln vi (Ente) ходи́ть вперева́лку

Watt n ⟨-[e]s, -en⟩ (Wattenmeer) ва́тты мн

Watt n ⟨-s, -⟩ ELECTR ватт м

Watte f ⟨-, -n⟩ ва́та ж; **wattieren** vt подби́ва́ть ва́той

WC n туале́т м

weben ⟨webte o. wob, gewebt o. gewoben⟩ vt ⟨со-⟩тка́ть; **Weberei** f тка́цкая фа́брика ж; **Webstuhl** m тка́цкий стано́к м

Wechsel m ⟨-s, -⟩ **1** (Veränderung) переме́на ж, сме́на ж **2** COMM ве́ксель м; **Wechselbeziehung** f взаимосвя́зь ж; **Wechselgeld** n сда́ча ж; **wechselhaft** adj (Wetter) переме́нчивый; **Wechseljahre** n pl климактери́ческий пери́од м; **Wechselkurs** m валю́тный курс м; **wechseln** I. vt ⟨об-, по-⟩меня́ть II. vi (Stimmung, Wetter) меня́ться ⟨переме́ни́ться⟩; **Wechselstrom** m переме́нный ток м; **Wechselwirkung** f взаимоде́йствие с

wecken vt (wach machen) ⟨раз-⟩буди́ть; FIG (Neugier, Misstrauen) пробужда́ть ⟨-ди́ть⟩; **Wecker** m ⟨-s, -⟩ буди́льник м

weder cj ◇ ~ **... noch ...** ни ... ни

weg adv **1** (fort) прочь, вон; ◇ **Finger ~!** ру́ки прочь! **2** (nicht da) удали́вшийся; (abwesend) отсу́тствующий; ◇ **sie war schon ~** она́ уже́ ушла́ **3** (verloren) поте́рянный **4** FAM (hinweg) ◇ **über etw** akk ~ **sein** преодоле́ть что-л; (begeistert) ◇ **sie ist hin und ~ von ihm** она́ от него́ без ума́

Weg m ⟨-[e]s, -e⟩ **1** (Feld~) доро́га ж, путь м; ◇ **jd-m aus dem ~ gehen** избега́ть кого́-л; FIG (Erfolg haben) ◇ **seinen ~ machen** проби́ть себе́ доро́гу; ◇ **sich auf den ~ machen** собира́ться в доро́гу **2** (Pfad) тропа́ ж **3** (Möglichkeit) путь ж; ◇ **das ist der einzige ~** э́то еди́нственный путь

wegbleiben unreg vi не появля́ться; **wegbringen** unreg vt уноси́ть ⟨унести́⟩; **wegen** präp gen (aufgrund) из-за, всле́дствие; ◇ **von ~!** как бы не та́к!

wegfahren unreg I. vi уезжа́ть ⟨уе́хать⟩ II. vt увози́ть ⟨увезти́⟩; **wegfallen** unreg vi (Ferien, Bezahlung) отпада́ть ⟨-па́сть⟩; **weggehen** unreg vi уходи́ть ⟨уйти́⟩; **weglassen** unreg vt (auslassen) пропуска́ть ⟨-ти́ть⟩; (wegstreichen) вычёркивать ⟨вы́черкнуть⟩; **weglaufen** unreg vi (Hund) убега́ть ⟨-жа́ть⟩; **weglegen** vt (beiseite legen) откла́дывать ⟨-ложи́ть⟩; **wegmachen** vt FAM (beseitigen) убира́ть; **wegnehmen** unreg vt отнима́ть ⟨-ня́ть⟩; **wegräumen** vt убира́ть; **wegschaffen** vt (wegräumen) убира́ть; (wegtragen, wegfahren) уноси́ть ⟨унести́⟩, увози́ть ⟨увезти́⟩; **wegschnappen** vt выхва́тывать ⟨вы́хва-тить⟩ (jd-m etw что-л у кого́-л); **wegtun** unreg vt **1** (aufräumen) убира́ть **2** (wegwerfen) выбра́сывать ⟨вы́бросить⟩

wegweisend adj (Entdeckung) ука́зывающий путь; **Wegweiser** m ⟨-s, -⟩ доро́жный указа́тель м

wegwerfen unreg vt выбра́сывать ⟨вы́бросить⟩; **wegwischen** vt стира́ть ⟨стере́ть⟩

wegziehen unreg unreg vi (Wohnsitz wechseln) переезжа́ть ⟨-е́хать⟩, уезжа́ть ⟨-е́хать⟩

weh I. *adj* боля́щий II. *adv* ◇ **jd-m/sich ~ tun** причиня́ть кому́-л/себе́ боль; ◇ **~ tun** боле́ть; **weh[e]** *intj* ◇ **o ~!** бо́же мой!; ◇ **~[e], wenn du das tust ...** смотри́, не взду́май э́того де́лать ...
Wehe[1] *f* <-, -n> ◇ **die ~n** MED родовы́е схва́тки *pl*
Wehe[2] *f* <-, -n> (*Schnee~*) сугро́б *m*
wehen *vt, vi* (*Wind*) «по-»ду́ть; (*Fahne*) развева́ться
wehleidig *adj* (*oft klagend*) плакси́вый, жа́лобный
Wehmut *f* <-> (*Schwermut*) грусть *ж*, тоска́ *ж*; **wehmütig** *adj* гру́стный, тоскли́вый
Wehr *n* <-[e]s, -e> (*Stau~*) плоти́на *ж*
Wehr *f* (*Ab~*) сопротивле́ние *c*; (*Not~*) защи́та *ж*; ◇ **sich zur ~ setzen** сопротивля́ться; **Wehrdienst** *m* MIL вое́нная слу́жба *ж*; **Wehrdienstverweigerer** *m* <-s, -> челове́к *m*, отка́зывающийся от вое́нной слу́жбы; **wehren** *vr* ◇ **sich ~** сопротивля́ться (*gegen* чему́-л); **wehrlos** *adj* беззащи́тный; **Wehrpflicht** *f* во́инская обя́занность *ж*
Weibchen *n* BIOL са́мка *ж*; **weiblich** *adj* же́нский, (*fraulich*) же́нственный
weich *adj* мя́гкий; (*zart*) не́жный; FIG (*nachgeben*) ◇ **~ werden** уступа́ть «-пи́ть»
Weiche *f* <-, -n> BAHN стре́лка *ж*
weichen <wich, gewichen> *vi* (*weggehen*) уступа́ть «-пи́ть» (*jd-m* кому́-л); ◇ **nicht von der Stelle ~** не дви́гаться с ме́ста
weichherzig *adj* (*gutmütig*) мягкосерде́чный; **Weichspüler** *m* <-s, -> сре́дство *c* для прида́ния мя́гкости тексти́льным изде́лиям
Weide[1] *f* <-, -n> (*Trauer~*) и́ва *ж*
Weide[2] *f* <-, -n> (*Wiese*) па́стбище *c*, вы́гон *m*
weiden I. *vi* (*Tiere*) пасти́сь *несов* II. *vt* (*auf die Weide führen*) пасти́ *несов*
weigern *vr* ◇ **sich ~** отка́зываться «-за́ться»; **Weigerung** *f* отка́з *m*

sich weigern

Мне о́чень жаль, но э́то не моё реше́ние.
Es tut mir Leid, aber das ist nicht meine Entscheidung.
Об э́том не мо́жет быть и ре́чи!
Das kommt nicht in Frage!
Нет, я (коне́чно) не бу́ду!
Nein, werde ich (ganz sicher) nicht!
Ты шу́тишь? И ре́чи быть не мо́жет!
Kommt gar nicht in Frage! Du machst wohl Witze!
Забу́дь об э́том! Ни в ко́ем слу́чае!
Vergiss es! Auf keinen Fall!

Weihe *f* <-, -n> освяще́ние *c*, посвяще́ние *c*; **weihen** *vt* (*Kirche*) освяща́ть «-ти́ть»; (*Priester*) посвяща́ть «-ти́ть»

◇ **dem Untergang geweiht sein** быть обречённым на ги́бель
Weiher *m* <-s, -> пруд *m*

Weihnachten

Рождество́ в Герма́нии — пра́здник семе́йный. В кану́н Рождества́, в соче́льник (24 декабря́), в церква́х прохо́дят богослуже́ния, а в дома́х зажига́ются све́чи на ёлке и все да́рят друг дру́гу зара́нее пригото́вленные рожде́ственские пода́рки. В пе́рвый день Рождества́, 25 декабря́, чле́ны семьи́ собира́ются на традицио́нный семе́йный обе́д. 25 и 26 декабря́ в Герма́нии — нерабо́чие дни, все име́ют возмо́жность навести́ть свои́х родны́х и друзе́й, что́бы никто́ не э́ти дни не оста́вался в одино́честве.

Weihnachten *n* <-, -> Рождество́ *c*; **weihnachtlich** *adj* рожде́ственский; **Weihnachtsbaum** *m* рожде́ственская ёлка *ж*; **Weihnachtsfeier** *f* рожде́ственский пра́здник *m*; **Weihnachtsmann** *m* Дед-Моро́з *m*; **Weihnachtsmarkt** *m* рожде́ственская я́рмарка *ж*; **Weihrauch** *m* ла́дан *m*; **Weihwasser** *n* свята́я вода́ *ж*
weil *cj* ① (*deshalb*) потому́ что, так как, поско́льку ② (*da ja*) так как ③ (*in Anbetracht dessen*) ввиду́ того́, что
Weile *f* <-> не́которое вре́мя *c*
Wein *m* <-[e]s, -e> (*Getränk*) вино́ *c*; (*Pflanze*) виногра́д *m*; ◇ **jd-m reinen ~ einschenken** сказа́ть всю на́чисто́ту кому́-л; **Weinbau** *m* виногра́дарство *c*; **Weinbeere** *f* виногра́дина *ж*; **Weinberg** *m* виногра́дник *m*; **Weinbergschnecke** *f* виногра́дная ули́тка *ж*; **Weinbrand** *m* конья́к *m*, бре́нди *c*
weinen *vi* «за-»пла́кать; **weinerlich** *adj* (*Stimme*) плакси́вый
Weinflasche *f* ви́нная буты́лка *ж*; **Weinkarte** *f* (*im Lokal*) меню́ *c* вин; **Weinlese** *f* сбор *m* виногра́да; **Weinprobe** *f* про́ба *ж* вина́; (*das Probieren*) дегуста́ция *ж*; **Weinstock** *m* виногра́дная лоза́ *ж*; **Weintraube** *f* виногра́дная кисть *ж*; (~n) виногра́д *m*
weise *adj* му́дрый
Weise *f* <-, -n> ① (*Art*) о́браз *m*, спо́соб *m*; ◇ **auf diese ~** таки́м о́бразом ② (*Lied*) пе́сня *ж*, мело́дия *ж*
Weise(r) *fm* мудре́ц *m*
weisen <wies, gewiesen> I. *vt* (*zeigen*) пока́зывать «-за́ть» II. *vi* (*mit Richtungsangabe*) ◇ **auf etw** *akk* **~** ука́зывать «-за́ть» что-л
Weisheit *f* му́дрость *ж*; **Weisheitszahn** *m* зуб *m* му́дрости
weismachen *vt* (*vortäuschen*) ◇ **jd-m**

etw ~ ‹по-›пыта́ться убеди́ть кого́-л в чём-л

weiß adj бе́лый; *FIG* **~ e-e ~ Weste haben** име́ть безупре́чную репута́цию

weissagen vt (prophezeien) проро́чить несов

Weißbrot n бе́лый хлеб м; **Weiße(r)** fm бе́лый(-ая ж) м; **weißen** vt (Wand) ‹по-›бели́ть; **Weißglut** f *FIG* ◇ **jd-n bis zur ~ bringen** довести́ кого́-л до бе́лого кале́ния; **Weißkohl** m белокача́нная капу́ста ж; **Weißwein** m бе́лое вино́ c

Weisung f (Befehl) распоряже́ние c; (An~) указа́ние c

weit I. adj 1 (ausgedehnt, Begriff) широ́кий 2 (lang, Wurf) да́льний; (Weg) да́льний, далёкий 3 (Kleid) широ́кий 4 ◇ **in ~er Ferne** далеко́ II. adv далеко́; ◇ **das geht zu ~** э́то уже́ сли́шком; ◇ **wie ~ ist ...?** как далеко́ до ...?; ◇ **~ und breit** везде́ и всю́ду; ◇ **~ ausholen** заводи́ть речь издалека́; **weitaus** adv (bei weitem) намно́го, гора́здо; **weitblickend** adj (vorausschend) прозорли́вый; **Weite** f ‹-, -n› 1 (Kragen) разме́р м, ширина́ ж, объём м 2 (von Entfernung) даль ж; **weiten** I. vt (Schuhe) расширя́ть ‹-ши́рить› II. vr (Tal) ◇ **sich ~** расширя́ться ‹-ши́риться›

weiter I. adj kompar v. **weit** дальне́йший; (zusätzlich) дополни́тельный II. adv да́лее; (vorläufig) ◇ **bis auf ~es** вре́менно; ◇ **ohne ~es** сра́зу же; ◇ **~ nichts** бо́льше ничего́

weiterarbeiten vi продолжа́ть ‹-до́лжить› рабо́тать; **weiterbilden** vr ◇ **sich ~** повыша́ть ‹-вы́сить› свой у́ровень (свою́ квалифика́цию); **weiterempfehlen** unreg vt ‹по-›рекомендова́ть; **weiterentwickeln** vt ‹у-›соверше́нствовать; **weiterfahren** unreg vi ‹по-›е́хать да́льше; **weiterführen** vt продолжа́ть ‹-до́лжить›; **weitergeben** unreg vt переда́‹ва́›ть; **weitergehen** unreg vi 1 (den Weg fortsetzen) идти́ ‹пойти́› да́льше 2 (vorübergehen) продолжа́ться ‹-до́лжиться›; **weiterhin** adv (außerdem) да́лее; **weiterleiten** vt (Anfrage) направля́ть ‹-пра́вить› да́льше; **weitermachen** vt, vi продолжа́ть ‹-до́лжить›

weit gehend I. adj (Vollmacht) широ́кий II. adv широко́; **weit hergeholt** adj *FIG* (Erklärung) неубеди́тельный; **weithin** adv далеко́; **weitläufig** adj (Gebäude) просто́рный; (Erklärung) многосло́вный; (Verwandter) да́льний; **weitreichend** adj (umfangreich) широ́кий; **weitschweifig** adj (Roman) многосло́вный, многоречи́вый; **weitsichtig** adj *MED* дальнозо́ркий; *FIG* (vorausschauend) прозорли́вый; **Weitsprung** m *SPORT* прыжо́к м в длину́; **weit verbreitet** adj

широко́ распространённый; **Weitwinkelobjektiv** n *FOTO* широкоуго́льный объекти́в м

Weizen m ‹-s› пшени́ца ж

welch pron како́й; ◇ **~ ein Glück!** како́е сча́стье!; ◇ **~ e-e Freude!** кака́я ра́дость!; **welche** pron *FAM* (einige) не́которые; **welche(r, s)** pron I. (interrogativ) 1 (adjektivisch) како́й; ◇ **~r Mantel/~ Frau?** како́е пальто́/кака́я же́нщина? 2 (substantivisch) како́й, кото́рый; ◇ **~r?** (Mann) како́й?; ◇ **~?** (Frau) кака́я? II. (relativ) кото́рый; ◇ **das Kind, ~s ...** ребёнок, кото́рый ...

welk adj (Blumen) вя́лый; (Haut) дря́блый; **welken** vi вя́нуть несов, увяда́ть ‹увя́нуть›

Welle f ‹-, -n› a. *TECH* волна́ ж; **wellen** vr ◇ **sich ~** (Haar) ви́ться несов; (Papier) ‹по-› коро́биться; **Wellenbad** n бассе́йн м c исску́сственно со́зданными во́лнами; **Wellenlänge** f длина́ м волны́; *FIG* (sich verstehen) ◇ **die gleiche ~ haben** хорошо́ понима́ть друг дру́га

Wellensittich m *ZOOL* волни́стый попуга́й м

wellig adj (Haar) волни́стый

Wellness f здоро́вье c, хоро́шее самочу́вствие c

Wellpappe f волни́стый карто́н м

Welt f ‹-, -en› мир м; (Weltall) вселе́нная ж; *FIG* (Lebensbereich) земля́ ж, мир м; (jeder) ◇ **alle ~** все, ка́ждый; ◇ **um nichts auf der ~** ни за что́ на све́те!; ◇ **eine Frau von ~** све́тская да́ма; **Weltall** n вселе́нная ж, ко́смос м; **Weltausstellung** f всеми́рная вы́ставка ж; **weltberühmt** adj всеми́рно изве́стный; **weltbewegend** adj ◇ **das ist nicht ~** в э́том нет ничего́ сверхъесте́ственного; **Weltgeschichte** f всеми́рная исто́рия ж; *FAM* (viel und weit reisen) ◇ **in der ~ umherfahren** мно́го е́здить по све́ту; **Weltkrieg** m мирова́я война́ ж; **weltlich** adj мирско́й, све́тский; **Weltmacht** f вели́кая держа́ва ж; **weltmännisch** adj (Auftreten, Benehmen) све́тский; **Weltmarkt** m *COMM* мирово́й ры́нок м; **Weltmeister(in** f) m чемпио́н(ка ж) м ми́ра; **Weltmeisterschaft** f *SPORT* чемпиона́т м ми́ра; **Weltraum** m ко́смос м; **Weltraumforschung** f иссле́дование c ко́смоса; **Weltreich** n мирова́я импе́рия ж; **Weltreise** f кругосве́тное путеше́ствие c; **Weltrekord** m *SPORT* мирово́й реко́рд м; **Weltstadt** f метропо́лия ж; **weltweit** adj всеми́рный; **Weltwunder** n чу́до c све́та

wem pron dat v. **wer** кому́; ◇ **mit ~?** c кем; ◇ **dank ~?** благодаря́ кому́?

wen pron akk v. **wer** кого́; ◇ **für ~?** для кого́

Wende f ‹-, -n› поворо́т м; **Wendekreis**

m ① GEO тро́пик *м* ② AUTO круг *м* поворо́та

Wendeltreppe *f* винтова́я ле́стница *ж*; **wenden** ⟨wendete *o.* wandte, gewendet *o.* gewandt⟩ **I.** *vt, vi* (*Braten*) пере|вора́чивать ⟨-верну́ть⟩; (*Auto*) разво|ра́чивать ⟨-верну́ть⟩ **II.** *vr* ◇ **sich ~** по|вора́чивать-ся ⟨-верну́ться⟩; (*um Hilfe bitten*) ◇ **sich an jd-n ~** обраща́ться ⟨-ти́ться⟩ к кому́-л; **Wendepunkt** *m* FIG поворо́тный пункт *м*; **wendig** *adj* (*Auto*) манёвренный; (*flink*) ло́вкий, шу́стрый; **Wendung** *f* ① (*das Wenden*) поворо́т *м*; FIG ◇ **e-e ~ zum Besseren** измене́ние к лу́чшему ② (*Rede~*) оборо́т *м*

wenig *adv* ма́ло, немно́го; ◇ **es gab ~ Leute** бы́ло ма́ло наро́ду; ◇ **ich kann nur ~ Spanisch** я немно́го говорю́ по-испа́нски; ◇ **~ essen/trinken** ма́ло есть/пить; ◇ **das ist ~ er schön** э́то не так хорошо́; **wenige** *pron* немно́гие; ◇ **~ Leute** немно́гие; **wenigstens** *adv* по кра́йней ме́ре

wenn *cj* ① (*unter der Voraussetzung, dass*) е́сли; ◇ **es dir recht ist** е́сли ты согла́сен ② (*zeitlich*) (*sobald*) когда́; ◇ **das Projekt fertig ist, ...** когда́ прое́кт бу́дет зако́нчен,... ③ (*obwohl*) хоть, хотя́; ◇ **~ es auch anstrengend ist ...** хотя́ и тру́дно ...; **wennschon** *adv* ◇ **na** – ну и что!

wer *pron* кто

Werbeagentur *f* рекла́мное аге́нтство; **Werbekampagne** *f* рекла́мная кампа́ния *ж*; **werben** ⟨wirbt, warb, geworben⟩ **I.** *vt* (*Mitglied*) ⟨за-⟩вербова́ть **II.** *vi* ◇ **für jd-n/etw ~** реклами́ровать *несов и сов* кого́/что-л; ⟨у|ухáживать *несов* за кем-л; **Werbespot** *m* рекла́мный ро́лик *м*; **Werbung** *f* ① (*Zeitungs~*) рекла́ма *ж* ② (*von Mitgliedern*) вербо́вка *ж*; (*von Kunden*) привлече́ние *с*

Werdegang *m* (*beruflich*) становле́ние *с*, карье́ра *ж*

werden ⟨wird, wurde, geworden⟩ **I.** *vi* ① (*Zustand, Eigenschaft*) станови́ться ⟨стать⟩; ◇ **sie will Ärztin ~** она́ хо́чет стать врачо́м; ② **ohnmächtig ~** упа́сть в о́бморок ② (*sich entwickeln*) развива́ться *несов*; (*entstehen*) возника́ть *несов* ③ *unpers* ◇ **es wird Tag** света́ет **II.** *Hilfsverb* ① (*Futur*) ◇ **wir ~ kommen** мы придём ② (*Passiv*) ◇ **hier wird ein neues Haus gebaut** здесь стро́ится но́вый дом

werfen ⟨wirft, warf, geworfen⟩ *vt, vi* ① (*Ball*) броса́ть ⟨бро́сить⟩ ② BIOL при|носи́ть ⟨-нести́⟩ приплод ③ FAM (*aufgeben*) ◇ **das Handtuch ~** махну́ть руко́й на что-л

Werft *f* ⟨-, -en⟩ NAUT верфь *ж*

Werk *n* ⟨-[e]s, -e⟩ ① (*Schaffen*) труд *м*, произведе́ние *с* ② (*Tätigkeit*) де́ло *с*, рабо́та *ж*; ◇ **ans ~ gehen** взя́ться за рабо́ту ③ (*Fabrik*) фа́брика *ж*, заво́д *м* ④ (*Uhr~*) механи́зм *м*; **Werkbank** *f*

верста́к *м*; **Werkstatt** *f* ⟨-, -stätten⟩ AUTO мастерска́я *ж*; **Werktag** *m* рабо́чий день *м*; **werktags** *adv* по рабо́чим дням; **Werkzeug** *n* инструме́нт *м*

Wermut *m* ⟨-[e]s⟩ ① BOT го́рькая полы́нь *ж* ② (*Wein*) ве́рмут *м*; **Wermutstropfen** *m* FIG ка́пля *ж* го́речи

wert *adj* (*geschätzt*) стоя́щий; ◇ **das ist nichts ~** э́то ничего́ не сто́ит; ◇ **deine Hilfe ist mir viel ~** я о́чень ценю́ твою́ по́мощь; **Wert** *m* ⟨-[e]s, -e⟩ ① (*Preis*) сто́имость *ж* ② (*Bedeutung*) значе́ние *с*, це́нность *ж*; ◇ **es hat doch keinen ~** не сто́ит, бесполе́зно, напра́сно; ◇ **~ legen auf** *akk* придава́ть чему́-л осо́бое значе́ние ③ FIN сто́имость *ж*, цена́ *ж* ④ (*von Kunstwerken*) це́нность *ж*; **werten** *vt* оце́нивать ⟨-ни́ть⟩; **Wertgegenstand** *m* це́нный предме́т *м*; **wertlos** *adj* не име́ющий це́нности; **Wertminderung** *f* сниже́ние *с* сто́имости; **Wertpapiere** *n pl* це́нные бума́ги *ж мн*, а́кции *ж мн*; **Wertung** *f* оце́нка *ж*, определе́ние *с* сто́имости; SPORT оце́нка *ж*; **wertvoll** *adj* (*Schmuckstück*) драгоце́нный, це́нный; **Wertzuwachs** *m* увеличе́ние *с* сто́имости

Werwolf *m* оборо́тень *м*

Wesen *n* ⟨-s, -⟩ ① (*Natur, Charakter*) нрав *м*, су́щность *ж* ② (*Lebe~*) существо́ *с*; **wesentlich** *adj* (*entscheidend*) суще́ственный; (*beträchtlich*) значи́тельный

weshalb *adv* почему́

Wespe *f* ⟨-, -n⟩ оса́ *ж*; **Wespennest** *n* оси́ное гнездо́ *с*

wessen *pron gen von* **wer** чей, чья, чьё; ◇ **~ Mantel ist das?** чьё э́то пальто́?; ◇ **~ Tochter ist sie?** чья э́то дочь?

Weste *f* ⟨-, -n⟩ жиле́т *м*

Westen *m* ⟨-s⟩ за́пад *м*; **westlich I.** *adj* за́падный; (*Kurs, Richtung*) на за́пад **II.** *adv* к за́паду, за́паднее; **westwärts** *adv* на за́пад, в за́падном направле́нии

weswegen *adv* почему́

Wettbewerb *m* соревнова́ние *с*, ко́нкурс *м*

Wette *f* ⟨-, - n⟩ пари́ *с*

Wetteifer *m* рве́ние *с*, стара́ние *с*

wetten *vi* ◇ **um etw** *akk* **~** ⟨по⟩спо́рить на что-л

Wetter *n* ⟨-s, -⟩ пого́да *ж*; **Wetterbericht** *m* метеорологи́ческая сво́дка *ж*; **Wetterlage** *f* метеорологи́ческие усло́вия *с мн*; **Wettervorhersage** *f* прогно́з *м* пого́ды; **Wetterwarte** *f* ⟨-, -n⟩ метеорологи́ческая ста́нция *ж*

Wettkampf *m* соревнова́ние *с*, состяза́ние *с*; **Wettlauf** *m* соревнова́ние *с* по бе́гу; FIG ◇ **ein ~ mit der Zeit** наперегонки́ со вре́менем; **wettmachen** *vt* (*Fehler*) ис|правля́ть ⟨-пра́вить⟩; **Wettrennen** *n* SPORT го́нки *мн*; **Wettstreit** *m* состяза́ние *с*, борьба́ *ж*

wetzen vt (Messer) налта́чивать ‹-то-чи́ть›

WG f ‹-, -s› Akr. v. **Wohngemeinschaft**

Whirlpool m ‹-s, -s› бурля́щая ва́нна ж

wich impf v. **weichen**

Wicht m ‹-[e]s, -e› шалу́н m, малы́ш m

wichtig adj ва́жный; **Wichtigkeit** f ва́жность ж

wickeln vt налма́тывать ‹-мота́ть›; (Haare) накру́чивать ‹-ти́ть›; (Kind) ‹за-›пелена́ть; ◇ **etw in etw** akk ~ залвёртывать ‹-верну́ть› что-л во что-л;
Wickeltisch m стол m для пелена́ния ребёнка

Widder m ‹-s, -› ① ZOOL бара́н m ② ASTROL Ове́н m

wider präp akk (gegen) про́тив кого́-чего́-л, вопреки́ чему́-л

widerfahren unreg vi (geschehen) случа́ться ‹-чи́ться› (jd-m с кем-л);
widerlegen vt (Behauptung) опро|верга́ть ‹-ве́ргнуть›

widerlich adj (Geruch) отврати́тельный; PEJ (Mensch) проти́вный

widersprechen

Я так не счита́ю.
Das finde ich nicht.
Для меня́, это неубеди́тельно.
Das überzeugt mich nicht.
Прости́те, но мне ка́жется, Вы забыва́ете об одно́м ва́жном пу́нкте.
Verzeihen, aber ich glaube, Sie vergessen da einen wichtigen Punkt.
Ты, коне́чно, прав, но...
Da gebe ich dir Recht, aber ...
Ерунда́!/Вздор!
Quatsch!
Чушь!/Чепуха́!
Blödsinn!

widerrechtlich adj (ungesetzlich) противозако́нный; **Widerrede** f возраже́ние c; **Widerruf** m отме́на ж; JURA отка́з m; **widerrufen** unreg vt (Aussage) отка́зываться ‹-за́ться› от чего́-л; (Anordnung, Befehl) отменя́ть ‹-ни́ть›; **widersacher** m проти́вник m; **widersetzen** vr ◇ **sich** ~ сопротивля́ться несов, ‹вос-›проти́виться; **widerspenstig** adj упря́мый, стропти́вый; **widerspiegeln** vt отра|жа́ть ‹-зи́ть›; **widersprechen** unreg vi возра|жа́ть ‹-зи́ть› (jd-m кому́-л), противоре́чить несов; **widersprechend** adj противоре́чивый; **Widerspruch** m противоре́чие c; **widerspruchslos** adv беспрекосло́вно; **Widerstand** m сопротивле́ние c; **Widerstandsbewegung** f движе́ние c сопротивле́ния; **widerstandsfähig** adj сто́йкий, выно́сливый; **widerstandslos** adj без сопротивле́ния; **widerste-**

hen unreg vi (der Versuchung) устоя́ть пе́ред кем-чем-л; **widerstreben** vi (ungern tun) быть неприя́тным; ◇ **das widerstrebt mir** э́то мне кра́йне неприя́тно; **widerwärtig** adj (Arbeit) отврати́тельный; (Mensch) ме́рзкий; **Widerwille** m отвраще́ние c; **widerwillig** adv нео́хотно

widmen I. vt ◇ **jd-m/e-r Sache seine Zeit** ~ уделя́ть кому́/чему́-л вре́мя **II.** vr ◇ **sich** ~ посвяща́ть ‹-ти́ть› себя́; **Widmung** f посвяще́ние c

widrig adj (Umstände) неблагоприя́тный

wie I. adv ① (Art und Weise) как ② (in welchem Maß) в како́й ме́ре ③ (im Relativsatz) ◇ **du weißt,** ~ **das stört** зна́ешь, как э́то меша́ет; ◇ **du weißt,** ~ **ich das meine** ты понима́ешь, что я име́ю в виду́ ④ (im Ausruf) ◇ ~ **schade!** как жаль! ⑤ FAM (nicht wahr?) ◇ **lustig,** ~? ве́село, да? **II.** cj (Vergleich) как; ◇ **[so] schön** ~ (тако́й) краси́вый как; ◇ ~ **du** как ты

wieder adv ① (erneut) сно́ва, опя́ть ② (bereits) ◇ **gehst du schon** ~? ты уже́ ухо́дишь?

Wiederaufbau m восстановле́ние c; **Wiederaufbereitungsanlage** f ко́мплекс m для регенера́ции я́дерного то́плива; **Wiederaufnahme** f возобновле́ние c; **wieder aufnehmen** unreg vt (Verhandlung) возобнов|ля́ть ‹-ви́ть›; **Wiederbelebungsversuch** m попы́тка ж оживле́ния; **wiederbringen** unreg vt (Leihsachen) при|носи́ть ‹-нести́› обра́тно; **wiedererkennen** unreg vt узна|ва́ть; **Wiedergabe** f (von Musik) воспроизведе́ние c; (von Inhalt) переда́ча ж; **wiedergeben** unreg vt ① (zurückgeben) отда|ва́ть назад, верну́ть сов; (Gefühle) отра|жа́ть ‹-зи́ть›; (Freiheit) отда|ва́ть наза́д ② (Erzählung) переска́зывать ‹-за́ть›; **wieder gutmachen** vt (Fehler) исп|равля́ть ‹-пра́вить›; **Wiedergutmachung** f (Entschädigung) возмеще́ние c (ущерба); **wiederherstellen** vt восста|на́вливать ‹-нови́ть›; **wiederholen** vt ‹holte wieder, hat wiedergeholt› (zurückholen, Sache) при|носи́ть ‹-нести́› наза́д; (Person) верну́ть сов; **wiederholen** vt ‹wiederholte, hat wiederholt› (nochmals tun) повторя́ть ‹-ри́ть›; ◇ **e-e Klasse** ~ оста́ться на второ́й год; **Wiederholung** f повторе́ние c; **Wiederhören** n (am Telefon) ◇ **auf** ~! до свида́ния; **wiederkehren** vi (Festtag) при|ходи́ть ‹-йти́› опя́ть; (Ereignis) повторя́ться ‹-ри́ться вновь›; **wiedersehen** unreg vt ‹у-›ви́деть вновь; **Wiedersehen** n ◇ **auf** ~ до свида́ния; **wiederum** adv ① (nochmals) опя́ть, сно́ва ② (andererseits) с друго́й стороны́, одна́ко; **wiedervereinigen** vt воссоеди|ня́ть ‹-ни́ть›

Wiedervereinigung

Первый шаг к объединению двух немецких государств был сделан 1 июля 1990 г. — объединение экономики, валюты и социальных структур. Этому предшествовал референдум, проведённый в марте 1990 г., в котором большинство жителей ГДР проголосовало за объединение с ФРГ. Официально это произошло 3 октября 1990 г., когда ГДР перестала существовать и стала частью ФРГ.

Wiederwahl f переизбра́ние с
Wiege f <-, -n> колыбе́ль ж; **wiegen I.** (wog, gewogen) vi ве́сить **II.** vt (Gewicht messen) взве́шивать <-сить>; (schaukeln) <по>кача́ть; ◇ **ein Kind in den Schlaf ~** укача́ть ребёнка **III.** vr ◇ **sich ~** взве́шиваться <-ситься>; FIG ◇ **sich in Sicherheit ~** чу́вствовать себя́ в безопа́сности
wiehern vi (Pferd) ржать несов
wies impf v. **weisen**
Wiese f <-, -n> луг м
Wiesel n <-s, -> ZOOL ла́ска ж
wieso adv почему́
wie viel adv ско́лько; ◇ **um ~ Uhr?** в кото́ром часу́?, во ско́лько?; **wievielmal** adv ско́лько раз; **wievielt I.** adv ◇ **zu ~ spielt ihr?** ско́лько челове́к игра́ет? **II.** adj ◇ **den W~en haben wir heute?** како́е сего́дня число́?; ◇ **auf dem ~en Platz ist sie gelandet?** како́е ме́сто она́ заняла́?
wieweit cj (inwieweit) наско́лько, в како́й ме́ре
wild adj (Tier, Pflanze) ди́кий; FIG (Landschaft) ди́кий, запу́щенный; (Meer) бушу́ющий; FIG (Blick, Drohung) я́ростный, бе́шеный; (bösartig) свире́пый; FIG (unorganisiert, Kampf, Streik) стихи́йный; ◇ **~ zelten ist nicht erlaubt** разбива́ть пала́тки запреща́ется
Wild n <-[e]s> дичь ж; **Wilddieb** m браконье́р м; **wildern** vi браконье́рствовать несов; **wildfremd** adj FAM соверше́нно чужо́й; **Wildleder** n за́мша ж; **Wildnis** f глуха́я ме́стность ж; **Wildschwein** n ди́кая свинья́ ж, каба́н м; **Wildwestfilm** m ковбо́йский фильм м
Wille m <-ns> во́ля ж; FIG (Testament) ◇ **der Letzte ~** завеща́ние с; ◇ **sie hat einen eisernen ~n** у неё желе́зная во́ля; **willen** präp sep ◇ **um ... ~** ра́ди кого́-чего́-л; **willenlos** adj безво́льный; (gefügig) послу́шный; **willensschwach** adj слабово́льный; **willensstark** adj волево́й; **willig** adj (bereitwillig) с гото́вностью
willkommen adj (Anlass, Gast) жела́нный; ◇ **herzlich ~!** добро́ пожа́ловать!
Willkür f <-> произво́л м; ◇ **jd-s ~ ausgesetzt sein** быть оста́вленным на про-

изво́л кого́-л; **willkürlich** adj (Herrscher) произво́льный; (Bewegung) созна́тельный; (Tat) осо́знанный, умы́шленный
wimmeln vi кише́ть несов (von чем-л)
wimmern vi жа́лобно пла́кать
Wimper f <-, -n> ресни́ца ж; **Wimperntusche** f тушь ж для ресни́ц
Wind m <-[e]s, -e> ве́тер м; FIG (Schwung) ◇ **für frischen ~ sorgen** прида́ть чему́-л но́вый и́мпульс; ◇ **von etw ~ bekommen** прове́дать о чём-л; ◇ **viel ~ um etw machen** поднима́ть мно́го шу́му из-за чего́-л; **Windbeutel** m (Kuchenteilchen) заварно́е пиро́жное с с кре́мом
Winde f <-, -n> 1 TECH лебёдка ж 2 BOT вьюно́к м
Windel f <-, -n> пелёнка ж
winden I. (wand, gewunden) vt (Kranz) <с>плести́ II. vr ◇ **sich ~** (sich krümmen) <с>ко́рчиться; (Pflanze) ви́ться несов; (Schlange, Fluss) извива́ться; FIG (Ausflüchte suchen) изворачиваться
Windenergie f ветрова́я эне́ргия ж; **Windhose** f смерч м, тромб м; **Windhund** m борза́я ж; PEJ (Mensch) ветрого́н м; **windig** adj METEO ве́треный; **Windmesser** m ветроме́р м; **Windmühle** f ветряна́я ме́льница ж; **Windpocken** f pl ветряна́я о́спа ж; **Windschatten** m ◇ **im ~** в защищённом от ве́тра ме́сте; **Windschutzscheibe** f AUTO лобово́е стекло́ с; **Windstärke** f си́ла ж ве́тра; **windstill** adj безве́тренный; **Windstoß** m поры́в м ве́тра; **Windsurfen** n виндсёрфинг м
Windung f изви́лина ж, изги́б м
Wink m <-[e]s, -e> (Hinweis, Tipp) намёк м; (mit Hand) знак м; (mit Kopf) кивок м
Winkel m <-s, -> МАТН у́гол м; ◇ **rechter/ spitzer ~** прямо́й/о́стрый у́гол; (in Raum) у́гол м; FIG ◇ **malerischer ~** живопи́сный уголо́к м; **Winkelmesser** m МАТН транспорти́р м
winken I. vi 1 (zu~) махла́ть <-ну́ть> руко́й; (signalisieren) <с>де́лать знак; ◇ **mit e-m Taschentuch ~** маха́ть платко́м 2 (Belohnung) ожида́ть несов II. vt ◇ **jd-n zu sich ~** подзыва́ть кого́-л к себе́ же́стом
winseln vi (Hund) визжа́ть несов, скули́ть несов; a. PEJ (flehen) скули́ть
Winter m <-s, -> зима́ ж; ◇ **im ~** зимо́й; **Wintergarten** m зи́мний сад м; **winterlich I.** adj (Kälte) зи́мний **II.** adv по-зи́мнему; **Winterreifen** m зи́мняя ши́на ж; **Winterschlaf** m зи́мняя спя́чка ж; **Wintersemester** n зи́мний семе́стр м; **Wintersport** m зи́мние ви́ды мн спо́рта
Winzer(in) f m <-s, -> виногра́дарь м
winzig adj кро́хотный, кро́шечный
Wipfel m <-s, -> (Baum~) верху́шка ж
Wippe f (auf Spielplatz) каче́ли мн;
wippen vi (auf Spielplatz) кача́ться на

кача́лях; *(mit den Füßen)* болта́ть нога́ми

wir *pron pers* мы; ◇ **alle** все мы
Wirbel *m* <-s, -> **1** ANAT позвоно́к *м* **2** *(Haar~)* завихре́ние *с* **3** *(Trubel, Aufsehen)* сумато́ха *ж*, переполо́х *м*; **wirbeln** *vi (Staub)* <за->вихри́ться; **Wirbelsäule** *f* позвоно́чник *м*; **Wirbelsturm** *m* урага́н *м*, цикло́н *м*; **Wirbelwind** *m* вихрь *м*; FIG *(Person)* о́чень живо́й, о́чень подви́жный челове́к *м*
wirken *vi* **1** *(handeln)* труди́ться *несов* **2** *(Wirkung haben)* <по->де́йствовать **3** *(scheinen)* <по->каза́ться
wirklich *adj* настоя́щий, реа́льный; **Wirklichkeit** *f* действи́тельность *ж*
wirksam *adj* эффекти́вный; **Wirksamkeit** *f* эффекти́вность *ж*
Wirkung *f a. (von Medikament)* де́йствие *с*, эффе́кт *м*; *(Eindruck)* возде́йствие *с*; **wirkungslos** *adj* безрезульта́тный, неэффекти́вный; **wirkungsvoll** *adj* эффекти́вный
wirr *adj (Haar)* растрёпанный; *(Blick)* расте́рянный; **Wirren** *pl (Unruhen)* волне́ния *с мн*, беспоря́дки *м мн*; **Wirrwarr** *m* <-s> ха́ос *м*, неразбери́ха *ж*
Wirsing[kohl] *m* саво́йская капу́ста *ж*
Wirt(in *f) m* <-[e]s, -e> **1** GASTRON хозя́ин *м*, хозя́йка *ж* **2** *nur m* BIOL хозя́ин *м*
Wirtschaft *f* **1** *(Gaststätte)* тракти́р *м*, пивна́я *ж* **2** *(Volks~)* эконо́мика *ж*; **wirtschaften** *vi (den Haushalt führen)* вести́ хозя́йство, хозя́йничать *несов*; *(Geld, Vorräte einteilen)* хозя́йствовать *несов*; **wirtschaftlich** *adj* хозя́йственный, эконо́мный; POL экономи́ческий; **Wirtschaftskriminalität** *f* <-> преступле́ния *с мн* в о́бласти экономи́ки; **Wirtschaftskrise** *f* экономи́ческий кри́зис *м*; **Wirtschaftsminister** *m* мини́стр эконо́мики; **Wirtschaftssystem** *n* экономи́ческая систе́ма *ж*; **Wirtschaftswunder** *n* экономи́ческое чу́до *с*
Wisch *m* <-[e]s, -e> PEJ *(Schriftstück)* бума́жонка *ж*
wischen *vt (Boden)* про<тира́ть <-тере́ть>; *(Tafel)* стира́ть <стере́ть> <с чего́-л)>; *(Staub)* вытира́ть <вы́тереть>; **Wischlappen** *m* тря́пка *ж*
wispern *vi* шепта́ться *несов*
Wissbegier[de] *f* жа́жда *ж* зна́ний; **wissbegierig** *adj* любозна́тельный
wissen *<weiß, wusste, gewusst>* *vt* знать; ◇ **Bescheid** ~ быть в ку́рсе; ◇ **man kann nie** ~! как знать!; ◇ **was weiß ich!** а мне отку́да знать!; **Wissen** *n* <-s> зна́ние *с*; ◇ **nach bestem** ~ по со́вести; **Wissenschaft** *f* нау́ка *ж*; **Wissenschaftler(in** *f) m* <-s, -> учёный(-ая *ж)* *м*; **wissenschaftlich** *adj* нау́чный; **wissenswert** *adj* зна́чимый; **wissentlich** *adv (absichtlich)* созна́тельный, умы́шленный

wittern *vt (Tier)* <по->чу́ять; FIG *(Gefahr)* предчу́вствовать *несов*; **Witterung** *f* **1** *(Geruchssinn)* чутьё *с* **2** *(Wetter)* пого́да *ж*
Witwe *f* <-, -n> вдова́ *ж*; **Witwer** *m* <-s, -> вдове́ц *м*
Witz *m* <-[e]s, -e> шу́тка *ж*; FIG ◇ **der** ~ **an der Sache** суть де́ла; **Witzbold** *m* <-[e]s, -e> *(Spaßvogel)* шутни́к *м*, остря́к *м*; **witzeln** *vi (spotten)* подшу́чивать <-ти́ть>; **witzig** *adj (spaßig)* смешно́й, весёлый **2** FIG *(geistreich)* остроу́мный; **witzlos** *adj (spaßlos)* неостроу́мный; *(langweilig)* ску́чный; *(sinnlos)* бессмы́сленный
wo I. *pron (interrogativ)* где; ◇ ~ **ist der Notizblock?** где блокно́т? **II.** *(Relativadverb)* ◇ **überall,** ~ **...** всю́ду, где ...; ◇ ~ **auch immer du hingehst ...** куда́ ни пойдёшь ...; *(temporal)* когда́; ◇ **im Augenblick,** ~ **...** в тот моме́нт, когда́ ...;
woanders *adv* в друго́м ме́сте
wob *impf v.* **weben**
wobei *adv* **1** *(interrogativ)* причём **2** *(relativ)* причём
Woche *f* <-, -n> неде́ля *ж*; **Wochenende** *n* суббо́та *ж* и воскресе́нье *с*, коне́ц *м* неде́ли; **Wochenendhaus** *n* да́ча *ж*; **wochenlang I.** *adj* продолжа́ющийся мно́го неде́ль **II.** *adv* неде́лями; **Wochenmarkt** *m* база́р *м*; **wochentags** *adv* в рабо́чие дни; **wöchentlich I.** *adj* еженеде́льный **II.** *adv* еженеде́льно, раз в неде́лю; **Wochenzeitung** *f* еженеде́льная газе́та *ж*
wodurch *adv* **1** *(interrogativ, durch welchen Ort)* че́рез что; *(durch welches Mittel)* чем **2** *(relativ)* из-за чего́, всле́дствие чего́; ◇ **er fuhr zu schnell,** ~ **der Reifen platzte** он е́хал сли́шком бы́стро, из-за чего́ ло́пнула ши́на
wofür *adv* **1** *(interrogativ)* для чего́, заче́м; ◇ ~ **hast du das gekauft?** заче́м ты э́то купи́л? **2** *(relativ)* для чего́; ◇ **ich zeige dir,** ~ **das gut ist** я покажу́ тебе́, для чего́ э́то испо́льзуется
wog *impf v.* **wiegen**
Woge *f* <-, -n> волна́ *ж*
wogegen *adv* **1** *(interrogativ)* про́тив чего́; ◇ ~ **sträubst du dich?** чему́ ты сопротивля́ешься? **2** *(relativ)* про́тив чего́; ◇ **sie ging früher,** ~ **nichts einzuwenden war** она́ ушла́ ра́ньше, про́тив чего́ не́ было возраже́ний
woher *adv* **1** *(interrogativ)* отку́да **2** *(relativ)* отку́да; ◇ **der Ort,** ~ **ich stamme** ме́сто, отку́да я ро́дом
wohin *adv* куда́
wohingegen *cj (im Gegensatz zu)* напро́тив
wohl *adv* **1** *(behaglich)* хорошо́ **2** *(vermutlich)* пожа́луй; ◇ ~ **oder übel** хо́чешь

не хо́чешь **3** (gewiss) коне́чно; ◇ **er weiß das** ~ он э́то прекра́сно зна́ет **Wohl** n ‹-[e]s› бла́го c; ◇ **zum** ~! за ва́ше/твоё здоро́вье!; **wohlauf** adv здоро́вый; **Wohlbehagen** n прия́тное чу́вство c, ую́т m; **wohlbehalten** adv благополу́чный, без ране́ний; **wohlerzogen** adj хорошо́ воспи́танный; **Wohlfahrtsstaat** m госуда́рство c всео́бщего благоде́нствия; **wohlhabend** adj состоя́тельный, зажи́точный; **Wohlklang** m благозву́чие c; **wohlriechend** adj благоуха́ющий, благоуха́нный; **wohlschmeckend** adj вку́сный; **Wohlstand** m благосостоя́ние c; (Reichtum) бога́тство c; **Wohlstandsgesellschaft** f о́бщество c всео́бщего благоде́нствия; **Wohltat** f благодея́ние c; (Genuss) наслажде́ние c; **Wohltäter(in** f) m благоде́тель(ница ж); **wohltätig** adj благотвори́тельный; **wohltuend** adj (Wirkung) благотво́рный, прия́тный; **wohlverdient** adj заслу́женный; **wohlweislich** adv благоразу́мно; **Wohlwollen** n ‹-s› благоскло́нность ж; **wohlwollend** adj благоскло́нный

wohnen vi жить несов; **Wohnfläche** f жила́я пло́щадь ж; **wohnhaft** adj жилпло́щадь ж; **Wohngemeinschaft** f (WG) гру́ппа совме́стно прожива́ющих люде́й; **wohnhaft** adj прожива́ющий; **Wohnlage** f расположе́ние c кварти́ры/до́ма; **wohnlich** adj ую́тный; **Wohnmobil** n ‹-s, -e› микроавтобусда́ча ж; **Wohnort** m местожи́тельство c; **Wohnraum** m **1** (Zimmer) жило́е помеще́ние c **2** (Wohnungen) жили́ще c; **Wohnsitz** m местожи́тельство c; **Wohnung** f кварти́ра ж, жильё c; **Wohnungsbau** m жили́щное строи́тельство c; **Wohnungsnot** f недоста́ток m жило́й пло́щади; **Wohnwagen** m жило́й автоприце́п m, да́чаприце́п m; **Wohnzimmer** n гости́ная ж

wölben vr ◇ **sich** ~ (Brücke) изгиба́ться ‹-огну́ться› дуго́й; (Himmel) простира́ться; **Wölbung** f вы́пуклость ж; (Krümmung) изги́б m, свод m **Wolf** m ‹-[e]s, Wölfe› **1** (Tier) волк m **2** (Fleisch~) мясору́бка ж; **Wölfin** f волчи́ца ж; **Wolfshund** m волкода́в m **Wolke** f ‹-, -n› о́блако c; **Wolkenbruch** m ли́вень m; **Wolkenkratzer** m небоскрёб m; **wolkenlos** adj безо́блачный; **wolkig** adj о́блачный **Wolle** f ‹-, -n› шерсть ж **wollen** adj (Socken, Jacke) шерстяно́й **wollen** vt, vi (Absicht, Wunsch) ‹за-›хоте́ть; ◇ **das** ~ **wir doch mal sehen!** ещё уви́дим!

Wolljacke f шерстяна́я ко́фточка ж **Wollust** f **1** (Sinnlichkeit) сладостра́стие c **2** (Freude) наслажде́ние c; **wollüstig** adj сладостра́стный

womit adv **1** (relativ) (die Übersetzung hängt von der Rektion des russischen Verbs ab) ◇ **er schwieg,** ~ **er sich sehr schadete** он молча́л, чем о́чень навреди́л себе́ **2** (interrogativ) чем, с чем; ◇ ~ **bezahlst du?** чем ты заплати́шь? **womöglich** adv возмо́жно **wonach** adv **1** (interrogativ) по́сле чего́, с чем, в связи́ (die Übersetzung hängt von der Rektion des russischen Verbs ab) ◇ ~ **hast du gefragt?** о чём ты спроси́л? **2** (relativ) (die Übersetzung hängt von der Rektion des russischen Verbs ab) ◇ **das,** ~ **sie schon immer gesucht haben** то, что они́ уже́ давно́ и́щут **Wonne** f ‹-, -n› (Genuss) наслажде́ние c, блаже́нство c; **Wonnemonat** m ◇ **im** ~ **Mai** в ма́е **woran** adv **1** (interrogativ) о чём, на чём, на что, (die Übersetzung hängt von der Rektion des russischen Verbs ab) ◇ ~ **denkst du schon wieder?** о чём ты опя́ть ду́маешь? **2** (relativ) (die Übersetzung hängt von der Rektion des russischen Verbs ab) ◇ **das,** ~ **ich denke ...** то, о чём я ду́маю ...

worauf adv **1** (interrogativ) на чём, на что; ◇ ~ **liegst du?** на чём ты лежи́шь? ◇ ~ **wartest du?** чего́ ты ждёшь? **2** (relativ) (die Übersetzung hängt von der Rektion des russischen Verbs ab) ◇ **du weißt,** ~ **man sich verlassen kann** ты зна́ешь, на что мо́жно положи́ться; **woraufhin** adv (infolgedessen) всле́дствие чего́

woraus adv **1** (interrogativ) из чего́; ◇ ~ **besteht der Mensch?** из чего́ состои́т челове́к? **2** (relativ) из кото́рого **worin** adv **1** (interrogativ) в чём, где; ◇ ~ **besteht die Frage?** в чём суть вопро́са? **2** (relativ) в кото́ром; ◇ **zähl' auf,** ~ **wir übereinstimmen** назови́ пу́нкты, в кото́рых на́ше мне́ние совпада́ет

Workshop m ‹-s, -s› семина́р m по определённой те́ме **Worldcup** m ‹-s, -s› SPORT чемпиона́т m ми́ра **Wort I.** n ‹-[e]s, Wörter› (Vokabel) сло́во c **II.** n ‹-[e]s, Worte› **1** (Rede, Bemerkung) речь ж, сло́во c **2** (Versprechen) сло́во c; ◇ **jd-n beim** ~ **nehmen** пойма́ть кого́-л на сло́ве; ◇ **jd-m das** ~ **abschneiden** ре́зко переби́ть; ◇ **das** ~ **ergreifen** взять сло́во; ◇ **über jd-n/etw kein** ~ **verlieren** не сказа́ть ни слова́ о чём-л; ◇ **nicht zu** ~ **kommen** не получа́ть сло́во; **Wortbildung** f словообразова́ние c; **wortbrüchig** adj веролома́ный; **Wortbuch** n словарь m; **Wortgruppe** f гнездо́ c слов; **wortkarg** adv немногосло́вный; **wörtlich** adj досло́вный, буква́льный; **wortlos** adj безмо́лвный; **Wortmeldung** f выступле́ние c;

wortreich adj многосло́вный, словооби́льный; **Wortschatz** m запа́с м слов; **Wortschöpfung** f словотво́рчество c; **Wortspiel** n игра́ ж слов; **Wortwahl** f подбо́р м слов; **Wortwechsel** m препира́тельство c, спор м

worüber adv ① (relativ) (die Übersetzung hängt von der Rektion des russischen Verbs ab) ◇ **das Thema, ~ wir diskutieren** те́ма, кото́рую мы обсужда́ем ② (interrogativ) над чем, пове́рх чего́, о чём; ◇ **~ streitet ihr euch?** о чём идёт спор?

worum adv ① (interrogativ) вокру́г чего́, за что, ра́ди чего́; ◇ **~ handelt es sich?** о чём идёт речь? ② (relativ) (die Übersetzung hängt von der Rektion des russischen Verbs ab) ◇ **da ist noch etw, ~ ich dich bitten möchte** у меня́ ещё есть про́сьба, о чём бы мне хоте́лось тебя́ попроси́ть

worunter adv ① (interrogativ) под чем, подо что́, среди́ чего́; ◇ **~ leidet Ihr Sohn?** чем страда́ет ваш сын? ② (relativ) (die Übersetzung hängt von der Rektion des russischen Verbs ab) ◇ **vieles, ~ ich mir nichts vorstellen kann** мно́гое, о чём я не име́ю ни мале́йшего представле́ния

wovon adv ① (interrogativ) от чего́, из чего́, о чём; ◇ **~ lebst du?** на что ты живёшь? ② (relativ) (die Übersetzung hängt von der Rektion des russischen Verbs ab) ◇ **er fragte mich nach etw, ~ ich keine Ahnung hatte** он спроси́л меня́ о чём-то, в чём я не разбира́юсь

wovor adv ① (interrogativ) пе́ред чем, от чего́; ◇ **~ hast du Angst?** чего́ ты бои́шься? ② (relativ) ◇ **diese Prüfung ist das, ~ ich am meisten Angst habe** я бо́льше всего́ бою́сь э́того экза́мена

wozu adv ① (interrogativ: zu welchem Zweck) к чему́, для чего́; ◇ **~ tust du das?** заче́м/к чему́ ты э́то де́лаешь?; (warum) почему́ ② (relativ) к чему́, для чего́; ◇ **wer weiß, ~ das gut ist** кто зна́ет, к чему́ э́то

Wrack n ‹-[e]s, -s› (Schiffs~) ко́рпус м, обло́мки м мн; (Auto~) металлоло́м м; FIG (Mensch) разва́лина ж

wringen ‹wrang, gewrungen› vt (Wäsche) отжима́ть

Wucher m ‹-s› (Zins~ etc) ростовщи́чество c; (Miet~) завы́шенная квартпла́та ж; **Wucherer** m ‹-s, -›, **Wucherin** f ростовщи́к м, ростовщи́ца ж

wuchern vi (Pflanzen) си́льно разраста́ться; (Tumor) бы́стро расти́; **Wucherung** f MED о́пухоль ж

wuchs impf v. **wachsen**

Wuchs m ‹-es› ① (das Wachsen) рост м ② (Statur) рост м, стан м

Wucht f ‹-› мощь ж, си́ла ж; ◇ **mit voller ~** со всей си́лой; **wuchtig** adj

(Schrank) тяжелове́сный; (Gebäude) масси́вный

wühlen vi (graben, aufreißen) копа́ться несов; (Maulwurf, Schwein) ры́ться несов; **Wühlmaus** f ZOOL полёвка ж

wund adj ра́неный; (offen) натёртый; FIG ◇ **das ist sein ~er Punkt** э́то его́ больно́е ме́сто; **Wunde** f ‹-, -n› ра́на ж, ране́ние c

sich wundern

Это удиви́тельно!
Das ist erstaunlich!
Меня́ удивля́ет, что здесь никого́ нет.
Es wundert mich, dass keiner da ist.
Я удивлён/удивлена́, что здесь так мно́го зе́лени.
Ich staune, dass es hier so viel Grün gibt.
К моему́ вели́кому удивле́нию пришли́ все.
Zu meiner größten Verwunderung sind alle gekommen.
Здесь так мно́го магази́нов — я не перестаю́ удивля́ться.
Hier gibt es so viele Geschäfte – ich komme aus dem Staunen nicht heraus.

Wunder n ‹-s, -› чу́до c; ◇ **es ist kein ~** неудиви́тельно; ◇ **dieses Mittel wirkt ~** э́то сре́дство твори́т чудеса́; **wunderbar** adj чуде́сный; (großartig) великоле́пный; **Wunderkind** n вундерки́нд м; **wunderlich** adj стра́нный, причу́дливый; **wundern I.** vr ◇ **sich** ~ удивля́ться ‹-ви́ться› (über akk кому́-чему́-л); ◇ **sich über gar nichts mehr ~** ничему́ бо́льше не удивля́ться **II.** vt unpers ◇ **es wundert mich** удиви́тельно; **wunderschön** adj удиви́тельно краси́вый, прекра́сный; **wundervoll** adj чуде́сный

Wundstarrkrampf m столбня́к м

Wunsch m ‹-[e]s, Wünsche› жела́ние c;

wünschen

Я бы о́чень хоте́л/а встре́титься с ни́ми.
Ich würde sie liebend gerne treffen.
Бы́ло бы здо́рово, е́сли бы мы все могли́ пойти́ туда́.
Wäre es nicht toll, wenn wir alle hingehen könnten?
Е́сли бы он был здесь!
Wenn er nur hier wäre!
Я хоте́л/а бы лу́чше всего́ оказа́ться в Испа́нии.
Ich wäre jetzt am liebsten in Spanien.
Скоре́й бы всё зако́нчилось!
Wenn nur schon alles vorbei wäre...

◇ **ganz nach ~ sein** быть как нельзя́ лу́чше; **wünschen** *vt* ⟨по-⟩жела́ть чего́-л, ⟨за-⟩хоте́ть чего́-л; ◇ **ich wünsche mir** мне хоте́лось бы; **wünschenswert** *adj* жела́тельный

wurde *impf v.* **werden**
Würde *f* ⟨-⟩ досто́инство *c;* **würdelos** *adj* унизи́тельный; *(Benehmen)* недосто́йный; **Würdenträger(in** *f)* *m* высокопоста́вленное лицо́ *c;* **würdevoll** *adj* досто́йный; **würdig** *adj* досто́йный; **er ist der Sache nicht ~** он не досто́ин э́того; **würdigen** *vt (als würdig beurteilen)* оце́нивать ⟨-ни́ть⟩ по досто́инству; *(anerkennen)* призна⟨ва́⟩ть; *(schätzen)* удоста́ивать ⟨-то́ить⟩ кого́-л чем-л; *FIG* ◇ **jd-n keines Blickes ~** не удосто́ить кого́-л взгля́дом
Wurf *m* ⟨-s, Würfe⟩ ① *(das Werfen)* бросо́к *m; FIG (Erfolg haben)* ◇ **ihm gelang der große ~** он дости́г большо́го успе́ха ② *(von Tieren)* помёт *m,* припло́д *m;* **Wurfbude** *f* тир *m*
Würfel *m* ⟨-s, -⟩ ① MATH куб *m* ② *(Spiel~)* ку́бик *m;* ◇ **die ~ sind gefallen** жре́бий бро́шен; ◇ **Käse in ~ schneiden** наре́зать сыр ку́биками; **Würfelbecher** *m* стака́н *m* для игра́льных косте́й; **würfeln** I. *vi* игра́ть ⟨сыгра́ть⟩ в ко́сти II. *vt (klein schneiden)* ⟨на-⟩ре́зать ку́биками; **Würfelspiel** *n* игра́ *ж* в ко́сти; **Würfelzucker** *m* са́хар-рафина́д *m*
würgen I. *vt* ① *(am Hals)* ⟨за-⟩души́ть *несов* II. *vi* ① *(beim Schlucken)* дави́ться чем-л ② *FIG* ◇ **die Arbeit wurde mit Hängen und W~ fertig** с больши́м трудо́м удало́сь зако́нчить рабо́ту
Wurm *m* ⟨-[e]s, Würmer⟩ червь *m; FAM* ◇ **da ist der ~ drin** тут что́-то нела́дно; **wurmen** *vt unpers FAM* ◇ **das wurmt mich** э́то не даёт мне поко́я; **wurmig** *adj (Frucht)* черви́вый; **wurmstichig** *adj (Holz)* источенный черви́ми
Wurst *f* ⟨-, Würste⟩ ① колбаса́ *ж* ② *FAM* ◇ **das ist mir ~** мне наплева́ть; **Wurstbrot** *n* бутербро́д *m* с колбасо́й; **Würstchen** *n* ⟨-s, -⟩ ① *(Wiener ~)* соси́ска *ж* ② *PEJ (unbedeutender Mensch)* жа́лкое созда́ние *c;* **Würstchenbude** *f* соси́сочная *ж; (an Landstraßen)* кио́ск *m*
Würze *f* ⟨-, -n⟩ ① *(Aroma, Geschmack)* вкус *m* ② *(Gewürz)* пря́ность *ж; (von Salaten)* припра́ва *ж*
Wurzel *f* ⟨-, -n⟩ ① *a.* MATH ко́рень *m* ② *FIG (Ursache)* ко́рень *m,* источник *m;* ◇ **die ~ allen Übels** ко́рень зла́; **Wurzelrechnung** *f* MATH извлече́ние *c* ко́рня; **Wurzelzeichen** *m* знак *m* ко́рня, радика́л *m*
würzen *vt* ① *(Essen)* при⟨пра⟩вля́ть ⟨-пра́вить⟩ пря́ностями ② *FIG (Rede, Ansprache)* при⟨пра⟩вля́ть ⟨-пра́вить⟩; **würzig** *adj* пря́ный

wusch *impf v.* **waschen**
wusste *impf v.* **wissen**
wüst *adj* ① *(unordentlich)* беспоря́дочный ② *(ausschweifend)* распу́тный, разну́зданный ③ *(öde)* пусты́нный, запусте́лый ④ *FAM (heftig)* ди́кий, бу́йный
Wüste *f* ⟨-, -n⟩ пусты́ня *ж*
Wüstling *m* распу́тник *m,* развра́тник *m*
Wut *f* ⟨-⟩ я́рость *ж,* гнев *m,* зло́ба *ж;* ◇ **mich packt die ~** меня́ зло берёт; ◇ **seine ~ an jd-m auslassen** срыва́ть свой гнев на ком-л; **Wutanfall** *m,* **Wutausbruch** *m* припа́док *m* бе́шенства; **wüten** *vi* бу́йствовать *несов; (Epidemie)* свире́пствовать *несов; (Sturm, Brand)* бушева́ть *несов;* **wütend** *adj* я́ростный, гне́вный; ◇ **~ werden** разъяри́ться *сов,* рассвирепе́ть *сов;* **wutentbrannt** *adv* взбешённый, разъярённый; ◇ **sie lief ~ hinaus** в бе́шенстве она́ вы́скочила на у́лицу

X, x *n (Buchstabe) (im Russischen nicht vorhanden); MATH* икс *m;* ◇ **der x-te Versuch** многокра́тная попы́тка; ◇ **er lässt sich kein X für ein U vormachen** его́ не проведёшь
x-Achse *f* MATH ось *ж* абсци́сс
X-Beine *pl* кривы́е но́ги *мн*
x-beliebig *adj (irgendein,e, r)* любо́й, како́й уго́дно
X-Chromosom *n* BIOL X-хромосо́ма *ж*
x-mal *adv* мно́го раз
Xylophon *n* ⟨-s, -e⟩ MUS ксилофо́н *m*

Y, y *n (Buchstabe) (im Russischen wiedergegeben durch:)* й, Й
y-Achse *f* MATH ось *ж* ордина́т
Yacht *f* = **Jacht**
Y-Chromosom *n* BIOL Y-хромосо́ма *ж*
Yoga *n* ⟨-, -en⟩ йо́га *ж*
Yoghurt *m o. n* ⟨-s, -s⟩ *s.* **Joghurt**
Yuppie *m* ⟨-s, -s⟩ **young urban professional [people]** молодо́й карьери́ст *m*

Z

Z, z n (Buchstabe) Ц, ц; ◇ **von A bis Z** от начáла до концá
Zacke f <-, -n> (Berg~, Gabel~) зубéц m; (von Stern) конéц m; **zackig** adj ① (gezackt) зубчáтый ② FAM (Benehmen) лихóй, молодцевáтый
zaghaft adj рóбкий, нерешительный; **Zaghaftigkeit** f рóбость ж
zäh adj ① (Fleisch) жёсткий; (Flüssigkeit) вязкий; (klebrig) клéйкий ② (Verkehr etc.) мéдленный ③ (Mensch) вынóсливый, живýчий; **zähfließend** adj ◇ ~er Verkehr движéние c c затóрами
Zahl f <-, -en> (Ziffer) цифра ж; ◇ **in großer** ~ в большóм количестве; **zahlbar** adj подлежáщий оплáте; ◇ ~ **bei Lieferung** подлежáщий оплáте при достáвке; **zahlen** I. vt (bezahlen) <за->платить II. vi ◇ ~ **bitte!** счёт, пожáлуйста!; **zählen** I. vt ① (ab~) <по->считáть ② (bei Sport, Spiel) вести счёт; KARTEN ◇ **der Bube zählt 4 Punkte** валéт даёт 4 очкá ③ (gehören) ◇ ~ **zu** отнóситься <-ти> к чемý-комý-л II. vi ◇ **auf jd-n/etw** ~ рассчитывать на когó/что-л; **zahlenmäßig** adj численнй; **Zahlenschloss** n замóк c кóдовым набóром; **Zähler** m <-s, -> ① TECH (Gas~) счётчик m ② MATH числитель m; **zahllos** adj бесчисленный; **zahlreich** adj многочисленный; **Zahlstelle** f мéсто c платежá; **Zahltag** m день m выдáчи зарплáты; **Zahlung** f уплáта ж, платёж m; ◇ **etw in** ~ **geben/nehmen** давáть/принимáть что-л в уплáту; **Zählung** f счёт m, подсчёт m; (von Bevölkerung) перепись ж; **Zahlungsanweisung** f платёжное поручéние c; **zahlungsfähig** adj платёжеспосóбный; **Zahlungsmittel** n платёжное срéдство c; **zahlungsunfähig** adj неплатёжеспосóбный; **Zahlwort** n GRAM имя c числительное
zahm adj (Tier) ручнóй; (sanft) крóткий; **zähmen** I. vt приручáть <-чить> II. vr FIG (sich beherrschen) ◇ **sich** ~ сдéрживать <-жáть> себя
Zahn m <-[e]s, Zähne> зуб m; TECH зубéц m; FIG ◇ **sich die Zähne ausbeißen** обломáть себé зýбы обо чтó-л; FAM (schneller fahren) ◇ **einen** ~ **zulegen** прибáвить <-ить>; **Zahnarzt** m, **Zahnärztin** f зубнóй врач m; **Zahnbürste** f зубнáя щётка ж; **Zahncreme** f зубнáя пáста ж; **zahnen** vi ◇ **das Baby zahnt** y ребёнка прорезáются зýбы; **Zahnfäule** f кáриес m; **Zahnfleisch** n деснá

ж; FAM (total erschöpft sein) ◇ **auf dem** ~ **kriechen** тянýть из послéдних сил; **Zahnfleischentzündung** f воспалéние c дёсен; **zahnlos** adj (Baby, Greis) беззýбый; **Zahnpasta** f зубнáя пáста ж; **Zahnrad** n зубчáтое колесó c, шестерня ж; **Zahnradbahn** f зубчáтая желéзная дорóга ж; **Zahnschmelz** m зубнáя эмáль ж; **Zahnschmerz** m зубнáя боль ж; **Zahnseide** f зубочистка ж (из шёлковой нити); **Zahnstein** m зубнóй кáмень m; **Zahnstocher** m <-s, -> зубочистка ж; **Zahntechniker(in** f) m зубнóй тéхник, протезист(ка ж) м
Zange f <-, -n> (Greif~, Zucker~) щипцы мн; (Kneif~) кусáчки мн; FAM (bedrängen) ◇ **jd-n in die** ~ **nehmen** взять когó-л в оборóт
Zank m ссóра ж; **zanken** I. vi ◇ **mit jd-m** ~ <по->ссóриться c кем-л II. vr ◇ **sich mit jd-m um etw** akk ~ <по->ссóриться c кем-л из-за чегó-л; **zänkisch** adj сварливый, вздóрный
Zäpfchen n ① ANAT (Gaumen~) язычóк m ② MED свечá ж
zapfen vt (Bier, Wein) нали<вá>ть из бóчки
Zapfen m <-s, -> a. TECH (Stift) втýлка ж; BOT (Tannen~) шишка ж; (Eis~) сосýлька ж; **Zapfenstreich** m MIL вечéрняя заря ж; **Zapfsäule** f бензоколóнка ж
zappelig adj (unruhig) беспокóйный; **zappeln** vi дёргаться несов; FIG ◇ **jd-n** ~ **lassen** томить когó-л ожидáнием
zappen vi MEDIA (herum~) скакáть несов по телевизиóнным прогрáммам
Zar(in f) m <-en, -en> царь m, цари́ца ж
zart adj ① (Gesundheit, Gemüt) хрýпкий ② (Fleisch) нéжный; (Gemüse) молодóй; (Haut) нéжный; (zierlich, Hände) изящный; ◇ **im ~en Alter von 17 Jahren** в юном вóзрасте семнáдцати лет ③ (Duft, Berührung) прия́тный; (Stimme) нéжный; FIG (Andeutung) лёгкий ④ (Farben) мягкий; (Lächeln) лáсковый; **zartfühlend** adj чýткий; **Zartheit** f нéжность ж, хрýпкость ж; **zärtlich** adj нéжный, лáсковый; **Zärtlichkeit** f лáска ж, нéжность ж
Zäsium, Cäsium n <-s> цéзий m
Zäsur f цезýра ж
Zauber m <-s, -> ① (Magie) колдовствó c, волшебствó c; FAM ◇ **alles fauler** ~! сплошнóй обмáн! ② (Ausstrahlung, Reiz) очаровáние c; **Zauberei** f колдовствó c, волшебствó c; **Zauberer** m <-s, ->, **Zauberin** f волшéбник m, волшéбница ж, колдýн(ья ж) m; **zauberhaft** adj (bezaubernd) очаровáтельный, волшéбный; **Zauberkünstler(in** f) m фóкусник m, фóкусница ж; **zaubern** I. vi покáзывать <-зáть> фóкусы; (hexen) колдовáть несов II. vt ◇ **etw aus dem Hut**

~ извлéчь что-л из шля́пы; **Zauber-spruch** m заклина́ние c; **Zauberstab** m волшéбная па́лочка ж; **Zauberwort** n волшéбное слóво c

zaudern vi (zögern) мéдлить несов
Zaum m <-[e]s, Zäume> (Pferde~zeug) узда́ ж, узде́чка ж; FIG (sich beherrschen) ◇ **sich im ~ halten** держа́ть себя́ в рука́х

Zaun m <-[e]s, Zäune> забóр m; FIG ◇ **einen Streit vom ~ brechen** зате́ять спор; **Zaunkönig** m ZOOL крапи́вник m; **Zaunpfahl** m забóрный столб m; ◇ **ein Wink mit dem ~** грýбый намёк

z. B. Abk. v. **zum Beispiel** напримéр
Zebra n <-s, -s> ZOOL зéбра ж; **Zebrastreifen** m пешехóдный перехóд m
Zeche f <-, -n> MIN ша́хта ж
Zeche f <-, -n> (Restaurantrechnung) счёт m; ◇ **die ~ prellen** уйти́, не оплати́в счёт
Zecke f <-, -n> ZOOL клещ m
Zehe f <-, -n> 1 ANAT па́лец m ноги́ 2 (Knoblauch~) дóлька ж; **Zehenspitze** f носóк m; ◇ **auf ~n laufen** ходи́ть на цы́почках

zehn nr дéсять; s. a. **fünf**; **zehnfach** I. adj десятикра́тный II. adv вдéсятеро, в дéсять раз; **Zehnkampf** m SPORT десятибóрье c

zehren vi FIG 1 (an Gesundheit, Nerven) подта́чивать несов (an etw dat что-л) 2 FIG ◇ **von seiner Erinnerung ~** жить воспомина́ниями

Zeichen n <-s, -> (Kenn~ etc.) знак m; (Hinweis, Merkmal) при́знак m; (Symbol) знак m; **Zeichensetzung** f расстанóвка ж знáков препина́ния; **Zeichentrickfilm** m мультфи́льм m; **zeichnen** vt 1 (malen, Bild) <на->рисова́ть; (skizzieren) зарисóвывать <-ва́ть>; MATH (Kurve) <на->черти́ть 2 FIG (darstellen) изобража́ть <-зи́ть>; **Zeichner(in** f) m <-s, -> рисова́льщик m, рисова́льщица ж; ◇ **technische/r** чертёжник m, чертёжница ж; **Zeichnung** f рисýнок m; (Mode~) зарисóвка ж; (Skizze) набрóсок m

Zeigefinger m указа́тельный па́лец m; **zeigen** I. vt пока́зывать <-за́ть> II. vr **sich ~** пока́зываться <-за́ться>; ◇ **es wird sich ~** пока́зывает бýдет; ◇ **es zeigte sich, dass** оказа́лось, что; **Zeiger** m <-s, -> стрéлка ж

Zeile f <-, -n> 1 (Text~) строка́ ж; ◇ **jdm ein paar ~n schreiben** написа́ть комý-л нéсколько строк; ◇ **zwischen den ~n lesen** чита́ть мéжду строк 2 (Häuser~) ряд m; **Zeilenabstand** m расстоя́ние c мéжду строка́ми

zeit präp gen ◇ **~ meines Lebens** всю мою́ жизнь; **Zeit** f <-, -en> 1 (Uhr~) врéмя c; ◇ **im Laufe der ~** в течéние врéмени; ◇ **sich** dat **~ lassen** не спеши́ть с чем-л; ◇ **von ~ zu ~** иногда́; ◇ **die ~ totschlagen**

убива́ть врéмя 2 (Ära, Epoche) врéмя c, э́ра ж; (~alter) век m 3 GRAM врéмя c; **Zeitalter** n век m, э́ра ж, эпóха ж; **Zeitansage** f сообщéние c тóчного врéмени; **Zeitenfolge** f GRAM послéдовательность ж времён; **zeitgemäß** adj современный, в дýхе врéмени; **Zeitgenosse** m, **Zeitgenossin** f современник m, современница ж; **Zeitgeschichte** f современная истóрия ж; **zeitgleich** adj одновременный, с одина́ковым врéменем; **zeitig** adj ра́нний; **zeitlebens** adv всю жизнь; **zeitlich** adj временнóй; (irdisch) брéнный; **zeitlos** adj вневремéнный; (Mode) всегда́ актуа́льный; **Zeitlupe** f MEDIA замéдленная съёмка ж; **Zeitpunkt** m врéмя c; момéнт m; **zeitraubend**, Zeit raubend adj трéбующий мнóго врéмени; **Zeitraum** m периóд m, промежýток m врéмени; **Zeitrechnung** f летоисчислéние c; **Zeitschrift** f журна́л m; **Zeittakt** m TELEC услóвная едини́ца ж врéмени

Zeitung f газéта ж; **Zeitungsausträger(in** f) m разнóсчик m/разнóсчица ж газéт; **Zeitungspapier** n газéтная бума́га ж

Zeitverschwendung f пуста́я тра́та ж врéмени; **Zeitvertreib** m времяпровождéние c; **zeitweilig** adj врéменный; **zeitweise** adv врéменно, врéмя от врéмени; **Zeitwort** n GRAM глагóл m; **Zeitzone** f часовóй пóяс m; **Zeitzünder** m дистанциóнный взрыва́тель m; ◇ **Bombe mit ~** ми́на ж с часовы́м механи́змом

zelebrieren vt торжéственно справля́ть <-ра́вить>; (Messe) <от->служи́ть
Zelle f <-, -n> 1 BIOL клéтка ж; ◇ **die grauen ~n** мозги́ m мн 2 TECH ячéйка ж; ELECTR (Photo~ etc.) элемéнт m 3 (Gefängnis~) ка́мера ж; (Kloster~) кéлья ж; **Zellkern** m BIOL клéточное ядрó c; **Zellstoff** m целлюлóза ж; **Zellteilung** f BIOL делéние c клéток
Zelt n <-[e]s, -e> пала́тка ж; **zelten** vi жить в пала́тке; **Zeltlager** n пала́точный ла́герь m; **Zeltplatz** m площа́дка ж для пала́точного ла́геря
Zement m <-[e]s, -e> цемéнт m; **zementieren** vt <за->цементи́ровать
Zenit m зени́т m
zensieren vt 1 (überwachen) подверга́ть <-вéргнуть> цензýре 2 SCH <по->ста́вить отмéтку; **Zensur** f 1 (staatliche Prüfstelle) цензýра ж 2 SCH отмéтка ж
Zentimeter m сантимéтр m
Zentner m <-s, -> полцéнтнера ж, пятьдеся́т килогра́ммов
zentral adj центра́льный; **Zentrale** f <-, -n> (von Gewerkschaften etc.) центр m; TELEC коммута́тор m; **Zentralheizung** f центра́льное отоплéние c; **zentrali-**

sieren vt централизова́ть несов и сов; **zentralistisch** adj централисти́ческий; **Zentralverriegelung** f AUTO автомати́ческий дверно́й запо́р м

zentrieren vt TYP центри́ровать несов и сов

Zentrifugalkraft f (Fliehkraft) центростреми́тельная си́ла ж; **Zentrifuge** f <-, -n> центрифу́га ж; (Milch~) сепара́тор м

Zentrum n <-s, Zentren> центр м

Zepter n <-s, -> ски́петр м; FIG (bestimmen) ◇ **das ~ schwingen** пра́вить несов

zerbeißen unreg vt раску́сывать <-си́ть>

zerbrechen I. unreg vt разла́мывать <-лома́ть>; FIG (angestrengt nachdenken) ◇ **sich den Kopf ~** лома́ть себе́ го́лову над чем-л II. unreg vi FIG (seelisch zugrunde gehen) <с>лома́ться; ◇ **sie zerbrach an ihrem Kummer** го́ре сломи́ло её; **zerbrechlich** adj (Mensch) хру́пкий; (Geschirr) бью́щийся

zerbröckeln vt <ис->кроши́ть

zerdrücken vt разда́вливать <-ви́ть>

Zeremonie f церемо́ния ж; **Zeremoniell** n <-s> REL церемониа́л м

Zerfall m распа́д м, разруше́ние с; CHEM, PHYS разложе́ние с; **zerfallen** unreg vi ① разру́шаться <-ру́шиться> ② (untergehen) при|ходи́ть <-йти́> в упа́док ③ (sich gliedern) рас|пада́ться <-па́сться> (in akk на кого-что-л)

zerfetzen vt <разо->рва́ть на куски́

zerfließen unreg vt (Tinte) расплы|ва́ться; (flüssig werden) <рас->та́ять

zerfressen unreg vt (Rost, Säure) разъеда́ть <-е́сть>; (Motten) изъеда́ть <-е́сть>

zergehen unreg vi (schmelzen) <рас->та́ять

zerkleinern vt измельча́ть <-чи́ть>

zerknittern vt <из-, с->мя́ть

zerlegbar adj (Maschine) разбо́рный, сбо́рный; (Elemente) разложи́мый; (teilbar) дели́мый; **zerlegen** vt разла|га́ть <-ложи́ть> (in akk на); (Satz) разбира́ть<-обра́ть>; (Fleisch) разде́лывать <-ать>; (Gerät, Maschine) разбира́ть <-обра́ть>

zerlumpt adj рва́ный, обо́рванный

zermalmen vt разда́вливать <-ви́ть>; FIG (vernichten) уничто|жа́ть <-то́жить>

zermürben vt FIG изма́тывать <-мота́ть>

zerpflücken vt FIG (Aufsatz) разбира́ть <-обра́ть> по ко́сточкам

zerquetschen vt разда́вливать <-ви́ть>

zerraufen vt (Haare) рас|трёпывать <-трепа́ть>

zerreden vt (Problem) <ис->по́ртить дли́тельными диску́ссиями

zerreiben unreg vt (Schokolade) измельча́ть <-чи́ть>; (zu Pulver) рас|тира́ть <-тере́ть> (в порошо́к)

zerreißen unreg I. vt разрыва́ть <-орва́ть>; FIG (Kummer bereiten) ◇ **das zer-**

reißt mir das Herz ~ у меня́ от э́того се́рдце разрыва́ется; FAM (klatschen) ◇ **sich das Maul ~** спле́тничать II. vi (Kleidungsstück) <по->рва́ться

zerren I. vt тащи́ть (an dat за что-л) II. vr (Muskel) ◇ **sich ~** растя́гивать <-ну́ть>

zerrinnen unreg vi (schmelzen) <рас->та́ять; FIG (Geld) уходи́ть <уйти́>, <рас->та́ять; (Zeit) <про->лете́ть

Zerrissenheit f POL разногла́сие с; ◇ **innere ~** вну́тренний конфли́кт

Zerrung f MED (Muskel~) растяже́ние с

zerrütten vt (jd-n) расстра́ивать <-ро́ить>; (Ehe) разруша́ть <-ру́шить>; (Gesundheit) расша́тывать <-та́ть>

zerschellen vi (Flugzeug) разби́ва́ться

zerschlagen unreg I. vt разби́ва́ть II. vr ◇ **sich ~** (Plan) срыва́ться <сорва́ться>; (Hoffnung) ру́шиться несов

zerschleißen <zerschliss, zerschlissen> vt (Kleidung, Stoff) изна́шивать <-носи́ть>

zerschmettern vt (Knochen) размозжи́ть сов; (Fensterscheibe) разби́<ва́>

zerschneiden unreg vt разреза́ть <-ре́зать>; (in Scheiben) нарезать <-ре́зать>

zersetzen I. vt CHEM разлага́ть <-ложи́ть>; FIG (Moral, Ordnung) подрыва́ть <-орва́ть> II. vr ◇ **sich ~** разлага́ться <-ложи́ться>; FIG (sich lockern) рас|пада́ться <-па́сться>

zersplittern vi (Glas) разби́<ва́>ться; (Knochen) раздробля́ться <-би́ться>; (Partei) рас|пада́ться <-па́сться>

zerspringen unreg vi разби́<ва́>ться

Zerstäuber m <-s, -> распыли́тель м

zerstechen unreg vt (Autoreifen) прока́лывать <-коло́ть>; (Mücken) иску́сывать <-са́ть>; ◇ **ich wurde von Mücken zerstochen** меня́ комары́ искуса́ли

zerstören vt разруша́ть <-ру́шить>; (Häuser) <с->лома́ть; **Zerstörer** m разруши́тель м; MIL (Schiff) эска́дренный миноно́сец м; **Zerstörung** f разруше́ние с; (von Häusern) слом м

zerstreiten unreg vr ◇ **sich ~** рассо́риться сов

zerstreuen I. vt ① (Papiere) разбра́сывать <-броса́ть>, рассе́ивать <-ять> ② FIG (Zweifel) разгоня́ть <-огна́ть> II. vr (sich vergnügen) ◇ **sich ~** развлека́ться <-вле́чься>; **zerstreut** adj ① (herumliegen) разбро́санный ② (Mensch) рассе́янный; **Zerstreutheit** f рассе́янность ж; **Zerstreuung** f ① (das Zerstreuen) рассе́ивание с ② (Ablenkung) развлече́ние с

zerstückeln vt разреза́ть <-ре́зать>

Zertifikat n <-[e]s, -e> (amtliche Bescheinigung) свиде́тельство с

zertreten unreg vt (Ameise) разда́вливать <-ви́ть>; (Gras) рас|та́птывать <-топта́ть>

zertrümmern vt (Flaschen) разби‹ва́›ть; (Gebäude) лома́ть несов

zerwühlen vt (Bett, Laken) при‹води́ть ‹вести́› в беспоря́док; (Haare) взъеро́ши‹ва›ть, растрёпывать ‹трепа́ть›

Zerwürfnis n спор м, ссо́ра ж

zerzausen vt (Haare) растрёпывать ‹трепа́ть›

zetern vi (schimpfen) ‹по-›се́товать, ‹по-›жа́ловаться; (laut) вопи́ть несов

Zettel m ‹-s, -› (Abreiß~, Notiz~) запи́ска ж; (Kassen~) (ка́ссовый) чек м; (Stück Papier) бума́жка ж; (Formular) бланк м

Zeug n ‹-[e]s› FAM (Sachen) ве́щи ж мн; (Ausrüstung) принадле́жности ж мн; FAM (Geschwätz) ◇ dummes ~ глу́пости ж мн; FAM (Fähigkeit haben) ◇ das ~ zu etw haben быть спосо́бным к чему́-л; FAM (sich an-strengen) ◇ sich ins ~ legen стара́ться изо всех сил

Zeuge m ‹-n, -n› свиде́тель м

zeugen vi 1 JURA (Zeuge sein) да‹ва́›ть показа́ния 2 FIG (Rückschlüsse zulassen) свиде́тельствовать несов (von etw о чём-л)

zeugen vt (erzeugen, Kind) произво́дить ‹вести́› на свет

Zeugenaussage f свиде́тельские показа́ния с мн; **Zeugenstand** m свиде́тельская скамья́ ж; **Zeugenvernehmung** f допро́с м свиде́теля

Zeugin f свиде́тельница ж

Zeugnis n 1 JURA свиде́тельское показа́ние с 2 SCH аттеста́т м; (Referenz) о́тзыв м; (Bescheinigung) свиде́тельство с, удостовере́ние с

Zeugung f зарожде́ние с, зача́тие с; **zeugungsunfähig** adj неспосо́бный к оплодотворе́нию

z. H. Abk. v. **zu Händen von** ли́чно в ру́ки кому́-л

Zickzack m ‹-[e]s, -e› зигза́г м

Ziege f ‹-, -n› коза́ ж; **Ziegenbock** m козёл м; **Ziegenleder** n ко́зья ко́жа ж

Ziegel m ‹-s, -› (Backstein) кирпи́ч м; (Dach~) черепи́ца ж; **Ziegelei** f кирпи́чный заво́д м

Ziegenkäse m ко́зий сыр м

ziehen ‹zog, gezogen› **I.** vt 1 (bewegen) тяну́ть несов, тащи́ть несов; (Hut) снима́ть ‹снять›; FIG ◇ ein Gesicht ~ состро́ить ки́слую физионо́мию 2 (Linie) про‹води́ть ‹вести́›; (Graben) про‹ка́пывать ‹-копа́ть› 3 (Pistole, Messer) выта́скивать ‹-влечь› 4 (Nutzen, Lehre) извлека́ть ‹-влечь› 5 ◇ jd-n zur Verantwortung ~ привлека́ть кого́-л к отве́тственности 6 (Blumen) выра́щивать ‹вы́растить›; (formen, Kerzen) лить несов 7 (erregen) ◇ Blicke auf sich ~ привлека́ть ‹-влечь› на себя́ чьи-л взгля́ды; ◇ jd-s Zorn auf sich ~ навле́чь на себя́ чей-л гнев **II.** vi 1 (Rauch, Wolke) плыть несов, тяну́ться несов 2 (Tee) наста́иваться ‹-тоя́ться›; FAM FIG (Ausrede) име́ть успе́х 3 (an Ohr, Haar) дёргать несов; (an der Leine) ‹по-›тяну́ть 4 unpers ◇ es zieht сквози́т, ду́ет **III.** vr ◇ sich ~ 1 (räumlich) (Gummi) растя́гиваться несов; (Grenze) тяну́ться несов 2 (zeitlich) (Gespräch, Film) тяну́ться несов; **Ziehharmonika** f гармо́нь ж; **Ziehung** f (Los~) ро́зыгрыш м

Ziel n ‹-[e]s, -e› 1 (von Reise) цель ж; (Endpunkt) ме́сто с назначе́ния; FIG ◇ zu keinem ~ führen ни к чему́ не приводи́ть 2 (von Wünschen, Ambitionen) (Absicht) стремле́ние с 3 SPORT (von Lauf) фи́ниш м; (~linie) фи́нишная черта́ ж; (beim Schießen, Hase) цель ж; (~scheibe) мише́нь ж; MIL цель ж; **zielbewusst** adj (entschlossen) целеустремлённый; **zielen** vi (an-visieren) (zielgerichtet sein) ‹при-›це́литься; FIG (anspielen auf) намека́ть ‹-ну́ть› (auf akk на); **Zielfernrohr** n опти́ческий прице́л м; **Zielgruppe** f (bei Werbung) тип м люде́й; **Ziellinie** f SPORT фи́нишная черта́ ж; **ziellos** adj бесце́льный; **Zielscheibe** f мише́нь ж; **zielsicher** adj ме́ткий; **zielstrebig** adj целеустремлённый

ziemlich **I.** adj FAM изря́дный, поря́дочный; ◇ e-e ~e Frechheit изря́дная на́глость **II.** adv (recht) дово́льно, относи́тельно; ◇ ~ früh дово́льно ра́но

Zierde f ‹-, -n› украше́ние с; **zieren** vr ◇ sich ~ церемо́ниться несов, лома́ться несов; **Zierleiste** f декорати́вная пла́нка ж; **zierlich** adj то́нкий, изя́щный; (anmutig) грацио́зный; **Zierlichkeit** f изя́щность ж; (Anmut) гра́ция ж; **Zierstrauch** m декорати́вный куст м

Ziffer f ‹-, -n› ци́фра ж; **Zifferblatt** n (von Uhr) цифербла́т м

zig nr FAM (unzählige) ◇ ~ Möbel waren ausgestellt бы́ло вы́ставлено мно́го ме́бели

Zigarette f сигаре́та ж; **Zigarettenautomat** m автома́т м по прода́же сигаре́т; **Zigarettenpapier** n папиро́сная бума́га ж; **Zigarettenpause** f переку́р м; **Zigarettenschachtel** f сигаре́тная коро́бка ж; **Zigarettenstummel** m оку́рок м; **Zigarillo** n o. m ‹- s, -s› сигари́лла ж; **Zigarre** f ‹-, -n› сига́ра ж

Zigeuner(in f) m ‹-s, -› цыга́н(ка ж) м

zigfach, zigmal adv ◇ ich habe es dir ~ gesagt! я тебе́ э́то уже́ сто раз говори́л!

Zikade f цика́да ж

Zimmer n ‹-s, -› ко́мната ж; ◇ e-e 3-~~ Wohnung трёхко́мнатная кварти́ра; **Zimmerdecke** f потоло́к м; **Zimmerlautstärke** f ◇ auf ~ stellen включи́ть на уме́ренной гро́мкости; **Zimmermann** m ‹-s, -männer o. -leute› пло́тник м; **zimmern** vt пло́тничать несов; **Zimmerpflanze** f ко́мнатное расте́ние с; **Zimmertemperatur** f ко́мнатная температу́ра ж

zimperlich adj (überempfindlich) чрезме́рно чувстви́тельный; (prüde) жема́нный

Zimt m <-[e]s, -e> кори́ца ж; **Zimtstange** f па́лочка ж кори́цы

Zink n <-[e]s> CHEM (Metall) цинк м

Zinke f <-, -n> (Gabel~, Kamm~) зубе́ц м

zinken vt (Karten) <по->ме́тить кра́пом

Zinken m <-, -> FAM больш́ой нос м

Zinksalbe f ци́нковая мазь ж

Zinn n <-[e]s> CHEM о́лово с

Zinnsoldat m оловя́нный солда́тик м;

Zinnteller m оловя́нная таре́лка ж

Zins m <-es, -en> (Geldertrag) проце́нт м;

Zinsabzug m удержа́ние с проце́нтов;

Zinseszins m сло́жные проце́нты mn;

zinslos adj (Darlehen) беспроце́нтный;

Zinssatz m у́ровень м проце́нта

Zionismus m сиони́зм м

Zipfel m <-s, -> (spitzer) коне́ц м, уголо́к м; ко́нчик м, кра́ешек м; (Rock~) подо́л м; (von Mütze) ки́сточка ж; **Zipfelmütze** f ша́почка ж с ки́сточкой

zirka, circa adv (ungefähr) приблизи́тельно, о́коло, приме́рно

Zirkel m <-s, -> 1 (Lese~) кружо́к м 2 MATH (Gerät) ци́ркуль м; **Zirkelkasten** m готова́льня ж

Zirkulation f циркуля́ция ж; **zirkulieren** vi (Blut) циркули́ровать несов

Zirkus m <-, -se> цирк м; **Zirkuszelt** n цирково́й шатёр м

zirpen vi (Grille) стрекота́ть несов

Zirrhose f <-, -n> MED (Leber~) цирро́з м

zischen vi (Schlange) <про->шипе́ть; (heißes Fett) потре́скивать несов

Zitadelle f цитаде́ль ж

Zitat n цита́та ж

Zither f <-, -n> MUS ци́тра ж

zitieren vt (Person, Vers) цити́ровать несов; JURA (vorladen) ◇ **jd-n vor Gericht ~** вызыва́ть <вы́звать> кого́-л в суд

Zitrone f <-, -n> лимо́н м; ◇ **jd-n wie e-e ~ auspressen [ausquetschen]** выжима́ть из кого́-л после́дние со́ки; **Zitronenfalter** m ZOOL круши́нница ж; **Zitronensaft** m лимо́нный сок м; **Zitrusfrucht** f ци́трусовый плод м

zitt[e]rig adj (Hand, Schrift) дрожа́щий;

zittern vi (Blätter) дрожа́ть несов; (Wände) трясти́сь несов; (vor Kälte) дрожа́ть

Zitze f <-, -n> (bei Tieren) сосо́к м

zivil adj 1 (bürgerlich) гражда́нский, 2 (Preis) уме́ренный; **Zivil** n <-s> (~kleidung) гражда́нская [шта́тская] оде́жда ж; ◇ **in ~ sein** быть в гражда́нском; **Zivilbevölkerung** f гражда́нское населе́ние с; **Zivilcourage** f гражда́нское му́жество с; **Zivildienst** m альтернати́вная слу́жба ж

Zivilisation f цивилиза́ция ж; **Zivilisationskrankheit** f боле́знь ж цивилиза́ции; **zivilisieren** vt цивилизова́ть несов и сов; **zivilisiert** adj (Benehmen) ци-

вилизо́ванный; **Zivilist(in** f) m гражда́нский (-ая ж) м

 Zivildienst

Конституция Германии предусматривает для молодых людей, отказывающихся по разным причинам от службы в армии, альтернативную гражданскую службу. В этом случае они работают в социальных учреждениях: в домах инвалидов и престарелых, в больницах, в пунктах социальной помощи. Их служба длится 11 месяцев, т.е. на один месяц дольше чем служба в армии, а с 2002 г. срок службы в обоих случаях будет ещё на месяц короче. Около 40% молодых людей в Германии выбирают Zivildienst.

Zivilprozess m JURA гражда́нский проце́сс м; **Zivilrecht** n JURA гражда́нское пра́во с

Zobel m <-s, -> ZOOL со́боль м; (Pelzmantel) собо́лья шу́ба ж

zocken vi FAM (Karten spielen) игра́ть в ка́рты; **Zocker(in** f) m <-s, -> FAM картёжник м, картёжница ж

Zoff m <-s> FAM (Ärger) ссо́ра ж, перебра́нка ж

zog impf v. **ziehen**

zögerlich adj медли́тельный; **zögern** vi ме́длить несов, ме́шкать несов

Zölibat n o. m <-[e]s> целиба́т м

Zoll[1] m <-[e]s, Zölle> (Ausfuhr~) по́шлина ж; (~amt) тамо́жня ж

Zoll[2] m <-s, -> (altes Längenmaß) дюйм м

Zollabfertigung f таможенное оформле́ние с; **Zollamt** n тамо́жня ж; **Zollbeamte(r)** fm, **Zollbeamtin** f тамо́женник м; **Zollerklärung** f тамо́женная деклара́ция ж; **Zollfahndung** f борьба́ ж с контраба́ндой; **zollfrei** adj беспо́шлинный; **Zollgrenze** f тамо́женная грани́ца ж; **zollpflichtig** adj облага́емый тамо́женной по́шлиной

Zollstock m складно́й метр м

Zombie m <-s, -s> FIG зо́мби м

Zone f <-, -n> (Gebiet) зо́на ж

Zoo m <-s, -s> зоопа́рк м; **Zoologe** m <-n, -n> зоо́лог м; **Zoologie** f зооло́гия ж; **Zoologin** f же́нщина-зоо́лог ж; **zoologisch** adj зоологи́ческий

Zoom m <-s, -s> FOTO объекти́в м с переме́нным фо́кусным расстоя́нием

Zopf m <-[e]s, Zöpfe> (Haar~) коса́ ж; (Strickmuster) коса́ ж; (Kuchen, Hefe~) ха́ла ж, плетёнка ж

Zorn m <-[e]s> гнев м, я́рость ж; **zornig** adj (wütend) гне́вный, разъярённый; (böse) озло́бленный

Zote *f* ‹-, -n› (*unanständige Rede, Witz*) скабрёзность *ж*, са́льность *ж*
zottig *adj* (*Fell*) косма́тый, лохма́тый
zu *präp dat* **1** (*bei Orts- und Zeitangabe*) ◇ **wir gehen ~ dir** пойдём к тебе́; ◇ **~ meiner Zeit** в моё вре́мя; ◇ **~m Friseur gehen** пойти́ в парикма́херскую; ◇ **~ Weihnachten** на Рождество́; ◇ **~ gleicher Zeit** в то же вре́мя **2** (*Ziel, Anlass*) для чего́-л; ◇ **~ diesem Zweck** для э́той це́ли; ◇ **~ deinem Besten** на твоё бла́го **3** (*Mittel, Art und Weise*) на чём-л; ◇ **~ Fuß** пешко́м; ◇ **~ Schiff** на корабле́ **4** (*Zahlen- und Verhältnisangaben*) к чему́-л; ◇ **zwei ~ eins** два к одному́ **5** (*hinzufügend*) ◇ **Kekse ~ Tee und Kaffee** пече́нье к ча́ю и ко́фе; ◇ **allem anderen** ко всему́ про́чему **II.** *cj* **1** (*mit Infinitiv, zum Ausdruck einer Notwendigkeit, einer Möglichkeit oder eines Zweckes*) ◇ **ohne etw ~ sagen** ничего́ не говоря́ **2** (*mit Partizip Präsens*) ◇ **der ~ erwartende Erfolg** ожида́емый успе́х **III.** *adv* **1** (*Übermaß*) ◇ **~ sehr** сли́шком (си́льно); ◇ **~ schön** сли́шком хорошо́ **2** *FAM* (*geschlossen sein*) закры́тый; ◇ **Tür ~!** закро́й дверь!; (*beeil dich*) ◇ **mach ~!** дава́й!
zuallererst *adv* пре́жде всего́; **zuallerletzt** *adv* в са́мую после́днюю о́чередь
zubauen *vt* (*Baulücke*) за|стра́ивать ‹-стро́ить›; (*Sicht*) заго|ра́живать ‹-роди́ть›
Zubehör *n* ‹-[e]s, -e› принадле́жности *ж мн*
zubeißen *unreg* **I.** *vi* (*Mensch*) сж|им́ать зу́бы; (*Hund, Tier*) куса́ться ‹укуси́ть›
zubereiten *vt* (*Essen*) гото́вить *несов*, приго|товля́ть ‹-то́вить›
zubilligen *vt* (*einräumen*) предо|ставля́ть ‹-ста́вить›; ◇ **jd-m einen Zuschuss ~** предоста́вить кому́-л безвозвра́тную ссу́ду
zubinden *unreg vt* (*Augen*) завя́з|ывать ‹-за́ть›; (*Schuhe*) ‹за-›шнурова́ть
zubleiben *unreg vi FAM* (*Geschäft*) оста|ва́ться закры́тым
zubringen *unreg vt* (*Ferien*) про|води́ть ‹-вести́›
Zubringer *m* ‹-s, -› TECH подаю́щий меха́низм *м*; **Zubringerstraße** *f* подъездна́я доро́га *ж*
Zucchini *f pl* кабачо́к *м*
Zucht *f* ‹-, -en› **1** (*von Pflanzen*) выра́щивание *с*, культива́ция *ж*; (*von Tieren*) разведе́ние *с* **2** (*Produkt*) культу́ра *ж*
Zucht *f* ‹-› (*Disziplin*) дисципли́на *ж*
züchten *vt* (*Tiere, Bienen*) раз|води́ть ‹-вести́›; (*Bakterien, Zellen*) выра́щивать *несов*; (*Pflanzen*) выра́щивать ‹вы́растить›; **Züchter(in** *f*) *m* ‹-s, -› (*Vieh~*) животново́д *м*; (*Bienen~*) пчелово́д *м*; (*Pflanzen~*) растениево́д *м*; **züchtigen**

vt нака́зывать ‹-за́ть›; **Züchtigung** *f* (*телесное*) наказа́ние *с*, ка́ра *ж*
zucken I. *vi* (*plötzliche Bewegung*) взд|ра́гивать ‹-дро́гнуть›; (*nervös*) страда́ть не́рвными су́дорогами **II.** *vt* ◇ **mit den Schultern ~** пож|има́ть плеча́ми
zücken *vt* (*hervorziehen, Schwert*) обна|жа́ть ‹-жи́ть›; (*Geldbeutel*) изв|лека́ть ‹-вле́чь›
Zucker *m* ‹-s, -› са́хар *м*; MED (*~krankheit*) са́харный диабе́т *м*; **Zuckerdose** *f* са́харница *ж*; **Zuckerguss** *m* са́харная глазу́рь *ж*; **zuckerkrank** *adj* страда́ющий са́харным диабе́том; **Zuckerkrankheit** *f* MED са́харный диабе́т *м*; **zuckern** *vt* по|сыпа́ть ‹-сы́пать› са́харом; **Zuckerrohr** *n* са́харный тростни́к *м*; **Zuckerrübe** *f* са́харная свёкла *ж*; **Zuckerwatte** *f* (*auf Jahrmarkt*) са́харная ва́та *ж*
Zuckung *f* (*nervös*) вздра́гивание *с*; (*Muskel~*) су́дорога *ж*, конву́льсия *ж*
zudecken *vt* накры|ва́ть
zudem *adv* к тому́ же, кро́ме того́
zudrehen *vt* (*Wasserhahn*) закры|ва́ть; ◇ **jd-m den Rücken ~** поверну́ться спино́й к кому́-л
zudringlich *adj* назо́йливый, навя́зчивый
zudrücken *vt* заж|има́ть; FIG (*gnädig sein*) ◇ **ein Auge ~** смотре́ть сквозь па́льцы на кого́-л
zueinander *adv* друг к дру́гу
zuerkennen *unreg vt* (*gerichtlich*) призна|ва́ть что-л за ке́м-л; (*Preis*) прису|жда́ть ‹-ди́ть›
zuerst *adv* пре́жде всего́; (*zu Anfang*) снача́ла, внача́ле; ◇ **~ einmal** пре́жде всего́
Zufahrt *f* прое́зд *м*, подъе́зд *м*; **Zufahrtsstraße** *f* подъездна́я доро́га *ж*
Zufall *m* случа́йность *ж*, слу́чай *м*; ◇ **durch ~** случа́йно
zufallen *unreg vi* **1** (*Tür*) захло́п|ываться ‹-нуться›; (*Augen*) смыка́ться ‹сомкну́ться›, слипа́ться *несов* **2** FIG (*Anteil, Aufgabe*) выпада́ть ‹вы́пасть› (*jd-m* на кого-что-л)
zufällig I. *adj* (*Ereignis*) случа́йный **II.** *adv* случа́йно; ◇ **wissen Sie ~, ob ...?** Вы, случа́йно, не зна́ете, éсли ...?
zufassen *vi* **1** (*Mensch, Hund*) хвата́ть *несов*, схва́тывать ‹-ти́ть› **2** (*ergreifen, bei e-r Gelegenheit*) по́льзоваться *несов* (*случаем*) **3** (*helfen*) по|мога́ть ‹-мо́чь›
zufliegen *unreg vi* **1** (*Tür*) захло́п|ываться ‹-нуться› **2** (*Vogel*) при|лета́ть ‹-те́ть› к кому́-л; ◇ **jd-m fliegt alles zu** кому́-л всё даётся без труда́
Zuflucht *f* **1** (*Rettung, Schutz*) прибе́жище *с*; ◇ **bei jd-m ~ suchen** прибе́гнуть к чьей-л по́мощи **2** (*Ort*) убе́жище *с*, прию́т *м*
Zufluss *m* **1** (*das Zufließen*) прито́к *м*,

прили́в *m;* COMM прили́в *m* **2** GEO прито́к *m*

zuflüstern *vt* ◇ jd-m etw *akk* ~ ⟨про-⟩ шепта́ть кому́-л что-л

zufolge *präp dat o. gen* по чему́-л; (*gemäß*) согла́сно чему́-л

zufrieden *adj* дово́льный; ◇ **er ist mit seiner Aufgabe** ~ он дово́лен свое́й зада́чей; **zufrieden geben** *unreg vr* ◇ **sich** ~ дово́льствоваться (*mit dat* чем-л); **Zufriedenheit** *f* удовлетворе́ние *c,* удовлетворённость *ж;* **zufrieden lassen** *unreg vt* оставля́ть ⟨-ста́вить⟩ в поко́е; **zufrieden stellen** *vt* удовлетворя́ть ⟨-ри́ть⟩

zufrieren *unreg vi* замерза́ть ⟨-мёрзнуть⟩

zufügen *vt* (*Leid*) причиня́ть ⟨-ни́ть⟩; ◇ **jd-m Schaden** ~ наноси́ть кому́-л ущерб

Zufuhr *f* ⟨-⟩ (*Nachschub: von Ware*) доста́вка *ж,* подво́з *m;* **zuführen** I. *vt* **1** (*zuleiten, transportieren*) привози́ть ⟨-везти́⟩ **2** (*Es-sen, e-m Patienten*) ◇ **jd-m etw** ~ вводи́ть кому́-л что-л; (*Benzin, dem Motor*) подава́ть II. *vi* (*Straße*) вести́; ◇ **auf etw** *akk* ~ вести́ к чему́-л

Zug¹ *m* ⟨-[e]s, Züge⟩ **1** BAHN по́езд *m* **2** (*das Umherziehen*) похо́д *m;* (*von Menschengruppe*) коло́нна *ж;* (*Fest~*) ше́ствие *c,* проце́ссия *ж;* FAM (*Kneipenbummel*) ◇ ~ **durch die Gemeinde** (ночно́й) похо́д по ба́рам; (*von Vögeln*) перелёт *m,* ста́я *ж,* верени́ца *ж;* MIL (*von Soldaten*) взвод *m;* (*von Fahrzeugen*) коло́нна *ж* **3** (*beim Brettspiel*) ход *m;* ◇ **du bist am** ~ твой ход; FIG (*handeln können*) ◇ **zum** ~**e kommen** быть по о́череди **4** (*Atem~*) вдох *m;* (*Schluck*) глото́к *m;* (*Zigaretten~*) затя́жка *ж* **5** (*Luft~*) сквозня́к *m;* (*von Luft durch Kamin*) тя́га *ж* ◇ **in e-m** ~ в оди́н приём, ра́зом; FIG (*etw in vollen Zügen genießen*) наслажда́ться чем-л в по́лной ме́ре **6** (*Gesichts~*) черта́ *ж;* (*Wesens~*) [характе́рная] черта́

Zug² *m* ⟨-[e]s⟩ **1** (*Vorrichtung, Klingel~ etc.*) верёвка *ж,* шнур *m* **2** (*Rahmen*) ◇ **im** ~**e dieser Maßnahmen** в хо́де э́того мероприя́тия

Zugabe *f* прида́ча *ж;* (*im Konzert*) исполне́ние *c* на бис; ◇ ~! бис!

Zugang *m* (*Zutritt*) до́ступ *m;* (*Eingang*) вход *m;* **zugänglich** *adj* (*Ort, Region*) досту́пный; (*Mensch*) общи́тельный, досту́пный

Zugabteil *n* купе́ *c;* **Zugbrücke** *f* подъёмный мост *m*

zugeben *unreg vt* **1** (*beifügen*) добавля́ть ⟨-ба́вить⟩ **2** FIG (*Tat, Fehler*) признава́ть

zugehen *unreg* I. *vi* **1** (*Information, Brief*) приходи́ть ⟨-йти́⟩ **2** (*in Richtung auf*) подходи́ть ⟨-ойти́⟩; (*sich nähern*) прил-

ближа́ться ⟨-бли́зиться⟩; ◇ **auf jdn/etw** ~ подойти́ к кому́/чему́-л **3** FAM (*schließen, Tür*) закрыва́ться **4** (*geschehen*) происходи́ть; ◇ **hier geht es nicht mit rechten Dingen zu** здесь что́-то не чи́сто

Zugehörigkeit *f* принадле́жность *ж;* **Zugehörigkeitsgefühl** *n* чу́вство *c* принадле́жности

zugeknöpft *adj* FAM (*wortkarg*) за́мкнутый, неразгово́рчивый; (*geizig*) скупо́й

Zügel *m* ⟨-s, -⟩ узда́ *ж;* FIG (*Leitung*) ◇ **sie hat die** ~ **in der Hand** она́ де́ржит бразды́ правле́ния в свои́х рука́х

zugelassen *adj* допу́щенный

zügellos *adj* FIG (*unbeherrscht*) безу́держный, необу́зданный, разну́зданный; (*Fantasie*) бу́рный; **zügeln** I. *vt* (*Pferd*) обу́здывать ⟨-да́ть⟩; (*Appetit*) сде́рживать ⟨-жа́ть⟩ II. *vr* FIG (*sich beherrschen*) ◇ **sich** ~ сде́рживаться ⟨-жа́ться⟩

Zugeständnis *n* усту́пка *ж;* **zugestehen** *unreg vt* признава́ться в чём-л; (*Rechte*) признава́ть (*jd-m* за кем-л)

Zugführer *m* BAHN нача́льник *m* по́езда; MIL команди́р *m* взво́да

zügig *adj* бы́стрый, без заде́ржек

zugleich *adv* (*gleichzeitig*) одновреме́нно; (*sofort*) сра́зу

Zugluft *f* сквозня́к *m;* **Zugmaschine** *f* тяга́ч *m;* **Zugnummer** *f* **1** BAHN но́мер *m* по́езда **2** FIG (*Attraktion*) сенсацио́нный но́мер; **Zugpersonal** *n* ⟨-s⟩ BAHN поездна́я брига́да *ж*

zugreifen *unreg vi* **1** (*greifen*) схва́тывать ⟨-ти́ть⟩; (*beim Essen*) брать ⟨взять⟩, угоща́ться *несов* **2** (*bei e-r Gelegenheit*) воспо́льзоваться *сов* (*случаем*) **3** (*helfen*) помога́ть ⟨-мо́чь⟩; **Zugriff** *m* ⟨-s⟩ схва́тывание *c,* захва́т *m;* ◇ **sich dem** ~ **der Behörden entziehen** скры́ться от власте́й

zugrunde *adv* (*vernichtet werden*) ◇ ~ **gehen** ⟨по-⟩ги́бнуть; ◇ ~ **richten** ⟨по-⟩губи́ть; ◇ **e-r Sache** *dat* **etw** ~ **legen** положи́ть что-л в осно́ву чего́-л

zugunsten *präp gen* в по́льзу; FAM ◇ **von** в по́льзу кого́-чего́-л

zugute *adv* ◇ **jd-m etw** ~ **halten** уче́сть что-л в чье́-л оправда́ние; (*helfen, nützen*) ◇ **jd-m** ~ **kommen** идти́ на по́льзу кому́-л

Zugverbindung *f* железнодоро́жное сообще́ние *c;* **Zugvogel** *m* перелётная пти́ца *ж;* **Zugzwang** *m* FIG (*reagieren müssen*) ◇ **unter** ~ **stehen** быть вы́нужденным де́йствовать

zuhalten *unreg* I. *vt* (*Nase, Mund*) зажима́ть ⟨-жа́ть⟩; (*Tür*) держа́ть закры́тым II. *vi* (*ansteuern*) ◇ **auf jd-n/etw** ~ направля́ться ⟨-пра́виться⟩ к кому́/чему́-л

Zuhälter *m* ⟨-s, -⟩ сутенёр *m*

zuhauen *unreg vi* (*schlagen*) ударя́ть ⟨уда́рить⟩, наноси́ть ⟨-нести́⟩ уда́ры

Zuhause *n* дом *м*, свой у́гол *м*

zuheilen *vi* (*Wunde*) зажи⟨ва́⟩ть

Zuhilfenahme *f* ◇ **unter ~ von** [*o. gen*] с по́мощью [при по́мощи] чего́-л

zuhören *vi* (*aufmerksam*) по⟩слу́шать;

Zuhörer(in *f*) *m* слу́шатель(ница *ж*) *м*;

Zuhörerschaft *f* слу́шатели *м мн*, аудито́рия *ж*

zujubeln *vi* устра́ивать ⟨-стро́ить⟩ ова́ции (*jd-m* кому́-л)

zuklappen *vt* захло́п⟨ывать⟩ ⟨-нуть⟩

zukleben *vt* (*Brief*) закле́и⟨ва⟩ть

zuknöpfen *vt* засте́гивать ⟨-тегну́ть⟩

zukommen *unreg vi* ① (*zustehen*) причита́ться *несов*, быть поло́женным; (*kein Recht auf*) ◇ **das kommt ihm nicht zu** э́то ему́ не поло́жено ② (*herankommen*) ◇ **auf jd-n/etw ~** подходи́ть к кому́/чему́-л ③ (*schenken*) ◇ **jd-m etw ~ lassen** да⟨ва́⟩ть кому́-л что-л; *FIG* (*abwarten*) ◇ **etw auf sich ~ lassen** ждать приближе́ния чего́-л

Zukunft *f* ⟨-⟩ бу́дущее *с*; **zukünftig I.** *adj* бу́дущий **II.** *adv* в бу́дущем; **Zukunftsaussichten** *f pl* ви́ды *м мн* на бу́дущее, перспекти́вы *ж мн*; **Zukunftsmusik** *f FAM* де́ло *с* далёкого бу́дущего

Zulage *f* (*Lohn~, Gehalts~*) надба́вка *ж*

zulassen *unreg vt* ① (*erlauben*) допуска́ть ⟨-ти́ть⟩ ② (*Auto*) по⟩ста́вить на учёт; (*zum Studium*) прини⟨ма́ть ⟨-я́ть⟩ ③ *FAM* (*Tür*) о|ставля́ть ⟨-ста́вить⟩ закры́тым

zulässig *adj* (*erlaubt*) допусти́мый;

Zulässigkeit *f* допусти́мость *ж*

Zulassung *f* ① до́пуск *м*; UNI приём *м* ② AUTO учёт *м*, регистра́ция *ж*

zulaufen *unreg vi* ① ◇ **auf jd-n/etw ~** подбега́ть ⟨-жа́ть⟩ к кому́/чему́-л; (*Tier*) ◇ **jd-m ~** приста⟨ва́⟩ть к кому́-л ② ◇ **spitz ~** заостря́ться ⟨-ри́ться⟩

zulegen I. *vt* (*hinzufügen*) до|бавля́ть ⟨-ба́вить⟩; (*Tempo*) у|скоря́ть ⟨-ско́-рить⟩; *FAM* (*kaufen*) ◇ **sich** *dat* **etw ~** обзавести́сь чем-л **II.** *vi FAM* (*zunehmen*) по⟩толсте́ть

zuleide *adv* ◇ **jd-m etw ~ tun** обижа́ть кого́-л

zuletzt *adv* (*an letzter Stelle*) в после́днюю о́чередь; (*schließlich*) под коне́ц

zuliebe *adv* ◇ **jd-m ~** ра́ди кого́-л

zum *präp s.* **zu dem**; ◇ **~ dritten Mal** в тре́тий раз; ◇ **~ Spaß** в шу́тку, для поте́хи

zumachen I. *vt FAM* закры́⟨ва́⟩ть **II.** *vi FAM* (*beeil dich*) ◇ **mach zu!** поторопи́сь!

zumal *cj* (*besonders weil*) тем бо́лее, что

zumauern *vt* замуро́|вывать ⟨-ва́ть⟩

zumindest *adv* по ме́ньшей ме́ре

zumutbar *adj* допусти́мый, приёмлемый

zumute *adv* ◇ **mir ist so komisch ~** мне о́чень не по себе́

zumuten *vt* (*verlangen*) ◇ **jd-m etw ~** тре́бовать *несов*, ожида́ть чего́-л от кого́-л; **Zumutung** *f* чрезме́рное тре́бование *с*; *PEJ* ◇ **das ist e-e ~** э́то уж сли́шком

zunächst *adv* снача́ла, пре́жде всего́; ◇ **~ einmal** снача́ла

zunageln *vt* заби⟨ва́⟩ть

Zunahme *f* ⟨-, -n⟩ (*Vergrößerung*) увеличе́ние *с*; (*Erhöhung, Anhebung*) повыше́ние *с*; (*Anwachsen*) рост *м*; (*Gewichts~*) приро́ст *м*

Zuname *m* фами́лия *ж*

zünden *vi* (*Lunte*) заго|ра́ться ⟨-ре́ться⟩; (*Motor*) заводи́ться ⟨-вести́сь⟩; *FAM* (*begreifen*) ◇ **jetzt hat's bei ihm gezündet** тепе́рь до него́ дошло́; **zündend** *adj* (*Rede*) пла́менный; **Zünder** *m* ⟨-, -⟩ (*Sprengstoff~*) взрыва́тель *м*; **Zündholz** *n* спи́чка *ж*; **Zündkerze** *f* AUTO свеча́ *ж* зажига́ния; **Zündschlüssel** *m* ключ *м* зажига́ния; **Zündschnur** *f* запа́льный [бикфо́рдов] шнур *м*; **Zündstoff** *m FIG* (*Anlass zum Streit*) причи́на *ж* конфли́кта; **Zündung** *f* зажига́ние *с*

zunehmen *unreg vi* (*vergrößern*) увели́чи⟨ва⟩ться; (*an Gewicht*) по|правля́ться ⟨-пра́виться⟩, прибавля́ть ⟨-ба́вить⟩ в ве́се; **zunehmend** *adj* (*Mond*) увели́чивающийся

Zuneigung *f* расположе́ние *с*, скло́нность *ж*, симпа́тия *ж*

Zunft *f* ⟨-, Zünfte⟩ цех *м*; **zünftig** *adj* иску́сный; (*Handwerk*) цехово́й; *FAM* (*ordentlich*) поря́дочный

Zunge *f* ⟨-, -n⟩ язы́к *м*; ◇ **e-e böse/spitze ~ haben** име́ть злой/о́стрый язы́к; ◇ **das Wort liegt mir auf der ~** э́то сло́во ве́ртится у меня́ на языке́

züngeln *vi* (*Schlange*) шевели́ть языко́м; *FIG* (*Flamme*) колеба́ться *несов*

zunichte *adv* ◇ **~ machen** раз|руша́ть ⟨-ру́шить⟩

zunicken *vi* (*grüßen*) кива́|ть ⟨-ну́ть⟩ (голово́й) (*jd-m* кому́-л)

zunutze *adv* ◇ **sich** *dat* **etw ~ machen** извлека́ть по́льзу из чего́-л

zuoberst *adv* (*ganz oben*) на са́мом верху́

zuordnen *vt* (*in Beziehung setzen*) от|носи́ть ⟨-нести́⟩ (*e-r Sache dat* к чему́-л)

zupacken *vi* ① (*zugreifen*) хвата́ть ⟨схвати́ть⟩; (*zufassen, Hund*) куса́ть ⟨укуси́ть⟩; *FAM* (*kräftig helfen*) по|мога́ть ⟨-мо́чь⟩

zupfen *vt* (*Unkraut*) выдёргивать ⟨вы́дернуть⟩; (*Gitarre*) перебира́ть ⟨стру́ны⟩; (*mit Pinzette*) выщи́пывать *несов*

zur = zu der

zuraten *unreg vi* ⟨по-⟩сове́товать (*jd-m* кому́-л)

zurechnungsfähig *adj* вменя́емый;

Zurechnungsfähigkeit *f* вменя́емость *ж*
zurechtfinden *unreg vr* ◇ sich ~ ⟨с-⟩ориенти́роваться; **zurechtkommen** *unreg vi (mit e-r Sache)* справля́ться ⟨спра́виться⟩ *(mit с чем-л)*; **zurechtlegen** *vt (vorbereiten)* пригото́вливать ⟨-то́вить⟩; FIG *(Ausrede, Argumente)* (зара́нее) приду́м⟨ыв⟩ать; **zurechtmachen** I. *vt (vorbereiten)* пригото́вливать ⟨-то́вить⟩ II. *vr (zum Ausgehen)* ◇ sich ~ приводи́ть ⟨-вести́⟩ себя́ в поря́док, прихора́шиваться *несов*; **zurechtweisen** *unreg vt* одёргивать ⟨-нуть⟩, ⟨с-⟩де́лать замеча́ние; **Zurechtweisung** *f* замеча́ние *с*, вы́говор *м*
zureden *vi* угова́ривать *несов*, убежда́ть *несов (j-m* кого́-л)
zureiten *unreg* I. *vt (Pferd)* объезжа́ть ⟨-дить⟩ II. *vi* подъезжа́ть ⟨-ехать⟩ верхо́м *(auf akk* к кому́-чему́-л)
zurichten *vt* FAM *(beschädigen)* повреждать ⟨-дить⟩
zurück *adv* наза́д, обра́тно; ◇ **an Absender** наза́д отправи́телю; ◇ **ich möchte nach Wladiwostok** ~ я хочу́ наза́д во Владивосто́к
zurückbehalten *unreg vt* оставля́ть ⟨-ста́вить⟩; *(Schäden)* повле́чь за собо́й
zurückbekommen *unreg vt* получа́ть ⟨-чи́ть⟩ наза́д; FAM *(mit Rache)* ◇ **das wirst du** ~! ты ещё полу́чишь сда́чи
zurückbilden *vr (Geschwür)* ◇ sich ~ уменьша́ться ⟨уме́ньшиться⟩
zurückbleiben *unreg vi* ① *(hinter Sperre)* оста⟨ва́⟩ться позади́; *a.* FIG *(geistig)* отста⟨ва́⟩ть ② *(Schaden)* оста⟨ва́⟩ться
zurückbringen *unreg vt* приноси́ть ⟨-нести́⟩ наза́д
zurückdenken *unreg vi* вспомина́ть ⟨-по́мнить⟩ о ком-чём-л
zurückdrängen *vt (Gefühle)* подавля́ть ⟨-ви́ть⟩; *(Feind, Leute)* оттесня́ть ⟨-ни́ть⟩
zurückdrehen *vt (Uhr)* переводи́ть ⟨-вести́⟩ наза́д
zurückerobern *vt* отвоёвывать ⟨-ева́ть⟩
zurückfahren *unreg* I. *vi* ⟨по-⟩éхать наза́д II. *vt (mit Auto)* отвози́ть ⟨-везти́⟩ наза́д
zurückfallen *unreg vi (nach hinten)* па́дать ⟨упа́сть⟩ наза́д; *(mit Leistung)* отста⟨ва́⟩ть; ◇ **in alte Fehler** ~ повторя́ть ⟨-ри́ть⟩ ста́рые оши́бки
zurückfinden *unreg vi a.* FIG находи́ть ⟨-йти́⟩ доро́гу наза́д
zurückfordern *vt* ⟨по-⟩тре́бовать наза́д
zurückführen *vt* отводи́ть ⟨-вести́⟩ наза́д; FIG ◇ **etw auf etw** *akk* ~ объясня́ть что-л чем-л
zurückgeben *unreg vt* возвраща́ть ⟨-ти́ть⟩
zurückgehen *unreg vi* ① *(laufen)* возвраща́ться ⟨-ти́ться⟩ ② *(Preise)* сни-

жа́ться ⟨сни́зиться⟩ ③ *(Ursprung haben)* восходи́ть *несов (auf akk* к чему́-л)
zurückgezogen *adj* уединённый
zurückgreifen *unreg vi (auf Vorrat, Hilfe)* прибега́ть ⟨-бе́гнуть⟩ *(auf akk* к чему́-л)
zurückhalten *unreg* I. *vt* ① *(jd-n aufhalten)* заде́рживать ⟨-жа́ть⟩ ② *(bewahren vor)* предохраня́ть ⟨-ни́ть⟩ ③ *(hindern)* уде́рживать ⟨-жа́ть⟩ кого́-л от чего́-л ③ *(Zorn, Tränen)* сде́рживать ⟨-жа́ть⟩ II. *vr (sich beherrschen)* ◇ sich ~ сде́рживаться ⟨-жа́ться⟩; **zurückhaltend** *adj (abwartend)* сде́ржанный, скро́мный; *(schweigsam)* молчали́вый; **Zurückhaltung** *f* ⟨-⟩ сде́ржанность *ж*, скро́мность *ж*
zurückkehren *vi* возвраща́ться ⟨-ти́ться⟩, верну́ться *сов* наза́д
zurückkommen *unreg vi* возвраща́ться ⟨-ти́ться⟩, верну́ться *сов*; FIG ◇ **auf etw** *akk* ~ верну́ться к чему́-л
zurücklassen *unreg vt* оставля́ть ⟨-ста́вить⟩; *(aufgeben)* покида́ть ⟨-ки́нуть⟩
zurücklegen *vt* ① *(nach hinten legen)* класть ⟨положи́ть⟩ наза́д ② *(Geld)* откла́дывать ⟨-ложи́ть⟩ ③ *(reservieren)* откла́дывать ⟨-ложи́ть⟩ ④ *(Strecke)* проезжа́ть ⟨-éхать⟩
zurückmelden *vr (nach Urlaub)* ◇ sich ~ докла́дывать ⟨-ложи́ть⟩ о своём возвраще́нии
zurücknehmen *unreg vt* ① *(entgegennehmen)* принима́ть ⟨-я́ть⟩ наза́д ② *(widerrufen)* брать ⟨взять⟩ (свои́ слова́) наза́д; JURA отка́зываться ⟨-за́ться⟩
zurückrufen *unreg vt, vi* ① ⟨по-⟩зва́ть наза́д; FAM *(Telefon)* перезва́нивать ⟨-звони́ть⟩ ◇ sich *dat* **etw ins Gedächtnis** ~ восстана́вливать что-л в па́мяти
zurückschalten *vt (Motor, Gang)* переключа́ть ⟨-чи́ть⟩ на ме́ньшую ско́рость
zurückschlagen I. *vt (Ball)* отби⟨ва́⟩ть; *(Feind)* отража́ть ⟨-зи́ть⟩ II. *vi* отвеча́ть ⟨-ве́тить⟩
zurückschrecken *vi* ⟨ис-⟩пуга́ться *(vor dat* чего́-л), ⟨у-⟩страши́ться *(vor dat* чего́-л)
zurücksehnen *vr* ◇ sich ~ тоскова́ть *несов (nach dat* о чём-л)
zurücksetzen *vt (Wagen)* пода⟨ва́⟩ть наза́д
zurückstecken *vt* FIG *(mäßigen, Ansprüche)* ◇ **sie hat ihre Ziele zurückgesteckt** она́ уме́рила за́данную себе́ цель
zurückstellen *vt* ① *(räumlich)* ⟨по-⟩ста́вить наза́д ② *(aufschieben)* откла́дывать ⟨-ложи́ть⟩; *(Interessen, Pläne)* отодвига́ть ⟨-дви́нуть⟩ на за́дний план ③ *(Uhr)* переводи́ть ⟨-вести́⟩ наза́д
zurücktreten *unreg vi* ① *(nach hinten treten)* отступа́ть ⟨-пи́ть⟩ ② *(von Amt)* ухо-

ди́ть ‹уйти́› в отста́вку; ◇ **hinter etw ~** отойти́ на за́дний план по сравне́нию с чем-л

zurückverfolgen vt (Spur) прослё́|живать ‹-ди́ть›

zurückweichen unreg vi отступа́ть ‹-пи́ть›, ‹по-›пя́титься наза́д

zurückweisen unreg vt (ablehnen) отклоня́ть ‹-ни́ть›; (Vorwürfe) отверга́ть ‹-ве́ргнуть›

zurückwerfen unreg vt (Ball) броса́ть ‹бро́сить› наза́д; FIG (zeitlich) от|бра́сывать ‹-бро́сить› наза́д

zurückzahlen vt (Schulden) возвраща́ть ‹-ти́ть›; FAM (sich rächen) отпла́чивать ‹-ти́ть› кому́-л за что-л

zurückziehen unreg **I.** vt (Angebot, Klage) брать ‹взять› обра́тно **II.** vr ◇ **sich ~** удаля́ться ‹-ли́ться›; уедиия́ться ‹-ни́ться›; ◇ **sich zur Beratung ~** удали́ться на совеща́ние

Zuruf m крик m, во́зглас m

zurzeit adv в настоя́щее вре́мя

Zusage f ‹-, -n› согла́сие c, положи́тельный отве́т m; (Versprechen) обеща́ние c; **zusagen I.** vt **1** (versprechen) обеща́ть несов и сов; (ja sagen) соглаша́ться ‹-си́ться› **2** FAM (offen reden) ◇ **jd-m etw auf den Kopf ~** говори́ть кому́-л что-л в глаза́ **II.** vi **1** (Einladung annehmen) прин|има́ть ‹-я́ть› приглаше́ние **2** (gefallen) ‹по-›нра́виться; ◇ **das wird ihr ~** ей э́то понра́вится

zusammen adv вме́сте

Zusammenarbeit f сотру́дничество c; **zusammenarbeiten** vi сотру́дничать несов

zusammenbeißen unreg vt (Zähne) стй́|скивать ‹-нуть›

zusammenbleiben unreg vi оста‹ва́›ться вме́сте

 zusammenfassen

В це́лом э́то был замеча́тельный день.
Es war insgesamt ein sehr schöner Tag.
В конце́ концо́в она́ всё-таки моя́ сестра́!
Schließlich ist sie immer noch meine Schwester!
Коро́че говоря́, мы не мо́жем пое́хать.
Kurz gesagt, wir können nicht fahren.
Всё э́то говори́т о том, что ты оши́бался.
Was nichts anderes heißt, als dass du dich geirrt hast.
Коро́че, она́ реши́ла вме́сто э́того прие́хать на сле́дующей неде́ле.
Um es kurz zu machen, sie hat beschlossen, stattdessen nächste Woche zu kommen.

zusammenbrauen vr ◇ **sich ~** (Gewitter) над|вига́ться ‹-ви́нуться›; FIG (Unheil) ◇ **es braut sich etw zusammen** что-то затева́ется

zusammenbrechen unreg vi (Tisch) разва́ливаться ‹-ли́ться›; FIG (psychisch) слома́ться ‹-ми́ться›; (ohnmächtig werden) па́дать ‹упа́сть› в о́бморок

zusammenbringen unreg vt **1** (Leute) своди́ть ‹свести́› **2** (Geld) наб|ира́ть ‹-ра́ть›

Zusammenbruch m (Bankrott) крах m; (Scheitern) круше́ние c; (Zerfall) распа́д m; (Nerven~) не́рвный срыв m

zusammenfahren unreg vi **1** (erschrecken) вздра́гивать ‹-дро́гнуть› **2** (kollidieren) ста́лкиваться ‹-столкну́ть›

zusammenfallen unreg vi **1** (einstürzen) обру́ши‹ва›ться **2** (zeitlich) совпада́ть ‹-па́сть›

zusammenfalten vt (Brief, Hose) скла́дывать ‹сложи́ть›

zusammenfassen vt (Text) обобща́ть ‹-щи́ть›; **Zusammenfassung** f обобще́ние c

Zusammenfluss m слия́ние c

zusammenfügen vt соединя́ть ‹-ни́ть›

zusammenführen vt (Schicksal) своди́ть ‹свести́›

zusammengehören vi принадлежа́ть к чему́-л; (Paar) принадлежа́ть друг дру́гу

zusammengeraten unreg vi FIG (sich streiten) зате́ивать ‹-я́ть› дра́ку (друг с дру́гом)

zusammengesetzt adj сло́жный, составно́й

zusammenhalten unreg **I.** vi **1** FIG (sich gegenseitig helfen) стоя́ть друг за дру́га **2** (nach Reparatur) держа́ться несов **II.** vt **1** (Geld) не тра́тить **2** (zum Vergleich) при|кла́дывать ‹-ложи́ть› друг к дру́гу

Zusammenhang m ‹-s, -hänge› связь ж, взаимосвя́зь ж, конте́кст m; ◇ **im ~** в связи́; **zusammenhängen** unreg vi FIG (in Beziehung stehen) находи́ться в связи́ с чем-л; **zusammenhang[s]los** adj бессвя́зный, беспоря́дочный

zusammenklappbar adj (Taschenmesser, Liege) складно́й, скла́дывающийся

zusammenkneifen unreg vt (Augen) прищу́ри‹ва›ть; (Mund) сж|има́ть ‹-а́ть› (гу́бы)

zusammenknüllen vt ‹с-›мять

zusammenkommen unreg vi **1** (sich treffen) соб|ира́ться ‹-ра́ться› **2** (sich ereignen) случа́ться ‹-чи́ться› в одно́ вре́мя

zusammenkrampfen vr (Muskeln) ◇ **sich ~** су́дорожно сж‹им›а́ться

Zusammenkunft f ‹-, -künfte› собра́ние c; (Treffen) встре́ча ж; (von Spezialisten) конфере́нция ж

zusammenlegen vt **1** (örtlich) объединя́ть ‹-ни́ть› **2** (zeitlich) (Termine, Fest) про|води́ть ‹-вести́› одновреме́нно ③ *(falten, Wäsche)* скла́дывать ‹сложи́ть› ④ *(Geld)* скла́дываться ‹сложи́ться›

zusammennehmen *unreg* **I.** *vt (Mut, Kraft)* соб‹и›ра́ться с си́лами; ◇ **alles zusammengenommen** подводя́ ито́ги **II.** *vr (sich beherrschen)* ◇ **sich** ~ сде́рживаться ‹-жа́ться›, брать ‹взять› себя́ в ру́ки

zusammenpacken *vt (bei Einkauf)* упако́вывать ‹-ва́ть›

zusammenpassen *vi* под|ходи́ть ‹-ойти́› друг к дру́гу, гармони́ровать *несов*

zusammenrechnen *vt* подсчи́тывать ‹-та́ть›

zusammenschlagen *unreg vt* ① *(Hände)* вс|плёскивать ‹-плесну́ть› (рука́ми); *(Hacken)* щёлк|ать ‹-нуть› (каблуко́м) ② *FAM (verprügeln)* изби́|ва́ть *(jd-n* кого́-л); *FAM (zertrümmern)* разноси́ть ‹-нести́›

zusammenschließen *unreg vr FIG (sich vereinigen)* ◇ **sich** ~ объеди|ня́ться ‹-ни́ться›; **Zusammenschluss** *m* объедине́ние *c*, слия́ние *c*

zusammenschreiben *unreg vt* ① *(Wort)* ‹на-›писа́ть сли́тно ② *(Bericht)* cо|ставля́ть ‹-ста́вить›; *(aus Quellen)* компили́ровать *несов; FIG (flüchtig)* попи́сывать *несов; (schlampig)* мара́ть *несов* (бума́гу)

zusammenschrumpfen *vi* смо́рщи|ва́ться; *FIG (Vorrat)* ‹рас-›та́ять

zusammenschweißen *vt* ① *(Metall)* сва́ривать ‹-ри́ть› ② *FIG (Eheleute)* спла́чивать ‹сплоти́ть›

Zusammensein *n* ‹-s› встре́ча *ж; (Zusammenleben)* совме́стная жизнь *ж*

zusammensetzen **I.** *vt* cо|ставля́ть ‹-ста́вить›; *(Personen)* сажа́ть ‹посади́ть› вме́сте **II.** *vr* ◇ **sich** ~ ① *(hinsetzen)* сади́ться ‹сесть› вме́сте ② *(aus Elementen)* состоя́ть *несов (aus* из чего́-л); **Zusammensetzung** *f* соста́в *m*, cоставле́ние *c*

Zusammenspiel *n* ‹-s› *(von Sportlern)* сы́гранность *ж; (Koordination)* coгласо́ванность *ж*

zusammenstecken **I.** *vt* ① *(mit Nadeln)* скрепля́ть ‹-пи́ть› ② *FIG (tuscheln)* ◇ **die Köpfe** ~ шушу́каться *несов* **II.** *vi FAM (zusammen sein)* быть неразлу́чными

zusammenstehen *unreg vi* ① *(in e-r Gruppe)* стоя́ть вме́сте ② *FIG (zusammenhalten)* держа́ться вме́сте

zusammenstellen *vt* ① *(Teller etc.)* cо|ставля́ть ‹-ста́вить›, скла́дывать ‹сложи́ть› ② *(erstellen, Bericht)* cоставля́ть ‹-ста́вить›; **Zusammenstellung** *f* ① *(Vorgang)* cоставле́ние *c*, формирова́ние *c*, подбо́р *m* ② *(Liste)* спи́сок *m; (Bericht)* обзо́р *m*

Zusammenstoß *m* столкнове́ние *c;*

FIG (Streit) столкнове́ние *c*, сты́чка *ж;*

zusammenstoßen *unreg vi* ста́лкиваться ‹столкну́ться›; *a. FIG (streiten)* ста́лкиваться ‹столкну́ться›

zusammenströmen *vi* стека́ться ‹сте́чься›

zusammenstürzen *vi (einstürzen)* ‹раз-›ру́шиться

zusammentreffen *unreg vi (Menschen)* вс|треча́ться ‹-стре́титься›; *(Ereignisse)* совпада́ть ‹-па́сть›; **Zusammentreffen** *n* встре́ча *ж; (das Zusammenfallen)* совпаде́ние *c*

zusammentreiben *unreg vt (Vieh)* сгоня́ть ‹согна́ть›

zusammenwachsen *unreg vi* cрас|та́ться ‹-ти́сь›; *a. FIG (innerlich)* cдру́живаться ‹-жи́ться›

zusammenwirken *vi* взаимоде́йствовать *несов*, де́йствовать совме́стно

zusammenzählen *vt* подсчи́тывать ‹-та́ть›

zusammenziehen *unreg* **I.** *vt* ① *(verengen)* стя́гивать ‹-ну́ть› ② *(vereinigen)* cоединя́ть ‹-ни́ть› ③ *(addieren)* подсчи́тывать ‹-счита́ть› **II.** *vi (in eine Wohnung)* съезжа́ться *несов* **III.** *vr* ◇ **sich** ~ ① *(Magen)* cокраща́ться ‹-ти́ться› ② *(Gewitter)* cоб‹и›ра́ться

Zusatz *m* ① *(bei Brief, Vertrag)* добавле́ние *c*, доба́вка *ж*, припи́ска *ж* ② *(zu e-m Gemisch)* доба́вка *ж;* **Zusatzgerät** *n* дополни́тельное устро́йство *c;* **zusätzlich** *adj* дополни́тельный; **Zusatzversicherung** *f* дополни́тельное страхова́ние *c*

zuschauen *vi* cмотре́ть *несов*, гляде́ть *несов;* **Zuschauer(in** *f)* *m* ‹-s, -› зри́тель(ница *ж)* *m*

zuschaufeln *vt (Loch)* засыпа́ть ‹-сы́пать›

zuschicken *vt* прис‹ы›ла́ть *(jd-m* кому́-л)

zuschießen *unreg vt FAM (Geld beisteuern)* добавля́ть ‹-ба́вить› (де́ньги) *(zu dat* к чему́-л)

Zuschlag *m* ① *(zusätzliche Gebühr)* допла́та *ж*, надба́вка *ж* ② *(bei Auktion)* после́дний уда́р *m* молотка́; **zuschlagen** *unreg* **I.** *vt* ① *(zuknallen, Tür)* захло́пывать ‹-нуть› **II.** *vi* ① *(schließen, Tür)* захло́пываться ‹-нуться› ② *(prügeln)* ударя́ть ‹уда́рить›; **zuschlagpflichtig** *adj* BAHN подлежа́щий дополни́тельной опла́те

zuschließen *unreg vt* запира́ть ‹-пере́ть› на ключ

zuschnappen *vi* ① *(Tür)* защёлкиваться ‹-кнуться› ② *(Hund)* куса́ть ‹укуси́ть› ③ *FIG (Falle)* защёлкиваться ‹-нуться›

zuschneiden *unreg vt* ‹с-›кро́йть; *FIG (ausgerichtet sein auf)* пригоня́ть *несов*, прила́живать *несов*

zuschneien *vt* за|носи́ть ‹-нести́› сне́-
гом
zuschnüren *vt* зашнуро́вывать
‹-ва́ть›; FIG **die Angst schnürte ihm die
Kehle zu** от стра́ха ему́ сда́вило го́рло
zuschrauben *vt* завинчивать ‹-ти́ть›
zuschreiben *unreg vt* **(1)** *(Geld)* перечис-
ля́ть ‹-чи́слить› **(2)** FIG *(zuweisen)* при-
пи́сывать ‹-са́ть› **(3)** FIG *(Ursache haben
in)* припи́сывать чему́-л
Zuschrift *f* письмо́ *c*
zuschulden *adv* ◇ **sich** *dat* **etw ~ kommen
lassen** провини́ться в чём-л
Zuschuss *m (Subvention)* субси́дия *ж,*
дота́ция *ж*
zuschütten *vt* за|сыпа́ть ‹-сы́пать›
zusehen *unreg vi* смотре́ть *несов,* гля-
де́ть *несов;* FIG *(sich bemühen)* ◇ **~, dass...**
смотре́ть [стара́ться], что́бы...; **zuse-
hends** *adv* заме́тно, на глаза́х
zusenden *unreg vt (zuschicken)*
по́с|ыла́ть
zusetzen *vi* **(1)** *(bedrängen)* приста́|ва́ть
(2) *(Krankheit)* дон|има́ть ‹-я́ть› кого́-л
zusichern *vt* заверя́ть ‹-ве́рить›; ◇
jd-m etw *akk* ~ обеща́ть кому́-л что-л
zuspielen *vt* преда́|ва́ть; ◇ **jd-m den
Ball ~** *(Sport)* переда́ть кому́-л мяч; FIG
игра́ть на́ руку кому́-л
zuspitzen *vr (Lage)* ◇ **sich ~** обостр|я́ть-
ся ‹-ри́ться›
zusprechen *unreg* I. *vt* **(1)** *(zuerkennen)*
присужда́ть ‹-ди́ть› **(2)** FIG ◇ **jd-m
Trost [Mut] ~** ободря́ть кого́-л II. *vi* **(1)**
(trösten, besänftigen) успока́ивать
‹-ко́ить› **(2)** FIG *(viel essen)* ◇ **dem Essen
~** налега́ть на еду́, умина́ть *несов;*
Zuspruch *m* ‹-s› *(Trost, Rat)* утеше́ние *c,*
успокои́тельные слова́ *c; (Anklang)* ◇
großen ~ finden по́льзоваться больши́м
успе́хом
Zustand *m* **(1)** *(körperlich, geistig)* со-
стоя́ние *c; (wirtschaftlich, politisch)* поло-
же́ние *c,* усло́вия *c мн; (sich maßlos
aufregen)* ◇ **davon kann man ja Zustände
kriegen!** с ума́ сойти́! **(2)** CHEM со-
стоя́ние *c*

 zustimmen

Я то́же так ду́маю.
Das finde ich auch.
Именно так я и поду́мал/а.
Genau das habe ich auch gedacht.
Я ничего́ не име́ю про́тив.
Ich habe nichts dagegen.
Это действи́тельно так.
Das stimmt wirklich.
Я разделя́ю твоё/Ва́ше мне́ние.
Das ist auch meine Meinung.
Я согла́сен/согла́сна, что э́то бы́ло
непоря́дочно.
Ich gebe zu, dass das unfair war.

zustande *adv* ◇ **etw ~ bringen** осуще́ст-
вля́ть ‹-ви́ть›, доби́|ва́ться; ◇ **~ kom-
men** осуществля́я́ться ‹-ви́ться›
zuständig *adj* компете́нтный;
Zuständigkeit *f* компете́нция *ж,*
компете́нтность *ж*
zustehen *unreg vi* ◇ **jd-m ~** полага́ться
несов, причита́ться кому́-л
zustellen *vt* **(1)** *(versperren)* за|ставля́ть
‹-ста́вить› **(2)** *(Post)* до́ставля́ть ‹-ста́-
вить›
zusteuern I. *vi* на|правля́ть ‹-пра́вить›;
◇ **auf jd-n/etw ~** подойти́ к кому́/чему́-
л II. *vt* FAM ◇ **zu etw ~** вноси́ть свой
вклад во что-л
zustimmen *vi* соглаша́ться ‹-си́ться›;
Zustimmung *f* согла́сие *c,* одобре́-
ние *c*
zustoßen *unreg* I. *vi* FIG *(passieren)* слу-
ча́ться ‹-чи́ться› *(jd-m* с кем-л) II. *vt*
(Tür) захло́п|ывать ‹-нуть›
Zustrom *m* ‹-s› *(von Besuchern)* прито́к
м, наплы́в *м*
zutage *adv* ◇ **etw ~ bringen** раскры́-
|ва́ть; ◇ **~ treten** обнару́жи|ва́ться;
MIN ◇ **~ fördern** добы́|ва́ть
Zutaten *f pl (Back~)* припра́вы *ж мн*
zuteil *adv* ◇ **jd-m ~ werden** доста́|ва́ть-
ся кому́-л
zuteilen *vt* выделя́ть ‹вы́делить›
zutiefst *adv* глубоко́; ◇ **~ enttäuscht sein**
быть глубоко́ разочаро́ванным
zutragen *unreg vr (sich ereignen)* ◇ **sich ~**
случа́ться ‹-чи́ться›; ◇ **so hat es sich zu-
getragen** э́то бы́ло так
zuträglich *adj* **(1)** *(förderlich)* благо-
тво́рный **(2)** *(bekömmlich)* здоро́вый,
поле́зный
zutrauen *vt* ◇ **jd-m etw ~** счита́ть кого́-
л спосо́бным на что-л; **Zutrauen** *n* ‹-s›
дове́рие *c*
zutraulich *adj* дове́рчивый; *(zahm)* руч-
но́й; **Zutraulichkeit** *f* дове́рчивость *ж*
zutreffen *unreg vi* соотве́тствовать
действи́тельности; *(gelten)* ◇ **das trifft
für alle zu** э́то отно́сится ко всем;
Zutreffende[s] *n* ◇ **~ bitte ankreuzen**
ну́жное отме́тить кре́стиком
Zutritt *m* до́ступ *м,* вход *м;* ◇ **kein ~!,
~ verboten!** вход воспрещён!
Zutun *n* ‹-s› соде́йствие *c,* уча́стие *c;*
◇ **es geschah ohne mein ~** э́то произо-
шло́ без моего́ уча́стия
zuungunsten *präp gen* не в по́льзу, во
вред чему́-л
zuverlässig *adj* надёжный, заслу́жи-
вающий дове́рия; *(genau)* то́чный;
Zuverlässigkeit *f* надёжность *ж*
Zuversicht *f* ‹-› уве́ренность *ж,* глубо́-
кое убежде́ние *c;* **zuversichtlich** *adj*
уве́ренный, убеждённый
zu viel *pron* сли́шком мно́го
zuvor *adv (zeitlich)* ра́ньше, пре́жде; ◇
wie ~ как пре́жде

zuvorkommen *unreg vi* (*schneller sein*) опережа́ть ‹-ди́ть›

zuvorkommend *adj* (*höflich, hilfsbereit*) предупреди́тельный, чу́ткий

Zuwachs *m* ‹-es, -wächse› **1** (*Preis~ etc.*) приро́ст *м,* повыше́ние *с* **2** *FAM* (*Baby*) пополне́ние *с*

zuwachsen *unreg vi* (*Hecke*) зараста́ть ‹-сти́›; (*Wunde*) зажи́‹ва́›ть

Zuwachsrate *f* прирост *м* приро́ста

zuwege *adv* ‹ etw ~ bringen доби‹ва́›ть-ся чего-л; ‹ mit etw ~ kommen справ-ля́ться с чем-л; *FIG* (*rüstig*) ‹ gut ~ sein быть здоро́вым

zuweilen *adv* (*manchmal*) поро́й, иногда́

zuweisen *unreg vt* (*Aufgabe, Arbeit*) на-знача́ть ‹-на́чить›, наделя́ть ‹-ли́ть›; (*Zimmer, Zelle*) выделя́ть ‹вы́делить›

zuwenden *unreg* I. *vt* повора́чивать ‹-верну́ть›; ‹ jd-m den Rücken ~ повер-ну́ться спино́й к кому́-л; ‹ jd-m seine Aufmerksamkeit ~ уделя́ть кому́-л вни-ма́ние II. *vr* ‹ sich jd-m/e-r Sache ~ по-верну́ться к кому́/чему́-л;**Zuwendung** *f* **1** (*Geld~*) материа́льная по́мощь *ж,* посо́бие *с* **2** (*Gefühls~*) внима́ние *с*

zu wenig I. *pron* сли́шком ма́ло II. *adv* недоста́точно, сли́шком ма́ло

zuwerfen *unreg vt* броса́ть ‹бро́сить›

zuwiderhandeln *vi* ‹ e-m Gesetz ~ нару-ши́ть зако́н; **Zuwiderhandlung** *f* нару-ше́ние *с;* **zuwiderlaufen** *unreg vi* идти́ вразре́з с чем-л

zuwinken *vi* ‹по-›маха́ть (*jd-m* кому́-л)

zuziehen *unreg* I. *vt* **1** (*Gardinen*) задёр-гивать ‹-нуть› (*Knoten*) затя́гивать ‹-ну́ть› **2** (*Experten, Arzt*) привлека́ть ‹-вле́чь› **3** ‹ sich *dat* etw ~ (*Erkältung*) получа́ть ‹-чи́ть›; (*jd-s Zorn*) навлека́ть ‹-вле́чь› на себя́ что-л II. *vi* (*Wohn-sitz wechseln*) переезжа́ть ‹-е́хать›; ‹ wir sind neu zugezogen мы сюда́ неда́в-но перее́хали

zuzüglich *präp gen* включи́тельно, включа́я, с прибавле́нием; ‹ ~ Mehr-wertsteuer (цена́) плюс нало́г на до-ба́вленную сто́имость

zwang *impf v.* **zwingen**

Zwang *m* ‹-[e]s, Zwänge› принужде́ние *с;* (*Notwendigkeit*) необходи́мость *ж,* вы́нужденность *ж;* ‹ sich *dat* keinen ~ antun не стесня́ться

zwängen *vr* (*pressen*) ‹ sich ~ проти́сl-киваться ‹-ну́ться›; ‹ sich durch die Menge ~ с трудо́м пробира́ться сквозь толпу́

zwanglos *adj* непринуждённый; **Zwanglosigkeit** *f* непринуждён-ность *ж*

Zwangsarbeit *f* принуди́тельная рабо́та *ж,* ка́торга *ж;***Zwangseinwei-sung** *f* (*von psychisch Kranken*) принуди́-тельная госпитализа́ция *ж;***Zwangs-ernährung** *f* наси́льственное кормле́-

ние *с;* **Zwangsjacke** *f* смири́тельная руба́шка *ж;* **Zwangslage** *f* затрудни́-тельное положе́ние *с;* **zwangsläufig** *adj* неизбе́жный, вы́нужденный

Zwangsmaßnahme *f* принуди́тельная ме́ра *ж;* **Zwangsvorstellung** *f* навя́з-чивая иде́я *ж,* одержи́мость *ж;* ‹ un-ter ~en leiden быть одержи́мым чем-л;

zwangsweise *adv* в принуди́тельном поря́дке, принуди́тельно

zwanzig *nr* два́дцать; ‹ die ~er Jahre двадца́тые го́ды; *s. a.* **fünf**

zwar *cj* ‹ ..., aber ... хотя́ и ..., но; (*ge-nauer gesagt*) ‹ und ~ а и́менно

Zweck *m* ‹-[e]s, -e› цель *ж,* назначе́-ние *с;* (*Sinn*) смысл *м*

Zwecke *f* ‹-, -n› (*Reiß~, Heft~*) кно́пка *ж*

zweckentfremdet *adj* испо́льзуемый не по назначе́нию; **zweckgebunden** *adj* име́ющий определённую цель;

zwecklos *adj* бесполе́зный, бессмы́с-ленный; **zweckmäßig** *adj* (*zielgerichtet*) целесообра́зный; (*praktisch*) практи́ч-ный; (*nützlich*) поле́зный; (*angepasst, Stil*) приспосо́бленный, адеква́тный;

Zweckmäßigkeit *f* целесообра́зность *ж,* практи́чность *ж*

zwecks *präp gen* с це́лью, в це́лях

zwei *nr* два; *s. a.* **fünf**; *FAM* ‹ wir ~ мы вдвоём; *FAM* ‹ e-r von euch ~en оди́н из вас двои́х; **Zweibettzimmer** *n* двух-ме́стный но́мер *м;* **zweideutig** *adj* дву-смы́сленный; **zweidimensional** *adj* двухме́рный; **zweierlei** *adj* ‹inv› (*zwei verschiedene Dinge*) ра́зный; *FIG* (*unge-recht beurteilen*) ‹ mit ~ Maß messen под-ходи́ть к чему́-л с разли́чными ме́рка-ми; **zweifach** *adj* двойно́й; **Zweifa-lienhaus** *n* двухкварти́рный дом *м*

Zweifel *m* ‹-s, -› сомне́ние *с;* ‹ ohne je-den ~ вне вся́ких сомне́ний; **zweifel-haft** *adj* сомни́тельный; **zweifellos** *adj* несомне́нный; **zweifeln** *vi* сомнева́ть-ся *несов* (*an dat* в чём-л); **Zweifelsfall** *m* ‹ im ~ в слу́чае сомне́ния

Zweig *m* ‹-[e]s, -e› (*vom Baum*) ветвь *ж;* (*Industrie~*) о́трасль *ж;* (*Familien~*) ветвь *ж*

zweigeteilt *adj* (*Meinung, Land*) раз-двоённый; **zweigleisig** *adj a. FIG* двух-пу́тный, двухколе́йный

Zweigstelle *f* отделе́ние *с,* филиа́л *м* **zweihändig** *adj* с двумя́ рука́ми; *MUS* для исполне́ния в две руки́; **zweihun-dert** *nr* две́сти; **zweijährig** *adj* **1** (*2 Jah-re alt*) двухле́тний, двухгодова́лый **2** (*2 Jahre dauernd*) двухле́тний, двухго-ди́чный; **Zweikampf** *m* поеди́нок *м;* **zweiköpfig** *adj* (*Wappentier*) двугла́вый; (*Fabeltier*) двухголо́вый; **zweimal** *adv* два ра́за, два́жды; ‹ die Zeitung er-scheint ~ im Monat газе́та выхо́дит два ра́за в ме́сяц; **zweimotorig** *adj* двухмо-то́рный; **zweireihig** *adj* (*Sitzanordnung*) двухря́дный; (Anzug) двубо́ртный; **Zweisamkeit** f <-> совме́стная жизнь ж вдвоём; **Zweisitzer** m <-s, -> AUTO двухме́стный автомоби́ль м; AERO двухме́стный самолёт м; **zweisprachig** adj двуязы́чный; **zweispurig** adj AUTO двухпу́тный; **zweistimmig** adj двухголо́сный; **zweistündig** adj двухчасово́й;

Zweitakter, **Zweitaktmotor** m двухта́ктный дви́гатель м

zweite(r, s) adj второ́й; ◇ **der ~**, **den ~n, am ~n** [o. 2.] **Dezember** второ́е, второ́го [o. 2-е, 2-го] декабря́

Zweite(r) fm второ́й(-ая ж) м

zweiteilig adj (Kleidung) состоя́щий из двух часте́й; **zweitjüngste(r, s)** adj второ́й по мо́лодости; **zweitgrößte(r, s)** adj второ́й по величине́; **zweitklassig** adj PEJ второразря́дный, второсо́ртный; **zweitletzte(r, s)** adj предпосле́дний; **zweitrangig** adj второстепе́нный; **Zweitschlüssel** m запасно́й ключ м; **Zweitwagen** m втора́я маши́на ж; **zweiwertig** adj (Atom, Element, Verb) двухвале́нтный

Zwerchfell n диафра́гма ж

Zwerg(in) f) m <-[e]s, -e> ка́рлик м, ка́рлица ж; **zwergwüchsig** adj ка́рликовый, малоро́слый

Zwetsche, **Zwetschge** f <-, -n> сли́ва ж

zwicken vt (kneifen) щипа́ть <-ну́ть>

Zwickmühle f FIG (schwierige Situation) ◇ **sich in e-r ~ befinden** быть в затрудни́тельном положе́нии

Zwieback m <-[e]s, -e> суха́рь м

Zwiebel f <-, -n> (Gemüse~) лук м; (Blumen~) лу́ковица ж

Zwiegespräch n диало́г м, бесе́да ж с гла́зу на глаз

Zwielicht n (Dämmerung) полусве́т м, су́мерки мн; ◇ **ins ~ geraten** попа́сть под подозре́ние; **zwielichtig** adj (Person, Geschäft) сомни́тельный, тёмный

Zwiespalt m разла́д м, разногла́сие с; **zwiespältig** adj (Gefühle, Charakter) противоречи́вый, дво́йственный

Zwietracht f раздо́р м, ссо́ра ж; ◇ **~ säen** се́ять раздо́р

Zwilling m <-s, -e> ① близне́ц м, двойня́шка ж ② ASTROL Близнецы́ мн

zwingen <zwang, gezwungen> vt (jd-n) заставля́ть <-ста́вить>; **zwingend** adj (Grund) неизбе́жный, неотло́жный; (überzeugend) убеди́тельный

Zwinger m <-s, -> ① (Hunde~ etc.) кле́тка ж ② (auf Burg) гла́вная ба́шня ж

zwinkern vi (nervös) мига́ть несов, мор-

га́ть несов; (absichtlich) подми́г|ивать <-ну́ть>

Zwirn m <-[e]s, -e> ни́тка ж

zwischen präp akk o. dat ме́жду кемчем-л; **Zwischenbemerkung** f попу́тное замеча́ние с, ре́плика ж; **Zwischendeck** n NAUT ни́жние па́лубы мн; **Zwischending** n не́что сре́днее с; **zwischendrin** adv ме́жду (ни́ми), среди́ (них); **zwischendurch** adv (in der Zwischenzeit) ме́жду тем; (von Zeit zu Zeit) вре́мя от вре́мени; **Zwischenergebnis** n промежу́точный результа́т м; **Zwischenfall** m инциде́нт м; **Zwischenfrage** f промежу́точный вопро́с м; **Zwischenhändler(in** f) m торго́вый(-ая) посре́дник м/посре́дница ж; **Zwischenlager** n склад м для кратко́сро́чного хране́ния; **zwischenlagern** vt вре́менно помеща́ть <-сти́ть> в склад; **Zwischenlandung** f промежу́точная поса́дка ж; **Zwischenmahlzeit** f ◇ **eine ~ einnehmen** перекуси́ть; **zwischenmenschlich** adj ме́жду людьми́; (Beziehungen) челове́ческий; **Zwischenprüfung** f UNI экзамен после четвёртого семестра; **Zwischenraum** m промежу́ток м; **Zwischenruf** m ре́плика ж; **Zwischenstation** f остано́вка ж; ◇ **wir machten in Berlin ~** мы остана́вливались в Берли́не; **Zwischenzeit** f промежу́ток м вре́мени; ◇ **in der ~** ме́жду тем

Zwist m <-es, -e> (Streit) ссо́ра ж; (Differenzen) разногла́сие с

zwitschern vt, vi (за~)щебета́ть; FAM (Alkohol trinken) пропус|ка́ть <-ти́ть> рю́мочку

Zwitter m <-s, -> гермафроди́т м

zwölf nr двена́дцать; s. a. **fünf**; **Zwölffingerdarm** m MED двенадцатипе́рстная кишка́ ж

Zyankali n <-s> (~gift) циа́нистый ка́лий м

zyklisch adj цикли́чный

Zyklop m <-en, -en> MYTH цикло́п м

Zyklus m <-, Zyklen> цикл м

Zylinder m <-s, -> AUTO цили́ндр м; (Hut) цили́ндр м; **zylinderförmig** adj цилиндри́ческой фо́рмы

Zyniker(in f) m <-s, -> ци́ник м; **zynisch** adj цини́чный; **Zynismus** m цини́зм м

Zypern n Кипр м; ◇ **in/nach~** на Ки́пре/на Кипр

Zypresse f BOT кипари́с м

Zyste f <-, -n> MED киста́ ж

z. z[t]. Abk. v. **zurzeit** в настоя́щее вре́мя

Kurzgrammatik

Deklinationsmuster

Substantive

Maskulina

Sg	M_1	M_2	M_3
NOM	ава́нс	жи́тель	трамва́й
GEN	ава́нса	жи́теля	трамва́я
DAT	ава́нсу	жи́телю	трамва́ю
AKK	ава́нс**	жи́теля**	трамва́й**
INSTR	ава́нсом	жи́телем***	трамва́ем
PRÄP	ава́нсе	жи́теле	трамва́е
Pl			
NOM	ава́нсы*	жи́тели	трамва́и
GEN	ава́нсов	жи́телей	трамва́ев***
DAT	ава́нсам	жи́телям	трамва́ям
AKK	ава́нсы**	жи́телей**	трамва́и**
INSTR	ава́нсами	жи́телями	трамва́ями
PRÄP	ава́нсах	жи́телях	трамва́ях

Sg	M_4	M_5
NOM	воробе́й	не́мец
GEN	воробья́	не́мца
DAT	воробью́	не́мцу
AKK	воробья́**	не́мца**
INSTR	воробьём	не́мцем
PRÄP	воробье́	не́мце
Pl		
NOM	воробьи́	не́мцы
GEN	воробьёв	не́мцев
DAT	воробья́м	не́мцам
AKK	воробьёв**	не́мцев**
INSTR	воробья́ми	не́мцами
PRÄP	воробья́х	не́мцах

Feminina

Sg	F_1	F_2	F_3
NOM	маши́на	ба́ня	ше́я
GEN	маши́ны	ба́ни	ше́и
DAT	маши́не	ба́не	ше́е
AKK	маши́ну	ба́ню	ше́ю
INSTR	маши́ной	ба́ней***	ше́ей***
PRÄP	маши́не	ба́не	ше́е
Pl			
NOM	маши́ны*	ба́ни	ше́и
GEN	маши́н	ба́нь	ше́й
DAT	маши́нам	ба́ням	ше́ям
AKK	маши́ны**	ба́ни**	ше́и**
INSTR	маши́нами	ба́нями	ше́ями
PRÄP	маши́нах	ба́нях	ше́ях

Sg	F_4	F_5
NOM	мо́лния	ель
GEN	мо́лнии	е́ли
DAT	мо́лнии	е́ли
AKK	мо́лнию	ель
INSTR	мо́лнией	е́лью
PRÄP	мо́лнии	е́ли
Pl		
NOM	мо́лнии	е́ли
GEN	мо́лний	е́лей
DAT	мо́лниям	е́лям
AKK	мо́лнии**	е́ли**
INSTR	мо́лниями	е́лями
PRÄP	мо́лниях	е́лях

Neutra

Sg	N_1	N_2	N_3
NOM	мо́ре	боло́то	ле́жбище
GEN	мо́ря	боло́та	ле́жбища
DAT	мо́рю	боло́ту	ле́жбищу
AKK	мо́ре	боло́то	ле́жбище
INSTR	мо́рем	боло́том	ле́жбищем
PRÄP	мо́ре	боло́те	ле́жбище
Pl			
NOM	моря́	боло́та	ле́жбища
GEN	море́й	боло́т	ле́жбищ
DAT	моря́м	боло́там	ле́жбищам
AKK	моря́	боло́та	ле́жбища
INSTR	моря́ми	боло́тами	ле́жбищами
PRÄP	моря́х	боло́тах	ле́жбищах

Sg	N_4	N_5	N_6
NOM	жела́ние	новосе́лье	и́мя
GEN	жела́ния	новосе́лья	и́мени
DAT	жела́нию	новосе́лью	и́мени
AKK	жела́ние	новосе́лье	и́мя
INSTR	жела́нием	новосе́льем***	и́менем
PRÄP	жела́нии	новосе́лье	и́мени
Pl			
NOM	жела́ния	новосе́лья	имена́
GEN	жела́ний	новосе́лий	имён
DAT	жела́ниям	новосе́льям	имена́м
AKK	жела́ния	новосе́лья	имена́
INSTR	жела́ниями	новосе́льями	имена́ми
PRÄP	жела́ниях	новосе́льях	имена́х

* nach „г, к, х, ж, ч, ш, щ" steht „и" statt „ы".
** AKK = GEN bei belebten Substantiven
    AKK = NOM bei unbelebten Substantiven
*** bei endbetonten Substantiven steht „ё" statt „е".

Adjektive

A_1 - Stammauslaut - hart

	m	f	n
NOM	простóй	простáя	простóе
GEN	простóго	простóй	простóго
DAT	простóму	простóй	простóму
AKK	простóй**	простýю	простóе
INSTR	просты́м*	простóй	просты́м*
PRÄP	простóм	простóй	простóм

	Pl
NOM	просты́е*
GEN	просты́х*
DAT	просты́м*
AKK	просты́е**
INSTR	просты́ми*
PRÄP	просты́х*

A_2 Stammauslaut - weich

	m	f	n
NOM	дрéвний	дрéвняя*	дрéвнее
GEN	дрéвнего	дрéвней	дрéвнего
DAT	дрéвнему	дрéвней	дрéвнему
AKK	дрéвний**	дрéвнюю*	дрéвнее
INSTR	дрéвним	дрéвней	дрéвним
PRÄP	дрéвнем	дрéвней	дрéвнем

	Pl
NOM	дрéвние
GEN	дрéвних
DAT	дрéвним
AKK	дрéвние**
INSTR	дрéвними
PRÄP	дрéвних

A_3 Gattungsadjektive

	m	f	n
NOM	медве́жий	медве́жья	медве́жье
GEN	медве́жьего	медве́жьей	медве́жьего
DAT	медве́жьему	медве́жьей	медве́жьему
AKK	медве́жий**	медве́жью	медве́жье
INSTR	медве́жьим	медве́жьей	медве́жьим
PRÄP	медве́жьем	медве́жьей	медве́жьем

	Pl
NOM	медве́жьи
GEN	медве́жьих
DAT	медве́жьим
AKK	медве́жьи**
INSTR	медве́жьими
PRÄP	медве́жьих

A_4 Possessivadjektive

	m	f	n
NOM	тётин	тётина	тётино
GEN	тётиного	тётиной	тётиного
DAT	тётиному	тётиной	тётиному
AKK	тётин**	тётину	тётино
INSTR	тётиным	тётиной	тётиным
PRÄP	тётином	тётиной	тётином

	Pl
NOM	тётины
GEN	тётиных
DAT	тётиным
AKK	тётины**
INSTR	тётиными
PRÄP	тётиных

* Nach „ж (Stammbetonung), ч, г, к, х, ш, щ" steht „а" statt „я", „у" statt „ю", „и"
  statt „ы".
** AKK = GEN bei belebten Substantiven
   AKK = NOM bei unbelebten Substantiven

Pronomina

1. Personalpronomina

	Sg					Pl		
	1.	2.	3. m	n	f	1.	2.	3.
NOM	я	ты	он	оно́	она́	мы	вы	они́
GEN	меня́	тебя́	(н)его́		(н)её	нас	вас	(н)их
DAT	мне	тебе́	(н)ему́		(н)ей	нам	вам	(н)им
AKK	меня́	тебя́	(н)его́		(н)её	нас	вас	(н)их
INSTR	мной	тобой	(н)им		(н)ей	на́ми	ва́ми	(н)и́ми
PRÄP	(обо) мне	(о) тебе	(о)нём		(о) ней	(о) нас	(о) вас	(о) них

2. Possessivpronomina

	Sg				Pl			
	m	n	f	pl	m	n	f	pl
NOM	мой	моё	моя́	мои́	наш	на́ше	на́ша	на́ши
GEN	моего́		моей	мои́х	на́шего		на́шей	на́ших
DAT	моему́		моей	мои́м	на́шему		на́шей	на́шим
AKK	N.o.G.	моё	мою́	N.o.G.	N.o.G.	на́ше	на́шу	N.o.G.
INSTR	мои́м		моей	мои́ми	на́шим		на́шей	на́шими
PRÄP	(о) моём		(о) моей	(о) мои́х	(о) на́шем		(о) на́шей	(о) на́ших

твой (dein) und das reflexive Possessivpronomen свой werden wie мой dekliniert; ваш (euer) wie наш.

3. Interrogativpronomina

a.

	wer	was
NOM	кто	что
GEN	кого́	чего́
DAT	кому́	чему́
AKK	кого́	что
INSTR	кем	чем
PRÄP	о ком	о чём

b. wessen

	m	n	f	Pl
NOM	чей	чьё	чья	чьи
GEN	чьего́		чьей	чьих
DAT	чьему́		чьей	чьим
AKK	N.o.G.	чьё	чью	N.o.G.
INSTR	чьи́м		чьей	чьи́ми
PRÄP	о чьём		о чьей	о чьих

4. Demonstrativpronomina

a. diese(r,s)

	Sg			Pl
	m	n	f	
NOM	э́тот	э́то	э́та	э́ти
GEN	э́того		э́той	э́тих
DAT	э́тому		э́той	э́тим
AKK	N.o.G.	э́то	э́ту	N.o.G.
INSTR	э́тим		э́той	э́тими
PRÄP	об э́том		об э́той	об э́тих

b. jene (r,s)

	Sg			Pl
	m	n	f	
NOM	тот	то	та	те
GEN	того́		той	тех
DAT	тому́		той	тем
AKK	N.o.G.	то	ту	N.o.G.
INSTR	тем		той	те́ми
PRÄP	о том		о той	о тех

5. Determinativpronomina

a. ganz   alle

	Sg			Pl
	m	n	f	
NOM	весь	всё	вся	все
GEN	всего́		всей	всех
DAT	всему́		всей	всем
AKK	N.o.G.	всё	всю	N.o.G.
INSTR	всем		всей	все́ми
PRÄP	обо всём		обо всей	обо всех

b. selber

	Sg			Pl
	m	n	f	
NOM	сам	само́	сама́	са́ми
GEN	самого́		само́й	сами́х
DAT	самому́		само́й	сами́м
AKK	N.o.G.	само́	саму́	N.o.G.
INSTR	сами́м		само́й	сами́ми
PRÄP	о само́м		о само́й	о сами́х

Verben

1a
-ать

	vollendet укутать	unvollendet кутать
Präs.		кутаю, ~аешь, ~ают
Futur	укутаю, ~аешь, ~ают	буду кутать
Prät.	укутал, ~а, ~о, ~и	кутал, ~а, ~о, ~и
Imper.	укутай, ~те	кутай, ~те
Part. Präs. Akt.		кутающий, ~ая, ~ее, ~ие
Part. Prät. Akt.	укутавший, ~ая, ~ее, ~ие	кутавший, ~ая, ~ее, ~ие
Part. Präs. Pass.		кутаемый, ~ая, ~ое, ~ые
Part. Prät. Pass.	укутанный	
Adv. Part. Präs.		кутая
Adv. Part. Prät.	укутав	

1b
-ять

	vollendet расстрелять,	unvollendet стрелять
Präs.		стреляю, ~яешь, ~яют
Futur	расстреляю, ~яешь, ~яют	буду стрелять
Prät.	расстрелял, ~а, ~о, ~и	стрелял, ~а, ~о, ~и
Imper.	расстреляй, ~те	стреляй, ~те
Part. Präs. Akt.		стреляющий, ~ая, ~ее, ~ие
Part. Prät. Akt.	расстрелявший, ~ая, ~ее, ~ие	стрелявший, ~ая, ~ее, ~ие
Part. Präs. Pass.		стреляемый, ~ая, ~ое, ~ые
Part. Prät. Pass.	расстрелянный	
Adv. Part. Präs.		стреляя
Adv. Part. Prät.	расстреляв	

2
-нуть

	betontes Suffix отщипнуть	unbetontes Suffix крикнуть
Präs.		
Futur	отщипну, ~ёшь, ~ут	крикну, ~ешь, ~ут
Prät.	отщипнул, ~а, ~о, ~и	крикнул, ~а, ~о, ~и
Imper.	отщипни, ~те	крикни, ~те
Part. Präs. Akt.		
Part. Prät. Akt.	отщипнувший, ~ая, ~ее, ~ие	крикнувший, ~ая, ~ее, ~ие
Part. Präs. Pass.		
Part. Prät. Pass.	отщипнутый	
Adv. Part. Präs.		
Adv. Part. Prät.	отщипнув	крикнув

3a
-овать

	vollendet **сплани́ровать**	unvollendet **плани́ровать**
Präs.		плани́рую, ~уешь, ~уют
Futur	сплани́рую, ~уешь, ~уют	бу́ду плани́ровать
Prät.	сплани́ровал, ~а, ~о, ~и	плани́ровал, ~а, ~о, ~и
Imper.	сплани́руй, ~те	плани́руй, ~те
Part. Präs. Akt.		плани́рующий, ~ая, ~ее, ~ие
Part. Prät. Akt.	сплани́ровавший, ~ая, ~ее, ~ие	плани́ровавший, ~ая, ~ее, ~ие
Part. Präs. Pass.		плани́руемый, ~ая, ~ое, ~ые
Part. Prät. Pass.	сплани́рованный	
Adv. Part. Präs.		плани́руя
Adv. Part. Prät.	сплани́ровав	

3b
-евать

	vollendet **завоева́ть**	unvollendet **воева́ть**
Präs.		вою́ю, ~ю́ешь, ~ю́ют
Futur	завою́ю, ~ю́ешь, ~ю́ют	бу́ду воева́ть
Prät.	завоева́л, ~а, ~о, ~и	воева́л, ~а, ~о, ~и
Imper.	завою́й, ~те	вою́й, ~те
Part. Präs. Akt.		вою́ющий, ~ая, ~ее, ~ие
Part. Prät. Akt.	завоева́вший, ~ая, ~ее, ~ие	воева́вший, ~ая, ~ее, ~ие
Part. Präs. Pass.		
Part. Prät. Pass.	завоёванный	
Adv. Part. Präs.		вою́я
Adv. Part. Prät.	завоева́в	

4a
-и́ть

	vollendet **обвини́ть**	unvollendet **сори́ть**
Präs.		сорю́, ~и́шь, ~я́т
Futur	обвиню́*, ~и́шь, ~я́т*	бу́ду сори́ть
Prät.	обвини́л, ~а, ~о, ~и	сори́л, ~а, ~о, ~и
Imper.	обвини́, ~те	сори́, ~те
Part. Präs. Akt.		соря́щий, ~ая, ~ее, ~ие
Part. Prät. Akt.	обвини́вший, ~ая, ~ее, ~ие	сори́вший, ~ая, ~ее, ~ие
Part. Präs. Pass.		
Part. Prät. Pass.	обвинённый	
Adv. Part. Präs.		соря́
Adv. Part. Prät.	обвини́в	

4b
-ить

	vollendet **довéрить**	unvollendet **вéрить**
Präs.		вéрю, ~ишь, ~ят
Futur	довéрю, ~ишь, ~ят	бýду вéрить
Prät.	довéрил, ~а, ~о, ~и	вéрил, ~а, ~о, ~и
Imper.	довéрь, ~те	вéрь, ~те
Part. Präs. Akt.		вéрящий, ~ая, ~ее, ~ие
Part. Prät. Akt.	довéривший, ~ая, ~ее, ~ие	вéривший, ~ая, ~ее, ~ие
Part. Präs. Pass.		
Part. Prät. Pass.	довéренный	
Adv. Part. Präs.		вéря
Adv. Part. Prät.	довéрив	

5
-еть

	vollendet **заболéть**	unvollendet **болéть**
Präs.		болéю, ~éешь, ~éют
Futur	заболéю, ~éешь, ~éют	бýду болéть
Prät.	заболéл, ~а, ~о, ~и	болéл, ~а, ~о, ~и
Imper.	заболéй, ~те	болéй, ~те
Part. Präs. Akt.		болéющий, ~ая, ~ее, ~ие
Part. Prät. Akt.	заболéвший, ~ая, ~ее, ~ие	болéвший, ~ая, ~ее, ~ие
Part. Präs. Pass.		
Part. Prät. Pass.		
Adv. Part. Präs.		болéя
Adv. Part. Prät.	заболéв	

* Nach Zischlauten steht „y" statt „ю", „a" statt „я".

Konjugation der unregelmäßigen Verben

Infinitiv	Präsens	Futur	Prät.	Imperativ	Part. Präs. Akt.	Part. Prät. Akt.	Part. Präs. Pass.	Part. Prät. Pass.	Adv. Part. Präs. (UV)	Adv. Part. Prät. (V)
бежа́ть	бегу́, бежи́шь, бегу́т	бу́ду бежа́ть	бежа́л, -а, -о, -и	беги́, -те	бегу́щий, -ая, -ее, -ие	бежа́вший, -ая, -ее, -ие				бежа́в
бере́чь	берегу́, бережёшь, берегу́т	бу́ду бере́чь	берёг, берегла́, -о́, -и́	береги́, -те	берегу́щий, -ая, -ее, -ие	берёгший, -ая, -ее, -ие		бережённый, -ая, -ое, -ые		-берёгши
бить	бью, бьёшь, бьют	бу́ду бить	бил, -а, -о, -и	бей, -те	бью́щий, -ая, -ее, -ие	би́вший, -ая, -ее, -ие	-бива́емый	би́тый, -ая, -ое, -ые	-бива́я	-би́в
блесте́ть	блещу́, блести́шь, блестя́т	бу́ду блесте́ть	блесте́л, -а, -о, -и	блести́, -те	блестя́щий, -ая, -ее, -ие и блещу́щий, -ая, -ее, -ие	блесте́вший, -ая, -ее, -ие			блестя́	-блесте́в
боро́ться	борю́сь, бо́решься, бо́рются	бу́ду боро́ться	боро́лся, -лась, -лось, -лись	бори́сь, -тесь	борю́-щийся, -аяся, -ееся, -иеся	боро́вшийся, -аяся, -ееся, -иеся			боря́сь	-боро́вшись
боя́ться	бою́сь, бои́тся, боя́тся	бу́ду боя́ться	боя́лся, боя́лась, -лось, -лись	бо́йся, -тесь	боя́щийся, -аяся, -ееся, -иеся	боя́вшийся, -аяся, -ееся, -иеся			боя́сь	
брать	беру́, -ёшь, -у́т брать	бу́ду брать	брал, -а́, -о, -и	бери́, -те	беру́щий, -ая, -ее, -ие	бра́вший, -ая, -ее, -ие	-бира́емый	-бра́нный	беря́	брав
брести́	бреду́, -ёшь, -у́т	бу́ду брести́	брёл, брела́, -о́, -и́	бреди́, -те	бреду́щий, -ая, -ее, -ие	бре́дший, -ая, -ее, -ие			бредя́	-бре́дши
брить	бре́ю, -еешь, -е́ют	бу́ду брить	брил, -а, -о,	брей, -те	бре́ющий, -ая, -ее, -ие	бри́вший, -ая, -ее, -ие		бри́тый	бре́я	-брив

Mit Bindestrich beginnende Verbformen gelten für die betreffenden Verben mit Präfixen.

Infinitiv	Präsens	Futur	Prät.	Imperativ	Part. Präs. Akt.	Part. Prät. Akt.	Part. Präs. Pass.	Part. Prät. Pass.	Adv. Part. Präs. (UV)	Adv. Part. Prät. (V)
бродить	брожу, бродишь, бродят	буду бродить	бродил, -а, -о, -и	броди, -те	бродящий, -ая, -ее, -ие	бродивший, -ая, -ее, -ие			бродя	-бродив
бросить	брошу, бросишь, бросят	брошу, бросишь, бросят	бросил, -а, -о, -и	брось, -те		бросивший, -ая, -ее, -ие		брошенный		бросив
быть	nur 3. Pers. Sg. есть	буду, -ешь, -ут	был, -а, -о, -и	будь, -те		бывший, -ая, -ее, -ие		-бытый	будучи	-был
везти	везу, везёшь, везут	буду везти	вёз, везла, -о, -и	вези, -те	везущий, -ая, -ее, -ие	вёзший, -ая, -ее, -ие		-везённый	везя	-вёзши
вести	веду, ведёшь, ведут	буду вести	вёл, вела, -о, -и	веди, -те	ведущий, -ая, -ее, -ие	ведший, -ая, -ее, -ие	ведомый	-ведённый	ведя	
взыскать	взыщу, взыщешь, взыщут	взыщу, взыщешь, взыщут	взыскал, -а, -о, -и	взыщи, -те		взыскавший, -ая, -ее, -ие		взысканный		взыскав
взять		возьму, -ёшь, -ут	взял, -а, -о, -и	возьми, -те		взявший, -ая, -ее, -ие		взятый		взяв
видеть	вижу, видишь, видят	буду видеть	видел, -а, -о, -и	(смотри, -те)	видящий, -ая, -ее, -ие	видевший, -ая, -ее, -ие	видимый	виденный	видя	-видев
висеть	вишу, висишь, висят	буду висеть	висел, -а, -о, -и	виси, -те	висящий, -ая, -ее, -ие	висевший, -ая, -ее, -ие			вися	-висев
вить	вью, вьёшь, вьют	буду вить	вил, -а, -о, -и	вей, -те	вьющий, -ая, -ее, -ие	вивший, -ая, -ее, -ие		витый		-вив
влечь	влеку, влечёшь, влекут	буду влечь	влёк, влекла, -о, -и	влеки, -те	влекущий, -ая, -ее, -ие	влёкший, -ая, -ее, -ие	влекомый	-влечённый		-влёкши

Infinitiv	Präsens	Futur	Prät.	Imperativ	Part. Präs. Akt.	Part. Prät. Akt.	Part. Präs. Pass.	Part. Prät. Pass.	Adv. Part. Präs. (UV)	Adv. Part. Prät. (V)
водить	вожу́, во́дишь, во́дят	бу́ду води́ть	води́л, -а, -о, -и	води́, -те	водя́щий, -ая, -ее, -ие	води́вший, -ая, -ее, -ие	води́мый		водя́	-води́в
воева́ть	вою́ю, -бюешь, -ю́ют	бу́ду воева́ть	воева́л, -а, -о, -и	вою́й, -те	вою́ющий, -ая, -ее, -ие	воева́вший, -ая, -ее, -ие		-вое́ванный	вою́я	-воева́в
вози́ть	вожу́, во́зишь, во́зят	бу́ду вози́ть	вози́л, -а, -о, -и	вози́, -те	вози́щий, -ая, -ее, -ие	вози́вший, -ая, -ее, -ие	вози́мый		возя́	-вози́в
вяза́ть	вяжу́, вя́жешь, вя́жут	бу́ду вяза́ть	вяза́л, -а, -о, -и	вяжи́, -те	вя́жущий, -ая, -ее, -ие	вяза́вший, -ая, -ее, -ие		вя́занный		вяза́в
вя́нуть	вя́ну, вя́нешь, вя́нут	бу́ду вя́нуть	вя́л, -а, -о, -и	вя́нь, -те	вя́нущий, -ая, -ее, -ие	вя́нувший, -ая, -ее, -ие				
гляде́ть	гляжу́, гляди́шь, -дя́т	бу́ду гляде́ть	гляде́л, -а, -о, -и	гляди́, -те	глядя́щий, -ая, -ее, -ие	гляде́вший, -ая, -ее, -ие			глядя́	-гляде́в
гнать	гоню́, го́нишь, го́нят	бу́ду гнать	гнал, -а́, -о, -и	гони́, -те	гоня́щий, -ая, -ее, -ие	гна́вший, -ая, -ее, -ие	гони́мый	-гна́нный	гоня́	-гнав
грызть	грызу́, грызёшь, -у́т	бу́ду грызть	грыз, -ла, -ло, -ли	грызи́, -те	грызу́щий, -ая, -ее, -ие	гры́зший, -ая, -ее, -ие		-гры́занный	грызя́	-гры́зши
дать		дам, дашь, даст, дади́м, дади́те, даду́т	дал, -а́, -о, -и	дай, -те		да́вший, -ая, -ее, -ие		да́нный		дав
держа́ть	держу́, де́ржишь, де́ржат	бу́ду держа́ть	держа́л, -а, -о, -и	держи́, -те	держа́щий, -ая, -ее, -ие	держа́вший, -ая, -ее, -ие		-де́ржанный	держа́	-держа́в
деть	де́ну, -ешь, -ут	де́ну, -ешь, -ут	де́л, -а, -о, -и	день, -те	де́нущий, -ая, -ее, -ие	де́вший, -ая, -ее, -ие		-де́тый		-дев
драть	деру́, -ёшь, -у́т	бу́ду драть	драл, -а́, -о, -и	дери́, -те	деру́щий, -ая, -ее, -ие	дра́вший, -ая, -ее, -ие		-дра́нный	деря́	-драв

Infinitiv	Präsens	Futur	Prät.	Imperativ	Part. Präs. Akt.	Part. Prät. Akt.	Part. Präs. Pass.	Part. Prät. Pass.	Adv. Part. Präs. (UV)	Adv. Part. Prät. (V)
дуть	дую, дуёшь, дуют	буду дуть	дул, -а, -о, -и	дуй, -те	дующий, -ая, -ее, -ие	дувший, -ая, -ее, -ие		дутый	дуя	-дув
есть	ем, ешь, ест, едим, едите, едят	буду есть	ел, -а, -о, -и	ешь, -те	едящий, -ая, -ее, -ие, -ее, -ие	евший, -ая, -ее, -ие		-еденный	едя	-ев
éхать	éду, éдешь, éдут	буду éхать	éхал, -а, -о, -и	(поезжай, -те)	éдущий, -ая, -ее, -ие	éхавший, -ая, -ее, -ие			éдучи	-éхав
жать¹	жму, жмёшь, жмут	буду жать	жал, -а, -о, -и	жми, -те	жмущий, -ая, -ее, -ие	жавший, -ая, -ее, -ие		-жáтый		-жав
жать²	жну, жнёшь, жнут	буду жать	жал, -а, -о, -и	жни, -те	жнущий, -ая, -ее, -ие	жавший, -ая, -ее, -ие		-жáтый		-жав
ждать	жду, ждёшь, ждут	буду ждать	ждал, -á, -о, -и	жди, -те	ждущий, -ая, -ее, -ие	ждавший, -ая, -ее, -ие	(ожидаемый)	-жданный	(ожидáя)	ждав
жевать	жую, жуёшь, жуют	буду жевать	жевал, -а, -о, -и	жуй, -те	жующий, -ая, -ее, -ие	жевавший, -ая, -ее, -ие		жёванный	жуя	-жевав
жечь	жгу, жжёшь, жгут	буду жечь	жёг, жгла, -о, -и	жги, -те	жгущий, -ая, -ее, -ие	жёгший, -ая, -ее, -ие		-жжённый		-жёгши
жить	живу, живёшь, -ут	буду жить	жил, -а, -о, -и	живи, -те	живущий, -ая, -ее, -ие	живший, -ая, -ее, -ие			живя	-жив
запрячь		запрягу, запряжёшь, запрягут	запряг, -ла, -ло, -ли	запряги, -те		запрягший, -ая, -ее, -ие		запряжённый		запрягши
звать	зову, зовёшь, зовут	буду звать	звал, -á, -о, -и	зови, -те	зовущий, -ая, -ее, -ие	звавший, -ая, -ее, -ие		званный	зовя	-звав
идти	иду, идёшь, идут	буду идти	шёл, шла, шло, шли	иди, -те	идущий, -ая, -ее, -ие	шедший, -ая, -ее, -ие			идя	
изобрести	изобрету, -ёшь, -ут	изобрету, -ёшь, -ут	изобрёл, изобрела, -о, -й	изобрети, -те		изобрётший, -ая, -ее, -ие		изобре-тённый		изобретя

Infinitiv	Präsens	Futur	Prät.	Imperativ	Part. Präs. Akt.	Part. Prät. Akt.	Part. Präs. Pass.	Part. Prät. Pass.	Adv. Part. Präs. (UV)	Adv. Part. Prät. (V)
искать	ищу́, и́щешь, и́щут	бу́ду иска́ть	иска́л, -а, -о, -и	ищи́, -те	и́щущий, -ая, -ее, -ие	иска́вший, -ая, -ее, -ие	иско́мый		ища́	-иска́в
класть	кладу́, -ёшь, -у́т	бу́ду класть	клал, -а, -о, -и	клади́, -те	кладу́щий, -ая, -ее, -ие	кла́вший, -ая, -ее, -ие			кладя́	
клясть	кляну́, -ёшь, -у́т	бу́ду клясть	клял, -а, -о, -и	кляни́, -те	кляну́щий, -ая, -ее, -ие	кля́вший, -ая, -ее, -ие		-кля́тый	кляня́	-кляв
кова́ть	кую́, к/уёшь, кую́т	бу́ду кова́ть	кова́л, -а, -о, -и	куй, -те	ку́ющий, -ая, -ее, -ие	кова́вший, -ая, -ее, -ие		ко́ванный	куя́	-кова́в
коло́ть	колю́, ко́лешь, ко́лют	бу́ду коло́ть	коло́л, -а, -о, -и	коли́, -те	ко́лющий, -ая, -ее, -ие	коло́вший, -ая, -ее, -ие		ко́лотый	коля́	-коло́в
красть	краду́, краде́шь, -у́т	бу́ду красть	крал, -а, -о, -и	кради́, -те	краду́щий, -ая, -ее, -ие	кра́вший, -ая, -ее, -ие		кра́денный	крадя́	-крав
крыть	кро́ю, кро́ешь, -о́ют	бу́ду крыть	крыл, -а, -о, -и	крой, -те	кро́ющий, -ая, -ее, -ие	кры́вший, -ая, -ее, -ие	-крыва́емый	кры́тый	кро́я	-крыв
лежа́ть	лежу́, лежи́шь, -а́т	бу́ду лежа́ть	лежа́л, -а, -о, -и	лежи́, -те	лежа́щий, -ая, -ее, -ие	лежа́вший, -ая, -ее, -ие			лёжа	
лезть	ле́зу, -ешь, -ут	бу́ду лезть	лез, -ла, -ло, -ли	лезь, -те	ле́зущий, -ая, -ее, -ие	ле́зший, -ая, -ее, -ие			-ле́зши	-ле́зши
лете́ть	лечу́, лети́шь, летя́т	бу́ду лете́ть	лете́л, -а, -о, -и	лети́, -те	летя́щий, -ая, -ее, -ие	лете́вший, -ая, -ее, -ие			летя́	-лете́в
лечь	ля́гу, ля́жешь, ля́гут	ля́гу, ля́жешь, ля́гут	лёг, легла́, -о, -и	ляг, -те		лёгший, -ая, -ее, -ие				

Infinitiv	Präsens	Futur	Prät.	Imperativ	Part. Präs. Akt.	Part. Prät. Akt.	Part. Präs. Pass.	Part. Prät. Pass.	Adv. Part. Präs. (UV)	Adv. Part. Prät. (V)
лизáть	лижý, лижет лижут	бýду лизáть	лизáл, -а, -о, -и	лижи́, -те	лижущий, -ая, -ее, -ие	лизáвший, -ая, -ее, -ие		лизанный		-лизáв
лить	лью, льёшь, льют	бýду лить	лил, -á, -о, -и	лей, -те	лью́щий, -ая, -ее, -ие	ли́вший, -ая, -ее, -ие		ли́тый		-лив
-ложи́ть	-ложý, -ло́жишь, -ло́жат	-ложý, -ло́жишь, -ло́жат	-ложи́л, -а, -о, -и	-ложи́, -те		-ложи́вший, -ая, -ее, -ие		-ло́женный		-ложи́в
люби́ть	люблю́, лю́бишь, лю́бят	бýду люби́ть	люби́л, -а, -о, -и	люби́, -те	лю́бящий, -ая, -ее, -ие	люби́вший, -ая, -ее, -ие	люби́мый		любя́	-люби́в
мáзать	мáжу, мáжешь, -ут	бýду мáзать	мáзал, -а, -о, -и	мажь, -те	мáжущий, -ая, -ее, -ие	мáзавший, -ая, -ее, -ие		мáзанный		мáзав
-мерéть	-мру, -мрёшь, -мрут	-мру, -мрёшь, -мрут	-мер, -лá, -ло, -ли	-мри́, -те	-мрущий, -ая, -ее, -ие	-мерший, -ая, -ее, -ие				-мерёв
мести́	метý, метёшь, метýт	бýду мести́	мёл, мелá, -ó, -и́	мети́, -те	метýщий, -ая, -ее, -ие	мётший, -ая, -ее, -ие		-метённый	метя́	
молóть	мелю́, мé-лешь, мéлют	бýду молóть	молóл, -á, -о, -и	мели́, -те	мéлющий, -ая, -ее, -ие	молóвший, -ая, -ее, -ие		молóтый	меля́	-молóв
мочь	могý, мó-жешь, мóгут	могý, мó-жешь, мóгут	мог, -лá, -лó, -ли́		могýщий, -ая, -ее, -ие	мóгший, -ая, -ее, -ие				
мыть	мóю, мóешь, мóют	бýду мыть	мыл, -а, -о, -и	мой, -те	мóющий, -ая, -ее, -ие	мы́вший, -ая, -ее, -ие		мы́тый	мóя	-мыв
мять	мну, мнёшь, мнут	бýду мять	мял, -а, -о, -и	мни, -те	мнýщий, -ая, -ее, -ие	мя́вший, -ая, -ее, -ие		мя́тый		-мяв
надоéсть	надоéм, -éшь, -едя́т	надоéм, -éшь, -едя́т	надоéл, -а, -о, -и	надоéшь, -те		надоéвший, -ая, -ее, -ие				надоéв

Infinitiv	Präsens	Futur	Prät.	Imperativ	Part. Präs. Akt.	Part. Prät. Akt.	Part. Präs. Pass.	Part. Prät. Pass.	Adv. Part. Präs. (UV)	Adv. Part. Prät. (V)
наня́ть		найму́, -ёшь, -у́т	на́нял, -а́, -о, -и	найми́, -те	нана́вший, -ая, -ее, -ие		на́нятый		наня́в
настя́чь		настигну, -ешь, -ут	настиг, -ла, -ло, -ли	настигни, -те	настигший, -ая, -ее, -ие		настигнутый		настигнув
нача́ть		начну́, -ёшь, -у́т	на́чал, -а́, -о, -и	начни́, -те	нача́вший, -ая, -ее, -ие		на́чатый		нача́в
нести́	несу́, несёшь, несу́т	бу́ду нести	нёс, несла́, -ó, -и́	неси́, -те	несу́щий, -ая, -ее, -ие	нёсший, -ая, -ее, -ие		-несённый	неся́	
ныть	но́ю, но́ешь, но́ют	бу́ду ныть	ныл, -а, -о, -и	ной, -те	но́ющий, -ая, -ее, -ие	ны́вший, -ая, -ее, -ие			ноя	-ныв
обня́ть		обниму́, обни́мешь, -у́т	обня́л, -а́, -о, -и	обними́, -те	обня́вший, -ая, -ее, -ие			обня́тый		обня́в
обу́ть		обу́ю, -ешь, -ют	обу́л, -а, -о, -и	обу́й, -те	обу́ющий, -ая, -ее, -ие			обу́тый		обу́в
ора́ть	орý, орёшь, орýт	бу́ду орать	ора́л, -а, -о, -и	ори́, -те	ору́щий, -ая, -ее, -ие	ора́вший, -ая, -ее, -ие				- орав
отре́чься		отреку́сь, отречёшься, отреку́тся	отрёкся, отрекла́сь, -лось, -ли́сь	отреки́сь, -кйтесь		отрёкшийся, -аяся, -ееся, -иеся			отрёкшись	
пасти́	пасу́, пасёшь, пасу́т	бу́ду пасти	пас, -ла́, -ло́, -ли́	паси́, -те	пасу́щий, -ая, -ее, -ие	па́сший, -ая, -ее, -ие		-пасённый	пася́	-пасши
пасть		паду́, -ёшь, -у́т	пал, -а, -о, -и	пади́, -те		па́вший, -ая, -ее, -ие				пав
паха́ть	пашу́, па́шешь, па́шут	бу́ду паха́ть	паха́л, -а, -о, -и	паши́, -те	па́шущий, -ая, -ее, -ие	паха́вший, -ая, -ее, -ие	(вспа́хивае-мый)	па́ханный	(вспа́хивая)	-паха́в

Infinitiv	Präsens	Futur	Prät.	Imperativ	Part. Präs. Akt.	Part. Prät. Akt.	Part. Präs. Pass.	Part. Prät. Pass.	Adv. Part. Präs. (UV)	Adv. Part. Prät. (V)
перéть	пру, прёшь, прут	бу́ду перéть	пёр, -ла, -ло, -ли	при, -те	прущий, -ая, -ее, -ие	-пёрший, -ая, -ее, -ие		-пёртый		-перéв
петь	пою́, поёшь, пою́т	бу́ду петь	пел, -а, -о, -и	пой, -те	пою́щий, -ая, -ее, -ие	пéвший, -ая, -ее, -ие		пéтый		-пев
печь	пеку́, печёшь, пеку́т	бу́ду печь	пёк, пекла́, -о́, -и́	пеки́, -те	пеку́щий, -ая, -ее, -ие	пёкший, -ая, -ее, -ие		печёный		-пёкши
писáть	пишу́, пи́шешь, пи́шут	бу́ду писáть	писáл, -а, -о, -и	пиши́, -те	пи́шущий, -ая, -ее, -ие	писáвший, -ая, -ее, -ие		пи́санный		писáв
пить	пью, пьёшь, пьют	бу́ду пить	пил, -á, -о, -и	пей, -те	пью́щий, -ая, -ее, -ие	пи́вший, -ая, -ее, -ие		-пи́тый		-пив
плáкать	плáчу, плáчешь, -ут	бу́ду плáкать	плáкал, -а, -о, -и	плачь, -те	плáчущий, -ая, -ее, -ие	плáкавший, -ая, -ее, -ие		-плáканный	плáча	-плáкав
плевáть	плюю́, плюёшь, -ю́ют	бу́ду плевáть	плевáл, -а, -о, -и	плюй, -те	плюю́щий, -ая, -ее, -ие	плевáвший, -ая, -ее, -ие		-плёванный	плюй	-плевáв
плести́	плету́, плетёшь, -у́т	бу́ду плести́	плёл, плела́, -о́, -и́	плети́, -те	плету́щий, -ая, -ее, -ие	плётший, -ая, -ее, -ие		плетёный	плетя́	
плыть	плыву́, плывёшь, -у́т	бу́ду плыть	плыл, -á, -о, -и	плыви́, -те	плыву́щий, -ая, -ее, -ие	плы́вший, -ая, -ее, -ие			плывя́	-плыв
подня́ть	подниму́, подни́мешь, подни́мут	подниму́, подни́мешь, подни́мут	по́днял, -á, -о, -и	подними́, -те		подня́вший, -ая, -ее, -ие		подня́тый		подня́в
ползти́	ползу́, ползёшь, -у́т	бу́ду ползти́	полз, -лá, -ло́, -ли́	ползи́, -те	ползу́щий, -ая, -ее, -ие	по́лзший, -ая, -ее, -ие			ползя́	
полоскáть	полощу́, поло́щешь, поло́щут	бу́ду полоскáть	полоскáл, -а, -о, -и	полощи́, -те	полоку́щий, -ая, -ее, -ие	полоскáвший, -ая, -ее, -ие		-полóсканный	полощá (полоскáя)	-полоскáв

Infinitiv	Präsens	Futur	Prät.	Imperativ	Part. Präs. Akt.	Part. Prät. Akt.	Part. Präs. Pass.	Part. Prät. Pass.	Adv. Part. Präs. (UV)	Adv. Part. Prät. (V)
полоть	полю, полешь, полют	буду полоть	полол, -а, -о, -и	полй, -те	полющий, -ая, -ее, -ие	половший, -ая, -ее, -ие		полотый		полов
понять	пойму, -ёшь, -ут		понял, -á, -о, -и	пойми, -те		понявший, -ая, -ее, -ие		понятый		поняв
пороть	порю, порешь, порют	буду пороть	порол, -а, -о, -и	порй, -те	порющий, -ая, -ее, -ие	поровший, -ая, -ее, -ие		поротый	поря	-поров
постичь		постигну, -ешь, -ут	постиг, -ла, -ло, -ли	постигни, -те		постигший, -ая, -ее, -ие		постигнутый		постигнув
предпочесть		предпочту, -ёшь, -ут	предпочёл, -чла, -о, -и	предпочтй, -те		предпочёвший, -ая, -ее, -ие		предпочтённый		предпочтя
пренебречь		пренебрегу, -брежёшь, -брегут	пренебрёг, -брегла, -о, -и	пренебрегй, -те		пренебрёгший, -ая, -ее, -ие				пренебрёгши
принять		приму, примешь, -ут	принял, -á, -о, -и	примй, -те		принявший, -ая, -ее, -ие		принятый		принав
прясть	пряду, прядёшь, -ут	буду прясть	пряд, -á, -о, -и	прядй, -те	прядущий, -ая, -ее, -ие	прядший, -ая, -ее, -ие		прядденный	прядя	-прав
прятать	прячу, прячешь, -ут	буду прятать	прятал, -а, -о, -и	прячь, -те	прячущий, -ая, -ее, -ие	прятавший, -ая, -ее, -ие		-прятанный	пряча	-прятав
расплескать	расплещу, -плещешь, -ут	расплещу, -плещешь, -ут	расплескал, -а, -о, -и	расплещи, -те		расплес-кавший, -ая, -ее, -ие		расплес-канный		расплескав
расти	расту, растёшь, -ут	буду расти	рос, -лá, -ло, -ли	растй, -те	растущий, -ая, -ее, -ие	росший, -ая, -ее, -ие			ростя	-росши
рвать	рву, рвёшь, рвут	буду рвать	рвал, -á, -о, -и	рви, -те	рвущий, -ая, -ее, -ие	рвавший, -ая, -ее, -ие		-рванный	рвя	-рвав

Infinitiv	Präsens	Futur	Prät.	Imperativ	Part. Präs. Akt.	Part. Prät. Akt.	Part. Präs. Pass.	Part. Prät. Pass.	Adv. Part. Präs. (UV)	Adv. Part. Prät. (V)
ревѣть	реву, ревёшь, ревутъ	буду ревѣть	ревѣлъ, -а, -о, -и	ревй, -те	ревущій, -ая, -ее, -ие	ревѣвшій, -ая, -ее, -ие			ревя	-ревѣвъ
рѣзать	рѣжу, рѣжешь, -утъ	буду рѣзать	рѣзалъ, -а, -о, -и	рѣжь, -те	рѣжущій, -ая, -ее, -ие	рѣзавшій, -ая, -ее, -ие		рѣзанный		-рѣзавъ
ржать	ржу, ржёшь, ржутъ	буду ржать	ржалъ, -а, -о, -и	ржи, -те	ржущій, -ая, -ее, -ие	ржавшій, -ая, -ее, -ие			ржа	ржавъ
роптать	ропщу, ропщешь, ропщутъ	буду роптать	роптáлъ, -а, -о, -и	ропщй, -те	ропщущій, -ая, -ее, -ие	роптáвшій, -ая, -ее, -ие			ропщá	-роптавъ
рыть	рóю, рóешь, рóютъ	буду рыть	рылъ, -а, -о, -и	рой, -те	рóющій, -ая, -ее, -ие	рывшій, -ая, -ее, -ие		рытый	рóя	-рывъ
рычáть	рычу, рычйшь, -áтъ	буду рычáть	рычáлъ, -а, -о, -и	рычй, -те	рычáщій, -ая, -ее, -ие	рычáвшій, -ая, -ее, -ие			рычá	-рычáвъ
свистѣть	свищу, свистйшь, -ятъ	буду свистѣть	свистѣлъ, -а, -о, -и	свистй, -те	свистящій, -ая, -ее, -ие	свистѣвшій, -ая, -ее, -ие			свистя	-свистѣвъ
стребсй	стребу, -бёшь, -утъ		стребó, стребла, -ó, -й	стребй, -те		стребшій, -ая, -ее, -ие		стребённый		стребя
сесть	сяду, -ешь, -утъ	сяду, -сйшь, -утъ	селъ, -а, -о, -и	сядь, -те		сѣвшій, -ая, -ее, -ие				сев
сечь	секу, сечёшь, секутъ	буду сечь	секъ, -ла, -лó, -лй	секй, -те	секущій, -ая, -ее, -ие	сѣкшій, -ая, -ее, -ие		сѣченный		-сѣкши
сѣять	сѣю, сѣютъ	буду сѣять	сѣялъ, -а, -о, -и	сѣй, -те	сѣющій, -ая, -ее, -ие	сѣявшій, -ая, -ее, -ие		сѣянный	сѣя	-сѣявъ
сидѣть	сижу, сидйшь, сидятъ	буду сидѣть	сидѣлъ, -а, -о, -и	сидй, -те	сидящій, -ая, -ее, -ие	сидѣвшій, -ая, -ее, -ие			сидя	сидѣвъ
скакáть	скачу, скáчешь, скáчутъ	буду скакáть	скакáлъ, -а, -о, -и	скачй, -те	скáчущій, -ая, -ее, -ие	скакáвшій, -ая, -ее, -ие			скачá	-скакáвъ
скрестй	скребу, скребёшь, -утъ	буду скрестй	скрёбъ, скребла, -ó, -й	скребй, -те	скребущій, -ая, -ее, -ие	скрёбшій, -ая, -ее, -ие		-скребённый	скребя	скребсй

Infinitiv	Präsens	Futur	Prät.	Imperativ	Part. Präs. Akt.	Part. Prät. Akt.	Part. Präs. Pass.	Part. Prät. Pass.	Adv. Part. Präs. (UV)	Adv. Part. Prät. (V)
скрипе́ть	скриплю́, скрипи́шь, скрипя́т	бу́ду скрипе́ть	скрипе́л, -а, -о, -и	скрипи́, -те	скрипя́щий, -ая, -ее, -ее	скрипе́вший, -ая, -ее, -ее			скрипя́	-скрипе́в
слать	шлю, шлёшь, шлют	бу́ду слать	слал, -а, -о, -и	шли, -те	шлю́щий, -ая, -ее, -ее	сла́вший, -ая, -ее, -ее	(посы-ла́емый)	-сла́нный	(посыла́я)	-слав
слы́шать	слы́шу, слы́шишь, -ат	бу́ду слы́шать	слы́шал, -а, -о, -и	-слы́шь, -те	слы́шащий, -ая, -ее, -ее	слы́шавший, -ая, -ее, -ее	слы́шимый	слы́шанный	слы́ша	-слы́шав
смотре́ть	смотрю́, смо́т-ришь, смо́трят	бу́ду смотре́ть	смотре́л, -а, -о, -и	смотри́, -те	смотря́щий, -ая, -ее, -ее	смотре́вший, -ая, -ее, -ее		-смо́тренный	смотря́	-смотре́в
снять	сниму́, сни́-мешь, -ут	сниму́, сни́-мешь, -ут	снял, -а́, -о, -и	сними́, -те		сня́вший, -ая, -ее, -ее		сня́тый		снав
соблюсти́		соблюду́, -ёшь, -у́т	соблю́л, -а́, -о́, -и́	соблюди́, -те		соблю́дший, -ая, -ее, -ее		соблю- дён-ный		соблюдя́
соса́ть	сосу́, сосёшь, сосу́т	бу́ду соса́ть	соса́л, -а, -о, -и	соси́, -те	сосу́щий, -ая, -ее, -ее	соса́вший, -ая, -ее, -ее		-со́санный	сося́	-соса́в
спать	сплю, спишь, спят	бу́ду спать	спал, -а́, -о, -и	спи, -те	спя́щий, -ая, -ее, -ее	спа́вший, -ая, -ее, -ее		-спа́нный		спав
стать	ста́ну, -ешь, -ут	бу́ду стать	стал, -а, -о, -и	стань, -те	ста́вший, -ая, -ее, -ее	ста́вший, -ая, -ее, -ее				став
стлать	стелю́, сте́-лешь, -нот	бу́ду стлать	стлал, -а, -о, -и	стели́, -те	сте́лющий, -ая, -ее, -ее	стла́вший, -ая, -ее, -ее		-стла́нный	стеля́	-стлав
стоя́ть	стою́, стои́шь, стои́т	бу́ду стоя́ть	стоя́л, -а, -о, -и	стой, -те	стоя́щий, -ая, -ее, -ее	стоя́вший, -ая, -ее, -ее			сто́я	-стоя́в
стричь	стригу́, стри-жёшь, стригу́т	бу́ду стричь	стриг, -ла, -ло, -ли	стриги́, -те	стригу́щий, -ая, -ее, -ее	стри́гший, -ая, -ее, -ее		стри́женный		-стри́гши
стуча́ть	стучу́, стучи́шь, -а́т	бу́ду стуча́ть	стуча́л, -а, -о, -и	стучи́, -те	стуча́щий, -ая, -ее, -ее	стуча́вший, -ая, -ее, -ее			стуча́	-стуча́в

Infinitiv	Präsens	Futur	Prät.	Imperativ	Part. Präs. Akt.	Part. Prät. Akt.	Part. Präs. Pass.	Part. Prät. Pass.	Adv. Part. Präs. (UV)	Adv. Part. Prät. (V)
стынуть	стыну, стынешь, стынут	буду стынуть	стыл (стынул), -а, -о, -и	стынь, -те	стынущий, -ая, -ее, -ие	стынший, (стынувший) -ая, -ее, -ие				-стыв
сочесть		сочту, -ёшь, -ут	счёл, сочла, -о, -и	сочти, -те		(счётший), -ая, -ее, -ие		сочтённый		сочтя
сыпать	сыплю, сыплешь, -ют	буду сыпать	сыпал, -а, -о, -и	сыпь, -те	сыплющий, -ая, -ее, -ие	сыпавший, -ая, -ее, -ие		-сыпанный	сыпля	-сыпав
тереть	тру, трёшь, трут	буду тереть	тёр, -ла, -ло, -ли	три, -те	трущий, -ая, -ее, -ие	тёрший, -ая, -ее, -ие		тёртый	(растирая)	-терев
терпеть	терплю, терпишь, терпят	буду терпеть	терпел, -а, -о, -и	терпи, -те	терпящий, -ая, -ее, -ие	терпевший, -ая, -ее, -ие	терпимый		терпя	-терпев
течь	теку, течёшь, текут	буду течь	тёк, текла, -о, -и	теки, -те	текущий, -ая, -ее, -ие	тёкший, -ая, -ее, -ие				-тёкши
топтать	топчу, топчешь, топчут	буду топтать	топтал, -а, -о, -и	топчи, -те	топчущий, -ая, -ее, -ие	топтавший, -ая, -ее, -ие	(затаптывае-мый)	-топтанный	топча	-топтав
торчать	торчу, торчишь, -ат	буду торчать	торчал, -а, -о, -и	торчи, -те	торчащий, -ая, -ее, -ие	торчавший, -ая, -ее, -ие			торча	-торчав
трещать	трещу, трещишь, -ат	буду трещать	трещал, -а, -о, -и	трещи, -те	трещащий, -ая, -ее, -ие	трещавший, -ая, -ее, -ие			треща	-трещав
трясти	трясу, трясёшь, -ут	буду трясти	тряс, -ла, -ло, -ли	тряси, -те	трясущий, -ая, -ее, -ие	трясший, -ая, -ее, -ие		-трясённый	тряся	
урчать	урчу, урчишь, урчат	буду урчать	урчал, -а, -о, -и	урчи, -те	урчащий, -ая, -ее, -ие	урчавший, -ая, -ее, -ие			урча	-урчав
учесть		учту, -ёшь, -ут	учёл, учла, -о, -и	учти, -те				учтённый		учтя

Infinitiv	Präsens	Futur	Prät.	Imperativ	Part. Präs. Akt.	Part. Prät. Akt.	Part. Präs. Pass.	Part. Prät. Pass.	Adv. Part. Präs. (UV)	Adv. Part. Prät. (V)
хлопотáть	хлопочу́, хлопо́чешь, -ут	бу́ду хлопотáть	хлопотáл, -а, -о, -и	хлопочи́, -те	хлопо́чущий, -ая, -ее, -ие	хлопотáвший, -ая, -ее, -ие			хлопочá	-хлопотáв
хны́кать	хны́чу, -ешь, -ат	бу́ду хны́кать	хны́кал, -а, -о, -и	хны́чь, -те	хны́чущий, -ая, -ее, -ие	хны́кавший, -ая, -ее, -ие			хны́ча	-хны́кав
хотéть	хочу́, хо́чешь, хотя́т	бу́ду хотéть	хотéл, -а, -о, -и	(хоти́, -те)	хотя́щий, -ая, -ее, -ие	хотéвший, -ая, -ее, -ие			(хотя́)	хотéв
хохотáть	хохочу́, хохо́чешь, -ут	бу́ду хохотáть	хохотáл, -а, -о, -и	хохочи́, -те	хохо́чущий, -ая, -ее, -ие	хохотáвший, -ая, -ее, -ие			хохочá	-хохотáв
храпéть	храплю́, храпи́шь, -я́т	бу́ду храпéть	храпéл, -а, -о, -и	храпи́, -те	храпя́щий, -ая, -ее, -ие	храпéвший, -ая, -ее, -ие			храпя́	-храпéв
хрипéть	хриплю́, хрипи́шь, -я́т	бу́ду хрипéть	хрипéл, -а, -о, -и	хрипи́, -те	хрипя́щий, -ая, -ее, -ие	хрипéвший, -ая, -ее, -ие			хрипя́	-хрипéв
хрустéть	хрущу́, хрус-ти́шь, -я́т	бу́ду хрустéть	хрустéл, -а, -о, -и	хрусти́, -те	хрустя́щий, -ая, -ее, -ие	хрустéвший, -ая, -ее, -ие			хрустя́	-хрустéв
цвести́	цвету́, цветёшь, -у́т	бу́ду цвести́	цвёл, цвелá, -о́, -и́	цвети́, -те	цвету́щий, -ая, -ее, -ие	цвéтший, -ая, -ее, -ие			цветя́	-цвéтши
чесáть	чешу́, че́шешь, -ут	бу́ду чесáть	чесáл, -а, -о, -и	чеши́, -те	че́шущий, -ая, -ее, -ие	чесáвший, -ая, -ее, -ие		-чёсанный	чешá	-чесáв
чти́ть	чту, чти́шь, чтут	бу́ду чти́ть	чти́л, -а, -о, -и	чти, -те	чти́щий (чту́щий), -ая, -ее, -ие	чти́вший, -ая, -ее, -ие	(почеслывае-мый) чти́мый		чтя	-чти́в
чу́ять	чу́ю, чу́ешь, чу́ют	бу́ду чу́ять	чу́ял, -а, -о, -и	чу́й, -те	чу́ющий, -ая, -ее, -ие	чу́явший, -ая, -ее, -ие		-чу́енный	чу́я	-чу́яв
шептáть	шепчу́, шéп-чешь, -ут	бу́ду шептáть	шептáл, -а, -о, -и	шепчи́, -те	шéпчущий, -ая, -ее, -ие	шептáвший, -ая, -ее, -ие		-шёптанный	шепчá	-шептáв

Infinitiv	Präsens	Futur	Prät.	Imperativ	Part. Präs. Akt.	Part. Prät. Akt.	Part. Präs. Pass.	Part. Prät. Pass.	Adv. Part. Präs. (UV)	Adv. Part. Prät. (V)
шипѣть	шиплю́, ши-пи́шь, -я́т	бу́ду шипѣ́ть	шипѣ́л, -а, -о, -и	шипи́, -те	шипя́щий, -ая, -ее, -ие	шипѣвший, -ая, -ее, -ие			шипя́	-шипѣ́в
шить	шью, шьёшь, шьют	бу́ду шить	шил, -а, -о, -и	шей, -те	шью́щий, -ая, -ее, -ие	ши́вший, -ая, -ее, -ие		ши́тый		шив
шумѣть	шумлю́, шу-ми́шь, -я́т	бу́ду шумѣ́ть	шумѣ́л, -а, -о, -и	шуми́, -те	шумя́щий, -ая, -ее, -ие	шумѣвший, -ая, -ее, -ие			шумя́	-шумѣ́в
щебета́ть	щебечу́, щебе́-чешь, -ут	бу́ду щебе-та́ть	щебета́л, -а, -о, -и	щебечи́, -те	щебе́чущий, -ая, -ее, -ие	щебета́вший, -ая, -ее, -ие			щебеча́	-щебета́в
щекота́ть	щекочу́, щеко́-чешь, -ут	бу́ду щеко-та́ть	щекота́л, -а, -о, -и	щекочи́, -те	щеко́чущий, -ая, -ее, -ие	щекота́вший, -ая, -ее, -ие			щекоча́	-щекота́в
щипа́ть	щиплю́, щи́-плешь, -ют	бу́ду щипа́ть	щипа́л, -а, -о, -и	щипли́, -те	щи́плющий, -ая, -ее, -ие	щипа́вший, -ая, -ее, -ие		-щи́панный	щипля́	-щипа́в

Zeitangaben/Daten – *Вре́мя/Да́ты*

Uhrzeit – *Вре́мя*

Wieviel Uhr ist es? – *Ско́лько вре́мени?*
Es ist 5 Uhr – *5 часо́в*
5 Uhr 15 (Viertel nach fünf) – *5 часо́в 15 мину́т (че́тверть шесто́го)*
5 Uhr 30 (halb sechs) – *5 часо́в 30 мину́т (полови́на шесто́го)*
5 Uhr 45 (Viertel vor sechs) – *5 часо́в 45 мину́т (три че́тверти шесто́го)*
Mittag – *по́лдень*
Mitternacht – *по́лночь*

Allgemeine Zeitangaben – *Указа́ние вре́мени*

um 5 Uhr – *в 5 часо́в*
seit 5 Uhr – *с 5 часо́в*
von 5 bis 6 Uhr – *с 5 до 6 часо́в*
vor/nach 5 Uhr –
пе́ред 5 часа́ми / по́сле 5 часо́в
heute – *сего́дня*
gestern – *вчера́*
morgen – *за́втра*
übermorgen – *послеза́втра*
am Wochenende – *в конце́ неде́ли*
morgens – *у́тром*
vormittags / am Vormittag –
до полу́дня / пе́ред обе́дом
mittags – *днём*

nachmittags –
во второ́й полови́не дня, по́сле обе́да
abends – *ве́чером*
nachts – *но́чью*
am frühen Abend – *под ве́чер*
am späten Abend – *по́здним ве́чером*
vor 10 Minuten – *де́сять мину́т тому́ наза́д*
vor einer Stunde – *час наза́д*
letzte/nächste Woche –
после́днюю/сле́дующую неде́лю
in einem Monat – *че́рез ме́сяц*
in einem Jahr – *че́рез год*
zu früh / zu spät –
сли́шком ра́но / сли́шком по́здно

Wochentage – *Дни неде́ли*

Montag – montags –
понеде́льник - по понеде́льникам
Dienstag – *вто́рник*
Mittwoch – *среда́*

Donnerstag – *четве́рг*
Freitag – *пя́тница*
Samstag – *суббо́та*
Sonntag – *воскресе́нье*

Monate – *Ме́сяцы*

Januar – *янва́рь*
Februar – *февра́ль*
März – *март*
April – *апре́ль*

Mai – *май*
Juni – *ию́нь*
Juli – *ию́ль*
August – *а́вгуст*

September – *сентя́брь*
Oktober – *октя́брь*
November – *ноя́брь*
Dezember – *дека́брь*

Jahreszeiten – *Времена́ го́да*

Frühling – *весна́*
Sommer – *ле́то*
Herbst – *о́сень*
Winter – *зима́*

im Frühling – *весно́й*
im Sommer – *ле́том*
im Herbst – *о́сенью*
im Winter – *зимо́й*

Daten – *Да́ты*

Den Wievielten haben wir heute? – *Како́е сего́дня число́?*
Den 9. November / 17. Dezember – *9 (девя́тое) ноября́ / 17 (семна́дцатое) декабря́*
Wann hast du Geburtstag? – *Когда́ у тебя́ день рожде́ния?*
Am 16. September / 15. November –
16 (шестна́дцатого) сентября́ / 15 (пятна́дцатого) ноя́бря

Zahlen/Mengen – *Чи́сла/Едини́цы измере́ния*

Grundzahlen – *Основны́е чи́сла*

0	11	22	101
null	elf	zweiundzwanzig	(ein)hunderteins
нуль	*оди́ннадцать*	*два́дцать два*	*сто оди́н*
1	12	23	110
eins	zwölf	dreiundzwanzig	(ein)hundertzehn
оди́н, одна́, одно́	*двена́дцать*	*два́дцать три*	*сто де́сять*
2	13	30	120
zwei	dreizehn	dreißig	(ein)hundertzwanzig
два, две	*трина́дцать*	*три́дцать*	*сто два́дцать*
3	14	31	145
drei	vierzehn	einunddreißig	(ein)hundert-fünfundvierzig
три	*четы́рнадцать*	*три́дцать оди́н*	*сто со́рок пять*
4	15	40	200
vier	fünfzehn	vierzig	zweihundert
четы́ре	*пятна́дцать*	*со́рок*	*две́сти*
5	16	50	300
fünf	sechzehn	fünfzig	dreihundert
пять	*шестна́дцать*	*пятьдеся́т*	*три́ста*
6	17	60	500
sechs	siebzehn	sechzig	fünfhundert
шесть	*семна́дцать*	*шестьдеся́т*	*пятьсо́т*
7	18	70	900
sieben	achtzehn	siebzig	neunhundert
семь	*восемна́дцать*	*се́мьдесят*	*девятьсо́т*
8	19	80	1000
acht	neunzehn	achtzig	(ein)tausend
во́семь	*девятна́дцать*	*во́семьдесят*	*ты́сяча*
9	20	90	10 000
neun	zwanzig	neunzig	zehntausend
де́вять	*два́дцать*	*девяно́сто*	*де́сять ты́сяч*
10	21	100	1 000 000
zehn	einundzwanzig	(ein)hundert	eine Million
де́сять	*два́дцать оди́н*	*сто*	*миллио́н*

Ordnungszahlen – *Поря́дковые числи́тельные*

1. erste – *пе́рвый*
2. zweite – *второ́й*
3. dritte – *тре́тий*
4. vierte – *четвёртый*
5. fünfte – *пя́тый*
6. sechste – *шесто́й*
7. siebte – *седьмо́й*
8. achte – *восьмо́й*
9. neunte – *девя́тый*
10. zehnte – *деся́тый*
11. elfte – *оди́ннадцатый*

20. zwanzigste – *двадца́тый*
30. dreißigste – *тридца́тый*
40. vierzigste – *сороково́й*
50. fünfzigste – *пятидеся́тый*
60. sechzigste – *шестидеся́тый*
70. siebzigste – *семидеся́тый*
80. achtzigste – *восьмидеся́тый*
90. neunzigste – *девяно́стый*
100. (ein)hundertste – *со́тый*
101. (ein)hundert(und)erste – *сто пе́рвый*
1000. (ein)tausendste – *ты́сячный*

Bruchzahlen – *Дро́бные чи́сла*

1/2 (ein halb) – *одна́ втора́я*
1/3 (ein drittel) – *одна́ треть*
1/4 (ein viertel) – *одна́ че́тверть*
1/5 (ein fünftel) – *одна́ пя́тая*

Mengen – *Вес (ма́сса), коли́чество*

das Gramm – *грамм*
das Pfund – *фунт*
das Kilo – *килогра́мм*
der Liter – *литр*
das Dutzend – *дю́жина*

viamundo Vokabeltrainer

Rund 250 Begriffe zu den Themen Reise, Alltag, Kunst und Kultur zum systematischen Lernen und Üben

Der interaktive Vokabeltrainer

ist nicht nur effizient, er macht auch noch Spaß! Mit vielen abwechslungsreichen Übungstypen können Sie rund 250 vertonte und zum großen Teil bebilderte Begriffe sowie mehr als 700 Anwendungsbeispiele und Redewendungen spielend und systematisch lernen und sicher beherrschen. Das Lerntempo bestimmen Sie selbst. Praktisch: Die Aussprachekontrolle hilft Ihnen, Ihre Aussprache zu verbessern.

• Und das besondere Plus: Der Selbstlernmodus, mit dem Sie Ihre individuell ausgewählten Vokabeln in den Vokabeltrainer integrieren und beliebig abrufen können!

Systemanforderung:
Windows 95/98/2000/NT/Multimedia-PC